D1683485

# Nichts als der Mensch

*Beobachtungen und Spekulationen aus 2500 Jahren*

# Nichts als der Mensch

*Beobachtungen und Spekulationen aus 2500 Jahren*

Gesammelt, herausgegeben und kommentiert
von Georg Brunold

Mit Fotografien von Daniel Schwartz

VERLAG GALIANI BERLIN

AM ANFANG. – *Am Anfang war hier nur das Selbst; es war wie ein Mensch. Es blickte um sich und sah nichts anderes als sich selbst. »Das bin ich«, war sein erstes Wort. Daher erhielt es den Namen »Ich«. Darum sagt auch jetzt jemand, der begrüßt worden ist, zuerst, »ich bin der« und nennt dann den andern Namen, den er führt. ...*

*Es fürchtete sich. Darum fürchtet sich einer, der allein ist. Er überlegte: »Wenn es nichts anderes gibt als mich, vor wem fürchte ich mich denn da?« Da wich seine Furcht; denn vor wem hätte es sich fürchten sollen? Man fürchtet sich doch nur vor einem Zweiten.*

*Es empfand keine Freude. Darum empfindet ein Einsamer keine Freude. Es wünschte sich einen Zweiten. Es war so groß wie Mann und Frau bei der Umarmung.*

*Es ließ sich in zwei Teile zerfallen. So entstanden Gatte und Gattin. »Darum sind wir nur wie ein Halbstück«, sprach Yajnavalkya\*. Darum wird dieser Raum durch die Frau ausgefüllt. Er nahte ihr. Darauf entstanden die Menschen.*
Brihad-Aranyaka-Upanishad (7. Jh. v. Chr.)

\* Yajnavalkya: ein vedischer Rishi unter dem legendären König Janaka. Rishi waren Seher oder mythische Weise, denen der Legende nach die heiligen hinduistischen Texte oder Veden offenbart wurden. Yajnavalkya gilt als Verfasser mehrerer von ihnen.

*Der Meister sprach: »Nicht kümmere ich mich, daß die Menschen mich nicht kennen. Ich kümmere mich, daß ich die Menschen nicht kenne.«* Kungfutse: Gespräche (um 500 v. Chr.)

*Wenn aber die Rinder und Pferde und Löwen Hände hätten/ und mit diesen Händen malen könnten und Bildwerke schaffen wie die Menschen,/ so würden die Pferde die Götter abbilden und malen in der Gestalt von Pferden,/ die Rinder in der von Rindern, und sie würden solche Statuen meißeln,/ ihrer eigenen Körpergestalt entsprechend.*
Xenophanes: Fragmente der Vorsokratiker (um 500 v. Chr.)

*Es gibt nichts Wertvolleres zwischen Himmel und Erde als den Menschen.* Sun Bin über die Kriegskunst (um 350 v. Chr.)

*Liebe hat so den Menschen erschaffen. Demut aber hat ihn erlöst.* Hildgard von Bingen (1163)

*Durch ganz Asien findet eine Einziehung der Güter statt, das Gleiche geschieht in Mysien, Lykien und Pamphylien: Blut wird man vergießen infolge Freispruchs Eines Schwarzhaarigen, voll von Treulosigkeit*
Nostradamus: 3. Centurie (1558)

*Wer die Eitelkeit des Menschen vollständig erkennen will, braucht nur die Ursachen und die Wirkungen der Liebe zu bedenken. Ihre Ursache ist ein »gewisses Etwas« (Corneille: Médée). Und ihre Wirkungen sind entsetzlich. Dieses »gewisse Etwas«, eine so unbedeutende Sache, daß man sie nicht erkennen kann, erschüttert die ganze Erde, die Fürsten, die Armeen, alle Welt. Wenn die Nase der Kleopatra kürzer gewesen wäre, hätte das Gesicht der Erde sich vollständig verwandelt.* Blaise Pascal: Pensées (um 1660)

*Jedermann beklagt sich über sein Gedächtnis, niemand beklagt sich über seine Urteilskraft.*
La Rochefoucauld: Maximes (1665)

*Eigenliebe: ... Diejenigen, die zu sagen pflegten, die Liebe zu uns selbst sei die Grundlage aller unserer Gefühle und Handlungen, haben durchaus Recht gehabt, in Indien, in Spanien und auf der ganzen bewohnbaren Welt: Und wie man nicht dafür schreibt, den Leuten zu beweisen, daß sie ein Gesicht haben, braucht man ihnen nicht zu beweisen, daß sie Eigenliebe besitzen. Diese Eigenliebe ist unser Verkehrsmittel. Sie gleicht dem Organ der Arterhaltung: sie ist unentbehrlich, sie ist uns teuer, sie bereitet uns Vergnügen, und wir müssen sie verstecken.*
Voltaire: Dictionnaire philosophique (1765)

*»Meine Schwäche besteht darin, daß ich keinen Blick für das Nebensächliche habe – das Äußerliche –, daß ich den Unterschied zwischen dem groben Kittel des Lumpensammlers und dem feinen Leinen seines Nachbarn nicht erkenne. Des nächstbesten, versteht ihr? Ich bin schon so vielen Menschen begegnet«* – fuhr er mit plötzlicher Trauer fort –, *»bin ihnen mit einer – einer gewissen – Heftigkeit, sagen wir, begegnet; wie diesem Burschen zum Beispiel – und immer habe ich nichts weiter sehen können als einfach nur den Menschen. Eine verflucht demokratische Art des Sehens, die vielleicht besser ist als vollkommene Blindheit, die mir aber nicht gerade nützlich war, das könnt ihr mir glauben. Die Menschen erwarten, daß man sie nach ihrem Leinen beurteilt. Aber ich habe mich für diese Dinge nie begeistern können. Oh, es ist ein Fehler; es ist ein Fehler... «*
Joseph Conrad: Lord Jim (1900)

*Und ich vergleiche mich manchmal in Gedanken mit jenem Crassus, dem Redner, von dem berichtet wird, daß er eine zahme Muräne, einen dumpfen, rotäugigen, stummen Fisch seines Zierteiches, so über alle Maßen liebgewann, daß es zum Stadtgespräch wurde; und als ihm einmal im Senat Domitius vorwarf, er habe über den Tod dieses Fisches Tränen vergossen, und ihn dadurch als einen halben Narren hinstellen wollte, gab ihm Crassus zur Antwort: »So habe ich beim Tode meines Fisches getan, was Ihr weder bei Eurer ersten noch Eurer zweiten Frau Tod getan habt.«*
Hugo von Hofmannsthal: Brief des Lord Chandos (1902)

*Ich habe mich oft gefragt und keine Antwort gefunden,
woher das Sanfte und das Gute kommt,
weiß es auch heute nicht und muß nun gehn.*
Gottfried Benn: Menschen getroffen (1955)

*In der Dunkelheit suchst du nach einer Hand: du fandst einen Hintern; sein kräftiger Kuhatem wärmt dich; du entdeckst zwanzig andere Hände.*
Guido Ceronetti: Das Schweigen des Körpers (1979)

*Die wahre Geschichte ist böse und vielfältig und am Ende unwahr. Warum willst du sie wissen? Frag nie nach der wahren Geschichte.*
Margaret Atwood (1981)

# Inhalt

*441 v. Chr.*
25 SOPHOKLES
Und nichts ist ungeheurer als der Mensch

*450 v. Chr.*
26 HERODOT
Apries und Amasis

*427 v. Chr.*
27 THUKYDIDES
Kein Krieg so schrecklich wie der Bürgerkrieg

*425 v. Chr.*
29 HIPPOKRATES
Gesundheit ist Umwelt

*383 v. Chr.*
32 PLATON
Die Liebe, dieses Sehnen – und woher es alles kommt

*330 v. Chr.*
35 ARISTOTELES
Das Freiwillige und das Unfreiwillige

*310 v. Chr.*
38 THEOPHRAST
Charakter

*300 v. Chr.*
40 MENZIUS
Ist das Gute anerzogen? Oder nicht doch das Schlechte?

*280 v. Chr.*
41 EPIKUR
Unser Tod ist kein Ereignis des Lebens

*217 v. Chr.*
44 POLYBIOS
Hohe Gesinnung – oder ein hoher Preis

*50 v. Chr.*
45 LUKREZ
Von den Seuchen

*44 v. Chr.*
48 CICERO
Das Alter bringt des Lebens Früchte ein

*1*
50 OVID
Wie man Mädchen erobert

*41–49*
52 SENECA
Die Wut. Eine Schwellung der besinnungslosen Seele

*60*
53 PLINIUS DER ÄLTERE
Kein Geschöpf hat ein hinfälligeres Leben

*110*
54 TACITUS
Verbotene Bücher strahlen umso heller

*115*
56 SUETON
Nero. Der Psychopath unter den Tyrannen

*115–120*
59 EPIKTET
Mach dir klar, Mensch, welcher Art deine Unternehmung ist

*160*
61 ARTEMIDOR VON DALDIS
Nicht verzagen! Wichtiger als Traumgesichte ist die Gemütslage

*175*
63 MARC AUREL
Vorbilder sind nicht rar – für den, der solche schätzt

*180–200*
66 GALEN
Die Natur und die der Seele. Mehr als ein Medizinerschulstreit

*180–200*
67 SEXTUS EMPIRICUS
Radikale Skepsis – sie selbst eingeschlossen

*Erste Hälfte 3. Jh.*

69 DIOGENES LAERTIOS
Wenn ich nicht Alexander wäre, möchte ich wohl Diogenes sein ...

*Zweite Hälfte 3. Jh.*

71 MALLANĀGA VĀTSYĀYANA
Rammler, Stier, Hengst – ein Liebender ist kein Zweifelsvertreiber

*426*

73 AUGUSTINUS
Das Fleisch der Verdammten stirbt im Feuer nicht

*530–540*

75 BENEDIKT VON NURSIA
Die Sorge für die Kranken muss vor und über allem stehen

*600*

78 ISIDOR VON SEVILLA
Das Kind erschreckte seine Mutter. Von Missgeburten und Sirenen

*731*

81 BEDA VENERABILIS
Wenn aber eine Frau entbunden hat ...

*922*

83 IBN FADLAN
Ein Kaufmann aus Bagdad an einem Wikingerbegräbnis

*965*

85 IBRAHIM IBN YAQUB
Mitteleuropa durch arabische Augen

*1020*

87 AVICENNA
Das städtische Leben gründet auf der Festigkeit der Ehe

*1030*

90 AL-BIRUNI
Nachrichten aus Indien und die Fallstricke des Hörensagens

*1078*

92 ANSELM VON CANTERBURY
Aufbruch zur absoluten Autonomie

*1097*

94 AL-GHAZALI
Dein Freund ist dir wichtiger als du

*1119*

96 PETER ABAELARD
K wie Kalamität oder Kastration: Unterwegs zur modernen Autobiographie

*1163*

98 HILDEGARD VON BINGEN
Ich besitze hier schon die himmlische Heimat

*1204*

100 ROBERT VON CLARY / GOTTFRIED VON VILLEHARDOUIN / CHRONIK VON NOWGOROD
Die Kreuzfahrer in Konstantinopel

*1204*

102 IBN ARABI
Wer könnte mit seinen Zeitgenossen schon zufrieden sein

*1235–1240*

104 GUILLAUME DE LORRIS
Der Weg zur Rose und zum Glück darf den Liebenden nichts ersparen

*1260*

108 GOFFREDO DI COSENZA
Friedrich II. – Der gute Herrscher erstrahlt in Glanz und Seltenheit

*1260*

110 THOMAS VON AQUIN
Erbsünde. Oder: Die Fäulnis stinkt von oben

*1263*

112 AL-QAZWINI
Der Mensch ist aus verschiedenen Dingen gemacht

*1317*

114 DANTE ALIGHIERI
Die Kirche kann nicht die Autorität des Reichs von dieser Welt sein

*1333–1334*

116 WILHELM VON OCKHAM
Der Armutsstreit und Papst als Ketzer

*1348*

117 GIOVANNI BOCCACCIO
»Im gerechten Zorn über unseren sündigen Wandel.« Die Pest

*1366*

121 FRANCESCO PETRARCA
Vom lästigen Gefeiertwerden des eigenen Namens

*1377*

124 IBN KHALDUN
Was Kultur heißt

*1417*

125 POGGIO BRACCIOLINI
In den Bädern zu Baden

*1450*

130 NIKOLAUS VON KUES
Die Weisheit ruft auf den Gassen

*1461*

132 FRANÇOIS VILLON
Aus Gefängnis und Beinhaus

*1485–1490*

134 LEONARDO DA VINCI
Gegen Geister und Zauberer

*1486*

135 GIOVANNI PICO DELLA MIRANDOLA
Deine Würde ist deine Freiheit

*1486*

138 HEINRICH INSTITORIS (UND JAKOB SPRENGER)
Geist der lodernden Scheiterhaufen

*1498*

140 GIROLAMO SAVONAROLA
Dieses Volk erträgt die Herrschaft eines Fürsten nicht

*1498*

141 ZAHIRUDDIN MUHAMMAD BABUR
Samarkand. Die Stadt, die sein Herz gestohlen hat

*1499*

143 POLYDOR VERGIL
Der lange und gewundene Weg zur Erfindung unserer Ehe

*1510*

146 THOMAS MORUS
Nichts konnte so stark sein, seinen Geist zu überwinden. Pico, der Mann der Renaissance

*1510*

150 NICCOLÒ MACHIAVELLI
Was macht die Stärke des französischen Königs?

*1518*

151 PHILIPP MELANCHTHON
»Zu den Quellen, Jugend!«

*1524*

155 DESIDERIUS ERASMUS
Geist gibt dem schönen Geschlecht Glanz

*1524*

158 DESIDERIUS ERASMUS
Vom freien Willen

*1525*

159 MARTIN LUTHER
Vom unfreien Willen

*1527/1537*

162 PARACELSUS
Die Medizin ist ein sehr weites Feld

*1528*

164 BALDASSARE CASTIGLIONE
Früher war alles besser: für die Greise

*1547*

166 ÉTIENNE DE LA BOÉTIE
Von der freiwilligen Knechtschaft

*1550*

169 LEO AFRICANUS
» … für mich nicht grade schmeichelhaft … «

*1555*

172 GEORGIUS AGRICOLA
Ehrbarer als der Handel: von Bergbau und Hüttenkunde

*1575*

174 GIROLAMO CARDANO
Auch wissenschaftliches Genie kommt nicht nur wohldosiert vor

*1576*

180 JEAN BODIN
Selbst der absolutistische Staat hätte für die Menschen da zu sein

*1580*

181 MICHEL DE MONTAIGNE
Über die Lügner

*1584*

184 GIORDANO BRUNO
Die Göttin Reichtum bewirbt sich um den Sitz des Herkules

*1584*
186 REGINALD SCOT
Teufel und Hexerei. Einzig
Papisten glauben daran

*1590*
188 GALILEO GALILEI
Gegen das Tragen des Talars

*1597*
189 FRANCIS BACON
Nicht einmal am Charakter
müssen wir verzagen!

*1602*
191 TOMMASO
CAMPANELLA
Besuch in der Sonnenstadt

*1606*
193 WILLIAM
SHAKESPEARE
Lady Macbeths böse Kräfte
und Ohnmacht

*1609*
195 DREISSIG SIEDLER AUS
AMERIKA
Hunger kann stärker sein als
jedes Tabu

*1621*
197 ROBERT BURTON
Elend der Schriftgelehrten
und Geistesarbeiter

*1629/1630*
203 GUSTAV ADOLF II.
»... dass ich, nachdem ich bisher
durch Gottes gnädigen Schutz
am Leben geblieben bin, es
schließlich doch werde lassen
müssen.«

*1640*
204 PIERRE GASSENDI
Kann jemals Schmerz vor Lust
den Vorzug haben?

*1641*
206 RENÉ DESCARTES
Da bin ich, von allem Übrigen
verschieden

*1644*
208 JOHN MILTON
Wer fürchtet um die Wahrheit
im freien und offenen Kampf?

*1646*
211 BALTASAR GRACIÁN
Der gute Zuhörer

*1651*
213 THOMAS HOBBES
Nur auf das Schlimmste
kann Verlass sein

*1660*
215 BLAISE PASCAL
Wir leben nie

*1668*
216 SAMUEL PEPYS
Dem gestandenen Mann
schadet unzüchtige Lektüre
nicht

*1670*
218 BARUCH DE SPINOZA
Jedem das Recht, zu denken,
was er will, und zu sagen, was
er denkt

*1675*
220 MARY ROWLANDSON
In der Stunde der Entscheidung
wankt so mancher Vorsatz

*1688*
222 APHRA BEHN
Oroonoko. Der Wilde dieses
Namens muss edel sein

*1688*
225 JEAN DE LA BRUYÈRE
Frauen vom Schuhwerk bis zur
Frisur

*1689*
227 JOHN LOCKE
Ihn und die Toleranz lieben
wir aus Ehrfurcht und
Bewunderung

*1696*
232 GOTTFRIED WILHELM
LEIBNIZ
Geist sind wir durch und durch

*1697*
234 PIERRE BAYLE
Können Potentaten glückliche
Menschen sein?

*1703*
236 JONATHAN SWIFT
Bruder Besenstiel.
Eine Meditation

*1721*
237 PIERRE DANIEL
HUET
Untersuchung unserer
Verstandesschwächen

*1721*
238 MONTESQUIEU
Last und Gefahren der Klugheit

*1721*
240  CHRISTIAN WOLFF
Gelbe Gefahr für den deutschen Geist

*1723*
242  BERNARD MANDEVILLE
Vom Nutzen des privaten Lasters für das Gemeinwohl

*1725*
244  GIAMBATTISTA VICO
Die »Barbarei der Reflexion« und das Schicksal der Völker

*1738*
248  DANIEL BERNOULLI
Immer mehr macht nicht immer glücklicher. Zur Grundlegung der Ökonomie

*1739/1746/1760*
250  FRIEDRICH DER GROSSE
Es ist die Aufgabe des Herrschers, dem menschlichen Elend abzuhelfen

*1742*
251  DAVID HUME
Das ganze große Geheimnis des schöpferischen Geistes

*1743*
252  CARL VON LINNÉ
Alle Wissenschaft beweist nichts als göttliche Ordnung

*1747*
254  JULIEN OFFRAY DE LA METTRIE
Die kreative Maschine Mensch

*1755*
256  VOLTAIRE
Gedicht über das Unglück von Lissabon. Oder Untersuchung des Grundsatzes *Alles ist gut*

*1756*
262  GIACOMO CASANOVA
Flucht aus den Bleikammern von Venedig

*1757*
264  EDMUND BURKE
Freude und Kummer

*1758*
265  EMANUEL SWEDENBORG
Himmel und Hölle sind Seelenzustände

*1759*
267  ADAM SMITH
Über das Prinzip der Selbstbilligung und Selbstmissbilligung

*1762*
271  JEAN-JACQUES ROUSSEAU
Freiheit ist ein Recht und dieses gründet auf Vereinbarung

*1765*
272  VOLTAIRE
Aberglaube – und der nützliche Idiot des Fanatikers

*1769*
274  DENIS DIDEROT
Vom Zeugungsakt und seiner Bedeutung. Ein paar Nebenaspekte

*1770*
278  PAUL THIRY BARON D'HOLBACH
Zwei Seiten des aufgeklärten Fatalismus

*1770–1800*
280  RESTIF DE LA BRETONNE
Von Schuhen und Frauen

*1776*
283  MARQUIS DE MIRABEAU
Über den Despotismus

*1776*
285  THOMAS JEFFERSON
Unabhängigkeitserklärung der Vereinigten Staaten

*1777*
288  GEORG CHRISTOPH LICHTENBERG
Wider die Physiognomen. Zur Beförderung der Menschenliebe und Menschenkenntnis

*1777*
290  WOLFGANG AMADEUS MOZART
Auf Stellensuche

*1779*
291  AUGUST LUDWIG VON SCHLÖZER
»Die Menschen hatten sprechen gelernt …«

*1780*
294  EPHRAIM LESSING
Erziehung des Menschengeschlechts. Eine hohe Hilfsschule

*1784*
296 JOHANN GEORG
ZIMMERMANN
In Gesellschaft geht die Wahrheit gekleidet, in der Einsamkeit zeigt sie sich nackt

*1784*
297 IMMANUEL KANT
Beantwortung der Frage:
Was ist Aufklärung?

*1788*
302 JOHN NEWTON
Ein Sklavenhändler gegen den Sklavenhandel

*1788*
305 ADOLPH FREIHERR
VON KNIGGE
Die Menschen wollen unterhalten sein

*1788*
306 KARL PHILIPP
MORITZ
Lieber tot als lebendig

*1791*
308 JOHANN GOTTFRIED
HERDER
Venedig: Die Verbindung von Klugheit und Fleiß, Freiheit und Reichtum

*1792*
309 THOMAS PAINE
Die Revolution im Stand der Unschuld

*1792*
312 JOHANN WOLFGANG
VON GOETHE
Betrachtungen auf dem Schlachtfeld

*1793*
314 LOUIS-MARIE
PRUDHOMME
Marie-Antoinette wird zum Schafott geführt

*1794*
315 MAXIMILIEN DE
ROBESPIERRE
Glaubensfreiheit unter dem Terror der Tugend

*1798*
317 THOMAS ROBERT
MALTHUS
Von der planetarischen Bevölkerungskatastrophe

*1798*
318 IMMANUEL KANT
Vom höchsten physischen Gut

*1799*
319 FRIEDRICH
HÖLDERLIN
Die häuslichen Deutschen

*1801*
322 JOHANN HEINRICH
PESTALOZZI
»Ich will Schulmeister werden!«

*1801*
325 JEAN PAUL
Nichts als die Sonne

*1802*
326 FRANÇOIS-DOMINIQUE
TOUSSAINT
LOUVERTURE
Ein Befreiungskämpfer eigener Klasse

*1804*
328 BONAVENTURA
Der Brautgesang der Leichenträger

*1806*
329 LOUIS SÉBASTIEN
MERCIER
Nachrevolutionäres Freiheitsfieber

*1810*
331 GERMAINE DE
STAËL
Die Kunst der Unterhaltung

*1810*
333 ANSELM VON
FEUERBACH
»Schon längst hatte ich in mir die Begierde gespürt, jemanden umzubringen«

*1814*
338 BENJAMIN
CONSTANT
Gewalt und Despotismus schaffen ihr eigenes Verderben

*1814*
341 HENRI DE
SAINT-SIMON
Die halb zerstörten Reste der alten europäischen Organisation …

*1817*
344 GEORG WILHELM
FRIEDRICH HEGEL
»Jeder weiß, er kann kein Sklave sein.«

*1821*
346 THOMAS DE
QUINCEY
Bekenntnisse eines englischen Opiumessers

*1822*
350 HEINRICH HEINE
Der Adel feiert Hochzeit

*1823*
353 LORD BYRON
Unter Griechen oder Schwierigkeiten der Entwicklungshilfe

*1823*
356 LUDWIG BÖRNE
Das Schmollen der Weiber

*1826*
358 HEINRICH HEINE
Zensur

*1828*
358 JAKOB BINDER
Auftritt Kaspar Hauser

*1832*
364 CARL VON CLAUSEWITZ
Friktion. In Kriege ist alles einfach, aber das Einfachste schwierig

*1834*
366 GEORG BÜCHNER
»Friede den Hütten! Krieg den Palästen!«

*1840*
368 EDGAR ALLAN POE
Der Massenmensch. Manifest der Moderne

*1841*
373 CHARLES DICKENS
New York. New York

*1842*
380 HERMAN MELVILLE
Menschliche Missionspredigt auf Tahiti

*1843*
382 HONORÉ DE BALZAC
Die Journalisten

*1844*
383 KLEMENS WEZEL LOTHAR FÜRST VON METTERNICH
Napoleon. Rückblick auf einen gescheiterten Feind

*1844*
386 SØREN KIERKEGAARD
Der bodenlose Mensch und seine Angst

*1849*
388 GUSTAVE FLAUBERT
Fremde Menschen – im Leinen und nackt. Reiseimpressionen aus Kairo

*1850*
390 RALPH WALDO EMERSON
Der einzige Mensch aus der Geschichte, den wir richtig kennen können

*1851*
391 ARTHUR SCHOPENHAUER
Rezensentendämmerung. Über Urteil, Kritik, Beifall und Ruhm

*1853*
394 CHARLES BAUDELAIRE
La morale du joujou – Die Moral des Spielzeugs

*1854*
398 MAHOMMAH BAQUAQUA
Transatlantik retour. Reise eines Sklaven in die Freiheit

*1859*
400 KARL MARX
Das Sein bestimmt das Bewusstsein. Und dieses?

*1859*
402 JOHN STUART MILL
Über die Grenzen der Autorität der Gesellschaft über das Individuum

*1860*
408 FJODOR DOSTOJEWSKI
Aufzeichnungen aus einem Totenhaus

*1868*
410 MAURICE JOLY
Diplomatie

*1869*
412 SERGEJ NETSCHAJEW
Der Narodnik: Blaupause aller Bombenleger

*1870*
416 THEODOR FONTANE
Kriegsgefangen in Frankreich

*1871*
418 CHARLES DARWIN
Die natürliche Auslese bei den zivilisierten Völkern

*1873*
425 FERDINAND KÜRNBERGER
Vom Dreißigjährigen und vom Börsen-Krieg

*1873*
430 ARTHUR RIMBAUD
Hymne auf die Jugend

| | *1874* | | *1892* | | *1900* |
|---|---|---|---|---|---|
| 431 | PHILIPP MAINLÄNDER<br>Apologie des Selbstmords | 458 | ÉMILE ZOLA<br>In der Mariengrotte zu Lourdes. Wunder, Betrug, Dreck. Menschenunwürdige Religion | 482 | DANIEL PAUL SCHREBER<br>Denkwürdigkeiten eines Nervenkranken |

*1874*

431  PHILIPP MAINLÄNDER
Apologie des Selbstmords

*1876*

434  HEDWIG DOHM
»Ein Pereat den kritischen Weibern!«

*1879*

436  ROBERT LOUIS STEVENSON
Verachtete Völker

*1881*

438  FRIEDRICH NIETZSCHE
Nervenreize – oder Erleben und Erdichten

*1882*

439  ERNEST RENAN
Was ist eine Nation?

*1886*

448  AUGUST STRINDBERG
Auf dem Lande

*1887*

452  NELLIE BLY
Ein Spaziergang mit den Irren

*1887*

454  FRIEDRICH NIETZSCHE
Das schlechte Gewissen: »die größte und unheimlichste Erkrankung«

*1891*

455  OSCAR WILDE
Die Seele des Menschen im Sozialismus

*1892*

458  ÉMILE ZOLA
In der Mariengrotte zu Lourdes. Wunder, Betrug, Dreck. Menschenunwürdige Religion

*1893*

461  JEAN-MARTIN CHARCOT
Der heilende Glaube

*1893*

464  MARK TWAIN
Aus Adam und Evas Tagebuch

*1895*

466  GUSTAVE LE BON
Die Masse: Ein neuer welthistorischer Akteur

*1896*

471  MARCEL PROUST
Lob der schlechten Musik

*1897*

472  BRAM STOKER
Im Schloss des Grafen Dracula

*1898–1906*

475  MARIE CURIE
Forschernatur und Forscherleben

*1900/1908/1911*

478  SIGMUND FREUD
Traum. Und der Mensch als Krankheit

*1900*

480  HENRI BERGSON
Welche Funktion hat das Lachen?

*1900*

482  DANIEL PAUL SCHREBER
Denkwürdigkeiten eines Nervenkranken

*1901*

485  WILLIAM JAMES
Medizinischer Materialismus bringt uns dem Geist nicht näher

*1902*

487  HELEN KELLER
»Mit zehn Jahren lernte ich sprechen.«

*1902*

489  LÉON BLOY
Der Bürger. Auslegung seiner Gemeinplätze

*1903*

491  IWAN PETROWITSCH PAWLOW
Speichelfluss und andere bedingte Reflexe

*1904*

493  LEO TOLSTOI
Was heutzutage Regierungen sind

*1905*

495  MARK TWAIN
König Leopold II., der Völkermord und die Fotografie

*1907*

498  KARL KRAUS
Sind Homosexuelle pervers oder die Gesellschaft, die sie für pervers erklärt?

*1908*
499 GEORGE BERNARD SHAW
Die Einehe, die Vielweiberei und die Vielmännerei

*1910*
502 RUDOLF STEINER
Der Astralleib. Aus der Geheimwissenschaft

*1911*
503 GEORG SIMMEL
Endlich philosophische Kultur!

*1913*
507 RABINDRANATH TAGORE
Das Problem des Übels

*1913*
510 FRANZ KAFKA
Entlarvung eines Bauernfängers

*1913/14*
511 ALBERT SCHWEITZER
Aus dem Urwald

*1917*
514 GILBERT KEITH CHESTERTON
Verteidigung von Gerippen

*1918*
517 THOMAS MANN
Ironie und Radikalismus. Betrachtungen eines Unpolitischen

*1919*
519 MAX WEBER
Kampf. Eine Begriffsbestimmung

*1920*
521 ISAAK BABEL
Spät in der Nacht kommen wir nach Novograd

*1923*
522 ALBERT LONDRES
Bagno

*1924*
530 WIKTOR MICHAILOWITSCH TSCHERNOW
Lenin oder der Wille zu herrschen

*1924*
535 SIEGFRIED KRACAUER
Langeweile. Dialektik der Muße

*1925*
537 ALBERT LONDRES
Bei den Irren

*1925*
543 KAWABATA YASUNARI
Das Geräusch menschlicher Schritte

*1927*
545 WALTER BENJAMIN
Staatsmonopol für Pornographie

*1927*
546 ALFRED ADLER
Superiore Unglücksraben

*1928*
548 GIOVANNI GENTILE
Die philosophische Grundlage des Faschismus

*1929*
558 FELIX SOMARY
Krise global. Wie konnte man diese Vorzeichen übersehen?

*1929*
560 GEORGE ORWELL
Armut von innen gesehen

*1930*
562 JOSEPH ROTH
Misswahl. Menschenschönheiten der traurigen Gestalt

*1937/1941*
564 ARTHUR KOESTLER
Abschaum der Erde. Und ein Spion von allen Seiten

*1938*
568 ERNEST HEMINGWAY
Wer ist der Feind? Rede an die Deutschen

*1939*
569 ANNEMARIE SCHWARZENBACH
Afghanistan oder Tschador einst und jetzt

*1939*
571 JEAN-PAUL SARTRE
Offizielle Porträts. Glatt wie Porzellan

*1939*
573 EUGEN KOGON
Der Mensch als Material

*1940*
576 WINSTON CHURCHILL
Blood, Toil, Tears, and Sweat

*1944*
577 LUIS BUÑUEL
Der keinen Freund kennt:
Porträt von Salvador Dalí

*1947*
580 MAX HORKHEIMER/
THEODOR
W. ADORNO
Zur Genese der Dummheit

*1948*
582 ALEJO CARPENTIER
Wo liegt die Heimstatt der
Utopie?

*1948*
587 RAYMOND
CHANDLER
Jahrmarkt der Eitelkeiten:
Oscar-Nacht in Hollywood

*1949*
592 JOHN F.
CARRINGTON
Hochentwickelte
Telekommunikation
am Kongo

*1950*
595 ALBERT EINSTEIN
Zur Erniedrigung des
wissenschaftlichen Menschen

*1950–1960*
597 CARL GUSTAV JUNG
Feindbilder und Angst. Alle
projizieren wir gleichermaßen

*1951*
598 ALBERT CAMUS
Die Schöpfung auf eigene
Rechnung neu machen

*1952*
600 CLAUDE
LÉVI-STRAUSS
Rassen und öffentliche
Meinung

*1952*
602 JORGE LUIS BORGES
Was ein Klassiker ist

*1954*
603 ALDOUS HUXLEY
Meskalin. Wahrnehmung,
Bewusstsein, Drogenerfahrung

*1956*
608 GÜNTHER ANDERS
Die Antiquiertheit des
Menschen

*1958*
610 BAO RUO-WANG
Strafgefangener bei Mao

*1960*
613 JOHN F. KENNEDY
Der erste katholische Präsident
der USA über Staat und Kirche

*1961*
616 NELSON MANDELA
One man, one vote

*1961*
617 LEWIS MUMFORD
Die kulturelle Funktion der
Weltstadt

*1961*
619 COLIN M. TURNBULL
Schauen mit Pygmäenaugen

*1963*
622 STANLEY MILGRAM
Das Milgram-Experiment:
Eine verhaltenspsychologische
Untersuchung zum
Gehorsam

*1964*
626 B. F. SKINNER
Lehrmaschinen –
programmiertes Lernen –
operante Konditionierung

*1964*
628 ANDRÉ
LEROI-GOURHAN
Der ungefiederte Zweifüßer
und die Frage nach unserer
Herkunft

*1967*
629 CHRISTIAAN
N. BARNARD
Herztransplantation am
Menschen

*1969*
631 NORMAN MAILER
Der Mann im Mond –
Apollo 11

*1969*
636 NIKLAS LUHMANN
Liebe. Eine Übung

*1971*
638 PHILIP ZIMBARDO
Das Stanford-Gefängnis-
Experiment

*1973*
641 DAVID L. ROSENHAN
Das Rosenhan-Experiment:
Die unerkennbare Gesundheit
in der psychiatrischen
Klinik

*1975*
644 MICHAEL FOUCAULT
Vom Strafen und seiner
Modernisierung

*1977*
648 WOLFGANG
SCHIVELBUSCH
Die verschmierte Welt hinter
dem Eisenbahnfenster

*1978*
651 ISAIAH BERLIN
Der Verfall des utopischen
Denkens

*1979*
654 TENDZIN GYATSHO
ALIAS LHAMO
DÖNDRUB – DER
14. DALAI LAMA
Von Natur aus wollen alle
Menschen glücklich sein

*1979*
656 GUIDO CERONETTI
Ohne gibt es keine vollständige
Kenntnis der Weiblichkeit

*1981*
658 HENRI MICHAUX
In der Hand liegt mehr
Zärtlichkeit als im Herzen

*1983*
659 STANISŁAW LEM
Facetten menschlicher
Sterblichkeit

*1985*
662 OLIVER SACKS
Mord in den Schluchten
des Gehirns

*1986*
665 UNESCO
»Gewalt ist kein Naturgesetz« –
Erklärung von Sevilla

*1988*
667 MARTHA NUSSBAUM
Gefühle und Fähigkeiten
von Frauen

*1988*
671 LYNN PAYER
Andere Länder, andere Ärzte,
andere Leiden

*1991*
673 LYNN MARGULIS /
DORION SAGAN
Geheimnisse des weiblichen
Orgasmus

*1992*
675 EUGEN SORG
Wie der Krieg zu uns kommt

*1994*
677 ANTÓNIO DAMÁSIO
Decartes' Irrtum

*1994*
681 WILLI WINKLER
Nationalmama Uschi Glas

*1997*
683 STEPHEN JAY GOULD
Geheimnisse der *idiots savants*

*1999*
690 ROBERTO BOLAÑO
Alleinsein am Wannsee

*2000*
691 ALEXANDER KLUGE
Ein Fall von Zeitdruck

*2000*
693 JÖRG BLECH
Flatulenz

*2001*
695 BRYAN SYKES
Die sieben Töchter Evas.
Der große Stammbaum

*2002*
697 CARLOS FUENTES
Xenophobie

*2002*
699 STEFAN KLEIN
Wissenschaftliche Schritte
zum Glück

*2003*
701 WOLFGANG
BÜSCHER
Ein sibirischer Yogi

*2003*
704 JEAN HATZFELD
Mit Rwandas Massenmördern
sprechen

*2003*
706 PETER HAFFNER
Nie allein. Siamesische
Zwillinge

*2004*
712 FRANK
SCHIRRMACHER
Von der neuen Entmündigung
der alten Menschen

*2004*
715 CHRISTOPHER DE
BELLAIGUE
Die Gegenwart der Märtyrer

*2004*
717 KURT FLASCH
Ewige Werte: Leben im
Paradies

*2005*

718 ULRICH SCHMID
Überzeugend feiern können Religiöse

*2005*

723 MILAN KUNDERA
Geschichte und Wert – ein Wort für den O-Ton

*2006*

724 AI WEIWEI
Lob des gesunden Menschenverstands

*2007*

725 IRENE DISCHE
Lieber falsch als wahr: Zwei moralische Geschichten

*2007*

727 RICHARD DAVID PRECHT
Die Sprachmacht der Menschenaffen

*2007*

730 PANKAJ MISHRA
Bei Bedarf wird der »Andere« wie der Feind erfunden

*2008*

732 RICHARD POWERS
Das Genom und »Das Buch Ich #9«

*2009*

735 FRANS DE WAAL
Das Prinzip Empathie

*2009*

738 EVA-MARIA SCHNURR
Hauskatzenparasiten spielen in unseren Gehirnen mit

*2009*

740 WOLFGANG SOFSKY
Gleichgültigkeit

*2009*

742 JONAH LEHRER
Placebo

*2010*

744 MATT RIDLEY
Lauter Fortschritt

*2010*

750 NEAL ASCHERSON
Unterwegs mit Charles de Gaulle

*2011*

754 FREEMAN DYSON
Daniel Kahneman oder Psychologie als exakte Wissenschaft

*2011*

760 ISABEL ALLENDE
Willie und ich und die Flamme der Leidenschaft

*2011*

762 BONO
Ein Jahrzehnt Fortschritte im Kampf gegen Aids

*2011*

763 ANDREW PALMER
Massenweisheit in Fortbewegung

*2012*

766 TILL LINCKE
Nomadendenkart, Nomadenselbstbewusstsein

*2012*

768 ANDRIAN KREYE
Free Jazz: endlich das erweiterte Bewusstsein!

*2013*

769 LESZEK KOŁAKOWSKI
Kann Gott der Schöpfer glücklich sein? Eine menschliche Frage

772 DIE AUTOREN IN ALPHABETISCHER REIHENFOLGE NEBST NACHWEIS DER TEXTE

786 ZU DEN FOTOGRAFIEN UND ZUM FOTOGRAFEN

789 DANK

# Vorwort

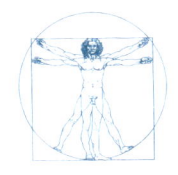

Was ist der Mensch? lautet bei Kant die höchste Frage der Philosophie, und Philosophie bedeutete damals noch soviel wie die Wissenschaft im Ganzen. Auf diese Frage zielen alle übrigen hin. Der Mensch, so wiederholen heute zahllose Wissenschaftler unwidersprochen, ist die komplexeste Hervorbringung der Schöpfung beziehungsweise der Evolution des Universums, soviel wir davon zu wissen glauben. Verwiesen wird dabei auf das menschliche Gehirn mit seinen durch 100 Billionen Synapsen verbundenen 100 Milliarden Nervenzellen. Wir fangen jetzt nicht gleich mit Komplikationen an wie etwa der Frage, ob es angemessen sei, den Menschen als Einzelwesen aus dem Ganzen der Schöpfung herauszugreifen. Das Biotop eines von sieben Milliarden Menschen bevölkerten Planeten, die in weiß Gott komplizierter wechselseitiger Abhängigkeit zusammenleben, ist fraglos das komplexere Ding als ein Individuum, vom restlichen Universum zu schweigen. Den besagten Superlativ übernehmen wir einstweilen bloß als vage Ahnung, der Mensch sei doch womöglich das bisher und bis auf weiteres unverstandenste Wesen (und was es dafür an ungelenken Wortbildungen mehr gibt). So unverstanden wie der Kosmos als ganzer, bestehen doch auch wir oder wenigstens der Stoff, aus dem wir von Kopf bis Fuß gemacht sind, aus Milliarden Jahre altem Sternenstaub, Atomen, die fast so alt sind wie das Universum selber. Stoff, den wir übrigens im Siebenjahresrhythmus vollständig mit unserer näheren und nicht so nahen Umwelt auszutauschen pflegen.

Diese leichthin ausgesprochene Vermutung eines kosmisch abgrundtiefen Unverständnisses unserer selbst ist alles andere als trivial; und im höchsten Grade trügerisch wäre die Annahme, auf ein solches Minimum an Selbsterkenntnis – das sokratische Wissen, dass wir nichts wissen – wären wir gefasst, um nicht zu sagen durch eine hübsche menschliche Bescheidenheit sogar vorbereitet. Die gesamte abendländische Geistesgeschichte schritt ganz im Gegenteil seit Jahrtausenden in der robusten Gewissheit voran, der Mensch sei wenn nicht bald einmal zu Ende verstanden, so doch den Philosophen, Priestern, Lehrern und den eifrigen unter ihren Zuhörern weit besser bekannt, als wir es nach allem für die Zukunft hoffen dürfen. Ebendiese vermeintliche Gewissheit beziehungsweise die Meisterschaft, unsere Ignoranz zu ignorieren, hat unser Unverständnis mitsamt all unseren ungezählten Missverständnissen immer wieder auf die Spitze getrieben. Menschlicher Hochmut oder Größenwahn wird nicht die ganze Erklärung sein, vielleicht ist ein mildernder Umstand die Verzweiflung über unser Unvermögen, auf welches die täglichen Notwendigkeiten unseres Daseins und unserer Orientierung wenig Rücksicht nehmen. In einer Welt aus Zerrspiegeln meint jeder darin mehr zu sehen, als er ganz ohne solchen Luxus in der Dunkelkammer wahrnimmt. In Platons Höhle halten wir die Schatten für die wirklichen Dinge, wenn wir von diesen niemals etwas gesehen haben.

»Alle Menschen streben von Natur aus nach Wissen«, sagte Aristoteles. Selbst wenn der Menschenfreund mit seinem Optimismus in der Langzeitperspektive Recht behalten sollte, garantiert allein das Streben noch für gar nichts. Niemals hätte die menschliche Weisheit ihren Namen durch irgendetwas anderes verdient als durch Bescheidenheit. Aber über unsere Ignoranz in der Frage, *was der Mensch ist*, sind wir stets besonders unverfroren mit unseren tausendjährigen Antworten auf eine andere Frage hinweggegangen, nämlich: *was der Mensch sein soll*. Bei Kant der höchsten Frage untergeordnet war die andere: *Was soll ich tun?* Doch schon wegen ihrer praktischen Unausweichlichkeit und wiederkehrenden Dringlichkeit erheischte sie Antworten, ohne ein befriedigendes Ergebnis unserer Selbsterforschung abwarten zu können.

Unter allen etablierten empirischen Wissenschaften ist die Psychologie vielleicht die jüngste, jünger als Ökonomie und Soziologie (noch wird polemisch eingeworfen, eine solche sei sie bis heute ebensowenig wie die genannten anderen beiden). Älter ist die Wissenschaft vom Menschen, vor allem die Lehre von seinen Affekten oder Gefühlen, die seit alters für alle Redner und auf dem Theater von großer Bedeutung war; aber auch etwa die Lehre von den Charakteren. Ansätze zu einer Systematisierung der Menschenkenntnis gehen in die Mitte des ersten vorchristlichen Jahrtausends zurück. Aber eben, heute dürfen wir diese Wissenschaft kaum so nennen. Philosophie auch nicht mehr, denn die akademische Disziplin, die exklusive Rechte auf diesen Titel beansprucht, hat im letzten halben Jahrhundert von einer Philosophie, die dem Menschendasein nachgeht, nichts mehr wissen wollen.

Die Talente und erworbenen Fähigkeiten von uns Laien derweil sowie der alltägliche Gebrauch, den wir davon machen, lassen nach wie vor zu wünschen übrig. Experten, das heisst Leute, die sich für ihre Orakel bezahlen lassen, stechen in der Regel nur durch größere Unverfrorenheit heraus. Sie ignorieren unsere Ignoranz mit desto größerer Entschlossenheit. Unsere Defizite an Menschenkenntnis trugen allzeit tüchtig dazu bei, dass Kant zu klagen hatte: »Aus so krummem Holz, als woraus der Mensch gemacht ist, kann nichts ganz Gerades gezimmert werden.« Zu seinen ärgsten Feinden gehörte stets vermeintliches Wissen, angemaßte Klugheit oder Weisheit. Ein unverblümtes Wort dafür ist Aberglaube. Eine Mehrheit geht in ihrer wenig rühmlichen Bescheidenheit so weit, die Menschen nach ihrem Verhalten ihnen persönlich gegenüber zu beurteilen, oft völlig blind dafür, wie sie sich anderen gegenüber verhalten. Fast hoffnungslos, so erhärtet es die gegenwärtige Psychologie in immer neuen Studien, ist unsere Schwäche in der Selbstbeurteilung. Unser Hang zur Selbstüberschätzung, in verschiedensten Richtungen und krasser Art, ist so gut wie unheilbar, nicht nur unter glücklicheren Naturen, sondern unter ewig Unzufriedenen kaum minder.

So ist die Menschenkenntnis bis heute eine Kunst geblieben, und wie der amerikanische Philosoph Nelson Goodman sagte, der nebenbei seine eigene Art Gallery kuratierte, müssen wir zwischen Kunst und guter Kunst unterscheiden, denn die meiste Kunst ist schlecht. Für die Literatur, der wir von Cervantes und Shakespeare bis unlängst das Beste dieser besonderen Kunst verdankten, gilt das Gleiche. In der Gelehrtenwelt bewegte sich die Wissenschaft vom Menschen mit den Ausgestaltungen ihres Menschenbilds auch in der Neuzeit weiterhin auf einem weiten Feld der Spekulation, und in ihren Manövern der Täuschung und Selbsttäuschung übten sich seit Sokrates rund hundert Generationen. Nichts anderes gilt für ihre Kerndisziplin, die Ethik, die seit 2500 Jahren forsche Antworten auf die Frage gibt, was der Mensch sein und tun soll – oder immerhin sein und tun sollte, wenn er denn könnte. Den Mäandern dieser Spekulation folgen seit eh und je auch unsere Beobachtungen, Manöver der Selbsttäuschung ihrerseits, die sich obendrein über die eigene Natur der Täuschung täuschen.

Damit aber sind wir unversehens vom Menschen auf dieses Buch zu sprechen gekommen, dessen schonungsvoller Untertitel Beobachtungen und Spekulationen aus 2500 Jahren diese beiden menschlichen Leistungen unvoreingenommen und recht arglos nebeneinander stellt.

★

Wir haben weitergemacht. In diesem Punkt hat unser Foliant *Nichts als die Welt* (2009) mit dem überwältigenden Echo von Lesern und Medien dem Verlag und dem Herausgeber keine Wahl gelassen. An keiner Stelle setzt dieser Band Kenntnis des Vorläufers voraus, auf den im Folgenden noch einige Male mit Freude hingewiesen wird. Die Ausgangslage war eine andere, bedingt nicht nur durch die Thematik dieses Folgebandes, sondern zudem durch den Anmarschweg, der damit vorgegeben war. Die Sammlung *Reportagen und Augenzeugenberichte aus 2500 Jahren*, wie letztes Mal der Untertitel lautete, war ein dreißig Jahre alter Knabentraum, und das Gefäß ihrer 700 Folioseiten war in Jahrzehnten steten Tropfens schon mindestens halbvoll geworden, als fünf Jahre vor Erscheinen sich zaghaft der erste ernsthafte Gedanke an eine Realisierbarkeit des Projekts anmeldete. Hatte letztes Mal das Unterfangen einer Schatzsuche beinahe in Lebensperspektive geglichen, so türmte sich jetzt mit dem Titel auf einen Schlag eine Stoffmenge auf, die ganze Regale solcher Folianten füllen könnte.

Die Thematik hat sich von selbst ergeben, ungefähr wie dem Objekt sich automatisch ein Subjekt gegenüberstellt. (Diese Zweiteilung, die auf Anhieb so handlich erscheint, gehört zu den Täuschungen, gegen die kein Kraut wächst.) Hat letztes Mal schon das Objekt alias die Welt immer wieder auf das Subjekt alias deren Betrachter verwiesen, so kann die Vertiefung ins Ganze unserer Um- und Innenwelt die Aufmerksamkeit nur mehr auf das letztere lenken. Zudem drängt sich wiederum eine historische Bemerkung auf: Die Wissenschaft, soweit ihr Gegenstandsbereich nicht nur die physikalische Welt (mitsamt dem Gestirn am hohen weiten Firmament), dazu die Flora des Botanikers und die Fauna des Zoologen umfasst, sondern ihre Fragen darüber hinauszielen, hieß in der abendländischen Geistesgeschichte während über 2000 und noch bis vor 200 Jahren die Metaphysik. Während sich die allgemeine Metaphysik mit dem Sein des Seienden (also mit dem Sein von allem überhaupt) befasste, unterteilte die spezielle Metaphysik ihr Forschungsfeld in drei Bereiche: Gott (Theologie), die Menschenseele, und das hieß vor allem deren Unsterblichkeit (Psychologie), sowie eben die Welt (Kosmologie). Vom letzten dieser drei Gegenstände sind wir konsequent zum mittleren fortgeschritten, nicht ohne Hoffnung auf eine Prise Nachsicht mit dem dazu erforderlichen Mut und Leichtsinn. Auch wird der Leser schon ahnen, in welche Richtung es noch gehen könnte, was hier mit einem Lächeln der Unschuld quittiert ist.

Zunächst haben wir also einfach weitergemacht, und es werden sich viele Texte finden, die genauso gut in *Nichts als die Welt* hätten stehen können, ja, die dort unentschuldbar vergessen wurden. Allerdings haben wir uns nicht länger auf die mehr oder minder literarischen Textgattungen des Berichts beschränken können, und dieser Band ist nicht noch einmal als eine Geschichte des Journalismus angelegt, wie der letzte von der Kritik aufgenommen wurde. Denn – es ist bereits gesagt worden – die Beobachtungen in diesem Buch folgen Spekulationen und mischen sich mit diesen, die sich heute ihrerseits uns staunenden Lesern zur Beobachtung darbieten. Was über den Menschen zusammengedacht wurde, was er ist und sein und tun soll, kann und nicht kann, dafür jedoch muss oder aber keinesfalls darf, das führt uns zu Mutmaßungen und Unterweisungen über Gegenstände, die kein menschliches Auge geschaut hat oder auch nur zu erblicken hofft. Nicht nur Reportagen und Augenzeugenberichte also, sondern Traktate, Lehrstücke und Katechismen, Manifeste und Plädoyers, Phantastereien gewagtester Art, werden uns kostenlos auf abenteuerliche Exkursionen rund um den Planeten und hinaus in höhere Sphären befördern. Die fiktionale Literatur dagegen, sprich der Roman, wird nur in Ausnahmefällen zu Rate gezogen, wie ebenso an dem einen oder anderen Gedicht kein Weg vorbeiführt. Wiederum bleiben wir dabei in der Hauptsache an Zeugnisse aus der eigenen europäischen Geistesgeschichte mit ihren transatlantischen Ablegern gebunden. Andere Kulturräume müssten mit einer angemessenen Präsenz die Fassungskraft jedes Buchs dieser Art sprengen, und sie hier durch mehr als einige Gastauftritte repräsentiert wissen zu wollen, wäre Vermessenheit. Auch diesmal wird unsere abendländische Einsamkeit nur durch einige Grußbotschaften gemildert.

Der Herausgeber ist derselbe, der einst die zehn Jahre von zwanzig bis dreißig in der akademischen Philosophie abverdient hat, von den dreißig Jahren seither jedoch die meiste Zeit als Journalist, als Reporter, Korrespondent und Redakteur sich fortzubilden bestrebt war. Im Übrigen kann er nur wiederholen, was bereits im Vorwort zu *Nichts als die Welt* zu lesen ist: Zeitreisen ist eine Überlebensnotwendigkeit. »Je weiter wir zurück schauen«, sagt Churchill, »desto weiter können wir nach vorn sehen.« Eine Einsicht, die jedem Oberstufenlehrplan zugrunde liegt. Viel zu kurz griffe, wer darin bloß eine Verständnishilfe zu den Rätseln unserer Gegenwart sehen wollte. Da diese aus überhaupt nichts anderem als Vergangenheit besteht, führt kein Weg zu ihr, der diese elementare Tatsache außer Acht lässt. Während die Zukunft sich zumindest solange immer gleichbleibt, als sie noch nicht in Reichweite unserer Misshandlungen herangerückt ist, ändert sich unsere Vergangenheit mit jedem Tag, und einzig die tätige Auseinandersetzung mit ihr gewährt uns einen gewissen bescheidenen Einfluss auf unsere Gegenwart.

Noch einmal sei vor ihnen der Hut gezogen, vor jenen wirklich wachen, eigengesetzlichen Köpfen unter unseren Zeitgenossen, deren Einfälle und Entgegnungen sich nicht an unsere Erwartungen halten, eben weil sie als Reisende eines besonderen Schlags mehr noch als im geographischen Raum unentwegt in sämtlichen Zeiten unterwegs sind und sich tagein, tagaus, ein Leben lang und ohne Anflug von Sättigung vorwärts, rückwärts und seitwärts durch die Weltgeschichte lesen. Kein Wunder, hat sich auf dieser zweiten Rundfahrt eine maßgebende Erfahrung aus *Nichts als die Welt* nur erhärten und vertiefen können: nämlich die Unentbehrlichkeit des Originaltons aus der Tiefe der Zeit. Wer hätte uns Shakespeare nacherzählen wollen? Wir müssen Ovid und Marc Aurel selber, Hildegard von Bingen und Petrarca mit deren eigener Stimme hören, genauso wie Luther, Voltaire und Mark Twain, denn ohne dies können hundert Geschichtsbücher sie uns ebensowenig näher bringen wie ihre Zeit oder uns dieser. Wenn es dafür nebst deren Stimmen einen weiteren Beleg bräuchte, bekämen wir ihn wöchentlich mit der Flut von populärhistorischen Magazin-Publikationen der Art von GEO EPOCHE oder SPIEGEL GESCHICHTE ins Haus geliefert. Unter dem plastifizierten Hochglanzcover kann jeder ihrer Schnittmusterreportagetexte dem anderen als Vorbild gelten, und er führt uns nirgendwohin als in den nächsten ebensolchen Text. Galileo Galilei aber schärft uns ein:

> *Von diesen Doktoren sah's noch keiner ein,*
> *Noch keiner hat den rechten Weg gewählt,*
> *Um zu dem höchsten Gut geführt zu sein.*
> *Man muss, wenn meine Meinung dabei zählt,*
> *Um bei der Sache etwas zu erreichen,*
> *Besorgen, dass die Fantasie nicht fehlt,*
> *Man muss der Schätzung auch das Spiel erleichtern;*
> *Kannst du geradeaus nicht mehr weiter gehen,*
> *Dann gibt es tausend Wege, auszuweichen.*
> *In der Natur lässt sich die Lehre sehen:*
> *Führt die gewohnte Straße uns nicht weit,*
> *Wird man sich gleich zu einer bessren drehen.*
> *Verschiedne Formen hat die Findigkeit;*
> *Doch oft hat's mich zum Guten schon geführt,*
> *Wenn man das grade Gegenteil betreibt:*
> *Kaum suchst du Böses, hast du's aufgespürt;*
> *Denn höchstes Gut und höchstes Übel scheinen*
> *Ins gleiche Bündel Dutzendware geschnürt.*

> *Diese Grundsatzregel enttäuschte noch keinen:*
> *Wer wissen möchte, was das Fasten wäre,*
> *Muss erst es mit dem Karneval ernst meinen,*
> *Damit sich ihm der Unterschied erkläre;*
> *Und willst du wissen, was sie Sünde nennen,*
> *Schau erst, ob der Priester dich mit*
> *Buße beschwere;*
> *Und willst du richtig arme Hunde kennen,*
> *Die anstandslose, bösartige Meute,*
> *Dann schau auf jene, die von*
> *Frömmigkeit brennen,*
> *Und suche Priester, Mönche, heilige Leute:*
> *Auf diesem Weg kommst du der Sache nahe*
> *Und lösen wirst du unser Rätsel noch heute.*

Was da aus einer Vergangenheit zu uns dringt, in der Shakespeare in Verona Julia und Romeo zusammenfinden ließ, ist wahrhaft Zukunftsmusik. Mit einer Autorität und, was mehr ist, einem Elan, der auch den gestandenen Skeptiker aus dem Sessel lüpfen und zur Balkontür hin in Bewegung setzen muss. Er will am Abendhimmel das Schiff der Außerirdischen nicht verpassen. Zeitgenossen derweil, denen das Futter aus den Medien nicht zuviel wird, ist mit Odo Marquard zu versichern: Wer seiner Zeit stets hinterher eilt, den holt sie irgendwann ein.

# Betrachtungen
# und Spekulationen

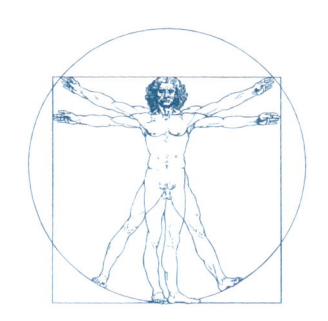

*441 v. Chr.*

## SOPHOKLES

# Und nichts ist ungeheurer als der Mensch

---

*Sophokles (\*497/496, † 406/405 v. Chr.) war der Ältere und deshalb darf er hier vor dem um 490 geborenen Herodot zu Wort kommen. Sohn eines vermögenden Waffenfabrikanten, war er als Priester und Medium aktiv und hatte auch wiederholt politische Ämter inne. Trotz zahlreicher Rufe ausländischer Könige hat er, anders als Aischylos und Euripides, Athen nicht verlassen. Es kann sein, schrieb George Steiner, dass Sophokles in der Antigone schon alles gesagt hat über das vielgestaltige Wesen Mensch – auf dem »grauen Meer im Wintersturm« ebenso wie »hoch in der Stadt« oder »aus der Stadt ausgeschlossen«, inmitten »vieler Arten wilder Tiere«, die er »in zu Netzen gewundenen Stricken« fängt. Für alles ist er »gerüstet«, doch »dem Hades allein wird er nicht entrinnen können«. So fangen wir mit der Ode über den Menschen an.*

Vielgestaltig ist das Ungeheure, und nichts
ist ungeheurer als der Mensch:
sogar das graue Meer
mitten im Wintersturm
durchfährt er, während ringsum
die Wellenberge aufschäumen. Und
der Götter erhabenste, die Erde,
die unzerstörbare, unermüdliche,
wühlt er zu seinem Nutzen auf,
wenn er beim Pflügen Jahr für Jahr
mit dem Pferdegeschlecht kreisend
auf ihr wendet.

Und der munteren Vögel Schar
fängt er ein und führt er weg,
gleichsam viele Arten wilder Tiere
und des Meeres Bewohner,
in zu Netzen gewundenen Stricken,
er – der allzu kluge Mensch. Er zähmt
mit Listen das Wild, das im Feld
wie in den Bergen lebt, das langmähnige
Pferd zügelt er durch's Joch im Nacken
und ebenso den unbezwingbaren Bergstier.

Und Sprache, windschnelles Denken und
das Verlangen
Städte zu lenken, hat er sich gelehrt,
und dem unwirtlichen
Frost unter freiem Himmel wie
Regenschauern zu entfliehen:
für alles gerüstet! Ungerüstet geht er nichts
Zukünftiges an; dem Hades allein
wird er nicht entrinnen können.
Doch für unheilbare Krankheiten
hat er sich Heilmittel erdacht.

In der Kunst der Erfindung jenseits aller
Erwartungen schöpferisch,
schreitet er bald zum Schlechten, bald zum Guten.
Die Gesetze des Landes erweiternd
und der Götter Recht durch Eid verbunden
ragt er hoch in der Stadt. Aus der Stadt
ausgeschlossen, wer dem Unrecht
frönt des Wagemuts wegen.
Nicht möge mir Gast
werden, noch in Eintracht verbunden sein,
wer solches tut.

*Um 450 v. Chr.*

# HERODOT

## Apries und Amasis

*Anders als sein Zeitgenosse Sophokles, der seine Heimatstadt nicht verlassen hat, ist er ein Reisender. Wohl gegen fünfzehn Jahre zwischen Babylon, Memphis und Unteritalien unterwegs, erwirbt er in Asien und Afrika eine immense Bildung. Mit der chronologischen Ordnung, die er als Erster seinen Berichten gibt, zeichnet er sich als ›Vater der Geschichtsschreibung‹ aus. Unter Ägyptens politischen Führern wird Herodot (\*um 490, † um 425 v. Chr.) mit dem ewigmenschlichen Allzumenschlichen rasch vertraut.*

Nachdem psammios nur sechs Jahre lang über Ägypten geherrscht hatte, gegen Äthiopien einen Kriegszug unternommen hatte und gleich darauf gestorben war, folgte ihm sein Sohn Apries nach. Er wurde – hinter seinem Großvater Psammetichos – zum glücklichsten aller früheren Herrscher. Während seiner fünfundzwanzigjährigen Herrschaft führte er sein Heer gegen Sidon und kämpfte in einer Seeschlacht gegen den König von Tyros. Da es ihm aber übel ergehen sollte, geschah es auch so – den Grund dafür werde ich später ausführlich in meiner Abhandlung über die Lyder angeben, an dieser Stelle nur kurz: Apries hatte nämlich ein großes Heer gegen die Kyrenäer entsandt, welches eine verheerende Niederlage erlitt. Etliche Ägypter machten ihm das zum Vorwurf und fielen von ihm ab, da sie der Meinung waren, Apries habe sie vorsätzlich in ein offenkundiges Übel geschickt, damit ihr Untergang geschehe, er selbst aber über die übrigen Ägypter umso gefestigter herrschen könne. Das hielten sie für ungeheuerlich und so sagten sich sowohl die Heimkehrer als auch die Freunde der Gefallenen offen von ihm los.

Als Apries dies erfuhr, schickte er Amasis zu ihnen, damit er sie mit Worten davon abbringe. Er ging daraufhin zu ihnen und bedrängte die Ägypter, dass sie dies nicht täten; während er jedoch sprach, setzte ihm ein Ägypter, der hinter ihm stand, einen Helm auf und erklärte, er habe ihm den Helm aufgesetzt, um ihn als König einzusetzen. Und was passierte, geschah nicht gegen seinen Willen – wie sich zeigte.

Nachdem ihn die abgefallenen Ägypter inthronisiert hatten, rüstete er das Heer, um gegen Apries ins Feld zu ziehen.

Als Apries davon erfuhr, schickte er einen Mann zu Amasis, der bei den Ägyptern rund um ihn sehr angesehen war (sein Name war Patarbemis) und befahl ihm, Amasis lebend zu ihm zu bringen. Dort angekommen, rief Patarbemis Amasis, Amasis jedoch (er saß gerade auf seinem Pferd) richtete sich auf, furzte in seine Richtung und befahl, das Apries zu bringen.

Weiter heißt es, dass ihn Patarbemis dessen ungeachtet fortwährend aufgefordert habe, zum König zu gehen, der ihn immerhin zu sich rief. Er soll ihm geantwortet haben, dass er sich schon seit langer Zeit rüste, dies zu tun, und ihm Apries später nichts werde vorwerfen können: Er werde nämlich nicht nur selbst dort erscheinen, sondern auch andere mitbringen.

Patarbemis jedoch habe den Sinn seiner Worte verstanden und sei, als er die Rüstungsvorbereitungen gesehen habe, eiligst weggegangen und habe geplant, den König schnellstens über diese Vorgänge in Kenntnis zu setzen. Als dieser aber bei Apries angekommen sei, ohne Amasis mit sich zu führen, habe Apries ihm kein Wort erlaubt, sondern überaus zornig befohlen, ihm Ohren und Nase abzuschneiden.

Die übrigen Ägypter, die ihm noch gewogen waren, sahen, wie ein Mann, der bei ihnen so sehr geschätzt war, derart schändlich in Schmach versetzt wurde, und ließen hierauf keine Zeit mehr verstreichen, liefen zu den anderen über und unterwarfen sich selbst dem Amasis. Als Apries davon erfuhr, rüstete er die Hilfstruppen und zog gegen die Ägypter. Um sich scharte er dreitausend karische und ionische Söldner und in der Stadt Saïs hatte er einen Palast, welcher gewaltig und sehenswert war. Und die Leute rund um Apries rückten gegen die Ägypter und die rund um Amasis gegen die Fremden vor. In der Stadt Momemphis trafen beide Heere aufeinander und beabsichtigten, sich miteinander im Kampf zu messen. …

Als nun Apries mit den Hilfstruppen und Amasis mit allen Ägyptern bei der Stadt Momemphis zusammenkamen, begannen sie die Schlacht. Zwar kämpften die Fremden gut, waren an der Zahl aber weit weniger und wurden daher besiegt.

Es wird erzählt, dass es Apries' Meinung gewesen sei, dass nicht einmal ein Gott seiner Herrschaft ein Ende setzen könne: So fest schien sie ihm begründet. Allerdings wurde er damals im Kampf besiegt und lebend als Gefangener in die Stadt Saïs gebracht, in den Palast, der einst sein eigener gewesen war, nun aber schon dem Amasis gehörte. Zunächst wurde er eine Zeit lang im Palast versorgt und Amasis behandelte ihn gut. Als letztendlich die Ägypter jedoch tadelten, dass es nicht recht sei, denjenigen durchzufüttern, der ihnen wie ihm selbst am meisten verhasst war, da lieferte er Apries den Ägyptern aus. Sie erdrosselten ihn und bestatteten ihn im Grab seiner Vorfahren.

## Um 427 v. Chr.

## THUKYDIDES

# Kein Krieg so schrecklich wie der Bürgerkrieg

*Mit Thukydides (\* um 460, † nach 400 v. Chr.) wird die griechische Geschichtsschreibung analytisch und reflektierend. Bei dem Athener Strategen, heute noch hochaktuellen Massenpsychologen und blendenden Rhetoriker verliert sie dadurch nichts an Lebensnähe. Ausgangspunkt seiner Reflexionen ist der Troische Krieg, der als historische Realität im Bewusstsein war und als Modell eines Konflikts, der über begrenzte Zielsetzungen wie Grenzbereinigungen hinausging. Ihre wildesten Formen aber nimmt die Grausamkeit im Peloponnesischen Krieg an – einem Bürgerkrieg, der mit allen Sitten aufräumt. Das Zepter führt die Rache, die jede Vernunft und selbst das Eigeninteresse außer Kraft setzt. Im Krieg findet die Unschuldsvermutung keinen Platz.*

B<small>IS ZU SOLCHEN GRAUSAMKEITEN</small> ward der Bürgerkrieg getrieben; und weil er einer der ersten dieser Art war, fielen solche desto mehr in die Augen. Denn in den folgenden Zeiten geriet sozusagen ganz Griechenland in Bewegung, als überall nach Maßgabe der verschiedenen Vorteile beider Teile die Häupter des Volks die Athener, die Standespersonen hingegen die Lakedämonier an sich zu ziehen suchten. Bei fortdauerndem Ruhestande hatten sie so wenig Anlass als Lust, sie herbeizurufen, bei ausgebrochenen Feindseligkeiten dagegen hatten die, welche etwas im Schilde führten, allemal einen Vorrat von Gelegenheiten, eine fremde Macht ins Land zu ziehen, um sowohl dem einen Teil zur Kränkung der Gegenpartei einen Beistand zu verschaffen, als auch eben dadurch sich selbst. Bei diesen Misshelligkeiten betraf manche Städte eine Menge harter Schicksale, woran es freilich nie fehlt noch jemals fehlen wird, solange die Menschen ihre Natur behalten werden, die aber doch das eine Mal glimpflicher sind als das andere. Denn in Friedenszeiten und im Wohlstande pflegen sowohl ganze Staaten als auch Privatpersonen nach bessern Grundsätzen und mit mehr Überlegung zu verfahren, weil sie da nicht leicht in Umstände geraten, wo sie aus der Not eine Tugend machen müssen. Der Krieg hingegen, welcher einem diese gewohnte Gemächlichkeit nimmt, ist ein Zuchtmeister, der Gewalt braucht und die Leidenschaften des großen Haufens nach der Lage des Augenblicks bildet.

So fand sich also die Zwietracht in den Städten ein; und in den folgenden späteren Zeiten trieb man mit Zuziehung der Kunde von den früheren Begebenheiten das Neue und Unerhörte noch viel weiter, sowohl darin, mit den schlauesten Kunstgriffen etwas ins Werk zu setzen, als auch hinsichtlich der außerordentlichsten Arten, seine Sache zu befriedigen. Selbst die gewöhnlichen Bedeutungen der Worte wurden bei der Anwendung und Schätzung der Dinge in einem ganz andern Sinn genommen. Die unbesonnenste Kühnheit sah man als eine dienstbeflissene Tapferkeit, ein bedachtsames Zögern hingegen als eine geschmückte Feigheit und alle Mäßigung als einen Vorwand der Zaghaftigkeit an. Wer überall vernünftig handeln wollte, hieß überall eine Schlafmütze, eine tollkühne Hitze hingegen ein mannhaftes Verfahren. Wollte jemand mit Ruhe und in Sicherheit Anschläge gegen jemand überdenken, so hieß es, er suche nur einen anständigen Vorwand, sich aus dem Handel zu ziehen. Wer nur brav schalt und schmähte, hieß ein Mann, auf den man sich verlassen könne; wer ihm hingegen widersprach, war verdächtig. Wer andern Schlingen legte und darin glücklich war, hieß gescheit, und wer einen Fallstrick entdeckte, hieß vollends ein durchtriebener Kopf; wer aber im Voraus seine Maßregeln so nahm, dass er keins von beiden brauchte, von dem hieß es, er sei ein Freundschaftsstörer und fürchte sich vor dem Gegenpart. Überhaupt, wer einem, der ihm einen schlimmen Streich zugedacht hatte, zuvorkam, oder einem andern, der von selbst nicht darauf kam, dergleichen an die Hand gab, der ward gerühmt. Selbst die Bande der Blutsfreundschaft wurden willkürlichen Verbindungen nachgesetzt, wenn ein Freund von der letzteren Art bereitwilliger war, die tollsten Dinge unweigerlich zu unternehmen. Denn dergleichen Verbindungen hatten keine rechtsverbindlichen Vorteile, sondern widerrechtliche Eingriffe und Habsucht zur Absicht, wie denn auch die gegenseitigen Verpflichtungen ihre Sicherheit nicht der Religion verdankten, sondern gemeinschaftlich begangenen Verbrechen.

Annehmbare Erklärungen vom Gegner wurden angenommen, wenn man sich in der Tat durch Obergewalt hinlänglich gesichert sah, und nicht aus einem edelmütigen Vertrauen. Sich an jemandem rächen zu können, war ein reizenderes Glück, als ungekränkt zu bleiben. Versöhnungseide, wodurch sich etwa einer in dringenden Umständen, wo er sich sonst nicht zu retten wusste, verpflichten musste, behielten so lange ihre Gültigkeit, als der verpflichtete Teil sich nicht verstärkt sah; sobald er aber nur seine Gelegenheit ersah und jener ihm eine Blöße wies, brach er sie ohne Bedenken; und eine solche unter dem Deckmantel der Bundestreue verübte Rache hatte noch mehr Reiz für ihn als ein offener Angriff. Man hielt solches nicht nur für den sichersten Weg, sondern wer in dergleichen hinterlistigen Streichen dem anderen überlegen war, trug überdies noch den Preis eines schlauen Kopfes davon; wie denn die meisten Menschen lieber verschmitzte Bösewichter als tugendhafte und einfältige Leute heißen wollen, und sich dieses Letzteren schämen, auf jenes hingegen sich etwas einbilden. Und der Grund von all diesem lag in einem raubgierigen und ehrsüchtigen Regiment und dem übertriebenem Eifer, womit die darauf erwachsenden Zänkereien unterhalten wurden. Die Häupter in den Städten suchten auf beiden Teilen unter dem schönen Namen einer gemeinschaftlichen Regimentsverfassung des Volks oder der vorzüglichen Anpreisung einer gemäßigten Aristokratie, nach ihren einnehmenden Reden zu urteilen, bloß das gemeine Beste als den Preis ihrer Bemühungen zu erhalten; in der Tat aber gingen alle ihre Bemühungen dahin, einer über den andern emporzukommen. In dieser Absicht unternahmen sie die unerhörtesten Dinge: Einer suchte den andern zu stürzen und dieser suchte sodann seine Rache noch höher zu treiben, ohne sich dabei an die Regeln der Gerechtigkeit und die Vorteile des Staats zu binden, sondern jeder machte seine Leidenschaften zur Regel seines Verfahrens und suchte entweder durch einen ungerechten Prozess oder auch durch überlegene Gewalt und wirkliche Tätlichkeiten bloß seinen Mut zu kühlen. Dies ging so weit, dass kein Mensch mehr auf Religion sah, sondern von demjenigen aufs vorteilhafteste gesprochen wurde, der es am tollsten machte. Diejenigen Bürger, welche sich zu keiner Partei schlugen, wurden von beiden unter die Füße getreten, entweder weil sie ihnen nicht beistanden, oder weil man es nicht leiden konnte, dass sie so glücklich davonkommen sollten.

Solchergestalt brachte dieser Geist der Zwietracht unter den Griechen alle Arten von Lastern in Schwang. Die gutherzige Ehrlichkeit, mit welcher der Adel der Gesinnung so nahe verwandt ist, ward lächerlich und verschwand; Misstrauen und Kabalen hingegen erhielten den Preis. Dieses aufzuheben waren weder die bündigsten Versicherungen noch die fürchterlichsten Eidschwüre hinreichend. Weil also hier keine Sicherheit zu hoffen war, suchte sich ein jeder bloß durch Klugheit zu schützen und musste sich mehr durch tätige Mittel vor üblen Begegnungen in Acht nehmen, als dass er sich auf Treue und Glauben hätte verlassen können. Leute von den schlechtesten Einsichten blieben dabei gemeiniglich oben. Denn da das Bewusstsein ihrer Schwäche und der Klugheit ihrer Gegner sie besorgen ließ, dass sie der Beredsamkeit jener unterliegen und durch deren gewandten Geist unversehens überlistet werden möchten, schritten sie kühn zur Tat. Und da jene mit einer verächtlichen Geringschätzung glaubten, sie würden solches allemal zeitig genug merken, und meinten, wo man etwas durch List ausrichten könne, da dürfe man nicht zu Tätlichkeiten greifen, stellten sie sich ihren Feinden desto eher bloß und fanden ihren Untergang.

Mit diesem Unfug begann man teils zum ersten Mal in Kerkyra; man mag nun auf die Handlungen der Rache sehen, welche sie an ihren Regenten verübten, die mehr Stolz und Übermut als kluge Mäßigung bewiesen und den Anfang mit harten Ahndungen machten. Die einen verleitete die Begierde, sich aus ihrer bisherigen Dürftigkeit zu reißen, oder vielmehr die Sehnsucht nach ihres Nächsten Eigentum, die anderen, welche nicht in der Absicht sich zu bereichern, sondern wirklich das Recht zu handhaben, jemandem zu Leibe gingen, brachte die unbändige Hitze dazu, höchst grausam und unerbittlich mit ihnen umzugehen.

Bei dieser allgemeinen Verwirrung in der Stadt, wo die Gesetze von den natürlichen Neigungen der Menschen, die es schon gewohnt sind dagegen zu sündigen, gänzlich besiegt wurden, zeigte sich's frei, dass der Mensch, so wie er von Natur beschaffen ist, nicht Meister über seine Leidenschaften sei, dass er sich nicht durch die Begriffe von der Gerechtigkeit in Schranken halten lasse und dass er keinen über sich leiden könne. Gewiss, man würde nicht die heiligsten Pflichten dem Vergnügen an der Rache, noch das Bewusstsein, niemandem Unrecht getan zu haben, zeitlichen Vorteilen aufopfern, wenn nicht der Neid eine so schädliche Gewalt über die Menschen hätte. So aber pflegen die Menschen die allgemeinen Gesetze dieser Art, auf welche sich alle Hoffnung ihrer eigenen Rettung, wenn sie ein Unfall trifft, gründet, gänzlich aufzuheben, sobald es darauf ankommt, sich an andern zu rächen, und sich also selbst für den Fall, dass sie etwa im Notstand dieselben benötigen sollten, ihren Schutz entziehen.

*Um 425 v. Chr.*

# HIPPOKRATES

## Gesundheit ist Umwelt

*Nur wenige Jahre jünger als Sokrates, war Hippokrates (\*um 460, †um 370 v. Chr.) der Stammvater von Europas Ärzten. Als einem der ersten strengen Empiriker war ihm stets selbstverständlich, dass unser Wohlergehen eine abhängige Variable von dem ist, was wir heute »Umwelt« nennen. Als deren Entdecker kann er gelten – und uns über die Jahrtausende hinweg in Fragen der Gesundheit mit Nachdruck eine ganzheitliche Betrachtungsweise nahelegen.*

WER DIE HEILKUNST in der rechten Weise ausüben will, der muss Folgendes tun: Zunächst muss er die Jahreszeiten betrachten, d. h., was eine jede von ihnen zu bewirken vermag. Denn sie gleichen einander in keiner Hinsicht, sondern weisen starke Unterschiede auf, sowohl an sich selber wie ganz besonders während ihrer Wandlungen. Und dann die warmen und kalten Winde, vor allem die, welche allen Menschen gemeinsam sind, dann aber auch die, welche in jedem einzelnen Lande zu Hause sind. Er muss aber auch die Wirkungen der Gewässer bedenken. Denn wie sie sich durch ihren Geschmack im Munde und nach ihrem Gewicht voneinander unterscheiden, so unterscheidet sich auch die Kraft jeden Wassers stark von anderen. Daher muss der Arzt, wenn er in eine ihm unbekannte Stadt kommt, ihre Lage betrachten, d.h., wie sie zu den Winden und den Sonnenaufgängen liegt. Denn es ist nicht einerlei, ob sie nach dem Nordwinde oder nach dem Südwinde zu liegt, und auch nicht, ob sie nach Sonnenaufgang oder nach Sonnenuntergang gelegen ist. – Diese Dinge muss man genau beachten und noch eins: wie es mit dem Trinkwasser einer Stadt steht; ob ihre Bewohner sumpfiges und weiches Wasser gebrauchen oder hartes, das aus hochgelegenen und felsigen Gegenden kommt, oder salziges und hartes. Er muss auch den Boden berücksichtigen, ob er kahl und wasserlos oder dicht und wasserreich ist oder ob er in einem stickigen Tal eingeschlossen ist oder hoch liegt und kalt ist. Und dann achte darauf, was für eine Lebensweise den Bewohnern behagt: ob sie den Trunk lieben und zu frühstücken pflegen und bequem sind, oder ob sie gerne Leibesübungen treiben und ihre Freude an körperlichen Anstrengungen haben und weniger essen und trinken.

Unter diesem Gesichtspunkt muss man jedes Einzelne bedenken. Denn wenn einer dies alles gut im Kopfe hat, am besten all dieses oder doch das meiste, dann dürfte ihm wohl nichts entgehen, wenn er in eine ihm unbekannte Stadt kommt, weder die dort einheimischen Krankheiten noch die Natur der Unterleibsverhältnisse ihrer Bewohner, d. h., wie diese beschaffen ist. Dann wird er bei der Behandlung der Krankheiten nicht ratlos sein und keine Fehler bei seinen Verordnungen machen, was eintreten würde, wenn einer diese Grundsätze nicht schon vorher begriffen und daher nicht schon vorher jeden Einzelfall bedacht hat.

Wenn aber die Jahreszeit weiter vorrückt, dann kann er über das Jahr schon urteilen, was für Krankheiten in diesem insgemein die Stadt befallen werden, sei es im Sommer oder im Winter, und was für Krankheiten dem Einzelnen persönlich infolge des Wechsels der Lebensweise drohen. Denn wenn er die Wandlungen der Jahreszeiten und die Auf- und Untergänge der Gestirne kennt, d. h., unter was für Umständen jeder dieser Vorgänge erfolgt, dann kann er schon vorher wissen, wie das Jahr voraussichtlich werden wird. Ein Arzt, der solchermaßen alles erwägt und schon im Voraus bedenkt, der wird auch in jedem besonderen Fall am sichersten die rechte Entscheidung treffen und in den meisten Fällen mit seinen gesundheitlichen Verordnungen das Rechte tun und daher durch seine Kunst bei den Menschen Erfolg haben.

Wenn aber einer meint, dass diese Dinge vielmehr Sache des Meteorologen wären, der wird, wenn er solche Meinung aufgibt, einsehen, dass die Sternkunde keinen geringen Teil zur Heilkunst beiträgt, sondern vielmehr einen ganz bedeutenden. Denn zugleich mit den Jahreszeiten wandeln sich auch die Krankheiten und die Unterleibsverhältnisse bei den Menschen.

Wie man aber jeden der vorhin genannten Punkte beachten und prüfen muss, das werde ich jetzt deutlich darlegen. In der Stadt, die nach den warmen Winden zu liegt – das aber sind die zwischen dem winterlichen Sonnenauf- und -untergang – und von der diese Winde unzertrennlich sind, während sie vor den nördlichen Winden Schutz hat, in einer solchen Stadt müssen die Wasseradern reichlich und etwas salzig sein und dicht unter der Erdoberfläche liegen. Daher sind sie im Sommer warm, im Winter kalt. Die Menschen dort haben ihre Köpfe feucht und voll Schleim, und ihr Unterleib wird durch den Schleim aufgerührt, der vom Kopf herabfließt. Und ihrer körperlichen Haltung fehlt meist die Straffheit. Sie sind keine starken Esser oder Trinker. Denn Menschen, die schwache Köpfe haben, sind keine starken Zecher. Denn die Folgen eines Rausches quälen sie mehr als andere. Und folgende Krankheiten sind bei ihnen einheimisch. Vor allen Dingen sind die Frauen kränklich und leiden am Fluss. Und dann sind viele von ihnen, infolge von Krankheit und nicht etwa von Natur, unfruchtbar und erleiden oft Fehlgeburten. Und die Kinder werden von Krämpfen und Atemnot befallen und von jener Krankheit, die, wie sie glauben, von der Gottheit verursacht wird und daher als heilig gilt. Die Männer aber leiden an Darmkrankheiten und Durchfall, ferner an Fieberfrost und lange dauernden Fiebern im Winter und nächtlichen Blattern und Hämorrhoiden im After. Dagegen sind bei ihnen Brustfellentzündungen und Lungenkrankheiten sowie hitzige Fieber und die sogenannten akuten Krankheiten nicht häufig. Denn es ist unmöglich, dass da, wo der Unterleib der Menschen feucht ist, solche Krankheiten grassieren. Nässende Augenentzündungen, die nicht ernster Natur sind und nur kurze Zeit dauern, treten bei ihnen auf, wenn nicht etwa infolge eines starken Witterungswechsels eine Krankheit herrscht, die jedermann befällt. Und wenn sie fünfzig Jahre hinter sich haben, dann treten bei ihnen vom Gehirn her Flüsse auf, die die Menschen für Schlaganfälle reif machen, wenn ihr Kopf plötzlich von der Sonne bestrahlt und plötzlich kalt wird.

Diese Krankheiten sind bei ihnen zu Hause. Und noch eins: Wenn infolge des Wechsels der Jahreszeiten eine allgemeine Krankheit auftritt, werden sie auch von dieser ergriffen.

Mit den Städten aber, die eine diesen entgegengesetzte Lage haben, nach den kalten Winden hin, zwischen den sommerlichen Sonnenauf- und -untergängen, bei denen diese Winde einheimisch sind, während sie vor dem Südwind Schutz haben und überhaupt vor den warmen Winden, mit solchen Städten steht es folgendermaßen: Zunächst sind ihre Gewässer meist hart, kalt und salzhaltig. Die Menschen dort müssen straff und hager sein, und die meisten von ihnen haben harten und trockenen Unterleib, während der obere leichtflüssiger ist. Und sie sind mehr gallsüchtig als schleimsüchtig. Die Köpfe sind gesund und trocken. Sie haben meist Risse (im Inneren des Körpers). Folgende Krankheiten sind bei ihnen einheimisch: viele Brustfellentzündungen und die sogenannten akuten Krankheiten. Das muss so sein, wenn der Unterleib des Menschen trocken ist. Und viele bekommen aus allen möglichen Anlässen innere Geschwüre. Ursache hiervon ist die Straffheit ihres Körpers und die Trockenheit ihres Unterleibes. Denn diese wie auch die Kälte des Wassers bewirken, dass sich im inneren Körper Risse bilden. Menschen solcher Konstitution sind natürlich gute Esser, trinken aber wenig. Denn es ist unmöglich, dass sie Vielesser und Vieltrinker zugleich sind. Und von Zeit zu Zeit treten bei ihnen Augenkrankheiten auf, die trocken und hartnäckig sind, sodass die Augenlider alsbald Risse bekommen. Menschen unter dreißig Jahren bekommen zur Sommerzeit starkes Nasenbluten. Auch die sogenannten

Ich will sie nämlich jetzt zerschneiden, jeden in zwei Teile; dadurch werden sie schwächer werden und doch zugleich uns nützlicher, weil ihrer mehr geworden sind, und aufrecht sollen sie gehen auf zwei Beinen. Sollte ich aber merken, dass sie noch weiter freveln und nicht Ruhe halten wollen, so will ich sie noch einmal zerschneiden, sodass sie sich dann auf einem Beine fortbewegen müssen wie beim Schlauchhüpfen.

Sprach's und zerschnitt die Menschen in zwei Hälften, wie man Früchte zerschneidet, um sie einzumachen, oder Eier mithilfe von Haaren zerlegt. Sobald er aber einen zerschnitten hatte, befahl er dem Apollon, ihm das Gesicht und den halben Hals herumzudrehen, und zwar nach dem Schnitte hin, damit der Mensch bei dessen Anblick sittsamer würde; die Schnittwunde aber befahl er dem Apollon zu heilen. Dieser drehte also das Gesicht herum, zog die Haut von allen Seiten über das, was wir jetzt Bauch nennen, und wie man einen Beutel zusammenschnürt, fasste er es in eine Mündung zusammen und band sie mitten auf dem Bauche ab, was wir jetzt Nabel nennen. Und die Runzeln glättete er zum größten Teile, dann fügte er die Brust zusammen mit einem Werkzeug, wie es die Schuster benutzen, um über dem Leisten die Falten des Leders zu glätten, nur einige wenige ließ er stehen in der Gegend des Bauches und des Nabels zur Erinnerung an den früheren Zustand.

Nachdem nun die Gestalt entzweigeschnitten war, sehnte sich jeder Teil, mit seiner anderen Hälfte zusammen zu sein, und sie umfingen sich mit den Armen und schlangen sich ineinander, und über dem Begehren zusammenzuwachsen, starben sie aus Hunger und sonstiger Untätigkeit, weil sie nichts getrennt voneinander tun wollten. Starb nun die eine der Hälften und die andere blieb übrig, so suchte sich diese eine andere und umschlang sie, mochte sie nun auf die Hälfte einer ehemaligen ganzen Frau, was wir jetzt eine Frau nennen, stoßen oder auf die eines Mannes, und so kamen sie um. Da erbarmte sich Zeus und gab ihnen ein anderes Mittel an die Hand, indem er ihre Schamteile nach vorn verlegte; bisher nämlich trugen sie diese nach außen, und so befruchteten und zeugten sie nicht ineinander, sondern in die Erde wie die Zikaden. So versetzte er die Schamteile denn nun nach vorn und bewirkte, dass die Menschen vermittels ihrer ineinander zeugten, durch das Männliche nämlich im Weiblichen: wenn der Mann eine Frau treffe, so sollte in der Umarmung die Zeugung erfolgen und dadurch die neue Nachkommenschaft entstehen; treffe ein Mann aber einen anderen, so sollten sie wenigstens von ihrer Vereinigung Befriedigung haben; sie sollten sich beruhigen, sich ihren Geschäften zuwenden und, was sonst zum Leben gehört, besorgen.

Seit so langer Zeit also ist die Liebe zueinander den Menschen angeboren, um die ursprüngliche Natur wiederherzustellen, und Eros versucht, aus zweien eins zu machen und die menschliche Natur zu heilen.

Jeder von uns also ist das Gegenstück von einem Menschen, da wir ja zerschnitten, wie die Schollen, aus einem zwei geworden sind. Also sucht nun jeder ewig sein Gegenstück. Alle Männer nun, die ein Stück von dem gemischten Geschlecht sind, das damals mannweiblich hieß, lieben das Weib, und die meisten Ehebrecher gehören zu diesem Geschlecht, und die Frauen, die den Mann lieben und ehebrecherisch sind, stammen auch aus diesem Geschlecht. Alle Frauen aber, die Stücke einer Frau sind, kümmern sich nicht viel um die Männer, sondern sind mehr den Frauen zugetan, und diese Art Dirnen entstammt diesem Geschlechte. Alle aber, die Stücke eines Männlichen sind, folgen dem Männlichen, und solange sie noch Knaben sind, lieben sie als Teile des Männlichen die Männer und haben ihre Freude daran, bei ihnen zu liegen und sie zu umarmen, und das sind – als die von Natur Mannhaftesten – die Trefflichsten unter den Knaben und Jünglingen. Einige nennen sie zwar schamlos, aber mit Unrecht. Denn nicht aus Schamlosigkeit tun sie dies, sondern weil sie mit Mut, Kühnheit und Mannhaftigkeit das ihnen Ähnliche lieben. Dafür ist es deutlicher Beweis, dass solche Männer allein, wenn sie herangereift sind, sich dem Staatsdienste widmen:

Sind sie aber mannbar geworden, dann lieben sie Knaben, und zur Ehe und Kindererzeugung haben sie von Natur keine Lust, sondern das Gesetz zwingt sie dazu. Ihnen selbst wäre es genug, miteinander unverehelicht zu leben. Auf jeden Fall also wird ein solcher zu einem Liebhaber von Knaben und Freunden, weil er immer dem ihm Verwandten anhängt. Wenn aber einmal einer seine wahre eigene Hälfte antrifft, ein Knabenfreund oder jeder andere, dann werden die beiden wunderbar erschüttert von Freundschaft, Vertrautheit und Liebe und wollen auch nicht einen Augenblick voneinander lassen. Und die ihr ganzes Leben hindurch miteinander verbunden bleiben, diese sind es, die auch nicht einmal zu sagen wüssten, was sie voneinander wollen. Denn es kann doch wohl nicht die Gemeinschaft des Liebesgenusses sein, um dessentwillen sich ein jeder so freudig und so eifrig mit dem anderen vereint. Offenbar will vielmehr die Seele beider etwas anderes, was sie aber nicht aussprechen kann und deshalb nur in Zeichen und Rätseln andeutet. Und wenn Hephaistos vor sie hinträte, während sie zusammenliegen, seine Werkzeuge in der Hand, und fragte: Was ist es denn eigentlich, ihr Leute, was ihr voneinander wollt?

Und wenn sie es nicht wüssten und er fragte sie weiter: Begehrt ihr etwa dies, so viel als möglich zusammen zu sein, sodass ihr euch Tag und Nacht nicht zu verlassen braucht? Denn wenn das euer Begehren ist, so will ich euch in eins zusammenschmelzen und zusammenschweißen, sodass ihr, die zwei, einer werdet und zeit eures Lebens als ein Wesen beide gemeinsam lebt, und wenn ihr gestorben seid, auch dort in der Unterwelt nicht zwei, sondern, gemeinsam gestorben, ein Toter seid. Also seht zu, ob ihr danach verlangt und ob ihr zufrieden sein werdet, wenn ihr es erreicht – wenn er das hörte, so würde, das wissen wir genau, auch nicht einer Nein sagen oder zu erkennen geben, dass er etwas anderes wünsche, sondern jeder würde meinen, genau das gehört zu haben, wonach er immer schon verlangte: vereint und zusammengeschweißt mit dem Geliebten aus zweien einer zu werden. Die Ursache davon ist, dass wir ursprünglich so beschaffen und ganze Menschen waren. Dies Verlangen nun und Trachten nach dem Ganzen heißt Liebe.

Vordem also waren wir, wie gesagt, ein Wesen, jetzt aber sind wir von dem Gotte unsrer Ungerechtigkeit wegen auseinandergerissen und verteilt, wie die Arkader durch die Lakedämonier. Wenn wir uns nun nicht sittsam gegen die Götter betragen, steht zu befürchten, dass wir nochmals gespalten werden und herumgehen müssen wie die Relieffiguren auf den Grabsteinen, ganz im Profil, wie durch die Nase mitten durchgesägt, geteilt wie Würfel. Aber aus diesem Grunde sollte ein jeder Mann dem anderen zureden, den Göttern Ehrfurcht zu erweisen, damit wir diesem entgehen und jenes, wozu uns Eros Führer und Feldherr ist, erlangen. Ihm möge ja niemand zuwiderhandeln; es handelt ihm aber zuwider, wer sich den Göttern verhasst macht. Sind wir nämlich dem Gotte freund und in gutem Einvernehmen mit ihm, so werden wir unsere Lieblinge ausfindig machen und gewinnen, ein jeder seinen eigenen, was jetzt nur wenigen gelingt. Und Eryximachos möge mir ja nicht meine Rede ins Lächerliche ziehen und annehmen, ich meinte den Pausanias und Agathon; denn vielleicht gehören auch sie zu diesen und sind beide von Natur männlich. Ich sage es vielmehr von allen insgesamt, von Männern und Frauen, dass nämlich unser Geschlecht auf diese Weise glücklich würde, wenn wir zur vollendeten Liebe gelangten und ein jeder, zu seiner ursprünglichen Natur zurückkehrend, den zu ihm gehörenden Liebling gewänne. Wenn aber dies das Beste ist, so muss von dem uns jetzt zu Gebote Stehenden dies das Beste sein, was jenem am nächsten kommt, das heißt, einen Geliebten zu finden, der nach unserem Sinne geartet ist. Und wollen wir den Gott, von dem dies herkommt, besingen, so gebührt es, den Eros zu besingen, der uns jetzt schon so viel Gutes tut, indem er uns zu dem, was uns verwandt ist, führt, und der uns für die Zukunft die größten Hoffnungen erweckt, uns, wenn wir nur den Göttern Ehrfurcht erweisen, durch Zurückversetzung in die ursprüngliche Natur und durch Heilung selig und glücklich zu machen.

*Um 330 v. Chr.*

## ARISTOTELES
## Das Freiwillige und das Unfreiwillige

*»Aristoteles (\*384, †322 v. Chr.) wurde geboren, arbeitete und starb.« So die Biographie Martin Heideggers, und zwar in ganzer Länge. Beruf: Philosoph und empirischer Wissenschaftler. Nur einige seiner Themen und Forschungsgebiete: Metaphysik oder die Lehre vom Sein als solchem, Logik und Wissenschaftstheorie, Physik und Biologie, Ethik und Rhetorik, Ästhetik oder Theorie der Dichtkunst, Staatstheorie oder politische Philosophie. Und so gut wie alles Übrige. Er war Schüler Platons und Lehrer Alexanders des Großen. Von Persern und Arabern für die spekulative Wissenschaft des mittelalterlichen Europa gerettet, behielt er auf diese bestimmenden Einfluss – von der Theologie des heiligen Thomas bis zu Kants Logik. Als Erster untersuchte er methodisch die (Kausal-)Relation von Ursache und Wirkung. Und – im folgenden Auszug – zugleich den freien Willen. Die strittige Frage, ob und wie der Mensch ohne einen solchen denkbar wäre, hat bis zu den jüngsten Diskussionen über Erkenntnisse der Hirnforschung nichts an Aktualität und Brisanz eingebüßt. Rund 1500 Jahre nach Aristoteles begegnen wir ihr wieder bei Anselm von Canterbury (vgl. S. 92–93), später bei Erasmus und Luther (vgl. S. 158–159 und S. 159–161) und natürlich in der Aufklärung, zum Beispiel bei d'Holbach (vgl. S. 278–280).*

I. DA DIE TUGEND ES mit Affekten und Handlungen zu tun hat und diese, wenn sie freiwillig sind, Lob und Tadel finden, wenn aber unfreiwillig, Verzeihung, zuweilen auch Mitleid, so kann der Moralphilosoph nicht wohl umhin, den Begriff des Freiwilligen und des Unfreiwilligen zu erörtern. Aber auch für die Gesetzgeber ist dieses von Nutzen behufs der Feststellung von Belohnungen und Strafen.

Unfreiwillig scheint zu sein, was aus Zwang oder Unwissenheit geschieht. Erzwungen oder gewaltsam ist dasjenige, dessen Prinzip außen liegt, und wo der Handelnde oder der Gewalt Leidende nichts dazu tut, z. B. wenn ihn der Wind oder Menschen, in deren Gewalt er ist, irgendwohin führen.

Wenn aber etwas aus Furcht vor größeren Übeln oder wegen etwas Gutem getan wird – z. B. wenn ein Tyrann, der unsere Eltern und Kinder in seiner Gewalt hat, eine schimpfliche Handlung von uns verlangte und jene geschont würden, wenn wir die Handlung verrichteten, dagegen sterben müssten, wenn wir uns ihrer weigerten –, so kann man zweifeln, ob solche Handlungen freiwillig oder unfreiwillig sind. Die gleiche Bewandtnis hat es mit den Gütern, die man bei einem Seesturm über Bord wirft. Schlechthin freiwillig tut das niemand, dagegen um sich und die anderen zu retten, tut es jeder, der Vernunft besitzt. Derartige Handlungen sind also gemischter Natur, indessen neigen sie sich mehr auf die Seite des Freiwilligen. Denn im Augenblicke ihrer Ausübung sind sie frei gewählte, und das Ziel und die Vollendung einer Handlung richtet sich jedes Mal nach der Zeit. Und darum muss etwas mit Rücksicht auf die Zeit der Handlung als freiwillig und unfreiwillig bezeichnet werden. Nun geschieht sie aber, wann sie geschieht, freiwillig. Denn auch das Prinzip, das bei derartigen Handlungen die Glieder des Leibes bewegt, liegt in dem Handelnden selbst. Liegt aber das Prinzip der Handlung in ihm, so steht es bei ihm, sie zu verrichten oder nicht. Mithin ist solches freiwillig, schlechthin aber vielleicht unfreiwillig, da niemand sich für Derartiges an sich entscheiden würde.

Man wird aber auch wegen solcher Handlungen bisweilen gelobt, wenn man nämlich Schimpfliches oder Schmerzliches erträgt, wo es für Großes und Schönes geschieht; fehlt aber diese Bedingung, so wird man getadelt. Denn das Schimpflichste ertragen, wo keinerlei Gut oder nur ein kleines auf dem Spiele steht, verrät den schlechten Mann. Für manche Dinge erhält man zwar kein Lob, aber Verzeihung, wenn man nämlich tut, was man nicht sollte, aus Furcht vor Dingen, die über das Vermögen der menschlichen Natur hinausgehen und von niemandem ertragen werden könnten. Indessen mag es auch solche Handlungen geben, zu denen man sich nicht zwingen lassen darf und denen man den Tod unter den größten Qualen vorziehen muss. Was z. B. den Alkmäon des Euripides zum Muttermorde gezwungen hat, ist offenbar lächerlich.

Es ist aber zuweilen schwer zu entscheiden, welches von zwei Dingen man wählen, und welches von zwei Übeln man ertragen soll; noch schwerer aber ist es, bei dem als Pflicht Erkannten zu beharren. Denn meistens ist das, was man zu erwarten hat, schmerzlich und das, wozu man gezwungen werden soll, schimpflich. Darum hat man für jemanden Lob oder Tadel, je nachdem er dem Zwange nachgegeben hat oder nicht.

Was soll nun also als erzwungen gelten? Das, antworten wir, dessen Ursache außen ist und wo der Handelnde nichts dazu tut. Was an sich unfreiwillig ist, aber für den Augenblick und aus der und der Rücksicht gewählt wird und sein Prinzip in dem Handelnden hat, ist an sich zwar unfreiwillig, jedoch für jetzt und um der und der Rücksicht willen freiwillig. Doch hat es mehr von der Art des Freiwilligen, da die Handlungen stets in bestimmten Fällen erfolgen und die Tat im bestimmten Falle eben freiwillig ist. Welche Wahl aber jedes Mal zu treffen ist, lässt sich nicht leicht bestimmen, weil es von Fall zu Fall zahlreiche Verschiedenheiten gibt.

Wollte man aber das Lustbringende und das sittlich Gute für ein Zwingendes ausgeben, insofern es nämlich außen ist und darum Zwang ausüben soll, dann wäre alles ohne Ausnahme zwingend. Denn um dieser Dinge willen tun alle alles. Auch sind die erzwungenen und unfreien Handlungen schmerzlich, während das um der Lust und des Guten willen Getane uns Freude macht. Es ist also lächerlich, die äußeren Güter anzuklagen und nicht sich selbst, der man so leicht von Derartigem gefangen wird, lächerlich, das Gute sich selbst zuzuschreiben, das Schimpfliche aber auf Rechnung des äußeren Reizes zu setzen.

Erzwungen ist und bleibt doch, wessen Prinzip außen ist, wo aber das den Zwang Erduldende nichts dazu tut.

2. Was aus Unwissenheit geschieht, ist zwar alles nicht freiwillig getan, aber für unfreiwillig können doch nur diejenigen Handlungen gelten, denen Schmerz und Reue folgt. Wer etwas aus Unwissenheit getan hat, aber über die Handlung kein Missfallen empfindet, hat zwar nicht freiwillig in dem gehandelt, was er ja nicht wusste, aber auch nicht unfreiwillig, da er keine Betrübnis darüber fühlt. Wer also das aus Unwissenheit Getane bereut, erscheint als jemand, der unfreiwillig gehandelt hat, wer es aber nicht bereut – dies soll nämlich ein anderes sein –, als jemand, der nicht freiwillig gehandelt hat. Denn da er sich von jenem unterscheidet, so erhält er besser eine besondere Bezeichnung.

Es ist auch gewiss nicht das Nämliche, ob man etwas aus Unwissenheit tut oder ohne es zu wissen. Wer betrunken oder zornig aufgeregt ist, handelt sicher nicht aus Unwissenheit, sondern aus einer dieser beiden Ursachen, aber nicht mit Wissen, sondern ohne Wissen. Aber nun weiß auch jeder Bösewicht nicht, was er tun und was er meiden soll, und ebendieser Mangel ist es, durch den der Mensch ungerecht und überhaupt schlecht wird.

Endlich darf da von unfreiwillig keine Rede sein, wo man nicht weiß, was einem frommt. Freigewollte Unwissenheit ist keine Ursache des Unfreiwilligen, sondern der Schlechtigkeit; auch nicht die Unkenntnis der allgemeinen sittlichen Vorschriften – denn gerade ihretwegen erfährt man Tadel –, sondern die Unkenntnis des Einzelnen, in dem und um das sich das Handeln bewegt. Hier findet ja auch Mitleid und Verzeihung statt. Denn wer ein Einzelnes nicht weiß, handelt unfreiwillig.

Es ist nun wohl nicht unpassend, anzugeben, welche und wie viele Einzelheiten überhaupt bei einer Handlung in Betracht kommen können. Es fragt sich da also, wer etwas tut, und was er tut und in Bezug auf was oder an wem, oft auch, womit, ob z. B. mit einem Werkzeug, und weshalb, ob z. B. der Rettung halber, und wie, z. B. ob gelinde oder intensiv. Über alles dieses zusammen kann nun niemand, der kein Narr ist, sich in Unwissenheit befinden, selbstverständlich auch nicht über die Person des Handelnden; denn wer kennte sich nicht selbst? Dagegen wohl über das, was man tut, wie man z. B. sagt, es sei einem in der Rede ein Wort versehentlich entfallen, oder man habe nicht gewusst, dass es ein Geheimnis war, wie es dem Äschylus mit den Mysterien ging, oder man habe etwas zeigen wollen, eine Wurfmaschine z. B., und sie sei losgegangen. Man kann auch seinen Sohn für einen Feind halten wie die Merope, oder meinen, eine Lanze, die in Wirklichkeit spitz ist, sei vorn abgerundet, oder ein Stein sei ein Bimsstein. Es kann auch vorkommen, dass man zu seiner Verteidigung einen Schlag führt und damit den Gegner tötet, oder dass man einem einen Hieb, wie ihn die Faustkämpfer führen, weisen will und ihn dabei niederstreckt.

Da es also in Bezug auf alle diese Umstände der Handlung eine Unwissenheit geben kann, so scheint derjenige, der einen dieser Umstände nicht gekannt hat, unfreiwillig gehandelt zu haben, und dies umso mehr, je wichtiger die betreffenden Umstände sind. Als die wichtigsten erscheinen aber der Gegenstand und der Zweck der Handlung. Soll man indessen von jemandem wegen solcher Unwissenheit sagen können, dass er unfreiwillig gehandelt hat, so muss er auch über die Handlung Schmerz und Reue empfinden.

3. Da unfreiwillig ist, was aus Zwang oder Unwissenheit geschieht, so möchte freiwillig sein: wessen Prinzip in dem Handelnden ist und zwar so, dass er auch die einzelnen Umstände der Handlung kennt. Denn es ist wohl verkehrt, wenn man als unfreiwillig bezeichnet, was aus Zorn oder Begierde geschieht.

Der Fang.
*Insel Kutubdia. Bangladesch, 21. Mai 1991.*

Denn erstlich würden dann keine anderen Sinnenwesen mehr freiwillig, das heißt spontan, tätig sein und ebenso wenig die Kinder.

Sodann fragte es sich, ob nichts, was aus Begierde und Zorn von uns geschieht, freiwillig getan ist, oder das Gute wohl, das Schimpfliche nicht. Das wäre doch lächerlich, da in beiden Fällen eine und dieselbe Ursache zugrunde liegt. Auch wäre es wohl ungereimt, unfreiwillig zu nennen, was man doch zu begehren die Pflicht hat. Man hat ja die Pflicht, über bestimmte Dinge sich zu erzürnen und andere, wie Gesundheit und Lehre, zu begehren.

Auch scheint das Unfreiwillige schmerzlich zu sein. Was aber aus Begierde geschieht, ist lustbringend.

Ferner, was ist für ein Unterschied zwischen einem Fehltritt mit Überlegung und einem Fehltritt aus Zorn, dass man sagen sollte, dieser sei unfreiwillig, jener nicht? Beide soll man ja meiden, und die unvernünftigen Affekte scheinen doch um nichts weniger menschliche Affekte zu sein. Aus Zorn und Begierde entspringen aber die Handlungen des Menschen.

Also ist es ungereimt, Handlungen, die im Affekt geschehen, für unfreiwillig auszugeben.

*Um 310 v. Chr.*

# THEOPHRAST

# Charakter

---

*Eine kleine Bibel der Psychologie, die in jeder anständigen Bahnhofsbuchhandlung vorrätig ist: dreißig Charaktertypen in ebenso lebensnahen wie zeitlosen Porträts, erst spät für die Moderne wiederentdeckt von dem großen französischen Moralisten La Bruyère (vgl. S. 225–227), der sie 1688 übersetzt, kommentiert und bereichert durch Studien seiner adligen und möchtegernadligen Pariser Milieus herausgab:* Les Caractères de Théophraste, traduits du grec, avec les caractères ou les mœurs de ce siècle. *Der Superseller erfuhr in den ersten sechs Jahren acht Auflagen. Theophrast (\* um 371z, † um 287 v. Chr.) war Schüler von Platons Akademie, bis er Aristoteles in den Peripatos folgte, die von diesem gegründete Schule. Nach dem Tod des Meisters übernahm er – bei einer Zahl von bis zu 2000 Studierenden – die Leitung. Von seinen rund 200 Schriften ist nur wenig erhalten. Wie der spätantike Philosophiehistoriker Diogenes Laertios (siehe S. 69–71) gut 500 Jahre später schmunzelnd kolportiert, starb Theophrast mit 85 Jahren an »nachlassendem Arbeitseifer«.*

### DER REDSELIGE

Die Redseligkeit ist die Verbreitung langer unbedachter Reden, der Redselige aber ist einer, der sich an einen Unbekannten nahe heransetzt und zuerst ein Loblied auf seine eigene Frau singt. Sodann erzählt er, was er nachts im Traum gesehen hat, dann schildert er im Einzelnen, was es zu essen gab. Dann spricht er, langsam in Fahrt kommend, davon, wie viel schlechter die Menschen heute sind als früher, wie billig der Weizen auf dem Markt ist, wie viele Fremde in der Stadt sind, und das Meer sei seit den Dionysien schiffbar. Und wenn es Zeus mehr regnen ließe, würde die Ernte besser werden. Und er werde nächstes Jahr ein Feld bestellen, und das Leben sei schwer, und Damippos habe bei den Mysterien die größte Fackel aufgestellt, und soundso viele Säulen seien am Odeon. Und »Gestern habe ich erbrochen«, und »Welcher Tag ist heute?«, und die Mysterien seien im September, die Apaturien im Oktober, die ländlichen Dionysien im Dezember. Und wenn einer bei ihm bleibt, lässt er ihn nicht mehr los.

### DER GEIZIGE

Der Geiz ist ein Streben nach schändlichem Gewinn, der Geizige ist einer, der seinen Gästen nicht genug Brot vorzusetzen und von einem Fremden, der bei ihm einkehrt, Geld zu borgen pflegt.

Wenn er Portionen austeilt, sagt er, es sei gerecht, dass der Austeiler eine doppelte Portion bekomme, und teilt sich gleich selbst aus.

Verkauft er Wein, gibt er gepanschten auch dem Freund.

Ins Theater nimmt er nur dann seine Söhne mit, wenn die Ordner kostenlos Eintritt gewähren.

Geht er auf eine offizielle Gesandtschaftsreise, lässt er die Spesen der Gemeinde zu Hause und borgt von seinen Mitgesandten. Und seinem Diener lädt er eine größere Last auf, als er tragen kann, und gibt ihm die wenigste Verpflegung von allen. Und von den Gastgeschenken verlangt er seinen Teil und verkauft ihn.

Im Bad salbt er sich und sagt: »Ranzig ist das Öl, das du gekauft hast, Bursche!« und salbt sich mit fremdem.

Von den Kupfermünzen, die unterwegs von seinen Dienern gefunden werden, pflegt er einen Teil zu fordern, denn ein Fund sei Gemeingut.

Er gibt seinen Mantel zur Reinigung, borgt sich einen von einem Bekannten und lässt noch einige Tage länger verstreichen, bis man ihn zurückverlangt.

Und weiter: mit pheidonischem Maß, das unten eingebeult ist, misst er seinem Gesinde die Verpflegung zu, wobei er viel abstreicht.

Er kauft unter der Hand von einem Freund, der glaubt, richtig zu verkaufen.

Er hat eine Schuld von dreißig Minen zurückzuzahlen und zahlt vier Drachmen weniger.

Wenn seine Söhne wegen Krankheit nicht den ganzen Monat in die Schule gehen, zieht er den entsprechenden Betrag vom Schulgeld ab. Im Februar schickt er sie gar nicht zu den Lektionen wegen der vielen Feiertage, um das Schulgeld zu sparen.

Ein Sklave bringt ihm den Pachtzins, und er verlangt noch das Wechselgeld für das Kupfer dazu, ebenso umgekehrt, wenn er vom Verwalter die Rechnung bekommt.

Bei der Bewirtung seiner Phratrie fordert er für seine eigenen Sklaven Verpflegung aus der Gemeinschaftskasse. Die auf dem Tisch übrig gebliebenen Rettichhälften schreibt er auf, damit sie die Kellner nicht nehmen.

Wenn er mit Bekannten verreist, bedient er sich ihrer Sklaven, den eigenen vermietet er nach auswärts und bringt das Geld nicht in die Gemeinschaftskasse.

Bei einem Gastmahl, das bei ihm veranstaltet wird, setzt er auch das von ihm gestiftete Holz, die Linsen, den Essig, das Salz und das Öl mit auf die Rechnung.

Wenn einer seiner Freunde heiratet oder seine Tochter vermählt, verreist er einige Zeit vorher, um kein Geschenk schicken zu müssen.

Und von den Bekannten borgt er sich Dinge, die man weder zurückverlangen noch sich zurückgeben lassen mag.

## Der »Ungelegene«

Die Ungelegenheit ist ein zärtliches Zusammentreffen, das für den Betroffenen peinlich ist, der »Ungelegene« aber ist einer, der zu einem, der keine Zeit hat, geht, um sich beraten zu lassen.

Seiner Geliebten macht er den Hof, wenn sie Fieber hat.

An einen, der in einem Bürgschaftsprozess verurteilt worden ist, wendet er sich und fordert ihn auf, die Bürgschaft für ihn zu übernehmen.

Soll er Zeuge sein, ist er zugegen, wenn der Fall schon entschieden ist.

Zur Hochzeit eingeladen, klagt er das weibliche Geschlecht an.

Einen, der eben von einem weiten Weg zurückkommt, lädt er zum Spaziergang ein.

Er pflegt einen Käufer, der mehr bietet, beizubringen, wenn man schon verkauft hat.

Wenn jemand zugehört und verstanden hat, steht er auf und erklärt es wieder von vorn.

Gern kümmert er sich um das, was man nicht will, sich jedoch abzuweisen scheut.

Zu denen, die gerade ein Opfer veranstalten und dafür Ausgaben haben, kommt er, um die Zinsen zu verlangen.

Als Teilnehmer bei einem Schiedsgericht bringt er die beiden gegeneinander auf, während sie sich schon versöhnen wollen.

Und wenn er tanzen will, greift er sich einen, der noch nicht berauscht ist.

*Um 300 v. Chr.*

## MENZIUS

# Ist das Gute anerzogen? Oder nicht doch das Schlechte?

»Die Lektion, die ich in Kairo gelernt habe, besitzt immer noch ihre Gültigkeit: Das einzige Rezept, mit Bürokraten umzugehen, sind eine Tarnkappe und plötzliche Gewalttätigkeit.« So Boutros Boutros-Ghali nach seinem Abschied von der UNO über seine Erfahrungen als deren Generalsekretär.

Liest man die folgenden Gedanken über das fehlende Herz der Beamten, so scheint sich an deren Handlungsmustern über die Jahrtausende kaum etwas geändert zu haben. Menzius (*um 370, †um 290 v. Chr.) war der bedeutendste Nachfolger des Konfuzius und hat viel dazu beigetragen, dass dessen Lehre in der Han-Dynastie (206 v. Chr. – 220) zur Staatsreligion des chinesischen Kaiserreiches wurde; eine Religion ohne Gott, der eine große Mehrheit aller Chinesen bis heute anhängt. Gegen Xunzi, seinen Rivalen im Schülerkreis des Meisters, hielt er daran fest, dass die Natur des Menschen gut sei und nur durch die gesellschaftlichen Umstände verdorben – ein antiker Rousseauaner wie der eine Generation später geborene Epikur (vgl. S. 41–43). Wir lesen zuerst das Verdikt von Xunzi. Dann lehren uns Menzius, der Bettler und der Beamte, wie in Wahrheit der Verlust des Herzens vonstatten geht.

### XUNZI – DES MENSCHEN NATUR IST SCHLECHT

Des Menschen Natur ist schlecht; das Gute in ihm ist anerzogen. Von Geburt an ist der Mensch seiner Natur nach auf den eigenen Vorteil bedacht. Ließe man seine Natur ungehindert gewähren, so würde nur Streit entstehen, und Entgegenkommen und Nachgiebigkeit würden aussterben. …

Sollte man also die Menschen ihrer Natur und ihren natürlichen Gefühlen ungehindert nachgehen lassen, so würde unweigerlich nur Zwist und Streit entstehen, gegen die Rangordnung gröblichst verstoßen und die Sittlichkeit vollends zerrüttet werden, bis schließlich alles in Aufruhr geriete und überall Chaos herrschte. Darum mussten die Menschen Lehrer und Gebote haben, um sie zu wandeln, und Normen für ihr Verhalten, um sie zu leiten.

### MENZIUS, DER BETTLER UND DER VERLUST DES HERZENS

Ein Korb Reis und eine Schale Suppe. Sie zu bekommen ermöglicht Leben, sie nicht zu bekommen könnte den Tod bedeuten. Wenn du sie mit einem Fluch verschenkst, dann wird auch ein Landstreicher diese Gabe nicht annehmen.

Aber wenn es um 10 000 Scheffel Getreide geht, werden Menschen in hohen Positionen sie gern annehmen, ohne zu fragen, ob dies mit den Riten und der Gerechtigkeit übereinstimmt.

Was können mir 10 000 Scheffel Getreide bedeuten? Geht es um die Schönheit der Hallen und Häuser, um die Bewunderung der Konkubinen und Frauen oder um die Möglichkeit, den Armen, die ich kenne, etwas davon zugutekommen zu lassen? Früher hätte ich sie auch nicht angenommen, wenn es meinen Tod bedeutet hätte. Jetzt nehme ich sie an, um Hallen und Häuser zu verschönern. Früher hätte ich sie auch nicht angenommen, wenn es meinen Tod bedeutet hätte. Jetzt nehme ich sie an, um die Bewunderung meiner Konkubinen und Frauen zu bekommen. Früher hätte ich sie auch nicht angenommen, wenn es meinen Tod bedeutet hätte. Jetzt nehme ich sie an, um den Armen, die ich kenne, davon etwas zugutekommen zu lassen. Ist das nicht etwas wie eine Spirale ohne Ende? Dies bedeutet »sein ursprüngliches Herz zu verlieren«.

*Um 280 v. Chr.*

# EPIKUR

## Unser Tod ist kein Ereignis des Lebens

*Klugheit ist die Fähigkeit zu angemessenem Handeln im konkreten Einzelfall unter Berücksichtigung aller für die Situation relevanten Faktoren, individueller Handlungsziele und sittlicher Einsichten. So lesen wir heute in der Wikipedia. Bei den alten Griechen heißt sie Phronesis, und schon bei Platon zählt sie zu den vier Kardinaltugenden. Bei Aristoteles ist sie die einzige Tugend, von der es kein Übermaß geben kann, und bei Epikur ist sie »noch kostbarer als die Philosophie. Aus ihr entspringen alle übrigen Tugenden, und sie lehrt, dass es nicht möglich ist, lustvoll zu leben ohne verständig, schön und gerecht zu leben, noch auch verständig, schön und gut, ohne lustvoll zu leben.« Lust ist für Epikur also »nicht Genuss von Knaben und Frauen und von Fischen und allem anderen, was ein reichbesetzter Tisch bietet«.*

*Doch seine Philosophie der »Lust« ist verantwortlich für die Karriere, die Epikur (\*um 341, † 271/270 v. Chr.) als dem vielleicht am meisten missverstandenen Denker der Antike für die nächsten anderthalb Jahrtausende bevorstand. Die Römer hatten nichts für Philosophen übrig, welche wie er politische Aktivität geringschätzen, und die Brandmarkung durch das Mittelalter, das ihn als Stammvater aller ›Sklaven der Lust‹ schmähte, überlebte bis zu den ausschweifenden, ›tierisch‹ lebenden Menschen Luthers (vgl. S. 159–161). Einige italienische Humanisten wie Poggio Braccioli (vgl. S 125–129) und Lorenzo Valla waren schon weniger voreingenommen, und Erasmus (vgl. S. 155–159) brachte es immerhin dahin, von reaktionären Klerikern als Epikuräer ausgebuht zu werden. Im 17. Jahrhundert schließlich rehabilitierte ihn der Pariser Starintellektuelle Pierre Gassendi (vgl. S.204–206) beinahe vollumfänglich – bloß Epikurs Götter, die sich nicht ins menschliche Geschick einmischten, hauchten ihn doch zu unbeteiligt und kühl an. Noch dauerte es, bis 1819 Thomas Jefferson (vgl. S. 285–287) in einem Brief bekannte, er sei Epikuräer. Die authentische, unverfälschte Lehre Epikurs enthalte die Gesamtheit dessen, was in der antiken Moralphilosophie vernunftgemäß sei. Noch bleibt Epikur in seiner ganzen Aktualität wiederzuentdecken.*

WER JUNG IST, soll nicht zögern zu philosophieren, und wer alt ist, soll nicht müde werden im Philosophieren. Denn für keinen ist es zu früh und für keinen zu spät, sich um die Gesundheit der Seele zu kümmern. Wer behauptet, es sei noch nicht Zeit zu philosophieren oder die Zeit sei schon vorübergegangen, der gleicht einem, der behauptet, die Zeit für die Glückseligkeit sei noch nicht oder nicht mehr da. Darum soll der Jüngling und der Greis philosophieren, der eine, damit er im Alter noch jung bleibe an Gütern durch die Freude am Vergangenen, der andere, damit er gleichzeitig jung und alt sei durch die Furchtlosigkeit vor dem Künftigen. Wir müssen uns also kümmern um das, was die Glückseligkeit schafft: Wenn sie da ist, so besitzen wir alles, wenn sie aber nicht da ist, dann tun wir alles, um sie zu besitzen. Wozu ich dich dauernd gemahnt habe, das tue auch und kümmere dich darum und begreife es als Elemente des guten Lebens.

Erstens halte Gott für ein unvergängliches und glückseliges Lebewesen, so wie die allgemeine Vorstellung von Gott im Menschen angelegt ist, und hänge ihm nichts an, was seiner Unvergänglichkeit fremd oder seiner Glückseligkeit unangemessen wäre. Glaube vielmehr von ihm alles, was seine Glückseligkeit und Unvergänglichkeit zu sichern vermag. Götter nämlich existieren; denn die Gotteserkenntnis hat sichtbare Gewissheit. Sie sind aber nicht so, wie es die Leute meinen. Denn die Leute halten gar nicht die Gedanken über die Götter fest, die sie [natürlicherweise] haben. Gottlos ist nicht der, der die Götter der Menge beseitigt, sondern der, der den Göttern die Ansichten der Menge anhängt. Denn die Aussagen der Menge über die Götter sind nicht Vorahnungen, sondern falsche Vermutungen. Darum entstehen von den Göttern her die größten Schädigungen für die Schlechten und auch Förderungen ›für die Guten‹. Denn da die Götter durch und durch mit ihren eigenen Tugenden vertraut sind, akzeptieren sie nur Wesen, die ihnen ähnlich sind; doch alles, was nicht derart ist, schließen sie aus als fremd.

Gewöhne dich an den Gedanken, dass der Tod uns nichts angeht. Denn alles Gute und Schlimme beruht auf der Wahrnehmung. Der Tod aber ist der Verlust der Wahrnehmung. Darum macht die rechte Einsicht, dass der Tod uns nichts angeht, die Sterblichkeit des Lebens genussreich, indem sie uns nicht eine unbegrenzte Zeit dazugibt, sondern die Sehnsucht nach der Unsterblichkeit wegnimmt. Denn im Leben gibt es für den nichts Schreckliches, der in echter Weise begriffen hat, dass es im Nichtleben nichts Schreckliches gibt. Darum ist jener einfältig, der sagt, er fürchte den Tod nicht, weil er schmerzen wird, wenn er da ist, sondern weil er jetzt schmerzt, wenn man ihn erwartet. Denn was uns nicht belästigt, wenn es wirklich da ist, kann nur einen nichtigen Schmerz bereiten, wenn man es bloß erwartet.

Das schauerlichste Übel also, der Tod, geht uns nichts an; denn solange wir existieren, ist der Tod nicht da, und wenn der Tod da ist, existieren wir nicht mehr. Er geht also weder die Lebenden an noch die Toten; denn die einen geht er nicht an, und die anderen existieren nicht mehr. Die Menge freilich flieht bald den Tod als das ärgste der Übel, bald sucht sie ihn als Erholung von den Übeln im Leben. Der Weise dagegen lehnt weder das Leben ab noch fürchtet er das Nichtleben. Denn weder belästigt ihn das Leben, noch meint er, das Nichtleben sei ein Übel. Wie er bei der Speise nicht einfach die größte Menge vorzieht, sondern das Wohlschmeckendste, so wird er auch nicht eine möglichst lange, sondern eine möglichst angenehme Zeit zu genießen trachten.

Wer aber dazu mahnt, der Jüngling solle edel leben und der Greis edel sterben, der ist töricht, nicht nur weil das Leben liebenswert ist, sondern auch weil die Sorge für ein edles Leben und diejenige für einen edlen Tod eine und dieselbe ist.

Noch viel schlimmer steht es mit dem, der sagt: »Das beste ist, nicht geboren zu sein – wenn man aber geboren ist, so eilig als möglich zu den Toren des Hades zu streben.« Wenn er das nämlich aus Überzeugung sagt, warum scheidet er dann nicht aus dem Leben? Dies steht ihm ja frei, wenn er wirklich zu einem festen Entschlusse gekommen ist. Wenn es aber bloßer Spott ist, so ist es ein einfältiger Spott bei Dingen, die Spott nicht vertragen.

Es ist ferner zu bedenken, dass die Zukunft weder vollständig in unserer Gewalt ist noch vollständig unserer Gewalt entzogen. Wir werden also niemals erwarten, dass das Künftige sicher eintreten wird, noch daran verzweifeln, dass es jemals eintreten werde.

Ferner ist zu beachten, dass die Begierden teils natürliche, teils nichtige sind. Von den natürlichen wiederum sind die einen notwendig, die anderen bloß natürlich. Von den notwendigen endlich sind die einen notwendig zur Glückseligkeit, die anderen zur Ungestörtheit des Leibes, die dritten zum Leben überhaupt. Eine unverwirrte Betrachtung dieser Dinge weiß jedes Wählen und Meiden zurückzuführen auf die Gesundheit des Leibes und die Beruhigtheit der Seele; denn dies ist die Erfüllung des seligen Lebens. Um dessentwillen tun wir nämlich alles: damit wir weder Schmerz noch Verwirrung empfinden. Sobald einmal dies an uns geschieht, legt sich der ganze Sturm der Seele. Das Lebewesen braucht sich dann nicht mehr aufzumachen nach etwas, was ihm noch fehlte, und nach etwas anderem zu suchen, durch das das Wohlbefinden von Seele und Leib erfüllt würde. Dann nämlich bedürfen wir der Lust, wenn uns die Abwesenheit der Lust schmerzt. Wenn uns aber nichts schmerzt, dann bedürfen wir der Lust nicht mehr.

Darum nennen wir auch die Lust Anfang und Ende des seligen Lebens. Denn sie haben wir als das erste und angeborene Gut erkannt, von ihr aus beginnen wir mit allem Wählen und Meiden, und auf sie greifen wir zurück, indem wir mit der Empfindung als Maßstab jedes Gut beurteilen. Und eben weil sie das erste und angebotene Gut ist, darum wählen wir auch nicht jede Lust, sondern es kommt vor, dass wir über viele Lustempfindungen hinweggehen, wenn sich für uns aus ihnen ein Übermaß an Lästigem ergibt. Wir ziehen auch viele Schmerzen Lustempfindungen vor, wenn uns auf das lange dauernde Ertragen der Schmerzen eine größere Lust nachfolgt. Jede Lust also, da sie eine uns angemessene Natur hat, ist ein Gut, aber nicht jede ist zu wählen; wie auch jeder Schmerz ein Übel ist, aber nicht jeder muss natürlicherweise immer zu fliehen sein.

Durch wechselseitiges Abmessen und durch die Beachtung des Zuträglichen und Abträglichen vermag man dies alles zu beurteilen. Denn zu gewissen Zeiten gehen wir mit dem Gut um wie mit einem Übel und mit dem Übel wiederum wie mit einem Gute.

Wir halten auch die Selbstgenügsamkeit für ein großes Gut, nicht um uns in jedem Falle mit Wenigem zu begnügen, sondern damit wir, wenn wir das Viele nicht haben, mit dem Wenigen auskommen, in der echten Überzeugung, dass jene den Überfluss am süßesten genießen, die seiner am wenigsten bedürfen, und dass alles Naturgemäße leicht, das Sinnlose aber schwer zu beschaffen ist, und dass bescheidene Suppen ebenso viel Lust erzeugen wie ein üppiges Mahl, sowie einmal aller schmerzende Mangel beseitigt ist, und dass Wasser und Brot die höchste Lust zu verschaffen vermögen, wenn einer sie aus Bedürfnis zu sich nimmt. Sich also zu gewöhnen an einfaches und nicht kostspieliges Essen verschafft nicht nur volle Gesundheit, sondern macht den Menschen auch unbeschwert gegenüber den notwendigen Verrichtungen des Lebens, bringt uns in eine zufriedenere Verfassung, wenn wir in Abständen uns einmal an eine kostbare Tafel begeben, und erzeugt Furchtlosigkeit vor den Wechselfällen des Zufalls.

Wenn wir also sagen, dass die Lust das Lebensziel sei, so meinen wir nicht die Lüste der Wüstlinge und das bloße Genießen, wie einige aus Unkenntnis und weil sie mit uns nicht übereinstimmen oder weil sie uns missverstehen, meinen, sondern wir verstehen darunter, weder Schmerz im Körper noch Beunruhigung in der Seele zu empfinden. Denn nicht Trinkgelage und ununterbrochenes Schwärmen und nicht Genuss von Knaben und Frauen und von Fischen und allem anderen, was ein reichbesetzter Tisch bietet, erzeugt das lustvolle Leben, sondern die nüchterne Überlegung, die die Ursachen für alles Wählen und Meiden erforscht und die leeren Meinungen austreibt, aus denen die schlimmste Verwirrung der Seele entsteht.

Für all dies ist der Anfang und das größte Gut die Einsicht. Darum ist auch die Einsicht noch kostbarer als die Philosophie. Aus ihr entspringen alle übrigen Tugenden, und sie lehrt, dass es nicht möglich ist, lustvoll zu leben ohne verständig, schön und gerecht zu leben, noch auch verständig, schön und gut, ohne lustvoll zu leben. Denn die Tugenden sind von Natur verbunden mit dem lustvollen Leben, und das lustvolle Leben ist von ihnen untrennbar.

Denn schließlich, wen könntest du höher stellen als jenen, der über die Götter fromme Gedanken hat und der hinsichtlich des Todes vollkommen ohne Furcht ist, der das Endziel der Natur begriffen hat und der verstanden hat, dass die oberste Grenze des Guten leicht zu erfüllen und leicht zu beschaffen ist, dass aber die oberste Grenze des Übels entweder der Zeit oder dem Schmerze nach nur schmal ist?

Die Notwendigkeit aber, die einige als Herrin von allem einführen, verwirf als leere Meinung. Denn besser wäre es, sich dem Mythos von den Göttern anzuschließen, als sich zum Sklaven der Schicksalsnotwendigkeit der Naturphilosophen zu machen. Denn der Mythos deutet die Hoffnung an, dass die Götter durch die ihnen erwiesenen Ehren beeinflussbar seien; das Schicksal aber hat eine unerbittliche Notwendigkeit.

Den Zufall aber hält der Weise weder für eine Gottheit, wie es die Menge tut – denn Gott tut nichts auf ungeordnete Weise –, noch hält er ihn für eine unstete Ursache; denn er glaubt nicht, dass durch ihn Gutes und Übles zum glückseligen Leben den Menschen gegeben werde, wohl aber, dass er den Ausgangspunkt großer Güter und Übel bilde. Für besser hält der Weise es, mit vernünftiger Überlegung Unglück zu haben als ohne Überlegung Glück zu haben. Denn schöner ist es, wenn beim Handeln der rechte Entschluss nicht zur rechten Erfüllung kommt, als wenn ein unrechter Entschluss durch den Zufall zu rechter Erfüllung gelangt.

Dieses und was dazu gehört, überdenke Tag und Nacht in dir selber und zusammen mit dem, der deinesgleichen ist. Dann wirst du niemals, weder im Wachen, noch im Schlafen, beunruhigt werden, und du wirst unter den Menschen leben wie ein Gott. Denn keinem sterblichen Wesen gleicht der Mensch, der inmitten unsterblicher Güter lebt.

*217 v. Chr.*

## POLYBIOS

## Hohe Gesinnung – oder ein hoher Preis

*Der Grieche von der Peloponnes war der Erfinder der von ihm so genannten pragmatischen Geschichtsschreibung (pragmatike historia). Diese soll geschichtliche Abläufe nicht nur verständlich machen, sondern durch eingängige Exempel die Leser überdies belehren, allen voran Politiker und Feldherren. In unserem Stück wählt er zu diesem Zweck eine Episode aus dem Zweiten Punischen Krieg, als die Römer in einer ihnen eigenen martialischen Haltung Kompensation für ihr Fiasko suchen.*

*Falls nicht zum Praktiker geboren, sorgte die Laufbahn von Polybios (\* um 200, † 120 v. Chr.) wohl für ein Übriges. Nach der griechischen Niederlage im Dritten Makedonischen Krieg wurde er 167 v. Chr. als eine von tausend Geiseln nach Rom gebracht. Nach deren Repatriierung 16 Jahre später offerierte er seine Beraterdienste Scipio Africanus dem Jüngeren und wurde 146 v. Chr. im Dritten Punischen Krieg Zeuge des endgültigen Untergangs Karthagos. Nach der Zerstörung Korinths im selben Jahr wurde er von Rom mit der Neuordnung der Verhältnisse in Griechenland betraut. Sein hohes Ansehen bei den Römern erlaubte ihm, günstige Bedingungen für seine Landsleute auszuhandeln. Erst im Altersruhestand fand er Zeit zur Schriftstellerei und verfasste seine klassischen* Historien.

V<small>ON DEN GESCHICHTLICHEN EREIGNISSEN</small>, die dem Zeitpunkt unmittelbar folgen, an dem ich meine Darstellung unterbrach, um diesen Exkurs einzuschalten, werde ich nur ein Ereignis herausgreifen und es kurz und mit Beschränkung auf das Wesentliche darstellen, um nicht nur durch eine theoretische Erörterung, sondern auch durch die Tatsachen, indem ich gleichsam von den Werken eines guten Künstlers eines vorstelle, die Blüte und die Kraft dieses Staates in jener Zeit deutlich zu machen. Als nämlich dem Hannibal nach seinem Sieg über die Römer bei Cannae die 8000 Mann, die das Lager bewachten, in die Hände gefallen waren, ließ er alle am Leben und gestattete ihnen, Boten nach Rom zu schicken, um über das Lösegeld für ihre Freilassung zu sprechen. Nachdem die Römer die zehn angesehensten Männer ausgewählt hatten, ließ sie Hannibal einen Eid schwören, wieder zu ihm zurückzukehren, und schickte sie weg. Einer von denen, die zu dieser Mission bestimmt waren, sagte, als er bereits dabei war, das Lager zu verlassen, er habe etwas vergessen, kehrte um, nahm das Vergessene mit und machte sich wieder auf Weg. Er war nun der Auffassung, durch seine Rückkehr sein Wort gehalten zu haben und nicht mehr an den Eid gebunden zu sein. Als diese Boten nach Rom kamen, baten und forderten sie den Senat auf, den Gefangenen die Freilassung nicht zu verweigern, sondern jeden drei Minen zahlen und zu den Angehörigen zurückkehren zu lassen. Das nämlich gewährt Hannibal, sagten sie, und sie würden die Freilassung verdienen. Sie hätten nämlich weder in der Schlacht den Mut verloren, noch hätten sie etwas getan, was des römischen Namens unwürdig sei, sondern sie seien zur Bewachung des Lagers zurückgelassen worden und nach dem Untergang ihrer Kameraden in der Schlacht unausweichlich in die Hände der Feinde geraten. Obgleich die Römer in den Schlachten dieses Krieges schwere Niederlagen erlitten, beinahe alle Bundesgenossen damals verloren hatten und jeden Augenblick damit rechneten, um die Stadt Rom selbst kämpfen zu müssen, hörten sie sich nur an, was die Boten vorbrachten, und vergaßen weder unter dem Druck des Unglücks, was ihnen ihre Ehre gebot, noch versäumten sie, alle nötigen Maßnahmen in ihre Überlegungen einzubeziehen; vielmehr erkannten sie die Absicht Hannibals, sich auf diesem Wege nicht nur genug Geld zu verschaffen, sondern auch die Durchhaltekraft seiner Gegner im Kampf vollständig zu lähmen, indem er erkennen ließ, dass doch auch noch für die, welche unterliegen, Hoffnung bestünde davonzukommen. Die Römer dachten so wenig daran, einen der Wünsche ihrer Leute, die gefangen waren, zu erfüllen, dass sie sich weder um das Mitleid der Angehörigen kümmerten, noch die Dienste, die sie noch von diesen Männern hätten erwarten können, in Betracht zogen, sondern Hannibals Überlegungen durchkreuzten und die damit verbundenen Hoffnungen vereitelten; sie lehnten es ab, die Gefangenen loszukaufen. Damit stellten sie für ihre Truppen das Gesetz auf, entweder im Kampf zu siegen oder zu sterben, da es für sie keine Hoffnung mehr gebe davonzukommen, wenn sie unterlägen. Als sie diesen Beschluss gefasst hatten, schickten sie die neun Unterhändler zurück, die freiwillig zurückgingen, da sie sich durch den Eid gebunden fühlten, den einen aber, der sophistisch den Eid umgehen wollte, ließen sie fesseln und den Feinden überstellen, und so konnte sich Hannibal weniger darüber freuen, dass er die Römer auf dem Schlachtfeld besiegt hatte, vielmehr war er bedrückt und erstaunt wegen der Festigkeit und hohen Gesinnung, die diese Männer bei ihren Entschlüssen zeigten.

*Um 50 v. Chr.*

## LUKREZ

# Von den Seuchen

*Von seinem Leben ist fast nichts bekannt. Auch die Lebensdaten des Lukrez (\* 97, † 55 v. Chr.) sind unsicher. Kein Zweifel besteht jedoch daran, dass dieses älteste lateinische Lehrgedicht das Werk eines Naturalisten ist, wie man heute sagen würde. Für diesen mächtigen Poeten existiert die physikalische Welt und sonst gar nichts zwischen Himmel und Erde: Über Lukrez führt eine direkte Linie von den griechischen Atomisten Demokrit und Epikur ins Europäische Kernforschungszentrum CERN in Genf.*

*Welches Ambiente aber entsteigt diesem Stoff! Sind fulminantere Kräfte denkbar als dieses sich aufbäumende Leben unter dem Bombardement von epidemischer Krankheit und Tod? Die Angriffe kommen »wie Wolken und Nebel, vom Himmel herab«, oder »sie steigen stinkend aus der Erde auf, wenn der Boden, erst durch unablässigen Regen durchnässt, dann wieder von der Sonne erhitzt, zum Fäulnisherd wird ...« – Lukrez' Imagination nimmt es mit dem Schrecken der Tatsachen auf und will der Wahrnehmung standhalten. Im Mittelalter vergessen, wird er von frühen Humanisten im späten 15. Jahrhundert wiederentdeckt, und für über 300 Jahre bleibt Lukrez der Ahnvater der neuzeitlichen Lehrgedichte.*

Nun will ich die Gründe darlegen, aus denen Seuchen entstehen, will erklären, woher ihre durch Krankheit verderbende Kraft stammt, die wie ein Sturm plötzlich sich sammelt und über das Menschengeschlecht kommt, über Herden und Vieh.

Zunächst: Es gibt, wie ich oben gezeigt, viele Atome, die unser Leben befördern, dazu aber müssen viele andere umherschwirren, die Seuchen bringen und Tod. Haben sich diese zufällig gesammelt und den Himmel durcheinandergewirbelt, wird auch die Luft faul und gefährlich. Und diese verderblichen Kräfte, diese Heimsuchungen kommen nicht aus unserer Welt, sie dringen, wie Wolken und Nebel, vom Himmel herab; oder aber steigen, wie es oft der Fall, stinkend auf aus der Erde, wenn der Boden, erst durch unablässigen Regen durchnässt, dann wieder von der Sonne erhitzt, zum Fäulnisherd wird.

Sodann: Siehst du nicht auch, wie jene, die es von weit entferntem Haus und Heimat zu uns verschlagen, unter dem neuen Klima und ungewohnten Wasser leiden, weil die Bedingungen des Lebens doch sehr verschieden sind? Wie anders ist Britanniens Klima als das in Ägypten, wo die Achse der Welt so tief sich neigt. Wie anders das Klima am Pontus (Schwarzmeerregion) von dem, das von Gades (Cadiz) bis zu jenen Stämmen herrscht, die von sengender Sonne schwarz gebrannt. So augenfällig verschieden die Weltgegenden sind, geteilt nach den vier Hauptwinden und Himmelsquartieren, so anders geartet sind nach Hautfarbe und Gestalt auch deren Bewohner. Auch sind, wie ohne Weiteres du siehst, diese besonderen Völker von ganz eigenen Krankheiten befallen. So ist am Ufer des Nils im mittleren Ägypten die Elephantiasis zu finden und nirgendwo sonst. In Attika sind die Füße von Plagen befallen, in Achaja die Augen. So also sind verschiedene Regionen schädlich verschiedenen Teilen des Körpers, und das wiederum hat mit der je unterschiedlichen Luft zu tun.

Wenn folglich ein Luftstrom, der uns aus irgendwelchen Gründen abträglich ist, sich in Bewegung setzt und, so wie Nebel und Wolken, nun von ferne giftige Luft mit sich bringt, wird er, wo immer er eintrifft, alles durcheinanderwirbeln und unausweichlich verändern. Wenn er dann schließlich in unsre Himmelsregion gerät, wird auch unsre Luft er verseuchen, indem er diese sich gleich macht und für uns ungesund.

Und unversehens wird sich diese uns ungewohnte Pestluft auf die Gewässer senken, wird eindringen in Feldfrüchte und andere Nahrung von Mensch und Tier; auch in der Atmosphäre selbst wird verseuchte Luft verbleiben, sodass wir, atmen wir diese ein, unvermeidlich die Keime sogleich in unseren Körper aufnehmen. Ganz ähnlich befällt die Seuche oft auch das Vieh oder die trägen Herden blökender Schafe.

Das Gleiche geschieht, sobald wir in ein uns ungewohntes Klima reisen, dorthin, wo die Luft uns ganz fremd. Auch von der Natur selbst kann das ausgehen, wenn verseuchte Luft sie zu uns bringt oder auch anderes, das wir nicht gewohnt und das, plötzlich auftretend, uns schaden kann.

Die Pest in Athen. So begab es sich mit der Seuche, dem tödlichen Miasma, das einst das Land des Königs Kekrops befiel und es in ein Gefilde des Todes verwandelte, die Straßen entvölkerte, der Stadt (Athen) die Bürger raubte. Entsprungen im inneren Ägypten, durchflog diese Seuche den Raum der Lüfte und über die wogenden Wasser hinweg, bis schließlich sie über das Volk des Königs Pandion kam. Zu Tausenden fielen die Menschen der Krankheit anheim, erlitten den Tod.

Erste Anzeichen waren fiebrige Hitze im Kopf und blutig rot unterlaufene Augen. Dunkelviolett färbte das Innere des Schlundes sich, dem schwärzlich geronnenes Blut entquoll, schwärende Wunden versperrten der Stimme den Weg, und aus der Zunge, der Übersetzerin des Geistes, die nun, geschwächt durch die Krankheit, kaum mehr beweglich und rissig geworden, sickerte Blut. Und als dann die Kräfte der Krankheit durch den Schlund nach unten in die Brust drangen, dann in des Kranken jammerndes Herz, boten auch des Lebens Riegel keinen Halt mehr. Widrig stinkender Atem drang aus dem Mund, ein Gestank, wie ihn des Abdeckers Abfälle verwesend verströmen. Als Nächstes verloren Körper wie Seele alle Kraft, an des Todes Schwelle fühlte rasch sich der Kranke. Unerträglich das Leiden, unausweichlich also kamen beklemmende Ängste hinzu, ins Stöhnen mischte sich Jammer. Immer wieder, bei Tag und bei Nacht, ergriffen würgende Krämpfe Nerven und Glieder, schwächten die bereits Ermatteten weiter.

Äußerlich jedoch zeigte an keinem der Leiber sich glühende Hitze, eher lau fühlte die Haut sich an; gleichzeitig aber war sie gerötet von eiternden Wunden, so wie dies geschieht, wenn das Heilige Feuer sich über die Glieder verbreitet. Im Inneren jedoch brannten die Teile des Körpers bis tief auf die Knochen, tobten im Magen Flammen wie in einer Esse. Und kein Gewand, kein Tuch war leicht und dünn genug, als dass sie den kranken Körpern hätten Erleichterung schaffen können: Alles, wonach sie sich sehnten, war ein Luftstrom und Kühle. Einige warfen ihre glühenden Glieder ins Wasser eiskalter Flüsse, stürzten nackt sich in die Fluten. Viele andere fielen kopfüber in die Tiefe der Brunnen, mit offenem Mund gelangten sie ins Wasser. Auch eingetaucht noch litten die dörrenden Körper unersättlich Durst, selbst reichlich strömendes Nass war ihnen nicht mehr als wenige Tropfen.

Nirgends Erleichterung fanden sie in ihren Qualen; ausgelaugt lagen die Leiber am Boden. Ratlos verstummten die Ärzte, verschwiegen, was sie fürchteten, wenn die Kranken unablässig die Augen rollten, die fieberdurchglüht schlaflos ins Leere starrten.

Dazu zeigten sich weitere Anzeichen des nahen Todes: Von Verzweiflung und Furcht verwirrt sind Geist und Seele, finster die Stirn und ungestüm rasend ihr Verhalten, die Ohren sind erfüllt von quälendem Schrillen, mal ist der Atem fliegend, dann wieder langsam und tief, im Nacken trieft perlender Schweiß, spärlicher Speichel, salzig und safranfarben der Auswurf, der nur mühsam, mit heiserem Husten nach außen gelangt. Unaufhörlich zucken die Hände und Finger, zittern die Glieder, und von den Füßen her kriecht allmählich und unaufhaltsam die Kälte den Körper hinauf. Und wenn dann des Lebens letzte Stunde naht, werden die Nüstern eng, die Nase spitz, immer tiefer sinken die Augen ein, die Schläfen immer hohler, die Haut kalt und hart, auch der Mund sinkt ein und steht offen, auf der Stirn andauernde Spannung. Nicht lange, und die Glieder strecken sich in der Starre des Todes. Das geschah in der Regel, wenn nach den ersten Zeichen der Krankheit die Sonne zum achten Mal sich gleißend erhoben oder zum neunten Mal die Fackel des Lebens gezündet.

Und wenn einer selbst jetzt, wie es vorkam, dem drohenden Tod entronnen war, so traf ihn später das Ende, ausgezehrt von eklen Geschwüren und schwarzer Entleerung der Eingeweide; nicht selten quoll reichlich verdorbenes Blut aus den verstopften Nüstern, oft auch verbunden mit heftigem Kopfschmerz. So entströmten alle Kräfte dem Leib.

Und wenn die Opfer auch diese böse Entladung faulen Bluts überlebten, hat sich die Krankheit dann in Sehnen und Gelenke gesetzt, auf die Geschlechtsteile auch. Einige fürchteten so sehr, des Todes Schwelle zu überschreiten, dass sie ihr Glied abschnitten, um so ihr Leben zu verlängern. Andere, und nicht wenige, suchten das Leben sich zu erhalten, indem Hände und Füße sie dreingaben, einige gar ihrer Augen

Licht. So grimmig hatte Todesangst sie gepackt. Andere wiederum verloren das Gedächtnis aller Dinge, nicht einmal sich selbst kannten sie länger.

Da lagen denn Leichen zahllos aufeinander gehäuft unbegraben auf der Erde, doch schreckten vor ihnen selbst wilde Tiere und Vögel zurück, um dem widrigen Gestank zu entkommen; andere, die an dem Fleisch genagt, verloren die Kraft und verendeten rasch.

Tatsächlich sah man in diesen Tagen nur selten Vögel, auch Raubtiere blieben im Schutz der Wälder. Zumeist aber erlagen auch sie der Seuche und verendeten. Vor allem aber litten die treuen Hunde, in allen Straßen lagen sie jämmerlich, auch ihnen entriss die Seuche qualvoll das Leben.

Begräbnisse, an denen kein Trauernder teilnahm, wurden in eifriger Hast vollzogen. Es gab keine Art der Behandlung, die sicher wirkte bei allen: Was die einen instand setzte, weiterhin die lebenspendenden Teile der Luft zu atmen und den gewölbten Himmel weiterhin zu schauen, erwies als Gift sich für die anderen und brachte den Tod.

Nichts aber war beklagenswerter an diesem Unheil, nichts erschütternder als das Verhalten der Menschen. Kaum hatten sie gesehen, dass die Seuche sie ergriffen, so verhielten sie sich auch, als seien zum Sterben sie verdammt: Aller Mut schwand ihnen; verzagt legten sie sich nieder, dachten nur mehr ans Ende, gaben ihr Leben verloren und verloren es auch.

Zu keiner Zeit ließ der raubgierigen Seuche Ansteckung nach, ein Opfer nach dem anderen forderte sie, so wie Seuchen wüten in wolligen Herden und unter gehörntem Vieh. Und eben das, mehr als alles andere, sorgte dafür, dass Tote sich auf Tote häuften. Denn kurz darauf schon wurden alle, die aus Furcht versäumten, ihre vom Übel getroffenen Verwandten zu besuchen, für ihre ungebührliche Lebensgier, für ihre Furcht vor dem Tod selbst mit einem jammervoll erbärmlichen Ende bestraft: Auch sie starben allein, weil keiner, als der Hilfe sie bedurften, sich um sie kümmerte. Jene anderen aber, die blieben, die Kranken zu pflegen, erlagen der Ansteckung und den Plagen, die aus einem Gefühl der Scham sie auf sich nahmen oder wegen der rührenden Bitten, der Todkranken Jammer. So traf auch die Edelsten alle der Tod. ...

Eine auf der anderen lagen die Leichen, als [die Menschen] sich mühten, die große Zahl ihrer Toten zu beerdigen. Kehrten sie, vom Weinen und Wehklagen erschöpft, zurück in ihre Häuser, waren die meisten derart von Gram erfüllt, dass sie in ihre Betten sich legten. Unmöglich, in dieser Schreckenszeit auch einen nur zu finden, der nicht betroffen war von Krankheit und Tod und Trauer.

Zu dieser Zeit erlagen jeder Schäfer und Viehhirt und sogar die kraftvollen Lenker des gekrümmten Pfluges der Ansteckung. Eng gedrängt in den armseligen Hütten, Leib an Leib legten sie sich, durch Armut und Krankheit waren dem Tod sie geweiht. Da konnte man die leblosen Körper von Eltern auf ihren leblosen Kindern liegen sehen, manchmal auch Kinder, die ihr Leben aushauchten, auf den Leichen von Mutter und Vater.

In nicht geringem Maß sickerte diese Seuche aus dem umliegenden Land in die Stadt, eingeschleppt durch von Krankheit gezeichnete Bauern, von allen Seiten her strömten sie zusammen, füllten jeden Platz und jedes Haus; und dieses Gedränge in stickiger Hitze machte sie dem Tod zur leichteren Beute, zuhauf fielen sie ihm anheim. Viele, die vom Durst entkräftet durch die Straßen gekrochen waren, lagen niedergestreckt neben den Brunnen, würgenden Tod hatte ihnen das ersehnte Labsal des köstlichen Wassers gebracht. Viele sah man überall auf öffentlichen Plätzen und Straßen, halb tot mit geschwächten Gliedern, verdreckt und in Lumpen gehüllt vergingen sie, nur mehr Haut und Knochen und fast schon begraben im Schmutz, von eklen Geschwüren gezeichnet, durch körperliche Qualen.

Alle heiligen Schreine und Tempel der Götter hatte der Tod mit leblosen Leibern gefüllt; von ihren Hütern den Fremden gastfreundlich geöffnet, blieben überall sie voller Leichen. Wenig zählte zu dieser Zeit der Götter Verehrung, wenig ihre erhabene Göttlichkeit, zu groß war der ringsum herrschende Jammer. Die altehrwürdigen Riten der Bestattung, von der frommen Bevölkerung früher stets befolgt, sie wurden in der Stadt nicht länger beachtet. Denn voller Verwirrung und Schrecken liefen alle umher, jeder brachte, so gut er es vermochte, die Seinigen unter die Erde. So trieben Armut und plötzliche Not sie zu schrecklichen Taten. Mit lautem Geheul legten die Menschen ihrer Verwandten Leichen auf Scheiterhaufen, die für andere aufgeschichtet waren, und entzündeten sie mit Fackeln. Nicht unbestattet wollten ihre Toten sie lassen, also kam oft genug es zu blutigem Streit.

## 44 v. Chr.

## CICERO

# Das Alter bringt des Lebens Früchte ein

*»Die Krone des Greisenalters ist das Ansehen«, behauptet der 62-jährige Politiker und Philosoph und fügt – ohne allzu viele Bedenken wegen seines eigenen Rufs – hinzu, dass derjenige mit Recht angesehen ist, über dessen »Vorzüge bei allen nur Eine Stimme herrscht«. Von ihm kann das gewiss nicht behauptet werden. Zwar ehrte ihn der Senat mit dem Titel* pater patriae *(Vater des Vaterlands), nachdem er die Verschwörung Catilinas vereitelt und die Republik noch einmal gerettet hatte. Dennoch ist die Kontroverse bis heute nicht geschlichtet: War er der Großmeister der politischen Flexibilität oder der Prinzipienlosigkeit und ein Erzopportunist?*

*Doch außer dem hochaktuellen Thema Alter (vgl. auch S. 712–714) ist es Roms größter Redner und das stilistische Vorbild des antiken römischen Schriftstellers, der uns hier interessiert. In seinem fiktiven Gespräch* Über das Alter *zeigt der alte Cato Maior keine Milde gegenüber Klagen über das Alter, die er allesamt als Charakterschwächen von Greisen disqualifiziert. Solange Menschen noch den Tod zu verachten imstande seien und sich nicht gierig an jenen kurzen Lebensrest klammerten, sei »das Alter sogar noch mutiger und tapferer als die Jugend«. Marcus Tullius Cicero (\* 106, † 43 v. Chr.) erhielt nicht allzu lange Gelegenheit, dem Exempel nachzuleben. Im Jahr nach der Fertigstellung seines Dialogs wurde er von Anhängern des Antonius exekutiert. Der verstümmelte Leichnam wurde durch die Straßen Roms geschleift, in Teile zerlegt und Kopf und Hände am Forum Romanum ausgestellt. Fulvia, deren dritter Ehegemahl Marcus Antonius war, soll seine Zunge mit ihrer Haarnadel durchbohrt haben. Ciceros Bruder und dessen Sohn teilten sein blutiges Schicksal.*

D<small>IE KRONE DES GREISENALTERS</small> ist aber das Ansehen. Wie groß war dieses bei Lucius Cäcilius Metellus! Wie groß bei Atilius Calatinus, auf den man jene bekannte Grabschrift gemacht hat: »Dass dieser Eine der erste Mann des Volkes war, darin stimmen alle Volksstämme überein.« Diese auf sein Grabdenkmal eingehauene Inschrift ist bekannt. Mit Recht gilt also der Mann für ehrwürdig, da über seine Vorzüge bei Allen nur Eine Stimme herrschte. Welchen Mann sahen wir an Publius Crassus, der jüngst Hoher Priester war, welchen an Marcus Lepidus, der späterhin dasselbe Priesteramt bekleidete! Was soll ich von Paulus oder Africanus sagen? Oder, wie schon vorher, von Maximus? Nicht allein in ihrem Urteile, nein, auch in ihrem Winke thronte das Ansehen. Das Greisenalter hat, zumal, wenn es mit Ehrenämtern bekleidet ist, ein Ansehen, das von höherem Werte ist als alle Sinnengenüsse der Jugend.

Aber bedenkt, dass ich in meinem ganzen Vortrage nur dasjenige Greisenalter lobe, welches auf die Grundlage des Jünglingsalters gebaut ist. Hieraus folgt das, was ich einmal mit allgemeinem Beifalle sagte: »Traurig sei das Greisenalter, das sich durch eine Rede verteidigen müsse.« Nicht graue Haare, nicht Runzeln können plötzlich das Ansehen an sich reißen, sondern das frühere ehrenhaft geführte Leben erntet als seine letzten Früchte das Ansehen ein. Denn selbst die Dinge sind ehrenvoll, die für geringfügig und gewöhnlich gelten: dass man uns grüßt, uns aufsucht, uns ausweicht, vor uns aufsteht, uns von und nach Hause begleitet, uns um Rat fragt: Gebräuche, die man sowohl bei uns als auch in anderen Staaten umso sorgfältiger beobachtet, je gesitteter sie sind. Der Lakedämonier Lysander, dessen ich eben gedachte, soll öfter gesagt haben, Lakedämon sei der ehrenvollste Wohnsitz des Greisenalters. Denn nirgends erweist man dem Alter so viel Achtung, nirgends ist das Greisenalter geehrter. Sogar die Geschichte liefert uns einen Beweis dafür. Als in Athen zur Zeit der öffentlichen Spiele ein bejahrter Mann in das Schauspielhaus kam, wo eine große Menschenmenge beisammensaß, so wurde ihm von seinen Mitbürgern nirgends ein Platz eingeräumt. Als er sich aber den Lakedämoniern näherte, die als Gesandte auf einem bestimmten Platze saßen, so standen sie alle auf und räumten dem Greise einen Sitz ein. Da wurde von der ganzen Versammlung ein vielfaches Beifallklatschen erhoben, und einer in der Versammlung äußerte, die Athener wüssten wohl, was recht sei, aber sie wollten es nicht tun.

Unser Augurenrat besitzt viele herrliche Einrichtungen, aber ganz besonders ragt die hervor, um die es sich jetzt handelt, dass nämlich, sowie Einer an Alter vorgeht, er das Recht hat, seine Stimme vor den Anderen abzugeben, und dass ältere Auguren nicht allein vor denen, die ein höheres Ehrenamt verwalten, sondern auch vor denen, die mit dem Oberbefehl bekleidet sind, den Vorrang haben. Sind nun wohl sinnliche Vergnügungen mit den Auszeichnungen des Ansehens zu vergleichen? Wer diese auf glänzende Weise genossen hat, der scheint mir das Stück seines Lebens ausgespielt zu haben, ohne, wie ungeübte Schauspieler, im letzten Aufzuge durchgefallen zu sein.

»Aber die Greise sind mürrisch, ängstlich, zornsüchtig, grämlich.« Ganz recht, und wenn wir weiter forschen, auch geizig. Aber das sind Fehler der Gemütsart, nicht des Greisenalters. Indes lassen das mürrische Wesen und die eben angeführten Fehler einige Entschuldigung zu, allerdings keine wohlbegründete, doch eine solche, welche annehmbar zu sein scheint: sie meinen nämlich, man verachte, verschmähe, verspotte sie; außerdem ist bei einem gebrechlichen Körper jede Beleidigung widerwärtig. Doch alle diese Fehler werden durch gute Sitten und wissenschaftliche Bildung gemildert, wie man es sowohl im Leben sehen kann, als auch auf der Bühne an den Brüdern, die in den *Adelphen* vorkommen. Wie groß ist bei dem einen die Härte, bei dem anderen die Freundlichkeit! So verhält sich die Sache. Wie nicht jeder Wein, so wird auch nicht jede Gemütsart durch die Länge der Zeit sauer. Strengen Ernst billige ich am Greisenalter; doch er muss, wie anderes, gemäßigt sein; Bitterkeit auf keine Weise. Was aber der Geiz im Greisenalter bedeuten soll, sehe ich nicht ein. Kann es denn wohl etwas Ungereimteres geben als, je weniger Weg noch übrig ist, desto mehr Reisegeld zu suchen?

Es ist noch der vierte Grund übrig, der unser Alter am meisten zu ängstigen und zu bekümmern scheint, die Annäherung des Todes, der sicherlich vom Greisenalter nicht weit entfernt sein kann. O wie bedauernswert ist ein Greis, der während eines so langen Lebens nicht eingesehen hat, dass der Tod zu verachten ist! Denn entweder ist er gänzlich außer Acht zu lassen, wenn er den Geist ganz auslöscht, oder er ist sogar zu wünschen, wenn er ihn irgendwohin führt, wo er ewig sein wird. Nun kann aber ein Drittes sicherlich nicht gefunden werden. Warum soll ich nun fürchten, wenn es meine Bestimmung ist, nach dem Tode entweder nicht elend oder sogar glückselig zu sein? Und doch, wer ist so töricht, dass er, so jung er auch sein mag, es für ausgemacht halten sollte, er werde bis zum Abende leben? Ja, dieses Alter hat sogar ungleich mehr Todesgefahren als das unsrige. Junge Leute fallen leichter in Krankheiten, liegen schwerer darnieder, werden schwieriger geheilt. Daher gelangen nur Wenige zum Greisenalter, und wäre dies nicht der Fall, so würde man besser und vorsichtiger leben. Denn Verstand, Vernunft und Klugheit finden sich bei den Greisen, und wären nie solche gewesen, so würde es gar keine Staaten geben.

Doch ich kehre zu dem bevorstehenden Tode zurück. Was ist das für ein Vorwurf für das Greisenalter, da ihr seht, dass es dieses mit dem Jünglingsalter gemein hat? Ich empfand bei meinem vortrefflichen Sohne, du bei deinen zur höchsten Würde berechtigten Brüdern, mein Scipio, dass der Tod jedem Alter gemein ist.

»Aber der Jüngling hofft, er werde lange leben, was der Greis auf gleiche Weise nicht hoffen kann.« Unweise hofft er es. Denn was ist törichter als Ungewisses für Gewisses zu halten, Falsches für Wahres?

»Aber der Greis hat nicht einmal etwas zu hoffen.« Nun, umso besser ist er daran als der Jüngling, weil er das, was dieser noch hofft, schon erlangt hat. Dieser will lange leben, jener hat lange gelebt. Doch, o gute Götter, was heißt im menschlichen Leben lange? Setze das äußerste Lebensziel, lass uns das Alter des Königs von Tartessus erwarten. Es lebte nämlich, wie ich geschrieben finde, ein gewisser Arganthonius zu Gades, der achtzig Jahre herrschte und hundertundzwanzig lebte. Aber mir scheint nicht einmal etwas lang, was ein Ende hat; denn wenn dieses gekommen ist, dann ist das, was vergangen ist, verflossen; nur so viel bleibt zurück, als man sich durch Tugend und edle Handlungen erworben hat. Stunden entweichen und Tage und Monate und Jahre, und nie kehrt die vergangene Zeit zurück, noch kann man wissen, was folgt. Soviel Zeit jedem zum Leben verliehen ist, damit soll er zufrieden sein. Denn so wie der Schauspieler sein Stück nicht durchzuspielen braucht, um zu gefallen, wenn er in irgend einem Aufzuge, in dem er auftritt, Beifall einerntet, so braucht auch der Weise nicht bis zum »Klatschet!« zu kommen. Denn eine kurze Lebenszeit ist lang genug zu einem guten und rechtschaffenen Leben. Ist man aber weiter vorgeschritten, so ist es ebenso wenig zu beklagen, als es die Landleute beklagen, wenn nach vergangener Anmut der Frühlingszeit der Sommer und Herbst kommt. Denn der Frühling bezeichnet gleichsam das Jünglingsalter und zeigt die künftigen Früchte; die übrigen Jahreszeiten aber sind zum Einernten und Genießen der Früchte geeignet. Die Frucht des Greisenalters aber besteht, wie ich schon oft gesagt habe, in der reichen Erinnerung der vorher erworbenen Güter. Alles aber, was naturgemäß geschieht, muss man für ein Gut halten. Was ist aber so naturgemäß, als dass die Greise sterben? Dies widerfährt aber auch jungen Leuten mit Widerstand und Widerstreben der Natur. Daher scheinen mir junge Leute so zu sterben, wie wenn die Gewalt der Flamme durch eine Menge Wasser erstickt wird, Greise hingegen so, wie wenn ein von selbst, ohne Anwendung von Gewalt, sich verzehrendes Feuer erlischt. Und gleichwie das Obst, wenn es noch unreif ist, sich nur mit Mühe von den Bäumen abreißen lässt, wenn es aber reif und durch die Sonne gezeitigt ist, abfällt, so nimmt jungen Leuten die Gewalt, alten die Reife das Leben. Und diese ist mir wenigstens so erfreulich, dass, je näher ich dem Tode rücke, ich gleichsam Land zu sehen und nach einer langen Seefahrt endlich einmal in den Hafen zu kommen glaube.

Das Greisenalter hat aber keine bestimmte Grenze, und man lebt in demselben gut, solange man seine Berufspflicht erfüllen und behaupten kann. Daher kommt es, dass das Greisenalter sogar beherzter und mutvoller ist als die Jugend. Hieraus lässt sich jene Antwort erklären, die Solon dem Machthaber Pisistratus gab. Als nämlich dieser ihn fragte, auf welche Hoffnung er ein so großes Vertrauen setze, dass er so kühnen Widerstand leiste, soll er geantwortet haben: »Auf mein Alter.«

Aber das ist das beste Lebensende, wenn bei ungeschwächter Geisteskraft und gesunden Sinnen die Natur selbst das Werk, das sie zusammengefügt hat, auch wieder auflöst. Sowie ein Schiff, sowie ein Gebäude eben der am leichtesten niederreißt, der es gebaut hat; ebenso löst auch den Menschen die Natur, die ihn zusammengefügt hat, am besten wieder auf. Nun lässt sich aber jede noch frische Zusammenfügung nur mit Mühe, eine altgewordene hingegen mit Leichtigkeit auseinanderreißen. Hieraus folgt, dass Greise jenen kurzen Überrest des Lebens weder begierig suchen noch ohne Grund aufgeben dürfen. Daher verbietet Pythagoras ohne Geheiß des Heerführers, das heißt Gottes, von dem Wachtposten des Lebens abzutreten. Von dem weisen Solon gibt es freilich eine Grabschrift, in der er erklärt, er wünsche nicht, dass sein Tod des Schmerzes und der Klagen seiner Freunde entbehre. Er wünscht, glaub ich, den Seinigen teuer zu bleiben. Aber schöner drückt sich vielleicht Ennius aus:

»Niemand möge mit Tränen mich ehren noch klagend bestatten!«

Er urteilt, der Tod sei nicht zu betrauern, auf den die Unsterblichkeit folge.

# I

# OVID

# Wie man Mädchen erobert

---

*Liebe ist eine Kunstfertigkeit und also erlernbar. So will es der Titel der* Ars amatoria. *Wurde ihr Urheber wegen dieser Ratschläge für seine letzten neun oder zehn Lebensjahre an die Schwarzmeerküste, in die Gegend der heutigen rumänischen Hafenstadt Constanța, verbannt? Und dies, obwohl das Buch in Rom schon einige Jahre ungehindert in Umlauf war?*

*Publius Ovidius Naso (\* 43 v. Chr., † 17 n. Chr.) war nicht dieser Meinung. Er vermutete vielmehr, er habe etwas gesehen, das nicht für ihn bestimmt gewesen sei. Ob das tatsächlich so und was das war, konnte bis heute nicht erhärtet werden. Jedenfalls wurde keines von Ovids Büchern, Bestseller schon zu Lebzeiten, in Rom verboten (vgl. dazu auch* Tacitus, S. 54–55*). Dafür hätte es auch kaum Gründe gegeben, hatte sich der Dichter doch, um des Kaisers Milde zu erwirken, zu dessen verlässlichem Propagandisten gemausert. Wie nun aber hätte, ihm zufolge, der Liebende aufzutreten?*

**WIE MAN MÄDCHEN EROBERT**
Jetzt gehe ich daran zu sagen, mit welchen Kunstgriffen das Mädchen, das Dir gefallen hat, gefangen werden muss, eine Aufgabe, die besondere Kunstfertigkeit verlangt. Wer Ihr auch seid, Ihr Männer allerorten, merkt mit gelehrigem Sinn und lauscht als geneigtes Publikum meinen Verheißungen!

### SELBSTVERTRAUEN
Zuerst durchdringe Dich die Zuversicht, dass alle erobert werden können. Du wirst sie fangen, spanne nur die Netze aus! Eher können im Frühjahr die Vögel schweigen, im Sommer die Zikaden, eher kann der arkadische Jagdhund vor dem Hasen fliehen als eine Frau einem jungen Manne widerstehen, wenn er sie schmeichelnd in Versuchung führt; auch eine, von der man glauben könnte, sie wolle nicht,

wird wollen. Und wie dem Mann die heimliche Venus willkommen ist, so ist sie es dem Mädchen; der Mann kann es nur schlecht verbergen, die Begierde der Frau ist besser versteckt. Gesetzt, wir Männer würden uns einig, bei keiner den ersten Schritt zu tun, so gibt sich die Frau schon geschlagen und wird die Rolle der Werbenden spielen. Auf den schwellenden Wiesen muht dem Stier sein Weibchen zu, und dem behuften Hengst wiehert immer die Stute an. Mäßiger ist in uns die Begierde und nicht so rasend; die Glut des Mannes hat ihre natürliche Grenze. Was soll ich Byblis erwähnen, die in verbotener Liebe zum Bruder entbrannt war und sich für ihren Frevel tapfer mit dem Strang bestrafte? Myrtha liebte den Vater, aber nicht so, wie eine Tochter es soll, und ist jetzt unter beengender Rinde verborgen, die um sie herum wuchs. Mit den Tränen, die sie ihrem duftenden Baum entströmen lässt, salben wir uns, und der Tropfen trägt immer noch den Namen der Frau, die ihn geweint hat. … Dies alles hat weibliche Leidenschaft bewirkt. Sie ist heftiger als die unsrige und steht dem Wahnsinn näher. Also wohlan, trage keine Bedenken, Dir Hoffnung auf alle Frauen zu machen; von vielen wird kaum eine Dir einen Korb geben. Die sich verschenken und die sich verweigern, freuen sich aber, dass man um sie warb. Magst Du auch enttäuscht werden, so ist eine Zurückweisung doch gefahrlos; aber warum solltest Du enttäuscht werden, wo doch ein neues Vergnügen willkommen ist und Fremdes das Herz mehr einnimmt als Eigenes! Fruchtbarer ist die Saat stets auf fremden Äckern, und des Nachbarn Vieh hat ein pralleres Euter.

MÄNNLICHE SCHÖNHEITSPFLEGE
Aber finde kein Gefallen daran, das Haar mit der Brennschere zu kräuseln, und reibe Dir die Schenkel nicht mit rauem Bimsstein glatt. Überlass das den Eunuchen, die die Mutter Cybele mit phrygischen Melodien heulend ansingen. Nachlässige Schönheit steht Männern. Theseus, der nie an der Schläfe eine einzige Haarnadel trug, riss Ariadne hin. Phaedra liebte den Hippolytus; dabei war er ungepflegt. Die Göttin liebte den Waldmenschen Adonis. Durch Sauberkeit errege Dein Körper Wohlgefallen, lass ihn auf dem Marsfeld bräunen. Die Toga sei gut passend und ohne Flecken. Die Zunge am Schuh steh nicht vor, die Zähne seien frei von Belag, und der Fuß schwimme nicht schlotternd in zu weitem Leder. Der Haarschnitt entstelle nicht dein Haar zu Stacheln, Haar und Bart seien von kundiger Hand geschnitten. Lass die Nägel nicht vorstehen, lass sie sauber sein, und aus den Nasenlöchern stehe Dir kein Härchen hervor. Auch soll der Mund nicht übel riechen, der Atem nicht widerlich sein, und unter den Achseln soll nicht der stinkende Bock, der Herr der Ziegenherde, hausen. Alles Übrige überlass den lockeren Mädchen oder Leuten, die keine rechten Männer sind und um Männer buhlen.

DAS AUSSEHEN DES LIEBENDEN
Einem Seemann steht schneeweiße Hautfarbe übel zu Gesicht, er muss vom Meerwasser und den Strahlen des Tagesgestirns gebräunt sein. Schlecht steht sie auch dem Bauern, der immer mit gekrümmter Pflugschar und wuchtiger Hacke unter Jupiters freiem Himmel den Erdboden aufwühlt. Und wenn Du nach dem Ruhm des Kranzes vom Baum der Pallas strebst und dabei einen schneeweißen Leib hast, steht dir das schlecht. Aber jeder Liebende sei bleich; diese Farbe passt zu den Liebenden; so gehört es sich. Bleich um der Side willen irrte Orion durch die Wälder; bleich um der unnachgiebigen Naïs willen war Daphnis. Auch Magerkeit verrate, wie es um dein Herz steht, und halte es nicht für eine Schande, eine Haube auf Dein glänzendes Haar zu legen. Durchwachte Nächte, Sorge und tiefer Liebeskummer zehren am Leib der jungen Männer. Um Deinen Wunsch erfüllt zu sehen, musst Du bejammernswert sein, sodass jeder, der Dich sieht, sagen kann: »Du bist verliebt.«

## 41–49

# SENECA

## Die Wut. Eine Schwellung der besinnungslosen Seele

*»Wenn die Wut begonnen hat, uns fortzureißen, dann ist es schwer, zu einem gesunden Zustand zurückzukehren, da nichts mehr an Vernunft vorhanden ist, sobald erst einmal die Leidenschaft eingetreten und ihr das Recht durch unseren Willen gewährt worden ist. Sie wird fortan tun, was sie will, und nicht, soviel du ihr erlaubst.«*

*Die Affektkontrolle ist ein Pflichtthema aller antiken Ethiken, nicht nur bei großen Stoikern wie ihm. Lucius Annaeus Seneca, genannt Seneca der Jüngere (\* um 4 v. Chr., † 65 n. Chr.), war Philosoph, Dramatiker, Naturforscher, Staatsmann und einer der meistgelesenen Autoren seiner Zeit. Zudem Erzieher, wenn auch als solcher leider nur allzu prominent und glücklos. Seine Maximen hätten von Heinrich Pestalozzi stammen können (vgl. S. 322–325): »Man soll dem Schützling nichts Erniedrigendes oder Sklavisches zumuten. Er soll niemals dazu gebracht werden, demütig um etwas zu bitten ...« Sein Schüler Nero aber (vgl. S. 56–59) zwang ihn schließlich zur Selbsttötung durch Gift.*

AUCH IST ES EINE IRRIGE MEINUNG, dass die Wut etwas zur Seelengröße beitrage, denn von Größe ist hier nicht die Rede; es handelt sich nur um ein Anschwellen. Auch beim Körper, der durch ein Übermaß schädlicher Säfte aufgetrieben wird, ist die Krankheit nicht Wachstum, sondern verderbliche Überfülle. Alle, die der Wahnwitz hinaushebt über das Niveau des menschlichen Denkens, glauben in sich etwas Hohes und Erhabenes zu verspüren; tatsächlich aber fehlt es an jeder haltbaren Grundlage, und was ohne eine solche emporgeschossen ist, das ist eines baldigen Einsturzes sicher. Die Wut hat keinen festen Stützpunkt. Sie hat ihren Ursprung nicht in etwas Festem und Bleibendem, sondern ist windig und leer und steht von der Seelengröße ebenso weit ab wie die Keckheit von der Tapferkeit, der anmaßende Stolz von dem edlen Selbstvertrauen, die Trübseligkeit von dem tiefen Ernst, die Grausamkeit von der Strenge. Ein ganz erheblicher Unterschied, behaupte ich, besteht zwischen erhabener und stolzer Sinnesart. Die Wut hat nichts zu schaffen mit großen und edlen Zielen.

Dagegen ist es meiner Ansicht nach das Kennzeichen einer schlaffen, unglücklichen und ihrer Schwäche sich bewussten Sinnesart, der Trübseligkeit nachzuhängen, ähnlich den mit Geschwüren und Krankheiten behafteten Leuten, die bei den leisesten Berührungen aufseufzen. So ist die Wut eine Untugend, die sich vor allem bei Frauen und Kindern findet. »Aber sie findet sich doch auch bei Männern.« Ja, es finden sich auch Männer, die kindische und weibische Seelen haben.

»Wie aber? Hört man nicht aus dem Munde von Wütenden zuweilen Worte, die von einer hohen Sinnesart zu zeugen scheinen?« Nein, ganz im Gegenteil; sie kommen aus dem Munde von Menschen, die von wahrer Größe nichts wissen, wie jenes entsetzliche und abscheuliche Wort: »Mögen sie hassen, wenn sie nur fürchten!« Das stammt bekanntlich aus Sullas Zeiten. Ich weiß nicht, welcher der beiden Wünsche für ihn der verderblichere war, dass man ihn hassen oder dass man ihn fürchten sollte. »Mögen sie hassen!« Er konnte dabei wohl an die Gefahr denken, dass man ihn verlache, dass man ihm nach dem Leben trachte, dass man ihn stürzen würde. Was fügt er hinzu? Was für ein Heilmittel wünscht er sich gegen den Hass? Mag ihn des Himmels Fluch treffen! »Mögen sie hassen!« – und was nun? Etwa, wenn sie nur gehorchen? Nein. Oder wenn sie sich nur einverstanden erklären? Nein. Nun, was denn? »Wenn sie mich nur fürchten.« Unter solcher Bedingung möchte ich nicht einmal geliebt werden. Das soll der Ausspruch eines großen Geistes sein? Du bist im Irrtum: das ist nicht Größe, sondern Unmenschlichkeit.

Traue nicht den Worten der Wütenden, sie machen gewaltigen Lärm und werfen mit Drohungen um sich, aber innerlich sind sie die größten Feiglinge. Auch hast du keinen Grund, das Wort des Livius, dieses Meisters der Rede, für wahr zu halten: »ein Mann von mehr Geistesgröße als von sittlicher Tadellosigkeit«. Hier ist keine Trennung möglich. Groß kann nur sein, was zugleich auch sittlich tadellos ist; denn Seelengröße ist meines Erachtens unerschütterlich und von festem Kern und von Grund aus sich gleich und unbeugsam, alles Dinge, die einem sittlich verwahrlosten

Geist völlig fern liegen. Denn dieser kann wohl furchtbar, kann verwirrend und verderblich sein, aber Größe, deren Schutz und Stärke die Tugend ist, kann er nicht haben.

Mag also die Wut noch so gewaltig erscheinen und Götter und Menschen verachten, etwas Großes, etwas Edles ist sie nicht.

*Um 60*

# PLINIUS DER ÄLTERE
## Kein Geschöpf hat ein hinfälligeres Leben

*»Aber wahrlich! Des Lachens, jenes voreiligen, zu schnellen Lachens ist er vor dem 40. Tage nicht fähig.« Langsamer als die meisten Tiere entwickelt sich der Mensch, anfangs so unbeholfen und nackt, dass man nicht sagen kann, ob die Natur gegen ihn »eine gute Mutter oder eine böse Stiefmutter gewesen ist.«*

*Gaius Plinius Secundus Maior (\* 23/24, † 79) begleitete in jungen Jahren als Kommandeur und Vertrauter die Kaiser Vespasian und Titus auf ihren Feldzügen nach Germanien. Ab seinem dreißigsten Lebensjahr lebte er als Universalgelehrter in Rom. In den 37 Büchern seiner* Naturalis Historiae *trug er Erkenntnisse aus 2000 Büchern von rund hundert Autoren zusammen. An Stoffen ließ er nichts aus: Kosmologie, Geografie, Botanik, Mineralogie, Metallurgie, Zoologie, Anthropologie und Ethnografie, Physiologie, Pharmakologie, Gartenbau und schöne Künste, Philosophie. Während des Ausbruchs des Vesuvs, der im Jahr 79 Pompeji verschüttete, kam er als Anführer einer Rettungsexpedition im Golf von Neapel ums Leben.*

**SO** VERHÄLT ES SICH MIT DER WELT und mit den Ländern, Völkern, Meeren, Städten usw. in derselben. Die auf ihr lebenden Geschöpfe sind aber nicht weniger der Betrachtung wert als irgendein anderer Teil derselben, wenn nur der menschliche Geist alles erfassen könnte. Mit Recht müssen wir mit dem Menschen den Anfang machen, um dessentwillen die Natur alles andere erschaffen zu haben scheint; wenn sie gleich für ihre großen Gaben einen so hohen und strengen Preis setzt, dass man nicht genau entscheiden kann, ob sie gegen den Menschen eine gute Mutter oder eine böse Stiefmutter gewesen sei. Von allen lebenden Wesen ist er das einzige, das sie mit fremder Hilfe bekleidet; den übrigen hat sie mancherlei Bedeckungen verliehen, als: Schalen, Rinden, Häute, Stacheln, Zotten, Borsten, Haare, Federn, Flaum, Schuppen und Wolle. Sogar die Stämme der Bäume hat sie mit einer zuweilen doppelten Rinde vor Kälte und Hitze verwahrt. Nur den Menschen wirft sie bei der Geburt sogleich zum Jammern und Klagen nackt auf die bloße Erde und kein anderes Tier sonst zum Vergießen von Tränen; und zwar gleich von der Geburt an. Aber wahrlich!, des Lachens, jenes voreiligen, zu schnellen Lachens ist er vor dem 40. Tage nicht fähig.

Von diesem ersten Anfange des Lebens an kommt er, was nicht einmal mit den bei uns erzeugten wilden Tieren geschieht, an allen Gliedern in Fesseln und Bande, und so liegt der glücklich Geborene da mit gebundenen Händen und Füßen, als ein weinendes Geschöpf, welches die übrigen beherrschen soll, und beginnt sein Leben mit Strafen für die einzige Schuld, dass er geboren ward. O über den Unsinn derer, welche nach einem solchen Anfange glauben, sie seien zum Stolze geboren!

Die erste Ahnung von Kraft, das erste Geschenk der Zeit, macht ihn zu einem vierfüßigen Tiere. Wann aber lernt der Mensch gehen? Wann sprechen? Wann ist sein Mund fest genug, um Speisen zu genießen? Wie lange klopft sein Scheitel, ein Beweis, dass er das schwächste aller Geschöpfe ist? Nun kommen Krankheiten und ebenso viele dagegen ersonnene Heilmittel, und auch diese werden oft durch Zufälle zuschanden. Die übrigen Tiere erlangen bald ihre Ausbildung; einige machen Gebrauch von der Schnelligkeit ihrer Füße, andere von ihrem schnellen Fluge, andere vom Schwimmen. Aber der Mensch kann nichts, ohne dass er es gelehrt wird, weder sprechen noch gehen noch essen; kurz, er kann von Natur nichts als weinen. Daher hat es viele gegeben, welche für das Beste hielten, nicht geboren zu sein oder doch bald wieder zu sterben.

Unter allen lebenden Wesen ist nur ihm allein der Kummer, der Luxus, und zwar in unzähliger Weise und in Bezug auf jedes einzelne Glied, ihm allein die Ehrsucht, der Geiz, die unbegrenzteste Lebenssucht, der Aberglaube, die Sorge für das Begräbnis, ja sogar für die Zukunft nach seinem Tode eigen. Kein Geschöpf hat ein hinfälligeres Leben, eine größere Begierde nach allem, eine verwirrtere Furcht und eine heftigere Wut. Endlich leben die übrigen Tiere mit ihrer Art friedlich zusammen; wir sehen sie scharenweise vereinigt und nur gegen fremde Arten feindselig auftreten. Die wilden Löwen kämpfen nicht unter sich; der Biss der Schlangen ist nicht auf Schlangen gerichtet; nicht einmal die Ungeheuer des Meeres und die Fische wüten anders als gegen ihnen verschiedene Gattungen. Aber wahrlich! Der Mensch verdankt seine meisten Übel den Menschen selbst.

Von dem menschlichen Geschlechte im Allgemeinen haben wir bereits größtenteils bei Aufzählung der Völkerschaften gesprochen. Auch wollen wir jetzt nicht die unzähligen Sitten und Gebräuche, deren es fast ebenso viele als Gesellschaften unter den Menschen gibt, abhandeln; einiges glaube ich jedoch nicht ganz übergehen zu dürfen, besonders was die weiter vom Meere entfernten Völker betrifft, wobei manches so Wunderbare vorkommt, dass es ohne Zweifel vielen unglaublich erscheinen wird. Denn wer hat wohl an die Äthiopier geglaubt, bevor er sie sah? Oder was kommt einem nicht wunderbar vor, was man zum ersten Male erfährt? Wie vieles hält man nicht für unmöglich, bevor es geschehen ist? Aber die Macht und Erhabenheit der Dinge in der Natur wird stets unsern Glauben übersteigen, wenn man sie auch nur teilweisen, nicht einmal in ihrer Ganzheit, im Geiste erfasst. Um nicht von den Pfauen, den Flecken der Tiger oder Panther und dem zahlreichen Farbenschmuck der Tiere zu reden, so ist es leicht gesagt, aber bei gehörigem Nachdenken etwas unendlich Großes, dass unter den Völkern so viele Dialekte und Sprachen, so große Verschiedenheiten im Ausdrucke stattfinden, dass ein Fremder einem andern kaum als Mensch erscheint. Schon hinsichtlich des Äußeren und des Gesichts, welches doch nur aus 10 oder einigen Gliedern mehr besteht, gibt es unter so vielen Tausend Menschen nicht zwei vollkommen gleiche Bildungen, was keine Kunst bei einer noch weit geringeren Anzahl nachzuahmen im Stande sein möchte. Jedoch will ich bei den meisten der folgenden Erzählungen die Wahrheit nicht verbürgen, sondern ich werde vielmehr auf die Schriftsteller verweisen und sie bei allen zweifelhaften Umständen anführen; nur muss man es nicht verschmähen, den Griechen zu folgen, da ihr Fleiß in dieser Beziehung sehr groß und ihre Überlieferungen die ältesten sind.

*Um 110*

## TACITUS

# Verbotene Bücher strahlen umso heller

---

*Manche Missstände erhalten sich trotz besseren Wissens Jahrtausende lang. So überlegte Joseph II., Kaiser des Heiligen Römischen Reiches, im Jahr 1782: »Muss man sich nicht eher vor dem Verbot als vor schädlichen Büchern fürchten? Denn das Erstere ist es, was zur Lektüre der Letzteren führt.« Den Ruin und in zahllosen Fällen die physische Elimination der Verfasser hat diese Erkenntnis bis heute nicht verhindern können.*

*Im Rom der Cäsaren hatte Augustus noch in erster Linie die Priesterschaft im Visier, deren Orakelbücher er verbrennen ließ. Die Bücher des Ovid derweil, den er ans Schwarze Meer in die Geistesöden der Verbannung schickte (vgl. Ovid, S. 50–51), waren in Rom Bestseller. Publius Cornelius Tacitus (\* um 55, † nach 115) berichtet vom bedeutend traurigeren Schicksal des Cremutius Cordus im Jahr 25, unter Octavians Nachfolger Tiberius. Das Urteil des Tacitus über die Gedankenpolizei setzt den Opfern ein bleibendes Denkmal.*

UNTER DEM KONSULAT des Cornelius Cossus und Asinius Agrippa wird Cremutius Cordus unter der neuen, zuvor noch nie gehörten Beschuldigung angeklagt, er habe in den von ihm herausgegebenen Annalen Marcus Brutus gelobt und Gaius Cassius den letzten Römer genannt. Ankläger waren Satrius Secundus und Pinarius Natta, Klienten des Seianus. Das war vernichtend für den Angeklagten, ebenso wie die Tatsache, dass der Kaiser mit grimmiger Miene die Verteidigung anhörte, die Cremutius in der Gewissheit, sein Leben zu verlieren, auf diese Weise begann: »Meine Worte, Senatoren, werden angeklagt, so wenig bin ich schuldig, was mein Tun anbelangt. Aber auch die Worte sind nicht gegen den Prinzeps oder dessen Vater gerichtet, für die ja das Majestätsgesetz gilt. Brutus und Cassius soll ich gelobt haben, deren Taten viele aufgezeichnet haben, niemand aber hat sie ohne ehrende Würdigung erwähnt. Titus Livius, herausragend vor allem wegen seiner Beredsamkeit und Zuverlässigkeit, lobte den Gnaeus Pompeius so sehr, dass Augustus ihn einen Pompeianer nannte. Und doch stand dies ihrer Freundschaft nicht entgegen. Den Scipio, den Afranius, eben diesen Cassius und diesen Brutus nennt er nirgends Räuber und Vatermörder – Namen, die ihnen jetzt beigefügt werden –, sondern bezeichnet sie häufig als ausgezeichnete Männer. Des Asinius Pollio Schriften überliefern von eben diesen ein herausragendes Andenken. Messala Corvinus pries seinen Feldherrn Cassius: Und beide genossen zeit ihres Lebens Reichtum und Ehre. Und das Werk des Marcus Cicero, in dem er Cato in den Himmel hob: Mit was anderem erwiderte der Diktator Caesar darauf als mit einer Gegenrede wie vor Gericht? Des Antonius' Briefe, des Brutus' Volksreden enthalten zwar falsche Vorwürfe gegen Augustus, aber mit viel Schärfe. Von Bibaculus und Catull liest man Gedichte, die voll von Schmähungen gegen die Caesaren sind. Aber selbst der göttliche Julius, selbst der göttliche Augustus ertrugen dies und ließen es so stehen, ob mehr aus Selbstbeherrschung oder aus Klugheit, das vermag ich nicht leicht zu sagen. Denn was man verachtet, gerät in Vergessenheit, wenn man aber zürnt, erweckt man den Anschein, dass etwas Wahres daran sei.

Von den Griechen will ich gar nicht reden, bei denen nicht nur der Freimut, sondern auch die Zügellosigkeit straffrei blieb. Oder falls jemand sich dagegen wandte, so rächte er Worte mit Worten. Aber ganz frei und ohne Widerspruch konnte man über die etwas veröffentlichen, die der Tod dem Hass oder der Volksgunst entzogen hatte. Stehen denn etwa Cassius und Brutus noch unter Waffen und haben noch die Schlachtfelder von Philippi in Besitz, dass ich zum Zwecke eines Bürgerkriegs das Volk mit öffentlichen Reden entflamme? Oder behalten nicht jene Männer, die vor siebzig Jahren gefallen sind, die man von ihren Standbildern, die nicht einmal der Sieger zerstört hat, her kennt, ihren Teil des Andenkens bei den Schriftstellern? Einem jeden misst doch die Nachwelt die ihm gebührende Ehre zu. Falls über mich die Verdammung hereinbricht, so wird es welche geben, die sich nicht nur des Cassius und Brutus, sondern auch meiner erinnern werden.«

Darauf verließ er den Senat und beendete sein Leben durch den Hungertod. Die Senatoren beschlossen, dass seine Bücher durch die Ädilen verbrannt werden sollten. Aber sie überlebten im Verborgenen und wurden später herausgegeben. Umso mehr mag man über die Gedankenlosigkeit derer spotten, die glauben, durch ihre gegenwärtige Macht könne auch die Erinnerung der Folgezeit ausgelöscht werden. Im Gegenteil: Durch die Bestrafung geistig hochstehender Männer strahlt ihr Ansehen nur noch heller, und nichts anderes haben auswärtige Könige oder die, die mit derselben Härte vorgehen, geschaffen als Schande für sich und für jene Ruhm.

*Um 115*

# SUETON

## Nero. Der Psychopath unter den Tyrannen

*»Für Stubengelehrte, wie dieser einer ist«, sagte Plinius der Jüngere von ihm, »genügt weitaus so viel an Grund und Boden, wie sie brauchen, um ein Nickerchen zu machen.« Gaius Suetonius Tranquillus (\* um 70, † um 140) war Kabinettssekretär unter Trajan und Feierabendschriftsteller. Das Werk seiner Kaiserviten ist nicht nur durch die mehr als schauerlichen Erfahrungen mit römischen Staatsmännern seit Tiberius und Caligula geprägt. Den Hintergrund bildet die wache Erinnerung an die Republik, als deren Entartung das Prinzipat der Caesaren gesehen wird – wie übrigens auch bei Tacitus. Das macht die Biographien Suetons zu einer Frühform kritischer Geschichtsschreibung. Bei Nero (37–68) zitiert er, als Betrachtung zu seiner Geburt, dessen Vater Domitius: »Auf die Glückwünsche seiner Freunde erwiderte dieser, ein Geschöpf von ihm und Agrippina könne nur ein Scheusal und eine Pest für den Staat sein.«*

WAS SEINE MUTTER BETRIFFT, die mit Bitterkeit alle seine Handlungen und Reden kritisierte, so begnügte sich Nero anfangs, ihr dadurch entgegenzuwirken, dass er sie wiederholt verhasst zu machen suchte, indem er vorgab, er wolle abdanken und sich nach Rhodos zurückziehen. Später beraubte er sie aller Ehren und jeglichen Einflusses und nahm ihr die römische und die germanische Leibgarde; ja er entzog ihr die Wohnung im kaiserlichen Palaste. Ferner quälte er sie aufs Rücksichtsloseste dadurch, dass er ihr in Rom Prozesse auf den Hals schickte und sie in der Zurückgezogenheit auf ihrem Landsitz von Leuten, die zu Wasser und zu Land vorbeifahren mussten, durch Schimpfworte und schlechte Witze behelligen ließ.

Allein, durch ihre Drohungen und ihre Heftigkeit geschreckt, beschloss er, sie vollends zu vernichten. Nachdem er es dreimal mit Gift versucht und die Wahrnehmung gemacht hatte, dass Agrippina sich durch Gegengifte zu schützen wisse, ließ er die getäfelte Decke ihres Schlafzimmers so einrichten, dass dieselbe vermittelst einer mechanischen Vorrichtung nachts auseinandergenommen werden und über die Schlafende zusammenstürzen konnte. Aber dieser Plan wurde von den Mitwissern nicht geheim genug gehalten. So ersann Nero denn ein leicht auseinandernehmbares Schiff, auf welchem seine Mutter durch Schiffbruch oder den Einsturz der Kajüte umkommen sollte. Unter dem heuchlerischen Anschein einer Versöhnung lud er sie also in einem äußerst liebenswürdigem Briefe nach Bajä zur gemeinsamen Feier des Quinquatrusfestes ein und trug den Kapitänen auf, das Schiff, auf dem sie hergekommen, wie durch Zufall zu beschädigen. Dann verlängerte er das Festmahl, und als seine Mutter nach Bauli zurückzukehren wünschte, bot er ihr statt des leck gewordenen Schiffes jenes künstlich gebaute an. In heiterster Stimmung gab er ihr das Geleite und küsste sie auch beim Abschied auf die Brust. Die übrige Zeit verbrachte er wachend in großer Angst und in Erwartung des Ausgangs. Als aber die Nachricht eintraf, es sei anders gekommen und seine Mutter habe sich durch Schwimmen gerettet, war Nero ganz ratlos. Da gab er Befehl, ihren Freigelassenen Agerius, der voll Freude herbeigeeilt war, um dem Kaiser zu verkünden, Agrippina sei gerettet und wohlbehalten, als einen gegen ihn gedungenen Meuchelmörder zu greifen und zu fesseln, nachdem er zuvor, ohne dass jener es merkte, einen Dolch neben ihn hatte hinfallen lassen. Desgleichen befahl er, seine Mutter zu ermorden und gab vor, sie habe sich durch freiwilligen Tod der Strafe ihres entdeckten Verbrechens entzogen. Dazu werden noch grässlichere Einzelheiten hinzugefügt, und zwar von namhaften Schriftstellern. Man sagt, Nero sei herbeigeeilt, den Leichnam der Ermordeten zu besichtigen, habe die Glieder betastet, die einen getadelt, die anderen gelobt und ruhig dazu getrunken, als er inzwischen Durst bekam.

Man kann faktisch sagen, dass es keine Art von Verwandten gibt, die Nero nicht durch ein Verbrechen zu vernichten gesucht hat. Des Claudius' Tochter Antonia, die nach dem Tode der Poppäa seine Werbung zurückwies, ließ er als Urheberin revolutionärer Umtriebe hinrichten. Ebenso verfuhr er auch gegen seine sonstigen Verwandten, mochten sie mit ihm verschwägert oder blutsverwandt sein. Darunter mordete er den jungen Aulus Plautius, nachdem er ihn vor dem Tode noch gewaltsam besudelt hatte. Mit den Worten:

Festnahme eines Demonstranten.
*Zürich. Schweiz, 1. Mai 2006.*

Jetzt mag meine Mutter kommen und meinen Nachfolger küssen, verband er die offene Verdächtigung, dieser Jüngling sei der Liebhaber seiner Mutter gewesen, und sie habe ihm Hoffnungen auf den Thron gemacht. Seinen Stiefsohn Rufius Crispinus, den Sohn der Poppäa, ließ er noch als zarten Knaben beim Fischen im Meere ertränken, weil er, wie es hieß, im Spiele den Feldherrn und Kaiser darstelle, und übertrug die Ausführung dem eigenen Sklaven desselben. Den Fuscus, Sohn seiner Amme, strafte er mit Verbannung, weil er als Statthalter von Ägypten in den Bädern gebadet, die man für die Ankunft des Kaisers erbaut hatte. Seinen Lehrer Seneca zwang er zum Selbstmord, obwohl er ihm auf seine häufigen Urlaubsgesuche hin und auf sein Anerbieten, seine Güter dem Kaiser abzutreten, mit heiligem Eide geschworen hatte, seine Furcht sei unbegründet und er wolle lieber sterben, als ihm etwas zuleide tun (65 n. Chr.). Dem Kommandeur seiner Garde, Burrus, schickte er Gift statt des versprochenen Mittels gegen Halsleiden. Seine begüterten und hochbetagten Freigelassenen, welche einstmals zur Adoption und später zum Throne ihm verholfen hatten, und seine treuen Ratgeber geblieben waren, schaffte er durch Gift aus dem Wege, das er ihnen teils in Speisen, teils in Getränken reichte.

Nicht geringer war die Grausamkeit, mit welcher Nero außerhalb gegen Fremde wütete. Ein Komet – solche bedeuten nach allgemeinem Glauben Unheil für die höchsten Herrschaften – hatte sich bereits mehrere Nächte nacheinander gezeigt. Hierdurch geriet er in Angst und befragte den Astrologen Balbillus. Wie er den Bescheid erhielt, Könige pflegten solche Vorzeichen durch den Tod irgendeiner hervorragenden Persönlichkeit zu sühnen und von sich ab auf die Häupter der Vornehmsten hinzuwenden, bestimmte er sofort die Vornehmsten in Rom zum Tode.

Dies konnte er umso mehr unter dem Anschein eines gerechten Grundes tun, als man zwei Verschwörungen entdeckt hatte, von denen die frühere und gefährlichere die des Piso in Rom, die spätere die des Binicius in Benevent angezettelt und entdeckt ward. Die Verschworenen erschienen bei der Verhandlung dreifach in Ketten geschlossen. Einige bekannten freiwillig ihr Verbrechen, andere rühmten sich dessen sogar, »denn man habe ihm, so äußerten sie, nicht anders als durch den Tod helfen können, gebrandmarkt durch alles Schandtaten, wie er sei«. Die Kinder der Verurteilten wurden aus der Stadt vertrieben und durch Gift oder Hunger getötet. Es steht fest, dass einige derselben nebst ihren Pädagogen und Capsarien in einer Mahlzeit zugleich vergiftet, und andere gehindert wurden, sich ihre tägliche Nahrung zu verschaffen. …

Von allen Wissenschaften hatte er als Knabe gekostet. Von der Philosophie dagegen hielt ihn seine Mutter ab, indem sie erinnerte, dieselbe sei einem künftigen Herrscher hinderlich; ebenso hielt ihn vom Lesen der alten Redner sein Lehrer Seneca ab, um ihn desto länger in der Bewunderung seines eigenen Talents zu erhalten. So wurde denn Neros Neigung zur Poesie hingeführt; er verfasste mit Vorliebe und ohne große Anstrengung Gedichte, ohne jedoch, wie manche glauben, fremde Erzeugnisse als seine eigenen herauszugeben. Es sind nämlich Schreibtafeln und Hefte von ihm in meine Hände gekommen mit einigen sehr bekannten Versen, die von seiner eigenen Hand geschrieben waren; aus diesen Papieren geht klar hervor, dass die Verse nicht entlehnt oder unter Diktat nachgeschrieben waren, sondern ganz wie von einem, welcher nachdenkt und allmählich schafft; denn viel Wörter waren getilgt, ausgestrichen oder darübergeschrieben.

Auch auf Malerei und Bildhauerkunst verwendete er nicht geringen Fleiß.

Der hervortretendste Zug bei Nero aber ist sein Streben nach Beifall, und so war er der Nebenbuhler aller Leute, welche irgendwie bei der Menge Eindruck machten. Es war der Glaube verbreitet, er werde nach seinen Erfolgen auf der Bühne sich so weit erniedrigen, dass er im nächsten Lustrum bei den Olympischen Spielen als Athlet auftreten würde. Denn er trieb unablässig Ringübungen und hatte den gymnischen Wettkämpfen in ganz Griechenland nie anders beigewohnt, als wie ein Kampfrichter in der Ringbahn selbst auf der Erde sitzend, um die Kämpferpaare, die etwa sich zu weit entfernten, mit eigener Hand mitten in die Rennbahn zurückzuschleppen. Desgleichen hatte er sich vorgenommen, weil er ja den Apollo im Gesang, den Sonnengott im Wagenlenken erreicht haben sollte, nunmehr des Herkules Taten nachzuahmen. Man sagt, es sei ein Löwe abgerichtet worden, welchen Nero in der Arena des Amphitheaters mit einer Keule erlegen oder zwischen seinen Armen vor den Augen des Publikums nackt erwürgen wollte.

Gegen Ende seines Lebens hatte er öffentlich das Gelübde abgelegt, wenn seine Herrschaft bestehen bliebe, bei den Spielen zur Feier seines Sieges über die Empörer als Künstler auf der Wasserorgel und der Flöte sowie als Dudelsackpfeifer auftreten zu wollen, dann am letzten Festtage als Schauspieler sich zu produzieren und Virgils »Turnus« zu tanzen. Manche berichten sogar, er habe den Schauspieler Paris als gefährlichen Rivalen ermorden lassen.

So wohnte dem Nero eine heiße Begierde nach ewigem Ruhm und Unsterblichkeit inne, aber eine unvernünftige.

Darum nahm er vielen Dingen und Örtlichkeiten ihre alte Benennung, um ihnen nach seinem Namen eine neue zu geben: den Monat April nannte er Neroneus und hatte im Sinne, die Stadt Rom Neropolis zu taufen.

Die Religion verachtete er sein Leben lang, mit alleiniger Ausnahme der syrischen Göttermutter. Später wurde ihm auch diese so verächtlich, dass er sie mit seinem Urin besudelte, nachdem ein anderer Aberglaube ihn befangen hatte, auf welchem er nun ausschließlich und hartnäckig beharrte. Er hatte nämlich von irgendeinem unbekannten Plebejer eine kleine Mädchenstatuette als Schutzmittel gegen Verschwörungen zum Geschenk erhalten; unmittelbar darauf wurde in der Tat ein Komplott entdeckt, und nun beehrte Nero diese Statuette als die höchste Gottheit und opferte ihr regelmäßig dreimal des Tages, wie er auch andere zu dem Glauben bringen wollte, er kenne durch ihre Mitteilungen die Zukunft voraus. Wenige Monate vor seinem Tode wohnte er indessen der Eingeweideschau bei, erlangte aber nie ein glückliches Zeichen.

Nero starb im zweiunddreißigsten Jahr seines Lebens, am nämlichen Tage, an dem er einst die Octavia ermordet hatte. So groß war die allgemeine Freude darob, dass das Volk mit Freiheitshüten durch die ganze Stadt lief. Gleichwohl fehlte es nicht an Leuten, die lange Zeit hindurch Neros Grab mit Frühlings- und Sommerblumen schmückten und bald seine Bilder mit der Präterta, bald auch seine Edikte auf dem Forum zum Vorschein brachten, als ob er noch lebe, oder zum Verderben seiner Feinde binnen Kurzem wiederkommen werde. Selbst der Partherkönig Bologäsus bat einmal bei Gelegenheit einer Gesandtschaft zur Erinnerung des Bündnisses unter anderem aufs Dringendste darum, dass man Neros Andenken nach Gebühr feiere. Endlich, als zwanzig Jahre später – ich war damals noch ein junger Mensch – ein unbekanntes Individuum auftrat und sich für Nero ausgab, war dieser Name bei den Parthern noch in solcher Gunst, dass sie den Betreffenden energisch unterstützten und später nur ungern auslieferten.

# 115–120

# EPIKTET

## Mach dir klar, Mensch, welcher Art deine Unternehmung ist

---

*Die Philosophenschule der Stoa ist nach einer Säulenhalle auf dem Athener Marktplatz, der Agora, benannt, wo um 300 v. Chr. Zenon von Kition seine Lehrtätigkeit aufnahm. Sie steht für eine der mächtigsten geistigen Strömungen in der griechischen und römischen Antike, die – vor allem über Boethius – bis weit in die christliche Neuzeit hinein großen Einfluss behielt. Oft karikiert als Anhänger der höchsten Schule und Unkultur des sowohl geistigen wie auch lebenspraktischen Defätismus, kennen wir den Stoiker noch heute als einen, der klaglos schlechterdings alles erduldet, sich mit gleicher Seelenruhe in gleich welches Schicksal fügt, »sich dareinschickt«. Das ist grober Unfug, was wieder einmal gesagt zu werden verdient. Weit entfernt von dieser Karikatur des übermenschlich-unmenschlichen Allerweltsdulders, empfiehlt die Lehre der Stoa, seine Energien auf das zu konzentrieren, was der Mensch zu verändern imstande ist, statt sich am Unabänderlichen die Zähne auszubeißen und sich obendrein von einem Zoo eitler Begierden tyrannisieren zu lassen. Emotionale Selbstkontrolle ist der Königsweg zu Gelassenheit, Seelenruhe und Weisheit, was nicht dasselbe ist wie untätige Indifferenz.*

*Über das Leben des Epiktet (\* um 50, † um 130) ist wenig bekannt. Da er nicht schrieb, sind seine Lehren nur durch die Aufzeichnungen seines Schülers Arrian überliefert. Als Sklave nach Rom gekommen, dort freigelassen und nach Aufnahme seiner Lehrtätigkeit von Kaiser Domitian wieder vertrieben, eröffnete er seine Schule in Nikopolis, Epirus. Eine persönliche Beziehung zu Kaiser Hadrian mag den Ruhm dieses Schwergewichts unter den Ethikern der Antike mitbegründet haben. Halten wir uns derweil an das, worin nach ihm der göttliche Kern des Menschen besteht: seine innere Freiheit und moralische Autonomie.*

## 1. VON DEM, WAS IN UNSERER GEWALT STEHT, UND WAS NICHT.

Eins steht in unserer Gewalt, ein anderes nicht.

In unserer Gewalt steht unser Denken, unser Tun, unser Begehren, unser Meiden – alles, was von uns selber kommt. Nicht in unserer Gewalt steht unser Leib, unsere Habe, unser Ansehen, unsere äußere Stellung – alles, was nicht von uns selber kommt.

Was in unserer Gewalt steht, ist von Natur frei, es kann nicht gehindert und nicht gehemmt werden. Was nicht in unserer Gewalt steht, ist hinfällig, abhängig, steht in fremder Hand und kann gehindert werden.

Hältst du für frei, was seiner Natur nach unfrei ist, und für dein eigen, was fremd ist, so wirst du viel Verdruss haben, Aufregung und Trauer, und wirst mit Gott und allen Menschen hadern. Hältst du aber nur das Deine für dein eigen und Fremdes für fremd, so wird nie jemand dich zwingen, nie jemand dich hindern, du wirst nie jemand Vorwürfe machen, nie jemand schelten, nie etwas wider Willen tun. Niemand wird dir schaden, denn du wirst keinen Feind haben – nichts kann dir schaden.

Wenn du danach trachtest, darfst du nicht lässig sein. Du musst alles andere dagegen gering schätzen, manches für immer lassen, manches für den Augenblick.

Wenn du aber daneben auch nach Ehrenstellen und Reichtümern jagst, so wirst du vielleicht, weil du zugleich jenes erstrebst, nicht einmal diese erreichen. Sicher wirst du das verfehlen, wodurch allein Glück und innere Freiheit kommen.

Gewöhne dich nun, bei jedem unangenehmen Ereignis zu sagen: Du bist nicht das, was du scheinst, sondern nur eine Vorstellung. Sodann prüfe es an den Regeln, die du gelernt hast, besonders an der ersten, indem du fragst: Gehört es zu dem, was in meiner Gewalt steht, oder nicht? Und gehört es zu dem, was nicht in deiner Gewalt steht, so sage zu dir selber: Es geht mich also nichts an!

## 2. WAS ZU ERSTREBEN IST UND WAS NICHT

Merke: Begierde verheißt den Besitz des Begehrten, Abneigung die Vermeidung dessen, wogegen man Abneigung empfindet. Wer trotz der Begierde nicht in den Besitz des Begehrten gelangt, ist unglücklich, und wer trotz seiner Abneigung in etwas verfällt, was er vermeiden möchte, ist auch unglücklich.

Wenn du also nur dem auszuweichen suchst, was naturwidrig ist und in deiner Macht steht, so verfällst du überhaupt nicht in etwas, wogegen du Abneigung empfindest. Willst du aber einer Krankheit, dem Tode, der Armut ausweichen, so wirst du unglücklich sein. Hüte dich also vor jeder Abneigung gegen alles, was nicht in deiner Gewalt steht, und lass ihr nur ihren Willen bei dem, was naturwidrig ist und in deiner Gewalt steht.

Die Begierde aber gib vorläufig ganz auf. Denn begehrst du etwas, was nicht in deiner Gewalt steht, so wirst du unfehlbar unglücklich werden. Von dem aber, was in deiner Macht steht und was du etwa begehren könntest, weißt du noch nichts. Beschränke dich auf Neigung und Abneigung, aber lass auch diese nicht übermächtig werden.

## 3. GEHE DEN GEGENSTÄNDEN DEINER NEIGUNG AUF DEN GRUND!

Merke: Bei allem, was deine Sinne erfreut, was dir Nutzen gewährt, was du gern hast, sage dir stets, was es eigentlich ist. Fange bei den Unbedeutendsten an. Liebst du ein Glas, so sage dir: Ich liebe ein Glas. Zerbricht es dann, so wirst du dich nicht weiter aufregen. Liebst du dein Kind oder dein Weib, so sage dir: Ich liebe einen Menschen. Stirbt er, so wirst du nicht außer Fassung geraten.

## 4. BEWAHRE DEINE HALTUNG!

Willst du irgendetwas tun, so mache dir klar, welche Umstände dabei in Betracht kommen. Gehst du z. B. zum Baden, so stelle dir vor, wie es im Bade zugeht, wie sie allerhand Unfug treiben, sich stoßen, zanken, einander bestehlen. Du wirst ruhiger bleiben, wenn du dir von vornherein sagst: Ich will baden, aber ich will auch meine naturgemäße Haltung bewahren. So mache es bei allem! Begegnet dir dann ein Ärgernis beim Baden, so wirst du dir sagen: Ich wollte ja nicht bloß baden, sondern auch meine mir gemäße Haltung bewahren; und ich würde sie nicht bewahren, wenn ich mich über solche Dinge ärgerte.

## 5. VERWECHSLE NICHT DIE DINGE MIT DEINEN VORSTELLUNGEN!

Nicht die Dinge selbst beunruhigen die Menschen, sondern die Vorstellungen von den Dingen. So ist z. B. der Tod nichts Furchtbares – sonst hätte er auch dem Sokrates furchtbar erscheinen müssen –, sondern die Vorstellung, er sei etwas Furchtbares, das ist das Furchtbare.

Wenn wir also unglücklich, unruhig oder betrübt sind, so wollen wir die Ursache nicht in etwas anderem suchen, sondern in uns, das heißt in unsern Vorstellungen. Der Ungebildete macht andern Vorwürfe, wenn es ihm übel ergeht. Der philosophische Anfänger macht sich selber Vorwürfe, der wahrhaft Gebildete tut weder das eine noch das andere.

*Um 160*

# ARTEMIDOR VON DALDIS

# Nicht verzagen! Wichtiger als Traumgesichte ist die Gemütslage

*Heraklit hatte 650 Jahre vor ihm gesagt, die Welt der Wachen unterscheide sich von der Welt der Schlafenden dadurch, dass sie für alle dieselbe sei. Die der Schlafenden dagegen sei für alle ihre eigene. Nach Artemidor von Daldis (\* um 95, † nach 160) lässt sich das nur mit starken Einschränkungen sagen. Seine Traumwelten sind in hohem Grad standardisiert und werden in seiner Traumdeutung (griechisch: Oneirokritika) in eherne Motivkataloge gefasst – ein Ansatz, der erst mit Freud (vgl. S. 478–479) wieder aufgeweicht werden wird. Das Buch aus dem 2. Jahrhundert, im Humanismus ins Lateinische übersetzt, war bis weit ins 18. Jahrhundert ein beliebtes und oft zitiertes Werk.*

*Artemidor trieb sein Gewerbe, das auch die Wahrsagerei einschloss, vollberuflich. Er war ein großer Reisender und trug zusammen, was ihm in Griechenland, auf den Ägäischen Inseln, in Kleinasien und Italien zu Ohren kam, wobei er systematisch die lokalen Experten aufsuchte.*

**12.** DESHALB MUSS DER TRAUMDEUTER, so behaupte ich, von Haus aus eine gute Anlage mitbringen, er muss gesunden Menschenverstand und nicht nur ein Buchwissen haben; denn glaubt jemand, er könne nur mit Kunstgriffen, ohne natürliche Begabung ein Meister in diesem Fach werden, so wird er stets ein ausgemachter Stümper bleiben, und umso mehr, je festgelegter er in seiner Art ist. Denn hat man schon von Anfang an die falsche Richtung eingeschlagen, dann führt der Weg immer mehr in die Irre. Ferner halte man solche Traumgesichte für undeutbar, welche nicht vollständig wiedergegeben werden, sei es, dass dem Träumenden die Mitte oder das Ende entfallen ist. Denn der Ausgang jeder Traumwahrnehmung ist auf einen heilen Zusammenhang hin zu untersuchen, einzig das lückenlos wiedergegebene aber erschließt sich dem Verständnis. So wie die Opferpriester in den Fällen, in denen die Zeichen zweideutig sind, nicht behaupten, dieselben wären unwahr, sondern erklären, sie könnten sie aus den Opfern nicht beurteilen, so darf auch der Traumdeuter sich nicht über Traumgesichte äußern, über die er sich kein klares Urteil zu bilden vermag, noch sie aus dem Stegreif deuten, weil er selbst dadurch um seinen guten Namen kommen, der Träumende aber Schaden erleiden wird. Folgendes ist auch noch zu beachten: Alle Traumgesichte, die etwas Unheilvolles bedeuten, haben für den Träumenden weniger unheilvolle oder vielleicht gar keine Folgen, wenn seine seelische Stimmung dabei gehoben ist. Umgekehrt gehen alle Traumgesichte, welche etwas Gutes bedeuten, nicht in Erfüllung oder jedenfalls in geringerem Maß, wenn seine seelische Stimmung gedrückt ist. Deswegen soll man jeden Einzelnen danach befragen, ob er in guter oder schlechter Gemütsverfassung geträumt hat.

13. Träumt jemand, er werde von einer Frau geboren, so ist die folgende Deutung angezeigt: Einem Armen bringt es Glück; er wird gleich den Säuglingen jemanden bekommen, der ihn ernährt und bemuttert, ausgenommen, der Betreffende ist ein Handwerker; einem solchen kündigt es Arbeitslosigkeit an; denn die Kleinen arbeiten nicht und ihre Hände sind eingewickelt. Einem Reichen bedeutet es, dass er nicht Herr im Haus ist, sondern von Leuten bevormundet wird, die ihm zuwider sind; denn Säuglinge werden von anderen, die nicht nach ihrem Willen sind, bevormundet. Einem Mann, dessen Ehefrau nicht schwanger ist, bedeutet es, er werde sie verlieren; denn Säuglinge pflegen mit Frauen keinen Geschlechtsverkehr. Wessen Ehefrau aber guter Hoffnung ist, dem kündet es die Geburt eines Sohnes an, der ihm in allem aufs Haar gleichen wird; auf diese Weise wird es ihm vorkommen, als werde er selbst noch einmal geboren. Einem Sklaven bedeutet es die Liebe seines Herrn und, im Fall einer Verfehlung, Verzeihung, aber noch nicht die Freilassung; denn Säuglinge verfügen nicht über sich selbst, auch wenn sie frei geboren sind.

Athleten bringt es Unglück; Säuglinge können nämlich weder gehen noch laufen, noch viel weniger jemanden zu Boden strecken, wo sie nicht einmal einen Fuß vor den anderen setzen können. Demjenigen, der in der Fremde lebt, verheißt es die Rückkehr in die Heimat, sodass er, wie ein neugeborener, an den Ursprung zurückkehrt oder dass er wiederum die Mutter Erde, d. h. den Heimatboden, betritt; denn die Mutter Erde ist allen ohne Unterschied Heimat. Einem Kranken zeigt es den Tod an, weil Verstorbene ebenso wie Säuglinge in zerrissene Tücher eingewickelt und auf die Erde gelegt werden, und wie der Anfang zum Ende in Beziehung steht, so das Ende zum Anfang.

Denjenigen, der einen Fluchtversuch unternimmt, lässt dieses Traumgesicht nicht entkommen und einen, der auf Reisen gehen will, nicht die Heimat verlassen; denn die Kleinen können nicht aus dem Weg gehen, was vor ihren Füßen ist, stolpern sie doch jedes Mal. Bei Prozessen ist das Traumgesicht für den Kläger von ganz schlimmer Vorbedeutung; er wird die Richter wegen seiner stammelnden Zunge nicht überzeugen, dagegen kann ein gerichtlich Angeklagter und besonders einer, der einen Schuldspruch befürchtet, nach diesem Traumgesicht unbesorgt sein; denn kleinen Kindern verzeiht man, wenn sie eine Dummheit begangen haben.

14. Träumt ein Armer, schwanger zu sein, so wird er ein stattliches Vermögen erwerben, Geld in Hülle und Fülle verdienen und auf diese Weise dick und rund werden. Einen Reichen dagegen werden Prüfungen und Sorgen heimsuchen. Ein Verheirateter wird seine Gattin verlieren; er benötigt gewissermaßen keine Frau mehr, die Kinder zur Welt bringt. Ein Lediger wird eine so herzensgute Frau heiraten, dass er Lust und Schmerz mit ihr zu teilen vermeint. Allen übrigen prophezeit es Krankheit. Gebären aber und Entbinden bedeutet nicht dasselbe wie die Schwangerschaft, sondern zeigt einem Kranken raschen Tod an, weil jeder gebärende Leib Lebensatem abgibt, und so wie sich das Neugeborene vom bergenden Körper trennt, so auch der Lebenshauch vom Körper. Ein Armer, ein Schuldner, ein Sklave und jeder, der sich in einer argen Bedrängnis befindet, wird sich von den betreffenden Widrigkeiten freimachen. Der Grund ist klar. Ferner bringt dieses Traumgesicht verborgene Dinge zutage, weil das bis dahin verborgene Kind ans Licht kam. Reichen, Gläubigern, Geschäftsleuten und allen Personen, die eine Vertrauensstellung haben, bringt es Schaden; sie werden verlieren, was sie früher besaßen. Großhändlern und Reedern dagegen ist es günstig; sie werden ihre Waren absetzen. Viele verloren infolge des Abgangs des Kindes, das von demselben Blut stammt, nahe Verwandte.

15. Träumt man, ganz kleine Kinder zu haben oder zu schauen, so ist das, wenn es die eigenen sind, für Mann und Frau von übler Vorbedeutung; es zeigt Sorgen, Bitternisse und Kummer wegen mancher unvermeidlicher Plackereien an, weil man ohne diese die Kleinen nun einmal nicht groß bekommt. Es gibt auch ein altes Wort, das dasselbe besagt. Es lautet: »Angst oder Sorge bereitet dem Vater allezeit das Kind.«

Dabei nimmt das Traumgesicht von Knaben noch einen guten Ausgang, während das von Mädchen ein Ende anzeigt, das schlechter als der Anfang ist, und einen materiellen Verlust prophezeit. Denn Knaben nehmen von den Eltern nichts, wenn sie groß geworden sind, Mädchen aber benötigen eine Mitgift. Ich kenne jemand, dem es träumt, ihm wäre ein Töchterchen geboren; er musste ein Darlehen aufnehmen. Ein anderer wiederum träumte, er begrabe seine verstorbene Tochter. Es geschah, dass er ein Darlehen zurückzahlte. Ein gutes Vorzeichen dagegen ist der Anblick fremder Kinder, wenn sie wohlgewachsen, anmutig und von kindlicher Unbefangenheit sind. Es deutete das Zusammentreffen glücklicher Umstände an, unter denen größere Hoffnung besteht, ein Vorhaben zu vollenden und zu gutem Ende zu führen. Denn wenn auch den Kindern die Arbeit zunächst nicht von der Hand geht, so werden sie doch, wenn sie älter geworden sind, etwas Tüchtiges leisten können.

16. Träumt jemand, er liege wie ein Kind in Windeln und nehme von einer bekannten oder unbekannten Frau die Brust, so wird er eine langwierige Krankheit durchzustehen haben, das heißt, falls seine Frau nicht guter Hoffnung ist. Trifft dies zu, wird sie ihm einen Sohn schenken, der ganz nach dem Vater kommt und auf diese Weise großgezogen werden wird. Einer Frau kündigt es die Geburt eines Töchterchens an. Einem Eingekerkerten wird das Schicksal nach diesem Traumgesicht noch andere Leiden aufbürden, außerdem wird er nicht begnadigt werden. Ganz einleuchtend ist auch der Bezug zu den Krankheit; denn Kinder, die gestillt werden, sind schwächlich, und auch Erwachsene leben von Milch, wenn sie im Krankenbett keine feste Nahrung zu sich nehmen können.

In den eigenen Brüsten Milch haben verheißt einer jungen Frau, sie werde empfangen, das Kind austragen und glücklich zur Welt bringen; einem alten, aber armen Weib bedeutet es Wohlstand, einem reichen Geldausgaben und einem heiratsfähigen jungen Mädchen die Ehe; denn ohne ehelichen Verkehr kann sie niemals Milch haben. Einem ganz kleinen und noch lange nicht heiratsfähigen Mädchen prophezeit es den Tod. Denn mit geringen Ausnahmen ist alles, was der Altersstufe nicht angemessen ist, von schlimmer Vorbedeutung. Einem Armen, der nichts zu leben hat, verspricht es Geld und Gut im Überfluss, sodass er auch noch anderen zu essen und trinken geben kann. Oft habe ich die Erfahrung gemacht, dass dieses Traumerlebnis einem Unverheirateten die Ehe, einem Kinderlosen Kindersegen voraussagt. Der eine bekam eine so herzensgute Frau, dass es ihm vorkam, er teile Lust und Schmerz mit ihr, der andere zog Kinder groß. Einem Athleten, Gladiator und jedem, der Sport treibt, prophezeit es Krankheit, weil nur das schwache Geschlecht Milch hat. Ich habe noch folgende Beobachtung gemacht: Einer, der Frau und Kinder hatte, verlor nach diesem Traumgesicht seine Frau und zog seine Kinder groß, indem er an ihnen die Pflichten von Vater und Mutter zugleich erfüllte.

So viel über das Aufziehen von Kindern. Jetzt will ich über den Körper und die Körperteile sprechen, die hinzukommen oder schwinden, größer oder kleiner werden, sich in eine andere Form oder in einen anderen Stoff verwandeln, wobei ich diejenigen Leser um ein wenig Nachsicht bitte, die an meinen allzu genauen Unterscheidungen Anstoß nehmen. Ich persönlich ärgere mich nicht nur über diejenigen, welche dergleichen Dinge oberflächlich behandeln, sondern bin sogar der Meinung, dass allen ein Schaden daraus entsteht, wenn man nicht jede Einzelheit sorgfältig und gewissenhaft ausarbeitet. Deswegen will ich in meinen Erklärungen zunächst mit dem wichtigsten Körperteil beginnen.

*Um 175*

## MARC AUREL

# Vorbilder sind nicht rar – für den, der solche schätzt

*Erziehern, jedenfalls belesenen, kann eines niemals fehlen: Vorbilder. Sind diese persönlich nicht zur Stelle, führt die Bildung sie in großer Zahl herbei. Nicht daran also liegt es, wenn unter Mächtigen der Versuch, ihnen nachzuleben, so oft scheitert. Dieser Kaiser hatte erstens das Glück, sie um sich zu sehen, und zweitens war sein eigener Horizont nicht der seiner Zeitgenossen.*

*Die Regierungszeit (161–180) von Mark Aurel (\* 121, † 180) ist ein Höhepunkt an Prosperität und innerer wie äußerer Stabilität des Römischen Reichs. Zeit für einen Philosophenkaiser, als der er in die Weltliteratur eingegangen ist. Er setzte sich für eine Verbesserung der Lage von Sklaven und Frauen ein. Allerdings verbrachte auch er sein letztes Lebensjahrzehnt überwiegend im Feldlager, um – immer wieder auch »proaktiv«, wie heute einige US-Amerikaner sagen – äußere Feinde abzuwehren. Dabei schrieb der letzte bedeutende Repräsentant der jüngeren Stoa seine* Betrachtungen *nieder. Die Christen, die unter seiner Herrschaft der schärfsten Verfolgung seit Nero ausgesetzt waren, sollten alsbald das positive Bild Mark Aurels übernehmen.*

1. VON MEINEM GROSSVATER habe ich das Gutartige und Gelassene.

2. Von meinem Vater die Männlichkeit, die die Bescheidenheit nicht ausschließt, was man auch ihm nachrühmte.

3. Von meiner Mutter die Frömmigkeit und Wohltätigkeit; von ihr auch das Bestreben, nicht nur bösen Tuns mich zu enthalten, sondern auch schon schlimmer Gedanken; ihr verdanke ich endlich die schlichte Lebensweise, die sich fernhält von herrischem Prunk.

4. Meinem Urgroßvater danke ich es, dass ich die öffentlichen Schulen nicht besuchen musste; gab er mir doch zu Hause gute Lehrer und ließ mich erkennen, dass man hierin unermüdlich sich verschwenden müsse.

5. Mein Erzieher lehrte mich, im Zirkus weder für die »Grünen« noch für die »Blauen«, beim Gladiatorenkampf weder für die Rundschilde noch für die Langschilde mich zu ereifern; dagegen unterwies er mich, wie man Anstrengungen erträgt, sich mit wenigem begnügt, bei allem selbst Hand anlegt und sich fernhält von Dingen, die einen nichts angehen; auch flößte er mir Widerwillen gegen Angeberei ein.

6. Von Diognetus lernte ich den Hass gegen alles Eitle und Ungläubigkeit gegenüber dem Geschwätz der Gaukler, Beschwörer, Wahrsager und dergleichen und die Verachtung der Wachtelpflege und ähnlicher Torheiten; wohl aber lehrte er mich, ein freies Wort zu ertragen und mir die Philosophie zum Lebensinhalt zu machen; so ließ er mich zuerst den Bacchius, dann den Tandasis und Marcianus hören und beschäftigte meinen jugendlichen Geist mit Entwerfen von

Dialogen und gab mir die Freude am einfachen, nur mit einem Tierfell bedeckten Nachtlager und allem anderen zur Lebensart griechischer Weisen Gehörigen.

7. Von Rusticus bekam ich die Überzeugung eingeprägt, ich müsse an der Ausbildung und Besserung meines Charakters arbeiten, alle sophistische Leidenschaft vermeiden, nicht über leere Theorien Schriftstellerei treiben, keine Sittenpredigten halten, noch in augenfälliger Weise den Asketen oder Menschenfreund spielen; er bewahrte mich auch vor jedem rhetorischen und poetischen Wortgepränge, jeder Schönrednerei, vor Kleiderluxus und all derartigem. Er lehrte mich die Schlichtheit im Briefstil, wie er sie selbst anwandte in einem aus Sinuessa an meine Mutter geschriebenen Brief, die Versöhnlichkeit und das Entgegenkommen meinen Widersachern und Beleidigern gegenüber, sobald sie selbst zum Einlenken bereit seien; er unterwies mich in der Kunst, mit Aufmerksamkeit zu lesen und nicht mit oberflächlichem Darüberhinweggleiten zufrieden zu sein, noch Schwätzern so ohne Weiteres zuzustimmen. Er machte mich auch mit Epiktets Gedanken bekannt, die er mir aus seiner Bibliothek mitteilte.

8. Von Apollonius habe ich die Geistesfreiheit, die die Bedachtsamkeit nicht ausschließt und in allem nie etwas anderes als die Vernunft zum Leitstern wählt; ihm verdanke ich die stetige Seelenruhe auch unter den heftigsten Schmerzen, beim Verlust eines Kindes, in langwierigen Krankheiten. Er gab mir ein lebendiges Beispiel, wie man tiefen Ernst mit Nachsicht verbinden könne. Beim Unterricht war er nie verdrießlich und war auf seine Geschicklichkeit und Gewandtheit im Vortrag nie eingebildet. Endlich zeigte er mir auch, wie man sogenannte Gefälligkeiten von Freunden annehmen müsse, ohne dafür sich zu demütigen oder unerkenntlich sie außer Acht zu lassen.

9. Von Sextus lernte ich das Wohlwollen, er war mir das Vorbild eines echten Familienvaters und erweckte in mir die Einsicht, wie man nach den Gesetzen der Natur leben müsse; er besaß eine ungezwungene Würde des Benehmens, war sorgsam, die Wünsche seiner Freunde zu erraten, besaß Milde gegen die Unwissenden und die Leute, die unüberlegt urteilen, und verstand die seltene Kunst, sich in alle Menschen zu schicken. So lag im Umgang mit ihm mehr Süßigkeit als in aller Schmeichelei, und er erfreute sich bei denselben Menschen stets der größten Hochachtung. Er entwickelte in mir die Fähigkeit, die zur Lebensweisheit erforderlichen Grundsätze in klarer und regelrechter Weise zu finden und zu verknüpfen. Niemals sah man diesen Mann in zorniger Aufwallung oder sonst einer Leidenschaft hingegeben, aber trotz dieser Leidenschaftslosigkeit entfaltete er herzgewinnende Liebenswürdigkeit; er legte Wert auf einen guten Ruf, doch ohne viel Aufhebens; er besaß vielseitiges Wissen ohne Pedanterie.

10. Alexander der Grammatiker belehrte mich, wie man schonend und ohne Tadel und verletzende Vorwürfe mit Leuten, die einen fremdartigen oder sprachwidrigen oder übelklingenden Ausdruck gebrauchten, umgehen müsse; er nannte anstelle des unrichtigen Ausdrucks einfach den richtigen, und zwar so, dass es nie wie eine Korrektur aussah, sondern als sei es eine Antwort oder Bestätigung oder handle sich um eine gemeinsame Untersuchung über die Sache selbst, nicht über das betreffende Wort, oder er legte es auf eine sonstige passende Weise, die gerade der Unterricht mit sich brachte, nahe, wie man hätte sagen sollen.

11. Fronto erweckte in mir die Einsicht, dass Missgunst, Ränkesucht und Verstellungskunst von der Willkürherrschaft verursacht werden und dass im Allgemeinen die, welche wir die Edelgeborenen nennen, weniger Menschenliebe besitzen als die andern.

12. Von Alexander, dem Platoniker, lernte ich, niemals ohne Not jemandem mündlich oder schriftlich zu erklären, ich hätte für ihn keine Zeit, und nicht auf diese Weise unter dem Vorwand dringender Geschäfte die Pflichten beständig zurückzuweisen, die uns das Zusammenleben mit den Mitmenschen auferlegt.

13. Catulus ermahnte mich, Klagen eines Freundes, auch wenn sie unbegründet seien, nie geringschätzig hinzunehmen, sondern mich zu bemühen, sein Vertrauen wiederzugewinnen; immer auch, von meinen Lehrern nur Gutes zu reden, wie das von Domitius und Athenodotus gerühmt wird, und meinen Kindern ein wahrhaft liebender Vater zu sein.

14. Mein Bruder Severus war mir ein Vorbild in der Liebe zu meinen Verwandten, in der Liebe zur Wahrheit und Gerechtigkeit; er machte mich bekannt mit einem Thraseas, Helvidius, Cato, Dion und Brutus und gab mir die Vorstellung von einem freien Staat mit vollkommener Rechtsgleichheit für alle ohne Unterschied und von einem Reiche, in welchem die Freiheit der Untertanen höher gilt als alles; er prägte mir die unwandelbare Hochachtung für die Philosophie ein, die Wohltätigkeit und Freigebigkeit, die hoffnungsfrohe und vertrauende Liebe zu meinen Freunden; etwaige Missbilligung aber lernte ich ihnen gegenüber ohne Rückhalt auszusprechen und ihnen offenherzig vor Augen zu führen, was ich von ihnen erwarte, was nicht, ohne dass sie erst lange im Unklaren bleiben.

15. Maximus gab mir die goldene Lehre der Selbstbeherrschung und des unbeirrten Fortschreitens auf dem einmal eingenommenen Wege; sei guten Mutes in allen Lebenslagen, pflegte er zu sagen, besonders aber in den Krankheiten. Suche dir einen aus Milde und Würde gemischten Charakter anzueignen, und verrichte die vorliegenden Geschäfte ohne Murren! Von ihm glaubte jeder, er rede, wie er denke, und handle immer nur in reinster Absicht; Bewunderung und Staunen waren ihm gleich fremd, nicht minder Übereilung und Saumseligkeit; Verlegenheit, Trostlosigkeit und unechte Freundlichkeit kannte er nicht, nie sah man ihn zornig oder in schlechter Laune; in seiner Wohltätigkeit, Großmut und Wahrheitsliebe zeigte er eher das Bild eines fertigen Mannes als eines sich erst mühsam heranbildenden. Nimmer konnte man meinen, von ihm verachtet zu werden, noch andererseits es wagen, sich besser zu dünken. Im Scherz endlich war er stets taktvoll und geistreich.

16. Mein Vater war mir vorbildlich in seiner Milde, die eine unerschütterliche Beständigkeit in dem, wofür er sich nach reiflicher Überlegung entschieden hatte, nicht ausschloss. Er war ein Verächter eitlen Ruhmes beanspruchter Ehren, ein Freund der Arbeit und der Ausdauer; er verschloss nie sein Ohr gemeinnützigen Vorschlägen anderer und behandelte jeden nach Verdienst, verstand es wohl, am rechten Ort die Zügel strammer anzuziehen und nachzulassen; der Jünglingsliebe entwöhnt, widmete er sich nur dem Staatswohl; er erließ seinen Freunden den Zwang, immer mit ihm zu speisen oder auf Reisen stets in seiner Umgebung zu sein; wer ihm aber aus dringender Ursache nicht folgen konnte, fand ihn bei der Rückkehr nicht verstimmt. Bei Beratungen prüfte er gründlich und mit Ausdauer und begnügte sich nie mit Wahrscheinlichkeiten. Seine Freunde verstand er zu halten, wurde ihrer nie überdrüssig, war aber auch nie unvernünftig ihnen ergeben. In jeder Lebenslage bewahrte er die Zufriedenheit und Heiterkeit Für die Zukunft sorgte er gewissenhaft vor und war ohne viel Aufhebens auf die geringsten Vorfälle gefasst.

Das Zujauchzen des Volkes und jegliche Schmeichelei hielt er sich fern. Ein wachsames Auge besaß er für die Staatsbedürfnisse und war sparsam beim Ausgeben öffentlicher Gelder, ertrug auch willig den Tadel, der ihm deshalb manchmal erwuchs. In seinem Verhältnis zu den Göttern beherrschte ihn keine abergläubische Furcht, und den Menschen gegenüber buhlte er nicht um Beliebtheit durch Gefallsucht oder Begünstigung des Pöbels, vielmehr besaß er in allem nüchterne Festigkeit, achtete die Sitten und war ein Feind unklarer Neuerer. Die Genüsse, die das Leben angenehm machen und die das Glück reichlich bot, benutzte er mit Maß und Freiheit, indem er sich dessen, was er hatte, ungesucht erfreute, ohne das, was er nicht hatte, zu vermissen. Niemand konnte von ihm behaupten, er sei ein Sophist, ein einfältiger Schwätzer oder ein Pedant; sondern jeder musste zugeben, einen Mann von reifem Verstand und großer Vollkommenheit, zu groß für Schmeichelei, fähig sich selbst und andere wohl zu leiten, vor sich zu haben.

*180–200*

# GALEN

## Die Natur und die der Seele. Mehr als ein Medizinerschulstreit

*Ist Leben Individualität und was ist diese? Bis heute sehen sich die Mediziner mit dieser Frage an die Philosophen verwiesen, wenn sie sie nicht mit dem Hammer beantworten wollen.*

*Für die spätantiken Erben der frühen Atomisten erschöpft sich Individualität in der je unterschiedlichen Zusammensetzung immergleicher Elementarteilchen. Ihnen tritt Hippokrates entgegen. Dieser erweist sich so als ein Urvater der sogenannten Vitalisten unter den neuzeitlichen Philosophen, die sich allerdings seit der vorletzten Jahrhundertwende im Streit mit den strengen Wissenschaften an vielen Fronten in Rückzugsgefechten verausgaben.*

*Der berühmteste unter den antiken Nachfolgern des Hippokrates, Galenos von Pergamon, auch Aelius Galenus (\* um 130, † 199 oder 216), griechischer Arzt und Anatom, Sohn eines Architekten und Mathematikers, studiert in Alexandria, damals das Zentrum der Heilkunst und der einzige Ort, wo methodisch Leichen seziert werden. Danach ist er Sportarzt unter den Gladiatoren seiner Heimat. Ab seinem dreißigsten Lebensjahr praktiziert er mit großem Ansehen in der Reichshauptstadt und wird schließlich Leibarzt von Mark Aurel und seinen Familienangehörigen.*

O FFENKUNDIG IST ALSO DIE ERNÄHRUNG notwendigerweise eine Angleichung des Nährenden an das, was ernährt wird. Dass eine solche Angleichung jedoch gar nicht möglich sei, sondern nur eine scheinbare, behaupten diejenigen, welche weder glauben, dass die Natur eine schöpferisch-gestalterische Kraft ist, noch dass sie Vorkehrungen für das Wohl des Lebewesens trifft, noch dass sie überhaupt irgendwelche eigenen Fähigkeiten hat, kraft derer sie Gewisses verändert, anderes anzieht und wieder anderes aber abstößt.

Es sind nun die folgenden zwei Schulen in der Heilkunst und in der Philosophie unter jenen Menschen entstanden, die sich über die Natur geäußert haben; hier soll es aber nur um diejenigen Männer gehen, die verstehen, was sie sagen, und die Folgerichtigkeit dessen, was sie behaupten, gleichsam durchdenken und fortwährend überprüfen. Die anderen jedoch verstehen selbst das nicht, sondern um es kurz zu sagen, was auch immer ihnen durch den Kopf geht, schwatzen sie heraus und gleichzeitig halten sie sich nicht sorgfältig an die Lehren einer der beiden Denkrichtungen – daher schickt es sich auch nicht, sie überhaupt zu erwähnen.

Welche sind nun diese beiden Schulen und was sind die Schlussfolgerungen aus ihren Annahmen? Die eine Gruppierung legt zugrunde, dass das Wesen dem Werden und Vergehen unterworfen ist, ein vereinigtes Ganzes ist und gleichzeitig auch fähig, sich zu verändern, während die andere behauptet, dass das Wesen unwandelbar, unveränderlich und in feine Partikel zerteilt sei, welche durch einen leeren Raum zwischen sich getrennt seien.

Solche, die einen Sinn haben für die Folgerichtigkeit ihrer Hypothesen, glauben gemäß der zweiten Theorie, weder Natur noch Seele hätten ein eigenes Wesen oder eine eigene Fähigkeit, sondern alles sei ein Ergebnis davon, wie jene primären, keinen Einflüssen ausgesetzten Teilchen zusammenkämen. Gemäß der zuerst angesprochenen Theorie entsteht die Natur nicht später als die Teilchen, sondern viel früher und ist somit auch älter. Und dementsprechend fügt sie selbst die Körper der Pflanzen und Lebewesen zusammen, da sie gewisse Fähigkeiten hat, welche einerseits das Geeignete anziehen und anpassen, zugleich aber das Fremde absondern. Kunstvoll gestaltet sie während der Genese alles aus und sorgt für die entstandenen Lebewesen durch wieder andere Fähigkeiten. Durch eine Fähigkeit, die liebevoll und fürsorglich wirkt, sorgt sie für die Nachkommen, durch eine andere, die gemeinnützig und freundschaftlich wirkt, sorgt sie für die Verwandten. Gemäß der anderen Theorie wiederum besitzt die Natur nichts von all dem, noch ist in der Seele irgendeine Idee von Anfang an angeboren, weder von Übereinstimmung noch von Auseinandersetzung, nicht von Trennung oder Zusammensetzung, nicht von Recht oder Unrecht, nicht von Schönem oder Scheußlichen, sondern es wird behauptet, all diese Dinge entstünden infolge der

Wahrnehmung und durch die Wahrnehmung in uns, und die Lebewesen würden durch gewisse Eindrücke und Erinnerungen gesteuert werden.

Einige Anhänger dieser Theorie haben sogar ausdrücklich negiert, dass es eine Fähigkeit der Psyche gibt, dank der wir begreifen können, sondern dass wir von den sinnlich wahrgenommenen Eindrücken geleitet werden wie Vieh auf die Weide und nicht fähig sind, Nein zu sagen oder zu widersprechen. Gemäß diesen sind offenbar auch Tapferkeit, Verstand, Besonnenheit und Selbstbeherrschung nichts als aufgeblasenes, leeres Geschwätz, weiters lieben wir weder einander noch die Nachkommen und auch den Göttern liegt nichts an uns. Sie verachten aber auch Träume, Vogelschau, sonstige Omen und die gesamte Astrologie, was wir in einer eigenen Schrift ausführlich betrachtet haben, in welcher es um die Meinungen des Arztes Asklepiades geht.

Es steht denjenigen, die das wünschen, frei, sich mit jenen Argumenten näher zu beschäftigen – nun gilt es aber bereits zu überlegen, auf welchem der beiden vor uns liegenden Wege zu wandeln besser ist. Hippokrates bewegte sich auf dem erstgenannten, gemäß welchem das Wesen eine Einheit ist, sich verändern kann und es im ganzen Körper eine Abstimmung von Strömendem und Fließendem gibt. Die Natur tut alles kunstvoll und gerecht, da sie Fähigkeiten hat, kraft derer jeder Teil des Körpers den Saft zu sich zieht, der für ihn geeignet ist, ihn dann, sobald er herangezogen ist, an jedem Teilchen seiner selbst anheftet und letztendlich assimiliert. Was aber von diesem Saft nicht beherrscht werden kann und nicht zur völligen Veränderung fähig ist und keine Angleichung an das zu Ernährende aufnehmen kann, das wird durch eine andere Fähigkeit, die scheidend wirkt, abgestoßen.

# 180–200

# SEXTUS EMPIRICUS
## Radikale Skepsis – sie selbst eingeschlossen

*Nicht nur an der göttlichen Lenkung der Welt zweifelt der Skeptiker. Nichts nämlich kann gelehrt oder gelernt werden. Das ist keine Theorie, sondern eben Skepsis, ein Weg, sich aller Theorien zu entledigen. Skepsis schließt Skepsis auch sich selbst gegenüber ein, Zweifel noch am Zweifel. Gesichertes Wissen gibt es nicht. Was sich methodisch als einzige zuverlässige Abwehr aller wissenschaftlichen Dogmen seit Platon und Aristoteles bewährt, verbürgt sich lebenspraktisch für einen Zustand seelischer Gesundheit, der keines weiteren Medikaments bedarf, nicht einmal des Medikaments der eigenen Lehre. Hier lesen wir das in aller befreienden Deutlichkeit und Schärfe.*

*Die Lebensdaten des Arztes und Philosophen sind unbekannt. Seine erhaltenen Schriften in griechischer Sprache müssen zwischen 180 und 200 abgefasst sein. Aus ihnen geht hervor, dass Sextus Empiricus in Athen, Alexandria und Rom gewesen sein muss. Im Mittelalter vergessen, wurden seine Schriften im 16. Jahrhundert wiederentdeckt und ins Lateinische übertragen. Sie hatten beträchtlichen Einfluss, zum Beispiel auf das Denken Montaignes (vgl. S. 181–183).*

## OB DIE LEBENSTECHNIK IN DEN MENSCHEN ENTSTEHT

Ferner, wenn die Lebenstechnik in den Menschen entsteht, dann entsteht sie in ihnen entweder von Natur oder durch Lernen und Lehre. Wenn von Natur, dann müsste die Lebenstechnik in ihnen entweder entstehen, insofern sie Menschen sind, oder, insofern sie nicht Menschen sind. Insofern sie nicht Menschen sind, keinesfalls; denn sie sind gar nicht Menschen. Wenn aber, insofern sie Menschen sind, dann würden alle Menschen die Klugheit besitzen, sodass alle klug und tugendhaft und weise wären. Die meisten sollen aber schlecht sein. Also besitzen sie die Lebenstechnik auch schwerlich, insofern sie Menschen sind. Folglich auch nicht von Natur. Außerdem, da sie wollen, dass die Technik ein System aus zusammen eingeübten Erkenntnissen sei, so deuten sie damit an, dass ebenso wie die übrigen Techniken auch die hier in Rede stehende mehr durch eine Art Erprobung und Erlernung erworben wird.

## OB DIE LEBENSTECHNIK LEHRBAR IST

Jedoch wird sie auch nicht durch Lehre und Erlernung erworben. Damit es nämlich diese gibt, müssen vorher drei Dinge anerkannt sein: die Sache, die gelehrt wird, der Lehrende und die Methode des Unterrichts. Keines von diesen jedoch existiert; also auch die Lehre nicht.

## OB ES ETWAS GIBT, DAS GELEHRT WIRD

So ist z. B. das, was gelehrt wird, entweder wahr oder falsch. Wenn falsch, dann wird wohl kaum gelehrt; denn das Falsche soll unwirklich sein, und von unwirklichen Dingen gibt es schwerlich eine Lehre. Aber auch nicht, wenn man es wahr nennt; denn dass es das Wahre nicht gibt, habe ich im Kapitel über das Kriterium gezeigt. Wenn also weder das Falsche noch das Wahre gelehrt wird und es außerdem nichts Lehrbares gibt (denn niemand wird doch wohl behaupten, wenn diese unlehrbar sind, er lehre nur die Aporien), dann wird nichts gelehrt.

Ferner ist die Sache, die gelehrt wird, entweder erscheinend oder verborgen. Wenn sie erscheinend ist, dann bedarf sie keiner Lehre; denn das Erscheinende erscheint allen gleichermaßen. Ist sie aber verborgen, dann ist sie nicht lehrbar, weil ja die verborgenen Dinge, wie ich wiederholt gezeigt habe, wegen des unentscheidbaren Widerstreites, der über sie herrscht, unerkennbar sind. Denn was man nicht erkennt, wie sollte man das lehren oder lernen können? Wenn aber weder das Erscheinende noch das Verborgene gelehrt wird, dann wird nichts gelehrt.

Weiter ist das, was gelehrt wird, entweder ein Körper oder unkörperlich. Da jedes von diesen beiden entweder erscheinend oder verborgen ist, so kann es gemäß dem soeben von mir genannten Argument nicht gelehrt werden. Also wird nichts gelehrt.

Außerdem wird entweder das Seiende gelehrt oder das Nichtseiende. Das Nichtseiende nun wird nicht gelehrt. Denn wenn das Nichtseiende gelehrt wird, dann muss es wahr sein, weil ja die Lehren von den wahren Dingen zu handeln scheinen. Ist das Nichtseiende aber wahr, dann existiert es auch. Denn wahr soll es sein, was existiert und das kontradiktorische Gegenteil von etwas ist. Es ist jedoch unsinnig, zu behaupten, dass das Nichtseiende existierte. Also wird das Nichtseiende nicht gelehrt. Aber auch das Seiende nicht. Wenn nämlich das Seiende gelehrt wird, dann wird es entweder, sofern es seiend ist, gelehrt oder in Bezug auf etwas anderes. Wenn es, sofern es seiend ist, gelehrt wird, dann ist nichts Seiendes unlehrbar und deswegen auch nicht lehrbar; denn die Lehren müssen von etwas Zugestandenem und Unlehrbarem ausgehen. Also ist das Seiende nicht, sofern es seiend ist, lehrbar. Aber auch nicht in Bezug auf etwas anderes. Denn das Seiende hat nichts anderes als Akzidens, was nicht seiend wäre, sodass das Seiende, wenn es nicht gelehrt wird, sofern es seiend ist, auch nicht in Bezug auf etwas anderes gelehrt werden kann. Denn was immer sein Akzidens ist, das ist seiend. Außerdem, mag das Seiende, das angeblich gelehrt werden soll, nun erscheinend oder verborgen sein: immer fällt es unter die genannten Aporien und ist daher unlehrbar. Wenn aber weder das Seiende gelehrt wird noch das Nichtseiende, dann ist das, was gelehrt wird, nichts.

*Erste Hälfte 3. Jh.*

## DIOGENES LAERTIOS

# Wenn ich nicht Alexander wäre, möchte ich wohl Diogenes sein…

*Den anderen Diogenes kennen wir, den mit dem Fass. Als Alexander der Große den vor ihm auf der Erde Liegenden fragte, ob er ihm einen Wunsch erfüllen könne, kam die Antwort prompt: »Geh mir aus der Sonne!« Worauf der Herrscher sagte: »Fürwahr, wenn ich nicht Alexander wäre, möchte ich wohl Diogenes sein.«*

*Über das Leben seines Namensvetters, der ein halbes Jahrtausend später die zahlreichen überlieferten Anekdoten über ihn zusammentrug, ist so gut wie nichts bekannt. Sein* Leben und Meinungen berühmter Philosophen, *das einzige vollständig erhaltene Buch der griechisch-römischen Antike über Philosophiegeschichte, ist kein Werk methodisch disziplinierter Geschichtsschreibung. Es ist eine Kompilation in der Tradition literarhistorischer Schriften und Handbücher, die für ein gebildetes Publikum die Hauptlehren bedeutender Denker mit buntem und möglichst entlegenem Stoff ausschmückt. Und wer immer fragen will, wo hier die Unterhaltung bleibt: da kommt sie!*

D<small>IOGENES</small>, des Wechslers Hikesias Sohn, stammte aus Sinope. Diokles erzählt, sein Vater habe ein öffentliches Wechslergeschäft gehabt und sei wegen Falschmünzerei flüchtig geworden. Eubulides aber berichtet in seinem Buch über Diogenes, dieser sei selbst der Täter gewesen und sei mit seinem Vater in die Fremde gegangen. Ja, er selbst sagt von sich in seinem Poradalos (vgl. § 80), er habe die Münze verfälscht. Einige behaupten, er sei zum Aufseher gemacht worden und habe sich von den Werksleuten bereden lassen, nach Delphi oder nach Delos, der Heimat des Apollon, zum delischen Tempel sich zu begeben, um dort anzufragen, ob er das vornehmen dürfe, wozu man ihn auffordere (nämlich eine Änderung des Nomisma). Als der Gott es erlaubte, nämlich eine Änderung der staatlichen Ordnung (πολιτικὸν νόμισμα) überhaupt (nicht aber der Münze, νόμισμα), fasste er es anders auf, fälschte die Münze, ward gefasst und musste, wie einige vermelden, in die Verbannung gehen, während er nach anderen freiwillig aus der Stadt entwich, aus Furcht; noch andere behaupten, er sei vom Vater zur Münzfälschung veranlasst worden und dieser sei im Gefängnis gestorben, er aber sei flüchtig geworden und nach Delphi gegangen und habe da angefragt, nicht ob er das Geld fälschen dürfe, sondern was ihm dazu verhelfen würde, alle an Ruhm zu übertreffen, und habe darauf jene Antwort erhalten.

Nach Athen gelangt, wandte er sich dem Antisthenes zu. Als dieser aber ihn von sich wies, da er niemanden um sich leiden mochte, erzwang er sich doch endlich den Zutritt durch seine geduldige Beharrlichkeit. Und als Antisthenes einmal seinen Stock gegen ihn erhob, reckte er ihm seinen Kopf hin mit den Worten: »Schlage nur zu, denn du wirst kein Holz finden, das hart genug wäre, mich fortzutreiben, solange ich dich noch reden höre.« Von da ab ward er sein Zuhörer und musste als armer Flüchtling so sparsam wie möglich leben. Wie Theophrast in seinem Megarikos berichtet, ward er aufmerksam auf eine hin- und herlaufende Maus, die weder eine Ruhestätte suchte noch die Dunkelheit mied noch irgendwelches Verlangen zeigte nach sogenannten Leckerbissen. Das gab ihm einen Wink zur Abhilfe für seine dürftige Lage. Er war es nach einigen, der zuerst seinen Mantel durch Übereinanderschlagen gleichsam verdoppelte, um jedem Bedarf zu genügen und auch das Bett zu ersetzen. Auch rüstete er sich mit einem Ranzen aus, der seine Nahrung barg, und so war ihm jeder Ort recht zum Frühstück, zum Schlafen, zur Unterhaltung, kurz für alles. So pflegte er denn, mit seinem Finger auf die Säulenhalle des Zeus und auf das Zeughaus (Pompeion) hinweisend, zu sagen, diese Bauten hätten die Athener ihm zur Wohnstätte errichtet. …

Besonders stark war er darin, anderen seine Verachtung kundzugeben. Des Schulhauptes Eukleides Halle nannte er Galle und des Platon Belehrung Verkehrung. Die Dionysischen Wettkämpfe nannte er große Wunderwerke für Narren und die Demagogen Bediente des Pöbels. Auch hörte man ihn sagen, wenn er im Leben Steuermännern begegne und Ärzten und Philosophen, dann käme ihm der Mensch wie das verständigste unter allen Geschöpfen vor; wenn dann aber wieder Traumdeutern und Sehern nebst ihrem gläubigen Anhang oder Leuten, die sich auf ihre Berühmtheit oder ihren Reichtum wer weiß was einbilden, dann erscheine ihm nichts erbärmlicher als der Mensch. Nicht selten sagte er, er glaube, man müsse sich zum Leben entweder mit Verstand ausrüsten oder mit einer Schlinge (um sich zu erhängen). ...

Menippos erzählt in dem »Verkauf des Diogenes«, er sei bei seinem Verkauf als Gefangener gefragt worden, auf welches Geschäft er sich verstände, und sein Antwort habe gelautet: »Über Männer zu herrschen«; und dem Herold gab er die Weisung: »Ruf aus, ob einer gewillt sei, sich einen Herrn zu kaufen.« Und als man ihm (bei diesem Verkauf) das Sitzen verwehrte, sagte er: »Das macht nichts aus; werden doch auch die Fische verkauft, mögen sie nun so oder so gelagert sein.« Auch sprach er seine Verwunderung darüber aus, dass wir beim Einkauf eines Topfes oder eines Tiegels die Ware sorgfältig beklopfen, beim Einkauf eines Menschen aber uns mit dem bloßen Anblick begnügen. Zu seinem Käufer Xeniades sagte er: du musst mir gehorchen, ob ich gleich Sklave bin; gehorche er doch auch dem Arzte oder Steuermann, gesetzt auch, dass die Sklaven wären. Eubulos sagt in der Schrift, die betitelt ist »Der Verkauf des Diogenes«, er habe es mit der Erziehung der Kinder des Xeniades so gehalten, dass er sie außer den übrigen Fächern im Reiten, Bogenschießen, Schleudern, Speerwerfen unterwiesen habe. Weiterhin in der Ringschule gestattete er dem Ringmeister nicht, sie in den Athletenkünsten zu üben, sondern als Ziel hatte er immer nur die gesunde Gesichtsfarbe und die gute körperliche Verfassung im Auge. Die Knaben prägten sich viele Stellen aus Dichtern und Schriftstellern, auch aus des Diogenes eigenen Schriften ein, und er ruhte und rastete nicht, ihnen den Lernstoff in möglichster Kürze für das Gedächtnis leicht behaltbar zu machen. Im Hause hielt er sie an, dienstfertig zu sein und sich mit einfacher Kost und mit Wasser zu begnügen. Mit ganz kurz geschnittenem Haar, ohne jeden Schmuck, ohne Mantel und Schuhe, schweigsam und das Auge nur auf sich selbst gerichtet, mussten sie auf den Straßen einhergehen. Auch auf die Jagd hinaus führte er sie. Sie aber waren ihrerseits eifrig um des Diogenes Wohl besorgt und legten bei ihren Eltern oft ein gutes Wort für ihn ein. Derselbe Schriftsteller bezeugte, dass er im Hause des Xeniades alt geworden und nach eingetretenem Tode von dessen Söhnen beerdigt worden sei. Hierher gehört auch folgender Ausspruch von ihm. Als Xeniades ihn fragte, wie er ihn begraben solle, sagte er: »Auf dem Gesichte liegend.« Auf die Frage aber nach dem Grunde sagte er: »Weil in kurzer Zeit das Untere zuoberst gekehrt werden wird.« Dies aber deshalb, weil die Makedonier bereits die Herrschaft in den Händen hatten, oder mit anderen Worten, von unten nach oben gelangt waren. Als ihn einer in ein prunkvolles Haus führte und sich das Spucken verbat, spie er ihm den im Munde gesammelten Schleim ins Gesicht mit den Worten, er habe vergebens nach einem schlechteren Platz gesucht. Andere schreiben dieses dem Aristipp zu. Einst rief er laut: »Heda, Menschen«, und als sie herzuliefen, bearbeitete er sie mit seinem Stocke mit den Worten: »Menschen habe ich gerufen, nicht Unflat.« So erzählt Hekaton im ersten Buche seiner Chrien. Es geht auch die Rede, Alexander habe die Äußerung getan, wenn er nicht Alexander wäre, möchte er Diogenes sein. Nicht Taube und Blinde, sagte er, sind zu beklagen, sondern die, die den Rucksack nicht tragen. Einst kam er, wie Metrokles in den Chrien erzählt, zu einem Gelage junger Leute und wurde, weil nur halb geschoren, durchgeprügelt; da schrieb er die Namen seiner Peiniger auf eine weiße Tafel, die er sich umhing, und machte damit die Runde in der Stadt. So rächte er sich an ihnen, indem er sie der Verurteilung und der Verachtung preisgab. Es sagte, er sei einer von den vielgepriesenen Hunden, aber keiner der Preisenden wage es, mit ihm auf die Jagd zu gehen. ...

Dem Schicksal, sagte er, stelle ich den Mut, dem Gesetz die Natur, der Leidenschaft die Vernunft entgegen. Als er im Kraneion sich sonnte, trat Alexander an ihn heran und sagte: »Fordere, was du wünschst«, worauf er antwortete: »Geh mir aus der Sonne!«

Als ein Gelehrter eine lange Abhandlung von sich vorlas und endlich an einem nur halb beschriebenen Blatt erkennen ließ, dass der Schluss unmittelbar bevorstände, sagte er zu den Versammelten: »Mut, ihr Männer, ich sehe Land.« Und als einer ihm durch einen Schluss bewies, dass er (Diogenes) Hörner hätte, befühlte er seine Stirn und sagte: »Ich merke nichts davon.« Ähnlich machte er's mit dem, der behauptete, es gebe keine Bewegung: Er stand auf und spazierte hin und her. Als einer von Himmelserscheinungen sprach, fragte er: »Wie lange ist es denn her, dass du vom Himmel hiergekommen bist?«

Als ein schuftiger Eunuch über seine Haustür die Inschrift setzen ließ: Jedem Bösen ist der Eintritt verwehrt, fragte er: »Wie soll denn aber da der Herr des Hauses selbst hineinkommen?« Als er seine Füße mit wohlduftendem Öl salbte, sagte er: »Vom Kopf zieht sich der Wohlgeruch des Öls in die Luft, von den Füßen aber in die Geruchsorgane.«

Als ihm einer einen Faustschlag an den Kopf versetzte, sagte er: »Beim Himmel, daran habe ich noch nicht gedacht, dass ich bei meinen Ausgängen mir einen Helm aufsetzen muss.« Und als auch Meidias ihm einen Faustschlag versetzte mit den Worten: »Dreitausend liegen für dich auf dem Tische«, versah er sich am Tage darauf mit Faustriemen, boxte ihn nieder und sagte: »Dreitausend liegen für dich auf dem Tische.«

Als der Arzneihändler Lysias ihn fragte, ob er an Götter glaube, sagte er: »Wie könnte ich denn nicht an sie glauben? Halte ich doch dich für einen Götterfeind.« Auf die Frage, warum die Leute den Bettlern Gaben verabreichten, den Philosophen aber nicht, erwiderte er: »Weil sie sich vorstellen, sie könnten wohl dereinst lahm oder blind werden, niemals aber, sie könnten Philosophen werden.« …

Er sprach einen übellaunigen Kaufmann um eine Gabe an. »Davon musst du mich erst redend überzeugen«, erwiderte dieser, worauf Diogenes: »Könnte ich dich redend überzeugen, hättest du dich längst aufgehängt.« …

Platon beobachtete ihn, wie er seinen Kohl abspülte; er trat an ihn heran und sagte leise zu ihm: »Hättest du dich dem Dionysios fügsam erwiesen, so brauchtest du keinen Kohl zu waschen.« Dieser aber habe ebenso leise geantwortet: »Und hättest du dich zum Kohlabspülen herabgelassen, so hättest du dich nicht dem Dionysios dienstbar gemacht.«

## *Zweite Hälfte 3. Jh.*

## MALLANĀGA VĀTSYĀYANA

# Rammler, Stier, Hengst – ein Liebender ist kein Zweifelsvertreiber

*Als das Kamasutra, übersetzt aus dem Sanskrit von Richard Francis Burton, 1884 erstmals in einer westlichen Sprache erschien, war das eine Sensation. Im viktorianischen England konnte das exotische Handbuch gewiss nur als geballte Schlüpfrigkeit missverstanden werden. Dabei sind seine Reglemente vielfältig: Partnerwahl, Machterhalt innerhalb der Ehe, Ehebruch, Prostitution, Gebrauch von Drogen … Auch uns aber interessieren im Augenblick weniger die Finessen der indischen Kastenkultur als ihr Beitrag zum Geschlechtsverkehr und zur Erforschung seiner Geheimnisse, wovon in diesem Buch sonst nicht andauernd die Rede ist. (Von dem Autor ist so gut wie nichts bekannt.)*

ART DES GESCHLECHTSVERKEHRS nach Ausmaß (der Geschlechtsorgane), Zeitpunkt und Dauer; Variationen der Liebe

1. Rammler, Stier, Hengst – das sind je nach (der Größe) des Geschlechtsteils die Typen der Liebhaber. Die Partnerinnen hingegen sind (vom Typ) Gazelle, Stute und Elefantenkuh.
2. Dabei (gibt es) bei gleichartiger Vereinigung drei gleiche Liebeserlebnisse;
3. bei einer Vertauschung (gibt es) sechs ungleiche. Wenn bei den ungleichen der Mann an Stärke (des Gliedes die Frau) übertrifft, (dann ergeben sich) beim Verkehr von benachbarten (Typen) zwei (Arten von) hohen Liebeserlebnissen. (Beim Verkehr mit einer vom Typ her) entfernten (Frau gibt es) ein einziges, (noch) höheres Liebeserlebnis. Ist es umgekehrt, (sodass die Frau den Mann übertrifft, so ergeben sich beim Verkehr mit einem Mann benachbarter Größe) zwei (Arten von) niederen Liebeserlebnissen, (beim Verkehr mit einem vom Typ her) entfernten (Mann gibt es) ein einziges, (noch) niedrigeres Liebeserlebnis.[1] Bei diesen (Vereinigungen sind) die gleichen die besten. Die beiden durch den Komparativ angedeuteten sind die schlechtesten. Die restlichen sind von mittlerer Güte.

4. Auch beim durchschnittlichen (Liebeserlebnis) ist das mit hoch bezeichnete besser als das mit gering bezeichnete. Das sind die neun (Arten von) Liebeserlebnissen gemäß der Größe (der Geschlechtsteile).

5. Wer zum Zeitpunkt der Vereinigung in der Liebe gleichgültig und von geringer Manneskraft ist und Wunden (durch Nägel und Zähne der Frau) nicht verträgt, der ist von geringem Temperament.

6. Dazu stehen im Gegensatz die Mittleren und Feurigen. So sind auch die Partnerinnen (zu klassifizieren).

7. Auch hier (gibt es) wie bei der Einteilung nach der Größe (der Geschlechtsteile) neun (Arten von) Liebeserlebnissen.[2]

8. Ebenso (gibt es) auch in Bezug auf die Zeit (drei Arten) – wenig, durchschnittlich und viel Zeit (benötigende) – Liebhaber.

9. Dabei gibt es einen Streit bezüglich der Frauen.

10. Die Frau erlangt keinen Orgasmus, wie er dem Mann eigen ist.[3]

11. Ständig wird ja ihr (libidinöses) Jucken durch den Mann beseitigt.

12. Sie wiederum, wenn sie vom Glück des Selbstgefühls erfüllt ist, erzeugt einen besonderen Saft.[4] In diesem (liegt) für sie die Erkenntnis des Glücks.

13. Da das Liebesgefühl des Mannes und (das der Frau) nicht zu ergründen sind, (ferner) wegen der Unmöglichkeit zu fragen: »Wie ist dein Glücksgefühl?«

14. Wie wird das (also) wahrgenommen?
Wenn nämlich der Mann Befriedigung erlangt hat, hört er nach eigenem Ermessen auf; nicht nimmt er Rücksicht auf die Frau. Aber die Frau (handelt) nicht so. Soweit die Ansicht des Auddālaki.

15. Da könnte dieser (Einwand) erfolgen: Von einem langsam (koitierenden) Liebhaber sind die Frauen entzückt; bei einem schnell (zum Ziele kommenden) erlangen sie keinen Orgasmus; wenn er (dann) aufhört, sind sie verstimmt. Das alles ist ein Kennzeichen des Erlangens oder Nichterlangens des Wollustgefühls.

16. (Doch) so ist das nicht. Denn zur Befriedigung der Wollust ist eine lange Zeit nämlich auch angenehm. Das ist ganz angemessen. Darum ist das in Anbetracht der Zweifelhaftigkeit[5] kein Merkmal.

17. Beim Verkehr wird der Frau durch den Mann die Libido beseitigt. Dies, wenn mit Selbstgefühl verbunden, wird als Glücksgefühl bezeichnet.

18. Ununterbrochen, von Beginn (des Verkehrs) an, empfindet die Frau ein Wollustgefühl, der Mann dagegen nur am Ende. Das ist ganz richtig. Gewiss nicht irrtümlich (heißt es, dass) beim Eintritt des Orgasmus die Empfängnis (stattfindet). So (sprechen) die Anhänger des Bābhravya.

19. Auch hier sind diese beiden keine Zweifelvertreiber.

20. Da könnte dieser (Einwand) erfolgen: Wenn sie ununterbrochen ein Glücksgefühl erlangt, woher kommt dann zu Beginn (des Verkehrs ihre) Gleichgültigkeit und der Mangel an Ausdauer, dann (aber) schrittweise steigende Leidenschaftlichkeit und Rücksichtslosigkeit gegenüber (ihrem eigenen) Körper, und am Schluss das Verlangen nach Beendigung (des Verkehrs).

21. (Doch) so ist das nicht. Denn bei dem gleichartigen Ingangsetzen einer Töpferscheibe oder eines Kreisels ergibt sich zu Beginn (ebenfalls) eine langsame

---

1  Zur Veranschaulichung diene folgende Tabelle:

| Mann | Frau | Übereinstimmung |
|---|---|---|
| Rammler | Gazelle | ausgezeichnet |
| Stier | Stute | ausgezeichnet |
| Hengst | Elefantenkuh | ausgezeichnet |
| Rammler | Stute | gering |
| Rammler | Elefantenkuh | sehr gering |
| Stier | Gazelle | hoch |
| Stier | Elefantenkuh | gering |
| Hengst | Gazelle | sehr hoch |
| Hengst | Stute | hoch |

3  Nach dem Kommentar wird diese Ansicht des Auddālaki damit zu begründen versucht, dass der Frau der Samen fehlt.

4  Damit dürfte die Scheidenfeuchtigkeit gemeint sein. Freilich ist sanskr. *rasa* mehrdeutig und könnte auch Genuss oder Verlangen bedeuten.

2  Hierzu die folgende tabellarische Darstellung:

| Mann | Frau |
|---|---|
| kühl | kühl |
| mittelmäßig | mittelmäßig |
| feurig | feurig |
| kühl | mittelmäßig |
| kühl | feurig |
| mittelmäßig | kühl |
| mittelmäßig | feurig |
| feurig | kühl |
| feurig | mittelmäßig |

5  Dieser besteht nach dem Kommentar in der Frage, ob die Frau durch Stillung der Libido oder durch den Samenerguss befriedigt wird.

6  Wörtlich: aus dem Schwund an Stoff. Gemeint ist hier ein irgendwie gearteter »Samen« der Frau. (Anm. d. Übersetzers)

Geschwindigkeit und dann schrittweise der Höhepunkt der Geschwindigkeit des Drehkörpers. Aus dem Antriebsschwund⁶ (entsteht) das Verlangen nach Beendigung. Daher (ist das) kein (stichhaltiger) Einwand.

22. Am Ende der Liebeswonne (ist) Glück für die Männer; für die Frauen aber ist ununterbrochen Glück. Durch den Antriebsschwund bedingt, entsteht der Wunsch nach Beendigung.

23. Wenn also die Deutlichkeit des Geschlechtsgenusses bei der Frau ähnlich wie beim Mann sichtbar wird,

24. wie sollte wohl bei der Gleichheit des Aussehens und in dem beide ein und dasselbe Ziel anstreben, eine Verschiedenheit der Wirkung (eintreten)?

25. Aufgrund der Unterschiedlichkeit der Mittel und der Unterschiedlichkeit der Gefühlswelt.

# 426

## AUGUSTINUS

# Das Fleisch der Verdammten stirbt im Feuer nicht

*»Am 31. März 1883 schrieb Nietzsche, beim Lesen Augustins sehe man dem Christentum in den Bauch. Nietzsche hat untertrieben. Denn beim Lesen Augustins sieht man ebenso der europäischen Philosophie, der europäischen Wissenschaft und vielen Institutionen – von der Familie über den Staat bis zur Kirche – in den Bauch. Sofern jemand heute noch in den Bahnen der europäischen Tradition lebt und denkt, sieht er beim Studium Augustins sich selbst in den Bauch.« Soweit Kurt Flasch (vgl. S.717–720), der deutsche Philosoph und große, stets wunderbar zu lesende Mittelalterexperte. Augustinus von Hippo (\*354, †430) war maßgeblicher Erfinder von so schrecklichen Dingen wie der Erbsünde und der Prädestination oder Gnadenwahl, der Lehre, wonach uns Himmel oder Hölle, nicht weniger nämlich als das Karriereziel in der Ewigkeit, schon bei unserer Zeugung vorherbestimmt ist. Eine schwer zu überbietende Infamie, wenn man ein wenig darüber nachdenkt.*

*Dabei war der Herausragende unter den Kirchenvätern der Spätantike selbst bis zu seinem 32. Jahr ein lebensfroher Heide mit hohem intellektuellem Anspruch gewesen. Gebürtig aus Tagaste, heute Souq Ahras im Nordosten Algeriens, der Vater ein kleiner römischer Landeigentümer, die Mutter eine christliche Berberin. Rhetoriklehrer erst in Karthago, dann in Mailand. Stark beeindruckt von Cicero, war er von der Bibel enttäuscht, das Alte Testament stieß ihn ab. Nach einem Bekehrungserlebnis ließ er sich 387 vom Mailänder Bischoff Ambrosius taufen, kehrte im Jahr darauf in die Heimat zurück, ließ sich zum Priester weihen, gründete in Hippo (heute Annaba) ein Kloster und amtierte dort von 395 bis zu seinem Tod 430 als Bischof und wichtigster Kirchenführer Nordafrikas. Er hinterließ ein riesiges Werk, dem an Bedeutung für die weitere Entwicklung der christlichen Theologie höchstens das des heiligen Thomas (vgl. S.110–111) gleichzusetzen ist.*

AUF WAS SOLL ICH NUN HINWEISEN, um Ungläubige zu überzeugen, dass ein beseelter und lebendiger Menschenleib imstande sei, nicht nur der Auflösung durch den Tod dauernd zu entgehen, sondern selbst auch in den Qualen ewigen Feuers fortzubestehen? Auf die Macht des Allmächtigen lassen sie sich nicht verweisen, sie fordern, durch ein Beispiel überzeugt zu werden. Halten wir ihnen entgegen, dass es Lebewesen gibt, und zwar vergängliche, weil sterbliche, die trotzdem mitten im Feuer leben, oder dass man in Wassersprudeln von einem Wärmegrad, dass man sich beim Berühren verbrennt, mancherlei Arten Würmer finde, die sich darin nicht nur ohne Schaden aufhalten, sondern außerhalb gar nicht leben können, so lehnen sie ab, es zu glauben, wenn wir ihnen solches nicht vorweisen können, oder wenn wir etwa in der Lage sind, den augenfälligen Beweis dafür zu liefern oder es durch glaubwürdige Zeugen zu erhärten, so werden sie mit der nämlichen Ungläubigkeit behaupten, die Beispiele seien für die Frage nicht beweiskräftig, weil solche Lebewesen nicht immerdar lebten und weil sie überdies in solcher Hitze ohne Schmerzen lebten; denn diese Umgebung sei ihrer Natur angepasst, und sie würden dadurch am Leben erhalten, nicht gepeinigt; als ob es nicht noch unfassbarer wäre, dass etwas durch solche Umstände sein Leben friste, als dass es dadurch gepeinigt werde. Es ist ja merkwürdig, im Feuer Schmerz empfinden und dabei leben, aber noch merkwürdiger ist doch, im Feuer leben und keinen Schmerz empfinden. Nimmt man aber dies gläubig hin, warum nicht auch das andere?

Aber es gibt überhaupt keinen Körper, wenden sie ein, der dem Schmerze zugänglich und dabei unsterblich wäre. So? Und das also wissen wir sicher? Woher denn? Man könnte doch noch die Frage aufwerfen, ob nicht die Dämonen gerade an ihrem Leibe Schmerz empfinden, wenn sie gestehen, dass sie von großen Qualen heimgesucht werden. Aber unsere Gegner erwidern, es handle sich um den irdischen Leib, genauer also um einen greifbaren und sichtbaren Leib oder, um es mit einem Worte zu sagen, um das Fleisch: es gebe kein Fleisch, das dem Schmerze zugänglich und doch unsterblich sei. Damit nun wird lediglich etwas behauptet, was sie durch den äußeren Sinn und die Erfahrung innegeworden sind. Sie wissen eben von keinem anderen als von sterblichem Fleisch; und das ist überhaupt das Auf und Nieder ihrer Vernünftelei: was sie nicht aus Erfahrung kennen, das gibt es für sie nicht. Denn ist es im Übrigen vernünftig, den Schmerz zum Beweise für den Tod zu machen, während er doch eher ein Kennzeichen des Lebens ist? Ich weiß wohl, es handelt sich hier um die Frage, ob ein Subjekt des Schmerzes immerdar leben könne; aber so viel ist doch sicher, dass alles, was Schmerz empfindet, wirklich lebt und dass es überhaupt nur in einem lebendigen Wesen einen Schmerz geben kann. Notwendig ist also nur, dass das Subjekt des Schmerzes lebt, nicht notwendig ist, dass der Schmerz tötet, wie ja denn nicht jeder Schmerz auch nur den sterblichen und darum natürlich einmal dem Tode verfallenden Leib tötet; und dass überhaupt ein Schmerz tödlich sein kann, hat in der Art der Verbindung der Seele mit dem irdischen Leib seinen Grund. Diese Verbindung ist eben derart, dass die Seele vor den äußersten Schmerzen weicht und aus dem Leibe entflieht; denn der Zusammenhalt zwischen den Gliedern und den Lebensbedingungen ist so gering, dass er nicht imstande ist, einen Ansturm auszuhalten, der großen oder den äußersten Schmerz mit sich bringt. Aber mit dem Leibe, wie er alsdann sein wird, wird die Seele noch überdies in einer Weise zusammengefügt sein, dass dieses Band, wie durch keine noch so lange Zeit gelöst, so durch keinen Schmerz zerrissen wird. Mag es also immerhin jetzt kein Fleisch geben, das dem Gefühl des Schmerzes zugänglich wäre, ohne zugleich sterblich zu sein, so wird doch alsdann das Fleisch von einer Beschaffenheit sein, die es jetzt nicht hat, wie auch der Tod von einer anderen Beschaffenheit sein wird als jetzt. Denn einen Tod gibt es auch dann, aber einen ewigen Tod: Die Seele wird nicht leben können ohne Gott und wird die körperlichen Schmerzen nie los durch den Tod. Der erste Tod vertreibt die Seele wider ihren Willen aus dem Leibe, der zweite Tod hält die Seele wider ihren Willen fest im Leibe; beide Arten von Tod haben dies gemeinsam, dass die Seele dabei von ihrem eigenen Leibe etwas erduldet, was sie nicht will.

Diese Gegner richten ihr Augenmerk einseitig darauf, dass es hienieden kein Fleisch gibt, das dem Schmerze zugänglich und zugleich unsterblich wäre, und sie übersehen dabei, dass es doch etwas von der Art gibt, etwas, was noch über dem Leibe steht. Und das ist der Geist, der durch seine Anwesenheit den Leib belebt und leitet; und eben dieser Geist ist dem Schmerze zugänglich und kann doch nicht sterben. Hier haben wir ja also ein Wesen, das unsterblich ist, obwohl es Gefühl für den Schmerz hat. Genau das also, was jetzt, wir wissen es, beim Geiste aller Menschen zutrifft, wird seinerzeit auch beim Leibe der Verdammten zutreffen. Sehen wir jedoch genauer zu, so bezieht sich selbst das, was wir leiblichen Schmerz nennen, mehr auf die Seele. Denn der Seele ist es eigentümlich, Schmerz zu empfinden, nicht dem Leibe, auch dann, wenn die Ursache der Schmerzempfindung für sie vom Leibe kommt; sie empfindet dann den Schmerz an der Stelle, wo der Leib verletzt ist. Wir sprechen also vom schmerzenden Leib so wie wir vom fühlenden oder lebenden Leibe sprechen: In Wirklichkeit kann dem Leibe nur von der Seele her Schmerz erwachsen, so gut wie von der Seele aus dem Leibe Gefühl und Leben zugeht. Schmerz empfindet demnach die Seele mit dem Leib an der Stelle von ihm, wo sich etwas Schmerzerregendes zugetragen hat; sie empfindet aber auch, obwohl sie im Leibe ist, für sich allein Schmerz, wenn sie aus irgendeinem, äußerlich vielleicht gar nicht erkennbaren Grunde traurig ist, ohne dass dem Leibe etwas fehlt; sie vermag ferner Schmerz zu empfinden, auch wenn sie nicht im Leibe befindlich ist: Jener Reiche in der Unterwelt hat doch wohl Schmerz empfunden, als er ausrief »Ich leide große Pein in dieser Flamme«. Dagegen der Leib empfindet keinen Schmerz, wenn er entseelt ist, und auch beseelt keinen ohne die Seele. Wäre also die Schlussfolgerung vom Schmerz auf den Tod zutreffend, dass nämlich der Tod deshalb eintreten kann, weil auch der Schmerz sich einstellen konnte, so wird es eher der Seele zukommen zu sterben; denn sie in erster Linie ist es, die Schmerz empfindet. Da nun aber trotzdem gerade sie nicht sterben kann, so sagt uns die Schlussfolgerung vom Schmerz auf den Tod nichts, was uns zu der Annahme bestimmen würde, jene

Leiber müssten deshalb dem Tode verfallen, weil sie sich in Peinen befinden werden. Allerdings behaupteten die Platoniker, dass Furcht und Begierde, Schmerz und Freude der Seele nur zuflössen aus dem irdischen Leib und den todverfallenen Gliedern; und Vergil sagt in demselben Sinne: »Daher [nämlich aus den todverfallenen Gliedern des irdischen Leibes] die Furcht und Begier und der Schmerz wie die Freude.« Aber ich habe sie schon im zwölften Buche dieses Werkes dabei ertappt, dass auch die nach ihnen von jeder Befleckung durch den Leib gereinigten Seelen eine unselige Gier trügen, womit sie von Neuem in ihren Leib zurückzukehren verlangen. Wo aber für Begierde Raum ist, da offenbar auch für Schmerz. Denn enttäuschte Begier wandelt sich in Schmerz, gleichviel ob sie ihr Ziel nicht erreicht oder darum gebracht wird nach der Erreichung. Wenn also die Seele, die allein oder doch vornehmlich den Schmerz empfindet, gleichwohl eine ihrer Art entsprechende und ihr eigentümliche Unsterblichkeit besitzt, so ist der Schluss verfehlt, dass die Leiber deshalb sterben könnten, weil sie Schmerz empfinden werden. Und schließlich, falls es der Leib ist, der den Schmerz in der Seele bewirkt, warum kann er der Seele wohl Schmerz, aber nicht den Tod bringen? Offenbar deshalb, weil nicht notwendig das, was Schmerz verursacht, den Tod verursachen muss. Warum sollte es also unannehmbar sein, dass Feuerflammen jenen Leibern Schmerz verursachen können, ohne ihren Tod herbeizuführen, wenn doch der Leib seinerseits auch der Seele Schmerzempfindungen verursacht, ohne sie deshalb zum Tode zu nötigen. Demnach ist Schmerzempfindung kein zwingender Beweis für das Nachfolgen des Todes.

# 530–540

## BENEDIKT VON NURSIA
## Die Sorge für die Kranken muss vor und über allem stehen

*Der Sohn eines reichen Landbesitzers kommt vom Land, aus Norcia in Umbrien nahe der Grenze zu den Marken. Als Student in Rom stößt ihn die Sittenlosigkeit der Kommilitonen ab. Er zieht sich als blutjunger Eremit aufs Land zurück. Sein wachsender Zulauf veranlasst ihn zur Gründung mehrerer Klöster, darunter 529 die Abtei Montecassino, das Stammkloster des später nach ihm benannten Ordens.*

*Benedikt von Nursia (\*um 480, †547) steht auf der Schwelle von der Spätantike zum Frühmittelalter, in welchem die römische Kirche sich im ganzen westlichen Europa etablieren wird. Verfasst ursprünglich als Hausordnung für Montecassino, ist die* Regula Benedicti *oder Benediktinerregel 300 Jahre später die allein maßgebende Grundlage des Klosterlebens im Frankenreich der Karolinger und anschließend für nahezu ein halbes Jahrtausend im gesamten Abendland. Regel heißt sie, weil sie die Lebensweise derer regelt, die gehorchen.*

**I.** DIE ARTEN DER MÖNCHE
1 Wir kennen vier Arten von Mönchen.
2 Die erste Art sind die Koinobiten: Sie leben in einer klösterlichen Gemeinschaft und dienen unter Regel und Abt.
3 Die zweite Art sind die Anachoreten, das heißt Einsiedler. Nicht in der ersten Begeisterung für das Mönchsleben, sondern durch Bewährung im klösterlichen Alltag
4 und durch die Hilfe vieler hinreichend geschult, haben sie gelernt, gegen den Teufel zu kämpfen.
5 In der Reihe der Brüder wurden sie gut vorbereitet für den Einzelkampf in der Wüste. Ohne den Beistand eines anderen können sie jetzt zuversichtlich mit eigener Hand und eigenem Arm gegen die Sünden des Fleisches und der Gedanken kämpfen, weil Gott ihnen hilft.
6 Die dritte Art sind die Sarabaiten, eine ganz widerliche Art von Mönchen. Weder durch eine Regel noch in der Schule der Erfahrung wie Gold im Schmelzofen erprobt, sind sie weich wie Blei.

7 In ihren Werken halten sie der Welt immer noch die Treue. Man sieht, dass sie durch ihre Tonsur Gott belügen.

8 Zu zweit oder zu dritt oder auch einzeln, ohne Hirten, sind sie nicht in den Hürden des Herrn, sondern in ihren eigenen eingeschlossen: Gesetz ist ihnen, was ihnen behagt und wonach sie verlangen.

9 Was sie meinen und wünschen, das nennen sie heilig, was sie nicht wollen, das halten sie für unerlaubt.

10 Die vierte Art der Mönche sind die sogenannten Gyrovagen. Ihr Leben lang ziehen sie landauf, landab und lassen sich für drei oder vier Tage in verschiedenen Klöstern beherbergen.

11 Immer unterwegs, nie beständig, sind sie Sklaven der Launen ihres Eigenwillens und der Gelüste ihres Gaumens. In allem sind sie noch schlimmer als die Sarabaiten.

12 Besser ist es, über den erbärmlichen Lebenswandel all dieser zu schweigen als zu reden.

13 Lassen wir sie also beiseite, und gehen wir mit Gottes Hilfe daran, der stärksten Art, den Koinobiten, eine Ordnung zu geben.

## 4. Die Werkzeuge der geistlichen Kunst

1 Vor allem: Gott, den Herrn, lieben mit ganzem Herzen, mit ganzer Seele und mit ganzer Kraft.
2 Ebenso: Den Nächsten lieben wie sich selbst.
3 Dann: Nicht töten.
4 Nicht die Ehe brechen.
5 Nicht stehlen.
6 Nicht begehren.
7 Nicht falsch aussagen.
8 Alle Menschen ehren.
9 Und keinem anderen antun, was man selbst nicht erleiden möchte.
10 Sich selbst verleugnen, um Christus zu folgen.
11 Den Leib in Zucht nehmen.
12 Sich Genüssen nicht hingeben.
13 Das Fasten lieben.
14 Arme bewirten.
15 Nackte bekleiden.
16 Kranke besuchen.
17 Tote begraben.
18 Bedrängten zu Hilfe kommen.
19 Trauernde trösten.
20 Sich dem Treiben der Welt entziehen.
21 Der Liebe zu Christus nichts vorziehen.
22 Den Zorn nicht zur Tat werden lassen.
23 Der Rachsucht nicht einen Augenblick nachgeben.
24 Keine Arglist im Herzen tragen.
25 Nicht unaufrichtig Frieden schließen.
26 Von der Liebe nicht lassen.
27 Nicht schwören, um nicht falsch zu schwören.
28 Die Wahrheit mit Herz und Mund bekennen.
29 Nicht Böses mit Bösem vergelten.
30 Nicht Unrecht tun, vielmehr erlittenes geduldig ertragen.
31 Die Feinde lieben.
32 Die uns verfluchen, nicht auch verfluchen, sondern – mehr noch – sie segnen.
33 Verfolgung leiden um der Gerechtigkeit willen.
34 Nicht stolz sein,
35 nicht trunksüchtig,
36 nicht gefräßig,
37 nicht schlafsüchtig,
38 nicht faul sein.
39 Nicht murren.
40 Nicht verleumden.
41 Seine Hoffnung Gott anvertrauen.
42 Sieht man etwas Gutes bei sich, es Gott zuschreiben, nicht sich selbst.
43 Das Böse aber immer als eigenes Werk erkennen, sich selbst zuschreiben.
44 Den Tag des Gerichtes fürchten.
45 Vor der Hölle erschrecken.
46 Das ewige Leben mit allem geistlichen Verlangen ersehen.
47 Den unberechenbaren Tod täglich vor Augen haben.
48 Das eigene Tun und Lassen jederzeit überwachen.
49 Fest überzeugt sein, dass Gott überall auf uns schaut.
50 Böse Gedanken, die sich in unser Herz einschleichen, sofort an Christus zerschmettern und dem geistlichen Vater eröffnen.
51 Seinen Mund vor bösem und verkehrtem Reden hüten.
52 Das viele Reden nicht lieben.
53 Leere oder zum Gelächter reizende Worte meiden.
54 Häufiges oder ungezügeltes Gelächter nicht lieben.
55 Heilige Lesungen gern hören.
56 Sich oft zum Beten niederwerfen.
57 Seine früheren Sünden unter Tränen und Seufzen täglich im Gebet Gott bekennen;
58 und sich von allem Bösen künftig bessern.
59 Die Begierden des Fleisches nicht befriedigen.
60 Den Eigenwillen hassen.
61 Den Weisungen des Abtes in allem gehorchen, auch wenn er selbst, was ferne sei, anders handelt; man denke

an die Weisung des Herrn: »Was sie sagen, das tut; was sie aber tun, das tut nicht.«

62 Nicht heilig genannt werden wollen, bevor man es ist, sondern es erst sein, um mit Recht so genannt zu werden.
63 Gottes Weisungen täglich durch die Tat erfüllen.
64 Die Keuschheit lieben.
65 Niemanden hassen.
66 Nicht eifersüchtig sein.
67 Nicht aus Neid handeln.
68 Streit nicht lieben.
69 Überheblichkeit fliehen.
70 Die Älteren ehren,
71 die Jüngeren lieben.
72 In der Liebe Christi für die Feinde beten.
73 Bei einem Streit mit jemandem noch vor Sonnenuntergang in den Frieden zurückkehren.
74 Und an Gottes Barmherzigkeit niemals verzweifeln.
75 Das sind also die Werkzeuge der geistlichen Kunst.
76 Wenn wir sie Tag und Nacht unaufhörlich gebrauchen und sie am Tag des Gerichts zurückgeben, werden wir vom Herrn jenen Lohn empfangen, den er selbst versprochen hat:
77 »Was kein Auge gesehen und kein Ohr gehört hat, hat Gott denen bereitet, die ihn lieben.«
78 Die Werkstatt aber, in der wir das alles sorgfältig verwirklichen sollen, ist der Bereich des Klosters und die Beständigkeit in der Gemeinschaft.

## 36. DIE KRANKEN BRÜDER

1 Die Sorge für die Kranken muss vor und über allem stehen: man soll ihnen so dienen, als wären sie wirklich Christus;
2 hat er doch gesagt: »Ich war krank, und ihr habt mich besucht«,
3 und: »Was ihr einem dieser Geringsten getan habt, das habt ihr mir getan.«
4 Aber auch die Kranken mögen bedenken, dass man ihnen dient, um Gott zu ehren; sie sollen ihre Brüder, die ihnen dienen, nicht durch übertriebene Ansprüche traurig machen.
5 Doch auch solche Kranke müssen in Geduld ertragen werden.
6 Daher sei es eine Hauptsorge des Abtes, dass sie unter keiner Vernachlässigung zu leiden haben.
7 Die kranken Brüder sollen einen eigenen Raum haben und einen Pfleger, der Gott fürchtet und ihnen sorgfältig und eifrig dient.
8 Man biete den Kranken, sooft es ihnen guttut, ein Bad an; den Gesunden jedoch und vor allem den Jüngeren erlaube man es nicht so schnell.
9 Die ganz schwachen Kranken dürfen außerdem zur Wiederherstellung ihrer Gesundheit Fleisch essen. Doch sobald es ihnen besser geht, sollen sie alle nach allgemeinem Brauch auf Fleisch verzichten.
10 Der Abt sehe es als eine Hauptsorge an, dass die Kranken weder vom Cellerar noch von den Pflegern vernachlässigt werden. Auf ihn fällt zurück, was immer die Jünger verschulden.

## 39. DAS MASS DER SPEISE

1 Nach unserer Meinung dürften für die tägliche Hauptmahlzeit, ob zur sechsten oder neunten Stunde, für jeden Tisch mit Rücksicht auf die Schwäche Einzelner zwei gekochte Speisen genügen.
2 Wer etwa von der einen Speise nicht essen kann, dem bleibt zur Stärkung die andere.
3 Zwei gekochte Speisen sollen also für alle Brüder genug sein. Gibt es Obst oder frisches Gemüse, reiche man es zusätzlich.
4 Ein reichlich bemessenes Pfund Brot genüge für den Tag, ob man nur eine Mahlzeit hält oder Mittag- und Abendessen einnimmt.
5 Essen die Brüder auch am Abend, hebe der Cellerar ein Drittel dieses Pfundes auf, um es ihnen beim Abendtisch zu geben.
6 War die Arbeit einmal härter, liegt es im Ermessen und in der Zuständigkeit des Abtes, etwas mehr zu geben, wenn es guttut.
7 Doch muss vor allem Unmäßigkeit vermieden werden; und nie darf sich bei einem Mönch Übersättigung einschleichen.
8 Denn nichts steht so im Gegensatz zu einem Christen wie Unmäßigkeit,
9 sagt doch unser Herr: »Nehmt euch in Acht, dass nicht Unmäßigkeit euer Herz belaste.«
10 Knaben erhalten nicht die gleiche Menge wie Erwachsene, sondern weniger. In allem achte man auf Genügsamkeit.
11 Auf das Fleisch vierfüßiger Tiere sollen alle verzichten, außer die ganz schwachen Kranken.

## 40. DAS MASS DES GETRÄNKES

1 Jeder hat seine Gnadengabe von Gott, der eine so, der andere so.
2 Deshalb bestimmen wir nur mit einigen Bedenken das Maß der Nahrung für andere.

3 Doch mit Rücksicht auf die Bedürfnisse der Schwachen meinen wir, dass für jeden täglich eine Hemina Wein genügt.
4 Wem aber Gott die Kraft zur Enthaltsamkeit gibt, der wisse, dass er einen besonderen Lohn empfangen wird.
5 Ob ungünstige Ortsverhältnisse, Arbeit oder Sommerhitze mehr erfordern, steht im Ermessen des Oberen. Doch achte er darauf, dass sich nicht Übersättigung oder Trunkenheit einschleichen.
6 Zwar lesen wir, Wein passe überhaupt nicht für Mönche. Weil aber die Mönche heutzutage sich davon nicht überzeugen lassen, sollten wir uns wenigstens darauf einigen, nicht bis zum Übermaß zu trinken, sondern weniger.
7 Denn der Wein bringt sogar die Weisen zu Fall.
8 Wo aber ungünstige Ortsverhältnisse es mit sich bringen, dass nicht einmal das oben angegebene Maß, sondern viel weniger oder überhaupt nichts zu bekommen ist, sollen Brüder, die dort wohnen, Gott preisen und nicht murren.
9 Dazu mahnen wir vor allem: Man unterlasse das Murren.

## Um 600

# ISIDOR VON SEVILLA

# Das Kind erschreckte seine Mutter. Von Missgeburten[1] und Sirenen

*Isidor von Sevilla (\* um 560, † 636), Spross einer Oberschichtfamilie der römischen Provinz, war Nachfolger seines Bruders Leander im Amt des Bischofs von Sevilla, das er von 600 bis 636 innehatte. In seiner 20 Bücher umfassenden Enzyklopädie* Etymologiae *kompilierte er das im Westen des Mittelmeerraums zu seiner Zeit zugängliche Wissen der Antike. Das Westgotenreich war zu seiner Zeit ein Schmelztiegel romanischer und germanischer Einflüsse. Die Iberische Halbinsel, von der Teile zeitweilig der Kontrolle des oströmischen Kaisers unterstanden, hatte zudem privilegierte Zugänge zu antikem Schrifttum. Isidors Standardwerk des Frühmittelalters legte den Grundstein für viele Generationen gelehrter Abhandlungen und fand, bald schon in andere Sprachen übersetzt, weite Verbreitung.*

EINE MISSGEBURT IST NACH VARRO das, was gegen die Natur zu sein scheint. Sie sind allerdings nicht gegen die Natur, da sie durch göttlichen Willen entstanden sind und alle Dinge, die durch den Willen Gottes entstanden sind, Natur sind. Daher kommt es auch, dass die Heiden zuweilen Natur und zuweilen Gott sagen, obwohl sie in beiden Fällen Gott bezeichnen. Eine Missgeburt ist also kein Widerspruch zur Natur, sondern entspricht nur dem nicht, was wir bisher von der Natur wussten. Missgeburten und Vorzeichen, Ungeheuer und Wunder werden deshalb so genannt, weil sie das Zukünftige in sich zu tragen scheinen, es zeigen, aufweisen und vorherzusagen scheinen. Denn Missgeburten werden nach ihrer Eigenschaft benannt, dass sie etwas mit sich tragen, genauer gesagt: die Zukunft, auf die sie deuten. Vorzeichen sind, worin sich die Zukunft im Voraus zu zeigen scheint. Auch Wunder deuten die Zukunft an. Der Name der Ungeheuer schließlich leitet sich von der Ermahnung ab, da sie eine bestimmte Bedeutung haben und sich das, was erscheint, in ihnen sofort erklärt; das ist ihre eigentliche Eigenschaft, auch wenn dies von vielen Autoren verfälscht und verzerrt worden ist. Entsprechend scheint die Geburt einiger Missgeburten auf zukünftige Ereignisse hinweisen zu sollen. Es gefällt Gott zuweilen, durch die Geburt von etwas Schrecklichen auf das Kommende hinzudeuten, wie durch Träume und Orakel, und vor dem Unglück einzelner Menschen oder ganzer Völker zu warnen. So bedeutete er etwa Xerxes durch die Geburt eines Fuchses aus einem Pferd den Untergang seines Reiches. Dem Alexander wurde von seiner Frau ein Ungeheuer geboren, dessen Oberkörper menschlich und tot war, dessen Unterleib aber tierisch und lebendig war: das bedeutete den baldigen Mord am König, denn die schlechteren Teile hatten die besseren überlebt. Solche Ungeheuer, die eine Bedeutung tragen, leben allerdings nicht besonders lang, sondern sterben bald nach der Geburt.

Es besteht zudem ein Unterschied zwischen Missgeburten und Scheußlichkeiten. Denn Missgeburten bestehen gleichsam in einer Durchmischung der Gestalten, wie etwa in Umbrien eine Frau eine Schlange geboren haben soll. Daher sagt Lucan:

UND DAS KIND ERSCHRECKTE SEINE MUTTER.
Scheußlichkeiten hingegen bestehen in leichten Mutationen, wenn beispielsweise Menschen mit sechs Fingern geboren werden. Es gibt Missgeburten und Scheußlichkeiten, die einerseits in einer übermäßigen Vergrößerung des Körpers bestehen, wie etwa der Riese Tityos, der nach dem Bericht Homers unter neun Joche geworfen wurde; andererseits gibt es auch die Verkleinerung des Körpers, wie bei jenen Zwergen, die die Griechen Pygmäen nennen und die nur eine Elle messen. Wieder andere bestehen in der verzerrten Größe einzelner Körperteile, wie etwa unförmige Köpfe, oder in überzähligen Körperteilen, wie jene mit zwei Köpfen und drei Händen oder mit doppelten Zahnreihen, die man Hundszahnige nennt. Wieder andere haben von Geburt an fehlerhafte Glieder, indem etwa die eine Hand von der anderen oder der eine Fuß vom anderen abweicht. Wieder anderen fehlt etwas und sie kommen ohne Hände oder ohne Kopf auf die Welt; die Griechen nennen sie Steresios. Von wieder anderen wird nichts als der Kopf oder ein Schienbein geboren. Weitere nehmen zum Teil eine gänzlich andere Gestalt an, sodass sie das Gesicht eines Löwen oder Hundes, den Kopf oder den Körper eines Stieres haben, man denke nur an den Minotaurus, der von Pasiphaë zur Welt gebracht wurde; diese werden von den Griechen Eteromorfian genannt. Wieder andere Missgeburten sind vollständig ein anderes Wesen der Schöpfung geworden, wie jenes Kalb, das einer Geschichte zufolge von einer Frau geboren wurde. Bei wieder anderen ist die Position der Glieder am Köper vertauscht, sodass sie Augen auf der Brust oder auf der Stirn haben, oder Ohren an den Schläfen; in diesem Sinne berichtet Aristoteles von einem, der die Leber links, die Milz aber rechts gehabt hat. Wieder andere werden mit falscher Verteilung geboren, sodass die eine Hand zu viele und verklebte Finger hat, die andere zu wenige, ebenso an den Füßen. Wieder andere kommen zur Unzeit, zu früh oder zu spät, zu Welt, sodass sie mit Zähnen oder bärtig oder grauhaarig geboren werden. Bei wieder anderen mischen sich verschiedene Abweichungen miteinander, wie wir oben von der Missgeburt des Alexander gesagt haben. Bei wieder anderen vermischen sich die Geschlechter, sodass sie Androguinoi und Hermafroditai genannt werden. Denn bei den Griechen bezeichnet Hermes das männliche, Aphrodite das weibliche Geschlecht. Sie haben auf der rechten Seite eine männliche, auf der linken eine weibliche Brust und zeugen und gebären zugleich, wenn sie zusammenkommen.

Wie es nun in den einzelnen Völkern Ungeheuer unter den Menschen gibt, so gibt es im ganzen Menschengeschlecht auch Ungeheuer unter den Völkern, wie etwa die Giganten, Cynokephalen, Zyklopen, und so weiter. Die Giganten haben ihren Namen nach einem griechischen Wort, denn die Griechen hielten sie für guegueneis, das heißt so viel wie erdgeboren, und erzählten sich von ihnen, dass die Erde sie nach ihrem Bilde von riesenhafter Gestalt erschaffen habe. Gue nämlich heißt Erde, guenos Abkömmling, sodass sie zu Recht vom Volk Söhne der Erde genannt werden; welches Geschlecht sie haben, ist unklar. Falsch allerdings ist die Meinung mancher ahnungsloser Ausleger der Heiligen Schriften, dass vor der Sintflut manche Engel mit Menschenfrauen geschlafen hätten und aus diesen Verbindungen die Giganten hervorgegangen seien, überaus große und starke Männer, von denen die ganze Erde erfüllt gewesen sei. Cynokephalen nennt man jene, die hundeartige Köpfe haben und deren Gebell mehr zu diesen Tieren passt als zu Menschen. Sie kommen in Indien vor. In Indien gibt es auch Zyklopen; sie werden so genannt, weil sie nur ein einzelnes Auge in der Stirn tragen. Man bezeichnet sie auch als Agriofaguitai, weil sie sich nur vom Fleisch wilder Tiere ernähren. Von den Blemmiern in Libyen nimmt man an, dass sie als Oberkörper ohne Köpfe geboren werden und den Mund und die Augen in der Brust tragen. Von anderen sagt man, sie hätten keine Hälse und die Augen in den Schultern. Im allerhintersten Orient aber soll es Völker von ganz ungeheuerlichem Aussehen geben: Manche ohne Nase, mit einem völlig platten und missgestalteten Gesicht. Andere mit einer so stark ausgebildeten Unterlippe, dass sie sich damit die Gesichter bedecken können, wenn sie in der brennenden Sonne ein Schläfchen halten. Wieder andere hätten überhaupt keinen Mund und würden ihre Nahrung nur durch ein dünnes Schilfröhrchen einschlürfen. Manche, sagt man, hätten auch keine Zunge und würden deshalb durch Gesten und Bewegungen miteinander sprechen. Die Panotier, die in einer Gegend Skythiens leben, haben so große Ohren, dass sie ihren ganzen Körper umschließen. Pan nämlich heißt auf greichisch Alles, Ota Ohren. Die Artabatieter in Äthiopien, sagt man, laufen wie Schafe auf allen Vieren herum und keiner von ihnen wird älter als vierzig Jahre. Die Satyrn, die der Heilige Antonius in der Wüste gesehen hat, sind Menschlein mit krummen Nasen, Hörnern auf der Stirn und ziegenähnlichen Füßen. Einer von ihnen soll dem Heiligen Mann auf seine Frage geantwortet haben: »Ich bin einer jener sterblichen Wüstenbewohner, die das irregeleitete Heidentum als Faune oder Satyrn verehrt.« Manche nennen sie Waldmenschen, einige Feigenbaumfaune. Das Volk der Skiopoden lebt in Äthiopien, hat nur ein Bein und bewegt sich mit unerhörter Schnelligkeit: die Griechen nennen sie deshalb Schattenfüßler, weil sie sich im Sommer auf den Rücken legen und sich mit ihren großen Füßen Schatten spenden. Die Antipoden in Libyen haben verdrehte Sohlen an den Waden und jeweils acht Zehen. Die Hippopoden in Skythien sind von menschlicher Gestalt, haben aber Pferdefüße. In Indien gibt es angeblich ein Volk, das Makrobioi genannt wird und zwölf Fuß groß werden soll. Andererseits gibt es ein Volk, das nur eine Elle lang wird und von den Griechen Pygmäen genannt wird, wie wir oben bereits erwähnt haben. Sie leben in den Bergen Indiens, in der Nähe des Ozeans. Aus Indien berichtet man auch von einem Volk aus Frauen, die bereits mit fünf Jahren schwanger werden können, aber ihr achtes Jahr nicht überleben.

Darüber hinaus wird aber auch von Missgeburten erzählt, die es nicht gibt, sondern nur erfunden und in Dinge hineingedeutet wurden, so wie etwa Geryon, König von Spanien, als Missgeburt von dreifacher Gestalt zur Welt gekommen sein soll. Auch soll es drei Brüder von solcher Eintracht gegeben haben, dass sie sich in drei Körpern nur eine einzige Seele teilten. So sagt man, die Gorgonen wären drei Metzen mit Schlangenhaaren gewesen, die jeden, der ihrer ansichtig wurde, in Stein verwandelten, und die sich zu dritt ein einziges Auge teilten. Im Grunde aber waren das nur drei Schwestern von gleicher, einmaliger Schönheit, gleichsam von einem Auge, deren Anblick jedermann dermaßen in Staunen versetzte, das man glaubte, man wäre versteinert worden. Ebenso hat man die Sirenen erfunden, teils Jungfer, teils Vogel, mit Flügeln und Klauen: eine sang, eine spielte die Flöte, eine die Leier. Sie lockten die Seeleute mit ihrem Gesang an und trieben sie in den Schiffbruch. In Wahrheit aber waren das nichts als drei Huren, die die Vorbeigehenden ins Elend stürzten, was man dann zum Schiffbruch umgedichtet hat. Flügel und Klauen schließlich sollen sie gehabt haben, weil Amor fliegt und verletzt.

ÜBER VERWANDELTE

Wir lesen zudem von einigen ungeheuerlichen Verwandlungen von Mensch in Tiere, wie etwa die wunderschöne Zauberin Circe die Gefährten des Odysseus in Tiere verwandelt hat; oder die Arkadier, die vom Schicksal geleitet einen Teich durchschwammen und dabei in Wölfe verwandelt wurden. Auch dass die Gefährten des Diomedes in Vögel verwandelt wurden, ist kein lügnerisches Ammenmärchen, sondern eine historische Tatsache. Andererseits aber behaupten auch manche, dass Menschen zu Blutsaugern geworden sein sollen. Oft geschieht es nämlich, dass Räuber und Verbrecher völlig in wilde Tiere verwandelt werden, sei es durch magische Beschwörungen oder durch Kräutergifte. Ebenso erfährt vieles durch die Natur eine Verwandlung, und aus den toten Körpern gehen wieder verschiedene lebendige hervor: so entstehen aus verfaulten Kalbskadavern Bienen, aus Pferden Mistkäfer, aus Maultieren Heuschrecken, aus Krebsen Skorpione. Entsprechend sagt Ovid:

Nimmst du die gebogenen Arme des Uferkrebses,
Wird aus dem Rest ein Skorpion werden und dir drohen.

---

1 (Anm. des Übers.) Im lateinischen Text lässt Isidor die Orakelkraft des Missgestalteten im etymologischen Spiel hervortreten: So verkettet er portenta/portare (Missgeburten/tragen), ostenta/ostendere (Vorzeichen/zeigen), monstra/monstrare (Ungeheuer/aufweisen) und prodigia/praedicare (Wunder/vorhersagen).

## BEDA VENERABILIS

# Wenn aber eine Frau entbunden hat …

*Als Universalgelehrter des frühen Mittelalters ist er Autor nicht nur von Schriften über Orthografie, Grammatik, Rhetorik und Metrik. Nebst einer Enzyklopädie (De natura rerum) schreibt er über Astronomie und Arithmetik sowie namentlich mehrere Werke zu Zeitrechnung und Kalender, Komputistik genannt. Eine Hauptsorge seiner Zeit gilt der Berechnung des beweglichen Osterfestes. Doch sein Buch* De temporum ratione *enthält auch eine Weltchronik. In seiner* Kirchengeschichte des englischen Volkes, *einer methodisch wegweisenden Auswertung aller ihm zugänglichen Quellen, macht er die Angelsachsen nicht nur mit ihren welthistorischen Wurzeln vertraut, sondern lehrt sie zudem Mores und, wie wir im folgenden Stück sehen werden, insbesondere familiären Ordnungssinn. Man achte darauf, dass die Tugenden Abstufungen haben zwischen dem, was zu verlangen, und dem, was darüber ist. Wie es auch beim Recht zu beobachten ist, hat eine Moral der Überforderung das Niveau der gelebten Wirklichkeit noch nie gehoben. Stattdessen droht sie diese, wenn Unmögliches verlangt wird, sich selbst zu überlassen. Angesagt ist daher stets etwas Kulanz. Eine Überlegung, die in dieser Ausdrücklichkeit ihrer Zeit weit voraus ist.*

*Der Benediktinermönch Beda Venerabilis (\*672/673, †735) kam schon mit sieben Jahren ins Kloster St. Peter in Wearmouth, Northumbria. Mit zehn zog er zum letzten Mal um, worauf er seine weiteren 53 Lebensjahre im Kloster St. Paul in Jarrow bei Newcastle upon Tyne verbrachte, wo er schrieb und als Lehrer wirkte.*

ALS UNSERE ERSTEN ELTERN im Paradies sündigten, verloren sie die Unsterblichkeit, die sie erhalten hatten, durch das gerechte Urteil Gottes. Doch weil dieser allmächtige Gott das Menschengeschlecht wegen seiner Schuld nicht vollständig ausrotten wollte, nahm er dem Menschen zwar wegen dessen Sünde die Unsterblichkeit, ließ ihn aber dennoch aufgrund des Wohlwollens seiner Liebe die Fruchtbarkeit für die Nachkommen. Aus welchem Grund kann der das, was der menschlichen Natur als Geschenk des allmächtigen Gottes erhalten geblieben ist, von der Gnade der heiligen Taufe ausschließen? Bei diesem Mysterium, in dem alle Schuld vollständig ausgelöscht wird, wäre es ja sehr töricht, wenn es schiene, als könne das Geschenk der Gnade dazu im Widerspruch stehen.

Wenn aber eine Frau entbunden hat, nach wie viel Tagen darf sie die Kirche betreten? Aus der Lehre des Alten Testaments hast du gelernt, dass sie bei einem Jungen 33, bei einem Mädchen 66 Tage fernbleiben soll. Man muss jedoch wissen, dass dies symbolisch zu verstehen ist. Denn wenn sie in der Stunde, in der sie geboren hat, eine Kirche betritt, um Dank zu sagen, wird sie von keiner Sündenlast bedrückt; denn die Lust des Fleisches, nicht der Schmerz ist Sünde. In der Vereinigung des Fleisches liegt die Lust; und bei der Geburt des Nachkommen ist der Schmerz; so wird auch zu jener ersten Mutter aller gesagt: »In Schmerzen wirst du gebären.« Wenn wir daher einer Frau, die entbunden hat, verbieten, die Kirche zu betreten, so rechnen wir ihr diese ihre Strafe als Schuld an.

Wenn sie von Todesgefahr bedroht wird, ist es keinesfalls verboten, die Wöchnerin oder das Kind, das sie geboren hat, zu taufen in der gleichen Stunde, in der sie gebiert, oder das Kind, das geboren wird, in der Stunde, in der es geboren ist; denn die Gnade des heiligen Mysteriums soll, so wie sie für Lebende und Unterscheidende mit großer Sorgfalt vorzusehen ist, denjenigen, denen der Tod bevorsteht, ohne jedes Zögern dargeboten werden, damit nicht, während noch die Zeit zur Darreichung des Erlösungsmysteriums gesucht wird, wegen einer kleinen Verzögerung derjenige, der erlöst werden soll, nicht mehr anzutreffen ist.

Zum Beischlaf aber darf ihr Mann so lange nicht kommen, bis der Säugling nicht mehr gestillt wird. In den Sitten der Eheleute hat sich jedoch der schlechte Brauch entwickelt, dass es Frauen ablehnen, die Kinder, die sie gebären, zu stillen, und sie anderen Frauen zum Stillen übergeben; dies scheint nämlich aus dem alleinigen Grund der mangelnden Enthaltsamkeit entstanden zu sein, denn wenn sie nicht enthaltsam sein wollen, lehnen sie es ab, die Kinder zu stillen, die sie gebären. Die Frauen aber, die ihre Kinder aus schlechter Gewohnheit anderen zum Stillen übergeben, dürfen sich ihren Männern nicht hingeben, bevor die Zeit der Reinigung vorbei ist, weil sie sich ja auch ohne den Anlass einer Geburt ihren Männern nicht hingeben dürfen, wenn sie die gewohnte Menstruation haben, und weil das Heilige Gesetz sogar mit dem Tod straft, wenn ein Mann zur menstruierenden Frau geht. Einer Frau darf jedoch während der Menstruation nicht untersagt werden, eine Kirche zu betreten, weil ihr der Ausfluss der Natur nicht als Schuld angerechnet werden kann und es nicht gerecht ist, dass sie durch das, was sie wider Willen erduldet, am Betreten der Kirche gehindert wird. Wir wissen nämlich, dass eine Frau, die unter der Blutung litt, hinter dem Rücken des Herrn demütig herankam, den Saum seines Gewandes berührte und ihr Unwohlsein sofort von ihr wich. Wenn also die unter Blutung leidende Frau in lobenswerter Weise das Gewand des Herrn berühren konnte, warum soll es dann der Frau, die die Menstruation erduldet, nicht erlaubt sein, die Kirche des Herrn zu betreten? Aber Du wirst sagen: Jene zwang die Krankheit, diese aber, von denen wir sprechen, bindet die Gewohnheit. Bedenke aber, teuerster Bruder, dass alles, was wir in diesem sterblichen Fleisch durch die Schwäche der Natur erdulden, durch das würdige Urteil Gottes nach der Schuld zugemessen ist; hungern, dürsten, schwitzen, frieren, ermüden rührt nämlich aus der Schwäche der Natur her. Und was ist das Suchen von Nahrung gegen den Hunger, Trinken gegen den Durst, Wind gegen die Hitze, Kleidung gegen die Kälte, Ruhe gegen die Müdigkeit denn anderes als die Suche nach einem Heilmittel gegen die Krankheiten? So ist auch die Monatsblutung der Frau eine Krankheit. Wenn also die von Unwohlsein befallene Frau, die das Gewand des Herrn berührte, richtig handelte, warum soll dann das, was einer kranken Person zugestanden wird, nicht allen Frauen zugestanden werden, die von einem Gebrechen ihrer Natur heimgesucht werden?

Es darf ihr also nicht untersagt werden, an diesen Tagen das Geheimnis der heiligen Kommunion zu empfangen. Wenn sie es jedoch aus großer Ehrfurcht nicht zu empfangen wagt, ist sie zu loben; wenn sie es aber empfangen hat, ist sie nicht zu verurteilen. Es zeugt jedoch von gutem Geist, auch dort in irgendeiner Hinsicht seine Schuld zu erkennen, wo keine Schuld ist, denn oft wird das ohne Schuld getan, was aus einer Schuld herrührt; so essen wir auch ohne Schuld, wenn wir Hunger haben, obwohl es durch die Schuld des ersten Menschen geschieht, dass wir Hunger haben. Die Menstruation ist nämlich für die Frauen keinerlei Sünde, da sie ja von Natur aus eintritt; aber weil dennoch die Natur selbst so verdorben ist, dass sie offenbar auch ohne willentliches Zutun befleckt ist, kommt aus der Schuld das Gebrechen, in dem sich die menschliche Natur, so wie sie durch das Urteil geschaffen wurde, selbst erkennt; und der Mensch, der aus eigenem Antrieb Sünde beging, muss die Schuld der Sünde unwillig tragen. Und daher sind die Frauen, wenn sie über sich selbst nachdenken und in der Menstruation zum Sakrament des Leibes und Blutes des Herrn nicht zu kommen wagen, für ihre richtige Entscheidung zu loben; wenn sie aber aus frommer Lebensgewohnheit von der Liebe zum Empfang dieses Mysteriums hingerissen werden, sind sie, wie wir oben gesagt haben, nicht zu tadeln.

922

## IBN FADLAN

# Ein Kaufmann aus Bagdad an einem Wikingerbegräbnis

*Kalif al-Muqtadir entsendet seine Expedition aus Bagdad zum Hof der Wolgabulgaren, den nördlichen Nachbarn der ebenfalls turkstämmigen Chasaren im nördlichen Kaukasus.*

*In Gesellschaft von 5000 Mann und 3000 Kamelen bricht Ahmad ibn Fadlan ibn al'Abbas ibn Raschid ibn Hammad (Lebensdaten unbekannt) am 21. Juni 921 vom Tigris auf und trifft am 11. Mai 922 am Bestimmungsort ein. Sein Weg führt in weitem östlichem Bogen um das Kaspische Meer durch Choresmien, heute Turkmenistan und Usbekistan, am Aralsee vorbei zur Wolga. Dort stößt er auch auf Wägaren oder Russen, die östlichsten Wikinger, die von Norden kommend ihre Felle und andere Güter feilbieten – für Ibn Fadlan die »schmutzigsten Geschöpfe Gottes«. Als einer von ihnen stirbt, will er wissen, was sie mit ihren Toten machen. Sein Bericht, 1923 im persischen Maschhad entdeckt, hat nicht nur die Zeiten überdauert, sondern auch moderne Adaptionen gefunden: so etwa 1976 in dem Roman* Eaters of the Dead *(dt.* Die ihre Toten essen) *von Michael Crichton.*

MAN ERZÄHLTE MIR, dass sie im Todesfall mit ihren Anführern Dinge machen, von denen die Verbrennung das Geringste ist. So wollte ich darüber etwas in Erfahrung bringen, als mich die Nachricht vom Tod eines ihrer bedeutenden Männer erreichte.

Sie legten ihn in sein Grab und bedeckten ihn für zehn Tage, bis sie mit dem Zuschneiden und Nähen seiner Kleider fertig waren. Denn für einen armen Mann unter ihnen machen sie ein kleines Schiff, legen ihn hinein und verbrennen es. Von einem Reichen aber sammeln sie dessen Besitz zusammen, teilen ihn in drei Drittel, wovon ein Drittel für seine Familie ist, ein Drittel, um für ihn Kleider zuzuschneiden, und ein Drittel, um damit Wein zu pressen, den sie an dem Tag trinken, an dem sich seine Sklavin selbst tötet und mit ihrem Herrn verbrannt wird. Sie sind dem Wein ergeben, den sie Tag und Nacht trinken, und häufig stirbt einer von ihnen mit dem Trinkbecher in der Hand.

Wenn ein Anführer stirbt, fragt dessen Familie dessen Sklavinnen und Sklaven: »Wer von euch stirbt mit ihm?« und jemand von ihnen antwortet: »Ich.« Wenn er das sagt, darf er sein Wort nicht mehr zurücknehmen, und falls er das dennoch will, lässt man es nicht zu. Es sind vor allem die Sklavinnen, die das machen.

Als also jener Mann, den ich vorhin erwähnt habe, gestorben war, fragten sie seine Sklavinnen: »Wer stirbt mit ihm?«, und eine von ihnen antwortet: »Ich.« Dann bestimmten sie für sie zwei Sklavinnen, die über sie wachen und bei ihr sein sollten, wohin auch immer sie sich begebe, die ihr sogar manchmal die Füße mit ihren eigenen Händen wuschen. Sie aber begannen sich um des Toten Angelegenheiten zu kümmern, Kleider zuzuschneiden und das Nötige vorzubereiten, während die Sklavin jeden Tag trank und voller Vorfreude sang.

Als der Tag gekommen war, an dem er und seine Sklavin verbrannt werden sollten, war ich am Fluss, wo sein Schiff lag. Es war schon herausgezogen und mit vier Stützpfosten aus Birken- und anderem Holz versehen worden. Um es herum hatte man eine Holzkonstruktion großen Schiffsverdecken gleich aufgestellt. Dann wurde das Schiff auf dieses Holz aufgelegt und sie begannen, zu kommen und zu gehen und mir Unverständliches zu sprechen. Währenddessen lag er nach wie vor im Grab, da sie ihn noch nicht herausgebracht hatten. Dann brachten sie eine Bahre, stellten sie auf dem Schiff auf und bedeckten sie mit Decken und Polstern aus byzantinischem Brokat. Es kam eine alte Frau, die sie Todesengel nannten, und sie breitete die erwähnten Überwürfe auf dem Bett aus. Ihr oblag das Nähen der Totenkleider und die Vorbereitung des Leichnams, und sie tötet die Sklavinnen. Sie schien mir unbestimmten Alters zu sein, massig und finster.

Als sie zu seinem Grab gelangten, entfernten sie die Erde vom Holz, entfernten das Holz und nahmen ihn in dem Umhang heraus, in dem er gestorben war. Ich sah, dass er durch die Kälte der Erde schwarz geworden war. Sie hatten Wein, Obst und eine Laute mit ihm ins Grab gelegt, und das alles nahmen sie nun heraus. Er aber stank nicht, und außer seiner

Farbe hatte sich nichts an ihm verändert. Sie zogen ihm ein Untergewand, Beinstulpen, Stiefel, ein Überkleid, ein brokatenes Obergewand mit Goldknöpfen an und setzten ihm eine Brokatzobelfellmütze auf den Kopf. Sie trugen ihn in den kuppelartigen Aufbau, der auf dem Schiff errichtet worden war, hinein, setzten ihn auf die Decke und stützten ihn mit den Polstern. Sie brachten Wein, Obst und wohlriechende Pflanzen, die sie zu ihm stellten, Brot, Fleisch und Zwiebeln, die sie vor ihn hinlegten, und einen Hund, den sie entzweischlugen und ins Boot warfen. Dann kamen sie mit all seinen Waffen und platzierten sie an seiner Seite. Daraufhin holten sie zwei Reittiere, trieben sie zum schweißtreibenden Lauf an, erschlugen sie mit dem Schwert und warfen deren Fleisch auf das Schiff. Dann brachten sie zwei Kühe, erschlugen auch sie und warfen sie ebenfalls auf das Schiff. Schließlich holten sie einen Hahn und eine Henne, töteten die beiden und warfen sie auf das Schiff. Die Sklavin, die sterben wollte, ging zwischen ihren Zelten herum und trat in Zelt um Zelt ein. Der Herr des Zeltes beschlief sie und sagte zu ihr: »Sag zu deinem Herrn: ›Ich habe das aus Liebe zu dir getan.‹«

Als der Freitagnachmittag gekommen war, brachten sie die Sklavin zu etwas Türrahmenartigem, das sie schon vorbereitet hatten. Diese stellte ihre beiden Beine auf die Handflächen der Männer, wurde über jenen Rahmen emporgehoben, sprach mit eigenen Worten und dann ließen sie sie wieder herunter. Daraufhin hoben sie sie ein zweites Mal empor, und sie handelte wie beim ersten Mal. Dann ließen sie sie herunter, hoben sie ein drittes Mal empor, und sie wiederholte ihre Handlung der ersten beiden Male. Dann gaben sie ihr eine Henne, deren Kopf sie abschlug und wegschleuderte. Sie aber nahmen den Körper der Henne und warfen ihn auf das Schiff. Ich fragte den Dolmetscher nach ihrem Tun, und er antwortete: »Wenn sie sie zum ersten Mal emporheben, sagt sie: ›Da sehe ich meinen Vater und meine Mutter!‹ Beim zweiten Mal sagt sie: ›Da sehe ich alle meine verstorbenen Verwandten sitzen!‹ Beim dritten Mal sagt sie: ›Da sehe ich meinen Herrn im Paradies sitzen. Das Paradies ist schön grün. Mit ihm sind Männer und Sklaven. Er ruft mich, also lasst mich zu ihm gehen.‹«

Dann gingen sie auf das Schiff zu. Die Sklavin entledigte sich der zwei Armbänder, die sie umhatte, und gab sie der alten Frau, die Todesengel genannt wurde und sie töten würde. Sie entledigte sich auch der zwei Knöchelringe, die sie trug, und gab sie den beiden Sklavinnen, die sie bedient hatten. Es waren die Töchter der als Todesengel bekannten Frau. Dann hoben sie sie zum Schiff empor, ließen sie aber nicht in den kuppelartigen Aufbau eintreten. Männer, die Schilder und Holz bei sich hatten, kamen und reichten ihr einen Trinkbecher voll Wein. Ihn haltend sang sie, dann trank sie ihn. Der Dolmetscher erklärte mir, dass sie damit von ihren Freundinnen Abschied nehme. Dann wurde ihr ein weiterer Trinkbecher gereicht, sie nahm ihn und hielt sich länger mit dem Lied auf. Die Alte drängte sie, den Wein zu trinken und in den kuppelartigen Aufbau, in dem ihr Herr war, einzutreten. Ich sah ihr an, dass sie verwirrt war. Sie wollte in den kuppelartigen Aufbau eintreten, verfing sich aber mit dem Kopf zwischen ihm und dem Schiff. Die Alte befreite ihren Kopf, führte ihn Richtung kuppelartigem Aufbau und trat mit ihr ein. Die Männer begannen mit dem Holz auf die Schilder zu schlagen, damit ihre Schreie nicht gehört und die anderen Sklavinnen verängstigen würden, sodass diese nicht mit ihren Herrn sterben wollten. Es traten sechs Männer in den kuppelartigen Aufbau ein und hatten alle Geschlechtsverkehr mit der Sklavin. Daraufhin legten sie sie an die Seite ihres Herrn, zwei nahmen ihre Füße, zwei ihre Hände, und die Alte, die Todesengel genannt wurde, legte einen überkreuzten Strick um ihren Hals. Dessen beide Enden gab sie den letzten zwei Männern, damit sie daran zogen. Sie selbst näherte sich mit der Spitze eines breiten Schlachtmessers und begann es zwischen die Rippen der Sklavin zu stoßen und wieder herauszuziehen, während die beiden Männer sie heftig mit dem Strick würgten, bis sie starb.

Daraufhin kam der nächste Anverwandte des Toten, nahm ein Scheit Holz und entzündete es mit Feuer. Er ging rückwärts mit seinen Hinterkopf zum Schiff und seinem Gesicht zu den Leuten gewandt. Das entzündete Holzstück hatte er in seiner einen Hand, während seine andere Hand seinen Hintern berührte, und er war nackt. So zündete er das Holz, das unter dem Schiff aufgeschichtet war, an, nachdem sie die Sklavin, die sie getötet hatten, an die Seite ihres Herrn gelegt hatten. Dann kamen die Leute mit Holzscheiten und Brennholz. Jeder Einzelne hatte ein Holzscheit, dessen Spitze in Flammen loderte, um es in diesen Holzhaufen zu werfen. So ergriff das Feuer das Brennholz, dann das Schiff, dann den kuppelartigen Aufbau, den Mann und die Sklavin und alles auf dem Schiff. Der Wind erhob sich zu entsetzlicher Macht, verstärkte das Lodern des Feuers, und es brannte lichterloh.

Neben mir war ein Mann aus Rūsiya, und ich hörte ihn mit dem Dolmetscher, der bei ihm stand, sprechen. So fragte ich Letzteren, was Ersterer zu ihm gesagt hatte. Er sagte, dass jener gesagt habe: »Ihr Familie der Araber seid Dummköpfe.« Ich fragte: »Warum das?« Er antwortete: »Ihr beschließt, dass ihr die euch liebsten und von euch verehrtesten

Leute in die Erde werft, wo Staub, Gewürm und Würmer sie zerfressen, während wir sie augenblicklich verbrennen, sodass sie sofort ins Paradies eingehen.« Dann lachte er unbändig. Ich fragte nach dem Grund seines Lachens, und er sagte: »Aus Liebe hat ihm sein Herr und Gott gerade Wind geschickt, der ihn innerhalb einer Stunde hinwegnehmen wird.« Tatsächlich verging nur eine Stunde, bis das Schiff, das Brennholz, die Sklavin und der Herr zunächst zu Asche und dann zu Staub geworden waren. Dann erbauten sie über dem Platz des Schiffes, dort, wo es aus dem Fluss gezogen worden war, etwas, was einem kleinen runden Hügel ähnlich war, pflanzten in dessen Mitte ein großes Birkenholzscheit auf, schrieben darauf den Namen des Mannes und den Namen des Königs von Rūs und entfernten sich.

# 965

## IBRAHIM IBN YAQUB
## Mitteleuropa durch arabische Augen

*Als Gesandter des andalusischen Kalifen kam er von Westen: aus Tortosa, Katalonien, damals auf der Grenze zum Kalifat Córdoba. Er war Kaufmann, nach anderen Quellen außerdem Arzt. Sein Beiname Ibrahim Ibn Yaqub al-Israili at-Turtusi (seine Lebensdaten sind unbekannt) hat Diskussionen aufkommen lassen, ob es sich um einen Juden, einen zum Islam konvertierten Sepharden oder weder noch handelte. Er berichtet von zwei Treffen mit Kaiser Otto I. Obwohl von seinen Berichten nur Bruchstücke erhalten sind und die Überlieferungswege Fragen aufwerfen, gehören sie zu den wichtigsten Quellen dieser Zeit, nicht ohne ästhetische Qualitäten zudem, und erstmals seit den antiken Autoren werden wir uns in seinen Schilderungen fast ein bisschen heimisch fühlen können.*

SCHLESWIG IST EINE SEHR GROSSE STADT am Ufer des großen Ozeans. In ihr gibt es viele Süßwasserquellen. Ihre Bewohner sind Anhänger des Sirius, abgesehen von einigen wenigen, die Christen sind und für die es eine Kirche gibt. Aṭ-Ṭarṭūšī berichtet, dass sie ein Fest haben, an dem sie sich alle versammeln, um ihren Götzen zu verehren, zu essen und zu trinken. Wer ein Opfertier schlachtet, errichtet an der Tür seines Hauses einen Holzpflock und legt darauf das Opfertier, sei es ein Rind, ein Hammel, ein Bock oder ein Schwein, damit die Leute wissen, dass er damit zur Verehrung seines Götzen opfert. Die Stadt hat wenig Güter und Überfluss. Ihre Hauptnahrung ist Fisch, da es dort viel davon gibt. Wenn einem von ihnen Kinder geboren werden, wirft er sie in den Fluss, um sich den Lebensunterhalt zu erleichtern. Er berichtet auch, dass die Scheidung bei ihnen Frauensache ist, die Ehefrau selbst führt sie durch, wann sie will. In Schleswig wird ein Augenfärbemittel hergestellt, mit dem sich Männer und Frauen beständig zur Verschönerung die Augen schwärzen. Er sagt: Ich habe keinen hässlicheren Gesang gehört als jenen der Einwohner Schleswigs. Es ist ein Knurren, das aus ihren Kehlen kommt, wie Hundegebell, jedoch wilder als dieses.

Mainz (Maġānǧa) ist eine sehr große Stadt, von der ein Teil besiedelt ist, der Rest wird landwirtschaftlich genutzt. Sie liegt im Land der Franken an einem Fluss, der Rhein genannt wird. Sie ist reich an Weizen, Gerste, anderem Getreide, Weinstöcken und Obst. In ihr finden sich Dirhame, geprägt in Samarkand im Jahr 301 und 302, auf denen der Name des Münzherrn und das Prägedatum stehen. Aṭ-Ṭarṭūšī sagt: Ich vermute, dass sie von Naṣr ibn Aḥmad as-Sāmānī geprägt wurden. Es gehört zu den erstaunlichsten Dingen, dass es dort Gewürzpflanzen gibt, die nur im äußersten Osten vorkommen, während Mainz im äußersten Westen liegt, wie Pfeffer, Ingwer, Gewürznelken, Narde, Bein und Galgant. Diese werden aus den Gebieten Indiens herbeigeschafft und sind dort im Überfluss erhältlich. …

Das Land der Slaven reicht vom syrischen Meer [d. i. das Mittelmeer] bis zum großen Ozean [d. i. der Atlantik] im Norden. Die Stämme der weiten Ebene haben die Oberhand über die anderen Stämme und haben bis jetzt unter ihnen gelebt. Es gibt viele verschiedene Stammesfamilien. Zuvor waren sie durch einen König namens Māḥā geeint. Er kam aus einer der Familien unter ihnen, die Walitābā genannt wird. Diese Familie spielte bei ihnen eine große Rolle, aber dann zerstritten sie sich untereinander, und so zerfiel ihre Herrschaft. Ihre Familien bildeten Parteien, und jede Familie von ihnen wählte einen eigenen König. Jetzt sind ihre Könige vier an der Zahl: der König der Bulgaren, Būyislāw, der König von Prag, Böhmen und Krakau, Mašquh, den König der weiten Ebene und Nāqūn ganz im Westen.

Das Land von Nāqūn ist im Westen den Sachsen und einigen Teilen der Normannen benachbart. In seinem Land gibt es billige Preise und viele Pferde, die zum Teil auch in andere Länder exportiert werden. Sie sind waffentechnisch mit Brustpanzern, Helmen und Schwertern gut gerüstet.

Von Burġ bis zum Nachbarort sind es zehn Meilen, danach sind es bis zur Brücke 50 Meilen. Es ist eine Holzbrücke, die eine Meile lang ist. Von der Brücke bis zum Kastell von Nāqūn sind es ungefähr 40 Meilen. Es wird Ġarād genannt, was übersetzt das große Kastell heißt. Vor Ġarād liegt ein Kastell, das in einem kleinen Süßwassersee gebaut ist. In dieser Weise bauen die Slaven die meisten ihrer Kastelle. Sie legen sie an großen Wasserflächen und in Sumpfgebieten an. Sie ziehen darin eine kreisförmige oder viereckige Linie im Ausmaß des beabsichtigten Kastelles und dessen Vorplatz. Entlang dieser Linie legen sie einen Graben an und schütten die aufgegrabene Erde auf. Das Ganze wird durch Bretter und Holz in Form eines Walls stabilisiert, bis die Mauer die gewünschte Höhe erreicht hat. Dann bemessen sie dafür an einer beliebigen Stelle ein Tor, zu dem sie über eine Holzbrücke hinführen. Vom Kastell Ġarād bis zum großen Ozean sind es elf Meilen. Armeen dringen in Nāqūn-Gebiete nur unter großer Mühe ein, weil sein ganzes Land aus Marschland, Sumpfgebiet und Morast besteht.

Was das Land von Būyislāw betrifft, so erstreckt es sich der Länge nach von der Stadt Prag bis zur Stadt Krakau, zusammen drei Tagesreisen, und grenzt längsseits an das Land der Türken. Die Stadt Prag ist am Ufer des Flusses Hanak aus Stein und Kalk gebaut. Sie ist die größte Handelsstadt des Landes, in die Russen und Slaven von Krakau aus mit Handelswaren kommen. Aus dem Land der Türken und des Islams kommen Juden und Türken ebenfalls mit Handelswaren, aber auch mit Gewichten und Münzen. Aus ihrer Heimat bringen sie Sklaven, Zinn und verschiedene Arten von Fellen. Ihre Gebiete sind die besten Gebiete unter den Einwohnern der weiten Ebene mit der reichhaltigsten Versorgung. Korn, das einem Mann für einen Monat reicht, wird bei ihnen für einen Qinšār verkauft. Auch Gerste als Futter für ein Reittier während vierzig Tagen wird bei ihnen für einen Qinšār verkauft, so wie zehn Hühner bei ihnen für einen Qinšār verkauft werden. In der Stadt Prag werden Sättel, Zaumzeuge und Schilde hergestellt, die man in ihren Gebieten besitzt und verwendet.

In den Gebieten Böhmens werden leichte, halbmondförmig gewebte, netzartige Tüchlein, die zu nichts zu verwenden sind, hergestellt. Der Wert von zehn dieser Tüchlein entspricht bei ihnen zu jeder Zeit einem Qinšār. Mit ihnen schließen sie Käufe ab und treiben Handel. Zum Einkaufen besitzen sie Börsen davon. Diese Tüchlein bedeuten bei ihnen Besitz, und mit ihnen können die wertvollsten Dinge gekauft werden: Weizen, Sklaven, Pferde, Geld, Silber und alles andere. Es ist erstaunlich, dass die Einwohner von Böhmen braunschwarze Haare haben und es unter ihnen kaum hellrotes Haar gibt.

Von Mādīburġ in die Länder des Būyislāw bis zum Kastell Qalīwā sind es zehn Meilen, und von dort nach Nūb Ġarād zwei Meilen. Das ist ein Kastell, aus Stein und Kalksand erbaut, und liegt am Fluss Salāwa, in den der Fluss Būdah mündet. Vom Kastell Nūb Ġarād bis ins Gebiet der Juden, das auch am Fluss Salāwa liegt, sind es 30 Meilen, und von dort bis zum Kastell Būrğīn, das am Fluss Muldāwa liegt, und weiter zum Rand des Waldlandes sind es 25 Meilen. Von seinem Anfang bis zu seinem Ende sind es 40 Meilen an Bergen und unzugänglichem Gebiet, und von ihm zur Holzbrücke über den Morast sind ungefähr zwei Meilen. Vom Ende des Waldlandes her betritt man die Stadt Prag.

*Um 1020*

## AVICENNA

## Das städtische Leben gründet auf der Festigkeit der Ehe

*Der Geistesgigant aus Buchara: Abu Ali al-Husain ibn Abdullah ibn Sina, latinisiert Avicenna (\* um 980, † 1037), persischer Arzt, Physiker, Philosoph, Jurist, Mathematiker, Astronom, Alchemist und Musiktheoretiker. Nach langen Wanderjahren durch verschiedene Städte Chorasans und zum Kaspischen Meer ließ er sich schließlich mit Mitte dreißig in Hamadan nieder, von wo er zehn Jahre später, erneut auf der Flucht, nach Isfahan weiterzog. An verschiedenen Höfen diente er als Arzt sowie als politischer und militärischer Berater und nahm als solcher auch an Feldzügen teil. Unüberschaubar ist sein Werk: Von einigen späteren Autoren werden ihm bis zu 99 Bücher zugeschrieben.*

*Mit seiner rationalistischen Philosophie, die das naturalistische Erbe des Aristoteles aufgriff und weiterführte, geriet Ibn Sina oft in Gegensatz zur islamischen Orthodoxie und war als Bundesgenosse orientalischer Mystiker verschrien. Er war eine der Schlüsselgestalten bei der Überlieferung der antiken griechischen Philosophie an die Scholastiker des lateinischen Mittelalters, auf das er vor allem über Albertus Magnus und dessen Schüler Thomas von Aquin einen prägenden Einfluss ausübte.*

DAS ERSTE, was der Gesetzgeber vorschreiben muss, sind die Bestimmungen über die Ehe, die für den Nachwuchs sorgt. Er muss zu derselben auffordern und anregen; denn durch die Ehe wird das Bestehen der Arten ermöglicht. Das Bestehen der menschlichen Art ist ein Beweis für die Existenz des Schöpfers. Der Gesetzgeber muss ferner vorschreiben, dass das Schließen der Ehe offen stattfindet, damit kein Zweifel über die Abstammung bestehen bleibt, und damit aufgrund einer heimlichen Ehe keine Unterbrechung (des Stammbaums) und keine Übertragung von Erbschaften stattfindet. Letztere sind die Fundamente des Vermögens; denn das Vermögen ist zum Leben unbedingt notwendig (und daher muss auch dieses der Gesetzgeber in seine Bestimmungen einbegreifen). Das Vermögen ist entweder Kapital oder Einkünfte. Das Kapital wird erworben durch Erbschaft, Auffinden oder Schenkung. Die vorzüglichste dieser drei Arten ist (der Erwerb des) Kapitals durch Erbschaft; denn diese Art des Erwerbens hängt nicht allein vom Glück und Zufall ab. Sie besteht vielmehr in einer gewissen natürlichen Ordnung. Aufgrund dieses, d. h. des Mangels an Öffentlichkeit der Eheschließungen entstehen auch Unordnungen in anderer Hinsicht, wie z. B. in Bezug auf die Pflicht der Erhaltung der Familie und Verwandtschaft, die dem einen oder anderen zukommt, die Pflicht der gegenseitigen Unterstützung und ähnliche Pflichten, die der verständige Mann sofort einsieht, wenn er über dieselben nachdenkt.

Die Verhältnisse des städtischen Lebens muss der Gesetzgeber durch die Festigung dieser Verbindung begründen, sodass nicht etwa durch das Auftreten jeder abweichenden Meinung ein Zwiespalt in der Ehe entstehe. Alle diese Bestimmungen müssen hinleiten auf den festen Zusammenhang, der die Kinder und die Eltern gemeinsam umschließt, und dazu führen, dass jeder Mensch zu einer Eheschließung schreitet. Damit können leicht vielfältige Schäden verbunden sein. Die vorzüglichsten Ursachen für das Glück der Menschen liegen bekanntlich in der (gegenseitigen) Liebe. Dieses Band aber wird fest geschlungen nur durch Zusammenleben und Gewöhnung aneinander. Das Zusammenleben besteht nur in der Gewohnheit, diese entsteht nur nach langer Dauer, während der die Menschen miteinander leben. Diese Festigkeit in der Ehe hängt ab von der Frau, und der Gesetzgeber muss dafür sorgen, dass es nicht in ihrer Gewalt liegt, die Trennung herbeizuführen; denn sie ist in Wahrheit von schwachem Verstande und leicht dazu geneigt, der Leidenschaft und dem Zorne zu gehorchen. Dennoch muss eine Möglichkeit bestehen bleiben, dass eine Ehe getrennt werde. Diese Möglichkeit darf nicht durchaus ausgeschlossen sein; denn die eigentlichen Ursachen, die zu einer Trennung hinleiten, setzen im Allgemeinen vielfältige Differenzen und Schäden voraus. Diese stammen teils aus der Natur selbst; denn viele

Naturen können nicht in friedlicher Weise zusammenleben. Sooft der Versuch gemacht wird, diese zu vereinigen, wird das Übel nur größer, wie auch die Verachtung und die Störung des Lebens. Andere kommen von den Menschen selbst, und sie treffen solche, die mit einer Lebensgefährtin verbunden werden, die ihnen nicht gleichsteht, noch auch in Bezug auf den Lebenswandel tadellos ist, und deren natürliche Veranlagung sie (zu Unerlaubtem) fortreißt. Alles dieses ist ein Grund, der das Verlangen rege macht, sich einer anderen Person anzuschließen; denn die Begierde ist natürlich. Häufig führen die ungünstigen Eheverhältnisse zu Missständen; denn manchmal unterstützen sich die beiden in Ehe lebenden Teile nicht gegenseitig in der Erziehung der Kinder. Wenn sie jedoch eine andere Ehe eingehen, so werden sie ein gemeinsames und harmonisches Leben führen.

Daher ist es ferner notwendig, dass die Möglichkeit der von beiden Seiten freiwillig erfolgenden Ehescheidung freigelassen wird. Dies jedoch darf nicht zu leicht gemacht werden. Derjenige der beiden Teile, der am wenigsten geistige Einsicht besitzt, der jedoch zugleich am meisten zum Missverständnis, zur Trennung und Feindschaft neigt, darf in keiner Weise darüber verfügen können. Die Entscheidung über die Trennung der Ehe muss vielmehr der Obrigkeit überlassen bleiben. Wird es in diesem Falle klar, dass ein Zusammenleben mit dem anderen Teile vom Bösen ist, dann werden sie getrennt. Aufseiten des Mannes ist sodann erforderlich, dass ihm infolge der Trennung der Ehe eine Geldstrafe auferlegt werde. Jedoch darf man nicht zur Verurteilung schreiten, bis dieselbe festgestellt und als zu Recht bestehend in jeder Beziehung erwiesen ist. Trotz alledem ist es das Beste, dass der Zwiespalt sich in Frieden auflöst ohne viele Ausflüchte; sonst würde es allzu naheliegen, dass das gemeinsame Leben unbeständig werde und in Verwirrung geriete. Der Gesetzgeber muss vielmehr die Scheidung der Ehe als Fehltritt bezeichnen.

Freilich dasjenige, was der beste Gesetzgeber aufgestellt hat, besteht darin, dass es dem Manne nicht erlaubt ist, nach dem dritten Male die Ehe zu scheiden, sonst muss er solche Strafe auf sich nehmen, wie es für ihn keine größere gibt. Er muss nämlich dafür sorgen, dass ein andrer Mann aus dem Kreise seiner Freunde seine Frau in gültiger Ehe heirate und mit ihr zusammenlebe. (Diese Bestimmung soll die Ehescheidung erschweren); denn wenn eine solche Abmachung zwischen beiden Teilen besteht, so schreitet man nicht leichtfertigerweise zur Scheidung, es sei denn, dass man eine vollständige Trennung beabsichtige oder dass der Grund der Scheidung irgendein großer Fehler auf seiner Seite sei. Solche Menschen sind nicht würdig, dass man für ihr Glück in besonderer Weise besorgt sei. Der Frau ist es aufzuerlegen, dass sie im Hause streng behütet werde; denn sie ist leichtfertig in der Liebe und selbstsüchtig. Zugleich aber ist sie mehr der Gefahr ausgesetzt, sich betrügen zu lassen, und leistet weniger dem Verstande Gehorsam. Die Unbeständigkeit in der Liebe ist eine große Schande und ein Fleck an der Ehre. Sie ist für die Frau ein unvergleichliches Übel. Für den Mann ist sie jedoch nicht in demselben Maße eine Schande. Sie ist vielmehr ein Grund des Neides; der Neid jedoch ist nichts, das der Beachtung wert wäre. Er beruht nur auf Verführungen des Teufels.

Daher ist es erforderlich, dass der Gesetzgeber betreffs der Frau die Bestimmung aufstelle, dass sie sich verschleiere und zurückgezogen lebe. Die Frau darf daher keine gewinnbringenden Beschäftigungen unternehmen, wie der Mann, und aus diesem Grunde muss der Gesetzgeber betreffs ihrer bestimmen, dass sie allen Anforderungen des Haushaltes entspreche nach den Wünschen des Mannes; der Mann jedoch muss die Auslagen bestreiten. Als Entgelt dafür erhält der Mann ein anderes Gut und dieses besteht darin, dass er über die Frau zu befehlen hat, während sie jedoch nicht über den Mann herrscht. Sie darf kein Verhältnis mit einem anderen Manne eingehen. Dem Manne aber ist darin keine Einschränkung auferlegt. Wenn ihm auch verboten ist, die festgesetzte Anzahl zu überschreiten, so darf er doch seine Wünsche auch über dieses Maß hinaus befriedigen. Ihm liegt aber die Pflicht des Unterhaltes ob.

Dasjenige, worüber die Frau zu verfügen hat, steht dem gegenüber, was dem Manne rechtmäßig zukommt. Damit meine ich nun nicht den ehelichen Verkehr; denn der Nutzen ist auf beiden Seiten gemeinsam. Der Genuss der Frau ist aber größer als der des Mannes. Ebenso verhält sich die Freude und das Glück an dem Kinde. Das, was der Frau vielmehr zufällt, besteht darin, dass sie betreffs des Kindes keinem Fremden irgendwelche Rechte abzutreten hat.

Betreffs des Kindes bestimmt daher der Gesetzgeber, dass beide dasselbe in der Erziehung zu befehlen haben. Die Mutter befiehlt über das Kind betreffs dessen, was ihr zusteht, der Mann jedoch betreffs der Auslagen für den Lebensunterhalt. Ferner wurde die Bestimmung gesetzt, dass das Kind beiden, der Mutter und dem Vater, Dienste, Gehorsam, Achtung und Ehre zu erweisen habe; denn beide sind die Ursachen seiner Existenz. Dabei müssen sie die Last übernehmen, den täglichen Lebensunterhalt zu bestreiten. Was dieser bedeutet, bedarf keiner weiteren Erklärung, weil es offenkundig ist.

Passanten beim
Bahnhof Shibuya-ku.
*Tokio, Japan,*
*13. Mai 2009.*

*Um 1030*

## AL·BIRUNI

# Nachrichten aus Indien und die Fallstricke des Hörensagens

---

*Auf Feldzügen des Sultans Mahmud von Ghazni, heute eine Provinz in Zentralafghanistan, kommt er nach Nordindien und beschäftigt sich als erster muslimischer Gelehrter mit der brahmanischen Wissenschaft. Er übersetzt zahlreiche arabische und griechische Werke ins Sanskrit, darunter die* Elemente des Euklid. *1023 ermittelt er mit einem von ihm entwickelten Messverfahren den Radius der Erdkugel bis auf 0,5 Prozent genau. Im folgenden Auszug aus seinem Buch über die Geschichte Indiens* (Kitab Tarih al-Hind) *reflektiert er über die Schwierigkeit, die Wahrheit zu schreiben.*

*Abu ar-Raihan Muhammad ibn Ahmad al-Biruni (\* 973, † 1048) war wie sein Zeitgenosse Avicenna, mit dem er immer wieder zusammenarbeitete, ein Universalgelehrter aus Zentralasien, aus der choresmischen Hauptstadt Kath unweit des heutigen Chiwa an der Südgrenze Usbekistans. Als Mathematiker, Kartograph, Astronom, Astrologe, Philosoph, Pharmakologe, Forschungsreisender und Historiker hinterließ er ein weitläufiges Werk.*

MIT RECHT HEISST ES, dass das Hörensagen dem Augenschein nicht gleichzuachten sei, denn beim Sehen erfasst das Auge des Beobachters den gesehenen Gegenstand selbst und zu der Zeit seines Vorhandenseins und an dem Ort seines Vorkommens. Hafteten dem Hörensagen nicht bestimmte Mängel an, so hätte es einen deutlichen Vorzug vor dem Augenschein und der Beobachtung; denn diese sind auf das Vorhandensein beschränkt, das einen bestimmten Zeitraum nicht überschreitet, während das Hörensagen diesen erreicht und dazu die Zeiten, die davor abgelaufen und die danach zu erwarten sind. Somit umfasst das Hörensagen zugleich das Vorhandene wie das Abwesende.

Das Geschriebene ist eine Unterart davon, und es fehlt wenig, dass es die vornehmste darstellt, denn woher käme uns die Kunde von der Geschichte der Völker, gäbe es nicht die unvergänglichen Spuren des Schreibrohrs? Weiter ist zu bedenken, dass eine Nachricht von einer Sache, deren Existenz im Einklang mit den gewöhnlichen Verhältnissen möglich ist, in gleicher Weise entweder wahr oder falsch sein kann, was beides vonseiten der Berichterstatter einzutreten pflegt. Das liegt an den verschiedenartigen Interessen und daran, inwieweit sich die Völker von Zank und Streit übermannen lassen. Der eine Berichterstatter lügt seiner eigenen Person zuliebe, und so verherrlicht er sein Geschlecht, weil er ihm angehört, oder er setzt die anderen herab, weil er nach seinem Willen triumphieren muss. Es ist offenkundig, dass er in beiden Fällen von einer Leidenschaft oder einem Ressentiment motiviert ist, die beide zu tadeln sind. Ein anderer Berichterstatter verbreitet eine Unwahrheit über eine Gruppe, die er liebt, weil er ihr zu Dank verpflichtet ist, oder die er hasst, weil sie nichts von ihm wissen will. Dieser Mann steht dem Erstgenannten nahe, weil das Motiv seines Tuns zu den Beweggründen der Sympathie und des Machtstrebens gehört. Ein anderer strebt aus niedriger Gesinnung heraus nach einem Vorteil oder möchte sich aus Feigheit und Angst gegen einen Schaden sichern. Wieder ein anderer ist von seiner Natur so, als ob er dazu getrieben wird und gar nicht anders kann, und das fällt unter die Beweggründe der Bosheit und der verborgenen Schlechtigkeit seiner Natur. Ein anderer verbreitet die Unwahrheit aus Unwissenheit, indem er anderen Berichterstattern blindlings folgt. Wenn nun deren Zahl groß ist oder sie in Gruppen aufeinander gefolgt sind, so sind er und sie die mittleren Instanzen zwischen dem Zuhörer und dem Ersten, der absichtlich gelogen hat, und würden sie als Zwischenglieder ausfallen, bliebe jener Erste als einer von denen übrig, die wir aufgezählt haben.

Wer die Lüge zu vermeiden sucht und sich an die Wahrheit hält, der wird auch von den Lügnern gelobt und gepriesen, von den anderen zu schweigen. Darum heißt es: »Sprecht die Wahrheit, und wenn sie gegen euch selbst wäre.« Und so sagt Christus, über dem Friede sei, etwa sinngemäß im Evangelium: »Kehrt euch nicht an die Willkür der Könige, wenn ihr freimütig vor ihnen die Wahrheit redet. Sie haben nur Gewalt über euren Körper, über die Seele aber haben sie keine Macht.« Das ist von seiner Seite eine Aufforderung zur wahren Tapferkeit. Was das gemeine Volk Tapferkeit nennt, wenn es sieht, wie einer in den Kampf zieht und sich blindlings in die Gefahr stürzt, so ist dieser Charakterzug nur eine Art von Tapferkeit. Die übergreifende Gattung über ihren verschiedenen Arten ist die Verachtung des Todes, und es ist gleich, ob sie sich in Worten äußert oder in Taten. So wie die Rechtschaffenheit von Natur aus Befriedigung gewährt und um ihrer selbst willen liebenswert und schön und erstrebenswert ist, so steht es auch mit der Wahrheit, es sei denn, dass einer nie ihre Süßigkeit gekostet hat, oder er hat die Wahrheit gekannt und ist ihr dann aus dem Wege gegangen, so wie einer, der als Lügner bekannt war, gefragt wurde: »Hast du jemals die Wahrheit gesagt?«, worauf er erwiderte: »Wenn ich nicht fürchten müsste, die Wahrheit zu sagen, würde ich mit Nein antworten.« Denn er ist derjenige, der sich von der Gerechtigkeit abwendet und die Gewalttat und das falsche Zeugnis und den Vertrauensbruch und die widerrechtliche Aneignung von Gütern durch Arglist und Diebstahl vorzieht, und all das andere, was zum Ruin der Welt und der Schöpfung führt.

Einmal traf ich den Meister Abū Sahl 'Abd al-Mun' im ibn 'Alī ibn Nūḥ aus Tiflis, dem Gott Kraft verleihen möge, wie er an der Absicht des Verfassers eines Buches über die Muʿtaziliten Anstoß nahm, sie wegen ihrer Aussage zu verunglimpfen, dass Gott, der erhaben ist, nur kraft seines Wesens wissend sei, wobei sich dieser Autor in seiner Darstellung so ausdrückte, als ob die Muʿtaziliten behaupteten, dass Gott kein Wissen besäße, wobei er seinen ungebildeten Lesern suggerierte, sie würden ihn der Unwissenheit bezichtigen, ihn, der heilig ist und hoch erhaben über diese und andere Eigenschaften, die ihm nicht zukommen. Ich machte ihn darauf aufmerksam, dass nur wenige, die von Andersdenkenden und Gegnern einen Bericht geben wollen, sich von dieser Methode fernhalten können. Sie tritt offener zutage, wenn es sich um Lehrmeinungen handelt, die innerhalb einer Religion und einer Glaubensgemeinschaft existieren, weil ihre Anhänger einander nahestehen und miteinander umgehen. Sie ist verdeckter, wenn es um verschiedene Religionen geht, besonders dann, wenn gar keine Gemeinschaft, weder in den Grundlagen noch in Einzelheiten, besteht, weil sie weiter voneinander entfernt sind und der Weg zum Verstehen verborgen ist.

Was es bei uns an einschlägigen Abhandlungen gibt und was über Lehrmeinungen und Religionen geschrieben wurde, enthält nur Derartiges, was der obigen Charakteristik entspricht. Wenn einer nicht weiß, wie es wirklich darum steht, der entnimmt daraus, was ihm bei den Bekennern dieser Religionen und bei den Sachverständigen nur zur Beschämung Anlass gibt, falls er von edler Gesinnung ist, oder aber zu einer hartnäckigen Verbohrtheit, wenn er einen niedrigen Charakter hat. Und wenn jemand über die wahren Verhältnisse informiert sein sollte, so kommt er höchstens darauf, dass er jene Lehren als Geschwätz und Fabeleien auffasst, denen man zur Unterhaltung und Belustigung zuhört, ohne sie für wahr zu halten oder daran zu glauben.

Ein Beispiel bietet der Inhalt dessen, was über die Religionen und Lehrmeinungen der Inder geredet wird. Ich wies darauf hin, dass das meiste davon, was in unseren Büchern aufgezeichnet steht, frei erfunden ist, einer hat es vom anderen abgeschrieben und aufgelesen und noch mehr durcheinandergebracht. Keiner hat versucht, es mit ihren wirklichen Lehren in Übereinstimmung zu bringen und zu korrigieren. Ich habe unter den Verfassern der einschlägigen Werke keinen gefunden, der sich den schlichten Bericht ohne Verzerrungen und ohne Heuchelei zum Ziel gesetzt hätte, außer Abu l-ʿAbbās al-Īrānšahrī, denn dieser gehörte gar keiner Religion an, vielmehr hatte er sich eine eigene zurechtgemacht, für die er warb. Er hat über den Glauben der Juden und Christen und über den Inhalt des Alten Testaments und des Evangeliums sehr schön referiert. Er gab sich auch große Mühe bei seinem Bericht über die Manichäer und über das, was in ihren Büchern über die ausgestorbenen Religionen steht. Als er aber auf die Gemeinschaften der Hindus und der Buddhisten zu sprechen kam, verfehlte er sein Ziel und geriet schließlich an das Buch von Zurquān und übernahm, was darinsteht, in sein eigenes Werk. Was er aber nicht daraus abgeschrieben hat, macht den Eindruck, als ob er es von den ungebildeten Anhängern der beiden Richtungen gehört hätte.

## 1078

# ANSELM VON CANTERBURY
## Aufbruch zur absoluten Autonomie

*Unter den Theologen und Metaphysikern des lateinisch denkenden europäischen Westens ist Anfang des neuen Jahrtausends die sogenannte Scholastik im Anzug, die wir in unserer Tour d'Horizon gewiss nicht ganz übergehen dürfen. Für mindestens 300 Jahre war sie im Abendland das dominante, wenn nicht einzige Modell von Wissenschaft. Als Vater dieser in der Gelehrtenwelt des Spätmittelalters entwickelten Methode der Beweisführung gilt Anselm (\* 1033, † 1109) aus Aosta im Piemont, der 1093 von William II. zum Erzbischof von Canterbury berufen wird. In seinen späten Jahren an der Spitze der Kirche von England verkörpert der Benediktiner in schweren Gefechten mit dem König um das Verhältnis von geistlicher und weltlicher Macht die römische Orthodoxie.*

*Derweil erklimmen Finesse und Strenge der scholastischen Argumentation bei Anselm, bekannt vor allem durch seinen 700 Jahre lang heiß umstrittenen ontologischen Gottesbeweis, schon einen ersten Höhepunkt. Ein Hauptthema in seinen Schriften bildet die Willensfreiheit, noch nicht wie heute in ihrem prekären Verhältnis zur deterministischen Welt der Naturgesetze, dafür aber im Kontext der nicht weniger heiklen Fragen nach ihrer Vereinbarkeit mit Gottes Allmacht und Allwissenheit. Im hier abgedruckten Ausschnitt können diese allerdings nicht unterkommen. Es geht nur um den Kern des Begriffs, den Anselm aus Augustins spätantiker Fixierung auf die Freiheit des Willens zu sündigen löst. Bei ihm besteht die Freiheit in ihrer Unüberwindbarkeit durch irgendetwas anderes, durch jegliche Form von Zwang. Ein freier Mensch kann wohl vernichtet werden, niemals aber versklavt. Anselms Wille, in den auch Gott nicht eingreifen kann, weil er in seiner Freiheit mit Gottes Willen zusammenfällt und sich nicht erst aus ihm herleitet oder nur will, weil und was Gott will, nimmt Kants Autonomie der praktischen Vernunft vorweg.*

## I. KAPITEL
*Das Vermögen zu sündigen gehört nicht zur Freiheit des Willens.*

SCHÜLER: Da ein freier Wille der Gnade, der Vorherbestimmung und dem Vorherwissen Gottes zu widersprechen scheint, möchte ich gern wissen, was diese Freiheit des Willens eigentlich ist und ob wir sie immer besitzen. Besteht nämlich die Willensfreiheit, wie manche meinen, darin, sündigen oder nicht sündigen zu können, und wir haben dieses Vermögen immer, wieso bedürfen wir dann zuweilen der Gnade? Haben wir es aber nicht immer, wieso wird uns dann zur Sünde angerechnet, wenn wir ohne freien Willen fehlen?

LEHRER: Ich glaube nicht, dass die Willensfreiheit in dem Vermögen zu sündigen oder nicht zu sündigen besteht. Wäre das nämlich ihre Definition, so hätten weder Gott noch die Engel, die nicht sündigen können, einen freien Willen – was eine unerlaubte Behauptung wäre.

SCH.: Wenn man nun sagte, der freie Wille Gottes und der guten Engel sei ein anderer als der unsere?

L.: Gewiss unterscheidet sich der freie Wille des Menschen von dem Gottes und der guten Engel. Aber die Definition dieser Freiheit muss, der gleichen Bezeichnung entsprechend, in beiden Fällen dieselbe sein. Auch das eine Lebewesen unterscheidet sich ja vom anderen – wesenhaft oder aufgrund von nicht artspezifischen Besonderheiten –, und doch ist die Begriffsbestimmung, dem Namen »Lebewesen« entsprechend, für alle Lebewesen dieselbe. Daher muss eine Definition der Willensfreiheit gegeben werden, in der nicht zu viel und nicht zu wenig enthalten ist. Weil nun der freie Wille Gottes und der guten Engel nicht sündigen kann, gehört das Sündigen-Können nicht zum Wesensbegriff der Willensfreiheit. Überhaupt ist das Vermögen zu sündigen weder Freiheit noch Teil der Freiheit. Achte, auf was ich nun sage, damit du das richtig verstehst.

SCH.: Dazu bin ich hier.

L.: Welcher Wille (*voluntas*) erscheint dir freier: einer, der so nicht sündigen will und kann, dass er auf keine Weise von der Rechtheit, nicht zu sündigen, abgebracht zu werden vermag, oder einer, der auf irgendeine Weise zum Sündigen bewogen werden kann?

SCH.: Warum sollte nicht der freier sein, der nach beiden Seiten hin offensteht?

L.: Wer das, was sich geziemt und nützlich ist, unverlierbar hat, ist der nicht freier als einer, der dies verlieren und zu dem, was sich nicht geziemt und schädlich ist, bewogen werden kann?

SCH.: Zweifellos.

L.: Ebenso außer Frage steht doch wohl, dass Sündigen immer ungeziemend und schädlich ist.

SCH.: Für jeden, der bei Sinnen ist!

L.: Dann ist aber der Wille, der von der Rechtheit, nicht zu sündigen, nicht abgebracht werden kann, freier als der, der die Rechtheit zu verlassen imstande ist.

SCH.: Keine Behauptung erscheint mir vernünftiger.

L.: Was, hinzugefügt, die Freiheit mindert, und, weggenommen, sie mehrt: könnte so etwas die Freiheit oder ein Teil von ihr sein?

SCH.: Nein.

L.: Das Vermögen zu sündigen, das, dem Willen hinzugefügt, seine Freiheit mindert und dessen Wegnahme sie mehrt, ist also weder die Freiheit noch ein Teil von ihr.

SCH.: Ganz folgerichtig.

## 2. KAPITEL

*Dennoch sündigten Engel und Mensch durch dieses Vermögen und durch freien Willen. Sie konnten sich zwar zum Knecht der Sünde machen, aber die Sünde konnte nicht Herr über sie sein.*

L.: Was der Freiheit so fremd ist, gehört also nicht zur Freiheit des Willens (*arbitrium*).

SCH.: Ich kann deinen Gründen nichts entgegensetzen. Aber es beunruhigt mich sehr, dass die Natur der Engel wie die unsere ursprünglich das Vermögen zu sündigen hatte, ohne das sie nicht gesündigt hätten. Wenn beide Wesen durch dieses Vermögen, das mit dem freien Willen so gar nichts zu tun hat, gesündigt haben: wie kann man dann sagen, sie hätten aus freiem Willen gesündigt? Sündigten sie aber nicht aus freiem Willen, so scheinen sie aus Notwendigkeit gesündigt zu haben. Entweder aus eigenem Antrieb, oder aus Notwendigkeit. Wenn aber aus eigenem Antrieb, wie nicht aus freiem Willen? Wenn daher nicht aus freiem Willen, scheint nur noch ein Sündigen aus Notwendigkeit zu bleiben.

Noch etwas anderes lässt mir an dieser Möglichkeit zu sündigen keine Ruhe. Wer sündigen kann, kann Knecht der Sünde sein; denn: »Wer die Sünde tut, ist Knecht der Sünde.« Wer aber Knecht der Sünde sein kann, über den kann die Sünde herrschen. Wie ist denn dies als eine freie Natur erschaffen worden, oder was für ein freier Wille war das, worüber die Sünde herrschen konnte?

L.: Mensch und Engel haben am Anfang gesündigt und konnten der Sünde dienstbar werden aufgrund eines Vermögens zu sündigen, aus eigenem Antrieb, aus freier Willensentscheidung und nicht aus Notwendigkeit. Und dennoch konnte die Sünde nicht über sie herrschen, sodass man sagen könnte, sie oder ihre Willensentscheidung seien nicht frei gewesen.

SCH.: Das musst du mir erklären, denn ich verstehe es nicht.

L.: Der gefallene Engel und der erste Mensch sündigten aus freier Entscheidung, weil aus einer eigenen Entscheidung, die so frei war, dass sie durch nichts anderes zum Sündigen gezwungen werden konnte. Daher werden sie mit Recht zur Verantwortung gezogen, weil sie, im Besitz dieser Freiheit ihrer Entscheidung, nicht unter Zwang oder aus Notwendigkeit, sondern aus eigenem Antrieb gesündigt haben. Sie sündigten aufgrund ihrer Entscheidung, die frei war; doch nicht aufgrund dessen, woher sie frei war, d. h. aufgrund des Vermögens, das sie instand setzte, nicht zu sündigen und der Sünde nicht dienstbar zu werden. Vielmehr (sündigten sie) aufgrund jenes Vermögens zu sündigen, das weder eine Hilfe zur Freiheit des Nicht-Sündigens noch einen Zwang zur Knechtschaft des Sündigens bedeutete.

Nun zu deiner Folgerung: »Wenn einer Knecht der Sünde sein konnte, so konnte die Sünde über ihn herrschen, und daher waren weder er noch sein Wille frei.« Das trifft nicht zu. Denn gesetzt, es hat einer in seiner Macht, nicht Knecht zu sein, und er unterliegt keiner fremden Macht, (die ihn zwänge,) Knecht zu sein, obzwar er aus eigener Macht Knecht sein könnte: Solange der sich nicht der Macht bedient, Knecht zu sein, sondern der, nicht Knecht zu sein, kann nichts über ihn Herrschaft ausüben, sodass er Knecht wäre. Wenn etwa auch ein Reicher, der frei ist, sich zum Knecht eines Armen machen könnte: Solange er es nicht tut, verliert er nicht den Freiheitstitel, und von dem Armen kann man nicht sagen, er vermöge über ihn zu herrschen, es sei denn im uneigentlichen Sinn, weil dies nicht in seiner, sondern in des anderen Macht liegt. Nichts steht daher dem entgegen, dass Engel und Mensch vor der Sünde frei gewesen sind oder einen freien Willen gehabt haben.

1097

# AL-GHAZALI

## Dein Freund ist dir wichtiger als du

*Abu Hamid Muhammad ibn Muhammad al-Ghazali, latinisiert Algazel (\* 1058, † 1111), persischer Theologe, Philosoph und Mystiker, gilt bis heute als einer der bedeutendsten religiösen Denker des Islams. Wichtigster Ort seines Wirkens ist Bagdad. Mit den Mitteln der aristotelischen Logik bemüht er sich um eine rationale islamische Jurisprudenz. Dem Wahrheitsanspruch der Philosophie begegnet er indessen mit religiös motivierter Skepsis und verteidigt die Wahrheiten des Glaubens und der Offenbarung. Die Theologie gewinnt bei ihm wieder an Boden, und oft wird er für den Niedergang der Philosophie im islamischen Osten verantwortlich gemacht, während sie in Andalusien einer Hochblüte entgegengeht. Die letzten sechs Lebensjahre verbringt er auf Wanderschaft und in mystischer Versenkung. Sein Buch* Über die Freundschaft *ist ein Lichtstrahl aus finsteren Zeiten.*

»Wenn du deinen Freund um etwas bittest, was du brauchst, und er gibt es dir nicht, dann wasche dich für das Gebet, sprich viermal ›Allahu akbar‹ über ihn und zähle ihn dann zu den Toten.«

Ja'far Ibn Muhammed sagte: »Ich beeile mich, auch die Bedürfnisse meiner Feinde zu befriedigen. Denn wenn ich das ablehne, kommen sie ohne mich aus.« Und wenn das die richtige Einstellung zu Feinden ist, wie viel mehr Hilfsbereitschaft muss dann erst Freunden gegenüber richtig sein.

Ein Moslem jener frühen Tage kümmerte sich nach dem Tode eines Freundes vierzig Jahre lang um den Unterhalt von dessen Frau und Kindern und um alle ihre Bedürfnisse. Er besuchte sie täglich und gab ihnen von seinem Reichtum, sodass die Person des Vaters alles war, was sie vermissten. Tatsächlich behandelte er sie noch besser als sie der Vater zu seinen Lebzeiten behandelt hatte.

Einer von zwei Freunden blieb regelmäßig vor dem Haus des anderen stehen und fragte die Hausleute: »Habt ihr Öl? Habt ihr Salz? Braucht ihr irgendetwas?« Und wenn etwas gebraucht wurde, brachte er es, ohne dass sein Freund davon erfuhr.

So zeigt man Freundschaft und Sympathie. Wenn ein Mann seinem Freund gegenüber nicht den gleichen Grad des Mitleides zeigt wie sich selbst gegenüber, dann ist nichts Gutes an dieser Freundschaft.

Maymun Ibn Mahran sagt: »Wenn du aus der Freundschaft eines Mannes keinen Nutzen hast, dann kann dir auch seine Feindschaft nicht schaden.«

Der Prophet (Gott segne ihn und gebe ihm Frieden!) hat gesagt: »Sicher hat Gott auf Erden Seine Mittler, durch die Er wirken kann, nämlich unsere Herzen. Und jene davon sind Ihm (erhaben ist Er!) am teuersten, die am reinsten, am stärksten und am edelsten sind: Am reinsten von Sünde, am stärksten im Glauben und am edelsten ihren Brüdern gegenüber.«

Kurz gesagt, das Bedürfnis deines Freundes sollte dir so wichtig sein wie dein eigenes, und sogar noch wichtiger. Du solltest darnach Ausschau halten, wann er dich braucht, und sein Wohl nicht mehr aus dem Auge verlieren als dein eigenes. Du solltest darauf achten, dass dich dein Freund niemals um etwas bitten oder dir seine Not offenbaren muss, um dich zur Hilfe zu bewegen. Vielmehr solltest du dich seiner Not mit solcher Selbstverständlichkeit annehmen, dass du nachher gar nicht mehr weißt, was du getan hast. Du sollst nicht davon ausgehen, dass du durch das, was du getan hast, ein Recht erworben hast, sondern es für einen Segen halten, dass dein Freund deine Mühe und Aufmerksamkeit annimmt. Du solltest dich nicht darauf beschränken, seine Bedürfnisse zu befriedigen, sondern von Anfang an versuchen, ihm darüber hinaus noch mehr Großzügigkeit zu erweisen und ihn sogar deinen Verwandten und deinen Kindern vorziehen.

Al Hasan pflegte zu sagen: »Unsere Brüder sind uns teurer als unsere Familien und unsere Kinder, denn unsere Familien erinnern uns an diese Welt, unsere Brüder in Gott aber erinnern uns an die andere.«

Al Hasan hat auch gesagt: »Wenn ein Mann bis zum Ende zu seinem Bruder steht, dann wird Gott am Tage der Auferstehung Engel von Seinem Throne senden, die ihn in den Garten des Paradieses geleiten werden.«

Die Überlieferung sagt, dass jedes Mal, wenn ein Mensch einen Freund besucht, ein Engel hinter ihm ausruft: »Du hast wohlgetan und es wird wohl für dich sein im Garten des Paradieses!«

Ata sagte: »Bemühe dich um deine Brüder bei drei Gelegenheiten: Besuche sie, wenn sie krank sind, hilf ihnen, wenn sie sehr beschäftigt sind, und erinnere sie, wenn sie vergessen haben.«

Es wird berichtet, dass sich Ibn Umar in der Gegenwart des Propheten (Gott segne ihn und gebe ihm Frieden!) nach links und nach rechts umschaute, sodass dieser ihn um den Grund dieses Verhaltens fragte. Da sagte er: »Es gibt einen, der mir teuer ist. Ich suche nach ihm, aber ich kann ihn nicht finden!« »Wenn du jemanden liebst«, antwortete der Prophet, »dann frage ihn um seinen Namen, den Namen seines Vaters und wo er wohnt, und wenn er krank ist, besuche ihn, und wenn er sehr beschäftigt ist, geh hin und hilf ihm.«

Zu Al Shabi kam einst ein Mann und erzählte ihm von einem anderen, mit dem er zusammen gewesen war. Er sagte, er erinnere sich an das Gesicht des anderen, nicht aber an seinen Namen. Darauf sagte Al Shabi: »So schließen die Narren Bekanntschaft.«

Ibn Abbas wurde gefragt: »Welcher Mensch ist dir am liebsten?« »Der, der sich zu mir setzt«, antwortete er. Und er sagte auch: »Wenn sich einer dreimal mit mir zusammensetzt, ohne mich zu brauchen, dann weiß ich, wo dieser seinen Platz in der Welt hat.«

Sa'id Ibn Al As sagte: »Dem, der sich mit mir zusammensetzt, schulde ich drei Dinge: Wenn er herannaht, grüße ich ihn. Wenn er zu mir kommt, heiße ich ihn willkommen, und wenn er sich niedersetzt, mache ich es ihm bequem.«

Gott (erhaben ist Er!) sagt:

»Voll von Gnade zueinander.« (Koran, Sure 48)

Enthalte dich auch des Tadels an denen, die deinem Freund lieb sind, insbesondere seiner Familie und seinen Kindern. Und sage den Tadel nicht weiter, den andere Menschen über deinen Freund verbreiten. Denn wer dir solchen Tadel mitteilt, beleidigt damit unmittelbar dich.

Der Prophet (Gott segne ihn und gebe ihm Frieden!) pflegte, wie Anas uns berichtet, niemandem etwas zu sagen, was ihm unangenehm war, denn für den Angesprochenen geht die Verletzung über solche Rede unmittelbar von dem aus, der sie ihm mitteilt, und nur mittelbar von dem, der sie aufgebracht hat.

Natürlich solltest du deinem Freund das Lob, das du über ihn hörst, nicht verbergen, denn die mit dem Hören von Lob verbundene Freude empfängt man direkt von dem, der es einem mitteilt und nur indirekt von der ursprünglichen Quelle. Dem Freunde das Lob zu verbergen, würde Neid bedeuten.

Kurz gesagt, du solltest Stille bewahren über alle Rede, die deinem Freund ganz allgemein oder auch aus besonderen Gründen unangenehm wäre, es sei denn, du bist verpflichtet zu sprechen, weil ein guter Zweck es erfordert oder weil es zur Verhinderung von Übel notwendig ist. Auch in diesem Fall sprich aber nur dann, wenn du keine ausreichende Entschuldigung dafür finden kannst, nichts zu sagen. Dann aber brauchst du dir über die ablehnende Haltung deines Freundes keine Sorgen zu machen, denn was du tust, nützt ihm, wenn er es richtig versteht, auch wenn es für ihn auf den ersten Blick nicht gut aussieht.

Was sonst das Erwähnen von Charakterschwächen und unrechten Handlungen des Freundes angeht, und von unrechten Handlungen, die in seiner Familie vorgefallen sind, so ist dies nicht nur dem Freunde, sondern jedem Moslem gegenüber unrecht und eine Kränkung. Zwei Dinge sollten dich davon abhalten:

Zunächst untersuche dein eigenes Leben, und wenn du darin auch etwas Tadelnswertes findest, dann sei nachsichtig mit deinem Freund. Vielleicht fällt es ihm in einer bestimmten Hinsicht schwer, sich zu beherrschen, so wie dir das auf dem Gebiet schwerfällt, wo du deine Schwächen hast. Daher sei nicht so streng mit ihm, wenn er eine tadelnswerte Charaktereigenschaft hat. Welcher Mensch ist schon vollkommen? Wo immer du siehst, dass du deine Pflichten Gott gegenüber schlecht erfüllst, dort erwarte von deinem Freunde noch weniger als das an Pflichterfüllung dir gegenüber, denn dein Recht an ihm kann nicht größer sein als das Recht Gottes an dir.

Zweitens weißt du, dass du den ganzen Kosmos vergeblich nach einem Freund absuchen könntest, der keine Fehler hat. Du würdest nie einen solchen finden, denn es gibt nicht einen Menschen, der nicht sowohl gute als auch schlechte Eigenschaften hat. Das meiste, was du dir erhoffen kannst, ist, dass die guten Eigenschaften die schlechten überwiegen.

Der tugendhafte Gläubige hält sich immer die guten Eigenschaften seines Freundes vor Augen, damit sein Herz zu einer Quelle von Verehrung, Liebe und Respekt wird. Nur dem Heuchler, der selbst einen schlechten Charakter hat, fallen an anderen ständig Unrecht und Fehler auf.

Ibn Al Mubarak sagte: »Der Gläubige versucht Entschuldigungen für andere zu finden, wohingegen der Heuchler nach ihren Fehlern Ausschau hält.«

Zur vollkommenen Sympathie gehört es auch, dass man Köstlichkeiten nicht allein verspeist und sich an freudigen Dingen nicht allein erfreut, und dass man die Abwesenheit des Freundes unangenehm empfindet und die Trennung von ihm traurig.

# 1119

## PETER ABAELARD

## K wie Kalamität oder Kastration: Unterwegs zur modernen Autobiographie

*Die* Historia Calamitatum *steht am Beginn der modernen Autobiographie, so das Literaturlexikon von Kindler. Die christliche Forderung, im Kontrast zur göttlichen Vollkommenheit die eigene Fehlbarkeit zu erkennen, gibt den Anstoß zur Erforschung der eigenen Person. Die ganze europäische Geistesgeschichte hat demnach Wurzeln in dieser erschütternden Erzählung – erschütternd umso mehr durch die Tapferkeit des von sich selbst erzählenden Autors, der das Resultat seines Malheurs zwar äußerst beklagenswert findet, sich selbst jedoch nur beschränkt bemitleidenswert.*

*Petrus Abaelardus (\* 1079, † 1142), Sohn des Ritters Berengar aus Le Pallet im Südosten von Nantes, war seiner Zeit in mancher Beziehung weit voraus. Der Philosophie gab er maßgebliche Impulse, und als Theologe eröffnete er den Dialog der Religionen und nahm das Motiv von Lessings Ringparabel vorweg. Seiner Verbindung mit Heloisa hinderlich war sein Ruf als herausragender Gelehrter in Paris und weit darüber hinaus. Als er seiner fünfzehn Jahre jüngeren Schülerin, die er geschwängert hatte, die Ehe anbot, diese jedoch mit ihrem Einverständnis geheim halten wollte, ließ Heloisas Onkel und Beschützer in seiner tiefen Kränkung Abaelard überfallen und entmannen.*

HELOISA WIES MICH (…) noch einmal darauf hin, wie gefährlich für mich die Rückkehr nach Paris mit ihr zusammen sein müsse. Ihr sei es das Liebste und für mich das Anständigste, wenn sie ›Geliebte‹ heiße statt ›Gattin‹. Die freischenkende Liebe solle mich an sie binden und nicht die drückende Ehefessel. »Wir können uns bei einer zeitweiligen Trennung zwar seltener sehen, aber die Freude und Wonne ist dann umso stärker.« Alles gute Zureden, alle Warnungen der Art verfingen bei mir nicht; ich war zu verblendet, und Heloisa wollte mich auch nicht kränken durch noch dringlichere Vorstellungen; sie konnte nur noch mit lautem Schluchzen und Stöhnen herausbringen: »Wenn wir denn beide zugrunde gehen sollen: ein Trost bleibt, die Bitterkeit unseres kommenden Elends wird so stark sein wie die Süße unserer verlorenen Liebe.« Diese intuitive Beurteilung der Lage war leider treffend, wie alle Welt bezeugen muss.

Wir ließen unser Kindchen bei der treuen Schwester und fuhren heimlich nach Paris zurück. Wenige Tage später, ganz früh morgens, geschah die kirchliche Einsegnung unserer Ehe; wir hatten die Nacht allein beim stillen Gebetsdienst in der Traukirche verbracht; am anderen Morgen kamen dann die Trauzeugen, Fulbert und ein paar Angehörige von uns beiden. Nach der Trauung ging jedes still seiner Wege, und wir sahen uns auch später nur selten und ganz verstohlen, um unseren Schritt möglichst geheim zu halten.

Aber Heloisas Oheim und seine Sippe konnten es immer noch nicht verwinden, dass ich Schimpf und Schande über ihre Familie gebracht; deshalb machten sie die Eheschließung überall bekannt, obgleich mir die Geheimhaltung zugesichert war. Heloisa wollte das wiedergutmachen und leistete alle Eide darauf, es sei eine ausgemachte Lüge, bekam es aber dafür tüchtig zu spüren, wie diese Ableugnung den Oheim erregte. Das veranlasste mich, sie wegzubringen. Da Heloisa als kleines Mädchen schon bei den Nonnen von Argenteuil im Internat gewesen war und das Kloster auch bequem in der Nähe von Paris lag, so brachte ich sie dort unter und ließ sie als Laienschwester einkleiden, nur dass sie noch nicht den Schleier nahm. Darin sah Fulbert mit seiner ganzen Sippschaft einen ganz schnöden Betrug und den Versuch, Heloisa auf diese Weise einfach abzuschieben. Die Erbitterung dieser Leute wurde so stark, dass sie mein Verderben beschlossen. Mein Diener ließ sich bestechen und führte sie eines Nachts, als ich ganz ruhig schlief, in meine Kammer. Und nun nahmen sie an mir eine Rache, so grausam und so beschämend, dass die Welt erstarrte: Sie schnitten mir von meinem Leib die Organe ab, mit denen ich sie gekränkt hatte. Auf der Flucht erwischte man zwei der Gesellen; sie wurden geblendet und außerdem auch entmannt; der eine war mein Diener. Statt mir treu zu dienen, hatte er sich vom Habsuchtsteufel zum Verrat verführen lassen.

Mit Tagesgrauen drängte sich die ganze Stadt vor meinem Haus, starr vor Staunen und unter lautem Jammern. Wie mich das dumpfe Stimmengewirr quälte und wie das Zetermordiogeschrei mich geradezu verrückt machte, die Aufgabe, dies zu schildern, ist so schwer, dass ich sie nicht lösen kann! Vor allem die Kleriker, insbesondere meine Studenten, peinigten mich mit ihrem Gejammer und ihrem Wehgeschrei, dass es nicht zum Aushalten war und ihr Mitleid mich stärker brannte als meine Wunde. Das Gefühl meiner Schmach und Schande schmerzte mich so, wie es der Wundschmerz nicht tat. Eben noch reich an Ruhm und Ehre vor den Menschen – und nun, alles dahin, wie weggewischt durch einen kleinen, an sich vorübergehenden Unfall! Gottes gerechtes Gericht – ich konnte das nicht verkennen – hatte mich an dem Teil gestraft, mit dem ich gesündigt hatte; der Verrat an mir war nur eine gerechte Vergeltung meines eigenen Verrats an Gott. Und meine Gegner – sich vorzustellen, wie sie triumphierend hierin das ausgleichende Walten Gottes feststellten! Wie unsagbar musste der Kummer meiner Eltern und Freunde sein, wenn sie von diesem Schlag erfuhren! Und überhaupt, auf der ganzen Welt musste sich ja die Kunde verbreiten von dem unerhörten Begebnis. Blieb mir denn da überhaupt noch ein Weg offen, konnte ich es wagen, vor dem Publikum zu erscheinen, wenn alle mit dem Finger auf mich zeigen mussten und ihre Zungen an mir wetzten? Kurz gesagt, ich war für jedermann ein ungeheuerliches Schaustück.

Und von der Meinung der Menschen einmal ganz abgesehen – mich ängstete Gottes Gesetz: Nach seinem unerbittlichen Wortlaut sind Eunuchen ein Gräuel vor dem Herrn, und das Gesetz verbietet Entmannten jeder Art wie Anrüchigen und Unreinen das Betreten des Tempels, ja es verwirft sogar solche Tiere als Opfer. Las ich nicht im dritten Buch Mose: »Du sollst auch dem Herrn kein Zerstoßenes oder Zerriebenes oder Zerrissenes oder das ausgeschnitten ist, opfern«, und abermals im fünften Buch im dreiundzwanzigsten Kapitel: »Es soll kein Zerstoßener noch Verschnittener in die Gemeinde des Herrn kommen.«

So jagten sich meine Gedanken, und ich wurde ganz niedergeschlagen. In dieser seelischen Verfassung – es war leider mehr Verlegenheit und Scham als das Gefühl einer inneren Berufung – flüchtete ich in das bergende Dunkel der Klostermauern. Heloisa hatte schon vor mir und auf mein Drängen hin sich in meinen Willen ergeben; sie trat jetzt richtig in die Klostergemeinschaft ein und nahm den Schleier. Wir legten also beide zusammen das heilige Gewand an, ich in der Abtei von St. Denis, Heloisa in ihrem Kloster von Argenteuil. Ich kann es nicht vergessen: Viele hatten Mitleid mit diesem jugendfrischen Kind und wiesen wie warnend darauf hin, dass sie das mönchische Leben in seiner ganzen Schwere als unerträgliche Pein empfinden müsste. Vergebens! Unter Tränen und Schluchzen stieß sie die Klageworte der Cornelia heraus:

*»O, herrlicher Gatte,*
*Besseren Ehbetts wert! So wuchtig durfte das Schicksal*
*Treffen ein solches Haupt? Ach musst ich darum Dich freien,*
*Dass Dein Unstern ich würd'? – Doch nun empfange mein Opfer –*
*Freudig bring ich es Dir –«*

Das war ihr Abschiedsgruß an die Welt; mit entschlossenem Schritt trat sie vor den Altar, nahm rasch den vom Bischof geweihten Schleier am Altar und legte vor der versammelten Gemeinde das Gelübde ab.

Ich war von meiner Wunde kaum genesen, da klopften schon die Kleriker in hellen Haufen bei mir an; sie bestürmten meinen Abt, sie bestürmten mich selbst, ich solle doch wieder unterrichten. Wenn ich es zuvor um Ruhmes und Geldes willen getan, so solle ich es jetzt aus Liebe zu Gott tun. Er habe mir das Pfund anvertraut und dürfe es mit Zinsen zurückfordern. Ich habe bisher vor allem für die Zahlungsfähigen gearbeitet; inskünftig solle ich mich dem Unterricht der Armen widmen. Ich solle es doch ja nicht verkennen. Gottes Hand habe mich vor allem darum geschlagen, um mich von den Verlockungen des Fleisches und überhaupt von dem bunten Treiben dieser Welt zu erlösen und mich für die Wissenschaft ganz frei zu machen; ich solle jetzt nicht mehr die Weisheit künden, die von dieser Welt ist, sondern vor allem die Weisheit, welch in Wahrheit diesen Namen verdient, die Weisheit Gottes.

Ich war in ein Kloster geraten, in dem schändliches Weltleben die Regel war. Der Abt stand auch darin, in der Zuchtlosigkeit und Verrufenheit, an der Spitze seiner Mönche. Ich rügte diese ihre empörende Nichtswürdigkeit offen, ich tat es in scharfen Worten, bald unter vier Augen, bald im Konvent; damit fiel ich allen lästig, und sie hassten mich. Ihre Freude war daher groß, als meine Schüler immer wieder drängten, ich möchte die Lehrtätigkeit neu aufnehmen. Das war ja die Gelegenheit, mich loszuwerden. Die Schüler drängten mich immerzu und pochten so ungestüm an, mein Abt und die Klosterbrüder mischten sich auch noch mit ihrer Fürsprache ein, und so gab ich endlich nach: Ich zog mich in eine Einsiedelei zurück, um dort meiner Lehrtätigkeit wie zuvor zu leben; und der Andrang der Studenten wurde so groß, dass alle unterzubringen und zu verpflegen nicht möglich war.

# 1163

## HILDEGARD VON BINGEN
## Ich besitze hier schon die himmlische Heimat

*»Du aber nennst, was dir als Tag entgegenkommt, die Nacht; und wenn das Glück vor deiner Tür steht, vermaledeist du es. Wo im Grund deines Wesens sich das Gute offenbart, da behauptest du, es sei schlecht. Daher bist du von höllischer Art!« Die so spricht, war eine große Visionärin: »Ich aber besitze hier schon die himmlische Heimat, da ich alles, was Gott erschuf, mit rechten Augen ansehe, da, wo du nur von schändlichen Dingen sprichst. Ich nehme die Blüten der Rosen und Lilien und die ganze Grünheit zärtlich an mein Herz, indem ich allen Gotteswerken ein Lob singe, indes du nur Schmerzen über Schmerzen daraus nimmst.« Heute steht bei IKEA über einem Durchgang von einer Halle zur nächsten zu lesen: »Wir könnten nicht leben, wenn wir nicht wohnten.‹ Vilém Flusser, Philosoph.«*

*Um das Heimischsein von uns Gotteskindern im Diesseits im weitesten Sinn geht es auch der weltbekannten Heiligen. Die Benediktinernonne Hildegard von Bingen (\* 1098, † 1179) war die Prophetin ihres Jahrhunderts, an deren Lippen Päpste und Kaiser hingen. Ihre große Bekanntheit erwuchs aus dem charismatischen Auftritt der Volkspredigerin, die bis ins hohe Alter unentwegt auf Reisen war. Unter ihren vielfältigen Schriften, die sie nach langem Zaudern ab dem dreiundvierzigsten Lebensjahr Sekretären diktierte, stehen neben einer großen mystischen Trilogie, geistlichen Liedern und liturgischen Dramen auch Werke über Natur- und Heilkunde. Hinter ihren ungemein kreativen Visionen vermuten heutige Hirnforscher wie Oliver Sacks (vgl. S. 662–664) eine Erkrankung der Netzhaut oder des Sehnervs.*

I<small>CH SAH EINE GESTALT</small> von jugendlichem Aussehen, nur dass ihr eigenartigerweise die Kopfhaare fehlten; auch hatte sie das Gesicht und den Bart eines ganz alten Mannes. Dunkelheit umhüllte sie wie mit einem Mantel, der lose über sie herunterhing und wie im Winde hin und her flatterte. Ein anderes Gewand sah man an ihr nicht. Bisweilen aber streckte sie sich aus dieser Bekleidung, dann wieder verkroch sie sich. Und diese Gestalt fing an zu sprechen:

»Das wäre mir doch ein recht törichtes Verhalten, wenn ich immerfort an der gleichen Stelle und bei denselben Leuten verkehren sollte. Nein, überall möchte ich mich einmal sehen lassen, überall soll man gelegentlich von mir hören, und wie man mich allerorts zu Gesicht bekommt, so wird auch mein Ansehen Raum gewinnen. Wächst doch auch überall das Gras auf dieser Welt und geht doch die Blüte so frei daraus hervor. Wenn es bei den Menschen nicht genauso wäre, was für eine Ehre hätte er denn sonst wohl noch zu erwarten? Drum bin ich nun einmal so, mit all meiner Gescheitheit und Gewitztheit, bin wie solches Gras, komme in meiner Schönheit zur Blüte und zeige mich hier wie dort und überall in voller Deutlichkeit.«

Von einer stürmisch aufgewühlten Wolke her hörte ich indes die Stimme einer anderen Erscheinung, die in ihrer ausgeglichenen Gemütsruhe dieser unrastigen Gestalt antwortete:

»Wie blühendes Gras zu Heu wird, so wirst du bald mit all deiner verteufelten Künstelei dahinsinken, und wie auf Schmutz am Wege wird man über dich hinwegschreiten. Bist du doch in deiner unruhestiftenden Erscheinung eine Stimme leerer Eitelkeit; du hast ja die Worte der Vernünftigkeit noch nicht durchgesiebt. Wie eine Heuschrecke springst du dahin, hierher, dorthin. Wie Schneegestöber wirst du irgendwohin verwirbelt. Von der Speise der Weisheit hast du noch keinen Brocken gekostet, auch nichts vom köstlichen Getränk der Diskretion genossen. Dein Leben gleicht gewissen Vögeln, die nirgends ein sicheres Nest und eine Heimat finden können. Moder und Asche haften im Grunde an dir, und nirgendwo wirst du jemals zur Ruhe kommen.« Diese Gestalt bedeutet das umherschweifende Verhalten des Menschen. Er ist der Vagabund voller Heimweh, der mit seinem possenreißerischen Gehabe der Unbeständigkeit verfällt und dazu verführt wird, ohne Zucht und Maß dahinzuleben. Die Jungenhaftigkeit des äußeren Aussehens weist darauf hin, dass er weder das Himmlische mit Freude noch das Irdische mit ernsthafter Besorgung bedenkt; stattdessen schaut er nur mit leerer Wankelmütigkeit auf seinen Aufgabenkreis. Kein Ding nimmt er in Vorsicht und Vorhut, keines teilt er recht ein oder auf, alle Dinge erledigt er mit dieser jungenhaften Manier. Darum fehlen auch die Kopfhaare; Greisenantlitz und Bart aber bedeuten, dass seine Gesinnung, im Überdruss verfangen, ohne das Ehrgefühl eines besonnenen Verhaltens geblieben ist, obgleich er vor den Menschen den Anschein von Tüchtigkeit und Ehrfürchtigkeit erweckt. Die Düsterkeit, die wie eine im Wind verzerrte Gewandung diese Gestalt bedeckt, weist darauf hin, dass solche Menschen in ihrer Vertrauenslosigkeit gelähmt und in ihrem Eigenwillen gefesselt sind, obgleich sie weichlich der Ruhe frönen möchten, wenn sie in den so vielseitigen und mannigfachen Eitelkeiten all der Weltdinge und auf der Jagd nach noch unbekannten Vergnügungen und Versuchungen ihre Zerstreuung suchen. Dabei fangen sie aber doch nichts Rechtes an, bringen nichts recht zu Ende, werden vielmehr in ihrer Veränderlichkeit wie ein unruhiges Gewölk durcheinandergewirbelt; überall suchen sie nur, und immer gehen sie irre, überall sind sie auf der Jagd nach dem großen Unbekannten, und immer nur vermögen sie in ihrem Heimweh fremde Behausungen aufzusuchen. Eine besondere Bekleidung findet man bei dieser Gestalt nicht. Denn diese Menschen verstehen es nicht, sich mit der Ausgeglichenheit eines rechten Benehmens anziehend zu machen, stolzieren vielmehr immer nur in ihrer unsicheren Wankelmütigkeit einher. Bisweilen treten sie aus ihrem Mantel heraus, und dann verstecken sie sich wieder darin, weil sie bald ihren alten Weg verlassen und sich zu größerer Ehrfurcht aufzuraffen scheinen, dann sich aber doch wieder in ihren Eigensinn vergraben, da sie keinem recht zu offenbaren vermögen, was sie eigentlich im Grunde wollen. In ihren Eigenheiten verbohrt, bringen sie nur zustande, was keine heilsame Ruhe und keine wahrhafte Sicherung einträgt; suchen sie doch immer nur überall herumzuschweifen und ihre üblen Scherze anzubringen.

Die ausgeglichene Gemütsruhe aber straft solches Verhalten Lügen und ermahnt dazu, als ein aufrechter Mann nach einer ehrenhaften Sicherheit bestrebt zu sein. Diese echte Haltung des Heimwehs wird von Christus berichtet, über den im Hohelied der Liebe berichtet wird: »Zeige mir doch den, den meine ganze Seele liebt! Zeige mir, wo du weidest, wo dein Ruhelager über den Mittag ist, damit ich nicht anfange, in der Menge deiner Gefährten herumzuschweifen! …

Wenn der Mensch sich ein Haus baut, dann macht er an ihm eine Tür und Fenster sowie einen Rauchabzug: Durch die Türe will er ein- und ausgehen, um alles Nötige hereinzubekommen; durch die Fenster will er Licht haben und durch den Schornstein soll, damit das Haus nicht im Qualm verkommt, der Rauch abziehen, wenn ein Feuer darin angezündet wird. So sitzt auch die Seele wie in einem Hause: Ihre Gedanken schickt sie wie durch eine Tür ein und aus; sie erwägt hin und her, als ob sie durch ein Fenster schaute, und sie leitet ihre sonstigen Kräfte wie von einem Schornstein, um dort über diese Leitkräfte zu entscheiden und sie auszusondern. Hätte der Mensch diese Gedanken nicht, dann fehlte ihm auch die Einsicht, und er würde wie ein Haus dastehen, an dem man Türen, Fenster und Schornstein vergessen hat. Die Gedanken sind ja die Urheber der Einsicht in Gut und Böse und die ordnende Kraft in allen Dingen; deshalb heißen sie Gedanken. Gedanken sind Urheber des Guten, der Weisheit, der Torheit und ähnlicher Eigenschaften, wie ja auch vom Herzen schlechte Gedanken herkommen: und das alles geht durch die Türe. Und genauso geht auch vom Herzen ein Weg zu den Elementen, mit denen der Mensch das verwirklicht, was er gedanklich verarbeitet hat.

## 1204

# ROBERT VON CLARY
# — GOTTFRIED VON VILLEHARDOUIN —
# CHRONIK VON NOWGOROD

## Die Kreuzfahrer in Konstantinopel

*Byzanz, auf halbem Kreuzfahrerweg nach dem Heiligen Land, mochte sich schon im dritten Kreuzzug (1189–1192) nicht zwischen Barbarossa und Saladin entscheiden. Von einem gemeinsamen christlichen Vorgehen im islamischen Orient konnte zu keinem Zeitpunkt die Rede sein. Im Gegenteil war die Stadt am Goldenen Horn Schauplatz permanenter ost-westlicher christlicher Zwiste. Die Lateinerkolonien aus Venedig, Genua und Pisa, in Notzeiten zu Hilfe gerufen, forderten arrogant Privilegien und setzten sich damit wiederum Vergeltungspogromen aus. Das fromme Programm des Vierten Kreuzzugs war die Eroberung Ägyptens. Doch unterwegs waren allzu christliche Rechnungen zu begleichen, und in Byzanz entstand unter Balduin von Flandern das kurzlebige Lateinische Kaiserreich oder Kaiserreich Romania (1204–1261).*

*Gottfried von Villehardouin (\* um 1160, † um 1213) war französischer Heerführer und Chronist, Marschall der Grafschaft Champagne und im Lateinischen Kaiserreich nunmehr Herr von Mosynopolis in Thrakien. Seine 1207–1213 verfasste Chronik* Histoire de la conquête de Constantinople *ist das älteste erhaltene Geschichtswerk in französischer Prosa. Robert von Clary (\* um 1170, † um 1216) war ein pikardischer Kreuzfahrer im Gefolge des französischen Ritters Peter von Amiens. Und die* Chronik von Nowgorod *(1016–1471) ist eine der ältesten russischen Quellen aus einer der ältesten russischen Städte, zusammengetragen in Klöstern Nowgorods.*

**AM** 8. APRIL 1204 BEGANN *die zweite Belagerung von Konstantinopel, nachdem Abmachungen getroffen waren zwischen Franken und Venezianern, die sich im Voraus die Beute und den Besitz der Stadt teilten. Villehardouin:*

Kaiser Murzuphlos bezog mit seinen Truppen ein Lager auf einem Platz vor der Angriffsfront und stellte seine purpurnen Zelte auf. Die Dinge blieben so bis zum Montagmorgen, dann bewaffneten sich die aus den Hochseeschiffen und den kleinen Galeeren und den Transportfahrzeugen. Aber die Bewohner der Stadt fürchteten sie weniger als das erste Mal; sie waren so zuversichtlich, dass man auf den Mauern und Türmen nichts als Menschen sah. Und dann begann der Angriff, heftig und bewundernswert; und jedes Schiff griff von vorn an; das Schlachtgeschrei war so laut, dass es schien, als ob die Erde einstürze.

Lange Zeit dauerte der Angriff, bis der Herr für sie einen Wind sich erheben ließ, den man die Bora nennt; und dieser stieß die Hochseeschiffe und die Kriegsschiffe mehr als vorher gegen das Ufer, dabei auch zwei Hochseeschiffe, die miteinander verbunden waren und von denen eins »Die Pilgerin« und das andere »Das Paradies« hieß. Sie näherten sich dem Turm, eins von der einen und das andere von einer anderen Seite, so wie Gott und der Wind sie führten, bis die Leiter der »Pilgerin« den Turm erreichte. Sogleich sprangen ein Venezianer und ein französischer Ritter mit Namen André Duboise auf den Turm, und andere Leute nach ihnen. Und die von dem Turm wandten sich zu wilder Flucht und liefen davon.

Als die Ritter in den Transportschiffen das sahen, gingen sie an Land, stellten Leitern an die glatte Wand der Mauer und stiegen gewaltsam hinauf; und sie eroberten ungefähr vier von den Türmen. Und sie sprangen um die Wette von den Hochseeschiffen, den Transportschiffen und den Galeeren, jeder wollte der Erste sein. Sie zertrümmerten ungefähr drei der Tore und drangen ins Innere ein; sie zogen die Pferde aus den Transportschiffen, die Ritter stiegen auf und ritten geradewegs auf das Lager des Kaisers Murzuphlos zu. Dieser hatte vor seinen Zelten die Schlachtreihen aufgestellt, doch als seine Truppen die Ritter zu Pferde kommen sahen, gerieten sie in wilde Flucht. Der Kaiser selbst floh durch die Straßen bis zur Burg Bouche-de-Lion.

*Robert von Clary erzählt uns die Episoden der Belagerung mit noch mehr Einzelheiten als Villehardouin, namentlich die, an* denen er selbst teilnahm. *Eine Handvoll Leute (10 Ritter und 60 Fußkämpfer) brach in einem der Wälle eine zugemauerte Ausfallpforte auf, um ins Innere der Wälle zu dringen:*

Der edle Ritter Peter von Bracheux (oder Bracieux) übertraf alle anderen, hoch und niedrig, denn es gab keinen andern, der solche Waffentaten und körperliche Leistungen vollbrachte wie er. Als er zu jener Ausfallpforte zurückgekommen war, begannen sie, gewaltig darauf loszuschlagen; die Bruchsteine flogen so dicht und von den Mauern herab warf man so viele Steine, dass es schien, als müssten sie unterhalb der Mauern begraben werden. Die unten hatten Schilde und Tartschen, mit denen sie die deckten, die gegen die Ausfallpforte hackten. Und von oben wurden Töpfe voll kochenden Pechs, griechisches Feuer und gewaltige Steine herabgeworfen, dass es ein Wunder Gottes war, dass nicht alle vernichtet wurden. Herr Peter und seine Leute erduldeten dort so viel Pein und Wunden, dass es zu viel war; aber sie schlugen so gewaltig auf die Ausfallpforte ein mit Äxten und guten Schwertern, mit Stangen und Piken, dass sie ein großes Loch machten. Und als die Ausfallpforte durchbrochen war, sahen sie hindurch und erblickten so viel Leute, vornehme und geringe, dass es schien, als stehe dort die Hälfte der Menschheit, und sie wagten nicht, sich zu erkühnen und hindurchzukriechen. Als Aleaume, der Kleriker sah, dass niemand hindurchzukriechen wagte, sprang er vor und sagte, er würde hindurchkriechen. Da war ein Ritter, sein Bruder Robert von Clary (*der Erzähler*), der verbot es ihm. Doch er sagte, er würde es doch tun, und begab sich hinein, auf Händen und Füßen kriechend; und als seine Gefährten das sahen, fassten sie ihn bei den Füßen und halfen ihm, und der Kleriker brachte es fertig, dass er trotz seinem Bruder, zu Recht oder Unrecht, hindurchkroch. Als er durch war, liefen alle Griechen auf ihn zu, und die auf der Mauer begannen, gewaltige Steine auf ihn zu werfen. Der Kleriker zog sein Messer, lief auf sie zu, und sie flohen vor ihm wie Tiere. Und er sagte zu denen draußen, zum edlen Herrn Peter und seinen Leuten: »Sire, kommt nur mutig herein; sie haben den Kopf verloren und fliehen.« Als Herr Peter das hörte und seine Leute, die draußen waren, drang er mit ihnen ein, und es waren gut sechzig Kämpfer mit ihm und alle zu Fuß; und als die an jenem Ort sie sahen, bekamen sie solche Angst, dass sie nicht wagten zu bleiben, sondern sich zu der Mauer wandten und um die Wette flohen. Und der Kaiser Murzuphlos, der Verräter, war dort ganz in der Nähe, weniger als einen Steinwurf entfernt, und er ließ seine silbernen Hörner und seine Becken ertönen und machte einen großen Lärm.

*Es folgte eine schreckliche Plünderung. Sie wird uns berichtet von der Chronik von Nowgorod, die einem Russen zu verdanken ist, der sich auf der Durchreise in Konstantinopel befand.*

Die Franken kamen in die Stadt an einem Montag, dem 12. April, dem Jahrestag des heiligen Basilius, und schlugen ihr Lager auf an einem Ort, wo sich schon der Kaiser der Griechen aufgehalten hatte, im Heiligtum des Heiligen Erlösers, wo sie die Nacht verbrachten. Am Morgen, als die Sonne aufgegangen war, drangen sie in die Sophienkirche ein, und nachdem die Türen ausgehoben waren, zerstörten sie den Chor, der mit Silber und zwölf silbernen Säulen geschmückt war, wo sich die Priester aufhielten. Sie zertrümmerten an der Wand vier mit Ikonen geschmückte Altarblätter und den heiligen Tisch und zwölf Kreuze auf dem Altar, unter denen die wie Bäume ziselierten Kreuze hervorstachen, die höher waren als ein Mensch. Die Altarwände innerhalb der Säulen waren aus gestanztem Silber. Sie stahlen auch einen bewundernswerten Tisch mit Edelsteinen und einer großen Gemme, ohne zu wissen, welchen Schaden sie anrichteten. Dann raubten sie vierzig Kelche, die auf dem Altar standen, und silberne Kandelaber, deren Menge so groß war, dass ich sie nicht zählen könnte, auch silberne Gefäße, deren sich die Griechen bei den höchsten Festen bedienten. Sie nahmen das Evangelienbuch, das dazu diente, die Mysterien zu zelebrieren, und die heiligen Kreuze mit all den Christusbildern und die Decke auf dem Altar und vierzig Weihrauchgefäße aus reinem Gold und alles, was sie an Gold und Silber finden konnten, auch an Gefäßen von unschätzbarem Wert, in den Schränken, an den Wänden und an den Orten, wo man sie verwahrte, sodass es unmöglich wäre, sie zu zählen. Alles das allein in der Sankt-Sophien-Kirche; aber sie plünderten auch die Kirche Sainte-Marie von Blachernes ... und viele andere Gebäude, außerhalb wie innerhalb der Mauern, und Klöster, deren Zahl wir nicht angeben und deren Schönheit wir nicht beschreiben können.

*Die Heerführer versuchten, die Plünderungswut zu zügeln. Villehardouin:*

Da wurde im ganzen Heer bekannt gemacht im Namen des Markgrafen von Monteferrat, der der oberste Heerführer war, und der Barone und des Dogen von Venedig, dass alles Gut herbeigebracht und gesammelt werden sollte, wie es vereinbart und beschworen war, bei Strafe der Exkommunikation. Und die Orte wurden festgesetzt in drei Kirchen, und man stellte dort Wachen auf von Franzosen und Venezianern, die zuverlässigsten, die zu finden waren. Und dann begann jeder, die Beute herbeizubringen und sie zu sammeln.

Der eine brachte viel herbei, der andere wenig; denn die Begehrlichkeit, die Wurzel aller Übel, schlief nicht. Die Begehrlichen begannen, Dinge zurückzubehalten, und Unser Herr wandte sich von ihnen.

*Wenn man aber Robert von Clary Glauben schenken darf, dann gaben das schlechte Beispiel die Anführer.*

Selbst diejenigen, die aufpassen sollten, nahmen die goldenen Schmucksachen und was sie wollten … und jeder von den Reichen nahm entweder goldene Schmucksachen oder seidene Stoffe, und was er am liebsten mochte, trug er fort … und der Allgemeinheit des Heeres gab man davon nichts, noch auch den armen Rittern oder den Fußsoldaten, die geholfen hatten, es zu gewinnen …

Der Markgraf (*von Montferrat*) ließ den Palast Boucoléon nehmen und das Sankt-Sophien-Münster und die Häuser des Patriarchen; und die anderen Großen ließen die prächtigsten Paläste nehmen und die prächtigsten Abteien, die man hätte finden können, denn seitdem die Stadt genommen war, tat man weder Arm noch Reich ein Leid an. Aber wer wollte, zog fort, und wer wollte, der blieb, und die Reichsten aus der Stadt zogen fort.

Es wurde befohlen, alle Gewinne zu einer Abtei zu bringen, die in der Stadt lag. Dort wurde das Gut hingebracht, und man nahm zehn Ritter von den Kreuzfahrern und zehn Venezianer, die man für ehrlich hielt, und setzte sie ein, um dieses Gut zu bewachen …

Es gab so viel prächtiges Geschirr aus Gold und Silber und Brokatstoffe und so viel kostbare Juwelen, dass es ein schönes Wunder war von dem vielen Gut, das an jenen Ort gebracht wurde; und niemals, seitdem diese Welt geschaffen wurde, gab es so vieles Gut, so schön und so prächtig, weder gesehen noch erobert, weder zur Zeit Alexanders noch zur Zeit Karls des Großen, weder vorher noch nachher.

# 1204

## IBN ARABI

# Wer könnte mit seinen Zeitgenossen schon zufrieden sein

---

*Genannt »Der größte Meister« und unstrittig ein Schwergewicht unter den Mystikern des Islam, aus hoher andalusischer Familie (sein Vater ein Freund des großen Philosophen und Arztes Ibn Rushd oder Averroes), ist Muhiyuddin Muhammad ibn Arabi (\* 1165, † 1240) ein großer Reisender zwischen Córdoba, Kairo, Mekka und Damaskus. Dabei ist er immer auf der Suche nach Lehrern und menschlichen – auch eigenen – Schwächen, um dagegen Heilmittel ausfindig zu machen. Namentlich alles Heilige kann nur Ziel des Begehrens und niemals befriedigten Strebens sein, und so verwundert es nicht, wenn Ibn Arabi zugleich als einer der größten arabischen Liebeslyriker gilt.*

**SO** SIND DIE MENSCHEN! Was die Grundlagen betrifft, auf die ich mich in dieser Sache stütze, so sind sie sehr zahlreich. Es wurde uns überliefert von Abū Bakr aṣ-Ṣiddīq¹ – möge Gott Wohlgefallen an ihm haben! –, dass er am Tage, da Mekka erobert wurde, im vortrefflichen Jahrhundert, als vom Halse eines Mitgliedes seiner Familie eine Halskette verloren ging, seufzte und sagte: »Redlichkeit ist heutzutage verschwunden unter den Menschen.« Er urteilte über die Zeit aufgrund dieses einen Ereignisses. Dies wird erwähnt in den Prophetenbiographien über den siegreichen Angriff auf Mekka.

Die andere Grundlage zeigte ʿĀʾiša auf – möge Gott Wohlgefallen an ihr haben! Als sie die Zeit betrachtete, in der sie lebte, deren Leute, den Geiz und die tadelnswerte Lage, in der sie sich befanden, seufzte sie und sagte: »Wie recht hatte doch Labid, der sagte:

›Es gingen die, unter deren Schutz man lebte.
Ich aber bleibe unter den Nachfolgern, die sind wie die
Haut eines Räudigen.‹«

Dann sagte ʿĀʾiša: »Wie wäre es gewesen, wenn er unsere Zeit erreicht hätte?« Und so tadelte sie ihre Zeit und deren Leute.

Es ist uns über mehr als einen von al-Qušairī überliefert worden ... – möge Gott ihm barmherzig sein –, dass er in seiner *Risāla* über die Leute seiner Zeit Tadel ausgesprochen habe. Diese Person, die mir widersprochen hatte, hatte die *Risāla* gehört und hatte seinen Tadel richtig gefunden. Dann sagte er: »Und es blieb in unserer Zeit von den Leuten dieser Gruppe nur ihre Spur zurück.«

Was die Zelte betrifft, so sind sie wie ihre Zelte,
doch ich sehe, dass die Frauen des Stammes anders sind als ihre Frauen.

Lauheit hat sich eingestellt auf diesem Weg – ja, der Weg ist in Wahrheit sogar ausgelöscht worden. Al-Qušairī tadelt sie auf stärkste Weise am Anfang der *Risāla*. Und da sie unter den Menschen von Hand zu Hand geht, lassen wir davon ab, seine Worte wörtlich auszuführen.

Es wurde uns mehrfach von Abū Ḥāmid und anderen ... von Abū l-Muhallab überliefert, dass er sagte: »Ich kam am Meeresstrand vorbei, da sah ich einen jungen Mann, der sich eine Grube im Sand ausgegraben hatte. Ich befragte ihn darüber, und er seufzte. Dann sagte er, indem er die Leute seiner Zeit tadelte: ›Die Wege sind rau geworden, und die, welche ihnen folgen, sind wenige geworden. Sie haben sich gebettet auf Konzessionen (ruḫaṣ), haben sich den Irrtum bequem gemacht und entschuldigen sich durch den Irrtum derer, die vergangen sind‹ – und dergleichen mehr. Dann stand er auf und ging dahin auf dem Wasser, bis er vor mir verschwand.« Hast du jemals gesehen, dass dies jemandem passiert wäre, der über das redet, was ihn nicht betrifft?

Es wurde uns auch – von mehr als einem – eine Überlieferung von Abū Ṣāliḥ gebracht, der sagte: »Als in der Zeit des Abū Bakr – möge Gott Wohlgefallen an ihm haben! – die Leute von Jemen kamen und den Koran hörten, begannen sie zu weinen. Da sagte Abū Bakr: ›So waren wir auch, dann verhärteten sich die Herzen.‹«

Es ist auch als sicher überliefert worden, dass der Prophet – Gott segne ihn und gebe ihm Heil – seine Gefährten zurechtgewiesen habe, die wegen ihres Islams in Mekka gefoltert wurden. Ḥabbāb – möge Gott Wohlgefallen an ihm haben –, der heftige Heimsuchung wegen seines Islams erlitt. Ḥabbāb sagte: »Wir beklagten uns beim Propheten – Gott segne ihn und gebe ihm Heil! – über die Heimsuchung, die uns betroffen hatte, und sagten: ›Willst du nicht für uns zu Gott beten? Willst du nicht für uns um Beistand bitten?‹ Da setzte er sich auf, mit rotem Gesicht. Dann sagte er: ›Bei Gott, wenn von denen, die vor euch kamen, ein Mann ergriffen wurde, eine Säge auf seinen Kopf gesetzt und er in zwei Teile gespalten wurde, konnte ihn nichts von seiner Religion abbringen. Und er wurde gekämmt mit eisernen Kämmen, zwischen den Sehnen und dem Fleisch, doch nichts konnte ihn von seiner Religion abbringen.‹«

O Gegenredner, dies sind die Grundlagen, auf die ich mich stütze in meinem Tadel der Leute meiner Zeit. Möge Gott mich nicht zusammen mit ihnen versammeln und mich nicht in ihrem Zustand sterben lassen. Warum unterstützt du mich nicht in dieser meiner Rede? Du weißt doch, dass sie die Wahrheit ist und es sich heutzutage so verhält, wie ich es beschrieben habe. Und willst du nicht weinend über deine Seele zu mir kommen, während ich dasselbe tue? Es mag dann wohl sein, dass Gott uns gnädig ist! Bist du nicht für dich selbst damit einverstanden gewesen, dass du ein schmeichelnder Heuchler und für die Schmeichler ein Führer geworden bist? Nein, bei Gott, ich bin nicht mit diesem Zustand einverstanden! So wende dich wieder zu Gott und kehre zu Ihm zurück, denn Er wird zu dir zurückkehren. Komm, lass uns Trauerfeier und Klage beginnen über die Unzulänglichkeit im kurzen Leben und über die Beschäftigung mit Nichtigkeiten und die Freude an leerem Gerede, mehr noch, die irreführendsten eitlen Reden.

Wir aber sagen: Bei Gott, jeder, für den diese Rede schwer zu ertragen ist, besitzt die Eigenschaft, die wir beschrieben haben, und deswegen ist er beunruhigt. Wäre er aber schuldlos gewesen, wäre er dabei ruhig geblieben, so wie er ruhig geblieben wäre bei unserem Aussprechen eines Tadels der Diebe, der Straßenräuber und Ähnlichem. Da er aber darin mit eingeschlossen war, floh er in den Widerspruch. Er vergrößert den Abstand von Gott dadurch, dass er das Wahre zurückweist. Sein Widerspruch uns gegenüber in dieser Sache ist nicht die erste Träne, die über die Spuren des verlassenen Lagers vergossen wurde. Es wird nämlich immer so sein, dass jeder, der in tadelnder Weise über die Seele und ihre Zustände spricht, ihre Unzulänglichkeiten ans Licht bringt und ihre Sache tadelt – sei es im Einzelnen oder im Allgemeinen –, zu jeder Zeit in seiner Zeit getadelt wird, weil der Tadel mit den Zielen der Seele nicht übereinstimmt. Wenn aber seine Generation ausgelöscht und verstorben ist und eine andere Gruppe nach ihr heranwächst, dann wird der Wert dessen, was er gebracht hat, erkannt, und man wird sagen: »Es sagte Soundso – möge Gott Wohlgefallen an ihm haben!« – So sind die Menschen gewesen.

---

1   Ibn Arabi führt hier verschiedene Zeugen aus mehr als fünf Jahrhunderten an, angefangen von Abū Bakr Abdallah ibn Abi Quhafa as-Siddiq, dem direkten Nachfolger des Propheten Mohammed und ersten der vier »rechtgeleiteten« Kalifen, über ʿĀʾiša bint Abi Bakr, Tochter Abū Bakrs, dritte und jüngste der neun Ehefrauen des Propheten, bis hin zu Abū Ḥāmid, d. i. al-Ghazali (vgl. S. 94–95), und dem Historiker Abū Ṣāliḥ al-Armani (der Armenier), einem Zeitgenossen aus dem späten 12. und frühen 13. Jh.

## 1235–1240

# GUILLAUME DE LORRIS
## Der Weg zur Rose und zum Glück darf den Liebenden nichts ersparen

*Auf der Außenseite einer Gartenmauer treten sie auf: die allegorischen Figuren Hass, Untreue, Gemeinheit, Habsucht, Geiz, Neid, Traurigkeit … Der Traum des wandelnden Ich-Erzählers erweckt sie zum Leben, versetzt sie in Aktion, und sein Traumbericht gestaltet sie zu Charakteren einer zielgerichteten Romanhandlung. Das Ergebnis dieser ganz neuartigen technischen Kniffe, beim Publikum äußerst erfolgreich, wird wegweisend für die französische Literatur der folgenden zwei Jahrhunderte. Die einfühlsame Psychologie des Verliebtseins trägt ein Übriges dazu bei.*

*Vom Autor Guillaume de Lorris (\*um 1205, † nach 1240) ist außer seinem Werk nur sein früher Tod bekannt. Das hinterlassene Fragment enthält einen Vorgriff auf das Happy End, nämlich die glückliche Eroberung der angebeteten Rose. Diesen Anweisungen folgend schreibt vierzig später Jean de Meung, über dessen Biographie ebenso wenig bekannt ist, das epochale Werk zu Ende.*

Ich war gegangen und noch nicht weit,
Sah einen Hain ich, groß und breit,
Ringsum ging einer Mauer Lauf –
Ein Bildnis war davor, und drauf
Begraben auch viel manche Zeil':
Gemäld' und Bilder eine Weil'
Bewundr' ich gern da nach Gebühr.
Und Euch erzähl' und schreib' ich hier
Die Deutung dieser Bilder hin,
Wie sie mir kommen in den Sinn.

*Hass.*
In ihrer Mitte stand der Hass.
Der jedem Zorn und Ärger was
Ein Gründer allem Anschein nach:
Ingrimmig und gar zänkisch jach. –
Von arger Falschheit und Verrat
Dies Bildnis mir den Anschein hat.
Es war nicht allzuwohl geschmückt
Auch schien es etwas wild verrückt,
Und wild und rau war sein Gesicht,
Die Nase grimm' emporgericht'.
Von großem Graus ward es bedeckt,
Und war auch ebenso versteckt
Von einem Schleier grausig wild.

*Verräterei.*
Von gleicher Art ein ander Bild
Sah' ich zur Linken neben ihm,
Am Haupte stand der Name ihm:
Es war benannt: Verräterei.

*Schurkerei.*
Ein Bildnis, welches Schurkerei
Von Namen hieß – stand rechter Hand,
Das ich von gleichem Wesen fand
Und an Gestalt auch glich es ihm:
Schien gar ein übeles Getüm.
Voll Hochmut war's und Zanksucht schon
Und übelriechend und voll Hohn:
Zum Malen schickt es leicht sich an
Für den, der Bilder machen kann.
Es schien dies gar ein übel Ding
Voll Leid's und Streitens nicht gering.
Ein Weib, geneigt nicht allzusehr
Zu leisten die gebühr'nde Ehr.

*Habsucht.*
Dann war die Habsucht aufgehängt:
Das ist die, die uns Leute drängt,
Dass Jed's gern nimmt, doch Kein's gern gibt,
Die jeden Schatz zu sammeln liebt.
Das ist die, die zu Zinsen schier
Die Hände streckt aus großer Gier,
Zu sammeln was da gilt und gleißt:
Das ist die, die da stehlen heißt

Die Räuber und das Diebgesind'. –
Zu großem Jammer, großer Sünd'
Streckt sie die Hand am Ende aus.
Es ist die, die des Andern Haus
Bestiehlt, beraubet und betrügt,
Und ihn beschummelt und belügt.
Es ist dieselbe, die gar sehr
Mehrt der Betrüger großes Heer,
Dass oft wohl ihrer Kniffe Brauch
Den Witwen und den Waisen auch
Ihr gutes Erbe ganz benimmt.
Verzwicket waren und gekrümmt
An selbem Bilde auch die Händ' –
Gar recht: weil Habsucht immer brennt,
Zu nehmen, wo sie Fremdes kriegt.
Habsucht gedenkt an Andres nicht,
Als zu ergattern fremdes Gut:
Habsucht ist Fremdem gar zu gut.

*Geiz.*
Ein andres Bildnis saß zur Zeit
Da mit der Habsucht Seit' an Seit':
Und Geiz war dieses zubenannt:
Gar schmutzig, widerwärtig stand
Dies Bild und mager und gar übel,
Und gräulich gelb wie eine Zwiebel.
Es war so gänzlich farbenbar,
Dass mir es schien, als siech' es gar.
Es schien ein ganz verhungert Ding,
Das stets sich nur an Brod verfing',
Aus Sauerteig geknetet fest. –
Und außer dieser Dörrheit lässt
Ganz dürft'ge Tracht es sehen jetzt:
Ein Wams, zerrissen und zerfetzt,
Als wie zerzerrt von Hunden gar –
So abgetragen schlecht es war.
Dran hing gar manches alte Stück.
Ein Umwurf hing ihm ins Genick
An einem Stab, gar klein zu schau'n.
Der Kutte Farbe, die war braun –
Am Umwurf war kein' gute Falt',
Von schlechtem Zeuge arm und alt
Von schwarzen Lämmern, schlecht und krank:
Er dient' wohl zwanzig Jahre lang.
Es drängt sich eben nicht der Geiz
Zu Ankauf eines neuen Kleids.
Denn wisst: das Kleid gar hoch ihm daucht,
Sodass er's keineswegs gebraucht;
Denn würde vom Gebrauch es schlecht,
Dem Geize großen Kummer brächt'
Bedürfnis einer neuen Tracht,
Die nur für Geld würd' ihm gemacht.
Geiz hält 'nen Beutel in der Hand,
Den er jedoch gar sorglich band,
Und so verborgen bei sich hält,
Dass es lang' währt und schwer ihm fällt,
Eh' denn daraus er etwas kriegt –
Doch wird ihm dies auch nötig nicht.
Er ging ja von dem Sinn nicht aus,
zu nehmen etwas je heraus

*Neid.*
Dann gab es da das Bildnis Neid,
Der nie gelacht sein' Lebenszeit –
Den Nichts niemalen hat erfreut,
Als wo er Schaden oder Leid
Gesehn hat oder hat gehört;
Und Nichts Gefallen ihm gewährt
Als fehlgeschlagnes, übles Glück –
und wenn er sieht groß' Missgeschick
Einbrechen auf den braven Mann,
Das macht ihm großen Spaß alsdann.
Zu froh nur ist sein arger Muth,
Sieht ein Geschlecht von hohem Blut
Er fallen und zu Schanden geh'n.
Doch sieht er Wen zu Ehr' ersteh'n
Durch hohen Geist und hohe Kraft –
Das ist was größtes Leid ihm schafft.
Denn wisset, dass ihm's schlecht gefällt,
Wenn etwas gut geht auf der Welt.
Neid ist von solcher Grausamkeit,
Dass er nicht hegen kann Mitleid
Nicht für Genossen, noch Gefährt'.
Und kein Verwandter ihm gehört,
Dem er nicht stets verfeindet blieb';
Denn sicherlich ist's ihm nicht lieb,
Glückt's wem – und wenn's sein Vater wär'.
Doch wisset, dass nur allzu schwer
Und stark er führt die Bosheit aus.
Es macht ihm gar zu großes Graus
Und Leid, wenn er was Gutes hat,
Was Kleines nur, das er nicht hat.
Sein schlecht' Herz zwickt und quält ihn recht,
Sodass es Gott und Menschen rächt.

Der Neid versäumet seine Stund',
Der Welt zu bringen eine Wund'.
Ich wähne, dass er selbst nicht schätzt
Den Klügsten, den es gibt alljetzt
Diesseits der See, jenseits der See –
Dem er nicht Flecken anersäh'; –
Und wäre der auch noch so weis',
Dass er ihm könnt' um seinen Preis
Was Abbruch tun – doch sicherlich
Tät' er alsdann Genüge sich,
Zu schmälern seine Würdigung
Doch mindestens mit feiner Zung'.
Ich sah dem Neid auf dem Gemäld'
Gar schlechten Anblick auch gewählt:
Er blickte gar nicht anders mehr
Als gänzlich schielend schief und quer.
Die üble Sitte ließ ihn nicht,
Dass er hätt' können sein Gesicht
Auf Etwas lenken grader Weis' –
Stets schloss ein Auge er mit Fleiß,
Das er vor Groll und Gall' verzwickt,
Sobald er Einen wo erblickt,
Der schön und würdig ist bestellt;
Geliebt, gelobet von der Welt.

*Trübsinn.*
Und ganz dem Neide nahe stand
Trübsinn gemalet an die Wand.
Man sah's an seiner Farb' genug,
Dass er im Herzen Trauer trug,
Gelbsucht schien er zu haben gar,
Dagegen selbst der Geiz nichts war
An Blässe und an Magerkeit;
Denn Kummer, Sorge und viel Leid
Und Qual und Ärgernis dazu
Ließ ihn nicht Tag noch Nacht in Ruh.
Das hatte Gelbsucht ihm gebracht
Und bleich und mager ihn gemacht.
Fürwahr in solcher Peinigung
In solcher Herzens-Aufregung
Scheint mir es, war noch nie ein Mann.
Ich wähn' auch, dass nie Einer kann
Das minder tun, was ihm behagt,
Dass er zu flieh'n nicht mal mehr wagt,
Zu widersteh'n auf seine Art
Dem Kampf, der ihm im Herzen ward.
Zu sehr schon war sein Herz gerührt,
Der Kampf zu lang' schon fortgeführt.
Gar leidend schien er da zu sein,
Als wär's ihm nie gefallen ein,
Je aufzuheitern sein Gesicht.
Auch war sein Rock zum Besten nicht,
Am Ärmel hatt' er Löcher gar,
Wie Eins, was viel in Jammer war.
Sein Haar das war verworren viel,
Wie's auf den Nacken niederfiel,
So wie es Ingrimm, leidbewegt,
Und übel Loos zu haben pflegt.
Auch wiss't wohl und wahrhaftiglich,
Dass er geweint hat bitterlich:
Wär keiner, der ihn hätt' geseh'n
Dem er nicht tät zu Herzen geh'n
Wie er sich selber rauft' und krallt'
Und seine Fäust' zusammenballt',
Wohl war zum Streite aufgeregt
Er jammervoll und leidbewegt.
Nichts ist, das ihm zur Freude dien',
Nicht trösten, stimmen kann man ihn.
Denn wem es trüb ums Herze ist,
Der hat nicht, sehet zu und wisst,
Zu Tanze Lust und Narretein;
Auch lässet nimmermehr sich ein,
Wer steht im Kampf – mit Lust und Freud;
Zuwider sind sich Lust und Streit.

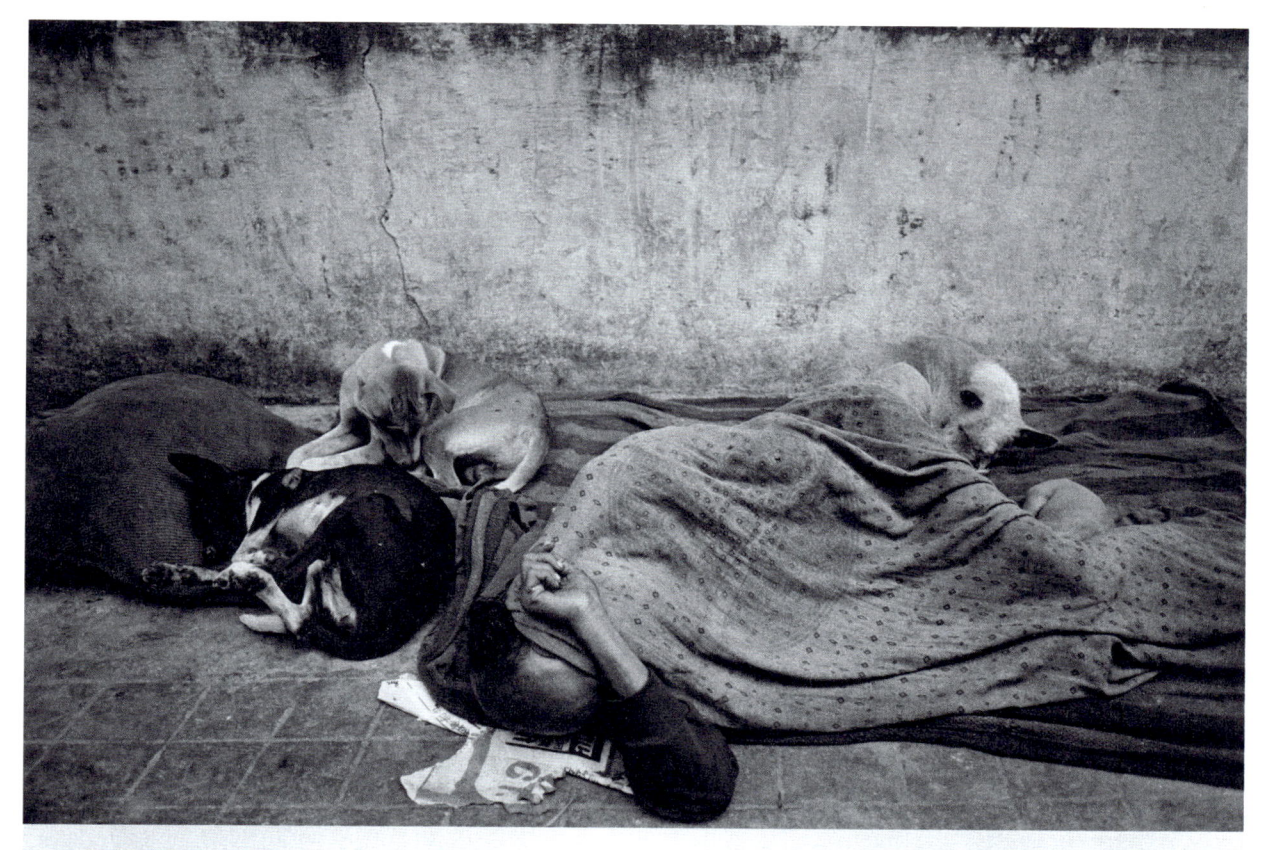

Obdachloser. *Kolkata. Indien, 20. Oktober 1993.*

Hilfslieferung an Überlebende eines Zyklons.
*Insel Sandwip. Bangladesch, 17. Mai 1991*

## 1260

# GOFFREDO DI COSENZA

## Friedrich II. – Der gute Herrscher erstrahlt in Glanz und Seltenheit

*Wer könnte ihn übergehen? Laut und weit erschallte das Lob seiner nur durch Weisheit gezügelten Hochherzigkeit, seines unvergleichlichen Sinnes für Gerechtigkeit, seines kompromisslosen Eintretens für Wissenschaft und Kultur. Vor und nach dem Mittelalter kam das erste Licht des abendländischen Geistes aus Süditalien: Friedrich II. (1194–1250) war zuerst König von Sizilien, bevor er deutscher König und Kaiser des Heiligen Römischen Reiches wurde. Der Ruhm seiner Taten wirkte in die folgenden Jahrhunderte hinein. Am fehlenden guten Vorbild kann es nicht gelegen haben, wenn die meisten Herrscher sich am schlechten orientierten, falls überhaupt.*

*Goffredo di Cosenza (\*?, † 1269) war der Notar von Friedrichs Sohn Manfred. Er verfasste die »offizielle Apologie« seines Herrn, die* Geschichte der Taten Kaiser Friedrichs II. und seiner Söhne Konrad und Manfred. *Im Januar 1269 wurde er mit zwölf anderen Anhängern der staufischen Herrschaft auf Befehl Karls I. von Anjou gehängt.*

UNTER DENEN, die die seit den ältesten Zeiten aufgeschriebene Geschichte der Menschen als Herrscher des Römischen Reiches nennt, erstrahlte der Kaiser Friedrich, der von seinem Vater, dem einstigen Kaiser [Heinrich VI.], den herrlichsten Ursprung und die Würde des Kaisertums selbst hatte, durch seine Weisheit und Hochherzigkeit mehr als alle Übrigen, sodass er offenbar dem Reiche mehr Ehre gemacht hat als das Reich ihm.

Im unmündigen Alter freilich, nach dem Tode beider Eltern, lebte er unter Tyrannen, die ihn und seine Habe zerfleischten, wie ein Lamm unter Wölfen, nur unter dem Schutze der Hand Gottes, bis er, zu reiferen Jahren gelangend, unter dem Pontifikat des Papstes Innozenz III. den Kaiser Otto IV., der nach der Übernahme des Reiches nach dem Königreich Sizilien, dem kostbaren Erbe des Verwaisten, seine Hände ausgestreckt hatte, mehr durch himmlische als durch irdische Kräfte überwand und durch die Verfolgung der Tyrannen Rache nahm. Die Krone des Reiches erhielt er sowohl durch die Wahl der Fürsten wie auch durch die väterliche und mütterliche Erbfolge.

Während Papst Honorius III. den apostolischen Stuhl innehatte, kehrte er, nachdem er Deutschland unter der Obhut seines erstgeborenen Sohnes Heinrich, den er von seiner spanischen Gemahlin, der Kaiserin Constanze, empfangen hatte, in Ruhe verlassen hatte, nach Sizilien zurück, trieb die Sarazenen, die zur Zeit seiner Unmündigkeit aufrührerisch gewesen waren und sich auf den Höhen der Berge verschanzt hatten, mit den Waffen seiner Macht und Weisheit von den Bergen in die Ebene herab und schickte damals einen großen Teil von ihnen, im Laufe der Zeit aber sämtliche Sarazenen nach Apulien, wo sie in gebührender Abhängigkeit einen Ort, den man Lucera nennt, bewohnen sollten.

Nachdem aber die Sarazenen von den Bergen vertrieben und im ganzen Königreich Ruhe und Frieden gesichert waren, fuhr er in sein Reich Jerusalem, in dem die überseeischen Sarazenen zur Schande seines Namens, weil zur Schmach des Grabes des HERRN und des christlichen Glaubens, die Schmählichkeiten ihres Aberglaubens ausübten. Während er aber den Zustand dieses Reiches umzugestalten bestrebt war, vernahm er, dass Papst Gregor IX., der auf Honorius III. gefolgt war, sein Heer in das Königreich Sizilien geschickt und dieses, da er bereits bis an die Grenzen Apuliens vorgedrungen war, in Abwesenheit des Kaisers besetzt hatte; soweit es die Kürze der Zeit erlaubte, ordnete er die Verhältnisse des Königreichs Jerusalem, kehrte in das Königreich Sizilien zurück, trieb das fremde Heer über die Grenzen des Reiches, unterdrückte den Aufstand seiner Untertanen und zog machtvoll in die Gebiete Italiens und Deutschlands, die aus demselben Grunde unruhig geworden waren. Daher setzte er seinen erstgeborenen Sohn Heinrich [VII.] ab, den er infolge des Einflusses böser Menschen gegen sich eingestellt vorfand, indem er gleichsam die eigenen Eingeweide außer sich sah, und schickte ihn nach Kalabrien. An seine Stelle in Deutschland setzte er seinen zweiten Sohn Konrad IV., den ihm seine jerusalemitanische Gemahlin, die Kaiserin

Isabella, geboren hatte. Darauf kam er in die Lombardei, wo er zuerst die Stadt Vicenza, die sich gegen ihn und das Reich erhob, machtvoll eroberte. Darauf besiegte er die Mailänder und ihre Anhänger, Aufrührer wider das Reich, in offener Feldschlacht nach Einschließung ihres Heeres; und viele lombardische Edelleute, die in diesem Kampfe gefangen genommen worden waren, legte er in Fesseln und schickte sie in sein Königreich. Auch die Umgebung von Brescia verheerte er. Faenza bedrängte er durch eine staunenerregende Belagerung und zwang es zur Ergebung. Und viele andere Städte in der Lombardei und in Tuszien, die sich gegen das Reich erhoben hatten, beugte er durch die Kraft seiner Macht zu gebührender Unterwerfung.

Er gründete und erbaute auch einige Städte im Königreich, so Agosta und Heraclea auf Sizilien, Monteleone und Alitea in Kalabrien, Dordona und Luceria in Apulien, Flagella in der Terra di Lavoro gegenüber von Ceperano.

Er ließ aber auch einige andere Städte wegen ihrer gegenwärtigen Bedeutungslosigkeit zerstören, andere, nachdem sie ihm getrotzt hatten, so Centurbium, Capizium und Trajana auf Sizilien, in der beneventanischen Provinz Benevent und in Apulien San Severo.

Es war aber der Kaiser ein Mann von gewaltigem Herzen. Seine Hochherzigkeit bändigte er [jedoch] durch die Weisheit, die er besaß, sodass ihn die Leidenschaft niemals zu irgendeiner Tat hinriss, sondern alles aus reiflicher Überlegung hervorging; und sicherlich hätte er noch viel Größeres vollbracht, als er vollbrachte, wenn er den Regungen seines Herzens ohne den Zügel der Philosophie hätte folgen können. Denn um die Philosophie bemühte er sich, und wie er selbst sie pflegte, so befahl er auch, sie in seinem Reiche zu verbreiten. Damals, zu seinen glücklichen Zeiten, gab es im Königreich Sizilien nur wenige oder gar keine gebildeten Männer. Der Kaiser selbst aber ließ in seinem Reiche Schulen der Freien Künste und jeder erprobten Wissenschaft einrichten. Gelehrte aus den verschiedenen Weltteilen lockte er durch die Großzügigkeit seiner Geschenke herbei und setzte ihnen wie auch den mittellosen Studenten auf Kosten der Staatskasse ein festes Gehalt aus, damit die Menschen jedes Standes und jedes Vermögens nicht aufgrund irgendeines Mangels am Studium der Philosophie gehindert würden.

Der Kaiser selbst verfasste mit ungeheurem Scharfsinn, der besonders auf dem Gebiete der Naturwissenschaft hervortrat, ein Buch über die Natur und Pflege der Vögel; aus ihm geht deutlich hervor, wieweit sich der Kaiser selbst mit der Philosophie befasste.

Auch die Gerechtigkeit liebte und pflegte er so, dass es keinem versagt wurde, sogar mit dem Kaiser selbst um sein Recht zu streiten, und er stützte sich dabei nicht auf seine kaiserliche Majestät, da ja jeder, der sich mit ihm auseinandersetzte, ihm auf dem Boden des Rechtes gleich sei. Kein Rechtsanwalt sollte zögern, die Vertretung eines auch noch so Armen gegen ihn zu übernehmen, da der Kaiser selbst bestimmte, dass dies erlaubt sein solle, in der Meinung, dass es besser sei, wenn sogar gegen ihn selbst die Gerechtigkeit gewahrt werde, als wenn er selbst in dem Rechtsstreit siege.

Die Gerechtigkeit aber pflegte er so, dass er gelegentlich ihre Strenge durch Milde zügelte. Denn als der genannte Papst Gregor IX. ein Konzil gegen ihn in der Stadt Rom versammeln wollte, zu dem fast alle Prälaten, von jenseits der Alpen gerufen, über das Meer, durch die Flotte der Genuesen wohl gesichert, kamen, besiegte der Admiral [Ansaldo de Mari] des Kaisers, der beauftragt war, die Meereswege zu überwachen, in einer Seeschlacht die Flotte der Genuesen, nahm alle Prälaten mitsamt zwei Kardinälen, den Legaten des apostolischen Stuhles, die die Prälaten zum Konzil berufen hatten, gefangen und brachte sie in Fesseln in das Königreich [Sizilien]. Der Kaiser aber, obwohl er gegen sie als die Neider seiner Ehre nach Recht und Gerechtigkeit hätte vorgehen können, ließ sie dennoch voll Milde wieder frei und erlaubte ihnen, indem er mehr Gott als sich selbst genugtat, frei von dannen ziehen. Daher schützte ihn denn auch, wenn er durch die Feindseligkeiten seiner Gegner hie und da getroffen, aber keineswegs niedergeworfen wurde, allein seine weise Gelassenheit.

Und obwohl sich einst die Treulosigkeit einiger seiner Hofbeamten schrecklich gegen ihn erhoben hatte und in offenem Einvernehmen mit der Kirche bereits sogar das Schwert gegen ihn gezückt hatte, obwohl sich zu seiner Ermordung eine erlesene Schar von Lombarden zusammengetan hatte und sich der unvergleichlichen Größe seiner Gesinnung der unvorhersehbare Fall seiner Stadt Victoria entgegengestellt hatte, so lebte er dennoch bis zu seinem letzten Tage ruhmvoll und von dem ganzen Erdkreis bewundert, und er, der für alle unüberwindlich gewesen war, erlag einzig und allein dem Gesetz des Todes.

Es starb aber der Kaiser in Apulien bei Fiorentino in der Capitanata am 13. Tage des Monats Dezember in der neunten Indiktion; es überlebten ihn Konrad IV., den er von seiner jerusalemitanischen, Manfred, den er von seiner italienischen, und Heinrich der Jüngere, den er von seiner englischen Gemahlin erhalten hatte. Zum Erben hatte er den erwähnten, zum König der Römer erwählten Sohn Konrad IV. eingesetzt, der nach dem vorzeitigen Tode Heinrichs des Älteren in Kalabrien der älteste unter den Brüdern war. Diesen Konrad aber setzte er sowohl im Reich wie auch im Königreich [Sizilien] zum Erben ein und unterstellte ihm die jüngeren Brüder, Manfred also und Heinrich.

## Um 1260

# THOMAS VON AQUIN

## Erbsünde. Oder: Die Fäulnis stinkt von oben

*Neben der Erbsünde kennen wir die Erbschuld. Bereits ein wenig genauer als was Sünde ist, wissen wir, was Schuld ist (oder jedenfalls Schulden). Vollends anschaulich wird es bei der Strafe. So wird 350 Jahre später sein Namensvetter Tommaso Campanella von den Einwohnern seiner utopischen Sonnenstadt sagen: »Sie glauben, dass eher das Übel der Strafe von den Vätern auf die Söhne übertragen werde als das der Schuld« (vgl. S. 192). Wenn ein Kind »vom Mutterleib weg zum Grabe getragen wird«, wie es im Buch Hiob heißt, kann es sich beim Grund dafür »nicht um ein aktuelles Vergehen« handeln, sagt der heilige Thomas von Aquin (\*um 1225, † 1274), nämlich »weil die Kinder noch nicht vom freien Willen Gebrauch machen, ohne den dem Menschen nichts als Sünde angerechnet wird«. Ein ebenso klares wie beherztes Wort in dieser strittigen Frage. »Also muss man sagen, in ihnen sei Erbsünde.« Adams, dieses Ursünders wegen. Seine besondere Sünde inklusive Schuld und Strafe vererbt sich biologisch, durch Adams Geschlechtsteil respektive Samen (und wir Nachgeborenen haben uns in einem nichts vorzuwerfen: An Erbsünde oder -schuld vererben wir bloß das von Adam Ererbte weiter). Auch Luther und Calvin hielten an dieser Konzeption fest. »U pisciu puzza da capu«, sagt das Sprichwort der Bauern in der Sila, auf dem Hochland Kalabriens: Die Fäulnis stinkt von oben, kommt vom Capo der Familie.*

*Der Dominikanermönch Thomas, geboren auf Schloss Roccasecca bei Aquino in Latium, weilte ab seinem sechsten Lebensjahr im Kloster und brachte es in der Klausur auf 150 Kilogramm Körpergewicht. Bei seinem zeitigen Tod mit 49 Jahren hinterließ er das kanonische Grundlagenwerk der katholischen Theologie. Seine 2300 Seiten starke* Summa contra gentiles (Summe gegen die Heiden), *nur eines von mehreren Kompendien, stellt die Gesamtheit der christlichen Glaubensaussagen als Ergebnis von Vernunftüberlegungen vor. »Der erste Urheber und Beweger des Universums ist jedoch die Vernunft, ... Also muss das Ziel des Universums das Gut der Vernunft sein. Das aber ist die Wahrheit. Also muss die Wahrheit das letzte Ziel des ganzen Universums sein und die Weisheit vor allem in ihrer Betrachtung bestehen.«*

*Schließlich aber sollten wir nicht vergessen, dass die universitäre Trennung von Theologie und Philosophie, die akademische Autonomie der Letzteren heißt das, auf seine Konzeption zurückging. Wenn nicht Eintagsfliegen, sondern folgenreich, waren Konservatismus ebenso wie Progressivismus stets Gemengelagen.*

MIT DEN BISHERIGEN ERÖRTERUNGEN ist also nachgewiesen, dass das, was der katholische Glaube von der Inkarnation des Wortes Gottes verkündigt, nicht unmöglich ist. Folglich bleibt zu zeigen, dass es angemessen war, dass der Sohn Gottes menschliche Natur annahm.

Anscheinend erblickt der Apostel den Grund für die Angemessenheit in der Erbsünde, die auf alle übergeht. So sagt der Rö 5,19: »Denn wie durch den Ungehorsam des einen Menschen die Vielen zu Sündern gemacht wurden, so werden auch durch den Gehorsam des Einen die Vielen zu Gerechten gemacht.« Da die häretischen Pelegianer die Erbsünde leugneten, so muss nachgewiesen werden, dass die Menschen mit der Erbsünde geboren werden.

Zunächst hat man das Wort (Gen 2,15 ff.) heranzuziehen: »Jahwe Gott nahm den Menschen und setzte ihn in den Garten Eden ...«, und Jahwe Gott gab den Menschen dieses Gebot: »Von allen Bäumen des Gartens darfst du essen. Von dem Baum der Erkenntnis des Guten und Bösen aber darfst du nicht essen. Denn am Tage, da du davon issest, musst du sicher sterben.« Da nun Adam am selben Tage, als er davon aß, tatsächlich nicht starb, so hat man das Wort »so musst du sicher sterben« so zu verstehen, dass es bedeutet: »so wird es für dich notwendig sein, dass du stirbst«. Dies wäre jedoch vergeblich gesagt, wäre es für den Menschen aufgrund der Eigenart seiner Natur notwendig zu sterben. Folglich muss man sagen, dass der Tod und die Notwendigkeit zu sterben eine dem Menschen aufgrund eines Vergehens auferlegte Strafe sind. Eine Strafe wird aber nur dann gerecht auferlegt, wenn ein Vergehen vorliegt. Jeder also, der auf diese Weise bestraft ist, muss sich eines Vergehens schuldig gemacht haben. Doch findet sich diese Strafe in jedem Menschen, sogar vom Moment seiner Geburt; denn ist er geboren, so steht er auch schon unter der Notwendigkeit zu sterben. Daher sterben einige bald nach der Geburt und werden »vom Mutterleib weg zu Grabe getragen« (Hiob 10,19).

Also gibt es in ihnen irgendein Vergehen. Doch handelt es sich nicht um ein aktuelles Vergehen, weil die Kinder noch nicht vom freien Willen Gebrauch machen, ohne den dem Menschen nichts als Sünde angerechnet wird, wie aus dem im 3. Buche Erörterten hervorgeht. Also muss man sagen, in ihnen sei Erbsünde.

Dies geht ausdrücklich aus den Worten des Apostels (Rö 5, 12) hervor: »Deshalb, wie durch einen Menschen die Sünde in die Welt gekommen ist und durch die Sünde der Tod und so der Tod auf alle Menschen überging aufgrund der Tatsache, dass alle sündigten.«

Nun kann man nicht sagen, durch einen Menschen sei die Sünde aufgrund von Nachahmung in die Welt gekommen, weil die Sünde somit nur auf diejenigen übergegangen wäre, welche durch Sündigen den ersten Menschen nachahmten. Da der Tod durch die Sünde in die Welt kam, so würde er nur zu jenen gelangen, welche durch Nachahmung des sündigen ersten Menschen sündigen. Um dies auszuschließen fügt der Apostel (Rö 5,14) hinzu: »Gleichwohl übte der Tod seine Herrschaft von Adam bis auf Mose auch über solche aus, die nicht entsprechend der Übertretung Adams gesündigt hatten.« Also verstand es der Apostel nicht so, dass nach Art von Nachahmung die Sünde durch einen Menschen in die Welt kam, sondern auf ursprungshafte Weise.

Außerdem. Hätte der Apostel lediglich vom Eintritt der Sünde in die Welt aufgrund von Nachahmung gesprochen, so hätte er besser daran getan zu sagen, sie sei durch den Teufel in die Welt gekommen statt durch einen Menschen, wie es auch in Weish. 2,2 ausdrücklich heißt: »Durch den Neid des Teufels aber ist der Tod in die Welt gekommen, und die ihm angehören, ahmen ihn nach.«

Zudem. David spricht (Ps 51,7): »Siehe, ich bin geboren in Schuld; ich war schon in Sünde, als mich die Mutter empfangen.« Dies kann sich nicht auf eine aktuale Sünde beziehen, hält man sich vor Augen, dass David in einer legitimen Ehebeziehung empfangen und geboren wurde. Folglich muss es sich auf die Erbsünde beziehen.

Ferner. Es heißt Hiob 14,4: »Kann denn ein Reiner von Unreinen kommen? Auch nicht ein einziger!« Hieraus kann man offensichtlich entnehmen, dass aufgrund der Unreinheit des menschlichen Samens eine Unreinheit auf den aus dem Samen empfangenen Menschen übergeht. Dies muss sich auf die Unreinheit der Sünde beziehen, für die allein der Mensch vor den Richterstuhl gebracht wird. So wird in Hiob 14,3 vorausgeschickt: »Auch hältst du über ihn dein Auge offen und bringst ihn gar vor deinen Richterstuhl.« Also ist es eine Sünde, die man sich von Beginn seines Lebens an zuzieht. Sie heißt Ursprungssünde.

Überdies. Es handelt sich bei der Taufe und bei den anderen Sakramenten um Heilmittel gegen die Sünde, wie weiter unten deutlich werden wird. Nun ist es allgemeiner Kirchenbrauch, Neugeborene zu taufen. Dies wäre nur dann sinnvoll, gäbe es in ihnen eine Sünde. Nun haben sie sich nicht aktual versündigt, da sie noch nicht vom freien Willen Gebrauch machen können, ohne den einem Menschen kein Akt als Schuld angerechnet wird. Also muss man sagen, es gebe in ihnen eine durch ihren Ursprung übertragene Sünde, da es unter den Werken Gottes und der Kirche nichts Sinn- und Zielloses gibt.

Heißt es aber, die Taufe werde den Kindern nicht zur Reinigung von den Sünden gegeben, sondern damit sie in das Reich Gottes gelangen, wohin man nicht ohne Taufe gelangen kann (da der Herr Joh 3,5 sagt: »Wer nicht aus Wasser und Geist geboren wird, kann nicht in das Reich Gottes eingehen«), so ist dies sinnlos.

Es wird nämlich nur jener vom Reiche Gottes ausgeschlossen, welcher eine Schuld trägt. Das Ziel aller Vernunftkreatur nämlich besteht darin, zur Glückseligkeit zu gelangen. Dies kann nur im Reiche Gottes eintreffen, was in nichts anderem besteht als in der geordneten Gemeinschaft derer, welche die Gottesschau genießen. Hierin besteht die wahre Glückseligkeit, wie aus dem im 3. Buch Erwiesenen klar hervorgeht. Nun verfehlt nichts sein Ziel außer wegen eines Fehlers. Können mithin die noch ungetauften Kinder nicht in das Reich Gottes gelangen, so muss man sagen, dass es in ihnen Sünde gibt.

Somit muss man entsprechend der Überlieferung des Katholischen Glaubens daran festhalten, dass die Menschen mit der Erbsünde geboren werden.

# 1263

# AL-QAZWINI

## Der Mensch ist aus verschiedenen Dingen gemacht

*»Die wundersamen unter den geschaffenen Dingen und die absonderlichen unter den existierenden Dingen«, lautet der Titel seiner Kosmologie. Gehört der Mensch nicht zu den Letzteren, jedenfalls soweit diese ungeschaffen sind, so zweifellos zu den Ersteren. Ja, hier wird kühn behauptet, er sei nicht weniger als deren »Quintessenz« und »das Lebewesen von höchstem Rang«, und dies obwohl die Seele, dieser »Verwalter in ihrem Königreich des Körpers«, auch den Zorn beherbergt – und dessen »Rat ist tödliches Gift«. Wer kennt ihn nicht? Das ist jedoch nicht alles, denn weiterhin erfahren wir, dass jedem Menschen ein ganzer Zoo innewohnt. Schon im 13. Jahrhundert war es zu ahnen: Wir sind aus vielen Dingen gemacht, die uns nicht kennen. So Paul Valéry: »Nous sommes faits de bien de choses qui nous ignorent.«*

*Abu Yahya Zakariya ibn Muhammad al-Qazwini (\* um 1203, † 1283), geboren in der nordiranischen Stadt Qazwin, war ein persischer Arzt, Astronom und Geograph. Zudem war er als Jurist und Richter in Persien, Syrien und schließlich in Bagdad tätig. Seine fabulöse Kosmologie widmete er dort seinem Landsmann, dem Historiker Ata al-Mulk Juwaini, der 1258 mit Hülegü die Stadt geplündert hatte und von dem Mongolenführer für seine Verdienste im Jahr darauf zu ihrem Gouverneur ernannt worden war.*

W ISSE, DASS DER MENSCH das edelste aller Lebewesen und die Essenz der Schöpfung ist. Gott der Erhabene hat ihm die schönste Form verliehen und ihn aus ganz verschiedenen Elementen und unterschiedlichsten Mischungen erschaffen. Er hat seine Substanz in eine Seele und einen Körper aufgeteilt und diesen mit Verstand und Gehirn ausgestattet, äußerlich und im verborgenen Inneren. Er gab ihm Sinnesorgane, von denen jedes mehrere Vorteile hat. Er wählte für das Innere nur die edelsten und besten Fähigkeiten. Er schuf für die vernunftbegabte Seele das Gehirn, setzte es an die oberste Stelle und teilte ihm so seinen Rang zu. Zudem gab er ihm das Denken, die Erinnerung und das Gedächtnis. Er versah das Gehirn mit diesen geistigen Fähigkeiten, damit die Seele als Fürst wirken kann, der Verstand als Minister, die Muskelkräfte als Soldaten, die Sinne als Nachrichtendienst, der Körper als sein Königreich und die Organe als Diener.

Die Sinne sind immer in der Welt unterwegs, um die einleuchtenden und die widersprüchlichen Nachrichten aufzunehmen, und sie versammeln sich alle am Tor der Stadt, das zwischen der Seele und den Sinnen steht. Diese Versammlung berichtet dann alle Eindrücke den Verstandeskräften, damit sie auswählen können, was von Bedeutung ist und was beiseitegelassen werden kann.

So gesehen kann man sagen, dass der Mensch eine kleine Welt sei. Weil er sich nährt und wächst, sagt man, er sei eine Pflanze. Weil er fühlt und sich bewegt, sagt man, er sei ein Tier. Weil er um die Wahrheit der Dinge weiß, sagt man, er sei ein Engel. All dies vereinigt der Mensch in sich. Welche Richtung er einschlägt, kann er selbst wählen. Folgt er der Natur, ist er mit seinem Leben zufrieden, wenn er nur gesund, satt und sauber ist. Schlägt er sich auf die Seite der Tiere, wird er wütend wie ein Löwe, brünstig wie eine Ziege, gefräßig wie ein Rind, gierig wie ein Schwein, unterwürfig wie ein Hund, missgünstig wie ein Kamel, arrogant wie ein Tiger und verschlagen wie ein Fuchs. Vereinigt er all diese Eigenschaften in sich, so wird er ein aufsässiger Satan. Wenn er aber den Weg zu den Engeln wählt, dann wird er sich der oberen Welt zuwenden und sich nicht mit einer ärmlichen Behausung und einer niederen Stellung zufriedengeben. Er wird zu denen gehören, die mit dem Wort Gottes gemeint sind: »Sie haben wir vor vielen anderen unserer Geschöpfe bevorzugt.«

Wenn er sich auf eine Sache besinnt, ist der Mensch imstande zu sagen: »Ich sagte dieses« oder »Ich tat jenes« und kennt sich dabei selbst ganz gut. Er denkt dabei aber nicht an seine äußeren und inneren Organe. Es ist die Seele, die alle Arten der Wahrnehmung beherrscht. Sie steht hinter allen Handlungen, ohne aber sich selbst kennen zu wollen, denn sie liegt jenseits des Verstandes vieler Menschen. Darum sagt der Erhabene: »Die Seele untersteht dem Befehl meines Herrn.« Mit Seele ist hier der Geist gemeint, der zur Verantwortung verpflichtet und der um die Möglichkeit der Belohnung und um das Risiko der Bestrafung weiß. Die Seele bleibt nach dem Tod bestehen: Entweder in Wohlbefinden und Glückseligkeit, wie es der Erhabene sagt: »Und denke nicht, dass diejenigen, die auf Allahs Weg getötet worden sind, wirklich tot sind. Sie sind lebendig und wohlversorgt bei ihrem Herrn.« Oder aber die Seele leidet in der Hölle, wie der Erhabene sagt: »Durchs Feuer sollen sie geführt werden morgens und abends. Und am Tag, da sich die Stunde erhebt, wird den Engeln befohlen werden: Die strengste Strafe soll die Leute des Pharaos treffen.«

Es wird berichtet, dass der Prophet – Allahs Segen und Friede sei mit ihm – die Führer von Quraisch anrief, als sie in der Schlacht von Badr starben und in den Brunnen geworfen wurden: »Oh Otba, oh Chiba, wir haben wirklich gefunden, was unser Gott uns versprochen hat, habt ihr auch gefunden, was euer Gott euch versprochen hat?« Ein Gefährte fragte den Propheten: »Oh Prophet Gottes, rufst du die Leute an, obgleich sie tot sind?« Da sagte der Prophet: »Ich schwöre bei dem, in dessen Hand meine Seele liegt, dass sie mich besser hören als ihr, jedoch können sie mir nicht antworten.«

Die Seele im Körper ist wie der Herrscher in seinem Königreich. Die Fähigkeiten und die Organe sind wie Diener. Sie sind dem Herrscher gehorsam und müssen sich seinem Befehl fügen. Der Körper ist das Königreich der Seele, ihre Heimat und ihre Stadt. Das Herz ist die Mitte des Königreichs, die Organe sind die Diener, die Muskeln sind die Handwerker der Stadt, der Verstand ist wie ein weiser Ratgeber. Der Hunger und die Leidenschaft regeln Bedarf und Versorgung der Diener, der Zorn ist Oberhaupt der Stadtwache und ein listiger und böser Büttel, der die Gestalt eines Beraters annimmt, doch sein Rat ist tödliches Gift. Er liegt in ständigem Streit mit dem weisen Ratgeber. Die Vorstellungskraft, die im vorderen Teil des Gehirns sitzt, ist der Empfänger und Verwalter aller Nachrichten der Sinne. Das Gedächtnis, es sitzt im hinteren Teil des Gehirns, ist der Schatzmeister. Die Zunge ist der Übersetzer, die Sinne sind ihre Spione, und jeder von ihnen ist dafür zuständig, Nachrichten aus seinem Gebiet zu liefern: das Auge für die Wahrnehmung von Farben, das Ohr für die von Klang und so weiter. Als Boten geben die Sinnesorgane die Berichte weiter an den obersten Verwalter. Dieser bewahrt sie auf, sodass die Seele alles bekommt, was sie für die Verwaltung ihres Königreiches braucht. Gelobt sei Gott, der dem Menschen diese äußeren und inneren Vorzüge verliehen hat.

Die Seele lebt ewig, aber sie geht von einem Zustand in einen anderen über und zieht von einem Heim zum nächsten. Der Fürst der Gläubigen Ali ibn Talib – möge Gott Wohlgefallen an ihm haben – sagt in einer seiner Predigten: »Ihr seid für die Ewigkeit geschaffen, aber ihr werdet von einer Behausung in eine andere versetzt: Von den Lenden in den Mutterleib, vom Mutterleib in die Welt, von der Welt auf den Isthmus zwischen Tod und Auferstehung und von dort ins Paradies oder in die Hölle.« Dann rezitierte er den Vers: »Aus ihr (der Erde) haben wir euch erschaffen, und in sie schicken wir euch zurück, und aus ihr bringen wir euch hervor ein anderes Mal.«

*1317*

# DANTE ALIGHIERI
## Die Kirche kann nicht die Autorität des Reichs von dieser Welt sein

*Seine Forderung nach einer Wiederherstellung des Römischen Reichs mag heute nicht ohne Weiteres verständlich sein. Dante Alighieri (\* 1260/1265, † 1321) plädiert in seiner* Monarchie *für eine weltliche politische Ordnung, für eine Philosophie der Laien und gegen jede Bevormundung durch eine nicht rational legitimierte Instanz. Für ihn gehört die Kirche in die Grenzen ihrer spirituellen Zuständigkeit verwiesen, was ihr Ort auch in der* Divina Commedia *ist. Er sieht keinen anderen Weg, sie daran zu hindern, sich gegen das »größte Geschenk der menschlichen Natur« zu vergehen: gegen die Freiheit.*

*Dante wusste, wovon er sprach. Seine politische Karriere, die ihn durch hohe Florentiner Ämter führte, beförderte ihn schließlich ins Exil, nachdem 1301 die papsttreuen Guelfen oder »Schwarzen« mit dem französischen Königssohn und Kardinal Karl von Valois in die Stadt eingedrungen waren und diese wieder unter die Macht der Kurie gebracht hatten.*

XII 1. Nach Beseitigung und Entfernung der Irrtümer, auf welche sich vorzugsweise diejenigen stützen, welche meinen, dass das Ansehen der weltlichen römischen Herrschaft von dem römischen Oberhirten der Kirche abhänge, wenden wir uns wieder an die Darstellung der Wahrheit dieser dritten Untersuchung, welche von Anfang an als Gegenstand aufgestellt wurde, welche Wahrheit sich hinlänglich zeigen wird, wenn ich nach festgestelltem Grundgedanken für die Untersuchung dargetan haben werde, dass das obgenannte Ansehen unmittelbar von dem Gipfel alles Seins abhänge, welcher Gott ist.

2. Und dies wird geschehen, entweder wenn das Ansehen der Kirche von jenem geschieden wird, da über das andere kein Zwist ist, oder wenn augenfällig bewiesen wird, dass es unmittelbar von Gott abhängt.

3. Dass aber das Ansehen der Kirche nicht der Grund des kaiserlichen Ansehens ist, lässt sich so beweisen: Dasjenige, bei dessen Nichtvorhandensein oder Nichtwirksamsein ein andres seine ganze Kraft hat, ist nicht die Ursache jener Kraft: das Kaisertum hatte aber während des Nichtvorhandenseins oder Nichtwirksamseins der Kirche seine ganze Kraft: also ist die Kirche nicht die Ursache der Kraft des Kaisertums, und folglich auch nicht des Ansehens desselben, weil Kraft und Ansehen gleichbedeutend sind.

4. Es sei die Kirche a, das Kaisertum b, das Ansehen oder die Kraft des Kaisertums c. Wenn nun, ohne dass a da ist, c in b ist, so kann a unmöglich die Ursache sein, dass c in b ist, weil es unmöglich ist, dass die Wirkung der Ursache eines Seins vorangehe. Ferner, wenn, ohne Wirkung des a, c in b ist, so folgt notwendig, dass a nicht die Ursache dessen sei, dass c in b ist, da es notwendig ist, dass zur Hervorbringung einer Wirkung die Ursache und zumal die, welche das Beabsichtigte bewirkt, zuvor wirke.

5. Der Obersatz dieses Beweises ist hinsichtlich seiner Begriffe erklärt. Den Untersatz bestätigt Christus und die Kirche, Christus durch seine Geburt und seinen Tod, wie oben gesagt ist; die Kirche, da Paulus in der Apostelgeschichte zu Festus sagt: »Ich stehe vor des Kaisers Gericht, da soll ich mich lassen richten.« Auch der Engel des Herrn sagt bald darauf zu Paulus: »Fürchte dich nicht, Paulus, du musst vor den Kaiser gestellt werden.« Und weiterhin sagt wiederum Paulus zu den Juden in Italien: »Da aber die Juden dawider redeten, ward ich genötigt, mich auf den Kaiser zu berufen, nicht, als hätte ich meinem Volk etwas zu verklagen, sondern um meine Seele vom Tode zu erretten.«

6. Wenn nun der Kaiser nicht schon damals das Recht gehabt hätte, weltliche Händel zu richten, so hätte weder Christus uns davon überzeugt, noch der Engel jene Worte gesprochen, noch jener, welcher sagte: »Ich wünsche aufgelöst zu werden und bei Christus zu sein« – einen ungeziemenden Richter angerufen.

7. Wenn auch Konstantin das Recht und Ansehen nicht gehabt hätte, Schirmvogt der Kirche zu sein, hätte er der Kirche das, was er ihr zuteilte, nicht mit Recht zuteilen können; desgleichen hätte die Kirche sich jener Erweisung unrechtmäßigerweise bedient, da Gott will, dass erwiesene Geschenke

unbefleckt seien, laut des Ausspruchs im dritten Buche Mosis: »Jedes Opfer, das dem Herrn dargebracht wird, soll ohne Sauerteig sein.«

8. Wenngleich diese Vorschrift an die Darbringer gerichtet zu sein scheint, so ist sie es der Folge wegen nichtsdestoweniger an die Empfänger. Denn es ist töricht zu glauben, dass Gott die Annahme billige, wenn er die Darbringung verbietet, wie denn auch in demselben Buch den Leviten geboten wird: »Beflecket eure Seelen nicht und rühret nichts davon an, um euch nicht zu verunreinigen.«

9. Aber zu sagen, dass die Kirche das ihr zugeteilte Erbgut missbrauche, ist sehr unpassend: Daher war das falsch, woraus dies folgte.

## XIII

1. Ferner, wenn die Kirche die Kraft hätte, den römischen Kaiser zu bevollmächtigen, so hätte sie diese entweder von Gott, oder von sich selbst, oder von irgendeinem Herrscher, oder von der allgemeinen Zustimmung der Menschen, oder wenigstens von den vornehmsten derselben. Ein andrer Ausweg bleibt nicht übrig, auf welchem diese Kraft der Kirche zufließen sollte. Aber sie hat sie von keinem der Angeführten: folglich hat sie die erwähnte Kraft nicht.

2. Und dass dies so ist, erhellt aus Folgendem. Denn wenn sie sie von Gott empfangen hätte, so wäre dies geschehen entweder durch ein göttliches oder durch ein natürliches Recht. Was man von der Natur empfängt, das empfängt man von Gott, doch nicht umgekehrt.

3. Aber es ist nicht durch ein natürliches Gesetz geschehen; denn die Natur legt ein Gesetz nicht anders auf, als durch die Wirkungen, da Gott nicht unvermögend sein kann, wo er ohne vermittelnde Kräfte etwas ins Dasein ruft. Da nun die Kirche nicht eine Wirkung der Natur ist, sondern Gottes, welcher spricht: »Auf diesem Fels werde ich meine Kirche erbauen«, und an einem andern Ort: »Ich habe das Werk vollendet, das du mir gegeben hast, damit ich es tue«: so ist offenbar, dass ihr die Natur das Gesetz nicht gegeben hat.

4. Aber es gibt auch kein göttliches Gesetz; denn alle göttlichen Gesetze sind enthalten im Schoße der beiden Bunde oder Testamente, in welchem Schoße ich aber nicht finden kann, dass die Sorge für das Zeitliche dem ersten oder letzten Priestertume anvertraut sei.

5. Vielmehr finde ich, dass die ersten Priester von der weltlichen Macht auf Befehl abgehalten sind, wie aus dem erhellt, was Gott zu Moses, und die Priester der letzten Zeit, aus dem, was Christus zu den Jüngern sagte. Nun ist es nicht möglich, dass ihnen diese Sorge genommen wäre, wenn das Ansehen der weltlichen Herrschaft ein Ausfluss des Priestertums wäre, da die Sorge der Obwaltung wenigstens in der Bevollmächtigung läge, und sodann auch die fortwährende Sicherstellung, dass der Bevollmächtigte nicht von dem rechten Pfade abweiche.

6. Dass die Kirche diese Kraft nicht aber von sich selbst erhalten hat, erhellt auf diese Weise: Man kann nicht geben, was man nicht hat. Nun muss alles Wirkende in seiner Wirksamkeit so etwas sein, was das Wirken beabsichtigt, wie dies die Schriften über das einfache Wesen ausweisen. Aber es versteht sich, dass, wenn die Kirche sich diese Kraft gab, sie dieselbe nicht eher hatte, als bis sie sich dieselbe gab. Und so hätte sie sich etwas gegeben, was sie nicht hatte, was unmöglich ist.

7. Dass sie diese aber nicht von einem Herrscher empfing, ist aus dem vorher Bewiesenen deutlich. Dass sie ihr endlich nicht durch die Zusammenstimmung aller oder der vornehmsten Menschen zuteilwurde, bezweifelt wohl niemand, da nicht nur alle Asiaten und Afrikaner, sondern auch der größere Teil der Bewohner Europas dem widerstrebt. Denn es ist widerlich, die sonnenklarsten Dinge noch zu beweisen.

# 1333/1334

## WILHELM VON OCKHAM
## Der Armutsstreit und Papst als Ketzer

*Es wird bunter. Und die Vernunft mutiger. Das Dogma der päpstlichen Unfehlbarkeit ist viel später erfunden und erst auf dem 1. Vatikanischen Konzil von 1870 in Rom kanonisiert worden. Der Franziskaner William von Ockham oder Occam (\*um 1288, † 1347), eben aus Ockham in der Grafschaft Surrey, wäre dafür nicht zu haben gewesen. Auch den höchsten Bischof kann ein »Irrtum gegen den Glauben in Versuchung führen« und »in ketzerische Schlechtigkeit verfallen« lassen. Keine geringere Autorität als der Apostel Paulus hat das festgehalten.*

*Im sogenannten Armutsstreit wird die brisante Angelegenheit konkreter. Der Ordensgeneral Michael von Cesena überzeugt den Theologen und herausragenden Philosophen davon, dass die Armutsforderung der Franziskaner berechtigt ist und drei gegenteilige Verordnungen des Papstes von 1322 bis 1324 häretisch sind. Gemeinsam kommen sie zum Schluss, dass der Papst vom wahren Glauben abgefallen sei. Fortan befinden sie sich auf der Flucht vor ihm, zunächst auf dem Seeweg aus dem Avignon der Exilkurie (vgl. Nichts als die Welt, S. 75) nach Pisa, wo sie auf Kaiser Ludwig IV. den Bayern treffen, der sich mit dem Papst bereits im Streit befindet. Ockham, 1328 exkommuniziert, wird mit seinen Streitschriften, von denen hier eine abgedruckt ist, zum Vorkämpfer der Papstgegner. Der Franziskanerorden allerdings bleibt der Kurie treu und wählt einen neuen General. 1347 stirbt Ockham als Abtrünniger in München.*

SCHÜLER. ... Nachdem ich gefragt habe, wie jemand als Ketzer überführt werden kann, schlage ich nun zur Untersuchung die Frage vor, wer sich mit ketzerischer Schlechtigkeit beflecken kann. Alle Christen meinen offenbar, dass die gesamte Menge der Gläubigen nicht zu Ketzern werden kann; andere auch, dass darüber hinaus das Generalkonzil nicht ketzerisch werden kann; wieder andere leugnen das drittens von der Römischen Kirche; viertens meinen einige, dass auch das Kardinalskolleg nicht zu Ketzern werden kann; fünftens meinen andere, dass auch der Papst sich nicht mit ketzerischer Schlechtigkeit beflecken kann. Daher möchte ich, dass du mir eröffnest, was christliche (Gelehrte) über diese fünf Ansichten meinen. Zuerst aber sage mir, ob alle glauben, dass ein kanonisch in sein Amt gelangter Papst nicht Ketzer werden kann.

LEHRER. Darüber gibt es gegensätzliche Auffassungen. Einige sagen, dass ein kanonisch in sein Amt gelangter Papst gegen die katholische Wahrheit irren und einer Ketzerei hartnäckig anhängen kann. Andere aber sagen, dass ein kanonisch in sein Amt gelangter Papst gegen den Glauben nicht irren kann.

SCHÜLER. Erkläre mir ohne Zögern, wie die Vertreter der ersten Meinung sich mit Argumenten versehen.

LEHRER. Diese Aussage möchten sie mit Autoritäten und Präzedenzfällen und auch mit Argumenten stützen. Erstens versuchen sie es mit dem Wort des heiligen Paulus zu beweisen, denn Hebr. 7 [richtig: Hebr. 5,1 f.] ist zu lesen: »Denn ein jeglicher Hohepriester, der aus Menschen genommen wird, der wird gesetzt für die Menschen zum Dienst vor Gott, auf dass er opfere Gaben und Opfer für die Sünden. Er kann mitfühlen mit denen, die da unwissend sind und irren, weil er auch selber Schwachheit an sich trägt.« Aus diesen Worten kann man entnehmen, dass jeder Hohepriester, der aus den Menschen genommen wird – und solch einer ist auch der höchste Bischof – in gleicher Weise, wie er mit denen mitfühlen kann, die da unwissend sind und irren, auch Schwachheit, d. h. die Fähigkeit zu Unwissen und Irrtum, ganz offensichtlich an sich trägt. Auch ermahnt der Apostel 1. Kor. 10,12 ganz allgemein die, die in der Gnade nicht gefestigt sind, wenn er schreibt: »Wer sich lässt dünken, er stehe, mag wohl zusehen, dass er nicht falle.« Mit diesen Worten wird uns zu verstehen gegeben, dass jeder Mensch, der nicht in der Gnade gefestigt ist, in Sünde fallen kann und folglich auch gegen den Glauben irren kann. Ebenso zeigt der Apostel Gal. 6,1 der Gesamtheit aller Prälaten, wie sie ihre Untergebenen unterrichten sollen, wenn er sagt: »Wenn ein Mensch etwa von einem Fehl übereilt würde, so helfet ihm wieder zurecht mit sanftmütigem Geist, ihr, die ihr geistlich seid; und siehe auf dich selbst, dass du nicht versucht werdest.« In diesen Worten wird zu verstehen gegeben, dass der Prälat von jedem Fehl, dessen sich ein Untergebener schuldig macht, selbst versucht werden und es ebenso begehen kann. Da aber von dieser Ermahnung des Apostels der Papst keineswegs ausgenommen wird und da die Untergebenen gegen den Glauben irren können, muss auch der höchste Bischof sich hüten, sich von einem Irrtum gegen den Glauben in Versuchung führen zu lassen und in ketzerische Schlechtigkeit zu verfallen.

# 1348

## GIOVANNI BOCCACCIO

## »Im gerechten Zorn über unseren sündigen Wandel.« Die Pest

---

*An der Pest und ihrem wiederkehrenden Wüten auf dem ganzen alten Kontinent ist uns heutigen Lesern eines immer wieder neu und gänzlich unbekannt, neuer und in gewissem Sinn aktueller als alle Tagesthemen: nämlich die Sichtweise der unwissenden Betroffenen, die Unerklärlichkeit ihrer Heimsuchung. Apokalypsen gibt es auch später noch, vom Erdbeben von Lissabon (vgl. S. 256–261) bis Hiroshima, aber das Faktum, dass ihre Urheberschaft in dieser Welt nicht ausfindig zu machen ist, kommt in unserem Horizont der Wissenden nicht unter. Die Pest taucht diese ganze Welt in tiefste Nacht, es geht uns fast wie Heine in dem katholisch-schwarzen Schlund des Kölner Doms: »Es brannten Ampeln hie und da,/ Um die Dunkelheit recht zu zeigen.« Das schlechterdings Unbegreifliche kann nur eine Manifestation und verschlüsselte Botschaft höherer Mächte sein, und in der Nacht des Unwissens flackert am Himmel das Zwielicht der Götter (unter denen die Gerechten noch stets die große Ausnahme waren).*

*Giovanni Boccaccio (\* 1313, † 1375) schreibt auf dem Höhepunkt der großen Pandemie von 1347–1353, die in Europa 25 Millionen Todesopfer forderte, ein Drittel der Bevölkerung. Dass er sich in seiner Florentiner Gesellschaft auskannte, wissen wir aus dem Decamerone, das er in den auf die Epidemie folgenden Jahren schrieb. Hier aus der Vorrede sein Bericht zur Lage in Florenz.*

Ich sage also, dass die Jahre von der heilbringenden Menschwerdung des Sohnes Gottes schon bis zur Zahl eintausenddreihundertundachtundvierzig waren, als das tödliche Pestübel in die herrliche Stadt Florenz, die vor allen andern in Italien schön ist, gelangte, nachdem es einige Jahre früher in den Morgenlanden, entweder durch Einwirkung der Himmelskörper, oder als eine, im gerechten Zorne über unsern sündlichen Wandel, von Gott den Menschen herabgesandte Strafe begonnen, dort eine unzählbare Menge Lebendiger getötet hatte und, ohne anzuhalten, von Ort zu Ort sich verbreitend, nach den abendländischen Gegenden jammerbringend vorgeschritten war. Gegen dies Übel half keine menschliche Klugheit oder Vorkehrung, obgleich man es daran nicht fehlen und die Stadt durch eigens dazu ernannte Beamte von aller Unsauberkeit reinigen ließ, auch jedem Kranken den Eintritt verwehrte und über die Bewahrung der Gesundheit viel Ratschläge hielt. Ebenso wenig nützten die demütigen Gebete, die von den Frommen nicht ein, sondern viele Male in feierlichen Bittgängen und auf andere Weise Gott vorgetragen wurden. Ungefähr zu Anfang des Frühjahrs im vorhin genannten Jahre begann die Krankheit schrecklich und auf wunderbare Weise ihre verheerenden Wirkungen zu zeigen. Dabei war aber nicht, wie im Orient, das Nasenbluten ein offenbares Zeichen unvermeidlichen Todes, sondern es kamen zu Anfang der Krankheit, gleichmäßig bei Männern wie bei Frauen, an den Weichen oder in den Achselhöhlen gewisse Geschwulste zum Vorschein, die manchmal so groß wie ein gewöhnlicher Apfel, manchmal wie ein Ei wurden, bei den einen sich in größerer, bei den anderen in geringerer Anzahl zeigten und schlichtweg Pestbeulen genannt wurden. Von den genannten Teilen des Körpers aus verbreiteten sich diese tödlichen Pestbeulen in kurzer Zeit ohne Unterschied über alle andern. Später aber gewann die Krankheit eine neue Gestalt, und viele bekamen auf den Armen, den Lenden und allen übrigen Teilen des Körpers schwarze und bräunliche Flecke, die bei einigen groß und sparsam, bei anderen aber klein und dicht waren. Und, sowie früher die Pestbeule ein sicheres Zeichen unvermeidlichen Todes gewesen und bei manchen noch war, so waren es nun diese Flecke für alle, bei denen sie sich zeigten. Dabei schien es, als ob zur Heilung dieses Übels kein ärztlicher Rat und die Kraft keiner Arzenei wirksam oder förderlich wäre. Sei es, dass die Art dieser Seuche es nicht zuließ, oder dass die Unwissenheit der Ärzte (deren Anzahl in dieser Zeit, außer den wissenschaftlich gebildeten, an Männern und Weibern, die nie den geringsten ärztlichen Unterricht genossen hatten, übermäßig groß geworden war), der Krankheit rechten Grund zu erkennen und daher auch ein gehöriges Heilmittel ihr entgegenzustellen nicht vermochte; genug, die wenigsten genasen, und fast alle starben innerhalb dreier Tage nach dem Erscheinen der beschriebenen Zeichen; der eine ein wenig früher, der andere etwas später, die meisten aber ohne altes Fieber oder sonstige Zufälle.

Diese Seuche gewann um so größere Kraft, da sie durch den Verkehr von denen, die an ihr krankten, auf die Gesunden überging, wie das Feuer trockene oder brennbare Stoffe ergreift, wenn sie ihm nahe gebracht werden. Ja so weit erstreckte sich dies Übel, dass nicht allein der Umgang die Gesunden ansteckte und den Keim des gemeinsamen Todes in sie legte, sondern schon die Berührung der Kleider oder anderer Dinge, die ein Kranker gebraucht oder angefasst hatte, schien die Krankheit dem Berührenden mitzuteilen. Unglaublich scheint, was ich jetzt zu sagen habe, und wäre es nicht von den Augen vieler, sowie von meinen eigenen wahrgenommen, so würde ich mich nicht getrauen, es zu glauben, hätte ich es auch von glaubwürdigen Leuten gehört. Ich sage nämlich, dass die ansteckende Kraft dieser Seuche mit solcher Gewalt von einem auf den anderen überging, dass die nicht allein vom Menschen dem Menschen mitgeteilt ward, sondern dass auch, was viel mehr sagen will, häufig und unverkennbar andere Tiere, außer dem Menschengeschlecht, wenn sie Dinge berührten, die einem an der Pest Leidenden oder daran Gestorbenen gehört hatten, vom Krankheitsstoffe behaftet wurden und in Kurzem an diesem Übel starben. Von dieser Erscheinung habe ich außer andern Malen insbesondere eines Tages mit eigenen Augen, wie ich schon oben erwähnte, das Beispiel gesehen, dass zwei Schweine die Lumpen eines armen Mannes, der an dieser Seuche gestorben war und die man auf die öffentliche Straße geworfen hatte, dort fanden, und nach der Art dieser Tiere anfangs mit dem Rüssel lange durchwühlten, und dann mit den Zähnen ergriffen und hin und wieder schüttelten, nach kurzer Zeit aber, nach einigem Zucken, als hätten sie Gift genommen, aus die zu ihrem Unheil von ihnen erfassten Lumpen tot zu Boden fielen.

Aus diesen und vielen andern ähnlichen und schlimmern Ereignissen entstand ein allgemeiner Schrecken und mancherlei Vorkehrung derer, die noch am Leben waren, welche fast alle zu ein und demselben grausamen Ziel hinstrebten, die Kranken nämlich, und was zu ihnen gehörte, zu vermeiden und zu fliehen, in der Hoffnung, auf solche Weise sich selber zu retten. Einige waren nun der Meinung, durch ein mäßiges Leben und durch Enthaltsamkeit von allem Überflusse vermöge man besonders diesem Übel zu widerstehen. Diese taten sich in kleinern Kreisen zusammen und lebten, getrennt von den Übrigen, verschlossen in Häusern, in welchen kein Kranker sich befand, beieinander. Hier genossen sie die feinsten Speisen und die ausgewähltesten Weine mit großer Mäßigkeit und ergötzten sich, jede Ausschweifung vermeidend, mit Musik und andern Vergnügungen, die ihnen zu Gebote standen, ohne sich dabei von jemand sprechen zu lassen und um Krankheit oder Tod außer ihrer Wohnung irgend zu bekümmern. Andere aber waren der entgegengesetzten Meinung zugetan, und versicherten, viel zu trinken, gut zu leben, mit Gesang und Scherz umherzugehen, in allen Dingen, soweit es sich tun ließe, seine Lust zu befriedigen, und über jedes Ereignis zu lachen und zu spaßen, sei das sicherste Heilmittel für ein solches Übel. Diese verwirklichten denn auch ihre Reden nach Kräften; sie gingen bei Nacht wie bei Tag bald in dieses, bald in jenes Weinhaus, tranken ohne Maß und Ziel, und taten dies alles in fremden Häusern noch weit ärger, ohne dabei nach etwas anderm zu fragen, als ob dort zu finden sei, was ihnen zu Lust und Vergnügen dienen konnte. Dies wurde ihnen auch leicht; denn als wäre sein Tod gewiss, so hatte ein jeder sich und alles, was ihm gehörte, aufgegeben. Dadurch waren die meisten Häuser herrenlos geworden, und der Fremde bediente sich ihrer, wenn er sie zufällig betrat, ganz wie es der Herr selbst getan haben würde. Wie sehr aber auch die, welche also dachten, ihrem viehischen Vorhaben nachgingen, so vermieden sie doch auf das Sorglichste, den Kranken zu begegnen. In solchem Jammer und solcher Betrübnis der Stadt war auch das ehrwürdige Ansehen der menschlichen wie der göttlichen Gesetze fast ganz gesunken und zerstört; denn ihre Diener und Vollstrecker waren gleich den übrigen Einwohnern alle krank oder tot, oder hatten mindestens so wenig Leute behalten, dass keiner seiner Amtsverrichtungen vorzustehen vermochte. Darum konnte sich denn ein jeder erlauben, was er immer wollte. Viele andere indes schlugen einen Mittelweg zwischen den beiden oben genannten ein und beschränkten sich weder im

Gebrauch der Nahrungsmittel so sehr, wie die Ersten, noch hielten sie im Trinken und anderen Ausschweifungen so wenig Maß, als die Zweiten. Vielmehr bedienten sie sich der Speise und des Trankes zur Genüge und schlossen sich auch nicht ein, sondern gingen umher und hielten Blumen, oder duftende Kräuter, oder sonstige Wohlgerüche verschiedener Art in den Händen und rochen häufig daran, überzeugt, es sei besonders heilsam, durch solchen Duft das Gehirn zu erquicken: Denn die ganze Luft schien von den Ausdünstungen der toten Körper, von den Krankheiten und Arzneien stinkend und beklemmend. Einige aber waren grausamer gesinnt, obgleich sie vermutlich sicherer gingen und sagten, kein Mittel sei gegen die Seuchen so wirksam und zuverlässig, als vor ihnen zu fliehen. In dieser Überzeugung verließen viele, Männer wie Weiber, ohne durch irgendeine Rücksicht sich halten zu lassen, allein auf die eigene Rettung bedacht, ihre Vaterstadt, ihre Wohnungen, ihre Verwandten und ihr Vermögen, und flüchteten sich auf ihre eigenen oder gar auf einen fremden Landsitz; als ob der Zorn Gottes, der durch diese Seuche die Ruchlosigkeit der Menschen bestrafen wollte, sie nicht überall gleichmäßig erreichte, sondern nur diejenigen vernichtete, die sich innerhalb der Mauern dieser Stadt betreten ließen, oder als ob niemand mehr in der Stadt verweilen solle und deren letzte Stunde gekommen sei.

Obgleich nun diese verschieden Gesonnenen nicht alle starben, so kamen sie doch auch nicht alle davon, sondern viele von den Anhängern einer jeden Meinung erkrankten, wo sie sich auch befanden, und verschmachteten fast ganz verlassen, wie sie das Beispiel dazu, solange sie gesund waren, denen, die gesund blieben, selber gegeben hätten. Ich schweige davon, dass ein Mitbürger den andern vermied, dass der Nachbar fast nie den Nachbarn pflegte und dass die Verwandten selten oder nie einander besuchten; aber mit solchem Schrecken hatte dieses Elend die Brust der Männer wie der Weiber erfüllt, dass ein Bruder den andern im Stiche ließ, der Oheim seinen Neffen, die Schwester den Bruder und oft die Frau den Mann, ja, was das Erschrecklichste ist und kaum glaublich schein, Väter und Mütter weigerten sich, ihre Kinder zu besuchen und zu warten, als wären es nicht die ihrigen. In dieser allgemeinen Entfremdung blieb den Männern und Frauen, die erkrankten, und ihre Zahl war unermesslich, keine Hülfe, außer dem Mitleiden der wenigen Freunde, die sich nicht verließen, oder dem Geize der Diener, die sich vom großen und übermäßigen Lohne zum Dienen bewegen ließen. Aber auch der Letzteren waren nicht viele zu finden, und die sich noch dazu hergaben, waren Männer oder Weiber von geringer Einsicht, die meisten auch zu solchen Dienstleistungen gar kein Geschick hatten und kaum etwas anderes taten, als dass sie den Kranken dies oder jenes darreichten, was sie gerade verlangten, oder zusahen, wenn sie starben. Dennoch gereichte ihnen oft ihr Gewinn bei solchem Dienste zum Verderben. Daraus, dass die Kranken von ihren Nachbarn, Verwandten und Freunden verlassen wurden und nicht leicht Diener finden konnten, entstand der Gebrauch, dessen gleichen man nie vorher gehört hatte, dass nämlich Damen, wie vornehm, gesittet und schön sie auch waren, wenn sie erkrankten, sich durchaus nicht scheuten, von Männern, mochten diese jung oder alt sein, sich bedienen zu lassen und ihnen, ganz als ob es Frauenzimmer wären, sobald die Bedürfnisse der Krankheit es erforderten, ohne alle Scham jeden Teil ihres Körpers zu entblößen. Vielleicht hat diese Gewohnheit bei manchen, die wieder genasen, in späterer Zeit einigen Mangel an Keuschheit veranlasst. Außerdem starben aber auch viele, die vermutlich, hätte man ihnen Hülfe gebracht, am Leben geblieben wären.

So war denn, teils wegen Entbehrung der nötigen Dienste, teils wegen Heftigkeit der Seuche, die Zahl der täglich und nächtlich in der Stadt Gestorbenen so groß, dass man sich entsetzte, wenn man sie erfuhr, geschweige denn, wenn man das Elend selbst mit ansah. Daraus entstand aber auch fast unvermeidlich unter denen, die am Leben blieben, manche Unregelmäßigkeit, die den früheren Gebräuchen der Bürger widersprach. So war es Sitte, und wir sehen sie noch heute befolgen, dass die Nachbarinnen und Verwandtinnen nach jemandes Tode mit denen, die dem Verstorbenen am nächsten angehört hatten, im Hause des Letzteren zusammenkamen und klagten; auf der andern Seite versammelten sich die männlichen Mitglieder seiner Familie, und Nachbarn und andere Bürger in Menge vor seiner Tür; auch kam die Geistlichkeit, je nach Umständen des Verstorbenen, dazu, und dann wurde die Leiche auf den Schultern seiner Genossen bei angezündeten Wachskerzen mit Gesang und andern Begräbnisfeierlichkeiten zu der Kirche getragen, die jener noch vor seinem Tode sich ausgewählt hatte. Als indes die Heftigkeit der Seuche zu steigen begann, hörten diese Gebräuche alle oder großenteils auf, und andere erzeugten sich an deren Stelle. Denn nicht allein starben die meisten, ohne dass viele Weiber zusammengekommen wären, sondern gar manche verließen dies Leben ohne die Gegenwart eines einzigen Zeugen, und nur wenigen wurden die mitleidigen Klagen und die bittern Tränen ihrer Angehörigen gewährt. Statt dieser hörte man meistens geselliges Lachen, Scherze und Gespött; eine Weise, welche die Frauen, die weibliches Mitleid größtenteils verleugneten, um sich gegen die Krankheit zu verwahren, meisterlich gelernt hatten. Selten waren diejenigen, deren Körper von mehr als zehn oder zwölf Nachbarn zur Kirche begleitet wurden. Dabei trugen nicht achtbare und befreundete Bürger die Bahre, sondern eine Art Totengräber, die sich aus dem geringen Volke zusammengefunden hatten und Pestknechte genannt wurden, gingen eilfertig mit dem Sarge und vier oder sechs Geistlichen nicht in die vom Verstorbenen vor dem Tode bestimmte, sondern in die nächste beste Kirche, manchmal mit ein wenig Licht, manchmal aber auch ohne das. Hier taten die Geistlichen mit Hülfe der Pestknechte den Toten, ohne sich zu langen Feierlichkeiten Zeit zu nehmen, in die erste Gruft, welche sie offen fanden.

Die Lage des gemeinen Mannes, und wohl auch der meisten vom Mittelstande, gewährte einen noch viel elendern Anblick. Sie wurden großenteils von Hoffnung oder Armut in ihren Häusern zurückgehalten und verkehrten mit den Nachbarn, weshalb sie denn täglich zu Tausenden erkrankten und bei gänzlichem Mangel an Pflege und Hülfe rettungslos starben. Viele waren, die bei Tag oder Nacht auf öffentlicher Straße verschieden, viele, die ihren Geist in den Häusern aufgaben und ihre Nachbarn nicht eher, als durch den Gestank, der aus ihren faulenden Leichen aufstieg, Kunde von ihrem Tode gaben. So war von den einen wie von den andern alles voll, denn überall starben Menschen. Dann befolgten die Nachbarn meistens die gleiche Weise, zu welcher sie ebenso sehr aus Furcht, dass die Fäulnis der Leichname ihnen schaden werde, als aus Mitleiden für die Verstorbenen bewogen wurden. Sie schleppten nämlich entweder selbst, oder mit Hülfe einiger Träger, wenn sie deren bekommen konnten, die Körper der Verstorbenen aus ihren Wohnungen und legten sie vor den Türen nieder. Hier würde, wer besonders am Morgen durch die Stadt gegangen wäre, der Leichen unzählige liegen gesehen haben. Dann ließen sie Bahren kommen, und manche waren, die, in Ermangelung deren, ihre Toten auf ein bloßes Brett legten. Auch geschah es, dass auf einer Bahre zwei oder drei davongetragen wurden, und nicht ein, sondern viele Male hätte man zählen können, wo dieselbe Bahre die Leichen des Mannes und der Frau, oder zweier und dreier Brüder, oder des Vaters und seines Kindes trug. Oft ereignete sich es auch, dass, wenn ein paar Geistliche vor einem mit dem Kreuze hergingen, sich gleich drei oder vier Bahren mit anschlossen, und die Priester, die einen Toten begraben zu sollen glaubten, nun deren sechs, acht, und zuweilen noch mehrere hatten. Dabei wurden dann die Gestorbenen mit keiner Träne, Kerze oder Begleitung geehrt, vielmehr war es so weit gekommen, dass man sich nicht mehr darum kümmerte, wenn Menschen starben, als man es jetzt um den Tod einer Ziege tun würde. Dadurch sah man denn gar deutlich, dass ein geduldiges Ertragen der Ereignisse, welches der gewöhnliche Lauf der Welt durch kleines und seltenes Unglück auch den Weisen nicht zu lehren vermocht hatte, jetzt durch die Größe des Elends auch den Einfältigen mitgeteilt war. Da für die große Menge Leichen, die, wie gesagt, in jede Kirche täglich und fast stündlich zusammengetragen wurden, der geweihte Boden nicht zureichte, besonders wenn man nach alter Sitte jedem Toten eine besondere Grabstätte hätte einräumen wollen, so machte man, statt der kirchlichen Gottesäcker, weil diese bereits überfüllt waren, sehr tiefe Gruben und warf die neu Hinzukommenden in diese zu Hunderten. Hier wurden die Leichen aufgehäuft, wie die Waren in einem Schiffe, und von Schicht zu Schicht mit ein wenig Erde bedeckt, bis die Grube zuletzt bis an den Rand hin voll war.

Um indes all unser Elend, das in der Stadt uns betroffen hat, nicht weiter in seinen Einzelheiten zu verfolgen, sage ich, dass, während so feindliches Geschick in ihr hauste, die umliegende Landschaft deshalb nicht um das mindeste mehr verschont blieb. Ich schweige von den Flecken, die in kleinerem Maßstabe gleichen Anblick, wie die Stadt, gewährten; aber auf den zerstreuten Landgütern und Mauerhöfen starben die armen, unglücklichen Landleute mit den ihrigen ohne allen ärztlichen Beistand und ohne Pflege eines Dieners auf Straßen und Feldern, wie in ihren Häusern, ohne Unterschied bei Tag und bei Nacht, nicht wie Menschen, sondern fast wie das Vieh. Darum wurden auch sie, gleich den Städtern, in ihren Sitten ausschweifend; sie bekümmerten sich um keiner ihrer Sachen oder Angelegenheiten, sie dachten nicht daran, die Früchte ihres früheren Schweißes, ihrer Ländereien und ihres Viehbestandes für die Zukunft zu pflegen und zu vermehren, sondern bemühten mit allem Scharfsinn sich allein, die vorhandenen zu verzehren, als erwarteten sie den Tod an demselben Tage, bis zu dem sie gelangt waren. Daher geschah es denn, dass Ochsen, Esel, Schafe, Ziegen, Schweine, Hühner, ja selbst Hunde, die dem Menschen doch am treusten sind, von den Häusern, denen sie zugehörten, vertrieben, nach Gefallen auf den Feldern umherliefen, wo das Getreide verlassen stand und weder eingeerntet, noch auch geschnitten ward. Manche unter diesen kehrten, ohne irgend von einem Hirten angetrieben zu werden, als ob sie mit Vernunft begabt wären, nachdem sie den Tag über Nahrung gesucht hatten, gesättigt am Abend zu ihren Häusern zurück.

Was kann ich Stärkeres sagen, wenn ich mich nun vom Lande wieder zur Stadt zurück wende, als dass die Härte des Himmels, und vielleicht auch die der Menschen so groß war, dass man mit Gewissheit glaubt, vom März bis zum nächsten Julius seien, teils von der Gewalt dieser bösartigen Krankheit, und teils wegen des Mangels an Hülfe, den manche der Kranken leiden mussten, weil die Gesunden aus Furcht vor Ansteckung sie in ihrer Not verließen, über hunderttausend Menschen innerhalb der Mauern von Florenz dem Leben entrissen; während man vor diesem verheerenden Ereignis der Stadt vielleicht kaum so viel Einwohner zugeschrieben haben würde. Ach, wie viele große Paläste, wie viel schöne Häuser und vornehme Wohnungen, die einst voll glänzender Dienerschaft, voll edler Herren und Damen gewesen waren, standen jetzt bis auf den geringsten Stallknecht leer! Wie viel denkwürdige Geschlechter blieben ohne Stammhalter, wie viele umfassende Verlassenschaften und berühmte Reichtümer ohne Erben. Wie viel rüstige Männer, schöne Frauen und blühende Jünglinge, die, anderer zu geschweigen, selbst Galen, Hippokrates und Äskulap für durchaus gesund gehalten haben würden, aßen noch am Morgen mit ihren Verwandten, Gespielen und Freunden, um denselben Abend in jener Welt mit ihren Vorfahren Nachtmahl zu halten!

# 1366

## FRANCESCO PETRARCA
# Vom lästigen Gefeiertwerden des eigenen Namens

*Menschen lassen sich mitunter von recht luxuriösen Problemen quälen. So zum Beispiel von den Heimsuchungen des Lobs, wo man doch schon »die Beschimpfungen der Feinde über sich ergehen lassen« muss. Falscher Stolz kann störrisch machen und trotzig. Francesco Petrarca (\* 1304, † 1374) war ein großer Psychologe. Seine 1366 abgeschlossene mehrbändige Abhandlung* De remediis utriusque fortunae *(»Von den Heilmitteln gegen beiderlei Glück« oder Heilmittel gegen Glück und Unglück in der letzten Ausgabe von 1988) blieb für vier Jahrhunderte ein Bestseller. Nach der ersten Drucklegung von 1474 erschienen bis 1759 von dem lateinischen Original achtundzwanzig Ausgaben und zudem über fünfzig Übersetzungen in insgesamt neun Sprachen, davon dreizehn ins Deutsche, die erste 1532 in Augsburg:* Von der Artznay bayder Glück / des güten vnd widerwertigen. Vnnd wess sich am yeder inn Gelück vnd vnglück halten sol. Aus dem Lateinischen in das Teütsch gezogen. Mit künstlichen fyguren durchauss / gantz lustig vnd schön gezyeret … *In 122 Dialogen zwischen Ratio und Gaudium, Verstand und Freude, sowie weiteren 132 Dialogen zwischen Ratio und Dolor, Verstand und Leid, erteilt Petrarca aus antiker und christlicher Weisheit gespeiste Ratschläge gegen Überschwang und Resignation, Hochgefühl und Verzweiflung.*

Leid: Ich bin berühmter und bekannter, als es mir recht ist.

Verstand: Du verschmähst also die höchste Hoffnung der Feldherren und Fürsten, der Philosophen und Dichter? Wofür nehmen sie denn so viele Mühen, Kriege und Studien auf sich, wenn nicht, um berühmt zu sein und ihren Namen bekannt zu machen? Und erst die großen Künstler, arbeiten sie denn für etwas anderes? Phidias hat es mit seiner Statue der Minerva deutlich gemacht, die als das größte Werk von Menschenhand gelten kann oder doch unter die größten gerechnet werden muss. Man hatte ihm untersagt, das Werk zu signieren, also meißelte er sein Gesicht auf den Schild der Statue, damit ihn jedermann erkennen konnte und es unmöglich war, ihn von seinem Werk zu trennen, ohne es zu zerstören. Er erhoffte sich Bekanntheit zum Lohn seiner Arbeit. Wenn nun aber jemand sagt, die Künstler hätten es auf Geld und nicht auf Ruhm abgesehen, so gebe ich das für die gewöhnlichen Künstler zu, für die ausgezeichneten aber niemals. Dafür gibt es viele Beweise. Sie sparen für ihr Werk nicht mit der Zeit, nehmen auch Verluste auf sich und haben für das Geld nichts als Verachtung übrig – wenn sie denn nur gerühmt werden. Ein weiterer Beleg dafür ist die außerordentliche Beharrlichkeit jener vier Künstler, die für Artemisia, die Königin von

Karien, das hochberühmte Denkmal ihres geliebten Ehemannes errichteten. Sie waren mit der Aussicht auf reichen Lohn berufen worden, aber als vor der Vollendung des Werkes die Königin, von der sie den Lohn erhofften, verstarb, blieben sie doch alle einträchtig bis zum Ende bei der Arbeit und dachten an nichts anderes als die Ehre, die ihnen das Werk für alle Zeit machen würde. Kurz gesagt begehren alle Menschen Berühmtheit, Ruhm und Ehre: und du allein willst sie wegen des bisschens Unannehmlichkeit nicht haben?

LEID: Auch ich begehre, von der Nachwelt hoch geschätzt zu werden, aber von meinen Zeitgenossen möchte ich es nicht sein.

VERSTAND: Warum das? Weil es größer, schwerer und seltener ist, und weil die Berühmtheit zu Lebzeiten immer auch vom Neid bedrängt wird?

LEID: Weil der Ruhm reiner erscheint, sobald man selbst nicht mehr da ist. Nichts überschreit ihn, nichts steht ihm im Weg. Solange man noch lebt, erregt er nur Widerspruch und bereitet uns Mühsal. »Denn über große Ehre wacht nur großes Mühsal«, wie es nicht schlecht gesagt worden ist.

VERSTAND: Du bist entweder zu zimperlich oder zu träge, wenn du darauf hoffst, dass irgendetwas Großes ohne Mühe entsteht, wo doch schon das Kleinste genug Arbeit bereitet.

LEID: Ich weise wirklich nicht die Arbeit von mir, sondern nur diese lästigen Unannehmlichkeiten. Wer soll es aushalten, ohne Unterlass besucht, belauert, befragt und bedrängt zu werden und sich dabei selbst völlig zu vernachlässigen, weil man den größten Teil der einzelnen Tage in seinem kurzen Leben an andere verschleudert? Wer soll es aushalten, alle eigenen Bedürfnisse zu unterdrücken und den Sklaven für die Begehrlichkeiten der anderen zu machen? Hätte ich dieses Übel von Anfang an absehen können, es wäre nie zu meiner Berühmtheit gekommen, deren Kreuz ich nun zu tragen habe. Jetzt bringt es dieser unerträgliche Zustand dahin, die schönsten Anstrengungen und erlesensten Unternehmungen des Geistes zu behindern.

VERSTAND: Ich bestreite gar nicht, dass das der Fall ist, sicherlich mag es hart sein – aber es ist erträglich, und im Grunde gar zu beneiden und wünschenswert. Wie auch immer du es dir vorgestellt hast, es ist fast unvermeidlich: denn gibt es in diesem Fall andere Auswege als Hochmut oder Faulheit? Ersteres wird dich vor dem gut gemeinten Wunsch, dich zu sehen, beschützen, Letzteres wird den Wunsch ganz auslöschen. Ein weiteres Heilmittel wäre es vielleicht, die Städte zu verlassen, aber wenn du wahrhaft berühmt bist, dann wird auch das nichts helfen. Überallhin wird die Berühmtheit dem folgen, der sie besitzt, und wo auch immer er sich niederlässt, da wird sie mit ihm sein. Weder auf dem Land, noch in den Wäldern hört der auf, berühmt zu sein, der einmal in den Städten berühmt gewesen ist. Der Blitz des Namens kann sich nicht verbergen: aus der Dunkelheit leuchtet er hervor und zieht die Augen und die Seelen zu sich hin. Hast du denn nie von Dandamus, dem berühmten alten Brahmanen gehört, den Alexander der Große in der hintersten Einöde Indiens aufgesucht hat, oder von dem Kyniker Diogenes, den derselbe König unter dem rollenden Dach seiner Tonne besuchte? Hast du nicht von Scipio Africanus gehört, der auf seinem unwirtlichen und wüsten Landgut Liternum selbst den Besuch von friedlichen Räubern, die seine Tugend verehrten, und von Feldherren feindlicher Reiche, die über das Meer zu ihm kamen, empfangen hat? Wusstest du nicht, dass zu Titus Livius Gäste aus dem hintersten Germanien und aus Spanien nach Rom kamen? Wusstest du nicht, dass sich selbst die Kaiser Roms in die schrecklichsten Einöden begaben, um dort die heiligen Einsiedler zu sehen? Und ich übergehe den König Salomon. Welcher berühmte Mann hat je Mangel an Besuchern gehabt? Freunde und Bekannte freuen sich über ein Gespräch, über Geschichten, die man sich erzählt, die Unbekannten geben sich mit dem Anblick zufrieden. Es liegt nämlich eine gewisse, schwer fassbare Süße in der Gegenwart großer Männer, die nur der fühlt, der sie genießt. Sag also nicht, dass du das lästig findest. Es mag anstrengend sein, das gebe ich zu, aber es ist auch rühmlich.

LEID: Die Berühmtheit meines Namens zerrüttet mich.

VERSTAND: Wenn du sie loswerden willst, musst du erst die Tugend loswerden, aus deren Wurzel sie gewachsen ist. Wenn du das aus guten Gründen nicht willst, musst du diese Bürde eben gleichmütig tragen, nach der sich so viele Menschen ihr Leben lang und unter größten Anstrengungen sehnen, wie du dich vielleicht einstmals selbst danach gesehnt hast. Ertrage es also, dass so viele dich sehen wollen, denn sie tun es aus Liebe für dich und deinen Namen.

LEID: Überall feiern sie mich, dass es an Beschwerlichkeit grenzt und meinen Überdruss erregt.

VERSTAND: Es wäre dir also lieber, wenn man dir übelwollen und dich verstoßen würde?

LEID: Zahllose Menschen ehren mich, dass ich den Ekel davor bekomme.

VERSTAND: Erkenne darin ein Geschenk Gottes: Er ehrt dich, damit auch du ihn gerne ehrst und es bereust, wenn du ihm die Ehre versagst. Alle Ehre und alles Gute, das einem Menschen vom Menschen gegeben wird, kommt von Gott.

LEID: Übermäßige Ehre und dicht gedrängte Besuche sind aber schreckliche Dinge.

VERSTAND: Zugegeben. Aber die Wurzeln dieser Beschwerlichkeit sind die allersüßesten: Liebe und Verehrung. Wenn du deiner Seele diese beiden zu schmecken gibst, dann wird auch das, was dich stört, deine Zustimmung finden. Balanciere das Bittere durch die Süße, nicht nur in dieser Angelegenheit, sondern in allem, das dir im Leben begegnet. In diesem Leben wirst du selten einen Honig finden, in den nicht auch etwas Galle gemischt ist, und meistens überwiegt das Bittere.

LEID: So viel Berühmtheit ermüdet mich.

VERSTAND: Das kommt oft vor. Wir wissen etwa, dass der göttliche Vespasian am Tag seines Triumphzuges von Widerwillen gegen all den würdevollen Aufwand gepackt wurde und sich laut beklagte, der Triumph sei ihm und seinen Vorfahren weder angemessen noch erwünscht, er sei zu alt für solchen hohlen Pomp. Wenn nun schon die Berühmtheit nicht an sich erstrebenswert ist, so muss man doch ihre Ursachen hochhalten und lieben und selbst in der Vereinsamung nicht aufgeben, nämlich Tugend und Fleiß. Eine ruhmreiche Mühe ist um vieles wünschenswerter als eine Ruhe aus Faulheit.

LEID: Ich werde gekränkt von all diesen Leuten, die mich auf der Straße grüßen.

VERSTAND: Der Philosoph Chrysipp teilt diesen Ekel mit dir. Wer teilt ihn nicht mit dir, abgesehen von denen, die – mit Vergil zu reden – sich am Hauch des gemeinen Volkes erfreuen? Jener Philosoph ist besonders berühmt für diese Klage, weil, wie ich glaube und wie es überliefert ist, die dicht gedrängten und unerwarteten Besuche diesen scharfsinnigen Mann, der sich glühend seinen Studien hingab, so sehr durcheinanderbrachten, dass er selbst sagte, sie würden ihn „zum Tode führen". Du aber sollst dich nicht beklagen. Was du dir gewünscht hast, ist geschehen, du bist im Volk berühmt. Wenn dem nicht so wäre, müsstest du nicht so oft zurückgrüßen. Du hättest dich verbergen können, hättest schweigen können und es dir, wie man sagt, an dir selbst genug sein lassen können und so das Leben führen, das überall als das beste bezeichnet wird. Ihr aber wollt bekannt und berühmt in den großen Städten sein, ohne dabei auf Muße, Freiheit und Ruhe zu verzichten: das heißt so viel wie mitten im Sturmwind auf dem Meer stillestehen zu wollen. Zu guter Letzt spricht der Hochmut aus dir, wenn du nicht heiteren Sinnes die Stimmen und Gunstbezeugungen deiner Freunde ertragen kannst, während es darum geht, gleichgültig die Beschimpfungen deiner Feinde über dich ergehen zu lassen.

# 1377

# IBN KHALDUN
## Was Kultur heißt

*Wüssten wir nicht alle gerne, was Kultur ist? Hier erfahren wir es in aller Kürze und Zuverlässigkeit. Von dem überragenden Wissenschaftler aus Tunis stamme »das größte Werk aller Zeiten und Länder, das je von einem einzelnen Geist hervorgebracht worden ist, (…) die umfassendste und erhellendste Analyse, wie menschliche Verhältnisse funktionieren, die jemals unternommen wurde«, so 1967 der englische Historiker Arnold J. Toynbee. Der allseitig und hoch gebildete Abd ar-Rahman ibn Mohammed ibn Khaldun al-Hadrami (\* 1332, † 1406) gilt als erster Soziologe und Sozialhistoriker. Zeitweilig in hohen politischen Ämtern bei den maghrebinischen Herrschern, unterwegs zwischen Granada, Fes, Tunis, Kairo und Mekka, in entscheidenden und erfolgreichen diplomatischen Missionen bei Pedro dem Grausamen am Hof von Kastilien und beim Mongolenherrscher Timur in Damaskus (vgl. Nichts als die Welt, S. 85), lernte er die Welt seiner Zeit kennen, und nichts Geringeres als eine Weltgeschichte hat er in dem monumentalen Projekt seiner Muqaddima in Angriff genommen.*

DIE PHILOSOPHEN HABEN DIES durch die folgenden Worte ausgedrückt: Der Mensch ist seiner Natur nach »politisch«, das heißt, die Gemeinschaft, welche in ihrer Terminologie »Stadt« heißt, ist für ihn unumgänglich. Dies ist die Bedeutung von Kultur, und die Erklärung dafür (d. h. für die Notwendigkeit der Gemeinschaft) ist, dass Gott – gelobt sei Er! – den Menschen in einer Form geschaffen und gebildet hat, deren Leben und Fortdauer ohne Nahrung nicht gesichert ist. Er leitete ihn durch seine angeborene Anlage dazu an, nach ihr zu suchen und sie durch die ihm von Ihm eingepflanzte Fähigkeit zu erlangen. Jedoch reicht die Fähigkeit des einzelnen Menschen nicht aus, um das Notwendige an Nahrung zu erlangen; sie gibt ihm nicht in vollem Maße, was er davon für sein Leben braucht. Auch wenn wir das Mindestmögliche für ihn annehmen, nämlich zum Beispiel eine Tagesration Weizen, so könnte das nur durch ein vielfältiges Verfahren, nämlich Mahlen, Kneten und Backen, erreicht werden. Jede einzelne von diesen drei Arbeiten bedarf der Gerätschaften und Werkzeuge, die nur durch zahlreiche Handwerke zustande gebracht werden können, wie (dasjenige) des Schmieds, des Tischlers oder des Töpfers. Stelle dir das vor, dass er das Korn essen könnte ohne (irgendwelche) Verfahren, dann wären trotzdem für die Erlangung des Korns noch viele andere Arbeiten notwendig: das Aussäen, das Ernten und das Dreschen, welches das Korn aus den Hülsen der Ähre herauszieht. Jede einzelne von diesen Tätigkeiten bedarf zahlreicher Werkzeuge und vieler Handwerke, weitaus zahlreicher als die vorherigen, und es ist undenkbar, dass ein Einzelner all diesem oder auch nur einem Teil davon nachkommen kann. So ist das Zusammenwirken vieler Kräfte vonseiten seiner Mitmenschen notwendig, um Nahrung für sich selbst und für sie zu erlangen. Jedoch kann durch die Zusammenarbeit ein hinreichendes Maß von dem, was nötig ist, für viel mehr (Menschen,) als sie selber (zählen,) erlangt werden.

In gleicher Weise bedarf auch jeder Einzelne von ihnen zur Verteidigung seiner selbst der Hilfe seiner Mitmenschen, …

Folglich ist die Gemeinschaft notwendig für die Spezies Mensch. Wenn es nicht so wäre, dann wäre ihr Dasein nicht vollkommen; es wäre nicht, was Gott wollte, nämlich sie (d. h. die Menschen) die Welt bewohnen zu lassen und sie zu seinen Vertretern zu bestimmen. Dies aber ist die Bedeutung von Kultur, wie wir sie uns zum Objekt für diese Wissenschaft gemacht haben. …

Wenn sich nun diese Gemeinschaft für die Menschen eingestellt hat, so wie wir festgestellt haben, und die Kultur in der Welt durch sie zustande gekommen ist, dann ist es notwendig, dass jemand sie im Zaume hält, um sie wegen ihrer animalischen Naturanlagen, das heißt, Aggressivität und Ungerechtigkeit, voneinander fernzuhalten. Die Waffen, die zur Abwehr von Angriffen der stummen Tiere gemacht wurden, reichen nämlich bei der Abwehr untereinander nicht aus, weil sie bei allen Menschen vorhanden sind. Deshalb ist etwas anderes nötig, um die Angriffe des einen auf den anderen abzuwehren. Es kann jedoch nur von ihnen selbst kommen, da es allen anderen Lebewesen an Begriffsvermögen und Eingebung mangelt. Deshalb muss derjenige, der sie im Zaume hält, einer von ihnen sein, der die Oberhand über sie hat, Herrschaft ausübt und Macht über sie hat, sodass niemandem ein Angriff auf jemand anders gelingen kann. Dies ist die Bedeutung von Herrschaft.

## 1417

# POGGIO BRACCIOLINI
## In den Bädern zu Baden

*Deutschsprachigen Lesern am besten bekannt ist der große italienische Humanist als Autor der Sammlung* Facezien *oder Schwänke und Schnurren, ein Bestseller für Jahrhunderte, in dem er die Sittenlosigkeit, Habgier und Unwissenheit seiner klerikal drangsalierten Zeit karikierte. Üblicherweise war er in Deutschland, der Schweiz und Frankreich in Klosterbibliotheken unterwegs, wo er viele Handschriften der klassischen römischen Literatur entdeckte, darunter lange verschollene Texte von Lukrez, Cicero, Tacitus, Quintilian und Petronius. Auf den folgenden Seiten hat ihn seine Gicht auf Abwege gebracht und wir sehen ihn gewissermaßen auf Reportage unterwegs, diesen Rabauken der Unbestechlichkeit, der stets sagte, was er dachte.*

*Dass die Schweiz nicht erst im 19. Jahrhundert von Engländern als Touristenland erfunden wurde, bringen uns die* Bäder zu Baden vor Augen, *in der »Übersetzung eines von Poggio an seinen Landsmann Niccolò Nicoli von daher geschriebenen lateinischen Briefes«. Er beschreibt eine Oase ungeahnter Freizügigkeit, wenn auch das Treiben vielleicht nicht durchweg nur so lustig war, wie es aus seiner Feder floss.*

*Gianfrancesco Poggio Bracciolini (\*1380, †1459) ist in unseren Breiten zu Unrecht in Vergessenheit geraten. Seine Briefe, Dialoge, moralischen Traktate und Berichte von Ketzerprozessen sind für den Humanismus von größter Bedeutung.*

**POGGIO GRÜSST SEINEN NICCOLÒ VIELMALS.** Wenn du dich wohlfühlst, ist es wunderbar; mir jedenfalls geht es gut. Da ich mir einige Sorgen gemacht habe, hatte ich dir am 20. Februar bereits aus Konstanz geschrieben, weil ich glaubte, dass dich der Brief sicherlich zum Lachen bringen müsste, sobald du ihn erhalten hättest. Er war nämlich ziemlich lang und mit Scherzen und Witzen vollgepackt; ich sprach viel von der hebräischen Literatur, mit der ich mich beschäftigte, und scherzte über jenen Doktor, der von ihr ganz eingenommen ist und aus Juden Christen herstellen will; ein leichtsinniger Mann, geschmacklos und unbeständig. Schriften und Meinungen, die so roh, fruchtlos und ungeschlacht sind, wollte ich entsprechend nur scherzend und leichthin streifen. Ich habe wirklich den Verdacht, dass der Brief, und ein anderer, den ich an Leonardo geschickt hatte, euch nicht erreicht hat. Denn dein Umgang mit Schreibaufgaben ist eigentlich überdurchschnittlich sorgfältig, du schreibst jedem zügig zurück, und du hättest mir in jedem Falle mindestens Glückwünsche geschickt, dass ich mich nun jener neuen Wissenschaft zugewandt habe, zu deren gründlichem Studium du mich schon so oft aufgefordert hast; denn wenn sich darin auch kein Nutzen für die philosophische Fakultät erblicken lässt, so trägt sie doch zu unserer Wissenschaft vom Menschen bei – und zwar am meisten in dem, was ich als ein Übersetzen nach der Art des heiligen Hieronymus verstehe. Diesen Brief nun schreibe ich dir aus den Bädern von Baden, wohin ich mich begeben habe, um die Gelenke meiner Hände zu behandeln. Ich glaube, es lohnt sich, dir diesen Ort und die Lieblichkeit seiner Lage, als auch die Bewohner und die Gepflogenheiten des Badens zu beschreiben. Die alten Schriftsteller haben vielerlei über die Bäder von Pozzuoli zu sagen gehabt, wo fast das ganze römische Volk zusammenfloss, um es sich gut gehen zu lassen: Aber wie ich es einschätze, war es in Pozzuoli nicht so angenehm wie hier und die beiden Bäder sind nicht miteinander zu vergleichen. Dort trugen nämlich die Schönheit des Ortes und die Großartigkeit der Villen mehr zum Vergnügen bei als die Ausgelassenheit der Menschen und das Baden selbst. Hier bringt der Ort selbst dem Geist keine, oder doch nur wenig Entspannung, alles andere aber ist von so außerordentlichem Reiz, dass man oft genug meint, sämtliche Lustbarkeiten hätten sich hier versammelt,

Venus selbst sei aus Zypern gekommen: so sorgfältig hält man sich an ihre Lebensregeln und stellt man ihre Sitten und ihren Übermut vor. Obgleich hier sicherlich niemand die Ansprache des Heliogabal gelesen hat, so scheinen sie doch von Natur aus vertraut und ausgebildet darin zu sein. Aber da ich dir ohnehin von diesen Bädern erzählen werde, möchte ich auch den Weg aus Konstanz nicht übergehen, damit du daraus schließen kannst, in welcher Gegend Galliens sie liegen. Zuerst fuhren wir 24 Meilen auf dem Rhein nach Schaffhausen. Da dort der Fluss über schroffe Felsen einen hohen Wasserfall bildet, mussten wir eine gute Meile zu Fuß gehen und kamen schließlich bei einer Festung an, die über dem Rhein gelegen ist und Kaiserstuhl heißt. Der Name bringt mich zu der Vermutung, dass dieser Ort aus einem römischen Feldlager hervorgegangen ist; die Lage jedenfalls bietet sich dazu an, da es auf einem Hügel über dem breiten Strom erhoben liegt, wo eine kleine Brücke Gallien und Germanien verbindet. Auf diesem Weg sahen wir den Rhein von den hohen Felsen und von Klippen aufgestaut herabstürzen und dabei von donnerndem Getöse widerhallen, dass man meinen konnte, er beklage und beweine seinen eigenen Fall. Da kam mir in den Sinn, was von den Wasserfällen des Nils berichtet wird, und ich wunderte mich nicht, dass die Menschen, die in der Nähe dieses Rauschens und Getöses wohnen, taub sein sollen. Denn selbst den Rhein, den man dem Nil gegenüber wohl für einen Gebirgsbach halten kann, hörte man noch drei Stadien weit lärmen. Schließlich kommt man in das recht wohlhabende Städtchen Baden, das rundum von hoch aufragenden Bergen umgeben ist und von einem einigermaßen großen und äußerst schnell fließenden Fluss durchlaufen wird, der sechs Meilen entfernt in den Rhein mündet. Etwa acht Stadien vom Städtchen entfernt hat man auf der anderen Seite des Flusses für die Bäder ein eigenes Dörflein errichtet. In der Mitte dieses Dörfleins liegt ein großer Platz, um den herum großartige und geräumige Gasthäuser stehen. Jedes dieser Häuser hat sein eigenes Bad, das nur von den jeweiligen Gästen genutzt wird. Es gibt ungefähr dreißig öffentliche und private Bäder: öffentlich sind auch ganz von Stein eingefasste, offene Bäder, wo sich das einfache Volk und der Pöbel waschen; dorthin kommen Frauen und Männer, Knaben und unverheiratete Mädchen, der ganze Abschaum strömt dort auf einmal zusammen. Eine hölzerne Wand, die allerdings nur die Friedfertigen aufhalten kann, trennt Männer und Frauen. Es ist ein lächerlicher Anblick, wie dort die alten Vetteln neben den jungen Mädchen unter aller Augen ins Wasser steigen und ihre Unterleiber und Hintern den Männern zeigen. Oft habe ich über dieses großartige Schauspiel des Volkes gelacht, das mir die alten Florafeste in den Sinn gebracht hat, und mich über die Unbescholtenheit dieser Leute gewundert, die die Nackten weder anstarren, noch Böses davon denken oder reden. Ausgesprochen geschmackvoll sind hingegen die Bäder in den Privathäusern und auch diese werden von Männern und Frauen gemeinsam genutzt. Auch hier sind die Bereiche zwar durch hölzerne Wände getrennt, aber in diese Wände sind viele Fenster eingelassen, durch die man gemeinsam trinken und sich unterhalten kann, durch die man sich auch sehen und berühren kann, was ein eifrig gepflegter Brauch ist. Überhalb dieser Bäder sind ringsum Wandelgänge angebracht, wo sich die Männer treffen, um hinunterzuschauen und miteinander zu plaudern. Es ist jedem gestattet, in die Bäder zu gehen, um zu schauen und sich zu unterhalten, zu scherzen und sich zu entspannen, und darüber hinaus die so gut wie völlig nackten Frauen zu betrachten, wie sie ins Wasser steigen und wieder herauskommen. Keine Aufpasser wachen hierüber: kein Tor steht verschlossen: keiner vermutet etwas Unanständiges: oft benutzen Männer und Frauen sogar den gleichen Eingang ins Bad, und sehr häufig kommt es vor, dass die Männer einer halb nackten Frau und die Frauen einem ganz nackten Mann begegnen. Allerdings binden sich die Männer oft einen Lendenschurz um und die Frauen tragen ein dünnes Leinenkleidchen, das zwar bis an die Waden reicht, aber von oben oder an der Seite geschlitzt ist, sodass es weder den Hals, den Busen, die Arme, noch die Schultern verhüllt. Im Wasser speisen Männer und Frauen auch gemeinsam, von hübschen Tischchen, die herumschwimmen, und jeder zahlt seinen Teil davon. Auch ich wurde in dem Haus, in dem ich badete, das ein oder andere Mal zu solchen Festen im Wasser eingeladen. Zwar zahlte ich meinen Beitrag, wollte aber nicht hingehen, obwohl es sich schickte und ich ausdrücklich gefragt worden war. Nicht aus Scham, die man hier für Feigheit und Faulheit hält und als Weltfremdheit begreift, blieb ich fern, sondern weil ich die Landessprache nicht sprechen konnte. Es schien mir albern, dass ein Italiener, der ihre Sprache nicht spricht, mit den Frauen im Wasser sitzt und den ganzen Tag, sprachlos wie er ist, nichts tun kann als Schlürfen und Schmatzen. Zwei meiner Reisegefährten sind allerdings hingegangen und haben sich wunderbar vergnügt. Sie setzten sich eng zu den Damen, aßen und tranken mit ihnen, sprachen durch einen Übersetzer mit ihnen und verschafften ihnen oft mit einem Fächer Kühlung: Es blieb nichts zu wünschen übrig, als vielleicht jenes Gemälde, auf dem Jupiter als goldener Regen zu Danae kommt – und so weiter. Sie trugen das Leinengewand, das üblich ist, wenn Männer bei den

Waffenausbildung
multinationaler
Oppositionsstreitkräfte.
*Badakhshan. Tadschikistan*,
*24. September 1996.*

Im Erstklass-Abteil der
Schweizerischen Bundesbahnen.
*11. März 1999.*

Frauen baden. Ich hingegen stand oben in einer der Galerien und sah zu, beobachtete die Sitten und Gebräuche, die köstlichen Speisen, und machte mir Gedanken über die Freizügigkeit und Vertraulichkeit dieser Lebensart. Es ist wundervoll anzusehen, wie unbescholten und vertrauensvoll sie leben. Die Ehemänner sehen, wie ihre Frauen von Reisenden berührt werden, und sie regen sich nicht auf, werden nicht feindselig, sondern unterstellen immer die beste Absicht. Nichts ist so schwer, dass ihre Sitten es nicht in Leichtigkeit verwandeln würde. Sie gäben die besten Bürger von Platons Republik ab, denen alles gemeinschaftlich gehört, und obwohl sie seine Lehre nicht kennen, sind sie doch längst Teil seiner Gemeinde. Einige Bäder werden gemeinsam von Männern und Frauen benutzt, die blutsverwandt oder befreundet sind: täglich geht man drei oder vier Mal ins Bad und die meiste Zeit über singt, trinkt und tanzt man: einige spielen im Wasser sogar auf Instrumenten. Es ist der lieblichste Anblick, junge Mädchen zu sehen, die gerade ins heiratsfähige Alter gekommen sind, mit leuchtenden Gesichtern, freizügig, gewandt und schön wie Göttinnen, wie sie auf ihren Instrumenten spielen und ihre zurückgeworfenen Gewänder auf dem Wasser schwimmen, dass man eine jede für eine geflügelte Venus halten könnte. Es ist ein Brauch der Frauen, scherzhaft kleine Spenden zu fordern, wenn die Männer ihnen von oben herab zusehen. Also wirft man ihnen kleine Münzen zu, besonders den Schöneren, die sie entweder mit den Händen oder mit ausgebreiteten Kleidern auffangen, wobei die eine die andere zur Seite schiebt; bei diesem Spiel kommen oft auch die geheimen Gegenden des Körpers zum Vorschein. Auch Kränze aus verschiedenen Blumen werden hinuntergeworfen, mit denen sie sich die Häupter schmücken, während sie sich waschen. Da ich nur zweimal am Tag badete und meine Freude daran hatte, der Ausgelassenheit und dem festlichen Treiben zuzusehen, besuchte ich in meiner restlichen Zeit viele verschiedene Bäder, und warf Münzen und Blumenkränze hinab, wie es Brauch ist. Denn es war weder Zeit zu lesen, noch zu denken unter dem steten Zusammenklang von Flöten, Lauten und Gesang; alleine sein zu wollen, wäre hier die höchste Schwachsinnigkeit gewesen; zumal für jemanden, der nicht selbstquälerisch veranlagt ist wie Menedemus, und der als Mensch glaubt, dass ihm nichts Menschliches fremd ist. Zur höchsten Lust fehlte mir nur das gemeinsame Gespräch, das vor allen Dingen das höchste ist. Es blieb also nichts anderes, als die Augen zu weiden, sie zum Spielen zu schicken, sie hin und her zu führen: auch gab es viele Gelegenheiten zum Umgang mit den Leuten, da hierin große Freizügigkeit herrscht und kein Gesetz es einschränkt. Abgesehen von diesen vielfältigen Vergnügungen gibt es noch eine weitere, die alles andere als mittelmäßig ist: hinter dem Dörflein liegt eine große Wiese, ganz in der Nähe des Flusses und von vielen Bäumen überschattet. Nach dem Essen kommen dort von überallher die Menschen zusammen, um verschiedene Spiele zu spielen. Manche tanzen, manche singen, die meisten aber widmen sich dem Ballspiel; allerdings sind die Regeln anders als bei uns. Männer und Frauen werfen sich gegenseitig einen Ball voller Schellen zu und jeder wirft ihn zu dem, den er am liebsten hat; alle laufen um die Wette, um den Ball zu fangen; und wer ihn fängt, hat die Oberhand, denn er kann ihn nun wieder der Person zuwerfen, der er den Vorzug gibt. Da strecken sich viele Hände in die Höhe, um den Schellenball zu fangen, und man tut so, als würde man ihn bald hierhin, bald dorthin werfen. Davon abgesehen werden noch viele andere Spiele und Scherze getrieben, was zu erzählen lange dauern würde. Das allerdings habe ich bemerkt, obwohl es nur wenige verstehen, wie sehr hier nämlich eine Gemeinde aus der Schule Epikurs zusammenfindet; zudem glaube ich, dass dies der Ort ist, in dem die ersten erschaffenen Menschen lebten, und den die Hebräer Eden nennen, mit einem Wort: der Garten der Lüste. Denn wenn die Lust zu einem glücklichen Leben beitragen kann, dann sehe ich nicht, was diesem Ort zur Vollendung fehlt, gibt es hier doch in jeder Ecke eine vollkommene Lust zu genießen. Fragst du mich nun noch, wie es um die Heilkraft des Wassers steht, so kann ich berichten, dass diese so vielfältig wie auch bewundernswert und geradezu göttlich ist. Ich kenne auf dem ganzen Erdenkreis keine Bäder, die der Fruchtbarkeit der Frauen so zuträglich sind. Viele Frauen, die nicht empfangen können, kommen hierher und erfahren die wunderbare Kraft des Wassers, wenn sie zudem den Vorschriften folgen, die in solchen Fällen als Heilmittel aufgestellt sind. Unter vielen anderen Dingen ist vor allem auch die unschätzbare Zahl der Besucher erwähnenswert, adlige und einfache Leute gleichermaßen kommen über Hunderte Meilen hierher, nicht nur um der Gesundheit, sondern auch um der Lust Willen. Alle Verliebten, alle Heiratswilligen, alle, die ihr Leben ganz auf den Genuss gestellt haben, kommen hier zusammen, und erfreuen sich an dem, was sie begehren; viele täuschen körperliche Leiden vor, obwohl seelische Leiden sie plagen. Hier wirst du unzählbar viele ausgesprochen schöne Frauen finden, die ohne Männer anreisen, ohne Verwandte, nur mit zwei Mägden und einem Diener, oder mit irgendeiner uralten Schwägerin, die man noch leichter hintergehen als füttern kann. Manche auch, die es sich leisten können, kommen in Kleidern, die mit Gold, Silber und Edelsteinen verziert sind: Du könntest sagen, sie hätten nicht ein Bad, sondern eine Hochzeitsfeierlichkeit betreten. Auch Nonnen kommen, die man besser als floralische und nicht als vestalische Jungfrauen bezeichnen; auch Äbte, Mönche und Priester leben hier in größerer Freiheit als die übrigen, baden sich gemeinsam mit den Frauen, schmücken sich die Häupter mit Blumenkränzen und werfen alle Religion von sich ab. Alle fliehen einmütig vor der Traurigkeit, suchen nur nach Fröhlichkeit, und machen sich keinen Gedanken außer dem, wie man lustig leben und das Vergnügen genießen kann. Es geht nicht darum, das Gemeinschaftliche zu vereinzeln, sondern alles Einzelne gemeinschaftlich werden zu lassen. Es ist wie ein Wunder, dass in dieser großen Menge von fast tausend Menschen, die alle verschiedene Sitten haben und alle trunken sind, keine Zwietracht entsteht, kein Aufruhr, kein Zerwürfnis, kein Murren, kein Geläster. Männer sehen, wie ihre Ehefrauen mit Fremden tändeln und sich vertraulich mit ihnen unter vier Augen unterhalten – sie erregen sich nicht und sie verwundern sich nicht, weil sie jedem einen guten und ordentlichen Sinn unterstellen. Daher gibt es an diesem Ort für die Eifersucht, die bei uns fast alle Ehemänner so quält, überhaupt keinen Namen. Das Wort ist hier unbekannt, unerhört: Dieses Volk kennt den Namen dieser Leidenschaft nicht, da sie auch diese Krankheit nicht kennen. Das ist nicht verwunderlich: Es gibt bei ihnen keinen Namen für die Sache, da es die Sache selbst nicht gibt. Es ist bei ihnen überhaupt noch nicht erfunden, was ein Eifersüchtiger sein soll. O wie sind die Sitten bei uns so anders! Überall vermuten wir eine verdorbene Geisteshaltung und erfreuen uns so sehr an Rechtsverdreherei und Missgunst, dass wir sofort an ein Verbrechen glauben, sobald sich auch nur ein kleiner Verdacht regt. Oft beneide ich diese Leute hier um ihre Ruhe und verfluche die Widernatürlichkeit unseres Geistes: Immer müssen wir etwas nachforschen, immer etwas begehren, und Himmel, Erde und Meer zugrunde richten auf unserer Jagd nach dem Geld. Kein Gewinn macht uns zufrieden, kein Reichtum befriedigt uns: Indem wir zukünftiges Unglück fürchten, werden wir schon jetzt von anhaltendem Unglück und dauernder Angst umhergeworfen, und weil wir nicht ins Elend stürzen wollen, hören wir nicht auf, längst elend zu sein; gierig schnappen wir nach dem Geld und kennen dabei keine Gnade für unseren Geist und unseren Körper. Hier hingegen sind die Menschen mit Wenigem zufrieden und leben in den Tag hinein, denn jeder Tag wird nach ihrem Gutdünken zu einem Fest, sie gieren nicht nach Reichtum, schon gar nicht zukünftigem, sondern erfreuen sich an dem Geld, das sie haben, ohne vor dem Morgen ängstlich zu zittern; und sollte ihnen etwas Unangenehmes zustoßen, so können sie es mit heiterem Sinn aufnehmen. Ihr eigentlicher Reichtum gründet in dieser einen Weisheit: Nur wenn man gut gelebt hat, hat man überhaupt gelebt. Aber nun genug davon, denn es ist nicht mein Vorhaben, jene in den Himmel zu loben oder uns zu tadeln. Ich wünsche mir, dass dieser Brief ganz von der Fröhlichkeit und Lust angefüllt sein möge, die ich hier in den Bädern wahrgenommen habe, damit auch du in der Ferne durch die Schrift ein wenig daran teilhaben kannst. Leb wohl, mein liebster Niccolò; lass bitte auch unserem Leonardo diesen Brief zukommen – denn unter Freunden soll alles gemeinschaftlich sein. Bestelle auch meinem Nicolaus meinen Gruß, ebenso Lorenzo und Cosimo.

Baden, den 18. Mai 1416.

## 1450

## NIKOLAUS VON KUES
# Die Weisheit ruft auf den Gassen

*Die Laienfrage missverstünde, wer darin vor allem ein akademisches Bonbon hochfliegender philosophischer und theologischer Spekulationen sehen würde. Sie war hochpolitisch. Um nicht weniger ging es als um die Machtbefugnisse des Papstes und die Bemühungen um deren Einschränkung in den Kirchenreformen des 15. Jahrhunderts.*

*Der deutsche Humanist Nikolaus aus Kues an der Mosel, latinisiert Nicolaus Cusanus oder Nicolaus de Cusa (\* 1401, † 1464), tritt 1432 beim Konzil von Basel zunächst gegen den Papst auf und für die Rechte der Laienschaft ein, der kein Bischof vom Papst vor die Nase gesetzt werden dürfe. Sein diplomatisches Geschick und seine Vermittlungserfolge – oder aber, wie andere sagen, sein Opportunismus – eröffnen ihm eine glanzvolle Karriere als Kardinal, päpstlicher Legat, Fürstbischof von Brixen und Generalvikar im Kirchenstaat. Er ist nunmehr fest im päpstlichen Lager niedergelassen, allerdings gemeinsam mit seinem von ihm weiterhin verteidigten »Laien«, welcher der Weisheit nicht weniger mächtig ist als der Gelehrte und der Geweihte. Glaubensfragen sind für ihn weniger Sache der Offenbarung und Schriftauslegung als vielmehr Obliegenheiten der Philosophie, Nahrung für ungemein schwungvolle Spekulation von ganz bezaubernden ästhetischen Qualitäten, in der er nicht nur seine Zeitgenossen weit unter sich lässt. Der »Laie« darf ihn auf seiner Flucht nach oben begleiten.*

ES TRAF EINST ein schlichter, ungelehrter Mann auf dem Marktplatz zu Rom einen sehr vornehmen Gelehrten; den sprach er freundlich lächelnd an.

LAIE: Mich verwundert dein Stolz; denn obwohl du dich mit fortgesetzter Lektüre plagst und unzählige Bücher liest, bist du doch nicht zur Bescheidenheit gelangt. Das kommt sicher daher, weil die Wissenschaft dieser Welt, in der du die anderen zu übertragen meinst, vor Gott nur eine Torheit ist, die den Menschen aufbläht. Das wahre Wissen aber macht bescheiden. Ich wünschte, du würdest dich ihm widmen; denn es ist ein Schatz der Freude.

GELEHRTER: Was ist das für eine Anmaßung von dir, du armer ungebildeter und unwissender Mensch, das Studium der Wissenschaften so herabzusetzen, ohne das es keinen Fortschritt gibt?

LAIE: Nicht Anmaßung, großer Gelehrter, sondern Nächstenliebe ist es, die mir gebietet, nicht zu schweigen! Denn ich sehe, wie du dich in dem Suchen nach Weisheit vieler vergeblicher Mühe unterziehst; wenn ich dich davon abbringen könnte, sodass du gleichfalls deinen Irrweg gewahrtest, dann würdest du dich, glaube ich, freuen, diesen abgenutzten Fallstricken entgangen zu sein. Dich hat der Autoritätsglaube in seinen Bann gezogen, sodass es dir wie dem Pferd ergeht, das zwar von Natur frei, aber mit Hilfe des Halfters an die Futterkrippe gebunden ist, wo es nichts anderes fressen kann, als was ihm vorgeworfen wird. Dein Verstand nährt sich nämlich, da er an die geltenden Autoritäten gebunden ist, nur von ihm fremder und nicht naturgemäßer Nahrung.

GELEHRTER: Wenn die Nahrung der Weisheit nicht in den Büchern weiser Männer enthalten ist, wo ist sie dann zu finden?

LAIE: Ich behaupte nicht, dass sie dort gar nicht vorhanden ist, sondern ich meine nur, dass sie sich naturgemäß dort nicht findet. Diejenigen nämlich, die zuerst darangingen, über die Weisheit zu schreiben, haben nicht aus Bücherwissen – was es noch nicht gab – Förderung erfahren, sondern wurden durch eine natürliche Kost zum vollendeten Manne gemacht; und sie überragen alle anderen, die aus Büchern vorwärtszukommen glauben, weit an Weisheit.

GELEHRTER: Allerdings kann man wohl auch ohne das Studium der Wissenschaften einiges wissen, aber keinesfalls schwierige und wichtige Dinge; denn das Wissen wächst nur durch schrittweises Hinzulernen.

LAIE: Das ist genau das, was ich sagte: Du lässt dich von Autoritäten leiten und täuschen. Irgendjemand schrieb dieses Wort, und du glaubst ihm. Ich aber sage dir: Die Weisheit ruft draußen auf den Gassen, und es verkündet ihr Ruf, dass sie in der höchsten Höhe wohnt.

GELEHRTER: Wie ich höre, glaubst du weise zu sein, obwohl du ein ungelehrter Mann bist.

LAIE: Der Unterschied zwischen dir und mir ist wohl der: Du glaubst, wissend zu sein, obwohl du es nicht bist; deshalb bist du überheblich. Ich aber weiß, dass ich unwissend bin, deshalb bin ich bescheiden. In dieser Hinsicht bin ich wohl der Wissendere.

GELEHRTER: Wie kannst du aber zum Wissen um deine Unwissenheit gelangt sein, da du doch ungelehrt bist?

LAIE: Nicht aus deinen Büchern, sondern aus denen Gottes.

GELEHRTER: Welche sind das?

LAIE: Die er mit eigenem Finger geschrieben hat.

GELEHRTER: Und wo sind sie zu finden?

LAIE: Überall.

GELEHRTER: Also auch auf diesem Marktplatz?

LAIE: Gewiss! Ich sagte ja schon: »Die Weisheit ruft auf den Gassen« (Spr. 1,20).

GELEHRTER: Ich wünschte zu hören, wie.

LAIE: Wenn ich sähe, dass dich nicht bloß neugierige Fragelust bewegt, würde ich dir große Dinge eröffnen.

GELEHRTER: Kannst du das nicht kurz ausführen, damit ich eine Kostprobe davon erhalte, was du meinst?

LAIE: Ja, sicher.

GELEHRTER: Dann wollen wir uns doch bitte in diese nahe Barbierstube begeben, damit wir uns im Sitzen ungestörter unterhalten können.

Der LAIE war einverstanden, und sie traten in den Raum ein und setzten sich mit dem Blick auf den Markt. Dann begann der Laie folgendermaßen die Erörterung:

Ich sagte dir, »die Weisheit ruft auf den Gassen, und ihr Ruf verkündet, dass sie in der höchsten Höhe wohnt«; ich werde versuchen, dir das zu beweisen. Zuerst sage mir bitte: Was siehst du hier auf dem Marktplatz vorgehen?

GELEHRTER: Ich sehe, wie dort Geld gezählt wird, auf der anderen Seite Waren gewogen und gegenüber Öl und andere Dinge abgemessen werden.

LAIE: Das alles sind Tätigkeiten jenes Geistes, durch den der Mensch das Tier überragt; denn zählen, wiegen und messen kann ein Tier nicht. Richte nun dein Augenmerk darauf, Gelehrter, wodurch, worin und woraus diese Tätigkeiten entstehen, und sage es mir!

GELEHRTER: Durch das Unterscheidungsvermögen.

LAIE: Richtig. Aber wodurch gibt es eine Unterscheidung? Zählt man nicht durch die Eins?

GELEHRTER: Wieso?

LAIE: Ist nicht eins einmal die Eins, zwei zweimal die Eins, drei dreimal die Eins und so weiter?

GELEHRTER: Jawohl.

LAIE: So entsteht also jede Zahl durch die Eins?

GELEHRTER: Es scheint so.

LAIE: Wie demnach die Eins das Prinzip der Zahl ist, so ist die kleinste Gewichtseinheit das Prinzip des Wiegens und die kleinste Maßeinheit das Prinzip des Messens. Möge also jene Gewichtseinheit »Unze« und die Maßeinheit »Petit« heißen: Wird nicht ebenso, wie durch die Eins gemessen? So geht aus der Eins das Zählen, aus der Unze das Wiegen und aus dem Petit das Messen hervor. Und ebenso ist in der Eins das Zählen, in der Unze das Wiegen und im Petit das Messen enthalten. Verhält es sich nicht so?

GELEHRTER: Natürlich!

LAIE: Wie kommt man nun aber zu dieser Eins, zur Unze und zum Petit?

GELEHRTER: Ich weiß es nicht. Ich weiß nur, dass man auf die Eins nicht durch eine Zahl kommt, weil die Zahl erst von der Eins ausgeht; und ebenso wenig kommt man auf die Unze durch ein Gewicht und auf das Petit durch ein Maß.

LAIE: Ausgezeichnet, Gelehrter! Wie nämlich das Einfache naturgemäß früher da ist als das Zusammengesetzte, so ist das Zusammengesetzte naturgemäß erst das Spätere. Deshalb kann das Zusammengesetzte nicht das Einfache messen, sondern nur umgekehrt. Hieraus ersiehst du, dass dasjenige, wodurch, woraus und worin alles Zählbare gezählt wird, mit einer Zahl nicht erfassbar ist; und gleicherweise ist auch dasjenige, wodurch, woraus und worin alles Messbare gemessen wird, nicht mit einem Maß erfassbar.

GELEHRTER: Das erkenne ich ganz klar.

LAIE: Diesen Ruf der Weisheit auf den Gassen übertrage nun auf jene höchste Höhe, wo die Weisheit wohnt, und du wirst viel Köstlicheres finden als in all deinen prunkvollen Büchern.

GELEHRTER: Wenn du nicht erklärst, was du damit sagen willst, verstehe ich dich nicht.

LAIE: Wenn du nicht aus innerem Anspruch darum bittest, vermag ich es nicht zu tun; denn die Geheimnisse der Weisheit kann man nicht allen ohne Unterschied preisgeben.

GELEHRTER: Ich wünsche sehr, dich weiter zu hören, und bin schon durch die wenigen Worte begeistert; denn das, was du soeben vorausgeschickt hast, kündigt mir an, dass etwas Großes folgen wird. Ich bitte dich daher, das Begonnene fortzusetzen.

LAIE: Ich weiß nicht, ob man so große Geheimnisse enthüllen und eine so große Tiefe unbedenklich zur Schau stellen darf. Aber dennoch kann ich es mir nicht versagen, dir den Gefallen zu tun. Sieh, Bruder: Die höchste Weisheit ist die, zu wissen, wie in dem soeben erwähnten Gleichnis das Unfassbare erfasst wird, ohne es doch erfassen zu können.

GELEHRTER: Du sagst wunderliche und ungereimte Dinge.

LAIE: Das ist der Grund, weshalb das Verborgene nicht allen mitgeteilt werden darf, weil es ihnen absonderlich erscheint, wenn es offenbar wird. Du wunderst dich, dass ich etwas Widersprüchliches gesagt habe; du sollst die Wahrheit hören und eine Kostprobe von ihr bekommen! Ich behaupte nun, dass man dasselbe, was ich schon vorhin von der Eins, der Unze und dem Petit sagte, auch von allem anderen hinsichtlich seines letzten Urgrundes sagen muss. Denn der Urgrund von allem ist das, wodurch, worin und woraus alles Erkennbare erkannt wird; und doch ist er mit dem Verstande erfassbar. Er ist gleicherweise das, wodurch, worin und woraus alles Sagbare gemacht wird; und doch ist er mit einer Aussage unerfassbar. Ebenso ist er das, wodurch, worin und woraus alles Bestimmbare bestimmt und alles Begrenzbare begrenzt wird; und doch ist er durch keine Bestimmung bestimmbar und durch keine Grenze begrenzbar. In dieser Weise könntest du unzählige ähnliche, völlig zutreffende Formulierungen aufstellen und alle deine gelehrten Bücher damit anfüllen und könntest ihnen noch weitere ohne Zahl hinzufügen, um zu ersehen, inwiefern die Weisheit in der höchsten Höhe wohnt. Denn das Höchste ist etwas, wo es nichts Höheres gibt. Nur die Unendlichkeit ist diese Höhe.

## *1461*

# FRANÇOIS VILLON

## Aus Gefängnis und Beinhaus

*Scholar, Vagant und Krimineller. Bakkalaureus der freien Künste, anschließend mutmaßlicher Theologiestudent – auf dem »Stand der Wissenschaft« also – und alsbald abgeglitten ins Gangstermilieu, eventuell gefördert durch einen Professorenstreik, den die Studenten nicht nur mit harmloser Aktivität überbrückten. Wiederholt im Gefängnis, 1463 zum Strang verurteilt, begnadigt und für zehn Jahre aus Paris verbannt, blieb er seit dieser Zeit verschollen.*

*François Villon (\* 1431, † nach 1463) war der bedeutendste Balladendichter mindestens zweier Jahrhunderte. »Me suis Françoys, dont il me poise, | Né de Paris emprès Pontoise, | Et de la corde d'une toise | Sçaura mon col que mon cul poise.« – »Ich bin François, was mir Kummer macht, | gebürtig aus Paris bei Pontoise, | und von einer Elle Strick | wird mein Hals erfahren, was mein Hintern wiegt.«*

AUS DEM GEFÄNGNIS AN SEINE FREUNDE
Erbarmet euch, erbarmet euch doch mein,
Dies wenigstens, wenn's, Freunde, euch gefällt.
Ich lieg im Loch, nicht unterm Baum des Maien,
In der Verbannung hier, in der mich hält
Fortunas Macht, wie Gott es hat bestellt.
Verliebte, Dirnlein, frisch im Jugendschwang,
Ihr Tänzer, Springer, mit dem Kälbergang,
Wie Pfeile flink, wie Dornen scharf und fein,
Mit Kehlen, klingend hell wie Schellenklang,
Lasst Ihr den armen Villon hier allein?

Ihr Sänger, die Ihr singt, frei wie Ihr wollt,
Kurzweiliges Volk, das lacht und scherzt so gern.
Hurtig und fein, echt, frei von falschem Gold,
Ihr witzigen, ein wenig tollen Herren,
Er stirbt, indem Ihr bleibt zu lange fern.
Ihr, die Ihr Lais, Rondeaux, Motetten singt,
Wenn tot er ist, Ihr ihm wohl Glühwein bringt,
Da, wo er liegt, dringt Blitz und Sturm nicht ein,
Mit dicken Mauern hat man ihn umringt.
Lasst Ihr den armen Villon hier allein?
Besucht ihn hier, wo's ihm so kläglich geht,

Freiherrn, die Ihr von Zoll und Zehnt verschont,
In keines Kaisers, Königs Diensten steht,
Nur Gottes, der im Paradiese thront.
Da Sonntags, Mittwochs Fasten er gewohnt,
Stehn ihm die Zähen harkengleich heraus.
Nach trocknem Brot – niemals nach Kuchenschmaus –
Gießt Wasserströme ins Gedärm er ein,
Nicht Tisch noch Pritschen sind im tiefen Haus.
Lasst Ihr den armen Villon hier allein?

Ihr Fürsten, alte, junge, die ich rief,
Erwirkt mir Gnade und des Königs Siegelbrief,
Und hebt in einem Korb mich aus der Pein,
So bringen Schweine auch sich Hilfe dar;
Denn, wenn nur eins quiekt, flieht die ganze Schar.
Lasst Ihr den armen Villon hier allein?

#### BETRACHTUNG ÜBER DAS BEINHAUS

Euch gilt's, Genossen meiner Freuden,
Der Leiber Lust, der Seelen Not,
Wahrt alle Euch, den Brand zu leiden,
Der Menschen schwarz färbt, sind sie tot;
Entschlüpft ihm, 's ist ein übler Tod,
Geht dran vorbei, so gut Ihr wisst,
Und denket alle dran, bei Gott!
Dass eines Tags Ihr sterben müsst.

Item, es soll'n die Quinze-Vingts,
– Trois cents, das gäb den gleichen Sinn –
Die von Paris, nicht von Provins;
Denn ihnen nicht geneigt ich bin;
Sie soll'n ohn Futteral erhalten
Mein' große Brille, ich will's leiden,
Dass in dem Beinhaus sie, dem kalten,
Die Guten von den Schlechten scheiden.

Hier gibt's kein Lachen und kein Spiel.
Was hilft's, dass Reichtum man genossen,
Auf reichem Bett in Schlaf verfiel,
Den dicken Bauch voll Wein gegossen,
Dass man getanzt in Lust und Prassen,
Ob stets genug der Lust man fände?
All solche Freuden muss man lassen,
Und nur die Schuld verbleibt am Ende.

Wenn ich im Beinhaus mir betrachte
Der Schädel aufgehäufte Schicht,
Ein jeder einen Ratsherrn machte,
Zum mindesten am Hofgericht.
Vielleicht warn alle Körbeträger,
Ein jeder kann was andres sagen,
Ob Bischof, ob Laternenpfleger,
Ich würds nicht zu entscheiden wagen.

Die Damen, die in ihrem Leben
Sich vornehm voreinander neigten
Und Kronen trugen, sie, daneben,
Die ihnen Furcht und Dienst bezeigten,
Sie, wie sie alle still dort liegen.
Vereint in eines Knäuels Haufen.
Von ihrer Macht sie niederstiegen.
Wer will sich Clerc hier, Meister taufen?

Sind tot, Gott mög die Seelen wahren!
Der Leib ging längst in Fäulnis ein.
Ob Herren sie, ob Damen waren,
Genährt von Speisen zart und fein,
Von Sahne, Reis und Weizenbrei'n,
Die Knochen sind in Staub zerfallen,
Die kümmern keine Tändelein,
Verzeihe, süßer Heiland, allen!

Den Toten lass ich dies Legat.
Ich will es jene wissen lassen,
Die, König, Richter, Fürst, Prälat,
Die schnöde Habsucht grimmig hassen
Und Fleisch und Bein vertrocknen lassen,
Zu helfen der gemeinen Not;
Mög ihnen ihre Schuld erlassen
Gott und Sankt Dominik im Tod.

1485–1490

# LEONARDO DA VINCI
## Gegen Geister und Zauberer

*Geister gibt es keine, und Gott ist für ihn Epitheton des Staunens und der Ehrfurcht angesichts der Schöpfung, ohne dass diese selbstverständliche Präsenz des Allmächtigen der Souveränität des Künstlers, Wissenschaftlers und Ingenieurs mit theologischen Maßregeln irgendeines Hochamts Schranken auferlegen könnte. Hier spricht einer mit dem offenen Weltbild eines modernen Wissenschaftlers vom Schlage Einsteins oder aber – eines Cicero. Auf die Rückkehr der Antike, das heißt deren Wiedergeburt unter den erdrückenden Geschiebemassen von 1000 Jahren christlicher Kirche unter päpstlicher Zentralgewalt, spielt der Epochennamen Renaissance an, und hier haben wir ihren epochalen Mann vor uns. Alles an ihm ist Aufbruch. Seiner Zeit – wie diese sich selber ebenfalls – ist er voraus, in mancherlei Hinsicht um Jahrhunderte. Wie kein zweiter lehrt sein Lebenslauf, was den großen Künstler ausmacht: nämlich der Forscher erst und dann der von diesem geleitete Konstrukteur/Ingenieur. Viel ist über Leonardo da Vinci (\*1452, † 1519) gesagt worden; viel mehr wird folgen.*

*Die Nekromantie, von der Leonardo spricht, ist Zauberei in Kooperation mit Verstorbenen beziehungsweise ihren Geistern, aber es geht ihm um die Magier im Allgemeinen. Nebenbei sehen wir, dass der Begriff »Alchimie« umfassend auch für das steht, was der gewöhnliche Chemiker und manch anderer Bastler noch Jahrhunderte später tun wird oder sich zum Ziel setzt.*

UNTER ALLEN menschlichen Abhandlungen muss diejenige, die sich zum Glauben an die Nekromantie bekennt, für die törichteste gelten. Die Nekromantie ist zwar die Schwester der Alchimie, der Erzeugerin einfacher und natürlicher Dinge; aber sie verdient viel mehr Tadel als die Alchimie, weil sie überhaupt nichts erzeugt, es sei denn Dinge ihresgleichen, nämlich Lug und Trug. Das ist nicht der Fall in der Alchimie, die mit den einfachen Naturerzeugnissen arbeitet und deren Aufgabe durch die Natur selbst nicht vollbracht werden kann, weil ihr die organischen Werkzeuge dafür fehlen. Nur mit diesen könnte sie schaffen, was der Mensch mit seinen Händen schafft, die in diesem Fach doch schon Glas und andres mehr gemacht haben. Aber die Nekromantie, nur eine flatternde Standarte oder vom Wind aufgebauschte Fahne, ist die Verführerin der dummen Masse, die mit ihrem Gerede fortwährend die grenzenlosen Wirkungen einer solchen Kunst bezeugt. Man hat auch dicke Bücher darüber geschrieben, worin behauptet wird, dass die Zauberwesen und Geister allerlei fertigbringen, dass sie ohne Zunge sprechen können, obwohl das Sprechen ohne organische Werkzeuge unmöglich ist, und dass sie die schwersten Gewichte heben, Unwetter und Regen erzeugen und Menschen in Katzen, Wölfe und andere Tiere verwandeln können. Zu Tieren werden freilich vor allem diejenigen, die solchen Unsinn zusammenschwätzen.

Und wenn es eine solche Nekromantie, wie die Einfältigen glauben, einmal gegeben hat, so gibt es auf Erden doch gewiss nichts, was dem Menschen dermaßen zu schaden oder zu nützen vermag; denn sonst hätte man mit dieser Kunst wohl die Macht, die stille Heiterkeit der Luft zu stören und sie in nächtliche Finsternis zu verwandeln, Gewitter und Stürme mit gewaltigen Donnerschlägen und unheimlichen, durch das Dunkel zuckenden Blitzen zu erzeugen und durch stürmische Winde hohe Gebäude niederzureißen und ganze Wälder zu entwurzeln, sei's um Heere zu erschüttern, zu zersprengen und niederzuwerfen, sei's um die Bauern des Lohnes ihrer Mühe zu berauben. Welche Kriegsmethode könnte denn dem Feind so sehr schaden wie eine derartige Macht, die ihn sogar um seine Ernten bringen würde? Und welche Seeschlacht ließe sich vergleichen mit der unter der Führung eines Mannes, der über die Winde gebietet, der also rasende Unwetter herbeiführen und dadurch jede Flotte versenken könnte? Wer solche zerstörenden Gewalten beherrschen würde, der wäre wahrhaftig Herr über alle Völker, und keine menschliche List könnte seinen verderblichen Kräften widerstehen. Die verborgenen Schätze und die im Schoß der Erde ruhenden Edelsteine wären alle sichtbar für ihn; kein Schloss und Riegel, keine noch so uneinnehmbare Festung könnte irgendjemand schützen vor dem Willen eines solchen Nekromanten. Er würde sich von Ost nach West durch die Luft und kreuz und quer durchs Weltall tragen lassen. Aber warum verbreite ich mich eigentlich so ausführlich darüber? Gibt es denn überhaupt etwas, was durch einen solchen Zauberer nicht vollbracht werden könnte? Nein, wohl kaum – außer der Flucht vor dem Tode!

Es ist also teilweise erwiesen, welcher Schaden und welcher Nutzen mit einer solchen Kunst verbunden wären, wofern es sie tatsächlich gäbe. Und wenn es sie irgendwann gegeben hat, warum ist sie den Menschen, die so viel begehren und keine Gottheit über sich anerkennen, dann nicht geblieben? Es gibt doch sehr viele, die Gott und die ganze Welt vernichten würden, um eine ihrer Begierden zu befriedigen!

Da sie den Menschen also nicht geblieben ist, obgleich sie ihnen nottun würde, so hat es sie nie gegeben. Und es kann sie überhaupt nicht geben, nämlich aufgrund der Definition des Geistes, der unsichtbar und unkörperlich ist. Im Reich der Elemente aber gibt es nichts ohne Körper; denn wo kein Körper ist, da ist ein Vakuum, und im Reich der Elemente gibt es kein Vakuum, weil es sofort von einem Element ausgefüllt wird.

# 1486

## GIOVANNI PICO DELLA MIRANDOLA
## Deine Würde ist deine Freiheit

*Wie viel hätten wir von ihm noch zu erwarten gehabt, wäre er etwas älter nur als 31 Jahre geworden! Thomas Morus (vgl. S. 146–149) wird ihn uns vorstellen, den Mann der Renaissance, die er wie kein anderer junger Gelehrter verkörpert.*

*Im Rückgriff auf das Alte Testament gibt die christliche Anthropologie dem Menschen seine Würde als Ebenbild Gottes. Sie ist unveräußerlich, was heißt, dass auch der Mensch selbst diese Gabe des Schöpfers nicht preisgeben kann. Diesen lässt Pico zu Adam sagen: »Keinen bestimmten Platz habe ich dir zugewiesen, auch keine bestimmte äußere Erscheinung und auch nicht irgendeine besondere Gabe habe ich dir verliehen, Adam, damit du den Platz, das Aussehen und alle die Gaben, die du dir selbst wünschst, nach deinem eigenen Willen und Entschluss erhalten und besitzen kannst.« Pico ist der Erfinder der Würde des Menschen als dessen Freiheit, so wie Christen sie denken können, auch wenn unter ihnen viele, von Luther bis in unsere Tage, sich wenig daraus gemacht haben.*

*Giovanni Pico Conte della Mirandola (\*1463, †1494) war, wenn es das gibt, ein Wunderkind. Neben Latein und Griechisch beherrschte er als Dreiundzwanzigjähriger die arabische, die hebräische und die aramäische Sprache. Als erster Christ ohne jüdische Ahnen befasste er sich intensiv mit der Kabbala. Er bekannte sich zu den Lehren des Andalusiers Averroes (Ibn Rushd), welche in Glaubensfragen der Vernunft die höchste Autorität zusprachen und vom Papst mit dem Bann der Häresie belegt waren. Dieser vereitelte die öffentliche Disputation seiner 900 Thesen, zu der Pico auf eigene Kosten sämtliche interessierten Gelehrten der Welt nach Rom einladen wollte. Ziel der Großveranstaltung: die fundamentale Übereinstimmung aller philosophischen und religiösen Lehren aufzuzeigen und damit zur weltweiten Verständigung und zum Frieden beizutragen.*

VEREHRTE VÄTER! In arabischen Schriften habe ich Folgendes gelesen. Man fragte einmal den Sarazenen Abdallah, was ihm auf dieser Welt, die doch gleichsam eine Schaubühne wäre, denn am bewunderungswürdigsten vorgekommen wäre. Darauf antwortete jener, nichts scheine ihm bewunderungswürdiger zu sein als der Mensch. Dieser Meinung kann man auch noch den Ausspruch des Merkurius hinzufügen: »Ein großes Wunder, o Asklepius, ist der Mensch.« Als ich diese Aussprüche einmal recht überlegte, erschienen mir die traditionell überlieferten Meinungen über die menschliche Natur demgegenüber etwas unzulänglich. So zum Beispiel die Meinung, der Mensch sei ein Bote und Vermittler zwischen den Geschöpfen; er sei ein Freund der Götter; er sei der König der niederen Sinne durch die klare Erforschung seiner Vernunft und durch das Licht seines Verstandes; er sei der Dolmetscher der Natur; er sei ein Ruhepunkt zwischen der bleibenden Ewigkeit und der fließenden Zeit; oder er sei nach Aussagen der Perser das Band, das die Welt zusammenhält; er sei sogar das Hochzeitslied der Welt; er stehe schließlich nach dem Zeugnisse Davids nur wenig unter den Engeln. Das sind wahrlich alles hohe

Eigenschaften, aber darin liegt nicht die Hauptsache, nämlich warum gerade der Mensch den Vorzug der höchsten Bewunderung für sich in Anspruch nehmen solle. Warum bewundern wir denn nicht mehr die Engel und die seligen Chöre des Himmels? Ich habe mich denn schließlich um die Einsicht bemüht, warum das glücklichste und aller Bewunderung würdigste Lebewesen der Mensch sei und unter welchen Bedingungen es möglich sein konnte, dass er aus der Reihe des Universums hervorschritt, beneidenswert nicht nur für die Tier, sondern auch für die Sterne, ja sogar für die überweltlichen Intelligenzen. Geht das doch fast über den Glauben hinaus, so wunderbar ist es. Oder warum nicht? Denn auch deswegen wird der Mensch mit vollem Recht für ein großes Wunder und für ein bewunderungswürdiges Geschöpf geheißen und gehalten. Wie sich das nun aber verhält, verehrte Väter, das höret an und bringt mit geneigten Ohren und milder Gesinnung meiner Arbeit euer Wohlwollen entgegen.

Bereits hatte Gottvater, der höchste Baumeister, dieses irdische Haus der Gottheit, das wir jetzt sehen, diesen Tempel des Erhabensten, nach den Gesetzen einer verborgenen Weisheit errichtet. Das überirdische Gefilde hatte er mit Geistern geschmückt, die ätherischen Sphären hatte er mit ewigen Seelen belebt, die materiellen und fruchtbaren Teile der unteren Welt hatte er mit einer bunten Schar von Tieren angefüllt. Aber als er dieses Werk dann vollendet hatte, da wünschte der Baumeister, es möge jemand da sein, der die Vernunft eines so hohen Werkes nachdenklich erwäge, seine Schönheit liebe, seine Größe bewundere. Deswegen dachte er, nachdem bereits alle Dinge fertiggestellt waren, wie es Moses und der Timaeus bezeugen, zuletzt an die Schöpfung des Menschen. Nun befand sich aber unter den Archetypen in Wahrheit kein Einziger, nach dem er einen neuen Sprössling hätte bilden sollen. Auch unter seinen Schätzen war nichts mehr da, was er seinem neuen Sohne hätte als Erbe schenken sollen, und unter den vielen Ruheplätzen des Weltkreises war kein einziger mehr vorhanden, auf dem jener Betrachter des Universums hätte Platz nehmen können. Alles war bereits voll, alles unter die höchsten, mittleren und untersten Ordnungen der Wesen verteilt. Aber es wäre der väterlichen Allmacht nicht angemessen gewesen, bei der letzten Zeugung zu versagen, als hätte sie sich bereits verausgabt. Es hätte der Weisheit nicht geziemt, wenn sie aus Mangel an Rat in einer notwendigen Sache geschwankt hätte. Es wäre der milden Liebe nicht würdig gewesen, dass derjenige, der bei andern Geschöpfen die göttliche Freigebigkeit loben sollte, bei sich selbst gezwungen wäre, diese zu verdammen.

Daher beschloss denn der höchste Künstler, dass derjenige, dem etwas Eigenes nicht mehr gegeben werden konnte, das als Gemeinbesitz haben sollte, was den Einzelwesen ein Eigenbesitz gewesen war. Daher ließ sich Gott den Menschen gefallen als ein Geschöpf, das kein deutlich unterscheidbares Bild besitzt, stellte ihn in die Mitte der Welt und sprach zu ihm: »Wir haben dir keinen bestimmten Wohnsitz noch ein eigenes Gesicht, noch irgendeine besondere Gabe verliehen, o Adam, damit du jeden beliebigen Wohnsitz, jedes beliebige Gesicht und alle Gaben, die du dir sicher wünschst, auch nach deinem Willen und nach deiner eigenen Meinung haben und besitzen mögest. Den übrigen Wesen ist ihre Natur durch die von uns vorgeschriebenen Gesetze bestimmt und wird dadurch in Schranken gehalten. Du bist durch keinerlei unüberwindliche Schranken gehemmt, sondern du sollst nach deinem eigenen freien Willen, in dessen Hand ich dein Geschick gelegt habe, sogar jene Natur dir selbst vorherbestimmen. Ich habe dich in die Mitte der Welt gesetzt, damit du von dort bequem um dich schaust, was es alles in dieser Welt gibt.

Wir haben dich noch als einen Irdischen, weder als einen Sterblichen noch als einen Unsterblichen geschaffen, damit du als dein eigener, vollkommen frei und ehrenhalber schaltender Bildhauer und Dichter dir selbst die Form bestimmst, in der du zu leben wünschst. Es steht dir frei, in die Unterwelt des Viehes zu entarten. Es steht dir ebenso frei, in die höhere Welt des Göttlichen dich durch den Entschluss deines eigenen Geistes zu erheben.«

Müssen wir darin nicht zugleich die höchste Freigebigkeit Gottvaters und das höchste Glück des Menschen bewundern? Des Menschen, dem es gegeben ist, das zu haben, was er wünscht, und das zu sein, was er will. Denn die Tiere, sobald sie geboren werden, tragen vom Mutterleibe an das mit sich, was sie später besitzen werden, wie Lucilius sagt. Die höchsten Geister aber sind von Anfang an oder bald darauf das gewesen, was sie in alle Ewigkeiten sein werden. In den Menschen aber hat der Vater gleich bei seiner Geburt die Samen aller Möglichkeiten und die Lebenskeime jeder Art hineingelegt. Welche er selbst davon pflegen wird, diejenigen werden heranwachsen und werden in ihm ihre Früchte bringen. Wenn er nur die des Wachsens pflegt, wird er nicht mehr denn eine Pflanze sein. Pflegt er nur die sinnlichen Keime, wird er gleich dem Tiere stumpf werden. Bei der Pflege der rationalen wird er als ein himmlisches Wesen hervorgehen. Bei der Pflege der Intellektuellen wird er ein Engel und Gottes Sohn sein. Und wenn er mit dem Lose keines Geschöpfes zufrieden sich in den Mittelpunkt seiner Ganzheit zurückziehen wird, dann wird er zu einem Geist mit Gott gebildet werden, in der einsamen Dunkelheit des Vaters, der über alles erhaben ist, wird er auch vor allen den Vorrang haben. Wer möchte nicht dies unser Chamäleon bewundern? Oder wer möchte überhaupt irgendetwas anderes mehr bewundern?

Nicht ohne Grund hat daher der Athener Asklepius gesagt, der Mensch werde aufgrund seiner ständig die Haut wechselnden und sich selbst umwandelnden Natur mit dem Geheimnis des Proteus bezeichnet. Daher stammen auch jene berühmten Metamorphosen bei den Hebräern und Pythagoräern. Denn auch die geheime Theologie der Hebräer verwandelt einmal den heiligen Enoch in einen Engel der Gottheit, den sie »Melech Cheschakanach« nennt, ein anderes Mal wieder andere in andere Namen. Die Pythagoräer aber lassen verbrecherische Menschen die Gestalt von Tieren annehmen. Und wenn man dem Empedokles glauben will, sogar die von Pflanzen. Auch Mohammed ist ihnen hierin gefolgt, der häufig jenen Ausspruch tat: »Wer sich vom göttlichen Gesetz getrennt hat, der wird als Tier hervorgehen, und das mit Recht.« Denn nicht die Rinde bildet die Pflanze, sondern die dumme und nichtsfühlende Natur, und nicht das dicke Fell macht das Tier aus, sondern die unvernünftige und sinnliche Seele, und nicht der scheibenförmige Körper bildet den Himmel, sondern die richtige Vernunft, und nicht die Trennung von einem Körper ist das Wesen des Engels, sondern die geistliche Weisheit. Wenn du daher einen Menschen siehst, der ganz dem Bauche ergeben ist und gleichsam auf der Erde kriecht, so wisse, es ist ein Strauch, nicht ein Mensch, was du da siehst. Wenn du einen andern siehst, in die Phantasie verstrickt, durch eitle Gaukelbilder erblindet, durch Sinneseindrücke bezaubert und durch ihre Verlockungen gleichsam gefesselt, es ist ein Tier, kein Mensch, was du da siehst. Wenn du aber einen erblickst, der nach der richtigen Art der Philosophen alles betrachtet, diesen sollst du verehren, denn er ist ein himmlisches und kein irdisches Wesen. Wenn du aber einen reinen Betrachter triffst, der nichts mehr von seinem Körper weiß, der sich ganz in das Innere des Geistes entfernt hat, dieser ist fürwahr kein irdisches noch ein himmlisches Wesen, dieser ist noch etwas Erhabeneres, nämlich ein Gott mit menschlichem Fleische umkleidet. Gibt es da noch irgendeinen, der den Menschen nicht bewundern möchte?

Nicht ohne Grund bezeichnet man daher in den heiligen mosaischen und christlichen Schriften den Menschen mit der Benennung jedes Fleisches und jeder Kreatur, da er ja selbst sich in die Gestalt jedes Fleisches, in den Geist jeder Kreatur bildet und schaffend umformt. Deswegen schreibt der Perser Euanthes an der Stelle, wo er über die Chaldäische Theologie berichtet, der Mensch besäße kein eigenes und ihm angeborenes Bild, sondern viele, die von außen her stammten und zufälliger Art wären. Daher stamme auch das Sprichwort der Chaldäer: »Der Mensch ist ein Wesen von abwechslungsreicher, vielfältiger und sprunghafter Natur.« Aber warum dies? Damit wir einsehen, nachdem wir nun einmal unter solchen Bedingungen geboren sind, dass wir das sind, was wir sein wollen. Am meisten müssen wir darum sorgen, dass es nicht von uns heißt, während wir äußerlich noch geehrt waren, hätten wir nicht erkannt, dass wir dem Vieh und den unvernünftigen Tieren ähnlich geworden sind. Sondern von uns soll vielmehr das Wort des Propheten Asaph gelten: »Ihr alle seid Götter und Söhne des Allerhöchsten.« Mögen wir daher nicht die huldvolle Güte unseres Vaters missbrauchen, durch die er uns jene freie Wahl gab, und mögen wir uns nicht aus unserm Heil selbst Schaden zufügen. In die Seele muss ein heiliger Ehrgeiz eindringen, sodass wir, mit dem Mittelmäßigen nicht zufrieden, dem Höchsten nachjagen und mit allen Kräften uns um jenes bemühen. Denn das können wir, wenn wir nur wollen.

## 1486

# HEINRICH INSTITORIS (UND JAKOB SPRENGER)

## Geist der lodernden Scheiterhaufen

*Der Hexenhammer, lateinisch* Malleus maleficarum. *Eigenleistung beansprucht dieses Teufelswerk keine. Vorausschauend wird seine Traditionsgebundenheit unterstrichen, und in der Tat werden in Deutschland ein Vierteljahrtausend lang die Scheiterhaufen lodern. Fast ebenso lange bleibt Kritik an der Hexenverfolgung in manchem Fall lebensgefährlich. Nur um die umfassende Systematisierung des makabren Stoffs rechnet der Elsässer Urheber, der ohne dessen Zustimmung mit einem Mitautor auftritt, sich selbst Verdienste an. Der Schrift fehlt jede kirchliche oder gelehrte Beglaubigung, die päpstliche Hexenbulle ist ohne Ermächtigung aus Rom vorangestellt. Sogar von der spanischen Inquisition wird sie verworfen. Dennoch wird das in deutschen Landen erfolgreichste Handbuch der Hexenjäger bis ins 17. Jahrhundert in 29 Ausgaben erscheinen und seinen Einfluss bis nach Amerika geltend machen. Der Dominikaner Heinrich Kramer (\* um 1430, † um 1505), latinisiert Henricus Institoris, Doktor der Theologie aus Schlettstadt, war seit 1479 Inquisitor der Ordensprovinz Alemannia. Sein Ordensbruder Jakob Sprenger (\* 1435, † 1495) aus Rheinfelden bei Basel, anfänglich noch bekannt als Gegner der Hexenverfolgung, versuchte mehrfach gegen Institoris vorzugehen. Nach ihrem Tod fanden sie sich als gleichberechtigte Autoren vereint.*

D**ASS DIE HEXEN-HEBAMMEN** *die Empfängnis im Mutterleibe auf verschiedene Weisen verhindern, auch Fehlgeburten bewirken, und, wenn sie es nicht tun, die Neugeborenen den Dämonen opfern, elfte Frage.*

Fünftens, sechstens und siebentens zugleich wird die oben genannte Wahrheit durch vier erschreckliche Handlungen bewiesen, welche die Weiber an den Kindern in und außer dem Mutterleibe vollbringen; und da die Dämonen solches durch Weiber und nicht durch Männer zu tun haben, deshalb will jener unersättliche Mörder lieber Weiber als Männer sich verbinden. – Und es sind folgende Werke:

Nämlich die Kanonisten (mehr als die Theologen) sagen, wo sie a. a. O. von der Hexenhinderung sprechen, dass nicht nur dabei Hexerei geschieht, dass einer die eheliche Pflicht nicht erfüllen kann, worüber oben gehandelt ist, sondern es auch geschieht, dass ein Weib nicht empfängt, oder wenn sie empfängt, sie dann eine Fehlgeburt tue; und hinzugefügt wird noch eine dritte und vierte Art, dass, wenn sie keine Fehlgeburt verursachen, sie die Kinder auffressen oder dem Dämon preisgeben.

Über die beiden ersten Arten ist kein Zweifel, da durch natürliche Mittel, z. B. durch Kräuter und andere Mittel, ein Mensch ohne Hilfe der Dämonen bewirken kann, dass ein Weib nicht gebären oder empfangen kann, wie oben aufgeführt ist. Aber betreffs der beiden anderen, dass auch solches von Hexen bewirkt werde, ist zu reden; und es ist nicht nötig, Argumente vorzubringen, da die klarsten Indizien und Erprobungen es glaublicher machen.

Betreffs der ersten Art, dass bestimmte Hexen gegen die Weise aller Tiere, außer den Wölfen, Kinder zu zerreißen und zu verschlingen pflegen, ist der Inquisitor von Como (zu nennen), dessen oben Meldung geschehen, und der uns erzählt hat, er sei deshalb von den Einwohnern der Grafschaft Barby zur Inquisition gerufen worden, weil jemand, als er sein Kind aus der Wiege verloren hatte, durch Aufpassen zu nächtlicher Weile eine Versammlung von Weibern gesehen und wohl gemerkt hatte, dass sein Knabe getötet, das Blut geschlürft und er dann verschlungen wurde. Darum hat er, wie früher erwähnt, in einem Jahre, welches war das jüngst vergangene, einundvierzig Hexen dem Feuer überliefert, während einige andere nach der Herrschaft Sigismunds, des Erzherzogs von Österreich, flohen. Zur Bestätigung dessen sind da gewisse Aufzeichnungen von Joannes Nider in seinem *Formicarius*, dessen Bücher, wie er selbst, noch in frischem Andenken stehen; daher solches nicht, wie es scheinen möchte, unglaublich ist; auch deshalb nicht, weil die Hebammen hierbei den größten Schaden bereiten, wie reuige Hexen uns und anderen oft gestanden, indem sie sagten: »Niemand schadet dem katholischen Glauben mehr als die Hebammen. Denn wenn sie die Kinder nicht töten, dann tragen sie, gleich als wollten sie etwas besorgen, die Kinder aus der Kammer hinaus, und sie in die Luft hebend opfern sie dieselben den Dämonen.« – Die Art aber, die bei solchen Schandtaten beobachtet wird, wird im siebenten Kapitel des zweiten Teiles klar werden, der in Angriff genommen werden muss, nachdem vorher eine Entscheidung der Frage über die Zulassung Gottes vorausgeschickt ist. Denn es ist am Anfange gesagt worden, dass notwendig dreierlei zur Vollbringung der Hexentat gehöre: der Dämon, die Hexe und die göttliche Zulassung. ...

Gott erlaubt das Böse, mag er auch nicht wollen, dass dasselbe geschieht; und zwar wegen der Vollkommenheit des Universums. Dionysius *de div. nom.* 3: »Das Böse wird sein bei allen, nämlich beitragend zur Vollkommenheit des Universum«; und Augustinus, *Enchiridium*: »Aus allem Guten und Bösen besteht die bewundernswerte Schönheit des Universum; insofern nämlich auch das, was schlecht heißt, wohl geordnet und an seinen Platz gestellt, das Gute deutlicher hervortreten lässt, und dieses mehr gefällt und lobenswürdiger ist, wenn es mit dem Schlechten verglichen wird.«

Item weist S. Thomas die Meinung derer zurück (welche sagen,) dass, mag Gott auch das Schlechte nicht wollen, – weil auch keine Kreatur das Schlechte erstrebt, sei es durch natürliches, tierisches oder intellektuelles Verlangen, welches ist der Wille, dessen Gegenstand das Gute ist – dass also Gott doch will, dass das Böse sei oder geschehe: Er sagt, das sei falsch, weil Gott weder will, dass Böses geschehe, noch will, dass Böses geschehe; und dies ist gut wegen der Vollkommenheit. Weshalb es aber irrig sei, zu behaupten, Gott wolle, dass Böses sei oder geschehe wegen des Guten des Universum, dazu sagt er, weil nichts für gut zu erachten ist, außer wenn es dem (Begriffe »gut«) entspricht durch sich, nicht durch Akzidenz, so wie ein Tugendhafter für gut erachtet wird in einem vernunftbegabten Geschöpf und nicht im Tiere. Das Schlechte aber wird nicht zum Guten geordnet durch sich, sondern durch Akzidenz, indem gegen die Bestrebungen derer, welche das Böse tun, das Gute erfolgt; wie es auch gegen die Bemühung der Hexer und gegen die Bemühung der Tyrannen geschah, dass durch ihre Verfolgung die Geduld der Märtyrer recht hell sich zeigte.

Antwort. So nützlich die Frage ist zum Predigen, so schwer ist sie zu verstehen. Unter den Argumenten, nicht bloß der Laien, sondern auch einiger Gelehrten, ist nämlich das Hauptprinzip, dass so schreckliche Hexereien, wie sie oben genannt sind, nicht von Gott zugelassen werden. Sie kennen aber die Gründe dieser göttlichen Zulassung nicht; und infolge dieser Unkenntnis scheinen auch die Hexen, da sie nicht durch die schuldige Strafe unterdrückt werden, jetzt die ganze Christenheit zu veröden. Um also nach der Ansicht der Theologen, beiden Teilen, dem Gelehrten wie dem Nichtgelehrten, gerecht zu werden, ist mit Erörterung zweier Schwierigkeiten zu antworten, und zwar erstens, dass die Welt der Vorsehung Gottes derart unterworfen ist, dass er unmittelbar alles vorsieht; dass er zweitens mit Recht die Gesamtheit der Bosheiten, die geschehen, seien es Bosheiten der Schuld, der Strafe, des Schadens, aus den zwei ersten Zulassungen, bei dem Falle der Engel und der ersten Eltern, zulässt. Daher wird auch klar werden, dass hierin hartnäckig zu widerstreiten nach Ketzerei riecht, da der Betreffende sich in die Irrlehren der Ungläubigen verwickelt.

## 1498

# GIROLAMO SAVONAROLA

## Dieses Volk erträgt die Herrschaft eines Fürsten nicht

*»Willst du deinen Sohn verderben, so lass ihn Kleriker werden!« Für Luther ein Heiliger, von seinen Feinden als Fanatiker geschmäht, ein Stachel im Fleisch der Kirche. Gefördert durch die Medici, trug der gottesfürchtige Republikaner und wortmächtige Volksredner in der Folge viel zu deren Vertreibung aus Florenz bei. Dabei scheute er auch vor einer Allianz mit König Karl VIII. von Frankreich nicht zurück, mit dessen Rückhalt er die vier Jahre vor seinem Tod faktisch über die Stadt herrschte. Zum Verhängnis wurde ihm seine Feindschaft mit dem Borgia-Papst Alexander VI., der schließlich in der ganzen florentinischen Republik mit einem Interdikt den Gottesdienst zu suspendieren drohte. Eine aufgebrachte Menge übergab ihn einer Blitzjustiz, die ihn nach erpressten, anschließend widerrufenen Geständnissen zum Tode verurteilte und auf der Piazza della Signoria henken und anschließend verbrennen ließ. Im Jahr darauf gewann seine Partei der Frateschi wieder die Oberhand, und unter der französischen Protektion des erneut in Italien einmarschierenden Karl VIII. behauptete sich seine Volksregierung bis 1512. Der Dominikanerprediger Girolamo Savonarola (\* 1452, † 1498) entzweit bis heute die Geister.*

WER SORGFÄLTIG BEDENKT, was wir gesagt haben, kann nicht daran zweifeln, dass, wenn das florentinische Volk die Herrschaft eines Einzelnen ertragen möchte, es notwendig wäre, bei ihm einen Fürsten – und nicht einen Tyrannen – einzusetzen, der klug, gerecht und gut sein müsste. Aber wenn wir die Ansichten und Begründungen der Weisen – sowohl der Naturphilosophen als auch der Theologen – genau studieren, werden wir klar erkennen, dass diesem Volk – wenn wir seinen Charakter bedenken – eine derartige Regierungsform nicht entspricht. Sie sagen auch, eine solche Regierung passe zu jenen Völkern, die von Natur aus knechtisch sind – wie jene, denen es an dem einen oder andern, das heißt an Blut oder geistiger Veranlagung, fehlt. Mögen auch jene, die einen Überfluss an Blut haben und körperlich stark sind, im Krieg tapfer sein, so ist es nichtsdestoweniger leicht, sie einem Fürsten unterworfen zu halten, weil es ihnen an geistiger Veranlagung fehlt. Denn infolge der Schwäche des Geistes sind sie nicht beweglich genug, gegen ihn Ränke zu schmieden, vielmehr folgen sie ihm wie die Bienen ihrem König, wie man dies bei *nördlichen* Völkern sieht. – Und diejenigen, die zwar Geist haben, denen es aber an Blut mangelt, lassen sich leicht einem einzigen Fürsten unterwerfen, da sie kleinmütig sind, und sie führen unter ihm ein ruhiges Leben, wie dies die *orientalischen* Völker tun. Und all dies ist noch viel mehr bei denen der Fall, denen es in der einen oder andern Richtung fehlt. – Aber die Völker, die viel Geist und dazu Blut im Überfluss haben und kühn sind, können nicht leicht von einem einzigen regiert werden, wenn er sie nicht tyrannisiert. Denn infolge ihrer geistigen Beweglichkeit denken sie sich ständig Intrigen gegen den Fürsten aus und infolge ihrer Kühnheit setzen sie diese leicht in die Tat um, wie man dies immer in *Italien* gesehen hat, wissen wir doch aus der Erfahrung vergangener Zeiten bis in die Gegenwart, dass dieses nie lang unter der Herrschaft eines einzigen Fürsten verweilen konnte, vielmehr sehen wir, wie dieses – mag es noch so klein sein – unter fast ebenso vielen Fürsten aufgeteilt ist wie es Städte gibt, die fast wie in Frieden leben.

Wenn nun das *florentinische Volk* unter allen Völkern Italiens das an geistiger Veranlagung reichste und das in seinen Unternehmungen scharfsinnigste ist, so hat die Erfahrung schon oft gezeigt, dass es auch mutig und kühn ist. Mag es sich auch dem Handel widmen und mag es auch ein ruhiges Volk scheinen, so ist es nichtsdestoweniger schreckenerregend und mutig, wenn es einmal irgendein Unternehmen beginnt – sei es nun einen Bürgerkrieg oder einen Krieg gegen auswärtige Feinde –, wie man dies in den Chroniken der Kriege lesen kann, die es gegen verschiedene große Fürsten und Tyrannen geführt hat, denen gegenüber es nie weichen wollte. Vielmehr hat es sich verteidigt und schließlich den Sieg über sie davongetragen. – Die Natur dieses Volkes lässt es also nicht zu, die Herrschaft eines Fürsten zu ertragen, selbst wenn dieser gut und vollkommen wäre. Da es aber immer mehr Schlechte als Gute gibt, würde ein solcher infolge des Scharfsinns und der Leidenschaftlichkeit der Schlechten, die immer in hohem Maße zum Ehrgeiz neigen, entweder verraten und ermordet – oder er müsste zum Tyrann werden. Und wenn wir dies noch sorgfältiger überlegen, werden wir begreifen, dass diesem Volk nicht nur die Herrschaft eines Einzigen widerspricht, sondern auch die der Optimaten, denn die Gewohnheit ist gewissermaßen eine zweite Natur. Wie nämlich die Natur dazu neigt, sich auf eine ganz bestimmte Weise zu verhalten und nicht von dieser abgebracht werden kann, und wie der Stein zum Fallen neigt und nicht zum Steigen gebracht werden kann, es sei denn durch Gewalt, so verwandelt sich die Gewohnheit zur Natur, und es ist sehr schwierig und sozusagen unmöglich, die Menschen und vor allem ganze Völker von ihrer Gewohnheit zu trennen – und es ist wohl auch schlecht, dies zu tun, denn solche Gewohnheiten sind zu ihrer Natur geworden.

Nun aber hat das florentinische Volk seit alter Zeit eine Regierungsform gewählt, die auf den Bürgern fußt. Es hat sich so sehr daran gewöhnt, dass es, abgesehen davon, dass eine solche Regierung für dieses natürlicher und passender als jede andere und auch im Geist der Bürger fest eingeprägt ist, schwierig und sozusagen unmöglich wäre, es von einer derartigen Regierung abzubringen. – Und mochten sie [die Florentiner] auch schon viele Jahre von Tyrannen regiert worden sein, so haben trotzdem jene Bürger, die sich während dieser Zeit das Prinzipat angemaßt hatten, nicht in der Art tyrannisch regiert, dass sie in aller Freiheit die Herrschaft über alles an sich gerissen hätten, sondern sie regierten das Volk mit großer Verschlagenheit und raubten ihm nicht seine natürliche Art und seine Gewohnheit. Daher ließen sie in der Stadt die äußere Form der Regierung und die üblichen Ämter bestehen, achteten aber genau darauf, dass niemand, der nicht zu ihren Freunden gezählt hätte, zu solchen Ämtern käme.

# *1498*

# ZAHIRUDDIN MUHAMMAD BABUR
## Samarkand. Die Stadt, die sein Herz gestohlen hat

*Wir sehen ihn als Siebzehnjährigen, fast noch am Anfang seiner Karriere, obschon er bereits im Alter von zwölf zum Fürsten des Ferghana-Tals im heutigen Usbekistan aufgestiegen war. Mit vierzehn erobert er Samarkand, wird aber bald, nach der zweiten Einnahme der Stadt 1501, daraus wieder vertrieben. 1530, bei seinem Tod mit 47 Jahren in Agra, beherrscht er große Teile Nordindiens. Die Herrscher der von ihm gegründeten Mogul-Dynastie werden sich bis 1858 halten. Auf dem Höhepunkt ihrer Macht im 17. Jahrhundert umfasst ihr Reich im heutigen Afghanistan, Pakistan und Indien 3,2 Mio. km², auf denen zwischen 100 und 150 Millionen Menschen leben.*

*Zahir ad-Din Muhammad Babur Badshah Ghaznavi, kurz auch Babur Schah (\*1483, †1530), war Feldherr von Berufung und Beruf. Daneben interessierte er sich brennend für Naturgeschichte, und nichts ging ihm über Gärten. Noch heute gehen Anlagen in Delhi und Agra auf seine Pläne zurück. Von den Persern lernte er die Dichtkunst. Forscher haben seinen Lebensbericht* Baburnama, *aus dem der folgende Auszug stammt, als erste Autobiographie eines Muslims bezeichnet. Seine lebenslange Obsession aber blieb Samarkand.*

ES GIBT WENIGE STÄDTE IN DER WELT von solchem Liebreiz wie Samarkand. Es liegt im fünften Klima, und zwar nach astronomischen Koordinaten bei 99 Grad Breite, 56 Minuten Länge und 40 Grad 40 Minuten Breite.

Die Stadt heißt Samarkand; die Menschen dort nennen die Provinz *Mâwarâ'u'n-ahr* (Transoxamien). Da kein Feind sie jemals mit Gewalt eroberte, trägt sie auch den Namen »wohlbeschützte Stadt«.

Samarkand ist zur Zeit des Glaubensführers Usman moslemisch geworden. Einer von seinen Begleitern, Qusam Ibn Abbas, hatte sich hier niedergelassen. Sein Grab befindet sich dicht am »Eisentor« und wird nun »Grabmal des Königs« genannt. Gegründet wurde Samarkand von Alexander. Die Mongolenhorden und Türken gaben ihr den Namen Semizkent, »die reiche Stadt«. Temür Beg machte sie zu seiner Hauptstadt; vor ihm hatte noch niemals ein so großer Herrscher Samarkand zu seiner Residenz gemacht.

Ich gab Anweisung, den Rundweg um die Festung nach Schritten auszumessen, und man fand ihn 10 600 Schritte lang.

Die Bewohner von Samarkand sind sämtlich Sunniten, Rechtgläubige, die treu die Gesetze befolgen und der Religion anhängen.

Seit den Tagen des Propheten, als Gott ihm Heil und Segen erteilte, kennt man kein Land, das so viele Gottesgelehrte hervorgebracht hat wie Transoxanien. Schaykh Abu Mansur, Verkünder des Wortes und des Gesetzes, stammt ursprünglich aus einem Viertel von Samarkand, das man Matarîd nennt. Die Schriftgelehrten teilen sich in zwei Schulen: die eine heißt Matarîdiya, die andere Aschariya. Die Matarîdiya leitet ihren Namen von Schaykh Abu Mansur her.

Ein anderer berühmter Mann, Khaja Ismaîl Khartang, Verfasser des *Sahih-î Bukhari*, stammt ebenfalls aus Transoxanien. Der Verfasser der Hidaya, eines Werkes über die Gesetze, das bei den Anhängern des hanefitischen Ritus nur von wenigen anderen an Wertschätzung übertroffen wird, wurde in der Stadt Marghinan in der Provinz Farghana geboren. Diese Provinz ist ein Teil von Transoxanien und befindet sich an der äußersten Grenze des bewohnten Landes.

Im Osten von Samarkand liegen Farghana und Kaschghar, im Westen davon Bukhara und Kharizm, im Norden Taschkent und Schahrokhiya, die in den alten Schriften Schach und Binakat heißen, und im Süden Balkh und Tirmiz.

Nördlich davon fließt der Kuhak in einer Entfernung von zweieinhalb Körüh vorüber. Zwischen diesem Fluss und Samarkand ragt ein Hügel empor, der Kuhak genannt wird. Er hat dem Fluss seinen Namen gegeben, da dieser Fluss an seinem Fuß vorüberfließt.

Von ihm zweigt ein weiterer Fluss ab, fast schon ein kleiner Strom, der den Namen Dargham trägt. Er verläuft südlich von Samarkand in einer Entfernung von einem Schari. Aus diesem Fluss werden die Gärten bewässert und die Vorstädte von Samarkand – ebenso wie einige andere Bezirke – mit Wasser versorgt.

Diesem Kuhak ist es zu verdanken, dass die Felder von Samarkand bis Bukhara und Qaraköl auf einer Strecke von dreißig oder vierzig Yighatsch eingesät und bebaut werden können. Doch auch ein so großer Fluss führt nicht genug Wasser, um alle Getreidefelder und Weiden zu versorgen, und oft erreicht während der drei oder vier Sommermonate kaum ein Tropfen davon Bukhara.

An Obst aller Art ist Samarkand reich gesegnet, und seine Trauben, Melonen, Äpfel und Granatäpfel schmecken ausgezeichnet. Unter ihnen gedeihen zwei Arten von Früchten, die ganz besonders berühmt sind: Es sind die Äpfel von Samarkand und eine Sorte Weintrauben, die Sahibi genannt werden.

Im Winter herrscht in Samarkand strenge Kälte, obgleich hier weniger Schnee fällt als in Kabul. Der Sommer dagegen ist sehr schön, obgleich auch er nicht dem Sommer in Kabul gleichkommt.

Samarkand ist eine außerordentlich schön geschmückte und wohlgestaltete Stadt. Sie weist eine Besonderheit auf, die man nur in sehr wenigen anderen Städten antrifft: Jedes Gewerbe hat seinen eigenen Basar und hält sich streng getrennt von den anderen. Dies ist ein ausgezeichneter Brauch. Samarkand hat vorzügliche Bäcker und ist für seine gute Küche bekannt. Von hier kommt auch das beste Papier der Welt. Das Wasser für die Papierstampfer kommt von Kan-i Gil, einer Niederung zu beiden Seiten des »Wassers der Gnade«. Ein weiteres Produkt von Samarkand ist der leuchtendrote Samt, der nach überallhin verschickt wird.

Rings um Samarkand dehnen sich wunderschöne Auen. Die berühmteste ist diejenige von Kan-i Gil, die sich ein Schari östlich von Samarkand erstreckt und sich leicht nach Norden zu neigt. Das »Wasser der Gnade« fließt mitten durch sie hindurch und ist mächtig genug, um sieben oder acht Mühlen anzutreiben. Seine Ufer bestehen nur aus Sumpf, und einige meinen, der ursprüngliche Name dieser Aue sei Kan-i Abgir, »Sumpfloch«, aber in den Geschichtswerken wird es stets Kan-i Gil, »Lehmgrube«, geschrieben. Es ist fürwahr eine vortreffliche Aue. Die Herrscher von Samarkand pflegten dort stets ihre Sommerlager zu errichten und verbrachten hier jedes Jahr ein oder zwei Monate.

Oberhalb dieser Aue, in südlicher Richtung, erstreckt sich eine weitere Aue, die Khan Yurti (»Khans Lagerplatz«) genannt wird. Sie befindet sich ein Yighatsch östlich von Samarkand. Auch durch diese Aue fließt das »Wasser der Gnade« und wendet sich nach Kan-i Gil. Bei »Khans Lagerplatz« beschreibt es einen Bogen, weit genug, dass ein Heer hier lagern kann, und verlässt es durch eine sehr enge Passage. Während der Belagerung von Samarkand schlug ich hier einige Zeit unser Lager auf, nachdem ich die Vorzüge dieses Ortes erkannt hatte.

Eine weitere Aue, die Bûdana Qûrûgh (»Wachtelgehege«) heißt, befindet sich zwischen dem Dil-Guschay-Garten und Samarkand.

Fast zwei Schari westlich von Samarkand liegt die Kûl-i Maghak-Aue (»Aue des tiefen Grabensees«), die sich leicht nach Norden zu erstreckt. Das Besondere dieser Aue ist, dass sich an einer ihrer Seiten ein großer See befindet, weshalb man sie die »Aue vom tiefen Grabensee« nennt. Während der Belagerung von Samarkand hatte Sultan Ali Mirza hier mit seinem Heer gelegen, während ich mein Lager auf »Khans Lagerplatz« aufgeschlagen hatte.

Schließlich gibt es noch die »Rote Aue«, die sehr viel kleiner ist. Nördlich davon liegt das Dorf Qulba und der Kuhak-Fluss, im Süden der »Garten der Ebene« und der Park des Derwisch Muhammad Tarkhan, während sie im Westen vom Hochland des Kuhak begrenzt wird.

Zu Samarkand gehört eine Reihe stattlicher Provinzen und Bezirke (Tümen). Eine große Provinz, die an Umfang der von Samarkand gleichkommt, ist die Provinz Buchara, die sich fünfundzwanzig Yighatsch von Samarkand entfernt befindet. Buchara seinerseits verfügt über einige ansehnliche Bezirke, und die Stadt selbst liegt außerordentlich günstig. Früchte gedeihen hier im Überfluss und sind sehr schmackhaft, besonders die Melonen. In ganz Transoxanien gibt es keine Melonen, die es mit denen von Buchara aufnehmen können, was Fülle und Geschmack betrifft. Obgleich zu Achsi in Farghana eine Sorte wächst, die man Mir Temüri nennt und die süßer und zarter schmeckt, gibt es doch in Buchara viele Sorten von Melonen, die alle sehr gut sind und in reicher Fülle wachsen. Auch die Pflaumen von Buchara sind berühmt, und man findet nirgends köstlichere. Die Früchte werden entsteint, getrocknet und danach in alle Länder verschickt. Sie sind ein vorzügliches Abführmittel. Die Hühner und Gänse von Buchara schmecken hervorragend. Auch gibt es in Transoxanien nirgends stärkere Weine als die von Buchara. Wenn ich in Samarkand Wein trank, war es stets Wein von Buchara.

# 1499

## POLYDOR VERGIL

# Der lange und gewundene Weg zur Erfindung unserer Ehe

*Das Entdecken war bereits erfunden, er aber entdeckte das Erfinden. Dies, darf man sagen, mit Erfolg: Allein in der Münchner Staatsbibliothek findet sich seine Enzyklopädie der Erfindungen (De rerum inventoribus) in 61 Exemplaren von 41 Ausgaben. Zu Vergils Lebzeiten erschien sie in rund dreißig lateinischen Ausgaben, 1521 in französischer, 1537 in deutscher, 1546 in englischer und 1551 in spanischer Übersetzung und erreichte schließlich 70 Ausgaben des Originals sowie 35 weitere Übersetzungen. Den ersten drei in Venedig veröffentlichten Bänden des Werks, überwiegend über Erfindungen der Antike, folgten 1521 fünf in Basel gedruckte, die thematisch bis in seine Gegenwart reichen – und das Werk bei der Kurie pünktlich auf den Index brachten. Entsprechend weit gefasst ist der Begriff der Erfindung, der außer technischen auch kulturelle und, wie wir gleich lesen werden, soziale Innovationen aller Art umfängt.*

*Polydor Vergil, italienisch Polidoro Virgili, lateinisch Polydorus Vergilius (\* um 1470, † 1555), Sohn eines Apothekers, Kirchenmann und überaus produktiver Autor, reiste 1502 als Abgabeneintreiber des Papstes nach England, wo er, von einigen Aufenthalten in Italien abgesehen, die nächsten 50 Jahre verbrachte und 1506–1514 im Auftrag von Heinrich VII. eine englische Geschichte (Anglica historia) verfasste, ehe er im Alter von 83 Jahren endgültig in seine Heimatstadt Urbino zurückkehrte. Neben seinem Zeitgenossen Machiavelli (vgl. S. 150–151) und dem eine Generation jüngeren Cardano (vgl. S. 174–179) war er ein weiterer maßgeblicher Wegbereiter der Moderne.*

Ü BER DEN URSPRUNG DER EHE *und ihre vielfältigen Formen bei den Völkern; über diejenigen, die es wie das Vieh im Freien miteinander treiben; und über diejenigen, denen es erlaubt war, vor dem Bräutigam mit der Braut zu schlafen; und schließlich auch über die Anfänge der Scheidung.*

Gott hatte kaum die letzte Hand an die Welt gelegt, da bildete er, wie Moses überliefert, den Menschen, für den er die Welt und alle Lebewesen zweifellos erschaffen hatte, wie es auch Marcus Tullius Cicero im zweiten Buch von *De natura deorum* gründlich dargelegt hat. Auch Ovid bezeugt es, wenn er im ersten Buch der *Metamarphosen* sagt:

Immer noch fehlte ein Wesen, das heiliger und begabter
Zu Gedanken war, um die Übrigen zu beherrschen,
Also wurde der Mensch geboren.

Cicero sagt darüber hinaus im ersten Buch *De legibus*: Als Gott nun den Menschen erschaffen und ausgezeichnet hatte, wollte er, dass er die erste Stelle unter allen Geschöpfen einnehme. Ebenso Josephus: Gott hat den Menschen zum

Herrscher über alles gemacht. Ebenso auch Plinius: Die Herrschaft gebührt dem Menschen zu Recht, denn alles scheint die Natur für ihn hervorgebracht zu haben. Ist es nicht wirklich so, wie Cicero anmutig sagt, dass eben nur der Mensch zum Himmel aufblickt? Wer bewundert die Sonne, die Sterne, die Werke Gottes außer dem Menschen? Wer kann über all die Annehmlichkeiten der Erde verfügen außer dem Menschen? Denn wir bestellen die Böden, wir pflücken ihre Früchte, wir durchfahren das Meer, wir haben die Fische, Vögel und Vierbeiner in unserer Gewalt. Da also alles zum Nutzen des Menschen besteht, hat Gott alles zum Besten des Menschen erschaffen.

Da das Menschengeschlecht fortbestehen und nicht nach einer Generation bereits untergehen sollte, war es notwendig, die Frau zu erschaffen und sie im heiligen Bund der Ehe an den Mann zu fesseln, damit sie nicht wie wilde Tiere zusammenleben würden. Josephus und dem ersten Buch seiner *Antiquitates* folgend (was andere Geschichten erzählen, werde ich nachtragen), erschuf Gott Adam als ersten Menschen, schuf dann, noch bevor – wie manche behaupten – er sündigte, Eva ganz nach seiner Gestalt und schloss die Ehe zwischen ihnen, sodass sie Kinder aus ihrer Vereinigung zeugen und die Welt mit ihnen bevölkern könnten. Der heilige Hieronymus aber schreibt in seinem Brief an Eustochius über den Schutz der Jungfräulichkeit, dass dies erst geschah, nachdem Adam und Eva gefehlt hatten; er sagt: Eva war im Paradies eine Jungfrau, erst als sie lederne Kleider anlegte, schloss sie die Ehe. Ebenso in seinem Buch *Contra Jovianum*: Von Adam und Eva muss gesagt werden, dass sie vor dem Sündenfall im Paradies Jungfrauen waren, nach dem Sündenfall und aus dem Paradies vertrieben, vollzogen sie sofort die Ehe. Das ist der wahrhafte Ursprung des Heiratens.

Trogus zufolge dachten die Alten hierin anders und überlieferten, dass Kekrops, ein König Athens vor der Zeit des Deukalion, die Ehe begründete, weshalb man ihn doppelgesichtig nannte.

In Wahrheit verhält es sich so, dass nicht alle einen ähnlichen Ehevertrag schlossen oder ihn auf ähnliche Weise einhielten; vielmehr hatten etwa die Numidier, Mohren, Ägypter, Inder, Hebräer, Perser, Garamanter, Parther, Taxilier, Nasamoer und auch fast alle anderen Barbaren mehrere Ehefrauen, so viele wie sie sich leisten konnten, manche zehn, manche noch mehr. Skythen, Agathyrsier, Schotten und Athener hatten gemeinschaftlich Frauen und Kinder, wie in Platons Republik, und trieben es wollüstig miteinander wie das Vieh. Bei den Massageten heirateten zwar nur ein Mann und eine Frau, aber sie genossen sich alle gemeinschaftlich, und so pflegten es auch die Briten, wie Caesar bezeugt. Bei den Arabern im Jemen war es üblich, dass eine ganze Sippschaft einer einzigen Frau verbunden wurde. Strabo berichtet im sechzehnten Buch seiner *Geographia*, dass jeder aus der Sippschaft seinen Stab (es war Sitte, dass jeder einen Stab trug) vor die Tür stellte, wenn er hineinging, um mit der Frau zu schlafen; die Nächte aber verbrachte die Frau mit dem Ältesten. Auf diese Weise waren sie alle Brüder. Entdeckten sie aber einen Ehebrecher aus einem anderen Stamm, verurteilten sie ihn zum Tode.

Folgende denkwürdige Geschichte ereignete sich. Die Tochter eines ihrer Könige war von wunderbarer Schönheit und hatte fünfzehn Brüder, die alle gleichermaßen in Leidenschaft für sie entbrannt waren und ununterbrochen einer nach dem anderen zu ihr kamen. Als sie bald der beständige Beischlaf ermüdete, kam sie auf folgende Lösung: Sie fertigte sich einen Stab an, der dem ihrer Brüder glich, und sobald einer von ihnen sie verlassen hatte, stellte sie den Stab vor die Türe, sodass der darauffolgende Bruder denken musste, einer von ihnen sei gerade bei ihr, und nicht hineinging. Einmal aber waren alle Brüder zusammen auf dem Marktplatz, als einer von ihnen zu ihr ging und den Stab vor der Tür sah und sofort vermutete, ein fremder Ehebrecher läge bei ihr; denn er wusste, dass alle anderen Brüder auf dem Markt geblieben waren. Er lief zum Vater, beschuldigte die Schwester der Hurerei, aber als die Angelegenheit untersucht wurde, wurde er der falschen Anklage überführt.

Babylonier und Assyrer kauften ihre Ehefrauen bei öffentlichen Auktionen, wie es die Araber und Sarazenen noch heute tun. Die Kantabrer gaben ihren Ehefrauen eine Mitgift. Andere schlafen mit ihren Blutsverwandten, in erster Linie mit Müttern und Schwestern, und heiraten sie auch noch, so etwa die Menschenfresser, die Athener, Meder, Magi sowie einige Äthiopier und Araber. Bei den Nasamoern und Augyläern, zwei Völkern aus Libyen, war es Brauch, dass die Braut bei der Eheschließung als ein Weihegeschenk für Venus mit allen Hochzeitsgästen schlief, anschließend aber ihre Keuschheit für immer bewahrte. Die Adyrmachidäer, ein punisches Volk in der Nähe Ägyptens, zeigten, nach dem vierten Buch des Herodot, ihrem König die Mädchen, mit denen sie verlobt waren, und der König entjungferte jede, die ihm gefiel.

Die Schotten hatten denselben Brauch, dass der Herr eines Ortes noch vor den Ehemännern bei den Ehefrauen lag. Da dieses Verfahren das Hässlichste war, seit Menschen als Christen geboren wurden, wurde es vom großen König Malcolm III. um das Jahr 1090 herum abgeschafft; er verfügte, dass die frisch Vermählten als Preis der Unschuld ihrem Herren eine Goldmünze zahlen sollten, und dieser Brauch hat sich bis heute erhalten. Die Töchter der Lyder trugen ihre Körper zu Markte, um die Mitgift zu erwirtschaften, bevor sie heirateten. Wieder andere lebten ganz ohne Ehefrauen, wie bestimmte Thrakier, die *ctistae*, wörtlich Schöpfer, genannt wurden, und die Essener, die dritte Gruppe der jüdischen Philosophen. Schließlich gibt es diejenigen, die es wie das Vieh im Freien miteinander treiben – Inder, Massageten, Nasamoer und Menschenfresser.

Sie alle ließen der Lust die Zügel schießen und das, wie man sieht, auf eine hässliche Art und Weise. Aber ist es ein Wunder, dass Völker, die das Licht Gottes nicht kennen, in der Wollust verglühen und irrsinnig in Untaten verfallen oder das sie wahllos jedes Verbrechen begehen, das schamvoll und schrecklich auch nur zu erzählen ist? Wir sind in der Tat glücklicher zu schätzen, als sie. Denn folgt man Hieronymus' *Contra Jovianum* und seinem Brief an Eustochius über den Schutz der Jungfräulichkeit, hat Gott selbst die Ehe für uns Christenmenschen gestiftet, die wir mit einer einzigen Ehefrau zufrieden sind und dieses Band noch fester und in größeren Ehren halten als einst die Hebräer, die zwar als erste das Gesetz von Gott empfangen haben, aber schändlich mit einer Vielzahl von Frauen lebten (wie wir zuvor schon gesagt haben). Warum sie das zuweilen taten, werden wir im fünften Buch dieses Bandes sehen, wenn wir uns mit christlichen Angelegenheiten beschäftigen wollen; dort werden wir auch sehen, welche Verbindungen in der Ehe einst verboten waren und jetzt verboten sind.

Wir wollen uns nun in unser Heimatland wenden. Auch das Ehegelübde der Römer wäre unantastbar gewesen, wenn es nicht die Möglichkeit zur Scheidung gegeben hätte. Wenn auch die Möglichkeit zur Scheidung die Frauen anspornt, ihre Schamhaftigkeit zu wahren, wird sie doch von der heiligen Religion nicht leicht erlaubt. Nach dem zweiten Buch des Dionysios von Halikarnassos und der *Vita* des Romulus von Plutarch war Spurius Corvilius der Erste, der sich im Jahr 523 nach der Gründung Roms, während des Konsulats von Marcus Pomponius und Gaius Papirius, von seiner Frau scheiden ließ, weil sie unfruchtbar war. Daraus kann man schließen, dass der Bund der Ehe den Römern ausgesprochen heilig war, da er so lange unangetastet blieb. Obwohl Spurius Corvilius vor den Zensoren beteuerte, er wolle nur um der Kinder willen eine neue Ehe schließen, hatte das Volk hinterher eine schlechte Meinung von ihm und seiner Untat.

Wer die ersten Scheidungsgesetze geschrieben hat, lässt sich aus den Gesetzen des Moses, Deuteronomium 24, ersehen. Moses nämlich hat es, nach Hieronymus, möglich gemacht, dass Ehen geschieden werden können, um den häuslichen Frieden zu erhalten, denn er sah, dass manche Männer ihre Frauen misshandelten oder umbrachten, wenn sie von Gier oder Lust oder häuslicher Beschwerlichkeit dazu getrieben wurden, um anschließend eine neue Frau heiraten zu können, die reicher, schöner oder jünger war. Aber er schrieb fest, dass die Männer den Frauen eine Urkunde überreichen sollten, die nach dem vierten Buch der *Judaicae antiquitates* des Josephus folgenden Wortlaut hatte: Ich verspreche, dich nicht wieder zurückzufordern. So konnte auch die Frau erneut heiraten. Kein anderes Gesetz wurde erlassen, das dem Grundsatz widerspricht, dass der Mensch nicht trennen solle, was Gott verbunden hat. Daraus erhellt, dass es auf die Erlaubnis und nicht auf den Befehl des Moses hin geschah, als die ersten Scheidungen bei den Juden vollzogen wurden.

Beides bezeugt Christus in Matthäus 19, wo er sagt: Was Gott verbunden hat, sollen Menschen nicht trennen. Und er fährt fort: Moses hat wegen eurer Hartherzigkeit erlaubt, dass ihr eure Ehefrauen verlasst, und so war es nicht von Anbeginn. Er sprach von Hartherzigkeit, weil sie grausam zu ihren Frauen gewesen waren – es ist schon roh und hart genug, sie nicht zu lieben. Christus bestimmte in dieser Sache weiterhin, dass die Scheidung zulässig sei, wenn ihr Anlass ein Ehebruch wäre. Das ist es, was ich über die Scheidung bei Römern und Juden zu sagen hatte. Der Hauptunterschied besteht darin, dass bei den Juden nicht beide das Recht zur Scheidung hatten, sondern nur der Mann die Frau verlassen konnte. Bei den Römern hingegen war es beiden erlaubt.

### EIN WORT ZUM GEDÄCHTNIS

*Wer als Erster die Kunst des Gedächtnisses unter Beweis stellte oder wer die erste Ehre dafür in Anspruch nahm.*

Unser nächstes Thema ist das Gedächtnis, von dem Quintilian sagt, dass es jede Disziplin begründet, dass es eine Notwendigkeit für das gute Leben und ein einzigartiges Schatzhaus der Beredsamkeit ist. Diese Kunst wurde, nach dem siebten Buch des Plinius und dem elften des Quintilian, von dem Dichter Simonides erfunden, der in ihr glänzte. Cicero erzählt in seinem *De oratore*, dass Simonides einmal in Thessalien bei dem edlen Scopas zu Gast war und auf die Straße gerufen wurde, um zwei junge Männer, die vor der Türe standen, zu begrüßen. Gerade in diesem Moment stürzte das ganze Haus zusammen und alle Teilnehmer des Gastmahles wurden von der Ruine so erdrückt, dass die Verwandten, die sie begraben wollten, sie nicht mehr voneinander unterscheiden konnten.

Man sagt, dass Simonides einen jeden für das Begräbnis bezeichnen konnte, weil er sich daran erinnerte, wer wo zu Tisch gelegen war. Es scheint also, dass wir unser Gedächtnis dadurch verbessern können, dass wir den Dingen einen Sitzplatz in unserem Geist zuweisen, oder einen Ring verdrehen, damit wir uns daran erinnern, warum wir es getan haben; darüber lässt sich Quintilian breit aus.

Viele aber traten durch ein ausgezeichnetes Gedächtnis hervor, wie Plinius und Solinus berichten: König Cyrus von Persien etwa kannte alle Soldaten seiner Armee beim Namen. Cineas, der Botschafter des Königs Pyrrhus, konnte nur einen Tag, nachdem er in Rom angekommen war, alle Senatoren und Ritter namentlich ansprechen. Von König Mithridates heißt es, er hätte zweiundzwanzig Sprachen sprechen können (so viele, wie er Nationen beherrschte). Caesar, so wird berichtet, konnte gleichzeitig schreiben, lesen, diktieren und zuhören. Kaiser Hadrian vermochte, nach dem Zeugnis des Spartianus, dasselbe.

## 1510

### THOMAS MORUS

# Nichts konnte so stark sein, seinen Geist zu überwinden. Pico, der Mann der Renaissance

---

*Wer könnte berufen sein, uns mit einem Mann wie Giovanni Pico della Mirandola (vgl. S.135–137) bekannt zu machen, wenn nicht der Autor von* Utopia *und der Schöpfer des Wortes ›Utopie‹, Zeitgenosse Picos und seines Zeichens Märtyrer und Heiliger der katholischen Kirche, deren Autorität den jungen Philosophen aus der Emilia-Romagna zum Rückzug aus seinem glanzvollen öffentlichen Leben genötigt hat. Morus hat einige Werke und Briefe Giovanni Picos ins Englische übertragen und dieser Sammlung eine freie Übersetzung der Lebensbeschreibung beigegeben, die Gianfrancesco Pico, Neffe und Schüler des Philosophen, 1496 verfasst hatte. Hier steht es vor uns, das neugeborene Individuum der Renaissance.*

*Der englische Staatsmann Thomas Morus (\* 1478, † 1535), in seinem Weltbestseller eine Art vorgezogener Kommunist und zugleich ein großer Humorist, legt auf dem Höhepunkt seiner blendenden Karriere sein Amt als Lordkanzler nieder. Als höchster Beamter Heinrichs VIII. hat er dessen Verfolgung der Protestanten mitgetragen. Als der König beim Papst die Annullierung seiner Ehe mit Katharina von Aragón nicht erreicht und sich selbst ins höchste Amt der Kirche Englands einsetzt, bekennt sich Thomas More zur Kurie und wird sich zwei Jahre später weigern, dem Oberhaupt dieser neuen anglikanischen Kirche den Suprematseid zu schwören. Im Jahr darauf, am 6. Juli 1535, wird er als Hochverräter enthauptet, sein Kopf einen Monat lang auf der London Bridge zur Schau gestellt, bis er von seiner Tochter gegen Zahlung eines Bestechungsgelds heruntergeholt wird.*

### LEBEN GIOVANNI PICOS

Thomas Morus grüßt im Namen des Herrn seine vielgeliebte Schwester in Christus, Joyeuce Leigh.

Noch heute ist es ein Brauch, wie es schon lange gewesen ist, meine liebe Schwester, dass sich Freunde zu Beginn des neuen Jahres Geschenke machen, um ihre Liebe und Freundschaft zu bezeugen und um ihren Wunsch auszudrücken, dass das neue Jahr für den anderen sich gut fortsetzen und ein fruchtbares Ende auf den fröhlichen Beginn folgen möge. … Während die Geschenke andrer deutlich machen, dass die Freunde weltliche Freuden genießen sollen, so zeugt meines von dem Wunsch nach deinem göttlichen Wohlergehen. Diese Werke, die ich dir schicke, nicht sehr lang, aber umso gewinnbringender, wurden von Giovanni Pico, Herr der italienischen Grafschaft Mirandola, in lateinischer Sprache geschrieben. Von seiner Klugheit und seiner Tugend muss ich hier nichts weiter sagen, denn gleich zu Beginn werden wir nun die Beschreibung seines Lebens verfolgen, nach unserem Vermögen eher zu nachlässig als seinen Verdiensten entsprechend. … Von der Seite seines Vaters entstammte Giovanni Pico dem ehrbaren Geschlecht des Kaisers Konstantin, unter dessen Neffen einer Pico genannt wurde und von dem alle Vorfahren Giovannis zweifellos ihren Namen haben. Aber wir wollen seine Vorfahren übergehen, denen er (großartig wie sie auch immer waren) noch einmal so viel Ehre machte, wie er von ihnen empfangen hatte, zu gleichen Teilen durch seine Gelehrsamkeit und seine Tugend. Denn diese beiden Dinge können wir ganz unser Eigen nennen und sie sprechen mehr zugunsten eines Mannes als aller Adel seiner Vorfahren, deren Ehre uns noch lange nicht ehrbar macht. Denn entweder waren sie tugendhaft oder nicht. Wenn nicht, so hatten sie selbst keine Ehre, ohne Ansehen ihrer großen Besitzungen: denn Ehre ist der Lohn der Tugend. Wie könnten sie Anspruch auf den Lohn machen, der der Tugend gebührt, wenn ihnen die Tugend fehlt, der der Lohn gebührt? Und wenn sie keine Ehre hatten, wie sollten sie ihren Erben das gegeben haben, was sie selbst nicht hatten? Andererseits aber, wenn sie tugendhaft und folglich ehrbar waren, so können sie doch ihre Ehre ebenso wenig wie ihre Tugend an ihre Erben weitergeben. Durch ihren Adel werden wir nicht edler, wenn uns die Eigenschaften fehlen, die sie edel machten. Allerdings werden wir umso niederträchtiger und nichtswürdiger erscheinen, wenn unsere Vorfahren preiswürdige Menschen gewesen sind und wir vom Pfad ihrer Lebensart abweichen. Die reine Schönheit der Tugend wird dann den dunklen Fleck unserer Schande umso deutlicher hervortreten lassen und bezeichnen. Pico selbst aber, von dem ich spreche, war ehrbar, weil er die unerschöpfliche Fülle jener Tugenden besaß, denen wahrhafte Ehre folgt wie ein Schatten dem Körper, sodass er all jenen, die nach Ehre suchen, unerhört erscheinen muss: durch seine Eigenschaften wie ein blank polierter Spiegel, in dem man erkennen kann, was wahrhafte Ehre bedeutet. Seine wundersame Klugheit und seine hervorragende Tugend werde ich mit meiner geringen Belesenheit kaum angemessen zum Ausdruck bringen können – aber wenn es nur der tun soll, der es angemessen vollbringen kann, dann wird es niemand tun können. Da es besser unzureichend versucht sein, als ganz unterbleiben soll, so will ich euch in Kürze durch sein Leben führen. Das wird mindestens dazu nützlich sein, dass ein anderer, der fähiger ist als ich, einen Anlass hat, die Angelegenheit selbst in die Hand zu nehmen.

Im Jahre des Herrn 1463, als Pius II. Stellvertreter Christi auf Erden war und Friedrich III. das Kaiserreich beherrschte, wurde Pico als das letzte Kind seiner Mutter Giulia, einer Frau aus edlem Geschlecht, und seines Vaters Giovanni Francesco, einem Herrn von großer Ehre und Würde, geboren. Bei seiner Geburt bot sich ein wunderlicher Anblick. Eine Girlande aus Feuer stand plötzlich im Zimmer in der Luft, während seine Mutter in den Wehen lag, und verschwand ebenso schnell wieder. Diese Erscheinung kann vielleicht so gedeutet werden, dass er, der in dieser Stunde in die Gemeinschaft der Sterblichen geboren wurde, in der Vollendung seines Verstandes sein würde wie die vollendete Kreisform der feurigen Girlande; und dass sein Name auf dem gesamten Erdenkreis verherrlicht werden sollte, dass sein Geist wie das Feuer stets zum Himmel streben würde, und dass er mit glühender Beredsamkeit und flammendem Herzen in Zukunft den allmächtigen Gott mit all seiner Kraft lobpreisen würde; und wie die Flamme plötzlich verlosch, so sollte sein Feuer bald wieder vor den Augen der Sterblichen verschwinden. ...

Sein Äußeres war ansehnlich und schön, sein Körper gleichmäßig und hoch gewachsen, sein Fleisch war zart und weich, sein Gesicht lieblich und hübsch, seine Haut war weiß und mit anmutigem Rot vermischt, seine Augen grau und flink, seine Zähne weiß und gleichmäßig, sein Haar war blond und er trug es nicht zu gekünstelt.

Unter der Anleitung und Aufsicht seiner Mutter wurde er den besten Lehrern übergeben, wo er sich mit solch flammendem Geist und solchem Fleiß den humanistischen Studien hingab, dass er schon bald und nicht ohne Grund zu den besten Rednern und Dichtern seiner Zeit gezählt wurde. Seine Auffassungsgabe war so flink und sein Geist so beweglich, dass er Verse, die ihm nur ein einziges Mal vorgelesen worden waren, sofort zum großen Staunen seiner Zuhörer vorwärts und rückwärts aufsagen konnte und sie darüber hinaus genau und fest im Gedächtnis behielt. Für gewöhnlich geht es ja gerade anders herum, dass nämlich jene, die schnell auffassen, auch schnell wieder vergessen, und nur die Dinge lang im Gedächtnis behalten, die sie mit viel Fleiß und Schwierigkeit gelernt haben.

Im Alter von vierzehn Jahren schickte ihn seine Mutter, die sich sehnlich wünschte, er möge Priester werden, nach Bologna, um die Gesetze der Kirche zu studieren. Nachdem er diese zwei Jahre lang gekostet hatte, befand er aber, dass dort nichts als alte Vorschriften gelehrt wurden, und wendete seinen Geist davon ab. ...

Begierig, die Geheimnisse der Natur zu erforschen, verließ er die ausgetretenen Pfade und gab sich ganz der Spekulation und Philosophie hin, sowohl der menschlichen als auch der göttlichen. Um Wissen zu erwerben, suchte er (dem Beispiel von Platon und Apollonius folgend) alle berühmten Gelehrten seiner Zeit auf und besuchte alle Schulen und Universitäten, nicht nur in Italien, sondern auch in Frankreich. Er wandte solch unermüdlichen Fleiß an seine Studien, dass er bald nicht nur das Ansehen eines vollendeten Philosophen und Theologen genoss, sondern es auch tatsächlich war, obwohl noch ein bartloses Kind.

Nachdem er sieben Jahre auf diese Studien verwendet hatte, ging er, voller Stolz und begierig nach Ruhm und nach der Anerkennung der Menschen, nach Rom – denn noch war die Liebe zu Gott nicht in ihm entzündet. Dort stellte er (um seine Klugheit herauszustreichen und ohne zu erwägen, wie viel Neid er gegen sich aufbringen würde) neunhundert Thesen über alle möglichen verschiedenen Gegenstände auf: sowohl über Logik und Philosophie als auch über Theologie, voll gelehrter Fundstücke aus den lateinischen und griechischen Autoren, teilweise sogar aus den geheimen Mysterien der Hebräer, Chaldäer und Araber, mit vielem, das er aus den rätselhaften Philosophien des Pythagoras, des Trismegistos und des Orpheus gezogen hatte – und viele andere seltsame Dinge, die der ganzen Welt (abgesehen von wenigen hervorragenden Männern) bis zu diesem Tag nicht nur unbekannt waren, sondern die gänzlich unerhört erschienen. Alle seine Streitfragen ließ er an öffentlichen Plätzen, wo sie jedermann gut sehen konnte, anschlagen und erklärte, er würde die Kosten für alle übernehmen, die aus fernen Ländern anreisen und am Disput teilnehmen wollten. Der Neid einiger bösartiger Feinde aber brachte es dahin, dass er nie einen Tag für seine Diskussionen festsetzen konnte. Aus diesem Grund musste er ein ganzes Jahr in Rom verweilen, und in dieser ganzen Zeit stellten ihn seine Feinde nie öffentlich auf die Probe, sondern griffen sein Vorhaben mit Ränken und Intrigen wie mit Belagerungsgräben an. Es gab (wie viele Leute glaubten) für ihre Bösartigkeit keinen anderen Grund, als dass sie ganz von Neid durchseucht waren. …

Als seine Feinde sahen, dass sie im offenen Feld nicht gegen ihn bestehen könnten, verlegten sie sich auf falsche Anschuldigungen und schrien, dass dreizehn der neunhundert Thesen unter dem Verdacht der Häresie stehen würden. Dazu versammelten sie noch einen Haufen guter, einfältiger Leute, die voller religiösem Eifer die Neuheit dieser Fragen anprangerten, die ihnen noch nie zu Ohren gekommen waren. Viele dieser Verleumder hatten zwar einen guten Willen, waren aber ungebildet und ahnungslos – ganz abgesehen davon, dass die betroffenen Thesen zuvor von nicht wenigen berühmten Theologen als gut und sauber bestätigt und namentlich unterschrieben worden waren. Pico aber, ohne Rücksicht auf seinen Ruf, verfasste eine Verteidigung jener dreizehn Thesen, ein Werk von hoher Gelehrsamkeit und Anmut, vollgepackt mit der Kenntnis von Dingen, die es sich wohl zu lernen lohnt. Dieses Werk vollendete er in zwanzig Nächten; und es wurde deutlich, dass die in Frage stehenden Thesen nicht nur im Einklang mit dem Glauben waren, sondern auch, dass jene, die da gebellt hatten, Narren und Rüpel waren. Diese Verteidigung und alle seine anderen Schriften übergab er als guter Christ dem Urteil der Heiligen Mutter Kirche. Der Heilige Vater begutachtete die dreizehn Thesen und ihre Verteidigung nach Gebühr, gab Pico recht und sprach ihm seine Gunst aus, wie sich aus der Bulle seiner Heiligkeit Papst Alexanders VI. deutlich ersehen lässt.[1] Das Buch aber, das alle 900 Fragen und Thesen enthielt, sollte nach Picos eigenem Willen nicht mehr gelesen werden: Denn es waren darin viele seltsame und nicht ausreichend erklärte Sätze enthalten, die mehr für die geheime Gemeinschaft der Gelehrten geeignet waren als für die breite Öffentlichkeit, die sich aus Unwissenheit von manchem angegriffen fühlen konnte. So wurde das Buch verboten. Ach, das hatte also Pico schlussendlich von seinem auffahrenden Geist und stolzen Unterfangen, dass es viel Arbeit war, seinen Stand zu behalten und ewiger Schande und Beschimpfung zu entgehen, wo er doch gedacht hatte, sich ewigen Lobpreis zu erwerben!

Diese Vorfälle aber beurteilte er, wie er seinem Neffen selbst erzählt hat, als eine Vorsicht und besondere Güte des allmächtigen Gottes, indem die verleumderischen Anschuldigungen seiner Feinde ihn auf seine tatsächlichen Fehler hingewiesen hätten, um sie zu berichtigen. Es sei für ihn, der in der Dunkelheit herumirre, wie ein helles Licht, in dessen Schein er erkennen könne, wie weit er vom Weg der Wahrheit abgekommen war. Denn vor dieser Zeit war er nicht nur begierig nach Ruhm gewesen, sondern auch in irdische Liebe verstrickt und der Wollust mit Frauen zugeneigt. Die Schönheit seines Körpers und sein hübsches Gesicht, noch dazu seine wunderbare Berühmtheit, seine außergewöhnliche Bildung, sein großer Reichtum und der Adel seiner Geburt: all das ließ viele Frauen für ihn erglühen. Er war dem nicht abgeneigt, kam ihren Sehnsüchten entgegen und versank so mehr und mehr in einem liederlichen Lebenswandel. Als er aber aus dieser Verfehlung erwacht war, zog er seinen in Aufruhr gebrachten Geist zurück und wandte ihn ganz Christus zu. Die Schmeicheleien, die er von den Frauen erhalten hatte, tauschte er nun gegen die Sehnsucht nach himmlischen Freuden, er verabscheute nun die Spektakel der Eitelkeit, die er zuvor gesucht hatte, und wandte seinen Geist mit ganzer Kraft auf den Ruhm und den Gewinn der Heiligen Kirche. Er ordnete sein Leben dergestalt, dass jeder es gutgeheißen hätte, und wenn seine Feinde selbst seine Richter gewesen wären. …

Fünf Bücher mit liederlichen Liebesgedichten und ähnlichen Spielereien, die er in seiner Jugend auf Italienisch geschrieben hatte, verbrannte er sämtlich: Es ekelte ihn vor diesen vergangenen Untaten und er fürchtete, dass sie irgendwann zu seinem Nachteil gereichen könnten. Von da an studierte er mit glühendem Eifer Tag und Nacht die Heilige Schrift. Er schrieb hierzu mehrere edle Bücher, die Zeugnis ablegen von der engelsgleichen Schnelligkeit seines Geistes, von seinem unermüdlichen Fleiß und von seiner umfassenden Gelehrsamkeit. Von diesen Büchern sind einige auf uns gekommen, andere aber sind (unschätzbare Schätze) verloren. ...

Um die Belastungen und Beschäftigungen loszuwerden, die die Verwaltung seiner Grafschaft mit sich brachte, um ein stilles und friedliches Leben zu führen, und weil er wohl sah, welches Ende alle irdische Ehre und weltliche Würde nehmen würde, verkaufte er drei Jahre vor seinem Tod alle seine Erbschaften und Besitzungen (das heißt, den dritten Teil der Grafschaften Mirandola und Concordia) an seinen Neffen Gianfrancesco – allerdings zu einem solchen Preis, dass es mehr ein Geschenk als ein Geschäft war. Das Geld, das er aus diesem Handel gewann, verwandte er zum Teil, um sich ein Stückchen Land für sich und seinen Hausstand zu kaufen, den anderen Teil aber gab er ganz den Armen. Nicht nur Geld, auch silbernes Geschirr und andere Kostbarkeiten aus seinem Haushalt verteilte er unter die Bedürftigen. Er war mit einfacher Kost auf seinem Tisch zufrieden und nur einige alte Erbstücke, silberne Geschirre und Gefäße, behielt er sich zurück. Jeden Tag begab er sich zu festgesetzten Stunden ins Gebet. Den Armen, die zu ihm kamen, gab er reichlich von seinem Geld und wenn er mit dem nicht zufrieden war, was er bei sich hatte, dann schrieb er an seinen Freund Girolamo Benivieni, einen gelehrten Florentiner, dem er wegen der großen gegenseitigen Liebe und der Aufrichtigkeit seines Lebenswandels ganz besonders zugeneigt war: Benivieni solle mit seinem Geld die Armen unterstützen und den Mädchen zur Heirat verhelfen, und ihm anschließend die Summe schreiben, damit er seine Schuld begleichen könne. ...

Er war stets heiter gestimmt und von einer so sanftmütigen Natur, dass er nie vom Zorn geplagt war. Zu seinem Neffen hat er einmal gesagt, dass er glaubte, er könne niemals, was auch geschehen möge, zur Wut hingerissen werden – es sei denn, die Truhen würden vernichtet werden, in denen er die Bücher aufbewahrte, die er mit so viel Fleiß verfasst hatte. Aber er vertraute auf Gott, dass er ihm dieses schwere Unglück ersparen würde, denn schließlich hatte er nur für die Liebe Gottes und den Gewinn Seiner Kirche gearbeitet, dem Herrn alle seine Schriften, Studien und Taten gewidmet, und da Gott allmächtig war, könnte nichts Schlimmes geschehen, was nicht von ihm befohlen oder geduldet worden wäre. O glückseliger Geist, den keine Widerwärtigkeiten bedrücken, kein Wohlergehen übermütig machen kann! All seine philosophische Klugheit ließ ihn nicht stolz werden und es machte ihn nicht eitel, dass er neben der lateinischen und griechischen auch die hebräische, chaldäische und arabische Sprache beherrschte. Weder sein umfassendes Wissen noch sein adliges Blut vermochten sein Herz aufzublähen, und weder die Schönheit seines Körpers noch die gute Gelegenheit zur Sünde konnte ihn mehr auf jenen breiten Weg der Wollust ziehen, der geradewegs zur Hölle führt. ...

Im Jahr der Erlösung 1494, als Pico sein 32. Lebensjahr beschlossen hatte und gerade in Florenz wohnte, ergriff ihn plötzlich ein Fieberanfall, der so tief bis ins Innerste seines Körpers kroch, dass alle Medizin und alle Heilungsversuche unterliegen mussten und er binnen dreier Tage die Natur zufriedenstellte und ihr das Leben zurückgab, das er von ihr empfangen hatte.

---

1  Hier irrt Morus: Diensthabender Papst war Innozenz VIII., der Pico ganz und gar nicht seine Gunst aussprach. (Anm. d. Ü.)

## 1510

# NICCOLÒ MACHIAVELLI

## Was macht die Stärke des französischen Königs?

*Noch war der angehende politische Meisterdenker und – an der Antike orientierte – Wegbereiter der Moderne Kanzler für innere und äußere Sicherheit der Republik Florenz unter den Medici. Von seinen diplomatischen Missionen, zu Kaiser Maximilian I. nach Österreich, zu Cesare Borgia und Papst Julius II. nach Rom und zu weiteren Potentaten anderswo, konnten wir letztes Mal eines seiner Loblieder auf die Deutschen lesen (vgl.* Nichts als die Welt, *S. 97–99). Hier nimmt er sich der Franzosen an, einschließlich ihres Charakters wie auch gewisser Besonderheiten unter ausgewählten Scharen ihres Personals.*

*Nach seinem Sturz im Februar 1513, gefolgt von einer kurzen Inhaftierung und ergebnisloser Folter, wird Niccolò Machiavelli (\*1469, †1527) in der Verbannung auf seinem kleinen Landgut Albergaccio im Dorf Sant' Andrea in Percussina, 15 Kilometer südwestlich von Florenz, zu dem Theoretiker, dessen Name durch seine endlosen Verunglimpfungen uns bis heute so vertraut geblieben ist. Gewiss ist er nicht den Humanisten zuzurechnen mit ihrem Menschenbild der Würde, Toleranz, Gewaltfreiheit und Gewissensfreiheit. Zwar sind die Menschen auch bei ihm nicht von Natur aus schlecht, wohl aber durch die Versklavung an ihre Ambitionen, die zu »Undankbarkeit« selbst ihren »Wohltätern« gegenüber führt, denen zu schaden sie bestenfalls ein ungewisses »Ehrgefühl« abhält. Ihre Wünsche fügen sich ihren Möglichkeiten nicht, weshalb ihnen in jedem Fall zu misstrauen ist. Die Gesetze sind geschaffen, um die Bürger vor der Unzufriedenheit und dem Undank ihrer Mitmenschen zu schützen. Der Staat jedoch dient ebenso der Verwirklichung ihrer Ambitionen wie ihrer Bändigung und Kanalisierung. Und zur Mär vom Tyrannenanwalt und Teufel in Menschengestalt: Nie hat Machiavelli das Gute bös oder das Böse gut genannt.*

**D**IE KRONE und die Könige von Frankreich sind heute stärker, reicher und mächtiger als je, und zwar aus folgenden Gründen:

Da die Krone durch Erbfolge übergeht, so ist sie reich geworden, indem der König manchmal keine Kinder oder sonstige Erben hat und so sein Privatvermögen und seine Familienbesitzungen der Krone bleiben. Da nun dies mit vielen Königen der Fall war, so ist die Krone durch die vielen Staaten, die an sie gekommen sind, reich geworden. So war es mit dem Herzogtum Anjou und wird beim jetzigen König so kommen; denn da er keine Söhne hat, so wird das Herzogtum Orléans und der Staat Mailand der Krone anheimfallen. Auf diese Weise gehören heute alle guten Städte Frankreichs der Krone, nicht ihren eigenen Baronen.

Eine andere sehr mächtige Ursache der Stärke des Königs ist die: Früher war Frankreich nicht einig wegen der mächtigen Barone, die sich erdreisteten und Mut genug hatten, gegen den König Krieg zu führen, wie ein Herzog von Guyenne und von Bourbon. All diese Barone leisten heute unbedingten Gehorsam. Der König ist daher stärker.

Eine weitere Ursache ist diese: Jeder benachbarte Fürst hatte Mut genug, das Königreich Frankreich anzugreifen, und zwar deshalb, weil immer ein Herzog von Bretagne, oder ein Herzog von Guyenne, oder von Burgund, oder ein Graf zu Flandern da war, der ihm Spielraum gab, ihm den Durchgang gewährte, ihn aufnahm. Als zum Beispiel England mit Frankreich im Krieg war, machte es immer durch einen Herzog von Bretagne dem König zu schaffen; ebenso ein Herzog von Burgund durch einen Herzog von Bourbon. Da hingegen jetzt die Bretagne, Guyenne, Bourbonnaise und der größere Teil von Burgund folgsame Untertanen des Königs sind, so fehlen nicht nur fremden Fürsten diese Mittel, in das Königreich einzufallen, sondern sie haben sie heute zu Feinden. So ist der König, weil er diese Staaten besitzt, mächtiger und der Feind schwächer.

Eine weitere Ursache ist ferner, dass heute die reichsten und mächtigsten Barone Frankreichs aus königlichem Blut stammen und zur königlichen Linie gehören, sodass, wenn ein Höherer oder Bevorrechteter stirbt, die Krone auf einen jeden von ihnen kommen kann. Jeder hält sich deshalb mit der Krone gut, in der Hoffnung, dass sie auf ihn selbst oder seine Söhne übergehen könne. Sich gegen sie zu empören oder sie anzufeinden würde ihnen mehr schaden als nützen, wie der jetzige König fast erfahren musste. Er war in der Schlacht in der Bretagne gefangen worden, als er auf der Seite des Herzogs gegen Frankreich stand, und es war nach

Karls VIII. Tod strittig, ob er nicht durch dies Vergehen und den Abfall von der Krone das Recht der Thronfolge verloren habe. Hätte er nicht durch seine Ersparnisse viel Geld gehabt, das er am rechten Ort ausgeben konnte, und wäre der Herzog von Angoulême, der nach ihm König werden konnte, nicht ein kleines Kind gewesen, so hätte es schlimm mit ihm gestanden. Aus diesen Gründen jedoch, und weil er einen Anhang hatte, wurde er zum König gewählt.

Die letzte Ursache ist die, dass die Besitzungen der Barone Frankreichs nicht unter die Erben geteilt werden wie in Deutschland und in mehreren Teilen Italiens. Sie gehen immer auf die Erstgeborenen über und diese sind die eigentlichen Erben. Die anderen Brüder finden sich damit ab und widmen sich, von ihrem erstgeborenen Bruder unterstützt, sämtlich den Waffen. In diesem Stand bestreben sie sich, darin so hoch zu steigen und in eine Lage zu kommen, dass sie sich selbst eine Herrschaft erkaufen können, und mit dieser Hoffnung nähren sie sich. Die Folge davon ist, dass die französischen Schweren Reiter heute die besten sind, die es gibt, da sie alle Edle sind und Söhne von Herren und sich bereithalten, es selbst zu werden.

Das Fußvolk, welches man in Frankreich aushebt, kann nicht besonders gut sein, da sie lange keinen Krieg im Land hatten und also keine Erfahrung haben können. Dann sind auch in den Städten alle unedel und Handwerksleute; sie stehen so sehr unter den Edlen und werden in jedem Geschäfte so sehr unterdrückt, dass sie niederträchtig sind. Man sieht daher, dass sich der König ihrer im Krieg nicht bedient, weil sie sich untauglich zeigen. Nur der Gascogner bedient er sich, die ein wenig besser als die anderen sind. Dies kommt daher, dass sie als Nachbarn der spanischen Grenze ein wenig vom spanischen Charakter haben.

Doch nach dem, was man seit vielen Jahren gesehen hat, haben sie sich mehr als Diebe, denn als brave Soldaten gezeigt. Zwar sind sie zum Angriff und zur Verteidigung der Festungen recht gut, im Feld dagegen sind sie schlecht; im Gegensatz zu den Deutschen und Schweizern, die im Feld ihresgleichen nicht haben, aber um Festungen zu verteidigen oder anzugreifen nichts taugen. Ich glaube, dies kommt daher, dass sie in beiden Fällen ihre Schlachtordnung nicht beibehalten können, in der sie sich im Feld aufstellen. Der König von Frankreich bedient sich daher der Schweizer und Landsknechte, weil seine Schweren Reiter, wo man dem Feinde frei gegenübersteht, auf die Gascogner kein Vertrauen haben. Wäre aber das Fußvolk so gut wie die Schweren Reiter, so ist kein Zweifel, dass der König von Frankreich Mut genug haben würde, sich gegen alle Fürsten Europas zu verteidigen.

# 1518

## PHILIPP MELANCHTHON

## »Zu den Quellen, Jugend!«

*Das Leichtgewicht von 1,50 Meter Körpergröße mit einem kleinen Sprachfehler beeindruckt die Wittenberger auf den ersten Blick wenig. Das ändert sich auf einen Schlag am Samstag, dem 28. August 1518, als er in der Schlosskirche von Wittenberg seine Antrittsvorlesung* Ad fontes, iuventute! *hält. Unter seinen Hörern ist Luther (vgl. S. 159–161), dessentwegen er nach Wittenberg gezogen ist. Die enge Zusammenarbeit, die folgt, wird erst mit Luthers Tod enden. Der aus dem Bauch geborene Furor Luthers und seine Blitze gegen Rom sind von älterem Schlage als diese Helle im Kopf, die hier, von Affekt und Gefühlsregung scharf getrennt, den neuen Geist des deutschen Humanismus verkündet.*

*Philipp Melanchthon (\* 1497, † 1560), eigentlich Philipp Schwartzerdt, ist Übersetzer und Meister der griechischen Philologie, Philosoph und Theologe, Dichter und Lehrbuchautor. Sein Ehrentitel:* »Praeceptor Germaniae« *– Lehrer Deutschlands. Groß sind seine Verdienste um die alten Griechen und die Wiederbelebung ihres Erbes.*

REDE VOR DER AKADEMISCHEN JUGEND WITTENBERGS »ÜBER DIE NEUGESTALTUNG DES UNIVERSITÄTSSTUDIUMS«

Ich möchte durchaus nicht unbescheiden und für mich unangemessen in dieser Versammlung das Wort ergreifen, Herr

Rektor magnifice und hochansehnliche Professoren. Mich halten gewöhnlich meine Veranlagung und meine stille Art des Studiums von derartigen Festveranstaltungen und einer solchen hochlöblichen Gelehrtenversammlung fern; mich hätte auch heute vor allem die Schwierigkeit der Aufgabe, die ich zu unternehmen im Begriffe stehe, abschrecken können, wenn nicht die Liebe zur wahren Wissenschaft und die Pflicht meines Amtes dazu gemahnten, dass ich euch allen die schönen Studien und die wiedererwachenden Wissenschaften aufs Angelegentlichste empfehlen möchte. Ich habe es nämlich auf mich genommen, ihre Sache gegen diejenigen zu verfechten, die sich allgemein in den Schulen die Titel und Vorrechte von Gelehrten, aber als Ungelehrte mit barbarischen Mitteln, nämlich durch Gewalt und Betrug, angemaßt haben und die bis heute zumeist mit unlauteren Absichten die Menschen in ihrem Fortschreiten hemmen. Auch jetzt noch suchen nicht wenige die deutsche Jugend, die in den letztvergangenen Jahren allenthalben an diesem erfreulichen wissenschaftlichen Fortschritt teilzunehmen begonnen hat, mit höchst plumpen Argumenten gleichsam aus ihrer Bahn zu reißen: Das Studium der humanistischen Wissenschaften sei zu schwierig und habe demgegenüber zu geringen Nutzen; das Griechische eigneten sich nur gewisse Personen an, die ihre Zeit vertun und damit prahlen wollten; das Hebräische sei von zweifelhaftem Wert, indessen gingen die Wissenschaften der ursprünglichen Art zugrunde, die Philosophie werde achtlos beiseitegelassen; und was derartige Beschuldigungen mehr sind. Wer vermöchte nicht einzusehen, dass einer, der sich mit jener Schar von Ungelehrten auseinandersetzen will, nicht nur ein Theseus, sondern wohl gar ein Herkules sein müsste?

Man könnte mich deshalb für allzu kühn halten, dass ich ein so gerechtfertigtes Vorhaben unternommen habe. Und vorerst davon zu schweigen, dass ich dieses Gebiet kaum vornehmen kann ohne unbescheiden zu sein – aber ich will des Todes sein, wenn ich jemals etwas Irdisches für vordringlicher gehalten habe (als das). Denn in mir glüht die Liebe zu Wahrheit, und da ich eure Studien, ihr Jünglinge, kräftig zu fördern wünsche, so muss ich wohl gewisse Dinge offener aussprechen, als jene Leute es wollen. Wenn mich jedoch meine Vernunft, wie mir scheint, oder irgendeine Fügung hierzu treibt, so wünsche ich mir, hochverehrte Anwesende, dass ihr dieses Anliegen mit mir teilt; denn durch eure Mühewaltung, Rat und Hilfe sollen die Wissenschaften allmählich vom Rost und Staub befreit werden und hoffen dürfen, ihren ursprünglichen Glanz allenthalben wiederzugewinnen.

Es war somit meine Absicht, die Jugend unserer berühmten Universitäten in kurzen Worten darauf hinzuweisen, dass sie – um den Kern eures großartigen Vorhabens herauszustellen – erkennen mag, was es mit den neu belebten Studien auf sich hat und mit denen, die unsere barbarischen Vorfahren von den Angelsachsen ins Frankenreich und von den Franken nach Deutschland eingeführt haben, damit ihr selbst zu beurteilen vermögt, wenn ihr beider Verlauf kennengelernt habt, welche man mit größerem Nutzen und geringerem Schaden treiben kann. Und meine ganze Rede soll darin gipfeln, dass ich euch zu den schönen Wissenschaften, das heißt zum Griechischen und Lateinischen, Lust mache. Denn ich weiß, dass die meisten schon im Vorhof durch die Neuheit der Sache, wenn schon nicht abgeschreckt, so doch wenigstens geängstigt werden. Es wäre allerdings angebracht gewesen, das Thema meiner Rede und gewissermaßen ihren Anknüpfungspunkt von den eigentliche Quellen und wissenschaftlichen Grundlagen aller Zeiten herzuleiten; doch das soll einer anderen Veranstaltung vorbehalten bleiben. Jetzt will ich in diesem Zusammenhang nur mit kurzen Worten die barbarischen Studien mit den echten vergleichen und zeigen, unter welchen Gesichtspunkten man das Lateinische lernen und das Griechische versuchen soll. Schenkt also meiner Rede geneigtes Gehör, wie es mein besonderes Anliegen an euch und die Bedeutung der Wissenschaften erfordern.

Es ist nun wohl achthundert Jahre her – fast der gesamte Erdkreis war von den Goten in Aufruhr gebracht, Italien war von den Langobarden verwüstet worden –, da erstarben mitsamt dem römischen Weltreich auch die römischen Wissenschaften, weil das Wüten des Krieges zugleich auch die Bibliotheken zerstört und die schönen Künste durch die natürlicherweise mangelnde Muße zum Erlöschen gebracht hatte. Ihr wisst ja, wie wenig sich mit den Studien der Weisheit und der Pflege so friedlicher Dinge der Kriegsgott verträgt, den unser Dichter Homer mit Pallas Athene in heftigem Streit liegen lässt: Mars, »der rasende Tor«, wie er sagt. Etwa zu jener Zeit nun hat Gregor, den sie »den Großen« nennen und den ich als den Fackelträger und den Verkünder einer vergangenen Theologie bezeichnen möchte, im Übrigen ein Mann von außergewöhnlicher Frömmigkeit, die römische Kirche gelenkt und den Vorfall dieser unseligen Zeit durch Wort und Schrift, so gut er konnte, aufzuhalten versucht.

In dieser Zeit gab es, wie es scheint, niemanden unter den hiesigen Menschen, der der Nachwelt eine bedeutende Schrift hinterließ. Doch hatte bis dahin bei den Angelsachsen und Iren ein dauerhafter Friede die Wissenschaften gefördert,

Der Milchschäumer.
*Bern. Schweiz, 24. Januar 2012.*

und diese standen in hohem Ansehen; neben verschiedenen anderen war es besonders der ehrwürdige Beda, der im Griechischen und im Lateinischen ungewöhnlich bewandert, dazu auch in der Philosophie, Mathematik und Theologie so beschlagen war, dass er sich sogar mit den Alten vergleichen konnte. Italien indessen und Gallien waren ohne literarisches Leben, und Deutschland war von jeher in den Waffen erfahrener als in den Wissenschaften; und gerade damals kämpfte es besonders in Italien, denn es hatte noch nicht insgesamt das Christentum angenommen. Unter diesen Verhältnissen wurde Karl (der Große) geboren, und als er die Grenzen des Römischen Reiches befriedet hatte, wandte er der Hebung der Kultur seine Aufmerksamkeit zu; denn er beherrschte auch selbst die meisten Fächer, die man in der Schule lernt, sicher und exakt, abgesehen von seiner Kenntnis vieler Sprachen. Er berief den Alkuin aus England ins Frankenreich, auf dessen Veranlassung man in Paris die Wissenschaften zu lehren begann, gewiss ein glückverheißender Anfang; denn sie waren noch unverfälscht, und es kam eine gewisse Kenntnis des Griechischen hinzu. Dieses Zeitalter hat uns Männer wie Hugo und Richard (von Sankt Viktor) und andere nicht ganz schlechte Schriftsteller beschert. Die Philosophie bezog man noch nicht wie heutzutage aus dem Aristoteles, sondern für sie war noch ganz die Mathematik zuständig, die damals noch allen Gebildeten sehr am Herzen lag, was die alten Bibliotheken der Benediktinermönche zeigen; denn alle bedeutenden Männer unter ihnen haben auch durch ein mathematisches Werk ihre hervorragende Ausbildung darin bewiesen.

Dann war es durch die Gewohnheit damit vorbei, und die Menschen verfielen auf den Aristoteles, sei es nun aus gelehrtem Verlangen oder aus der Lust am Streit, und zwar auf einen mangelhaften und verstümmelten Aristoteles, der an sich schon im Griechischen schwer verständlich und dem Orakelgott (Apollon) ähnlich schien, nun aber so ins Lateinische übersetzt war, dass er gar die Orakelsprüche einer rasenden Sibylle von sich gab; dahin hatten die unbesonnenen Menschen es kommen lassen. Allmählich wurden die ernsten Wissenschaften vernachlässigt, die Kenntnis des Griechischen kam uns abhanden, und überhaupt begann man anstelle des Guten das Schlechte zu lehren. Von daher nahmen ein Thomas, ein Scotus, ein Durandus, ein seraphischer und ein cherubischer Lehrer und wie sie alle heißen, ihren Ausgang, eine zahlreichere Brut als die Söhne des Kadmos. Hinzu kam obendrein, dass die alten Autoren durch das Studium der neuen nicht nur missachtet wurden, sondern dass sie, wenn bis zu jener Zeit überhaupt noch welche erhalten geblieben waren, völlig in Vergessenheit gerieten und verloren gingen. Man könnte sich daher fragen, ob die Erfinder der dialektischen Spitzfindigkeiten durch etwas anderes mehr Schaden angerichtet haben als dadurch, dass sie ihrem Wahnwitz so viele Tausende alter Schriftsteller bis zur völligen Vernichtung verkommen ließen. Solchen Leuten wurde nun ein für alle Mal die Vollmacht des göttlichen und irdischen Rechts zuerkannt, aus dessen Dekreten man die Jugend unterrichtet. Daraufhin ging man später gegen die Rechtswissenschaft und die Medizin in gleicher Weise vor. Es musste der Schüler ja seinem Lehrmeister ähnlich sein, denn – wie man im Volksmund sagt – »ein böser Rabe legt ein böses Ei«.

Diese Studienform herrschte etwa dreihundert Jahre lang in England, Frankreich und Deutschland, um beileibe nicht zu übertreiben; wie verderblich sie war, das kann man annähernd aus dem Gesagten erschließen. Und damit ihr es deutlich erkennt, hört mir weiter genau zu! Zuerst ließ man die Wissenschaft der Alten beiseite, als jene dreiste Methode des Erklärens und Philosophierens an Geltung gewann; zugleich blieb das Griechische unbeachtet, die Mathematik wurde vergessen und die Theologie nachlässiger gepflegt. Welche Pest konnte schlimmer sein als dieser Übelstand? Gewiss aber war keine jemals weiter verbreitet. Denn da bis zu jener Zeit die gesamte Philosophie griechisch gewesen war und es an lateinischen theologischen Schriften außer denen des Cyprian, Hilarius, Ambrosius, Hieronymus und Augustin keine bedeutenden gab und die Theologie des Westens den originalen Zugang zur griechischen bis dahin großenteils noch hatte, musste mit der Vernachlässigung des Griechischen zugleich alles, was die Philosophie den menschlichen Studien für Nutzen bringt – und sie bringt bei Weitem den größten Nutzen! –, und damit auch die Pflege der Theologie allmählich zugrunde gehen. Dieser letztere Verfall hatte tatsächlich die Sitten und Gebräuche der christlichen Kirche, der erstere dagegen das Studium der Wissenschaften schwer getroffen. ...

So ergreift denn also das rechte Studium und denkt an das Dichterwort: »Frisch gewagt ist halb gewonnen! Wage zu wissen!« Pflegt die alten Lateiner und macht euch das Griechische zu eigen, ohne das man das Lateinische nicht richtig behandeln kann. Das wird euch den Geist zu Nutzen aller Wissenschaftsbereiche angenehm fördern und ihn in jeder Beziehung verfeinern. Vor wenigen Jahren erst sind solche Männer hervorgetreten, die euch zum Vorbild und Ansporn dienen können. Denn ich hatte in der Stille bei meinen Beobachtungen den Eindruck, dass Deutschland an zahlreichen Orten aufzublühen beginne und offensichtlich in seinen Sitten und dem allgemeinen Empfinden der Menschen sanfter und gleichsam gezähmter werde, das doch früher durch barbarische Sitten verwildert war und irgendwie etwas Rohes zu atmen pflegte. Überdies werdet ihr eure Mühe nicht nur zu eurem eigenen Vorteil anwenden und dazu, ihn auf die kommenden Geschlechter auszudehnen, sondern auch zum unvergänglichen Ruhme unseres allseits hochgeschätzten Fürsten, dem nichts mehr am Herzen liegt als die Pflege der schönen Wissenschaften. Ich werde, was an mir liegt, bemüht sein, dem Willen unseres allergnädigsten Fürsten und euren Studien, meine lieben Zuhörer, nach Kräften zu dienen. Das verspreche und gelobe ich euch, verehrte Anwesende und ihr Herren sächsische Professoren – euch wird es obliegen, (diese) meine Studenten, die sich mit den schönen Wissenschaften befassen und von den schlechten Künsten noch unberührt sind und die sich freiwillig eurem Schutze anvertraut haben, freundlich und pflichtbewusst zu hüten und zu schützen. Ich habe gesprochen.

# 1524

# DESIDERIUS ERASMUS
## Geist gibt dem schönen Geschlecht Glanz

*Auch wenn er das Neue Testament über das Alte stellte und Talmud und Kabbala ablehnend gegenüberstand, so war er doch kein ausschließender, sondern ein einschließender Geist. Der überlebensgroße Sammler, der täglich 1000 Wörter zu Papier gebracht hat, trug in seinem weitläufigen Werk Weisheiten von allen Ufern zusammen. Als Herausgeber, Redakteur und Textkritiker begründete er die moderne Philologie. Der große Kommunikator, dessen Briefwechsel keine Ecke seiner Welt ausließen, war zugleich eine in seiner Zeit einsame Erscheinung: Keine Kompromisse nämlich machte er als Pazifist: Legitim konnte ein Krieg höchstens sein, wenn das ganze Volk ihn wünschte. Dieses aber bestand für ihn bereits aus Individuen.*

*Erasmus Desiderius von Rotterdam (\* 1464–1469, † 1536) wurde als unehelicher Sohn eines Goudaer Priesters und seiner Haushälterin, einer Arzttochter, zwischen 1464 und 1469 in Rotterdam geboren. Er war nicht nur Erzieher Karls V., in seinem hier abgedruckten Stück belehrt die gebildete Magdala den Abt Antonius. Der Renaissance-Mensch tritt – mit der unverheirateten Mutter des Erasmus? – als Frau auf.*

ANTRONIUS: Was sehe ich hier für eine Wohnungseinrichtung?

MAGDALIA: Ist sie denn nicht geschmackvoll?

ANTRONIUS: Wie geschmackvoll, weiß ich nicht; sicherlich wenig passend für eine junge Dame und für eine Hausfrau!

MAGDALIA: Inwiefern?

ANTRONIUS: Weil alles voller Bücher ist.

MAGDALIA: Hast du in deinem Alter als Abt und Höfling niemals Bücher in den Häusern vornehmer Damen gesehen?

ANTRONIUS: Doch, aber in Französisch; hier dagegen sehe ich griechische und lateinische.

MAGDALIA: Vermitteln etwa nur Französisch geschriebene Bücher Wissen?

ANTRONIUS: Nein, aber für vornehme Damen schickt es sich, etwas zu haben, woran sie sich in ihren Mußestunden erfreuen.

MAGDALIA: Ist es denn nur vornehmen Damen gestattet, gebildet zu sein und angenehm zu leben?

ANTRONIUS: Du bringst zu Unrecht Bildung und angenehmes Leben in Zusammenhang: Gebildet zu sein ist nicht Frauensache; Sache vornehmer Damen ist es, ein angenehmes Leben zu führen.

MAGDALIA: Ist es nicht jedermanns Sache, ein rechtes Leben zu führen?

ANTRONIUS: Ja.

MAGDALIA: Wie kann denn aber einer angenehm leben, der nicht ein rechtes Leben führt?

ANTRONIUS: Nein, im Gegenteil: Wie kann denn einer ein angenehmes Leben führen, der rechtschaffen lebt?

MAGDALIA: Du vertrittst also die, die gewissenlos leben, wenn sie nur ein angenehmes Leben haben?

ANTRONIUS: Ich bin der Meinung, dass die richtig leben, die ein Wohlleben führen.

MAGDALIA: Aber woher kommt dieses Wohlleben: aus äußerlichen Dingen oder aus dem Inneren?

ANTRONIUS: Aus äußeren Dingen.

MAGDALIA: O du geistreicher Abt, du dicker Philosoph, sage mir: Woran misst du das Wohlleben?

ANTRONIUS: An Schlaf, Gastmählern, an der Freiheit, zu tun, was man will, an Geld und Ehrungen.

MAGDALIA: Aber wenn Gott diesen Dingen noch Wissen hinzufügte, wirst du dann nicht angenehm leben?

ANTRONIUS: Was nennst du Wissen?

MAGDALIA: Das eine: wenn man begreifen würde, dass der Mensch nur glücklich ist durch geistige Güter und dass Reichtum, Ansehen und Herkunft weder glücklicher noch besser machen.

ANTRONIUS: Dieses Wissen kann mir allerdings gestohlen bleiben.

MAGDALIA: Wie aber, wenn es für mich angenehmer ist, einen guten Schriftsteller zu lesen, als für dich Jagd, Trinken oder Würfelspielen? Scheine ich dir dann nicht angenehm zu leben?

ANTRONIUS: Ich würde nicht so leben wollen.

MAGDALIA: Ich frage nicht, was dir am angenehmsten ist, sondern was angenehm sein müsste.

ANTRONIUS: Ich möchte nicht, dass meine Mönche sich ständig mit Büchern abgeben.

MAGDALIA: Mein Mann dagegen findet das sehr gut. Aber weshalb hältst du das bei deinen Mönchen nicht für gut?

ANTRONIUS: Weil sie nach meiner Erfahrung dann weniger willfährig sind; sie rechtfertigen sich mit Dekreten aus dem Kirchenrecht und mit Petrus- und Paulusstellen.

MAGDALIA: Du befiehlst ihnen also, was mit Petrus und Paulus im Widerspruch steht?

ANTRONIUS: Was diese lehren, weiß ich nicht; ich liebe aber keinen widersprechenden Mönch, noch möchte ich, dass einer meiner Leute mehr weiß als ich.

MAGDALIA: Das könnte vermieden werden, wenn du dir Mühe gäbest, am meisten zu wissen.

ANTRONIUS: Dazu ist keine Gelegenheit.

MAGDALIA: Wieso?

ANTRONIUS: Weil dafür keine Zeit ist.

MAGDALIA: Keine Zeit für Bildung?

ANTRONIUS: Nein.

MAGDALIA: Was hindert dich denn?

ANTRONIUS: Die verschiedentlichen Gebete, die Sorge um den Haushalt, Jagd, Pferde, Dienst bei Hofe.

MAGDALIA: So sind dir also diese Dinge wichtiger als Wissen?

ANTRONIUS: Das bringt die Gewohnheit für uns so mit sich.

MAGDALIA: Sage mir nun Folgendes: Wenn dir irgendein Gott die Macht gäbe, deine Mönche und dich selbst in ein beliebiges Tier zu verwandeln, würdest du sie dann in Schweine und dich in ein Pferd verwandeln?

ANTRONIUS: Ausgeschlossen.

MAGDALIA: Aber du würdest damit vermeiden, dass keiner mehr wüsste als du.

ANTRONIUS: Mich würde es nicht viel kümmern, was für Tiere die Mönche wären, sofern ich nur selbst ein Mensch wäre.

MAGDALIA: Meinst du, dass der ein Mensch ist, der weder etwas weiß noch sich bilden will?

ANTRONIUS: Mir bin ich klug genug.

MAGDALIA: Auch die Schweine sind sich klug genug.

ANTRONIUS: Du scheinst mir ein Blaustrumpf zu sein, so spitzfindig argumentierst du.

MAGDALIA: Ich will dir nicht sagen, wie du mir vorkommst. Aber warum missfällt dir diese Wohnungseinrichtung?

ANTRONIUS: Weil die Gerätschaften für eine Frau Spindel und Spinnrocken sind.

MAGDALIA: Ist es nicht die Aufgabe einer Hausfrau, den Haushalt zu versorgen und die Kinder zu erziehen?

ANTRONIUS: Ja.

MAGDALIA: Und glaubst du, dass eine so wichtige Aufgabe ohne Wissen verrichtet werden kann?

ANTRONIUS: Nein.

MAGDALIA: Nun – dieses Wissen vermitteln mir Bücher.

ANTRONIUS: Ich habe daheim zweiundsechzig Mönche, und doch wirst du in meinem Schlafgemach kein einziges Buch finden.

MAGDALIA: So ist für diese Mönche ja gut gesorgt.

ANTRONIUS: Ich will Bücher noch gelten lassen, aber keine lateinischen.

MAGDALIA: Weshalb nicht?

ANTRONIUS: Weil diese Sprache für Frauen nicht passt.

MAGDALIA: Ich möchte den Grund wissen.

ANTRONIUS: Weil sie wenig geeignet ist, ihnen ihre Keuschheit zu bewahren.

MAGDALIA: Aber die französischen Romane, die voller schlüpfrigster Geschichten sind, tragen zum keuschen Lebenswandel bei?

ANTRONIUS: Es handelt sich um etwas anderes.

MAGDALIA: Sag mir offen, was es ist.

ANTRONIUS: Sie sind vor den Priestern sicherer, wenn sie kein Latein verstehen.

MAGDALIA: Von dorther droht ihnen aber kaum Gefahr, dafür sorgt ihr selbst; denn ihr seid ja ausdrücklich darauf bedacht, das Latein selbst nicht zu beherrschen.

ANTRONIUS: Auch im Volk denkt man so, dass es sonderbar und außergewöhnlich ist, wenn eine Frau Latein versteht.

MAGDALIA: Warum führst du mir die Allgemeinheit an, den schlechtesten Zeugen für das richtige Verhalten in einer Sache? Warum kommst du mir mit der Gewohnheit, der Lehrmeisterin alles Schlechten? Gerade an das Beste muss man sich gewöhnen, so wird gebräuchlich werden, was ungebräuchlich war, und es wird angenehm werden, was unangenehm war, und es wird anständig werden, was man für unanständig hielt.

ANTRONIUS: Das lässt sich hören.

MAGDALIA: Ist es etwa nicht anständig, dass eine Frau in Deutschland Französisch lernt?

ANTRONIUS: Unbedingt.

MAGDALIA: Und warum?

ANTRONIUS: Damit sie mit denen sprechen kann, die Französisch verstehen.

MAGDALIA: Und bei mir findest du es unpassend, wenn ich Latein lerne, damit ich mich tagtäglich mit so vielen Autoren unterhalten kann, die so sprachgewandt und so gebildet, so weise und so zuverlässige Ratgeber sind?

ANTRONIUS: Bücher benehmen den Frauen viel von ihrem Verstand, der ihnen dann anderswo fehlt.

MAGDALIA: Wie viel bei euch davon übrig ist, weiß ich nicht; auf jeden Fall möchte ich das wenige, was ich habe, lieber zu nützlichen Studien verwenden als zu sinnlos dahergesprochenen Gebeten, zu nächtelangen Gelagen und zum Austrinken mächtiger Pokale.

ANTRONIUS: Der Umgang mit Büchern führt zu Verrücktheit.

MAGDALIA: Und die Unterhaltungen mit den Zeitgenossen, mit Narren und Dummköpfen bringen wohl keine Verblödung hervor?

ANTRONIUS: Sie vertreiben aber die Langeweile.

MAGDALIA: Wie soll das wohl zugehen, dass mich so angenehme Gesprächspartner verrückt machen sollten?

ANTRONIUS: Es heißt allgemein so.

MAGDALIA: Aber die Wirklichkeit spricht eine andere Sprache. Wie viel mehr Menschen können wir dagegen beobachten, die das unmäßige Zechen und das Tafeln zur Unzeit oder weinselige nächtliche Gelage und ihre unbeherrschten Begierden um den Verstand gebracht haben!

ANTRONIUS: Ich wenigstens würde keine gelehrte Frau haben wollen.

MAGDALIA: Und ich beglückwünsche mich, dass ich einen Mann bekommen habe, der nicht so ist wie du. Denn die Bildung macht ihn mir noch liebenswerter und mich ihm auch.

ANTRONIUS: Mit unendlicher Mühe erwirbt man sich Bildung, und dann muss man sterben.

MAGDALIA: Sage mir doch, du vortrefflicher Mann, wenn du morgen sterben müsstest, würdest du dann lieber möglichst dumm oder möglichst weise sterben wollen?

ANTRONIUS: Ja, wenn das Wissen ohne Anstrengung zu erlangen wäre!

MAGDALIA: Aber dem Menschen fällt eben in diesem Dasein nichts ohne Anstrengung zu; und dabei muss man alles, mit welcher Mühe man es auch erworben hat, hier zurücklassen. Warum sollen wir es dann bereuen, auf die allerkostbarste Sache etwas Mühe zu verwenden, deren Frucht uns auch in das andere Leben nachfolgt.

ANTRONIUS: Ich habe häufig im Volksmund das Wort gehört, eine philosophisch gebildete Frau sei doppelt töricht.

MAGDALIA: So sagt man zwar gewöhnlich, aber von Seiten der Dummen. Eine wirklich gebildete Frau erscheint sich nicht selbst so; dagegen ist diejenige, die sich selbst gebildet vorkommt, obwohl sie es nicht ist, tatsächlich doppelt unwissend.

ANTRONIUS: Ich weiß nicht, wie es kommt, dass die Wissenschaft für eine Frau ebenso wenig passt wie der Packsattel für den Ochsen.

MAGDALIA: Aber du kannst doch nicht leugnen, dass der Packsattel für einen Ochsen immer noch besser passt als der Bischofshut für einen Esel oder ein Schwein! – Welche Meinung hast du von der Jungfrau Maria?

ANTRONIUS: Die allerbeste.

MAGDALIA: Hat sie sich nicht mit Büchern beschäftigt?

ANTRONIUS: Das hat sie schon, aber nicht mit solchen.

MAGDALIA: Was las sie denn?

ANTRONIUS: Die Stundengebete.

MAGDALIA: Nach welcher Regel?

ANTRONIUS: Nach der Benediktinerregel.

MAGDALIA: Nun gut. Was denkst du von Paula und Eustochium? Haben sie sich nicht mit der Heiligen Schrift beschäftigt?

ANTRONIUS: Aber heute ist das außergewöhnlich.

MAGDALIA: So außergewöhnlich war damals ein ungelehrter Abt, und heute ist das gang und gäbe; damals ragten die Fürsten und Kaiser nicht weniger durch ihre Bildung als durch ihre Machtstellung hervor. Aber es ist auch heute doch nicht so außergewöhnlich, wie du glaubst: Es gibt in Spanien und in Italien nicht wenige und besonders vornehme Frauen, die sich mit jedem beliebigen Manne messen können; in England die Frauen aus dem Hause des Morus, in Deutschland die Frauen aus der Familie Pirckheimer

und Blarer. Und wenn ihr nicht achtgebt, wird es noch dahin kommen, dass wir in den Theologenschulen den Vorsitz führen und in den Kirchen Gottesdienst halten, und wir werden eure Bischofssitze mit Beschlag belegen.
ANTRONIUS: Das wolle Gott verhüten!
MAGDALIA: Nein, an euch wird es liegen, das zu verhüten. Wenn ihr aber so fortfahrt, wie ihr begonnen habt, dann werden eher die Gänse predigen als euch stumme Hirten ertragen. Ihr seht, dass sich die Bühne der Welt schon verändert: Entweder muss man seine Rolle niederlegen, oder es muss jeder seine Rolle spielen.
ANTRONIUS: Wie bin ich nur an diese Frau geraten? – Wenn du uns einmal besuchen wirst, will ich dich freundlicher aufnehmen.
MAGDALIA: Wie denn?
ANTRONIUS: Wir werden tanzen, tüchtig trinken, auf die Jagd gehen, spielen und lustig sein.
MAGDALIA: Ich muss freilich jetzt schon sehr lachen.

# 1524

# DESIDERIUS ERASMUS

# Vom freien Willen

*Ein Leben mit Gott, aber ohne den Segen der katholischen Kirche war, während sehr langer Zeit, das bei Weitem schwierigere und gefährlichere Leben als eines in ungerührter Gottvergessenheit, solange diese in Rom keinen Anstoß erregte. Erasmus, weder eine laue Seele noch ein Eiferer, der mit Provokationen das Martyrium suchte, geißelte zwar das Papsttum für seine Tradition der korrupten Fäulnis, hielt ihm aber mit seinen Forderungen nach inneren Reformen die Treue. Luther dagegen, gar kein Mann des Mittelwegs, blieb unversöhnlich: »Da wir sehen, dass dir der Herr weder den Mut noch die Gesinnung verliehen hat, jene Ungeheuer« – die Päpste – »offen und zuversichtlich gemeinsam mit uns anzugreifen, wagen wir von dir nicht zu fordern, was über dein Maß und deine Kräfte geht.« (Vgl. S.159–161)*

*Den beiden ging es allerdings nicht nur um Rom, sondern durchaus um den Herrn selber: Wer entfernt sich weiter von ihm und wahrer Gottesfurcht: der unfreie oder der freie Wille? Ein Streitpunkt von höchster Brisanz.*

NUN SAGT MAN ZWAR GEWÖHNLICH, dass man einen krummen Stock, um ihn gerade zu machen, nach der entgegengesetzten Seite biegen müsse; – dies könnte vielleicht ratsam sein, wenn es darum ginge, die Sittlichkeit zu heben; bei Lehrentscheidungen aber dürfte es schwerlich tragbar sein. Ich weiß, dass manchmal, wenn man zureden oder abraten will, eine Übertreibung angebracht ist; so kann man z. B., um einem zaghaften Menschen Zuversicht beizubringen, zweckmäßig sagen, er solle sich nicht fürchten, Gott werde alles Reden und Tun für ihn besorgen. Und um den gottlosen Übermut eines Menschen zu dämpfen, könnte man vielleicht zweckmäßig sagen, der Mensch sei nichts anderes als Sünde; ebenso könnte man denen, die fordern, dass man ihr Dogmen der Heiligen Schrift gleichstelle, zweckmäßig entgegnen, dass der Mensch nichts anderes als Lüge sei.

Wo aber zur Feststellung der Wahrheit Grundsätze aufgestellt werden, dürfen Paradoxa dieser Art, die sich wenig von dunklen Andeutungen unterscheiden, wohl kaum zur Anwendung kommen; ich wenigstens tue hierbei nicht gern des Guten zu viel. Pelagius hat dem freien Willen offenbar mehr als nötig zugeschrieben. [Dun] Skotus reichlich viel. Luther hat ihn [den freien Willen] zunächst nur durch Abtrennung des rechten Armes verstümmelt, späterhin auch damit nicht zufrieden, hat der den freien Willen vollends erdrosselt und beseitigt. Mir sagt die Meinung derer zu, die einiges dem freien Willen, doch das meiste der Gnade zuschreiben. Man hätte doch nicht so die Scylla der Hoffart meiden sollen, dass man der Charybdis der Verzweiflung oder der Gleichgültigkeit verfiel: Man hätte das ausgerenkte Glied, um es zu heilen, nicht nach der entgegengesetzten Seite verrenken, sondern es an seinen rechten Ort wieder einrenken sollen; man hätte auch nicht so unvorsichtig seinen Gegner angreifen sollen, dass dieser einem in den Rücken fallen konnte.

Es gilt also maßzuhalten; dann wird man zu dem Ergebnis kommen, dass gute Werke, wenn auch nicht vollkommene

Werke, möglich sind, doch ohne dass der Mensch sich etwas darauf einbilden dürfte; auch ein Verdienst dürfte möglich sein, im Ganzen aber wäre es Gott zu verdanken. Es gibt über die Maßen viel Schwäche, Mängel und Bosheit im Leben der Sterblichen, sodass ein jeder, wenn er sich selbst betrachten wollte, gern seinen Helmbusch niederlegte, auch wenn wir nicht allen Ernstes behaupten, dass der Mensch – und sei er noch so sehr gerechtfertigt – nichts anderes sei als Sünde, was wir schon deswegen nicht können, weil Christus ihn einen Wiedergeborenen und weil Paulus ihn eine neue Kreatur nennt.

»Warum dem freien Willen etwas zugestehen?«, so fragt man. – Damit es etwas gibt, was verdientermaßen den Gottlosen zugerechnet werden kann, die sich der Gnade Gottes willentlich entziehen; damit von Gott ferngehalten werde die fälschliche Anklage, er sei grausam und ungerecht; damit von uns ferngehalten werde die Verzweiflung ebenso wie die Sicherheit und damit wir zum Streben angespornt werden. Aus diesen Gründen wird von fast allen festgestellt, dass es einen freien Willen gibt, der aber – damit aller menschlichen Hoffart vorgebeugt werde – ohne die dauernde Gnade Gottes unwirksam ist. Es mag jemand einwenden: »Wozu taugt ein freier Wille, wenn er unwirksam ist?« Darauf antworte ich: Wozu würde der ganze Mensch taugen, wenn Gott so an ihm wirkte, wie der Töpfer am Ton wirkt oder wie er an einem Steine wirken könnte?

# 1525

## MARTIN LUTHER

# Vom unfreien Willen

---

*Nein, einen freien Willen hat der Mensch nicht. Falls er überhaupt einen Willen hat und nicht gar keinen, nicht einmal einen versklavten. Falls es Gewissheiten gibt, was für unseren Autor hier durchaus der Fall ist, dann gehört zu ihnen diese: Ganz und gar ist der Mensch schwach und nichts als Sünder, außer durch die Gnade Gottes, den wir in der Heiligen Schrift durch seinen Sohn erkennen.*

*Martin Luther (\* 1483, † 1546) war keiner der jüdischen, muslimischen und christlichen Vorläuferaufklärer des 13. bis 16. Jahrhunderts, welche die Offenbarung mit der Vernunft zur Deckung bringen wollten. Der gänzlich schwache und sündige Mensch hat Gott, und Gott hat ihn, und ohne dies gäbe es im All keinerlei Grund zur Hoffnung. Scholastische Spitzfindigkeiten wie die metaphysischen Erörterungen über den freien Willen, denen sich der hochgelehrte Erasmus hingibt, müssen – wem könnte das verborgen bleiben? – am Christenmenschen weit vorbeizielen, falls sie seiner nicht überhaupt unwürdig sind. Dennoch walzt der Thüringer seine donnernde Entgegnung auf die Thesen des liberalen Holländers auf fast dreihundert eng bedruckten Seiten aus. Luthers Enttäuschung ist unüberhörbar, aber er verpasst die Gelegenheit nicht, in Erinnerung zu rufen, dass es mehr als nur Ablassbullen waren, was die beiden einstmals gegen Rom geeint hat, nämlich nicht weniger als das Geheimnis Gottes selbst, welches die Päpste längst veräußert hätten. Und Luther, selbst kein Philosoph, sondern, wie er versichert, nur ein Christ, verspricht für den eitel räsonierenden Philosophen Fürbitte zu leisten.*

*Dass das konfessionsübergreifende Ansehen des großen Humanisten indessen nicht gefährdet war, zeigt sich darin, dass Erasmus als katholischer Priester in einer Zeit heftigster konfessioneller Auseinandersetzungen im protestantischen Basler Münster beigesetzt wurde.*

ICH WILL BEISPIELE ANFÜHREN, um den Glauben zu stärken und um denen auf die Sprünge zu helfen, die von dem Verdacht nicht loskommen können, Gott sei ungerecht. Gott lenkt das äußere Geschehen in dieser sichtbaren Welt tatsächlich so, dass unsre Vernunft urteilen muss, es gebe entweder überhaupt keinen Gott oder Gott sei ungerecht. Darum hat einmal jemand gesagt: Es quält mich oft der Gedanke, dass es keine Götter gibt. –

Schlechten Menschen geht es gewöhnlich gut, guten Menschen dagegen schlecht. Ein Sprichwort sagt: Je größer der Schalk, desto besser das Glück. Sprichwörter pflegen aus der Erfahrung hervorzugehen. – »In den Häusern der Gottlosen ist alles reichlich vorhanden«, sagt Hiob (12,6).

Der 73. Psalm klagt, dass in der Welt die Sünder reich werden (V. 12). Jetzt entscheide ein jeder, ob es nicht ungerecht ist, dass die Bösen vom Glück begünstigt werden und dass die Guten leiden müssen.

Dadurch haben sich schon viele bedeutende Leute zu der Annahme verleiten lassen, es gebe keinen Gott, es gebe nur eine blind waltende Schicksalsmacht. So die Epikuräer, so Plinius. Aristoteles will das höchste Wesen, das er annimmt, das erste Seiende, von allem Erdenjammer lösen. Darum urteilt er, es sehe nichts, es sehe nur sich selbst. Er meint offenbar, dass es Gott peinlich sein müsste, all das Leid und all das Unrecht, das auf Erden geschieht, anzusehen. Den Propheten, die an das Dasein Gottes glaubten, ist erst recht die Versuchung nicht erspart geblieben, ihn für ungerecht zu halten. Man denke an Jeremia, an Hiob, David, Asaph u. a. Was mögen wohl Demosthenes und Cicero gedacht haben, als man sie zum Dank für alles Gute, das sie getan hatten, schmählich in den Tod trieb?

Die Annahme, dass Gott ungerecht sei, hat vieles für sich. Sie ist so gut begründet, dass die Vernunft sich ihrer nicht erwehren kann. Was im Licht der Natur unmöglich ist, das wird jedoch leicht im Licht des Evangeliums. Wer die Erkenntnis hat, die dem Menschen durch Gottes Gnade verliehen wird, der weiß, dass für die Gottlosen auf zeitliches Wohlergehen ewige Verdammnis folgt. Es gibt ein Leben nach diesem Leben. Das ist das eine Wörtlein, durch das diese sonst unlösbare Frage gelöst wird. Was hier nicht belohnt oder bestraft worden ist, das wird dort belohnt oder bestraft werden. Dieses Leben ist nur das Vorspiel, die Einleitung zum zukünftigen Leben.

Schon vom Evangelium, das nur im Wort und im Glauben sich auswirken kann, geht ein helles Licht aus. In diesem Licht klärt sich die eine Frage, die in allen Jahrhunderten behandelt und niemals gelöst worden ist, ohne Schwierigkeit. Dieses Licht wird dereinst durch das andere abgelöst werden, das uns in der Herrlichkeit verliehen werden soll. Dann werden wir nicht mehr auf das Wort und auf den Glauben angewiesen sein. Dann wird die Sache selbst, dann wird der erhabene Gott sich unmittelbar offenbaren.

Ist nicht anzunehmen, dass dann – ebenfalls ohne Schwierigkeit – auch die andere Frage gelöst werden wird, die im Licht der Gnade sich noch nicht geklärt hat? Es hat doch schon im Licht der Gnade eine Frage sich geklärt, die im Licht der Natur unlösbar war. Nimm also dreierlei Licht an: das der Natur, das der Gnade und das der Herrlichkeit. So pflegt man mit Recht zu unterscheiden. Im Licht der Natur ist die Frage unlösbar, wie es gerecht sein kann, dass der gute Mensch leiden muss, während es dem schlechten gutgeht. Diese erste Frage hat sich bereits im Licht der Gnade geklärt.

Im Licht der Gnade ist aber die zweite Frage unlösbar: Wie kann Gott den verurteilen, der – auf die eigene Kraft angewiesen – unbedingt sündigen und schuldig werden muss? Das sieht im Licht der Natur und auch in dem der Gnade so aus, als hätte nicht der arme Mensch Schuld, sondern der ungerechte Gott. Unser Urteil kann gar nicht anders lauten. Gott setzt dem einen Sünder unverdientermaßen die Krone der Gerechtigkeit auf. Den andern dagegen verdammt er. Dabei ist des Letzteren Sünde vielleicht kleiner oder doch nicht größer als die des Ersteren.

Doch im Lichte der Herrlichkeit wird die Sache wiederum anders erscheinen. Gott, dessen Gerechtigkeit wir jetzt nicht begreifen können, wird sich einst als vollkommen gerecht offenbaren. Einstweilen sollen wir das glauben. Dazu mahnt und darin bestärkt uns das Licht der Gnade, das ein ähnliches Wunder gegenüber dem Licht der Natur schon vollbracht hat.

Ich will jetzt dieses Buch beenden. Nötigenfalls bin ich bereit, den Kampf fortzusetzen. Ich nehme jedoch an, dass dem Frommen, dass jedem, der sich gegen die Wahrheit nicht sperrt, meine bisherigen Ausführungen vollkommen genügen.

Ich bin ausgegangen vom Glauben an die Vorsehung Gottes, die zugleich eine Vorherbestimmung ist. Ich habe vorausgesetzt, dass Gott weder sich täuschen noch gehindert werden kann. Daraus folgt, dass nichts geschehen kann, was nicht er selbst will. Das muss sogar die Vernunft zugeben. Damit gibt sie zu, dass es weder im Menschen noch in einem Engel noch sonst in einem Geschöpf einen freien Willen geben kann.

Das Gleiche folgt, wenn wir glauben müssen, dass Satan der Fürst dieser Welt ist, der das Reich Christi fortwährend heimtückisch angreift und bekämpft. Er gibt die Menschen, die er gefangen hält, nur dann frei, wenn die Kraft des göttlichen Geistes ihn zwingt.

Der menschliche Wille kann ferner nicht frei sein, wenn wir glauben müssen, dass die Erbsünde den Menschen so verdorben hat, dass sie sogar denen arg zu schaffen macht, die vom Heiligen Geist getrieben werden. Daraus folgt offenbar, dass der Mensch, den nicht der Heilige Geist erfüllt, völlig außerstande ist, sich dem Guten zuzuwenden.

Ein Beweis dafür, dass der Mensch ohne die Gnade nur Böses wollen kann, liegt ferner in der Tatsache und Erfahrung, dass die Juden, die mit allen verfügbaren Kräften nach Gerechtigkeit gestrebt haben, nur desto tiefer in den Abgrund der Ungerechtigkeit gestürzt sind, während die

Heiden, deren Sinn und Trachten gottlos gewesen ist, umsonst und wider Erwarten Gerechtigkeit erlangt haben.

Hauptsächlich ist es der Glaube an die Erlösung durch Christi Blut, der uns nötigt zu bekennen, dass der ganze Mensch ein Verlorener ist. Wir würden sonst die Unentbehrlichkeit Christi leugnen oder ihn höchstens für unsere grobsinnlichen Triebe als Erlöser gelten lassen. Das hieße: Gottes Ehre antasten!

Mein lieber Erasmus! Ich bitte dich jetzt um Christi willen: Halte endlich, was du versprochen hast! Du hast versprochen nachzugeben, wenn dich jemand eines Besseren belehrte. Lass dich nicht beirren, dass ich in keiner Weise mich mit dir vergleichen kann! Ich gebe zu, dass du ein großer Mann bist. Du bist mit vielen edlen Gaben von Gott ausgestattet, vor allem mit Klugheit, mit Bildung und mit einer Beredsamkeit, die ans Wunderbare grenzt. Ich selbst habe nichts und bin nichts. Ich möchte nur mich rühmen dürfen, ein Christ zu sein.

Meine ganz besondere Anerkennung spreche ich dir dafür aus, dass du als Erster und als Einziger die Sache selbst angegriffen hast, für die ich kämpfe. Du hast dich wirklich an die Hauptsache gehalten und mir nicht – wie all die andern, die bis jetzt über mich hergefallen sind – mit den lächerlichen Fragen nach Papsttum, Fegefeuer und Ablass zwecklos zugesetzt. Du einzig und allein hast erkannt, worum es eigentlich geht. Du hast den Stier bei den Hörnern gepackt. Dafür danke ich dir von Herzen. Mit dieser wichtigen Sache befasse ich mich gern, wenn ich irgend Zeit dazu habe.

Mit dieser Sache hätten sich die Leute beschäftigen sollen, die mich bisher angegriffen haben. Mit dieser Sache sollten sich auch die einmal befassen, die mit neuen Geist-Eingebungen, mit neuen Offenbarungen großtun. Dann brauchten wir uns weniger mit Aufruhr und mit Irrlehren zu plagen. Dann hätten wir Frieden und Einigkeit. Die heillosen Zustände, die gegenwärtig herrschen, sind Gottes Strafe für unsere Undankbarkeit.

Freilich: Wenn du diese Sache nicht anders behandeln kannst, als du es in deiner Diatribe getan hast, hättest du dich lieber bescheiden und bei der Sprachwissenschaft bleiben sollen, die du mit großem Erfolg und Ruhm bisher gepflegt und gefördert hast. Durch deine Leistungen auf diesem Gebiet hast du auch mir einen großen Dienst erwiesen. Ich gestehe, dass ich dir viel verdanke und dich deswegen aufrichtig verehre und bewundere. Der Sache aber, um die wir miteinander kämpfen, bist du nicht gewachsen. Dazu fehlt dir bisher die Berufung.

Ich bitte dich, mich nicht als anmaßend zu betrachten, wenn ich das sage. Es ist mir ein Gebetsanliegen, der Herr möge dir auch in dieser Hinsicht die Überlegenheit schenken, die du in jeder anderen Hinsicht mir gegenüber schon hast. Es ist nichts Neues, wenn Gott den Moses durch einen Jethro und den Paulus durch einen Ananias belehrt. Du sagst, es hätte wohl noch niemand die Gabe des Heiligen Geistes gehabt, wenn du Christum nicht kenntest. Wie ungeheuerlich dieses Wort ist, wirst du wohl selbst bemerken. Es brauchen doch nicht alle den Irrweg zu gehen, wenn und weil einer von uns beiden sich ihm befindet. Der ist Gott, der »wundersam in seinen Heiligen« ist (Ps. 68,36). Wir halten oft Leute für heilig, die von Heiligkeit weit entfernt sind. Da auch du nur ein Mensch bist, ist es leicht möglich, dass du die Heilige Schrift und die Äußerungen der Kirchenväter, in deren Gefolgschaft du auf dem richtigen Wege zu sein meinst, nicht richtig verstehst und nicht sorgfältig genug beachtest. Darauf deutet bereits ein Wort, du habest nichts fest behaupten, vielmehr alles nur vergleichen wollen. So schreibt niemand, der die Sache gründlich durchschaut und recht versteht. Ich aber habe in diesem Buche nicht verglichen, sondern fest behauptet; dabei bleibe ich. Ich überlasse nicht [wie du] andern das Urteil. Vielmehr rate ich allen, Gehorsam zu leisten. Der Herr, um dessen Sache es geht, erleuchte dich und mache aus dir ein Werkzeug seiner Gnade!

Amen

## 1527/1537

## PARACELSUS

## Die Medizin ist ein sehr weites Feld

*Unbestritten der bedeutendste Arzt der aufziehenden Neuzeit und an fast ebenso prominenter Stelle in jedem Brevier zu Scharlatanen von historischem Format zu finden. Um sich erkannte er eine beseelte und nicht nur von organischem Leben bevölkerte Welt. Der Mensch aber »kann nur vom Makrokosmos aus universalistisch erfasst werden, nicht aus sich selbst heraus«. So hatte der Arzt auch Naturkundler im weitesten Sinn, außerdem Philosoph und Theologe und, nicht zu vergessen, Astrologe zu sein. Nichts ist Gift und alles ist Gift, so viel wissen wir alle noch heute von ihm, es kommt nur auf die Quantität an.*

*Sein Leben war Unruhe. Getauft auf den Namen Theophrastus Bombastus von Hohenheim (\* 1493, † 1541) bei Einsiedeln in Schwyz, wanderte er nach dem frühen Verlust seiner Mutter nach Kärnten aus, wo ihn der Vater in die Anfangsgründe von Heilkunde, Bergbau und mittelalterlicher Chemie oder »Scheidkunst« einführte. Als Sechzehnjähriger nahm er das Medizinstudium an der Universität Basel auf. Achtzehn Wanderjahre später – wir sehen ihn 1510 als Bakkalaureus in Wien, dann in Ferrara und als Wundarzt auf Streifzug durch große Teile Europas – besetzte er daselbst für ein gutes Jahr seinen ersten Lehrstuhl. Er las für die Allgemeinheit, denn: »Nun ist hie mein Fürnemmen zu erklären, was ein Arzt seyn soll, und das auff Teutsch, damit das in die gemein gebracht werde.« Die Ärzte- und Apothekerschaft vergalt es ihm mit Schmähbriefen und Todesdrohungen, sodass er sich ins Elsass abzusetzen genötigt fand, wo er große Teile seines weitläufigen, überwiegend erst nach seinem Tod veröffentlichten Werks niederschrieb. 1541 zog er nach Salzburg, wo er im selben Jahr starb. Heutige gerichtsmedizinische Untersuchungen haben in seinen Gebeinen eine bis zu hundertfach erhöhte Quecksilberkonzentration festgestellt.*

**D**AS »BASLER PROGRAMM«
*Vorlesungsankündigung Hohenheims für die Medizinstudenten zu Basel vom 5. Juni 1527*
Theophrastus Bombast von Hohenheim aus Einsiedeln, beider Medizinen Doktor und Professor, entbietet den Studenten der Medizin seinen Gruß.

Da von allen Wissenschaften allein die Medizin, gleichsam als eine Gottesgabe, nach dem Urteil der heiligen und profanen Schriftsteller als notwendig bezeichnet wird und nur sehr wenige Doktoren sie heute mit Erfolg ausüben, erschien es notwendig, sie wieder zu ihrem früheren Ruhm und Ansehen zu bringen; sie werden wir allerdings vom Schmutze der Barbaren und uns von den schwersten Irrtümern zu reinigen haben. Dabei halten wir uns nicht an die Vorschriften der Alten, sondern lediglich an das, was wir teils durch Hinweise der Natur, teils durch unser eigenes ringendes Bemühen gefunden und durch lange Anwendung und Erfahrung erprobt haben. Denn wer weiß nicht, dass sehr viele Doktoren in heutiger Zeit zur größten Gefahr für die Kranken die schlimmsten Irrtümer begehen? Weil sie sich allzu ängstlich an die Aussagen des Hippokrates, Galen, Avicenna und anderer klammern, geradezu als seien diese wie Orakelsprüche vom Dreifuß Apollons ausgegangen, von denen man keinen Fingerbreit abweichen dürfe. Von diesen Autoren nämlich werden zwar sehr glänzende Doktoren, wenn es den Göttern gefällt, nicht aber Ärzte geschaffen. Nicht der Titel, nicht die Beredsamkeit, nicht die Sprachkenntnis noch die Lektüre vieler Bücher ist am Arzt wünschenswert, mögen diese Dinge auch nicht wenig Ansehen verleihen, sondern die höchste Kenntnis der Natur und ihrer Geheimnisse, die allein mit Leichtigkeit alles andere ersetzt. Aufgabe des Redners ist es nun zwar, gewandt sprechen zu können und zu überzeugen und den Richter zur eigenen Meinung zu bekehren, Aufgabe des Arztes aber ist es, die Arten der Krankheiten, ihre Ursachen und Symptome zu kennen und darüber hinaus durch seinen Scharfblick und Fleiß Heilmittel dagegen anzuwenden und nach jeden Geist und Verstand sie wohl alle zu heilen.

Um indessen kurz meine Lehrweise zu beschreiben, so will ich also vor allem, was mich selbst betrifft, auf die ansehnliche Bestallung der Herren von Basel hin zwei Stunden täglich die Bücher der praktischen und der theoretischen Medizin sowie der inneren Medizin und der Chirurgie, die ich selbst verfasst habe, mit größtem Fleiß und zu großem Nutzen der Hörer öffentlich erklären. Ich habe dieselben aber nicht nach der Gepflogenheit anderer von Hippokrates oder Galen oder irgendwelchen anderen erbettelt, sondern habe sie durch die höchste Lebensmeisterin der Dinge, Erfahrung und Bemühung, erlangt. Will ich demnach etwas erproben, so sind für mich Erfahrungen und Überlegung anstelle der Autoren maßgebend.

Wenn daher die Geheimnisse dieser apollinischen Kunst jemanden locken, beste Leser, Lust und Liebe ihn dann treiben und er in ziemlich kurzer Zeitspanne erlernen will, was alles zu dieser Wissenschaft gehört, so möge er sich unverzüglich zu uns nach Basel begeben, und er wird noch weit mehr und Größeres, als ich hier mit kurzen Worten beschreiben kann, erfahren. Damit aber unser Vorhaben den Studenten noch deutlicher bekannt werde, verdrießt es mich nicht, als Beispiel anzuführen, dass wir in der Lehre von den Körperzuständen und Körpersäften keineswegs den Alten folgen, die wohl alle Krankheiten auf jene mit falschem Verständnis zurückführen, weshalb es keinen oder sicherlich nur ganz wenigen Doktoren heute gelingt, die Krankheiten, die Ursachen und ihre kritischen Tage genau zu kennen. Schließlich dürften diese wie durch ein Gitterfenster gezeigten Andeutungen genügen. Ich überlasse es euch aber, nicht unbedacht darüber zu urteilen, ehe ihr nicht zuvor den Theophrastus gehört habt. Lebt wohl, nehmt diesen unseren Versuch zur Erneuerung der Medizin günstig auf.

## DE OCCULTA PHILOSOPHIA
### Von der Imagination und wie sie in ihre Exaltation kommt und gebracht wird (1537?)

Erstlich ein Exempel von der Imagination: was sie vermag und wirkt und wie sie in ihre Exaltation gebracht wird. Das sieht man erstens und erfährts in Zeiten der Pestilenz: Wie ist da die Imagination ein so mächtiges Gift über alle vergifteten Lüfte, wider das kein Mithridat, Theriaca, noch kein ander dergleichen Praeservativum zu gebrauchen ist oder Hülfe tun mag –, es werde dann allein der Imagination vergessen und ein Widerstand getan, sonst mag nichts helfen. Denn in diesem ist die imaginatio ein so schneller Vorbot und Wanderer, der nit allein von einem Haus zu dem andern, von einer Gassen in die andere, sondern auch von einer Stadt in die andere, von einem Land in das andere reist und wandelt. Sodass durch eines Menschen Imagination eine Pest in eine Stadt oder in ein ganz Land kommen mag und viele tausend Menschen mag vergiften. Was durch dieses Exempel zu verstehen ist.

Ich setze da von zwei lieben Brüdern: einer wäre in Frankreich, der andere in Italia. Nun, es wäre in Italia eine Pestilenz, derselbige stürbe daran, dem anderen Bruder in Frankreich käme Botschaft, sein Bruder wäre an der Pest gestorben. Jetzt entsetzt sich derselbige ob dieser Botschaft, es scheuerte ihm die Haut, er hebt an zu imaginieren, sodass er dasselbige nit vergessen kann, es wird an ihm angezündet und reverberiert sich selbst eben so lang –, gleicherweise wie eine Gold- oder Silbererprobung auf der Capelle, das mit Blumen geht, so lange bis es blickt, alsdann ists vollkommen, klar und rein von allen andern unreinen Metallen –, so verhält sich auch diese Imagination in diesem Fall, reverberiert sich selbst auf seine höchste Reverberation. Und wenn sie nun auf den Blick geht, ist der Test im Menschen gleicherweis, wie das Sperma des Manns in der matrice der Frauen, daraus alsbald die Empfängnis und Schwangerwerdung angeht. So kommt die pestis weiter von einem Menschen in den andern, so lang, bis es in einer ganzen Stadt oder in einem ganzen Land einreißt. Darum ist gut, weit davon zu sein, nicht wegen der Luft und des Gestanks usw., (denn die Luft vergiftet in diesem nit so sehr, oder dass sie die Pesten zuträgt, wie die unverständigen Leut sagen), sondern deswegen, dass man solche Ding weder sehe noch höre, auf dass mans nit ins Gemüt fasse. Aus diesem folgt nun, dass man einen solchen Menschen, dem eine solche Botschaft zukommt, nit allein lassen soll, bei ihm nit stillschweigen, ihn nit feiern lassen, auf dass er nit mit sich selbst in Sinnen und Gedanken spiele und imaginiere. Man soll ihn trösten, ihm solches aus dem Sinn schlagen, mit ihm fröhlich sein, mit ihm Brett spielen oder sonst Kurzweil mit ihm treiben. Und solches sollt ihr nit für meinen Scherz oder Gespött halten, und ob es gleichwohl lächerlich genug erscheint, dass einem also leicht mag und kann geholfen werden. Denn die Imagination ist gleich einem Pech, sie klebt gern an und empfängt gern Feuer, und wenn es zu brennen anhebt, mag es schwer ausgelöscht werden. Darum soll man einem, so wie obsagt, helfen, der Imagination einen Widerstand zu tun und sie auszulöschen. Das ist nun das eine Exempel, in welchem das Vermögen, Wirkung und Exaltation der Imagination angezeigt und genugsam vorgewiesen worden ist.

Nun aber von anderen zu reden, so wisset, dass nicht allein in Pestilenzzeiten die imaginatio so viel um ihr Leben gebracht hat, sondern auch in Kriegen. Wie viel sind in Stürmen, Schlachten und Scharmützeln erschossen worden, da allein ihre Imagination daran schuld gewesen ist! Das ist, wenn einer furchtsam, scheu und zaghaft ist, sich ob jedem Schuss entsetzt, und nicht anders vermeint, denn er sei oder werde gewiss getroffen, sooft ein Schuss gegen ihn geschieht. Ein solcher, sage ich, kommt viel eher ums Leben, wird auch viel eher erschossen, als einer, der keck, fröhlich, unverzagt angeht, sich nicht entsetzt, keinen Schuss fürchtet, hat einen starken Glauben und gute Hoffnung, er werde vor allen andern Kriegsleuten davonkommen. Solches sind rechte Kriegsleut, mit denen Schlösser, Städt, Land und Leut, wie man sagt, zu gewinnen sind. Aber die andern alle, sie seien groß oder kleine Hansen, edel oder unedel, Ritter oder Grafen, sind vor dem Feind nicht eines Pfennigs wert, ich geschweige eines Solds.

Darum soll sich ein jeglicher Kriegsmann, der da ein alter Kriegsmann oder durch Kriegen Ritter zu werden oder sonst zu hohen Ehren zu kommen begehrt, Herrn Julium oder sonst einen trefflichen alten Kriegsmann, wie denn unter den Römern viel gewesen sind, einbilden. Und wenn er nun seine Imagination recht zu gebrauchen weiß und selbige stets in seinem Gemüt hat, als wollte er all die Taten tun, auch dazu so alt werden als der selbige gewesen ist, auch gleich zu solchen Ehren und Ritterschaft kommen wie er –, so ist nun vielen ohne ein Wissen darum geschehen, das ist, sie haben die Imagination nicht verstanden noch gewusst, was ihr möglich ist, und sind doch solchen Prozess nachgefolgt und haben dadurch Ehr und Gut erlangt.

## 1528

# BALDASSARE CASTIGLIONE
## Früher war alles besser: für die Greise

---

*»Die guten alten Zeiten – sie sind jetzt«, sagte Peter Ustinov, »und schon in wenigen Jahren werden wir uns ihrer dankbar erinnern.« Unser Text geht der Frage nach, weshalb sich alternde Menschen dennoch schwertun, der Gegenwart vor der Vergangenheit Gerechtigkeit widerfahren zu lassen. Doch wo bloß führte das hin, »wenn die Welt in der Tat von Tag zu Tag schlechter würde und die Väter immer besser wären als die Söhne«?*

*Baldassare oder Baldesar Castiglione (\* 1478, † 1529), Edelmann aus Mailand und Diplomat, vertritt erst den Herzog von Urbino am päpstlichen Hof in Rom, dann als päpstlicher Nuntius die Kurie in Spanien. Sein* Libro del Cortegiano *(deutsch:* Der Hofmann*), neben Machiavellis* Principe *einer der wirkungsmächtigsten italienischen Klassiker des 16. Jh., gestaltet als ein Knigge des Humanismus dessen neues Menschenbild mit.*

NICHT OHNE VERWUNDERUNG habe ich des Öftern überlegt, woher jener Fehler eigentlich rühre, den man, da er sich hauptsächlich bei alten Leuten findet, als eine untrennbare Folge des Greisenalters annehmen kann: dass nämlich die Greise insgesamt die Vergangenheit loben und die Gegenwart tadeln, wobei sie am jüngern Geschlechte Handlungen, Gebräuche, überhaupt alles verwerfen, was jetzt anders ist als in ihrer Jugend, und behaupten, dass sich Sitten, Lebensart, jede Tugend, kurz alle Verhältnisse vom Schlechten ins Schlechtere wenden. Es ist nun wirklich eine vernunftwidrige und erstaunliche Sache, dass das reife Alter den menschlichen Verstand, den es sonst durch die erlangte Erfahrung schärft, in dieser Beziehung so verdirbt, dass er nicht erwägt, wie wir, wenn die Welt in der Tat von Tag zu Tag schlechter würde, und die Väter immer besser wären als die Söhne, schon längst an einem Punkte des Tiefstandes angekommen sein müssten, wo es keine Verschlimmerung mehr gäbe. Gleichwohl sehen wir, dass das Alter nicht allein in der Gegenwart, sondern auch in vergangenen Tagen immer in diesen Fehler verfallen ist, was man aus den Werken der alten Schriftsteller entnehmen kann, besonders der Komödiendichter, die das Bild des menschlichen Lebens getreuer als andere darstellen. Die Ursache jenes Wahnes der Greise liegt nun meiner Meinung nach darin, dass die fliehenden Jahre eine Menge Annehmlichkeiten mit sich hinwegnehmen und unter anderm das Blut zum großen Teile der Lebensgeister berauben, sodass es sich staut, und die körperlichen Kräfte, die die Tätigkeit des Verstandes bedingen, langsam versagen. Wie im Herbste die Blätter von den Bäumen, fallen in dieser Zeit die Blüten der Zufriedenheit ab, und statt heiterer und klarer Gedanken stellt sich eine wolkige und trübe Traurigkeit ein, begleitet von mannigfaltiger Beschwer: Nicht allein der Körper, auch der Geist wird schwach, von den vergangenen Freuden bleibt nur ein kümmerlicher Schein und die Erinnerung an die schönen Zeiten der Jugend, wo der Himmel immer blau gewesen ist, und die Welt nur Liebliches geboten hat, und nur im Gedächtnis blüht noch der linde Frühling wie in einem heitern und anmutigen Garten. Es wäre uns daher angemessener, wenn sich die Sonne unsers Lebens dem Untergange neigt und die Freude in uns ersterben lässt, zugleich mit ihr auch die Erinnerung an sie einzubüßen und dafür, wie Themistokles sagt, die Fähigkeit des Vergessens einzutauschen; denn trügerisch sind die Sinne des Körpers und täuschen oft das Urteil des Geistes. Mich dünkt, man könne die alten Menschen mit Reisenden vergleichen, die, vom Hafen abgestoßen, die Augen auf das Land heften: Als fest erscheint ihnen das Schiff, das Land, als ob es sich bewegte, während doch das Gegenteil wahr ist; so wie das Land bleiben auch die zeitlichen Vergnügen unbeweglich, wir aber segeln auf der Barke der Sterblichkeit auf das stürmische Meer, das alles vernichtet und verschlingt, hinaus, ohne je wieder ans Land zurückzukönnen, und unser Schifflein, von widrigem Winde getrieben, zerschellt endlich an einer Klippe. – Unverhältnismäßig stark ist im Greise die Sehnsucht nach Lebensfreude, die er doch immer verspüren kann; so wie der Geschmack der Fieberkranken von den bösen Dünsten verwirrt wird, dass ihnen jeder Wein bitter scheint, auch wenn er herrlich und süß ist, also dünkt die Alten, die trotz ihrer Unfähigkeit zu genießen das Verlangen nach dem Genusse nicht verloren haben, jedes Vergnügen schal und widerwärtig und ganz verschieden von dem einst gefühlten, obwohl es an sich dasselbe geblieben ist. Da sie also jetzt die Entbehrung kosten, beklagen sie sich und schelten die Gegenwart, ohne zu bedenken, dass nur sie, und nicht die Welt, sich verändert haben; erinnern sie sich hingegen vergangenen Glückes, so ist ihnen die Zeit, wo sie es empfunden haben, seine Spenderin, und diese Zeit rühmen sie als eine gute Zeit, weil sie ihnen noch den Duft der einstigen Freuden nachfühlen lässt. Es hasst auch unser Geist alle Dinge, die von Missvergnügen begleitet gewesen sind, und liebt die, die mit Vergnügen verbunden gewesen sind. So geschieht es, dass ein Verliebter eine große Seligkeit empfindet, wenn er ein Fenster, auch nur geschlossen, sieht, in dessen Rahmen ihm manchmal der Anblick der Geliebten vergönnt gewesen ist, ebenso, wenn er einen Ring, einen Brief, einen Garten oder irgendetwas sieht, was einst Zeuge seines Glückes gewesen ist; hingegen wird das prächtigste Zimmer oft nur unangenehme Gefühle erwecken, wenn man darinnen gefangen gesessen oder sonst eine Unbill erlitten hat. Ich habe Leute gekannt, die aus keiner Schale haben trinken wollen, woraus sie während einer Krankheit die Medizin haben nehmen müssen; denn, so wie das Fenster, der Ring oder der Brief dem einen süße Erinnerung an geliebte Freuden zurückruft, woran ihm der betreffende Gegenstand teilgenommen zu haben scheint, so dünkt es die andern, als ob das Zimmer oder die Schale zugleich mit dem Gedächtnis auch die Krankheit oder das Gefängnis wieder zurückbrachte. Dieselben Gedanken sind es, die nach meiner Meinung die Greise veranlassen, die Vergangenheit zu loben und die Gegenwart zu tadeln.

## 1547
# ÉTIENNE DE LA BOÉTIE
## Von der freiwilligen Knechtschaft

*Ein höchst erstaunliches Pamphlet des zum Zeitpunkt der Niederschrift sechzehnjährigen Gelegenheitsautors und engen Freunds Montaignes, welcher nach seinem Tod als Herausgeber amtierte. Zum Unbehagen beider, die von den jugendlichen Revoluzzerparolen bald nichts mehr wissen wollten, wurde der* Discours de la servitude volontaire *in dem konfessionell auseinanderdriftenden Frankreich von den Protestanten als Kampfschrift adoptiert und als solche 1574 erstmals gedruckt. In Deutschland fanden seine Thesen erst im späten 19. Jahrhundert im Kreis der Anarchisten um Gustav Landauer Beachtung, der die Schrift 1910 neu übersetzte.*

*Zu den Professoren des Jurastudenten Étienne de La Boétie (\* 1530, † 1563) gehörte Anne du Bourg an der Universität von Orléans, der wenige Jahre später als königlicher Gerichtsbeamter in Paris offen Einspruch gegen die Verfolgung der Protestanten erhob, was ihm seinerseits in einem Ketzerprozess 1559 die Todesstrafe und Hinrichtung eintrug.*

### FEIGHEIT

»Mehrern Herren untertan sein, dieses find' ich schlimm gar sehr,/ Nur ein einziger sei Herrscher, einer König und nicht mehr«, so sagt Ulysses bei Homer vor versammeltem Volke.

Hätte er nur gesagt: »Mehreren Herren untertan sein, dieses find' ich schlimm gar sehr«, so wäre das eine überaus treffliche Rede gewesen; aber anstatt dass er, wenn er mit Vernunft reden wollte, gesagt hätte, die Herrschaft von mehreren könnte nichts taugen, weil schon die Gewalt eines Einzigen, sowie er sich als Herr gebärdet, hart und unvernünftig ist, fuhr er gerade umgekehrt fort: »Nur ein einziger sei Herrscher, einer König und nicht mehr.«

Immerhin jedoch kann Ulysses entschuldigt werden; etwa musste er diese Sprache führen und sie klüglich benutzen, um die Empörung des Kriegsvolks zu sänftigen; mich dünkt, er hat seine Rede mehr den Umständen als der Wahrheit angepasst. Um aber in guter Wahrheit zu reden, so ist es ein gewaltiges Unglück, einem Herrn untertan zu sein, von dem man nie sicher sein kann, ob er gut ist, weil es immer in seiner Gewalt steht, schlecht zu sein, wenn ihn das Gelüste anwandelt; und gar mehrere Herren zu haben, ist gerade so, als ob man mehrfachen Grund hätte, gewaltig unglücklich zu sein. Gewisslich will ich zur Stunde nicht die Frage erörtern, die schon mehr als genug abgedroschen ist; ob nämlich die andern Arten der Republiken besser seien als die Monarchey. Wenn ich darauf kommen wollte, dann müsste ich, ehe ich ausforschte, welchen Rang die Monarchey unter den Republiken haben soll, erst ausmachen, ob sie überall einen haben darf; denn es ist schwerlich zu glauben, dass es in dieser Form der Regierung, wo alles einem gehört, irgendwas von gemeinem Wesen gebe. Aber diese Frage bleibe einer andern Zeit überlassen und müsste wohl in einer sonderlichen Abhandlung geprüft werden – wobei ich freilich fürchte, dass die politischen Streitigkeiten alle miteinander aufs Tapet kämen.

Für dieses Mal will ich nur untersuchen, ob es möglich sei und wie es sein könne, dass so viele Menschen, so viele Dörfer, so viele Städte, so viele Nationen sich manches Mal einen einzigen Tyrannen gefallen lassen, der weiter keine Gewalt hat als die, welche man ihm gibt; der nur so viel Macht hat, ihnen zu schaden, wie sie aushalten wollen, der ihnen gar kein Übel antun könnte, wenn sie es nicht lieber dulden als sich ihm widersetzen möchten. Es ist sicher wunderbar und doch wieder so gewöhnlich, dass es einem mehr zum Leid als zum Staunen sein muss, wenn man Millionen über Millionen von Menschen als elende Knechte und mit dem Nacken unterm Joch gewahren muss, als welche dabei der nicht durch eine größte Stärke bezwungen, sondern (scheint es) lediglich bezaubert und verhext sind von dem bloßen Namen des *einen*, dessen Gewalt sie nicht zu fürchten brauchen, da er ja eben allein ist, und dessen Eigenschaften sie nicht zu lieben brauchen, da er ja in ihrem Fall unmenschlich und grausam ist. Das ist die Schwäche bei uns Menschen: Wir müssen oft der Stärke botmäßig sein; kommt Zeit, kommt Rat; man kann nicht immer der Stärkere sein. Wenn demnach eine Nation durch kriegerische Gewalt gezwungen ist, einem zu dienen, wie die Stadt Athen den dreißig Tyrannen, dann darf man nicht darüber staunen, dass sie dient, sondern darf nur das Missgeschick beklagen: oder man soll vielmehr nicht staunen und nicht klagen, sondern das Übel geduldig tragen und ein besseres Glück in der Zukunft erwarten.

Unsre Natur ist also beschaffen, dass die allgemeinen Pflichten der Freundschaft ein gut Teil unsres Lebens in Anspruch nehmen; das Gute, das man von einem empfangen hat, dankbarlich zu erkennen und oft auf ein Teil Bequemlichkeit zu verzichten, um die Ehre und den Gewinn dessen, den man liebt und der es verdient, zu erhöhen. Wenn demnach die Einwohner eines Landes eine große Persönlichkeit gefunden haben, einen Mann, der die Probe einer großen Voraussicht, um sie zu behüten, einer großen Kühnheit, um sie zu verteidigen, einer großen Sorgfalt, um sie zu leiten, bestanden hat; wenn sie um dessentwillen sich entschließen, ihm zu gehorsamen und ihm dergestalt zu vertrauen, dass sie ihm etliche Vorteile über sich einräumen, so weiß ich nicht, ob das klug wäre, insofern man ihn von da wegnimmt, wo er gut tat, und ihn an eine Stelle befördert, wo er schlimm tun kann: Aber gewiss ist es der menschlichen Güte zugute zu halten, dass sie von einem solchen nichts Schlimmes fürchten mag, der ihr nur Gutes getan hat.

Aber mein Gott! was kann das sein? wie sagen wir, dass das heißt? was für ein Unglück ist das? oder was für ein Laster? oder vielmehr was für ein Unglückslaster? Dass man nämlich eine unendliche Zahl Menschen nicht gehorsam, sondern leibeigen sieht; nicht geleitet, sondern unterjocht; Menschen, die nicht Güter noch Eltern noch Kinder noch ihr eigenes Leben haben, das ihnen selbst gehört! Dass sie die Räubereien, die Schindereien, die Grausamkeiten nicht einer Armee, nicht einer Barbarenhorde, gegen die man sein Blut und sein Leben kehrt, dulden, sondern eines einzigen Menschleins, das oft gar der feigste und weibischste Wicht in der ganzen Nation ist; eines Menschen, der nicht an den Pulverrauch der Schlachten, sondern kaum an den Sand der Turnierspiele gewöhnt ist; nicht eines solchen, der gewaltiglich Männer befehligen kann, sondern eines solchen, der ein jämmerlicher Knecht eines armseligen Weibchens ist! Werden wir das Feigheit nennen? Werden wir sagen, dass diese Knechte Tröpfe und Hasen sind? Wenn zwei, wenn drei, wenn vier sich eines Einzigen nicht erwehren, dann ist das seltsam, aber immerhin möglich; dann kann man schon und mit gutem Recht sagen, es fehle ihnen an Herzhaftigkeit, wenn jedoch hundert, wenn tausend unter einem Einzigen leiden, dann sagt man doch wohl, dass sie sich nicht selbst gehören wollen, nein, dass sie es nicht wagen; und das nennt man nicht mehr Feigheit, sondern Schmach und Schande. Wenn man aber sieht, wie nicht hundert, nicht tausend Menschen, sondern hundert Landschaften, tausend Städte, eine Million Menschen sich eines Einzigen nicht erwehren, der alle miteinander so behandelt, dass sie Leibeigene und Sklaven sind, wie könnten wir das nennen? Ist das Feigheit?

### VON DER FREIHEIT UND TRÄGHEIT EINES VOLKES

Alle Laster haben ihre natürlichen Grenzen, die sie nicht überschreiten können: zwei Menschen, vielleicht auch noch zehn, können einen fürchten; aber wenn tausend, wenn eine Million, wenn tausend Städte mit einem nicht fertig werden, dann ist das keineswegs Feigheit; so weit geht sie nicht; ebenso wenig wie sich die Tapferkeit so weit erstreckt, dass ein Einziger eine Festung stürmt, eine Armee angreift, ein Königreich erobert. Welches Ungeheuer von Laster ist das also, das nicht einmal den Namen Feigheit verdient? Das keinen Namen findet, weil die Natur keinen so scheußlichen gemacht hat, weil die Zunge sich weigert, ihn auszusprechen?

Man stelle fünfzigtausend bewaffnete Männer auf eine Seite und ebenso viele auf die andere; man ordne sie zur Schlacht; sie sollen handgemein werden: Die einen sollen freie Männer sein, die für ihre Freiheit kämpfen, die andern sollen ausziehen, um sie ihnen zu rauben: Welchen von beiden wird vermutungsweise der Sieg in Aussicht zu stellen sein? Welche, meint man, werden tapferer in den Kampf gehen? Diejenigen, die zum Lohne für ihre Mühen die Aufrechterhaltung ihrer Freiheit erhoffen, oder diejenigen, die für die Streiche, die sie versetzen oder empfangen, keinen andern Preis erwarten können als die Knechtschaft der andern? Die einen haben immer das Glück ihres bisherigen Lebens, die Erwartung ähnlichen Wohlstands in der Zukunft vor Augen; es kommt ihnen nicht so sehr zu Sinn, was sie in der kurzen Spanne einer Schlacht durchzumachen, wie was sie, ihre Kinder und all ihre Nachkommenschaft für immer zu ertragen haben. Die andern haben zu ihrer Erkühnung nur ein kleines Quäntchen Begehrlichkeit, das sich gegen die Gefahr verblendet, das aber nicht so gar glühend sein kann, vielmehr mit dem kleinsten Blutstropfen, der aus ihren Wunden fließt, erlöschen muss. Gedenke man nur an die hochberühmten Schlachten des Miltiades, Leonidas, Themistokles, die vor zweitausend Jahren geschlagen worden sind und noch heute so frisch im Gedächtnis der Bücher und Menschen leben, als hätten sie ehegestern in Griechenland zum Heil des griechischen Volkes und der ganzen Welt Exempel sich zugetragen; was, glaubt man wohl, gab einer so kleinen Schar wie den Griechen nicht die Gewalt, sondern den Mut, dem Ansturm so vieler Schiffe, dass das Angesicht des Meeres von ihnen verändert wurde, standzuhalten; so viele Nationen zu überwinden, die in so gewaltigen Massen angerückt waren, dass das Häuflein Griechen den feindlichen Armeen noch nicht einmal die Hauptleute hätte stellen können? Was anders, als dass es uns dünkt, in jenen glorreichen Tagen sei gar nicht die Schlacht der Griechen gegen die Perser geschlagen worden, sondern der Sieg der Selbständigkeit über die Tyrannei und der Freiheit über die Willkür!

Seltsam genug, von der Tapferkeit zu vernehmen, welche die Freiheit ins Herz derjenigen trägt, die zu ihrem Schutze erstehen; aber was alle Tage in allen Ländern von allen Menschen getan wird, dass ein einziger Keil hunderttausend Städte notzüchtigt und ihnen die Freiheit raubt –, wer möchte es glauben, wenn er nur davon reden hörte und es nicht vor Augen sähe? Und wenn es nur bei fremden Völkern und in entfernten Ländern zu sehen wäre und man davon erzählte, wer möchte nicht sagen; eine so unwahrscheinliche Geschichte müsste erdichtet und erfunden sein? Noch dazu steht es so, dass man diesen einzigen Tyrannen nicht zu bekämpfen braucht; man braucht sich nicht gegen ihn zur Wehr zu setzen; er schlägt sich selbst. Das Volk darf nur nicht in die Knechtschaft willigen; man braucht ihm nichts zu nehmen, man darf ihm nur nichts geben; es tut nicht not, dass das Volk sich damit quäle, etwas für sich zu tun, es darf sich nur nicht damit quälen, etwas gegen sich zu tun. Die Völker lassen sich also selber hunzen und schurigeln, oder vielmehr, sie lassen es nicht, sie tun es, denn wenn sie aufhörten, Knechtsdienste zu leisten, wären sie frei und ledig; das Volk gibt sich selbst in den Dienst und schneidet sich selber die Gurgel ab; es hat die Wahl, untertan oder frei zu sein und lässt seine Freiheit und nimmt das Joch; es fügt sich in sein Elend und jagt ihm gar nach. Wenn es das Volk etwas kostete, seine Freiheit wiederzuerlangen, würde es sich nicht beeilen, obwohl es nichts Köstlicheres geben kann, als sich wieder in den Stand seines natürlichen Rechtes zu setzen und sozusagen aus einem Tier wieder ein Mensch zu werden; aber ich gebe nicht einmal zu, dass es diese Sicherheit des Lebens und die Bequemlichkeit ist, die es der Freiheit vorzieht. Wie! Wenn man, um die Freiheit zu haben, sie nur wünschen muss; wenn weiter nichts dazu nottut, als einfach der Wille, sollte sich wirklich eine Nation auf der Welt finden, der sie zu teuer ist, wenn man sie mit dem bloßen Wunsche erlangen kann? Eine Nation, der es leidtäte, zu wallen, was um den Preis des Blutes nicht zu teuer erkauft wäre? Nach dessen Verlust alle Menschen, die auf Ehre halten, das Leben widerwärtig und den Tod eine Erlösung nennen müssten? Gewisslich, ganz ebenso, wie das Feuer eines Fünkleins groß wird und immer mehr zunimmt und, je mehr es Holz findet, umso gieriger entbrennt; und wie es, ohne dass man Wasser herzuträgt, um es zu löschen,

wenn man bloß kein Holz mehr daran legt und es nichts mehr zu lecken hat, sich in sich selbst verzehrt und formlos wird und kein Feuer mehr ist; also werden die Tyrannen, je mehr sie rauben, je mehr sie heischen, je mehr sie wüsten und wildern, je mehr man ihnen gibt, je mehr man ihnen dient, umso stärker und kecker zum Vernichten und alles verderben, und wenn man ihnen nichts mehr gibt, wenn man ihnen nicht mehr gehorcht, stehen sie ohne Kampf und ohne Schlag nackt und entblößt da und sind nichts mehr; wie eine Wurzel, die keine Feuchtigkeit und Nahrung mehr findet, ein dürres und totes Stück Holz wird.

Wenn die Kühnen das Gut erlangen wollen, nach dem ihnen der Sinn steht, fürchten sie keine Gefahr; die Vorsichtigen scheuen die Mühe nicht; die Feigen und Trägen können weder dem Übel standhalten noch das Gute erobern; sie begnügen sich damit, es zu wünschen; die Tugend aber, die Hand danach zu recken, enthält ihre Feigheit ihnen vor; nur der Wunsch, es zu haben, wohnt in ihnen von Natur. Dieser Wunsch, dieser Wille, ist den Weisen und den Toren, den Mutigen wie den Feigen gemein; sie wünschen alle Dinge, in deren Besitz sie glücklich und zufrieden sein möchten; ein Einziges ist zu nennen, von dem ich nicht weiß, wie die Natur den Menschen den Wunsch darnach versagt haben kann: Das ist die Freiheit, die doch ein so großes und köstliches Gut ist, dass, wenn sie verloren ist, alle Übel angerückt kommen und selbst die guten Dinge, die noch geblieben sind, ihren Duft und ihre Würze verlieren, weil die Knechtschaft sie verderbt hat: Die Freiheit allein begehren die Menschen nicht, aus keinem andern Grunde, dünkt mich, als weil sie, wenn sie ihrer begehrten, die Freiheit hätten; wie wenn sie nur darum verschmähten, diese schöne Beute zu machen, weil sie zu leicht ist.

### ÜBER DIE NATUR DES MENSCHEN

Oh ihr armen, elenden Menschen, ihr unsinnigen Völker, ihr Nationen, die auf euer Unglück versessen und für euer Heil mit Blindheit geschlagen seid, ihr lasst euch das schönste Stück eures Einkommens wegholen, eure Felder plündern, eure Häuser berauben und den ehrwürdigen Hausrat eurer Väter stehlen! Ihr lebet dergestalt, dass ihr getrost sagen könnt, es gehöre euch nichts; ein großes Glück bedünkt es euch jetzt, wenn ihr eure Güter, eure Familie, euer Leben zur Hälfte euer Eigen nennt; und all dieser Schaden, dieser Jammer, diese Verwüstung geschieht euch nicht von den Feinden, sondern wahrlich von dem Feinde und demselbigen, den ihr so groß machet, wie er ist, für den ihr so tapfer in den Krieg ziehet, für dessen Größe ihr euch nicht weigert, eure Leiber dem Tod hinzuhalten. Der Mensch, welcher euch bändigt und überwältigt, hat nur zwei Augen, hat nur zwei Hände, hat nur einen Leib und hat nichts anderes an sich als der geringste Mann aus der ungezählten Masse eurer Städte; alles, was er vor euch allen voraus hat, ist der Vorteil, den ihr ihm gönnet, damit er euch verderbe. Woher nimmt er so viele Augen, euch zu bewachen, wenn ihr sie ihm nicht leiht? Wieso hat er so viele Hände, euch zu schlagen, wenn er sie nicht von euch bekommt? Die Füße, mit denen er eure Städte niedertritt, woher hat er sie, wenn es nicht eure sind? Wie hat er irgend Gewalt über euch, wenn nicht durch euch selbst? Wie möchte er sich unterstehen, euch zu placken, wenn er nicht mit euch im Bunde stünde? Was könnte er euch tun, wenn ihr nicht die Hehler des Spitzbuben wäret, der euch ausraubt, die Spießgesellen des Mörders, der euch tötet, und Verräter an euch selbst? Ihr säet eure Früchte, auf dass er sie verwüste; ihr stattet eure Häuser aus und füllet die Scheunen, damit er etliches zu stehlen finde; ihr zieht eure Töchter groß, damit er der Wollust frönen könne; ihr nähret eure Kinder, damit er sie, so viel er nur kann, in den Krieg führe, auf die Schlachtbank führe, damit er sie zu Gesellen seiner Begehrlichkeit, zu Vollstreckern seiner Rachebegierden mache; ihr rackert euch zuschanden, damit er sich in seinen Wonnen räkeln und in seinen gemeinen und schmutzigen Genüssen wälzen könne; ihr schwächet euch, um ihn stärker und straff zu machen, dass er euch kurz im Zügel halte: Und von so viel Schmach, dass sogar das Vieh sie entweder nicht spürte, oder aber nicht ertrüge, könnt ihr euch frei machen, wenn ihr es wagt, nicht euch zu befreien, sondern nur es zu wollen. Seid entschlossen, keine Knechte mehr zu sein, und ihr seid frei. Ich will nicht, dass ihr ihn verjaget oder von Throne werfet; aber stützt ihn nur nicht; und ihr sollt sehen, dass er, wie ein riesiger Koloss, dem man die Unterlage nimmt, in seiner eigenen Schwere zusammenbricht und in Stücke geht.

# 1550

# LEO AFRICANUS

## »... für mich nicht grade schmeichelhaft...«

*Nach seinen Reisen durch den Maghreb und die westafrikanischen Sahelreiche wird er von genuesischen Korsaren gefangen genommen und als Sklave nach Italien verkauft, wo er die Protektion von Papst Leo X. erlangt. Aus dem in Granada geborenen Al-Hassan ibn Mohammed al-Wassan (\* um 1490, † nach 1550) wird Johannes Leo Africanus – und ein Renaissance-Mann, der mit sich und den Nachbarn seiner Jugend zu Gerichte geht. Seine in arabischer Sprache begonnene* Beschreibung Afrikas *führt er auf Italienisch zu Ende. Nach der Veröffentlichung 1550 darf er sich in Tunis zur Ruhe setzen. Ein Vierteljahrtausend später wird sein Bericht zum Reiseführer der westlichen Afrikaforscher des ausgehenden 18. Jahrhunderts.*

D**IE AFRIKANER,** die in den Städten der Berberei, besonders an der Küste des Mittelländischen Meeres leben, haben großes Vergnügen an den Wissenschaften und widmen sich ihnen mit großem Eifer. Unter den Wissenschaften nehmen die Geisteswissenschaften, die Theologie und die Jurisprudenz den ersten Platz ein. Einst pflegten sie auch die Mathematik, die Philosophie und sogar die Astronomie, aber seit 400 Jahren sind ihnen viele dieser Wissenschaften von ihren Herrschern und Religionslehrern verboten worden, so beispielsweise die Philosophie und die Astrologie.

In ihrer Religion sind sie sehr andächtig, gehorchen ihren Lehrern und Geistlichen und geben sich viel Mühe, alles kennenzulernen, was ihre Religion verlangt. Sie gehen regelmäßig in die Moscheen, um zu beten, und unterziehen sich mit unglaublicher Geduld den religiösen Waschungen vor den Gebeten; gelegentlich waschen sie sogar den ganzen Körper, wie ich in meinem zweiten Buch über den islamischen Glauben und die islamischen Gesetze darzustellen beabsichtigte.

Die Bewohner der berberischen Städte sind darüber hinaus sehr kunstfertig, wie man an den verschiedenen, von ihnen verfertigten Produkten ihrer Arbeit sehen kann. Sie sind gebildet und höflich. Es sind Menschen von großer Güte, die selten eine Bosheit begehen. Im Herzen und in ihrer Rede sind sie wahrhaftig, auch wenn man in alten Zeiten, wie aus den Geschichtsbüchern lateinischer Schriftsteller ersichtlich, anders über sie geurteilt hat. Sie halten ihr Wort und würden eher ihr Leben geben, als ein Versprechen nicht zu erfüllen. Vor allem die Bergbewohner sind tapfer und von großem Mut.

Sie sind über alle Maßen eifersüchtig und setzen lieber ihr Leben ein, als dass sie wegen ihrer Frauen Schmach erleiden. Besonders erpicht sind sie auf Reichtum und Ehre.

Der Handel führt sie in alle Teile der Welt, und man trifft sie jederzeit in Ägypten, Äthiopien, Arabien, Persien, in Indien und in der Türkei. Überall sind sie gern gesehen und geachtet, weil sie ihr Gewerbe, was es auch sei, hervorragend verstehen.

Darüber hinaus sind die Menschen ehrbar und schamhaft und führen unanständige Reden niemals in der Öffentlichkeit. Der Jüngere erweist dem Älteren Respekt, sei es im Gespräch, sei es bei anderen Gelegenheiten. Das geht so weit, dass ein junger Mensch es nicht wagt, in Gegenwart seines Vaters oder Onkels über die Liebe oder von seiner Geliebten zu sprechen. Desgleichen scheuen sie sich, Liebeslieder zu singen, wenn ein Älterer es hören könnte. Kinder entfernen sich sogleich, wenn in einer Gesellschaft über die Liebe gesprochen wird. So sind die guten Sitten und die herkömmlich gute Erziehung, die man unter den Städtern der Berberei findet.

Die Araber und die Nomaden, die in Zelten leben, sind gastfrei, mitfühlend, mutig, geduldig, gesellig und familiär, von guter Lebensart, gehorsam, religiös, liebenswürdig und von frohem Wesen.

Die Bergbewohner sind gleichfalls gastfreundlich, mutig, schicklich in ihren Reden und ehrbar im täglichen Leben.

Die Numidier sind kultivierter als Letztere, weil sie die Regeln der Moral beachten und die islamischen Gesetze studieren. Von den Naturwissenschaften wissen sie jedoch nicht viel. Sie sind im Gebrauch der Waffen geübt, mutig, aber auch sehr gutmütig.

Die Bewohner Libyas, Afrikaner wie Araber, sind großzügig und liebenswürdig und tun alles in ihrer Macht Stehende für ihre Freunde. Sie sehen gern Fremde bei sich, sind herzlich, freimütig und aufrichtig.

Die Schwarzen haben gute Lebensart und sind zuverlässig. Sie empfangen gern Fremde, widmen ihre Zeit dem Vergnügen und führen ein fröhliches Leben. Sie lieben den Tanz, veranstalten zu allen möglichen Gelegenheiten Festessen und amüsieren sich gern. Sie sind sehr ehrlich und behandeln Gelehrte und Geistliche mit der größten Zuvorkommenheit. Unter allen Afrikanern geht es ihnen am besten.

Ohne Zweifel besitzen die Afrikaner ebenso viele Fehler wie Tugenden, und wir wollen sehen, ob ihre Fehler mehr oder weniger ausgeprägt sind.

Die Bewohner der Städte in der Berberei sind arm, dabei hochmütig und über die Maßen unversöhnlich. Selbst die kleinste Beleidigung vergessen sie nie, sondern meißeln sie, wie man so sagt, in Marmor. Sie sind so ungefällig, dass ein Fremder nur selten ihre Freundschaft gewinnen kann. Aus Einfalt glauben sie auch das Unmögliche. Das gewöhnliche Volk kennt keine Naturgesetze und hält alle Naturerscheinungen für Taten Gottes. In ihrer Lebensweise und ihren Handlungen sind sie sprunghaft, oft aufbrausend und reden oder schreien in hochtrabenden Ausdrücken. In den belebten Straßen sieht man fast immer zwei oder drei Menschen sich mit Fäusten prügeln. Sie taugen nichts und werden von ihren Herren verachtet, ja, man kann sagen, mancher Herrscher schätzt sein Vieh höher als seine Untertanen. Bei ihnen gibt es weder vornehme Personen noch eine Obrigkeit, von denen sie regiert oder in Verwaltungsfragen belehrt werden könnten. Auch im Handel sind sie beschränkt und unwissend, sie besitzen keine Banken und niemanden, der Waren von einer Stadt in die andere Stadt transportiert. Deshalb muss jeder Kaufmann bei seinen Waren bleiben und mit ihnen überall hinziehen.

Sie sind über alle Maßen geizig und man findet daher viele Menschen, die einen Fremden weder aus Höflichkeit noch um Gotteslohn beherbergen wollen. Nur wenige vergelten empfangene Wohltaten. Alle Zeit trübsinnig und melancholisch, geben sie einem Scherz nur ungern Gehör. Das kommt daher, weil sie sich ständig um ihren Lebensunterhalt sorgen müssen, denn ihre Armut ist groß und ihr Erwerb ist gering.

Die Hirten im Gebirge und in den Ebenen leben mühsam von ihrer Hände Arbeit und ständig in Not und Elend. Sie sind brutal, diebisch, unwissend und bezahlen niemals, was man ihnen auf Kredit gibt. Unter ihnen gibt es mehr Hahnreie als Männer, die es nicht sind. Alle jungen Mädchen dürfen vor ihrer Verheiratung Liebhaber empfangen und die Freuden der Liebe genießen. Sogar Vater und Bruder bereiten dem Liebhaber von Tochter und Schwester einen freundlichen Empfang, und keine Frau bringt ihrem Mann die Jungfernschaft mit in die Ehe. Ist eine Frau allerdings verheiratet, so lassen ihre Liebhaber von ihr ab und wenden sich einer anderen zu.

Die meisten dieser Menschen sind weder Moslems noch Juden, geschweige denn Christen. Sie leben ohne Glauben und Religion, ja ohne einen bloßen Schatten davon. Sie verrichten keine Gebete, haben keine Gotteshäuser und leben wie die Tiere. Selbst wenn jemand nur eine Spur von Gläubigkeit fühlt, so ist er gezwungen, wie die übrigen zu leben, weil es an religiösen Führern, Vorschriften und Geistlichen fehlt.

Die Numidier haben keine Einsicht in die Natur der Dinge und missachten jedes Leben in einer natürlichen Ordnung. Auch die Libyer sind gewalttätig.

Ich bin mir darüber klar, dass es für mich nicht gerade schmeichelhaft ist, die Fehler der Afrikaner einzugestehen und bloßzulegen, da Afrika mich erzogen hat, und ich den schönsten und längsten Teil meines Lebens dort verbracht habe. Allein die Pflicht des Historikers, die Wahrheit ohne Rücksichten und Schmeicheleien zu sagen, wird mich entschuldigen. Ich muss das schreiben, was ich schreibe, und will mich in keinem Punkte von der Wahrheit entfernen und werde alle Verzierungen des Stils und alle Künsteleien der Sprache vermeiden. Zu meiner Rechtfertigung möchte ich den aufgeklärten und vornehmen Lesern meiner langen Abhandlungen eine kleine Episode berichten.

In meinem Vaterland, so erzählt man, wurde ein junger Mensch von niedrigem Stande und schlechtem Lebenswandel bei einem geringfügigen Diebstahl ertappt und zum Auspeitschen verurteilt. Am Tage, da die Strafe vollzogen werden sollte, wurde er den Gerichtsdienern übergeben und bemerkte, dass der Henkersknecht ein alter Freund von ihm sei. Er nahm daher an, dieser würde ihn mit mehr Schonung als andere behandeln. Der Henkersknecht fing sein Geschäft an und gab dem Übeltäter gleich anfangs ein paar heftige und empfindliche Hiebe. Der arme Geselle schrie bestürzt auf und rief: »Bruder, für einen Freund behandelst du mich gar zu hart?« Der Henker schlug nun zum zweiten Mal noch stärker und sagte: »Kamerad, hier gilt keine Freundschaft, ich muss meinem Amte Genüge tun.« Und so fuhr er mit der Auspeitschung fort, bis die vom Richter bestimmte Zahl von Schlägen voll war.

Wenn ich also die Fehler der Afrikaner verschweigen würde, so wäre ich mit Recht zu tadeln. Manche würden glauben, ich täte das deswegen, weil ich selbst ein gut Teil der Fehler, darüber hinaus aber nicht einmal die Vorzüge der anderen besäße. ...

Wenn er kann, läuft der Mensch stets dahin, wo er seinen Vorteil sieht. Wenn also die Afrikaner getadelt werden, so sage ich, dass ich in Granada und nicht in Afrika geboren bin. Spricht man aber in Spanien schlecht, so erwidere ich, ich sei in Afrika und nicht in Granada erzogen worden. Ich will die Afrikaner so weit begünstigen, dass ich nur jene ihrer Untugenden berichte, die allgemein bekannt sind.

## 1555

# GEORGIUS AGRICOLA

## Ehrbarer als der Handel: von Bergbau und Hüttenkunde

*Ungleich anspruchsvoller als sein Ruf ist der Beruf des Bergbaus. Kenntnisse in Erdkunde und Chemie, Vermessungstechnik und Baukunst, Mechanik und Maschinenbau ... sind vonnöten. Und anders als sein Ruf ist der Beruf nicht schmutzig, sondern ehrbar, schadet niemandem, frommt jedermann. Darüber und über vieles mehr belehren* De re metallica libri XII, *das Hauptwerk des deutschen Vaters der Mineralogie, 1556 ein Jahr nach seinem Tod erschienen, anschließend in viele Sprachen übersetzt, schon 1557 auch ins Deutsche:* Vom Bergkwerck XII Bücher. *Es handelt sich um die erste systematische Untersuchung des Bergbau- und Hüttenwesens und bleibt zwei Jahrhunderte lang das maßgebliche Werk zu diesem Thema.*

*Georgius Agricola (\* 1494, † 1555), mit bürgerlichem Namen Georg Bauer, erwarb sich durch unermüdliche Streifzüge im Erzgebirge seine Expertise und den Überblick, sowohl die technische wie die wirtschaftliche Seite des Bergbaus und Hüttenwesens seiner Zeit betreffend. Der humanistische Geist verkörpert sich auch bei Agricola im Universalgelehrten. Zum Auftakt seiner Karriere schuf er 1519 als Rektor der Ratsschule von Zwickau in Sachsen einen neuen Schultyp: Unterrichtet wurde dort Latein, Griechisch und Hebräisch in Kombination mit Gewerbekunde, das heißt Ackerbau, Weinbau, Bau- und Messwesen, Rechnen, Arzneimittelkunde und Militärwesen.*

VIELE SIND DER ANSICHT, der Bergbau sei ein vom Zufall abhängiger und schmutziger Beruf und überhaupt eine Beschäftigung, die weniger Kenntnisse als vielmehr körperliche Arbeit erfordere. Mir dagegen scheint sich die Sache, wenn ich mir die einzelnen Gebiete vor Augen führe und überdenke, ganz anders zu verhalten. Um nämlich ein mit seinem Fach völlig vertrauter Bergmann zu sein, muss einer zunächst wissen, welcher Berg oder Hügel, welches Tal oder welche ebene Lage ein erfolgreiches Schürfen gestattet oder ein Graben unmöglich macht. Dann müssen ihm die Gänge, Klüfte und Schichtfugen geläufig sein. Ferner muss er die vielfältigen und unterschiedlichen Arten Erden, Gemenge, Edelsteine, Steine und Marmorarten, Felsen, Metalle und Gemische genau kennen. Außerdem muss ihm jedes Verfahren und jede Arbeitsweise unter Tage bekannt sein. Schließlich sollten ihm die Methoden vertraut sein, wie man die Stoffe prüft und zum Schmelzen bringt, was ja auch wiederum ziemlich unterschiedlich vor sich geht. Denn Gold und Silber müssen anders geschmolzen werden als Kupfer und Quecksilber, wieder anders Eisen oder Bleiarten, und dabei unterschiedlich das weiße (Zinn), aschige (Wismut) oder schwarze (gewöhnliche) Blei. Zwar könnte es den Anschein haben, als ob die Kunst, flüssige Gemenge bis zur Verdichtung zu sieden, nicht zur Bergbaukunde gehöre; weil aber diese Gemenge auch in der Erde in verdichtetem Zustand geschürft oder aus gewissen Erd- und Gesteinsarten, die die Bergleute graben und von denen manche Metalle enthalten, ausgeschmolzen werden, darf man das nicht von der Bergbaukunde trennen. Dieses Ausschmelzen ist wiederum nicht einfach, denn anders ist es beim Salz als beim Salpeter, anders bei Alaun und bei Vitriol und wieder anders bei Schwefel oder bei Bitumen.

Der Bergmann muss außerdem in vielen Künsten und Wissenschaften bewandert sein; erstens in der Philosophie, um die Entstehung, Herkunft und Eigenart der Stoffe unter Tage zu erkennen, denn er wird dadurch auf leichterem und bequemerem Wege zu den Erzadern, die er schürfen will, gelangen und aus dem Schürfgut reichere Erträge gewinnen. Zweitens in der Medizin, damit er Vorsorge treffen kann, dass die Häuer und anderen Bergarbeiter nicht in die Krankheiten verfallen, die ihnen vorwiegend drohen, oder dass er ihnen selbst Heilung bringen oder sie durch Ärzte kurieren lassen kann, wenn sie schon daran erkrankt sind. Drittens in der Astronomie, um die Himmelsrichtungen zu unterscheiden und nach ihnen die Ausdehnung der Erzgänge abzuschätzen. Viertens in der Messtechnik, um messen zu können, wie tief ein Schacht zu graben ist, damit er bis zu dem Stollen reicht, der dorthin getrieben wird, und um für jede Grube, besonders in der Tiefe, Ausdehnung und Grenzen bestimmen zu können. Ferner muss er die Rechenkunst verstehen, um die Kosten, die zur Anlage der Maschinen und Förderanlagen aufzuwenden sind, genau veranschlagen zu können. Weiterhin auch die Baukunst, um die verschiedenen

Maschinen und Bauten selbst bauen oder wenigstens die Art ihrer Herstellung anderen erklären zu können. Endlich auch die Zeichenkunst, um die Skizzen für die Maschinen entwerfen zu können. Und schließlich soll er auch mit dem Recht, besonders dem Bergrecht, vertraut sein, um sowohl anderen nichts wegzunehmen und für sich selbst sein Recht durchzusetzen und um auch das Amt der Rechtsprechung für andere übernehmen zu können

Daher ist es notwendig, dass der, der zuverlässige Auskünfte und Anweisungen über den Bergbau haben möchte, diese wie auch andere Bücher von mir mit Eifer und Sorgfalt liest oder über all diese Fragen erfahrene Bergleute konsultiert; aber er wird wenige finden, die die ganze Bergbaukunde verstehen. Denn meistens kennt der eine nur die Art und Weise des Schürfens, ein anderer versteht die Kunst des Waschens, wieder ein anderer ist mit der Kunst des Schmelzens vertraut; einer kennt sich in den Geheimnissen der Markscheidekunst (Vermessungslehre) aus, ein anderer kann kunstvoll Maschinen bauen, und einer schließlich ist im Bergrecht erfahren. Ich aber möchte, wenn ich auch in der Wissenschaft des Auffindens von Erzvorkommen und des Errichtens von Bergwerken nicht vollkommen bin, doch wenigstens den damit befassten Leuten eine große Hilfe zu ihrer Erlernung bringen. Aber kommen wir nun zu dem Vorhaben selbst.

Da unter den Menschen immer die größten Meinungsverschiedenheiten bezüglich der Bergwerke bestanden, insofern die einen ihnen hohe Bedeutung beimaßen und die anderen sie heftig ablehnten, schien es mir angebracht, die Angelegenheit sorgsam abzuwägen, um die Wahrheit hierüber zu erforschen, ehe ich die Lehren der Bergbauwissenschaft vortrage. Ich will mit der Frage mach dem Nutzen beginnen, die in doppelter Hinsicht gestellt wird; nämlich ob die Bergbauwissenschaft für die nützlich ist, die sich mit ihrem Studium befassen, und ob sie andererseits für alle übrigen Menschen von Nutzen ist oder nicht. Diejenigen, die der Meinung sind, der Bergbau sei ohne Nutzen für die, die ihren Fleiß darauf verwenden, behaupten erstens, kaum jeder Hundertste von denen, die nach Erzen oder dergleichen Stoffen graben, ziehe daraus einen Gewinn. Vielmehr würden die Bergleute meist in ihrer Hoffnung getäuscht, weil sie all ihr sicheres und gut angelegtes Vermögen einem zweifelhaften und unsicheren Zufall anvertrauten und müssten endlich, durch Kosten und Verluste mittellos geworden, ein sehr bitteres und armseliges Dasein führen. Doch sehen die Leute nicht, welch großer Unterschied zwischen einem ausgebildeten und in der Praxis erfahrenen Bergmann und einem unwissenden und unerfahrenen besteht: Der Letztere gräbt die Gänge ohne Wahl und Unterschied; der Erstere prüft und untersucht sie, aber weil er dabei auf zu enge und harte oder zu weite und brüchige stößt, folgert er daraus, dass er diese nicht mit Nutzen abbauen kann, und so gräbt er nur besonders ausgewählte Gänge weiter. Was ist es also verwunderlich, dass der im Bergbau Unerfahrene Schaden erleidet, der Erfahrene dagegen aus der Schürfung reichste Gewinne zieht? Dasselbe widerfährt auch den Bauern. Denn diejenigen, die trockenen, harten und schlechten Boden bestellen und ihm Samen anvertrauen, erzielen keine solche Ernte wie diejenigen, die nur guten Humusboden bebauen und auf ihm Samen aussäen. Da es aber viel mehr unerfahrene Bergleute als erfahrene gibt, so kommt es, dass das Graben nach Essen nur für ganz wenige ertragreich ist, vielen dagegen Verlust bringt. Denn offensichtlich vertut die Masse der Bergleute, die hinsichtlich der Kenntnis der Gänge unwissend und unerfahren ist, nicht selten Arbeit und Kosten umsonst. Sie pflegen sich nämlich zum großen Teil deshalb den Bergwerken zuzuwenden, weil sie entweder infolge großer und drückender Schulden, in die sie geraten sind, den Handel aufgegeben oder nur, um die Arbeit zu wechseln, Sichel und Pflug verlassen haben. Aus diesem Grunde geschieht es mehr durch einen glücklichen Zufall, wenn sie einmal auf ertragreiche Gänge von Erzen und anderen Bodenschätzen stoßen als durch irgendwelche genaue Beobachtung. Dass aber Bergwerke viele Leute reich gemacht haben, ersehen wir aus der Geschichte. Denn bei den alten Schriftstellern steht zu lesen, dass eine ganze Anzahl blühender Staaten, etliche Könige und sehr viele Privatpersonen aus den Bergwerken und deren Schürfgut reich geworden sind. Das habe ich durch viele bekannte und berühmte Beispiele im ersten Buch meines Werkes »Von Bergwerken in alter und neuer Zeit« ausführlich dargetan und erläutert; aus diesen Beispielen ist ersichtlich, dass der Bergbau für die, die ihn betreiben, äußerst gewinnbringend ist.

Aber auch die einfachen Bergleute sind nicht bedeutungslos und verächtlich. Denn sie sind an Tag- und Nachtschichten und harte Arbeit gewöhnt, besitzen eine enorme körperliche Ausdauer und ertragen spielend die Mühen und Aufgaben des Kriegsdienstes, wenn es die Sachlage erfordert. Sie sind daran gewöhnt, bis tief in die Nacht hinein zu arbeiten, mit Eisengerät umzugehen, Gräben zu ziehen, Stollen zu treiben, Gerätschaften herzustellen und Lasten zu ertragen. Deshalb ziehen erfahrene Kriegsleute sie nicht nur der städtischen Bevölkerung, sondern auch dem Landvolk vor.

Um aber endlich diese Erörterung abzuschließen: Zwar ist der Gewinn des Wucherers, des Kriegsmanns, des Kaufmanns, des Bauern und des Bergmannes (gleichermaßen) sehr groß; aber der Wucher ist verhasst; die Kriegsbeute, ohne Schuld des bedauernswerten Volkes an seiner Habe unbarmherzig vollzogen, ist frevelhaft; der Erwerb des Bergmanns aber übertrifft an Ehrbarkeit und Anstand den Gewinn des Kaufmanns und ist nicht weniger gut als der des Bauern, jedoch viel reicher. Wer sieht also nicht ein, dass der Bergbau ganz besonders ehrbar ist? Da er jedenfalls eines von den zehn besten und reichsten Gewerben ist, auf gute Weise viel Geld zu verdienen, kann ein Mensch, der mit Fleiß und Umsicht zu Vermögen kommen will, dies auf keine andere Art leichter als im Bergbau erreichen.

## 1575

# GIROLAMO CARDANO

## Auch wissenschaftliches Genie kommt nicht nur wohldosiert vor

*Als »große Gefahr für die Kranken« hatte wenig früher Paracelsus die Ärzteschaft seiner Zeit bezeichnet und ein Buch mit dem Titel* Vom Irrgang der Ärzte *geschrieben. Sein italienischer Zeitgenosse, als Heilkundiger damals europaweit wohl noch bekannter als der Schweizer, hätte zugestimmt, wurde er doch selbst trotz oder wegen seiner herausragenden Leistungen zeitlebens von großen Teilen der Ärzteschaft angefeindet. Im Nebenberuf war er der bedeutendste Mathematiker des Jahrhunderts. Dem Glücksspiel ergeben, auch dies mit oftmals ungewöhnlichem Erfolg, erwarb er sich maßgebliche Verdienste um die Grundlegung der modernen Wahrscheinlichkeitsrechnung. In seinen bahnbrechenden Untersuchungen zu Gleichungen dritten und vierten Grades rechnete er als Erster mit komplexen Zahlen. Im Entwurf einer Kutsche für Karl V. erfand er die nach ihm benannte Kardanwelle.*

*Girolamo Cardano (\* 1501, † 1576; auch Geronimo oder lateinisch Hieronymus Cardanus) war ein Vulkan an Forschergeist, der im 16. Jahrhundert vielleicht nicht seinesgleichen hatte. Er kam an Universitäten und Höfen ganz Europas herum und lernte dabei auch einen Kerker der Inquisition von innen kennen. In einer ebenfalls einzigartigen Autobiographie berichtet er von sich und seinen wechselhaften Fährnissen.*

### MEIN CHARAKTER, GEISTIGE MÄNGEL UND SCHWÄCHEN

Ist es schon an sich schwer, über dieses Thema zu schreiben, so noch viel mehr, wenn man bedenkt, dass die Menschen, die sonst wohl Selbstbiographien zu lesen pflegen, nicht gewohnt sind, darin eine ehrliche, aufrichtige Schilderung zu hören, wie ich sie hier geben will. Die einen, wie etwa Antoninus, äußern sich darüber, wie sie hätten sein sollen; andere, wie Flavius Josephus, berichten alles wahrheitsgetreu bis auf ihre eigenen Fehler, die sie unterschlagen. Wir aber wollen in dieser Sache der Wahrheit völlig zu Willen sein, obschon wir wohl wissen, dass, wer in sittlichen Dingen sich verfehlt, nicht, wie bei anderen Fehlern, Entschuldigung findet. Wer aber konnte mich zu dieser Aufrichtigkeit zwingen? Bin ich also nicht der eine von den zehn geheilten Aussätzigen, der dankbar zum Herrn zurückkehrte?

Ärzte und Astrologen sehen die natürlichen Charaktereigenschaften in den angeborenen Grundformen der Veranlagung begründet, die Formen der Charakterbildung dagegen von Erziehung, geistiger Beschäftigung und gesellschaftlichem Verkehr beeinflusst. Alles dies trifft nun zwar bei allen Menschen zu, doch weisen die einzelnen Altersstufen spezifische Unterschiede auf, und aus den gleichen äußeren Anlässen entstehen oft die allerverschiedensten Folgen. Weshalb in diesen Dingen Scheidung und Auswahl nötig ist. Ich will nun also vor allem von diesen wesentlichen Charaktereigenschaften sprechen, soweit eben jenes griechische γνῶθι σεαυτόν von mir gilt. Über meinen natürlichen Charakter bin ich mir durchaus klar geworden: ich bin heftig von Temperament, naiv, der Sinnlichkeit ergeben. Und aus diesen Eigenschaften, gleichwie aus Prämissen, folgen die weiteren:

Grausamkeit, hartnäckige Streitsucht, eine gewisse Rauheit des Charakters, Unvorsichtigkeit, Jähzorn und eine Rachgier, die das Maß meiner Kräfte und Mittel weit übersteigt, jedenfalls aber ein stets zur Vergeltung geneigter Wille, der dem alten Worte huldigte, das so viele – mit dem Munde wenigstens – verdammen:

»Süßeres Gut noch als selbst mein Leben dünkt mir die Rache.«

Im Allgemeinen habe ich nie gewollt, dass der berühmte Satz an mir seine Gültigkeit verliere: »Unsere Natur ist geneigt zum Bösen.« Doch bin ich ein wahrheitsliebender Mensch, treu dankbar für empfangene Wohltaten, voll Gerechtigkeitsgefühl, anhänglich an die Meinigen, ein Verächter des Geldes, beseelt von dem Wunsche eines ruhmvollen Fortlebens in der Nachwelt. Stets gewohnt, Dinge von mittelmäßigem, geschweige denn von geringem Werte zu missachten, pflege ich doch keinerlei Gelegenheit, die sich mir bietet, geringschätzig zu übersehen, wohl wissend, von welch großer Bedeutung oft die kleinsten Dinge sind. Zwar bin ich von Natur zu jedem Laster und zu jedem Bösen geneigt, doch frei von jedem Streben nach äußeren Ehren und kenne meine eigene Unfähigkeit mehr als irgendein anderer. Auch übersehe ich oft mit Absicht Gelegenheiten, die sich mir zur Befriedigung meiner Rache bieten mögen, aus einer gewissen religiösen Empfindung heraus und weil ich sehr wohl einsehe, wie lächerlich all diese Dinge sind.

Ich bin von Natur furchtsam, habe ein kaltes Herz, aber einen heißen Kopf, bin ständig in Gedanken versunken und mit vielen und sehr großen, oft auch ganz unmöglichen und undurchführbaren Dingen beschäftigt. Auch ist mein Geist imstande, sich mit zwei verschiedenen Arbeiten zugleich zu befassen.

Die Leute, die mir Geschwätzigkeit und maßloses Eigenlob vorwerfen, klagen mich eines Lasters an, das mir fremd ist. Ich greife niemanden an, verteidige mich nur. Und muss ich mich denn solcher Vorwürfe wegen abmühen, da ich doch oft genug versichert habe, für wie wertlos ich dies Leben halte? Was eine Entschuldigung ist, halten diese Leute für ein Selbstlob; ein so großes Ding, so dünkt es ihnen, einmal ohne Fehler zu sein.

Ich habe mich daran gewöhnt, meinen Gesichtszügen unmittelbar nacheinander den ganz entgegengesetzten Ausdruck zu geben. Ich vermag auf diese Weise ein fremdes Gefühl zu heucheln, doch verstehe ich es nicht, ein Gefühl, das ich wirklich besitze, zu verbergen. Dies ist nur dann leicht, wenn es sich darum handelt, den Ausdruck der Hoffnungslosigkeit vorzutäuschen. Volle 15 Jahre lang habe ich mir die größte Mühe gegeben, mir diese Fertigkeit anzueignen, und es gelang, Zu diesem Zwecke gehe ich bald in Lumpen, bald reich geschmückt, bin jetzt schweigsam, dann wieder gesprächig, bald heiter, bald traurig; denn jede Art des Benehmens und jeden Gefühlsausdruck gebe ich sofort auch in seinem Gegenspiel wieder.

In meinen jüngeren Jahren habe ich selten und nur wenig auf die äußere Pflege meiner Person geachtet, immer gierig besorgt, Wichtigeres zu tun. Meine Gangart ist ungleichmäßig: bald rasch, bald langsam. Zu Hause pflege ich die Beine bis zu den Knöcheln nackt zu tragen. Ich bin wenig fromm und sehr vorlaut im Reden; überaus jähzornig, sodass ich mich darob schäme und mich vor mir selbst ekel. Und wennschon ich stets bereut habe, so habe ich doch immer die schwersten Strafen des Geschicks auf mich genommen, um nur das schändlich üppige Leben eines Sardanapal abzubüßen, das ich in den Jahren meines Rektorats an der Universität zu Padua führte. Doch um zu meiner Schande ein Lob, zu meinem Verbrechen eine Tugend zu gesellen, füge ich hinzu, dass ich all dies mit Weisheit und Geduld getragen und stets mich zu bessern getrachtet habe. Zur Entschuldigung dieses Selbstlobs diene mir, dass ich mich gezwungen fühle, es auszusprechen. Ich wäre ja undankbar, wollte ich die gütigen Gaben Gottes verschweigen, und noch weniger darf ich doch von den Opfern reden, die ich gebracht, ohne zu erzählen, wie ich sie gebracht habe. Auch sind ja, wie ich schon gesagt, all diese Dinge durchaus nicht so hoch einzuschätzen, wie der Pöbel will; es sind wertlose und lächerliche Kleinigkeiten, sind wie die Schatten, die die untergehende Sonne wirft, groß, doch ohne Nutzen und von kurzer Dauer. Wenn man dies ohne Gehässigkeit erwägen und dazu überlegen wollte, warum es mir nicht erlaubt sein soll, auszuführen, mit welcher Gesinnung, unter welchem Druck und Zwang der Verhältnisse ich meine Fehler beging und wie viel Schmerzen mir alle diese Dinge schon bereitet haben; wenn man weiter bedenken wollte, dass andere Menschen, ohne dem geringsten Zwang zu unterstehen, viel schwerere Sünden als diese begangen haben, ohne sie zu bekennen, weder vor sich noch öffentlich vor anderen, dass diese Leute ferner empfangene Wohltaten weder dankbar erwähnen noch auch überhaupt ihrer gedenken, so würde man mich vielleicht etwas billiger beurteilen.

Doch fahren wir fort. Als eine eigenartige und große Untugend empfinde und betrachte ich es, dass ich gewohnt bin, lieber gar nichts zu reden, als etwas, was meinen Zuhörern missfallen könnte. Doch beharre ich in diesem Fehler mit Wissen und Willen, denn ich weiß sehr wohl, wie oft schon diese Sitte allein mir Feinde versöhnt und gewonnen hat. So viel vermag natürliche Anlage, wenn sie mit langer Gewohnheit verbunden ist. Meinen Wohltätern, auch angesehenen und mächtigen Leuten gegenüber unterlasse ich dies. Ich will kein Speichellecker, nicht einmal ein Schmeichler sein.

Auch im Handeln bin ich vorlaut und unbesonnen, wennschon ich sehr wohl weiß, was zu tun mir nützlich und schicklich wäre. Aber kaum wird man einen Menschen finden können, der so hartnäckig in diesem Fehler steckt wie ich. Ich lebe auch gerne und so viel ich kann in der Einsamkeit, obwohl mit bekannt ist, dass Aristoteles diese Lebensart verurteilt. Er sagt nämlich: »Der Einsiedler wird entweder zum Tier oder zum Gott.« Und den Beweis für die Wahrheit dieser Lehre habe ich selbst erbracht. Ein ähnlicher Wahnwitz, der mir nicht minder schadet, ist es, dass ich Diener bei mir zu behalten pflege, von denen ich ganz bestimmt weiß, dass sie nicht bloß mir nutzlos, sondern auch meinem guten Namen schädlich sind – ebenso wie ich auch Tiere, die ich irgendeinmal zum Geschenk erhalten habe, wie Ziegenböckchen, Schafe, Hasen, Kaninchen, Störche, um mich behalte, sodass ihr Gestank das ganze Haus verpestet.

Auch habe ich immer unter dem Mangel an Freunden, besonders an treuen, sehr gelitten. Und viele, ja überaus viele Fehler habe ich dadurch begangen, dass ich mich überall in alle Dinge, von denen ich erfuhr, in wichtige und unwichtige, einzumischen suchte, bald mit, bald ohne Erfolg. Ganz besonders fehlte ich darin, dass ich Menschen beleidigte, die zu loben ich mir vorgenommen hatte; so war es auch gegenüber dem Präsidenten zu Paris, einem höchst gebildeten Manne, namens Aimar de Ranconet, von Nation ein Franzose. Und solche Fehler habe ich nicht etwa bloß aus meiner vorlauten, unbedachten Art heraus begangen oder aus einer Unkenntnis der Eigenschaften und Verhältnisse des anderen – Mängel, die leicht auszugleichen gewesen wären –, sondern darum, weil ich auf gewisse Formen gesellschaftlicher Lebensart, die ich erst später erlernte, nicht achtete, Umgangsformen, die den Menschen von Rang und Bildung fast durchweg geläufig sind.

Wenn es gilt zu überlegen, bin ich allzu rasch und hastig, weshalb meine Pläne zumeist überstürzt und voreilig sind. Bei Geschäften jeder Art dagegen dulde ich keinerlei Drängen. Nun haben meine Gegner wohl bemerkt, dass ich dann schwer zu fassen bin, wenn ich Zeit habe; darum richten sie nun ihr ganzes Augenmerk darauf, mich zu drängen. Ich ertappe sie oft bei solchem offenkundigen Treiben und hüte mich vor ihnen wie vor schlimmen Widersachern und betrachte sie als meine Feinde, was sie auch in Wirklichkeit sind.

Hätte ich mich nicht daran gewöhnt, nie eine Sache zu bereuen, die ich freiwillig unternommen habe, und hätte sie auch ein noch so übles Ende genommen, so hätte ich wohl beständig unter der unglücklichsten Stimmung zu leiden gehabt. Das meiste Unglück, das mich getroffen, hat jedoch die ungeheure Torheit meiner Söhne verschuldet, verbunden mit dem schändlichen Benehmen und der beschränkten Gesinnung meiner Verwandten, die stets gewohnt sind, die Ihrigen mit Neid und Scheelsucht zu betrachten – ein spezifisches Laster unserer Familie, das freilich fast allen Kleinstädtern anhaftet.

Von früher Jugend an bin ich ein über alle Maßen leidenschaftlicher Schachspieler gewesen. Ich habe auf diese Weise die Bekanntschaft des Herzogs Francesco Sforza II., Mailand gemacht und mir außerdem die Freundschaft vieler vornehmer Herren erworben. Da ich mich aber viele Jahre, fast 40, beständig diesem Spiel widmete, ist kaum zu sagen, wie viel an Vermögen, ohne jeden greifbaren Nutzen, ich durch diese Leidenschaft vergeudet habe. Noch schädlicher freilich ist mir das Würfelspiel geworden; denn ich habe darin auch meine Kinder unterrichtet, und nur zu oft stand mein Haus allen Würfelspielern offen. Ich habe für dieses Laster nur eine einzige, recht dürftige Entschuldigung: die ärmlichen Verhältnisse, in denen ich geboren bin, verbunden mit der nicht unbedeutenden Geschicklichkeit, die ich nun einmal für solche Dinge habe.

Es ist dies eben eine menschliche Unsitte. Andere gibt es, die man nicht nennen will und nicht nennen darf, und wer weiß, ob sie besser und weiser sind? Wie, wenn einer zu den Königen der Erde sich wenden und ihnen sagen wollte: »Ist doch keiner unter euch, der nicht schon Läuse, Fliegen, Wanzen, Flöhe und anderen noch hässlicheren Unrat aus der Hand seiner Diener gegessen hat« –? Wie werden die Herren dies hören mögen? Und doch ist es sicher wahr. Wir wollen eben gewisse Dinge nicht wissen, auch wenn sie uns eigentlich längst bekannt sind, und wollen sie lieber mit Gewalt unterdrücken. Und was ist der Grund? Nichts anderes als eine Unkenntnis unseres allgemeinen Zustandes. So ist es auch mit unseren Sünden und allem andern; es sind eben hässliche, lächerliche, unordentliche und unzuverlässige Dinge: faules Fallobst am Baume. Ich habe also hier nichts Neues vorgebracht, nur die nackte Wahrheit gesprochen.

### MEINE GEISTIGEN VORZÜGE, STANDHAFTIGKEIT UND CHARAKTERFESTIGKEIT

In vielen Irrtümern sind die Menschen befangen, keiner aber ist größer als der, wenn sie das Wort »Standhaftigkeit« schwatzend im Munde führen. Denn einmal muss hier wohl unterschieden werden: die wahre Beharrlichkeit ist eine

Beim Beobachten
von Bauarbeiten.
*Toledo. Spanien,
9. Oktober 2000.*

Vor dem Beginn
des nächtlichen
Großmarkts.
*Cholon / Ho-Chi-Minh-City.
Vietnam, 18. Februar 2001.*

Gabe Gottes, die unechte dagegen eine Sache der Tölpel und Narren. Jedermann wird die Standhaftigkeit des Diogenes, der den ganzen Sommer in der Sonne lag und im glühend heißen Sand sich wälzte und winters eiskalte Säulen nackt umarmte, lächerlich und völlig töricht finden. Eine ganz herrliche Tugend aber war die Standhaftigkeit des Bragadino, jenes venezianischen Adligen, der Dinge erduldete, die selbst der roheste seiner übermütigen Besieger sich scheute an ihm zu vollziehen, Qualen, die ihn unsterblichen Ruhmes würdig machten: Es wurde ihm lebendigen Leibes die Haut abgezogen. Und wenn es auch Gnade Gottes war, dass er solche Martern ertragen konnte, so war es doch gewiss menschliche Größe, sie ertragen zu wollen.

Und wenn nun auch im Unglück leichter einer zu strahlender Seelengröße sich erheben mag, so gibt es doch auch in glücklichen Lebenslagen nicht seltener Gelegenheiten, sich echter Bewunderung würdig zu erweisen. Und weiter sind auch Menschen, denen solche Gelegenheiten fehlen, darum doch nicht als minder standhaft zu betrachten. Da man sich nun auf so vielerlei Weise in Bezug auf diese Tugend irren kann, so ist jedenfalls festzuhalten, dass wir an sich es uns weder zum Ruhm anrechnen dürfen, wenn wir ein Übel ertragen haben, noch zum Tadel, wenn uns die Gelegenheit dazu fehlte, dass wir nicht als unser Verdienst noch als unsere Schande betrachten dürfen, was die Natur getan oder unterlassen hat. Ich will mich nicht damit verteidigen, dass ich behaupte, es habe mir in irgendeiner Weise an Gelegenheiten zum Erweis meiner Standhaftigkeit gefehlt; denn niemand, glaube ich, ist mir so feind und beurteilt mich so ungerecht, dass er nicht eher meine Geduld im Unglück und meine Selbstbeherrschung im Glück bewunderte, als mir zum Vorwurfe machte, dass ich angenehme Dinge missachte oder unangenehme ruhig ertrage. Ich erinnere an die Vergnügungen und heiteren Ereignisse meines Lebens, aber auch an meine Krankheiten, an meine stets schwachen Leibeskräfte, an die Verleumdungen meiner Neider, an manche wenig glücklichen Erfolge, an Prozesse, Anfeindungen, an die Drohungen einflussreicher Leute, an die Verdächtigungen, womit einzelne mich verfolgten, an das Unglück in meiner Familie, an den Mangel so vieler irdischer Güter, endlich an die zweifelhaften Ratschläge, die mir solche gaben, die wirklich meine Freunde waren oder mir doch Freundschaft heuchelten, vor allem an die Gefahren, die für mich die überall wuchernden Irrlehren mit sich brachten.

Mochte mir auch manchmal ein freundliches Geschick lächeln und mochten mir auch noch so viele glückliche Erfolge beschieden sein, nie habe ich meine Sitten und mein Betragen geändert; ich bin dadurch nicht hochmütiger geworden, noch auch ungeduldiger, ich habe deswegen nicht die Armen verachtet, noch meine alten Freunde vergessen, ich bin nicht spröder im Verkehr, noch hochfahrender in meiner Lehre geworden; ich habe auch darum keine kostbaren Kleider getragen, außer, wenn die gesellschaftliche Stellung, die ich einnahm, mich dazu zwang und vielleicht auch im Allgemeinen, weil ich, wie ich schon erzählte, in früheren Jahren meiner Armut wegen eben allzu schäbige Kleidung getragen hatte. In widrigen Lebenslagen freilich erwies sich mein Charakter als nicht ganz so fest und standhaft. Hatte ich doch auch Dinge zu ertragen, die in keinem Verhältnis zu meinen Kräften standen. In solchen Fällen habe ich mit äußeren Mitteln meine Natur bezwungen. Ich habe nämlich mitten unter den ärgsten Seelenqualen mit einer Rute meine Beine gepeitscht, habe mich stark in den linken Arm gebissen, habe gefastet und durch reichliche Tränen mein Herz erleichtert, wenn es mir gelang zu weinen, was freilich nur sehr selten der Fall war. Auch habe ich dann mit Vernunftgründen gegen meine seelischen Schmerzen angekämpft, habe mir selbst versichert: Es ist ja gar nichts Neues geschehen, die Zeit nur hat sich geändert, rascher freilich, als ich dachte. Aber hätte ich denn für ewige Zeiten von dieser Stunde und ihrer Qual verschont bleiben können? Und bin ich so um ein paar Jahre betrogen worden, was soll dies bisschen Zeit, verglichen mit der Ewigkeit? Schließlich, habe ich nur noch wenige Jahre, so habe ich nur wenig verloren; lebe ich noch länger, nun so lacht mir ein langes Leben, und vielleicht wird noch manches eintreten, das meinen Schmerz lindert und mir an seiner Stelle ewigen Ruhm schenken mag. Und endlich, stünde ich besser, wenn dieser Schmerz mir nie geworden wäre? – In Wirklichkeit freilich war ich dem Schmerz nie gewachsen, wie ich weiter unten erzählen werde, Gottes Barmherzigkeit und ein offensichtliches Wunder haben mich von ihm befreit.

Bei meinen wissenschaftlichen Arbeiten bewies ich eine noch größere Beharrlichkeit, vor allem bei der Abfassung meiner Bücher. Boten sich mir auch die günstigsten Gelegenheiten anderer Art, ich ließ doch nie von dem einmal Angefangenen ab, sondern harrte treu bei der begonnenen Arbeit aus; bei meinem Vater nämlich hatte ich die Beobachtung gemacht, wie viel ihm der stete Wechsel in seinen Beschäftigungen geschadet hat. Ich glaube nicht, dass mich jemand darum tadeln wird, dass ich damals, als man mich in die *Accademia degli Affidati* aufnahm, in der viele Fürstlichkeiten und Kardinäle die erste Rolle spielten, nicht von vornherein ablehnte und mich der Sache ganz entzog. Nur aus ängstlicher Bescheidenheit nahm ich damals an; als die

Akademiker aber, mit allen Insignien bekleidet, dem König vorgestellt werden sollten, lehnte ich für meinen Teil ab und erklärte offen, dass ein derartiger Pomp meinem Charakter nicht entspreche.

Bezüglich der Tugend im Allgemeinen habe ich nichts anderes zu sagen, als was schon Horaz gesagt hat: »Tugend heißt das Laster fliehen.«

Nie habe ich mit einem Freunde gebrochen, und war es dennoch einmal wider meinen Willen zum Bruch gekommen, so habe ich nie Geheimnisse ausgeschwatzt, die ich als Freund erfahren – wie ich denn überhaupt mir niemals fremdes geistiges Eigentum angeeignet habe –, und habe auch nie dem mir Verfeindeten frühere Äußerungen vorgehalten, ein Punkt, in dem ein Aristoteles manches, ein Galenus, der bis zu den hässlichsten Streitereien sich hinreißen ließ, sehr viel gesündigt hat. Nur dem Plato stehe ich in dieser Sache nach. Ein Vorbild in dieser Tugend hatte ich an Andreas Vesal, einem vornehm ruhigen Charakter, der, von Matteo Curzio durch kleinliche Angriffe gereizt, gleichwohl dessen nie tadelnd erwähnen wollte. Auch habe ich, stets von reinem wissenschaftlichem Interesse beherrscht, den Curzio seiner Gelehrsamkeit wegen nie beneidet. Und wenn er mich auch als Dieb verschrien hat, weil ich einmal ein Pfand von ihm zurückbehielt für eine Geldsumme, die er mir ohne Zeugen versprochen hatte, so hat er doch, als er nach Pisa übersiedelte und der Senat der Universität von Pavia ihn frug, ob ich wohl geeignet sei, seine Stelle einzunehmen, geantwortet: »Mehr als irgendein anderer.« Und da der Senat wohl wusste, dass wir uns nicht versöhnt hatten, erteilte er mir den Lehrauftrag, den Curzio innegehabt.

Zu meinen guten Eigenschaften gehört auch zweifellos, dass ich von frühester Jugend an niemals eine Lüge gesprochen, dass ich Armut, Verleumdungen und so viel anderes Unglück ertragen habe und dass man mit einigem Rechte mich niemals der Undankbarkeit bezichtigen konnte. Doch schon zu viel des Selbstlobes!

KLEIDUNG

Was ich in diesem Punkt über mich zu sagen habe, das deckt sich ganz mit dem, was Horaz von seinem Tigellius sagt; ja ich möchte fast sagen, Horaz habe mich selbst mit dieser Person gemeint:

*»Nichts von Gleichmaß war an dem Mann.*
  *Bald rannt' er, als folgt' ihm*
*Hart auf den Fersen der Feind, bald ging er*
  *behutsam und würdig,*
*Gleich als trüg er ein Heiligtum. Heut hat er*
  *zweihundert,*
*Morgen nur zehn der Diener. Heut spricht er*
  *prahlend von Fürsten,*
*Kön'gen und Herrlichkeiten und morgen heißt es:*
  *Ein Tischchen*
*Klein und bescheiden lieb ich, ein Schüsselchen Salz*
  *und der Kälte*
*Wegen ein Kleid und wärs noch so grob.«*

Und willst du den Grund oder die Gründe hierfür wissen, so habe ich deren zur Genüge bereit: Erstens ist der stete Wechsel in meinen Ansichten und Sitten daran schuld, sodann der Umstand, dass ich immer in erster Linie für meine körperliche Gesundheit Sorge trage. Ferner zwang mich auch der häufige Orts- und Wohnungswechsel zu Änderungen in meiner Kleidung; ich konnte die Kleider weder verkaufen, des Verlustes wegen, den ich dabei erlitten hätte, noch sie immer wieder unbenutzt für spätere Zeiten aufbewahren. So war mir hierin die Not ein Gesetz. Ein anderer Grund, der nicht weniger wichtig als dieser, noch auch weniger zwingend war, lag darin, dass ich der wissenschaftlichen Arbeiten wegen mein Hauswesen vernachlässigte; die Folge davon war eine Vernachlässigung meiner Kleider, deren große Zahl durch die wenig schonende Benutzung auf eine recht geringe zusammenschmolz. Ich bin darum mit Galen durchaus einverstanden, wenn er erklärt, der Mensch müsse mit vier Kleidern zufrieden sein, oder auch nur mit zweien, wenn man nämlich die Unterkleider nicht dazuzählen will. Und da man tatsächlich mit diesen Kleidern im einzelnen Falle dem Zweck und den Umständen entsprechend wechseln kann und soll, so glaube auch ich, dass vier Anzüge genügen, ein solcher von etwas schwerem, einer von ganz schwerem, einer von leichterem und endlich einer von ganz leichtem Stoffe. Damit kann man dann 14 Zusammenstellungen erzielen, wobei die eine nicht gerechnet ist, die darin besteht, dass man alle zugleich anzieht.

# 1576

## JEAN BODIN

## Selbst der absolutistische Staat hätte für die Menschen da zu sein

*Was im Elend von Frankreichs religiösen Bürgerkriegen so lange auf sich hatte warten lassen, war eine überkonfessionelle Autorität, die schließlich in Gestalt Heinrichs IV. auftrat, um mit dem Toleranzedikt von Nantes (1598) das Blutvergießen zu beenden.*

*Der Vordenker dieser Entwicklung und erste französische Staatstheoretiker war Jean Bodin (\*1529/1530, †1596). Er sieht das Resultat bereits voraus: Der Feudalismus mit seinen komplizierten dezentralen und fragilen Machtbalancen weicht endgültig dem Absolutismus und Zentralismus, der Souverän ist der Monarch, keiner weltlichen Instanz verantwortlich. Zu versüßen wäre dieses Stahlbad, wie wir gleich lesen werden, durch einige Empfehlungen zur Rücksichtnahme auf menschliche Natur und Charakterzüge des zu beherrschenden Volks und zur Dämpfung schreiender sozialer Ungerechtigkeit.*

WELCHE REGELN MAN BEACHTEN MUSS, *um die Staatsform den unterschiedlichen Temperamenten der Menschen anzupassen. Die Möglichkeiten, die Natur der Völker zu erkennen*
Bisher haben wir den allgemeinen Zustand von Staaten erörtert. Wenden wir uns jetzt den Besonderheiten zu, der Verschiedenheit der Völker, um die Form des Gemeinwesens der natürlichen Umgebung und die menschlichen Gesetze den Naturgesetzen anpassen zu können. Wer umgekehrt verfährt, bewirkt in großen Staaten Unruhen oder gar den Zusammenbruch. Dennoch haben diejenigen, die Schriften über den Staat publiziert haben, diese Problematik ignoriert.

Wie wir unter den Tieren eine große Vielfalt feststellen und in denselben Tierarten regional bedingte Unterschiede bemerken können, so können wir auch von einer großen Variationsbreite in der menschlichen Natur und in den Ländern sprechen. Unter denselben klimatischen Bedingungen unterscheidet sich der orientalische vom okzidentalen Typ. Auf denselben Breitengraden unterscheiden sich die Völker der nördlichen von denen der südlichen Halbkugel. Mehr noch: Bei Übereinstimmung in Klima, Längen- und Breitengrad kann man Unterschiede zwischen Orten im Gebirge und Orten in der Ebene feststellen. Sogar in derselben Stadt kann man Unterschiede in der Gemütsverfassung und den Gewohnheiten zwischen den hoch und niedrig gelegenen Stadtteilen feststellen. Daher kommt es, dass Städte, die auf ihrem Gebiet Höhenunterschiede aufweisen, eher Revolten und Veränderungen erleiden als solche in ebenem Gelände. Darum hat Rom, das sieben Hügel aufweist, auch kaum Zeiten ohne Aufruhr gehabt. …

Es ist notwendig, dass eine weise Staatslenkung Veranlagung und Charakter des Volkes genau kennt, bevor irgendwelche Veränderungen des Staates und der Gesetze ins Auge gefasst werden. Denn eine der wichtigsten Grundlagen, vielleicht sogar die wesentlichste Basis von Staaten besteht in der Anpassung an den Charakter der Bürger und in der Ausrichtung der Edikte und Ordonnanzen auf die Beschaffenheit des Ortes, der Personen und der Zeit. …

*Über die Mittel, Veränderungen von Staaten zu vermeiden, die dem übermäßigen Reichtum einiger und der extremen Armut der anderen entspringen*
Die verbreitetste Ursache von Revolutionen besteht in dem übermäßigen Reichtum weniger Untertanen und der extremen Armut der Mehrzahl. Die Geschichte ist voll von Beispielen, wo die Unzufriedenen die erste sich bietende Gelegenheit ergreifen, um die Reichen ihres Besitzes zu berauben. … Aus diesem Grund nannte Platon Reichtum und Armut die Urübel der Staaten, nicht nur wegen der Schande, die eine schlimme und gefährliche Krankheit ist. Um dem vorzubeugen, befürwortete man die Gleichheit des Besitzes. Darin sei die Quelle des Friedens und der Freundschaft unter den Untertanen zu erblicken. Ungleichheit dagegen sei die Quelle für Feindschaften, Faktionen, Hass und Parteilichkeit. …

Andererseits kann argumentiert werden, dass Gütergleichheit sehr gefährlich für Staaten ist, deren sicherstes

Fundament Vertrauen ist, ohne das keine Gerechtigkeit oder irgendwie dauerhafte Gesellschaft möglich sind: Vertrauen entspringt Versprechungen aus Verträgen: Wenn aber Verpflichtungen aufgehoben, Verträge annulliert, Schulden beseitigt werden, was sonst kann man erwarten als die völlige Umwälzung des Staates? Denn es hätte keiner irgendwelches Vertrauen in den anderen. Zu sagen, die Gleichheit sei der Ursprung der Freundschaft, bedeutet Täuschung der Unwissenden. Denn es gibt keinen größeren Hass als zwischen Gleichen. Die Eifersucht zwischen Gleichen ist die Ursache von Unruhen, Aufständen und Bürgerkriegen. Dagegen beugen sich die Armen, Kleinen und Schwachen den Großen, Reichen und Mächtigen um der Hilfe und Vorteile willen, die sie sich erhoffen. ...

Gefährlich wird es, wenn der zahlenmäßig kleinste Stand ebenso viel besitzt wie der Rest der Bevölkerung. Das war früher gegeben im Fall der Geistlichkeit, die – obwohl nur ein Hundertstel der Gesamtbevölkerung – den Zehnten beanspruchte und – was gegen die Bestimmungen der Urkirche war, wie selbst die Päpste zugegeben haben – durch Erbschaft bewegliche und unbewegliche Güter erwarb: Herzogtümer, Grafschaften, Baronien, Lehen, Schlösser, Stadt- und Landhäuser, Renten und Schuldverschreibungen. Die Kirche tauschte, kaufte und verkaufte und benutzte die Einkünfte aus ihren Pfründen, um andere Erwerbungen zu tätigen. Der gesamte Besitz war zudem nicht versteuert. ... Ich fälle kein Urteil darüber, ob dieser Reichtum in angemessener Weise genutzt wurde. Aber ich meine, dass eine derart große Ungleichheit vielleicht die Ursache für die Unruhen und Aufstände war, die unter dem Vorwand der Religion in fast ganz Europa gegen die Kirche ausgebrochen sind.

# 1580

# MICHEL DE MONTAIGNE
## Über die Lügner

*Das Recht, aus Menschenliebe zu lügen, ist seit alters umstritten und wird nichtsdestoweniger in mancher Lebenslage eingefordert. Die Verachtung für die Lügner, die sich auf moralischphilosophisch glitschigem Terrain hier Luft macht, Abscheu vielleicht noch mehr vor ihrer Dummheit, kommt aus den Eingeweiden: als hätte unsere ohnedies so schwache und schutzlose Spezies auch auf diese Seuche nur gewartet! Andererseits gesteht der Autor ehrlich ein: »Wenn ich freilich jemals in die Lage käme, mich aus einer offenkundig tödlichen Gefahr durch eine dreiste, in aller Form vorgebrachte Lüge retten zu können, bin ich nicht sicher, ob ich stark genug wäre, dieser Versuchung zu widerstehn.«*

*Michel Eyquem de Montaigne (\* 1533, † 1592), Vater der Essayistik und die »freieste und kräftigste Seele« (Nietzsche), hatte mit seinem Werk schon zu Lebzeiten durchschlagenden Erfolg. Als Bürgermeister von Bordeaux hielt er in dem von konfessionellen Kämpfen heimgesuchten Land dem König und dem Papst die Treue, machte sich dabei aber durch seine erfolgreichen Bemühungen als Vermittler zwischen Protestanten und Katholiken einen Namen.*

### ÜBER DIE LÜGNER

Keinem Menschen steht es schlechter an als mir, vom Gedächtnis zu reden, denn ich entdecke in mir kaum eine Spur davon, und ich bezweifle, dass es auf der ganzen Welt ein zweites gibt, das so ungeheuerlich versagt. All meine anderen Eigenschaften sind von der gewöhnlichen, durchschnittlichen Art, in dieser aber glaube ich ein seltnes, ja einmaliges Exemplar zu sein – würdig, mir damit Ruf und Ruhm zu erwerben.

Zu den natürlichen Misslichkeiten, denen ich dadurch ausgesetzt bin (denn in Anbetracht der Notwendigkeit des Gedächtnisses hat Platon gewiss recht, es eine große und mächtige Gottheit zu nennen), kommt hinzu, dass man hierzulande, wenn man sagen will, einer habe keinen Verstand, zu sagen pflegt, er habe kein Gedächtnis; und wenn ich mich über die Schwäche des meinen beklage, schüttelt man vorwurfsvoll und ungläubig den Kopf: als ob ich mich damit für verrückt erklärte. Zwischen Gedächtnis und Intelligenz sehen sie keinen Unterschied. Ich bin also ziemlich der Dumme.

Die Leute tun mir jedoch unrecht, denn die Erfahrung zeigt eher im Gegenteil, dass ein ausgezeichnetes Gedächtnis oft mit schwachem Urteilsvermögen Hand in Hand geht. Und unrecht tun sie mir, der sich auf nichts so gut versteht, wie ein guter Freund zu sein, auch darin, dass sie mit ein und denselben Worten nicht nur mein Gebrechen bezeichnen, sondern mich sogar der Undankbarkeit zeihen: Gedächtnisschwäche hält man für Gefühlskälte, und aus einem natürlichen Mangel macht man einen Makel der Gesinnung. »Er hat diese Bitte vergessen«, sagt man etwa, »und jene Versprechen.« Oder: »Selbst seiner Freunde erinnert er sich nicht.« Oder: »Er hat nicht einmal daran gedacht, mir zuliebe dies zu tun, das zu äußern, jenes zu verschweigen.« Gewiss kann ich leicht etwas vergessen, aber einen Auftrag, den mir ein Freund erteilt hat, auf die leichte Schulter nehmen, das tue ich nicht. Möge man meine Misere doch auf sich beruhn lassen, ohne daraus eine Art Böswilligkeit zu machen – eine Böswilligkeit zudem, die meinem Naturell völlig fremd ist!

Ich weiß mich freilich einigermaßen zu trösten: Erstens habe ich hauptsächlich dieses Übel zum Anlass genommen, einem viel schlimmeren zuvorzukommen, das mich leicht hätte befallen können – dem Ehrgeiz nämlich; denn ein schlechtes Erinnerungsvermögen ist für jeden eine unerträgliche Behinderung, der sich die Geschäfte der Welt auf den Hals lädt. Außerdem hat die Natur bei mir – wofür es aus ihrer Geschichte manch ähnliche Beispiele gibt – von sich aus in gleichem Maße, wie das Gedächtnis schwächer wurde, andre Fähigkeiten gestärkt. Gewiss würde auch ich leicht der Versuchung erliegen, Geist und Urteilskraft träge in den Spuren Dritter dahintrotten zu lassen (wie es ja, ohne die eignen Kräfte in Schwung zu bringen, alle Welt tut); wenn die fremden Ideen und Meinungen mir dank eines guten Erinnerungsvermögens stets gegenwärtig wären.

So aber fasse ich mich beim Reden umso kürzer – ist doch der Speicher des Gedächtnisses meist mit mehr Material gefüllt als der des selbst Erfundnen. (Hätte ich mich auf mein Gedächtnis verlassen können, würde ich all meine Freunde taubgeschwätzt haben, denn die Themen befeuern mein nun einmal vorhandenes Talent, sie ständig hin und her zu wenden und dabei immer mehr in Fahrt zu kommen. Es ist zum Erbarmen! Was ich bei einigen meiner engsten Bekannten erlebe, liefert mir die Bestätigung: In dem Maß wie das Gedächtnis ihnen eine Sache wieder voll und ganz vergegenwärtigt, gehn sie mit ihrer Erzählung so weit zurück und beladen sie derart mit Nebensächlichkeiten, dass sie, wenn die Geschichte interessant ist, alles Interessante daran ersticken; ist sie es aber nicht, wünscht man entweder ihr langes Gedächtnis oder ihren kurzen Verstand zum Teufel.

Hat man erst einmal losgelegt, fällt es gewiss schwer, die Rede knapp zu beenden. Doch an nichts erkennt man die Kraft eines Pferdes besser als an seiner Fähigkeit zu einem glatten Halt. Selbst unter denen, die zur Sache sprechen, sehe ich solche, die sich dem Sog ihres Redeflusses zwar entziehen wollen, aber nicht können: Hilflos nach dem Schlusswort suchend, treiben sie mit ihrem Geschwafel immer weiter dahin – Menschen gleich, die aus Erschöpfung das Bewusstsein verloren haben.

Vor allem die Greise sind gefährlich, denn die Erinnerung an die verflossnen Dinge ist ihnen geblieben, verloren aber ging ihnen die Erinnerung, wie oft sie diese schon erzählten. Ich habe an sich recht lustige Geschichten aus dem Munde eines hohen Herrn für die Anwesenden äußerst langweilig werden sehn, weil sie jedem nach hundertmaligem Anhören zum Hals heraushingen.

Zweitens gereicht es mir zum Trost, dass Gedächtnisschwäche, wie ein antiker Schriftsteller sagte, erlittene Kränkungen eher vergessen lässt. Ich müsste mir dafür eigens einen Souffleur halten – so wie seinerzeit Darcios, um die von den Athenern ihm zugefügte Schmach nicht aus dem Gedächtnis zu verlieren, einem Knaben befahl, ihm jedes Mal, wenn er sich zu Tisch setzte, dreimal ins Ohr zu rufen: »Herr, vergesst die Athener nicht!« Auch lachen mich nun die mir entfallnen Orte und Bücher, wenn ich ihnen wiederbegegne, stets mit der Frische des völlig Neuen an.

Aus gutem Grund heißt es, wer seinem Gedächtnis nicht völlig trauen könne, solle sich vorm Lügen hüten. Ich weiß, dass die Grammatiker einen Unterschied machen zwischen *Lügen sagen* und *lügen*. Sie erklären, *Lügen sagen* bedeute, dass man etwas Unwahres sage, das man jedoch für wahr halte, während die Definition des Wortes *lügen* im Lateinischen, von dem unser französisches *mentir* abgeleitet ist, so viel heiße wie *vorsätzlich täuschen* und daher nur jene betreffe, die wider bessres Wissen etwas sagen – und von denen spreche ich hier.

Sie erfinden nun entweder alles, Kern und Schale, oder sie verkleiden und entstellen einen wahren Kern. Wenn sie verkleiden und entstellen, dürfte es kaum ausbleiben, dass sie, lässt man sie ein und dieselbe Geschichte möglichst oft wiedererzählen, sich dabei verhaspeln, hat sich doch die Sache, wie sie tatsächlich gewesen ist, über Wahrnehmung und Wissen als Erstes in ihrem Gedächtnis festgesetzt und ihm eingeprägt; sie wird sich deshalb vermutlich auch ihrer Vorstellung bemächtigen und die Unwahrheit aus ihr vertreiben, die sich ja nie gleichermaßen tief darin einwurzeln konnte, sodass die Einzelheiten der ersten Wahrnehmung jedes Mal wieder in den Geist einschleichen und die Erinnerung an die angeflickten falschen oder verfälschten Zutaten tilgen.

Erfinden sie jedoch rundweg alles, brauchen sie, da kein entgegengesetzter Eindruck ihr Lügengespinst zu zerreißen droht, scheinbar weniger zu befürchten, dass ihre Rechnung nicht aufgeht; gleichwohl entgleitet auch dieses, substanzlos und ungreifbar, leicht ihrem Gedächtnis (es müsste denn von außergewöhnlicher Zuverlässigkeit sein).

Das habe ich oft mit Leuten erlebt und mich dabei auf ihre Kosten amüsiert, die sich viel darauf zugutetun, ihre Worte stets so zu formulieren, dass es den von ihnen gerade betriebenen Geschäften nützt und den Großen gefällt, an die sie sich wenden. Da aber die Umstände, denen sie ihre Redlichkeit und ihr gutes Gewissen aufzuopfern bereit sind, häufigem Wechsel unterliegen, müssen sie auch ihre Worte wieder und wieder ändern. Daher kommt es, dass sie ein und dieselbe Sache bald grau nennen und bald gelb: beim einen so, beim andern anders.

Wenn nun ihre Gesprächspartner die ihnen gegebnen widersprüchlichen Darstellungen zufällig einmal miteinander vergleichen – was wird dann aus der feinen Kunst: Hinzu kommt, dass sich solche Leute unvorsichtigerweise oft selbst bloßstellen, denn welches Gedächtnis wäre umfassend genug, sich all der mannigfachen Gewänder zu erinnern, die sie ein und demselben Gegenstand zurechtgeschneidert haben? Ich konnte zu meiner Zeit beobachten, wie viele Menschen diese Neunmalklugen um ihren Ruf beneiden und hierbei übersehn, dass man, hat man ihn erst einmal, nichts mehr davon hat.

In Wahrheit ist das Lügen ein verfluchtes Laster. Nur durch das Wort sind wir Menschen und zur Gemeinschaft fähig. Wenn uns Schwere und Abscheulichkeit dieses Lasters bewusst wären, würden wir es berechtigter mit Feuer und Schwert verfolgen als andere Schandtaten. Ich finde es höchst unangebracht, dass man gewöhnlich seine Zeit darauf verwendet, Kinder für unschuldige Versehen zu züchtigen und wegen unbedachter Streiche zu quälen, die weder ihnen noch anderen nachhaltig schaden. Allein Verlogenheit und, ein wenig darunter, Dickköpfigkeit scheinen mir die Fehler zu sein, deren Entstehen und Entwicklung man mit allem Nachdruck bekämpfen sollte, sonst wachsen sie mit ihnen immer weiter; und hat man erst einmal diesen falschen Zungenschlag zugelassen, wird man sich wundern, wie unmöglich es ist, ihn rückgängig zu machen. Daher kommt es, dass wir ansonsten rechtschaffne Menschen diesem Laster unterworfen und hörig sehn. Ich habe einen braven Schneidergesellen, den ich niemals ein wahres Wort sagen höre – selbst wenn es sich ihm zu seinem Nutz und Frommen anböte.

Hätte wie die Wahrheit auch die Lüge nur ein Gesicht, wären wir besser dran: Wir würden dann einfach das Gegenteil von dem, was der Lügner sagt, für gewiss halten. Die Kehrseite der Wahrheit hat jedoch hunderttausend Erscheinungsformen und verfügt über einen unbegrenzten Spielraum. So nennen denn die Pythagoreer das Gute bestimmt und begrenzt, das Böse aber unbegrenzt und unbestimmt. Tausend Schüsse verfehlen die Scheibe, einer trifft.

Wenn ich freilich jemals in die Lage käme, mich aus einer offenkundig tödlichen Gefahr durch eine dreiste, in aller Form vorgebrachte Lüge retten zu können, bin ich nicht sicher, ob ich stark genug wäre, dieser Versuchung zu widerstehn.

Ein alter Kirchenvater sagt, in der Gesellschaft eines Hundes, den wir kennen, führen wir besser als in der eines Menschen, dessen Sprache uns unbekannt ist. Und bei einem Schriftsteller der Antike heißt es: *Für den Menschen gilt der Fremde nicht als Mensch.* Doch wie viel weniger noch als das Schweigen fördert das Lügen die Verständigung!

# 1584

## GIORDANO BRUNO

## Die Göttin Reichtum bewirbt sich um den Sitz des Herkules

*Einen historischen Augenblick später wird das Fernrohr die Lage des Menschen grundsätzlich verändern. Dank diesem Beweismittel wird Galileo Galilei widerrufen können, ohne seine verbotene Wahrheit verloren zu geben: »Sie bewegt sich doch.« Anders Giordano Bruno (\* 1548, † 1600): Sein Universum ist nicht durch geschliffene Gläser zu betrachten, denn es ist unendlich, ebenso wie die Zahl der Welten darin. Eine unendliche Schöpfung lässt zudem keinen Raum für einen Gott außerhalb ihrer. Dieser ist mit dem Schöpfungsakt in ihr aufgegangen. Dafür aber ist für den Vorläufer von Spinoza und Leibniz, die er maßgeblich inspiriert hat, aller Stoff beseelt. Seine Kosmologie allein wäre revolutionär genug, ihn mehrfach auf den Scheiterhaufen zu bringen, aber darüber hinaus ist für Bruno Jesus ein Mensch und nicht der Sohn Gottes. Ebenso wenig gibt es ein Jüngstes Gericht. Außerdem weist ihn sein phänomenales Gedächtnis zuverlässig als schwarzen Magier aus. Seit seiner Flucht aus Neapel und Rom begleitet ihn eine ganze Serie von Skandalen in Frankreich, Oxford, Wittenberg, der Schweiz. Es folgt die Exkommunikation reihum durch den Papst, die Lutheraner und die Genfer Calvinisten. 1592 in Venedig von der Inquisition verhaftet und nach Rom ausgeliefert, wird er nach sieben Jahren Kerkerhaft am 8. Februar 1600 zum Tod auf dem Scheiterhaufen verurteilt. »Mit größerer Furcht verkündet ihr vielleicht das Urteil gegen mich, als ich es entgegennehme.« Neun Tage später wird er auf dem Campo dei fiori verbrannt. Im Jahr 2000 verurteilen der 1982 gegründete Päpstliche Kulturrat und eine theologische Kommission Giordano Brunos Hinrichtung als Unrecht.*

*Zum hier abgedruckten Stück: Bruno hat in seinem Makrokosmos eine weitere radikale Reform in Gang gesetzt, wiederum des Himmels, wo ein Austausch von Gottheiten diesmal allerdings die menschliche Moral auf eine neue Grundlage stellt. Plötzlich zeigt Bruno sich dem Geist der christlichen Verkündigung verbunden: Durch die Umdeutung der Sternzeichen zu Sinnbildern menschlicher Tugenden werden die Schicksalsmächte der abergläubischen Astrologie vertrieben.*

SOFIA: Lass uns den Faden der Erzählung wieder aufnehmen, da wo uns gestern die Ankunft Merkurs unterbrochen hat!

SAULIN: Freilich wird es Zeit, nachdem Ihr mir die Begründung der Reihenfolge der guten Gottheiten gegeben habt, die an die Stelle jener Bestien getreten sind, weiter zu hören, was für andere Gottheiten in die Plätze der übrigen eingewiesen sind; doch wenn's gefällt, möge es Euch auch fernerhin nicht zu umständlich sein, mir jedes Mal die Erklärung und Begründung dafür zu geben. Gestern waren wir so weit gekommen, dass Vater Jesus dem Herkules seinen Auftrag gegeben hat. Drum müssen wir nun wohl zunächst sehen, was er an dessen Stelle treten lässt.

SOFIA: Ich, o Saulin, habe in Wirklichkeit im Himmel etwas ganz Ähnliches gesehen wie das, was Crantor[1] in seiner Phantasie, in seinem Traume oder seherischen Geiste geschaut hat vom Streit des Reichtums, der Wollust, der Gesundheit und Tapferkeit. Denn kaum hatte Jesus den Herkules von dort entfernt, so trat plötzlich die Göttin des Reichtums vor ihn hin und sprach: »Mir gebührt dieser Platz, o Vater!« – »Aus welchem Grunde?«, fragte Jesus, und sie sagte: »Wahrhaftig, ich vielmehr wundre mich, dass du es so lange aufschieben konntest, mir einen Platz zu verleihen, und anstatt meiner zu gedenken, andere Götter und Göttinnen bevorzugen mochtest, die mir von Rechts wegen nachstehen müssen; so ist es denn wohl nötig, dass ich von selbst komme und mich melde und gegen solche Zurücksetzung und solches Unrecht, das Ihr mir tut, Einspruch erhebe.«

Und Jesus antwortete: »Sprich für deine Sache, Göttin des Reichtums, denn ich meine nicht nur dir kein Unrecht dadurch getan zu haben, dass ich dir keinen von den bereits vergebenen Sitzen verlieh, sondern es auch jetzt nicht zu tun, wenn ich dir diesen, um den es sich handelt, abschlage, und vielleicht hast du dich auf einen viel schlechteren zu vertrösten, als du denkst!«

»– Und was könnte mir wohl Schlimmeres geschehen als diese Geringschätzung, die Ihr mir bisher schon erwiesen habt!«, sagte Frau Reichtum. »Sag mir, aus was für einem Grunde hast du die Wahrheit, die Klugheit, die Weisheit, das Gesetz und das Urteil mir vorgezogen, da ich es doch bin, um derentwillen allein die Wahrheit geachtet, die Klugheit geschätzt, die Weisheit geehrt, das Gesetz befolgt und das Urteil ausgeführt wird; ohne mich ist die Wahrheit nichts wert, ohne mich wird die Klugheit verachtet, die Weisheit vernachlässigt, ohne mich bleibt das Gesetz stumm und das Urteil lahm. Denn ich allein schaffe der Ersteren Raum, bin der Nerv der Zweiten und das Licht der Dritten, ich allein verleihe dem Vierten Gehorsam, dem Fünften Kraft und allen zusammen Annehmlichkeit, Schönheit und Zierde und befreie sie von Kümmernissen und Sorgen.« Da antwortete Momus: »O Göttin des Reichtums, du sagst gleichzeitig eine Wahrheit und eine Lüge! Denn du bist es auch, um derentwillen das Urteil hinkt, das Gesetz schweigt, die Weisheit verachtet, die Klugheit unterdrückt und die Wahrheit geknechtet wird, indem du dich selbst zur Gesellin von Schuften und Nichtswissern machst, indem du alle Torheit begünstigst, indem du die Seelen in Lüsten entzündest und verdirbst, indem du der Gewaltsamkeit die Schleppe nachträgst und der Gerechtigkeit auf den Fuß trittst, und sodann schaffst du sogar selbst dem, der dich besitzt, nicht weniger Sorgen, als Annehmlichkeit, nicht weniger Hässlichkeit, als Schönheit, nicht weniger Rohheit, als Zierde, und nicht du bist es, die den Sorgen und dem Elend ein Ende macht, sondern du veränderst und verwandelst sie nur in andere Formen. Gut bist du nur in der Meinung anderer, in Wahrheit aber niederträchtig und schlecht, von Ansehen bist du liebenswürdig, in Wirklichkeit aber falsch, nur in der Einbildung bist du nützlich, aber in Wahrheit voll von schädlichen Folgen. Bist du es doch, die, wenn du dich dem Schlechten zugesellst – und für gewöhnlich treffe ich dich nur in den Häusern der Schurken, sehr selten einmal in der Nachbarschaft ehrenwerter und guter Menschen –, da drunten die Wahrheit aus den Städten in die Wüsten verbannt, die der Klugheit die Beine gebrochen, der Weisheit die Schamröte der Entrüstung ins Antlitz gejagt, dem Gesetz den Mund verschlossen, dem Urteil allen Mut genommen und sie allesamt zu Feiglingen gemacht hat!«

»Gerade hieran, o Momus«, antwortete Reichtum, »solltest du meine Macht und meinen Vorzug erkennen, da ich, je nachdem ich meine Hand öffne oder schließe, und mich hier oder da mitteile, machen kann, dass diese fünf Gottheiten alles ausführen können, was sie wollen, oder aber verachtet, verbannt und verstoßen werden; da ich es bin, der sie, um es frank herauszusagen, zum Himmel oder zur Hölle jagen kann.« Da erwiderte Zeus: »Wir wollen im Himmel und auf diesen Sitzen keine anderen als gute Gottheiten haben. Hinunter müssen sie, welche schuldhaft sind, sowohl die, welche mehr schuldhaft als gut sind, als auch die, welche ohne Unterschied schuldhaft und gut zugleich sind, zu welchen Letzteren, wie ich meine, du zu rechnen bist, o Reichtum. Denn du bist gut mit den Guten und sehr böse mit den Bösen.«

»Du weißt doch, o Zeus«, sagte nun die Göttin des Reichtums, »dass ich an und für mich selbst ganz gut und keineswegs so gleichgültig oder neutral oder jedermanns Freund bin, wie du sagst –, bloß andere können, je nachdem sie wollen, guten oder schlechten Gebrauch von mir machen.« Da sprach Momus: »Du bist also, o Reichtum, eine Göttin, welche sich von allen handhaben, benützen und gebrauchen lässt, nur zum Dienen angelegt, und verstehst dich selber nicht zu lenken, und nicht du bist es, die über andere verfügt, sondern du lässt andere über dich verfügen und wirst von anderen regiert. Deshalb bist du gut, wenn andere dich gut anwenden, böse, wenn du böse geführt wirst, gut bist du, sage ich, in der Hand der Gerechtigkeit, der Weisheit, der Klugheit, der Religion, des Gesetzes, der Freigebigkeit und anderer Gottheiten –, böse, wenn entgegengesetzte Mächte über dich gebieten, als z. B. Gewaltsamkeit, Geiz, Unwissenheit u. a. Da du also an und für dich selbst weder gut noch böse bist, so meine ich, wird es das Beste sein, wofern Zeus damit einverstanden ist, dass deine eigene Person auch weder an Schande noch an Ehre irgendwelchen Anteil nimmt, und folglich bist du nicht wert, einen eigenen Wohnsitz zu erhalten, weder hier oben bei den himmlischen, noch da drunten bei den unterirdischen Göttern, sondern du magst ewig wandern von Ort zu Ort, von Land zu Land.« Über diese Rede des Momus mussten alle Götter lachen, und Zeus entschied also: »So magst du denn, o Reichtum, wenn du Reichtum an Gerechtigkeit bist, im Hause der Gerechtigkeit wohnen, wenn Reichtum an Wahrheit, magst du weilen, wo deren Herrlichkeit weilt, wenn Reichtum an Wissen und Weisheit, magst du auf deren Throne sitzen, wenn Reichtum an sinnlichen Genüssen, magst du dich einstellen, wo diese hausen, wenn du Reichtum an Gold und Silber bist, so schere dich an die Börsen und Geldtaschen, wenn du Reichtum an Öl, Wein und Getreide bist, so geh und trolle dich in die Keller und Magazine, bist du von Vieh, von Schafen und Rindern, so weide mit diesen bei den Herden und Hürden!«

Sodann trug ihm Zeus auch auf, was er tun sollte, wenn er sich bei Toren befände, und wie er sich im Hause der Weisen zu benehmen habe, insbesondere solle er sich in Zukunft ebenso, wie er es in der Vergangenheit getan, da er doch nicht anders könne, auf gewissen Wegen sehr leicht, und auf gewissen anderen Wegen sehr schwer erreichen lassen. Doch sprach er von diesen Wege, den Reichtum zu finden, nicht so laut, dass es viele verstehen konnten; Momus jedoch erhob laut die Stimme und gab andere, wenn nicht vielleicht gar dieselben Mittel und Wege zum Reichtum an, wie er, nämlich folgende:

»Niemand soll dich erreichen, solange er sich noch Vorwürfe macht, seinen guten Verstand und sein gesundes Hirn aufgegeben zu haben.«

Ich glaube, dass er damit sagen wollte, man müsse notwendigerweise erst auf die Besonnenheit des Urteils und der Klugheit verzichten und dürfe niemals an die Unsicherheit und Treulosigkeit der Zeiten denken, nicht achten auf das Zweifelhafte und Ungewisse der Versprechungen des Meeres, nicht glauben an den Himmel und nicht bauen auf Gerechtigkeit und Ungerechtigkeit, sich nicht kümmern um Ehre und Schande, um gutes Wetter oder Sturm, sondern man müsse alles der blinden Fortuna anheimstellen, um sie zu erlangen. »Hüte dich«, sprach er, »jemals dich zu jenen zu schlagen, die mit allzu viel Überlegung und Urteilskraft nach dir suchen, lass dich am schwersten von denen auffinden, die dir mit den meisten Fanghaken, Schlingen und Fallstricken der Vorsicht nachstellen, sondern zeige dich für gewöhnlich da, wo die dümmsten und seichtesten Toren und die sorglosesten Tröpfe sich aufhalten, und überall, wenn du auf Erden weilst, scheue den Weisen wie das Feuer, und mach dich lieber gemein und befreundet mit halbtierischen Leuten und halte immer denselben Kurs wie die Göttin des Glücks.«

---

1 Crantor: Vertreter der Akademie, der Schule Platons, und Urheber der Allegorie von der Theaterbühne, auf der die Güter Reichtum, Wollust und Gesundheit als Gottheiten im Wettstreit ihre Vorzüge anpreisen und vom Publikum der Griechen ihre Rangfolge zugewiesen erhalten. Siegerin bleibt die Gesundheit. (Anm. G.B.)

# 1584

## REGINALD SCOT

# Teufel und Hexerei. Einzig Papisten glauben daran

*Eine bahnbrechende Premiere fürwahr, welche die verheißungsvolle Ankündigung verdient, obschon zu ihrer Zeit kaum jemand den Mut hat, sie so zu nennen, und ihr Anliegen für mindestens zwei weitere Jahrhunderte unerhört bleibt: Es handelt sich um die erste Kampfschrift gegen Hexenwahn und anderen Glauben an schwarze Magie. Diese wird als Taschenspielerei entlarvt, weshalb* The Discovery of Witchcraft *nicht nur als kleine Enzyklopädie des Aberglaubens, sondern zugleich als erstes Lehrbuch für Zauberkünstler unter dem Zirkuszelt gehandelt wird. Die Urheberin des Glaubens an die übernatürlichen Kräfte des Bösen wird ohne Umstände identifiziert: die katholische Kirche. James VI. von Schottland, in der Union of Crowns von 1603 als James I. auch zum König von England und Irland gekrönt, ließ im selben Jahr alle aufgespürten Exemplare verbrennen.*

*Reginald Scot (* 1538, † 1599), der die Universität ohne Abschluss verlassen hatte, verwaltete seine Güter und die von Verwandten, saß als Abgeordneter aus Kent im Unterhaus zu London, wirkte als Friedensrichter und veröffentlichte ein Buch über Hopfenzucht.*

**VI.** **KAPITEL**
*Wie der Teufel in Gestalt eines Priesters gute Werke predigte, wie er entlarvt wurde, und dass es eine Schande für jeden Menschen ist, wenn er (nachdem die Hauptlehren der Hexerei widerlegt sind) deren minderen Überzeugungen glauben schenkt.* Einmal stieg der Teufel auf eine Kanzel und hielt dort eine sehr getreuliche Predigt; aber ein heiliger Priester kam gerade noch recht hinzu, und in seiner Heiligkeit sah er, dass

es der Teufel war. Also schärfte er seine Ohren, doch er fand keinen Fehl an dem, was er predigte. Und so rief er, gleich als die Predigt vorüber war, den Teufel zu sich und fragte ihn, weshalb er so wahrhaftig predige; und dieser antwortete: Siehe, ich spreche die Wahrheit, denn ich weiß, dass, je mehr die Menschen das Wort Gottes vernehmen, ihm aber nicht folgen, Gott desto mehr gelästert ist, und desto mächtiger wird mein Reich. [Randglosse: Besser, er hätte gefragt, auf wessen Befehl und Erlaubnis hin er predige.] Und das war (denke ich) das merkwürdigste Mittel, welches je ein Teufel gebrauchte, denn die Apostel selbst hätten nicht mehr tun können. Desgleichen, wenn sie, obwohl sie ihre Hausgeister, ihre Salben & Co. bei sich haben, Mittel, mit welchen sie unsichtbar reisen, wenn sie mit all ihren Zaubern sich weder den Händen derer, welche ihnen auflauern, entziehen noch dem Gefängnis entweichen können, wo sie doch sonst durch ein Mauseloch kommen und gehen, wo sie sonst ihre eigenen Leiber und die Leiber anderer in Fliegen und Flöhe & Co. verwandeln können: wer sieht da nicht, dass sie entweder lügen oder dass ihre Zauberei nichts bewirkt? Wenn es heißt, sie können das Korn ihrer Nachbarn auf ihr eigenes Land wachsen lassen, und sie doch allzeit Bettler sind und sich keinen Reichtum schaffen können, weder mit Geld noch mit anderen Mitteln: wer wird da so dumm sein, weiter an ihre übernatürliche Kraft zu glauben? Wenn keiner je, vom Anbeginn der Welt bis auf den heutigen Tag, einen anderen Trick, eine andere Täuschung oder raffinierte Hexerei gezeigt hat als Taschenspielerei und Betrug: wer braucht da weitere Beweise? Wenn Gesetz und Vernunft gleichermaßen die Wahrsagerei & andere falsche Wunder verurteilen sowie die, welche heutzutage an sie glauben: wer würde da guten Gewissens solchen Schurkereien Glauben schenken? Wenn sie den Teufel zum Gott machen, der ihre Gebete erhört und die Gedanken der Menschen versteht: wer würde sich da nicht schämen, ein Christ zu sein, dass er sich so von ihnen zum Narren halten lässt? Wenn die, welche am offensten über diese Dinge schreiben, ausgenommen die Lügner Sprenger & Institoris, all diesem niemals Glauben geschenkt haben, wenn der glaubwürdigste Beweis, den Bodin [Randglosse: John Bodin] für seine unglaublichen Geschichten über Hexerei anführt, die Erzählung eines Gastwirts ist, bei welchem er eingekehrt war: wer wird dann auf diese Märchen noch etwas geben? Wenn wir im ganzen Neuen Testament keine Warnung vor solcherart körperlichen Erscheinungen der Teufel finden, ebenso wenig vor anderen Verschlagenheiten & Co.: wer wird sich da vor ihren Schreckbildern fürchten? Wenn nirgendwo in der Heiligen Schrift von einem solchen Handel die Rede ist, warum sollten wir so unglaubliche und unmögliche Verabredungen, welche die Grundlage für allen Hexenglauben sind, denn ohne sie werden all ihre anderen albernen Behauptungen unglaubwürdig, für wahr halten? Wo zugleich, wenn man an sein Gewissen appelliert, jeder aufrechte Mensch zugeben muss, dass er bei Prüfung solcher Hexerei und Zauberkunst, wie sich nun mit solcher Gewissheit sagen lässt, sie nie je bewiesen fand: welches Gewissen könnte da die armen Seelen verurteilen, die zu Unrecht angeklagt werden, oder denen glauben, die sie frevlerisch solcher unmöglichen Taten und Unternehmungen anschuldigen? [Randglosse: Und doch glauben viele, die uns wie aufrechte Männer dünken wollen, bereitwillig daran.] Wenn die gesamte Heilige Schrift solche unmöglichen Auffassungen zurückweist, ein paar wenige Sätze ausgenommen, die ihnen jedoch, richtig aufgefasst, ebenfalls keineswegs recht geben: wer will sich da von ihren schönen Argumenten hinters Licht führen lassen? Jetzt wo die Menschen wissen, was für Bubenstücke Weissagungen & solcherlei Humbug sind und wo es nicht ein einziges Orakel auf der Welt mehr gibt: wer wollte da nicht begreifen, dass all dies auch bisher auf nichts anderem als Betrug, List und Lüge beruhte? Wenn die Macht Gottes so frevlerisch einem niederen Geschöpf zugesprochen wird, welcher gute Christ könnte es da ertragen, an Wunder zu glauben, die von Dummköpfen gewirkt werden? Wenn die alten Frauen, die man der Hexerei anklagt, gar nicht bei Verstand sind und nicht in der Lage, sich zu verteidigen, und noch weniger imstande, das, wessen man sie anklagt, tatsächlich zu wirken: wer wird es da nicht bedauern, dass mit solcher Maßlosigkeit gegen sie vorgegangen wird? Wenn die einfältigeren unter den Menschen stets diejenigen sind, welche Schaden durch Hexerei am meisten fürchten, und man den einfachsten, arglosesten die Untat anlasten will: welcher kluge Mensch wird da nicht sehen, dass es ganz und gar Dummheit ist? Wenn es ein leichtes für den Teufel wäre, zu tun, was er ihrer Behauptung nach tun kann, nämlich ihnen große Mengen Geldes geben, sie reich machen, und es dann nicht tut, wo es ihm doch mehr Anhänger einbrächte als alles andere auf Erden: dann muss ein kluger Mensch den Teufel doch für dumm halten und die Hexen für einfältig, dass sie solche Anstrengung unternehmen und dem Teufel ihre Seelen überschreiben, auf dass sie Höllenqualen erleiden, und ihren Leib dem Henker, auf dass sie vom Galgen baumeln, und das für ein paar Kupfermünzen im Beutel. [Randglosse: Die meisten Hexen sind regelrechte Bettler.]

## VII. KAPITEL
*ein Urteil zur Hexerei in Form und Gestalt einer logischen Schlussfolgerung*

Mittlerweile weiß jeder brave Mann (ein paar Dummköpfe ausgenommen), dass der Leibhaftige ein Gauner ist. [Randglosse: Eine allgemeine Schlussfolgerung, welche jene verwirft, von denen unser Buch handelt.] Jeder vernünftige Mann begreift, dass die Wundertaten der Hexen, da sie der Natur, der Wahrscheinlichkeit und der Vernunft widersprechen, unwahr und unmöglich sind. Jeder Protestant weiß, dass die papistischen Zauber, Beschwörungsformeln, Verbannungs- und Segenssprüche nichts bewirken, sondern nur Mittel und Spielzeuge sind, um die Menschen in Blindheit verharren zu lassen und den geistlichen Stand zu bereichern. Jeder Christenmensch begreift, dass er, wenn er daran glauben wollte, dass Hexen tun können, was man ihnen nachsagt, einem Geschöpf die Macht des Schöpfers zusprechen müsste. Jedes wohlerzogene Kind sieht und begreift oder bekommt zumindest beigebracht, dass Jahrmarktskunststücke Gaunerei und Humbug sind. Selbst die Heiden werden nicht leugnen, dass es eine solche Verbindung zwischen dem Geist des Teufels und dem Körper einer Hexe, wie gesagt wird, nicht geben kann. Denn ohne Zweifel hätte dann jeder Heide seinen Hausteufel; denn die, welche Gott nicht kennen, müssten keine Skrupel haben, einen Teufel zu kennen.

Ich bin vielen begegnet und habe mit vielen debattiert (allerdings, wie ich sagen muss, die meisten davon Papisten), welche an diese Absurditäten bis ins kleinste glaubten. Und ich denke gewiss besser von ihnen als von anderen, welche den Betrug und die Taschenspielerei halb sehen und erkennen, in allem anderen aber so weise bleiben wie zuvor und gerade an die größten Gaunereien und Betrügereien glauben, nämlich an den Papismus, und sich damit doch noch täuschen lassen von Jahrmarktstricks und Hexerei.

*Um 1590*

# GALILEO GALILEI
## Gegen das Tragen des Talars

*Der verarmte Florentiner Patrizier, Sohn eines Tuchhändlers, Musikers und Musiktheoretikers mit mathematischen Kenntnissen, zeigt im Benediktinerkloster der Vallombrosaner Neigungen zum Mönchstum. Doch der Vater holt den sechzehnjährigen Novizen nach Hause und schickt ihn nach Pisa, Medizin zu studieren. Nach vier Jahren sattelt er auf die Mathematik um. Mit 21 Jahren veröffentlicht er seine ersten Forschungsergebnisse zur Schwere fester Körper. Seine Versuche am Schiefen Turm von Pisa sind Legende, für entsprechende Experimente gab es damals keine ausreichend exakten Uhren. Die Universität von Padua, das zur liberalen und reichen Republik Venedig gehört, offeriert ihm für geraume achtzehn Jahre ein beschauliches Professorendasein, ehe er im reiferen Alter von 45 Jahren auf einen Schlag berühmt wird. Das 1608 von Ja n Lippershey in Holland erfundene Fernglas, von dem er im folgenden Jahr hört und das zuerst natürlich durch seinen militärischen Nutzen ins Auge stechen musste, verwendet er als Erster zur Himmelsbeobachtung und revolutioniert damit die Astronomie. Die ersten vier Jupitermonde, die er als Erster entdeckt, heißen nach ihm die Galileischen. Galileo Galilei (\* 1564, † 1642) ist uns als mutiger Verfechter des heliozentrischen Weltbilds bekannt; weniger präsent ist heute die Tragik seiner letzten neun Lebensjahre, die er unter striktem Hausarrest als tiefgläubiger Mann verbrachte, der seine Kirche vor einem kapitalen Irrtum bewahren wollte.*

*Der bahnbrechende Astronom war nicht in erster Linie mit dem Menschen befasst. Doch wir verlangen nach einer Kostprobe von dem Forschergeist der Neuzeit, den dieser würdige Erbe Leonardo da Vincis verkörpert und den er bereits zwanzig Jahre vor seinem spektakulären Aufbruch zur Milchstraße in Versen gegen den akademischen Konformismus festgehalten hat.*

Mich ärgern jene Menschen sondergleichen,
Die suchend hinter dem höchsten Gut herrennen
Und doch dabei bis heute nichts erreichen.
Mein Hirn wird mir den guten Grund wohl nennen,

Dass dieser Umstand einzig und allein
Daran liegt, dass sie seinen Ort nicht kennen.
Von diesen Doktoren sah's noch keiner ein,
Noch keiner hat den rechten Weg gewählt,
Um zu dem höchsten Gut geführt zu sein.
Man muss, wenn meine Meinung dabei zählt,
Um bei der Sache etwas zu erreichen,
Besorgen, dass die Phantasie nicht fehlt,
Man muss der Schätzung auch das Spiel erleichtern;
Kannst du geradeaus nicht mehr weiter gehen,
Dann gibt es tausend Wege, auszuweichen.
In der Natur lässt sich die Lehre sehen:
Führt die gewohnte Straße uns nicht weit,
Wird man sich gleich zu einer bessren drehen.
Verschiedne Formen hat die Findigkeit;
Doch oft hat's mich zum Guten schon geführt,

Wenn man das grade Gegenteil betreibt:
Kaum suchst du Böses, hast du's aufgespürt;
Denn höchstes Gut und höchstes Übel scheinen
Ins gleiche Bündel Dutzendware geschnürt.
Diese Grundsatzregel enttäuschte noch keinen:
Wer wissen möchte, was das Fasten wäre,
Muss erst es mit dem Karneval ernst meinen,
Damit sich ihm der Unterschied erkläre;
Und willst du wissen, was sie Sünde nennen,
Schau erst, ob der Priester dich mit Buße beschwere;
Und willst du richtig arme Hunde kennen,
Die anstandslose, bösartige Meute,
Dann schau auf jene, die von Frömmigkeit brennen,
Und suche Priester, Mönche, heilige Leute:
Auf diesem Weg kommst du der Sache nahe
Und lösen wirst du unser Rätsel noch heute. …

# 1597

## FRANCIS BACON

# Nicht einmal am Charakter müssen wir verzagen!

*Hätte man einen Erfinder der modernen Erfahrungswissenschaft zu nennen, so hieße der sicherste Kandidat wohl Francis Bacon (\* 1561, † 1626), der zusammen mit Leonardo, Galilei und Descartes die Neuzeit einläutet. Er fordert nicht nur die praktische Nutzanwendung der Wissenschaft, deren Ziel die Beherrschung oder zumindest die Zähmung der Natur im Dienste des Fortschritts ist. Als erster rigoroser Empirist hält er auch den Menschen für verbesserungsfähig. Seine Essays sind Gebrauchsanweisungen auf weltliterarischem Niveau. Der Klarheit dieser Kristalle steht Bacons einzigartiges psychologisches Fingerspitzengefühl, das die Schule Montaignes verrät, in nichts nach.*

*Bacon versucht sich zudem als Politiker in schwierigen Zeiten. Als Baron von Verulam und Viscount von St. Albans bringt er es zum Lordkanzler unter James I., dem Nachfolger Elizabeths, der erstmals unter der Krone der Stuarts England und Schottland vereinigt. Ein von Rivalen aufgebauschter Bestechungsskandal kostet ihn allerdings sämtliche Ämter.*

VON DER MENSCHENNATUR
Die Natur wird oft verborgen, bisweilen überwältigt, aber selten vertilgt. Zwang macht sie noch heftiger, sobald sie sich wieder frei fühlt; Gelehrsamkeit und Gespräche machen sie weniger ungestüm; aber durch Gewohnheit allein wird sie verändert und unterjocht.

Wer über seine Natur zu siegen wünscht, der setze sich weder zu große noch zu kleine Aufgaben; denn sind sie zu groß, so wird das öftere Fehlschlagen seiner Versuche, sie zu lösen, ihn mutlos machen; sind sie hingegen zu klein, so wird er, wenn es ihm auch oft mit deren Lösung gelingt, doch wenig vorwärts zu kommen. Auch übe er sich anfangs mit Anwendung von Hilfsmitteln, wie Schwimmer sich mit Blasen und Binsen helfen; nachher aber gebrauche er bei seine Übungen Dinge, die nachteilig sind, wie Tänzer dicke Schuhe anziehen; denn es erzeugt große Vollkommenheit, wenn die Übung schwerer ist, als der Gebrauch.

Wo die Natur mächtig und also der Sieg schwer ist, da sind gewisse Stufen nötig. Man muss nämlich erstens die Natur zu rechter Zeit hemmen und anhalten, wie jener, der die Buchstaben des Alphabets herzusagen pflegte, wenn er zornig war; dann das Maß immer mehr verkleinern, wie wenn jemand, der sich den Wein abgewöhnen wollte, es von vollen Pokalen allmählich bis zu einem Schluck für jede Mahlzeit brächte; und endlich ganz aufhören. Hat man aber Mut und Entschlossenheit genug, sich auf einmal frei zu machen, so ist dieses das Beste.

*Optimus ille animi vindex, laedentia pectus*
*Vincula qui rupit, deloluitque semel.*
(»Der beste Befreier seiner Seele ist der, welcher die Fesseln, die seine Brust beengen, zerreißt, und ein für alle Mal den Schmerz aushält.«)

Nicht übel ist auch die alte Regel, die Natur nach einem entgegengesetzten Extrem hin zu biegen, wie einen Stock, den man gerade machen will; versteht sich, wo das entgegengesetzte Extrem nichts Fehlerhaftes ist.

Man erzwinge eine Gewohnheit, die man sich aneignen will, nicht durch beständiges Fortsetzen, sondern mit Unterbrechungen; denn der Ruhepunkt verstärkt den neuen Anlauf, und wenn jemand, der nicht ganz vollkommen ist, sich immerfort übt, so wird er eben sowohl seine Fehler als seine Fähigkeiten üben, und aus beiden zusammen eine Gewohnheit machen. Diesem abzuhelfen, ist kein anderes Mittel, als dass man zu rechter Zeit nachlasse. Nur dünke man sich des Sieges über seine Natur nicht gar zu sicher; die Natur liegt oft lange Zeit begraben, und wacht wieder auf bei Gelegenheit, oder wenn der Versucher kommt. Es geht damit wie mit der in ein Frauenzimmer verwandelten Katze bei Aesop; sie saß als Fräulein sehr sittsam am Tische, bis auf einmal vor ihr eine Maus vorüberlief. Man vermeide also entweder die Gelegenheit ganz und gar, oder setze sich ihr oft aus, damit man wenig durch sie gereizt werde.

Die Natur eines Menschen nimmt man am besten wahr im vertrauten Umgange, denn hier tut er seinen Leidenschaften keinen Zwang an, und diese bringen ihn gleichsam aus dem Konzepte; ferner auch in einem neuen Fall oder bei neuen Versuchen, weil er sich dann von der Gewohnheit verlassen sieht.

Glücklich ist der, dessen Natur mit seinem Beruf übereinstimmt; sonst kann er sagen: *Multum incula fuit anima mea* (»Meine Seele war oft wie ein Fremdling«), wenn er mit Dingen zu tun hat, die ihm nicht lieb sind.

Für solche Studien, zu denen jemand sich zwingen muss, setze er bestimmte Stunden fest; für diejenigen hingegen, die seiner Natur angemessen sind, bedarf es keiner bestimmten Zeit, denn seine Gedanken werden von selbst ihnen zueilen, sodass die Zwischenzeit zwischen anderen Geschäften oder Studien hinreichen wird.

Des Menschen Natur schießt entweder zu edlen Gewächsen oder zu Unkraut empor; darum möge er zu rechter Zeit jene bewässern, und dieses vertilgen.

## 1602

# TOMMASO CAMPANELLA
## Besuch in der Sonnenstadt

*Zu behaupten, dass ein richtig verstandenes Christentum der Natur – welche die menschliche Vernunft einschließt – nur die Sakramente hinzufüge, ist zwei Jahre nach der Verbrennung Giordano Brunos ein starkes Stück. Im Übrigen folgt die Utopie dieser Sonnenstadt einer eher altertümlichen Konzeption: mit Platons Philosophenkönig als zwar vernünftigem, aber ebenso absolutem wie unfehlbarem Herrscher an der Spitze. Die Suche nach Gegenmodellen zur real existierenden Römischen Kirche hat sich in der frühen Neuzeit öfter mit antiken Erfindungen zufriedengegeben. (An eine Erbsünde und andere Ausgeburten jüngeren Geistes glaubte da allerdings noch niemand.)*

*Tommaso Campanella (\* 1568, † 1639) ist als abtrünniger Dominikaner – wie Bruno – schon in jungen Jahren vor mehreren Anklagen wegen Ketzerei auf der Flucht. Für 27 Jahre ins Gefängnis bringt den gebürtigen Kalabresen allerdings nicht der Zank mit den Päpstlichen, sondern seine führende Rolle in einem Aufstand gegen die spanische Herrschaft in Süditalien. Im Gefängnis schreibt er alle seine Werke, darunter auch eine Verteidigung Galileis. Erst fünf Jahre vor seinem Tod findet er in Paris bei Kardinal Richelieu eine immer noch prekäre Sicherheit.*

DER GENUESE: … Aus der Tendenz zum Nichtsein stammt das Übel und die Sünde. Die Sünde hat keine bewirkende, sondern eine mangelnde (negative) Ursache. Mangelnde Ursache nennen sie den Mangel an Macht, an Wissenschaft oder Willen; die Sünde besteht in der Tat im Mangel an Willen; denn wer die Intelligenz und das Vermögen, Gutes zu tun, hat, muss auch den Willen dazu haben. Nun entspringt der Wille aus der Macht und aus dem Wissen, aber kann diese nicht umgekehrt erzeugen. …

Also: alle Wesen, so viele ihrer immer sind, schöpfen ihre metaphysische Wesenheit aus Macht, Wissen und Liebe; und aus der Ohnmacht, Unwissenheit und Nicht-Liebe, sofern es sich um Nichtseiendes handelt.

DER GROSSMEISTER: Gott, welche Spitzfindigkeit!

DER GENUESE: O, wenn ich mehr Zeit hätte und mein Gedächtnis behaltsamer wäre, könnte ich dir noch wunderbarere Dinge erzählen, wenn ich mich aber nicht beeile, versäume ich die Abfahrt meines Schiffes.

DER GROSSMEISTER: Nun gut! Gib mir nur noch eine einzige Aufklärung über Religion: Was denken sie von dem Sündenfalle Adams?

DER GENUESE: Sie geben zu, dass eine große Verderbtheit in der ganzen Welt verbreitet ist, dass die Menschen nicht von solchen gediegenen Gesetzen regiert werden, wie sie existieren müssten, dass die Guten gequält, beleidigt und von den Bösen unter die Füße getreten werden. Aber was sie nicht zugeben, das ist das angebliche Glück der Letzteren, denn, sagen sie, das heißt nicht glücklich sein, seine Wesenheit unaufhörlich selbst zu vernichten, um als ein Anderer zu erscheinen, als der man wahrhaft ist, wie es die falschen Könige, die falschen Weisen, die falschen Helden, die falschen Heiligen tun, die, um sich ihre Stellung zu erhalten, beständig ihrer Individualität entsagen müssen. Daraus ziehen die Solarier den Schluss, dass eine große Verwirrung unter den Menschen aus irgendeiner unbekannten Ursache entstanden sein müsse. Sie glaubten zuerst mit Plato, dass die Himmelskörper ursprünglich ihre Umdrehungen von dem heutigen Westen nach dem jetzt so genannten Osten zurückgelegt haben; heutzutage müsse dieser Lauf die gerade entgegengesetzte Richtung angenommen haben. Auch das hielten sie für möglich, dass die Angelegenheiten hienieden von einer untergeordneten Gottheit geleitet werden, was die höchste Gottheit erlaubt habe; aber diese Ansicht erschien ihnen doch als zu absurd. Noch absurder freilich ist die Ansicht, Saturn habe zuerst mit höchster Weisheit regiert, Jupiter sodann minder gut und sodann immer schlechter die andern Planeten, obwohl sie doch annehmen, dass die Weltalter nach der Reihenfolge der Planeten geregelt sind und dass die Dinge alle tausend oder sechzehnhundert Jahre durch die Veränderung der Apsiden große Veränderungen erfahren.

Sie glauben vielmehr, dass unser Zeitalter unter dem Einflusse des Merkur stehe, wenn dieser auch von großen

Konjunktionen gekreuzt wird, und dass die Rückkehr der Anomalien einen verderblichen Einfluss habe.

Sie beneiden die Christen, die da glauben können, der bloße Sündenfall Adams habe eine so große Umwälzung und Störung herbeiführen können. Die Strafen für die Vergehen der Väter müssten auf die Kinder fallen, doch keineswegs diese Vergehen selber! Sie geben auch zu und sind ganz einverstanden damit, dass die Sünden der Kinder auf die Häupter der Väter zurückfallen, die nicht die auf die Kindererzeugung bezüglichen Gesetze befolgt oder die Erziehung und den Unterricht der Kinder vernachlässigt haben. Darum geben sie sich auch mit der Aufziehung der Kinder die größte Mühe, denn es ist zugleich ihre Ansicht, dass die Vergehen der Eltern und Kinder auch auf das Gemeinwesen schädigend zurückfallen, das seine Pflichten der Überwachung in diesem Punkte nicht erfüllt. Infolge dieser Vernachlässigung kommt eine wahre Flut von Übeln über die Nationen, die sich solcher Unterlassung schuldig machen. Und was noch viel schlimmer ist, das ist, dass die Nationen einen solchen elenden Zustand Glück und Frieden nennen, weil sie die wahren irdischen Glücksgüter nicht kennen und in dem Wahne sind, dass der Zufall allein die Welt regiere. Wer aber, wie das bei den Solariern geschieht, den Bau der Welt studiert und die Anatomie des menschlichen Körpers (die sie sich an den Leichnamen hingerichteter Verbrecher aneignen), sowie die der Pflanzen und Tiere, der sieht sich gezwungen, die Weisheit und Vorsehung Gottes im höchsten Grade anzuerkennen. So sieht sich der Mensch in die Lage versetzt, sich ganz der Religion zu weihen und seinen Schöpfer anzubeten. Aber das fällt ihm durchaus nicht so leicht, wenn er Gott nicht in seinen Werken aussucht, erkennt und bewundert und indem er seine Gesetze streng befolgt und sich an die Philosophie hält, die ihm sagt: Tu andern nicht an, was du nicht willst, dass dir angetan werde. Wir, die wir von unsern Kindern und von unserem Nächsten verlangen, dass sie uns ehren und das wenige Gute, das wir ihnen erwiesen, vergelten – welche Ehrfurcht, welche Dankbarkeit schulden wir dann erst Gott, der uns Alles gegeben hat, der uns zu dem gemacht hat, was wir sind, in dem wir leben, weben und sind. Lob und Preis ihm von Ewigkeit zu Ewigkeit!

DER GROSSMEISTER: Wahrlich, diese Leute, die nichts anderes als das Naturgesetz kennen, kommen dem Christentum erstaunlich nahe, das übrigens dem Naturgesetz kaum etwas hinzugefügt hat als höchstens die Sakramente, welche nur dazu helfen, die Gesetze der Natur getreulich zu befolgen – und daraus schöpfe ich ein kräftiges Argument zugunsten der christlichen Religion, die die einzig wahre ist und nach Beseitigung der eingeschlichenen Missbräuche über den Erdkreis herrschen wird und zu herrschen verdient, wie die ausgezeichnetsten Theologen lehren und hoffen.

## 1606

# WILLIAM SHAKESPEARE
## Lady Macbeths böse Kräfte und Ohnmacht

*Schon im Vorblick auf seine Tat ist Macbeth dieser nicht gewachsen, und alleine träte er den Rückzug an. Dass nur die Frau den Neffen zum Mord an seinem König anstiften kann, sagt nicht nur etwas über sie aus, sondern ebenso über ihn. Beide jedoch, ihn selbst wie auch Lady Macbeth, werden wir unter der Last der Tat dem Wahnsinn entgegentreiben und selber ihr Verderben heraufbeschwören sehen.*

*Als Shakespeare (\* 1564, † 1616) Mitte der 1580er-Jahre aus der Kleinstadt Stratford-upon-Avon bei Birmingham nach London kam, lebten am Themseufer auf dem in der Geschichte bislang wohl am dichtesten besiedelten Boden rund 200 000 Menschen. In wenig mehr als fünfzig Jahren hatte sich die Bevölkerung Englands verdoppelt, in London, wo die Friedhöfe überbaut wurden, war mehr als die Hälfte davon unter zwanzig Jahre alt. Eine der absoluten Boombranchen war das Theater. Mehr als ein Dutzend Schauspielhäuser gaben in der Regel an jedem Wochentag ein anderes Stück, und es wird geschätzt, dass täglich 3000 bis 5000 Schaulustige zu den Bühnen strömten, ein Drittel aller Stadtbewohner mindestens einmal im Monat. Laut Historikerschätzungen kletterte in England während des 16. Jahrhunderts auch die Alphabetisierungsrate von gerade mal einem Prozent auf etwa fünfzig Prozent. Shakespeares Werdegang kontrastierte scharf mit dem klassisch-akademischen Hintergrund führender Dramatiker (wie etwa seines Altersgenossen Christopher Marlowe), die Horaz und Vergil übersetzten. Er kam nicht aus einem Oxforder College, sondern hatte als Schauspieler auf der Bühne angefangen. Ohne Zugang zu den universitären Bibliotheken bildete er sich (mit seinem Publikum) bei der Konkurrenz sowie als Abnehmer der unabhängigen Londoner Verleger, deren Zahl bis 1600 auf mehr als hundert gestiegen war. Im Alter von 35 Jahren war er als Theaterbesitzer, Intendant, Autor, Regisseur und Schauspieler tätig und der erfolgreichste Bühnenunternehmer seiner Zeit. War seine Verwurzelung in der Popkultur einer der Gründe, weshalb ihn jede spätere Generation als einen der Ihren wiederentdecken konnte? (Mehr über den vielleicht beredtsten Menschenkenner der europäischen Geistesgeschichte S. 390–391)*

MACBETH. Wär's abgetan, so wie's getan ist, dann wär's gut
    Man tät' es heilig: – Wenn der Meuchelmord
    Auffangen könnt' in seinem Netz die Folgen,
    Und nur Gelingen aus der Tiefe zöge:
    Dass mit dem Stoß, einmal für immer, alles
    Sich abgeschlossen hätte – hier, nur hier –
    Auf dieser losen Sandbank unserer Zeit –
    So setz' ich weg mich übers künft'ge Leben. –
    Doch immer wird bei solcher Tat uns schon
    Vergeltung hier: dass, wie wir ihn gegeben,
    Den blut'gen Unterricht, er, kaum gelernt,
    Zurückschlägt, zu bestrafen den Erfinder.
    Dies Recht, mit unabweislich fester Hand,
    Setzt unsern selbstgemischten, gift'gen Kelch
    An unsre eigenen Lippen. –
    Er kommt hierher, zwiefach geschirmt; – zuerst,
    Weil ich sein Vater bin und Untertan,
    Beides hemmt stark die Tat; dann, ich – sein Wirt,
    Der gegen seinen Mörder schließen müsste
    Das Tor, nicht selbst das Messer führen. –
    Dann hat auch dieser Duncan seine Würde
    So mild getragen, blieb im großen Amt
    So rein, dass seine Tugenden, wie Engel,
    Posaunenzüngig, werden Rache schrein
    Dem tiefen Höllengräuel seines Mords;
    Und Mitleid, wie ein nacktes, neugebornes Kind,
    Auf Sturmwind reitend, oder Himmels Cherubim,
    Zu Ross' auf unsichtbaren, luft'gen Rennern,
    Blasen die Schreckenstat in jedes Auge,
    Bis Tränenflut den Wind ertränkt. –
    Ich habe keinen Stachel,
    Die Seiten meines Wollens anzuspornen,
    Als einzig Ehrgeiz, der, zum Aufschwung eilend,
    Sich überspringt und jenseits niederfällt.

*Lady Macbeth tritt auf.*
    Wie nun, was gibt's?
LADY MACBETH. Er hat fast abgespeist.
    Warum hast du den Sattel verlassen?

MACBETH. Hat er
   Nach mir gefragt?
LADY MACBETH. Weißt du nicht, dass er's tat?
MACBETH. Wir woll'n nicht weiter gehn in dieser Sache;
   Er hat mich jüngst belohnt, und goldne Achtung
   Hab' ich von Leuten aller Art gekauft,
   Die will getragen sein im neuesten Glanz,
   Und nicht so plötzlich weggeworfen.
LADY MACBETH. War
   Die Hoffnung trunken, worin du dich hülltest?
   Schlief sie seitdem, und ist sie nun erwacht,
   So bleich und krank das anzuschaun, was sie
   So fröhlich tat? – Von jetzt an denk' ich
   Von deiner Liebe so. Bist du zu feige,
   Derselbe Mann zu sein in Tat und Mut,
   Der du in Wünschen bist? Möchtst du erlangen,
   Was du den Schmuck des Lebens schätzen musst,
   Und Memme sein in deiner eignen Schätzung?
   Muss dir »Ich fürchte« folgen dem »Ich möchte«,
   Der armen Katz' im Sprichwort gleich?
MACBETH. Sei ruhig!
   Ich wage alles, was dem Menschen ziemt;
   Wer mehr wagt, der ist keiner.
LADY MACBETH. Welch ein Tier
   Hieß dich von deinem Vorsatz mit mir reden?
   Als du es wagtest, da warst du ein Mann;
   Und mehr sein, als du warst, das machte dich
   Nur umso mehr zum Mann. Nicht Zeit, nicht Ort
   Traf damals zu, du wolltest beide machen:
   Sie machen selbst sich, und ihr hurt'ger Dienst
   Macht dich zu nichts. Ich hab' gesäugt, und weiß,
   Wie süß, das Kind zu lieben, das ich tränke;
   Ich hätt', indem es mir entgegenlächelte,
   Die Brust gerissen aus den weichen Kiefern,
   Und ihm den Kopf geschmettert an die Wand,
   Hätt' ich's geschworen, wie du dieses schwurst.
MACBETH. Wenn's nun misslänge, –
LADY MACBETH. Uns misslingen! –
   Schraub deinen Mut nur bis zum Punkt des Halts,
   Und es misslingt uns nicht. Wenn Duncan schläft,
   Wozu so mehr des Tages starke Reise
   Ihn einlädt – seine beiden Kämmerlinge
   Will ich mit würz'gem Weine so betäuben,
   Dass des Gehirnes Wächter, das Gedächtnis,
   Ein Dunst sein wird, und der Vernunft Behältnis
   Ein Dampfhelm nur: – wenn nun im vieh'schen Schlaf
   Ertränkt ihr Dasein liegt, so wie im Tode,
   Was können du und ich dann nicht vollbringen
   Am unbewachten Duncan? was nicht schieben
   Auf die berauschten Diener, die die Schuld
   Des großen Mordes trifft?
MACBETH. Gebär mir Söhne nur!
   Aus deinem unbezwungenen Stoffe können
   Nur Männer sprossen. Wird man es nicht glauben,
   Wenn wir mit Blut die zwei Schlaftrunknen färben,
   Die Kämmerling', und ihre Dolche brauchen,
   Dass sie's getan?
LADY MACBETH. Wer darf was andres glauben,
   Wenn unsres Grames lauter Schrei ertönt
   Bei seinem Tode?
MACBETH. Ich bin fest; gespannt
   Zu dieser Schreckenstat ist jeder Nerv.
   Komm, täuschen wir mit heiterm Blick die Stunde:
   Birg, falscher Schein, des falschen Herzens Kunde!
*Sie gehn ab.*

*1609*

# DREISSIG SIEDLER AUS AMERIKA
## Hunger kann stärker sein als jedes Tabu

*Ein unschönes Thema, aber in einem Buch wie diesem unabdingbar: der Verzehr von Artgenossen. In fast allen Gesellschaften ist der Kannibalismus ein Tabu. Nicht zuletzt deshalb gibt es nur wenige Berichte, in denen zugegeben wird, dass er vorkam. Kein Wunder, dass die verbrieften Fälle traurige Berühmtheit erlangten, seien es nun die belagerten Kreuzritter von Maarat an-Numan, die auf einem Floß auf dem Ozean treibende Besatzung der gesunkenen Fregatte Medusa oder die gescheiterte Expedition von Sir John Franklin auf der Suche nach der Nordwestpassage. So stark tabuisiert ist das Thema, dass man die schriftlichen Berichte über Kannibalismus bei den ersten amerikanischen Siedlern in Jamestown anzweifelte – bis im Frühjahr 2013 Knochenfunde mit Schnittspuren eindeutig belegten: Die Berichte sind wahr.*

*Die Kolonisierung Amerikas wurde von der Virginia Company vorangetrieben, mitgegründet von dem Unternehmer Thomas Smythe (in anderer Schreibweise: Smith), einem reichen und höchst einflussreichen Mann: vormals Sheriff von London, vom König geadelt, erster Gouverneur der East India Company, englischer Gesandter beim russischen Zaren und auch an der Suche nach der Nordwestpassage beteiligt. Smythe fungierte als Schatzmeister der Company und bestimmte über deren Geschicke. Die ersten 105 Siedler wurden im Mai 1607 an den Ufern des Hudson River abgesetzt – im Januar 1608 waren noch 38 von ihnen übrig. Neue Schiffe brachten neue Siedler, ein neuer Anführer brachte militärische Disziplin und Überlebenskünste nach Jamestown. Doch der schreckliche Hungerwinter von 1610 reduzierte die inzwischen auf 500 Menschen angewachsene Gruppe drastisch – im Mai waren gerade noch einmal 100 übrig. Smythes Regiment war alles andere als unumstritten. In The Tragical Relation of the Virginia Assembly, einem erschütternden Bericht über die kläglichen Anfänge einer später großen Nation, versuchen 30 Siedler vom fernen Amerika aus, die Herrschaft des reichen und mächtigen Smythe loszuwerden und diesen beim englischen König in Misskredit zu bringen. Dafür gestehen sie selbst, was sonst wahrscheinlich verschwiegen geblieben wäre.*

WEIL WIR ES für eine Sünde gegen Gott und unsere eigenen Entbehrungen halten, dass in der Welt unwahre Berichte kursieren und Sünde als Tugend dargestellt wird, halten wir, die wir meistenteils Augenzeugen und Miterleider der unten geschilderten Ereignisse waren, es im Namen der ganzen Kolonie von Virginia für unsere Pflicht, die Lobreden, die in den vorgehenden Berichten dargebracht wurden, richtigzustellen.

Wir betonen, dass die Kolonie den Großteil jener zwölf Jahre der Regentschaft von Sir Thomas Smith unter großem Mangel und unter grausamen, im Druck kodifizierten Gesetzen gelitten hat, die im Widerspruch zu den großherzigen Erlassen des Königs standen und gnadenlos ausgeübt wurden, oft ohne Gerichtsverfahren oder Urteil. Damals bekam jeder nur acht Unzen Mehl und ein halbes Pint Erbsen pro Tag zugeteilt, allesamt verdorben und schimmlig, voller Spinnweben und Maden, nicht für Mensch noch Tier genießbar, was viele dazu antrieb, lieber zu den Wilden zu fliehen. Wenn sie wieder eingefangen wurden, brachte man sie auf verschiedene Weise ums Leben, durch Hängen, Erschießen oder man flocht sie aufs Rad. Andere waren durch die Auszehrung gezwungen zu stehlen, einer wurde für den Diebstahl von zwei oder drei Pint Weizenmehl dadurch bestraft, dass man ihm einen Bolzen durch die Zunge trieb und ihn an einem Baum ankettete, bis er verhungert war. Wer krankheitshalber nicht arbeiten konnte, bekam gar nichts und musste an Auszehrung sterben. Nicht wenige wurden durch diese Qualen dahin getrieben, Löcher in die Erde zu graben und sich hineinzulegen, bis sie gestorben waren.

Doch können wir unsere hiesigen Anführer nicht für diesen Mangel verantwortlich machen, denn der Nachschub sollte aus England kommen, und hätten sie uns größere Portionen zugesprochen, hätten alle untergehen müssen; wir hatten so entsetzlich wenig zu essen, dass wir uns gezwungen sahen, Hunde, Katzen, Ratten, Schlangen, jede Art von Pilzen, Pferdehäute und wer weiß was sonst noch zu essen. Einer war vom Hunger so zerrüttet, dass er seine Frau umbrachte, einsalzte und verspeiste – er wurde dafür verbrannt. Viele ernährten sich von den Körpern der Toten, und einer gewöhnte sich so sehr an diese Speise, dass er unersättlich danach wurde und man ihn nicht mehr davon abbringen konnte und exekutieren musste. Unser Zustand war so fürchterlich, dass es für einige die glücklichste Vorstellung war, die Indianer brächten ein Pferd um, und während es im Kessel kochte, säße noch Sir Thomas Smith auf dessen Rücken und kochte mit.

Wenn nun behauptet wird, dass damals nur wenige der Untertanen ihrer Majestät überlebten, und nur solche des niedrigsten Ranges, antworten wir darauf, dass auf einen, der heutzutage stirbt, damals fünf kamen, viele aus altehrwürdigen Familien und Erben von Gütern, die über 1000 Pfund pro Jahr wert waren, einige mehr, andere weniger, auch sie starben Hungers. Die, die überlebten und sowohl ihre Existenz als auch ihre Güter aufs Spiel gesetzt hatten, wurden gezwungen, der Kolonie zu dienen, als seien sie Sklaven, sieben oder acht Jahre lang, und sie hatten so hart und gehorsam zu arbeiten wie die niedrigsten Kerle, die man frisch aus dem Newgate-gefängnis anbrachte.

Auch wurde in diesen zwölf Jahren so gut wie nichts in der Umgegend erforscht, in den letzten vier oder fünf Jahren geschah viel mehr.

Die Häuser und Kirchen waren der Zeitumstände wegen so schlecht und elend, dass sie nicht länger als ein oder zwei Jahre hielten; statt zu arbeiten, statt sie instandzuhalten waren alle in ihrer Bitternis nur damit beschäftigt, Sir Thomas Smith zu verfluchen, auch konnte man in diesen Häusern nicht auf einen Segen Gottes hoffen, da so viel Blut unschuldiger Christen daran klebte.

Die wenigen Ortschaften damals, James City, Henrycoe, Charles hundred, West und Shirley hundred und Kicoughtan, verfielen allesamt, von zehn oder zwölf Häusern in James City abgesehen. Jetzt gibt es auf eins von damals vier, und vierzigmal besser gebaut. Gegen ausländische Feinde gab es damals keine Befestigungen, und die wenigen gegen die inländischen waren in elendem Zustand. Es gab nur eine Brücke damals, und auch diese verfiel. Wenn damals die meisten all diese Entbehrungen überstanden hätten, wären am Ende von Sir Thomas Smiths Amtszeit sicherlich mehr als 1000 Siedler im Land gewesen. Aber wir müssen feststellen, dass bei der Ankunft von Sir George Yardly keine 400 da waren, und die hatten keinen Mais, so gut wie kein Vieh, Schweine, Geflügel oder etwas anderes, das sie hätte ernähren können.

Es gab zwar Abgesandte, die die Siedler anleiten sollten (ihre Ausbildung und Fähigkeiten wollen wir hier nicht beurteilen), aber mehrere von ihnen hatten keinerlei Instruktionen.

Dass wir Waffen, Schießpulver und Munition im Überfluss gehabt hätten, ist uns unbekannt, nicht aber, dass deren Qualität mehr oder minder unbrauchbar war. Wir machten alle möglichen Versuche, uns mit Grundnahrungsmitteln zu versorgen, die die Kolonie damals noch nicht selbst produzieren konnte, und wir hofften, dass mit der Zeit hierin Fortschritte erzielt werden könnten, und wäre nicht der Hungerwinter gekommen, wären wir damit vielleicht auch schon viel besser vorangekommen.

Was Boote angeht: Während dieser Zeit gab es nur eines, das brauchbar war; heute haben wir 40, die wenigen Barken und Kähne, die damals mehr schlecht als recht gebaut wurden, zerfielen ebenfalls.

Wir haben zu keinem Zeitpunkt beobachten können, dass die Wilden sich freiwillig zu Untertanen Seiner Majestät des Königs erklärt hätten, oder stolz darauf gewesen wäre, es sein zu dürfen, noch dass sie zu irgendeiner Zeit Kontributionen zum Unterhalt der Kolonie geleistet hätten, noch waren wir mit ihnen zu irgend einem Zeitpunkt auf so gutem Fuße, dass wir uns gegenseitig nützlich gewesen wären, im Gegenteil: Was zustande kam, kam aus Furcht zustande und nicht wegen der Liebe, und wenn wir Mais bekamen, dann nur durch Handel oder mit dem Schwert.

Wie es um die Kolonie am Ende jener zwölf Jahre stand, geht klar aus dem zuvor Gesagten hervor.

Und es wäre uns viel lieber, der König schickte Gesandte seiner Wahl, um uns zu regieren, auch mit dem Recht, uns zu hängen, als einer, der dem vorigen ähnlich ist. ...

Wir versichern nochmals, dass alles Gesagte wahr und richtig ist, und dass wir alles oder zumindest das meiste mit eigenen Augen gesehen oder als Siedler des Landes selbst erlebt haben.

| *Francis Wyatt* | *Jabez Whittaker* | *John Southerne* |
| *George Sandis* | *John Willcox* | *Samuel Sharpe* |
| *John Pott* | *Nicolas Marten* | *Henry Watkins* |
| *John Powntis* | *Edward Blany* | *Nathanael Causey* |
| *Roger Smith* | *Isack Madisone* | *Richard Bigge* |
| *Raphe Hamor* | *Clement Dilke* | *Richard Kingswell* |
| *Wm. Tucker* | *Luke Boyse* | *John Pollington* |
| *Wm. Peerce* | *John Utie* | *Robert Adams* |
| *Rawley Croshaw* | *John Chew* | *Gabriell Holland* |
| *Samuel Mathews* | *Richard Stephens* | *Thomas Marlott* |

## 1621

# ROBERT BURTON
## Elend der Schriftgelehrten und Geistesarbeiter

*Es ist keine heurige Weise, die kulturkritische Klage, die eh und je – wie soll man sagen? – nicht zuletzt sich selbst galt. Unser großer Stammvater, falls wir solche seines Formats verdienten, schließt sich selbst ein, sagt »wir« und lässt herzlich wenig Gutes an uns. Ob bestallte Akademiker, ob brotlose Intellektuelle oder nur beredte Freizeitstänker: Nach allem trauen wir uns noch zu fragen, wie es um uns steht? Das Hamburger Wochenblatt »Die Zeit« druckte zum Beispiel den unentbehrlichen Essay von 1621 vor 25 Jahren ab und hätte an jenem Tag – wir werden uns davon gleich überzeugen – nicht aktueller sein können. Heute oder im nächsten Jahr wäre der Effekt mit Sicherheit derselbe. Deutschland macht da keine Ausnahme.*

*Robert Burton (\* 1577, † 1640) griff mit dem Stoff auf eigene Erfahrungen zurück: Über zwanzig Jahre hatte er als Gelehrter am Christ Church College Oxford unbedeutende Dramen verfasst und sich in ebensolcher Lyrik geübt, ehe er dem unsterblichen Verdruss einen Welterfolg entlockte, der in den vierhundert Jahren seitdem weder an Wortgewalt überboten wurde noch an Triftigkeit verloren hat.*

VIELE MENSCHEN WERDEN DADURCH KRANK, dass sie nächtelang über ihren Büchern sitzen, und die Gelehrten und diejenigen, die den schärfsten Verstand haben, sind am anfälligsten. Marsilio Ficino rechnet die Melancholie zu den fünf Hauptleiden der Wissenschaftler. Sie ist die Geißel der Gelehrten und bis zu einem gewissen Grad ihr unzertrennlicher Begleiter ...

Es gibt zwei Hauptgründe, weshalb Gelehrte dieser Krankheit öfter zum Opfer fallen als andere Menschen. Der eine besteht darin, dass sie eine einsame Existenz führen, nur sich selbst und den Musen leben, sich keinen körperlichen Anstrengungen aussetzen und sich auch den üblichen Lustbarkeiten verschließen. Wenn dann noch Missmut und Müßiggang hinzutreten, was nur allzu häufig der Fall ist, dann werden sie plötzlich in diesen Abgrund geschleudert. Aber das grundlegende Problem ist ihr ruinöser Wissensdurst ...

Den zweiten Grund für die Melancholieanfälligkeit liefert die Kontemplation, die das Hirn ausdörrt und die natürliche Wärme raubt, denn während die Lebensgeister oben im Kopf aktiv sind, werden Magen und Leber unterversorgt, und also entsteht schwarzes und verdicktes Blut, weil die Verdauung gestört ist und die überschüssigen Dämpfe aufgrund des Bewegungsmangels nicht ausdünsten können. Gomesius wiederholt diese Argumentation ebenso wie Nymannus; beide fügen aber hinzu, dass harte Kopfarbeit gemeinhin mit Gicht, Katarrhen, Rheuma, körperlicher Erschöpfung und Erschlaffung, Sehschwäche, Steinleiden, Koliken, Verdauungsstörungen, Verstopfung, Schwindel, Blähungen, Auszehrung und all den anderen Gebrechen einhergeht, die aus der sitzenden Lebensweise resultieren. Solche Menschen sind meistenteils mager, trocken, von ungesunder Gesichtsfarbe; sie vergeuden ihr Vermögen, verlieren den Verstand und oft auch noch ihr Leben durch ihre maßlose und außerordentliche Wissbegier ...

Die bloße Vorstellung solcher Heimsuchungen reichte aus, um die Betroffenen melancholisch werden zu lassen, und dabei ist die Liste ganz unvollständig. Die meisten anderen Berufe ernähren nach den üblichen sieben Jahren Lehrzeit ihren Mann. Ein Kaufmann riskiert sein Vermögen auf See, und obwohl das Wagnis groß ist, bringt die Reise doch schon Profit, wenn nur eins von vier Schiffen heil zurückkommt. In der Landwirtschaft ist der Gewinn fast sicher, nicht einmal Jupiter, so Catos etwas schönfärberische Aussage, kann den Landmännern schaden. Nur die Gelehrten sind, wie mir scheint, ganz dem Zufall ausgeliefert und der allgemeinen Verachtung. Und das, obwohl sich nur einer von vielen zum Wissenschaftler entwickelt und keineswegs alle aufnahme- und lernfähig genug oder aus dem richtigen Holz sind. Neue Bürgermeister und Amtsträger kann man jedes Jahr haben, aber bedeutende Gelehrte fallen nicht so einfach vom Himmel. Könige können nach Belieben zum Ritter schlagen und Barone ernennen, und Universitäten Diplome in Hülle und Fülle verleihen, wahre Gelehrsamkeit ist auf diese Weise nicht machbar, und echte Philosophen, Künstler, Rhetoren und Dichter sind es ebenso wenig. Wir können, wie Seneca richtig bemerkt, ohne Schwierigkeiten einen reichen, guten oder anständigen, einen prächtig gekleideten und gepflegten

Menschen identifizieren, aber der wahre Gelehrte ist viel schwieriger ausfindig zu machen. Denn Wissen, das diesen Namen verdient, ist nicht im Handumdrehen zu erwerben. Wenige vermögen es sich zu eigen zu machen, auch wenn sie bereit sind, die Mühen auf sich zu nehmen, richtig unterwiesen werden und von ihren Gönnern und Eltern großzügige Unterstützung erfahren.

Aber auch denjenigen, denen das Lernen leichtfällt, fehlt es nicht selten an der entsprechenden Willensstärke; sie begreifen wohl, wollen sich aber nicht anstrengen. Andere geraten in schlechte Gesellschaft, werden von Wein und Weib zugrunde gerichtet und vertun ihre Zeit zum Kummer ihrer Freunde und zum eigenen Verderben. Die wenigen, die lerneifrig, fleißig, geistig reif und talentiert zugleich sind, bekommen es dann noch mit vielfältigen körperlichen und geistigen Leiden zu tun. Keine andere Plackerei kann es in dieser Beziehung mit dem Studium der Wissenschaften aufnehmen. Bei manchen ist schon die Konstitution den Anforderungen nicht gewachsen, und der nach Wissen und Auszeichnung Strebende bezahlt mit Gesundheit, Vermögen, Geist und Leben. Gesetzt den Fall nun, jemand entgeht all diesen Fallgruben, besitzt eine eiserne Gesundheit, zieht Gewinn aus seinen Studien, die er mit bestem Erfolg absolviert, reift zum Meister seines Fachs heran und ist nach all den Anwendungen und Ausgaben bestens für ein höheres Amt qualifiziert – wo, um alles in der Welt, soll er es finden? Er ist nach zwanzig Studienjahren noch ebenso weit davon entfernt wie am Tag seiner Immatrikulation. Denn wie soll er die erworbenen Fähigkeiten nutzen, um seinen Lebensunterhalt zu sichern? Der einfachste und leichteste Weg, der sich anbietet, ist der Unterricht in einer Schule oder die Tätigkeit als Hilfsgeistlicher oder Seelsorger; dafür aber bekommt man den Lohn eines Falkners, nämlich zehn Pfund im Jahr bei freier Verpflegung, oder ein kärgliches Gehalt, aber auch das nur, solange es dem Patronatsherrn oder der Gemeinde gefällt. Da solche Leute aber wetterwendisch sind, heute Hosianna! und morgen Kreuziget ihn! rufen und ihnen nach ein oder zwei Jahren ein Gesicht nicht mehr gefällt, muss sich der Betreffende wie ein Tagelöhner fortschicken lassen und sich eine neue Anstellung suchen. Wozu also dann die ganze Mühe? ...

Das Schicksal beschert den meisten Gelehrten Armut und Abhängigkeit, das ist wahr, und sie sind, wie Cardano, Xylander und mancher andere, gezwungen, jämmerlich Klage zu führen und ihren herablassenden Gönnern ihre Not immer wieder vor Augen zu führen. In der Hoffnung auf eine Zuwendung wird in den Vorreden und Widmungen schamlos gelogen und geschmeichelt, und ein analphabetischer und würdeloser Idiot sieht sich wegen seiner angeblich höchsten Tugenden über den grünen Klee gelobt, wo die Literatur ihn doch eigentlich, wie Machiavelli bedeutet, wegen seiner notorischen Niedertracht und Lasterhaftigkeit an den Pranger stellen sollte.

So prostituieren sie sich wie Fiedelspieler und gewinnsüchtige Kaufleute, um den Großen für einen geringen Lohn zu Diensten zu sein. Sie sind wie die Indianer, die Gold in Hülle und Fülle besitzen, aber seinen Wert nicht kennen. Denn ich bin mit Synesius der Meinung, dass König Hieron von seiner Bekanntschaft mit Simonides mehr profitierte als umgekehrt. Die Herrschenden verdanken ihre Erziehung, Ausbildung und alleinige Qualifikation uns Männern des Geistes, und wenn sie gut regieren, noch dazu ihre Ehre und Unsterblichkeit. Wir sind ihr lebendes Grabmal, ihre Annalen und die Trompeter ihres Ruhms. Was wäre Achill ohne Homer, Alexander ohne Arrian und Curtius? Wer hätte den Namen Caesars gekannt, wären nicht Sueton und Dion gewesen? ...

Sie sind den Intellektuellen zu größerem Dank verpflichtet als umgekehrt; aber der Geist unterschätzt sich und wird deshalb von der Macht geknechtet. ...

Unsere Durchschnittsstudenten wissen nur zu genau, dass sich poetische, mathematische und philosophische Studien nicht auszahlen, dass man damit kein Ansehen erwerben und sich kaum einen Mäzen sichern kann. Deshalb werfen sie sich eiligst auf jene drei einträglichen Disziplinen Jura, Medizin und Theologie, zwischen denen sie ihre Zeit aufteilen, während sie von den anderen Künsten wie Geschichte, Philosophie und Philologie gar keine Notiz nehmen und sie als Spielereien betrachten, die allenfalls bei Tisch für Gesprächsstoff sorgen. Sonst bringen sie wenig praktischen Nutzen. Wer sein Geld zählen kann, hat genug Arithmetik gelernt, der wahre Geometer steckt seine Karriere ab, der vollkommene Astrologe ist der, der Aufstieg und Untergang seiner Zeitgenossen vorherzusagen weiß und ihre Bewegungen zu seinem eigenen Nutzen durchkalkuliert. Der beste Optiker bündelt die Strahlen der Gunst und Huld eines Mächtigen und lenkt sie auf sich. Und der erweist sich als guter Konstrukteur, der Mittel und Wege des eigenen Fortkommens zu ersinnen weiß.

Wie Chromerus vor Kurzem im ersten Band seines Geschichtswerks feststellte, war das auch die übliche Praxis in Polen. Hier hatten die Universitäten gemeinhin ein niedriges Niveau und brachten keine bedeutenden Philosophen, Mathematiker und Altertumsforscher hervor, weil in diesem Bereich keine Stipendien vergeben oder Preise verliehen wurden. Jeder

In der Spinnerei.
*Zunhua, Provinz Hebei.*
*China, 10. Oktober 1987.*

widmete sich vielmehr der Theologie, um sich eine gute Pfarrstelle zu sichern. Auch bei einigen unserer nächsten Nachbarn war das akademischer Brauch, wogegen Lipsius mit den Worten zu Felde zieht: Sie treiben ihre Kinder in die Theologie und Jurisprudenz, bevor sie wissen, was sie dort erwartet, und sie überhaupt studierfähig sind. Die Gewinnsucht verdunkelt die Wissenschaft, und ein Haufen Gold kommt ihnen schöner vor als alles das, was die griechischen und lateinischen Wirrköpfe zu Papier gebracht haben. Solche Materialisten stehen dann am Ruder des Staatsschiffes und durchsetzen und beherrschen den Kronrat. O Herr! O Vaterland! So klagt er und mit ihm viele andere. Und trotzdem zielen wir alle darauf ab, im Dienst eines großen Herrn zu stehen, am Hof eines Bischofs ein Amt zu bekleiden, in einer größeren Stadt eine lukrative Praxis zu betreiben oder eine Pfründe zu erhalten, denn das bringt viele Vorteile und ist der Königsweg zum Erfolg.

Gleichwohl müssen die Mitglieder dieser Berufsstände, wenn ich es richtig sehe, ebenso viel Fehl- und Rückschläge hinnehmen wie alle anderen, und ihre Hoffnungen werden nicht weniger häufig enttäuscht. Nehmen wir etwa einen promovierten Juristen und hervorragenden Zivilrechtler. Wo soll er praktizieren und plädieren? ...

Was die Ärzte angeht, so gibt es in jedem Kaff Scharlatane, Quacksalber und Paracelsusjünger, wie sie sich nennen, Totkurierer, wie Clenard sagt, und Blender zuhauf. Und ein solches Aufgebot von Zauberern, Alchimisten, armen Vikaren, gescheiterten Apothekern, Arztgehilfen, Barbieren und Hebammen rühmt sich seiner großen Künste, dass ich nicht weiß, wie sie alle damit ihren Lebensunterhalt verdienen und woher sie ihre Patienten nehmen wollen. Außerdem gibt es nicht nur ein Überangebot, sondern in beiden Lagern derartige Harpyien, geldgierige Schreihälse und unverschämte Querulanten, dass das Zusammenleben zum Problem werden muss. Wie ein Komödienschreiber scherzhaft formulierte, sind sie so zahlreich und zum großen Teil so ausgehungert, dass sie bereit wären, ihre Mitmenschen zu verschlingen. Eine ehrliche Haut weiß sich keinen Rat, wie sie sich in dieser Masse der Winkeladvokaten und Quacksalber aufführen und benehmen, wie sie unter diesem abscheulichen Gesindel ihren Anstand wahren soll, und schämt sich jener Gelehrsamkeit, die sie mit solchen Kosten und Mühen erworben hat.

Endlich komme ich zu unseren Theologen, die den edelsten Beruf gewählt haben und also doppelte Ehre verdienen, sich aber in Wahrheit der größten Not und dem bittersten Elend von allen ausgesetzt sehen ... Ohne Geld gibt es hier nichts zu hoffen, ist nichts Gutes ins Werk zu setzen.

Der Gelehrte wird überhäuft – mit guten Wünschen und Worten. Ein fähiger Mensch, wie schade, dass ihm kein Amt zuteilwird – so tönt es aus dem Mund der Einflussreichen, die ihn fördern könnten, aber sich als hart und unerbittlich erweisen und keine Hand rühren, weil er mittellos ist. Wenn sie ihm aber doch eine Anstellung geben, muss er ungeachtet seiner Qualifikationen, seiner Loyalität und hohen Eignung sieben Jahre lang dienen wie Jakob um Rahel, bevor er seine Pfründe bekommt. Ein kürzerer Weg führt allein durch die Pforte der Simonie, an der man heftig zur Kasse gebeten wird und für den Fall der Vertragsverletzung Pfänder hinterlegen muss; sonst wird gar nicht erst verhandelt. Aus den Reihen der mittellosen Gelehrten und hergelaufenen Pfaffen haben nur solche Hauskapläne eine Chance, die mit den Brosamen unter dem Tisch und der Hälfte oder einem Drittel der regulären Dotierung zufrieden sind. Wenn sie nicht aufmucken und auch noch so predigen, wie ihr Herr es gerne hört, sind sie willkommen und unter Tausenden der einzig Richtige. Denn das Beste ist immer das Billigste, und – wie der Herr so 's Gescherr – die Pfarrstelle ist gut besetzt, und alle Parteien sind es zufrieden.

Worüber sich weiland Chrysostomos beklagte, das ist auch in der Gegenwart immer noch aktuell: Die Reichen halten sich diese Prediger und Speichellecker wie Hunde, werfen ihnen von ihrer Tafel ein paar Bissen zu, misshandeln sie nach Gutdünken und lassen sich nach dem Munde reden. Wie Kinder einen Schmetterling oder Vogel an einem Faden mal aufsteigen lassen, mal zu sich herunterziehen, so mutwillig behandeln sie auch ihre Hauskapläne, die nach ihrer Pfeife tanzen und denken, auf- und niederfahren müssen. Wenn der Herr Puritaner ist, muss es auch sein Geistlicher sein, hat er papistische Neigungen, will er sich nicht weniger wiedererkennen, sonst wird die Entlassung ausgesprochen. So kommen immer nur Angepasste und Opportunisten zu einer Anstellung und zu Pfründen, während wir Theologen an der Universität wie abgemagerte Kälber auf der Weide unsere Zeit vertrödeln, wie Gartenblumen, die niemand pflückt, dahinwelken und vergeblich darauf harren, dass man von unseren Gaben den rechten Gebrauch macht. Zu viele Kerzen nehmen sich gegenseitig den Schein und leuchten nur noch sich selbst; nicht anders ergeht es manch einem von uns, der im Lichtermeer der Hochschule gar nicht wahrgenommen wird, aber isoliert in einem dunklen Raum oder einer Landpfarre einen schönen und weithin sichtbaren Glanz verströmen würde. Während wir hier wie die Kranken am Teich von Bethesda darauf warten, dass ein Engel das Wasser bewegt, drängen sich die anderen vor und betrügen uns um unser Fortkommen. Aber ich bin noch nicht fertig.

Wenn wir nämlich nach geduldigem Ausharren, großen Aufwendungen und äußerster Anstrengung, nach flehentlichen Bitten und der Fürsprache unserer Freunde endlich eine kleine Pfründe zugesprochen bekommen, beginnt unser Elend nur wieder von vorn. Denn plötzlich unternehmen das Fleisch, die Welt und der Teufel einen neuen Angriff auf unser Seelenheil. Das ruhige Gelehrtenleben tauschen wir ein gegen ein Meer von Sorgen. Wir ziehen in ein verwahrlostes Haus, das wir erst mit horrenden Kosten bewohnbar machen müssen. Also müssen wir notgedrungen wegen Baufälligkeit auf Schadensersatz klagen oder später unsererseits mit der Anschuldigung rechnen, wir hätten alles verkommen lassen. Kaum haben wir uns eingerichtet, sollen wir für die Zahlungsrückstände unseres Amtsvorgängers aufkommen. Erstlinge, der Zehnte, Subsidien, Zwangsanleihen und Visitationsgebühren, alles soll auf der Stelle bezahlt werden. Und schlimmstenfalls ist auch noch der eigene Rechtstitel anfechtbar, wie es Clenard von Brabant bei seinem Kirchenspiel erleben musste. Kaum war er nämlich eingeführt, sah er sich schon in einen langwierigen Prozess verwickelt. Er dauerte zehn Jahre wie die Belagerung Trojas, verschlang sein Geld und erschöpfte ihn derart, dass er schon aufgeben und seine Pfründe seinem Widersacher überlassen wollte, nur um endlich Ruhe zu haben.

Oder es malträtieren uns herrschsüchtige Verwalter, die uns mit Füßen treten, und gierige Harpyien ziehen uns das Fell über die Ohren, um ihre Einkünfte zu erhöhen. Wir fürchten uns ständig vor irgendwelchen Stichtagen und fallen unter verstockte und aufrührerische Sektierer, verdrießliche Puritaner, abartige Papisten, eine geile Rotte gottloser Epikureer, die von Umkehr nichts wissen wollen, oder unter ein streitsüchtiges Völkchen (mit den wilden Tieren zu Ephesos muss gefochten werden), das auch die regulären Abgaben nie ohne Murren bezahlt und auf dem endlosen Rechtsweg dazu gezwungen werden muss.

Dass die Laien den Klerus hassen, ist eine alte Regel, und alle halten das für wohlerworben, was sie der Kirche wegnehmen können. Durch ein derart grobes Gebaren werden die Geistlichen ihrer Pfarre, wenn nicht ihres Lebens überdrüssig. Gesetzt den Fall, es handelt sich um ruhige und anständige Menschen, die, wie so häufig, das Beste aus ihrer Situation zu machen suchen, so müssen diese ehemals so kultivierten und geschliffenen Akademiker doch unter solchen Umständen notwendig verbauern und verrohen, allein Trübsal blasen und Vergessen lernen. Die andere Möglichkeit, die viele wählen, besteht darin, Mälzer, Viehzüchter oder Krämer zu werden (ausgeschlossen von der Akademie und allem Verkehr mit den Musen und wie Ovid in ein Nest auf dem Lande verbannt) und tagtäglich Umgang mit einer Schar von Idioten und Bauerntrotteln zu pflegen. Aber auch wir selbst sind keine Unschuldslämmer, müssen uns ganz ähnliche Vorwürfe gefallen lassen und sitzen möglicherweise noch weiter vorn auf der Anklagebank. Denn durch unsere Schuld, unsere Laxheit und Gier hat die schändliche Schacherei in der Kirche – der Tempel steht zum Kauf und auch sein Gott – so überhandgenommen, dass Korruption, Frevel und Ruchlosigkeit in diesem verrückten Durcheinander des Elends und unheiligen Gebrodel an der Tagesordnung sind. Ich wiederhole, es ist unsere Schuld und insbesondere die derjenigen, die an der Universität lehren. Wir sind die letzte Ursache aller Übel, an denen der Staat laboriert. Wir haben ihnen selbst den Weg gebahnt und verdienen jeden Vorwurf, jede Strafe, weil wir nicht alles in unserer Macht Liegende getan haben, um das Verhängnis aufzuhalten.

Steht denn etwas anderes als die heutigen Zustände zu erwarten, wenn wir täglich untereinander darum wetteifern, jedem mittellosen Studiosus aus der Gosse zu einem akademischen Titel zu verhelfen? Dazu braucht er nur ein oder zwei Definitionen und Unterscheidungen auswendig zu lernen und die vorgeschriebene Zahl von Jahren an Disputationen teilzunehmen. Nach den Fortschritten fragt niemand, nach dem Charakter der Kandidaten auch nicht, und selbst Idioten, Verschwender, Müßiggänger, Spieler und Zechbrüder, verworfene, wertlose und rettungslos verkommene Kreaturen finden, wenn sie nur soundso lange eingeschrieben waren, einen Dozenten, der sie aus Gefälligkeit oder gegen gute Bezahlung prüft und, was noch schlimmer ist, ihnen die vollmundigsten Empfehlungsschreiben ausstellt. Solche Gefälligkeitsgutachten über Charakter und Bildungsgrad verschaffen sie sich beim Verlassen der Universitäten von Lehrenden, die damit ihren guten Ruf aufs Spiel setzen.

Aber die Dozenten und Professoren, und insbesondere die außerplanmäßigen Fachvertreter, denken nur an ihren eigenen Vorteil und daran, wie sie sich auf Kosten des Staates bereichern können. Unsere auf ein Jahr gewählten Rektoren hoffen in der Regel auf eine möglichst große Zahl von zahlungskräftigen Studienanfängern, die man zur Kasse bitten kann, und fragen nicht nach ihrer Vorbildung. Hauptsache ein gepflegtes Äußeres und manierliches Aussehen oder, mit anderen Worten, eine betuchte Klientel. Unwissenden, die sich im Stand philosophischer Unschuld befinden, wird der Grad eines Magister Artium verliehen, und ohne ein Fünkchen Weisheit bekommt man einen akademischen Titel, wobei der Wunsch danach offenbar als Qualifikation ausreicht.

Wenn sie nur zahlungsfähig sind, bescheinigt man theologischen Stümpern ein stupendes Wissen und verleiht ihnen die höchsten Auszeichnungen.

Das ist der Grund, weshalb dieses Pack widerwärtiger Hanswurste, umnachteter Ignoranten, talarbehängter Phantome, herumziehender Quacksalber, Strohköpfe, Tölpel, Rindviecher und Esel seine ungewaschenen Füße in die heiligen Hallen der Theologie setzen kann, wobei sie nichts mitbringen außer schamloser Frechheit, einigen ausgelaugten Spitzfindigkeiten und scholastischen Lappalien, mit denen man nicht einmal mehr den Pöbel an der Straßenecke unterhalten kann. Das ist der gemeine und ausgehungerte Stand jener elenden Vagabunden und Bauchvergötzer, die das Theologiestudium auf den Hund gebracht haben, eher für den Schweinestall als für den Altar taugen und allesamt wieder hinter den Pflug gehören ...

Die aber, die am Ruder sitzen, sind nicht nur nicht willens, andere zu fördern, sondern setzen alles daran, sie am Vorwärtskommen zu hindern, weil sie sich der Künste nur zu genau erinnern, denen sie ihren eigenen Erfolg verdanken. Denn der, der meint, ihre Gelehrsamkeit hätte ihnen ihre hohe Stellung eingebracht, ist ein Einfaltspinsel, und der, der dem Glauben anhängt, sie seien wegen ihres Talents, ihrer Bildung, Erfahrung, Tugend, Frömmigkeit und wissenschaftlichen Passion mit der entsprechenden Position belohnt worden, ein völlig Verrückter. Das war früher tatsächlich der Fall, aber heute handelt man sich mit diesen Qualifikationen nur leere Versprechungen ein. Wie und wo dieses Übel in die Welt kam, will ich hier nicht weiter untersuchen; die erwähnten Tatsachen sind jedenfalls der Ursprung jener Kloake der Laster und Übelstände ...

So erklärt sich auch der Niedergang unserer Universitäten, der Trübsinn der Musen, denn jeder nichtswürdige Ignorant kann durch solche unlauteren Methoden aufsteigen, es zu Ansehen und Wohlstand bringen und imposante Titel und Auszeichnungen erwerben. Damit blendet er die Masse, tut vornehm, stolziert pompös und würdevoll daher, widmet sich ganz dem Ich-Kult, pflegt seinen wallenden Bart, trägt eine purpurbesetzte Robe und weiß mit dem Prunk seiner Möbel und der Zahl seiner Bediensteten zusätzlich Aufmerksamkeit zu erregen und Eindruck zu schinden. Wie die Statuen oben auf jenen Säulen, die die Deckenlast eines Tempels tragen, zu schwitzen und beinahe zusammenzubrechen scheinen, obwohl sie unbeseelt sind und zur Stabilität des Gebäudes nichts beitragen, so will auch jeder dieser Menschen für einen Atlas gehalten werden, wenngleich er nur eine jämmerliche Figur, ein verweichlichtes Männchen ist und vielleicht ein Schwachkopf und Tölpel dazu mit versteinerten Hirnwindungen.

Unterdessen zwingt ein hartes Schicksal die wahren Gelehrten, die ein gottgefälliges Leben führen und die Hitze des Tages ertragen, dazu, bei solchen Menschen in Diensten zu stehen, sich mit einem mageren Gehalt zufriedenzugeben und ohne Titel eine bescheidene und zurückgezogene Existenz zu fristen. Trotz höchster Verdienste bleiben sie zeitlebens bedürftig und verkannt und siechen, sei es begraben in einer armen Pfarre oder eingekerkert in ihrem Studierzimmer, ohne öffentliche Anteilnahme dahin. Aber ich will diese trübe Flut nicht länger aufrühren. Jedenfalls macht das alles unsere Tränen verständlich und erklärt, warum die Musen Trauer tragen.

1629 / 1630

# GUSTAV ADOLF II.

## »… dass ich, nachdem ich bisher durch Gottes gnädigen Schutz am Leben geblieben bin, es schließlich doch werde lassen müssen.«

*Auf den Dreißigjährigen Krieg werden wir zurückkommen (vgl. Ferdinand Kürnberger S. 425–430) und dafür 250 Jahre später noch Grund genug finden. In den Jahrzehnten des kontinentalen Mordens (vgl. Nichts als die Welt, S. 117 und 125) beeinflusste der Auftritt eines achtunddreißigjährigen schwedischen Königs den Gang der Geschichte maßgeblich: Mit seinem Eingreifen hat Gustav Adolf II. (\*1594, †1632) den Sieg des kaiserlich-katholischen Lagers der Habsburger verhindert und damit den Fortbestand des deutschen Protestantismus gesichert. Er bezahlte dafür mit dem Leben.*

*Nicht dass er bei seiner lutherischen Kirche in der Pflicht gestanden hätte. Im Gegenteil, von dieser war für sein Martyrium mit Sicherheit keine Dankbarkeit zu erwarten: Von den Eltern an der Heirat mit seiner großen Liebe gehindert, hatte Gustav Adolf einen unehelichen Sohn mit der Ehefrau eines niederländischen Ingenieurs und Offiziers in schwedischen Diensten gezeugt. Die Anerkennung Gustav Gustavsons als leibliches Kind beantwortete der eigene Hofprediger Johannes Rudbeckius mit einer öffentlichen Verurteilung. Der im damaligen Europa beispiellose Vorgang machte deutlich, dass in Schweden, wo Ehebruch mit der Todesstrafe geahndet werden konnte, selbst der König sich nicht über die kirchliche Moral stellen konnte.*

DIE ABSICHT DER KATHOLISCHEN ist allgemein kundig und offenbar. Seit Langem wollen sie nichts anderes als den Untergang der rechtgläubigen Evangelischen. Aber in früheren Zeiten waren die Religionsverfolgungen nur partikular, betrafen nur einzelne Reiche, Länder, Städte und dehnten sich nicht über andere aus. Jetzt aber ist es so weit gekommen, dass die Verfolgung allgemein ist. Und zwar nicht bloß in der Intention: In Deutschland ist alles unterdrückt, in Dänemark viel verloren, in Polen weiß man kaum mehr vom Evangelium zu reden, wenig besser geht es andern Orts. Summa: Unsere Gegner und Feinde grünen, unsere Freunde und alle Gegner des Papsttums schmachten in Not und Elend, der größte Teil von ihnen ist so jämmerlich umgekommen, von seiner Religionsübung, von Haus und Heimat, von Freiheit und Recht verjagt, dass die, welche dem Schwert haben entweichen wollen, dadurch in große Not geraten sind und ihren Freunden zum Spott durch die weite Welt irren und leiden müssen, dass Weib und Kind zu einem anderen Glauben und Gottesdienst gezogen werden in Güte oder mit Gewalt, sodass sie in Sorge und Verzweiflung ihr Leben enden und glücklich die geschätzt werden, die durch das Schwert gefallen sind. Predigt oder schreibt einer gegen das Papsttum, so wird er sofort gefänglich eingezogen, *criminis laesae Majestatis et turbatae rei publicae* angeklagt, mit dem Tode oder ewiger Gefangenschaft bestraft.

Und davor schützt weder Alter noch Stand noch Geschlecht, sodass einem treuen Herzen, das an seinem Gott, seinem Glauben und der Freiheit seines Landes hängt, bei solchem Jammer und Elend der Freunde und Glaubensverwandten Augen und Herz bluten. Nun ist in Europa kein Königreich freier als Schweden. Aber das Unglück naht uns mehr und mehr und wächst von Tag zu Tag. Schon haben die Päpstler an der Ostsee Fuß gefasst, sich auf ihr stark gemacht, haben sich nicht allein Holsteins und Jütlands, sondern auch Rostocks, Wismars, Stettins, Wolgasts, Kolbergs, Greifswalds und aller andern kleineren Häfen in Mecklenburg und Pommern bemächtigt, haben Rügen eingenommen, suchen Stralsund zu erobern, strengen alles an, eine Ostseeflotte zu errichten, um mit ihr den schwedischen Handel und Trafik zu turbieren und, hinüber nach Schweden kommend, hier Fuß zu fassen.

*Am 3. November 1629 sprach sich der Rat einstimmig für die Invasion aus. Das Vermittlungsangebot des Königs Christian von Dänemark scheiterte. Am 19. Mai 1630 hielt Gustav Adolf vor dem Reichstag seine Abschiedsrede. Er führte aus:*

Gott den Allerhöchsten, vor dessen Auge ich hier sitze, nehme ich zum Zeugen, dass ich das nicht aus eigenem Wunsche oder Lust am Kriege tue, sondern dass ich dazu seit manchen Jahren gewaltig gereizt und getrieben worden bin; unseren Gesandten in Lübeck haben die Kaiserlichen alle Schmach angetan, ihr Feldmarschall ist mit einer stattlichen Armee zu unsern Feinden, den Polen, gestoßen und hat uns verhindert, sie entscheidend zu schlagen; unsere hochbedrängten Nachbarn, Verwandten und Schwager haben uns dazu ermahnt, ja, selbst ferne Könige haben uns dringendst zu diesem Kriege zugeredet; vor allem aber müssen unsere unterdrückten Religionsverwandten von dem päpstlichen Joche befreit werden, und das wird, hoffen wir, mit Gottes Hilfe möglich sein. ... Und da es gemeinhin geschieht, dass der Krug so lange zu Wasser geht, bis er schließlich zerbricht, so wird es auch mit mir zuletzt so gehen, dass ich, nachdem ich bei so vielen Gelegenheiten und Gefahren für das Wohl des Reiches Schweden mein Blut habe vergießen müssen, bisher durch Gottes gnädigen Schutz am Leben geblieben bin, es schließlich doch werde lassen müssen. Deshalb will ich vor meiner Abreise alle Untertanen und Stände Schwedens, Euch anwesende und die abwesenden, Gott dem Allerhöchsten an Seele, Leib und Wohlfahrt anbefehlen und wünschen, dass wir einander nach diesem elenden und mühseligen Leben, so Gott will, wiederfinden und treffen mögen in dem himmlischen unvergänglichen Leben und den Freuden, die Gott uns bereitet hat.

# 1640

## PIERRE GASSENDI

# Kann jemals Schmerz vor Lust den Vorzug haben?

*Nach ihm ist ein Krater auf dem Mond benannt, und Auszeichnung verdient er. Herausragendes leistet er, der mit der ganzen Welt korrespondiert, nicht nur als Mathematiker, Astronom und in der experimentellen Naturwissenschaft, sondern auch als Theologe. Als Wissenschaftshistoriker macht er sich um den bleibenden Ruhm des Astronomen Tycho Brahe verdient und rehabilitiert den als Held der Wollust verschrienen Epikur (vgl. S. 41–43). Der Historiker Edward Gibbon (1737–1794) ehrte ihn als »Le meilleur philosophe des littérateurs, et le meilleur littérateur des philosophes« – als den feinsten Philosophen unter den Literaten und den feinsten Literaten unter den Philosophen. Auf Veranlassung von Richelieu ans Collège de France gerufen, hätte er nach heutigen Labels als Pariser Starintellektueller zu gelten – wenn nicht das Label als Schimpfwort so oft ins Schwarze träfe.*

*Nicht ganz dreißig Jahre jünger als Galilei, ist Pierre Gassendi (\* 1592, †1655) Zeitgenosse Descartes'. Der gebürtige Provenzale und Südländer verwahrt sich gegen dessen philosophische Tabula rasa und bietet – wir werden es gleich sehen – das reiche Erbe der Antike auf. Der wegweisende Naturphilosoph Epikur, auf den im vergangenen Jahrhundert Paul Feyerabend mit Nachdruck hingewiesen hat, ist die neuzeitliche Wiederentdeckung Gassendis. Nur an dessen indifferenten, sich nicht ins menschliche Geschick einmischenden Göttern stört er sich, die er durch den biblischen Hochgott ersetzt. Auch hierin Erbe der Alten, der unsterblichen Köpfe Sokrates, Platon, Aristoteles und, nicht zu vergessen, Cicero, profiliert er sich im folgenden Stück als hochmoderner Ethiker. Beiläufig und zu unserem Gewinn macht er uns mit dem Epikuräer Titus Manlius Torquatus bekannt. Den freien Willen, den Gassendi hochhält, untersucht er als den Unterhändler, der zwischen Gegenwart und Zukunft vermittelt, zwischen gegenwärtigen Entscheidungen und den sie motivierenden, in der Zukunft liegenden Zielen. Diese Auffassung des Willens als tätiger Urteilskraft hat es in der gegenwärtigen Psychologie, nicht nur auf dem schwierigen Gebiet der Suchtkrankheiten, zu großer Prominenz gebracht.*

DES WEITEREN müssen wir erläutern, ob manchmal der Schmerz der Lust vorzuziehen ist. Es scheint zwar die Stimme der Natur selbst zu gebieten, immer die Lust vorzuziehen, aber wir wollen Lust, Beschwerlichkeit und Schmerz genau unterscheiden und nach der Lehre Epikurs unsere Schlüsse ziehen. Freilich gibt es niemanden, der behaupten kann, man solle eine solche Lust nicht umarmen, von der Platon sagt, sie sei »rein und ohne jede Beimischung von Beschwerlichkeit«; das heißt, eine Lust, die weder in naher, noch ferner Zukunft, weder in diesem, noch im nächsten Leben Schmerzen zur Folge haben wird. Auf der anderen Seite wird auch jedermann zugestehen, dass man jenen Schmerz stets fliehen soll, der »rein und ohne jede Beimischung von Lust« ist und niemals Lust zur Folge haben wird. Wenn sich uns aber eine Lust darbietet, die einer größeren Lust im Wege steht oder den Schmerz gleich nach sich zieht oder uns zu Recht mit Reue erfüllen würde: so gibt es keinen Grund, warum man sie nicht verschmähen sollte. Ebenso verhält es sich mit dem Schmerz. Wenn er uns vor langen und heftigen Schmerzen bewahrt oder eine Lust nach sich zieht, die uns zu Recht belohnt, dann gibt es keinen Grund, warum man sie nicht auf sich nehmen sollte. Das heißt zugleich, dass wir immer den Umständen entsprechend entscheiden wollen; denn so weit wir sehen können, betrachten die kanonischen Schriften dasjenige als Scheidemarke, was Epikur Schmerz und Lust nennt, und mit ihnen entscheiden wir, was man fliehen und was man umarmen soll. Wir weisen auf jenen ganz epikureischen Satz hin, den uns Eusebius bereits von Aristoteles überliefert hat, dass nämlich »Lust und Schmerz unsere Grundlage und Scheidemarke für die Entscheidung sind, was wir verfolgen oder fliehen sollen.« Und wirklich fährt Aristoteles folgendermaßen fort: »Obwohl wir alle Lust als etwas Gutes achten und jeden Schmerz als etwas Schlechtes, so können wir doch nicht mit Sicherheit davon ausgehen, dass es immer förderlich sein wird, jene zu verfolgen und diesen zu fliehen; denn sie haben in Wirklichkeit nicht nur Quantitäten, sondern auch gleichsam Qualitäten. Offenbar ist es gut, wenn wir einige Schmerzen aushalten, auf die eine große Lust folgt; und ebenso kann es nützlich sein, auf einige Lust zu verzichten, der ein schwerwiegender Schmerz auf dem Fuß folgen würde.« Das wird wohl auch Cicero im Sinn haben, wenn er in Bezug auf Epikur sagt: »Von der Lust lehrt jener auch, dass die Lust selbst, weil sie eben Lust ist, immer erhofft und erstrebt werden soll; wie man ebenso vor dem Schmerz immer fliehen wird, weil er eben Schmerz ist. Daher wird der Weise in jedem Augenblick achtgeben, indem er die Lust flieht, die größere Schmerzen bewirken wird, oder aber den Schmerz auf sich nimmt, der größere Lust bewirken wird.« Ebenso sagt Seneca die epikureischen Worte: »Wenn man sich in der Lust zurücknimmt oder gar etwas Schmerz sucht, dann wird mit der Lust auch die Reue weniger werden, dann wird auch der Schmerz weniger schlimm sein.« Nun, ich muss nicht noch mehr zusammentragen, es soll das genügen, was Torquatus etwas ausführlicher gesagt hat, als er einen Satz Epikurs auslegte: »Wenn man genau prüft, wie jener Irrtum in die Welt kommt, dass die Lust angeklagt, der Schmerz aber gelobt wird, dann ist die ganze Sache klar; das werde ich mit den Worten des Begründers der Wahrheit, des Baumeisters eins glücklichen Lebens erklären. Niemand wird die Lust verschmähen oder hassen oder fliehen, weil sie Lust ist: sondern wegen der großen Schmerzen, die entstehen, wenn man der Lust nicht recht zu folgen versteht. Ebenso gibt es niemanden, der den Schmerz liebt oder verfolgt oder erringen will, weil er Schmerz ist: sondern weil er sich, auf welche Art auch immer, nach Arbeit und Beschwerlichkeit eine noch größere Lust verspricht. So sieht man es auch in Kleinigkeiten. Wer von uns unterzieht sich anstrengender körperlicher Arbeit, wenn er sich nicht etwas Angenehmes als Folge erwartet? Wer wird ihn zu Recht schelten können, wenn er auf eine Lust hinarbeitet, auf die kein Übel folgen wird? Wer wird den tadeln, der vor einem Schmerz flieht, der nichts Lustvolles nach sich zieht? Jene hingegen beklagen und verachten wir mit gutem Grund, die sich von gegenwärtigen Lüsten umschmeicheln und blenden lassen, und vor Begierde nicht sehen können, was für Schmerzen und Leiden ihnen bevorstehen. Die gleiche Schuld trifft diejenigen, die aus Weichlichkeit, also aus Angst vor Mühe und Schmerz, ihre Aufgaben vernachlässigen. Es ist gar nicht schwer, in dieser Sache richtig zu unterscheiden. Wenn wir wirklich frei sind, die Entscheidung bei uns liegt und nichts uns daran hindert, zu tun was uns gefällt, dann werden wir alle Lust in unsere Arme schließen und alle Schmerzen von uns stoßen. Oft aber bringen die Verhältnisse mit sich, dass wir sowohl auf eine Lust verzichten, als auch eine Beschwerlichkeit ertragen müssen. Daher wird der Weise auf die kleine Lust verzichten, wenn sie einer größeren im Weg steht, und wird Schmerzen vorziehen, wenn sie ihn vor einem großen Übel bewahren. Später dann löst er alle Einwände auf, indem er sagt: Dies alles, wie ich es gerade gesagt und festgestellt habe, stimmt unsere Wahl um, dass man nämlich auf eine Lust mit Aussicht auf eine größere Lust verzichtet und einen Schmerz auf sich nimmt, um einem größeren Schmerz zu entgehen.« So Torquatus.

Nun könnte man noch hinzufügen, dass dem auch Platon und Aristoteles zustimmen und sich ähnlicher Regeln bedienen. ... Epikur schließlich lehrt, dass man mit Maß urteilen muss; auf eben diese Weise geht auch Sokrates vor, der es allerdings gemessen nennt. Denn freilich müssen wir oft die Kunst des Messens bemühen, damit wir uns nicht täuschen, wenn uns klein erscheint, was wir sehen. So erscheinen uns zukünftige Lust und Beschwerlichkeit oft nichtig, oder doch gering, gegen das, was uns gegenwärtig ist. Hier täuschen wir uns oft, hier brauchen wir Weitsicht und Überlegung; und daher gibt es das, was Cicero die »Wissenschaft vom Ausgleich« nennt. Daher auch rät er uns, dass wir uns alle Lüste und Beschwerlichkeiten, gegenwärtige wie zukünftige, auf einer Waage vorstellen und ins Gleichgewicht bringen. Er sagt: »In diesem Sinne wägen wir die gegenwärtigen gegen die zukünftigen Lüste und wählen jene, die am größten und zahlreichsten sind; ebenso Beschwerlichkeiten gegen Beschwerlichkeiten, und wählen die kleinsten und wenigsten. Wenn wir aber gegenwärtige Lüste und zukünftige Beschwerlichkeiten in die Schalen legen, oder gegenwärtige Beschwerlichkeiten und zukünftige Lüste, dann werden wir die Lüste wählen, wenn sie überwiegen; wenn aber die Beschwerlichkeiten überwiegen, dann nicht.«

## 1641

# RENÉ DESCARTES
## Da bin ich, von allem Übrigen verschieden

*Mit ihm erst trat das Ich in seinem ganzen späteren Gewicht und Ausmaß in die Welt – als eine Gegebenheit, die jeder anderen zugrunde liegt. Darüber sollten wir uns nicht lustig machen, denn ab jetzt gründet sich die menschliche Erkenntnis nicht länger auf die Tradition und deren Autorität, sondern auf das Prinzip des auf die Spitze getriebenen Zweifels, der erst da aufhört, wo ich annehmen muss, dass ich, der ich denke, bin: das berühmte cogito ergo sum. Seine Methode definiert die Erkenntnistheorie der Moderne: Der Angelpunkt jeder letzten philosophischen Begründung gültiger Erkenntnis bleibt für 300 Jahre das Bewusstsein seiner selbst. Die Entzweiung des Menschen in eine Seele und einen Leib, von denen unklar ist, was sie zusammenhält, hat er nicht erfunden, das waren schon die alten Griechen, aber bei ihm wird dieser sogenannte Dualismus vollends unheilbar (vgl. António Damásio, S. 677–680). Das mechanistische Weltbild des nach ihm benannten Cartesianismus hat in seiner metallischen Härte und Kälte wunderliche Aspekte und fast schon wieder eine eigene Art von Poesie. Lebendige Körper sind nämlich nicht von Seelen bewegt, sondern natürliche Automaten, Maschinen. Seile, Fasern, Balken, Hebel, Räderwerk und Gestänge aller Art, Zisternen, Kanäle, Mühlen und Springbrunnen veranschaulichen fortan, was wir als Organe kennen, das Nervensystem und die Funktionsweisen auch der Sinnesorgane, mittels deren die materielle Welt erkannt wird. Als einzige Ideen von Entwicklung waren die zwei Begriffe der Ortsbewegung und des quantitativen Wachstums übrig geblieben, kraft dessen Embryonen zu ausgewachsenen Vertretern ihrer Art gedeihen mochten, unter der Voraussetzung allerdings, dass sie in der Ei- oder der Samenzelle der Mutter oder des Vaters – beide Versionen gab es – bereits vorhanden waren, wie in ihren Fortpflanzungsorganen wiederum ihre Nachkommen und deren Nachkommen und so fort, russischen Puppen vergleichbar. Entweder Eva oder Adam hätte demnach sämtliche Milliarden Menschen in sich getragen, die auf der Welt waren, sind und sein werden.*

*René Descartes (\* 1596, † 1650), dem Leibniz und andere Erben Materialismus vorwarfen, war vom Leben nach dem Tod »überzeugt durch natürliche und ganz offensichtliche Gründe«. Denn: »Wir werden die Toten dereinst wiederfinden, und zwar mit der Erinnerung an das Vergangene, denn in uns befindet sich ein intellektuelles Gedächtnis, das ganz zweifellos unabhängig von unserem Körper ist.« Zukunftsmusik mag man da plötzlich hören: die Vorstellung eines von der Festplatte dereinst endgültig emanzipierten digitalisierten Geistes – das Jenseits als ewiges (Daten-)Leben in der Cloud.*

EBEN DARAUS ALSO, dass ich weiß, ich existiere, und einstweilen nur von meinem Denken gewahr werden konnte, dass es zu meiner Natur oder meinem Wesen gehört, eben daraus schließe ich mit Recht, dass mein Wesen auch allein im Denken besteht. Und wenngleich ich vielleicht – oder vielmehr gewiss, wie ich später auseinandersetzen werde – einen Körper habe, der mit mir sehr eng verbunden ist, so ist doch –, da ich ja einerseits eine klare und deutliche Vorstellung meiner selbst habe, sofern ich nur ein denkendes, nicht ausgedehntes Wesen bin, und andererseits eine deutliche Vorstellung vom Körper, sofern es nur ein ausgedehntes, nicht denkendes Wesen ist – so ist, sage ich, so viel gewiss, dass ich von meinem Körper wahrhaft verschieden bin und ohne ihn existieren kann.

Außerdem finde ich Denkvermögen besonderer Art in mir, nämlich die Vermögen der Einbildung und der Empfindung, ohne die ich mein ganzes Ich klar und deutlich denken kann, aber nicht umgekehrt jene ohne mich, d. h. ohne eine denkende Substanz, der sie innewohnen. Ihr Wesen schließt nämlich einige Grade denkenden Verstehens ein, woran ich erkenne, dass es sich von mir wie die Bestimmungen vom Dinge unterscheiden. Ich erkenne auch noch gewisse andere Fähigkeiten, wie die, den Ort zu verändern, verschiedene Gestalten anzunehmen und ähnliche, die sich allerdings ebenso wenig wie die vorhergehenden ohne irgendeine Substanz denken lassen, der sie einwohnen, und demnach auch nicht ohne sie existieren können. Es ist aber klar, dass sie, falls es sie gibt, einer körperlichen, d. h. ausgedehnten Substanz innewohnen müssen, nicht aber einer denkenden, da ja in ihrem klaren und deutlichen Begriffe zwar Ausdehnung, aber durchaus kein Denken enthalten ist. Außerdem aber ist in mir ja noch das gewissermaßen passive Vermögen der Wahrnehmung, d. h. das Vermögen, die Vorstellung von Sinnendingen aufzunehmen und zu verstehen; doch könnte dies mir gar nichts nützen, wenn es nicht auch ein gewisses aktives Vermögen entweder in mir oder in einem anderen gäbe, dass diese Vorstellungen hervorruft oder bewirkt. Und dies kann in der Tat in mir nicht sein, da es ja gar kein denkendes Verstehen voraussetzt und jene Vorstellungen nicht durch mein Zutun, sondern häufig auch gegen meinen Willen hervorgerufen werden. Es bleibt also nur übrig, dass es in irgendeiner von mir verschiedenen Substanz ist. Da nun in dieser der gesamte Sachverhalt entweder in der gleichen oder in einer vollkommeneren Form gegenständlich enthalten sein muss, der als Bedeutungsgehalt in den durch jene Vermögen hervorgerufenen Vorstellungen ist – wie bereits oben bemerkt –, so ist diese Substanz entweder Körper, d. h. die körperliche Natur, die nämlich alles das in derselben Form gegenständlich enthält, was die Vorstellungen bedeuten, oder aber es ist Gott oder irgendein edleres Geschöpf als der Körper, das den Sachverhalt in einer vollkommeneren Form enthält. Da nun Gott aber kein Betrüger ist, so ist ganz augenscheinlich, dass er diese Vorstellungen nicht unmittelbar von sich oder auch durch Vermittlung irgendeines Geschöpfes in mich sendet, in dem der Sachverhalt, den sie bedeuten, nicht in gleicher, sondern nur in einer vollkommeneren Form enthalten wäre. Denn da Gott mir durchaus keine Fähigkeit verliehen hat, dies zu erkennen, sondern im Gegenteil einen großen Hang zu glauben, sie würden von körperlichen Dingen entsandt, so sehe ich nicht, wie man es verstehen soll, dass er kein Betrüger ist, wenn sie anderswoher als von körperlichen Dingen kämen. – Folglich existieren die körperlichen Dinge. Indessen existieren sie vielleicht nicht alle genau so, wie ich sie mit den Sinnen wahrnehme, da ja diese sinnliche Wahrnehmung vielfach recht dunkel und verworren ist, aber wenigstens all das ist in ihnen wirklich vorhanden, was ich klar und deutlich denke, d. h. alles das, ganz allgemein betrachtet, was zum Inbegriffe eines Gegenstandes der reinen Mathematik gehört.

Was aber das Übrige betrifft – Einzeltatsachen: z. B. dass die Sonne diese bestimmte Größe oder Gestalt besitzt usw. – oder minder klar Verstandenes: z. B. Licht, Ton, Schmerz und dergleichen –, so ist das alles zwar recht zweifelhaft und unsicher, aber gerade die Tatsache, dass Gott nicht betrügt und dass sich also unmöglich eine Unwahrheit in meinen Meinungen finden kann, ohne dass er mir auch die Fähigkeit verliehen hätte, sie zu berichtigen, eröffnet mir doch die sichere Hoffnung, auch in diesen Dingen die Wahrheit zu fassen. Und in der Tat unterliegt es keinem Zweifel, dass all das, was mich die Natur lehrt, etwas Wahres in sich birgt. Denn unter Natur, allgemein betrachtet, verstehe ich nichts anderes als entweder Gott selbst oder die von Gott eingerichtete Schöpfungsordnung; unter meiner Natur im Besonderen aber nichts anderes als den Inbegriff alles dessen, was Gott mir verliehen hat.

Es gibt aber nichts, was mich die Natur ausdrücklicher lehrte, als dass ich einen Körper habe, der sich schlecht befindet, wenn ich Schmerz empfinde, der Speise oder Getränk braucht, wenn ich Hunger oder Durst leide und dergleichen. Ich darf demnach nicht daran zweifeln, dass hierin etwas Wahres liegt.

Ferner lehrt mich die Natur durch jene Schmerz-, Hunger-, Durstempfindungen usw., dass ich meinem Körper nicht nur wie ein Schiffer seinem Fahrzeug gegenwärtig bin, sondern dass ich ganz eng mit ihm verbunden und gleichsam vermischt bin, sodass ich mit ihm eine Einheit bilde. Sonst würde ich nämlich, der ich nichts als ein denkendes Wesen bin, nicht, wenn mein Körper verletzt wird, deshalb Schmerz empfinden, sondern ich würde diese Verletzung mit dem reinen Verstand wahrnehmen, ähnlich wie der Schiffer mit dem Gesicht wahrnimmt, wenn irgendetwas am Schiffe zerbricht, und ich würde alsdann, wenn der Körper Speise oder Getränk braucht, eben dies ausdrücklich denken, ohne verworrene Hunger- oder Durstempfindungen zu haben. Denn sicher sind diese Hunger-, Durst-, Schmerzempfindungen usw. nichts anderes als verworrene Bewusstseinsbestimmungen, die aus der Vereinigung und gleichsam Vermischung des Geistes mit dem Körper entstanden sind.

Außerdem aber lehrt mich die Natur, dass in der Umgebung meines Körpers eine Mannigfaltigkeit von anderen Körpern existiert, von denen ich einige suchen, andere meiden muss. Und sicherlich schließe ich daraus, dass ich ganz unterschiedliche Farben, Töne, Gerüche, Geschmäcke, Wärme, Härte und dergleichen empfinde, mit Recht, dass in den Körpern, von denen mir diese verschiedenartigen Wahrnehmungen entgegenkommen, gewisse Verschiedenheiten vorhanden sind, die ihnen entsprechen, wenn gleich sie ihnen vielleicht nicht ähnlich sind. Und daraus, dass einige dieser Wahrnehmungen mir angenehm, andere unangenehm sind, ist vollkommen gewiss, dass mein Körper oder vielmehr mein ganzes Ich, sofern es aus Körper und Geist zusammengesetzt ist, von den umgebenden Körpern auf mannigfache Art zuträglich und unzuträglich beeinflusst werden kann.

# 1644

## JOHN MILTON

## Wer fürchtet um die Wahrheit im freien und offenen Kampf?

*Wir kennen bestenfalls den Dichter von* Paradise Lost *und bis heute ebenso wirkungsmächtigen wie unübertroffenen Porträtisten des Satans, dessen künstlerisches Genie, so William Blake, nur das eines unwissentlichen Parteigängers des Teufels sein könne. Weniger wissen wir in deutschsprachigen Landen von Oliver Cromwells Staatsschreiber während der englischen Republik (1649–1653) und vom Pamphletisten des vorhergehenden Bürgerkriegs, dessen im Parlament gegen die Presbyterianer vorgetragene* Aeropagitica *als erste bedeutende Kampfschrift die Pressefreiheit forderte.*

*John Milton (\* 1608, † 1674) wurde bereits zu Lebzeiten weltberühmt – aber welch ein aus privaten Tragödien gestricktes Leben in diesem Jahrhundert der gesamtkontinentalen Brände! Seine erste Ehefrau Mary Powel starb nach neun unglücklichen Ehejahren 1652 im Alter von 25 Jahren an den Komplikationen einer Geburt; wenig später nach der zweiten Heirat im Jahr 1656 mit Katharine Woodcock auch diese. Auf das Zureden von Freunden ging der fünfzigjährige, inzwischen erblindete Vater dreier Kinder mit Elizabeth Mynshull eine dritte Ehe ein. Nachdem sein Vermögen bereits im Bürgerkrieg verloren gegangen war, wurde 1666 im großen Brand von London sein Haus zerstört.*

UND WIE KANN JEMAND Unterricht mit Autorität geben, welche die Seele des Unterrichtens ist; wie kann er ein Lehrer mittelst seines Buches sein, wie er das doch sein soll, oder es wäre besser, er schwiege, wenn Alles, was er lehrt, Alles, was er schreibt, nur unter der Vormundschaft und der Korrektur seines erzbischöflichen Zensors geschieht, der ausstreicht und ändert, was nicht genau mit seiner unlenksamen Laune zusammenstimmt, die er seine Urteilskraft nennt? Wenn jeder scharfsinnige Leser beim ersten Erblicken einer pedantischen Zensur bereit ist, das Buch unter ähnlichen Worten wie etwa folgenden weit von sich zu schleudern: »Ich hasse diese bevormundenden Lehrer; ich dulde keinen Lehrer, der unter der Vormundschaft einer beaufsichtigenden Hand zu mir kommt. Ich weiß von dem Zensor nichts, als dass ich hier seine eigene Handschrift als Zeugen seiner Anmaßlichkeit habe; wer steht mir für seine Urteilsfähigkeit?« »Der Staat, mein Herr«, erwidert der Buchhändler, er hat aber eine rasche Antwort: »Der Staat soll mein Regierer, aber nicht mein Kritiker sein; er kann sich ebenso leicht in der Wahl eines Zensors irren, als dieser Zensor in einem Autor. Das ist gewöhnliches Zeug«, und er könnte den Ausspruch Sir Francis Bacons hinzufügen: »Dergleichen autorisierte Bücher sind nur die Sprache der Zeit.« Denn wenn auch ein Zensor zufällig urteilsfähiger als gewöhnlich sein sollte, was eine große Gefahr für die nächste Nachfolge sein würde, so nötigt ihn doch sein Amt und sein Auftrag, nichts durchgehen zu lassen, als was bereits ganz allgemein angenommen ist.

Ja, was noch beklagenswerter ist, wenn das Werk eines verstorbenen Autors, wäre er auch bei seinen Lebzeiten, ja selbst in unseren Tagen noch so berühmt, ihnen, um gedruckt oder neu aufgelegt zu werden, zur Zensur unter die Hand kommt, und es findet sich in seinem Buche ein Satz von kühner Schärfe, ausgesprochen im höchsten Eifer (und wer weiß, ob es nicht vielleicht Eingebung eines göttlichen Geistes war), so wird ihm, da er nicht mit jeder ihrer niedrigen, abgelebten Launen übereinstimmt, und hätte ihn Knox selbst, der Reformator eines Königreichs, angesprochen, dennoch ihr Strich nicht erlassen; die Meinung des großen Mannes geht durch die Furchtsamkeit oder die anmaßende Unbesonnenheit eines nachlässigen Zensors für die ganze Nachwelt verloren. Und ich könnte hier nachweisen, welchem Autor und welchem Buche, dessen getreuliche Veröffentlichung von der größten Wichtigkeit wäre, kürzlich solche Gewalt angetan worden ist, allein ich verspare es auf eine passendere Zeit. Wenn diese Dinge jedoch nicht baldigst und ernstlich von denen geahndet werden, in deren Macht die Heilmittel liegen, sondern solche Rostflecke, wie diese, das Recht haben sollen, den ausgezeichnetsten Büchern die herrlichsten Perioden herauszufressen und gegen die verwaiste Nachlassenschaft der verdienstvollsten Männer nach deren Tode solchen verräterischen Betrug zu begehen, so wird das dem unseligen Menschenstamme, der das Unglück hat, Verstand zu besitzen, zu umso größerem Schmerze gereichen. Von dann ab bemühe sich niemand, etwas zu lernen, oder sorge, mehr als irdisch klug zu sein; denn sicherlich wird dann das einzig angenehme und einzig gesuchte Leben sein, dass man in höheren Dingen unwissend und faul und ein gewöhnlicher, unwandelbarer Dummkopf ist.

Und wie es eine besondere Geringschätzung jedes lebenden kenntnisreichen Mannes und höchst beleidigend für die schriftstellerischen Arbeiten und Denkmale der Verstorbenen ist, so scheint es mir eine Unterschätzung und Herabsetzung der ganzen Nation zu sein. Ich kann die Summe der Erfindung, der Kunst, des Witzes, des ernsten und soliden Urteils, die in England ist, nicht so leichtfertig abschätzen, dass sie von einigen zwanzig, auch noch so trefflichen Kapazitäten umfasst werden kann; noch weniger, dass sie nicht passieren sollte, außer unter ihrer Oberaufsicht, außer dass sie gesiebt und durch ihre Durchschläge gedrückt ist, dass sie nicht gangbar sein sollte ohne ihren Handstempel. Wahrheit und Verstand sind nicht solche Waren, die man monopolisiert und nach Etikette, Statuten und Normalmaß verhandelt. Wir dürfen nicht denken, aus der ganzen Wissenschaft im Lande eine Stapelware zu machen und sie wie unsere feinen Tuche und unsere Wollsäcke zu bezeichnen und obrigkeitlich zu erlauben. Ist es eine andere Knechtschaft, als die von den Philistern auferlegte, dass es uns nicht erlaubt ist, unsere eigenen Texte und Pflugscharen zu schärfen, sondern dass wir von allen vier Weltgegenden her uns nach zwanzig zensierenden Schmieden begeben müssen?

Hätte Jemand unter Missbrauch und Verwirkung der Achtung, welche die Leute bis dahin für seine Vernunft hatten, irrtümliche und einem ehrbaren Leben ärgerliche Sachen geschrieben und verbreitet, und es würde ihm, nach seiner Überführung, lediglich das Urteil gesprochen, dass er von nun an niemals mehr etwas schreiben sollte, was nicht erst durch einen dazu eingesetzten Beamten geprüft worden wäre, dessen Handschrift hinzugefügt werden solle, um sich für ihn zu verbürgen, dass er jetzt ohne Gefahr gelesen werden könne, so würde dies für nichts Geringeres als für eine entehrende Strafe angesehen werden. Daraus kann man leicht erkennen, welch eine Beschimpfung es ist, die ganze Nation und Diejenigen, welche sich noch niemals auf solche Weise vergangen haben, unter solch einem misstrauensvollen und verdachterregenden Verbote zusammenfassen. Umso viel mehr, wenn Schuldner und Übeltäter ohne Wächter frei umhergehen können, unanstößige Bücher aber sich nicht ohne einen sichtbaren Kerkermeister auf ihrem Titel rühren dürfen. Auch für das gemeine Volk ist es nichts Geringeres als eine Schmach; denn wenn wir so ängstlich besorgt um dasselbe sind, dass wir es nicht wagen, ihm ein englisches Pamphlet anzuvertrauen, was tun wir da anderes, als dass wir es für ein unbeständiges, lasterhaftes, grundsatzloses Volk erklären, in einem solchen krankhaften und schwachen Zustande des Glaubens und des Verstandes, das es nicht fähig ist, etwas anderes in den Kopf zu bringen, als vermittelst der Pfeife eines Zensors. Dass dies Fürsorge oder Liebe zu demselben sei, können wir nicht behaupten, da in denjenigen papistischen Ländern, wo die Laien am meisten gehasst und verachtet sind, dieselbe Strenge gegen sie geübt wird. Weisheit können wir es nicht nennen, weil es nur eine Verletzung der Freiheit verhindert und das nicht einmal, weil diejenige Verderbnis, welcher es vorbeugen will, schneller durch andere Tore einbricht, die nicht geschlossen werden können.

Und schließlich bringt es auch unseren Geistlichen Unehre, von deren Bemühungen und von dem Wachstum, welchen ihre Herde durch sie erntet, wir Besseres hoffen sollten, als dass sie nach all dem jetzigen und zukünftigen Lichte des Evangeliums, nach all dem beständigen Predigen, immer noch in einem solchen grundsatzlosen, unerbauten und weltlichen Pöbel besucht würden, den der Hauch eines jeden neuen Pamphlets in seinem Katechismus und seinem christlichen Wandel beunruhigen sollte. Es könnte auch vielen Grund zur Entmutigung der Geistlichkeit abgeben, wenn man einen so geringen Begriff von allen ihren Ermahnungen und dem Gewinn ihrer Zuhörer hat, dass man diese nicht für tüchtig hält, ohne einen Zensor auf drei Bogen Papier losgelassen zu werden; dass all die Predigten, all die Vorträge, welche in einer solchen Anzahl und in solchen Bänden gepredigt, gedruckt und verkauft sind, dass sie jetzt beinahe alle anderen Bücher unverkäuflich gemacht haben, ohne die Burg St. Angelo eines Imprimatur gegen ein einzelnes Handbüchlein nicht Waffe genug sein sollten.

Und wenn Euch, Lords und Gemeine, Jemand überreden möchte, dass diese Gründe von der Entmutigung gelehrter Männer über Eure Verordnung leere Rednerblumen und nichts Wirkliches seien, so könnte ich wenigstens weitläufig erzählen, was ich in anderen Ländern gesehen und gehört habe, wo diese Art von Inquisition tyrannisiert; wenn ich unter ihren gelehrten Männern saß (denn diese Ehre hatte ich) und glücklich gepriesen wurde, in einem solchen Lande philosophischer Freiheit, wie England ihrer Voraussetzung nach war, geboren zu sein, während sie beständig die knechtische Lage beklagten, in welche die Gelehrsamkeit bei ihnen gebracht worden sei; dass diese es wäre, welche den Ruhm des italienischen Geistes erdrückt hätte; dass seit vielen Jahren nur Schmeicheleien und Schwulst geschrieben worden seien. Dort war es, wo ich den berühmten Galileo fand und besuchte, der alt geworden war und welcher ein Gefangener der Inquisition wurde, weil er in der Astronomie anderes dachte als seine Zensoren, die Franziskaner und Dominikaner. Und obwohl ich wusste, dass England damals am lautesten unter dem Joche der Prälaten seufzte, so nahm ich es doch als ein Unterpfand künftigen Glückes an, dass andere Nationen von der Freiheit Englands so überzeugt waren.

Dennoch ging es damals über meine Hoffnungen hinaus, dass schon jene würdigen Männer Englands Luft atmeten, welche seine Führer zu einer solchen Befreiung werden sollten, wie sie niemals durch irgendeinen Umschwung der Zeit, den sie durchzumachen hat, vergessen werden wird. Sobald diese einmal begonnen war, befürchtete ich nicht im Geringsten, dass ich dieselben Klagen, welche ich in anderen Ländern gegen die Inquisition gehört hatte, von ebenso gelehrten Männern in der Heimat zur Zeit des Parlaments gegen eine Zensurverordnung ansprechen hören sollte, und zwar so allgemein, dass ich, sobald ich mich als einen Genossen ihrer Unzufriedenheit zu erkennen gegeben hatte,

sagen möchte, wenn ich es ohne gehässige Nachrede darf, es sei der Mann, welchen eine rechtschaffene Quästur den Sizilern wert gemacht hatte, von diesen nicht mehr gegen den Verres gedrängt worden, als mich die gute Meinung, welche viele von mir haben, die euch verehrten und von euch gekannt und geehrt werden, mit Bitten und Überredungen überschüttete, dass ich es nicht aufgeben möchte, dasjenige zusammenzustellen, was mir die Vernunft für Aufhebung einer unverdienten Knechtschaft der Gelehrsamkeit gerade in den Sinn dringen sollte.

So viel möge dafür hinreichen, dass dies nicht etwa die Herzenserleichterung der Laune eines Einzelnen, sondern die allgemeine Beschwerde aller derjenigen ist, welche ihren Geist und ihre Studien über die Höhe erhoben hatten, um Wahrheit in Anderen zu fördern und von Anderen freundlich aufzunehmen. ...

Gebt mir die Freiheit, zu wissen, zu sprechen, und vor allen Freiheiten die, frei meinem Gewissen gemäß zu urteilen.

Was am besten anzuraten wäre, da es so schädlich und unbillig erfunden ist, Meinungen ihrer Neuheit oder ihres Missverständnisses zu einer hergebrachten Auslegung halber zu unterdrücken, ist nicht meine Aufgabe zu sagen. Ich will nur wiederholen, was ich von einem aus Eurer hochachtbaren Zahl gelernt habe, einem wahrhaft edlen und frommen Lord, den, einen würdigen und unanzweifelbaren Patron dieser Sache, wir jetzt nicht vermissen und betrauern würden, wenn er nicht Leben und Vermögen für Kirche und Staat aufgeopfert hätte. Ihr kennt ihn, dessen bin ich gewiss, jedoch zu seiner Ehre, und möge sie ihm ewig bleiben, will ich ihn nennen, Lord Brooke.[1] Als er über die bischöfliche Verfassung schrieb und beiläufig die Sekten und Schismen behandelte, hinterließ er Euch sein Votum, oder vielmehr jetzt die letzten Worte der Sorge bei seinem Tode, welche, ich weiß es, bei Euch stets in teurem und ehrenvollem Ansehen stehen werden, so voll von Sanftmut und lebendiger Nächstenliebe, dass ich, nächst dem letzten Willen dessen, der seinen Schülern Liebe und Friede vermachte, mich nicht erinnern kann, irgendwo mildere und friedlichere Worte gelesen oder gehört zu haben.

Er ermahnt uns darin, Diejenigen mit Geduld und Demut anzuhören, welche, wie verrufen sie auch sein mögen, züchtig zu leben wünschen, unter einer solchen Anwendung von Gottes Geboten, wie sie ihnen die erste Anleitung ihres Gewissens vorschreibt, und sie zu dulden, wenn sie auch einigermaßen von uns abweichen. Das Buch selbst wird uns darüber Ausführlicheres sagen, da es für die Welt veröffentlicht und von Demjenigen dem Parlamente gewidmet ist, der seines Lebens und seines Todes halber verdient, dass seine nachgelassenen Ratschläge nicht ungelesen beiseitegelegt werden.

Und jetzt ist es insbesondere Zeit, dem Vorrechte gemäß, dasjenige zu schreiben und zu sprechen, was zur weiteren Erörterung der in Untersuchung befindlichen Dinge förderlich sein kann. Der Tempel des Janus mit seinen zwei einander widerstreitenden Gesichtern könnte jetzt wohl nicht unbedeutsam geöffnet werden. Und wenn auch alle Winde der Lehre losgelassen wären, um über die Erde dahinzufahren. So tun wir Unrecht, wenn die Wahrheit zu Felde liegt, ihrer Kraft durch Bücherzensur und Verbot zu misstrauen. Lasst sie und die Lüge ringen; wer weiß, dass die Wahrheit jemals in einem freien, offenen Kampfe unterlegen wäre?

---

1 Robert Greville Baron Brooke (1607 – 1643) war im Bürgerkrieg Oberst der Parlamentsarmee und verfasste 1641 eine Schrift *A discourse opening the nature oft he episcopacy which is exercised in England* gegen die politischen Machtansprüche der Bischöfe (Anm. G.B.)

# 1646

# BALTASAR GRACIÁN

## Der gute Zuhörer

*Der Barock seiner höfisch-politischen Traktate ist ein Höhepunkt der spanischen Literatur. Kein schöneres Geschenk gibt es für Diplomaten als sein* Oráculo manual y arte de prudencia, *für deutsche, österreichische oder auch Schweizer in der äußerst eleganten Übersetzung Arthur Schopenhauers oder in zahlreichen Neuübertragungen:* Handorakel und Kunst der Weltklugheit. *Seine Romansatire* El Criticón, *in schwarzem Pessimismus auf den jenseitigen Spuren der Werke Dantes und Hieronymos Boschs unterwegs, trug dem Moraltheologen ein Publikationsverbot ein, brachte den Jesuiten um sein Lehramt in Saragossa und mit seinem Orden auseinander, zeitweilig gar unter Hausarrest. Baltasar Gracián y Morales (\*1601, †1658) hat erfahren müssen, dass im katholischen Spanien nicht erst Aufklärung, sondern bereits Desillusionierung das Leben erschwert. Umso belebender wirkt der bissige Ingrimm, mit dem er dies im folgenden Stück feststellt.*

### DIALOG ZWISCHEN DOKTOR JUAN FRANCISCO ANDRÉSI UND DEM AUTOR

DOKTOR: »Man sagt, einem guten Zuhörer genügten schon wenige Worte.«

AUTOR: »Ich würde eher sagen, dass schon wenige Worte einen guten Zuhörer verlangen, und nicht nur Worte, auch der Gesichtsausdruck, der das Tor zur Seele, die Anschrift des Herzens ist. Ja selbst noch auf das Schweigen sieht man ihn achten, denn es verrät manchmal einem Verständigen mehr als Weitschweifigkeit einem Dummkopf.«

DOKTOR: »Die Wahrheiten, die am meisten Bedeutung für uns haben, werden immer nur halb ausgesprochen.«

AUTOR: »So ist es, doch der Aufgeweckte soll für sie ganz Ohr sein.«

DOKTOR: »Das kam unserem aragonesischen Amphion zugute, als er, von den eigenen Landsleuten verfolgt, Zuflucht und sogar Beifall bei den gekrönten Thronfolgern des Auslandes fand.«

AUTOR: »So wirksam ist Übereinstimmung und mehr noch eine von so sanften Akkorden, wie es die jenes wunderbaren Ingeniums waren.«

DOKTOR: »Wenn man heutzutage die Wahrheit ausspricht, so wird das als Torheit bezeichnet.«

AUTOR: »Ja sogar, nur um nicht als Kind oder als Tor dazustehen, will keiner sie aussprechen, womit sie außer Gebrauch kommt. Nur einige Reste bleiben von ihr in der Welt, und selbst die werden wie Mysterien enthüllt, feierlich und scheu.«

DOKTOR: »Bei den Fürsten kommt es immer aufs Erraten an.«

AUTOR: »Aber überlegen sollten sie schon, denn daran hängt Ruin oder Gewinn.«

DOKTOR: »Die Wahrheit ist ein ebenso schamhaftes wie schönes Fräulein, und deshalb geht sie immer verhüllt.«

AUTOR: »Mögen die Fürsten sie galant entschleiern, denn sie müssen viel von Wahrsagern und Sehern haben. Je mehr man sie ihnen zwischen den Zähnen sagt, umso mehr bedeutet das, dass sie undeutlich ausgesprochen werden, damit sie besser verdaut werden und besser bekommen. Die Desillusionierung ist schon politischer Natur, sie kommt gewöhnlich im Dämmerlicht, bereit, sich entweder in die Nebel der Schmeichelei zurückzuziehen, wenn sie auf Dummheit trifft, oder aber ans Licht der Wahrheit zu treten, wenn sie auf Klugheit trifft.«

DOKTOR: »Welch ein Schauspiel, in einem gescheiten Wettstreit die Zurückhaltung eines Vorsichtigen und die Aufmerksamkeit eines Aufgeweckten zu beobachten! Jener deutet an, dieser überlegt, und besonders beim Verlust von Illusionen.«

AUTOR: »Ja, denn Intelligenz muss sich den Dingen anpassen, bei günstigen immer mit gezügelter Glaubensbereitschaft, bei unangenehmen dagegen, indem sie ihr den Zügel lässt und sie sogar anspornt. Was die Schmeichelei in dem, was sie sagt, übertreibt, schränke der Scharfsinn in dem, was er hört, wieder ein, denn immer blieb die Wirklichkeit um die Hälfte hinter dem Vorgestellten zurück.«

DOKTOR: »Bei unangenehmen Dingen würde ich gerade umgekehrt argumentieren, denn in einer flüchtigen Geste, in einem leichten Stirnrunzeln enthüllt sich dem Verständigen ein weites Feld.«

AUTOR: »Und manchmal auch Anlass zu Reue. Und er soll einsehen, dass in dem wenigen, was man ihm sagt, das sehr viel mehr ist, was man ihm verschweigt. Der Kluge geht in heiklen Punkten sehr behutsam vor und macht, je leichter die Materie ist, bleischwere Schritte beim Registrieren, mit federleichter Zunge beim Übergehen.«

DOKTOR: »Sehr schwer ist es, sich mit Tadel und Desillusionierung abzufinden, denn nur schwer glaubt man, was man nicht wünscht. Es bedarf keiner großen Beredsamkeit, um uns von dem zu überzeugen, was uns genehm ist, und die des Demosthenes[2] reicht nicht für das, was uns missfällt.«

AUTOR: »Heutzutage reicht es nicht aus zu verstehen; vielmehr ist es manchmal notwendig zu raten, denn es gibt Menschen, die ihr Herz versiegeln und denen die Dinge in der Brust vermodern.«

DOKTOR: »Handeln also wie der geschickte Arzt, der den Puls beim Atemholen selbst misst; gerade so muss der verständige Seelenarzt im Atem des Mundes das Innere durchschauen.«

AUTOR: »Wissen schadet nie.«

DOKTOR: »Aber manchmal schmerzt es. Und so, wie die Klugheit voraussieht, was man sagen wird, so muss der Spürsinn beachten, was gesagt wurde. Eine hinterhältige Sphinx bedroht den Lebensweg, und wer nicht aufpasst, ist verloren. Ein Rätsel, und ein schwieriges, ist die Selbsterkenntnis des Menschen; nur ein Ödipus überlegt richtig und auch dieser nur mit hilfreichen Eingebungen.«

AUTOR: »Nichts ist leichter als Menschenkenntnis.«

DOKTOR: »Und nichts schwerer als Selbsterkenntnis.«

AUTOR: »Kein Einfältiger, der nicht arglistig wäre.«

DOKTOR: »Und der nicht, naiv im Blick auf die eigenen Fehler, raffiniert im Blick auf die Fehler der anderen wäre.«

AUTOR: »Er sieht die Splitter in den Augen des Nachbarn.«

DOKTOR: »Und erkennt nicht die Balken in den eigenen.«

AUTOR: »Der erste Schritt zur Erkenntnis ist die Selbsterkenntnis.«

DOKTOR: »Und es kann der nicht erleuchtet sein, der nicht hellhörig ist. Aber dieser Aphorismus zur Selbsterkenntnis ist schnell gesagt und spät befolgt.«

AUTOR: »Weil er ihn empfahl, wurde einer zu den sieben Weisen gezählt.«

DOKTOR: »Weil er ihn erfüllt hätte, bis heute keiner. Je mehr einige von den anderen wissen, um so weniger wissen sie von sich selbst, und der Dummkopf weiß mehr vom fremden Haus als vom eigenen – denn sogar die Sprichwörter gelten heute umgekehrt. Viel reden einige über Dinge, die sie nichts angehen, und nichts über das, woran ihnen viel liegen müsste.«

AUTOR: »Was? Gibt es eine noch schlimmere Beschäftigung als den Müßiggang?«

DOKTOR: »Ja: die unnütze Neugier.«

AUTOR: »O Sorgen der Menschen, und wie viele gelten Dingen ohne Bedeutung!«

DOKTOR: »Man muss auch unterscheiden zwischen der Zurückhaltung eines Vorsichtigen und der Unaufmerksamkeit eines Leichtfertigen; die einen übertreiben, die anderen spielen herab. Der aufmerksame Zuhörer muss also scharf hinhören, denn ebenso viele hat die Leichtgläubigkeit ins Verderben gestürzt wie die Ungläubigkeit.«

AUTOR: »Deshalb brachten die barbarischen Skythen dem jungen Alexander klugerweise bei, dass die Menschen Flüsse sind: Was jene mit sich führen, halten diese zurück, und gemeinhin haben diejenigen mehr Tiefe, die ruhiger sind, und diejenigen führen mehr Wasser, die weniger rauschen.«

DOKTOR: »Dinge gibt es auch, bei denen schon der Verdacht die Kraft des Beweises hat. Denn Cäsars Frau – so sagte er selbst – hatte nicht einmal den Ruhm; und wenn etwas beim Interessierten zum Zweifel wird, so gilt es, ja verbreitet sich bei den Übrigen schon als evident.«

AUTOR: »Die Worte haben mehr oder weniger Grund, entsprechend den Gegenständen.«

DOKTOR: »Weil sie sie nicht durchschauten, ertranken viele; der kluge Zuhörer sondiere sie und mache sich klar, dass es der Gipfel des Schwimmens ist, die Kleider anzubehalten.«

AUTOR: »Umso mehr, wenn sie von Purpur sind. Und damit wollen wir gehen, der eine zu seiner Geschichte, ich meine, zu dem Alten Zaragoza, ebenso ersehnt von der Wissbegierde wie erleuchtet von Gelehrsamkeit, und ich zu meiner Philosophie des Aufmerksamen.«

---

1 Juan Francisco Andrés de Uztarroz (1606 – 1653, Gelehrter aus Zaragoza und enger Freund Graciáns, der mehrere von dessen Werken, darunter auch den *Discreto*, für die Obrigkeit in Form einer censura oder aprobación begutachtete.

2 Antonio Pérez, Sekretär Philipps II., der, so wie der ins Meer geworfene Sänger Arion der griechischen Sage von Delphinen gerettet wird, aufgrund seines diplomatischen Schriftverkehrs bei den ausländischen Fürsten Rückhalt fand. Gracián verwechselt ihn mit Amphion, dessen Leierklänge beim Bau der Mauern Thebens diese mit göttlichem Schutz imprägniert haben sollen.

# *1651*

# THOMAS HOBBES

## Nur auf das Schlimmste kann Verlass sein

---

*Es ist wohl das berühmteste Ungeheuer der Philosophiegeschichte – und eines der wichtigsten Grundlagenwerke zur Staatstheorie: In* Leviathan. Stoff, Form und Gewalt eines kirchlichen und staatlichen Gemeinwesens, *wie der Originaltitel besagt, steht das biblisch-mythologische Seeungeheuer für die Allmacht, die hier vom Staat verlangt ist. Falls der so entworfene Staat nicht alles dürfen muss, dann kann es jedenfalls, sollte er tun, was er nicht dürfte, niemanden geben, der ihm dabei Einhalt gebieten dürfte. Falls es für Tyrannenmorde Nischen gibt, dann jedenfalls ohne Rechtfertigung.*

*Thomas Hobbes (\* 1588, † 1679) war Mathematiker und Philosoph (in* Nichts als die Welt *hat ihn John Aubrey für uns porträtiert, vgl. dort S. 120). Unsere Sicherheit, so mahnt er, beruht auf zweierlei und sonst auf nichts: auf Verstand und Körperkraft. Nicht nur bei uns selbst kann da nur das Äußerste an Pessimismus empfehlenswert erscheinen, weit mehr noch hat dasselbe bei jedem potenziellen Feind zu gelten. Das Beste darf nur hoffen, wer das Schlimmste nicht nur zu befürchten versteht, sondern dies auch tatsächlich befürchtet. Die Logik des Friedens kann nur die des Krieges sein, der alle Seiten zu teuer käme, wovon obendrein alle Seiten vorweg überzeugt sein müssen. Vorsicht: Auch die perfekteste Paranoia kann sich allein aus eigener Kraft noch nicht ad absurdum führen. Denn selbst deren zweifelsfreie Diagnose beweist bekanntlich nicht, dass der Paranoiker in Wirklichkeit gar keine Feinde hat. Nur dann aber wäre sie alleine Sicherheit genug. Alles klar? Hobbes zieht in seiner Staatslehre die Konsequenzen.*

HIERAUS ERGIBT SICH, dass ohne eine einschränkende Macht der Zustand der Menschen ein solcher sei, wie er zuvor beschrieben wurde, nämlich ein Krieg aller gegen alle. Denn der Krieg dauert ja nicht etwa nur so lange wie faktische Feindseligkeiten, sondern so lange, wie der Vorsatz herrscht, Gewalt mit Gewalt zu vertreiben. Beim Kriege kommt es wie beim Wetter allein auf die Dauer an. So wenig ein heftiger Regen schon nasses Wetter ist, ebenso wenig wird irgendein einzelnes Gefecht ein Krieg genannt werden können. Die Zeit aber, in der kein Krieg herrscht, heißt *Frieden*.

Was mit dem Kriege aller gegen alle verbunden ist, das findet sich auch bei den Menschen, die ihre Sicherheit einzig auf ihren Verstand und auf ihre körperlichen Kräfte gründen müssen. Da findet sich kein Fleiß, weil kein Vorteil davon zu erwarten ist; es gibt keinen Ackerbau, keine Schifffahrt, keine bequemen Wohnungen, keine Werkzeuge höherer Art, keine

Länderkenntnis, keine Zeitrechnung, keine Künste, keine gesellschaftlichen Verbindungen; stattdessen ein tausendfaches Elend; Furcht, gemordet zu werden, stündliche Gefahr, ein einsames, kümmerliches, rohes und kurz dauerndes Leben.

Wer hierüber noch niemals nachgedacht hat, dem muss allerdings auffallen, dass die Natur die Menschen so ungesellig gemacht und sogar einen zu des andern Mörder bestimmt habe: und doch ergibt sich dies offenbar aus der Beschaffenheit ihrer Leidenschaften und wird durch die Erfahrung bekräftigt. Man denke nur, warum mühen wir uns um Begleiter? Warum versehen wir uns mit Waffen, wenn wir eine Reise antreten? Warum verschließen wir Türen und Schränke, sobald wir uns schlafen legen? Wozu sind Gesetze und Männer, die jede Gewaltsamkeit zu rächen befugt sind? Was hegen wir also für Gedanken von unsern Mitbürgern, Nachbarn und Hausgenossen? Klagst du durch solche Vorsichtsmaßregeln das Menschengeschlecht nicht ebenso hart an wie ich? Die Natur selbst ist hier nicht schuld. Die Leidenschaften der Menschen sind ebenso wenig wie die daraus entstehenden Handlungen Sünde, solange keine Macht da ist, welche sie hindert; solange ein Gesetz noch nicht gegeben ward, ist es auch nicht vorhanden, und solange der Gesetzgeber nicht einmütig ernannt wurde, kann auch kein Gesetz gegeben werden. Doch wozu noch mehr Beweise für verständige Menschen in einer Sache, wofür sogar die Hunde ein Gefühl zu haben scheinen; wer kommt, den bellen sie an, bei Tage jeden Unbekannten, des Nachts aber jeden.

Aber, möchte jemand sagen, es hat niemals einen Krieg aller gegen alle gegeben! Wie, hat nicht Kain seinen Bruder aus Neid ermordet? Würde er das wohl gewagt haben, wenn schon damals eine allgemein anerkannte Macht, die eine solche Gräueltat hätte rächen können, dagewesen wäre? Wird nicht selbst zu unseren Zeiten noch an vielen Orten ein solches Leben geführt? Die Amerikaner leben zum Teil so, bloß, dass sie sich in kleinen Familien gewissen väterlichen Gesetzen unterworfen haben, und die Eintracht dieser Familien dauert nur so lange, als sie von gleichen Absichten beseelt werden. Aus jedem Bürgerkriege erhellt, wie das menschliche Leben ohne einen allgemeinen Oberherrn beschaffen wäre.

Gab es auch gleich niemals eine Zeit, in der ein jeder eines jeden Feind war, so leben doch die Könige und die, welche die höchste Gewalt haben, miteinander in ständiger Feindschaft. Sie haben sich wechselseitig in stetem Verdacht; wie Fechter stehen sie gegeneinander, beobachten sich genau und halten ihre Waffen in Bereitschaft, ihre Festungen und Kriegsheere an den Grenzen und ihre geheimen Kundschafter im Feindeslande. Ist das nicht wirklicher Krieg? – Freilich wird hierbei nicht all das Elend wahrgenommen, welches die allgemeine Freiheit einzelner Menschen mit sich brächte; dennoch konnte auf keine andere Art für das Wohl der Untertanen gesorgt werden.

Bei dem Kriege aller gegen alle kann auch nicht ungerecht genannt werden. In einem solchen Zustande haben selbst die Namen gerecht und ungerecht keinen Platz. Im Kriege sind Gewalt und List Haupttugenden; und weder Gerechtigkeit noch Ungerechtigkeit sind notwendige Eigenschaften des Menschen; weil, wenn es nämlich so wäre, sie auch bei demjenigen angetroffen werden müssten, der einsam und allein auf der Welt lebt. Sie sind Eigenschaften des Menschen, aber nicht sofern er Mensch überhaupt, sondern sofern er Bürger ist. Eben daraus ergibt sich ferner, dass es in einem solchen Zustande keinen Besitz, kein Eigentum, kein Mein und Dein gibt, sondern was jemand erworben hat, gehört ihm, solange er es sich zu sichern imstande ist. Genug von dem bloßen Naturzustande des Menschen, aus dem er nur durch Vernunft und gewissermaßen auch durch seine Leidenschaften gerettet werden konnte.

Die Leidenschaften, die die Menschen zum Frieden unter sich geneigt machen können, sind die Furcht überhaupt und insbesondere die Furcht vor einem gewaltsamen Tod; ferner das Verlangen nach den zu einem glücklichen Leben erforderlichen Dingen und endlich die Hoffnung, sich diese durch Anstrengung wirklich zu verschaffen. Die Vernunft aber liefert uns einige zum Frieden führende Grundsätze, und das sind die natürlichen Gesetze, von welchen in den nächsten beiden Kapiteln umfassender gehandelt werden wird. ...

Um aber eine allgemeine Macht zu gründen, unter deren Schutz gegen auswärtige und innere Feinde die Menschen bei dem ruhigen Genuss der Früchte ihres Fleißes und der Erde ihren Unterhalt finden können, ist der einzig mögliche Weg folgender: Jeder muss alle seine Macht oder Kraft einem oder mehreren Menschen übertragen, wodurch der Willen aller gleichsam auf einen Punkt vereinigt wird, sodass dieser eine Mensch oder diese eine Gesellschaft eines jeden Einzelnen Stellvertreter werde und ein jeder die Handlungen jener so betrachte, als habe er sie selbst getan, weil sie sich dem Willen und Urteil jener freiwillig unterworfen haben. Dieser fasst aber noch etwas mehr in sich als Übereinstimmung und Eintracht; denn es ist eine wahre Vereinigung in einer Person und beruht auf dem Vertrage eines jeden mit einem jeden, wie wenn ein jeder zu einem jeden sagte: »*Ich übergebe mein Recht, mich selbst zu beherrschen, diesem Menschen oder dieser Gesellschaft* unter der Bedingung, dass du ebenfalls dein Recht über dich ihm oder ihr abtrittst.« Auf diese Weise werden alle Einzelnen eine Person und heißen *Staat* oder *Gemeinwesen*. So entsteht der große *Leviathan* oder, wenn man lieber will, der *sterbliche Gott*, dem wir unter dem ewigen Gott allein Frieden und Schutz zu verdanken haben. Dieses von allen und jedem übertragene Recht bringt eine so große Macht und Gewalt hervor, dass durch sie die Gemüter aller zum Frieden unter sich gern geneigt gemacht und zur Verbindung gegen auswärtige Feinde leicht bewogen werden. Dies macht das Wesen eines Staates aus, dessen Definition folgende ist: *Staat ist eine Person, deren Handlungen eine große Menge Menschenkraft der gegenseitigen Verträge eines jeden mit einem jeden als ihre eigenen ansehen, auf dass diese nach ihrem Gutdünken die Macht aller zum Frieden und zur gemeinschaftlichen Verteidigung anwende.*

Von dem Stellvertreter des Staates sagt man, *er besitzt die höchste Gewalt*. Die übrigen alle heißen *Untertanen* und *Bürger*. Zu dieser höchsten Gewalt gelangt man auf zweierlei Wegen. Einmal: wenn ein Vater seine Söhne zum Gehorsam zwingt, denn er kann ihnen durch Verweigerung des Unterhalts das Leben nehmen; oder auch, wenn man überwundenen Feinden unter der Bedingung das Leben schenkt, dass sie sich unterwerfen. Zum anderen, wenn mehrere die höchste Gewalt einem Menschen oder einer Gesellschaft in der Hoffnung, geschützt zu werden, freiwillig übertragen. Das Erstere führt zum Eroberungs-Staat, das Letztere zum institutionellen Staat, von welchem zuerst gehandelt werden soll.

# 1660

## BLAISE PASCAL

## Wir leben nie

*Mit neunzehn Jahren baut er die Pascaline, eine der frühesten Rechenmaschinen. Schon drei Jahre zuvor hat er im erlesenen Kreis der Mathematiker und Naturforscher um Père Mersenne mit Studien zu Kegelschnitten Aufmerksamkeit erregt. Sein Vater hatte sein Richteramt in Clermont-Ferrand verkauft und war mit dem Achtjährigen nach Paris gezogen, um den kränkelnden, doch hochbegabten Knaben zu fördern. Nebst seinen bahnbrechenden Arbeiten zum Luftdruck und zur Hydrostatik bringt ihn die hohe Gesellschaft, wo er verkehrt, mit ihren Fragen nach den Gewinnchancen im Glücksspiel auf die Fährte des Wahrscheinlichkeitskalküls, das er in einem berühmten Briefwechsel mit dem Toulouser Richter und überragenden Mathematiker Pierre de Fermat entwickelt – ein überfälliges Großereignis in der neuzeitlichen Wissenschaftsgeschichte. Doch zur selben Zeit erfassen depressive Verstimmungen den gut Dreißigjährigen, vor denen er in religiösen Kreisen und Studien Zuflucht sucht. Bald gehört er fest ins Umfeld des Jansenisten-Klosters von Port Royal, wo seine Schwester als Nonne lebt. Ein nunmehr radikal asketischer Lebenswandel bringt seiner angeschlagenen Gesundheit keine Entlastung. Die letzten Lebensjahre sammelt er auf rund 1000 Zetteln Material zu einer geplanten großen Apologie des Christentums, die von seinem Tod bis heute Work in Progress ungezählter Editoren bleiben wird, in ihrer unabschließbaren Karriere eines der meistgelesenen Bücher der philosophischen Weltliteratur, für einige das in weiten Teilen unentzifferbare Konvolut eines Mystikers, für viele eine mächtige Fusion von Verstand und Herz: Die* Pensées *von Blaise Pascal (\*1623, †1662), für alle ohne ihresgleichen.*

WIR HALTEN UNS NIE AN DIE GEGENWART. Wir greifen der Zukunft vor als zu langsam und gleichsam, um sie zu beschleunigen; wir erinnern uns der Vergangenheit, um sie als zu eilig aufzuhalten: so unklug, schweifen wir in Zeiten, die uns nicht gehören, und denken nicht an die einzige, die uns angeht; und so eitel, denken wir an die, welche nicht sind, und lassen unbeachtet die einzige entschwinden, die existiert. Die Gegenwart verletzt uns fast immer. Wir verbergen sie unsern Blicken, weil sie uns betrübt; und wenn sie uns angenehm ist, beklagen wir, sie enteilen zu sehen. Wir versuchen sie mittelst der Zukunft zu ertragen und wir denken daran, über Dinge zu verfügen, die nicht in unserer Macht stehen, für eine Zeit, welche zu erreichen wir durchaus nicht sicher sind.

Jeder prüfe seine Gedanken: Er wird sie stets mit der Vergangenheit und der Zukunft beschäftigt finden. Wir denken fast gar nicht an die Gegenwart; und wenn wir daran denken, so doch nur um nach ihrer Erfahrung über die Zukunft zu bestimmen. Die Gegenwart ist niemals unser Ziel: Die Vergangenheit und Gegenwart sind uns nur Mittel; die Zukunft allein ist unser Zweck. So leben wir nie; aber wir hoffen zu leben; und indem wir uns stets darauf vorbereiten, glücklich zu sein, ist es unzweifelhaft, dass wir es niemals sein werden, wenn wir nicht eine andere Glückseligkeit ersehnen als die, welche uns in diesem Leben erfreuen kann.

# 1668

## SAMUEL PEPYS

## Dem gestandenen Mann schadet unzüchtige Lektüre nicht

*Ein hohes Tier, nicht nur Secretary der Admiralität, sprich Flottenminister, sondern überdies Präsident der Royal Society. Aber interessiert uns deshalb, wie er seinen »Stachel« anfasst und der Haushaltshilfe unter den Rock greift, gefolgt von den endlosen Szenen seiner Gemahlin? Keinem Zeitgenossen sehen oder hören wir beim Onanieren zu. Doch wenn es sich um das 17. Jahrhundert handelt und um Ereignisse wie die Große Pest von 1665, den Großen Brand von London im folgenden Jahr, zudem um historische Weichenstellungen wie die Rückkehr Karls II., dessen Krönung er aus nächster Nähe miterlebt, und die darauf folgende Zeit der Restauration, dann bereichert die Präsenz der sündigen Geschlechtsorgane eine solch einzigartige Chronik um einen unschuldigen, da kaum beabsichtigten Authentizitätsbeweis. Auch wenn sein Umgang mit der Mitwelt bei dieser und der Nachwelt kaum nur Sympathien einheimsen kann: So frank und frei gibt kein anderer, kein Nichtexhibitionist Auskunft. Es handelt sich um ein neues Genre, um nicht zu sagen Medium: die unbestechliche, für gar niemanden oder höchstens eine ferne Nachwelt bestimmte Beichte. Hinzu kommt, dass er als Verwaltungsbeamter im Urteil seiner Weggenossen ohne Tadel dasteht.*

*Die dreitausendeinhundert Seiten des Tagebuchs über die Jahre 1660–1669 kommen erst 1818 in der Bibliothek des Magdalene College in Cambridge zum Vorschein: sechs gebundene Bände zwischen den dreitausend Büchern, die ihr der bibliophile Autor vermacht hat, eine der wichtigen erhaltenen Privatbibliotheken des 16. Jahrhunderts. Samuel Pepys (\* 1633, † 1703) hat sie in einer stenographischen Notation verfasst, die nur von Experten zu lesen ist.*

### 13. JANUAR 1668

... Dann mit der Kutsche nach Hause, und Halt gemacht bei Mr Martins, meinem Buchhändler, wo ich mir das französische Buch anschaute, das ich vielleicht für meine Frau übersetzen wollte, *L'Escholle de Filles*, aber bei genauerer Betrachtung sah ich, dass es das unzüchtigste, verderbteste Buch ist, das ich je sah, noch schlimmer, putana errante – so dass ich ganz beschämt war, es gelesen zu haben, und so nach Hause zum Abendessen. ...

### 8. FEBRUAR 1668

Aufgestanden und ins Büro, dort den ganzen Tag zugebracht; am Abend heim und dort verabredungsgemäß Cosen Roger und Jackson vorgefunden, die zum Essen eingeladen waren, Creed auch, alle guter Stimmung; nur Jackson maulfaul wie immer. Alles dreht sich um Carr und wie er beim Prozess davonkommt. Und dies zum Schaden meines Lords Gerard – so viele seiner Trickser- und Betrügereien kamen dabei ans Licht, dass man mutmaßt, mein Lord würde dadurch ruiniert. Daran zeigt sich auch die Misswirtschaft im House of Commons, die die Eingabe dieses armen Mannes auf Betreiben weniger zurückwies, und darüber hinaus die üblen Vorgänge im House of Lords (ein Musterbeispiel dafür, wie es in diesen Zeiten zugeht), die anordneten, er solle für all diese Vergehen an den Pranger, ohne dass sie eine Anhörung gemacht hätten, oder gar eine Untersuchung, was er jetzt auf Betreiben meines Lords Gerard bekam, und er konnte sich öffentlich vor Gericht von den Vorwürfen reinigen, und jetzt bemitleidet ihn alle Welt und mein Lord Gerard ist in Schande.

Wir diskutierten bei Tisch gewaltig darüber; und nach dem Essen nahmen wir vier eine Kutsche, ich zur Old

Exchange und die anderen nach Hause; ohne dass ich mit Cousin Jackson etwas über unser Geschäft geredet hätte. Ich zu Captain Cocke und dort über Preise geredet, und ich denke, ich präsentiere ihm zu meiner Sicherheit die Dinge genau so wie sie sind, exakt der Wahrheit entsprechend. Dann zum Strand zu meinem Buchhändler; blieb dort eine Stunde und kaufte das nichtsnützige, verderbte Buch *L'Escholle des Filles*; ich kaufte es im Interimseinband (unter Vermeidung des teureren), weil ich beschloss, es sofort nach Lektüre zu verbrennen; es soll in meinem Bibliotheksverzeichnis nicht vorkommen, nicht bei meinen Büchern gefunden werden und Schande über mich bringen. Dann heim und weiter fleißig im Büro zugange; und dann heim zum Nachtmahl und ins Bett.

Meine Frau mit dem Zukünftigen meiner Schwester sehr zufrieden, sie macht schon Pläne, wie sie sich bei der Heirat vergnügt. Ich bin darüber froh, dass ich diese Sorge endlich los bin. ...

### 9. SONNTAG

Auf, und den ganzen Morgen in meinem Zimmer und dem Büro gearbeitet und ein wenig in *L'escholle des Filles* gelesen, das ein gewaltig unzüchtiges Buch ist, aber für einen anständigen Mann nichts Falsches, man kann es einmal durchlesen, um sich über die Schlechtigkeit der Welt zu informieren. Zum Mittag nach Hause, wo verabredungsgemäß Mr Pelling kam, mit ihm drei Freunde: Wallington, ein guter Bass, ein gewisser Rogers, und ein gewisser junger Mann namens Tempest, der in der Tat sehr gut singt und über alles in der Welt sofort eine feste Meinung hat. Nach Tisch gingen wir ins Wohnzimmer, sangen dort den ganzen Nachmittag (dabei fällt mir ein: Pegg Pen bekam gestern Nacht ein Mädchen; und wie so vieles andere habe ich noch nicht aufgeschrieben, dass man kaum je eine solche Pockenepidemie gesehen hat wie jetzt, die letzten zwei Monate sah man überall auf den Straßen Menschen, die sich mit den Pocken frisch angesteckt haben), aber obwohl sie wirklich schön sangen, muss ich zugeben, dass ich es nicht genießen konnte, oder zumindest nicht sehr, weil ich den Text nicht verstand, und wenn die Pausen zwischen den Worten so gesetzt sind, ist weder Vernunft noch Verstand in ihnen, obwohl alles auf Englisch ist – und reduziert den Gesang zu einer Art schlechterer Instrumentalmusik. Wir sangen fast bis in die Nacht und zechten ordentlich von meinen Weinvorräten; und als sie gingen, bin ich in mein Zimmer, wo ich *L'Escholle des Filles* las; ein verderbtes Buch, das ich aber nur zu Informationszwecken lese (aber es hazar meinen Schwanz die ganze Zeit hart; und una vez auch decharger); und nachdem ich es getan hatte, verbrannte ich es; es soll nicht unter meinen Büchern gefunden werden und mir Schande machen; und dann nachts zum Abendessen und ab ins Bett.

## 1670

## BARUCH DE SPINOZA

# Jedem das Recht, zu denken, was er will, und zu sagen, was er denkt

*Gleich noch eine nicht minder einsame Gestalt als Pascal. Schon bevor eine Zeile von ihm veröffentlicht ist, gerade 23-jährig, wird der aus Spanien stammende Sepharde portugiesischer Muttersprache aus seiner Amsterdamer jüdischen Gemeinde ausgeschlossen. Die Rabbiner untersagen jeden schriftlichen und mündlichen Kontakt mit ihm. Eine einzige Schrift über die Methode von Descartes erscheint zu seinen Lebzeiten unter seinem Namen. Die Ethik, sein Hauptwerk, erscheint postum, sein Theologisch-politischer Traktat anonym und wird in Amsterdam zusammen mit Hobbes' Leviathan verboten. Den Lebensunterhalt verdient er recht mühelos als Optiker mit der Herstellung von Fernrohren und Mikroskopen. Als einer der wichtigsten Begründer der kritischen Bibelexegese und mit seinem Gott als singulärer »unendlicher und ewiger in ihren Eigenschaften konstanter Substanz« hat er in seiner Welt als ebenso gottlos zu gelten wie heute Salman Rushdie in Iran oder Saudi-Arabien.*

*Alle bedeutenden Denker der folgenden Jahrhunderte, von Lessing, Herder und Kant bis hin zu Einstein und Dürrenmatt, haben in großer Ehrfurcht zu ihm aufgeblickt. Vielleicht hat Baruch de Spinoza (\* 1632, † 1677) nicht in seiner Zeit und Welt gelebt. Diese war, wie ihre Reaktionen beweisen, ganz gewiss nicht bereit, ihn und seine Monstrositäten anzuhören. Wie? Glauben könne niemand auf Befehl? Nur in Freiheit?*

D IE MENSCHEN sind in der Regel so beschaffen, dass ihnen nichts so unerträglich ist, als wenn Ansichten, die sie für wahr halten, als Verbrechen gelten und wenn ihnen das, was sie zur Frömmigkeit in ihrem Verhalten gegen Gott und die Menschen bewegt, als Missetat angerechnet wird. Dann verabscheuen sie die Gesetze und erlauben sich alles gegen die Behörden, und sie halten es nicht für schimpflich, sondern für höchst ehrenvoll, um dieser Ursache willen Empörungen anzustiften und jeden möglichen Frevel zu versuchen. Da die menschliche Natur zweifellos so beschaffen ist, so treffen denn die Gesetze über die Meinungen nicht die Bösen, sondern die Edlen, und dienen nicht, die Übelgesinnten im Zaum zu halten, sondern vielmehr die Anständigen zu erbittern, und lassen sich ohne große Gefahr für die Regierung nicht aufrechterhalten.

Dazu kommt noch, dass derartige Gesetze völlig nutzlos sind. Denn alle, welche die in den Gesetzen verdammten Ansichten für richtig halten, werden den Gesetzen nicht gehorchen können; diejenigen aber, die jene Ansichten als falsch verwerfen, werden die Gesetze, die sie verdammen, wie Privilegien aufnehmen und so sehr über diese Gesetze triumphieren, dass die Obrigkeit sie späterhin, auch wenn sie wollte, nicht abzuschaffen vermöchte. Dazu kommt noch, was ich im 18. Kapitel aus der Geschichte der Hebräer unter Ziffer 2 hergeleitet habe.

Wie viele Kirchenspaltungen sind schließlich gerade daraus entstanden, dass die Behörden die Streitigkeiten der Gelehrten durch Gesetze beilegen wollten! Denn wenn die Menschen sich nicht der Hoffnung hingäben, die Gesetze und die Obrigkeit auf ihre Seite zu bringen und über ihre Gegner durch den allgemeinen Beifall des Pöbels zu triumphieren und Ehren zu gewinnen, dann würden sie nie so böswillig streiten und keine solche Wut würde ihren Sinn erfüllen. Nicht bloß die Vernunft, auch die Erfahrung lehrt es durch tägliche Beispiele, dass derartige Gesetze, die dem Einzelnen vorschreiben, was er zu glauben hat, und die es ihm verwehren, gegen diese oder jene Meinung etwas zu sagen oder zu schreiben, häufig nur geschaffen worden sind, um dem Zorn derer entgegenzukommen oder richtiger nachzugeben, die keine freien Geister neben sich dulden können und die mit einer finsteren Autorität die Bigotterie eines aufrührerischen Pöbels leicht in Raserei zu verwandeln und gegen jeden Beliebigen aufzupeitschen verstehen.

Wäre es aber nicht weit besser, den Zorn und die Wut des Volkes in Schranken zu halten als nutzlose Gesetze zu geben, die nur diejenigen verletzen können, die Tugend und Sitte lieben, und den Staat so einzuengen, dass er keine edlen Männer mehr ertragen kann? Lässt sich ein größeres Unglück für einen Staat denken, als dass achtbare Männer, bloß weil sie eine abweichende Meinung haben und nicht zu heucheln verstehen, wie Verbrecher des Landes verwiesen werden? Was, sage ich, kann verderblicher sein, als wenn Männer nicht wegen eines Verbrechens oder einer Freveltat, sondern nur weil sie freien Geistes sind, zu Feinden erklärt und zum Tode geführt werden, wenn das Schafott, das Schreckbild der Bösen, zur schönsten Schaubühne wird, um das erhabenste Beispiel der Selbstverleugnung und Tugend, aller Majestät zum Hohne, darzubieten? Denn wer sich seiner Rechtschaffenheit bewusst ist, der fürchtet den Tod nicht wie der Verbrecher und fleht nicht um den Erlass der Strafe; seine Seele wird nicht durch die Reue über eine schlimme Tat bedrückt, als eine Ehre, nicht als eine Strafe erachtet er es, für die gute Sache zu sterben, und als ruhmvoll, für die Freiheit den Tod zu erleiden. Was soll wohl das Beispiel einer solchen Hinrichtung bewirken, deren Ursache die Stumpfen und Geistesschwachen nicht kennen, die Aufrührerischen hassen und die Rechtschaffenen lieben? Niemand kann sich wahrhaftig daran ein Exempel nehmen, es sei denn zur Nachahmung oder doch zur Heuchelei.

Soll also nicht Kriecherei, sondern Treue geachtet werden und sollen die höchsten Gewalten die Regierung in festen Händen halten und nicht gezwungen sein, sie Aufrührern zu überlassen, so muss die Freiheit des Urteils notwendig gewährt und die Menschen müssen so regiert werden, dass sie, trotz offenbar verschiedener, ja entgegengesetzter Meinungen, doch in Eintracht miteinander leben. Es kann kein Zweifel sein, dass diese Regierungsweise die beste ist und die wenigsten Missstände im Gefolge hat, denn sie steht mit der Natur der Menschen am meisten im Einklang. Denn bei der demokratischen Regierung (die dem Naturzustand am nächsten kommt) verpflichten sich, wie ich gezeigt habe, alle, nach gemeinsamem Beschluss zu handeln, nicht aber so zu urteilen und zu denken. D. h. weil nicht alle Menschen die gleiche Meinung haben können, ist man dahin übereingekommen, dass diejenige Meinung die Kraft eines Beschlusses haben soll, die die meisten Stimmen auf sich vereinigt, vorbehaltlich des Rechts, sie wieder aufzuheben, sobald sich ihnen etwas Besseres zeigt. Je weniger man demnach den Menschen die Freiheit des Urteils zugesteht, umso mehr entfernt man sich von dem natürlichsten Zustand und umso gewalttätiger ist infolgedessen die Regierung.

Um aber zu beweisen, dass sich aus dieser Freiheit keine Missstände ergeben, die sich nicht durch die bloße Autorität der höchsten Gewalt vermeiden ließen, und dass nur diese Freiheit die Menschen auch bei offenbar entgegengesetzter Meinung ohne Schwierigkeiten abhalten kann, einander Schaden zuzufügen, dafür sind die Beispiele bei der Hand, und ich brauche sie nicht erst weit herzuholen. Die Stadt Amsterdam mag als Beispiel dienen: In ihrem prächtigen Gedeihen und in der Bewunderung aller Völker erfährt sie die Früchte dieser Freiheit. In diesem blühenden Staat, in dieser herrlichen Stadt leben alle Menschen, welchem Volk und welcher Sekte sie auch angehören, in vollkommener Eintracht. Will man jemandem sein Vermögen anvertrauen, so braucht man nur zu wissen, ob er reich oder arm ist, ob seine Handlungsweise ehrlich oder unehrlich befunden worden; um die Religion oder die Sekte kümmert man sich nicht, weil sie beim Richter für die Entscheidung über Recht und Unrecht nicht in Betracht kommt. Eine Sekte mag noch so verhasst sein, ihre Anhänger werden, sofern sie nur niemanden schädigen, jedem das Seine zukommen lassen und anständig leben, durch die öffentliche Autorität und die Hilfe der Behörden geschützt. Als dagegen früher der Religionsstreit der Remonstranten und Contraremonstranten auf die Staatsmänner und Provinzialstände übergriff, endete er schließlich mit einer Religionsspaltung. Viele Beispiele aus der damaligen Zeit können es bestätigen, dass Gesetze über die Religion, die die Streitigkeiten beilegen sollen, die Menschen mehr aufreizen als bessern, dass sich andere durch sie zu einer schrankenlosen Willkür berechtigt glauben, und dass zudem die Spaltungen nicht aus übergroßem Eifer für die Wahrheit (die doch die Quelle der Freundlichkeit und Sanftmut ist), sondern aus übergroßer Herrschbegier entstehen. Das beweist sonnenklar, dass jene vielmehr Schismatiker sind, die die Schriften der anderen verdammen und den frechen Pöbel gegen die Verfasser aufhetzen, weit mehr als die Verfasser selbst, die in der Regel nur für die Gelehrten schreiben und bloß die Vernunft zu Hilfe rufen. Ja, das sind die wahren Friedensstörer, die in einem freien Staat die Freiheit des Urteils, die nicht unterdrückt werden kann, aufheben wollen.

Hiermit habe ich gezeigt: 1. Es ist unmöglich, den Menschen die Freiheit zu nehmen, zu sagen, was sie denken. 2. Diese Freiheit kann unbeschadet des Rechts und der Autorität der höchsten Gewalten jedem zugestanden werden, und jeder kann diese Freiheit unbeschadet jenes Rechts bewahren, sofern er sich daraus nicht die Erlaubnis nimmt, etwas im Staat als Recht einzuführen oder den anerkannten Gesetzen entgegenzuhandeln. 3. Jeder kann diese Freiheit besitzen, unbeschadet des Friedens im Staat, und es wird kein Missstand sich daraus ergeben, der nicht leicht abzustellen wäre. 4. Auch unbeschadet der Frömmigkeit kann jeder diese Freiheit besitzen. 5. Gesetze über spekulative Dinge sind völlig nutzlos. 6. Ich habe gezeigt, dass diese Freiheit nicht nur ohne Schaden für den Frieden des Staates, die Frömmigkeit und das

Recht der höchsten Gewalten zugestanden werden kann, sondern dass sie vielmehr zugestanden werden muss, um all dies zu erhalten. Denn wo man sich umgekehrt bemüht, den Menschen diese Freiheit zu nehmen, und wo man die Meinungen Andersdenkender vor Gericht zieht anstatt ihren Geist, der allein doch sich verfehlen kann, da wird an rechtschaffenen Leuten ein Exempel statuiert, das eher nach einem Martyrium aussieht und das die anderen mehr erbittert und zum Mitleid, ja zur Rache bewegt, als dass es sie abschreckt. Treu und Glaube und die guten Sitten werden vernichtet, Heuchler und Verräter großgezogen, und die Gegner triumphieren, weil man ihrem Hasse nachgegeben hat und weil es ihnen gelungen ist, die Inhaber der Regierungsgewalt zu Parteigängern der Lehre zu machen, als deren Ausleger sie gelten. So kommt es dann, dass sie sich deren Autorität und Recht anzumaßen wagen und sich ohne Scheu rühmen, sie seien von Gott auserwählt und ihre Beschlüsse seien göttlich, die der höchsten Gewalten aber nur menschlich und müssten daher den göttlichen, d. h. ihren eigenen Beschlüssen weichen. Niemand kann verkennen, dass dies alles mit dem Staatswohl in völligem Widerstreit steht.

Darum ziehe ich, wie oben im 18. Kapitel, den Schluss, dass nichts die Sicherheit des Staates besser gewährleistet, als wenn Frömmigkeit und Religion bloß in der Übung der Liebe und der Billigkeit bestehen und wenn das Recht der höchsten Gewalten in geistlichen ebenso wie weltlichen Dingen sich nur auf Handlungen bezieht, im Übrigen aber jedem das Recht zugestanden wird, zu denken, was er will, und zu sagen, was er denkt.

Damit habe ich erledigt, was ich mir in diesem Traktat zu behandeln vorgenommen hatte. Es bleibt mir nur noch übrig, ausdrücklich zu bemerken, dass ich nichts darin geschrieben habe, was ich nicht bereitwilligst der Prüfung und dem Urteil der höchsten Gewalten meines Vaterlandes unterwerfe. Urteilen sie, dass etwas von dem, was ich gesagt habe, den Landesgesetzen widerstreitet oder dem Gemeinwohl schadet, so will ich es nicht gesagt haben. Ich weiß, dass ich ein Mensch bin und dass ich habe irren können. Ich habe mich aber redlich bemüht, nicht zu irren, und vor allem nur so zu schreiben, wie es den Gesetzen meines Vaterlandes, der Frömmigkeit und den guten Sitten in jeder Hinsicht entspricht.

# 1675

## MARY ROWLANDSON

# In der Stunde der Entscheidung wankt so mancher Vorsatz

*Wie geht es jemandem, wenn er vor die letzte Entscheidung gestellt wird: Leben oder Tod? Die Predigersfrau Mary Rowlandson (\* 1637, † 1711) hatte nicht danach gesucht – aber als die gedemütigten und hungernden Indianer im südlichen Neuengland in einem letzten Versuch, ihr Land zu verteidigen, gewaltsam gegen die amerikanischen Siedler loszogen, geriet sie am 10. Februar 1676 in die wenig beneidenswerte Lage, entscheiden zu müssen. Sie wählte das Leben und geriet mit ihren drei Kindern in Gefangenschaft. Sie lernte zu hungern wie die Indianer, ein verwundetes Kind starb. Mary Rowlandson wurde am 2. Mai freigekauft, ihr Bericht* A True History of the Captivity and Restoration of Mary Rowlandson *über die Tage der Festnahme und Gefangenschaft avancierte zum Bestseller in Siedlerkreisen.*

*Auch die beiden überlebenden Kinder kamen frei. Der Aufstand dauerte vom 20. Juni 1675 bis zum August 1676. 600 Siedler und 3000 Indianer kamen dabei um, Häuptling Metacomet, der den Aufstand anführte, wurde erschossen, sein Leib geviertelt und sein Kopf 20 Jahre lang auf einem Pfahl in Plymouth zur Schau gestellt. Was mit seiner Frau und seinen Kindern geschah, ist nicht ganz sicher – mutmaßlich wurden sie in die Sklaverei nach Westindien verkauft.*

AM ZEHNTEN FEBRUAR 1675 fiel eine große Zahl Indianer über Lancaster her. Sie kamen bei Sonnenaufgang; weil wir Gewehrfeuer hörten, schauten wir heraus; einige Häuser brannten und der Rauch stieg zum Himmel. Sie bekamen fünf Personen in dem Haus zu fassen; den Vater, die Mutter und den Säugling erschlugen sie mit Hieben auf den Kopf, die beiden anderen zerrten sie lebend heraus. Zwei andere, die aus irgendeinem Grund nicht hinter Barrikaden in Deckung gegangen waren, verfolgten sie; einen machten sie mit Schlägen auf den Kopf nieder, der andere entkam; ein anderer, der davonrannte, fiel von einem Schuss getroffen und verwundet nieder; er bettelte um sein Leben und versprach ihnen Geld (wie sie mir später erzählten), aber sie erhörten ihn nicht, zertrümmerten seinen Kopf, zogen ihm die Kleider aus und schnitten ihm den Bauch auf. Ein anderer, der viele Indianer an seiner Scheune sah, griff sie draußen an, wurde aber bald niedergeschossen. Noch drei andere hinter derselben Barrikade wurden getötet; die Indianer kletterten auf das Dach der Scheune und konnten dann von oben über ihre Deckung schießen. So kamen diese Mordbuben voran, alles, was auf ihrem Weg lag, verbrennend und zerstörend.

Nach und nach drangen sie bis zu unserem Haus vor, und bald wurde aus dem Tag der schlimmste, den ich je erlebte. Das Haus stand am Rand eines Hügels; einige der Indianer gelangten bis hinter den Hügel, einige hinter die Scheune und weitere nutzen alles andere, was irgend Deckung bot; und von all diesen Orten schossen sie auf das Haus, die niederprasselnden Kugeln klangen wie Hagel; und schon bald hatten sie einen von uns verwundet, dann noch einen, dann einen dritten. Um die zwei Stunden hatten sie das Haus belagert (zumindest meiner Beobachtung unter diesen besonderen Umständen nach), bevor sie es in Brand setzen konnten (das gelang ihnen mit Hilfe von Flachs und Hanf, die sie aus der Scheune herbeiholten, und es gab keinen Schutz, außer zwei Barrikaden an zwei Ecken, von denen aber eine nicht fertig war). Sie setzten es einmal in Brand, einer ging hinaus und konnte das Feuer löschen, aber sie entfachten es bald wieder, und diesmal gelang es ihnen. Nun kam der fürchterliche Moment, von dem ich schon oft gehört habe (in Kriegszeiten, aus den Erzählungen anderer), aber jetzt musste ich es selbst miterleben: Einige in unserem Haus kämpften um ihr Leben, andere wälzten sich in ihrem Blut, das Haus über unseren Häuptern brannte, und draußen warteten die blutrünstigen Heiden nur darauf, uns niederzustrecken, falls wir versuchen sollten, zu fliehen. Nun hörten wir Mütter und Kinder schreien, zu sich selbst und zu anderen: »Herr, was sollen wir tun?« Da nahm ich meine Kinder und eins meiner Schwester an die Hand, um mit ihnen das Haus zu verlassen, aber als wir in die Nähe der Tür kamen und gesehen werden konnten, wurde der Geschosshagel so dicht, dass die Kugeln gegen das Haus prasselten, als hätte jemand eine Handvoll Kiesel dagegengeschleudert, und wir sahen uns gezwungen, uns zurückzuziehen. Wir hatten sechs kräftige Hunde, von denen keiner sich rührte, aber sie warteten nur darauf, dass ein Indianer in der Tür erschien, um sich auf ihn zu stürzen und ihn niederzureißen. Der Herr zeigte in dieser Situation umso mehr, dass seine Hand über uns wachte, und gab uns zu erkennen, dass Hilfe immer vom Ihm kommt. Aber wir mussten doch heraus, das Feuer wurde immer stärker und kam fauchend immer näher; und vor uns die Indianer, begierig darauf, uns mit ihren Gewehren, Speeren und Beilen zu vernichten. Kaum waren wir aus dem Haus, als mein Schwager (der schon vorher bei der Verteidigung an der Kehle verwundet worden war) tot niederfiel, woraufhin die Indianer verächtlich schrien und brüllten, und auch gleich über ihm waren und begannen, ihm die Kleider vom Leib zu reißen; die Kugeln flogen dicht, und eine ging mir durch die Seite und – wie es schien, dieselbe – durch den Bauch und die Hand des Kindes in meinen Armen. Einem der Kinder meiner Schwester, William, wurde das Bein gebrochen, und als die Indianer dies sahen, erschlugen sie ihn mit Schlägen auf den Kopf. So wurden wir von den gnadenlosen Heiden niedergemacht, wie gelähmt dastehend, das Blut rann uns zu den Knöcheln hinunter. Meine älteste Schwester, die noch im Haus war und sah, wie die Heiden die Mütter zur einen, die Kinder zur anderen Seite warfen, und einige sich in ihrem Blut wälzten, erfuhr durch ihren ältesten Sohn, dass ihr Sohn William tot sei und ich verwundet, sagte: »Oh Herr, lass mich mit ihnen sterben« – da wurde sie schon von einer Kugel getroffen und fiel tot auf die Schwelle. …

Oh, was für ein herzzerreißendes Bild dieses Hauses bot sich nun! Von den siebenunddreißig, die darin gewesen waren, entkam keiner dem sofortigen Tod oder der bitteren Gefangenschaft außer einem, der nun sagen kann: »Und nur ich bin entkommen, die Botschaft zu künden« (Hiob 1,15). Zwölf wurden niedergemacht, einige erschossen, die anderen mit Speeren niedergemacht oder mit Keulen erschlagen. Wie wenig denken wir in Zeiten des Wohlstands an einen solch fürchterlichen Anblick. Die Verwandten in ihrem Lebenssafte sich wälzend am Boden. Einer war vom Beil am Kopf getroffen und nackt ausgezogen worden und kroch doch immer noch hin und her. Es ist ein eindrücklicher Anblick, so viele Christen in ihrem Blut liegen zu sehen, einige hier, andere da, wie eine Schafherde, in die der Wolf gefahren ist, alle nackend ausgezogen von einem Rudel Höllenhunde, die brüllen, singen, fluchen und Beschimpfungen ausstoßen, als würde man ihre Herzen ausreißen. Und doch bewahrte der Herr, der Allmächtige, einige von uns vor dem Tode, vierundzwanzig von uns wurden lebendig gefangen genommen und davongeführt.

Oft hatte ich gesagt, wenn die Indianer kämen, würde ich lieber sterben, als mich gefangen nehmen zu lassen, aber als die Stunde der Entscheidung kam, änderte ich meine Meinung; ihre blitzenden Waffen erfüllten mich mit solcher Furcht, dass ich lieber mit diesen (wenn ich so sagen darf) hungrigen Raubtieren ging, als meine Tage zu beschließen.

# 1688

## APHRA BEHN

## Oroonoko. Der Wilde dieses Namens muss edel sein

*Wir sind schon wieder in England, wo der wunderschöne, hochintelligente Oroonoko noch als Sklave im Licht der abendländischen Zivilisation auftaucht. Doch er ist bereits der edle Wilde der späteren romantisierenden Völkerkunde, eine moderne Gestalt gewiss, jedoch weder eine Schöpfung Rousseaus noch späterer Nostalgiker des Naturzustandes, sondern beinahe so alt wie die Neuzeit selbst. Die Romanfigur bestätigt eine weitere Beobachtung: Das schlechte Gewissen und Unrechtsbewusstsein ist im gegebenen Kontext der neuzeitlichen Sklaverei und des transatlantischen Menschenhandels so alt wie dieses Verbrechen gegen die Menschlichkeit selbst. Schon als im 15. Jahrhundert die ersten Negersklaven in Ketten auf portugiesischem Hafenpflaster spazieren geführt wurden, flüsterten sich Schaulustige zu, das Heimweh sei doch eine gesamtmenschheitliche Empfindung, und vergossen Tränen christlichen Mitleids. Dieses ist geduldig, kann Jahrhunderte auf Wirkung warten und ist bekanntlich, wenn es dazu kommt, auf das Zusammenwirken mit handfesteren Motiven angewiesen.*

*Aphra Behn (\* 1640, † 1689) machte sich einen besonderen Namen als erste englische Schriftstellerin, die mit ihrer Kunst den Lebensunterhalt bestritt. Nach dem frühen Tod ihres Ehemanns, eines holländischen Kaufmanns, lehnte die 25-jährige Frau eine zweite Heirat ab. Eine Ehe aus wirtschaftlichen Erwägungen bezeichnete sie als Prostitution. Der frühen Verfechterin weiblicher Selbstbestimmung mangelte es nicht an Anfeindungen, die meist ihr offenes Wort gegen sexuelle Doppelmoral als Freizügigkeit diffamierten. Ihre Vertrautheit mit dem Sklavenhandel, dem Rahmen ihres bekanntesten Romans* Oroonoko, *geht zurück auf einen mehrjährigen Aufenthalt als Kind in Suriname, vormals Niederländisch Guayana.*

KAUM WAR OROONOKO von seinem letzten Sieg heimgekehrt und am Hofe mit all jener Freude und Pracht empfangen worden, welche einem jungen Sieger bezeigt werden konnten, der nicht nur triumphierend, sondern wie eine Gottheit geliebt zurückkehrt, als ein englisches Schiff in den Hafen einlief.

Der Kapitän war zuvor schon oft in dieser Gegend gewesen und Oroonoko, mit dem er, wie auch mit dessen Vorgängern, Sklavenhandel betrieben hatte, wohlbekannt.

Er war ein Mann von gefälligerem Anstand und feinerer Lebensart, besser erzogen und einnehmender als die meisten dieses Menschenschlages, sodass er eher den Eindruck erweckte, als sei er an einem Hof aufgewachsen denn sein Lebtag zur See gefahren. Deshalb wurde dieser Kapitän am Hofe stets besser empfangen als die meisten Händler, die in diese Gegend kamen, und vor allem Oroonoko, der auf europäische Art zivilisierter war als irgendein anderer und auch mehr Gefallen an den Völkern der Weißen fand, und besonders an Männern von Talent und Verstand. Er verkaufte dem Kapitän eine große Menge seiner Sklaven, machte ihm in seiner Gewogenheit und Wertschätzung zu viele Geschenke und nötigte ihn, so lange wie möglich am Hofe zu verweilen. Der Kapitän schien diese Einladung als eine sehr hohe Ehre anzunehmen, welche man ihm erwies; jeden Tag unterhielt er den Prinzen mit Globen, Landkarten, mathematischen Abhandlungen und Instrumenten, und er aß, trank, jagte und lebte mit ihm in so vertrautem Umgang, dass kein Zweifel darüber bestand, wie sehr er das Herz dieses tapferen jungen Mannes gewonnen hatte. Zum Dank für all diese übergroßen Gunstbeweise bat der Kapitän den Prinzen, den einen oder anderen Tag sein Schiff, ehe er Segel setzte, zum Dinner mit seinem Besuch zu beehren, wozu sich Oroonoko herbeiließ und einen Tag bestimmte. Der Kapitän versäumte seinerseits nicht, alles auf die herrlichste Weise, die ihm möglich war, vorzubereiten, und als der Tag herangekommen war, ruderte er in seinem reich mit Teppichen und Samtkissen geschmückten Boot zum Strand, um den Prinzen zu empfangen, gefolgt von einer Pinasse mit all seinen Musikanten und Trompetern, über die Oroonoko höchst entzückt war, als er in Begleitung seines französische Erziehers Jamoans, Aboans und ungefähr hundert der vornehmsten jungen Männer am Hofe zum Strand kam. Und nachdem sie zuerst den Prinzen an Bord gebracht hatten, holten die Boote alle übrigen auf das Schiff, wo sie ein überaus prächtiges Mahl vorfanden, mit jederlei köstlichen Weinen, und wo sie unterhalten wurden, so gut es an einem solchen Ort möglich ist.

Da der Prinz wie alle anderen tüchtig Punsch und mehrere Sorten Wein getrunken hatte (denn es wurde nachdrücklich dafür gesorgt, dass es ihnen an diesem Teil der Bewirtung nicht fehle), war er sehr fröhlich und voll großer Bewunderung für das Schiff, denn er war noch nie auf einem gewesen und daher neugierig, jede Örtlichkeit zu besichtigen, zu welcher er schicklicherweise hinuntersteigen konnte. Die anderen, die nicht weniger neugierig, aber nicht ganz so berauscht waren, streiften zu ihrem Vergnügen umher, wohin sie der Einfall führte. Als dann der Kapitän, der sich seinen Plan vorher gut zurechtgelegt hatte, den Befehl gab, all seine Gäste zu ergreifen, schnappten plötzlich schwere Eisenfesseln um den Prinzen, da er eben in den Laderaum hinabsprang, um sich diesen Teil des Schiffes anzuschauen, und er wurde fest an den Boden geschlossen und gesichert. Der gleiche Verrat wurde an allen anderen geübt, alle wurden an den verschiedenen Stellen des Schiffes im gleichen Augenblick rasch in Eisen geschlossen und durch diese Heimtücke in die Sklaverei gebracht. Nachdem der große Plan gelungen war, griffen alle Mann zu, die Segel zu hissen, und mit einem ebenso verräterischen wie günstigen Wind stachen sie mit ihrer arglosen und kostbaren Beute, die an nichts weniger als an eine solche Bewirtung gedacht hatte, in See.

Manche haben diese Tat des Kapitäns als kühn gerühmt; meine Ansicht darüber will ich mir ersparen und es meinem Leser überlassen, nach seinem Belieben darüber zu urteilen. Man wird leicht erraten können, auf welche Weise diese Schändlichkeit von dem Prinzen verübelt wurde, den man am besten mit einem im Netz gefangenen Löwen vergleichen konnte, so sehr wütete und kämpfte er um die Freiheit; doch alles vergeblich, und seine Fesseln waren so gescheit angebracht worden, dass er keine Hand zur Gegenwehr gebrauchen konnte, sich selbst um ein Leben zu bringen, das keinesfalls die Sklaverei erdulden wollte; auch konnte er sich von der Stelle, wo er angebunden war, nicht zu einem massiven Schiffsteil rühren, wo er sich den Kopf hätte einschlagen und auf diese Weise seiner Schmach ein Ende machen können. Aller anderen Mittel beraubt, beschloss er daher, an Nahrungsmangel zu sterben, und endlich beruhigt durch diesen Gedanken, erschöpft und ermüdet von Zorn und Empörung, legte er sich nieder und lehnte, zum Sterben entschlossen, alles ab, was ihm gebracht wurde.

Das beunruhigte den Kapitän nicht wenig, und umso mehr, als er merkte, dass fast alle in der gleichen Laune waren, sodass der Verlust so vieler tapferer, hochgewachsener und ansehnlicher Sklaven höchst beachtlich gewesen wäre. Deshalb befahl er einem, in seinem Namen (denn er selbst wollte sich nicht blicken lassen) zu Oroonoko zu gehen und ihm zu versichern, dass es ihn betrübe, unbedachterweise eine so ungastliche Tat begangen zu haben, die jetzt nicht wiedergutgemacht werden könne, da sie sich weit von der Küste entfernt hätten; doch da er diese Tat auf eine so heftige Weise verübele, versichere er ihm, dass er seinen Entschluss widerrufen und sowohl ihn wie seine Freunde in dem nächsten Land, das sie anliefen, von Bord bringen werde; darauf gäbe er ihm seinen Eid, sagte der Bote, vorausgesetzt, sie entschlössen sich weiterzuleben. Und Oroonoko, dessen Rechtschaffenheit so war, dass er nie in seinem Leben ein Wort gebrochen hatte, noch viel weniger eine feierliche Versicherung, glaubte augenblicks, was dieser Mann sagte, erwiderte jedoch, als Bestätigung dessen erwarte er, dass ihm seine Fesseln abgenommen würden. Diese Forderung wurde dem Kapitän überbracht, der darauf folgende Antwort gab: Der Schimpf, welchen er dem Prinzen angetan, sei so groß, dass er ihm nicht die Freiheit zu schenken wage, solange er auf dem Schiff sei, damit er nicht mit der ihm eigenen Kühnheit und aus einem Rachegefühl, das diese Kühnheit anspore, ein für ihn selbst wie auch für den König, seinen Gebieter, welchem dieses Schiff gehöre, verhängnisvolles Verbrechen begehe. Darauf entgegnete Oroonoko, er verspreche bei seiner Ehre, sich auf freundliche Art und Weise zu betragen und den Befehlen des Kapitäns zu gehorchen, da dieser ja der Herr über das dem König gehörende Schiff sei und der Befehlshaber über alle unter seinem Kommando stehenden Männer.

Dies wurde dem immer noch argwöhnischen Kapitän übermittelt, der sich, wie er sagte, nicht entschließen konnte, einen Heiden, einem Mann, welcher keine Kenntnis, keinen Begriff habe von dem Gott, den er verehre, auf sein Wort zu vertrauen. Oroonoko antwortete, es betrübe ihn sehr, zu hören, dass der Kapitän die Bekanntschaft und Verehrung irgendwelcher Götter vorschütze, welche ihn keine besseren Grundsätze gelehrt hätten, als nicht so zu vertrauen, wie ihm vertraut werde. Es wurde ihm jedoch gesagt, die Verschiedenheit ihres Glaubens sei die Ursache dieses Misstrauens; denn der Kapitän habe bei dem Wort eines Christen gelobt und im Namen eines großen Gottes geschworen, und wenn er das verletzen sollte, werde er ewige Martern in der künftigen Welt zu erwarten haben. »Ist das seine ganze Verpflichtung, seinem Schwur getreu zu sein?«, erwiderte Oroonoko. »Sagt ihm, ich schwöre bei meiner Ehre, und wenn ich sie verletzte, würde ich mich nicht nur verächtlich und allen tapferen und ehrlichen Menschen zum Abscheu machen und mir damit selbst immerwährende Qual bereiten, sondern es wäre ein ewiger Schimpf und ein ewiges Ärgernis für die ganze Menschheit, es würde Schaden, Verrat, Betrug und Schmach für alle Menschen bedeuten. Künftige Strafen muss man jedoch allein erleiden, und die Welt weiß nicht, ob dieser Gott sie gerächt hat oder nicht, es geschieht so heimlich und wird so lange aufgeschoben; ein Mann ohne Ehre dagegen erduldet jeden Augenblick die Geringschätzung und Verachtung der ehrlicheren Welt und stirbt jeden Tag schimpflich an seinem Ruf, der kostbarer ist als das Leben. Ich sage das nicht, um Vertrauen zu erwecken, sondern um Euch zu zeigen, wie Ihr Euch täuscht, wenn Ihr Euch einbildet, wer seine Ehre verletzt, halte seinen Göttern Wort.« Und er wandte sich mit einem verächtlichen Lächeln ab und verweigerte die Antwort, als der Bote in ihn drang, zu erfahren, welche Erwiderung er seinem Kapitän bringen solle, sodass der Bote, ohne noch etwas zu sagen, davonging.

Nachdem der Kapitän überlegt und beratschlagt hatte, was zu tun sei, entschied man, dass allein Oroonokos Freilassung die anderen anspornen würde zu essen, abgesehen von den Franzosen, denn der Kapitän durfte sich nicht anmaßen, ihn als Gefangenen zu behalten, sondern erzählte ihm, er sei in Gewahrsam genommen worden, weil er andernfalls etwas zugunsten des Prinzen unternehmen könnte; sobald sie jedoch an Land kämen, sollte er freigelassen werden. Deshalb wurde es für unerlässlich gehalten, den Prinzen von seinen Fesseln zu befreien, auf dass er sich den anderen zeige. Sie konnten ein Auge auf ihn haben und brauchten einen Einzelnen nicht zu fürchten.

Als dies beschlossen war, ging der Kapitän, um die Verpflichtung noch gewichtiger zu machen, selbst zu Oroonoko, wo er nach vielen Höflichkeiten und Beteuerungen des bereits Versprochenen des Prinzen Wort und seine Hand darauf empfing, sich gut zu betragen, ihn von seinen Eisen erlöste und in seine eigene Kabine führte. Nachdem er ihn bewirtet und eine Weile hatte ruhen lassen (denn er hatte vier Tage lang weder gegessen noch geschlafen), ersuchte er ihn, die widerspenstigen Gefesselten zu besuchen, welche jederlei Nahrung verweigerten, und bat ihn, er möge sie zwingen zu essen und ihnen versichern, dass sie bei erster Gelegenheit ihre Freiheit wiedererlangen würden.

Oroonoko war zu hochherzig, um seinen Worten keinen Glauben zu schenken, und zeigte sich seinen Leuten, die beim Anblick ihres geliebten Prinzen überwältigt waren vor unmäßiger Freude, ihm zu Füßen fielen, ihn küssten und umarmten und an alles, was er ihnen sagte, wie an ein göttliches Orakel glaubten. Er ersuchte sie, ihre Ketten mit jener Tapferkeit zu tragen, wie sie Männern gezieme, welche er so hervorragend in Waffen gesehen; sie könnten ihm keine größeren Beweise ihrer Liebe und Freundschaft geben, da dies die ganze Sicherheit wäre, die dem Kapitän (seinem Freund) gegen die Rache gegeben sei, die sie, wie jener meine, möglicherweise mit Recht für die von ihm erlittenen Kränkungen nehmen könnten. Und alle beteuerten ihm einstimmig, wenn es um seine Ruhe und Wohlfahrt ginge, könnten sie gar nicht genug erdulden.

Danach weigerten sie sich nicht mehr zu essen, sondern nahmen zu sich, was ihnen gebracht wurde, und waren zufrieden über ihre Gefangenschaft, weil sie dadurch den Prinzen loszukaufen hofften, der den Rest der Reise über mit der ganzen seiner Herkunft gebührenden Achtung behandelt wurde, obgleich nichts seine Schwermut vertreiben konnte und er oft nach Imoinda seufzte und alles, was ihm widerfahren war, als eine Strafe dafür erachtete, dass er in jener verhängnisvollen Nacht, als er ins Feldlager geflohen, das edle Mädchen unglücklicherweise im Otan zurückgelassen hatte.

Erfüllt von tausend Gedanken an vergangene Freuden mit diesem schönen jungen Mädchen und tausend Schmerzen um ihren Verlust auf ewig, ertrug er diese langwierige Reise und gelangte endlich zur Mündung des Flusses Surinam, einer Kolonie des englischen Königs, wo ein Teil der Sklaven ausgeliefert werden sollte. Die dort ansässigen Händler und Gentlemen gingen an Bord, unter ihnen auch die Aufseher jener Pflanzungen, auf denen ich mich damals zufällig aufhielt, um die bereits vereinbarten Sklavenmengen anzufordern. Der Kapitän, der sein Wort gegeben hatte, befahl seinen Männern, jene vornehmen Sklaven, von welchen ich gesprochen, in Fesseln heraufzubringen, und nachdem er sie zusammen mit Frauen und Kindern (die man *Piccaninies* nennt) eingeteilt hatte, verkaufte er sie als Sklaven an etliche Händler und Gentlemen, wobei er darauf achtete, sie nur einzeln zuzuteilen, denn man legte Wert darauf, sie weit voneinander zu trennen, und wagte ihnen nicht zu trauen, wenn sie beisammen waren, aus Furcht, Zorn und Kühnheit könnten sie auf den Gedanken bringen, eine große Tat zum Verderben der Kolonie zu planen.

Oroonoko wurde als Erster ergriffen und an unseren Aufseher verkauft, dem mit siebzehn weiteren Sklaven aller Art und Größe, aber keineswegs von Oroonokos hohem Wert, der erste Trupp zugeteilt wurde. Als Oroonoko das sah, war ihm klar, was es zu bedeuten hatte, denn ich sagte schon, dass er Englisch recht gut verstand; doch da er völlig unbewaffnet und wehrlos war, weswegen jeder Widerstand vergeblich gewesen wäre, sah er den Kapitän nur mit einem über die Maßen grimmigen und verächtlichen Blick an, wobei die Vorwürfe aus seinen Augen Schamröte in die Wangen der Schuldigen trieben, und rief nur, als er von Bord ging: »Lebt wohl, Sir! Eine so wahre Erkenntnis Euer und Eurer Götter, bei denen Ihr schwört, ist mir meine Leiden wert!« Und da er jenen, die ihn festhielten, die Mühe ersparen wollte, sagte er ihnen, dass er keinen Widerstand leisten werde, und rief sodann: »Wohlan, meine Brüder in der Sklaverei, lasst uns hinabsteigen und sehen, ob wir nicht in der nächsten Welt, in die wir kommen, mehr Ehrgefühl und Redlichkeit antreffen.«

# 1688

# JEAN DE LA BRUYÈRE
## Frauen vom Schuhwerk bis zur Frisur

*In Paris begegnen wir derweil dem so verdient erfolgsverwöhnten Entdecker des Theophrast und Übersetzer seiner* Charaktere *(vgl. S. 38–39) und, niemanden kann das wundern, den Frauen, sonder Zahl in dieser Stadt, die nicht nur die Hauptstadt Frankreichs, sondern des Universums ist.*

*Kraft eines gekauften Amts in der Finanzverwaltung Adliger in erster Generation, findet Jean de La Bruyère (\* 1645, † 1696) Zugang zu höchsten Kreisen in Versailles, bleibt jedoch eine Randfigur, wofür der Schriftsteller mit einem distanzierten Blick entschädigt wird. In der Académie française, wohin ihm Sukkurs aus dem Königshaus den Weg zu ebnen hat, findet er sich in den Reihen der Konservativen, zu dieser Zeit als traditionalistische »Anciens« eine Minderheit, und gegen die »Modernes« in der Defensive.*

MÄNNER UND FRAUEN sind selten *eines* Urteils über das Verdienst einer Frau; ihre Interessen sind zu verschieden. Die Frauen gefallen einander nicht durch die gleichen angenehmen Eigenschaften, die das Gefallen der Männer an ihnen erregen: tausend Züge, die bei diesen große Leidenschaften entflammen, erwecken unter ihnen Abneigung und Widerwillen.

5) Wenn die Frauen sich schmücken und schminken, so ist das, wie ich gestehen muss, minder schlimm, als wenn man seine Meinung verleugnet; doch bedeutet es auch mehr als bloße Verkleidung und Maskerade, wobei man sich gar nicht für das gibt, was man zu sein scheint, sondern nur daran denkt, sich zu verbergen und nicht erkannt zu werden. Es heißt die Augen der Leute täuschen und durch äußeren Schein die Wahrheit verdecken wollen; kurz, es ist eine Lüge.

Will man die Weiber beurteilen, so tue man es von der Fußbedeckung bis zum Kopfputz ausschließlich, ungefähr wie man den Fisch abschätzt, zwischen Schwanz und Kopf.

6) Wenn die Frauen nur in ihren eigenen Augen schön sein und sich selbst gefallen wollen, dann können sie ohne Bedenken in der Art der Verschönerung, in der Wahl der Toilette und des Putzes ihrem Geschmack und ihrer Laune folgen; wollen sie aber den Männern gefallen und schminken und färben sie sich für diese rot, so habe ich die Stimmen gesammelt

und darf ihnen im Namen der ganzen oder des größten Teils der Männerwelt verkünden, dass weiße und rote Schminke sie abscheulich und widerwärtig macht; dass rote allein sie alt und entstellt erscheinen lässt; die Männer hassen es ebenso sehr, sie mit Bleiweiß auf dem Gesicht wie mit falschen Zähnen im Munde und mit Wachskugeln in den Kinnbacken zu sehen. Sie verwahren sich ernstlich gegen alle Kunstgriffe, durch deren Anwendung sich die Frauen hässlich machen. Es scheint, als habe Gott, weit entfernt, die Männer für diese Sünde der Frauen verantwortlich zu machen, ihnen vielmehr dies letzte und unfehlbare Heilmittel wider die Frauen reserviert.

Wenn die Weiber von Natur so wären, wie sie durch Kunstmittel werden; wenn sie in einem Augenblick alle Frische ihrer Haut verlören und ein so feuerrotes und so bleifarbenes Gesicht bekämen, wie sie es sich mit roter Farbe und der Schminkmalerei machen, so würden sie untröstlich sein.

9) Die Frauen machen vorher für ihre Liebhaber Toilette, wenn sie diese erwarten; werden sie aber von ihnen überrascht, so vergessen sie bei ihrem Erscheinen den unfertigen Zustand, in dem sie sich befinden – sie sehen sich nicht mehr. Bei Gleichgültigen haben sie mehr Muße; sie merken ihren unfertigen Zustand, bringen sich in deren Gegenwart in Ordnung oder verschwinden einen Augenblick und kehren im Putz zurück.

12) Man kann von gewissen Schönheiten ergriffen werden, die so vollkommen und von so augenfälligen Vorzügen sind, dass man weiter nichts wünscht, als sie zu sehen und mit ihnen zu sprechen.

13) Eine schöne Frau mit den Eigenschaften eines feinen und gebildeten Mannes gehört zum köstlichsten Umgange von der Welt: man findet bei ihr alle Vorzüge beider Geschlechter.

14) Einem jungen Mädchen entschlüpfen oft kleine Züge, die sehr überzeugend wirken und demjenigen merklich schmeicheln, dem sie gelten. Bei den Männern zeigt sich dergleichen Unwillkürliches fast nie; ihre Zärtlichkeiten sind vorher bedacht; sie reden, handeln, eifern sich, und überzeugen nicht so.

15) Laune ist bei den Frauen sehr eng mit der Schönheit gesellt. So kann sie ihr Gegengift sein und diese den Männern wenige schaden. Ohne dies Mittel würden sie nie von den Wirkungen der Schönheit geheilt.

17) Eine Frau, die einen Mann nicht mehr liebt, vergisst sogar die Gunstbezeigungen, die er von ihr erhalten hat.

18) Eine Frau, die nur einen Liebhaber hat, glaubt nicht kokett zu sein; die, welche mehrere besitzt, glaubt nur kokett zu sein.

Manche Frau vermeidet es durch eine standhafte Zuneigung zu einem Einzigen, kokett zu sein, und gilt wegen ihrer schlechten Wahl für töricht.

22) Ein verbuhltes Frauenzimmer will, dass man sie liebe: einer Koketten genügt es, liebenswürdig gefunden zu werden und für schön zu gelten. Die Erstere geht nach und nach von einem Liebeshandel zum anderen über; die Letztere zu mehreren Zerstreuungen zugleich. Leidenschaft und Vergnügungssucht herrschen bei der einen; Eitelkeit und Leichtfertigkeit bei der anderen. Die Buhlerei [die ihre eigenen Begierden stillen will] ist eine Schwäche des Herzens oder vielleicht ein Temperamentsfehler; Koketterie [die Begierden erregen will] ist eine geistige Verrottung. Das buhlerische Weib bringt es dahin, dass man sich vor ihr fürchtet, und die Kokette erregt Hass. Man kann aus diesen beiden Charakteren den Stoff zu einem dritten entnehmen, dem schlimmsten von allen.

27) Beurteilt man jenes Frauenzimmer nach seiner Schönheit, Jugend, seinem Stolz und abschätzigen Wesen, so zweifelt niemand, dass nur ein Held sie einst bezaubern kann. Ihre Wahl ist entschieden: – ein kleines Scheusal ohne Geist.

41) Kokett *und* frömmelnd sein, das heißt einem Ehemann zu sehr mitspielen: eine Frau sollte nur Eins wählen.

44) Heirate ich eine Frau, Hermas, die geizig ist, so wird sie mich nicht an den Bettelstab bringen; liebt sie das Spiel, so kann sie sich vielleicht bereichern; ist es eine Gelehrte, so kann sie meinem Wissen aufhelfen; eine Spröde wird nicht gleich außer Rand und Band geraten; ein Hitzkopf kann meine Geduld üben; eine Kokette wird mein Gefallen erregen wollen; eine verliebte Natur wird es vielleicht zu aufrichtiger Liebe gegen mich bringen; heirate ich aber eine Frömmlerin – antworte mir, Hermas: Was darf ich von einem Weibe erwarten, die Gott täuschen will und sich selbst täuscht?

52) Mit Erstaunen nimmt man in gewissen Frauenherzen etwas Lebhafteres und Stärkeres wahr als die Liebe zu den Männern, nämlich den Ehrgeiz und das Spiel. Solche Weiber machen die Männer keusch: sie haben von ihrem Geschlechte nur die Kleider.

55) Die Weiber bringen es in der Liebe weiter als die meisten Männer; aber die Männer übertreffen sie in der Freundschaft.

Die Männer sind die Ursache, dass die Frauen sich nicht lieben.

57) In der Stadt [Paris] will man, dass viele Männer und Frauen, die Dummköpfe sind, geistreich sein sollen. Am

Hofe [zu Versailles] verlangt man, dass viele Leute, die sehr geistreich sind, borniert sein sollen; und eine geistvolle und schöne Frau rettet sich hier nur mit Mühe vor der Gefahr, von anderen Weibern für dumm erklärt zu werden.

58) Ein Mann geht mit dem Geheimnis anderer zuverlässiger um als mit seinem eigenen; ein Weib dagegen bewahrt ihr Geheimnis besser als das anderer.

59) So heftig ist die Liebe nie in dem Herzen der jungen Mädchen, dass nicht Berechnung und Ehrgeiz ihr Teil dazu beitrügen.

65) Wenn eine Frau immer die Augen auf eine und dieselbe Person richtet, oder wenn sie sie stets von einer abwendet, so bringt sie uns auf denselben Gedanken über sich.

66) Den Weibern fällt es nicht schwer, zu sagen, was sie empfinden.

67) Es trifft sich wohl, dass ein Weib einem Manne die volle Leidenschaft, die sie für ihn empfindet, verbirgt, während er seinerseits die ganze Leidenschaft, die er nicht empfindet, ihr bloß vorspiegelt.

71) Eitelkeit oder Liebe sind bei den Weibern Heilmittel gegen ihre Trägheit.

Lässigkeit dagegen bei lebhaften Weibern ist das Vorzeichen der Liebe.

74) Ich begreife nicht, wie ein Ehemann, der sich ganz seiner Laune und seinem Temperament überlässt, keinen seiner Fehler verbirgt, sich im Gegenteil von seinen schlimmen Seiten zeigt, ferner geizig, in seinem Anzuge zu nachlässig, barsch, in seinen Antworten unhöflich, frostig und wortkarg ist – wie der hoffen kann, das Herz einer jungen Frau vor den Angriffen ihres Liebhabers zu schützen, welcher Putz und Pracht, liebenswürdiges Wesen, Aufmerksamkeiten, eifrige Dienstbeflissenheit, Geschenke und Schmeichelei aufwendet.

# 1689

## JOHN LOCKE

# Ihn und die Toleranz lieben wir aus Ehrfurcht und Bewunderung

*Toleranz ist ein Postulat und findet sich nicht unter den universellen Teilen einer Wohnlandschaft, wie sie zum Schleuderpreis von IKEA feilgeboten werden. Spontan, so ganz von sich aus, tritt sie fast nur auf, wo sie missverstanden wird, was oft geschieht, nämlich als Indifferenz, wenn nicht schlicht Ignoranz oder ausbleibende Wahrnehmung von Differenzen, die möglicherweise doch Unterschiede ums Ganze sind. (vgl. auch Sofsky S. 740–741)*

*Einem Missverständnis zum Trotz, gegen das kein Kraut wächst, hört die Toleranz nicht dort auf, wo sie auf ihr Gegenteil stößt, sondern fängt da erst eigentlich an. Toleranz setzt entschiedene Ablehnung dessen voraus, was toleriert wird. Sonst ist sie keine Toleranz, sondern eben nur Indifferenz. Motiviert ist sie nicht durch die Beobachtung, dass sich ihrer auch der Gegenspieler befleißigt. Stattdessen erwächst sie aus der Einsicht, dass Duldung seiner Aktionen, die man durchaus missbilligt, dem Gemeinwohl und Zusammenleben weniger abträglich ist als die erzwungene Unterbindung der fraglichen Aktionen. In diesem Geiste dulden wir bei uns Salafisten und ihre missionarischen Kampagnen.*

*Von dem überragenden britischen Staatsdenker John Locke (\*1632, †1704) hat die Welt gelernt, worauf eine freiheitliche, rechtsstaatliche Ordnung des Gemeinwesens beruht: Eine Regierung ist nur legitim, wenn sie erstens die Zustimmung der Regierten besitzt und zweitens die Naturrechte Leben, Freiheit und Eigentum beschützt. Gegen Missachtung dieser Bedingungen besteht ein Recht der Regierten auf Widerstand gegen die Regierenden. Hier feiern wir ihn mit einem Auszug aus seinem Brief über die Toleranz, Lockes Fazit aus zwei Jahrhunderten religiöser Bürgerkriege in Europa.*

AN LETZTER STELLE wollen wir nun untersuchen, was die Pflicht der Obrigkeit in Angelegenheiten der Toleranz ist; sicherlich ist sie sehr beträchtlich.

Wir haben bereits bewiesen, dass die Seelsorge nicht der Obrigkeit obliegt; ich meine: nicht eine obrigkeitliche Sorge, wenn ich so sagen darf, die in Vorschriften durch

Gesetze und Zwang durch Strafen besteht. Denn eine liebevolle Sorge, die in Belehrung, Ermahnung und Überzeugung besteht, kann keinem Menschen verwehrt werden. Daher steht die Sorge für eines jeden Seelenheil ihm selbst zu und muss ihm selbst belassen werden. Aber wie, wenn er die Sorge für sein Seelenheil vernachlässigt? Ich antworte: Wie denn, wenn er die Sorge für seine Gesundheit oder sein Besitztum vernachlässigt – Dinge, die mit dem Regiment der Obrigkeit in näherer Beziehung stehen als das Vorige? Soll die Obrigkeit durch ein ausdrückliches Gesetz dafür vorsorgen, dass so ein Mensch nicht arm oder krank wird? Gesetze treffen so weit wie möglich Vorsorge dafür, dass die Güter und die Gesundheit der Untertanen nicht durch Betrug oder Gewalttat anderer verletzt werden; sie bewachen sie nicht gegen Nachlässigkeit oder Misswirtschaft der Besitzer selber. Niemand kann gezwungen werden, reich oder gesund zu sein ohne Rücksicht darauf, ob er selbst es will oder nicht will. Ja, Gott selbst wird die Menschen nicht gegen ihren Willen selig machen. Nehmen wir einmal an, ein Fürst wäre voll Verlangen, seine Untertanen zu zwingen, Reichtümer anzuhäufen oder die Gesundheit und Kraft ihrer Körper zu erhalten. Soll denn nun durch Gesetz vorgesehen werden, dass sie nur römische Ärzte konsultieren dürfen, und dass jedermann gehalten sein soll, nach deren Vorschriften zu leben? Oder wie – soll keine Arznei, keine Kraftbrühe genommen werden, wenn sie nicht beispielsweise im Vatikan oder in Genf zubereitet ist? Oder sollen diese Untertanen, um reich zu werden, alle gesetzlich verpflichtet sein, Kaufleute oder Musiker zu werden? Oder soll jedermann Lebensmittelhändler oder Schmied werden, weil einige in diesen Berufen mit ihren Familien ein reichliches Auskommen haben und dabei noch reich werden? Aber, mag man sagen, es gibt 1000 Wege zum Wohlstand, doch nur einen Weg zum Himmel. Gut gesagt, wahrhaftig, besonders von denen, die dafür eintreten, Menschen auf den einen oder anderen Weg zu zwingen. Denn wenn es mehrere Wege gäbe, die dahin führten, so würde nicht einmal ein Vorwand für Zwang übrig bleiben. Nun aber, wenn ich mit äußerster Anstrengung auf dem Wege voranschreite, der gemäß der heiligen Geographie geradeaus nach Jerusalem führt, warum werde ich von anderen geschlagen und misshandelt, weil ich vielleicht keine hohen Stiefel trage, weil mein Haar nicht den richtigen Schnitt hat, weil ich vielleicht nicht auf die richtige Weise in Wasser getaucht bin, weil ich unterwegs Fleisch esse oder irgendeine andere Speise, die meinem Magen zuträglich ist, weil ich gewisse Abwege vermeide, die mir in Dorngestrüpp oder Abgründe zu führen scheinen, weil ich unter den verschiedenen Pfaden, die dieselbe Wegrichtung haben, den zu gehen wähle, der der geradeste und sauberste zu sein scheint, weil ich die Gesellschaft einiger Reisender vermeide, die weniger ernst, und anderer, die sauertöpfischer sind, als sie sein sollten, oder schließlich weil ich einem Führer folge, der entweder weiß gekleidet und mit einer Mitra gekrönt ist oder nicht ist. Wenn wir recht überlegen, werden wir sicherlich finden, dass es meistenteils solche unerheblichen Dinge wie diese sind, die (ohne Schaden für Religion und Seelenheil, wenn sie nicht gar begleitet sind von Aberglauben und Heuchelei) ebenso gut beobachtet wie außer Acht gelassen werden könnten. Ich meine, es sind solcherart Dinge wie diese, die unversöhnliche Feindschaften zwischen christlichen Brüdern erzeugen, wo diese doch in dem wesentlichen und wahrhaft grundlegenden Teil der Religion übereinstimmen.

Doch wir wollen diesen Eiferern, die alles verurteilen, was nicht ihrer Mode entspricht, zugestehen, dass aus diesen Begleitumständen verschiedene und in verschiedene Richtung weisende Wege entspringen. Was können wir daraus schließen? Es gibt nur einen von diesen, der der wahre Weg zur ewigen Seligkeit ist, aber angesichts der großen Vielfalt von Wegen, die Menschen einschlagen, ist es noch zweifelhaft, welches der rechte ist. Nun enthüllt weder die Sorge für das gemeine Wesen noch das Recht der Gesetzgebung der Obrigkeit den zum Himmel führenden Weg mit größerer Gewissheit als ihn jeden Privatmannes Forschung und Studium diesem enthüllt. Ich habe einen schwachen Körper, der unter einer verzehrenden Krankheit zusammengebrochen ist, für die es, nehme ich an, nur ein Heilmittel gibt – aber ein unbekanntes. Ist es deswegen Sache der Obrigkeit, mir ein Heilmittel vorzuschreiben, weil es nur eins gibt und weil es unbekannt ist? Weil es nur einen Weg für mich gibt, dem Tode zu entrinnen – werde ich deswegen sicher gehen, wenn ich tue, was immer die Obrigkeit anordnet? Solche Dinge, die jedermann aufrichtig bei sich selbst untersuchen und deren Kenntnis er durch Nachdenken, Studium, Forschung und eigne Anstrengung erlangen muss, können nicht als der Sonderberuf irgendeiner Art Menschen angesehen werden. Fürsten sind allerdings von Geburt anderen Menschen an Macht überlegen, aber ihrer Natur nach gleich. Weder das Recht noch die Kunst des Regierens zieht notwendig die gewisse Kenntnis anderer Dinge nach sich und am wenigsten der wahren Religion. Denn wenn es so wäre, wie konnte es dazu kommen, dass die Herren der Erde in Religionssachen so weit voneinander abweichen? Aber wir wollen zugestehen, dass der Weg zum ewigen Leben wahrscheinlich einem

Werftarbeit.
*Haiphong. Vietnam, 30. September 1993.*

Straßenverkauf.
*Rangun. Burma, 6. Oktober 2012.*

Fürsten besser bekannt ist als seinen Untertanen, oder wenigstens, dass es bei diesem ungewissen Stande der Dinge der sicherste und bequemste Weg für Privatpersonen ist, seinen Vorschriften zu folgen. So mag einer auch sagen, wie, wenn er Dir anbefehlen würde, Dich für Deinen Lebensunterhalt dem Handel zu widmen, würdest Du diesen Weg aus Furcht vor Misserfolg ablehnen? Ich antworte: Kaufmann würde ich auf des Fürsten Befehl werden, denn für den Fall, dass ich mit meinem Handel Misserfolg hätte, hat er Überfluss an Mitteln, meinen Verlust auf anderem Wege gutzumachen. Ist es wahr, wie er behauptet, dass er wünscht, ich soll vorwärtskommen und reich werden, so kann er mich wieder neu ausstatten, wenn erfolglose Reisen meinen Zusammenbruch bewirkt haben. Aber das ist nicht der Fall bei den Dingen, die das künftige Leben betreffen; wenn ich da den falschen Weg einschlage, wenn ich in dieser Beziehung zugrunde gerichtet bin, so hat die Obrigkeit keine Macht, meinen Verlust zu ersetzen, mein Leiden zu erleichtern noch meine Vermögensverhältnisse zum Teil, geschweige denn vollständig wiederherzustellen. Was für Sicherheit kann für das Himmelreich geleistet werden?

Einige werden vielleicht sagen, sie nehmen nicht an, das unfehlbare Urteil, dem alle Menschen in religiösen Angelegenheiten zu folgen verbunden sind, stehe der staatlichen Obrigkeit zu, sondern der Kirche. Was die Kirche bestimmt hat, das befiehlt die staatliche Obrigkeit zu beobachten, und sie sorgt durch ihre Autorität dafür, dass niemand in Religionssachen anders handelt oder glaubt, als die Kirche lehrt. Sodass das Urteil über diese Dinge bei der Kirche ist; die Obrigkeit ihrerseits unterwirft sich diesem in Gehorsam und verlangt den gleichen Gehorsam von anderen. Ich antworte: Wer sieht nicht, wie oft der Name der Kirche, der zur Zeit der Apostel so ehrwürdig war, in den folgenden Zeiten gebraucht worden ist, um dem Volke Sand in die Augen zu streuen? Aber wie dem auch sei, es hilft uns im vorliegenden Falle nicht. Der einzige und nur schmale Weg, der zum Himmel führt, ist der Obrigkeit nicht besser bekannt als privaten Personen, und folglich kann ich den nicht mit Sicherheit zum Führer nehmen, der wahrscheinlich den Weg ebenso wenig kennt wie ich selbst, und der sicherlich weniger besorgt für mein Heil ist als ich selbst es bin. Wie viele unter den vielen Königen der Juden gab es denn, als dessen blinder Gefolgsmann ein Israelit sich nicht in Abgötterei und folglich ins Verderben gestürzt hätte? Aber dessen ungeachtet heißt Ihr mich guten Mutes sein und sagt mir, dass jetzt alles gefahrlos und sicher sei, weil jetzt das, wofür Befolgung verlangt wird, nicht die eignen Verordnungen der Obrigkeit in Religionssachen sind, sondern nur die Verordnungen der Kirche. Welcher Kirche, ich bitte Euch? Sicherlich derjenigen, die jener am besten gefällt. Als wenn der, der mich durch Gesetze und Strafen in diese oder jene Kirche einzutreten zwingt, nicht sein eignes Urteil über die Sache dazwischenschöbe. Welchen Unterschied macht es denn, ob er selbst mich leitet oder mich an die Leitung anderer ausliefert? Ich hänge in beiden Fällen von seinem Willen ab, und er ist es, der in beiden Fällen über meinen Zustand in der Ewigkeit bestimmt. Würde ein Israelit, der auf Befehl seines Königs Baal verehrt hat, in einer irgendwie besseren Lage sein, weil jemand ihm erzählt hat, dass der König nichts Religiöses nach seinem eignen Kopfe anordne noch seinen Untertanen irgendwelche Handlungen der Gottesverehrung anbefehle, außer was durch den Rat der Priester gebilligt und durch die Doktoren jener Kirche für göttliches Recht erklärt sei? Wenn die Religion einer Kirche dadurch wahr und heilsam wird, dass das Haupt, die Prälaten und Priester und die Anhänger dieser Sekte alle miteinander sie mit aller Macht in den Himmel heben und preisen, welche Religion kann dann jemals für irrig, falsch und verderblich gehalten werden? Ich bin in Betreff der Lehre der Sozinianer voller Zweifel, ich bin voller Verdacht gegen den Weg der von den Papisten oder Lutheranern geübten Gottesverehrung; wird es jemals ein Jota sicherer für mich sein, mich der einen oder anderen dieser Kirchen aufgrund des Befehls der Obrigkeit anzuschließen, weil diese nichts Religiöses befiehlt, es sei denn kraft Autorität und Beschlusses der Doktoren der betreffenden Kirche?

Aber, die Wahrheit zu sagen, wir müssen anerkennen, dass die Kirche (wenn eine Vereinigung von Klerikern, die kanonische Vorschriften machen, mit diesem Namen bezeichnet werden muss) meistenteils dem Einfluss des Hofes zugänglicher ist als der Hof dem Einflusse der Kirche. Wie die Kirche unter dem Wechsel orthodoxer und arianischer Kaiser beschaffen war, ist allgemein bekannt. Oder, wenn diese Dinge zu fern liegen, so liefert uns unsere neuere englische Geschichte frische Beispiele an den Regierungen Heinrichs VIII., Eduards VI., Marias und Elisabeths, wie leicht und geschmeidig die Geistlichkeit ihre Verordnungen, ihre Glaubensartikel, die Form ihres Gottesdienstes und alles und jedes den Neigungen jener Könige und Königinnen im Punkte der Religion so verschiedener Meinungen und befahlen daraufhin so verschiedene Dinge, dass niemand bei gesundem Verstande (ich hätte beinahe gesagt, niemand außer einem Atheisten) sich herausnehmen wird zu sagen, dass ein aufrichtiger und aufrechter Gottesverehrer mit ruhigem

Gewissen ihren unterschiedlichen Verordnungen gehorchen konnte. Um abzuschließen: Es ist ganz dasselbe, ob der König, der der Religion eines anderen Menschen Gesetze vorschreibt, dies auf sein eignes Urteil hin zu tun beansprucht oder auf kirchliche Autorität und den Rat anderer hin. Die Entscheidungen von Kirchenmännern, deren Meinungsverschiedenheiten und Streitigkeiten hinlänglich bekannt sind, brauchen um nichts stichhaltiger oder sicherer zu sein als die seinigen; auch können alle ihre Stimmen zusammengenommen der Staatsgewalt keine neue Stärke verleihen. Freilich muss dabei auch bemerkt werden, dass Fürsten selten auf die Abstimmungen von Geistlichen irgendeine Rücksicht nehmen, wenn diese nicht ihren eignen Glauben und Kultus begünstigen.

Nach allem aber ist die Haupterwägung, die diese Kontroverse schlechterdings beendet, diese: Auch wenn die religiöse Meinung der Obrigkeit stichhaltig wäre und der Weg, den sie vorschreibt, wahrhaft evangelisch, so wird doch, wenn ich davon nicht in meinem Innern durchaus überzeugt bin, für mich kein Heil in seiner Verfolgung liegen. Kein Weg, welchen auch immer ich gegen die Aussprüche meines Gewissens wandele, wird mich je zu den Wohnungen der Seligen bringen. Ich mag reich werden durch ein Handwerk, zu dem ich keine Lust habe, ich mag von einer Krankheit gesunden durch Heilmittel, zu denen ich kein Zutrauen habe, aber ich kann nicht selig werden durch eine Religion, der ich misstraue, und durch einen Gottesdienst, den ich verabscheue. Es ist vergebens, dass ein Ungläubiger das äußere Gehabe des Bekenntnisses eines anderen annimmt. Glaube und innere Aufrichtigkeit allein sind die Dinge, die Annehmbarkeit bei Gott verschaffen. Das scheinbarste und am meisten geschätzte Heilmittel kann keine Wirkung auf den Patienten haben, wenn sein Magen es von sich gibt, sobald es genommen wird, und man wird vergebens eine Medizin in den Schlund eines Kranken hineinstopfen, die seine besondere Konstitution mit Sicherheit in Gift verwandelt. Mit einem Worte: Was sonst auch in der Religion zweifelhaft sein mag, so ist doch wenigstens dies sicher, dass keine Religion, an deren Wahrheit ich nicht glaube, für mich wahr oder nützlich sein kann. Vergebens zwingen daher Fürsten ihre Untertanen in die Gemeinschaft ihrer Kirche mit dem Anspruch, ihre Seelen zu retten. Wenn diese glauben, werden sie aus eigner Zustimmung kommen, wenn sie nicht glauben, wird ihr Kommen keinen Wert für sie haben. Wie groß immer schließlich die Vorspiegelung von gutem Willen und Menschenliebe und die Sorge für das Heil der Menschenseelen sein mag, Menschen können nicht zu ihrem Heil, sie mögen wollen oder nicht, gezwungen werden. Und daher müssen sie, wenn alles geschehen ist, ihrem eignen Gewissen überlassen werden.

## 1696

# GOTTFRIED WILHELM LEIBNIZ
## Geist sind wir durch und durch

*Wer ins Hirn sehen oder darin spazieren gehen könnte, stieße dort weder auf unsere Umgebung, von der wir Bilder haben, noch auf Gedanken oder deren Aufzeichnungen, zu denen sie uns veranlassen. Der Hardware, in heutigen Termini, ist keine Software abzuschauen. Wie seine berühmten Gleichnisse zudem beide zeigen sollen, hat der Geist schon den elementaren Bausteinen der Materie innezuwohnen. Sonst könnte deren komplexeste Anordnung ihn ihr nicht einhauchen. Der tote Mechanismus, wie ihn Descartes gedacht hat, ist durch nichts zum Leben zu erwecken. Sein großer rationalistischer Erbe glaubt auch nicht an Atome. In seinen Monaden, den unendlich vielen einfachen Substanzen, die jedem Ding seine Einheit geben, sind Materie und Geist ungeschieden, eines, darin verwandt der einen singulären Weltsubstanz Giordano Brunos und dem Gott Spinozas. Da also nicht einmal die Maschinen solche wären, jedenfalls nicht nach dem Modell des cartesischen Mechanismus, kann auch der Mensch schwerlich eine solche sein. Wie die Welt um uns ist die in uns Geist in jeder Faser.*

*Gottfried Wilhelm Leibniz (\* 1646, † 1716) beschäftigte sich darüber hinaus mit ziemlich allem. Philosoph, Mathematiker, Physiker, Historiker, Politiker, Diplomat und Doktor des weltlichen und des Kirchenrechts, wie es in Lexika heißt, auf ungezählten Missionen unterwegs zwischen Leipzig, Berlin, Hannover und Paris, bedauerte er in einer Zeit zu leben, in welcher die Wissenschaft die Welt bald zu Ende erkannt haben würde. Was wären wir ohne die Leibniz'sche Errungenschaft der Infinitesimalrechnung, die Newton zwar vor ihm entwickelt, aber nicht publik gemacht hatte. Bei den philosophischen Systemen der Zeit weist Bertrand Russell in seinem illustrierten* Denker des Abendlandes *auf zwei gängige Typen von Defekten hin: ein System, das nicht vollständig widerspruchsfrei sei, könne kaum vollständig plausibel sein. Ein System demgegenüber, das vollständig widerspruchsfrei sei, könne durchaus vollständig unplausibel sein. Als Beispiel für den ersten Fall nennt er Locke, den zweiten verkörpert Leibniz.*

### DAS UHRENGLEICHNIS (1696)

Einige gelehrte und scharfsinnige Freunde, die meine neue Hypothese über die große Frage *der Vereinigung von Seele und Körper* geprüft und sie folgenreich gefunden haben, haben mich gebeten, einige Schwierigkeiten aufzuklären, die man in ihr gefunden hatte, und die daher stammten, dass man sie nicht recht verstanden hatte. Man kann nun, wie ich glaube, durch den folgenden Vergleich die Sache ganz allgemein verständlich machen.

Man denke sich zwei Uhren, die miteinander vollkommen übereinstimmen. Das kann nun auf *drei Weisen* geschehen: Denn erstens kann es auf einem wechselseitigen Einfluss beruhen, den sie aufeinander ausüben, zweitens darauf, dass beständig jemand auf sie achtgibt, drittens aber auf ihrer eignen Genauigkeit. Die *erste Weise*, d. h. die des Einflusses, hat Herr Huygens zu seiner großen Verwunderung kennengelernt. Er hatte nämlich zwei große Pendeluhren an ein und demselben Stück Holz befestigt; die unaufhörlichen Schläge dieser beiden Uhren hatten nun den Holzteilchen ähnliche Schwingungen mitgeteilt; da jedoch diese verschiedenartigen Schwingungen nicht so recht in ihrer Ordnung und ohne wechselseitige Hemmung fortbestehen konnten, wofern die Uhren sich nicht einander anpassten, so kam es durch eine Art Wunder dahin, dass, wenn man selbst ihre Schläge mit Willen störte, sie doch bald wieder von Neuem zusammenschlugen, ungefähr wie zwei Saiten, die auf denselben Ton gestimmt sind.

Die *zweite Art*, zwei, wenngleich schlechte Uhren miteinander in Übereinstimmung zu bringen, wird die sein, stets einen tüchtigen Handwerker anzustellen, der die alle Augenblicke in Übereinstimmung setzt. Dies nenne ich den Weg des *äußeren Beistandes* (assistance).

Die *dritte Art* schließlich wird die sein, die beiden Uhren von Anfang an mit so großer Kunst und Geschicklichkeit anzufertigen, dass man in der Folge ihrer Übereinstimmung sicher sein kann. Dies ist nun der Weg der *prästabilierten Harmonie*.

Man setze nunmehr die Seele und den Körper an Stelle dieser beiden Uhren. Ihre Übereinstimmung oder ihr Einklang wird dann auch in einer dieser drei Weisen stattfinden müssen. *Der Weg des physischen Einflusses* ist der, den die gewöhnliche Philosophie einschlägt; da es indessen unbegreiflich ist, wie materielle Teilchen oder immaterielle »Spezies«

oder Qualitäten von einer der beiden Substanzen in die andre übergehen sollten, so sieht man sich genötigt, diese Ansicht aufzugeben. *Der Weg des äußeren Beistandes* kommt im System der Gelegenheitsursachen zum Ausdruck; es heißt dies jedoch, meine ich, einen *Deus ex machina* bei einer natürlichen und gewöhnlichen Sache einführen, bei der Gott doch, gemäß den Prinzipien der Vernunft, nicht anders eingreifen darf als in der Art, in der er bei allen andren Naturereignissen mitwirkt. Es bleibt demnach nur meine Hypothese übrig, d. h. *der Weg der prästabilierten Harmonie*, der darauf hinausläuft, dass durch göttliche, vorausschauende Kunst von Anfang der Schöpfung an beide Substanzen in so vollkommener und geregelter Weise und mit so großer Genauigkeit gebildet worden sind, dass sie, indem sie nur ihren eignen, in ihrem Wesen liegenden Gesetzen folgen, doch wechselseitig miteinander in Einklang stehen: genau so als ob Gott stets noch neben seiner allgemeinen Mitwirkung im einzelnen Hand anlegte.

Danach glaube ich nicht, dass ich noch irgendetwas zu beweisen hätte, es sei denn, dass man bewiesen haben wollte, dass Gott alles besitzt, was für diesen vorausschauenden Kunstgriff erforderlich ist. Hiervon aber haben wir ja selbst unter den Menschen Proben in dem Maße, als sie geschickte Leute sind. Angenommen nun, dass dieser Weg gangbar ist, so sieht man wohl, dass er der schönste und der seiner am meisten würdige ist. Ich habe zwar noch andre Beweise hierfür, doch gehen sie mehr in die Tiefe, und es ist nicht nötig, sie an dieser Stelle anzuführen [...]

Um noch ein Wort über den Streit zwischen zwei sehr tüchtigen Gelehrten zu sagen – nämlich dem Verfasser der kürzlich herausgegebenen *Principes de physique* und dem Autor der *Einwände* (die im »Journal de Savants« vom 13. August u. a. erhoben worden sind) – da meine Hypothese dazu dient, diesen Kontroversen ein Ende zu machen, so begreife ich nicht, wie man die Materie als ausgedehnt und trotzdem ohne wirkliche oder gedachte Teile denken will; denn wenn dem so ist, so weiß ich nicht, was eigentlich »ausgedehnt« bedeuten soll. Ich glaube sogar, dass die Materie ihrem Wesen nach ein Aggregat ist und dass daher in ihr stets aktuelle Teile vorhanden sind. So betrachten wir sie aufgrund der Vernunft und nicht aufgrund der Sinne als geteilt oder vielmehr als etwas, das seinem Ursprung nach nichts als eine Vielheit ist. Ich glaube, dass die Materie nicht nur, sondern auch jeder ihrer einzelnen Teile in eine größere Anzahl von Unterteilen geteilt ist, als man sich sinnlich vorzustellen vermag. Daher sage ich oft, dass jeder Körper, so klein er auch sei, eine Welt von unendlich vielen Geschöpfen ist. Ich glaube demnach nicht, dass es Atome, d. h. vollkommen harte oder unüberwindlich feste materielle Teile gibt, wie ich auf der andren Seite ebenso wenig glaube, dass es eine vollkommen elastische Materie gibt; vielmehr ist nach meiner Ansicht jeder Körper elastisch im Vergleich zu den festeren, und fest im Vergleich zu den elastischeren. Ich bin erstaunt, dass man immer noch sagt, es erhalte sich stets eine gleiche Bewegungsquantität im cartesischen Sinne; denn ich habe das Gegenteil bewiesen, und es haben sich bereits ausgezeichnete Mathematiker mir angeschlossen. Ich betrachte jedoch die Festigkeit oder Konsistenz der Körper nicht als eine ursprüngliche Qualität, sondern als eine Folgeerscheinung der Bewegung und hoffe, dass meine Dynamik das Genauere darüber zeigen wird; so wie anderseits die Einsicht in meine Hypothese dazu dienen wird, eine Reihe von Schwierigkeiten, die die Philosophen noch beschäftigen, zu beseitigen.

## DAS MÜHLENGLEICHNIS (1714)

Man muss übrigens notwendig zugestehen, dass die Perzeption und das, was von ihr abhängt, aus mechanischen Gründen, d. h. aus Figuren und Bewegungen, nicht erklärbar ist. Denkt man sich etwa eine Maschine, die so beschaffen wäre, dass sie denken, empfinden und perzipieren könnte, so kann man sie sich derart proportional vergrößert vorstellen, dass man in sie wie in eine Mühle eintreten könnte. Dies vorausgesetzt, wird man bei der Besichtigung ihres Inneren nichts weiter als einzelne Teile finden, die einander stoßen, niemals aber etwas, woraus eine Perzeption zu erklären wäre. Also muss man diese in der einfachen Substanz suchen und nicht im Zusammengesetzten oder in der Maschine. Auch lässt sich in der einfachen Substanz nichts finden als eben dieses: Perzeptionen und ihre Veränderungen. In diesen allein können die inneren Tätigkeiten der einfachen Substanzen bestehen.

## 1697

# PIERRE BAYLE

## Können Potentaten glückliche Menschen sein?

---

*Ein Studienaufenthalt am Jesuitenkolleg von Toulouse bekam dem 22-jährigen Sohn eines Hugenottenpredigers aus dem Pyrenäendorf Le Carla ebenso wenig wie die vorgängige dazu erforderliche Konversion zum Katholizismus, die er nach eineinhalb Jahren rückgängig machte, um zunächst im calvinistischen Genf Zuflucht zu suchen.*

*Mit 28 Jahren wurde Pierre Bayle (\* 1647, † 1706) Philosophieprofessor an der protestantischen Akademie von Sedan im Herzogtum Lothringen, das dem Deutschen Reich angehörte. Nachdem Ludwig XIV. das Toleranzedikt von Nantes aus dem Jahr 1598 annulliert und damit die Flucht von 200 000 Protestanten aus Frankreich veranlasst hatte, wandte Bayle sich gegen die Scharfmacher unter diesen, die aus Holland und England zu Rachefeldzügen aufriefen. Fortan war er auf Misstrauen von beiden Seiten abonniert. Mit seinem* Dictionnaire historique et critique *indessen, das erstmals 1697 in Rotterdam und bis zur Mitte des folgenden Jahrhunderts in mehr als zehn Ausgaben erschien, 1741–1744 auch in deutscher Übersetzung, wurde der Autor zu einer Institution, die aus dem 18. Jahrhundert nicht wegzudenken ist.*

**E**S IST GEWISS, DASS DIEJENIGEN, welche Menschen finden wollten, die mehr Glück als Unglück empfunden haben, sie viel eher unter den Bauern oder bei den allerschlechtesten Handwerksleuten antreffen würden als unter den Königen und Fürsten. (Siehe Horazens Epodon, Od. II) Man lese folgende Worte eines großen Mannes: »Also glaubt ihr, dass sich das Missvergnügen, und der tödlichste Schmerz nicht unter dem Purpur verstecke, oder dass ein Königreich ein allgemeines Mittel wider alle Übel sei; ein Balsam, der sie lindere, eine Anmut, welche entzückt? Da vielmehr, vermöge eines Ratschlusses der göttlichen Vorsehung, welche den allererhabensten Ständen ihr Gegengewicht zu geben weiß, diese Größe, die wir von ferne als etwas übermenschliches bewundern, weniger reizt, wenn man darin geboren ist, oder sich selbst in ihrem Überflusse verwirret; und dagegen unter der Hoheit eine neue Empfindlichkeit gegen das Missvergnügen entsteht, deren Schlag um so viel härter ist, je weniger man vorbereitet ist, denselben auszuhalten.« Die zwei Quellen von dem Unglücke der Großen sind: Der beständige Genuss der schönen Seite ihres Standes macht sie gegen das Gute unempfindlich, und gegen das Böse höchst empfindlich. Man bringe ihnen drei gute Nachrichten, und eine böse: so empfinden sie fast nichts von dem Glücke, das sich in jenen findet, und empfinden das Unglücke lebhaft, das in dieser ist. Kann es ihnen also am Verdrusse fehlen? Begegnen ihnen Glückseligkeiten, welche von keiner Widerwärtigkeit gestört werden? Man lese alles, was Gustav Adolph in Deutschland getan hat; man wird darin eine Größe des Glücks finden, die wenig Beispiele hat: und nichts desto weniger wird man eine so große Vermischung nachteiliger Begebenheiten darin sehen, dass man ohne Mühe begreifen wird, er habe viel Verdruss ausgestanden. Er musste Verteidigungsbriefe wider diejenigen herausgeben, die ihm vorwarfen, dass er die Einnahme von Magdeburg nicht gehindert hätte. Gesetzt auch, dass die in einigen Ländern erhaltenen Siege mit dem Verluste nicht zu vergleichen sind, welchen man an andern Örtern leidet: so wird man doch Ursache haben, zu glauben, dass die Freude nicht lauter sei. Hunderterlei beschwerliche Betrachtungen können dieselben stören. Man bildet sich ein, der Angriff sei entweder zu zeitig, oder zu spät geschehen; man hat allzu viel Volk verloren, man hat sich die Unordnung der Überwundenen nicht zunutze gemacht, man hat sie sich von ihrem Schrecken erholen lassen; man glaubt, dass der Vorteil viel größer gewesen sein würde, wenn man sich anders benommen hätte. Wie viel Feldherrn gibt es nicht, welche die Nacht nach vollkommenen Siegen übel zubringen? Sie empfinden, dass sie nicht alles getan haben, was hätte getan werden können. Sie befürchten die Glossen der Erfahrnen und die boshaften Betrachtungen ihrer Feinde. Mit einem Worte, sie können sich selbst weder ein gutes Zeugnis noch innerlich den Lobsprüchen Beifall geben, welche man ihnen gibt. Dieses beunruhiget und quält sie. Ihr Gewissen, welches manchmal in Absicht auf die Übertretung der göttlichen Gesetze eingeschlafen ist, wird erstaunlich lebhaft; in Absicht auf die Übertretung der Kriegsgesetze, und die unterlassene Beobachtung der Regeln, welchen ein erfahrner Feldherr gefolgt wäre. Man merke, dass die allerglücklichsten Prinzen, sowohl bei Gewinnung der Schlachten, als bei Eroberung der Städte, diejenigen sind, welche die Niederlage eines Kriegsheers, oder die die Aufhebung einer Belagerung am grausamsten bekümmert. Eine lange Folge von Widerwärtigkeit verhärtet die andern; allein diese werden bei den guten Erfolgen fast unempfindlich, und bei geringsten Widerwärtigkeiten aufs äußerste empfindlich. August bietet uns ein Beispiel davon dar. Er erhielt bei tausenderlei Gelegenheiten die wesentlichsten Vorteile, die er nur hatte wünschen können, und hat die bösen Wirkungen des Glücks wenig erfahren: Allein der Verlust dreier Legionen kränkt ihn so entsetzlich, dass man sagen kann, er habe damals mehr Böses gelitten, als ihn zehn Siege Freude gemacht hätten. ...

Man kann es nicht besser, als durch Augusts Exempel beweisen, dass man auf dem Throne keine glücklichen Leute suchen muss; denn wenn jemand von dem Glücke begnadiget worden war, so ist es Augustus; und nichtsdestoweniger ist das Verzeichnis seiner Bekümmernis so groß, dass jedermann daraus schließen muss, er habe wenigstens ebenso viel Bösem als Gutem empfunden. Carl dem V., der Königin Elisabeth, Ludwig dem XI., Ludwig dem XIII. ging es nicht besser. Silhon sagt sehr richtig: dass Ferdinands, Carls des V. und Philipps des II. Leben nichts als eine Vermischung von Gutem und Bösem gewesen sei; dass man darin Glückseligkeiten ohne Zahl, Widerwärtigkeiten ohne Maß; Wunden mit Lorbeeren bekrönt; und Siegesgepränge mit Trauern begleitet sehe. ...

Was man hier von den Königen gelesen hat, kann in gewissem Verhältnisse von allen denjenigen gesagt werden, welche die Vorsehung zu ansehnlichen Ämtern erhoben hat, und die auf die eine oder andere Art an der Hoheit teilhaben. Ihr Schicksal ist eine Vermischung, wo das Böse mehr Gelegenheit zu herrschen findet. Die große Wissenschaft, und ein großer Verstand befreien nicht von diesem notwendigen Unglücke. Man suche vielmehr unter dem allerdümmsten Pöbel, als unter den in der Gelehrsamkeit berühmten Männern, einen glücklichen Zustand: der Ruhm der berühmten Schriftsteller und Redner befreit sie nicht von tausenderlei Verdrießlichkeiten. Er setzt sie dem auf zweierlei Art sehr beschwerlichen Neide aus: Sie haben Nebenbuhler, welche sie verfolgen, und sie ihrerseits sind eifersüchtig über die Lobeserhebungen, welche andere verdienen; ein Druckfehler macht ihnen mehr Unruhe, als ihnen vier Briefe voll Lobsprüche Vergnügen geben. Der Ruhm, den sie erworben haben, vermindert ihre Empfindlichkeit gegen den Mangel der Lobsprüche, gegen den Tadel, gegen die Teilung des Rufs usw. Nicht zu gedenken, dass sie, je mehr sie Einsicht haben, umso viel mehr erkennen, dass ihre Werke unvollkommen sind. Wenn sie sich vor den Schwachheiten der Vorurteile und deren Hindernissen hunderterlei kleiner Leidenschaften verwahren, und ihre Sprache und Aufführung nach diesem Zustande ihrer Seele einrichten wollen: so werden sie verhasst, und dürfen nun den äußerlichen Gemächlichkeiten nur gute Nacht sagen. Wenn man sich nicht in diesen Wirbel begibt, so setzt man sich nicht außer dem Bezirk seiner Wirksamkeit; man setzt sich dadurch vielmehr aus, als wenn man sich hineinbegibt, um darin eine Verheerung anzurichten. Wenn sie sich äußerlich nach dem verderbten Geschmacke der Welt bequemten, so werfen sie sich selbst wohl hundertmal des Tages diese schändliche Heuchelei vor, und stören dadurch ihre Ruhe. Sehr wenige können, wie Demokritus, die Wunderlichkeit der Leidenschaften erkennen, und darüber spotten. Wie erleuchtet war dieser Philosoph nicht in diesem Stücke! Pausanias führt das Orakel an, welches dem Homer gegeben wurde: »Du bist unglücklich und glücklich«, antwortete es diesem großen Dichter. Apollo hätte nichts besser antworten können.

*1703*

# JONATHAN SWIFT
## Bruder Besenstiel. Eine Meditation

*Wir alle erinnern uns an Gulliver und die Missgeschicke, die ihm auf seinen Reisen in verschiedene Länder – namentlich aber zu den Engländern – widerfahren. Jonathan Swift (\*1667, †1745) ist der Erfinder einer modernen Satire eigener Schärfe. Nichts als bitteren Ernst kennt er, wenn es um das Elend in seinem von den Engländern regierten Irland geht (vgl. Nichts als die Welt, S. 136). Besondere Würze bezieht seine Feder aus gesundheitlichen Problemen des als reizbar, unhöflich und exzentrisch geltenden Autors. Sie inspirieren ihn zu einer unter dem Pseudonym Dr. Shit verfassten Abhandlung über Fäkalien: Human Ordure. Hier verführt ihn ein nicht eben hochangesehenes Mehrzweckgerät zu einer Betrachtung über Gottes letztes Geschöpf.*

DIESEN EINSAMEN STIEL, den du nun ruhmlos in dieser verlassnen Ecke liegen siehst, kannte ich einst als blühendes Wesen im Wald; da er war er voller Saft und Kraft, voller Blätter, voller Zweige; doch nun versucht eitle menschliche Kunst vergeblich, mit der Natur zu wetteifern, bindet dies verdorrte Bündel Zweige an seinen saftlosen Strunk; so ist er nun bestenfalls das Gegenteil dessen, was er einst war, ein auf den Kopf gestellter Baum, die Äste auf der Erde, und die Wurzel in der Luft; verdammt dazu, von jeder beliebigen schmutzigen Magd bei ihrem unwürdigen Tun benutzt zu werden und von einem heimtückischen Einfall des Fatums dazu verdammt, anderes zu säubern und dabei selbst schmutzig zu werden; am Ende, im Dienst der Mägde stumpf geworden, wirft man ihn vor die Tür oder verdammt ihn gar noch zum letzten Zweck – ein Feuer zu entfachen.

Als ich dies sah, seufzte ich und sagte mir: GEWISS, DER MENSCH IST SOLCH EIN BESENSTIEL! Von der Natur aus in die Welt gesandt, stark und strotzend, in blühender Verfassung, das eigne Haupthaar zierend auf dem Kopf, das angemessne Geäst für dies denkende Gewächs, bis die Axt der Ausschweifung seine grüne Pracht rodet und ihn als vertrockneten Stumpf zurücklässt: Dann sucht er Zuflucht in der Kunst, setzt eine Perücke auf, und paradiert mit einem unnatürlichen Bündel Haars, das, eingestäubt in eine Wolke Puder, niemals von selbst auf seinem Kopfe wuchs.

Nun kommt unser Besen ins Spiel, stolz auf die birknen Reiser, die er nie trug, bedeckt mit Staub; und wenn er auch der feinsten Dame Zimmer fegt, ist er der Gegenstand unser Häme und Verachtung. Was sind wir doch für voreingenommne Richter unsrer eignen Herrlichkeit und der Fehler andrer Menschen!

Aber ist nicht ein Besenstiel, so könntest du einwenden, ein Sinnbild eines Baums, der auf dem Kopf steht; und sag, was ist der Mensch anderes denn ein verkehrtes Tier, dessen Denkkraft stets von der tierischen Natur überwältigt wird, der Kopf da, wo die Füße sein sollten, kriechend auf der Erde! Und doch, selbst fehlerhaft, tritt er auf als universeller Neuerer, als Überwinder von Missständen, als Beseitiger von Schwierigkeiten und wirbelt gewaltig Staub auf, auch da, wo vorher keiner war. Und so trägt er allweil zu der Verschmutzung bei, die er wegzuwischen vorgibt. Seine letzten Tage verbringt er als Sklave von Frauen, und in aller Regel auch noch der Unwürdigsten, bevor er, wie sein Bruder Besen, vor die Tür gesetzt wird oder zum Entzünden eines Feuers herhalten muss, an dem andere sich wärmen.

*1721*

# PIERRE DANIEL HUET

## Untersuchung unserer Verstandesschwächen

---

*Bereits mit zwanzig Jahren als vielversprechender Gelehrter anerkannt, wurde der unaufhaltsame Geistliche aus der Provinz schon mit 44 in die Académie française aufgenommen. Pierre-Daniel Huet (\*1630, †1721), in der Literaturgeschichtsschreibung durch seinen* Traité de l'origine des roman *bekannt, widmete sich als Bischof von Soissons im französischen Nordosten und später von Avranche in der westlichen Normandie mit nicht geringerem Elan der Mathematik und naturkundlichen Fächern wie Astronomie, Chemie oder Anatomie. Der kurzsichtige Huet soll über achthundert Augen seziert haben, und diese Untersuchungen zum Sehvermögen mögen dem misstrauischen Geist seines erst postum veröffentlichten Traktats über unser Denkorgan den Weg bereitet haben. Wir drucken erstmals einen Auszug in deutscher Übersetzung.*

IST DAS GEHIRN, diese Hochburg der Seele, diese Werkstatt der Vernunft, diese Fabrik der Wahrnehmung, so wie es sein kann bei allen Menschen von gleicher Form und von gleichem Aufbau? Sehen wir nicht, dass es bei manchen kleiner und bei manchen größer ist? Die Formgebung des Kopfes, die ein sicherer Anhaltspunkt für die des Gehirnes ist, ist unter den Menschen so verschieden, dass ganze Völker rundliche Köpfe haben, andere aber eher längliche, manche spitze und wieder andere platte. Wir wissen, dass die Leistungsfähigkeit des Geistes, die Kraft der Überlegung und die Zuverlässigkeit des Gedächtnisses von der Formgebung und Beschaffenheit des Gehirnes und des Kopfes abhängen.

Es ist ein Grundsatz des Philosophen Parmenides, dass die Beschaffenheit des Denkvermögens eines Menschen auf die Beschaffenheit seiner Körperteile zurückzuführen ist. Die Erfahrung lehrt uns, zudem bestätigt durch ein Sprichwort, dass Leute mit einem großen Kopf für gewöhnlich recht vernünftig sind, während ein kleiner Kopf mit der Flüchtigkeit des Geistes einhergeht. Hippokrates berichtet, dass das Volk der Macrocephalen (das heißt der *Langköpfe*) überzeugt davon war, dass ein länglicher Kopf den Wert des ganzen Menschen steigere, und deshalb brachten sie an den Köpfen ihrer Kinder Gerätschaften an, um sie länglich zu machen: Schließlich soll die Natur der Kunst nachgegeben haben und alle Köpfe dieses Volkes hatten die entsprechende Form. In Amerika hingegen gibt es ein Volk, das die Köpfe der Kinder spitzig formt, und entsprechend sind sie alle wahnsinnig, ja geradezu rasend.

Thersites, der Mensch, den uns Homer als äußerst schmähsüchtig und dumm schildert, hatte einen Kopf von ebendieser Form. Daher das Sprichwort: Wie der Kopf, so die Meinung. Denn in den Unterschieden der Körperteile, durch die wir Gegenstände außerhalb unserer selbst wahrnehmen können, sprich: in den Unterschieden der Nerven, der Geister, der Gehirne, der Köpfe und ihrer Veränderungen, liegt der Grund für die Verschiedenheit der Meinungen, die wir an den Menschen beobachten können. Daher kommt es auch, dass sie in ihren Urteilen so wankelmütig sind; dass sie im Alter verwerfen, was sie in der Jugend verfolgt haben; dass ein Mensch oft an einem einzigen Tag, zuweilen in einer einzigen Stunde zwischen verschiedenen Meinungen und Neigungen wechselt, und entsprechend in eine große Vielfalt von Begierden verwickelt ist.

Aber selbst wenn diese Körperteile, über die wir fast nichts wissen, von einer unbestreitbaren Verlässlichkeit wären, so wüssten wir noch lange nichts über die Vorgänge, mit denen die Seele die Dinge und Bilder wahrnimmt, die in das Gehirn eingeprägt wurden; nichts von der Art und Weise, wie sie ihre Wahrnehmungen beurteilt; und nichts schließlich davon, wie die Seele die Eindrücke des völlig Körperlichen und Stofflichen aufnehmen kann, wo sie doch selbst körperlos und unstofflich ist.

Wir wissen also nicht, auf welche Art und Weise ein Eindruck vom Gehirn zur Seele durchdringen kann, indem die Seele irgendwie vom Gehirn in Schwingung versetzt und berührt wird, das seinerseits durch einen Körper in Schwingung versetzt worden ist. Wir wissen nicht, wie die Seele ein äußeres Objekt in bestimmter Weise aufnimmt, wie sie beispielsweise die Sonne als leuchtende und strahlende Scheibe aufnimmt, aber dennoch unsicher bleiben muss, ob sich diese Gestalt oder eine andere im Auge befindet. Ganz im Gegenteil ist die Seele davon überzeugt, dass sich das Bild der Sonne verkehrt herum im Auge befindet, weil sie in sich selbst eine Idee der Sonne wiederfindet, die allerdings richtig herum ist. Sie ist auch überzeugt, dass alle Gegenstände, die ihr durch die Augen zukommen, sich ihr in umgekehrter Weise zeigen, wie sie sich dem Auge gezeigt haben: Was ihr oben erscheint, erscheint dem Auge unten, was ihr rechts erscheint, erscheint dem Auge links.

Die Seele ist sich auch unsicher, ob das Bild, das von der Sonne ausgegangen ist, dem Bild entspricht, das bei den Augen angekommen ist. Sie weiß nicht einmal, ob sich ihrem Auge irgendein Bild der Sonne gezeigt hat oder ob sie nur den Spuren gefolgt ist, die in das Gehirn eingeprägt waren, als sie sich eine Idee von der Sonne gebildet hat. Das gilt ebenso für die Ideen, die wir im Traum, im Wahn oder in der Trunkenheit bilden, die allerdings keinerlei Wirklichkeit beanspruchen können; das gilt aber auch für die Ideen, die wir formen, wenn wir wach, zurechnungsfähig und nüchtern sind.

# 1721

# MONTESQUIEU

## Last und Gefahren der Klugheit

*Ob man zu klug sein kann, ist eine alte Frage. Aristoteles hat sie verneint. Unter allen Tugenden ist die Klugheit die einzige, von der es kein Übermaß geben kann. In der heutigen Philosophie und Psychologie wird das anders gesehen. Die Intelligenz kann durchaus Grenzen überschreiten, jenseits derer sie der Urteilskraft Abbruch tut und mentale Instabilität verursacht. Doch hier geht es um etwas anderes, nämlich um die Folgen, wenn jemand zu klug sein will oder einfach nur zu viel wissen will, was erstens leicht der Fall ist und zweitens sehr gefährlich sein kann. Im absolutistischen Frankreich bleibt das ganze 18. Jahrhundert die Zensur so streng wie zweihundert Jahre später in der Sowjetunion. Auch der Briefroman* Persische Briefe, *dem die folgenden humorvollen Betrachtungen entstammen, konnte 1721 nur anonym in Amsterdam erscheinen und wurde in seiner französischen Heimat verboten.*

*Charles-Louis de Secondat, Baron de La Brède et de Montesquieu (\* 1689, † 1755), in seinen frühen Jahren Gerichtsrat am Parlament von Bordeaux, ist unter dem Namen Montesquieu bekannt: vor allem als Autor des staatstheoretischen Schlüsselwerks der frühen Aufklärung* Vom Geist der Gesetze, *welches das Prinzip der Gewaltenteilung entwickelt. Zugleich finden im 18. Jahrhundert die Hochkulturen Chinas, Indiens oder Persiens vermehrt die europäische Aufmerksamkeit. Montesquieu, einem Karikaturisten der ersten Stunde, eröffnen sich dadurch ungeahnte Möglichkeiten. Er arrangiert den Gegenverkehr fiktiver Europareisender, die staunend und kopfschüttelnd, mit Missbilligung oder Spott den französischen Leser an einer kritischen Sicht von außen teilhaben lassen. Themen sind neben der hohen Politik: Religion und Priestertum, Sklaverei, Polygamie, Benachteiligung der Frauen etc.*

EIN GEISTREICHER MANN ist in Gesellschaften im Allgemeinen schwer zu befriedigen. Er lässt sich nur mit wenigen ein; die ganze große Zahl der Leute, die er schlechte Gesellschaft zu nennen beliebt, langweilt ihn; es ist ihm unmöglich, seinen Widerwillen völlig zu verbergen: und so macht er sich viele Feinde.

In dem Bewusstsein, dass er gefallen kann, wenn er will, vernachlässigt er es gar häufig.

Er muss kritisieren, weil er mehr sieht als andere Leute, und es tiefer empfindet.

In den meisten Fällen ruiniert er sein Vermögen, weil ihn seine Vielseitigkeit auf mannigfaltigere Weise in Versuchung führt.

Er scheitert in seinen Unternehmungen, weil er viel wagt. Sein Blick, der stets auf ferne Ziele gerichtet ist, zeigt ihm, was zu weit entlegen ist. Dazu kommt noch, dass ihm bei einem neuen Plane die in der Sache liegenden Schwierigkeiten weniger gegenwärtig sind als das Vertrauen auf seine eigene Kraft und die Mittel, die ihn persönlich zu Gebote stehen.

Er vernachlässigt die Kleinigkeiten, obwohl von diesen der Erfolg fast jedes großen Unternehmens abhängt.

Andrerseits sucht der Durchschnittsmensch aus allem Vorteil zu ziehen; denn er fühlt recht gut, dass er von seinem Wenigen nichts leichtsinnig aufs Spiel setzen darf.

Der Mittelmäßige findet gewöhnlich größeren Beifall in der Welt. Man zollt ihm gern, was man jenem mit wahrer Befriedigung versagt. Während der Neid den einen verfolgt, und ihm nichts verziehen wird, bemäntelt man alle Schwächen des anderen; denn es ist die Eitelkeit, die für ihn Partei ergreift.

Wenn aber ein geistreicher Mann gegen so viele Schwierigkeiten zu kämpfen hat, wie sollen wir dann das harte Los der Gelehrten beurteilen?

Niemals kommt mir dieser Gedanke, ohne dass ich mich des Briefes erinnere, den ein Freund von mir von einem Gelehrten empfing. Derselbe hatte folgenden Inhalt:

»Mein Herr,

Ich beschäftige mich damit, allnächtlich durch ein dreißig Fuß langes Fernrohr die großen Weltkörper zu beobachten, die über unsren Häuptern dahinrollen; und wenn ich mich erholen will, so beschaue ich durch meine kleinen Mikroskope eine Milbe oder eine Miete.

Ich bin nicht reich und habe nur eine einzige Stube. Diese wage ich nicht einmal zu heizen, weil sich mein Thermometer darin befindet, das die ungewohnte Wärme zum Steigen bringen würde. Vergangenen Winter meinte ich, die Kälte müsse mich umbringen; und obwohl mein Thermometer auf den niedrigsten Stand gesunken war und mit ankündigte, dass meine Hände erfrieren würden, habe ich mich dadurch nicht stören lassen. Dafür kann ich mich nun damit trösten, von den unmerklichsten Temperaturveränderungen des ganzen verflossenen Jahres genaue Kenntnis zu besitzen.

Ich komme wenig unter die Leute und kenne niemand von allen, die ich sehe. Aber mit einem Mann in Stockholm, mit einem anderen in Leipzig und mit einem dritten in London, die ich alle niemals persönlich gesehen habe und voraussichtlich niemals sehen werde, unterhalte ich einen so regelmäßigen Briefwechsel, dass ich keinen Kurier abgehen lasse, ohne ihnen zu schreiben.

Aber obgleich ich in meinem Stadtviertel keinen einzigen Bekannten habe, stehe ich doch daselbst in so schlechtem Rufe, dass ich endlich genötigt sein werde, es zu verlassen. Vor fünf Jahren wurde ich von einer Nachbarin gröblich beleidigt, weil ich einen Hund seziert hatte, von dem sie behauptete, er sei ihr Eigentum gewesen. Die Frau eines Schlächters stand dabei und mischte sich ein; und während jene mich mit Schimpfwörtern überhäufte, schleuderte diese einen Hagel von Steinen nach mir und nach dem Doktor ***, der sich in meiner Gesellschaft befand und von einem furchtbaren Wurfe auf den Stirn- und Hinterhauptknochen so schwer getroffen wurde, dass der Sitz der Vernunft dabei eine starke Erschütterung erlitt.

So oft seit jener Zeit am Ende der Straße ein Hund abhandenkommt, ist es alsbald ausgemacht, dass ich ihn abgefangen habe. Ein braves Bürgerweib, die ihr Hündchen verloren hatte, das sie mehr zu lieben behauptete als ihre Kinder, wollte neulich in meiner Stube in Ohnmacht fallen; und da sie das Tier nicht bei mir fand, zitierte sie mich auf die Polizei. Ich glaube, ich werde niemals von der überlästigen Bosheit dieser Frauenzimmer erlöst werden, deren kreischende Stimmen mich unaufhörlich mit der Leichenrede aller seit zehn Jahren gestorbenen Automaten betäuben.

Ich verbleibe usw.«

Alle Gelehrten standen ehemals im Verdacht der Zauberei, und ich finde das gar nicht überraschend; denn jeder sagte zu sich selbst: »Ich habe meine natürlichen Gaben bis zu ihrer äußersten Grenze entwickelt; aber jener Gelehrte dort hat noch etwas vor mir voraus; dahinter muss irgendeine Teufelskunst stecken.«

Heutzutage, wo solcherlei Beschuldigungen in Verruf gekommen sind, hat man einen andern Ausweg gefunden, und ein Gelehrter vermag kaum dem Vorwurf des Unglaubens oder der Ketzerei zu entgehen. Es ist ganz umsonst, ob die Stimme des Volkes ihn rechtfertigt; ist die Wunde einmal geschlagen, so wird sie niemals völlig wieder heilen. Er wird immer einen wunden Fleck behalten. Noch nach dreißig Jahren kommt vielleicht ein Gegner und sagt mit bescheidener Miene: »Gott verhüte, dass ich behaupte, es sei etwas Wahres an jener alten Beschuldigung! Aber Sie sind doch gezwungen gewesen, sich zu verteidigen.« Auf diese Weise macht man selbst aus seiner Rechtfertigung eine Anklage.

Wenn er ein Geschichtswerk schreibt, in welchem edle Gesinnung und Wahrheitsliebe zum Ausdruck kommen, so erregt man gegen ihn tausend Verfolgungen. Wegen eines Ereignisses, das sich vor tausend Jahren zugetragen hat, schickt man ihm die Behörden auf den Hals. Und man möchte seine Feder in Fesseln legen, wenn sie nicht käuflich ist.

Trotz alledem ist er glücklicher als jene Niederträchtigen, die für eine mäßige Pension ihren Glauben verraten; denen ihre Betrügereien, wenn man sie alle einzeln betrachtet, Stück für Stück nicht einen Pfennig einbringen; welche die Verfassung des Reiches umstoßen, die Rechte der einen Macht verkürzen, die einer anderen vermehren, den Fürsten geben, was sie dem Volke nehmen, überlebte Vorrechte wieder auffrischen, den Leidenschaften, die gerade in Gunst stehen, und den Lastern, die den Thron behaupten, schmeicheln und das Urteil der Nachwelt umso unverantwortlicher trüben, je weniger diese imstande ist, ihr Zeugnis zu entkräften.

Aber bei all jenen Beschimpfungen, die ein Schriftsteller erfährt, hat es noch nicht sein Bewenden; und es genügt noch nicht, dass er wegen des Erfolges seines Werkes in beständiger Unruhe geschwebt hat. Endlich erscheint es, dies Werk, das ihm so viel gekostet hat: und es erweckt ihm Feinde auf allen Seiten. Aber wie konnte er dem entgehen? Er hatte eine Ansicht, und er brachte sie in seinen Schriften zum Ausdruck; er ahnte nicht, dass zweihundert Meilen von ihm jemand gerade das Gegenteil behauptet hatte; indessen, ehe er sich's versieht, kommt es zum Kriege.

Wenn er wenigstens noch auf einige Anerkennung hoffen könnte? Aber keineswegs! Höchstens wird er von denjenigen geschätzt, welche sich demselben Gebiet der Wissenschaft wie er selbst gewidmet haben. Ein Philosoph blickt auf denjenigen mit souveräner Verachtung, dessen Kopf voll Tatsachen steckt; und seinerseits wird er wieder von dem, der sich eines guten Gedächtnisses erfreut, als ein Träumer angesehen.

Was dagegen jene betrifft, die in aufgeblasener Unwissenheit einhergehen, so wäre es ihnen am liebsten, wenn das ganze menschliche Geschlecht in derselben Vergessenheit begraben würde, die ihnen selbst bevorsteht.

Es gibt Menschen, die sich für den Mangel eines Talents dadurch entschädigen, dass sie es verachten. Sie reißen diese Scheidewand nieder, welche sie von dem Verdienste trennt, und auf solche Art finden sie sich denen gleichgestellt, deren Anstrengungen sie fürchten.

Mit einem Worte, man erkauft sich einen zweifelhaften Ruhm um den Preis des Lebensgenusses und einer ruinierten Gesundheit.

Paris, am 20. des Mondes Chahban, 1720.

# 1721

## CHRISTIAN WOLFF
## Gelbe Gefahr für den deutschen Geist

*Ein brandgefährlicher Stoff in deutschen Landen: die philosophischen Klassiker der chinesischen Antike, von denen die sogenannten »Vier Bücher« 1711 in der lateinischen Übersetzung des belgischen Jesuiten François Noël der europäischen Gelehrtenwelt zugänglich geworden sind. Zur Übergabe seines Prorektorenamtes an der Universität Halle an den Nachfolger hält unser Autor eine Rede über die praktische Philosophie der Chinesen. Darin preist er Konfuzius und die konfuzianische Tradition als lebendigen Beweis für eine Ethik, die unabhängig vom christlichen Glauben über Jahrtausende eine Hochkultur geprägt habe. Von seinen pietistischen Gegnern des Atheismus beschuldigt, muss er zwei Jahre danach nicht nur seinen Lehrstuhl aufgeben, sondern auf Befehl von König Friedrich Wilhelm I. Halle binnen achtundvierzig Stunden verlassen. Mit großem Erfolg lehrt er fortan im hessischen Marburg, bis ihn 1740 Friedrich II. nach Halle zurückruft, wo er 1743 Kanzler der Universität und zwei Jahre später geadelt wird.*

*Christian Wolff (\* 1679, † 1754) war ein bedeutender Universalgelehrter der Aufklärung, der wichtigste deutscher Philosoph zwischen Leibniz und Kant, Mathematiker und als Jurist entschiedener Vertreter des Naturrechts – mit maßgeblichem Einfluss auf die preußische Gesetzgebung. Das Vokabular der deutschen Sprache mit ihren Reichtümern an kunstvollen Wortbildungen zur Übersetzung lateinischer Wissenschaftsprosa verdankt Wolff solche Begriffe wie »Bewusstsein«, »Bedeutung«, »Aufmerksamkeit« und Fügungen wie »an sich«.*

### BEANTWORTUNG EINES EINWANDES

Zwar weiß ich sehr wohl, dass Männer von übermenschlicher Weisheit – wir verehren sie unter dem Namen der Theologen – mit gutem Grund behaupten, dass jemand, der von der göttlichen Gnade unterstützt wird, etwas zustande bringen kann, was ersichtlich die Kräfte der Natur übersteigt. Obgleich nun das, was diejenigen erkennen, die vom göttlichen Licht erleuchtet sind, schlechterdings mit der Wahrheit der Sache übereinstimmen muss, so widerspricht das jedoch gar nicht meiner Behauptung. Weil nämlich die Seele des Menschen empfänglich für die göttliche Gnade ist – sonst könnte sie diese nicht in sich aufnehmen, wenn sie ihr entgegengebracht wird –, muss in ihrem Wesen und in ihrer Natur selbst ein Grund enthalten sein, wie auch immer er beschaffen sein mag, warum sie diese in sich aufnehmen kann. Dass die Kräfte der Natur durch die Kraft der Gnade erweitert und auf eine höhere Stufe gehoben werden, ist also der menschlichen Natur gemäß. So steht nichts im Wege, einen Prüfstein für die Grundsätze der Weisheit aufzustellen oder zu errichten, indem wir die Übereinstimmung dieser Grundsätze mit der Natur des menschlichen Geistes beurteilen, sodass wir nämlich diejenigen Grundsätze als echt annehmen, deren Grund daraus angegeben werden kann, und dass wir diejenigen als unecht verwerfen, für die kein Grund darin enthalten ist. Die Grundsätze der chinesischen Weisheit stimmen mit diesem Prüfstein durchaus überein.

### DER ERSTE GRUNDSATZ DER PHILOSOPHIE DER CHINESEN

Was nämlich an erster Stelle hervorgehoben werden muss: Nichts schrieben die Chinesen in Bezug auf die Handlungen der Menschen vor, und nichts setzten sie in Bezug auf die Ausübung der Tugenden und der Sitten fest als das, von dem sie einsahen, dass es mit dem menschlichen Geist vorzüglich übereinstimmt. Es gibt also keinen Anlass, uns darüber zu wundern, dass ihre Anstrengungen von Erfolg gekrönt waren, weil sie nichts unternahmen, was der Natur widerstritt. – Wer die moralischen Dinge tiefer untersucht, dem ist nur allzu genau bekannt, dass die Beweggründe der menschlichen Handlungen, auch wenn diese im Einklang mit dem Gesetz sind, verschieden sein können.

### DER UNTERSCHIED BEI DEN TUGENDHAFTEN HANDLUNGEN UND DEN ARTEN DER TUGEND

Entweder nämlich stellt sich der Geist die Veränderung sowohl des inneren als auch des äußeren Zustandes der Menschen vor, die aufgrund einer Handlung erfolgt; oder er benutzt als Beweggründe die Eigenschaften und die Vorsehung, ja sogar die Autorität der höchsten Gottheit; oder die Beweggründe werden schließlich von den durch göttliche Fügung offenbarten Wahrheiten, denen keine natürliche Evidenz zukommt, geliefert; so beschaffen sind diejenigen Wahrheiten, an die wir wegen Christi, des Erretters des Menschengeschlechts, als Grundlagen unserer Religion glauben. Wer seine Handlungen nach ihrem Erfolg beurteilt, lenkt seine Handlungen nur durch die Führung der Vernunft, und die Tugenden, die er pflegt, sind allein den Kräften der Natur zuzuschreiben. Wer durch eine allein auf das Licht der Vernunft gestützte Betrachtung der Eigenschaften Gottes und der Vorsehung der Gottheit zu handeln bestimmt wird, dessen Tugenden entspringen aus der natürlichen Religion. Wer schließlich von den durch göttliche Fügung offenbarten Wahrheiten, denen keine natürliche Evidenz zukommt, zu seinen Handlungen angetrieben wird, dessen Tugenden müssen den Kräften der Gnade zugeschrieben werden.

### DIE CHINESEN HATTEN DEN UNTERSTEN GRAD DER TUGEND

Weil die alten Chinesen, von denen hier die Rede ist, den Schöpfer der Welt nicht kannten, hatten sie keine natürliche Religion; noch viel weniger waren ihnen irgendwelche Zeugnisse der göttlichen Offenbarung bekannt. Darum konnten sie sich nur der Kräfte der Natur – und zwar solcher, die frei von jeder Religion sind – bedienen, um die Ausübung der Tugend zu befördern. Dass sie sich dieser Kräfte aber höchst erfolgreich bedienten, wird bald vollständiger feststehen.

### WIE DIE CHINESEN DIE AUSÜBUNG DER TUGEND BEFÖRDERTEN

Denn sie berücksichtigten nicht weiter die Unvollkommenheiten des menschlichen Geistes, woraus Laster, Frevel und Schandtaten wie aus einer Quelle hervorzusprießen pflegen, sondern richteten ihr Augenmerk auf dessen Vollkommenheiten, um die von der Natur gewährten Kräfte zu erkennen und um das zu erreichen, was diesen zugänglich ist. Es wird vielleicht einige geben, die tadeln wollen, dass die Chinesen der menschlichen Unvollkommenheit keine Beachtung schenkten und um die Heilung der Krankheit der Seele zur Vermeidung der Laster nicht besorgt waren.

### BEANTWORTUNG DES EINWANDES

Die Seele ist jedoch ganz anders beschaffen als der Körper, und der Schluss von dessen Krankheit auf deren Schwächen kann nicht immer sicher gezogen werden. Wer die Tugenden lernt, verlernt durch diese Bemühung die Laster; die Tugenden sind nämlich den Lastern entgegengesetzt, und beide können nicht gleichzeitig stattfinden. Wo eine Tugend vorhanden ist, dort fehlt das ihr entgegengesetzte Laster, und wie die Kenntnis der Tugend immer nützt, ihre Unkenntnis immer schadet, so nützt im Gegenteil die Unkenntnis der Laster beständig, während deren Kenntnis oft schadet.

WARUM DIE CHINESEN MEHR AUF DAS STREBEN NACH DER TUGEND BEDACHT WAREN ALS AUF DIE VERMEIDUNG DER LASTER

Also kamen die Chinesen nicht vom Weg der Wahrheit ab, als sie über die Niedrigkeiten der Laster wenig besorgt waren und vornehmlich darauf aus waren, dass das Streben nach der Tugend aufblühen sollte, während dagegen überhaupt fast alle ganz in Unkenntnis der Laster gehalten werden sollten. Und darin folgten sie den einsichtigen Logikern, die wenig auf die Verhütung von Vorurteilen bedacht sind, sondern nach den Kräften des Verstandes suchen und zu erforschen pflegen, wie man sich ihrer zur Erforschung der Wahrheit bedienen muss, weil sie sicher sind, dass Vorurteile dort nicht herrschen, wo das Wahre genau vom Falschen unterschieden wird; dass man aber dort vergeblich verlangt, Vorurteile zu vermeiden, wo die Kräfte zur Erkenntnis des Wahren versagen. Dass die menschliche Seele über einige Kräfte verfügt, gute Handlungen zu vollbringen und die ihnen entgegengesetzten bösen Handlungen zu unterlassen, wird, meine ich, niemand bezweifeln.

# 1723

# BERNARD MANDEVILLE

## Vom Nutzen des privaten Lasters für das Gemeinwohl

*Gäbe es keine Krankheiten, wäre auch die Heilkunde nie aus den Startlöchern gekommen. Eine skandalöse These, damals in der frühen Morgendämmerung der Aufklärung und auch heute noch: Persönliche Tugenden wie Genügsamkeit und Friedfertigkeit sind dem Fortschritt und der Prosperität einer Gesellschaft weniger förderlich als Luxus, Verschwendung, Krieg und Ausbeutung. Die Erkenntnis, dass individueller Nutzen nicht mit globalem Nutzen identisch sein muss, ist in der Ökonomie als Mandeville-Paradox etabliert.*

*Bernard Mandeville (\* 1670, † 1733) war ein aus Rotterdam gebürtiger Arzt, der nach seinem Studium in Leiden in London praktizierte und schrieb. In seinem provokativen Hauptwerk,* Die Bienenfabel, *legt er dar, dass in dem Kreislaufsystem der Wirtschaft nicht die Tugend, sondern das Laster der Antrieb und die eigentliche Quelle des Gemeinwohls sei. Das Werk stieß bei seinen Zeitgenossen durchweg auf Ablehnung, Gerichte erklärten es für geeignet, »alle Religion und bürgerliche Herrschaft umzustürzen«. Sein illusionsloser Befund, wonach in einer modernen Gesellschaft »der sicherste Reichtum in einer großen Menge schwer arbeitender Armer besteht«, macht ihn für die einen zum herzlosen Zyniker, für andere zum ersten radikalen Kapitalismuskritiker. Für Karl Marx war er »ein ehrlicher Mann und heller Kopf«.*

DER LETZTE ABSATZ wird vielen als Abschweifung erscheinen, die meinem Zwecke wenig dient. Was ich damit erstrebe, ist aber die Aufzeigung der Tatsache, dass Güte, Sittenreinheit und friedfertige Gesinnung in den Beherrschern und Führern der Nationen ebenso wenig geeignete Eigenschaften sind, um diese zu Macht und Reichtum gelangen zu lassen, wie eine ununterbrochene Reihe von Erfolgen, die jeder Privatperson zuteilwerden würde, wenn es nach ihrem Wunsche ginge. Ich habe ja gezeigt, wie nachteilig und geradezu vernichtend eine solche Reihe von Erfolgen für eine umfangreiche Gesellschaft sein würde, die vor allem nach Macht und Ansehen strebt und ein Glück darin sieht, von ihren Nachbarn wegen ihrer glänzenden materiellen Kultur beneidet zu werden.

Niemand braucht sich gegen Glücksgüter irgendwelcher Art zu schützen; Unglück dagegen erfordert stets Menschen und deren Kräfte zu seiner Abwehr. Die liebenswerten Eigenschaften des Menschen setzen daher auch keines seiner Mitgeschöpfe in Bewegung. Seine Redlichkeit und Güte, seine Zufriedenheit, Sparsamkeit und Neigung zu geselligem Verkehr sind alle etwas sehr Erfreuliches in einer Gesellschaft, in der Sorglosigkeit und Schlaffheit herrschen; je echter und ungeheuchelter sie sind, desto mehr erhalten sie allerwärts Ruhe und Frieden aufrecht und verhindern jede Aufregung, überhaupt jede Tätigkeit. Beinahe das Gleiche lässt sich sagen von den Segnungen und Wohltaten des

Himmels und von den Geschenken und Gaben der Natur. Denn das ist sicher: Je reichlicher diese vorhanden sind, je häufiger sie uns zufallen, desto weniger Arbeit brauchen wir zu leisten. Die Not und Bedrängnis dagegen, die Schwächen und Laster des Menschen, zusammen mit den vielfältigen Unbilden der Luft und der anderen Elemente, enthalten in sich die Keime zu allen Gewerben und Künsten und großen Werken. Die Extreme von Hitze und Kälte, die Unbeständigkeit und Ungunst der Jahreszeiten, die Heftigkeit und Ungewissheit der Winde, die ungeheure Gewalt und Tücke des Wassers, die Wut und Unbezähmbarkeit des Feuers, die Härte und Unfruchtbarkeit der Erde: sie sind es, was unsere Erfindungsgabe aufs höchste ansporn, damit wir uns ihren unheilvollen Wirkungen entziehen, damit wir ihre Feindschaft besänftigen und ihre verschiedenen Kräfte auf tausend Wegen zu unserem Vorteil verwerten, indes wir gleichzeitig mit der Befriedigung unserer zahllosen Bedürfnisse beschäftigt sind, die jederzeit in dem Maße zunehmen werden, als unsere Kenntnisse sich erweitern und unsere Wünsche sich mehren. Hunger, Durst und Nacktheit sind die ersten Tyrannen, die uns zur Tätigkeit zwingen; später werden unsere Eitelkeit und Genusssucht, unsere Trägheit und Unbeständigkeit die großen Förderer aller Künste und Wissenschaften, aller Gewerbe und Handwerke, während die strengen Fronherren Not, Habsucht, Neid und Ehrgeiz, jeder im Kreise der ihm Zugeordneten, die Mitglieder der Gesellschaft bei der Arbeit festhalten und sie dazu bringen, dass sie sich sämtlich – und die meisten mit Freudigkeit – den Mühen und Plagen ihres Standes unterwerfen, Könige und Fürsten nicht ausgenommen.

Je ausgedehnter und je raffinierter in ihren Produkten Handel und Gewerbe sind und je mehr sie sich in viele verschieden Zweige teilen, desto mehr Menschen können in einer sozialen Gemeinschaft zusammenleben, ohne sich gegenseitig im Wege zu sein, und desto leichter werden sie sich auch zu einer großen, mächtigen und blühenden Nation entwickeln können. Tugenden geben nur selten jemandem etwas zu tun; sie mögen daher ein kleines Volk tüchtig, aber werden keines je groß machen. Kraft und Lust zu schwerer Arbeit, Geduld in Schwierigkeiten, Fleiß und Eifer in allen Unternehmungen sind gewiss lobenswerte Eigenschaften. Allein, da sie bloß ihr eigenes Werk vollbringen, so sind sie auch ihr eigener Lohn, und keine Kunst oder Industrie hat ihnen jemals ihre Huldigung dargebracht. Dagegen zeigen sich die Feinheiten des menschlichen Denkens und Erfindens jetzt wie in früheren Zeiten nirgendwo deutlicher als in der Mannigfaltigkeit der Werkzeuge und Gerätschaften der Arbeiter und Handwerker und in der großen Zahl von Maschinen, die alle erfunden wurden, teils um die geringe Körperkraft des Menschen zu unterstützen oder seinen sonstigen Mängeln abzuhelfen, teils um seiner Faulheit oder seiner Ungeduld Rechnung zu tragen.

Es ist in der Moral wie in der Natur: Nichts in den lebenden Wesen ist so durchaus gut, dass es nicht irgendeinem innerhalb der Gemeinschaft schädlich werden könnte; es ist auch nichts so völlig schlecht, dass es sich nicht dem einen oder anderen Geschöpfe als nützlich erweisen könnte. Daher sind die Dinge gut oder schlecht nur in Beziehung zu etwas anderem und entsprechend der Stellung und Beleuchtung, die man ihnen gibt. Was uns Lust bereitet, ist eben insoweit gut, und dieser Regel gemäß will jeder sein eigenes Wohl, so gut er es versteht und mit wenig Rücksicht auf seine Nebenmenschen. Es ist noch niemals Regen gefallen – auch nicht bei großer Dürre, wo öffentlich darum gebetet wurde –, ohne dass irgendwo ein Mensch, der notwendig ausgehen musste, sich nur gerade für diesen Tag schönes Wetter gewünscht hat. Wenn das Korn im Frühjahr gut steht und das Land im Allgemeinen sich über den schönen Anblick freut, da ärgert sich der reiche Gutsbesitzer, der den Ertrag vom letzten Jahre für einen günstigeren Zeitpunkt zurückhielt, und macht sich in der Aussicht auf eine reichliche Ernte große Sorge. Hört man doch sogar häufig Faulpelze ganz offen sagen, sie möchten, was andere besitzen, selbst haben, – um aber nur ja nicht anzustoßen, mit der weisen Einschränkung, dass diese anderen dabei nicht geschädigt werden sollten. Ich fürchte jedoch, sie tun dies in ihrem Innersten oft ohne solchen Vorbehalt.

Es ist ein wahres Glück, dass die Wünsche und die Gebete der meisten Leute sinn- und zwecklos sind; das Einzige, was sonst die Menschheit für soziales Leben geeignet erhalten und die Welt vor allgemeiner Konfusion bewahren könnte, wäre die Unmöglichkeit, dass alle Bitten, die an den Himmel gerichtet werden, erhört würden. Ein wohlerzogener, braver junger Herr wartet, eben von seiner Reise zurückgekehrt, im Haag ungeduldig auf einen östlichen Wind, damit er nach England hinüber kann, wo sein sterbender Vater, der ihn noch einmal umarmen und ihm seinen Segen erteilen möchte, sich in Kummer und Sehnsucht nach ihm verzehrt; inzwischen fährt ein britischer Minister mit dem Auftrage, das protestantische Interesse in Deutschland wahrzunehmen, per Schnellpost nach Harwich, um von dort noch vor Schluss des Reichstags nach Regensburg zu eilen. Gleichzeitig liegt eine reich beladene Flotte bereit, um nach dem Mittelmeer aufzubrechen, während ein stattliches Geschwader nach der Ostsee bestimmt ist. Alles dies kann sehr leicht zu ein und derselben Zeit geschehen; wenigstens liegt keine Schwierigkeit in der Annahme, dass es geschähe. Wenn nun die Betreffenden keine Atheisten oder sittlich verkommenen Menschen sind, so werden sie alle vor dem Schlafengehen ihre Gedanken zu Gott erheben und, jeder in einem ganz anderen Sinne, ihn um günstigen Wind und glückliche Fahrt bitten. Ich sage nur, es ist ihre Pflicht so, und es mag sein, dass sie erhört werden, aber sicher nicht gerade alle auf einmal. –

Nach alledem schmeichele ich mir, bewiesen zu haben, dass weder die dem Menschen von Natur zukommenden Gefühle des Wohlwollens und der Freundschaft noch die eigentlichen Tugenden, die er durch Vernunft und Selbstverleugnung zu erwerben vermag, die Grundlagen der Gesellschaft bilden; dass vielmehr das sogenannte moralische und physische Übel dieser Welt die Haupttriebkraft ist, die uns zu sozialen Wesen macht, die feste Basis für die Entstehung und Erhaltung aller Berufe und Erwerbszweige ohne Ausnahme. *Hier* müssen wir den wahren Ursprung aller Künste und Wissenschaften suchen. In dem Augenblick, wo jene Übel schwinden, muss die soziale Gemeinschaft gestört, wenn nicht vollständig aufgelöst werden.

Ich könnte noch tausenderlei mehr sagen, um diese Wahrheit zu bekräftigen und zu veranschaulichen; ich täte nichts lieber als dies. Aus Furcht, lästig zu werden, will ich jedoch ein Ende machen, obwohl ich bisher, offen gestanden, nicht halb so sehr um den Beifall anderer besorgt als auf meine eigene Unterhaltung bedacht gewesen bin. Sollte ich indes je hören, dass ich dabei auch dem einsichtigen Leser einiges Vergnügen bereitet habe, so wird dies stets die Befriedigung, die ich während meiner Arbeit empfand, noch erhöhen. In der Hoffnung, der meine Eitelkeit sich hier hingibt, verlasse ich ihn mit Bedauern und schließe mit der Wiederholung des scheinbaren Paradoxons, dessen Grundgedanke auf dem Titelblatt ausgesprochen ist, nämlich dass die Laster der Einzelnen durch das geschickte Vorgehen eines tüchtigen Politikers in einen Gewinn für das Ganze umgewandelt werden können.

# 1725

## GIAMBATTISTA VICO

# Die »Barbarei der Reflexion« und das Schicksal der Völker

*An einem Neapolitaner, nämlich Giambattista Vico (\* 1668, † 1744), führt kein Weg in die Moderne vorbei. Von Aufklärungskritikern und Gegenaufklärern wird er gerne als Stammvater vereinnahmt. Aus den Abstraktionen des Cartesianismus und Rationalismus kehrt in seiner* Scienza nuova *der Mensch tatsächlich in Fleisch und Blut, mit Geist und Gefühl zurück, und dies auf alle Bühnen: der Geschichte und Politik, der Kunst und Dichtung und der Wissenschaften, die Erforschung nicht nur der Natur, sondern ebenso Studium der Kultur zu sein haben. Der Menschengeist ist für Vico Erkenntnis und Imagination. Der Wissenschaft der griechischen Philosophen hält er Homer und die Dichtung entgegen. (Heute wäre das vielleicht die grandiose poetische Anthropologie des Spaghetti-Western von Sergio Leone und Sergio Corbucci.) Der Rationalismus und die cartesischen Bilderstürmer, dieses hohe Gericht der zeitlosen Vernunft, das jede Auseinandersetzung mit dem Unbeweisbaren verbietet, bürgen für eine Aufklärung im Zeichen neuer Intoleranz: »Barbarei der Reflexion« heißt dies bei Vico. Nicht die Abkehr von der Vernunft führt diese Barbarei herbei, sondern die Abkehr von der Überlieferung im Namen einer Vernunft, die nichts mehr von ihren Grenzen weiß. Auch Vico empfahl der Jugend nicht nur Cicero, sondern ebenso wie die Aufklärer auch das Studium der Natur. Aber es sollte nicht dazu dienen, diese zu beherrschen, sondern unseren Hochmut zu zügeln. Dem Credo der Naturphilosophen hielt er entgegen, was als sein Prinzip des* verum factum *in die Ideengeschichte eingegangen ist: »Diese lange und finstere Nacht« – die Geschichte des Menschengeschlechts – »wird von einem einzigen Licht erleuchtet, von der Einsicht nämlich, dass die Welt der gesitteten Völker unbestreitbar von den Menschen selbst geschaffen worden ist.«*

*Die Luft, die Vicos Werk atmet, ist noch ganz die des Absolutismus und der beginnenden Aufklärung. Doch wenn Einsichten wie Vicos auf die Gegenaufklärung zu warten hatten, um ernst genommen zu werden, dann hat eigentlich die Aufklärung ebenso lange ihren Namen nicht verdient. Das Schicksal der Völker derweil ist ein Auf und Nieder zwischen produktiver Aneignung ihres Erbes und dessen stets wieder einsetzender barbarischer Veruntreuung. Aus einer leuchtenden Gegenwart, die Vico um sich wahrnimmt, schließt er, anders als Hegel (vgl. S. 344–345), nicht auf eine ebensolche Zukunft.*

GEGENWÄRTIG SCHEINT eine vollendete Humanität durch alle Nationen verbreitet, nachdem wenige große Monarchen diese Welt der Völker regieren; und wenn es noch barbarische unter ihnen gibt, so ist davon die Ursache, dass sich ihre Monarchien über der vulgären Weisheit phantastischer und roher Religionen erhalten haben, während sich in einigen die weniger günstige Natur der ihnen unterworfenen Nationen dazugesellt. Um nun von dem eisigen Norden auszugehen, so herrschet der Zar von Moskau, obschon ein Christ, über Menschen von träger Sinnesart. Der Knes oder Chan der Tartarei gebietet einem weichlichen Volksschlage, wie es die Serer des Altertums gewesen, welche den größten Teil seines großen Reiches ausmachten, das er gegenwärtig mit dem von China vereinigt hat. Der Negus von Äthiopien und die mächtigen Könige von Fez und Marokko herrschen über sehr schwache und unzahlreiche Völker.

In der Mitte aber, auf dem gemäßigten Erdgürtel, wo die Menschen von gehörigen Naturen geboren werden, besteht, um mit dem äußersten Morgen anzufangen, unter dem Kaiser von Japan eine Humanität, ähnlich der römischen in den Zeiten der Punischen Kriege; selbiger kommt diesen in der kriegerischen Rüstigkeit gleich, so wie sich, nach der Bemerkung gelehrter Reisender, in der Sprache etwas der lateinischen Ähnliches findet; aber wegen einer höchst furchtbaren und rohen Phantasiereligion von entsetzlichen Göttern, welche alle mit feindseligen Waffen angetan sind, behält er viel von der heroischen Natur an sich; denn die Väter Missionare, welche dahin gekommen sind, erzählen, dass die bedeutendste Schwierigkeit, auf die sie gestoßen sind, um jene Stämme zur christlichen Religion zu bekehren, ist, dass die Edlen nicht glauben können, die Plebejer hätten dieselbe menschliche Natur, welche sie haben. Der Kaiser der Chinesen, weil er durch eine sanfte Religion herrscht und die Wissenschaften ehrt, ist äußerst human. Der von dem indischen Reiche ist eher human als nicht, und übt sich mehrenteils in den Künsten des Friedens. Der Perser und der Türke haben mit der Weichlichkeit Asiens, das ihnen gehorchet, die rohe Lehre ihrer Religion verschmolzen; und so dämpfen insbesondere die Türken den Stolz durch die Pracht, den Pomp, die Freigebigkeit und die Dankbarkeit.

Aber in Europa, wo überall die christliche Religion in Übung ist, welche eine Idee von Gott in unendlicher Reinheit und Vollkommenheit lehrt, und gegen das ganze menschliche Geschlecht die Liebe gebeut, gibt es die großen Monarchien, die in ihren Sitten höchst menschlich sind, außer den im kalten Norden gelegenen, wie vor hundert und fünfzig Jahren noch Schweden und Dänemark es waren, und heutzutage noch Polen und selbst England, die, obschon sie ihrem Zustande nach monarchisch sind, gleichwohl aristokratisch regiert zu werden scheinen; aber wenn der natürliche Lauf der menschlich bürgertümlichen Dinge nicht für sie durch außerordentliche Ursachen verhindert wird, werden sie zur ganz vollkommenen Monarchie gelangen. In diesem Teile der Welt allein, weil er die Wissenschaften ehrt, gibt es überdies volksfreie Republiken in großer Zahl, welche in den anderen dreien gar nicht gefunden werden. Ja, nach der Wiederkehr derselben öffentlichen Vorteile und Nöte hat sich in ihm die Form der Republiken der Ätoler und Achäer erneuert: Und wie jene von den Griechen begriffen wurden aus der Notwendigkeit, sich gegen die ungeheure Macht der Römer zu sichern, so haben es die Schweizer Kantone und die vereinigten Provinzen oder die Staaten von Holland getan, welche aus mehreren volksfreien Städten zwei Aristokratien gebildet haben, in welchen sie vereinigt stehen in ewigem Bunde für Frieden und Krieg. Und der Körper des Deutschen Reiches ist ein System von vielen freien Städten und souveränen Fürsten, deren Haupt der Kaiser ist; und in den Angelegenheiten, welche den Zustand des Reiches selbst betreffen, wird es aristokratisch regiert.

Und hier ist zu bemerken, dass souveräne Mächte, sobald sie sich in Bünde entweder für ewig, oder für einige Zeit zusammenschließen, von sich selbst dazu kommen, aristokratische Zustände zu bilden, in welchen das ängstliche Misstrauen Raum findet, das den Aristokratien eigen ist, wie oben gezeigt. Da nun dies die letzte Form der bürgerlichen Zustände ist, weil sich in bürgerlicher Natur kein Zustand einsehen lässt, welcher Aristokratien überlegen wäre, muss eben diese Form auch die erste gewesen sein; wie wir denn mit so vielen Beweisen in diesem Werke gezeigt haben, dass die Aristokratien der Väter als unumschränkter Könige ihrer Familien es waren, welche sich in herrschende Stände vereint hatten in den ersten Städten. Denn dies ist die Natur der Prinzipien, dass die Erscheinungen in ihnen zuerst anheben und in ihnen zuletzt ihr Ende finden.

Um nun auf die Sache zurückzukommen, so gibt es in Europa auf diesen Tag nicht mehr als fünf Aristokratien, nämlich Venedig, Genua, Lucca in Italien, Ragusa in Dalmatien und Nürnberg in Deutschland; und fast alle haben nur ein enges Gebiet. Aber überall schimmert das christliche Europa von solcher Humanität, dass es überströmt von allen Gütern, welche das menschliche Leben beglücken können, nicht minder in Hinsicht auf die Genüsse des Körpers als auf die Ergötzungen sowohl des Geistes als auch des Gemütes. Und alles dies durch die christliche Religion, welche so erhabene Wahrheiten lehrt, dass die gelehrtesten Philosophien der Heiden in ihr aufgenommen sind, um ihr zu dienen, und die drei Sprachen als die ihrigen anerkennt: die älteste der Welt, die hebräische, die geschmackvollste, die griechische, und die erhabenste, d. i. die lateinische. Sodass auch in menschlichen Absichten die christliche Religion die vorzüglichste unter allen Religionen der Welt ist: als die eine offenbarte Weisheit, mit der spekulativen durch die auserlesenste Wissenschaft der Philosophen und die ausgebildetste Gelehrsamkeit der Philologen vereinigt.

Um zuletzt über den Ozean in die neue Welt zu schweifen, so würden die Amerikaner jetzt diesen Lauf der menschlichen Dinge durchwandeln, wenn sie nicht von den Europäern wären aufgefunden worden.

Nun erwäge man nach dieser Wiederkehr menschlicher Erscheinungen, welche insbesondere in diesem Buche erörtert worden, die Zusammenstellungen, welche durch dies ganze Werk bei einer großen Anzahl von Materien über die ersten und die letzten Zeiten der alten und der neuen Völker vorgenommen worden: und man wird die ganze Geschichte gedeutet vor sich haben, nicht etwa die besondere und in der Zeit abgelaufene der Gesetze und Taten der Römer oder der Griechen; sondern nach der wesentlichen Identität der Begriffsbildung und der Verschiedenheit ihrer Weisen sich auszudrücken, wird man vor sich haben die ideale Geschichte der ewigen Gesetze, nach welcher die Begebenheiten ablaufen aller Völker in ihren Ursprüngen, Fortschritten, Zuständen, ihrem Sinken und Ende, gesetzt auch, es erhöben sich, was sicherlich falsch ist, in alle Ewigkeit von Zeit zu Zeit unendliche Welten. Daher konnten wir nicht anders, als diesem Werke den kitzlichen Titel einer neuen Wissenschaft zu geben; sintemal es eine zu unbillige Beeinträchtigung seines Rechtes und seiner Befugnis gewesen wäre, die ihm zustand über einen allgemeinen Gegenstand, wie es der ist von der gemeinsamen Natur der Nationen; nach jener Eigenschaft, welche jede vollendete Wissenschaft hat über ihre Idee, welche uns von Seneca dargestellt ist mit jenem umfassenden Ausdrucke: *pusilla res Mundus est, nisi in illo, quod quaerat, omnis mundus habeat.* (»Armselig ist diese Welt, wenn nicht das, was sie erstrebt, die ganze Welt besitzen soll.«)

Wenn aber endlich die Völker zu jenem äußersten bürgerlichen Unsegen erkrankten, dass sie weder im Inneren sich fügen können einem einheimischen Alleinherrscher noch auch bessere Nationen sich zeigen, sie zu erobern und zu erhalten von außen her, dann greift die Vorsehung bei deren äußerstem Verderben zu diesem äußersten Mittel: Da solche Völker nach Weise der Tiere sich gewöhnt, an nichts anderes zu denken als an die einzelnen eigenen Vorteile eines jeden, und sich dem Äußersten der Verwöhnung, oder besser zu sagen, der Hoffart ergeben, dass sie nach Weise der Tiere, wenn sie sich über ein Haar ärgern, auffahren und wütend werden, und so in der höchsten Pflege und Fülle der Leiber leben als reißende Tiere, in einer höchsten Verödung der Gemüts- und Willenskräfte, wobei kaum zwei miteinander in Frieden bleiben können, da ein jeder selbst von zweien seinem besonderen Gelüste und Eigensinne folgt, da sie durch alles dies in den erbittertsten Faktionen und verzweifelten Bürgerkriegen Wälder machen aus den Städten und aus den Wäldern Tierlager für Menschen, so verrosten in solcher Weise im Verlaufe langer Jahrhunderte der Barbarei allmählich die heiligen Spitzfindigkeiten boshafter Geistestriebe, welche sie zu wilderen Tieren gemacht hatten durch die Barbarei der Reflexion, als sie gewesen waren in der früheren Barbarei des bloßen sinnlichen Daseins. Denn jene entwickelte eine großmütige Rohheit, vor welcher der andere sich verteidigen konnte oder ihr entfliehen oder sich hüten; diese aber stellt mit einer verworfenen Rohheit mitten in den Schmeicheleien und Umarmungen dem Leben und den Gütern der eigenen Vertrauten und Freunde nach. Darum sollen Völker von solcher reflektierenden Bosheit durch dieses letzte Mittel, welches die Vorsehung anwendet, in Verblödung und Stumpfheit versunken nicht mehr Ergötzlichkeiten, ausgesuchte Genüsse, Freuden und Pracht fühlen, sondern nur die notwendigen Ersprießlichkeiten des Lebens, und in der geringen Zahl der bis zuletzt übrig gebliebenen Lebenden und der Fülle der zum Leben notwendigen Bedürfnisse durch die Natur wieder verträglich und sodann, kraft der wiedergekehrten früheren Einfachheit der ersten Völkerwelt, religiös, wahrhaft und treu werden; und also kehren unter sie zurück Frömmigkeit, Glaube, Wahrheit, welche die natürlichen Grundlagen der Gerechtigkeit und Gnadengaben und Zierden der ewigen Ordnung Gottes sind.

Rushhour am Oxford Circus.
*London. England, 25. August 1998.*

*1738*

## DANIEL BERNOULLI

# Immer mehr macht nicht immer glücklicher. Zur Grundlegung der Ökonomie

*Die Quantifizierung des Risikos hat er bereits mathematisch formalisiert: Die Größe des Risikos oder der Gewinnaussicht ergibt sich aus der Größe des Schadens oder Nutzens, multipliziert mit der Wahrscheinlichkeit, dass er eintritt. Dazu kommt nun eine weitere elementare Betrachtung, grundlegend ebenso wie für die Ökonomie für die Psychologie: Der Wert eines Gutes nimmt bei Vermehrung nicht unendlich zu! Stattdessen tritt früher oder später Sättigung ein. Bedeutet das nicht in jedem Falle Hoffnung, so doch in vielen Fällen Trost.*

*Daniel Bernoulli (\* 1700, † 1782) ist Mathematiker, Sohn des Mathematikers Johann Bernoulli, jüngerer Bruder des Mathematikers Nikolaus II. Bernoulli, Neffe des Mathematikers Jakob I. Bernoulli. Mit zwanzig Jahren promoviert er zum Doktor der Medizin an der Universität Basel. Fünf Jahre später, durch mathematische Arbeiten europaweit bekannt, wird er zusammen mit seinem Bruder an die Russische Akademie der Wissenschaften nach Sankt Petersburg berufen (wo ihm die klimatischen Verhältnisse nicht behagen). Zurück in Basel, hat er seit 1733 einen Physiklehrstuhl inne und verfasst seine Hauptwerke* Hydrodynamica *(1738) und* Traité sur le flux et le reflux de la mer *(1740) zur Theorie der Gezeiten.*

## WERTBESTIMMUNG VON GLÜCKSFÄLLEN

§ 1. Seit die Mathematiker angefangen haben, sich mit der Wertbestimmung von Glücksfällen zu beschäftigen, wurde von ihnen behauptet: Man erhalte den Wert einer Gewinnhoffnung, wenn man die Werte er einzelnen möglichen Gewinne mit der Zahl der Fälle multipliziere, in denen sie eintreten können, und das Aggregat dieser Produkte durch die Zahl aller möglichen Fälle dividiere; dabei wird vorausgesetzt, dass die betrachteten Fälle als gleich möglich erscheinen. Akzeptiert man diese Regel, so läuft die weitere Ausbildung dieser Methode offenbar lediglich darauf hinaus, alle überhaupt denkbaren Fälle aufzuzählen, sie alsdann in solche von gleicher Möglichkeit zu sondern und demgemäß in Klassen einzureihen.

§ 2. Die zahlreichen Beweise, welche man für diese Regel gegeben hat, beruhen bei genauerer Prüfung durchweg auf der folgenden Hypothese: Wenn zwei Personen irgendetwas erhoffen, so sei keinerlei Grund vorhanden, warum die eine vor der anderen bevorzugt werden solle, und daher seien die Chancen beider als gleich zu erachten; die persönlichen Verhältnisse des Einzelnen seien hierbei belanglos, und es komme nur auf diejenigen an, von denen das Eintreten des erhofften Ereignisses abhängt.

Ein derartiges Urteil mögen vielleicht öffentliche Richter fällen: Hier handelt es sich aber nicht darum, Rechtsurteile zu fällen, sondern Ratschläge zu geben, nämlich Regeln, vermöge deren jeder imstande ist, einen Glücksfall je nach seinen besonderen Vermögensverhältnissen abzuschätzen.

§ 3. Um die Richtigkeit dieser Bemerkung zu zeigen, wollen wir annehmen, einem armen Teufel sei ein Los zugefallen, durch welches er mit gleicher Wahrscheinlichkeit entweder nichts oder 20 000 Dukaten gewinnen kann. Wird nun dieser den Wert jenes Loses auf 10 000 Dukaten zu schätzen haben, und würde er töricht handeln, wenn er dasselbe für 9000 Dukaten verkaufte? Mir scheint das nicht der Fall, obschon ich andererseits meine, dass ein sehr reicher Mann seinen Vorteil verkennen würde, wenn er es eventuell ablehnte, jenes Los für den obigen Preis zu erwerben. Wenn ich aber in diesem Falle recht habe, so erscheint es offenbar unmöglich, den Wert eines Glücksfalles in der Weise abzuschätzen, dass diese Wertbestimmung für alle Menschen passt, und daraus folgt zunächst, dass die Regel des § 1 zu verwerfen ist. Dagegen kann, wie bei genauerer Überlegung jedermann einsehen wird, der in jener Regel gebrauchte Ausdruck Wert so definiert werden, dass dadurch die ganze Regel ohne Bedenken für alle Welt annehmbar wird: Es ist hier nämlich der Wert einer Sache nicht aus ihrem bloßen Preise (Geld- oder Tauschwert) zu bestimmen, sondern aus dem Vorteil, den jeder Einzelne daraus zieht. Der Preis (Geld- oder Tauschwert) bestimmt sich aus der Sache selbst und ist für alle gleich; der Vorteil aber hängt von den Verhältnissen des Einzelnen ab. So muss es zweifellos für einen Armen mehr wert sein, tausend Dukaten zu gewinnen, als für einen Reichen, obschon der Geldwert für beide der gleiche ist.

§ 4. Hiermit ist die Sache schon so weit geführt, dass ein jeder lediglich durch Abänderung jenes einen Ausdrucks alles weitere selbst finden könnte: Da aber meine Hypothese neu ist, so wird sie doch noch einiger Erläuterungen bedürfen. Ich will daher versuchen, auseinanderzusetzen, wie ich mir die Sache zurechtgelegt habe; dabei soll uns der folgende Satz als Grundregel dienen: Multipliziert man die einzelnen möglich erscheinenden *Vorteile* mit der Anzahl der Fälle, in denen sie eintreten können, und dividiert das Aggregat dieser Produkte durch die Anzahl aller möglichen Fälle, erhält man einen *mittleren Vorteil*, und der diesem *Vorteil* entsprechende Gewinn stellt das Wertmaß für den fraglichen Glücksfall dar.

§ 5. Auf diese Weise ergibt sich nun aber, dass man den Wert eines Glücksfalles nicht bestimmen kann, wenn nicht zugleich der Vorteil bekannt ist, der einem jeden aus irgendeinem Gewinne erwächst, und auch umgekehrt der Gewinn angegeben werden kann, welcher zur Erzeugung eines bestimmten Vorteils für ihn erforderlich wäre – Dinge, über die sich kaum etwas Sicheres aussagen lässt, da sie von zu verschiedenartigen Umständen abhängen können. So wird z. B. in den meisten Fällen einem Armen durch den gleichen Gewinn mehr gedient als einem Reichen; nichtsdestoweniger könnte für einen Gefangenen, der 2000 Dukaten besitzt, aber noch einmal so viel zur Wiedererlangung der Freiheit bedarf, ein Gewinn von 2000 Dukaten mehr wert sein als für einen minder Begüterten. Immerhin sind Beispiele dieser Art, obschon man deren unzählige konstruieren könnte, in Wirklichkeit selten. Wir werden uns also nur mit solchen Fällen beschäftigen, wie sie gewöhnlich vorkommen; dabei wollen wir des leichteren Verständnisses halber annehmen, dass das Vermögen eines Menschen immer nur durch sukzessives Hinzutreten unendlich kleiner Inkremente stetig sich vermehre. Alsdann erscheint es aber in hohem Grade wahrscheinlich, dass jeder beliebig kleine Gewinn einen Vorteil erzeuge, welcher dem schon vorhandenen Vermögen umgekehrt proportional ist. Zur Erläuterung diese Hypothese will ich zunächst sagen, was ich hier unter Vermögen verstehe, nämlich alles das, was uns Nahrung, Kleidung, Bequemlichkeit, ja auch Luxus und die Befriedigung irgendwelcher Wünsche zu gewähren imstande ist. Hiernach können wir eigentlich von niemandem sagen, er besitze gar nichts, wenn er nicht geradezu verhungert, und es wird für die Mehrzahl der Hauptteil ihres Vermögens in ihrer Arbeitskraft bestehen, welche auch die Fähigkeit zu betteln mit umfasst: Wer sich durch Betteln jährlich 10 Goldgulden erwirbt, der wird wohl schwerlich unter der Bedingung, nie mehr zu betteln oder auf andere Weise etwas zu erwerben, eine Summe von 50 Goldgulden annehmen und auf diese Weise sich der Möglichkeit berauben, nach deren Aufzehrung weiter zu existieren; ja selbst wenn jemand gar nichts besitzt und noch obendrein in Schulden steckt, so möchte ich es bezweifeln, ob er unter der gleichen Bedingung die Bezahlung seiner Schulden nebst einem noch größeren Geldgeschenke annehmen würde. Wenn nun aber der Bettler den obigen Betrag nicht eingehen will, außer wenn er eine Barsumme von mindestens 100 Goldgulden erhält, und jener mit Schulden Belastete nur dann, wenn er 1000 Goldgulden bekommt, so werden wir sagen müssen, dass der eine 100, der andere 1000 Goldgulden reich sei, obschon nach dem gewöhnlichen Sprachgebrauche jener nichts, dieser aber noch weniger als nichts besitzt.

§ 6. Nach Aufstellung dieser Definition kehre ich zu der Behauptung des vorigen Paragraphen zurück, dass nämlich, falls nichts Ungewöhnliches dazwischentritt, der aus einem beliebig kleinen Gewinne erwachsende Vorteil als umgekehrt proportional dem vorhandenen Vermögen angesehen werden kann.

1739 / 1746 / 1760

# FRIEDRICH DER GROSSE

## Es ist die Aufgabe des Herrschers, dem menschlichen Elend abzuhelfen

*Hier spricht der Philosophenkönig, Verkörperung des aufgeklärten Absolutismus, der »Erste Diener des Staates«, wie er selbst von sich sagt: »Mehr als drei Viertel der Menschen sind für die Sklaverei des abgeschmacktesten Fanatismus geschaffen. … Die Masse unserer Gattung ist dumm und boshaft.« Für den Herrscher kommt deshalb als Beruf nur der des Arztes dieser armen Untertanen infrage. Was dies in seinem Fall heißen muss, erklärt der zweite der hier abgedruckten Briefe an Voltaire im letzten Satz über den Ochsen, die Nachtigall, den Delphin und ihn selbst den König: Zuerst muss er seine Macht ausweiten, bevor er damit etwas anfangen und ihre Wirkung entfalten kann.*

*Nach dem letzten der drei Kriege um Schlesien, die König Friedrich II. (\* 1712, † 1786) gegen Österreich führt, ist Preußen als fünfte europäische Großmacht neben Frankreich, Großbritannien, Österreich und Russland etabliert. Seiner größten Widersacherin, der Habsburger Herrscherin Maria Theresia, scheut er sich schon vorher nicht, Ratschläge zu erteilen. Man wäre nicht bis hierhin gekommen, wenn Friedrich II. noch lebte, äußerte sich Napoleon, als er 1806 Potsdam besuchte.*

DIE MENSCHENLIEBE bietet einen unerschöpflichen Stoff dar; ich habe meine Gedanken darüber gestammelt, es ist Ihre Aufgabe, sie zu entwickeln. Es scheint mir, als ob man sich in einer Gesinnung bestärkt, wenn man in seinem Geist alle Gründe durchgeht, welche sie stützen. Das hat mich veranlasst, die Menschenliebe zu erörtern. Sie ist nach meiner Ansicht die einzige Tugend und muss besonders denen eigentümlich sein, die ihre Stellung in der Welt auszeichnet. Es ist die Aufgabe jedes Herrschers, er sei groß oder klein, dem menschlichen Elend abzuhelfen, so viel in seinen Kräften steht. Er ist wie ein Arzt, der zwar nicht die Krankheiten, wohl aber die Not seiner Untertanen heilt. Die Stimme der Unglücklichen, das Seufzen der Elenden und die Hilferufe der Bedrückten müssen bis zu ihm dringen. Entweder aus Mitleid mit den anderen oder in Gedanken an sich selbst muss er von der traurigen Lage derer gerührt werden, deren Elend er sieht, und wenn sein Herz nur etwas gefühlvoll ist, so werden die Unglücklichen alle Art von Teilnahme bei ihm finden.

Ein Herrscher verhält sich zu seinem Volke wie das Herz zu dem Mechanismus unseres Körpers. Es empfängt das Blut aus allen Gliedern und treibt es wieder bis zu den äußersten Gliedmaßen. Er empfängt von seinen Untertanen Treue und Gehorsam und gibt ihnen dafür Überfluss, Glückseligkeit, Ruhe und alles, was zur Wohlfahrt und zur Förderung der Gesellschaft beitragen kann. Diese Grundsätze müssten nach meiner Ansicht in den Herzen aller Menschen von selbst entstehen.

Aus einem Brief an Voltaire vom 8. Januar 1739

Nun zweifle Ich keineswegs, Eure Kaiserliche und Königliche Majestät werden Mir die Gerechtigkeit widerfahren lassen und von Mir glauben, dass die Rücksicht auf Religionsvorteile bei Mir weder in Administration der Justiz noch in Distribution der Gnaden den allergeringsten Eindruck mache. Von Meinen Untertanen fordere Ich weiter nichts als bürgerlichen Gehorsam und Treue. So lange sie hierunter ihre Pflicht beobachten, erachte Ich Mich hinwiederum verbunden, ihnen gleiche Gunst, Schutz und Gerechtigkeit angedeihen zu lassen, von was vor spekulativen Meinungen in Religions-Sachen sie auch sonsten eingenommen sein möchten. Diese zu beurteilen und zu richten überlasse Ich lediglich demjenigen, welcher über die Gewissen der Menschen allein zu gebieten hat und von dem Ich Mir so verkleinerliche Vorstellungen nicht machen kann, dass Ich glauben sollte, dass er zu Ausführung seiner Sache menschliche Assistenz vonnöten hätte oder ihm angenehm sein könne, wann man ihm hierunter (es sei durch Gewalt oder durch Kunstgriffe und andere indirekte Wege) beförderlich zu sein sich vorbildet.

Aus einem Brief an Maria Theresia vom 18. Juni 1746

Ihr Eifer entbrennt gegen die Jesuiten und gegen den Aberglauben. Sie tun gut daran, gegen den Irrtum zu kämpfen, aber glauben Sie, dass die Welt sich ändern wird? Der menschliche

Geist ist schwach; mehr als drei Viertel der Menschen sind für die Sklaverei des abgeschmacktesten Fanatismus geschaffen. Die Furcht vor Teufel und Hölle blendet ihre Augen und verabscheut den Weisen, der sie aufklären will. Die Masse unserer Gattung ist dumm und boshaft. Ich suche in ihr vergebens nach dem Ebenbilde Gottes, von dem sie nach der Versicherung der Theologen geprägt sein soll. Jeder Mensch hat ein wildes Tier in sich; wenige wissen es zu bändigen, die meisten lassen es los, wenn der Schrecken des Gesetzes sie nicht zurückhält.

Sie werden mich vielleicht zu menschenfeindlich finden. Ich bin krank und leide, und ich habe mit einem halben Dutzend Schurken und Schurkinnen zu tun, die einen Sokrates, selbst einen Antonin aus der Fassung bringen würden. Sie sind so glücklich, den Rat Candides zu befolgen und sich auf die Pflege Ihres Gartens zu beschränken. Es ist nicht jedermann gegeben, das Gleiche zu tun. Der Ochs muss eine Furche ziehen, die Nachtigall singen, der Delphin schwimmen und ich Krieg führen.

Aus einem Brief an Voltaire vom 31. Oktober 1760

# 1742

## DAVID HUME

# Das ganze große Geheimnis des schöpferischen Geistes

*Zwar sind die Sinne die einzigen Quellen des Gedankens. Aber in der Kombination dessen, was ihm durch sie gegeben ist, hat dieser unermessliche Spielräume, die nur der Satz vom Widerspruch begrenzt. Woher bezieht derweil der menschliche Geist in seiner schöpferischen Freiheit seine schöpferische Kraft? Bis heute weiß die Kreativitätsforschung darüber kaum mehr als David Hume (\*1711, †1776) – was unserem Geist indessen glücklicherweise nichts von dieser Freiheit nimmt.*

*Humes philosophische Untersuchungen, die auf den Verlauf der neuzeitlichen Philosophiegeschichte maßgeblichen Einfluss hatten, erwiesen sich zunächst als unverkäuflich. Als Bibliothekar der Anwaltskammer von Edinburgh, dem 30 000 Bände zur Verfügung standen, verlegte er sich auf die Geschichte. Seine* History of Great Britain *wurde ein riesiger Publikumserfolg, frühzeitig in mehrere Sprachen übersetzt, und machte ihn zum reichen Mann. Sein religionsphilosophisches Werk* The Natural History of Religion *(deutsch: Die Naturgeschichte der Religion) geht den heiklen Fragen nach, wie, was und warum wir glauben, und hatte zur Folge, dass sämtliche Schriften des Autors auf dem päpstlichen Index landeten.*

WAS NIEMALS GESEHEN oder gehört worden ist, lässt sich doch vorstellen, und nichts übersteigt die Macht des Gedankens, das ausgenommen, was einen unbedingten Widerspruch einschließt.

Ob nun gleich das Denken diese unbegrenzte Freiheit zu besitzen scheint, so werden wir doch bei näherer Untersuchung finden, dass es in Wirklichkeit durch sehr enge Grenzen eingeschlossen ist, und all diese schöpferische Kraft des Geistes auf weiter nichts hinauskommt als auf die Fähigkeit der Verbindung, Umstellung, Vermehrung oder Verminderung des Stoffes, den uns Sinne und Erfahrung liefern. Denken wir uns einen goldenen Berg, so verbinden wir nur zwei widerspruchslose Vorstellungen, Gold und Berg, die uns von früher bekannt sind. Ein tugendhaftes Pferd können wir uns vorstellen, weil wir aus unserem eigenen inneren Empfinden uns die Tugend vorstellen können, und diese lässt sich mit der Gestalt und dem Aussehen eines Pferdes vereinigen, eines Tieres, das uns vertraut ist. Kurz, aller Stoff des Denkens ist entweder von unserem äußeren oder inneren Gefühl abgeleitet. Einzig die Mischung und Zusammensetzung fällt dem Geist und dem Willen zu. Oder, um mich philosophisch auszudrücken: all unsere Vorstellungen oder schwächeren Auffassungen sind Abbilder unserer Eindrücke oder lebhafteren Auffassungen.

Dies zu beweisen, werden hoffentlich folgende zwei Gründe ausreichen. Erstens: Wir finden bei der Zergliederung unserer Gedanken oder Vorstellungen immer, seien sie auch noch so zusammengesetzt oder erhaben, dass sie sich in einfache Vorstellungen auflösen, die einem früheren Empfinden oder Gefühl nachgebildet sind. Selbst solche

Vorstellungen, welche auf den ersten Blick am weitesten von diesem Ursprung entfernt scheinen, erweisen sich bei näherer Prüfung als daraus entsprungen. Die Vorstellung Gutes im Sinne des allwissenden, allweisen und allgütigen Wesens entsteht aus der Besinnung auf die Vorgänge in unserem eigenen Geiste und aus der Steigerung dieser Eigenschaften der Güte und Weisheit ins Grenzenlose. Wir mögen diese Untersuchung noch so weit fortführen, immer werden wir finden, dass jede von uns geprüfte Vorstellung einem gleichartigen Eindruck nachgebildet ist. Wer behaupten will, dieser Satz sei nicht allgemein und ausnahmslos wahr, dem bietet sich eine und zwar leichte Methode, ihn zu widerlegen: er zeige diejenige Vorstellung auf, welche nach seiner Meinung nicht aus dieser Quelle geschöpft ist. Dann wird es uns obliegen, wollen wir unsere Lehre halten, den Eindruck oder die lebhafte Auffassung beizubringen, welche ihr entspricht.

Zweitens: Wenn zufällig jemand wegen eines organischen Fehlers für eine Art von Wahrnehmung nicht empfänglich ist, so finden wir immer, dass er ebenso unempfänglich für die entsprechenden Vorstellungen ist. Ein Blinder kann sich keinen Begriff von Farben machen, noch ein Tauber von Tönen. Wenn einer von beiden den ihm fehlenden Sinn zurückerhält, so öffnet sich mit diesem neuen Einlass für seine Wahrnehmungen auch ein neuer Einlass für die Vorstellungen, und es macht ihm keine Schwierigkeit, sich diese Gegenstände vorzustellen. Ebenso verhält es sich, wenn ein zur Erregung einer bestimmten Wahrnehmung geeigneter Gegenstand noch nie mit dem Organ in Berührung kam. Ein Lappländer oder Neger hat keinen Begriff vom Wohlgeschmack des Weines. Und obwohl Fälle eines ähnlichen geistigen Mangels selten oder niemals vorkommen, wo jemand ein seine Gattung eigentümliches Gefühl oder einen Affekt nie erlebt hat oder dessen gänzlich unfähig ist, so lässt sich hier doch das Gleiche, wenn auch in geringerem Grade, beobachten. Ein Sanftmütiger kann sich keine Vorstellung von eingewurzelter Rachsucht oder Grausamkeit machen; und ein selbstsüchtiges Herz kann sich die Höhepunkte der Freundschaft und Großmut nicht vorstellen. Es wird anstandslos zugegeben, dass andere Wesen viele Sinne besitzen mögen, von denen wir uns kein Vorstellungsbild machen können; weil uns ihre Vorstellungen nie auf die einzige Weise zugeführt worden sind, durch die eine Vorstellung in den Geist eintreten kann, nämlich durch wirkliches Empfinden und Wahrnehmen.

# 1743

## CARL VON LINNÉ

# Alle Wissenschaft beweist nichts als göttliche Ordnung

*Zufall war für ihn nichts – kein Merkmal einer Knospe, eines Stempels, eines Pollenbeutels, einer Blattlaus. Alles ist Ordnung in der Natur, und auch sonst kann es gewiss nirgends anders sein. Mit seiner binären Nomenklatur, liest man in Lexika, schuf er die Grundlage der modernen botanischen und zoologischen Taxonomie oder Klassifikationsmethode. Wo die Ordnung gemeinsam mit ihrem bisher unübertroffenen Fundamentalisten am Werk ist, kann sie in jeder ihrer unendlichen Verästelungen nichts anderes erbringen als den neuerlichen Beweis desselben höchsten Wirkens: Alle Wissenschaft führt zu Gott, der keinen Augenblick vage oder ungenau gewesen sein kann, am sichersten jedoch die rigideste und blutärmste: die Systematik pur. »Alle dunklen Ähnlichkeiten sind nur zur Schande der Wissenschaft eingeführt worden.«*

*Eine Evolution war in seiner Welt noch nicht am Werk, die Arten waren konstant: »Es gibt so viele Arten als Gott am Anfang als verschiedene Gestalten geschaffen hat.« Auch glaubte er, »dass aus jeder Klasse der lebendigen Geschöpfe anfangs nur ein Geschlechtspaar sei erschaffen worden«.*

*Carl von Linné (\* 1707, † 1778) war unter anderem königlicher Leibarzt und erster Präsident der Schwedischen Akademie der Wissenschaften, dabei jedoch zweifellos Sonderbotschafter des Allmächtigen, Allwissenden, Allgütigen. Mit seinen schlechterdings übermenschlichen Energiereserven muss diese Spezialausgabe von naivem Maler und dogmatischem Ordnungsfanatiker, als gerade niemand hingesehen hat, von einem anderen Stern unter uns gelandet sein mit dem Auftrag, sich den Planeten Erde vorzuknöpfen.*

Nicht nur die Heilige Schrift, sondern auch die gesunde Vernunft lehret uns, dass die erstaunungswürdige Maschine dieser Welt von der Hand eines unendlich weisen Baumeisters geschaffen worden sei. Denn nichts ist ohne Ursach da, und eine Reihe von Ursachen bis ins Unendliche kann kein vernünftiger Mensch annehmen. Also muss man außer dieser Reihe bei einer ersten unendlichen, allervollkommensten Ursache stehen bleiben. Lasst uns nur den Menschen selbst betrachten; lasst uns alle Tiere und Insekten, lasst uns jedes Gewächs betrachten: überall erscheint die erstaunlichste Kunst, die durch keine menschliche oder endliche Geschicklichkeit jemals nachgeahmt werden kann …

Wenn wir die Eigenschaften der Elemente mit Aufmerksamkeit betrachten: so wird unsere Seele plötzlich in Erstaunen und Bewunderung gesetzt. Und wenn wir die so sehr entfernten Gestirne entweder mit bloßen Augen oder durch Ferngläser ansehen und ihre Eigenschaften, ihre Größe, ihren in dem unermesslichen Raum nach Stunden und Minuten bestimmten Lauf betrachten: so stellt sich sogleich die unendliche Macht und Weisheit des unendlichen Baumeisters unserer Seele vor.

Allein ein ganzes Menschenalter würde nicht hinreichen, jedes Meisterstück der göttlichen Kunst in dem Reich der Natur nur zu erzählen, viel weniger nach Würde zu betrachten. Ich bin daher willens, in dieser Stunde nur die Gründe anzuführen, die mich bewegen zu glauben, dass aus jeder Klasse der lebendigen Geschöpfe anfangs nur ein Geschlechtspaar sei erschaffen worden.

Nach dem Zeugnis der Heiligen Schrift glauben wir, dass Gott nur ein Paar Menschen, nämlich einen Mann und ein Weib erschaffen hat. Der göttliche Geschichtsschreiber Moses sagt ferner, dass diese Menschen in den Garten Eden gesetzt worden, und sagt, dass Ada allen Tieren, die Gott vor ihn brachte, ihre Namen gegeben habe. Unter einem Geschlechtspaar verstehen wir übrigens ein Männchen und ein Weibchen, bei allen Gattungen von lebendigen Geschöpfen, wo die Geburtsteile zwiefach sind, und eine Art dem einen Geschlecht, die andere dem anderen Geschlecht zugeteilt worden ist. Es gibt aber auch eine Klasse von lebendigen Geschöpfen, welche beide Geburtsglieder beisammen erhalten haben. Von diesem ist nach meiner Meinung nur ein einziges erschaffen worden.

Mann und Weib ist, wie solches die Heilige Schrift ausdrückt, ein Fleisch; denn keines von beiden ist für sich allein vollkommen, weil es nur halb mit den Werkzeugen der Fortpflanzung versehen ist. Dass nun von den Zwittergeschöpfen nur eines und von dem andern nur ein Paar erschaffen worden, das scheint die Vernunft sehr deutlich einzusehen. Denn die Erfahrung bezeuget, dass durch eine Verbindung von Menschen viele Kinder erzeugt werden und diese, wenn sie erwachsen sind, sich wieder vermehren, sodass in jedem Grade der absteigenden Linie eine größere Anzahl Glieder sind als vor Zeiten. Allein wenn wir in Gedanken zurückgehen und die aufsteigende Geschlechtslinie betrachten, so werden wir gewahr, dass jedes Geschlecht in jedem Grad mehr abnimmt; sodass viele von wenigen entspringen, diese von noch wenigern und so fort, bis wir in Gedanken bei einem einzigen stehen bleiben, welcher erste Grad notwendig unmittelbar von Gott muss erschaffen worden sein. Kurz, ich glaube nicht zu irren, wenn ich behaupte, die ganze Erde sei in der ersten Kindheit der Welt mit Wasser bedeckt gewesen und der große Ozean habe sie überströmt, außer einer einzigen Insel, die in diesem unermesslichen Meer lag, in der alle Tiere bequem wohnten und die Pflanzen freudig wuchsen.

Dass nur ein einziger Mensch von jedem Geschlecht erschaffen worden, haben wir vorhin aus der Offenbarung sowohl als aus dem Zeugnis der Vernunft vernommen. Auch sagt uns die Geschichte Mosis, das Adam das Paradies erhalten habe, darin zu wohnen und von den Tieren Nutzen und Vergnügen zu schöpfen. Wenn nun alle Tiere im Paradies gewesen sind, welches dann daraus erhellet, dass Adam ihnen allen Namen gegeben hat: so waren auch allerdings alle Insekten Bewohner des Paradieses. Daraus aber folgt, dass auch Pflanzen von allen Gattungen in diesem anmütigen Garten ihren Wohnplatz gehabt haben. Denn fast jede Pflanze nähret ein besonderes Insekt, und die meisten Insekten fressen nur von gewissen Pflanzen. Exempel hiervon könnten in unzählbarer Menge gegeben werden. Der Seidenwurm kann nicht leben und sich fortpflanzen, wenn er nicht Maulbeerbäume hat – einigen Gattungen von Fischen dienen gewisse Würmer zur Speise; als den grönländischen Walfischen die Medusa. Andere sättigen sich von Kräutern; als die keltische Schleie (*Labrus Scarus*). Manche Vogelarten fressen nur von gewissen Beeren, als die Schnepfe (*Ficedula*) von Feigen und Trauben. Andere Vögel haben keine andere Speise als die ihnen bestimmten Insekten z. E. die Spechte. Ebenso sind die Fliegen eine Speise der Fliegenfängerin (*Muscicapa*); die Wasserelster (*Haematopus*) nährt sich nur von Muscheln, der Ameisenbär (*Myrmecophagus*) von Ameisen; der Maulwurf von Erdwürmern, und die Fledermaus frisst nichts als Nachtvögel (*Phalenae*). Die Raubtiere von gefiederter und schuppichter Gattung trachten nur gewissen Vögeln und Fischen nach und leben von dieser Jagd. Also erhält ein Geschöpf das Leben von des andern Tod und kann nicht lange fortdauern, wenn es nicht seinen Tisch mit Speisen besetzt findet, die sein Magen vertragen kann.

Wenn nun von Erschaffung der Welt her das feste Land so groß und der trockene Teil unserer Erdkugel so weit ausgedehnt gewesen wäre, als er jetzt ist; so würde es dem Adam schwer, ja unmöglich gewesen sein, alle Tiere zu finden, denn sie würden sich, von dem Trieb ihrer Natur geleitet, überall ausgebreitet haben. Will man annehmen, die Erde sei ebenso groß erschaffen worden, als sie heutzutage ist, sie sei ebenso stark mit Bäumen und Kräutern besäet und überall von Tieren bewohnt gewesen, nur von Menschen sei ein einziges Paar in einem Winkel verborgen gewesen: so hieße das ebenso viel als glauben, der Planet Jupiter sei unserer Erde gleich und mit Pflanzen und Tieren überflüssig versehen, allein keine Menschen oder mit Vernunft begabte Geschöpfe seien darin, welche dies alles betrachteten und den Schöpfer verherrlichten.

Ist es wohl glaublich, dass der Schöpfer die Welt bei der Schöpfung mit Tieren angefüllt, sie nicht gar lange hernach alle durch eine Flut wieder weggeräumt und nur ein Paar jeder Gattung erhalten habe? Nein, derjenige, welcher alles so weislich geordnet und in der Zahl der Geburten ein so weises Verhältnis gesetzt hat, hat gewiss diese Rechnung auch bei der Schöpfung beobachtet. Denn er tut nichts vergeblich, nichts gegen die von ihm selbst gegebenen Gesetze. Wenn man annimmt, es seien viele lebende Geschöpfe von einer Gattung geschaffen und über die ganze Erde ausgebreitet worden, so scheint es, als wären der Schöpfung Schranken gesetzt gewesen, die sie nicht hätte überschreiten können. Und warum wäre auch eine Schöpfung vieler nötig gewesen, wo durch wenige, durch ein einziges Paar oder ein einziges Geschöpf der nämliche Endzweck erhalten werden konnte?

# 1747

# JULIEN OFFRAY DE LA METTRIE
## Die kreative Maschine Mensch

*Zuerst hatte der Arzt seine Pariser Zunft, deren Geldgier und mangelnde fachliche Kompetenz aufs Korn genommen, sodass er Frankreich verlassen musste. Mit seiner philosophischen Schrift* L'homme machine *(deutsch:* Die Maschine Mensch*) brüskierte er anschließend seine liberalen holländischen Gastgeber, sodass er sich nur noch am Hof Friedrichs II. in Potsdam in Sicherheit bringen konnte. Auch dort machte er sich mehr Feinde als Freunde, während ihn der freidenkende Preußenkönig als eine Art akademischen Hofnarren zunächst beschützte. Als weiteren Zuspitzungen seiner Theorie auch jegliches Scham- und Schuldgefühl als »unnatürlich« zum Opfer fiel, verstimmte er sogar seinen Schutzpatron. Wenig später starb er mit 42 Jahren – an einer verdorbenen Pastete, wie es hieß, oder, wie bisweilen gemutmaßt wurde, an einer vergifteten.*

*Julien Offray de La Mettrie (\* 1709, † 1751) war Materialist, nicht ohne Sinn für Phantasie und Poesie, wie wir gleich sehen werden, und – gegen Descartes – Monist: Die Seele war für ihn ein Resultat von Körperfunktionen und damit ein Gegenstand der Biologie. Als Erster unter den radikalen französischen Aufklärern war er ein prononcierter Atheist, der immerhin eine seiner fiktiven Gestalten betonen lässt, »dass die Welt niemals glücklich sein wird, wenn sie nicht atheistisch ist«.*

ICH VERWENDE IMMER die Bezeichnung »sich vorstellen«, weil ich glaube, dass alles Vorstellung ist und dass alle Teile der Seele folgerichtig auf die Vorstellungskraft (*imagination*) zurückgeführt werden können, die sie alle hervorbringt; und dass deshalb die Urteilskraft, das Denken, das Gedächtnis in keiner Weise unabhängig, sondern vielmehr nur Modifikationen jenes markähnlichen Gewebes sind, auf welches die im Auge abgebildeten Dinge projiziert werden wie von einer *Laterna magica*.

Wenn das nun aber das Resultat des wunderbaren und unbegreiflichen Aufbaus unseres Gehirns ist, wenn sich alles anhand der Vorstellungskraft erfassen und alles durch sie erklären lässt, warum dann jenes Prinzip der Empfindung teilen, das im Menschen denkt? Ist dies nicht ein Widerspruch, der sich seitens der Verfechter der Einfachheit des Geistes manifestiert? Denn es wäre absurd, eine Sache, die sich teilen lässt, als unteilbar zu betrachten. Hier wird deutlich, wohin der Missbrauch der Sprachen und die Verwendung großer Wörter wie Spiritualität, Immaterialität etc. führen, die völlig wahllos gebraucht werden, ohne verstanden worden zu sein – sogar von geistreichen Menschen.

Nichts ist leichter, als ein System zu beweisen, das wie dieses auf dem innersten Gefühl und der eigenen, individuellen Erfahrung beruht. Sollte die Vorstellungskraft oder dieser phantastische Teil des Gehirns, dessen Natur uns ebenso unbekannt ist wie seine Funktionsweise, etwa von Natur aus klein und schwach sein? So hätte sie wohl kaum die Kraft, die Analogie oder Ähnlichkeit ihrer Ideen zu vergleichen; sie nähme nur die Dinge wahr, die sich unmittelbar gegenüber befänden oder die sie am heftigsten reizten – und noch dazu auf welche Weise! Und doch ist es so, dass die Vorstellungskraft allein erkennt, dass sie es ist, die sich die Dinge mit all ihrem Bezeichnungs- und Erscheinungsformen vorstellt, und dass sie – um es zu wiederholen – die Seele ist, da sie all ihre Rollen spielt. Dank ihr und ihrer schmeichelhaften Pinselführung erhält das kalte Skelett der Vernunft sein lebendiges, leuchtend rotes Fleisch, dank ihr erblühen die Wissenschaften, werden die Künste vollkommen, sprechen die Wälder, seufzen die Echos, atmet der Marmor, wird all das Unbelebte lebendig. Und sie ist es, die der zarten Verliebtheit den pikanten Reiz der Wollust beimengt, sie lässt sie sowohl im Arbeitszimmer des Philosophen wie des verstaubten Pedanten keimen; und schließlich bringt sie die Gelehrten wie die Redner und die Poeten hervor. Aus schierer Dummheit verschrien von den einen, wiederum vergeblich hochgeschätzt von den anderen – sie alle haben sie nicht verstanden –, folgt sie nicht nur den Grazien und Schönen Künsten, zeichnet sie die Natur nicht nur, sondern vermag sie zu messen. Sie denkt, sie urteilt, ergründet, vergleicht, vertieft. Könnte sie die Schönheit der für sie entworfenen Gemälde so tief empfinden, ohne die dahinterliegenden Bezüge zu erkennen zu geben? Nein; genauso wenig wie sie sich dem Vergnügen der Sinne hingeben kann, ohne all ihre Vollkommenheit und Lust zu genießen, kann sie über das nachdenken, was sie mechanisch erfasst hat, ohne selbst die Urteilskraft zu sein.

Je mehr man die Vorstellungskraft oder den geringsten Verstand trainiert, desto mehr gewinnt er sozusagen an Umfang; desto größer wird er, kräftiger, robuster, umfassender und nimmt an Denkfähigkeit zu. Der bestgeartete Mensch braucht diese Form der Übung.

Seine Geartetheit ist der erste Verdienst des Menschen; vergebens pflegen die Moralprediger den Fähigkeiten, die die Natur einem verleiht, nicht jene Bedeutung beizumessen, die sie den Fähigkeiten zusprechen, die sich durch Nachdenken und Eifer erwerben lassen: denn woher kommt, ich frage Sie, das Geschick, die Bildung und die Tugend, wenn nicht von einer Veranlagung, die uns geschickt, gebildet und tugendhaft macht? Und woher haben wir diese Veranlagung, wenn nicht von der Natur? Alle lobenswerten Eigenschaften haben wir von ihr, wir verdanken ihr alles, was wir sind. Aus welchem Grund nun sollte ich also jene geringer schätzen, die diese naturgegebenen Eigenschaften besitzen, als jene, die durch erworbene Tugenden glänzen, welche auch nur Leihgaben sind? Worin auch immer der Verdienst besteht, und wo auch immer dieser seinen Ursprung haben mag, er ist der Achtung würdig; nur will diese wohlbemessen sein. Der Geist, die Schönheit, Reichtümer, der Adel, sind sie auch sämtlich Kinder des Zufalls, haben doch alle ihren Wert, so wie das Geschick, die Bildung, die Tugend etc. Jene, die von der Natur mit diesen wertvollen Gaben überschüttet wurden, müssen jene bedauern, denen sie verwehrt blieben; aber sie können ihre Überlegenheit selbstbewusst und ohne Hochmut empfinden. Eine schöne Frau machte sich ebenso lächerlich, fände sie sich hässlich, wie ein intelligenter Mensch, hielte er sich für einen Idioten. Übertriebene Bescheidenheit (auch wenn sie selten vorkommt) ist eine Undankbarkeit gegenüber der Natur. Ehrlicher Stolz hingegen zeichnet eine schöne und große Seele aus, die männliche Züge offenbart, welche gleichwohl vom Gefühl geformt sind.

Wenn diese Geartetheit ein Vorzug, der größte Vorzug und die Quelle aller anderen ist, dann ist die Bildung die zweite. Das Gehirn mag noch so wohlgeraten sein, ohne sie wäre es verloren; genau wie der Mann mit den besten Voraussetzungen ohne Weltkenntnis nichts weiter als ein grober Bauer wäre. Und außerdem, was für Früchte würde die Bildung tragen ohne eine für den Einlass oder die Empfängnis von Ideen perfekt geöffnete Gebärmutter? Es ist genauso unmöglich, einem Menschen etwas beizubringen, der über keinerlei Verstand verfügt, wie einer Frau ein Kind zu machen, bei der die Natur die Gedankenlosigkeit auf die Spitze getrieben und die Vulva vergessen hätte, so wie ich es bei einer Frau gesehen habe, die weder Scheide noch Vulva noch Gebärmutter hatte, und die aus eben jenem Grund nach zehnjähriger Ehe geschieden wurde.

Aber wenn das Gehirn gleichermaßen gut gebaut und gut unterrichtet ist, ist es ein fruchtbarer und hervorragend geeigneter Boden, der hundertfach mehr hervorbringt als er bekommen hat; oder (um von der bildhaften Sprache abzulassen, die oft notwendig ist, um das, was man empfindet, besser auszudrücken und der Wahrheit mehr Anmut zu verleihen) die Vorstellungskraft, die an der Kunst und der schönen und seltenen Würde des Geistes gebildet wurde, erfasst genau alle Bezüge zwischen den Ideen, die sie erhalten hat, umfasst mit Leichtigkeit eine erstaunliche Menge an Dingen, um schließlich daraus eine lange Reihe an Schlüssen zu ziehen, die nichts weiter sind als Verbindungen, die durch den Vergleich der ersten entstanden sind, in welchen die Seele eine vollkommene Ähnlichkeit findet.

# 1755

## VOLTAIRE

### Gedicht über das Unglück von Lissabon. Oder Untersuchung des Grundsatzes *Alles ist gut*

---

*Am 1. November, zu Allerheiligen 1755 zerstört das Erdbeben von Lissabon mit einem Tsunami und dem anschließenden Großbrand die portugiesische Hauptstadt Lissabon fast vollständig. Von 30 000 bis 100 000 reichen die Schätzungen der Todesopfer. Dieses Ereignis erschüttert nicht nur die Welt Voltaires (\*1694, †1778; zu seinem Leben vgl. S. 272). Das Europa der Aufklärung ist auf einen Schlag nicht mehr dasselbe. Das berühmte Gedicht Voltaires reflektiert diesen Stimmungseinbruch nicht nur, sondern wirkt als Katalysator: Von seinem* Poème sur le désastre de Lisbonne, *fertiggestellt spätestens im frühen Dezember, erscheinen allein im folgenden Jahr zwanzig Ausgaben. »So wird das Erdbeben von Lissabon«, schreibt Harald Weinrich, »hauptsächlich unter der Wirkung des Voltaire'schen Gedichts zu einem europäischen Ereignis.« (Das 18. Jahrhundert wird in Frankreich auch das Jahrhundert Voltaires genannt.)*

*Schon zuvor befand sich die akademische Welt in einer angeregten Auseinandersetzung über den Leibniz'schen sogenannten metaphysischen Optimismus, wonach wir in der besten aller möglichen Welten leben, weil nämlich der allgütige Schöpfer in seiner Allmacht und Allwissenheit keine andere geschaffen haben konnte. »What ever is, is right«, lautet der Refrain von Alexander Popes Lehrgedicht* Essay on Man. *»Was immer ist, ist gut«: Der kritischen Prüfung dieses Grundsatzes hatte die Preußische Akademie der Wissenschaften bereits ihr Preisausschreiben von 1753 gewidmet. Zu diesem Zeitpunkt ließ sich die Gesellschaft der Gelehrten und Forscher noch von einer Welle des Fortschrittsoptimismus tragen. Zwei Jahre später steht es hoffnungslos um die Leibniz'sche Theodizee: die Rechtfertigung Gottes angesichts des Bösen in der Welt. »Ein Vater, der seine Kinder umbringt, ist ein Ungeheuer …«, wie Voltaire es lapidar ausdrückt. Auch die Weltsicht der Materialisten mit ihrem Determinismus, der Freiheit und Chaos aus der Natur verbannt, erscheint ihm unhaltbar. Gott aber sucht er zu retten: durch die Preisgabe seiner Allmacht.*

OH GLÜCKLOSE STERBLICHE! *Oh tränenreiche Welt!*
*Oh aller Menschen wirrer Haufen, schrecklich entstellt!*
*Der Schmerzen ohne Nutzen ewiges Gespräch!*
*Er irrt, der Philosoph, der »Alles ist gut« nur kräht;*
*Kommt her, betrachtet diesen grausigen Verfall,*
*Den Schutt, die Fetzen und die Asche überall,*
*Die Frauen und Kinder, übereinander hingeschmissen*
*Und ihre Glieder unter zerbrochenem Marmor zerrissen;*
*Die Erde schlang wohl hunderttausend in sich hinunter,*
*Sie bluten noch, zerstückelt, zittern noch, sind unter*
*Dem eignen Dach begraben, und enden nun die Tage*
*Des elenden Lebens in höllischer und hilfloser Klage.*

*Vor diese ungeformten Schreie sterbender Stimmen,*
*Vor dieses dunkle Schauspiel aus noch rauchenden Trümmern*
*Stellt ihr euch hin und sagt, Hier wirkt ein ewiges*
*Gesetz, das uns ein freier, guter Gott erlässt?*
*Ihr könnt die Leichenberge sehen und dann sprechen:*

Das ist die Rache Gottes, das der Preis der Verbrechen?
*Was für Verbrechen konnten jene Kinder verüben*
*Die jetzt zerquetscht und blutig am Mutterbusen liegen?*
*Soll Lissabon, das nicht mehr ist, mehr Laster haben*
*Als London, als Paris, die sich im Luxus baden?*
*Im Abgrund Lissabon und in Paris ein Tanz.*
*Ihr friedlichen Betrachter in eures Geistes Glanz,*
*Dem Schiffbruch eurer sterbenden Brüder schaut ihr zu*
*Und grübelt nach dem Grund des Gewitters in aller Ruh';*
*Doch spürt nur einmal des feindlichen Schicksals Schläge ihr,*
*Dann seid ihr plötzlich Menschen und ihr weint wie wir.*

*So glaubt mir nur, wenn sich der Erdenabgrund öffnet,*
*Die Klage ist ohne Schuld, mein Schreien ist berechtigt.*
*Wenn allseits uns des Schicksals Grausamkeit umzingelt,*
*Mit Zorn das Böse und mit Fallen der Tod uns gängelt,*
*Wenn alle Elemente mit Prüfungen uns schlagen,*
*Ihr Brüder in diesen Leiden, erlaubt uns, dass wir klagen.*
*Ihr sagt, es sei nur selbstgefällige Empörung*
*Zu glauben, wir seien schlecht und fähig zur Erhöhung.*
*Geht hin, um auch des Tajo Ufer auszufragen,*
*Durchstöbert die Verwüstung, Trümmer, blutigen Schaden;*
*Befragt die Sterbenden, ob das Empörung ist,*
*Wenn einer im Elend schreit: »Oh Himmel, erhöre mich!*
*Oh Himmel hilf, erbarme dich des menschlichen Elends!«*

*Ihr sagt nur: Alles ist gut und notwendig jedes.*
*Doch wie! Der ganze Kosmos wäre schlechter gewesen,*
*Wär' nicht im höllischen Abgrund Lissabon gelegen?*
*Seid ihr euch sicher, dass der ewige Grund, der alles*
*Bewegt und macht, der alles weiß, der für sich alles*
*Erschuf, uns mitten in die Ödnis setzen musste,*
*Obwohl er von den Vulkanen unter uns ja wusste?*
*Wollt ihr der höchsten Macht etwa die Schranken weisen?*
*Verteidigt ihr ihn, er würde seine Gnade zeigen?*
*Hat der unsterbliche Künstler nicht zu seinen Händen*
*Unendliche Mittel, zu entwerfen und anzuwenden?*
*Ich wünschte nur, bescheiden und ohne den Meister zu*
  *kränken,*
*Er hätte den Schlund, den Schwefel und Salpeter tränken,*
*Mit seinem Feuer ans Ende einer Wüste gestellt.*
*Ich achte meinen Gott, doch liebe meine Welt.*
*Wenn unter Flegelschlägen ein Schrei die Schmerzen kühlt,*
*Empört der Mensch gewiss sich nicht, oh weh! Er fühlt.*

*Die unglücklichen Bewohner dieser wüsten Gegend,*
*Ob sie getröstet wären, wenn man ihnen entgegnet*

*Inmitten ihrer Qual:* Ihr könnt in Ruhe sterben;
*Es musste eure Stadt fürs Glück der Welt verderben;*
*Es werden andre Hände wieder Paläste bauen*
*Und die zerdrückten Mauern neue Völker schauen;*
*Der Norden wird an euerem Verlust gewinnen;*
*Im großen Ganzen ist euer Übel gut zu nennen;*
*Gott wird auf euch wie auf die kleinen Würmer blicken,*
*Die sich in euren Gräbern zu dem Festmahl schicken?*
*Könnt ihr mit solchen Worten zu den Elenden reden,*
*Wollt, Grausame, ihr zu meinen Schmerzen Spott noch geben!*

*Nein, hört doch auf, die eisernen Notwendigkeiten*
*Und ihre Gesetze meinem erregten Herz zu zeigen,*
*Die Kette aus Körpern, Geistern und Welten zu erklären.*
*Oh Träume aller Weisen! Oh tief gelehrte Chimären!*
*Gott hält die Kette fest und ist nicht angekettet;*[1]
*In seine gütige Wahl ist alles eingebettet.*
*Der Gott ist frei, gerecht und gibt die Gnade gern.*
*Warum dann leiden wir unter dem gleichmütigen Herrn?*[2]
*Das ist gerade der Knoten, den man entwirren müsste.*
*Bekämpft man denn das Übel, indem man fort es wünschte?*
*All jene Menschen, die unter Gottes Hand sich winden,*
*Sie konnten das Übel, das ihr verneint, zur Gänze finden.*
*Wenn ewige Gesetze die Elemente bewegen*
*Und durch die Kraft des Windes Felsen zu Boden fegen;*
*Wenn alte, starke Eichen unter dem Blitz verglühen,*
*Wird gegen die Schläge in ihnen sich niemals Widerstand*
  *rühren.*
*Ich aber fühle, und mein bedrücktes Herz, mein Leben*
*Verlangt nach Schutz vom Gott, der ihm die Form gegeben.*
*Wir Kinder des Allgewaltigen, im Elende*
*Geboren, heben wir zum gemeinsamen Vater die Hände.*
*Gewiss wird das Gefäß niemals zum Töpfer sprechen,*
*Warum bin ich so jämmerlich und kann zerbrechen?*
*Es hat ja keine Worte, es hat keine Gedanken;*
*Die Urne, die bereits zerbrochen ist im Wanken,*
*Erhält von ihres Töpfers Hand niemals ein Herz,*
*Das sich nach Gutem sehnt und fühlt den eignen Schmerz.*
*Ihr sagt, dass andre Wesen gewinnen, was ich verloren.*
*Aus meinem Kadaver werden tausend Insekten geboren;*
*Ist einst der Gipfel meines ganzen Leids das Sterben,*
*Was für ein schöner Trost, von Würmern gefressen zu werden!*
*Die düstre Rechnerei mit Menschenleid und -glück*
*Verbittert mich nur mehr und tröstet mich kein Stück;*
*Ich kann nur den vergeblichen Versuch erkennen:*
*Ihr leidet auch, doch wollt ihr euch zufrieden nennen.*

*Ein kleiner Teil allein bin ich vom großen Ganzen,*
*Gewiss; doch alle Tiere und zum Leben Verdammten*
*Und alles was fühlt, ist geboren unter einem Gesetz,*
*Sie leben unter Schmerzen, wie ich, und sterben zuletzt.*

*Der Geier stürzt sich rasend auf seine ängstliche Beute*
*Und weidet sich an ihrem blutigen Leib mit Freude:*
*Da scheint noch alles gut für ihn; jedoch kommt bald*
*Der scharfe Schnabel des Adlers und reißt ihn mit Gewalt.*
*Dem Bleigeschoss des Menschen fällt der Adler zum Raub;*
*Der Mensch indes sinkt auf dem Schlachtfeld in den Staub,*
*Vergeht, durchbohrt, zerschossen, und durch den Leichenhaufen*
*Sieht bald man fette Vögel wie durch ein Festmahl laufen.*
*So klagen alle einzelnen Teile dieser Erden;*
*Im Schmerz geboren muss eines nach dem andern verderben:*
*Und mitten in dem verhängten Chaos, dem Unglücksschau-*
    *platz*
*Des Seienden, da denkt ihr euch ein Glück aus Grundsatz?*
*Das Glück? Oh es ist sterblich und zerbrechlich und verzagt.*
*Ihr schreit noch: Alles ist gut, doch eure Stimme klagt,*
*Das Weltall selber straft euch Lügen, und eurem Geist*
*Hat euer Herz den Irrtum hundert Mal gezeigt.*

*Die Elemente, Tiere, Menschen leben im Krieg.*
*Das Böse ist in der Welt: obwohl es am Tage liegt,*
*Bleibt sein geheimes Prinzip vor unserm Sinn verborgen.*
*Der alles Gute schuf, erschuf er auch die Sorgen?*
*Den schwarzen Typhon[3], den Barbaren Ariman[4],*
*Der unter Tyrannei zu leiden uns verdammt?*
*Mein Geist will diese Ungeheuer nicht anerkennen,*
*Die zitternde Menschen seit alten Zeiten Götter nennen.*
*Wie aber lässt ein Gott, die Güte selbst, sich denken,*
*Der seine Kinder lange reich macht mit Geschenken*
*Und dann aus vollen Händen plötzlich Unheil bringt?*
*Wo ist das Auge, das bis in seine Pläne dringt?*
*Der Ursprung des Bösen kann nicht im höchsten Wesen sein;*
*Es kommt auch nicht von außen[5], denn der Gott herrscht allein.*
*Jedoch, es existiert. Oh die betrübliche Wahrheit!*
*Oh staunenswertes Gemenge in stetem Widerstreit!*
*Ein Gott kam einst, zu trösten das arme Menschengeschlecht;*
*Er sah die Erde, doch verändert hat er sie nicht;[6]*
*Er hat es nicht gekonnt, sagt uns ein Sophist;*
*Der nächste, er wollte nicht, wozu er fähig ist:*
*Er wollte wohl. Und während man noch tändelnd denkt,*
*Wird Lissabon von unterirdischen Blitzen versenkt*
*Und von Cadiz zum blutigen Tajo liegt an allen*
*Gestaden der Schutt von dreißig Städten, die gefallen.*

*Vielleicht ist der Mensch auch schuldig und längst verurteilt,*
*Vielleicht hält Gott, der Herrscher über Raum und Zeit,*
*Auch ohne Zorn und Mitleid, gleichgültig im Stillen,*
*Noch an den ersten Beschlüssen fest nach seinem Willen;*
*Vielleicht sind auch die störrischen Stoffe der Welt inwendig*
*Von Fehlern voll, die ebenso wie sie notwendig;*
*Vielleicht auch prüft uns Gott und unsre Sterblichkeit[7]*
*Ist nur ein Durchgang in die Welt der Ewigkeit.*
*So wären wir nur Gäste hier in Schmerz und Not,*
*Nichts als ein freudenreicher Ausgang unser Tod.*
*Doch welcher Mensch wird, wenn er die grimme Reise*
    *beschließt,*
*Behaupten können, dass er zu Recht ein Glück genießt?*

*Man muss gewiss erschaudern, wie man es auch nimmt:*
*Wir wissen nichts, indes uns alles furchtsam stimmt.*
*Wir fragen vergebens die Natur, die stumm begegnet.*
*Wir brauchen einen Gott, der mit dem Menschen redet.*
*Nur ihm steht zu, sein eignes Werk zu deuten,*
*Dem Schwachen Trost zu sein, den Weisen zu erleuchten.*
*Wenn er dem Mensch, in Zweifel und Irrtum allein, nicht hilft,*
*Sucht dieser sich als Stütze nichts als schwanken Schilf.*
*Was Leibniz lehrt, das kann nicht als Erklärung gelten,*
*Wie zu der Ordnung der besten aller möglichen Welten*
*Das schmerzensreiche Chaos der Unordnung sich verhält,*
*Was neben eitle Freuden echte Schmerzen stellt,*
*Warum in Schuld und Unschuld ohne Unterschied*
*Uns das Verhängnis alle in den Abgrund zieht;*
*Dass alles gut sein soll, ich kann es nicht erkennen:*
*Ach!, ich weiß nichts; ich könnte mich gleich Doktor nennen.*

*Bei Platon steht, dass einst die Menschen Flügel hatten*
*Und dass sie niemals sanken in des Todes Schatten;*
*Sie kannten keinen Schmerz, empfingen keine Wunden.*
*Doch diese herrliche Zeit ist lange schon verschwunden.*
*Man wächst, man leidet, man stirbt; und alles, was ist,*
    *verweht;*
*Zerstörung ist alles, was im Kosmos vor sich geht.*
*Ein schwächliches Gebilde aus Nerven und Gebein*
*Kann niemals fühllos gegen die Schläge der Umwelt sein;*
*Von Anfang an war dieses Gemenge aus Blut und Säften*
*Und Staub dazu bestimmt, sich wieder zu zersetzen.*
*Und die Empfindsamkeit all dieser feinen Nerven*
*Nutzt nur, den nahen Tod durch Schmerz uns einzuschärfen.*
*Das ist für mich die Lehre der Stimme der Natur.*
*Ich gebe Platon auf, verwerfe Epikur.*
*Davon weiß Bayle von allen am meisten: ihn will ich fragen:*

*Die Waage in der Hand lehrt er, den Zweifel zu wagen.*[8]
*Genügend groß und weise, um ohne System zu sein,*
*Hat er sie alle zerstört und fiel sich selbst anheim:*
*Vergleichbar Samson, der das Haus zum Einsturz brachte,*
*Es den Philistern und sich selbst zum Grabe machte.*

*Was also vermag der Geist, der wohl am weitesten sieht?*
*Nichts; weil vor uns das Buch des Schicksals verschlossen liegt.*
*Der Mensch kennt selbst sich nicht und wird vom Menschen verkannt.*
*Wer bin ich, wohin geh ich, wie wird mein Ziel genannt?*[9]
*Gequälte Atome auf diesem Haufen Erde und Schmutz,*
*Vom Tod verschlungen, vom Geschick als Spielfeld genutzt,*
*Doch allerdings Atome, die denken und denen gegeben,*
*Gedankenvoll die Augen in den Himmel zu heben.*
*Wir werfen unser Sein an des Unendlichen Brust*
*Und haben in keinem Moment etwas von uns gewusst.*

*Die Welt, Theater der Meinung und des Irrtums für jeden,*
*Ist angefüllt mit Elenden, die von Wonne reden.*
*Es wehklagt alles und sucht nach Glück auf dieser Erden;*
*Denn nichts will sterben; nichts will wieder geboren werden.*[10]
*Zuweilen, während unsere Tage dem Schmerz geweiht sind,*
*Wird unsre Träne trocken, wenn die Lust sich herbeischwingt.*

*Doch Lust verfliegt, ist wie ein Schatten jedes Mal.*
*Die Sorgen, Reue und Verlust, sind ohne Zahl.*
*Vergangenheit ist nichts als düsteres Gedenken*
*Und Gegenwart bedrängt uns, ohne zur Zukunft zu lenken,*
*In der die Nacht des Grabs das denkende Sein vernichtet.*
*Es wird einst alles gut: worauf sich Hoffnung richtet.*
*Schon jetzt ist alles gut: das sind die Wahngestalten.*
*Die Weisen täuschen sich, nur Gott wird recht behalten.*
*Voll Demut seufzend nehme ich mein Leid in Kauf*
*Und lehne mich nicht gegen die große Vorsehung auf.*
*Vorzeiten hörte man mich hellere Lieder singen,*
*Von süßen Lüsten und verführerischen Dingen.*
*Doch andre Zeiten, andre Sitten: das Alter lehrt,*
*Zu teilen, was dem schwachen Menschen den Weg beschwert.*
*In einem tiefen Dunkel suche ich Erleuchtung,*
*Ich weiß zu leiden, aber Murren hat keine Bedeutung.*

*Zu seinem Gott hinauf, den er verehrte, rief*
*In seiner letzten Stunde einstmals ein Kalif:*
*Ich bringe dir, oh großer, unbegrenzter Geist,*
*All das, wovon du selbst in deinem Glanz nichts weißt:*
*Verfehlung, Mangel, Reue, Unglück, Dummheit, Lügen.*
*Es blieb ihm auch die HOFFNUNG noch hinzuzufügen.*[11]

---

ANMERKUNGEN VOLTAIRES:

1) Diese Kette ist nicht im Geringsten eine, wie man zu sagen pflegte, fortschreitende Stufenfolge, die alles Sein miteinander verbindet. Vielleicht liegen ungeheure Strecken zwischen Mensch und Tier, zwischen den Menschen und den höheren Wesen; sicherlich liegt die Unendlichkeit zwischen Gott und allen anderen Wesenheiten. Die Planeten, die um unsere Sonne kreisen, folgen keiner stumpfen Stufenfolge, weder was ihre Größe anbelangt, noch in Bezug auf ihre Abstände zueinander und ihre Monde.

Pope behauptet, dass der Mensch nicht wissen könne, warum die Monde des Jupiter kleiner sind als der Jupiter selbst: Darin irrt er sich; aber das ist ein verzeihlicher Irrtum, der seinem großen Geist wohl unterkommen konnte. Es gibt keinen Mathematiker, der Lord Bolingbroke oder Herrn Pope nicht hätte zeigen können, dass die Monde nicht den Jupiter umkreisen könnten, wenn er kleiner wäre als sie; allerdings gibt es keinen Mathematiker, der entdeckt hätte, dass die Himmelskörper in unserem Sonnensystem sich an eine Stufenfolge halten.

Es ist nicht wahr, dass die Welt nicht weiterbesteht, wenn man ein Atom entfernt; das hat Herr de Crousaz, der kluge Geometer, in seinem Buch gegen Herrn Pope ganz trefflich bemerkt. Es scheint, dass er in diesem Punkt recht behält, wenn er auch in anderem von den Herren Warburton und Silhouette ohne Aussicht auf Sieg widerlegt worden ist.

Die Kette der Ereignisse wurde von dem großen Philosophen Leibniz zugegeben und in ausgesprochen geistreicher Art und Weise verteidigt; sie verdient es, hier erläutert zu werden. Alle Körper und alle Ereignisse hängen von anderen Körpern und Ereignissen ab. Das ist wahr; aber weder sind alle Körper notwendig für die Ordnung und den Zusammenhalt des Universums, noch sind alle Ereignisse unabdingbar für die Abfolge der Ereignisse. Ein Wassertropfen, ein Sandkorn mehr oder weniger verändert nicht das große Ganze. Die Natur ist weder einer exakten Menge, noch einer exakten Form unterworfen. Kein einziger Planet bewegt sich auf einer völlig regelmäßigen Bahn; kein uns bekanntes Lebewesen hat eine mathematisch tadellose Gestalt; für keinen Vorgang ist eine exakte Menge vonnöten; die Natur verhält sich niemals kleinlich. Entsprechend gibt es keinen Grund, anzunehmen, dass ein Atom, das der Erde abhandenkommt, Auslöser für die Zerstörung der Erde sein könnte.

Ebenso verhält es sich mit den Ereignissen: Ein jedes hat seine Ursache in einem vorhergehenden Ereignis; das ist eine Angelegenheit, die noch kein Philosoph je bezweifelt hat. Hätte man an Caesars Mutter keinen Kaiserschnitt vorgenommen, hätte Caesar nicht die Republik zerstören können, dann hätte er nicht Octavian adoptiert, und Octavian hätte das Reich nicht an Tiberius übergeben. Maximilian von Habsburg heiratet die Erbin von Burgund und den Niederlanden, und diese Heirat wird zum Anlass für zweihundert Jahre Krieg. Aber ob Caesar nach links oder nach rechts gespuckt hat, ob die Erbin von Burgund ihre Haare so oder so getragen hat, das hat alles sicherlich nichts am Gang der Geschichte geändert.

Es gibt also Ereignisse, die Wirkungen nach sich ziehen, und solche, die das nicht tun. Mit ihrer Kette verhält es sich wie mit einem Stammbaum: Dort sieht man Zweige, die nach der ersten Generation verlöschen, und andere, die das Geschlecht weitertragen. Vielerlei Ereignisse bleiben ohne Folgen. So ist es in der ganzen großen Maschine. Es gibt Wirkungen, die notwendig zum Erhalt der Bewegung sind, und es gibt Wirkungen, die gleichgültig bleiben, sich aus den Ersten ableiten und nichts mehr hervorbringen. Die Räder an einem Wagen dienen der Fortbewegung; aber ob sie etwas mehr oder etwas weniger Staub aufwirbeln, macht für die Reise keinen Unterschied. So verhält es sich also mit der grundsätzlichen Ordnung der Welt, in der der Zusammenhalt der Kettenglieder nicht von etwas mehr oder etwas weniger Materie, von etwas mehr oder etwas weniger Unregelmäßigkeit beeinflusst wird.

Die Kette zieht sich nicht durch eine absolute Fülle; es konnte gezeigt werden, dass die Himmelskörper ihre Drehungen in einem reibungsfreien Raum vollführen. Teile des Raumes sind leer. Es gibt also keine durchgehende Reihung der Körper, bis zum Atom hinunter, von hier bis zum entlegensten aller Sterne; es könnte also gewaltige Abstände zwischen den belebten Wesen wie zwischen den unbelebten geben. Man kann nicht mit Sicherheit feststellen, dass der Mensch seinen Platz in einem Kettenglied hat, das Teil einer ununterbrochenen Folge ist. Alles ist verkettet kann nichts anderes heißen wollen als: *Alles ist eingerichtet*. Gott ist die Ursache und der Meister dieser Einrichtung. Der Jupiter Homers war dem Schicksal unterworfen: Aber in einer etwas verfeinerteren Philosophie ist Gott der Meister des Schicksals. Siehe Clarke, *Traité de l'existence de Dieu*.

2) »*Sub Deo justo nemo miser nisi mereatur.*« [»Unter einem gerechten Gott leidet niemand zu Unrecht.«] Augustinus von Hippo.

3) Das Prinzip des Bösen bei den Ägyptern.

4) Das Prinzip des Bösen bei den Persern.

5) Das heißt, aufgrund eines anderen Prinzips.

6) Ein englischer Philosoph hat behauptet, dass sich mit der Menschwerdung Christi nicht nur die moralische, sondern auch die physische Welt hätte verändern müssen.

7) Dies sind, nach der Lehre von den zwei Prinzipien, die einzigen Lösungen, die sich dem menschlichen Geist angesichts dieser großen Schwierigkeit darbieten; nur die Offenbarung kann uns das lehren, was der Geist des Menschen nicht begreifen kann.

8) Einige hundert verstreute Bemerkungen in seinem *Dictionnaire* haben Bayle zu einem unsterblichen Ruf verholfen. Er hat die Diskussion über den *Ursprung des Bösen* unentschieden gelassen. Bei ihm werden alle Meinungen offen ausgestellt; alle Gründe, die sie untermauern, und alle Gründe, die sie erschüttern, werden gleichermaßen vertieft. Er gibt den grundsätzlichen Anwalt der Philosophen ab, aber legt uns nicht seine Schlussfolgerungen nahe. Er ähnelt Cicero, der oft, wie es der kluge und scharfsichtige Abbé d'Olivet bemerkt hat, in seinen philosophischen Werken den Charakter eines unentschiedenen Akademikers hat.

Ich glaube, ich muss versuchen, diejenigen zu besänftigen, die seit einigen Jahren so gewalttätig und so vergeblich gegen Bayle vorgehen: Es fällt mir schwer, »vergeblich« zu sagen. Denn sie erreichen nichts anderes, als dass er noch eifriger gelesen wird: Von ihm sollten sie lernen, besser nachzudenken und sich zu mäßigen. Der Philosoph Bayle hat ja niemals die Vorsehung oder die Unsterblichkeit der Seele geleugnet. Man übersetzt Cicero, man kommentiert ihn, man nutzt ihn zur Erziehung des Adels; was aber findet man bei Cicero auf fast jeder Seite, ganz abgesehen von vielen anderen staunenswerten Dingen? Man kann dort etwa lesen, dass diese sogenannte Vorsehung zu tadeln ist, weil sie den Menschen Vernunft gegeben hat und wusste, dass diese sie missbrauchen werden. »*Sic vestra ista Providentia reprehendenda, quae rationem dederit iis quos scierit ea perverse et improbe usuros.*« (*De natura deorum*)

Noch nie hat jemand geglaubt, dass die Tugend auf die Götter zurückzuführen ist, und damit haben sie recht gehabt. »*Virtutem autem nemo unquam Deo retulit; nimirum recte.*« (ebenda)

Wenn ein Verbrecher straflos stirbt, sagt ihr, dass die Götter ihn in seinem Nachleben strafen werden. Welche Stadt aber würde einen Gesetzgeber ertragen, der kleine Kinder für die Verbrecher ihrer Großväter verurteilt? »*Ferretne ulla civitas latorem istius modi legis ut condemnaretur filius aut nepos, si pater aut avus deliquisset?*« (ebenda)

Das seltsamste daran ist, dass Cicero seine Bücher über die *Natur der Götter* beschließt, ohne solche Annahmen zurückgenommen zu haben. In hundert Stellen behauptet er die Sterblichkeit der Seele, etwa in den *Tusculanes*, nachdem er ihre Unsterblichkeit behauptet hat.

Da ist noch mehr. Vor dem ganzen Senat von Rom, in seiner Verteidigungsrede für Cluentius, sagte er: Was hat ihm der Tod Schlimmes zugefügt? All diese nichtsnutzigen Märchen von einer Hölle glauben wir nicht mehr. Was hat ihm also der Tod weggenommen als seine Schmerzen? »*Nam nunc quidem quid tandem illi mali mors attulit? nisi forte ineptis fabulis ducimur ut existimemus illum apud inferos impiorum supplicia perferre […] Quae si falsa sunt, id quod omnes intelligunt, quid ei tandem mors eripuit praeter sensum doloris?*«

In seinen Briefen schließlich, wo das Herz sich ausspricht, sagt er da nicht: Wenn ich nicht mehr sein werde, werde ich auch nichts mehr fühlen? »*Sinon ero, sensu omnino carebo.*«

So etwas hat Bayle nicht annähernd behauptet. Cicero legt man in die Hände der Jugend und auf Bayle geht man los: Warum? Weil die Menschen unschlüssig handeln und ungerecht urteilen.

9) Es leuchtet ein, dass der Mensch sich selbst hierüber keinen Aufschluss geben kann. Der menschliche Geist kann nur durch Erfahrung bedeutende Zusammenhänge bilden; keine Erfahrung aber kann uns lehren, was vor unserer Existenz gewesen ist, noch, was nach ihr sein wird, noch, was unsere gegenwärtige Existenz beseelt. Wie haben wir das Leben empfangen? Was erhält es? Woher hat unser Gehirn Vorstellungen und Gedächtnis? Auf welche Weise gehorchen unsere Glieder unserem Willen? Und so weiter. Davon wissen wir gar nichts. Ist unser Planet der einzige bewohnte? Wurde er nach den anderen Planeten erschaffen oder im gleichen Moment? Stammen die verschiedenen Pflanzenarten von einer Urpflanze ab oder nicht? Stammen die verschiedenen Tierarten von einem Pärchen Urtiere ab oder nicht? In diesen Dingen wissen die größten aller Philosophen so wenig Bescheid wie die Dümmsten und Unwissendsten. Man muss wieder zu jenem Sprichwort zurückkehren: *War die Henne vor dem Ei oder war das Ei vor der Henne?* Das Sprichwort ist banal: aber es trifft sich mit der höchsten Weisheit, die nichts über die ersten Ursachen weiß, wenn sie sich nicht auf Übernatürliches stützt.

10) Es dürfte schwer sein, einen Menschen zu finden, der denselben Lebenslauf und dieselben Ereignisse noch einmal von vorne durchmachen wollte.

11) Die meisten Menschen haben diese Hoffnung gehegt, noch bevor sie die Versicherung der Offenbarung kannten. Die Hoffnung auf ein Dasein nach dem Tod ist in der Liebe für das Dasein während des Lebens begründet; sie ist in der Wahrscheinlichkeit begründet, dass das, was denkt, weiterhin denken wird. Es gibt hierfür keine Beweise, denn eine bewiesene Sache ist etwas, dessen Gegenteil ein Widerspruch ist, und noch niemals hat es einen Disput über bewiesene Wahrheiten gegeben. Lukrez liefert in seinem dritten Buch Argumente, um diese Hoffnung zu zerstören, und die Stärke dieser Argumente ist betrüblich; aber er stellt nur begründete Wahrscheinlichkeiten stärker begründeten Wahrscheinlichkeiten gegenüber. Viele Römer dachten wie Lukrez und man sang im Theater von Rom: *Post mortem nihil est*, nach dem Tod ist nichts. Aber der Instinkt, die Vernunft, das Bedürfnis nach Tröstung, das Wohl der Gesellschaft überwiegen, und die Menschen hatten immer jene Hoffnung auf ein Leben nach dem Tod; eine Hoffnung, die in Wahrheit recht oft von Zweifeln begleitet wird. Die Offenbarung zerstört die Zweifel und setzt die Gewissheit an ihre Stelle.

## 1756

# GIACOMO CASANOVA

## Flucht aus den Bleikammern von Venedig

---

*Mit siebzehn Jahren war der frühreife Junge Doktor der Rechte. Schon zwei Wochen vor seinem sechzehnten Geburtstag war er während einer Predigt betrunken von der Kanzel gefallen, doch die kirchliche Laufbahn, die er auf Bitten seiner Großmutter eingeschlagen hatte, gab er erst drei Jahre später auf. Zu diesem Zeitpunkt hatte ihn Papst Benedikt XIV. bereits als amüsanten Privatunterhalter entdeckt, den er zum Lohn verbotene Bücher lesen ließ und von der Fastenpflicht entband. Was mit den »Schmähungen gegen die heilige Religion« genauer gemeint war, derentwegen der dreißigjährige venezianische Fähnrich, Orchestergeiger, Verseschmied und Gelegenheitsschauspieler angeblich verhaftet wurde, scheint ihm selbst nicht recht klar gewesen zu sein. Weder aus seinem eigenen, dreißig Jahre später geschriebenen Bericht noch aus den Archiven lässt es sich rekonstruieren. Aus den Bleikammern des Staatsgefängnisses im Dogenpalast gelang ihm beim zweiten Versuch nach fünfzehn Monaten ein spektakulärer Ausbruch. Die nächsten drei Jahrzehnte zog er als dichtender Zeithistoriker und Anekdotensammler oder aber als mehr und minder erfolgreicher Hochstapler von Hof zu Hof durch ganz Europa, stieg auch bei Friedrich dem Großen und der Zarin Katharina II. ab, bis Graf Joseph Karl von Waldstein den Sechzigjährigen als Bibliothekar auf sein Schloss Dux in Böhmen holte. Dort schrieb Giacomo Casanova (\* 1725, † 1798) in französischer Sprache die zwölf Bände seiner Memoiren.*

ICH WOLLTE MICH NICHT der Gefahr aussetzen, durch eine Unvorsichtigkeit alles einzubüßen, was mich schon so viel Strapazen und Drangsale gekostet hatte, und um alle Spuren zu verwischen, musste ich die Leiter ganz hineinschieben. Da mir niemand dabei helfen konnte, beschloss ich, bis zur Dachrinne vorzudringen, um die Leiter hochzuheben und so meinen Zweck zu erreichen. Das tat ich denn auch, aber unter so großer Gefahr, dass ich ohne ein wahres Wunder meine Verwegenheit mit dem Leben bezahlt haben würde. Ich wagte, den Strick loszulassen; die Leiter konnte ja nicht in den Kanal fallen, denn sie lag wie festgehakt mit ihrer dritten Sprosse auf der Dachrinne. Mit meinem Spieß in der Hand ließ ich mich nun langsam bis zur Dachrinne dicht neben die Leiter gleiten. Während ich platt auf dem Bauche lag, bot die marmorne Rinne meinen Füßen einen Halt. In dieser Stellung brachte ich es fertig, die Leiter um einen halben Fuß anzuheben und vorwärtszustoßen. Ich sah mit Freude, dass sie einen Fuß tiefer in die Dachluke eindrang, und der Leser wird begreifen, dass ihre Last dadurch beträchtlich vermindert wurde. Jetzt handelte es sich darum, sie noch zwei Fuß tiefer hineinzubringen, und dazu musste ich sie entsprechend emporheben. War dies geschehen, dann brauchte ich nur wieder auf das Dach der Luke zu steigen und konnte mit Hilfe des Strickes die Leiter ganz hineinzwängen. Um sie nun hoch genug emporzuheben, richtete ich mich auf den Knien auf; aber durch den Ruck, der dabei unvermeidlich war, glitt ich aus, sodass ich plötzlich bis zur Brust über das Dach hinausnahm und mich nur noch mit den beiden Ellenbogen festhielt.

Entsetzlicher Augenblick! Noch jetzt denke ich mit Schaudern daran, vielleicht ist es für einen anderen kaum möglich, sich meinen Schreck vorzustellen. Der natürliche Trieb der Selbsterhaltung ließ mich fast unbewusst alle Kräfte aufbieten, um mich zu stützen und festzuhalten, und wie durch ein Wunder gelang es mir auch. Ich war fortwährend darauf bedacht, nicht loszulassen, und ich brauchte die ganze Kraft meiner Arme, um mich mit aufgestützten Händen und zugleich mit dem Bauche festzuhalten. Um die Leiter hatte ich mir gottlob keine Sorgen zu machen, denn bei der furchtbaren Anstrengung, die mir beinah teuer zu stehen gekommen wäre, hatte ich das Glück gehabt, sie um mehr als drei Fuß hineinzuschieben, und so ruhte sie unbeweglich.

Während ich mich so mit den Fäusten und den Weichen zwischen Unterleib und Schenkeln an der Dachrinne festhielt, erkannte ich, dass ich der Gefahr ganz entgehen würde, wenn es mir gelänge, meinen rechten Schenkel zu heben und dann ein Knie nach dem andern auf die Rinne zu setzen; aber meine Prüfungen waren noch nicht zu Ende. Die Kraftanstrengung hatte ein derartiges nervöses Zucken zur Folge, dass ein äußerst schmerzhafter Krampf mir beinahe alle Glieder lähmte. Ich verlor nicht die Überlegung, verhielt mich ganz ruhig, bis der Krampf vorüber war; ich wusste,

Unbeweglichkeit ist das beste Mittel gegen Krämpfe, ich hatte es oft erprobt. Wie schrecklich war dieser Augenblick! Zwei Minuten später machte ich langsam eine neue Anstrengung, und es gelang mir, mit beiden Knien in die Dachrinne zu kommen. Ich schöpfte Atem, hob dann die Leiter vorsichtig und brachte sie endlich so weit, dass sie mit dem Lukendach parallel lag. Damit war ich zufrieden, da ich die Gesetze des Gleichgewichts und des Hebels hinlänglich kannte. Ich nahm jetzt meinen Spieß wieder zur Hand, kletterte wie vorher zur Luke hinauf und brachte nun die ganze Leiter leicht hinein. Mein Gefährte konnte sie jetzt mit den Armen auffangen. Ich warf das Bündel, die Stricke und die Trümmer des Gitterrahmens in die Luke und stieg auf den Boden hinunter. Der Mönch empfing mich freudig und zog die Leiter hinein. Einer dicht neben dem anderen, tasteten wir umher und untersuchten die dunkle Stätte, an der wir uns befanden; sie war etwa dreißig Schritte lang und zwanzig breit.

An einem Ende fanden wir eine Doppeltür aus Eisenstäben. Das war eine üble Vorbedeutung. Als ich aber die in der Mitte befindliche Klinke anfasste, gab sie dem Drucke nach, und die Tür ging auf. Wir untersuchten zunächst die neue Räumlichkeit und stießen auf dieser Wanderung gegen einen großen, mit Schemeln und Sesseln umgebenen Tisch. Wir kehrten nach der Seite zurück, wo wir Fenster gefunden hatten, öffneten eins, und beim Sternenschimmer sahen wir nur Abgründe zwischen Kuppeln. Ich gab den Gedanken auf, mich hier herunterzulassen; ich wollte wissen, wohin ich käme, und kannte doch den Ort nicht, an dem ich mich befand. Ich schloss das Fenster wieder, wir verließen den Saal und kehrten nach der Stelle zurück, wo wir unser Gepäck liegenlassen hatten.

Ich war über alle Begriffe erschöpft, ließ mich auf den Fußboden sinken, schob mir ein Bündel Stricke unter den Kopf, und da meine körperlichen und geistigen Kräfte abgemattet waren, so bemächtigte sich ein sanfter Schlaf meiner Sinne. Ich überließ mich ganz widerstandslos diesem Schlummer. Hätte ich auch gewusst, der Tod müsse darauf folgen, ich hätte dennoch nicht anders gekonnt. Ich erinnere mich noch ganz deutlich, dass dieses Einschlafen eine Wonne für mich war.

Ich schlief drei und eine halbe Stunde. Das Geschrei und die heftige Stöße des Mönches konnten mich kaum erwecken. Er sagte, es habe fünf Uhr geschlagen, und es sei ihm unbegreiflich, wie ich in solch einem Augenblick schlafen könne. Es war unbegreiflich für ihn, aber nicht für mich: mein Schlafen war nicht freiwillig gewesen; ich hatte nur meiner erschöpften und, wenn ich so sagen darf, in den letzten Zügen liegenden Natur nachgegeben. Solch eine Erschöpfung war gar nicht überraschend, zwei lange Tage hatte ich vor Aufregung nichts gegessen und kein Auge geschlossen, und die Anstrengungen, die ich eben durchgemacht hatte, gingen beinahe über Menschenkraft hinaus. Der wohltätige Schlaf hatte mir meine frühere Kraft wiedergegeben, und mit Freude sah ich, dass die Dunkelheit nachließ und ich jetzt mit größerer Sicherheit und Schnelligkeit handeln konnte.

Ich blickte umher und rief: »Dieser Ort ist kein Gefängnis; hier muss leicht ein Ausgang zu finden sein.«

Wir schreiten nun auf die Wand zu, die der Eisentür gegenüberliegt, in einem engen Winkel glaube ich eine Tür zu entdecken. Ich taste umher, und meine Finger fühlen endlich ein Schlüsselloch. Ich stecke meinen Spieß hinein, und mit drei oder vier Stößen breche ich das Schloss auf. Wir gelangen in ein kleines Zimmer, dort auf einem Tisch finde ich einen Schlüssel. Diesen versuche ich wieder an einer gegenüberliegenden Tür, will ihn im Schlüsselloch umdrehen und stelle fest, dass das Schloss schon offen ist. Ich sage zum Mönch, er solle unsere Bündel holen, und lege den Schlüssel wieder auf den Tisch, von wo ich ihn genommen hatte. Wir gehen hinaus und kommen in eine Galerie mit Nischen voll Papieren. Das waren Archivräume. Ich entdecke eine kleine steinerne Treppe, steige hinab, komme an eine andere, gehe auch diese hinunter und stoße auf eine Glastür. Ich öffne sie, und nun bin ich in einem Saale, den ich kenne, es war die Staatskanzlei. Ich öffne ein Fenster. Da hätte ich leicht hinausklettern können, aber ich würde dann in das Labyrinth der kleinen Höfe, die die Markuskirche umgeben, geraten sein. Gott bewahre mich vor einer solchen Torheit!

Auf einem Schreibtisch bemerke ich ein eisernes Werkzeug mit rund zulaufender Spitze und hölzernem Griff, ein solches gebrauchen die Sekretäre in der Kanzlei, um die Pergamente zu durchbohren, an denen sie mit einem Bindfaden das Bleisiegel befestigen. Ich nehme das Instrument an mich. Ich öffne den Schreibtisch und finde die Abschrift eines Briefes, der dem Proveditore von Korfu dreitausend Zechinen zur Ausbesserung der alten Festung in Aussicht stellt. Ich suche die Zechinen, sie sind nicht mehr da. Gott weiß, mit welchem Vergnügen ich mich ihrer bemächtigt und wie ich den Mönch verspottet hätte, wenn er mir den Diebstahl zum Vorwurf machen sollte. Ich hätte diese Summe wie ein Geschenk des Himmels hingenommen und würde mich als ihren Eigentümer nach dem Recht des Eroberers betrachtet haben.

Ich gehe an die Tür der Kanzlei und stecke meinen Spieß in das Schlüsselloch; aber in weniger als einer Minute merke ich, dass es mir unmöglich sein würde, das Schloss aufzubrechen; ich beschließe daher schnell, in einen der beiden Türflügel ein Loch zu bohren. …

Nun schlug es sechs Uhr. Seit meinem Erwachen auf dem Boden war erst eine Stunde verflossen.

Meine nächste wichtige Aufgabe war, mich gänzlich umzukleiden. Pater Balbi sah wie ein Bauer aus; er war unverletzt, hatte weder zerrissene Kleider noch Wunden; seine Weste von rotem Flanell und seine violetten Lederhosen waren ganz geblieben, ich dagegen war blutbefleckt und völlig zerlumpt, sah schrecklich und zum Erbarmen aus. Ich zog meine Strümpfe herunter, meine Knie bluteten aus zwei tiefen Schrammen, die ich mir an der Dachrinne gerissen hatte, das Loch in der Kanzleitür hatte mir Weste, Hemd, Hosen, Hüften und Schenkel zerfetzt; ich hatte überall schauderhafte Wunden. Ich zerriss Taschentücher und machte mir daraus, so gut ich konnte, Verbände. Ich zog meinen schönen Rock an, in dem ich an einem Wintertage ziemlich komisch aussehen musste. Ich verbarg, so gut es ging, meine Haare unter meinem Haarbeutel, zog weiße Strümpfe an, ein Spitzenhemd in Ermangelung eines anderen, zwei andere Spitzenhemden darüber, stopfte Taschentücher und Strümpfe in die Tasche und warf alles übrige in die Ecke. Meinen schönen Mantel hing ich dem Mönch um die Schultern, und der Unglückliche sah aus, als ob er ihn gestohlen hätte. Ich mochte den Eindruck eines Menschen erwecken, der auf einem Balle gewesen war und dann die Nacht an einem liederlichen Ort verbracht hatte, wo er übel zugerichtet wurde. Nur die Binden an meinen Knien stachen von meiner unangebrachten Eleganz ab.

# 1757

# EDMUND BURKE

## Freude und Kummer

*Er gilt als geistiger Vater des Konservatismus und ist heute vor allem als scharfer Kritiker der Französischen Revolution bekannt.*

*Dem Iren Edmund Burke (\* 1729, † 1797), der am Trinity College in Dublin klassische Literatur und Geschichte studierte, wollen wir an dieser Stelle nicht auf seinen Gedankenpfaden zur göttlichen oder naturgegebenen Weltordnung folgen. Gönnen wir uns unter Anleitung seines klaren und ruhigen Kopfs vielmehr eine kleine Verschnaufpause von dogmatischen Querelen und Katastrophen der Weltgeschichte, von Politik und Gesellschaft des Jahrhunderts des Absolutismus und der Aufklärung: eine kurze Meditation über Freude und Kummer, Schmerz und sein Vergehen. Sie sind ewige Register menschlichen Empfindens (und schon bei Tieren zu beobachten).*

MAN MUSS BEMERKEN, dass das Aufhören eines Vergnügens auf die Seele einen dreifachen Eindruck machet. Hört es bloß auf, nachdem es seine gewöhnliche ihm gemäße Zeit fortgedauert hat: so ist die Folge *Gleichgültigkeit*. Bricht es plötzlich ab: so folgt eine Unbehaglichkeit, die man die *getäuschte Erwartung* (*disappointment*) nennt. Ist der Gegenstand so gänzlich verloren, dass gar keine Möglichkeit übrig bleibt, ihn wieder zu genießen: so entsteht in der Seele die Leidenschaft, die *Betrübnis* heißt. – Von diesen dreien nun hat, wie mich dünkt, keines, selbst nicht die Betrübnis, die das heftigste darunter ist, irgendeine Ähnlichkeit mit wirklichem Schmerz. Die Person, die sich betrübt, gibt ihrer Leidenschaft Gewalt über sich, sie nährt sie, sie liebt sie. Aber das geschieht niemals bei einem wirklichen Schmerz, den niemand freiwillig irgendeine beträchtliche Zeit lang erträgt. – Dass Betrübnis, obgleich bei Weitem keine ganz angenehme Empfindung, doch gerne ertragen wird, ist nicht schwer zu begreifen. Es gehört zum Wesen der Betrübnis, dass sie ihren Gegenstand beständig der Seele vorhält, dass sie ihn von seinen angenehmsten Seiten zeigt, dass sie alle Umstände, die zu ihm gehören, bis auf die kleinsten wiederholt, dass sie auf jede einzelne Ergötzung, die die Sache gewährt hat, zurückgeht, sich bei jeder verweilt und allenthalben tausend neue Annehmlichkeiten findet, die vorher nicht waren hinlänglich bemerkt worden. Bei der

Betrübnis hat das Vergnügen immer noch die Oberhand; und die Unlust, die wir leiden, hat mit absolutem Schmerz, der immer verhasst ist und den wir sobald als möglich von uns abzuwälzen versuchen, keine Ähnlichkeit. Die *Odyssee* des Homer, die mit so viel natürlichen und rührenden Gemälden angefüllt ist, hat keines, welches mehr Eindruck machte, als dasjenige, welches Menelaos von dem unglücklichen Schicksal seiner Freunde und der Art seines eigenen Gefühls dabei macht. Er gesteht in der Tat, dass er oft sich einen Nachlass von solchen melancholischen Betrachtungen erlaube; aber er bemerkt zugleich, dass, so melancholisch sie sind, sie ihm doch Vergnügen gewähren:

*Ἀλλ' ἔμπης πάντας μὲν ὀδυρόμενος καὶ ἀχεύων
Πολλάκις ἐν μεγάροισι καθήμενος ἡμετέροισιν,
Ἄλλοτε μέν τε γόῳ φρένα τέρπομαι, ἄλλοτε δ' αὖτε
Παύομαι· αἰψηρὸς δέ κόρος κρυεροῖο γόοιο*

*Still in short intervals of* pleasing woe
*Regardful of the friendly dues I owe,
I to the glorious dead, for ever dear,
Indulge the tribute of a* grateful tear.[1]

»Diese alle habe ich verloren, und mein Herz blutet noch. Oft, wenn ich in meiner Wohnung einsam und ruhig sitze, fließen meine Tränen, und erleichtern mir das Herz. Bald aber werde ich des Traurens müde, stehe auf, und trockne meine Tränen ab.«

Auf der anderen Seite, wenn wir unsere Gesundheit wiedererlangen, wenn wir einer nahen Gefahr entgehen, ist es alsdann Freude, die wir empfinden? Das, was in uns bei solchen Gelegenheiten vorgeht, ist von der süßen und einnehmenden Empfindung sehr unterschieden, die die gewisse Aussicht auf Lust uns gewährt. Die Beruhigung, die aus der Verminderung des Schmerzes entsteht, zeigt den Stamm, aus dem sie hervorwuchs, durch den gesetzten, strengen und ernsthaften Charakter an, den sie hat.

---

1 Die Übertragung Alexander Popes, die Burke hier anfügt, lautet auf Deutsch: Und doch vergieß ich in Augenblicken *sanften* Kummers,/ der Freundschaftsschuld gedenkend, in der ich/ bei den ruhmreichen Toten stehe, die mir ewig teuer bleiben,/ ihnen zum Tribut eine *wohltuende* Träne.

# 1758

## EMANUEL SWEDENBORG

# Himmel und Hölle sind Seelenzustände

*Sein populärstes Buch* Himmel und Hölle *erschien erstmals 1758 in lateinischer Sprache unter dem Titel* De Coelo et eius mirabilibus, et de inferno. *In seiner* Bibliography of Swedenborg's Works *von 1906 verzeichnet James Hyde von der Swedenborg Society fünfundneunzig verschiedene englische Ausgaben, dazu unter anderem elf deutsche, acht französische, eine hindustanische sowie eine walisische. Es ist anzunehmen, dass die Zahl der Ausgaben heute bei über zweihundert liegt.*

*Bis zu seinem Erweckungserlebnis im Alter von sechsundfünfzig Jahren war Emanuel Swedenborg (\* 1688, † 1772) nicht als Spinner oder Schwärmer bekannt. Er war königlicher Militäringenieur und Bergbaubeamter, ein technisches Universalgenie wie vor ihm nur Leonardo da Vinci. Von den fünfzig Werken, die er hinterlassen hat, handelt die Hälfte von Geometrie, Astronomie, Mineralogie und Anatomie. Derselbe klare Geist mit derselben gradlinigen Sprache konzentriert sich nach 1744 auf die Theosophie. Er begründet und argumentiert nicht, er beschreibt mit einer Autorität, die keiner Rechtfertigung bedarf,* Himmel und Hölle: *»Von Swedenborg an«, schreibt Jorge Luis Borges, »denkt man in Seelenzuständen und nicht an eine Festsetzung von Belohnungen und Strafen.«*

WAS DAS EWIGE FEUER und das Zähneknirschen (*stridor dentium*) sei, welche Ausdrücke im Worte von denen in der Hölle gebraucht werden, ist bis jetzt kaum

Jemandem bekannt, und dies darum, weil man über die Dinge, die im Worte stehen, materiell gedacht hatte, da man dessen geistigen Sinn nicht kannte; weshalb Einige unter dem Feuer ein materielles Feuer verstanden, Einige überhaupt die Pein, Einige die Gewissensbisse, Einige meinten, es sei bloß so gesagt worden, um Schrecken vor dem Bösen einzujagen; und unter dem Zähneknirschen verstanden Einige ein solches Knirschen, Einige bloß den Schauer, wie er statthat, wenn ein solches Zusammenstoßen der Zähne gehört wird. Wer aber den geistigen Sinn des Wortes kennt, kann wissen, was das ewige Feuer und was das Zähneknirschen ist; denn in jedem Ausdruck und in jedem Sinn der Ausdrücke im Worte liegt ein geistiger Sinn, weil das Wort in seinem Innersten geistig ist, und das Geistige vor dem Menschen nicht anders als natürlich ausgedrückt werden kann, da der Mensch in der natürlichen Welt ist, und aus dem, was in ihr ist, denkt. Was nun das ewige Feuer und das Zähneknirschen sei, in welche die bösen Menschen in Betreff ihrer Geister nach dem Tode kommen, oder welche ihre Geister, die alsdann in der geistigen Welt sind, zu erleiden haben, soll in dem nun Folgenden gesagt werden.

Es gibt zwei Quellen, aus welchen Wärme kommt, die eine ist die Sonne des Himmels, welche der Herr ist, und die andere die Sonne der Welt; die Wärme, welche aus der Sonne des Himmels oder dem Herrn stammt, ist geistige Wärme, welche ihrem Wesen nach Liebe ist; die Wärme aus der Weltsonne hingegen ist natürliche Wärme, welche in ihrem Wesen nicht Liebe ist, sondern der geistigen Wärme oder Liebe zum Aufnahmegefäß dient; dass die Liebe in ihrem Wesen Wärme ist, kann man an dem Erwärmen des Gemüts und von daher des Körpers ersehen, sofern dasselbe aus der Liebe und gemäß ihres Grades und ihrer Beschaffenheit entsteht, und zwar bei dem Menschen eben sowohl im Winter, als im Sommer, und dann auch an der Erhitzung des Blutes; dass die natürliche Wärme, welche aus der Sonne der Welt entsteht, der geistigen Wärme zum Aufnahmegefäß dient, zeigt sich an der Wärme des Körpers, welche durch die Wärme seines Geistes erweckt wird, und dieser zu Hilfe kommt, besonders an der Frühlings- und Sommerwärme bei den Tieren aller Gattungen, welche jedes Jahr zu dieser Zeit in ihre Triebe zurückkommen; nicht dass die Wärme dies bewirkte, sondern weil diese ihre Körper empfänglich macht, diejenige Wärme in sich aufzunehmen, die aus der geistigen Welt auch bei ihnen einfließt; denn die geistige Welt fließt in die natürliche ein, wie die Ursache in die Wirkung; wer glaubt, dass die natürliche Wärme ihre Triebe hervorbringe, täuscht sich sehr; denn es findet ein Einfluss der geistigen Welt in die natürliche Welt statt, und nicht der natürlichen Welt in die geistige, und alle Liebe ist, da sie dem Leben selbst angehört, geistiger Art; desgleichen ist auch im Irrtum, wer glaubt, dass in der natürlichen Welt etwas ohne einen Einfluss aus der geistigen Welt entstehe; denn das Natürliche entsteht und besteht nur aus dem Geistigen; und auch die Subjekte des Pflanzenreichs erhalten von diesem Einfluss ihre Keimentwicklung; die natürliche Wärme, welche zur Zeit des Frühlings und Sommers Statt hat, bringt bloß die Samen in ihre natürlichen Formen, indem sie dieselben aufschwellt und aufschießt, damit der Einfluss aus der geistigen Welt sich darin als Wirkendes erweise. Dies ist angeführt worden, damit man wisse, dass es zwei Arten von Wärme gibt, nämlich eine geistige und eine natürliche, und dass die geistige Wärme aus der Sonne der Welt stammt, und dass der Einfluss und hernach die Mitwirkung die Wirkungen hervorbringen, die vor den Augen in der Welt erscheinen.

Die geistige Wärme bei dem Menschen ist seine Lebenswärme, weil sie, wie oben gesagt worden, in ihrem Wesen Liebe ist; diese Wärme ist es, welche im Wort unter dem Feuer verstanden wird; die Liebe zum Herrn und die Liebe gegen den Nächsten unter dem himmlischen Feuer; und die Selbstliebe und Weltliebe unter dem höllischen Feuer.

Das höllische Feuer oder die höllische Liebe entspringt aus der gleichen Quelle, aus der das himmlische Feuer oder die himmlische Liebe entspringt, nämlich aus der Sonne des Himmels oder dem Herrn; es wird aber höllisch durch die, welche es aufnehmen; denn aller Einfluss aus der geistigen Welt wird verschieden bestimmt (*variatur*) je nach der Aufnahme, oder den Formen, in die er einfließt; nicht anders als die Wärme und das Licht aus der Sonne der Welt; die aus ihr in die Baumpflanzungen und Blumenbeete einfließende Wärme bewirkt die Vegetation und lockt auch angenehme und liebliche Düfte hervor; ebendieselbe Wärme aber, wenn sie in Exkremente und in Aashaftes einfließt, bewirkt Fäulnis und zieht übelriechende Dünste und Gestank heraus; ebenso bringt das Licht aus derselben Sonne in dem einen Subjekt schöne und liebliche Farben, in dem andern unschöne und unerfreuliche hervor; in gleicher Weise die Wärme und das Licht aus der Sonne des Himmels, welche Liebe ist; wenn die Wärme oder Liebe aus ihr in Gutes einfließt, wie bei guten Menschen und Geistern und bei den Engeln, so befruchtet sie ihr Gutes, wenn hingegen bei Bösen, so bringt sie die entgegengesetzte Wirkung hervor; denn entweder wird sie durch das Böse erstickt, oder verkehrt; ebenso das Licht des Himmels, wenn dieses in die Wahrheiten des Guten einfließt, so gibt es Einsicht und Weisheit, fließt es aber in Falsches des Bösen ein, so wird es in ihm in Unsinn und mancherlei Wahnbilder verkehrt. So allenthalben nach Beschaffenheit der Aufnahme.

Das höllische Feuer, weil es Selbstsucht und Weltliebe ist, so ist es auch jede Begierde, welche mit diesen Trieben zusammenhängt, weil die Begierde die Liebe in ihrem beständigen Ausläufer (*in suo continuo*) ist; denn was der Mensch liebt, danach begehrt er beständig, und das ist auch seine Lust (*jucunditas*); denn was der Mensch liebt oder begehrt, daran empfindet er, wenn er es erhält, seine Lust, und nicht anderswoher kommt dem Menschen seine Herzenslust; das höllische Feuer ist also die Begierde und die Luft, welche aus jenen beiden Trieben als ihren Quellen entspringen; jenes Böse ist: Verachtung Anderer, Groll und Feindseligkeit gegen die, welche ihm nicht günstig sind, es ist Neid, Hass und Rachsucht, und aus diesen Heftigkeit und Grausamkeit; und in Rücksicht des Göttlichen Leugnung, und aus dieser Verachtung, Verspottung und Lästerung der heiligen Dinge der Kirche, was sich nach dem Tode, wenn der Mensch ein Geist wird, in Erbitterung und Hass gegen dieselben verwandelt. Und weil dieses Böse beständig Vernichtung und Tod derer schnaubt, die es für Feinde hält und gegen die es von Hass und Rachgier brennt, so ist seine Lebenslust, vernichten und töten zu wollen, und soweit es dies nicht kann, zu benachteiligen, zu schaden und zu wüten.

# 1759

## ADAM SMITH

# Über das Prinzip der Selbstbilligung und Selbstmissbilligung

*In kaum einer Fertigkeit schneidet der Mensch so jämmerlich ab wie in der Beurteilung seiner selbst. Psychologen haben das in den letzten dreißig Jahren mit immer neuen Studien belegt. Menschenkenntnis ist schon ein rares Gut, wenn es um andere geht. Haben wir uns aber selbst im Visier, wird der Fall hoffnungslos. Was ist der Kern dieses Problems? Jedes Urteil über uns selbst ist nur insoweit sinnvoll, als wir fähig sind, uns durch die Augen und Gehirne anderer wahrzunehmen. Wie viel Erfahrung aber und Übung haben wir mit diesen Augen und Gehirnen anderer? Kenntnis seiner selbst führt also allemal über andere und die Kenntnis dieser anderen, mit der fatalen Konsequenz, dass wir uns selbst unmöglich besser kennen können, als wir andere kennen. Das sollte uns neugierig machen für unsere Umgebung – mit Konfuzius gesprochen: »Nicht sorge ich mich, dass die Menschen mich nicht kennen. Ich sorge mich, dass ich die Menschen nicht kenne.«*

*Wo immer man seine Theorie der moralischen Gefühle aufschlägt: Die Betrachtungen Adam Smiths (\*1723, †1790) lassen einen nicht mehr los. Der Ökonomie als Wissenschaft von Tauschgeschäften nahestehend, erörtern sie die Gegenseitigkeit und die zwei äquivalenten Grundlagen unseres Handelns: Nächstenliebe und Eigenliebe. Uns selbst schaden wir, wenn wir töricht handeln, nicht nur den anderen, denen wir dadurch Schaden zufügen. Die dümmste aller menschlichen Regungen ist die Schadenfreude, und dies selbst dann, wenn der traurige Pechvogel, der sich womöglich gar noch gegen uns vergangen hat oder zumindest vergehen wollte, die Schadenfreude weidlich verdient hätte. Was für ein Gewinn sollte uns daraus erwachsen, dass ein anderer sich ein Bein stellt? Stärkt uns das? Überwundene Feinde, geht das Wort, sollen wir schonen. Aber, wie La Rochefoucauld sagt, öfter noch als unser Gehirn ist es unser Temperament, das die Sache verdirbt – im besonderen Maße mit unserer sehr beschränkten Fähigkeit zur Selbstmissbilligung. Dabei scheint es doch, als wäre Selbstkritik ein leichtes Geschäft, billiger und leichter zu bewerkstelligen als unsere oft so flinke Kritik an anderen, in manchem Fall auch eindeutig ungefährlicher. Doch bestenfalls gehört das in unser Arsenal der tröstlichen Illusionen.*

IN DEN ZWEI VORHERGEHENDEN TEILEN dieser Abhandlung habe ich hauptsächlich den Ursprung und die Grundlage jener Urteile in Betracht gezogen, die wir über Gefühle und Verhalten anderer Personen fällen. Ich gehe nun dazu über, den Ursprung derjenigen Urteile, die uns selbst betreffen, einer ausführlicheren Betrachtung zu unterziehen.

Das Prinzip, nach welchem wir unser eigenes Verhalten natürlicherweise billigen oder missbilligen, scheint ganz dasselbe zu sein wie dasjenige, nach dem wir die gleichen Urteile über das Betragen anderer Leute fällen. Wir billigen oder missbilligen das Verhalten eines anderen Menschen auf die Weise, dass wir uns in seine Lage hineindenken und nun unsere Gefühle darauf prüfen, ob wir mit den Empfindungen und Beweggründen, die es leiteten, sympathisieren können oder nicht. Und in gleicher Weise billigen oder missbilligen wir unser eigenes Betragen, indem wir uns in die Lage eines anderen Menschen versetzen und es gleichsam mit seinen Augen und von seinem Standort aus betrachten und nun zusehen, ob wir von da aus an den Empfindungen und Beweggründen, die auf unser Betragen einwirken, Anteil nehmen und mit ihnen sympathisieren könnten oder nicht. Niemals können wir unsere Empfindungen und Beweggründe überblicken, niemals können wir irgendein Urteil über sie fällen, wofern wir uns nicht gleichsam von unserem natürlichen Standort entfernen, und sie gleichsam aus einem gewissen Abstand von uns selbst anzusehen trachten. Wir können dies aber auf keine andere Weise tun, als indem wir uns bestreben, sie mit den Augen anderer Leute zu betrachten, das heißt so, wie andere Leute sie wohl betrachten würden. Demgemäß muss jedes Urteil, das wir über sie fällen können, stets eine gewisse unausgesprochene Bezugnahme auf die Urteile anderer haben, und zwar entweder auf diese Urteile, wie sie wirklich sind, oder, wie sie unter bestimmten Bedingungen sein würden, oder, wie sie unserer Meinung nach sein sollten. Wir bemühen uns, unser Verhalten so zu prüfen, wie es unserer Ansicht nach irgendein anderer gerechter und unparteiischer Zuschauer prüfen würde. Wenn wir uns erst in seine Lage versetzen und wir dann immer noch an allen Affekten und Beweggründen, die unser Verhalten bestimmten, durchaus inneren Anteil nehmen, dann billigen wir dieses Verhalten aus Sympathie mit der Billigung dieses gerechten Richters, den wir in Gedanken aufgestellt haben. Fällt die Prüfung anders aus, dann treten wir seiner Missbilligung bei und verurteilen unser Verhalten.

Wäre es möglich, dass ein menschliches Wesen an einem einsamen Ort bis zum Mannesalter heranwachsen könnte ohne jede Gemeinschaft und Verbindung mit Angehörigen seiner Gattung, dann könnte es sich ebenso wenig über seinen Charakter, über die Schicklichkeit oder Verwerflichkeit seiner Empfindungen und seines Verhaltens Gedanken machen, als über die Schönheit oder Hässlichkeit seines eigenen Gesichts. All das sind Gegenstände, die es nicht leicht erblicken kann, auf die es natürlicherweise nicht achtet, und für die es doch auch nicht mit einem Spiegel ausgerüstet ist, der sie seinem Blicke darbieten könnte. Bringe jenen Menschen in Gesellschaft anderer und er ist sogleich mit dem Spiegel ausgerüstet, dessen er vorher entbehrte. Dieser Spiegel liegt in den Mienen und in dem Betragen derjenigen, mit denen er zusammenlebt, die es ihm stets zu erkennen geben, wenn sie seine Empfindungen teilen und wenn sie sie missbilligen, hier erst erblickt er zum ersten Mal die Schicklichkeit und Unschicklichkeit seiner eigenen Affekte, die Schönheit und Hässlichkeit seines eigenen Herzens. Bei einem Menschen, der von Geburt an jeder Gesellschaft fremd war, würden die Objekte seiner Leidenschaften, die äußeren Körper, die ihn fördern oder schädigen, seine ganze Aufmerksamkeit in Anspruch nehmen. Die Affekte selbst, die Begierden und Abneigungen, die Freuden und Leiden, die durch diese Gegenstände erregt werden, können, obwohl sie doch von allen Dingen ihm am unmittelbarsten gegenwärtig sind, kaum jemals zu Gegenständen seines Nachdenkens werden. Die Vorstellung von ihnen könnte ihn niemals so sehr interessieren, dass sie seine aufmerksame Betrachtung wachrufen könnte. Die Betrachtung seiner Freude könnte in ihm keine neue Freude, die Betrachtung seines Leids kein neues Leid erwecken, obwohl die Betrachtung der Ursachen jener Affekte oft die Affekte werden. Er wird bemerken, dass die Menschen manche dieser Affekte billigen und gegen andere Widerwillen empfinden. Er wird in dem einen Falle erfreut, im anderen niedergeschlagen sein; seine Begierden und Abneigungen, seine Freuden und Leiden werden nun oft zu Ursachen neuer Begierden und neuer Abneigungen, neuer Freuden und neuer Leiden werden: Sie werden ihn darum jetzt aufs Tiefste berühren und oft seine aufmerksame Betrachtung wachrufen.

Unsere ersten Vorstellungen von körperlicher Schönheit und Hässlichkeit sind von der Gestalt und der körperlichen Erscheinung der anderen abgeleitet, nicht von unserer eigenen. Indes werden wir bald dessen inne, dass andere die gleiche Kritik an uns üben. Es freut uns, wenn unser Äußeres ihr Gefallen erregt, und es beleidigt uns, wenn es offensichtlich ihren Widerwillen hervorruft. Wir werden nun ängstlich bemüht sein, in Erfahrung zu bringen, inwiefern unsere äußere Erscheinung ihren Tadel oder ihre Billigung verdient. Wir prüfen unsere Gestalt Glied um Glied und bemühen uns – indem wir vor einen Spiegel treten oder ein

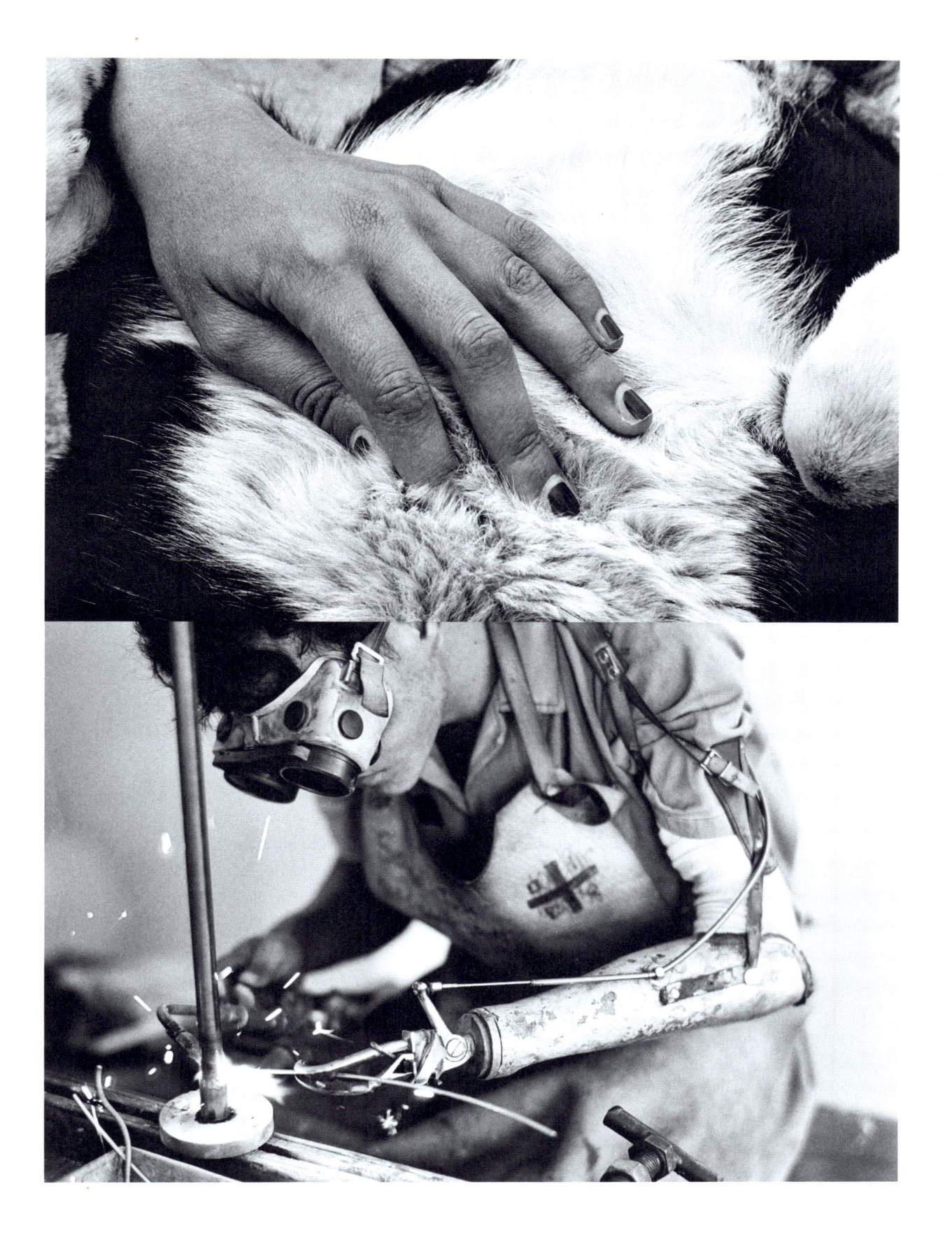

Alp Kaiseregg.
*Kanton Fribourg. Schweiz, 13. Juli 2012.*

Minenversehrter in der IKRK-Prothesen-Werkstatt.
*Phnom Penh. Kambodscha, 13. Februar 1995.*

anderes Auskunftsmittel anwenden – so sehr als möglich, uns aus der Entfernung und mit den Augen anderer Menschen zu betrachten. Wenn wir nach dieser Prüfung mit unserem Aussehen zufrieden sind, dann können wir leichter die ungünstigen Urteile anderer Menschen ertragen. Wenn wir dagegen fühlen, dass wir ganz natürlicherweise Gegenstand ihres Missfallens und Widerwillens sind, dann quält uns jedes Zeichen ihrer Missbilligung über alle Maßen. Ein Mann, der leidlich wohlgebildet ist, wird dir gern erlauben, über irgendeine kleine Unregelmäßigkeit an seinem Körper zu lachen; einem Menschen jedoch, der wirklich missgestaltet und hässlich ist, sind gewöhnlich alle derartigen Scherze unerträglich. Jedenfalls ist es einleuchtend, dass wir um unsere Schönheit und Hässlichkeit nur wegen ihrer Wirkung auf andere Menschen besorgt sind. Wenn wir keine Verbindung mit der Gesellschaft hätten, dann wäre uns beides vollständig gleichgültig.

In ganz gleicher Weise richtet sich unsere moralische Beurteilung zunächst auf Charakter und Verhalten *anderer* Leute und wir alle sind nur allzu sehr geneigt, unser Augenmerk darauf zu richten, wie jeder von ihnen uns berührt. Aber wir erfahren bald, dass andere Leute mit ihren Urteilen über unseren Charakter und unser Verhalten ebenso freigebig sind. Wir werden nun ängstlich darauf bedacht sein, in Erfahrung zu bringen, inwiefern wir ihren Tadel oder ihren Beifall verdienen, und ob wir ihnen wirklich als so angenehme oder unangenehme Geschöpfe erscheinen mussten, als welche sie uns hinstellen. Wir fangen deshalb an, unsere Affekte und unser Betragen zu prüfen und Betrachtungen darüber anzustellen, wie diese ihnen erscheinen müssen, indem wir bedenken, wie sie uns wohl erscheinen würden, wenn wir uns an ihrer Stelle befänden. Wir stellen uns uns selbst als die Zuschauer unseres eigenen Verhaltens vor und trachten nun, uns auszudenken, welche Wirkung es in diesem Lichte auf uns machen würde. Dies ist der einzige Spiegel, der es uns ermöglicht, die Schicklichkeit unseres eigenen Verhaltens einigermaßen mit den Augen anderer Leute zu untersuchen. Wenn es uns bei dieser Untersuchung gefällt, dann sind wir leidlich zufriedengestellt. Wir können dann dem Beifall gegenüber gleichgültiger sein und bis zu einem gewissen Grade auch den Tadel der Welt gering schätzen; denn wir sind sicher, dass wir – mag man uns noch so sehr missverstehen und unser Verhalten missdeuten – von Rechts wegen Billigung verdienen. Umgekehrt sind wir, wenn wir an der Richtigkeit unseres Verhaltens zweifeln, gerade deswegen ängstlicher darauf bedacht, ihre Billigung zu gewinnen, und, vorausgesetzt, dass wir noch nicht mit der Schande auf du und du sind, wie man sich auszudrücken pflegt, so quält uns dann besonders der Gedanke an den Tadel der Welt, der uns nun mit doppelter Strenge trifft.

Wenn ich mich bemühe, mein eigenes Verhalten zu prüfen, wenn ich mich bemühe, über dasselbe ein Urteil zu fällen und es entweder zu billigen oder zu verurteilen, dann teile ich mich offenbar in all diesen Fällen gleichsam in zwei Personen. Es ist einleuchtend, dass ich, der Prüfer und Richter, eine Rolle spiele, die verschieden ist von jenem anderen Ich, nämlich von *der* Person, deren Verhalten geprüft und beurteilt wird. Die erste Person ist der Zuschauer, dessen Empfindungen in Bezug auf mein Verhalten mir wohl erscheinen würden, wenn ich es von diesem eigentümlichen Gesichtspunkt aus betrachte. Die zweite Person ist der Handelnde, die Person, die ich im eigentlichen Sinne mein Ich nennen kann und über deren Verhalten ich mir – in der Rolle eines Zuschauers – eine Meinung zu bilden suche. Die erste ist der Richter, die zweite die Person, über die gerichtet wird. Dass jedoch der Richter in jeder Beziehung mit demjenigen, über den gerichtet wird, identisch sein sollte, das ist ebenso unmöglich wie dass die Ursache in jeder Beziehung mit der Wirkung identisch wäre.

Liebenswert und belohnungswürdig zu sein, das heißt Liebe zu verdienen und Belohnung zu verdienen, das sind die wichtigsten Kennzeichen der Tugend, hassenswert und strafbar zu sein, die des Lasters. Alle diese Kennzeichen haben aber eine unmittelbare Beziehung auf die Gefühle anderer. Man sagt von der Tugend nicht darum, sie sei liebenswert oder verdienstlich, weil sie der Gegenstand ihrer eigenen Liebe oder ihrer eigenen Dankbarkeit ist, sondern weil sie diese Gefühle bei anderen Menschen hervorruft. Das Bewusstsein, dass sie allgemein in so günstigem Lichte betrachtet wird, bildet die Quelle jener inneren Ruhe und Selbstzufriedenheit, die sie natürlicherweise begleitet, so wie der Argwohn einer entgegengesetzten Beurteilung die Qualen des Lasters hervorruft. Welches Glück ist so groß, als geliebt zu werden und dabei zu wissen, dass wir Liebe verdienen! Welches Elend ist so groß, als gehasst zu werden und dabei zu wissen, dass wir Hass verdienen!

## 1762

### JEAN-JACQUES ROUSSEAU
# Freiheit ist ein Recht und dieses gründet auf Vereinbarung

*Ein Denker, wie heutige Behörden festhalten würden, mit Migrationshintergrund: Der Vater ist Sprössling einer Familie ausgewanderter französischer Protestanten und bis ins Jahr vor der Geburt seines Sohnes Uhrmacher am Serail des Sultans in Konstantinopel, seine Mutter Tochter eines Genfer Pastors, die neun Tage nach seiner Geburt in Genf im Kindbett stirbt. Mit zehn Jahren verliert er seinen Vater, der nach einer Rauferei aus Genf fliehen muss. Der ausgiebig herumgeschubste Junge findet als dreißigjähriger hoffnungsvoller Musikgelehrter nach Paris und dort Anschluss in den literarischen Salons.*

*Der Aufenthalt in der Weltstadt scheint seine Geister nicht zu heben. In der Antwort auf eine akademische Preisfrage, ob die Wissenschaften und Künste zur Läuterung der Sitten beitrügen, legt er den Grundstein seines philosophischen Programms, das gewiss nicht bös gemeint war, ganz im Gegenteil. Demzufolge kommt der Mensch frei und unverdorben auf die Welt, um von der Zivilisation umgehend in Ketten gelegt und pervertiert zu werden. Der wissenschaftlich-technische Fortschritt ist sittliche Dekadenz. Von den Pariser Milieus der radikalen Aufklärer trennt ihn sein defensiver Rückzieher, wonach in dieser bösen Welt Hoffnung nur im Glauben zu finden ist. Seine fundamentale Opposition zum Bestehenden ist es, für die ihn die Französische Revolution posthum heiligspricht. In seinem abgründigen Kulturpessimismus, kombiniert mit einer Idealisierung des Naturzustands, wird er ein Idol allerdings auch für Revolutionäre vom Schlag eines Robespierre und Pol Pot.*

*Statt an den revolutionären Pädagogen halten wir uns lieber an den Staatsdenker Jean-Jacques Rousseau (\* 1712, † 1778), der sich mit John Locke (vgl. S.227–231) die philosophischen Urheberrechte an der Volkssouveränität teilt – und begehen mit nur wenig Verspätung das 250-jährige Jubiläum dieses Textes.*

### VOM GESELLSCHAFTSVERTRAG

Der Mensch wird frei geboren, und überall ist er in Banden. Mancher hält sich für den Herrn seiner Mitmenschen und ist trotzdem mehr Sklave als sie. Wie hat sich diese Umwandlung zugetragen? Ich weiß es nicht. Was kann ihr Rechtmäßigkeit verleihen? Diese Frage glaube ich beantworten zu können.

Würde ich nur auf die Gewalt und die Wirkungen, die sie hervorbringt, Rücksicht nehmen, so würde ich sagen: Solange ein Volk gezwungen wird zu gehorchen, so tut es wohl, wenn es gehorcht; sobald es sein Joch abzuschütteln imstande ist, so tut es noch besser, wenn es dasselbe von sich wirft, denn sobald es seine Freiheit durch dasselbe Recht wiedererlangt, das sie ihm geraubt hat, so ist es entweder befugt, sie wieder zurückzunehmen, oder man hat sie ihm unbefugterweise entrissen. Allein die gesellschaftliche Ordnung ist ein geheiligtes Recht, das die Grundlage aller übrigen bildet. Dieses Recht entspringt jedoch keineswegs aus der Natur; es beruht folglich auf Verträgen. …

Die Klauseln dieses Vertrages sind durch die Natur der Verhandlung so bestimmt, dass die geringste Abänderung sie nichtig und wirkungslos machen müsste. Die Folge davon ist, dass sie, wenn sie auch vielleicht nie ausdrücklich ausgesprochen wären, doch überall gleich, überall stillschweigend angenommen und anerkannt sind, bis nach Verletzung des Gesellschaftsvertrages jeder in seine ursprünglichen Rechte zurücktritt und seine natürliche Freiheit zurückerhält, während er zugleich die auf Übereinkommen beruhende Freiheit, für die er auf jene verzichtete, verliert.

Alle diese Klauseln lassen sich, wenn man sie richtig auffasst, auf eine einzige zurückführen, nämlich auf das gänzliche Aufgehen jedes Gesellschaftsgliedes mit allen seinen Rechten in der Gesamtheit, denn indem sich jeder ganz hingibt, so ist das Verhältnis zunächst für alle gleich, und weil das Verhältnis für alle gleich ist, so hat niemand ein Interesse daran, es den anderen drückend zu machen.

Da ferner dieses Aufgehen ohne allen Vorbehalt geschieht, so ist die Verbindung so vollkommen, wie sie nur sein kann, und kein Gesellschaftsgenosse hat irgendetwas Weiteres zu beanspruchen, denn wenn den Einzelnen irgendwelche Rechte blieben, so würde in Ermangelung eines gemeinsamen Oberherrn, der zwischen ihnen und dem Gemeinwesen entscheiden könnte, jeder, der in irgendeinem Punkte sein eigener Richter ist, auch bald verlangen, es in allen zu sein; der Naturzustand würde fortdauern, und die gesellschaftliche Vereinigung tyrannisierend oder zwecklos sein.

Während sich endlich jeder allen übergibt, übergibt er sich damit niemandem, und da man über jeden Gesellschaftsgenossen das nämliche Recht erwirbt, das man ihm über sich gewährt, so gewinnt man für alles, was man verliert, Ersatz und mehr Kraft, das zu bewahren, was man hat.

Scheidet man also vom Gesellschaftsvertrage alles aus, was nicht zu seinem Wesen gehört, so wird man sich überzeugen, dass er sich in folgende Worte zusammenfassen lässt: »Jeder von uns stellt gemeinschaftlich seine Person und seine ganze Kraft unter die oberste Leitung des allgemeinen Willens, und wir nehmen jedes Mitglied als untrennbaren Teil des Ganzen auf.

An die Stelle der einzelnen Person jedes Vertragabschließers setzt solcher Gesellschaftsvertrag sofort einen geistigen Gesamtkörper, dessen Mitglieder aus sämtlichen Stimmabgebenden bestehen, und der durch ebendiesen Akt seine Einheit, sein gemeinsames Ich, sein Leben und seinen Willen erhält. Diese öffentliche Person, die sich auf solche Weise aus der Vereinigung aller Übrigen bildet, wurde ehemals Stadt genannt und heißt jetzt Republik oder Staatskörper. Im passiven Zustand wird er von seinen Mitgliedern Staat, im aktiven Zustand Oberhaupt, im Vergleich mit anderen seiner Art Macht genannt. Die Gesellschaftsgenossen führen als Gesamtheit den Namen Volk und nennen sich einzeln als Teilhaber der höchsten Gewalt Staatsbürger und im Hinblick auf den Gehorsam, den sie den Staatsgesetzen schuldig sind, Untertanen. Aber diese Ausdrücke gehen oft ineinander über und werden miteinander verwechselt; es genügt, sie unterscheiden zu können, wenn sie in ihrer eigentlichen Bedeutung gebraucht werden.

## 1765

# VOLTAIRE

## Aberglaube – und der nützliche Idiot des Fanatikers

*Voltaire (\* 1694, † 1778; vgl. auch S. 232), geboren als François Marie Arouet, war womöglich nicht der tiefste Denker der Aufklärung, aber deren meistgelesener philosophischer, historischer und politischer Publizist, unentwegt auch auf Theaterbühnen unterwegs, in Personalunion ein Mediengroßunternehmen und dessen Betreiber für mehr als ein halbes Jahrhundert.*

*Mit 23 Jahren zum ersten Mal in der Bastille, zehn Jahre später im Londoner Exil, führte ihn sein langes Wanderleben nach der Rückkehr und zwei Jahren in Versailles als Königlicher Chronist Ludwigs XV. nach Berlin an den Hof Friedrichs II. und im Alter von sechzig Jahren schließlich nach Genf, wo seine Produktivität für weitere zwanzig Jahre noch nicht nachlassen sollte. Er empfing Kaiser Joseph II. zum Tee und korrespondierte mit Katharina II. in Petersburg. Paris empfing 1778 den 83-Jährigen mit einem Triumphzug. Drei Monate später starb er als Zeuge seiner Apotheose, die bereits eingesetzt hatte. Sein Sarkophag im Pantheon, wo seine Gebeine sechs Wochen nach seinem Tod zur Ruhe gelegt wurden, trägt die Inschrift: »Poète historien philosophe il agrandit l'esprit humaine et lui apprit qu'il devait être libre« – »Als Dichter, Historiker, Philosoph hat er den menschlichen Geist größer gemacht und ihn gelehrt, dass er frei sein soll.«*

*Anhänger der Monarchie als Staatsform, führte er einen lebenslangen Kampf gegen Sklaverei und Leibeigenschaft und für die Gleichheit aller Menschen vor dem Gesetz. Als größten Feind des Menschen geißelte er, der an ein höchstes Wesen glaubte, den Aberglauben, namentlich den der katholischen Kirche, die seine Schriften auf den Index setzte.*

DER ABERGLÄUBISCHE ist für den Schurken, was der Sklave für den Tyrannen ist. Ja, mehr noch: der Abergläubische wird vom Fanatiker beherrscht und wird selbst zum Fanatiker. Der Aberglaube, entstanden im Heidentum und übernommen vom Judentum, hat die christliche Kirche von Anfang an verpestet. Ausnahmslos alle Kirchenväter haben an die Macht der Magie geglaubt. Die Kirche hat die Magie immer verdammt, aber immer an sie geglaubt. Zauberer hat sie nicht als betrogene Narren exkommuniziert, sondern als Menschen, die tatsächlich Umgang mit dem Teufel pflegten.

Heute glaubt die eine Hälfte Europas, dass die andere lange dem Aberglauben verfallen war und es noch immer ist. Die Protestanten betrachten die Reliquien, den Ablass, die Kasteiungen, die Gebete für die Toten, das Weihwasser und fast alle Riten der römischen Kirche als abergläubischen Wahnwitz. Der Aberglaube besteht ihrer Ansicht nach darin, dass sinnlose Gebräuche als notwendig angesehen werden. Die römischen Katholiken sind teilweise aufgeklärter als ihre Vorfahren und haben auf viele dieser ehemals heiligen Gebräuche verzichtet. Dass sie andere beibehalten haben, verteidigen sie mit der Behauptung, diese seien indifferent, und was nur indifferent sei, könne nichts Schlechtes sein.

Die Grenzen des Aberglaubens sind schwer abzustecken. Ein Franzose, der durch Italien reist, findet, dass dort fast alles vom Aberglauben geprägt ist, und er irrt sich da wohl kaum. Der Erzbischof von Canterbury behauptet, der Erzbischof von Paris sei abergläubisch. Die Presbyterianer erheben denselben Vorwurf gegen den Erzbischof von Canterbury, und diese werden wiederum von den Quäkern abergläubisch genannt, die doch in den Augen der anderen Christen die abergläubischsten von allen sind.

Die christlichen Gemeinden sind sich also nicht darüber einig, was eigentlich Aberglaube ist. Die Sekte, die die wenigsten Riten hat, scheint am wenigsten von dieser Geisteskrankheit befallen zu sein. Wenn sie aber trotz ihrer wenigen Zeremonien an einem widersinnigen Glauben festhält, kommt dieser widersinnige Glaube allein schon allen abergläubischen Gebräuchen von Simon dem Magier bis zu dem Pfarrer Gauffridi gleich.

Offensichtlich gilt also gerade der Kern der Religion einer Sekte bei anderen Sekten als Aberglaube.

Die Mohammedaner bezichtigen alle christlichen Gemeinschaften des Aberglaubens und werden selbst des Aberglaubens beschuldigt. Wer wird diesen großen Streit entscheiden? Die Vernunft? Aber jede Sekte behauptet ja, die Vernunft auf ihrer Seite zu haben. Also wird die Gewalt entscheiden, bis die Vernunft so viele Köpfe erleuchtet, dass die Gewalt entwaffnet wird.

Im christlichen Europa hat es zum Beispiel eine Zeit gegeben, in der es Neuvermählten nicht erlaubt war, die Ehe zu vollziehen, ehe sie sich dieses Recht vom Bischof und vom Pfarrer erkauft hatten.

Wer in seinem Testament nicht einen Teil seines Vermögens der Kirche vermachte, wurde exkommuniziert und blieb unbeerdigt. Man nannte das »ohne Beichte« sterben, das heißt ohne Bekenntnis zur christlichen Religion. Und wenn ein Christ ohne Testament starb, konnte die Kirche dem Toten die Exkommunikation dadurch ersparen, dass sie für ihn ein Testament machte, wobei sie die milde Stiftung, die der Verstorbene hätte machen müssen, selbst festsetzte und sich auszahlen ließ.

Deshalb verfügten Papst Gregor IX. und Ludwig der Heilige nach dem Konzil von Narbonne, das im Jahre 1235 stattfand, jedes Testament, zu dem kein Priester hinzugezogen worden ist, sei null und nichtig, und der Papst befahl die Exkommunikation des Erblassers und des Notars.

Noch skandalöser war womöglich der Ablass. Dadurch wurden all die Gesetze untermauert, denen sich der Aberglaube der Völker fügte, und erst mit der Zeit erreichte die Vernunft die Abschaffung dieser schändlichen Plagen, während sie andere unangetastet ließ.

Wieweit ist es politisch zulässig, den Aberglauben auszurotten? Das ist ein sehr heikles Problem. Es erinnert an die Frage, wieweit man einen Wassersüchtigen punktieren soll, der bei der Operation sterben kann. Hier entscheidet die Umsicht des Arztes.

Gibt es ein Volk ohne abergläubische Vorurteile? – Gibt es ein Volk von Philosophen? Das wäre die gleiche Frage. Bei den chinesischen Behörden gibt es angeblich keinerlei Aberglauben. Wahrscheinlich wird die Verwaltung einiger europäischer Städte bald von jedem Aberglauben gesäubert sein.

Dann werden diese Stadtverwaltungen verhindern, dass der Aberglaube des Volkes gefährlich wird. Das Vorbild dieser Behörden wird auf den Pöbel nicht aufklärend wirken, aber die maßgeblichen Bürger werden ihn in Schranken halten. Es gab vielleicht früher keinen Aufruhr, kein religiöses Attentat, an dem die Bürger nicht beteiligt gewesen wären, weil sie ja damals zum Pöbel gehörten; aber die Vernunft und die Zeit haben sie wohl verändert. Ihre milderen Sitten mildern auch die Sitten des niedrigsten und blutdürstigsten Pöbels, dafür gibt es erstaunliche Beispiele in mehr als einem Lande. Kurz, je weniger Aberglaube, desto weniger Fanatismus, und je weniger Fanatismus, desto weniger Unheil.

## 1769

# DENIS DIDEROT

# Vom Zeugungsakt und seiner Bedeutung. Ein paar Nebenaspekte

*Die große* Encyclopédie *ist ein Kernstück der französischen Aufklärung, und unter deren Köpfen war keiner für seine Mitstreiter so wichtig und so hilfreich wie ihr Initiator und Herausgeber, der selbst in fünfundzwanzigjähriger, kaum bezahlter Arbeit rund 6000 von ihren insgesamt 72 000 Artikeln geschrieben hat. Sein eigenes Werk ist vollends unüberschaubar, und daneben war er noch als Redakteur maßgeblich an weiteren klassischen Monumentalwerken beteiligt, so etwa an Guillaume Raynals* Histoire philosophique et politique des deux Indes *(deutsch:* Geschichte beider Indien*), einer zehnbändigen Enzyklopädie der Verbrechen, welche sich die Alte Welt infolge der portugiesischen und spanischen Entdeckungen des 15. Jahrhunderts in der Neuen zuschulden kommen ließ (vgl.* Nichts als die Welt, *S. 156–158). Welch ein Geist kann das nur sein, der Arbeitsbedingungen wie den seinen standhält: im lebenslänglichen Krieg zwischen dem Hammer der obrigkeitlichen Zensur und dem Amboss eines vor Geldgier strotzenden Verlegers, von dessen himmelschreiender Achtlosigkeit für die geleistete Arbeit ganz zu schweigen. Ob verköstigt in den Gemächern von Mme Pompadour, der Maitresse von Ludwig XV., ob in der Kerkerzelle von Château Vincennes oder zu Gast in Petersburg bei Katharina II. und von dieser lächerlich gemacht: Er war ein Mann ohne Angst und nicht käuflich in einer Welt aus Käuflichkeit und tausenderlei Missachtung und Bedrohung. Denis Diderot (\*1713, †1784) bewahrte seinen schwerelosen Geist, von dem wir hier eine Kostprobe delikater Art abdrucken.*

*In Deutschland wurde er früh bewundert und geschätzt: Lessing erkannte seine Bedeutung für das Theater, Goethe übersetzte den Roman* Rameaus Neffe, *der unsterbliche* Jacques der Fatalist und sein Herr *inspirierte Hegel zu seiner Dialektik von Herr und Knecht. Die französische Regierung hat ihren Plan bekannt gegeben, zu seinem 300. Geburtstag am 5. Oktober 2013 Diderots Asche ins Pantheon zu überführen.*

Gegen zwei Uhr kam der Doktor zurück. D'Alembert war zum Essen ausgegangen und so fand sich der Doktor allein mit Mademoiselle de l'Espinasse. Es wird aufgetischt. Bis zum Nachtisch unterhalten sich die beiden über recht gleichgültige Dinge; aber als sich die Bedienten schließlich entfernt hatten, sagte Mademoiselle de l'Espinasse zum Doktor:

MADEMOISELLE DE L'ESPINASSE: Kommen Sie, Doktor, trinken Sie ein Glas Malaga und antworten Sie mir auf eine bestimmte Frage, die mir schon hundert Mal durch den Kopf gegangen ist, die ich aber noch niemanden zu fragen wagte.

DOKTOR BORDEU: Dieser Malaga ist ausgezeichnet … Und was möchten Sie mich fragen?

MADEMOISELLE DE L'ESPINASSE: Was denken Sie über die Vermischung der Arten?

DOKTOR BORDEU: Mein Gott, die Frage ist auch nicht schlecht. Ich denke, dass die Menschheit den Akt der Fortpflanzung immer sehr ernst genommen hat, und das zu Recht; allerdings bin ich mit den entsprechenden Gesetzen, bürgerlichen wie religiösen, sehr unzufrieden.

MADEMOISELLE DE L'ESPINASSE: Und was haben Sie an ihnen auszusetzen?

DOKTOR BORDEU: Dass sie ohne Billigkeit erlassen worden sind, ohne Zielvorstellung und ohne jegliche Rücksicht auf die Natur der Dinge und den Nutzen der Allgemeinheit.

MADEMOISELLE DE L'ESPINASSE: Das müssen Sie näher erklären.

DOKTOR BORDEU: Das habe ich vor … Einen Augenblick … (*Er wirft einen Blick auf seine Uhr*) Eine gute Stunde kann ich Ihnen noch widmen; ich werde mich beeilen und dann wird uns das genügen. Wir sind allein und Sie sind nicht so zimperlich, zu glauben, dass ich es Ihnen gegenüber am schuldigen Respekt mangeln lassen werde; und, was auch immer Ihr Urteil über meine Vorstellungen sein wird, so hoffe ich doch, dass Sie aus ihnen nicht Schlüsse gegen die Ehrbarkeit meiner Sitten ziehen.

MADEMOISELLE DE L'ESPINASSE: Selbstverständlich; aber Ihre Einleitung verstört mich etwas.

DOKTOR BORDEU: Wenn das so ist, können wir auch das Thema wechseln.

MADEMOISELLE DE L'ESPINASSE: Nein, nein, machen Sie nur. Einer Ihrer Freunde, der Ehemänner für mich und meine beiden Schwestern ausgesucht hat, gab der Jüngsten einen zarten Luftgeist, der Ältesten den Engel der Verkündigung und mir einen Schüler des Diogenes: er kannte uns drei recht gut. Allerdings, Doktor, verhüllen Sie, verhüllen Sie das Thema nur ein wenig.

DOKTOR BORDEU: Ganz gewiss, soweit der Gegenstand und mein Beruf es zulassen.

MADEMOISELLE DE L'ESPINASSE: Es wird Ihnen keine Schwierigkeiten bereiten … Hier ist schon Ihr Kaffee … Trinken Sie Ihren Kaffee.

Doktor Bordeu *nachdem er seinen Kaffee getrunken hat*: Ihre Frage bezieht sich auf Physiologie, Moral und Poesie.

MADEMOISELLE DE L'ESPINASSE: Poesie!

DOKTOR BORDEU: Ohne Zweifel. Die Kunst, Wesen zu erschaffen, die es noch nicht gibt, indem man das Bestehende nachahmt, das ist wahre Poesie. Erlauben Sie mir deshalb, an dieser Stelle nicht Hippokrates, sondern Horaz zu zitieren. Dieser Dichter, oder Schöpfer, sagt an einer Stelle: *Omne tulit punctum qui miscuit utile dulci*; das höchste Verdienst ist die Vereinigung des Angenehmen mit dem Nützlichen. Perfektion besteht in der Verbindung dieser beiden Punkte. Die zugleich angenehme und nützliche Handlung muss in einer ästhetischen Ordnung den ersten Platz einnehmen; der nützlichen wird man den zweiten zuweisen, der angenehmen den dritten; und auf den letzten Platz wollen wir verbannen, was weder Vergnügen noch Nutzen bringt.

MADEMOISELLE DE L'ESPINASSE: Bis hierher kann ich Ihnen gänzlich zustimmen, ohne rot zu werden. Wohin aber wird das führen?

DOKTOR BORDEU: Das werden Sie schon sehen. Mademoiselle, können Sie mir sagen, welchen Nutzen oder welches Vergnügen ein einzelner Mensch oder eine ganze Gesellschaft aus der Keuschheit und der eisernen Enthaltsamkeit ziehen können?

MADEMOISELLE DE L'ESPINASSE: Mein Gott, gar keinen.

DOKTOR BORDEU: Darum lassen Sie uns die beiden, entgegen aller glänzenden Lobreden, die der Fanatismus ihnen dargebracht hat, und entgegen der bürgerlichen Gesetze, die sie beschützen, aus dem Verzeichnis der Tugenden streichen, und vielmehr darin übereinkommen, dass es nichts so Kindisches, so Lächerliches, so Absurdes, so Schädliches, so Verächtliches, dass es, abgesehen vom schlichtweg Bösen, nichts Schlimmeres gibt als diese beiden seltenen Eigenschaften.

MADEMOISELLE DE L'ESPINASSE: Darauf können wir uns einigen.

DOKTOR BORDEU: Passen Sie auf, ich warne Sie, dass Sie nicht bald zurückrudern müssen.

MADEMOISELLE DE L'ESPINASSE: Wir werden niemals zurückrudern.

DOKTOR BORDEU: Und wie steht es mit der Selbstbefriedigung?

MADEMOISELLE DE L'ESPINASSE: Nun?

DOKTOR BORDEU: Nun, sie macht mindestens dem Einzelnen Vergnügen, und entweder ist unser Grundsatz falsch, oder …

MADEMOISELLE DE L'ESPINASSE: Was, Doktor!

DOKTOR BORDEU: Ganz recht, Mademoiselle, ganz recht, und zwar aus dem Grund, dass sie zwar gleichgültig ist, aber doch nicht ganz fruchtlos. Es ist eben ein Bedürfnis; und auch wenn man nicht von diesem Bedürfnis belästigt wird, so ist es doch immer eine süße Angelegenheit. Ich verlange, dass man anständig lebt, das will ich ganz unbedingt, Sie verstehen mich doch? Ich weise alle Übertreibung zurück, aber in einer Gesellschaft wie der unseren treibt eine Vernünftelei hundert andere hervor, ohne das Temperament in Rechnung zu stellen oder die betrüblichen Folgen abzusehen, die die eiserne Enthaltsamkeit haben kann, besonders bei jungen Menschen. Wenig Geld und die Furcht vor brennender Reue bei den Männern, Angst vor dem Verlust der Ehre bei den Frauen, das bringt die elende Kreatur, die vor Sehnsucht und Langeweile vergeht, den armen Teufel, der nicht weiß, wohin er sich wenden soll, dazu, sich selbst schnell und zynisch abzufertigen. Cato sagte zu einem jungen Mann, der gerade bei einer Prostituierten einkehren wollte: »Nur Mut, mein Sohn …« Würde er heute genauso raten? Würde er nicht vielmehr, wenn er den Jungen auf frischer Tat ertappt, noch hinzufügen: Das ist viel besser, als die Frau eines anderen zu verführen, als die eigene Ehre und Gesundheit aufs Spiel zu setzen? Doch wie! Die Umstände berauben mich des größten Glücks, das man sich vorstellen kann: meine Sinne, meinen Rausch, meine Seele, mit den Sinnen, dem Rausch, der Seele einer Gefährtin zu verschmelzen, die sich mein Herz auserwählt hat, und mich mit ihr und in ihr zu vervielfältigen. Weil ich meine Handlung nicht mit dem Siegel der Nützlichkeit adeln kann, soll ich mir diesen notwendigen und köstlichen Augenblick versagen! Man lässt sich in den Ozean hinein zur Ader; was kümmert sich die Natur schon um diesen überreichlich vorhandenen Saft, was um seine Farbe, was um die Art und Weise, mit der man ihn loswird? Sie selbst hat am einen so viel Überfluss wie am anderen; sind alle ihre Sammelbecken, die durch die ganze Maschine verteilt sind, gefüllt, ist es dann schlussendlich nicht ebenso verloren und verschüttet, wenn sie sich auf einem längeren, umständlicheren und gefährlicheren Wege entleert hat? In der Natur gibt es nichts Nutzloses; und welche Schuld kann darin bestehen, ihr zu helfen, da sie mich doch um Beistand anruft, durch Wirkungen, die den Ursachen entsprechen? Lasst sie uns nicht anstacheln, aber lasst ihr uns bei Gelegenheit willig die Hand leihen; in der Weigerung oder dem Müßiggang sehe ich hier nur Dummheit und verschenktes Vergnügen. Seien Sie sachlich und nüchtern, sagt man mir, arbeiten Sie sich auf. Das verstehe ich so: Ich soll auf ein Vergnügen verzichten und mir dazu noch Schmerzen zufügen, damit jedes andere Vergnügen auf Abstand bleibt. Wie wundervoll!

MADEMOISELLE DE L'ESPINASSE: Das nenne ich eine Lehre, die man nicht den Kindern predigen kann.

DOKTOR BORDEU: Anderen ebenso wenig. Erlauben Sie mir indessen ein Gedankenspiel? Sie haben eine vernünftige und unschuldige Tochter, zu vernünftig und zu unschuldig; sie kommt in das Alter, in dem sich die Leidenschaft entwickelt. Ihr Kopf verwirrt sich und die Natur ist dabei nicht besonders hilfreich: also rufen Sie mich. Da sehe ich auf einen Blick, dass alle die unerhörten Symptome auf den Überfluss und die Verhaltung der Samenflüssigkeit zurückzuführen sind; ich setze Sie davon in Kenntnis, dass Ihre Tochter von einem Wahnsinn bedroht ist, dem jetzt leicht vorzubeugen ist, der aber irgendwann unheilbar geworden sein wird; ich empfehle Ihnen entsprechend ein wirksames Hausmittel. Was würden Sie tun?

MADEMOISELLE DE L'ESPINASSE: Um ehrlich zu sein, glaube ich ... Aber dieser Fall wird niemals eintreten.

DOKTOR BORDEU: Wenn Sie sich da nicht täuschen. Es ist keine Seltenheit; und es wäre häufig, wenn dem nicht die Nachlässigkeit unserer Sitten vorbeugen würde ... Aber wie dem auch sei, solche Lehren öffentlich zu verbreiten hieße nicht weniger, als alle Wohlanständigkeit in den Staub zu treten, hasserfüllten Argwohn auf sich zu ziehen und einen Anschlag auf die Gesellschaft zu verüben. Sie sind in Gedanken?

MADEMOISELLE DE L'ESPINASSE: Ja, ich frage mich, ob ich Sie fragen soll, ob Sie jemals in ein so vertrauliches Verhältnis mit Müttern gekommen sind.

DOKTOR BORDEU: Sicherlich.

MADEMOISELLE DE L'ESPINASSE: Und auf welche Seite haben sich diese Mütter geschlagen?

DOKTOR BORDEU: Alle, ohne Ausnahme, auf die richtige, die gefühlte. Ich würde auf der Straße nicht den Hut vor einem Mann ziehen, der im Verdacht steht, meine Lehre zu leben; es würde mir genügen, dass man ihn einen Wüstling nennt. Aber wir unterhalten uns hier ohne Zeugen und ohne Folgen; und ich werde Ihnen über meine Philosophie das sagen, was der nackte Diogenes dem jungen, verschämten Athener sagte, gegen den er ringen wollte: »Mein Sohn, fürchte dich nicht, ich bin nicht so bösartig wie dieser dort.«

MADEMOISELLE DE L'ESPINASSE (*die sich die Augen bedeckt*): Doktor, ich sehe, worauf Sie hinauswollen, und ich wette ...

DOKTOR BORDEU: Ich wette nicht, Sie haben schon gewonnen. Ganz recht, Mademoiselle, das ist meine Ansicht.

MADEMOISELLE DE L'ESPINASSE: Was! Etwa, dass man sich an seine eigene Art hält, oder dass man sie überschreitet?

DOKTOR BORDEU: Ganz recht.

MADEMOISELLE DE L'ESPINASSE: Sie sind ungeheuerlich!

DOKTOR BORDEU: Nicht ich bin ungeheuerlich: das ist entweder die Natur oder die Gesellschaft. Hören Sie, Mademoiselle, ich lasse mich nicht von Wörtern gängeln, und ich erkläre mich umso freimütiger, als die Unbescholtenheit und Reinheit meiner Sitten bekannt und über üble Nachrede erhaben ist. Ich würde Sie deshalb gerne zu zwei Handlungen befragen, die sich nur auf die Lust beziehen; beide bereiten uns nichts als Vergnügen, wenn sie auch nutzlos sind, aber die eine vergnügt nur den Handelnden alleine, während die andere das Vergnügen mit einem Gegenüber teilt – ob männlich oder weiblich oder auf welche Weise tut hier nichts zur Sache. Für welche von beiden würde sich der Gemeinsinn aussprechen?

MADEMOISELLE DE L'ESPINASSE: Diese Fragen sind mir zu erhaben.

DOKTOR BORDEU: Ah! Da waren Sie für fünf Minuten ein Mann und schon ziehen Sie wieder das Kopftuch auf und raffen die Unterröcke zusammen und werden wieder eine Dame. Gerade rechtzeitig. Nun gut! Man muss Sie also entsprechend behandeln ... Mal sehen ... Es gab schon lange keine Neuigkeiten von Madame du Barry mehr ... Wie Sie sehen, wird sich alles fügen; man glaubte ja schon, der Hof würde in Unruhe geraten. Der Meister hat sich als verständiger Mann erwiesen; *omne tulit punctum*; er hat die Frau beschützt, die ihm Vergnügen bereitet, und den Minister behalten, der ihm nützlich ist. Aber Sie hören mir gar nicht mehr zu … Woran denken Sie?

MADEMOISELLE DE L'ESPINASSE: An die Verbindungen und Kombinationen, die mir völlig wider die Natur zu gehen scheinen.

DOKTOR BORDEU: Alles, was ist, kann weder wider die Natur, noch außer der Natur sein; und davon nehme ich nicht einmal die Keuschheit und die freiwillige Enthaltsamkeit aus, die doch als die größten Verbrechen gegen die Natur zu gelten hätten: wenn es denn möglich wäre, sich gegen die Natur zu versündigen. Jedenfalls wären es die größten Verbrechen gegen die Gesetze der Gesellschaft in einem Land, wo man die Handlungen nicht auf die Waage des Fanatismus und des Vorurteils legt.

MADEMOISELLE DE L'ESPINASSE: Um wieder auf Ihre verrufenen Syllogismen zurückzukommen, so sehe ich darin keine Mittelstellung: man muss sie ganz verwerfen oder aber ganz annehmen. Aber finden Sie nicht auch, Doktor, es wäre das ehrbarste und schnellste, einfach über den Sumpf zu hüpfen und wieder zu meiner anfänglichen Frage zurückzukehren: Was denken Sie von der Vermischung der Arten?

DOKTOR BORDEU: Dafür müssen wir nicht weit hüpfen: wir sind schon da. Geht Ihre Frage in die Physiologie oder mehr in die Moral?

MADEMOISELLE DE L'ESPINASSE: Physiologie, unbedingt in die Physiologie.

DOKTOR BORDEU: Umso besser; allerdings geht die moralische Frage dem noch voraus, und Sie entscheiden sie. Also?

MADEMOISELLE DE L'ESPINASSE: Einverstanden. Zweifellos ist das vorgängig, aber ich wünschte … dass Sie Ursache und Wirkung trennen. Lassen wir die niederträchtige Ursache beiseite.

DOKTOR BORDEU: Damit befehlen Sie mir, am Ende anzufangen; aber da Sie es so wollen, kann ich Ihnen sagen, dass es dank unserer Zaghaftigkeit, unseres Widerwillens, unserer Gesetze und unserer Vorurteile recht wenige Erfahrungen in dieser Sache gibt. Wir wissen nicht, welche Vereinigungen und Kombinationen ganz und gar unfruchtbar wären; wann sich das Nützliche mit dem Angenehmen treffen würde; welche Arten man aus vielfältigen und nachhaltigen Versuchsreihen entwickeln könnte; ob Faune Tatsache oder Erfindung sind; ob man nicht hunderterlei Variationen von Maultieren hervorbringen könnte und ob schließlich die Maultiere, die wir kennen, tatsächlich unfruchtbar sind. Aber es ist ein einzigartiger Umstand, dessen Wahrheit Ihnen unendlich viele gebildete Leute beteuern werden, obwohl er erlogen ist, dass man nämlich im Garten des Erzherzogs einen Wüstling von Kaninchen gesehen haben will, der gut zwanzig wüste Hühner als Hahn bediente; dieselben gebildeten Leute werden hinzufügen, dass man ihnen Küken gezeigt habe, die Fell statt Federn tragen und aus ebendieser Unzucht hervorgegangen seien.

MADEMOISELLE DE L'ESPINASSE: Was aber meinen Sie mit nachhaltigen Versuchsreihen?

DOKTOR BORDEU: Damit meine ich, dass die Übergänge zwischen den Wesen fließend sind, dass die Angleichung der Wesen aneinander vorbereitet sein muss, und dass man, wenn solche Experimente glücken sollen, von langer Hand her vorbereitet sein und die Tiere langsam aneinander gewöhnen muss.

MADEMOISELLE DE L'ESPINASSE: Man wird einen Menschen schwerlich dazu bringen, eine Wiese abzuweiden.

DOKTOR BORDEU: Aber man wird ihn leicht dazu bringen, Ziegenmilch zu trinken, wie man auch Ziegen leicht mit Brot füttern kann. Ich habe die Ziege als einen Gegenstand gewählt, der mich besonders interessiert.

MADEMOISELLE DE L'ESPINASSE: Was wären das für Interessen?

DOKTOR BORDEU: Sie sind ja richtig verwegen! Sie bestehen … sie bestehen darin, dass wir uns eine herzhafte, denkfähige, unermüdliche und flinke Rasse züchten, die großartige Diener abgeben wird.

MADEMOISELLE DE L'ESPINASSE: Sehr gut, Doktor. Ich sehe es schon vor mir, wie hinter den Wagen unserer Herzoginnen fünf oder sechs große bocksbeinige Burschen hergehen, und das erfreut mich sehr.

DOKTOR BORDEU: Es ginge auch darum, unsere Brüder nicht mehr unterwerfen zu müssen und sie zu Tätigkeiten zu zwingen, die ihrer und unsrer unwürdig sind.

MADEMOISELLE DE L'ESPINASSE: Umso besser.

DOKTOR BORDEU: Es ginge auch darum, dass wir in unseren Kolonien nicht mehr Menschen als Lastentiere benutzen.

MADEMOISELLE DE L'ESPINASSE: Auf, Doktor, auf, machen Sie sich ans Werk und erschaffen uns Faune!

DOKTOR BORDEU: Und Sie würden mir dazu unumwunden Erlaubnis erteilen?

MADEMOISELLE DE L'ESPINASSE: Warten Sie, ein Zweifel kommt mir; Ihre Faune wären sicherlich ausschweifend und ungezügelt.

DOKTOR BORDEU: Für ihre Moral kann ich nicht garantieren.

MADEMOISELLE DE L'ESPINASSE: Es gäbe keine Sicherheit mehr für ehrbare Frauen; sie würden sich grenzenlos fortpflanzen; auf die lange Sicht müsste man sie niedermachen oder sich ihnen unterwerfen. Jetzt möchte ich's nicht mehr, ich möchte es nicht mehr. Gehen Sie in Ruhestand.

DOKTOR BORDEU (*indem er aufbricht*): Und die Frage der Taufe?

MADEMOISELLE DE L'ESPINASSE: Das würde ein hübsches Spektakel an der Sorbonne geben.

DOKTOR BORDEU: Haben Sie im Jardin du Roi den Orang-Utan in seinem Glaskäfig gesehen, der eine Ausstrahlung hat wie Johannes der Täufer?

MADEMOISELLE DE L'ESPINASSE: Ja, den habe ich gesehen.

DOKTOR BORDEU: Der Kardinal de Polignac sagte eines Tages zu ihm: »Sprich nur ein Wort, so taufe ich dich.«

MADEMOISELLE DE L'ESPINASSE: Also dann, auf Wiedersehen, Doktor. Lassen Sie nicht wieder Jahrhunderte vergehen, bis Sie mich besuchen, und denken Sie zuweilen daran, dass ich Sie abgöttisch liebe. Wenn die Leute nur wüssten, was Sie mir für Ungeheuerlichkeiten erzählt haben!

DOKTOR BORDEU: Ich bin mir sicher, dass Sie sie für sich behalten werden.

MADEMOISELLE DE L'ESPINASSE: Glauben Sie das nicht, ich höre nur, um das Vergnügen zu haben, es weiterzuerzählen. Aber erlauben Sie mir noch eine Frage, dann will ich mein Leben lang davon schweigen.

DOKTOR BORDEU: Und die wäre?

MADEMOISELLE DE L'ESPINASSE: Woher kommen diese abgründigen Gelüste?

DOKTOR BORDEU: Hauptsächlich dadurch, dass der Körperbau unter den jungen Leuten armselig ist und die Köpfe der alten Leute verdorben sind; durch die Anziehungskraft der Schönheit in Athen, durch den Mangel an Frauen in Rom, durch die Angst vor Syphilis in Paris. Auf Wiedersehen.

# 1770

## PAUL THIRY BARON D'HOLBACH
## Zwei Seiten des aufgeklärten Fatalismus

*Gibt es eine simplere Vorstellung vom Universum als die Vorstellung eines großen mechanischen Apparates? (Zu seinen Spezialgebieten, über die er sich in der* Encyclopédie *verbreitet, zählt auch die Metallurgie.) Eines ist es, anzunehmen, dass zwischen Himmel und Erde nichts gegen die Naturgesetze verstößt, solange ein niet- und nagelfester Gegenbeweis aussteht. Etwas ganz anderes ist es, daraus den Schluss zu ziehen, dass diese deshalb jede Bewegung im Kosmos determinierten. Das »System der Natur« gemäß den Vorstellungen von Paul Henri Thiry d'Holbach (\*1723, †1789) ist nirgendwo draußen in der materiellen Welt, sondern einzig in seinem Werk mit diesem Titel und in anderen Büchern aufzuspüren. Beachtung verdient dieser Fatalismus, weil er bis heute viele, unter ihnen bedeutende Wissenschaftler und namentlich führende Hirnforscher, in einem doktrinären, öden Schematismus gefangen hält. Von ihrem Selbstverständnis her noch immer Aufklärer, deprimieren sie heute das unschuldige Publikum damit.*

*D'Holbachs Pariser Salon war allerdings ein Ort des Aufbruchs aus einer rückwärtsgewandten Welt, aus geistiger Erstarrung und einer Gesellschaft grenzenloser Hypokrisie. Dieser Kreis unbotmäßiger und teils gefährlich lebender Köpfe führte nicht nur die Pariser Creme der französischen Aufklärer zusammen, sondern hieß auch Gäste wie Adam Smith, David Hume, Laurence Sterne und Edward Gibbon, nicht zu vergessen Ferdinando Galiani willkommen, aus Deutschland vor allem Friedrich Melchior Grimm. Gegen das korrupte Personal eines Christentums, das bei schreiender sozialer Ungerechtigkeit das Leiden als unabdingbare Vorbereitung auf das ewige Leben propagiert, hielt in den desillusionierten Köpfen d'Holbachs und seiner Umgebung die Einsicht Einzug, dass ein gutes Leben für alle nur in einer humanen Gesellschaft möglich ist.*

ES IST NUTZLOS, an die Besserung der Menschen zu denken, solange man nicht die wahren Ursachen erkannt hat, die ihren Willen in Bewegung setzen, und solange man nicht an die Stelle der unwirksamen und gefährlichen Triebkräfte, die man bisher anwandte, solche setzen wird, die realer, nützlicher und sicherer sind. Diejenigen, die den Willen der Menschen beherrschen und das Schicksal der Völker in der Hand haben, müssen diese Triebkräfte mithilfe ihrer Vernunft suchen. Ein gutes Buch, das das Herz eines mächtigen Fürsten rührt, kann eine wirkungsvolle Ursache werden, die notwendig auf das Verhalten eines ganzen Volkes und auf die Glückseligkeit eines Teils der Menschheit Einfluss gewinnt.

Aus allem, was bisher in diesem Kapitel gesagt wurde, geht hervor, dass der Mensch keinen Augenblick seines Lebens frei ist. Er ist nicht Herr über seine natürliche Körperbildung; er ist nicht Herr über seine Ideen oder über diejenigen Modifikationen seines Gehirns, die durch Ursachen bedingt sind, die unabhängig von ihm und ohne sein Wissen fortwährend auf ihn wirken; es ist keine Frage seiner Gewalt, ob er dasjenige liebt und begehrt, was er liebens- und begehrenswert hält; es ist ihm nicht möglich, keine Überlegungen anzustellen, wenn er sich nicht über die Wirkungen im Klaren ist, die die Gegenstände auf ihn ausüben werden; er ist nicht Herr darüber, dasjenige nicht zu wählen, was er als sehr vorteilhaft betrachtet; es steht nicht bei ihm, anders zu handeln, als er es in dem Augenblick tut, in dem sein Wille durch seine Wahl bestimmt ist. In welchem Augenblick ist also der Mensch Herr seiner Handlungen – oder frei?

Das, was der Mensch tun wird, ist immer eine Folge dessen, was er gewesen ist, was er ist und was er bis zu dem Augenblick der Handlung getan hat. Unser gegenwärtiges und gesamtes Dasein, im Hinblick auf seine möglichen Umstände betrachtet, umfasst die Summe aller Beweggründe für die Handlung, die wir ausführen werden –, ein Grundsatz, dessen Wahrheit sich kein denkendes Wesen verschließen kann. Unser Leben ist eine Reihe notwendiger Augenblicke, und unser gutes oder schlechtes, tugendhaftes oder lasterhaftes, uns selbst oder anderen nützliches oder schädliches Verhalten ist eine Verkettung von Handlungen, die ebenso notwendig sind wie alle Augenblicke unseres Lebens.

*Leben* heißt: während der Momente der Lebensdauer, die notwendig aufeinander folgen, auf eine notwendige Art und Weise existieren; *wollen* heißt: in den Zustand, in dem wir uns befinden, einwilligen oder nicht einwilligen; *frei* sein heißt: notwendigen Beweggründen folgen, die wir uns selbst tragen.

Wenn wir das Spiel unserer Organe durchschauten; wenn wir uns alle die empfangenen Eindrücke oder Modifikationen und die Wirkungen, die sie hervorgebracht haben, zurückrufen könnten, so würden wir sehen, dass alle unsere Handlungen der Fatalität unterworfen sind, die unser besonderes System ebenso beherrscht wie das gesamte System des Universums. Keine Wirkung entsteht in uns selbst oder in der Natur durch *Zufall*, ein Wort, das, wie schon bewiesen, gar keinen Sinn hat. Alles, was in uns vorgeht, und alles, was durch uns geschieht, ist, ebenso wie alles, was sich in der Natur ereignet oder was wir ihr zuschreiben, durch notwendige Ursachen bedingt, die aufgrund notwendiger Gesetze wirken und die notwendige Wirkungen hervorrufen, aus denen wiederum andere hervorgehen.

Die *Fatalität* ist die in der Natur festgesetzte ewige, unwandelbare, notwendige Ordnung oder die unvermeidliche Verbindung der Ursachen mit den von ihnen hervorgerufenen Wirkungen. Dieser Ordnung zufolge fallen die schweren Körper und streben die leichten Körper nach oben, ziehen sich verwandte Stoffe an und stoßen sich Gegensätze ab; gehen die Menschen gesellschaftliche Verbindungen ein, verändern sie sich gegenseitig, werden sie gut oder böse, machen sie einander glücklich oder unglücklich, lieben oder hassen sie sich notwendig aufgrund der Art, wie sie aufeinander wirken. Hieraus ist ersichtlich, dass die Notwendigkeit, die die Bewegungen der physischen Welt bestimmt, auch alle Bewegungen der moralischen Welt regelt, in der folglich alles der Fatalität unterworfen ist. Indem wir ohne unser Wissen und oft ohne unsern Willen die Bahn durchlaufen, die die Natur uns vorgeschrieben hat, gleichen wir Schwimmern, die der Strömung folgen müssen, die sie mit sich fortreißt; wir glauben frei zu sein, weil wir bisweilen willig, bisweilen unwillig dem Laufe des Wassers folgen, mit dem wir treiben; wir glauben unser Schicksal in der Hand zu haben, weil uns die Angst, unterzugehen, zwingt, die Arme zu bewegen. *Volentem ducunt fata, nolentem trahunt.* »Den, der will, leiten die Geschicke, den, der nicht will, reißen sie mit sich fort.«

Die falschen Ideen, die man sich von der Freiheit gemacht hat, gründen sich im Allgemeinen darauf, dass es Ereignisse gibt, die wir als notwendig betrachten. Denn wir sehen, dass es Wirkungen sind, die beständig und unveränderlich an bestimmte Ursachen gebunden sind, ohne dass irgendetwas sie aufzuhalten vermag, oder wir glauben die Kette der Ursachen und der Wirkungen zu sehen, durch die diese Ereignisse herbeigeführt werden. Dagegen betrachten wir die Ereignisse als *zufällig*, deren Ursachen, deren Verkettung und deren Wirkungsweise wir nicht kennen: aber in einer Natur, in der alles miteinander verbunden ist, gibt es keine Wirkung ohne Ursache; und in der physischen wie in der moralischen Welt ist alles, was geschieht, eine notwendige Folge sichtbarer oder verborgener Ursachen, die gezwungen sind, ihrem eigentümlichen Wesen gemäß zu wirken. Die Freiheit des Menschen ist nur die in ihm selbst enthaltene Notwendigkeit.

*1770–1800*

# RESTIF DE LA BRETONNE
## Von Schuhen und Frauen

*Hohe Absätze sollen ursprünglich aus Persien kommen, so lautet zumindest eine Theorie, wo man zuerst auf die Idee gekommen sei, damit den Halt in den Steigbügeln zu verbessern. Bestimmt waren sie nicht erfunden worden, um den weiblichen Reizen nachzuhelfen. In dieser Funktion aber sind sie ein Leibthema dieses ebenso unentbehrlichen wie umstrittenen Autors, nach dem die frühe Sexualforschung für den Schuhfetischismus den außer Gebrauch geratenen Begriff Retifismus geprägt hat.*

*Nicolas Edme Restif (auch Rétif), genannt Restif de La Bretonne (\* 1734, † 1806), das achte von vierzehn Kindern eines wohlhabenden Bauern, seit dem fünfzehnten Lebensjahr Drucker in Dijon, ließ sich 1761 in Paris nieder und begann zu schreiben: mehr als 200 Bücher, in späteren Jahren zur Zeitersparnis direkt in den Setzkasten. Dieser breite Strom trat über die Grenzen des Landes, und Restif konnte sich rühmen, jenseits des Rheins der meistgelesene französische Autor zu sein. Von den einen wegen seiner enormen Produktion an erotischer Literatur als Pornograph abgetan, wird er von anderen als maßgeblicher Chronist der Revolution wie bereits der französischen Gesellschaft des Ancien Régime hochgehalten, und zwar der kleinen Leute ebenso wie des Palais-Royal. Restif war ein Republikaner, sein vorherrschender Tenor einer der allseitigen Gleichberechtigung. Goethe, Schiller und andere Größen des deutschen Geistes nahmen ihn mit Wohlwollen zur Kenntnis.*

TRÖSTET EUCH, IHR FRAUEN, die ihr von Hässlichkeit bedrückt seid! Schon lange wollt' ich's euch zurufen, aber ich wagt' es nicht. Der gallenbittre Blick des gestrengen Zensors hielt mich in Schranken. Doch nun wag' ich's!

So seid denn getrost. Es gibt ein Mittel zu gefallen, ein untrüglich sicheres, das nie sein Ziel verfehlt, die Sehnsucht des Gatten wiederzubeleben, das Herz des Geliebten neu zu durchglühen. Das ist: die Eleganz, die blitzende Sauberkeit des Schuhs. Wer nicht aus dürrem Holz geschnitzt ist, muss mich verstehen. Und so leicht werdet ihr keinen finden, der gegen die Verführung dieses Reizes ganz unempfänglich ist. Freilich wirkt er auf die Männer bald mehr, bald weniger lebhaft, aber wirken tut er immer. Kann etwas abscheulicher sein als sein Gegenteil? Vernachlässigt sich ein hübsches Weib hierin, so ist schon der Wert ihrer Schönheit gesunken. Sie kann zum Abschreckungsmittel in der Liebe werden.

»Sie schwärmen für kleine Füße!«, sagte mir öfter eine liebenswürdige Frau. Mag sein! Aber unrecht und egoistisch wär's meinerseits, wollt' ich die Phantasie meiner Leser unaufhörlich auf diesen einen Punkt lenken, ohne ein moralisch nützliches Motiv. Ich will es also darlegen, und mich gleichzeitig damit rechtfertigen.

Ich bin der geborne Beobachter. Ich war's noch eh' ich schreiben konnte. Ich war's mechanisch, eh' ich denken lernte, ich war's mit zehn Jahren. Damals schon machte ich die Bemerkung, dass die Mädchen aus unserm Dorf, die ihre Schuhe am saubersten hielten, mir besonders gefielen. Ich weiß seitdem, dass dies Gefühl bei mir aus einer förmlichen Leidenschaft für Sauberkeit entsprang. Der Fuß ist eigentlich der unsauberste Körperteil, mag man in Stiefeln oder barfuß gehen. Ein zarter, gutgebauter Fuß gibt seinem Besitzer ohne Weiteres einen Vorzug vor andern, die nicht über dieselbe gefällige Grazie verfügen. Ähnlich ist es bei unsern Tieren, z. B. beim Pferd. Bei uns Männern gibt besonders dieser Teil, wenn er leicht und angenehm gebaut ist, der ganzen Erscheinung eine gewisse gewinnende Eleganz. Bei Frauen nun kann man mit Sicherheit von einem sorgfältigen, geschmackvollen Schuhwerk einen Schluss machen auf ihre körperliche Sorgfalt überhaupt, also eine Eigenschaft, die jedenfalls das Nützliche mit dem Angenehmen in höchster Vollendung verbindet.

Als ich durch meinen Aufenthalt in der Hauptstadt zum Pariser wurde, hatte ich mehr Gelegenheit zu Beobachtungen, in Gesellschaft einiger lieber Freunde, die mir leider zu früh abhandenkamen. Wir übten uns förmlich darin, aus dem eleganten Stiefel einer vor uns gehenden Dame ihre Gesichtszüge und selbst ihren Charakter zu erraten. Regnault, der Wollüstigste von uns allen, irrte sich hierin selten. Eine Frau mit geschmackvollem Schuh war immer eigen, manchmal kokett, etwas stolz oder hochmütig, aber doch für Männer wie geschaffen, mit Feuer oder mit zärtlicher Glut. Frauen mit unfeinem Schuhwerk hatten selten gute Eigenschaften. Sie waren hässlich, mürrisch, boshaft, schmutzig, ungepflegt usw. usw.

Wir machten auch andere Beobachtungen. Zum Beispiel: Hatten wir eine hübsche Frau entdeckt (für uns ein Meisterwerk der Natur, ein wahres Wunder dieser Welt), so achteten wir darauf, was die Männer taten, die ihr begegneten. Dann geschah meist Folgendes: Der Mann sah zuerst ihr Gesicht; war er vorüber, so drehte er sich um, und sein erster Blick galt Stiefel und Fuß, dann wanderten seine Augen hinauf bis zum Haarknoten. Manchmal ging es auch in umgekehrte Reihenfolge.

Wir diskutierten darüber, und Loiseau, der philosophisch veranlagt war, setzte uns dann genau die Ideen auseinander, die ich hier zum Beginn vorbrachte. Regnault und Lemoine erzählten einzelne Züge, die ihnen persönlich begegnet waren, oder von denen sie doch sichere Kunde hatten. So besaß die zarte Mme W., Regnaults Geliebte, ein niedliches Füßchen und Schuhzeug von ganz erlesenem Geschmack. Sie konnte als Beweis für Loiseaus Behauptung dienen; denn sie war die Eigenheit selber. Bei Julie lag der Fall ebenso, und Lemoine gestand uns, dass dies eine genügte, um ihm Herz und Sinne aus dem Schlummer zu reißen. Er erzählte uns eine Geschichte von einem Ehemann, der seine Frau nur der Füße wegen liebte, und berichtete uns Züge von so erstaunlicher Leidenschaft, dass ich Abstand nehme, sie hier wiederzugeben.

Ich beichtete ihnen meinerseits, unter innerer Erregung, einen wie ungeheuren Eindruck die liebliche Jeanette Rousseau, die Heldin meiner Jugendliebe, durch ihren zierlichen Schuh auf mich gemacht hatte. So wie sie war keine im Dorf. Aber auch keine verstand es, so zärtlich, so hingebend, so eigenartig zu lieben wie sie. Mme Berryat, die Frau unseres Doktors, die die Sauberkeit förmlich übertrieb und selbst das Kleingeld abwaschen ließ, trug gleichfalls nur Schuhe von erlesenem Geschmack, meistens schneeweiße, mit schmalen, hohen Absätzen, was ihrem Gelenk eine Feinheit und ihrem Gang etwas unvergleichlich Wollüstiges gab.

Das ist die rechte Art, wie Frauen ihre Ehemänner fesseln! Es kann gar nicht genug betont werden, ein wie wichtiger Bestandteil der ganzen Kleidung der Frauenschuh ist, und wie eindrucksvoll er auf manche Männer wirkt.

Eine junge Dame aus der Rue St. Severin sah täglich auf dem Gang zur Elf-Uhr-Messe einen Mann in den Vierzigern, der sie genau beobachtete und ihr auch auf dem Heimweg pünktlich wie ein Schatten folgte. Er war nicht sonderlich gut gekleidet, und sie gab anfangs wenig auf ihn acht. Später wurde sie etwas unruhig, besonders eines Sonntags, Ende Dezember 1781, als sie aus der Vesper kam. Sie bemerkte ihn auf der anderen Straßenseite unter einem Torweg. Sobald sie vorüberging, sah sie ihn näher kommen, und es schien, als wollte er sie mit den Augen verschlingen. Doch war ihr, als wenn er den Kopf gebeugt hielt. Sie hatte einen Lakaien hinter sich, und ein Dienstmädchen erwartete sie an der Haustür. Diesen beiden trug sie auf, zu beobachten, was mit dem Mann werden würde. Der aber entfernte sich, sobald der Gegenstand seiner Bewunderung ihm aus den Augen verschwand. Die Dame entsann sich, dass ihr derselbe Mann vor einem halben Jahre nachgegangen war, als sie in Begleitung ihrer Mutter und Schwester nach Ste. Geneviève ging. Endlich am Tage des Einzugs der Königin bemerkte sie ihn wieder, angetan mit dem unvermeidlichen blauen Rock, wie er vorbeiging und einen flüchtigen Blick auf sie warf. Er verschwand sogleich; aber am selben Tage erhielt sie folgenden Brief:

»Gnädige Frau!
Ich habe bemerkt, dass meine zudringliche Bewunderung Sie stört. Ich bitte Sie, mir das nicht übel auszulegen. Ich finde Sie hinreißend; aber nicht Liebe veranlasst mich, hinter Ihnen herzulaufen, wenn ich weiß, dass Sie ausgehen. Ich habe eine Leidenschaft für hohe Absätze, und seit die neue Mode aufgekommen ist, sind Sie die einzige Dame, die sie nach meinem Geschmack trägt. Es ist mir ein unnennbarer Genuss, zu sehen, wie leicht und vornehm Sie darauf hinschreiten. Entschuldigen Sie, dass ich mich erkühne, Ihnen zu schreiben. Mir war, als seien Sie ängstlich, und ich fühle mich gedrungen, Sie zu beruhigen. Ich bin in aller Ehrfurcht …«

Die junge Dame trägt in der Tat erstaunlich hohe Absätze, was ihr ganz vorzüglich steht.

Sollte es wirklich jemand für lächerlich und affektiert halten, wenn ich auf einen Umstand hinweise, der zur Erhaltung der zarten Liebesbande zweier Gatten unumgänglich notwendig ist?

Werden aus Hymens Rosenketten nicht manchmal lastende Fesseln? Die lasst uns sprengen! Zeigen wir den Frauen ein Mittel, das sie unwiderstehlich machen kann. Mag ein kokettes Weib damit Missbrauch treiben, wenn nur die ehrbare Gattin sich desselben bedient! Sollte ich wirklich hier stille schweigen, wenn ich sehe, wie verblendet jetzt die Frauen, ihrem eigensten Interesse zuwider, Kleider nach männlichem Zuschnitt tragen, wie sie auf niedrigen Hacken einherstampfen, während die Modeherrchen auf hohen stelzen, wie sie ihre Haare verschneiden, wie sie auf die geschnürte Taille verzichten? Wenn ich sehe, wie man in den Zeitungen diesem ausgetifteltem Unsinn zujauchzt, der unsere Sitten zu verderben droht? Nein! Nein! Ich sage den Frauen: Den Männern zu gleichen, in Schuhwerk, in Kleidung, in Nachlässigkeit, das heißt euren Schmuck herabwürdigen, das heißt ihm seinen Geschlechtscharakter nehmen, die natürliche Neigung unterdrücken, und die Wege bahnen zu jenem abscheulichen Laster der alten Griechen und Römer, das ich nicht zu nennen wage.

Damals war die Ähnlichkeit der Kleidung seine Hauptursache. Das hab' ich nicht irgendwo gelesen, das hab' ich gefühlt, als ich einst an einem Karnevalstage auf einen kleinen, fünfzehnjährigen Burschen stieß, der so reizend aussah wie nur je ein Mädchen, und der auch Mädchenkleider anhatte. Er flößte mir ein so lebhaftes Gefühl ein, dass ich ganz bestürzt darüber war. Aber der kleine Schalk bemerkte es nicht so bald, als er sich mir entdeckte. Das brachte mich sofort wieder zur Vernunft. Aber bei dieser Gelegenheit kamen mir Gedanken, die nicht vergebens waren, und die sich noch verstärkten, als ich einmal an einem Fenster zwei junge Leute erblickte, Mann und Frau, die genau die gleiche Haarfrisur hatten: Zwei Minuten lang schwankte ich, wen ich da eher lieben sollte!

Ich wiederhole es also: Es ist Gefahr im Verzuge für die allgemeine Sittlichkeit, wenn man es duldet, dass die Kleidung beider Geschlechter sich ähnlich wird. Hier ist der schärfste Unterschied nötig; nichts, womöglich gar nichts soll sich ähnlich sehen. Der tatkräftige Mann mag bequeme, flinke Kleidung haben. Das Weib im Gegenteil (wie es ja auch bisher so war) soll tragen, was gefällt, was entzückt, mag's auch etwas unbequem sein. Denn gegen die unermesslichen Vorteile solcher Mode kommt so ein winziger Nachteil gar nicht in Betracht. Hohe Absätze und hohe Frisur, das ist der wahre Reiz an Frauen! Mögen sie meinetwegen Krinolinen tragen, wenn sie sich nur Moden aussuchen, die ihren Wuchs mit Grazie schmücken. Alles dies, selbst Prächtigkeit, ist erlaubt, ja lobenswert. Was für ein Grund könnte denn das Weib hindern, sich zu schmücken, die Natur zu verschönern, deren Königin sie ist, Rücksichten des Geldbeutels, hör' ich sagen. Nun, gewiss soll eine Frau nicht über die Mittel ihres Mannes hinauswollen, aber die Kleidung ist doch ein Teil der notwendigen Ausgaben. Und der Unterschied zwischen geschmackvoller und nachlässiger Kleidung beträgt wirklich nur drei Francs auf hundert.

Lassen wir die Mucker ruhig zetern, die vor Alter kindischen Hohlköpfe faseln; und sprechen wir so zum Weibe: Königin des Weltalls! Nimm alles, was es an Schönem hervorbringt; für dich ist es geschaffen; für dich schält sich der Diamant aus der rauen Hülle, für dich errötet der Rubin, grünt der Smaragd, blaut der Saphir; für dich entfalten die Blumen ihre Pracht. Willst du zaudern, dir Natur und Kunst dienstbar zu machen?

## 1776

# Marquis de Mirabeau
## Über den Despotismus

*Das 18. Jahrhundert steuert der Französischen Revolution entgegen und mit ihm sind wir fast schon bei ihr angelangt. »Im Widerstand gegen den Despotismus allein liegt alle Gerechtigkeit«, lesen wir in seinem Essai sur le despotisme. Angekündigt finden wir diesen Widerstand bei ihm allerdings noch nicht, im Gegenteil: »Es ist das Schicksal des Menschen, mehr und mehr despotisch und sklavisch zu werden«, und diese Tendenz ist nicht zu überschätzen: »Wahrhaftig, um der Tyrannei zu entgehen, müsste der Mensch zum Einsiedler werden!«*

*Falls die Revolution das ändern wird, dann jedenfalls nicht so bald, wie er am eigenen Leib erfahren muss. Honoré Gabriel Victor Riqueti, Comte de Mirabeau (\* 1749, † 1791) ist von jungen Jahren an mit dem absolutistischen Regime in Gestalt seines Vaters entzweit. Wegen Ehebruchs zum Tode verurteilt und von 1777–1780 im Château de Vincennes inhaftiert, lebt er anschließend im Exil in der Schweiz, in Preußen, Holland und in London. In der Frühphase der Revolution wird er Wortführer des Dritten Standes in den Generalständen, 1790 Präsident des Jakobinerclubs, 1791 Vorsitzender der Nationalversammlung. Er war eine der geschliffensten Federn der Revolution; im April 1791 kam er, wie man annimmt, durch einen Giftmord um.*

Ich sprach von den in einer Gesellschaft vereinigten Menschen. Denn der Wilde will weder befehlen noch gehorchen, für ihn zählt allein die Befriedigung seiner physischen Bedürfnisse. Aber sobald es zu einer Vergesellschaftung des Menschen kommt, breiten sich die Ideen aus, die Begierden werden heftiger, die Leidenschaften entwickeln sich. Unter diesen ist keine so ausgeprägt wie die, andere zu beherrschen, denn dies schmeichelt dem Selbstbehauptungstrieb am meisten. Seht die Schulkinder, ja, selbst das Wickelkind in der Wiege, das keinesfalls so stumpf dahinlebt, wie man dies vielfach annimmt. Seine Windeln behindern seine Freiheit. Es fängt zu schreien an, um seine Wünsche durchzusetzen. Schon haben wir einen ersten Auftakt des Despotismus.

Von Anfang an ist die Erziehung des Menschen darauf ausgerichtet, ihn zu einem Sklaven- oder Tyrannendasein zu bestimmen. Beobachten wir den Bürger in seiner Häuslichkeit, den Kolonisten der Neuen Welt in seiner Behausung, den Krieger im Feldlager, den Schriftsteller in der Stille seines Arbeitszimmers, den Diener Gottes vor dem Altar: Jeder von ihnen ist bemüht, ein gewisses Maß von Tyrannei gegenüber seiner Umwelt aufzurichten, durch das sein Selbstbehauptungstrieb befriedigt wird. Betrachten wir nun die Völker und die Geschichte. Nichts kommt darin so zahlreich vor wie die Namen von Eroberern und Tyrannen.

Ja selbst die Republikaner, die sich so viel auf ihre Freiheit zugutetun, sind in Wirklichkeit noch tyrannisch und versuchen unablässig durch neue Eroberungen ihre Macht und ihren Reichtum zu vergrößern. Das beste Beispiel dafür sind die Römer, deren patriotischer Geist sie dazu antrieb, alle drei damals bekannten Erdteile für sich zu erobern. Die »ehrenvolle« Eroberung und Unterwerfung fremder Länder war der wesentliche Gegenstand ihrer Politik. Wahrhaftig, diese berühmtesten unter allen Republikanern, die alles im Namen der Freiheit taten, haben sich mit Recht den Titel »Unterdrücker des Universums«, »Räuber aller Erdstriche« und »Piraten aller Meere« erworben! Die Engländer, welche sich auf ihre Freiheit nicht genug zugutetun können und sie selbst mit den Waffen des Fanatismus verteidigt haben, schwingen in Asien und Amerika ein eisernes Zepter und tyrannisieren jene, die das Unglück hatten, von ihnen unterworfen zu sein. Wahrhaftig, um der Tyrannei zu entgehen, müsste der Mensch zum Einsiedler werden! Die Holländer schließlich, die ihre Unabhängigkeit mit so viel Fleiß, Wissen und Geduld erkauft haben, unterdrücken ihrerseits die Völker der überseeischen Besitzungen, die sie mit dem Schwert erobert haben. Wer kennt nicht die Habgier, die Grausamkeit und die Verbrechen der kleinen italienischen Republiken, deren Politik ein wahres Meisterwerk der Tyrannei ist?

Nur ein einziges Land zeigt Europa das erhebende Beispiel einer Regierung, die sich ausschließlich auf Gerechtigkeit und Wohlstand stützt. Die Schweizer haben ihre Kräfte nie auf etwas anderes verwendet als darauf, ihre natürlichen Rechte zu beschützen. Diese ehrenhaften Leute, die stark genug sind, ihre Freiheit zu bewahren, haben in einem Zeitalter allgemeiner Ungerechtigkeit die Kunst einer wahrhaft vernünftigen Staatsführung bewiesen. Dieses Volk hat zwei Jahrtausende lang mit Geduld und Ausdauer gearbeitet, um seinen Wohlstand zu erwerben. Nicht weniger Klugheit hat es bei der Befestigung seines Staatswesens bewiesen. Es ist wirklich frei, denn es wollte niemals mehr als diese Freiheit. Seine Gesetze sind weise, gerecht und gemäßigt, denn sie dienen nur den Interessen der Unabhängigkeit. Niemals hat dieses Volk mit Eroberungsgelüsten auf seine Nachbarn geblickt. Niemals hat es jene zu versklaven versucht, die den Despotismus hassen. So ist die Schweiz in Wahrheit ein Vaterland, das seinen Bürgern Schutz, Frieden und Freiheit verleiht. Auf sie könnte man mit Recht das Wort eines großen Historikers, des Tacitus, anwenden: »Niemals gab es eine Republik, die so reich an guten Vorbildern gewesen wäre, die ihre Unschuld so lange bewahrt hätte; wo die Tugenden der Bescheidenheit und des einfachen Lebens so lange hochgehalten und die Versuchungen des Luxus und der Besitzgier, welche den Reichtum begleiten, so dauerhaft unterdrückt worden wären.«

Wie glücklich, ja hundertfach glücklich ist dieses ehrenwerte Volk, das nichts weiter verlangt, als diesen gesunden Wohlstand, diese unschätzbare Mäßigung gegenüber einem tyrannischen, maßlosen und letztlich destruktiven Wohlstand. Wie glücklich diejenigen, deren Grundsätze und Sitten nicht durch den Luxus zerstört wurden, deren Entwicklung nicht durch die Eifersucht gehemmt wurde. Wie glücklich, dass der Widerspruch der Kräfte und die Rivalität der einzelnen Mitglieder dieser schönen Gemeinschaft nicht imstande waren, das Gebäude ihrer Freiheit zu zerstören, das auf einer weisen und friedlichen Konstitution beruht.

Es war das Beispiel der blühenden griechischen Republiken, das die Schweiz so heilsam inspiriert hat. Und doch hat der Hochmut der Athener und die Eifersucht der griechischen Stadtstaaten einst die Freiheit dieser glücklichen Gemeinwesen zerstört. Ja, es scheint, dass es das Schicksal der Welt ist, mehr und mehr erobert und versklavt zu werden, denn indem die Europäer die Welt mit Ketten beladen, fördern sie den Eifer derjenigen, die ihnen das alles eines Tages vergelten werden.

Es ist das Schicksal des Menschen, mehr und mehr despotisch oder sklavisch zu werden. Denn der durch seine Knechtschaft entartete und verdorbene Mensch wird zur wilden Bestie, wenn er seinen Ketten erst einmal entronnen ist. Es ist oft nur ein Schritt vom Despotismus zur Sklaverei oder von der Sklaverei zum Despotismus, und die Waffe erzwingt diesen Weg nur zu leicht.

Der Mensch liebt es zu herrschen, und deshalb sollen jene, denen die Gesellschaft den ersten Rang zuerkannt hat, das Glück der Autorität hochschätzen, indem sie ihre Macht mit Gerechtigkeit und Weisheit paaren. Nicht die Macht, sondern vielmehr der Missbrauch der Macht erscheint mir unbegreiflich. Aber offenbar neigt der Mensch wie bei seinen anderen Leidenschaften auch hier zu Exzessen und lässt sich nur zu leicht verführen. Nur zum Schein ist es ein Widerspruch in sich selbst, anzunehmen, dass der Mensch zwar von Natur aus gut sei, aber trotzdem zum Despotismus neige. Denn die Gerechtigkeit und die Güte – diese beiden Tugenden sind identisch oder doch untrennbar miteinander verbunden – legen den menschlichen Neigungen einen Zaum an und vermögen es, sie dem allgemeinen Wohl unterzuordnen, aus dem allein die wahre Wohlfahrt der Individuen entspringt. …

Es gibt indessen keine Leidenschaft, von der man mit so viel Recht sagen könnte, dass sie dem Menschen zum Verderben gereiche, wie gerade seine Neigung zum Despotismus. Haben wir dies einmal erkannt, werden wir auch erkennen, wie notwendig es ist, sich der Tyrannei beständig zu widersetzen. Denn diese bedeutet für den Menschen eine fortgesetzte Versuchung, weil jeder von uns den Keim dazu in sich trägt.

Im Widerstand gegen den Despotismus allein liegt alle Gerechtigkeit. Denn welches Recht hätte ich, mich einer Bedrängnis zu widersetzen, wenn ich selbst zu den Bedrängern gehöre? Welche Hoffnung könnte ich auf meinen Frieden setzen, wenn ich selbst zu den Unruhestiftern gehöre? Indes, es gibt doch gewisse Leute, welche dem Despotismus das Wort reden. Man kann es sich kaum vorstellen, dass die Oberhäupter der Gesellschaft, die allein man sich als die natürliche, legitime und respektable Autorität denken kann, sich allein durch die simple Ausübung ihrer Macht korrumpieren und das Vertrauen, das die Bevölkerung in sie gesetzt hat, so schmählich täuschen. Aber so ist der Mensch. Er überschreitet die ihm gesetzten Grenzen immer wieder. Zwar haben die Moralisten unablässig wiederholt, dass jeder Mensch die Gerechtigkeit auf dem Grund seines Herzens fände. Ich wollte, ich könnte es glauben! Aber in den meisten Menschen habe ich einen sehr ungleichen Kampf zwischen ihren Interessen und ihren Pflichten gefunden. Ja, das Gewissen selbst ist oft nichts weiter als eine willige Kurtisane der menschlichen Leidenschaften, die sich nur zu leicht schlafend stellt, wenn es gilt, diese zu befriedigen. …

Halten wir fest, dass der Selbstbehauptungstrieb die erste und wichtigste Triebkraft des Menschen ist. Doch der Drang, sich über andere zu erheben, ist untrennbar mit dem verbunden, jene anderen zu erniedrigen. Diese beiden Leidenschaften erzeugen die Tyrannis und die Sklaverei.

## 1776

### THOMAS JEFFERSON

# Unabhängigkeitserklärung der Vereinigten Staaten

*Im Alter von dreiunddreißig Jahren verfasst er die Erklärung, die Amerikas Unabhängigkeit besiegeln soll. Fünfundzwanzig Jahre später wird er zum dritten Präsidenten der USA (von 1801–1809) gewählt. Dazwischen ist er unter anderem Botschafter im vorrevolutionären Paris und im Anschluss daran Außenminister. Wenn Thomas Jefferson (\* 1743, † 1826) nicht gerade Politik betreibt, widmet er sich der Architektur. Seine private Residenz Monticello und das Universitätsgebäude der von ihm gegründeten Universitiy of Virginia sind seit 1987 ins UNESCO-Welterbe aufgenommen worden, er selbst wird auch als Vater der amerikanischen Architektur geehrt.*

*Die nachfolgende Unabhängigkeitserklärung (deren Übersetzung aus dem Jahre 1849 stammt) schuf dreizehn neue Völkerrechtssubjekte, die vorher Kolonien (unterschiedlichen Status) des Vereinigten Königreichs von Großbritannien waren; sie wurde vom Dritten Kontinentalkongress verabschiedet. Nur der Schutz der Unabhängigkeit wurde als gemeinsames Interesse bestimmt. Die Unabhängigkeitserklärung war der Schlusspunkt der Streitigkeiten zwischen den gesetzgebenden Versammlungen der dreizehn Kolonien und Krone und Parlament von Großbritannien, die 1764 begonnen hatten.*

*Die Unabhängigkeit der Vereinigten Staaten von Amerika, seit dem Bundesvertrag vom 1. März 1781 völkerrechtlich ein Staatenbund, wurde von Großbritannien durch die Präliminar-Artikel vom 30. November 1782 und endgültig durch den Vertrag von Paris anerkannt, der am 3. September 1783 ratifiziert wurde und in Kraft trat.*

EINSTIMMIGE ERKLÄRUNG DER DREIZEHN VEREINIGTEN STAATEN VON NORD-AMERIKA, GEGEBEN IM KONGRESS AM 4. JULI 1776

Wenn im Laufe menschlicher Begebenheiten ein Volk genötigt wird, die politischen Bande aufzulösen, die es bisher mit einem anderen vereinten, und unter den Mächten der Erde die gesonderte und gleiche Stellung einzunehmen, zu welcher es durch die Gesetze der Natur und des Schöpfers derselben berechtigt ist, so erheischt die geziemende Achtung vor den Meinungen des Menschengeschlechts, dass es die Ursachen öffentlich verkünde, welche jene Trennung veranlassen.

Wir halten die nachfolgenden Wahrheiten für klar an sich und keines Beweises bedürfend, nämlich: dass alle Menschen gleich geboren; dass sie von ihrem Schöpfer mit gewissen unveräußerlichen Rechten begabt sind; dass zu diesem Leben Freiheit und das Streben nach Glückseligkeit gehöre; dass, um diese Rechte zu sichern, Regierungen eingesetzt sein müssen, deren volle Gewalten von der Zustimmung der Regierten herkommen; dass zu jeder Zeit, wenn irgendeine Regierungsform zerstörend auf diese Endzwecke einwirkt, das Volk das Recht hat, jene zu ändern oder abzuschaffen, eine neue Regierung einzusetzen und diese auf solche Grundsätze zu gründen, und deren Gewalten in solcher Form zu ordnen, wie es ihm zu seiner Sicherheit und seinem Glück am zweckmäßigsten erscheint. – Klugheit zwar gebietet, schon lange bestehende Regierungen nicht um leichter und vorübergehender Ursachen willen zu ändern, und dieser gemäß hat alle Erfahrung gezeigt, dass die Menschheit geneigter ist, zu leiden, so lange Leiden zu ertragen sind, als sich selbst Rechte zu verschaffen, durch Vernichtung der Formen, an welche sie sich einmal gewöhnt. Wenn aber eine lange Reihe von Missbräuchen und rechtswidrigen Ereignissen, welche unabänderlich den nämlichen Gegenstand verfolgen, die Absicht beweist, ein Volk dem absoluten Despotismus zu unterwerfen, so hat dieses das Recht, so ist es dessen Pflicht, eine solche Regierung umzustürzen und neue Schutzwehren für seine künftige Sicherheit anzuordnen. Dieser Art war das nachsichtige Dulden dieser Kolonien, und dieser Art ist nun auch die Notwendigkeit, durch welche sie gezwungen werden, das frühere System der Regierung zu ändern. Die Geschichte des gegenwärtigen Königs von Großbritannien ist eine Geschichte von wiederholten Ungerechtigkeiten und eigenmächtigen Anmaßungen, die alle die direkte Absicht haben, eine unumschränkte Tyrannei über diese Staaten zu errichten. Um dieses zu beweisen, seien hiermit Tatsachen der unparteiischen Welt vorgelegt:

Er hat seine Genehmigung den heilsamsten und notwendigsten Gesetzen für das allgemeine Wohl verweigert.

Er hat seinen Statthaltern verboten, Gesetze von unaufschiebbarer und dringender Wichtigkeit rechtskräftig zu machen, oder deren Anwendung suspendiert, bis seine Genehmigung dazu erhalten worden, und die so aufgeschobenen hat er zu beachten gänzlich vernachlässigt.

Er hat es verweigert, andere Gesetze für die Erleichterung ausgedehnter Volksdistrikte zu genehmigen, es sei denn, dass dieses Volk auf sein Vertretungsrecht in der gesetzgebenden Versammlung Verzicht geleistet habe – auf ein Recht, das dem Volke unschätzbar, und nur dem Tyrannen furchtbar ist.

Er hat gesetzgebende Körper in ungewöhnliche, unbequeme, und von den Bewahrungsörtern ihrer öffentlichen Urkunden entfernte Plätze zusammenberufen, aus der alleinigen Absicht, sie durch Ermüdung zur Willfährigkeit mit seinen Maßregeln zu zwingen.

Er hat zu wiederholten Malen die Häuser der Abgeordneten aufgelöst, weil sie sich mit männlicher Festigkeit seinen Eingriffen in die Rechte des Volkes widersetzt.

Er hat nach solchen Auflösungen für eine lange Zeit sich geweigert, die Wahl anderer Abgeordneten zu gestatten, wodurch die gesetzgebende Gewalt, die nicht vernichtet werden kann, wiederum vollständig zum Volke, um von diesem ausgeübt zu werden, zurückgekehrt ist; und der Staat blieb mittlerweile allen Gefahren eines feindlichen Einfalls von außen und Erschütterungen im Innern ausgesetzt.

Er hat sich bestrebt, das Steigen der Bevölkerung dieser Staaten zu verhindern, und zu diesem Zwecke den Gesetzen für die Naturalisation Fremder Schwierigkeiten in den Weg gelegt, andere Gesetze zu erlassen sich geweigert, durch welche die Einwanderung ermuntert werden kann, und die Preisbedingungen zu neuem Ländererwerb erhöht.

Er hat die Handhabung der Gerechtigkeitspflege gestört, indem er Gesetzen seine Zustimmung verweigerte, welche die Errichtung richterlicher Gewalten bezweckten.

Er hat die Richter von seinem Alleinwillen abhängig gemacht, hinsichtlich der Dauer ihrer Ämter und des Betrags und der Bezahlung ihrer Gehalte.

Er hat eine Unzahl neuer Ämter errichtet, und Schwärme von Beamten hierher gesendet, um unser Volk zu erschöpfen und seinen Lebensunterhalt aufzuzehren.

Er hat unter uns in Friedenszeiten stehende Heere gehalten, ohne Zustimmung unserer gesetzgebenden Behörden.

Er hat sich bestrebt, die Kriegsmacht unabhängig zu machen von der bürgerlichen Gewalt, und sie über die Letztere zu stellen.

Er hat sich mit andern verbündet, uns einer Gerichtsbarkeit zu unterwerfen, die unsrer Verfassung fremd und durch unsre Gesetze nicht anerkannt ist, und hat seine Genehmigung folgenden Aussprüchen dieser anmaßlichen Gesetzgebung erteilt:

zur Einquartierung starker, bewaffneter Truppenkorps bei uns;

zur Beschützung derselben durch ein Scheingericht, vor der Strafe auf Totschlag, wenn sie einen solchen an den Bewohnern dieser Staaten begehen würden;

zur Abschneidung unsres Handels mit allen Teilen der Welt;

zur Auflage von Abgaben auf uns, ohne unsere Zustimmung;

zur Beraubung der Wohltaten der Untersuchung durch Geschwornen-Gerichte, in manchen Fällen;

zu unserer Transportierung über das Meer, um, angeblicher Verbrechen wegen, gerichtet zu werden;

zur Aufhebung (Vernichtung) des freien Systems der englischen Gesetze in einer benachbarten Provinz, Einführung einer Willkürregierung in derselben, und Erweiterung derer Grenzen, um sie zu gleicher Zeit als Muster und als taugliches Werkzeug für die Einführung derselben absoluten Herrschaft in diesen Kolonien gebrauchen zu können;

zur Hinwegnahme unsrer Freibriefe, Vernichtung unsrer wertvollsten Gesetze, und Umänderung unsrer Regierungsformen, von Grund aus;

zur Suspendierung unsrer eigenen, gesetzgebenden Versammlungen, und hat derselben die Macht verliehen, uns in allen und jeglichen Fällen Gesetze zu geben.

Er hat der Regierung hier entsagt, indem er uns außerhalb seines Schutzes erklärte, und Krieg gegen uns begann.

Er hat unsere Meere geplündert, unsere Küsten verwüstet, unsere Städte verbrannt und das Lebens unsres Volkes vernichtet.

Er hat, indem er gegenwärtig große Heere ausländischer Söldner überschifft, um das Werk des Todes, der Verwüstung und der Tyrannei zu vollenden, bereits mit Handlungen der Grausamkeit und Perfidie begonnen, die kaum ihresgleichen in den barbarischsten Zeitaltern haben, und völlig unwürdig des Hauptes einer zivilisierten Nation sind.

Er hat unsre Mitbürger, die auf der hohen See gefangen wurden, gezwungen, die Waffen gegen ihr eigenes Vaterland zu führen, die Henker ihrer eigenen Freunde und Brüder zu werden, oder selbst durch deren Hände zu fallen.

Er hat unter uns innere Aufstände erregt, und gegen die Bewohner unsrer Grenzen jene unbarmherzigen Indianer aufzubringen getrachtet, deren bekannte Kriegsweise ein rücksichtsloses Vertilgen jedes Alters, Geschlechts und Standes ist.

Bei jedem grade dieser Unterdrückungen haben wir in den untertänigsten Ausdrücken um Abhülfe gebeten: unsere wiederholten Bitten wurden nur durch wiederholtes Unrecht beantwortet. – Ein Fürst, dessen Charakter so durch jede seiner Handlungen als Tyrann bezeichnet wird, ist untüchtig, der Herrscher eines freien Volkes zu sein.

Wir haben es nicht an Aufforderungen an unsere britischen Brüder fehlen lassen. Wir haben sie von Zeit zu Zeit vor den Versuchen gewarnt, durch ihre Gesetzgebung eine unerlaubte Rechtspflege über uns auszuüben. Wir haben sie an die Zeitumstände unserer Auswanderung und hiesigen Niederlassung erinnert. Wir haben an ihre angeborene Gerechtigkeitsliebe, ihre Hochherzigkeit appelliert, und sie bei den Banden unsrer gemeinschaftlichen Abkunft beschworen, jenen rechtswidrigen Eingriffen zu entsagen, die unvermeidlich unsere Verbindungen und unser Einverständnis unterbrechen würden. Doch auch sie waren taub gegen die Stimme der Gerechtigkeit und der Blutsverwandtschaft. Wir müssen daher der Notwendigkeit nachgeben, welche unsre Trennung erheischt, und die Briten für das halten, wofür uns die übrige Menschheit gilt, für – Feinde im Krieg, für Freunde im Frieden.

Wir daher, die Volksvertreter der Vereinigten Staaten von Amerika, versammelt im Generalkongress, und den höchsten Richter der Welt zum Zeugen für die Reinheit unsrer Absichten anrufend, verkünden hiermit aufs Feierlichste im Namen und aus Machtvollkommenheit des guten Volks dieser Kolonien, dass diese vereinten Kolonien freie und unabhängige Staaten sind, und es zu sein das Recht haben sollen; dass sie losgesprochen sind von allem Gehorsam gegen die britischen Krone, und dass alle politische Verbindung zwischen ihnen und dem britischen Reiche gänzlich aufgelöst ist und sein soll; dass sie als freie und unabhängige Staaten volle Gewalt haben, Krieg anzufangen, Frieden zu schließen, Bündnisse einzugehen, Handelsverbindungen zu eröffnen, und alle andern Beschlüsse und Akte zu verrichten, zu welchen unabhängige Staaten rechtlich befugt sind. Und zur Aufrechterhaltung dieser Erklärung verbürgen wir uns, mit festem Vertrauen auf den Schutz der göttlichen Vorsehung, wechselseitig mit unserm Leben, unserm Vermögen und unsrer unverletzten Ehre.

*1777*

## GEORG CHRISTOPH LICHTENBERG

## Wider die Physiognomen. Zur Beförderung der Menschenliebe und Menschenkenntnis

*Wer weiß noch, dass er, das siebzehnte und jüngste Kind des protestantischen Pfarrers Johann Conrad Lichtenberg, Mathematiker und der erste deutsche Professor für Experimentalphysik war? Aus Klassikerausgaben kennen wir den Schriftsteller und Begründer der der deutschsprachigen Aphoristik. Hier knüpft er sich für uns den Zürcher Theologen und Dichter Johann Caspar Lavater und dessen vierbändiges Werk* Physiognomische Fragmente zur Beförderung der Menschenkenntnis und Menschenliebe (1775 – 1778) *vor. Trotz seines gut gelaunten, unwiderstehlichen Kehraus zu Lavaters Machwerk wird jedoch die uralte »Wissenschaft« der Physiognomik in den folgenden beiden Jahrhunderten weiter ihren Unfug treiben, brandgefährlich vor allem im Verbund mit ihren Ablegern wie Rassenlehre und Eugenik, die sie maßgeblich fördert.*

*Georg Christoph Lichtenberg (\* 1742, † 1799) brachte bekanntlich deutliche Worte zu Papier: »Der Amerikaner, der den Kolumbus entdeckte, machte eine böse Entdeckung.« Dennoch gab er sich ganz dem Dienst der Erfahrungswissenschaft europäischen Ursprungs hin und steuerte mit gasgefüllten Schweinsblasen der Ballonfahrt entgegen. Erst 1825 wurden Teile seiner Schreibhefte, von ihm* Sudelbücher *genannt, in der Ausgabe Rahel von Varnhagens der Öffentlichkeit zugänglich.*

JEDERMANN macht sich nach seiner Lage in der Welt, und seiner Ideen im Kopf, nach seinem Interesse, Laune und Witz, weil er das ganze Gesicht nicht fassen kann, einen Auszug daraus, der nach seinem System das Merkwürdigste enthält, und den richtet er, daher sieht jeder in vier Punkten, etwa so geordnet: ∵ ein Gesicht, und nicht alle einerlei; eben daher auch das Disputieren über die Ähnlichkeit der Porträts und Ähnlichkeit zweier Leute. Zwei schließen aus dem Anblick eines Brustbildes auf die Länge des Mannes, der eine, er sei groß, und der andere, er sei klein, und keiner kann sagen, warum. Beim Pferd und Ochsen gings an, wenn der Maßstab dabei wäre, aber beim Menschen auch wieder nicht, und doch will man aus Stirne, Nase und Mund Schlüsse ziehen, deren Verwegenheit gegen jene gerechnet unendlich ist. Allein Felix Heß und Lambert hatten einerlei Nasen, das ist doch sonderbar.[1] Allerdings sonderbar, dass zwei Leute einerlei Nasen haben, die himmelweit voneinander unterschieden sind, und wovon keiner der andere hätte werden können, auch wenn er gewollt hätte. Aber beide waren tiefsinnige Männer. Fürwahr mir gehen die Augen über, wenn ich das Meisterstück der Schöpfung, das bereits einzusehen gelernt hat, dass es von den Absichten, warum es da ist nur die wenigsten kennt, so behandelt sehe. Es regnet allemal wenn wir Jahrmarkt haben, sagt der Krämer, und auch allemal wenn ich Wäsche trocknen will, sagt die Hausfrau. Gesetzt auch gleiche Nasen würden von gleichen Ursachen geformt, so ist erst noch auszumachen, ob sich Lambert und Felix Heß nicht noch in anderen Stücken geglichen haben, die der eigentlichen Nasenwurzel näher als den Instrumenten des Tiefsinns lagen. Und können nicht sehr verschiedene Ursachen denselben scheinbaren Effekt vorbringen? Ist dieses nicht; können dieselben Nasen und Stirnen nicht durch verschiedene Ursachen entstehen; und kann nicht, nachdem Nase und Stirn einmal stehen, inneres Fortwachsen biegsamer Teile noch immer Formen schaffen, die den Physiognomen auf ewig zum besten haben werden: so möchte ich wohl wissen, wer das bewiesen hat, oder beweisen will. So gut einer bei schön geformten *äußern* Ohr nicht bloß taub werden, sondern sogar taub geboren sein kann, so gut kann einer bei der schönsten Nase schlecht riechen und ein Narr sein, und noch leichter etwas, das nicht so ausgezeichnet als der Narr ist; eines der unzähligen Geschöpfe über und unter den mittelmäßigen. Dem Himmel sei Dank, dass es so gewiss tiefsinnige Köpfe ohne lambertische Nasen gibt, als, so lange die Welt steht, die lambertischen Nasen gemeiner sein werden als die Lamberts.

Die festen und unbeweglichen Teile, zumal die Form der Knochen, trügen, einmal weil sie bei jeder Art von Verbesserung des verbesserlichen Geschöpfs, die noch lange nachher Platz hat, nachdem diese ihre völlige Festigkeit erreicht haben, noch stattfindet; und zweitens weil, da ihre Form so wenig von unserm Willen abhängt, auch der Einfluss äußerer Ursachen, unvermeidlicher ist und ein einziger Druck oder Stoß allmählich Veränderungen wirken kann, deren Fortgang keine Kunst mehr aufzuhalten imstande ist. Auch, wenn sich etwas daraus herleiten ließe, so wären die festen Teile doch immer nur eine *beständige* Größe, ein einziges, in unzähligen Fällen unbeträchtliches Glied der unendlichen Reihe, durch die der Charakter des Menschen gegeben ist. Herr Lavater hält die Nase für das bedeutendste Glied, weil keine Verstellung auf sie wirkt. Sehr gut, wenn Übergang von Wahrheit zur Verstellung und von Verstellung zu Wahrheit die einzige Veränderung im Menschen wäre. Allein bei einem Wesen, das nicht allein durch moralische, sondern *physische* Ursachen *wirklich* verändert werden kann, ohne dass die Nase deswegen folgt, sollte ich denken, wäre ein so unveränderliches Glied, nicht allein für die Wahrheit unbedeutend, sondern wider dieselbe verführerisch. Je feiner und folgsamer der Ton, desto richtiger und wahrer der Abdruck. Die beweglichen Teile des Gesichts, die nicht allein die pathognomischen, unwillkürlichen Bewegungen, sondern auch die willkürlichen der Verstellung angeben und aufzählen, sind daher meines Erachtens weit vorzuziehen.[2] Selbst Zurückgang im Charakter kann hier analogischen Zurückgang im Weiser verursachen. Der Weiser kann trügen. Freilich leider! Aber was die Form der festen Teile Bedeutendes hat, ward ihnen durch ähnliche Ursachen unter ähnlichen Bedingungen eingedruckt. Ich gestehe gerne, auch das ruhende Gesicht mit allen seinen pathognomischen Eindrücken bestimmt den Menschen noch lange nicht. Es ist hauptsächlich die Reihe von Veränderungen in demselben, die kein Porträt und viel weniger der abstrakte Schattenriss darstellen kann, die den Charakter ausdrückt, ob man gleich oft glaubt, was und die Letzteren gelehrt haben, habe man von den Ersteren gelernt. Die pathognomischen Abänderungen in einem Gesicht sind eine Sprache für das Auge, in welcher man, wie der größte Physiologe sagt, nicht lügen kann. Und zehn Wörter aus der Sprache eines Volks sind mir mehr wert als 100 ihrer Sprachorgane in Weingeist. So wie wir hier besser hören, als wir sehen, so sehen wir dort mehr, als wir zeichnen. Die beweglichen Teile und die verschiedenen Folgen in den Bewegungen sind nicht Korollaria aus einem durch die festen gegebenen Satz. Es sind notwendige Bedingungen, ohne die die Auflösung immer unbestimmt bleibt.

Ja die Letzteren sind sogar wichtiger als jene, je näher sie wirklichen Handlungen liegen. Drei Köpfe, die sich, wie aus einer einzigen Form gegossen, glichen, könnten, wenn sie zu lächeln oder zu sprechen anfingen, alle Ähnlichkeit verlieren. Wer kann dieses leugnen, als der, der es nicht versteht ...

Das hohe Alter der Physiognomie zeugt von ihrem verführerischen Reiz und ihr schlechter Fortgang (Zurückgang könnte man sagen), bei immer zunehmenden Hilfsmitteln, von ihrer Nichtigkeit.

Was aber unserm Urteil aus Gesichtern noch oft einige Richtigkeit gibt, sind die, weder physiognomischen und pathognomischen, untrüglichen Spuren ehemaliger Handlungen, ohne die kein Mensch auf der Straße oder in Gesellschaft erscheinen kann. Die Liederlichkeit, der Geiz, die Bettelei etc. haben ihre eigene Livree, woran sie so kenntlich sind, als der Soldat an seiner Uniform, oder der Kaminfeger an der seinigen. Eine einzige Partikel verrät eine schlechte Erziehung, und die Form unseres Hutes und Art ihn zu setzen, unsern ganzen Umgang und Grad von Geckerei. Selbst die Rasenden würden öfter unkenntlich sein, wenn sie nicht handelten.

---

1 Felix Heß war ein Zürcher Theologe, der mit Lavater reiste, Johann Heinrich Lambert ein schweizerisch-elsässischer Mathematiker, Logiker, Physiker und Philosoph der Aufklärung, der u. a. die Irrationalität der Zahl Pi bewies.

2 Während die Physiognomik aus dem unveränderlichen Äußeren des Körpers, besonders des Gesichts, auf Charaktereigenschaften eines Menschen schließt, liest die Pathognomik aus der Physiognomie als fixiertem Ausdruck von Gefühlen, Affekten, Neigungen und Gewohnheit. Die Mimik schließlich beschäftigt sich mit dem durch die Gesichtsmuskulatur spontan gebildeten Ausdruck. (Anm. G.B.)

*1777*

# WOLFGANG AMADEUS MOZART

## Auf Stellensuche

*Dem engen Reglement der Salzburger Hofkapelle entronnen, sehen wir ihn auf Stellensuche: den 21-jährigen Konzertmeister Wolfgang Amadeus Mozart (\* 1756, † 1791). Von München geht es weiter nach Augsburg, Mannheim und schließlich nach Paris, wo er seine Ballettmusik* Les petits riens *aufführen kann, darüber hinaus aber keine weiteren Engagements bekommt. In der französischen Hauptstadt stirbt die Mutter, die ihn dorthin begleitet hat. Nach einem halben Jahr kehrt er unverrichteter Dinge und missmutig nach Salzburg zurück, um die vakante Stelle eines Hoforganisten anzutreten.*

AN DEN VATER   *München, 30. September 1777*
… Heute, als den 30., ging ich nach Abrede mit Monsieur Wotschitka um neun Uhr nach Hof. Da war alles in Jagduniform. Baron Kern war dienender Kammerherr. Ich wäre gestern abends schon hineingegangen, allein ich konnte Herrn Wotschitka nicht vor den Kopf stoßen, welcher sich selbst antrug, mich mit dem Kurfürsten sprechen zu machen. Um zehn Uhr führte er mich in ein enges Zimmerl, wo S. Kurfürstliche Durchlaucht durchgehen müssen, um vor der Jagd Mess zu hören. Graf Seeau ging vorbei und grüßte mich sehr freundlich: »Befehl mich, liebster Mozart!« Als der Kurfürst an mich kam, so sagte ich: »Euer Kurfürstliche Durchlaucht erlauben, dass ich mich untertänigst zu Füßen legen und meine Dienste antragen darf.« – »Ja, völlig weg von Salzburg?« – »Völlig weg, ja, Euer Kurfürstliche Durchlaucht.« – »Ja warum denn? Habts eng zkriegt« – »Ei beileibe, Euer Durchlaucht, ich habe nur um eine Reise gebeten, er hat sie mir abgeschlagen, mithin war ich gezwungen, diesen Schritt zu machen, obwohlen ich schon lange im Sinn hatte wegzugehen, denn Salzburg ist kein Ort für mich, ja ganz sicher!« – »Mein Gott, ein junger Mensch! Aber der Vater ist ja noch in Salzburg!« – »Ja, Euer Kurfürstliche Durchlaucht, er legt sich untertänigst usw. Ich bin schon dreimal in Italien gewesen, habe drei Opern geschrieben, bin Mitglied der Akademie in Bologna, habe müssen eine Probe ausstehen, wo viele Maestri vier bis fünf Stund gearbeitet und geschwitzt haben, ich habe es in einer Stund verfertigt. Das mag zur Zeugnis dienen, dass ich imstande bin, in einem jeden Hofe zu dienen; mein einziger Wunsch ist aber, Euer Kurfürstlicher Durchlaucht zu dienen, der selbst ein großer –,« – »Ja, mein liebes Kind, es ist keine Vakatur da, mir ist leid. Wenn nur eine Vakatur da wäre!« – »Ich versichere Euer Durchlaucht, ich würde München gewiss Ehre machen.« – »Ja, das nutzt alles nicht, es ist keine Vakatur da.« Dies sagte er gehend; nun empfahl ich mich zu höchsten Gnaden. Herr Wotschitka riet mir, ich sollte mich öfters beim Kurfürsten sehen lassen …

*1779*

# AUGUST LUDWIG VON SCHLÖZER

## »Die Menschen hatten sprechen gelernt …«

*Am Gymnasium der Graubündner Kantonsschule in Chur hatten die um 1950 geborenen Jahrgänge die anhand der Embryogenese rekonstruierte Phylogenese zu pauken: das heißt die in der Spezies des Homo sapiens gipfelnde stammesgeschichtliche Entwicklung der Gesamtheit aller Lebewesen. Ebenso interessant wären Versuche einer ähnlichen Parallelisierung von Entwicklung des Individuums und Gattungsgeschichte auf dem Feld der Kultur. Einem ersten solchen Experiment ist der folgende Auszug entnommen. August Ludwig von Schlözer (\* 1735, † 1809) war ein Schriftsteller, Historiker, Staatsrechtler, Pädagoge und Statistiker der deutschen Aufklärung. Vor seiner Berufung an die Universität Göttingen verbrachte er neun Jahre in Russland als Hauslehrer und Adjunkt der Petersburger Akademie der Wissenschaften. In dem Artikel* Abermaliger Justizmord in der Schweiz, *der den Hexenprozess gegen Anna Göldi von 1782 in Glarus verurteilt, prägte er das deutsche Wort »Justizmord«. Seiner neunjährigen Tochter Dorothea widmete er den ersten Teil seines Geschichtsbuches* Vorbereitung zur Weltgeschichte für Kinder. *Er ließ sie in Mathematik, Geschichte, Französisch, Englisch, Holländisch, Schwedisch, Italienisch, Spanisch, Latein, Griechisch und Hebräisch unterrichten. Die Universität Göttingen verlieh der Siebzehnjährigen die erste Doktorwürde, die von einer deutschen philosophischen Fakultät einer Frau zugesprochen wurde.*

### VORBEREITUNG FÜR KINDERLEHRER ZUR WELTGESCHICHTE FÜR KINDER

Die Menschen hatten sprechen gelernt, d. h. sie hatten die Kunst erfunden, ihre eigenen Gedanken anderen ihrer Mitmenschen mitzuteilen oder gar aufzudrängen, durch Töne oder Laute: Wenn andere diese Laute nur hören konnten und wenn zwischen den Redenden die Verabredung gemacht war, welche Idee jeder Laut bezeichnen sollte. Aber so konnte man sich nur mündlich und nur einem Gegenwärtigen mitteilen, und die Ideen verflogen wieder. Man konnte sie nur durch das Gedächtnis fixieren, und das war oft untreu.

Da fand sich jemand, der darauf spekulierte, die Ideen (Vorstellungen, Gedanken) nicht nur für sich selbst fester zu fixieren, sondern sie auch Abwesenden in der Ferne mitzuteilen. Bisher hatte man nur zu den Ohren zu sprechen verstanden. Jeder erfand die Kunst, zu den Augen zu sprechen – durch Malen, denn alles Schreiben ist eine Art von Malerei. Er zeichnete oder malte nun im eigentlichen Verstande die Sachen so, wie sie aussahen: die Figur eines Hundes, eines Baums, des Mondes. Und wer diese Figur sah und die Dinge in der Natur gesehen hatte, der dachte sich beim ersten Anblick einen Hund, einen Baum, den Mond dabei. So lassen sich im Notfall ganze Begebenheiten schreiben. Die Mexikaner waren vor dreihundert Jahren schon ein in vielen Künsten hochkultiviertes Volk, nur zu unserem Schreiben hatten sie sich noch nicht erhoben. Als Cortez mit seinen Spaniern an ihren Küsten landete, schickte der kaiserliche Hof Maler ab, die alles, was sie sahen – die neuankommenden Menschen, ihre Trachten – und was sie taten, auch die Schiffe usw., auf ein großes Stück Leinwand malen mussten: das waren mexikanische Kanzleirapporte.

Lass uns diese Art von Schrift die *natürliche Ideenschrift* nennen. Aber nicht zu gedenken, dass nicht viele Menschen malen können, wie äußerst unvollkommen musste diese Schrift sein! Nur körperliche und unter diesen nur sichtbare Dinge lassen sich malen, nicht die ins Ohr oder auf andere Sinne fallen, noch weniger Empfindungen, geistige, abstrakte Ideen. Wer kann den Donner, den Geruch einer Nelke, die Seele, die Jugend, die Freude malen? Man fiel also aus Not darauf, unter die rohen Darstellungen sichtbarer Körper willkürliche Bilder zu mischen und in diese Bilder Ideen zu legen, über deren Bedeutung aber man erst mit anderen Menschen eins werden musste. Solche willkürlichen Zeichen nennt man Hieroglyphen. Wir wollen diese ganze Art von Schrift *konventionelle Ideenschrift* nennen. So sind z. B. unsere Zahlenzeichen. Das »6« die Idee »sechs« bedeute, sieht der Figur niemand an, man muss diese Bedeutung erst lernen. So sind unsere Kalenderzeichen: der neugefundene Planet Pallas hat die Figur »⚴« ganz willkürlich, aber jeder Astronom versteht sie. So schrieben die alten ägyptischen Priester; noch sind viele so auf allen Seiten beschriebenen Obelisken vorhanden. So schreiben noch bis auf den heutigen Tag die Chinesen (siehe die Figuren auf den Paketen feiner Teesorten). Ein Vorteil ist bei dieser Schrift: zwei Menschen oder zwei Völker können miteinander korrespondieren, die nicht miteinander sprechen können, weil sie ganz verschiedene Sprachen haben.

Aber welch ein stupides Volk müsste das sein, das nur zwei Ideen hätte! Und wenn es auch nur diese deutlich denken wollte, musste es zweitausend Worte, folglich um sie zu bezeichnen, zweitausend Figuren erfinden. So viele Figuren zu lernen und zu behalten muss ja selbst ein geübtes Gedächtnis sauer werden. Wie nun aber bei uns kultivierten, gar gelehrten Leuten, steigt doch unsere ganze Ideenmasse wohl auf Hunderttausende? Und da müssten wir, nach der Ideenschrift, ebenso viele Figuren erfinden und uns geläufig machen? Wirklich sollen die Chinesen 80 000 solcher Zeichen haben – da geht also eine Lebenszeit hin, bis man völlig lesen lernt.

Endlich stand ein Mensch auf, der statt der beiden Arten von Ideenschrift eine *Buchstabenschrift* erfand. Niederfallen möchte ich vor diesem Menschen, anbeten würde ich ihn, wenn ich – kein Christ wäre! Und wie mag der Mensch auf diese göttliche Erfindung gekommen sein? Eine Sprache war einmal da: Die Leute machten artikulierte Laute, Töne, Schall, oder sie sprachen Worte aus, mit denen der, der sie hörte, konventionsmäßig Ideen verband. Nun, alle artikulierten Töne, deren die menschlichen Sprachorgane fähig sind, steigen auf nicht mehr als höchstens 40. Unsere deutsche Sprache hat deren nur 26 vernehmlich verschiedene; der Inder, der Äthiopier, selbst der Engländer (th) und Franzose (j) usw. haben einige, die kein erwachsener Deutscher rein machen kann. Aus der Zusammensetzung dieser höchstens 40 Laute werden Worte millionenweise möglich, die in der Ideenschrift ebenso viele Zeichen haben müssten. Diese Beobachtung, dass die Elemente dieser Laute, Silben oder Worte, zersetzt, geteilt, getrennt werden könnten und dass dieser Elemente so unerwartet wenige seien, brachte das Wundergenie auf den großen Gedanken: »Da einmal Worte für Tausende von Ideen vorhanden sind, so will ich die zersetzten Töne dieser Worte malen und für jeden einzelnen vernehmlichen Ton (a, o, r, s, f usw.) ein eigenes Zeichen willkürlich festsetzen. So komme ich mit etwa nur 16 Zeichen aus (sein erstes ABC war zweifelsohne sehr mangelhaft und bemerkte noch nicht die feinen Unterschiede zwischen a und ä, zwischen b und p usw.) und kann damit so viele tausend Ideen bezeichnen, als die Sprache Worte hat. So spreche ich nicht mehr durch die Töne zum Ohr meines Mitmenschen, also bloß wenn er zugegen ist, sondern ich spreche stumm zu seinen Augen, er mag so weit von mir weg sein, als er will. Falls er nur meine Zeichen, d. h. lesen lernen will, und die konventionelle Bedeutung der Töne, die solche anzeigen, kennt, d. h. *Sprache* versteht. Und mir selbst kann ich nun meine Ideen fixieren und sie leicht wiederfinden, falls ich sie vergessen hätte. Ich kann mit mir selbst sprechen.«

Jene Zeichen nun heißen *Buchstaben*, und der zuerst diesen erstaunlichen Gedanken fasste, heißt der Erfinder der *Buchstabenschrift* oder des eigentlichen *Schreibens*.

§ 42 Und *wer* war der Unsterbliche, der diese Erfindung machte? Ach, wir wissen es nicht! Nicht einmal das Volk kennen wir mit Gewissheit, welches er auf die Art schreiben lehrte. Noch weniger die Zeit, wann die die Erfindung angefangen hat. Wahrscheinlich ist, dass schon in der Mitte des dritten Jahrtausends der Welt die Ägypter mit Hieroglyphen und die Babylonier und Phönizier mit Buchstaben schrieben. Und fast gewiss ist es, dass von den Phöniziern die Hebräer und Griechen das Schreiben gelernt und ihnen selbst die Züge des ABC abgeborgt haben. Von den Griechen lernten die Römer, von den Römern wir Deutschen. Denke, dass wir Deutschen erst vor etwa eintausend Jahren und alle anderen Europäer höher in den Norden hinauf noch später schreiben lernten! Alle diese Nationen hatten ursprünglich ein und dasselbe ABC. Denke, was dir zu glauben schwer eingehen wird, was aber doch gewisslich wahr ist: Diese deutschen Buchstaben, die du hier vor dir siehst, sind mit den lateinischen nicht nur, sondern selbst mit den griechischen und hebräischen im Grunde einerlei. Nur im Laufe der Jahrtausende sind die Schreibenden durch Nachlässigkeit, Zufall, Künstelei und Grillenfängerei von ihren ersten Vorschriften abgewichen.

§ 43 Jetzt also konnte man Töne, die sich nicht über den Augenblick und Ort erstreckten, wo sie vorgebracht und gehört worden waren, zeichnen, sie festhalten und solchergestalt Empfindungen und ganze Handlungen, zu denen die Sprache Worte hatte, auch Abwesenden und selbst der Nachwelt, solange die Schrift hielt und man die Sprache verstand, ankündigen.

Und nun also, sollte man denken, sobald die Buchstabenschrift da war, fing auch die Historie an? – Nein, so geschwind ging das nicht. Und überhaupt war bei Ausübung der erfundenen Kunst noch vieles unausgemacht.

Ich setzte, man hatte zu den Tönen S, E, L Zeichen festgesetzt, die sollten nun zusammengesetzt werden, dass das Wort *Sele* [Seele] herauskäme. Nun, wie die Buchstaben zusammensetzen? Nebeneinander oder untereinander? Und wenn nebeneinander, ob von der linken zur rechten Hand oder umgekehrt? Alles das war willkürlich; auch sind alle diese möglichen Arten zu schreiben von verschiedenen alten und neuen Völkern probiert worden, bis man endlich auf unsere Art, als die natürlichste, geraten ist.

Noch wichtiger war die Erfindung oder Auswahl des Materials, worauf, und der Werkzeuge, womit man schrieb. Man schrieb erstens auf Ziegel, vermutlich wenn sie noch weich und ehe sie noch an der Sonne oder durch Feuer gehärtet waren. Man schrieb zweitens auf Bretter von Holz, drittens auf Stein, viertens später auf Platten von Blei oder härterem Metall, sonderlich von Kupfer. Man erfand fünftens hölzerne mit Wachs überzogene Täfelchen. Sechstens, in Ost-Indien schreibt man noch jetzt auf Blätter von Kokosbäumen (man besitzt in Europa viele Bibeln in malabarischer Sprache, die so geschrieben sind. Die Knaben, die dort schreiben lernen, sitzen unter einem Kokosbaum und zeichnen unter Aufsicht eines Schulmeisters die Buchstaben im Sande nach). Erst einige hundert Jahre vor Christi Geburt, siebtens, wurde in Ägypten Papyrus, aus den inneren Häuten einer Art von Schilf, erfunden. Dann, achtens, kamen in Kleinasien (pergamus) präparierte Tierfelle (Pergament) zum Vorschein. Bis endlich, neuntens, vor etwa siebenhundert Jahren erst Papier aus Linnen oder unser nun allgemeines *Lumpenpapier* erfunden wurde.

Bei den ersten sechs Materialien musste ein Griffel oder Meißel von Knochen oder von Eisen gebraucht werden. Bei den später bekannt gewordenen weichen Materialien, auf denen man eine farbige Flüssigkeit (Tinte) anbrachte, bediente man sich eines Pinsels (wie noch jetzt in Sina) oder Rohrs. Zu den ungleich bequemeren Schreibfedern von Pfauen, Pelikanen, Schwänen und Gänsen hat sich der Menschengeist nicht früher als vor etwa 1300 Jahren erhoben. Nie haben die Evangelisten mit Federn geschrieben, wenn sie gleich oft mit Federn in der Hand gemalt worden sind.

Dies alles zeigt klar, dass das Schreiben anfänglich eine äußerst schwere, weitläufige und langweilige Arbeit gewesen ist. Wie viel Zeit und Mühe brauchte es, bis man nur zwanzig Worte auf einem Stein zustande brachte, wobei die Buchstaben noch ganz unförmig und fast fingerlang waren? Zudem ist ja das Schreiben eine Kunst, die erst gelernt werden muss, die aber – wovon es lächerliche Beispiele gibt – so manche Kaiser und Könige in ihrem ganzen Leben nie haben fassen können. Es lässt sich also denken, dass die Kunst unter ein Volk kommen konnte, aber jahrhundertelang nur von wenigen gekannt, wohl gar nur als ein Geheimnis ausgeübt und bloß bei feierlichen Gelegenheiten, zu Inschriften, zur Publikation von Gesetzen, von Traktaten mit auswärtigen Völkern und von außerordentlich merkwürdigen Vorfällen genutzt worden ist. Die Schweden hatten schon vor eintausend Jahren Schrift (Runen), brauchten sie aber nur zu öden Aufschriften auf Leichensteinen und sonst durchaus zu nichts anderem.

*1780*

# EPHRAIM LESSING

## Erziehung des Menschengeschlechts. Eine hohe Hilfsschule

*Gotthold Ephraim Lessing (\* 1729, † 1781) führt uns in die bedeutendste theologische Kontroverse des 18. Jahrhunderts in Deutschland und die wohl wichtigste aufklärerische Auseinandersetzung mit der lutherischen Orthodoxie. Ein Hamburger Gymnasialprofessor für orientalische Sprachen namens Hermann Samuel Reimarus verfasste zwischen 1735 und 1767/68 eine* Apologie oder Schutzschrift für die vernünftigen Verehrer Gottes, *in welcher er das christliche Bekenntnis als einen mit der Vernunft harmonisierten Gottesglauben von Übernatürlichem zu reinigen und gegen die Zumutungen der biblischen Offenbarung mit ihren Wundern zu verteidigen suchte. Lessing als Bibliothekar der Herzog August Bibliothek Wolfenbüttel veröffentlichte Teile daraus als die berühmten* Fragmente eines Ungenannten. *In seiner Streitschrift* Anti-Goeze *verteidigte er den Standpunkt der sogenannten Deisten gegen den Hamburger Hauptpastor Johann Melchior Goeze, was ihm schließlich 1778 Publikationsverbot in religiösen Angelegenheiten eintrug. Im Jahr darauf geht das Drama* Nathan der Weise *mit seinem fulminanten Auftritt für religiöse Toleranz in Druck. Die Uraufführung 1783 in Berlin erlebt Lessing nicht, der 1781 mit 52 Jahren stirbt. Im Jahr davor hat er in* Die Erziehung des Menschengeschlechts *sein religionsphilosophisches Testament niedergelegt: »Jedes Elementarbuch ist nur für ein gewisses Alter.« Selbst das Neue Testament. Es hat der Menschheit unschätzbare Dienste geleistet. Doch auch ihm entwächst das Kind, und »die Zeit eines neuen ewigen Evangeliums wird gewiss kommen«.*

§ 1 WAS DIE ERZIEHUNG bei den einzelnen Menschen ist, ist die Offenbarung bei dem ganzen Menschengeschlechte.

§ 2 Erziehung ist Offenbarung, die dem einzelnen Menschen geschieht, und Offenbarung ist Erziehung, die dem Menschengeschlecht geschehen ist und noch geschieht.

§ 3 Ob, die Erziehung aus diesem Gesichtspunkte zu betrachten, in der Pädagogik Nutzen haben kann, will ich hier nicht untersuchen. Aber in der Theologie kann es gewiss sehr großen Nutzen haben und viele Schwierigkeiten heben, wenn man sich die Offenbarung als eine Erziehung des Menschengeschlechts vorstellt.

§ 4 Erziehung gibt dem Menschen nichts, was er nicht auch aus sich selbst haben könnte; sie gibt ihm das, was er aus sich selber haben könnte, nur geschwinder und leichter. Also gibt auch die Offenbarung dem Menschengeschlechte nichts, worauf die menschliche Vernunft, sich selbst überlassen, nicht auch kommen würde, sondern sie gab und gibt ihm die wichtigsten dieser Dinge nur früher. …

§ 26 Ich erkläre mich an dem Gegenbilde der Offenbarung. Ein Elementarbuch für Kinder darf gar wohl dieses oder jenes wichtige Stück der Wissenschaft oder Kunst, die es vorträgt, mit Stillschweigen übergehen, von dem der Pädagoge urteilte, dass es den Fähigkeiten der Kinder, für die er schrieb, noch nicht angemessen sei. Aber es darf schlechterdings nichts enthalten, was den Kindern den Weg zu den zurückbehaltenen wichtigen Stücken versperre oder verlege. Vielmehr müssen ihnen alle Zugänge zu denselben sorgfältig offen gelassen werden; und sie nur von einem einzigen dieser Zugänge ableiten oder verursachen, dass sie denselben später beträten, würde allein die Unvollständigkeit des Elementarbuchs zu einem wesentlichen Fehler desselben machen.

§ 27 Also auch konnten in den Schriften des Alten Testaments, in diesen Elementarbüchern für das rohe und im Denken ungeübte Israelitische Volk, die Lehre von der Unsterblichkeit der Seele und künftigen Vergeltung gar wohl mangeln: aber enthalten durften sie schlechterdings nichts, was das Volk, für das sie geschrieben waren, auf dem Wege zu dieser großen Wahrheit auch nur verspätet hätte. …

§ 51 Aber jedes Elementarbuch ist nur für ein gewisses Alter. Das ihm entwachsene Kind länger, als die Meinung gewesen, dabei zu verweilen, ist schädlich. Denn um dieses auf eine nur einigermaßen nützliche Art tun zu können, muss man mehr hineinlegen, als darin liegt, mehr hineintragen, als es fassen kann. Man muss der Anspielungen und Fingerzeige zu viel suchen und machen, die Allegorien zu genau ausschütteln, die Beispiele zu umständlich deuten, die Worte zu stark pressen. Das gibt dem Kinde einen kleinlichen, schiefen, spitzfindigen Verstand; das macht es geheimnisreich, abergläubisch, voll Verachtung gegen alles Fassliche und Leichte. ...

§ 53 Ein bessrer Pädagog muss kommen und dem Kinde das erschöpfte Elementarbuch aus den Händen reißen. — Christus kam.

§ 54 Der Teil des Menschengeschlechts, den Gott in Einen Erziehungsplan hatte fassen wollen — Er hatte aber nur denjenigen in Einen fassen wollen, der durch Sprache, durch Handlung, durch Regierung, durch andere natürliche und politische Verhältnisse in sich bereits verbunden war —, war zu dem zweiten großen Schritte der Erziehung reif.

§ 55 Das ist: dieser Teil des Menschengeschlechts war in der Ausübung seiner Vernunft so weit gekommen, dass er zu seinen moralischen Handlungen edlere, würdigere Bewegungsgründe bedurfte und brauchen konnte, als zeitliche Belohnung und Strafen waren, die ihn bisher geleitet hatten. Das Kind wird Knabe. Leckerei und Spielwerk weicht der aufkeimenden Begierde, ebenso frei, ebenso geehrt, ebenso glücklich zu werden, als es sein älteres Geschwister sieht.

§ 56 Schon längst waren die Bessern von jenem Theile des Menschengeschlechts gewohnt, sich durch einen Schatten solcher edlern Bewegungsgründe regieren zu lassen. Um nach diesem Leben auch nur in dem Andenken seiner Mitbürger fortzuleben, tat der Grieche und Römer alles.

§ 57 Es war Zeit, dass ein andres wahres nach diesem Leben zu gewärtigendes Leben Einfluss auf seine Handlungen gewönne. ...

§ 64 Wenigstens ist es schon aus der Erfahrung klar, dass die neutestamentlichen Schriften, in welchen sich diese Lehren nach einiger Zeit aufbewahret fanden, das zweite bessre Elementarbuch für das Menschengeschlecht abgegeben haben und noch abgeben.

§ 65 Sie haben seit siebzehnhundert Jahren den menschlichen Verstand mehr als alle andere Bücher beschäftigt, mehr als alle andere Bücher erleuchtet, sollte es auch nur das Licht sein, welches der menschliche Verstand selbst hineintrug.

§ 66 Unmöglich hätte irgendein ander Buch unter so verschiedenen Völkern so allgemein bekannt werden können; und unstreitig hat das, dass so ganz ungleiche Denkungsarten sich mit diesem nämlichen Buche beschäftigten, den menschlichen Verstand mehr fortgeholfen, als wenn jedes Volk für sich besonders sein eigenes Elementarbuch gehabt hätte.

§ 67 Auch war es höchst nötig, dass jedes Volk dieses Buch eine Zeitlang für das Non plus ultra seiner Erkenntnisse halten musste. Denn dafür muss auch der Knabe sein Elementarbuch vors erste ansehen, damit die Ungeduld, nur fertig zu werden, ihn nicht zu Dingen fortreißt, zu welche er noch keinen Grund gelegt hat.

§ 68 Und was noch itzt höchst wichtig ist: — Hüte dich, du fähigeres Individuum, der du an dem letzten Blatte dieses Elementarbuches stampfest und glühest, hüte dich, es deine schwächeren Mitschüler merken zu lassen, was du witterst oder schon zu sehen beginnest! ...

§ 86 Sie wird gewiss kommen, die Zeit eines neuen ewigen Evangeliums, die uns selbst in den Elementarbüchern des Neuen Bundes versprochen wird.

## 1784

# JOHANN GEORG ZIMMERMANN

## In Gesellschaft geht die Wahrheit gekleidet, in der Einsamkeit zeigt sie sich nackt

*Keiner hat sich ausführlicher mit der Einsamkeit beschäftigt als er. Nicht nur vier Bände* Über die Einsamkeit *(1783/84) widmet er ausschließlich ihren Vor- und Nachteilen – zuvor hatte er bereits die Werke* Betrachtungen über die Einsamkeit *(1756) und* Von der Einsamkeit *(1773) vorgelegt. Zwei Bände seines Hauptwerks nimmt er sich Zeit, gegen die Verheerungen, die religiöse Schwärmerei, Körperfeindlichkeit und Hypochondrie angerichtet haben, anzuschimpfen – und liefert dabei eine Art kritische frühe Kirchengeschichte. Aber auch bei Heroen seiner Gegenwart wie Rousseau nimmt er kein Blatt vor den Mund: Er betrachtet ihn als Kranken. Als Arzt, der Georg II. und Friedrich II. behandelt hat und von Katharina II. in den Adelsstand erhoben wird, weiß der in der Schweiz geborene Albrecht-Haller-Schüler Johann Georg von Zimmermann (\* 1728, † 1795) allerdings wohl auch, wovon er redet.*

*Einer seiner Helden ist Diocletian, der die Cäsarenwürde ablegte, um sich seinem Garten zu widmen. »Berühmt und trefflich ist seine Antwort, die er seinem ehemaligen Mitregenten Maximian, der das Reich mit ihm verlassen musste und der ihn immer noch antrieb, den Purpur wieder umzulegen ..., gab: Wenn ich dir, sagte Diocletian, allen Kohl zeigen könnte, den ich in Salona mit eigener Hand gepflanzt habe, so würdest du mich gewiss nicht länger nötigen, solches Glück für einen Thron hinzugeben.«*

Wer die Menschen fliehet, um sich ihre Liebe und ihren Dank zu erwerben, wer mit der Sonne aufsteht, um mit den Toten zu leben, der ist freilich nicht schon bei Tagesanbruch gestiefelt. Seine Pferde stehen im Stall, und seine Tür ist für den Müßiggänger geschlossen. Aber weil er den Menschen und die Menschheit studiert, so behält er auch da, wo er die Sonne durch seine Fenstervorhänge abhält, und die schöne ländliche Aussicht gar nicht genießet, die Welt doch immer im Auge. Alles was er jemals gesehen und erfahren hat, wird dann durchgesichtet. Jede in der Welt gemachte Beobachtung bestätigt ihm eine Wahrheit, oder widerlegt ein Vorurteil. Alles wird da entschleiert, seines falschen Glanzes beraubt, nach seiner Natur dargestellt. Die Wahrheit geht im Umgange immer gekleidet, hier zeigt sie sich nackt. Ach wie himmlisch wohl wird uns, wenn wir doch einmal in einer Lage sind, wo wir nicht lügen müssen.

Solche Vergnügungen der Einsamkeit vertragen sich mit jeder Pflicht für das Publikum, denn sie sind die höchste Ausübung von dem, was jeder für das Publikum vermag. Oder ist es etwa ein Verbrechen, dass man Wahrheit ehret, liebt und gerne sagt? Ist es ein Verbrechen, dass man zuweilen die Kühnheit hat, öffentlich zu rügen, was ein Alltagskopf nur zitternd denkt; und dass einem doch, ab und zu, ein wenig Freiheit besser behaget, als immer gebeugter Sinn, und untertänigst Devotion? Kommt nicht Wahrheit durch Schriftsteller unter das Volk, und vor die Augen der Großen? Erregen gute Schriftsteller nicht Mut zum Denken? Ist Denkfreiheit nicht die Ursache von jedem Fortschritt der Vernunft. Eben darum wirft man gerne in der Einsamkeit die Ketten ab, die man in der Welt trägt. Eben darum sagt der einsame Denker, ganz ohne alles Federlesen, was er etwa im gemeinen Leben nur untertänigst anheim gibt. Feigheit dringet in die Einsamkeit nicht. Wer Lust und Liebe dazu hat, gewöhnet sich nirgends so gut wie da, vornehmen Übermut in die Augen zu sehen, und dem schalen Devotismus der hohen Unvernunft den Flor vom Kleide, und die Haube vom Kopfe zu reißen.

Einsamkeit gewähret Freuden von der erhabensten Art, die nie vergehen, wenigstens solange die Seele in einem nicht ganz verwelkten Körper wohnt. Solche Freuden geben Heiterkeit in allen Umständen des Lebens, trotz jedem Unglück, versiegen nie, werden zu einem ebenso dringenden Bedürfnisse, als dem abgenutzten Weltling seine Untätigkeit, und sein elendes Tappen nach Vergnügen, das er von einer Haustür zur andern sucht, und nirgends mehr findet. Von solchen Freuden sagt Cicero: Sie nähren die Jugend, sie vergnügen das Alter, sie erhöhen das Glück, sie sind in Widerwärtigkeiten unser Trost und unsere Zuflucht, sie ergötzen uns zuhaufe, sie belästigen uns nicht im Felde, sie verkürzen uns die Nächte, sie begleiten uns auf Reisen, und zu Hause, und aufs Land. Die schönen Wissenschaften, sagte der jüngere Plinius, sind meine Liebe und mein Trost; ich kenne nichts das angenehmer sei, keine Widerwärtigkeit, die sie nicht versuchen. In der Unruhe über die Unpässlichkeit meiner Frau, über die Krankheiten meiner Bedienten, und den Tod von einigen, finde ich keine Hilfe, als in meinen Studien; ob ich gleich die ganze Größe des Übels begreife, so wird mir doch alles dadurch erträglicher.

# 1784

# IMMANUEL KANT
## Beantwortung der Frage: Was ist Aufklärung?

*Unsere Unmündigkeit wäre selbstverschuldet? Ja: Bei ihm kann eine menschliche Schwäche einzig ein Mangel an gutem Willen sein. »Faulheit und Feigheit«, sagt er. Reißen wir uns also allesamt zusammen! Jede Dunkelheit ist bei ihm nur ein Schatten und also eine Begleiterscheinung des Lichts – so viel war für ihn gewiss, obschon er während der achtzig Jahre seines Lebens seine Geburtsstadt Königsberg an der Ostsee nie verlassen hat.*

*Woher aber kam die wahrhaft grundsätzliche Frage nach der Aufklärung? Die »Berlinische Monatsschrift« brachte 1783 einen anonym mit E. v. K. gezeichneten Beitrag ihres Mitherausgebers Johann Erich Biester mit dem ketzerischen Titel:* Vorschlag, die Geistlichen nicht mehr bei Vollziehung der Ehen zu bemühen. *Der Berliner Pfarrer Johann Friedrich Zöllner replizierte:* Ist es ratsam, das Ehebündnis nicht ferner durch die Religion zu sanciren? *(Nach dem lateinischen Verb* sancire = bekräftigen, heiligen.) *In einer Fußnote stellte Zöllner die Frage »Was ist Aufklärung?«, womit er auf den Umstand hinweisen wollte, dass eine mittlerweile mehrere Jahrzehnte alte Bewegung noch immer auf die Definition des sie kennzeichnenden Begriffs warte. Die sogenannte Aufklärungsdebatte, die er damit eröffnete, erwies sich insbesondere in Preußen als philosophisch sehr fruchtbar. Im folgenden Jahr folgten in derselben Zeitschrift von Moses Mendelssohn der Aufsatz* Über die Frage: was heißt aufklären? *und zwei Monate später die bis heute gültige Beantwortung der Frage durch Immanuel Kant (\* 1724, † 1804). (Mehr von ihm S. 318–319) In einer später hinzugefügten Anmerkung am Schluss hält Kant fest, dass ihm der Aufsatz von Moses Mendelssohn noch nicht bekannt war und er ansonsten den seinigen zurückgehalten hätte. So viel zu den Glücksfällen der Wissenschaft.*

AUFKLÄRUNG ist der Ausgang des Menschen aus seiner selbst verschuldeten Unmündigkeit. Unmündigkeit ist das Unvermögen, sich seines Verstandes ohne Leitung eines anderen zu bedienen. Selbstverschuldet ist diese Unmündigkeit, wenn die Ursache derselben nicht am Mangel des Verstandes, sondern der Entschließung und des Mutes liegt, sich seiner ohne Leitung eines anderen zu bedienen. *Sapere aude!* Habe Mut, dich deines eigenen Verstandes zu bedienen! ist also der Wahlspruch der Aufklärung.

Faulheit und Feigheit sind die Ursachen, warum ein so großer Teil der Menschen, nachdem sie die Natur längst von fremder Leitung freigesprochen (*naturaliter maiorennes*), dennoch gerne zeitlebens unmündig bleiben; und warum es andern so leicht wird, sich zu deren Vormündern aufzuwerfen. Es ist so bequem, unmündig zu sein. Habe ich ein Buch, das für mich Verstand hat, einen Seelsorger, der für mich Gewissen hat, einen Arzt, der für mich die Diät beurteilt, usw.: so brauche ich mich ja nicht selbst zu bemühen. Ich habe nicht nötig zu denken, wenn ich nur bezahlen kann; andere werden das verdrießliche Geschäft schon für mich übernehmen. Dass der bei Weitem größte Teil der Menschen (darunter das ganze schöne Geschlecht) den Schritt zur Mündigkeit, außer dem dass er beschwerlich ist, auch für sehr gefährlich halte: dafür sorgen schon jene Vormünder, die die Oberaufsicht über sie gütigst auf sich genommen haben. Nachdem sie ihr Hausvieh zuerst dumm gemacht haben und sorgfältig verhüteten, dass diese ruhigen Geschöpfe ja keinen Schritt außer dem Gängelwagen, darin sie sie einsperrten, wagen durften: so zeigen sie ihnen nachher die Gefahr, die ihnen drohet, wenn sie es versuchen, allein zu gehen. Nun ist diese

Gefahr zwar eben so groß nicht, denn sie würden durch einige Mal Fallen wohl endlich gehen lernen; allein ein Beispiel von der Art macht doch schüchtern, und schreckt gemeiniglich von allen ferneren Versuchen ab.

Es ist also für jeden einzelnen Menschen schwer, sich aus der ihm beinahe zur Natur gewordenen Unmündigkeit herauszuarbeiten. Er hat sie sogar lieb gewonnen, und ist vor der Hand wirklich unfähig, sich seines eigenen Verstandes zu bedienen, weil man ihn niemals den Versuch davon machen ließ. Satzungen und Formeln, diese mechanischen Werkzeuge eines vernünftigen Gebrauchs oder vielmehr Missbrauchs seiner Naturgaben, sind die Fußschellen einer immerwährenden Unmündigkeit. Wer sie auch abwürfe, würde dennoch auch über den schmalsten Graben einen nur unsicheren Sprung tun, weil er zu dergleichen freier Bewegung nicht gewöhnt ist. Daher gibt es nur wenige, denen es gelungen ist, durch eigene Bearbeitung ihres Geistes sich aus der Unmündigkeit herauszuwickeln, und dennoch einen sicheren Gang zu tun.

Dass aber ein Publikum sich selbst aufkläre, ist eher möglich; ja es ist, wenn man ihm nur Freiheit lässt, beinahe unausbleiblich. Denn da werden sich immer einige Selbstdenkende, sogar unter den eingesetzten Vormündern des großen Haufens, finden, welche, nachdem sie das Joch der Unmündigkeit selbst abgeworfen haben, den Geist einer vernünftigen Schätzung der eigenen Werte und des Berufs jedes Menschen, selbst zu denken, um sich verbreiten werden. Besonders ist hierbei, dass das Publikum, welches zuvor von ihnen unter dieses Joch gebracht worden, sie hernach selbst zwingt, darunter zu bleiben, wenn es von einigen seiner Vormünder, die selbst aller Aufklärung unfähig sind, dazu aufgewiegelt worden; so schädlich ist es, Vorurteile zu pflanzen, weil es sich zuletzt an denen selbst rächen, die, oder deren Vorgänger, ihre Urheber gewesen sind. Daher kann ein Publikum nur langsam zur Aufklärung gelangen. Durch eine Revolution wird vielleicht wohl ein Abfall von persönlichem Despotismus und gewinnsüchtiger oder herrschsüchtiger Bedrückung, aber niemals wahre Reform der Denkungsart zustande kommen; sondern neue Vorurteile werden, eben sowohl als die alten, als Leitbande des gedankenlosen großen Haufens dienen.

Zu dieser Aufklärung aber wird nichts erfordert als Freiheit; und zwar die unschädlichste unter allem, was nur Freiheit heißen mag, nämlich die: von seiner Vernunft in allen Stücken öffentlichen Gebrauch zu machen. Nun höre ich aber von allen Seiten rufen: Räsoniert nicht! Der Offizier sagt: Räsoniert nicht, sondern exerziert! Der Finanzrat: Räsoniert nicht, sondern bezahlt! Der Geistliche: Räsoniert nicht, sondern glaubt! (Nur ein einziger Herr in der Welt sagt: Räsoniert, so viel ihr wollt, und worüber ihr wollt; aber gehorcht!) Hier ist überall Einschränkung der Freiheit. Welche Einschränkung aber ist der Aufklärung hinderlich? Welche nicht, sondern ihr wohl gar beförderlich? – Ich antworte: Der öffentliche Gebrauch seiner Vernunft muss jederzeit frei sein, und der allein kann Aufklärung unter Menschen zustande bringen; der Privatgebrauch derselben aber darf öfter sehr enge eingeschränkt sein, ohne doch darum den Fortschritt der Aufklärung sonderlich zu hindern. Ich verstehe aber unter dem öffentlichen Gebrauche seiner eigenen Vernunft denjenigen, der jemand als Gelehrter von ihr vor dem ganzen Publikum der Leserwelt macht. Den Privatgebrauch nenne ich denjenigen, den er in einem gewissen ihm anvertrauten bürgerlichen Posten, oder Amte, von seiner Vernunft machen darf. Nun ist zu manchen Geschäften, die in das Interesse des gemeinen Wesens laufen, ein gewisser Mechanism notwendig, vermittelst dessen einige Glieder des gemeinen Wesens sich bloß passiv verhalten müssen, um durch eine künstliche Einhelligkeit von der Regierung zu öffentlichen Zwecken gerichtet, oder wenigstens von der Zerstörung dieser Zwecke abgehalten zu werden. Hier ist es nun freilich nicht erlaubt, zu räsonieren; sondern man muss gehorchen. Sofern sich aber dieser Teil der Maschine zugleich als Glied eines ganzen gemeinen Wesens, ja sogar der Weltbürgergesellschaft ansieht, mithin in der Qualität eines Gelehrten, der sich an ein Publikum im eigentlichen Verstande durch Schriften wendet: kann er allerdings räsonieren, ohne dass dadurch die Geschäfte leiden, zu denen er zum Teile als passives Glied angesetzt ist. So würde es sehr verderblich sein, wenn ein Offizier, dem von seinen Oberen etwas anbefohlen wird, im Dienste über die Zweckmäßigkeit oder Nützlichkeit dieses Befehls laut vernünfteln wollte; er muss gehorchen. Es kann ihm aber billigermaßen nicht verwehrt werden, als Gelehrter, über die Fehler im Kriegsdienste Anmerkungen zu machen, und diese seinem Publikum zur Beurteilung vorzulegen. Der Bürger kann sich nicht weigern, die ihm auferlegten Abgaben zu leisten; sogar kann ein vorwitziger Tadel solcher Auflagen, wenn sie von ihm geleistet werden sollen, als ein Skandal (das allgemeine Widersetzlichkeiten veranlassen könnte) bestraft werden. Eben derselbe handelt demohngeachtet der Pflicht eines Bürgers nicht entgegen, wenn er, als Gelehrter wider die Unschicklichkeit oder auch Ungerechtigkeit solcher Ausschreibungen öffentlich seine Gedanken äußert. Ebenso ist ein Geistlicher verbunden, seinen Katechismusschülern und seiner Gemeinde nach dem

Symbol der Kirche, der er dient, seinen Vortrag zu tun, denn er ist auf diese Bedingung angenommen worden. Aber als Gelehrter hat er volle Freiheit, ja sogar den Beruf dazu, alle seine sorgfältig geprüften und wohlmeinenden Gedanken über das Fehlerhafte in jedem Symbol, und Vorschläge wegen besserer Einrichtung des Religions- und Kirchenwesens, dem Publikum mitzuteilen. Es ist hierbei auch nichts, was dem Gewissen zur Last gelegt werden könnte. Denn, was er zufolge seines Amts, als Geschäftsträger der Kirche, lehrt, das stellt er als etwas vor, in Ansehung dessen er nicht freie Gewalt hat, nach eigenem Gutdünken zu lehren, sondern das er nach Vorschrift und im Namen eines andern vorzutragen angestellt ist. Er wird sagen: Unsere Kirche lehrt dieses oder jenes; das sind die Beweisgründe, deren sie sich bedient. Er zieht als dann allen praktischen Nutzen für seine Gemeinde aus Satzungen, die er selbst nicht mit voller Überzeugung unterschreiben würde, zu deren Vortrag er sich gleichwohl anheischig machen kann, weil es doch nicht ganz unmöglich ist, dass darin Wahrheit verborgen läge, auf alle Fälle aber wenigstens doch nichts der innern Religion Widersprechendes darin angetroffen wird. Denn glaubte er das Letztere darin zu finden, so würde er sein Amt mit Gewissen nicht verwalten können; er müsste es niederlegen. Der Gebrauch also, den ein angestellter Lehrer von seiner Vernunft vor seiner Gemeinde macht, ist bloß ein Privatgebrauch; weil diese immer nur eine häusliche, obzwar noch so große, Versammlung ist; und in Ansehung dessen ist er, als Priester, nicht frei, und darf es auch nicht sein, weil er einen fremden Auftrag ausrichtet. Dagegen als Gelehrter, der durch Schriften zum eigentlichen Publikum, nämlich der Welt, spricht, mithin der Geistliche im öffentlichen Gebrauche seiner Vernunft, genießt einer uneingeschränkten Freiheit, sich seiner eigenen Vernunft zu bedienen und in seiner eigenen Person zu sprechen. Denn dass die Vormünder des Volks (in geistlichen Dingen) selbst wieder unmündig sein sollen, ist eine Ungereimtheit, die auf Verewigung der Ungereimtheiten hinausläuft.

Aber sollte nicht eine Gesellschaft von Geistlichen, etwa eine Kirchenversammlung, oder eine ehrwürdige Classis (wie sie sich unter den Holländern selbst nennt) berechtigt sein, sich eidlich untereinander auf ein gewisses unveränderliches Symbol zu verpflichten, um so eine unaufhörliche Obervormundschaft über jedes ihrer Glieder und vermittelst ihrer über das Volk zu führen, und diese sogar zu verewigen? Ich sage: Das ist ganz unmöglich. Ein solcher Kontrakt, der auf immer alle weitere Aufklärung vom Menschengeschlechte abzuhalten geschlossen würde, ist schlechterdings null und nichtig; und sollte er auch durch die oberste Gewalt, durch Reichstage und die feierlichsten Friedensschlüsse bestätigt sein. Ein Zeitalter kann sich nicht verbünden und darauf verschwören, das folgende in einen Zustand setzen, darin es ihm unmöglich werden muss, seine (vornehmlich so sehr angelegentliche) Erkenntnisse zu erweitern, von Irrtümern zu reinigen, und überhaupt in der Aufklärung weiterzuschreiten. Das wäre ein Verbrechen wider die menschliche Natur, deren ursprüngliche Bestimmung gerade in diesem Fortschreiten besteht; und die Nachkommen sind also vollkommen dazu berechtigt, jene Beschlüsse, als unbefugter und frevelhafterweise genommen, zu verwerfen. Der Probierstein alles dessen, was über ein Volk als Gesetz beschlossen werden kann, liegt in der Frage: ob ein Volk sich selbst wohl ein solches Gesetz auferlegen könnte? Nun wäre dieses wohl, gleichsam in der Erwartung eines bessern, auf eine bestimmte kurze Zeit möglich, um eine gewisse Ordnung einzuführen; indem man es zugleich jedem der Bürger, vornehmlich dem Geistlichen, frei ließe, in der Qualität eines Gelehrten öffentlich, d. i. durch Schriften, über das Fehlerhafte der dermaligen Einrichtung seine Anmerkungen zu machen, indessen die eingeführte Ordnung noch immer fortdauerte, bis die Einsicht in die Beschaffenheit dieser Sachen öffentlich so weit gekommen und bewährt worden, dass sie durch Vereinigung ihrer Stimmen (wenngleich nicht aller) einen Vorschlag vor den Thron bringen könnte, um diejenigen Gemeinden in Schutz zu nehmen, die sich etwa nach ihren Begriffen der besseren Einsicht zu einer veränderten Religionseinrichtung geeinigt hätten, ohne doch diejenigen zu hindern, die es beim Alten wollten bewenden lassen. Aber auf eine beharrliche, von niemandem öffentlich zu bezweifelnde Religionsverfassung, auch nur binnen der Lebensdauer eines Menschen, sich zu einigen, und dadurch einen Zeitraum in dem Fortgange der Menschheit zur Verbesserung gleichsam zu vernichten, und fruchtlos, dadurch aber wohl gar der Nachkommenschaft nachteilig, zu machen, ist schlechterdings unerlaubt. Ein Mensch kann zwar für seine Person, und auch alsdann nur auf einige Zeit, in dem, was ihm zu wissen obliegt, die Aufklärung aufschieben; einer auf sie Verzicht zu tun, es sei für eine Person, mehr aber noch für die Nachkommenschaft, heißt die heiligen Rechte der Menschheit und mit Füßen treten. Was aber nicht einmal ein Volk über sich selbst beschließen darf, das darf noch weniger ein Monarch über das Volk beschließen; denn sein gesetzgebendes Ansehen beruht eben darauf, dass er den gesamten Volkswillen in dem seinigen vereinigt. Wenn er nur darauf sieht, dass alle wahre oder vermeinte Verbesserung mit der bürgerlichen Ordnung zusammen bestehe: so kann er seine Untertanen übrigens nur selbst machen lassen, was sie um ihres Seelenheils willen zu tun nötig finden; das geht ihn nichts an, wohl aber zu verhüten, dass nicht einer den andern gewalttätig hindere, an der Bestimmung und Beförderung desselben nach allem seinen Vermögen zu arbeiten. Es tut selbst seiner Majestät Abbruch, wenn er sich hierin mischt, indem er die Schriften, wodurch seine Untertanen ihre Einsichten ins Reine zu bringen suchen, seiner Regierungsaufsicht würdigt, sowohl wenn er dieses aus eigener höchster Einsicht tut, wo er sich dem Vorwurfe aussetzt: *Caesar non est supra grammaticos* (»Der Kaiser steht nicht über den Grammatikern.«), als auch und noch weit mehr, wenn er seine oberste Gewalt so weit erniedrigt, den geistlichen Despotismus einiger Tyrannen in seinem Staate gegen seine übrigen Untertanen zu unterstützen.

Wenn denn nun gefragt wird: Leben wir jetzt in einem **aufgeklärten Zeitalter**? so ist die Antwort: Nein, aber wohl in einem **Zeitalter der Aufklärung**. Dass die Menschen, wie die Sachen jetzt stehen, im ganzen genommen, schon imstande wären, oder darin auch nur gesetzt werden könnten, in Religionsdingen sich ihres eigenen Verstandes ohne Leitung eines andern sicher und gut zu bedienen, daran fehlt noch sehr viel. Allein, dass jetzt ihnen doch das Feld geöffnet wird, sich dahin frei zu bearbeiten, und die Hindernisse der allgemeinen Aufklärung, oder des Ausganges aus ihrer selbst verschuldeten Unmündigkeit, allmählich weniger werden, davon haben wir doch deutliche Anzeigen. In diesem Betracht ist dieses Zeitalter das Zeitalter der Aufklärung, oder das Jahrhundert **Friederichs**.

Ein Fürst, der es seiner nicht unwürdig findet, zu sagen: dass er es für **Pflicht** halte, in Religionsdingen den Menschen nichts vorzuschreiben, sondern ihnen darin volle Freiheit zu lassen, der also selbst den hochmütigen Namen der **Toleranz** von sich ablehnt: ist selbst aufgeklärt, und verdient von der dankbaren Welt und Nachwelt als derjenige gepriesen zu werden, der zuerst das menschliche Geschlecht der Unmündigkeit, wenigstens vonseiten der Regierung, entschlug, und jedem frei ließ, sich in allem, was Gewissensangelegenheit ist, seiner eigenen Vernunft zu bedienen. Unter ihm dürfen verehrungswürdige Geistliche, unbeschadet ihrer Amtspflicht, ihre vom angenommenen Symbol hier oder da abweichenden Urteile und Einsichten, in der Qualität der Gelehrten, frei und öffentlich der Welt zur Prüfung darlegen; noch mehr aber jeder andere, der durch keine Amtspflicht eingeschränkt ist. Dieser Geist der Freiheit breitet sich auch außerhalb aus, selbst da, wo er mit äußeren Hindernissen einer sich selbst missverstehenden Regierung zu ringen hat. Denn es leuchtet dieser doch ein Beispiel vor, dass bei Freiheit, für die öffentliche Ruhe und Einigkeit des gemeinen Wesens nicht das mindeste zu besorgen sei. Die Menschen arbeiten sich von selbst nach und nach aus der Rohigkeit heraus, wenn man nur nicht absichtlich künstelt, um sie darin zu erhalten.

Ich habe den Hauptpunkt der Aufklärung, die des Ausganges der Menschen aus ihrer selbst verschuldeten Unmündigkeit, vorzüglich in **Religionssachen** gesetzt: Weil in Ansehung der Künste und Wissenschaften unsere Beherrscher kein Interesse haben, den Vormund über ihre Untertanen zu spielen; überdem auch jene Unmündigkeit, so wie die schädlichste, also auch die entehrendste unter allen ist. Aber die Denkungsart eines Staatsoberhaupts, der die erstere begünstigt, geht noch weiter, und sieht ein: dass selbst in Ansehung seiner **Gesetzgebung** es ohne Gefahr sei, seinen Untertanen zu erlauben, von ihrer eigenen Vernunft **öffentlichen** Gebrauch zu machen, und ihre Gedanken über eine bessere Abfassung derselben, sogar mit einer freimütigen Kritik der schon gegebenen, der Welt öffentlich vorzulegen; davon wir ein glänzendes Beispiel haben, wodurch noch kein Monarch demjenigen vorging, welchen wir verehren.

Aber auch nur derjenige, der, selbst aufgeklärt, sich nicht vor Schatten fürchtet, zugleich aber ein wohldiszipliniertes zahlreiches Heer zum Bürgen der öffentlichen Ruhe zur Hand hat –, kann das sagen, was ein Freistaat nicht wagen darf: **Räsoniert, so viel ihr wollt, und worüber ihr wollt; nur gehorcht!** So zeigt sich hier ein befremdlicher nicht erwarteter Gang menschlicher Dinge; so wie auch sonst, wenn man ihn im Großen betrachtet, darin fast alles paradox ist. Ein größerer Grad bürgerlicher Freiheit scheint der Freiheit des **Geistes** des Volks vorteilhaft, und setzt ihr doch unübersteigliche Schranken; ein Grad weniger von jener verschafft hingegen diesem Raum, sich nach allem seinen Vermögen auszubreiten. Wenn denn die Natur unter dieser harten Hülle den Keim, für den sie am zärtlichsten sorgt, nämlich den Hang und Beruf zum freien Denken, ausgewickelt hat: so wirkt dieser allmählich zurück auf die Sinnesart des Volks (wodurch dieses der **Freiheit zu handeln** nach und nach fähiger wird), und endlich auch sogar auf die Grundsätze der Regierung, die es ihr selbst zuträglich findet, den Menschen, der nun mehr als **Maschine** ist, seiner Würde gemäß zu behandeln.

Auf einem Bohrturm in der Steppe.
*Verwaltungsbezirk Kyzil Orda.*
*Kasachstan, 6. November 2007.*

## 1788

# JOHN NEWTON

## Ein Sklavenhändler gegen den Sklavenhandel

*John Newton (\*1725, † 1807) legte einen langen Weg zurück. Mit achtzehn Jahren, nach seiner Zwangsrekrutierung durch die Royal Navy, seiner Desertion und Flucht auf einem Sklavenschiff, fand er sich an der westafrikanischen Küste selbst als Sklave einer afrikanischen Prinzessin wieder. Fünf Jahre später befreite ihn ein Abgesandter seines Vaters. Die folgenden sechs Jahre finden wir ihn auf der anderen Seite: Vier Mal überquerte er auf Sklavenschiffen den Atlantik, dreimal davon hatte er das Kommando. Zehn Jahre später wurde er zum anglikanischen Priester ordiniert. Nochmals 24 Jahre dauerte es, bis er mit seiner an alle Abgeordneten des Unterhauses verteilten Schrift* Thoughts Upon the African Slave Trade *öffentlich Ansichten über den Sklavenhandel kundtat, die in der Folge von großer Wirkung sein würden. An der Seite von William Wilberforce, der die Kampagne der britischen Abolitionisten anführte, widmete er die letzten zwei Jahrzehnte seines langen Lebens dem Kampf gegen den Sklavenhandel. Er starb 1807, im Jahr der Verabschiedung des Slave Trade Act, des Gesetzes, das im British Empire den Sklavenhandel abschaffte.*

*Von John Newton stammt der Text der Hymne* Amazing Grace, *veröffentlicht in* Olney Hymns 1779, *eines der beliebtesten Kirchenlieder der Welt. 1972 stand es in einer Version der Royal Scots Dragoon Guards an der Spitze der englischen Charts.*

ES GIBT EINEN ZWEITEN PUNKT, der, im Licht der Politik betrachtet, von Bedeutung ist oder von Bedeutung sein sollte: Ich spreche von den grauenhaften Auswirkungen dieses Handels auf Verstand und Gemüt derer, die darin beschäftigt sind. Es gibt zweifellos Ausnahmen, und ich bin gern bereit, mich selbst auszunehmen. Doch allgemein gesprochen kenne ich keine Methode des Gelderwerbs, nicht einmal den schieren Straßenraub, die eine solche Tendenz dazu hat, jeden Sinn für Moral auszulöschen, dem Herzen jeden sanftmütigen, menschlichen Zug zu nehmen, es zu verhärten, hart wie Stahl zu machen, gegen jede Gefühlsregung.

In der Regel sind etwa zwei Drittel einer Sklavenladung Männer. Wenn einhundertfünfzig oder zweihundert kräftige Männer, gewaltsam aus ihrer Heimat fortgebracht, von denen bis kurz vor der Einschiffung viele noch nie das Meer, geschweige denn ein Schiff gesehen hatten; die gegenüber dem weißen Mann vermutlich genau dieselbe natürliche Abneigung haben wie wir gegenüber dem schwarzen; und die oft in der Furcht leben, man habe sie gekauft, um sie zu essen: wenn also solche Umstände herrschen, ist nicht zu erwarten, dass sie sich willig in ihr Schicksal fügen. Sie werden stets versuchen, ihre Freiheit wiederzuerlangen, wenn sich eine Möglichkeit ergibt. Da wir also nicht riskieren können, ihnen zu trauen, nehmen wir sie vom ersten Augenblick an Bord an als Feinde auf, und bevor noch zehn oder fünfzehn beisammen sind, werden sie alle in Eisen gelegt; auf den meisten Schiffen jeweils zu zweien. Und oft legt man ihnen die Fesseln nicht so an, dass sie bequem stehen oder sich bewegen können, mit der rechten Hand und dem rechten Fuß des einen an den linken des anderen, sondern über Kreuz; das heißt, Hände und Füße beider werden auf derselben Seite zusammengekettet, ob rechts oder links, sodass sie Hände und Füße nur unter Mühen und nur wenn sie sich stets verständigen bewegen können. So müssen sie viele Monate lang (manchmal neun oder zehn) sitzen, gehen und liegen, ohne jede Entspannung oder Entlastung, es sei denn, sie werden krank.

Nachts werden sie unter Deck eingesperrt; bei Tage (wenn das Wetter schön ist) kommen sie nach oben; und wenn sie Paar für Paar nach oben kommen, wird eine Kette durch einen Ring an ihren Eisen gezogen, und diese werden wiederum an den Ringbolzen festgeschlossen, die in bestimmten Abständen auf Deck befestigt sind. Solche und andere Vorsichtsmaßnahmen sind leider notwendig; gerade zumal zwar die Zahl der Sklaven ständig steigt, diejenige der Bewacher jedoch abnimmt, durch Krankheit, Tod oder Flucht in den Booten, sodass bisweilen keine zehn Mann verfügbar sind, um Tag und Nacht zweihundert zu bewachen, zumal sie sich ja auch noch um all die anderen Geschäfte des Schiffes kümmern müssen.

Dass diese Maßnahmen in der Regel wirksam sind, ist erstaunlicher als der Umstand, dass sie bisweilen versagen. Eine unbewachte Stunde, oder auch nur eine Minute, genügt, um den Sklaven die Gelegenheit zu geben, auf die sie immer warten. Jeder Versuch eines Aufstands gegen die

Belegschaft des Schiffes bedeutet sofortigen und grausamen Krieg, denn wenn sie einmal in Bewegung sind, kämpfen sie mit dem Mut der Verzweiflung, und wenn sie nicht gar siegen, werden sie selten ohne viel Schaden und Blutvergießen auf beiden Seiten befriedet.

Manchmal, wenn die Sklaven reif für einen Aufstand sind, wird einer die Sache verraten; und dann zwingen Notwendigkeit und die Regeln dieses kleinen Staates, dieser eng begrenzten, doch höchst absolutistischen Herrschaft uns dazu, Maßnahmen zu ergreifen, die den natürlichen Impulsen vollkommen zuwiderlaufen. Der Mann, der die Sache der Freiheit verraten hat, wird verhätschelt, belohnt, als anständiger Kerl hingestellt. Die Patrioten, die den Plan ersannen und vorantrieben, müssen, wenn sie sich ermitteln lassen, als Verbrecher hingestellt und bestraft werden, um den Rest einzuschüchtern. Art und Ausmaß dieser Strafen hängen allein vom Willen des Kapitäns ab. Manche geben sich mit einer moderaten Strafe zufrieden, gerade so, dass sie als Exempel genügt. Doch unbegrenzte Macht, angefeuert durch Rache, und ein Herz, das durch lange Vertrautheit mit dem Leid der Sklaven fühllos geworden ist und das Flehen der Menschlichkeit nicht mehr vernimmt, sind entsetzlich!

Ich habe miterlebt, wie sie zu gnadenlosem Auspeitschen verurteilt wurden, so lange, bis die armen Geschöpfe in ihrem Elend nicht einmal mehr stöhnen konnten und kaum noch ein Anzeichen von Leben in ihnen blieb. Ich habe stunden-, zusammengenommen wohl tagelang mit angesehen, wie sie unter der Folter der Daumenschrauben litten; ein grässliches Instrument, das, wenn es von ungeübter Hand angesetzt wird, unerträgliche Schmerzen verursachen kann. Es hat Fälle gegeben, in denen die Grausamkeit noch weiter ging, doch ich hoffe, es waren nicht viele. Einen einzigen kann ich aus meiner Erfahrung noch erwähnen, und auch das will ich nur beiläufig tun.

Einmal habe ich mit angehört, wie ein Kapitän, inzwischen seit Langem tot, von seinem eigenen Betragen auf einer früheren Fahrt prahlte, auf der die Sklaven einen Aufstand versuchten. Nachdem dieser niedergeschlagen war, hielt er Gericht über die Anführer; und nicht nur verurteilte er mehrere von ihnen, ich weiß nicht wie viele, zum Tode, sondern betrieb beträchtlichen Aufwand, um ihnen den Tod so qualvoll wie möglich zu machen. Meinen Lesern zuliebe will ich die Einzelheiten hier nicht erwähnen.

Es lässt sich nicht leugnen, dass diejenigen, die mit Szenen wie diesen über lange Zeit vertraut sind, eine Rohheit entwickeln werden, eine wilde Gefühllosigkeit, derer die menschliche Natur in all ihrer Erbärmlichkeit normalerweise nicht fähig ist. Wenn diese Dinge Wahrheit sind, dann kann, wie der Leser zugestehen muss, auch die folgende Geschichte, die ich an der Küste hörte, wahr sein; ich kann sie jetzt nicht überprüfen, aber ich habe auch keinen Grund, an ihr zu zweifeln.

Ein Schiffsmaat in einem Beiboot erwarb eine junge Frau, die ein hübsches Kind von etwa einem Jahr im Arm trug. In der Nacht weinte das Kind sehr und störte ihn in seinem Schlaf. Wütend sprang er auf und schwor, wenn das Kind nicht mit seinem Lärm aufhöre, dann werde er es zum Schweigen bringen. Das Kind weinte weiter. Nach einer Weile erhob er sich zum zweiten Mal, riss der Mutter das Kind aus den Armen und warf es ins Meer. Das Kind schwieg tatsächlich bald, aber weniger einfach war es, die Frau zu beschwichtigen; sie war zu wertvoll, um sie über Bord zu werfen, und so musste er nun deren Wehklagen ertragen, bis er sie auf seinem Schiff absetzen konnte.

Ich bin der festen Überzeugung, jede zart fühlende Mutter, die mit Augen und Seele frohlockt, wenn sie ihr Kind in den Armen wiegt, das Los dieser armen Afrikaner bedauern wird. Doch warum spreche ich von einem einzigen Kind, wenn wir eine betrübliche Geschichte gehört und gelesen haben, nur zu verbürgt in ihrer Wahrheit, sodass kein Zweifel denkbar ist, von über einhundert erwachsenen Sklaven, die alle gemeinsam von einem Schiff aus ins Meer geworfen wurden, als das Trinkwasser knapp wurde; auf die Weise hatte die Versicherung den Verlust zu tragen, der, wenn die Sklaven an Bord verdurstet wären, die Schiffseigner getroffen hätte. Dies sind Beispiele für den Geist, welchen der Sklavenhandel bei Männern hervorbringt, die einst einmal nicht weniger zur Menschlichkeit begabt waren als wir.

Bisher habe ich nur von der Lage der männlichen Sklaven gesprochen. Bei den Frauen besteht die Gefahr des Aufstands nicht, und sie werden sorgsam von den Männern getrennt gehalten; von den schwarzen Männern meine ich. Bei dem, was ich darüber zu sagen habe, will ich mich hüten, es auf alle Schiffe zu verallgemeinern. Ich spreche nicht von Verhältnissen, wie sie grundsätzlich sind, sondern wie sie oft sind, und das nur zu oft, fürchte ich.

Ich habe bereits davon gesprochen, dass der Kapitän eines Sklavenschiffes, solange es auf See, der uneingeschränkte Herrscher über dieses Schiff ist; und wenn er aufrecht, wachsam und entschlossen ist, steht es in seiner Macht, die Elenden zu schützen, und kaum etwas kann an Bord ohne seine Erlaubnis oder seine stillschweigende Duldung geschehen. Doch diese Macht wird nur gar zu selten zum Wohl der armen Sklavinnen eingesetzt.

Wenn wir hören, dass eine Stadt im Sturm genommen und der Zerstörung durch eine wütende, ungezügelte Armee preisgegeben wird, wilden, prinzipienlosen Kosaken, dann wird wohl nichts an diesen Untaten einem einfühlsamen Verstand mehr zusetzen als der Umgang mit den Frauen dabei. Doch die Ungeheuerlichkeiten, die oft auf den Sklavenschiffen begangen werden, sind, auch wenn nicht weniger himmelschreiend, hier kaum bekannt, und dort gelten sie als Selbstverständlichkeit. Wenn die Frauen und Mädchen an Bord gebracht werden, nackt, frierend, verängstigt, womöglich fast zu Tode erschöpft von Kälte, Müdigkeit und Hunger, sind sie oft der lüsternen Grobheit weißer Wilder ausgesetzt. Die armen Geschöpfe verstehen die Sprache nicht, die sie hören, aber die Blicke und das Betragen der Sprecher sind unmissverständlich genug. In ihrer Phantasie teilen sie auf der Stelle die Beute unter sich auf und schonen sie nur, bis sich eine Gelegenheit ergibt. Wo Widerstand oder Weigerung vollkommen sinnlos wären, wird meistens nicht einmal nach einem Einverständnis gefragt. Doch ich will nicht weiterreden – man sollte den Mantel des Schweigens darüber breiten. Solche Fakten, so reichlich verbürgt, sprechen für sich. Wollten die Fürsprecher des Sklavenhandels sich dafür vor den Frauen und Töchtern unseres gesegneten Landes rechtfertigen oder vor jenen, die selbst Frauen und Töchter haben, wäre ihnen die Verurteilung gewiss.

Ein hartherziger Verteidiger könnte vielleicht vorbringen, eine solche Behandlung sei in Europa tatsächlich grausam; die afrikanischen Frauen jedoch seien Neger, Wilde, die keine Vorstellung von den zärtlicheren Gefühlen hätten, die unter kultivierten Menschen herrschten. Ihnen möchte ich aufs Heftigste widersprechen. Ich habe lange unter diesen sogenannten Wilden gelebt und viele kennengelernt. Ich habe oft in ihren Städten genächtigt, in Häusern voll mit Handelsware, mit keinem Menschen im Haus außer mir, keiner Tür außer einer Matte; ich habe dort in einer Geborgenheit geschlafen, die kein vernünftiger Mensch in diesem Lande erwarten würde, schon gar nicht in der Großstadt, ohne eine schwere Tür, ohne Schloss und Riegel. Und was die Frauen von Sherbro anging, wo ich mich am häufigsten aufhielt, so habe ich viele Anzeichen von Bescheidenheit, ja von Zartgefühl an ihnen gesehen, die einer englischen Frau nicht schlecht zu Gesicht stünden. Doch solcherart ist, wie ich weiß, der Umgang mit ihnen, der auf vielen unserer Schiffe gestattet, wenn nicht gar ermuntert wird; sie werden gewissenlos der schurkischen Willkür des Ersten, der sich ihrer bemächtigt, preisgegeben.

Man kann vermuten, dass unsere Leute, gewohnt wie sie es sind, die Sklaven an Bord zu verachten, zu kränken und zu verletzen, sich, soweit die Umstände es erlauben, ähnlich auch gegenüber den Einheimischen, mit denen sie Handel treiben, betragen, und so ist es auch. Sie gelten als Menschen, die man ungestraft ausrauben und verderben kann. Jede Niedertracht ist recht, um sie zu beschämen und zu übervorteilen. Und wer es in diesen Dingen am ärgsten treibt, hat etwas, womit er prahlen kann.

Keine Ware, die sich manipulieren oder verschlechtern lässt, wird in vollständiger oder echter Form geliefert. Alkohol wird mit Wasser verdünnt. Pulverfässer werden mit doppeltem Boden versehen, sodass ein Fass zwar groß aussieht, aber nur so viel Schießpulver wie ein viel kleineres enthält. Leinen- und Baumwollballen werden aufgewickelt und ein Stück, etwa zwei oder drei Meter, wird herausgeschnitten, nicht vom Ende, sondern aus der Mitte, wo es nicht so schnell auffällt.

In jeder nur erdenklichen Art werden die Einheimischen bei allem, was sie erwerben, betrogen, in Anzahl, Gewicht, Maß oder Qualität, und da einer es dem anderen nachmacht, ist in diesen Praktiken ein außerordentliches Geschick entstanden. So kommt es, dass die Einheimischen, je mehr Handel sie mit den Europäern treiben, und darunter, wie ich leider sagen muss, besonders den Engländern, desto missgünstiger, aufsässiger und rachsüchtiger werden.

Sie wissen, mit wem sie sich einlassen, und sind entsprechend vorbereitet – obwohl es auch Schiffe und Boote gibt, die sie mit Anstand behandelt haben und denen sie trauen. Ein Streit liefert manchmal den Vorwand dafür, einen oder mehrere Einheimische zu rauben, und soweit möglich wird dies beim nächsten Boot, das aus demselben Hafen einläuft, vergolten. Denn bisher hält ihr Gerechtigkeitssinn ihre Rachsucht im Zaum, sodass sie meist nicht eine Schandtat, die ihnen von einem Schiff aus Liverpool widerfahren ist, an einem aus Bristol oder London rächen..

In der Regel warten sie geduldig, bis eines eintrifft, von dem sie sich, weil es vom selben Ort kommt, vorstellen, dass es in einer Verbindung zu dem Übeltäter steht; und sie bemerken bei einem Schiff so schnell unsere kleinen lokalen Unterschiede in Sprache und Betragen, dass sie binnen fünf Minuten, oft noch bevor sie an Bord sind, genau wissen, ob es aus Bristol, aus Liverpool oder aus London kommt.

Rache ihrerseits führt wiederum zu Vergeltungsmaßnahmen von uns. So kommt es oft vor, dass am einen oder anderen Ort der Handel ruht, jede Verbindung abgeschnitten ist und alle sich im Kriegszustand befinden, bis die schiere Not, entweder auf Seiten der Schiffsbesatzung oder auf der ihren, ein erstes Friedensangebot hervorbringt und den Preis bestimmt, den die Verursacher zahlen müssen. Aber es ist ein kriegerischer Frieden. Wir handeln unter Waffen, und sie haben ihre langen Messer.

*1788*

## ADOLPH FREIHERR VON KNIGGE
## Die Menschen wollen unterhalten sein

*Nein, er war nicht ein Autor von Benimmratgebern, sondern ein Philosoph der deutschen Aufklärung soziologischer Ausrichtung, bevor es eine Wissenschaft dieses Namens gab. Neben seiner intensiven schriftstellerischen Tätigkeit komponierte er Klaviersonaten, Lieder und ein Fagottkonzert.*

*Freiherr Adolph Franz Friedrich Ludwig von Knigge (\* 1752, † 1796), Angehöriger eines verarmten niedersächsischen Uradelgeschlechts, war Anhänger der Französischen Revolution und galt als gefährlicher Demokrat und Jakobiner. Für den radikalaufklärerischen Illuminatenorden rekrutierte er in Norddeutschland etwa 500 Mitglieder, unter ihnen Goethe, fand sich aber durch eine Intrige bald selbst ausgebootet. Kurz vor seinem Tod schickte ihm die Geheimpolizei des Habsburger Kaisers Franz I. aus Wien gefälschte Briefe, angeblich gezeichnet vom Wiener Schriftsteller und ehemaligen Illuminaten Aloys Blurnauer. Vom Antwortschreiben Knigges erhoffte sie Einblicke ins Netzwerk deutscher Anhänger der Französischen Revolution. Wir stattdessen bleiben dabei und wollen es uns keinesfalls entgehen lassen, von ihm auch hier in diesem Buch etwas* Über den Umgang mit Menschen *zu lernen!*

VOR ALLEN DINGEN ABER vergesse man nie, dass die Leute unterhalten (amüsiert) sein wollen; dass selbst der unterrichtendste Umgang ihnen in der Länge ermüdend vorkommt, wenn er nicht zuweilen durch Witz und gute Laune gewürzt wird; dass ferner nichts in der Welt ihnen so witzreich, so weise und so ergötzend scheint, als wenn man sie lobt, ihnen etwas Schmeichelhaftes sagt; dass es aber unter der Würde eines klugen Mannes ist, den Spaßmacher, und eines redlichen Mannes unwert, den niedrigen Schmeichler zu machen. Allein es gibt einen gewissen Mittelweg; diesen rate ich einzuschlagen, und da jeder Mensch doch wenigstens eine gute Seite hat, die man loben darf, und dies Lob, wenn es nicht übertrieben wird, aus dem Munde eines verständigen Mannes, Sporn zu größerer Vervollkommnung werden kann; so ist das Wink genug für den, der mich verstehen will.

Zeige, so viel du kannst, eine immer gleiche, heitere Stirne! Nichts ist reizender und liebenswürdiger, als eine gewisse frohe, muntre Gemütsart, die aus der Quelle eines schuldlosen, nicht von heftigen Leidenschaften in Tumult gesetzten Herzens hervorströmt. Wer immer nach Witz hascht; wem man es ansieht, dass er darauf studiert hat, die Gesellschaft zu unterhalten; der gefällt nur auf kurze Zeit, und wird bei wenigen Interesse erwecken; Er wird nicht aufgesucht werden von denen, deren Herz sich nach besserem Umgange, und deren Kopf sich nach sokratischer Unterhaltung sehnt.

Wer immer Spaß machen will, der erschöpft sich nicht nur leicht und wird matt, sondern hat auch die Unannehmlichkeit, dass, wenn er einmal gerade nicht aufgelegt ist, seinen Vorrat von lustigen Kleinigkeiten zu öffnen, seine Gefährten das sehr ungnädig aufnehmen. Bei jeder Mahlzeit, zu welcher er gebeten wird, bei jeder Aufmerksamkeit, die man ihm beweist, scheint die Bedingung schwer auf ihm zu liegen, dass er diese Ehre durch seine Schwänke zu verdienen suchen sollte; und will er es einmal wagen, den Ton zu erheben und etwas Ernsthaftes zu sagen; so lacht man ihm gerade in das Gesicht, ehe er mit seiner Rede halb zu Ende ist. Wahrer Humor und echter Witz lassen sich nicht erzwingen, nicht erkünsteln, aber sie wirken, wie das Umschweben eines höheren Genius, wonnevoll, erwärmend, Ehrfurcht erregend. Willst du witzige Einfälle anbringen; so überlege auch wohl, in welcher Gesellschaft du dich befindest! Was Personen von einer gewissen Erziehung sehr unterhaltend scheint, kann andern sehr langweilig und unschicklich vorkommen, und ein freier Scherz, den man sich in einem Zirkel von Männern erlaubt, würde bei Frauenzimmern übel angebracht sein. …

Wem es darum zu tun ist, dauerhafte Achtung sich zu erwerben; wem daran liegt, dass seine Unterhaltung niemand anstößig, keinem zur Last werde; der würze nicht ohne Unterlass seine Gespräche mit Lästerungen, Spott, Medisance und gewöhne sich nicht an den auszischenden Ton von Persiflage! Das kann wohl einige Mal und, bei einer gewissen Klasse von Menschen, auch öfter gefallen; aber man flieht und verachtet doch in der Folge den Mann, der immer auf andrer Leute Kosten oder auf Kosten der Wahrheit die Gesellschaft vergnügen will, und man hat Recht dazu; denn der gefühlvolle, verständige Mensch muss Nachsicht haben mit den Schwächen andrer; Er weiß, welchen großen Schaden oft ein einziges, wenngleich nicht böse gemeintes Wörtchen anrichten kann; auch sehnt er sich nach gründlicherer und nützlicherer Unterhaltung; ihn ekelt vor leerer Persiflage. Gar zu leicht aber gewöhnt man sich in der sogenannten großen Welt diesen elenden Ton an; Man kann nicht genug davor warnen.

Übrigens aber möchte ich auch nicht gern alle Satire für unerlaubt erklären, noch leugnen, dass manche Torheiten und Unzweckmäßigkeiten, *im weniger vertrauten Umgange*, am besten durch eine feine, nicht beleidigende, nicht zu deutlich auf einzelne Personen anspielende Persiflage bekämpft werden können. Endlich bin ich auch weit entfernt, zu fordern, man solle alles loben und alle offenbaren Fehler entschuldigen, vielmehr habe ich nie den Leuten getrauet, die so merklich affektieren, alles mit dem Mantel der christlichen Liebe bedecken zu wollen. Sie sind mehrenteils Heuchler, wollen durch das Gute, das sie von den Leuten *reden*, das Böse vergessen zu machen, welches sie ihnen *zufügen*, oder sie suchen dadurch zu erlangen, dass man ebenso nachsichtig gegen ihre Gebrechen sei.

## 1788

# KARL PHILIPP MORITZ
## Lieber tot als lebendig

*»Er war wie ein jüngerer Bruder von mir, nur vom Schicksal verwahrlost und beschädigt, wo ich begünstigt und vorgezogen bin«, schrieb Goethe über ihn, und vielleicht widmete der bei elendsarmen, erzquietistischen Eltern geborene Karl Philipp Moritz (\*1756, †1793) aus dem angesprochenen Grunde sich weniger den idealischen denn den beschädigten Seelen. Ein literarischer Leuchtturm ist sein Roman* Anton Reiser, *in dem er sein eigenes knotiges Selbst zum Hauptgegenstand macht; der erste psychologische Roman Deutschlands. Teilabdrucke daraus waren in einem Großprojekt erschienen, das Moritz von 1783 bis zu seinem Tod herausgab – in den Jahren 1787–1789 gemeinsam mit Carl Friedrich Pockels (\*1757, †1814), von dem auch der abgedruckte Artikel stammt:* Das Magazin zur Erfahrungsseelenkunde, *die weltweit erste große Materialsammlung mit Fallgeschichten psychischer Abnormitäten, psychologischen Beobachtungen und Reflexionen. »Fakta und kein moralisches Geschwätz, keine Romane und keine Komödie« wollte Moritz mit dem* Magazin *liefern, »und auch keine anderen Bücher ausschreiben«. Ein zehnjähriger Ausflug auf »unbetretnen Pfaden« war das – »welche Dunkelheit, welch ein Labyrinth«.*

KRANKHEIT DER EINBILDUNGSKRAFT. NACHRICHT VON EINER FRAU, WELCHE MEINET, DASS SIE GESTORBEN SEI, UND DURCHAUS ALS EINE GESTORBENE WOLLTE BEHANDELT WERDEN.
Nachstehende Erzählung des *Bonnet* ist von einer sonderbaren Art. Ein sonst verständiges altes Frauenzimmer fängt auf einmal sich einzubilden an, dass sie gestorben sei, und begraben werden müsse. Keine Vorstellungen dagegen wollten etwas fruchten, man muss sie, um sie zu beruhigen, durchaus in einen Sarg legen; aber selbst bei dem eingebildeten Tode verlässt sie die weibliche Neigung nicht, sich zu schmücken, etc. – doch hier ist die ganze Erzählung selbst.

Eine ehrbar alte Frau von beinahe siebenzig Jahren saß frisch und gesund in der Küche, und bereitete eben die Speisen zu, als sie eine durch die Küchentür eindringende Zugluft so heftig in den Nacken traf, dass sie als wie vom Schlage gerührt, und an der einen Seite auf einmal gänzlich gelähmt wurde, sodass sie die Tage hindurch fast ganz einer toten Person glich. Vier Tage nachher bekam sie ihre Sprache wieder, und ernannte diejenigen Frauenzimmer, welche ihr das Sterbekleid anziehen, und sie, da sie bereits wirklich tot sei, in den Sarg legen sollten. Man gab sich alle Mühe, sie von ihrem lächerlichen Wahn zu befreien. Ihre Tochter und Bedienten machten es ihr sehr begreiflich, dass sie nicht gestorben sei; sondern noch lebe; alles war umsonst, die Tote wurde hitzig, und fing auf die Saumseligkeit ihrer Freundinnen gewaltig zu schmälen an, welche ihr nicht gleich den letzten Liebesdienst mit Beschickung ihres Körpers erweisen wollten, und wie die Freundinnen noch länger zauderten, wurde sie im höchsten Grade ungeduldig, und wollte von einer Magd mit Drohworten ihre Ankleidung als eine Tote erzwingen. Endlich fand man es für nötig, um sie zu beruhigen, dass man sie wie eine Leiche ankleidete, und wirklich auf ein Paradebette legte. Sie selbst beschäftigte sich hier, noch so galant als möglich zu erscheinen, sie steckte sich die Nadeln anders, musterte an dem Saume des Sterbekleides, und war mit der Weiße des Leinens zu ihrer Beerdigung gar nicht zufrieden. Endlich fiel sie in einen Schlaf, wo man sie alsdann wieder auskleidete, und in ihr Bett legte. Kaum war sie aber wieder erwacht, als die vorige Grille, dass sie wirklich tot sei, und beerdigt werden müsse, wiederkam. Dieser Paroxysmus dauerte lange fort. Der Arzt gab ihr Pulver aus Edelstein mit Opium vermischt. Da sie endlich glaubte, dass sie sich noch wirklich im Lande der Lebendigen befinde, äußerte sie oft, dass sie in Norwegen bei ihrer Tochter wäre, und widersprach allen denen mit größter Lebhaftigkeit, welche das Gegenteil sagten. Bisweilen machte sie Anstalt zur Reise nach Kopenhagen, und war nicht zu überreden, dass sie sich ja schon an diesem Orte aufhielt, bis man endlich auf ein listiges Mittel dachte, und sie in einem Wagen außer dem Tor herumfahren, nachher aber in die Stadt zurückbringen ließ, da sie denn ihr Haus kannte, und damals eben aus Norwegen zurückgekommen zu sein glaubte. Sie konnte Hände und Füße bewegen, und nach Gefallen gebrauchen. Das Essen schmeckte ihr wohl, und war in allen Stücken einem gesunden Menschen gleich, außer dass sie nicht schlafen konnte, wenn sie nicht Opium nahm. Nachher bekam sie ihren Paroxysmus alle Vierteljahr, und wunderte sich hernach allemal höchlich, dass sie wieder ins Leben zurückgekehrt sei. Während der Zeit dass sie sich tot glaubte, hielt sie mit längst Verstorbenen Unterredungen, richtete Gastmahle für sie zu, und bewirtete die nüchternen Toten mit vieler Sorgfalt.

In gegenwärtigem Fall war die Vorstellung des Frauenzimmers, dass sie wirklich gestorben sei, lebhafter als alle andre Ideen geworden, die sie vom Gegenteil hätten überführen können, und dergleichen ähnliche Fälle sind nichts Ungewöhnliches. Als die Kranke vom Schlage gerührt wurde, bemächtigte sich ihrer wahrscheinlich der Gedanke mit größter Stärke: – *nun stirbst du*. – Dieser Gedanke blieb während der Zeit, da sie noch nicht wieder zu sich selbst gekommen war, der einzige und herrschende in ihrer Seele. Alle andern Vorstellungen wurden gleichsam unwillkürlich in den Hintergrund der Seele geschoben, und diese nahm durch seine Lebhaftigkeit überrascht gar bald einen Habitus an, jenen Gedanken als herrschend zu unterhalten. Die ungewöhnlichsten und seltsamsten Ideen können einen solchen Habitus bekommen, wenn die Seele aus ihrer gewöhnlichen Denkordnung *auf einmal* herausgeworfen, und in eine ganz neue Hauptidee hineingezwungen wird. Eine plötzliche körperliche Unordnung im Gehirn, oder auch eine heftige Überraschung können einen solchen Umtausch veranlassen, und wir sind dann nicht mehr imstande, die Ungereimtheit der Letzteren einzusehen, weil wir eine *richtige* Folge unsrer Vorstellungen (selbst beim Wahnsinne) zu bemerken glauben. Dies ist bei allen seltsamen Einbildungen der Fall. Der, welcher sie hat, kann sich nicht überreden, dass es Einbildungen sind, teils weil ihre Lebhaftigkeit nicht mehr eine Vergleichung mit andern natürlichern und vernünftigern Vorstellungen zulässt; teils weil der Eingebildete keine Lücke, keinen Sprung in seiner neuen Denkform wahrnimmt, und die Entwickelung aller seiner Nebenideen aus einer einzigen Hauptidee ihm sehr natürlich und den Gesetzen des menschlichen Denkens gemäß vorkommt. Hieraus lässt sich nun erklären, wie schwer es gemeiniglich ist, Menschen von lebhaften Einbildungen zu kurieren. Man muss gleichsam ihre ganze Gedanken-Methode umwerfen, wenn man sie heilen will, man muss ihnen eine neue Ideenfolge unterschieben, und was das schwerste hierbei ist, man muss die *Hauptidee* zwar nicht immer auf einmal, sondern durch allerlei Nebenwege, und nach und nach aus ihrem Besitz hinauszustoßen suchen. Ferner lässt sich hieraus erklären, warum Leute, die von einer gewissen Einbildung beherrscht werden, gemeiniglich in Absicht dieser Einbildung äußerst konsequent sind. Sie schließen immer von Folge auf Folge, wenn sie nicht anders ganz verrückt sind, und verfahren dabei nicht selten nach einer so strengen Syllogistik, dass man insofern an ihren Schlüssen nichts aussetzen würde, wenn die erste Bedingung aller ihrer Thesen nur nicht aus der Luft gegriffen wäre.

*1791*

# JOHANN GOTTFRIED HERDER

## Venedig: die Verbindung von Klugheit und Fleiß, Freiheit und Reichtum

*Letztes Mal hieß unser Korrespondent in Venedig Goethe (vgl. Nichts als die Welt, S. 167–168). Diesmal zitieren wir seinen fünf Jahre älteren Kollegen, der sich noch mehr als für den Gesang für die wirtschaftliche und politische Weisheit dieser erstaunlich erfolgreichen Pfahlbauer interessiert, von denen, wie er feststellt, alle nur lernen können.*

*Im klassischen Viergestirn von Weimar, das er gemeinsam mit Goethe, Schiller und Wieland bildet, war Johann Gottfried Herder (\*1744, †1803) für die Universalgeschichte zuständig. In seinem monumentalen geschichtsphilosophischen Werk* Ideen zur Philosophie der Geschichte der Menschheit *dachte er als einer der ersten systematisch über das Verhältnis von Identität und Tradition nach. Sein größtes Verdienst ist vielleicht, dass seit ihm zweifelsfrei feststeht, dass der Begriff Kultur nur im Plural Sinn macht.*

Venedig war in seinen Lagunen wie Rom entstanden. Zuerst der Zufluchtsort derer, die bei den Streitereien der Barbaren auf unzugängliche, arme Inseln sich retteten, und wie sie konnten, nährten; sodann mit dem alten Hafen von Padua vereinigt, verband es seine Flecken und Inseln, gewann eine Regierungsform und stieg von dem elenden Fisch- und Salzhandel, mit welchem es angefangen hatte, auf einige Jahrhunderte zur ersten Handelsstadt Europas, zum Vorratshause der Waren für alle umliegenden Länder, zum Besitztum mehrerer Königreiche und noch jetzt zur Ehre des ältesten, nie eroberten Freistaates empor. Es erweiset durch seine Geschichte, was mehrere Handelsstaaten erwiesen haben, dass man von Nichts zu Allem kommen und sich auch vor dem nächsten Ruin sichern könne, solange man unablässigen Fleiß mit Klugheit verbindet. Spät wagte es sich aus seinen Morasten hervor und suchte, wie ein scheues Tier des Schlammes, am Strande des Meers einen kleinen Erdstrich, tat sodann einige Schritte weiter, und stand, um die Gunst des reichsten Kaisertums bemüht, seinen schwachen Exarchen zu Ravenna bei. Dafür erhielt es denn, was es gewünscht hatte, die ansehnlichsten Freiheiten in diesem Reiche, bei welchem damals der Haupthandel der Welt war. Sobald die Araber um sich griffen und mit Syrien, Ägypten, ja fast allen Küsten des mittelländischen Meers auch den Handel derselben sich zueigneten, stand zwar Venedig ihren Angriffen aufs adriatische Meer kühn und glücklich entgegen; ließ sich aber auch zur rechten Zeit mit ihnen in Verträge ein, und ward durch solche mit ungemessenem Vorteil die Verhändlerin alles morgenländischen Reichtuns. Über Venedig kamen also Gewürze, Seide, alle östlichen Waren der Üppigkeit in so reichem Maß nach Europa, dass beinahe die ganze Lombardei die Niederlage derselben, und nebst den Juden die Venezianer und Lombarden die Unterhändler der gesamten Abendwelt wurden. Der nutzbarere Handel der Nordländer litt damit auf eine Zeitlang; und nun fasste, von den Ungarn und Awaren gedrängt, das reiche Venedig auch einen Fuß auf dem festen Lande. Indem sie es weder mit den griechischen Kaisern noch mit den Arabern verdarben, wussten sie Konstantinopel, Aleppo und Alexandrien zu nutzen und setzten mit fürchtendem Eifer sich den Handelsanlagen der Normänner so lange entgegen, bis auch diese in ihren Händen waren. Eben die Waren der Üppigkeit, die sie und ihre Nebenbuhlerinnen aus dem Orient brachten, der Reichtum, den sie dadurch erwarben, nebst den Sagen der Pilgrimme von der Herrlichkeit der Morgenländer, fachten einen größeren Neid in den Gemütern der Europäer über die Besitzungen der Mohammedaner an, als das Grab Christi; und als die Kreuzzüge ausbrachen, war niemand, der so vielen Vorteil davon zog, als eben diese italienischen Handelsstädte. Viele Heere schifften sie über, führten ihnen Lebensmittel zu, und gewannen damit nicht nur unsägliche Summen, sondern auch in den neueroberten Ländern neue Freiheiten, Handelsplätze und Besitztümer. Vor allen andern war Venedig glücklich: denn da es ihm gelang, mit einem Heer von Kreuzfahrern Konstantinopel einzunehmen und ein lateinisches Kaisertum in demselben zu errichten, teilte es sich mit seinen Bundesgenossen in den Raub so vorteilhaft, dass diese wenig und das Wenige auf eine unsichere, kurze Zeit, sie aber alles, was ihnen zum Handel diente, die Küsten und Inseln Griechenlandes bekamen. Lange haben sie sich in diesem Besitz erhalten, und ihn noch ansehnlich vermehret; allen Gefahren, die ihnen Nebenbuhler und Feinde legten, wussten sie glücklich oder vorsichtig zu entweichen, bis eine neue Ordnung der Dinge, die Fahrt der Portugiesen um Afrika, und der Einbruch des türkischen Reichs in Europa, sie in ihr adriatisches Meer einschränkte. Ein großer Teil der Beute des griechischen Reichs, der Kreuzfahrten und des morgenländischen Handels ist in ihre Lagunen zusammengeführt; die Früchte davon in Gutem und Bösen sind über Italien, Frankreich und Deutschland, zumal den südlichen Teil desselben, verbreitet worden. Sie waren die Holländer ihrer Zeit, und haben sich, außer ihrem Handelsfleiße, außer mehreren Gewerben und Künsten am meisten durch ihre dauernde Regierungsform ins Buch der Menschheit eingezeichnet.

# 1792

## THOMAS PAINE

# Die Revolution im Stand der Unschuld

*Welcher Enthusiasmus in dieser Morgendämmerung der Menschenrechtserklärungen beidseits des Atlantiks! Fast kann er vergessen machen, dass der Tag noch fern ist, an dem Grundrechte gesetzlich verankert, um nicht zu sagen, effektiv garantiert sein werden. Doch auf keinem Flecken des Planeten wird das Fanal zu dieser Weichenstellung überhört werden.*

*Thomas Paine (\* 1737, † 1809), geboren in Thetford (Norfolk), England, emigriert 1774 nach Amerika, wo er als Mitherausgeber des »Pennsylvania Journal and the Weekly Advertiser« zunächst gegen die Sklaverei schreibt. 1796 tritt er in seiner Streitschrift* Common Sense *für die Unabhängigkeit der amerikanischen Kolonien ein. Nach dem Unabhängigkeitskrieg kehrt er als Brückenbauer, spezialisiert auf Stahlkonstruktionen, nach Europa zurück. Von der Politik hält er sich jedoch nicht lange fern. Auf der Grundlage einer rationalistisch-naturrechtlichen Staatslehre verteidigt er in seinem Klassiker* Die Rechte des Menschen, *aus dessen zweitem Band die Einleitung hier abgedruckt ist, die Französische Revolution. 1792 wird er französischer Staatsbürger und Abgeordneter des Nationalkonvents. Als Girondist Ende 1793 von Robespierre verhaftet, entkommt er der Guillotine nur mit Glück und ist ein knappes Jahr später wieder in Freiheit. Auf Einladung Präsident Jeffersons kehrt er 1802 nach Amerika zurück, wo er allerdings wegen seines religionskritischen Werks* Zeitalter der Vernunft *bei der Presse in Ungnade gefallen ist. Paine bekennt sich darin zum Unitarismus: »Ich glaube an einen Gott, und nicht an mehr – und ich hoffe auf einen glücklichen Zustand nach diesem Leben.« Von der Offenbarung des Alten und des Neuen Testamentes hält er nichts: »Die christliche Religion ist eine Parodie auf die Sonnenanbetung, in welcher sie eine Figur namens Christus an die Stelle der Sonne gesetzt haben und ihm jetzt die Verehrung zukommen lassen, die ursprünglich der Sonne galt.« In Amerika wird er fortan als verlogener, versoffener und hemmungsloser Ungläubiger verleumdet. Doch mächtig war sein Einfluss nicht nur auf Zeitgenossen, sondern ebenso auf den späteren Präsidenten Abraham Lincoln.*

AN GEORGE WASHINGTON, PRÄSIDENT DER VEREINIGTEN STAATEN VON AMERIKA.
Sir!

Ich überreiche Ihnen eine kleine Abhandlung zur Verteidigung jener Grundsätze der Freiheit, zu deren Aufstellung Ihre hehre Tugend so bedeutend beigetragen hat. Dass die Menschenrechte so allgemein werden mögen, als Ihr Wohlwollen es wünschen kann, und dass Sie das Glück genießen mögen, die alte Welt durch die neue wiedergeboren zu sehen, dafür betet, Sir,

Ihr sehr ergebener und gehorsamer Diener
Thomas Paine.

ZWEITER TEIL
EINLEITUNG

Was Archimedes von den mechanischen Kräften sagte, lässt sich auch auf Vernunft und Freiheit anwenden: »Hätten wir«, sagte er, »einen Platz, um darauf zu stehen, so könnten wir die Welt aus den Angeln heben.«

Die Revolution von Amerika bot in der Politik dar, was in der Mechanik bloß Theorie war. So tief waren alle Regierungen in der Alten Welt eingewurzelt, und mit solchem Erfolg hatten die Tyrannei und das hohe Alter der Gewohnheit sich des menschlichen Geistes bemächtigt, dass in Asien, Afrika oder Europa kein Anfang gemacht werden konnte, die politische Lage des Menschen zu verbessern. Die Freiheit war rund um die Erdkugel gejagt, die Vernunft wurde als Rebellion betrachtet, und die Sklaverei der Furcht hielt durch die Furcht die Menschen ab, zu denken.

Aber so unwiderstehlich ist die Natur der Wahrheit, dass alles, was sie fordert, und alles, was sie bedarf, ist – die Freiheit zu erscheinen. Die Sonne braucht keine Inschrift, um sich von der Dunkelheit zu unterscheiden, und nicht so bald entfalten sich die amerikanischen Regierungen vor der Welt, als der Despotismus einen Stoß fühlte und der Mensch auf Abhilfe zu sinnen begann.

Die Unabhängigkeit von Amerika, nur als Trennung von England betrachtet, würde für ein nur wenig wichtiges Ereignis gegolten haben, wäre sie nicht von einer Revolution in den Prinzipien und der Praxis der Regierungen begleitet gewesen. Dieses unabhängige Amerika nahm eine Stellung ein, die es nicht für sich allein, sondern für die Welt gewann, und sah über die Vorteile hinaus, die es für sich selbst erlangen konnte. Sogar der Hesse, der gezwungen war, gegen den neuen Staat zu kämpfen, mag einst noch seine Niederlage segnen, und England, wenn es die Lasterhaftigkeit seiner Regierung verdammt, sich freuen über sein misslungenes Vorhaben.

Wie Amerika der einzige Ort in der politischen Welt war, wo die Prinzipien einer allgemeinen Reformation hervortreten konnten, so war es auch der beste in der natürlichen Welt. Eine Reihe von Umständen vereinigten sich, diesen Prinzipien nicht nur die Geburt, sondern zugleich gigantische Reife zu geben. Die Szene, welche dieses Land dem Auge des schauenden öffnet, hat etwas in sich, was große Ideen erzeugt und nährt. Die Natur erscheint ihm in ihrer ganzen Größe. Die gewaltigen Gegensätze, die er betrachtet, wirken stärkend und erweiternd auf seinen Geist und er selbst wird der Größe teilhaftig, die er anstaunt. – Die ersten Ansiedler waren Auswanderer aus verschiedenen europäischen Nationen und von verschiedenen Glaubensbekenntnissen, die sich vor den Verfolgungen der Regierungen der Alten Welt zurückzogen und in der Neuen sich nicht als Feinde, sondern als Brüder begegneten. Der Mangel, welcher notwendig den Anbau einer Wildnis begleitet, führte unter ihnen einen Zustand der Gesellschaft ein, welchen Länder, die seit langer Zeit durch die Streitigkeiten und Intrigen der Regierungen zertreten wurden, zu pflegen vernachlässigt hatten. In solcher Lage wird der Mensch, was er sein soll. Er setzt sein Geschlecht nicht mit der unmenschlichen Vorstellung eines natürlichen Feindes, sondern als Verwandte an, und dies Beispiel beweist der künstlichen Welt, dass der Mensch zur Natur zurückkehren muss, um sich zu unterrichten.

Aus den reißenden Fortschritten, die Amerika in allen Arten von Verbesserungen macht, dürfen wir vernünftigerweise den Schluss ziehen, wenn die Regierungen in Asien, Afrika und Europa aus einem dem amerikanischen ähnlichen Prinzip hervorgegangen, aber nicht sehr frühe davon abgeschweift wären, so müssen diese Länder heute in einem weit günstigeren Zustande sich befinden, als sie wirklich sind. Jahrhundert nach Jahrhundert ist verstrichen zu keinem andern Zweck, als ihr Elend zu erblicken. Könnten wir uns einen Zuschauenden denken, der nichts von der Welt wüsste und nur um seine Beobachtungen anzustellen hineingesetzt wäre, er würde einen großen Teil der Alten Welt für eine Neue halten, die eben mit den Schwierigkeiten und dem Ungemach einer jungen Ansiedlung kämpfte. Er würde nicht glauben, dass die Scharen unglücklicher Armen, an denen die alten Länder so reich sind, etwas anderes sein könnten, als Menschen, die noch keine Zeit hatten, für sich selbst zu sorgen. Am wenigsten würde er darauf verfallen, dass ihr Dasein die Folge von dem wäre, was in solchen Ländern Regierung genannt wird.

Wenden wir unsern Blick von diesen elenden Gegenden der Alten Welt auf die, welche auf einer vorgerückten Stufe der Verbesserung stehen, so finden wir hier die gierige Hand der Regierung, die sich beständig in jeden Winkel und jede Spalte der Betriebsamkeit hineindrängt und nach der Plünderung des Volkes hascht. Die Erfindungskraft ist beständig darauf gerichtet, neuen Vorwand für Revenuen und Steuern zu ersinnen. Sie überwacht den Wohlstand als ihre Beute, und gestattet nie, sich ihr ohne Tribut zu entziehen.

Da die Revolutionen einmal begonnen haben (und die Hindernisse einem Gegenstande bei seinem Anfange mehr zu schaffen machen, als bei seinem Fortgang, nachdem er einmal begonnen), so lässt sich natürlich erwarten, dass andere Revolutionen nachfolgen werden. Die erstaunlichen und immer sich mehrenden Kosten der alten Regierungen, die zahllosen Kriege, in welche sie eingehen und die sie erregen, die Verwirrungen, welche sie auf der Bahn der allgemeinen Zivilisation und des Handels anrichten, und der Druck und die Usurpation, die sie zu Hause ausüben, haben die Geduld ermüdet und das Vermögen der Welt erschöpft. Unter solchen Verhältnissen und bei den schon vorliegenden Beispielen stehen neue Revolutionen zu erwarten. Sie liefern den Stoff zum allgemeinen Tagesgespräch und können als Tagesordnung betrachtet werden.

Wenn man Regierungssysteme einführen kann, die weniger kostspielig sind und die allgemeine Wohlfahrt mehr fördern als die bisherigen, so werden alle Versuche, ihrem Fortgang Einhalt zu tun, fruchtlos bleiben. Die Vernunft wird wie die Zeit sich ihren eigenen Weg brechen, und das Vorurteil im Kampfe mit dem Interesse unterliegen. Wenn allgemeiner Friede, Zivilisation und Handel je das glückliche Los des Menschen begründen sollen, so kann ihnen nur eine Revolution in dem System der Regierungen den Weg bahnen. Alle monarchischen Regierungen sind kriegerisch. Krieg ist ihr Handel, Beute und Einkommen ihr Zweck. Solange solche Regierungen fortbestehen, ist der Friede keinen Tag gesichert. Was ist die Geschichte aller monarchischen Regierungen anders als ein widriges Gemälde menschlichen Elends, und eine zufällige Frist von wenigen Jahren Ruhe? Müde vom Kriege und überdrüssig der Metzelei der Menschen, setzen sie sich nieder, um auszuruhen, und nennen dies Frieden. Alles dies ist sicherlich der Zustand nicht, den der Himmel für den Menschen bestimmte, und wenn dies Monarchie ist, wohl! so mag die Monarchie unter die Sünden der Juden gerechnet werden.

Die Revolutionen, welche früher in der Welt Platz griffen, hatten nichts in sich, was die große Masse der Menschheit irreführte. Sie erstreckten sich nur auf einen Wechsel der Personen und Maßregeln, aber nicht der Prinzipien, und erhoben sich und fielen unter den gewöhnlichen Vorkommnissen des Augenblicks. Was wir jetzt sehen, möchte nicht unpassend Gegenrevolution genannt werden. Eroberung und Tyrannei beraubten in frühen Zeiten den Menschen seiner Rechte, und er erficht sie jetzt wieder. Und wie die Strömung aller menschlichen Verhältnisse ihre Ebbe und Flut in sich entgegenstrebenden Richtungen hat, so verhält es sich auch hier. Eine auf eine sittliche Theorie, auf ein System allgemeinen Friedens, auf die unaustilgbaren, angebornen Rechte des Menschen gegründete Regierung wälzt sich jetzt mit mächtigerem Schwunge von Westen nach Osten, als die Regierung des Schwertes sich von Osten nach Westen wälzte. Nicht einzelne Individuen, Nationen sind bei ihrem Fortschritt interessiert und eine neue Zeit wird dem Menschengeschlechte verkündet.

Die Gefahr, welcher der Erfolg der Revolutionen besonders ausgesetzt ist, besteht darin, dass man sie beginnt, bevor die Grundsätze, auf denen sie einherschreiten, und die Vorteile, die sich aus denselben ergeben, zur Genüge eingesehen und verstanden sind. Fast alles, was die Verhältnisse einer Nation angeht, ist in dem allgemeinen und mystischen Begriff Regierung aufgenommen und mit ihm verwechselt worden. Obgleich sie sich hütet, die Fehler, die sie begeht, und die Übel, die sie veranlasst, auf ihre Rechnung zu nehmen, so versäumt sie nicht, ihrer Wirksamkeit alles zuzuschreiben, was nur den Schein von Wohlstand an sich trägt. Sie beraubt den Fleiß seiner Ehre, indem sie sich zur Ursache seiner Wirkungen aufwirft, und entzieht dem allgemeinen Charakter des Menschen die Verdienste, die ihm als gemeinschaftliches Wesen gebühren.

Es wird deshalb in diesen Zeiten der Revolution von Nutzen sein, zwischen dem, was Wirkung der Regierung, und was nicht solche ist, einen Unterschied zu machen. Diesen werden wir am besten gewinnen, wenn wir einen Überblick über Gesellschaft und Zivilisation und den aus ihnen resultierenden Folgen als gänzlich von den sogenannten Regierungen verschiedene Dinge entwerfen. Diese Untersuchung wird uns in den Stand setzen, die Wirkungen ihren eigenen Ursachen zuzuweisen, und die Masse der gemeinen Irrtümer zu zerlegen.

*1792*

## JOHANN WOLFGANG VON GOETHE
## Betrachtungen auf dem Schlachtfeld

*Am 20. September 1792, an der Seite des Herzogs Karl August von Sachsen-Weimar-Eisenach, dessen Finanzminister, Wegbauminister und Kriegsminister er gewesen war, erlebt ein deutscher Dichter, Johann Wolfgang von Goethe (\* 1749, † 1832), den Zusammenstoß der königlichen und kaiserlichen Heere mit dem revolutionären Heer. Den 131 000 Verbündeten des Herzogs von Braunschweig – unter diesen 9000 Emigranten, 5000 davon in Reserve – stehen 82 000 Franzosen gegenüber.*

*Der Reformer Goethe steht wohl der Französischen Revolution ablehnend gegenüber, legt jedoch die Gewaltexzesse in deren Gefolge dem Ancien Régime zur Last, wie er in* Dichtung und Wahrheit *schreibt: »Auch war ich vollkommen überzeugt, dass irgendeine große Revolution nie Schuld des Volkes ist, sondern der Regierung. Revolutionen sind ganz unmöglich, sobald die Regierungen fortwährend gerecht und fortwährend wach sind, sodass sie ihnen durch zeitgemäße Verbesserungen entgegenkommen und sich nicht so lange sträuben, bis das Notwendige von unten her erzwungen wird.« Und vielleicht möchte sich das noch einmal überlegen, wer sich selber ohne Not und ganz bestimmte Gegenpositionen vor Augen als ein Konservativer zu bezeichnen pflegt: »Weil ich nun aber die Revolutionen hasste, so nannte man mich einen Freund des Bestehenden. Das ist aber ein sehr zweideutiger Titel, den ich mir verbitten möchte. Wenn das Bestehende alles vortrefflich, gut und gerecht wäre, so hätte ich gar nichts dawider. Da aber neben vielem Guten zugleich viel Schlechtes, Ungerechtes und Unvollkommenes besteht, so heißt ein Freund des Bestehenden oft nicht viel weniger als ein Freund des Veralteten und Schlechten.«*

Kellermann hatte einen gefährlichen Posten bei der Mühle von Valmy, dem eigentlich das Feuer galt; dort ging ein Pulverwagen in die Luft, und man freute sich des Unheils, das er unter den Feinden angerichtet haben mochte. Und so blieb eigentlich alles nur Zuschauer und Zuhörer, was im Feuer stand und was nicht. Wir hielten auf der Chaussee von Châlons an einem Wegweiser, der nach Paris deutete.

Diese Hauptstadt also hatten wir im Rücken, das französische Heer aber zwischen uns und dem Vaterland. Stärkere Riegel waren vielleicht nie vorgeschoben, demjenigen höchst apprehensiv, der eine genaue Karte des Kriegstheaters nun seit vier Wochen unablässig studierte …

Von jeder Seite wurden an diesem Tage zehntausend Schüsse verschwendet, wobei auf unserer Seite nur zweihundert Mann und auch diese ganz unnütz fielen. Von der ungeheuren Erschütterung klärte sich der Himmel auf: denn man schoss mit Kanonen völlig als wäre es Pelotonfeuer, zwar ungleich, bald abnehmend, bald zunehmend. Nachmittags ein Uhr, nach einiger Pause, war es am gewaltsamsten, die Erde bebte im ganz eigentlichsten Sinne, und doch sah man in den Stellungen nicht die mindeste Veränderung. Niemand wusste, was daraus werden sollte.

Ich hatte so viel vom Kanonenfieber gehört und wünschte zu wissen, wie es eigentlich damit beschaffen sei. Langeweile und ein Geist, den jede Gefahr zur Kühnheit, ja zur Verwegenheit aufruft, verleitete mich, ganz gelassen nach dem Vorwerk La Lune hinaufzureiten. Dieses war wieder von den Unsrigen besetzt, gewährte jedoch einen gar wilden Anblick. Die zerschossenen Dächer, die herumgestreuten Weizenbündel, die darauf hie und da ausgestreckten tödlich Verwundeten, und dazwischen noch manchmal eine Kanonenkugel, die sich herüberverirrend in den Überresten der Ziegeldächer klapperte.

Ganz allein, mir selbst gelassen, ritt ich links auf den Höhenweg und konnte deutlich die glückliche Stellung der Franzosen überschauen; sie standen amphitheatralisch in größter Ruhe und Sicherheit, Kellermann jedoch auf dem linken Flügel eher zu erreichen.

Mir begegnete gute Gesellschaft, es waren bekannte Offiziere vom Generalstabe und vom Regimente, höchst verwunderlich, mich hier zu finden. Sie wollten mich wieder mit sich zurücknehmen, ich sprach ihnen aber von besondern Absichten, und sie überließen mich ohne weiteres meinem bekannten wunderlichen Eigensinn.

Ich war nun vollkommen in die Region gelangt, wo die Kugeln herüberspielten; der Ton ist wundersam genug, als wär er zusammengesetzt aus dem Brummen des Kreisels, dem Buttel des Wassers und dem Pfeifen eines Vogels. Sie waren weniger gefährlich wegen des feuchten Erdbodens; wo eine hinschlug, blieb sie stecken, und so ward mein törichter Versuchsritt wenigstens vor der Gefahr des Ricichetierens gesichert.

Unter diesen Umständen konnte ich jedoch bald bemerken, dass etwas Ungewöhnliches in mir vorgehe; ich achtete genau darauf, und doch würde sich die Empfindung nur gleichnisweise mitteilen lassen. Es schien, als wäre man an einem sehr heißen Orte, und zugleich von derselben Hitze völlig durchdrungen, sodass man sich mit demselben Element, in welchem man sich befindet, vollkommen gleich fühlt. Die Augen verlieren nichts an ihrer Stärke noch Deutlichkeit; aber es ist doch, als wenn die Welt einen gewissen braunrötlichen Ton hätte, der den Zustand sowie die Gegenstände noch apprehensiver macht. Von Bewegung des Blutes habe ich nichts bemerken können, sondern mir schien vielmehr alles in jener Glut verschlungen zu sein. Hieraus erhellet nun, in welchem Sinne man diesen Zustand ein Fieber nennen könne. Bemerkenswert bleibt indessen, dass jenes grässlich Bängliche nur durch Ohren zu uns gebracht wird; denn der Kanonendonner, das Heulen, Pfeifen, Schmettern der Kugeln durch die Luft ist doch eigentlich Ursache an diesen Empfindungen.

Als ich zurückgeritten und völlig in Sicherheit war, fand ich bemerkenswert, dass alle jene Glut sogleich erloschen und nicht das mindeste von einer fieberhaften Bewegung übriggeblieben sei. Es gehört übrigens dieser Zustand unter die am wenigsten wünschenswerten; wie ich denn auch unter meinen lieben und edlen Kriegskameraden kaum einen gefunden habe, der einen eigentlich leidenschaftlichen Trieb hiernach geäußert hätte.

So war der Tag hingegangen; unbeweglich standen die Franzosen, Kellermann hatte auch einen bequemern Platz genommen; unsere Leute zog man aus dem Feuer zurück, und es war eben als wenn nichts gewesen wäre. Die größte Bestürzung verbreitete sich über die Armee. Noch am Morgen hatte man nicht anders gedacht, als die sämtlichen Franzosen anzuspießen und aufzuspeisen, ja mich selbst hatte das unbedingte Vertrauen auf ein solches Heer, auf den Herzog von Braunschweig zur Teilnahme an dieser gefährlichen Expedition gelockt; nun aber ging jeder vor sich hin, man sah sich nicht an, oder wenn es geschah, so war es, um zu fluchen oder zu verwünschen. Wir hatten, eben als es Nacht werden wollte, zufällig einen Kreis geschlossen, in dessen Mitte nicht einmal wie gewöhnlich ein Feuer konnte angezündet werden, die meisten schwiegen, einige sprachen, und es fehlte doch eigentlich einem jeden Besinnung und Urteil. Endlich rief man mich auf, was ich dazu denke, denn ich hatte die Schar gewöhnlich mit kurzen Sprüchen erheitert und erquickt; diesmal sagte ich: »Von hier und heute geht eine neue Epoche der Weltgeschichte aus und ihr könnt sagen, ihr seid dabei gewesen.«

# 1793

## LOUIS-MARIE PRUDHOMME

## Marie-Antoinette wird zum Schafott geführt

*»Die Großen erscheinen uns nur groß, weil wir auf den Knien liegen. Erheben wir uns also!« Das war die Devise der von ihm gegründeten Zeitschrift »Révolutions de Paris«. Louis-Marie Prudhomme (\* 1752, † 1830), Schriftsteller, Journalist und revolutionärer Aktivist, wird als Autor von rund 1500 Pamphleten gegen das Regime vor 1789 mehrfach inhaftiert. Zur rechten Zeit zieht er sich 1793 vorübergehend aus dem politischen Leben zurück, um vier Jahre später seine sechsbändige* L'Histoire générale et impartiale des erreurs, des fautes et des crimes commis pendant la Révolution française *zu publizieren, die vom Direktorium, der bürgerlichen Regierung in der Endphase der Französischen Revolution, umgehend beschlagnahmt wird. (1801 erscheinen zwei Bände in deutscher Übersetzung:* Allgemeine und unparteiische Geschichte der Irrtümer, Fehler und Verbrechen, welche im Laufe der französischen Revolution sind begangen worden.*) 1799 wird er zum Direktor der Pariser Krankenhäuser berufen. Als Gegner von Bonapartes Kaiserreich begrüßt er 1814 die Wiederherstellung der Bourbonenmonarchie. Sein zweites, zweibändiges Monumentalwerk folgt 1825:* L'Europe tourmentée par la Révolution en France, ébranlée par dix-huit années de promenades meurtrières de Napoléon Buonaparte.

MARIE-ANTOINETTE VON ÖSTERREICH, verwitwete Capet, hat, nach einem dreitägigen Verhör vom Revolutionstribunal zum Tode verurteilt, am fünfundzwanzigsten Tag des ersten Monats, mittags, auf der Place de la Révolution, am Fuß der Freiheitsstatue, die Strafe erlitten, die ihren politischen und persönlichen Freveltaten gebührte.

Der Bürger Sanson, der Vollstrecker der Urteile, fand sich um sieben Uhr morgens in ihrem Zimmer ein. »Sie kommen früh«, sagte sie zu ihm. »Könnten Sie nicht noch etwas warten?« – »Nein, Madame, ich komme auf Befehl.« Sie war schon fertig, das heißt, in Weiß gekleidet, genau wie ihr verstorbener Mann am Tag seiner Hinrichtung. Diese Ziererei fiel auf und machte das Volk lächeln; die symbolische Farbe der Unschuld stand Marie-Antoinette schlecht an. Sie wollte ohne Haube auf dem Kopf zur Guillotine gehen, was ihr nicht gestattet wurde. Sie selbst hatte sich das Haar abgeschnitten. Ein Gendarm kam und sagte: »Es ist ein Pariser Pfarrer da, der fragt, ob Sie beichten wollen.« Man hörte sie leise sagen: »Ein Pariser Pfarrer! Es gibt keinen mehr.« Der Beichtvater trat vor und fragte: »Wollen Sie, Madame, dass ich Sie begleite?« – »Wie Sie wollen, Monsieur.« Sie beichtete aber nicht und sprach auf dem ganzen Weg kein Wort.

Als sie beim Verlassen der Conciergerie den Karren erblickte, zeigte sie eine Bewegung der Überraschung und Entrüstung. Sie war überzeugt gewesen, man würde sie mit einer Kutsche holen wie ihren Gatten. Sie musste trotzdem auf diesen Wagen steigen, der ihre hochmütige Seele verletzte, und es steht fest, dass ihre Strafe in diesem Augenblick begann, wenngleich sie auch Gefasstheit zur Schau trug; es war ihr aber leicht anzumerken, dass diese scheinbare Gefasstheit sie viel kostete. Ihre Gesichtszüge waren von diesem Augenblick an verfallen. Die Hände waren ihr, wie es üblich ist, auf dem Rücken zusammengebunden (man sollte aber auf diesen Brauch verzichten und die Verbrecher ihre Freiheit bis zum Ende auskosten lassen). Auf dem ganzen Weg bewahrte sie durchaus dieselbe Gefasstheit, ausgenommen jedoch angesichts des ehemaligen Palais-Royal. Dieses Gebäude rief wahrscheinlich Erinnerungen in ihr wach, die sie erregten. Sie sah es mit bewegtem Blick an. Das Volk verhielt sich ziemlich friedlich. An manchen Stellen wurde in die Hände geklatscht; aber im Allgemeinen schien für einen Augenblick alles Unheil vergessen zu sein, das Frankreich durch diese Frau widerfahren ist, man schien nur an ihre gegenwärtige Lage zu denken. Es wurde Gerechtigkeit geübt, das war alles, was das Volk verlangt hatte.

Als sie auf das Schafott stieg, trat Antoinette versehentlich dem Bürger Sanson auf den Fuß; der Vollstrecker der Urteile fühlte einen so heftigen Schmerz dabei, dass er »Au!« schrie. Sie wandte sich um und sagte: »Entschuldigen Sie, Monsieur, ich tat es nicht absichtlich.« Es wäre möglich, dass sie diese kleine Szene doch absichtlich veranstaltet hat, um sich im Gedächtnis interessant zu machen, denn die Eigenliebe verlässt manche Menschen erst mit dem Tod.

*1794*

# MAXIMILIEN DE ROBESPIERRE
## Glaubensfreiheit unter dem Terror der Tugend

*»La Terreur« heißt in Frankreich die Periode der revolutionären Schreckensherrschaft von Anfang Juni 1793 bis Ende Juli 1794. In diesen vierzehn Monaten werden mindestens 16 594 Todesurteile vollstreckt und außergerichtlich je nach Schätzungen weitere 25 000 bis 40 000 Menschen zu Tode gebracht, während 21 000 Überwachungsausschüsse ihres Amtes der Verteidigung der Republik gegen »konterrevolutionäre Aktivitäten« walten.*

*Maximilien Marie Isidore de Robespierre (\* 1758, † 1794), einer der Haupturheber des Terrors, referiert am 7. Mai 1794 vor dem Nationalkonvent über die Beziehung der religiösen und moralischen Ideen zu den republikanischen Grundsätzen und über die Bedeutung der nationalen Feste. Ganz die Stimme der Vernunft, wie es scheint. Wenn diese sich jedoch nur durch »terreur« behaupten kann, dann tritt sie dafür ein. Die Revolution verlangt deshalb Widersprüchliches: der Gerechtigkeit mit Unrecht nachzuhelfen, sich über das Gesetz zu stellen, um dieses zu verteidigen oder unter dem Namen der Glaubensfreiheit deren striktes Gegenteil zu propagieren. Das Volk soll sich erheben, ruft Robespierre, nicht um Zucker zu ernten, sondern um die Tyrannen zu stürzen. Genau dabei allerdings kommen ihm am 27. Juli einige seiner ehemaligen Anhänger zuvor und verhaften ihn im Nationalkonvent. Mit 21 anderen Anhängern, denen in den nächsten Tagen 83 weitere folgen, wird er tags darauf guillotiniert.*

WENN MAN DIE MENSCHEN zur reinen Verehrung des Höchsten Wesens aufruft, versetzt man damit dem Fanatismus einen tödlichen Schlag. Alle Wahngebilde verschwinden vor der Wahrheit, und alle Dummheiten versinken vor der Vernunft. Ohne Zwang und ohne Verfolgung sollen sich alle Sekten miteinander in dem universellen Glauben an die Natur zusammenfinden. Wir raten euch also, an den Grundsätzen festzuhalten, die ihr bislang vertreten habt. Die Glaubensfreiheit muss respektiert werden, damit die Vernunft siegen kann; aber diese Glaubensfreiheit darf nicht die öffentliche Ordnung stören und zu einem Mittel der Verschwörung werden. Wenn sich die Böswilligkeit der Konterrevolutionäre unter diesem Vorwand verbergen sollte, dann müsst ihr sie unterdrücken; im Übrigen verlasst euch getrost auf die Macht der Grundsätze und auf die Stärke der Dinge selbst.

Ehrgeizige Priester, erwartet also nicht, dass wir uns bemühen, euer Reich wiederaufzubauen; ein solches Unterfangen würde sogar über unsere Kräfte gehen. Ihr habt euch selbst zugrunde gerichtet, und wie man zum physischen Leben nicht wieder auferstehen kann, so kehrt man auch nicht mehr zum moralischen Leben zurück.

Und übrigens, was haben die Priester mit Gott zu tun? Die Priester sind für die Moral, was die Scharlatane für die Medizin sind. Wie sehr unterscheidet sich der Gott der Natur von dem Gott der Priester! Man kennt nichts, was dem Atheismus ähnlicher wäre, als die Religionen, die sie geschaffen haben. Sie haben das Höchste Wesen verunstaltet und sogar geleugnet, obwohl es in ihnen lebte; sie haben aus ihm bald einen Feuerball, ein Kalb, einen Baum, einen Menschen und sogar einen König gemacht. Die Priester haben Gott nach ihrem Bilde geschaffen; sie haben ihn als einen eifersüchtigen, launenhaften, habgierigen, grausamen und unerbittlichen Menschen dargestellt. Sie haben ihn behandelt, wie einstmals die Hausmeister die Nachfahren Chlodwigs, um in seinem Namen zu regieren und sich an seine Seite zu setzen. Sie haben ihn in den Himmel verwiesen wie in einen Palast, und sie haben ihn nur auf die Erde gerufen, um für sich selbst Tribute, Reichtümer, Ehren, Vergnügungen und Macht zu fordern. Der wirkliche Priester des Höchsten Wesens ist die Natur; sein Tempel ist die Welt; sein Kult ist die Tugend; seine Feste sind die Freuden eines großen Volkes, das sich unter seinen Augen versammelt hat, um die zarten Bande universeller Brüderlichkeit zu knüpfen und ihm Huldigungen empfindsamer und reiner Herzen darzubringen.

Priester, durch welche Eigenschaften habt ihr eure Mission nachgewiesen? Seid ihr gerechter, bescheidener und wahrheitsliebender gewesen als die anderen Menschen? Habt ihr die Gleichheit geliebt, die Rechte der Völker verteidigt, den Despotismus verabscheut und die Tyrannei bekämpft? Ihr wart es doch, die den Königen sagten: »Ihr seid die Ebenbilder Gottes auf Erden, von ihm allein habt ihr eure Macht erhalten«; und die Könige haben euch geantwortet: »Ja, ihr seid tatsächlich die Gesandten Gottes; wir wollen uns vereinigen, um uns die Habe und die Anbetung der Sterblichen zu teilen.« Zepter und Weihrauch haben sich verschworen, den Himmel zu entehren und die Erde zu usurpieren.

Lassen wir die Priester und kehren wir zu der Gottheit zurück. Wir sollten die Moral auf ewige und heilige Grundlagen stellen; wir sollten dem Menschen eine religiöse Achtung für seinesgleichen und ein tiefes Gefühl für seine Pflichten eingeben; das ist die einzige Garantie für das allgemeine Glück; das müssen wir durch alle unsere Institutionen fördern; und vor allem muss die öffentliche Erziehung auf dieses Ziel ausgerichtet sein. Zweifellos schreibt ihr damit dem Menschen einen großen Charakter zu, der ebenso der Natur unserer Regierung wie der Erhabenheit des Schicksals unserer Republik entspricht. Ihr werdet die Notwendigkeit empfinden, die Republik für alle Franzosen gleich zu gestalten. Es geht nicht mehr darum, ›Herren‹ heranzubilden, sondern Bürger; allein das Vaterland hat das Recht, seine Kinder aufzuziehen; es kann diesen Schatz weder dem Stolz der Familien noch den Vorurteilen der einzelnen Menschen anvertrauen, die der ewige Nährboden der Aristokratie und eines häuslichen Föderalismus sind, der die Seelen einengt, isoliert und zusammen mit der Gleichheit auch alle anderen Grundlagen der gesellschaftlichen Ordnung zerstört; aber dieses wichtige Thema gehört nicht in die augenblickliche Diskussion.

Es gibt jedoch eine Art Einrichtung, die als ein wesentlicher Teil der öffentlichen Erziehung betrachtet werden muss und die notwendigerweise zum Thema dieses Berichts gehört. Ich denke an die nationalen Festlichkeiten.

Versammelt die Menschen, ihr macht sie damit besser; denn die versammelten Menschen trachten danach, sich gegenseitig zu gefallen, und sie können sich nur durch solche Eigenschaften gefallen, die sie achtbar machen. Verschafft ihrem Treffen ein großes moralisches und politisches Motiv, und die Liebe zu den ehrenwerten Dingen und auch die Freude wird in ihre Herzen treten; denn die Menschen treffen niemals ohne ein gewisses Vergnügen zusammen.

Der Mensch ist das bedeutendste Wesen in der Natur; und das erhabenste Schauspiel ist das eines versammelten großen Volkes. Von den nationalen Festen Griechenlands spricht man euch immer nur mit großer Begeisterung; dennoch wurden bei diesen Festen nur Spiele veranstaltet, in denen die Kraft des Körpers, die Geschicklichkeit oder höchstens das Talent der Dichter und der Redner glänzten. Aber ganz Griechenland versammelte sich; man sah ein Schauspiel, das viel größer war als die Spiele, nämlich die Zuschauer selbst; das war das Volk, das über Asien gesiegt und das die republikanischen Tugenden höher gestellt hatte als die Menschheit; man sah große Männer, die das Vaterland gerettet und ihm höchsten Ruhm verschafft hatten. Die Väter zeigten ihren Söhnen Miltiades, Aristides, Epaminondas und Timoleon, deren bloße Anwesenheit eine lebendige Lektion für Erhabenheit, Gerechtigkeit und Patriotismus war.

Wie leicht wäre es für das französische Volk, unseren Versammlungen ein umfassenderes Ziel und einen größeren Charakter zu geben! Ein wohlverstandenes System von Festen wäre zugleich ein zartes Band der Brüderlichkeit und ein wirksames Mittel der Regenerierung.

Veranstaltet also für die ganze Republik allgemeine und feierliche Feste; schafft auch für jeden einzelnen Ort besondere Feste, die Ruhetage sein sollen und das ersetzen müssen, was die Umstände zerstört haben.

All diese Feste sollen die edlen Gefühle wecken, die den Reiz und die Schönheit des menschlichen Lebens, die Begeisterung für die Freiheit, die Liebe zum Vaterland und die Achtung vor den Gesetzen fördern. Der Tyrannen und Verräter soll man bei diesen Festen mit Abscheu gedenken; das Andenken der Helden der Freiheit und der Wohltäter der Menschheit soll dagegen die gerechten Tribute öffentlicher Anerkennung erhalten; die Feste sollen ihre Anlässe und ihre Namen aus den unsterblichen Ereignissen unserer Revolution und aus den heiligsten und teuersten Gegenständen des menschlichen Herzens wählen; sie sollen mit den Emblemen, die ihren besonderen Gegebenheiten entsprechen, verschönt und ausgezeichnet werden. Laden wir zu unseren Festlichkeiten die Natur und alle Tugenden ein! Feiern wir sie unter der Schutzherrschaft des Höchsten Wesens, ihm sollen sie gewidmet sein; mit einer Huldigung an seine Macht und seine Güte sollen sie eröffnet und beschlossen werden.

## 1798

# THOMAS ROBERT MALTHUS
## Von der planetarischen Bevölkerungskatastrophe

*Es handelt sich fraglos um eine der berühmtesten und radikalsten Katastrophenthesen. Nach ihr nannten seine Studenten den Urheber liebevoll »Pop Malthus« oder »Population Malthus«. Die Vernunft vermag dagegen nichts: »Die Leidenschaft zwischen den Geschlechtern ... scheint heutzutage in ebendemselben Ausmaß vorhanden zu sein wie vor zwei- oder vor viertausend Jahren.« Beim natürlichen Ungleichgewicht »zwischen den beiden Kräften der Bevölkerungsvermehrung und der Nahrungserzeugung der Erde« kann die Erstere einzig durch die Grenzen der Letzteren gestoppt werden. Die menschliche Bevölkerung des Planeten, heißt das, kann nur durch den Hunger stabilisiert werden, und dies, so ist daraus zwingend zu schließen, auf einem kollektiv sehr niedrigen Niveau, was eine »Vervollkommnungsfähigkeit des überwiegenden Teils der Menschheit« ausschließt.*

*Der anglikanische Pfarrer Thomas Robert Malthus (\* 1766, † 1834) wurde 1806 als Professor für Geschichte und politische Ökonomie ans Haileybury College der East India Company berufen, auf Englands ersten Lehrstuhl für Volkswirtschaftslehre. Er hatte starken Einfluss auf Darwin, in dessen Konzeption der natürlichen Auslese und des* survival of the fittest *Geburtenkontrolle auch noch kein politisches Thema war. Ganz offenkundig aber war deren überragende Bedeutung klar, noch bevor irgendein Mensch auch nur im Trauma an ihre praktische Möglichkeit geglaubt hätte.*

MEINER ANSICHT nach kann ich mit Recht zwei Postulate aufstellen.

Erstens: Die Nahrung ist für die Existenz des Menschen notwendig.

Zweitens: Die Leidenschaft zwischen den Geschlechtern ist notwendig und wird in etwa in ihrem gegenwärtigen Zustand bleiben.

Diese beiden Gesetze scheinen, seit wir überhaupt etwas über die Menschheit wissen, festgefügte Bestandteile unserer Natur zu sein. Da wir bisher keinerlei Veränderung an ihnen wahrnehmen konnten, haben wir keinen Anlass zu der Folgerung, dass sie jemals aufhören, das zu sein, was sie jetzt sind, ohne einen direkteren Machterweis jenes Wesens, das das System des Universums erschuf und es gemäß festgefügten Gesetzen zum Vorteil seiner Geschöpfe in seinem vielfältigen Geschehen erhält.

Mir ist nicht bekannt, ob irgendein Autor angenommen hat, dass es dem Menschen auf dieser Erde letztlich möglich sein werde, ohne Nahrung zu leben. Mr Godwin jedoch hat die Vermutung geäußert, dass die Leidenschaft zwischen den Geschlechtern eines Tages erloschen sein werde. Da er jedoch diesen Teil seines Werkes als einen Abstecher ins Reich der Vermutungen bezeichnet, möchte ich im Augenblick nur darauf hinweisen, dass die besten Argumente für die Vervollkommnungsfähigkeit des Menschen sich aus der Betrachtung des großen Fortschritts ergeben, den er seit dem Stadium der Wildheit hinter sich gebracht hat, sowie aus der Schwierigkeit, den Endpunkt seines Weges zu bestimmen. Was allerdings das Erlöschen der Leidenschaft zwischen den Geschlechtern anbelangt, so ist bis jetzt noch kein Anzeichen dafür zu bemerken. Diese Leidenschaft scheint heutzutage in ebendemselben Ausmaß vorhanden zu sein wie vor zwei- oder vor viertausend Jahren. Einzelne Ausnahmen, wie es sie heute gibt, hat es immer gegeben. Da aber diese Ausnahmen allem Anschein nach zahlenmäßig nicht zunehmen, wäre es zweifelsohne eine äußerst unwissenschaftliche Beweisführung, aus dem bloßen Vorhandensein einer Ausnahme zu folgern, dass die Ausnahme mit der Zeit die Regel und die Regel die Ausnahme werden würde.

Indem ich meine Postulate als gesichert voraussetze, behaupte ich, dass die Vermehrungskraft der Bevölkerung unbegrenzt größer ist als die Kraft der Erde, Unterhaltsmittel für den Menschen hervorzubringen.

Die Bevölkerung wächst, wenn keine Hemmnisse auftreten, in geometrischer Reihe an. Die Unterhaltsmittel nehmen nur in arithmetischer Reihe zu. Schon einige wenige Zahlen werden ausreichen, um die Übermächtigkeit der ersten Kraft im Vergleich zu der zweiten vor Augen zu führen.

Aufgrund jenes Gesetzes unserer Natur, wonach die Nahrung für den Menschen lebensnotwendig ist, müssen die Auswirkungen dieser beiden ungleichen Kräfte im Gleichgewicht gehalten werden.

Dies bedeutet ein ständiges, energisch wirkendes Hemmnis für die Bevölkerungszunahme aufgrund von Unterhaltsschwierigkeiten, die unweigerlich irgendwo auftreten und notwendigerweise von einem beachtlichen Teil der Menschheit empfindlich verspürt werden.

Im Tier- und Pflanzenreich hat die Natur den Lebenssamen mit der verschwenderischsten und freigiebigsten Hand weit umhergestreut. Dafür hat sie an Lebensraum und an Unterhaltsmitteln, die zur Ernährung nötig sind, gespart. Die Lebenskeime auf unserem Fleckchen Erde würden, falls sie ausreichend Nahrung und Platz zur Ausbreitung hätten, im Laufe einiger Jahrtausende Millionen von Welten anfüllen. Die Not als das übermächtige, alles durchdringende Naturgesetz hält sie aber innerhalb der vorgegebenen Schranken zurück. Die Pflanzen- und Tierarten schrumpfen unter diesem großen, einschränkenden Gesetz zusammen. Auch das Menschengeschlecht vermag ihm durch keinerlei Bestrebungen der Vernunft zu entkommen. Bei Pflanzen und Tieren bestehen seine Auswirkungen in der Vertilgung des Samens, in Krankheit und vorzeitigem Tod, bei den Menschen in Elend und Laster. Das Elend ist eine absolut unausweichliche Folge. Das Laster ist eine sehr wahrscheinliche Folge, und wir konstatieren deshalb sein weitverbreitetes Vorkommen, aber es sollte vielleicht nicht als eine absolut notwendige Folge angesehen werde. Die Tugend fordert von uns, aller Versuchung zum Bösen zu widerstehen.

Die natürliche Ungleichheit, die zwischen den beiden Kräften – der Bevölkerungsvermehrung und der Nahrungserzeugung der Erde – besteht, und das große Gesetz unserer Natur, das die Auswirkungen dieser beiden Kräfte im Gleichgewicht halten muss, bilden die gewaltige, mir unüberwindlich erscheinende Schwierigkeit auf dem Weg zur Vervollkommnungsfähigkeit der Gesellschaft. Alle anderen Gesichtspunkte sind im Vergleich dazu von geringer und untergeordneter Bedeutung. Ich sehe keine Möglichkeit, dem Gewicht dieses Gesetzes, das die gesamte belebte Natur durchdringt, auszuweichen. Weder eine erträumte Gleichheit noch landwirtschaftliche Maßnahmen von äußerster Reichweite könnten seinen Druck auch nur für ein einziges Jahrhundert zurückdrängen. Deshalb scheint dieses Gesetz auch entschieden gegen die mögliche Existenz einer Gesellschaft zu sprechen, deren sämtliche Mitglieder in Wohlstand, Glück und verhältnismäßiger Muße leben und sich nicht um die Beschaffung von Unterhaltsmitteln für sich und ihre Familien zu sorgen brauchen.

Folglich ist unter der Voraussetzung, dass die Prämissen stimmen, die These wider die Vervollkommnungsfähigkeit des überwiegenden Teils der Menschheit schlüssig.

# 1798

## IMMANUEL KANT
## Vom höchsten physischen Gut

*Auch diese Sinnlichkeit ist eine ungemein gestrenge Angelegenheit, apriorisch scheint es fast. Bei ihm folgt sie jedenfalls von sich aus, ohne Nötigung und Zucht, der Vernunft und gar keiner anderen Freude. Immanuel Kant (\* 1724, † 1804) (vgl. auch S. 297–300) gilt als Verkörperung des preußischen Rigorismus. Dabei wird berichtet, dort im Norden seines Königsberger Milieus habe er ein sehr reges gesellschaftliches Leben geführt, der trockene Humor und die Anekdoten seien ihm niemals ausgegangen. »Es ist gut«, sollen seine letzten Worte gewesen sein, als er achtzigjährig starb.*

DER GRÖSSTE SINNENGENUSS, der gar keine Beimischung von Ekel bei sich führt, ist, im gesunden Zustande, Ruhe nach der Arbeit – Der Hang zur Ruhe ohne vorhergehende Arbeit in jenem Zustande ist Faulheit. – Doch ist eine etwas lange Weigerung, wiederum an seine Geschäfte zu gehen, und das süße *far niente* zur Kräfteansammlung, darum noch nicht Faulheit; weil man (auch im Spiel) angenehm und doch zugleich nützlich beschäftigt sein kann, und auch der Wechsel der Arbeiten, ihrer spezifischen Beschaffenheit nach, zugleich so vielfältige Erholung ist: da hingegen an eine schwere unvollendet gelassene Arbeit wieder zu gehen ziemliche Entschlossenheit erfordert.

Unter den drei Lastern: Faulheit, Feigheit und Falschheit, scheint das Erstere das verächtlichste zu sein. Allein in dieser Beurteilung kann man dem Menschen oft sehr unrecht tun. Denn die Natur hat auch den Abscheu für anhaltende Arbeit manchem Subjekt weislich in seinen für ihn sowohl als andere heilsamen Instinkt gelegt; weil dieses etwa keinen langen oder oft wiederholten Kräfteaufwand ohne Erschöpfung vertrug, sondern gewisser Pausen der Erholung bedurfte. Demetrius hätte daher nicht ohne Grund immer auch dieser Unholdin (der Faulheit) einen Altar bestimmen können; indem, wenn nicht Faulheit noch dazwischen träte, die rastlose Bosheit weit mehr Übels, als jetzt noch ist, in der Welt verüben würde; wenn nicht Feigheit sich der Menschen erbarmte, der kriegerische Blutdurst die Menschen bald aufreiben würde, und, wäre nicht Falschheit (da nämlich unter vielen sich zum Komplott vereinigenden Bösewichtern in großer Zahl (z. B. in einem Regiment) immer einer sein wird, der es verrät), bei der angebornen Bösartigkeit der menschlichen Natur ganze Staaten bald gestürzt sein würden.

Die stärksten Antriebe der Natur, welche die Stelle der unsichtbar das menschliche Geschlecht durch eine höhere, das physische Weltbeste allgemein besorgende Vernunft (des Weltregierers) vertreten, ohne dass menschliche Vernunft dazu hinwirken darf, sind Liebe zum Leben, und Liebe zum Geschlecht; die Erstere um das Individuum, die zweite um die Spezies zu erhalten, da dann durch Vermischung der Geschlechter im ganzen das Leben unserer mit Vernunft begabten Gattung fortschreitend erhalten wird, unerachtet diese absichtlich an ihrer eigenen Zerstörung (durch Kriege) arbeitet; welche doch die immer an Kultur wachsenden vernünftigen Geschöpfe, selbst mitten in Kriegen, nicht hindert, dem Menschengeschlecht in kommenden Jahrhunderten einen Glückseligkeitszustand, der nicht mehr rückgängig sein wird, im Prospekt unzweideutig vorzustellen.

# 1799

# FRIEDRICH HÖLDERLIN

## Die häuslichen Deutschen

*Welche Freude, in seinen Briefen auf eine Meditation über die Deutschen zu stoßen, die sonst bei ihren großen Klassikern in diesem Buch kaum Thema sind. Adressiert ist sie an den Halbbruder Karl Gok, der in diesen Jahren den nach einer Stellung in der Gesellschaft suchenden Dichter unterstützt.*

*Noch ist Johann Christian Friedrich Hölderlin (\* 1770, † 1843) einige Jahre von der Welt der fachärztlichen Diagnosen und des in Anstalten eingeschlossenen Wahnsinns entfernt. Wanderjahre als Hauslehrer führen ihn in die Schweiz und zu Fuß bis nach Bordeaux, aber jeweils bald wieder heim nach Tübingen. Seine Landsleute liegen ihm fraglos am Herzen.*

ICH HATTE HEUTE meine gewöhnlichen Beschäftigungen beiseitegelegt und bin in meinem Müßiggange in allerlei Gedanken hineingeraten über das Interesse, das jetzt die Deutschen für spekulative Philosophie, und wieder für politische Lektüre, dann auch, nur in geringerem Grade, für die Poesie haben. Vielleicht hast Du einen kleinen lustigen Aufsatz in der allgemeinen Zeitung über das deutsche Dichterkorps gelesen. Dieser war es, was mich zunächst dazu veranlasste, und weil Du und ich jetzt selten philosophieren, so wirst Du es nicht undienlich finden, wenn ich diese meine Gedanken Dir niederschreibe.

Der günstige Einfluss, den die philosophische und politische Lektüre auf die Bildung unserer Nation haben, ist unstreitig, und vielleicht war der deutsche Volkscharakter, wenn ich ihn anders aus meiner sehr unvollständigen Erfahrung richtig abstrahiert habe, gerade jenes beiderseitigen Einflusses vorerst bedürftiger, als irgendeines andern. Ich glaube nämlich, dass sich die gewöhnlichsten Tugenden und Mängel der Deutschen auf eine ziemlich bornierte Häuslichkeit reduzieren. Sie sind überall *glebae addicti* und die meisten sind auf irgendeine Art, wörtlich oder metaphorisch, an ihre Erdscholle gefesselt und wenn es so fort ginge, müssten sie sich am Ende an ihren lieben (moralischen und physischen) Erwerbnissen und Ererbnissen, wie jener gutherzige niederländische Maler, zu Tode schleppen. Jeder ist nur in dem zu Hause, worin er geboren ist, und kann und mag mit seinem Interesse und seinen Begriffen nur selten darüber hinaus. Daher jener Mangel an Elastizität, an Trieb, an mannigfaltiger Entwicklung der Kräfte, daher die finstere, wegwerfende Scheue oder auch die furchtsame unterwürfig blinde Andacht, womit sie alles aufnehmen, was außer ihrer ängstlich engen Sphäre liegt; daher auch diese Gefühllosigkeit für gemeinschaftliche Ehre und gemeinschaftliches Eigentum, die freilich bei den modernen Völkern sehr allgemein, aber meines Erachtens unter den Deutschen in eminentem Grade vorhanden ist. Und wie nur der in seiner Stube sich gefällt, der auch im freien Felde lebt, so kann ohne Allgemeinsinn und offnen Blick in die Welt auch das individuelle, jedem eigene Leben nicht bestehen, und wirklich ist unter den Deutschen eines mit dem andern untergegangen, wie es scheint, und es spricht eben nicht für die Apostel der Beschränktheit, dass unter den Alten, wo jeder mit Sinn und Seele der Welt angehörte, die ihn umgab, weit mehr Innigkeit in einzelnen Charakteren und Verhältnissen zu finden ist, als zum Beispiel unter uns Deutschen, und das affektierte Geschrei von herzlosem Kosmopolitismus und überspannender Metaphysik kann wohl nicht wahrer widerlegt werden, als durch ein edles Paar, wie Thales und Solon, die miteinander Griechenland und Ägypten und Asien durchwanderten, um Bekanntschaft zu machen mit den Staatsverfassungen und Philosophen der Welt, die also in mehr als einer Rücksicht verallgemeinert waren, aber dabei recht gute Freunde, und menschlicher und sogar naiver, als alle die miteinander, die uns bereden möchten, man dürfe die Augen nicht auftun, und der Welt, die es immer wert ist, das Herz nicht öffnen, um seine Natürlichkeit beisammen zu behalten.

Da nun größtenteils die Deutschen in diesem ängstlich borniertem Zustande sich befanden, so konnten sie keinen heilsameren Einfluss erfahren, als den der neuen Philosophie, die bis zum Extrem auf Allgemeinheit des Interesses dringt, und das unendliche Streben in der Brust des Menschen aufdeckt, und wenn sie schon sich zu einseitig an die große Selbsttätigkeit der Menschennatur hält, so ist sie doch, als Philosophie der Zeit, die einzig mögliche.

Kant ist der Moses unserer Nation, der sie aus der ägyptischen Erschlaffung in die freie einsame Wüste seiner Spekulation führt, und der das energische Gesetz vom heiligen Berge bringt. Freilich tanzen sie noch immer um ihre güldenen Kälber und hungern nach ihren Fleischtöpfen und er müsste wohl im eigentlichen Sinne in irgendeine Einsame mit ihnen auswandern, wenn sie vom Bauchdienst und den toten, herz- und sinnlos gewordenen Gebräuchen und Meinungen lassen sollten, unter denen ihre bessere lebendige Natur unhörbar, wie eine tief eingekerkerte, seufzt. Von der andern Seite muss die politische Lektüre ebenso günstig wirken, besonders, wenn die Phänomene unserer Zeit in einer kräftigen und sachkundigen Darstellung vor das Auge gebracht werden. Der Horizont der Menschen erweitert sich, und mit dem täglichen Blick in die Welt entsteht und wächst auch das Interesse für die Welt, und der Allgemeinsinn und die Erhebung über den eigenen engen Lebenskreis wird gewiss durch die Ansicht der weitverbreiteten Menschengesellschaft und ihrer großen Schicksale so sehr befördert, wie durch das philosophische Gebot, das Interesse und die Gesichtspunkte zu verallgemeinern, und wie der Krieger, wenn er mit dem Heere zusammenwirkt, mutiger und mächtiger sich fühlt, und es in der Tat ist, so wächst überhaupt die Kraft und Regsamkeit der Menschen in dem Grade, in welchem sich der Kreis des Lebens erweitert, worin sie mitwirkend und mitleidend sich fühlen (wenn anders die Sphäre sich nicht so weit ausdehnt, dass sich der Einzelne zu sehr im Ganzen verliert). Übrigens ist das Interesse für Philosophie und Politik, wenn es auch noch allgemeiner und ernster wäre, als es ist, nichts weniger als hinreichend für die Bildung unserer Nation, und es wäre zu wünschen, dass der grenzenlose Missverstand einmal aufhörte, womit die Kunst, und besonders die Poesie, bei denen, die sie treiben, und denen, die sie genießen wollen, herabgewürdigt wird. Man hat schon so viel gesagt über den Einfluss der schönen Künste auf die Bildung der Menschen, aber es kam immer heraus, als wär es keinem ernst damit, und das war natürlich, denn sie dachten nicht, was die Kunst, und besonders die Poesie, ihrer Natur nach, ist. Man hielt sich bloß an ihre anspruchslose Außenseite, die freilich von ihrem Wesen unzertrennlich ist, aber nichts weniger, als den ganzen Charakter derselben ausmacht; man nahm sie für Spiel, weil sie in der bescheidenen Gestalt des Spiels erscheint, und so konnte sich auch vernünftigerweise keine andere Wirkung von ihr ergeben, als die des Spiels, nämlich Zerstreuung, beinahe das gerade Gegenteil von dem, was sie wirkt, wo sie in ihrer wahren Natur vorhanden ist. Denn alsdann sammelt sich der Mensch bei ihr, und sie gibt ihm Ruhe, nicht die leere, sondern die lebendige Ruhe, wo alle Kräfte regsam sind, und nur wegen ihrer innigen Harmonie nicht als tätig erkannt werden. Sie nähert die Menschen, und bringt sie zusammen, nicht wie das Spiel, wo sie nur dadurch vereinigt sind, dass jeder sich vergisst und die lebendige Eigentümlichkeit von keinem zum Vorschein kommt.

Religiöser Salut für einen im 19. Jahrhundert
unter dem französischen Kolonialregime
hingerichteten Freiheitskämpfer.
*Rach Gia. Vietnam, 12. Oktober 1993.*

*1801*

# JOHANN HEINRICH PESTALOZZI

## »Ich will Schulmeister werden!«

---

*Groß ist die Versuchung, eine seiner unzähligen Breitseiten gegen die »künstlichen Erstickungsmaschinen« unserer Schulen, gegen »das Entsetzen dieses Mordes« zu präsentieren: Wie »Schafe, in ganze Haufen zusammengedrängt, wirft man sie« – die Kinder – »in eine stinkende Stube; kettet sie Stunden, Tage, Wochen, Monate und Jahre unerbittlich an das Anschauen elender, reizloser und einförmiger Buchstaben …« Ganz im Geiste Jean-Jacques Rousseaus mündet die gerechte Rage in einen Hymnus an die Natur und ihre Unschuld, an der sich die Zivilisation seiner Zeitgenossen mit nicht geringerer Brutalität vergeht als am Schöpfer und seinen Geschöpfen.*

*1792 erklärt die französische Nationalversammlung den bereits weltbekannten Schriftsteller Johann Heinrich Pestalozzi (\*1746, †1827) als einzigen Schweizer zum französischen Ehrenbürger. In den Wirren der helvetischen Revolution – 1798 marschierten die Franzosen ein – stellt er sich der neuen helvetischen Regierung zur Verfügung, einerseits durch publizistische Tätigkeit als Redakteur beim »Helvetischen Volksblatt«, andererseits durch die Führung eines Waisen- und Armenhauses in Stans. Nachdem er mit seiner Frau bereits in den 1770er-Jahren auf ihrem Landgut an die vierzig Kinder aufgenommen und für einige Jahre bis zum finanziellen Ruin des Betriebs unterrichtet hat, sammelt er nun nochmals grundlegende pädagogische Erfahrungen. 1800 gründet er sein berühmtes Erziehungsinstitut im Schloss Burgdorf, wo er eine eigene Unterrichts- und Erziehungsmethode entwickelt. Er legt sie dar in seinem pädagogischen Hauptwerk* Wie Gertrud ihre Kinder lehrt, *das schon beim ersten Erscheinen von den Zeitungen gefeiert wird. Pestalozzi ist der Begründer eines bis heute hochaktuellen ganzheitlichen Ansatzes, der gleichermaßen »Kopf, Herz und Hand«, das heißt Intellekt, Sittlichkeit und praktisch-handwerkliche Fähigkeiten einbezieht.*

FREUND! Ich will dir den Umfang meines Seins und meines Tuns seit diesem Zeitpunkte offen enthüllen. Ich hatte bei dem ersten Direktorium durch Legrand für den Gegenstand der Volksbildung Vertrauen gewonnen und war auf dem Punkt, einen ausgedehnten Erziehungsplan in Aargau zu eröffnen, als Stans verbrannte und Legrand mich bat, den Ort des Unglücks für einmal zu dem Orte meines Aufenthalts zu wählen. Ich ging. – Ich wäre in die hintersten Klüfte der Berge gegangen, um mich meinem Ziele zu nähern, und näherte mich ihm wirklich; aber denke dir meine Lage: ich einzig, gänzlich von allen Hilfsmitteln der Erziehung entblößt; ich einzig – Oberaufseher, Zahlmeister, Hausknecht und fast Dienstmagd, in einem umgebauten Hause, unter Unkunde, Krankheiten und Neuheiten von aller Art. Die Kinder stiegen allmählich bis auf achtzig, alle von ungleichem Alter, einige von vieler Anmaßung, andere aus dem offenen Bettel; alle, wenige ausgenommen, ganz unwissend. Welch eine Aufgabe! Sie zu bilden, diese Kinder zu entwickeln, welch eine Aufgabe!

Ich wagte es, sie zu lösen, und stand in ihrer Mitte, sprach ihnen Töne vor, machte sie selbige nachsprechen; wer es sah, staunte über die Wirkung. Sie war freilich ein Meteor, der sich in der Luft zeigt und wieder verschwindet, niemand kannte ihr Wesen, ich erkannte es selbst nicht. Sie war die Wirkung einer einfachen, psychologischen Idee, die in meinem Gefühle lag, der ich mir aber selbst nicht deutlich bewusst war.

Es war eigentlich das Pulsgreifen der Kunst, die ich suchte – ein ungeheurer Griff, ein Sehender hätte ihn gewiss nicht gewagt; ich war zum Glücke blind, sonst hätte ich ihn auch nicht gewagt. Ich wusste bestimmt nicht, was ich tat; aber ich wusste, was ich wollte, und das war: Tod oder Durchsetzung meines Zwecks.

Aber die Mittel zu demselben waren unbedingt nur Resultate der Not, mit der ich mich durch die grenzenlose Verwirrung meiner Lage durcharbeiten musste. Ich weiß selbst nicht und kann es kaum begreifen, wie ich nur durchkam; ich spielte auf eine Art mit der Not, trotzte ihren Schwierigkeiten, die wie Berge vor mir standen, setzte dem Anschein der physischen Unmöglichkeit die Gewalt des Willens entgegen, der den nächsten Augenblick, der ihm vorstand, nicht sah und nicht achtete, aber sich in den gegenwärtigen einklammert, wie wenn er allein wäre und Leben und Tod an ihm hinge.

So arbeitete ich in Stans, bis das Nahen der Österreicher meinem Werk an das Herz griff und die Gefühle, die mich jetzt niederdrückten, meine physischen Kräfte auf den Grad brachten, auf dem sie waren, da ich Stans verließ. Bis auf diesen Punkt war ich über die Fundamente meines Ganges noch nicht mit mir selbst einig; aber da ich das Unmögliche versuchte, fand ich möglich, was ich nicht ahnte, und da ich mich in weglose Gebüsche, die Jahrhunderte niemand betreten hatte, hineindrängte, fand ich hinter den Gebüschen Fußstapfen, die mich zu der Heerstraße führten, die auch Jahrhunderte niemand betreten hatte.

Ich will ein wenig ins Umständliche gehen.

Da ich mich genötigt sah, den Kindern allein und ohne alle Hilfe Unterricht zu geben, lernte ich die Kunst, viele miteinander zu lehren – und da ich kein Mittel hatte als lautes Vorsprechen, war der Gedanke, sie während dem Lernen zeichnen, schreiben und arbeiten zu machen, natürlich entwickelt. Die Verwirrung der nachsprechenden Menge führte mich auf das Bedürfnis des Taktes, und der Takt erhöhte den Eindruck der Lehre. Die gänzliche Unwissenheit von allem machte mich auf den Anfangspunkten lange stehenbleiben, und dieses führte mich zu Erfahrungen von der erhöhten innern Kraft, die durch die Vollendung der ersten Anfangspunkte erzielt wird, und von den Folgen des Gefühls der Vollendung und der Vollkommenheit auch auf der niedersten Stufe. Ich ahnte den Zusammenhang der Anfangspunkte eines jeden Erkenntnisfaches mit seinem vollendeten Umriss wie noch nie und fühlte die unermesslichen Lücken, die aus der Verwirrung und der Nichtvollendung dieser Punkte an jeder Reihenfolge von Kenntnissen erzeugt werden müssen, ebenso wie noch nie. Die Folgen der Aufmerksamkeit auf diese Vollendung übertragen meine Erwartungen weit; es entwickelte sich in den Kindern schnell ein Bewusstsein von Kräften, die sie nicht kannten, und besonders ein allgemeines Schönheits- und Ordnungsgefühl; sie fühlten sich selbst, und die Mühseligkeit der gewöhnlichen Schulstimmung verschwand wie ein Gespenst aus meinen Stuben; sie wollten – konnten – harrten aus – vollendeten und lachten – ihre Stimmung war nicht die Stimmung aus dem Schlaf erweckter, unbekannter Kräfte und ein geist- und herzerhebendes Gefühl, wohin diese Kräfte sie führen könnten und führen würden.

Kinder lehrten Kinder, sie versuchten, was ich nur sagte. Auch hierzu führte mich die Not. Da ich keine Mitlehrer hatte, setzte ich das fähigste Kind zwischen zwei unfähigere; es umschlang sie mit beiden Händen, sagte ihnen vor, was es konnte, und sie lernten ihm nachsprechen, was sie nicht konnten.

Teurer Freund! Du hast das Gefühl dieses Zusammenlernens gehört und seinen Mut und seine Freude gesehen. Sage selbst, wie war dir, als du es sahest? Ich sah deine Tränen, und es wallte in meinem Busen die Wut über den Menschen, der es noch aussprechen könnte: Die Veredlung des Volks ist nur ein Traum.

Nein, sie ist kein Traum; ich will ihre Kunst in die Hand der Mutter werfen, in die Hand des Kindes und in die Hand der Unschuld, und der Bösewicht wird schweigen und es nicht mehr aussprechen: Sie ist ein Traum.

Gott! Wie dank ich dir meine Not! Ohne sie spräche ich diese Wort nicht aus und brächte ihn nicht zum Schweigen.

Meine Überzeugung ist jetzo vollendet; sie war es lange nicht, aber ich hatte in Stans auch Kinder, deren Kräfte, noch ungelähmt von der Ermüdung einer unpsychologischen Haus- und Schulzucht, sich schneller entfalteten. Es war ein anderes Geschlecht; selbst ihre Armen waren andere Menschen als die städtischen Armen und als die Schwächlinge unserer Korn- und Weingegenden. Ich sah die Kraft der Menschennatur und ihre Eigenheiten in dem vielseitigsten und offensten Spiel; ihr Verderben der hoffnungslosen Erschlaffung und der vollendeten Verkrüppelung. Ich sah in dieser Mischung der unverschuldeten Unwissenheit eine Kraft der Anschauung und ein festes Bewusstsein des Anerkannten und Gesehenen, von der unsere Abc-Puppen auch nur kein Vorgefühl haben. Ich lernte bei ihnen – ich hätte blind sein müssen, wenn ich es nicht gelernt hätte – das Naturverhältnis kennen, in welchem Realkenntnisse gegen Buchstabenkenntnisse stehen müssen; ich lernte bei ihnen, was die einseitige Buchstabenkenntnis und das ohne einen Hintergrund gelassene Vertrauen auf Worte, die nur Schall und Laut sind, der wirklichen Kraft der Anschauung und dem festen Bewusstsein der uns umschwebenden Gegenstände für einen Nachteil gewähren können.

So weit war ich in Stans. Ich fühlte meine Erfahrungen über die Möglichkeit, den Volksunterricht auf psychologische Fundamente zu gründen, wirkliche Anschauungserkenntnisse zu seinem Fundamente zu legen und der Leerheit seines oberflächlichen Wortgepränges die Larve abzuziehen, entschieden.

Aber ich lenke wieder in meine Bahn. Ich ging in den empirischen Nachforschungen über meinen Gegenstand von keinem positiven Lehrbegriff aus; ich kannte *keinen* und fragte mich ganz einfach: Was würdest du tun, wenn du einem einzelnen Kinde den ganzen Umfang derjenigen *Kenntnisse* und *Fertigkeiten* beibringen wolltest, die es notwendig bedarf, *um durch eine gute Versorgung seiner wesentlichen Angelegenheiten zur innern Zufriedenheit mit sich selbst zu gelangen?*

Aber nun sehe ich, dass ich in der ganzen Reihe meiner Briefe an dich nur den ersten Gesichtspunkt des Gegenstandes, die Führung des Kindes zu *Kenntnissen*, keineswegs aber seine Führung zu *Fertigkeiten*, insofern diese nicht eigentlich Fertigkeiten der Unterrichtsfächer selbst sind, ins Auge gefasst habe; und doch sind die Fertigkeiten, deren der Mensch bedarf, um durch ihren Besitz zur inneren Zufriedenheit mit sich selbst zu gelangen, ganz und gar nicht auf die wenigen Fächer eingeschränkt, die mich die Natur des Unterrichtswesens zu berühren nötigte. Ich darf diese Lücke nicht unberührt lassen; es ist vielleicht das schrecklichste Geschenk, das ein feindlicher Genius dem Zeitalter machte: *Kenntnisse ohne Fertigkeiten*.

Sinnenmensch! Du vielbedürfendes und allbegehrendes Wesen, du musst um deines Begehrens und deines Bedürfens willen *wissen* und *denken*, aber um ebendieses Bedürfens und Begehrens willen musst du auch *handeln. Denken* und *Handeln* soll, wie Bach und Quelle, in ein solches Verhältnis kommen, dass durch das Aufhören des einen das andere auch aufhören muss und umgekehrt; das aber kann nie geschehen, wenn die *Fertigkeiten*, ohne welche die Befriedigung deiner Bedürfnisse und deiner Begierden unmöglich ist, nicht mit ebender Kunst in dir gebildet und nicht zu ebender Kraft erhoben werden, welche deine Einsichten über die Gegenstände deine Bedürfnisse und deiner Begierden auszeichnen. Die Bildung zu solchen Fertigkeiten ruht aber dann auf den nämlichen mechanischen Gesetzen, die bei der Bildung unserer Kenntnisse zugrunde gelegt werden.

Der Mechanismus der Natur ist in der lebenden Pflanze, im bloß sinnlichen Tier und im ebenso sinnlichen, aber willensfähigen Menschen einer und ebenderselbe; er ist in den *dreifachen* Resultaten, die er in mir hervorzubringen imstande ist, immer sich selbst gleich. Seine Gesetze wirken entweder bloß *physisch* und insoweit auf die nämliche Weise wie auf die allgemeine tierische Natur auf mein physisches Wesen. Sie wirken zweitens auf mich, *insofern sie die sinnlichen Ursachen meines Urteils und meines Willens* bestimmen; in dieser Rücksicht sind sie die sinnlichen Fundamente meiner Einsichten, meiner Neigungen und meiner Entschlüsse. Sie wirken drittens auf mich, *insofern sie mich zu den physischen Fertigkeiten tüchtig machen*, deren Bedürfnis ich durch meinen Instinkt *fühle*, durch meine Einsichten *erkenne* und deren Erlernung ich mir durch meinen Willen *gebiete*; aber auch in dieser Rücksicht muss die Kunst der sinnlichen Natur oder vielmehr ihrer zufälligen Stellung gegen jedes Individuum die Bildung unsers Geschlechts aus der Hand reißen, um sie in die Hand von Einsichten, Kräften und Maßnahmen zu legen, die sie uns seit Jahrtausenden zum Vorteil unsers Geschlechtes kennen lehrte.

Der einzelne Mensch hat das Gefühl dieser wesentlichen Bedürfnisse seiner Ausbildung nicht verloren; der Instinkt seiner Natur treibt ihn, verbunden mit den Kenntnissen, die er hat, auf diese Bahn. Der Vater überlässt sein Kind gar nicht der Natur, noch weniger der Meister seinen Lehrling; aber die Regierungen *verirren* immer und in allem unendlich mehr als *der Mensch*. Der Instinkt treibt kein Korps; und wo dieser unwirksam ist, da genießt jede Wahrheit immer nur ihr halbes Recht.

Es ist wahr, was sich hierin kein Vater gegen seinen Sohn, was sich kein Meister gegen seinen Lehrling zuschulden kommen lässt, *das lässt sich die Regierung gegen das Volk* zuschulden kommen. Europas Volk genießt in Rücksicht auf die Bildung zu den Fertigkeiten, die der Mensch bedarf, um durch eine gute Besorgung seiner wesentlichsten Angelegenheiten zur inneren Zufriedenheit zu gelangen, auch nur keine Spur eines öffentlichen und allgemeinen Regierungseinflusses. Es genießt in keinem Stücke eine öffentliche Bildung zu *Fertigkeiten*, ausgenommen zu *dem Menschenmord*, dessen militärische Organisation alles verschlingt, was man dem Volke oder vielmehr was das Volk sich selbst schuldig ist, sie verschlingt alles, was man ihm *auspresst* und was man ihm in immer steigenden Progressionen immer mehr *auspressen muss*, weil man ihm das nie haltet, warum man sagt, dass man ihm auspresse. Dieses aber, was man ihm nicht hält, ist von einer Natur, dass, wenn man es ihm halten würde, die Auspressung sich in Gerechtigkeit und das Elend des Volks in Folge der Gerechtigkeit, in öffentliche Beruhigung und Glückseligkeit, verwandeln müsste. Jetzt aber entreißt man der Witwe das Brot, das sie ihrem Mund entzieht, um es dem Säugling zu geben, ohne Nutzen und ohne Zweck für das Volk, wohl aber wider sein Heil, um seine Rechtlosigkeit und seine Nichtswürdigkeit *gesetzlich* und *gesetzmäßig* zu machen, völlig im Geiste, wie man der Witwe und dem Waislein das Brot entzog, um den Nepotismus *kirchlich* und *kanonisch* zu machen. Man brauchte für beides gleiche Mittel, für den *Nepotismus geistliche* und für die *Rechtlosigkeit weltliche* Auflagen auf das Volk, beide unter dem Titel des öffentlichen Wohls, die einen für sein *Seelenheil*, die andern für *sein zeitliches Glück*; und beide wirkten durch ihre *notorische Anwendung* wesentlich gegen das Seelenheil und gegen das *zeitliche Glück des Volks*.

Das Volk Europas ist *vaterlos* und *elend*; die meisten von denen, die ihm nahe genug stehen, um ihm helfen zu können, haben immer etwas ganz anders zu tun, als daran zu denken, was sein Heil sei. Im Stalle und bei Hunden und Katzen würdest du viele von ihnen menschlich finden und menschlich glauben, aber für das Volk sind sie es nicht. Für das Volk sind viele von ihnen keine Menschen; sie haben kein Herz für dasselbe und keines zu ihm; die leben von den Einkünften des Landes, aber in einer ununterbrochenen Gedankenlosigkeit über den Zustand, den diese Einkünfte herbeiführen. Sie wissen gar nicht, in welchem Grade das ewige *Wachsen der Einziehungskünste* und *Einziehungsverirrungen*, sie wissen nicht, in welchem Grade die ewige *Minderung der Anwendungstreue*, sie wissen nicht, in welchem Grade das ewige *Steigen der Verantwortungslosigkeit* beim Missbrauch des öffentlichen Gutes und das damit verbundene schreckliche Steigen *der physischen Entkräftung* der freilich nicht de jure, wohl aber de facto verantwortungslosen Menschen und Menschenklasse, die in diesen Einkünften ihre befleckten Hände rein waschen wollen, das Volk entwürdigt, verwirrt, genusslos und menschheitslos macht; sie wissen nicht, in welchem Grade der *Drang* seiner Berufe jetzt allgemein groß ist. Sie wissen nicht, in welchem Grade die Schwierigkeiten, sich mit Gott und Ehren durch die Welt zu bringen und seine Kinder hinter seinem Grabe und nach seinen Umständen wohlversorgt zu sehen, alle Tage steigen; am allerwenigsten aber kennen sie das Missverhältnis zwischen dem, was ihre Gewalt dem Armen im Lande abfordert, und den Mitteln, die sie ihm lassen, auch nur das zu erwerben, was sie ihm abfordern. Doch, lieber Freund, wohin führt mich meine heilige Einfalt!

# 1801

# JEAN PAUL

# Nichts als die Sonne

*Nicht nur, dass es ohne sie weder Leben auf unserem Planeten noch diesen als solchen gäbe. Die Sonne, die bei ungünstigen Verhältnissen Menschen umbringt, kann uns andererseits mit sehr starken Gefühlen beglücken und uns mit tiefer Ehrfurcht vor der Schöpfung erfüllen. In ihrer Einsamkeit an unserem Himmel und ihrer unvergleichlichen Macht ist sie das Erhabene schlechthin.*

*Bei Johann Paul Friedrich Richter (\*1763, †1825), dessen Meisterschaft der zerfließenden Form und Formlosigkeit unter den Zeitgenossen die Geister spaltete, kann sie Ähnliches mit unserem Empfinden und Fühlen anstellen. Mit unwiderstehlicher Wucht rührt sie sogar den an, der ihr nicht schon verfallen ist. Jean Paul, wie er sich in Verehrung Jean-Jacques Rousseaus nannte, hatte sich schon mit dreißig Jahren an großen literarischen Ruhm zu gewöhnen. Nach einem zweijährigen Aufenthalt in der Dichterhauptstadt Weimar zog er 1800 nach Berlin, wo er in der preußischen Königin Luise eine eifrige Leserin hatte, später weiter nach Bayreuth. Bei einem Besuch in Heidelberg wurde ihm nach einem ausführlichen Trinkgelage mit Hegel (vgl. S. 344–345) auf dessen Vorschlag der Ehrendoktor verliehen.*

**DAS MEER UND DIE SONNE**
In Norden dämmerte die Sonne hinter den Orkaden – rechts nebelten die Küsten der Menschen – als ein stilles, weites Land der Seelen stand das leere Meer unter dem leeren Himmel – vielleicht streiften Schiffe wie Wasservögel über die Fläche, aber sie liefen zu klein und weiß unter dem Schleier der Ferne. – Erhabene Wüstenei! über dir schlägt das Herz größer! – Auch du gehst fort, bleiche Sonne, und als ein weißer Engel hinab ins stille Kloster der Eismauern des Pols und ziehest dein blühendes, auf den Wogen golden schwimmendes Brautgewand nach dir und hüllst dich ein! – Die Blasse im Rosenkleide! wo ist sie jetzt? Wird sie in ein warmes, reges Auge schimmern zwischen den Eisfeldern? – Ich schaue herab auf den finstern Winter der Welt! Wie stumm und unendlich ist's da unten! Das allgewaltige fortgestreckte Ungeheuer regt sich in tausend Gliedern und runzelt sich und nichts bleibt groß vor ihm als sein Vater, der Himmel! – Großer Sohn! führest du mich zum Vater, wenn ich einmal zu dir komme? –

Welcher Goldblick! Im Abendrot glüht Aurora an. Was reißet so schnell das schwarze Leichentuch vom Waffenorkus weg? – Wie brennen die Länder der Menschen wie goldne

Morgen! Oh, kommst du schon wieder zu uns, du herrliche, liebe Sonne, so jung und rosenrot, und willst wieder freundlich hinziehen über den langen Tag und über die Gärten und Spiele der Menschen? – Glühe nur herauf, Unsterbliche! –

Ich stehe noch kalt und bleich an meinem Horizont und gehe noch hinunter zu dem dunkeln Eise; aber werd ich auch wie diese, o Gott, wärmer und heller aufgehen und wieder einen heitern Tag durchlaufen in deiner Ewigkeit? –

## 1802

# FRANÇOIS-DOMINIQUE TOUSSAINT LOUVERTURE
## Ein Befreiungskämpfer eigener Klasse

*Sein Vermächtnis: die erste befreite Kolonie der modernen Geschichte (vom Siedlerstaat USA abgesehen). Mit François-Dominique Toussaint Louverture (\* 1743, † 1803), bis zu seinem vierunddreißigsten Lebensjahr ein Sklave, der von den Franzosen zum höchsten Heerführer und schließlich zum Gouverneur gemacht worden war, trat Napoleon ein charismatischer Volksführer entgegen, der zwar auf die französische Fahne schwor, 1801 aber eigenmächtig eine Verfassung für Saint-Domingue in Kraft gesetzt hatte, die Frankreich lediglich eine formale Oberhoheit ließ.*

*Die Vorgeschichte: Am Vorabend der Revolution entfielen zwei Drittel des französischen Außenhandels auf Saint-Domingue. Die Besitzung erbrachte die Hälfte der globalen Kaffeeproduktion und ihre Zuckerproduktion gab Frankreich ebenfalls Kontrolle über den Weltmarkt. Vor diesem Hintergrund wird begreiflich, dass Frankreich 1763, nach seiner Niederlage im Siebenjährigen Krieg, zugunsten seiner karibischen Besitzungen Kanada an England abtrat. Im transatlantischen Verkehr zwischen der Kolonie und den französischen Atlantikhäfen Bordeaux, Nantes und La Rochelle waren auf 750 Schiffen 80 000 Seeleute beschäftigt.*

*Toussaint Louverture hatte Macht: Die Franzosen hatten an seine Soldaten 30 000 Gewehre verteilt. Zum Jahresbeginn 1802 näherten sich auf 86 Schiffen 22 000 französische Soldaten der Insel. Sie wurden von verheerenden Feuersbrünsten empfangen, die über die Zuckerrohrfelder fegten und die preisgegebenen Städte in Asche legten. Der Expeditionsarmee unter Napoleons Schwager Charles-Victor-Emmanuel Leclerc gelang es, Toussaint Louverture gefangen zu setzen und nach seiner Deportation die Macht in Saint-Domingue für kurze Zeit zurückzuerobern. Doch die so zahlenstarken Invasoren, die mit dem Auftrag gekommen waren, die Sklaverei wieder einzuführen, fanden sich in der Folge durch eine unbezwingbare Guerilla und eine Gelbfieberepidemie schwer dezimiert, sodass sie im November 1803 das Weite suchten. Die schwarzen Generäle unter Führung Dessalines riefen am 1. Januar 1804 die Unabhängigkeit aus und gaben dem Land den alten Namen Haïti zurück. Die meisten der zurückgebliebenen Franzosen wurden in den folgenden Monaten massakriert.*

*Toussaint Louverture starb am 7. April 1803 in Gefangenschaft. In einem Brief an Napoleon, den er dessen Abgesandten Leclerc übergeben hatte, erläutert er diesem die Motive seines Handelns.*

BÜRGER KONSUL. Durch Ihren Schwager, den General Leclerc, welchem Sie den, in der Verfassung von St. Domingue nicht anerkannten, Titel eines Generalkapitäns beilegen, ist mir Ihre Zuschrift zugekommen. Der Überbringer hat zu gleicher Zeit zwei unschuldige Kinder den zärtlichen Umarmungen eines liebenden Vaters übergeben. Welch hochherziges Beispiel europäischer Menschenliebe! Aber obgleich diese Pfänder mir teuer sind und die Trennung von ihnen mir sehr schwerfällt, so will ich doch meinen Feinden keine Verbindlichkeit schuldig sein und sende sie daher ihren Kerkermeistern wieder zurück. Die, zu Behauptung der Oberherrschaft des Französischen Volks, nach St. Domingue gesandten Streitkräfte haben ihre Landung bewerkstelligt und verbreiten um sich her Tod und Verderben. Aber ach! Zu welchem Zweck? Wegen welcher Verbrechen, und in wessen Vollmacht? Soll ein rohes, aber niemanden beleidigendes Volk durch Feuer und Schwert vertilgt werden? Allerdings haben wir es gewagt, uns eine, unsern Bedürfnissen angemessene, Verfassung zu geben; welche, wie Sie selbst zugestehen, manches Gute, aber auch manchen Eingriff in die Oberherrschaft des Französischen Volkes enthält! – Auf wem beruht, wie weit erstreckt sich diese Oberherrschaft? Ist sie von aller Verantwortlichkeit frei, ohne Maß, ohne Grenzen?

»St. Domingue«, sagen Sie in Ihrem Schreiben, »eine Kolonie, die einen wesentlichen Teil der Französischen Republik ausmacht, strebt nach Unabhängigkeit.« Und warum sollte sie dies nicht tun? Die Vereinigten Staaten von Amerika taten dasselbe; und es gelang ihnen, unter dem Beistand des monarchischen Frankreichs. Aber unsere Verfassung trägt noch manche Mängel an sich und nimmt noch manche Vorurteile in Schutz. Dies weiß ich wohl. Welche menschliche Einrichtung ist davon frei? Aber ich frage Sie, ehrt das Regierungssystem, das Sie der Republik, die Sie beherrschen, auferlegt haben, die individuelle oder allgemeine Freiheit, die Freiheit des Wortes oder der Handlungen mehr als die unsrige? Der erhabene Posten, den ich bekleide, ist nicht meine Wahl; gebieterische Umstände haben mich dahingedrängt; *ich habe keine Verfassung umgestürzt, ich habe geschworen, sie aufrechtzuerhalten.* Ich sah diese unglückliche Insel der Zwietracht und der Wut der Fraktionen preisgegeben. Mein Charakter und meine Sinnesart hatten mir einigen Einfluss auf die Bewohner derselben verschafft, und ich wurde beinahe einstimmig zu ihrem Oberhaupte erwählt. Ich habe die Unruhen gestillt, ich habe die Empörung gedämpft, ich habe die Ruhe wiederhergestellt und die Ordnung aus dem Schoße der Gesetzlosigkeit hervorgerufen. Haben Sie, Bürger Konsul, andere oder bessere Ansprüche auf den erhabenen Posten, den Sie bekleiden? Wenn das Volk, unter der von mir erhaltenen Verfassung, einen geringern Grad von Freiheit genießt als unter andern Regierungsformen, so liegt dies in der Lebensweise, in der von der Sklaverei unzertrennlichen Unwissenheit und Barbarei. Ich habe für eine Klasse unglücklicher, kaum vom Joche befreiter Wesen das einzige für ihren Zustand und ihre Verfassungskraft passende Regierungssystem eingeführt. Es lässt in verschiedenen Fällen der Gewalttätigkeit und dem Despotismus freien Spielraum, dies ist eine nicht zu leugnende Tatsache; aber ist die Verfassung der Französischen Republik, dieses aufgeklärtesten Teils des gebildeten Europas, ganz frei davon? Wenn dreißig Millionen Franzosen, wie man behauptet, ihr Glück und ihre Sicherheit in der Revolution vom 18. Brumaire finden, so wird man mich doch nicht um die Liebe und das Vertrauen der armen Schwarzen, meiner Landsleute, beneiden?

Sie bieten den Negern die Freiheit an und sagen, dass Sie überall, wohin Sie gekommen wären, diejenigen Völker, welche die Freiheit noch nicht gekannt, in den Genuss derselben gesetzt hätten. Ich bin von den ersten, in Europa stattgefundenen Ereignissen nicht hinlänglich unterrichtet; aber die mir darüber zu Ohren gekommenen Berichte stimmen mit diesem Vorgehen nicht überein. Übrigens ist daran auch nicht viel gelegen. Die Freiheit, welche man in Frankreich, in Belgien, in der Schweiz, oder in den Batavischen, Ligurischen und Cisalpinischen Republiken findet, würde von den Einwohnern von St. Domingue nie mit frohen Herzen aufgenommen werden. Solche Veränderungen, eine solche Freiheit sind weit, sehr weit entfernt, ein Gegenstand unserer Sehnsucht zu sein.

Sie fragen mich, ob ich Auszeichnung, Ehrenstellen, Reichtümer begehre. Allerdings, aber nicht durch Ihre Vermittlung. Ich finde meine Auszeichnung in der Achtung meiner Mitbürger, meinen Ruhm in ihrer Anhänglichkeit, meinen Reichtum in ihrer uneigennützigen Treue – hat vielleicht die Hoffnung, mich zu verleiten, die Sache, welcher ich mich geweiht habe, zu verraten, diese armselige Idee von persönlichen Vorteilen, die Sie mir anbieten, herbeigeführt? Lernen Sie doch die moralischen Grundsätze anderer nach Ihren eigenen beurteilen. Wenn derjenige, welcher seine Recht auf den Thron, auf welchem Sie jetzt sitzen, noch immer nicht aufgegeben hat, Sie jetzt aufforderte, von ihm herabzusteigen, was würden Sie ihm antworten? Die Gewalt, welche ich besitze, habe ich ebenso *gesetzmäßig* errungen als Sie die Ihrige, und nur der ausgesprochene Wille der Bewohner von St. Domingo kann mich veranlassen, sie wieder aufzugeben.

Diese Gewalt ist nicht durch Blut erkauft, noch durch die Künste der europäischen Staatskunst befestigt worden. Die zügellosesten Menschen, deren Arm ich vom Morden so oft zurückgehalten habe, sind genötigt gewesen, meine nachsichtsvolle Milde, anzuerkennen, und ich habe den Elenden, deren Dolch gegen meine Brust gezückt war, verziehen. Wenn ich gewisse unruhige Köpfe, die alles aufboten, um die Flammen des Bürgerkriegs anzufachen, aus dieser Insel entfernt habe, so ist zuvor ihr Verbrechen vor einem kompetenten Gericht untersucht und von ihnen selbst eingestanden worden. Kann ein Einziger auftreten und behaupten, dass er *unverhört und unüberführt* verurteilt worden sei. Und doch sind diese Ungeheuer zurückgekehrt, in Begleitung der Kuppeln von Spürhunden von Kuba, um Jagd auf uns zu machen und uns zu zerreißen, und zwar unter der Leitung von Menschen, die es wagen, sich Christen zu nennen.

Wie ist es doch möglich, dass ich Ihr Erstaunen errege und Ihre Lobsprüche ernte, weil ich *die Religion und die*

*Verehrung Gottes, des Urhebers alles Heils,* aufrechterhalten habe? Ach, dieses allgütige Wesen, dessen heiliger Name erst kürzlich in Ihrer Republik mit Hochachtung wieder genannt wird, ist von mir beständig geehrt und gepriesen worden. Bei ihm habe ich stets, mitten unter den mich umgebenden Gefahren und Verrätereien, Sicherheit und Trost gesucht, und nie hat mich mein Vertrauen getäuscht. Ich bin, wie Sie sich ausdrücken, vor ihm und vor Ihnen für das Blutvergießen verantwortlich, das auf dieser unglücklichen Insel ohne Unterlass fortdauert. Wohlan, der Ausgang dieses Kampfs bei Seiner heiligen, aber furchtbaren Gerechtigkeit anheimgestellt; er sei Richter zwischen mir und meinen Feinden, zwischen denen, die Seine Gebote übertreten und Seinen heiligen Namen verleugnet haben, und demjenigen, welche nie aufgehört hat, ihn zu verehren und anzubeten.

(unterzeichnet) *Toussaint Louverture*

# 1804

# BONAVENTURA

## *Der Brautgesang der Leichenträger*

*»Es ist Alles Rolle, die Rolle selbst und der Schauspieler, der darin steckt, und in ihm wieder seine Gedanken und Plane und Begeisterungen und Possen – alles gehört dem Momente an, und entflieht rasch, wie das Wort, von den Lippen des Komödianten. – Alles ist auch nur Theater, mag der Komödiant auf der Erde selbst spielen, oder zwei Schritte höher, auf den Brettern, oder zwei Schritte tiefer, in dem Boden, wo die Würmer das Stichwort des abgegangenen Königs aufgreifen ...«* Wer den Schauspieler hinter seiner Maske ausfindig machen will, endet unweigerlich im Nichts.

*Die Urheberschaft der schwarzen Satire war bis in die 1980er Jahre ungeklärt. Unter Verdacht standen unter anderen Clemens Brentano, E. T. A. Hoffmann, Jean Paul, Friedrich und Caroline Schelling. 1987 erst wies ein Fund im Nachlass August Klingemanns (\* 1777, † 1831), eines Schriftstellers und Theaterregisseurs der Romantik, diesen als Verfasser aus.*

DIE LIEBE IST NICHT SCHÖN – es ist nur der Traum der Liebe, der entzückt. Höre mein Gebet, ernster Jüngling! Siehst du an meiner Brust die Geliebte, oh so brich sie schnell, die Rose, und wirf den weißen Schleier über das blühende Gesicht. Die weiße Rose des Todes ist schöner als ihre Schwester, denn sie erinnert an das Leben und macht es wünschenswert und teuer. Über dem Grabhügel der Geliebten schwebt ihre Gestalt ewig jugendlich und bekränzt und nimmer entstellt die Wirklichkeit ihre Züge, und berührt sie nicht dass sie erkalte und die Umarmung sich ende. Entführe sie schnell, die Geliebte, Jüngling, denn die Entflohne kehrt wieder in meinen Träumen und Gesängen, sie windet den Kranz meiner Lieder und entschwebt in meinen Tönen zum Himmel. Nur die Lebende stirbt, die Tote bleibt bei mir, und ewig ist unsre Liebe und unsre Umarmung! –

Horch! – Tanzmusik und Totengesang – das schüttelt lustig seine Schellen! Rüstig, immer zu; wer den andern übertäubt, führ die Braut heim. Schade nur, ich sehe zwei Bräute, eine weiße und eine rote – zwei Hochzeiten, zu der einen im untern Stock heulen die Klageweiber ihre Weise; einen Stock höher pfeifen und geigen die Musikanten, und die Decke über dem Totenkämmerlein und dem Sarge bebt und dröhnt vom Tanze.

Erklärt mir doch den nächtlichen Spuk!

Lenore reitet vorüber – die weiße Braut hier in der stillen Hochzeitskammer liebte den Jüngling, der droben walzt; und, das ist Lebensweise, sie liebte, er vergaß, sie erblasste, und er entglühte für eine rote Rose, die er heute heimführt, indem man diese wegträgt. –

Da ist die alte Mutter der weißen Braut, am Sarge – sie weint nicht; denn sie ist blind –, auch die weiße weint nicht und schlummert und träumt sehr süß. –

Da stürmt der Hochzeitszug noch tanzend die Stiegen herab – und der Jüngling steht zwischen zwei Bräuten. Er erblasst doch ein wenig. Still! Die blinde Mutter erkennt ihn am Gange. – Sie führt ihn zum Brautbette der schlummernden Braut.

»Sie hat sich früher niedergelegt zur Hochzeitnacht, als du, erweck sie nicht, sie schläft so süß, aber deiner hat sie gedacht bis zum Schlummer. Das ist dein Bild auf ihrem Herzen. – Oh, zieh die Hand nicht so erschrocken zurück von der kalten Brust; die Nacht ist die längste wo der Frost am bittersten ist, und sie liegt einsam im Brautbett, ohne den Bräutigam!« –

Sieh! Da hat der Schrecken die rote Rose auch erblasst und der Jüngling steht zwischen den zwei weißen Bräuten. – Fort, fort, das ist Weltlauf. Oh, wenn ich doch blasen und singen dürfte.

Jetzt schwebt die Leiche hin durch die Gassen, und der Laternenschein still hinterdrein an den Wänden, wie wenn der vorüberwandelnde Tod sich dem schlummernden Leben nicht verraten wollte. Der gefrorene Boden knirscht unter den Fußtritten der Leichenträger – da ist der heimliche tückische Brautgesang! – Und sie bergen sie in ihr Kämmerlein.

Aber nahe dabei singen und brausen noch Jünglinge, und verschwenden das Leben, und die Liebe und die Poesie in einem kurzen raschen Rausche, der am Morgen verflogen ist – wo ihre Taten, ihre Träume, ihre Hoffnungen, ihre Wünsche, und alles um sie her nüchtern geworden und erkaltet ist.

# 1806

# LOUIS SÉBASTIEN MERCIER
## Nachrevolutionäres Freiheitsfieber

*Auch in Deutschland kennt man mittlerweile den großen Ahnherrn der modernen literarischen und journalistischen Großstadtsoziologen, deren französische Linie über Balzac, Baudelaire, Zola bis zu Raymond Queneau führt: Louis-Sébastien Mercier (\*1740, †1814). Die Aktualität seiner 1781–88 in zwölf Bänden erschienenen* Tableau de Paris *wird in unserer Gegenwartspresse höchst selten erreicht. Auch einen berühmten utopischen Roman schrieb er:* Das Jahr 2440, *1770 anonym in Amsterdam und im Jahr darauf in London erschienen. Im Kaiserreich ist Mercier ebenfalls zugange in der noch jungen Hauptstadt des 19. Jahrhunderts, wie sie Walter Benjamin und andere genannt haben, die freilich jetzt schon Heerscharen von Porträtisten als Messalina wie als merkantile Vestalin Modell gesessen hat. Gemeinsam mit dem Engländer John Pinkerton und dem Deutschen Carl Friedrich Cramer verfasst er die* Ansichten der Hauptstadt des französischen Kaiserreichs vom Jahre 1806 an, *die 1807 auf Deutsch erscheinen. Mercier ist vierundsechzig, als Bonaparte sich zum Kaiser krönt, missbilligt diesen Akt öffentlich und wird zum erklärten Feind Napoleons. Er lehnt später sogar eine Auszeichnung durch den Kaiser ab – und bleibt unbehelligt.*

**ALLE WELT WILL KAUFMANN SEIN**
Die Quais, die Brücken, die Marktecken, die öffentlichen Plätze, viele Straßen werden oftmals ihrer ganzen Länge nach durch Schautische, durch hölzerne Läden, ja wohl sogar durch bewegliche und immer von einem Orte zum anderen fortgetragene Magazinchen, die mit Gewürzen, Blechwaren, Buchhändlerartikeln und alten Schwarten überlegt sind, beinahe versperrt.

Zu diesem Kramunfug denke man sich noch den hinzu, wodurch die Baumeister, diese sinnreichen Angeber von ins weite Blaue sich verlierenden Anschlägen und kühnen Spekulationen, beigetragen haben, die Hindernisse des Fortkommens in den Straßen zu vermehren. In dem kleinstmöglichen Raume findet Ihr immer die größtmögliche Anzahl von Kramläden. Dadurch gleicht manche Straße von Paris einem Bienenkorbe, in dem ein geometrisches Problem durch einen mechanischen Naturinstinkt aufgelöst wird.

Nach welcher Seite hin Ihr Eure Schritte in dieser zur bleibenden Messe von Frankreich gewordenen Stadt richtet, seht Ihr starke Kerle von Zimmerleuten, die mit feurigem Arme schwitzen, überall Gerüste zu errichten, Staffeleien zusammenzuzimmern und einsturzdrohende Häuser durch Querbalken zu unterstützen.

Anderwärts werdet Ihr hinwiederum Arbeiter gewahr, die langsamen Fußes hohe Leitern hinanklimmen, Steine, vier Fuß dick, abtragen, sie durchbrechen und frisch hineinhauen, Ställe in Handlungscomptoire und Kramläden zu verwandeln. Schon schimmern Madrasse, Schals, Kaschmir mit ihren lebendigen Farben an eben der Stelle, wo noch vor ein paar Tagen der mutwillige Renner sein Heu aus der Raufe zupfte, und das kleine abgescheuerte Kämmerchen des Pferdeknechts wird in das Boudoir einer hübschen Modehändlerin verwandelt.

Daher müssen denn auch Tag für Tag die Schlosser neue Sicherheitsschlösser erfinden – so wie die Tischler Rahmen in neugotischem Geschmack, die Lichtwiderspiele desto gewisser auf die Stoffe zurückstrahlen zu machen. Darum endlich müssen sich die Maler auf immer größere Vermannigfaltigung ihrer Arabesken legen. Man bewundert es, wie freundschaftlich durch sie die buntesten Farben sich auf den rautenförmigen Windläden vermählen. Die Orthographie der Schilder fürchtet nicht die Kritik des Puristen.

Doch enthalten alle diese äußerlich so sehr glänzenden Boutiquen in ihrem Innern nichts als einen gemachten Reichtum.

Diese mit so schöner Ausstaffierung in ihren Fächern so reizend gereihten Pakete sind oft von weiter nichts voll als von – Heu. Gleichwohl kommt es immer noch auf das Mehr oder Weniger von Geschicklichkeit des Ladendiener-Dekorateurs an, ob es mit dem Kram einen guten Fortgang haben wird.

Ein Schnupftuch, geistreich entfaltet, spiegelt sich ein dutzendmal in den entgegenstehenden Wandspiegeln wider, und es besitzt dank ihrer Zauberkunst mehr als ein Handelsmann ein ganzes Magazin von Wiederholungen.

Überdies ist es eine nur allzu anerkannte Wahrheit, dass es unter dreißig Läden neueren Datums kaum ihrer zehne gibt, die sich mit einiger Auszeichnung erhalten.

Ach, wüsste man es, durch wie viele Aufopferungen diese und jene Frau die Ehre erkauft, sich in erborgtem Haar in einem Comptoir zu zeigen, über dem ihr Name in goldenen Buchstaben glänzt – wie viel Leute würden dann auf immer von dem unglücklichen Kitzel geheilt werden, Kaufleute sein zu wollen! Denn wie viele bilden sich nicht ein, sie würden gleich auf den ersten Schlag in die Luft den Handel nach beiden Indien treiben können, weil sie etwa Smith oder Raynal in ihrer Bibliothek besitzen.

Aber so groß ist die Gier der Kaufleute neueren Gemächts, dass sie in ganz Paris nichts wie ihren Laden sehen.

Als unvermeidliche Folge dieser Handelswut müssen also auch wohl sehr häufig Failliten in einer Stadt vorfallen, wo die Zahl der Kaufleute wenigstens zwei Drittel der Zahl der Einwohner beträgt, denen die äußerste Seltenheit des Geldes, die Auflagen, welche die ungeheuren Kriegskosten erforderlich machen, nicht allein allen überflüssigen Aufwand untersagen, sondern ihnen sogar oft die Befriedigung der strengsten Bedürfnisse unerschwinglich machen.

Früher oder später wird diese Legion kleiner Ladenkrämer es bereuen, ihrem ehemaligen Stande entsagt zu haben. Denn war es wohl in der Ordnung, dass der Friseur sich zum Weinhändler, der Kutscher zum Limonadier, der Lakai zum Restaurateur, der Schreiber zum Gewürzkrämer, der Kesselflicker zum Buchhändler und der Pförtner zum Möbelverkäufer machte?

## Von den Pförtnern

Die Argusse der Polizei werden so oft durch die geschworenen Diebe hinters Licht geführt, die ganz in der Stille die Zimmer entmöbeln, dass viele Bürger, um den Kunstgriffen der Raubbegier zu entgehen, sich in Häuser einlogieren, die von Pförtnern bewacht werden. Diese Vorsichtsmaßregel ist – ich gestehe es – jedermann sehr anzuempfehlen, wer sein reichliches Auskommen hat, allein gewährt doch nicht vollkommen bündige Sicherheit vor der Klaue oder dem Dietrich der Spitzbuben, denn gar manche Pförtner stehen mit diesen kunstfleißigen Knetern der Schlösser im geheimen Verständnisse. Was diese Behauptung zu rechtfertigen scheint, ist, dass die Diebstähle bei Tage ebenso gewandt in von Pförtnern bewachten Hôtels, als in Wohnungen freien Durchganges begangen werden. Überdies noch spekulieren jene Räuber auch auf das Erlöschen der Lichtwerfer und den Beistand der Wolken in den ersten Mondvierteln.

Wie glaubt Ihr, dass für zweihundert Livre Lohn Ihr Euch einer elenden Pförtnerin Treue verpfänden, sie für ihre beständige Sklaverei entschädigen und ihr den Schlaf verbieten werdet, damit Ihr außer Hause ruhig Euren Vergnügungen nachgehen könnt? Ihr kerkert sie in eine Loge – sechs Quadratfuß ins Gevierte haltend – ein: In ein Loch, das beinahe ganz ihr armseliges Bett füllt, in dem auch mit ihr ihre schon groß gewordenen Töchter neben dem oft noch jungen Vater schlafen müssen, wo sie es noch für ein Glück zu schätzen hat, wenn – den Frost auszuhalten und vor der mörderischen Feuchtigkeit sich zu sichern – sie für ein kleines Öfchen im Winter in einem Winkel des dunkeln Behältnisses ein Plätzchen ausfinden kann. Ihr wollt, dass ein menschliches Geschöpf, was statt der Luft fast nichts als den Qualm einer Tranlampe oder das Gas von Lumpen einatmet, die sie brennt, und die ganze Straße ihres Quartiers damit verpestet, der

Schutzengel Eures Hauses sei? Welche sonderbare Verblendung der strafbarsten Ungerechtigkeit! Wenn der Geiz nicht ganz Euer Herz dem Mitleid verschlossen hat, so lasst es doch Euer Erstes sein, der Hüterin ein gesünderes, bequemeres, vor allen Dingen mit den Gesetzen des Anstandes verträglicheres Aufenthaltsörtchen zu geben. Seid lieber ein wenig unbarmherzig gegen die Schmarotzer, die Ihr an Eurer Tafel mästet.

Übrigens findet man selten ansprechliche und gefällige Pförtnerinnen. Fast immer sind sie übellaunig und brummisch; die Liederlichkeit ihrer Herren und das Ungestüm der Mahner, die das Haus oft bestürmen, machen, dass sie ihre Ohren in den Händen haben. Meistens sind es ausgediente Venuspriesterinnen, die in ihren Sechzigern Vestalinnen geworden, die Bolzen ihres bösen Klatschmauls gegen die hübschen jungen Mädchen abschießen, nachdem sie selbst in ihren grünen Tagen alle Pfeile Amors stumpf und schartig gemacht. Aus Verzweiflung über ihre Hässlichkeit und heimlich seufzend, nichts als Ekel einzuflößen, rächen sie sich durch Verleumdung an der Geringschätzung Übermütiger, die beim Anblicke ihrer zusammengeschrumpften und durch die Branntweinflasche illuminierten Hexengestalt lachen. Wenn sie durch Stoßen in ihr Pfeifchen das Eintreten von Besuchern ankündigen, glaubt man schier das Gezisch gereizter Nattern zu hören.

# 1810

# GERMAINE DE STAËL

# Die Kunst der Unterhaltung

*»Nichts könnte eine deutsche Stadt in Paris verwandeln.« Ein unzweifelhafter Befund, über den wohl beide Seiten gleichermaßen glücklich sind und der ihre Beziehungen entspannen könnte. Wenn da nicht ein grundlegender Gegensatz anzutreffen wäre: Die französischen Ideen folgen ganz der Unterhaltung, wogegen in Deutschland keine Rede denkbar ist, deren Zweck einzig das Vergnügen wäre, das sich darin finden lässt.*

*Baronin Anne Louise Germaine de Staël-Holstein (\*1766, †1817) war die Tochter von Jacques Necker und Suzanne Curchod, einem Genfer Bürger mit deutschen Wurzeln und einer Schweizerin. Ihr Vater hatte in Paris eine Bank aufgebaut und war zunächst französischer Finanzminister, dann unmittelbar vor der Revolution Regierungschef. Von Napoleon in Paris und im Umland nicht länger geduldet, begab Madame de Staël sich 1803 für ein halbes Jahr auf Deutschlandreise. Der Weg nach Berlin führte über Weimar, wo die überlebensgroße Pariser Dame Goethe, Schiller und Wieland traf. Nach Jahren der Korrespondenz und weiterer Recherchen, etwa 1807/08 in Wien, war ihr Buch De l'Allemagne (deutsch: Über Deutschland) 1810 fertiggestellt, wurde jedoch sofort nach dem Druck von der napoleonischen Zensur verboten, samt Manuskript konfisziert und eingestampft. Das Bild, das sie entwarf, passte nicht zur politischen Linie: Es zeigte ein vielfältiges, kulturell vorbildliches, etwas rückständiges und militärisch eher ungefährliches »Land der Dichter und Denker«.*

WENN MAN SICH IM MORGENLANDE einander nichts zu sagen hat, so raucht man Tabak zusammen und begrüßt sich von Zeit zu Zeit mit verschränkten Armen, um sich ein Freundschaftszeichen zu geben; im Abendlande hingegen hat man den ganzen Tag miteinander reden wollen, und die Folge davon ist, dass der Herd der Seele sich in dieser Unterhaltung zerstreut, worin die Eigenliebe in unablässiger Bewegung ist, um sowohl nach dem Geschmack des Augenblicks als des Zirkels, in welchem man sich befindet, immer und auf der Stelle zu wirken.

Es dürfte anerkannt sein, dass von allen Städten der Welt Paris *die* ist, wo der Geist und Geschmack der Unterhaltung am meisten verbreitet sind; und was man Heimweh nennt – diese unbestimmte Sehnsucht nach dem Vaterlande, die unabhängig ist selbst von den Freunden, welche man daselbst zurückgelassen hat – findet seine Anwendung vorzüglich auf das Vergnügen, miteinander zu plaudern; ein Vergnügen, das die Franzosen nirgends in demselben Grade antreffen als bei sich. Volney erzählt, dass Franzosen, welche während der Revolution ausgewandert waren, in Amerika eine Kolonie errichten und Ländereien urbar machen wollten; aber von Zeit zu Zeit verließen sie ihre Beschäftigungen, um, wie sie sagten, »in der Stadt miteinander zu plaudern«, und diese Stadt, New Orleans, war sechshundert Stunden von ihrem Wohnort entfernt. In allen Volksklassen Frankreichs fühlt man das Bedürfnis zu schwatzen: die Rede ist hier nicht bloß, wie anderwärts, das Werkzeug zur Mitteilung von Ideen, Gefühlen, Angelegenheiten; sie ist zugleich ein Werkzeug, womit man spielt, und das die Lebensgeister ebenso auffrischt, wie die Musik bei den einen und die starken Getränke bei anderen Völkern.

Die Art des Wohlbefindens, welche eine belebte Unterhaltung gewährt, besteht gerade nicht in dem Gegenstande dieser Unterhaltung; nicht die Ideen und die Kenntnisse, die man darin entwickeln kann, bilden das Haupt-Interesse. Dies geht hervor aus einer gewissen Manier, aufeinander zu wirken, sich gegenseitig und rasch Vergnügen zu machen, so schnell zu sprechen wie man denkt, sich selbst mit Wohlgefallen zu empfinden, Beifall ohne Anstrengung zu ernten, seinen Verstand in allen Abstufungen durch Ton, Gebärde und Blick zu offenbaren und, nach Belieben, eine Art von Elektrizität hervorzubringen, deren sprühende Funken die Lebhaftigkeit der einen mäßigt und die unangenehme Apathie der anderen verbannt.

Diesem Talente aber ist nichts so fremd wie der Charakter und die Geistesart der Deutschen. Sie wollen in allen Stücken ein ernsthaftes Ergebnis. Bacon hat bemerkt, dass »die Unterhaltung nicht ein Weg, der nach Hause führe, sei, wohl aber ein Pfad, auf welchem man sich auf gut Glück ergebe«. Allen Dingen geben die Deutschen die nötige Zeit; aber in Sachen der Unterhaltung ist das Nötige die Belustigung; denn wenn man diese Grenze überschreitet, so verfällt man in die Erörterung, in einen ernsten Gedankenaustausch, der mehr eine nützliche Beschäftigung als eine angenehme Kunst ist. Eingestehen muss man auch, dass der Geschmack und die Berauschung des Gesellschaftsgeistes unfähig machen zu ernsten Anstrengungen und eigentlichen Studien; sodass die Eigenschaften der Deutschen vielleicht in mehrfacher Beziehung mit dem Mangel dieses Geistes zusammenhängen.

Die alten Artigkeitsformeln, noch immer beinahe in ganz Deutschland im Gange, widerstreben der Leichtigkeit und Vertraulichkeit der Unterhaltung. Der magerste Titel (wiewohl dieser sich nicht immer am schnellsten aussprechen lässt) wird zwanzigmal während desselben Mahles angegeben und wiederholt; von allen Gerichten, von allen Weinen muss mit einer Sorgfalt, unter ständigem Nötigen angeboten werden, welche den Fremden tödlich ermüden. Treuherzigkeit ist in allen diesen Gebräuchen; aber sie selbst würden keinen Augenblick in einem Lande stattfinden können, wo man, ohne die Empfindlichkeit zu beleidigen, einen Scherz wagen dürfte. Und doch, wie soll es Anmut, wie Zauberreiz in der Gesellschaft geben, wenn man sich nicht jene sanfte Spötterei gestattet, welche den Geist anregt und selbst dem Wohlwollen einen schärferen Ausdruck leiht?

Der Gang der Ideen ist seit einem Jahrhundert gänzlich durch die Unterhaltung bestimmt worden: Man dachte, um zu sprechen, man sprach, um Beifall einzuernten, und alles, was nicht gesagt werden konnte, schien in der Seele überflüssig zu sein. Der Wunsch zu gefallen ist unstreitig eine schätzbare Anlage; allein er unterscheidet sich doch sehr von dem Bedürfnis, geliebt zu werden. Der Erstere macht abhängig von der Meinung; das Letztere erhebt über dieselbe. Selbst denen, welchen man großes Leid zufügt, kann man zu gefallen wünschen; und gerade dies ist die Gefallsucht, eine Eigenschaft, die nicht den Weibern allein zukommt, die sich vielmehr in allen den Fällen äußert, wo man mehr Gefühl zur Schau trägt, als man wirklich in sich hat. Die Rechtlichkeit der Deutschen gestattet ihnen nichts dergleichen; sie nehmen die Anmut ganz buchstäblich; sie betrachten den Zauber des Ausdrucks als eine Verbindlichkeit für das gute Betragen. Daher denn ihre Empfindlichkeit; denn sie vernehmen kein Wort, ohne etwas daraus zu folgern, und noch weniger begreifen sie, wie man die Rede als eine freie Kunst behandeln könne, die keinen anderen Zweck hat, als das Vergnügen, das man darin findet. Der Unterhaltungsgeist hat bisweilen das Übel, dass er die Aufrichtigkeit des Charakters stört; eine nicht durch den Verstand vorbereitete, sondern improvisierte Betrügerei, wenn man sich so ausdrücken darf. Die Franzosen haben in diese Gattung eine Fröhlichkeit gebracht, die sie höchst liebenswürdig macht; aber es ist deswegen nicht minder erwiesen, dass alles, was diese Welt Ehrwürdiges hat, durch diese Anmut erschüttert worden ist; wenigstens durch die, welche nichts wichtig findet und alles ins Lächerliche wendet.

Die witzigsten Einfälle der Franzosen haben vom einen Ende Europas bis zum andern die Runde gemacht. Zu allen Zeiten haben sie ihre glänzende Tapferkeit bewiesen und ihren Kummer auf eine lebhafte und reizvolle Weise erleichtert; zu allen Zeiten haben sie einer des anderen bedurft, wie abwechselnde Zuhörer, die sich wechselweise aufmuntern; zu allen Zeiten haben sie sich hervorgetan in der Kunst, das Nötige zu sagen, und selbst in der, da, wo es nottut, zu schweigen, wenn ein großes Interesse ihre natürliche Lebhaftigkeit unterdrückte; zu allen Zeiten haben sie das Talent gehabt, schnell zu leben, lange Reden abzukürzen und denen Platz zu machen, welche nun auch sprechen wollten; zu allen Zeiten haben sie sich darauf verstanden, von Gefühlen und Gedanken nur so viel anzunehmen, als zur Belebung der Unterhaltung diente, ohne das leichtfertige Interesse zu ermüden, das man gewöhnlich füreinander hat.

Aus Furcht, ihre Freunde zu langweilen, sprechen die Franzosen immer nur leichthin von ihrem Unglück; sie erraten die Belästigung, die sie verursachen, nach der, die sie selbst empfinden würden; sie beeilen sich, Unbesorgtheit wegen ihres Schicksals zu zeigen, um, anstatt das Beispiel der Gleichgültigkeit zu empfangen, die Ehre zu haben, es selbst zu geben. Das Verlangen, liebenswürdig zu scheinen, verführt sie zum Ausdruck der Fröhlichkeit, welches auch immer die innere Stimmung ihrer Seele sein möge; die Physiognomie gewinnt Einfluss auf das, was man empfindet, und das, was man tut, um anderen zu gefallen, stumpft im Innern das eigene Gefühl ab.

Eine Frau von Geist hat gesagt, Paris sei von allen Orten der Welt derjenige, wo man das Glück am leichtesten entbehren könnte. In dieser Beziehung passt es so vortrefflich zu der armseligen Menschengattung; aber nichts könnte eine deutsche Stadt in Paris verwandeln, nichts bewirken, dass die Deutschen, ohne sich ganz zu verderben, wie wir, in der Zerstreuung eine Wohltat antreffen könnten. Sich unaufhörlich selbst entrinnend, würden sie sich zuletzt nicht mehr wiederfinden.

## *1810*

# ANSELM VON FEUERBACH

## »Schon längst hatte ich in mir die Begierde gespürt, jemanden umzubringen«

*Kaum etwas faszinierte die Menschheit seit jeher mehr als die Übertretung des Gesetzes, das Verbrechen. François Gayot de Pitaval, Friedrich Schiller, Julius Eduard Hitzig, Willibald von Alexis und Ferdinand von Schirach z.B. brachten Sammlungen nacherzählter »echter« Kriminalfälle heraus – und lieferten damit Bestseller.*

*Unerreicht in seinem erzählerischen Talent, seinem psychologischen Gespür und seinem Scharfsinn der Beobachtung freilich ist ein anderer: Paul Johann Anselm Feuerbach (\* 1775, † 1833), ohnehin ein höchst bemerkenswerter Mensch. Er war Vormund Kaspar Hausers (dem er ein Buch widmete), Vorreiter bei der Abschaffung der Folter und gilt als Begründer der deutschen Strafrechtslehre und Vater des Bayerischen Strafgesetzbuchs. Unnötig zu sagen, dass er auch einer der ersten Kriminalpsychologen von Rang ist.*

### MICHAEL KIENER, DER RAUBMÖRDER AUS LIEDERLICHKEIT

Am 7. Februar 1810 gegen Mittag gingen zwei Männer aus Ödmiesbach von Zeinrieth nach Pilchau, einer Getreidelieferung wegen. Auf dem Rückwege, in der Nähe des sog. Steingerümpels, eines tiefliegenden, mit Steinen bedeckten, von Gebüsch überwachsenen Platzes, bemerkten sie die Fährte eines Marders. Aus Neugier verfolgten sie diese Spur; kaum aber waren sie ihr einige Schritte weit nachgegangen, so entdeckten sie unter einem Schneehügel einen auf dem Angesichte liegenden weiblichen Leichnam. Es war dieses die sogenannte Spitzenkrämerin Lindner aus Eppenrieth, ein Weib von beiläufig 50 Jahren.

In der Nacht vom 5. zum 6. Februar hatte sie in dem Dorfe Lampenrieth im Hause des alten Simon Kiener übernachtet, war sodann Dienstags am 6. morgens gegen 8 Uhr von da hinweg nach Tenesberg gegangen, um bei dem Lederer Wellenhöfer etwas Leder einzukaufen, und hatte auf ihrer Rückkehr nach Hause, zwischen Zeinrieth und Pilchau, in dem oben bemerkten Steingerümpel ihren Tod von Mörderhand gefunden. Denn dieses zeigten augenscheinlich ihre mit Blut bedeckten Kleider und mehrere Wunden am Halse.

Da es wegen außerordentlicher Kälte nicht möglich war, den gefundenen Körper an Ort und Stelle zu bewachen, so wurde derselbe, auf Anordnung des Dorfhauptmanns zu Zeinrieth, vorsichtig in das Gemeindehaus dieses Dorfes geschafft und sodann das Landgericht Vohenstraus von diesem Vorfalle in Kenntnis gesetzt.

Bei der gerichtlichen Besichtigung des Leichnams entdeckten sich am Halse drei abwärtslaufende Stichwunden:

die eine vorn über dem Kehlkopfe nach der rechten Seite zu, die andere an der rechten, die dritte an der linken Seite. Die zweite dieser Wunden hatte die äußere und innere Kopfarterie gerade bei ihrem Ausgange aus der gemeinschaftlichen Halsarterie ganz, die innere Vene hingegen bis auf einen Vierteil ihres Durchmessers zerschnitten; von der dritten war die *arteria carotis mater* vor ihrer Teilung so wie die innere Halsvene ganz durchstochen. Diese für unbedingt tödlich erklärten Wunden konnten, nach Meinung der Sachverständigen, nur mit einem spitzen schneidenden Werkzeuge, einem Messer, zugefügt worden sein.

Das Landgericht war sogleich eifrigst bemüht, dem Täter selbst auf die Spur zu kommen. Anfangs zeigten sich nur äußerst entfernte schwankende Verdachtsgründe. – Die Ermordete hatte in der Nacht vom 5. zum 6. Februar in dem Hause des alten Simon Kiener zu Lampenrieth übernachtet und in dem tiefen Schnee in der Gegend des Mordplatzes entdeckten sich Fußstapfen, welche von da bis nach Lampenrieth führten. Diese Fußstapfen befanden sich zum Teil an einem sehr ungewöhnlichen, beschwerlichen, besonders im Winter ungangbaren Orte und ließen vermuten, dass der Täter der Ermordeten aufgepasst und derselbe, um sie zu umgehen oder ihr zuvorzukommen, solchen ungewöhnlichen Weg genommen habe. – Das Landgericht begab sich in die Wohnung des Simon Kiener, um ihn und dessen Familie über die Spitzenkrämerin zu vernehmen und zugleich die Stiefel und Schuhe, die man in seinem Hause vorfinde, mit jenen Fußstapfen zu vergleichen. Allein keine der vorgefundenen Fußbekleidungen passten zu dem Maß der Fußstapfen; auch entdeckte sich sonst kein naher Verdacht. Nur das Benehmen des jungen Michael Kiener war etwas seltsam. Während seiner Vernehmung affektierte er eine besondere Lustigkeit, er lächelte und pfiff mitunter in sich hinein. Dieser Umstand veranlasste den Untersuchungsrichter, der Aufführung und dem Lebenswandel dieses jungen Menschen, durch Vernehmung mehrerer Zeugen, nachzuforschen. Da entdeckte sich bald, dass derselbe im schlimmsten Rufe stehe und sich bereits verschiedener, zum Teil beträchtlicher Diebstähle schuldig gemacht habe. Man beschloss daher gegen ihn den Kriminalprozess; zugleich mit ihm wurde sein Vater verhaftet, welcher jedoch nur im Zivilarrest gehalten wurde.

Diese Maßregeln führten sehr bald die dringendsten Verdachtsgründe des begangenen Mordes wider den jungen Michael Kiener herbei. Nach Aussage seines Vaters war er Dienstags den 6. Februar morgens bei sehr früher Tageszeit von Hause hinweggegangen und erst um 8 Uhr Abends zurückgekommen. Er selbst aber behauptete, an diesem Tage den ganzen Morgen bis nach 12 Uhr zu Hause gewesen zu sein. – Am Dienstag abends war Michael Kiener bei einem gewissen Sebastian Zeit, der an diesem sonst so leichtfertigen lustigen Burschen ganz die gewöhnliche Heiterkeit vermisste. Dieselbe Bemerkung machte ein gewisser Veit Koch, bei welchem Inquisit am Mittwoch gewesen war; sein Aussehen, sein Betragen kamen diesem Zeugen, wie er sich ausdrückt, »so ganz närrisch« (wunderlich, seltsam), vor.

Inquisit leugnete zwar standhaft in seinem ersten Verhöre alle Teilnahme an dem Morde der Spitzenkrämerin; allein seine Mienen und Gebärden verrieten weit mehr als sein Mund bekannte. Sein Atem war beklommen, innere Unruhe drückte sich in seinem ganzen Wesen aus; Röte und Blässe wechselten fortwährend auf seinem Gesichte; bald murmelte er in sich hinein, bald biss er sich in die Lippen; bald zupfte er, auf dem Stuhle hin und her wankend, an seinem Hemdärmel; bald rieb er sich die Hände und blickte, sooft ihn der Untersuchungsrichter ins Gesicht fasste, seitwärts neben aus; er saß dicht am Ofen und klagte doch über Frost.

Allein mehr als alles dieses zeugte folgender Umstand wider ihn. In einem seiner Behälter waren verschiedene Stücke Leder gefunden worden, welche zum Teil besondere Zeichen an sich trugen. Da die Ermordete am Dienstag früh bei Ulrich Wellenhöfer verschiedenes Lederwerk gekauft hatte, so wurden diesem die bei Michael Kiener gefundenen Stücke zur Anerkennung vorgelegt. Wellenhöfer erkannte diese unbedenklich für dieselben, welche er am Dienstag an die Spitzenkrämerin verkauft habe und gab die Gründe dieses Wiedererkennens umständlich mit der befriedigendsten Genauigkeit an. Noch blieb Inquisit in seinem zweiten Verhöre beim Leugnen; allein die Vorhaltung des zuletzt bemerkten, ihn so schwer verdächtigenden Umstandes machte den gewaltigsten Eindruck auf sein Gemüt, welcher sich schon im Verhör selbst durch plötzliches Verstummen und noch auffallender in seinem Gefängnisse offenbarte. Hier bemächtigte sich seiner eine ungewöhnliche Traurigkeit und alle Lust zum Essen war verschwunden. Man verhörte ihn jetzt zum dritten Male; auch da noch versuchte er anfangs sein Heil im Leugnen und Lügen, aber bald waren seine Hilfsmittel und sein Mut erschöpft; er bekannte sich der Mordtat schuldig.

Michael Kiener, katholischer Religion, ist von Lampenrieth, Landgerichts Vohenstrauß im Raabkreise gebürtig, ein lediger Bursche von zwanzig Jahren. Seine Mutter ist seit fünf Jahren tot; sein Vater lebt als Maurergeselle zu Lampenrieth und hat außer jenem Sohne drei Töchter am Leben, welche noch unversorgt im elterlichen Hause sich befinden. Der Sohn

Michael wurde zu Hause erzogen, erhielt sehr dürftigen Unterricht, lernte aber einige Zeit das Schuhmacherhandwerk und wurde ungefähr drei Jahre vor der Tat freigesprochen. Er arbeitete als Geselle bei verschiedenen Meistern, die ihn jedoch nie lange behalten konnten; so ungeschickt zeigte er sich in seinem Handwerke, so unfleißig, leichtsinnig und liederlich in seiner Ausführung. Sein Vater drang öfter in ihn, er möge seine Wanderschaft antreten. Allein er blieb lieber im väterlichen Hause, half seinem Vater bei seinem Handwerke, oder arbeitete auf dem Taglohn. In seiner Gemütsart liegt ein heiterer, lustiger Sinn, der aber bei vernachlässigter Erziehung in Leichtsinn und Liederlichkeit ausartete. Seinem Vater bezeugte er keinen Gehorsam; immer folgte er nur seinem Eigenwillen. »Möchte doch«, rief einst sein Vater vor Gericht aus, »dieser ungeratene Sohn im ersten Bade ertrunken sein!« Wegen Verbrechen war er noch nicht in Untersuchung. Nur, weil ihn eine Weibsperson als Vater ihres unehelichen Kindes angegeben hatte, saß er vor einigen Jahren zu Guteneck drei Tage lang im Gefängnisse. Aber sein Lebenswandel zeichnete sich nichts desto weniger durch zahlreiche Verbrechen aus, welche, der Obrigkeit lange verborgen, erst in diesem Prozesse entdeckt und von ihm eingestanden worden sind. Er bekannte, auf einen Zeitraum von ungefähr drei Jahren, zwölf, zum Teil beträchtliche, zum Teil ausgezeichnete Diebstähle: welches Bekenntnis sich bei acht Diebstählen durch die eingeholten Erfahrungen vollkommen bestätigt hat.

Montags den 5. Februar gegen Abend kam die Spitzenkrämerin Lindner in das Haus des alten Simon Kiener und bat ihn um ein Nachtlager. Dieser, welcher sie noch nie gesehen hatte, verweigerte ihr anfangs die Nachtherberge, er tat sich aber endlich den Bitten seiner Töchter und anderer Mädchen, welche mit diesen in Gesellschaft spannen. Sie hatte einen Leibgurt mit Geld nebst einem weißen Päckchen bei sich, und zählte in der Stube ungefähr acht Gulden, die sie, wie der alte Simon angibt, wieder in den Beutel tat.

Am folgenden Morgen gegen 8 Uhr begab sie sich wieder fort auf die Reise. Und nun beginnt die Geschichte der Tat, welche wir aus dem Munde des Verbrechers selbst vernehmen wollen.

»Schon lange«, sagte er, »hatte ich Lust, einmal einen Menschen umzubringen. Wie ich nun jüngst vergangenen Dienstag den 6. Februar in der Frühe aufstand und mich angekleidet hatte, kam mir der Gedanke, diese Spitzenkrämerin zu ermorden. Sie hat mir nie etwas zu Leide getan; aber, ich weiß selbst nicht wie? – Es kam gerade der Ingrimm über mich. Ich dachte mir, sie werde gewiss von Pilchau auf Zeinrieth zugehen, begab mich daher nach 8 Uhr von Haus hinweg auf den Gangsteig, der von Pilchau nach Zeinrieth geht, und wartete unter einem Birnbaume. Die Kälte war schrecklich hart; ich ging zuweilen hin und her und suchte Schutz wider die grimmige Kälte. Wie ich da lauerte, kamen zwei unbekannte Männer an mir vorüber, die mich fragten: wohin ich gehe? Ich antwortete, dass ich böse Füße habe und nach Zeinrieth wolle. Die Spitzenkrämerin ließ mich mehrere Stunden warten. Endlich, gegen Mittag, sah ich sie kommen, sie ging abwärts gegen Zeinrieth zu, ich verfolgte sie über die Felder durch den Schnee, erreichte sie im Steingerümpel und packte sie sogleich beim Rocke. Sie fragte mich: was ich wolle? ›Ich will nichts!‹, war meine Antwort und besann mich noch lange Zeit, ob ich sie wirklich umbringen solle, oder nicht. Sie versprach mir anfangs einen Gulden, dann eine Spitze, endlich gegen fünf Gulden. Aber ich wiederholte immer: ›ich will nichts von Dir!‹, und warf sie endlich, weil der Ingrimm einmal in mir war, in den Schnee zu Boden. Sie raffte sich wieder auf. Aber die Begierde, sie zu erdrosseln, war zu stark in mir; ich warf sie nochmals zu Boden. Sie schalt mich einen Loitel (nichtswürdigen Kerl) und sagte: ›Willst du mich etwa umbringen? Ich habe dir ja in meinem Leben nichts zu Leide getan.‹ Aber ich antwortete ihr nicht mehr, riss ihr die Halstücher herab, fasste sie mit der Linken beim Halse und drosselte sie. Dieses wiederholte ich, weil sie nicht gleich ganz schwarz geworden, und fuhr so lange damit fort, bis ich kein Leben mehr in ihr spürte. Sonst bin ich nicht stark in der Hand, aber gerade damals habe ich meine Kräfte gefühlt. – Als ich sie tot glaubte, packte ich sie beim Rock und trug sie weiter abwärts in das Tal. Da fühlte ich, dass sie einen Gurt um ihren Leib trage; ich nahm das Geld zu mir und legte sie in den Schnee. Als ich aber jetzt weggehen wollte, bewegte sie sich sehr stark; da merkte ich denn, dass sie nicht tot sei und ich dachte bei mir: ›Was wirst du nicht leiden müssen, wenn du noch nicht tot bist!‹ Nun beschloss ich, sie totzustechen. Ein Messer hatte ich nicht bei mir; denn als ich von Haus wegging, war mein Vorsatz, sie zu erdrosseln. Ich nahm daher den Knüttel, welchen die Spitzenkrämerin bei sich hatte, brach ihn auf meinem Knie entzwei und riss mit meinen Zähnen ein spitzes Stück davon ab, sodass mein Mund zu bluten anfing. Mit diesem spitzen Stücke gab ich ihr zwei Stiche rechts in den Hals, und zwar so stark und tief, dass der Stich leicht an der andern Seite wieder hätte herausgehen können. Nun bedeckte ich sie mit Schnee, ging auf das Holz Marchetpiehl zu, versteckte daselbst das Päckchen, welches die Spitzenhändlerin bei sich trug, und ging sodann schnurgerade nach Haus.«

Inquisit nahm der Ermordeten das Geld in ihrem Gurte, einen Beutel mit etwas Geld in ihrer Tasche, verschiedene Stücke Leder, zwei Schnupftücher, eine Dose und ein Messer. Das Geld mochte ungefähr 50 Gulden betragen. Fast alle diese Sachen fanden sich noch bei dem Mörder, der sie als Eigentum der Ermordeten anerkannt hat.

Verschiedene Umstände in dem Bekenntnisse des Inquisiten scheinen beim ersten Anblick nicht genau mit dem Tatbestande übereinzustimmen. Denn erstlich scheint es, als sei die nächste Ursache des Todes mehr in dem Erdrosseln, als in den Stichwunden zu suchen, obgleich von jener Gewalttat durchaus keine Spuren an dem Körper zu entdecken gewesen. Da jedoch Inquisit selbst gesteht, die Spitzenkrämerin habe sich, als er sie verlassen wollen, heftig zu bewegen angefangen und in dem zweiten Gutachten des Landgerichtsarztes umständlich gezeigt ist, dass nach den an dem Leichnam gefundenen Merkmalen der Tod nur durch die Stichwunden verursacht worden sei: so steht gegen die Gründlichkeit des Bekenntnisses durchaus kein erheblicher Zweifel. Aus diesem Bekenntnisse ergibt sich in Übereinstimmung mit dem Befunde, dass die Misshandelte durch das Drosseln anfangs nur die Besinnung, später hingegen erst durch die Stichwunden ihr Leben verloren habe.

Eine zweite Bedenklichkeit betrifft das Werkzeug der Tötung. Nach der Behauptung des Arztes und der Wundärzte konnten sämtliche Wunden am Halse nur mit einem spitzen schneidenden Werkzeuge – einem Messer – zugefügt worden sein; Inquisit will sie mit einem Holzspane zugefügt haben. Auch hier ist die Verschiedenheit mehr scheinbar als wirklich. Denn das Bekenntnis trifft mit dem Tatbestande und der Aussage der Sachverständigen darin überein, dass das Werkzeug spitz und schneidend gewesen, was denn eben so gut auf einen spitzen schneidenden Span harten Holzes wie auf ein Messer passt, zumal wenn man erwägt, dass Inquisit, wie er selbst behauptet, sein Werkzeug mit besonderer Kraft und Anstrengung der Ermordeten in den Hals gestoßen hat. Hätte schon zur Zeit der Leichenschau auch nur die leiseste Vermutung auf den Gebrauch eines so ungewöhnlichen Werkzeuges fallen können und wären dann die Wunden aus diesem Gesichtspunkte genauer untersucht worden, oder hätte der untersuchende Richter den Inquisiten nach der Größe und Gestalt des Spanes genau befragt: so würde (sollte gleich das Werkzeug selbst nicht mehr zu finden gewesen sein) wahrscheinlich auch jede Scheinbedenklichkeit verschwunden sein, welche aber auch jetzt, bei so vielen andern, überzeugenden Gründen, für sich allein die Glaubwürdigkeit des Bekenntnisses nicht zu erschüttern vermag.

Ebenso wenig Gewicht hat der Umstand, dass sich am Leichnam drei Halswunden und unter diesen auch eine an der linken Seite befunden hat, während Inquisit nur zwei Mal und zwar von der rechten Seite gestochen zu haben behauptet. In dem verwirrenden Taumel der Wut bei Vollbringung einer unmenschlichen Tat werden nicht alle Schritte gemessen, nicht alle Bewegungen der Hand gezählt. Inquisit leugnet auch nicht bestimmt die dritte Wunde; er kann sie nur nicht begreifen, vermag sich ihrer nicht mehr bestimmt zu erinnern. Zudem ist die Wunde auf der rechten Seite, wozu sich Inquisit ausdrücklich bekannt hat, für sich selbst schon tödlicher Art.

Bedenklicher scheint beim ersten Blick die Frage; welches war die eigentliche Absicht des Verbrechers bei dieser Ermordung? War sein Beweggrund Gewinnsucht oder Mordgier? Erwägt man, dass unerlaubte Gewinnsucht den Charakter des Inquisiten hauptsächlich bezeichnet; dass er sich in dem dieser Mordtat vorhergehenden Zeitraume mehrerer sehr beträchtlichen Diebstähle schuldig gemacht hat und als ein Gewohnheitsdieb erscheint; dass die Spitzenkrämerin am Abende vor ihrer Ermordung Geld und geldeswerte Sachen sehen ließ; dass Inquisit diese Person nicht bloß ermordet, sondern auch wirklich beraubt hat; dass endlich reine Mordlust zu den ungewöhnlichsten Erscheinungen des menschlichen Geistes gehört und diese Leidenschaft gemeiniglich in finstern, in Menschenhass versunkenen, wild melancholischen Gemütern, höchst selten aber in Personen leichten, heitern, lustigen Sinnes, wie Inquisit, entstehen und solche Höhe erreichen kann: so ist kein Augenblick zu zweifeln, dass diese Mordtat, was auch dagegen behauptet werden möge, bloß um Raubes willen beschlossen und ausgeführt worden sei. Eine gewinnsüchtige Absicht ist freilich von dem Inquisiten nirgends eingestanden. Erst nachdem er die schon totgeglaubte Spitzenkrämerin weggeschleppt, will er den Leibgurt mit Geld zufällig entdeckt haben: eine Einrede, welche man fast von allen Raubmördern zu hören bekommt. Außerdem aber erklärt er sich über die Beweggründe zu seiner Tat in solchen Ausdrücken, welche allerdings, wie es scheint, nur auf eine unerklärbare Mordlust ohne anderen bestimmten Zweck der Tat gedeutet werden können.

»Schon längst«, sagte er, »habe er die Begierde, jemanden umzubringen, in sich gespürt, und dieses sogar gegen andere Personen geäußert, die ihn jedoch, weil sie ihm keinen Ernst zugetraut, nur ausgelacht hätten. Als er am 6. Februar frühmorgens aufgestanden, habe ihn nun eben der Ingrimm befallen und die Spitzenkrämerin sei so zufälligerweise das unglückliche Opfer davon geworden.«

Setzt man wirklich voraus, Inquisit leugne die gewinnsüchtige Absicht durch das Geständnis einer reinen Mordsucht: so ist hier (man glaube an die Wahrheit dieser Behauptung, oder betrachte sie als erlogen) ein unauflösliches psychologisches Rätsel. Welchen Gewinn konnte Inquisit durch solche Lüge erwarten? Keinen, man müsste denn annehmen, Inquisit vertraut mit der Theorie mancher Kriminalrechtslehrer über Zurechnung zu Schuld und Strafe, habe auf Richter gezählt, welche ein aus Gewohnheit oder instinktartiger Neigung des Gemüts begangenes Verbrechen, wegen der angeblich beschränkten oder aufgehobenen Willensfreiheit wenn auch nicht für straflos, doch für minder strafbar erkennen. Diese Voraussetzung zerfällt aber in sich selbst, da der gemeine und gesunde Menschenverstand, welcher allein aus diesem ungelehrten Missetäter spricht, hierüber ein von der Theorie jener gelehrten Männer ganz abweichendes Urteil hat. – Allein das ganze Rätsel, genau betrachtet, scheint bloß durch einen Fehler in der Befragung des Inquisiten, durch eine vorgefasste Meinung des untersuchenden Richters und durch irrige Auslegung der Worte des Untersuchten veranlasst. Als Inquisit in dem 278ten Artikel zum ersten Male über seine Absicht befragt wurde, antwortete er: »Wir (die Spitzenkrämerin und ich) haben uns in unserem Leben nichts zu Leide getan. Es ist halt gerade der Ingrimm über mich gekommen; ich weiß selbst nicht, wie mir geschehen ist«, und als er bei dem 292ten Fragstücke nochmals zum offenen Geständnisse seiner Absicht ermahnt wurde: »Ich habe schon lange immer die Begierde in mir gefühlt, jemanden umzubringen.« Diese Äußerungen sagen an und für sich mehr nicht, als: er habe die Spitzenkrämerin nicht aus Hass oder Rachsucht ermordet, vielmehr sei es schon längst seine Absicht gewesen, jemanden umzubringen, und dieser boshaft leidenschaftliche Entschluss (Ingrimm) habe endlich einen bestimmten Gegenstand, die Spitzenkrämerin, gefunden. Aus welchem Beweggrunde diese Absicht hervorgegangen? Was der Endzweck seines mörderischen Entschlusses gewesen? Ob Befriedigung der Habsucht oder was sonst? Darüber äußert er sich hier noch gar nicht; sein Bekenntnis erscheint in diesem Punkte als durchaus unbestimmt und mangelhaft und zwar, wie höchst wahrscheinlich ist, bloß deswegen, weil er den Sinn und Umfang der Frage nicht vollständig gefasst hatte. Allein da Inquisit, nach seiner früheren Äußerung, den Leibgurt der Ermordeten nur zufällig beim Wegschleppen an ihr entdeckt haben wollte (was übrigens selbst mit eingestandener gewinnsüchtiger Absicht gar wohl vereinbarlich ist), da er sich nachher auch nicht bestimmt zu der räuberischen Absicht bekannte: so nahm der untersuchende Richter die Worte: »es hat mich der Ingrimm überfallen; ich hatte schon früher die Absicht, jemanden umzubringen«, für das Bekenntnis einer aus reiner Mordlust begangenen Tötung. Und so geschah denn natürlich nichts weiter, um dem Inquisiten den eigentlichen Sinn der Frage, über die Absicht seiner Handlung, aufzuklären und alle folgenden denselben Punkt berührenden Artikel mussten nun dieselben an und für sich unbestimmten, jedoch nach jener vorgefassten Meinung, scheinbar bestimmten Antworten zur Folge haben. So sagt er bei dem 484sten Artikel, nachdem er vorher befragt worden, ob er nicht auch früher eine gewisse Bötin, die sogenannte schwarze Kathel, habe ermorden wollen: »Auf eine fremde Person habe ich wohl Begierde gehabt; aber dieser Person hätte ich nichts tun können, weil sie zu sehr bekannt gewesen wäre«, und dann bei dem nächstfolgenden 485sten: »Eine bekannte Person hätte mich doch eher gereut (gedauert). Aber es hat schon so sein wollen, dass gerade diese Person (die Spitzenkrämerin) mir in die Hände gekommen ist.« Auch wer um Gewinnes willen auf Mord ausgeht, kann von sich sagen, dass er eine Begierde gehabt, jemand zu ermorden; wer sich aber durch Mordlust zu einer solchen Tat getrieben fühlt, wird schwerlich zwischen den Personen wählen und sich die unbekannten aussuchen, um dem Mitleide mit den ihm bekannten zu entgehen. Dieselben Antworten kommen mit etwas veränderten Ausdrücken noch an anderen Stellen vor, z.B. bei dem Artikel 593 und folgenden: »Es war halt schon immer der Ingrimm in mir. Ich habe halt schon immer geglaubt, wenn ich jemand umbringen kann, so tue ich es. Ich habe auch nicht gewusst, wie mir geschehen ist.« Nirgends wird daher die gewinnsüchtige Absicht ausdrücklich geleugnet, nirgends die reine Mordlust mit bestimmt entscheidenden Ausdrücken behauptet. Das Einzige, was bei diesen Äußerungen angenommen werden mag, ist, dass Inquisit mit dem Bekenntnisse des Endzwecks und eigentlichen Beweggrundes seiner Tat zurückhaltend gewesen sei.

Was übrigens den Inquisiten zu dieser Tat bestimmt haben möge: so war die ihm zuerkannte Strafe den Gesetzen gemäß. Michael Kiener wurde nämlich von dem Appellationsgericht zu Amberg in erster, dann von dem königlichen Oberappellationsgericht in zweiter Instanz zur Strafe des Schwertes verurteilt. Dieses Urteil war begründet durch den *Cod. jur. crim. Bav.* Teil I. C. III. §. 1, welcher jeden »mit bösem gefährlichem Vorsatz« begangenen Totschlag mit der Strafe des Schwertes bedroht. Wäre der Begriff des Raubmordes auf die Tat des Inquisiten in Anwendung gebracht worden, so hätte er, nach Thl. I. Cap. III. §. 1 zur Strafe des Rades von unten auf verurteilt werden müssen.

Wie sehr diese Tat mit Überlegung beschlossen, mit Bedacht vorbereitet, mit Hartnäckigkeit ausgeführt worden, zeigt die obige Geschichtserzählung. Schon seit längerer Zeit war er darauf ausgegangen, einem Menschen (wahrscheinlich des Raubes wegen) das Leben zu nehmen. Mit der Absicht, die Spitzenkrämerin zu ermorden, ging er morgens früh auf das Feld hinaus, um sie zu erwarten. Hier lauert er fast einen vollen halben Tag. Sein Ziel fest im Auge, erträgt er die härteste Winterkälte. Kein Hindernis ist ihm zu groß, keine Zeit bringt ihn zu besserer Gesinnung. Als er die Unglückliche schon gepackt hat, steht er erst noch kalt überlegend vor ihr; und sein Entschluss entscheidet von neuem ihren Tod. Ihn rühren weder ihre Bitten, noch ihre Anerbietungen. Er wählte eine Todesart, die wegen der Schwierigkeit und Langsamkeit ihrer Vollziehung, einen besonders festen Entschluss, einen hartnäckig ausdauernden Willen voraussetzt; er sucht sie bloß mit seiner Hand zu erdrosseln. Erst zuletzt erkennt er die Notwendigkeit eines kräftigeren Mittels. Doch auch dieses erfordert neue Zurichtung. Neben der Halbentseelten bereitet er sich erst, mit nicht geringer Anstrengung, ein Werkzeug des Mordes aus ihrem Wanderstabe und durchsticht ihr den Hals mit einem zugespitzten Spane.

Michael Kiener war freilich erst zwanzig Jahre alt. Aber dieses Alter mochte ihm zu keiner Milderung gereichen. Hätte er sogar noch in den Jahren der Unmündigkeit gestanden, so würde seine Bosheit das Alter erfüllt haben. Beides, sein Verstand und sein Charakter, waren schon zur vollen Reife gekommen und bei noch jungen Jahren zeigte er sich bereits als ein vollendeter Bösewicht. Die Gerechtigkeit forderte seinen Tod, welchen er, nach erfolgter allerhöchster Bestätigung, wie verdient, erlitten hat.

# 1814

## BENJAMIN CONSTANT

## Gewalt und Despotismus schaffen ihr eigenes Verderben

―――――  ―――――

*»Vermögt ihr nicht mithilfe des Rechts zu regieren, so würdet ihr mithilfe des Unrechts nicht erfolgreicher herrschen.« Denn der Despotismus »lebt von der Hand in den Mund; mit Beilhieben über Schuldige und Unschuldige herfallend, vor seinen Spießgesellen zitternd, die er umschmeichelt und bereichert, hält er sich durch Willkür, bis diese, von einem anderen an sich gerissen, ihn selbst durch die Hand seiner Helfershelfer stürzt.«*

*Geboren in Lausanne als Schweizer mit französisch-hugenottischen Wurzeln, führt er nach dem frühen Verlust der Mutter ein unstetes Wanderleben von den Großeltern zum Vater und mit diesem, einem Berufsoffizier, über Brüssel nach Holland und England. In Erlangen beginnt er ein Jurastudium. Nach dem Ende der Schreckensherrschaft begleitet er 1795 die ein Jahr vor ihm geborene Madame de Staël, die er in ihrem Exil auf einem elterlichen Landgut am Genfer See kennengelernt hat, nach Paris. Er ist der Vater ihrer Tochter Albertine. Der vielbeachtete politische Publizist und Redner ist nach Napoleons Staatsstreich von 1799 liberaler Oppositionsführer im Tribunat, der Legislative der Konsularverfassung, bis er 1802 kaltgestellt wird. Von 1818 bis zu seinem Tod verteidigt er als Abgeordneter der Unabhängigen erneut das parlamentarische Regierungssystem. Seine Ideen strahlen weit über die Grenzen Frankreichs hinaus und beweisen ihre Attraktivität im Novemberaufstand in Polen, in der Liberalen Revolution in Portugal, im Unabhängigkeitskampf Griechenlands und in Belgiens Kampf um Eigenstaatlichkeit. Henri-Benjamin Constant de Rebecque (\* 1767, † 1830), ein großer Vordenker des Liberalismus in dessen Anfängen, er führte ein Leben mit ungezählten Liebesaffären, sein Bekenntnis lautete: »Je ne cherche que la liberté.«*

SEID GERECHT, werde ich immer zu den mit Macht ausgestatteten Männern sagen. Seid gerecht, was immer geschehen möge; denn vermögt ihr nicht mithilfe des Rechts zu regieren, so würdet ihr mithilfe des Unrechts nicht erfolgreicher herrschen.

Es gibt keine Entschuldigung für Mittel, die ohne Zeitunterschied allen Absichten und allen Zielen dienen, und die, von ehrlichen Menschen gegen Räuber angerufen, mit der Autorität ehrlicher Männer und unter Berufung auf das öffentliche Wohl von diesen Räubern als gleiche Notausrede für sich in Anspruch genommen werden. Das Gesetz des Valerius Publicola, das jeden, der nach der Tyrannis strebte, ohne Umstände zu töten erlaubte, diente abwechselnd der Wut des Adels und der des Volkes und ward der römischen Republik zum Verhängnis.

Fast alle Menschen haben die Sucht, höher zu scheinen als sie sind; die Sucht der Schriftsteller ist es, sich als Staatsmänner auszugeben. Infolgedessen wurde jede große Entfaltung außergerichtlicher Gewalt, jede Zuflucht zu gesetzwidrigen Maßnahmen in gefährlichen Umständen, von Jahrhundert zu Jahrhundert mit Ehrfurcht erzählt und mit Wohlgefallen beschrieben. Der Verfasser, der friedlich in seiner Kammer sitzt, schleudert Willkür nach allen Richtungen, sucht seinem Stil die fortreißende Kraft zu geben, die er für die Maßnahmen empfiehlt; weil er den Missbrauch der Herrschgewalt predigt, glaubt er sich für den Augenblick mit ihr bekleidet; er schürt sein gedankliches Leben mit all den Äußerungen der Kraft und Macht, mit denen er seine Sätze schmückt; er verschafft sich auf diese Weise etwas vom Vergnügen der Staatsgewalt; aus vollem Halse wiederholt er die großen Worte von Volkswohl, höchstem Gesetz, öffentlichem Interesse; bewundernd steht er vor seiner eigenen Tiefe und bestaunt seine Tatkraft. Armer Narr! Er spricht zu Leuten, die sich nichts Besseres wünschen als ihm zuzustimmen, und die bei der erstbesten Gelegenheit seine Lehre auf ihn selbst anwenden.

Diese Eitelkeit, die das Urteil so vieler Schriftsteller irregeführt hat, wirkte in unseren Bürgerzwisten nachteiliger als man denkt. Alle Durchschnittsköpfe, die vorübergehend einen Teil der Herrschgewalt eroberten, waren voll von all diesen Lehren, die der Dummheit umso angenehmer waren, als sie ihr helfen, die Knoten durchzuhauen, die sie nicht zu lösen vermag. Sie träumten nur von Maßnahmen zum öffentlichen Wohl, von großen Maßnahmen, Staatsstreichen. Sie hielten sich für außerordentliche Genies, weil sie sich mit jedem Schritt von den gewöhnlichen Wegen entfernten; sie riefen sich als umfassende Köpfe aus, weil die Gerechtigkeit ihnen eng erschien. Bei jedem politischen Verbrechen, das sie begingen, hörte man sie rufen: *Noch einmal haben wir das Vaterland gerettet!* Freilich, wir dürfen dessen völlig überzeugt sein: Ein Vaterland ist bald verloren, das jeden Tag auf solche Art gerettet wird.

Wenn die gesetzwidrigen Maßnahmen sogar den rechtmäßigen Regierungen, die nicht wie der Despotismus alle Interessen der Menschen gegen sich haben, diesen Regierungen nicht nur keine Dauer sichern, sondern sie gefährden und bedrohen, so ist klar, dass der Despotismus, der aus lauter solchen Maßnahmen besteht, keinerlei Anlage zur Beständigkeit besitzt. Er lebt von der Hand in den Mund; mit Beilhieben über Schuldige und Unschuldige herfallend, vor seinen Spießgesellen zitternd, die er umschmeichelt und bereichert, hält er sich durch Willkür, bis diese, von einem andern an sich gerissen, ihn selbst durch die Hand seiner Helfershelfer stürzt.

Die unzufriedene öffentliche Meinung im Blute ersticken ist die Lieblingsmaxime gewisser tiefsinniger Politiker. Aber die öffentliche Meinung lässt sich nicht ersticken; das Blut strömt, aber sie taucht daraus empor, erneuert ihren Angriff und siegt. Je mehr sie unterdrückt wird, desto furchtbarer wird sie. Mit der Luft, die man einatmet, dringt sie in die Geister ein. Sie wird zum gewohnten Gefühl, zur fixen Idee eines jeden. Man versammelt sich nicht zu Verschwörungen, aber alle, die sich treffen, sind Verschworene.

So tief gesunken eine Nation uns äußerlich erscheinen mag, die hochherzigen Regungen werden sich stets in einige einsamen Seelen flüchten und werden da in geheimer Entrüstung gären. Die Gewölbe der Versammlungen können von Wutreden, dem Echo der Paläste, widerhallen, von Ausdrücken der Menschenverachtung. Die Schmeichler des Volkes können dieses gegen das Mitleid aufhetzen; die Schmeichler der Tyrannen können den Mut vor ihnen herabsetzen. Aber kein Jahrhundert wird je vom Himmel so verlassen sein, dass das Menschengeschlecht als Ganzes zu dem würde, wie es die Willkürherrschaft braucht. Der Hass gegen die Unterdrückung, sei's im Namen eines Einzelnen, sei's im Namen aller, vererbt sich von einem Zeitalter zum anderen. Die Zukunft wird diese edle Sache nicht preisgeben. Es werden sich immer solche Menschen finden, denen die Gerechtigkeit eine Leidenschaft, die Verteidigung der Schwachen ein Bedürfnis ist. Die Natur hat diese Nachfolge gewollt; keiner konnte sie je, keiner wird sie je unterbrechen. Solche Menschen werden stets diesem großmütigen Antrieb gehorchen. Viele werden leiden, zahlreich werden sie vielleicht zugrunde gehen; aber die Erde, der sich ihre Asche vermischt, wird früher oder später aufbrechen, von dieser Asche emporgehoben.

Die vorangehenden Überlegungen sind allgemeiner Art und gelten für alle zivilisierten Völker und alle Zeitalter. Andere Gründe jedoch, die der modernen Kultur eigen sind, stellen in unseren Tagen dem Despotismus neue Hindernisse entgegen.

Diese Gründe sind großenteils die gleichen wie die, welche das kriegerische Streben durch ein friedliches verdrängt haben, die gleichen, die die Verpflanzung der Freiheit der Alten in die heutige Zeit unmöglich machen.

Das Menschengeschlecht, das an seiner Ruhe und an seiner Daseinsfreude unerschütterlich hängt, wird sich immer, in Einzelnen und als Gesamtheit, gegen jede Herrschgewalt wenden, die es darin stören will. Da wir, wie ich sagte, für die politische Freiheit weit weniger begeistert sind als die Alten, kann sich darauf ergeben, dass wir die in den Formen liegenden Sicherheiten vernachlässigen; da wir aber weit mehr an der persönlichen Freiheit hängen, so werden wir folglich ihre Grundlage, sobald sie angegriffen wird, mit allen Mitteln verteidigen. Nun haben wir zu deren Verteidigung Mittel, die den Alten nicht zu Gebote standen.

Der Handel bringt es mit sich, dass die Willkürherrschaft, wie ich gezeigt habe, sich für unser Leben viel lästiger auswirkt; denn um unsere vielgestaltigeren Geschäfte zu treffen, muss sie sich selbst vervielfachen; aber anderseits erleichtert der Handel die Umgehung der Willkür, denn er verändert die Natur des Besitzes, der durch diese Veränderung beinahe ungreifbar wird.

Der Handel verleiht dem Besitz eine neue Fähigkeit: die des Handelsverkehrs. Ohne diesen ist der Besitz bloße Nutznießung. Die Staatsgewalt kann darauf stets Einfluss nehmen; denn sie kann den Genuss unterbinden. Aber der Handelsverkehr stellt der Einwirkung der sozialen Gewalt ein unsichtbares und unüberwindliches Hindernis entgegen.

Die Wirkungen des Handels erstrecken sich noch weiter. Nicht nur befreit er die Einzelnen; durch den Kredit macht er die Staatsgewalt abhängig.

Das Geld ist die gefährlichste Waffe des Despotismus, sagt ein französischer Verfasser; aber er ist zugleich auch sein wirksamster Hemmschuh. Der Kredit untersteht der öffentlichen Meinung. Gewalt ist zwecklos. Das Geld versteckt sich oder flieht. Alle Geschäfte des Staates werden unterbunden. Der Kredit hatte bei den Alten nicht die gleiche Bedeutung. Ihre Regierungen waren stärker als die Privatleute. Heute sind diese stärker als die politischen Gewalten. Der Reichtum ist als Macht jederzeit leichter verfügbar, er lässt sich allen Interessen besser anpassen, ist folglich viel wirklichkeitsstärker und findet mehr Gehorsam; die Staatsgewalt droht, der Reichtum belohnt; der Staatsgewalt entschlüpft man, indem man sie täuscht; um die Gunst des Reichtums zu gewinnen, muss man ihm Dienste leisten; also muss dieser den Sieg davontragen.

Zufolge der gleichen Ursachen, ist das persönliche Leben weniger in das politische eingebettet. Die Einzelnen verbringen ihre Reichtümer in die Ferne; sie tragen alle Genüsse ihres Privatlebens mit sich. Dank dem Handel haben die Völker sich einander genähert und ziemlich gleiche Sitten und Gewohnheiten angenommen. Die Führer mögen Feinde sein; die Völker sind Landsleute. Die Ausbürgerung, den Alten eine Strafe, ertragen die Heutigen leicht, und weit davon entfernt, ihnen lästig zu sein, ist sie ihnen oft erwünscht. Bleibt dem Despotismus der Ausweg, das Verlassen des Vaterlandes zu verbieten. Aber um dies zu verhindern, genügt das Verbot nicht. Man verlässt nur umso lieber ein Land, dessen Verlassen untersagt ist. Also muss man die verfolgen, die ins Exil gegangen sind. Man muss die benachbarten und alsdann die entfernteren Staaten zwingen, sie zurückzuweisen. So landet der Despotismus wieder beim System der Hörigkeit, der Eroberung und der Weltmonarchie. Wie man sieht, heißt das einer Unmöglichkeit durch eine andere abhelfen wollen.

Was ich hier behaupte, hat sich vor unseren Augen bestätigt gefunden. Frankreichs Despotismus hat die Freiheit von Land zu Land verfolgt. Es ist ihm gelungen, sie für einige Zeit in allen Gebieten, wo er hin drang, zu ersticken. Aber die Freiheit flüchtet stets von einer Gegend in eine andere, und so war er genötigt, ihr so weit zu folgen, dass er schließlich sein eigenes Verderben fand. Der Genius des Menschengeschlechts erwartete ihn an den Grenzen der Welt, auf dass seine Rückkehr schmachvoller sei und denkwürdiger seine Strafe.

## 1814

# HENRI DE SAINT-SIMON

## Die halb zerstörten Reste der alten europäischen Organisation …

*Frankreich, so ist eine Stimme aus Paris zu vernehmen, soll sich »an England anschließen«. Denn: »Es fehlte für den Geist der Erneuerung die Stütze einer politischen Macht, und diese Macht ruht allein in England.« Wenn dagegen »Frankreich und England weiterhin Rivalen bleiben, dann werden aus dieser Rivalität die größten Nachteile für sie selbst und für ganz Europa entstehen …«*

*Claude-Henri de Rouvroy, Comte de Saint-Simon (\* 1760, † 1825) ging als Siebzehnjähriger mit einer französischen Freiwilligentruppe nach Amerika, um im Unabhängigkeitskrieg gegen England zu kämpfen. Wie viele liberale Adelige sympathisierte er 1789 mit der Revolution und legte sich den bürgerlichen Namen Claude Bonhomme zu. 1794, während der Terrorherrschaft, entkam er der Guillotine nur knapp. Durch die Enteignung seiner Güter verarmt, verlegte er sich unter dem Direktorium ab 1795 auf geschäftliche Aktivitäten und gelangte rasch wieder zu Wohlstand. Nach dem Sturz Napoleons engagierte er sich zunächst als Publizist in Fragen der politischen Tagesordnung, bevor er im folgenden Jahrzehnt mit seinen großen Entwürfen zum Klassiker des Frühsozialismus wurde:* Du système industriel *(1820–22, Vom industriellen System),* Catéchisme des industriels *(1823–24, Katechismus der Industriellen) und* De l'organisation sociale *(1824, Von der Gesellschaftsorganisation). An deren Ausarbeitung war sein Sekretär beteiligt: Auguste Comte, der Begründer der philosophischen Schule des Positivismus und Namensgeber der neuen Wissenschaft Soziologie.*

AN DIE PARLAMENTE FRANKREICHS UND ENGLANDS
Hohe Herren,

Vor dem Ende des XV. Jahrhunderts bildeten alle Nationen Europas einen einzigen politischen Organismus, der friedfertig im Innern, aber wehrhaft gegen die Feinde seiner Verfassung und seiner Unabhängigkeit war.

Die römische Religion wurde von einem Ende Europas bis zum anderen ausgeübt und war das passive Band der europäischen Gesellschaft; der römische Klerus war darin das aktive Band. Überall verbreitet und überall nur von sich selbst abhängig, Landsmann aller Völker und ausgestattet mit einer eigenen Regierung und eigenen Gesetzen, war dieser Klerus der Mittelpunkt, von dem der Wille ausging, der den großen Organismus beseelte, und der Impuls, der ihn handeln ließ.

Die Regierung des Klerus war ebenso wie diejenige aller europäischen Völker eine hierarchisch geordnete Aristokratie.

Ein Gebiet, unabhängig von aller zeitlichen Herrschaft, zu groß, um leicht erobert zu werden, zu klein, als dass die, die es besaßen, selbst Eroberer hätten werden können, ein solches Gebiet war der Sitz der Obersten des Klerus.

Durch ihre Macht, die die Lehre über die Macht der Könige gestellt hatte, zügelten sie den nationalen Ehrgeiz; durch ihre Politik erhielten sie dieses Gleichgewicht Europas; damals war ihre Politik segensreich, doch wie verderblich ist sie geworden, seitdem ein Volk sich ihrer bemächtigt hat.

So regierte vormals die Kurie von Rom über die anderen Höfe auf die gleiche Art und Weise, wie jene wiederum über ihre Völker regierten. Europa war eine große Aristokratie, unterteilt in mehrere kleine Aristokratien, die alle von der großen Kurie abhingen und alle ihrem Einfluss, ihrem Urteil und ihrem Ratsbeschluss unterworfen waren.

Jede Einrichtung, die auf einer Lehre gegründet ist, wird nicht länger dauern als sie. Dadurch, dass Luther in den Geistern die alte Ehrfurcht erschütterte, die die Macht des Klerus begründet hatte, zerstörte er Europa als Organismus. Die Hälfte Europas befreite sich von den Ketten des Papismus, das heißt, sie zerbrach das einzige politische Band, das sie an die große Gesellschaft geknüpft hatte.

Der Westfälische Frieden begründete durch eine politische Operation eine neue Ordnung der Dinge, die man »Gleichgewicht der Kräfte« nannte, Europa wurde dadurch in zwei Bündnissysteme geteilt, die gleich zu halten man bestrebt war. Das aber hieß, den Krieg zu schaffen und ihn als Ordnungselement zu erhalten, denn zwei Ligen von gleicher Stärke sind notwendigerweise Rivalen, und es gibt keine Rivalitäten ohne Kriege.

Von nun ab kannte jede Macht kein anderes Ziel, als ihre Streitkräfte zu verstärken. Statt ein paar Handvoll von Soldaten, die auf Zeit ausgehoben und bald wieder entlassen wurden, sah man überall ansehnliche stehende Heere, die fast ständig kämpften, denn seit dem Westfälischen Frieden ist in Europa der Krieg zur Gewohnheit geworden.

Auf diese Unordnung, die man als »Gleichgewicht der Mächte« Fundament des politischen Systems Europas genannt hat und noch jetzt so nennt, baute England seine Macht auf. Fähiger als die Völker des Kontinents, erkannte es das Wesen dieses Gleichgewichts und wusste es durch Doppelverbindungen stets zu seinem Vorteil und zum Nachteil der übrigen zu drehen.

Durch das Meer vom Kontinent getrennt, hörte England auf, irgend etwas mit den Bewohnern des Kontinents gemein zu haben, indem es sich eine nationale Religion und eine Regierungsform schuf, die sich von allen Regierungen Europas unterschied. Englands Verfassung wurde nicht länger auf Vorurteile und Gewohnheiten gegründet, sondern auf das allen Zeiten und Arten Gemeinsame, auf das, was das Fundament jeder Verfassung sein soll: auf die Freiheit und den Wohlstand des Volkes.

Im Innern durch eine gesunde und starke Organisation gefestigt, wandte sich England ganz nach außen, um dort im großen Stile zu handeln. Das Ziel seiner Außenpolitik war die Weltherrschaft.

Bei sich begünstigte England Seefahrt, Handel und Industrie, und bei den anderen fesselte es sie. Willkürregierungen lasteten schwer auf Europa. England unterstützte sie mit seiner Macht und behielt für sich allein die Freiheit und alle Güter, die aus ihr hervorgehen. Sein Gold, seine Waffen, seine Politik, alles hat England eingesetzt, um jenes angebliche Gleichgewicht zu erhalten, das ihm gestattete, alles ungestraft zu tun, weil es die Mächte Kontinentaleuropas im gegenseitigen Kampfe zerstörte.

Aus diesem doppelzüngigen politischen System ist der Koloss der englischen Macht hervorgegangen, die jetzt die Welt zu überwuchern droht. Auf diese Weise, frei und glücklich im Innern, hart und despotisch nach außen, spielt England seit einem Jahrhundert mit ganz Europa, das sich seinen Launen fügt.

Ein solcher Zustand ist zu ungeheuerlich, als dass er noch andauern könnte. Es liegt im Interesse von Europa, sich dieser bedrückenden Tyrannei zu entledigen, und es liegt im Interesse von England, nicht zuzuwarten, bis Europa zu den Waffen greift und sich selbst befreit.

Damit man sich keiner Täuschung hingebe: Es handelt sich hier nicht um Übel, denen man durch Geheimverhandlungen oder durch Kabinettstückchen abhelfen könnte: Es gibt überhaupt keine Ruhe und kein Glück für Europa, bis nicht ein politisches Band England mit dem Kontinent verbindet, von dem es jetzt getrennt ist.

Europa hat früher einmal eine konföderative Gesellschaft gebildet, geeint durch gemeinsame Institutionen und einer allgemeinen Regierung unterworfen, die für die Völker das bedeutete, was die nationalen Regierungen für die einzelnen Individuen darstellt: Ein ähnlicher Zustand der Dinge taugt allein dazu, das Ganze wieder in Ordnung zu bringen.

Ich behaupte nicht, dass man wahrscheinlich diese alte Ordnung, die Europa noch mit ihren unnützen Trümmern belastet, aus dem Staube zieht: Das 19. Jahrhundert steht dem 13. Jahrhundert zu fern. Eine Verfassung, die in sich stark ist und sich auf Prinzipien stützt, die aus der Natur der Dinge geschöpft werden und die unabhängig sind von vorübergehenden Glaubenssätzen und zeitgebundenen Lehren – das tut Europa not, und das schlage ich heute vor.

So wie die Revolutionen großer Reiche immer dann, wenn sie aus dem geistigen Fortschritt entstehen, zu einer besseren Ordnung führen, so könne auch die politische Krise, die den großen europäischen Organismus aufgelöst hat, Europa auf eine vollkommenere Ordnung vorbereiten.

Diese Neugestaltung konnte sich nicht plötzlich, nicht auf einen einzigen Schlag, vollziehen, denn es bedurfte mehr als eines Tags, um die alten Institutionen völlig zu zerstören, und ebenso auch mehr als eines Tags, um hieraus etwas Besseres zu schaffen. Nur langsam, ganz allmählich und kaum spürbar, sollten diese sich entwickeln und jene in Ruinen zusammenfallen.

Das englische Volk, das in stärkerem Maße als alle anderen Völker Europas aufgrund seiner Insellage eine Seefahrernation geworden ist und das deshalb freier ist von Vorurteilen und angeborenen Gewohnheiten, tat bereits den ersten Schritt, als es die Feudalherrschaft abschüttelte und eine bis dahin unbekannte Institution schuf.

Die halbzerstörten Reste der alten europäischen Organisation bestehen aber auf dem ganzen Kontinent. Die Regierungen behielten ihre ursprüngliche Form, wenngleich diese an einigen Stellen etwas abgeändert wurde: Die Macht der Kirche wurde zwar im Norden geleugnet, im Süden jedoch als Mittel zur Knechtung der Völker und als Herrschaftsmittel für die Fürsten verwandt.

Dennoch blieb der menschliche Geist nicht untätig: Die Kenntnisse breiteten sich aus und vollendeten überall den

Untergang der alten Institutionen. Man stellte die Missbräuche ab und zerstörte die Irrtümer, jedoch entstand nichts Neues.

Es fehlte für den Geist der Erneuerung die Stütze einer politischen Macht, und diese Macht ruht allein in England; sie kann aber nicht allein gegen die Kräfte des ganzen Kontinents kämpfen, die den Resten des Willkürregimes und der Autorität des Papstes als Schutzwall dienen.

Heute kann sich Frankreich an England anschließen, um die Freiheitsprinzipien zu stützen: beide brauchen daher nur ihre Macht zu vereinen und sie zum Handeln nutzen, damit Europa sich neu ordne.

Diese Vereinigung ist möglich, da Frankreich so frei ist wie England; diese Vereinigung ist notwendig, denn sie allein kann die Ruhe beider Länder sichern und sie vor drohenden Übeln schützen; und diese Vereinigung kann den Zustand Europas ändern, denn England und Frankreich sind vereint viel stärker als der Rest Europas.

Alles, was der Schriftsteller vermag, ist aufzuzeigen, was nützlich ist; es auszuführen kommt denen zu, in deren Händen die Macht liegt.

Hohe Herren, Sie allein können diese Revolution Europas beschleunigen, die schon vor so vielen Jahren begonnen hat und die sich allein durch die Macht der Dinge vollenden muss, deren Langwierigkeit indessen unheilvoll wäre.

Und nicht nur im Interesse Ihres Ruhmes sind Sie hierzu aufgefordert, sondern in einem noch viel mächtigeren Interesse: in dem des Friedens und des Glücks der Völker, die Sie regieren.

Wenn Frankreich und England weiterhin Rivalen bleiben, dann werden aus dieser Rivalität die größten Nachteile für sie selbst und für ganz Europa entstehen; wenn sie sich aus Interessen zusammenschließen, wie es politische Prinzipien aufgrund der Ähnlichkeit ihrer Regierungen sind, dann werden sie selbst ruhig und glücklich sein, und Europa wird auf Frieden hoffen können.

Die englische Nation braucht nichts mehr für ihre Freiheit und für ihre Größe tun: Die allgemeine Freiheit und die allgemeine Aktivität, sie muss sie jetzt erstreben; ihnen muss sie zum allgemeinen Durchbruch zu verhelfen suchen; doch wenn sie in ihrem Despotismus verharrt, wenn sie nicht ihre feindselige Haltung gegenüber jeder ausländischen Prosperität aufgibt, dann ... man weiß, in welcher Weise Europa Frankreich wegen seines weit weniger tyrannischen Ehrgeizes gestraft hat.

*1817*

# GEORG WILHELM FRIEDRICH HEGEL

## »Jeder weiß, er kann kein Sklave sein.«

*Wer seine Texte trotz aller Warnungen vor deren Dunkelheit lesen will, ist gut beraten, es zuerst mit seinen Vorlesungen zu versuchen. Sie sind kurzweilig, stets überraschend, abenteuerlich und ein Erlebnis, ob man ihren Volten nun zu folgen vermag oder nicht. Überhaupt, wer wollte denn immer und die ganze Zeit nur in Büchern lesen, worin er alles auf Anhieb versteht – was ja den Verdacht wecken muss, er hätte es schon vor Beginn der Lektüre verstanden?*

*Dass Georg Wilhelm Friedrich Hegel (\*1770, †1831) von unterschiedlichsten, ja gegensätzlichen Lagern für sich in Anspruch genommen wurde, schuldet er, soweit dies ein Verdienst ist, gewiss zu einem guten Teil seiner vielsinnigen Tiefgründigkeit. Marx (vgl. S. 400–401) bediente sich bei seiner dialektischen Methode, mit welcher er ihn vom Kopf auf die Füße stellen wollte. Aber auch in Kreisen ohne jede revolutionäre Tendenz war Hegels objektiver Geist willkommen: in Gestalt des Volksgeistes etwa bei der in der zweiten Hälfte des 19. Jahrhunderts auftauchenden Völkerpsychologie und noch im Spiritualismus Rudolf Steiners (vgl. S. 502–503) mit seinen Volksseelen. Helmut Schelsky, nach dem Krieg ein Bannerträger der deutschen Soziologie, sah eine ihrer Hauptwurzeln im Hegel'schen System und in dessen Theorie der bürgerlichen Gesellschaft, durch deren Filter alle früheren Einflüsse auf die junge Wissenschaft hindurchgemusst hätten.*

*In unserem Text aber geht es ums Denken, das seiner Freiheit als seiner Bedingung innewird und zugleich des Umstandes, dass es eben darin erst seinen Anfang gefunden hat. Das ist ein ungemein erhebender Augenblick. Und kein einsames, sondern im Gegenteil ein gesellschaftliches Ereignis! Unsere Geschichte fängt damit an!*

**A**NFANG DER PHILOSOPHIE *und ihrer Geschichte*
*Die Freiheit des Denkens als Bedingung des Anfangs*
»Die Furcht des Herrn ist der Anfang der Weisheit.« Das ist richtig; der Mensch muss damit angefangen haben – die endlichen Zwecke in der Bestimmung des Negativen gewusst haben. Der Mensch muss aber die Furcht überwunden haben durch Aufhebung der endlichen Zwecke. Insofern die Religion Befriedigung gewährt, ist diese selbst im Endlichen befangen. Die Hauptweise der Versöhnung sind Naturgestaltungen, die personifiziert und verehrt werden. Über den Naturinhalt erhebt sich das Bewusstsein zu einem Unendlichen; die Hauptbestimmung ist dann die Furcht vor der Macht, gegen die sich das Individuum nur als Akzidentelles weiß. Diese Abhängigkeit kann zwei Gestalten annehmen, ja muss von einem Extrem zum anderen übergehen. Dieses Endliche, welches für das Bewusstsein ist, kann die Gestalt haben des Endlichen als Endlichen oder zum Unendlichen werden, welches aber nur ein Abstraktum ist. Von der Passivität des Willens, Sklaverei wird so (im Praktischen) zur Energie des Willens übergegangen, die aber nur Willkür ist. Ebenso finden wir in der Religion das Versinken in die tiefste Sinnlichkeit selbst als Gottesdienst und dann die Flucht zur leersten Abstraktion als dem Unendlichen. Die Erhabenheit, allem zu entsagen, kommt bei den Orientalen vor, vorzüglich bei den Indern; sie peinigen sich, gehen in die innerste Abstraktion über. So sehen Inder zehn Jahre lang die Spitze ihrer Nase an, werden von den Umstehenden genährt, sind ohne weiteren geistigen Inhalt; sie sind nur die wissende Abstraktion, deren Inhalt somit ein ganz endlicher ist. Dies ist also nicht der Boden der Freiheit. Der Despot vollführt seine Einfälle, auch wohl das Gute, aber nicht als Gesetz, sondern als seine Willkür.

Der Geist geht wohl im Orient auf, aber das Verhältnis ist noch ein solches, dass das Subjekt nicht als Person ist, sondern im objektiven Substantiellen (welches teils übersinnlich, teils auch wohl mehr materiell vorgestellt wird) als negativ und untergehend erscheint. Das Höchste, zu dem die Individualität kommen kann, die ewige Seligkeit, wird vorgestellt als ein Versenktsein in die Substanz, ein Vergehen des Bewusstseins und so des Unterschiedes zwischen Substanz und Individualität, mithin Vernichtung. Es findet mithin ein geistloses Verhältnis statt, insofern das Höchste des Verhältnisses die Bewusstlosigkeit ist. Gegen diese Substanz nun existiert der Mensch, findet sich als Individuum –, die Substanz ist aber das Allgemeine, das Individuum das Einzelne; insofern daher der Mensch jene Seligkeit nicht erlangt hat, von der Substanz verschieden ist, ist er aus der Einheit heraus, hat keinen Wert, ist nur als das Akzidentelle, Rechtlose, nur Endliche. Er findet sich als durch die Natur bestimmt, z. B. in den Kasten; der Wille ist hier nicht substantieller Wille, er ist Willkür, der äußeren und inneren Zufälligkeit hingegeben – das Affirmative ist nur die Substanz.

Es ist damit Edelmut, Größe, Erhabenheit des Charakters zwar nicht ausgeschlossen, aber nur als Naturbestimmtheit oder Willkür vorhanden, nicht als die objektiven Bestimmungen der Sittlichkeit, Gesetzlichkeit, die von allen zu respektieren sind. Das orientalische Subjekt hat so den Vorzug der Unabhängigkeit. Nichts ist fest. So unbestimmt die Substanz der Orientalen ist, so unbestimmt, frei, unabhängig kann auch der Charakter sein. Was für uns Rechtlichkeit, Sittlichkeit, ist dort im Staate auch – auf substantielle, natürliche, patriarchalische Weise, nicht in subjektiver Freiheit. Es existiert nicht das Gewissen, nicht die Moral; es ist nur Naturordnung, die mit dem Schlechtesten auch den höchsten Adel bestehen lässt.

Die Folge davon ist, dass hier kein philosophisches Erkennen stattfinden kann. Dazu gehört das Wissen von der Substanz, dem Allgemeinen, das gegenständlich ist, das, sofern ich es denke und entwickle, gegenständlich für sich bleibt; sodass in dem Substantiellen ich zugleich meine Bestimmung habe, darin affirmativ erhalten bin; sodass es nicht nur meine subjektiven Bestimmungen, Gedanken (mithin Meinungen) sind, sondern dass ebenso, als es meine Gedanken sind, es Gedanken des Objektiven, substantielle Gedanken sind.

Die eigentliche Philosophie beginnt im Okzident. Erst im Abendlande geht diese Freiheit des Selbstbewusstseins auf, das natürliche Bewusstsein in sich unter und damit der Geist in sich nieder. Im Glanze des Morgenlandes verschwindet das Individuum nur; das Licht wird im Abendlande erst zum Blitze des Gedankens, der in sich selbst einschlägt und von da aus sich seine Welt erschafft. Die Seligkeit des Okzidents ist daher so bestimmt, dass darin das Subjekt als solches ausdaure und im Substantiellen beharre. Der einzelne Geist erfasst sein Sein als Allgemeines; die Allgemeinheit ist diese Beziehung auf sich. Dies Beisichsein, diese Persönlichkeit und Unendlichkeit des Ich macht das Sein des Geistes aus; so *ist* er, und er kann nun nicht anders sein. Es ist das Sein eines Volkes, dass es sich als frei weiß und nur als Allgemeines ist – dies das Prinzip seines ganzen sittlichen und übrigen Lebens. Das haben wir an einem einzelnen Beispiele leicht. Wir wissen unser wesentliches Sein nur so, dass die persönliche Freiheit Grundbedingung ist. Wäre die bloße Willkür des Fürsten Gesetz und er wollte Sklaverei einführen, so hätten wir das Bewusstsein, dass dies nicht ginge. Jeder weiß, er kann kein Sklave sein. Schläfrig sein, leben, Beamte sein – das ist nicht unser wesentliches Sein, wohl aber: kein Sklave zu sein. Das hat die Bedeutung eines Naturseins erhalten. So sind wir im Okzident auf dem Boden der eigentlichen Philosophie.

## 1821

# THOMAS DE QUINCEY

## Bekenntnisse eines englischen Opiumessers

*Der Rundgang, den wir – mit großen Abkürzungen – unter seiner Führung absolvieren, ist keine literarische Fiktion, sondern eine wahre Geschichte, erzählt von einem Journalisten, Essayisten und Schriftsteller. Ungewissheit besteht indessen über den erzählerischen Bogen zum Ausstieg: Die Abstinenz, mit der die* Bekenntnisse *schließen, hielt nicht an. Das Opium – flüssig in Form von Laudanum – hatte er erstmals als Neunzehnjähriger gegen Gesichtsneuralgien genommen, welche daran Leidende in den Suizid treiben können. Beim Erscheinen des Buches, das ihn auf der Stelle berühmt machte, blickte er auf siebzehn Jahre Konsum zurück, und dieser sollte, mit Unterbrechungen, die literarisch unproduktiv blieben, sein Leben lang fortdauern.*

*Nachdem von seinem väterlichen Erbe große Teile als Darlehen an andere Schriftsteller gegangen waren, unter anderen an den von ihm vergötterten Samuel Taylor Coleridge, lebte Thomas De Quincey (\* 1785, † 1859) trotz seiner Erfolge mit Frau und acht Kindern in anhaltender Armut, bis seine großgewordenen Töchter mit dem mütterlichen Erbe auch für ihn hauszuhalten wussten. Literarisch fühlten Männer wie Poe, Baudelaire, Gogol und Borges sich De Quinceys Werk verpflichtet.*

## ZEHN JAHRE

Und nun zuvörderst ein Wort über seine körperlichen Wirkungen; denn meine Kritik über alles, was bis jetzt in dieser Richtung über das Opium geschrieben worden ist, sei es von Reisenden in der Türkei, welche ein besonderes Vorrecht zu liegen seit unvordenklicher Zeit beanspruchen dürfen, oder von Professoren der Medizin, die *ex cathedra* scheiben – kann ich nur in dem lauten Ausruf zusammenfassen: Lügen, nichts als Lügen! Ich erinnere mich, einmal im Vorübergehen an einem Bücherstand in einem satirischen Schriftsteller irgendwo folgende Worte aufgeschnappt zu haben: – »in jener Zeit gewann ich die Überzeugung, dass die Londoner Zeitungen wenigstens zweimal in der Woche die Wahrheit sagten, nämlich am Donnerstag und Samstag, und dass man sich hierauf fest verlassen konnte –, soweit es die Bankliste betraf.« Ebenso leugne ich durchaus nicht, dass der Welt einige Wahrheiten bezüglich des Opiums mitgeteilt worden sind: So haben die Sachverständigen wiederholt versichert, dass Opium von dunkelbrauner Farbe sei, und dafür, wohlgemerkt, stehe ich ein; zweitens, dass es ziemlich teuer sei, wofür ich ebenfalls einstehen kann, denn zu meiner Zeit kostete ostindisches Opium 3 Guineen per Pfund und türkisches 8; und drittens, dass, wenn man viel davon esse, man vermutlich etwas tun müsse, was einem Menschen von geordneten Gewohnheiten ganz besonders unangenehm ist, nämlich sterben. Diese gewichtigen Sätze sind samt und sonders wahr, ich kann sie nicht bestreiten, und die Wahrheit war von jeher empfehlenswert und wird es stets bleiben. Aber mit diesen drei Sätzen haben wir, glaube ich, den Vorrat von Kenntnissen erschöpft, den die Menschen bis jetzt in Beziehung auf das Opium gesammelt haben. Und darum, ihr werten Herren Doktoren, da noch Raum für weitere Enthüllungen zu sein scheint, tretet zur Seite und gestattet mir vorzutreten und über diesen Gegenstand Vortrag zu halten.

Fürs Erste also ist es nicht sowohl bewiesen als vielmehr für ausgemacht angenommen von allen, welche eingehend oder gelegentlich über das Opium sprechen, dass dasselbe berausche, oder wenigstens berauschen könne. Nun Leser, verlasse dich darauf, *meo periculo*, dass kein Quantum von Opium jemals einen Rausch bewirkt hat oder zu bewirken imstande war. Opiumtinktur (gewöhnlich Laudanum genannt) könnte sicherlich berauschen, wenn jemand imstande wäre, genügend davon einzunehmen; aber warum? – wegen seines großen Gehalts an reinem Spiritus und nicht vermöge des darin enthaltenen Opiums. Rohes Opium dagegen, das versichere ich ganz bestimmt, ist nicht imstande einen körperlichen Zustand hervorzurufen, der mit dem durch Alkohol erzeugten überhaupt Ähnlichkeit hätte; und nicht nur dem Grade, sondern selbst der Art nach ist dies der Fall: nicht etwa nur in der Stärke der Wirkungen, sondern in der besonderen Art derselben sind die beiden durchaus verschieden. Das Wohlbehagen, das der Wein erzeugt, steigt beständig und strebt einem Höhepunkt zu, um dann wieder abzunehmen; das durch Opium erzeugte bleibt sich, wenn einmal hervorgerufen, 8 oder 10 Stunden lang gleich; der Erstere bewirkt, um einen medizinischen Kunstausdruck zu entlehnen, ein akutes, das Letztere ein chronisches Wohlbehagen: im einen Fall ist dieses eine Flamme, im andern eine stetige und gleichmäßige Glut. Aber der Hauptunterschied liegt darin, dass, während der Wein die geistigen Fähigkeiten verwirrt, das Opium im Gegensatz hierzu, wenn richtig genommen, die ausnehmendste Ordnung, Gesetzmäßigkeit und Übereinstimmung unter denselben bewirkt. Der Wein raubt dem Menschen die Herrschaft über sich selbst, das Opium kräftigt solche in hohem Grade. Der Wein erschüttert und umwölkt die Urteilskraft und verleiht den Gefühlen der Geringschätzung und Bewunderung, der Zu- und der Abneigung des Trinkers einen unnatürlichen Schwung und eine lebhafte Erhöhung; das Opium dagegen verleiht allen Geisteseigenschaften, aktiven oder passiven, Heiterkeit und Gleichgewicht, und bezüglich der Gemütsverfassung und der sittlichen Gefühle überhaupt erzeugt dasselbe einfach dasjenige Maß von Lebenswärme, welches dem Geiste trefflich zusagt und welches vermutlich eine Körperbeschaffenheit von urweltlicher und vorsintflutlicher Gesundheit stets begleiten würde. So erweitert z. B. das Opium wie der Wein das Herz und dessen wohlwollende Gefühle: aber alsdann mit dem bemerkenswerten Unterschied, dass die plötzlich zum Vorschein kommende Gutmütigkeit infolge Trunkenheit stets mehr oder weniger einen weinseligen Charakter trägt, welcher dieselbe der Verachtung des Zuschauers aussetzt. Man schüttelt sich die Hände, schwört sich ewige Freundschaft und vergießt Tränen – kein Mensch weiß, warum: das sinnliche Wesen ist offensichtlich obenauf. Dagegen ist die Steigerung der wohlwollenden Empfindungen, welche das Opium im Gefolge hat, kein Fieberanfall, sondern eine wohltätige Wiederherstellung des Zustandes, der dem Geiste naturgemäß zuteilwerden müsste, wenn seine tiefgreifende dem Kummer entsprungene Verbitterung, die mit den Trieben eines ursprünglich gerechten guten Herzens in Streit und Widerspruch sich befunden hatte, von ihm genommen würde.

Allerdings wirkt auch der Wein bis zu einem gewissen Grade und bei gewissen Menschen eher auf eine Erhöhung und Befestigung der Verstandestätigkeit hin: Ich selbst, der ich nie ein großer Weintrinker gewesen bin, fand in der Regel, dass ein halbes Dutzend Gläser Wein die Geistestätigkeit vorteilhaft beeinflussen – das Bewusstsein klärten und stärkten – und im Geiste das Gefühl hervorriefen, als sei er »*ponderibus liberata suis*«; und sicherlich ist der Ausdruck des gemeinen Lebens, es sei jemand »umnebelt« durch den Genuss geistiger Getränke, höchst sinnlos, denn im Gegenteil sind die meisten Menschen im nüchternen Zustande »umnebelt« und beim Trinken geschieht es (nach dem Ausspruch irgendeines alten Herrn bei Athenäus), dass sie ἑαυτοὺς ἐμφανίζουσν οἵτινες εἰσίν – sich in ihrer wahren Gemütsart darstellen – und das heißt doch sicherlich nicht »umnebelt« sein. Dagegen bringt der Wein den Menschen regelmäßig an den Rand der Albernheit und des Unsinns und verflüchtigt und zerstreut die Geisteskräfte unfehlbar jenseits eines gewissen Punktes, während das Opium stets das Erregte zu beruhigen und das Zerstreute zu sammeln scheint. Kurz zusammengefasst: Ein Mensch, der betrunken ist oder im Begriff steht es zu werden, befindet und fühlt sich in einer Verfassung, welche dem rein menschlichen, ja nur zu oft dem tierischen, Teil seines Wesens die Oberherrschaft verleiht: dagegen fühlt der Opiumesser (ich spreche von einem, der nicht an einer Krankheit oder an anderen entfernten Folgen des Opiums leidet), dass der göttlichere Teil seines Wesens vorherrscht, das heißt, die sittlichen Triebe sind in einem Zustand wolkenloser Heiterkeit und darüber strahlt das gewaltige Licht des Verstandes in erhabenem Glanze.

Dies ist die Lehre der wahren Kirche in Betreff des Opiums; freilich bin ich selbst der einzige Bekenner – das Alpha und das Omega dieser Kirche; allein man bedenke, dass ich auf Grund ausgebreiteter und eindringender eigener Erfahrung spreche, wogegen die meisten der unwissenschaftlichen Schriftsteller, die überhaupt von dem Opium gehandelt, ja selbst die meisten von denen, welche ausdrücklich über Arzneiwissenschaft geschrieben haben, durch den Schauder vor dem Opium, welche sie kundgeben, klar zeigen, dass es mit ihrer erfahrungsmäßigen Kenntnis seiner Wirkung ganz und gar nichts ist. …

Was die zweite dieser irrigen Meinungen betrifft, so will ich mich damit begnügen, solche einfach zu bestreiten, indem ich meine Leser versichere, dass ich während der 10 Jahre, solange ich zeitweise Opium nahm, jedes Mal, so oft ich mir diesen Genuss gestattete, am Tage darauf mich eines außergewöhnlichen Wohlbefindens erfreute.

## VIER JAHRE

Ich habe jetzt von meiner geistigen Starrsucht eine eingehende Darstellung gegeben, welche mehr oder weniger für jeden Teil der vier Jahre zutrifft, während deren ich unter dem Circe-Zauberbaum des Opiums stand. Ich war jedoch so elend und leidend, dass man geradezu hätte sagen können, ich lebe in ständigem Schlafe. Selten konnte ich es über mich gewinnen, einen Brief zu schreiben; eine Antwort von wenigen Worten auf einen solchen war das Äußerste, was ich zuwege bringen konnte, und oft auch dies nicht, ehe der Brief Wochen, oder selbst Monate, lang auf meinem Schreibtisch gelegen hatte. Ohne Margarethens Hilfe hätten alle Verzeichnisse der bezahlten wie der unbezahlten Rechnungen abhandenkommen müssen, und meine ganze häusliche Wirtschaft – aus der Staatswirtschaft mochte werden, was da wollte! – wäre unfehlbar in eine unauflösliche Verwirrung geraten. – Ich werde später auf diesen Punkt nicht mehr zurückkommen: der Opiumesser wird denselben übrigens schließlich ebenso drückend und quälend finden, als irgendeinen anderen, und zwar vermöge der unmittelbar mit der Vernachlässigung oder Verzögerung der besonderen Pflichten eines jeden Tages verbundenen Verlegenheiten, und vermöge der Gewissensbisse, welche den Stachel dieser Qualen für einen denkenden und gewissenhaften Geist oft notwendigerweise noch schärfen. Der Opiumesser verliert keine seiner sittlichen Empfindungen und Bestrebungen: er wünscht und verlangt so ernstlich wie jemals zu betätigen, was er für möglich hält und als Gebot der Pflicht empfindet; allein seine geistige Auffassung des Möglichen übersteigt seine Kraft zur Ausführung nicht nur, sondern auch zum bloßen Versuch unendlich weit. Er liegt unter einem schweren Alpdruck und hat dabei alles vor Augen, was er gerne ausführen würde, gerade wie jemand, der durch die tödliche Mattigkeit einer erschlaffenden Krankheit gewaltsam an sein Bett gefesselt ist und dabei Zeuge sein muss, wie ein Gegenstand seiner zärtlichsten Liebe beleidigt oder beschimpft wird: – er verwünscht den Zauber, der ihn bewegungslos fesselt; er würde sein Leben darum geben, aufstehen und gehen zu können; aber er ist machtlos wie ein Kind und vermag nicht einmal den Versuch zu machen, sich zu erheben. ...

Zum Schluss führe ich eine Erscheinung anderer Art an aus dem Jahre 1820.

Der Traum begann mit einer Musik, die ich in meinen Träumen oft vernahm – einer Musik, welche Vorbereitung und erwachende Spannung ausdrückte, einer Musik, ähnlich der Einleitung zum Krönungschor, welche, wie dieser, die Vorstellung eines gewaltigen Zuges hervorrief – von endlosen Reiterscharen, die vorüberziehen, von dem Schritt zahlloser Heere. Der Morgen eines gewaltigen Tages war angebrochen – eines Tages der Entscheidung und letzten Hoffnung des Menschengeschlechtes, welches aber unter einer rätselhaften Finsternis seufzte und sich unter einem furchtbaren Drucke des äußersten Elends befand. Irgendwo – ich wusste nicht, wo –, irgendwie – ich wusste nicht, wie –, zwischen irgendwelchen Wesen – wer sie waren, wusste ich nicht – ging ein Kampf, ein Streit, ein Todesringen vor sich, das sich abspielte wie ein großes Schauspiel oder Musikstück und welchen folgen zu müssen mir um so unerträglicher war, als ich über die Art, die Ursache, die Beschaffenheit und den möglichen Ausgang desselben nichts wusste. Wie es gewöhnlich im Traum ist (wo wir uns notwendigerweise zum Mittelpunkt jedes Vorgangs machen), hatte ich die Macht, denselben zu entscheiden, und war es doch nicht imstande. Ich besaß die Macht dazu, wenn ich mich dazu aufzuraffen vermochte, es zu wollen, und doch hatte ich hierzu wieder nicht die Kraft, denn es lastete auf mir wie eine mannigfache Last des Atlas oder das Gewicht einer untilgbaren Schuld. Untätig lag ich da, »tiefer unten als je ein Senkblei reichte«. Dann steigerte sich, wie in einem Chorwerk, die Leidenschaft.

Etwas Größeres stand jetzt auf dem Spiele, eine Sache, gewaltiger als das Schwert noch je sie ausgefochten, als die Posaune noch je sie verkündet hatte. Dann kamen plötzlich alle Rufe, Hin- und Herrennen, unzählige Scharen in angstvoller Flucht, ohne dass ich wusste, gehörten sie der guten Sache an oder der schlimmsten; abwechselnd Finsternis und Helle, dann Ungewitter und menschliche Gesichter; und zuletzt mit der Empfindung, das alles verloren, weibliche Erscheinungen und die Züge derjenigen, die mir das Teuerste auf der Welt waren; aber nur einen Augenblick durften sie weilen – dann Händedruck und herzbrechender Abschied, und darauf Lebewohl für immer! Und mit einem Seufzer, wie er in den Tiefen der Hölle erklang, als die blutschänderische Mutter den verabscheuten Damen »Tod« aussprach, tönte es wieder und immer wieder zurück: – Lebewohl für immer!

Unter wildem Ringen erwachte ich mit dem lauten Ruf: »Ich will nicht mehr schlafen!«

Doch ich habe jetzt allen Anlass, meine Erzählung zu Ende zu bringen, die sich bereits zu einer unvernünftigen Länge ausgedehnt hat. Innerhalb weiterer Grenzen hätte sich vielleicht mein Gegenstand besser entwickeln und hätte vieles, was ich beiseitegelassen habe, sich mit guter Wirkung noch hinzufügen lassen. Vielleicht übrigens genügt das, was ich gegeben habe. Es erübrigt mir nun noch etwas darüber zu sagen, in welcher Weise dieser Widerstreit von Schrecknissen schließlich zu einer entscheidenden Wendung gelangte. Der Leser ist bereits davon unterrichtet (durch einen Abschnitt gleich zu Beginn der Einleitung zum ersten Teil), dass der Opiumesser auf dem einen oder anderen Wege die verwünschte Kette, die ihn gefesselt hielt, beinahe bis zu ihren letzten Gliedern gelöst hat. Hätte ich entsprechend meiner ursprünglichen Absicht über die Mittel, welche hierzu dienten, genaue Auskunft geben wollen, so würde dies den Raum, der mir jetzt noch vergönnt ist, weit überschritten haben. Es ist ein Glück angesichts eines so zwingenden Grundes mich kurz zu fassen, dass ich bei reiflicherer Erwägung die äußerste Abneigung empfunden habe, durch derartige nebensächliche Einzelheiten den Eindruck der Geschichte selbst, welche sich an die Vorsicht und das Gewissen des noch nicht eingefleischten Opiumessers wenden sollte, oder sogar – es ist dies übrigens ein höchst untergeordneter Gesichtspunkt – deren Wirkung als Kunstwerk zu beeinträchtigen. Das Interesse des vernünftigen Lesers wird sich nicht in erster Linie dem Gegenstand des bestrickenden Zaubers, sondern der bestrickenden Zauberkraft zuwenden. Nicht der Opiumesser, sondern das Opium ist der wahre Held der Geschichte und der echte Mittelpunkt, um den sich das Interesse dreht. Mein Vorwurf ging dahin, die wunderbare Wirkung des Opiums an Wonnen wie an Schmerzen darzulegen: sobald dies geschehen, ist das Glück zu Ende.

Da jedoch manche allen zwingenden Gründen für das Gegenteil zum Trotz auf der Frage beharren werden, was aus dem Opiumesser geworden sei und in welchem Zustand sich derselbe nunmehr befinde, so antworte ich in seinem Namen: Der Leser weiß, dass die Macht des Opiums längst nicht mehr auf dem Zauber seiner Wonnen beruhte, sondern nur in den Qualen, die sich an den Versuch knüpften demselben zu entsagen, noch ihren Anhalt fand. Da jedoch andere Qualen, und zwar, wie sich denken lässt, keine geringeren, mit der ferneren Unterwerfung unter eine solche Gewaltherrschaft verbunden waren, so blieb nur die Wahl zwischen zwei Übeln; und richtigerweise hätte ich mich für dasjenige entscheiden müssen, welches – so furchtbar es an sich sein mochte – doch die Aussicht gewährte, endlich noch einmal wieder glücklich zu werden. Dies erscheint einleuchtend, allein die Erkenntnis der Wahrheit verlieh dem Verfasser keineswegs die Kraft, nun auch wirklich danach zu handeln. Es trat eben ein Wendepunkt im Leben des Verfassers ein und ein Wendepunkt für andere Wesen, die ihm noch teurer sind und die ihm stets weit teurer bleiben werden als sein Leben, selbst jetzt, wo dieses wieder ein glückliches ist – ich sah ein, dass ich sterben müsse, wenn ich beim Opium verbliebe; ich fasste deshalb den Entschluss, es von mir zu werfen, und müsste ich dabei zugrunde gehen. Wie viel ich damals gerade nahm, kann ich nicht sagen, denn das Opium, das ich rauchte, hatte ein Freund für mich gekauft, der später keine Bezahlung dafür von mir annahm, sodass ich nicht einmal versichern konnte, wie viel ich jährlich verbraucht hatte. Ich glaube übrigens, dass ich es sehr unregelmäßig nahm und von ungefähr 50 oder 60 Gran bis zu 150 täglich schwankte. Meine erste Aufgabe war, es bis auf 40, 30 und so rasch als möglich auf 12 Gran herunterzubringen.

Ich trug den Sieg davon: doch glaube nicht, Leser, dass deswegen meine Leiden zu Ende gewesen wären; auch bilde dir nicht ein, ich sei etwa in einem niedergeschlagenen Zustande dagesessen. Vielmehr musst du dir vorstellen, dass ich sogar noch nach Verlust von vier Monaten mich in heftigster Aufregung befand, zuckend, mit fliegenden hochklopfenden Pulsen und wie zerschmettert, und dass es mir ganz war wie einem Gefolterten, wenn ich mir die Qualen dieses Zustandes nach der rührenden Schilderung vergegenwärtige, die ihr unschuldiges Opfer aus den Zeiten Jakobs I. hinterlassen hat. Arznei brachte mir keine wohltätige Wirkung mit Ausnahme einer einzigen, die mir ein sehr hervorragender Edinburgher Arzt verordnete, nämlich Baldriantinktur mit Ammoniak. In medizinischer Richtung habe ich deshalb über meine Befreiung nicht viel zu berichten und selbst dieses wenige würde in der Feder eines Mannes, der so wenig von Medizin versteht, wie ich, vermutlich nur zu Missverständnis Anlass geben. Unter allen Umständen wäre es an diesem Ort schlecht angebracht. Die Nutzanwendung ist für den Opiumesser bestimmt und kann sich deshalb notwendigerweise nur auf ein beschränktes Gebiet erstrecken. Wenn dieselbe ihn in Furcht und Zittern zu versehen vermag, so ist genug erreicht. Freilich kann er sagen, dass der Ausgang meines Falles zum wenigsten beweise, wie man dem Opium noch nach siebzehnjährigem Gebrauch und achtjährigem Missbrauch seiner Kräfte zu entsagen vermöge und dass er vielleicht eine größere Willenskraft zu der Aufgabe mitbringe als ich, oder mithilfe einer stärkeren Konstitution, als die meinige ist, mit geringerer Anstrengung dieselben Erfolge erreichen könne. Dies mag richtig sein; ich möchte mir nicht anmaßen, die Anstrengungen anderer mit meinen eigenen zu messen; von Herzen wünsche ich ihm mehr Willenskraft und ebenso viel Erfolg. Bei mir wirkten übrigens außer meiner Person liegende Beweggründe mit, die ihm vielleicht unglücklicherweise fehlen: und diese leisteten mir eine mächtige Unterstützung, wie sie rein persönliche Interessen einem durch Opium geschwächten Wesen doch vielleicht nicht zu gewähren vermöchten.

Lord Bacon meint, es dürfte wohl ebenso schmerzlich sein, geboren zu werden, als zu sterben: Ich glaube, er hat recht; und während der ganzen Zeit, solange ich mit dem Opium herabging, erlitt ich die Qualen eines Menschen, der aus einer Daseins-Art in eine andere übertritt. Der Ausgang war nicht Tod, sondern eine Art physischer Neubelebung; und ich darf hinzufügen, dass ich seither immer von Zeit zu

Zeit die Wiederkehr einer mehr als jugendlichen Lebenskraft empfunden habe, wiewohl unter dem Druck von Schwierigkeiten, welche ich in einem weniger glücklichen Geisteszustand als Missgeschick bezeichnet haben würde.

Ein Denkzeichen an meinen früheren Zustand haftet mir noch an: meine Träume sind noch nicht völlig ruhig; das furchtbare Wogen und die Aufregung des Sturmes hat sich noch nicht ganz gelegt; die Scharen, die sich in denselben gelagert hatten, verziehen sich, sind jedoch noch nicht alle abgezogen; mein Schlaf ist noch unruhig, und wie die Tore des Paradieses für unsere ersten Eltern, als sie von ferne danach zurückschauten, ist er – nach Miltons furchtbarem Bilde – noch »von dräuenden Stirnen voll und wilden Waffen«.

## 1822

# HEINRICH HEINE
# Der Adel feiert Hochzeit

*Er alleine wäre Beweis genug, falls es diesen bräuchte, dass uns von großen Verblichenen keine Anhäufung von Erinnerungen genügen darf. Etwas von ihrem Geist vergegenwärtigen kann nur der Originaltext, den unter zeitgenössischen Stimmen nichts ersetzt. Zum Dichter fügen wir an, dass er als der letzte der Romantik gilt und auch schon als deren Überwinder, der die deutsche Alltagssprache lyrikfähig gemacht hat. Das ist sie fortan geblieben. In anderer Hinsicht jedoch gibt sein so reiches Erbe zu Jammer Anlass: Es ist ein Fall trostloser Vernachlässigung durch den Bahnhofskiosk. Nur im aussichtslosen Kampf gegen den Missmut unter Oberstufenschülern wird sein Werk noch allemal gerne missbraucht. Seine Prosa, so hört man immer wieder, soll den deutschen Journalismus und insbesondere das Feuilleton bis heute prägen. Die traurige Wahrheit ist: Sie tut es mehr schlecht als recht. Die Leichtigkeit und der Witz Heinrich Heines (\*1797, †1856) sind unerreicht; seine* Reisebilder *haben nicht ihresgleichen im gesamten deutschen Blätterwald der Gegenwart.*

ICH HABE EBEN MEINEN GALAROCK, schwarzseidne Hosen und Strümpfe angezogen, und melde Ihnen allerfeierlichst: die hohe Vermählung Ihrer Königl. Hoheit der Prinzessin Alexandrine mit Sr. Königl. Hoheit dem Erb-Groß-Herzoge von Mecklenburg-Schwerin.

Die ausführliche Beschreibung der Hochzeitsfeierlichkeiten selbst lasen Sie gewiss schon in der Vossischen oder Haude- und Spenerschen Zeitung und was ich darüber zu sagen habe, wird also sehr wenig sein. Es hat aber auch noch einen andern wichtigen Grund, warum ich sehr wenig darüber sage, und das ist: weil ich wirklich wenig davon gesehen. Da ich oft mehr den Geist als die Notiz referiere, so hat das so sehr viel nicht zu bedeuten. Ich hatte mich auch nicht genug vorbereitet, sehr viele Notizen einzusammeln. Es war freilich schon sehr lange vorher bestimmt, dass am 25. die Vermählung jener hohen Personen stattfinden sollte. Aber man trug sich damit herum, dass solche noch etwas länger aufgeschoben werde, und wahrhaftig, Freitag (den 24.) wollte ich es noch nicht recht glauben, dass schon am andern Tage die Trauung stattfände. Es ging manchem so. Sonnabendmorgen war es nicht sehr lebhaft auf der Straße. Aber auf den Gesichtern lag eine Eilfertigkeit und geheimnisvolle Erwartung. Herumlaufende Bediente, Friseure, Schachteln, Putzmacherinnen usw. Ein schöner Tag; nicht sehr schwül; aber die Menschen schwitzten. Gegen sechs Uhr begann das Wagengeroll. – Ich bin kein Adeliger, kein hoher Staatsbeamte und kein Offizier: folglich bin ich nicht kurfähig, und konnte den Vermählungsfeierlichkeiten auf dem Schlosse selbst nicht beiwohnen. Doch ging ich nach dem Schlosshof, um mir wenigstens das ganze kurfähige Personal zu beschauen. Ich habe nie so viel prächtige Equipagen beisammen gesehen. Die Bediensteten hatten ihre besten Livreen an, und in ihren schreiend hellfarbigen Röcken und kurzen Hosen mit weißen Strümpfen sahen sie aus wie holländische Tulpen. Mancher von ihnen trug mehr Gold und Silber am Leibe als das ganze Hauspersonal des Bürgermeisters von Nordamerika. Aber dem Kutscher einer fremden Herrschaft gebührt der Preis. Wahrlich, diese Blume der Kutscher auf seinem Bocke paradieren zu sehen, ist schon allein wert, dass man deshalb nach Berlin reiset. Was ist Salomo in seiner Königspracht, was ist Harun-al-Raschid in seinem Kalifenschmuck, ja was ist der Triumphelefant in der *Olympia* gegen die Herrlichkeit dieses Herrlichen? An minder festlichen Tagen imponiert er schon hinlänglich durch seine echt chinesische Porzellanhaftigkeit, durch die pendelartigen Bewegungen seines gepuderten, schwerbezöpften, mit einem dreieckigen Wünschelhütchen bedeckten Kopfes, und durch die wunderliche Beweglichkeit seiner Arme beim Pferdelenken. Aber heute trug er ein karmesinrotes Kleid, das halb Frack, halb Überrock war, Hosen von derselben Farbe, alles mit breiten goldnen Tressen besetzt. Sein edles Haupt, kreideweiß gepudert, und mit einem unmenschlich großen schwarzen Haarbeutel geziert, war von einem schwarzen Samtkäppchen mit langem Schirm bedeckt. – Ganz auf gleiche Weise waren die vier Bedienten gekleidet, die hinten auf dem Wagen standen, sich mit brüderlicher Umschlingung einer an dem andern festhielten und dem gaffenden Publikum vier wackelnde Haarbeutel zeigten. Aber Er trug die gewöhnliche Herrscherwürde im Antlitz, Er dirigierte die sechsspännige Staatskarosse, und zerrend zog Er die Zügel, »und rasch hinflogen die Rosse«.

Es war ein furchtbares Menschengewühl auf dem Schlosshofe. Das muss man sagen, die Berlinerinnen sind nicht neugierig. Die zartesten Mägdlein gaben mir Stöße in die Weichen, die ich noch heute fühle. Es war ein Glück, dass ich keine schwangere Frau bin. Ich quetschte mich aber ehrlich durch, und gelangte glücklich ins Innere des Schlosses. Der zurückdrängende Polizeibeamte ließ mich durch, weil ich einen schwarzen Rock trug, und weil er es mir wohl ansah, dass die Fenster meines Logis mit rotseidenen Gardinen behängt sind. Ich konnte jetzt sehr gut die hohen Herren und Damen aussteigen sehen, und mich amüsierten recht sehr die vornehmen Hofkleider und Hofgesichter. Erstere kann ich nicht beschreiben, weil ich zu wenig Schneidergenie bin, und Letztere will ich nicht beschreiben, aus stadtvogteilichen Gründen. Zwei hübsche Berlinerinnen, die neben mir standen, konnten nicht genug bewundern die schönen Diamanten, und Goldstickereien, und Blumen, und Gaze, und Atlasse, und langen Schleppen, und Frisuren. Ich sah fast beständig nach den blauen Augen dieser schönen Geschöpfe, und wurde etwas ärgerlich, als mir von hinten jemand freundschaftlich auf die Achsel schlug, und mir das rotbäkkige Gesichtlein des Kammermusici entgegenleuchtete. Er war in ganz besonderer Bewegung, und hüpfte wie ein Laubfrosch. – »Carissime«, quäkte er, »ich sehe, Sie haben Sinn für das Schöne: – – –« Um mich von ihm zu befreien, zeigte ich ihm meinen Barbier, der uns gegenüberstand und heute seinen neuen altdeutschen Rock angezogen hatte. Dem Kammermusico wurde das Gesicht kirschbraun vor Ärger, und er fletschte mit den Zähnen: »O Sankt Marat! so ein Lumpenkerl gibt sich für einen – – –« Dadurch hatte ich das Ding noch schlimmer gemacht, und fiel ihm nun in die Rede: »Wissen Sie auch, im Lustgarten werden gleich zwölf Kanonen losgeschossen?« Kaum hatte ich diese Worte ausgesprochen, und verschwunden war der Kammermusikus.

Ich wischte mir den Angstschweiß aus dem Gesicht, als mir der Kerl vom Halse war, sah noch die letzten Aussteigenden, machte meinen schönen Nachbarinnen eine mit einem holden Lächeln akkompagnierte Verbeugung, und begab mich nach dem Lustgarten. Hier standen wirklich zwölf Kanonen aufgepflanzt, die dreimal losgeschossen werden sollten, in dem Augenblick, wenn das fürstliche Brautpaar die Ringe wechseln würde. An einem Fenster des Schlosses stand ein Offizier, der den Kanonieren im Lustgarten das Zeichen zum Abfeuern geben sollte. Hier hatte sich eine Menge Menschen versammelt. Auf ihren Gesichtern waren ganz eigne, fast sich widersprechende Gedanken zu lesen.

Es ist einer der schönsten Züge im Charakter der Berliner, dass sie den König und das königliche Haus ganz unbeschreiblich lieben. Die Prinzen und Prinzessinnen sind hier ein Hauptgegenstand der Unterhaltung in den geringsten Bürgerhäusern. Ein echter Berliner wird nie anders sprechen, als »unsre« Charlotte, »unsre« Alexandrine, »unser« Prinz Karl usw. Der Berliner lebt gleichsam in die königl. Familie hinein, alle Glieder derselben kommen ihm wie gute Bekannte vor, er kennt den besonderen Charakter eines jeden, und ist immer entzückt, neue schöne Seiten desselben zu bemerken. So wissen die Berliner z. B., dass der Kronprinz sehr witzig ist, und deshalb kursiert jeder gute Einfall gleich unter dem Namen des Kronprinzen, und einem Herkules mit der schlagenden Witzkeule werden die Witze aller übrigen Herkulesse zugeschrieben. Sie können sich also vorstellen, wie sehr hier die schöne, leuchtende Alexandrine ein Gegenstand der Volksliebe sein muss; und aus dieser Liebe können Sie sich auch den Widerspruch erklären, der auf den Gesichtern der Berliner lag, als sie erwartungsvoll nach den hohen Schlossfenstern sahen, wo unsere Alexandrine vermählt wurde. Verdruss durften sie nicht zeigen; denn es war der Ehrentag der geliebten Prinzessin. Recht freuen konnten sie sich auch nicht; denn sie verloren dieselbe. Neben mir stand ein Mütterchen, auf dessen Gesicht zu lesen war: »Jetzt habe ich sie zwar verheiratet, aber sie verlässt mich jetzt.« Auf dem Gesichte meines jugendlichen Nachbars stand: »Als Herzogin von Mecklenburg ist sie doch nicht so viel, wie sie als Himmelskönigin war.« Auf den roten Wangen einer hübschen Brünette las ich: »Ach, wär ich schon so weit!« – Da donnerten plötzlich die Kanonen, die Damen zuckten zusammen, die Glocken läuteten, Staub- und Dampfwolken erhoben sich, die Jungen schrien, die Leute trabten nach Hause, und die Sonne ging blutrot unter hinter Monbijou.

Besonders lärmig waren die Vermählungsfeierlichkeiten nicht. Den Morgen nach der Trauung wohnten die hohen Neuvermählten dem Gottesdienst in der Domkirche bei. Sie fuhren in der achtspännigen goldnen Kutsche mit großen Glasfenstern, und wurden von einer gewaltigen Menschenmenge bestaunt. Wenn ich nicht irre, trugen die obigen Bedienten an diesem Tage keine Haarbeutel. Des Abends war Gratulationscour, und hierauf Polonäsenball im Weißen Saal. Den 27. war Mittagstafel im Rittersaale, und des Abends verfügten sich die hohen und höchsten Personen nach dem Opernhause, wo die von Spontini zu diesem Feste eigens komponierte Oper: *Nurmahal oder Das Rosenfest von Kaschmir* gegeben wurde. Es kostete den meisten Leuten viele Mühe, Billetts zu dieser Oper zu erlangen. Ich bekam eins geschenkt; aber ich ging doch nicht hin. Ich hätte es zwar tun sollen, um Ihnen darüber zu referieren. Aber glauben Sie, dass ich mich für meine Korrespondenz aufopfern soll? Mit Grausen denke ich noch an die *Olympia*, der ich kürzlich, aus einem besondern Grunde, nochmals beiwohnen musste, und die mich mit fast zerschlagenen Gliedern entließ. Ich bin aber zum Kammermusikus gegangen und fragte ihn, was an der Oper sei? Der antwortete: »Das Beste dran ist, dass kein Schuss drin vorkömmt.« Doch kann ich mich hierin auf den Kammermusikus nicht verlassen, denn erstens komponiert er auch, und nach seiner Meinung besser als Spontini, und zweitens hat man ihm weisgemacht, dass Letzterer eine Oper mit obligaten Kanonen schreiben wolle. Man spricht aber überhaupt nicht viel Gutes von der *Nurmahal*. Ein Meisterstück kann sie nicht sein. Spontini hat viele Musikstücke seiner älteren Opern hineingeflickt. Dadurch enthält die Oper freilich sehr gute Stellen, aber das Ganze hat ein zusammengestoppeltes Ansehn, und entbehrt jene Konsequenz und Einheit, die das Hauptverdienst der übrigen Spontin'ischen Opern ist. – Die hohen Neuvermählten wurden mit allgemeinem Aufjauchzen empfangen. Die Pracht, die in diesem Stücke eingewebt ist, soll unvergleichlich sein. Der Dekorationsmaler und der Theaterschneider haben sich selbst übertroffen. Der Theaterdichter hat die Verse gemacht, folglich müssen sie gut sein. Elefanten sind keine zum Vorschein gekommen. Die Staatszeitung vom 4. Juni rügt einen Artikel in der Magdeburger Zeitung, worin stand, dass zwei Elefanten in der neuen Oper erscheinen sollten, und bemerkt mit shakespeareschem Witze: diese Elefanten »sollen sich vorgeblich noch in Magdeburg verhalten«. Hat die Magd. Zeitung diese Notiz aus meinem zweiten Briefe geschöpft, so bedauere ich mit tiefem Seelenschmerz, dass ich Unglücklicher ihr diesen Witzblitz zugezogen. Ich widerrufe, und zwar mit so de- und wehmütiger Gebärde, dass die Staatszeitung Tränen der Rührung weinen soll. Überhaupt erkläre ich ein für alle Mal, dass ich bereit bin, alles zu widerrufen, was man von mir verlangt; nur darf es mir nicht viele Mühe kosten. Dass zwei Elefanten im Rosenfest vorkommen würden, hatte ich wirklich selbst gehört. Nachher sagt man mir, es wären nur zwei Kamele, später hieß es, zwei Studenten kämen drin vor, und endlich sollten es Unschuldsengel sein. –

Den 28. war Freiredoute. Schon um halb neun fuhren Masken nach dem Opernhause. – Ich habe im vorigen Briefe eine hiesige Redoute beschrieben. Sie unterschied sich diesmal nur dadurch, dass keine schwarze Dominos zugelassen wurden, dass alle Anwesenden in Schuhen waren, dass man sich um ein Uhr im Saale demaskieren konnte, und dass die Einlassbillette und Erfrischungen gratis gegeben wurden. Letzteres war wohl die Hauptsache. Wenn ich nicht den festen Glauben in der Brust trüge, dass die Berliner Muster von Bildung und feinem Betragen sind, und mit Recht auf die Ungeschliffenheit meiner Landsleute verächtlich herabschauen; wenn ich mich nicht bei vielen Gelegenheiten überzeugt hätte, dass der powerste Berliner es im anständigen Hungerleiden sehr weit gebracht hat, und meisterhaft darauf eingeübt ist, den schreienden Magen in die Formen vornehmer Konvenienz einzuzwängen: so hätte ich von den Leuten hier sehr leicht eine ungünstige Meinung fassen können, als ich bei dieser Freiredoute sah, wie sie das Buffet sechs Mann hoch umdrängten, sich Glas nach Glas in den Schlund gossen, sich den Magen mit Kuchen anstopften, und das alles mit einer ungraziösen Gefräßigkeit und heroischen Beharrlichkeit, dass es einem ordentlichen Menschenkinde fast unmöglich war, jene Buffetphalanx zu durchbrechen, um, bei der Schwüle, die im Saale herrschte, mit einem Glase Limonade die Zunge zu kühlen. Der König und der ganze Hof waren auf dieser Redoute. Der Anblick der Neuvermählten entzückte alle Anwesenden. Sie glänzte mehr durch ihre Liebenswürdigkeit als durch ihren reichen Diamantenschmuck. Unser König trug ein bläulichdunkles Domino. Die Prinzen trugen meistens altspanische und ritterliche Tracht.

## 1823

## LORD BYRON

# Unter Griechen oder Schwierigkeiten der Entwicklungshilfe

*Die »Byron'schen Helden«, spätromantisch schwarze Gestalten, teilen mit der Künstlerpersönlichkeit ihres Schöpfers und Taufpaten, dass sie an der Gesellschaft eigentlich schon verzweifelt sind. Es sind Einzelgänger und Rebellen, die nicht auf Glück oder Zufriedenheit aus sind. Dieses schottische Syndrom verschärft sich in der russischen Literatur des 19. Jahrhunderts zu dem des »überflüssigen Menschen«. Heine, Poe, Puschkin waren fasziniert von seiner Lyrik, und Goethe korrespondierte mit ihm. Seinen Einfluss verraten auch Gemälde Turners. In seiner Villa am Genfersee erfand Mary Shelley Frankenstein und schrieb John Polidori die Erzählung* The Vampyre, *die das Genre der Vampirgeschichten (vgl. S. 472–474) begründete.*

*Anfang 1823 wurde dem Philhellenen George Gordon Noel Byron (\*1788, †1824) das Kommando über die freien griechischen Streitkräfte im Freiheitskampf gegen die Türken (1821–1829) angeboten. Er nahm an. Ein Jahr später starb er in Mesolongi am Golf von Patras an den Folgen einer Unterkühlung und den Wirkungen eines medizinischen Aderlasses.*

*Metaxata – Kephalonia – 28ster September 1823*

**AM** (ICH GLAUBE) SECHZEHNTEN JULI segelte ich von Genua ab, auf der englischen Brigg Hercules – Kapitän Jno. Scott – am siebzehnten, als ein Sturmwind Durcheinander anrichtete und den Pferden im Laderaum Schaden drohte – strebten wir wieder dem gleichen Hafen zu – wo wir wiederum vierundzwanzig Stunden blieben und danach in See stachen – kurz in Livorno anlegten – und unsere Reise durch die Straße von Messina nach Griechenland fortsetzten – in Sichtweite kamen wir an Elba – Korsika – den Liparischen Inseln, einschließlich Stromboli, Sizilien, Italien &c. vorbei – um den 4ten August ankerten wir vor Argostoli, dem Haupthafen der Insel Kephalonia. –

Hier hatte ich erwartet, von Kapitän Blaquiere zu hören, der vom Griechischen Komitee in London mit einem Auftrag unterwegs zur Provisorischen Griechischen Regierung auf der Morea war – erfuhr aber vielmehr zu meiner Überraschung, dass er auf seinem Heimweg sei – obgleich seine letzten Briefe von der Halbinsel an mich – nachdem sie den dringenden Wunsch geäußert hatten, dass ich ohne Verzug hinaufkommen solle – ferner besagten, dass er beabsichtige, gegenwärtig im Land zu bleiben. – Ich habe seitdem verschiedenartige Briefe von ihm erhalten, die nach Genua adressiert – und auf die Inseln weitergeleitet worden sind – und teilweise den Grund für seine unerwartete Rückkehr erklären – und mich (entgegen seiner früheren Meinung) außerdem bitten, nach Griechenland noch nicht weiterzureisen – aus mehreren Gründen, von denen einige bedeutsam seien. – Ich sandte ein Boot nach Korfu, in der Hoffnung, es werde ihn dort noch vorfinden – doch er war schon nach Ancona abgesegelt. –

Auf der Insel Kephalonia führte Oberst Napier als Vertreter der Regierung das Oberkommando – und Oberst Duffie das 8te Königliche Regiment, das damals die Garnison darstellte. Wir wurden von diesen beiden Herren – und freilich von sämtlichen Offizieren wie auch Zivilisten mit der größten Freundlichkeit und Gastfreundschaft empfangen – zu der ich, falls wir sie nicht verdienten – doch hoffe, dass wir nichts getan haben, sie zu verscherzen – und sie hält auch unvermindert an – sogar, seit der Glanz der neuen Bekanntschaft sich durch den häufigen Verkehr abgenutzt hat. – – Wir haben erfahren, was sich seitdem völlig bestätigt hat – dass die Griechen sich untereinander im Zustand politischer Meinungsverschiedenheiten befinden – dass Mavrocordato entlassen wurde oder selbst abgedankt hat (L'Un vaut bien l'autre), und dass Colocotroni mit ich weiß nicht welcher oder wessen Partei Herrscher auf der Morea sei. – Die Türken standen mit einer Streitmacht in Arkananien &c., und die türkische Flotte blockierte die Küste von Missolunghi bis Chiarenza – und nachträglich bis Navarino – – die griechische Flotte blieb aus Mangel an Mitteln oder anderen Gründen im Hafen von Hydra – Ipsara und Speza – und soll nach allem, was man bisher mit Sicherheit weiß, noch immer dort sein. Da ich ganz gegen meine Erwartungen keine Nachricht von Peloponnes hatte – und auch Briefe vom Komitee aus England abzuwarten hatte, beschloss ich, vorerst auf den Ionischen Inseln zu bleiben – vor allem, weil es schwierig war, an der gegenüberliegenden Küste zu landen, ohne die Beschlagnahme des Schiffes und seiner Ladung zu riskieren – was zu tun Kapitän Scott natürlich zur Genüge ablehnte – es sei denn, ich würde ihm den vollen Betrag seines möglichen Schadens zusichern. – –

Um die Zeit zu verbringen, machten wir einen kleinen Ausflug über die Berge nach Saint Euphemia – auf schlechteren Straßen, als ich sie im Laufe mancher Reisejahre in unkultivierten Gegenden vieler Länder jemals vorgefunden hatte. – In Saint Euphemia schifften wir uns nach Ithaka ein – und machten einen Streifzug durch diese wunderschöne Insel – als ein geeignetes Gegenstück zur Troas, die ich wenige Jahre zuvor besucht hatte. – Die Gastfreundschaft von Hauptmann Knox (dem Regierungsvertreter) und seiner Gemahlin war in keinerlei Hinsicht geringer als die unserer militärischen Freunde auf Kephalonia. – Dieser Gentleman und Mrs. K. und einige ihrer Freunde führten uns zu der Quelle von Arethusa – die allein die Reise wert gewesen wäre – aber der Rest der Insel ist nicht weniger reizvoll für den Bewunderer der Natur; – die Künste und Tradition überlasse ich den Altertumsforschern – haben diese Herren es doch so gut verstanden, solche Fragen zu klären – dass so, wie die Existenz von Troja bestritten wird – die von Ithaka (wie i.e. Homers *Ithaka*) noch nicht zugestanden wird. – Obwohl es im Monat August war, und wir davor gewarnt worden waren, in der Sonne zu reisen – und da ich aus meiner früheren Erfahrung niemals unter Hitze litt, solange ich in *Bewegung* blieb – war ich nicht willens, wegen eines Sonnenstrahls mehr oder weniger so viele Stunden des Tages zu verlieren – und obwohl unsere Gesellschaft recht zahlreich war, litt, so weit festgestellt werden konnte, niemand entweder unter Krankheit oder Unannehmlichkeit, obwohl einer der Diener (ein Neger) – erklärte, dass es so heiß wie auf den Westindischen Inseln sei. – Ich hatte unser Thermometer an Bord gelassen – konnte also die genaue Gradzahl nicht feststellen. – Wir kehrten nach Saint Euphemia zurück und setzten über zum Kloster von Samos, auf der gegenüberliegenden Seite der Bucht und reisten am nächsten Tag nach Argostoli weiter, auf einer besseren Straße als dem Pfad nach Saint Euphemia. – Die Landpartie wurde auf Maultieren gemacht. – –

Einige Tage nach unserer Rückkehr hörte ich, dass in Zante Briefe für mich seien – doch trat beträchtliche Verspätung ein, bevor der Grieche, an den sie gerichtet waren, sie entsprechend weitergeleitet hatte – und ich war schließlich Oberst Napier zu Dank verpflichtet, sie für mich beschafft zu haben; – *was* die Verzögerung oder Verspätung veranlasste – wurde nie geklärt. – Ich erfuhr durch meine Nachrichten aus England – die Bitte des Komitees: dass ich als ihr Beauftragter nahe der Griechischen Regierung tätig und die entsprechende Verteilung und Übergabe gewisser Waren betreuen würde &c. &c., die mit einem Schilf erwartet werden, das bis zum heutigen Datum noch nicht eingetroffen ist (28ster Sept.) – Bald nach meiner Ankunft nahm ich auf eigene Kosten eine Gruppe von vierzig Sulioten in Sold, mit den Anführern Photomara – Giavella – und Drako – und hätte ihre Zahl möglicherweise vergrößert – doch fand ich sie untereinander in allem gänzlich uneins, außer wenn sie ihre Forderungen an mich richteten – obwohl ich pro Mann jeden Monat einen Taler mehr gegeben hatte – als sie von der Griechischen Regierung erhalten konnten, und sie waren, zu der Zeit, da ich sie aufnahm, aller Dinge beraubt. – – Ich hatte auch in ihre Forderung eingewilligt – und sie einen Monat im Voraus bezahlt. – Doch von einigen schachernden Ladenbesitzern, bei denen sie auf Kredit zu kaufen pflegten, wahrscheinlich dazu gebracht – machten sie noch mehrere Versuche, die ich für Erpressung hielt – sodass ich sie zusammenrief und ihnen meine Sicht der Sache darlegte – und ablehnte, sie weiterhin bei mir aufzunehmen – doch ich bot ihnen noch einen Monatslohn – und das Geld für die Überfahrt nach Arkananien – wohin sie nun leicht gehen konnten, da die türkische Flotte fort – und die Blockade aufgehoben war. – – Dies nahm ein Teil von ihnen an – und sie fuhren demgemäß. – Es entstanden noch einige Schwierigkeiten wegen der Rückstellung ihrer Waffen bei der Regierung der Sieben Inseln, diese wurden aber schließlich eingezogen – und sie sind nun bei ihren Landsleuten in Ætolien oder Arkananien. – –

Ich überwies auch dem Regierungsvertreter auf Ithaka – die Summe von zweihundertundfünfzig Taler für die Flüchtlinge dort – und ich hatte nach Kephalonia – eine moriotische Familie bringen lassen, die sich in größter Hilflosigkeit befand – und versorgte sie mit einem Haus und bescheidenem Unterhalt unter der Protektion der Messrs. Corgialegno – wohlhabende Kaufherren in Argostoli – denen ich durch meine Korrespondenten empfohlen worden war. – – Ich hatte auch veranlasst, dass ein Brief an Marco Bozzari, den stellvertretenden Kommandeur eines Truppenkörpers in Arkananien geschrieben wurde – für den ich Empfehlungsschreiben hatte; – seine Antwort war wahrscheinlich das Letzte, das er jemals unterzeichnete oder diktierte – denn am nämlichen Tag nach dem Datum fiel er im Kampf – in der Art eines guten Soldaten – und eines ehrenwerten Mannes – was man nicht immer vereint findet, oder auch einzeln. – – Ich war auch vom Grafen Metaxa, dem Gouverneur von Missolunghi, eingeladen, dorthin hinüberzugehen – doch war es beim gegenwärtigen Stand der Parteien geboten, dass ich mit der amtierenden Regierung Verbindung aufnahm hinsichtlich ihrer Meinung, *wo* ich denn – wenn schon nicht *überaus* nützlich – auf jeden Fall *am wenigsten* ungelegen sein könnte. –

Da ich nicht hierhergekommen bin, um mich einer Fraktion anzuschließen, sondern einer Nation – um mit ehrenhaften Männern zu verhandeln und nicht mit Spekulanten und Betrügern – (Beschuldigungen, die sich die Griechen nahezu täglich gegenseitig vorwerfen), wird es (für mich) großer Umsicht bedürfen, den Ruf eines Partisanen zu vermeiden – und ich empfinde es als umso schwieriger – da ich bereits von mehr als einer der widerstreitenden Parteien Einladungen erhalten habe – immer unter dem Vorwand, dass *sie* der »wahre Jakob« seien. – – Zu guter Letzt – man sollte nicht verzweifeln – wenn auch alle Ausländer, denen ich bisher zwischen den Griechen begegnet bin – angewidert heimreisen oder heimgereist sind. –

Wer immer zum gegenwärtigen Zeitpunkt nach Griechenland hineingeht, sollte es so tun, wie Mrs. Fry nach Newgate hineinging – nicht in der Erwartung, irgendwelchen besonderen Anzeichen bestehender Rechtschaffenheit zu begegnen – sondern in der Hoffnung, dass die Zeit und eine bessere Handhabung die gegenwärtige Einbruchs- und Diebstahlsmentalität, die auf diese allgemeine Gefängnisleerung gefolgt ist, bezwingen werde. – Wenn die Gliedmaßen der Griechen ein bisschen weniger steif sind von den Beinschellen der vier Jahrhunderte – werden sie nicht mehr so sehr marschieren, »als ob sie Fesseln an ihren Beinen hätten«. – – Gegenwärtig sind die Ketten zwar zerbrochen – doch ihre Glieder klirren noch – und die Saturnalien sind noch zu jung, um den Sklaven in einen nüchternen Bürger verwandelt zu haben. – Das Schlimmste an ihnen ist – dass sie (um einen groben, aber den einzigen Ausdruck zu gebrauchen, der nicht von der Wahrheit abweicht) solch verd—te Lügner sind; solches Unvermögen zur Aufrichtigkeit hat man nicht gesehen, seit Eva im Paradies lebte. – Einer von ihnen hatte neulich etwas an der englischen Sprache auszusetzen – dass sie so wenige Schattierungen einer Verneinung hätte – wohingegen ein Grieche ein Nein – zu einem Ja – und vice versa – durch die aalglatten Eigenschaften seiner Sprache so abwandeln könne – dass Wortdrehungen bis zu jedem beliebigen Grad betrieben werden könnten und noch immer eine Hintertür bleibe, durch die der Meineid entwischen könne, ohne bemerkt zu werden. – – Das war des Gentlemans eigene Rede – und ist nur zu bezweifeln, weil mit den Worten des Syllogismus – »Epimenides ja ein Kreter war«. Doch sie mögen nach und nach berichtigt werden. –

# 1823

## LUDWIG BÖRNE

## Das Schmollen der Weiber

*»Ich bin eine gewöhnliche Guillotine«, sagte Heinrich Heine, »und Börne ist eine Dampfguillotine.« Was dieser über Paris, die »Stadt der Freiheit« schreibt, haben wir in* Nichts als die Welt *(S. 191) abgedruckt. Die Pariser Julirevolution wurde in der Feder des Freimaurers und radikalen Demokraten zu einem Lehrstück, das die Notwendigkeit auch der Revolution in Deutschland demonstrieren sollte.*

*Carl Ludwig Börne (\*1786, †1837) war ein streitbarer und streitlustiger Kopf, dessen Fehden mit Kollegen wie Heine und Goethe legendär sind. Hier lesen wir einen Bericht aus dem wahren politischen Weltgeschehen, der zu dessen friedlicherer und freundlicherer Gestaltung beitragen will.*

MEINE EHEMALIGE BRAUT NENNE ICH, wie es bei allen kultivierten Völkern Sitte ist, einen Engel; meine jetzige Frau nenne ich, wenn ich böse auf sie bin, einen gefallenen Engel; ist das Ehewetter aber heiter, einen gestutzten. »Warum gestutzter?«, fragte mich Wilhelmine, als ich mich zum ersten Male dieses Ausdrucks bediente. Ich ward verlegen; denn ich hatte mich noch nicht zu verstellen gelernt, ich wusste noch nicht, wie gut in der Ehe oft das Lügen sei und wie ohne diesen Lichtschirm der Wahrheit rote Augen noch häufiger wären. »Teure Wilhelmine!«, sagte ich, indem ich ihr ein Stückchen Zucker, den sie sehr liebt, in den Purpurmund steckte, »liebes Vögelchen, müsste ich nicht zittern für mein Glück, wenn deine Engelsflügel nicht etwas gestutzt wären? Müsste ich nicht fürchten, du entflatterst!« … und flögest den Himmel hinauf, wo deine Heimat ist – wollte ich höchst poetischerweise hinzusetzen. Aber meine gute Frau ließ mich nicht ausreden. »Du fürchtest also, ich könnte dir untreu werden?«, fragte sie, wartete aber auf keine Antwort, sondern nahm ihr Gesicht zusammen, verschloss den Mund und schmollte. Vergebens war mein Flehen, mein Drohen, mein Reden, mein Schweigen sogar; sie schmollte fort. Ich ging mit starken Schritten das Zimmer auf und ab; in Engels »Mimik« ist keine Bewegung geschildert, die ich nicht mit der größten Naturtreue darstellte: Liebe, Hass, Zorn, Wut, Verzweiflung; aber meine gute Wilhelmine sprach kein Wort. Bei dieser Gelegenheit lernte ich das berühmte Schmollen der Weiber kennen, und seitdem verlernte ich es nicht mehr. Es war der dreißigste Tag nach meiner Hochzeit, da mein Glück in den Wendepunkt des Krebses trat. Anfänglich hatte meine teure Wilhelmine nur einen Schmollstuhl, dann nahm sie einen Schmollwinkel ein, später verschloss sie sich in ein Schmollkämmerchen, bis sie endlich es durch Übung dahin gebracht, im ganzen Hause zu schmollen.

Ich habe mich in der theoretischen wie in der praktischen Philosophie etwas umgesehen, Metaphysik, Logik, Anthropologie, empirische Psychologie sind mir nicht ganz fremd; aber mit der Theorie des weiblichen Schmollens konnte ich bis jetzt noch nicht ins Reine kommen. Doch will ich die wenigen unstreitigen Grundsätze, die ich mir aus meinen Erfahrungen abgezogen, gern mitteilen; sie sind in der gegenwärtigen Lage von Europa vielleicht nicht ohne Nutzen. Staatspapier-Händler oder Staats-Papierhändler (ich weiß nicht, welche Schreibart die richtigere ist) fragen sich und andere jetzt oft: »Welchen Ausgang wird der Krieg gegen Spanien haben?« Oh, beneidenswerte Unwissenheit! Nur wer nicht verheiratet ist, kann zweifeln; jeder Ehemann aber weiß es bestimmt, dass die Franzosen verlieren werden. Das Schmollen der Weiber ist nichts als ein Guerillakrieg, den sie gegen die konzentrierte Macht der Männer führen, ein Krieg, in dem sie immer siegen. Was nützt euch eure schwere Artillerie, wenn Mücke nach Mücke die Hände, welche die Lunten anlegen, stechen und verwirren? Was helfen euch dreimal hunderttausend gutbewaffnete Gründe? Die Weiber, als hätten sie mit dem Bösen ein Bündnis geschlossen, sind gründefest, es dringt keiner durch. Ihre gefährlichste Waffe ist der Mund, sie mögen ihn zum Reden oder zum Schweigen gebrauchen. Reden sie, und ihr habt viel Verstand und Geduld, dann könnt ihr sie zuweilen zum Schweigen bringen; schweigen sie aber (welches in der häuslichen Kriegskunst Schmollen heißt), ist alle Mühe vergebens, sie zum Reden zu bringen, ihr müsst euch zurückziehen und schließt um jede Bedingung einen pyrenäischen Frieden.

Der zürnende Mann ragt wenigstens mit dem Kopfe über die Wolken seines Zornes hinaus, das eheliche Gewitter grollt nur unter seinen Füßen; die Frau aber steht mit dem Kopfe unter dem donnernden Gewölke, und kein Strahl des Friedens beleuchtet ihr finsteres Gesicht. Wenn ich mit meiner guten Wilhelmine zanke, weiß ich, dass ich in einer Viertelstunde wieder versöhnt sein werde. Mein schmollender Engel aber hat gar keine Vorstellung davon, dass sie mir je wieder gut werden könnte. Ein komisches Missverständnis trägt gewöhnlich dazu bei, sie noch mehr aufzubringen. Ich pflege nämlich meine teure Gattin Wilhelmine zu nennen; aber sooft sie zankt, rufe ich sie Minchen. Dieses Wort macht sie nur unversöhnlicher; denn sie wähnt, ich bediene mich der liebkosenden Verkleinerung nur aus Spott, und die gute Seele wird aus dem »Morgenblatt« erfahren, dass ich sie, wenn sie schmollt, nur darum Minchen nenne, weil sie mir dann als ein kleiner Mina vorkömmt – so geschickt weiß sie den Guerillakrieg zu führen.

Ich habe meiner lieben Frau schon oft vorgeschlagen, ich wollte mich auf ihr Schmollen monatlich abonnieren, indem ich ihr immer dreißig Tage voraus recht gäbe, und dabei, meinte ich, würden wir uns besser stehen; aber sie wollte von einem solchen Vertrage nichts hören. So habe ich denn viele trübe Schmolltage in meinem Hauskalender einzutragen, und beim Schlusse des Jahres fällt die meteorologische Bilanz nicht immer zu meinem Vorteile aus. Was aber meinem Kalender ein noch seltsameres und traurigeres Ansehen gibt, ist, dass ich zwar Tag und Stunde bezeichnen kann, wo meine Wilhelmine zu schmollen angefangen, aber weder Stunde noch Tag, wo sie zu schmollen aufgehört. Sie vergrollt so leise und allmählich, dass nicht zu bestimmen ist, wann der letzte Laut ihrer Unzufriedenheit verschallte, und plötzlich befinde ich mich mitten in meinem gewohnten Glücke, ohne zu wissen, wie ich hineingekommen. Sie hat mir einmal anvertraut, dass es alle Weiber so machten, die, wenn sie ihr stillstehendes Herz wieder aufziehen, alle ganze, halbe und Viertelstunden, über welche der Zeiger rücke, schlagen ließen, bis der Zeiger auf der Stunde der Liebe stände. Sie müssten das so machen, um die Uhr ihrer Seele nicht zu verderben.

Wenn mich meine gute Wilhelmine aus dem Paradiese, das sie mir selbst geschaffen, auf Stunden und Tage hinausschmollt, so ist das nur meine eigene Schuld. Ich habe unbesonnen meiner häuslichen Verfassung die Fehler der spanischen gegeben. Meine Frau und ich bilden nur eine Kammer, und so muss denn geschehen, was in solchen Fällen immer geschieht: das demokratische Prinzip gewinnt die Herrschaft über das aristokratische. Das weibliche Herz ist ein atheniensischer Markt – unter einem herrlichen blauen Himmel liebliche Blumensträuße, duftende Südfrüchte, holde Anmut, Geist, Witz, Empfindung, aber auch Tücke, Launen, Wankelmütigkeit und Undankbarkeit. Wo aber die häusliche Gesetzgebung weise in zwei Kammern getrennt ist, wo der Mann das Oberhaus und die Frau das Unterhaus bildet, da werden, wie ein bayerischer Pair unvergleichlich schön gesungen hat, die Wogen der Demokratie sich an den Felsen der Aristokratie brechen, auf welchen Felsen der Thron gebaut ist und der Frieden!

# 1826

## HEINRICH HEINE

## Zensur

*Zur Zensur, der in Deutschland alle seine Veröffentlichungen unterworfen waren, äußerte sich Heinrich Heine (vgl. S. 350–352) im* Buch Le Grand *in den* Reisebildern.

D IE DEUTSCHEN CENSOREN ⸺ ⸺ ⸺ ⸺ ⸺ ⸺ ⸺ ⸺ ⸺ ⸺ ⸺ ⸺ ⸺ ⸺ ⸺ ⸺ ⸺ ⸺ ⸺ ⸺ ⸺ ⸺ ⸺ ⸺ ⸺ ⸺ ⸺ ⸺ ⸺ ⸺ ⸺ ⸺ ⸺ ⸺ ⸺ ⸺ ⸺ ⸺ ⸺ ⸺ ⸺ ⸺ ⸺ ⸺ ⸺ ⸺ ⸺ ⸺ ⸺ ⸺ ⸺ ⸺ ⸺ ⸺ ⸺ Dummköpfe ⸺ ⸺ ⸺ ⸺ ⸺ ⸺ ⸺ ⸺ ⸺ ⸺ ⸺ ⸺ ⸺ ⸺ ⸺ ⸺ ⸺ ⸺ ⸺ ⸺ ⸺ ⸺ ⸺ ⸺ ⸺ ⸺ ⸺ ⸺ ⸺ ⸺ ⸺ ⸺ ⸺ ⸺ ⸺ ⸺ ⸺ ⸺ ⸺ ⸺ ⸺ ⸺ ⸺

# 1828

## JAKOB BINDER

## Auftritt Kaspar Hauser

*Kaspar Hauser – Der Name dieses Knaben steht für einen Stoffkomplex, zu welchem die Literatur der Historiker, Psychologen, Pädagogen und weitere mehr oder minder wissenschaftlichen Auslassungen zuzüglich der künstlerischen, dramatischen und anderen Bearbeitungen eine Bücherwand füllt. Kein Wunder, dass das Rätsel bis heute dadurch nur größer werden konnte.*

*Wir drucken den Bericht des Nürnberger ersten Bürgermeisters Jakob Friedrich Binder (\* 1787, † 1856), der einige Jahre vor seiner Wahl ins höchste Amt der Stadt als Untersuchungsrichter von Bayreuth nach Nürnberg versetzt worden war. Er nahm sich des Falles an und veröffentlichte sechs Wochen, nachdem der junge Mann zum ersten Mal in der Stadt gesehen worden war, am 7. Juli 1828, die folgende Bekanntmachung, die bis heute noch der Ausgangspunkt für Spekulationen über »Kaspar Hauser« ist.*

BEKANNTMACHUNG
*(Einen in widerrechtlicher Gefangenschaft aufgezogenen und gänzlich verwahrlosten, dann aber ausgesetzten jungen Menschen betr.)*

VOM MAGISTRAT DER KÖNIGLICH BAYERISCHEN STADT NÜRNBERG

wird hiermit ein Fall zur allgemeinen öffentlichen Kenntnis gebracht, der so merkwürdig und in seiner Art vielleicht so unerhört ist, dass er nicht nur die Aufmerksamkeit aller Polizei- und Justiz-, Zivil- und Militär-Behörden, sondern auch die Teilnahme aller fühlenden Menschen unseres Vaterlandes in Anspruch nimmt.

Am zweiten Pfingstfeiertage, Montag den 26. Mai d. J. nachmittags zwischen 4 und 5 Uhr begegnete einem hiesigen Bürger, am Eingange der Kreuzgasse dahier, bei dem s. g.

Unschlitt-Platze, ein junger Mensch, dem Anscheine nach 16 bis 18 Jahre alt, ohne Begleitung und fragte ihn nach der Neutorstraße. Der Bürger erbot sich, dem jungen Menschen den Weg dahin zu zeigen, und begleitete ihn; währenddessen zog dieser aus seiner Tasche einen versiegelten Brief, worauf die Adresse stand:

> An Tit. Hrn. Wohlgebohner Rittmeister bei der 4. Esgataron bey 6. Schwolische Regiment in Nierberg.

Und dies bewog den Bürger, mit ihm auf die Wache vor dem neuen Tor zu gehen, um dort am ersten Auskunft zu erlangen. Auf dem weiten Weg dahin suchte der Bürger ein Gespräch mit ihm anzuknüpfen, überzeugte sich aber bald, dass wegen Mangels an Begriffen bei ihm solches nicht möglich sei. Am neuen Tore angelangt, wurde der junge Mensch nach Vorzeigen des gedachten Briefs an das nicht weit davon entfernte Haus gewiesen, in welchem der bezeichnete Herr Rittmeister wohnte. In dessen Abwesenheit bemühte sich der Bediente, den jungen Menschen möglichst auszufragen, konnte aber keine befriedigenden Antworten erlangen, und, als inzwischen der Herr Rittmeister zurückgekommen war, den Brief gelesen, aber sich ebenfalls vergebens bemüht hatte, dessen ihm ganz fremden rätselhaften Inhalt bei dem jungen Menschen näher zu erforschen, wurde solcher nebst diesem Brief noch an jenem Abend dem Magistrat übergeben.

Was der Brief und dessen Beilage enthält, geht aus dem unter Nr. I. folgenden im lithographierten ganz getreuen sämtlichen königl. Landgerichten des Ober- und Unterdonau-, Regen- und Isarkreises mitgeteilten Faksimile hervor.

Das erste von einem Magistrats-Polizeibeamten mit ihm vorgenommene Verhör lieferte in abgerissenen kurzen Antworten kein anderes Resultat, als dass ihm weder der Ort, noch die Gegend seiner Geburt oder seines Aufenthalts, noch seine Herkunft bekannt, und dass er von demjenigen Unbekannten, bei welchem er »alleweil« (immer) gewesen, bis an das »große Dorf« (Nürnberg) gewiesen worden sei, wo sich alsdann derselbe entfernt habe.

Ob nun schon dieses erste Verhör und die Art und Weise, wie er sich dabei benahm, keine Veranlassung gaben, anzunehmen, dass Blödsinn oder Verstellung zu Grunde liege, sondern vielmehr auf die Meinung führen mussten, dass dieser junge Mensch von seiner Kindheit an, mit Entbehrung aller menschlichen Gesellschaft, auf die unmenschlichste Weise in einem tierähnlichen Zustande einsam gefangen gehalten worden sei, wozu hauptsächlich der Umstand berechtigte, dass er nichts als Wasser und Brot genoss, so unterstellte ihn doch der Magistrat, um vor jeder Täuschung gesichert zu sein, neben der geheimen sorgfältigen Beobachtung des erfahrenen Gefängniswärters, der genauen Untersuchung und Beobachtung des hiesigen königl. Stadtgerichts-Arztes. Während aber jener nichts entdecken konnte, was irgendeinen Verdacht gegen diesen jungen Menschen zu erregen imstande gewesen wäre, fiel nach sechs Tagen das gerichtsärztliche Gutachten wörtlich dahin aus:

> »dass dieser Mensch weder verrückt noch blödsinnig, aber offenbar auf die heilloseste Weise von aller menschlichen und gesellschaftlichen Bildung gewaltsam entfernt, wie ein halb wilder Mensch erzogen worden, zur ordentlichen Kost nicht zu bewegen sei, sondern bloß von schwarzem Brot und Wasser lebe.«

Von der Wahrheit dieses Urteils überzeugte sich der unterzeichnete Vorstand des Magistrats und Polizeisenats in einem bald nachher von ihm mit diesem jungen Menschen vorgenommenen umständlichen Verhör, und es ergab sich hierbei, dass derselbe weder von Menschen noch Tieren eine Vorstellung hatte, und außer »Buben«, worunter er aber nur sich und denjenigen verstand, bei welchem er immer gewesen war, und einem »Ross« (Pferd), womit er gespielt, nichts kannte.

Diese Beschränktheit seiner Begriffe – obschon im schreiendsten Widerspruche mit seiner auf die herrlichsten Naturanlagen deutenden großen Wissbegierde, und einem ganz außerordentlichen Gedächtnisse – bestimmt bald den Unterzeichneten, die Bahn förmlicher Verhöre zu verlassen und statt deren sich vertraulich mit ihm zu unterhalten. Ärzte, Lehrer, Erzieher, Psychologen, Polizei- und Gerichtsbeamte, die scharfsichtigsten Beobachter aus allen Ständen, und unzählige an seinem früher traurig gewesenen Schicksal innigen Anteil nehmende Personen erhielten seitdem Zutritt zu ihm, und ihre mehrfältig ausgesprochenen Erklärungen stimmen mit den Ansichten der unterzeichneten Polizeibehörde überein.

Er selbst befindet sich in einem, so weit es unbeschadet der Aufsicht über ihn geschehen kann, möglichst freien Zustande, bleibt sich aber, der täglich sichtbaren erfreulichen Fortschritte in seiner geistigen Entwicklung ungeachtet, in der ersten Erzählung seines Schicksals treu. Umso sicherer kann daher sein bisheriges Leben, insoweit es ihm selbst klar ist, aus unzähligen Unterhaltungen des unterzeichneten Vorstandes mit ihm, wie folgt, mitgeteilt werden. –

Kaspar Hauser – so nennt sich das Opfer unmenschlicher Behandlung, und sein Signalement ist in der unten folgenden Beilage Nr. II. angegeben (wovon hierher nur zu bemerken ist, dass er die bayerische Mundart spricht, wie man sie in der Gegend von Regensburg, Straubing, Landshut etc. etc.

vielleicht auch Altötting, Burghausen hört, und dass er am rechten Arm geimpft ist), war immer ganz allein eingesperrt und sah und hörte niemand anders als das Ungeheuer, das ihm seine einzige Nahrung, Brot und Wasser, reichte. Er befand sich stets in einem kleinen, engen, niedrigen Raum zu ebner Erde, dessen Boden nicht gebrettert war, sondern, wie es scheint, aus festgeschlagener Erde, dessen Decke aber aus ineinandergeschobenen und befestigten Brettern bestand. Zwei kleine längliche Fenster waren mit Holzstößen verschichtet, und durch sie drang daher nur ein schwaches dämmerndes Licht; niemals sah er die Sonne. Er saß in einem Hemd und kurzen, am Knie gebundenen wahrscheinlich dunkelfarbigen und durch einen Hosenträger (nach bayerischer Mundart »Halfter«) gehaltenen Hosen, ohne alle weitere Bekleidung, auf dem Boden und spielte mit zwei weißen hölzernen Pferden, die er sonst Rosse nannte, und einem weißen hölzernen Hund, hing ihnen verschiedene kleine Spielsachen um den Hals und sprach mit ihnen so viel, als ihm der Mangel an Wörtern und somit die Armut an Begriffen gestattete. Das eine dieser Pferde war kleiner als das andere, keines höher als ungefähr 1 bis 1¼ Schuh und der Hund viel kleiner als beide – demnach gewöhnliche Kinderspielwerke. Im Boden seines Behältnisses stand, wie es scheint, mit ausgehöhlter Vertiefung, ein Hafen oder ein ähnliches Gefäß mit einem Deckel, in welchen er seine körperlichen Bedürfnisse verrichtete; nicht weit davon lag auf der Erde ein Strohsack, welchen er zuerst sein Bett nannte. Da er wegen Mangel an Übung fast gar nicht stehen und gehen konnte, sondern, wenn er sich aufrichtete, fiel, so rutschte er auf dem Boden bei seinen Pferden herum, von diesen zum Hafen, und von da zum Strohsack, auf welchem er schlief. Dies geschah immer, sobald die Nacht einbrach. Der früheste Morgen traf ihn schon wieder wach. Beim Erwachen fand er vor seinem Lager schwarzes Brot und frisches Wasser, und den oben gedachten Hafen geleert; er schließt daraus mit Recht, dass statt der Nahrungsmittel, welche er immer Tags vorher verzehrt hatte, während des Schlafs ihm neue gebracht worden sind, und auf gleiche Weise die Reinigung des Hafens erfolgt ist. Ein gleiches behauptet er auch hinsichtlich des Beschneidens der Nägel und Haare. Sein Hemd wechselte er sehr selten und da er nicht weiß, wie es geschah, so behauptete er, dass es ebenfalls während des Schlafes, der gut und fest war, geschehen sein müsse. Das Brot, das er genoss, war ihm zureichend, an Wasser dagegen hatte er nicht immer Vorrat nach Durst.

Der Eingang zu seinem Kerker war mit einer kleinen niedrigen Türe verwahrt und diese von außen verriegelt. Der Ofen darin war weißfarbig, klein, rund, wie etwa ein großer Bienenkorb geformt, und wurde von außen geheizt (oder wie er sich ausdrückte »einkenten«). Lang, lang, aber wie lang, das weiß er nicht, weil er keinen Begriff von der Einteilung der Zeit hatte, war er in diesem Kerker gewesen. Niemand hatte er darin gesehen, keinen Strahl der Sonne, keinen Schimmer des Mondes, kein Licht, keine menschliche Stimme, keinen Laut eines Vogels, kein Geschrei eines Tiers, keinen Fußtritt gehört. Da öffnete sich endlich die Türe des Kerkers, und der Unbekannte, welcher ihn bis Nürnberg geführt, trat ein, barfuß und fast ebenso wie er, dürftig gekleidet und gebückt, um nicht anzustoßen, so, dass obschon er nur mittlerer Größe war, beinahe die Decke des Kerkers auf ihm ruhte, und gab sich ihm als denjenigen zu erkennen, der ihm immer Brot und Wasser gebracht und die Pferd geschenkt habe.

Derselbe gab ihm die unten unter Beilage Nr. III. verzeichneten Bücher, sagte ihm, dass er nun lesen und schreiben lernen müsste, und dann zu seinem Vater komme, der ein Reiter gewesen sei, und dass er auch ein solcher werden solle. Bei seinen außerordentlichen, durch die langwierige und furchtbare Einkerkerung dennoch nicht in Stumpfsinn übergegangenen geistigen Anlagen fand die Bemühung des Unbekannten leicht Eingang. Er lernte, wie er sagt, und ihm auch nach seinen jetzigen sichtbaren Fortschritten, ebenfalls zu glauben ist, schnell und leicht, aber doch nicht viel, sondern nur notdürftig lesen und seinen Namen schreiben, weil der Unbekannte immer nur nach vier Tagen, am fünften Tage wieder zu ihm kam und ihn unterrichtete. Immer aber kam er in derselben Kleidung barfuß, und Hauser hörte ihn nicht eher kommen, als bis er die Türe geöffnet hatte.

Um seine Lernbegierde zu vermehren, versprach ihm derselbe zu erlauben, dass, wenn er gut lerne, er mit den Rossen in seinem Kerker herumfahren dürfe; aber noch beklagt er es bitter, dass, obschon er jene Bedingung erfüllt habe, und dann herumgefahren sei, der Unbekannte nicht Wort gehalten, sondern ihn mit einem Stecken dafür, und wenn er weinte, gezüchtigt habe (wovon auch noch die Spuren am rechten Ellenbogen sichtbar sind), und dass er ihm das Fahren ernstlich verboten habe. Zum Schreiben bediente er sich eines Bleistifts, welchen der Unbekannte für eine Feder ausgab. Bei Erteilung dieses Unterrichts schärfte ihm dieser ernstlich ein »niemals zur Türe hinaus zu wollen, weil über ihm der Himmel und darin ein Gott sei, der bös würde und ihn schlage, wenn er hinaus wolle«.

So verging wieder eine geraume Zeit, doch war sie nach seiner Meinung nicht so lang, als er sich in Nürnberg befindet; da wurde er auf einmal nachts geweckt. Der

Am Bahnhof von Batumi.
*Georgische SSR / UdSSR, 22. November 1990.*

Hochzeit in Catania.
*Italien, September 1979.*

Unbekannte stand wieder vor ihm und sagte ihm, dass er ihn jetzt fortführen wolle. Er weinte darüber, ließ sich aber durch die ihm inzwischen oft vorgesagte, wahrscheinlich auch erklärte, und lieb gewordene Vorstellung, dass er zu seinem Vater komme, und dass er wie dieser ein Reiter werde, bald beruhigen. Der Unbekannte, der bis dahin immer nur in bloßen Hemdsärmeln, kurzen gebundenen Hosen und barfuß zu ihm gekommen war, habe sich nun außerdem auch noch in einen kurzen Schalk (auch Jankerl, Kittel genannt) gekleidet, Stiefel angezogen, einen groben, runden, schwarzen Herrenhut aufgesetzt und blaue Strümpfe an. Er nahm Kaspar Hauser, wie er war, auf den Rücken und trug ihn, bloß mit einem Hemd und kurzen gebundenen Hosen bekleidet, und mit einem großen schwarzen breiten runden Bauernhut mit hohem Kopf bedeckt, gleich von seinem Kerker aus ins Freie, und unmittelbar darauf einen langen hohen Berg hinauf, immer weiter fort, bis es Tag wurde. Er war indes wieder eingeschlafen, und erwachte erst, als er auf den Boden niedergesetzt wurde; da lehrte ihm der Unbekannte gehen, was ihm sehr schwerfiel, denn er war barfuß und seine Fußsohlen sehr weich, er musste daher sich oft niedersetzen, endlich konnte er aber doch besser gehen, und abwechselnd, unter Gehen und Ausruhen, trat die zweite Nacht ein. Sie legten sich im Freien auf die Erde nieder, es regnete heftig, oder, wie er sich früher ausdrückte, schüttete vom Himmel herunter und den armen Kaspar Hauser fror es stark. Er schlief indessen doch ein, und setzte mit Anbruch des zweiten Tages, in Begleitung des Unbekannten auf gleiche Weise die Reise weiter fort. Das Gehen war ihm leichter geworden, aber die Beine und Lenden schmerzten ihn umso heftiger. Mit einbrechender dritter Nacht lagerten sie sich wieder auf der Erde im Freien; diesmal regnete es zwar nicht, doch es war sehr kalt und es fror ihn abermals heftig. Mit der ersten Helle des dritten Tages setzten sie ihre Reise in der vorigen Weise fort, und als es noch weit von hier war, nahm der Unbekannte aus einem in ein Tuch eingebundenen Bündel, den er mit sich trug, die unten in der Beilage Nr. II. beschriebenen Kleider, bis auf die blauen Strümpfe, welche er sich selbst von den Füßen zog, und zog ihm alles an. Derselbe vertauschte alsdann seinen Hut, der ein grober schwarzer Herrnhut war, gegen denjenigen, welchen er ihm bei dem Weggang aus dem Kerker gegeben hatte, zog barfüßig seine Stiefel wieder an, die nach Häusers Meinung weit schöner waren, als die schlechten Stiefel, die er hatte anziehen müssen, und nahm dessen im Kerker getragene Hosen an sich. So verändert setzten sie ihre Reise weiter fort. Ihre Nahrung auf dem ganzen Wege blieb dieselbe, welche Hauser im Kerker genossen hatte; das Brot, in einem großen Laib bestehend und das Wasser in einer Bouteille, trug der Unbekannte in der Tasche bei sich. Derselbe beschäftigte sich auf dem ganzen Wege damit, ihm nach einem Rosenkranz, den er damals zum ersten Mal sah und von jenem erhielt, das Vater Unser und noch ein anderes Gebet zu lehren, welche beide er früher nie gehört hatte, und jetzt noch gut vorsagen kann. Auch unterhielt derselbe ihn stets mit der Erzählung, dass er zu seinem Vater komme und ein Reiter werde, der dieser gewesen sei, was ihm immer Freude machte. Sie kamen auf dem ganzen Weg in kein Haus, wohl aber an Häusern und Menschen vorbei, die aber natürlich Hauser nicht beschreiben kann. Der Unbekannte ermahnte ihn hierbei immer nur auf den Boden zu sehen, damit er ordentlich gehen könne, wahrscheinlich aber mehr noch deswegen, damit er keine Eindrücke von den Umgebungen aufnähme, an welchen er sich dereinst wieder zu erkennen imstande wäre. Er tat dies auch pünktlich.

Als sie endlich Nürnberg, welches der Unbekannte mit dem Namen »großen Dorfs« bezeichnete, sich genähert hatten, zog derselbe den bereits erwähnten Brief aus der Tasche und übergab ihn dem Kaspar Hauser, mit dem Auftrag, solchen in das große Dorf hineinzutragen, einem Buben zu zeigen und zu geben, der ihn weiterführen würde. Er bezeichnete ihm, wie es scheint, oft und genau den Weg, den er allein zu gehen habe, und versprach ihm, als Hauser sich ungern von ihm trennte, gleich nachzukommen.

Hauser ging, wie ihm geheißen worden war, immer gerade vor sich hin, kam so zum Tor, ohne mehr zu wissen, zu welchem, herein, und wahrscheinlich bald nachher zu dem Bürger, der ihm den Weg zeigte.

Wenn dieses in seiner Art vielleicht einzige, in Akten noch nicht vorgekommene Beispiel unbarmherziger, menschlicher Behandlung jedes menschlich fühlende Herz ergreift, so möge auch der scharfprüfende Verstand in nachfolgenden treugegebenen Zügen die lautere Wahrheit dieses Falles erkennen. Die weiche Hand unseres Findlings, die einfache Kost, die er bei äußerem gesunden Ansehen und wohlgenährtem Körper, mit dem gröbsten Abscheu vor jeder andern nahe oder fern ihm dargebotenen, oder auch versuchten und sogleich mit wahrem Ekel zurückgewiesenen Kost noch bis zur Stunde genießt, die Empfindlichkeit seiner Geruch- und Geschmacks-Nerven gegen die einfachsten Gegenstände z. B. Blumen, Erdbeere, Milch, die auf andere Menschen keinen Eindruck machen –, der mit seinem dem Anschein nach starken, aber zufolge angestellter Versuche sehr schwachen, an die Kräfte eines achtjährigen Kindes nicht hinreichender Körper, ebenfalls in Widerspruch stehenden, langsame, schwankende und ihn anstrengende Gang, der ihn in das Alter eines Kindes von 2 Jahren versetzt; die Nervenschwäche, die sich bei kleinen Anstrengungen durch momentanes Zittern der Hände und Zucken der Gesichtsmuskeln ausspricht, der zwar helle und weittragende, aber nicht kräftige, gegen den Eindruck des Tageslichts sehr empfindliche Blick, die Neigung solchen auf die Erde zu richten, wie die Neigung zur Einsamkeit, eine gewisse Unbehaglichkeit im freien großen Reiche der Natur und unter vielen Menschen, die Abneigung gegen großes Geräusch und Lärmen, die Dürftigkeit von Worten, Vorstellungen und Begriffen von allen sinnlichen und übersinnlichen Gegenständen, im auffallenden Kontraste mit dem sichtbaren Bestreben sich verständlich zu machen und zu verstehen, und die Weise, nur in kurzen abgebrochenen Sätzen zu sprechen –, diese wichtigen Momente zusammen lassen mit vollem Rechte schließen, dass er viele, viele Jahre lang mit Ausschließung von aller menschlichen Gesellschaft widerrechtlich eingekerkert gewesen ist.

Sein reiner offener schuldloser Blick dagegen, die breite hohe Stirn, die höchste Unschuld der Natur, die keinen Geschlechtsunterschied kennt, nicht einmal ahnet, und erst jetzt die Menschen nur nach den Kleidern zu unterscheiden gelernt hat, seine unbeschreibliche Sanftmut, seine alle seine Umgebungen anziehende Herzlichkeit und Gutmütigkeit, in der er anfangs immer nur mit Tränen und jetzt, nach eingetretenem Gefühl der Freiheit, mit Innigkeit selbst eines Unterdrückers gedenkt, die zuerst in heißer Sehnsucht nach seiner Heimat, seinem Kerker und seinem Kerkermeister bestandene, dann aber in wehmütige Erinnerung übergegangene und erst jetzt durch liebevolle Behandlung allmählich verschwindende Anhänglichkeit an das vergangene, die ebenso aufrichtige als rührende Ergebenheit an alle diejenigen, welche häufig mit ihm umgehen und ihm Gutes erweisen, sein Vertrauen aber auch gegen alle andere Menschen, seine Schonung des kleinsten Insekts, seine Abneigung gegen alles, was einem Menschen oder Tier nur den leisesten Schmerz verursachen könnte, seine unbedingte Folgsamkeit und Willfährigkeit zu allem Guten, eben so sehr als seine Freiheit von jeder Unart und Untugend, verbunden gleichwohl mit der Ahnung dessen, was böse ist – und endlich seine ganz außerordentliche Lernbegierde, durch die er mit Hilfe eines eben so schnell fassenden als treuen Gedächtnisses seinen Wörtervorrat, der anfangs kaum in 50 Wörtern bestand, bereichert und bereits Vorstellungen und Begriffe von vielen Gegenständen – deren er außer denen, welche in seinem Kerker waren, keine kannte – und jetzt auch von Zeit und Raum erlangt hat, seine ganz besondere Vorliebe für die ihm früher ganz unbekannt gewesene Musik und das Zeichnen, seine Neigung und Geschicklichkeit beide zu erlernen, und seine ganz ungemeine Ordnungsliebe und Reinlichkeit – so überhaupt sein ganzes kindliches Wesen und sein reines unbeflecktes Innere – diese wichtigen Erscheinungen zusammen geben in demselben Maße, in welchem sie seine Angaben über seine widerrechtliche Gefangenhaltung unterstützen und bekräftigen, die volle Überzeugung, dass die Natur ihn mit den herrlichsten Anlagen des Geistes, Gemüts und Herzens reich ausgestattet hat. Sie berechtigen aber auch eben deshalb, und bei genauer Prüfung des sich durchaus als unwahrscheinlich und erdichtet darstellenden Inhalts des unter Nr. I. abgedruckten Briefs zur dringenden Vermutung, dass mit seiner widerrechtlichen Gefangenhaltung das nicht minder schwere Verbrechen des Betrugs am Familienstande verbunden ist, wodurch ihm vielleicht seine Eltern, und wenn diese nicht mehr lebten, wenigstens seine Freiheit, sein Vermögen, wohl gar die Vorzüge vornehmer Geburt, in jedem Falle aber neben den unschuldigen Freuden einer frohen Kinderwelt die höchsten Güter des Lebens geraubt, und seine physische und geistige Ausbildung gewaltsam unterdrückt und verzögert worden ist. – Der Umstand, dass er im Kerker mit seinen Spielsachen sprechen konnte, ehe er den Unbekannten gesehen und von ihm Unterricht in der Sprache erhalten hat, beweist aber auch zugleich, dass das Verbrechen an ihm schon in den ersten Jahren der Kindheit, vielleicht im zweiten bis vierten Jahre seines Alters und daher zu einer Zeit angefangen wurde, wo er schon sprechen konnte, und vielleicht schon der Grund zu einer edlen Erziehung gelegt war, die, gleich einem Stern in der dunklen Nacht seines Lebens, aus seinem ganzen Wesen hervorleuchtet. –

Daher ergeht, nicht um ihn zu entfernen, denn die Gemeinde, die ihn in ihren Schoß aufgenommen, liebt ihn als ein ihr von der Vorsehung zugeführtes Pfand der Liebe, das sie ohne den vollen Beweis der Ansprüche anderer auf ihn nicht abtreten wird, sondern um das Verbrechen zu entdecken, das ohne allen Zweifel an ihm begangen wurde, um den Bösewicht oder seine Gehilfen zu entdecken, die es begingen, und um ihn dadurch, wo möglich, in den Besitz der verlornen Rechte der Geburt wieder einzusetzen, an alle Justiz- und Polizei-, Zivil- und Militärbehörden und alle diejenigen, welche ein menschliches Herz im Busen tragen, die dringende Aufforderung, alle und auch nur die entferntesten Spuren, Anzeigen und Verdachtsgründe, welche auf die

Entdeckung des Verbrechens führen könnten, der unterzeichneten Polizeibehörde mitzuteilen, und diese dadurch in den Stand zu setzen, die Verhandlungen dem betreffenden Gericht zur weitern Einschreitung übergeben zu können. – Es darf in dieser Hinsicht kaum erinnert werden, dass die Nachforschungen sich neben der Ausmittlung des Kerkers, oder wenigstens der wahrscheinlich stillen, einsamen Gegend, wo er liegt oder gelegen war – denn der Bösewicht, der Hauser darin gefangen hielt, möchte jenen vielleicht gleich nach der Wegführung unseres Findlings der Erde gleich gemacht, und jede Spur davon vertilgt haben – auch auf die Ausmittlung eines Kindes richten müssen, welches in einem Alter von 2 bis 4 Jahren vor 14 bis 18 Jahren vermisst worden ist, und über dessen Verschwinden vielleicht bedenkliche Gerüchte in Umlauf gekommen sind.

Jede Mitteilung, jeder Wink wird dankbar benützt, und wenn sich der Angeber genannt hat, dessen Namen möglichst verschwiegen, auch nach Umständen derselbe reich belohnt werden.

Anonyme Anzeigen dagegen können nicht berücksichtigt werden.

Nürnberg, den 7. Juli 1828.
Der erste Bürgermeister:
Binder.

# 1832

## CARL VON CLAUSEWITZ

## Friktion. Im Kriege ist alles einfach, aber das Einfachste schwierig

*Zweifellos haben wir es mit einem der meistgelesenen Theoretiker deutscher Sprache überhaupt zu tun. Sein Werk* Vom Krieg *ist Pflichtstoff nicht nur in jeder Offiziersausbildung auf dieser Welt, sondern allenthalben auch für angehende Kader in der Unternehmensführung und im Marketing. In besonderem Maße gilt dies für das ausgewählte Kapitel »Friktion«. Wer kennt diesen Themenkreis nicht aus dem eigenen Alltag in- und auswendig. Und trotzdem ist die Lektüre packend und verblüffend noch beim fünften Mal.*

*Der preußische General Carl Philipp Gottlieb von Clausewitz (\* 1780, † 1831) sammelte seine ersten Ernstfallerfahrungen schon als Dreizehnjähriger in den Laufgräben vor Mainz, als 1793 die Stadt von 32 000 Mann der preußisch-österreichischen Koalition eingekesselt und den 23 000 französischen Verteidigern wieder entrissen wurde. Später verbrachte er zehn Jahre in den Napoleonischen Kriegen, eines davon in französischer Gefangenschaft, in Nancy erst, dann in Soissons in der Picardie und schließlich in Paris. Dort analysierte er in seinen* Historischen Briefen über die großen Kriegsereignisse im Oktober 1806 *die Niederlage der preußischen Armee. Wieder in Freiheit, wurde er bei deren Wiederaufbau zu einem ihrer wichtigsten Reformer.*

S OLANGE MAN SELBST den Krieg nicht kennt, begreift man nicht, wo die Schwierigkeiten der Sache liegen, von denen immer die Rede ist, und was eigentlich das Genie und die außerordentlichen Geisteskräfte zu tun haben, die vom Feldherrn gefordert werden. Alles erscheint so einfach, alle erforderlichen Kenntnisse erscheinen so flach, alle Kombinationen so unbedeutend, dass in Vergleichung damit uns die einfachste Aufgabe der höheren Mathematik mit einer gewissen wissenschaftlichen Würde imponiert. Wenn man aber den Krieg gesehen hat, wird alles begreiflich, und doch ist es äußerst schwer, dasjenige zu beschreiben, was diese Veränderung hervorbringt, diesen unsichtbaren und überall wirksamen Faktor zu nennen.

Es ist alles im Kriege sehr einfach, aber das Einfachste ist schwierig. Diese Schwierigkeiten häufen sich und bringen eine Friktion hervor, die sich niemand richtig vorstellt, der den Krieg nicht gesehen hat. Man denke sich einen Reisenden, der zwei Stationen am Ende seiner Tagereise noch gegen Abend zurückzulegen denkt, vier bis fünf Stunden mit Postpferden auf der Chaussee; es ist nichts. Nun kommt er auf der vorletzten Station an, findet keine oder schlechte Pferde, dann eine bergige Gegend, verdorbene Wege, es wird finstere Nacht, und er ist froh, die nächste Station nach vielen Mühseligkeiten erreicht zu haben und eine dürftige Unterkunft dort zu finden. So stimmt sich im Kriege durch den Einfluss unzähliger kleiner Umstände, die auf dem Papier nie gehörig in Betracht kommen können, alles herab, und man bleibt weit hinter dem Ziel. Ein mächtiger eiserner Wille überwindet diese Friktion, er zermalmt die Hindernisse, aber freilich die Maschine mit. Wir werden noch oft auf das Resultat kommen. Wie ein Obelisk, auf den die Hauptstraßen eines Ortes zugeführt sind, steht in der Mitte der Kriegskunst gebieterisch hervorragend der feste Wille eines stolzen Geistes.

Friktion ist der einzige Begriff, welcher dem ziemlich allgemein entspricht, was den wirklichen Krieg von dem auf dem Papier unterscheidet. Die militärische Maschine, die Armee und alles, was dazugehört, ist im Grunde sehr einfach und scheint deswegen leicht zu handhaben. Aber man bedenke, dass kein Teil davon aus einem Stücke ist, dass alles aus Individuen zusammengesetzt ist, deren jedes seine eigene Friktion nach allen Seiten hin behält. Theoretisch klingt es ganz gut: Der Chef des Bataillons ist verantwortlich für die Ausführung des gegebenen Befehls, und da das Bataillon durch die Disziplin zu einem Stück zusammengeleimt ist, der Chef aber ein Mann von anerkanntem Eifer sein muss, so dreht sich der Balken um einen eisernen Zapfen mit wenig Friktion. So aber ist es in der Wirklichkeit nicht, und alles, was die Vorstellung Übertriebenes und Unwahres hat, zeigt sich im Kriege auf der Stelle. Das Bataillon bleibt immer aus einer Anzahl Menschen zusammengesetzt, von denen, wenn der Zufall es will, der unbedeutendste imstande ist, einen Aufenthalt oder sonst eine Unregelmäßigkeit zu bewirken. Die Gefahren, welche der Krieg mit sich bringt, die körperlichen Anstrengungen, die er fordert, steigern das Übel so sehr, dass sie als die beträchtlichsten Ursachen desselben angesehen werden müssen.

Diese entsetzliche Friktion, die sich nicht wie in der Mechanik auf wenig Punkte konzentrieren lässt, ist deswegen überall im Kontakt mit dem Zufall und bringt dann Erscheinungen hervor, die sich gar nicht berechnen lassen, eben weil sie zum großen Teil dem Zufall angehören. Ein solcher Fall ist z. B. das Wetter. Hier verhindert der Nebel, dass der Feind zu gehöriger Zeit entdeckt wird, dass ein Geschütz zur rechten Zeit schießt, dass eine Meldung den kommandierenden Offizier findet; dort der Regen, dass ein Bataillon ankommt, dass ein anderes zur rechten Zeit kommt, weil es statt drei vielleicht acht Stunden marschieren musste, dass die Kavallerie wirksam einhauen kann, weil sie im tiefen Boden steckenbleibt usw.

Diese paar Detailzüge nur zur Deutlichkeit, und damit Verfasser und Leser zusammen bei der Sache bleiben, denn sonst ließen sich von solchen Schwierigkeiten ganze Bände voll schreiben. Um dies zu vermeiden und doch einen deutlichen Begriff von dem Heere kleiner Schwierigkeiten hervorzubringen, womit man im Kriege kämpft, möchten wir uns in Bildern erschöpfen, wenn wir nicht zu ermüden befürchteten. Aber ein paar werden uns auch diejenigen noch zugutehalten, die uns längst verstanden haben.

Das Handeln im Kriege ist eine Bewegung im erschwerenden Mittel. So wenig man imstande ist, im Wasser die natürlichste und einfachste Bewegung, das bloße Gehen, mit Leichtigkeit und Präzision zu tun, so wenig kann man im Kriege mit gewöhnlichen Kräften auch nur die Linie des Mittelmäßigen halten. Daher kommt es, dass der richtige Theoretiker wie ein Schwimmmeister erscheint, der Bewegungen, die fürs Wasser nötig sind, auf dem Trocknen üben lässt, die denen grotesk und übertrieben vorkommen, die nicht an das Wasser denken; daher kommt es aber auch, dass Theoretiker, die selbst nie untergetaucht haben oder von ihren Erfahrungen nichts Allgemeines zu abstrahieren wissen, unpraktisch und selbst abgeschmackt sind, weil sie nur das lehren, was ein jeder kann – gehen.

Ferner: Jeder Krieg ist reich an individuellen Erscheinungen, mithin ist jeder ein unbefahrenes Meer voll Klippen, die der Geist des Feldherrn ahnen kann, die aber sein Auge nie gesehen hat, und die er nun in dunkler Nacht umschiffen soll. Erhebt sich noch ein widriger Wind, d. h. erklärt sich noch irgendein großer Zufall gegen ihn, so ist die höchste Kunst, Geistesgegenwart und Anstrengung da nötig, wo dem Entfernten alles von selbst zu gehen scheint. Die Kenntnis dieser Friktion ist ein Hauptteil der oft gerühmten Kriegserfahrung, welche von einem guten General gefordert wird. Freilich ist der nicht der beste, der die größte Vorstellung davon hat, dem sie am meisten imponiert (dies gibt jene Klasse von ängstlichen Generalen, die unter den Erfahrenen so häufig zu finden sind), sondern der General muss sie kennen, um sie zu überwinden, wo dies möglich ist, und um nicht eine Präzision in den Wirkungen zu erwarten, die eben wegen dieser Friktion nicht möglich ist. – Man wird sie übrigens theoretisch nie ganz kennenlernen, und könnte man es, so würde jene Übung des Urteils immer noch fehlen, die man Takt nennt, und die allemal in einem Felde voll unendlich kleiner und mannigfaltiger Gegenstände nötiger ist als in großen entscheidenden Fällen, wo man mit sich und anderen Konzilium hält. So wie den Weltmann nur der fast zur Gewohnheit gewordene Takt seines Urteils immer passend sprechen, handeln und sich bewegen lässt, so wird nur der kriegserfahrene Offizier bei großen und kleinen Vorfällen, man möchte sagen bei jedem Pulsschlage des Krieges, immer passend entscheiden und bestimmen. Durch diese Erfahrung und Übung kommt ihm der Gedanke von selbst: das eine geht, das andere nicht. Er wird also nicht leicht in den Fall kommen, sich eine Blöße zu geben, was im Kriege, wenn es häufig geschieht, die Grundfeste des Vertrauens erschüttert und äußerst gefährlich ist.

Die Friktion, oder was hier so genannt ist, ist es also, welche das scheinbar Leichte schwer macht. Wir werden in der Folge noch oft auf diesen Gegenstand zurückkommen, und es wird dann auch klar werden, dass außer Erfahrung und einem starken Willen noch manche andere seltene Eigenschaften des Geistes zum ausgezeichneten Feldherrn erforderlich sind.

# 1834

## GEORG BÜCHNER

## »Friede den Hütten, Krieg den Palästen!«

*»Friede den Hütten! Krieg den Palästen!« Es geht auf den revolutionären März 1848 zu. Die Flugschrift* Der Hessische Landbote *wird in der Nacht zum 31. Juli in einer Auflage von 1200 bis 1500 Kopien im Großherzogtum Hessen verteilt. Der Urheber Georg Büchner (\* 1813, † 1837), steckbrieflich gesucht, entkommt über die französische Grenze nach Straßburg. Der Mitautor Friedrich Ludwig Weidig (\* 1791, † 1837), evangelischer Theologe und Pfarrer, wird eingekerkert, gefoltert und stirbt drei Jahre später unter ungeklärten Umständen in der Gefangenschaft. Seine redaktionelle Bearbeitung hat vermutlich dem Pamphlet das biblische Pathos eingespritzt. Es geht darum, den Fürsten das Monopol über den ambivalenten Hebel der christlichen Botschaft zu entreißen.*

*Ungeheuerlich ist, was Büchner in seinem kurzen Leben geleistet hat. Neben seiner Dissertation über das Nervensystem der Barbe schrieb er in den folgenden zwei Jahren die drei Stücke* Dantons Tod, Leonce und Lena *und* Woyzeck, *das allerdings ein Fragment geblieben ist.*

*Am 19. Februar 1837, seit drei Monaten Privatdozent an der Universität Zürich, starb er, möglicherweise infiziert durch seine Präparate, an Typhus. Er war dreiundzwanzig Jahre und vier Monate alt.*

SEHET AN DAS VON GOTT GEZEICHNETE SCHEUSAL, den König Ludwig von Bayern, den Gotteslästerer, der redliche Männer vor seinem Bilde niederzuknien zwingt, und die, welche die Wahrheit bezeugen, durch meineidige Richter zum Kerker verurteilen lässt; das Schwein, das sich in allen Lasterpfützen von Italien wälzte, den Wolf, der sich für seinen Baals-Hofstaat für immer jährlich fünf Millionen durch meineidige Landstände verwilligen lässt, und fragt dann: »Ist das eine Obrigkeit von Gott *zum Segen* verordnet?«

Ha! du wärst Obrigkeit von Gott?
Gott spendet Segen aus;
Du raubst, du schindest, kerkerst ein,
Du nicht von Gott, Tyrann!

Ich sage euch: sein und seiner Mitfürsten Maß ist voll. Gott, der Deutschland um seiner Sünden willen geschlagen hat durch diese Fürsten, wird es wieder heilen. »Er wird die Hecken und Dörner niederreißen und auf einem Haufen verbrennen.« (Jesaias 27, 4). So wenig der Höcker noch wächst, womit Gott diesen König Ludwig gezeichnet hat, so wenig werden die Schandtaten dieser Fürsten noch wachsen können. Ihr Maß ist voll. Der Herr wird ihre Zwingburgen zerschmeißen und in Deutschland wird dann Leben und Kraft, der Segen der Freiheit wieder erblühen. Zu einem großen Leichenfelde haben die Fürsten die deutsche Erde gemacht, wie Ezechiel im 37. Kapitel schreibt: »Der Herr führte mich auf ein weites Feld, das voller Gebeine lag, und siehe, sie waren sehr verdorrt.« Aber wie lautet des Herrn Wort zu den verdorrten Gebeinen: »Siehe, ich will euch Adern geben und Fleisch lassen über euch wachsen und euch mit Haut über ziehen, und will euch Odem geben, dass ihr wieder lebendig werdet, und sollt erfahren, dass ich der Herr bin.« Und des Herren Wort wird auch an Deutschland sich wahrhaftig beweisen! wie der Prophet spricht: »Siehe, es rauschte und regte sich und die Gebeine kamen wieder zusammen, ein jegliches zu seinem Gebein. – Da kam Odem in sie und sie wurden wieder lebendig und richteten sich auf ihre Füße, und ihrer war ein sehr großes Heer.«

Also stehet es in Deutschland; eure Gebeine sind verdorrt, denn die Ordnung, in der ihr lebt, ist eitel Schinderei. 6 Millionen bezahlt ihr im Großherzogtum einer Handvoll Leute, deren Willkür euer Leben und Eigentum überlassen ist, und die anderen in dem zerrissenen Deutschland gleich also. Ihr seid nichts, ihr habt nichts! Ihr seid rechtlos. Ihr müsset geben, was Eure unersättlichen Presser fordern, und tragen, was sie euch aufbürden. So weit ein Tyrann blicket – und Deutschland hat deren vierunddreißig – verdorret Land und Volk. Aber wie der Prophet schreibet, so wird es bald stehen in Deutschland: der Tag der Auferstehung wird nicht säumen. In dem Leichenfelde wird sichs regen und wird rauschen und der Neubelebten wird ein großes Heer sein. Dann wird der Hesse dem Thüringer, der Rheinländer dem Schwaben, der Westfale dem Sachsen, der Tiroler dem Bayer die Bruderhand reichen. Die besten Männer aller Stämme des großen deutschen Vaterlandes werden, berufen durch die freie Wahl ihrer Mitbürger, im Herzen von Deutschland zu einem großen Reichs- und Volkstage sich versammeln, um da, wo *jetzt* die babylonische Hure, der Bundestag, nach dem Willen der 34 Götzen Recht und Wahrheit verhöhnt, christlich über Brüder zu regieren. Dann wird statt des Eigenwillens der 34 Götzen der allgemeine Wille, statt der Eigensucht eine Rotte von Götzendienern das allgemeine Wohl im deutschen Vaterlande walten. Dann wird das Joch vom Halse der Bürger und Bauern hinweggenommen und ein Volksgericht über die großen Diebe, die Deutschland *landesfürstlich* und *königlich* beraubten, wie über die kleinen Diebe gehalten werden, die bei solchem Umschwung der Dinge sich etwa bereichern wollten vom Eigentum ihrer Brüder. Dann kehren die schuldlos Verbannten in die freie Heimat zurück, und der Kerker der schuldlos Gefangenen öffnet sich. Dann blühen Kunst und Wissenschaft im Dienste der Freiheit, dann blühen Kunst und Ackerbau und Gewerbe im Segen der Freiheit, dann bildet sich ein wahrhaft deutsches Bundesheer, in welchem Tapferkeit und nicht Geburt – der Gehorsam der Freiheit und nicht der blinde Gehorsam und hündische Treue die Stufen der Ehre hinanführt.

Hebt die Augen auf und zählt das Häuflein eurer Presser, die nur stark sind durch das Blut, das sie euch aussaugen, und durch eure Arme, die ihr ihnen willenlos leiht. Ihrer sind vielleicht 10 000 im Großherzogtum und Eurer sind es 700 000 und so verhält sich die Zahl des Volkes zu seinen Pressern auch im übrigen Deutschland. Wohl drohen sie mit dem Rüstzeug und den Reisigen der Könige, aber ich sage euch: Wer das Schwert erhebt gegen das Volk, der wird durch das Schwert des Volkes umkommen. Deutschland ist jetzt ein Leichenfeld, bald wird es ein Paradies sein. Das deutsche Volk ist ein Leib, ihr seid ein Glied dieses Leibes. Es ist einerlei, wo die Scheinleiche zu zucken anfängt. Wann der Herr euch seine Zeichen gibt durch die Männer, durch welche er die Völker aus der Dienstbarkeit zur Freiheit führt, dann erhebt euch und der ganze Leib wird mit euch aufstehen.

Ihr bücktet euch lange Jahre in den Dornäckern der Knechtschaft, dann schwitzt ihr einen Sommer im Weinberg der Freiheit, und werdet frei sein bis ins tausendste Glied.

Ihr wühltet ein langes Leben die Erde auf, dann wühlt ihr euren Tyrannen ein Grab. Ihr bauet die Zwingburgen, dann stürzt ihr sie, und bauet der Freiheit Haus. Dann könnt ihr eure Kinder frei taufen mit dem Wasser des Lebens. Und bis der Herr euch ruft durch seine Boten und Zeichen, wachet und rüstet euch im Geiste und betet ihr selbst und lehrt eure Kinder beten: »Herr, zerbrich den Stecken unserer Treiber und lass dein Reich zu uns kommen, das Reich der Gerechtigkeit. Amen.«

# 1840

## EDGAR ALLAN POE

# Der Massenmensch. Manifest der Moderne

*Das »Rätsel der Ankunft«, könnte man sagen. Es handelt sich um die Ankunft der Welt in der Großstadt und um die Entdeckung der Anonymität als Grundbefindlichkeit der Moderne. Eines ihrer Augen, der Moderne wie der Anonymität, ist das Auge des Flaneurs, im 19. Jahrhundert der Entdeckungsreisende auf dem großstädtischen Pflaster. Auf den nächsten Seiten blicken wir durch dieses Auge.*

*Wir kennen Edgar Allan Poe (\* 1809, † 1849) als den ersten Großmeister der Detektivstory und Autor unvergesslicher Horrorgeschichten – mit großem Einfluss übrigens auf die spätere Entwicklung der phantastischen Literatur. Lyrikbeflissenen ist zudem der Wegbereiter des Symbolismus ein Begriff. Weniger wissen wir hierzulande von dem bedeutenden Essayisten Poe, dem Redakteur und Mitherausgeber von »Burton's Gentleman's Magazine«, der sich nicht nur als Kritiker auszeichnete, sondern in einer großen Zahl von Artikeln mit einer ebenso vielfältigen Palette von Gegenständen befasste: mit Vogelkunde, Ballonfahrten, der fotografischen Vorläufertechnik der Daguerreotypie oder Inneneinrichtung:* The Philosophy of Furniture *lautet der Titel eines seiner Essays. Als Analytiker der Zeichen seiner Zeit, war er dieser voraus und eine Klasse für sich. In den USA mit dem Establishment führender Literaten und Verleger verkracht und als trunksüchtiger Knabe des Lasters diffamiert, machten ihn in Europa seine Übersetzer Baudelaire und Mallarmé berühmt.*

*Ce grand malheur, de ne pouvoir être seul.*
La Bruyère

ES WAR NICHT SCHLECHT, dies »Es lässt sich nicht lesen«, was man von einem gewissen deutschen Buche sagte. Es gibt Geheimnisse, die nicht gestatten, dass man sie ausspricht. Menschen sterben nachts in ihren Betten, pressen die Hände gespenstischer Beichtväter, blicken ihnen Erbarmen suchend ins Auge – sterben mit verzweifelndem Herzen und gekrampfter Kehle, denn die entsetzlichen Geheimnisse, die nicht dulden, dass man sie enthüllt, erdrücken sie. Ach, hie und da nimmt das Gewissen der Menschen eine Last auf, die so entsetzlich ist in ihrer Schwere, dass sie nicht früher abgeworfen werden kann als im Grabe. Und so wird das innerste Wesen des Verbrechens nie offenbart.

Vor nicht allzu langer Zeit saß ich an einem Herbstabend an dem großen Bogenfenster des D...schen Kaffeehauses in London. Ich war einige Monate krank gewesen, nun aber auf dem Wege der Besserung, und je mehr meine Kräfte zurückkehrten, desto glücklicher wurde meine Stimmung, die man als das Gegenteil von Langeweile bezeichnen konnte; es war ein Zustand voll inneren Aufmerkens, voll heftiger Begier nach Neuem, es war mir gewissermaßen, als blicke mein geistiges Auge zum ersten Mal frei und unverschleiert – das ἀχλὺς ὃς πρὶν ἐπῆεν (»das Dunkel, das früher darüber lag«) –, und der angespannte Intellekt überragt dann so sehr seinen gewöhnlichen Zustand wie der feurige und doch aufrichtige Verstand eines Leibniz die tolle und haltlose Beredsamkeit eines Borgias. Nur zu atmen war schon Freude, und selbst aus den Quellen des Schmerzes wusste ich Genuss zu schöpfen. Ich nahm an allem ein stilles, doch eindringliches Interesse. Eine Zigarre im Mund und eine Zeitung auf den Knien, hatte ich mich den Nachmittag über damit unterhalten, in die Zeitung zu blicken oder die anderen Gäste zu beobachten oder durch die rauchgetrübten Scheiben auf die Straße zu schauen.

Diese Straße, eine der Hauptverkehrsadern der Stadt, war schon den ganzen Tag über sehr belebt gewesen; aber mit zunehmender Dämmerung wuchs die Menge der Passanten noch von Minute zu Minute, und als die Laternen angezündet wurden, wogte unaufhörlich nach beiden Richtungen ein dichter Menschenstrom vorüber. Noch nie vorher hatte ich mich zu dieser Tageszeit in einer ähnlichen Lage befunden, und das stürmende Menschenheer da draußen gab mir seltsam neue, berauschende Gefühle. Bald kümmerte ich mich gar nicht mehr um das, was drinnen vorging, sondern vertiefte mich ganz in die Betrachtung des Straßengewoges.

Meine Beobachtungen waren zunächst ganz allgemeiner Art. Ich sah die Passanten nur als Gruppen und stellte mir ihre Beziehungen zueinander vor. Bald jedoch ging ich zu Einzelheiten über und prüfte mit eingehendem Interesse die zahllosen Verschiedenheiten in Gestalt, Kleidung, Haltung und Mienenspiel.

Die meisten der Vorübergehenden hatten ein zufriedenes Aussehen, wie Geschäftsleute, und schienen nur daran zu denken, sich einen Weg durchs Gedränge zu bahnen. Ihre Brauen waren gerunzelt, und ihre Augen blickten lebhaft umher. Wurden wie von anderen gestoßen, so zeigten sie keine Ungeduld, sondern brachten ihren Anzug wieder in Ordnung und eilten weiter. Andere – und auch sie waren sehr zahlreich – hatten hastige Bewegungen und gerötete Gesichter; sie gestikulierten und sprachen mit sich selbst, als fühlten sie sich inmitten des Betriebes in größter Einsamkeit. Wurden sie am Weitergehen verhindert, so hielten sie plötzlich mit Murmeln inne, verdoppelten aber ihre Gestikulationen und ließen mit abwesendem und müdem Lächeln die Andrängenden vorüber. Wenn einer gegen sie anrannte, so verneigten sie sich viele Male und schienen von Verlegenheit überwältigt. Außer dem Ebenerwähnten hatten diese beiden großen Gruppen nichts Bemerkenswertes. Ihre Kleidung entsprach der, die man nicht ohne Ironie die »anständige« genannt hat. Es waren unzweifelhaft Adlige, Kaufleute, Anwälte, Börsenleute – Patrizier und Allerweltsleute – müßige und tätige Menschen, die ihre eigenen Wege gingen und selbstständig Geschäfte machten. Sie nahmen meine Aufmerksamkeit nicht weiter in Anspruch.

Die Klasse der Angestellten war leicht zu überblicken, und ich konnte sie in zwei Gruppen einteilen. Da waren die jüngeren Leute von schnell emporgeblühten, aber unsicheren Geschäftshäusern, junge Männer mit enganliegenden Röcken, glänzenden Schuhen, pomadisiertem Haar und hochnäsigem Ausdruck. Abgesehen von einer gewissen Diensteifrigkeit, die sie nicht verleugnen konnten und die man füglich die »Schreiberseele« nennen könnte, erschienen mir diese Leute als die vollkommene Nachahmung dessen, was vor zwölf bis achtzehn Monaten ›bon ton‹ gewesen war. Sie hatten ganz die abgelegten Manieren der ersten Gesellschaftskreise, und das, glaube ich, ist am bezeichnendsten für diese Gruppe.

Die Gruppe der höheren Angestellten solider Firmen war ebenso wenig zu verkennen. Man erkannte sie an ihren schwarzen oder braunen Röcken und Beinkleidern, die stets bequem saßen, an ihren weißen Westen und Krawatten, den breiten derben Schuhen und groben Strümpfen oder Gamaschen. Sie hatten alle schon einen Ansatz von Glatze, und ihr rechtes Ohr, das schon so viele Jahre die Feder getragen, hatte die komische Gewohnheit, weit abzustehen. Ich bemerkte, dass sie stets mit beiden Händen an ihren Hüten rückten und Uhren trugen, die an kurzen goldenen Ketten von plumper altmodischer Form hingen. Sie hatten ein etwas gekünstelt ehrbares Auftreten, wenn Ehrbarkeit überhaupt gekünstelt sein kann.

Ferner gab es viele entschlossen und kühn aussehende Gestalten, die ich mühelos als zur Zunft der Taschendiebe gehörig erkannte, von der alle Großstädte heimgesucht werden. Ich beobachtete diese Herren sehr genau und konnte mir kaum vorstellen, wie sie von wirklich vornehmen Leuten jemals für ihresgleichen gehalten werden könnten. Die Weite ihrer Manschetten und ein gewisser übertriebener Freimut mussten sie sogleich verraten.

Die Spieler, von denen ich nicht wenige entdeckte, waren noch leichter herauszufinden. Sie trugen die verschiedenste Kleidung, von der des tollkühnen Taschenspielers mit Samtweste, phantastischem Halstuch, goldenen Ketten und Filigranknöpfen bis zu der des sorgfältig gekleideten Geistlichen, denn gerade dies Gewand erregt am wenigsten Verdacht. Sie alle zeichneten sich durch eine gewisse dunkle Gesichtsfarbe, ein mattes Auge und bleiche, zusammengekniffene Lippen aus. Und noch zwei andere Merkmale waren es, an denen ich sie erkennen konnte; sie sprachen stets in gesucht leisem Ton und hielten den Daumen rechtwinklig zur Hand weit abgestreckt. Oft sah ich in Gesellschaft dieser Gauner eine Klasse von Leuten mit etwas anderem Gebaren, die aber dennoch Vögel derselben Gattung waren. Man könnte sie die Herren nennen, die von ihren Witzen leben. Sie scheinen in zwei Bataillonen auf Beute auszuziehen: als Stutzer und als Militärs. Die Hauptkennzeichen der ersten Art sind langes Haar und Lächeln, die der zweiten schnürenbesetzte Röcke und Stirnrunzeln.

Weiter herabsteigend auf der Stufenleiter der menschlichen Gesellschaft, fand ich dunklere und schwierigere Aufgaben zum Analysieren. Ich sah jüdische Hausierer mit Falkenaugen, die aus Gesichtern blitzten, in denen alles andere nur das Gepräge kriechender Demut trug; freche, gewerbsmäßige Bettler, die mit scheelen Blicken jene Genossen besseren Schlages musterten, die nur Verzweiflung, Mitleid heischend, in die Nacht getrieben: gebrechliche, gespenstisch dürre Gestalten, auf die der Tod schon seine schwere Hand gelegt, die kraftlos daherschwankten und jedermann flehend ins Antlitz blickten, als suchten sie einen Trost, eine verlorene Hoffnung; bescheidene junge Mädchen, die von langer Arbeit in ihr freudloses Heim zurückkehrten und eher mit tränenvollem Blick als mit Entrüstung den frechen Augen der Wüstlinge auswichen, mit denen im Gedränge selbst eine Berührung nicht zu vermeiden war; Dirnen aller Art und jeden Alters: die unvergleichliche Schönheit in der Blüte ihrer Weiblichkeit, die an die Statue erinnert, von der Lukian berichtet, dass sie außen aus köstlichem parischen Marmor, innen aber mit Kot gefüllt war – das ekelhafte, ganz verkommene Weib in Lumpen – die runzlige, juwelengeschmückte, mit Schminke überkleisterte alte Vettel, die eine letzte Anstrengung macht, jugendlich zu erscheinen – das noch ganz unentwickelte Kind, das aber, durch lange Beobachtung in allen Künsten der Koketterie erfahren, vor Ehrgeiz brennt, den älteren Schwestern im Laster gleichzukommen; Trunkenbolde, zahllos und nicht zu beschreiben; manche in Flicken und Lumpen, mit verglasten Augen und blödem Schwatzen dahertaumelnd – manche in ganzen, wenngleich schmierigen Kleidern, mit unsicher schwankendem Schritt, dicken sinnlichen Lippen und dreist blickenden, rot gedunsenen Gesichtern – andere, deren Anzügen man ansah, dass sie aus gutem Stoff und selbst jetzt noch gebürstet waren, Leute, deren Schritt übertrieben fest und elastisch, deren Antlitz jedoch erschreckend bleich war, deren rote Augen abstoßend wild blickten und die, wie sie sich da durch die Menge hindurchschoben, mit zitternden Fingern nach allem tasteten, was in ihren Bereich kam.

Je mehr die Nacht hereinbrach, desto mehr steigerte sich auch mein Interesse an der Szene, denn nicht nur änderte sich der allgemeine Charakter der Dinge (die milden Züge verschwanden im gleichen Maße, in dem sich der bessere Teil der Leute zurückzog, und die rohen Elemente drängten sich kühner hervor, je mehr die späte Stunde alle Gemeinheit aus ihren Höhlen lockte), sondern es hatten jetzt auch die Strahlen der Gaslaternen, die zuerst im Kampf mit dem sterbenden Tageslicht nur schwach gewesen, die Herrschaft erlangt und warfen über alles ein flackerndes, glänzendes Licht. Alles war dunkel und dennoch strahlend – gleich jenem Ebenholz, mit dem man den Stil Tertullians verglichen hat.

Die seltsamen Lichtwirkungen fesselten meine Blicke an einzelne Gesichter; und obgleich die Schnelligkeit, mit der die Menge da draußen in Licht und wieder in Schatten trat, mich verhinderte, mehr als einen Blick auf jedes Antlitz zu werfen, so schien es doch, als ob ich infolge meiner besonderen Geistesverfassung imstande sei, in einem Augenblick die Geschichte langer Jahre zu lesen.

Die Stirn an den Scheiben, war ich solcherart beschäftigt, die Menge zu studieren, als plötzlich ein Gesicht auftauchte (das eines hinfälligen alten Mannes von etwa fünfundsechzig oder siebzig Jahren) – ein Gesicht, das mich sofort in Bann hielt und mit der unerhörten Eigenart seines Ausdrucks meine ganze Aufmerksamkeit in Anspruch nahm. Nie vorher hatte ich etwas gesehen, das so sonderbar gewesen wäre wie dieser Gesichtsausdruck. Mein erster Gedanke bei seinem Anblick war, wie ich mich gut erinnere, der, dass Retzsch, hätte er es gesehen, ihm unbedingt vor allen anderen Modellen zu seiner Verkörperung des Satans den Vorzug gegeben haben würde. Als ich während der kurzen Zeit, da ich den Alten das erste Mal sah, mir schnell über den Eindruck, den er auf mich machte, Rechenschaft zu geben suchte, tauchten vor meinem geistigen Auge die wirren und widersprechenden Vorstellungen auf von unendlicher Geisteskraft, Vorsicht, Dürftigkeit, Geiz, Kälte, Bosheit, Blutdurst, von Frohlocken, Heiterkeit, wildestem Entsetzen und tiefer, unendlicher Verzweiflung. Ich fühlte mich seltsam aufgeregt, angezogen und in Bann gehalten. ›Welch eigenartige Geschichte‹, sagte ich zu mir selbst, ›ist diesem Busen eingegraben!‹ Dann befiel mich ein heftiges Verlangen, den Mann im Auge zu behalten, mehr von ihm zu erfahren. Eilig zog ich meinen Mantel an, nahm Hut und Stock und eilte auf die Straße, wo ich mir in der Richtung, die er gegangen war, durch die Menge einen Weg bahnte; denn er war schon verschwunden. Mit einiger Mühe gelang es mir, ihn wieder in Sicht zu bekommen; ich näherte mich ihm und folgte ihm dicht, doch vorsichtig, um nicht seine Aufmerksamkeit zu erregen.

Ich hatte jetzt gute Gelegenheit, ihn eingehend zu mustern. Er war von kleiner Gestalt, sehr mager und ersichtlich sehr hinfällig. Seine Kleidung war im Großen und Ganzen schmierig und zerlumpt; doch als er hie und da ins helle Licht einer Laterne trat, gewahrte ich, dass seine Wäsche, wenn auch schmutzig, so doch von feinstem Gewebe war; und wenn mein Auge mich nicht täuschte, so erspähte ich durch einen Riss in seinem fest zugeknöpften und offenbar aus zweiter Hand erworbenen Regenmantel den Schimmer eines Diamanten und eines Dolches. Diese Beobachtung erhöhte meine Neugier, ich beschloss, dem Fremden zu folgen, wohin er auch gehen mochte.

Es war jetzt tiefe Nacht, und ein dichter, feuchter Nebel lagerte über der Stadt, der bald in andauernden, heftigen Regen überging. Dieser Witterungswechsel hatte auf die Menge eine große Wirkung: ein wildes Hasten setzte ein, und eine Welt von Regenschirmen wogte darüber hin. Das Drängen, das Stoßen und das Summen verstärkten sich um das Zehnfache. Ich für mein Teil machte mir nicht viel aus dem Regen – obgleich das noch nicht ganz überstandene Fieber in mir der feuchten Kühle gar zu bedenklich entgegenlechzte. Ich band mir ein Taschentuch um den Mund und schritt weiter. Eine halbe Stunde lang bahnte der Mann sich mühsam seinen Weg durch die belebte Straße; und hier ging ich dicht an seiner Seite, aus Furcht, ihn aus den Augen zu verlieren. Da er nie den Kopf wandte, um zurückzuschauen, bemerkte er mich nicht. Endlich bog er in eine Querstraße ein; auch dort war das Gedränge sehr stark, immerhin aber bei Weitem nicht so wie in der soeben von uns verlassenen Hauptstraße. Jetzt änderte er sein Benehmen. Er ging langsamer und planloser als vorher – er zögerte. Er kreuzte wiederholt und ohne ersichtlichen Grund die Straße, und das Gedränge war noch so groß, dass ich bei jeder solchen Gelegenheit ihm dicht auf den Fersen bleiben musste. Die Straße war lang und schmal, und er verfolgte sie wohl eine Stunde lang; in dieser Zeit hatte die Zahl der Passanten abgenommen – bis etwa zu der Menge, wie man sie mittags auf dem Broadway nahe dem Park antrifft. So groß ist der Unterschied zwischen der Einwohnerzahl von London und der der belebtesten Stadt Amerikas. Eine weitere Wendung brachte uns auf einen glänzend erleuchteten, von Leben übersprudelnden Platz. Der Fremde nahm sein altes Gebaren wieder an. Er ließ das Kinn auf die Brust sinken, während seine Augen unter den gerunzelten Brauen gegen alle, die ihm in den Weg kamen, Blitze schossen. Er verfolgte seinen Weg ruhig und mit Ausdauer. Ich war indessen nicht wenig erstaunt, als er, nachdem er die Runde um den Platz beendet, kehrtmachte und seine Schritte wieder zurücklenkte. Noch mehr erstaunte ich darüber, dass er diese Runde mehrmals wiederholte – wobei er mich einmal bei einer plötzlichen Wendung sofort entdeckte.

Mit dieser Leibesübung brachte er eine weitere Stunde zu, gegen deren Schluss uns weit weniger Passanten begegneten als vorher. Es regnete in Strömen; die Luft wurde kalt, und die Menschen zogen sich in ihre Behausungen zurück. Mit einer Gebärde der Ungeduld wandte sich der Wanderer einer verhältnismäßig öden Seitenstraße zu. Diese lief er wohl eine Viertelmeile lang mit einer Eilfertigkeit hinunter, wie ich sie bei einem so bejahrten Manne nicht vermutet hätte und die es mir schwermachte, ihm zu folgen. In wenigen Minuten hatten wir einen großen und sehr besuchten Basar erreicht, mit dessen Lokalitäten der Fremde wohl vertraut zu sein schien und wo er wieder wie vorher im Gedränge sich planlos zwischen der Schar von Käufern und Verkäufern hindurchschob.

Während der etwa anderthalb Stunden, die wir hier zubrachten, bedurfte ich meinerseits der größten Vorsicht, um mich in seiner Nähe zu halten, ohne seine Aufmerksamkeit zu erregen. Glücklicherweise trug ich ein Paar Gummischuhe und konnte mich daher lautlos vorwärtsbewegen. Er gewahrte nicht einen Augenblick, dass ich ihn beobachtete. Er ging von Laden zu Laden, trat in jeden hinein, sprach kein Wort und besah sich alles mit irren, ausdruckslosen Blicken. Ich war jetzt über sein Benehmen aufs Höchste verblüfft und nahm mir fest vor, nicht eher von ihm zu weichen, bis ich einigermaßen über ihn Bescheid wusste.

Eine laute tönende Uhr schlug elf, und die Menge verließ eilig den Basar. Ein Ladenbesitzer, der einen Schalter einhängte, stieß den Alten an, und im selben Augenblick sah ich ihn zusammenschauern. Er eilte in die Straße, sah sich einen Augenblick ängstlich um und lief dann mit unglaublicher Geschwindigkeit durch viele krumme, menschenleere Gassen, bis wir von Neuem in der großen Verkehrsader auftauchten, von der wir ausgegangen waren – der Straße des D...schen Kaffeehauses. Sie bot indessen nicht mehr denselben Anblick. Sie erstrahlte noch immer im Licht der Gaslaternen, aber der Regen fiel heftig, und es waren nur wenig Leute zu sehen. Der Fremde erbleichte. Er machte mürrisch einige Schritte auf der vordem so belebten Straße, schlug dann mit einem schweren Seufzer die Richtung nach dem Flusse ein, und durch eine Menge verschiedener Straßen hindurchhastend, kam er schließlich bei einem der Haupttheater heraus. Es war kurz vor Toresschluss, und die Besucher strömten aus den Pforten. Ich sah, wie der alte Mann tief Atem holte, als er sich in die Menge stürzte, ich sah aber auch, dass die tiefe Pein in seinen Zügen etwas nachgelassen hatte. Sein Kopf sank wieder auf die Brust; er machte wieder denselben Eindruck wie zu Anfang. Ich bemerkte, dass er jetzt die Richtung nahm, welche die größere Anzahl der Theaterbesucher eingeschlagen. Hinter den Zweck seines wunderlichen Tuns aber konnte ich noch immer nicht kommen.

Während er so seinen Weg fortsetzte, zerstreuten sich die Leute allmählich, und seine alte Unrast befiel ihn von Neuem. Eine Zeit lang folgte er einer Gesellschaft von etwa zehn bis zwölf Nachtschwärmern; doch um einen nach dem andern verringerte sich diese Zahl, bis schließlich nur noch drei in einer engen und düsteren menschenleeren Gasse zurückblieben. Der Fremde hielt inne und schien für einen Augenblick in Gedanken versunken; dann eilte er mit allen Anzeichen innerer Aufregung einen Weg hinunter, der uns an die äußerste Grenze der Stadt führte, in weit andere Gegenden, als wir bisher durchquert hatten. Es war das geräuschvollste Viertel Londons, wo alles den Eindruck erbärmlicher Armut und verzweifelten Verbrechertums machte. Beim düsteren Licht einer vereinzelten Laterne sah man hohe, alte, wurmstichigen Holzbauten, die in so verschiedenen und wunderlichen Stellungen dem Einsturz entgegensanken, dass die Gässchen zwischen ihnen kaum noch angedeutet waren. Die Pflastersteine lagen, von üppig wucherndem Gras aus ihren Betten gehoben, lose umher. Ekelhafter Unrat verweste in den verstopften Gossen. Die ganze Atmosphäre war getränkt von Gram und Elend. Doch vernahmen wir, als wir so weitergingen, allmählich wieder menschliche Laute, und schließlich sah man ganze Banden des verworfenen Londoner Pöbels hin und her taumeln. Des alten Mannes Lebensgeister flammten wieder auf wie eine Lampe vorm Verlöschen. Noch einmal strebte er elastischen Schrittes vorwärts. Als wir plötzlich um eine Ecke bogen, drang eine Flut von Licht auf uns ein, und wir standen vor einem der riesigen Vorstadttempel der Unmäßigkeit, einem Palast des Branntweinteufels.

Es war jetzt fast Tagesanbruch; doch eine stattliche Anzahl elender Trunkenbolde drängte im protzigen Eingang hin und her. Mit einem leisen Freudenschrei erzwang der Alte sich den Zutritt, nahm sofort sein ursprüngliches Wesen wieder an und schritt ohne ersichtliches Ziel inmitten der Menge umher. Er war jedoch noch nicht lange beschäftigt, als ein Drängen nach den Türen verriet, dass der Wirt sich anschickte, sie für die Nacht zu schließen. Es war mehr als Verzweiflung, was ich jetzt auf dem Antlitz des seltsamen Wesens geschrieben sah, dessen Beobachtung ich mich so ausdauernd gewidmet hatte. Aber er hielt in seinem Lauf nicht inne, sondern lenkte mit wahnsinniger Hartnäckigkeit seine Schritte wieder dem Herzen des mächtigen London zu. Rastlos und eilig floh er dahin, während ich ihm in höchster Verblüffung folgte, fest entschlossen, nicht von diesem Studium zu lassen, für das ich jetzt ein verzehrendes Interesse fühlte.

Die Sonne ging auf, während wir weiterschritten, und als wir wiederum jenen belebtesten Teil der volkreichen Stadt, die Straße des D…schen Kaffeehauses erreicht hatten, bot diese ein Bild von Hast und Emsigkeit, das hinter dem vom Vorabend kaum zurückstand. Und hier inmitten des von Minute zu Minute zunehmenden Gewirrs setzte ich standhaft die Verfolgung des Fremden fort. Er aber ging wie immer hin und zurück und verließ während des ganzen Tages nicht das Getümmel jener Straße. Und als die beiden Schatten des zweiten Abends niedersanken, ward ich todmüde und stellte mich dem Wanderer kühn in den Weg und blickte ihm fest ins Antlitz. Er bemerkte mich nicht. Er nahm seinen traurigen Gang wieder auf, indes ich, von der Verfolgung abstehend, in Gedanken versunken zurückblieb. »Dieser alte Mann«, sagte ich schließlich, »ist das Urbild und der Dämon des Triebes zum Verbrechen. Er kann nicht allein sein. Er ist der Mann der Menge. Es wäre vergeblich, ihm zu folgen, denn ich werde weder ihn noch sein Tun tiefer durchschauen. Das schlechteste Herz der Welt ist ein umfangreicheres Buch als der *Hortulus Animae*[1], und vielleicht ist es nur eine der großen Gnadengaben Gottes, dies: Es lässt sich nicht lesen.«

---

1 Der *Hortulus Animae cum Oratiunculus Aliquibus Superadditis*, ein Gebetbüchlein aus dem 15. Jahrhundert.

*1841*

# CHARLES DICKENS
## New York. New York

*Vermutlich gibt es keinen Buchladen auf der Welt, in dem er nicht anzutreffen ist. Als Journalist schrieb er Weltliteratur, als Romancier holte er die Welt aus der Wirklichkeit ab und ließ sie in seinen Romanen weiterleben. Wenn er daraus vorlas, lachte und weinte er. Wir folgen ihm in die künftige Hauptstadt des 20. Jahrhunderts, die im vorausgehenden 19. noch in den Kinderschuhen steckt und sich auf rauem Pflaster mit ungehobelten Streichen den Weg bahnt.*

*Charles John Huffam Dickens (\* 1812, † 1870) war das zweite von acht Kindern und elf Jahre alt, als der Vater, Schreiber der Navy, ins Londoner Schuldgefängnis kam und die Mutter mit seinen sieben Geschwistern ihm dahin nachfolgte. Als Einziger blieb Charles in Freiheit und wechselte von der Schule erst in eine Lagerhalle, dann in eine Fabrik für Schuhcreme. Ab seinem 19. Lebensjahr verdiente er sein Geld als Journalist, als er sechsundzwanzig war, erschien* Oliver Twist. *An seinen späten Feierabenden hatte er pro Monat 90 Seiten davon geschrieben.*

DIE SCHÖNE METROPOLE AMERIKAS ist keineswegs eine so saubere Stadt wie Boston, doch haben manche ihrer Straßen dieselben Eigentümlichkeiten, ausgenommen, dass die Häuser nicht ganz so frisch angestrichen, die Firmenschilder nicht ganz so bunt, die vergoldeten Buchstaben nicht ganz so goldig, die Ziegel nicht ganz so rot, die Steine nicht ganz so weiß, die Jalousien und Hausgeländer nicht ganz so grün, die Knöpfe und Schilder an den Haustüren nicht ganz so hell und glänzend sind. Man sieht hier viele Nebenstraßen, die fast ebenso wenig reine Farben und ebenso viel schmutzige haben wie die Seitengassen in London; und es gibt einen Stadtteil, gewöhnlich Five Points genannt, der sich in Bezug auf Schmutz und Unsauberkeit getrost neben Seven Dials oder einen anderen Teil des berüchtigten St. Giles's stellen kann.

Die große Promenade und Hauptstraße, wie die meisten Leute wissen, ist der Broadway, eine breite, geräuschvolle Straße, die von den Battery Gardens bis zu ihrem entgegengesetzten Ausgang auf eine Landstraße vier englische Meilen lang sein mag. Wollen wir uns, lieber Leser, in einer oberen Etage des Carlton House Hotel (welches im besten Teile dieser Hauptschlagader von New York liegt) niedersetzen und, wenn wir es müde sind, auf das Leben und Treiben unten hinabzublicken, Arm in Arm hinausgehen und uns unter die Menschenmenge mischen?

Es ist heiß! Die Sonne sticht uns an diesem offenen Fenster auf die Köpfe, als ob ihre Strahlen durch ein Brennglas fielen; allein der Tag ist in seinem Zenit und die Jahreszeit ungewöhnlich schön. Kann es wohl eine sonnigere Straße geben als diesen Broadway? Die Pflastersteine sind von den ewigen Fußtritten glänzend poliert, die roten Ziegel der Häuser sehen aus, als wären sie noch auf der Darre, und die Dächer der Omnibusse sehen aus, dass man glaubt, sie müssten zischen, rauchen und wie halb gelöschtes Feuer riechen, wenn man sie mit Wasser begösse. Die Omnibusse nehmen gar kein Ende! In ein paar Minuten sind wenigstens ein halbes Dutzend vorbeigefahren. Auch eine Masse Mietkabrioletts und Kutschen, Gigs, Phaetons, großrädrige Tilburys und Privatequipagen, die etwas plump gebaut sind und sich nicht sehr von Diligencen unterscheiden, aber auch für schwierige Wege außerhalb des Straßenpflasters berechnet sind. Weiße sowohl wie Negerkutschen, in Strohhüten, schwarzen und weißen Hüten, in Lederkappen und Pelzmützen, in hellgrauen, schwarzen, braunen, grünen, blauen Röcken, in Anzügen aus Nanking oder gestreiftem Barchent und Leinen; und da, das einzige Beispiel – seht ihn euch an, ehe er vorübergeht –, ein Livreebedienter. Es muss ein Republikaner aus dem Süden sein, der seine Schwarzen in Uniform steckt und sich mit sultanischem Pomp aufbläht. Dort, wo jener Phaeton hält, bei den wohlgestutzten Grauen – den Zügel in der Hand – steht ein Yorkshirer Stallknecht, der sich eben nicht lang in diesem Weltteil zu befinden scheint und mit ängstlicher Sehnsucht sich umsieht, ob er nicht irgendwo einen Genossen erblicke, der auch Stulpenstiefel trägt. Ach, er mag ein halbes Jahr die Stadt durchwandern, und seine Sehnsucht wird nicht erfüllt. Und wie die Damen gekleidet gehn, der Himmel sei ihnen gnädig! Wir haben seit zehn Minuten mehr bunte Farben gesehen als sonst irgendwo in ebenso vielen Tagen. Was für verschiedenartige Parasols! Was für regenbogenfarbige Seiden- und Atlaskleider! Was für dünne, geschweifte und gezackte kleine Schuhe und Strümpfe, was für flatternde Bänder und Troddeln, was für reiche Mäntel mit prunkendem Futter und Kragen! Die jungen Herren, seht ihr, schlagen gern ihre Hemdkragen um und kultivieren den Bart, besonders unter dem Kinn. Ihr Byrons vom Kontor und Zähltisch, vorbei! Lasst sehen, was für Leute die hinter euch sind! Zwei Arbeiter in ihren Sonntagskleidern, von denen der eine ein zerknittertes Papier in der Hand hält und einen schweren Namen darauf zu entziffern bemüht ist, den der andere an allen Türen und Fenstern sucht.

Beide Iren! Man würde sie erkennen, auch wenn sie ihr Gesicht maskierten, an ihren langschößigen blauen Röcken mit den hellen Knöpfen und an ihren hellgrauen Beinkleidern, die sie wie Menschen tragen, welche nur an Arbeitskleider gewöhnt sind und in andern sich nicht wohl befinden. Eure Musterrepubliken könnten gar nicht bestehen ohne die Landsleute und Landsmänninnen dieser beiden Arbeiter. Denn wer sonst würde graben und schaufeln, sich placken mit Hausarbeit, mit Kanal- und Landstraßenbau und alle Unternehmungen zum Besten des materiellen Fortschritts im Innern ausführen? Beide sind Iren und in großer Verlegenheit, das zu finden, was sie suchen. Wir wollen hinabgehen und ihnen helfen, um der Liebe zur Heimat und um jenes Geists der Freiheit willen, der es für keine Schande hält, ehrlichen Leuten einen ehrbaren Dienst zu erweisen sowie für seine ehrliche Arbeit, sei sie welcher Art sie wolle, sein Brot in Ehren zu essen.

So ist's recht! Wir haben endlich die Adresse richtig gefunden, obgleich es wahrhaft rätselhafte Schriftzüge waren, die ebenso gut mit dem stumpfen Spatenstiel geschrieben sein konnten, den der Schreiber vermutlich besser zu handhaben wusste als die Feder. Ihr Weg geht nach der andern Seite dort. Aber was führt sie dahin? Sie tragen erspartes Geld, um es anzulegen und zu sammeln? Nein. Es sind Brüder, diese beiden Leute. Der eine war allein übers Meer herübergekommen und arbeitete ein halbes Jahr mit angestrengtem Fleiß und lebte noch sparsamer dabei, bis er so viel erspart hatte, dass er auch seinen Bruder kommen lassen konnte. Dann arbeiteten sie zusammen, einer an der Seite des andern, und teilten mit zufriedenem Sinn harte Arbeit und dürftiges Leben miteinander, bis sie auch ihre Schwestern, dann noch einen dritten Bruder und endlich ihre alte Mutter zu sich kommen lassen konnten. Und nun? Die arme Alte hat keine Ruh im fremden Land und sehnt sich danach, wie sie sagt, unter ihrem Volk auf dem alten Friedhof ihrer Heimat ihr Gebein in die Erde zu legen; und nun gehen sie, um die Rückfahrt für sie zu bezahlen: und so helfe Gott ihr und ihnen und jedem Herzen voll Einfalt und allen, die nach dem Jerusalem ihrer Jugendtage zurückkehren und denen auf dem kalten Herd ihrer Väter noch ein Altarfeuer brennt.

Dieser enge Durchgang, glühend und brennend im Sonnenschein, ist die Wall Street: die Lombard Street und Börse von New York. Mancher hat in dieser Straße rasend schnell sein Glück gemacht, mancher hat sich da nicht minder schnell ruiniert. Manche von diesen Kaufleuten, die ihr da umherlungern seht, hatten ihr Geld in eiserne Kisten geschlossen, wie der Mann in Tausendundeiner Nacht, und als sie die verschlossene Truhe wieder öffneten, fanden sie welkes Laub darin. Hier unten an der Wasserseite, wo die Bugspriete der Schiffe über das Trottoir hinwegragen und beinahe die Fenster einstoßen, da liegen die edlen amerikanischen Fahrzeuge, die ihren Paketbootdienst zum schönsten in der Welt gemacht haben. Sie haben die Fremden hierhergebracht, von denen alle Straßen voll sind: nicht etwa, dass hier mehr wären als in andern Handelsstädten; aber anderswo haben sie ihre besondern Sammelplätze, und man muss sie erst aufsuchen; hier durchströmen sie fortwährend die ganze Stadt.

Wir müssen noch einmal über den Broadway; wie erfrischend wirkt bei der Hitze der Anblick der großen, sauberen Eisstücke, die in die Kaufläden und Schenken getragen werden, und die Ananas und Wassermelonen, die in reicher Fülle zum Verkauf ausgelegt sind. Schöne Straßen mit geräumigen Häusern sind das – die Wall Street hat manche davon oft aufgebaut und dann noch einmal niedergerissen –, und da liegt ein Square, reich an dunkelgrüner Belaubung. Gewiss, dies muss ein recht gastfreundliches Haus sein, mit Bewohnern, deren sich jeder, der sie kennt, stets liebend erinnern wird; dort, wo die Haustür offen steht und die schönen Blumenstöcke drinnen zu sehen sind und wo das Kind mit den lachenden Äuglein auf den kleinen Hund unten zum Fenster herausguckt. Ihr wundert euch wohl, was dieser hohe Flaggenstock in der Seitengasse bedeuten mag, auf dessen Spitze so etwas wie eine Freiheitsmütze ragt? Ich auch. Indessen, es scheint hier eine besondere Manie für diese Flaggenstöcke zu herrschen, und wenn ihr wollt, so könnt ihr in fünf Minuten einen Zwillingsbruder des vorigen sehen.

Gehen wir noch einmal über den Broadway, und so – an der buntfarbigen Menge und den glitzernden Krämläden vorbei – kommen wir in eine andere lange Hauptstraße, die Bowery. Seht dort, eine Eisenbahn, auf der ein Paar stämmige Pferde zwanzig oder vierzig Personen und einen großen hölzernen Kasten spielend fortzieht. Die Kaufläden sehen hier ärmlicher aus, die Spaziergänger weniger fröhlich. Hier sind fertige Kleider und gekochtes Fleisch zu kaufen, und statt des lebhaften Equipagengerassels hören wir das dumpfe Rollen und Rumpeln von Karren und beladenen Wagen. Jene Aushängeschilder, die in solcher Menge wie runde Bojen oder Luftballons mit Strichen an Stangen befestigt, in der Luft baumeln, kündigen, wie ihr selbst sehen könnt, »Austern von jeder Sorte!« an. Sie führen den Hungrigen am meisten bei Nacht in Versuchung; denn dann brennen inwendig trübe Kerzen, welche die leckern Worte beleuchten, dass dem Müßigen, der davor stehenbleibt und liest, der Mund danach wässert…

Hier wollen wir auf die andere Seite der Straße hinübergehen. Aber nehmt euch in Acht vor den Schweinen. Zwei stattliche Säue treiben hinter dieser Kutsche her, und eine feine Gesellschaft von einem halb Dutzend Gentlemenschweinen ist soeben dort um die Ecke gebogen.

Siehe, da wandelt ein einsames Schwein nach Hause. Es hat nur ein Ohr, das andere hat es auf seinen Stadtspaziergängen den umherstreifenden Hunden überlassen. Aber es behilft sich auch mit einem Ohre und führt ein gentlemännisches, flanierend freies Leben, nach Art unserer englischen Klubmänner. Jeden Morgen geht es zu einer bestimmten Stunde aus, stürzt sich in das Gewühl der Stadt, verbringt seinen Tag auf eine ihm selbst gewissermaßen recht angenehme Weise und erscheint regelmäßig jeden Abend wieder vor seiner Haustüre, wie der mysteriöse Herr des Gil Blas. Es ist ein recht ungeniertes, sorg- und harmloses Schwein, welches zwar unter den andern Schweinen von demselben Kaliber sehr viele Bekannte zählt, dieselben aber mehr vom Sehen als aus genauerem Umgang kennt: denn nur selten nimmt es sich die Mühe, stehenzubleiben und Komplimente zu wechseln; stöbert ein wenig Neuigkeiten und Stadtklatsch in Gestalt von Kohlstengeln und Abfall auf und führt keinen andern »Schweif« mit sich herum als den eigenen; und selbst dieser ist sehr kurz, denn seine alten Feinde, die Hunde, waren stets darüber her und haben ihm kaum mehr als ein kleines Endchen gelassen, welches gerade groß genug ist, um dabei zu schwören. Es ist in jeder Beziehung ein republikanisches Schwein, geht, wohin es ihm beliebt, und steht mit der besten Gesellschaft auf gleichem, wo nicht höherem Fuß, denn alles macht ihm Platz, wo es sich zeigt, und die stolzesten Herren und Damen räumen ihm gern den Bürgersteig ein. Es ist auch ein großer Philosoph und lässt sich selten durch etwas außer Fassung bringen, es müssten denn die obenerwähnten Hunde sein. Zuweilen kann man es wohl mit den kleinen Augen zwinkern sehen, wenn es einen geschlachteten Freund erblickt, dessen Leichnam dem Türpfosten eines Fleischers zur Verzierung dient; dann grunzt es: »Das ist der Lauf der Welt: alles Fleisch ist Schweinefleisch!«, steckt seine Nase wieder in den Kot und watschelt die Gosse hinab, indem es sich mit dem Gedanken tröstet, dass wenigstens eine Schnauze weniger auf der Welt ist, die ihm einen Kohlstängel vor der Nase wegkapern könnte.

Diese Schweine sind die Gassenkehrer der Stadt. Es sind hässliche Tiere; sie haben größtenteils einen magern, braunen Rücken, der dem Deckel eines alten, mit Rosshaaren überzogenen Koffers gleicht, und abscheuliche schwarze Finnen. Sie haben lange, dürre Beine und so gespitzte Schnauzen, dass, wenn man sie dahin bringen könnte, sich im Profil zeichnen zu lassen, niemand ein anderes Porträt als das eines Schweines erkennen zu können. Sie werden nie gepflegt oder gefüttert oder getrieben, sondern sind von frühester Jugend an auf sich selbst angewiesen und werden daher unnatürlich gescheit. Jedes Schwein weiß, wo es logiert, besser, als es ihm jemand sagen könnte. Um diese Zeit – es wird gerade Abend – könnt ihr sie zu zwanzigst nach Hause ins Bett eilen sehen, auf dem ganzen Weg bis zum letzten Schritt essend. Dann und wann hat ein unerfahrener Jüngling unter ihnen sich überfressen oder ist von den Hunden sehr gequält worden und geht daher etwas zögernd heim, wie ein verlorener Sohn; doch ist dies ein seltener Fall, denn Selbstbeherrschung, Selbstvertrauen und unerschütterliche Ruhe sind ihre Haupttugenden.

Jetzt sind die Gassen und Kaufläden erleuchtet; und wenn man das Auge über die lange Straße hinabschweifen lässt, die mit hellen Gaslichtern besät ist, wird man an Oxford Street oder Piccadilly erinnert. Hier und da sieht man eine breite, steinerne Kellertreppe, und ein farbiges Lampenlicht zeigt den Weg zu einem Billardzimmer oder einer Ten-Pins-Kegelbahn: Zehn-Kegel, ein Spiel, bei dem es sowohl auf Glück wie auf Geschick ankommt, wurde erfunden, als die Nine-Pins gesetzlich verboten wurden. Andere Treppen sind mit Lampen versehen, welche zu Austernkellern den Weg zeigen – freundlichen Asylen, nicht bloß weil es daselbst wunderbare, große Austern gibt, sondern weil unter allen Sorten von Essern, Fisch-, Fleisch- oder Geflügelessern, die Austernschlinger allein nicht herdenweise zusammenkommen, sondern sich gleichsam der zarten, spröden Natur dessen, was sie in sich aufnehmen, anschmiegen und in besondern, mit Gardinen versehenen Abteilungen allein oder höchstens zu zweien sitzen.

Aber wie still ist es auf den Straßen! Sind denn keine umherziehenden Musikkapellen zu sehen, hört man keine Blas- oder Saiteninstrumente? Nein, nicht ein einziges. Gibt es hier keine Hanswurste, tanzenden Hunde, Gaukler, Wahrsager, Taschenspieler, Dudelsäcke, oder auch nur Drehorgeln? Nein, nichts von alledem. Doch ich entsinne mich – eine Drehorgel und einen tanzenden Affen sah ich, der zwar von Natur spaßig genug war, aber immer mehr den Charakter eines einfältigen, unbehilflichen Affen von der utilitarischen Schule annahm. Außerdem nicht das geringste Leben; nein, nicht einmal ein weißes Mäuschen in einem Drehkäfig.

Gibt es denn gar keine Unterhaltungen da? O ja. Quer über der Straße befindet sich eine Predigerstube, aus welcher just das Licht dort hervorscheint; und da wird für die Damen dreimal wöchentlich oder noch öfter abendlicher Gottesdienst gehalten. Die jungen Herren finden Unterhaltung genug im Kontor, in der Warenniederlage oder in der Schenkstube; die Letztere ist ziemlich voll, wie man durch diese Fenster da sehen kann. Horcht auf den Schall der Hämmer, mit denen man das Eis zerschlägt, und auf das kühle Rieseln der zermalmten Stücke, wenn sie bei der Mischung aus einem Glas ins andere gegossen werden! – Keine Belustigungen, keine Unterhaltungen? Was tun denn jene Herren mit den Zigarren im Munde und den starken Getränken neben sich anderes als sich belustigen? Was sollen jene fünfzig Zeitungen, die der naseweise Junge da durch die Straßen ausruft und die in den Gaststuben haufenweise herumliegen, was sollen sie anders als unterhalten? Und dies sind nicht etwa schale, wässerige Unterhaltungen, sondern tüchtiger, drastischer Stoff, da werden Schmähungen und Schimpfnamen ausgeteilt und die Dächer von den Häusern gerissen, wie es der hinkende Teufel in Spanien machte; jede Art von verkehrtem Geschmack wird gekitzelt und der gefräßigste Magen mit frisch geschmiedeten Lügen vollgepfropft; jedem öffentlichen Charakter werden die gemeinsten und niedrigsten Beweggründe unterschoben, jeder mitleidige Samariter wird mit seinem guten Gewissen von der herabgewürdigten Politik abgeschreckt und unter seinem Schreien, Pfeifen und Händeklatschen das niedrigste Gezücht und die schlechtesten Raubvögel aufgehetzt. – Das sollen keine Unterhaltungen sein!

Gehen wir weiter. Wir gehen in dieser Wildnis an einem Hotel vorbei, in dessen Erdgeschoss sich, wie bei manchem Theater auf dem europäischen Kontinent, Warenniederlagen befinden, und gelangen in die Five Points. Allein es wird erst nötig sein, dass wir zu unsrer Eskorte jene zwei Herren von der Polizei mit uns nehmen, die man als scharfsichtige, ausgebildete Beamte erkennen würde, und wenn man ihnen in der Wüste Sahara begegnete. So wahr ist es, dass gewisse Beschäftigungen überall den Menschen dasselbe Gepräge aufdrücken. Diese beiden könnten recht gut in der Bow Street gezeugt, geboren und erzogen sein.

Weder bei Nacht noch bei Tage haben wir Bettler in den Straßen getroffen, aber andere Strolche in Menge. Armut, Elend und Laster gedeihen üppig genug, wo wir uns jetzt hinwenden.

Jetzt sind wir an Ort und Stelle: sieh da zur Rechten und Linken die engen Gässchen; sie stinken alle von Schmutz und Unflat. Das Leben, welches hier geführt wird, trägt hier dieselben Früchte wie anderswo. Die groben aufgedunsenen Gesichter an den Türen und Fenstern finden ihre Seitenstücke in England und in der ganzen Welt. Vor lauter Ausschweifung scheinen sogar die Häuser vor der Zeit veraltet. Seht, wie die verfaulten Balken einzustürzen drohen, wie die zerbrochenen und beklebten Fensterscheiben uns finster anschielen, gleich Augen, die in einer Prügelei braun und blau geschlagen worden sind. Viele jener Schweine residieren hier. Wundern sie sich denn niemals, dass ihre Herren aufrecht gehen, statt auf allen vieren zu kriechen? Und dass sie reden, statt zu grunzen?

Bis hierher ist fast jedes Haus eine elende Kneipe; an den Wänden der Gaststuben sieht man buntgemalte Bilder von Washington, der Königin Victoria von England und dem amerikanischen Adler. Zwischen den Fächern, worin die Flaschen stecken, erblickt man Stücke Fensterglas und buntes Papier, denn selbst hier ist ein gewisser Sinn für Putz und Dekoration zu finden. Und da die Matrosen diese Orte besuchen, gibt es daselbst Seebilder zu Dutzenden, zum Beispiel Trennungsszenen zwischen Matrosen und ihren Liebchen; nach der Ballade gezeichnet, von Will Watch, dem kühnen Schmuggler, von Paul Jones, dem Seeräuber usw., auf welche die gemalten Augen der Königin Victoria und Washingtons obendrein mit ebenso großer Befremdung zu blicken scheinen wie auf die Szenen, die in ihrer Gegenwart vorgehen.

Was ist das für ein Ort, zu dem diese schmutzige Straße führt? Eine Art Square von aussätzigen Häusern, von denen einige nur durch außen befindliche verfallene, hölzerne Treppen zugänglich sind. Wohin gelangen wir über diese wankende Treppe, die unter unserem Fußtritt knarrt? In eine nur von einem einzigen düstern Lichte erhellte Stube, entblößt von allen Bequemlichkeiten, außer der, die ein elendes Bett gewähren kann. Daneben sitzt ein Mann, die Ellbogen auf die Knie gestützt, das Gesicht mit den Händen bedeckt. »Was fehlt diesem Mann?«, fragt der erste Polizeibeamte.

Bürgerdebatte während des Rubelkollaps
vor der Duma, der Ersten Kammer
des Parlaments der Russischen Förderation.
*Moskau. Russland, 4. September 1998.*

»Das Fieber«, erwidert er mürrisch, ohne aufzublicken. Nun mache man sich einen Begriff von den Phantasien eines fiebernden Hirns an einem solchen Orte.

Jetzt steige diese pechfinstern Treppen hinauf, aber nimm dich in Acht, dass du keinen falschen Tritt auf den wankenden Brettern tust, und suche dich in diese Wolfshöhle zu finden, wohin weder Licht noch Luft dringen zu können scheint. Ein Negerjunge, durch des Beamten Stimme – die er wohl kennt – vom Schlafe aufgeschreckt, allein beruhigt durch die Versicherung des Letztern, dass er nicht in Geschäften komme, springt dienstfertig auf, um ein Licht anzuzünden. Das Schwefelhölzchen flackert einen Augenblick hell auf und lässt große Haufen schmutziger, schwarzer Lumpen auf dem Boden sehen; dann verlischt es wieder und lässt eine noch dichtere Finsternis zurück als vorher. Der Junge stolpert die Treppe hinab und kommt sogleich mit einer flackernden Kerze wieder, die er mit der Hand verdeckt, damit sie nicht ausgehe. Jetzt sehen wir, wie sich die Lumpen regen und langsam erheben: der ganze Fußboden ist mit Negerweibern bedeckt, die von ihrem Schlaf erwachen. Ihre weißen Zähne klappern hörbar, und ringsum glänzen und blinken ihre funkelnden Augen wie die unzählige Vervielfachung eines erstaunten afrikanischen Gesichts in einem Zauberspiegel.

Nun steige die nächste Treppe mit nicht geringerer Vorsicht wie die vorige (denn für die, welche keine so gute Eskorte wie wir haben, gibt es da Schlingen und Fallgruben) zu der obersten Dachkammer hinauf, wo sich über uns die obersten Dachbalken und Sparren zusammenfügen und durch die Spalten im Dache die ruhige Nacht hereinblickt. Öffne die Tür eines dieser Löcher voll schlafender Neger. Sieh da, sie haben ein Kohlenfeuer angezündet; es riecht nach verbrannten Kleidern oder versengter Haut, so dicht drängen sie sich an die Kohlenpfanne; und Dünste steigen aus diesen Höhlen, die fast blenden und ersticken. Aus jedem Winkel siehst du eine halb erwachte Gestalt hervorkriechen, als wenn die Stunde des Jüngsten Gerichts geschlagen hätte und jedes scheußliche Grab seine Toten ausspie. Hunde würden heulen, müssten sie hier über Nacht liegen, und doch legen sich Weiber, Männer und Kinder hier zum Schlafen nieder und zwingen die vertriebenen Ratten, sich ein besseres Quartier zu suchen.

Auch in diesem Stadtteil gibt es Gassen und Gässchen mit knietiefem Kot; unterirdische Räume, wo getanzt und gespielt wird; Wände, bedeckt mit unzähligen rohen Zeichnungen von Schiffen, Festungen, Flaggen und amerikanischen Adlern; eingestürzte Häuser, nach der Straße zu offen, durch deren weite Mauerspalten uns wieder andere Ruinen entgegendüstern, als ob die Welt des Lasters und Elendes nichts andres zu zeigen hätte; scheußliche Wohnungen, die ihre Namen von Raub und Mord herleiten – kurz alles, was ekelhaft, widrig und verworfen ist, hier siehst du es.

Unser Führer hat die Hand auf der Türklinke zu »Almack's« und ruft uns aus der Tiefe entgegen; denn das Versammlungszimmer der Honoratioren von Five Points liegt unter der Erde. Wollen wir hinab? Es ist ja nur ein Augenblick.

Heda! wie ist die Wirtin von Almack's gut beieinander! Eine hübsche, dicke Mulattin mit hellen Augen, die ein buntfarbiges Tuch zierlich um ihren Kopf gewunden hat. Der Wirt steht ihr in seinem Putz durchaus in nichts nach; er trägt eine hellblaue Jacke wie ein Schiffssteward, einen dicken goldenen Ring um den kleinen Finger und eine glänzende goldene Uhrkette um den Hals. Wie er sich freut, uns bei sich zu sehen! »Was ist Ihnen gefällig, meine Herren? Ein Tänzchen? Augenblicklich, Sir, gleich sollen Sie etwas erleben!«

Der korpulente schwarze Geiger und sein Freund, der das Tamburin spielt, stampfen mit den Füßen auf den Fußboden ihres kleinen Orchesters, auf dem sie sitzen, und spielen ein lustiges Stückchen auf. Fünf oder sechs Paare kommen heran, von einem lebhaften jungen Neger, dem Witzbold der Versammlung und dem besten Tänzer unter ihnen, angeführt. Er schneidet in einem fort Grimassen und ist das Ergötzen aller Übrigen, die unaufhörlich von einem Ohr bis zum andern grinsen. Unter den Tänzerinnen befinden sich zwei junge Mulattinnen mit großen schwarzen, zu Boden gesenkten Augen und einem Kopfputze gleich dem der Wirtin; sie sind so schüchtern oder tun wenigstens so, als wenn sie in ihrem Leben noch nicht getanzt hätten, und blicken zur Erde, dass man nichts als ihre langen Augenwimpern sehen kann.

Doch der Tanz beginnt; jeder Tänzer springt so lange, wie es ihm gefällt, auf seine Dame los, und die Dame auf ihn, und dies geht so lange fort, bis sie matt werden; und dann stürmt der lebhafte Held in ihre Mitte. Der Geiger beginnt zu grinsen und geigt mit neuem Mute; in das Tamburin kommt neue Kraft, neues Gelächter unter die Tänzer, neues Lächeln auf das Gesicht der Wirtin, neues Vertrauen in den Wirt, neue Heiterkeit selbst in die Lichter. Der junge Neger vollführt mehrere Sprünge und Schneller, schnalzt mit den Fingern, verdreht die Augen, wendet seine Knie herum und zeigt die Hinterseite seiner Beine nach vorn, dreht sich wie ein Kreisel auf Zehen und Hacken, tanzt mit zwei linken Beinen, zwei rechten Beinen, zwei hölzernen Beinen, zwei

Drahtbeinen – allen Sorten von Beinen und keinen Beinen – 's ist ihm alles eins. Endlich, nachdem er seine Tänzerin und sich obendrein ganz erschöpft hat, springt er großartig an den Schenktisch und verlangt, schnatternd wie Millionen unechte Jim Crows, mit unnachahmlichen Lauten etwas zu trinken!

Nach der erstickenden Atmosphäre jener Häuser bedünkt uns die Luft frisch, selbst in diesem unsauberen Kellerloch; und jetzt, da wir in eine breitere Straße kommen, bläst sie uns reiner und wohltuender entgegen, und die Sterne blinken wieder freundlich hernieder. Hier sind wir wieder an den »Gräbern«; das Stadtwachthaus ist ein Teil des Gebäudes. Es ist die natürlichste Fortsetzung der Schauspiele, denen wir eben beigewohnt haben. Dies wollen wir noch ansehen und dann zu Bett!

Wie? wirft man hier die Leute wegen leichter Polizeivergehen in solche Löcher? Müssen denn Männer und Weiber, gegen die noch kein Verbrechen erwiesen ist, wirklich hier die ganze Nacht zubringen, in den widrigen Dünsten, welche die düstere Lampe, womit uns geleuchtet wird, umgeben? So ekelhafte, scheußliche Kerker wie diese Zellen würden dem despotischsten Lande in der Welt Schande machen! Betrachte sie, Mann, der du die Schlüssel dazu hast und sie alle Nächte siehst. Siehst du, was das ist? Weißt du, wie die Abzugskanäle unter den Straßen gebaut sind und worin sie sich von den Menschenkloaken hier unterscheiden?

Gut, er weiß es nicht. Er sagt, er habe schon fünfundzwanzig junge Frauenzimmer auf einmal hier eingeschlossen und man könne sich kaum denken, was für schöne Gesichter darunter gewesen wären.

So schließ denn in Gottes Namen die Tür hinter dem elenden Geschöpf, das jetzt darin ist, und verbirg ja das Dasein eines Ortes, der von allem Laster, von aller jämmerlichen Teufelei der schlechtesten alten Stadt in Europa nicht übertroffen werden kann.

Werden die Leute denn wirklich die ganze Nacht unverhört in diesen schwarzen Sauställen gelassen? – Jede Nacht. Die Wache stellt sich um sieben Uhr abends ein. Der Magistrat öffnet den Gerichtshof um fünf Uhr morgens. Dies ist die früheste Stunde, zu welcher der Gefangene erlöst werden kann, und wenn ein Beamter gegen ihn zeugt, so kommt er erst um neun oder zehn Uhr heraus. – Aber wenn nun einer inzwischen, wie es jüngst der Fall war, stirbt? – Dann wird er, wie es in jene Falle geschah, innerhalb von einer Stunde von den Ratten halb aufgefressen, und damit basta!

Was soll denn das unerträgliche Glockengeläut, das Rädergerassel und das Schreien in der Ferne bedeuten? Eine Feuersbrunst. Und was ist das für ein roter Schein in der entgegengesetzten Richtung? Eine andere Feuersbrunst. Und was sind das hier für halbverkohlte, schwarze Wände? Das ist ein Haus, worin eine Feuersbrunst gewütet hat. Vor Kurzem wurde in einem amtlichen Bericht mehr als bloß angedeutet, dass diese Feuersbrünste nicht ganz zufällig seien und dass der Spekulations- und Unternehmungsgeist selbst im Feuer einen Spielraum sucht. Doch dem sei, wie ihm wolle; in der letzten Nacht war Feuer, diese Nacht ist zweimal Feuer, und ich will wetten, dass es morgen wenigstens einmal irgendwo brennt. So wollen wir denn uns dies zu unserm Troste dienen lassen, gute Nacht sagen und zu Bett gehen.

## 1842

# HERMAN MELVILLE
## Menschliche Missionspredigt auf Tahiti

*Gott muss hienieden wirken, die Missionare wissen es so gut wie ihre Schäfchen.*

*Als Zwanzigjähriger versucht Herman Melville (\* 1819, † 1891) sich als Grundschullehrer in New York, gibt seine Stelle jedoch schon im folgenden Jahr wieder auf und heuert Anfang 1841 auf dem Walfänger »Acushnet« für eine Fangfahrt in den Pazifik an. Die Bedingungen an Bord veranlassen ihn zum Absprung beim ersten Zwischenhalt auf der Insel Nukuhiva (Marquesas). Mit einem anderen Matrosen flieht er durch die Berge, um im Tal von Taipivai bei den Typee in Gefangenschaft zu geraten. Am Bein verletzt, beobachtet er vier Wochen lang deren Leben. Auf dem australischen Walfänger »Lucy Ann« flieht er weiter nach Tahiti (Gesellschaftsinseln). Dort wird er wegen seiner Teilnahme an einer Rebellion an Bord verhaftet, kann aber wiederum aus dem Gefängnis fliehen. Auf dem Walfänger »Charles and Henry« gelangt er nach Hawaii und von da nach einem Aufenthalt in Peru im Oktober 1844 zurück nach Boston. Aus den knapp vier Jahren hat er einiges zu berichten, und in seinen frühen Romanen* Typee *(1846) sowie* Omoo *(1847) tut er das.*

NACHDEM DIE RUHE einigermaßen wiederhergestellt war, wurde der Gottesdienst mit Gesang fortgesetzt. Der Chor bestand aus zwölf oder fünfzehn Damen der Mission, die auf einer langen Bank zur Linken der Kanzel Platz genommen hatten. Fast die ganze Gemeinde beteiligte sich daran.

Die erste Melodie ergriff mich sehr. Es war die gute Weise von Old Hundred, die einem tahitischen Psalm unterlegt war. Nach all den gottlosen Szenen, die ich in letzter Zeit erlebt hatte, berührte mich dies mit seinen ganzen Begleitumständen tief.

Viele Stimmen ringsherum waren von großer Klarheit und Fülle. Auch schienen die Sänger große Freude daran zu haben. Einige schwiegen hin und wieder und blickten umher, wie um sich die Szene besser einzuprägen. Tatsächlich sangen sie richtig fröhlich, obwohl es eine feierliche Melodie war.

Die Tahiter besitzen viel natürliches Talent zum Singen und tun dies bei jeder sich bietenden Gelegenheit außerordentlich gern. Oft habe ich flotte junge Burschen ein paar Psalmverse vor sich hin summen gehört, als wäre es ein Stückchen aus einer Oper.

Im Singen wie in den meisten anderen Dingen unterscheiden die Tahitier sich sehr von der Bevölkerung der Sandwich-Inseln, deren Kirchengemeinden mehr blöken als singen.

Nachdem der Psalm beendet war, folgte ein Gebet. Klugerweise machte der gute alte Missionar es kurz, denn die Gemeinde wurde unruhig und unaufmerksam, schon als es begann.

Dann wurde ein Kapitel aus der tahitischen Bibel verlesen, ein Text ausgewählt, und die Predigt begann. Sie fand aufmerksamere Zuhörer, als ich erwartet hatte.

Man hatte mich schon von verschiedenen Seiten darauf hingewiesen, dass die Ausführungen der Missionare darauf angelegt waren, ihre einfachen Zuhörer zu fesseln, und deshalb verständlicherweise für einen Fremden ziemlich lustig klangen, kurz, dass sie viel von Dampfschiffen, von den Kutschen des Lord-Mayors und der Art des Feuerlöschens in London zu sagen hatten. So hatte ich mir vorsorglicherweise in der Person eines intelligenten hawaiischen Matrosen, den ich kennengelernt hatte, einen guten Dolmetscher besorgt.

»Also, Jack«, sagte ich, ehe wir eintraten, »nun hör auf jedes Wort und erzähl mir, was du kannst, während der Missionar redet.«

Jacks Übersetzung war vielleicht keine kritische Wiedergabe der Ausführungen, und damals habe ich mir nicht notiert, was er sagte. Trotzdem will ich es wagen wiederzugeben, was ich davon in Erinnerung habe, und zwar so weit wie möglich in Jacks Ausdrucksweise, damit durch die doppelte Übersetzung nichts verlorengeht.

»Gute Freunde, ich froh, euch zu sehen, und ich möchte gern heute mit euch eine kleine Unterhaltung haben. Gute Freunde, sehr schwere Zeiten in Tahiti. Es macht mich weinen. Pomaree ist weg – die Insel nicht mehr euch, sondern den Wee-wees (Franzosen). Böse Priester auch hier und böse Götzenbilder in Frauenkleidern und Messingketten.[1]

Gute Freunde, ihr nicht mit ihnen sprechen oder sie ansehen – aber ich weiß, ihr tut nicht – sie gehören zu einer Räuberbande – die bösen Wee-wees. Bald diese schlechten Menschen gemacht sehr schnell weggehen. Beretanee Donnerschiffe kommen, und weg sie gehen. Aber davon jetzt nicht mehr. Ich spreche mehr später.

Gute Freunde, viele Walschiffe jetzt hier, und viele schlechte Männer gekommen damit. Es gibt keine guten Matrosen, das wisst ihr sehr gut. Sie kommen hierher, weil so schlecht, man sie zu Hause nicht behält.

Meine guten kleinen Mädchen, nicht Matrosen nachlaufen – nicht gut, wohin sie gehen. Sie tun euch Böses. Da, woher sie kommen, keine guten Leute sprechen mit ihnen – genau wie Hunde. Hier sie sprechen mit Pomaree und trinken Arba mit großem Pootai².Gute Freunde, dies sehr kleine Insel, aber sehr schlecht und sehr arm, diese beiden gehen zusammen. Warum Beretanee so groß? Weil diese Insel gute Insel und schicken Mickonaree³ zu arme Kannaka⁴. In Beretanee jeder Mensch reich.

Viele Dinge zu kaufen, und viele Dinge zu verkaufen. Häuser größer als das von Pomaree und großartiger. Auch jeder fährt in Kutschen umher größer als ihre⁵, und tragen feine Tapa jeden Tag. (Hier wurden verschiedene Arten des Luxus der Zivilisation aufgezählt und beschrieben.)

Gute Freunde, wenig zu essen in meinem Hause übrig. Schoner von Sydney nicht bringen Sack mit Mehl, und Kannaka nicht bringen Schwein und Obst genug. Mickonaree tun viel für Kannaka, Kannaka tun wenig für Mickonaree. Also, gute Freunde, flechten viele Kokosnusskörbe, sie füllen und bringen morgen.«

Das war der Inhalt eines großen Teils seiner Ausführungen, und was man auch davon halten mag, sie waren insbesondere den Gedanken der Insulaner angepasst, die nur für handgreifliche Dinge oder für Neues und Eindrucksvolles empfänglich sind. Für sie wäre eine trockene Predigt eben wirklich trocken. Den Tahitiern kann man kaum jemals nachsagen, dass sie nachdenken. Sie sind völlig impulsiv, und anstatt ihnen Dogmen auseinanderzulegen, geben die Missionare ihnen die großen Umrisse, hübsche Ausschnitte und kurze, leicht verständliche Lektionen aus der Kinderbibel. Etwas wie ein nachhaltiger religiöser Eindruck wird dabei selten oder nie erreicht.

Tatsächlich gibt es vielleicht keine Rasse auf der Erde, die von Natur aus für die Lehren des Christentums weniger geeignet ist als die Bevölkerung der Südsee. Und diese Behauptung geschieht mit voller Kenntnis dessen, was man »die große Wiedererweckung auf den Sandwich-Inseln« etwa im Jahre 1836 nennt, als im Lauf weniger Wochen mehrere Tausend in den Schoß der Kirche aufgenommen wurden. Aber dieses Ergebnis kam nicht durch eine nüchterne moralische Überzeugung zustande, wie ein fast augenblicklicher Rückfall in jede Art Laster später bewies. Es war die echte Wirkung eines krankhaften Empfindens, das hervorgerufen war durch das Gefühl eines großen physischen Mangels, das auf den außerordentlich zum Aberglauben neigenden Gemütern lastete, die Götter der Missionare würden Rache nehmen für die Schlechtigkeit des Landes.⁶

Es ist eine bemerkenswerte Tatsache, dass gerade die Tahitier, durch deren Charaktereigenschaften sich die Londoner Missionsgesellschaft veranlasst sah, sie als am aussichtsreichsten für die Bekehrung anzusehen und darüber hinaus ihre Insel für das erste Feld missionarischer Tätigkeit auszuwählen, tatsächlich später den ernstesten Widerstand leisteten. Eine gewisse Sanftheit in ihrem Wesen, augenscheinlich große Begabung und Fügsamkeit täuschen anfangs; aber das waren nur die Begleiterscheinungen einer körperlichen und geistigen Trägheit.

Eine Veranlagung zur Sinnlichkeit und eine Abneigung gegen den geringsten Zwang passten wohl zu der üppigen Natur der Tropen, bildeten aber das größtmögliche Hindernis für die strengen Moralgesetze des Christentums.

Zu all dem kommt eine Eigenschaft, die allen Polynesiern angeboren ist und mehr an Heuchelei grenzt als an alles andere. Diese veranlasst sie zu dem leidenschaftlichsten Interesse an Dingen, für die sie in Wirklichkeit nur wenig oder gar nichts

---

1   Gemeint ist das prächtige Bild der Jungfrau Maria in der kleinen katholischen Kapelle.

2   Das Wort Arva bedeutet hier soviel wie Branntwein. Pootai war einer der höchsten Häuptlinge auf der Insel, ein lustiger Geselle.

3   Dieses Wort, offensichtlich eine Verballhornung von »Missionar«, wird von den Eingeborenen in verschiedenen Bedeutungen gebraucht. Bisweilen wird es zur Bezeichnung eines Angehörigen der Kirche verwendet. Aber hier hat es seine ursprüngliche Bedeutung.

4   Ein Wort, das von den Fremden allgemein zur Bezeichnung der Eingeborenen von Polynesien verwendet wird.

5   Pomaree hatte einige Zeit vorher von Königin Viktoria eine Kutsche als Geschenk erhalten. Sie wurde später nach Oahu auf den Sandwich-Inseln geschickt und dort verkauft, um ihre Schulden zu bezahlen.

6   Um diese Zeit waren viele von der Bevölkerung dem Verhungern nahe (Anmerkung von Melville).

übrighaben, aber von denen sie annehmen, dass diejenigen davon angetan sind, deren Macht sie fürchten oder um deren Gunst sie sich bewerben. So schlugen sich zur Zeit ihres Heidentums die Sandwich-Insulaner tatsächlich die Zähne aus, rauften sich die Haare und verwundeten ihre Körper mit Muscheln, um ihren untröstlichen Kummer über das Hinscheiden eines großen Häuptlings oder eines Mitglieds der königlichen Familie zu bekunden. Und doch berichtet Vancouver, dass bei einer solchen Gelegenheit, als er gerade anwesend war, diese offenbar ganz ihren Gefühlen Hingegebenen sofort aufs Höchste vergnügt waren, als sie eine Groschenflöte oder einen holländischen Spiegel geschenkt erhielten. Ähnliche Beispiele gehören auch zu meinen eigenen Beobachtungen.

## 1843

# HONORÉ DE BALZAC
# Die Journalisten

*»Zum Verschlingen ist das ja eigentlich alles gemacht: spannend, sensationell, mächtig fabuliert«, sagte Thomas Mann, »obgleich es sich fast immer um Geld handelt.«*

*Honoré de Balzac (\* 1799, † 1850) kannte die Korruption der Pariser Presse und des Literaturbetriebs aus erster Hand: Seine eigene ungeheure literarische Produktivität war von permanenter Schuldenlast angepeitscht, und in den Ehehafen einer reichen polnischen Gräfin fand er erst kurz vor seinem Tod im Alter von 51 Jahren. Von den 137 geplanten Romanen und Erzählungen seiner* Comédie humaine *hatte er 91 vollendet.*

### DER NICHTSISTIKER (LE RIENOLOGUE)
*von einigen Vulgarisator genannt*
*Alias: homo papaver oder Klatschmohn*
*(Notwendigerweise ohne jede Artenvielfalt)*

Frankreich hat den tiefsten Respekt vor allem Langweiligen. Pünktlich in Stellung gegangen ist auch der Vulgarisator: Vom ersten Schritt an ist er mit gewichtigem Ernst zugange, im Dienst der Langeweile, die er verströmt. Seine Schule ist zahlreich vertreten. Der Vulgarisator lässt einen Gedankenfetzen in einen Kübel voller Gemeinplätze fallen und verstreicht diese abscheuliche philosophisch-literarische Mixtur mechanisch auf einem Blatt nach dem anderen. Die Seite sieht voll aus, sie scheint Gedanken zu enthalten; aber wenn ein gebildeter Mensch die Nase darüber hält, steigt daraus der Geruch leerer Kellergewölbe auf. Sie sind tief und völlig leer, nichts, die Intelligenz erlischt wie eine Kerze in einer luftleeren Gruft. Der Nichtsistiker ist der Gott der gegenwärtigen Bourgeoisie; er ist auf ihrer Höhe, er ist reinlich, er ist deutlich, er überlässt nichts dem Zufall. Aus diesem Hahn gluckert und gluckst das warme Wasser in saecula saeculorum, ohne aufzuhören.

Schauen wir, wie der Vulgarisator verfährt:

Bei Betrachtung des französischen Staates und seiner gegenwärtigen Verfassung könnte ein denkender Mensch alles in diesem Satz zusammenfassen: *Freiheiten, ja; die Freiheit, nein.*

Aus diesem Wort macht ein Vulgarisator drei Artikel im folgenden Stil:

*Versteht man unter Freisein ein Dasein ohne Gesetze, dann ist nichts in der Natur frei, und folglich kann in der gesellschaftlichen Ordnung niemand frei sein, denn die gesellschaftliche Ordnung ist der Ordnung der Natur unterworfen. Das Universum hat seine Gesetze: jedes Lebewesen gehorcht den Naturgesetzen und den Gesetzen seiner eigenen Natur. Gott selber, gemäß der Vorstellung, die wir uns von ihm machen, hat eine Natur, die wir göttliche Natur nennen und deren Gesetzen er gehorcht.*

Sechs Seiten über Hegel, Kant, Wolff, Schelling, die enden wie folgt:

*Wir können uns also die Dinge nur als festgelegt denken, das heißt nur in einer Weise ihres Seins; und wenn sie Veränderungen unterliegen, gehen diese von außen in die Dinge ein oder sind das Resultat ihrer eigenen Entwicklung; was beides uns in unserer Vorstellung, dass sie festgelegt sind, nicht beirren kann.*

*Versteht man jedoch unter Freisein einen Willen haben, eine Wahl treffen …, dann ist zuerst zu erklären, was der Wille ist. Ausgefeilte Definitionen bilden den Reichtum der Philosophensprache.*

Sechs Seiten über den Willen:

*Wenn Wille bedeutet, die Bewegung in Gang zu setzen, Kraft auszuüben, dann sind wir, Menschen und Tiere, in unterschiedlichen Graden frei. Doch aufgepasst, reihum gehorchen und bestimmen wir innerhalb der natürlichen und der gesellschaftlichen Ordnung. Was also ist die Freiheit? Freiheit heißt nach bestimmten Regeln Macht ausüben. Das könnte paradox erscheinen. Nun gut, im römischen Recht ist Freiheit als Befugnis definiert. Unzutreffenderweise ist diese Definition im letzten Jahrhundert Locke zugeschrieben worden. Die großen Schwierigkeiten mit der gegenwärtigen Politik erwachsen aus der Frage, ob das Wort frei nicht lediglich freiwillig bedeutet. Jedes Lebewesen, das seinem Willen folgt, hält sich für frei; tut es etwas gegen seinen Willen, fühlt es sich versklavt; wenn es nicht seinen Willen zu haben glaubt, bleibt es untätig. Ein Volk muss, wie gewisse Armeen, aus Freiwilligen bestehen, denn jeder Freiwillige hält sich für frei.*

*Politik wäre also die Kunst zu etc. etc. etc.*

Lauschte er den Worten eines Mannes von Geist, hätte der Bourgeois nachzudenken, im Buch seiner selbst nachzuschlagen; mit dem Nichtsistiker derweilen bewegt er sich auf gleicher Höhe, versteht alles und bewundert ihn über 600 Seiten Oktav, die freilich nicht immer von der Klarheit des oben stehenden Musters sind.

Sollte man glauben, die Vulgarisatoren hätten nach Madame de Staël Deutschland wiederentdeckt und wollten nun ihr Buch in einer Vielzahl von Büchern wiedererschaffen? Den Zeitschriften ist ein Vulgarisator unentbehrlich; aber haben sie an sieben oder acht nicht zu viel? Die Zeitschriften sind ganz auf der Höhe des Mittelmaßes, und diesem sagt es so sehr zu, den französischen Geist diesen österreichischen Verhältnissen zu überlassen, dass es die Vulgarisatoren mit seiner Gunst überschüttet. Die beim »Journal des Débats«, diese Kerlchen der Macht, futtern an mancher Krippe.

AXIOM

Je weniger Gedanken man hat, umso höher steigt man auf.

Das ist das Gesetz, welchem gemäß diese philosophischliterarischen Ballons unaufhaltsam über irgendeinem Punkt des politischen Horizonts auftauchen.

Schließlich hat die Macht, haben der Hof und die Minister recht: Geschützt werden kann nur, was sich unter uns befindet. Das ist die Ursache der Not und Verlassenheit, des gesamten Unglücks, das von Jahrhundert zu Jahrhundert im Leben all jener Menschen wiederkehrt, die ihnen überlegen, aber nicht reich geboren sind.

# 1844

## KLEMENS WENZEL LOTHAR FÜRST VON METTERNICH

# Napoleon. Rückblick auf einen gescheiterten Feind

*Er war kein pietistischer Frömmler und kein Antisemit, und der Superreaktionär, den er in Reinverkörperung darstellt, beweist in seinem Fall, dass dieser auch sonst nicht unbedingt viel Sentimentales zu haben braucht. Es gibt auch den kalten, rationalen Reaktionär, zugeschnitten weniger auf die Nation, sondern noch auf das Vielvölkerreich an der Donau. Entsprechend lebte, wäre es nach ihm gegangen, ganz Europa immer noch im Absolutismus, und jede von Istanbul bis nach Glasgow geschriebene Zeile unterläge der Wiener Zensur. Sollte noch heute das eine oder andere Perückenhaar in Österreichs politischer Tagessuppe Verdacht auf Rückständigkeit wecken, dann nicht ohne Erinnerung an den Fürsten, dessen Geist im Land fortglimmt.*

*Clemens Wenzel Lothar Fürst Metternich (\* 1773, † 1859), Architekt der europäischen Neuordnung auf dem Wiener Kongress, misst Bonaparte mit einem Blick, der nicht länger eine Wiederkehr des Objekts zu befürchten hat. Während in* Nichts als die Welt *(S. 177–179) Napoleons Kaiserkrönung aus dessen eigener Feder nachzulesen ist, kommt hier der vielleicht größte Staatsmann unter seinen Widersachern zu Wort, der mit dieser Themenwahl im Dienst der eigenen Größe schriftstellert.*

**M**AN HAT OFT DIE FRAGE ERWOGEN, ob Napoleon von Natur aus gut oder böse war. Mir hat es immer geschienen, als ob diese Epitheta, so wie man sie gewöhnlich braucht, sich nicht auf einen Charakter wie den seinigen anwenden lassen. Er war beständig mit einem einzigen Gegenstande beschäftigt, er widmete sich Tag und Nacht der Sorge, das Ruder eines Reiches festzuhalten, das in seinem allmählichen Wachsen schließlich die Interessen eines großen Teiles von Europa umfasste. Daher schreckte er niemals aus Furcht vor Reibungen, die er verursachen konnte, zurück, ja nicht einmal vor den ungeheuren persönlichen Leiden, die von der Ausführung seiner Pläne untrennbar waren. Gleich wie ein Wagen, der, aus seiner Spur geschleudert, alles zerschmettert, was er auf seinem Wege begegnet, so dachte Napoleon nur daran, vorwärtszukommen. Er nahm niemals Rücksicht auf die, die es nicht verstanden hatten, sich in Acht zu nehmen, ja er war sogar bisweilen versucht, sie wegen ihrer Dummheit anzuklagen. Gefühllos gegen alles, was sich außerhalb der Richtung seines Weges befand, beschäftigte er sich damit weder im Guten noch im Schlechten. Er hat das Unglück der Bürger wohl bemitleiden können, aber er war gegenüber allem politischen Unglück indifferent.

Ebenso verhielt er sich zu den Werkzeugen, deren er sich bediente. Uneigennütziger Edelmut lebte nicht in seiner Seele. Er verschwendete seine Gunstbezeugungen und seine Wohltaten nur nach Maßgabe des Wertes, den er dem Nutzen derer zuschrieb, die sie empfingen. Er behandelte die anderen so, wie er sich von ihnen behandelt glaubte. Er nahm alle Dienstleistungen an, ohne nach den Beweggründen, nach den Meinungen oder nach den Lebensumständen derer zu forschen, die sie ihm anboten, außer wenn er jene in die Berechnung seines eigenen Nutzens einstellen konnte.

Napoleon trug ein Doppelgesicht; als Privatmann war er leicht verständlich und umgänglich, ohne gut oder böse zu sein. In seiner Eigenschaft als Staatsmann kannte er keine Gefühlswallungen, niemals traf er seine Entscheidungen aus Zuneigung oder aus Abneigung. Er zerschmetterte oder beseitigte seine Feinde, ohne nach etwas anderem als nach der Notwendigkeit zu fragen oder nach dem Nutzen, den ihre Beseitigung mit sich brachte. Hatte er diesen Zweck erreicht, vergaß er sie und verfolgte sie nicht weiter.

Man hat sehr viele nutzlose Versuche unternommen und zwecklos Gelehrsamkeit daran verschwendet, Napoleon mit irgendeinem früheren Eroberer oder politischen Umstürzer zu vergleichen. Die Sucht nach Parallelen ist zu einem wirklichen Übel in der Geschichte geworden, sie hat falsches Licht über die bedeutendsten Charaktere verbreitet, und sie hat oft vollständig den Gesichtspunkt entstellt, unter dem man sie betrachten musste. Es ist unmöglich, einen Menschen zu beurteilen, wenn man ihn aus dem Rahmen, in den er gestellt ist, und aus der Gesamtheit der Umstände, die auf ihn eingewirkt haben, herauslöst. Selbst wenn es der Natur beliebt hätte, zwei vollkommen gleiche Individuen zu schaffen, so würde notwendigerweise ihre Entwicklung nach Zeit und Lage, die keine Analogie zuließen, deren ursprüngliche Ähnlichkeit verwischen und den ungeschickten Maler verwirren, der diese mit seinem Pinsel darstellen wollte. Der wirkliche Historiker, der sich über die bis ins Unendliche wechselnden Elemente, die in der Zusammensetzung seiner Gemälde eintreten müssen, Rechenschaft gibt, wird wohl gern auf die vergebliche Anmaßung verzichten, Napoleon mit den Helden des Altertums, mit den barbarischen Eroberern des Mittelalters, mit einem König des letzten Jahrhunderts (von seinem militärischen Talente abgesehen) oder mit einem Usurpator vom Schlage Cromwells zu vergleichen. Keiner dieser gewagten Vergleiche dürfte neues Licht zum Nutzen der Nachwelt verbreiten, aber sie würden unvermeidlich die Wahrheit der Geschichte fälschen.

Das System der Eroberungen Napoleons war übrigens von ganz besonderer Art. Die Weltherrschaft, auf die er es abgesehen hatte, hatte nicht etwa zum Ziele, in seinen Händen die direkte Verwaltung ungeheurer Ländermassen zu konzentrieren, sondern nur eine zentrale Oberherrschaft über die Staaten Europas nach dem entstellten und übertriebenen Ideal vom Reiche Karls des Großen zu errichten. Wenn augenblickliche Erwägungen ihn von diesem System abgehen ließen, wenn sie ihn dazu geführt haben, sich anzupassen oder dem französischen Gebiete Gegenden anzugliedern, an die er in seinem eigensten Interesse niemals hätte rühren sollen, so dienten doch diese im Wesentlichen schädlichen Maßnahmen zur Stärkung seiner Gewalt nicht dazu, den großen Plan, den er in tiefster Seele barg, weiterzuentwickeln, sondern sie brachten ihn zum Falle und vernichteten ihn. In gleicher Weise würde sich dieser Plan auch auf die Kirche erstreckt haben. Er wollte Paris zum Sitze des Katholizismus machen und den Papst von allen weltlichen Interessen loslösen, indem er ihm die geistliche Suprematie unter der Führung des kaiserlichen Frankreich zugestand.

In seinen politischen und militärischen Kombinationen verfehlte Napoleon niemals, tüchtig die Schwächen und Fehler derer, die er bekämpfte, in Anschlag zu bringen. Man muss zugestehen, dass eine lange Erfahrung ihn nur allzu sehr berechtigte, diesem Grundsatz zu folgen. Aber es ist auch sicher, dass er ihn missbraucht hat, und dass die Gewohnheit, die Fähigkeiten und die Kräfte seiner Gegner zu unterschätzen, eine der wichtigsten Ursachen seines Sturzes gewesen ist. Die Allianz von 1813 hat ihn getötet, weil er sich niemals hat überzeugen können, dass eine Koalition den Geist der Einigkeit unter ihren Mitgliedern aufrechterhalten und bis zum gedeihlichen Ende ausharren könnte.

Noch ist die Meinung der Welt geteilt und wird es vielleicht immer über die Frage sein, ob Napoleon wirklich den Beinamen des Großen verdient hat? Es wäre zwecklos, über große Eigenschaften bei dem zu streiten, der, obgleich von geringer Herkunft, in wenigen Jahren der Stärkste und der Mächtigste aller Zeitgenossen hat werden können. Aber Gewalt, Macht und Überlegenheit sind mehr oder minder relative Bezeichnungen. Um die Größe des Genies genau zu würdigen, das für einen Mensch nötig war, sein Jahrhundert zu beherrschen, müsste man einen Maßstab für dieses Jahrhundert haben. Ein solcher Ausgangspunkt begründet eine wesentliche Verschiedenheit in den Urteilen über Napoleon. Wenn das Zeitalter der Französischen Revolution, wie seine Bewunderer meinen, die glänzendste und die ruhmreichste Epoche der modernen Geschichte gewesen ist, so ist Napoleon, der in ihr den ersten Platz zu erreichen und 15 Jahre lang festzuhalten verstand, unstreitig einer der größten Männer gewesen, die jemals gelebt haben. Wenn er aber im Gegenteil nur sich wie ein Meteor über die Nebel einer allgemeinen Auflösung erhoben hat, wenn er um sich herum nur die Reste eines sozialen Zustandes, der durch die Entartungen einer falschen Zivilisation vernichtet war, gefunden hat, wenn er nur die Widerstände, die durch die allgemeine Müdigkeit erlahmt waren, machtlose Rivalitäten, niedrige Leidenschaften, kurz draußen wie drinnen uneinige Gegner bekämpft hat, die durch ihre Uneinigkeit gelähmt waren, so ist es gewiss, dass der Glanz seiner Erfolge nach Maßgabe der Leichtigkeit, mit der er sie hat erlangen können, abnimmt. Da nun nach unserer Meinung der Zustand der Dinge tatsächlich so gewesen ist, so laufen wir nicht Gefahr, bei uns die Größe Napoleons zu überschätzen, obwohl wir alles das anerkennen, was es Außergewöhnliches und Wichtiges in seinem Leben gegeben hat.

Das ungeheure Gebäude, das er gebaut hatte, war ausschließlich das Werk seiner Hände, und er selbst der Schlüssel zum Gewölbe. Aber es fehlte diesem riesenhaften Bau eine wirkliche Grundlage. Die Stoffe, die ihn bildeten, waren nur die Überreste anderer Gebäude, die teilweise verfault, teilweise seit ihrer Errichtung ohne Haltbarkeit waren. Der Schlussstein des Gewölbes ist verschoben worden, und das Gebäude ist von oben bis unten eingestürzt.

Das ist in wenigen Worten die Geschichte des französischen Kaiserreiches. Durch Napoleon begriffen und geschaffen, hat es nur in ihm allein existiert; mit ihm hat es vergehen müssen.

*1844*

# SØREN KIERKEGAARD
# Der bodenlose Mensch und seine Angst

---

*Nicht jedermann wird ohne Weiteres verstehen, warum. Aber es ist nun einmal so: Am Anfang ist bei ihm Verzweiflung. Denn ihm zufolge kann der Mensch aus sich heraus ihr nicht entkommen, und ebenso wenig Hilfe erwächst ihm aus seinem Verhältnis zu einem absolut Unbekannten: zu Gott. Schon im Stande der Unschuld schwebt er über dem Nichts.*

*Anders als seine Schülerschaft hundert Jahre später ist er im Frieden und Wohlstand groß geworden, aber schon früh mit Neigungen zur Schwermut wie der introvertierte, streng religiöse Vater, der seine ungebildete Magd geheiratet hatte und bei seiner Geburt bereits 57 Jahre alt war. In der dänischen Wirklichkeit des Christentums sucht er vergeblich nach der christlichen Idee, und in der Beziehung zu seiner innigst geliebten Verlobten fühlt er sich selbst als Versager und flieht. Dieses Leben hienieden will nicht, wie er will, und er findet keinen Boden unter den Füßen. Auch Hegels Dialektik verhilft ihm nicht dazu, sondern lehrt ihn Akrobatik über dem Abgrund seiner Philosophie menschlichen Ungenügens.*

*In solch bodenloser Zurüstung wird der dänische Philosoph und protestantische Theologe Søren Kierkegaard (\* 1813, † 1855) zum Paten der Existenzialisten, und womöglich wäre er vergessen ohne sie. Diese ihrerseits sind allesamt keineswegs seine, sondern geistige Kinder des Weltkriegs, geboren aus einem durchaus anders gearteten Extrem als er. Sie nötigt die Kriegserfahrung zum Versuch, auf keinem Bein zu stehen, »verdammt zur Freiheit«, wie Jean-Paul Sartres Formel einem Lebensgefühl Ausdruck verleihen wird.*

D**IE UNSCHULD IST UNWISSENHEIT.** In der Unschuld ist der Mensch nicht als Geist, sondern seelisch bestimmt in unmittelbarer Einheit mit seiner Natürlichkeit. Der Geist ist träumend im Menschen. Diese Auffassung stimmt vollkommen mit der Auffassung der Bibel überein, die den Stab über alle katholisch-verdienstvollen Phantastereien bricht, indem sie dem Menschen in der Unschuld die Kenntnis des Unterschieds zwischen Gutem und Bösem verweigert.

In diesem Zustand gibt es Frieden und Ruhe, doch gleichzeitig noch etwas anderes, was nicht Unfriede und Streit ist, denn es gibt ja nichts, womit sich streiten ließe. Was ist es dann? Nichts. Doch welche Wirkung hat Nichts? Es gebiert Angst. Das tiefe Geheimnis der Unschuld besteht darin, dass sie gleichzeitig Angst ist. Träumend projektiert der Geist seine eigene Wirklichkeit, diese Wirklichkeit aber ist Nichts, und dieses Nichts sieht die Unschuld ständig vor sich.

Angst ist Bestimmung des träumenden Geistes und gehört wie dieser in die Psychologie. Im Wachsein ist der Unterschied zwischen mir selbst und meinem Anderen gesetzt, im Schlaf ist er suspendiert, im Traum ist er ein angedeutetes Nichts. Die Wirklichkeit des Geistes zeigt sich ständig als eine Gestalt, die seine Möglichkeit versucht, jedoch fort ist, sobald er nach ihr greift. Und ein Nichts ist, das nur zu ängstigen vermag. Mehr kann sie nicht, solange sie sich nur zeigt. Man findet den Begriff Angst kaum jemals in der Psychologie behandelt, ich muss deshalb darauf aufmerksam machen, dass er gänzlich verschieden ist von der Furcht und ähnlichen Begriffen, die sich auf etwas Bestimmtes beziehen, während Angst die Wirklichkeit der Freiheit als Möglichkeit für die Möglichkeit ist. Daher wird man beim Tier, eben weil es in seiner Natürlichkeit nicht als Geist bestimmt ist, keine Angst finden.

Wenn wir die dialektischen Bestimmungen der Angst betrachten, dann stellt sich heraus, dass diese gerade die psychologische Zweideutigkeit besitzen. Angst ist eine *sympathetische Antipathie* und *eine antipathetische Sympathie*. Man sieht, denke ich, unschwer ein, dass dies in ganz anderem Sinne eine psychologische Bestimmung ist als jene *concupiscentia*. Der Sprachgebrauch bestätigt das vollkommen, man sagt: die süße Angst, die süße Beängstigung; man sagt: eine seltsame Angst, eine verschämte Angst usw.

Jene Angst, die in der Unschuld gesetzt ist, nun zum ersten keine Schuld, zum zweiten ist sie keine beschwerliche Bürde, kein Leiden, das sich nicht in Einklang mit der Seligkeit der Unschuld bringen ließe. Wenn man Kinder beobachtet, dann findet man diese Angst bestimmter angedeutet als ein Suchen nach dem Abenteuerlich-Märchenhaften, dem

Ungeheuren, dem Rätselhaften. Das es Kinder gibt, denen dieses Suchen fehlt, beweist nichts; das Tier hat es ja auch nicht, und je weniger Geist, um so weniger Angst. Diese Angst gehört so wesentlich zum Kind, dass es nicht darauf verzichten will; auch wenn sie ängstigt, fesselt sie es doch in süßer Beängstigung. In allen Nationen, bei denen das Kindliche als Träumen des Geistes bewahrt ist, findet sich diese Angst, und je tiefer sie ist, umso tiefer ist die Nation. Nur eine prosaische Dummheit kann das für eine Desorganisation halten. Angst hat hier die gleiche Bedeutung wie Schwermut an einem viel späteren Punkt, dann nämlich, wenn die Freiheit, nachdem sie die unvollkommenen Formen ihrer Geschichte durchlaufen hat, im tiefsten Sinne zu sich selbst kommen soll.

In gleicher Weise, wie das Verhältnis der Angst zu ihrem Gegenstand, zu Etwas, das Nichts ist (der Sprachgebrauch sagt auch prägnant: sich vor nichts ängstigen), ganz und gar zweideutig ist, wird auch jener Übergang, der hier von der Unschuld zur Schuld gemacht werden kann, ausreichend dialektisch sein, um zu zeigen, dass die Erklärung ist, wie sie sein soll, nämlich psychologisch. Der qualitative Sprung ist außerhalb jeder Zweideutigkeit, wer aber durch Angst schuldig wird, der ist unschuldig; denn was ihn ergriffen hat, war nicht er selbst, sondern die Angst, eine fremde Macht, eine Macht, die er keineswegs liebte und vor der er sich ängstigte – und doch ist er schuldig, denn er sank in die Angst, die er liebte, indem er sie fürchtete. Es gibt nichts Zweideutigeres auf der Welt als das, und darum ist diese Erklärung die einzig psychologische, der es jedoch niemals einfällt – um es noch einmal zu wiederholen –, diejenige sein zu wollen, die den qualitativen Sprung erklärt. Jede Vorstellung der Art, dass das Verbot den Menschen in Versuchung geführt oder dass der Verführer ihn betrogen hätte, besitzt nur für eine oberflächliche Beobachtung die ausreichende Zweideutigkeit, verfälscht die Ethik, bewirkt ein quantitatives Bestimmen und will dem Menschen mit Hilfe der Psychologie ein Kompliment auf Kosten des Ethischen machen, was sich ein jeder, der ethisch entwickelt ist, als eine neue, noch profundere Verführung verbitten muss.

Dass die Angst zum Vorschein kommt, das ist der Kernpunkt des Ganzen. Der Mensch ist eine Synthese aus Seelischem und Körperlichem. Doch eine Synthese ist undenkbar, wenn sich die beiden Teile nicht in einem Dritten vereinen. Dieses Dritte ist der Geist. Im Zustand der Unschuld ist der Mensch nicht ausschließlich Tier – denn wenn er auch nur einen Augenblick seines Lebens ausschließlich Tier wäre, würde er überhaupt nie Mensch. Der Geist ist also gegenwärtig, jedoch als unmittelbarer, als träumender Geist. Durch seine Gegenwart ist er gewissermaßen eine feindliche Macht; denn jenes Verhältnis zwischen Seele und Körper, das zwar Bestand und doch auch nicht Bestand hat, weil es den erst durch den Geist bekommt, wird unentwegt von ihm gestört. Andererseits ist der Geist eine unfreundliche Macht und will das Verhältnis ja eben konstituieren. Welches Verhältnis hat nun der Mensch zu dieser zweideutigen Macht, wie verhält sich der Geist zu sich selbst und zu seiner Bedeutung? Er verhält sich als Angst. Der Geist kann sich nicht selbst abschütteln und kann sich auch nicht selbst ergreifen, solange er sich selbst außerhalb von sich selber hat; der Mensch kann auch nicht ins Vegetative sinken, denn er ist als Geist bestimmt; die Angst fliehen kann er nicht, denn er liebt sie. Jetzt ist die Unschuld auf ihrer Spitze. Sie ist Unwissenheit, nicht aber tierische Brutalität, sondern eine Unwissenheit, die bestimmt ist durch Geist, und sie ist deshalb Angst, weil ihre Unwissenheit einem Nichts gilt. Hier gibt es kein Wissen von Gut und Böse usw., sondern die ganze Wirklichkeit des Wissens projiziert sich in der Angst als ungeheures Nichts der Unwissenheit.

Noch gibt es die Unschuld, doch nur ein einziges Wort braucht zu ertönen, dann ist die Unwissenheit konzentriert. Dieses Wort kann die Unschuld natürlich nicht verstehen, aber die Angst hat gleichsam ihre erste Beute, sie hat anstelle des nichts ein rätselhaftes Wort bekommen. Wenn es in der Genesis heißt, dass Gott zu Adam sagte: „Aber von dem Baum der Erkenntnis des Guten und Bösen sollst du nicht essen", dann ist doch klar, dass Adam dieses Wort eigentlich nicht verstehen konnte – denn wie sollte er den Unterschied zwischen Gutem und Bösem verstehen, wo er sich doch erst mit dem Genuss herausstellte.

Wenn man nun annimmt, dass das verbot die Lust erweckt, dann ergibt sich statt der Unwissenheit ein Wissen, denn Adam muss ja von der Freiheit gewusst haben, wenn die Lust darin bestand, sie zu gebrauchen. Deshalb ist es eine nachträgliche Erklärung. Das Verbot ängstigt ihn, weil es in ihm die Möglichkeit der Freiheit weckt. Was als das nichts der Angst und Unschuld vorüberging, ist jetzt in ihn eingedrungen und ist wiederum ein Nichts, eine ängstigende Möglichkeit zu *können*. Worauf sein Können gerichtet ist, davon hat er keinen Begriff, denn andernfalls setzt man, wie üblich ist, das Spätere, den Unterschied zwischen Gut und Böse ja voraus. Da ist nur die Möglichkeit des Könnens, als höhere Form von Unwissenheit, als höherer Ausdruck von Angst, weil es in einem höheren Sinn ist und nicht ist, weil Adam es in einem höheren Sinn liebt und flieht.

Dem Wort des Verbots folgt das Wort der Verdammung: Dann wirst du des Todes sterben. Natürlich begreift Adam gar nicht, was ›sterben‹ bedeutet, dagegen ist es durchaus möglich, dass diese Worte, falls man sie als an ihn gerichtet annimmt, ihm die Vorstellung vom Entsetzlichen vermittelt haben. In dieser Hinsicht kann sogar das Tier den mimischen Ausdruck und die Bewegung in der Stimme des Sprechenden verstehen, ohne das Wort zu begreifen. Wenn man das Verbot die Lust erwecken lässt, dann muss man dem Wort der Strafe auch erlauben, eine abschreckende Vorstellung zu erwecken. Das ist jedoch verwirrend. Da Adam das gesagte nicht verstanden hat, wird das Entsetzen hier nur Angst, und also wiederum nur die Zweideutigkeit der Angst. Die von dem Verbot erweckte unendliche Möglichkeit des Könnens wird dadurch näher gerückt, dass sie als ihre folge eine Möglichkeit zu Tage fördert.

Solcherart ist die Unschuld zum Äußersten gebracht. Sie ist durch die Angst in Beziehung zum Verbotenen und zur Strafe. Sie ist nicht schuldig, und doch ist da eine Angst, als wäre sie verloren.

Weiter kann die Psychologie nicht kommen, dies aber kann sie erreichen, und dies vor allem kann sie wieder und wieder beweisen, wenn sie das Menschenleben beobachtet.

## *1849*

# GUSTAVE FLAUBERT

## Fremde Menschen – im Leinen und nackt. Reiseimpressionen aus Kairo

*Mit Stendhal und Balzac bildet er als der überragende Stilist das Dreigestirn von Frankreichs großen realistischen Erzählern: Gustave Flaubert (\* 1821, † 1880). Die Orientreise von 1849–1850 ist seine letzte; im Jahr nach seiner Rückkehr nimmt der Dreißigjährige seinen ersten veröffentlichten Roman* Madame Bovary *in Angriff. Auch als Reisender und Augenzeuge im fremden Land stellt er hohe Ansprüche an sich selber und mutet sich allerhand zu.*

AUF DEM RUMELIENPLATZ treffen wir unsere Freunde, die Possenreißer. Das Kind machte einen Toten (ausgezeichnet), man sammelte, um ihn wieder zum Leben zu erwecken; man legte ihm einen eisernen Karabinerhaken in den Mund, und es spazierte damit in voller Nacktheit herum. Nicht weit davon eine Gruppe Araber, die Tarabuk spielten und sangen; noch weiter erzählte einer eine Geschichte, Weihrauch brannte neben ihm.

Türkisches Bad. – Kleiner Knabe in rotem Tarbusch, der mir den rechten Schenkel mit melancholischer Miene massierte.

Brautzug auf der Straße. – Ich hörte den Lärm einer Hochzeit und beeilte mich, auf die Straße zu kommen. Die Braut, unter einem Baldachin aus rosa Seide, wurde von zwei Frauen geführt, die prachtvolle Augen hatten, besonders die, welche links ging; die Braut war, wie stets, in einen roten Schleier gehüllt, der sie bei ihrer konischen Haartracht einer Säule ähnlich macht; die Braut kann kaum gehen, so sehr ist sie eingeschnürt.

Von Heiligen. – Ein Santon aus Rosette fällt über eine Frau her und vögelt sie öffentlich; die Frauen, die zugegen waren, lösten ihre Schleier und bedeckten damit das Paar. –

Geschichte eines Franzosen, der sich in Oberägypten verirrt und ohne Unterhaltsmittel war; um sein Leben zu fristen, kommt er auf den Gedanken, sich als Santon auszugeben, und hat Glück dabei. Ein Franzose erkennt ihn … Der Santon erhält schließlich eine Anstellung mit zwölftausend Franken in der Militärverwaltung.

Sonntag, den 16. Dezember 1849. Als ich nach dem Frühstück wieder nach oben ging, hörte ich L… laut schreien, die im Sterben lag. – Ich habe auf meinem Divan die Aufzeichnungen Bekir-Beis über Arabien gelesen; es ist jetzt halb vier. – Um fünf Uhr bin ich in den Garten hinuntergegangen, um eine Pfeife zu rauchen. Frau X… war tot. Als ich über die Treppe ging, hörte ich ihre Tochter verzweifelt schreien.

Bei dem Bassin in der Nähe des kleinen Affen, der an die Mimosa gebunden ist, stand ein Franziskaner, der mich grüßte; wir blickten einander an, und er sagte: »Etwas Grün ist noch da«, und ging seiner Wege. Die Kinder aus der Schule des Juden spielten im Garten. Zwei kleine Mädchen und drei Knaben, von denen einer eine Spieluhr aufzog, die Soldaten in Bewegung setzte. Doktor Rüppel kam und gab dem Affen, der auf ihn sprang, eine Nuss. »Oh, du Schwein! Oh, du Schwein! Oh, du kleines Schwein!«, sagte er, dann ging er fort, um seine Besuche in der Stadt zu machen, denn er war im Hut. Im Hofe stand Bouvaret in Hemdsärmeln, eine Zigarre rauchend, und sagte zu mir: »Es ist vorbei.« Man will die Leiche der Mutter forttragen, und die Tochter klammert sich daran fest; sie schreit aus vollem Halse, es klingt fast wie Gebell.

Sie war Engländerin und in Paris erzogen; in dem Viertel, in dem sie lebte, hat sie die Bekanntschaft eines jungen Muslim gemacht, der jetzt Kaimakam ist, und ist zum Mohammedanismus übergetreten. Die muselmanischen Priester und die Katholiken streiten sich darum, wer sie begraben soll; sie hat heute Morgen gebeichtet, aber nach der Beichte ist sie zu Mohammed zurückgekehrt und wird nach türkischem Ritus beigesetzt werden. Dreiviertel auf vier.

Von Montag, den 17., an hat es die ganze Woche geregnet; wir haben die Zeit auf die Durchforschung der Aufzeichnungen Bekir-Beis und auf fotografische Arbeiten verwandt. Zweimal haben wir uns mit unsern großen Stiefeln in die Straßen Kairos gewagt, die mit Seen von Schmutz angefüllt sind; die armen Araber patschten bis zur Mitte des Beines darin herum und zitterten vor Kälte; die Geschäfte sind unterbrochen, die Basare sind geschlossen, es ist ein trauriger und trostloser Anblick; Häuser stürzen vom Regen ein. Um den Schmutz trocken zu machen, schüttet man Asche und Schutt darauf, dadurch hebt sich allmählich das Niveau des Erdbodens.

Sonnabend, den 22., Besuch des Grabes Ibrahim-Paschas in der Ebene, die zwischen dem Mokattam und dem Nil hinter Karameidan liegt. Alle Grabmäler der Familie Mohammed Alis sind von jämmerlichem Geschmack, Rokoko, Canova, europäisch-orientalisch, Malereien und Girlanden im Wirtshausgeschmack, und darüber hängen kleine Ballsaalkronleuchter.

Wir folgen dem Aquädukt, der die Zitadelle mit Wasser versorgt; freilebende Hunde schliefen oder streiften in der Sonne umher, Raubvögel kreisten am Himmel. Ein Hund zerreißt einen Esel, von dem nur noch ein Teil des Skeletts und der Kopf mit dem vollständigen Fell übrig war; der Kopf ist wegen der Knochen gewiss das schlechteste Stück. Die Vögel fangen immer bei den Augen an und die Hunde gewöhnlich am Bauch oder After, alle gehen zuerst an die weicheren Teile und dann an die härteren.

Garten von Rôda. – Groß, schlecht gehalten, voll schöner Bäume, indischen Zwergpalmen. Am Ende, nach Kairo zu, eine Treppe, die zum Wasser herabführt. – Palast Mehmet-Beis (zur Rechten, Kairo gegenüber), desselben, der seinen Sais beschlagen ließ, weil er ihn um Markubs bat. – Im Garten von Rôda liegt nach Gizeh zu und unter Bäumen versteckt bei einer prächtigen Sykomore ein Haus, das man einst an die Konsuln vermietete und wo sich herrlich auf orientalische Weise leben ließe ...

Spital Kasr el'Aini. – Gut gehalten. Clot-Beis Werk, man bemerkt noch seine Spuren darin. – Hübsche Fälle von Syphilis. Im Saal der Mamelucken des Abbas haben sie mehrere im Arsch. Auf ein Zeichen des Arztes erhoben sich alle in ihren Betten, lösten die Gürtel ihrer Hose (das geht wie ein militärisches Manöver) und öffnen mit den Fingern ihren Anus, um ihre Schanker zu zeigen. – Fälle von ungeheurem Infundibulum. Der eine hatte ein Seil im Arsch; bei einem Alten ein vollständig von Haut entblößter Schwanz; ich musste einen Schritt zurücktreten vor dem Geruch, den er ausströmte. – Rachitischer: die Hände umgebogen, die Nägel lang wie Krallen. Man sah die Struktur seines Rumpfes wie bei einem Skelett und ebenso deutlich; die übrigen Körperteile waren von phantastischer Magerkeit, der Kopf war von einer weißlichen Lepra überzogen.

Anatomisches Kabinett: Präparate aus Wachs von Auzoux, Zeichnungen von Geschundenen an den Wänden, Fötus von Auzoux in seiner runden Hülle; auf dem Seziertisch der Leichnam eines Arabers mit schönem schwarzem Haar, er war ganz geöffnet.

Korsischer Apotheker im Schilfrock.

## 1850

### RALPH WALDO EMERSON

# Der einzige Mensch aus der Geschichte, den wir richtig kennen können

*Ihn wollen wir an dieser Stelle als großen Porträtisten nicht missen – und ebenso wenig den wunderbaren Enthusiasten. Ist doch nichts begeisternder als die Begeisterung. Seine sechs großen Porträts sind versammelt zu einer Galerie mit dem Buchtitel* Representative Men, *und »repräsentativ« kann hier wohl nur für die Menschheit heißen:* Plato oder der Philosoph; Swedenborg oder der Mystiker; Montaigne oder der Skeptiker; Shakespeare oder der Dichter; Napoleon oder der Mann des weltlichen Erfolges; Goethe oder der Schriftsteller.

*Ralph Waldo Emerson (\*1803, † 1882), der den alten Kontinent 1832–1833 bereist hatte, blieb nicht im Schatten solcher europäischer Überlebensgrößen. Im Gegenteil, sein Vortrag* The American Scholar *von 1837 wurde als intellektuelle Unabhängigkeitserklärung Amerikas aufgenommen. Seine Lehre kennzeichnete er als »infinitude of private man« – ein romantisch-idealistisch überhöhter Individualismus, der seine Heimat Amerika kaum verlassen würde. Im Jahr darauf stellte er, der schon zuvor dreißig Jahre sein Amt als unitarischer Pastor niedergelegt hatte, in einem weiteren spektakulären Auftritt die moralische Intuition über alle religiösen Doktrinen, woraufhin ihn die unitarisch dominierte Harvard University als Dozent suspendierte. Der Schriftsteller und äußerst rührige Vortragsreisende ebnete als Mentor Männern wie Walt Whitman und Henry David Thoreau den Weg.*

## SHAKESPEARE

Obgleich wir von Shakespeare nicht das Geringste wissen, ist er doch die einzige Person in der ganzen modernen Geschichte, die uns wirklich bekannt ist. Lasst Timon, lasst Warwick, lasst den Kaufmann Antonio für sein großes Herz zeugen. Wo ist die Frage der Sittlichkeit und Sitte, der Staatskunst, der Philosophie, der Religion, des Geschmacks, der Lebensführung, die er nicht behandelt hätte? Wo ist ein Geheimnis, von dem er nichts gewusst hätte? Wo ist ein Amt, ein Beruf, ein menschliches Wirkungsfeld, das er nicht berührt hätte? Wo ist ein König, den er nicht in der königlichen Würde belehrt hätte, wie Talma den Napoleon? Wo ist der Edelmann, dessen Manieren er nicht verfeinert hätte? Welches Mädchen hat seine Verse nicht süßer gefunden als ihre zartesten Liebesstunden? Welcher Liebhaber war ihm an Liebe, welcher Weise an Tiefblick gleich?

Manche begabten und urteilsfähigen Kritiker sind der Ansicht, dass keine Kritik Shakespeares etwas wert sei, die sich nicht ausschließlich auf sein dramatisches Verdienst stütze. Ich denke ebenso hoch von seinen dramatischen Verdiensten wie diese Kritiker, aber ich bin der Ansicht, dass sie erst in zweiter Linie kommen. Er war ein Mann, der etwas zu sagen hatte, ein Gehirn, das Gedanken und Bilder ausströmte und dem, als es ein Ventil suchte, das Drama gerade am nächsten lag.

Wäre er ein Geringerer gewesen, so hätten wir zu beurteilen, wie gut er seinen Platz ausgefüllt hat und wie tüchtig er als Dramatiker war; und er war der beste Dramatiker der Welt. Aber es stellt sich heraus, dass das, was er zu sagen hatte, von solchem Gewicht war, dass es die Aufmerksamkeit von dem Vehikel ablenkt. Er ist wie ein Heiliger, dessen Geschichte in allen Sprachen überliefert, in Verse, in Prosa, in Gesänge und Bilder und in kleine Sinnsprüche zerschnitten wurde, sodass der Anlass, der dem Gedanken des Heiligen in Form einer Unterredung oder einer Predigt oder eines Gesetzbuches gab, unwesentlich ist im Vergleich zur Universalität der Anwendung. So ergeht es uns mit dem weisen Shakespeare und seinem Lebensbuch. Er schrieb die Melodie für alle unsere modernen Musikstücke; er schrieb den Text unseres modernen Lebens, den Text unserer Sitten; er zeichnete den englischen Menschen und den europäischen Menschen, den Vater des amerikanischen Menschen; er zeichnete den Menschen und beschrieb seinen Tag und sein Tagwerk; er las in den Herzen der Männer und Frauen, er wusste von der Ehrlichkeit und von ihren Hintergedanken und Listen, von den Listen der Unschuld und den Übergängen, auf denen Tugenden und Laster in ihr Gegenteil hinübergleiten; er konnte im Antlitz des Kindes den Anteil der Mutter vom Anteil des Vaters scheiden; er zeichnete die feinen Grenzlinien zwischen Willensfreiheit und Schicksal; er kannte jene Repressivgesetze, welche die Polizeimaßregeln der Natur sind, und alle Süßigkeiten und alle Schrecken des menschlichen Loses lagen in seinem Geiste so klar und ruhig da, wie eine Landschaft vor unseren Augen liegt. Angesichts dieser Wucht der Lebensweisheit verliert die Form, ob dramatisch oder episch, jede Bedeutung. Es ist gerade so, als ob wir nach dem Papier fragen wollten, auf dem der Erlass eines Königs geschrieben ist.

# 1851

## ARTHUR SCHOPENHAUER

## Rezensentendämmerung. Über Urteil, Kritik, Beifall und Ruhm

*Der Welt als Ganzer liegt bei ihm ein irrationales Prinzip zugrunde. Wie übel und elend muss es da erst um die menschliche Urteilskraft und gar noch die von Kritikern stehen! Das ebenso gutgelaunte wie scharfzüngige Lamento aus der Mitte des 19. Jahrhunderts kann hilfreich sein, wenn wir uns in dieser leidigen Thematik auf heutige Zustände einstimmen. Von Europa bis Amerika ist da nämlich eine einzige wüste Schlägerei im Gange, und den letzten Rufmord übertrifft an Infamie der nächste.*

*Von Kants anderen deutschen Nachfolgern neben ihm selbst hielt Arthur Schopenhauer (\*1788, †1860) denkbar wenig. In der Gesellschaft der deutschen akademischen Philosophie war er ein Eigenbrötler. Außerhalb des Elfenbeinturms jedoch war seine Leserschaft bald so breit wie das gesamte gebildete Leben der Kultur und Künste, und dies weit über Deutschland hinaus. Weniger an dem rabenschwarzen Pessimismus und seiner Metaphysik des menschlichen Willens wird es gelegen haben, der uns nichts als leiden macht, aber zu schwach ist, dem Elend ein Ende zu bereiten. Es geht um die Musik, wie Nietzsche schrieb: »Das kräftige Wohlgefühl des Sprechenden umfängt uns beim ersten Ton seiner Stimme; es geht uns ähnlich wie beim Eintritt in den Hochwald, wir atmen tief und fühlen uns auf einmal wiederum wohl …«*

DIE SCHRIFTSTELLER KANN MAN EINTEILEN wie Sternschnuppen, Planeten und Fixsterne. – Die Ersteren liefern die momentanen Knalleffekte: Man schauet auf, ruft: »Siehe da!«, und auf immer sind sie verschwunden. – Die Zweiten, also die Irr- und Wandelsterne, haben viel mehr Bestand. Sie glänzen, wiewohl bloß vermöge ihrer Nähe, oft heller als die Fixsterne und werden von Nichtkennern mit diesen verwechselt. Inzwischen müssen auch sie ihren Platz bald räumen, haben zudem nur geborgtes Licht und eine auf ihre Bahngenossen (Zeitgenossen) beschränkte Wirkungssphäre. Sie wandeln und wechseln: Ein Umlauf von einigen Jahren Dauer ist ihre Sache. – Die Dritten allein sind sehr unwandelbar, stehn fest am Firmament, haben eigenes Licht, wirken zu einer Zeit wie zur andern, indem sie ihr Ansehn nicht durch die Veränderung unsers Standpunkts ändern, da sie keine Parallaxe haben. Sie gehören nicht, wie jene andern, *einem* Systeme (Nation) allein an, sondern der Welt. Aber eben wegen der Höhe ihrer Stellung braucht ihr Licht meistens viele Jahre, ehe es dem Erdbewohner sichtbar wird.

Zum Maßstab eines *Genies* soll man nicht die Fehler in seinen Produktionen oder die schwächeren seiner Werke nehmen, um es dann danach tief zu stellen, sondern bloß sein Vortrefflichstes. Denn auch im Intellektuellen klebt Schwäche und Verkehrtheit der menschlichen Natur so fest an, dass selbst der glänzendste Geist nicht durchweg und jederzeit von ihnen frei ist. Daher die großen Fehler, welche sogar in den Werken der größten Männer sich nachweisen lassen, und Horazens *quandoque bonus dormitat Homerus*. (»Auch der große Homer schläft manchmal«) Was hingegen das Genie auszeichnet und daher sein Maßstab sein sollte ist die Höhe, zu der er sich, als Zeit und Stimmung günstig waren, hat aufschwingen können und welche den gewöhnlichen Talenten ewig unerreichbar bleibt. Im Gleichen ist es sehr misslich, große Männer in derselben Gattung, also etwa große Dichter, große Musiker, Philosophen, Künstler miteinander zu vergleichen, weil man dabei, fast unvermeidlich, wenigstens für den Augenblick, ungerecht wird. Alsdann nämlich fasst man den eigentümlichen Vorzug des einen ins Auge und findet sofort, dass er dem andern abgeht, wodurch dieser herabgesetzt wird. Aber geht man wiederum von dem diesem andern eigentümlichen, ganz andersartigen Vorzuge aus, so wird man vergeblich nach ihm bei jenem Ersteren suchen; sodass demnach jetzt dieser ebenfalls unverdiente Herabsetzung erleidet.

Der Unstern für geistige Verdienste ist, dass sie zu warten haben, bis die das Gute loben, welche selbst nur das Schlechte hervorbringen; ja überhaupt schon, dass sie ihre Kronen aus den Händen der menschlichen Urteilskraft zu empfangen haben, einer Eigenschaft, von der den meisten so viel einwohnt wie dem Kastraten Zeugungskraft; will sagen, ein schwaches, unfruchtbares Analogon; sodass schon sie selbst den seltenen Naturgaben beizuzählen ist. Daher ist es leider so wahr wie artig gewendet, was Labruyère sagt: *Après l'esprit de discernement, ce qu'il y a au monde de plus rare, ce sont les diamans et les perles.* [»Nach dem Unterscheidungsvermögen sind das Seltenste auf der Welt die Diamanten und Perlen.«] Unterscheidungsvermögen, *esprit de discernement*, und demnach Urteilskraft, daran gebricht es. Sie wissen nicht das Echte vom Unechten, nicht den Hafer von der Spreu, nicht das Gold vom Kupfer zu unterscheiden und nehmen nicht den weiten Abstand wahr zwischen dem gewöhnlichen Kopf und dem seltensten. Keiner gilt für das, was er ist, sondern für das, was andere aus ihm machen. Dies ist die Handhabe zur Unterdrückung ausgezeichneter Geister durch die Mediokren; sie lassen jene (solange wie möglich) nicht *aufkommen*. Das Resultat hiervon ist der Übelstand, den ein altmodisches Versehen so ausdrückt:

»Es ist nun das Geschick der Großen hier auf Erden,
Erst wann sie nicht mehr sind, von uns erkannt zu werden.«

Dem Echten und Vortrefflichen steht, bei seinem Auftreten, zunächst der Schlechte im Wege, von welchem es seinen Platz bereits eingenommen findet und das eben für jenes gilt. Wenn es nun auch, nach langer Zeit und hartem Kampfe, ihm wirklich gelingt, den Platz für sich zu vindizieren und sich in Ansehn zu bringen, so wird es wieder nicht lange dauern, bis sie mit irgendeinem manierierten, geistlosen, plumpen Nachahmer herangeschleppt kommen, um, ganz gelassen, ihn neben das Genie auf den Altar zu setzen; denn sie sehn den Unterschied nicht, sondern meinen ganz ernstlich, das wäre nun wieder auch so einer. Darum eben hebt Yriarte die 28ste seiner Literatur-Fabeln an mit:

*Siempre acostumbra hacer el vulgo necio
De lo bueno y lo malo igual aprecio.*
[»An Gutem und Schlechtem gleich viel Geschmack
Fand zu allen Zeiten das dumme Pack.«]

So mussten auch Shakespeares Dramen, gleich nach seinem Tode, denen von Ben Jonson, Massinger, Beaumont und Fletcher Platz machen und diesen auf 100 Jahre räumen. So wurde Kants ernste Philosophie durch Fichtes offenbare Windbeutelei, Schellings Eklektizismus und Jacobis widrigsüßliches und gottseliges Gefasel verdrängt, bis es zuletzt dahin kam, dass ein ganz erbärmlicher Scharlatan, Hegel, Kanten gleich, ja, hoch über ihn gestellt wurde. Selbst in einer allen zugänglichen Sphäre, sehn wir den unvergleichlichen Walter Scott bald durch unwürdige Nachahmer aus der Aufmerksamkeit des großen Publikums verdrängt werden. Denn dieses hat überall für das Vortreffliche im Grunde doch keinen Sinn und daher keine Ahndung davon, wie unendlich selten die Menschen sind, welche in Poesie, Kunst oder Philosophie wirklich etwas zu leisten vermögen, und dass dennoch ihre Werke ganz allein und ausschließlich unserer Aufmerksamkeit wert sind, weshalb man das

*mediocribus esse poëtis
Non homines, non Di, non concessere columnae*

[»Mittelmäßigkeit haben den Dichtern nicht die Menschen und nicht die Götter noch die Buchläden erlaubt.«] den Pfuschern in der Poesie und ebenso in allen andern hohen Fächern, ohne Nachsicht, alle Tage unter die Nase reiben sollte. Sind doch diese das Unkraut, welches den Weizen nicht aufkommen lässt, um alles selbst zu überziehn; weshalb es denn eben geht, wie der so früh dahingeschiedene Feuchtersleben es originell und schön schildert:

»Ist doch«, rufen sie vermessen,
»Nichts im Werke, nichts getan!«
Und das Große reift indessen
Still heran.
Es erscheint nun: Niemand sieht es,
Niemand hört es im Geschrei.
Mit bescheid'ner Trauer zieht es
Still vorbei.

Nicht weniger zeigt jener beklagenswerte Mangel an Urteilskraft sich den Wissenschaften, nämlich am zähen Leben falscher und widerlegter Theorien. Einmal in Kredit gekommen, trotzen diese der Wahrheit halbe, ja ganze Jahrhunderte lang wie ein steinerner Moloh den Meereswogen. Nach hundert Jahren hatte Kopernikus noch nicht den Ptolemäus verdrängt. Bako von Verulam, Cartesius, Locke sind äußerst langsam und spät durchgedrungen. (Man lese nur d'Alemberts berühmte Vorrede zur *Enzyklopädie*.) Nicht weniger Newton: Man sehe nur die Erbitterung und den Hohn, womit Leibniz das newtonische Gravitationssystem bekämpft, in seiner Kontroverse mit Clarke, besonders §§ 35, 113, 118, 120, 128. Obgleich Newton das Erscheinen seiner *Principia* beinahe 40 Jahre überlebt hat, war, als er starb, seine Lehre doch nur in England teilweise und einigermaßen zur Anerkennung gelangt, während er außerhalb seines Vaterlandes nicht zwanzig Anhänger zählte, laut dem Vorbericht von Voltaires Darstellung seiner Lehre. Ebendiese hat zum Bekanntwerden seines Systems in Frankreich, beinahe zwanzig Jahre nach seinem Tode, das meiste beigetragen. Bis dahin nämlich hielt man daselbst fest, standhaft und patriotisch an den cartesianischen Wirbeln; während erst 40 Jahre vorher dieselbe cartesianische Philosophie in den französischen Schulen noch verboten gewesen war. Jetzt nun wieder verweigerte der Kanzler d'Aguesseau dem Voltaire das Imprimatur zu seiner Darstellung des Newtonianismus. Dagegen behauptet in unsern Tagen Newtons absurde Farbenlehre noch vollkommen den Kampfplatz; 40 Jahre nach dem Erscheinen der Goethe'schen. Hume, obschon er sehr früh aufgetreten war und durchaus populär schrieb, ist bis zu seinem 50. Jahre unbeachtet geblieben. Kant, wiewohl er sein ganzes Leben hindurch geschrieben und gelehrt hatte, wurde erst nach seinem 60. Jahre berühmt. – Künstler und Dichter haben freilich besseres Spiel als die Denker, weil ihr Publikum wenigstens 100 Mal größer ist. Dennoch, was galten Mozart und Beethoven bei ihren Lebzeiten? Was Dante? Was selbst Shakespeare? Hätten die Zeitgenossen dieses Letzteren seinen Wert irgend gekannt, so würden wir aus jener Zeit des Flors der Malerkunst doch wenigstens ein gutes und sicher beglaubigtes Bildnis desselben haben, während jetzt nur durchaus zweifelhafte Gemälde, ein sehr schlechter Kupferstich und eine noch schlechtere Grabsteinbüste vorhanden sind. Imgleichen würden alsdann die von ihm übrig gebliebenen Handschriften zu Hunderten da sein, statt, wie jetzt, sich auf ein paar gerichtliche Unterzeichnungen zu beschränken. – Alle Portugiesen sind noch stolz auf den Camões, ihren einzigen Dichter: Er lebte aber von Almosen, die ein aus Indien mitgebrachter Negerknabe abends auf der Straße für ihn einsammelte. – Allerdings wird, mit der Zeit, jedem volle Gerechtigkeit (*tempo è galant'uomo*), allein so spät und langsam wie weiland vom Reichskammergericht, und die stillschweigende Bedingung ist, dass er nicht mehr lebe. Denn die Vorschrift des Jesus Sirach (c. 11,28): *ante mortem ne laudes hominem quemquam* [»Rühme niemand vor seinem Tod«] wird treulich befolgt. Da muss denn, wer unsterbliche Werke geschaffen hat, zu seinem Trost, den indischen Mythos auf sie anwenden, dass die Minuten des Lebens der Unsterblichen auf Erden als Jahre erscheinen und ebenso die Erdenjahre nur Minuten der Unsterblichen sind.

Der hier beklagte Mangel an Urteilskraft zeigt sich denn auch darin, dass in jedem Jahrhundert zwar das Vortreffliche der früheren Zeit verehrt, dass der eigenen aber verkannt und die diesem gebührende Aufmerksamkeit schlechten Machwerken geschenkt wird, mit denen jedes Jahrzehnt sich herumträgt, um vom folgenden dafür ausgelacht zu werden. Dass nun also die Menschen das echte Verdienst, wenn es in ihrer eigenen Zeit auftritt, so schwer erkennen, beweist aber, dass sie auch die längst anerkannten Werke des Genies, welche sie auf Auktorität verehren, weder verstehn noch genießen, noch eigentlich schätzen. Und die Rechnungsprobe zu diesem Beweise ist, dass das Schlechte, z. B. Fichte'sche Philosophie, wenn es nur einmal in Kredit steht, eben auch seine Geltung noch ein paar Menschenalter hindurch behält. Nur wenn sein Publikum ein sehr großes ist, erfolgt sein Fall schneller.

# 1853

## CHARLES BAUDELAIRE
## La morale du joujou – Die Moral des Spielzeugs

*Das Kind und die Kinder wären Stoff eines eigenen Folianten. »Nichts als Kinder«. Hier ist das Kind nur ein Gast, den wir nicht zu begrüßen versäumen wollen. (Auch das Thema Erziehung berühren wir nur hie und da, wenn es uns unterläuft.)*

*Müssen wir Charles Baudelaire (\*1821, † 1867) vorstellen? Die Moderne hat nicht erst mit ihm begonnen. Aber von ihm könnte die Definition von Modernität in der Dichtkunst stammen, wenn nicht auch sie älter wäre: nämlich radikale Selbsthinterfragung. Wenn nicht als erster Dichter, dann mit neuartiger Entschlossenheit hat sich Baudelaire darangemacht, seine Welt oder, wie er sagte, diesen »Wald von Symbolen« (»une forêt de symboles«) zu zerlegen.*

*Vom Kind aber, das sich durch nichts davon abhalten lässt, ins Innere seines Spielzeugs einzudringen, mit Gewalt, wenn's sein muss, lernt er, was die Suche nach der Seele bedeutet.*

Vor vielen Jahren – vor wie vielen ist mir entfallen; das liegt in den nebelhaften Fernen der frühesten Kindheit – durfte ich meine Mutter einmal zu einer Madame Panckoucke begleiten, der sie einen Besuch abstattete. War es die Mutter, die Frau, die Schwägerin des jetzigen Panckoucke? Ich weiß es nicht. Ich erinnere mich noch, dass sie in einem Stadthaus wohnte, einem jener sehr stillen Hôtels, wo Gras in den Ecken des Hofes wächst, in einer ruhigen Straße, der Rue des Poitevins. Dieses Haus galt als sehr gastfreundlich, und an gewissen Tagen war es von Lichterglanz und Stimmengewirr belebt. Ich habe viel von einem Maskenball erzählen hören, auf dem Alexandre Dumas, der sich damals als der junge Autor des *Henri III* einen Namen gemacht hatte, große Wirkung tat, zusammen mit Mademoiselle Elisa Mercœur, die er an seinem Arm führte und die als Page kostümiert war.

Ich entsinne mich noch sehr genau, dass diese Dame in Samt und Pelzwerk gekleidet war. Nach einer Weile sagte sie: »Ich will dem kleinen Knaben da etwas schenken, damit er sich meiner erinnert.« Sie nahm mich bei der Hand, und wir durchwanderten mehrere Zimmer; dann öffnete sie die Tür eines Raumes, in dem ein wahres Märchenwunderland sich vor mit auftat. Man sah keine Wände, derart waren sie von oben bis unten mit Spielzeug verkleidet. Die Decke verschwand unter einer Überfülle von Spielsachen, die wie wunderbare Stalaktiten herunterhingen. Über den Fußboden führte kaum ein schmaler Pfad, auf dem man die Füße setzen konnte. Es gab da eine Welt von Spielzeug jeglicher Art, vom kostspieligsten bis zum bescheidensten, vom einfachsten bis zum kompliziertesten.

»Das hier«, sagte sie, »ist das Schatzhaus der Kinder. Ich habe ein kleines Budget, das für sie bestimmt ist, und wenn ein artiger kleiner Junge mich besuchen kommt, führe ich ihn hierher, damit er eine Erinnerung an mich mitnimmt. Und nun wähle.«

Mit jener bewundernswerten und blitzschnellen Raschheit, welche die Kinder auszeichnet, bei denen Verlangen, Überlegung und Ausführung gleichsam nur ein einziges Vermögen sind, was sie von den entarteten Erwachsenen unterscheidet, denen im Gegenteil die Überlegung fast alle Zeit wegfrisst, – bemächtigte ich mich unter dem, was mich da umgab, sofort des schönsten, des teuersten, des buntesten, des frischesten, des ausgefallensten Stückes. Meine Mutter erhob lauten Einspruch gegen meine Unbescheidenheit und wollte um keinen Preis zulassen, dass ich es mitnähme. Wenn es nach ihr gegangen wäre, hätte ich mich mit einer armseligen Nichtigkeit zufriedengeben sollen. Aber ich konnte mich nicht damit abfinden, und, um es allen recht zu machen, begnügte ich mich schließlich mit etwas, das zwischen beiden die Mitte hielt.

Oft schon habe ich mir ausgemalt, was aus all jenen *artigen kleinen Jungen* geworden sein mag, die, nachdem sie nun eine gehörige Strecke des grausamen Lebens hinter sich haben, seit Langem schon mit anderen Dingen als mit Spielsachen umgehen, und die seinerzeit in sorglosen Kindertagen eine Erinnerung aus dem Schatzhaus der Madame Panckoucke mitgenommen haben.

Dieses Abenteuer ist auch der Grund, warum es mir unmöglich ist, vor einem Spielzeugladen stehen zu bleiben und meine Blicke über das unentwirrbare Durcheinander seiner seltsamen Formen und wilden Farben schweifen zu lassen, ohne an die Dame in Samt und Pelzwerk zu denken, die mir wie die Spielzeugfee vorkommt.

Übrigens habe ich niemals meine Zuneigung und Bewunderung – eine Bewunderung, die sich wohl begründen ließe – für diese seltsamen Gebilde verloren, die in ihrer blanken Sauberkeit, ihrer blitzenden Buntheit, durch die gewaltsamen Gebärden, die Entschiedenheit ihres Umrisses den Vorstellungen der Kindheit von dem, was schön ist, so sehr entsprechen. In einem großen Spielzeugladen herrscht eine ungewöhnliche Fröhlichkeit, um derentwillen er jeder schönen bürgerlichen Wohnung vorzuziehen ist. Findet man dort nicht das ganze Leben in Miniatur, nur sehr viel farbiger, sauberer und funkelnder als das wirkliche Leben? Man erblickt dort Gärten, Theater, schöne Toiletten, Augen rein wie der Diamant, Backen, auf denen die Schminke glüht, reizende Spitzen, Kutschen, Pferde- und Viehställe, Trunkenbolde, Scharlatane, Bankiers, Komödianten, Polichinellen, blitzend wie ein Feuerwerk, ganze Küchen und ganze Armeen in Reih und Glied, mit Reiterei und Geschützen.

Alle Kinder sprechen mit ihren Spielsachen; die Spielsachen werden Akteure in dem großen Drama des Lebens, wie sie sich ihnen in der *camera obscura* ihres kleinen Gehirns darstellen. Durch ihre Spiele bekunden die Kinder ihr hohes Abstraktionsvermögen und ihre lebhafte Einbildungskraft. Sie spielen ohne Spielzeug. Ich will hier nicht von den kleinen Mädchen reden, welche die gnädige Frau spielen, einander Visiten abstatten, sich ihre Kinder vorstellen und von ihren Toiletten reden. Die armen Kleinen eifern ihren Müttern nach: Sie präludieren ihrer künftigen unsterblichen Albernheit, und keines von ihnen, das weiß ich gewiss, wird je meine Frau werden. – Aber die Post, das ewige Drama der Post, das mit Stühlen gespielt wird: Stühle, die die Postkutsche, Stühle, die die Pferde, Stühle, die die Reisenden sind; nur der Postillon ist ein lebendiges Wesen! Das Gespann rührt sich nicht vom Fleck, und doch verschlingt es mit glühender Geschwindigkeit weite Länderstrecken. Welche Einfachheit der Inszenierung! Wäre sie nicht geeignet, die ohnmächtige Phantasie dieses blasierten Publikums zu beschämen, das an den Bühnenkünstler die Forderung nach sinnlicher und mechanischer Vollendung erhebt, und nicht begreift, dass Shakespeares Stücke auch bei einer Ausstattung von barbarischer Einfachheit nichts von ihrer Schönheit einbüßen?

Und die Kinder, die Krieg spielen! Nicht in den Tuilerien mit echten Gewehren und echten Säbeln; ich spreche von dem einsamen Kind, das für sich allein zwei Armeen lenkt und in den Kampf führt. Die Soldaten mögen Korken, Dominosteine, Brettspielfiguren oder Knöchelchen sein; es wird Tote geben, Friedensverträge, Geiseln, Gefangene, Kontributionen. Ich habe bei mehreren Kindern festgestellt, dass sie des Glaubens waren, über Niederlage oder Sieg im Kriege entscheide die mehr oder minder hohe Zahl der Toten. Später, wenn sie, am Leben der Gesamtheit beteiligt, um nicht zu unterliegen, selber zu siegen genötigt sind, werden sie wissen, wie unsicher der Sieg ist, und dass er nur dann ein wahrer Sieg ist, wenn er gleichsam der Gipfel eines abschüssigen Geländes ist, über das die Armee fortan mit wunderbarer Raschheit dem Feind nachsetzt, oder auch der erste feste Punkt, von dem aus es immer weiter und weiter geht.

Diese Leichtigkeit, seine Phantasie zufriedenzustellen, zeugt von der Spiritualität des Kindes in seinen künstlerischen Vorstellungen. Das Spielzeug ist die erste Einweihung in die Kunst, oder vielmehr das Erste, worin die Kunst sich für das Kind verwirklicht, und die vollendeteren Werke, denen es als reifer Mann begegnen wird, werden in seinem Geist weder das gleiche Feuer, noch die gleiche Begeisterung oder den gleichen Glauben wecken.

Man versuche doch einmal, sich diesen ungeheuren *mundus* des Kindes zu vergegenwärtigen, man bedenke das barbarische Spielzeug, das primitive Spielzeug, bei dem es für den Hersteller darum ging, ein möglichst getreues Bild mit Mitteln zu verfertigen, die möglichst wenig Kosten verursachten; zum Beispiel der Hampelmann, den ein einziger Faden in Bewegung setzt; die Schmiede, die ihre Hämmer auf einem Amboss niedergehen lässt; das Pferd und sein Reiter aus drei Teilen, vier Gelenken für die Beine, wobei der Schwanz ein Pfeiflein bildet und der Reiter bisweilen, ein großer Luxus! eine kleine Feder trägt; – das Spielzeug für fünf, für zwei, für einen Groschen. – Glaubt ihr wohl, diese einfachen Gebilde schüfen im Gemüt des Kindes eine mindere Wirklichkeit als jene aufwendigen Neujahrsgeschenke, die eher eine Huldigung kriecherischer Schmarotzer an den Reichtum der Eltern darstellen, als ein Geschenk für die kindliche Poesie?

So ist das Spielzeug des Armen. Wenn du morgens das Haus verlässt, fest entschlossen, einen weiten einsamen Spaziergang auf den Straßen vor der Stadt zu unternehmen, so fülle deine Taschen mit diesen kleinen Erfindungen, und längs den Schenken, am Fuß der Bäume, verehre sie den unbekannten armen Kindern, die du unterwegs antriffst. Mit weit aufgerissenen Augen werden sie zuerst nicht zuzugreifen wagen; ihr Glück kommt ihnen nicht geheuer vor. Dann schlagen sie ihre Hände rasch um das Geschenk und nehmen Reißaus, wie die Katzen tun, die sich mit einem Stück Fleisch, das man ihnen zuwarf, davonmachen, um es abseits zu verzehren, da sie den Menschen zu misstrauen gelernt haben.

Was übrigens das Spielzeug des Armen betrifft, so habe ich einmal etwas noch Einfacheres, doch auch noch Traurigeres als das Groschenspielzeug gesehen – ein lebendiges Spielzeug. An einer Landstraße, hinter dem Gitter eines schönen Gartens, an dessen Ende man ein hübsches Schloss erblickte, stand ein schönes, frisches Kind, allerliebst herausgeputzt in seinem ländlichen Kostüm. Der Luxus, die Sorglosigkeit und der gewohnte Anblick des Reichtums verleihen diesen Kindern ein so hübsches Aussehen, dass man glauben sollte, sie wären nicht aus dem gleichen Stoff gemacht wie die Kinder kleiner Leute oder der Armen. Neben ihm lag ein prächtiges Spielzeug im Grase, ebenso frisch wie sein Besitzer, lackiert, vergoldet, in einem schönen Kleid, mit kleinen Federbüscheln und Glasketten geschmückt. Doch das Kind schenkte seinem Spielzeug keinerlei Beachtung; etwas anderes hatte es ihm angetan: Jenseits des Gitters, auf der Landstraße, zwischen Disteln und Nesseln, stand ein anderes Kind, schmutzig, ein schmächtiges Bürschchen, von jener Sorte, bei welcher der Rotz sich langsam zwischen Staub und Dreck einen Weg bahnt. Durch dieses symbolische Gitter hindurch zeigte der arme Knabe dem reichen sein Spielzeug, das dieser mit begehrlichen Blicken betrachtete, wie eine nie gesehene Seltenheit. Dieses Spielzeug aber, das der kleine Schmutzfink in einem vergitterten Kasten neckte, schwenkte und schüttelte, war eine lebendige Ratte. Aus Sparsamkeit wohl hatten die Eltern sein Spielzeug dem Leben selbst entnommen.

Ich glaube, dass von Kindern gewöhnlich eine Wirkung auf ihr Spielzeug ausgeht, mit anderen Worten, dass ihre Wahl von freilich unbestimmten, unausgesprochenen, doch höchst wirklichen Anlagen und Wünschen gelenkt ist. Dennoch möchte ich nicht behaupten, dass nicht auch das Umgekehrte stattfände, das heißt, dass von dem Spielzeug keine Wirkung auf das Kind ausginge, zumal wenn diesem eine Zukunft als Schriftsteller oder Künstler bestimmt ist. Es wäre nicht verwunderlich, wenn ein solches Kind, dem seine Eltern hauptsächlich allerlei Theater schenkten, damit es auch allein dem Vergnügen an Schauspiel und Marionetten nachgehen könnte, sich schon daran gewöhnte, das Theater als die köstlichste Gestalt des Schönen zu betrachten.

Es gibt eine Art Spielzeug, das sich seit einiger Zeit zu vermehren trachtet und von dem ich weder Gutes noch Böses zu sagen habe. Ich meine das wissenschaftliche Spielzeug. Der Hauptfehler dieses Spielzeugs ist der hohe Preis. Aber diese Spielsachen können lange unterhalten, und im Geist des Kindes die Lust an wunderbaren und überraschenden Wirkungen entwickeln. Das Stereoskop, das ein flaches Bild erhaben erscheinen lässt, gehört zu dieser Sorte. Es ist schon seit einigen Jahren verbreitet. Das ältere Phenakistikop ist weniger bekannt. Man stelle sich eine beliebige Bewegung vor, einen Tanz zum Beispiel oder einen Jonglierakt, der in eine gewisse Anzahl von Einzelbewegungen unterteilt und zerlegt ist; man stelle sich ferner vor, jede dieser Einzelbewegungen – insgesamt etwa zwanzig – sei durch eine volle Gestalt des Jongleurs oder Tänzers dargestellt, und zwar derart, dass alle diese Zeichnungen sich über einen kreisförmigen Kartonstreifen hinziehen. Man befestige diesen Kartonreif, ebenso wie einen darüber angebrachten, in regelmäßigen Abständen von zwanzig Öffnungen durchbrochenen zweiten Streifen auf einem Zapfen am Ende eines Griffes, den man so hält, wie man die Augen vor allzu grellem Feuer abschirmt. Die zwanzig kleinen Figuren, deren jede eine der zwanzig Einzelbewegungen einer einzigen Figur darstellt, spiegeln sich in einem in der Blickrichtung des Betrachters angebrachten Spiegel. Man halte sein Auge in Höhe der kleinen Öffnungen und versetze die Kartonstreifen in eine rasche Umdrehung. Die Geschwindigkeit der Kreisbewegung verwandelt die zwanzig Öffnungen in eine einzige ringförmige, durch die hindurch man im Spiegel zwanzig tanzende Gestalten erblickt, die einander völlig gleichen und deren jede mit phantastischer Genauigkeit dieselbe Bewegung vollführt. Jede dieser kleinen Gestalten hat von den neunzehn anderen profitiert. Sie kreist auf dem Kartonstreifen, und ihre Geschwindigkeit macht sie unsichtbar, im Spiegel hingegen, durch die kreisende Öffnung betrachtet, vollführt sie an Ort und Stelle die sämtlichen, auf die zwanzig Gestalten verteilten Bewegungen. Die Anzahl der Bilder, die man derart hervorrufen kann, ist unendlich.

Ich möchte noch einiges anmerken über die Art und Weise, wie Kinder mit ihrem Spielzeug umgehen, und über die Einstellung der Eltern zu dieser erregenden Frage. – Es gibt Eltern, die ihren Kindern überhaupt kein Spielzeug geben wollen. Das sind ernste, würdige, über die Maßen ernste und würdige Personen, denen das Studium der Natur fremd geblieben ist, und die gemeinhin alle Leute in ihrer Umgebung unglücklich machen. Ich weiß nicht, warum ich mich der Vorstellung nicht erwehren kann, sie müssten Erzprotestanten sein. Sie kennen und dulden keinerlei poetischen Zeitvertreib. Das sind dieselben Leute, die einem Armen einen Franc geben würden, unter der Bedingung, dass er sich mit Brot vollstopfte, und die ihm jederzeit zwei Groschen verweigern würden, um in der Schenke seinen Durst zu löschen. Wenn ich mir eine gewisse Sorte übervernünftiger und antipoetischer Personen vorstelle, unter denen ich so sehr gelitten habe, fühle ich immer wieder, wie der Hass meine Nerven zwickt und schüttelt.

Es gibt andere Eltern, welche die Spielsachen für Gegenstände der stummen Anbetung halten; es gibt Anzüge, die man doch wenigstens sonntags anlegen darf; die Spielsachen aber sollen noch ganz anders geschont werden! Kaum hat ein Freund des Hauses dem Kind seine Gabe in die Schürze gelegt, so stürzt die grimmige und haushälterische Mutter sich darauf, verschließt es in einen Schrank und sagt: »Das ist zu schön für dein Alter; wenn du groß bist, darfst du es haben!« Einer meiner Freunde hat mir gestanden, dass er niemals mit seinen Spielsachen spielen durfte. »Und als ich groß war«, setzte er hinzu, »hatte ich anderes zu tun.« – Übrigens gibt es auch Kinder, die von sich aus das Gleiche tun: Sie benutzen ihre Spielsachen nicht, sie schonen sie, stellen sie ordentlich auf, machen Bibliotheken und Museen daraus, und zeigen sie von Zeit zu Zeit ihren kleinen Freunden, mit der Bitte, *sie nicht zu berühren*. Es fiele mir schwer, solchen *frühen Erwachsenen* nicht zu misstrauen.

Die meisten Kleinen wollen vor allem *die Seele sehen*, die einen nach einiger Zeit des Spielens, die anderen *auf der Stelle*. Von dem früheren oder späteren Auftreten dieses Verlangens hängt die mehr oder minder große Langlebigkeit des Spielzeugs ab. Ich habe nicht das Herz, diese Manie der Kinder zu tadeln: sie ist eine erste metaphysische Regung. Sobald dieses Verlangen sich des kindlichen Hirnmarks bemächtigt hat, verleiht es den Fingern und Nägeln eine seltsame Behändigkeit und Stärke. Das Kind dreht und wendet sein Spielzeug, kratzt daran, stößt es gegen die Wände, wirft es auf den Fußboden. Von Zeit zu Zeit lässt es dessen mechanische Bewegungen wieder abschnurren, manchmal im Gegensinne. Das wunderbare Leben steht still. Wie das Volk, das die Tuilerien belagert, unternimmt das Kind eine letzte Anstrengung: endlich bricht es das Spielzeug auf, es ist der Stärkere. Aber *wo ist die Seele?* Hier beginnen dann die Bestürzung und die Trauer.

Es gibt andere, die ihr Spielzeug sogleich zerbrechen, kaum dass man es ihnen in die Hände gelegt hat, kaum dass sie es eines Blickes gewürdigt haben; was diese betrifft, so gestehe ich, dass ich nicht ahne, welche geheimnisvolle Regung sie dazu treibt. Überfällt sie ein abergläubischer Zorn auf diese kleinen Gegenstände, die die Menschenwelt nachahmen, oder unterwerfen sie das Spielzeug einer Art freimaurerischer Prüfung, ehe sie ihm den Zutritt in das kindliche Leben gestatten? – *Puzzling question!*

# 1854

## MAHOMMAH BAQUAQUA

## Transatlantik retour. Reise eines Sklaven in die Freiheit

*Es ist die einzige Biographie eines Sklaven, der in Afrika geboren und über den Atlantik nach Amerika verschleppt wurde. Das Museum of the African Diaspora in San Francisco dokumentiert: »Mahommah Gardo Baquaqua, um 1820 in Djougou im heutigen westafrikanischen Benin geboren, war gemäß seiner eigenen Lebensbeschreibung ein Günstling seines lokalen Königs. Um 1844 wurde er gekidnappt, als Sklave verkauft und nach Recife, Brasilien verschifft. Von seinem Meister nach New York gebracht, erlangte er in der Stadt ein Rechtsverfahren über seinen Status als Sklave. Mithilfe von Abolitionisten entkam er nach Boston, wo für ihn eine Überfahrt nach Haiti arrangiert wurde. Als Muslim aufgewachsen, wurde er während seines Aufenthalts in Haiti zum Baptisten. Ein Missionar verhalf ihm 1849 nach New York zurück, wo er bis 1853 am Central College studierte. 1854 erschien seine Biographie, und wenig später reiste er nach England, wo er 1857 zum letzten Mal gesehen wurde. Es wird angenommen, dass er nach Afrika zurückkehrte und als christlicher Missionar tätig war.« Baquaqua sprach seine im Norden Benins gesprochene Muttersprache Dendi, außerdem Arabisch, wahrscheinlich Haussa, Portugiesisch, Englisch und Französisch.*

### DAS SKLAVENSCHIFF

O die Schrecken! Wer kann sie beschreiben? Keiner kann diese Schrecken besser beschreiben als der arme, elende, unglückliche Wicht, der auf solch einem Schiffe gefangen sitzt. Ach Freunde der Menschlichkeit, bedauert den unglückseligen Afrikaner, den man überwältigt und fernab von Freund und Heimat verkauft hat, eingekerkert im Bauch eines Sklavenschiffes, wo er auf gar größeres Elend und schlimmere Schrecken unter den Frommen und Anständigen eines fernen Landes wartet. Ja, selbst in ihrer Mitte; aber zurück zum Schiff! Nackt hatte man uns ins Dunkel gestoßen, die Männer ans eine Ende gezwängt, die Frauen ans andere; der Laderaum war so niedrig, dass wir nicht stehen konnten, sondern uns auf den Boden kauern oder niedersetzen mussten; Tag und Nacht waren gleich für uns, denn unsere zusammengesunkenen Leiber fanden keinen Schlaf, und wir waren verzweifelt von Leid und Erschöpfung.

O das Elend, der Schmutz dieses abscheulichen Ortes! Nie werden sie aus meinem Gedächtnis gelöscht werden; solange Erinnerung in diesem verstörten Verstande bleibt, werde ich daran denken. Selbst heute noch bricht mir der Gedanke daran das Herz.

Schließlich wurde ich an einen Schiffskapitän verkauft, der, wie man wohl sagen könnte, ein »harter Brocken« war. ... Fast einen Monat blieben wir in Rio de Janeiro. ...

Als die Fracht gelöscht war, stellte ein englischer Händler, der ein Kontingent Kaffee nach New York zu verschiffen hatte, meinen Herrn dafür an, und nach einigem Hin und Her wurde entschieden, dass ich ihn begleiten sollte, zusammen mit zwei weiteren als Diener an Bord.

Wir hatten alle gehört, dass es in New York keine Sklaverei gab; dass es ein freies Land war und wir, wenn es uns einmal gelungen war, dorthin zu kommen, nichts mehr von unseren grausamen Sklaventreibern zu befürchten hatten; und so wollten wir nichts lieber als dorthin.

Bevor unser Schiff ablegte, bekamen wir gesagt, dass wir in ein Land der Freiheit führen. Da sprach ich, wenn ich dort bin, dann seht ihr mich nicht mehr wieder. Ich war überglücklich bei dem Gedanken, dass ich in ein freies Land kam, und ein Hoffnungsschimmer strahlte, dass der Tag nicht mehr fern sein konnte, an welchem ich ein freier Mann wäre. Ja, ich fühlte mich bereits frei! Und wie schön die Sonne an jenem schicksalhaften Morgen schien!

Das erste englische Wort, das meine beiden Gefährten und ich lernten, lautete F-r-e-e; ein Engländer an Bord brachte es uns bei, und ach! wie oft habe ich es ausgesprochen, immer und immer wieder. Dieser Mann erzählte mir auch eine Menge über die Stadt New York (er sprach Portugiesisch). Er erzählte mir, dass die Farbigen in New York allesamt frei seien, und das machte mich sehr glücklich, und ich sehnte mich nach dem Tag, an dem ich dort sein würde. Der Tag kam schließlich, aber es war nicht leicht für zwei Jungs und ein Mädchen, die nur ein einziges Wort Englisch sprachen, sich davonzumachen, denn wir glaubten ja, wir hätten keine Freunde, die uns helfen könnten. Doch wie sich schließlich noch erweisen sollte, war Gott unser Freund und sorgte dafür, dass wir in diesem fremden Land viele Freunde fanden.

Der Lotse, der an Bord unseres Schiffes kam, behandelte uns sehr freundlich – er schien mir anders als alle Menschen, die ich zuvor gekannt hatte, und diese kleine Begebenheit machte uns Mut. Am folgenden Tage kamen zahlreiche Farbige an Bord, und sie fragten uns, ob wir frei seien. Der Käpt'n hatte uns vorher eingeschärft, wir dürften nicht verraten, dass wir Sklaven seien, doch wir hielten uns nicht daran, und er, der sah, wie viele Menschen an Bord kamen, befürchtete, sein Eigentum könne auf den Gedanken kommen davonzulaufen, und so erklärte er uns mit ernster Miene, New York sei kein Ort, an dem wir unbekümmert umherspazieren könnten – es sei ein sehr gefährlicher Ort, und die Leute würden uns umbringen, sobald sie uns zu fassen bekämen. Doch als wir wieder allein waren, beschlossen wir, dass wir die erste Gelegenheit ergreifen würden und dann sehen, wie es uns in einem freien Land erging.

Einmal, als ich mich gar zu großzügig beim Wein bedient hatte, war ich so unvorsichtig zu sagen, dass ich nicht mehr länger an Bord bliebe; dass ich frei sein wolle. Der Kapitän hörte das, rief mich nach unten und wollte mich mit der Hilfe von drei weiteren Männern einsperren, doch es gelang ihnen nicht; schließlich konnten sie mich aber doch noch in einen Raum im Schiffsbug sperren. Mehrere Tage lang saß ich dort gefangen. Der Mann, der mir zu essen brachte, klopfte an die Tür, und wenn ich antwortete, kam er herein und gab mir etwas; andernfalls ging er weiter, und ich bekam nichts. Ich sagte ihm, dass ich, solange ich am Leben sei, keinen weiteren Tag dort eingesperrt sein wolle; dass ich mich befreien werde; und da es mehrere eiserne Gerätschaften in dem Raum gab, griff ich mir gegen Abend eines davon – es war eine Stange, etwa zwei Fuß lang –, brach damit die Tür auf und trat hinaus. Die Männer waren alle bei der Arbeit, und die Frau des Kapitäns stand auf Deck, als ich aus meinem Gefängnis auftauchte. Ich hörte, wie sie einander fragten, wer mich herausgelassen habe; aber sie wussten es nicht. Ich verneigte mich vor der Gattin des Kapitäns und begab mich längsseits des Schiffes. Von da gab es eine Planke ans Ufer. Ich ging hinüber, und dann lief ich um mein Leben, wobei ich natürlich nicht wusste, wohin ich lief. Ein Wachtmann hatte mich bei meiner Flucht gesehen und wollte mich aufhalten, doch er war schlecht zu Fuß, und ich ließ ihn hinter mir und lief weiter, bis ich an ein Lagerhaus kam, an dessen Tür ich einen Moment lang innehielt, um Atem zu schöpfen. Sie fragten, was mir fehle, doch ich konnte es ihnen nicht sagen, da ich ja kein anderes englisches Wort außer F-r-e-e kannte. Bald darauf entdeckten der hinkende Wachtmann und noch ein anderer mich. Einer holte einen schimmernden Stern aus der Tasche und zeigte ihn mir, aber ich verstand nicht, was das war. Sie nahmen mich mit ins Wachthaus und schlossen mich die ganze Nacht über ein, und am nächsten Morgen kam der Kapitän, zahlte Spesen und nahm mich wieder mit zurück auf das Schiff. Die Beamten sagten mir, ich könne ein freier Mann sein, wenn ich wolle, aber ich wusste nicht, was ich tun musste; und so brachte der Kapitän mich mit ein wenig Überredung dazu, wieder mit aufs Schiff zu kommen; ich hätte nichts zu befürchten. Dies trug sich an einem Sonnabend zu, und am folgenden Montagnachmittag fuhren drei Kutschen vor und hielten an dem Schiff. Einige Herren stiegen aus, kamen an Bord und gingen auf Deck umher, redeten mit dem Kapitän, erklärten ihm, dass alle an Bord frei seien, und forderten ihn auf, die Flagge zu hissen. Er war zornesrot und sagte, das werde er nicht tun; er geriet in große Wut und tobte ordentlich. Dann wurden wir in ihren Kutschen zusammen mit dem Kapitän zu einem äußerst stattlichen Bauwerk gebracht, wo Marmorstufen zu einem prachtvollen Vorbau hinaufführten; umgeben war es von einem hübschen Eisengeländer mit Toren an mehreren Stellen, und dieses Grundstück war bepflanzt mit Bäumen und Sträuchern verschiedener Art und schien mir der schönste Ort, den ich je in meinem Leben gesehen hatte. Später erfuhr ich, dass es sich bei diesem Bauwerk um das New Yorker Rathaus handelte. Als wir in dem großen Saal in seinem Inneren anlangten, drängten sich dort Menschen aller nur erdenklichen Art, in großer Zahl standen sie an den Türen und Treppen und überall im Innenhof – manche im Gespräch miteinander, andere vertrieben sich einfach nur die Zeit mit Auf- und Abgehen. Der brasilianische Konsul war dort, und als man uns aufrief, wurden wir gefragt, ob wir in New York bleiben oder ob wir zurück nach Brasilien wollten. Ich antwortete für meinen Gefährten und für mich, dass wir nicht zurückwollten; die Sklavin jedoch, die bei uns war, sagte, sie wolle zurückkehren. Ich zweifle nicht, dass sie ebenfalls gern geblieben wäre, doch als sie den Kapitän sah, traute sie sich nicht zu sagen, was sie wollte, und das ging dem männlichen Sklaven nicht anders; ich aber erklärte mutig, dass ich lieber sterben wolle als in die Sklaverei zurückkehren!! Man stellte uns eine große Zahl von Fragen, und wir beantworteten sie alle, und danach kamen wir in ein, wie ich annahm, Gefängnis und wurden eingesperrt. Ein paar Tage darauf brachte man uns noch einmal zum Rathaus, und uns wurden viele weitere Fragen gestellt. Danach ging es zurück in unser altes Quartier, das Gefängnis; ich stellte mir vor, dass man uns doch wieder nach Brasilien schicken wollte, aber da bin ich mir nicht sicher, denn ich verstand all diese Zeremonien des Einschließens und Wiederherausholens nicht so ganz, wusste nicht, warum man uns zum Verhör brachte, wo wir befragt und der Zuhörerschaft, die dort versammelt war, vorgeführt wurden – all das war neu für mich, und deshalb verstand ich nicht ganz dessen Bedeutung, aber ich fürchtete sehr, dass es zurück in die Sklaverei gehen sollte – ich bebte bei dem Gedanken! Als wir wieder eingesperrt waren, kamen ein paar Freunde, die sich sehr für uns eingesetzt hatten, auf eine Möglichkeit, die Gefängnistüren zu öffnen, während der Aufseher schlief, und es war nicht schwer, an ihm vorbeizukommen und von Neuem die »reine Luft des Himmels« zu atmen, und mit der Hilfe dieser lieben Freunde, die ich nie vergessen werde, war es mir möglich, die Stadt Boston in Massachusetts zu erreichen, wo ich etwa vier Wochen unter ihrem Schutz zubrachte, und als alles arrangiert war, um mich entweder nach England oder nach Haiti zu schicken, fragte man mich, welches von beiden mir lieber wäre; und nachdem ich das eine Weile überlegt hatte, dachte ich, das Klima von Haiti werde eher wie das meiner Heimat sein, und das wäre gut für meine Gesundheit und mein Gemüt. Ich wusste nicht, was für eine Art Land England war, sonst wäre ich vielleicht lieber dorthin gegangen.

# *1859*

## KARL MARX

# Das Sein bestimmt das Bewusstsein. Und dieses?

---

*Zu den Pessimisten kann man ihn nicht zählen: »Mit dieser Gesellschaftsformation« – nämlich der »bürgerlichen Gesellschaft« nach der von Hegel geprägten Kennzeichnung – »schließt daher die Vorgeschichte der menschlichen Gesellschaft ab.« Seitdem haben wir etwas mehr erfahren über die Fortsetzung nach dem Ausgang der Menschheit aus dieser »Vorgeschichte« und ihrem Eintritt in die Geschichte etwa mit der russischen Oktoberrevolution von 1917 und den Folgen bis und mit Wladimir Putin.*

*Karl Marx (\* 1818, † 1883), als Siebzehnjähriger wegen »nächtlichen Lärmens und Trunkenheit« verurteilt, blieb ein Stiefkind der preußischen Obrigkeit, die ihn 1843 mittels der Zensur aus dem Rheinland verscheuchte, 1845 seine Ausweisung erst aus Frankreich, drei Jahre später dann aus Belgien erwirkte, um im selben und im folgenden Jahr die deutsche Märzrevolution, während der er von Köln aus wirkte, mit militärischer Gewalt niederzuschlagen. Marx war einunddreißig, und die verbleibenden 34 Jahre führte er im Londoner Exil das Leben eines Theoretikers und Zeitbeobachters, unter anderem als Londoner Korrespondent und Europa-Redakteur der »New York Daily Tribune«, einer der führenden nordamerikanischen Zeitungen. Bis heute führt kein Studium in Geschichte, Gesellschaftswissenschaften oder Ökonomie an ihm vorbei – nicht nur an Marx als ideellem Wegbereiter welthistorischer Verirrungen, sondern ebenso als fruchtbare Quelle sozialwissenschaftlicher Ansätze von Max Weber bis zu Jürgen Habermas und anderen Sozialphilosophen unserer Gegenwart.*

MEINE UNTERSUCHUNG mündete in dem Ergebnis, dass Rechtsverhältnisse wie Staatsformen weder aus sich selbst zu begreifen sind noch aus der sogenannten allgemeinen Entwicklung des menschlichen Geistes, sondern vielmehr in den materiellen Lebensverhältnissen wurzeln, deren Gesamtheit Hegel, nach dem Vorgang der Engländer und Franzosen des 18. Jahrhunderts, unter dem Namen »bürgerliche Gesellschaft« zusammengefasst, dass aber die Anatomie der bürgerlichen Gesellschaft in der politischen Ökonomie zu suchen sei. Die Erforschung der Letztern, die ich in Paris begann, setzte ich fort zu Brüssel, wohin ich infolge eines Ausweisungsbefehls des Herrn Guizot übergewandert war. Das allgemeine Resultat, das sich mir ergab und, einmal gewonnen, meinen Studien zum Leitfaden diente, kann kurz so formuliert werden: In der gesellschaftlichen Produktion ihres Lebens gehen die Menschen bestimmte, notwendige, von ihrem Willen unabhängige Verhältnisse ein, Produktionsverhältnisse, die einer bestimmten Entwicklungsstufe ihrer materiellen Produktivkräfte entsprechen. Die Gesamtheit dieser Produktionsverhältnisse bildet die ökonomische Struktur der Gesellschaft, die reale Basis, worauf sich ein juristischer und politischer Überbau erhebt und welcher bestimmte gesellschaftliche Bewusstseinsformen entsprechen. Die Produktionsweise des materiellen Lebens bedingt den sozialen, politischen und geistigen Lebensprozess überhaupt. Es ist nicht das Bewusstsein des Menschen, das ihr Sein, sondern umgekehrt ihr gesellschaftliches Sein, dass ihr Bewusstsein bestimmt. Auf einer gewissen Stufe ihrer Entwicklung geraten die materiellen Produktivkräfte der Gesellschaft in Widerspruch mit den vorhandenen Produktionsverhältnissen oder, was nur ein juristischer Ausdruck dafür ist, mit den Eigentumsverhältnissen, innerhalb deren sie sich bisher bewegt hatten. Aus Entwicklungsformen der Produktivkräfte schlagen diese Verhältnisse in Fesseln derselben um. Es tritt dann eine Epoche sozialer Revolution ein. Mit der Veränderung der ökonomischen Grundlage wälzt sich der ganze ungeheure Überbau langsamer oder rascher um. In der Betrachtung solcher Umwälzungen muss man stets unterscheiden zwischen der materiellen, naturwissenschaftlich treu zu konstatierenden Umwälzung in den ökonomischen Produktionsbedingungen und den juristischen, politischen, religiösen, künstlerischen oder philosophischen, kurz, ideologischen Formen, worin sich die Menschen dieses Konflikts bewusst werden und ihn ausfechten. So wenig man das, was ein Individuum ist, nach dem beurteilt, was es sich selbst dünkt, ebenso wenig kann man eine solche Umwälzungsepoche aus ihrem Bewusstsein beurteilen, sondern muss vielmehr dies Bewusstsein aus den Widersprüchen des materiellen Lebens, aus dem vorhandenen Konflikt zwischen gesellschaftlichen Produktivkräften und Produktionsverhältnissen erklären. Eine Gesellschaftsformation geht nie unter, bevor alle Produktivkräfte entwickelt sind, für die sie weit genug ist, und neue höhere Produktionsverhältnisse treten nie an die Stelle, bevor die materiellen Existenzbedingungen derselben im Schoß der alten Gesellschaft selbst ausgebrütet worden sind. Daher stellt sich die Menschheit immer nur Aufgaben, die sie lösen kann, denn genauer betrachtet wird sich stets finden, dass die Aufgabe selbst nur entspringt, wo die materiellen Bedingungen ihrer Lösung schon vorhanden oder wenigstens im Prozess ihres Werdens begriffen sind. In großen Umrissen können asiatische, antike, feudale und modern bürgerliche Produktionsweisen als progressive Epochen der ökonomischen Gesellschaftsformation bezeichnet werden. Die bürgerlichen Produktionsverhältnisse sind die letzte antagonistische Form des gesellschaftlichen Produktionsprozesses, antagonistisch nicht im Sinn von individuellem Antagonismus, sondern eines aus den gesellschaftlichen Lebensbedingungen der Individuen hervorwachsenden Antagonismus, aber die im Schoß der bürgerlichen Gesellschaft sich entwickelnden Produktivkräfte schaffen zugleich die materiellen Bedingungen zur Lösung dieses Antagonismus. Mit dieser Gesellschaftsformation schließt daher die Vorgeschichte der menschlichen Gesellschaft ab.

# 1859

## JOHN STUART MILL

## Über die Grenzen der Autorität der Gesellschaft über das Individuum

---

*Von Marx zu Mill oder von der Gleichheit zur Freiheit: der Freiheit hier des Individuums. Die Gesellschaft hat diese erstens zu schützen und mit dieser Aufgabe ihr zweitens Grenzen zu ziehen. Wer dieses elementare Verhältnis als die politische Grundlage unseres Zusammenlebens einmal durchdenken möchte, sollte diesen folgenden Text lesen. Wir können ihm keinen besseren Titel geben als den originalen, mit dem das betreffende Kapitel überschrieben ist.*

*John Stuart Mill (\* 1806, † 1873), geboren in London Pentonville, erhält mit drei Jahren Griechischunterricht, beherrscht mit zehn Latein, bald auch Französisch und Deutsch. Mit dreizehn studiert er Adam Smith und David Ricardo, ab vierzehn in Montpellier Chemie, Zoologie, Mathematik, Logik und Philosophie. Mit siebzehn tritt er in die East India Company ein, die er fünfunddreißig Jahre später als Chief Examiner, das heißt als ihr höchster Administrator verlassen wird. Von nun an ist der Philosoph und Ökonom vollamtlich akademisch tätig. Schon zehn Jahre zuvor ist* The Principles of Political Economy *erschienen, in dem liberale Ökonomen das wichtigste volkswirtschaftliche Grundlagenwerk des 19. Jahrhunderts sehen. In seinem letzten Lebensjahr amtiert er unter anderem als Taufpate des 1872 geborenen britischen Philosophen Bertrand Russell.*

WAS IST NUN DIE RICHTIGE GRENZE für die Herrschaft des Individuums über sich selbst? Wo beginnt die Autorität der Gesellschaft? Welcher Teil unseres Lebens gehört nur uns selbst an? Und welcher der Gesellschaft? Jeder erhält den ihm zukommenden Teil, wenn jeder das hat, was ihn in besonderem Maße betrifft. Dem Einzelnen gehört der Teil des Lebens, der vor allem die Interessen des Individuums berührt; der Gesellschaft der, der sie in besonderem Maße interessiert. Zwar ist der Staat nicht durch einen Vertrag gegründet worden, und wir gewinnen nichts, wenn wir einen Vertrag erfinden, um die sozialen Forderungen davon abzuleiten. Immerhin aber schuldet jeder, der den Schutz der Gesellschaft genießt, ihr eine Gegengabe für jene Wohltat.

Die Tatsache, dass wir in einer Gesellschaft leben, verpflichtet jeden zu einer gewissen Rücksicht; und diese Rücksicht besteht zuerst darin, dass man die Interessen der andern nicht verletzt, sondern sich gegenseitig gewisse Interessen verbürgt, die entweder durch besondere gesetzliche Bestimmungen oder durch stillschweigende Übereinkunft als Rechte betrachtet werden. Die Rücksicht auf die Gesellschaft aber erfordert ferner, dass jeder Einzelne seinen nach Billigkeit zu messenden Anteil an den Arbeiten und Opfern trage, die nötig sind, um die Gesellschaft und ihre Glieder vor Unbill und Angriff zu schützen. Ja, die Gesellschaft hat das Recht, diejenigen, die sich der Erfüllung dieser Pflichten entziehen wollen, zu zwingen. Aber die Rechte der Gemeinschaft gehen noch weiter. Die Handlungen eines Menschen können für andere Menschen nachteilig sein, sie können die gebührende Rücksicht auf das Wohl der andern vermissen lassen, ohne bis zu einer Verletzung ihrer gesetzmäßigen Rechte zu gehen. In diesem Fall kann der Handelnde zwar nicht durch das Gesetz, wohl aber durch die öffentliche Meinung gestraft werden. Sobald die Handlung eines Menschen die Interessen eines andern nachteilig berührt, fällt er der Gerichtsbarkeit der Gesellschaft anheim, und es entsteht die Frage, ob das Wohl der Gesamtheit durch dieses Dazwischentreten gefördert wird oder nicht. Dagegen ist diese Frage nicht aufzuwerfen, wenn die Handlung eines Menschen die Interessen anderer nicht berührt, oder sie nicht zu berühren braucht, außer mit der Zustimmung der Betroffenen. (Dabei ist allerdings vorausgesetzt, dass diese volljährig seien und wenigstens über den gewöhnlichen Menschenverstand verfügen.) In allen solchen Fällen sollte vollkommene gesetzliche und soziale Freiheit bestehen, die Handlung zu vollziehen und ihre Folgen zu tragen.

Es hieße diese Lehre vollkommen missverstehen, wenn man vermutete, sie lehre selbstsüchtige Gleichgültigkeit und sie behaupte, dass die Menschen im Leben nichts miteinander zu tun hätten und dass sie sich um das Wohlverhalten und Wohlsein anderer nur so weit zu kümmern hätten, als ihre eignen Interessen dabei im Spiel sind. Wir brauchen wahrlich nicht eine Verminderung, sondern eine erhebliche Vermehrung des uneigennützigen Interesses für das Wohl anderer. Aber uneigennütziges Wohlwollen kann andere Mittel finden, um die Menschen zu ihrem eignen Besten zu überreden, als Rute und Geißel im eigentlichen wie im übertragenen Sinne. Ich bin der Letzte, der die Pflichten gegen das eigne Selbst unterschätzt. Sie stehen, wenn überhaupt einer Instanz, dann höchstens den sozialen Pflichten nach. Die Erziehung hat beide Pflichten in gleicher Weise zu berücksichtigen. Aber selbst die Erziehung wirkt ebenso sehr durch Überredung und Überzeugung wie durch Zwang, und wenn die Periode der Erziehung vorbei ist, dann sollten die Tugenden gegen das eigne Selbst nur noch durch Überzeugung eingeprägt werden. Die Menschen sollten sich dazu helfen, Gutes von Bösem zu unterscheiden, und sich gegenseitig ermuntern, dass sie das Gute wählen und das Böse vermeiden, sie sollten sich gegenseitig dazu anregen, ihre höheren Fähigkeiten zu entwickeln, ihre Bestrebungen und Gefühle auf weise, anstatt auf törichte, auf erhebende, anstatt auf erniedrigende Gegenstände zu lenken. Aber weder ein Einzelner, noch mehrere Personen haben das Recht, einem erwachsenen Menschen zu verbieten, dass er mit seinem Leben anfange, was er selbst für das Beste hält. Jedenfalls hat der Handelnde selbst an seinem Wohlbefinden das meiste Interesse. Dasjenige, das ein anderer (außer im Fall starker persönlicher Zuneigung) an ihm haben kann, ist nur gering im Vergleich zu dem, was er selbst an sich nimmt, das Interesse, das die Gesellschaft an ihm hat, ist (außer wenn es sich um sein Verhalten zur Gemeinschaft handelt) nur fragmentarisch und indirekt, dagegen hat, wenn es sich um die eignen Gefühle und Lebensumstände handelt, der gewöhnliche Mann oder die einfachste Frau Erkenntnismittel, die diejenigen weit überragen, über die irgendein anderer verfügt. Jede Einmischung der Gesellschaft, durch die sie sich über das Urteil des Einzelnen in Dingen hinweggesetzt, die nur den Einzelnen angehen, muss auf allgemeinen Voraussetzungen gegründet sein. Diese können alle miteinander falsch sein; aber selbst, wenn sie richtig sind, so hat man sie vielleicht falsch angewendet auf individuelle Fälle, angeregt von Menschen, die den Fall lediglich von außen betrachten. Darum hat auf diesem Gebiet der menschlichen Angelegenheiten die Individualität ihr eigentliches Betätigungsfeld. Im Verhalten der Menschen zueinander müssen allgemeine Regeln beachtet werden, damit jeder wisse, was er zu erwarten hat. Aber bei den eignen Interessen des Einzelnen muss jeder seine persönliche Freiheit betätigen. Wohl darf man mit Ratschlägen seinem Urteil zu Hilfe kommen, mit Ermahnungen seinen Willen aufmuntern, aber die endgültige Entscheidung steht nur bei ihm. Sonst werden alle Irrtümer, die er vielleicht, wenn er Rat und Warnung ausschlägt, begehen könnte, weit überwogen von dem Übel, dass andere sich erlaubt haben, ihm das aufzuzwingen, was sie für sein Bestes halten. Ich meine nicht, dass die Gefühle, mit denen jemand von andern betrachtet wird, völlig unabhängig seien von den positiven oder negativen Eigenschaften seines Wesens, das ist weder möglich noch wünschenswert. Zeichnet sich jemand in den Eigenschaften aus, die zu seinem eignen Besten dienlich sind, so ist er in dieser Hinsicht ein Gegenstand der Bewunderung, denn er ist dem Ideal der menschlichen Vollkommenheit nähergekommen. Wenn aber jene Eigenschaften einem Menschen völlig fehlen, so wird er ein der Bewunderung entgegengesetztes Gefühl erregen. Es gibt einen hohen Grad von Narrheit und von dem, was man – obgleich übertreibend – Niedrigkeit oder Abgeschmacktheit nennt; dieser gibt den Menschen der Missbilligung oder gar der Verachtung preis. Gesetzlich freilich kann man nicht dagegen einschreiten. Jemand kann, ohne irgendeinem andern Unrecht zu tun, doch so handeln, dass wir ihn als Narren oder als ein untergeordnetes Wesen beurteilen. Da dieses Urteil und dieses Gefühl Tatsachen sind, die jeder lieber vermeidet, so erweist man den Menschen einen Dienst, wenn man sie davor warnt, wie vor jeder andern unangenehmen Folge ihres Handelns. Es wäre gut, wenn man sich diesen Dienst viel freier und öfter erwiese, als die gewöhnlichen Begriffe der Höflichkeit gestatten. Es wäre günstig, wenn man, ohne selbst für unmanierlich und anmaßend zu gelten, einem andern ehrlich sagen könnte, dass er einen Fehler zu machen gedenkt. Immerhin haben wir das Recht, unsere ungünstige Meinung über irgendjemanden zum Ausdruck zu bringen, nicht um seine Individualität zu unterdrücken, sondern um der unsern gerecht zu werden. So sind wir z. B. nicht verpflichtet, die Gesellschaft eines uns unsympathischen Menschen aufzusuchen, sondern wir haben das Recht, sie zu vermeiden –, freilich, ohne uns dessen zu rühmen –, es steht ja jedem Menschen frei, die ihm zusagende Gesellschaft selbst zu wählen. Wir haben das Recht, ja unter Umständen die Pflicht, die Menschen vor jemandem zu warnen, wenn wir fürchten, dass sein Beispiel oder seine Unterhaltung eine Gefahr für seine Umgebung bedeute. Wir können bei freiwilligen guten Diensten, die wir leisten, andere vor jenem bevorzugen, nur nicht bei solchen, durch die er gebessert werden könnte. So kann jemand auf mannigfache Art für Fehler, die an sich nur ihn angehen, durch andere schwer büßen müssen; aber er leidet diese Strafen nur darum, weil sie die natürlichen und von selbst eintretenden Folgen seiner Fehler sind, nicht weil sie ihm absichtlich als Sühne auferlegt werden. Wer z. B. zu Übereilung, Eigensinn und Dünkel neigt, wer nicht mit mäßigen Mitteln leben kann, wer sich gefährlichen Gelüsten gegenüber nicht zu beherrschen vermag, wer sich sinnlichen Genüssen, auf Kosten der Freuden von Geist und Gemüt hingibt, der muss darauf gefasst sein, im Ansehen der andern zu sinken und ihre Gunst zu verlieren. Er hat kein Recht darüber zu klagen – es sei denn, dass er durch besondere soziale Verdienste die Gunst der Menschen erworben habe und dadurch ein Anrecht auf freundliche Gesinnung besitze, die durch jene Fehler nicht getrübt werden kann.

Aber ich möchte, dass die Unannehmlichkeiten, die mit dem ungünstigen Urteil der andern stets verbunden sind, die einzigen bleiben, denen jemand unterworfen werden solle wegen der Seite seines Handelns und seines Charakters, die nur ihn angeht ohne die Interessen der andern zu kreuzen. Eine völlig andere Behandlung aber fordern unrechtmäßige Handlungen gegen andere. Eingriff in ihre Rechte, Unrecht oder Schaden, die man ihnen zufügt, und die in den eigenen Interessen nicht gerechtfertigt sind, Falschheit oder Doppelzüngigkeit im Verkehr mit andern, unedle Ausnützung von Vorteilen über sie, vielleicht sogar ein selbstsüchtiges Zurücktreten, wenn es gilt andere gegen Unrecht zu verteidigen – das alles sind geeignete Anlässe zu moralischer Missbilligung, ja in ernsten Fällen zu moralischem Abscheu und zur Bestrafung. Aber nicht nur diese *Handlungen*, auch die *Gesinnungen*, aus denen sie hervorgehen, sind im eigentlichen Sinne unmoralisch und sind geeignete Objekte der Missbilligung, die sich bis zum Abscheu steigern kann. Neigung zu Grausamkeit, Bosheit und Schlechtigkeit, sodann die unsympathischste und verhassteste aller Leidenschaften, der Neid, Verstellung und Unaufrichtigkeit, Zorn bei geringfügigem Anlass und ein Groll, der zu seiner Ursache in keinem Verhältnis steht – die Sucht, über andere zu herrschen, der Wunsch, mehr Vorteile an sich zu reißen, als gebührlich (die Pleonexia der Griechen), der Stolz, der sich von der Erniedrigung der anderen Vorteil verspricht, der Egoismus, der das eigne Ich und seine Interessen für wichtiger als irgendetwas anderes hält – das alles sind moralische Laster, Merkmale eines unsittlichen und hassenswerten Charakters. Dagegen können wir die früher erwähnten Fehler gegen sich selbst nicht eigentlich sittliche Mängel nennen; sie sollten, bis zu welchem Grad sie auch gesteigert seien, nicht eigentlich Bosheiten genannt werden. Sie mögen zwar einen hohen Grad von Torheit oder auch von Mangel an persönlicher Würde und an Selbstachtung bezeugen. Aber zum Gegenstand sittlicher Missbilligung werden sie erst, wenn eine Pflichtverletzung gegen andre daraus hervorgeht, um derentwillen der Einzelne gehalten ist, auf sich selbst zu achten. Was wir Pflichten gegen uns selbst nennen, das wird erst zur sozialen Verpflichtung, wenn irgendwelche Umstände daraus Pflichten gegen andere erschließen lassen. Bedeutet der Ausdruck: Pflichten gegen sich selbst überhaupt mehr als Klugheit, so besagt er: Selbstachtung oder Selbstentwicklung. Und in keiner dieser Beziehungen ist man seinen Mitmenschen verantwortlich, denn an keine von diesen Pflichten ist man um ihres Wohles willen gebunden.

Der Unterschied zwischen dem Verlust an Achtung, den jemand mit Recht erleiden kann, durch einen Mangel an Klugheit oder an persönlicher Würde, und der Missbilligung, die er erfährt, wegen eines Verstoßes: gegen die Rechte anderer – dieser Unterschied ist nicht willkürlich. Es macht einen großen Unterschied in unsern Gefühlen und in unserm Verhalten gegen jemanden, ob er uns wegen solcher Dinge missfällt, in denen wir uns ein Recht der Kontrolle zuschreiben, oder in Dingen, wo dieses Recht fehlt. Wenn jemand uns missfällt, so können wir unsere Abneigung ausdrücken, und wir können uns von einem Menschen, den wir nicht lieben, ebenso fernhalten wie von einer Sache, die uns missfällt. Aber wir dürfen uns darum nicht berufen fühlen, ihm sein Leben zu vergällen Wir sollen bedenken, dass er ohnehin die Folgen seines Irrtums zu tragen hat. Wenn er sein Leben durch schlechte Aufführung verdirbt, sollen wir nicht versuchen, es noch mehr zu verunglimpfen. Wir sollen nicht wünschen, ihn zu bestrafen, sondern sollen uns lieber bemühen, seine Strafe zu erleichtern, indem wir ihn zeigen, wie er die Übel, zu denen sein Betragen führt, vermeidet oder sie heilt. Er mag für uns ein Gegenstand des Mitleids, vielleicht des Missfallens sein, aber er soll in uns nicht Zorn oder Groll erregen. Wir sollen ihn nicht wie einen Feind der Gesellschaft behandeln; das Schlimmste, wozu wir ihm gegenüber berechtigt sind, ist, dass wir ihn sich selbst überlassen, besser aber ist es, wenn wir ihm freundlich entgegenkommen und ihm Interesse und Teilnahme zeigen.

Völlig anders verhält es sich, wenn jemand die Regeln verletzt hat, die zum Schutze seiner Mitmenschen, Einzelner oder der Gesamtheit, notwendig sind. Denn dann treffen die Übel, die aus seinem Verhalten hervorgehen, nicht ihn selbst, sondern andere. So muss die Gesellschaft, als Schirmerin aller ihrer Glieder, Vergeltung an ihm üben. Sie muss ausdrücklich ihm als Buße Leid zufügen, und sie muss sorgen, dass die Strafe ausreichend streng sei. In diesem Fall steht der Mensch als Angeklagter vor unserm Richterstuhl.

Alte und neue
Afghani-Banknoten.
*Mazaar-e-Sharif. Afghanistan,
17. Oktober 2002.*

Im Gerbereiviertel Kazhcesme.
*Istanbul. Türkei, 14. Oktober 1989.*

Wir sind nicht nur berufen, über ihn zu richten, wir haben auch in dieser oder jener Form unsern Spruch auszuführen. Im Fall, den wir zuerst erwähnten, ist es dagegen nicht unsere Sache, dem Menschen ein Leid zuzufügen, außer den Unannehmlichkeiten, die ihm daraus entstehen können, dass wir für unsere Person von derselben Freiheit Gebrauch machen, die wir auch ihm zugestehen müssen.

Viele werden vielleicht den hier festgestellten Unterschied nicht anerkennen zwischen dem Teil eines Menschenlebens, der nur ihn selbst betrifft, und dem, der andere angeht. Sie fragen vielleicht: Wie kann irgendetwas, was das Mitglied einer Gesellschaft unternimmt, den andern Gliedern gleichgültig sein? Niemand ist ja ein völlig isoliertes Wesen; darum kann kein Mensch etwas tun, was ihm selbst ernstlich und dauernd schadet, ohne dass das Unheil bis zu seiner nächsten Umgebung und oft weit über diese hinaus reiche. Wenn z. B. jemand sein Vermögen vergeudet, so schädigt er diejenigen, die direkt oder indirekt von ihm abhängen, und er vermindert um einen größeren oder geringeren Betrag das Volksvermögen. Zerstört er seine geistigen oder körperlichen Kräfte, so schadet er nicht nur denen, deren Schicksal irgendwie von ihm abhängt; er macht sich auch unfähig, die Dienste zu leisten, die er seinen Mitmenschen im Allgemeinen schuldet. Vielleicht fällt er selbst denen, die ihm wohlwollen, zur Last. Wenn dergleichen öfter geschähe, so würde das mehr als ein anderes Vergehen das allgemeine Wohlergehen schädigen. Auch könnte man schließlich sagen: Wenn jemand auch durch seine Laster oder Torheiten andern kein Leid zufügt, so ist er doch durch sein Beispiel schädlich. Darum sollte er schon um derentwillen zur Selbstbeherrschung gezwungen werden, die der Anblick oder die Kenntnis seines Betragens verderben oder missleiten könnte. – Und selbst, so könnte man hinzufügen, wenn man die Folgen des Missverhaltens auf das lasterhafte oder gedankenlose Wesen beschränken könnte, darf dann die Gesellschaft die sich selbst überlassen, die offenbar unfähig sind, sich selbst zu beherrschen? Wenn man anerkanntermaßen Kindern und unmündigen Personen Schutz gegen sich selbst gewährt: ist dann die Gesellschaft nicht auch dazu verpflichtet, wenn Menschen in reifem Alter sich nicht zügeln können? Wenn Spielsucht, Trunkenheit, Unmäßigkeit, Trägheit oder Unsauberkeit dem Glück und dem Fortschritt ebenso im Wege sind, wie die meisten gesetzlich verbotenen Handlungen, so erhebt sich mit Recht die Frage, weshalb sollte nicht das Gesetz versuchen, diese Handlungen zu bekämpfen? Und sollte nicht die öffentliche Meinung zur Ergänzung der unvermeidlichen Unvollkommenheiten des Gesetzes eine mächtige Sittenpolizei organisieren und die, die solchen Lastern frönen, streng mit sozialen Strafen belegen? Man kann wohl sagen, dass es sich in diesem Fall nicht darum handelt, die Individualität zu beschneiden, auch nicht darum, die Versuche zu neuer und origineller Lebensführung zu stören. Das Einzige, was man verhindern kann, sind Dinge, die von Beginn der Welt an immer wieder versucht und verhindert sind. Dinge, von denen die Erfahrung erwiesen hat, dass sie der Individualität nicht zuträglich sind. Eine moralische Wahrheit und Lebensregel kann nur nach einer gewissen Zeit und nach einer Summe von Erfahrungen als gültig erkannt werden. Was gewünscht wird, ist nur, dass man Geschlecht um Geschlecht verhindere, in denselben Abgrund zu stürzen, der schon den Vorgängern unheilvoll geworden ist.

Ich gebe vollkommen zu, dass der Schaden, den jemand sich selbst zufügt, auch die treffen kann, die durch Sympathie und durch ihre Interessen mit ihm verbunden sind, ja, dass er in geringerem Grade auch die große Gesellschaft berühren kann. Wenn jemand durch ein derartiges Betragen dahin geführt wird, bestimmte Pflichten gegen andere zu verletzen, dann fällt dieses Versehen aus der Klasse der rein persönlichen Pflichtverletzungen heraus und unterliegt der moralischen Missbilligung in der wahren Bedeutung des Wortes. Wenn z. B. jemand infolge von Unmäßigkeit und Ausschweifungen nicht imstande ist, seine Schulden zu bezahlen, oder wenn er, der die moralische Verpflichtung übernommen hat, eine Familie zu ernähren, aus den gleichen Gründen dazu unfähig wird, so verdient er Verachtung, ja es gehört ihm mit Recht Strafe, aber nicht wegen seiner Ausschweifungen, sondern weil er die Pflichten gegen seine Familie und seine Gläubiger nicht erfüllen kann. Seine moralische Verschuldung wäre dieselbe, wenn er die Mittel, die jenen zukommen, nicht vergeudet, sondern für die nützlichsten Zwecke verwendet hätte. George Barnwell ermordete seinen Onkel, um Geld für seine Geliebte zu erlangen: Aber er wäre ebenso gehenkt worden, wenn er es getan hätte, um mit dem Geld ein Geschäft zu beginnen. Ebenso verdient jemand Vorwürfe wegen Lieblosigkeit und Undankbarkeit, in den häufigen Fällen, wo er durch seine schlechten Gewohnheiten seiner Familie Kummer bereitet. Dasselbe ist der Fall, wenn er Gewohnheiten hat, die zwar an sich nicht lasterhaft sind, aber denen lästig fallen, mit denen er zusammenlebt, oder für die er zu sorgen hat. Wer immer es an der Achtung fehlen lässt, die man den Interessen und Gefühlen anderer schuldet, ohne dass er dazu durch eine heiligere Pflicht gezwungen, oder durch verständliche Bevorzugung der eignen Interessen gerechtfertigt wäre, verfällt um dieser Rücksichtslosigkeit willen der moralischen Missbilligung. Aber die Ursache dazu sind nicht die Fehler, die sein Verhalten gegen sich selbst betreffen, wenn in diesen auch die Quelle jener Verfehlungen gegen andere liegt. Ebenso macht sich jemand eines sozialen Vergehens schuldig, wenn er durch eine Handlung, die an sich nur ihn selbst betrifft, sich unfähig macht, eine bestimmte Pflicht in der Öffentlichkeit zu erfüllen. Niemand sollte einfach wegen Trunksucht bestraft werden, aber ein Soldat oder ein Polizist sollte bestraft werden, wenn er betrunken zum Dienst kommt. Kurz wo immer eine Gefahr für andere, für Einzelne oder die Gemeinschaft entsteht, da ist der Fall dem Gebiet der Freiheit zu entziehen und der Herrschaft der Moral oder des Gesetzes unterzuordnen.

Anders ist es mit zufälligen, oder wie man es nennen kann, mittelbaren Schaden, den jemand der Gesellschaft durch eine Handlung zufügt, die an sich weder eine Pflicht gegen die Gesellschaft verletzt, noch einen Einzelnen schädigt. Die daraus erwachsende Unzuträglichkeit muss die Gemeinschaft auf sich nehmen um des größeren Gutes, der menschlichen Freiheit, willen. Wenn erwachsene Menschen bestraft werden sollen, weil sie für sich selbst nicht genügend sorgen, so sollte das besser um ihrer selbst willen geschehen, nicht unter dem falschen Vorwande, man wolle verhindern, dass sie der Gesellschaft keine Dienste mehr leisten könnten, die diese ja auch gar nicht verlangt.

Aber ich kann nicht in die Ansicht willigen, dass die Gemeinschaft keine andern Mittel habe, um ihre schwächeren Mitglieder zu vernünftigem Handeln zu bringen, sondern dass sie abwarten müsse, bis diese etwas Unvernünftiges getan haben, um dann moralische oder gesetzliche Strafen über sie zu verhängen. Die Gesellschaft hat absolute Macht über ihre Mitglieder während der frühen Periode ihres Lebens. Sie hatte die ganze Zeit der Kindheit und der Jugend zur Verfügung, in der sie versuchen konnte, sie zu einer vernünftigen Lebensführung zu erziehen. Die gegenwärtige Generation ist Meister über die Heranbildung und über alle Lebensumstände der kommenden Generation. Gewiss, sie kann jene nicht vollkommen weise und gut machen, lässt doch ihre eigne Güte und Weisheit so viel zu wünschen übrig, und ihre größten Anstrengungen haben im Einzelnen nicht immer die besten Erfolge. Dennoch ist sie vollkommen imstande, die folgende Generation ebenso gut, ja ein wenig besser als sich selbst zu erziehen. Lässt die Gemeinschaft eine beträchtliche Anzahl ihrer Glieder wie Kinder aufwachsen, die unfähig sind, durch vernünftige Erwägungen sich selbst zu bestimmen, so hat die Gesellschaft sich die Folgen dieses Tuns selbst zur Last zu legen; sie ist ja ausgerüstet nicht nur mit allen Mitteln der Erziehung, sondern auch mit dem Ansehen, das die Autorität einer überkommenen Meinung stets über die ausübt, die selbst zum Urteilen wenig befähigt sind. Und sie wird unterstützt von den natürlichen Strafen, die unvermeidlich diejenigen treffen, die das Missfallen oder die Verachtung derer erregen, die sie kennen. So soll die Gesellschaft nicht behaupten, dass sie außer diesen Mitteln noch der Macht bedürfe, Befehle zu geben und Gehorsam zu erzwingen in den persönlichen Angelegenheiten der Einzelnen; hier sollte, nach den Grundsätzen der Gerechtigkeit und der Vorsicht, die Entscheidung bei denen ruhen, die die Konsequenzen zu tragen haben.

*1860*

# FJODOR DOSTOJEWSKI

## Aufzeichnungen aus einem Totenhaus

*Es ist ein autobiographischer Text, aber kein Tagebuch, verzeichnet nichts von einer individuellen Befindlichkeit und ihrer subjektiven Erfahrung. Es handelt sich um eine Dokumentation, ohne jede Abdämpfung des Ungeheuerlichen durch emotionale Ausgestaltung. Dadurch wirkt sie umso stärker.*

*Der achtundzwanzigjährige Bauingenieur Fjodor Michailowitsch Dostojewski (\* 1821, † 1881), seit vier Jahren freier Schriftsteller, wird wegen Teilnahme an abendlichen Treffen einer als regierungsfeindlich eingestuften Gruppe verhaftet und nach neunmonatiger Haft zum Tode verurteilt. Auf dem Richtplatz wird das Urteil in vier Jahre Zwangsarbeit in Sibirien umgewandelt, gefolgt von Militärdienst und weiteren fünf Jahren Verbannung. Als überzeugter Christ und Gegner der atheistischen Sozialisten kehrt er nach St. Petersburg zurück, wo er die Arbeit an seinen großen Romanen aufnimmt.*

UNSER GEFÄNGNIS LAG ganz am Rande der Festung, dicht am Festungswall. Zuweilen lugte man so durch die Zaunspalten in Gottes weite Welt: Wirst du dort nicht irgendetwas erblicken? – Doch was man erblickte, war immer nur ein Stückchen Himmel und der mit Steppengras bewachsene hohe Erdwall, auf dem nur die Schildwachen Tag und Nacht patrouillierten; und gleich darauf denkt man, dass Jahre vergehen werden, du aber immer noch an den Zaun treten wirst, um wieder durch die Spalten zu lugen, und immer denselben Wall, dieselben Schildwachen und dasselbe kleine Stückchen Himmel sehen wirst, nicht diesen Himmel, der über dem Gefängnis ist, sondern jenen anderen dort, den fernen, den freien Himmel.

Man denke sich einen großen Hof, von zweihundert Schritt in der Länge und etwa hundertundfünfzig in der Breite, der rings von einem hohen Pfahl- und Palisadenzaun in einem unregelmäßigem Sechseck umgeben ist. Diese hohen Pfähle sind tief in die Erde eingerammt, ganz dicht nebeneinander, außerdem durch verbindende Querplanken noch doppelt in ihrer senkrechten Stellung gefestigt, und das obere Ende jedes Pfahles ist zugespitzt; das ist die äußere Einfriedung eines »Ostrógg«. An einer der sechs Seiten befindet sich ein großes Tor, das stets verschlossen ist und Tag und Nacht von Schildwachen bewacht wird. Dieses Tor wurde nur bei Bedarf aufgemacht, wenn die Gefangenen zur Arbeit abmarschierten. Hinter diesem Tor lag die lichte freie Welt, dort lebten all die anderen Menschen. Aber diesseits der Umzäunung lag eine eigene Welt, von der sich die übrigen Menschen nur Vorstellungen wie von einem unmöglichen Märchen machten. Hier war eine besondere Welt, die keiner einzigen anderen glich; hier gab es besondere Gesetze, besondere Tracht, besondere Sitten und Bräuche. Es war ein Totenhaus lebend Begrabener, darinnen ein Leben wie sonst nirgendwo; und auch die Menschen waren hier anders. Eben diesen besonderen Ort will ich nun zu beschreiben versuchen.

Wenn man den Ostrógg betritt, sieht man innerhalb des Palisadenzauns mehrere Gebäude. Zu beiden Seiten des breiten inneren Hofes liegen je zwei langgestreckte einstöckige Blockhäuser. Das sind die Kasernen. In ihnen leben die Zwangsarbeiter, die nach ihren Kategorien verteilt sind. Weiterhin liegt noch ein drittes solches Blockhaus: das ist die Küche, die in zwei Abteilungen unterteilt ist. Und ganz im Hintergrund befindet sich noch ein weiteres Gebäude, in dem sich unter einem Dach die Keller, Vorratsräume und Schuppen befinden. Die Mitte des Hofes ist frei und bildet einen gleichmäßigen, ziemlich großen Platz. Hier treten die Sträflinge an, hier findet die Zählung und der Namensaufruf morgens, mittags und abends statt, zuweilen aber auch sonst noch ein paarmal am Tage – je nach dem Argwohn der Wachhabenden und ihrer Geübtheit im Zählen. Zwischen den Gebäuden und dem Palisadenzaun bleibt noch ein ziemlich breiter freier Raum. Hier hinter den Blockhäusern pflegten sich einige von den Sträflingen, die ungeselligeren und unfreundlicheren Charaktere, in den arbeitsfreien Stunden aufzuhalten und, ungesehen von den andren, ihren eigenen Gedanken nachzuhängen. Wenn ich ihnen dort beim Herumschlendern begegnete, versuchte ich immer, ihre düsteren, gebrandmarkten Gesichter zu durchschauen und zu erraten, woran sie wohl dachten? Unter ihnen gab es einen, dessen Lieblingsbeschäftigung in diesen Mußestunden das

Zählen der Zaunpfähle war. Es waren im Ganzen tausendfünfhundert Pfähle, er aber kannte jeden einzelnen von ihnen ganz genau. Jeder Pfahl bedeutete für ihn einen Tag; an jedem Tage zählte er um einen Pfahl weiter, sodass er an den übrigen noch nicht gezählten Pfählen anschaulich sehen konnte, wie viel Tage ihm noch bis zur Freilassung blieben. Und er freute sich wie ein Kind, wenn er mit einer der Seiten des Sechsecks fertig war. Er musste noch lange Jahre warten, aber im Ostrógg hatte man ja Zeit genug, sich an das Warten zu gewöhnen. Einmal erlebte ich, wie ein Sträfling, der zwanzig Jahre in der Kátorga verbracht hatte, nun endlich wieder in die Freiheit zurück sollte. Einige erinnerten sich noch seiner, wie er in den Ostrógg gekommen war, ein junger, sorgloser Bursche, der weder an sein Verbrechen noch an seine Strafe dachte. Er verließ den Ostrógg als silberhaariger Greis mit einem düsteren und traurigen Gesicht. Schweigend ging er in alle unsere sechs Blockhäuser, um von den anderen Abschied zu nehmen. In jeder Kaserne betete er zuerst vor den Heiligenbildern, dann verneigte er sich tief vor den anderen und nahm Abschied von ihnen, mit der Bitte, seiner nicht im Bösen zu gedenken. Auch entsinne ich mich noch, wie einmal ein Sträfling, der früher ein wohlhabender sibirischer Landbauer gewesen war, gegen Abend noch zum Tor gerufen wurde. Ein halbes Jahr vorher hatte er die Nachricht erhalten, dass sein Weib sich wieder verheiratet habe, und darüber war er sehr traurig geworden. An diesem Abend aber war sie selbst zum Ostrógg gekommen: Sie ließ ihn herausrufen und gab ihm ein Almosen. Sie sprachen vielleicht nur zwei Minuten miteinander, beide weinten, und dann nahmen sie für immer Abschied voneinander. Ich sah sein Gesicht, als er in die Kaserne zurückkehrte … Ja, an diesem Ort konnte man lernen, geduldig zu werden.

Sobald es dunkelte, wurden wir alle in die Kasernen getrieben, wo man uns für die ganze Nacht einschloss. Es fiel mir zuerst sehr schwer, vom Hof in unsere Kaserne zurückzukehren. Das war ein langer, niedriger, bedrückender Raum, der nur matt von Talgkerzen erhellt wurde, erfüllt von schwerem, atemberaubendem Geruch. Heute begreife ich nicht mehr, wie ich es zehn Jahre lang dort habe aushalten können.

Auf der Pritsche, auf der wir alle in zwei Reihen schliefen, durfte ich nur drei Bretter einnehmen; das war alles, was mir an Platz zukam. Auf dieser Pritsche schliefen in unserer Stube an die dreißig Menschen. Im Winter wurden wir früh eingeschlossen, und dann dauerte es mehr als vier Stunden, bis alle eingeschlafen waren. Bis dahin aber: Geschrei, Spektakel, Gelächter, Geschimpfe, das Gerassel der Ketten, Qualm und Ruß, geschorene Köpfe, gebrandmarkte Gesichter, zerlumpte Kleider, lauter Entehrte, Verfemte … Ja, zäh ist der Mensch! Er ist ein Geschöpf, das sich an alles gewöhnt, und dies ist, glaube ich, die treffende Bezeichnung für ihn.

Im Ganzen waren in unserem Ostrógg an die zweihundertundfünfzig Sträflinge untergebracht, das war die fast stehende Zahl der Arrestanten. Die einen kamen, die anderen gingen, die dritten starben. Und was für Menschenarten gab es dort nicht! Ich glaube, jedes Gouvernement, jeder Landstrich Russlands hatte seine Vertreter im Ostrógg. Auch Söhne der fremdstämmigen Völkerschaften waren dort, sogar Söhne kaukasischer Bergvölker. Alle waren nach der Art ihrer Verbrechen »sortiert«, und folglich auch nach der Zahl der Jahre, zu denen man sie verurteilt hatte. Es ist anzunehmen, dass es wohl kein Verbrechen gab, das hier nicht seinen Vertreter besaß. Den Hauptbestandteil der ganzen Insassenschaft des Ostrógg machten die zu schwerer Zwangsarbeit Verschickten aus (die »Schwerverschickten«, wie sie sich selbst naiv benannten). Das waren Verbrecher, die man aller Rechte beraubt hatte, gleichsam abgehackte Fetzen der Gesellschaft, Menschen mit gebrandmarkten Gesichtern, die sie ewig als Ausgestoßene kennzeichnen sollten. Sie waren auf acht bis zwölf Jahre zur Zwangsarbeit verurteilt und nach Ablauf dieser Frist wurden sie als Ansiedler auf verschiedene Amtsbezirke verteilt. Es gab auch Verbrecher aus dem Soldatenstande, die aber nicht aller Rechte beraubt waren. Ebenso wenig wie die in den eigentlichen russischen Militärstrafkolonien. Diese wurden nur auf kurze Zeit verschickt und kehrten nach Ablauf ihrer Strafzeit wieder dorthin zurück, woher sie gekommen waren, in die sibirischen Linienbataillone. Viele von ihnen kamen aber bald von Neuem in den Ostrógg, infolge neuer schwerer Vergehen, dann jedoch nicht mehr auf kurze Zeit, sondern auf zwanzig Jahre. Die Sträflinge dieser Abteilung nannte man »die Lebenslänglichen«. Doch selbst diese »Lebenslänglichen« waren noch nicht aller Rechte beraubt. Und dann gab es noch eine Abteilung der gefährlichsten Verbrecher, die größtenteils aus ehemaligen Soldaten bestand und recht zahlreich war. Die hieß »besondere Abteilung«. In dieser Abteilung wurden aus ganz Russland die schwersten Verbrecher geschickt. Sie hielten sich selbst für »Ewige« und kannten nicht einmal die Dauer ihrer Zwangsarbeit. Nach der Vorschrift hätte die Zahl ihrer Arbeitsstunden verdoppelt und verdreifacht werden müssen. Sie sollten nur so lange im Ostrógg gehalten werden, bis in Sibirien die schwersten Zwangsarbeiten eingeführt wurden. »Ihr seid nur eine bestimmte Zeit hier, wir aber sind ewig in der Kátorga«, sagten sie zuweilen zu den andren Mitgefangenen.

# 1868

## MAURICE JOLY

## Diplomatie

*In der Hölle lässt er Machiavelli und Montesquieu über Macht und Vernunft in der Politik diskutieren: 1864 erscheint sein Buch* Dialogue aux Enfers entre Machiavel et Montesquieu *in Brüssel anonym. Der Autor in Paris, ein Kritiker Napoleons III. schon seit dessen Krönung 1852, wird wegen Verleumdung des Kaisers zu fünfzehn Monaten Gefängnis verurteilt. Eine der wenigen Kopien des* Dialogue, *die den französischen Sicherheitsorganen entkommt, gerät in der Schweiz in die Hände der zaristischen Geheimpolizei Ochrana. In der berühmtesten und einflussreichsten Fälschung der Neuzeit, den* Protokollen der Weisen von Zion, *finden sich Thesen des Höllen-Machiavelli als jüdische Weltherrschaftsprogrammatik adaptiert. Die bis heute nicht endgültig geklärte Urheberschaft der Fälschung wird in zaristischen Geheimdienstkreisen vermutet. Nachdem ursprünglich der Zar vor der jüdischen Gefahr des Liberalismus gewarnt werden sollte, erscheinen die Protokolle ab 1929 im Parteiverlag der NSDAP: als Hitlers Beweisstück der jüdischen Weltverschwörung, deren eine verwirklichte Variante natürlich in der bolschewistischen Revolution in Russland zu sehen ist.*

*So viel an Prominentem zum Autor Maurice Joly (\*1829, † 1878), dessen fabelhaftes* Handbuch des Aufsteigers *(im Original:* Recherches sur l'art de parvenir) *bei uns eine ganz andere Thematik abdeckt: nämlich den besonderen Menschenschlag der Diplomaten.*

Die Diplomatie ist das Instrument einer Politik, wie sie eben annäherungsweise definiert wurde, jedoch auf internationaler Ebene. Nach näherer Betrachtung kann man sagen: sie besteht in der *Kunst der Vorwände*; nach ihren Formen zu urteilen, könnte man sie als ein Vorgehen ansehen, das in seinen unterschiedlichen Phasen offenen gewalttätigen Auseinandersetzungen vorausgeht oder folgt.

Wenn, wie es äußerst klar erscheint, die Moral nicht gerade die Beziehungen zwischen Herrschern und Beherrschern regiert, so ist es noch offensichtlicher, dass von Regierung zu Regierung nur Interessen maßgeblich sind; selbst wenn die natürliche Neigung dieser Interessen darauf abzielt, sich direkt und mit heftiger Gewalt zufriedenzustellen, so sind sie dennoch durch die Natur der Dinge gehalten, sie mit einer gewissen Zurückhaltung einzusetzen. Beispielsweise wird ein Fürst, der im Kopf den schlichten Plan hegt, einen der Staaten in seiner Nachbarschaft zu erobern, nicht von einem auf den andern Tag mit bewaffneter Hand in das Gebiet einmarschieren, nach dem ihm gelüstet. Er muss zur Vorbereitung Bündnisse schließen, sich versichern, dass die rivalisierenden Kräfte ihm zu Hilfe eilen oder nicht eingreifen werden, überdies muss er genügend Soldaten sammeln und seine Bewaffnung vervollkommnen, wie man heute sagt, damit er halbwegs sicher sein kann, dass er der Stärkere ist.

Aus diesen ersten Vorsichtsmaßnahmen und der sich anschließenden Verschleppungstaktik besteht im Allgemeinen die Achtung vor den Gesetzen unter Nachbarn. Und so sind auch die Friedens- und Bündnisverträge nur so lange von Dauer wie jene augenblicklichen Interessen, die für ihre Existenz verantwortlich sind, vielleicht sogar ein bisschen kürzer. Sobald sie sich ändern, ist man mit dem in solchen Fällen gewöhnlichen *Seitenwechsel* konfrontiert. Die am Vorabend noch befreundete Macht wird zum Feind von morgen. So nähern sich die Staaten an, entfernen sich voneinander, gruppieren sich untereinander in verschiedenen Proportionen, die von einem Tag auf den anderen wechseln.

Mit der Vorbereitung solcher Veränderungen der Fronten und Haltungen beschäftigt sich insbesondere die Diplomatie. Sie liefert Vorwände, das ist ihre wichtigste Aufgabe.

Über den Ehrgeiz der Herrschenden hinaus kann von jeder Nation auch gesagt werden, dass sie einen speziellen Ehrgeiz besitzt, den man mit Fresslust vergleichen kann, die überall in der Schöpfung die großen Arten dazu bringt, die kleineren zu fressen. Diese Gier ist für die Existenz all der sogenannten offenen Fragen in Europa verantwortlich. Es gibt: *die Römische Frage, die Orient-Frage, die Frage der Herzogtümer, die Deutsche Frage* usw. Das heißt, es geht darum, ob Norditalien Süditalien schlucken wird, ob Russland sich nach Kleinasien ausbreiten wird, ob die Elbherzogtümer von Preußen einverleibt werden und andere ebenfalls.

Diese Art von Appetit, die jeder Nation eigen ist, kann auch *Nationalitätenprinzip*, *Einheit*, *Annexion* genannt werden; die Bezeichnung ändert nichts am Wesen der Dinge.

Wenn mehrere staatliche Ambitionen auf günstige Bedingungen für ihre Befriedigung treffen, gibt es *gemeinsame Interessen*, und die Frage erübrigt sich, ob sie ins Spiel gebracht werden können. Die Zivilisation, das geltende Staatsrecht und die Humanität besitzen hier nicht einmal das Gewicht von einer Unze.

Hiervon konnte man sich im letzten Krieg überzeugen, den Europa erlebte. Man erinnert sich, wie die gemeinsamen Interessen aussahen: Italien wollte Venedig, Frankreich die Rheingrenze, Preußen ein Dutzend kleiner oder großer Staaten schlucken, und dennoch gab es vor dem Krieg Leute, die sich nicht vorstellen konnten, dass man sich am Vorabend eines Konflikts befand; sie meinten, die Welt habe die Zeit der Irrungen hinter sich, wiesen den unfeinen Appetit auf Eroberungen in barbarische Tage, als könnten sich die Völker und Regierungen wirklich ändern! ... Jede der Mächte glaubte, nun sei ihre Stunde gekommen: das Spiel begann.

Solche zeitgenössische Ereignisse sind bedeutsam, weil sie Rolle und Hintergründe der Diplomatie anschaulich zeigen. Der große preußische Minister hatte seit zehn Jahren seinen Theatercoup vorbereitet. Als er die Bewaffnung des Militärs vollendet, die Kampfkraft seines Heeres verdoppelt hatte, als alle befestigten Plätze mit Truppen und Kanonen versehen waren, veranstaltete er schließlich eine Generalprobe in den Elbherzogtümern; dann wandte er sich dem schwachen, darniederliegenden Österreich zu, das sich von den letzten Verlusten kaum erholt hatte, und sagte: »Ihr rüstet auf?« Vergeblich wies Österreich auf sein Blut, das noch aus den Wunden floss, der kühne Minister ließ sich nicht mehr beirren, in einer Serie diplomatischer Dokumente hielt er die Behauptung aufrecht, Österreich rüste tatsächlich auf, um Preußen den Krieg zu erklären. Als die österreichische Regierung, in der Hoffnung, einen Gegner zu besänftigen, der das gar nicht wünschte, alle Truppen von jenem Abschnitt seiner Grenze abzog, den es mit Preußen gemeinsam hat, tat der Angreifer einen Ausspruch, den die Geschichte unvergesslich machen wird: »Und wenn – Sie haben doch lediglich in den Süden geschickt, was zuvor im Norden war!«

Man sieht, dass es nicht einmal notwendig ist, die diplomatischen Vorwände zu beschönigen: es genügt, wenn man sich bis zuletzt nicht von ihnen abbringen lässt. Allerdings ist es leicht zu begreifen, dass sie umso besser sind, je spezieller sie wirken. Sie müssen im Hinblick auf jene gestaltet werden, die sie akzeptieren sollen.

Je näher ein Vorwand an eine gewisse Sorte von Begründungen oder Vorurteilen heranreicht, desto mehr Kraft verleiht er dem, der ihn einsetzt.

Jene Verärgerung, wie sie von mangelhaft geplanten Auseinandersetzungen und einem nachlässigen Vorgehen ausgelöst wird, ist außerordentlich gefährlich; sie erhöht die moralische Kraft der Gegner, und wie man weiß, kann diese moralische Kraft auf dem Schlachtfeld den Sieg bringen. Deshalb sieht man die Diplomaten mit so viel Kunstfertigkeit und auf solchen Umwegen vorgehen. Sie möchten ihren Gegnern einen Schaden zufügen, sie veranlassen Zwischenfälle oder warten auf eine günstige Wendung der Meinung, und zumeist können sie diese auch finden.

Die Kunst des Formulierens spielt eine so beträchtliche Rolle in der Diplomatie, dass man auch darüber etwas sagen muss.

Beinahe alle Dokumente, die modernen Kanzleien entstammen, sind Werke, denen man nicht genug Aufmerksamkeit schenken kann, man wird sie ernstlich bewundern.

Jedes Wort besitzt einen doppelten und sogar einen dreifachen Sinn, einen für die große Öffentlichkeit, einen anderen für die Eingeweihten und einen dritten für die Macht, an die man sich im Besonderen richtet. Man behauptet, etwas zu wollen, und man behauptet, es nicht zu wollen; man behauptet, man würde etwas tun, und man fügt hinzu, man würde es nicht tun. Man erweckt den Eindruck, sich für eine Sache einzusetzen, aber man setzt sich nicht ein; man erweckt den Eindruck, sich für eine Sache nicht einzusetzen, aber setzt sich für sie ein.

Es gibt eine Art Genie der Formulierung, das darin besteht, einen Ausdruck beiläufig fallenzulassen, der die allgemeine Richtung eines Dokuments völlig verkehrt und gleichsam einen Lichtpunkt in der Finsternis bildet.

Es ist, als stammten alle offiziellen Schriften Europas aus einer Feder. In ihnen herrscht eine ausgeklügelte Ordnung. Die formalen Vorschriften sind erfüllt, die Kadenzen harmonisch und die Schlussgedanken von perfektem Schwung. Man hat zwanzig Worte gestrichen, bevor man einen Ausdruck findet, der dann nirgendwo zu packen ist.

Diese Suche nach Form, dieses Talent der Exposition, diese plastische Argumentation, diese spitzfindige Logik, dieses kalkulierte Zögern, diese abgefeimte Zweideutigkeit, diese Anspielungen auf Fernliegendes, diese trügerischen Unterstellungen, diese verschleierten Unterschiebungen, diese ernsthaften Epigramme sind elegante und leichte Waffen, Finten im Duell mit der Feder, Vorläufer für ernstere Spiele. In der Verkleidung dieser Sprachfiguren sagt man sich eine Menge Dinge, die hier nicht angesprochen werden; man misst sich, bedroht, verspottet sich, und man macht sich übereinander lustig in einem Ton perfekter Höflichkeit. So stellt die Diplomatie eine Wissenschaft dar, die ihren Ursprung findet in der aristotelischen Rhetorik, in der Sophistik griechischer Schulen, der kartesianischen Methode, der Kasuistik Loyolas und den kleinen Tricks der Paläste.

Da alles von unmerklichen Kleinigkeiten der Formulierung abhängt, gilt die Aufmerksamkeit den kleinsten Nuancen; die geringste Abweichung von der Form, das Abändern einer Wendung, ein Unterschied in der Art, wie sich zwei Souveräne grüßen, gewinnen ungeheure Proportionen und lassen große Ereignisse vorausahnen.

Man erinnert sich noch an die Wirkung, die in ganz Europa durch die Tatsache ausgelöst wurde, dass in einem Brief des Zaren Niklaus an Louis Philippe die Worte »Ich bin Ihr guter Freund« durch die feierliche Formulierung »guter Bruder« ersetzt wurden. Ganz Frankreich fühlte sich auf die Wange seines Königs geohrfeigt.

Jeder Souverän, der nicht kämpfen würde, wenn man auf diese Weise eine Formulierung ändert, müsste zwangsläufig in Schande versinken. Es sind die Ehrenhändel, die zwischen den Völkern jenen Streitigkeiten gleichkommen, welche früher die Leute nach einem schiefen Blick zum Schwert greifen ließen.

Das diplomatische Vorgehen ist auch in dieser Hinsicht ein sehr interessanter Aspekt. Man sagt, dass Formen schützen. Zweifellos, aber sie haben in der Diplomatie noch eine andere Seite, sie legitimieren jeden Akt, bei einer gekonnten Dramatik können sie zu Ergebnissen führen, die dann nicht mehr erstaunlich erscheinen, dank einem Gespinst von Schriften, die vorausgegangen sind. Eine Behauptung gibt sich die Form einer Klage, die Klage verwandelt sich in eine Beschwerde; man geht vom *Memorandum* zum Zirkular, zum Manifest, zum *Ultimatum* über und lässt dann die Kanonen sprechen. All das hat sich in kurzer Zeit ereignet, und man ist dennoch innerhalb der Regeln geblieben.

# 1869

## SERGEJ NETSCHAJEW
## Der Narodnik: Blaupause aller Bombenleger

*Noch mehrmals in diesem Band mag man sich an ihn erinnern: »Für den Radikalisten ist das Leben kein Argument«, sagt Thomas Mann, »Radikalismus ist Nihilismus« (vgl. S. 517). »Als Rivalen des Schöpfers wurden sie folgerichtig dazu geführt, die Schöpfung auf eigene Rechnung neu zu machen«, schreibt Albert Camus (vgl. S. 598). In diesem Katechismus eines Heißsporns der sozialrevolutionären Narodniki haben wir die Blaupause nicht nur für Lenin und Stalin, sondern ebenso für den Geheimagenten in Joseph Conrads Roman mit diesem Titel und für alle »revolutionären« Bombenleger bis hin zu Al-Qaida.*

*Sergej Gennadijewitsch Netschajew (\*1847, †1882) wurde nicht alt. Mit einem angeblichen revolutionären Vorleben hochstapelnd, gewann er in Genf die Freundschaft des radikalen Anarchisten Bakunin. Zurück in Russland, um dort seinen in der Schweiz verfassten* Revolutionären Katechismus *zu verteilen, gründete er 1869 die Geheimorganisation Narodnaja Rasprawa (Volksrache). Als der Genosse Iwan Iwanowitsch Iwanow die Gruppe wegen Meinungsverschiedenheiten verließ, wurde er von Netschajew und seinen Anhängern erst verprügelt und dann erschossen. (Der Vorfall wurde zu einer Szene in Dostojewskis Roman* Die Dämonen.*) Zurück in der Schweiz, stahl Netschajew private Schriften und Briefe Bakunins und anderer Exilanten, um diese bei Bedarf erpressen zu können. Inzwischen verlangte Russland seine Auslieferung. Von einem polnischen Exilanten an die Zürcher Polizei verraten, wurde er 1872 wegen des Mordes an Iwanow als gemeiner Verbrecher ausgeliefert und in Russland zu zwanzig Jahren Zwangsarbeit verurteilt. Zehn Jahre später starb er in der Peter-und-Paul-Festung in Sankt Petersburg.*

### DIE PFLICHTEN DES REVOLUTIONÄRS SICH SELBST GEGENÜBER

1. Der Revolutionär ist ein vom Schicksal verurteilter Mensch. Er hat keine persönlichen Interessen, keine geschäftlichen Beziehungen, keine Gefühle, keine seelischen Bindungen, keinen Besitz und keinen Namen. Alles in ihm wird von

dem einzigen Gedanken an die Revolution und von der einzigen Leidenschaft für sie völlig in Anspruch genommen.

2. Der Revolutionär weiß, dass er in der Tiefe seines Wesens, nicht nur in Worten, sondern auch in Taten, alle Bande zerrissen hat, die ihn an die gesellschaftliche Ordnung und die zivilisierte Welt mit allen ihren Gesetzen, ihren moralischen Auffassungen und Gewohnheiten und mit allen ihren allgemein anerkannten Konventionen fesseln. Er ist ihr unversöhnlicher Feind, und wenn er weiterhin mit ihnen zusammenlebt, so nur deshalb, um sie schneller zu vernichten.

3. Der Revolutionär verachtet alle Doktrinen und lehnt die weltlichen Wissenschaften ab, die er künftigen Generationen überlässt. Er kennt nur eine Wissenschaft: die Wissenschaft der Zerstörung. Aus diesem Grund, aber nur aus diesem Grund, wird er sich dem Studium der Mechanik, der Physik, der Chemie und vielleicht der Medizin zuwenden. Aber Tag und Nacht befasst er sich eingehend mit der allein wesentlichen Wissenschaft: mit dem Menschen, mit seinen entscheidenden Merkmalen und seinen Lebensumständen und allen Erscheinungen der gegenwärtigen Gesellschaftsordnung. Das Ziel ist stets das gleiche: die sicherste und schnellste Methode, diese ganze verrottete Ordnung zu zerstören.

4. Der Revolutionär verachtet die öffentliche Meinung. Er verachtet und hasst das bestehende gesellschaftliche Moralgesetz in allen seinen Äußerungen. Für ihn ist Moral das, was zum Sieg der Revolution beiträgt. Unmoralisch und verbrecherisch ist hingegen alles, was diesem im Weg steht.

5. Der Revolutionär ist ein Mensch, der sich seiner Aufgabe verschrieben hat, dem Staat und den gebildeten Ständen gegenüber erbarmungslos; und von ihnen kann er keine Gnade erwarten. Zwischen ihm und ihnen besteht, offen erklärt oder im Verborgenen, ein schonungsloser, unversöhnlicher Krieg bis auf den Tod. Er muss sich an die Folter gewöhnen.

6. Tyrannisch gegenüber sich selber, muss er auch anderen gegenüber tyrannisch sein. Er muss all die sanften, schwächenden Gefühle der Verwandtschaft, Liebe, Freundschaft, Dankbarkeit und sogar der Ehre in sich unterdrücken und der eiskalten, zielstrebigen Leidenschaft für die Revolution Raum geben. Für ihn gibt es nur eine Freude, einen Trost, einen Lohn und eine Befriedigung – den Erfolg der Revolution. Tag und Nacht darf er nur einen Gedanken haben, ein Ziel vor sich sehen – erbarmungslose Zerstörung. Während er unermüdlich und kaltblütig diesem Ziel zustrebt, muss er bereit sein, sich selber zu vernichten und mit seinen eigenen Händen alles zu vernichten, das der Revolution im Wege steht.

7. Das Wesen des wahren Revolutionärs schließt jede Sentimentalität, alle romantischen Gefühle, jede Verliebtheit und jede Verzückung aus. Die revolutionäre Leidenschaft, in jedem Augenblick des Tages praktiziert, bis sie zur Gewohnheit wird, muss mit kühler Berechnung eingesetzt werden. Zu allen Zeiten und an allen Orten darf der Revolutionär nicht etwa seinen persönlichen Impulsen gehorchen, sondern nur jenen, die der Sache der Revolution dienen.

### DIE BEZIEHUNGEN DES REVOLUTIONÄRS ZU SEINEN GENOSSEN

8. Der Revolutionär kann keine Freundschaft oder Bindung kennen außer zu jenen, die durch ihr Handeln bewiesen haben, dass sie, ebenso wie er, sich der Revolution geweiht haben. Der Grad der Freundschaft, der Ergebenheit und Verpflichtung gegenüber einem solchen Genossen wird einzig und allein durch den Grad seiner Nützlichkeit für die Sache der totalen revolutionären Zerstörung bestimmt.

9. Es erübrigt sich, von Solidarität unter Revolutionären zu reden. Darauf beruht die ganze Kraft der revolutionären Arbeit. Genossen, die die gleiche revolutionäre Leidenschaft und die gleiche revolutionäre Erkenntnis besitzen, sollten so weit wie möglich alle wichtigen Angelegenheiten miteinander beraten, um dann zu einstimmigen Beschlüssen zu gelangen. Hat man sich erst einmal für einen bestimmten Plan entschlossen, dann muss sich der Revolutionär ganz allein auf sich selber verlassen. Bei Durchführung von Zerstörungsaktionen sollte jeder allein handeln und sich bei keinem anderen Rat und Hilfe holen, es sei denn, dass dies für die Durchführung des Plans notwendig ist.

10. Alle Revolutionäre sollten Revolutionäre zweiten oder dritten Grades unter sich haben – das heißt, Genossen, die nicht völlig eingeweiht sind. Diese sollte der Revolutionär als einen Teil des gemeinschaftlichen revolutionären Kapitals betrachten, das ihm zur Verfügung steht. Dieses Kapital sollte selbstverständlich so sparsam wie möglich ausgegeben werden, um den höchstmöglichen Gewinn zu erzielen. Der wahre Revolutionär sollte sich selber als Kapital betrachten, das dem Triumph der Revolution geweiht ist; jedoch darf er ohne die einmütige Zustimmung aller vollkommen eingeweihten Genossen nicht persönlich und allein über dieses Kapital verfügen.

11. Ist ein Genosse in Gefahr und erhebt sich die Frage, ob er gerettet werden soll oder nicht, darf die Entscheidung nicht auf der Grundlage von Gefühlen gefällt werden, sondern einzig und allein nach den Gesichtspunkten des Interesses der revolutionären Sache. Daher ist es notwen-

dig, die Nützlichkeit des Genossen gegenüber dem Einsatz der für seine Rettung notwendigen revolutionären Kräfte abzuwägen, und die Entscheidung muss dementsprechend getroffen werden.

### DIE BEZIEHUNGEN DES REVOLUTIONÄRS ZUR GESELLSCHAFT

12. Das neue Mitglied kann, nachdem es seine Loyalität nicht durch Worte, sondern durch Taten bewiesen hat, nur auf Grund einmütigen Einverständnisses aller Mitglieder in die Gesellschaft aufgenommen werden.

13. Der Revolutionär dringt in die Welt des Staates, der privilegierten Klassen der sogenannten Zivilisation ein und lebt in dieser Welt nur zu dem Zweck, ihre rasche und totale Zerstörung herbeizuführen. Er ist kein Revolutionär, wenn er auch nur die geringste Sympathie für diese Welt aufbringt. Er sollte nicht zögern, irgendeine Stellung, einen Ort oder einen Mann auf dieser Welt zu zerstören. Er muss alle und alles in ihr mit dem gleichen Hass hassen. Umso schlimmer für ihn, wenn er irgendwelche Beziehungen zu Eltern, Freunden oder geliebten Wesen hat; lässt er sich von diesen Beziehungen ins Schwanken bringen, ist er kein Revolutionär mehr.

14. Mit dem Ziel der unversöhnlichen Revolution vor Augen wird der Revolutionär häufig innerhalb der Gesellschaft leben, er muss es sogar, während er vorgibt, ein ganz anderer zu sein als der, der er wirklich ist, denn er muss überall eindringen, in die höheren und mittleren Stände, in die Handelshäuser, die Kirchen und die Paläste der Aristokratie, und in die Welt der Bürokratie, der Literatur und des Militärs, und auch in die Dritte Abteilung und den Winterpalast des Zaren.

15. Diese schmutzige Gesellschaftsordnung lässt sich in verschiedene Kategorien aufteilen. Die erste Kategorie umfasst jene, die unverzüglich zum Tod zu verurteilen sind. Genossen sollten eine Liste jener aufstellen, die nach der jeweiligen Schwere ihrer Verbrechen verurteilt werden sollten; und die Hinrichtungen sollten nach der ins Auge gefassten Reihenfolge durchgeführt werden.

16. Sobald eine Liste jener, die verurteilt sind, aufgestellt und die Reihenfolge der Hinrichtungen festgelegt ist, sollte keinem persönlichen Gefühl der Empörung nachgegeben werden, auch ist es nicht nötig, den Hass zu beachten, der von diesen Leuten unter den Genossen oder beim Volk provoziert wird. Hass und das Gefühl der Empörung können sogar insoweit nützlich sein, als sie die Massen zur Erhebung aufreizen. Man darf sich bei allem nur von der jeweiligen Nützlichkeit dieser Exekutionen für die Sache der Revolution leiten lassen. Vor allem aber müssen jene, die der revolutionären Organisation besonders feindselig gegenüberstehen, vernichtet werden; ihr plötzlicher, gewaltsamer Tod wird in der Regierung die höchste Panik auslösen und dadurch, dass man ihre tüchtigsten und tatkräftigsten Anhänger umbrachte, ihr jeden Willen zum Handeln rauben.

17. Der zweiten Kategorie gehören jene an, die vorläufig verschont werden, damit sie durch eine Reihe ungeheuerlicher Handlungen das Volk zum unvermeidlichen Aufstand treiben.

18. Die dritte Kategorie besteht aus einer hohen Zahl von Rohlingen in hohen Stellungen, die sich weder durch Tüchtigkeit noch durch Energie hervorgetan haben, während sie sich dank ihres Ranges, ihres Reichtums, ihres Einflusses, ihrer Macht ihrer hohen Stellungen erfreuen können. Diese müssen auf jede nur mögliche Weise ausgebeutet werden; man muss sie in unsere Angelegenheiten verwickeln und hineinziehen, ihre schmutzigen Geheimnisse müssen ausspioniert werden, und man muss sie in Sklaven verwandeln. Ihre Macht, ihr Einfluss und ihre Verbindungen, ihr Reichtum und ihre Energie werden bei allen unseren Unternehmungen einen unerschöpflichen Schatz und eine wertvolle Hilfe darstellen.

19. Die vierte Kategorie umfasst ehrgeizige Amtspersonen und Liberale der verschiedensten Schattierungen. Der Revolutionär muss sich den Anschein geben, als arbeitete er mit ihnen zusammen, als folgte er ihnen blindlings, während er gleichzeitig ihre Geheimnisse ausspioniert, bis sie völlig in seiner Macht sind. Sie müssen so kompromittiert sein, dass es für sie keinen Ausweg gibt, und dann kann man sich ihrer bedienen, um im Staat Unordnung zu schaffen.

20. Der fünften Kategorie gehören jene Doktrinäre, Verschwörer und Umstürzler an, die auf dem Papier oder in ihren Cliquen eine gute Figur machen. Sie müssen ständig dazu getrieben werden, kompromittierende Erklärungen abzugeben: das Ergebnis wird sein, dass die Mehrzahl von ihnen vernichtet wird, während sich die kleinere Zahl zu echten Revolutionären entwickelt.

21. Die sechste Kategorie ist besonders wichtig: die Frauen. Sie lassen sich in drei Gruppen aufteilen. Erstens jene frivolen, gedankenlosen, langweiligen Frauen, deren wir uns bedienen werden wie der dritten und vierten Kategorie der Männer. Zweitens Frauen, die leidenschaftlich, tüchtig und hingebungsvoll sind, aber nicht zu uns gehören, weil sie noch keine leidenschaftslose, strenge, revolutionäre Erkenntnis entwickelt haben; sie muss man benutzen wie die Männer der fünften Kategorie. Und schließlich gibt es die Frauen, die

völlig auf unserer Seite stehen, das heißt jene, die sich ganz der Sache hingeben und unser Programm in seiner Gesamtheit anerkannt haben. Wir sollten diese Frauen als unseren wertvollsten Schatz betrachten; ohne ihre Hilfe bliebe uns der Erfolg versagt.

DIE EINSTELLUNG DER GESELLSCHAFT
GEGENÜBER DEM VOLK

22. Die Gesellschaft hat kein anderes Ziel als die vollkommene Befreiung und die vollkommene Zufriedenheit der Massen, das heißt der Menschen, die von Händearbeit leben. In der Überzeugung, dass ihre Emanzipation und die Sicherstellung ihrer Zufriedenheit nur als Folge eines alles zerstörenden Volksaufstandes herbeigeführt werden können, wird die Gesellschaft alle ihre Mittel und ihre ganze Kraft darauf lenken, die Not und die Leiden des Volkes zu steigern und zu intensivieren, bis schließlich seine Geduld erschöpft ist und es zu einem allgemeinen Aufstand getrieben wird.

23. Unter Revolution versteht die Gesellschaft keinen in Ordnung sich vollziehenden Aufstand nach dem klassischen westlichen Vorbild, ein Aufstand, der stets kurz vor dem Angriff auf die Rechte des Eigentums und die traditionelle gesellschaftliche Ordnung der sogenannten Zivilisation und ihrer Moral stehen bleibt. Bis jetzt hat sich eine solche Revolution stets darauf beschränkt, eine politische Ordnung zu stürzen, um sie durch eine andere zu ersetzen, wobei sie den Versuch unternahm, einen so genannten revolutionären Staat zu schaffen. Die einzige Form einer Revolution, die dem Volk zugutekommt, ist die, die den gesamten Staat bis zu seinen Wurzeln hinab vernichtet und alle staatlichen Traditionen, Institutionen und Klassen in Russland ausrottet.

24. Mit diesem Ziel vor Augen lehnt die Gesellschaft es daher ab, irgendeine neue Organisation von oben her dem Volk aufzuerlegen. Jede künftige Organisation wird sich zweifellos durch die Regsamkeit und das Leben des Volkes durchsetzen; aber das ist eine Angelegenheit, die künftige Generationen zu entscheiden haben werden. Unsere Aufgabe ist furchtbare, totale, universale und erbarmungslose Zerstörung.

25. Deshalb müssen wir, indem wir näher ans Volk heranrücken, vor allem mit jenen Elementen der Massen gemeinsame Sache machen, die seit Gründung des Moskowiter Reiches niemals aufgehört haben, und zwar nicht nur in Worten, sondern auch in Taten, gegen alles zu protestieren, was mittelbar oder unmittelbar mit dem Staat verbunden war: gegen den Adel, die Bürokratie, die Geistlichkeit, die Händler und die parasitischen Kulaken. Wir müssen uns mit den abenteuerlustigen Stämmen von Briganten verbünden, die die einzig wahren Revolutionäre Russlands sind.

26. Das Volk zu einer einzigen unbesiegbaren und alles zerstörenden Kraft zusammenzuschmieden – das ist Ziel unserer Verschwörung und unsere Aufgabe.

## 1870

## THEODOR FONTANE

# Kriegsgefangen in Frankreich

---

*War nach dem Tod Heines im 19. Jahrhundert noch ein deutscher Journalist seines literarischen Rangs unterwegs? Zwanzig Jahre lang war er Korrespondent, Redakteur, Kunst-, Literatur-, Theaterkritiker und einer der großen Reisereporter deutscher Sprache. Während des Deutsch-Französischen Kriegs wurde er in Paris als Spion verhaftet und verbrachte einige Monate in Gefangenschaft, bis er auf Intervention Bismarcks freigelassen wurde. Seine Erinnerungen an diese Zeit, die 1871 unter dem Titel* Kriegsgefangen. Erlebtes 1870 *erschienen, sind auch heute noch äußerst lesenswert.*

**UM SECHS UHR RASSELTE DRAUSSEN** das Schlüsselbund, die schwere Tür wurde geöffnet, der Sergeant trat ein, und das Abzählen begann, um festzustellen, dass über Nacht nichts von der Herde verlorengegangen sei. Wir waren zuletzt zweiundzwanzig in einem ursprünglich für höchstens zwölf Personen bestimmten Raum. Dem Überwerfen der notwendigsten Kleidungsstücke folgte draußen auf dem Hof der Waschprozess: abgetrocknet wurde an den Bettlaken, die von der Nacht her noch etwas Wärme konservierten. Einige Aristokraten der Gesellschaft, zu denen ich leider nicht gehörte, hatten es bis zu einem Handtuch gebracht. Nur ein Stück »Monstre-Savon« war mir von Langres her geblieben.

Nun begann der Morgenspaziergang, und zwar in einem mit Flusskieseln bestreuten Hofe, der vierzig Schritt lang und fünfzehn Schritt breit sein mochte. Von diesen fünfzehn Schritt in der Breite waren aber wieder fünf Schritt zu einer Art Terrasse abgeschnitten, welche Letztere ein Allerheiligstes bildete, das von uns nicht betreten werden durfte. Es war die »Gartenanlage« der Zitadelle, auf deren Beeten etwas Kerbel und Petersilie, an der Wand aber ein wie verkrüppelte Georginen aussehendes Strauchgewächs wuchs. Es trug Tomatenäpfel, die nicht reif werden wollten

Wie es für etwa achtzig Menschen möglich wurde, auf diesem Stückchen Hof ein oder zwei Stunden lang spazieren zu gehen, weiß ich nicht; gleichviel, es geschah. Der blaue Himmel, die Morgenfrische taten meinen Sinnen wohl; nur wurde dies Behagen, durch unliebsame Töne aus der Ferne her, häufiger unterbrochen, als mir angenehm sein konnte. Es war in der Regel sieben Uhr; eine Salve krachte herüber; das Echo antwortete in den Bergen. Eine Gruppe trat dann zusammen, einer warf den Zigarrenrest in die Luft und sagte ruhig: Heute werden drei erschossen. Ich konnte nicht gleichgültig dabei bleiben; wie ein physischer Schmerz ging es mir oft durch die Brust.

Die Promenade wurde fortgesetzt; die meisten lachten, plauderten; wenige trugen schwer. Zwischen acht und neun hieß es in viertelstündigen Pausen: »à l'eau«, »du pain«, »la commission«, Schlachtrufe, die jedes Mal ein halbes Dutzend Personen abriefen, die nun Wasser und Brot für die Gesamtheit herbeizuschaffen oder aber (»la commission«) die *Extras* in Empfang zu nehmen und zu verteilen hatten. Alle diese Rufe waren aber bedeutungslos neben dem Rufe »à la soupe«, der ungefähr um neuneinhalb Uhr laut wurde. Nun stürzte alles der Küche zu und kam mit Schüsseln und Kübeln zurück, die eine leidlich gute Fleischbrühe enthielten; die einzig warme Mahlzeit, die vorschriftsmäßig und gratis verabreicht wurde. Ein gutes Stück Fleisch war wie ein Gewinn in der Lotterie.

Nach der Suppe begann eigentlich wieder eine mehrstündige Einschließung, die von zehn Uhr früh bis vier Uhr nachmittags zu dauern hatte. Dies wurde aber nie in voller Strenge innegehalten, einesteils wohl, weil wir ohnehin über alle Gebühr hinaus eingepfercht waren, andernteils, weil wir tagelang Regenwetter hatten und die uns dadurch auferlegte, totale Einsperrung an den klaren Tagen, schon um unserer Gesundheit willen, wieder ausgeglichen werden sollte. Ein starker Bruchteil der Gesellschaft zog sich aber um zehn oder elf von selbst, aus eigenem Antrieb, in die Kasemattenräume zurück, um sich zu strecken oder Briefe zu schreiben oder Dame zu spielen. Dies Letztere geschah in ziemlich ingeniöser Weise. Auf jeder Pritsche befand sich ein mit Bleistift oder Tinte aufgezeichnetes Damenbrett, dessen Steine einerseits aus den leicht beschaffbaren Kieseln des Hofes, andererseits aus rund geschnittener Brotkruste bestanden. Alle Franzosen spielten es gern und mit besonderem Geschick.

Mitunter verirrte sich ein Zeitungsblatt in unsere Mitte; hinter dem letzten Bettstand, der mit seinen aufgetürmten Strohsäcken wie ein Schirm wirkte, etablierte sich auch wohl eine geheime Piquetpartie; unbeweglich daneben saß der penseur libre und las Abhandlungen über die Frage: »Wann einer Zeugenaussage zu trauen sei und wann nicht.«

Endlos waren diese Stunden von zehn bis vier; sie hatten aber doch ihre Unterbrechungen, einmal, wenn der Kommandant der Zitadelle und der Rondenoffizier ihren Umgang hielten, namentlich aber, wenn »Neue« eintrafen oder die in bloßer Untersuchungshaft Gehaltenen aus dem Verhör in der Stadt zurückkamen. Durch diese Elemente hingen wir mit der Welt zusammen und folgten dem Laufe der Politik und des Krieges. Ob das Berichtete wahr war oder nicht, war der Mehrzahl völlig gleichgültig; es unterhielt doch. Den einen Tag war General Moltke erschossen, den nächsten Tag gefangen, den dritten hatte er einem Kriegsrate präsidiert; der König, der Kronprinz, Prinz Friedrich Karl, alle waren sie einige Tage lang tot, um dann wieder unter den Lebenden zu erscheinen. Es fiel keinem ein, sich über diese Widersprüche zu verwundern; man nahm sie als selbstverständlich hin; ja, man war vielleicht dankbar dafür. Der Stoff wuchs auf diese Weise. Etwa in der Mitte des Monats erschien Garibaldi in Besançon; drei, vier Tage später hieß es, »die Preußen rücken an«: mit beiden Nachrichten hatte es ausnahmsweise seine Richtigkeit. Es wurde viel von »in die Luft sprengen« gesprochen, und im Großen und Ganzen bemächtigte sich des deutschen Elements ein wenig behagliches Gefühl bei der Aussicht, von den eigenen landsmännischen Granaten totgeschossen zu werden. Ich machte dem liebenswürdigen Kommandanten der Zitadelle, der sich oft halbe Stunden lang mit mir unterhielt, eine halb scherzhafte Vorstellung darüber, worauf er ruhig antwortete: »Ja, diese *Obergewölbe* sind in fünf Minuten weggeblasen.« Der Trost, der uns daraus zufloss, war begreiflicherweise gering.

Die Preußen (es war die badische Division) hatten sich uns inzwischen mehr und mehr genähert. Am 23. hieß es: Heute gibt es eine Schlacht; acht Kilometer von hier, bei Châtillon, müssen sie zusammenstoßen. Und in der Tat, es kam zu einem Gefecht. Wir hörten deutlich den Donner der Kanonen, und von dem Tisch unseres Gefängnisses aus, der uns gestattete, durch die obersten Scheiben hindurch, über die Festungsmauer fortzusehen, folgten wir einzelnen Bewegungen nachrückender französischer Bataillone. Einige von uns schwirren, den Lichtstreifen fliegender Granaten deutlich an dem schwarzgrauen Regenhimmel gesehen zu haben. Um fünf Uhr abends kam Meldung aus der Stadt: »1200 Badois sont captivés; ils arriveront ce soir encore.«

Zwei Stunden später trafen auch wirklich die Gefangenen ein. Es waren aber nur fünf. Als ein echter Oberländer gefragt wurde, wo denn die tausendzweihundert seien, antwortete er ruhig: »'s is halt a Trost, wenn mer mit fünfhundert ins Gefecht geht, kann mer nit tausendzweihundert verliere.« Ich übersetzte es, was sofort allgemeine Heiterkeit erweckte. Von Groll keine Spur.

So war es Sonntag, den 23. Oktober. Ähnlich an anderen Tagen. Wir lebten von Gerüchten. Erst die »Abendsuppe«, die bei Dunkelwerden serviert wurde, machte regelmäßig der politischen Diskussion und – dem Tage selbst ein Ende. Mit dem Moment, wo die Blechlöffel wieder hinter dem Brett steckten, fiel der Vorhang. Die Nacht begann.

Nun rasselte, wie am Morgen, das Schlüsselbund: Der Sergeant, ein alter grognard, passierte abermals unsere Reihen mit hochgehobener Laterne, zählte die Häupter seiner Lieben und verschwand dann mit einem freundlich-bärbeißigen »Bon soir, messieurs«. Eine halbe Stunde später lag alles ausgestreckt unter den Decken, jeder mit einer Nachtmütze über der Stirn, und nur »le raconteur« hockte noch auf seinem zusammengerollten Zeugbündel und wartete auf das Signal zum Erzählen. Er war die Scheherezade dieses Kreises, dem die Aufgabe oblag, den Sultan »Volk« in Schlaf zu erzählen. Es gab ein halbes Dutzend Lieblingsgeschichten: »Le Dragon vert«, »Le Curé et le Saint-Esprit«, »Mylord à Paris« –, alle liefen sie auf Liebesabenteuer, auf Spott gegen die Geistlichkeit und auf Ridikülisierung der Engländer hinaus. Das Letztere war meist das wirksamste. Unendliche Heiterkeit begleitete diese Vorträge, und nie hätte ich es für möglich gehalten, in einem Kasemattengefängnis einem solchen Übermaß von guter Laune, von Lachen und Ausgelassenheit zu begegnen. Ich stimmte dann und wann mit ein, ohne recht zu wissen, um was es sich handelte. Das Lachen selbst war so herzlich, dass es mit fortriss.

Diese Erzählungen dauerten oft zwei Stunden. Um acht Uhr hielten dann mehrere Trommeln und Hörner, eine Art Großer Zapfenstreich, ihren Umgang um die Zitadelle, und in dem Moment, wo sie schwiegen, klangen von Besançon die Abendglocken der Kathedrale herauf. Ein paar leidenschaftliche Raucher fuhren manchmal mit dem Streichholz über die Wand hin, um die verglimmende Pfeife neu zu beleben; ein flüchtiges Licht blitzte durch den dunklen Raum; noch ein paar Züge, dann schliefen auch sie. Alles still.

Nacht lag über der Zitadelle von Besançon.

*1871*

# CHARLES DARWIN

## Die natürliche Auslese bei den zivilisierten Völkern

*»Natural selection«, so viel haben wir vorweg anzumerken, müsste auf Deutsch nicht unbedingt »natürliche Zuchtwahl« heißen (auch wenn eine beklagenswerte Übersetzungskultur die preußische Drillvokabel bis heute mit sich fortschleppt). Heute sagt man gewöhnlich »natürliche Auslese«.*

*Charles Robert Darwin (\* 1809, † 1882) war kein Christ: »Und in der Tat, ich kann es kaum begreifen, wie jemand, wer es auch sei, wünschen könne, die christliche Lehre möge wahr sein: denn, wenn dem so ist, dann zeigt der einfache Text [des Evangeliums], dass die Ungläubigen, und ich müsste zu ihnen meinen Vater, meinen Bruder und nahezu alle meine besten Freunde zählen, ewige Strafen verbüßen müssen. Eine abscheuliche Lehre!« Nicht so einfach ist es mit der Frage, ob es Gott gibt. Glaube hat für Darwin mit wissenschaftlichen Beweisen nichts zu tun und umgekehrt, unvereinbar sind Evolutionstheorie und der Glaube an Gott jedoch keineswegs. Auf die briefliche Frage eines deutschen Studenten schreibt Darwin von der »Schwierigkeit oder vielmehr Unmöglichkeit, einzusehen, dass dieses ungeheure und wunderbare Weltall, das den Menschen umfasst mit seiner Fähigkeit, weit zurück in die Vergangenheit und weit in die Zukunft zu blicken, das Resultat blinden Zufalls oder der Notwendigkeit sei. Denke ich darüber nach, dann fühle ich mich gezwungen, mich nach einer ersten Ursache umzusehen, die im Besitze eines dem des Menschen in gewissem Grade analogen Intellekts ist, und ich verdiene Theist genannt zu werden.« Bei anderer Gelegenheit ohne Unklarheit: »In den äußersten Zuständen des Schwankens bin ich niemals ein Atheist in dem Sinne gewesen, dass ich die Existenz eines Gottes geleugnet hätte.«*

ICH HABE BISHER nur die Entwicklung des Menschen aus dem Zustand des Halbmenschen bis zu dem des heute lebenden Wilden geschildert. Es dürfte jedoch der Mühe wert sein, einige Bemerkungen über den Einfluss der natürlichen Zuchtwahl auf die zivilisierten Völker hinzuzufügen. Dieser Gegenstand ist recht gut von W. Greg und früher schon von Wallace und Galton behandelt worden. Die meisten meiner Bemerkungen sind diesen drei Schriftstellern entnommen. Unter den Wilden werden die an Körper und Geist Schwachen bald eliminiert; die Überlebenden sind gewöhnlich von kräftigster Gesundheit. Wir zivilisierten Menschen dagegen tun alles Mögliche, um diese Ausscheidung zu verhindern. Wir erbauen Heime für Idioten, Krüppel und Kranke. Wir erlassen Armengesetze, und unsere Ärzte bieten alle Geschicklichkeit auf, um das Leben der Kranken so lange als möglich zu erhalten. Wir können wohl annehmen, dass durch die Impfung tausend geschützt werden, die sonst wegen ihrer schwachen Widerstandskraft den Blattern zum Opfer fallen würden. Infolgedessen können auch die schwachen Individuen der zivilisierten Völker ihre Art fortpflanzen. Niemand, der etwas von der Zucht von Haustieren kennt, wird daran zweifeln, dass dies äußerst nachteilig für die Rasse ist. Es ist überraschend, wie bald Mangel an Sorgfalt, oder auch übel angebrachte Sorgfalt, zur Degeneration einer domestizierten Rasse führt; ausgenommen im Falle des Menschen selbst wird auch niemand so töricht sein, seinen schlechtesten Tieren die Fortpflanzung zu gestatten.

Die Hilfe, die wir den Hilflosen schuldig zu sein glauben, entspringt hauptsächlich dem Instinkt der Sympathie, die ursprünglich als Nebenform des sozialen Instinkts auftrat, aber in der schon früher angedeuteten Weise allmählich feiner und weitherziger wurde. Jetzt können wir diese Sympathie nicht mehr unterdrücken, selbst wenn unsere Überlegung es verlangte, ohne dass dadurch unsere edelste Natur an Wert verlöre. Der Chirurg mag sich hart machen, wenn er eine Operation ausführt; denn er weiß, dass sie zum Besten des Kranken dient. Wenn wir aber absichtlich die Schwachen und Hilflosen vernachlässigen wollten, so wäre das nur zu rechtfertigen, wenn das Gegenteil ein größeres Übel, die Unterlassung aber eine Wohltat herbeiführen würde. Wir müssen uns daher mit den ohne Zweifel nachteiligen Folgen der Erhaltung und Vermehrung der Schwachen abfinden. Doch scheint wenigstens ein ständiges Hindernis dieses Vorgangs zu existieren, nämlich die bei den schwachen und inferioren Mitgliedern geringere Neigung zum Heiraten als bei den Gesunden. Dies Hindernis könnte noch viel wirksamer werden, wenn die körperlich und geistig Schwachen sich der Ehe enthielten. Allerdings kann dies mehr erhofft als erwartet werden.

In jedem Lande mit einem großen stehenden Heer werden die brauchbarsten jungen Leute bei der Konskription genommen oder ausgehoben. Sie werden so im Falle eines Krieges frühem Tode ausgesetzt, werden häufig zu Lastern verführt und in der Blüte ihres Lebens am Heiraten gehindert. Die kleineren und schwächeren Männer dagegen bleiben zu Hause und haben infolgedessen viel mehr Aussicht, sich zu verheiraten und ihre Art fortzupflanzen. Der Mensch häuft Eigentum an und hinterlässt es seinen Kindern, sodass die Nachkommen reicher Leute, auch abgesehen von körperlicher und geistiger Überlegenheit, mehr Aussicht auf Erfolg haben als die Armen. Andererseits gelangen die Kinder von kurzlebigen Eltern, die im großen Ganzen selbst von schwacher Gesundheit und Kraft sind, früher in den Besitz ihres Erbes als andere, können daher eher heiraten und eine größere Zahl von Nachkommen zeugen, die ihre schwache Konstitution erben. Das Erben von Besitz ist an sich durchaus kein Übel; denn ohne die Anhäufung von Kapital könnten die Künste keine Fortschritte machen, durch deren Einfluss sich die zivilisierten Völker vor allem ausdehnten und noch ausdehnen, sodass sie alle anderen, tiefer stehenden Rassen verdrängen. Auch stört die mäßige Anhäufung von Wohlstand den Vorgang der natürlichen Zuchtwahl nicht. Wenn ein armer Mann mäßig großen Reichtum erwirbt, so werden dadurch seine Kinder in Verhältnisse und Berufe versetzt, die genug Kampf und Anstrengung erfordern, sodass der Fähigste an Körper und Geist am erfolgreichsten sein wird. Die Existenz einer Menge gebildeter Menschen, die nicht für ihr tägliches Brot zu arbeiten haben, ist in einem Grad von Bedeutung, der nicht überschätzt werden kann; denn alle intellektuelle Arbeit wird von ihnen verrichtet, und von dieser Arbeit hängt der materielle Fortschritt jeglicher Art ab, andere und höhere Vorteile gar nicht zu erwähnen. Ohne Zweifel degradiert der Reichtum, wenn er zu groß wird, die Menschen zu nutzlosen Drohnen; aber ihre Zahl wird stets beschränkt sein. Und auch hier findet eine Art von Elimination statt; denn täglich sehen wir, wie reiche Narren und Verschwender ihren Reichtum verschleudern.

Primogenituren mit Fideikommissen sind ein unmittelbares Übel, obgleich sie früher als Mittel zur Erziehung einer herrschenden Klasse sehr vorteilhaft gewesen sein mögen; und jede Art von Regierung ist besser als gar keine. Die Mehrzahl der Erstgeborenen, auch die an Körper und Geist Gebrechlichen, heiratet, während die jüngeren Söhne trotz ihrer Überlegenheit häufig nicht zur Ehe schreiten können.

Doch können unwürdige Erstgeborene, die im Besitz von Familiengütern sind, ihren Wohlstand nicht vergeuden. Aber es sind auch hier wie in anderen Fällen die Verhältnisse des zivilisierten Lebens so kompliziert, dass ausgleichende Hindernisse eintreten. Die durch Primogenituren besitzenden Männer sind Generation nach Generation dazu berechtigt, die schönsten und begabtesten Frauen zu nehmen; im Allgemeinen werden diese von gesundem Körper und lebendigem Geiste sein. Die üblen Folgen, die schon daraus hervorgehen, dass ohne Abwechslung stets dieselbe Linie weitergeführt wird, werden dadurch neutralisiert, dass die nach Macht und Reichtum strebenden Edelleute sich mit reichen Erbinnen vermählen. Wiederum sind aber die Töchter von Eltern, die nur ein Kind gezeugt haben, an sich schon zur Unfruchtbarkeit disponiert, wie Galton bewiesen hat. Daher sterben häufig die Hauptlinien vornehmer Geschlechter aus, und der aufgehäufte Reichtum geht an eine Seitenlinie über; unglücklicherweise wird diese Linie nicht durch Superiorität irgendwelcher Art bestimmt.

Obgleich demnach die Zivilisation in vielfacher Weise die natürliche Zuchtwahl erschwert, begünstigt sie doch offenbar die bessere Ausbildung des Körpers, indem sie bessere Nahrung und Schutz vor gelegentlichen Notständen gewährt. Dies lässt sich daraus schließen, dass der Zivilisierte bei jedem Vergleich physisch stärker als ein Wilder erscheint. Es scheint, wie viele abenteuerliche Expeditionen gezeigt haben, auch dieselbe Ausdauer zu besitzen. Selbst der große Luxus der Reichen scheint nicht sehr zu verweichlichen; denn die Lebensdauer unserer Aristokraten aller Altersstufen in beiden Geschlechtern scheint nur wenig kürzer zu sein als die eines gesunden Bürgers der unteren Klassen Englands.

Wir wenden uns jetzt den intellektuellen Fähigkeiten zu. Wenn auf jeder Stufe der Gesellschaft die Mitglieder in zwei Gruppen verteilt würden, deren eine die intellektuell Höheren, deren andere die Inferioren umfasste, so würde die Erstere ohne Zweifel in allen Unternehmungen am erfolgreichsten sein und die größere Zahl von Kindern aufziehen. Selbst in den niedrigsten Lebensverhältnissen muss Geschicklichkeit und Fähigkeit von Vorteil sein, wenn dieser auch infolge der äußersten Arbeitsteilung in einigen Beschäftigungszweigen nur gering sein wird. Daher wird in den zivilisierten Völkern eine Neigung dazu bestehen, die Zahl der intellektuell Befähigten zu vergrößern und einen höheren Grad von Intelligenz von ihnen zu verlangen. Ich will jedoch nicht behaupten, dass diese Tendenz nicht in anderer Weise mehr als ausgeglichen wird, z. B. durch die Zunahme an Leichtsinnigen und Unvorsichtigen; aber selbst solchen muss Befähigung Vorteil bringen.

Häufig hat man gegen Ansichten wie die eben vorgebrachte den Einwand erhoben, dass die hervorragendsten Männer aller Zeiten keine Nachkommen hinterlassen haben, die ihre große Intelligenz erben konnten. Galton sagt darüber: »Ich bedaure, die einfache Frage nicht lösen zu können, ob und inwieweit Männer und Frauen von großem Genie unfruchtbar sind. Ich habe indessen gezeigt, dass Männer von hervorragenden Fähigkeiten es durchaus nicht sind.« Große Gesetzgeber, die Stifter wohltätiger Religionen, große Philosophen und wissenschaftliche Entdecker tragen durch ihre Werke viel mehr zum Fortschritt der Menschheit bei, als wenn sie eine zahlreiche Nachkommenschaft hinterließen. Was die körperliche Struktur angeht, so ist es nicht die Erhaltung scharf markierter, seltener Anomalien, die zum Fortschritt einer Gattung führt, sondern die Weiterzüchtung der im Verhältnis besser Begabten und die Ausscheidung der verhältnismäßig Minderbegabten. Ebenso wird es sich mit den intellektuellen Fähigkeiten verhalten, da die etwas befähigteren Menschen in jeder Gesellschaftsklasse mehr Erfolg haben als die Unbefähigten und deshalb an Zahl zunehmen, wenn kein Hindernis eintritt. Wenn in irgendeinem Volk der Maßstab der Intelligenz erhöht worden und die Zahl der intelligenten Menschen gewachsen ist, so können wir nach dem Gesetz der Abweichung vom Durchschnitt mit Galton annehmen, dass auch Genies häufiger erscheinen als vorher.

In Bezug auf die moralischen Fähigkeiten findet auch eine gewisse Ausscheidung der am schlechtesten Veranlagten selbst in den zivilisiertesten Völkern statt. Verbrecher werden hingerichtet oder für lange Zeit eingekerkert, sodass sie ihre schlechten Eigenschaften nicht weitervererben können. Schwermütige und geisteskranke Personen werden in Gewahrsam gehalten oder begehen Selbstmord. Heftige, streitsüchtige Menschen nehmen oft ein blutiges Ende. Die Ruhelosen, die keine stetige Beschäftigung annehmen wollen – ein Überrest des Barbarentums, der ein großes Hindernis für die Kultur bildet –, begeben sich nach neugegründeten Kolonien, wo sie sich als nützliche Pioniere erweisen. Unmäßigkeit wird in so hohem Grade verderblich, dass die voraussichtliche Lebensdauer der Unmäßigen z. B. im Alter von 30 Jahren nur 15,8 Jahre beträgt, während sie sich für die Arbeiter auf dem Lande in England beim selben Alter auf 40,59 Jahre stellt. Ausschweifende Frauen haben nur wenig Kinder, und ausschweifende Männer schließen selten eine Ehe; beide leiden durch die Entwicklung konstitutioneller Krankheiten. Bei der Zucht von Haustieren ist die Ausscheidung derjenigen Individuen, die in irgendeiner wichtigen Beziehung minderwertig sind, auch bei geringer Zahl keineswegs unbedeutend für den Enderfolg. Dies gilt besonders für die unerwünschten Merkmale, die, wie die schwarze Farbe der Schafe, als Rückschlag in einen früheren Zustand erscheinen. Es ist leicht möglich, dass auch bei Menschen schlechte Anlagen, die ohne nachweisbare Ursachen gelegentlich in einer Familie auftreten, als Rückschlag in einen noch wilden Zustand angesehen werden können, von dem uns noch allzu viele Generationen trennen. Diese Annahme scheint tatsächlich durch den ganz alltäglichen Ausdruck anerkannt zu werden, dass solche Menschen das schwarze Schaf in der Familie seien.

Nur wenig scheint die natürliche Zuchtwahl bei den zivilisierten Völkern auf einen erhöhten Maßstab der Sittlichkeit und eine Vermehrung der Zahl sittlich hochstehender Menschen hinzuwirken, obgleich die zugrundeliegenden sozialen Instinkte auf solche Weise erworben worden sind. Ich habe jedoch bei der Behandlung der niederen Rassen die Ursachen schon genügend erörtert, die zu einem Fortschritt der Sittlichkeit führten: die Zustimmung unserer Mitmenschen, die Erstarkung unserer Sympathie durch Gewöhnung, Beispiel und Nachahmung, Überlegung, Erfahrung, selbst eigenes Interesse, Unterricht in der Jugend und religiöse Gefühle.

Greg und Galton haben ein weiteres Hindernis für die Vermehrung einer Klasse hervorragender Menschen in zivilisierten Ländern hervorgehoben, nämlich die Tatsache, dass die Besitzlosen und Leichtsinnigen, die häufig genug noch durch Laster aller Art hinabgezogen werden, fast ausnahmslos früh heiraten, während die Sorgsamen und Mäßigen, welche meist auch in anderen Beziehungen gewissenhaft leben, in vorgeschrittenem Alter heiraten, um mit ihren Kindern ohne Sorgen leben zu können. Die frühzeitig Verheirateten rufen innerhalb einer gewissen Periode nicht nur eine größere Zahl von Generationen hervor, sie zeugen auch, wie Duncan gezeigt hat, viel mehr Kinder. Überdies sind die Kinder, die von Müttern in der Blüte ihres Lebens geboren werden, schwerer und größer und deshalb wahrscheinlich lebensfähiger als die aus anderen Lebensabschnitten. So neigen also die leichtsinnigen, heruntergekommen und lasterhaften Glieder der Menschheit dazu, sich schneller zu vermehren als die gewissenhaften, pflichtbewussten Menschen. Oder, wie Greg den Fall darstellt, »der sorglose, schmutzige, genügsame Irländer vermehrt sich wie ein Kaninchen; der mäßige, vorsichtige, sich selbst achtende, ehrgeizige Schotte in seiner ernsten Sittlichkeit, seinem durchgeistigten Glauben, seiner scharfsinnigen, selbstbeherrschten Intelligenz verbringt seine besten Jahre in Kampf und Ehelosigkeit, heiratet spät und hinterlässt wenig Kinder. Gesetzt den Fall, ein Land sei ursprünglich von tausend Sachsen und tausend Kelten bewohnt, so würden nach einem Dutzend Menschenaltern fünf Sechstel der Bevölkerung Kelten sein, aber fünf Sechstel alles Besitztums, aller Macht und Intelligenz würde sich in den Händen des einen Sechstel Sachsen befinden. Im ewigen ›Kampf ums Dasein‹ würde die untergeordnete, weniger begünstigte Rasse gesiegt haben, und zwar nicht kraft ihrer guten Eigenschaften, sondern kraft ihrer Fehler.

Indessen stellen sich dieser nach abwärts gehenden Bewegung einige Hindernisse entgegen. Wir haben gesehen, dass die Unmäßigen eine hohe Sterbeziffer aufweisen, und dass die Ausschweifendsten wenige Nachkommen hinterlassen. Die ärmsten Klassen häufen sich in den Städten, und Dr. Stark hat nach Statistiken aus Schottland, die über zehn Jahre umfassen, nachgewiesen, dass die Sterbeziffer in Städten auf allen Altersstufen höher ist als auf dem Land, ja, »dass sie während der ersten fünf Lebensjahre fast genau doppelt so hoch ist wie in ländlichen Bezirken«. Da diese Angaben sowohl die Reichen als die Armen umfassen, so würde ohne Zweifel mehr als die doppelte Anzahl von Geburten erforderlich sein, um die Zahl der armen Bewohner von Städten auf derselben Höhe zu erhalten wie die auf dem Lande. Frauen werden durch zu frühes Heiraten in hohem Grade geschädigt; in Frankreich hat man gefunden, dass »von den verheirateten Frauen im Alter bis zu zwanzig Jahren doppelt so viele starben als unverheiratete desselben Alters«. Auch die Sterblichkeit verheirateter Männer unter zwanzig Jahren ist außerordentlich groß; die Ursache hiervon ist jedoch zweifelhaft. Wenn die Männer, die das Heiraten vorsichtigerweise aufschieben, bis sie eine Familie bequem erhalten können, Frauen im blühenden Alter wählen – was ja oft geschieht –, so würde das Verhältnis der Zunahme an Zahl in den besseren Klassen nur um weniges verschlechtert werden.

Nach einer großen Zahl statistischer Angaben aus dem Jahre 1855 sterben in ganz Frankreich von den unverheirateten Männern im Alter von 20–30 Jahren ein sehr viel höherer Prozentsatz als von den verheirateten; z. B. starben von je 1000 unverheirateten Männern im Alter von 20–30 Jahren jährlich 11,5, während von den verheirateten unter denselben Bedingungen 6,5 starben. Ähnliche Verhältnisse wurden in den Jahren 1863 und 1864 unter der ganzen Bevölkerung Schottlands im Alter über zwanzig Jahre nachgewiesen; es starben z. B. von je 1000 unverheirateten Männern zwischen dem 20. und 30. Lebensjahr 14,97, während die Sterbeziffer der verheirateten nur 7,24, also weniger als die Hälfte betrug. Dr. Stark bemerkt dazu: »Ein Junggesellenleben ist der Gesundheit viel schädlicher als der ungesündeste Beruf oder als der Aufenthalt in einem ungesunden Haus oder einer Gegend, wo niemals auch nur der entfernteste Versuch zu einer sanitären Hebung gemacht worden ist.« Er ist der Ansicht, dass die verringerte Sterblichkeit die unmittelbare Folge der »Ehe und der regelmäßigeren häuslichen Gewohnheiten ist, die dieser Zustand mit sich bringt.« Er gibt indessen zu, dass die unmäßigen, ausschweifenden und verbrecherischen Männer, deren Lebensdauer gewöhnlich gering ist, meist nicht heiraten; es muss weiterhin auch zugegeben werden, dass die Männer mit schwacher Konstitution und ungenügender Gesundheit oder sonstigen geistigen und körperlichen Gebrechen oft nicht heiraten wollen oder abgewiesen werden. Dr. Stark scheint zu dem Schluss gekommen zu sein, dass die Ehe an sich eine Hauptursache zu der Verlängerung des Lebens sei, weil verheiratete ältere Männer in dieser Hinsicht beträchtlich mehr Aussicht vor unverheirateten desselben Alters haben; jedermann wird aber Fälle kennen, in denen Männer wegen ihrer schwachen Gesundheit in ihrer Jugend nicht heiraten konnten, aber ein hohes Alter erreichten, obgleich sie schwach blieben und daher immer eine verhältnismäßig geringe Aussicht auf langes Leben und eine Ehe hatten.

Ein anderer bemerkenswerter Umstand scheint Dr. Starks Schlussfolgerung zu unterstützen, nämlich die im Verhältnis zu den Verheirateten sehr hohe Sterbeziffer der Witwen und Witwer in Frankreich; Dr. Farr dagegen schreibt dies der Armut, den nach der Auflösung der Familie eintretenden üblen Gewohnheiten und dem Kummer zu. Im Allgemeinen können wir mit Dr. Farr schließen, dass die geringere Sterblichkeit der Verheirateten im Verhältnis zu der der Unverheirateten, die ein allgemeingültiges Gesetz zu sein scheint, »hauptsächlich die Folge der beständigen Ausscheidung unvollkommener und der geschickten Auswahl der besten Individuen innerhalb jeder der aufeinanderfolgenden Generationen ist; die Auswahl bezieht sich hierbei nur auf die Ehe, sie beeinflusst alle körperlichen, intellektuellen und moralischen Fähigkeiten. Wir können deshalb annehmen, dass gesunde und gute Menschen, die aus Vorsicht eine Zeit lang unverheiratet bleiben, keine hohe Sterblichkeit aufweisen.

Wenn die in den beiden letzten Abschnitten angeführten und vielleicht bis jetzt noch unbekannte andere Hindernisse die leichtsinnigen, lasterhaften und sonst wie minderwertigen Glieder der menschlichen Gesellschaft nicht zurückhalten, sich schneller als die besseren Klassen zu vermehren, so wird das Volk zurückgehen, wie die Weltgeschichte oft genug gezeigt hat. Wir müssen bedenken, dass der Fortschritt kein unabänderliches Gesetz ist. Es ist schwer zu sagen, warum der eine zivilisierte Staat emporsteigt, sich mächtiger entfaltet und weiter ausdehnt als ein anderer, oder warum dieselbe Nation zu einer Zeit schneller fortschreitet als in einer anderen. Wir können nur nachweisen, dass es mit einer Vermehrung der Bevölkerungszahl zusammenhängt, und zwar mit der Vermehrung intellektuell und moralisch hochbegabter Menschen, und mit der Erhöhung des allgemeinen Niveaus. Die Körperbeschaffenheit scheint nur wenig Einfluss zu haben, ausgenommen so weit, als ein kräftiger Körper einen kräftigen Geist zur Folge hat.

Verschiedene Schriftsteller haben den Einwand erhoben, dass die alten Griechen, die intellektuell höher standen als irgendeine andere Rasse, noch weiter fortgeschritten und immer zahlreicher geworden wären und schließlich ganz Europa eingenommen haben würden, wenn die Kraft der natürlichen Zuchtwahl tatsächlich und nicht illusorisch wäre. Hier sehen wir die stillschweigende Voraussetzung, die so oft in Bezug auf die Körperbeschaffenheit laut wird, dass Körper und Geist eine angeborene Neigung zu aufsteigender Entwicklung haben, Entwicklung jeder Art hängt jedoch von vielen zusammenwirkenden, begünstigenden Umständen ab. Die natürliche Zuchtwahl wirkt nur in der Weise eines Versuchs. Individuen und Rassen haben unleugbaren Vorteil daraus ziehen können und sind doch vernichtet worden, da sie anderen Beziehungen nicht genügten. Die Griechen können von ihrer Höhe aus Mangel an Eintracht gesunken sein, oder wegen der geringen Ausdehnung ihres Landes, wegen der bei ihnen herrschenden Sklaverei oder wegen ihrer extremen Sinnlichkeit; denn sie unterlagen nicht eher, als bis sie »entnervt und bis ins innerste Mark verderbt waren«. Die westlichen Völker Europas, die ihre früheren wilden Vorfahren so ungeheuer überragen und auf dem Gipfel der Zivilisation stehen, verdanken wenig oder nichts von ihrer Superiorität als unmittelbares Erbe den alten Griechen, wenn sie auch den Schriftwerken dieses hervorragenden Volkes viel verdanken.

Wer kann mit absoluter Sicherheit sagen, warum die einst herrschende spanische Nation ihre Machtstellung hat aufgeben müssen? Ein noch dunkleres Rätsel ist das Erwachen der europäischen Völker aus dem Dunkel des Mittelalters. In dieser frühen Zeit, wie Galton bemerkt, hatten fast alle weicheren der beschaulichen Betrachtung und der Bildung des Geistes ergebenen Naturen keine andere Zuflucht als den Schoß einer Kirche, die den Zölibat verlangte; das musste geradezu jede folgende Generation schädigen. Während derselben Zeit wählte die Inquisition mit äußerster Sorgfalt die freiesten und kühnsten Geister aus, um sie durch den Feuertod oder durch Einkerkerung unschädlich zu machen. In Spanien allein wurden von den wertvollsten Menschen, den Zweiflern und Forschenden, die allein den kulturellen Fortschritt herbeiführen, während drei Jahrhunderten Tausende jährlich dem bürgerlichen Leben entzogen. Der Schaden, den die katholische Kirche dadurch anrichtete, ist unberechenbar, obgleich er ohne Zweifel bis zu einem gewissen, vielleicht beträchtlichen Grad wieder ausgeglichen wurde. Und trotzdem ist Europa in unvergleichlicher Weise emporgestiegen.

Die im Verhältnis zu anderen europäischen Nationen hervorragenden Erfolge der Engländer als Kolonisten sind ihrer »kühnen, beharrlichen Energie« zugeschrieben worden, eine Behauptung, die durch einen Vergleich der Fortschritte der Kanadier englischer und französischer Abkunft gut illustriert wird; wer vermöchte aber zu sagen, woher die Energie der Engländer stammt? Es ist augenscheinlich viel Wahrheit in der Annahme, dass die außerordentlichen Fortschritte der Amerikaner und ihr gesamter Volkscharakter das Produkt natürlicher Zuchtwahl sind; denn die energischeren, rastloseren, mutigeren Menschen aller Teile Europas sind in den letzten zehn oder zwölf Menschenaltern nach jenem großen Gebiet ausgewandert und haben dort reiche Erfolge geerntet. Blickt man auf die ferne Zukunft, so scheint die Ansicht des Rev. Zincke nicht übertrieben zu sein, wenn er sagt: »Alle anderen Zusammenhänge von Begebenheiten, z. B. die, welche die Geisteskultur Griechenlands oder die römische Kaiserzeit heraufführten, scheinen nur Zweck und Bedeutung zu haben, wenn sie in Verbindung mit dem großen Strom angelsächsischer Auswanderung nach dem Westen betrachtet werden, oder noch besser als notwendige Unterstützung desselben.« So dunkel auch das Problem des kulturellen Fortschritts bleibt, so können wir doch wenigstens sehen, dass ein Volk, das innerhalb eines langen Zeitraums die größte Zahl hochintelligenter, energischer, tapferer, patriotischer, gemeinnütziger Menschen hervorbringt, über weniger begünstigte Nationen das Übergewicht erlangt.

Die natürliche Zuchtwahl ist eine Folge des Kampfes ums Dasein, und dieser wiederum geht aus schneller Vermehrung hervor. Man muss das Verhältnis, in welchem sich der Mensch vermehrt, tief bedauern – ob dies weise ist, ist freilich eine andere Frage –, denn dies führt in barbarischen Stämmen zu Kindermord und anderen Verbrechen, in zivilisierten Nationen zu äußerer Armut, zur Ehelosigkeit und den späten Heiraten der Klugen. Da der Mensch aber denselben physischen Übeln wie die Tiere unterworfen ist, hat er kein Recht, Verschonung vor den aus dem Kampf ums Dasein hervorgehenden Übeln zu erwarten. Wäre er in den Urzeiten nicht der natürlichen

Zuchtwahl unterworfen gewesen, so würde er allem Anschein nach seine gegenwärtige Stellung nicht erreicht haben. Da wir in vielen Teilen der Erde ungeheure Strecken fruchtbaren Landes antreffen, das zahlreiche glückliche Familien ernähren könnte, aber nur von einsam schweifenden Wilden bewohnt wird, so lässt sich schließen, dass der Kampf ums Dasein nicht ausreichend war, um den Menschen auf den höchstmöglichen Gipfel der Kultur zu bringen. Nach allem, was wir von dem Menschen und den Tieren wissen, existiert eine genügend große Variabilität in ihren intellektuellen und moralischen Fähigkeiten, um einen Fortschritt durch natürliche Zuchtwahl zu ermöglichen. Ohne Zweifel müssen hierzu viele günstige Umstände zusammenwirken; mit Recht mag man aber einwenden, dass die allergünstigsten Umstände nutzlos gewesen wären, wenn nicht die schnelle Vermehrung einen beständigen harten Kampf ums Dasein hervorgerufen hätte. So sehen wir z. B. in Südamerika, dass ein Volk, welches, wie die spanischen Ansiedler, die Bezeichnung »zivilisiert« wohl verdient, geneigt zu sein scheint, in Indolenz und Ignoranz zurückzusinken, wenn die Lebensbedingungen zu leicht werden. Bei hochzivilisierten Völkern hängt der beständige Fortschritt nur in beschränktem Maße von natürlicher Zuchtwahl ab; denn solche Nationen verdrängen und vernichten einander nicht wie wilde Stämme. Nichtsdestoweniger werden im Laufe der Zeit innerhalb derselben Gemeinschaft die intelligenteren Glieder erfolgreicher sein als die minderbegabten und eine höhere Nachkommenschaft hinterlassen; und dies ist eine Form der natürlichen Zuchtwahl. Die wirksameren Ursachen des Fortschritts scheinen in einer guten Erziehung in der Jugend, wenn das Gehirn am empfänglichsten ist, und in einem hohen Grade der Vortrefflichkeit zu bestehen, den die Fähigsten und Besten in ihrer Persönlichkeit darstellen, und der in Gesetzen, Gebräuchen und Überlieferungen der Nation verkörpert und der öffentlichen Meinung aufgenötigt wird. Indessen sollte man stets im Auge behalten, dass die Macht der öffentlichen Meinung davon abhängt, ob wir die Billigung und Missbilligung der anderen anerkennen oder nicht; diese Anerkennung ist in unserer Sympathie begründet, die sich unzweifelhaft ursprünglich durch natürliche Zuchtwahl als eines der wichtigsten Elemente der sozialen Instinkte entwickelt hat.

### ÜBER DIE BEWEISE, DASS ALLE ZIVILISIERTEN VÖLKER EINST BARBAREN WAREN.

Das vorliegende Thema ist so vollständig und vorzüglich von John Lubbock, Tylot, M'Lennan und anderen behandelt worden, dass ich hier nur eine kurze Zusammenfassung ihrer Resultate zu geben brauche. Die von dem Herzog von Argyll und früher schon von dem Erzbischof Whately vorgebrachten Argumente für die Ansicht, dass der Mensch als zivilisiertes Wesen in die Welt gekommen sei, und dass die Wilden von dieser hohen Stufe herabgesunken seien, scheinen mir den Vergleich mit den Beweisen für die gegenteilige Ansicht nicht auszuhalten. Sicher ist die Kultur vieler Völker zurückgegangen, und es mag sein, dass manche in die tiefste Barbarei hinabgesunken sind, obgleich ich keine Beweise für diese Möglichkeit angetroffen habe. Die Feuerländer sind wahrscheinlich von anderen kriegerischen Horden gezwungen worden, sich in ihrem ungastlichen Land anzusiedeln, und mögen infolgedessen noch mehr entartet sein; es dürfte aber schwer zu beweisen sein, dass sie etwa tief unter den Botokuden ständen, welche die schönsten Teile von Brasilien bewohnen.

Beweise dafür, dass alle zivilisierten Völker Nachkommen von Barbaren sind, bilden die deutlichen Spuren ihres früheren primitiven Zustandes in noch bewahrten Gebräuchen und Ansichten, in der Sprache usw.; andererseits sind Wilde fähig, selbstständig eine Stufe in der Zivilisation emporzusteigen und haben es tatsächlich getan. Der Beweis für den ersten Punkt ist höchst merkwürdig, kann aber hier nicht ausgeführt werden. Ich erinnere an Fälle wie die Kunst des Zählens, die ursprünglich durch das Zählen der Finger erst der einen, dann der anderen Hand und schließlich auch der Zehen entstand, wie Tylor an den noch jetzt in manchen Gegenden gebräuchlichen Zahlausdrücken nachgewiesen hat. Spuren davon finden sich in unserem eigenen Dezimalsystem und den römischen Ziffern, wo wir nach der V, die vermutlich ein vereinfachtes Bild der menschlichen Hand darstellte, zur VI usw. übergehen, zu deren Bildung jedenfalls die andere Hand diente. Wiederum »benutzen wir Engländer das Vigesimalsystem, wenn wir von ›three score and ten‹ sprechen und dabei jenes ›score‹ als Einheit von zwanzig fassen, für die ein Karibe oder Mexikaner jedenfalls ein ›Mann‹ sagen würde«. Nach den Ansichten einer großen und an Anhängern stets zunehmenden Philosophenschule trägt jede Sprache die Merkmale ihrer langsamen und allmählichen Entwicklung an sich. Ebenso ist es mit der Kunst des Schreibens: denn Buchstaben sind Rudimente bildlicher Darstellung. Es ist unmöglich, M'Lennans Werk zu lesen, ohne zuzugeben, dass fast alle zivilisierten Völker noch Spuren brutaler Gewohnheiten, wie z. B. des gewaltsamen Raubes von Frauen, bewahrt haben. Derselbe Autor wirft die Frage auf, welches Volk des Altertums denn ursprünglich monogam gewesen sei? Ebenso war die ursprüngliche Idee des Rechtes, wie das Faustrecht und andere Gebräuche zeigen, äußerst roh. Viele heute noch lebende Formen des Aberglaubens sind die Überreste früherer falscher religiöser Anschauungen. Die höchste religiöse Vorstellung, der Glaube an einen Gott, der das Böse hasst und das Rechte liebt, war in der Urzeit unbekannt.

Wenden wir uns den anderen Beweisen zu. John Lubbock hat gezeigt, dass auch in jüngster Zeit einige Wilde Fortschritte in ihren einfacheren Künsten gemacht haben. Seine äußerst merkwürdigen Berichte über die Waffen, Werkzeuge und Fertigkeiten, deren sich die Wilden in den verschiedensten Gegenden der Erde bedienen, lassen keine Zweifel darüber aufkommen, dass es sich fast ausnahmslos um selbstständige Erfindungen handelt, abgesehen vielleicht von der Kunst des Feuermachens. Der australische Bumerang ist ein wertvolles Beispiel solch einer unabhängigen Entdeckung. Als man zum ersten Mal mit den Bewohnern von Tahiti in Berührung trat, waren sie in vielen Beziehungen fortgeschrittener als die Bewohner der anderen polynesischen Inseln. Es gibt keine triftigen Gründe für die Annahme, dass die hohe Kultur der Eingeborenen Perus und Mexikos von außen her eingeführt worden sei. Viele einheimische Pflanzen wurden dort angebaut und einige einheimische Tiere als Haustiere gehalten. Wir sollten auch bedenken, dass ein wandernder Haufe aus einem halbzivilisierten Land, der etwa an die Küsten Amerikas verschlagen wurde, keinen großen Einfluss auf die Eingeborenen ausgeübt haben kann, wenn diese nicht selbst schon fortgeschritten waren. Denken wir nur an den geringen Einfluss der meisten Missionare. Wenn wir auf weit entlegene Perioden der Erdgeschichte zurückblicken, so finden wir, um Sir J. Lubbocks wohlbekannte Bezeichnungen anzuwenden, eine ältere und eine jüngere Steinzeit, und niemand wird behaupten wollen, dass die Kunst, rohe Feuersteinwerkzeuge zu polieren, eine entlehnte gewesen sei. In allen Teilen Europas bis zu dem fernen Griechenland, in Palästina, in Indien, Japan, Neuseeland und Afrika einschließlich Ägypten sind Werkzeuge aus Feuerstein in Massen gefunden worden; von ihrem Gebrauch wissen die Überlieferungen der Einwohner nichts mehr zu sagen. Indirekte Beweise für ihren Gebrauch finden sich auch noch bei den Chinesen und den Juden. Es kann aber kaum ein Zweifel darüber bestehen, dass sich die Bewohner dieser Länder, die fast die ganze zivilisierte Welt umfassen, einst im Zustand der Barbarei befanden. Es heißt eine erbärmlich niedrige Auffassung von der menschlichen Natur haben, wenn man annimmt, dass die Menschen ursprünglich zivilisiert waren und Stufe um Stufe herabgesunken sind. Es ist offenbar eine richtigere und tröstlichere Annahme, dass der Fortschritt bei Weitem den Rückschritt überwiegt, dass der Mensch, wenn auch langsam und in Unterbrechungen, sich aus dem niedrigsten Zustand zur heutigen Höhe seines Wissens, seiner Sittlichkeit und Religion erhoben habe.

*1873*

# FERDINAND KÜRNBERGER

## Vom Dreißigjährigen und vom Börsen-Krieg

*Wer ihn an beliebiger Stelle aufschlägt und zu lesen anfängt, glaubt zuweilen, er lese über die wirtschaftlichen Ereignisse der Gegenwart, über 2008 und die Folgen. Kein Zweifel: Sämtliche Teilnehmer hätten schon früher aus seinen Berichten lernen können. Warum also dauerte der Dreißigjährige Krieg dreißig Jahre lang? Und fand auch hinterher an manchen Orten noch mehrere Generationen lang kein Ende?*

*Ferdinand Kürnberger (\* 1821, † 1879) lernte bei seinem Vater, einem Laternenanzünder, und seiner Mutter, die einen Stand am Wiener Naschmarkt hatte, und erklärt es uns. Der Feuilletonist und politische Romancier, als 1848er-Revolutionär in Wien und Dresden unterwegs und dort zehn Monate im Gefängnis, war eines der großen lokalen Vorbilder von Karl Kraus und wurde von Köpfen wie Max Weber und Theodor W. Adorno in Ehren gehalten. Von Kürnberger stammt das Motto, das Wittgenstein seinem* Tractatus logico-philosophicus *vorangestellt hat: »... und alles, was man weiß, nicht bloß rauschen oder brausen gehört hat, lässt sich in drei Worten sagen.« Der obige Titel des ausgewählten Stücks ist Kürnbergers eigener.*

SCHÜLER, WELCHE IHRE GESCHICHTE LERNEN, werden nie begreifen, warum der Dreißigjährige Krieg dreißig Jahre gedauert. Die gewöhnliche und bisher noch immer übliche Geschichtsmethode macht es ihnen auch gar nicht begreiflich. Sie merken vielmehr, dass die politisch-kirchlichen Fragen schon lange früher entschieden waren; sie fühlen es deutlich heraus, wie schon in der zweiten Hälfte der Kriegsdauer die Kriegslust verschwunden, der Fanatismus gekühlt, die konfessionelle Dickköpfigkeit mürbe geworden ist, und Ermüdung, Erschlaffung, Überdruss, Sehnsucht nach Frieden sich als die allgemein herrschende Stimmung verbreitet hat. So schleppt sich der Krieg noch hin – von seiner dreißigjährigen Frist fast noch die ganze Hälfte durch. Warum?

Die politische Geschichte antwortet darauf nicht oder verworren. Erst die Schule des Lebens, Beobachtung, Erfahrung und eigenes Denken, jenes Denken, welches das gleiche Gesetz in den verschiedensten Wirkungen findet, gerät auf die richtige Spur. Diese Spur macht erkennen, dass der Dreißigjährige Krieg, der so einseitig als ein politisch-kirchlicher erzählt wird, unter dieser Hülle noch einen anderen birgt, nämlich einen sozialökonomischen. Jener konnte früher zu Ende gehen, dieser nicht. Jener hieß Kampf zwischen Luther und Rom, Frankreich und Deutschland, Schweden und Österreich; dieser hieß Kampf ums Dasein. Jener gehorchte den großen Herren, Richelieu, Gustav Adolf, Ferdinand; diese gehorchte den größten Herren: dem Magen und der Verzweiflung.

Suchen wir die große Haupt- und Staatsaktion in den vier Wänden auf, und wie die Privatpersonen zu dem allgemeinen Unglück sich stellen, so spielt der Dreißigjährige Krieg *des sozialökonomischen Datums* etwa in folgenden Grundzügen.

Zuerst heilen Bürger und Bauern die Wunden des Krieges noch aus dem vollen Friedensschatz, den das gesparte Gut und die unverletzte Sitte darstellen. Ihre weggetriebenen und verkauften Viehherden stellen Gemeinden einander zurück, ohne Profit, bloß für den Beutepreis. Wird eine Stadt geplündert, so machen sich's Patrizier- und Zunfthäuser zum Ehrenpunkt, ihre verschleuderten Bilder und Bücher, Kunstschätze, Möbel und Hausvorräte den alten Eigentümern, soweit sie erkennbar, zu restituieren. Noch ist der Gemeinsinn stark, das Ehrgefühl jungfräulich, noch sind Mittel und Wille da, sich nachbarlich einander zu helfen. Das ist die Praxis der ersten Kriegsdekade. Gegen die zweite hin verstummen Chroniken und Privatnachrichten von diesen so wohltuenden Zeugnissen der National-Ehrbarkeit. Man fühlt sich des öffentlichen Unglücks nicht mehr mächtig; jeder verzagt, nur mit sich selbst durchzukommen. Und bald wird die Verzagtheit – Verzweiflung. Der oft und viel Geplünderte weiß sich jetzt keine Rettung mehr, als selbst zu plündern. »Wir Zigeuner sind nur noch am Galgen sicher!«, sagte ein witziger Märtyrer dieses Stammes; und vor dem Kriege war man jetzt nur noch im Kriege sicher. Die Dörfer und Städte leerten, die Feldlager füllten sich. Bürger und Bauern liefen den Soldaten zu; wer leben wollte, musste sich anwerben lassen. Ersatz für die Plünderung gab's nur noch im Plündern.

Das ist das schauerliche Rätsel der dritten und letzten Kriegsperiode. Der Krieg ist müde geworden, aber die Kriegsfackel lodert fraßgieriger als je gegen Himmel. Die Prinzipien erlahmen, die evangelischen und katholischen Gegensätze werden stumpf und blasiert, aber ihre Schlagwörter explodieren jetzt erst mit den verheerendsten Wirkungen. Die Gebildeten der Nation arbeiten jahrelang vor dem Frieden von Münster am Friedenswerk, aber zurück in den Krieg staut, dringt und presst nun erst das Volk, welches verzweifelt, mit Bienen- und Ameisenfleiß zu ersetzen, was mit Wolfs- und Löwenrachen verschlungen worden. Das Entsetzlichste ist geschehen: das hohe Kriegsspiel ist ein nationalökonomischer Faktor geworden! Der Gründer Wallenstein hat so prächtige neue Werte geschaffen, wie sein Herzogtum Friedland und seinen Kurhut von Mecklenburg. Das hat gezündet. Und wer kein Wallenstein ist und Armeen gründen kann, der ist ein gemeiner Kondottiere und gründet wenigstens ein Fähnlein. Er berechnet, wie viel er Handgelder zahlt, wie viel ihm ein Fürst für seine Mietstruppe zahlt – das Übrige ist sein Gründergewinn. Aber auch der Fürst selbst wird Gründer und stellt eine ähnliche Rechnung an. Er berechnet, was er von Ländereien noch verpfänden kann, um Mietstruppen in Sold zu nehmen, was er andererseits an Ländereien und Länderfetzen säkulieren und mediatisieren kann, wenn er rechtzeitig zugreift und für den Friedensschluss Tatsachen schafft; er berechnet seinen Gründergewinn. Endlich ist von Sold und Handgeld gar nicht mehr die Rede; die bloße Beute tut's auch. Der Kondottiere läuft den Fürsten zu, um ein Lehen zu erschnappen und selbst ein Fürstlein, ein Gräflein, ein Baron zu werden; der Bürger und Bauer läuft dem Kondottiere zu, um als Landsknecht reich zu werden, wie er als Bürger und Bauer verarmt ist. D. h. um Beute zu machen. Natürlich wird recht scharf Beute gemacht, d. h., es werden immer mehr Bürger und Bauern zu Bettlern gemacht. Das Landsknecht-Material wird immer flottanter; alles nimmt Handgeld. Alles nimmt. Die Nehmer schießen wie Pilze aus der Erde; der *Circulus vitiosus*, ihr großer gemeinsamer Urvater, verschlingt und erzeugt sie immer von Neuem. Messe und Bibel haben dabei tatsächlich den Wert von Aktien-Namen; es wäre lächerlich, die Kondottieri und ihre Landsknechte zu fragen, wes Glaubens sie sind; sie glauben an den Gewinn. Sie laufen heute den Kaiserlichen und morgen den Schwedischen zu; es ist ihre Lieb' und ihre Kontermine, womit sie abwechselnd in Bibel und Messe spekulieren. Aber Bibel und Messe bleiben nach wie vor das Feldgeschrei des Dreißigjährigen Krieges; es sind Titel, auf welche seine Konzessionen erteilt werden.

Eine Kriegs-Parodie von dämonischer Lächerlichkeit! Was sich jetzt noch auf den hölzernen Schulbänken und in den hölzernen Lehrbüchern Dreißigjähriger Krieg nennt, ist eigentlich nichts als jener wohlbekannte Krieg aller gegen alle, jener Kampf ums Dasein, jene Konkurrenz des Privatvorteils, die man sonst den bürgerlichen Frieden zu nennen pflegt. Die Generation hat einen Krieg geerbt um die höchsten Ideale der Menschheit und führt ihn als Kramladen fort für den täglichen Erwerb, fürs Brot und fürs Licht und Holz. Sie führt ihn fort im ganzen Stile eines wirklichen Krieges; sie macht ihre Inserate mit Leichenhaufen, ihre Annoncen mit angezündeten Städten, ihre Bilanzen mit Belagerungen und Schlachten. Alle Übel, die der Krieg verhängt im guten Gewissen eines Gesamt-Interesses, bleiben gebraucht und angewendet im schlechten Gewissen der Privat-Interessen. Aber die Gewissen sind weder gut noch schlecht, diese Begriffe passen nicht mehr auf ihren Zustand; sie sind überhaupt *nicht*, sie sind verschwunden. Und wie der Verteidiger im äußersten Notfalle auf Unzurechnungsfähigkeit plädiert, so ist diese grenzenlose Demoralisation noch der einzige Milderungsgrund. Der Krieg erkennt sich selbst nicht als das, was er ist, als Raubkrieg; die Verzweiflung hat ihn wahnsinnig gemacht, der lange Blutgeruch hat ihn betäubt wie Kohlendampf; es ist der Kopf eines Narren, der seine blutige Schellenkappe schüttelt. In diesem Kopfe sind alle Begriffe umgestürzt, verdreht und verkehrt, verrückt und verwirrt. Indem Deutschland zugrunde geht, der Welthandel der Hansa verfällt, der Ackerbau aufhört, im kleinen Württemberg, damals um die Hälfte noch kleiner, allein 57 000 Bauernhöfe in Schutt liegen, überhaupt zwei Drittel der ganzen deutschen Nation ausgemordet sind, mitten in diesem deutschen Unglück sieht man die Deutschen – *ihr Glück machen.* Jeder, der sich noch fühlt, wird Unternehmer und Gründer, rührt die Werbetrommel und *macht Fortune.* »Fortunemachen« ist die Losung der Zeit. Jeder Schwindler findet Menschenkapital, wie Placht und Spitzeder Geld-Kapital; Menschenblut ist wohlfeil, bietet sich im Überfluss an – von wegen Fortunemachens! Wer noch arbeitet, wird ausgelacht; wer pflügt, sät und mahlt, muss der Dümmste im Dorfe sein; der aufgewecktere Bauernbursche macht Fortune und läuft der Werbetrommel zu, der damaligen Reklame für »vorteilhafteste Kapitalsanlage«. In der Tat sieht man ihn bald darauf hoch zu Ross, er ist Capitano, ist General, hält sich eine italienische Kurtisane, denn damals kam das italienische Opernwesen auf, aber noch gab es keine Theater; statt der Loge hielt man sich daher die Primadonna selbst. überhaupt kam das »galante« und welsche Wesen in Schwung, es war die üppige Zeit, wo die geile Renaissance ins Rokoko ausartete, die schmuckreich-überladenste Zeit, bauschig, malerisch, makartisch, ganz gemacht für Parvenüs und »feine Leut'«. Der Rottmeister ging damals reicher

Bettelnder am Kaffeehausfenster
auf dem Tverskaya Boulevard.
*Moskau. Russland, 5. September 1998.*

als heute ein Feldmarschall – und erst der Feldmarschall! Wallenstein hatte gezeigt, wie man mit der genialsten Wertzerstörung »neue Werte« schafft, wie man ein großes Haus wird, und wie man den Soldaten »nobel« hält. Es war eine äußerst noble Zeit. Kroaten stolzierten in goldenen Ketten, und Trossknechte würfelten um spanische Dublonen, welsche Freudenmädchen ließen sich Abteien und Klöster schenken, und Barfüßeles von Nirgendsheim imitierten die Hoftrachten der Margarete von Valois und der Maria di Medici. Die deutschen Städte und Dörfer, alte Vorräte und erspartes Ahnengut, wurden mit Millionen von Schüreisen dreißig Jahre lang in den Ofen geschoben – welch ein lustiges Feuer! Und die Asche gab vorteilhafteste Kapitalsanlage und grässlich viel neue Werte! Eine wahre Glückszeit! Ein Fortschritt über alle Fortschritte, ein goldenes Zeitalter! Hätte das Feldlager damals eine Presse gehabt, wie der heutige Banken-Raubkrieg, die Presse hätte nicht Worte genug gefunden, den allgemeinen Wohlstand und den Aufschwung der materiellen Interessen zu loben. Und zwar mit Recht – vom Feldlager-Standpunkt!

Der westfälische Friede war für diese Verhältnisse buchstäblich der »große Krach«. Man kann sich nicht lebhaft genug vorstellen, dass er eine unabsehbare Reihe von Existenzen wie ein Donnerschlag getroffen haben muss. Aus war's mit dem Fortunemachen. Fort war die höchste Fruktifikation der Hakenbüchse und des Schweizerdegens. Zwei Arme und ein Räuberherz – Dinge, womit man so lange Baron werden konnte – sollten wieder beim Viehhüten und auf der Schneiderbank versauern! Mit den Friedensglocken muss ein Verzweiflungsschrei durch die Lande gegangen sein, als ob der große Pan tot wäre.

Ach! Wenn derselbe Federzug, womit der Kanzler den Frieden unterzeichnet, auch eine dreißigjährige Fortunemacher-Periode aus den Spieler- und Räuberherzen ausstreichen könnte! Wer bannt die Geister, die man selbst großgezogen? Kann man eine allgemein herrschende Denkungsart, kann man einen Ideenkreis und einen Sittenzustand in den Winkel stellen wie eine Hellebarde?

Der Soldat, der jetzt Räuber wurde, mag in seinem Zustande kaum eine Veränderung empfunden haben. Er ist früher seinem Privatvorteile nachgegangen und tut es wieder. Er hat früher Beute gemacht und macht wieder Beute. Nach dem Fürstenkriege kommt *sein* Krieg; was weiter? …

Die Erbschaft des Dreißigjährigen Krieges war ein Gauner- und Räuberwesen, dessen Großartigkeit aus vergessenen und vernichteten Polizei-Akten, welche den kulturhistorischen Wert der Verbrecher-Statistik noch nicht kannten, wohl nie mehr vollständig zur Anschauung kommen kann. Die Namen Lips Tullian, Nickel Fein, der Sonnenwirt, der Schinderhannes bezeichnen bloß einige Anker- und Hafenplätze im unermesslichen Räubermeer. Sie treten von Niedersachsen bis zu den Neckarquellen genau in jenen westlichen Grenzstrichen auf, welche zwischen Deutschland, Frankreich und den spanischen Niederlanden die großen Kriegstore und die verwüstetsten Schauplätze der Fortunemacherei gewesen.

Fast präzis hundert Jahre nach dem Westfälischen Frieden (1648) wurde der Sonnenwirt hingerichtet (1750) und sein Prozess enthüllte ein schwäbisches Klephtentum, worüber Deutschland, das seine Sittengeschichte noch nicht wissenschaftlich bearbeitete, in naivem Entsetzen aufschrie. Im Schatten des Schwarzwaldes, in den Einsamkeiten der Rauen Alp, in den Verstecken der Neckar-Quellen und den Winkeln der Nebenflüsse zählte man die mitschuldigen Räuber- und Diebesherbergen nach Tausenden! Man fand Gemeinden, wo von Großvater zum Sohn und Enkel herab das »Jaunertum« erblich und endemisch war. Mit andern Worten: den Dreißigjährigen Krieg als schleichende Volkskrankheit; den furchtbar-schönen Pendant zu den 57 000 württembergischen Brandstätten, wovon sich ein großer Teil nie mehr erholt hat.

Als eine Räuberbrutstätte von ähnlicher Fruchtbarkeit enthüllte der Prozess Schinderhannes die Eifel. Dieser vulkanische Gebirgsstrich, unbesucht und menschenarm, öde, rau und steil, aber just in der Mitte streichend zwischen dem Rhein und Brabant, zwischen den Klosterschätzen der berühmten Pfaffengasse und den gefüllten Bürgerhäusern des städtereichen Belgiens, war das schönste Naturmodell einer wunderbar gelegenen strategischen Raubburg, eines sichern Beutemagazins, eines klassischen Diebs- und Diebshehler-Fuchsbaues. Ein ganzer verfassungsmäßiger Raubstaat mit altgeschulter Routine und technisch gegliederten Verwaltungs-Apparaten in erblich überlieferten Familien-Dynastien und Hierarchien fand sich auch hier seit den verwilderten Tagen des großen Räuberflugsamens eingesenkt und auf Wurzelstöcken fortwuchernd bis in die Anfänge unseres eigenen Jahrhunderts, sodass der Name Schinderhannes, der zuletzt nicht wie ein Individuum, sondern wie ein ganzer Gattungs- und Geschichts-Repräsentant publik wurde, einen langen, glimmenden Schwefelfaden bedeutet, welcher so entlegene Endpunkte vereinigt wie – Wallenstein und Napoleon!

So tief hatte das Fortunemachen den Volkskörper angefressen, so markzerstörend fand man nach hundertfünfzig Jahren noch seine Nachwirkungen!

Und was in diesen hundertfünfzig Jahren gehenkt, gerädert, geviertelt, »gestäupet« und mit glühenden Zangen »gezwicket« worden ist! In allem Ernste, man kann zweifelhaft sein, was mehr Menschenleben gekostet: Feuer und Schwert der dreißig Kriegsjahre oder Rad und Galgen der hundertfünfzig nachfolgenden Jahre, welche mit den erblichen Marodeurs des Dreißigjährigen Krieges aufräumten. –

Das heutige Kriegswesen ist ein elegantes chirurgisches Besteck, blank, kein Stäubchen und Rostfleckchen dran! Es operiert mit Takt, mit Grazie, mit einer hochzivilisierten Selbstbeherrschung. Was es verzehrt, das bezahlt es mit hellen, klingenden Talern; ich glaube, ein geplündertes Heubündel würde nicht einmal einem Pferde schmecken, einem akademisch graduierten Equitations-Schimmel und modernen Fortschritts-Rösslein. Von Beutemachen ist keine Rede, auch vom Fortunemachen nicht, sofern ein schmales farbiges Bandstreifchen nicht etwa Fortune wäre. Am wenigsten könnte der Unfug dreißig Jahre dauern; kaum dreißig Tage braucht ein modernes Kriegsweh, und von Nachwehen wäre schon gar nichts zu spüren. Nein, der Krieg ist friedlicher geworden und nur der Frieden kriegerischer. Der Kampf ums Dasein, der Krieg aller gegen alle, das Fortunemachen kann sich an keinen Krieg mehr anheften, hat im Kriege nichts mehr zu suchen. Dazu ist der Friede da. Der bürgerliche Friede! Ihm ist Raum der Bewegung und »Freiheit des Verkehrs« genug gegönnt, um sich seine nötigen Kriegsformen selbst zu erzeugen. Und wirklich hat er *die Börse* erzeugt, jene Kriegsgöttin, welche aus dem Haupte des Friedens fix und fertig herausspringt, gepanzert, gerüstet, waffenschüttelnd – die tauglichsten und vollkommensten Wagen für den ewigen Kriegszustand der menschlichen Gesellschaft, die idealen Waffen, die verheerenden Mordwaffen des *Kredits*! Ein entzückender Artillerie-Krieg ist der Kredit, von einer Eleganz der Präzision, von einer Loyalität, ja Noblesse der Martialgesetze, der Kriegsgebräuche, der Dienstformen und Dienstverhältnisse, die für Freund und Feind etwas Bezauberndes haben. Aber so ist auch in seiner verwildertsten Periode der Dreißigjährige Krieg als Raub- und Beutekrieg nicht missbraucht worden, wie der Kredit missbraucht werden, zumal der Börsenkredit zum ehrlosesten Meuchelmord und brutalsten Vernichtungskrieg ausarten kann. Ähnlich wie jener durchläuft auch er von der Ehrbarkeit zur Gemeinheit alle Zwischenstufen und kommt bei der Schande und bei dem Verbrechen als seiner untersten an.

Das Stadium der Ehrlichkeit ist jenes, wenn der Käufer ein Börsenpapier kauft und überzahlt, weil er glaubt, dass es eine gute Rente abwerfen wird. Das zweite Stadium nach diesem tritt ein, wenn der Käufer das schon nicht mehr glaubt, aber wenn er glaubt, dass es noch andere glauben und deshalb im Kaufen und Überzahlen fortfährt. In diesem Stadium werden feinfühlige Offiziere schon ihren Abschied nehmen, und auch der ehrliebende Troupier fängt die Liebe zum Dienste zu verlieren an, denn wie aus dem Boden gewachsen tauchen die Bassermann'schen Lagergestalten auf, man riecht die Lunte des Mordbrenners, man sieht die Köpfe mit den Galgengesichtern sich aufrichten, und nur ungern marschieren die besseren Soldaten in Reih und Glied mit diesen Kameraden. Das dritte Stadium endlich ist die Herrschaft und der Terrorismus dieser Galgengesichter. Kein Mensch glaubt mehr an sein Papier, kein Mensch kann auch nur glauben, dass noch der andere daran glaubt, vielmehr weiß jeder und ist überzeugt und hört es mit allen Glocken der öffentlichen Meinung ausläuten, dass der Glaube dahin ist. Aber der öffentlichen Meinung wird jetzt Gewalt angetan. Die Börsenwölfe schicken Falschwerber aus, wie die Kriegssprache sagen würde, d. h., sie kaufen Organe der öffentlichen Meinung, machen die Letztere und verwandeln den Mund der Wahrheit in ihren Wolfsrachen, Nach Umständen genügt die Usurpation der öffentlichen Meinung, aber nicht selten müssen die Raubtiere auch die öffentliche Gewalt usurpieren. Siehe die Rowdys in New York und in San Francisco, oder die um den 2. Dezember würfelnde Spielerbande Louis Napoleons. Sie haben sich vorübergehend der Verfassungen ihrer Gemeinwesen bemächtigt. Dort aber, wo die Rowdies in den Stellen und Ämtern der Staatsverfassung schon sind, werden sie »verfassungstreu« Himmel und Erde in die Luft sprengen, um den Besitz ihrer Gewalt zu behaupten. Sie wissen, um was sie spielen. Entweder die Galgenleiter oder die Rangleiter zum Baron! Entweder den Strick oder das Ordensband! »Und selbst den Fürstenmantel, den ich trage, verdank' ich Diensten, die Verbrechen sind«, sagt Wallenstein, als er zur Behauptung seines Fürstenmantels das verzweifeltste Verbrechen aushaust.

Eine Demoralisation, welche eine weitverbreitete Ausdehnung gewonnen hat, welche sich an Straflosigkeit, sogar an Herrschaft gewöhnen durfte, erhält sich dann durch ihr eigenes Schwergewicht. Ist erst eine gewisse Majorität von Menschen an ihr interessiert, so kann die Hoffnung ihrer Remedur trügerisch werden. An der Fortdauer des Dreißigjährigen Krieges waren zuletzt so viele Desperados und Glücksritter engagiert, dass ihn ausgedehnte Landstriche und ganze Bevölkerungen als ein tiefgewurzeltes, allen Obrigkeiten spottendes Räuberwesen noch fünfmal dreißig

Jahre fortsetzen konnten. Es hat noch kein »luftreinigendes Gewitter« gegeben – für die Pontinischen Sümpfe und für die Küsten des gelben Fiebers. Auch für die Küsten des Börsenfiebers dürften die Gewitter zu ohnmächtig sein.

Diese Reflexion dämpft den Trost über den großen Krach. Der ehrliche Mann trägt lieber den Prophetenschmerz einer Kassandra als den Fluch der Lächerlichkeit, den bloß – der Vogel Strauß zu ertragen weiß.

Just weil der Krach so groß war, hat er die vorhandene Größe einer Spiellust enthüllt, welche ihr Dasein behaupten wird, welche keinesfalls von heute auf morgen ins Nichtdasein abmarschieren wird. Just weil das Unglück eine so »eindringliche Lehre« war, wie die Selbstfopper sagen, wird es bis zu einem Grad von Tiefe eindringen, der sich erst ganz enthüllen kann – wenn wir nicht mehr sind. Aus dieser Tiefe stiegen lange nach einem Wallenstein und Jean de Wörth noch ein Sonnenwirt und ein Schinderhannes herauf! Unsere Augen werden längst schon geschlossen sein, da werden sich die Anklagebänke der nächsten Geschlechter mit Verbrechern füllen, deren Protokolle alle mit den Worten anfangen werden: »Als ich ein kleiner Bub war, haben die Eltern beim großen Krach Anno Dreiundsiebzig ihr ganzes Vermögen verloren und seitdem hat sich unsere Familie nie mehr erholt.«

*1873*

# ARTHUR RIMBAUD

## Hymne auf die Jugend

*In seinem Heimatstädtchen Charleville, 25 Kilometer von Sedan, kann er nicht an den neuen Gedichtband von Paul Verlaine kommen, aus dem er im Jahr zuvor erste Stücke gelesen hat. In dem allgemeinen Durcheinander der französischen Niederlage von Sedan im Deutsch-Französischen Krieg von 1870 steigt der bald Sechzehnjährige in einen Zug nach Paris, um sich das Buch zu besorgen. (Sein zweiundzwanzigjähriger regimekritischer Lehrer hat ihm zum Missfallen der Mutter auch Victor Hugo zu lesen gegeben.) Es sind fast zehn Jahre, seit der Vater, ein Berufsoffizier, die Familie verlassen hat. Da der Ausreißer die Fahrt nicht bezahlen kann, findet er sich im Gefängnis wieder.*

*Zurück in Charleville, ist Jean Nicolas Arthur Rimbaud (\* 1854, † 1891) für die Schule verloren. Er schreibt Gedichte, schickt sie Verlaine und ist noch nicht siebzehn, als dieser ihn postwendend zu sich nach Paris einlädt. Das zweieinhalb Jahre währende lyrische Feuerwerk kann beginnen. Und, was nicht alle Tage vorkommt: Im Zyklus* Illuminations *des Achtzehnjährigen besingt die Jugend sich selbst.*

I

SONNTAG

Nun, da die Mathematikaufgabe beiseitegelegt ist, treten die unvermeidliche Herabkunft des Himmels und der Besuch der Erinnerungen und die Versammlung der Rhythmen in die Wohnung, den Kopf und die Welt des Geistes ein. – Ein Pferd rennt auf den Vorstadtrasen und längs der Äcker und der Jungholz-Anpflanzungen, die von der Kohlenpest durchbohrt sind. Eine elende Komödiantin, irgendwo in der Welt, schmachtet nach unwahrscheinlichen Szenen der Hingabe. Die Desperados lechzen nach Gewitter, Rausch und Wunden. Kleine Kinder ersticken Verwünschungen längs der Flüsse.

Zurück zur Schularbeit im Lärm des Vernichtungswerkes, das sich in den Massen vorbereitet und aufsteigt.

II

SONETT

War für mich, einen Mann von ganz gewöhnlicher Beschaffenheit, das Fleisch nicht eine im Obstgarten hängende Frucht; – o Tage der Kindheit! – der Leib ein Schatz, verschwendet zu werden; – o Lieben, die Gefahr oder die Kraft der Psyche? Die Erde besaß Abhänge, fruchtbar an Fürsten und Künstlern, und Abstammung und Rasse trieben uns zu den Verbrechen und Traurigkeiten. Aber jetzt, da diese Aufgabe vollbracht ist, sind du, deine Pläne, – du, deine ungeduldigen Wünsche – nichts weiter als dein Tanz und deine Stimme, nicht festgenagelt und nicht vergewaltigt, obwohl Ursache eines Doppelereignisses von Erfindung und Erfolg, – in der brüderlichen und verschwiegenen Menschheit überall in der Welt ohne Bilder; – die Macht und das Recht spiegeln den Tanz und die Stimme wider, die jetzt erst gewürdigt werden.

### III
#### ZWANZIG JAHRE

Die Stimmen der Lehrer verbannt ... Die geschlechtliche Unschuld in Bitternis beruhigt ... – Adagio. – Oh! die unendliche Selbstsucht der Jugend, der beflissene Optimismus: wie war die Welt voll von Blumen in diesem Sommer! Die sterbenden Lieder und Gestalten ... Ein Chorgesang, um die Ohnmacht und die Trennung zu beruhigen! Ein Chorgesang von Gläsern, von nächtlichen Melodien ... Wahrhaftig, die Nerven haben es eilig zu jagen.

### IV

Du bist noch bei der Versuchung des heiligen Antonius. Die Lust des gehemmten Triebes, die Zuckungen knabenhaften Stolzes, die Erschlaffung und das Erschrecken.

Aber du wirst dich an dieses Werk machen: Alle Möglichkeiten der Harmonie und Baukunst werden sich um deinen Sessel drängen. Vollkommene, ungeahnte Wesen werden sich deinen Versuchen darbieten. In deine Bezirke wird die Wissbegierde alter Völkerscharen und genusssüchtiger Müßiggänger sich träumerisch ergießen. Dein Gedächtnis und deine Sinne werden nichts anderes sein als die Nahrung deines Schöpfungsdranges. Und die Welt, was mag aus ihr geworden sein, wenn du hervortrittst? Eins ist sicher, nichts mehr von den trügerischen Erscheinungen der Gegenwart.

# 1874

# PHILIPP MAINLÄNDER

## Apologie des Selbstmords

*Zumeist steht sie in schlechtem Ruf, die Selbsttötung, das merkt man schon an ihrem verbreitetsten Namen: ›Selbstmord‹ wird sie in christlich geprägten Kulturen zumeist genannt. Einer ihrer entschiedensten Apologeten war der 1841 als »Kind ehelicher Notzucht« geborene Philipp Batz (\* 1841, † 1876), dem im Leben freilich wenig gelang und der sich als Schriftsteller nach seiner Lieblingsstadt nannte. Sein Versuch, mittels Spekulation in kurzer Zeit zu Reichtum zu gelangen, um sich nur noch dem Denken und Schreiben widmen zu können, scheiterte am Wiener Börsenkrach. Er meldete sich 1874 freiwillig zum Militärdienst und schrieb vor seinem Dienstantritt seine Philosophie der Erlösung, ein radikal pessimistisches Gedankengebäude, das in der Welt nicht eine göttliche oder natürliche Ordnung, sondern eine konsequent auf Entropie gerichtete Vernichtungsmaschine sieht. »Erst ging das transzendente Gebiet unter – jetzt ist (in unseren Augen) auch das immanente vergangen; und wir blicken, je nach unsrer Weltanschauung, entsetzt oder tief befriedigt, in das absolute Nichts, die absolute Leere, in das nihil negativum. Es ist vollbracht!«*

*Es gab freiere Arten, über die Selbstauslöschung zu denken und zu schreiben (man denke etwa an Hegesius, Seneca, den Hinduismus, den Jainismus, John Donne, Hume oder Nietzsche) – aber keine konsequentere. Kurz vor seinem Tod soll der stark von Schopenhauer und Nietzsche beeinflusste Mainländer dem Größenwahn verfallen sein. Man fand ihn am 1. April 1876 erhängt in seinem Zimmer. Als Podest benutzte er einen Stapel der am Vortag eingetroffenen Belegexemplare der* Philosophie der Erlösung.

WAS HAT SICH NUN aus meiner Metaphysik ergeben? Eben eine wissenschaftliche Grundlage, d.h. ein Wissen (kein Glaube), worauf das unerschütterlichste Gottvertrauen, die absolute Todesverachtung, ja Todesliebe erbaut werden kann.

Ich habe nämlich zunächst gezeigt, dass jedes Ding in der Welt unbewusster Wille zum Tode sei. Dieser Wille zum Tode ist namentlich im Menschen ganz und gar verhüllt vom Willen zum Leben, weil das Leben Mittel zum Tode ist, als welches es sich ja auch dem Blödesten klar darstellt: wir sterben unaufhörlich, unser Leben ist langsamer Todeskampf, täglich gewinnt der Tod, jedem Menschen gegenüber, an Macht, bis er zuletzt jedem das Lebenslicht ausbläst.

Wäre denn eine solche Ordnung der Dinge überhaupt möglich, wenn der Mensch im Grunde, im Urkern seines Wesens, nicht den Tod wollte? Der Rohe will das Leben als ein vorzügliches Mittel zum Tode, der Weise will den Tod direkt.

Man hat sich also nur klarzumachen, dass wir im innersten Kern unseres Wesens den Tod wollen, d. h. man hat nur die Hülle von unserem Wesen abzustreifen und alsbald ist die bewusste Todesliebe da, d. h. die volle Unanfechtbarkeit im Leben oder das seligste herrlichste Gottvertrauen.

Unterstützt wird diese Enthüllung unseres Wesens durch einen klaren Blick in die Welt, welcher überall die große Wahrheit findet:

dass das Leben wesentlich glücklos und das Nichtsein ihm vorzuziehen ist;
dann durch das Resultat der Spekulation:
dass alles, was ist, vor der Welt in Gott war und, bildlich geredet, am Entschluss Gottes, nicht zu sein, und an der Wahl der Mittel zu diesem Zwecke, teilgenommen hat.
Hieraus fließt:
dass mich im Leben gar nichts treffen kann, weder Gutes noch Böses, was ich mir nicht, in voller Freiheit, vor der Welt gewählt habe.

Also eine fremde Hand fügt mir direkt gar nichts im Leben zu, sondern nur indirekt, d. h. die fremde Hand führt nur aus, was ich selbst, als ersprießlich für mich, gewählt habe.

Wende ich nun dieses Prinzip auf alles an, was mich im Leben trifft, auf Glück und Unglück, Schmerz und Wollust, Lust und Unlust, Krankheit und Gesundheit, Leben oder Tod, so muss ich, habe ich mir nur die Sache recht deutlich und klar gemacht, und hat mein Herz den Erlösungsgedanken glutvoll erfasst, alle Vorkommnisse des Lebens mit lächelnder Miene hinnehmen und allen möglichen kommenden Vorfällen mit absoluter Ruhe und Gelassenheit entgegengehen.

Philosopher, c'est apprendre à mourir: Das ist der Weisheit »letzter Schluss«.

Wer den Tod nicht fürchtet, der stürzt sich in brennende Häuser; wer den Tod nicht fürchtet, der springt ohne Zaudern in tobende Wasserfluten; wer den Tod nicht fürchtet, der wirft sich in den dichtesten Kugelregen; wer den Tod nicht fürchtet, der nimmt unbewaffnet den Kampf mit tausend gerüsteten Riesen auf – mit einem Worte, wer den Tod nicht fürchtet, der allein kann für andere etwas tun, für andere bluten und hat zugleich das einzige Glück, das einzige begehrenswerte Gut in dieser Welt: den echten Herzensfrieden. …

Wohl wendet sich die immanente Philosophie mit ihrer Ethik auch an die Lebensmüden und sucht sie zurückzuziehen mit freundlichen Worten der Überredung, sie auffordernd, sich am Weltgang zu entzünden und durch reines Wirken für andere diesen beschleunigen zu helfen –; aber wenn auch dieses Motiv nicht wirkt, wenn es unzureichend für den betreffenden Charakter ist, dann zieht sie sich still zurück und beugt sich dem Weltlauf, der den Tod dieses bestimmten Individuums nötig hat und es deshalb mit Notwendigkeit auslöschen muss; denn nehmt das unbedeutendste Wesen aus der Welt, und der Weltlauf wird ein anderer werden, als wenn es geblieben wäre.

Die immanente Philosophie darf nicht verurteilen; sie kann es nicht. Sie fordert nicht zum Selbstmord auf; aber der Wahrheit allein dienend, musste sie Gegenmotive von furchtbarer Gewalt zerstören. Denn was sagt der Dichter?

*Who would fardels bear*
*To grunt and sweat under a weary life,*
*But that the dread of something after death –*
*The undiscover'd country, from whose bourn*
*No traveller returns – puzzles the will*
*And makes us rather bear those ills we have*
*Than fly to others that we know not of?*
       Shakespeare

[*Wer trüge Lasten,*
*Und stöhnt' und schwitzte unter Lebensmüh'?*
*Nur dass die Furcht vor etwas nach dem Tod –*
*Das unentdeckte Land, von des' Bezirk*
*Kein Wandrer wiederkehrt – den Willen irrt,*
*Dass wir die Übel, die wir haben, lieber*
*Ertragen, als zu unbekannten fliehn.*]

Dieses unentdeckte Land, dessen geglaubte Mysterien so manchem die Hand wieder öffneten, welche den Dolch bereits fest umklammert hatte – dieses Land mit seinen Schrecken hat die immanente Philosophie vollständig vernichten müssen. Es war einmal ein transzendentes Gebiet – es ist nicht mehr. Der Lebensmüde, welcher sich die Frage stellt: Sein oder Nichtsein? Soll er die Gründe für und gegen lediglich aus dieser Welt schöpfen (aber aus der ganzen Welt: er soll auch seine verdüsterten Brüder berücksichtigen, denen er helfen kann, nicht etwa, indem er Schuhe für sie anfertigt und Kohl für sie pflanzt, sondern indem er ihnen eine bessere Stellung erringen hilft) – jenseits der Welt ist weder ein Ort des Friedens, noch ein Ort der Qual, sondern nur das Nichts. Wer es betritt, hat weder Ruhe, noch Bewegung, er ist zustandslos wie im Schlaf, nur mit dem großen Unterschied, dass auch das, was im Schlafe zustandslos ist, nicht mehr existiert: der Wille ist vollständig vernichtet.

Dies kann ein neues Gegenmotiv und ein neues Motiv sein: Diese Wahrheit kann den einen in die Bejahung des Willens zurücktreiben, den anderen machtvoll in den Tod ziehen. Die Wahrheit darf aber nie verleugnet werden. Und wenn seither die Vorstellung einer individuellen Fortdauer nach dem Tode, in einer Hölle oder in einem Himmelreich, viele vom Tode abhielt, die immanente Philosophie dagegen viele in den Tod führen wird – so soll dies fortan so sein, wie jenes vorher sein sollte; denn jedes Motiv, das in die Welt tritt, erscheint und wirkt mit Notwendigkeit. ...

Christus hat über den Selbstmord nichts gesagt. Daraus jedoch, dass bei Anführung des Bösen, das aus dem Herzen der Menschen kommt (Mk. 7, 21.22), der Selbstmord nicht erscheint, darf man schließen, dass er nicht fähig gewesen wäre, einem Selbstmörder das exoterisch gelehrte Himmelreich zu entziehen; ja, wie sich zeigen lässt, ist die Moral Christi gar nichts anderes als Anbefehlung langsamen Selbstmords und man wird deshalb, wenn man noch den prophezeiten Untergang der Welt zu Hilfe nimmt, geradezu aussprechen können, dass Christus, wie Buddha, den Selbstmord anempfohlen hat. Ich bestehe deshalb so sehr auf diesem Punkt, weil, wie ich offen gestehen muss, das herzlose Urteil der meisten Menschen, namentlich der Pfaffen, über den Selbstmörder das Einzige ist, was mich noch tief empören kann. Ich möchte ferner alle windigen Motive zerstören, welche den Menschen abhalten können, die stille Nacht des Todes zu suchen, und wenn mein Bekenntnis, dass ich ruhig das Dasein abschütteln werde, wenn die Todessehnsucht in mir nur um ein weniges noch zunimmt, die Kraft haben kann, einen oder den anderen meiner Nächsten im Kampfe mit dem Leben zu unterstützen, so mache ich es hiermit.

*Wer den Philosophenmantel anlegt, hat zur Fahne der Wahrheit geschworen, und nun ist, wo es ihren Dienst gilt, jede andere Rücksicht, auf was immer es auch sei, schmählicher Verrat.*
                                                    Schopenhauer

Geht ohne Zittern, meine Brüder, aus diesem Leben hinaus, wenn es zu schwer auf euch liegt: Ihr werdet weder ein Himmelreich, noch eine Hölle im Grabe finden.

## 1876

# HEDWIG DOHM

## »Ein Pereat den kritischen Weibern!«

*Sie war nicht nur eine der Ersten, die sich für die Gleichstellung der Frau einsetzte, sondern auch eine der witzigsten: Die Berliner Schriftstellerin Hedwig Dohm (\*1831, †1919) kämpfte in ihren Essays, Feuilletonartikeln, Theaterstücken und Romanen seit den 1870er Jahren für gleiche Bildung für Jungen und Mädchen, für das Stimmrecht und das Recht der Frauen auf einen eigenen Beruf und eigenen Verdienst. Sie wehrte sich mit scharfem Blick und klaren, klugen Worten gegen ihre Gegner, deren Beharren auf einer »natürlichen« oder »gottgegebenen« Unterlegenheit der Frau sie der Lächerlichkeit preisgab. Als eins von achtzehn Geschwistern musste sie mit fünfzehn Jahren die Schule verlassen und sich auf eigene Faust ihre Bildung verschaffen, während ihre Brüder aufs Gymnasium gingen. 1853 heiratete sie Ernst Dohm, den Chefredakteur des »Kladderadatsch«, mit dem sie fünf Kinder bekam – ihre Tochter Hedwig wurde übrigens die Mutter von Katia Mann. Hedwig Dohms Texte, wie der folgende Auszug aus ihrem Band* Die Antifeministen *von 1876, bleiben durch ihre erstaunliche Verbindung von Angriffslust und Humor bis heute lesbar – und ihre Argumente haben nichts von ihrer Gültigkeit verloren.*

Erworbene falsche Vorstellungen, Vorurteile, wenn sie Jahrhunderte oder gar Jahrtausende überdauert haben, versteinern gleichsam und werden dann von den Menschen Gesetzen gleich geachtet, die Gott selber auf eherne Tafeln geschrieben. …

*Glauben* aber sollen wir nimmermehr an Dinge (und sollte dieser Glauben auf einer sogenannten Ewigkeit fußen), die zu einem Mittel der Unterdrückung werden können. Der Glaube aber an die angeführten weiblichen Eigenschaften bietet ein solches Mittel dar.

Wer der Denk-, Tat- und Willenskraft bis zu einem gewissen Grade entbehrt, wer nach Gottes Ratschluss als ein unselbstständiges Geschöpf geschaffen ward, der bedarf der Leitung und Bevormundung – lebenslang. Die Konsequenz ist klar und einfach.

Sonderbarerweise wünschen die Männer dem vereinzelten weiblichen Exemplar, mit dem das Verhängnis sie auf dem Wege der Verheiratung zusammenführt, eine ganz andere Beschaffenheit als der übrigen Frauenwelt.

Und doch auch eigentlich nicht sonderbar, denn die Motive dieser Inkonsequenz sind unschwer zu durchschauen, sie liegen zutage.

Die Reflexion, der Verstand, oder sagen wir einfacher und richtiger, der Egoismus spricht zu dem Manne. Die Frau, die an Deinem Herde lebt, darf nicht allzu klug sein, der Verstand muss bei ihr unter der Herrschaft des Gefühls stehen, sie muss sein: passiv, rezeptiv, naiv. In keinem Falle darf sie klüger sein als Du. (Glücklicherweise hat die Vorsehung es so eingerichtet, dass die Männer selten die geistige Superiorität ihrer Frauen, wenn solche vorhanden ist, gewahr werden, sonst würde es noch mehr unglückliche Ehen geben, als es ohnedies schon gibt.) Jeder echte Mann schaudert bei der Vorstellung, dass seine Frau klüger sein könnte als er. Eine solche Situation scheint ihm eine durchaus lächerliche und er sieht sich dabei im Lichte des unschuldigen Opfers einer Abnormität, einer Naturverwirrung. Ist er, der Gatte, auch als Mann etwas dummerlich, er tröstet sich damit, dass er wenigstens ein Mann ist, und als solcher ein Riese an Intelligenz diesen Frauen gegenüber. …

Eine Frau, die eigener Gedanken mächtig ist, raunt ihm eine innere Stimme zu, könnte eines Tages dahinterkommen, dass Dein immenser Geist nichts ist als hohler Schematismus und wohlfeile Gelehrsamkeit, oder dass Dein literarischer Ruhm ein Kind der Reklame ist, oder dass Deine männliche Energie und Dein zuverlässiger Charakter als Politiker vor dem Stirnrunzeln eines Ministers leicht in ein freundliches Katzenbuckeln umschlägt. Nur der dürftige Frauenverstand nimmt den geschliffenen Glasstein für einen Diamanten, Tombach für echtes Gold. Und darum ein Hoch den simplen, naiven und gefühlsseligen Frauen, ein Pereat den kritischen Weibern! …

Da nun die Männer aus der Häuslichkeit, Stille und Einfachheit aller derjenigen Frauen, die nicht das Glück haben, ihre Frau zu sein, nicht nur keinen Vorteil ziehen, sondern im Gegenteil, bei dieser universell gedachten Beschaffenheit des weiblichen Geschlechts Gefahr liefen, bei geselligen Zusammenkünften vor Langerweile von den Stühlen zu fallen, so erlauben sie sich, außerhalb der Ehe, alle diejenigen Frauen, die sich durch den Mangel der angeführten Eigenschaften auszeichnen, vorzuziehen.

Die Frau soll sein schüchtern und zurückhaltend. Die Türkin muss verschleiert einhergehn, damit kein andrer Mann als der Gatte ihr Angesicht erblicke. Der zivilisierte Europäer verlangt, dass sie wenigstens ihre Seele verschleiere und diese eine terra incognita bleibe für jedes männliche Auge, das des Gatten abgerechnet. Und so diskret sind zum Teil diese Ehemänner, dass sie oft nicht einmal von ihrem eigenen Recht, ihren Gattinnen auf den Grund der Seele zu blicken, Gebrauch machen. Auch soll die Gattin um deswillen schüchtern und zurückhaltend sein, weil diese Eigenschaften eine Schutzwehr der Tugend bilden: wissen doch die Männer aus Erfahrung, dass sie auf ihren Eroberungszügen in der Frauenwelt die Tugend der kleinen Blumen, die in Küchen, Speisekammern und Kinderstuben still dahinblühen, gerne schonen.

Besitzt nun aber Frau Schulz oder Frau Müller alle die genannten weiblichen Eigenschaften, die ihre Gatten als so begehrenswert preisen und als das wesentliche Erfordernis einer glücklichen Ehe – werden um dessentwillen Herr Schulz und Müller ihren gehorsamen Hausfrauen mehr Treue und Liebe bewahren, als wenn sie dieser Eigenschaften ledig wären?

Schwerlich. Der Verstand, der Egoismus des Mannes hat gut reflektieren. Sein Geschmack und seine sinnliche Natur geht meistens mit seiner Reflexion durch, und im allgemeinen wird er wahrscheinlich auch als Gatte mehr Treue und Liebe aufbringen für das kapriziöse Weltkind, die kokette, muntere Salondame, die kecke Amazone, als für das stille, harmlose, bescheidene Frauchen, das in stillen Winkeln für ihn schmort, backt, wäscht und flickt. ...

Dieser Gatte ahnt vielleicht, dass er sich einiger Exzentrizitäten in der Ehe schuldig machen wird. Die Verführung ist so groß für einen Mann, man hat Blut, Temperament – und wenn er Lust hat, in die Netze einer Circe zu geraten, soll ihn das Argusauge einer klugen, aktionsfähigen Frau nicht belästigen. Will er einmal – man ist kein Philister – in die Unterwelt eines geheimnisvollen Kellers schlüpfen, so soll die Frau nicht als Cerberus ihm den Eingang wehren.

Eine Frau an seiner Seite, mit Willen, Energie und scharfem Verstande ausgestattet, müsste ihm ja wie ein zweites Gewissen gegenüberstehen. Er will eine Frau, nicht einen Richter – Gott, man hat an seinem eignen Gewissen schon genug. ...

Die törichten Männer! Sie wissen nicht, dass im Allgemeinen ein beschränkter Frauenverstand und eine dürftige Frauenseele selbst geringe Fehler des Mannes schwer verzeihen und lange nachtragen würden, und dass Vergeben und Vergessen viel eher Attribute sind einer hohen Intelligenz und einer starken Seele. ...

Nur der starke vollbeseelte Mann wird gern eine gleichberechtigte Frau an seiner Seite dulden. Die meisten Männer haben nun aber allen Grund, mit ihrem bisschen Menschenwürde, Freiheit und Willen haushälterisch umzugehen; hier zwackt ihnen der Staat etwas davon ab, dort die Familie, hier ist es Rücksicht auf die Karriere, dort sind es finanzielle Verhältnisse, die ihrer innern und äußern Selbstständigkeit Fallstricke legen, und so mag es geschehen, dass der Mann von der Gleichberechtigung des Weibes nichts wissen will aus Furcht vor der Reduzierung seiner Souveränität als Mensch.

Wenn der Mann sagt: »Die Frau hat keine Logik«, so fragt er zu gleicher Zeit: »Wer hat sie denn?« Natürlich ich. Sie hat keine originelle Kraft, *ergo* triefe ich von Originalität. »Wie gut«, meint er, »dass Gott die Frauen geschaffen hat – als Folie für mich, es würde sonst am Ende niemand merken, wie produktiv, originell und logisch denkkräftig ich bin.«

Ehrlich und wirklich sind den Männern diejenigen Frauen zuwider, die an Geistes- oder Charaktergröße laborieren. Sie halten diese Größe nämlich für ein Plagiat an sich selber.

Gern aber überlassen sie dem weiblichen Geschlecht alle diejenigen Tugenden, von denen sie sich keinen Profit versprechen, Sanftmut, Passivität, Furchtsamkeit, Schüchternheit, Keuschheit, größere moralische Vortrefflichkeit, Naivität usw., aber alle Eigenschaften, die ihrem eigenen Fortkommen im Leben förderlich sind, behalten sie für sich.

Sie sehen sich wie Schauspieler auf der Bühne des Lebens stehen, und der Direktor, der liebe Gott, hat sie für das Heldenfach engagiert, für das Tatkräftige, für das Dämonische, Gewaltige und Starkgeistige – den Frauen aber sind die naiven und sentimentalen Fächer zugefallen. Und nun wollen diese Weiber kontraktbrüchig ihnen ihre Rollen und ihre Gage verkürzen. Pfeift sie aus, diese Närrinnen, herunter mit ihnen von der Bühne!

*1879*

## ROBERT LOUIS STEVENSON

## Verachtete Völker

---

*Wer könnte von ihm genug bekommen? Schließlich sah er viel, da er viel reiste, denn seine fragile Gesundheit zwang ihn jedes Jahr, im warmen Süden von den schottischen Wintern Erholung zu suchen. Seine Geliebte allerdings nötigte ihn zu einer ersten Fahrt über den Atlantik und zu einer Durchquerung des Kontinents mit der Eisenbahn, ehe er völlig erschöpft bei ihr in Kalifornien eintraf und sie sich endlich für ihn scheiden ließ. Seine Beobachtungen unter den Emigranten auf dem Schiff beschrieb er unter dem ebenso ahnungsvollen wie ironischen Titel* Amateur Emigrant. *Nach der Heimkehr, ein Jahr später, wurde eine Tuberkulose festgestellt, wonach das Paar die folgenden beiden Winter unter Aufsicht von Dr. Carl Rüedi im Kurhaus Belvedere in Davos verbrachte. Die verzweifelte Suche nach einem heilenden Klima führte das Paar nach Südfrankreich, nach dem Tod des Vaters 1887 zurück nach Amerika und schließlich für die letzten Jahre in die Südsee nach Samoa, wo Robert Louis Stevenson (\*1850, †1894) im Alter von 44 Jahren starb.*

Von allen dummen Vorurteilen seitens meiner weißen Gefährten war die Abneigung gegenüber Passagieren aus dem Wagen der Chinesen das dümmste und schlimmste. Sie schienen sie nie angeschaut, ihnen nie zugehört und noch nie über sie nachgedacht zu haben, sondern sie *a priori* zu hassen. Die Mongolen waren auf dem grausamen und heimtückischen Schlachtfeld des Geldes ihre Feinde. Sie arbeiteten in Dutzenden von Gewerben besser und billiger, und deshalb war den Weißen keine Verleumdung zu dumm, als dass sie sie nicht wiederholt und sogar geglaubt hätten. Sie bezeichneten die Chinesen als abscheuliches Ungeziefer und täuschten ein Würgen in der Kehle vor, wenn sie sie sahen. Nun ähnelt ein junge Chinese sehr einem weitverbreiteten Typ europäischer Frauen; wenn ich meinen Kopf hob und einen von ihnen plötzlich in einiger Entfernung erblickte, ließ ich mich für einen Moment von der Ähnlichkeit irreführen. Ich sage nicht, dass es der attraktivste Typ Frau ist, aber viele Frauen dieser weißen Männer sind noch weniger bevorzugt, was das Aussehen betrifft. Außerdem erklärten meine Auswanderer, dass die Chinesen schmutzig seien. Ich kann nicht behaupten, dass sie sauber waren, denn das war auf dieser Fahrt unmöglich, aber ihre Bemühungen um Sauberkeit beschämten uns alle. Wir suhlten uns in unserer Schändlichkeit, benetzten unsere Gesichter und Hände jeden Tag eine halbe Minute auf der Plattform mit Wasser und genierten uns nicht. Die Chinesen hingegen ließen sich keine Gelegenheit zur Körperpflege entgehen, man konnte sehen, wie sie sich die Füße wuschen – eine Tat, von der man bei uns nicht einmal zu träumen wagte –, und sie gingen sogar so weit, ihren ganzen Körper zu waschen, wenn die Schicklichkeit dies zuließ. Ich möchte im Übrigen anmerken, dass das Gefühl für Anstand umso größer wird, je schmutziger die Menschen sind. Ein sauberer Mann entkleidet sich in einem Bootshaus voller Leute: Wer aber ungewaschen ist, schlüpft, ohne ein Stück nackte Haut zu zeigen, ins Bett und steht so auch wieder auf. Diese verdreckten und übelriechenden Weißen gaben sich der merkwürdigen Illusion hin, dass es der Wagen der Chinesen sei – und nur der allein –, der stank. Ich habe bereits erwähnt, dass er die Ausnahme und der angenehmste der drei Wagen war.

Diese Vorurteile sind typisch für den ganzen Westen Amerikas. Man hält die Chinesen für dumm, weil sie des Englischen nur unzulänglich mächtig sind. Man hält sie für falsch, weil ihre Geschicklichkeit und ihre Genügsamkeit es ihnen ermöglichen, die faulen und anspruchsvollen Weißen zu unterbieten. Es hieß, sie seien Diebe; ich bin mir sicher, dass sie darauf kein Monopol haben. Man nannte sie grausam; die Angelsachsen und die fröhlichen Iren sollten erst einmal in den Spiegel schauen, bevor sie solch eine Anschuldigung erheben. Mir wurde außerdem erzählt, dass sie aus einem Volk von Flusspiraten stammten und im Reich der Mitte zu der geächtetsten und gefährlichsten Schicht gehörten. Wenn dem so ist, was für bemerkenswerte Piraten haben wir dann hier! Und wie muss es erst um die Tugend, den Fleiß, die Bildung und die Intelligenz der ihnen überlegenen und zu Hause gebliebenen Brüder bestellt sein!

Vor einer Weile waren es noch die Iren, jetzt sind es die Chinesen, die gehen sollen. Dieser Ruf wird überall laut. Es scheint, dass die Länder sich der Einwanderung nicht weniger erwehren als einer Invasion, und beides mit einem Kampf bis aufs Messer; der Widerstand gegen beides wird als legitime Verteidigung angesehen. Es sieht aus, als bereuten wir die liberale Tradition der Republik, die sich selbst so dargestellt hat, als würde sie alle Unglücklichen mit offenen Armen willkommen heißen. Als einen Menschen, der überzeugt ist, dass er die Freiheit liebt, verzeiht man mir sicher eine gewisse Bitterkeit, wenn ihr geheiligter Name in dieser Auseinandersetzung missbraucht wird. Erst gestern habe ich einen grobschlächtigen Kerl auf dem leeren Baugrundstück, auf dem sich Einwohner San Franciscos zu versammeln pflegen, zu Mord und Totschlag aufrufen hören. »Auf Befehl von Abraham Lincoln«, rief er, »habt ihr euch im Namen der Freiheit erhoben, um die Neger zu befreien. Könnt ihr euch dann nicht auch jetzt erheben und euch von ein paar dreckigen Mongolen befreien?«

Ich persönlich konnte nur mit Staunen und Respekt auf die Chinesen blicken. Ihre Vorfahren hatten bereits die Gestirne beobachtet, als meine überhaupt erst anfingen, Schweine zu halten. Sie kannten schon in ferner Vergangenheit Schwarzpulver und den Buchdruck, was wir beides erst später nachahmten, und ebenso eine Schule der Höflichkeit, die zu verfeinert ist, als das wir auch nur wünschen könnten, sie nachzuahmen. Sie wandeln auf derselben Erde wie wir, doch schienen sie aus anderem Lehm geformt. Sie hören zwar dieselbe Stunde schlagen, aber sicher innerhalb einer anderen Epoche. Sie reisen ganz modern mit der Eisenbahn, doch mit solch altem asiatischen Gedankengut und Aberglauben im Gepäck, dass es die Lok in ihrem Lauf hemmen könnte. Was auch immer innerhalb der Großen Mauer gedacht wird, und was die schlitzäugigen, bebrillten Schulmeister in den Dörfern um Peking herum lehren – Religionen, die so alt sind, dass sich unsere Sprache dagegen wie ein halbwüchsiger Knabe ausnimmt; Philosophien von solcher Weisheit, dass unsere besten Philosophen darin Staunenswertes finden – all das reiste über Tausende von Meilen mit mir. Der Himmel weiß, ob wir während der ganzen Fahrt auch nur einen einzigen Gedanken teilten oder eine einzige gemeinsame Vorstellung hatten, oder ob unsere Augen durch die Fenster der Eisenbahn dieselbe Welt wahrnahmen. Wenn wir an unsere Heimat und unsere Kindheit dachten, welch seltsamen Kontrast müssen die Bilder, die in unserem Geiste entstanden sind, dann geboten haben – während ich also die alte, graue Stadt mit der Burg sehe, die hoch über dem Meeresarm thront, über allem weht die britische Flagge, und die Wachen schreiten in ihren roten Jacken auf und ab, beschwört einen Wagen entfernt von mir ein Mann im Geiste Dschunken, eine Pagode und ein Schloss aus Porzellan herauf und nennt das mit der gleichen Zuneigung »Heimat«.

Noch ein anderes Volk teilte sich mit den Chinesen die Abneigung meiner Mitreisenden, und das waren, man muss es fast nicht erwähnen, die edlen Rothäute aus den alten Geschichten, über deren angestammten Kontinent wir die ganze Zeit hinwegdampften. Ich habe keine wilden oder freien Indianer gesehen, ich habe sogar gehört, dass sie die Nähe der Eisenbahn meiden, aber hin und wieder kam an den Haltestationen ein Mann mit Frau und Kindern an den Zug, alle erbärmlich mit dem Abfall der Zivilisation ausstaffiert, und sie starrten die Auswanderer an. Ihr stoisch schweigsames Benehmen und der ergreifende Verfall ihrer Erscheinung hätten jedes fühlende Wesen rühren müssen, aber meine Mitreisenden tanzten und johlten nach gemeinster Cockneyart um sie herum. Ich schämte mich für das, was wir Zivilisation nennen. Wir sollten die Untaten unserer Vorväter zumindest in dem Maße in Erinnerung behalten, in dem wir heute noch immer davon profitieren.

Wenn Unterdrückung selbst einen weisen Mann um den Verstand bringen kann, wie muss es dann in den Herzen der Angehörigen dieser armen Stämme wüten, die immer weiter zurückgedrängt wurden; die ihnen versprochenen Reservate wurden ihnen eines nach dem anderen entrissen, als die Staaten sich westwärts ausdehnten, bis sie schließlich in diesen schrecklichen Felswüsten in der Mitte eingeschlossen waren – und sogar hier wurden sie von gewalttätigen Goldgräbern verfolgt, beleidigt und fortgejagt. Die Vertreibung der Cherokees (um nur ein Beispiel zu nennen), die Erpressung der Indianerbeauftragten, die Gräueltaten, die Niederträchtigkeit, ja, sogar der Spott solch erbärmlicher Kreaturen wie sie mit mir im Zug saßen, all das gehört zu einem Kapitel der Ungerechtigkeit und Demütigung, das zu vergeben und vergessen das Herz einem Mann nur erlaubt, wenn er auf gewisse Weise niederträchtig ist. Dieser alte, wohlbegründete Hass hat in den Augen eines freien Menschen einen noblen Anstrich. Dass die Juden die Christen nicht lieben, die Iren nicht die Engländer, und dass die tapferen Indianer den Gedanken an die Amerikaner nicht ertragen, ist keine Schande für die menschliche Natur; dieses Verhalten ist sogar ehrenhaft, da es auf Unrecht beruht, das so alt ist wie die Völker selbst, und gar nicht auf den persönlich zielt, der den Groll hegt.

*1881*

# FRIEDRICH NIETZSCHE
## Nervenreize – oder Erleben und Erdichten

*Keine Frage, Friedrich Wilhelm Nietzsche (\* 1844, † 1900) war seiner Zeit voraus (vgl. auch S. 454–455). Mit 25 Jahren, noch bevor er seinen Doktor – h.c. – erhalten hatte und habilitiert war, erreichte ihn der Ruf auf eine Professur für klassische Philologie in Basel. Bald schon trieb ihn seine labile Gesundheit erbarmungslos vorwärts und führte bereits mit 35 Jahren zur Aufgabe der Lehrtätigkeit. Sein eigener Fall war ihm Inspiration und er selbst sein ergiebigstes Studienobjekt bei seiner physiologischen Betrachtung des menschlichen Geistes als eines Organismus. Dass diese Betrachtung wesentlich mehr zutage förderte als nur Metaphorik und Allegorik, begannen uns erst hundert Jahre später die Neurowissenschaften zu lehren.*

DAS WAHRE LEBEN HAT NICHT DIESE FREIHEIT der Interpretation wie das träumende, es ist weniger dichterisch und zügellos – muss ich aber ausführen, dass unsere Triebe im Wachen ebenfalls nichts anderes tun, als die Nervenreize interpretieren und nach ihrem Bedürfnisse deren »Ursachen« ansetzen? dass es zwischen Wachen und Träumen keinen wesentlichen Unterschied gibt? dass selbst bei einer Vergleichung sehr verschiedener Kulturstufen die Freiheit der wachen Interpretation in der einen der Freiheit der anderen im Träumen Nichts nachgibt? dass auch unsere moralischen Urteile und Wertschätzungen nur Bilder und Phantasien über einen uns unbekannten physiologischen Vorgang sind, eine Art angewöhnter Sprache, gewisse Nervenreize zu bezeichnen? Dass all unser sogenanntes Bewusstsein ein mehr oder weniger phantastischer Kommentar über einen ungewussten, vielleicht unwissbaren, aber gefühlten Text ist? – Man nehme ein kleines Erlebnis. Gesetzt, wir bemerken eines Tages, dass jemand auf dem Markte über uns lacht, da wir vorübergehen: je nachdem dieser oder jener Trieb in uns gerade auf seiner Höhe ist, wird dies Ereignis für uns dies oder das bedeuten –, und je nach der Art Mensch, die wir sind, ist es ein ganz verschiedenes Ereignis. Der eine nimmt es hin wie einen Regentropfen, der andere schüttelt es von sich wie ein Insekt, einer sucht daraus Händel zu machen, einer prüft seine Kleidung, ob sie Anlass zum Lachen gebe, einer denkt über das Lächerliche an sich in Folge davon nach, einem tut es wohl, zur Heiterkeit und zum Sonnenschein der Welt, ohne zu wollen, einen Strahl gegeben zu haben – und in jedem Falle hat ein Trieb seine Befriedigung daran, sei es der des Ärgers oder der Kampflust oder des Nachdenkens oder des Wohlwollens. Dieser Trieb ergriff das Vorkommnis wie seine Beute: warum er gerade? Weil er durstig und hungernd auf der Lauer lag, – Neulich, vormittags um elf Uhr, fiel unmittelbar und senkrecht vor mir ein Mann plötzlich zusammen, wie vom Blitz getroffen, alle Weiber der Umgebung schrien laut auf; ich selber stellte ihn auf seine Füße und wartete ihn ab, bis die Sprache sich wieder einstellte – während dem regte sich bei mir kein Muskel des Gesichts und kein Gefühl, weder das des Schreckens, noch das des Mitleidens, sondern ich tat das Nächste und Vernünftigste und ging kalt fort. Gesetzt, man hätte mir tags vorher angekündigt, dass morgen um elf Uhr jemand neben mir in dieser Weise niederstürzen werde –, ich hätte Qualen aller Art vorher gelitten, die Nacht nicht geschlafen und wäre vielleicht im entscheidenden Augenblick dem Manne gleich geworden, anstatt ihm zu helfen. Inzwischen hätten nämlich alle möglichen Triebe Zeit gehabt, das Erlebnis sich vorzustellen und zu kommentieren. – Was sind denn unsere Erlebnisse? Viel mehr das, was wir hineinlegen, als das, was darin liegt! Oder muss es gar heißen: an sich liegt nichts darin? Erleben ist ein Erdichten? –

*1882*

# ERNEST RENAN
# Was ist eine Nation?

*An Priesterseminaren studiert er Hebräisch und andere semitische Sprachen, zudem Philosophie, er bewundert Kant, Herder, Goethe, Fichte und – bricht mit dem katholischen Glauben. Zum Revolutionär wird Ernest Renan (\* 1823, † 1892) dadurch nicht, die Vorgänge auf dem Pariser Straßenpflaster stoßen ihn eher ab. Seine Übersetzung des Buches Hiob wird vom Vatikan auf den Index gesetzt und einige Jahre später zwingt ihn die katholische Orthodoxie, seinen Lehrstuhl für Hebräisch am Collège de France aufzugeben. In seinen Studien zur Religionsgeschichte vertritt er die These, »Semiten«, womit er gleichermaßen Araber und Juden meint, sei wissenschaftlicher und politischer Fortschritt fremd und Intoleranz die natürliche Folge ihres Monotheismus, den die ursprünglich vom Polytheismus geprägten Arier mit der Bibel adoptiert hätten. Die Rede »Was ist Nationalismus?«, die er am 11. März 1882 an der Sorbonne gehalten hat, entwickelt in exemplarischer Klarheit die moderne, bis heute gültige Definition des Begriffs. Man möchte glauben, sie hätte das Zeug, seinem Missbrauch vorzubauen. Doch der beständig weltweit neugeborenen Ignoranz in Koalition mit der Leugnung welthistorischer Katastrophen, die im Namen der Nation heraufbeschworen wurden, ist mit Worten anscheinend nicht beizukommen.*

ICH MÖCHTE MIT IHNEN GEMEINSAM eine Idee untersuchen, die, obwohl dem Anschein nach klar, zu den gefährlichsten Missverständnissen Anlass gibt. Die menschliche Gesellschaft hat die verschiedensten Formen. Die großen Ansammlungen von Menschen wie in China, Ägypten, dem ältesten Babylonien; die Stadt vom Typ Athens und Spartas; die Vereinigungen verschiedener Länder nach Art des Karolingischen Reiches; die Gemeinschaften ohne Vaterland, die vom Band der Religionen zusammengehalten werden, wie die Israeliten oder die Parsen; die Nationen wie Frankreich, England und die meisten selbstständigen Staaten des modernen Europa; die Konföderationen von der Art der Schweiz oder Amerikas; die Verwandtschaftsbeziehungen, welche die Rasse oder, besser, die Sprache zwischen den verschiedenen Zweigen der Germanen und der Slawen schafft – alle diese Formen des Gruppenlebens gibt es, oder hat es zumindest gegeben. Man sollte sie jedenfalls nicht miteinander verwechseln, wenn man sich nicht das größte Ungemach einhandeln will. Zur Zeit der Französischen Revolution glaubte man, dass sich die Institutionen der kleinen unabhängigen Städte auf unsere großen Nationen von dreißig bis vierzig Millionen Menschen übertragen ließen. Heute begeht man einen Fehler, der noch schwerer wiegt: Man verwechselt Rasse mit Nation und spricht den ethnischen oder vielmehr den sprachlichen Gruppen eine Souveränität nach dem Muster der wirklich existierenden Völker zu. Versuchen wir also, in diesen schwierigen Fragen nachzudenken, bei denen die geringste Unklarheit über den Sinn der Worte am Ende zu den verhängnisvollsten Irrtümern führen kann. Was wir vorhaben, ist delikat. Es kommt fast einer Vivisektion gleich; wir behandeln die Lebenden dabei so, wie man gewöhnlich die Toten behandelt. Wir werden mit Kälte, mit absoluter Unparteilichkeit an die Sache herangehen.

1.

Seit dem Ende des Römischen Reiches oder vielmehr seit dem Zerfall des Reiches Karls des Großen erscheint uns das abendländische Europa in Nationen geteilt, von denen einige in bestimmten Epochen eine Vorherrschaft über die anderen auszuüben suchten, ohne dass ihnen dies je dauerhaft gelungen wäre. Was Karl V., Ludwig XIV. oder Napoleon I. nicht vermochten, wird wahrscheinlich auch in Zukunft niemand fertigbringen. Ein neues Römisches Reich oder ein neues Karolingisches Reich zu errichten ist unmöglich geworden. Die Teilung Europas geht zu tief, als dass nicht der Versuch, eine umfassende Herrschaft zu errichten, sehr schnell eine Koalition auf den Plan riefe, die die ehrgeizige Nation wieder in ihre Grenzen wiese. Für lange Zeit ist eine Art Gleichgewicht entstanden. Frankreich, England, Deutschland und Russland wird es noch nach Jahrhunderten geben, und desgleichen, trotz der Abenteuer, auf welche sie sich einlassen, die historischen Individuen. Sie sind die entscheidenden Figuren eines Schachspiels, dessen Felder ständig ihre Bedeutung und ihre Größe verändern, aber nie ganz und gar miteinander verschmelzen.

Die so verstandenen Nationen sind in der Geschichte etwas ziemlich Neues. Das Altertum kannte sie nicht: Ägypten, China, das alte Chaldäa waren nicht im Geringsten Nationen. Es waren Horden, angeführt von einem Sohn der Sonne oder einem Sohn des Himmels. Es gab keine ägyptischen Staatsbürger, ebenso wenig wie es chinesische Staatsbürger gab. Das klassische Altertum kannte Republiken und Stadtstaaten, Konföderationen lokaler Republiken, Reiche; die Nation in unserem Sinne kannte es nicht. Athen, Sparta, Sidon und Tyrus sind Zentren von bewunderungswürdigem Patriotismus, doch mit ziemlich kleinem Territorium. Bevor Gallien, Spanien und Italien vom Römischen Imperium aufgesogen wurden, waren sie Ansammlungen von Völkerschaften, die oft miteinander verbündet waren, doch ohne zentrale Institutionen, ohne Dynastien. Auch das Assyrische Reich, das Persische Reich, das Reich Alexanders waren keine Vaterländer. Es hat niemals assyrische Patrioten gegeben, und das Persische Reich war ein riesiges Feudalwesen. Keine Nation führt ihren Ursprung auf das kolossale Abenteuer Alexanders zurück, so folgenreich es für die Geschichte der Zivilisation auch gewesen ist.

Schon viel eher war das Römische Reich ein Vaterland. Für die ungeheure Wohltat der Beendigung der Kriege wurde die anfangs so drückende römische Herrschaft alsbald geliebt. Das Imperium war eine große Assoziation – gleichbedeutend mit Ordnung, Frieden und Zivilisation. In den letzten Zeiten des Reiches gab es bei hochgestimmten Geistern, bei den aufgeklärten Bischöfen, bei den Gebildeten das echte Gefühl einer »pax romana« im Gegensatz zum drohenden Chaos der Barbarei. Doch das Reich, das zwölfmal so groß war wie das heutige Frankreich, sollte keinen Staat im modernen Sinne bilden. Die Spaltung von West und Ost war unvermeidlich. Im dritten Jahrhundert scheiterten die Ansätze zu einem Gallischen Reich. Erst die germanische Invasion brachte jenes Prinzip, das später zur Grundlage der Nationalitäten wurde.

Was taten die germanischen Völker wirklich von ihren großen Invasionen im fünften bis zu den letzten normannischen Eroberungen im zehnten Jahrhundert? Den Bestand der Rassen tasteten sie kaum an, aber mehr oder weniger großen Teilen des alten Weströmischen Reiches erlegten sie Dynastien und einen Militäradel auf, und diese Teile des Reiches trugen fortan die Namen der Eindringlinge. So entstanden Frankreich, Burgund, die Lombardei, später die Normandie. Die Übermacht, die das Frankenreich rasch gewann, stellte für einen Augenblick die Einheit des Abendlandes wieder her. Doch unwiderruflich zerfiel dieses Reich um die Mitte des neunten Jahrhunderts. Der Vertrag von Verdun zeichnet die letztlich unabänderlichen Grenzen vor, und seitdem sind Frankreich, Deutschland, England, Italien, Spanien auf vielen Umwegen und unter unzähligen Abenteuern zu ihrer vollen nationalen Existenz aufgebrochen, wie wir sie sich heute entfalten sehen.

Was macht nun wirklich diese verschiedenen Staaten aus? Es ist die Verschmelzung der Bevölkerungen, die sie bewohnen. In den genannten Ländern gleicht nichts dem, was man in der Türkei findet, wo Türken, Slawen, Griechen, Armenier, Araber, Syrer, Kurden auch heute noch so getrennt voneinander leben wie am Tag ihrer Eroberung.

Zwei wesentliche Umstände haben dazu beigetragen. Zunächst einmal haben die germanischen Völker das Christentum angenommen, sobald sie in dauerhaftere Berührung mit den griechischen und lateinischen Völkern kamen. Wenn Sieger und Besiegte derselben Religion angehören, oder vielmehr: wenn der Sieger die Religion des Besiegten annimmt, dann ist das türkische System, die unbedingte Trennung der Menschen nach ihrer Religion, nicht mehr möglich. Der zweite Umstand war, dass die Eroberer ihre eigene Sprache vergaßen. Die Enkel von Chlodwig, Alarich, Albuin, Rollo sprachen bereits römisch. Dies wiederum war die Folge einer anderen wichtigen Besonderheit: dass nämlich Franken, Burgunder, Goten, Lombarden und Normannen nur sehr wenige Frauen ihrer Rasse bei sich hatten. Über mehrere Generationen heirateten die Anführer nur germanische Frauen, aber ihre Konkubinen waren lateinisch, ebenso die Ammen ihrer Kinder. Der ganze Stamm heiratete lateinische Frauen. Das führte dazu, dass die »lingua francica« und die »lingua gothica« nach der Niederlassung der Franken und Goten auf römischem Boden nur ein kurzes Leben hatten. In England war es anders: Die angelsächsischen Eroberer hatten Frauen bei sich, und die britannische Bevölkerung floh; außerdem war in Britannien das Lateinische nicht mehr dominierend, oder war es nie gewesen. Wenn man in Gallien im fünften Jahrhundert allgemein Gallisch gesprochen hätte, so hätten Chlodwig und seine Leute das Germanische nicht für das Gallische aufgegeben.

So kam es zu dem bemerkenswerten Resultat, dass die germanischen Eroberer trotz der Roheit ihrer Sitten die Form schufen, die im Laufe der Jahrhunderte für die Nation prägend wurde. »Frankreich« wurde legitimerweise der Name eines Landes, in das nur eine kaum wahrnehmbare Minderheit von Franken eingedrungen war. Im zehnten Jahrhundert sind in den ersten »Chansons de gestes«, die ein so vollkommener Spiegel des Geistes ihrer Zeit sind, alle Bewohner Frankreichs Franzosen. Die Vorstellung von Rasseunterschieden in der Bevölkerung Frankreichs, die bei Gregor von Tours so auffällig ist, spielt bei den französischen Schriftstellern und Dichtern nach den »Chansons de gestes« nicht die geringste Rolle. Der Unterschied von Adligen und Nichtadligen wird so stark betont wie nur irgend möglich, aber dieser Unterschied ist durchaus kein ethnischer. Vielmehr ist es ein Unterschied des Mutes und einer wie ein Erbe tradierten Erziehung. Auf den Gedanken, dass am Ursprung all dessen eine Eroberung stand, kam niemand. Das falsche System, demzufolge der Adel seine Entstehung einem Privileg verdankte, das vom König für der Nation geleistete besondere Dienste verliehen wurde, sodass jeder Adlige ein Geadelter war, wurde als Dogma erst seit dem dreizehnten Jahrhundert eingeführt.

Dasselbe geschah bei fast allen normannischen Eroberungen: Eine oder zwei Generationen später unterschieden sich die normannischen Eindringlinge nicht mehr von der übrigen Bevölkerung. Nichtsdestoweniger war ihr Einfluss groß: Sie hatten dem eroberten Land einen Adel, militärische Gewohnheiten und einen Patriotismus gegeben, den es vorher nicht besessen hatte.

Das Vergessen – ich möchte fast sagen: der historische Irrtum – spielt bei der Erschaffung einer Nation eine wesentliche Rolle, und daher ist der Fortschritt der historischen Erkenntnis oft für die Nation eine Gefahr. Die historische Forschung bringt in der Tat die gewaltsamen Vorgänge ans Licht, die sich am Ursprung aller politischen Institutionen, selbst jener mit den wohltätigsten Folgen, ereignet haben. Die Vereinigung vollzieht sich immer auf brutale Weise. Die Vereinigung von Nord- und Südfrankreich war das Ergebnis von fast einem Jahrhundert Ausrottung und Terror. Der König von Frankreich, der, wenn ich das sagen darf, der Idealtypus eines weltlichen Kristallisationskerns ist, der König von Frankreich, der die vollkommenste nationale Einheit geschaffen hat, die es überhaupt gibt, verlor von Nahem besehen seinen Nimbus. Die von ihm geformte Nation verfluchte ihn, und heute wissen nur noch wenige Gebildete, welches Ansehen er einmal genoss und was er getan hat.

Erst im Kontrast werden die großen Gesetze der abendländischen Geschichte erkennbar. An dem Vorhaben, das der König von Frankreich teils durch seine Tyrannei, teils durch seine Gerechtigkeit auf so bewunderungswürdige Weise meisterte, sind viele Länder gescheitert. Unter der Stephanskrone sind Ungarn und Slawen so verschieden geblieben, wie sie es vor achthundert Jahren waren. Anstatt die verschiedenen Elemente seiner Herrschaft zu verschmelzen, hat das Haus Habsburg sie getrennt gehalten und oft genug zueinander in Gegensatz gebracht. In Böhmen liegen das tschechische und das deutsche Element wie Öl und Wasser in einem Gefäß übereinander. Die türkische Politik der Trennung der Nationalitäten nach der Religion hatte noch gravierendere Folgen: Sie führte zum Niedergang des Orients. In einer Stadt wie Saloniki oder Smyrna findet man fünf oder sechs Gemeinden, deren jede ihre eigenen Erinnerungen hat und die so gut wie nichts miteinander verbindet. Es macht jedoch das Wesen einer Nation aus, dass alle Individuen vieles miteinander gemein haben; aber auch, dass alle manche Dinge vergessen haben. Kein Franzose weiß, ob er Burgunder, Alane, Westgote ist, und jeder Franzose muss die Bartholomäusnacht und die Massaker des dreizehnten Jahrhunderts im Süden vergessen haben. Es gibt in Frankreich keine zehn Familien, die ihre fränkische Herkunft nachweisen können, und wenn sie es könnten, wäre ein solcher Nachweis unvollständig wegen der vielen unbekannten Verbindungen, die jedes genealogische System durcheinanderbringen.

Die moderne Nation ist demnach das historische Ergebnis einer Reihe von Tatsachen, die in dieselbe Richtung weisen. Bald wurde die Einheit durch eine Dynastie verwirklicht, wie im Falle Frankreichs; bald durch den unmittelbaren Willen der Provinzen, wie in Holland, der Schweiz oder Belgien; bald durch einen Gemeingeist, der spät über die Launen des Feudalwesens triumphiert, wie im Falle Italiens und Deutschlands. Jedes Mal hat die Nationwerdung einen tiefliegenden Grund. Die Prinzipien brechen sich mit den unerwartetsten Überraschungen Bahn. In unserer Zeit haben wir gesehen, wie Italien durch seine Niederlagen geeint und die Türkei durch ihre Siege zerstört wurde. Jede Niederlage kam der Sache Italiens zugute, während jeder Sieg die Türkei zugrunde richtete. Denn Italien ist eine Nation, und die Türkei ist es, von Kleinasien abgesehen, nicht. Es ist der Ruhm Frankreichs, durch die Französische Revolution verkündet zu haben, dass eine Nation aus sich selbst existiert. Wir dürfen es also nicht missbilligen, wenn man uns nachahmt. Das Prinzip der Nation ist unser. Aber was ist eine Nation? Warum ist Holland eine Nation, während Hannover oder das Großherzogtum Parma es nicht sind? Wie kommt es, dass Frankreich weiter eine Nation bleibt, auch wenn das Prinzip, durch das es geschaffen wurde, verschwunden ist? Wie kommt es, dass die Schweiz mit drei Sprachen, zwei Religionen und drei oder vier Rassen eine Nation ist, während beispielsweise die so homogene Toskana keine ist? Warum ist Österreich ein Staat, aber keine Nation? Worin unterscheidet sich das Nationalitätsprinzip von dem der Rasse? Über alle diese Fragen muss ein Nachdenklicher mit sich zurate gehen, um sich mit sich selbst zu verständigen. Das Weltgeschehen richtet sich kaum nach solchen Erwägungen, aber der Forscher will in diese Dinge, in denen sich die oberflächlichen Geister verlieren, etwas Ordnung bringen.

II.
Folgt man gewissen Theoretikern der Politik, so ist die Nation vor allem anderen eine Dynastie, die eine alte Eroberung repräsentiert, mit welcher die Masse der Bevölkerung sich zunächst abgefunden und die sie dann vergessen hat. Den politischen Denkern zufolge, von denen die Rede ist, geht die von einer Dynastie, durch ihre Kriege, ihre Heiraten, ihre Verträge herbeigeführte Zusammenfassung von Provinzen auch mit der Dynastie, die sie geschaffen hat, zu Ende. Es stimmt, dass die meisten modernen Nationen von einer Familie feudalen Ursprungs begründet wurden, die sich mit dem Boden vermählt hat und gewissermaßen ein Zentralisationskern geworden ist. 1789 waren die Grenzen Frankreichs nichts Natürliches oder Notwendiges. Das große Stück, welches das Haus der Kapetinger dem schmalen Saum des Vertrages von Verdun hinzugefügt hatte, war durchaus eine persönliche Erwerbung dieses Hauses. Als diese Annexionen gemacht wurden, dachte man weder an natürliche Grenzen noch an Völkerrecht noch an den Willen der Provinzen. Auch die Vereinigung von England, Irland und Schottland war ein dynastischer Vorgang. Und Italien hat nur deshalb so lange gebraucht, eine Nation zu werden, weil keines seiner regierenden Häuser sich vor unserem Jahrhundert zum Mittelpunkt der Einheit machte. Merkwürdig genug, entlehnt Italien seinen Königstitel der bedeutungslosen Insel Sardinien, die kaum italienisch genannt werden kann. Holland, das sich in einem Akt heldenhafter Entschlossenheit selbst geschaffen hat, ist ungeachtet dessen ein enges Heiratsbündnis mit dem Hause Oranien eingegangen und müsste also höchst gefährdet sein, wenn dieses Bündnis gefährdet wäre.

Aber gilt ein solches Gesetz unbedingt? Sicher nicht. Die Schweiz und die Vereinigten Staaten, die sich als Konglomerate schrittweise erfolgter Hinzufügungen bildeten, hatten keine dynastische Grundlage. Für Frankreich möchte ich die Frage nicht erörtern. Man müsste das Geheimnis der Zukunft kennen. Nur so viel sei gesagt: Das große französische Königshaus war so betont national, dass die Nation am Tage nach seinem Sturz ohne es weiterbestehen konnte. Außerdem hatte das achtzehnte Jahrhundert alles verändert. Nach Jahrhunderten der Erniedrigung war der Mensch zum Geist der Antike zurückgekehrt, zur Achtung vor sich selbst, zur Idee seiner Rechte. Die Worte »Vaterland« und »Staatsbürger« hatten wieder einen Sinn. So war es möglich geworden, das Kühnste zu unternehmen, woran man sich in der Geschichte jemals versucht hat, vergleichbar dem Versuch, einen Körper in seiner ursprünglichen Identität lebendig zu erhalten, nachdem man ihm Gehirn und Herz entnommen hat.

Man muss also einräumen, dass eine Nation ohne dynastisches Prinzip existieren kann, und sogar, dass Nationen, die von einer Dynastie geschaffen wurden, sich von ihr trennen können, ohne dass sie damit zu existieren aufhörten. Das alte Prinzip, das nur das Recht der Fürsten berücksichtigt, soll nicht mehr gelten: Jenseits des dynastischen Rechts gibt es das Völkerrecht. Auf welches Kriterium ist es zu gründen, an welchen Zeichen zu erkennen, von welcher handfesten Tatsache abzuleiten:

1. – Von der Rasse, sagen viele mit Überzeugung.
Die künstlichen Aufteilungen, die aus dem Feudalwesen, aus fürstlichen Eheverbindungen, von Diplomatenkongressen stammen, sind hinfällig geworden. Fest und unverrückbar jedoch bleibt die Rasse der Bevölkerung. Diese begründet ein Recht, eine Legitimität. Nach der Theorie, die ich hier darlege, hat beispielsweise die germanische Familie das Recht, die versprengten Glieder des Germanentums wieder einzusammeln, auch wenn diese sich nicht mit ihr verbinden wollen. Das Recht des Germanentums über eine solche Provinz ist stärker als das Recht der Einwohner dieser Provinz über sich selbst. Auf diese Weise schafft man eine Art Urrecht nach dem Muster der Könige göttlichen Rechts. An die Stelle des Prinzips der Nationen tritt das der Ethnographie. Dabei handelt es sich um einen schwerwiegenden Irrtum, der, wenn er sich durchsetzen würde, die europäische Zivilisation zugrunde richten würde. Denn so gerecht und legitim das Prinzip der Nationen ist, so engstirnig und gefährlich für den wahren Fortschritt ist das ursprüngliche Recht der Rassen.

Im Stammesleben und in der Stadt der Antike spielte die Rasse, wie wir einräumen, eine erstrangige Rolle. Stamm und Stadt der Antike waren bloß eine Erweiterung der Familie. In Sparta und in Athen waren alle Bürger mehr oder weniger eng miteinander verwandt. Genauso war es auch bei den Israeliten, und so ist es heute noch bei den arabischen Stämmen. Versetzen wir uns von Athen, Sparta und dem Stamm der Israeliten ins Römische Reich. Die Situation ist eine ganz andere. Zunächst mit Gewalt gebildet, dann von Interessen zusammengehalten, fügt diese Ansammlung von völlig verschiedenen Städten und Provinzen der

Idee der Rasse einen schweren Schlag zu. Das Christentum mit seinem uneingeschränkten Universalismus wirkt noch nachdrücklicher in derselben Richtung. Es geht mit dem Römischen Reich ein enges Bündnis ein, und durch diese beiden unvergleichlichen Einigungskräfte wird die ethnographische Vernunft für Jahrhunderte von der Lenkung der menschlichen Dinge ausgeschlossen.

Entgegen allem Anschein war der Barbareneinfall ein weiterer Schritt auf diesem Wege. Die Grenzen der barbarischen Reiche haben nichts mit Ethnographie zu tun; sie hängen von der Stärke oder der Laune der Eindringlinge ab. Die Rasse der von ihnen unterworfenen Bevölkerung war für sie die gleichgültigste Sache von der Welt. Karl der Große schuf auf seine Weise noch einmal, was Rom bereits geschaffen hatte: ein einziges, aus den verschiedensten Rassen zusammengesetztes Reich. Die Schöpfung des Vertrages von Verdun, die unbeirrt ihre beiden langen Linien von Norden und Süden zogen, verschwendeten nicht den geringsten Gedanken an die Rasse der Menschen links und rechts davon. Auch im weiteren Verlauf des Mittelalters waren die Grenzverschiebungen ebenso frei von jeder ethnographischen Tendenz. Wenn die von den Kapetingern verfolgte Politik mehr oder weniger die Territorien des alten Gallien schließlich unter dem Namen Frankreich zusammenführte, so war dies nicht eine Folge der Bestrebungen dieser Länder, sich mit ihren Stammesgenossen zu verbinden. Die Dauphiné, die Bresse, die Provence und die Franche-Comté erinnerten sich an keinen gemeinsamen Ursprung. Seit dem zweiten Jahrhundert unserer Zeitrechnung war alles gallische Bewusstsein verschwunden, und erst die gebildete Anschauung unserer Tage hat rückblickend die Individualität des gallischen Charakters wiederentdeckt.

Ethnographische Gesichtspunkte spielten also bei der Entstehung der modernen Nationen keine Rolle. Frankreich ist keltisch, iberisch, germanisch. Deutschland ist germanisch, keltisch und slawisch. Italien ist das Land mit der verwirrendsten Ethnographie. Gallier, Etrusker, Pelasger, Griechen, ganz zu schweigen von einer Reihe anderer Elemente, kreuzen sich dort zu einem unentwirrbaren Geflecht. Die Britischen Inseln zeigen in ihrer Gesamtheit eine Mischung von keltischem und germanischem Blut, deren Anteile ungeheuer schwer zu bestimmen sind.

Die Wahrheit ist, dass es keine reine Rasse gibt und dass man die Politik einem Trugbild anheimgibt, wenn man sie auf die ethnographische Analyse gründet. Die edelsten sind jene Länder – England, Frankreich, Italien –, bei denen das Blut am stärksten gemischt ist. Ist Deutschland in dieser Hinsicht eine Ausnahme? Ist es ein rein germanisches Land?

Welche Illusion! Der ganze Süden war gallisch, der ganze Osten, von der Elbe an, ist slawisch. Und sind die Teile, die angeblich rein sind, wirklich rein? Wir rühren hier an eines jener Probleme, über die man sich unbedingt Klarheit verschaffen und bei denen man Missverständnissen vorbeugen muss.

Die Diskussion über Rassen ist endlos, denn das Wort »Rasse« hat für den Historiker und Philologen eine ganz andere Bedeutung als für den physischen Anthropologen. Für den Anthropologen bedeutet Rasse dasselbe wie in der Zoologie, eine tatsächliche Abstammung, eine Blutsverwandtschaft. Nun führt das Studium der Sprachen und der Geschichte aber nicht zu denselben Einteilungen wie die Physiologie. Die Worte »Brachykephalen« und »Dolichokephalen« haben weder in der Geschichtswissenschaft noch in der Philologie einen Platz. Schon in jener Menschengruppe, die die arische Sprache schuf, gab es Kurz- und Langschädlige. Dasselbe gilt von der ursprünglichen Gruppe, welche die Sprachen und Institutionen schuf, die man semitisch nennt. Mit anderen Worten, die zoologischen Ursprünge der Menschheit liegen weit vor den Anfängen der Kultur, der Zivilisation, der Sprache. Die ursprünglichen arischen, semitischen, turanischen Gruppen waren keine physiologische Einheit. Diese Gruppenbildungen sind historische Tatsachen einer bestimmten Epoche, sagen wir vor fünfzehn- oder zwanzigtausend Jahren, während sich der zoologische Anfang der Menschheit in unauslotbarer Dunkelheit verliert. Was man philologisch und historisch die germanische Rasse nennt, ist innerhalb der menschlichen Spezies gewiss eine Familie für sich. Aber ist sie eine Familie im anthropologischen Sinn? Sicher nicht. Die germanische Individualität erscheint in der Geschichte erst wenige Jahrhunderte vor Christus. Natürlich sind die Germanen damals nicht aus der Erde gestiegen. Aber vorher, als sie zusammen mit den Slawen in der großen unterschiedslosen Masse der Skythen aufgingen, besaßen sie keine eigene Individualität. Ein Engländer ist innerhalb der Menschheit ein eigener Typus. Doch der Typus dessen, was man ganz unzutreffend die angelsächsische Rasse nennt, entspricht weder dem Bretonen der Zeit Caesars noch dem Angelsachsen des »Hengist« noch dem Dänen der Zeit Knuts oder dem Normannen der Zeit Wilhelms des Eroberers: Er ist das Resultat all dessen. Der Franzose ist weder Gallier noch Franke noch Burgunder. Er ist aus dem großen Brutkasten hervorgegangen, in dem die verschiedensten Elemente unter der Schirmherrschaft des Königs von Frankreich gärten. Ein Bewohner von Jersey oder Guernsey unterscheidet sich seiner Herkunft nach in nichts von der normannischen Bevölkerung an der Küste. Im elften Jahrhundert hätte das schärfste Auge auf beiden Seiten des Kanals nicht den geringsten Unterschied wahrgenommen. Zufällige Umstände führten dazu, dass Philipp-August mit der übrigen Normandie nicht auch diese Inseln einnahm. Seit annähernd siebenhundert Jahren voneinander getrennt, sind die beiden Bevölkerungen einander nicht nur fremd, sondern völlig unähnlich geworden. Die Rasse, wie wir – die anderen, die Historiker – sie verstehen, ist etwas, was entsteht und wieder vergeht. Ihr Studium ist für den Gelehrten, der sich mit der Geschichte der Menschheit beschäftigt, von größter Bedeutung. Aber in der Politik hat die Rasse nichts zu suchen. Das instinktive Bewusstsein, das für die Zusammensetzung der Landkarte Europas gesorgt hat, hat die Rasse nicht im Geringsten berücksichtigt, und die ersten Nationen Europas sind Nationen gemischten Bluts.

Die Tatsache der Rasse, entscheidend am Anfang, verliert also immer mehr an Bedeutung. Die Menschengeschichte unterscheidet sich wesentlich von der Zoologie. In ihr ist die Rasse nicht alles, wie bei den Katzen oder Nagetieren, und man hat nicht das Recht, durch die Welt zu ziehen, die Schädel der Leute zu vermessen, sie dann an der Gurgel zu packen und ihnen zu sagen: »Du bist unser Blut, du gehörst zu uns!« Neben den anthropologischen Merkmalen gibt es die Vernunft, die Gerechtigkeit, das Wahre und das Schöne, die für alle dieselben sind. Bedenken Sie, auf die ethnographische Politik ist kein Verlass: Heute setzt ihr sie gegen die anderen ein, morgen werdet ihr erleben, wie sie sich gegen euch selbst richtet. Ist es sicher, dass die Deutschen, die die Flagge der Ethnographie so hoch halten, nicht eines Tages erleben werden, wie die Slawen ihrerseits die Dorfnamen Sachsens und der Lausitz erforschen, die Spuren der Wilzen und der Obotriten verfolgen und Rechenschaft für die Gemetzel und Massenverkäufe fordern werden, die ihren Ahnen von den Ottonen angetan wurden? Es ist für alle gut, vergessen zu können.

Ich schätze die Ethnographie sehr, sie ist eine Wissenschaft von großem Wert. Aber da ich wünsche, dass sie frei ist, möchte ich, dass sie ohne politische Anwendung bleibt. Wie in allen Disziplinen wechseln auch in der Ethnographie die Doktrinen; das ist die Voraussetzung für den Fortschritt. Aber dann würden die Grenzen des Staates den Schwankungen der Wissenschaft folgen. Der Patriotismus würde von einer mehr oder weniger paradoxen Abhandlung abhängen. Man würde zum Patrioten sagen: »Sie täuschen sich; Sie wollen Ihr Blut für diese Sache da vergießen; Sie glauben, Kelte zu sein, aber nein, Sie sind Germane.« Zehn Jahre später wird man Ihnen dann sagen, dass Sie Slawe sind. Um die Wissenschaft nicht zu verfälschen, wollen wir Sie davon entbinden, uns in diesen Fragen, in die so viele Interessen hineinspielen, einen Rat zu erteilen. Seien Sie dessen gewiss. Wenn man ihr aufträgt, die Grundlagen der Diplomatie zu liefern, wird man sie oft genug bei einer Gefälligkeit ertappen. Sie hat Besseres zu tun – verlangen wir von ihr ganz einfach die Wahrheit.

2. – Was wir von der Rasse gesagt haben, müssen wir auch von der Sprache sagen. Die Sprache lädt dazu ein, sich zu vereinigen; sie zwingt nicht dazu. Die Vereinigten Staaten und England, Lateinamerika und Spanien sprechen dieselbe Sprache und bilden doch keine Nation. Andererseits zählt die Schweiz, die so wohlgelungen ist, weil sie durch Übereinkunft ihrer verschiedenen Teile entstanden ist, drei oder vier Sprachen. Beim Menschen gibt es etwas, was der Sprache übergeordnet ist: den Willen. Der Wille der Schweiz, trotz der Vielfalt ihrer Idiome geeint zu sein, ist eine viel wichtigere Tatsache als eine oft unter Zank und Streit erlangte Ähnlichkeit.

Die Tatsache, dass Frankreich niemals versucht hat, die Einheit der Sprache mit Zwangsmaßnahmen durchzusetzen, ehrt es. Kann man nicht in verschiedenen Sprachen dieselben Gefühle und dieselben Gedanken haben, dieselben Dinge lieben? Wir sprachen eben davon, wie nachteilig es wäre, wenn man die internationale Politik von der Ethnographie abhängig machte. Nicht weniger verkehrt wäre es, wollte man die Politik von der vergleichenden Sprachwissenschaft abhängig machen. Lassen wir diesen interessanten Forschungen ihre ganze Freiheit, mischen wir nichts hinein, was ihren ruhigen Gang beeinträchtigen würde. Die politische Bedeutung, die man den Sprachen zumisst, ergibt sich daraus, dass man sie als Zeichen der Rasse ansieht. Nichts falscher als das. In Preußen, wo heute nur noch deutsch gesprochen wird, sprach man noch vor ein paar Jahrhunderten slawisch; das Land der Gallier spricht englisch; Gallien und Spanien sprechen das ursprüngliche Idiom von Alba Longa; Ägypten spricht arabisch: Die Beispiele sind nicht zu zählen. Nicht einmal in den Anfängen zog eine Ähnlichkeit der Sprache keine Ähnlichkeit der Rasse nach sich. Nehmen wir einen protoarischen oder protosemitischen Stamm. Es gab dort Sklaven, die dieselbe Sprache sprachen wie ihre Herren. Aber oft war der Sklave auch von anderer Rasse als sein Herr. Sagen wir es noch einmal: Die Einteilung der indoeuropäischen, der semitischen und der anderen Sprachen, die mit so bewundernswertem Scharfsinn von der vergleichenden

Sprachwissenschaft festgelegt wurde, deckt sich nicht mit jener der Anthropologie. Die Sprachen sind historische Gebilde, die wenig über das Blut derer aussagen, die sie sprechen. Jedenfalls sollten sie die menschliche Freiheit nicht fesseln, wenn es gilt, die Familien zu bestimmen, mit denen man sich auf Leben oder Tod vereint.

Die ausschließliche Berücksichtigung der Sprache hat ebenso wie die zu starke Betonung der Rasse ihre Gefahren und Unzuträglichkeiten. Wenn man zu viel Wert auf die Sprache legt, schließt man sich in einer bestimmten, für national gehaltenen Kultur ein; man begrenzt sich, man schließt sich ein. Man verlässt die freie Luft, die man in der Weite der Menschheit atmet, um sich in die Konventikel seiner Mitbürger zurückzuziehen. Nichts ist schlimmer für den Geist, nichts schlimmer für die Zivilisation. Geben wir das Grundprinzip nicht auf, dass der Mensch ein vernünftiges und moralisches Wesen ist, ehe er sich in dieser oder jener Sprache einpfercht, ein Angehöriger dieser oder jener Rasse, Mitglied dieser oder jener Kultur ist. Ehe es die französische, deutsche, italienische Kultur gibt, gibt es die menschliche Kultur. Die großen Menschen der Renaissance waren weder Franzosen noch Italiener noch Deutsche. Durch ihren Umgang mit der Antike hatten sie das wahre Geheimnis des menschlichen Geistes wiedergefunden, und ihm gaben sie sich mit Leib und Seele hin. Wie gut sie daran taten!

3. – Auch die Religion kann uns keine hinreichende Grundlage geben, um darauf eine moderne Nation zu errichten. Am Anfang hing die Religion mit der Existenz der sozialen Gruppe selbst zusammen. Diese war eine Erweiterung der Familie. Die Religion, die Riten waren die Riten der Familie. Die Religion Athens war der Kult der Stadt Athen, ihrer mythischen Gründer, ihrer Gesetze und Bräuche. Sie schloss keine Theologie ein. Diese Religion war im strengen Sinne des Wortes eine Staatsreligion. Man war kein Athener, wenn man es ablehnte, sie zu praktizieren. Im Grunde war es der Kult der personifizierten Akropolis. Schwor man im Altar der Aglaura, so leistete man den Eid, für das Vaterland zu sterben. Diese Religion war eine Entsprechung zu dem, was bei uns das Werfen des Loses oder der Kult der Fahne ist. Weigerte man sich, an einem solchen Kult teilzunehmen, so entsprach dies der Verweigerung des Wehrdienstes in unseren modernen Gesellschaften. Man erklärte damit, dass man kein Athener war. Andererseits versteht es sich, dass ein solcher Kult für jemanden, der nicht aus Athen war, keine Bedeutung hatte. Man betrieb auch keine Abwerbung, um Fremde zur Annahme dieses Kults zu bewegen; auch die athenischen Sklaven praktizierten ihn nicht. So war es auch in einigen kleinen Republiken des Mittelalters. Man war kein guter Venezianer, wenn man nicht den Eid auf den heiligen Markus leistete. Man war kein guter Bürger von Amalfi, wenn man nicht den heiligen Andreas über alle anderen Heiligen des Paradieses erhob. Was später zu Verfolgung und Tyrannei wurde, war in diesen kleinen Gesellschaften legitim und blieb so folgenlos wie bei uns die Tatsache, dass wir dem Familienvater zum Namenstag gratulieren oder am Neujahrstag alles Gute wünschen.

Was in Sparta und Athen galt, galt schon in den Reichen nicht, die aus den Eroberungen Alexanders hervorgingen, und erst recht nicht im Römischen Reich. Die Verfolgungen des Antiochos Epiphanes, die den Orient dem Kult des olympischen Jupiter zuführen sollten, ebenso wie die des Römischen Reiches, um eine vergebliche Staatsreligion zu bewahren, waren ein Fehler, ein Verbrechen, ein wahrhafter Widersinn. Heutzutage ist die Situation vollkommen klar. Es gibt keine Masse von Gläubigen mehr, die auf gleichförmige Weise glaubt. Jeder glaubt und praktiziert nach seinem Gutdünken, wie er kann, wie er mag. Es gibt keine Staatsreligion mehr, man kann Franzose, Engländer, Deutscher sein und dabei Katholik, Protestant oder Jude, oder gar keinen Kult praktizieren. Die Religion ist Privatsache geworden, sie geht nur das Gewissen jedes Einzelnen an. Die Einteilung der Nationen in katholische oder protestantische existiert nicht mehr. Die Religion, die noch vor fünfzig Jahren bei der Entstehung Belgiens eine so bedeutende Rolle gespielt hat, ist nur noch im Innern eines jeden Einzelnen bedeutsam. Von solchen Erwägungen, mit denen die Grenzen der Völker gezogen werden, hat sie sich fast völlig gelöst.

4. – Die Gemeinschaft der Interessen ist zwischen den Menschen gewiss ein starkes Band. Doch reichen die Interessen aus, um eine Nation zu bilden?

Ich glaube nicht. Die Gemeinschaft der Interessen schließt Handelsverträge. Die Nationalität jedoch hat eine Gefühlsseite, sie ist Seele und Körper zugleich. Ein Zollverein ist kein Vaterland.

5. – Die Geographie – was man die »natürlichen Grenzen« nennt – hat fraglos einen großen Anteil an der Einteilung der Nationen. Sie ist einer der wesentlichen Faktoren der Geschichte. Die Flüsse haben die Rassen geführt, die Berge haben sie aufgehalten. Jene haben die historischen Bewegungen begünstigt, diese haben sie behindert. Kann man aber, wie es einige tun, glauben, die Grenzen einer Nation seien auf der

Karte eingetragen und eine Nation habe das Recht, sich zuzueignen, was nötig ist, um gewisse Konturen zu begradigen oder dieses Gebirge, jenen Fluss zu erreichen, denen man a priori so etwas wie eine begrenzende Kraft zuspricht? Ich kenne keine willkürlichere, keine verhängnisvollere Theorie. Mit ihr lässt sich jede Gewalt rechtfertigen. Und überhaupt, sind es diese Berge, sind es diese Flüsse, die die angeblichen natürlichen Grenzen bilden? Nicht zu bestreiten ist, dass Gebirge trennen, während Flüsse eher verbinden. Aber nicht alle Gebirge grenzen Staaten voneinander ab. Welche trennen, und welche tun es nicht? Von Biarritz bis zum finnischen Torneälv gibt es nicht eine Flussmündung, die nicht die eine oder andere abgrenzende Eigenschaft hätte. Wenn die Geschichte gewollt hätte, besäßen Loire, Seine, Maas, Elbe, Oder nicht anders als der Rhein diese Eigenschaft einer natürlichen Grenze, die zu so vielen Verletzungen jenes fundamentalen Rechts geführt hat, welches der Wille des Menschen ist. Man spricht von strategischen Gründen. Nichts ist absolut; es ist klar, dass der Notwendigkeit manche Zugeständnisse zu machen sind. Aber die Zugeständnisse dürfen nicht zu weit gehen. Sonst würde alle Welt ihre militärischen Wünsche geltend machen, und es wäre Krieg ohne Ende. Nein, es ist auch nicht der Boden, der die Nation macht, ebenso wenig wie die Rasse. Der Boden liefert das Substrat, ist das Feld für Kampf und Arbeit, der Mensch liefert die Seele. Bei der Gestaltung jener geheiligten Sache, die man ein Volk nennt, ist der Mensch alles. Nichts Materielles ist dafür hinreichend. Eine Nation ist ein geistiges Prinzip, das aus tiefreichenden Verwicklungen der Geschichte resultiert, eine spirituelle Familie, nicht eine durch Gestaltungen des Bodens bestimmte Gruppe.

Wir haben gesehen, dass es nicht genug ist, ein solches geistiges Prinzip zu schaffen: Rasse, Sprache, Interessen, religiöse Verwandtschaft, Geographie, militärische Notwendigkeiten. Was also braucht es darüber hinaus? Nach dem bisher Gesagten brauche ich Ihre Aufmerksamkeit nicht mehr lange in Anspruch zu nehmen.

III.

Eine Nation ist eine Seele, ein geistiges Prinzip. Zwei Dinge, die in Wahrheit nur eins sind, machen diese Seele, dieses geistige Prinzip aus. Eines davon gehört der Vergangenheit an, das andere der Gegenwart. Das ist der gemeinsame Besitz eines reichen Erbes an Erinnerungen, das andere das gegenwärtige Einvernehmen, der Wunsch zusammenzuleben, der Wille, das Erbe hochzuhalten, welches man ungeteilt empfangen hat. Der Mensch erfindet sich nicht aus dem Stegreif. Wie der Einzelne, so ist die Nation der Endpunkt einer langen Vergangenheit von Anstrengungen, Opfern und Hingabe. Der Kult der Ahnen ist von allem am legitimsten; die Ahnen haben uns zu dem gemacht, was wir sind. Eine heroische Vergangenheit, große Männer, Ruhm (ich meine den wahren) – das ist das soziale Kapital, auf das man eine nationale Idee gründet. Gemeinsamer Ruhm in der Vergangenheit, ein gemeinsames Wollen in der Gegenwart, gemeinsam Großes vollbracht zu haben und es noch vollbringen wollen – das sind die wesentlichen Voraussetzungen, um ein Volk zu sein. Man liebt in dem Maße, wie man Opfer auf sich genommen und Übel erduldet hat. Man liebt das Haus, das man gebaut hat und das man vererbt. Das spartanische Lied: »Wir sind, was ihr gewesen seid; wir werden sein, was ihr seid«, ist in seiner Einfachheit die kurzgefasste Hymne jedes Vaterlandes.

In der Vergangenheit ein gemeinsames Erbe von Ruhm und Reue, für die Zukunft ein gemeinsames Programm; gemeinsam gelitten, gejubelt, gehofft haben – das ist mehr wert als gemeinsame Zölle und Grenzen, die strategischen Vorstellungen entsprechen. Das ist es, was man ungeachtet der Unterschiede von Rasse und Sprache versteht. Ich habe soeben gesagt: gemeinsam gelitten haben. Ja, das gemeinsame Leiden eint mehr als die Freude. In den nationalen Erinnerungen zählt die Trauer mehr als die Triumphe, denn sie erlegt Pflichten auf, sie gebietet gemeinschaftliche Anstrengungen.

Eine Nation ist also eine große Solidargemeinschaft, getragen vom Gefühl der Opfer, die man gebracht hat, und der Opfer, die man noch bringen will. Sie setzt eine Vergangenheit voraus und lässt sie in der Gegenwart in eine handfeste Tatsache münden: in die Übereinkunft, den deutlich geäußerten Wunsch, das gemeinsame Leben fortzusetzen. Das Dasein einer Nation ist – erlauben Sie mir dieses Bild – ein Plebiszit Tag für Tag, wie das Dasein des Einzelnen eine dauernde Behauptung des Lebens ist. Ich weiß sehr wohl, dass dies weniger metaphysisch ist als das göttliche Recht und weniger brutal als das Angebliche historische Recht. In der Ordnung der Ideen, die ich hier vortrage, hat eine Nation nicht mehr das Recht als ein König, zu einer Provinz zu sagen: »Du gehörst mir, ich nehme dich.« Eine Provinz, das sind für uns ihre Einwohner. Wenn in dieser Frage jemand das Recht hat, gehört zu werden, dann sind es diese Einwohner. Niemals kann eine Nation ein echtes Interesse daran haben, ein Land gegen dessen Willen zu annektieren oder zu behalten. Der Wunsch der Nationen ist ein für alle Mal das einzige legitime Kriterium, auf welches man immer zurückgreifen muss.

Wir haben die metaphysischen und theologischen Abstraktionen aus der Politik vertrieben. Was bleibt? Es bleibt der Mensch, seine Wünsche, seine Bedürfnisse. Man wird einwenden, dass die Sezessionen und auf lange Sicht das Zerbröseln der Nationen die Folgen einer Anschauung sind, die diese alten Organismen auf Gedeih und Verderb einem Willen ausliefert, der oft ganz wenig aufgeklärt ist. Es versteht sich, dass in solchen Dingen kein Prinzip bis zum Extrem getrieben werden darf. Derartige Wahrheiten sind nur insgesamt und in einer sehr allgemeinen Weise anwendbar. Das Wollen der Menschen wandelt sich, aber was hienieden ändert sich nicht? Die Nationen sind nichts Ewiges. Sie haben einmal angefangen, sie werden einmal enden. Die europäische Konföderation wird sie wahrscheinlich ablösen. Aber das ist nicht das Gesetz des Jahrhunderts, in dem wir leben. Gegenwärtig ist die Existenz der Nationen etwas Gutes, sogar Notwendiges. Ihre Existenz ist die Garantie der Freiheit, die verloren wäre, wenn die Welt nur ein einziges Gesetz und einen einzigen Herrn hätte.

Mit ihren verschiedenen, einander oft entgegengesetzten Fähigkeiten dienen die Nationen dem gemeinsamen Werk der Zivilisation. Alle tragen eine Note zu dem großen Konzert der Menschheit bei, das als Ganzes die höchste ideale Realität ist, die wir erreichen können. Voneinander isoliert, haben die Nationen schwache Stellen. Oft sage ich mir, dass ein Einzelner, der die Fehler hätte, die man bei den Nationen für Qualitäten hält, der sich von eitlem Ruhm nährte, der so eifersüchtig, egoistisch und streitsüchtig wäre, der nichts hinnehmen könnte, ohne gleich das Schwert zu ziehen – dass ein solcher Einzelner der unerträglichste aller Menschen wäre. Doch alle diese Misstöne im Einzelnen verschwinden im Ganzen. Arme Menschheit, was hast du gelitten, welche Prüfungen warten noch auf dich! Wenn doch der Geist der Weisheit dich leitete, um dich vor den zahllosen Gefahren zu bewahren, mit denen dein Weg gepflastert ist!

Ich fasse zusammen. Der Mensch ist weder der Sklave seiner Rasse noch seiner Sprache, seiner Religion, des Laufs der Flüsse oder der Richtung der Gebirgsketten. Eine große Ansammlung von Menschen gesunden Geistes und warmen Herzens erzeugt ein Moralbewusstsein, welches sich eine Nation nennt. In dem Maße, wie dieses Moralbewusstsein seine Kraft beweist durch die Opfer, die der Verzicht des Einzelnen zugunsten der Gemeinschaft fordert, ist die Nation legitim, hat sie ein Recht zu existieren. Wenn sich Zweifel wegen ihrer Grenzen erheben, dann soll die Bevölkerung gefragt werden. Sie hat durchaus ein Recht, in dieser Frage ihre Meinung zu äußern. Das werden diejenigen vielleicht belächeln, die über der Politik stehen, diese Unfehlbaren, die ihr Leben damit zubringen, sich zu täuschen, und die von der Höhe ihrer erhabenen Prinzipien mitleidig auf unsere Schlichtheit herabsehen: »Das Volk befragen, welche Naivität! Wieder eine von jenen schwächlichen französischen Ideen, die die Diplomatie und den Krieg durch Mittel von kindlicher Einfachheit ersetzen wollen.« Warten wir es ab, lassen wir die Herrschaft dieser erhabenen Geister vorübergehen, ertragen wir die Geringschätzung der Starken. Vielleicht wird man nach fruchtlosen Versuchen auf unsere maßvollen empirischen Lösungen zurückkommen. Wenn man in der Zukunft recht behalten will, muss man sich zu gewissen Zeiten damit abfinden, aus der Mode zu sein.

*1886*

## AUGUST STRINDBERG
## Auf dem Lande

*Während vierzig seiner dreiundsechzig Lebensjahre dominierte Johan August Strindberg (\* 1849, † 1912) das literarische Schweden, wenn auch einen großen Teil davon aus der Ferne. Bis heute werden weltweit seine Stücke aufgeführt. Mehr als sechzig schrieb er, zudem zehn Romane, zehn Novellensammlungen und mindestens achttausend Briefe.*

*Als er sich 1884 in Stockholm wegen Gotteslästerung vor Gericht zu verantworten hatte, riefen Arbeiterorganisationen ihre Gefolgschaft zu Kundgebungen auf die Straßen, und eine Festaufführung von* Glückspeters Reise *wurde ein großer Erfolg. Er hatte die Konfirmation als einen Akt beschrieben, »durch den die Oberklasse auf Christi Leib und Wort der Unterklasse den Eid abnimmt, dass diese sich nicht darum kümmern werde, was jene tut«. Im folgenden Jahr machte er sich von Paris aus in die Champagne auf, um Europas Bauernland Frankreich zu entdecken, welches die Grande Nation in einer Abteilung ihrer Seele bis heute geblieben ist. Seine Großreportage vom Dorf, eine umfassende Studie zur Lage der französischen Bauern, sollte erst ein Vierteljahrhundert später gleichzeitig in schwedischer und deutscher Sprache erscheinen, kurz vor seinem Tod im Jahr 1912.*

M EIN DORF, dessen Straßen ich nun ein halbes Jahr lang mit den Holzschuhen des Landes abgenutzt habe, besitzt den Vorteil, in der Ile de France zu liegen. Hugo Capets Wohnsitz, der Wiege der französischen Monarchie. Es liegt weit genug von Paris, um zum Lande gerechnet werden zu können. Zwischen Fontainebleau und Nemours gelegen, einige Kilometer von der nicht sehr benutzten Bourbonnaiser Bahn, hat es seinen bäuerlichen Charakter ziemlich beibehalten. Ich will den Namen nicht hersetzen, um meine Freunde, deren Wohlwollen ich so lange genossen habe, nicht verdrießlich zu machen.

Das Klima ist das mittlere Klima von Frankreich oder das sogenannte Klima Séquanien (des Seinetals). Jetzt, Anfang Januar, ist der Boden schneefrei. Man pflügt den Acker und fährt Dung hinaus. Kohl und Rüben stehen grün und werden je nach Bedarf geerntet. Die Laubbäume Buche, Eiche, Pappel, Hainbuche, Ulme, Erle und so weiter sind natürlich nackt. Aber *laurier-cerise* (Prunus laurocerasus, Kirschlorbeer), *laurier-cuisine* (oder *-sauce*), Buchsbaum, Efeu und andere sind grün. Ulex blüht mit seinen großen gelben Blüten am Bahndamm, und auf den Kleeweiden pflücken die Kinder *mâche* (Valerianella olitoria, Rapunze oder Feldsalat) zum Salat. *Laurier tin* (Laurus tinus) blüht am Bahnhof: Sein grüner schöner Strauch ist mit weißen Büscheln übersät. In Ouchy am Genfer See blühte er im vorigen Jahr erst im Februar, und in Genf wurde er als ein Wunder gezeigt, weil er draußen überwintern konnte. In den Gärten werden Zichorie und Lattich unter Bastmatten geerntet, Sellerie unter Blumentöpfen, und Helleborus niger (Christrose) blüht schon seit November, in Schnee und Eis, bei Wind und Wetter.

Buchfink und Lerche sind den ganzen Winter dagewesen, natürlich ohne zu singen. Die Enten schnattern im Teich, Fasanen und Rebhühner kriechen im Buchweizenfelde.

Das Winterklima hier ist also milder als das in der Lombardei, aber der Sommer ist nicht so warm. Der Pfirsich blüht im März, und der Wein erfriert zuweilen in der Blütezeit.

Das Dorf liegt an einem Hang über der Loing, einem Nebenfluss der Seine. Steht man vor dem Dorf auf der Landstraße und sieht in die weiße Häusermasse hinein, so hat man gleich den Typus für ein französisches Dorf, die Mutter der Stadt oder die Miniaturstadt. Es ist von fensterlosen Mauern umgeben. Das Dorf ist blind. Hat die Fenstersteuer oder die Bereitschaft zur Verteidigung diese langen Mauerreihen geschaffen? Vielleicht beide. Das Dorf ist weiß, hat aber schwarze Dächer, aus geschwärzten flachen Ziegeln. Es ist heiter und traurig zu gleicher Zeit. Das Dorf soll eine römische Erfindung sein, der Hof eine germanische. Aber das Dorf kann nur auf einer fruchtbaren Ebene oder an der See oder um eine Grube existieren. In armen Gegenden und in den Bergen ist der Hof noch die Regel, auch in lateinischen Ländern. In Schweden ist der einzelne Hof Regel und das Dorf Ausnahme: darum fühlt sich der Nordländer in dem fruchtbaren Frankreich nie so recht auf dem Lande. Und fruchtbar ist es hier, denn von einem mittelgroßen Hügel kann man zehn Dörfer zählen.

Wenn man nun ins Dorf hineinschaut, sieht man zwei Reihen einstöckiger Häuser die große Straße flankieren, die in der Mitte gepflastert ist. Auf beiden Seiten des Pflasters laufen Rinnsteine, aber an den Häusern entlang ist die Straße nicht gepflastert. Im Rinnstein plätschern Enten, und auf der Straße spazieren Hühner. Das erste Haus, das auffällt, ist die *buvette* oder Schenke. Die hat einen Wacholderstrauch als Schild herausgesteckt. Dahinter ist das Schild des Bäckers zu sehen. Dann kommt das Schild des Tabakladens mit der Nummer der Regierung, denn der Tabak ist bekanntlich Monopol. Weiter weg liegt das Hotel, wo Handlungsreisende und Touristen sich niederlassen. Wo die Straße eine Biegung macht, steigen die Ruinen der alten Burg in die Höhe, unter deren Schutz diese Bauern sich einst angesiedelt hatten, deren Name und Besitzer aber vergessen wurden. Nach Rundbogen und Ornamenten zu urteilen, scheinen sie aus dem dreizehnten Jahrhundert zu stammen. Dann kommen Metzger, Kaufmann und Kirche. Dahinter liegen Pfarrei, *mairie*, Schule. Ein Kilometer weiter liegt das Schloss des *maires*, des Marquis.

Monsieur le Marquis ist Orleanist und klerikal. Seine Abstammung ist nicht glänzend, und er besitzt sehr wenig Grund und Boden; infolgedessen ist seine Macht unbedeutend, zumal das ganze Dorf republikanisch ist. Sein Schloss ist ein Neubau und mit einer Kapelle versehen. Er lebt von seinen Zinsen und hält sich englische Pferde und Kutscher, ist zuweilen gut befreundet mit dem Priester. Er möchte gern Land haben, aber er bekommt niemanden, der es bestellen will. Das ist die stille Revolution, die in Frankreich im Gange ist und die Étienne Baudry vor zwanzig Jahren als das Ende der Welt verkündete.

Der Priester ist ein Bauernsohn und in gewissen Fällen klerikal, aber das Dorf ist atheistisch. Wie öde und traurig erscheint seine Wohnstätte einem Nordländer und Protestanten, der die nordische Pfarre gesehen hat, in welcher der Idylliker am liebsten das Märchen von Friede, Wohlstand und Familienglück verlegt! Ich denke immer an Vossens »Luise«. Wenn ich den mageren, dunkelhäutigen Einsiedler mit schweren Schritten durch seine enge Tür gehen sehe, die sich nur öffnet, nachdem man die kleine Glocke geschellt hat.

Vergangene Weihnacht wollte ich ihn besuchen, aber er empfing nicht, weil er Damenbesuch aus Paris hatte.

Wenn er in seinen schwarzen Röcken die Straße hinuntergeht, ziehen die Bauern weder Hut noch Mütze, sondern lachen hinter seinem Rücken. Die Messe wird nur von den jungen Mädchen besucht, »damit sie ihre neuen Kleider zeigen können«, wie mir dieser Tage eine ehrenwerte alte Bäuerin sagte, die selbst Mutter war und nicht in die Messe ging.

Der Tabakhändler trägt ein Band im Knopfloch von einer Medaille, die er erhalten hat, weil er ein Menschenleben aus Seenot rettete. Deshalb ist ihm auch das Tabakmonopol im Dorfe übertragen worden. Er möchte gern Republikaner sein, wagt es aber aus Rücksicht auf den Marquis nicht.

Das sind die Bourgeois des Dorfes.

Kommen dann die 600 Bauern oder die eigentlichen Bewohner des Dorfes. Der Bauer, den ich vor zehn Jahren draußen bei Marly in Seine-et-Oise getroffen, wirkte nicht wie ein ernsthafter Mensch. Er war eine kleine, verschrobene, lächerliche Person, denen ähnlich, die Leonce Petit im »Journal Amusant« unter dem beständigen Titel »Nos bong Villageois« zeichnet. Er lief im Hause umher und sprengte gekauftes Weihwasser auf die Wände, solange der Donner rollte; er hatte aufgehört, Salat zu essen, weil er kein Gefäß besaß, in dem er ihn bereiten konnte, nachdem er die Schale zerschlagen hatte; er war servil, stand da mit der Mütze in der Hand und benahm sich wie ein Bewohner des Kantons Wallis in der Schweiz. Viel ist seitdem in Frankreich geschehen, und anders sieht mein Nachbar jetzt aus, wenn es auch noch Typen des alten Stammes gibt.

Ich will mit einem Besuch bei einem reichen Bauern beginnen. Sein Haus besteht aus zwei Stockwerken, aber er bewohnt nur das untere. In die große Einfahrt, die gewöhnlich geschlossen ist, hat er eine kleine Tür eingelassen. um an der Türsteuer zu sparen. Auf dem Hofe, der auf allen vier Seiten von Nebengebäuden eingeschlossen wird, klettern Weinreben an einem Spalier. Links ist der Stall mit einem mittelmäßigen Pferd; daneben der Viehstall mit einigen dürftigen Kühen. Dann das Hühnerhaus und das Puterbauer, der Schuppen für die Werkzeuge, die Wagenremise, der Holzstall. Darüber die Scheune und der Heuboden. Auf einem Gange, der durch den Schuppen führt, kommt man in den Garten, der vielleicht ¼ Hektar umfasst. Er ist von Mauern umgehen, an denen Wein, Aprikosen und Pfirsiche stehen. Ein *laurier sauce* ist unentbehrlich für die Küche. Kleine kurzgeschorene Buchsbaumhecken, nur einige Zoll hoch, umgeben die Rabatten. Eine Bambusstaude, eine seltene Pflanze, denn man trifft sie sonst erst in Nîmes, schwankt noch grün im Winterwinde. Apfel-, Birnen- und Mispelbäume stehen hier und dort zwischen gut gepflegten Gemüsebeeten. Man sieht niemals Unkraut in einem französischen Garten, und die Beete sind nicht über dem Boden erhöht, sondern liegen auf gleicher Ebene: Dadurch wird die Feuchtigkeit, die Lebensbedingung für Gemüse, erhalten, und das Begießen nützt. Eine Weinlaube mit Tisch und Bänken bildet einen angenehmen Zufluchtsort während der Sommerhitze.

Im Hause an der Straße wohnt der Bauer, fast immer verheiratet, aber mit wenigen Kindern, deren Anzahl im direkten Verhältnis zum Areal stehen soll.

Zuerst kommt man in die Küche, die nach dem Hofe zu liegt. Sie ist dunkel und eng, und ihr fehlt, was man im Norden Gemütlichkeit nennt. Ein Stück von der Wand ab steht der eiserne Herd, dessen Blechrohr frei hinauf zur Decke steigt. Es ist ein kleines Ding, nicht größer als der Kasten eines Stiefelputzers. Aber er heizt schnell und spart Brennholz. An der Wand hängen eine schöne Doppelflinte und eine Jagdtasche. Ein Gestell mit Küchengeschirr, ein Schrank und einige Rohrstühle vollenden die Einrichtung, Die Wände sind nackt und verräuchert, und das Ganze ist höchst ungemütlich.

Dahinter liegt die Wohnstube, die auch Schlafzimmer ist. Hier findet man einen gewissen Luxus, vermischt mit Dürftigkeit, der Kamin mit Spiegel und Standuhr gibt sofort an, dass der Bauer auf dem Wege ist, ein Bourgeois zu werden; und er benutzt auch das Wort *cultivateur* statt *paysan*. Cretonne-Gardinen behängen die hohen Fenster, die auch mit Volieren und Jalousien versehen sind. Ein großes Mahagonibett unter einer weißen Decke ist mit tiefen, weichen Plumeaus ausgestattet. Ein Schrank aus Nussbaum und ein Tisch mit einem halben Dutzend Stühlen bilden die übrige Einrichtung.

Der Herr des Hauses besitzt 15 Hektar und ein Haus. Er wird deshalb reich genannt. Er kleidet sich noch immer als Bauer, trägt also Hosen aus braunem gestreiftem Baumwollsammet, eine blaue baumwollene Bluse, Holzschuhe und jetzt im Winter eine Lederkappe, die er nie abnimmt. Sein Gesicht ist rasiert, wie immer bei den älteren Leuten, während die jüngeren Schnurrbart tragen. Er sieht ehrlich aus und klug. Er ist höflich, aber durchaus nicht demütig, und er behält die Mütze auf, wenn ich unbedeckt eingeladen werde, neben ihm vor dem Feuer im Kamin Platz zu nehmen. Er spricht ruhig, klar und rein, mit einem kleinen accent in der Mundart des Landes; die kurzen a innerhalb der Wörter werden lang und der gleiche Vokal wird ä im Ende. »In diesem Monat« heißt also »ce moê«. »Diese Klasse« wird »cette clâse«.

Es ist eigentümlich, wie stark das Selbstgefühl bei der französischen Nation bis in die untersten Schichten entwickelt ist. Der Bauer und die minderjährigen Kinder des Bauern sehen auf den Fremden herab, er mag den mächtigsten Nationen der Welt angehören, der englischen oder der deutschen. Er fühlt, dass die französische Nation die erste ist, als Erbin Roms. Und das ist noch so trotz der Niederlagen und Demütigungen des jüngsten Krieges. So verachtet er den Deutschen und den Ausländer überhaupt mehr, als er ihn hasst. Hier im Dorfe, wo die Preußen im Quartier gelegen und sich besonders human benommen haben, äußert sich kein Preußenhass, aber man findet die Sprache lächerlich und pflegt im Scherz ein »Ja« oder »Nein« zu blöken. Der Bauer ist stolz und sieht mit herablassendem Lächeln auf alle Fremden herab. Wenn ich mit ihm über mein armes Land sprechen will, wird er zerstreut und sieht aus, als denke er: »Was geht mich das an? Ich handle nicht mit Brettern.« Aber als Bauer ist er niemals frei von Misstrauen. Wenn ich ihn ausfragen will, sieht er mich an wie einen Spion, und doch bin ich nur ein Neugieriger.

Der ältere Bauer hasst und verachtet den Pariser. Es ist sowohl Neid auf den Gebildeten wie das Gefühl, höher zu stehen, vernünftiger zu leben und überhaupt mehr Ordnung in seinen Geschäften zu haben,

Seine Frau hat das Äußere der Bauernfrau abgelegt und sich fein gemacht. Sie hat das Haar gelockt und trägt ein modernes Kleid. Ihre zweijährige Tochter hat Strümpfe, Schnürstiefel, ein Kleid mit Plisseestreifen und Turnüre, welche sie *faux chu (faux cul)* nennt.

Kleidet der Bauer sich schlecht, so isst er umso besser. So sieht seine Speisekarte aus. Morgens: Suppe mit Gemüse wie Kartoffel, Bohnen, Zwiebeln. Sie ist mit Wasser und einem Butterkloß gekocht. Um 11 Uhr: Fleischsuppe; Fleisch oder eine Omelette, wozu *petit vin* getrunken wird (den man aus der Weinhefe oder dem Bodensatz des Gefäßes kocht). Um 16 Uhr Brot, Käse und Wein. Um 20 bis 21 Uhr: Suppe, Fleisch mit Gemüse und Wein. Zuweilen Obst als Nachtisch. Salat gehört immer zum Mittagessen und wird mit Öl aus Walnuss oder Mohn bereitet.

Wenn Heinrich IV., der jedem Bauer ein Huhn am Spieße gönnte, jetzt lebte und auf Père Charrons Hof käme, würde er sowohl Hase wie Puter, wie Fasan an der Wand hängen sehen. Als der Bauer gefragt wurde, ob er einen Fasan verkaufen wolle, antwortete er, er habe nur so viel, wie er selbst brauche. Den Vogel, der sich von einer *chasse gardée* verflogen, hatte er auf seinen Feldern geschossen.

Obwohl er in guten Verhältnissen lebt, ist er eifriger Republikaner und liegt in Fehde mit dem Marquis.

Der arme Bauer wohnt in einem einzigen großen Zimmer, das zugleich Küche und Schlafstube ist. Die Wände sind nackt und düster, und Kinderkleider trocknen am Herd. Im Stall hat er kein Pferd, sondern einen kleinen Esel, falls er überhaupt ein Zugtier besitzt. Er besorgt sein Feld, einige

Glasfaserkabel zum
Datentransfer
zwischen Geldinstituten.
*London. England,
24. August 1998.*

An der Deutschen Börse.
*Frankfurt. Deutschland,
12. März 1998.*

*acres*, mit einer Hacke (*houe*), einem schrecklichen Werkzeug mit kurzem Schaft, das seinem Benutzer einen krummen Rücken beschert, der nie mehr gerade werden kann. Es ist ein trauriger Anblick, diese alten krummen Männer, die ihres Weges ziehen, den Rücken im Winkel von 48 Grad gebeugt, das Gesicht zur Erde gewandt. Er lebt von Suppe und *pain bis*, kann sich aber selten Wein leisten.

Die Frauen, die sich vor vielen Niederkünften hüten, sehen im Allgemeinen gesund aus und arbeiten nicht auf dem Felde; höchstens »promenieren« sie die Kuh einige Stunden am Tage. Dem Tierwild wird dann das eine Vorderbein ans Horn gebunden, sodass die Hüterin ruhig auf einem Schemel sitzen und nähen oder stricken kann.

Die Söhne sehen stattlich aus, nachdem sie von der Kaserne zurückgekommen sind. Sie sind im Allgemeinen groß und gerade und benehmen sich mit einer gewissen Gewandtheit. Sie tragen einen Schnurrbart, sind noch mit einer Bluse bekleidet, wenn auch nicht immer, haben eine hohe schwarze baumwollene Mütze mit Schirm auf dem Kopfe, spielen ausgezeichnet Billard und werden anfangs von den Fremden für Kommis gehalten. Sie können lesen und schreiben und sind immer *au courant* mit der Politik des Tages.

Die Mädchen sind auf dem Wege, Fräulein zu werden, tragen Faltenröcke und legen die Holzschuhe ab.

Die Kinder sehen im Allgemeinen nicht kräftig aus. Blass und hohläugig und frühreif, deuten sie auf den Verfall oder, wenn man will, auf die Verfeinerung der Rasse. In diesen Zeiten sicher zu bestimmen, was Rückgang oder Entwicklung ist, das ist nicht leicht, und ich hebe alle Urteile für später auf.

*1887*

# NELLIE BLY

## Ein Spaziergang mit den Irren

*Für Joseph Pulitzers Zeitung »New York World« geht die Dreiundzwanzigjährige undercover nach Blackwell's Island im East River und lässt sich dort in die Frauenabteilung des New York City Lunatic Asylum einweisen. Es bedarf einer Intervention der Zeitung, damit sie wieder freikommt und mit ihrem Bericht, später als Buch mit dem Titel* Ten Days in a Mad-House *publiziert, auf der Stelle berühmt wird, eine Pionierin des investigativen Journalismus. Zwei Jahre darauf geht ihr Chefredakteur auf ihren Vorschlag ein, in weniger als 80 Tagen um die Welt zu reisen. Ihre Route führt von New York über England nach Amiens in Nordfrankreich, wo sie Jules Verne besucht, weiter durch den Suezkanal nach Ceylon und über Singapur, Hongkong, China, Japan nach San Francisco. Nach 72 Tagen, 6 Stunden, 11 Minuten und 14 Sekunden beendet sie die Reise in damaliger Rekordzeit am 25. Januar 1890. Nellie Bly alias Elizabeth Jane Cochrane (\* 1864, † 1922), die drei Monate später sechsundzwanzig Jahre alt wird, hat als erste Frau ohne männliche Begleitung eine derartige Reise unternommen.*

ICH WERDE NIEMALS meinen ersten Spaziergang vergessen. Als alle Patientinnen die weißen Strohhüte aufgesetzt hatten –, solche, wie sie Badegäste auf Coney Island tragen – konnte ich nicht anders, als über ihre komische Erscheinung zu lachen. Ich vermochte die Frauen nicht auseinanderzuhalten.

Ich verlor Miss Neville aus den Augen und musste meinen Hut abnehmen, um sie zu suchen. Als wir uns wiederfanden, setzten wir die Hüte wieder auf und lachten über unseren Anblick. Immer zu zweit nebeneinander bildeten wir eine Reihe und gingen, bewacht von den Aufseherinnen, durch einen Hinterausgang zu den Spazierwegen.

Wir waren noch nicht weit gegangen, als ich auf den anderen Wegen ebenfalls lange, von Krankenschwestern bewachte Reihen von Frauen entlangschreiten sah. Wie viele es waren! Überall wanderten sie in ihren merkwürdigen Kleidern, mit komischen Strohhüten und Schals langsam umher. Ich starrte gebannt auf die vorbeiziehenden Reihen, und ein schrecklicher Schauder erfasste mich beim Anblick dieser Frauen. Sie hatten leere Blicke und ausdruckslose Gesichter, und aus ihren Mündern kam sinnloses Geplapper. Eine Gruppe von ihnen kam an uns vorbei, und ich konnte sehen und riechen, dass sie fürchterlich schmutzig waren.

»Wer sind die?«, fragte ich eine Patientin in meiner Nähe.

»Sie sind angeblich die Gewalttätigen auf der Insel«, antwortete sie. »Sie kommen aus der Lodge, dem ersten Gebäude mit den hohen Stufen.«

Einige von ihnen brüllten, andere fluchten, wieder andere sangen, beteten oder predigten, wie es ihnen gerade einfiel, und sie bildeten zusammen die erbarmungswürdigste Ansammlung von Menschen, die ich je gesehen hatte. Als ihr Lärm verebbte, eröffnete sich mir ein weiterer Anblick, den ich niemals vergessen werde:

Zweiundfünfzig Frauen waren mit breiten, um ihre Taillen befestigten Ledergürteln an ein langes Stahlseil gefesselt. Am Ende des Seils fuhren zwei Frauen in einem schweren Eisenwagen. Die eine laborierte an einem wunden Fuß, die andere schrie einer Schwester zu: »Du hast mich geschlagen, und das werde ich nicht vergessen. Du willst mich töten«, und dann weinte und jammerte sie. Die Frauen am Seil, wie sie von den Patientinnen genannt wurden, waren mit ihren eigenen Einbildungen beschäftigt. Einige schrien die ganze Zeit über. Eine Frau mit blauen Augen drehte sich, als sie sah, dass ich sie beobachtete, so weit wie möglich von mir weg und redete und grinste dabei mit diesem schrecklichen, furchterregenden Ausdruck vollständigen Irrsinns im Gesicht. Die Ärzte dürften in ihrem Fall sicher urteilen. Der Anblick war für mich, die ich nie zuvor in der Nähe eines geisteskranken Menschen gewesen war, unerträglich.

»Gott stehe ihnen bei«, stöhnte Miss Neville. »Es ist so fürchterlich, dass ich nicht hinschauen kann.«

So zogen sie vorbei, doch es kamen immer weitere nach. Können Sie sich diesen Anblick vorstellen; laut einem der Ärzte sind 1600 geisteskranke Frauen auf Blackwell's Island.

Wahnsinn! Was kann auch nur halb so schlimm sein? Mein Herz schmerzte vor Mitleid, als ich alte, grauhaarige Frauen wahllos ins Leere sprechen sah. Eine Frau hatte eine Zwangsjacke an, und zwei andere Frauen mussten sie hinter sich herschleppen. Verkrüppelt, blind, alt, jung, hässlich und hübsch, bildeten sie eine besinnungslose Masse Mensch. Kein Schicksal könnte schlimmer sein.

Ich betrachtete die schönen Rasenflächen, von denen ich einmal gedacht hatte, dass sie ein Trost für die armen, auf die Insel verwiesenen Geschöpfe sein müssten, und lachte über diese Vorstellung. Was haben sie von diesem Rasen? Sie dürfen ihn nicht betreten, nur anschauen. Ich sah, wie einige Patientinnen eifrig und zärtlich eine Nuss oder ein verfärbtes Blatt aufhoben, das auf den Weg gefallen war. Aber sie durften sie nicht behalten. Die Krankenschwestern zwangen sie stets, diesen kleinen Trost Gottes wegzuwerfen.

Als ich an einem flachen Pavillon vorbeikam, in dem eine Horde hilfloser Irrer eingesperrt war, las ich eine Losung an der Mauer: »Solange ich lebe, hoffe ich.«

Die Absurdität dieses Spruches wurde mir schmerzhaft bewusst. Ich hätte gerne über die Anstaltstore setzen lassen: »Wer hier eintritt, lässt alle Hoffnung fahren.«

Während des Spaziergangs wurde ich fast ohne Unterlass von Krankenschwestern geplagt, die von meiner romantischen Geschichte gehört hatten und die von unseren Aufseherinnen wissen wollten, welche der Frauen ich war. Ich wurde wiederholt vorgezeigt.

Bald wurde es Zeit zum Mittagessen, und ich hatte einen solchen Hunger, dass ich glaubte, alles essen zu können. Zuerst aber mussten wir wieder eine halbe oder Dreiviertelstunde im Gang warten, bis wir zu unserem Mittagessen kamen. Die Schalen, in denen wir morgens unseren Tee bekommen hatten, waren nun mit Suppe gefüllt, und auf einem Teller befand sich eine kalte gekochte Kartoffel und ein Stück Rindfleisch, das sich bei näherem Hinsehen als etwas Verdorben erwies. Es gab keine Messer oder Gabeln, und die Patientinnen sahen einigermaßen wild aus, als sie das zähe Rindfleisch in die Finger nahmen und es mit ihren Zähnen zu reißen versuchten. Diejenigen, die keine oder nur schwache Zähne hatten, konnten es nicht essen. Für die Suppe gab es einen Esslöffel, und ein Stück Brot bildete den letzten Gang. Butter wurde zum Mittagessen ebenso wenig gereicht wie Kaffee oder Tee, Miss Mayard konnte nichts essen, und ich sah viele der Kranken sich mit Ekel abwenden. Ich war durch den Mangel an Essen bereits sehr schwach und versuchte, ein Stück Brot zu mir zu nehmen. Nach den ersten paar Bissen setzte sich der Hunger durch, und es gelang mir, das ganze Stück bis auf die Kruste zu verzehren.

Der Anstaltsdirektor Dr. Dent kam durch den Aufenthaltsraum, grüßte hier und da einige der Patientinnen oder fragte oberflächlich nach ihrem Befinden. Seine Stimme war so kalt wie die Luft im Raum, und die Patientinnen machten keinerlei Anstalten, ihm von ihren Leiden zu erzählen. Ich ermutigte sie, ihm zu sagen, wie sie unter der Kälte und der unzureichenden Kleidung litten, aber sie antworteten mir, dass die Schwester sie prügeln würde, wenn sie davon sprächen.

Ich bin niemals so müde gewesen wie beim Sitzen auf diesen Bänken. Manche der Patientinnen klemmten einen Fuß unter oder saßen seitwärts auf der Bank, um ein wenig

Abwechslung zu haben, aber sie wurden stets gerügt und ermahnt, sich gerade hinzusetzen. Wenn sie sprachen, wurden sie ausgeschimpft und bekamen gesagt, dass sie den Mund halten sollten. Wenn sie auf und ab gehen wollten, um die Steifheit loszuwerden, hieß es, dass sie sich hinsetzen und ruhig sein sollten. Was, außer Folter, würde Geisteskrankheit schneller hervorbringen als diese Behandlung? Diese Frauen waren hier, um geheilt zu werden!

Jene medizinischen Spezialisten, die mich heute für mein Handeln verurteilen, weil sie sich in ihrer Berufsehre gekränkt fühlen, sollten einmal eine gesunde und in vollem Besitz ihrer Geisteskräfte stehende Frau einsperren und sie zwingen, von sechs Uhr morgens bis acht Uhr abends gerade auf einer Bank zu sitzen. Sie dürfte sich in dieser Zeit nicht bewegen oder unterhalten, nichts zum Lesen haben und nicht wissen, was draußen in der Welt vor sich geht. Sie sollte schlechtes Essen bekommen und eine raue Behandlung, und dann sollte man schauen, wie lange es dauert, bis sie wahnsinnig wird. Innerhalb von zwei Monaten wäre sie ein geistiges und körperliches Wrack.

## 1887

# FRIEDRICH NIETZSCHE

## Das schlechte Gewissen: »die größte und unheimlichste Erkrankung«

*»Gott ist tot«, ist wohl sein berühmtestes Wort. Aber der Kampf gegen ihn beziehungsweise gegen das Christentum und dessen »Sklavenmoral«, gegen die er zu Felde zieht, ist noch längst nicht gewonnen. Der Mensch, der sich aus seiner tierischen Instinkt- und Triebgebundenheit löst, um eine Moral des Altruismus zu entwickeln, ist für ihn ein Übergangsmodell, eine Zwischenstufe oder Etappe auf dem Weg zum Übermenschen, der sich aus den Zügeln des Mitleids zu befreien und seine Lebenskraft zu voller Entfaltung zu bringen hat.*

*Friedrich Nietzsches Philosophie (zu seinem Leben vgl. S. 438) ist sehr exponiert und ungeschützt gegen Vereinnahmungen wie jene durch die deutschen Nationalsozialisten. Ein solcher war er nicht, und den Antisemitismus verachtete er. Seine Wirkung und das unverminderte Interesse an seinem Werk erklärt sich nicht aus seiner Programmatik, sondern aus der Schärfe seines analytischen Blicks auf das Menschlich-Allzumenschliche unserer Spezies.*

AN DIESER STELLE ist es nun nicht mehr zu umgehn, meiner eigenen Hypothese über den Ursprung des »schlechten Gewissens« zu einem ersten vorläufigen Ausdrucke zu verhelfen: sie ist nicht leicht zu Gehör zu bringen und will lange bedacht, bewacht und beschlafen sein. Ich nehme das schlechte Gewissen als tiefe Erkrankung, welcher der Mensch unter dem Druck jener gründlichsten aller Veränderungen verfallen musste, die er überhaupt erlebt hat –, jener Veränderung, als er sich endgültig in den Bann der Gesellschaft und des Friedens eingeschlossen fand. Nicht anders als es den Wassertieren ergangen sein muss, als sie gezwungen wurden, entweder Landtiere zu werden oder zugrunde zu gehn, so ging es diesen der Wildnis, dem Kriege, dem Herumschweifen, dem Abenteuer glücklich angepassten Halbtieren –, mit einem Male waren alle ihre Instinkte entwertet und »ausgehängt«. Sie sollten nunmehr auf den Füßen gehn und »sich selber tragen«, wo sie bisher vom Wasser getragen wurden: eine entsetzliche Schwere lag auf ihnen. Zu den einfachsten Verrichtungen fühlten sie sich ungelenk, sie hatten für diese neue unbekannte Welt ihre alten Führer nicht mehr, die regulierenden unbewusst-sicherführenden Triebe –, sie waren auf Denken, Schließen, Berechnen, Kombinieren von Ursachen und Wirkungen reduziert, diese Unglücklichen, auf ihr »Bewusstsein«, auf ihr ärmlichstes und fehlgreifendstes Organ! Ich glaube, dass niemals auf Erden ein solches Elends-Gefühl, ein solches bleiernes Missbehagen dagewesen ist –, und dabei hatten jene alten Instinkte nicht mit einem Male aufgehört, ihre Forderungen zu stellen! Nur war es schwer und selten möglich, ihnen zu Willen zu sein: in der Hauptsache mussten sie sich neue und gleichsam unterirdische Befriedigungen suchen. Alle Instinkte, welche sich nicht nach Außen entladen, wenden sich nach Innen – dies ist das, was ich die Verinnerlichung des Menschen nenne; damit wächst erst das an dem Menschen heran, was man später seine »Seele« nennt. Die ganze innere Welt, ursprünglich dünn wie zwischen zwei Häute eingespannt, ist in dem Maße auseinander- und aufgegangen, hat Tiefe, Breite, Höhe bekommen, als die Entladung des Menschen nach Außen gehemmt worden ist. Jene furchtbaren Bollwerke, mit denen sich die staatliche Organisation gegen die alten Instinkte der Freiheit schützte – die Strafen gehören vor allem zu diesen Bollwerken –, brachten zuwege, dass alle jene Instinkte des wilden freien schweifenden Menschen sich rückwärts, sich gegen den Menschen selbst wandten. Die Feindschaft, die Grausamkeit, die Lust an der Verfolgung, am Überfall, am Wechsel, an der Zerstörung –, Alles das gegen die Inhaber solcher Instinkte sich wendend; das ist der Ursprung des »schlechten Gewissens«. Der Mensch, der sich, aus Mangel an äußeren Feinden und Widerständen, eingezwängt in eine drückende Enge und Regelmäßigkeit der Sitte, ungeduldig selbst zerriss, verfolgte, annagte, aufstörte, misshandelte, dies an den Gitterstangen seines Käfigs sich wund stoßende Tier, das man »zähmen« will, dieser Entbehrende und vom Heimweh der Wüste Verzehrte, der aus sich selbst ein Abenteuer, eine Folterstätte, eine unsichere und gefährliche Wildnis schaffen musste – dieser Narr, dieser sehnsüchtige und verzweifelte Gefangene wurde der Erfinder des »schlechten Gewissens«. Mit ihm aber war die größte und heimlichste Erkrankung eingeleitet, von welcher die Menschheit bis heute nicht genesen ist, das Leiden des Menschen am *Menschen, an sich*; als Folge einer Abtrennung von der tierischen Vergangenheit, eines Sprunges und Sturzes gleichsam in neue Lagen und Daseins-Bedingungen, einer Kriegserklärung gegen die alten Instinkte, auf denen bis dahin seine Kraft, Lust und Furchtbarkeit beruhte. Fügen wir sofort hinzu, dass andrerseits mit der Tatsache einer gegen sich selbst gekehrten, gegen sich selbst Partei nehmenden Tierseele auf Erden etwas so Neues, Tiefes, Unerhörtes, Rätselhaftes, Widerspruchsvolles und *Zukunftsvolles* gegeben war, dass der Aspekt der Erde sich damit wesentlich veränderte. In der Tat, es brauchte göttlicher Zuschauer, um das Schauspiel zu würdigen, das damit anfing und dessen Ende daraus noch nicht abzusehen ist –, ein Schauspiel zu fein, zu wundervoll, zu paradox, als dass es sich sinnlos-unvermerkt auf irgendeinem lächerlichen Gestirn abspielen dürfte! Der Mensch zählt seitdem mit unter den unerwartetsten und aufregendsten Glückswürfen, die das »große Kind« des Heraklit, heiße es Zeus oder Zufall, spielt –, er erweckt für sich ein Interesse, eine Spannung, eine Hoffnung, beinahe eine Gewissheit, als ob mit ihm sich etwas ankündige, etwas vorbereite, also der Mensch kein Ziel, sondern nur ein Weg, ein Zwischenfall, eine Brücke, ein großes Versprechen sei.

# *1891*

## OSCAR WILDE

# Die Seele des Menschen im Sozialismus

*Ein autoritäres Regime mit Kommandowirtschaft und Kasernenindustrie ist es nicht, was ihm in seinem Essay* The Soul of Man Under Socialism *vorschwebt. Doch für ihn lässt sich auf das Privateigentum keine menschenwürdige Gesellschaft gründen. Hat der Sozialismus erst einmal die Armut und die Wissenschaft die Krankheit besiegt, hat der Staat das Nützliche zu tun, das Individuum aber das Schöne. Der Sozialismus bereitet der Verwirklichung des Individualismus den Weg.* »Eine Weltkarte, auf der das Land Utopia nicht verzeichnet ist«, *schreibt er,* »verdient keinen Blick, denn sie lässt die eine Küste aus, wo die Menschheit ewig landen wird.«

*Der Ire Oscar Fingal O'Flahertie Wills Wilde (\* 1854, † 1900) war der verwöhnte Liebling der Londoner Gesellschaft, bis ihn seine Homosexualität für zwei Jahre ins Zuchthaus brauchte. Nach seiner Entlassung gesundheitlich schwer angeschlagen, trieb ihn die gesellschaftliche Ächtung ins Exil. Dem Alkohol verfallen, starb er drei Jahre später in Paris. James Joyce nannte ihn den* »bedeutendsten Rhetoriker des vergangenen Jahrhunderts«.

Wenn der Mensch den Individualismus verwirklicht hat, wird er auch das Mitgefühl verwirklichen und es frei und ungehemmt walten lassen. Bis jetzt hat der Mensch das Mitgefühl überhaupt kaum geübt. Er hat bloß Mitgefühl mit Leiden, und das ist nicht die höchste Form des Mitgefühls. Jedes Mitgefühl ist schön, aber Mitleid ist die niedrigste Form. Es ist mit Egoismus durchsetzt. Es kann leicht krankhaft werden. Es liegt in ihm ein gewisses Element der Angst um unsere eigene Sicherheit. Wir fürchten, wir selbst könnten so werden wie der Aussätzige oder der Blinde und es kümmerte sich dann niemand um uns. Es ist auch seltsam beschränkt. Man sollte mit der Ganzheit des Lebens mitfühlen, nicht bloß mit den Wunden und Krankheiten des Lebens, sondern mit der Freude und Schönheit und Kraft und Gesundheit und Freiheit des Lebens. Je umfassender das Mitgefühl ist, umso schwerer ist es natürlich. Es erfordert mehr Uneigennützigkeit. Jeder kann die Leiden eines Freundes mitfühlen, aber es erfordert eine sehr vornehme Natur – es erfordert eben die Natur eines wahren Individualisten –, den Erfolg eines Feindes mitzufühlen. In dem Gedränge der Konkurrenz und dem Ellbogenkampf unserer Zeit ist solches Mitgefühl natürlich selten und wird auch sehr erstickt durch das unmoralische Ideal der Gleichförmigkeit des Typus und der Fügsamkeit unter die Regel, das überall so sehr vorherrscht und vielleicht am schädlichsten in England ist.

Mitleid wird es natürlich immer geben. Es ist einer der ersten Instinkte des Menschen. Die Tiere, die individuell sind, das heißt die höheren Tiere, haben es wie wir. Aber man muss sich vergegenwärtigen, dass – während die Mitfreude die Summe der Freude, die es in der Welt gibt, erhöht – das Mitleid die Menge des Leidens nicht wirklich vermindert. Es kann den Menschen instand setzen, das Übel besser zu ertragen, aber das Übel bleibt. Mitleid mit Schwindsüchtigen heilt die Schwindsucht nicht; das tut die Wissenschaft. Und wenn der Sozialismus das Problem der Armut und die Wissenschaft das Problem der Krankheit gelöst hat, wird das Gebiet der Sentimentalen kleiner geworden sein, und das Mitgefühl der Menschen wird umfassend, gesund und verschwenderisch sein. Der Mensch wird froh sein, wenn er das freudige Leben der anderen betrachtet.

Denn die Freude ist es, die den Individualismus der Zukunft zur Entwicklung bringen wird. Christus machte keinen Versuch, die Gesellschaft neu aufzubauen, und daher konnte der Individualismus, den er dem Menschen predigte, nur durch Leiden oder in Einsamkeit erreicht werden. Die Ideale, die wir Christus verdanken, sind die Ideale der Menschen, der die Gesellschaft gänzlich verlässt, oder des Menschen, der sich der Gesellschaft völlig widersetzt. Aber der Mensch ist gesellig von Natur. Selbst die Thebais ist schließlich besiedelt worden. Und wenn schon der Klostermönch seine Persönlichkeit verwirklicht, oft ist es doch eine verarmte Persönlichkeit, die er so verwirklicht. Andrerseits übte die schreckliche Wahrheit, dass das Leiden eine Form ist, durch die der Mensch sich verwirklichen kann, eine zauberische, wundervolle Gewalt über die Welt aus. Seichte Redner und seichte Denker schwatzen auf Kanzeln und Tribünen oft von dem Kultus des Genusses in der Welt und jammern darüber. Aber es ist in der Geschichte der Welt selten, dass ihr Ideal eines der Freude und Schönheit gewesen ist. Der Kultus des Leidens hat weit öfter die Welt beherrscht. Das Mittelalter, mit seinen Heiligen und Märtyrern, seiner Liebe zur selbsteigenen Marter, seiner wilden Leidenschaft, sich selbst zu verwunden, mit seinen Messerstichen und seinen Geißelhieben – das Mittelalter ist das wahre Christentum und der mittelalterliche Christus ist der wahre Christus. Als die Renaissance über der Welt tagte und die neuen Ideale der Schönheit und der Freude des Lebens mit sich brachte, konnten die Menschen Christus nicht verstehen. Selbst die Kunst zeigt es uns. Die Maler der Renaissance stellten Christus als kleinen Knaben dar, wie er in einem Palast oder einem Garten mit einem andern Knaben spielte oder wie er in den Armen seiner Mutter lag und ihr oder einer Blume oder einem glänzenden Vogel zulächelte; oder als edle, majestätische Gestalt, die adlig durch die Welt ging; oder als wundervolle Gestalt, die in einer Art Ekstase aus dem Tod sich zum Leben erhob. Selbst wenn sie ihn am Kreuze darstellten, zeigten sie ihn als schönen Gott, dem böse Menschen das Leiden auferlegt hatten. Aber er ging ihnen nicht sehr nahe. Sie entzückte es, wenn sie die Männer und Frauen malen konnten, die sie bewunderten, wenn sie den Reiz dieser reizenden Erde zeigen konnten. Sie malten viele religiöse Bilder – tatsächlich malten sie viel zu viele, und die Eintönigkeit des Typus und des Motivs ist ermüdend und war von Übel für die Kunst. Sie kam von der Autorität des Publikums in Sachen der Kunst und ist zu beklagen. Aber ihre Seele war nicht dabei. Raffael war ein großer Künstler, als er sein Papstbildnis malte. Als er seine Madonnen und Christusknaben malte, war er durchaus kein großer Künstler. Christus hatte der Renaissance nichts zu sagen, die wundervoll war, weil sie ein Ideal brachte, das ein andres war als seines, und wenn wir die Darstellung des wirklichen Christus finden wollen, müssen wir uns an die Kunst des Mittelalters wenden. Da ist er ein Gemarterter und Verwundeter; einer, der nicht lieblich anzusehen ist, weil Schönheit eine Freude ist; einer, der kein schönes Gewand anhat, weil das auch eine Freude sein kann; er ist ein Bettler mit einer strahlenden Seele; er ist ein Aussätziger mit göttlicher Seele; er braucht nicht Eigentum noch Gesundheit; er ist ein Gott, der seine Vollendung durch Schmerzen verwirklicht.

Die Entwicklung des Menschen ist langsam. Die Ungerechtigkeit der Menschen ist groß. Es war notwendig, dass das Leiden als Form der Selbstverwirklichung hingestellt wurde. Selbst jetzt ist an manchen Punkten der Welt die Botschaft Christi* notwendig. Niemand, der im modernen Russland lebt, kann seine Vollkommenheit erreichen, es sei denn durch Leiden. Ein paar russische Künstler haben sich in der Kunst verwirklicht, in Romanen, die im Charakter mittelalterlich sind, denn ihr vorherrschender Zug ist die Verwirklichung der Menschen durch das Leiden. Aber für die andern, die keine Künstler sind und für die es keine andre Form des Lebens gibt als das tatsächliche Leben der Wirklichkeit, ist das Leiden das einzige Tor zur Vollendung. Ein Russe, der sich unter dem gegenwärtigen Regierungssystem in Russland glücklich fühlt, muss entweder glauben, dass der Mensch keine Seele hat oder dass sie, wenn er eine hat, nicht wert ist, sich zu entfalten. Ein Nihilist, der alle Autorität verwirft, weil er weiß, dass die Autorität von Übel ist, und der alles Leiden begrüßt, weil er dadurch seine Persönlichkeit verwirklicht, ist ein wirklicher Christ. Ihm ist das christliche Ideal zur Wahrheit geworden.

Und doch lehnte sich Christus nicht gegen die Obrigkeit auf. Er fügte sich der autoritären Gewalt des römischen Kaiserreichs und zahlte Tribut. Er duldete die geistliche Gewalt der jüdischen Kirche und wollte ihrer Gewalt nicht mit eigener Gewalt begegnen. Er hatte, wie ich vorhin sagte, keinen Plan für einen Neubau der Gesellschaft. Aber die moderne Welt hat solche Pläne. Sie schlägt vor, die Armut und das Elend, das sie mit sich bringt, abzuschaffen. Sie will das Leiden loswerden und das Elend, das es mit sich bringt. Sie hat sich den Sozialismus und die Wissenschaft als Methoden gewählt. Was sie erstrebt, ist ein Individualismus, der sich durch die Freude zum Ausdruck bringt. Dieser Individualismus wird umfassender, völliger, reizender sein, als je einer gewesen ist. Das Leiden ist nicht die letzte Form der Vollendung. Es ist nur vorläufig und ein Protest. Es entsteht in schlechten, ungesunden, ungerechten Zuständen. Wenn das Übel und die Krankheit und die Ungerechtigkeit entfernt sind, hat es keine Stätte mehr. Es hat sein Werk getan. Es war ein gewaltiges Werk, aber es ist beinahe vorüber. Sein Gebiet wird von Tag zu Tag kleiner.

Und der Mensch wird es nicht entbehren. Denn wonach der Mensch gesucht hat, das ist wahrhaftig nicht Leiden und nicht Lust, sondern einfach Leben. Der Mensch hat danach gesucht, intensiv, völlig, vollkommen zu leben. Wenn er das tun kann, ohne gegen andere Zwang zu üben oder ihn je zu dulden, und wenn all seine Betätigungen ihm lustvoll sind, dann wird er gesünder und kraftvoller sein, mehr Kultur haben, mehr er selbst sein. Lust ist das Siegel der Natur, ihr Zeichen der Zustimmung. Wenn der Mensch glücklich ist, dann ist er in Harmonie mit sich selbst und seiner Umgebung. Der neue Individualismus, in dessen Diensten der Sozialismus, ob er es will oder nicht, am Werke ist, wird vollendete Harmonie sein. Er wird sein, wonach die Griechen suchten, was sie aber, außer im Geiste, nicht vollständig verwirklichen konnten, weil sie Sklaven hatten und sie ernährten; er wird sein, wonach die Renaissance suchte, was sie aber, außer in der Kunst, nicht vollständig verwirklichen konnte, weil sie Sklaven hatte und sie hungern ließ. Er wird vollständig sein, und durch ihn wird jeder Mensch zu seiner Vollendung kommen. Der neue Individualismus ist der neue Hellenismus.

*[Um dem Leser Wildes Verständnis der »Botschaft Christi« näherzubringen, sei hier ausnahmsweise eine weitere Textpassage aus Wildes Essay als Anmerkung beigegeben]*

Wenn Jesus von den Armen spricht, meint er einfach Persönlichkeiten, gerade wie er, wenn er von den Reichen spricht, einfach Leute meint, die ihre Persönlichkeit nicht ausgebildet haben. Jesus lebte in einer Gemeinschaft, die gerade wie unsere die Anhäufung von Privateigentum erlaubte, und das Evangelium, das er predigte, hieß nicht, es sei in einer solchen Gemeinschaft von Vorteil, von karger, verdorbener Nahrung zu leben, zerlumpte, beschmutzte Kleider zu tragen, in entsetzlichen, ungesunden Wohnungen zu hausen, und es sei von Nachteil, in gesunden, erfreulichen und geziemenden Verhältnissen zu leben. Solch ein Standpunkt wäre damals und in Palästina falsch gewesen und wäre natürlich heute und in unserm Himmelstrich noch falscher, denn je weiter der Mensch nach Norden rückt, umso lebensentscheidender wird die materiale Notdurft, und unsere Gesellschaft ist unendlich komplizierter und weist weit stärkere Gegensätze von Luxus und Armut auf als irgendeine Gesellschaft der antiken Welt. Was Jesus gemeint hat, ist Folgendes. Er sagte dem Menschen: »Du hast eine wundervolle Persönlichkeit. Bilde sie aus. Sei du selbst. Wähne nicht, deine Vollkommenheit liege darin, äußere Dinge aufzuhäufen oder zu besitzen. Deine Vollkommenheit ist in dir. Wenn du die nur verwirklichen könntest, dann brauchtest du nicht reich zu sein. Der gemeine Reichtum kann einem Menschen gestohlen werden. Der wirkliche Reichtum nicht. In der Schatzkammer deiner Seele gibt es unendlich wertvolle Dinge, die dir nicht genommen werden können. Und also, suche dein Leben so zu gestalten, dass äußere Dinge dich nicht kränken können. Und suche auch das persönliche Eigentum loszuwerden. Es führt niedriges Gebaren, endlose Angst, ewiges Unrecht mit sich. Persönliches Eigentum hemmt die Individualität bei jedem Schritt.« Es ist zu beachten, dass Jesus nie sagt, arme Leute seien notwendig gut oder reiche Leute notwendig schlecht. Das wäre nicht wahr gewesen.

## 1892

# ÉMILE ZOLA

## In der Mariengrotte zu Lourdes. Wunder, Betrug, Dreck. Menschenunwürdige Religion

*Gegen Ende eines Jahrhunderts kraftvoll wissenschaftlichen Fortschrittsglaubens lässt sich die französische Gesellschaft erschöpft in den Schoß des mystisch verbrämten Irrationalismus und der religiösen Reaktion zurücksinken. Dagegen tritt die Hauptfigur seines Romans* Le Docteur Pascal *im Jahr 1893 an. Gewiss kann auch die Wissenschaft nicht alle Geheimnisse enthüllen, aber sie verringert die Dunkelheit und gibt dem Menschen mehr Macht. Darum geht es auch in seinem Roman* Lourdes *von 1894. Hier sehen wir den Autor auf Recherche vor Ort. Aus seinen Reiseaufzeichnungen, im Original in den 1950er Jahren vollständig veröffentlicht, bringen wir erstmals Auszüge in deutscher Sprache.*

*Émile Édouard Charles Antoine Zola (\* 1840, † 1902) war nicht nur einer der großen französischen Romanciers des 19. Jahrhunderts und weit über die Grenzen Frankreichs hinaus wirksam als Leitfigur des literarischen Naturalismus. Darüber hinaus war er ein sehr aktiver Journalist, der als aufgeklärter Menschenfreund mit seinen Schriften aktiv ins politische Leben eingriff. Seine Beschäftigung mit Lourdes ist dafür ein Beispiel: Er ließ sich auf seinen zwei Pilgerfahrten 1891/92 von der Presse begleiten, und so ist es kein Zufall, dass im folgenden Jahr (und folgenden Beitrag dieses Bandes) Zolas berühmter Zeitgenosse, der Pariser Arzt Jean-Martin Charcota, zur Frage der Wunderheilung interviewt wird.*

W<small>IR SIND AM FREITAG, DEM 19. AUGUST</small>, morgens um 8.30 Uhr, mit dem Pyrenäen-Express in Lourdes angekommen. Wir sind gleich zur Grotte gegangen, aber ich war so müde, dass ich mich bald zur Ruhe begeben und nichts mehr aufgeschrieben habe.

Erst am Morgen des 20. bin ich also zum Bahnhof gegangen, um die ankommenden Züge zu beobachten. Zwischen drei Uhr morgens und elf Uhr sind vierzehn Stück angekommen. Ich habe nur die zwischen neun und elf Uhr gesehen. Ich muss in meinen Notizen das Menschengewühl der Nacht nachtragen, die Verwirrung und Beklemmung im Finstern.

Zunächst hielt ich mich in einem Hof auf, der gerade gegenüber dem Bahnhof liegt. Aus dem Ausgang strömen linker Hand die Gesunden, rechterhand die Kranken. Die Omnibusse der Hotels (sämtlich mit bemerkenswert religiösen Namen, die in den Reiseführer gehören) stehen am Gehsteig aufgereiht, bis in den Hof herein ist alles voll mit Wägen, Landauern und offenen Fuhrwerken. Die Menge der Aussteigenden macht einen ärmlichen Eindruck, schwarz. Fast alle Frauen tragen Schwarz. Einige junge tragen helle Farben, aber sie sind selten. Einige Männer und Kinder. Das Rote Kreuz für alle. Einige Leute erwarten Freunde. Ein Pfaffe wünscht: »Viel Glück!« Keine Überseekoffer, sondern Gepäcknetze, Körbe, Handkoffer. Wenige Damen tragen Hüte, abgesehen vielleicht von den Krankenschwestern, die mit der *Pèlerinage National* ankommen. Bei den Omnibussen hört man rufen: »Alles ist voll!« (die Hotels). Krankenpfleger, Seminaristen, vermischt mit jungen Kleinbürgern. Ein Fettsack, umtriebig, geschäftig. Eine Frau sagt: »Ich habe gut geschlafen.«

Später bin ich über den Bahnsteig bis ins Innere vorgedrungen. Der Wartesaal. Pfaffen spazieren pärchenweise herum. Andere Leute, ein Offizier. Sanitäter auf den Bänken. Priester in Hosenträgern. Am Ende des Saales, in der Nähe der Tür für die Kranken, eine große Menge Sanitäter; die einen sitzen auf ihren Wägen und warten und lesen in Zeitschriften, die anderen stehen in Grüppchen herum und rauchen Pfeife. Tragbahren, Betten, Matratzen, Kissen, Polster, unordentlich übereinandergehäuft. Die Sanitäter tragen alle das Rote Kreuz, je nach Dienst in eine andere Farbe eingefasst. Einige ausgesprochen elegant, mit hübschen gelben Gamaschen, die bis auf die Knie reichen. Viele tragen ein Barett, andere Strohhüte. Riesige Mäntel. Der Bahnsteig, wo die Leute ankommen, ist sehr lang, gut hundert Meter, von einer Markise überschattet, mit Holz vertäfelt. – Gegenüber liegt ein bewaldeter Hügel. – Zwei Priester bieten Ausflüge nach Gavarnie an: »Das möchte ich sehen.« Der Alte gibt seine Adresse bei einigen Fräulein ab. »Wir gehen zu sechst zusammen, das kostet uns soundsoviel.« Und dann: »Wir sind gut in Schuss, aber schon todmüde, wie muss das erst für die Kranken sein!« Ich höre, wie der Bahnhofsvorsteher sagt: »Das läuft wie geschmiert, keine Verspätungen, kein Gedrängel.« Der Ausgang liegt rechter Hand; etwas weiter, das Restaurant, Marmortische und Stühle, eine Anrichte mit Obst, Gebäck unter Glasglocken, Tassen, Schalen. – Eine singende Prozession kommt vorbei, auf der anderen Seite der Hecke.

Ankunft eines Zuges. Fast alles dritte Klasse, nur einige Wägen zweite und erste. Die Türen öffnen sich, die Gesunden steigen aus, Gedränge. Körbe, Säcke, Koffer, Gepäcknetze, es staut sich. Die Bahren und Wägen haben die Gleise auf Holzplanken überquert und folgen dem Bahnsteig. Aber die Kranken sind für gewöhnlich im hinteren Teil des Zuges, in den Wägen der dritten Klasse. Nicht aber in dem weißen Zug, der voll von ihnen ist. Auf den Bänken liegen kleine Matratzen und Kissen. Man hebt sie heraus. Arme Frauen, unbequem in den kleinen Wägelchen, man bringt sie fort, jede mit einem alten Korb vor ihren Füßen. Ein junges Mädchen wird wie ein Lumpen auf eine Bahre gelegt, als hätte sie keine Knochen. Ein Mann, gekrümmt von Lähmungen und Krämpfen, muss rücklings auf einen Stuhl gesetzt werden, sein Kopf unten bei seinen Füßen. Ein erschreckender Aufmarsch. Ein kleines, sterbendes Mädchen vom Land, völlig weiß, auf einer Bahre. Kleines Mädchen mit Krücken. Die wohlhabenden Kranken in der ersten Klasse. – Aber die Menge der aussteigenden Gesunden ist einigermaßen fröhlich. Alles geht dahin, zerstreut sich. Die Schilder, die von den Wagenschlägen hängen: Abbé X..., Madame Z... – Die Farbe des Zuges, eine Stange dieser Farbe ist auf einem Waggon in der Mitte aufgerichtet, damit die Pilger ihn schon von Weitem erkennen können. Ein riesenhafter Blumenstrauß in einem Gepäckwagen, ein Blumenstrauß auf einem Holzgestell, Geschenke der Pilger für die Jungfrau.

Ich gehe zurück in den Hof. Jedermann macht sich auf den Weg, eng in die Omnibusse und Wägen hineingeschichtet. Der Hof ist schlammig, ein See, weil es die ganze Nacht über geregnet hat. Der Hof leert sich, einige Landauer bleiben stehen, andere kehren so schnell wie möglich wieder zurück. – Der Bahnhof ist ein längliches, niedriges, schiefergedecktes Bauwerk. Die Mauern traurig grau verputzt. Die Fenster und Türen sind von Ziegeln und Naturstein im Wechsel eingefasst. Zwei weitere Gebäudeflügel, im einen das Restaurant und ein Ausschank (links), im anderen das Postamt und ein Kopfkissenverleih (rechts). Diese Flügel sind ganz aus Ziegeln gemauert. Eine Uhr über dem zentralen Gebäudeteil. – Die Kutscher fragen jeden: »Wann kommt der nächste Zug?« – Pfaffen laufen geschäftig durcheinander. Fromme Grüppchen. Viele Baretts. Eine hübsche Pilgerin, in schwarzer Spitze, schürzt ihren Rock bis auf die Knie: »Ah! Was für ein Matsch!« Polizisten überwachen den Platz und schimpfen auf ihre Arbeit. Kleine Esel ziehen kleine Wägen. Oberhalb, hinter der Straße, das schöne Tal und das Gebirge. Die Frauen, die auf den Bänken warten, im Bahnhof und auf der Bordsteinkante, um den Ankommenden Zimmer anzubieten. Eine hat sich mir gegenüber hingesetzt, jung, kräftig, einigermaßen hübsch, reinlich, mit gepflegten Händen.

Ich bin zurück zum Gleis gegangen, um die Ankunft des nächsten Zuges zu sehen. ...

Am Nachmittag habe ich die Grotte von Massabielle besucht. Ununterbrochener Gesang, die Arme gekreuzt; rechterhand der Priester auf der Kanzel: »Kniet nieder, betet, erfleht Heilung.« Und diese Leidenschaft, diese Ekstase, jedermann betet und singt. Frauen, Männer, mitten im Gedränge auf den Knien. Allerdings auch einige Schaulustige, Frauen mit Sonnenschirmen, am Flusslauf des Gave. Seile, die von Krankenhausangestellten gespannt werden, halten die Menge zusammen. Man muss eine Eintrittskarte haben. Im Innenraum sind alle Holzbänke besetzt. Ebenso draußen, die Steinbänke am Ufer des Gave, die Bänke aus Holz und Stein auf der Promenade, unter den Bäumen.

Die Kranken vor der Grotte. Dieser Bereich ist ihnen vorbehalten. Diejenigen, die sich hinsetzen können, die in Wägen gebracht werden. Zwei Kinder in einem Wägelchen. Einige schlafen, in Tücher gewickelt, halb tot, fahl, regungslos. Andere, die Mehrzahl, hingestreckt und ganz in Tücher gehüllt. Insgesamt recht wenig Anzüglichkeit; vielleicht jene Kleine mit dem Wasserkopf, mit ihrem blauen, spitzenverzierten Schlapphut, in einem niedlichen Bettchen, gemütlich gelagert. – Die Gesten und Gestalten. Einige, die auf Tragbahren liegen, scheinen auf dem Boden zu schlafen; andere sitzen gleich auf der Erde; alles durcheinander. Kinder, Priester. Die Frau mit der fadenscheinigen Figur, mit zwei roten Augen, zwei blutigen, weinenden Löchern. Ein junges Mädchen erhebt sich, um der Jungfrau zu danken, nimmt ihre Krücken in die Hand und begibt sich zur amtlichen Feststellung ihrer Wunderheilung in das *bureau des constatations*. Eine andere, völlig gelähmt, hat sich gewaltsam erhoben und ein paar Schritte gemacht, dann lange gebetet. Im Gedränge der Leute ist ständig von Wundern die Rede. – Man wird ermahnt, ein Wunder zu empfangen. Der Priester brüllt die Krüppel an: »Lauft! Lauft!« Und die Krüppel versuchen es ohne Krücken, es gelingt ihnen nicht, sie fallen wieder um. Eine ungeheuerliche Einbildung. – Eine Frau spricht von einer Wunderheilung: »Ah!, sie hat Glück gehabt … Schau da, noch eines!« Man sagt die Wunder an, der Glaube verdoppelt sich, die Priester benehmen sich wie Einpeitscher. – Überall drückt und schiebt sie die Menge. Immerhin darf man in der Grotte auf und ab gehen. Nur der Bereich davor ist mit Seilen für die Kranken abgetrennt. – Man küsst den Stein zu Füßen der Jungfrau. Dazu singen sie das *Magnificat*, das *Laudate*, das *Ave Maria*. »Schon wieder ein Wunder!«, raunt man sich in der Menge zu. Es lässt sich eine Krücke in der Luft erkennen, die sich auf die Grotte zubewegt. – Die Menge, die zwischen den Bäumen steht und von der gewundenen Straße aus zusieht. – Das kleine Kind in den Armen seiner Amme, vorzüglich gekleidet, das Kind ganz in Weiß, die Mutter kommt hinterher und das Kind ist am Sterben. – Die gewundene Straße, rechts von der Grotte. Die Stimmen werden lauter. Man sieht wenig wegen der Bäume.

Um vier Uhr die Eucharistische Prozession und der Segen an der Grotte. – Vorneweg ein stolzer Schweizergardist, in Blau und Silber. Dann das Prozessionskreuz. Die Pilger mit ihren Fahnen. – Châlons. Toulouse, sechzehnte Wallfahrt. *Œuvres des cercles catholiques ouvriers*. Versailles. Reims. – Dann eine Flut von singenden Priestern. Dann Priester in Chorhemden. Dann Priester in Kaseln. Jeder, der will, dafür gibt es die Vorschriften für den prächtigen Umzug. Dann der Baldachin, der von vier Priestern getragen wird. Darunter ein Priester, der die Hostien trägt, zwischen zwei weiteren Priestern. Vor ihnen zwei Weihrauchfässer. Hinter ihnen der Strom der singenden Menge. – Die Gestalten sämtlich hässlich, uninteressant, gewöhnlich, niemand Bemerkenswertes oder Selbstbewusstes darunter; nur die alten Männer mit ihren Bärten scheinen etwas Charakter zu haben. Die schreckliche Freudlosigkeit dieser Veranstaltung. Der ekelhafte Geruch nach Schweiß, nach fauligem Atem, nach Elend und Schmutz. Unterschiedliche Stimmen, starke, hohe, tiefe. Die Besessenheit mit diesen Liedern, es sind immer die gleichen, ununterbrochen, sie nehmen euch mit und lullen euch ein, man hört sie auch in der Nacht. Nach drei Tagen ist man in einen Zustand des nervösen Wahnwitzes verfallen. Man wird für die Wunderheilung zugerichtet: Andernorts ließe sich das nicht machen.

Die Enge und das Gedrängel in den Hotels, es gibt keinen Platz mehr, auch auf den Fluren. Die Vermieterinnen sagen: »Sie können hier essen, aber es ist heute Abend kein Bett für sie frei.« Diejenigen, die kein Bett mehr finden konnten, schlafen im Freien oder in Notre-Dame-du-Rosaire. Die Rosenkranz-Basilika, ein Unterschlupf für die Nacht, Messen werden gelesen, eine Schaubühne.

*1893*

# JEAN-MARTIN CHARCOT
## Der heilende Glaube

*Er ist der Pariser Platzhirsch unter den Neurologen. An der von ihm geleiteten École de la Salpêtrière studieren zwei Generationen angehender Nerven- und Seelenärzte, darunter Sigmund Freud, bei Jean-Martin Charcot (\*1825, †1893). Seine Spezialgebiete Hypnose und Hysterie erleben ihre Hochblüte, und auch hausbackenere Wunder haben Konjunktur: Auf seinen zwei Pilgerfahrten nach Lourdes 1891/92 hat sich Émile Zola von der Presse begleiten lassen (vgl. S.458–460). 1894 wird sein Roman Lourdes erscheinen. Hier fragt eine englische Zeitschrift Charcot nach seiner Meinung nicht zum Wunder, sondern zurückhaltender zum »Glauben als Heilmittel«. Der Franzose sieht sich in der Tradition der Aufklärung und äußert sich als Rationalist, der an die moderne Wissenschaft und ihren Fortschritt glaubt. So einfach wie mancher Hirnforscher hundert Jahre nach ihm sieht er die Sache allerdings nicht. Charcot glaubt durchaus an die Macht und Kräfte des Geistes, wobei man sich diese jedoch nicht als übersinnlich oder übernatürlich vorzustellen hat. Für die angelsächsische Leserschaft schließt er mit Hamlet: »Es gibt mehr Dinge zwischen Himmel und Erde, als Eure Schulweisheit sich träumen lässt.«*

DIE ZEITSCHRIFT »NEW REVIEW« fragt mich in Bezug auf eine Reise, die ein berühmter Schriftsteller jüngst in ein Kloster unternommen hat, und ausgehend von den Diskussionen, die diese Reise nach sich gezogen hat, nach meiner Meinung zum *faith-healing*. Diese Frage gehört nicht zu denen, die mir gleichgültig sind. Sie ist für alle Mediziner von Interesse, denn die Heilung von Kranken ist das grundlegende Ziel aller Medizin: Welche therapeutischen Verfahren zur Anwendung kommen, macht keinen Unterschied. Unter diesen Voraussetzungen erscheint mir *faith-healing* geradezu als das Ideal, das wir erreichen sollten, denn es entfaltet oft dort seine Wirkung, wo alle übrigen Heilungsversuche gescheitert sind. Wie einige andere habe auch ich deshalb seit längerer Zeit versucht, anhand bestimmter Fallbeispiele und so weit das möglich ist, herauszubekommen, wie dieser Mechanismus funktioniert, um seine Kraft gezielt einsetzen zu können. Die Meinung, die ich mir dabei gebildet habe, möchte ich hier in einigen Worten auseinandersetzen.

Ich möchte hinzufügen, dass man in Bezug auf diesen Gegenstand, wie auf jeden anderen auch, die Strenge der wissenschaftlichen Diskussion nicht aufgeben muss. Erhitzte Polemik nützt niemandem etwas, sie verwirrt und beschädigt vielmehr manche gute Absicht. Die Frage nach *faith-healing* kann nicht nur durch unbeweisbare Behauptungen und grundlose Widerlegungen angegangen werden, sie ist, ich wiederhole es, ganz im Gegenteil, ein Gegenstand der wissenschaftlichen Arbeit, in der nur gründlich erforschte Tatsachen, die wir ordnen und bündeln, um unsere Schlüsse zu ziehen, als Argumente herangezogen werden können.

Die Fälle, die ich während meiner langen fachärztlichen Tätigkeit beobachten konnte, stehen nicht isoliert voneinander, denn das *faith-healing* und auch seine Folge, das Wunder (das ich hier ausschließlich als eine Heilung verstanden wissen möchte, die sich außerhalb der Maßgaben ereignet, die die Medizin als normal ansieht), gehören zu einer Kategorie von Handlungen, die sich nicht der natürlichen Ordnung der Dinge entziehen. Das therapeutische Wunder hat seine eigene Folgerichtigkeit und die Gesetze, die es entstehen und sich entwickeln lassen, sind uns allmählich in mehr als einem Punkt bekannt. Schließlich sind die Fälle, die unter dem in Frage stehenden Begriff zusammengefasst werden, auffällig und bemerkenswert genug, um nicht völlig unserer Beurteilung zu entschlüpfen. …

Die Entwicklung unsrer wissenschaftlichen Daten erlaubt es mir, in dieser Frage völlig mit den Klosterärzten übereinzustimmen: bestimmte Tumore und Geschwüre können dem *faith-healing*, das seine Quelle im Weihwasserbecken hat, regelrecht unterworfen werden. Können wir glauben, dass das eine Neuigkeit ist? Von alters her wurden Tumore und Geschwüre mit *faith-healing* behandelt und ich möchte hinzufügen, dass die Behandlung wie heute im Rahmen festgelegter Bedingungen ausgeführt worden sind, die wir in der Mehrzahl sogar einer exakten Analyse unterziehen können.

Man könnte sich hier gut auf jene wundersame Heilung des Fräulein Coirin beziehen, die von Carré de Montgeron beschrieben und illustriert worden ist. Im September 1716 stürzte Fräulein Coirin, die damals 31 Jahre alt war, zweimal hintereinander vom Pferd. Das zweite Mal fiel sie »geradewegs mit der linken Seite des Bauches auf einen Haufen Steine, was einen so starken Schmerz hervorrief, dass sie davon bewusstlos wurde.« Noch nach vierzig Tagen muss sie häufig Blut erbrechen, was von »Schwächeanfällen« begleitet wird.

»Während einem ihrer Schwächeanfälle, drei Monate nach ihrem Sturz, entdeckte man, als man ihren Bauch verbinden wollte, dass ihre linke Brust ausgesprochen hart, geschwollen und ganz violett war. Ein Landarzt namens Antoine Paysant wurde herangezogen, untersuchte ihre Brust und entdeckte, dass eine geschwollene Drüse, die sich bis hinter die Achsel zog, und eine Art dicke Schnur, drei Finger dick, die bis unter die Brust reichte. Dieser Arzt verband sie mit Wickeln, durch die es gelang, eine bedeutende Menge Blut aus der Brust auszuschwitzen. Das brachte aber keine Heilung, nicht einmal Linderung, die Brust bereitete weiterhin Schmerzen und verhärtete sich immer mehr. Man entdeckte, dass sie Brustkrebs hatte und dass die linke Brust davon groß wie ihr Kopf geworden war, ausgesprochen hart und feuerrot.« Das geschah 1716. »Indessen machte die zersetzende Flüssigkeit des Krebses unheilvolle Fortschritte, die gegen Ende des Jahres 1719 einen schauderlichen Höhepunkt erreichten.«

Eine Augenzeugin, Anne Giroux, berichtet uns, dass »sich auf ihrer linken Brust durch die Fäulnis ein kleiner Spalt öffnete; diese Öffnung wurde immer größer, breitete sich auf der Spitze der Brust aus und hatte sie in einigen Tagen ganz eingekreist, bis die Kuppe dieser Brust in einem Stück abfiel.« Sie fügt hinzu, dass sie dieses Stück, das von der Brust abgefallen war, gesehen hat, und dass man es drei Tage lang aufbewahrte, um es den Ärzten zu zeigen, die sich um das Fräulein kümmerten, und dass schließlich aus dem Loch, das der Vorfall hinterlassen hatte und das etwas größer als eine Münze war, ohne Unterlass eine Flüssigkeit lief, die stank wie Aas.«

1720 schlugen zwei Ärzte die Amputation der Brust vor, aber die Mutter und Fräulein Coirin selbst widersetzten sich der Operation, da sie nichts als schmerzlindernd sein könne, während der Krebs selbst für unheilbar erklärt worden war. »Da meine Tochter nicht sicher war, ob sie sich von dieser Operation wieder erholen würde, könnte sie es sich gut und gerne ersparen, noch mehr zu leiden, wenn sie schon einmal sterben müsste.«

Fügen wir noch hinzu, dass die Kranke bereits 1718 plötzlich, in der Nacht, von einer anfallartigen Lähmung ihrer linken Körperhälfte ergriffen worden war. »Es ergriff sie eine Taubheit des linken Armes, die sich in der Nacht verschlimmerte und sie so lähmte, dass sie ihre ganze linke Körperhälfte nicht mehr bewegen konnte. Von diesem Zeitpunkt an war es ihr unmöglich geworden, ihren linken Arm oder ihre linke Hand zu bewegen, Arm und Hand waren beständig kalt wie Eis und sie konnte sie nur mit der rechten Hand an einen anderen Platz legen. Ebenso musste sie ihr linkes Bein mit ihrem rechten verschieben, und das blieb so bis zur Nacht vom 11. auf den 12. August 1731. Selbst ihr Oberschenkel und das ganze Bein zogen sich ein, bis sich eine Mulde unter der Hüfte bildete, die tief genug war, um eine Faust hineinlegen zu können, und da sich die Nerven des Beines zusammenzogen, erschien es merklich kürzer als das andere. Ihr linkes Bein zog sich wie in ein Schneckenhaus zurück, sie war blass ganz ausgetrocknet und kalt wie Eis selbst in der größten Sommerhitze.«

Am 9. August 1731 bat sie eine tugendhafte Frau aus Nanterre, für sie am Grab des seligen François de Pâris eine Novene zu beten, dort eines ihrer Hemden berühren und weihen zu lassen und ihr etwas Erde aus der Nähe des Grabes mitzubringen. Am nächsten Tag ging die fromme Frau nach Saint-Médard.

»Am Abend des 11. August lässt sich die Todkranke das Hemd anziehen, das das Heilige Grab berührt hat, und verspürte sofort die wohltuende Kraft, die von ihm ausgeht. Bisher durch ihre Lähmung dazu gezwungen, beständig auf dem Rücken zu liegen, begibt sie sich eigenständig ins Bett zurück. Am 12. August presst sie sich selbst etwas von der heiligen Erde auf ihren Krebs und bemerkt voll Verwunderung, wie das Loch in ihrer Brust, das seit zwölf Jahren stinkenden Eiter abgesondert hatte, auf der Stelle austrocknete und anfing, sich zu schließen und zu verheilen.«

In der darauffolgenden Nacht ereignet sich ein neues Wunder. »Die gelähmten Glieder, die für so viele Jahre durch ihre eisige Kälte, ihre scheußlichen Flecken und fratzenhaften Verkürzungen wie die Glieder einer Leiche gewirkt hatten, beseelten sich mit einem Schlag wieder; das verkürzte und ausgetrocknete Bein bewegte und streckte sich; die Mulde in ihrer Hüfte füllte sich und verschwand; sie versuchte von diesen ersten Tagen an, ob sie ihre von Neuem zum Leben erweckten Glieder bewegen konnte, aber durch die Schwäche trugen sie noch die Tracht des Todes; sie konnte alleine aufstehen, sie hielt sich auf dem Fußballen des Beines, das so lange Zeit kürzer gewesen war als das andere; sie bediente sich ihres linken Armes mit Leichtigkeit, sie konnte sich mit ihren eigenen Händen ankleiden und frisieren.«

Das Wunder war vollkommen. Allerdings muss man hinzufügen, dass es bis zum Ende des Monats dauerte, bis die

Wunde in der Brust völlig vernarbt war. Am 24. September konnte sie das Haus verlassen, am 30. konnte sie in einen Wagen steigen.

Ich gestehe, dass mir allein die Interpretation aller Elemente dieser merkwürdigen Fallgeschichte seit zehn Jahren einige Schwierigkeiten bereitet. Es gibt keinen Zweifel, dass das Erbrechen von Blut und die Lähmungserscheinungen hysterischer Natur sind, aber die Paralyse wurde von Atrophie begleitet. Nun gut, es ist heute nachdrücklich bewiesen, dass muskuläre Atrophie oft genug mit Paralyse oder hysterischen Krämpfen einhergeht, und es wurden bereits mehr als zwanzig Fälle publiziert, die dem von Fräulein Coirin entsprechen.

Aber, so wird man fragen, ist denn der Brustkrebs, dieses krebsartige Geschwür, auch eine Folge von Hysterie? Ganz gewiss, wenn man nur einräumen möchte, dass der Begriff »Krebs« hier nicht ganz wörtlich und in seinem modernen histologischen Sinne genommen werden kann. Eine anhaltende Geschwürbildung auf der Haut ist bei Neurosen nicht selten, wie die Wunden des heiligen Franz von Assisi und die Stigmata der Louise Lateau zeigen. Bei Fräulein Coirin zeigten sich diese hysterischen Ödeme auf der Höhe der Brust. Sie wurden zum ersten Mal vom großen Thomas Sydenham erwähnt: hartes Ödem, blaues und blaurotes Ödem, wie ich sie genannt habe. Heute, nach den Arbeiten von Professor Renaut aus Lyon, wissen wir, dass ein Ödem, das sich bis zu einem gewissen Grad entwickelt hat, zu Gangränen der Haut führen kann, deren wunde Stellen Geschwüre nach sich ziehen, die denen ganz gleichen, die im zuvor erwähnten Fall die Brustwarze zerstört haben. …

Unter dem psychischen Einfluss, der von dem Hemd ausgelöst wurde, dass das Grab des Diakons Pâris berührt hatte, verschwand das Ödem, das die Blutgefäße beeinträchtigt hatte, geradezu sofort, und die Brust nahm wieder ihr normales Volumen an. In diesem Umstand liegt nichts, das uns erstaunen sollte, wissen wir doch, mit welcher Schnelligkeit Störungen der Gefäße sich auswirken und wieder verschwinden können. Das Ödem ist verschwunden, die lokalen Bedingungen für die Versorgung des Gewebes verändern sich zum Besseren, die Wunden an der Brust kann vernarben und folgt dabei ebenden wohl bekannten physiologischen Gesetzen, die zuvor zur Bildung der Gangräne geführt haben. Aber die Vernarbung nimmt eine ganz gewöhnliche Zeit in Anspruch, denn das sind tatsächlich nur 15 Tage, nachdem die Haut des Organs sich geglättet hat und das Geschwür im Zuge der Vernarbung abgeheilt ist.

Verkrampfungen oder Lähmungen können schlagartig auftreten und wieder verschwinden. Es ist eine bekannte Tatsache, dass eine heftige Emotion uns auf dem Boden festnageln kann und wir nicht imstande sind, unsere Glieder zu bewegen. Nachdem der Strom der Bewegung, der vom Gehirn ausgeht, wiederhergestellt ist, sind wir von neuem bereit zu gehen. Wenn sich aber während der Lähmung die Muskeln verkürzt haben, erhalten die Glieder ihre Stärke und ihr Volumen erst wieder zurück, wenn sich die Muskelfasern erholt haben: was wiederum, im Einklang mit den Gesetzen der Physiologie, einige Zeit in Anspruch nehmen kann. Auch das war bei Fräulein Coirin der Fall, die sich erst zwanzig Tage nach ihrer unerwarteten Heilung wieder ihres Beines bedienen konnte, um in einen Wagen zu steigen. …

Zusammenfassend glaube ich, dass es bestimmte Personen und bestimmte Krankheiten gibt, bei denen *faith-healing* sich unter Beweis stellen kann, in der Hauptsache solche, bei denen der Geist Einfluss auf den Körper ausübt. Hysteriker befinden sich in einem Geisteszustand, der der Entwicklung des *faith-healing* ausgesprochen zugutekommen kann, denn sie sind in erster Linie durch Vorstellungen beeinflusst: sei es, dass die Suggestion durch äußere Einflüsse angeregt wird, sei es, dass sie die Elemente durchschlagender Auto-Suggestion in sich selbst tragen. Bei solchen Individuen, Männern wie Frauen, ist der Einfluss des Geistes auf den Körper mächtig genug, um Krankheiten zu heilen, die die Unwissenheit, die uns noch vor Kurzem umfangen hat, ihrer Natur nach als unheilbar hingestellt hatte. Jetzt beginnen wir langsam, solche Störungen des Gewebes, die hysterischen Ursprungs sind, zu verstehen: Muskelverkürzungen, Ödeme, Tumore und Geschwüre. Wenn wir also von nun an von einer plötzlichen Heilung von Brustkrebs in einem Kloster hören, mögen wir uns ebenso an den Fall des Fräulein Coirin erinnern, wie wir der ganz modernen Beobachtungen von Dr. Fowler gedenken.

Soll das nun heißen, dass wir alles aus jenem Bereich des Übernatürlichen kennen, auf den *faith-healing* in erster Linie bezogen wird, und dass sich die Grenzen des Übernatürlichen jeden Tag weiter vor den Errungenschaften der Wissenschaften zurückziehen? Sicherlich nicht. Man muss, gerade im beständigen Forschen, warten können. Ich bin der Erste, der auch heute noch gerne zugibt:

*There are more things in heaven and earth, Horatio,*
*Than are dreamt in our philosophy.*
*Es gibt mehr Dinge zwischen Himmel und Erde,*
*als unsere [nach Shakespeare eigentlich: Eure] Schulweisheit*
*sich träumen lässt.*

# 1893

## MARK TWAIN

## Aus Adam und Evas Tagebuch

*Zu seinem 100. Todestag am 21. April 2010 durfte nach seinem Willen seine Autobiographie erscheinen, was mit zweieinhalb Jahren Verspätung im Oktober 2012 auch auf Deutsch geschehen ist (Meine geheime Autobiographie). Wir brauchen also, um ihn hier erneut vorzustellen, nicht dem Setzerlehrling und Lotsen an den Mississippi und in den Sezessionskrieg oder dem Goldgräber nach Nevada zu folgen. In Nichts als die Welt (S. 248) besuchte er in der Schweiz das Matterhorn, eine Erscheinung fast von seiner Statur. Diesmal begibt er sich ins Paradies, um Adams und Evas willen, wie wir bei ihm, dem so liebenswerten pessimistischen Menschenfreund, anzunehmen haben. Sein bürgerlicher Name lautete Samuel Langhorne Clemens (\* 1835, † 1910). In der zweiten Hälfte des 19. Jahrhunderts erfand er ungefähr die größere Hälfte der zeitkritischen Kultur in den Vereinigten Staaten von Amerika, und zwar mit seinem göttlichen Humor und riesengroßen Herz.*

### MONTAG

Dieses neue Geschöpf mit den langen Haaren geht mir ziemlich auf die Nerven. Es drückt sich ständig in meiner Nähe herum und folgt mir überallhin. Das gefällt mir nicht; ich bin Gesellschaft nicht gewohnt. Ich wünschte, es würde bei den anderen Tieren bleiben ... Heute wolkig, Wind von Osten; ich denke, wir bekommen Regen ... Wir? Woher habe ich dieses Wort? Ach ja – das neue Geschöpf hat es verwendet.

### DIENSTAG

Habe den großen Wasserfall erforscht. Er ist das Schönste auf dem ganzen Grundstück, finde ich. Das neue Geschöpf nennt ihn Niagarafall – warum, das weiß ich wirklich nicht. Es sagt, es sieht aus wie ein Niagarafall. Das ist aber keine Begründung; nur eine Marotte und Unsinn. Ich darf nie etwas benennen. Das neue Geschöpf vergibt Namen für alles, was uns über den Weg läuft, bevor ich protestieren kann. Und immer unter dem gleichen Vorwand: Es sieht so aus. Da ist zum Beispiel der Dodo. Angeblich sieht man schon auf den ersten Blick, dass er »wie ein Dodo aussieht«. Jetzt muss er natürlich diesen Namen behalten. Ich bin es leid, mich darüber zu ärgern, und es nützt ohnehin nichts. Dodo! Dabei sieht er auch nicht mehr nach einem Dodo aus als ich.

### MITTWOCH

Habe mir einen Unterstand gegen den Regen gebaut, hatte darin aber nicht lange meine Ruhe. Das neue Geschöpf platzte herein. Als ich versuchte, es zu verscheuchen, ließ es Wasser aus den Löchern laufen, mit denen es sehen kann, wischte es dann mit seinen Pfoten ab und machte Geräusche wie manche der anderen Tiere, wenn sie in Not sind. Ich wünschte, es würde nicht sprechen, es spricht die ganze Zeit. Das klingt vielleicht gemein, aber ich meine es nicht böse. Ich habe die menschliche Stimme noch nie gehört, und jeder neue, fremde Laut, der in die feierliche Stille dieser verträumten Abgeschiedenheit eindringt, klingt schief in meinen Ohren. Und dieser neue Laut ist so nah bei mir, dicht an meiner Schulter, an meinem Ohr, erst auf der einen Seite, dann auf der anderen, und ich bin nur an Geräusche gewöhnt, die mehr oder weniger entfernt von mir sind.

### FREITAG

Das Namengeben geht unbekümmert weiter, ich kann nichts dagegen tun. Ich hatte einen sehr guten Namen für das Anwesen, er war klangvoll und schön – Garten Eden. Jetzt benutze ich diesen Namen nur noch privat, nicht mehr öffentlich. Das neue Geschöpf sagt, hier gibt es nur Wald und Felsen und Natur, und daher keinerlei Ähnlichkeit mit einem Garten. Es sagt, hier sieht es aus wie in einem Park. Und ohne dass ich nach meiner Meinung gefragt worden wäre, heißt er nun Niagara-Park. Ziemlich selbstherrlich, wenn man mich fragt. Und ein Schild wurde auch schon aufgestellt: »Betreten des Rasens verboten.«

Mein Leben ist nicht mehr so schön wie früher.

### SAMSTAG

Das neue Geschöpf isst zu viel Obst. Es wird bestimmt bald knapp werden, und was machen wir dann? Wieder »wir«. Das ist sein Wort, und meines nun auch, weil ich es ständig höre. Ziemlich dichter Nebel heute Morgen. Bei solchem Nebel gehe ich ja nicht nach draußen. Das neue Geschöpf schon. Es geht bei jedem Wetter hinaus und stapft dann einfach mit seinen matschigen Füßen herein. Und redet. Früher war es so angenehm und ruhig hier.

SONNTAG

Den Tag hinter mich gebracht. Er wird immer anstrengender. Er wurde letzten November ausgewählt und zum Ruhetag bestimmt. Früher hatte ich davon aber sechs pro Woche.

Heute Morgen erwischte ich das neue Geschöpf, wie es mit Erdklumpen nach den Äpfeln in dem verbotenen Baum warf.

MONTAG

Das neue Geschöpf sagt, es heißt Eva. Das ist in Ordnung, dagegen habe ich nichts. Mit diesem Namen könnte ich es rufen, wenn ich möchte, dass es kommt. Ich sagte, dann sei er allerdings überflüssig. Dieser Ausdruck ließ mich offenkundig in seiner Achtung steigen, und tatsächlich ist »überflüssig« ein wichtiges, gutes Wort, das man öfter benutzen sollte. Das Geschöpf sagt, es sei kein Es, es sei eine Sie. Das ist wohl ziemlich fragwürdig, aber es ist mir gleich. Mir wäre vollkommen egal, was sie ist, wenn sie nur für sich bleiben und nicht reden würde.

DIENSTAG

Sie hat das ganze Anwesen mit scheußlichen Wegweisern und abstoßenden Bezeichnungen verschandelt.
Zum Strudel
Zur Ziegeninsel
Zur Höhle der Winde hier entlang

Sie sagt, dieser Park könnte ein hübsches Kurbad sein, wenn es dafür Kundschaft gäbe. Kurbad – noch so ein Hirngespinst von ihr – Geschwätz ohne jede Bedeutung. Was mag das wohl sein, ein Kurbad? Aber ich frage lieber nicht; sie ist so erklärwütig.

FREITAG

Seit Neuestem fleht sie mich ständig an, nicht mehr den Wasserfall hinunterzurauschen. Was kann dabei schon passieren? Sie sagt, es lässt sie schaudern. Ich frage mich, warum; ich tue das schon immer – ich mag das Springen, das Fallen und dann die Frische. Ich nahm an, dass der Wasserfall genau dafür da wäre. Soweit ich sehe, hat er keinen anderen Nutzen, und zu irgendetwas muss er gemacht sein. Sie sagt, er wäre nur zur Verschönerung der Landschaft da – wie das Nashorn und das Mammut. Bin dann in einem Fass hinuntergerauscht – das gefiel ihr auch nicht. Dann in einer Wanne – sie war immer noch nicht zufrieden. Bin in einer Feigenblattbadehose durch den Strudel und die Stromschnellen geschwommen. Sie wurde dabei zerrissen. Deshalb gab es nervenaufreibende Beschwerden wegen meiner Unverfrorenheit. Ich werde hier zu sehr eingeengt. Ich brauche eine Luftveränderung. ...

(VIERZIG JAHRE SPÄTER)
*An Evas Grab*
Adam: Wo immer sie war, war Eden.

# 1895

## GUSTAVE LE BON

## Die Masse: Ein neuer welthistorischer Akteur

*Als Militärarzt war er in der richtigen Position, um über Masse und Führerfiguren zu philosophieren. Von großen Reisen durch Europa, Asien und Nordafrika brachte er mehrere Bände archäologischer, anthropologischer und völkerkundlicher Studien mit zurück, die auch in deutscher Übersetzung vorliegen:* Der Mensch und die Gesellschaften *(1881),* Die Kultur der Araber *(1884),* Die Welt des alten Indien *(1887),* Die frühen Kulturen des Orients *(1889),* Die psychologischen Grundgesetze der Völkerentwicklung *(1894). Sie stehen neben einem imposanten medizinischen Frühwerk.*

*Unsterblich und einer der einflussreichsten Psychologen überhaupt wurde Gustave Le Bon (\* 1841, † 1931) mit seiner* Psychologie des foules *von 1895 (deutsch:* Psychologie der Massen*), einem Grundlagenwerk nicht bloß für Freud und seine Disziplin, sondern auch für Max Weber, den Vater der Soziologie des folgenden Jahrhunderts. Hitler kannte Le Bons Buch, dessen Lehren sämtliche totalitären Herrscher bis heute erreicht haben. In Le Bons Zeit gehörte ins Menü eine Rassenlehre, die nicht nur über anatomische, sondern auch über kollektive psychologische Merkmale fabulierte. Zwar wollte er nichts von einer arischen Rasse wissen, aber seine »höheren und niedrigeren Entwicklungsstufen« waren nicht nur kulturell zu verstehen, sondern schlossen das Hirn als Organ ein. Seine vertiefungswillige Schülerschaft bediente er mit zahlreichen Werken:* Die Psychologie des Sozialismus *(1898),* Die Psychologie der Erziehung *(1902),* Psychologie der Revolutionen *(1903),* Die psychologischen Lehren des europäischen Krieges *(1916),* Die Psychologie der neuen Zeit *(1920),* Die Welt aus dem Gleichgewicht *(1923),* Die gegenwärtige Entwicklung der Welt: Täuschungen und Tatsachen *(1927).*

EINLEITUNG. DAS ZEITALTER DER MASSEN
Die großen Erschütterungen, welche den Kulturwenden vorangehen, schienen auf den ersten Blick durch bedeutsame politische Veränderungen bestimmt zu sein: durch Völkerinvasion oder durch den Sturz von Herrscherhäusern. Eine aufmerksame Untersuchung dieser Ereignisse enthüllt jedoch hinter ihren scheinbaren Ursachen als wahre Ursache eine tiefgehende Veränderung in den Anschauungen der Völker. Das sind nicht die wahren historischen Erschütterungen, die uns durch ihre Größe und Heftigkeit verwundern. Die einzigen Veränderungen von Bedeutung – die einzigen, aus welchen die Erneuerung der Kulturen hervorgeht – vollziehen sich innerhalb der Anschauungen, der Begriffe und des Glaubens. Die bemerkenswerten Ereignisse der Geschichte sind die sichtbaren Wirkungen der unsichtbaren Veränderungen des menschlichen Denkens. Wenn diese großen Ereignisse so selten sind, so hat das seinen Grund darin, dass es nichts Beständigeres in einer Rasse gibt als das Erbgut ihrer Gefühle.

Das gegenwärtige Zeitalter bildet einen jener kritischen Zeitpunkte, in denen das menschliche Denken im Begriff ist, sich zu wandeln.

Vor kaum einem Jahrhundert bestanden die Haupttriebkräfte der Ereignisse in der überlieferten Politik der Staaten und dem Wettstreit der Fürsten. Die Meinung der Massen galt in den meisten Fällen gar nichts. Heute gelten die politischen Überlieferungen, die persönlichen Bestrebungen der Herrscher und deren Wettstreit nur noch wenig. Die Stimme des Volkes hat das Übergewicht erlangt. Sie schreibt den Königen ihr Verhalten vor. In der Seele der Massen. Nicht mehr in den Fürstenberatungen bereiten sich die Schicksale der Völker vor. Der Eintritt der Volksklassen in das politische Leben, ihre fortschreitende Umwandlung zu führenden Klassen, ist eines der hervorstechendsten Kennzeichen unserer Übergangszeit. ...

ERSTES BUCH. DIE MASSENSEELE
*1. Kapitel: Allgemeine Kennzeichen der Massen. Das psychologische Gesetz von ihrer seelischen Einheit*
Im gewöhnlichen Wortsinn bedeutet Masse eine Vereinigung irgendwelcher Einzelner von beliebiger Nationalität, beliebigem Beruf und Geschlecht und beliebigem Anlass der Vereinigung.

Vom psychologischen Gesichtspunkt bedeutet der Ausdruck »Masse« etwas ganz anderes. Unter bestimmten Umständen, und nur unter diesen Umständen, besitzt eine

Versammlung von Menschen neue, von den Eigenschaften der Einzelnen, die diese Gesellschaft bilden, ganz verschiedene Eigentümlichkeiten. Die bewusste Persönlichkeit schwindet, die Gefühle und Gedanken aller Einzelnen sind nach derselben Richtung orientiert. Es bildet sich eine Gemeinschaftsseele, die wohl veränderlich, aber von ganz bestimmter Art ist. Die Gesamtheit ist nun das geworden, was ich mangels eines besseren Ausdrucks als organisierte Masse oder, wenn man lieber will, als psychologische Masse bezeichnen werde. Sie bildet ein einziges Wesen und unterliegt dem Gesetz der seelischen Einheit der Massen (*loi de l'unité mentale des foules*).

Die Tatsache, dass viele Individuen sich zufällig zusammenfinden, verleiht ihnen noch nicht die Eigenschaften einer organisierten Masse. Tausend zufällig auf einem öffentlichen Platz, ohne einen bestimmten Zweck versammelte Einzelne bilden keineswegs eine Masse im psychologischen Sinne. Damit sie die besonderen Wesenszüge der Masse annehmen, bedarf es des Einflusses gewisser Reize, deren Wesensart wir zu bestimmen haben.

Das Schwinden der bewussten Persönlichkeit und die Orientierung der Gefühle und Gedanken nach einer bestimmten Richtung, die ersten Vorstöße der Masse auf dem Weg, sich zu organisieren, erfordern nicht immer die gleichzeitige Anwesenheit mehrerer Einzelner an einem einzigen Ort. Tausende von getrennten Einzelnen können im gegebenen Augenblick unter dem Einfluss gewisser heftiger Gemütsbewegungen, etwa eines großen nationalen Ereignisses, die Kennzeichen einer psychologischen Masse annehmen. Irgendein Zufall, der sie vereinigt, genügt dann, dass ihre Handlungen sogleich die besondere Form der Massenhandlungen annehmen. In gewissen historischen Augenblicken kann ein halbes Dutzend Menschen eine psychologische Masse ausmachen, während Hunderte zufällig vereinigte Menschen sie nicht bilden können. Andererseits kann bisweilen ein ganzes Volk ohne sichtbare Zusammenscharung unter dem Druck gewisser Einflüsse zur Masse werden.

Hat sich eine psychologische Masse gebildet, so erwirbt sie vorläufige, aber bestimmbare allgemeine Merkmale. Diesen allgemeinen Merkmalen gesellen sich besondere Kennzeichen veränderlicher Art hinzu, je nach den Elementen, aus denen die Masse sich zusammensetzt und durch ihre geistige Struktur zu verändern ist.

Die psychologischen Massen lassen sich also einteilen. Das Studium dieser Einteilung wird uns zeigen, dass eine heterogene, d. h. aus ungleichartigen Elementen zusammengesetzte Masse mit homogenen, d. h. aus mehr oder minder ähnlichen Elementen zusammengesetzten Massen (Sekten. Kasten, Klassen) allgemeine Kennzeichen gemein hat und außerdem noch Besonderheiten aufweist, durch die sie sich voneinander unterscheiden lassen.

Bevor wir uns aber mit den verschiedenen Arten der Masse befassen, müssen wir zuerst die allgemeinen Kennzeichen untersuchen. Wir werden gleich dem Naturforscher vorgehen, der mit der Beschreibung der allgemeinen Merkmale der Mitglieder einer Familie beginnt, bevor er sich mit den besonderen Merkmalen befasst, welche die Unterscheidung der Gattungen und Arten dieser Familie ermöglichen.

Die genaue Schilderung der Massenseele ist nicht leicht, weil ihre Organisation nicht bloß nach Rasse und Zusammensetzung der Gesamtheit, sondern auch nach der Natur und dem Grade der Anreize schwankt, denen diese Gesamtheit unterliegt. Aber dieselbe Schwierigkeit besteht für das psychologische Studium jedes beliebigen Wesens. Nur in Romanen, aber nicht im wirklichen Leben, haben die Einzelnen einen beständigen Charakter aufzuweisen. Allein die Gleichförmigkeit der Umgebung schafft die sichtbare Gleichartigkeit der Charaktere. Ich habe anderwärts gezeigt, dass alle geistigen Beschaffenheiten Charaktermöglichkeiten enthalten, die sich unter dem Einfluss eines jähen Umgebungswechsels offenbaren können. So befanden sich unter den wildesten, grausamsten Konventmitgliedern gutmütige Bürger, die unter normalen Verhältnissen friedliche Notare oder ehrsame Beamte geworden wären. Als der Sturm vorüber war, nahmen sie ihren Normalcharakter als friedliche Bürger wieder an. Unter ihnen fand Napoleon seine willigsten Diener.

Da wir hier nicht alle Stufen der Massenbildung studieren können, werden wir sie besonders in dem Zustand ihrer vollendeten Organisation ins Auge fassen. Wir werden auf diese Weise sehen, was sie werden können, aber nicht, was sie immer sind. Allein in diesem fortgeschrittenen Organisationszustand bauen sich auf dem unveränderlichen und vorherrschenden Rassenuntergrunde gewisse neue und besondere Merkmale auf, und es vollzieht sich die Wendung aller Gefühle und Gedanken der Gesamtheit nach einer übereinstimmenden Richtung. So allein offenbart sich, was ich oben das psychologische Gesetz der seelischen Einheit der Massen genannt habe.

Verschiedene psychische Kennzeichen der Massen haben sie gemein mit alleinstehenden Individuen, während andere im Gegenteil nur bei Gesamtheiten anzutreffen sind. Wir wollen zunächst die besonderen Merkmale studieren, ihre Bedeutung recht aufzuzeigen.

Das Überraschendste an einer psychologischen Masse ist: Welcher Art auch die Einzelnen sein mögen, die sie bilden, wie ähnlich oder unähnlich ihre Lebensweise, Beschäftigungen, ihr Charakter oder ihre Intelligenz ist, durch den bloßen Umstand ihrer Uniformung zu Masse besitzen sie eine Art Gemeinschaftsseele, vermöge derer sie in ganz anderer Weise fühlen, denken und handeln, als jedes von ihnen für sich fühlen, denken und handeln würde. Es gibt gewisse Ideen und Gefühle, die nur bei den zu Massen verbundenen Einzelnen auftreten oder sich in Handlungen umsetzen. Die psychologische Masse ist ein unbestimmtes Wesen, das aus ungleichartigen Bestandteilen besteht, die sich für einen Augenblick miteinander verbunden haben, genauso wie die Zellen des Organismus durch ihre Vereinigung ein neues Wesen mit ganz anderen Eigenschaften als denen der einzelnen Zellen bilden.

In Widerspruch zu einer Anschauung, die sich befremdlicherweise bei einem so scharfsinnigen Philosophen wie Herbert Spencer findet, gibt es in dem Haufen, der eine Masse bildet, keineswegs eine Summe und einen Durchschnitt der Bestandteile, sondern Zusammenfassung und Bildung neuer Bestandteile, genauso wie in der Chemie sich bestimmte Elemente, wie z. B. die Basen und Säuren, bei ihrem Zustandekommen zur Bildung eines neuen Körpers verbinden, dessen Eigenschaften von denen der Körper, die an seinem Zustandekommen beteiligt waren, völlig verschieden sind.

Es ist leicht festzustellen, inwieweit sich der Einzelne in einer Masse vom alleinstehenden Einzelnen unterscheidet, weniger leicht aber ist die Aufdeckung der Ursachen dieser Verschiedenheit.

Um diesen Ursachen wenigstens einigermaßen näherzukommen, muss man sich zunächst an die Feststellung der modernen Psychologie erinnern, dass nicht nur im organischen Leben, sondern auch in den Vorgängen des Verstandes die unbewussten Erscheinungen eine ausschlaggebende Rolle spielen. Das bewusste Geistesleben bildet nur einen sehr geringen Teil im Vergleich zum unbewussten Seelenleben. Der geschickteste Analytiker, der schärfste Beobachter kann nur eine sehr kleine Anzahl bewusster Triebfedern, die ihn führen, entdecken. Unsere bewussten Handlungen entspringen einer unbewussten Grundlage, die namentlich durch Vererbungseinflüsse geschaffen wird. Diese Grundlage enthält die zahllosen Ahnenspuren, aus denen sich die Rassenseele aufbaut. Hinter den eingestandenen Ursachen unserer Handlungen gibt es zweifellos geheime Gründe, die wir nicht eingestehen: Hinter diesen aber liegen noch geheimere, die wir nicht einmal kennen. Die Mehrzahl unserer täglichen Handlungen ist nur die Wirkung verborgener Triebkräfte, die sich unserer Kenntnis entziehen.

Durch die unbewussten Bestandteile, die der Rassenseele zugrunde liegen, ähneln sich alle Einzelnen dieser Rasse, durch ihre bewussten Anlagen dagegen – Früchte der Erziehung, vor allem aber einer besonderen Erblichkeit – unterscheiden sie sich voneinander. Menschen von verschiedenartigster Intelligenz haben äußerst ähnliche Triebe, Leidenschaften und Gefühle. In allem, was Gegenstand des Gefühls ist: Religion, Politik, Moral, Sympathien und Antipathien usw. überragen die ausgezeichnetsten Menschen nur selten das Niveau der gewöhnlichen Einzelnen. Zwischen einem großen Mathematiker und seinem Schuster kann verstandesmäßig ein Abgrund klaffen, aber hinsichtlich des Charakters ist der Unterschied oft nichtig oder sehr gering.

Eben diese allgemeinen Charaktereigenschaften, die vom Unbewussten beherrscht werden und der Mehrzahl der normalen Angehörigen einer Rasse ziemlich gleichmäßig eigen sind, werden in den Massen vergemeinschaftlicht. In der Gemeinschaftsseele verwischen sich die Verstandesfähigkeiten und damit auch die Persönlichkeit der Einzelnen. Das Ungleichartige versinkt im Gleichartigen, und die unbewussten Eigenschaften überwiegen,

Eben die Vergemeinschaftlichung der gewöhnlichen Eigenschaften erklärt uns, warum die Massen niemals Handlungen ausführen können, die eine besondere Intelligenz beanspruchen. Die Entscheidungen von allgemeinem Interesse, die von einer Versammlung hervorragender, aber verschiedenartiger Leute getroffen werden, sind jenen, welche eine Versammlung von Dummköpfen treffen würde, nicht merklich überlegen. Sie können in der Tat nur die mittelmäßigen Allerweltseigenschaften vergemeinschaftlichen. Die Masse nimmt nicht den Geist, sondern nur die Mittelmäßigkeit in sich auf. Es hat nicht, wie man so oft wiederholt, die »ganze Welt mehr Geist als Voltaire«, sondern Voltaire hat zweifellos mehr Geist als die »ganze Welt«, wenn man unter dieser die Massen versteht.

Beschränkten sich aber die Individuen der Masse auf Verschmelzung ihrer allgemeinen Eigenschaften, so ergäbe sich daraus nur ein Durchschnitt, aber nicht, wie wir sagten, eine Schöpfung neuer Eigentümlichkeiten. Wie bilden sich diese neuen Eigentümlichkeiten? Das haben wir jetzt zu untersuchen.

Das Auftreten besonderer Charaktereigentümlichkeiten der Masse wird durch verschiedene Ursachen bestimmt. Die erste dieser Ursachen besteht darin, dass der Einzelne in

Ein Toter an der Großen Mauer.
*Provinz Hebei. China, 16. Oktober 1987.*

der Masse schon durch die Tatsache der Menge ein Gefühl unüberwindlicher Macht erlangt, welches ihm gestattet, Trieben zu frönen, die er für sich allein notwendig gezügelt hätte. Er wird ihnen umso eher nachgeben, als durch die Namenlosigkeit und demnach auch Unverantwortlichkeit der Masse das Verantwortungsgefühl, das die Einzelnen stets zurückhält, völlig verschwindet.

Eine zweite Ursache, die geistige Übertragung (*contagion mentale*), bewirkt gleichfalls das Erscheinen der besonderen Wesenszüge der Masse und zugleich ihre Richtung. Die Übertragung ist leicht festzustellen, aber noch nicht zu erklären; man muss sie den Erscheinungen hypnotischer Art zuordnen, mit denen wir uns sogleich beschäftigen werden. In der Masse ist jedes Gefühl, jede Handlung übertragbar, und zwar in so hohem Grade, dass der Einzelne sehr leicht seine persönlichen Wünsche den Gesamtwünschen opfert. Diese Fähigkeit ist seiner eigentlichen Natur durchaus entgegengesetzt, und nur als Bestandteil einer Masse ist der Mensch dazu fähig.

Noch eine dritte, und zwar die wichtigste Ursache, ruft in den zur Masse vereinigten Einzelnen besondere Eigenschaften hervor, welche denen der allein stehenden Einzelnen völlig widersprechen: ich rede von der Beeinflussbarkeit (Suggestibilät), von der die oben erwähnte geistige Übertragung übrigens nur eine Wirkung ist …

Die Hauptmerkmale des Einzelnen in der Masse sind also: Schwinden der bewussten Persönlichkeit, Vorherrschaft des unbewussten Wesens, Leitung der Gedanken und Gefühle durch Beeinflussung und Übertragung in der gleichen Richtung, Neigung zur unverzüglichen Verwirklichung der eingeflößten Ideen. Der Einzelne ist nicht mehr er selbst, er ist ein Automat geworden, dessen Betrieb sein Wille nicht mehr in der Gewalt hat.

Allein durch die Tatsache, Glied einer Masse zu sein, steigt der Mensch also mehrere Stufen von der Leiter der Kultur hinab. Als Einzelner war er vielleicht ein gebildetes Individuum, in der Masse ist er ein Triebwesen, also ein Barbar. Er hat die Unberechenbarkeit, die Heftigkeit, die Wildheit, aber auch die Begeisterung und den Heldenmut ursprünglicher Wesen, denen er auch durch die Leichtigkeit ähnelt, mit der er sich von Worten und Vorstellungen beeinflussen und zu Handlungen verführen lässt, die seine augenscheinlichsten Interessen verletzen. In der Masse gleicht der Einzelne einem Sandkorn in einem Haufen anderer Sandkörner, das der Wind nach Belieben emporwirbelt.

Aus diesem Grunde sprechen Schwurgerichte Urteile aus, die jeder Geschworene als Einzelner missbilligen würde, Parlamente nehmen Gesetze und Vorlagen an, die jedes Mitglied einzeln ablehnen würde. Einzeln genommen waren die Männer des Konvents aufgeklärte Bürger mit friedlichen Gewohnheiten. Zur Masse vereinigt zauderten sie nicht, unter dem Einfluss einiger Führer die offenbar unschuldigsten Menschen aufs Schafott zu schicken, brachen unter Außerachtlassung ihres eignen Vorteils deren Unverletzlichkeit und verringerten ihre Schar.

## 1896

## MARCEL PROUST

# Lob der schlechten Musik

*Vielleicht ist die Geschichte der Gefühle, von der er spricht, seine wahre Wissenschaft? Der hochangesehene amerikanische Journalist Jonah Lehrer nennt ihn einen Neurowissenschaftler, was gewiss nicht falsch ist. Bloß hätte man einige Disziplinen hinzuzufügen: fast alle Sozial-, Kultur- und Geisteswissenschaften nämlich und nebst der Hirnforschung noch einige naturwissenschaftliche Zweige mehr wie Geographie, Botanik und die Chemie auf einigen speziellen Gebieten, die zum Beispiel für die Olfaktorik oder Geruchswahrnehmung von Bedeutung sind.*

*Valentin Louis Georges Eugène Marcel Proust (\*1871, † 1922), der wichtigste Romancier (und französische Kritiker) der ersten Hälfte des vergangenen Jahrhunderts, war außerdem noch vieles, darunter Musikologe – so in dem folgenden kleinen Stück, das unter anderem von Musik und von vielem anderen mehr handelt.*

W ERFT AUF DIE SCHLECHTE MUSIK euren Fluch, aber nicht eure Verachtung! Je mehr man die schlechte Musik spielt oder singt (und leidenschaftlicher als die gute), desto mehr füllt sie sich allmählich an mit den Träumen, den Tränen der Menschen. Deshalb soll sie euch verehrungswürdig sein. Ihr Platz ist sehr tief in der Geschichte der Kunst, ungeheuer hoch aber in der Geschichte der Gefühle innerhalb der menschlichen Gemeinschaft. Die Achtung (ich sage nicht, die Liebe) für die üble Musik ist nicht allein sozusagen eine Form der geschmackvollen Nächstenliebe oder ihr Skeptizismus, vielmehr ist es das Wissen um die soziale Rolle der Musik. Wie viele Melodien, die in den Augen eines Künstlers ganz wertlos sind, sind aufgenommen in den Kreis der vertrauten Freunde von tausend jungen Verliebten oder romantisch Lebenshungrigen. Da gibt es »Goldringelein« und »Ach, bleib lange vom Schlummer gewiegt ...«, es sind Notenhefte, die Abend für Abend zitternd von Händen umgewendet werden, die mit Recht berühmt sind. Die schönsten Augen der Welt haben Tränen über ihnen vergossen, einen traurig-wollüstigen Tribut, um den der reinste Meister der Kunst sie beneiden könnte – es sind Vertraute von Geist und Gedankenflug, die den Kummer veredeln, den Traum steigern; und als Dank für das ihnen anvertraute brennende Geheimnis geben sie berauschende Illusionen von Schönheit zurück. Das Volk, das Bürgertum, die Armee, der Adel haben immer dieselben Briefträger und Trauerträger bei schwerem Unglück und hellstem Glück, und so haben sie auch dieselben sichtbaren Liebesboten, dieselben sehr geliebten Beichtväter. Es sind die schlechten Musiker. Hier, dieser grauenhafte Refrain, den jedes gut veranlagte und guterzogene Ohr beim ersten Hören von sich weist, er hat den Schatz von tausend Seelen empfangen, er bewahrt das Geheimnis von unzähligen Lebensläufen, denen er blühende Inspiration bedeutet hat und immer bereite Tröstung – denn immer lag das Notenheft halb geöffnet auf dem Klavierpulte –, es bedeutete ihnen träumerische Anmut und das Ideal. Diese Arpeggien, diese Kadenz haben in der Seele von vielen Verliebten oder Träumern mit paradiesischen Harmonien widergeklungen oder gar mit der Stimme der vielgeliebten Frau. Ein Heft schlechter Romanzen, abgenutzt von vielem Gebrauche, sollte uns rühren wie eine Gruft oder wie eine Stadt. Was liegt daran, dass die Häuser keinen Stil haben, dass die Gräber unter dummen Inschriften oder banalen Ornamenten verschwinden? Auch von diesem Staubhaufen kann sich, kraft einer wohlwollenden, achtungsvollen Einbildungskraft, die im Augenblick ihren ästhetischen Widerwillen zurückstellt, eine Wolke von Seelen erheben, die zwischen den Lippen noch den grünen Zweig des Traumes trägt, im Vorgefühl der anderen Welten, im Nahgefühl zu Schmerz und Freude hier, in der unseren.

# 1897

## BRAM STOKER

# Im Schloss des Grafen Dracula

*Er ist ein Kassenschlager eigener Klasse, dieser neuzeitliche Erbe des griechisch-römischen Dämonenzoos der Lamien, Strigen und Harpyien sowie der leichenfressenden orientalischen Ghoulen. Er lenkt deshalb unseren Blick für einen Augenblick vom Menschen auf ihn, eine der buchstäblich unsterblichen Ausgeburten menschlicher Phantasie, den blutsaugenden Vampir, von dessen blutgierigen Küssen Mädchen schon vor der Pubertät nicht genug bekommen können. Die Masse von Schundadaptionen auf Papier oder Kinoleinwänden kann ihm nichts anhaben, im Gegenteil. Er muss, so scheint es, ein tiefes menschliches Verlangen bedienen.*

*Zur vorletzten Jahrhundertwende lehrte der Roman* Dracula *von Abraham »Bram« Stoker (\* 1847, † 1912) binnen weniger Jahre in Millionenauflage die ganze Welt das Gruseln. Arglos reist der Londoner Rechtsanwalt Jonathan Harker auf Wunsch des Grafen Dracula nach Siebenbürgen. Im düsteren Karpatenschloss finden wir ihn unversehens zu dem literarisch hochwirksamen »Ich« mutiert, dessen Briefe uns in äußerster Verzweiflung anrufen. Ohne sogleich herbeizueilen, bleiben wir ganz Ohr.*

**29.** JUNI. – Heute ist das Datum meines letzten Briefes, und der Graf hat Maßregeln getroffen, dass man glauben sollte, ich hätte ihn selbst aufgegeben, denn ich sah ihn das Schloss auf dem gewöhnlichen Wege verlassen und in meinen Kleidern. Als er so die Mauer herabstieg, wie eine Eidechse, wünschte ich mir ein Gewehr oder sonst eine Mordwaffe, um ihn vernichten zu können; aber ich fürchte, eine Waffe in menschlichen Händen wird nicht imstande sein, ihm irgendetwas anzuhaben. Ich wollte auf seine Rückkehr nicht warten, denn es gelüstete mich nicht danach, die gespenstischen Schwestern wiederzusehen. Ich ging in die Bibliothek zurück und las, bis ich einschlief.

Ich wurde durch das Eintreten des Grafen geweckt, der so verbissen wie möglich dreinsah, als er zu mir sagte:

»Morgen, mein Freund, heißt es also reisen. Sie kehren in Ihr herrliches England zurück, ich zu einer Beschäftigung, die so ausgehen kann, dass wir uns vielleicht nie wiedersehen. Ihr letzter Brief ist aufgegeben worden; morgen werde ich nicht hier sein, aber alles ist für Ihre Reise vorbereitet. Früh kommen Sziganys, die noch einige Arbeiten hier vorzunehmen haben, und auch einige Slowaken. Wenn alle fort sind, wird mein Wagen Sie abholen und zum Borgopass bringen, woselbst Sie den Postwagen von der Bukowina nach Bistritz erwarten können. Aber ich denke, ich sehe Sie noch öfter hier auf Schloss Dracula.« Ich traute ihm nicht recht und wollte seine Aufrichtigkeit auf die Probe stellen. Aufrichtigkeit! Es ist wie eine Profanation dieses Wortes, wenn man es in einem Atem mit diesem Scheusal nennt. Ich fragte ihn geradheraus:

»Warum soll ich denn nicht heute Nacht fahren?«

»Weil mein Kutscher und meine Pferde nicht verfügbar sind, mein Bester.«

»Aber ich würde recht gerne zu Fuße gehen. Sogleich möchte ich am liebsten den Marsch antreten.« Er lächelte sanft, verbindlich; aber es lag in diesem Lächeln so viel satanischer Spott, dass ich fühlte, es stecke irgendeine Tücke hinter dieser Freundlichkeit. Er fuhr fort:

»Und wie ist es mit Ihrem Gepäck?«

»Ich brauche es nicht. Ich kann es gelegentlich nachschicken lassen.« Der Graf stand auf und sagte mit so feiner Artigkeit, dass ich mir die Augen reiben musste, um mich zu versichern, dass ich nicht träume:

»Ihr Engländer habt eine Redensart, die ich mir besonders gemerkt habe, weil sie das ausdrückt, was auch wir Bojaren befolgen: ›Gib dem kommenden Gast dein Bestes, den abreisenden aber halte nicht auf.‹ Kommen Sie mit mir, lieber junger Freund. Nicht einen Augenblick sollen Sie länger in meinem Hause sein, als Sie es selbst wünschen, obgleich es mir leidtut, dass Sie schon fortwollen und das so plötzlich wünschen. Kommen Sie mit!« Mit steifer Grandezza stieg er, die Lampe in der Hand, vor mir die Stiege hinunter und durchschritt die Halle. Plötzlich blieb er stehen:

»Horchen Sie!«

Ganz in der Nähe hörten wir das Bellen von Wölfen. Es war, als erhöbe sich der Lärm in dem Augenblick, als er mit der Hand winkte, gleichwie ein großes Orchester auf den Taktstrich des Dirigenten einsetzt. Nach einer kurzen Pause schritt er in seiner gravitätischen Weise aufs Tor zu, zog die gewichtigen Riegel zurück, hakte die schweren Ketten aus und öffnete langsam.

Zu meinem höchsten Erstaunen musste ich bemerken, dass das Tor unverschlossen war. Voll Misstrauen sah ich näher hin, konnte aber keine Schlüssel entdecken.

Als das Tor aufging, wurde das Bellen der Wölfe lauter und wilder; ihre roten Mäuler mit dem schaumbedeckten Gebiss und ihre klauenbewehrten Füße drängten sich herein. In diesem Augenblick ward es mir klar, dass es unnütz wäre, einen Kampf gegen den Grafen aufzunehmen. Gegen ihn, der solche Verbündete hat, kann ich doch nichts ausrichten. Allmählich öffnete sich das Tor weiter und des Grafen hagere Gestalt stand allein in der Öffnung. Plötzlich fuhr es mir durch den Sinn, dass der Tag meines Unterganges ja da sei und ich den Wölfen vorgeworfen werden sollte. Ich selbst hatte es ja veranlasst. Es lag eine teuflische Bosheit in dieser Idee, die dem Grafen vollkommen zuzutrauen war, und ich schrie zuletzt:

»Schließen Sie das Tor, ich warte gerne bis morgen!« Dann bedeckte ich mein Gesicht mit den Händen, um die bitteren Tränen der Enttäuschung zu verbergen, die mir die Augen füllten. Mit einer Bewegung seines mächtigen Armes zog der Graf das Tor zu und schob die Riegel wieder vor, die in dem weiten Gewölbe widerhallten und klangen.

Wir kehrten schweigend zur Bibliothek zurück, und eine oder zwei Minuten später begab ich mich auf mein Zimmer. Als ich mich noch einmal kurz umwandte, sah ich, wie Graf Dracula mir Handküsse zuwarf, mit einem Lächeln, auf das Judas in der Hölle hätte stolz sein können.

In meinem Zimmer angekommen, wollte ich mich eben niederlegen, da hörte ich ein Flüstern vor meiner Türe. Ich ging leise hin und lauschte. Wenn mich meine Ohren nicht täuschten, so war es die Stimme des Grafen, welche sagte:

»Zurück, zurück auf eure Plätze! Eure Zeit ist noch nicht gekommen. Wartet! Habt Geduld! Morgen Nacht, morgen Nacht ist er euer!« Ein süßes, leises Kichern war die Antwort, und wütend stieß ich die Türe auf. Draußen waren die drei schrecklichen Frauen, die gierig ihre Lippen leckten. Als sie mich erblickten, brachen sie alle zusammen in ein entsetzliches Gelächter aus und rannten davon. Ich kehrte in mein Zimmer zurück und warf mich auf die Knie nieder. Ist es denn schon so nahe, das Ende? Morgen! Morgen! Gott hilf mir und denen, die mich liebhaben!

*30. Juni, morgens.* – Das werden wohl die letzten Worte sein, die ich in dieses Tagebuch schreibe. Ich schlief bis kurz vor Tagesanbruch, und als ich aufstand, warf ich mich auf die Knie nieder, denn ich wollte, dass der Tod, wenn er käme, mich wenigstens nicht unvorbereitet fände. Dann fühlte ich die eigenartigen Veränderungen in der Luft und wusste, dass der Morgen da sei. Nun ertönte auch der ersehnte Hahnenschrei und ich wusste, dass ich gerettet war. Mit frohem Herzen öffnete ich meine Türe und eilte hinunter nach der großen Halle. Ich hatte gesehen, dass das Tor nicht verschlossen worden war und dass der Weg zur Freiheit mir offenstand. Meine Hände zitterten von Erregung, als ich die schweren Ketten aushakte und die massiven Riegel zurückschob.

Aber das Tor bewegte sich nicht, Verzweiflung packte mich. Ich stieß immer und immer wieder dagegen und rüttelte daran, dass es, so schwer es auch war, in den Angeln krachte. Es konnte nicht anders sein: der Graf musste es verschlossen haben, nachdem er von mir gegangen war.

Da ergriff mich ein wildes Verlangen, des Schlüssels um jeden Preis habhaft zu werden, und ich beschloss, nochmals die Mauer hinunterzuklettern und in des Grafen Zimmer einzudringen. Er mochte mich meinethalben töten – der Tod schien mir tausendmal besser als das, was mir in Aussicht stand. Ohne zu zögern rannte ich zu dem östlichen Fenster und stieg, wie das erste Mal, die Mauer hinab in das Zimmer des Grafen. Es war leer, aber ich hatte es nicht anders erwartet. Ich konnte nirgends einen Schlüssel erblicken, aber der Haufen Gold war noch da. Ich ging durch die Ecktüre, die Wendeltreppe hinunter und dann durch den finsteren Gang in die alte Kapelle. Ich wusste jetzt genau, wo ich das Scheusal zu suchen hatte.

Die große Kiste stand noch auf demselben Platze, dicht an der Mauer; der Deckel lag schon darauf, war aber noch nicht festgemacht; die Nägel staken im Holze und brauchten nur mehr eingeschlagen zu werden. Ich beabsichtigte in erster Linie, die Kleider des Grafen nach einem der Schlüssel zu durchsuchen; ich hob den Deckel ab und lehnte ihn an die Wand. Dann aber sah ich etwas, das mein Herz mit tiefstem Grauen erfüllte. Da lag der Graf, aber er sah aus, als sei seine Jugend wieder zurückgekehrt: Haar und Schnurrbart, vordem weiß, waren nun dunkel, eisengrau, die Wangen waren voller und die weiße Haut schien rosig unterlegt; der Mund war röter als je, denn auf den Lippen standen Tropfen frischen Blutes, das in den Mundwinkeln zusammenrann und von da über Kinn und Hals hinuntersickerte. Selbst die Augen lagen nicht mehr so tief, denn es schien sich neues Fleisch um sie gebildet zu haben. Es schien mir, als sei die ganze grauenvolle Kreatur mit Blut einfach durchtränkt; er lag da wie ein vollgesogener Blutegel. Ich schauderte, als ich mich über ihn beugte, um ihn zu durchsuchen – jeder meiner

Sinne sträubte sich gegen eine Berührung; aber ich *musste*, sonst war ich verloren, ein sicheres blutiges Festmahl für die entsetzlichen Drei. Ich tastete den ganzen Körper ab – keine Spur von einem Schlüssel. Dann hielt ich einen Augenblick inne und betrachtete den Grafen. Es lag ein höhnisches Lächeln auf dem aufgedunsenen Gesicht, das mich hätte wahnsinnig machen können. Das also war das Wesen, dem ich helfen wollte, nach London überzusiedeln, wo es vielleicht jahrhundertelang unter den sich drängenden Millionen von Menschen seine Blutgier befriedigen und einen sich immer vergrößernden Kreis von Halbdämonen schaffen würde, um sie auf die Wehrlosen zu hetzen. Schon dieser Gedanke machte mich rasen. Eine schreckliche Lust kam über mich, die Welt von diesem Ungeheuer zu befreien. Eine tödliche Waffe war nicht zur Hand; so ergriff ich denn eine der Schaufeln, welche die Arbeiter beim Füllen der Kisten benützt hatten, und holte weit aus, um mit der abwärts gerichteten Schaufel in das verhasste Gesicht zu schlagen. Da drehte sich plötzlich der Kopf, und die Augen sahen mich voll an mit der ganzen Glut ihres Basiliskenblickes. Jähes Entsetzen lähmte mich bei diesem Anblick, die Schaufel zitterte in meinen Händen und fiel kraftlos nieder, riss aber eine klaffende Wunde in die Stirne des Liegenden. Dann glitt sie mir aus der Hand, quer über die Kiste, und als ich sie da wegstieß, berührte sie den danebenstehenden Deckel, der umfiel und das hässliche Bild meinen Augen entrückte. Das Letzte, was ich sah, war das aufgedunsene blutunterlaufene Gesicht und das starre höhnische Lächeln, welches vielleicht sogar bei den Teufeln in der Hölle nicht seinesgleichen gefunden hätte.

Ich dachte und dachte, was ich nun tun sollte, aber mein Gehirn brannte wie Feuer, und ich wartete, während mein Gefühl der Verzweiflung sich meiner bemächtigte. Wie ich so dastand, hörte ich aus der Ferne einen Zigeunergesang von frohen Stimmen, der immer näher zu kommen schien, und durch den Gesang das Rollen schwerer Räder und das Knallen von Peitschen, die Slowaken und Sziganys, von denen der Graf gesprochen, kamen an. Ich warf noch einen raschen Blick rings um mich und auf die Kiste, die den scheußlichen Leib barg, und rannte davon in das Zimmer des Grafen, entschlossen, hinauszuschlüpfen, wenn die Türe geöffnet würde. Angespannt horchte ich und vernahm von unten das kreischende Geräusch eines Schlüssels in dem großen Schlüsselloch und das Zurückfallen des schweren Tores. Es müssen auch noch andere Zugänge dagewesen sein, aber jemand hat den Schlüssel zu den versperrten Türen. Dann hörte ich das Geräusch vieler stampfender Schritte, die dröhnend fern in irgendeinem Durchgang verhallten. Ich beeilte mich, wieder hinunter zu dem Gewölbe zu kommen, wo ich den neuen Eingang finden musste; aber in diesem Augenblick kam ein gewaltiger Windstoß, und die Türe zur Wendeltreppe fiel mit einem furchtbaren Krach zu, sodass der Staub von der Türkrönung flog. Als ich hineilte, um sie aufzudrücken, fand ich sie hoffnungslos fest verschlossen. Ich war von Neuem gefangen und das Netz des Verderbens zog sich noch enger um mich zusammen.

Während ich dies schreibe, ist unten im Durchgang der Lärm stampfender Füße hörbar und das Poltern aufgeladener schwerer Lasten, offenbar der erdgefüllten Kisten. Man hört etwas hämmern, es ist die Kiste, die zugenagelt wird. Nun dröhnen wieder die schweren Schritte durch die Halle, gefolgt von den leichteren unbeschäftigter Mitläufer. Das Tor wird geschlossen, die Ketten klirren, dann das Kreischen des Schlüssels im Schlüsselloch. Ich höre, wie er herausgezogen wird; dann öffnet und schließt sich ein anderes Tor; wieder höre ich Schloss und Riegel knarren.

Horch! Im Hofe und den Felsweg hinunter das Rollen schwerer Räder, das Knallen von Peitschen und der Gesang der Sziganys, der immer weiter in der Ferne verhallt.

Ich bin im Schlosse allein mit den furchtbaren Weibern. Pfui! Mina ist doch auch ein Weib, und sie haben so gar nichts gemeinsam. Sie sind Teufel der Hölle!

Ich werde nicht bei ihnen hier bleiben; ich werde versuchen, die Schlossmauer noch tiefer hinunterzusteigen, als ich es bisher tat. Ich will mir etwas von dem aufgestapelten Golde mitnehmen, vielleicht kann ich es doch noch brauchen. Ich *muss* einen Ausweg aus diesem scheußlichen Gefängnis finden.

Und dann fort! Heim! Fort mit dem schnellsten, mit dem nächsten Zuge! Fort von diesem verruchten Ort, aus diesem verwünschten Lande, wo noch der Teufel und seine Kinder in Menschenleibern wandeln.

Schließlich ist Gottes Gnade doch besser als die dieser Ungeheuer – – und der Abgrund ist steil und tief. An seinem Fuße mag wohl ein Mann schlafen – als ein Mann. Lebt wohl, ihr alle und du, Mina!

*1898–1906*

# MARIE CURIE

## Forschernatur und Forscherleben

*»Die Menschheit«, schrieb sie, brauche »Schwärmer, deren Drang, gesteckte Ziele zu erreichen, derartig groß ist, dass sie ihre persönlichen Interessen völlig außer Acht lassen.« In Aufzeichnungen, die mit dem Jahr 1922 enden, berichtet sie von den wechselhaften äußeren Bedingungen, unter denen sie, die erste Frau, die an der Sorbonne lehrte, nach dieser Maxime gelebt hat.*

*Marie Salomea Skłodowska Curie (\* 1867, † 1934), geboren in Warschau, kam zum Studium nach Frankreich, wo ein polnischer Professor sie mit ihrem künftigen Ehemann Pierre Curie zusammenbrachte. Mit ihm untersuchte sie die 1896 von Henri Becquerel beobachtete Strahlung von Uranverbindungen und prägte für diese das Wort »radioaktiv«. Für die Entdeckung der Elemente Polonium und Radium erhielt sie 1903 mit Pierre Curie den Nobelpreis für Physik und – nach dem Verlust des Ehemanns, der von einer Droschke überfahren wurde – 1911 den Nobelpreis für Chemie. Marie Curie ist die einzige Frau unter den bisher vier Mehrfach-Nobelpreisträgern und neben Linus Pauling die einzige Person, die Nobelpreise auf zwei verschiedenen Gebieten erhalten hat.*

**AM ANFANG KANNTEN WIR KEINE** der physikalischen und chemischen Eigenschaften der unbekannten Substanz. Wir wussten lediglich, dass sie strahlt, und mithilfe dieser Strahlen musste sie gesucht werden. Wir begannen mit der Analyse der Pechblende aus Joachimsthal. Neben den üblichen chemischen Methoden untersuchten wir Teile dieses Erzes auf seine Radioaktivität mithilfe eines empfindlichen elektrischen Gerätes. Dies war die Grundlage einer neuen Methode der chemischen Analyse, die im Laufe unserer Arbeit eine derartige Verbreitung fand, dass es schon damals möglich wurde, eine Vielzahl radioaktiver Körper zu entdecken.

Bereits nach einigen Wochen gewannen wir die Überzeugung, dass unsere Hypothese richtig war, da eine Steigerung der Radioaktivität gemäß unseren Erwartungen erfolgte. Nach einigen Monaten gelang es uns, von der Pechblende eine Begleitsubstanz des Wismuts abzusondern. Diese Substanz war um ein Vielfaches aktiver als das Uran und besaß sehr charakteristische chemische Eigenschaften. Im Juli 1898 gaben wir die Entdeckung dieser Substanz bekannt, die ich zu Ehren meiner Heimat Polonium nannte. Bei der Darstellung des Poloniums bemerkten wir außerdem, dass die Blende noch eine andere unbekannte Begleitsubstanz des Bariums enthielt. Nach weiteren Monaten beharrlicher Arbeit gelang es uns, diese zweite Substanz, die sich später als viel wichtiger erwies als das Polonium, vom Barium zu trennen; im Dezember 1898 konnten wir die wissenschaftliche Welt von der Entdeckung dieses neuen, heute bereits berühmten Grundstoffes unterrichten. Diesen Grundstoff nannten wir Radium.

Doch der größte Teil der technischen Arbeiten lag noch vor uns. Mit Sicherheit konnten wir sagen, das Vorhandensein neuer, interessanter Grundstoffe entdeckt zu haben. Doch nur dank ihrer Strahlungseigenschaft konnten sie unterschieden werden von Wismut und Barium, mit denen sie noch in geringen Mengen vermischt waren. Es ging jetzt darum, diese Substanzen als reine Grundstoffe darzustellen. Bald nahmen wir diese Arbeit in Angriff.

Nur schlecht waren wir mit den Mitteln ausgerüstet, die für die Erreichung eines derartigen Zieles erforderlich sind. Große Erzmengen mussten sorgfältig chemisch aufbereitet werden. Wir besaßen weder Geld noch ein entsprechendes Laboratorium und hatten auch keine Hilfe für unser großes und schwieriges Vorhaben. Es sah aus, als ob aus einem Nichts etwas geschaffen werden sollte. Wenn die früheren Jahre des Universitätsstudiums von meinem Schwager als der »heldenhafte Zeitraum meines Lebens« bezeichnet wurden, so kann ich ohne Übertreibung sagen, dass diese Jahre für mich und meinen Mann der heldenhafteste Zeitraum unseres gemeinsamen Lebens waren.

Aus unseren vorangegangen Forschungen wussten wir, dass bei der Urangewinnung aus Pechblende in den Gruben von Joachimsthal das Radium in Abfällen zurückbleibt. Die österreichische Regierung als Eigentümer dieser Grube stellte uns eine gewisse Menge dieser – damals völlig wertlosen – Abfälle zur Verfügung. Wie freute ich mich, als die ersten Säcke mit braunem, mit Kiefernnadeln vermischtem Staub ankamen, und als ich feststellen konnte, dass die Aktivität dieses Staubes die des heimischen Erzes überstieg. Durch einen glücklichen Zufall blieben diese Abfälle zugänglich, da sie nicht irgendwie anders verwendet, sondern einfach in einen naheliegenden Kiefernwald geschüttet wurden. Dank der Unterstützung der Wiener Akademie der Wissenschaften wurde uns von der österreichischen Regierung nach einiger Zeit gestattet, einige Tonnen derartiger Abfälle zu niedrigem Preis anzukaufen. Aus diesem Stoff gewannen wir die gesamte Radiummenge, die ich in meinem Laboratorium bis zu dem Zeitpunkt besaß, zu dem ein kostbares Radium-Geschenk von amerikanischen Frauen einging.

Die Physikschule konnte uns keinen entsprechenden Raum zur Verfügung stellen. In Ermangelung einer besseren Lösung gestattete uns der Schuldirektor, einen unbenutzten Schuppen, der früher als Sezierraum der medizinischen Schule gedient hatte, in Anspruch zu nehmen. Das Glasdach bot keinen vollkommenen Schutz vor Regen. Im Sommer war es heiß und schwül; im Winter bereitete der zum Glühen erhitzte eiserne Ofen nur Enttäuschungen. Direkt am Ofen war es unerträglich heiß, doch einige Schritte weiter konnte man erfrieren. Von Einrichtungen, die für Chemiker erforderlich sind, konnte keine Rede sein. Wir besaßen lediglich einige alte Kiefernholztische sowie Gasbrenner und Schmelzöfen für Mineralien. Zu unserer Verfügung stand noch der anliegende Hof, wo chemische Versuche durchgeführt werden konnten, bei denen ungesunde Gase ausströmten. Auch unser Schuppen war voll dieser Gase. So ausgerüstet, nahmen wir unsere Arbeit in Angriff.

In diesem dürftigen alten Schuppen verbrachten wir unsere besten und glücklichsten Jahre. Wir widmeten den ganzen Tag der Arbeit. Häufig musste ich dort eine Mahlzeit zubereiten, um einen wichtigen Versuch nicht unterbrechen zu müssen. Zuweilen verbrachte ich den ganzen Tag beim Umrühren einer siedenden Masse mit einem schweren Eisenstab, der fast so groß war wie ich. Da war ich manchmal wirklich übermüdet. Ein anderes Mal wiederum bestand die Arbeit in der äußerst genauen und feinen Teilchen-Kristallisation, die eine Erstarrung der Radiumlösung zum Zweck hatte.

Störend wirkte dabei der Kohlen- und Eisenstaub, der in der Luft schwebte und vor dem ich meine wertvollen Präparate nicht schützen konnte. Nicht zu beschreiben sind jedoch die Freude und die ungetrübte Ruhe dieser Forschungsatmosphäre sowie die Rührung bei der Feststellung wirklicher Fortschritte und der Glaube an die Erzielung noch besserer Ergebnisse. Das Gefühl einer Enttäuschung, das manchmal nach irgendeinem Misserfolg aufkam, ging schnell vorüber und machte frischem Arbeitselan Platz. Herrliche Erlebnisse bildeten auch die Spaziergänge rings um unseren Arbeitsschuppen und die Unterhaltung über unsere Arbeit.

Eine unserer beliebtesten Zerstreuungen in dieser Zeit waren die abendlichen Besuche unseres Labors. Überall sahen wir dabei die schwach leuchtenden Umrisse der Gläser und Beutel, in denen unsere Präparate untergebracht waren. Dies war ein wirklich herrlicher Anblick, der uns stets neu erschien. Die glühenden Röhrchen sahen wie winzige Zauberlichter aus.

So vergingen Monate, und unsere nur durch kurze Ferien unterbrochenen Anstrengungen brachten immer bessere Ergebnisse. Unser Glaube wuchs ständig. Da unsere Forschungen bereits bekannt wurden, fiel es uns leichter, Mittel für den Einkauf neuer Rohstoffe und für die Ausführung eines Teiles der groben Arbeit in einer Fabrik zu finden, wodurch wir mehr Zeit für die präzisen Abschlussarbeiten hatten.

In dieser Zeit befasste ich mich mit der Reinigung des Radiums, während mein Mann die physikalischen Eigenschaften der Strahlungen neu entdeckter Substanzen untersuchte. Erst nach Verbrauch einer ganzen Tonne der Pechblendenabfälle erzielte ich schließlich die Endergebnisse. Heute ist bereits allgemein bekannt, dass selbst die reichhaltigsten Mineralien nicht mehr als einige Dezigramm Radium je Tonne enthalten.

Endlich kam der Augenblick, in dem die abgesonderte Substanz alle Eigenschaften eines chemisch reinen Körpers zeigte. Dieser Körper, das Radium, erzeugt ein eigenartiges Spektrum. Ich konnte auch sein Atomgewicht bestimmen, das wesentlich größer als das von Barium war. Das vollbrachte ich im Jahre 1902. Ich besaß damals ein Dezigramm sehr reines Radiumchlorid. Vier Jahre brauchte ich dazu, um den Forderungen der Chemie entsprechend nachzuweisen, dass das Radium tatsächlich ein neuer Grundstoff ist. Hätten mir entsprechende Mittel zur Verfügung gestanden, so hätte dafür sicherlich ein Jahr gereicht. Das Ergebnis, das so viele Anstrengungen kostete, wurde zur Grundlage der neuen Lehre über die Radioaktivität.

In den späteren Jahren gelang es mir, einige Dezigramm reines Radiumsalz zu gewinnen, das Atomgewicht genauer zu bestimmen und sogar Radium als reines Metall zu erhalten. Doch bereits 1902 waren die Existenz und die Eigenschaften des Radiums endgültig bestimmt.

Einige Jahre lang konnten wir unsere ganze Aufmerksamkeit auf die Forschungsarbeit konzentrieren, doch unsere Verhältnisse hatten sich allmählich verändert. 1900 wurde meinem Mann eine Professur an der Universität Genf angeboten; fast gleichzeitig wurde er als außerordentlicher Professor an die Sorbonne berufen. Ich dagegen bekam die Stellung einer Physiklehrerin im Mädchenseminar in Sèvres bei Paris. Wir blieben also in Paris. Die Tätigkeit im Mädchenseminar nahm mich sehr in Anspruch. Ich bemühte mich, die praktischen Übungen für meine Schülerinnen zu erweitern. Es waren Mädchen im Alter von etwa 20 Jahren, die nach einer schwierigen Prüfung in die Schule aufgenommen wurden und viel arbeiten mussten, um ein Diplom zu erhalten, das zum Unterricht in Lyzeen berechtigte. Sämtliche Mädchen arbeiteten sehr fleißig, sodass mir die Anleitung ihres Physikstudiums Freude bereitete.

Die wachsende Popularität infolge der Veröffentlichung unserer Entdeckungen begann jedoch unsere ruhige Labortätigkeit zu stören. So wurde unser Leben allmählich schwieriger. 1903 beendete ich meine Doktorarbeit und erhielt das Diplom. Am Ende dieses Jahres wurde Becquerel, meinem Mann und mir der Nobelpreis für die Entdeckung der Radioaktivität und der radioaktiven Elemente Radium und Polonium verliehen.

Dieser Preis machte unsere Arbeit sehr populär. Eine Zeit lang hatten wir keinen Augenblick Ruhe. Besuche und Angebote für Vorträge und Artikel kamen fast täglich.

Die Zuerkennung des Nobelpreises war für uns eine große Ehre. Bekanntlich ist der damit verbundene Geldbetrag bedeutend höher als bei anderen wissenschaftlichen Preisen. Dies war uns eine große Hilfe für die weiteren Forschungen. Leider waren wir beide sehr überanstrengt. Mehrmals waren wir abwechselnd krank, sodass wir erst 1905 nach Stockholm reisen konnten. Dort hielt mein Mann einen Vortrag, zu dem er durch den verliehenen Preis verpflichtet war. In Stockholm wurden wir sehr herzlich aufgenommen.

Die durch übermäßige Anstrengungen und durch schlechte Arbeitsbedingungen verursachte Übermüdung steigerte sich mit dem erlangten Ruhm. Vor allem war die Unterbrechung unserer freiwilligen Einsamkeit für uns schmerzlich. Diese Änderung hatte sämtliche Merkmale einer Niederlage; sie war ein ernster Angriff auf den geregelten Ablauf unseres Lebens. Ich erwähnte schon, wie sehr wir nach Ruhe verlangten und uns vom geselligen Leben zurückziehen wollten. Das war notwendig, um die Forschungsarbeit mit dem Familienleben in Einklang zu bringen. Menschen, die an dem Aufkommen eines derartigen Durcheinanders beteiligt sind, haben selbstverständlich stets den besten Willen, doch leider verstehen sie nicht, wie sehr sie uns das Leben erschweren.

1904 kam unsere zweite Tochter *Eve* zur Welt. Selbstverständlich musste ich für einige Zeit die Laborarbeit unterbrechen. Dank des Nobelpreises und der allgemein erworbenen Anerkennung bekam mein Mann im gleichen Jahr den eigens für ihn an der Sorbonne geschaffenem Lehrstuhl für Physik. Ich wurde zur Leiterin des Laboratoriums ernannt, das mit dem neuen Lehrstuhl entstehen sollte. Das Labor wurde jedoch nicht eingerichtet. Es wurden uns lediglich einige Zimmer zugeteilt, die vorher für einen anderen Zweck belegt waren.

1906, als wir gerade endgültig den alten Lagerschuppen, in dem wir so glücklich gewesen waren, verlassen hatten, brach ein furchtbares Unglück über mich herein: der Tod meines Mannes. Ich blieb allein mit den Pflichten der Erziehung unserer Kinder und der Fortsetzung des gemeinsamen Werkes.

Es ist unmöglich, die Größe und die Bedeutung der Wende zu beschreiben, die in meinem Leben durch den Verlust dessen eintrat, der mein nächster Kamerad und bester Freund war. Erschüttert durch diesen Schlag, war ich zunächst nicht in der Lage, an die Zukunft zu denken. Ich konnte jedoch nicht vergessen, was mein Mann so oft sagte: dass ich – selbst ohne ihn – das Werk nicht aufgeben dürfte.

Mein Mann verunglückte, unmittelbar nachdem die Öffentlichkeit mit der Bedeutung seiner Entdeckungen bekannt gemacht worden war. Sein Tod wurde insbesondere von wissenschaftlichen Kreisen als ein nationales Unglück empfunden.

Hauptsächlich unter diesem Eindruck beschloss die Wissenschaftliche Fakultät in Paris, mir den Lehrstuhl anzubieten, den mein Mann über eineinhalb Jahre an der Sorbonne innehatte. Dies war ein Ausnahmefall, da bisher keiner Frau eine derartige Ehre zuteilgeworden war. Die Universität brachte dadurch ihre besondere Anerkennung für mich zum Ausdruck und gab mir die Gelegenheit, die Forschungen weiterzuführen, wozu ich sonst nicht in der Lage gewesen wäre. Eine derartige Anerkennung hatte ich nie erwartet und auch nie angestrebt; ich wollte lediglich frei für die Wissenschaft arbeiten. Die Ehre, die mir zuteilwurde, war jedoch unter den damaligen Verhältnissen eine sehr schmerzliche. Darüber hinaus hatte ich Bedenken, ob ich dieser hohen Verantwortung gerecht werden könnte. Nach längeren Überlegungen kam ich zu dem Schluss, dass ich mindestens versuchen müsse, diese Pflichten auf mich zu nehmen. So begann ich 1906 mit den Vorlesungen an der Sorbonne, und zwar zunächst als außerordentlicher und nach zwei Jahren als ordentlicher Professor.

In dieser neuen Lage wurde mein Leben bedeutend schwieriger, da ich jetzt auf mich allein die Last nehmen musste, die ich früher gemeinsam mit meinem Mann getragen hatte. Die kleinen Kinder mussten sorgfältig betreut und beaufsichtigt werden. Der Vater meines Mannes, der nach wie vor mit bei uns wohnte, half mir dabei gern. Er war glücklich, die Mädchen betreuen zu können, worin er einen Trost nach dem Tode seines Sohnes fand. Dank seiner und meiner Mühe hatten die Kinder nach wie vor ihr glückliches Heim, obwohl wir selbst von tiefer Trauer erfasst waren, die die Kinder noch nicht empfinden konnten.

*1900/1908/1911*

# SIGMUND FREUD

## Traum. Und der Mensch als Krankheit

*Psychologie bei Sigmund Freud (\* 1856, † 1939) ist Psychopathologie, das heißt wissenschaftliche Erforschung der kranken Seele. Psychische Gesundheit ist ein Grenzfall, der allenfalls als Ergebnis erfolgreicher Strategien und Taktiken der Krankheitsvermeidung Interesse verdienen kann. Auch Träume sind unweigerlich krank. So viel gibt die Freud'sche Traumtheorie vor (womit wir von den Traumbüchern des Artemidor von Daldis doch recht weit entfernt sind, vgl. S.61–63).*

*Diese pathologisierende Tendenz, selber eine Krankheit, wie oft genug gesagt wurde, wird in der zweiten oder dritten Auflage von Freuds berühmtestem Buch* Die Traumdeutung *keineswegs entschärft. Mit der Sexualtheorie, die ab 1905 den Kern der Freud'schen Lehre bildet, spitzt sie sich vielmehr zu. Im Vorwort zur dritten Auflage wird das psychisch kranke Individuum allerdings in einen Zusammenhang kultureller Erscheinungen zurückgebracht, die nicht schon von ihrem Begriff her als krank zu gelten haben: nämlich in den Kontext »der Dichtung, des Mythus, des Sprachgebrauchs und der Folklore«. Damit könnten wir von der kranken Seele doch in die Geschichte unserer Spezies zurückzufinden (und auch Artemidor wieder etwas näher rücken).*

*Anzufügen ist, dass Freud das Unbewusste entdeckt hat. Dieser große Schritt in der Geschichte der Psychologie und seine Bedeutung werden nicht dadurch relativiert, dass Freud das neue unbekannte Terrain sogleich mit Scharen von Spukgestalten aus der Unterwelt der Triebe bevölkert hat. Viel Wasser an polemischen Auseinandersetzungen um Freud ist bis heute ins Meer geflossen. Die Urteile über sein Werk sind zum Teil extrem: von den einen wird es als der große Durchbruch der Psychologie in die Welt der modernen Wissenschaften gefeiert, von anderen abgetan als die spektakulärste intellektuelle Irrfahrt und Scharlatanerie, die jemals die Insignien der Wissenschaft in Anspruch nahm. Hier wollen wir kein Öl in dieses Feuer gießen, dem an Nahrung weiterhin kein Mangel droht. Mit vorbildlicher Fairness wird in diesem Buch Freeman Dyson (vgl. S. 754–759) noch einmal auf Freud zu sprechen kommen. An dieser Stelle sei nur noch Karl Kraus zitiert – mit einem von seinen vielen aufmunternden Worten zum Thema: »Ein guter Psychologe ist imstande, dich ohne Weiteres in seine Lage zu versetzen.« Im folgenden Vorwort zur ersten Auflage seiner* Traumdeutung *führt Freud das mustergültig vor.*

VORBEMERKUNG ZUR ERSTEN AUFLAGE (1900)
Indem ich hier die Darstellung der Traumdeutung versuche, glaube ich den Umkreis neuropathologischer Interessen nicht überschritten zu haben. Denn der Traum erweist sich bei der psychologischen Prüfung als das erste Glied in der Reihe abnormer psychischer Gebilde, von deren weiteren Gliedern die hysterische Phobie, die Zwangs- und die Wahnvorstellung den Arzt aus praktischen Gründen beschäftigen müssen. Auf eine ähnliche praktische Bedeutung kann der Traum – wie sich zeigen wird – Anspruch nicht erheben; umso größer ist aber sein theoretischer Wert als Paradigma, und wer sich die Entstehung der Traumbilder nicht zu erklären weiß, wird sich auch um das Verständnis der Phobien, Zwangs- und Wahnideen, eventuell um deren therapeutische Beeinflussung, vergeblich bemühen.

Derselbe Zusammenhang aber, dem unser Thema seine Wichtigkeit verdankt, ist auch für die Mängel der vorliegenden Arbeit verantwortlich zu machen. Die Bruchflächen, welche man in dieser Darstellung so reichlich finden wird, entsprechen ebenso vielen Kontaktstellen, an denen das Problem der Traumbildung in umfassendere Probleme der

Psychopathologie eingreift, die hier nicht behandelt werden konnten und denen, wenn Zeit und Kraft ausreichen und weiteres Material sich einstellt, spätere Bearbeitungen gewidmet werden sollen.

Eigentümlichkeiten des Materials, an dem ich die Traumdeutung erläutere, haben mir auch diese Veröffentlichung schwer gemacht. Es wird sich aus der Arbeit selbst ergeben, warum alle in der Literatur erzählten oder von Unbekannten zu sammelnden Träume für meine Zwecke unbrauchbar sein mussten; ich hatte nur die Wahl zwischen den eigenen Träumen und denen meiner in psychoanalytischer Behandlung stehenden Patienten. Die Verwendung des letzteren Materials wurde mir durch den Umstand verwehrt, dass hier die Traumvorgänge einer unerwünschten Komplikation durch die Einmengung neurotischer Charaktere unterlagen. Mit der Mitteilung meiner eigenen Träume aber erwies sich als untrennbar verbunden, dass ich von den Intimitäten meines psychischen Lebens fremden Einblicken mehr eröffnete, als mir lieb sein konnte und als sonst einem Autor, der nicht Poet, sondern Naturforscher ist, zur Aufgabe fällt. Das war peinlich, aber unvermeidlich; ich habe mich also dareingefügt, um nicht auf die Beweisführung für meine psychologischen Ergebnisse überhaupt verzichten zu müssen. Natürlich habe ich doch der Versuchung nicht widerstehen können, durch Auslassungen und Ersetzungen manchen Indiskretionen die Spitze abzubrechen; sooft dies geschah, gereichte es dem Werte der von mir verwendeten Beispiele zum entschiedensten Nachteile. Ich kann nur die Erwartung aussprechen, dass die Leser dieser Arbeit sich in meine schwierige Lage versetzen werden, um Nachsicht mit mir zu üben, und ferner, dass alle Personen, die sich in den mitgeteilten Träumen irgendwie betroffen finden, wenigstens dem Traumleben Gedankenfreiheit nicht werden versagen wollen.

## Vorwort zur zweiten Auflage (1908)

Dass von diesem schwer lesbaren Buche noch vor Vollendung des ersten Jahrzehntes eine zweite Auflage notwendig geworden ist, verdanke ich nicht dem Interesse der Fachkreise, an die ich mich in den vorstehenden Sätzen gewendet hatte. Meine Kollegen von der Psychiatrie scheinen sich keine Mühe gegeben zu haben, über das anfängliche Befremden hinauszukommen, welches meine neuartige Auffassung des Traumes erwecken konnte, und die Philosophen von Beruf, die nun einmal gewohnt sind, die Probleme des Traumlebens als Anhang zu den Bewusstseinszuständen mit einigen – meist den nämlichen – Sätzen abzuhandeln, haben offenbar nicht bemerkt, dass man gerade an diesem Ende allerlei hervorziehen könne, was zu einer gründliche Umgestaltung unserer psychologischen Lehren führen muss. Das Verhalten der wissenschaftlichen Buchkritik konnte nur zur Erwartung berechtigen, dass Totgeschwiegenwerden das Schicksal dieses meines Werkes müsse; auch die kleine Schar von wackeren Anhängern, die meiner Führung in der ärztlichen Handhabung der Psychoanalyse folgen und nach meinem Beispiel Träume deuten, um diese Deutungen in der Behandlung von Neurotikern zu verwerten, hätte die erste Auflage des Buches nicht erschöpft. So fühle ich mich denn jenem weiteren Kreise von Gebildeten und Wissbegierigen verpflichtet, deren Teilnahme mir die Aufforderung verschafft hat, die schwierige und für so vieles grundlegende Arbeit nach neun Jahren von Neuem vorzunehmen. Ich freue mich, sagen zu können, dass ich wenig zu verändern fand. …

## Vorwort zur dritten Auflage (1911)

Während zwischen der ersten und der zweiten Auflage dieses Buches ein Zeitraum von neun Jahren verstrichen ist, hat sich das Bedürfnis einer dritten bereits nach wenig mehr als einem Jahre bemerkbar gemacht. Ich darf mich dieser Wandlung freuen; wenn ich aber vorhin die Vernachlässigung meines Werkes von Seiten der Leser nicht als Beweis für dessen Unwert gelten lassen wollte, kann ich das nunmehr zutage getretene Interesse auch nicht als Beweis für seine Trefflichkeit verwerten.

Der Fortschritt wissenschaftlicher Erkenntnis hat auch die *Traumdeutung* nicht unberührt gelassen. Als ich sie 1899 niederschrieb, bestand die *Sexualtheorie* noch nicht, war die Analyse der komplizierteren Formen von Psychoneurosen noch in ihren Anfängen. Die Deutung der Träume sollte ein Hilfsmittel werden, um die psychologische Analyse der Neurosen zu ermöglichen; seither hat das vertiefte Verständnis der Neurosen auf die Auffassung des Traumes zurückgewirkt. … Ich getraue mich auch vorherzusagen, nach welchen Richtungen spätere Auflagen der *Traumdeutung* – falls sich ein Bedürfnis nach solchen ergeben würde – von der vorliegenden abweichen werden. Dieselben müssten einerseits einen engeren Anschluss an den reichen Stoff der Dichtung, des Mythos, des Sprachgebrauchs und der Folklore suchen, andersetis die Beziehungen des Traumes zur Neurose und zur Geistesstörung noch eingehender, als es hier möglich war, behandeln.

*1900*

# HENRI BERGSON

## Welche Funktion hat das Lachen?

*Von Aristoteles kommt die Behauptung, das Lachen sei eine ausschließlich menschliche Eigenschaft, die ihn vom Tier unterscheide. Und obwohl das Lachen mit seinen vielfältigen physiologischen, psychologischen, sozialen und intellektuellen Aspekten eine ziemlich komplexe Sache ist (die bis zum homerischen bzw. teuflischen Lachen und bis zur Narrenfigur und zum Karneval reicht), haben sich nicht allzu viele ernst zu nehmende Autoren mit dem Komischen beschäftigt. Große Vordenker sind unter anderen Jean Paul, Karl Friedrich Flögel, Hegel, Schopenhauer und Nietzsche, wobei vor allem Jean Paul mit seiner Definition der Komik als des umgekehrt Erhabenen Maßstäbe gesetzt hat.*

*Im selben Jahr wie Freud seine Traumdeutung veröffentlicht dann Henri Bergson (\* 1859, † 1941), damals noch nicht Nobelpreisträger, eins der ersten Bücher, das sich ausschließlich dem Lachen widmet: Le rire. Essai sur la significance du comique (1900). Darin untersucht er vor allem das Auslachen und seine soziale Funktion.*

OFT HEGEN WIR FÜR EINE KOMISCHE GESTALT zunächst viel Sympathie. Jedenfalls versetzten wir uns vorübergehend an ihre Stelle, wir nehmen ihre Gebärden, ihre Redensarten, ihre Handlungsweisen an, und wenn uns das Lächerliche an ihr belustigt, so fordern wir sie im Geist auf, mit uns darüber zu lachen. Wir behandeln sie als Kameraden. Dem Lachen ist also zumindest ein Anschein von Wohlwollen, von liebenswürdiger Leutseligkeit eigen, und es wäre falsch, dieser Tatsache nicht Rechnung zu tragen. Vor allem aber enthält das Lachen ein Element der *Entspannung*. Das hat sich nirgends deutlicher gezeigt, als in unseren letzten Beispielen. Dort finden wir übrigens auch die Erklärung dafür.

Wenn die komische Gestalt ihre Idee automatisch weiterverfolgt, so denkt, spricht, handelt sie am Schluss, als ob sie träumte. Der Traum aber ist eine Entspannung. Mit den Dingen und den Menschen in Kontakt bleiben, nur das sehen, was ist, nur das denken, was Hand und Fuß hat, erfordert eine ununterbrochene geistige Anstrengung und Gespanntheit. Aus dieser Anstrengung besteht der gesunde Menschenverstand. Er ist Arbeit. Aber sich von den Dingen lösen und dennoch weiterhin Bilder sehen, mit der Logik brechen und dennoch weiterhin Gedanken sammeln, das ist nur noch Spielerei. Man kann es auch Trägheit nennen. Die komische Absurdität lässt uns also zuerst an ein Spiel mit Gedanken denken. Unsere erste Regung heißt uns, an diesem Spiel teilzunehmen. Wir erholen uns dabei von der Mühe des Denkens.

Dasselbe lässt sich aber auch von anderen Formen des Lächerlichen sagen. In der Komik besteht immer die Tendenz, sich einen bequemen Hang hinunterschlittern zu lassen, und das ist meist der Hang der Gewohnheiten. Man will sich nicht länger auf Schritt und Tritt der Gesellschaft anpassen. Man entzieht sich der Pflicht, bewusst zu leben. Man gleicht mehr oder weniger einem Zerstreuten. Es ist, zugegeben, mindestens ebenso sehr eine Zerstreutheit des Willens als eine Zerstreutheit des Verstandes, aber auf alle Fälle ist es Zerstreutheit und folglich Trägheit. Man bricht mit den Konventionen wie eben noch mit der Logik. Kurz, man benimmt sich wie einer, der spielt. Und wieder ist unsere erste Regung der Wunsch, der Einladung zur Trägheit zu folgen. Zumindest einen Augenblick lang spielen wir mit, um uns von der Mühe des Lebens zu erholen.

Doch es ist eine kurze Ruhepause. Denn flüchtig ist die Sympathie, die mit dem Erlebnis der Komik einhergehen kann. Auch sie stammt ja aus der Zerstreutheit. Es ist, wie wenn ein strenger Vater sich bisweilen vergisst und an einem Streich seines Sohnes Spaß empfindet, bis er sich wieder auf sich selbst besinnt und den Jungen bestraft.

Das Lachen ist, ich wiederhole es, ein Korrektiv und dazu da, jemanden zu demütigen. Infolgedessen muss es in der Person, der es gilt, eine peinliche Empfindung hervorrufen. Durch ihr Gelächter rächt sich die Gesellschaft für die Freiheiten, die man sich ihr gegenüber herausgenommen hat. Das Lachen würde seinen Zweck verfehlen, wenn es von Sympathie und Güte gekennzeichnet wäre.

Man wird nun behaupten, zumindest die Absicht könne gut sein, oft züchtige man, weil man liebe, und indem das Lachen die äußeren Anzeichen gewisser Charaktermängel aufdecke, verhelfe es uns zu unserem eigenen Besten dazu, diese Fehler abzulegen und bessere Menschen zu werden.

Dazu ließe sich vieles sagen. Im Großen und Ganzen übt das Lachen fraglos eine nützliche Funktion aus. Alle unsere Untersuchungen waren übrigens darauf angelegt, dies zu beweisen. Das will aber nicht heißen, dass das Lachen immer richtig trifft oder dass es ein Zeichen von Wohlwollen oder gar Gerechtigkeit ist.

Um immer richtig zu treffen, müsste es einem Akt der Reflexion entspringen. Nun ist aber das Lachen ganz einfach die Auswirkung eines Mechanismus, den die Natur oder, was etwa auf dasselbe herauskommt, eine jahrelange Gewohnheit im Umgang mit der Gesellschaft in uns eingebaut haben. Es bricht ganz von allein und schlagartig los. Es hat keine Zeit für lange Zielübungen. Das Lachen straft gewisse Fehler etwa so, wie eine Krankheit gewisse Exzesse straft; es trifft Unschuldige, verschont Schuldige, zielt nur auf ein Gesamtergebnis ab und ist außerstande, jedem einzelnen Fall die Ehre einer Sonderbehandlung angedeihen zu lassen. Ebenso verhält es sich mit allem, was mit natürlichen Mitteln anstatt durch bewusste Überlegung vollbracht wird. Ein durchschnittliches Maß von Gerechtigkeit mag zwar im Gesamtergebnis zutage treten, nicht aber im Einzelfall.

Das Lachen kann also nicht immer restlos gerecht sein. Es soll auch nicht gütig sein. Es soll einschüchtern, indem es demütigt. Diese Funktion könnte es nicht erfüllen, hätte nicht die Natur zu diesem Zweck noch im besten Menschen eine kleine Spur Bosheit oder zumindest Schalkhaftigkeit hinterlassen. Vielleicht verweilen wir besser nicht länger bei diesem Punkt. Wir fänden für uns nicht viel Schmeichelhaftes. Wir müssten erkennen, dass die Regung, die Entspannung oder Befreiung bedeutet, nur ein Vorspiel des Lachens ist, dass der Lachende sich sofort auf sich zurückbesinnt, sich selbst mehr oder weniger anmaßend zur Geltung bringt und den anderen unter Umständen nur als eine Marionette betrachtet, die er nach Belieben tanzen lassen kann. In dieser Anmaßung würden wir übrigens sehr schnell eine Spur Egoismus entdecken und hinter dem Egoismus etwas noch weniger Offenes, noch Bittereres, eine Art von aufkeimendem Pessimismus, der sich umso stärker äußert, je bewusster der Lachende sein Gelächter begründet.

Hier wie überall hat die Natur dafür gesorgt, dass das Böse dem Guten dient. Und es war in erster Linie das Gute, das uns in dieser Studie beschäftigt hat. Uns schien, die Gesellschaft erziele eine immer größere Anpassungsfähigkeit ihrer Glieder, je mehr sie sich selbst vervollkomme; sie finde ein immer besseres Gleichgewicht; sie dränge die in einer so großen Masse unvermeidlichen Störungen immer stärker an ihre Oberfläche, und das Lachen erfülle dabei eine nützliche Funktion, weil es uns die Umrisse dieser unruhigen Bewegungen erkennen lasse.

So kämpfen auch die vom Wind gepeitschten Wasser ohne Unterlass an der Oberfläche des Meeres, während in den unteren Schichten tiefer Friede herrscht. Die Wellen prallen aufeinander, behindern sich gegenseitig, suchen ihr Gleichgewicht. Leichte, weiße, lustige Schaumkronen begleiten ihren Tanz. Einige bleiben am Strand liegen, wenn die Flut zurückweicht. Das Kind, das in der Nähe spielt, kommt und schöpft sie mit der Hand und wundert sich, dass gleich darauf nur noch ein paar Wassertropfen durch seine Finger rinnen, viel salziger, viel bitterer als das Wasser der Welle, die den Schaum an den Strand trug. Das Lachen ist wie dieser Schaum. Es zeigt den Aufruhr an der Oberfläche des sozialen Lebens an. Es zeichnet die beweglichen Umrisse dieser Erschütterungen augenblicklich nach. Es ist auch salzhaltig. Und es prickelt wie Schaum. Es ist etwas Leichtes, Fröhliches. Der Philosoph, der es einfängt, um davon zu kosten, wird im Übrigen noch in der geringsten Menge bisweilen eine Dosis Bitterkeit entdecken.

*1900*

# DANIEL PAUL SCHREBER
# Denkwürdigkeiten eines Nervenkranken

*»Ich glaube nicht«, schrieb Elias Canetti, »dass jemals sonst ein Paranoiker, der als solcher jahrelang in einer Anstalt interniert war, sein System so komplett und überzeugend dargestellt hat.« Seit Freud die im Jahre 1900 niedergeschriebenen Denkwürdigkeiten des Senatspräsidenten am Königlichen Oberlandesgericht Dresden zur Grundlage seiner großen Paranoia-Studie von 1911 machte, sind sie von der Psychologenprominenz immer wieder herangezogen worden: von C. G. Jung, Melanie Klein, Jacques Lacan, Gilles Deleuze/Félix Guattari u. a. m. Linke Fundamentalkritik an der bürgerlichen Gesellschaft hat in den monumentalen Konstruktionen des Wahns ein Zerr- und Vexierbild der bürgerlichen Gesellschaft erkennen wollen, genauer: ihres repressiven bürokratischen Apparats, der sich in dem spiegelt, was er aus ihr ausschließt.*

*Nach einem ersten Klinikaufenthalt von wenigen Monaten 1885 blieb Daniel Paul Schreber (\*1842, †1911) nach seiner zweiten Einweisung im Jahr 1893 neun Jahre lang interniert. Einen Prozess gegen seine Entmündigung gewann er, bevor er 1902 entlassen wurde. Über die Krankheit, die ihn 1907 für seine letzten vier Lebensjahre hinter Anstaltsmauern zurückbrachte, ist nichts bekannt. Sein Vater war der Arzt, Orthopäde und Pädagoge Moritz Schreber, Aktivist der Leipziger Kleingartenbewegung und Namensgeber des Schrebergartens, außerdem bekannt als ein Prototyp dessen, was wegen des Rückgriffs auf Gewalt und Einschüchterung »schwarze Pädagogik« genannt wird. Orthopädisches Gerät sollte für eine »gesunde Haltung« der Kinder sorgen.*

## Denkzwang. Äusserungen und Begleiterscheinungen desselben

Nachdem ich in den vorausgehenden Kapiteln geschildert habe, welchen Veränderungen mein äußeres Leben im Laufe der verflossenen Jahre unterworfen war und welche Erscheinungen der von göttlichen Strahlen gegen mich geführte Vernichtungskampf gezeigt hatte, will ich nunmehr noch einiges Weitere darüber mitteilen, in welchen – ebenfalls mannigfach veränderten – Formen der ununterbrochen fortdauernde Denkzwang sich gleichzeitig geäußert hat. Der Begriff des Denkzwangs ist bereits in Kap. V. dahin bestimmt worden, dass derselbe eine Nötigung zu unablässigem Denken enthält, wodurch das natürliche Recht des Menschen auf geistige Erholung, auf zeitweiliges Ausruhen von der Denktätigkeit im Wege des Nichtdenkens beeinträchtigt oder, wie der grundsprachliche Ausdruck lautet, der »Untergrund« des Menschen beunruhigt wird. Durch Strahleneinwirkung werden meine Nerven in Schwingungen versetzt, die gewissen menschlichen Worten entsprechen, deren Wahl also nicht auf meinem eigenen Willen, sondern auf einem gegen mich geübten äußeren Einflusse beruht. Dabei herrschte von Anfang an das System des Nichtausredens, d. h., die Schwingungen, in die meine Nerven versetzt werden, und die dadurch erzeugten Worte enthalten ganz überwiegend nicht in sich abgeschlossene vollendete Gedanken, sondern nur Bruchstücke von solchen, deren Ergänzung zu irgendwelchem vernünftigen Sinne meinen Nerven damit gewissermaßen zur Aufgabe gestellt wird. Es liegt einmal in der Natur der Nerven, dass, wenn auf diese Weise irgendwelche zusammenhanglose Worte, irgendwelche angebrochene Phrasen in dieselben hineingeworfen worden, sie sich unwillkürlich bemühen, dasjenige, was zu einem den menschlichen Geist befriedigenden vollendeten Gedanken noch fehlt, zu suchen.

Das System des Nichtausredens ist im Laufe der Jahre, je mehr es den Seelen an eigenen Gedanken zu mangeln anfing, immer weiter ausgebildet worden. Ganz besonders häufig werden seit Jahren in tausendfältiger Wiederholung nur einzelne Konjunktionen oder Adverbialwendungen, die zur Einleitung von Relativsätzen bestimmt sind, in meine Nerven hineingesprochen, denen dann die Ausfüllung der Relativsätze mit irgendwelchem, dem denkenden Geiste genügendem Inhalt überlassen bleibt. So höre ich seit Jahren an jedem Tage in hundertfältiger Wiederholung die ohne jeden Zusammenhang in meine Nerven hineingesprochenen Worte »warum nur?«, »warum, weil«, »warum, weil ich«, »es sei denn«, »rücksichtlich seiner« (d. i. in betreff meiner Person ist nunmehr das oder jenes zu sagen oder zu denken), ferner etwa ein ganz sinnlos in meine Nerven geworfenes »O ja«, endlich gewisse Bruchstücke früher vollständig ausgedrückter Redensarten, z. B.

1. »Nun will ich mich«,
2. »Sie sollen nämlich«,
3. »Das will ich mir«,
4. »Nun muss er doch«,
5. »Das war nu nämlich«
6. »Fehlt uns nun«,

usw. Um dem Leser wenigstens einen Begriff von der ursprünglichen Bedeutung dieser abgebrochenen Redensarten zu geben, will ich zu den unter 1–6 angegebenen Beispielen jedes Mal die Fortsetzung, die früher wirklich gesprochen wurde, jetzt aber weggelassen und damit gewissermaßen meinen Nerven zur Ergänzung überlassen wird, hinzufügen. Es hätten eigentlich zu lauten die Redensarten

No. 1. Nun will ich mich darein ergeben, dass ich dumm bin;
No. 2. Sie sollen nämlich dargestellt werden als Gottesleugner, als wollüstigen Ausschweifungen ergeben usw.;
No. 3. Das will ich mir erst überlegen;
No. 4. Nun muss er doch wohl mürbe sein, der Schweinebraten;
No. 5. Das war nu nämlich nach der Seelen Auffassung zu viel;
No. 6. Fehlt uns nun der Hauptgedanke, d. h. – wir, die Strahlen entbehren der Gedanken.

Die wenig geschmackvolle Redensart vom Schweinebraten (ad 4) beruht insbesondere darauf, dass ich selbst einmal vor Jahren in der Nervensprache mich der bildlichen Redewendung von einem »mürben Schweinebraten« bedient hatte. Diese Redewendung ist dann aufgegriffen und zu einem beständig wiederkehrenden Bestandteil des Sprechmaterials gemacht worden. Den »Schweinebraten« soll ich auf mich selbst beziehen, es soll also damit ausgedrückt werden, dass meine Widerstandskraft gegen die auf Zerstörung meines Verstandes gerichteten Angriffe der Strahlen doch nun endlich erschöpft sein müsse.

Der Grund des Nichtausredens ist derselbe, der auch sonst in dem Verhalten Gottes mir gegenüber in jedem Punkte hervortritt; man beabsichtigt, sich damit der Notwendigkeit des Aufgehens in meinem Körper infolge der Anziehungskraft zu entziehen. Solange noch annähernd weltordnungsmäßige Zustände herrschten, d. h. vor dem Anbinden an Strahlen und an Erden, genügte jede Übereinstimmung der *Empfindung* in einem einzigen Gesicht (Augenblick), um ein Herabspringen der frei am Himmel hängenden Seelen in meinen Mund zu veranlassen und damit ihrer selbstständigen Existenz ein Ende zu bereiten, ich habe diesen Vorgang, wie bereits bemerkt, damals in sehr zahlreichen Fällen tatsächlich erlebt. Denselben Erfolg hatten aber auch bloße »verstandesmäßige Erwägungen«, sofern die Seelen denselben in einer grammatikalisch vollständigen Form Ausdruck gaben. Noch jetzt würde der grammatikalisch vollständige Ausdruck eines beliebigen Gedankens ohne Weiteres zu mir hinführen, sodass die damit eingehenden (allerdings einer Zurückziehung fähig gewordenen) Strahlen vorübergehend die Seelenwollust meines Körpers erhöhen würden. Das Nichtausreden hat anscheinend die Wirkung, dass die Seelen dadurch gewissermaßen mitten auf dem Wege aufgehalten und zur Zurückziehung zugänglich gemacht werden, ehe sie zur Vermehrung der Seelenwollust in meinem Körper beigetragen haben; vollständig und auf die Dauer erreicht wird die Verhinderung der Anziehung allerdings auch dadurch nicht, immerhin schein wenigstens eine gewisse Verlangsamung stattzufinden.

Man kann sich schwer vorstellen, welche geistigen Anstrengungen mir der Denkzwang namentlich in den erwähnten Verschärfungen jahrelang auferlegt hat und welche geistigen Qualen mir dadurch bereitet worden sind. In den ersten Jahren empfanden es meine Nerven in der Tat als eine unwiderstehliche Nötigung, für jeden der eingeleiteten Relativsätze, für jede der angebrochenen Phrasen eine den menschlichen Geist befriedigende Fortsetzung zu finden, so etwa, wie im gewöhnlichen, menschlichen Verkehr auf die Anfrage eines anderen regelmäßig eine Antwort gegeben zu werden pflegt. Um einigermaßen verständlich zu machen, wie eine solche Nötigung an und für sich durch die Natur der menschlichen Nerven gegeben ist, will ich mich eines Beispiels bedienen. Man denke sich den Fall, dass Eltern oder Erzieher einer in der Schule mit ihren Kindern veranstalteten Prüfung beiwohnen. Sofern sie der Prüfung mit Aufmerksamkeit folgen, werden sie sich unwillkürlich auf jede gestellte Frage im Geiste selbst die Antwort geben, sei es nur in der Form: »Ich weiß es nicht, ob es wohl die Kinder wissen werden?« Dabei besteht aber natürlich für die Eltern oder Erzieher keinerlei geistiger Zwang, sie brauchen bloß ihre Aufmerksamkeit von dem Gange der Prüfung ab- und irgendwelchen Äußerlichkeiten der Umgebung zuzuwenden, um ihre Nerven vor jeder Anstrengung in der angegebenen Richtung zu bewahren. Darin liegt nun eben der wesentliche Unterschied des gegebenen Beispiels von meinem Falle. Die gestellten Fragen oder die Nötigung zum Ausüben der Denkfunktion begründenden Fragpartikel werden in meine

Nerven, da sie von Strahlen in entsprechende Schwingungen versetzt werden, dergestalt hineingesprochen, dass sie sich der zum Denken zwingenden Erregung gar nicht entziehen können. Ob die gewählte Ausdrucksweise, dass meine Nerven von Strahlen in entsprechende Schwingungen versetzt werden, das Verhältnis ganz richtig trifft, muss ich freilich dahingestellt sein lassen; der von mir unmittelbar empfundene Vorgang ist der, dass die sprechenden Stimmen (neuerdings also insbesondere die Stimmen der sprechenden Vögel) als *innere Stimmen* wie lange Fäden sich in meinen Kopf hineinziehen und in demselben vermöge des Leichengifts, das sie abladen, eine schmerzhafte spannende Empfindung erzeugen. …

Die Eingriffe in die Freiheit des menschlichen Denkens oder genauer gesprochen des Nichtdenkens, welche das Wesen des Denkzwangs ausmachen, sind im Laufe der Jahre noch wesentlich dadurch verschärft worden, dass das Sprechen der Stimmen in immer langsamerem Tempo geschieht. Es hängt dies zusammen mit der vermehrten Seelenwollust meines Körpers und mit der – trotz aller Aufschreiberei – überaus großen Dürftigkeit des Sprechmaterials, das den Strahlen zur Überbrückung der ungeheuren Entfernungen zu Gebote steht, die die Weltkörper, an denen sie hängen, von meinem Körper trennen.

Von dem Grade der Verlangsamung kann sich derjenige, der nicht die besprochenen Erscheinungen, wie ich, persönlich erlebt hat und noch erlebt, kaum eine Vorstellung machen. Ein »aber freilich«, gesprochen »a-a-a a-b-e-e-r fr-ei-ei-ei-li-i-i-i-ch«, oder ein »Warum sch…… Sie denn nicht?« gesprochen »W-a-a-a-r-r-u-m sch-ei-ei-ei-ß-e-e-n Sie d-e-e-e-n n-i-i-i-i-cht?« beansprucht jedes Mal vielleicht 30 bis 60 Sekunden, ehe es vollständig herauskommt. Dadurch müsste in jedem Menschen, der nicht, wie ich auch in der Anwendung geeigneter Abwehrmittel immer erfinderischer geworden wäre, eine nervöse Ungeduld erzeugt werden, die den Betreffenden einfach aus der Haut fahren ließe; nur einen über die Maßen schwachen Abglanz von der den Nerven verursachten Beunruhigung vermag vielleicht das Beispiel zu bieten, dass ein Richter oder Lehrer einen geistig schwerfälligen Zeugen oder Schüler immer vor sich stottern hört und trotz aller Bemühungen nicht zu einer deutlichen Aussprache Desjenigen, was der Gefragte eigentlich sagen will oder soll, zu bringen imstande ist.

Zu den verschiedenen Abwehrmitteln gehört vor allen Dingen das Klavierspielen und das Lesen von Büchern und Zeitungen – sofern es der Zustand meines Kopfes gestattet –, woran auch die am längsten ausgesponnenen Stimmen schließlich zugrunde gehen; für diejenigen Tageszeiten, wo dies, wie in der Nacht, nicht gut angängig ist, oder eine Abwechslung in der Beschäftigung zum geistigen Bedürfnisse wird, habe ich in dem Memorieren von Gedichten ein meist erfolgreiches Auskunftsmittel gefunden. Ich habe eine große Anzahl von Gedichten, namentlich Schiller'sche Balladen, größere Abschnitte aus Schiller'schen und Goethe'schen Dramen, aber auch Opernarien und Scherzgedichte, u. a. aus *Max und Moritz*, aus dem *Struwwelpeter* und Spekters *Fabeln* auswendig gelernt, die ich dann im Stillen verbotenus aufsage. Auf den poetischen Wert der Gedichte kommt es dabei natürlich an und für sich nicht an; jede noch so unbedeutende Reimerei, ja selbst jeder Zotenvers ist als geistige Nahrung immer noch Goldes wert gegenüber dem entsetzlichen Blödsinn, der sonst meinen Nerven anzuhören zugemutet wird.

*1901*

# WILLIAM JAMES

## Medizinischer Materialismus bringt uns dem Geist nicht näher

*Geisteszustände haben irgendeinen organischen Prozess zu ihrer Bedingung, soviel ist selbstverständlich und wohl niemand hat das je im Ernst bestritten. Wir denken nicht ohne unser Gehirn. Entscheidet deshalb unser Stoffwechsel über die Wahrheit der Behauptung 1+1=2? Oder über Gottesvorstellungen und die Beweisbarkeit der Nichtexistenz ihres Gegenstands? Hier wird mit einer landläufigen Physiologie unserer Bewusstseinsinhalte ins Gericht gegangen, in unserem Text als »medizinischer Materialismus« bezeichnet: eine sich aufgeklärt gebende Schule der Geringschätzung, mit der wir gegenseitig andere Meinungen als »Fieberphantasien« disqualifizieren oder einen gerechten Kummer als Verdauungsstörung.*

*William James (\* 1842, † 1910), geboren im New Yorker Waldorf Astoria als Sohn eines Millionärs, gilt als das amerikanische Schwergewicht der noch in den Kinderschuhen steckenden Psychologie. Der Mitbegründer der Philosophie des Pragmatismus lehrte von 1876 bis 1907 in Harvard. In seinen akademischen Schriften zeigt er sich als ein außergewöhnlicher Stilist – nicht zufällig ist er der ältere Bruder des Romanciers Henry James.* Die Vielfalt der religiösen Erfahrung. Eine Studie über die menschliche Natur *ist eines der schönsten Bücher eben darüber, was im Titel und Untertitel steht.*

IHREN VIELLEICHT VERBREITETSTEN AUSDRUCK findet die Annahme, geistiger Wert werde durch die Behauptung niedrigen Ursprungs aufgehoben, in jenen Bemerkungen, die unsentimentale Menschen so oft über ihre gefühlsbetonteren Bekannten machen. Alfred glaubt so fest an die Unsterblichkeit, weil er ein so emotionelles Temperament hat. Fannys ungewöhnliche Gewissenhaftigkeit ist nur eine Sache ihrer überreizten Nerven. Williams melancholische Gedanken über das Universum gehen auf seine schlechte Verdauung zurück – wahrscheinlich ist seine Leber krank. Elizas Freude an ihrer Kirche ist ein Ausdruck ihrer hysterischen Verfassung. Peter würde sich weniger Sorgen um sein Seelenheil machen, wenn er sich mehr an der frischen Luft bewegte etc. Eine fortgeschrittenere Variante dieser Denkweise ist die heute bei bestimmten Schriftstellern sehr verbreitete Mode, die religiösen Gefühle dadurch zu kritisieren, dass man zwischen ihnen und dem Geschlechtsleben eine Verbindung aufzeigt. Die Bekehrung ist Ausdruck einer Pubertäts- und Adoleszenzkrise. Die Selbstkasteiungen von Heiligen und die Hingebung von Missionaren sind fehlgeleitete elterliche Aufopferungsinstinkte. Für die hysterische Nonne, die nach echten Leben hungert, ist Christus nur ein imaginärer Ersatz für ein mehr irdisches Objekt der Liebe. Und dergleichen mehr.

In der einen oder andren Weise kennen wir sicher alle diese Methode, Geisteszustände, die uns unsympathisch sind, in Verruf zu bringen. Wir alle machen mehr oder weniger von ihr Gebrauch, um Personen zu kritisieren, die wir für überspannt halten. Wenn jedoch andre Menschen unsere eigenen mehr oder weniger exaltierten Höhenflüge als einen »Nichts als«-Ausdruck unserer organischen Verfassung bezeichnen, sind wir empört und verletzt. Denn wir wissen, dass unsere Bewusstseinszustände – bei allen Seltsamkeiten unseres Körpers – einen ganz wesentlichen Wert haben als Ausdruck der lebendigen Wahrheit. Und wir wünschen, dass man diesen ganzen medizinischen Materialismus zum Schweigen bringen könnte.

Medizinischer Materialismus scheint in der Tat ein guter Ausdruck für diese allzu sehr vereinfachende Denkweise zu sein. Medizinischer Materialismus schließt mit dem heiligen Paulus ab, indem sie seine Vision auf der Straße nach Damaskus eine Entladung aufgrund einer Läsion des Sehzentrums nennt: Paulus sei ein Epileptiker gewesen. Er erledigt die heilige Theresa als Hysterikerin, den heiligen Franz von Assisi als erbgeschädigt. Das Unbehagen eines George Fox an der Selbstgefälligkeit seiner Zeit und seine Sehnsucht nach wahrer Spiritualität behandelt er als Symptom einer Darmverstimmung. Carlyles Klagelieder führt er auf eine Entzündung der Magen- und Zwölffingerdarmschleimhäute zurück.

Er behauptet, jede Art geistiger Überspanntheit ist letztlich nur eine Sache der Diathese, der Veranlagung (wahrscheinlich eine Form der Autointoxikation), verursacht durch die Dysfunktion von Drüsen, die die physiologische Medizin noch entdecken wird.

Und damit, meint der medizinische Materialismus, habe sie der spirituellen Autorität derartiger Personen erfolgreich jegliche Grundlage entzogen.

Lassen Sie uns die Sache so unvoreingenommen wie möglich betrachten. Die moderne Psychologie hat herausgefunden, dass bestimmte psychologische Verbindungen tatsächlich bestehen, und nimmt daher als brauchbare Hypothese an, dass die Abhängigkeit geistiger Zustände von körperlichen Bedingungen durchgehend und vollständig sein muss. Wenn wir uns diese Annahme zu eigen machen, müssen die Behauptungen des medizinischen Materialismus, wenn auch nicht in allen Einzelheiten, so doch grundsätzlich richtig sein. Der heilige Paulus hatte einst sicher einen epileptoiden, wenn nicht epileptischen Anfall; George Fox war genetisch geschädigt; Carlyle litt zweifellos an Autointoxikation durch irgendeines seiner Organe, egal welches – und alles übrige. Aber nun frage ich Sie, in welcher Weise kann eine solche, von der Existenz ausgehende Darstellung von Tatsachen der Geistesgeschichte über deren spirituellen Wert entscheiden? Nach diesem allgemeinen Postulat der Psychologie gibt es keinen einzigen Geisteszustand, ob gehoben oder bedrückt, gesund oder krankhaft, der nicht irgendeinen organischen Prozess zu seiner Bedingung hat. Wissenschaftliche Theorien sind ebenso sehr organisch bedingt wie religiöse Gefühle; und würden wir die Tatsachen nur genau genug kennen, würden wir zweifellos einsehen, dass »die Leber« die Aussagen eines standhaften Atheisten ebenso bestimmt wie die eines überzeugten Methodisten, der um sein Seelenheil bangt. Wandelt sie das in ihr gefilterte Blut in der einen Weise, erhalten wir die methodistische, wandelt sie es in einer andren, die atheistische Geisteshaltung. So verhält es sich mit all unseren Ekstasen und unseren Langeweilen, mit unseren Sehnsüchten und Begierden, unseren Fragen und Überzeugungen. Sie sind gleichweise organisch begründet, seien sie religiös oder nichtreligiös.

Sich auf die organische Verursachung eines religiösen Geisteszustands zu berufen, um damit dessen Anspruch auf einen höheren spirituellen Wert zurückzuweisen, ist ziemlich unlogisch und willkürlich, wenn man nicht schon im Voraus irgendeine psycho-physikalische Theorie ausgearbeitet hat, die spirituelle Werte grundsätzlich mit bestimmten Formen physiologischer Veränderungen in Verbindung bringt. Andernfalls dürfte keiner unserer Gedanken und Gefühle, nicht einmal unsere wissenschaftlichen Lehren, nicht einmal unser Unglaube, irgendeinen Wahrheitswert beanspruchen, denn sie alle entströmen ausnahmslos der jeweiligen körperlichen Verfassung ihres Besitzers.

Man kann sich denken, dass der medizinische Materialismus einen derart skeptischen Schluss, der alles vom Tisch fegt, selbst nicht zieht. Er ist sich sicher, wie sich der einfache Mann sicher ist, dass bestimmte Geisteszustände anderen aus sich heraus überlegen sind und mehr Wahrheit enthalten. Und für diese Gewissheit bedient er sich eines ganz normalen spirituellen Urteils. Er hat keine physiologische Theorie über die Entstehung der von ihm bevorzugten Geisteszustände, durch die dieser sie beglaubigen könnte; und sein Versuch, die von ihm abgelehnten Zustände dadurch unglaubwürdig zu machen, dass er sie vage mit Nerven und Leber in Zusammenhang bringt und sie mit Bezeichnungen körperlicher Gebrechen verbindet, ist ganz und gar unlogisch und unhaltbar.

Lasst uns in dieser ganzen Thematik fair miteinander umgehen und uns selbst und den Tatsachen gegenüber ehrlich sein. Wenn wir denken, bestimmte Geisteszustände seien anderen überlegen, tun wir das jemals, weil wir etwas über ihre körperlichen Ursprünge wissen? Nein! Es geschieht stets aus zwei ganz andren Gründen. Es geschieht entweder, weil wir ein unmittelbares Gefallen an ihnen finden; oder weil wir überzeugt sind, dass sie positive Auswirkungen auf unser Leben haben. Wenn wir verächtlich von »Fieberphantasien« sprechen, ist sicher nicht das Fieber als solches der Grund unserer Geringschätzung – im Gegenteil: Nach allem, was wir wissen, dürften 103 oder 104 Grad Fahrenheit eine sehr viel günstigere Temperatur für das Keimen und Aufsprießen von Wahrheiten sein als die übliche Körperwärme von 97 oder 98 Grad Fahrenheit. Grund unserer Geringschätzung ist vielmehr, dass die Phantasien entweder in sich selbst unerträglich sind oder aber der Kritik in gesunden Zeiten nicht mehr standhalten. Wann wir die Gedanken preisen, die wir im gesunden Zustand hervorbringen, wird unser Urteil nicht im Geringsten von dem der Gesundheit spezifischen Stoffwechsel beeinflusst. Wir wissen tatsächlich so gut wie nichts über diesen Stoffwechsel. Es ist die innere Zufriedenheit der Gedanken, die sie als gut ausweist, oder aber ihre Konsistenz mit unseren übrigen Meinungen und ihre Dienlichkeit für unsere Bedürfnisse, die es unserem Urteil ermöglicht, sie als wahr durchgehen zu lassen.

## 1902

# HELEN KELLER

## »Mit zehn Jahren lernte ich sprechen.«

*Eine schwere Hirnhautentzündung in ihrem zweiten Lebensjahr überlebte sie, allerdings gehörlos und blind. Fünf Jahre später stieß ihre Lehrerin Anne Sullivan zu ihr. Mit ihrer Hilfe fand das Mädchen zur Außenwelt, lernte lesen und schreiben und sprechen, besuchte als eine der ersten Frauen in ihrer Umgebung die Universität und schloss mit Auszeichnung ab. Später erhielt sie die Ehrendoktorwürde der Harvard University.*

*Helen Keller (\* 1880, † 1968) aus Tuscumbia, Alabama, Schriftstellerin und die berühmteste Taubblinde der Welt, setzte sich ihr Leben lang für die Blinden und Gehörlosen und ihre Rechte ein. Außerdem nahm sie in ihrem reichen und vielseitigen Werk zu maßgebenden Zeitfragen Stellung. »Zweifellos die größte Frau unserer Zeit«, laut Winston Churchill.*

IM FRÜHJAHR 1890 LERNTE ICH SPRECHEN. Ich hatte stets ein starkes Verlangen in mir gefühlt, hörbare Laute auszustoßen. Ich pflegte Töne hervorzubringen, wobei ich die eine Hand an meinen Kehlkopf legte, während die andere den Bewegungen der Lippen folgte. Ich freute mich über alles, was ein Geräusch machte, und liebte es, zu fühlen, wie die Katze schnurrte und der Hund bellte. Ebenso legte ich mit Vorliebe die Hand an den Kehlkopf eines Sängers oder auf ein Klavier, wenn es gespielt wurde. Ehe ich Gesicht und Gehör verlor, hatte ich bereits sprechen gelernt, aber nach meiner Krankheit hörte ich auf zu sprechen, weil ich nicht mehr hören konnte. Ich pflegte den ganzen Tag über auf dem Schoße meiner Mutter zu sitzen und meine Hände an ihr Gesicht zu halten, weil es mir Vergnügen machte, die Bewegungen ihrer Lippen zu fühlen, und auch ich bewegte meine Lippen, obgleich ich vergessen hatte, was Sprechen sei. Meine Bekannten behaupten, dass ich auf natürliche Art lachte und weinte, und eine Zeit lang brachte ich allerlei Töne und Wortbestandteile hervor, nicht weil sie ein Verständigungsmittel bildeten, sondern weil ich die gebieterische Notwendigkeit in mir fühlte, meine Stimmorgane zu üben. Es gab jedoch ein Wort, an dessen Bedeutung ich mich immer noch erinnerte, nämlich water. Ich sprach es wa–wa aus. Selbst dieses wurde immer unverständlicher bis zu der Zeit, als Fräulein Sullivan mich zu unterrichten begann. Ich hörte erst auf, es zu gebrauchen, als ich gelernt hatte, das Wort mit meinen Fingern zu buchstabieren.

Ich hatte längst erkannt, dass meine Umgebung sich anderer Verständigungsmittel bediente als ich, und schon ehe ich erfuhr, dass ein taubstummes Kind sprechen lernen kann, war ich mir meiner Unzufriedenheit mit den Verständigungsmitteln, über die ich bereits verfügte, bewusst. Wer gänzlich auf das Fingeralphabet angewiesen ist, trägt stets eine Empfindung mit sich herum, als werde er durch etwas zurückgehalten, eingeengt. Diese Empfindung begann mich mit einem beunruhigenden, vorwärts treibenden Bewusstsein eines Mangels, der beseitigt werden müsse, zu erfüllen. Meine Gedanken wollten sich oft aufschwingen und wie die Vögel gegen den Wind ankämpfen, und ich übte meine Lippen und meine Stimme beharrlich weiter. Freunde suchten mich von diesen Bemühungen abzubringen, weil sie fürchteten, sie würden zu nichts weiter führen als zu einer Enttäuschung. Aber ich blieb beharrlich dabei, und bald trat etwas ein, was schließlich zur Beseitigung dieses für unüberwindlich geltenden Hindernisses führen sollte – ich erfuhr die Geschichte von Ragnhild Kaata.

Im Jahre 1890 kam Frau Lamson, eine von Laura Bridgmans Lehrerinnen, die soeben von einer Reise nach Schweden und Norwegen zurückgekehrt war, zu mir, um mich zu besuchen, und erzählte mir von Ragnhild Kaata, einem taubstummen und blinden Mädchen in Norwegen, das tatsächlich sprechen gelernt hatte. Frau Lamson hatte kaum ihre Erzählung von dem Erfolge dieses Mädchens beendet, als ich Feuer und Flamme war. Auch ich fasste den Entschluss, sprechen zu lernen. Ich wollte mich nicht zufriedengeben, bis mich meine Lehrerin zu Fräulein Sarah Fuller, der Leiterin der Horace-Mann-Schule, mitnahm, um diese zu bitten, ihr mit Rat und Tat beizustehen. Diese liebenswürdige, sanfte Dame erbot sich dazu, mich selbst zu unterrichten, und wir begannen am 26. März 1890.

Fräulein Fullers Methode war folgende: Sie legte meine Hand leicht über ihr Gesicht und ließ mich die Stellung ihrer Zunge und ihrer Lippen fühlen, wenn sie einen Ton hervorbrachte. Ich war voller Eifer, ihr jede Bewegung nachzumachen, und binnen einer Stunde hatte ich sechs Elemente der Sprache erlernt: $m, p, a, s, t, i$. Fräulein Fuller erteilte mir im ganzen elf Unterrichtsstunden. Ich werde nie das Erstaunen und die Freude vergessen, die mich erfüllten, als ich meinen ersten zusammenhängenden Satz aussprach: It is warm. Es waren ja nur abgerissene und gestammelte Silben, aber es war menschliche Sprache. Meine Seele, die sich einer neuen Kraft bewusst geworden war, war von der Knechtschaft erlöst und fand durch diese abgerissenen Sprachsymbole den Zugang zu aller Erkenntnis und allem Glauben.

Kein taubstummes Kind, das ernstlich versucht hat, die Worte auszusprechen, die es nie gehört hat – um aus dem Kerker des Schweigens herauszukommen, in dem kein Ton der Liebe, kein Vogelgesang, keine Musik je die Stille unterbricht –, kann den Schauer des Erstaunens, die Freude der Entdeckung vergessen, die es übermannten, als es sein erstes Wort aussprach. Nur jemand, der in ähnlicher Lage gewesen ist, kann den Eifer ermessen, mit dem ich zu meinem Spielzeuge, zu Steinen, Bäumen, Vögeln und stummen Tieren sprach, oder das Entzücken nachfühlen, das ich empfand, wenn Mildred auf meinen Ruf zu mir eilte oder meine Hunde meinen Befehlen gehorchten. Es bildet einen unsäglichen Gewinn für mich, in geflügelten Worten sprechen zu können, die keiner Übertragung bedürfen. Als ich sprach, schwangen sich aus meinen Worten glückliche Gedanken empor, die sich vielleicht vergeblich bemüht hätten, sich aus meinen Fingern herauszuarbeiten.

Aber man darf nicht glauben, dass ich in dieser kurzen Zeit wirklich sprechen gelernt hätte. Ich hatte nur die Elemente der Sprache erlernt. Fräulein Fuller und Fräulein Sullivan konnten mich verstehen, aber die meisten Leute hätten von hundert Wörtern nicht ein einziges verstanden. Auch ist es nicht wahr, dass ich nach Erlernung dieser Elemente alles Übrige aus eigener Kraft erreichte. Ohne Fräulein Sullivans Genialität, ohne ihre unermüdliche Ausdauer und Hingebung hätte ich mich der natürlichen Sprache nie so weit nähern können, wie ich es in Wahrheit getan habe. Vor allen Dingen mühte ich mich Tag und Nacht ab, ehe ich mich selbst meinen intimsten Freunden verständlich machen konnte, dann aber bedurfte ich beständig Fräulein Sullivans Hilfe bei meinen Bemühungen, jeden Laut deutlich zu artikulieren und alle Laute auf die mannigfaltigste Weise zu verbinden. Noch jetzt lenkt sie täglich meine Aufmerksamkeit auf die fehlerhafte Aussprache einzelner Wörter.

Jeder Taubstummenlehrer weiß, was dies bedeutet, und nur ein solcher kann überhaupt die Schwierigkeiten würdigen, mit denen ich zu kämpfen hatte. Beim Ablesen von den Lippen meiner Lehrerin war ich gänzlich von meinen Fingern abhängig; ich hatte mich des Tastsinnes bei der Wahrnehmung der Schwingungen des Kehlkopfes, der Bewegungen des Mundes und des Gesichtsausdrucks zu bedienen, und oft täuschte sich dieser Sinn. In solchen Fällen war ich genötigt, die Wörter oder Sätze oft stundenlang zu wiederholen, bis ich den entsprechenden Klang in meiner eigenen Stimme fühlte. Meine Arbeit bestand in Übung, Übung, Übung. Entmutigung und Ermüdung warfen mich oft nieder; aber im nächsten Augenblick spornte mich der Gedanke, dass ich bald zu Hause bei meinen Lieben sein und ihnen zeigen würde, was ich erreicht hätte, von Neuem an, und ich stellte mir stets ihre Freude bei dem Gelingen meiner Bemühungen vor Augen.

»Meine kleine Schwester wird mich jetzt verstehen können«, war ein Gedanke, der stärker war als alle Hindernisse. Ich pflegte voller Begeisterung zu wiederholen: »Ich bin jetzt nicht mehr stumm.« Ich konnte nicht verzweifeln, weil ich mir die Freude, zu meiner Mutter sprechen und ihr die Antworten von den Lippen ablesen zu können, mit den glänzendsten Farben ausmalte. Es überraschte mich, zu finden, wie viel leichter es ist, zu sprechen, als mit den Fingern zu buchstabieren, und ich schaltete meinerseits das Fingeralphabet als Verständigungsmittel aus; doch bedienen sich Fräulein Sullivan und ein paar Freunde noch seiner in der Unterhaltung mit mir, denn es ist bequemer und rascher als das Ablesen von den Lippen.

Es ist hier vielleicht der geeignete Ort, etwas über den Gebrauch unseres Fingeralphabets zu sagen, das manche, die uns nicht kennen, zu befremden scheint. Wer mittelst seiner Hand mir vorliest oder mit mir spricht, bedient sich in der Regel des von den Taubstummen gebrauchten einhändigen Fingeralphabets. Ich lege meine Hand so leicht auf die Hand des Sprechenden, dass keine ihrer Bewegungen gehemmt wird. Die Stellung der Hand ist ebenso leicht zu fühlen wie zu sehen. Ich fühlte ebenso wenig jeden Buchstaben wie andere jeden Buchstaben für sich sehen, wenn sie lesen. Beständige Übung macht die Finger äußerst biegsam, und einige meiner Freunde buchstabieren sehr rasch, beinahe so rasch, wie jemand auf der Schreibmaschine schreibt. Das bloße Buchstabieren ist selbstverständlich in nicht höherem Grade eine bewusste Handlung als das Schreiben.

Als ich mir die Sprache angeeignet hatte, konnte ich es kaum erwarten, nach Hause zu kommen. Endlich nahte der glückliche Augenblick. Während der Rückreise hatte ich fortwährend mit Fräulein Sullivan gesprochen, nicht um zu sprechen, sondern um mich bis zur letzten Minute zu vervollkommnen. Fast ehe ich es ahnte, hielt der Zug auf dem Bahnhofe in Tuscumbia, und auf dem Perron stand die ganze Familie. Meine Augen füllen sich noch jetzt mit Tränen, wenn ich daran denke, wie mich meine Mutter sprachlos und zitternd vor Freude an ihr Herz drückte und auf jede Silbe, die ich sprach, atemlos lauschte, während die kleine Mildred meine freie Hand ergriff, sie küsste und umhertanzte, und mein Vater seinen Stolz und seine Liebe durch tiefes Schweigen bekundete. Es war, als sei Jesaias Prophezeiung an mir in Erfüllung gegangen: »Die Berge und Hügel werden vor dir Lieder anstimmen, und alle Bäume des Feldes werden vor Freude in ihre Hände klatschen.« …

Leute, die der Meinung sind, dass uns alle sinnlichen Eindrücke durch Auge und Ohr zugehen, haben sich gewundert, dass ich, vielleicht abgesehen von dem Fehlen des Pflasters, einen Unterschied zwischen den Straßen der Stadt und den Wegen auf dem Lande bemerke. Sie vergessen, dass mein ganzer Körper auf die mich umgebenden Verhältnisse reagiert. Das Getöse und der Lärm der Stadt peitscht meine Gesichtsnerven; ich fühle das rastlose Auf- und Niederwogen einer ungesehenen Menschenmenge, und das misstönende Treiben macht einen peinlichen Eindruck auf mich. Das Rollen der schweren Wagen auf dem harten Pflaster und das eintönige Klappern der Maschinen sind umso marternder für die Nerven, wenn jemandes Aufmerksamkeit nicht durch die bunten, wechselnden Bilder abgelenkt wird, die sich sehenden Menschen in den geräuschvollen Straßen auf Schritt und Tritt darbieten.

Auf dem Lande dagegen erblickt man nur die Schönheiten der Natur, und die Seele wird nicht traurig gestimmt durch den erbarmungslosen Kampf um das bloße Dasein, der in der dichtbevölkerten Stadt wütet. Zu verschiedenen Malen habe ich die engen, schmutzigen Straßen besucht, in denen die armen Leute wohnen, und heißer Zorn und Entrüstung steigen in mir auf bei dem Gedanken, dass gute Menschen es über sich gewinnen können, in prächtigen Häusern zu wohnen und gesund und stark zu sein, während andere dazu verurteilt sind, in hässlichen, sonnenlosen Behausungen zu weilen und in Armseligkeit zu verkümmern. Die Kinder, die sich auf diesen schmutzigen Straßen halbnackt und abgemagert umhertreiben, schrecken vor jeder ausgestreckten Hand zurück, als sollten sie einen Schlag bekommen. Ich kann die Erinnerung an die lieben kleinen Geschöpfe nicht loswerden, und empfinde einen fortwährenden nagenden Schmerz dabei. Auch Männer und Frauen gibt es, die alle an Körper und Geist verkrüppelt und zurückgeblieben sind. Ich habe ihre harten, rauen Hände in den meinigen gehalten und begriffen, was für ein endloses Ringen ihr Leben sein muss – nichts weiter als eine Kette nutzloser Versuche, emporzukommen. Ihr Dasein scheint ein ungeheures Missverhältnis zwischen Anstrengung und Erfolg zu sein.

# 1902

## LÉON BLOY

# Der Bürger. Auslegung seiner Gemeinplätze

*»Gott verlangt ja so wenig« – um die Gemeinplätze des Bürgers in einen einzigen zusammenzufassen. Um ihn – nicht Gott, sondern den Bürger – und um die Natur seiner Weisheit geht es nämlich, und deshalb darf dieser untrügliche Untersuchungsrichter, Psychologe, Röntgenologe, Seismologe mit seinen schneidenden Zurechtweisungen in diesem Band nicht fehlen. »Bellender Hund Gottes« hat ihn der Schweizer reformierte Theologe Walter Nigg genannt. Unübersehbar schlingert bei ihm die Welt auf den Abgrund zu, die Polemik des urchristlichen Wahrheitsfanatikers richtet sich gegen alle –, und es waren viele, die sie nicht hören mochten. Wäre Léon Marie Bloy (\* 1846, † 1917), wie er dies als Adoleszent gewollt hatte, Maler geworden, hätte aus seinen Gemälden die Finsternis förmlich heraustreten müssen.*

NICHTS IST ABSOLUT. Folgerung aus dem Vorhergehenden. Die Mehrzahl der Menschen meiner Generation hat das ihre ganze Kindheit hindurch gehört. Jedes Mal, wenn wir, trunken vor Abscheu, nach einem Sprungbrett suchten, um uns berstend und speiend einen Fluchtweg zu verschaffen, trat uns der *Bürger*, mit diesem Bannstrahl bewaffnet, entgegen.

Zwangsläufig mussten wir dann das gewinnbringende *Relative* und den vernünftigen Unrat wieder in ihre Rechte einsetzen. Glücklicherweise fanden sich aber nahezu alle damit ab, indem sie ihrerseits Olympier wurden.

Wissen sie gleichwohl, diese Trinker unreinen Nektars, dass es nichts so Kühnes gibt, wie das Unwiderrufliche außer Kraft zu setzen, und dass eben das die Verpflichtung einschließt, selbst etwas Ähnliches zu sein wie der Schöpfer einer neuen Erde und neuer Himmel?

Wenn man auf seine Ehre versichert, dass »nichts absolut ist«, wird die Arithmetik für Bitten empfänglich, und um die unanfechtbarsten Axiome der darstellenden Geometrie kreist die Unsicherheit. Auf der Stelle wird es wichtig, zu wissen, ob es besser ist, seinen Vater zu erwürgen oder nicht, fünfundzwanzigtausend Centimes zu besitzen oder vierundsiebzig Millionen, Tritte in den Hintern zu bekommen oder eine Dynastie zu gründen.

Schließlich brechen alle Identitäten zusammen. Es ist durchaus nicht »absolut« gesichert, dass dieser Uhrmacher, der 1859 als der Stolz seiner Familie geboren wurde, heute nur dreiundvierzig Jahre alt und nicht der Großvater jenes Doyens unserer Schwindler ist, der während der Cent-Jours gezeugt wurde – so wie es vermessen wäre, darauf zu beharren, dass eine Wanze ausschließlich eine Wanze ist und keinen Anspruch auf Berufsabzeichen erheben darf. Unter solchen Umständen ergibt sich eingestandenermaßen die Pflicht, die Welt zu erschaffen. ...

NICHT WIEDER AUF DIE BEINE KOMMEN. Das ist ein Ausspruch des entmutigten Phönix. Auch die Spieler benutzen ihn manchmal, wenn auch ohne Überzeugung. Hier gestehe ich meine Verlegenheit ein.

Glaubt der *Bürger* wirklich, dass man nicht wieder auf die Beine kommt, dass man nur den anderen wieder auf die Beine hilft, oder müssen wir das für Ironie halten? Sie ist der Gewichtigkeit dieses Bonzen nicht angemessen. Er muss schon wirklich glauben, dass man eben nicht wieder auf die Beine kommt, was hart anmutet. Aber wie versteht er dann den Satz? Genau das ist die Frage. Man muss bei ihm stets auf irgendeine Überraschung gefasst sein, auf irgendeine unvorhergesehene Offenbarung, die alles umstürzt, die überwältigt und von der man sich nur schwer wieder erholt.

Scheiden wir auf der Stelle die Hypothese der negativen Wiederherstellung der alten Gerippe von Notaren oder Maßschneidern aus. Der *Bürger* ist zu aufgeklärt, um den Fortschritt der Wissenschaft zu verkennen, deren erwähltester Mäzen er ist. Er weiß, dass die Wissenschaft nicht innehält, dass sie nie innehält und dass sie vielleicht schon morgen den endlich wiedergefundenen Topf des alten Aison erneut aufs Herdfeuer setzt. Sicherlich ist es nicht das, was er zu leugnen die Kühnheit hat.

Was bleibt ihm also, und von der Unmöglichkeit welcher Erneuerung möchte er sprechen? Ach! Dass der *Bürger* doch so undurchschaubar sein muss! Ich habe einen Teil meines Lebens, zweifellos den schönsten, darauf verwendet, nach dem Sinn dieses Gemeinplatzes zu suchen. Ich habe überhaupt nichts gefunden, und meiner Treu, ich erkläre Ihnen lieber in aller Offenheit, dass ich darauf verzichte. ...

EINMAL IST KEINMAL. Absolutionsformel zum Gebrauch für die *Bürger*. Alles ist gut, solange es nicht zur Gewohnheit wird. Es kommt darauf an, seinen Vater nur einmal zu töten.

»Ich habe dreitausend Flaschen Wein im Keller, und mein leibliches Wohl erlaubt es mir nicht, ein Heiliger zu werden«, sagte mir ein hiesiger Geistlicher. – Sie sehen da sicherlich keinerlei Verbindung, ich auch nicht, aber sie existiert, mit Sicherheit.

*1903*

# IWAN PETROWITSCH PAWLOW
## Speichelfluss und andere bedingte Reflexe

*Wieder ein Versuch, die Psychologie als strenge Wissenschaft zu begründen, und zudem ein sehr einflussreicher. Der Speichel des Hundes beginnt bereits auf das Klingelzeichen des Wärters hin zu fließen, nicht erst wenn das Fressen in Sicht kommt. Im folgenden Vortrag, gehalten im April 1903 beim Internationalen medizinischen Kongress in Madrid, finden sich diese Verhältnisse feiner auseinandergesetzt. Mit dem hier umrissenen Konzept des bedingten Reflexes ist eine tragfähige Grundlage für die Assoziationspsychologie gefunden, deren empirisch-experimentelle Forschung auf den Gebieten der Wahrnehmungs-, Gedächtnis- und Kognitionspsychologie große Fortschritte bringen wird.*

*Iwan Petrowitsch Pawlow (\* 1849, † 1936), ein Zeitgenosse des sieben Jahre nach ihm geborenen Sigmund Freud, 1904 mit dem Nobelpreis für Medizin geehrt, genoss im Westen wie im Osten höchstes Ansehen (zur späteren Politisierung der Debatte um die Verhaltensforschung Pawlow'scher Abkunft vgl. B. F. Skinner, S. 626–628). Bertrand Russell unterstrich in seinem Buch* The Scientific Outlook *1931 mit Enthusiasmus seine Bedeutung für die moderne Wissenschaft. Zehn Jahre zuvor hatte Lenin »in Anbetracht der herausragenden wissenschaftlichen Verdienste« und deren »unerhörter Bedeutung für das arbeitende Volk der Welt« eine spezielle Kommission damit beauftragt, für Pawlows Forschungsarbeit optimale Bedingungen zu gewährleisten. Und in Orwells Roman 1984 greifen die Gehirnwäscher auf Erkenntnisse Pawlows zurück.*

*Während seinem Institut reichlich sowjetische Regierungsgelder zuflossen, versicherte er selbst allerdings im Jahr 1923, für die Art von Experimenten, wie das Regime in Russland eines durchführe, würde er nicht einen Froschschenkel opfern. In einem Brief an Stalin von 1927 protestierte Pawlow gegen die Behandlung Intellektueller und schrieb, er schäme sich, ein Russe zu sein. Bis zu seinem Tod setzte er sich für verfolgte Wissenschaftler in der Sowjetunion ein.*

I CH DARF ANNEHMEN, dass die folgenden Ausführungen Sie ebenso überzeugen werden, wie ich überzeugt bin, dass sich in diesem Fall ein unendliches Gebiet fruchtbarer Forschungen vor uns eröffnet, ein zweiter umfangreicher Teil der Physiologie des Nervensystems, des Nervensystems, das in der Hauptsache nicht die Beziehungen zwischen den einzelnen Teilen des Organismus regelt, mit denen wir uns bis jetzt vorwiegend beschäftigt, sondern diejenigen zwischen Organismus und Umwelt. Bisher wurde leider die Einwirkung der Umwelt auf das Nervensystem vorwiegend nur in Bezug auf die subjektiven Reaktionen studiert, was auch den Inhalt der jetzigen Physiologie der Sinnesorgane bildet.

Bei unseren psychischen Versuchen haben wir bestimmte äußere Objekte vor uns, die das Tier reizen und die in ihm eine bestimmte Reaktion hervorrufen, in unserem Fall die Tätigkeit der Speicheldrüsen. Wie wir eben gezeigt haben, ist die Wirkung dieser Objekte im Wesentlichen dieselbe wie bei den physiologischen Versuchen, wo sie mit der Mundhöhle in Berührung kommen. Folglich haben wir also eine weitere Anpassung vor uns, das Objekt wirkt bereits auf die Speicheldrüsen ein, wenn man es erst dem Maule nähert.

Was ist nun das Charakteristische an diesen neuen Erscheinungen im Vergleich zu den physiologischen? Vor allem scheint der Unterschied darin zu liegen, dass bei der physiologischen Form des Versuchs der Stoff unmittelbar mit dem Organismus in Berührung kommt, während er bei der psychischen Form auf Distanz wirkt. Denkt man aber darüber nach, so stellt dieser Umstand an und für sich offensichtlich keinen wesentlichen Unterschied zwischen diesen scheinbar besonderen physiologischen Versuchen dar. Die Sache läuft lediglich darauf hinaus, dass die Stoffe dieses Mal auf andere speziell reizbare Teile der Körperoberfläche, auf die Nase, das Auge oder das Ohr, vermittels der Umwelt (Luft, Äther) einwirken, in der sich sowohl der Organismus als auch die Reizstoffe befinden. Gibt es aber nicht auch viele einfache physiologische Reflexe, die von Nase, Auge und Ohr auf Distanz ausgelöst werden? Der wesentliche Unterschied zwischen den neuen Erscheinungen und den rein physiologischen kann also nicht hierin bestehen. Man muss den Unterschied tiefer suchen, wie mir scheint in folgender Gegenüberstellung der Tatsachen. Im physiologischen Fall ist die Tätigkeit der Speicheldrüsen mit denjenigen Eigenschaften des Objekts verbunden, auf die die Wirkung des

Speichels gerichtet ist. Der Speichel benetzt das, was trocken ist, er dient als Schmiermittel für das, was zu schlucken ist, und er neutralisiert die chemische Wirkung des Stoffes. Ebendiese Eigenschaften bilden auch die speziellen Reize der spezifischen Mundoberfläche. Folglich wird das Tier bei den Physiologischen Versuchen durch wesentliche, unbedingte Eigenschaften des Objekts in Bezug auf die physiologische Rolle des Speichels gereizt.

Bei psychischen Versuchen hingegen wird das Tier durch Eigenschaften äußerer Gegenstände gereizt, die für die Funktion der Speicheldrüsen unwesentlich oder sogar ganz zufällig sind. Optische, akustische und selbst die reinen Geruchseigenschaften unserer Gegenstände bleiben, wenn sie anderen Gegenständen angehören, an und für sich ohne jegliche Wirkung auf die Speicheldrüsen, die sich ihrerseits sozusagen in keinerlei Tätigkeitsverhältnis zu diesen Eigenschaften befinden. Reize für die Speicheldrüsen sind bei den psychischen Versuchen nicht nur solche Eigenschaften von Objekten, die für die Funktion der Drüsen unwesentlich sind, sondern überhaupt die ganze Umgebung, in der diese Gegenstände in Erscheinung treten, oder diejenigen Erscheinungen und Gegenstände, mit denen sie in Wirklichkeit in irgendeiner Weise in Verbindung stehen: das Geschirr, in dem sich diese Gegenstände befinden, das Möbelstück, auf dem sie stehen, das Zimmer, in dem dies alles geschieht, die Menschen, die diese Gegenstände bringen, sogar Geräusche, die von ihnen erzeugt werden, selbst wenn sie in diesem Augenblick unsichtbar sind, ihre Stimme, selbst die Geräusche ihrer Schritte. Somit wird bei den psychischen Versuchen die Beziehung zu den Objekten, die die Speicheldrüsen reizen, immer distanter und feiner. Es besteht kein Zweifel, dass wir die Tatsache einer weiteren Anpassung vor uns haben. Im gegebenen Fall lenkt eine derart feine Verbindung auf Distanz wie die Verbindung der charakteristischen Schrittgeräusche eines bestimmten Menschen, der gewöhnlich dem Tier die Nahrung bringt, mit der Funktion der Speicheldrüsen, sicher nur wegen ihrer Feinheit und nicht wegen einer besonderen physiologischen Wichtigkeit die Aufmerksamkeit auf sich. Man stelle sich aber einen Fall vor, bei dem der Speichel eines Tieres ein Abwehrgift enthält, und man kann die große Bedeutung dieser Vorbereitung des Abwehrmittels im Fall der Annäherung eines Feindes für das Leben des Tieres ermessen. Solch eine Bedeutung distanter Merkmale von Gegenständen für die motorische Reaktion des Organismus fällt natürlich jedem ins Auge. Mithilfe distanter und sogar zufälliger Merkmale von Objekten sucht sich das Tier die Nahrung, weicht es dem Feind aus usw.

Wenn das zutrifft, dann liegt der Schwerpunkt unseres Problems also in der Frage: Kann man dieses ganze scheinbare Chaos von Beziehungen in einen bestimmten Rahmen bringen, die Erscheinungen reproduzierbar machen, ihre Regeln und ihren Mechanismus aufdecken? Wie mir scheint, geben einige Beispiel, die ich gleich anführen werde, das Recht, auf diese Fragen mit einem kategorischen »Ja« zu antworten und die Feststellung zu treffen, dass allen psychischen Versuchen immer derselbe spezielle Reflex als wesentlicher und allgemeiner Mechanismus zugrunde liegt. In der Tat, unser Versuch gibt in seiner physiologischen Form, wenn wir vom Eintreten außerordentlicher Bedingungen absehen, immer ein und dasselbe Ergebnis, d. h. einen unbedingten Reflex. Der Grundcharakter des psychischen Versuchs ist aber seine Unbeständigkeit, seine offensichtliche Launenhaftigkeit. Indessen wiederholt sich das Ergebnis des psychischen Versuchs unzweifelhaft ebenfalls, sonst könnte von ihm nicht die Rede sein. Folglich liegt alles nur an der größeren Anzahl von Bedingungen, die auf das Ergebnis des psychischen Versuchs im Vergleich zum physiologischen einwirken. Es handelt sich also um einen bedingten Reflex. Hier lasse ich einige Tatsachen folgen, die zeigen sollen, dass auch für unser psychisches Material gewisse Grenzen und Gesetze existieren. Sie sind in meinem Laboratorium durch Dr. I. F. Tolotschinow ermittelt worden.

Es ist nicht schwierig, schon bei den ersten psychischen Versuchen die Hauptbedingungen festzustellen, die ihren Erfolg, d. h. ihre Beständigkeit garantieren. Machen Sie den Versuch, das Tier (d. h. seine Speicheldrüsen) durch die Nahrung auf Distanz zu reizen, so hängt das Ergebnis streng davon ab, ob das Tier für den Versuch durch ein gewisses Maß von Hunger vorbereitet ist oder nicht. Bei einem sehr hungrigen Tier erhalten Sie positive Ergebnisse, umgekehrt wird das gierigste, leichtsinnigste Tier nicht auf Futter auf Distanz reagieren, wenn es gut gefüttert ist. Denken wir physiologisch, so können wir sagen, dass wir es mit einer unterschiedlichen Erregbarkeit das Speicheldrüsenzentrums zu tun haben, einmal mit einer stark erhöhten, das andere Mal mit einer stark verminderten Erregbarkeit. Man kann mit Recht annehmen, dass die erwähnte Schwankung in der Erregbarkeit, in der Reaktionsfähigkeit der Speichelzentren durch die verschiedene Zusammensetzung des Blutes bei hungrigen und satten Tieren bedingt ist, ebenso wie die Energie des Atemzentrums durch die Menge der Kohlensäure im Blut bestimmt wird. Vom subjektiven Standpunkt aus würde das dem entsprechen, was man als Aufmerksamkeit bezeichnet. Also fließt beim Anblick von Nahrung bei leerem

Magen der Speichel sehr leicht, bei vollem Magen dagegen ist diese Reaktion sehr schwach oder sie bleibt ganz aus.

Gehen wir weiter. Wenn Sie dem Tier Futter oder irgendwelche ihm unangenehmen Stoffe wiederholt zeigen, so ergibt Ihr Versuch bei Wiederholung ein immer geringeres und geringeres Ergebnis, und zum Schluss bleibt die Reaktion von Seiten des Tieres vollkommen aus. Ein sicheres Mittel, um erneut eine Wirkung zu erzielen, besteht darin, dem Hund zu fressen zu geben oder ihm die jetzt wirkungslosen Stoffe ins Maul einzuführen. Dabei kommt es natürlich wieder zu dem üblichen starken Reflex, und jetzt beginnt Ihr Objekt erneut auf Distanz zu wirken. Es ist hierbei für das nachfolgende Ergebnis vollkommen gleich, was in das Maul des Hundes eingeführt wird, ob Nahrung oder irgendein unangenehmer Stoff. Wenn zum Beispiel das Fleischpulver aufgehört hat, das Tier auf Distanz zu reizen, so kann man seine Wirkung wiederherstellen, indem man dem Tier entweder davon zu fressen gibt oder ihm irgendetwas Unangenehmes, z. B. Säure, ins Maul einführt. Wir können sagen, dass sich dank eines direkten Reflexes die Erregbarkeit des Speicheldrüsenzentrums erhöht hat, und der schwache Reiz, ein Objekt auf Distanz, damit zu einem ausreichend starken Reiz wurde. Geschieht bei uns nicht dasselbe, wenn wir bei Beginn des Essens Appetit bekommen oder wenn sich nach unangenehmen, starken Erregungen Appetit einstellt, der vorher nicht vorhanden war?

## 1904

# LEO TOLSTOI

# Was heutzutage Regierungen sind

*Von Regierungen hat er, der Achtzigjährige, wahrlich keine hohe Meinung, im Gegenteil: Sie sind für ihn das Ärgste an der menschlichen Gesellschaft, und nichts daran kann schlimmer sein. Auch er scheint uns sagen zu wollen, was vor ihm bereits Lord Acton sagte: dass Macht korrumpiert und absolute Macht absolut korrumpiert. Obendrein auch noch verdummt. Und zwar sagt er es mit solchem Nachdruck, dass er nur aus Erfahrung sprechen kann. Aus einer russischen Erfahrung. Im Russland seiner Zeit (und bestimmt nicht nur dort) gibt es in den höheren Etagen der Regierenden offenbar keine Machtkontrolle. Aber vielleicht kann es für politische Macht als solche niemals und nirgendwo eine verlässliche und zufriedenstellende Kontrolle geben? Und vielleicht kann die Macht deshalb im Menschen, der sie innehat, stets nur das Schlechteste zutage fördern? Oft darüber hinaus auch noch das Dümmste? Immerhin gibt es viele Menschen, die zu keiner Zeit und an keinem Ort Politiker oder gar Regierende, das heißt Politiker mit Macht, sein möchten. Unbegreiflich ist das nicht.*

*Leo Nikolajewitsch Tolstoi (\*1828, †1910) kämpfte in mehreren Kriegen und war etwa im Krimkrieg in der belagerten Festung Sewastopol im Einsatz. Mit seiner deutschstämmigen Frau Sofja Andrejewna Behrs, die er 1862 als Achtzehnjährige heiratete, hatte er dreizehn Kinder. Kurz vor seinem vierzigsten Geburtstag legte er* Krieg und Frieden *vor, kurz vor seinem fünfzigsten* Anna Karenina. *Als Sinnsucher fand er sich von seinem ersehnten Erfolg und heiß geliebten Ruhm vor die Grundsatzfrage gestellt und beschloss, sich künftig der angewandten moralischen Verbesserung des Menschendaseins zu widmen. Da ihn das städtische Elend noch tiefer erschütterte als das ländliche, kämpfte er gegen die Landflucht, indem er Hilfe für von Missernten betroffene Bauern organisierte. Er besuchte Wehrdienstverweigerer im Gefängnis. Er schwor dem Nikotin und Alkohol ab, wurde Vegetarier und erklärte den Fleischgenuss für unverträglich mit der moralischen Weiterentwicklung des Menschen.*

FALLS ES EINE ZEIT GAB, wo die Regierungen ein umgängliches und geringeres Übel waren als dasjenige, welches von der Wehrlosigkeit gegen wehrhaft organisierte Nachbarn stammte, so sind im Gegenteil jetzt die Regierungen zu einem ganz unnötigen und viel größeren Übel geworden, als alles das, womit sie ihren Völkern Angst einjagen.

Regierungen, nicht nur militärische Regierungen, sondern Regierungen überhaupt, könnten, ich will nicht sagen – nützlich, sondern unschädlich nur in dem Fall sein, wenn sie, wie dies die Chinesen von ihrer Regierung voraussetzen, aus lauter unfehlbaren, heiligen Menschen bestünden. Die Regierungen aber bestehen, schon infolge ihrer Tätigkeit, die auf Gewalttaten beruht, stets aus Elementen, die alles andere, nur nicht heilig sind, sie bestehen aus den allerallerlosesten, rohesten und sittlich am meisten verderbten Menschen.

Deshalb ist jede Regierung, und umso mehr eine mit militärischer Macht befugte, die allerschrecklichste und gefährlichste Institution der Welt.

Die Regierung in ihrem weitesten Sinne, also auch die Kapitalisten und die Presse miteinbegriffen, ist nichts anderes als eine Organisation, bei der die überwiegende Mehrzahl der Menschen der sie beherrschenden Minderzahl untergeordnet ist; diese Minderzahl aber ist einer noch kleineren Menschenzahl unterworfen, diese einer kleineren usw. bis zu einigen wenigen, oder zu einem einzigen Menschen hinauf, welcher vermittelst der militärischen Macht die Gewalt über alle übrigen gewinnt. Sodass die ganze Einrichtung einem Kegel gleicht, dessen sämtliche Teile völlig von der Macht derjenigen oder desjenigen Menschen abhängen, welcher an der Kegelspitze steht.

Die Kegelspitze wird aber stets von denjenigen oder demjenigen Menschen in Besitz genommen, der schlauer, frecher und gewissenloser als die anderen ist, oder aber ein zufälliger Erbe der Frecheren und Gewissenloseren.

Heute ist es Boris Godunoff, morgen Grigorij Otrepioff, heute die liederliche Katharine, die mit ihren Liebhabern ihren Gemahl erdrosselt hatte, morgen Pugatscheff, übermorgen der närrische Paul, Nikolaus I., Alexander II., heute Nikolaus II. mit dem chinesisch-japanischen Krieg. Heute ist's Napoleon, morgen die bourbonischen oder orleanischen Prinzen, Boulanger oder die Panamisten, heute Gladstone, morgen Salisbury, Chamberland, Rods.

Und solchen Regierungen wird volle Macht überlassen, sodass sie nicht nur über Eigentum und Leben, sondern auch über die geistige und moralische Entwicklung, über Erziehung und Religion aller Menschen verfügen.

Die Menschen errichten so eine schreckliche Maschine wie die Gewalt, überlassen es dem ersten Besten, diese Gewalt an sich zu reißen (und alle Chancen sind dafür, dass sie vom moralisch nichtswürdigen Menschen an sich gerissen wird), unterwerfen sich wie Sklaven und wundern sich dann, dass es ihnen schlecht geht... Die Menschen fürchten Minen und Anarchisten und fürchten nicht diese schreckliche Einrichtung, welche sie alle Augenblicke mit dem größten Unheil bedroht.

Die Menschen haben gefunden, es sei vorteilhaft für sie, wenn sie sich bei Verteidigungen vor dem Feinde, wie es Tscherkessen tun, aneinanderbinden. Es ist jedoch keine Gefahr da, und sie fahren dennoch fort sich aneinander zu binden.

Sorgfältig fesseln sie sich derart aneinander, dass einer an einem Ende alles mit ihnen tun kann, was ihm beliebt; dann lassen sie das Strickende herabhängen und überlassen es dem erstbesten Taugenichts oder Dummkopf, dass er das Ende ergreift und mit ihnen tut, was er will.

Was sonst ist es denn, was die Völker tun, indem sie organisierte und über militärische Macht verfügende Regierungen schaffen, diese unterhalten und sich ihnen unterwerfen?

1905

# MARK TWAIN

## König Leopold II., der Völkermord und die Fotografie

*Kodak war der gefährlichste Feind des belgischen Königs Leopold II. Sein Raubzug im Kongo war der erste fotografisch dokumentierte Völkermord und rief deshalb die erste moderne internationale Menschenrechtskampagne auf den Plan. Zehn Millionen Tote in den zwanzig Jahren von 1888–1908, lautet die gängige Schätzung. Die Bevölkerung der Gebiete, um rund die Hälfte reduziert, brauchte fünfzig Jahre, um sich zu regenerieren und aus der Stagnation zu einem normalen Wachstum zurückzukehren. Die Verbrechen unter der Regie der Société général de Belgique und anderer Konzessionsgesellschaften überstiegen Vorstellungs- und Fassungsvermögen der internationalen Öffentlichkeit. Die Medien des geschriebenen und gesprochenen Wortes fanden in ihrer Ohnmacht – Berichte wurden einfach zensiert oder dementiert – einen neuen mächtigen Verbündeten im belichteten Zelluloid, das Mark Twain (vgl. auch S. 464–465) in seinem Pamphlet* König Leopolds Selbstgespräch *feiert. Satire, macht er dabei klar, ist nicht in jedem Fall ein humoristisches Genre. Das Exempel, das er hier am belgischen Monarchen statuiert, hat Twain den Ruhm des stärksten Polemikers in der amerikanischen Literaturgeschichte eingetragen.*

...NOCH SO EIN DETAIL, wie man sieht! Kannibalismus. Diese Leute berichten über solche Fälle mit einer unverschämten Häufigkeit. Meine Verleumder reiten darauf herum, dass ich als absoluter Herrscher des Kongo mit einem einzigen Wort alles unterbinden könnte, was ich unterbinden will, und dass also alles, was dort mit meiner Erlaubnis getan wird, mein Werk ist, *mein persönliches Werk*; dass ich es bin, der das alles tut, dass die Hand meiner Beamten *meine Hand* ist, so als sei ihre Hand an meinem Arm angewachsen; und dann zeichnen sie mich in meinem Staatsgewand, die Krone auf dem Kopf, Menschenfleisch kauend, das Tischgebet sprechend, Dank murmelnd zu Ihm, von dem alle guten Dinge kommen. Mein Gott, wenn diese Waschlappen etwas wie den Bericht dieses Missionars in die Finger bekommen, geraten sie völlig aus der Fassung.

Sie zetern und fluchen, dass Gott einen solchen Unhold leben lässt.

Damit meinen sie mich. Sie finden es unerhört. Sie laufen schaudernd herum und zerbrechen sich den Kopf über den Rückgang der kongolesischen Bevölkerung von 25 Millionen auf 15 Millionen in den zwanzig Jahren meiner Regentschaft; dann bricht es aus ihnen heraus und sie nennen mich »Den König mit zehn Millionen Morden auf dem Gewissen«. Sie sprechen sogar von einem »Rekord«. ...

(*Fährt fort, die Kapitelüberschriften des Berichts des Konsuls zu lesen.*)

»Männer durch Folterung ihrer Frauen und Töchter unter Druck gesetzt. (Damit die Männer Kautschuk und Lebensmittel beschaffen und dann ihre Frauen aus den Ketten und der Gefangenschaft entlassen werden.) Der Wachposten erklärte mir, dass er die Frauen auf Anweisung seines Arbeitgebers eingefangen und sie (an den Hälsen aneinandergekettet) hergebracht habe.«

»Ein Beamter erklärte, dass er eher Frauen statt Männer einfangen sollte, weil dann die Männer den Kautschuk schneller lieferten; aber er erklärte nicht, wie die ihrer Eltern beraubten Kinder sich selbst mit Nahrung hätten versorgen sollen.« ...

»Man lässt Frauen und Kinder im Gefängnis verhungern.« ...

(*Nachdenklich.*) Hungertod. Das muss eine langwierige Qual sein. Tag um Tag, und immer noch ein Tag, die Körperkräfte schwinden, tröpfeln dahin, nach und nach – ja, es muss der schwerste Tod von allen sein. Und Essen zu sehen, das vorbeigetragen wird, jeden Tag, und man bekommt nichts davon! Die kleinen Kinder weinen, und der Mutter krampft es das Herz zusammen ... (*Ein Seufzer.*) Ach, na ja, es ist nicht zu ändern; die Umstände machen solche Vorschriften notwendig.

(*Liest.*) »Sechzig Frauen gekreuzigt!«

Wie dumm, wie taktlos! Der Christenheit werden die Haare zu Berge stehen vor Grausen über eine solche Nachricht. »Schändung des heiligen Symbols!« Das wird die Christenheit schreien. Ja, die christliche Welt wird in heller Aufregung sein. Dass ich einer halben Million Morde im Jahr angeklagt werde, hört sie sich nun seit bald zwanzig Jahren seelenruhig an, aber das Kreuz zu schänden ist eine ganz andere Sache. Sie werden das ernst nehmen. Sie werden aufwachen und meine Bilanzen sehen wollen. Helle Aufregung? Und ob! Mir ist, als könnte ich schon in der Ferne ihr Grollen hören ... Es war falsch, die Frauen zu kreuzigen, ganz offenkundig, das sehe ich jetzt ein, und es tut mir leid, aufrichtig leid. Ich denke, sie zu häuten hätte genügt ... *(mit einem Seufzer)* Aber daran hat keiner gedacht, man kann nicht an alles denken; und Irren ist schließlich menschlich.

Diese Kreuzigungen werden Aufsehen erregen, ganz sicher. Leute werden wieder einmal anfangen, Fragen zu stellen: Wie ich hoffen könnte, die Achtung der Menschheit zu gewinnen und zu behalten, wo ich doch mein ganzes Leben dem Morden und Plündern verschrieben hätte? *(Verächtlich.)* Wer sagt denn überhaupt, ich wollte die Achtung der Menschheit? Verwechseln sie mich mit dem gemeinen Volk? Vergessen sie, dass ich ein König bin? Welcher König legt Wert auf die Achtung der Menschheit? Ganz tief in seinem Herzen, meine ich. Wenn sie darüber nachdächten, wüssten sie, es ist ausgeschlossen, dass ein König die Achtung der Menschheit wertschätzt. Er steht auf einem Berggipfel, schaut über die Welt und sieht eine Masse von demütigen Menschenwesen, die ein Dutzend Menschenwesen verehren und sich all ihren Forderungen und Anmaßungen beugen, und dabei ist dieses Dutzend in keiner Weise besser oder edler als sie – gemacht nach genau dem gleichen Muster und aus der gleichen Sorte Lehm wie sie selbst. Wenn die Masse *spricht*, klingt sie wie ein Geschlecht von Walen, aber ein König weiß, dass sie ein Geschlecht von Kaulquappen ist. Ihre Geschichte verrät sie. Wenn die Menschen wirklich *Menschen* wären, wie könnte es dann einen Zaren geben? Wie könnte es *mich* geben? Aber es *gibt* uns; wir sind in Sicherheit; und mit Gottes Hilfe werden wir die Geschäfte weiterführen wie bisher. Es wird sich zeigen, dass die Menschheit uns dulden wird, fügsam, wie sie immer schon gewesen ist. ...

*(Liest weiter.)*

»Weitere Verstümmelungen von Kindern.« (Abgeschnittene Hände.)

»Aussagen von amerikanischen Missionaren.«

»Beweise von britischen Missionaren.«

Es ist immer wieder die gleiche alte Leier – ermüdende Wiederholungen und Nacherzählungen von angestaubten Geschichten; Verstümmelungen, Morde, Massaker und so weiter und so weiter, bis man ganz dösig davon wird. Dann drängt sich Mr Morel dazwischen und gibt einen Kommentar ab, den er genauso gut hätte für sich behalten können – und hebt natürlich bestimmte Worte hervor, diese Leute kommen nicht ohne Kursivierungen aus:

»Es ist von Anfang bis Ende eine herzzerreißende Geschichte von menschlichem Leid, und *sie ist gerade erst geschehen.*«

Er meint 1904 und 1905. Mir ist vollkommen unverständlich, wie jemand sich so benehmen kann. Dieser Morel ist der Untertan eines Königs, und die Ehrfurcht vor der Monarchie hätte ihn davon abhalten sollen, mich in der Öffentlichkeit derart bloßzustellen. Mr Morel ist ein Reformer, ein Reformer des Kongo. Das sagt alles über *ihn*. Er publiziert in Liverpool ein Blatt mit dem Namen *The West African Mail*, das sich aus Zuschriften von Schwachköpfen und Waschlappen speist; und jede Woche dampfen und stinken und eitern daraus die neusten »Kongogräuel« von der Sorte, die auch in diesem Wust von Pamphleten hier so ausführlich beschrieben wird. Ich werde es verbieten. Ich habe ein Kongogräuel-Buch verboten, als es schon in Druck war; da sollte es nicht schwer sein, eine Zeitung zu verbieten.

*(Studiert einige Fotografien von verstümmelten Schwarzen – wirft sie hin. Seufzt.)* Die Kodak-Kamera ist für uns die größte Katastrophe. Unser mächtigster Gegner, das muss man wirklich sagen. In den ersten Jahren hatten wir keine Schwierigkeiten, die Presse dazu zu bringen, die Geschichten von Verstümmelungen als Gerüchte zu »entlarven«, als Lügen, Erfindungen von übereifrigen amerikanischen Missionaren und aufgebrachten Ausländern, die die »Offene Tür«, die im Kongo-Vertrag vereinbart worden war, verschlossen gefunden hatten, als sie dort ganz unschuldig anreisten und Handel treiben wollten; und mithilfe der Presse erreichten wir, dass die christlichen Nationen in aller Welt diese Geschichten verärgert und ungläubig anhörten und kein gutes Haar an ihren Erzählern ließen. Alles lief harmonisch und angenehm in diesen guten Tagen, und ich wurde als der Wohltäter dieses mit Füßen getretenen und freundlosen Volkes angesehen. Und dann kam auf einmal der große Krach! Das heißt, die unbestechliche Kodak – und alle Harmonie ging den Bach runter! Die einzige Zeugin, der ich in meinem ganzen Leben begegnet bin, die ich nicht bestechen konnte. Jeder Yankee-Missionar und jeder verhinderte Geschäftsmann ließ sich eine schicken; und jetzt – ja, jetzt werden die Bilder überall herumgezeigt, trotz all unserer Anstrengungen, sie

aufzuspüren und zu verbieten. Zehntausend Kanzeln und zehntausend Druckerpressen singen permanent mein Loblied und dementieren gelassen und überzeugend die Verstümmelungen. Und dann kommt die kleine Kodak, die ein Kind in seine Hosentasche stecken kann, sagt nicht ein einziges Wort, und stopft ihnen allen das Maul!

Was ist das für ein Fragment? (*Liest.*)

»Wir müssen es aufgeben, über jedes Einzelne seiner Verbrechen Buch führen zu wollen! Die Liste ist unendlich, wir würden nie damit fertig werden. Sein schrecklicher Schatten liegt über dem Freistaat Kongo, und unter ihm siecht eine friedliche Nation von 15 Millionen Menschen dahin und ergibt sich immer mehr in ihr Elend. Es ist ein Land voller Gräber; es ist das Land der Gräber; es ist der Freifriedhof Kongo. Es ist ein Gedanke, der Ehrfurcht gebietet: dass dies, die grauenvollste Episode in der Geschichte der Menschheit, das Werk *allein eines Mannes* ist, eines einzigen Individuums – Leopold, König der Belgier. Er ist persönlich und allein verantwortlich für die unzähligen Verbrechen, die die Geschichte des Staates Kongo verfinstern. Er ist der *alleinige* Herrscher dort; er ist absolut. Er hätte mit einem einzigen Befehl die Verbrechen verhindern können; er könnte sie heute mit einem Wort beenden. Er spricht das Wort nicht aus. Seinem Geldbeutel zuliebe.

Es ist sonderbar, einen König zu sehen, der bloß um schmutzigen Geldes willen eine Nation zerstört und ein Land verwüstet. Die Lust an der Eroberung hat zuweilen etwas Prächtiges an sich; dieses vornehme Laster haben Könige schon immer gehabt, wir verzeihen es aus alter Gewohnheit, sehen sogar eine gewisse Würde darin, aber die *Lust am Geld – an Schillingen – an Pfennigen – Lust am dreckigen Zaster*, nicht zur Bereicherung der Nation, sondern *allein zu der des Königs* – das ist neu. Das können wir nicht hinnehmen, wir verachten und verabscheuen es, wir finden es schäbig, rückgratlos, eines Königs unwürdig. Als Demokraten sollten wir spotten und höhnen, wir sollten uns daran erfreuen, wenn die Königsrobe in den Schmutz gezogen wird, doch – sosehr wir auch Grund dazu hätten, wir tun es nicht. Wir sehen diesen üblen König, unbarmherzig und mit Blut beschmiert, diesen geldgierigen König, der seinesgleichen nicht hat, der außerhalb der menschlichen Gemeinschaft steht und in seiner beispiellosen Bösartigkeit alle anderen überragt. Er ist der Einzige seines Ranges, ob in der Antike oder der Neuzeit, ob heidnisch oder christlich, der aus persönlicher Gewinnsucht zum Schlächter wurde. Mit vollem Recht sollte ihn die Wut der Menschen treffen, seien sie hoch gestellt oder niedrig, und die Verwünschungen derer, die den Unterdrücker und den Feigling verabscheuen, und dennoch – man kann es nicht erklären, aber *wir wollen nicht hinsehen*; denn er ist ein König, und es schmerzt und quält uns, beschämt uns aus uraltem und ererbtem Instinkt, einen König so entwürdigt zu sehen, und wir scheuen uns, Einzelheiten darüber hören zu müssen. *Wir schaudern und wenden uns ab*, wenn wir sie gedruckt sehen.«

Ja, natürlich – DAS IST MEIN SCHUTZ. Und ihr werdet es weiterhin tun. Ich kenne die Menschen.

*1907*

## KARL KRAUS

# Sind Homosexuelle pervers oder die Gesellschaft, die sie für pervers erklärt?

*»Die häufigste Krankheit ist die Diagnose«, stellte er lakonisch fest. Vollends wird beim Sexualverhalten deutlich, dass das Böse im Auge des Betrachters liegt und die Devianz erst durch die rechtliche Normierung, durch den Sachverstand des Gesetzgebers und dessen beratende Experten hergestellt wird. In seinen Worten: »Der Skandal beginnt erst dann, wenn die Polizei ankommt, um ihm ein Ende zu bereiten.«*

*Ein Leben lang setzte sich Karl Kraus (\* 1874, † 1936) für die erwachsenen Menschen ein und dafür, dass sie bei gegenseitigem Einverständnis und Gewaltverzicht in ihren privaten Räumen niemandem Rechtfertigung schulden und es kein Recht gibt, das ihre einzuschränken. Er schrieb sich im Auftrag von niemandem die Finger wund, war eine Zeitung ganz für sich allein. »Die Fackel«, die von 1899 bis zu seinem Tod in 922 Nummern erschien, war von wahrhaft universeller Reichweite.*

NERVENÄRZTE UND ANDERE LAIEN schwätzen jetzt über Homosexualismus. Es hat sich im Laufe der Begebenheiten so viel Verständnis für die Sache entwickelt, dass die Einteilung in solche, die nicht anders, und in solche, die auch anders können, zum Gemeinplatz geworden ist, von dem aus die Vertreter von Gesetz und Sitte, also die, die überhaupt nicht können, Mitleid und Verachtung ausgeben. Die Menschheit wird sich mit der Zeit – so etwa in 129 bis 175 Jahren – wahrscheinlich zur schwindelnden Höhe jener Erkenntnis emporschwingen, die die angeborene Homosexualität für eine Krankheit erklärt, die sie definitiv verzeiht, und die »erworbene« für ein Laster, das sie nach wie vor der strafrechtlichen Verfolgung, der sozialen Acht und dem Erpressertum überantwortet. Sie wird die Unterscheidung den psychiatrischen Schergen überlassen, die durch die bekannte Bordellprobe – vergleichbar der Wasserprobe des Hexenglaubens – untrüglich festzustellen vermögen, ob einer ein Kranker oder ein sogenannter »Wüstling« ist. Der Paragraph wird den »unwiderstehlichen Zwang« anerkennen, also wenigstens der Krankheit gegenüber Gnade für Recht ergehen lassen, aber die Schmach einer Menschheit vermehren, die sich von der Jurisprudenz an die Genitalien greifen lässt. Nie wird sich das Gesetz dazu entschließen, das Einverständnis zweier mündiger Menschen unbehelligt zu lassen, und wenn es schon anerkennen muss, dass Krankheit kein Verbrechen ist, so wird es dafür das »Laster« für ein umso größeres halten. Die unbefleckte Ahnungslosigkeit, die Gesetze macht, wird höchstens jenem Naturdrang ein Opfer bringen, vor dem es kein Entrinnen gibt. Aber sie würde sich dreimal bekreuzigen vor einer Meinung, die ihr ins Gesicht zu sagen wagte, dass eher die Krankheit ein Verbrechen ist als das Laster. Solche Meinung darf man heutzutage nicht einmal bei sich behalten, geschweige denn aussprechen. Darum tu ich's. Über den Wert des Mitleids kann man verschiedener Meinung sein. Ich sage, dass man die geborenen Homosexuellen, nicht weil sie Kranke sind, freisprechen soll, sondern weil uns ihre Krankheit keinen Schaden zufügt. Mag man aber die mildernden Umstände, auf die sie selbst plädieren, aus welcher Einsicht immer gelten lassen, das Interesse einer Kulturfrage kann die Behandlung pathologischer Formen nicht in Anspruch nehmen. Die Natur und Herr Dr. Magnus Hirschfeld mögen was immer für Pläne mit diesen Geschöpfen vorhaben, eine tiefere Anteilnahme kann der Einzelfall, nie das Problem beanspruchen. Der Mischmasch, den die Natur erschaffen und Herr Dr. Hirschfeld kategorisiert hat, kann auch Talente haben: seine kriminelle Behandlung, so verabscheuungswert sie ist, berührt die Freiheit nicht in seinem tieferen Begriffe. Anders die Verfolgung der »Perversität« als solcher, anders als der stupide Hass, der der Persönlichkeit in die Rechte ihres Nervenlebens folgt. Auf die Gefahr hin, sich selbst dem Verdacht der »erworbenen Homosexualität« preiszugeben, müsste jeder denkende Mensch laut aufschreien über die Schändlichkeit, die eine staatliche Norm für die Betätigung des Geschlechtstriebs vorschreibt, und laut und vernehmlich das Recht auf erworbene Homosexualität proklamieren. Der fromme Blödsinn hat jeder Nuancierung der Lust, jede Erweiterung der Genussfähigkeit und die Eroberung neuer erotischer Sphären, die in allen Kulturen, nicht bloß in der griechischen, das ureigenste Recht des Künstlers und den Vorzug jedes höher organisierten Menschen gebildet haben, als Wüstlingslaster verfemt, und die Staatsidioten sind der Ansicht, dass der Mann, der die Homosexualität »erworben« hat, sich in keinem Wesenszug von jenem unterscheidet, der nichts dafür kann. Die männlichsten, geistig und ethisch vollkommensten Männer, die seit Sokrates dem »Laster« gefrönt haben, sehen demnach zum Verwechseln den weiblichsten Weiberseelen ähnlich, die ein vertrackter Zufall in einen männlichen Leib gesperrt hat. Dass sie dort ihre peinlichsten Exzesse treiben, und dass die Nichtanderskönner eine soziale Unbequemlichkeit sind, wer könnte es leugnen? Die Einschaltung eines sexuellen Stroms zwischen Mann und Mann, also eine zweite »Norm«, schafft unnötige Komplizierung der Lebensverhältnisse. Es ist beschwerlich, mit einem Mann ein männliches Gespräch zu führen, wenn er nur deshalb an unserem Munde hängt, weil ihm unser Mund gefällt, und statt mit den Ohren, mit den Augen zuhört. Aber glaubt einer ernstlich, dass in solchem Gespräch auch der andere Typus, dessen verfeinerte Geistigkeit zur homosexuellen Handlung führen kann, die Besinnungsfähigkeit verliert? Man muss der Menschheit so lange mit »Paradoxen« auf den Schädel hämmern, bis sie merkt, dass es die einzigen Wahrheiten sind, und dass witzige Antithesen bloß dann entstehen, wenn eine frühreife Wahrheit mit dem Blödsinn der Zeit zusammenprallt. Man muss ihr sagen: Perversität kann eine Krankheit, sie kann aber auch eine Gesundheit sein. Das Widerspiel der Norm, aber auch die letzte, untrügliche Probe der Norm. Unappetitlich an der Sache ist höchstens die Terminologie. Wer das Weibliche sogar im Mann sucht, ist nicht »homosexuell«, sondern in der homosexuellen Handlung »heterosexuell«. Pervers ist vielmehr, wer das Männliche sogar im Weib sucht. Der »Wüstling« kann der entschiedenste Bejaher einer Norm sein. Der geborene Homosexuelle, dem die simple Männlichkeit nicht mehr genügt, könnte als letztes Raffinement, wenn er eines solchen überhaupt fähig ist, das Mannweib in Männerkleidern wählen. Der Normale den Knaben im Weiberkleide. Wenn ich die Wahl zwischen einem Antinous und einer Frauenrechtlerin habe –, ich bin nicht pervers genug, um zu schwanken, und ich bin nicht Heuchler genug, um nicht zu bekennen, dass bloß der Gesetzeswahn, dem ich die Freiheit außerhalb des Kerkers opfern muss, mir die Praxis meiner Wahl verwehrt.

*1908*

# GEORGE BERNARD SHAW

# Die Einehe, die Vielweiberei und die Vielmännerei

*Die Ehe bindet, bietet einige Gewähr und schränkt empfindlich ein. Selbst in gegenseitigem Einvernehmen und mit dem Einverständnis etwaiger betroffener Dritter dürfen Eheleute nicht weitere rechtlich sanktionierte Bindungen gleicher Art eingehen. Warum? Wir sind an diese Regelung gewöhnt, aber deshalb ist sie nicht weniger erklärungsbedürftig. Warum dürfen wir als Ehepartner diese zweite Frau und diesen zweiten Mann nicht heiraten, wenn wir das doch beide ebenso gerne täten wie die glücklichen Auserwählten? Das Verbot kann nicht zu unserem persönlichen Schutz erfunden worden sein, es muss um die Gemeinschaft als Ganze gehen. Jedem nur eine und jeder nur einen – verlangt diese Regel tatsächlich nach gesetzlicher Verankerung?*

*Der Ire George Bernard Shaw (\* 1856, † 1950) schrieb in jungen Jahren zuerst fünf Romane, ohne dafür einen Verleger zu finden. Aus den Startlöchern half ihm sein bissiger Humor als Musik- und Theaterkritiker. Er wurde alt genug, um den Erfolg abzuwarten. Als einziger Literatur-Nobelpreisträger (1925) gewann er mit 83 Jahren auch einen Oscar: für das beste adaptierte Drehbuch zu* Pygmalion, *woraus 1956 das Musical und 1964 die Kinoadaption* My Fair Lady *wurde. Shaw schrieb, bis er neunzig war, und äußerte sich im Alter vermehrt über gesellschaftliche und politische Fragen, wobei er Satire mit Fantastischem verband. Der Essay* Aufstand gegen die Ehe *ist die Vorrede zum Lustspiel* Heiraten (Getting Married) *aus dem Jahr 1908.*

D IE ZAHL DER FRAUEN, die einem einzigen Mann erlaubt sind, und die Zahl der Männer, die eine Frau haben darf, ist kein ethisches Problem: sie hängt einzig von der Proportion der Geschlechter innerhalb der Bevölkerung ab. Würden infolge eines großen Krieges drei Viertel der Männer in diesem Land getötet, so wäre es unumgänglich notwendig, die mohammedanische Möglichkeit der Ehe eines Mannes mit vier Frauen einzuführen, um die Bevölkerungsziffer wiederherzustellen. Der eigentliche Grund dafür, dass Frauen ihr Leben nicht in Schlachten aufs Spiel setzen dürfen und dass ihnen bei allen gefährlichen Vorfällen als Ersten die Möglichkeit der Flucht vorbehalten ist – kurz, dass ihr Leben als wertvoller denn das männliche Leben behandelt wird –, ist nicht im Geringsten ein ritterlicher Grund, obwohl die Männer alledem in der Illusion der Ritterlichkeit zustimmen mögen. Es ist ganz einfach notwendig, denn wenn ein großer Prozentsatz der Frauen getötet oder verkrüppelt würde, so könnte keine Neuordnung des Ehegesetzes die Entvölkerung und den daraus entstehenden politischen Ruin des Landes aufhalten, weil eine Frau mit mehreren Männern weniger Kinder gebiert als eine Frau mit nur einem Mann, ein Mann aber kann so viele Familien hervorbringen, als er Frauen hat. Die natürliche Grundlage der Einrichtung der Einehe hängt nicht mit einer Lasterhaftigkeit zusammen, die der Vielweiberei oder Vielmännerei an sich innewohnen würde, sondern mit der harten Tatsache, dass Männer und Frauen in ungefähr gleicher Zahl geboren werden. Unglücklicherweise töten wir so viele männliche Kinder in ihrer frühen Jugend, dass uns ein Überfluss an erwachsenen Frauen bleibt, groß genug, um unsere Aufmerksamkeit zu beanspruchen, aber nicht groß genug, um jedem Mann zwei Frauen zu erlauben. Wäre das auch zahlenmäßig möglich, so hätten wir eine wirtschaftliche Schwierigkeit zu überwinden. Ein Kaffer ist entsprechend der Anzahl seiner Frauen reich, weil die Frauen die Broterwerber sind. Aber in unserer Zivilisation werden die Frauen nicht für ihre soziale Arbeit bezahlt, die im Gebären und Aufziehen der Kinder und im Führen des Haushaltes besteht, sondern sie sind von den Einnahmen ihrer Männer abhängig. Bei uns könnten sich wenigstens vier von fünf Männern nicht zwei Frauen leisten, ohne dass ihr Salär annähernd verdoppelt werden müsste. Wäre es in diesem Fall nicht ratsam, die unbeschränkte Vielweiberei zu erproben, damit das andere Fünftel so viele Frauen haben könnte, als es sich leisten kann? Wir wollen die Auswirkungen einer solchen Lösung betrachten.

### DER MÄNNLICHE WIDERSTAND GEGEN DIE VIELWEIBEREI

Die Erfahrung zeigt, dass Frauen sich der Vielweiberei, wenn sie üblich ist, nicht widersetzen, im Gegenteil, sie sind ihre glühendsten Befürworter. Der Grund ist leicht zu finden. Die Frage, wie sie die Frau in der Praxis beantworten muss, lautet: Ist es besser, einen zehntklassigen Mann allein oder aber ein Zehntel eines erstklassigen Mannes zu besitzen? Ersetzt man das Wort Mann durch das Wort Einkommen, so hat man die Frage, wie sie sich der abhängigen Frau in wirtschaftlicher Hinsicht stellt. Die Frau, deren Instinkte mütterlich sind, die sich vor allem vorzügliche Kinder wünscht, wird nicht zögern. Sie würde, wenn nötig, lieber von einem Manne den tausendsten Teil annehmen, der *ein* Mann unter Tausenden wäre, als dass sie einen verhältnismäßig kümmerlichen Schwächling ganz allein für sich hätte. Es ist der verhältnismäßig kümmerliche Schwächling, dem durch die Vielweiberei die Frau genommen würde, der sich einer solchen Lösung widersetzt. So waren es nicht die Frauen von Salt Lake City noch überhaupt die Frauen Amerikas, die die mormonische Vielweiberei bekämpften. Es waren die Männer. Und das war natürlich. Andererseits widersetzten sich die Frauen der Vielmännerei, weil diese die besten Frauen instand setzt, alle Männer mit Beschlag zu belegen, gerade wie die Vielweiberei die besten Männer instand setzt, alle Frauen für sich in Anspruch zu nehmen. Deshalb gehen alle unsere gewöhnlichen Männer und Frauen in der Verteidigung der Einehe konform; die Männer, weil sie die Vielweiberei ausschließt, und die Frauen, weil sie die Vielmännerei ausschließt. Die Frauen an und für sich würden die Vielweiberei dulden. Die Männer an und für sich würden die Vielmännerei dulden. Aber die Vielweiberei würde eine ganze Menge von Frauen der Ehelosigkeit der Vernachlässigten aussetzen. Daher der Widerstand, welchen jeder Versuch, die unbeschränkte Vielweiberei einzuführen, nicht vonseiten der Besten, sondern vonseiten der Mittelmäßigen und Unterdurchschnittlichen zu gewärtigen hat. Gelänge es uns, unsere Unterdurchschnittlichen loszuwerden und das durchschnittliche Niveau so hoch zu steigern, dass Mittelmäßigkeit keinen Vorwurf mehr darstellte und jeder Mann vernünftigerweise als Vater in Betracht käme und jede Frau vernünftigerweise als Mutter begehrenswert wäre, so würden Vielmännerei und Vielweiberei augenblicklich aufrichtig verabscheut. Denn die Einehe ist so viel bequemer und wirtschaftlicher, dass niemand seinen Mann oder seine Frau würde mit anderen teilen wollen, wenn er (oder sie) einen genügend guten Partner für sich allein haben könnte. So scheint es, dass die Knappheit an Männern und Frauen erster Qualität die Ursache ist, die die Frauen zur Vielweiberei und die Männer zur Vielmännerei führt, und würde dieser Knappheit abgeholfen, so würde die Einehe in dem Sinne, dass nur ein Gatte oder eine Gattin auf einmal erlaubt wären (Möglichkeiten des Wechsels sind wieder etwas anderes), als befriedigend empfunden.

### UNTERSCHIED ZWISCHEN ORIENTALISCHER UND ABENDLÄNDISCHER VIELWEIBEREI

Man kann sich fragen, warum die Völker, bei welchen die Vielweiberei üblich ist, nicht allmählich der Einehe zutreiben wie die Heiligen der Letzten Tage von Salt Lake City. Wir brauchen die Antwort nicht lange zu suchen: Ihre Vielweiberei ist beschränkt. Unter dem mohammedanischen Gesetz kann ein Mann nicht mehr als vier Frauen heiraten, und unter dem ungeschriebenen Gesetz der Notwendigkeit kann kein Mann mehr Frauen erhalten, als er sich leisten kann, sodass also ein Mann mit vier Frauen in Asien eine ebenso große Ausnahme darstellt wie in Europa ein Mann mit einem Reitpferd oder einer Luxuslimousine; dies, obwohl wir ja so viel Reitpferde und Luxuslimousinen haben dürfen, als wir bezahlen können. Die kulinische Vielweiberei, obwohl unbeschränkt, ist keine wirklich populäre Einrichtung: ein Angehöriger einer hohen Kaste mag einen anderen Angehörigen einer höchst erhabenen Kaste bezahlen, damit dieser seine Tochter für einen Augenblick zu einer seiner sechzig oder siebzig Frauen macht, die er gerade hat; dadurch wird das Blut der Großkinder veredelt. Aber diese Mode einer kleinen und äußerst snobistischen Klasse fällt nicht als allgemeiner Präzedenzfall ins Gewicht. Auf jeden Fall heiraten die Männer und Frauen im Osten nicht einfach irgendjemand, der ihnen zusagt, wie in England und Amerika. Die Frauen halten sich abgesondert, und die Ehen werden vermittelt. In Salt Lake City konnte die freie, abgesonderte Frau den fähigsten Mann der Gemeinschaft sehen und treffen und ihn mit allen Künsten, die den Frauen der englisch sprechenden Länder zur Verfügung stehen, verlocken, sie zu seiner zehnten Frau zu machen. Keine Frau des Ostens kann etwas Ähnliches tun. Der Mann hat allein die Initiative, aber er hat keinen Zugang zur Frau. Außerdem ist, wie wir gesehen haben, die Schwierigkeit, die von der männlichen Ungebundenheit herrührt, nicht die Vielweiberei, sondern die Vielmännerei, welche nicht erlaubt ist.

Infolgedessen müssen wir die Vielweiberei, wenn sie ein Erfolg werden soll, beschränken. Wenn wir zwei Frauen auf einen Mann haben, so dürfen wir einem Mann nur zwei Frauen erlauben. Das ist einfach, aber unglücklicherweise ist unsere wirkliche Proportion ungefähr die folgende: $1^{1}/_{11}$ Frauen auf einen Mann. Man kann nun natürlich nicht fordern, dass jeder Mann $1^{1}/_{11}$ Frauen für sich haben dürfe, oder dass jede Frau, die keinen Mann für sich allein findet, sich zwischen elf bereits verheirateten Männern aufteile. So gibt es für uns keine Lösung durch Vielweiberei. Es gibt überhaupt keinen Ausweg aus dem gegenwärtigen System, das die überflüssigen Frauen zur Unfruchtbarkeit verurteilt, als dass die Kinder der Frauen, die mit deren Vater nicht verheiratet sind, als rechtmäßig anerkannt werden.

*1910*

## RUDOLF STEINER

# Der Astralleib. Aus der Geheimwissenschaft

*Mit seinen Schülern kommuniziere er durch reine Formen, so sagte er, die er zu ihnen aussende. Aber nicht nur damit, dürfen wir mit gutem Grund annehmen: In seinem weitläufigen labyrinthischen Werk hinterlässt er höchst dankenswerte Anregungen nicht nur für Waldorfpädagogik und Eurythmie, sondern außerdem für den biologisch-dynamischen Landbau und die anthroposophische Architektur, womöglich auch die Medizin, wenn man daran glauben mag.*

*Als Philosoph und Metaphysiker war Rudolf Joseph Lorenz Steiner (\*1861, †1925) ein Geist, der keinen Selbstwiderspruch fürchtete und sich die Freiheit seiner Ideen durch schlechterdings gar nichts einschränken ließ. Über den Menschen Steiner schrieb der sozialistische Kunstkritiker John Schikowski 1925 in einem Nachruf für den sozialdemokratischen »Vorwärts«: »Der Weltanschauung nach war er Haeckelianer, Materialist und Atheist, politisch nannte er sich Anarchist und wir Sozialdemokraten galten ihm als Bourgeois. (Was ihn übrigens nicht hinderte, im Rahmen sozialdemokratischer Bildungsorganisationen Vorträge über literarische Themen zu halten.) In seiner Lebensführung war er durchaus Libertin, voller Lust am irdischen Dasein und recht hemmungslos im ausgiebigen Genuss dieses Daseins. Es liegt mir fern, mit den oft etwas bedenklichen Abenteuern, deren Held ›Rudi Steiner‹ war, sein Moralkonto zu belasten. So mancher Heilige hat durch die schmutzigsten Stationen des Erdenwegs hindurchpilgern müssen, ehe er zur Reinheit gelangte.« Wir aber lernen von ihm: Dieses Buch (wie jedes) steht im Dienst nicht nur unserer Unterhaltung, sondern ebenso des Astralleibs, falls es diesen geben sollte.*

### DER LEBENSLAUF DES MENSCHEN

Das Leben des Menschen, wie es sich äußert in der Aufeinanderfolge der Zustände zwischen Geburt und Tod, kann nur dadurch vollständig begriffen werden, dass man nicht nur den sinnlich-physischen Leib in Betracht zieht, sondern auch jene Veränderungen, welche sich mit den übersinnlichen Gliedern der Menschennatur vollziehen. – Man kann diese Veränderungen in der folgenden Art sehen. Die physische Geburt stellt sich dar als eine Loslösung des Menschen von der physischen Mutterhülle. Kräfte, welche der Menschenkeim vor der Geburt mit dem Leibe der Mutter gemeinsam hatte, sind nach der Geburt nur noch als selbstständige in ihm selbst vorhanden. Nun gehen aber im späteren Leben für die übersinnliche Wahrnehmung ähnliche übersinnliche Ereignisse vor sich, wie die sinnlichen sind bei der physischen Geburt. Der Mensch ist nämlich ungefähr bis zum Zahnwechsel (im sechsten oder siebenten Jahre) in Bezug auf seinen Ätherleib von einer ätherischen Hülle umgeben. Diese fällt in diesem Zeitabschnitte des Lebens ab. Es findet da eine »Geburt« des Ätherleibes statt. Noch immer bleibt aber der Mensch von einer astralischen Hülle umgeben, welche in der Zeit vom zwölften bis sechzehnten Jahre (zur Zeit der Geschlechtsreife) abfällt. Da findet die »Geburt« des astralischen Leibes statt. Und noch später wird das eigentliche »Ich« geboren. (Die fruchtbaren Gesichtspunkte, welche sich aus diesen übersinnlichen Tatsachen für die Handhabung der Erziehung ergeben, sind in meiner kleinen Schrift: »Die Erziehung des Kindes vom Gesichtspunkte der Geisteswissenschaft« dargestellt. Dort findet man auch weitere Ausführungen über dasjenige, was hier nur angedeutet werden kann.) Der Mensch lebt nun nach der Geburt des »Ich« so, dass er sich den Welt- und Lebensverhältnissen eingliedert und innerhalb ihrer sich betätigt, nach Maßgabe der durch das »Ich« tätigen Glieder: Empfindungsseele, Verstandesseele und Bewusstseinsseele. Dann tritt eine Zeit ein, in welcher der Ätherleib sich wieder zurückbildet, in welcher er die umgekehrte Bildung seiner Entfaltung vom siebenten Jahre an wieder durchmacht. Während vorher der Astralleib sich so entwickelt hat, dass er in sich zuerst das entfaltet hat, was in ihm als Anlage bei der Geburt vorhanden war, und sich dann, nach der Geburt des »Ich«, durch die Erlebnisse der Außenwelt bereichert hat, beginnt er von einem bestimmten Zeitpunkte an damit, sich von dem eigenen Ätherleibe aus geistig zu nähren. Er zehrt am Ätherleibe. Und im weiteren Verlaufe des Lebens beginnt dann auch der Ätherleib an dem physischen Leibe zu zehren. Damit hängt des Letzteren Verfall im Greisenalter zusammen. – Nun zerfällt dadurch des Menschen Lebenslauf in drei Teile, in eine Zeit, in welcher der physische Leib und Ätherleib sich entfalten, dann in diejenige, in welcher der Astralleib und das »Ich« zur Entwicklung kommen, und endlich diejenige, in welcher Ätherleib und physischer Leib sich wieder zurückverwandeln. Nun ist aber der astralische Leib bei allen Vorgängen zwischen Geburt und Tod beteiligt. Dadurch, dass er eigentlich aber erst mit dem zwölften bis sechzehnten Jahre geistig geboren ist und in der letzten Lebensepoche von den Kräften des Ätherleibes und physischen Leibes zehren muss, wird dasjenige, was er durch seine eigenen Kräfte kann, sich langsamer entwickeln, als wenn es nicht in einem physischen und Ätherleibe wäre. Nach dem Tode, wenn physischer und Ätherleib abgefallen sind, geht die Entwicklung in der Läuterungszeit (vergleiche »Schlaf und Tod«) deshalb ungefähr so vor sich, dass sie ein Drittel derjenigen Dauer beträgt, die das Leben zwischen Geburt und Tod in Anspruch nimmt.

## 1911

# GEORG SIMMEL

## Endlich philosophische Kultur!

*In seinem Haus in Charlottenburg treffen sich Rainer Maria Rilke, Edmund Husserl, Heinrich Rickert, Marianne und Max Weber. Wegen des jüdischen Hintergrunds seiner Familie konvertierter Protestanten und wegen des an deutschen Universitäten dominanten Antisemitismus bleibt ihm eine akademische Karriere trotz der Fürsprache seiner prominenten Freunde verbaut. Wirtschaftlich unabhängig dank eines Erbes, bleibt er Privatdozent und später unbesoldeter außerordentlicher Professor, dessen Vorlesungen zur Ethik und Ästhetik, Soziologie, Sozialpsychologie und Religionspsychologie weit über die von ihm vertretenen Fächer hinaus Anklang finden – sie sind ein gesellschaftliches Ereignis, ziehen mit den alltagsnahen Themen zuverlässig 200 bis 300 Hörer an und werden sogar von Berliner Zeitungen angekündigt: endlich philosophische Kultur wie einst bei Schopenhauer! Zum engeren Anhang zählen Köpfe wie Kurt Tucholsky, Siegfried Kracauer (vgl. S.535–536) und Ernst Bloch, und wer Simmel liest, ahnt, dass auch die kulturkritische Essayistik der Frankfurter Schule bei ihm gelernt hat. Georg Simmel (\* 1858, † 1918), der große Klassiker der deutschen Soziologie und Sozialphilosophie, wird erst mit 56 Jahren, vier Jahre vor seinem Tod, auf eine ordentliche Professur nach Straßburg berufen.*

MODE
Das Wesen der Mode besteht darin, dass immer nur ein Teil der Gruppe sie übt, die Gesamtheit aber sich erst auf dem Wege zu ihr befindet. Sobald sie völlig durchdrungen ist, d.h. sobald einmal dasjenige, was ursprünglich nur einige taten, wirklich von allen ausnahmslos geübt wird, wie es bei gewissen Elementen der Kleidung und der Umgangsformen der Fall ist, so bezeichnet man es nicht mehr als Mode. Jedes Wachstum ihrer treibt sie ihrem Ende zu, weil eben dies die Unterschiedlichkeit aufhebt. Sie gehört damit dem Typus von Erscheinungen an, deren Intention auf immer schrankenlosere Verbreitung immer vollkommenere Realisierung geht – aber mit der Erreichung dieses absoluten Zieles in Selbstwiderspruch und Vernichtung fallen würden. So schwebt der sittlichen Bestrebung ein Ziel der Heiligkeit und Unverführbarkeit vor, während alles eigentliche Verdienst der Sittlichkeit vielleicht nur in der Bemühung um dieses Ziel und dem Ringen gegen eine immer noch fühlbare Versuchung wohnt; so geschieht die wirtschaftliche Arbeit oft, um den Genuss von Ruhe und Muße als Dauerzustand zu gewinnen – nach dessen völliger Erreichung aber das Leben oft durch Leerheit und Erstarrung die ganze Bewegung auf ihn hin dementiert; so hört man über die sozialisierenden Tendenzen der Gesellschaftsordnung behaupten; sie seien so lange wertvoll, wie sie sich in einer sonst noch individualistischen Verfassung ausbreiteten, würden dagegen als restlos durchgeführter Sozialismus in Unsinn und Ruin umschlagen. Der allgemeinsten Formulierung dieses Typus untersteht auch die Mode. Ihr wohnt von vornherein der Expansionstrieb inne, als sollte jede jeweilige die Gesamtheit einer Gruppe sich unterjochen; in dem Augenblicke aber, wo ihr dies gelänge, müsste sie als Mode an dem logischen Widerspruch gegen ihr eignes Wesen sterben, weil ihre durchgängige Verbreitung das Abscheidungsmoment in ihr aufhebt.

Dass in der gegenwärtigen Kultur die Mode ungeheuer überhandnimmt – in bisher fremde Provinzen einbrechend, in altbesessenen sich, d. h. das Tempo ihres Wechsels, unaufhörlich steigernd –, ist nur die Verdichtung eines zeitpsychologischen Zuges. Unsere innere Rhythmik fordert immer kürzere Perioden im Wechsel von Eindrücken; oder, anders ausgedrückt: Der Akzent der Reize rückt in steigendem Maß von ihrem substanziellen Zentrum auf ihren Anfang und ihr Ende. Dies beginnt mit den geringfügigsten Symptomen, etwa dem immer ausgedehnteren Ersatz der Zigarre durch die Zigarette, es offenbart sich an der Reisesucht, die das Leben des Jahres möglichst in mehreren kurzen Perioden, mit den starken Akzentuierungen des Abschieds und der Ankunft, schwingen lässt. Das spezifisch »ungeduldige« Tempo des modernen Lebens besagt nicht nur die Sehnsucht nach raschem Wechsel der qualitativen Inhalte des Lebens, sondern die Stärke des formalen Reizes der Grenze, des Anfangs und Endes, Kommens und Gehens. Im kompendiösesten Sinne solcher Form hat die Mode durch ihr Spiel zwischen der Tendenz auf allgemeine Verbreitung und der Vernichtung ihres Sinnes, die diese Verbreitung gerade herbeiführt, den eigentümlichen Reiz der Grenze, den Reiz gleichzeitigen Anfanges und Endes, den Reiz der Neuheit und gleichzeitig den der Vergänglichkeit. Ihre Frage ist nicht Sein oder Nichtsein, sondern sie ist zugleich Sein und Nichtsein, sie steht immer auf der Wasserscheide von Vergangenheit und Zukunft und gibt uns so, solange sie auf ihrer Höhe ist, ein so starkes Gegenwartsgefühl, wie wenige andre Erscheinungen. Wenn in der jeweiligen Aufgipfelung des sozialen Bewusstseins auf den Punkt, den sie bezeichnet, auch schon ihr Todeskeim liegt, ihre Bestimmung zum Abgelöstwerden, so deklassiert diese Vergänglichkeit sie im Ganzen nicht, sondern fügt ihren Reizen einen neuen hinzu. Wenigstens nur dann erfährt ein Gegenstand durch seine Bezeichnung als »Modesache« eine Abwürdigung, wenn man ihn aus anderen, sachlichen Gründen perhorresziert und herabzusetzen wünscht, sodass dann freilich die Mode zum Wertbegriff wird. Irgendetwas sonst in gleicher Weise Neues und plötzlich Verbreitetes in der Praxis des Lebens wird man nicht als Mode bezeichnen, wenn man an seinen Weiterbestand und seine sachliche Begründetheit glaubt; nur der wird es so nennen, der von einem ebenso schnellen Verschwinden jener Erscheinung, wie ihr Kommen war, überzeugt ist. Deshalb gehört zu den Gründen, aus denen die Mode heute so stark das Bewusstsein beherrscht, auch der, dass die großen, dauernden, unfraglichen Überzeugungen mehr und mehr an Kraft verlieren. Die flüchtigen und veränderlichen Elemente des Lebens gewinnen dadurch umso mehr Spielraum. Der Bruch mit der Vergangenheit, den zu vollziehen die Kulturmenschheit seit mehr als hundert Jahren sich unablässig bemüht, spitzt das Bewusstsein mehr und mehr auf die Gegenwart zu. Diese Betonung der Gegenwart ist ersichtlich zugleich Betonung des Wechsels, und in demselben Maße, in dem ein Stand Träger der bezeichneten Kulturtendenz ist, in demselben Maße wird er sich der Mode auf allen Gebieten, keineswegs etwa nur auf dem der Kleidung, zuwenden.

Aus jener Tatsache nun, dass die Mode als solche eben noch nicht allgemein verbreitet sein kann, quillt für den Einzelnen die Befriedigung, dass sie an ihm immerhin noch etwas Besonderes und Auffälliges darstellt, während er doch zugleich innerlich sich nicht nur von einer Gesamtheit getragen fühlt, die das Gleiche *tut*, sondern außerdem auch noch von einer, die nach dem Gleichen *strebt*. Deshalb ist die Gesinnung, der der Modische begegnet, eine offenbar wohltuende Mischung von Billigung und Neid. Man beneidet den Modischen als Individuum, man billigt ihn als Gattungswesen. Aber auch jener Neid selbst hat hier eine besondere Färbung. Es gibt eine Nuance des Neides, die eine Art ideellen Anteilhabens an den beneideten Gegenständen einschließt. Das Verhalten der Proletarier, wenn sie einen Blick in die Feste der Reichen tun können, ist hierfür ein lehrreiches Beispiel; die Basis solchen Verhaltens ist, dass hier ein angeschauter Inhalt rein als solcher lustvoll wirkt, gelöst von seiner, an das subjektive Haben gebunden Wirklichkeit – irgendwie dem Kunstwerk vergleichbar, dessen Glücksertrag auch nicht davon abhängt, wer es besitzt. Dass solche Trennung des reinen Inhaltes der Dinge von der Besitzfrage überhaupt geschehen kann (entsprechend der Fähigkeit des Erkennens, den Inhalt der Dinge von ihrem Sein zu trennen), dadurch wird jenes Anteilhaben möglich, das der Neid verwirklicht. Und vielleicht ist dies nicht einmal eine besondere Nuance des Neides, sondern lebt als Element überall, wo er vorkommt. Indem man einen Gegenstand oder einen Menschen beneidet, ist man schon nicht mehr absolut von ihm ausgeschlossen, man hat irgendeine Beziehung zu jenem gewonnen, zwischen beiden besteht nun der gleiche seelische Inhalt, wenngleich in ganz verschiedenen Kategorien und Gefühlsformen. Zu dem, was man beneidet, ist man zugleich näher und ferner als zu demjenigen Gut, dessen Nicht-Besitz uns gleichgültig lässt. Durch den Neid wird gleichsam die Distanz messbar, was immer zugleich Entferntheit und Nähe bedeutet – das Gleichgültige steht jenseits dieses Gegensatzes. Damit kann der Neid ein leises Sich-Bemächtigen des beneideten Gegenstandes enthalten (wie ein solches auch

Herstellung von Schotter aus Flusssteinen.
*Dhaka. Bangladesch, 22. Januar 1992.*

das Glück der unglücklichen Liebe ist) und damit eine Art Gegengift, das manchmal die schlimmsten Ausartungen des Neidgefühles verhindert. Und gerade die Inhalte der Mode bieten, weil sie nicht, wie viele andere Seeleninhalte, irgendjemandem *absolut* versagt sind, weil eine nie ganz ausgeschlossene Wendung der Geschicke sie auch dem gewähren kann, der vorläufig nur auf das Beneiden ihrer angewiesen ist, ganz besonders die Chance für diese versöhnlichere Färbung des Neides.

Aus dem gleichen Grundgefüge ergibt sich, dass die Mode der eigentliche Tummelplatz für Individuen ist, welche innerlich unselbstständig und anlehnungsbedürftig sind, deren Selbstgefühl aber doch zugleich einer gewissen Auszeichnung, Aufmerksamkeit, Besonderung bedarf. Es ist schließlich dieselbe Konstellation, aus der diejenigen, von allen nachgesprochenen Banalitäten das größte Glück machen, deren Nachsprechen jedem dennoch das Gefühl gibt, eine ganz besondere, ihn über die Masse erhebende Klugheit zu äußern – also die Banalitäten kritischer, pessimistischer, paradoxer Art. Die Mode erhebt den Unbedeutenden dadurch, dass sie ihn zum Repräsentanten einer Gesamtheit, zur besonderen Verkörperung eines Gesamtgeistes macht. Ihr ist es eigen – weil sie ihrem Begriffe nach nur eine niemals von allen erfüllte Norm sein kann –, dass sie einen sozialen Gehorsam ermöglicht, der zugleich individuelle Differenzierung ist. In dem Modenarren erscheinen die gesellschaftlichen Forderungen der Mode auf eine Höhe gesteigert, auf der sie völlig den Anschein des Individualistischen und Besonderen annehmen. Ihn bezeichnet es, dass er die Tendenz der Mode über das sonst innegehaltene Maß hinaustreibt: wenn spitze Schuhe Mode sind, lässt er die seinigen in Lanzenspitzen münden, wenn hohe Kragen Mode sind, trägt er sie bis zu den Ohren, wenn es Mode ist, wissenschaftliche Vorträge zu hören, so ist er überhaupt nirgends anders mehr zu finden usw. So stellt er ein ganz Individuelles vor, das in der quantitativen Steigerung solcher Elemente besteht, die ihrer Qualität nach eben Gemeingut des betreffenden Kreises sind. Er geht den anderen voran – aber genau auf ihrem Wege. Indem es die letzterreichten Spitzen des öffentlichen Geschmackes sind, die er darstellt, scheint er an der Tête der Gesamtheit zu marschieren. In Wirklichkeit aber gilt von ihm, was unzählige Male für das Verhältnis zwischen Einzelnen und Gruppen gilt: dass der Führende im Grunde der Geführte ist. Demokratische Zeiten begünstigen ersichtlich ganz besonders stark diese Konstellation, sodass sogar Bismarck und sonstige hervorragende Parteiführer konstitutioneller Staaten betont haben, dass sie, weil sie die Führer einer Gruppe sind, ihr folgen müssen. Die Aufgeblasenheit des Modenarren ist so die Karikatur einer durch die Demokratie begünstigten Konstellation des Verhältnisses zwischen dem Einzelnen und der Gesamtheit.

### DAS ABENTEUER

Jedes Stück unseres Tuns oder Erfahrens trägt eine doppelte Bedeutung: Es dreht sich um den eigenen Mittelpunkt, es hat so viel an Weite und Tiefe, an Lust und Leid, wie sein unmittelbares Erlebtwerden ihm gibt; und es ist zugleich der Teil eines Lebensverlaufes, nicht nur ein umgrenztes Ganzes, sondern auch Glied eines Gesamtorganismus. Beide Werte bestimmen jeden Lebensinhalt in mannigfacher Konfiguration; Ereignisse, die in ihrer eigenen, nur sich selbst darbietenden Bedeutung einander sehr ähnlich sein mögen, sind gemäß ihren Verhältnissen zum Ganzen des Lebens äußerst divergent; oder, in jener ersteren Hinsicht vielleicht unvergleichbar, können ihre Rollen als Elemente unserer Gesamtexistenz zum Verwechseln gleich sein. Wenn von zwei Erlebnissen, deren angebbare Inhalte gar nicht weit unterschieden sind, das eine als »Abenteuer« empfunden wird, das andere nicht – so ist es jene Verschiedenheit des Verhältnisses zum Ganzen unseres Lebens, durch die dem einen diese Bedeutung zufällt, die sich dem anderen versagt.

Und zwar ist nun die Form des Abenteuers, im allerallgemeinsten: dass es aus dem Zusammenhange des Lebens herausfällt. Mit jener Ganzheit eines Lebens meinen wir doch, dass in seinen einzelnen Inhalten, so krass und unversöhnlich sie sich voneinander abheben mögen, ein einheitlicher Lebensprozess kreist. Dem Ineinandergreifen der Lebensringe, dem Gefühl, dass sich mit all diesen Gegenläufen, diesen Biegungen, diesen Verknotungen doch schließlich ein kontinuierlicher Faden spinnt, steht dasjenige, was wir ein Abenteuer nennen, gegenüber, ein Teil unserer Existenz freilich, dem sich vorwärts und rückwärts andere unmittelbar anschließen – und zugleich, in seinem tieferen Sinne, außerhalb der sonstigen Kontinuität dieses Lebens verlaufend. Und dennoch ist es unterschieden von all dem einfach Zufälligen, Fremden, nur die Epidermis des Lebens Streifenden. Indem es aus dem Zusammenhange des Lebens herausfällt, fällt es – dies wird sich allmählich erklären – gleichsam mit eben dieser Bewegung wieder in ihn hinein, ein Fremdkörper in unserer Existenz, der dennoch mit dem Zentrum irgendwie verbunden ist. Das Außerhalb ist, wenn auch auf einem großen und ungewohnten Umweg, eine Form des Innerhalb. Durch diese seelische

Position bekommt das Abenteuer für die Erinnerung leicht die Färbung des Traumes. Jeder weiß, wie schnell wir Träume vergessen, weil auch sie sich außerhalb des sinnvollen Zusammenhanges des Lebensganzen stellen. Was wir als »traumhaft« bezeichnen, ist nichts anderes als eine Erinnerung, die sich mit weniger Fäden als sonstige Erlebnisse dem einheitlichen und durchgehenden Lebensprozess verknüpft. Wir lokalisieren unsere Unfähigkeit, ein Erlebtes eben diesem einzuordnen, gewissermaßen durch die Vorstellung des Traumes, in dem dies Erlebte stattgefunden hätte. Je »abenteuerlicher« ein Abenteuer ist, je reiner es also seinen Begriff erfüllt, desto »traumhafter« wird es für unsere Erinnerung. Und so weit rückt es oft von dem zentralen Punkte des Ich und dem von ihm zusammengehaltenen Verlaufe des Lebensganzen ab, dass wir an das Abenteuer leicht so denken, als ob ein anderer es erlebt hätte; wie weit es jenseits dieses Ganzen schwebt, wie fremd es ihm geworden ist, drückt sich eben darin aus, dass es sozusagen mit unserem Gefühl vereinbar wäre, ihm ein anderes Subjekt als jenem zu geben.

# 1913

# RABINDRANATH TAGORE
## Das Problem des Übels

*Neben der Erbsünde plagt eine zweite kardinale Erblast die christliche Theologie in ihrer Liaison mit der abendländischen Philosophie, nämlich das Problem der Theodizee: der Rechtfertigung Gottes als des allmächtigen, allwissenden, allgütigen Schöpfers angesichts des Bösen in der Welt (vgl. auch Voltaire, S. 272–273). Das Problem ist ebenso im Hinduismus anzutreffen. Selbst wenn dort das Universum nicht als das Werk eines einen personalen Schöpfergottes vorgestellt wird, muss es einer Weltordnung gehorchen, deren Unvollkommenheiten, da mit ihrem göttlichen Charakter nicht vereinbar, nur ein Schein sein können. Wie bei Leibniz weist auch für den indischen Gläubigen unsere menschliche Perspektive in ihrer Endlichkeit keinen Ausweg aus dem* Problem des Übels, *wie der Titel eines Essays lautet. Die Vollendung des göttlichen Werks ist nur im Unendlichen denkbar und nur in unserem Verhältnis dazu die Überwindung des Übels.*

*Rabindranath Tagore (* 1861, † 1941), geboren und gestorben in Kalkutta, das jüngste von vierzehn Kindern einer orthodoxen bengalischen Brahmanen-Familie, war Dichter, Philosoph, Maler und Musiker. Als sozial engagierter Reformer arbeitete er an der Öffnung seiner lokalen Tradition der Gelehrsamkeit, an der Befreiung aus dem Korsett ihrer kulturellen und sozialen Konventionen und ihrem Anschluss an den Westen. 1913 erhielt er als erster Asiate den Nobelpreis für Literatur. Die Nationalhymnen von Indien und von Bangladesch sind beide von ihm geschrieben.*

WIR MÜSSEN UNS GEGENWÄRTIG HALTEN, dass unser Ich von Natur aus gezwungen ist, das All, das Nicht-Ich, zu suchen. Unser Leib muss sterben, wenn er sich auf sich zu beschränken und von sich selbst zu zehren versucht, und unser Auge verliert den Sinn seines Daseins, wenn es nur sich selbst sehen kann.

Je stärker eine Fantasie ist, umso weniger ist sie nur fantastisch und umso mehr ist sie in Harmonie mit der Wahrheit; ebenso ist auch die Individualität umso stärker, je mehr sie sich ins All hinein ausdehnt. Denn die Größe einer Persönlichkeit hängt nicht von ihrem Ich ab, sondern davon, wie viel von dem All sie einschließt, ebenso wie die Tiefe eines Sees nicht nach dem Umfang seines Beckens, sondern nach der Tiefe seines Wassers gemessen wird.

Wenn es also Wahrheit ist, dass die Sehnsucht unsrer Natur auf Wirklichkeit gerichtet ist, und dass unsre Persönlichkeit nicht glücklich sein kann mit einem fantastischen Universum ihrer eigenen Schöpfung, dann ist es offenbar das Beste für sie, dass unser Wille nur mit den Dingen fertig werden kann, indem er ihr Gesetz befolgt, und dass er nicht mit ihnen verfahren kann, wie es ihm beliebt. Diese unbeugsame Sicherheit der Wirklichkeit durchkreuzt bisweilen unsern Willen und führt uns oft in Missgeschick, ebenso wie die Festigkeit der Erde unfehlbar dem fallenden Kind wehtut, das gehen lernt. Und dennoch ist es gerade diese Festigkeit, die sein Gehen möglich macht. Als ich einmal unter einer

Brücke hindurchfuhr, blieb der Mast meines Bootes in einem ihrer Tragbalken stecken. Wenn der Mast sich nur einen Augenblick ein paar Zoll gebogen oder wenn die Brücke ihren Rücken wie eine gähnende Katze gekrümmt hätte, oder wenn der Fluss etwas nachgegeben hätte, dann wäre alles für mich in Ordnung gewesen. Aber sie beachteten meine Hilflosigkeit nicht. Und gerade aus diesem Grunde konnte ich den Fluss benützen und mithilfe des Mastes darauf segeln und konnte, wenn seine Strömung zu stark war, mich auf die Brücke verlassen. Die Dinge sind, was sie sind, und wir müssen sie kennen, wenn wir mit ihnen umgehen wollen, und kennen können wir sie nur, weil unser Wunsch nicht ihr Gesetz ist. Diese Kenntnis ist eine Freude für uns, denn sie ist ein Band, das uns mit den Dingen um uns her verbindet; sie macht sie uns zu eigen und erweitert so die Schranken unseres Selbst.

Bei jedem Schritt haben wir mit andern als uns selbst zu rechnen. Denn nur im Tod sind wir allein. Ein Dichter ist nur ein Dichter, wenn er mit seiner persönlichen Idee allen Menschen Freude machen kann, was er nicht könnte, wenn er nicht ein Medium hätte, das allen seinen Hörern gemeinsam ist. Diese gemeinsame Sprache hat ihr eigenes Gesetz, das der Dichter finden und befolgen muss; dadurch, dass er dies tut, wird er zum wahren Dichter und erlangt als solcher Unsterblichkeit.

Wir sehen also, dass des Menschen Ich noch nicht sein wahres Wesen im höchsten Sinne ist; es ist noch etwas in ihm, was zum All gehört. Wenn er in einer Welt leben müsste, wo sein eigenes Ich der einzige Faktor wäre, der in Betracht käme, so wäre dies das denkbar schlimmste Gefängnis für ihn, denn die tiefste Freude des Menschen besteht darin, dass er immer größer wird, indem er immer mehr mit dem All eins wird. Dies würde, wie wir gesehen haben, unmöglich sein, wenn es nicht ein Gesetz gäbe, das allen gemeinsam ist. Nur dadurch, dass wir dies Gesetz entdecken und befolgen, werden wir groß, machen wir uns das All zu eigen; während wir, solange unsere persönlichen Wünsche mit dem Weltgesetz im Widerstreit sind, Schmerz und Misserfolg erfahren.

Es gab eine Zeit, wo wir um besondere Zugeständnisse baten; wir erwarteten, dass die Naturgesetze um unsertwillen außer Kraft gesetzt würden. Aber jetzt sind wir in unsrer Erkenntnis weitergekommen. Jetzt wissen wir, dass das Gesetz nicht beiseitegesetzt werden kann, und in dieser Erkenntnis sind wir stark geworden. Denn dies Gesetz ist nicht etwas von uns Getrenntes, es ist in uns und unser eigen. Die Allkraft, die sich in dem Allgesetz offenbart, ist eins mit unsrer eigenen Kraft. Die vereitelt unsre Absichten da, wo wir klein sind, wo wir uns gegen den Lauf der Dinge stemmen, aber sie hilft uns da, wo wir groß, wo wir im Einklang mit dem All sind. So gewinnen wir an Kraft in dem Maße, wie wir mithilfe der Wissenschaft die Gesetze der Natur erforschen; wir sind auf dem Wege zur Erwerbung eines universalen Leibes. Unser Gesichtsorgan, unsre Bewegungsorgane, unsre physische Kraft wird weltweit. Dampf und Elektrizität werden unsre Nerven und Muskeln.

So sehen wir, dass ebenso, wie die Organe unsres Körpers durch ein verbindendes Prinzip zusammengehalten werden, kraft dessen wir den ganzen Körper unsern eigenen nennen und als solchen gebrauchen können, so auch das Universum durch das Prinzip ununterbrochener Einheit zusammengehalten wird, kraft dessen wir die ganze Welt unsern erweiterten Leib nennen und als solchen gebrauchen können. Und in diesem Zeitalter der Naturwissenschaft geht unser Bestreben dahin, unsern Anspruch auf unser Welt-Ich voll zur Geltung zu bringen. Wir wissen, dass all unsre Armut und unsre Leiden nur davon herrühren, dass wir nicht imstande gewesen sind, diesen unsren rechtmäßigen Anspruch zu verwirklichen. In Wahrheit gibt es gar keine Grenze für unsre Kraft, denn wir stehen nicht außerhalb der Weltkraft, die der Ausdruck des Weltgesetzes ist.

Wir sind auf dem Wege, Krankheit und Tod zu überwinden, Schmerz und Armut zu besiegen; denn durch den Fortschritt der Naturwissenschaft nähern wir uns beständig dem Ziel, das Weltall als physische Erscheinung zu erkennen. Und wie wir fortschreiten, merken wir, dass Schmerz, Krankheit und Ohnmacht nichts Absolutes sind, sondern nur entstehen können, weil wir noch nicht gelernt haben, unser individuelles Selbst dem universalen Selbst anzupassen.

Ebenso ist es mit unserm geistigen Leben. Wenn der individuelle Mensch in uns sich gegen die gesetzmäßige Herrschaft des universalen Menschen auflehnt, so werden wir sittlich klein und müssen leiden. In solchem Fall sind unsre Erfolge unsre größten Misserfolge, und die Erfüllung unsrer Wünsche gerade ist es, die uns ärmer macht. Wir trachten nach besonderem Gewinn für uns, wir möchten Vorrechte genießen, die niemand anders mit uns teilen kann. Aber alles schlechthin Besondere hat beständig Kampf zu führen mit dem Allgemeinen. In solchem Zustand des Bürgerkriegs lebt der Mensch immer hinter Barrikaden, und in jeder Zivilisation, die selbstsüchtig ist, ist unser Heim kein wirkliches Heim, sondern eine künstliche Schranke, mit der wir uns gegen die andern abgrenzen. Und doch beklagen wir uns, dass wir nicht glücklich sind, als ob es in der Natur der Dinge läge, uns unglücklich zu machen. Der Weltgeist wartet, um uns mit Glück zu krönen, aber unser Ich-Geist will es nicht annehmen.

Es ist unser Leben im Ich, das überall Konflikte und Verwicklungen schafft, das Gleichgewicht der Gesellschaft stört und alle Arten von Elend verursacht. Es bringt es so weit, dass wir, um die Ordnung aufrechtzuerhalten, künstliche Zwangsmittel erfinden und organisierte Formen der Tyrannei schaffen müssen und dass wir teuflische Einrichtungen unter uns dulden, die eine Schmach für die Menschheit sind.

Wir haben gesehen, dass wir, um mächtig zu sein, uns den allgemeinen Weltgesetzen unterwerfen und sie in der Praxis als unsere eigenen anwenden müssen. Um also glücklich zu sein, müssen wir unsern persönlichen Willen der Oberherrschaft des Weltwillens unterwerfen und fühlen, dass er in Wahrheit unser eigener ist. Wenn wir die Stufe erreichen, wo die Einfügung des Endlichen in uns in das Unendliche vollkommen geworden ist, dann wird der Schmerz selbst ein wertvolles Gut. Er wird ein Maßstab für den wahren Wert unsrer Freude.

Die wichtigste Lehre, die der Mensch aus seinem Leben lernen kann, ist nicht, dass es überhaupt Schmerz in dieser Welt gibt, sondern dass es in seiner Hand liegt, ihn zum Guten zu wenden, dass es für ihn möglich ist, ihn in Freude zu verwandeln. Diese Lehre ist für uns nicht ganz vergeblich gewesen, und es gibt keinen Menschen, der willig sein Recht auf Schmerz aufgeben würde, denn das gehört zu seinem Recht auf volles Menschentum. Eines Tages klagte die Frau eines armen Arbeiters mir bitterlich, dass ihr ältester Knabe auf einen Teil des Jahres zu einem reichen Verwandten geschickt werden sollte. Gerade die stillschweigende freundliche Absicht, ihr ihre Sorgen zu erleichtern, hatte sie verletzt, denn die Sorge einer Mutter gehört ihr allein durch das unveräußerliche Recht ihrer Liebe und sie war nicht gesonnen, sie irgendwelchen Nützlichkeitsforderungen zu opfern. Des Menschen Freiheit besteht nicht darin, dass ihm Schweres erspart wird, sondern darin, dass er es freiwillig zu seinem Besten auf sich nehmen, dass er es zu einem Bestandteil seiner Freude machen kann. Das können wir nur, wenn wir erkennen, dass unser persönliches Ich nicht der höchste Sinn unseres Daseins ist, dass wir in uns das Welt-Ich haben, das unsterblich ist, das sich nicht vor Leiden oder Tod fürchtet und das Leid nur als Kehrseite der Freude betrachtet. Wer dies erkannt hat, weiß, dass das Leid für uns unvollkommene Wesen unser wahrer Reichtum ist, der uns groß und würdig macht, uns dem Vollkommenen an die Seite zu stellen. Er weiß, dass wir keine Bettler sind, dass das Leid die harte Münze ist, die wir für alles Wertvolle im Leben, für unsre Kraft, unsre Weisheit, unsre Liebe, zahlen müssen, dass das Leid das Symbol ist für die unendliche Möglichkeit der Vervollkommnung, für die ewige Entfaltung der Freude, und dass der Mensch, der nicht mehr freudig das Leid auf sich nehmen kann, tiefer und tiefer in Elend und Erniedrigung versinkt. Nur wenn wir die Hilfe des Leids zur Befriedigung unsres Ichs anrufen, wird es zu einem Übel und rächt sich für die Schmach, die wir ihm antun, indem es uns ins Elend schleudert. Denn es ist die vestalische Jungfrau, die dem Dienst der ewigen Vollendung geweiht ist, und wenn sie ihren wahren Platz vor dem Altar des Unendlichen einnimmt, wirft sie ihren dunklen Schleier ab und enthüllt ihr Antlitz dem Beschauer als eine Offenbarung der höchsten Freude.

## 1913

## FRANZ KAFKA

# Entlarvung eines Bauernfängers

---

*Nicht um den Bauernfänger, um uns geht es! Sich nicht wehren können …! Weil wir nicht recht wissen, wie, und einfach nicht darauf kommen, solange wir in uns die Entschlusskraft nicht zusammenkratzen können. Eine uns allen zutiefst vertraute, leicht unangenehme, klebrige Geschichte ist da erzählt, höflich, ja geradezu mit Wiener Liebenswürdigkeit und viel Nachsicht für unsere Schwäche. Aber keinesfalls erhebend. Nicht einmal die Verachtung für den Bauernfänger, welche mit der verspäteten Erkenntnis in uns aufsteigt, kann uns zu einer ehrenhafteren Entscheidung bringen, als Reißaus zu nehmen. Uns für uns selbst ein wenig schämend, bloß froh, dass es keine Zeugen gibt.*

*Anders als in seinen Romanen gelingt es dem Helden hier immerhin, in dieser wenig heldenhaften Weise sein Schicksal in die Hand zu nehmen – ein sein gesamtes Werk durchziehendes Grundthema Franz Kafkas (\* 1883, † 1924). In dieser Zeit beginnt sein eigenes Ringen um eine Entscheidung zwischen dem Schreiben und einem gemeinsamen Leben mit der späteren Ver- und wieder Entlobten Felice Bauer.*

ENDLICH GEGEN 10 UHR ABENDS kam ich mit einem mir von früher her nur flüchtig bekannten Mann, der sich mir diesmal unversehens wieder angeschlossen und mich zwei Stunden lang in den Gassen herumgezogen hatte, vor dem herrschaftlichen Hause an, in das ich zu einer Gesellschaft geladen war.

»So!«, sagte ich und klatschte in die Hände zum Zeichen der unbedingten Notwendigkeit des Abschieds. Weniger bestimmte Versuche hatte ich schon einige gemacht. Ich war schon ganz müde. »Gehen Sie gleich hinauf?«, fragte er. In seinem Munde hörte ich ein Geräusch wie vom Aneinanderschlagen der Zähne. »Ja.« Ich war doch eingeladen, ich hatte es ihm gleich gesagt. Aber ich war eingeladen, hinaufzukommen, wo ich schon so gerne gewesen wäre, und nicht hier unten vor dem Tor zu stehn und an den Ohren meines Gegenübers vorüberzuschauen. Und jetzt noch mit ihm stumm zu werden, als seien wir zu einem langen Aufenthalt auf diesem Fleck entschlossen. Dabei nahmen an diesem Schweigen gleich die Häuser rings herum ihren Anteil, und das Dunkel über ihnen bis zu den Sternen. Und die Schritte unsichtbarer Spaziergänger, deren Wege zu erraten man nicht Lust hatte, der Wind, der immer wieder an die gegenüberliegende Straßenseite sich drückte, ein Grammofon, das gegen die geschlossenen Fenster irgendeines Zimmers sang –, sie ließen aus diesem Schweigen sich hören, als sei es ihr Eigentum seit jeher und für immer.

Und mein Begleiter fügte sich in seinem und – nach einem Lächeln – auch in meinem Namen, streckte die Mauer entlang den rechten Arm aufwärts und lehnte sein Gesicht, die Augen schließend, an ihn. Doch dieses Lächeln sah ich nicht mehr ganz zu Ende, denn Scham drehte mich plötzlich herum. Erst an diesem Lächeln also hatte ich erkannt, dass das ein Bauernfänger war, nichts weiter. Und ich war doch schon monatelang in dieser Stadt, hatte geglaubt, diese Bauernfänger durch und durch zu kennen, wie sie bei Nacht aus Seitenstraßen, die Hände vorgestreckt, wie Gastwirte uns entgegentreten, wie sie sich um die Anschlagssäule, bei der wir stehen, herumdrücken, wie zum Versteckenspielen und hinter der Säulenrundung hervor zumindest mit einem Auge spionieren, wie sie in Straßenkreuzungen, wenn wir ängstlich werden, auf einmal vor uns schweben auf der Kante unseres Trottoirs! Ich verstand sie doch so gut, sie waren ja meine ersten städtischen Bekannten in den kleinen Wirtshäusern gewesen, und ich verdankte ihnen den ersten Anblick einer Unnachgiebigkeit, die ich mir jetzt so wenig von der Erde wegdenken konnte, dass ich sie schon in mir zu fühlen begann. Wie standen sie einem noch gegenüber, selbst wenn man ihnen schon längst entlaufen war, wenn es also längst nichts mehr zu fangen gab! Wie setzten sie sich nicht, wie fielen sie nicht hin, sondern sahen einen mit Blicken an, die noch immer, wenn auch nur aus der Ferne, überzeugten! Und ihre Mittel waren stets die gleichen: Sie stellten sich vor uns hin, so breit sie konnten; suchten uns abzuhalten von dort, wohin wir strebten; bereiteten uns zum Ersatz eine Wohnung in ihrer eigenen Brust, und bäumte sich endlich das gesammelte Gefühl in uns auf, nahmen sie es als Umarmung, in die sie sich warfen, das Gesicht voran.

Und diese alten Späße hatte ich diesmal erst nach so langem Beisammensein erkannt. Ich zerrieb mir die Fingerspitzen aneinander, um die Schande ungeschehen zu machen. Mein Mann aber lehnte hier noch wie früher, hielt sich noch immer für einen Bauernfänger, und die Zufriedenheit mit seinem Schicksal rötete ihm die freie Wange. »Erkannt!«, sagte ich und klopfte ihm noch leicht auf die Schulter. Dann eilte ich die Treppe hinauf und die so grundlos treuen Gesichter der Dienerschaft oben im Vorzimmer freuten mich wie eine schöne Überraschung. Ich sah sie alle der Reihe nach an, während man mir den Mantel abnahm und die Stiefel abstaubte. Aufatmend und lang gestreckt betrat ich den Saal.

# 1913/14

## ALBERT SCHWEITZER

## Aus dem Urwald

*»Er ist nach meiner Meinung der einzige Mensch in der westlichen Welt«, so Albert Einstein über ihn, »der eine mit Gandhi vergleichbare übernationale moralische Wirkung auf diese Generation gehabt hat. Wie bei Gandhi beruht die Stärke dieser Wirkung überwiegend auf dem Beispiel, das er durch sein praktisches Lebenswerk gegeben hat.«*

*In den rund fünfzig Jahren, die Albert Schweitzer (\* 1875, † 1965) in dem von ihm gegründeten Tropenspital in Lambarene als Arzt gewirkt hat, schrieb er zugleich unermüdlich an seinem bedeutenden kulturphilosophischen, theologischen und musikologischen Werk. 1932 warnte er, in einer Rede zum 100. Todestag Goethes, vor den Gefahren des aufkommenden Nationalsozialismus, und zwanzig Jahre später wandte sich der Friedensnobelpreisträger gegen die nukleare Aufrüstung der Großmächte.*

AM KARFREITAGNACHMITTAG 1913 verließen meine Frau und ich Günsbach; am Abend des 26. März schifften wir uns in Bordeaux ein.

In Lambarene bereiteten uns die Missionare einen sehr herzlichen Empfang. Leider war es ihnen nicht möglich gewesen, die kleine Wellblechbaracke, in der ich meine ärztliche Tätigkeit beginnen sollte, zu erstellen. Sie hatten die nötigen Arbeiter nicht zusammengebracht. Der damals im Ogowegebiet eben aufblühende Handel mit Okoumeholz bot den Eingeborenen, die einigermaßen anstellig waren, eine besser bezahlte Beschäftigung, als sie auf der Missionsstation zu finden war. So musste ich als Konsultationsraum vorerst einen alten Hühnerstall neben unserem Wohnhaus benützen. Im Spätherbst konnte ich dann die 8 Meter lange und 4 Meter breite, mit einem Blätterdach gedeckte Wellblechbaracke unten am Fluss beziehen, die einen kleinen Konsultationsraum, einen ebensolchen Operationssaal und eine noch kleinere Apotheke enthielt. Um diesen Bau herum entstanden dann nach und nach eine Reihe von großen Bambushütten zur Unterbringung der eingeborenen Kranken. Die Weißen fanden bei den Missionaren und im Doktorhäuschen Aufnahme.

Gleich von den ersten Tagen an, ehe ich noch Zeit gefunden hatte, die Medikamente und Instrumente auszupacken, war ich von Kranken umlagert. Die aufgrund der Landkarte und der Angaben von Herrn Missionar Morel, einem Elsässer, getroffene Wahl Lambarenes als des Sitzes des Spitals erwies sich in jeder Hinsicht als richtig. Von 200 bis 300 Kilometer im Umkreis konnten die Kranken in den Kanus auf dem Ogowe und seinen Nebenflüssen von stromaufwärts und stromabwärts zu mir gebracht werden. Hauptsächlich hatte ich es mit Malaria, Lepra, Schlafkrankheit, Dysenterie, Frambösia und phagedänischen Geschwüren zu tun. Überrascht war ich von der Zahl der Fälle von Pneumonie und Herzkrankheiten, die ich zu Gesicht bekam. Auch in Urologie gab es viel zu tun. Für die Chirurgie kamen vor allem Hernien und Elephantiasistumore in Betracht. Unter den Eingeborenen Äquatorialafrikas sind Hernien viel verbreiteter als bei uns Weißen. Ist kein Arzt in der Gegend, so sind jährlich so und so viele arme Menschen dazu verurteilt, an eingeklemmten Hernien eines qualvollen Todes zu sterben, vor dem ihnen eine rechtzeitig ausgeführte Operation hätte Rettung bringen können. Mein erster chirurgischer Eingriff galt einem solchen Falle.

Gleich in den ersten Wochen hatte ich also Gelegenheit festzustellen, dass das körperliche Elend unter den Eingeborenen nicht geringer, sondern eher noch größer war, als ich angenommen hatte. Wie froh war ich, allen Einwendungen zum Trotze, meinen Plan, als Arzt hierherzukommen, ausgeführt zu haben!

Als ich Dr. Nassau, dem hochbetagten Gründer der Missionsstation Lambarene, nach Amerika meldete, dass sie jetzt wieder mit einem Arzt besetzt sei, war seine Freude groß.

Sehr behindert war ich anfangs in meiner Tätigkeit dadurch, dass es mir nicht gelang, alsbald Eingeborene zu finden, die sich zu Dolmetschern und Heilgehilfen eigneten. Der Erste, der sich als tauglich erwies, war ein ehemaliger Koch, Joseph Azoawani mit Namen, der bei mir blieb, obwohl ich ihm nicht so viel Bezahlung geben konnte, als er in seinem früheren Berufe gehabt hatte. Er erteilte mir sehr wertvolle Ratschläge für den Umgang mit den Eingeborenen. Auf einen, der ihm als der wichtigste erschien, konnte ich allerdings nicht eingehen. Er mutete mir nämlich zu, die Kranken, die voraussichtlich kaum zu retten waren, abzuweisen. Immer wieder hielt er mir das Beispiel der Fetischmänner vor, die sich mit solchen Fällen nicht abgaben, um den Ruf ihrer Heilkunst so wenig wie möglich in Gefahr zu bringen.

In einem Punkte dieser Frage kam ich aber dazu, ihm recht zu geben. Bei den Primitiven darf man es nämlich nie unternehmen, dem Kranken und den Seinen noch Hoffnung machen zu wollen, wenn eigentlich keine mehr vorhanden ist. Tritt der Tod ein, ohne gebührend vorausgesagt worden zu sein, so wird daraus geschlossen, dass der Arzt nicht wusste, dass die Krankheit diesen Ausgang nehmen werde, und sie also nicht richtig erkannt habe. Den eingeborenen Kranken muss man schonungslos die Wahrheit sagen. Sie wollen sie erfahren und können sie ertragen. Der Tod ist ihnen etwas Nützliches. Sie fürchten ihn nicht, sondern sehen ihm ruhig entgegen. Kommt dann der Kranke wider Erwarten mit dem Leben davon, so steht es um den Ruf des Arztes nur umso besser. Er gilt dann als einer, der sogar zum Tode führende Krankheiten heilen kann.

Wacker half meine Frau, die als Krankenpflegerin ausgebildet war, im Spitale mit. Sie sah nach den Schwerkranken, verwaltete die Wäsche und die Verbandstoffe, betätigte sich in der Apotheke, hielt die Instrumente in Ordnung und bereitete alles für die Operationen vor, bei denen sie die Narkose übernahm, während Joseph als Assistent fungierte. Dass sie es fertigbrachte, den komplizierten afrikanischen Haushalt zu führen und daneben täglich noch einige Stunden für das Spital zu erübrigen, war wirklich eine Leistung.

Um die Eingeborenen zu bestimmen, sich operieren zu lassen, brauchte ich keine große Überredungskunst aufzuwenden. Einige Jahre zuvor hatte ein auf der Durchreise in Lambarene weilender Regierungsarzt namens Jauré-Guibert einige gelungene Operationen ausgeführt, aufgrund deren nun auch meiner gar bescheidenen Chirurgie Vertrauen entgegengebracht wurde. Glücklicherweise verlor ich auch keinen meiner ersten Operierten.

Nach einigen Monaten hatte das Spital täglich etwa vierzig Kranke zu beherbergen. Aber nicht nur für diese, sondern auch für die Begleiter, die sie von ferne her im Kanu gebracht hatten und bei ihnen blieben, um sie wieder nach Hause zu rudern, musste ich Unterkunft haben.

An der Arbeit, so groß sie auch war, trug ich nicht so schwer wie an der Sorge und der Verantwortung, die sie mit sich brachte. Ich gehöre leider zu den Ärzten, die das zu dem Berufe erforderliche robuste Temperament nicht besitzen und sich in ständiger Sorge um das Ergehen ihrer Schwerkranken und Operierten verzehren. Vergebens habe ich mich zu dem Gleichmute zu erziehen versucht, der dem Arzte, bei aller Teilnahme mit den Leiden seiner Kranken, das erforderliche Haushalten mit seinen seelischen Kräften ermöglicht.

Soweit es sich durchführen ließ, verlangte ich von den schwarzen Patienten, dass sie ihre Dankbarkeit für die empfangene Hilfe durch die Tat bekundeten. Immer wieder gab ich ihnen zu bedenken, dass sie die Wohltat eines Spitals genössen, weil so viele Menschen in Europa Opfer dafür gebracht hätten, und dass sie nun ihrerseits nach Kräften mithelfen müssten, es zu erhalten. So brachte ich es nach und nach dazu, dass ich für die Medikamente Geschenke in Geld, Bananen, Hühnern und Eiern erhielt. Natürlich entsprach das, was so einging, bei Weitem nicht ihrem wirklichen Werte. Aber es trug doch etwas zum Unterhalte des Spitals bei. Mit den geschenkten Bananen konnte ich die Kranken, denen die Lebensmittel ausgegangen waren, ernähren, und mit dem Gelde Reis für sie kaufen, wenn nicht genug Bananen zu haben waren. Auch dachte ich, dass die Eingeborenen den Wert des Spitals besser schätzen würden, wenn sie selbst nach Kräften zu seinem Unterhalte beitragen müssten, als wenn sie einfach alles umsonst geboten bekämen. In dieser Meinung von der erzieherischen Bedeutung des verlangten Geschenkes bin ich dann durch die Erfahrung nur bestärkt worden. Natürlich habe ich von den ganz Armen und den Alten – alt ist bei den Primitiven gleichbedeutend mit arm – keine Gabe verlangt.

Die ganz Wilden hatten eine andere Auffassung vom Geschenk. Im Begriffe, das Spital als Geheilte zu verlassen, verlangten sie eines von mir, weil ich nun ihr Freund geworden wäre.

In dem Umgang mit den Primitiven kam ich naturgemäß dazu, mir die vielverhandelte Frage vorzulegen, ob sie einfach in Traditionen gefangene oder wirklich selbstständigen Denkens fähige Wesen wären. Zu meinem Erstaunen fand ich in den Gesprächen, die ich mit ihnen führte, dass sie mit den elementaren Fragen nach dem Sinn des Lebens und nach dem Wesen von Gut und Böse durchweg viel mehr beschäftigt waren, als ich angenommen hatte.

Wie ich erwartet hatte, spielten die dogmatischen Fragen, auf die der Vorstand der Missionsgesellschaft in Paris ein so großes Gewicht legte, in den Predigten der Missionare eigentlich keine Rolle. Wollten sie von ihren Zuhörern verstanden werden, so konnten sie nicht anders, als ihnen das einfache Evangelium vom Freiwerden von der Welt durch den Geist Jesu verkünden, wie es aus der Bergpredigt und den herrlichsten Sprüchen Pauli an uns ergeht. Mit Notwendigkeit trugen sie ihnen das Christentum in erster Linie als ethische Religion vor. Trafen sie sich auf den zweimal im Jahr bald auf dieser, bald auf jener Station stattfindenden Missionstagungen, so galten ihre Besprechungen den Fragen des in den Gemeinden zu verwirklichenden praktischen Christentums, nicht dogmatischen Problemen. Dass die einen in Dingen des Glaubens strenger, die anderen weniger streng dachten, spielte in der gemeinsam betriebenen missionarischen Arbeit keine Rolle. Da ich nicht den geringsten Versuch machte, sie mit meinen theologischen Anschauungen zu belästigen, legten sie bald alles Misstrauen gegen mich ab und freuten sich, wie ich meinerseits, dass wir in der Frömmigkeit des Gehorsams gegen Jesus und in dem Willen zu schlichter christlicher Tat eins waren. Schon wenige Monate nach meiner Ankunft forderten sie mich auf, auch Predigten zu übernehmen, und entbanden mich damit von meinem in Paris gegebenen Versprechen, »d'être muet comme une carpe«.

Auch zu den Sitzungen der Synode, in der die Missionare gemeinsam mit den schwarzen Predigern tagten, wurde ich als Gast geladen. Als ich mich aber einmal auf Verlangen der Missionare zu einer Frage äußerte, meinte ein schwarzer Prediger, dass dies dem Doktor, da er kein Theologe sei, eigentlich nicht zustehe.

Auch an den Prüfungen der Täuflinge durfte ich teilnehmen. Gewöhnlich ließ ich mir eine oder zwei alte Frauen zuweisen, um ihnen die schwere halbe Stunde möglichst leicht zu machen. Als ich einer braven Matrone bei einer solchen Prüfung einmal die Frage stellte, ob der Herr Jesus arm oder reich gewesen sei, erwiderte sie: »Frag doch nicht so dumm! Wenn Gott, der größte Häuptling, sein Vater war, kann er doch nicht arm gewesen sein.« Auch sonst antwortete sie mit der Schlagfertigkeit des kananäischen Weibes. Es half mir aber nichts, dass der Professor der Theologie ihr die entsprechende gute Note gab. Der schwarze Prediger, zu dessen Sprengel sie gehörte, setzte ihr nur desto schärfer zu. Er wollte sie dafür büßen lassen, dass sie den Katechumenenunterricht nicht allzu regelmäßig besucht hatte. Ihre trefflichen Antworten fanden keine Gnade vor ihm. Er wollte diejenigen hören, die im Katechismus standen. So fiel sie durch und musste sich nach sechs Monaten wieder aufs Neue zur Taufprüfung stellen.

Am Predigen hatte ich eine große Freude. Die Worte Jesu und Pauli denen verkünden zu dürfen, denen sie etwas Neues waren, erschien mir als etwas Herrliches. Als Übersetzer dienten mir die schwarzen Schullehrer der Missionsstation, die jeden meiner Sätze alsbald in der Sprache der Galoas und der Pahouins oder gar in beiden nacheinander wiedergaben.

Die wenige freie Zeit, über die ich im ersten Jahre zu Lambarene verfügte, verwandte ich auf die Ausarbeitung der drei letzten Bände der amerikanischen Ausgabe der Bach'schen Orgelwerke.

Zur Pflege des Orgelspiels stand mir das herrliche, eigens für die Tropen gebaute Klavier mit Orgelpedal zur Verfügung, das die Pariser Bachgesellschaft mir als ihrem langjährigen Organisten geschenkt hatte. Anfangs fehlte es mir aber an Mut zum Üben. Ich hatte mich mit dem Gedanken vertraut gemacht, dass das Wirken in Afrika das Ende meiner Künstlerlaufbahn bedeute, und glaubte, dass mir der Verzicht leichter würde, wenn ich meine Finger und Füße einrosten ließe. Eines Abends aber, als ich wehmütig eine Bach'sche Orgelfuge durchspielte, überkam mich plötzlich der Gedanke, dass ich die freien Stunden in Afrika gerade dazu benutzen könnte, mein Spiel zu vervollkommnen und zu vertiefen. Alsbald fasste ich den Plan, Kompositionen von Bach, Mendelssohn, Widor, César Franck und Max Reger nacheinander vorzunehmen, sie bis in die letzten Einzelheiten durchzuarbeiten und auswendig zu lernen, gleichviel ob ich Wochen und Monate auf ein einziges Stück verwenden müsste. Wie genoss ich es nun, so ohne zeitliche Gebundenheit durch fällige Konzerte, in Muße und Ruhe zu üben, wenn ich zeitweise auch nur eine halbe Stunde im Tage dafür aufbringen konnte!

So hatten meine Frau und ich schon die zweite trockene Jahreszeit in Afrika zugebracht und fingen bereits an, Pläne für die Heimkehr zu Beginn der dritten zu schmieden, als am 5. August 1914 bekannt wurde, dass in Europa Krieg ausgebrochen sei. Bereits am Abend jenes Tages empfingen wir Weisung, dass wir uns als Gefangene zu betrachten hätten, bis auf Weiteres zwar in unserer Wohnung verbleiben dürften, jeglichen Verkehr mit den Weißen und Eingeborenen aber aufgeben müssten und den Anordnungen der schwarzen Soldaten, die wir als Wächter bekämen, unbedingten Gehorsam schuldig wären. Wie wir wurden ein Missionar und seine Frau, die ebenfalls Elsässer waren, auf der Missionsstation Lambarene interniert.

Vom Kriege begriffen die Eingeborenen anfangs nur dies, dass es mit dem Holzhandel vorbei war und dass alle Waren viel teurer wurden. Erst später, als viele von ihnen als Träger für die kämpfenden Truppen nach Kamerun transportiert wurden, ging ihnen auf, was der Krieg wirklich war.

Als bekannt wurde, dass von den Weißen, die früher am Ogowe gelebt hatten, bereits zehn gefallen seien, äußerte ein alter Wilder: »Schon so viele Menschen sind in diesem Kriege getötet worden! Ja, warum kommen dann diese Stämme nicht zusammen, um das Palaver zu besprechen? Wie können sie denn diese Toten alle bezahlen?« Bei den Eingeborenen müssen nämlich die im Kriege Gefallenen, bei den Besiegten sowohl wie bei den Siegern, von der anderen Partei bezahlt werden. Derselbe Wilde hielt sich darüber auf, dass die Europäer nur aus Grausamkeit töteten, weil sie die Toten ja nicht essen wollten.

Dass die Weißen Weiße zu Gefangenen machten und sie schwarzen Soldaten unterstellten, war den Eingeborenen etwas Unfassliches. Wie viele Beschimpfungen bekamen meine schwarzen Wächter von den Leuten aus den umliegenden Dörfern dafür zu hören, dass sie meinten, »Herr für den Doktor« zu sein.

Als mir die Arbeit im Spital verboten wurde, wollte ich zuerst an die Fertigstellung des Werkes über Paulus gehen. Aber alsbald drängte sich mir ein anderer Stoff auf, den ich seit Jahren mit mir herumgetragen hatte und der nun durch die Tatsache des Krieges aktuell geworden war: das Problem unserer Kultur. Am zweiten Tage meiner Internierung, noch ganz erstaunt darüber, mich, wie in meiner vormedizinischen Zeit, bereits morgens an den Schreibtisch setzen zu können, nahm ich die Kulturphilosophie in Angriff.

## 1917

## GILBERT KEITH CHESTERTON

# Verteidigung von Gerippen

*»Reaktionär? Aber natürlich war Chesterton ein Reaktionär!«, so Hans Magnus Enzensberger über Gilbert Keith Chesterton (\* 1874, † 1936). In seiner Jugend Agnostiker, wurde er mit dreißig Katholik. Dogmen waren für ihn etwas typisch Menschliches: nur Bäume hätten keine Dogmen, behauptet er. Jede Wahrheit verwandele sich in ein Dogma, sobald sie angegriffen werde. So definiere jeder Zweifler eine Religion. »Was Chesterton an der Orthodoxie anzog«, meint Enzensberger, »war keineswegs die Sicherheit, die sie bietet. Er witterte den Skandal, den sie, sobald man sie ernst nimmt, für den normalen Menschenverstand bedeutet. Damit verglichen wirken die meisten Ketzereien harmlos. Die materialistische Vernunft, vertreten durch seine Zeitgenossen H. G. Wells und George Bernard Shaw (vgl. S. 499–501), sieht tatsächlich ziemlich alt aus, wenn ein frommer Freigeist wie Chesterton gegen sie antritt.«*

*Dem ist anzufügen, dass er sich gegen Theorien schlug, die zu seiner Zeit nahezu unumstrittene Gassenhauer waren: pseudowissenschaftliche Rassenkunden, ebensolche Plädoyers für Menschenzucht und Euthanasie. Er lehnte den britischen Kolonialismus ab und trat für die irische Unabhängigkeit ein. Er liebte öffentliche Debatten mit Wells, Shaw oder Bernard Russell, schrieb Biografien von Thomas von Aquin, Franz von Assisi, Charles Dickens und Robert Louis Stevenson. Father Brown, seine prominenteste literarische Schöpfung, ist uns in Gestalt von Alec Guinness und Heinz Rühmann auf der Kinoleinwand begegnet.*

VOR EINIGER ZEIT stand ich unter uralten englischen Bäumen, die in die Sterne zu ragen schienen wie Sprösslinge der heiligen Esche Yggdrasill. Wie ich unter diesen lebendigen Säulen wandelte, ward ich allmählich gewahr, dass die Bauern, die im Schatten dieser Bäume lebten und starben, einen sehr merkwürdigen Gesprächston anschlugen. Sie schienen sich beständig der Bäume wegen zu entschuldigen, als ob sie ein recht armseliges Schauspiel böten. Nach gründlicher Untersuchung entdeckte ich, ihr düsterer und reuiger Ton müsse von der Tatsache herrühren, dass es Winter war und alle Bäume kahl waren. Ich versicherte ihnen, die Tatsache, dass Winter wäre, nicht übelzunehmen, ich wüsste, die Geschichte hätte sich auch früher ereignet, und keine Vorsorge ihrerseits hätte diesen Schicksalsschlag abwenden können. Auf keine Weise aber konnte ich sie mit der Tatsache aussöhnen, dass es Winter war. Man hatte offenbar allgemein das Gefühl, ich hätte die Bäume in einer Art schändlichem Hauskleid überrascht, und dass sie nicht besichtigt werden sollten, bis sie sich wieder, wie die ersten sündigen Menschen, mit Blättern bedeckt hätten. So ist es ganz klar: während anscheinend nur sehr wenige Leute wissen, wie Bäume im Winter aussehen, die wirklichen Forstleute wissen erst recht wenig davon. Weit entfernt, dass die Linie des Baumes, wenn er kahl ist, rau und streng erscheint, ist sie ganz ungewöhnlich unbestimmbar; die Franse des Waldes zerschmilzt wie eine abgeblendete Fotografie. Die Wipfel zweier oder dreier hoher Bäume sind, wenn sie kahl sind, so weich, dass sie ausschauen wie die Riesenbesen jenes Märchenfräuleins, das die Spinnweben vom Himmel wegkehrte.

Der Umriss eines belaubten Waldes ist im Vergleich hart, grob und klecksig; die Wolken der Nacht verdunkeln den Mond gewiss nicht mehr, als jene grünen und ungeheuerlichen Wolken den Baum verdunkeln; das wahre Gesicht des kleinen Waldes, mit seinem grausilbernen See des Lebens, ist ganz und gar eine Wintererscheinung. So matt und zart ist das Herz der Wälder im Winter, eine Art glitzernden Dämmerns, dass eine Gestalt, die im kreuzstreifigen Zwielicht auf uns zuschreitet, aussieht, als ob sie aus unergründlichen Tiefen von Spinnweben durchbräche.

Aber sicherlich ist die Vorstellung, dass der Hauptreiz eines Baumes seine Blätter sind, ebenso vulgär wie die Vorstellung, dass der Hauptreiz eines Pianisten seine Haare sind. Wenn der Winter, dieser gesunde Asket, sein Riesenmesser über Hügel und Täler führt und alle Bäume wie Mönche rasiert, fühlen wir sicher, dass sie, geschoren, umso mehr Bäume sind, gerade wie so viele Maler und Musiker umso mehr Menschen sein würden, wenn sie weniger wie Flederwische wären. Aber es muss wohl eine tiefe und wesentliche Schwierigkeit sein, dass Menschen einen bleibenden Schauder vor ihrer eigenen Gestalt haben oder vor Dingen, die sie lieben. Das fühlt man dunkel beim Gerippe des Baumes: das fühlt man überwältigend beim Gerippe des Menschen.

Die Bedeutung des menschlichen Gerippes ist sehr groß, und das Entsetzen, mit dem man es gewöhnlich anschaut, ist etwas rätselhaft. Ohne für das menschliche Gerippe eine ganz konventionelle Schönheit zu beanspruchen, dürfen wir wohl behaupten, dass es gewiss nicht hässlicher ist als ein Bullenbeißer, dessen Popularität niemals schwindet, und dass es einen weit heiteren und einschmeichelnderen Gesichtsausdruck hat. Aber genau wie sich der Mensch rätselhafterweise vor den Gerippen der Bäume im Winter schämt, so schämt er sich rätselhafterweise seines eigenen Gerippes im Tode. Es ist überhaupt etwas Eigenes, dieses Entsetzen vor der Architektur der Dinge. Man sollte meinen, es wäre ganz unklug von einem Menschen, sich vor einem Gerippe zu fürchten, da die Natur sorgfältige und ganz unüberwindliche Hindernisse seinem Weglaufen entgegengestellt hat.

*Ein* Grund für dieses Entsetzen besteht: eine wunderliche Vorstellung hat die Menschheit angesteckt, dass das Gerippe für den Tod vorbildlich sei. Ein Mensch könnte ebenso gut sagen, dass ein Fabrikschlot vorbildlich für einen Bankrott wäre. Die Fabrik mag nackt zurückbleiben nach der körperlichen Auflösung; aber beide hatten sie doch ihr eigenes lebendiges und arbeitsrühriges Leben, alle Kolben kreischten, alle Räder drehten sich im Haus des Lebensunterhaltes wie im Haus des Lebens. Es gibt keinen Grund, warum dieses Geschöpf, das lebendige Gerippe, nicht zum Hauptsymbol des Lebens werden sollte.

Die Wahrheit ist, dass des Menschen Entsetzen vor dem Gerippe durchaus nicht das Entsetzen vor dem Tod ist. Es ist des Menschen ungewöhnlicher Ruhm, dass er, allgemein gesprochen, gar nichts gegen das Totsein hat, aber sehr ernstlich dagegen protestiert, ohne Würde zu sein. Und das Wesentliche, das ihn am Gerippe quält, ist die Mahnung, dass der Grundriss seiner Erscheinung schamlos grotesk ist. Ich weiß nicht, warum er dagegen Einspruch erheben sollte. Zufrieden nimmt er seinen Platz in der Welt ein, die nicht vorgibt, anmutig zu sein – einer lachenden, arbeitenden, spottenden Welt. Er sieht Millionen von Tieren mit einer ganz dandyhaften Leichtigkeit die ungeheuerlichsten Formen und Auswüchse tragen, die albernsten Hörner, Flügel und Beine, wenn sie zum Nutzen notwendig sind. Er sieht die Gutmütigkeit des Frosches, das unerklärliche Glück des Nilpferds. Er sieht ein ganzes Weltall, das lächerlich ist, vom Infusionstierchen mit einem für seinen Körper zu großen Kopf bis zum Kometen mit einem für seinen Kopf zu großen Schwanz.

Aber wenn es zu der entzückenden Absonderlichkeit seiner eigenen Innenseite kommt, verlässt ihn sein Sinn für Humor ziemlich plötzlich.

Im Mittelalter und in der Renaissance (in gewissen Zeiten und Beziehungen eine viel dunklere Periode) hatte diese Vorstellung vom Gerippe einen weitreichenden Einfluss, den Stolz aus allem irdischen Pomp und den Duft aus allen flüchtigen Freuden herauszufrieren. Aber es war sicherlich nicht die bloße Furcht vor dem Tod, die das bewirkte; denn das waren Zeiten, in denen die Menschen singend dem Tod entgegengingen. Es war die Vorstellung von der Erniedrigung des Menschen zur grinsenden Hässlichkeit seiner Struktur, die die jugendliche Unverschämtheit von Schönheit und Stolz vernichtete. Und darin wirkte sie beinahe mehr Gutes als Übles. Es gibt nicht so Kaltes und Mitleidloses wie Jugend, und Jugend in aristokratischen Milieus und Zeiten neigte zu einer unfehlbaren Würde, einem endlosen Sommer von Erfolg, der sehr eindringlich an den Hohn der Gestirne gemahnt werden musste. Und es war gut, solchen selbstzufriedenen Laffen zur Überzeugung zu bringen, dass *ein* wohlpraktizierter Ulk sie zu guter Letzt umkegeln würde, dass sie in *eine* grinsende Menschenfalle stürzen würden, um nicht wieder aufzustehen. Dass das ganze Wesen ihrer Existenz ebenso mit Recht lächerlich war wie das eines Schweins oder Papageis: sich das zu vergegenwärtigen, konnte man von ihnen nicht erwarten; dass die Geburt komisch war, das Mündigwerden komisch, das Trinken und Fechten komisch, dazu waren sie viel zu jung und feierlich, um das zu wissen. Aber zuletzt ward ihnen gelehrt, dass der Tod komisch war.

Es wird die merkwürdige Idee verbreitet, dass der Wert und Zauber dessen, was wir Natur nennen, in ihrer Schönheit liege. Aber die Tatsache, dass die Natur schön ist in dem Sinne, in dem eine Bordüre oder ein Vorhang schön ist, macht nur einen ihrer Reize aus und beinahe einen zufälligen. Die höchste und wertvollste Eigenschaft der Natur ist nicht ihre Schönheit, sondern ihre kühne und herausfordernde Hässlichkeit. Man mag hundert Beispiele nehmen. Der krächzende Lärm der Krähen ist an sich ebenso scheußlich wie der ganze Höllenspektakel in einem Londoner Eisenbahntunnel. Und doch erhebt er uns wie eine Trompete mit seiner rohen Freundlichkeit und Ehrlichkeit, und der Liebhaber in Tennysons »Maud« könnte sich tatsächlich einreden, dass dieser abscheuliche Lärm dem Namen seiner Geliebten ähnlich sei. Hat der Poet, dem Natur nur Rosen und Lilien bedeuten, jemals ein Schwein grunzen gehört? Das ist ein Lärm, der einem Menschen wohltut – ein starker, schnaubender, eingesperrter Lärm, der einen Weg aus unergründlichen Kerkern durch jedes mögliche Schlupfloch und Organ bricht. Es könnte die Stimme der Erde selbst sein, schnarchend in ihrem gewaltigen Schlafe. Darin liegt der tiefste, der älteste, der gesündeste und religiöseste Sinn vom Wert der Natur – dem Wert, der von ihrer ungeheuren Kindlichkeit ausgeht. Sie ist so wacklig, so grotesk, so feierlich und so glücklich wie ein Kind. Es gibt eine Stimmung, wo wir all ihre Formen wie Formen sehen, die ein Kind auf eine Schiefertafel kritzelt, einfach, ursprünglich, Millionen Jahre älter und stärker als die ganze Krankheit, die man Kunst heißt. Die Gegenstände der Erde und des Himmels scheinen sich zu einem Ammenmärchen zu verbinden, und unsere Beziehung zu den Dingen scheint auf einmal so einfach, dass man einen tanzenden Narren brauchen würde, um der Klarheit und Leichtigkeit des Augenblicks gerecht zu werden. Der Baum über meinem Kopfe schlägt wie ein Riesenvogel, der auf einem Bein steht; der Mond ist wie ein Zyklopenauge. Und wie sehr sich auch mein Antlitz mit dunkler Eitelkeit oder gemeiner Rache oder verächtlicher Verachtung umwölkt, die Knochen meines Schädels darunter lachen ewig.

*1918*

## THOMAS MANN

# Ironie und Radikalismus. Betrachtungen eines Unpolitischen

*»Der Kommunismus in seinem Wesen ist rational«, befand Jorge Luis Borges ohne jede Sympathie für ihn, und viele Autoritäten, nicht nur Marx und Lenin gewogene, würden so weit mit unterzeichnen. Doch sein rationales Wesen hat noch keinen vor ihm gerettet, so wenig wie Robespierre vor der Guillotine. Der Geist, auf sich allein gestellt, so erklärt uns der folgende Text dazu, ist radikal und das in sich stimmige Argument für ihn durch nichts zu bremsen, wenn das Leben dagegen Einspruch erhebt. Der Geist, der nur auf seine innere Stimmigkeit hört, lässt sich nämlich durch etwas so Verworrenes wie das Leben nicht aus dem Tritt bringen. Sieht er sich dadurch ernsthaft infrage gestellt, schließt er es in einen Gulag ein.*

*Dem sehr verehrten Mann verdanken wir, dass wir besser verstehen, warum der radikale, weil stimmige Geist so vorgeht. Aber nicht nur durch diese überlebenswichtige Schule gibt er uns sein Geleit. Er führt uns zugleich mit luxuriöser Skepsis, um nicht zu sagen arrogantem Argwohn vor die Frage nach der Verträglichkeit von Demokratie und hohem Kulturanspruch, nach der Verträglichkeit von (geistferner, ordinärer) Gleichheit und (dem elitären Gut) Freiheit. Hier wird dem nivellierten Geist der dräuenden Massenkultur der Marsch des hochgemuten Pessimisten geblasen. Es ist ein Werk »seelischer Not und ehrlich-mühsamer Selbsterforschung«, wie er uns später erklären wird. Aber noch kann uns nicht jede Seite darin verraten, dass sie Teil eines glücklichen Läuterungsprozesses ist, der den »unpolitischen Kulturmenschen« aus dem »Irrtum deutscher Bürgerlichkeit« schließlich doch zum »demokratischen Bekenntnis« bringen wird.*

*Bis zu Hitlers Machtergreifung in seinem 58. Lebensjahr lebte Thomas Mann (\* 1875, † 1955) in Deutschland, die übrigen 22 Jahre in Kalifornien und am Zürichsee. In seinem offenen Brief* Warum ich nicht nach Deutschland zurückkehre *vertrat er nach dem Krieg die These der deutschen Kollektivschuld. »Alles muss bezahlt werden«, bemerkte er zur Flächenbombardierung deutscher Städte.*

D<small>AS IST EIN GEGENSATZ</small> und ein Entweder-Oder. Der geistige Mensch hat die Wahl (*soweit* er die Wahl hat), entweder Ironiker oder Radikalist zu sein: ein Drittes ist anständigerweise nicht möglich. Als was er sich bewährt, das ist eine Frage der letzten Argumentation. Es entscheidet sich dadurch, welches Argument ihm als das letzte, ausschlaggebende und absolute gilt: das Leben oder der Geist (der Geist als Wahrheit oder als Gerechtigkeit oder als Reinheit). Für den Radikalisten ist das Leben kein Argument. *Fiat justitia* oder *veritas* oder *libertas, fiat spiritus – pereat mundus et vita!* So spricht aller Radikalismus. »Ist denn die Wahrheit ein Argument –, wenn es das Leben gilt?« Diese Frage ist die Formel der Ironie.

Radikalismus ist Nihilismus. Der Ironiker ist konservativ. Ein Konservatismus ist jedoch nur dann ironisch, wenn er nicht die Stimme des Lebens bedeutet, welches sich selbst will, sondern die Stimme des Geistes, welcher nicht sich will, sondern das Leben.

Hier ist Eros im Spiel. Man hat ihn bestimmt als »die Bejahung eines Menschen, abgesehen von seinem *Wert*«. Nun, das ist keine sehr geistige, keine sehr moralische Bejahung, und auch die Bejahung des Lebens durch den Geist ist das nicht. Sie ist ironisch. Immer war Eros ein Ironiker. Und Ironie ist Erotik.

Das Verhältnis von Leben und Geist ist ein äußerst delikates, schwieriges, erregendes, schmerzliches, mit Ironie und Erotik geladenes Verhältnis, das nicht abzutun ist mit dem Satze, den ich einmal bei einem Aktivisten las: es gelte, durch den Geist die Welt so zu gestalten, »dass sie Geist nicht mehr nötig habe«. Die Wendung kannte ich. Es war schon die Rede in zeitgenössischer Literatur von denen, die »den Geist nicht nötig haben« –, und zwar mit jener verschlagenen Sehnsucht, die vielleicht das eigentlich philosophische und dichterische Verhältnis des Geistes zum Leben bildet, vielleicht der Geist selbst ist. Das Leben, so gestaltet, dass es Geist (und auch wohl Kunst?) »nicht mehr nötig hat«! Ist das auch eine Utopie? Aber dann ist es eine nihilistische Utopie, eine aus dem Hass und der tyrannischen Verneinung, aus Reinheitsfanatismus geborene. Es ist die sterile Utopie des absoluten Geistes, des »Geistes für den Geist«, der steifer und kälter ist, als irgendein *l'art pour l'art*, der sich nicht wundern darf, wenn das Leben zu ihm kein Vertrauen fasst. Sehnsucht nämlich geht zwischen Geist und Leben hin und wieder. Auch das Leben verlangt nach dem Geiste. Zwei Welten, deren Beziehung erotisch ist, ohne dass die Geschlechtspolarität deutlich wäre, ohne dass die eine das männliche, die andere das weibliche Prinzip darstellte: das sind Leben und Geist. Darum gibt es zwischen ihnen keine Vereinigung, sondern nur die kurze, berauschende Illusion der Vereinigung und Verständigung, eine ewige Spannung ohne Lösung ... *Es ist das Problem der Schönheit*, dass der Geist das Leben, das Leben aber dem Geist als »Schönheit« empfindet ... Der Geist, welcher liebt, ist nicht fanatisch, er ist geistreich, er ist politisch, er wirbt, und sein Werben ist erotische Ironie. Man hat dafür einen politischen Terminus; er lautet »Konservatismus«. Was ist Konservatismus? Die erotische Ironie des Geistes.

Es ist Zeit, von der Kunst zu sprechen. Man findet heute, sie müsse zielstrebig sein, müsse auf Weltvervollkommnung ausgehen, müsse moralische Folgen haben. Nun, die Art des Künstlers, Leben und Welt *zu vervollkommnen*, war wenigstens ursprünglich eine ganz andere als die politisch-meliorisierende: es war die der Verklärung und Verherrlichung. Die ursprüngliche, natürliche, »naive« Kunst war ein Preisen und Feiern des Lebens, der Schönheit, des Helden, der großen Tat; sie bot dem Leben einen Spiegel, in dem es sein Ebenbild in beglückend verschönter und gereinigter Wahrheit erblickte: durch diesen Anblick fasste es neue Lust zu sich selbst. Die Kunst war ein Stimulans, eine Verlockung zum Leben, und sie wird es zu gutem Teile immer sein. Was sie problematisch gemacht, was ihren Charakter so sehr kompliziert hat, war ihre Verbindung mit dem *Geist*, dem reinen Geiste, dem kritischen, verneinenden und vernichtenden Prinzip –, eine Verbindung von zauberischer Paradoxie, insofern sie die innigste, sinnlich begabteste bildnerische Lebensbejahung mit dem letzten Endes nihilistischen Pathos radikaler Kritik verband. Die Kunst, die Dichtung hörte auf, naiv zu sein, sie wurde, um den älteren Ausdruck zu gebrauchen, »sentimentalisch« oder, wie man heute sagt, »intellektuell«; Kunst, Dichtung war und ist nun nicht mehr Leben schlechthin, sondern auch *Kritik* des Lebens, und zwar eine Kritik, um so viel furchtbarer und erschütternder als die des reinen Geistes, wie ihre Mittel reicher, seelischer, vielfältiger – und ergötzlicher sind.

Die Kunst also wurde moralisch –, und es fehlte nicht an Sticheleien vonseiten einer skeptischen Psychologie, welche wissen wollte, sie sei es aus Ehrgeiz, zur Erhöhung und Vertiefung ihrer Wirkungen geworden; denn auf Wirkung vornehmlich sei sie aus; man dürfe ihren Moralismus nicht allzu moralisch nehmen; sie gewinne an Würde durch ihn oder glaube doch, es zu tun; das Talent sei von Natur etwas Niedriges, ja Äffisches, aber es ambitioniere Feierlichkeit, und um sie zu gewinnen, sei ihm der Geist eben recht. Allein welche Psychologie wollte der Kunst beikommen, diesem Rätselwesen mit den tief verschlagenen Augen, das ernst ist im Spiel und mit allem Ernste ein Formenspiel treibt, das durch Täuschung, glänzende Nachahmung, inniges Gaukelspiel die Menschenbrust mit unnennbarem Schluchzen und unnennbarem Gelächter auf einmal erschüttert! Die Kunst hat ja durch ihre Verbindung mit der Moral, das ist mit dem radikal-kritizistischen Geist, ihre Natur als Lebensanreiz keineswegs eingebüßt: sie könne nicht umhin, auch wenn sie anders wollte – und sie glaubt oder scheint zuweilen anders zu wollen –, dem Leben, indem sie es zur sinnlich-übersinnlichen Selbstanschauung, zu einem intensivsten Selbstbewusstsein und Selbstgefühle bringt, neue Lust an und zu sich selbst befeuernd einzuflößen, könnte nicht anders, selbst in Fällen, wo ihr Kritizismus radikal lebensfeindlich, nihilistisch zu sein scheint.

Wir kennen solche Fälle, Tolstois *Kreutzersonate* ist ein solcher, und die Kunst »verrät« sich selbst dabei in einem doppelten Sinn, verrät ihr Wesen, indem sie, um sich gegen das Leben zu wenden, sich gegen sich selbst wenden muss. Talent-Prophetentum predigt gegen die Kunst und predigt Keuschheit. Man wendet ihm ein: Auf diese Weise versiegt aber das Leben. Der Künstler-Prophet antwortet: Möge es! – Das spricht der Geist. »Ist denn das Leben ein Argument?« Da haben wir seine Frage, und die bringt freilich das Verstummen. Aber wie äußerst sonderbar, welch kindlicher Widerspruch, eine solche Lehre und Frage den Menschen in Form einer künstlerischen Erzählung, das heißt auf dem Wege des Ergötzens darzubieten!

Und doch ist es eben dies, was die Kunst so liebenswert und übenswert macht, es ist dieser wundervolle Widerspruch, dass sie zugleich Erquickung und Strafgericht, Lob und Preis des Lebens durch seine lustvolle Nachbildung und kritisch-moralische Vernichtung des Lebens ist oder doch sein kann, dass sie in demselben Maße lustweckend wie *gewissenweckend* wirkt. Ihre Sendung beruht darin, dass sie, um es diplomatisch zu sagen, gleich gute Beziehungen zum Leben und zum reinen Geist unterhält, dass sie zugleich konservativ und radikal ist; sie beruht in ihrer Mittel- und Mittlerstellung zwischen Geist und Leben. Hier ist die Quelle der Ironie ... Hier ist aber auch, wenn irgendwo, die Verwandtschaft, die Ähnlichkeit der Kunst mit der Politik:

denn auch diese nimmt, auf ihre Art, eine Mittlerstellung zwischen dem reinen Geist und dem Leben ein, und sie verdient ihren Namen nicht, wenn sie nichts als konservierend *oder* radikal-destruktiv ist! Dieser Situationsähnlichkeit wegen den Künstler aber zum Politiker machen zu wollen, wäre Missverständnis; denn seine Aufgabe, das *Gewissen* des Lebens zu wecken und wachzuhalten, ist schlechterdings keine politische Aufgabe, sondern eher noch eine religiöse. Ein großer Neurologe hat eines Tages das Gewissen als »soziale Angst« bestimmt. Das ist, mit allem Respekt, eine unangenehm »moderne« Bestimmung –, ein typisches Beispiel dafür, wie man heute alle Sittlichkeit und Religiosität im Sozialen aufgehen lässt. Ich möchte wissen, was etwa Luthers einsame Nöte und Gewissenskämpfe im Kloster, bevor er unvorhergesehenerweise Reformator und also sozial wurde, mit der Gesellschaftsidee zu tun gehabt haben sollte ... Wenn aber jemand es für eine Aufgabe der Kunst erklärte, *Gottesangst* zu wecken, indem sie das Leben vor das Richterantlitz des reinen Geistes stelle, so wollte ich nicht widersprechen.

# 1919

## MAX WEBER

# Kampf. Eine Begriffsbestimmung

*Er war Soziologe, Jurist, Volkswirtschaftler und ist bis heute der weltweit meistzitierte Autor der Kultur- und Sozialwissenschaften. Deren begriffliches Standardinstrumentarium geht zu einem guten Teil auf ihn zurück. Ein Beispiel dafür ist der hier abgedruckte Text. Er gilt als der Gründervater diverser sogenannter spezieller Soziologien, insbesondere von Wirtschafts-, Herrschafts- und Religionssoziologie. Aus wissenschaftsphilosophischer Sicht dankenswert sind seine Bemühungen um Klärung der Frage, was Wertneutralität in den Wissenschaften zu bedeuten hat.*

*Maximilian Carl Emil Weber (\* 1864, † 1920) war Ehemann der Frauenrechtlerin, Soziologin und Rechtshistorikerin Marianne Weber. Das Werk, das er bei seinem Tod im Alter von 56 Jahren hinterlassen hat, wirft mit seinem Umfang und seiner enormen Vielseitigkeit die Frage auf, womit zu rechnen gewesen wäre, wenn er zwanzig Jahre länger gelebt und gewirkt hätte.*

1. VOM BLUTIGEN, auf Vernichtung des Lebens des Gegners abzielenden, jede Bindung an Kampfregeln ablehnenden Kampf bis zum konventionell geregelten Ritterkampf (Heroldsruf vor der Schlacht von Fontenoy: »Messieurs les Anglais, tirez les premiers«) und zum geregelten Kampfspiel (Sport), von der regellosen »Konkurrenz« etwa erotischer Bewerber um die Gunst einer Frau, dem an die Ordnung des Markts gebundenen Konkurrenzkampf um Tauschchancen bis zu geregelten künstlerischen »Konkurrenzen« oder zum »Wahlkampf« gibt es die allerverschiedensten lückenlosen Übergänge. Die begriffliche Absonderung des gewaltsamen Kampfes rechtfertigt sich durch die Eigenart der ihm normalen Mittel und die daraus folgenden Besonderheiten der soziologischen Konsequenzen eines Eintretens.

2. Jedes typisch und massenhaft stattfindende Kämpfen und Konkurrieren führt trotz noch so vieler ausschlaggebender Zufälle und Schicksale doch auf die Dauer im Resultat zu einer »Auslese« derjenigen, welche die für den Sieg im Kampf durchschnittlich wichtigen persönlichen Qualitäten in stärkerem Maße besitzen. Welches diese Qualitäten sind: ob mehr physische Kraft oder skrupelfreie Verschlagenheit, mehr Intensität geistiger Leistungs- oder Lungenkraft und Demagogentechnik, mehr Devotion gegen Vorgesetzte oder gegen umschmeichelte Massen, mehr originale Leistungsfähigkeit oder mehr soziale Anpassungsfähigkeit, mehr Qualitäten, die als außergewöhnlich, oder solche, die als nicht über dem Massendurchschnitt stehend gelten: – darüber entscheiden die Kampf- und Konkurrenzbedingungen, zu denen, neben allen denkbaren individuellen und Massenqualitäten auch jene *Ordnungen* gehören, an denen sich, sei es traditional, sei es wertrational oder zweckrational, das Verhalten im Kampf orientiert. *Jede* von ihnen beeinflusst die Chancen der sozialen Auslese. Nicht *jede* soziale Auslese ist in unsrem Sinn »Kampf«. »Soziale Auslese« bedeutet vielmehr zunächst nur: dass bestimmte Typen des

Sichverhaltens und also, eventuell, der persönlichen Qualitäten, bevorzugt sind in der Möglichkeit der Gewinnung einer bestimmten sozialen *Beziehung* (als »Geliebter«, »Ehemann«, »Abgeordneter«, »Beamter«, »Bauleiter«, »Generaldirektor«, »erfolgreicher Unternehmer« usw.). Ob diese soziale Vorzugschance durch »Kampf« realisiert wird, ferner aber: ob sie auch die biologische *Überlebenschance* des Typus verbessert oder das Gegenteil, darüber sagt sie an sich nichts aus.

Nur wo wirklich *Konkurrenz* stattfindet, wollen wir von »Kampf« sprechen. Nur im Sinn von »Auslese« ist der Kampf tatsächlich, nach aller bisherigen Erfahrung, und nur im Sinn von *biologischer* Auslese ist er *prinzipiell* unausschaltbar. »Ewig« ist die Auslese deshalb, weil sich kein Mittel ersinnen lässt, sie völlig auszuschalten. Eine pazifistische Ordnung strengster Observanz kann immer nur Kampfmittel, Kampfobjekte und Kampfrichtung im Sinn der Ausschaltung bestimmter von ihnen regeln. Das bedeutet: dass andre Kampfmittel zum Siege in der (offenen) Konkurrenz oder – wenn man sich (was nur utopisch-theoretisch möglich wäre) auch diese beseitigt denkt – dann immer noch in der (latenten) Auslese um Lebens- und Überlebenschancen führen und diejenigen begünstigen, denen sie, gleichviel ob als Erbgut oder Erziehungsprodukt, zur Verfügung stehen. Die soziale Auslese bildet empirisch, die biologische prinzipiell, die Schranke der Ausschaltung des Kampfes.

3. Zu scheiden von dem Kampf der *Einzelnen* um Lebens- und Überlebenschancen ist natürlich »Kampf« und »Auslese« sozialer Beziehungen. Nur in einem übertragenen Sinn kann man hier diese Begriffe anwenden. Denn »Beziehungen« *existieren* ja nur als menschliches *Handeln* bestimmten Sinngehalts. Und eine »Auslese« oder ein »Kampf« zwischen ihnen bedeutet also: dass eine bestimmte Art von Handeln durch eine andere, sei es der gleichen oder anderer Menschen, im Lauf der Zeit *verdrängt* wird. Dies ist in verschiedener *Art* möglich. Menschliches Handeln kann sich a) *bewusst* darauf richten: bestimmte konkrete, oder: generell bestimmt geordnete, soziale Beziehungen, d. h. das ihrem Sinngehalt entsprechend ablaufende *Handeln* zu *stören* oder im Entstehen oder Fortbestehen zu verhindern (einen »Staat« durch Krieg oder Revolution oder eine »Verschwörung« durch blutige Unterdrückung, »Konkubinate« durch polizeiliche Maßnahmen, »wucherische« Geschäftsbeziehungen durch Versagung des Rechtsschutzes und Bestrafung) oder durch Prämierung des Bestehens der einen Kategorie zuungunsten der andern bewusst zu beeinflussen: Einzelne sowohl wie viele verbundene Einzelne können sich derartige Ziele setzen. Es kann aber auch b) der ungewollte Nebenerfolg des Ablaufs sozialen Handelns und der dafür maßgebenden Bedingungen aller Art sein: dass bestimmte konkrete, oder bestimmt geartete, Beziehungen (d. h. stets: das betreffende *Handeln*) eine abnehmende Chance haben, fortzubestehen oder neu zu entstehen. Alle natürlichen und Kultur-Bedingungen jeglicher Art wirken im Fall der Veränderung in irgendeiner Weise dahin, solche Chancen für die allerverschiedensten Arten sozialer Beziehungen zu verschieben. Es ist jedermann unbenommen, auch in solchen Fällen von einer »Auslese« der sozialen Beziehungen – z. B. der staatlichen Verbände – zu reden, in dem der »Stärkere« (im Sinn des »Angepassteren«) siege. Nur ist festzuhalten, dass diese sog. »Auslese« mit der Auslese der Menschen*typen* weder im sozialen noch im biologischen Sinn etwas zu tun hat, dass in jedem einzelnen Fall nach dem *Grunde* zu fragen ist, der die Verschiebung der Chancen für die eine oder die andere Form des sozialen Handelns und der sozialen Beziehungen bewirkt oder eine soziale Beziehung gesprengt oder ihr die Fortexistenz gegenüber andern gestattet hat, und dass diese Gründe so mannigfaltig sind, dass ein einheitlicher Ausdruck dafür unpassend erscheint. Es besteht dabei stets die Gefahr: unkontrollierte *Wertungen* in die empirische Forschung zu tragen und vor allem: Apologie des im Einzelfall oft rein individuell bedingten, also in diesem Sinn des »zufälligen«, *Erfolges* zu treiben. Die letzten Jahre brachten und bringen davon mehr als zu viel. Denn das oft durch rein konkrete Gründe bedingte Ausgeschaltetwerden einer (konkreten oder qualitativ spezifizierten) sozialen Beziehung beweist ja an sich noch nicht einmal etwas gegen ihre generelle »Angepasstheit«.

*1920*

# ISAAK BABEL

## Spät in der Nacht kommen wir nach Novograd

*In seiner* Reiterarmee *seziert er den Kadaver der Bolschewistischen Revolution und forscht nach, was von ihrem anfänglichen Appeal übrig ist außer der Aggression, die einst als reinigend empfunden wurde, und ihrer Erbarmungslosigkeit, die einst der Idee der Gerechtigkeit geschuldet war. Die Gewalt, deren Zeuge er wird, desavouiert den revolutionären Kampf, dem er seine Seele verschrieben hat. Das Rohmaterial seiner sinnierenden Geschichten sind die Vieldeutigkeiten des Kriegs und der Schock der Sinnlosigkeit, welche uns mit einer Gänsehaut zu Bett schicken und die Gewissheiten der Ideologie als Lügen entlarven.*

*Von seinen Genossen Bolschewisten wurde es Isaak Emmanuilowitsch Babel (\* 1894, † 1940) schlecht vergolten. Der Autor der* Reiterarmee *fiel 1940 Stalins Säuberung zum Opfer, sein Buch hatte auf das Ende des 20. Jahrhunderts zu warten, bevor es wieder in unzensierter Form erscheinen konnte. Der folgenden Übersetzung liegt die russische Erstausgabe aus dem Jahr 1926 zugrunde.*

DIVKOM SECHS VERLAS DIE MELDUNG, Novograd-Volynsk sei heute bei Morgengrauen genommen worden. Der Stab rückte aus Krapivno ab, und unser Tross zog als polternde Nachhut über die Chaussee, die unverwelkliche Chaussee, die von Brest nach Warschau führt und die auf Bauernknochen gebaut wurde durch Nikolaus den Ersten.

Felder purpurroten Mohns blühen ringsum, der Mittagswind spielt im reifenden Roggen, jungfräulicher Buchweizen steht auf am Horizont wie die Mauer eines fernen Klosters. Das stille Wolhynien windet sich, Wolhynien verschwindet vor uns in den perlgrauen Nebel der Birkenwälder, es kriecht die blumenbestandenen Anhöhen hinauf und verfängt sich mit geschwächten Armen in den Hopfenreben. Die orangefarbene Sonne rollt über den Himmel wie ein abgehackter Kopf, zärtliches Licht entbrennt an den Wolkenschluchten, und die Standarten des Sonnenuntergangs wehen über unseren Köpfen. Der Geruch von gestrigem Blut und getöteten Pferden tropft in die Abendkühle. Schwarz rauscht der Zbruč und schürzt die schäumenden Knoten seiner Untiefen. Die Brücken sind zerstört, wir überschreiten den Fluss an einer Furt. Auf den Wellen liegt majestätisch der Mond. Die Pferde verschwinden bis zum Rücken im Wasser, gurgelnde Bäche plätschern zwischen Hunderten von Pferdebeinen. Jemand geht unter und lästert laut die Gottesmutter. Der Fluss ist übersät mit den schwarzen Quadraten der Wagen, er ist erfüllt von Stimmengewirr, von Pfiffen und Liedern, die über die Mondschlangen und glitzernden Mulden hinwegdröhnen.

Spät in der Nacht kommen wir nach Novograd. Ich finde eine schwangere Frau in dem mir zugewiesenen Quartier und zwei rothaarige Juden mit dünnen Hälsen; ein dritter schläft schon, die Decke über den Kopf gezogen und an die Wand gedrückt. In finde in dem mir zugewiesenen Zimmer zerwühlte Schränke, auf dem Fußboden Fetzen von Damenpelzen, menschlichen Kot und Scherben des heiligen Gefäßes, dass bei den Juden nur einmal im Jahr benützt wird – zum Passahfest.

– Sammeln Sie das auf – sage ich zu der Frau –, wie können Sie leben in so einem Dreck …

Die zwei Juden erheben sich von ihren Plätzen. Sie hüpfen auf Filzsohlen und sammeln die Scherben vom Fußboden auf, sie hüpfen wortlos, wie Affen, wie die Japaner im Zirkus, ihre Hälse schwellen und drehen sich im Kreis. Sie legen mir ein aufgeschlitztes Federbett hin, und ich lege mich an die Wand, neben den dritten, schon schlafenden Juden, verängstigte Armut schließt sich sofort über meinem Lager.

Alles ist durch die Stille getötet, und nur der Mond, der mit blauen Händen seinen runden strahlenden unbekümmerten Kopf umfasst hält, streicht unter dem Fenster umher.

Ich strecke die geschwollenen Füße von mir, ich liege auf dem aufgeschlitzten Federbett und schlafe ein. Im Traum sehe ich den Divkom Sechs. Er rast auf seinem schwarzen Hengst dem Brigadekommandeur hinterher und schießt ihm zwei Kugeln in die Augen. Die Kugeln durchschlagen den Kopf des Kombrig, und seine beiden Augen fallen auf die Erde. »Warum hast du die Brigade zurückgezogen?« – schreit Savickij, Divkom Sechs, den Verwundeten an –, und hier wache ich auf, weil die schwangere Frau mit den Fingern über mein Gesicht tastet.

– Panie – sagt sie zu mir –, Sie schreien im Schlaf und wälzen sich herum, ich mache Ihnen das Bett in der anderen Ecke, Sie stoßen meinen Papa ...

Sie hebt die mageren Beine und den runden Bauch vom Fußboden und zieht dem Schlafenden die Decke weg. Da liegt ein toter alter Mann, auf den Rücken geworfen. Die Kehle herausgerissen, das Gesicht in zwei Hälften zerhackt, blaues Blut liegt in seinem Bart, wie ein Stück Blei.

– Panie –, sagt die Jüdin und schüttelt das Federbett auf – die Polen haben ihn abgeschlachtet, dabei hat er sie angefleht: tötet mich auf dem Hinterhof, damit meine Tochter nicht sieht, wie ich sterbe. Aber sie haben es sich bequem gemacht –, in diesem Zimmer ist er verschieden und hat dabei an mich gedacht. Und jetzt will ich wissen – sagte die Frau plötzlich mit entsetzlicher Kraft –, ich will wissen, wo ihr auf der ganzen Welt noch einen solchen Vater findet, wie meinen Vater ...

*Novograd-Volynsk, Juli 1920*

# 1923

## ALBERT LONDRES

## Bagno

*Bei ihm hätte Egon Erwin Kisch den Meisterkurs in literarischem Reportagejournalismus absolvieren können. Wegen schwächlicher Konstitution vom französischen Militär zurückgewiesen, wird er 1915 Kriegsberichterstatter in Serbien, Albanien, Griechenland, der Türkei. 1920 porträtiert er in der Sowjetunion Lenin und Trotzki, 1922 in Indien Gandhi und Nehru. Im selben Jahr hat er zuvor Japan und China bereist. Im folgenden Jahr besucht er die Strafkolonie in Französisch-Guayana, wo seine Berichte zunächst die Ablösung des Gouverneurs und Revisionen in den Reglementen zur Folge haben und vierzehn weitere lange Jahre später zur Schließung des Bagno beitragen werden. 1924 schaut er sich unter Zwangsarbeitern in Afrika um. Anschließend studiert er mörderische Vollzugsordnungen in Frankreichs Irrenhäusern (vgl. S. 537–542). Die Radrundfahrt Tour de France macht ihn mit den »Strafgefangenen der Landstraße« vertraut. 1927 folgt er jungen Französinnen auf der Mädchenhändlerroute nach Argentinien. Er entdeckt die Judenfrage, reist durch europäische Gettos und begibt sich 1929 mit Sympathien für das zionistische Projekt nach Palästina, wo ihm bald Zweifel an dessen Realisierbarkeit kommen. Auf seiner letzten Reise 1932 scheint er einen größeren Skandal aufgedeckt zu haben, in dem es um Waffen, Drogen und um bolschewistische Einmischung in die chinesischen Angelegenheiten geht. Auf der Rückkehr von China nach Frankreich kommt er in einer Feuersbrunst auf dem Überseedampfer »Georges Philippar« ums Leben. Die Eheleute Land und Willar, denen er allein seine Entdeckungen anvertraut hat, nehmen diese kurz darauf bei einem Flugzeugabsturz mit in den Tod. Unglücksfälle oder Attentate?*

*Albert Londres (\* 1884, † 1932) ist ein kritischer Journalist: Sein Thema überall auf der Welt ist die Ungerechtigkeit. Aber: »Unser Metier ist weder zu gefallen noch ins Unrecht zu versetzen, sondern die Feder in die Wunde zu halten.« Arbeitgebern, die bei ihm Linientreue vermissen, gibt er den Bescheid, es gebe keine Linie außer der Eisenbahnlinie.*

**IM LANDE**
Der Gouverneur von Guayana ist Herr Canteau. Ihm schulde ich mein Leben, nicht mehr und nicht weniger. Er gab mir Wohnung, ein Bett, Moskitonetz und eine kleine Dienerin.

Ohne seine Großmut hätte ich auf dem Markt in einer Trantonne schlafen müssen und wäre zweifellos zugrunde gegangen.

Gleich am ersten Morgen kam ein Diener und brachte mir einen Brief. Diese Diener sind Sträflinge, die zu Domestiken befördert wurden. Es gibt deren in Guayana ebenso viele wie Moskitos und zwanzigmal mehr als Familien.

Deshalb behauptet Painpain, der berühmte Goldsucher am oberen Maroni, steif und fest, dass das Bagno keine Strafanstalt, sondern eine Kellnerschule sei.

In dem Brief stand Folgendes:

»Teurer Freund! Ich bin entzückt von Ihrer Ankunft und wünsche Ihnen alles Gute bei uns. Meine angebetete Mutter ist Journalistin und schreibt seit zwanzig Jahren die Prozessberichte in einem Departement in Mittelfrankreich. Wann kann ich sie sprechen? Ich bin Schließer und kann über meine Zeit verfügen.«

Unterschrift: V..., Sträfling Nummer 35 150.

»Ich stehe zu seiner Verfügung.«

Eine Viertelstunde später trat ein eleganter Matrose lächelnd in mein Zimmer. Gestärkter Kragen, blau-weiß gestreiftes Ruderleibchen, gute Schuhe. Einer von den Matrosen auf Deck, die beim Kehren mit den Passagieren liebäugeln. Rosig, frisch, gleich einem Spielzeug für Damen. Ich vermisste seine Handschuhe, aber er trug sie nur abends ... So war mein V..., mein Sträfling 35 150.

»Ich bin zwar hier, aber ich kenne mich noch gar nicht aus. Sind Sie eigentlich Sträfling?«

»Und ob, sogar lebenslänglich.«

»Was bedeutet dann aber dieser Anzug?«

Er war Schließer, hatte Einfluss, ein Abgeordneter beschützte ihn, er verschaffte den Wärtern Auszeichnungen, und ich wäre ein großer Trottel, wenn ich die Schiebungen bei der Strafverschickung nicht begriffen hätte.

Er ging fort, und ich schaute hinaus. Eine idyllische Szene spielte sich im Nachbargarten ab. Ein Sträfling saß auf einem Mangobaum und ein Wärter stand unten und hielt eine Schnur. Er mühte sich ab, die Zweige des Baumes zu kappen, die vorschriftswidrig die Telefondrähte zerrissen.

»Verrenke dir die Knochen nicht«, sagte der Wärter zum Bewachten.

»Ziehen Sie doch nach rechts, nicht nach links, zum Donnerwetter sag' ich.«

Der Wärter zog folgsam nach rechts.

Reizend, als nachher Sträfling und Gendarm den Ast schleppten wie alte Freunde.

### DAS LAGER

Nachmittags ging ich zum Lager. Vorweg sei gesagt, dass man in Frankreich falsch unterrichtet ist. Wenn jemand – aus unserer Bekanntschaft meinetwegen – zu Zwangsarbeit verschickt wird, sagt man: Er geht nach Cayenne. Das Bagno ist nicht mehr in Cayenne, sondern in Saint-Laurent du Maroni und auf den *Iles du Salut*. Ich ersuche, nebenbei, diese Inseln umzutaufen. Da unten gibt es kein Heil, sondern die Hölle. Das Gesetz gestattet uns, den Kopf des Mörders abzuschlagen, nicht uns noch dafür zu rühmen.

Cayenne ist aber immer noch die Hauptstadt des Bagno. Wenn ein Architekt sie erbaut hätte, verdiente er alles Lob, denn sie passt wirklich zur Atmosphäre. Eine vernichtende Stadt. Man spürt, dass man in nichts vergeht, wenn man hier wohnen müsste, wie ein Felsen verwittert unter der Flut. Man irrt in den Straßen umher wie ein Witwer, der vom Friedhof kommt. Man fühlt sich vollkommen verloren.

Es gibt nur einen Vogel, den Urubus, viel größer als ein Rabe und viel ekelhafter als ein Geier. Er wackelt einem vor den Füßen und gar nicht aus dem Weg, verfolgt einen, als ob man kleine Fleischstücke fallen ließe.

Endlich bin ich im Lager; das ist also das Bagno.

Das Bagno ist keine Strafmaschine, unveränderlich, genau, mit festen Regeln, und eher eine Maschine des Unglücks, die ohne Sinn und Verstand arbeitet. Es gibt kein Modell, nach dem der Sträfling geformt wird. Die Maschine zerbricht ihn, das ist alles, und die Stücke liegen umher.

Matrosen, Diener, Schließer und ähnliche Erscheinungen dürfen keine falschen Vorstellungen erwecken. Guayana ist kein Rosenland für die. Waschen, aufräumen, Kloaken leeren entspricht wohl nicht den Jugendträumen der Herren. Abseits stehen die anderen, die ohne Empfehlung, die Unsympathischen, die Rebellen, die Hoffnungslosen. Die Disziplin ist unbestimmbar, aber unerbittlich. Je nach Laune bleibt eine Gaunerei heute unbestraft, morgen fliegt ein Mann, weil er eine Mangofrucht aufhebt, ins Blockhaus. Eine Bewegung ist hier oft schon ein Verbrechen.

Sie bekommen nicht Essen, wenn sie hungert. Der Verstand kann sich einen Grund erfinden, der Magen nicht. Viele werden nachts in den Zellen angekettet.

Ich spreche nicht davon, dass man jeden nach Verdienst behandeln sollte, aber dass Menschen auf die Welt gekommen sind, um nachts an einen Balken gekettet zu schlafen, das soll man mir nicht einreden. Mehr als neuntausend Franzosen sind hierher verschlagen und erleiden alle endlose Martern. Tausend konnten sich verkriechen und an der Küste bleiben, wo es weniger heiß ist, die andern knurren im Hintergrund wie wilde Tiere und stöhnen nur ein einziges Wort: Unglück, und haben nur einen Gedanken: Freiheit.

### BEI DEN VERDAMMTEN

Gegen fünf Uhr kam ich im Hof an, die Arbeitskolonnen waren gerade zurückgekehrt. Nummer 45 903, die reinste Wasserleiche, lag in einem Handwagen und klapperte mit den Zähnen. Sein Nachbar, Nummer 42 706, streichelte sanft seine Hände, die ganz tätowiert waren.

»Kom...man...dant«, stammelte 45 903 einen hohen

Beamten an, der gerade vorüberging, »ich hab' in Ba…duel ge…arbeit…tet, bin reif fürs Hos…pital, ich hab' Fieber, solches Fieber, bitte, geben Sie mir Bit…te eine Decke.«

»Geben Sie ihm eine Decke.«

»Danke, Herr Kom…mandant.«

Eine kleine Katze sah den Armen vor Fieber tanzen und sprang an ihm hoch, da sie glaubte, er wolle mit ihr spielen.

Man führte mich in die Kammern.

Zuerst prallte ich einen Schritt zurück, ich glaubte zu ersticken. Ich hatte noch nie fünfzig Menschen in einer Zelle gesehen. Die meisten halb bekleidet. Ich vergaß zu erwähnen, dass es in Guayana nicht ganz so heiß ist wie in der Hölle, aber die Luft ist drückender. Brust und Arme waren tätowiert. Die »Zephire«, aus den afrikanischen Strafbataillonen, sollte man ausstellen. Einer war vom Kopf bis zu den Zehen tätowiert. Das ganze Lexikon des unglücklichen Verbrechers prangte auf seiner Haut: »Kind des Unglücks«, »Ohne Glück«, »Weder Gott noch Herr«, »Unschuldig«, »Besiegt aber nicht gezähmt«. Obszönitäten wie in einem Pissoir. Ein Kahlkopf trug eine tätowierte Perücke mit einem tadellosen Scheitel, ein andrer eine Brille. Ich frage ihn, ob er kurzsichtig war.

»Nein, Zuhälter.«

Einer trug eine Art Großkordon der Ehrenlegion, andere kabbalistische Zeichen, ein andrer eine Maske. Ich betrachtete ihn voll Entsetzen (er sah aus, als komme er vom Ball), er mich voller Mitleid, als frage er sich, woher ich wohl kommen möge.

Sie machten sich zurecht für die Nacht und rumorten in dem Raum. Von fünf Uhr abends bis fünf Uhr morgens sind sie frei – in ihrem Käfig. Es ist ihnen alles verboten, aber sie tun doch, was sie wollen. Nach acht Uhr abends kein Licht, sie haben es gleichwohl. Eine Sardinenbüchse, Öl, ein Fetzen Stoff, das ist – eine Lampe. Eine Razzia kommt – am nächsten Tag sind die Lampen wieder da. Die Verwaltung kämpft dauernd. Die Gefangenen auch.

Nachts spielen sie Karten und singen dabei die Marseillaise, nicht zum Zeitvertreib, sondern um Geld zu gewinnen. Sie dürfen kein Geld haben, aber sie haben es doch. Sie tragen es im Leib. Scheine und Münzen stecken in einer Röhre, die sie im Darm verstecken. Wenn sie sie herausholen – hocken sie sich nieder.

Alle haben Messer: Kein Sträfling ohne Röhre und Messer. Oft findet man morgens einen Mann mit aufgeschlitztem Bauch. Wer ist der Mörder? Das erfährt man nie. Ihre Ehre duldet keinen Verrat. Die ganze Zelle ging eher aufs Schafott, als dass ein Wort verraten würde. Weshalb töten sie sich? Liebesgeschichten. Soleillant starb so an einem Dolchstich, als er eines Abends tollkühn hier eindrang. Eines der vielen Ziele des Staates bei der Gründung von Guayana war die Hebung der Moral der Verurteilten. Verhülle dein Antlitz, Staatsmann! Das Bagno ist Sodom und Gomorrha – unter Männern.

Und eine Abteilung ist wie die andre. Ich ging.

FLUCHT

Ich ging zurück, zum Meer. Die Diener warteten vor dem Laden des Eishändlers, denn die Herrschaften lieben kalte Getränke. Ein sinnlos betrunkener Sträfling lehnte an der Mauer der Bank von Guayana, stampfte auf seinem geflochtenen Strohhut herum und jagte die Geier durcheinander. Dafür wird er dreißig Tage in den Kerker wandern. Nichts Neues für ihn!

Aufregung im Hafen. Der Wärter brüllt die Kolonne an: »Boot flottmachen, beeilt euch, seht euch vor!« Die Kolonne rührt sich nicht, sie lachen innerlich. Am Horizont taucht einen Barke auf, Kameraden brechen aus.

»Vorwärts, verdammt, das Boot raus!«

»Jawohl, Dreckskerl (knurrt die Bande innerlich), verlasse dich auf uns und sauf faules Wasser.« Die Flüchtlinge haben sich mit einem brasilianischen Segler verständigt, den man in der Ferne sehen konnte. Gegen Entgelt schaffte er sie nach Para.

Plötzlich ist es Nacht, ein zweiter Wärter kommt atemlos angerannt.

Endlich ist die Kolonne so weit. Sechs Sträflinge und zwei Wärter, die Revolver in der Faust, fahren hinaus. Formsache.

Das Meer ist stürmisch, für die Sträflinge günstig, nicht für die Wärter. Die Menschenjäger werden zurückkommen.

Die Menschen – wahrscheinlich auch.

DAS WAHRE BAGNO

Guayana ist ein unbewohntes Land. An Ausdehnung ein Viertel so groß wie Frankreich, hat es – gut gerechnet – höchstens fünfundzwanzigtausend Einwohner. Geht ein Eingeborener spazieren, so nimmt er sein Gewehr wie wir unsern Regenschirm mit. Das ist hier so Sitte. Abgesehen von den Politikern, die ganz gut leben, sind die andern Waldarbeiter und Goldsucher. Das heißt, es gibt wenig Dörfer.

Eines ist dieses Marcouria.

Man lädt uns in einen reizenden Kaninchenstall: das Haus des Bürgermeisters. Uns zu Ehren haben sich Pfarrer und Bürgermeister versöhnt. Der Pfarrer hatte, zweifellos dank seinem prächtigen roten Bart, dem Bürgermeister eine

Büßerin entführt, so ein kleines süßes Mädchen. Das ging zu weit. Wir tranken Champagner. Der Sekretär des Bürgermeisters war auch zugegen. War es nun Aufregung oder Landessitte, jedenfalls, sobald er getrunken hatte, spie er alles, wie ein pausbäckiges Kind, das sich erbricht, dem Gouverneur auf den Rock. Der Gouverneur sagte:

»Bitte schön, das macht nichts!«

Wir fuhren weiter.

Immer Sumpfbäume, überall Sumpfland. Wir kommen zum Kilometer 24. Hier ist das Ende der Welt.

Und ich sehe zum ersten Mal das wirkliche Bagno.

Dort liegen hundert Menschen, alle vollkommen von Krankheiten zerfressen, Menschen, die sich noch auf den Beinen halten, die schon liegen, die stöhnen und heulen wie die Hunde.

Der Urwald starrt ihnen entgegen wie eine Mauer. Aber nicht sie werden diese Mauer abbrechen – die Mauer erschlägt die Menschen. Das ist kein Lager von Arbeitern. Das ist eine Senkgrube in der Verborgenheit der Urwälder Guayanas, wo man die Menschen hineinwirft, und aus der sie nie wiederkommen werden!

Vierundzwanzig Kilometer unter diesen Lebensbedingungen in sechzig Jahren ist eine fabelhafte Leistung! In vier Jahrhunderten werden wir vielleicht Cayenne mit *Saint-Laurent du Maroni* verbunden haben – eine noch unglaublichere Leistung!

Die Frage ist nur: Will man eine Straße bauen oder Menschen umbringen! Wenn das Letztere der Fall ist, soll alles so bleiben, das funktioniert herrlich. Wenn man aber eine Straße anlegen will – – –

Zunächst einmal ist das Essen schlecht. Kein einziger Gefangener wird anständig ernährt, aber es geschieht nichts dagegen. Infolgedessen können sie kaum arbeiten oder auch nur die Hacke hochheben.

Dann laufen sie barfuß umher. Die Verwaltung sagt: »Gibt man ihnen Schuhe, werden sie verkauft.« Vielleicht. Aber könnte man nicht Schuhe herstellen, die man sofort erkennen kann als Eigentum der Strafverwaltung? Sie haben nackte Füße, soll heißen nackte Schenkel, die Füße tragen sie nicht mehr: Sandflöhe, Sumpfwasserspinnen, Krätze, Eiterbeulen, ein scheußlicher Anblick – so schauen ihre Füße aus.

»Dabei soll man noch leben können«, sagt jemand.

Zum Wegebau nimmt man Krüppel, die nicht mehr kriechen können!

Aber das Äußere ist nicht einmal das Schlimmste. Die Krankheit, die im Inneren des Körpers wütet, ist die Gelenkstarre, herbeigeführt durch winzige Würmer, die ihre Eingeweide zersetzen. Alle Sträflinge sind damit infiziert. Das gibt ihnen diese Wachsfarbe, den hohlen Leib und lässt ihre Augen, bevor sie sich für immer schließen, immer größer werden.

Man betrachtet Chinin als einen Leckerbissen für sie und gibt es immer erst, wenn es schon nichts mehr hilft. So fällt das Fieber die Menschen auf diesem Schlachtfeld.

Sträflingsarbeit? Ja. Sträflingskrankheiten? Nein!

Ich trete in eine Hütte ein: Von hundert Arbeitern sind heute achtundvierzig krank. Unter schmutzstarrenden Moskitonetzen liegen sie, und ihre Arme und Beine ragen hervor, weil die Netze viel zu kurz sind. Die teuflischste Erfindung Gottes, der Moskito, summt umher.

Die Sträflinge sehen mich nicht, auch wenn sie die Augen offen haben. Das Fieber hält sie im Zauberbann. Sie seufzen, und man weiß nicht, ob sie singen oder klagen. Sie klappern gegen ihre Pritschen wie kleine Spielzeuge, die man aufzieht, und die dann abschnurren.

Das sind die berühmten Erdarbeiter!

Wenn man eine Straße bauen will, sucht man sich andere aus.

IN DEN KASEMATTEN

Die Ile Royale liegt wie die Waagebalken in der Mitte, rechts Saint-Joseph, links die Teufelsinsel als Schalen – die letzte Waage der Gerechtigkeit, so kommen einem die Heilsinseln vor.

Dem flüchtigen Blick erscheinen sie bezaubernd, bilden eine jener reizenden Gruppen im Meer, die die Damen begeistern, sodass sie den Kommandanten des Postbootes bitten, er möge doch so liebenswürdig sein und anlegen. Kokospalmen umfächeln den Strand, alles ist grün und gepflegt. Man würde ohne Weiteres glauben, dass auf dem Gipfel des Royale ein elegantes Kasino liege, ein Schmuckkasten für elegante Frauen und ihre Begleiter.

Diese Inseln sind der Schrecken der Sträflinge.

Man schafft die Sträflinge hin, die in Einzelhaft gehalten werden, die mehrmals entflohen sind, die Dickschädel, die Gefährlichen. Das ist der letzte, tiefste Grund des Bagnos, die Verliese der Verbannung.

»Wir schauen nach rechts – Wasser, nach links – Wasser, überall Wasser. Da kann man wahnsinnig werden, Herr.«

An Flucht, ihre einzige Hoffnung, ist kaum zu denken; es gehört Mut dazu, und man zählt einzeln die auf, die es wagten.

Dieudonné, von der Bande Bonnot, entfloh auf zwei Bananenstämmen, Flut und Haifische ringsum. Er brauchte drei Tage, um an Land zu gelangen, und marschierte weiter in der Richtung auf Venezuela. Da er aber die Richtung nicht kannte, verlief er sich in das Lager Charvein. Er ging wieder in die Falle zurück mit gesenktem Kopf.

»Aber Dieudonné ist ein Kerl«, sagte voll Bewunderung der Kommandant Masse.

Das Ende, das ihrer wartet, ist grauenhaft. Die Leichen werden nicht begraben, sondern ins Wasser geworfen. Früher läutete ein Glöckchen. Jetzt nicht mehr, weil die Haifische das Signal kannten und herbeigeschwommen kamen. Aber sie kommen auch von selbst. Die Leiche schwimmt nicht lange umher, wie eben dieser Dieudonné singt:

»Schon kommt der alte Haifisch angeschwommen;
Er hat den Menschenbraten gleich gerochen.
Der schnappt den Arm wie einen Knochen,
Der einen Kopf – mög's wohlbekommen!
Das klappt wie ein geölter Blitz!
Fahr wohl, Kamerad! Hoch die Justiz!!

Wir fahren nach Saint-Joseph um acht Uhr in der Früh. Die Ruderer haben ihre beste, frisch gestärkte Jacke angelegt.

»Schauen Sie«, sagte der Kommandant, »da ist Seigle.«

»Zur Stelle, Herr Kommandant!«, meldet sich einer der Matrosen.

»Sehen Sie, dieser Seigle, der ein so unschuldiges Gesicht macht und so tapfer rudert, ist ein ganz schlimmer Bursche.«

»Sie können ruhig Gauner sagen, Herr Kommandant!«

»Ich hab' ihm aus der Patsche geholfen. Er war zu 1800 Tagen Kerker verurteilt; ich hab' ihn herausgeholt. Und jetzt ist er Matrose. Er hat mir versprochen – einen Eid gibt es ja nicht bei uns –, nicht mehr zu sündigen. Wir werden ja sehen.«

»Ehrenwort, Herr Kommandant! Ich fliege wie ein Huhn aus dem Stall der Wärter, hierhin und dorthin, aber nicht weit weg.«

»Wir werden ja sehen.«

»Mit einer Hacke, einem Stück Brot und einem guten Wort gingen wir quer durch ganz Guayana; wir sind Taugenichtse, aber wenn man uns richtig nimmt – –«

»Da sitzt ja auch der Pichon, auch kein Heiliger.«

»Kommandant«, fragt Pichon, »ist die Gefängnismauer ein Beamter?«

»Nein, Pichon.«

»Also, neulich werde ich gemeldet wegen Gewalttätigkeit gegen einen Wärter – ich hatte die Mauer meiner Zelle beschädigt. Wie soll ich ein Heiliger werden, wenn man im Bagno den Worten falsche Begriffe unterschiebt?«

Wir sind an Ort und Stelle.

LEBENDIG BEGRABEN

Die Insel Saint-Joseph ist nicht größer als ein Damenhandtäschchen. Totenstille lastet auf den Zuchthäusern, mit denen das Eiland übersät ist. Hier büßen die Sträflinge in Einsamkeit lebendig begraben in ihren Särgen – wollte sagen Zellen.

Die Kerkerstrafen werden verhängt für Vergehen, die im Bagno vorfallen. Der erste Ausbruch wird im Allgemeinen nicht bestraft, der zweite mit zwei bis fünf Jahren. Zwanzig Tage vom Monat sitzen sie in vollkommener Finsternis und zehn Tage in einer halbdunklen Zelle, da sie sonst blind würden. Als Nahrung erhalten sie zwei Tage trockenes Brot und am dritten erst eine Ration Essen. Ein Brett, zwei kleine Töpfe, nachts in Ketten und Einsamkeit. Aber die Strafen können auch verdoppelt und verdreifacht werden. Manche erhalten zweitausend Tage Kerker. Einer, Roussenqu, der große Unverbesserliche, Roussenqu, von dem wir noch reden werden, der mir so voller Leidenschaft die Hand schüttelte, hat 3779 Tage zu verbüßen. Hier toben die Menschen unter der Quälerei, nicht über die Verbrechen.

Ein Oberwärter rief in den Gängen:

»Hier ist jemand aus Paris, der will jeden anhören, der etwas zu sagen hat.«

Das Echo plappert die letzten Worte nach.

Von drinnen wurde an mehrere Zellentüren geklopft.

»Aufschließen!«, befahl der Kommandant dem Schließer.

Eine Tür klappte auf. Aus der Schwärze hob sich ein Mensch, halb nackt, Hände an der Hosennaht und starrte mich an. Er hielt das Ende eines Briefes in der Hand und sagte:

»Lesen Sie!«

»Wenn Du leidest, mein armes Kind«, hieß es in diesem Brief, »bedenke, dass Deine alte Mutter auch ihren Kreuzweg des Leidens auf dieser Welt beendet hat. Mein einziger Trost ist, dass das Ärgste überstanden ist. Halte Dich gut, und wenn Du frei bist, beginne Dein Leben von vorne. Ich bin dann tot, aber Du bist ja noch jung. Diese letzte Hoffnung hält mich aufrecht. Du kannst Dir eine Stellung erringen und wie jeder Mensch leben. Denk an die Ermahnungen, die Dir die Brüder im Kloster gaben, und wenn Dich die Kraft verlässt, sage ein kleines Gebet.«

Er sagte:

»Ich möchte Sie bitten, sie in Evreu zu besuchen.«

»Ist das alles?«

»Das ist alles.«

Die Türe fliegt ins Schloss.

»Öffnen!«

Das gleiche Bild, nur dass es diesmal ein alter Mann ist. Er bittet mich, ein Gesuch zu unterstützen, dass er seinen wahren Namen wieder erhält.

»Ich habe Freiheit und Licht und jetzt auch noch meinen Namen verloren.«

Die Türe fliegt ins Schloss.

Da saß Lioux, ehemaliger Jockey.

»Ich werde Ihnen schreiben. Meine Geschichte ist zu lang. Ich glaube ja nicht, dass Sie Zeit für mich haben, aber ein Ertrinkender klammert sich an jeden Strohhalm.«

Er trug eine Brille in der finstern Zelle.

Die Türe fliegt ins Schloss.

Ich kam mir vor wie in einem gespenstischen Friedhof, wo ich statt der Blumen ein Päckchen Tabak auf jedes Grab legte.

»Öffnen!«

Der Gefangene starrt mich schweigend an.

»Haben Sie mir etwas zu sagen?«

»Nichts.«

»Aber Sie haben doch an die Tür geklopft.«

»Es ist nicht unsere Aufgabe zu reden – Sie sollen sehen!« Unbeweglich blieb er stehen, die Augen geschlossen wie ein aufgestellter Toter. Dieses Gespenst, auf schwarzem Grund auftauchend, verfolgt mich noch heute.

DIE FREIGELASSENEN

Saint-Laurent ist der Ameisenhaufen des Bagnos. Hier packt die Massen der Verdammten die Verzweiflung. Es gibt einige Handelsbüros für Gold und Balata, das Verwaltungsviertel, eine Chinesenstadt, nackte Buschneger, die den Goldsuchern Verpflegung zuführen und die Barren herschaffen – all das belebt von Sträflingen, Hausburschen in ängstlicher Hast, und dann kommt der Heerbann der vierten-ersten Klasse, zerlumpte, unruhige Tagediebe: die beklagenswerten Freigelassenen.

Diese Freigelassenen drücken der Stadt den Stempel auf. Dort büßt man die Verdopplung ab, dort bleiben die Sträflinge, die zu acht und mehr Jahren Bagno verurteilt wurden und ihre Strafe verbüßt haben, lebenslänglich (aber lang ist ihr Leben nicht).

Was treiben diese Menschen? Zunächst erwecken sie Mitleid. Und dann tun sie gar nichts. Die Konzessionen? Ach ja! »Bei der Entlassung können die Sträflinge eine Konzession erlangen ...« Das kommt ja vor, aber genauso oft, wie Marschallstäbe in den Tornistern einer Brigade Soldaten, die vorübermarschiert.

Aus dem Zuchthaus entlassen, auf dem Pflaster, ohne Kreuzer, mit dem Brandmal auf der Stirn; ehemaliger Sträfling, verkommen, gleich aufgebracht und niedergebrochen, vom Fieber ausgebrannt, vom Schnaps erregt, so leben, krepieren, toben, stehlen und morden die weißen Parias von Saint-Laurent-du-Maroni.

Ihre Behauptung stimmt: Das Bagno beginnt mit der Entlassung. Sie sollen arbeiten! Aber wo? Sie haben eine unbesiegbare Konkurrenz – die aktiven Sträflinge. Ein Beispiel: Als Erste ließ sich eine Holzverwertungsgesellschaft in Guayana nieder. Ein Hoffnungsstrahl für die Entlassenen; es gibt Arbeit. Katastrophe! Das Ministerium verdingt dieser Gesellschaft zweihundert Sträflinge zu fünfundsiebzig Centimes den Tag.

Den Freigelassenen knurrt der Magen, und sie sehen zu, wie die Stämme fortgebracht werden.

Und die Einwohner? Erstens gibt es sehr wenige. Es ist eigenartig, und man muss es sich klarmachen, dass in diesem Land dreißig Mörder und Einbrecher auf einen unbescholtenen Bürger kommen! Die Einwohner haben ihre Burschen, Sträflinge erster Klasse, die zum Dienste in der Stadt abkommandiert werden.

In den Büros arbeiten auch einige, aber nur ganz wenige, weil es nur wenige Büros gibt.

Was machen sie also eigentlich?

1. Laden sie zweimal im Monat die amerikanischen und französischen Schiffe aus, die Lebensmittel bringen.
2. Verzehren sie – oder besser vertrinken – an einem Tag und einer Nacht die fünfzig guyanischen Francs, die sie dabei verdient haben.
3. Haben sie Schlägereien und oft hört man den Schrei und ein lang gezogenes Röcheln und Stöhnen, nach dem sich kein Mensch mehr umwendet – der Schrei eines Freigelassenen, der ein Messer im Leibe stecken hat.
4. Laufen sie über die Rue Mélinon wie Tiere hinter den Käfigstangen vor der Fütterung. Nur gibt es für die Sträflinge kein Futter.
5. Gehen sie samstags ins Kino. Die zwanzig Sous fürs Kino sind heilig. Sie würden hungers sterben für das Billett, nur um ins Kino gehen zu können.
6. Um elf Uhr abends gehen sie in die Markthalle schlafen. Bevor sie auf den Steinen einschlafen, streuen sie die Asche ihrer letzten Zigarette auf die Wunden an den Füßen.
7. Um fünf Uhr früh werden sie mit Fußtritten geweckt: Platz für das Gemüse!

DIE SELTSAME STADT

Man fühlt sich unbehaglich in Saint-Laurent; das Dasein hat sich vollkommen verändert. Man glaubt, die Erde verlassen und einen Planeten erreicht zu haben, wo seltsame und unbekannte Sitten herrschen. Diese Menschen in weißen Jacken mit der großen schwarzen Ziffer auf dem Herzen, diese scheuen und verwirrten Zivilisten, diese gewöhnlichen Ausdrücke, die man ständig zu hören bekommt: »Das ist eine Schweinerei.« »Ich muss heute noch wo einbrechen; ich habe Hunger.« »Wenn ich jemanden auf der Straße umbringe, habe ich sofort einen Anzug und Essen. Mucke ich nicht, bleibe ich in Lumpen und kann verhungern. Denn ich bin ein Ehrensträfling.« »Was für einen unbescholtenen Menschen ein Unglück, ist für uns ein Glück. Mein Freund Alfred hat sich das Bein gebrochen und liegt im Spital. Der ist fein heraus und darf die Abfälle vom Tisch der Herren Ärzte essen.« Gestern kam folgende Geschichte vor: Eine Familie feierte Geburtstag. Es war elf Uhr abends, und man ließ ein asthmatisches Grammofon schluchzen. Ein paar Entlassene schliefen unten vor dem Hause.

Plötzlich rufen sie: »Hallo, aufhören da oben, ihr stört die Mieter auf dem Trottoir in der Nachtruhe!«

Da die Familie sich aber nicht stören ließ, gingen die obdachlosen Sträflinge zur Wache und beschwerten sich über die nächtliche Ruhestörung.

Man glaubt in einem Irrenhaus zu sein, wo die Insassen umherbummeln.

### SCHWESTER FLORENCE

»Was, Sie haben Schwester Florence noch nicht gesehen?«

Herr Dupé nahm mich beim Arm.

»Ich werde Sie hinführen.«

Wir gingen ins Verwaltungsviertel. Ein schöner Garten verbreitete Kühle über das Trottoir. Wir öffneten eine kleine Holztür. Rührend diese gebrechliche Pforte im Lande der Eisenriegel!

Ein Glöckchen läutete. Es klang wie das Glöckchen am Hals eines Böckleins, das umherhüpft.

»Guten Tag, Schwester! Ihre Mutter ist anwesend?«

»Gewiss, Herr Kommandant. Sie ist rückwärts im Garten.«

Gewaltige Mangobäume, Blumen in lebhaften Farben. (Ich will mich nicht bei der Beschreibung der Blumen aufhalten, da ich von Botanik nichts verstehe. Es genügt, wenn die Blumen schön sind. Alles, was schön ist, braucht keinen besonderen Namen.) Man fühlte gleich, dass in diesem Hause Frauen wohnen.

Die Mutter-Oberin trägt ein schwarzes Gewand, ein Kreuz auf der Brust und einen Regenschirm gegen die Sonne. Das ist Schwester Florence, eine Frau, die vieles erlebt hat.

Schwester Florence ist Irländerin. Sie leitet seit dreißig Jahren das Bagno der Frauen.

»Ach, Herr Kommandant, das ist vielleicht Ihr letzter Besuch!«

»Sie wollen uns also endgültig verlassen?«

»Es ist der Erfolg des Besuches unserer Oberaufseherin. Es kommen keine Frauen mehr ins Bagno, also auch keine Schwestern mehr. Wenn man mich wenigstens nach Cayenne schicken würde! Aber man muss gehorchen. Ich werde in unser Mutterhaus nach dem schönen Frankreich zurückkehren.«

»Was wollen Sie mit Ihren drei letzten Pflegebefohlenen beginnen?«

»Das ist meine größte Sorge, und ich bin froh, Sie sprechen zu können. Wir müssen das gemeinsam besprechen, Herr Kommandant. Man kann sie nicht einfach an die Luft setzen, und arbeiten können sie auch nicht mehr. Das Hospital will sie nicht aufnehmen, denn ich habe sie gut gepflegt. Ich kann sie auch nicht mit mir nehmen. Sie werden sich dem widersetzen. Ich suche, bete zu Gott, kann aber keinen Ausweg sehen.«

»Sie haben zwei Ausgewiesene und eine Deportierte?«

»Ja.«

»Die beiden Ausgewiesenen könnte man fortschicken – zu was könnte man sie verwenden?«

»Sie wissen es ebenso wenig wie ich, Herr Kommandant. Gehn wir zu ihnen, vielleicht bringen sie uns auf eine Idee.«

### DIE DREI LETZTEN

Wir steigen sieben kleine Stufen empor und sind in einem sauberen Saal, wo zwei alte Frauen in langen weißen Kitteln sitzen.

»Das sind die beiden Ausgewiesenen.«

»Guten Tag, Schwester.«

»Guten Tag, Kinder.«

»Ach, Schwester, wollen Sie wirklich abreisen?«

»Die Armen, sie sind ganz außer sich. Der Kommandant wird sich euer annehmen.«

»Ich könnte sie ins Neue Lager schicken.«

»In den Hof der Wunder! Diese beiden Ruinen haben da noch gefehlt! Ich sehe das Durcheinander schon heute!«

»Wir können noch arbeiten, Herr Kommandant. In der Stadt kenne ich drei Häuser, die uns zum Waschen aufnehmen würden.«

»Das ginge schon eher«, sagte die Schwester, »obwohl ihr nicht mehr sehr rüstig seid. Hebt eure Röcke ein wenig auf und zeigt eure Füße.«

Sie hatten geschwollene Füße: Elefantiasis.

»Ja, laufen können wir nicht mehr«, sagen die beiden Alten. »Und meine Transportierte? Kommen Sie zu ihr. Sie wird im Hühnerhof sein.«

Sie war dort – eine Hindu.

Auf der »Großen Straße« ist man nie abgestumpft. Man kommt aus dem Erstaunen nicht heraus. Wie kam diese Hindu in ein französisches Bagno?

»Wo sind Sie geboren?«

»In Kalkutta!«

»Ja, in ihrer Jugend kam sie mit ihrem Mann, einem Kuli, nach Guadeloupe. Dort haben sie ihr Verbrechen begangen, sie hat ihm nur geholfen – ein Opfer der Menschen. Was wollen Sie mit meiner armen Alten beginnen?«

»Behalten Sie mich, Mutter!«

»Ich werde ihr eine Stelle verschaffen«, sagte der Kommandant.

Wir spazieren durch den herrlichen Garten.

»Sehn Sie doch meine Kleinen an.«

Seitdem Schwester Florence keine Pfleglinge mehr annimmt, hat sie ein Waisenhaus eingerichtet.

In diesem Land gibt es keinen Luxus. In den Kolonien braucht man, um Waise zu werden, keineswegs Vater und Mutter zu verlieren. Der Vater kommt sogar öfter sein kleines Waisenkind besuchen, das ihn mit Guten Tag, Pate, begrüßt. »Kennen Sie den nicht? (ein fast weißes Kind). Sehn Sie doch nur diese Ähnlichkeit (die Schwester verbirgt ein Lächeln im Mundwinkel). Aha – Sie haben ihn erkannt!«

Ein anderer kleiner Schlingel ging vorüber.

»Komm mal her, du schlimmes Kind! Traust du dich vor dem Herrn Kommandanten zu wiederholen, was du gestern Abend gesagt hast? Er hat nämlich gedroht: Ich warte, bis ich groß und stark bin, und dann werde ich Schwester Florence umbringen.«

»Nein, das hab' ich nicht gesagt!«

»Er hat's ja gesagt, dieser kleine Halunke! Geh spielen!«

## DAS SPRECHZIMMER

Es regnete in Strömen. Wir stellten uns unter eine Bude.

»Die Schlimmste, die ich je gesehen habe? Ich muss nachdenken – es waren so viele! Ich glaube, das war jene, die ihre beiden Kinder tötete und den Schweinen zu fressen gab. Ich konnte etwas erleben mit ihnen, sie sind viel gemeiner als die Männer. Sie rissen aus durch die Schlüssellöcher! Ich versichere Ihnen, manche sind ausgebrochen, ohne dass wir je begriffen haben, wie! Und wo waren die Verstecke für die tausend Dinge, die sie verborgen hielten? Und sie rauchten wie die Schlote. Sie sagten immer:

»Das ist kein Tabak.«

»Was denn?«

»Falsche Haare.«

Die Jungen waren nicht zu halten! Sie kniffen aus wie die Katzen. Fünf Tage blieben sie draußen, und wenn sie zurückkamen, fragte man:

»Wo waren Sie?«

»Ich habe meinen Geliebten besucht.«

»Und, mein Gott, diese Lieder, das waren keine Hymnen. Ich erröte für meine jungen Schwestern. Und dabei verstand ich sie nicht einmal richtig, denn ich bin ja Irländerin.«

»Erklären Sie bitte dem Herrn die Bedeutung dieses Kioskes.«

»Das war das Sprechzimmer. Was für eine Zeremonie!

Nach sechs Monaten guter Führung hatten diese Damen das Recht auf das Sprechzimmer.

Jeden Donnerstag zwischen neun und elf Uhr vormittags kamen die, die sich gut geführt hatten, in diesen Kiosk.

Die Freigelassenen strömten in den Garten, um sich eine Frau zu suchen. So bestimmte es das Gesetz.

Wo nahmen sie alle die Schönheitsmittel her? Sie rieben ihre Lippen mit Holzstäben, bis sie ganz rot waren. Sie ›mehlten‹ das Gesicht ein, gingen plötzlich anders, so (und Schwester Florence karikierte ihren Gang). Ich kannte sie nicht mehr wieder – das waren plötzlich andere Menschen. Und wie sie kokettierten!

Der Freigelassene trat vor, das ging alles sehr schnell. Er sagte: ›Die gefällt mir.‹ Es war allemal die Schlechteste.«

»Und sie nahm an?«

»Sofort! Mit der größten Bereitwilligkeit! Dann wurden sie verheiratet.«

»Auch sogleich?«

»Gott sei Dank!«

»Aber es kam nie etwas Rechtes dabei heraus«, sagte Herr Dupé.

»Ach ja, sie heirateten den Mann, der sie von hier wegholte, und zwei Tage später, manchmal am gleichen Tage, gingen sie zu einem anderen, den sie kannten. So was musste geschehen vor den Augen unseres Herrgotts!«

Wir wünschten Schwester Florence gute Reise.

»Herr Kommandant, denken Sie an meine drei Alten! Sie waren zwanzig Jahre bei mir!«

»Und Sie dreißig, Schwester.«

»Aber ich tat's zu Ehren Gottes!«

## 1924

# WIKTOR MICHAILOWITSCH TSCHERNOW
## Lenin oder der Wille zu herrschen

*Wiktor Michailowitsch Tschernow (\* 1873, † 1952), Gründer der Partei der Sozialrevolutionäre (1902), war nach der Februarrevolution 1917 Landwirtschaftsminister in der provisorischen Regierung Kerenski. In den Wahlen vom November 1917 ging seine Partei mit 58 Prozent der Stimmen – gegenüber 25 Prozent für die Bolschewisten – als stärkste Kraft hervor. Tschernow wurde Vorsitzender der Konstituierenden Versammlung – bis zu deren Auflösung im Januar 1918. Nach Lenins Machtergreifung war er führender Kopf der Opposition und Mitglied der Gegenregierung in Samara. Ab 1920 agierte er zunächst von Paris aus, dann in den USA gegen die Bolschewisten. Hier folgt sein für die Zeitschrift »Foreign Affairs« geschriebener Nachruf auf Lenin.*

LENIN IST TOT – diesmal körperlich, denn in geistiger und politischer Hinsicht war er schon seit mindestens einem Jahr tot. Wir haben uns bereits angewöhnt, von ihm in der Vergangenheitsform zu sprechen, und genau aus dem Grunde wird es nun auch nicht schwer sein, leidenschaftslos über ihn zu schreiben.

Lenin war ein großer Mann. Er war nicht einfach nur der bedeutendste Mann seiner Partei – er war deren ungekrönter König, und das zu Recht. Er war ihr Kopf, ihr Wille, ich hätte sogar gesagt ihr Herz, hätten nicht die Partei wie der Mann sich Herzlosigkeit als Pflicht auferlegt. Lenins Intellekt war kraftvoll, doch kalt. Mehr als alles andere war es ein ironischer, sarkastischer und zynischer Intellekt. Nichts war für ihn schlimmer als Sentimentalität, eine Bezeichnung, die er stets für alle moralischen und ethischen Überlegungen in der Politik parat hatte. Diese Dinge waren für ihn Belanglosigkeiten, Heucheleien, »Pfaffengeschwätz«. Politik war für ihn Strategie, nichts anderes. Sieg war das einzige Gebot; der Wille zu herrschen und ein politisches Programm kompromisslos durchzusetzen war die einzige Tugend und zu zögern das einzige Verbrechen.

Es heißt, Krieg sei die Fortsetzung der Politik mit anderen Mitteln. Lenin hätte diesen Spruch zweifellos umgekehrt und gesagt, dass Politik die Fortsetzung des Krieges in anderem Gewand ist. Die Hauptauswirkung des Krieges auf das Gewissen der Bevölkerung besteht darin, dass Verhalten gutgeheißen, ja glorifiziert wird, das zu Friedenszeiten als Verbrechen gilt. Ein blühendes Land in eine Wüste zu verwandeln, ist im Krieg nur ein taktischer Zug; Raub gilt als »Requirierung«, Täuschung als Strategie, die Bereitschaft, das Blut von Mitmenschen zu vergießen als soldatischer Eifer; Herzlosigkeit gegenüber den Opfern wird als Strenge gepriesen, Unmenschlichkeit als Pflicht. Im Krieg ist jedes Mittel gut, und am besten sind die, die im normalen Umgang zwischen den Menschen am meisten verrufen sind. Und da Politik Krieg in anderem Gewand ist, sind die Regeln des Kriegs ihre Prinzipien.

Lenin wurde oft vorgeworfen, dass er kein »aufrechter Gegner« war und es nicht einmal sein wollte. Aber für ihn war allein schon die Vorstellung eines »aufrechten Gegners« eine Absurdität, ein selbstgefälliges bürgerliches Klischee, etwas, das man sich nach Jesuitenart dann und wann zum eigenen Vorteil zunutze machen konnte – aber es ernst zu nehmen wäre albern gewesen. Wer das Proletariat verteidigt, darf im Umgang mit dem Feind keine Skrupel kennen. Ihn absichtlich zu täuschen, ihn anzuschwärzen, seinen Namen in den Dreck zu ziehen, all das sah Lenin als normal an. Tatsächlich könnte man, wollte man die zynische Brutalität beschreiben, mit der er diese Dinge verkündete, kaum übertreiben. Lenin sah sich im Umgang mit dem Feinde ausdrücklich von allen Grenzen des menschlichen Gewissens frei; und so blieb er also, indem er jede Verpflichtung gegenüber der Ehrlichkeit zurückwies, ehrlich gegenüber sich selbst.

Als Marxist glaubte er an den »Klassenkampf«. Sein persönlicher Beitrag zu dieser Theorie bestand in der Überzeugung, dass Bürgerkrieg der unvermeidliche Höhepunkt des Klassenkampfes sei. Man könnte sogar sagen, für ihn war Klassenkampf nur die Vorstufe des Bürgerkriegs. Unstimmigkeiten in der Partei, ob ernsthafter oder belangloser Natur, versuchte er oft als Ausdruck von Klassengegensätzen zu erklären. Anschließend eliminierte er die Unerwünschten, indem er sie aus der Partei ausschloss, und griff damit auf »ehrliche« Art zum niedersten Mittel. Denn ist eine Partei ohne Zusammenhalt nicht bloß eine illegitime Zusammenrottung widersprüchlicher Klassenelemente? Und widersprüchliche Klassenelemente sollten nach der »Krieg-ist-Krieg«-Formel behandelt werden.

Sein ganzes Leben verbrachte er mit Richtungs- und Flügelkämpfen in der Partei. So erwarb er sich seine unvergleichliche Vollkommenheit als Gladiator, als berufsmäßiger Kämpfer; er trainierte jeden Tag seines Lebens und ließ sich immer wieder neue Finten einfallen, seinem Gegner ein Bein zu stellen oder ihn k. o. zu schlagen. Diesem lebenslangen Training verdankte er seine bemerkenswerte Besonnenheit, seine Geistesgegenwart in jeder nur erdenklichen Lage, seine nie versiegende Hoffnung, irgendwie »wieder rauszukommen«. Von Natur aus zielstrebig, wie er war, mit einem starken Selbsterhaltungstrieb, hatte er keine Schwierigkeiten mit dem *credo quia absurdum* und viel von jenem Lieblingsspielzeug russischer Kinder, dem Stehaufmännchen, das sich mit seinem Stück Blei in der abgerundeten Unterseite genauso schnell wieder aufrichtet, wie man es umwirft. Nach jeder Niederlage, egal, wie beschämend oder blamabel, richtete Lenin sich sofort wieder auf und fing von vorn an. Sein Wille war wie eine gute Stahlfeder, die umso heftiger aufspringt, je stärker man sie zusammenpresst. Er war ein zäher Anführer von genau der Art, wie seine Partei ihn brauchte, er machte seinen Mitkämpfern Mut und sorgte dafür, dass dieser Mut nicht verloren ging, erstickte jede Panik durch das Beispiel, das er mit seinem grenzenlosen Selbstvertrauen gab, im Keim, brachte aber auch seine Genossen zur Besinnung, wenn sie im Überschwang Gefahr liefen, eine, wie er immer sagte, »hochmütige Partei« zu werden, die sich auf ihren Lorbeeren ausruhe und die Gefahren der Zukunft nicht mehr sah.

Diese Zielstrebigkeit war es, die seinen Anhängern am meisten Respekt einflößte. Viele Male kam Lenin allein durch das Ungeschick seiner Feinde davon, doch jedes Mal schrieb man sein Überleben seinem unerschütterlichen Optimismus zu. Oft war es schieres Glück – aber schieres Glück kommt am ehesten zu dem, der in einer Zeit verzweifelten Unglücks nicht aufgibt. Die meisten Menschen geben schnell auf. Sie wollen ihre Kraft nicht für ein sichtlich aussichtsloses Unternehmen hergeben; sie sind vernünftig – und gerade diese Vernunft verhindert, dass sie Glück haben. Andererseits zeugt es von einer höheren Form von Vernunft, wenn jemand entgegen allen Aussichten auch sein letztes Quäntchen Energie in etwas steckt – entgegen Logik, Schicksal, Situation. Und mit dieser »unvernünftigen Vernunft« stattete die Natur Lenin im Überfluss aus. Mit seiner Hartnäckigkeit rettete er die Partei mehr als einmal aus anscheinend aussichtslosen Zwangslagen, aber den Volksmassen erschienen diese Erfolge als Wunder, die seine geniale Voraussicht wirkte. Voraussicht im größeren Maßstab war allerdings genau das, was ihm fehlte. Vor allem anderen war er ein Fechtkünstler, und als Fechtkünstler muss man nicht weit in die Zukunft sehen und braucht auch keine komplizierten Gedanken. Ja, man darf auf keinen Fall zu viel denken; man muss sich auf jede Bewegung seines Gegners konzentrieren und seine eigenen Reaktionen mit der Schnelligkeit angeborener Reflexe beherrschen, sodass man jeder feindlichen Bewegung ohne eine Spur Verzögerung begegnen kann.

Lenins Verstand war durchdringend, aber nicht tief, einfallsreich, aber nicht schöpferisch. Meisterhaft konnte er jede politische Lage einschätzen, war auf Anhieb mit ihr vertraut, sah sofort, was neu daran war, und zeigte große politische und praktische Schläue, wenn es darum ging, die unmittelbaren politischen Auswirkungen zu verhindern. Diese perfekten, blitzschnellen Reaktionen standen in einem vollkommenen Gegensatz zu der ganz und gar unbegründeten und abwegigen Art seiner längerfristigen historischen Prognosen, soweit er sich daran versuchte – zu jeder Planung, die einen längeren Zeitraum als heute und morgen umfasste. Die Vorschläge für eine Agrarreform, die er in den Neunzigerjahren für die Sozialdemokratische Partei verfasste, etwas, woran er zehn Jahre lang gearbeitet und gefeilt hatte, erwiesen sich als vollkommener Fehlschlag – was ihn nicht daran hinderte, sich später sogleich bei den landwirtschaftlichen Parolen der Sozialrevolutionäre zu bedienen, die er zuvor so heftig bekämpft hatte. Sein praktischer Sinn, wenn es um den Plan für einen Angriff ging, war unübertrefflich; aber sein großes Programm für die Zeit nach dem Sieg, die ein neues Zeitalter begründen sollte, löste sich bei der ersten Berührung mit der Realität in seine Bestandteile auf. Seine »politische Nahsicht« war unerreicht; seine »politische Fernsicht« blieb stets verschwommen.

Als Mann, der die Wahrheit bereits in der Tasche hatte, scherte er sich nicht um die Bemühungen anderer Wahrheitssucher. Er kannte keine Achtung vor den Überzeugungen anderer, und Freiheitsliebe, immer ein Zeichen eines unabhängigen schöpferischen Geistes, war ihm fremd. Im Gegenteil, er wurde beherrscht von der rein asiatischen Vorstellung, dass eine einzige Herrscherkaste das Monopol auf Presse, Rede, Gerechtigkeit und Gedanken haben sollte, und war sich darin mit jenem dem Islam zugeschriebenen Ausspruch einig, dass die Bibliothek von Alexandria, wenn sie dieselben Dinge enthalten hätte wie der Koran, unnötig gewesen wäre und, hätte sie etwas anderes enthalten, schädlich.

Lenin war ein Mann, dem jedes schöpferische Talent abging – er machte lediglich fleißigen, geschickten, hemmungslosen Gebrauch von den Theorien anderer –, ein Mann von solcher Engstirnigkeit, dass man ihn schon fast schwachköpfig nennen könnte, und trotzdem war er innerhalb dieser Grenzen fähig zu Größe und Originalität. Seine Macht lag in der außerordentlichen, vollkommenen Klarheit – man könnte fast sagen Transparenz – seiner Vorschläge. Er folgte seiner Logik unbeirrbar, selbst bis zu absurden Schlussfolgerungen, und ließ nie etwas unbestimmt oder unerklärt, es sei denn, dies war aus taktischen Gründen ratsam. Ideen wurden so konkret und einfach formuliert wie nur möglich. Am auffälligsten war das in Lenins Reden. Er war nie ein großer Orator, ein Künstler der wohlgesetzten Rede. Er war oft grob und ungeschickt, gerade in Polemiken, und er wiederholte sich dauernd. Aber diese Wiederholungen waren seine Methode und seine Stärke. In diesem Immer-neu-Umwälzen, in diesem ungehobelten Beharren und den umständlichen Scherzen pulsierte ein lebendiger, unbezwingbarer Wille, der keinen Zollbreit vom einmal eingeschlagenen Wege abwich; es war ein gleichmäßiger, elementarer Druck, dessen Monotonie die Zuhörerschaft hypnotisierte. Ein und derselbe Gedanke wurde viele Male hintereinander in immer neuen Gestalten zum Ausdruck gebracht, bis er in der einen oder anderen Form schließlich jeden einzelnen Verstand durchdrungen hatte. Dann, wie ein Wassertropfen einen Stein aushöhlt, wurde die Idee mit ständiger Wiederholung im innersten Kern der Intelligenz seiner Zuhörer festgesetzt. Nur wenige Redner haben mit dem Mittel der Wiederholung so hervorragende Ergebnisse erzielt. Außerdem *spürte* Lenin seine Zuhörerschaft stets. Er ging nie zu hoch über ihr Niveau hinaus und versäumte es auch nie, sich im entscheidenden Moment auf ihre Ebene hinabzubegeben, damit die Kontinuität der Hypnose bestehen blieb, mit der er den Willen seiner Herde beherrschte; und mehr als jeder andere begriff er, dass eine Menschenmenge wie ein Gaul ist, der kräftig zugeritten werden und die Sporen spüren will, die Hand seines Herrn. Wenn es notwendig war, sprach er als Herrscher, er klagte seine Zuhörer an, er peitschte sie aus. »Er ist kein Redner – er ist mehr als ein Redner«, hat jemand gesagt, und das war eine kluge Bemerkung.

Lenins Willenskraft war stärker als sein Intellekt, und Letzterer war stets Diener des Ersteren. Und als schließlich nach Jahren harter Arbeit im Verborgenen der Sieg errungen war, da machte er sich nicht daran, seine Ideen zu verkörpern wie ein konstruktiver Sozialist, der über seine schöpferische Arbeit im Voraus nachgedacht hätte, es getan hätte, er wandte einfach nur auf die neue, kreative Phase seines Lebenswerks dieselben Methoden an, mit denen er den destruktiven Kampf um die Macht geführt hatte: »*On s'engage et puis on voit*« – diesen Ausspruch Napoleons mochte er sehr.

Lenin ist oft als bedingungsloser Dogmatiker hingestellt worden, aber das war er nicht von Natur aus. Er war keiner von denen, die sich, egal, was geschah, einem fertigen, ausgefeilten System verpflichtet fühlten; ihm ging es um den Erfolg seiner politischen und revolutionären Bemühungen, und dabei kam alles darauf an, dass man im richtigen Augenblick zuschlug. Deswegen wurde er oft zum Hochstapler, Wurstler, Spieler; deswegen war er opportunistisch, was das genaue Gegenteil von Dogmatismus ist.

Viele Kritiker haben Lenin als jemanden gesehen, der nach Macht und Ehre gierte. Aber er war eher jemand, der zum Herrschen geboren war, und er konnte einfach nicht anders als anderen seinen Willen aufzuzwängen, nicht weil er eine Sehnsucht danach hatte, sondern weil es für ihn so natürlich war wie für einen großen Himmelskörper der Einfluss auf die Planeten. Und was die Ehre anging, die mochte er nicht. Er vergnügte sich nie an Pomp. Er war plebejisch in seinem Geschmack und in seinem tiefsten Wesen und blieb nach der Oktoberrevolution in seinen Gewohnheiten genauso einfach wie er zuvor gewesen war. Ebenso hat man ihn oft als herz- und seelenlosen Fanatiker hingestellt. Diese Herzlosigkeit war rein intellektueller Natur und folglich gegen seine Feinde gerichtet, besser gesagt gegen die Feinde seiner Partei. Gegenüber seinen Freunden war er liebenswert, gutmütig, herzlich und rücksichtsvoll, ganz wie ein guter Kamerad es sein soll; deshalb war auch »Iljitsch« der liebevolle, familiäre Name, bei dem seine Anhänger ihn nannten.

Jawohl, Lenin war gutmütig. Aber gutmütig ist nicht gleichbedeutend mit gutherzig. Man sagt, dass körperlich starke Menschen meist gutmütig sind, und Lenins Gutmütigkeit war von genau der Art, mit der ein großer Bernhardinerhund einer Versammlung von Welpen und Straßenkötern begegnet. Gutherzigkeit hingegen gehörte, dürfen wir vermuten, zu den menschlichen Schwächen, die er verabscheute. Wenn er einen sozialistischen Gegenspieler ausmerzen wollte, versäumte er nie, ihn mit dem Etikett »ein guter Mann« zu schmücken.

Sein ganzes Leben widmete er der Sache der Arbeiterklasse. Liebte er die Arbeiterschaft? Allem Anschein nach ja, obwohl das, was er für jeden Einzelnen unter ihnen empfand, gewiss geringer war als der Hass, mit dem er den Unterdrückern dieser Arbeiter begegnete. Seine Liebe zur Arbeiterschaft war von der gleichen strengen, despotischen, gnadenlosen Art

Im Hallenstadion am Morgen
nach der »Street Parade«.
*Zürich. Schweiz, 7. August 1999.*

wie Jahrhunderte zuvor die Liebe, mit der Torquemada Menschen verbrannte, um ihr Seelenheil zu retten.

Noch ein weiterer Zug: Auf seine Art liebte Lenin alle, die er als nützliche Mitarbeiter ansah. Er vergab ihnen bereitwillig Fehler, sogar Mangel an Loyalität, auch wenn er sie immer wieder einmal streng zur Ordnung rief. Gehässigkeit oder Rachsucht kannte er nicht. Selbst seine Gegner waren keine persönlichen, lebendigen Feinde, sondern abstrakte Faktoren, die es zu beseitigen galt. Unvorstellbar, dass sie sein menschliches Interesse geweckt hätten; sie waren einfach nur mathematisch bestimmte Punkte, an denen zerstörerische Gewalt anzuwenden war. Rein passiver Widerstand gegenüber seiner Partei in einem kritischen Augenblick war für ihn als Grund gut genug, Dutzende, ja Hunderte von Menschen erschießen zu lassen, ohne dass er mit der Wimper zuckte; und doch spielte und lachte er gern herzlich mit Kindern, Kätzchen und Hunden.

Der Stil ist der Mann, heißt es. Noch besser wäre es zu sagen: die Gedanken sind der Mann. Wenn es Lenin gegeben war, etwas zur Theorie des Klassenkampfes beizusteuern, dann findet es sich in seiner Deutung der Diktatur des Proletariats, eine Interpretation, die ganz durchdrungen ist von jenem Begriff des Willens, der auch die Essenz seiner eigenen Persönlichkeit war. Sozialismus bedeutet die Befreiung der Arbeit, und das Proletariat ist der Stoff, aus dem die Arbeiterschaft gemacht ist. Allerdings gibt es in diesem Gewebe reine und nicht ganz so reine Stränge von Proletariern. Wenn nun eine Diktatur des Proletariats über die arbeitenden Massen erforderlich ist, dann muss es exakt gemäß diesen Grundsätzen innerhalb des Proletariats wiederum eine bevorrechtete Diktatur über das einfache Volk geben. Dies muss eine Art Quintessenz sein, die reine proletarische Partei. Innerhalb dieser proletarischen Partei muss es wiederum eine innere Diktatur geben, mit der die Willensstärkeren die Nachgiebigeren beherrschen. Wir haben also ein ganzes System, eine aufsteigende Linie von Diktaturen, die ihren Endpunkt nur in einem einzelnen, persönlichen Diktator finden kann. Und zu einem solchen Mann war Lenin geworden.

Seine Theorie der konzentrischen Diktaturen, die an Dantes Höllenkreise erinnern, wurde so zum universal anwendbaren Schema sozialistischer Vormundschaft für das Volk und damit zum genauen Gegenteil des wahren Sozialismus als eines Systems ökonomischer Demokratie. Diese liebste, persönlichste Vorstellung Lenins – und die einzige, die er wirklich selbst ersonnen hat – war eine *contradictio in adjecto*. Ein solcher Widerspruch konnte auf lange Sicht nur der Anstoß zum Zerfall der Partei sein, die er geschaffen hatte.

Er ist tot. Seiner Partei stehen nun Männer vor, die er über viele Jahre nach seinem eigenen Bilde formte, denen es leichtfiel, ihn nachzuahmen, die aber nun merken, wie schwer es ist, seine Politik fortzusetzen. Die Partei als ganze erleidet nun allmählich das Schicksal ihres großen Anführers: nach und nach wird sie zum lebenden Leichnam. Lenin ist nicht mehr da, um sie mit seiner überschüssigen Energie zu beleben; er hat sich verausgabt, bis nichts mehr übrig war – verausgabt für die Partei, die nun ihrerseits erschöpft ist. Mag sein, dass sie über seinem frischen Grab noch einmal für kurze Zeit zusammenfindet und dem verehrten Meister Treue schwört, von dem sie in der Vergangenheit so viel gelernt hat – dessen Stimme aber nun verstummt ist und von dem sie in Zukunft nichts mehr lernen kann. Dann wird sie zur Tagesordnung zurückkehren, von Neuem dem Gesetz von Verfall und Auflösung preisgegeben.

*1924*

# SIEGFRIED KRACAUER
## Langeweile. Dialektik der Muße

*Seit 1922 bei der »Frankfurter Zeitung«, geht er nach Berlin zu Recherchen für die erste empirisch-soziologische Studie in Deutschland: Die Angestellten. 1929/30 erscheint sie in zwölf Folgen in der Zeitung und als Buch. Der Autor übernimmt die Hauptstadtredaktion der »FZ«, schreibt an seinem zweiten Roman und entdeckt in diesen Jahren Film und Kino als Labor der modernen Massenkultur und -kommunikation. Sofort nach dem Reichstagsbrand schickt ihn der Verleger Heinrich Simon nach Paris, wo er sich acht Jahre lang mit Zeilengeld durchzubringen hat, ehe er 1941 im letzten Augenblick über Lissabon den Sprung in die USA schafft. Dort, als Angestellter des Museum of Modern Art und gefördert durch die Rockefeller und die Guggenheim Foundation, etabliert er sich als führender Kopf der Film- und Kinowissenschaft. Nach Kriegsende schreibt er nur noch auf Englisch und kehrt nach Deutschland nur besuchsweise zurück. Die Deutschen bleiben ihm fortan suspekt. »Kurzum, ich traue ihnen nicht«, schreibt Siegfried Kracauer (\* 1989, † 1966) in einem Brief an Leo Löwenthal.*

M ENSCHEN, DIE HEUTE überhaupt noch Zeit zur Langeweile haben und sich doch nicht langweilen, sind gewiss genauso langweilig wie die andern, die zur Langeweile nicht kommen. Denn ihr Selbst ist verschollen, dessen Gegenwart sie gerade in dieser so betriebsamen Welt dazu nötigen müsste, ohne Ziel und nirgendwo lang zu verweilen.

Den meisten freilich fehlt es an Muße. Sie gehen einem Broterwerb nach, bei dem sie sich ganz ausgeben, damit er das Notwendige ihnen einbringe. Um den leidigen Zwang sich erträglicher zu gestalten, haben sie eine Arbeitsethik erfunden, die ihre Beschäftigung moralisch verbrämt und ihnen immerhin eine gewisse moralische Genugtuung verschafft. Dass der Stolz, sich als sittliches Wesen zu fühlen, jede Art von Langeweile verscheuche, wäre zu viel behauptet; aber die vulgäre Langeweile, die der Tagesfron gilt, kommt nicht eigentlich in Betracht, da sie weder tödlich ist noch zu neuem Leben erweckt, sondern nur eine Unbefriedigung ausdrückt, die sofort vergehe, wenn eine angenehmere Tätigkeit als die moralisch sanktionierte sich böte. Trotzdem mögen Menschen, die ihre Pflicht mitunter gähnen macht, weniger langweilig sein als solche, die ihre Geschäfte aus Neigung verrichten. Immer tiefer werden diese Unglücklichen in das Getriebe hineingemengt, sie wissen zuletzt nicht mehr, wo der Kopf ihnen steht, und jene ausbündige, radikale Langeweile, die sie mit ihrem Kopf wieder vereinen könnte, bleibt ihnen ewig fern.

Nun ermangelt niemand der Muße durchaus. Das Büro ist kein Dauerasyl und der Sonntag eine Institution. Grundsätzlich hätte also jeder die Gelegenheit, in schönen Feierstunden sich zur richtigen Langeweile aufzuraffen. Indessen; man will nichts tun, und man wird getan. Die Welt sorgt dafür, dass man nicht zu sich gelange, und nimmt man auch vielleicht kein Interesse an ihr – sie selbst ist viel zu interessiert, als dass man die Ruhe fände, sich so ausführlich über sie zu langweilen, wie sie es am Ende verdiente.

Man schlendert des Abends durch die Straßen, gesättigt von einer Unerfülltheit, aus der die Fülle zu keimen vermag. Da ziehen leuchtende Worte an den Dächern vorüber, und schon ist man aus der eigenen Leere in die fremde *Reklame* verbannt. Der Körper schlägt Wurzeln im Asphalt, und der Geist, der nicht mehr unser Geist ist, streift mit den aufklärenden Lichtbekundungen endlos aus der Nacht in die Nacht. Wäre ihm noch ein Verschwinden gegönnt! Aber wie der Pegasus, der ein Karussell bedient, muss er im Kreise sich drehen, darf es nicht müde werden, vom Himmel hoch den Ruhm eines Likörs und das Lob der besten Fünf-Pfennig-Zigarette zu künden. Irgendein Zauber treibt ihn mit den tausend Glühbirnen um, aus denen er wieder und wieder zu gleißenden Sätzen sich formt.

Kehrt er zufällig einmal zurück, so empfiehlt er sich alsbald, um in einem *Kino* vielgestaltig sich abkurbeln zu lassen. Er hockt als künstlicher Chinese in einer künstlichen Opiumkneipe, verwandelt sich in einen dressierten Hund, der einer Filmdiva zuliebe lächerlich kluge Handlungen begeht, ballt sich zu einem Unwetter im Hochgebirge zusammen, wird zum Zirkusartisten und zum Löwen zugleich. Wie könnte er sich der Metamorphosen erwehren? Die Plakate stürzen in den Hohlraum, den er selbst nicht ungern erfüllte, sie zerren ihn vor die Leinwand, die so kahl wie ein ausgeräumter Palazzo ist, und wenn nun Bilder um Bilder entsteigen, so besteht außer ihrer Unbeständigkeit nichts in der Welt. Man vergisst sich im Gaffen, und das große dunkle Loch belebt sich mit dem Schein eines Lebens, das niemandem gehört und alle verbraucht.

Auch das *Radio* zerstäubt die Wesen, noch ehe sie einen Funken gefangen haben. Da viele senden zu müssen glauben, befindet man sich in einem Zustand dauernder Empfängnis, trächtig stets mit London, dem Eiffelturm und Berlin. Wer wollte dem Werben der zierlichen Kopfhörer widerstehen? Sie glänzen in den Salons, sie ranken sich selbsttätig um die Häupter – und statt eine gebildete Unterhaltung zu pflegen, die ja gewiss langweilen mag, wird man zum Tummelfeld von Weltgeräuschen, die, ihrer etwaigen objektiven Langeweile ungeachtet, nicht einmal das bescheidene Recht auf die persönliche Langeweile zugestehen. Stumm und leblos sitzt man beisammen, als wanderten die Seelen weit umher; aber die Seelen wandern nicht nach ihrem Gefallen, sie werden von der Nachrichtenmeute gehetzt, und bald weiß niemand mehr, ob er der Jäger ist oder das Wild. Gar im Café, hier, wo man wie ein Igel zusammenschnurren und seiner Nichtigkeit innewerden möchte, tilgt ein bedeutender Lautsprecher jede Spur der privaten Existenz. Seine Mitteilungen durchwalten in den Konzertpausen den Raum, und die lauschenden Kellner wehren entrüstet das Ansinnen ab, diese Mimikry eines Grammofons beiseitezuschaffen.

Während man ein solches Antennenschicksal erleidet, rücken die fünf *Kontinente* immer näher heran. Nicht wir sind es in Wahrheit, die zu ihnen ausschweifen, ihre Kulturen vielmehr nehmen in grenzlosem Imperialismus von uns Besitz. Es ist, als träumte man einen jener Träume, die der leere Magen gebiert. Eine winzige Kugel rollte ganz aus der Ferne auf dich zu, sie wächst sich zur Großaufnahme aus und braust zuletzt über dich her; du kannst sie nicht hemmen, noch ihr entrinnen, gefesselt liegst du da, ein ohnmächtiges Püppchen, das von dem Riesenkoloss mitgerissen wird und in seinem Umkreis vergeht. Flucht ist unmöglich. Entwirren sich taktvoll die chinesischen Wirren, so bedrängt sicherlich ein amerikanischer Boxermatsch, und das Abendland bleibt immerdar, ob man es anerkennt oder nicht. Alle welthistorischen Ereignisse dieses Erdballs – die gegenwärtigen nicht nur, sondern auch die vergangenen, die in ihrer Lebensgier schamlos sind – haben lediglich das eine Verlangen: sich ein Stelldichein dort zu geben, wo sie uns anwesend vermuten. Die Herrschaft jedoch ist in ihrer Wohnung nicht anzutreffen, sie ist verreist und unauffindbar, sie hat die leeren Gemächer längst der *surprise party* überlassen, die sich in ihnen als Herrschaft gebärdet.

Wie nun aber, wenn man sich nicht verjagen lässt? Dann ist Langeweile die einzige Beschäftigung, die sich ziemt, da sie eine gewisse Gewähr dafür bietet, dass man sozusagen noch über sein Dasein verfügt. Langweilte man sich nicht, so wäre man vermutlich überhaupt nicht vorhanden und also nur ein Gegenstand der Langeweile mehr, was zu Anfang behauptet wurde – man leuchtete über den Dächern auf oder liefe als Filmstreifen ab. Ist man aber vorhanden, so muss man sich notgedrungen über das abstrakte Getöse ringsum langweilen, das nicht duldet, dass man existiere, und über sich selbst, dass man in ihm existiert.

Am besten, man verbringt den sonnigen Nachmittag, wenn alles draußen ist, in der Bahnhofshalle oder besser noch: man zieht daheim die Vorhänge zu und liefert sich auf dem Sofa seiner Langeweile aus. Umwölkt von *tristezza*, tändelt man dann mit den Ideen, die sogar sehr achtbar sind, und bedenkt die mancherlei Projekte, die sich ohne Grund wichtig nehmen. Schließlich begnügt man sich damit, nichts weiter zu tun, als bei sich zu sein und nicht zu wissen, was man eigentlich tun solle – sympathisch berührt allein durch den gläsernen Heuschreck auf der Tischplatte, der nicht springen kann, weil er aus Glas besteht, und durch die Unsinnigkeit eines Kaktus-Pflänzchens, das nichts dabei findet, dass es so schrullig ist. Unseriös wie diese Zielgeschöpfe, hegt man nur noch eine innere Unruhe ohne Ziel, ein Begehren, das zurückgestoßen wird, und den Überdruss an dem, was ist, ohne zu sein.

Hat man freilich die Geduld, jene Geduld, die zur legitimen Langeweile gehört, so erfährt man Beglückungen, die nahezu unirdisch sind. Eine Landschaft erscheint, in der bunte Pfauen stolzieren, Menschenbilder neigen sich, die voller Seele sind, und siehe, auch deine Seele schwillt, und du benennst verzückt das stets Vermisste: die große *Passion*. Ginge sie nieder, die wie ein Komet dir schimmert, ginge sie ein in dich, in die andern, in die Welt – ach, die Langeweile hätte ein Ende, und alles, was ist, es wäre …

Doch die Menschen bleiben ferne Bilder und am Horizont zischt die große Passion. Und in der Langeweile, die nicht weichen will, brütet man Bagatellen aus, die so langweilig sind wie diese.

*1925*

# ALBERT LONDRES

## Bei den Irren

---

*Albert Londres (\* 1884, † 1932) haben wir bereits vorgestellt (siehe Seite 522). Nachdem er die Zustände in der Strafkolonie auf Guayana beschrieben hat, studiert er im Winter 1924/25 die nicht weniger mörderischen Vollzugsordnungen in Frankreichs Irrenhäusern und stellt fest: Dem französischen Gesetz »liegt nicht die Idee zugrunde, Menschen, die an einer Geisteskrankheit leiden, zu pflegen und zu heilen, sondern die Furcht, welche diese Menschen der Gesellschaft einflößen«. Die zuständigen Behörden kooperieren ebenso wenig mit Londres wie die Chefärzte der Anstalten, sodass er sich inkognito als Verwandter von Insassen, zuweilen auch als Patient und Irrer Einlass verschafft. Wir drucken den Schluss seines kleinen Buches* Chez les fous.

OH PSYCHIATRIE! – Und bei den Irren, inmitten dieser halluzinierenden Sarabande, gibt es Menschen, die nicht verrückt sind.

Kaum haben Sie die Spelunke von Irrenhaus betreten, stürzen sich die Pensionäre auf Sie, strecken Ihnen Briefe hin und flehen darum, dass man sie anschaut: »Sehen Sie mich doch an! Warum bin ich hier? Ich bin nicht geisteskrank. Das ist eine Gemeinheit. Wird man mich in diesem Gefängnis sterben lassen?«

Schreie, heftige Gebärden beweisen nicht, dass diese Eingemauerten den Verstand verloren haben. Ein Mann, der auf den Grund eines Abwasserschachts gestürzt ist, wird Laut geben, wenn er die Schritte eines Passanten hört.

Andere bleiben ruhig:

»Ich bestreite es nicht, ich habe Blutleeren im Hirn gehabt, doch nun ist das drei Jahre her. Seit zwei Jahren spüre ich nichts mehr davon, ich sehe klar wie zuvor. Warum schickt man mich nicht heim?«

Hätte es dieser Mann an der Leber gehabt, in den Bronchien oder im Bauch, hätte er, sobald er seine Beschwerden losgewesen wäre, das Spital verlassen. Das gehört zur Routine, und zudem ist die Allgemeine Medizin älter als die Psychiatrie. In einigen Jahrhunderten wird auch die Psychiatrie sichereren Grund erreicht haben. Im Jahr 2100 wird der Geheilte ein Recht haben, geheilt zu sein. Vorläufig hat er seine Stunde abzuwarten; die Wissenschaft wartet auf die ihre! Die Irren sind zu früh zur Welt gekommen.

»Herr Doktor, ist dieser Mann tatsächlich geheilt?«

»Wohl möglich. Seit mehreren Monaten verhält er sich normal. Wird er nicht rückfällig werden?«

Es ist vorzuziehen, als Gangster statt als Irrer einzusitzen. Wenn der Verbrecher seine Strafe abgebüßt hat, öffnet man ihm das Tor, ohne ihn zu fragen, ob er nicht nochmals von vorn beginnen wird.

Mit herabhängenden Armen und ausdruckslosem Blick vernimmt der ehemalige Kranke das Verdikt: Er ist ein Gefangener nicht auf aufgrund der Vergangenheit, sondern der Zukunft!

»Nun denn! Ich weiß es nicht«, sagt er, »und ihr wisst es ebenso wenig. Alles, was man weiß, ist, dass ich im Augenblick geheilt bin. Was tue ich also bei den Irren?«

Er wartet darauf, dass mehr Licht über die Menschheit kommt.

Schauen wir uns einen amtlichen Bericht an. Er spricht für sich. Verwandte erfahren, dass einer ihrer Vettern seit sechs Jahren die Gastfreundschaft einer Nervenheilanstalt genießt. Sie machen sich auf die Reise zu ihm.

Sie treffen ihn »völlig klar im Kopf«, er könnte sich »gar nicht besser ausdrücken«. Die Verwandten übergehen die Rechte der Ehefrau eines Geistesgestörten und verlangen selbst vom Arzt die Gründe für den angeordneten Verbleib des Vetters in der Anstalt zu erfahren. Daraufhin erhalten sie das folgende Arztzeugnis:

»M. X. ist in sehr guter körperlicher Verfassung. Hinsichtlich seines geistigen Befindens zeigt er sich ruhig und fügsam. Er ist jedoch unbesorgt, indifferent, untätig, wenig um seine eigentlichen Anliegen bekümmert, ohne Besorgnis für seine Zukunft. Sein Ort bleibt die Anstalt, da er sich nicht mehr ins gesellschaftliche Leben einfügen könnte.«

»Er ist unbekümmert!« Warum also rief er nach seinen Vettern, die ihn endlich ausfindig gemacht haben?

»Er ist untätig. Vielleicht könnte er als Entschädigung für die liebenswürdige Pflege, die ihn umgibt, den Ärzten des Irrenhauses ein Ehrendenkmal erbauen?

»Er ist wenig um seine eigentlichen Anliegen bekümmert.« Vor allem Übrigen ist sein Anliegen, sein Lager hier abzubrechen.

»Er ist ohne Besorgnis für seine Zukunft.« Seit sechs Jahren hier eingesperrt – können Sie sich in diese Lage einfühlen? Und wer übrigens wollte sich erlauben, ohne Besorgnis für seine Zukunft zu sein?

»Sein Ort bleibt die Anstalt, da er sich nicht mehr ins gesellschaftliche Leben einfügen könnte.«

Mit Sicherheit weiß dieser Chefarzt nicht, was er schreibt.

Mit solchen »Gründen« könnte ich an einem einzigen Vormittag zwanzig meiner besten Freunde einsperren lassen.

Und auch den besagten Chefarzt.

Tatsächlich ist es verwunderlich, dass er es nicht schon ist!

Wenn das Gesetz No. 38 Ärzten erlaubt, sich solchen verantwortungsbewussten Späßen hinzugeben, ist es Possenreißerei und nicht ein Gesetz.

Weil er um seine Zukunft unbesorgt ist, kann ein Mensch sechs Jahre hinter Schloss und Riegel verbringen!

Geht die Irrenhäuser durchsuchen! Aus jedem werdet ihr solche Kranken zurückbringen. Eine Wissenschaft, die im Dunklen tappt, maßt sich Machtbefugnisse an, die allein der Justiz zustehen könnten.

Die Idee der Verfolgung schafft viel Unglück. Sie schafft vor allem das Unglück derer, die es trifft. Den Psychiatern fehlt es nicht an Psychologie, aber an Information, und wenn sich die Psychologie auf irrige Urteile stützt, dann ist es immer noch Psychologie, bloß ist sie falsch.

Die Irrenhäuser sind voll von wahren Verfolgten – das heißt von Leuten, die allein ihre Krankheit verfolgt. Wenn unter diesen echten Kranken ein Mann und Opfer eines bösen Streichs sich auflehnt und ausruft: »Meine Frau wollte mich loswerden, um in Frieden mit ihrem Geliebten zusammenzuleben«, dann ist dieser Mann ein von der Obrigkeit Verfolgter. Was er vorbringt, trifft zu. Ein Ausflug in die Stadt würde genügen, um es zu bestätigen. Doch man denkt nicht daran. Der Mann derweilen zeigt keine weiteren Anzeichen von Wahnsinn. »Hören Sie zu«, sagt der Doktor, »geben Sie zu, dass Sie nicht von Ihrer Frau verfolgt werden, und ich entlasse Sie.« Der Klient müsste gestehen. Doch er zeigt sich starrköpfig. Er beharrt auf der Wahrheit. »Meine Frau verfolgt mich«, sagt er, »ich kann ihnen nichts anderes sagen.« Auch so wird er aus der Anstalt nicht entkommen.

Hier ein anderer Fall. Mlle Berger ist zweiundsechzig. Sie zeigt keinerlei Anzeichen mehr von einer geistigen Störung. Der Arzt ordnet ihre Entlassung an. Aber die Frau ist so unvorsichtig zu sagen: »Ich gehe erst in ein paar Tagen, ich habe meiner Mutter geschrieben, dass sie mich abholen soll. Ich warte auf sie.«

Mit zweiundsechzig wartet man nicht mehr auf seine Mutter. Mlle Berger ist also nicht geheilt. Man stellt diese Großmutter, die das kleine Mädchen spielt, wieder unter Beobachtung. Aber Mme Berger trifft in der Anstalt ein.

»Kein Scherz«, schließt der Arzt, »die Mutter existiert.«

Die Tochter, heißt das, ist also doch geheilt.

Oh Psychiatrie!

Die Irrenärzte werden Ihnen sagen:

»Worin, Monsieur, mischen Sie sich da ein mit Ihrer Ignoranz?« Ignoranz? Ah! Verzeiht meine Tränen, ihr Herren Psychiater! Eure ganze Kunst ist nichts als ein Orakelspiel: Kopf oder Zahl.

Seht euch die Geschichte von M. Serre an. M. Serre hat zu delirieren aufgehört. Es geht ihm gut. Jedenfalls ist das euer Urteil. So teilt ihr seiner Familie mit: »Wenn Sie einverstanden sind, ihn wieder bei sich aufzunehmen, können wir uns dem nicht entgegenstellen.« M. Serre ist zu Hause willkommen. Er geht.

Am Tag darauf nimmt Serre seine Frau und seine zwei Kinder und führt sie ins Restaurant. Man kommt wieder heim und schließt nach dem gemütlichen Abend die Haustür. Serre ergreift seine Frau und schneidet ihr die Kehle durch. Er wendet sich den Kindern zu und erstickt sie. Dann zieht er einen Strick aus der Tasche, geht in die Küche, wäscht sich die Hände und hängt sich auf! – ohne den Wasserhahn zuzudrehen.

Pech für die geheilten Mitinsassen in der Anstalt, deren Koffer schon gepackt gewesen waren. Es reicht nicht, unschuldig zu sein, auch die Zimmernachbarn dürfen keinen Verdacht erwecken, dass auch Sie kriminell werden könnten.

Im Zweifelsfall wird alles wieder zweifelhaft. Die Menschen werden noch lange unter der Ignoranz der Menschen zu leiden haben.

Geheilte aber und Halbirre behält man in den Anstalten. Man könnte meinen, man habe dem Herrn Psychiater sein Rangabzeichen abgenommen, wann immer man ihm wieder einen Patienten entwindet. Ich kenne Irrenärzte, die sich vormachen, es breche ihnen das Herz, wenn sie ein

Austrittszeugnis unterschreiben. Dabei sind es die Eingeweide, die man ihnen aus dem Leib reißt.

Recht haben Sie, sagen sie einem, revidieren wir das Gesetz No. 38, aber nicht in dem Sinn, wie Sie annehmen, im Gegenteil! Vereinfachen wir die Internierung!

Wenn die Durchgedrehten, die Manischen, die Exzentriker, die Sonderlinge, die Fantasten eingeschlossen werden müssen, so ruft die Maurer! Wir haben achtzig Irrenhäuser. Verfünffachen wir! Fürchtet ihr einen Mangel an Arbeitskräften? Lasst euch nicht aufhalten. Sammelt diese originellen Herren ein, und mit bloßen Händen werden sie ihre Bastillen errichten.

Den »Kranken«, ihr Doktoren, fehlen nicht Krankenhäuser, es fehlt ihnen die Pflege. Die Irrenhäuser bringen Wahnsinnige hervor.

»Das stimmt nicht«, rufen die Vertreter der Heilkunst aus. Allerdings haben sie unter den Irrenärzten bereits einige hervorgebracht.

Nicht dass sie den Geist ins Lot brächten. Jeden Tag, wenn ich aus einem dieser Häuser kam, schien mir das gewöhnliche Leben aus dem Ruder gelaufen. In der Straßenbahn der Herr, der sich kräftig die Nase schnäuzt; der Schaffner, der verächtlich mit den Münzen in seiner umgehängten Tasche rasselt und dann plötzlich zur Klingelschnur springt, um daran zu ziehen; jener Kopflose, der jede Gefahr missachtend über das glitschige Pflaster hinter dem Wagen hergerannt kommt; diese schlecht gekleideten Männer (was wohl von Verstocktheit kommt), die »L'Intran« schreien, während sie Ihnen »Paris-Soir« anbieten oder »La Presse« und Ihnen »La Liberté« hinstrecken, das war alles auch nicht mehr, wie es einmal sein sollte ... Psychiater, ihr habt recht. Bauen wir weitere Irrenhäuser!

BEIM HERRN PSYCHIATER. – Herr Psychiater ist ein Gastwirt, der unter Anrufung der Heilkunst seine Kunden anzieht. Er leitet ein Haus, das er *Heil*anstalt nennt – wie ein Gefängnis *Besserungs*anstalt. Er spielt Wissenschaft wie andere das Jagdhorn blasen. Zugleich ist er Galeerenführer. Überdies ist er Wahrsager. Er liest zwar nicht die Hand, an ihrer Stelle aber die Gehirnwindungen.

Der Herr Psychiater hat mich schon zur Bemerkung veranlasst, dass er in mir zwar nicht den Wahnsinnigen, dafür aber den Schwachkopf erkannt hat. So viel nur, um sogleich die Beziehungen genauer zu bestimmen, die uns in diesen Wintermonaten in Herzlichkeit vereint haben.

Das erste Mal, als ich ihm meinen Besuch abgestattet habe, empfing er mich in einem seiner Salons. Wir belegten zwei Ecken des Gemachs, er auf einem Stuhl, ich auf einem anderen. Zwölf Meter lagen zwischen uns. Es war fünf Uhr abends. Festgewurzelt in meiner Ecke, sah ich nicht ohne Verwunderung die Distanz abnehmen, die mich von Herrn Psychiater trennte. Bei jeder seiner Schlussfolgerungen, von denen einige überirdisch klangen, rückte er seinen Stuhl fünfzig Zentimeter vor in meine Richtung. Bald waren wir nur noch sechs Meter voneinander entfernt. Es war fünf Uhr dreißig nachmittags. Um sechs berührte seine Nasenspitze meine, und diesen Augenblick wählte er, um auszurufen: »Mein Herr! Man muss die Dinge mit Weitblick sehen!«

Eines der jüngeren Missgeschicke des Herrn Psychiater habe ich erst an diesem Tag richtig begriffen. Er befand sich in der ersten Etage mit einem seiner Kunden, ebenso gut angezogen wie er selbst. Der Kunde behauptete, sein Bett sei von miserabler Qualität, und weigerte sich, das Zimmer zu betreten. Der Psychiater ging stracks voraus und warf sich auf das Bett, um die Vorzüglichkeit der Schlafstätte vorzuführen. Draußen kommt in diesem Augenblick ein neuer Pfleger daher. Er sieht den Mann gestikulieren und schließt schleunigst die Tür zu. Der Irre, noch im Korridor, sagt nichts und geht davon.

Drei Stunden später war unser Freund noch immer nicht erlöst. Keiner mochte glauben, dass er der Arzt sei und nicht der Irre.

Das Haus des Herrn Psychiater ist ein Krämerladen. Es ist ein Flohmarkt: man findet richtige Irre, ehemalige Irre, zukünftige Irre. Zwischen dem echten den wahrscheinlichen, den zweifelhaften, den widerspenstigen Fall und das Opfer. Da gibt es den Mann, der entzückt darüber ist, dass er sich eine Bescheinigung seiner Geistesverwirrung ergattert hat, denn sonst säße er im Gefängnis. Doch er bezahlt einen hohen Preis dafür.

Haben Sie schon einmal mehrere Monate damit zugebracht, sich vor die Tür setzen zu lassen? Auch daran gewöhnt man sich. Neunmal hat mich Herr Psychiater von seinen Haudegen ergreifen und draußen auf dem Pflaster abstellen lassen.

Trotzdem war ich recht artig, machte keinen Radau in der Bude. Nicht einmal an jenem einen Tag! Im Wartezimmer sitzend, las ich *Die drei Musketiere*. Das Kapitel, an dem ich las, wurde gerade spannend, als ein mir wohlbekannter Mann vor mir stehen blieb und mich mit schriller Stimme anherrschte:

»Erwarten Sie jemanden?«

»Nein, mein Herr«, versetzte ich etwas verwirrt.

»Was dann tun Sie hier?«

»Ich werde erwartet.«

»Wer erwartet Sie?«

»Mein Cousin ersten Grades, mein Herr.«

Gewiss werden Sie verstehen, dass ich ihm da eine dicke Lüge erzählte. Aber schließlich denke ich, dass mir sogar meine Eltern verzeihen werden, diesen Irren in unsere Familie aufgenommen zu haben.

»Und wo ist Ihr Cousin ersten Grades?«

»Genau das möchte ich gerne wissen«, sagte ich und nannte den Namen des Internierten.

»Er ist gefährlich«, sagte der Herr Psychiater. »Er deliriert seit acht Tagen, ich werde niemand in seine Nähe lassen.«

»Seit acht Tagen!«, sagte ich immer noch mit schüchterner Stimme. »Dennoch hat er mir vorgestern diesen langen, sehr vernünftigen Brief geschrieben.«

»So! Er hat Ihnen also wieder geschrieben!«

Nachdem der Herr Psychiater Befehl erteilt hatte, mich auf die Straße zu setzen, machte er sich mit wütenden Schritten davon in sein geheimes Reich – und dies ohne Auf Wiedersehen zu sagen.

Ein anderes Mal war ich etwas boshafter. Wenn man sich die Zeit dazu nimmt und mich nicht herumstößt, bringt man mich dahin, etwas zu begreifen. Kostete es, was es wollte, es kam nur darauf an, in den Laden hineinzugelangen. So sagte ich mir, wenn ich noch einmal jemand zu sehen verlange, der nicht verrückt ist, wird man mich erneut an den Wind und in den Regen und Schlamm befördern. Bei diesen Vorgaben gibt es nur eine Lösung: mich zum Verwandten eines richtig wutentbrannten Irren zu machen. Diesen, auf dass er mir zum Empfang eine letzte mustergültige Wolke erstickender Gase ins Gesicht puste, ja, den würde man mir zeigen wollen.

Ich erkundigte mich. Ein über jeden Zweifel erhabener Wahnsinniger würde dem Haus des Herrn Psychiater zu einer Beglaubigung verhelfen. Ich würde die Verwandten dieses Irren finden.

»Gnädige Frau, gnädiger Herr«, sagte ich, »es ist unerlässlich, dass ich Ihr Schwager werde.«

»Aber wir haben keine Schwester«, entgegneten die beiden freundlich.

»Vergessen wir die Schwester«, sagte ich. »Ich werde also zu Ihrem Schwager und begleite Sie zum Herrn Psychiater. Dort wird man uns bei Ihrem Verwandten einführen. So komme ich in die Spelunke. Ich verlasse Sie dann für einen Augenblick. Im Garten ist eine Dame am Spazieren.«

»Eine Dame, die so und so aufgemacht ist?«

»Sie sagen es!«

»Und Sie entführen sie …«

»Nein, mein Herr, ich entführe sie nicht, ich wickle nur einen kleinen Handel mit ihr ab.«

»Da im Garten?«

»Da, wo es geht. Anschließend geselle ich mich wieder zu Ihnen. Und die Sache ist erledigt. Sind Sie einverstanden?«

»Es soll gelten!«, entschied der Mann.

»Schlagen wir ein!«

Schon bin ich im Heim des Herrn Psychiater. Es ist ein Lusthaus. Auf einer Bank im Garten hat ein Herr seinen Spaziergang beendet. Der Kragen seines Überziehers ist aufgeknöpft, und mit dem Ende seines Rohrstocks malt er einen stenografischen Schriftzug in den Sand. Seinem Krankenpfleger erteilt er mit lauter Stimme Börsenaufträge:

»Ich kaufe 1000 *Suez* und 5000 *Godchaux*. Ich verkaufe meine *Saint-Domaingue*. Ich lege alles auf die *Kummel d'Ukraine* um. Machen Sie! Schließen Sie ab!«

Das nun ist also der *Verwandte*.

Er ist ein guter Mann. Manchen Familien wäre es eine Ehre, einen so distinguierten Herrn unter den Ihren zu wissen. Unglücklicherweise besitzt er zwei Köpfe. Das ist seine Krankheit. Man sieht es nicht, doch er selbst, er weiß es. Einer seiner Köpfe ist mit einer Mütze bedeckt, der andere mit einem Zylinderhut. Wenn es der Kopf im Zylinder ist, der ihn dirigiert, kann man ihn in die Welt hinausführen, er ist ein Herr und wird sich passend benehmen. Aber was für ein Lümmel ist er, wenn sein Kopf in der Mütze die Oberhand gewinnt! Heute ist das der Fall.

Ich sage ihm Guten Tag:

»Pissinsbett über dem Grab!«, gibt er zurück. Im Garten erblicke ich »meine« Dame. Sie hatte mich erwartet. Sie steckt mir die niedergeschriebene Geschichte ihrer Internierung zu. Und ich suche das Weite.

Jetzt will ich Ihnen erzählen, was sich tags darauf abspielte.

Tags darauf erfährt der Herr Psychiater, dass ich die verbotene Dame getroffen habe: Er nimmt sie unter Verschluss. Sie wird nicht mehr in den Garten hinausgehen. Sie wird in ein ungeheiztes Zimmer verlegt! Man wird ihr mit Gewalt Spritzen verabreichen, um sie für den Fall einer Kontrollvisite ruhigzustellen.

»Oh, diese da«, verkündet der Herr Psychiater, »die wird mir nicht den gleichen Streich wie die andere spielen.«

Die andere hatte ihm »den Streich gespielt« zu beweisen, dass sie nicht wahnsinnig war!

Diese Dame ist eine Gefangene. Kein Gericht hat sie verurteilt. Der Herr Psychiater allein hat so entschieden.

Der König ist tot, hoch lebe der König!

Und am 14. Juli 1789, heißt es, habe das Volk von Paris die Bastille gestürmt.

ENDE. – An jenem Morgen strolchte ich in Begleitung eines Assistenzarztes in einer Anstalt herum.

»Die Irren«, sagte er zu mir, »sind nicht, was man von ihnen denkt. In der Öffentlichkeit sind sie schlecht angesehen … Aber nicht immer sind sie nur ein wildgewordener Haufen. Warten Sie, nehmen Sie die in diesem Raum Versammelten da.«

Sie waren etwa ein Dutzend. Sie sprachen ein wenig laut, aber das kommt unter den verständigsten Leuten vor.

»Sie können eintreten«, sagte der Assistenzarzt.

Ich trete ein. Die Gruppe wendet mir ihre erstaunten Gesichter zu. In ihrer Mitte erkenne ich den Chefarzt. Der Assistenzarzt fasst mich am Arm.

»Was ist?«, frage ich.

»Irrtum«, sagt er und beißt sich auf die Lippen, »das sind keine Irren, sondern Irrenärzte. Das ist die *Liga für Mentalhygiene*, die hier tagt!«

Der Unterschied war von der Dicke einer Fensterscheibe.

REFLEXION. – Die Art und Weise, wie unsere Gesellschaft die als Wahnsinnige bezeichneten Bürger behandelt, stammt aus der Zeit der Reisekutsche. Dem Leben unserer Irren zuzuschauen kann demnach nicht erstaunlicher sein, als es in unseren Tagen der Aufbruch zweier Reisenden nach Rom per Post wäre.

Dem Gesetz 38 liegt nicht die Idee zugrunde, Menschen, die an einer Geisteskrankheit leiden, zu pflegen und zu heilen, sondern die Furcht, die diese Menschen unserer Gesellschaft einflößen.

Es ist ein Gesetz der Rumpelkammer. Ist dieser Herr noch würdig, unter den Lebenden zu verweilen, oder ist er unter die Toten abzuschieben? Bei einem Wurf kleiner Katzen wählt man die hübscheste aus und ertränkt die Übrigen. Die Spartaner ergriffen die missgestalteten Kleinkinder und warfen sie von einer Klippe. Von dieser Art ist, was wir mit den Irren machen. Vielleicht ist es noch ein wenig raffinierter. Man nimmt ihnen das Leben, ohne ihnen den Tod zu geben. Man hätte ihnen zu helfen, aus ihrem Unglück herauszufinden, stattdessen bestraft man sie dafür, dass sie hineingestürzt sind. Dies ohne Bösartigkeit, sondern aus Bequemlichkeit.

Die Irren sind sich selbst überlassen. Man bewacht sie, man pflegt sie nicht. Wenn sie genesen, dann weil der Zufall mit ihnen Freundschaft geschlossen hat.

Die Seelenheilkunde hat keine festen Grenzen. Man schließt die ein, die ihrer Umgebung zur Last fallen. Ist die Umgebung entgegenkommend, bleiben mehr Irre in Freiheit. Ein Arzt hat nur ein Gewissen, und dafür gibt man ihm fünfhundert Kranke. Ein Ochsentreiber kann bis zu hundert Ochsen halten! Der Wahnsinn gleicht diesen Zauberhüten, die leer zu sein scheinen, aus denen aber der Taschenspieler mühelos hundert Meter Hosenband hervorzieht, außerdem einen Koffer, ein Einmachglas voll roter Fische, zwei Houdan-Hühner und den Eiffelturm in Lebensgröße!

An welchem Punkt hört ein Geisteskranker auf, geisteskrank zu sein? Hier stoßen wir auf einen Nebel dick wie eine Wand. Von zwei Psychiatern, die sich über einen Patienten streiten, werden beide mit den besten Gründen ihren Beweis vortragen, der eine, dass er gesund, der andere, dass er krank ist. Es handelt sich um einen Gipfel der Wissenschaft, der noch schlecht erforscht ist. Wie beim Himalaja, von dem man weiß, es gibt ihn, aber noch ist keiner hinaufgekommen.

Internierungen, die anfangs gerechtfertigt waren, hören durch die Entwicklung der Krankheit auf, es zu sein. Wie aber wissen, ob ein Wahnsinniger keiner mehr ist, wenn man ihn nicht pflegt? In einer Anstalt hat ein Unglücklicher vierzehn Jahre in einer Zelle verbracht! Vergessen? Starrsinn? Ein Versehen? Der Doktor, der ihn herausgeholt hat, weiß es nicht. Der Mann verlangt nach Gerechtigkeit. Er ist immer noch eingesperrt, aber frei im Anstaltsgarten. Ich habe ihm erklärt, dass das, was man ihm angetan hat, legal ist.

Die Geisteskranken essen ihre Mahlzeit aus Holznäpfen. Drei Viertel der Anstalten sind prähistorisch, die Pfleger von einer alarmierenden Bauerngrobheit, Prügelstrafen an der Tagesordnung.

Die Anstalten zehren noch von Krediten aus der Vorkriegszeit. Aber trotzdem, man wird sich mit den Übergeschnappten doch wohl nicht in Unkosten stürzen? Allein die Häuser von Paris (Departements Seine und Seine-et-Oise) verfügen über Mittel, um den Betrieb halbwegs instand zu halten. Alle übrigen erhalten 9 Francs, 7 Francs, 4 Francs 65 pro Kopf der Irren. Zwangsjacken und Stricke kosten weniger als Badewannen, statt baden fesselt man sie also.

Wenn sich eine Genesung erhärtet, lässt man die Rekonvaleszenten mit den Wahnsinnigen zusammen. Das ist ungefähr wie einen Ertrinkenden vor dem Ersticken retten, ihn dann aber bis zum Hals im Wasser lassen, bis er vollständig trocken sei.

Verdammt ist das Regime der Irrenhäuser. Ein Wahnsinniger soll nicht gequält, sondern gepflegt werden. Zudem hätte die Anstalt die letzte Maßnahme zu sein. Heute ist sie die erste Maßnahme. Nur die Unheilbaren sind zu internieren. Die Übrigen haben das Krankenhausbett wieder zu verlassen. Von achtzigtausend Internierten wären fünfzigtausend ohne Gefahr für sich selbst oder die Gesellschaft in Freiheit zu entlassen.

Man hat sie hinter Anstaltsmauern gebracht, weil einem kein anderer Ort einfiel und man es so gewohnt war. Man hat sie nicht zu heilen versucht, sondern sie weggesperrt. Vielleicht ist die Stunde gekommen, uns weniger primitiv zu zeigen.

Es gibt einen Mann, der diese Revolution in Angriff genommen hat: Doktor Toulouse. Seit seinem Erscheinen hat der Bürger gleiches Recht auf Beschwerden im Gehirn wie auf Zahnschmerzen. Gewöhnlich sagt man diesem Bürger: »Wir werden Sie zuerst internieren, anschließend wird man sie untersuchen.« Toulouse sagt ihm: »Ich werde Sie zuerst untersuchen, dann will ich Sie heilen, damit Sie nicht interniert werden müssen.«

Dreißig Jahre lang hat Toulouse mit den öffentlichen Gewalten gerungen. Schließlich wurde ihm im Hospital Sainte-Anne eine kleine Ecke eingeräumt, wo er seine »Neuerungen« einführen durfte. Seitdem sprechen die zuständigen Behörden nur noch von der Geschichte des Doktor Toulouse. Man fragt sie:

»Was habt ihr für die Irren getan?«

»Sie kennen also die offene Klinik von Toulouse nicht?«, antworten sie. Die offene Klinik von Toulouse ist in Paris. Sie ist einzigartig. In der Hauptstadt bräuchte es davon zehn. Es gibt eine zweite in Bordeaux. Das ist alles. Jedes Krankenhaus in Frankreich müsste seine Abteilung für Geisteskrankheiten haben. Weshalb gibt es davon nichts?

Weil die Geisteskrankheiten bis zum Jahr 1923 nicht für würdig erachtet wurden, Teil des medizinischen Studiengangs zu sein. Ein Medizinstudent reichte seine Doktorarbeit ein, ohne auch nur einen Kurs über psychische Erkrankungen abgelegt zu haben. Das war freiwilliger Stoff.

Es gibt also nur Spezialisten. In der Provinz sind die Spezialisten in den Irrenanstalten. Einen psychisch Erkrankten ins Krankenhaus zu bringen, wäre ebenso wenig angezeigt wie dort eine Kuh mit Maul- und Klauenseuche hinzuführen. Gehen Sie zum Veterinär, wird der Arzt Ihnen entgegenrufen. So bringt man den Kranken zur Irrenanstalt, und die Falle schnappt zu!

Das Gesetz von 1838, das den Psychiater für unfehlbar und allmächtig erklärt, erlaubt willkürliche Internierungen und fördert entsprechende Versuche. Ein Verwandter erlangt von einem Arzt – dank dessen Ignoranz oder Komplizenschaft – eine Zuweisung zur Internierung, und man bringt das Opfer in die Anstalt. Tags darauf bemerkt der Anstaltsarzt den Schwindel und entlässt den falschen Kranken. Sperrt man den Verwandten und den Komplizen ein? Keineswegs! Sie haben das Gesetz auf ihrer Seite. Unter dem Gesetz von 1838 erleben wir Folgendes: Anstaltsärzte schlagen die Entlassung eines Patienten vor. Das heißt wohl, dass er nicht mehr krank ist und man ihn freilassen muss. Oder er kommt doch nicht hinaus. Wer hat sich in den Weg gestellt? Die Präfektur!

Unter dem Gesetz von 1838 sind zwei Drittel der Internierten keine wirklichen Geisteskranken. Aus harmlosen Mitmenschen machen wir Gefangene mit unbegrenztem Strafmaß. Kurz: Wir leben mit dem Vorurteil, dass Geisteskrankheiten unheilbar sind. Leute, die man für befallen erklärt hat, wirft man deshalb in den Abgrund. Man unternimmt nichts, um ihnen aus dem Loch hinauszuhelfen. Genesen sie von selbst und wird das allzu sichtbar, lässt man sie nach tausend Anstrengungen ihrerseits entwischen. Ringen sie mit den Händen, besänftigt man sie nicht, sondern stellt sie ruhig.

Um sich mit ihrem Gewissen ins Einvernehmen zu setzen, hat sich die Gesellschaft von 1838 ein Gesetz geschustert. In klaren Worten: »Diese Mitbürger stören uns, schließen wir sie ein. Wollen sie hinaus, machen wir die Augen auf.«

Unsere Pflicht ist nicht, uns der Irren zu entledigen, sondern den Wahnsinnigen von seinem Wahnsinn zu befreien.

Wenn wir damit anfangen wollten?

*1925*

# KAWABATA YASUNARI
## Das Geräusch menschlicher Schritte

*Näher könnten wir Japan gar nicht kommen, ohne uns hinzubegeben. Lauschen wir diesen menschlichen Schritten und ihrem Geräusch! Die Lektüre ist ein multimediales Erlebnis, das nicht nur die Aufmerksamkeit unseres Ohrs schärft, sondern alle unsere Sinne aufweckt – und unser Herz erwärmt. Der Japaner ist zudem ein großer Meister der Handtellergeschichte: so kurz, dass sie auf einen Handteller passt, und ebenso prägnant.*

*Nach dem Zweiten Weltkrieg erwarb sich Kawabata Yasunari (\* 1899, † 1972), von 1948 bis 1965 Präsident des japanischen PEN, große Verdienste um den Anschluss Japans an die Außenwelt und deren Zugang zur japanischen Literatur durch Übersetzungen in westliche Sprachen. Von dem Preisgeld des Literaturnobelpreises, den er 1968 erhalten hat, verleiht die Kawabata-Gedenk-Stiftung seit 1974 den Kawabata-Yasunari-Literaturpreis.*

ALS DIE PAULOWNIA-BÄUME BLÜHTEN, hatte man ihn aus dem Krankenhaus entlassen.

Im ersten Stock des Cafés stand die Balkontür offen. Die Anzüge der Kellner waren von blendend weißer Frische.

In der linken Hand – sie lag lässig auf dem Balkontisch – spürte er die angenehme Kühle des Marmors. In der Innenfläche der Rechten ruhte seine Wange, den Ellbogen hatte er auf die Brüstung gestützt. Seine Augen blickten wie gebannt hinab, als wollten sie sich an jedem einzelnen Passanten festsaugen. Beschwingt vom jugendlichen Licht der elektrischen Lampen schlenderten die Leute über das Paviment. Er hätte ihnen, schien ihm, mit ausgestrecktem Spazierstock auf die Köpfe schlagen können, so niedrig, obwohl im ersten Stock, hing dieser Balkon.

»Stadt und Land, meine ich, unterscheiden sich selbst darin, wie sie die Jahreszeiten erleben. Findest du nicht? Jemand vom Land würde zum Beispiel im Glanz der elektrischen Lichter nie den Frühsommer spüren. Auf dem Land ist es weniger der Mensch als vielmehr die Natur, sind es die Gräser und Bäume, die den Jahreszeiten ihr besonderes Gepräge geben. In der Stadt hingegen schmückt eher der Mensch die Jahreszeiten. Die vielen Leute, die so durch die Straßen flanieren, produzieren den Frühsommer geradezu. Ja, kommt dir diese Stadt denn nicht auch wie ein Frühsommer der Menschen vor?«

»Ein Frühsommer der Menschen? Da magst du recht haben«, antwortete er seiner Frau, und dabei erinnerte er sich an den Duft der Paulownia-Blüten vor den Fenstern im Krankenhaus. Sobald er die Augen zugemacht hatte, war sein Kopf in einem fantastischen Meer der unterschiedlichsten Beine ertrunken, hatten sich seine sämtlichen Gehirnzellen in beinförmige Raupen verwandelt, die durch sein Universum krochen.

… Verschämte, dabei heimlich lachende Beine, wie wenn Frauen hinweggehen über die Dinge. Einmal noch zuckende, dann erstarrte Beine im Augenblick des Todes. An den Pferdebäuchen mit mageren Schenkeln Stallmeisterbeine. Beine, plump zwar und feist wie schmierige Walspeckreste und bisweilen dennoch angespannt von gewaltiger Kraft. Gelähmte Bettlerbeine, die sich in tiefer Nacht plötzlich strecken und erheben. Die hübschen Beinchen zwischen den Beinen der Mütter eben geborener Babys. Beine, müde wie das bisschen Leben des abends von der Firma heimgekehrten kleinen Angestellten. Beine, die beim Gang durch die Furt die Lust am klaren Wasser über ihre Knöchel in die Bäuche saugen, nach Liebe suchende Beine, die scharf sind wie an engen Hosen die Bügelfalten, Mädchenbeine, die sich unsicher fragen, warum sich wohl ihre bis gestern nach außen gerichteten Zehenspitzen heute so sittsam mit einander zugewandten Gesichtern betrachten. Der vom vielen Geld beschwerten Taschen wegen weit ausschreitende Beine. Durchtriebene Frauenbeine von denen, die um den Mund ein Lächeln haben, um die Waden aber Spott und Hohn. Schweißbedeckte Beine, die, aus der Stadt zurück, die Socken fallen lassen, um sich abzukühlen. Schöne Beine auf der Bühne, die anstelle des Gewissens der Tänzerin die Sünden der vorigen Nacht beklagen. Beine von Männern, die in Cafés schamlose Lieder singen von verlassenen Frauen. Beine, die die Trauer schwer und die Freude leicht befinden. Beine von Sportlern, Dichtern, Wucherern, von vornehmen Damen und von Schwimmerinnen. Oder von Grundschülern. Beine, Beine, Beine … Darunter die Beine seiner Frau.

Und dann sein eigenes rechtes Bein, das ihm, nachdem er vom Winter bis in den Frühling am Kniegelenk gelitten hatte, schließlich amputiert worden war ... Während ihn aber im Krankenhausbett die von diesem einen Bein verursachten Traumgesichte der vielen Beine gepeinigt hatten, waren seine Gedanken sehnsüchtig zu dem Café gewandert und dort zu dem Balkon, der ihm wie eine Brille erschien, eigens konstruiert, um durch sie auf das lebhafte Getriebe in dieser Straße hinabzuschauen. Vor allem war er begierig gewesen, Menschen beim wechselweisen Auftreten mit ihren beiden gesunden Beinen zu beobachten und das Geräusch ihrer Schritte zu genießen.

»Jetzt erst, da ich das Bein verloren habe, begreife ich, was eigentlich Gutes am Frühsommer ist. Bis dahin möchte ich aus dem Krankenhaus heraus sein und in dieses Café gehen«, hatte er zu seiner Frau gesagt und dabei einen Blick auf die weißen Magnolienblüten geworfen. »Wenn ich mir's recht überlege, sind die menschlichen Beine das ganze Jahr über nie wieder so schön wie im Frühsommer. Spazieren die Menschen nie wieder so frisch und munter, so frohgelaunt durch die Stadt wie im Frühsommer. Ja, bevor die Magnolienblüten fallen, muss ich heraus sein aus dem Krankenhaus.« Deshalb sah er nun gebannt von diesem Balkon hinab, als wäre er in all die Vorübergehenden verliebt.

»Sogar der Windhauch hat sich, scheint es, frisch gemacht.«

»Das ist nun mal so beim Wechsel der Jahreszeiten. Oder willst du damit sagen, ich merkte nicht, dass nicht nur meine Wäsche, sondern auch das gestern gewaschene Haar heute schon wieder ein bisschen dreckig ist?«

»Das interessiert mich nicht. Mir geht es um Beine. Um menschliche Beine im Frühsommer.«

»Ich könnte ja da unten mit spazieren gehen und sie dir zeigen.«

»Das wäre gegen die Abmachung. Als mir im Krankenhaus das Bein abgeschnitten wurde, hast du erklärt, von nun an wollten wir zwei ein Dreibeiner sein. Oder etwa nicht?«

»Na, und der Frühsommer, diese schönste Jahreszeit, wie du sagst – verschafft er dir nun die gewünschte Befriedigung?«

»Kannst du nicht einmal still sein? Wie soll ich denn sonst die Schritte der Passanten hören?«

Feierlich strengte er seine Ohren an, um das wertvolle Geräusch der menschlichen Schritte aus dem Brausen der abendlichen Stadt herauszuhören.

Schließlich schloss er auch die Augen. Und dann, mit einem Prasseln, als ginge auf einen See ein Regen nieder, ergossen sich die Schrittgeräusche von all den Passanten in seine Seele. Ein Ausdruck subtiler Freude begann seine schlaffen Wangen zu erhellen.

Allmählich jedoch verflog die freudige Stimmung wieder ... Sein Gesicht wurde bleich, gleichzeitig riss er wie krankhaft die Augen weit auf.

»Du ahnst es nicht! Die Leute hinken alle. Unter den Beinpaaren, deren Schritte ich höre, ist nicht ein einziges, bei dem dieses Geräusch gleichmäßig wäre.«

»Wie das? Aber vielleicht ist es wirklich so ... Das Herz sitzt auch immer nur auf der einen Seite.«

»Es liegt, scheint mir, nicht allein an den Beinen der Menschen, dass ihre Schrittgeräusche in Unordnung geraten. Wenn ich genau hinhöre, sind das Geräusche, die auf eine Erkrankung der Seele deuten. Geräusche, mit denen sich der Körper der Erde gegenüber bekümmert auf den Tag verpflichtet, an dem der Seele die Totenfeier gehalten wird.«

»Das mag schon sein. Ist aber doch nicht auf die Schrittgeräusche beschränkt, sondern trifft vielmehr auf alles Mögliche zu. Je nachdem, wie man's sieht. Trotzdem fürchte ich, es sind nur wieder deine überreizten Nerven.«

»Nein, so hör sie dir doch an! Die Schritte in der Stadt klingen krank. Alle hinken sie wie ich. Weil ich mein Bein verloren habe, wollte ich mich an dem Eindruck freuen, den zwei gesunde Beine machen können; dass ich dabei im Gegenteil eine menschliche Krankheit entdecken würde, habe ich nicht vermutet. Hätte nicht geglaubt, dass ich mir damit eine neue Schwermut einhandeln würde. Und nun muss ich zusehen, wie ich diese Schwermut wieder loswerde ... Ach, lass uns aufs Land gehen. Sicher ist das Leben dort für Leib und Seele gesünder als in der Stadt, und vermutlich sind dort auch gesunde und gleichmäßige Schrittgeräusche zu hören.«

»Das nützt dir genauso wenig. Geh lieber in den Zoologischen Garten und lausch den Schritten der Vierbeiner!«

»In den Zoologischen Garten? Wahrscheinlich hast du recht. Wahrscheinlich sind die Läufe der Tiere, die Flügel der Vögel robuster, sind die Geräusche, die sie verursachen, schöner und harmonischer.«

»Was redest du da? Ich hab das doch nur aus Spaß gesagt.«

»Als sich der Mensch angewöhnte, auf zwei Beinen zu stehen und zu gehen, nahm die Krankheit der Menschenseele ihren Anfang, und es ist daher wohl nur selbstverständlich, dass seine beiden Beine keine gleichmäßigen Schritte machen.«

Bald darauf und mit einem Gesicht, als hätte er ein Bein seiner Seele verloren, stieg er, der er ein Kunstbein trug, mithilfe seiner Frau in ein Automobil. Auch das Geräusch der Wagenräder klang einseitig, was in ihm den Verdacht weckte, ihre Seele müsse erkrankt sein. An den Straßen verstreuten die elektrischen Lampen verschwenderisch die Blüten der neuen Jahreszeit.

*1927*

# WALTER BENJAMIN
## Staatsmonopol für Pornographie

*Der subkutane, aber schneidende obszöne Hauch, das Bahnhofsabtrittartige an Barcelonas Kiosken und überhaupt im neusachlichen Spanien seit dem Felipismo reicht offenbar vor Franco und seine 35 Jahre währende klerikale Nacht zurück. Walter Benjamin (\* 1892, † 1940) identifiziert dieses Odium bereits in den 1920er Jahren – und sinniert, davon angeregt, über Schriftsteller als babylonische Rohrleger nach. 1932 und 1933 verbrachte er, was nur wenige von ihm wissen, den Sommer auf Ibiza, schrieb Reiseerzählungen und tauschte mit Künstlerfreundinnen und -freunden Drogenerfahrungen aus. So viel nur ganz nebenbei und zur Erinnerung, dass der Flower-Power-Flügel der 68er sich – sowohl auf psychedelischem Terrain wie auf dem der freien Liebe – mehr aus Ignoranz und Vergesslichkeit in einer Pionierrolle sah. Im Übrigen hat das philosophische, literarische und journalistische Werk des Kulturkritikers Benjamin allen Schaffenden und Beobachtenden auf seinem noch so weitläufigen Globus von Geschichte und Politik, von Kunst, Literatur, Medien, Moral und Ästhetik, von Innerlichkeit und öffentlichem Raum Stoff und Vorbilder für Jahrhunderte zu bieten. Schon ein klein wenig Beschäftigung mit ihm macht klar, dass da kein Ende mehr in Sicht kommen wird. An Benjamins eigenes tragisches Ende wird in diesem Band Arthur Koestler erinnern, der ihm kurz davor begegnete (siehe S. 564–567).*

W̲A̲H̲R̲S̲C̲H̲E̲I̲N̲L̲I̲C̲H̲ ̲H̲A̲T̲ ̲S̲P̲A̲N̲I̲E̲N̲ die schönsten Zeitungskioske der Erde. Wer die Straßen von Barcelona entlangschlendert, ist von diesen windigen, buntscheckigen Gerüsten flankiert, Tanzmasken, unter denen die junge Göttin der Information ihren provozierenden Bauchtanz ausführt. Aus dieser Maske hat vor einigen Wochen das Direktorium den strahlenden Stirnreif herausgebrochen. Es untersagte den Vertrieb der fünf oder sechs deutlichen Kollektionen, welche die Liebe ohne . . . – – –, die weitverbreitete Morseschrift, die in der schönen Literatur ihrer Darstellung dient, behandelt haben. Bekanntlich wird diese Emanzipation von der Morseschrift in der Übermittlung geschlechtlicher Vorgänge mit dem Namen »Pornographie« belegt. Wie dem nun sei: die zartgetönten spanischen Heftchen unterschieden sich nicht von Büchern wie unsere »Memoiren einer Modistin«, »Boudoir und Reitbahn«, »Ihre ältere Freundin«. Lehrreich an ihnen war etwas anderes: im Register ihrer Verfasser fanden sich angesehene Autoren, ja sogar Dichter von dem Range eines Gómez de la Serna. Unstreitig Stoff genug zu einer Glosse, die in den lauteren Flammen sittlicher Entrüstung ihren Gegenstand reinlich verzehren würde. Statt aber dergestalt mit ihm zu verfahren, wollen wir ihn ein Weilchen betrachten.

In einem sind pornographische Bücher wie alle andern: darin nämlich, dass sie auf Schrift und Sprache gegründet sind. Hätte die Sprache in ihrem Wortschatz nicht Stücke, die von Haus aus obszön angelegt und gemeint sind, das pornographische Schrifttum wäre seiner besten Mittel beraubt. Woher kommen nun solche Wörter?

Die Sprache, in den verschiedenen Stadien ihres geschichtlichen Daseins, ist ein einziges großes Experiment, das in so vielen Laboratorien veranstaltet wird als die Erdkugel Völker trägt. Dabei geht es überall um die Einheit der schnellen, unzweideutigen Mitteilung mit befreiendem, suggestivem Ausdruck. (Was ein Volk der Mühe wert hält zu sagen, richtet sich danach, welche Chancen des Ausdrucks, welche Arten der Mitteilung es überhaupt absieht.) Für dieses gewaltige Experimentalunternehmen stellt große Poesie gewissermaßen ein Formelbuch, das volkhafte Sprachgut aber die Materialien. Beständig wechselt die Versuchsanordnung, und immer wieder ist die ganze Masse von Neuem ins rechte Verhältnis zu bringen. Nebenprodukte aller Art sind dabei unvermeidlich. Zu ihnen zählt, was außerhalb der gewohnten, sei es gesprochenen, sei es geschriebenen Sprache, an Prägungen, an Redewendungen im Umlauf ist: Kose- und Firmennamen, Schimpfwort und Schwurwort, Andachtsformeln und Obszönitäten. Das alles ist entweder überschießend im Ausdruck, ausdruckslos, heilig, Ferment der kultischen Sprache oder überdeutlich im Mitteilen, schamlos, verworfen. Abfallprodukte eines alltäglich geübten Verfahrens, gewinnen diese selben Elemente freilich einen entscheidenden Wert in anderen: im wissenschaftlichen vor allem, welches in diesen befremdenden Sprachfragmenten

Splitter vom Urgranit des sprachlichen Massivs erkennt. Man weiß, wie genau sich diese Extreme in ihrer polaren Spannung entsprechen. Und es wäre eine der interessantesten Studien über die Rolle des skatologischen Witzes in der Klostersprache des Mittelalters zu machen.

Wenn nun, so wendet man ein, die Produktion solcher Worte derart im Wesen der Sprache begründet ist, dass alle Worte, welche geil im Übermaße mitteilender Energie sich gefallen, schon an die Grenze des Obszönen rühren, sind sie vom Schrifttum umso unbedingter fernzuhalten.

Im Gegenteil: die Gesellschaft hat diese natürlichen – um nicht zu sagen profanen – Prozesse im Sprachleben als Naturkräfte sich nutzbar zu machen, und wie der Niagara Kraftwerke speist, so diesen Sturz und Abfall der Sprache ins Zotige und Gemeine als gewaltige Energiequelle zu benutzen, den Dynamo des schöpferischen Aktes damit zu treiben. Wovon die Dichter eigentlich leben sollen, ist eine ebenso alte wie beschämende Frage, der man seit jeher nur mit Verlegenheiten hat antworten können. Ob man ihm selbst oder ob man dem Staat die Sorge dafür anheimstellt: in beiden Fällen kommt es auf sein Verhungern hinaus.

Daher verlangen wir: Staatsmonopol für alle Pornographie. Sozialisierung dieser beträchtlichen Stromkraft. Der Staat verwalte dieses Monopol nach Maßgabe der Bestimmung, die diese literarische Gattung zum ausschließlichen Reservat einer Elite bedeutender Dichter macht. Der Literat erwirbt statt einer Sinekure die Erlaubnis, einen so und so großen Prozentsatz des statistisch ermittelten Bedarfs an Pornographie den zuständigen Stellen zu liefern. Weder im Interesse des Publikums noch des Staates liegt es, den Preis dieser Ware allzu niedrig zu halten. Der Dichter produziert für einen fixierten, nachgewiesenen Bedarf gegen Barzahlung, die ihn vor den ganz unberechenbaren Konjunkturen, die sein wahres Schaffen betreffen, sichert. Sein Unternehmen wird weit sauberer sein, als stünde er von nahe oder fern, bewusst oder unbewusst einer Partei, einer Interessengruppe zu Diensten. Er wird als Sachkenner dem Amateur überlegen sein und dem unleidlichen Dilettantismus entgegentreten, der auf diesem Gebiete herrscht. Auch wird er, je länger, je weniger, seine Arbeit verachten. Er ist nicht Kanalräumer, sondern Rohrleger in einem neuen komfortablen Babel.

*1927*

# ALFRED ADLER

## Superiore Unglücksraben

*Unter Freuds Schülern gehörte Alfred Adler (\* 1870, † 1937) nicht zu den zwanghaften Pessimisten, die wie am Portal zu Dantes Hölle mit jeder Hoffnung auch noch die Illusion davon verscheuchen. Im Gegenteil, seine Devise lautete: Vorbeugen ist leichter als Heilen – eine unter Psychotherapeuten nicht allzu weit verbreitete Haltung. Dass er ein lieber Mensch war, zeigt sich an seiner Einstellung als Kinderpsychologe in leitender Position. Er verklärte nicht wie ein Rousseauaner den Naturzustand und seine heilige Unschuld, fühlte sich aber gedrängt, die Kinder gegen die in seinem Umfeld noch grassierende drakonische Pädagogik zu verteidigen.*

*In seinem Buch* Menschenkenntnis *knöpft er sich hier einen besonderen Typus von Erwachsenem vor, dem wir alle schon begegnet sind: jenen, der sich unverzüglich seine Einzigartigkeit als von allen nur erdenklichen bösen Geschicken und Ungerechtigkeiten auserwählter Pechvogel zusammenjammert und darin kaum einen Tag nachlassen mag. Dreist erwarten solche Menschen von ihrer Umgebung Anerkennung dieser entsprechenden Verdienste und Privilegien. »Manchmal trifft man sogar auf eine Neigung, sich mit Niederlagen zu brüsten, als ob es eine unheimliche Macht gerade auf sie abgesehen hätte.« Adler erkennt in dieser Attitüde eine Form von Eitelkeit und Wichtigtuerei.*

ES IST EINE PSYCHOLOGISCHE Selbstverständlichkeit, dass derjenige, der mit der absoluten Wahrheit des gesellschaftlichen Lebens in Widerspruch gerät, an irgendeiner Stelle seines Lebens auch den Gegenstoß zu spüren bekommt. Meist verstehen diese Menschen nicht, daraus zu lernen, sondern fassen das ganze Unglück als ein ungerechtes, persönliches Missgeschick auf, als ein Pech, das sie verfolgt. Sie verbringen ein ganzes Leben damit, festzustellen, welches Pech sie immer haben, dass ihnen gar nichts gelinge, dass alles missglücke, wenn sie Hand daran legen. Manchmal trifft man sogar auf eine Neigung, sich mit Niederlagen zu brüsten, als ob es eine unheimliche Macht gerade auf sie abgesehen hätte. Wenn man diesen Standpunkt ein wenig überlegt, so kommt man darauf, dass auch bei dieser Betrachtung wieder die Eitelkeit ihr böses Spiel treibt. Es sind Menschen, die so tun, *als ob* sich eine finstere Gottheit nur mit ihnen beschäftigen würde, bei einem Gewitter keine anderen Gedanken haben, als dass der Blitz gerade *sie* aufsuchen müsse, die sich allmählich mit der Furcht abquälen, dass sich *gerade bei ihnen* ein Dieb einschleichen könnte, kurz, die bei jeder Schwierigkeit des Lebens immer nur den einen Eindruck gewinnen, *als ob sie* diejenigen wären, die das Unglück sich aussuchen werde.

Solche Übertreibungen kann nur ein Mensch begehen, der sich in irgendeiner Weise als den Mittelpunkt der Geschehnisse betrachtet. Manchmal sieht es recht bescheiden aus, wenn sich jemand immer als vom Unglück verfolgt hinstellt, während sein Wesen in Wirklichkeit von schwerster Eitelkeit strotzt, wenn solche Menschen meinen, dass alle feindlichen Gewalten immer nur für sie Interesse haben und nie für andere. Es sind jene Menschen, die sich schon als Kinder immer ihre Zeit verbitterten und sich von Einbrechern, Mördern und anderen unheimlichen Gesellen verfolgt sahen und noch immer glauben, die Gespenster und Geister hätten nichts anderes zu tun, als sich um sie zu kümmern.

Oft drückt sich ihre Stimmung in der äußeren Haltung aus. Sie gehen gedrückt einher, immer etwas gebückt, wie um nicht verkennen zu lassen, welch ungeheure Last sie tragen. Sie erinnern unwillkürlich an Karyatiden, die während ihres ganzen Daseins eine schwere Last stützen müssen. Es sind Menschen, die alles übermäßig ernst nehmen und alles mit pessimistischem Blick beurteilen. Bei dieser Stimmung ist es erklärlich, dass ihnen immer etwas schiefgeht, sobald sie Hand daran legen, dass sie Unglücksraben sind, die nicht nur sich selbst das Leben vergällen, sondern auch anderen. Und doch steckt auch hier nichts anderes dahinter als ihre Eitelkeit. Es ist eine Art von Wichtigtuerei, wie im ersten Fall.

*1928*

## GIOVANNI GENTILE

## Die philosophische Grundlage des Faschismus

*Er musste wissen, worum es ihm zu tun war. Als Professor für Geschichte der Philosophie und theoretische Philosophie erst in Palermo, dann in Pisa und schließlich in Rom, im Habitus ein elitärer Konservativer, war er der Schöpfer des »Aktualismus«, seiner eigenen, vom deutschen Idealismus inspirierten Philosophie der von allen Gesetzen und Regeln freien, in sich selbst begründeten Tat. Dieser, wie er es nannte, reine Akt – »atto puro« – blieb vorerst völlig unpolitisch.*

*Mit dem Ersten Weltkrieg änderte sich das. Der Nationalist Giovanni Gentile (\* 1875, † 1944), der sich bisher gegen den Positivismus und Naturalismus für die italienische Kultur stark gemacht hatte, fand sich im Lager der Faschisten wieder und wurde 1922 deren Erziehungsminister. Nur Mussolinis Annäherung an die Kirche und schließlich das Konkordat von 1929, das den Katholizismus zur Staatsreligion erklärte und den Religionsunterricht an Staatsschulen zur Pflicht macht, konnte das Verhältnis des radikal antiklerikalen Gentile zum Duce trüben und musste seinen Einfluss schmälern. Aber er blieb ein Vordenker der Bewegung bis fast zu ihrem Ende, das für ihn nur wenig vorgezogen kam: Im April 1944 wurde er wahrscheinlich von Partisanen erschossen.*

*Das hier abgedruckte Manifest, das zuerst auf Englisch in der amerikanischen Zeitschrift »Foreign Affairs« erschien, ist ein Text eigener Klasse. Auf einsamer, eisiger Höhe führt es uns vor, wie unsere geläufigsten politischen Grundbegriffe – ›links‹ und ›rechts‹, ›progressiv‹ und ›konservativ‹ – anscheinend dazu gemacht sind, ihre Bedeutung jederzeit ins Gegenteil umschlagen zu lassen. Kein Kraut wächst gegen den Missbrauch der Propaganda, sogar eines Begriffs wie ›Freiheit‹, die ja für Gentile auch nur erzwungen werden kann – »befreit von allen Gesetzen und Regeln«.*

**I**DER ITALIENISCHEN NATION wies der Erste Weltkrieg den Ausweg aus einer tiefen geistigen Krise. Sie wollte ihn und führte ihn, lange bevor sie sich seiner richtig innewurde und die Lage abzuschätzen begann. Sie wollten und führten ihn, wurden seiner gewahr und beurteilten ihn in einem Geiste, den die Generale und Staatsmänner zwar ausbeuteten, aber von dem sie auch beeinflusst, ihre Politik und Aktionen bestimmt wurden. Der fragliche Geist war nicht einer von vollkommener Klarheit und nicht frei von Selbstwidersprüchen. Dass es ihm an Einmütigkeit fehlte, trat besonders klar unmittelbar vor dem Krieg und wiederum gleich nach seinem Ende zutage, als die Gefühle nicht der Kriegsdisziplin unterworfen waren. Es war, als würde der italienische Charakter durch zwei gegenläufige Strömungen durchkreuzt, die ihn in zwei unversöhnliche Lager aufspalteten. Man braucht bloß an die Tage der italienischen Neutralität zu denken und an die Debatten, die zwischen Interventionisten und Neutralisten tobten. Die Leichtigkeit, mit der die unverträglichsten Ideen von beiden Parteien in Dienst genommen wurden, zeigte, dass der Streit nicht einer zwischen zwei gegensätzlichen politischen Haltungen, zwei sich widerstreitenden Geschichtsauffassungen war, sondern in Wirklichkeit einer zwischen zwei verschiedenen Temperamenten, zwei verschiedenen Seelen war.

Für den einen Typus von Persönlichkeit war der entscheidende Punkt, Krieg zu führen, entweder an der Seite der Deutschen oder gegen die Deutschen: aber in jedem Falle Krieg zu führen, ohne Gedanken an bestimmte Vorteile davon – doch eben Krieg zu führen, auf dass die italienische Nation, entstanden mehr durch günstige Fügungen als durch den Willen des Volkes, eine Nation zu sein, zu ihrer Bluttaufe käme, einer Prüfung, wie nur der Krieg alle Bürger in einem einzigen Gedanken, einer einzigen Leidenschaft, einer einzigen Hoffnung vereinigen kann und jedem einzelnen Individuum klarmacht, dass alle etwas gemeinsam haben, das private Interessen übersteigt.

Das war es, was den anderen Persönlichkeitstyp ängstigte, den besonnenen Menschen, den Realisten, der einen klaren Blick hatte für die moralischen Risiken, die ein solcher Krieg für eine junge, unerfahrene, schlecht vorbereitete Nation mit sich bringen musste; und der unter Berücksichtigung aller Umstände auch sehen musste – ein Punkt von größter Bedeutung –, dass das Land mit einer nach allen Seiten verhandlungsbereiten Neutralität seinen Lohn sicher hatte, und dies nicht weniger als mit einer siegreichen Teilnahme.

Worum es ging, war, dass die italienischen Neutralisten an materiellen Vorteilen orientiert waren, an offensichtlichen, handfesten, wägbaren Vorteilen; die Interventionisten standen für moralischen Gewinn, für ungreifbare, immaterielle, unwägbare Werte – unwägbar zumindest auf den Skalen ihrer Widersacher. Am Vorabend des Kriegs standen sich diese zwei italienischen Charaktere finster und unversöhnlich gegenüber, der eine in Angriffsstellung und in den verschiedenen Organen der öffentlichen Meinung zusehends bestimmter auftretend; der andere in der Defensive und in Abwehrhaltung im Parlament, das in jenen Tagen immer noch als wichtigster Hort staatlicher Souveränität zu gelten schien. Ernster Zwist zwischen den Bürgern schien in Italien unausweichlich, und tatsächlich wurde der Bürgerkrieg nur dadurch vermieden, dass der König von seinen Prärogativen Gebrauch machte und den Organen der Zentralgewalt den Krieg ansagte.

Dieser Akt des Königs war der erste entscheidende Schritt auf eine Lösung der Krise hin.

## II

Die Ursprünge der Krise reichten weit in die Vergangenheit zurück. Ihre Wurzeln gruben sich tief ins Seeleninnerste des italienischen Volkes.

Was waren die kreativen Kräfte des *Risorgimento*?[1] Das »italienische Volk«, dem einige Historiker heute eine wichtige, wenn nicht entscheidende Rolle im Kampf um nationale Einheit und Unabhängigkeit zuschreiben, war noch kaum auf der Bildfläche erschienen. Die treibende Instanz war immer eine zur Person geronnene Idee – der auf ein Ziel fixierte Wille einer oder mehrerer Einzelgestalten. Es ist keine Frage, dass die Geburt des modernen Italien das Werk weniger war. Es hätte auch nicht anders sein können. Immer sind es wenige, die das Selbstbewusstsein und den Willen einer Epoche verkörpern und ihren historischen Verlauf bestimmen; denn sie sind es, welche die ihnen zu Gebote stehenden Kräfte erkennen und vermittelst dieser Kräfte die einzige wahre Kraft betätigen – ihren eigenen Willen.

Diesen Willen finden wir in den Hymnen der Dichter und in den Ideen der politischen Schriftsteller, die es verstehen, ihre Sprache wenn nicht mit einem universellen Gefühl, so doch mit einem Gefühl in Einklang zu bringen, das universell zu werden vermag. Im Falle Italiens, bei all unseren Dichtern, Philosophen oder politischen Führern von Alfieri zu Foscolo, von Leopardi zu Manzoni, von Mazzini zu Gioberti, können wir die Fäden eines neuen Gewebes entdecken, bei dem es sich um ein neues Denken, eine neue Seele, ein neues Italien handelt.[2] Dieses neue Italien unterschied sich vom alten durch etwas sehr Einfaches, das dennoch von allergrößter Bedeutung war: Anders als das alte nahm dieses neue Italien das Leben ernst. Menschen jeden Alters hatten von Italien geträumt und gesprochen. Italien, die Idee war in jeder Art Musik gesungen, von jeder Philosophie vorgetragen worden. Doch es war immer ein Italien gewesen, das im Hirn irgendeines Gelehrten existierte, dessen Bildung von der Wirklichkeit mehr oder weniger abgekoppelt war. Die Wirklichkeit verlangt indessen, dass Überzeugungen ernst genommen, das Ideen zu Taten werden. So war auch die Notwendigkeit zu spüren, dass dieses Italien, das nur eine Hirngeburt war, zu einer Herzensangelegenheit würde, zu etwas Ernstzunehmendem, zu etwas Lebendigem. Das und nichts weiter war der Sinn von Mazzinis großem Slogan: »Gedanke und Tat«. Es war die Essenz der großen Revolution, die er predigte und die er vollbrachte, indem er seine Lehre den Herzen anderer einflößte. Nicht vielen anderen – einer kleinen Minderheit! Aber sie waren zahlreich und mächtig genug, die Frage da zu stellen, wo sie beantwortet werden konnte – in Italiens öffentlicher Meinung nämlich (und dies in Verknüpfung mit der das übrige Europa prägenden politischen Lage). Sie waren imstande, sich mit dem Glauben durchzusetzen, dass das Leben kein Spiel ist, sondern eine Mission, dass das Individuum ein Gesetz und eine Aufgabe hat, die allein durch Gehorsam und Erfüllung seinem Dasein einen Wert verleihen; dass der Mensch entsprechend Opfer zu bringen hat, sei es mit seinen privaten Interessen, sei es mit seinem persönlichen Wohlbehagen, sei es selbst mit seinem Leben.

Keine Revolution jemals war in gleichem Maße von einem ideellen Charakter geprägt, von Gedankenklarheit, die der Tat vorausging, wie das italienische *Risorgimento*. Unsere Revolte kümmerte sich nicht um die materiellen Alltagsbedürfnisse, noch war sie aus irgendeinem weit verbreiteten, elementaren Gefühl entsprungen, welches in öffentlichen Aufständen oder Massenaufruhr zum Ausbruch gekommen wäre. Die Bewegungen von 1847 und 1848 waren Demonstration, wie wir heute sagen würden, von »Intellektuellen«; in ihnen manifestierten sich die Ambitionen einer Minderheit von Patrioten mit einem Ziel, die als Flaggenträger eines Ideals die Völkerschaften und ihre Obrigkeiten auf dessen Verwirklichung hintrieben. Idealismus – verstanden als der Glaube in den Anbruch einer idealen Wirklichkeit, als Bruch mit der Gewohnheit, sich das Leben als etwas durch die gegebenen Umstände Festgelegtes vorzustellen, sondern als beständigen Wandel und Fortschritt auf ein höheres Niveau hin, wo die Idee den Menschen ihr Gesetz gibt – das war die Substanz von Mazzinis Lehren; und sie gab unserer großen italienischen Revolution ihr auffälligstes Charakteristikum. In diesem Sinne waren alle Patrioten, die an den Fundamenten des neuen Königreichs mitbauten, Mazzinianer – Gioberti, Cavour, Viktor Emanuel, Garibaldi.[3] Um das herauszustreichen, unsere erstrangigen Schriftsteller wie Manzoni und Rosmini hatten keine historischen Verbindungen zu Mazzini; aber alle waren sie von denselben allgemeinen Neigungen geprägt. Während sie ihren auseinanderlaufenden Linien folgten, kamen sie alle in dem einen wesentlichen Punkt zusammen: dass das Leben nicht nur war, was es ist, sondern darüber hinaus das Leben, wie es sein sollte. Im Wesentlichen war es eine Überzeugung religiösen Charakters, von grundsätzlich antimaterialistischer Stoßrichtung.

III

Diese für das *Risorgimento* so charakteristische idealistische und religiöse Sicht des Lebens ist vorherrschend nicht nur in der heroischen Zeit der Revolution und der Errichtung des Königreichs. Sie behauptet sich über Ricasoli, Lanza, Sella und Minghetti bis zur Besetzung Roms und der nationalen Ordnung unserer Finanzen.[4] Tatsächlich bedeutet der Machtwechsel im Parlament von 1876 kein Ende, sondern allenfalls eine Unterbrechung auf dem Weg, dem Italien seit dem Jahrhundertbeginn gefolgt war. Das Bild änderte sich daraufhin, jedoch nicht einer menschlichen Launenhaftigkeit oder Schwäche halber, sondern durch eine historische Notwendigkeit, über die zu klagen von heute aus gesehen idiotisch wäre. Der Sturz der Rechten, die von 1861 bis 1876 ununterbrochen regiert hatte, erschien damals den meisten Leuten als die eigentliche Eroberung der Freiheit.

Gewiss, die Rechte kann nicht beschuldigt werden, mit dem Respekt vor den in unserer Verfassung garantierten Freiheiten habe sie es allzu ernst genommen. Tatsache ist aber, dass die Rechte einen Begriff von Freiheit hatte, der den Vorstellungen der Linken diametral entgegengesetzt war. Die Linke dachte den Staat vom Individuum her, die Rechte das Individuum vom Staat her. Die Linken sahen im »Volk« lediglich die Anhäufung der Bürger, aus denen es sich zusammensetzte. Sie setzten das Individuum ins Zentrum und machten es zum Ausgangspunkt aller Rechte und Privilegien, welche das Regime der Freiheit zu respektieren hatte.

Im Gegensatz dazu hielten die Männer der Rechten auf ihrem Standpunkt fest, dass keine Freiheit denkbar war außer innerhalb des Staates und dass Freiheit keinerlei Gehalt von Bedeutung haben konnte losgelöst vom soliden Regime eines Rechts, dessen Souveränität über allen Interessen und Aktivitäten der Individuen indiskutabel war. Für die Rechte gab es keine individuelle Freiheit, die mit der Autorität des Staates nicht vereinbar war. Für den Staat hatte das Gemeininteresse stets den Vorrang vor dem Privatinteresse. Dem Recht gebührte deshalb uneingeschränkte Wirkungsmacht, und ihm hatte sich das gesamte Leben des Volkes unterzuordnen.

Diese Auffassung der Rechten war offenkundig vernünftig; aber sie brachte große Verfahren mit sich in der Anwendung auf Motive, die sie herausforderten. Lassen wir nicht Vorsicht walten, führt zu viel Recht zu Erstarrung und erstickt das Leben, das der Staat seiner Funktion gemäß zu regulieren hat, jedoch nicht unterdrücken kann. Der Staat kann leicht zu einer seinem Inhalt gegenüber indifferenten Form verkommen – der Substanz fremd, die er ordnen sollte. Wenn das Recht von außen an das Individuum herantritt und das Individuum vom Leben des Staates nicht absorbiert wird, empfindet das Individuum Recht und Staat als Einschränkungen seiner Betätigung, als Ketten, die es erdrosseln, wenn es sie nicht aufzubrechen vermag.

Genau das war das Gefühl der Männer von '76. Das Land brauchte etwas Atem. Die moralischen, wirtschaftlichen und gesellschaftlichen Kräfte verlangten nach dem Recht auf Entwicklung ohne Gängelung durch ein Recht, das sie außer Acht ließ. Das waren die historischen Gründe für den Umsturz jenes Jahres; und mit dem Machtwechsel von der Rechten zur Linken beginnt in unserer Nation eine Periode von Entwicklung und Wachstum: wirtschaftlichem Wachstum in Industrie, Handel, Eisenbahntransport, Landwirtschaft; intellektuellem Wachstum in Wissenschaften und Schulbildung. Die Nation erhielt ihre Gestalt von unten. Sie hatte sich nun auf ein höheres Niveau emporzukämpfen und einem Staat, der bereits seine Verfassung, seine politische Organisation und Verwaltung, seine Armee und sein Finanzwesen hatte, einen neuen lebendigen Gehalt aus individueller Initiative zu geben, die Interessen entsprang, welche das *Risorgimento*, absorbiert durch seine großen Ideale, entweder vernachlässigt oder vollständig missachtet hatte.

Diese Errungenschaft war die positive Seite der Bilanz von König Umberto I. Der Fehler von König Umbertos bedeutendstem Minister Francesco Crispi war es, dass er seine Zeit nicht verstanden hatte. Crispi war nach Kräften bestrebt, die Autorität und das Prestige gegen einen wildgewordenen Individualismus wiederherzustellen, gegen den triumphierenden Materialismus die religiösen Ideale wieder geltend zu machen. Angesichts der Angriffe der sogenannten Demokratie stürzte er deshalb.

Crispi befand sich im Irrtum. Es war nicht die Zeit, die altehrwürdige Flagge des Idealismus wieder hochzuziehen. Zu jener Zeit konnte nicht von Kriegen die Rede sein, von nationaler Würde, von Wettstreit mit den Großmächten; keine Rede auch von Einschränkungen persönlicher Freiheiten im Interesse einer abstrakten Größe wie des »Staates«. Das Wort ›Gott‹, das Crispi manchmal gebrauchte, war ganz besonders deplatziert. Es ging vielmehr darum, die breiten Massen zu Wohlstand zu bringen, zu Selbstbewusstsein und Teilnahme am politischen Leben. Kampagnen gegen das Analphabetentum, allerart Sozialgesetzgebung, die Elimination des Klerus aus den öffentlichen Schulen, die säkular und antiklerikal zu sein hatten! Es war die Zeit, in der sich Freimaurerei in der Bürokratie, der Armee, der Justiz fest etablierte. Die Zentralgewalt des Staates fand sich geschwächt und dem sprunghaften Wechsel eines Volkswillens dienstbar gemacht, wie er sich in allgemeinen, von jeder obrigkeitlichen Kontrolle erlösten Wahlen zur Geltung brachte. Der Aufschwung der Großindustrie begünstigte den Vormarsch eines Sozialismus marxscher Prägung als eines neuen Typus von Moral und politischer Erziehung unseres Proletariates. Die Idee der Humanität geriet nicht ganz außer Sicht: aber die neuen moralischen Beschränkungen, die dem freien Individuum auferlegt wurden, stützten sich alle auf das Gefühl, dass jedermann instinktiv sein eigenes Wohlergehen zu verfolgen und zu verteidigen hatte. Das waren genau die Vorstellungen, die Mazzini im Sozialismus bekämpft hatte, obwohl er richtig sah, dass sie nicht dem Sozialismus eigentümlich waren, sondern zu jeder politischen Theorie gehörten, ob liberal, demokratisch oder sogar antisozialistisch, wenn sie mehr Gewicht auf die Einforderung von Rechten als auf die Erfüllung von Pflichten legt.

Von 1876 bis zum großen Krieg hatten wir ein Italien, das materialistisch und antimazzinianisch war und dennoch dem Italien Mazzinis oder dem vor ihm hoch überlegen. Unsere ganze Kultur, ob in den Natur- und Geisteswissenschaften, der Dichtung oder den Künsten, war von einem kruden Positivismus beherrscht, der die Wirklichkeit, in der wir leben, als gegeben nimmt, als Fertigware, welche die menschliche Aktivität fern von den verfemten willkürlichen und illusionären Ansprüchen einer sogenannten Moralität bestimmte und limitierte. Jedermann wollte »Tatsachen«, »positive Tatsachen«. Jedermann lachte über »metaphysische Träumereien«, über nicht mit Händen zu greifende Realitäten. Die Wahrheit lag den Menschen vor den Augen. Sie brauchten sie bloß zu öffnen, um sie zu sehen. Selbst das Schöne konnte nur ein Spiegel der Wahrheit sein, die uns in der Natur vor Augen stand. Patriotismus, wie andere mehr in einer religiösen Geisteshaltung wurzelnde Tugenden, die nur unter Menschen Erwähnung finden können, die den Mut haben, ernsthaft zu sprechen, wurde zu einer rhetorischen Größe, die zu berühren eher von schlechtem Geschmack zeugte.

Diese Periode, die jedem in der zweiten Hälfte des letzten Jahrhunderts Geborenem im Gedächtnis ist, könnte die demo-sozialistische Phase des modernen italienischen Staats geheißen werden. Es war die Periode, welche auf der Basis individueller Freiheit die für diese charakteristische demokratische Geisteshaltung hervorbrachte und in der Festigung des Sozialismus als erstrangiger und bestimmender Kraft im Staat resultierte. Es war die Periode des Wachstums und Wohlstandes, während der die im *Risorgimento* entwickelten moralischen Kräfte in den Hintergrund der Bühne abgeschoben wurden.

IV

Doch gegen das Ende des 19. Jahrhunderts und in den ersten Jahren des 20. trat unter Italiens jungen Männern ein energischer Geist der Reaktion gegen die Ideen der vorausgegangenen Generation in Erscheinung, in Politik, Literatur, Wissenschaft und Philosophie. Es war, als wären sie des prosaischen bourgeoisen Lebens der Väter überdrüssig und beflissen, zum hochfliegenden moralischen Enthusiasmus der Großväter zurückzukehren. Rosmini und Gioberti waren längst vergessen. Nun wurden sie exhumiert, gelesen und diskutiert. Was Mazzini anging, wurde eine Ausgabe seiner Werke vom Staat selbst finanziert. Vico, der große Vico, ein überragender Verkündiger idealistischer Philosophie und großer Anti-Cartesianer und Antirationalist, wurde zum Objekt eines neuen Kultes.[5]

Der Positivismus fand sich fortan vom Neoidealismus attackiert, materialistische Zugänge zur Literatur und den Künsten wurden zurückgewiesen und diskreditiert. Sogar innerhalb der Kirche überzeugte der Modernismus den Klerus von der Notwendigkeit einer tieferen und moderneren Kultur. Nicht einmal dem Sozialismus blieb die philosophische Prüfung erspart, und nicht anders als andere Lehren wurde er wegen seiner Schwächen und Irrtümer kritisiert. Als in Frankreich Georges Sorel mit seiner Theorie des Syndikalismus die materialistischen Fehlschlüsse der marxistischen Sozialdemokratie hinter sich ließ, fand er den Zulauf der jungen italienischen Sozialisten. Sorels Ideen boten ihnen zweierlei: erstens ein Ende des heuchlerischen »Kollaborationismus«, der das Proletariat und die Nation gleichermaßen verriet;

und zweitens den Glauben an eine moralische und ideale Wirklichkeit, für welche das Individuum sich aufzuopfern verpflichtet war und zu deren Verteidigung sogar Gewalt gerechtfertigt war. Der antiparlamentarische Geist und der moralische Geist des Syndikalismus brachten Italiens Sozialismus in die Einflusssphäre Mazzinis zurück.

Als neue Bewegung von großer Wichtigkeit tat sich der Nationalismus hervor. Unser italienischer Nationalismus war weniger literarischer und mehr politischer Natur als die entsprechende Bewegung in Frankreich, denn er knüpfte an die lange Tradition der historischen Rechten an. Der neue Nationalismus unterschied sich von der alten Rechten durch das Gewicht, das er auf die Idee der »Nation« legte; aber mit der Rechten war er darin eins, dass er im Staat die notwendige Voraussetzung individueller Rechte und Werte sah. Es war die Leistung des Nationalismus, in den italienischen Herzen den Glauben an die Nation wieder zu erwecken, das Land gegen den parlamentarischen Sozialismus aufzurütteln und einen offenen Angriff gegen die Freimaurerei anzuführen, vor der sich die italienische Bourgeoisie schreckensstarr niedergeworfen hatte. Mit vereinten Kräften waren Syndikalisten, Nationalisten und Idealisten darin erfolgreich, eine große Mehrheit der italienischen Jugend zum Geist Mazzinis zurückzuführen.

Das offizielle, legale, parlamentarische Italien, das antimazzinianische und antimaterialistische Italien, das sich gegen all dies zur Wehr setzte, fand seinen Meister in einem Mann von unfehlbarer politischer Intuition, ein Meister auch der politischen Mechanismen des Landes, skeptisch allen hochtrabenden Worten gegenüber, ungeduldig mit komplizierten Ideen, ironisch, kalt, kaltherzig, ein Praktiker – was Mazzini einen »gerissenen Materialisten« genannt hätte. In den beiden Gestalten Mazzini und Giolitti haben wir nicht weniger als ein Bild der beiden Ansichten des Vorkriegs-Italien, seines unversöhnlichen Charakterwiderspruchs, der das Leben des Landes lahmlegte und den der Große Krieg auflösen sollte.[6]

V

Zuerst schien der Krieg sich in gegenteiliger Richtung auszuwirken, nämlich den Beginn eines allgemeinen Debakels des italienischen Staats und der moralischen Kräfte zu markieren, die jedem Staat als Fundament zugrunde liegen müssen. War der Kriegseintritt ein Triumph für das ideale Italien über das materialistische, so schien der Friedensschluss die Neutralisten ins Recht zu setzen, welche für das Letztere standen. Mit dem Waffenstillstand kehrten uns die Alliierten den Rücken. Unser Sieg trug alsbald alle Züge einer Niederlage. Eine Psychologie des Defätismus, wie sie es nennen, ergriff Besitz vom italienischen Volk und seinen Ausdruck im Hass auf den Krieg, auf jene, die für den Krieg verantwortlich waren, und sogar auf unsere Armee, die unseren Krieg gewonnen hatte. Ein anarchischer Geist der Auflösung erhob sich gegen alle Autorität. Die Ganglien unserer Wirtschaft schienen von einer tödlichen Krankheit befallen. In einem Streik nach dem anderen tobte sich die Arbeiterschaft in Randalen aus. Die Bürokratie selbst schien gegen den Staat Front zu machen. Das Maß unseres Zerfalls war die Rückkehr Giolittis an die Macht – des verwünschten Neutralisten, der für fünf Jahre als Exponent eines Italien gegolten hatte, das mit dem Krieg untergegangen war.

Aber merkwürdigerweise nahmen die Dinge unter Giolitti plötzlich ein anderes Aussehen an, erwuchs gegen Giolittis Staat ein neuer Staat. Unseren Soldaten, echten Soldaten, die den Krieg gewollt und ihn, sehr genau wissend, was sie taten, geführt hatten, kam das Glück in Gestalt eines Führers zu Hilfe, der in Worten auszudrücken verstand, was in aller Herzen war, und dessen Stimme sich über dem Tumult Gehör zu schaffen verstand.

Mussolini hatte sich 1915 vom Sozialismus verabschiedet, um als treuerer Interpret des »Popolo italiano« zu wirken (dies der Name, den er für seine neue Zeitung gewählt hatte). Er war einer derer, die die Notwendigkeit des Kriegs sahen, einer der Hauptverantwortlichen für unseren Kriegseintritt. Schon als Sozialist hatte er der Freimaurerei den Kampf angesagt; und inspiriert durch Sorels Syndikalismus, war er gegen die parlamentarische Korruption der reformistischen Sozialisten mit seinen idealistischen Postulaten von Revolution und Gewalt angestürmt. Später dann, als er die Partei verließ und sich für die Sache der Einmischung starkmachte, wandte er sich gegen die illusorischen Fantasien des proletarischen Internationalismus und bekräftigte die unverletzliche sowohl moralische wie auch wirtschaftliche Integrität des nationalen Organismus, dadurch die Heiligkeit des Landes für die Arbeiterklasse wie für die anderen Klassen bejahend. Mussolini war einer der Mazzinianer jener reinblütigen Zucht, wie sie Mazzini in der Romagna stets zu finden schien. Erst instinktiv, dann durch seine Überlegungen kam Mussolini dazu, die Nutzlosigkeit der Sozialisten zu verachten, die eine Revolution verkündigten, welche durchzusetzen sie selbst unter günstigsten Bedingungen weder willens noch imstande waren. Stärker als jeder andere fühlte er die Notwendigkeit eines Staates, der tatsächlich ein Staat war, eines Gesetzes, das tatsächlich als Gesetz respektiert werden würde, einer Autorität, die in der Lage war, Gehorsam zu fordern und zugleich den unbestreitbaren Nachweis zu liefern, ihrer Ansprüche auch würdig zu sein. Mussolini schien es unvorstellbar, dass ein Land, welches fähig war, einen Krieg zu führen und zu gewinnen, wie Italien einen geführt und gewonnen hatte, nun in Unordnung gestürzt und der Gnade einiger treuloser Politiker überlassen werden sollte.

Als Mussolini 1919 in Mailand seine Fasci gründete, war die Bewegung von Negation und Auflösung, die das Nachkriegs-Italien kennzeichnete, praktisch schon vorüber. Die Fasci zogen Italiener an, die trotz ihrer Enttäuschungen mit dem Frieden immer noch an die Sache des Krieges glaubten und die, zur Bestätigung des Sieges als des Beweises, dass der Krieg den Einsatz wert war, darauf bestanden, Italiens Kontrolle über sein Schicksal zurückzuerlangen, was nur durch Reorganisation und Wiederherstellung der Disziplin der politischen und gesellschaftlichen Kräfte geschehen konnte. Von Beginn an war die Faschistische Partei nicht eine von Gläubigen, sondern eine der Aktion. Was sie braucht war nicht eine Plattform von Grundsätzen, sondern eine Idee, die auf ein Ziel hinwies, und einen Weg, auf dem dieses Ziel erreicht werden konnte.

Die vier Jahre von 1919 bis und mit 1923 waren gekennzeichnet durch die Entwicklung der faschistischen Revolution durch die Aktion der »squadri« – der Schwadronen der Schwarzhemden. In der Tat waren die faschistischen »squadri« die Kraft eines Staates, der noch nicht geboren war, aber auf dem Weg, es zu werden. In der ersten Phase setzte sich der faschistische »squadrismo« über das Gesetz des alten Regimes hinweg, denn er war entschlossen, das alte Regime als unvereinbar mit dem Staat zu verdrängen, den der Faschismus anstrebte. Der Marsch auf Rom war nicht der Anfang, er war das Ende dieser Phase der Revolution; denn Mussolinis Griff nach der Macht war der Eintritt des Faschismus in die Sphäre der Legalität. Nach dem 22. Oktober 1922 war der Faschismus nicht länger im Krieg mit dem Staat, er *war* der Staat, der sich nach Organisationsformen umsah, welche den Faschismus als staatliches Konzept verwirklichen würden. Der Faschismus hatte bereits die Kontrolle über alle Instrumente, die zum Aufbau eines neuen Staates erforderlich waren. Das Italien Giolittis war bereits ersetzt, zumindest soweit es um die Politik der Militanz ging. Zwischen Giolittis Italien und dem neuen Italien floss, wie ein einfallsreicher Redner in der Kammer einmal sagte, ein »Strom von Blut«, der jede Rückkehr in die Vergangenheit verhinderte. Die ein Jahrhundert dauernde Krise war beigelegt. Endlich hatte der Krieg für Italien Früchte getragen.

VI

Um nun das unterscheidende Merkmal des Faschismus zu erfassen, ist nichts so lehrreich wie der Vergleich mit dem Standpunkt Mazzinis, auf den ich so oft Bezug genommen habe.

Mazzini hatte seinen Begriff von Politik, aber für ihn ist Politik etwas Integrales, das sich nicht scharf von Moral, Religion und einer Idee des Lebens als Ganzem unterscheiden oder sich getrennt von diesen anderen fundamentalen Interessen des menschlichen Geistes betrachten lässt. Versucht man das rein Politische von seinen religiösen Überzeugungen, seinem ethischen Bewusstsein oder seinen metaphysischen Neigungen zu trennen, wird es unmöglich, die enorme Wirkung seines Credos und seiner Propaganda zu verstehen. Wenn wir nicht den ganzen Mann als eine Einheit vor uns haben, erreichen wir keine Klärung, sondern nur eine Destruktion jener Ideen, die sich als so wirkungsmächtig erwiesen haben.

In der Definition des Faschismus ist der wichtigste Punkt der umfassende oder, wie Faschisten sagen, der »totalitäre« Geltungsbereich seiner Lehre, der es nicht nur um die politische Ausrichtung und Organisation, sondern um das Ganze des Willens, der Gedanken und Gefühle der Nation zu tun ist. Von ebenso großer Bedeutung ist ein zweiter Punkt. Der Faschismus ist keine Philosophie. Noch viel weniger eine Religion. Er ist nicht einmal eine politische Theorie, die sich in einer Serie von Formeln niederlegen ließe. Die Bedeutung des Faschismus lässt sich nicht den besonderen Thesen entnehmen, in welchen er sich zu diesem oder jenem Zeitpunkt ausdrückt. Hatte der Faschismus bei einer bestimmten Gelegenheit ein Programm verkündet oder sich zu einem Ziel bekannt, zu einer in der Aktion zu verwirklichenden Idee, zögerte er nicht, beides fallen zu lassen, wenn sie sich als unangemessen oder unverträglich mit dem Grundprinzip des Faschismus erwiesen. Der Faschismus war nie bereit, seine Zukunft aufs Spiel zu setzen. Mussolini hat damit geprahlt, dass er ein *tempista* sei und sein wirklicher Stolz das richtige »*timing*«. Er fällt seine Entscheidungen und handelt danach genau in dem Augenblick, wenn alle die Machbarkeit und den günstigen Zeitpunkt betreffenden Bedingungen und Erwägungen zur Reife gelangt sind. Dies besagt nichts anderes als die Rückkehr des Faschismus zur strengen Bedeutung von Mazzinis »Gedanke und Tat«, wobei die beiden Begriffe so vollkommen zusammenfallen, dass kein Gedanke von Wert ist, der nicht bereits in der Tat zum Ausdruck kommt. Die wahren Ansichten des *Duce* sind die, welche er im selben Augenblick ausspricht und in Tat umsetzt.

Ist der Faschismus deshalb, was man so oft an ihm beanstandet hat, antiintellektuell? Er ist aufs Äußerste antiintellektuell, aufs Äußerste mazzinianisch, solange man, heißt das, unter Intellektualismus die Trennung von Gedanke und Tat versteht, die Trennung von Wissen und Leben, von Hirn und Herz, von Theorie und Praxis. Der Faschismus ist allen Utopien feindlich, die darauf angelegt sind, niemals die Probe ihrer Verwirklichung bestehen zu müssen. Er ist feindlich jeder Wissenschaft oder Philosophie, die reine Ausgeburten der Fantasie oder der Intelligenz sind. Der Faschismus verneint nicht die Bedeutung der Kultur oder der höheren intellektuellen Bestrebungen, die den Gedanken als Quell der Tat zu stärken suchen. Der Anti-Intellektualismus des Faschismus zielt auf eine Hervorbringung, die für die gebildeten Klassen Italiens typisch ist: den Literaten – den Mann, der mit seinen Kenntnissen und seinen Gedanken spielt und dabei jeden Sinn von Verantwortung für die praktische Welt vermissen lässt. Der Faschismus ist also weniger gegen Kultur als gegen schlechte Kultur, die nicht erzieherisch wirkt, die keine Männer hervorbringt, sondern Pedanten und Ästheten, mit einem Wort Egoisten, moralisch und politisch indifferente Leute. Zum Beispiel hat er keinen Nutzen von einem Mann, der »über dem Konflikt« steht, wenn es um sein Land oder dessen vitale Interessen geht.

In seinem Abscheu vor diesem »Intellektualismus« zieht der Faschismus es vor, keine Zeit mit der Konstruktion abstrakter Theorien über sich selbst zu verlieren. Aber wenn wir sagen, er sei kein System oder keine Doktrin, dann dürfen wir daraus nicht schließen, dass er eine blinde Praxis oder eine rein instinktive Methode sei. Wenn wir mit System oder Philosophie einen lebendigen Gedanken meinen, ein Prinzip von universeller Geltung, das täglich seine Bedeutung und Fruchtbarkeit beweist, dann ist der Faschismus ein perfektes System, errichtet auf solidem Fundament und mit einer strengen Logik seiner Entwicklung; und alle, die die Wahrheit und Lebendigkeit des Prinzips fühlen, arbeiten Tag für Tag an seiner Entwicklung, schreiten einmal vorwärts und kehren wieder an den Ausgangspunkt zurück, tun Dinge oder machen sie rückgängig, je nachdem, ob sich herausstellt, dass sie in Harmonie mit dem Prinzip sind oder davon abweichen.

Und schließlich kommen wir zum dritten Punkt. Der Faschismus ist kein politisches System, aber seinen Schwerpunkt hat er in der Politik. Der Faschismus ist durch die Herausforderung ernster politischer Probleme im Nachkriegs-Italien ins Leben gerufen worden. Er erweist sich als politische Methode. Aber wenn er Probleme angeht und sie löst, dann lässt er sich durch die ihm eigene Natur und Methode leiten, und das heißt, er schließt moralische, religiöse und philosophische Fragen mit ein und demonstriert dabei seinen totalitären Charakter, der seine Besonderheit ist. Erst wenn wir den politischen Charakter des faschistischen Prinzips erfasst haben, sind wir in der Lage, den tieferen Begriff von Leben, der dem Prinzip zugrunde liegt und aus dem das Prinzip entspringt, angemessen zu würdigen. Doch die politische Lehre des Faschismus ist nicht der ganze Faschismus. Sie ist nur sein bekanntester und gewöhnlich sein interessantester Aspekt.

VII

In der faschistischen Politik dreht sich alles um den Begriff des Nationalstaates; entsprechend gibt es Berührungspunkte mit nationalistischen Lehren, aber auch Unterschiede, die im Kopf zu behalten wichtig ist. Sowohl im Faschismus wie im Nationalismus gilt der Staat als Fundament aller Rechte und die Quelle aller Werte der Individuen, aus denen er sich zusammensetzt. Für beide gleichermaßen ist der Staat nicht ein Ergebnis, sondern eine Grundlage, ein Prinzip. Die Beziehung zwischen Individuum und Staat, wie sie der individualistische Liberalismus – und in dem Punkt übrigens auch der Sozialismus – ansetzt, ist im Nationalismus umgekehrt. Da der Staat das Prinzip ist, wird der Einzelne zur Konsequenz – er findet seine Voraussetzung im Staat: Der Staat bestimmt seine Daseinsweise und schränkt seine Freiheiten ein, bindet ihn an Grund und Boden, wo er geboren ist, zu leben und sterben hat. Im Faschismus dagegen sind Staat und Individuum ein und dasselbe oder, besser gesagt, sie sind untrennbare Begriffe für eine notwendige Synthese.

Der Nationalismus gründet den Staat auf die Idee der Nation, wobei die Nation eine Größe über dem Leben und Wollen des Individuums ist, denn sie wird gedacht als eine objektive Gegebenheit, die losgelöst vom Bewusstsein von Individuen existiert, selbst wenn der Einzelne nichts dazu beiträgt, sie hervorzubringen. Für den Nationalisten existiert die Nation nicht kraft des Willens des Bürgers, sondern ist gegeben, ein Faktum, von Natur aus.

Für den Faschismus ist der Staat im Gegenteil eine vollkommen geistige Kreation. In faschistischer Sicht ist er ein nationaler Staat deshalb, weil die Nation eine Schöpfung des Geistes ist und keine materielle Voraussetzung, keine natürliche Gegebenheit. Die Nation, sagt der Faschist, ist niemals wirklich fertiggestellt; ebenso wenig kann daher der Staat jemals eine vollendete Form annehmen, da er nur immer die Nation in ihrem konkreten politischen Auftritt ist. Für den

Seit der Islamisierung
des buddhistischen Gandhara
im 10. Jahrhundert existiert
die Tradition der Steinigung
des Buddha, die den gläubigen
Muslim mit jedem Treffer einen
Schritt näher ans Paradies
bringt.
*Swat-Tal. Pakistan,*
*22. Dezember 2009*

Schlafender Kurde nach der
Flucht aus dem Irak.
*Piranshahr. Iran, 18. April 1991.*

Faschisten ist der Staat ständig im Werden begriffen. Dabei ist er zur Gänze uns in die Hände gelegt; daher unsere sehr ernste Verantwortung für ihn.

Aber dieser Staat des Faschisten ist erzeugt durch das Bewusstsein und den Willen des Bürgers und senkt sich auf diesen nicht von oben hernieder oder tritt von außen zu ihm hinzu, weswegen er zur Masse der Bevölkerung auch nicht die Beziehung haben kann, welche ihm vom Nationalismus zugedacht war. Der Nationalismus identifiziert den Staat mit der Nation und nahm diese als eine vorgegebene Größe, die nicht erst erschaffen, sondern lediglich entdeckt oder erkannt werden muss. Die Nationalisten brauchten deshalb eine herrschende Klasse intellektuellen Charakters, die das Bewusstsein der Nation verkörperte und in der Lage war, sie zu verstehen, zu würdigen und zu erhöhen. Die Autorität des Staates, das kam dazu, war nicht eine seiner Hervorbringungen, sondern eine Voraussetzung. Vom Volk konnte sie nicht abhängen, vielmehr war dieses abhängig vom Staat und seiner Autorität als der Quelle des Lebens, welches es lebte und außerhalb dessen es kein anderes gab. Der nationalistische Staat war also ein aristokratischer Staat, der sich kraft der Macht, den ihm seine Ursprünge verliehen, den Massen aufzwang.

Der faschistische Staat ist das Gegenteil davon, nämlich der Volksstaat und damit der demokratische Staat par excellence. Entsprechend ist die Beziehung zwischen dem Staat und dem Bürger (nicht diesem oder jenem Bürger, sondern allen Bürgern) so eng, dass der Staat nur insoweit existiert, als ihm der Bürger zu seiner Existenz verhilft. Seine Ausgestaltung fällt deshalb in eins mit der Bildung eines Bewusstseins von ihm, bei den Einzelnen ebenso wie in der Masse. Daher die Notwendigkeit der Partei und all ihrer Instrumente der Propaganda und Erziehung, welche der Faschismus braucht, um das Denken und Wollen des Duce zum Denken und Wollen der Masse zu machen. Daher die enorme Aufgabe, die der Faschismus sich selbst in seinem Versuch stellt, das Ganze der Volksmasse, angefangen mit den kleinen Kindern, in den Schoß der Partei zu bringen.

Vom volksnahen Charakter des faschistischen Staates hängt auch seine größte soziale und konstitutionelle Reform ab – die Gründung der federazioni dei sindacati, der faschistischen Gewerkschaftsverbände. Sein Verständnis von der moralischen und erzieherischen Rolle des Syndikats hat der Faschismus in dieser Reform vom Syndikalismus übernommen. Aber die Gewerkschaftsverbände waren eine Notwendigkeit, um die Gewerkschaften der Staatsdisziplin zu unterwerfen und sie von innen zum Ausdruck des staatlichen Organismus zu machen. Der Gewerkschaftsverband ist ein Werkzeug, mit dem der faschistische Staat sich das Individuum vornimmt, um durch den Willen des Einzelnen sich selbst zu schaffen. Aber das gesuchte Individuum ist nicht der abstrakte politische Einzelne, wie ihn der alte Liberalismus für gegeben annahm. Er ist das einzige Individuum, das sich jemals tatsächlich finden lässt, das Individuum, welches als spezialisierte Produktivkraft existiert und das kraft seiner Spezialisierung mit seinesgleichen zusammengebracht und mit ihnen einer einigen großen wirtschaftlichen Einheit angehören wird, die nichts anderes ist als die Nation.

Diese große Reform ist bereits auf gutem Weg. Bereits in der Vergangenheit zeigten der Nationalismus, der Syndikalismus und selbst der Liberalismus Neigungen in dieser Richtung. Denn sogar der Liberalismus stand den älteren Formen der politischen Repräsentation kritisch gegenüber und begann nach einem organischeren System der Volksvertretung zu suchen, welches der strukturellen Realität des Staates besser entsprechen würde.

Das faschistische Verständnis von Freiheit verdient eine Randbemerkung. Der Duce des Faschismus wünschte einmal das Thema »Zwang oder Einverständnis?« zu diskutieren; und er kam zum Schluss, dass die beiden Begriffe untrennbar sind, dass der eine den anderen voraussetzt und von ihm losgetrennt keinen Bestand hat; oder, in anderen Worten, die Autorität des Staates und die Freiheit des Bürgers bilden einen ununterbrochenen Kreislauf, in welchem Autorität Freiheit voraussetzt und Freiheit Autorität. Denn Freiheit kann es nur innerhalb des Staates geben, und der Staat ist gleichbedeutend mit Autorität. Doch der Staat ist nicht eine über den Köpfen der Bürger schwebende Größe. Er ist eins mit der Persönlichkeit des Bürgers. Der Gegensatz nämlich, um den es dem Faschismus geht, ist nicht einer zwischen Freiheit und Autorität, sondern einer zwischen einer wahren, konkreten Freiheit, die es gibt, und einer abstrakten, illusorischen Freiheit, die keinen Bestand haben kann.

Der Liberalismus unterbrach den oben erwähnten Kreislauf, indem er das Individuum gegen den Staat und Freiheit gegen Autorität setzte. Wonach der Liberale verlangte, war eine Freiheit gegen den Staat, eine Freiheit, welche dem Staat Grenzen setzte; dennoch hatte er, als kleineres Übel, einen Staat in Kauf zu nehmen, welcher der Freiheit Schranken setzte. Im frühen 19. Jahrhundert stachen die Absurditäten der liberalen Freiheitsauffassung den Liberalen selbst ins Auge. Es ist kein Verdienst des Faschismus, erneut auf sie hingewiesen zu haben. Der Faschismus hat seine eigene Lösung für das Paradox von Freiheit und Autorität. Die Autorität des Staates ist absolut. Er macht keine Kompromisse, er feilscht nicht, er überlässt keinen Teil seiner Hoheitsgebiete irgendwelchen anderen moralischen oder religiösen Prinzipien, die mit dem Gewissen des Einzelnen in Konflikt geraten könnten. Auf der anderen Seite wird der Staat erst im individuellen Bewusstsein seiner Bürger zur Realität. Und der faschistische korporative Staat hat ein Repräsentationsmodell zu bieten, das mit den Realitäten besser in Übereinstimmung zu bringen und ernster zu nehmen ist als jedes davor entwickelte, weshalb er im Vergleich mit dem alten liberalen Staat auch der freiere ist.

---

Erläuterungen des Herausgebers

1. *Risorgimento* (»Wiedererstehung«): Bezeichnet sowohl eine Epoche als auch weltanschaulich sehr heterogene politische und soziale Bewegungen zwischen 1815 und 1870, die nach dem Wiener Kongress die Vereinigung der damaligen jeweils eigenstaatlichen Fürstentümer und Regionen der Apenninen-Halbinsel und Norditaliens in einem unabhängigen Nationalstaat anstrebten. Nach mehreren revolutionären Erhebungen, Unabhängigkeitskriegen und der militärischen Einnahme des Kirchenstaats und dessen Hauptstadt Rom 1870 war dieses Ziel mit dem Königreich Italien (konstitutionelle Monarchie) erreicht.

2. *Vittorio Alfieri* (* 1749 in Asti, Piemont, † 1803 in Florenz): Dichter und Dramatiker der Aufklärung. Seine streng formalen, klassischen Tragödien waren durchdrungen vom republikanischen Freiheitsgedanken des späten 18. Jahrhunderts und von großem Einfluss auf die italienische Emanzipationsbewegung des 19. Jahrhunderts. *Ugo Foscolo* (* 1778, † 1827): Dichter und Dramatiker aus einer venezianischen Familie. Begeisterter Anhänger der Französischen Revolution, engagiert gegen die österreichische Besatzung, sieht er in Napoleon den Befreier Italiens und wird Offizier in dessen Armee. *Giacomo Graf Leopardi* (* 1798 in Recanate, Marche, † 1837 in Neapel): Italienischer Dichter, Essayist, Philosoph und Philologe, dem im 19. Jahrhundert neben Alessandro Manzoni eine entscheidende Rolle bei der Erneuerung der italienischen Literatursprache zukam. *Alessandro Francesco Tommaso Manzoni* (* 1785, † 1873): Mailänder nach Herkunft, einer der bedeutendsten italienischen Schriftsteller. Sein berühmtestes Werk ist der 1827 erschienene Roman *I promessi sposi* (*Die Verlobten*). Als Nationaldichter, der sich mit der Fremdherrschaft über Norditalien seit Karl dem Großen auseinandergesetzt hatte und sich unermüdlich für die Einigung Italiens einsetzte, wurde er 1860 Senator des neuen Königreiches. *Giuseppe Mazzini* (* 1805, † 1872): Jurist, Freimaurer, italienischer Nationalist, Demokrat und Freiheitskämpfer. Nach zwei gescheiterten Umsturzversuchen in Genua und Savoyen, die er von Genf aus leitete, wurde Mazzini 1830 in Sardinien in Abwesenheit zum Tode verurteilt. Ab 1831 leitete er von Marseille aus seine neue Bewegung *Giovane Italia* (Junges Italien) mit der gleichnamige Zeitung, in der Mazzini in ganz Italien zur republikanischen Erhebung aufrief. Am 15. April 1834 schlossen sich in Bern die drei von Mazzini initiierten Verbindungen Junges Italien, Junges Deutschland und Junges Polen unter dem Motto »Freiheit – Gleichheit – Humanität« zu dem Geheimbund Junges Europa zusammen, der anstelle des Europas der Fürsten und Könige ein demokratisches Europa der Völker anstrebte. In den Jahren davor war auch der populäre Revolutionär Giuseppe Garibaldi zu Mazzinis Gruppe gestoßen. Mazzini blieb von seinen wechselnden Stationen im Exil aus einer der führenden Köpfe des *Risorgimento*. *Vincenzo Gioberti* (* 1801 in Turin, † 1852 in Paris): Italienischer Politiker und Philosoph, ab 1849 diplomatischer Abgesandter Viktor Emanuels II. in Paris. Gemäßigter, kirchennaher Anhänger Mazzinis.

3. *Camillo Benso Graf von Cavour* (* 1810 in Turin, † 1861 ebenda): Staatsmann, Architekt der italienischen Verfassung und die letzten zwei Monate vor seinem Tod erster Ministerpräsident des Königreiches Italien. *Viktor Emanuel II.* (Vittorio Emanuele Maria Alberto Eugenio Ferdinando Tommaso di Savoia; * 1820 in Turin, † 1878 in Rom): Aus dem Hause Savoyen und von 1849 bis 1861 König von Sardinien. Als repräsentatives Haupt des *Risorgimento* nahm er am 17. März 1861 den Titel König von Italien an, in dem Sardinien und Piemont als Teilprovinzen aufgingen. Als ersten Herrscher ihres Nationalstaates nannten die Italiener ihn »Padre della Patria« (Vater des Vaterlandes). *Giuseppe Garibaldi* (* 1807 in Nizza, † 1882 auf Caprera bei Sardinien): Italienischer Guerillero, weltläufiger Berufsrevolutionär und einer der populärsten Protagonisten des *Risorgimento*. 1834 nach Teilnahme an einem gescheiterten Aufstand in Piemont zum Tode verurteilt. 1849 in der kurzlebigen von Mazzini ausgerufenen Römischen Republik Anführer der Revolutionsarmee. Dazwischen Kommandant der uruguayischen Flotte im Krieg gegen Argentinien. 1860 setzt er mit seinen Rothemden in Genua Segel, um im »Zug der Tausend« Sizilien und Neapel zu erobern. In Sizilien ernennt er sich zum Diktator im Namen von Viktor Emanuel II. Bei der Eroberung von Palermo profitiert er von einem Volksaufstand. Bei Calatafimi an der Westspitze Siziliens schlagen seine Kräfte die Truppen des Königs von Neapel, wo er noch im selben Jahr mit seinen Truppen Einzug hält.

4. *Baron Bettino Ricasoli* (* 1809 in Florenz, † 1880 in Rom): Wird als Bürgermeister von Florenz 1848 Republikaner und Repräsentant des *Risorgimento* in der Toskana. *Domenico Giovanni Giuseppe Maria Lanza* (* 1810 in Casale Monferrato, † 1882 in Rom): 1869–1873 italienischer Premierminister. *Quintino Sella* (* 1827, † 1884): Politiker und Ökonom, der als Finanzminister den Haushalt des neuen italienischen Staates sanierte und dabei der einfachen Bevölkerung enorme Opfer abverlangte. *Marco Minghetti* (* 1818 in Bologna, † 1886 in Rom): Politiker und Gelehrter aus einer Familie von Gutsbesitzern, studierte Literatur, Naturwissenschaft und Wirtschaft. 1873–1876 als Regierungschef um die Sanierung der Staatsfinanzen bemüht. Angehöriger der Rechten.

5. *Giambattista Vico*: Vgl. S. 244–246 dieses Bandes.

6. *Giovanni Giolitti* (* 1842, † 1928): 1892–1914 Ministerpräsident in sieben Regierungen, Chef weiterer zwei Kabinette 1920–1921. Die Periode 1900–1913 gilt als »età giolittiana«, in der die Industrialisierung Italiens forciert wurde.

## 1929

## FELIX SOMARY

# Krise global. Wie konnte man diese Vorzeichen übersehen?

*»Durch all diese scheinbar so verschiedenen Aktionen geht eine gemeinsame Grundidee: der Kampf gegen die Auflösung der europäischen Staats-, Gesellschafts- und Wirtschaftsorganisation. Er ist furchtbar schwer, denn wir leben im fünften Akt der Französischen Revolution. Aber er kann noch gewonnen werden.« Dies schrieb der österreichisch-schweizerische Bankier Felix Somary (\*1881, †1956) im Nachwort zu seinen Memoiren, die er 1955 abschloss. Darin hält er Rückschau unter anderem auch auf das Donnergrollen von 1929, die Wochen unmittelbar vor dem großen Börsencrash mit dem folgenden Absturz der Weltwirtschaft. Seine Sicht von innen war nicht erst die Weisheit, die sich im Nachhinein einstellt. Während des Ersten Weltkriegs als Wirtschafts- und Politikberater der Mittelmächte tätig, übernahm Somary 1919 die Leitung des Bankhauses Blankart & Co. in Zürich. Er galt als einer der profundesten Analytiker der politischen und ökonomischen Entwicklungen seiner Zeit. Als profilierter Liberaler und pronocierter Gegner des britischen Volkswirtschaftlers John Maynard Keynes war er dennoch über Parteigrenzen hinweg angesehen.*

Ich konnte es nicht verstehen, dass alle Welt die so deutlichen Sturmzeichen ignorierte. Seit einem Jahr zahlten die führenden New Yorker Banken meinem Hause für tägliches Geld 8 bis 10 Prozent, während die Aktienrendite – die Dividende auf den Kurs bezogen – auf 2 Prozent gesunken war. Nun begann im Sommer 1929 die Call Rate auf 15 Prozent und mehr zu steigen, und die Kurse gingen weiter in die Höhe. Vor einem ihm unter Gelächter zustimmenden Chor von Bankiers in Berlin machte sich der Präsident der National City Bank in New York, Mitchell, über den »Raben von Zürich« lustig, der fortwährend seine Krach-Warnung hinauskrähte, vermutlich, weil er in unglücklichen Baisseoperationen engagiert sei; die Kurse seien von ihren Höhepunkten noch weit entfernt ... Ein guter Teil meiner Klienten, die ich von allen Effektenmärkten streng ferngehalten hatte, begann unruhig zu werden; überall sonst mache man so große Gewinne, meinten sie, nur wir blieben in steriler Untätigkeit; ob ich mir denn einbilde, gegen die ganze Welt recht zu behalten? Ich antwortete auf solche Klagen mit dem Rat, das Konto bei uns zu schließen, und nicht wenige folgten dieser Empfehlung.

In der zweiten Augusthälfte 1929 machte ich eine Ferienfahrt durch Südfrankreich nach Spanien, wo damals zwei prächtige Ausstellungen spanischer Kunst in Sevilla und Barcelona stattfanden.

Zwei Tage später, als ich einen Ausflug auf den Montserrat machte, erhielt ich dort im Hotel die Mitteilung, im Ritzhotel sei eine dringende Telefonmeldung von Wien eingetroffen. Am Abend teilte mir im Auftrag Baron Louis Rothschilds Dr. von Mauthner mit, die Bodenkreditanstalt, Österreichs größte Finanzbank, könne die Zahlungen nicht aufrechterhalten, und die österreichische Regierung dränge gerade in dieser Stunde die Kreditanstalt zur Übernahme der sinkenden Bank; er frage mich um meine Ansicht. »Der sicherste Weg zum raschesten Ruin der Kreditanstalt«, war meine Antwort. »Das glaube ich auch, aber die Regierung verlangt die Fusion; wenn wir uns widersetzen, wird sie es die Kreditanstalt entgelten lassen, wenn diese selbst Hilfe brauchen wird.« – »Lassen Sie die Frage der Bodenkredit Sorge der Regierung sein; man erweist keine Gefälligkeiten, die einem selbst die Existenz kosten, schon gar nicht, wenn man selbst wackelt.«

Ich wusste, dass die Leute nicht das Mark hatten, sich zu wehren. Die Bankiers meiner Tage hatten wenig von dem Geist des Gouverneurs der Bank von Frankreich, der sich selbst mitten im Krieg gegen einen Gambetta wehrte – sie waren gehorsame Diener der jeweiligen Regierung geworden.

Mir war auch ohne Kenntnis der Details die Ursache des Zusammenbruchs klar: Gleich allen österreichischen Banken hatte die Bodenkredit langjährige Investitionen mit kurzfristigen englischen und amerikanischen Geldern finanziert, die nicht erneuert wurden, weil Frankreich nach Stabilisierung seiner Währung seine Fluchtgelder wieder repatriierte und weil der amerikanische Effektenboom die übrigen Mittel der dortigen Märkte in Anspruch nahm. Die Regierung eines durch den Friedensvertrag verkrüppelten Rumpfstaates war viel zu schwach zur Hilfe. Nun versagten auch die großen Namen, die in der Verwaltung der Bodenkredit vertreten waren, die Solvay in Brüssel, Schröder in London und Morgan in New York. Es war das Wetterleuchten der Krise.

Ich rief noch am Spätabend meinen Partner Dr. Reitler an, damit er die Klienten unseres Hauses mahne, alle Aktien – welchem Land auch immer die Gesellschaft angehören mochte – sofort zu verkaufen. Ich hatte zwar schon seit drei Jahren von Aktienkauf abgeraten, aber viele Kunden hatten dies nicht befolgt; nun galt es, sie schleunigst herauszuführen. Mein Telefonanruf hat vielen große Summen gerettet und manchen das ganze Vermögen; von allen, denen dies zugutekam, hat mir ein einziger Kunde, eine hochgesinnte Dame, gedankt.

Auf dem Rückweg genoss ich noch die Herrlichkeiten der Kathedrale von Gerona, des Küstenstriches zwischen Pyrenäen und Mittelmeer, Carcassonne und Avignon. In Zürich weilte ich nur wenige Wochen und ging in der zweiten Oktoberhälfte nach New York. Auf dem Weg über Bremen machte ich auf Einladung von Schacht einige Stunden zwischen zwei Zügen in Baden-Baden halt, wo Schacht mit den Leitern der First National Bank von New York und der First National Bank von Chicago das Statut für die BIZ in Basel ausbrütete, deren Aufgabe der internationale Zahlungsausgleich sein sollte. Auf die Frage, was ich darüber denke, antwortete ich mit dem Kalauer: »Ave, Caesar, moratoria te salutant.« Beim Abendessen mit Reynolds und Taylor sagte ich, dass ich in New York den Beginn der größten Krise unserer Generation mitansehen werde. Schacht hoffte, das Chaos würde das Ende der Reparationen bringen – was ja dann auch eintraf; aber nicht einmal damit konnte der Welt geholfen werden.

Es war ein merkwürdiger Zug in unserer Generation: Wo eine Idee nötig war, um einen Notstand zu beseitigen, schuf man eine Organisation; diese brachte aber nicht Abhilfe, erhöhte vielmehr nur die Ratlosigkeit, leistete nicht das, was sie sollte, kreierte eine wachsende Bürokratie, die aber zum Selbstzweck wurde und noch fortexistierte, wenn schon alle Welt vergessen hatte, wann und warum eigentlich diese Organisation begründet worden war. Damals hat man solche Institutionen mit Vorliebe in die Schweiz verlegt, wie heute nach New York oder Washington – mit dem gleichen Ergebnis.

Auf der »Bremen« waren nach dem damaligen Brauch Büros von mehreren amerikanischen Brokerfirmen, und hier kamen die ersten Nachrichten von den Kursstürzen an der New Yorker Börse. Männer und Frauen blickten mit wachsender Unruhe auf die Tickers. Wie viel Intelligenz verwendet man auf den Erwerb des Vermögens und wie wenig auf die Anlage! Mich amüsierten die Ausrufe des Erstaunens und Unwillens, die tiefe Unwissenheit verrieten. Nach meiner Ankunft in New York ging ich zu einem uns befreundeten Privatbankhaus. Einer der Chefs, der Anwalt des alten Rockefeller, sollte sich eben zur Stützungsberatung in das Haus Morgan begeben. Auf meine Frage, was mit der Treasury und der Federal Reserve Bank-Leitung besprochen sei, antwortete er verächtlich: »Wer kümmert sich um die Leute in Washington.« Nach seiner Rückkehr von der Sitzung beorderte er große Effektenkäufe für sich und seine Familie. »Warum sollte sich seit einer Woche im Land irgendetwas geändert haben?«, rief er mit stolzer Überlegenheit. Ich kabelte meinen Partnern: »Haltet Klienten vom Markt fern. Krise ist erst im Beginn.«

Mitte Dezember 1929 kehrte ich nach Zürich zurück. Dort fand ich eine Einladung des Generals Seeckt, des Präsidenten des Reichsgerichtes, Simons, und des früheren Kolonialministers Solf vor, in einer von ihnen in Berlin gegründeten privaten Gesellschaft den Eröffnungsvortrag zu Anfang Januar 1930 zu halten. Ich wählte als Thema die Internationalität der Krise und legte die Gründe dar, warum sich gerade in der Gemeinsamkeit der Krise die Einheit der Weltwirtschaft dokumentiert. Noch immer wollten Führer der Wirtschaft nicht daran glauben: Der Generaldirektor von Siemens hielt die Vorgänge in New York für nebensächlich und für die deutsche Wirtschaft belanglos.

## 1929

# GEORGE ORWELL

## Armut von innen gesehen

*Wir lesen einen Auszug aus dem Buch, das bei jedermann zu Hause im Regal stehen müsste:* Down and Out in Paris and London *(vgl. auch* Nichts als die Welt, *S. 327 und 331). Der Autor wurde in Bengalen, Britisch-Indien, geboren, in Eton gedrillt und diente fünf Jahre als Offizier in der Indian Imperial Police in Burma, ehe er 1928 – nach einigen Monaten der Erholung vom Dengue-Fieber in England – unter den Arbeitslosen von Paris Schiffbruch erlitt. Seine Aufzeichnungen zeigen die Gesellschaft seiner Zeit von unten, blicken ihr buchstäblich in den After.*

*George Orwell alias Eric Arthur Blair (\*1903, †1950) ist ein »Autor, den jede Generation wieder entdecken kann – und muss.« (»The Irish Times«)*

EINE HÖCHST MERKWÜRDIGE SACHE – solch ein erster Kontakt mit der Armut. So viel hat man über die Armut nachgedacht – sie ist das, was man im Leben immerzu gefürchtet hat, das, von dem man weiß, dass es früher oder später eintreffen würde; und dann ist es so alltäglich, so durch und durch anders als die eigenen Vorstellungen. Man dachte, es wäre alles ganz einfach; es ist außergewöhnlich kompliziert. Man dachte, es wäre schrecklich; es ist nur schmutzig und langweilig. Es ist das so besonders *Erniedrigende*, das man an der Armut zuallererst bemerkt; die Veränderungen, denen sie einen unterwirft, die komplizierte Filzigkeit, das Entkrusten.

Man entdeckt beispielsweise die Geheimniskrämerei, die mit dem Armsein eng verbunden ist. Plötzlich und auf einen Schlag ist man auf ein Tageseinkommen von sechs Francs reduziert worden. Aber natürlich wagt man das nicht zuzugeben – man hat so zu tun, als lebe man ganz wie immer. Von Anfang an wird man in ein Netz aus Lügen verwickelt, und sogar mit diesen Lügen ist das Ganze kaum zu bewerkstelligen. Man hört auf, die Wäsche zur Wäscherei zu geben; also trifft einen bald die Wäschefrau auf der Straße und fragt nach dem Grund; man murmelt irgendetwas, und sie, die natürlich glaubt, man gäbe die Wäsche woandershin, wird für einen zum lebenslangen Feind. Der Tabakhändler fragt immer und immer wieder, warum man seine Ration heruntergeschraubt habe. Da sind Briefe, die beantwortet werden sollten, aber man kann nicht, weil die Briefmarken zu teuer sind. Und dann die Mahlzeiten – die Mahlzeiten sind überhaupt das größte Problem. Tag für Tag geht man zur Essenszeit aus dem Haus und betont natürlich, dass man auf dem Weg zum Restaurant wäre, aber stattdessen treibt man sich im Jardin Luxembourg umher und schaut den Tauben zu. Danach schmuggelt man seine kleine Ration in der Manteltasche ins Hotel hinein. Das Essen besteht aus Margarine und Brot oder Brot und Wein, und sogar was das angeht, regieren die Lügen. Man muss Roggenbrot statt normales, anderes Brot kaufen, denn die Roggenbrote sind rund und manteltaschenfreundlich im Format. Dafür geht schon ein Franc drauf. Manchmal muss man, um gesehen zu werden, sechzig Centimes für einen Drink ausgeben, was wiederum bedeutet, dass man dafür beim Essen den Gürtel enger schnallen muss. Das Bettzeug wird immer schmuddeliger, und Seife und Rasierklingen gehen aus. Das Haar müsste geschnitten werden, und man versucht, es sich selbst zu schneiden – aber was dabei herauskommt, ist dann so erschreckend, dass man schließlich erst recht zum Friseur gehen muss, der seinerseits den Gegenwert einer Essensration für einen Tag verschlingt. Den ganzen Tag erzählt man Lügen, teure Lügen.

Man entdeckt die äußere Unsicherheit, die mit diesen sechs Francs pro Tag verbunden ist. Mittlere Katastrophen, die dann natürlich erst recht eintreffen, rauben einem das Essen. Die letzten achtzig Centimes hat man zum Beispiel gerade für einen halben Liter Milch ausgegeben, und man macht sie sich über der Spiritusflamme heiß. Während sie heiß wird, läuft eine Wanze den Unterarm hinunter; man schnipst die Wanze mit dem Fingernagel weg, und sie fällt, flopp!, genau in die Milch. Was bleibt einem übrig, als die ganze Milch wegzuschütten und weiter zu darben.

Man geht zum Bäcker, um sich ein Pfund Brot zu kaufen, und man wartet, während das Mädchen hinterm Ladentisch für einen anderen Kunden ein Pfund abschneidet. Sie ist ungeschickt und schneidet mehr ab als ein Pfund. *»Pardon, Monsieur«*, sagt sie, »es macht Ihnen doch nichts aus, zwei

Sous mehr zu bezahlen?« Ein Pfund kostet nun aber gerade einen Franc, und dieser Franc ist auch schon alles, was man bei sich hat. Wenn man dann glaubt, man selbst könnte gefragt werden, ob man zwei Sous drauflegen könne, stürzt man schließlich doch in panischer Angst aus dem Laden.

Man geht zum Gemüsemann, um sich für einen Franc zwei Pfund Kartoffeln zu besorgen. Aber eine der Münzen, die zusammen den einen Franc ergeben, ist belgisch, und die nimmt der Gemüsemann nicht: Man schleicht sich hinaus – auf Nimmerwiedersehn.

Man ist gedankenlos umherspaziert und in einem der besseren Viertel gelandet. Man sieht natürlich schon von Weitem, dass sich ein wohlhabender Freund auf geradem Kurs zu einem hin befindet und türmt darum in das nächste Café. Wenn man nun schon mal in dem Café ist, muss man auch etwas verzehren, also gibt man seine letzten fünfzig Centimes für eine Tasse Kaffee schwarz mit eingelegter Fliege aus. Man könnte diese Beispiele mit Leichtigkeit mal hundert nehmen. Sie gehören ganz einfach und natürlicherweise zum Pleitesein.

Man entdeckt, was es bedeutet, Hunger zu haben. Den Magen mit Brot und Margarine zugestopft, geht man auf Schaufensterbummel. Es wimmelt von Esswaren in beleidigenden, großen und verschwenderischen Stapeln; ganze Tauben, Körbe voller Brote, große, gelbe Butterblöcke, ganze Ketten aus Würsten, Berge von Kartoffeln, riesige Gruyère-Käse in Mühlstein-Format. Beim Anblick solcher Essmassen kommt einen das heulende Selbstmitleid an. Man spielt mit dem Gedanken, einfach einen Laib Brot zu klauen und wegzurennen, bevor sie einen erwischen können; aber dann macht man es doch nicht – aus purer Angst.

Man entdeckt die mit der Armut untrennbar verbundene Langeweile; die Zeiten, in denen man nichts zu tun hat und in denen man, weil man unterernährt ist, für nichts Interesse hat. Halbe Tage lang liegt man auf seinem Bett und fühlt sich wie das *jeune squelette* aus Baudelaires Gedicht. Nahrung würde einen wieder hochbringen. Man entdeckt, dass ein Mensch, der eine ganze Woche hintereinanderweg immerhin von Brot und Margarine gelebt hat, kein Mensch mehr ist, sondern nur noch ein Bauch mit einigen organischen Accessoires drumherum.

Das – und man könnte es noch ausführlicher beschreiben, nur läuft das alles ja aufs selbe hinaus – ist das Leben mit sechs Francs pro Tag. Tausende in Paris leben so – sich abmühende Künstler und Studenten, Prostituierte, die keiner will, Arbeitslose jeder Art. So sehen sie aus, die Randzonen der Armut.

Das ging in diesem Stil so etwa drei Wochen weiter. Die siebenundvierzig Francs waren alsbald aufgebraucht, und ich musste halt sehen, mit meinen sechsunddreißig Francs von den Englischstunden wohl oder übel zurande zu kommen. Da ich damit keinerlei Erfahrung hatte, ging ich falsch mit dem Geld um und hatte manchmal ganze Tage lang nichts im Magen. Wenn das der Fall war, verkaufte ich einige Kleidungsstücke, die ich dann in kleine Pakete verpackt aus dem Hotel schmuggelte und in einen Gebrauchtwarenladen in der Rue de la Montagne St. Geneviève trug. ...

Diese drei Wochen waren ekelhaft und ungemütlich, und offensichtlich stand noch größeres Übel ins Haus, denn es würde nicht mehr lange dauern, und meine Miete musste gezahlt werden. Trotzdem war alles nicht ein Viertel so schlimm, wie ich es eigentlich erwartet hatte. Denn, wenn man sich dem Zustand völliger Verarmung nähert, macht man eine Entdeckung, die viele andere aufwiegt. Man entdeckt Langeweile und unangenehme Komplikationen und die Anfänge des Hungerns, aber man entdeckt auch den großartigen, versöhnenden Aspekt der Armut: die Tatsache, dass sie die Zukunft vernichtet. Innerhalb bestimmter Grenzen trifft es tatsächlich zu, dass mit dem Geld auch die Sorgen schwinden. Wenn man hundert Francs besitzt, ist man der Welt bis zur demütigendsten Panik verpflichtet. Wenn man nur drei Francs hat, ist einem alles egal; denn drei Francs machen einen gerade bis zum nächsten Morgen satt. Und weiter als bis dahin kann man nicht denken. Man langweilt sich, aber man hat keine Angst. Man denkt unbestimmt: ›In ein, zwei Tagen werde ich verhungern – doll, was?‹ Und dann denkt man an andere Dinge. Eine Diät aus Brot und Margarine liefert bis zu einem gewissen Grade ihr eigenes schmerzstillendes Mittel gleich mit.

Und die Armut vermittelt noch ein anderes Gefühl, ein Gefühl großen Trostes. Ich glaube, dass jeder, dem es schon einmal selbst so ging, das auch gehabt hat. Es ist ein Gefühl der Erleichterung, fast ein Gefühl des Vergnügens darüber, dass man sich schließlich auch in diesem Zustand echten Erledigtseins kennt. Man hat so oft vom Vor-die-Hunde-Gehen gesprochen – na ja, da sind nun die besagten Hunde, man hat sie vor sich, und man kann es ertragen. So was nimmt einem viele Ängste.

*1930*

## JOSEPH ROTH

# Misswahl.
# Menschenschönheiten der traurigen Gestalt

*Vergehen wir uns an ihm, wenn wir uns nicht in seinen Romanen umschauen? Verkaufen wir sein einzigartiges Engagement unter seinem Wert? Joseph Roth (\* 1894, † 1939) war Korrespondent der »Frankfurter Zeitung« in Paris und ab 1926 deren unvergesslicher Reisereporter in der Sowjetunion, in Jugoslawien, Albanien, Polen und Italien. Er markiert bereits die höchste Höhe des literarischen Journalismus deutscher Sprache im 20. Jahrhundert – dies auch in der knappen Form seiner wahrlich prononcierten Einwürfe. So in diesem tristen Fall: Was könnte den Menschen und die gegenwärtige* conditio humana *direkter angehen als die – männliche – Vermarktung seiner – weiblichen – Schönheit? Mit scharfer Munition zielt sie der Frau ins Herz: und liquidiert es.*

ES IST WIEDER EINMAL AN DER ZEIT, eine Schönheitskönigin zu wählen – wie lange haben wir sie schon entbehren müssen! Die Zeitungen berichten auch, dass sich ein Wahlkomitee bereits gebildet habe. Aus analogen Fällen wissen wir, wie die Wahl einer Schönheitskönigin vor sich geht: Das Komitee sichtet und sondert die ihm zugesandten Fotografien der Bewerberinnen, trifft sodann eine engere Auswahl, hierauf eine noch engere, bis ihm schließlich nur noch eine einzige Frau gefällt.

Diese wird Königin. Sie wird gefeiert, interviewt und noch einmal fotografiert, als wäre jene erste Fotografie, nach der sie gewählt ist, nicht mehr genügend königlich. Flinke Journalisten vermögen es, die Familienverhältnisse einer Schönheitskönigin im Herz zu erforschen und, stammte sie auch aus einem verborgenen oder weitentfernten Lande, ihre Heimat und ihre Eltern zu besuchen. Meist stammt sie aus einem bescheidenen, wenn auch biederem Milieu. Besonders beliebt als Königinnen sind Handwerker, weil deren Biederkeit am wenigsten in Zweifel gezogen werden kann. Die »Öffentlichkeit« (die, nebenbei gesagt, allmählich die Menschheit zu ersetzen beginnt) wird zwar nicht ohne Weiteres von der schlechten Lage der »kleinen Leute« gerührt, wohl aber von der guten, in die manchmal die Kinder jener kleinen Leute geraten können.

Im Übrigen sind Handwerker schon deshalb rührend, weil sie fast in demselben Maße aussterben, in dem ihre Töchter nach Hollywood abwandern. Von dorther rührt nämlich überhaupt die ganze großartige Idee von den Schönheitsköniginnen (und nicht etwa, wie man glauben könnte, von der alten, schönen Sitte verschiedener Völker und Stämme). Denn es handelt sich im Ernst nicht etwa darum, die weiblichen Schönheiten bestimmter Massen ausfindig zu machen, sondern jenen möglichst reichhaltigen »Nachwuchs«, aus dessen Mitte die populären »Diven« für den Film gewählt werden können. Und es ist in dieser Zeit, in der von Kraft und Schönheit so viel gesprochen wird, dass die Würde selbstverständlich ins Hintertreffen gerät, durchaus kein Wunder, dass die europäischen Kolonialvölker sich alle Mühe geben, den amerikanischen Kino-Khans zu zeigen, welch prächtiges Rassematerial sie zu liefern haben. Den Frauen hinwiederum, die eben erst bewiesen haben, dass sie Parlamentarier, Rechtsanwälte und Geschworene werden können, scheint es besonders wertvoll, von Zeit zu Zeit an jene alte Tradition zu erinnern, der zufolge sie meist auf öffentlichen Märkten dargeboten wurden. (Dass sie heute Schönheitsköniginnen heißen und nicht mehr Schönheitssklavinnen, ist eine Folge der veränderten sozialen Bedingungen.) Und also haben wir einen Widerspruch mehr in dieser Welt, die, ihr Übermaß an Widersprüchen zu kaschieren, sich in einem »Übergang« zu befinden so gerne vorgibt.

Immerhin beweisen selbst heute die europäischen Nationen, zumindest bei verschiedenen politischen Anlässen, für eine nationale Würde noch so viel Sinn, dass man sich über die einhellige Freude einigermaßen wundern darf, mit der die Wahl einer Schönheitskönigin in den Zeitungen aller politischen Richtungen behandelt zu werden pflegt. Als wäre es nur ein »gesellschaftliches Ereignis« und nicht ein grauenhaftes Symptom, dass ein beliebiges Konsortium von Konfektionären, Branche-Leuten und Mode-Feuilletonisten es unternimmt, erstens die Schönheit der Frau zu bestimmen und zu krönen; zweitens den »nationalen« Typ herauszufinden und nach Amerika zu exportieren!

In der Wochenschau aller Kinos aller Länder erscheinen dann Bilder der armen lächelnden gewählten Mädchen, die ihre Völker beschämen, indem sie sie »repräsentieren«. Und in dem neuerlich wieder mit Sachlichkeit ausgestatteten Büro einer »fusionierten« amerikanisch-europäischen internationalen Filmgesellschaft sitzt so ein Branchenkönig, ein echter, dem gegenüber eine Schönheitskönigin ein Nichts ist, kneift ein Auge zu und lässt das andere flüchtig prüfend über eine ganze Kartothek nationaler Königinnen gleiten. »Wie heißt jene?«, fragt er plötzlich, mit ausgestrecktem Zeigefinger auf die Nummer P.II.767 deutend. »Mizzi Mooshuber!«, sagt der Sekretär. (Denn die Königin ist zufällig aus Korneuburg bei Wien.) »Welch ein Name!«, sagt der Direktor. »Lassen Sie sie kommen, und nennen Sie sie anders!« – »Adelina Gray.« – »Meinetwegen!« – Und Adelina hat Aussichten, »gemacht zu werden«.

Nicht, dass es etwa schlimmer wäre, Filmdiva zu werden als zum Beispiel Verkäuferin in einem Warenhaus! Beschämend ist nur dieser Missbrauch klassischer Überlieferungen, der es einem Filmagenten ermöglicht, einen Paris zu spielen und einem kleinen Mädchen die göttliche Existenz einer Aphrodite vorzutäuschen. Beschämend ist dieser Betrieb, in dem sich die Mythologie heillos mit der Konfektion vermischt und in dem hundert Königinnen unerkannt wie Fliegen untergehen, damit eine Einzige eine »passende« Rolle bekomme. Von all den Königinnen, die in den letzten drei Jahren gewählt worden sind, hat nicht der Name einer Einzigen den Ruhm einiger Wochen überdauert. Und von den vielen Artikelschreibern, die nach jeder Wahl die romanhafte Bedeutung eines solch auserwählten Mädchen-Schicksals zu berichten wissen und von dem glanzvollen Aufstieg aus anonymer »Kleinstadt-Enge«, kümmert sich kein Einziger mehr um das weitere Leben seines journalistischen Gegenstandes!

Welche von diesen Königinnen hat schon Karriere gemacht? Blieben sie alle arme, kleine Statistinnen? Haben sie Nebenrollen? Haben sie geheiratet? Sind sie Revue-Girl geworden? Sind sie noch schön? Leben sie in Hollywood? Sind sie zu ihren Vätern, den Handwerkern, heimgekehrt? Ach, es gibt keinen Bericht mehr über sie, untergegangen sind sie in der Menge der gleichförmigen Schönheit, die alle Nationen gleichmäßig produzieren und die nur gekrönt wird, um verwechselt zu werden …

*1937/1941*

# ARTHUR KOESTLER

## Abschaum der Erde. Und ein Spion von allen Seiten

*In dem auf das Jahr 1970 datierten Nachwort späterer Ausgaben seines* Scum of the Earth *von 1941 beschreibt er die »Karriere« seines schriftstellerischen Werks: »Hier wird dieser Bericht beendet – er endet in meinem sechsunddreißigsten Lebensjahr. Ich verspüre kein Bedürfnis, über die späteren sesshaften Jahre zu berichten. Für beide Teile wurde mir vor einigen Monaten ein geeignetes Epitaph zugeschickt. Es ist ein Plakat, neunzig mal sechzig Zentimeter groß, das von der deutschen Sozialdemokratischen Partei veröffentlicht wurde. Der Text lautet: ›1933 … In jenen Tagen loderten in deutschen Städten die Scheiterhaufen. Auf Befehl von Goebbels wanderten Millionen Bücher in die Flammen.‹ Die darunter stehende Zeichnung zeigt, wie Goebbels ein Buch in das Feuer wirft, während Hitler zuschaut; das Buch trägt den Namen Koestler auf seinem Umschlag. ›1952 … In diesen Tagen lodern in der Sowjetunion wieder Scheiterhaufen. Wieder wurden neun Millionen Bücher von den Flammen verzehrt.‹ Die darunter stehende Zeichnung zeigt, wie Pieck ein anderes Buch, das wieder den Namen Koestler trägt, in das Feuer wirft, während Stalin zuschaut. (...) Ein Exemplar hängt jetzt am Eingang zu meinem Arbeitszimmer, eingerahmt wie ein Berufsdiplom, das bescheinigt, dass der Eigentümer sein Examen bestanden und das Recht hat, sein Handwerk auszuüben.«*

*Arthur Koestler (\* 1905, † 1983) ist ein Archäologe totalitärer Geistesverfassungen des 20. Jahrhunderts. (Vgl.* Nichts als die Welt, *S. 392). Hier folgt ein Auszug des Berichts von seiner Odyssee als Gefangener und Fliehender in Westeuropa während des Zweiten Weltkriegs.*

### SEVILLA 1937

Von Dienstag auf Mittwoch wurden siebzehn erschossen. Von Donnerstag auf Freitag wurden acht erschossen. Von Freitag auf Samstag wurden neun erschossen. Von Samstag auf Sonntag wurden dreizehn erschossen.

Ich riss mir Streifen von meinem Hemd ab und stopfte sie mir in die Ohren, um nachts nichts zu hören. Es nützte nichts. Ich zerschnitt mir mit dem Glassplitter das Zahnfleisch, behauptete, Zahnfleischbluten zu haben, um jodgetränkte Watte zu bekommen. Die Watte steckte ich mir in die Ohren; es nützte auch nichts.

Unser Gehör nahm übernatürliche Schärfe an. Wir hörten alles. Wir hörten in den Nächten der Erschießungen um zehn Uhr abends das Telefon im Büro läuten. Wir hörten den diensthabenden Wächter sich melden. Wir hörten, wie er in kurzen Abständen wiederholte: desgleichen … desgleichen … desgleichen … Wir wussten, es war die Staatsanwaltschaft, die die Liste der in dieser Nacht zu Erschießenden durchgab. Wir wussten, dass der Wärter vor jedem »desgleichen« einen Namen niederschrieb. Aber wir wussten nicht, ob unsere dabei waren. Das Telefon läutete immer um zehn. Dann hatte man bis Mitternacht oder bis eins Zeit, auf seiner Pritsche zu liegen und zu warten. Jede Nacht machte man die Bilanz seines Lebens und jede Nacht fiel sie ungünstiger aus.

Um zwölf oder eins hörten wir dann den schrillen Klang der Nachtglocke. Das war der Priester mit dem Peloton. Sie kamen immer zusammen. Dann begann es. Das Öffnen der Türen, das Läuten der Messglocke, das Beten des Priesters, die Hilferufe und die Schreie nach der Mutter.

Es kam näher auf dem Korridor, es entfernte sich, es kam näher. Jetzt waren sie bei den Nachbarzellen; jetzt waren sie auf dem andern Flügel; jetzt kamen sie zurück. Am deutlichsten war immer die Stimme des Priesters. »Herr, erbarme dich dieses Mannes, Herr, verzeihe ihm seine Sünden, Amen.« Wir lagen auf unsern Pritschen und klapperten mit den Zähnen.

Von Dienstag auf Mittwoch wurden siebzehn erschossen.

Von Donnerstag auf Freitag wurden acht erschossen.

Von Freitag auf Samstag wurden neun erschossen.

Von Samstag auf Sonntag wurden dreizehn erschossen.

Sechs Tage sollst du arbeiten, sprach der Herr, am siebenten, dem Sabbat, sollst du ruhen.

Von Sonntag auf Montag wurden drei erschossen.

### MONTAG, DEN 19. APRIL

Bisher war ich immer in der Zelle rasiert worden; gestern führten sie mich in den Barbierladen. Sah zum ersten Mal seit zweieinhalb Monaten in einen Spiegel. War erstaunt, mich so unverändert zu finden. Man ist wirklich elastisch wie ein Fußball; kriegt einen Tritt, dass man glaubt, man gehe in Stücke; aber die Oberfläche federt zurück, und als einzige Spur bleibt höchstens ein bisschen Dreck kleben. Wenn unser Bewusstsein die Summe unserer Erfahrungen darstellen würde, würden wir alle mit fünfundzwanzig Greise sein.

Die Wasserröhre, die durch meine Zelle geht, wirkt manchmal wie ein Schallrohr. Wenn ich das Ohr daranlege, höre ich konfuse Laute. Mitunter ein paar Takte Radiomusik aus dem Zimmer des Direktors, Stimmen, aus mehreren Zellen durcheinandergemischt. Manchmal glaube ich sogar Frauenstimmen zu hören – der jenseitige Flügel ist das Frauengefängnis. Seit drei Tagen werden diese Laute aus entfernten Sphären übertönt von der Stimme eines Mannes, der abwechselnd schluchzt und nach seiner Mutter ruft. Er muss in einer der nächsten Zellen sein. Sooft ich das Ohr an die Röhre lege, höre ich ihn. Ich fragte Angel, wer da immerzu weine. Er sagte, es ist ein Milizionär, der früher die Zelle mit seinem Bruder geteilt hat, aber seit der Nacht vom Freitag allein ist. …

### IN WESTEUROPA 1940/41

Die Erzählung in *Abschaum der Erde* endet im August 1940 mit meiner Ankunft im Hauptquartier der Fremdenlegion in Marseille, verkleidet als Legionär »Albert Dubert«. Hier kam ich mit drei britischen Offizieren und einem Feldwebel in Verbindung, die aus der deutschen Gefangenschaft entflohen und von den Franzosen in Fort Saint-Jean interniert worden waren. Aus Sicherheitsgründen konnte die Geschichte unserer Flucht über Oran nach Casablanca, dann per Fischerboot nach Lissabon und schließlich nach England zu dieser Zeit nicht erzählt werden; und es hätte keinen Sinn, dies jetzt nachzuholen. Es ist die Geschichte einer Flucht wie Dutzende andere auch, die seither erzählt worden sind; sie hat nur eine Besonderheit: In Casablanca machten wir die Bekanntschaft eines Vertreters des Britischen Geheimdienstes; wir kannten den Mann unter dem Namen »Ellerman«. Seinem Sinn für Improvisation ist es zu verdanken, dass wir vier und noch ungefähr fünfzig andere Flüchtlinge an Bord eines Fischerbootes gehen konnten, dem es gelang, uns in vier Tagen an den deutschen U-Booten vorbei in den neutralen Hafen von Lissabon zu bringen. Unser Retter war einer der seltsamsten und eindrucksvollsten Menschen, denen wir je begegnet waren. Welche Meinung man auch immer von einem Offizier des Geheimdienstes haben mag, auf ihn trifft sie nicht zu. Er war Ende der Vierzig, groß, elegant, würdevoll, charmant, kultiviert und aristokratisch. Er konnte von Evelyn Waugh oder Nancy Mitford erdacht worden sein, aber niemals von Ian Fleming. Hinsichtlich Politik schien er überraschend naiv; seine Hauptinteressen schienen der Archäologie, der Dichtkunst, der Gastronomie und dem schönen Geschlecht zu gelten. Mit einem Wort, unser Ellerman gehörte zu einer erloschenen Spezies, wie das berühmte Einhorn: er war ein europäischer Grandseigneur. Ich nenne ihn einen Europäer, denn er sprach fünf oder sechs Sprachen des Kontinents akzentfrei und außerdem noch Hebräisch und Arabisch.

Ich wusste, dass Ellerman nicht sein richtiger Name war. Und seit wir uns in Lissabon getrennt hatten, versuchte ich, seine wahre Identität herauszufinden, um mich mit ihm in Verbindung zu setzen; aber die maßgebenden Stellen konnten mir nicht weiterhelfen. Dann erfuhr ich, dass er bei der Ausführung eines Auftrages getötet worden sei. Im Mai 1967, sechsundzwanzig Jahre nach diesem Ereignis, las ich folgenden Artikel in der Londoner *Times*:

*Der Bruder des Botschafters war unser Spion*
*Diese erstaunliche Geschichte mag wahrscheinlich zum ersten Mal von einem Mitglied einer der vor dem Weltkrieg führenden Familien Deutschlands erzählt worden sein, er war vom Hitlerregime so angewidert, dass er alles aufgab – erfolgreiche Karriere, Wohlstand, Ruf, um ein britischer Agent zu werden. Baron Rüdiger von Etzdorf, der ältere Bruder von Dr. Hasso von Etzdorf, Botschafter in Großbritannien von 1961 bis 1965, starb vor drei Wochen in London, 72 Jahre alt, unbekannt und unbeweint …*
*Von Etzdorf – er verlor seinen deutschen Adelstitel, als er 1946 britischer Staatsbürger wurde – diente im Ersten Weltkrieg in der deutschen Marine und kämpfte auf Jütland. Sein Vater gehörte zu den engsten Freunden des Kaisers, und er hatte zur Zeit König Edwards VII. Sandringham besucht. Seine außergewöhnliche Geschichte beginnt im Jahre 1935, als in London der britische Geheimdienst an ihn herantrat und ihn fragte, ob er für ihn arbeiten wolle. Mittlerweile war er eine Art Weltenbummler geworden, nachdem er seinem Bruder Hasso klarzumachen versucht hatte, dass Hitler geradewegs auf einen Krieg lossteuere – worauf man ihm riet, sich nicht lächerlich zu machen,*
*Sein erstes Aufgabengebiet war Italien; er musste Informationen über die Beziehungen zwischen Italien und Deutschland an London weitergeben. Als der Krieg ausbrach, befand er sich in Tripolis und organisierte nach der Kapitulation Frankreichs einen Fluchtweg für britische Soldaten. Eine der auf diesem Weg*

*geretteten Personen war Arthur Koestler ... Von einem Konvoi über den Atlantik war sein Schiff das einzige, das unversehrt durchkam. Vor dem Krieg traf er einige Male mit Hitler zusammen und, so sagt Mrs von Etzdorf, fand alles an dem kleinen Nazi widerlich.*

*Nach dem Krieg war das Leben für von Etzdorf nicht gerade leicht. Die Beziehungen zu seiner Familie waren etwas kühl, obwohl er mit seinem Bruder, der in London als Botschafter tätig war, in Verbindung stand ... Aber, so sagt ein Freund aus der deutschen Botschaft, er war niemals verbittert – »ein mutiger und entschlossener Mann, einer der letzten echten Gentlemen.«*
*(The Times, 25. Mai 1967)*

Nachdem man uns im britischen Konsulat in Lissabon zu unserer Flucht gratuliert hatte, wurden meine vier Begleiter am nächsten Tag nach England geflogen, während man mir mitteilte, dass ich nicht mitfliegen könne, da ich keine gültigen Papiere und keine Einreisegenehmigung besaß. Ich wartete zwei Monate. »Ellerman« versuchte zu helfen, aber gegen den Bürokratismus war er machtlos,

Kurz vor unserer Abfahrt aus Marseille bin ich zufällig einem alten Freund, dem deutschen Schriftsteller Walter Benjamin, begegnet. Er war dabei, seine eigene Flucht nach England vorzubereiten; da er keine französische Ausreiseerlaubnis bekommen konnte, hatte er vor, gleich Hunderten anderer Flüchtlinge, sich zu Fuß über die Pyrenäen nach Spanien durchzuschlagen. Er besaß fünfzig Morphiumtabletten, die er zu schlucken beabsichtigte, falls er gefasst werden sollte; er sagte mir, das sei genug, um ein Pferd umzubringen, und gab mir die Hälfte seiner Tabletten – »für alle Fälle«.

Das englische Visum bekam ich nie. Ich war wieder in Gefahr, wegen meiner falschen Papiere – diesmal von der portugiesischen Polizei – verhaftet und über die Grenze nach Franco-Spanien abgeschoben zu werden. Europa war dahin, und England schien verloren: in der portugiesischen Presse wurde London unter dem Bombardement als »ein Meer von Flammen« beschrieben. Zweimal ersuchte das britische Konsulat in Lissabon das Innenministerium in London, mein Visum zu genehmigen, und beide Male wurde es verweigert.

In der Zelle Nummer 40 hatte es »die Stunden am Fenster« gegeben; im Konzentrationslager gab es noch Hoffnung. Sich bis hierher durchgekämpft zu haben, nur um die Tür vor der Nase zugeschlagen zu bekommen, schien das Ende der Reise zu bedeuten. Am Tag nach der endgültigen Ablehnung meines Visums erfuhr ich, dass es Walter Benjamin gelungen war, die Pyrenäen zu überqueren, er aber auf der spanischen Seite verhaftet worden war und dass man ihm gedroht hatte, ihn am nächsten Tag nach Frankreich zurückzuschicken. Am nächsten Morgen hatten es sich die spanischen Gendarmen anders überlegt, aber da hatte Benjamin bereits die ihm verbliebene Hälfte der Tabletten geschluckt und war tot. Ich fasste das als einen offensichtlichen Wink des Schicksals auf und versuchte seinem Beispiel zu folgen. Aber Benjamin hatte offenbar einen besseren Magen, denn ich erbrach das Zeug. Zum zweiten Mal hatte ich einem Gefühl des Selbstmitleids nachgegeben, und es hatte zum gleichen lächerlichen Resultat geführt: Hinterher fühlte ich mich besser.

Es blieben zwei Möglichkeiten. Ich konnte in ein neutrales Land gehen, entweder nach Palästina oder in die Vereinigten Staaten (für dort hatte mir ein Hilfskomitee ein Visum angeboten); ich wusste jedoch, wenn ich jetzt aus Europa davonlief, würde ich mich dadurch zu lebenslangen Selbstvorwürfen und zu Sterilität verurteilen. Die zweite Möglichkeit war, sich ohne Visum irgendwie nach England durchzuschlagen – was bestenfalls neuerliches Gefängnis oder Internierungslager in England bedeuten musste. Trotzdem war es die einzig logische Entscheidung – nach der Logik des Europa von 1940. Unter passiver Duldung des britischen Generalkonsuls in Lissabon, Sir Henry King, und mit aktiver Hilfe des Korrespondenten der *Times*, Walter Lucas, gelangte ich ohne Visum in ein Flugzeug der holländischen KLM, das nach England flog. In Bristol gab ich dem Landungsbeamten eine schriftliche Darstellung meines Falles und wurde, wie erwartet, sofort verhaftet. Ich verbrachte eine Nacht in der Polizeistation von Bristol, wurde unter Bewachung nach London gebracht, verbrachte zwei Nächte in der Polizeistation von Cannon Row und sechs Wochen im Gefängnis von Pentonville. Dort fühlte ich mich endlich sicher genug, um mir meinen Schnurrbart abzurasieren; der Vorgang wurde von einem Wärter überwacht, um mich daran zu hindern, mir die Kehle durchzuschneiden. Als ich damit fertig war, sah ich zwei tiefe Falten, die von der Nase zu den Mundwinkeln liefen. Ich hatte immer unter meiner lächerlichen jugendlichen Erscheinung gelitten; jetzt endlich brauchte ich mich nicht mehr darum zu sorgen.

Wenn ich je einen Baedeker über die Gefängnisse Europas schreiben sollte, würde Pentonville drei Sterne erhalten. Es ist das anständigste Gefängnis, das ich kenne, obwohl die Installation viel zu wünschen übrig lässt. In Sevilla war die Installation moderner: Jede Zelle hatte ihr eigenes Klosett und Waschbecken, und man durfte sich sogar Wein zu den

Mahlzeiten kaufen; aber die Insassen wurden dort ohne viel Umstände erschossen und erwürgt. In Pentonville gab es während meines Aufenthaltes nur eine Hinrichtung – die eines deutschen Spions, aber an jenem Vormittag gingen die Wärter auf Zehenspitzen, und es lag ein gedämpftes Schweigen über dem ganzen Gebäude. Es war angenehm zu wissen, dass man sich an einem Platz befand, wo das Umbringen eines Menschen noch als ein feierliches und besonderes Ereignis galt. Das machte den ganzen Unterschied aus – tatsächlich war es das, worum der Krieg ging.

Da einige der Häftlinge wirkliche Spione und andere verdächtig waren, wurde das elektrische Licht in den Zellen automatisch abgedreht, sobald die Sirenen vor einem Luftangriff warnten, damit niemand den feindlichen Flugzeugen Signale geben konnte. Die Sirenen heulten gewöhnlich bei Anbruch der Dämmerung, zwischen vier und fünf Uhr nachmittags – es war Dezember 1940. Infolgedessen mussten wir durchschnittlich fünfzehn bis sechzehn Stunden am Tag in unseren dunklen Zellen eingeschlossen verbringen, bis die Lichter am nächsten Tag um acht Uhr wieder angedreht wurden. Es war so stockfinster in der Zelle mit den zugezogenen Verdunklungsvorhängen und der fest geschlossenen Tür, dass man nicht einmal auf und ab gehen konnte, ohne an die Wand zu rennen. Ich hatte vorher nie gewusst, wie dunkel Dunkelheit sein kann. Man konnte bloß auf der Pritsche liegen und dem Krach draußen zuhören. Wir bekamen nur zwei Brandbomben ab: beide fielen durch das Dach auf das Drahtgitter über dem Haupttreppenhaus (das Häftlinge an Selbstmordversuchen hindert); aber die Möglichkeit, dass eine Brandbombe in eine der Zellen mit den von außen verschlossenen Türen fallen könnte, machte der Gefängnisverwaltung einige Sorge.

Die Dunkelzelle ist eine der von Häftlingen am meisten gefürchteten Strafen. Und trotzdem fühlte ich mich, allein in der stockdunklen Zelle im zweiten Stock während der Bombardements, zum ersten Mal seit Kriegsausbruch in Sicherheit. Lesern, die mit der Logik der Apokalypse nicht vertraut sind, muss das wie eine bewusst paradoxe Aussage vorkommen. Sie wird weniger paradox, wenn man sich vor Augen hält, dass jeder Einzelne von meinen politischen Freunden auf dem besetzten Kontinent ebenso gefühlt und freudig mit mir getauscht hätte. Die Dunkelzelle in Pentonville war 1940 ein beneidenswerter Aufenthalt.

Ich wurde aus Pentonville ein paar Tage vor Weihnachten entlassen und mit einer Identitätskarte versehen – zum Beweis dafür, dass ich das Recht zu existieren wiedererlangt hatte.

An dieser Stelle endet dieser Bericht über einen typischen Fall: über einen Zentraleuropäer der gebildeten Bürgerklasse, der in den ersten Jahren unseres Jahrhunderts zur Welt kam. Am Tage nach meiner Entlassung aus Pentonville ging ich ins Rekrutierungsbüro, um mich als Freiwilliger für die englische Armee zu melden. Man sagte mir, es werde etwa zwei Monate dauern, bis man mich einberufen würde. Ich benutzte diese Wartezeit, um *Scum of the Earth* zu schreiben – das erste Buch, das ich englisch schrieb. Als Mitte Februar der Gestellungsbefehl kam, brauchte ich gerade noch zwei Wochen, um das Buch zu beenden, und mein Verleger erkundigte sich beim Rekrutierungsbüro, ob ein Aufschub möglich sei. Die Antwort, die er erhielt, verdient es, im Original zitiert zu werden:

*Mr. Jonathan Cape*  *London Recruiting Division*
*Jonathan Cape Publishers*  *Duke's Road, W. C. 1*
*30, Bedford Square*  *Euston 5741*
*W. C. 1*  *February 12, 1941*
*No. 3. Centre*

*Re Arthur Koestler*
*I am in receipt of your letter of the 11th instant contents of which have been noted.*
*As requested, I am therefore postponing Mr. Koestler's calling up, and would suggest that he calls at this Centre when he is at liberty to join His Majesty's Forces.*

*Illegible signature*
*Major, A.R.O.*

Betrifft: Arthur Koestler
Ich habe Ihren Brief vom 11. des Monats erhalten und dessen Inhalt zur Kenntnis genommen.
Ihrem Ersuchen gemäß ist Herrn Koestlers Gestellungsbefehl vertagt, und wir schlagen vor, dass er in unserem Büro vorspricht, sobald er bereit ist, in die Armee Seiner Majestät einzutreten.

*Unterschrift unleserlich*
*Major, A.R.O.*

Nachdem ich dieses bemerkenswerte Dokument gelesen hatte, war ich fester als je davon überzeugt, dass England den Krieg verlieren musste. Es dauerte einen Monat, nicht zwei Wochen, bis ich *Scum of the Earth* beendete; ich hatte bereits gelernt, mich nicht zu beeilen – und dass es sich nicht gehörte, zu viel Eifer zu zeigen.

# 1938

## ERNEST HEMINGWAY

## Wer ist der Feind? Rede an die Deutschen

*Ein Prüfstein der Menschlichkeit im Krieg ist die Wahrnehmung des Feindes und die Art und Weise, wie er angesprochen wird – zwei Fragen, die unter der höheren stehen, wer überhaupt der Feind ist: das Nachbarland? dessen Bevölkerung? nur dessen Regierung?*

*Dem »Deutschen Freiheitssender 29,8«, der Anfang 1937 bis Mai 1939 von Madrid aus auf der Kurzwellenfrequenz 29,8 in deutscher Sprache ans deutsche Volk gerichtete antifaschistische Programme ausstrahlte, stellte er im November 1938 die hier abgedruckte Botschaft zur Verfügung. Wie schon 1922 im Griechisch-Türkischen Krieg und 1923 bei der Ruhrbesetzung war Ernest Hemingway (\* 1899, † 1961) im Spanischen Bürgerkrieg als Kriegsreporter unterwegs. Bereits 1918 war der neunzehnjährige Amerikaner aus Oak Park, Illinois, als Rotkreuzfahrer an der italienisch-österreichischen Front im Einsatz, wurde von einer Granate schwer verletzt und verbrachte drei Monate in einem Krankenhaus in Mailand. Als Korrespondent des »Toronto Star«, wo er ein Jahr zuvor als Polizeireporter angefangen hatte, kehrte er drei Jahre später nach Europa zurück, kam in Paris mit Größen wie F. Scott Fitzgerald, Gertrude Stein und Ezra Pound zusammen, und die Weichen für einen Weg zu hohen literarischen Zielen waren gestellt.*

BIS HEUTE SPRACH ICH GEWÖHNLICH an Sendern, die in großen Häusern aufgestellt waren. Heute liest mich, wie man mir sagt, ein Mann, der den Mut hat, seinem Volk die ganze Wahrheit zu sagen, die Wahrheit und nichts als die Wahrheit. Ich bin glücklich, dass dies möglich ist, und drücke diesem unbekannten Kameraden die Hand. Ich bin aber auch traurig (um offen zu sein), traurig mit deinem Schicksal, deutsches Volk.

Wie gern war ich in deinen Bergen, sprach mit den Bauern, war froh ihres Humors! Wie gern lief ich durch den Norden von Berlin, sah die Arbeiter, die Intelligenten, hörte ihre kräftige, witzige Sprache! Wie das vorwärtsging und an der Spitze Europas marschierte! Und das soll alles zu Ende sein? Keiner soll mehr reden dürfen, wie ihm der Schnabel gewachsen ist?

Schriftsteller sollen resigniert haben und lieber gar nicht schreiben als die Wahrheit sagen auf Risiko hin? Ich will es nicht glauben und weiß doch, dass es wahr ist. Aber ich weiß auch, dass es nicht ewig dauert.

Warum? Weil man ein gescheites Volk nicht ewig verdummen kann. Weil Deutschland der Welt etwas zu sagen hatte in allen Jahrhunderten, und weil die Welt das auch heute noch von ihm erwartet. Das sind aber keine Sklavenworte, die man erwartet; das sind auch keine Messiasbotschaften; die Welt hat gelacht, als der Negerboxer den Schmeling knock-out schlug. Niemand bei uns lacht, weil einer im Sport besiegt wird; aber man lacht, und mit Recht, wenn eine Regierung hingeht und behauptet, der Boxkampf sei ein Kriterium für gute oder schlechte Rasse.

Die Zeit ist um, wo man von Hegemonien eines Volkes über das andere gesprochen hat; auch die Deutschen werden das nicht mehr einführen; die Völker wollen gleich und gleich nebeneinander leben. Sie wollen sich nicht in Kriegen für Tyrannen zerfleischen. So denkt auch das deutsche Volk. Es wird immer so denken. Und eines Tages wird es den einzigen Krieg machen, der noch lohnt, den Krieg gegen die Nazityrannei, die landfremde. Und wir werden ihm alle dabei helfen müssen, um das wahre Deutschland zu begründen. Um den Frieden in der ganzen Welt zu schaffen.

Und damit mich keiner meiner deutschen Freunde missversteht, wenn er diese Worte hört, will ich es ganz deutlich sagen: Ich war in diesem Sommer bei der Ebro-Offensive der republikanischen spanischen Armee. Da sah ich Deutsche, die saßen in Heinkels- und Junkers-Flugzeugen; sie kamen in Überzahl, flogen über friedliche Dörfer, warfen ihre Bomben ab, pulverisierten die Häuser der Bauern, verbrannten die Ernte und flohen dann, ohne den Kampf anzunehmen, schleunigst zu ihrem Franco zurück, als sich die ersten republikanischen Flieger am Horizont zeigten. Unten aber, über die Ufer des Ebro zog auf alle Gefahr hin das Bataillon Thälmann und andere deutsche Bataillone.

Sie wagten alles, wussten, dass in der Gefangenschaft ihnen der Tod drohte, aber sie führten ihren Auftrag aus, griffen an, siegten. Sie verpflegten später die Flüchtlinge aus den zerstörten Dörfern, sie nahmen sich der Kinder an, sie machten gut, was die Junkers schlecht gemacht hatten.

Sie waren wahre, achtenswerte Deutsche. Deutsche, wie wir sie lieben, Deutsche, wie sie zu Millionen in Deutschland wohnen, wir sind dessen sicher. Ich grüße diese Deutschen und verfluche die anderen, die in den Junkers sitzen, samt denen, die die feigen Bombenschmeißer da unten hingeschickt haben. Das ist alles.

# 1939

## ANNEMARIE SCHWARZENBACH
## Afghanistan oder Tschador einst und jetzt

*Vielleicht wird, wer sich der Nostalgie hingibt, über deren Hinfälligkeit desto eindringlicher belehrt? Wie 1939 diese Schweizer Reporterin in Afghanistan. Das Raffinierte an ihrem Aperçu ist, dass es offenlässt, ob seine Pointe beabsichtigt oder der Autorin mehr unterlaufen ist. Doch ihre subjektive Unschlüssigkeit erledigt sich dadurch, dass sie über den objektiven Weltlauf leider nicht mitentscheidet. Als der Islam einst die Welt eroberte, absorbierte er alle ihm noch nicht bekannte Wissenschaft, Poesie und Kunst, auf die er stieß, und dies ganz ohne sich um die eigene Identität Sorgen zu machen. Demgegenüber erzeugt eine Kultur in der Defensive im verzweifelten Selbstbehauptungsversuch durch sterilen Verschluss ein Fossil, nichts anderes: in der lokalen Verkapselung haltbar und tot wie Stein. Die afghanische Erfahrung mit dieser Logik ist vielfältig, und mit Religion hat und hatte das alles so viel zu tun wie der Tschador, nämlich nichts. Falls der Tschador eine Chance hat, dann nicht hinter fensterlosem Urgemäuer, sondern nur grenzüberschreitend, soweit er sich auf den Straßen Kopenhagens, Brüssels und New Yorks zu etablieren vermag.*

*Annemarie Schwarzenbach (\* 1908, † 1942), Tochter aus reichem Zürcher Industriellenhaus und von Kindesbeinen an große Gesellschaft gewöhnt, führte ein in jeder Beziehung waghalsiges Entdeckerleben, angezogen nicht nur von geografischen Randbezirken der Welt, die von alleinreisenden Frauen noch nicht besucht worden waren. Nach Afghanistan war sie von Istanbul aus mit einer Freundin in einem Kleinwagen gefahren. Wiederholt zwangen sie Experimente mit Morphium gesundheitlich in die Knie. Sie starb im Alter von 34 Jahren nach einem Fahrradsturz an den Folgen ihrer Kopfverletzung.*

WIR HATTEN SOLCHE VERMUMMTEN, formlosen Gestalten scheu durch die Basargassen huschen sehen und wussten, dass sie die Frauen der stolzen, frei einherschreitenden Afghanen waren, die ihrerseits die Gesellschaft und das fröhliche Gespräch liebten und den halben Tag nichtstuend im Teehaus und Basar verbrachten. Aber diese gespenstischen Erscheinungen hatten wenig Menschliches an sich. Waren es Mädchen, Mütter, Greisinnen, waren sie jung oder alt, froh oder traurig, schön oder hässlich? Wie lebten sie, mit was beschäftigten sie sich, wem galt ihre Anteilnahme, ihre Liebe oder ihr Hass? In der Türkei, auch im Iran hatten wir Schülerinnen, Pfadfinderinnen. Studentinnen gesehen, auch selbstständige, erwerbstätige Frauen oder solche, die auf sozialem Gebiete etwas leisteten und bereits das Gesicht ihrer Nation mitbestimmten, aus dem Leben dieser Nation nicht mehr wegzudenken waren. Wir wussten, dass der junge König Amanullah, von einer europäischen Reise zurückkehrend, in Afghanistan überstürzte Reformen eingeführt und versucht hatte, dem Beispiel vor allem der Türkei zu folgen. Er war zu rasch vorgegangen. Am meisten warf man ihm die Emanzipation der Frau vor. Während einiger Wochen war in der Hauptstadt Kabul der Tschador gefallen; dann brach die Revolution aus, die Frauen kehrten in den Harem, in ihr streng abgeschlossenes häusliches Leben zurück und durften sich auf der Straße nur noch im Schleier zeigen.

Waren die Ansätze zur Freiheit vergessen, die wenigen Wochen des Jahres 1929 aus dem Gedächtnis der Frauen verschwunden?

Als wir einmal Gäste eines jungen, aufgeschlossenen und klugen Gouverneurs irgendwo im Norden waren, wagte Ella die Frage. Unser Gastgeber hatte viel Verständnis für die Notwendigkeiten des afghanischen Staates gezeigt und hatte davon gesprochen, wie der Bau von Straßen das Land dem Verkehr öffnen werde, wie dann Industrien eingeführt, aber auch Schulen und Spitäler eingerichtet würden. Konnte man die Frauen von einem solchen Programm des Fortschritts ausschließen? Mussten sie nicht teilhaben am neuen Leben und befreit werden aus der abstumpfenden Beschränktheit ihres Daseins? Der Gouverneur antwortete uns ausweichend. Als wir höflich fragten, ob wir seine Frau besuchen dürften, sagte er zwar zu, fand dann aber eine Ausrede.

Erst in Kaisar, einem kleinen Oasenort in der nördlichen Provinz Turkestan, wurden wir zu unserer nicht geringen Überraschung vom »Hakim Saib«, dem Herrn Bürgermeister selbst, ohne viel Umstände durch ein Pförtchen in den inneren Garten seines Hauses geführt, den Garten seiner Frauen und Töchter. Zwei junge Mädchen in Sommerkleidern, das dunkle Haar von einem luftigen, zarten Schleier eingehüllt, kamen uns lächelnd entgegen. Sie waren beide auffallend schön – und schön war auch die stattliche, ernst und freundlich blickende Mutter, die uns unter den großen Bäumen begrüßte, wo Teppiche ausgebreitet waren. Dort spielten auch die Kinder, jüngere Geschwister, und das blonde Bübchen der Schwiegertochter Sara. Ihr zweites Kind schlief in einer Hängematte im Schatten. Ein wenig abseits, unter dem Vordach des einfachen Lehmhauses, stand der Samowar, man brachte uns zuerst ein Waschbecken und Handtücher, dann Tee und Früchte. Eine Stunde später folgte der Palaw. Die Mutter aß mit uns nach europäischer Manier am Tisch. Die Töchter bedienten uns und aßen dann mit den Kindern auf dem Teppich, alle aus der gleichen riesigen Reisschüssel – und mit den Fingern. Zuletzt aßen die Dienerinnen die reichlichen Reste. Während die Familie des Hakim die schönen und strengen Gesichtszüge der Afghanen hatte, waren die Dienerinnen offenbar mongolischer Rasse, vielleicht Turkmeninnen oder Usbekinnen.

Nach dem Essen brachte man uns seidene Matratzen und Moskitonetze, aber wir kamen nicht dazu, uns auszuruhen. Obwohl die Mädchen kaum ein Wort Französisch konnten und wir nur ein paar Brocken Persisch, unterhielten wir uns doch ganz lebhaft. Sie brachten uns einen hellblauen Seidenstoff und eine Schere und wollten, dass wir ihnen ein Kleid zuschnitten. Wir wagten uns aber nicht daran und versprachen, ihnen von Kabul aus französische Zeitschriften mit Schnittmustern und Modebeilagen zu schicken. Kabul war für die Frauen von Kaisar schon die große Welt, die Zivilisation. Und doch waren sie – zu Hause natürlich – im Lesen und Schreiben unterrichtet worden und wussten, wo Indien, Moskau, Paris lag – ja, sogar die Schweiz war ihnen ein Begriff. Aber sie hatten nie eine Reise gemacht. Sie konnten sich nicht vorstellen, dass sie jemals weiter gelangen würden als bis nach Mazar-i-Sherif, der Hauptstadt von Afghanisch-Turkestan. Hatten sie überhaupt den Wunsch, die Welt kennenzulernen, ein anderes Leben zu führen? Oder würden sie immer im schattigen, von hohen Lehmmauern umschlossenen Garten von Kaisar bleiben, unter der patriarchalisch strengen Aufsicht ihrer Mutter und Herrin?

Gegen Abend, als es ein wenig kühler wurde, ließ uns der Hakim rufen. Der kleine blonde Yakub durfte uns bis zum Auto begleiten; die Mädchen aber blieben an der Gartenpforte zurück.

Es waren zweifellos kluge, ja begabte und anmutige Mädchen. Wir erinnerten uns an ihr Lächeln, an ihren wachen und freundlichen Gesichtsausdruck. Nur die junge Schwiegertochter hatte manchmal herb und fast böse dreingesehen, während sie ihren Säugling aus der Hängematte nahm und ihm die Brust gab. Sie war hier, in der Familie ihres Gatten, eben doch unter Fremden, hatte keinen eigenen Hausstand und hatte keinerlei Freiheit noch Rechte.

Wenn diese Mädchen den Garten verließen, trugen sie den Tschador und sahen die Welt draußen nur durch das durchbrochene Gitterchen, das ihr Gesicht neugierigen Männeraugen verbarg.

Ein solches Leben konnten wir uns kaum vorstellen. Aber waren diese Frauen etwa besonders unglücklich? Man kann nur begehren, was man kennt. Und war es richtig, nötig, sie zu bilden und aufzuklären und ihnen den Stachel der Unzufriedenheit zu geben? Aber wir lernten bald, dass diese Frage sich gar nicht stellt. Afghanistan entwickelt sich heute nach jenen fatalen Gesetzen, die man Fortschritt nennt und deren Verlauf man nicht aufhalten kann. Als wir von Kabul aus die versprochenen Schnittmuster nach Kaisar schickten, leisteten wir auch einen winzigen Beitrag zu den Folgen dieser Gesetze. Wir bekämpften den Tschador!

*1939*

# JEAN-PAUL SARTRE
## Offizielle Porträts. Glatt wie Porzellan

*Jean-Paul Charles Aymard Sartre (\* 1905, † 1980) war, wenn man ihm glauben darf, phasenweise Marxist, wenigstens soweit dies gleichbedeutend ist mit Revolutionär; als solchen sah er sich. Doch ihm zufolge war der Marxismus ein Humanismus (entgegen anderslautenden Auffassungen), und Materialist jedenfalls war er nie. Ihm war die Idee viel zu wichtig, die noch in ihrer Abwesenheit jene bodenlose Freiheit über dem Abgrund zurückließ: »Wir sind zur Freiheit verurteilt« – zu Entscheidungen, heißt das, allein aus dem Nichts dieser Freiheit. Nicht zufällig steckte der Existenzialismus mit dem Absurden Theater unter einer Decke. Von dem Pariser Denkerdreigestirn seiner Generation, das er mit Albert Camus und Maurice Merleau-Ponty bildete, traf sich der Erste mit ihm über dem Abgrund dieser Freiheit, wohingegen sie sich politisch, namentlich in der Gewaltfrage, nicht verstanden: Camus hielt daran fest, dass der Gute unschuldig zu sein habe. Merleau-Ponty wiederum hielt die Freiheit des Existenzialisten für einen Spuk: »Nous sommes condamnés au sens«, hielt er Sartre entgegen: verurteilt zum Sinn sind wir, aus dem es für uns kein Entkommen gibt.*

*Der Essay* Offizielle Porträts *erschien 1939 in der Zeitschrift »Verve« als Einführung zu einer Reihe von Texten mit dem Thema »die menschliche Gestalt«. Der hier abgedruckte Text ist dem Sammelband* Die Transzendenz des Egos *entnommen: ein trefflicher Titel ebenso für Sartre, den Philosophen und Idealisten, wie für Sartre, den Menschen mit XL-Ego – und schließlich für das Programm dieses Bandes: Der Mensch ist auf keine seiner Beschreibungen reduzierbar. Von der Kamera auf Zelluloid gebannt, erscheint sein Antlitz »glatt wie Porzellan«, wie Sartre im Roman* Der Ekel *sagt, »die geheimnisvolle Schwäche der Menschengesichter abgestreift«.*

» ICH SAH EINEN DICKEN MANN mit wächsernem Teint, der in einer Kalesche mit vier Pferden im Galopp davongetragen wurde: Mir wurde gesagt, das sei Napoleon.« Dieser Satz, an dessen Autor ich mich nicht mehr erinnere, macht den Gang naiver Erkenntnis ziemlich gut verständlich. Was zuerst vor unseren Augen erscheint, ist der Mensch mit seiner galligen Fettleibigkeit. Er erscheint inmitten von anderen Menschen, von Würdenträgern und Marschällen; und wenn uns endlich sein wirklicher Name offenbart wird, ist er schon verschwunden, von seinen vier Pferden davongetragen. »Mir *wurde gesagt*, das sei Napoleon; es *scheint*, dass er es war. Es wird immer *wahrscheinlich* bleiben, dass ich den Kaiser gesehen habe. Doch ich bin *sicher*, dass ich den Menschen, dieses gelbe und traurige Fleisch, gesehen habe.« Und für Bonaparte selbst war seine höchste Würde als Erster Konsul oder als Kaiser gleichfalls nur wahrscheinlich. Er war gar nicht Napoleon, sondern lediglich jemand, der sich für Napoleon hielt, mit großer Imaginationsanstrengung. Und es ist ein hartes Geschäft für eine hochstehende Person, ständig vor sich selbst ihre Wichtigkeit und ihr Recht zu behaupten, wenn die Spiegel ihr die allzu menschliche Schalheit ihres Bildes zurückwerfen, wenn sie in sich selbst nur traurige und wirre Launen entdeckt. Daher rührt die Notwendigkeit der offiziellen Porträts: Sie entlasten den Fürsten von der Mühe, sein göttliches Recht zu denken. Napoleon existiert, existierte nirgendwo anders als auf Porträts. Im Gegensatz zum naiven Eindruck geht der Auftragsmaler ja vom Wissen zum Objekt. Der Gaffende sieht einen dicken Mann und denkt: »Es scheint, dass das Napoleon ist.« Aber wenn er das Porträt ansieht, ist es der Erste Konsul oder der Kaiser, der zuerst erscheint. Man braucht nur zu sehen, wie um Franz I. und um Ludwig XIV. die Zeichen ihrer Macht angehäuft sind. Unsere Augen treffen an erster Stelle auf das Königtum. Wenn wir uns die Zeit nehmen, die Behänge und Symbole beiseitezuschieben, werden wir, gebührend in Kenntnis gesetzt und schon ehrerbietig, den kleinen nackten Kopf tief in seiner Schale entdecken, das Gesicht. Nicht so nackt: ein Königsgesicht ist immer bekleidet. Das offizielle Porträt ist ja auf Rechtfertigung aus. Es geht darum, durch das Bild zu suggerieren, dass der Regierende das Recht hat zu regieren. Es kann also nicht infrage kommen, die ergreifende und gedemütigte Physiognomie eines Menschen, den sein Amt erdrückt, wiederzugeben: Was gemalt wird, ist nie das *Faktum*, es ist das reine Recht. Das offizielle Porträt will weder die Schwäche noch die Kraft kennen: es kommt ihm nur auf die Verdienste an. Weil es keineswegs die Kraft zeigen will – die immer ein wenig verletzt, wenn sie nicht gar erschreckt –, verbirgt es die Körper, sosehr es kann. Man betrachte die Pracht der Stoffe, die die Glieder Karls des Kahlen und Franz' I. verhüllen. Haben sie Körper? Am Ende dieser Stoffe erscheinen Hände, schön und beliebig, ebenso Symbole wie die goldene Hand des Zepters. Doch weil der Maler auch die Schwäche nicht zur Schau stellen will, verringert er diskret das Fleisch der Gesichter so sehr, dass er es auf eine bloße *Idee* von Fleisch reduziert. Die Wangen Franz' I., sind das Wangen? Nein, sondern der reine Begriff von Wangen: die Wangen verraten die Könige, und man muss ihnen misstrauen. Danach kümmert sich der Künstler, wie es sich gehört, um die Ähnlichkeit. Aber auch diese darf uns nicht zu weit führen. Diese Nase Franz' I. war lang und hängend. So erscheint sie auf dem Porträt: aber entkörperlicht. In Wirklichkeit zog sie alle Gesichtszüge nach unten. Auf dem Bild ist sie sorgfältig von der Physiognomie abgetrennt, für das Ganze bedeutet sie nichts; sie stört bei dem Kopf ebenso wenig, wie wenn sie eine Adlernase wäre. Die wirklichen Gesichtsausdrücke, List, gehetzte Unruhe, Gemeinheit, haben ja keinen Platz auf diesen Porträts. Schon bevor der Maler seinem Modell begegnet, kennt er bereits die Miene, die er auf der Leinwand festhalten muss: ruhige Kraft, Heiterkeit, Strenge, Gerechtigkeit. Muss er denn nicht beruhigen, überzeugen, einschüchtern? Die Menge der Gutgesinnten wünscht, dass man sie vor dem naiven Eindruck schützt, der von selbst zur Respektlosigkeit führt; die Gutgesinnten sind nie aus freiem Antrieb unehrerbietig. Deshalb besteht die Funktion des offiziellen Porträts darin, die Einheit des Fürsten und seiner Untertanen zu verwirklichen. Man hat begriffen, dass das offizielle Porträt, das den Menschen vor sich selbst schützt, ein religiöser Gegenstand ist. Er hatte nicht unrecht, jener Tyrann, der sein Bildnis an einen Mast hängte, auf dem großen Platz der Stadt, und befahl, dass es gegrüßt würde. An die Spitze eines Mastes, wie ein Totem: das ist der Platz der Paradegemälde. An die Spitze eines Mastes, und sie sollen gegrüßt werden, sehr gut. Danach ist es vielleicht nicht sehr notwendig, sie anzusehen.

*1939*

EUGEN KOGON

# Der Mensch als Material

---

*Von 1939 bis 1945 war er im Konzentrationslager Buchenwald – und lieferte 1946 einen ersten umfassenden Blick ins Innere eines Systems, das unmenschlich zu nennen man allenthalben geneigt ist – das aber nichts ist als eine Erfindung von Menschen, bestückt mit Menschen, geleitet von Menschen, bewacht von Menschen.*

*Eugen Kogon (\*1903, †1987), nach dem Krieg Herausgeber der »Frankfurter Hefte«, Moderator des Politmagazins »Panorama« und Professor für Politische Wissenschaften in Darmstadt, stammte aus streng katholischem Hause, promovierte 1927 über den Kooperativstaat des Faschismus, war Redakteur und übernahm 1935 die Vermögensverwaltung des Hauses Sachsen-Coburg-Gotha. Er kam zweimal wegen antinationalsozialistischer Agitation in Haft und wieder frei, bevor er 1938 endgültig interniert wurde. Nach eineinhalb Jahren Untersuchungshaft schickte man ihn ins Konzentrationslager Buchenwald, wo er Mitglied der illegalen Lagerleitung wurde.*

*Fünf Tage nach Befreiung des Lagers durch die Amerikaner am 11. April 1945 beauftragte ihn ein Intelligence Team der Psychological Warfare damit, darzustellen, »wie ein deutsches Konzentrationslager eingerichtet war, welche Rolle es im nationalsozialistischen Staat zu spielen hatte und welches Schicksal über jene verhängt wurde, die von der Gestapo in ein Lager eingewiesen und von der SS dort festgehalten wurden.« Sein Buch Der SS-Staat. Das System der deutschen Konzentrationslager (1946) war für viele Zeitgenossen ein Augenöffner. Man hatte gehört, man hatte geahnt, man hatte gesagt bekommen – hier aber war eine systematische Durchleuchtung der Perfidie eines Systems, das darauf ausgerichtet ist, Menschen als Material zu behandeln, sie ohne Rücksicht auf Verluste als Arbeitskräfte auszubeuten, gegeneinander auszuspielen und – wenn nutzlos, weil arbeitsunfähig geworden – krepieren zu lassen. »Die deutschen Konzentrationslager waren eine Welt für sich – eine Ordnung ohne Recht, in die der Mensch geworfen wurde, der nun mit all seinen Tugenden und Lastern – mehr Lastern als Tugenden – um die nackte Existenz und das Überleben kämpfte.«*

ALLES, WAS DIE SS daher in den KL [Konzentrationslagern] durchgeführt hat, der Einzelne sowohl wie das Rudel, ist *psychologisch überhaupt kein Rätsel*: Es waren die Handlungen von Menschen, die so dressiert und in ein solches Feld gestellt worden sind, nachdem sie bestimmte Voraussetzungen intellektueller, emotionaler und sozialer Natur für ihre Verwendung mitgebracht hatten. Sie wurden darauf gedrillt, »Staatsfeinde« zu jagen, »Volksschädlinge« »entsprechend zu behandeln«, »Gegner des Führers« »fertigzumachen«. Was immer sie dabei oder dadurch an Brutalität, an Sadismus, an Habgier, an Korruptheit, an Übersättigung, an Feigheit, an Faulheit, an Wahn aller Art entwickelt haben, ist nicht in einem einzigen Punkte neu. Genau so haben, ganz oder teilweise, alle Barbaren der Weltgeschichte, alle Massenmörder, die Lustmörder, die primitiven Fanatiker gehandelt. Dass es SS-Lagerärzte gab, die verruchte Experimente an Frauen ausführten, Bunkerwärter, die jede Grausamkeit verübten, Scharführer, die in Blut wateten und dann, wie sie da waren, nach Hause gingen, um brav und bieder mit ihren ahnungslosen Kindern zu spielen oder ihre betrogenen Ehefrauen zu umarmen, das sind bekannte pathologische Erscheinungen der menschlichen Seele: Die Natur schafft sich, um unter dem Druck der Naturwidrigkeit überhaupt noch bestehen zu können, also bevor Bewusstseinsspaltung, Wahnsinn oder Umnachtung eintritt, ein System voneinander abgetrennter Erlebniskammern und flüchtet oder schleicht sich oder schreitet voll Stolz von der des Schreckens in die der Einfalt, aus dem Raum des Grauens in eine Behausung der Illusionen von Friede, Liebe und Güte. Haben nicht viele Verbrecher, Totschläger, Quäler unschuldige Kinder geliebt? Warum sollte also nicht Göring ein Gesetz gegen die Vivisektion erlassen, Hitler mit Vorliebe von kleinen Mädchen Blumensträuße entgegengenommen, Himmler das ehrsame deutsche Familienleben gepriesen und jeder SS-Mann ein weiches Empfinden gegenüber seinen Kindern und Hunden gehabt haben? Das alles ist absonderlich, krank, pervers, ist objektive Heuchelei vergewaltigter, verleugneter, unterdrückter Gewissen, aber es ist nicht neu, so wenig neu wie die Korruption, die in den Reihen jeder Schicht unweigerlich hochschießt, die keine tief verwurzelte sittliche Überzeugung hat, jedoch die Freiheit besitzt, unkontrolliert ihren geheiligten Neigungen zu leben. »Eine Erklärung für meine Handlungsweise finde ich nicht«, sagte Kommandant Koch von Buchenwald während seines Prozesses dem SS-Untersuchungsführer, »es sei denn, dass ich von meinen Vorgesetzten verwöhnt wurde. Alles, was ich vorschlug und tat, wurde gutgeheißen. Ich erntete nur Lob und Lorbeeren. Kritisch geprüft hat mich niemand. Dies stieg mir in den Kopf. Ich wurde damals größenwahnsinnig ...« Wie der Herr, so's Gescherr; – war es bei Hitler vielleicht anders? Hier handelt es sich nicht um unbekannte Geheimnisse der menschlichen Natur, sondern um Verstöße gegen einfache psychologische Grundgesetze in der menschlichen Entwicklung von Minderwertigen. Die Minderwertigkeit, ob sie nun im Verstand, im Gemüt, im Willen, in der Fantasie oder in der vielfältigen Vergesellschaftung der Eigenschaften der menschlichen Seele lag, führte sie zur SS, wo sie ohne viel Federlesens unter behaupteten Höherwertigkeiten Unterschlupf fand, hielt sie darin fest und trieb sie von Laster zu Laster, von Verbrechen zu Verbrechen. Das Verhalten jedes einzelnen SS-Angehörigen, in welcher Gradabstufung immer, war für dieses Grundverhalten und das System typisch. ...

War die Einlieferung in das KL der Schock, der den Neuling bereits in die eine oder in die andere Richtung warf, und hatte die dem Anfangsentsetzen folgende Empörung oder Verzweiflung darüber entschieden, ob man allmählich inneren Abstand und damit die Möglichkeit zur seelischen Verarbeitung des neuen Daseins gewann oder binnen Kurzem zugrunde ging, dann setzte im ersten Fall der Prozess der Gewöhnung, der *individuellen charakterlichen Umwandlung* ein. Je nachdem, wie bewusst und entschlossen man in diesem zweiten Stadium das neue Ziel ins Auge fasste, umso leichter und rascher fand man den Weg zur »Normalität des Anormalen«. Diese Zeit der ersten Anpassung war voll von Gefahren. An allen Enden eckte man an, der Seele sollten Schwielen wachsen wie den Händen. Denn diese »Gemeinschaft« nahm auf den Neuen tragischer-, aber verständlicherweise erst dann Rücksicht, wenn er sich ihr grundsätzlich angeglichen hatte. Tragischerweise, weil er Schutz und Rücksichtnahme gerade in der ersten Zeit am nötigsten gehabt hätte; verständlicherweise, weil sie doch eine gegen die SS täglich und stündlich um das Leben kämpfende Gemeinschaft war, die im Maße ihrer Schwächen und Blößen, also nach der Masse ihrer Schwachen und Bloßen gequält wurde. Es war ein furchtbarer »natürlicher Ausleseprozess«. Möge die Welt nach solchen Beispielen künftighin von allen Propheten der Segnungen des »Kampfes ums Dasein«, das heißt der Übertragung der Gesetze des Dschungels auf die menschliche Gesellschaft, verschont bleiben. Am sichersten drang man ins Innere ein, ohne schon am Rande gefressen zu werden, wenn man getreulich auf die Ratschläge wohlmeinender Kameraden hörte. Es fanden sich immer einige, die den Neuankömmling nicht mit Brutalität, sondern mit einer guten Sachlichkeit in Empfang nahmen. Mithilfe dieser Bekannten, Genossen, Kameraden oder Freunde musste man sich so mutig und so unauffällig wie möglich in die Eigenerfahrung hineintasten. Wehe, wenn jemand gar niemanden hatte, der ihm ein wenig an die Hand gegangen wäre!

Nach etwa einem halben Jahr fing man an, »Konzentrationär« zu werden, das heißt, einen *besonderen seelischen Typ* zu entwickeln, der meist im Laufe von weiteren zwei oder drei Jahren voll ausgebildet wurde. Nicht zufällig ließen einen die »Alten« vorher kaum gelten. Es brauchte tatsächlich lange, bis die Seele, die einer festen Welt entrissen und in eine auf Leben und Tod wild bewegte geworfen war, ihren neuen inneren Schwerpunkt gefunden hatte.

Der veränderte seelische Zustand bezeichnete keineswegs den Wertunterschied gut oder schlecht; er wurde beiden gleicherweise eigen. Sein Hauptmerkmal war die *seelische Primitivierung*. Der Empfindungsreichtum wurde fast automatisch herabgesetzt. Die Seele schuf sich eine schützende Kruste, eine Art Abwehrpanzer, der nicht mehr jeden starken Eindruck zur Empfindungsmembran durchließ. Schmerz, Mitleid, Trauer, Entsetzen, Grauen, Beifall hätten in ihrer normalen Unmittelbarkeit die Aufnahmefähigkeit des menschlichen Herzens gesprengt, der Schrecken, der überall lauerte, es mühelos zum Stillstand gebracht. Man wurde hart, viele sind abgestumpft. Es war der gleiche Vorgang wie im Krieg. Ein barbarisches Lachen, ein grausamer Witz waren oft nichts anderes als abwehrender Selbstschutz der Seelen, die vor der Gefahr der Umdüsterung oder der Hysterie standen. Es gab in den KL zwar viele sterbende Blutzeugen, aber wohl nur wenige lebendige Heilige – obgleich die Lager ein Feld für sie gewesen wären! –, und so haben wir armen Seelen eben gelacht, um nicht erstarren und sterben zu müssen. Die Primitivierung durchzog im Gegensatzpaar von gut und schlecht alle seelischen Eigenschaften. Die einen wurden hart, um helfen zu können, wie ein Arzt als Mensch fühlt und als Heilender doch nicht fühlt, die anderen grausam bis zum Sadismus unter verdrängten sexuellen Antrieben. Die einen entwickelten ihren angeborenen Optimismus bis zur illusionistischen Leichtgläubigkeit, die gierig jeder Parole nachlief, die anderen steigerten ihr kritisches Unterscheidungsvermögen zu pessimistischem Misstrauen.

Kampfentschlossenheit konnte im Abenteurertum enden, Feigheit in der vollen Angleichung an das Sklavendasein. Wie hätten Sie sich verhalten, Mann oder Frau, wenn Sie aus dem bergenden Karree von zehntausend Menschen plötzlich herausgerufen, allen sichtbar auf einen Steinhaufen gestellt, nackt ausgezogen und dann ausgepeitscht worden wären? Hätten Sie gebrüllt, gewinselt oder mit blutig gebissenen Lippen geschwiegen? Wären Sie beim Rückweg in Dreck und Fetzen vor Scham über die erlittene Schmach vergangen oder hätten Sie auch den letzten Tritt eines SS-Stiefels, der Sie in die Häftlingsgemeinschaft zurückstieß, mit übermenschlicher, stolzer Härte verwunden? Primitiviert mussten Sie in jedem Fall sein, wenn Sie bestehen wollten. Dann nahmen dich die Kameraden mit einem rauen Witz, der das Mitleid verhüllte, auf und pflegten dich, ohne viel Umstände und Aufhebens zu machen, heimlich gesund.

Hinter dem schützenden Seelenpanzer entwickelte sich jedoch bei nicht wenigen eine Gewissensverfeinerung, die in manchen Fällen außerordentliche Grade erreicht hat. Sittliches Bewusstsein und echte Religiosität, die ihren Sitz im innersten Persönlichkeitskern haben, sind unter dem starken Anruf, der von den Menschlichkeiten und Unmenschlichkeiten eines Konzentrationslagers ausging, unter der Voraussetzung, dass ein Mensch überhaupt sittlich und religiös war, eher gefördert worden. Den Lagerverhältnissen entsprechend konnte ihr Vorhandensein und ihre Wirksamkeit nur selten offen in Erscheinung treten, umso weniger, als gerade die sichtbar herrschenden Schichten in den Lagern nie religiös, höchstens politisch, nur in Ausnahmefällen nach hohen ethischen Maßstäben gewissenhaft waren. Infolgedessen wird es alterfahrene Konzentrationäre genug geben, die bestreiten würden, dass Religiosität und sittliches Bewusstsein eine erhebliche Rolle gespielt haben. Aber so wenig der gewöhnliche Häftling die wahren Zusammenhänge des Lagers gekannt hat, in dem er lebte, so wenig, ja noch weniger wussten die meisten Lagerfunktionäre von der Innenwelt Tausender, die ihnen unterstellt waren. Mehr denn je wurde mir das klar, wenn ich sie ratlos vor der Leiche eines ihrer bedeutenderen Genossen sah, der plötzlich nach sieben, acht oder zehn Jahren Haft, den ersten Strahl der Freiheit beinahe schon im Auge, Selbstmord begangen hatte. Die Erklärungen, die sie sich abrangen, waren ein armseliges Gestammel. Da ihnen die Abgründigkeit menschlichen Seelenlebens fremd war, konnten sie nicht einmal ahnen, was sich in den Gewissen so vieler Katholiken, evangelischer Christen, orthodoxer Juden und anderer Kameraden, die in besten humanitären Überlieferungen aufgewachsen waren, abspielte. Bei manchem konnte die Spannung zwischen fortschreitender Gefühlsprimitivierung und zunehmender Gewissensempfindlichkeit nur in einer verstärkten Religiosität, mochte sie naiv oder erleuchtet sein, ihre Lösung finden. Sie flüchteten vor dem eigenen Dunkel vertrauensvoll in das Licht der göttlichen Vatergüte, die dem gläubigen Auge selbst in der tragischsten Welt der Irrtümer und Wirrnisse deutlich erkennbar ist. Der Verlust dieser Gewissheit endete in neurotischen Zerrissenheiten oder in einem Aktivismus, der subjektiv keinen sittlichen Wert mehr besaß. Am heilsten blieb die anima candida, die leuchtendreine Seele, die alles so gut zu machen trachtete, als es eben ging, nirgendwo Ärgernis nahm, was immer ihr begegnen mochte, und unentwegt das Schlechte von sich abtat. Solche Menschen hat es in den Lagern gegeben, und man darf von ihnen mit einem Wort des Evangeliums sagen: Pertransierunt benefaciendo – ihr Wandel war Wohltat und Licht für uns andere. Nur durfte man sie nicht in Stellungen bringen, wo lagerwichtige Entscheidungen zu fällen waren! Wenn die SS von Politischen verlangte, dass sie die Aussonderung »nicht lebensfähiger« Häftlinge zur vorbestimmten Tötung vornahmen, und die Weigerung das Ende der roten Vorherrschaft, das Hochkommen der Grünen zur Folge hatte, dann musste man bereit sein, Schuld auf sich zu nehmen. Man hatte nur die Wahl zwischen aktiver Beihilfe und vermeintlichem Rückzug aus der Verantwortung, der nach allen Erfahrungen weit Schlimmeres heraufbeschwor. Je zarter das Gewissen war, desto schwerer musste die Entscheidung fallen. Da sie fallen musste, und zwar rasch, war es wohl besser, dass robustere Gemüter sie trafen, damit wir nicht alle Märtyrer wurden, sondern als Zeugen am Leben blieben. Wer dürfte wagen, solche Kameraden zu verurteilen?

## 1940

# WINSTON CHURCHILL
## Blood, Toil, Tears, and Sweat

*»Sie fragen: Was ist unser Ziel? Ich kann es in einem Wort sagen: Sieg – Sieg um jeden Preis, Sieg trotz allem Schrecken, Sieg, wie lang und beschwerlich der Weg dahin auch sein mag; denn ohne Sieg gibt es kein Weiterleben.«*

*Es war sein erster Auftritt vor dem Unterhaus am 13. Mai 1940 nach seinem Amtsantritt als Premierminister drei Tage zuvor. Winston Leonard Spencer-Churchill (\* 1874, † 1965) gilt als der bedeutendste britische Staatsmann des 20. Jahrhunderts. Er war Premierminister von 1940 bis 1945 und von 1951 bis 1955. 1953 erhielt er den Nobelpreis für Literatur »für seine Meisterschaft in der historischen und biografischen Darstellung sowie für die glänzende Redekunst, mit welcher er als Verteidiger von höchsten menschlichen Werten hervortritt«.*

FREITAGABENDS ERHIELT ICH den Auftrag Seiner Majestät, eine neue Regierung zu bilden. Es war der deutliche Wunsch und Wille des Parlaments und der Nation, dass diese Regierung auf einer möglichst breiten Basis gebildet werden und alle Parteien einschließen solle, sowohl diejenigen, die die vorige Regierung unterstützt haben, als auch die Oppositionsparteien. Ich habe den wichtigsten Teil dieser Aufgabe bereits erfüllt. Es wurde ein aus fünf Ministern bestehendes Kriegskabinett gebildet, das durch die Aufnahme der oppositionellen Liberalen die Einheit der Nation repräsentiert. Die Führer der drei Parteien haben sich bereiterklärt, an der Regierung teilzunehmen, sei es im Kriegskabinett oder in hohen Regierungsfunktionen. Die drei militärischen Ressorts sind besetzt. Es war notwendig, dies binnen eines Tages zu tun, in Anbetracht der außerordentlichen Dringlichkeit und Schwere der Ereignisse. Eine Anzahl anderer Funktionen von entscheidender Wichtigkeit sind gestern vergeben worden, und ich unterbreite Seiner Majestät heute Abend eine weitere Liste. Ich hoffe, die Ernennung der hauptsächlichsten Minister während des morgigen Tages abschließen zu können. Die Bestellung der anderen Minister nimmt gewöhnlich etwas längere Zeit in Anspruch; ich bin jedoch gewiss, dass bis zur nächsten Unterhaussitzung auch dieser Teil meiner Aufgabe erledigt und die Regierungsbildung in jeder Hinsicht abgeschlossen sein wird.

Ich habe es im öffentlichen Interesse als notwendig erachtet, die Einberufung des Hauses für heute vorzuschlagen. Der Sprecher des Unterhauses war einverstanden und unternahm die notwendigen Schritte gemäß der Vollmacht, die ihm durch Parlamentsbeschluss übertragen worden ist. Am Ende der heutigen Sitzung wird die Vertagung des Unterhauses auf Dienstag, den 21. Mai, beantragt werden, wobei natürlich Vorkehrungen für eine eventuell notwendige frühere Einberufung getroffen werden. Die Geschäftsordnung der nächsten Sitzung wird den Abgeordneten so bald als möglich bekannt gegeben werden. Ich bitte nun das Haus, durch Annahme der von mir eingebrachten Resolution den unternommenen Schritten seine Zustimmung zu geben und der neuen Regierung sein Vertrauen auszusprechen.

Eine Regierung von solchem Ausmaß und solcher Vielgestaltigkeit zu bilden, ist an sich eine schwere Aufgabe; man muss aber bedenken, dass wir uns im Anfangsstadium einer der größten Schlachten der Weltgeschichte befinden, dass wir an vielen Punkten Norwegens und Hollands kämpfen, dass wir im Mittelmeer kampfbereit sein müssen, dass der Luftkrieg ohne Unterlass weitergeht und dass wir hier im Lande viele Vorbereitungen treffen müssen. Ich hoffe, man wird es mir verzeihen, wenn ich in dieser kritischen Lage mich heute nicht mit einer längeren Ansprache an das Haus wende. Ich hoffe, dass jeder meiner Freunde und jeder meiner jetzigen oder früheren Kollegen, der von der Regierungsbildung berührt ist, den etwaigen Mangel an Förmlichkeit nachsehen wird, mit dem wir vorgehen mussten. Ich möchte dem Hause dasselbe sagen, was ich den Mitgliedern dieser Regierung gesagt habe: »Ich habe nichts zu bieten als Blut, Mühsal, Tränen und Schweiß.«

Uns steht eine Prüfung von allerschwerster Art bevor. Wir haben viele, viele lange Monate des Kämpfens und des Leidens vor uns. Sie werden fragen: Was ist unsere Politik? Ich erwidere: Unsere Politik ist, Krieg zu führen, zu Wasser, zu Lande und zur Luft, mit all unserer Macht und mit aller Kraft, die Gott uns verleihen kann; Krieg zu führen gegen eine ungeheuerliche Tyrannei, die in dem finstern, trübseligen

Katalog des menschlichen Verbrechens unübertroffen bleibt. Das ist unsere Politik. Sie fragen: Was ist unser Ziel? Ich kann es in einem Wort nennen: Sieg – Sieg um jeden Preis, Sieg trotz allem Schrecken, Sieg, wie lang und beschwerlich der Weg dahin auch sein mag; denn ohne Sieg gibt es kein Weiterleben. Möge man darüber im Klaren sein: kein Weiterleben für das britische Weltreich; kein Weiterleben für all das, wofür das britische Weltreich eingetreten ist; kein Weiterleben für den jahrhundertealten Drang und Impuls des Menschengeschlechts, seinem Ziel zuzustreben. Doch ich übernehme meine Aufgabe voll Energie und Hoffnung. Ich bin dessen gewiss, dass es nicht geduldet werden wird, dass unsere Sache Schiffbruch erleide. So fühle ich mich in diesem Augenblick berechtigt, die Hilfe aller zu fordern, und ich rufe: »Auf denn, lasst uns gemeinsam vorwärtsschreiten mit vereinter Kraft.«

# 1944

## LUIS BUÑUEL

# Der keinen Freund kennt: Porträt von Salvador Dalí

*Im folgenden Text lässt uns der spanische Wahlmexikaner erahnen, auf was für Fallen ein vom Faschismus aus Europa vertriebener Künstler in Amerika gefasst zu sein hatte, wenn sich dort seine Wege mit denen eines spanischen Landsmanns kreuzten. Aus der Zusammenarbeit der beiden Künstler war 1929 der berühmteste surrealistische Film hervorgegangen:* Un chien andalou (Ein andalusischer Hund). *Im Gegensatz zum Filmemacher wurde der Maler von den amerikanischen Behörden in Frieden gelassen, woraus allerdings nicht ohne Weiteres auf dessen Wohlverhalten geschlossen werden darf: »Im Februar 1939 sagte Dalí, dass alle gegenwärtigen Unruhen in der Welt rassischen Ursprungs seien, und die beste Lösung bestünde in einer Übereinkunft aller weißen Rassen, die dunklen in Sklaverei zu zwingen ...«, so erläutert André Breton den Bruch der Surrealistengruppe mit dem Spanier. War und ist Faschismus nicht fast zu jeder Zeit und überall auf der Welt erlaubt? (Meistenteils sehen auch kommunistische Diktatoren in ihm kaum eine Gefahr, droht doch von ihm kein Ruf nach Freiheit.)*

*Luis Buñuel (\* 1900, † 1983), der seit 1946 in Mexiko gelebt und gedreht hat, kehrt 1960 ins Franco-Spanien zurück, um zum Missfallen exilierter Republikaner in Madrid zu drehen. Der Film* Viridiana *gewinnt im Jahr darauf in Cannes die Goldene Palme, in Spanien ergeht ein landesweites Verbot. Dalí lebt derweil mit seiner Frau Gala in Port Lligat an der Costa Brava. Der Blasphemist ist zum katholischen Glauben zurückgekehrt, abgesegnet 1949 durch eine Privataudienz bei Papst Pius XII.*

*Buñuels Memoiren* Mon dernier soupir *wurden 1982 in Paris veröffentlicht.*

IN SEINEM BUCH *Das geheime Leben von Salvador Dalí*, das damals erschien, stellte er mich als Atheisten dar – das war in gewisser Weise ein noch schlimmerer Vorwurf als der, jemand sei Kommunist.

Ein gewisser Mr Prendergast, Vertreter der katholischen Interessen in Washington, begann zu der Zeit, seinen Einfluss in Regierungskreisen geltend zu machen, damit das Museum mich vor die Tür setze. Ich selbst hatte von alledem keine Ahnung. Meinen Freunden gelang es ein Jahr lang, jedes Aufsehen um die Angelegenheit zu vermeiden und die Sache auch vor mir geheim zu halten.

Eines Tages komme ich in mein Büro und finde meine beiden Sekretärinnen in Tränen aufgelöst. Sie zeigen mir einen Artikel in der Filmzeitschrift *Motion Picture Herold*, in dem steht, dass eine merkwürdige Figur namens Luis Buñuel, der Autor eines absolut skandalösen Films mit dem Titel *Ein andalusischer Hund*, eine verantwortungsvolle Stellung im Museum of Modern Art innehabe.

Ich zucke die Achseln – schon früher bin ich beschimpft worden, das ist mir egal –, aber meine Sekretärinnen versichern mir: Nein, das ist sehr ernst. Ich gehe in den Vorführraum, und der Vorführer, der den Artikel auch gelesen hat, empfängt mich mit mahnend erhobenem Zeigefinger: *»Bad boy!«*

Ich gehe zu Iris Barry. Auch sie finde ich in Tränen. Man hätte meinen können, ich sei zum Tod auf dem elektrischen Stuhl verurteilt worden. Sie erzählt mir, dass das State Department unter dem Druck von Mr Prendergast schon seit einem Jahr, seit dem Erscheinen von Dalís Buch, vom Museum meine Entlassung verlange. Durch den Artikel sei die Affäre nun an die Öffentlichkeit gelangt.

Es war der Tag, an dem die amerikanischen Flotten in Afrika landeten. Iris rief den Museumsdirektor, Mr Alfred Barr, an, der mir empfahl, mich zur Wehr zu setzen.

Ich zog es vor zu kündigen und befand mich von einem Tag auf den anderen wieder auf der Straße. Wieder eine schwarze Zeit, und das umso mehr, als mein Ischias zeitweilig so schlimm war, dass ich mich nur mit Krücken fortbewegen konnte. Durch die Vermittlung Vladimir Pozners bekam ich eine Anstellung, bei der ich den Kommentar zu Filmen für die amerikanische Armee aufzunehmen hatte, über das Pionierkorps, die Artillerie und so weiter. Die Filme wurden in ganz Lateinamerika gezeigt. Ich war dreiundvierzig.

Nach meiner Kündigung verabredete ich mich eines Tages mit Dalí in der Bar des Sherry Netherland. Er erscheint pünktlich und bestellt Champagner. Ich bin wütend, drauf und dran, ihn zu verprügeln, und sage ihm, er sei ein Schwein – seinetwegen säße ich auf der Straße. Den Satz, den er mir zur Antwort gab, werde ich nie vergessen.

»Hör mal zu«, sagte er, »dieses Buch habe ich geschrieben, um mir einen Denkmalsockel zu errichten. Nicht dir.«

Die für ihn bestimmte Ohrfeige habe ich in der Tasche behalten. Der Champagner tat seine Wirkung, ebenso die Erinnerungen und die Gefühle, und wir haben uns fast freundschaftlich getrennt. Aber der Bruch war tief. Ich habe Dalí nur noch einmal wiedergesehen.

Picasso war Maler und nur Maler. Dalí ging weit darüber hinaus. Gewisse Seiten seines Charakters sind abscheulich, seine Manie der Selbstreklame, des Exhibitionismus, die angestrengte Bemühung um originelle Gesten und Sätze, die für mich so alt sind wie »Liebe deinen Nächsten wie dich selbst« – trotzdem ist er ein authentisches Genie, ein Schriftsteller, ein Plauderer, ein Denker ohnegleichen. Lange Zeit sind wir enge Freunde gewesen, und unsere gemeinsame Arbeit am Drehbuch zum *Andalusischen Hund* hat bei mir die wundervolle Erinnerung einer vollkommenen Übereinstimmung der Neigungen hinterlassen.

Es ist wenig bekannt, dass er so unpraktisch ist wie kaum ein zweiter. Er gilt als toller Geschäftsmann, als harter Geldmensch. In Wirklichkeit hatte er, bevor er Gala traf, überhaupt keinen Sinn für Geld. Wenn er eine Fahrkarte brauchte, musste sich Jeanne, meine Frau, darum kümmern. Als wir in Madrid einmal mit Lorca zusammen waren, sagte Federico zu ihm, er solle auf der gegenüberliegenden Straßenseite der Calle de Alcalá Karten fürs Apollo kaufen, wo eine Operette, eine Zarzuela, gegeben wurde.

Dalí geht und bleibt eine gute halbe Stunde weg, dann kommt er ohne Karten zurück und erklärt: »Da komme ich nicht mit. Ich weiß nicht, wie man das macht.«

In Paris musste ihn eine Tante an der Hand nehmen, damit er über die Straße kam. Wenn er zahlte, vergaß er, sich das Wechselgeld herausgeben zu lassen, und dergleichen mehr. Unter dem Einfluss Galas, die ihn hypnotisierte, fiel er von einem Extrem ins andere und machte aus dem Geld – oder vielmehr dem Gold – den Gott, der die ganze zweite Hälfte seines Lebens beherrschen sollte. Aber ich bin sicher, dass ihm der wirkliche Sinn fürs praktische Leben auch heute noch abgeht.

Einmal ging ich zu ihm in sein Hotel am Montmartre und traf ihn mit nacktem Oberkörper und einem Verband auf dem Rücken an. Er hatte geglaubt, eine Wanze oder irgendein anderes Tier auf seinem Rücken zu spüren – in Wirklichkeit war es ein Pickel oder eine Warze –, und sich mit einer Rasierklinge den Rücken aufgeschnitten und geblutet wir ein Irrer. Der Hotelbesitzer hatte einen Arzt rufen lassen. Das alles wegen einer eingebildeten Wanze.

Er hat so viele Lügen erzählt – dabei kann er in Wirklichkeit gar nicht lügen. Zum Beispiel hat er, um das amerikanische Publikum zu schockieren, geschrieben, beim Anblick der Dinosaurierskelette in einem Naturgeschichtsmuseum habe ihn eine so heftige sexuelle Erregung ergriffen, dass er Gala unbedingt auf dem Flur habe sodomisieren müssen. Das stimmt ganz sicher nicht. Aber er ist so von sich selbst begeistert, dass ihm alles, was er sagt, mit der blinden Macht der Wahrheit schlägt.

Sein Sexualleben war praktisch nicht vorhanden. Er war ein Fantast mit leicht sadistischen Neigungen. Er war gänzlich asexuell – in seiner Jugend machte er sich unentwegt über seine Freunde lustig, die liebten und hinter Frauen her waren –, bis zu dem Tag, an dem Gala ihn entjungferte. Da schrieb er mir einen sechs Seiten langen Brief, in dem er mir auf seine Weise alle Wunder der körperlichen Liebe erklärte.

Gala ist die einzige Frau, mit der er richtig geschlafen hat. Hin und wieder hat er auch andere Frauen charmiert, amerikanische Millionärinnen vor allem, aber er begnügte sich dann etwa damit, sie in seiner Wohnung zu entkleiden, zwei Spiegeleier zu braten, sie ihnen auf die Schultern zu applizieren und sie dann ohne ein weiteres Wort wieder wegzuschicken.

Als er in den Dreißigerjahren zum ersten Mal nach New York kam – ein Galerist hatte die Reise arrangiert –, wurde er

Millionären vorgestellt, von denen er schon damals fasziniert war, und zu einem Maskenball eingeladen. Ganz Amerika stand noch unter dem Schock der Entführung des Lindbergh-Babys. Gala erschien auf dem Ball in Kinderkleidern und mit blutigen Striemen auf Gesicht, Hals und Schultern, und Dalí stellte sie vor:

»Sie ist verkleidet als das ermordete Lindbergh-Baby.«

Man fand das gar nicht komisch. Es ging um eine geradezu sakrosankte Gestalt, eine Geschichte, an der man sich nicht vergreifen durfte. Nachdem ihm der Galerist den Kopf gewaschen hatte, trat Dalí schnell den Rückzug an und erklärte den Journalisten in kryptopsychoanalytischen Begriffen, Galas Kostüm sei vom X-Komplex inspiriert und sie sei ein Freud'scher Transvestit.

Wieder in Paris, wurde er vor die Gruppe zitiert. Sein Vergehen war schwer: Er hatte öffentlich einen surrealistischen Akt abgeleugnet. André Breton hat mir selbst erzählt – ich war nicht dabei –, Salvador Dalí sei bei dieser Zusammenkunft auf die Knie gefallen und habe mit gefalteten Händen und tränennassen Augen geschworen, die Journalisten hätten nicht die Wahrheit geschrieben, er habe ausdrücklich erklärt, es handle sich um das ermordete Lindbergh-Baby.

Als er in den Sechzigerjahren in New York wohnte, haben ihn einmal drei Mexikaner besucht, die einen Film vorbereiteten: Carlos Fuentes, der das Drehbuch geschrieben hatte, Juan Ibáñez, der Regie führen sollte, und der Produktionschef Amerigo.

Sie hatten nur eine Bitte an Dalí: ihn filmen zu dürfen, wenn er in die Bar des San Regis käme und wie immer mit einem kleinen Panther oder Leoparden an einer Goldkette an seinen Stammplatz ginge.

Dalí empfing sie in der Bar und schickte sie sofort zu Gala, »die sich um solche Dinge kümmert«.

Gala empfängt sie, lässt sie Platz nehmen und fragt, was sie wünschten.

Sie tragen ihre Bitte vor, Gala hört zu und fragt dann:

»Essen Sie gern Steak? Ein gutes, dickes, zartes Steak?«

Leicht aus der Fassung gebracht und in der Annahme, das sei eine Essenseinladung, bejahen die drei.

Darauf Gala:

»Sehen Sie, Dalí isst auch sehr gern Steak. Und wissen Sie, was ein gutes Steak kostet?«

Sie wissen nicht, was sie sagen sollen.

Darauf verlangt sie einen unerhörten Preis, zehntausend Dollar, und die drei ziehen unverrichteter Dinge wieder ab.

Dalí hat einmal geschrieben, es gebe für ihn nichts Aufregenderes als das Schauspiel eines Eisenbahnwagens dritter Klasse voller toter, bei einem Unfall zerquetschter Arbeiter. Dabei hatte er, wie Lorca, eine fürchterliche Angst vor physischen Schmerzen und vor dem Sterben.

Den Tod entdeckte er an dem Tag, an dem ein Fürst, den er kannte, eine Art Experte für alle Fragen des mondänen Lebens, nämlich der Fürst Mdivani, den der Maler Jose-Maria Sert nach Katalonien eingeladen hatte, bei einem Autounfall ums Leben kam. An dem Tag waren Sert und die meisten Gäste an Bord einer Yacht auf dem Meer, Dalí war in Palamós geblieben, um zu arbeiten. Ihm wurde die Nachricht vom Tod des Fürsten Mdivani gebracht. Er fuhr zur Unfallstelle und erklärte, er sei fassungslos.

Der Tod des Fürsten war für ihn ein richtiger Tod. Das war etwas anderes als ein Waggon voller Arbeiterleichen.

Seit fünfunddreißig Jahren haben wir uns nicht mehr gesehen. Als ich 1966 in Madrid mit Carrière am Drehbuch zu *Belle de Jour* arbeitete, bekam ich aus Cadaqués und – der Gipfel des Snobismus – auf Französisch ein seltsames, gestelztes Telegramm, in dem er mich bat, doch unverzüglich zu ihm zu kommen, um mit ihm die Fortsetzung zum *Andalusischen Hund* zu schreiben. »Ich habe Ideen«, erklärte er, »über die du Freudentränen vergießen wirst«, und er sei auch bereit, falls ich nicht nach Cadaqués fahren könne, sofort nach Madrid zu kommen.

Ich habe ihm mit einem spanischen Sprichwort geantwortet: »*agua pasada no mueve molinos* – verflossenes Wasser bewegt keine Mühle«.

Etwas später schickte er mir noch ein Telegramm und gratulierte mir zu dem Goldenen Löwen, den *Belle de Jour* in Venedig bekommen hatte. Er wollte auch, dass ich bei einer Zeitschrift mitmachte, die er lancieren wollte und die *Rhinocéros* heißen sollte. Ich habe ihm nichts geantwortet.

Für die große Pariser Dalí-Ausstellung, 1979 im Beaubourg, habe ich das Porträt, das er von mir gemalt hatte, als wir Studenten in Madrid waren, zur Verfügung gestellt, ein sehr genaues Porträt, für das er die ganze Leinwand in kleine Vierecke aufteilte und meine Nase, meine Lippen ganz genau nachmaß. Auf meine Bitte hin fügte er ein paar lang gezogene Wolken hinzu, wie sie mir auf einem Bild von Mantegna gefallen hatten.

Anlässlich dieser Ausstellung hätten wir uns wiedersehen sollen. Aber da das bei einem offiziellen Bankett geschehen sollte, mit Fotografen und Publicity, habe ich es abgelehnt hinzugehen.

Trotz unserer Jugenderinnerungen, trotz der Bewunderung, die ich auch heute noch für einen Teil seines Werkes hege, kann ich ihm doch seinen maßlosen egozentrischen Exhibitionismus, sein zynisches Überlaufen zum Faschismus und vor allem seine ausgesprochene Verachtung für die Freundschaft nicht verzeihen.

In einem Interview habe ich vor ein paar Jahren gesagt, ich würde, bevor ich stürbe, gern noch ein Glas Champagner mit ihm trinken. Er hat das Interview gelesen und gesagt: »Ich auch, aber ich trinke nicht mehr.«

## 1947

# MAX HORKHEIMER UND THEODOR W. ADORNO
## Zur Genese der Dummheit

*»Das geistige Leben ist in den Anfängen unendlich zart.« Wer kann sich dem Reiz dieser Stimme verweigern? »Den Körper lähmt die physische Verletzung, den Geist der Schrecken.« Aber: »In jedem Blick der Neugier eines Tieres dämmert eine neue Gestalt des Lebendigen …«*

*Max Horkheimer (\* 1895, † 1973) und Theodor Wiesengrund Adorno (\* 1903, † 1969), zwei große Herren des deutschen Geistes, siezten sich ein gemeinsames Denker- und Forscherleben lang. Ja, auch Forscherleben, denn die elitäre Musik ihrer philosophischen Hochgebirgstouren in den regenbogenfarbenen Suhrkamp-Taschenbüchern macht leicht vergessen, dass sie ebenso ein wichtiger Ausgangspunkt deutscher Sozialforschung waren, und dies vor, während und nach dem Krieg. Vor dem Krieg waren sie das Institut für Sozialforschung und dessen »Zeitschrift für Sozialforschung«, nach dem Krieg wurden sie außerdem zur Frankfurter Schule. Mit seiner ersten Zweigstelle bezog das Institut im Sommer 1932 bei der Internationalen Arbeitsorganisation (ILO) in Genf Quartier, die seinen Mitarbeitern Zugang zu ihrem reichen statistischen Material über die Wirtschafts- und Arbeitsmarktlage in den großen Industrieländern gewährte. Ab 1933 fand das Institut Gastrecht an der Columbia University in New York und unterhielt eine Dependance an der École Normale Supérieure in Paris. Als Trägerschaft war die Gesellschaft für Sozialforschung durch die Société internationale de recherches sociales mit Hauptsitz in Genf ersetzt worden. Horkheimers umsichtige Vorbereitung der Emigration sicherte dem Institut eine Zukunft nach dem Krieg und die Wiedereröffnung in Frankfurt 1951. Vorrangige Forschungsprojekte der Exiljahre trugen die (späteren Werk-)Titel* Autorität und Familie *und* Der autoritäre Charakter.

DAS WAHRZEICHEN DER INTELLIGENZ ist das Fühlhorn der Schnecke »mit dem tastenden Gesicht«, mit dem sie, wenn man Mephistopheles glauben darf, auch riecht. Das Fühlhorn wird vor dem Hindernis sogleich in die schützende Hut des Körpers zurückgezogen, es wird mit dem Ganzen wieder eins und wagt als Selbstständiges erst zaghaft wieder sich hervor. Wenn die Gefahr noch da ist, verschwindet es aufs Neue, und der Abstand bis zur Wiederholung des Versuchs vergrößert sich. Das geistige Leben ist in den Anfängen unendlich zart. Der Sinn der Schnecke ist auf den Muskel angewiesen, und Muskeln werden schlaff mit der Beeinträchtigung ihres Spiels. Den Körper lähmt die physische Verletzung, den Geist der Schrecken. Beides ist im Ursprung gar nicht zu trennen.

Die entfalteteren Tiere verdanken sich selbst der größeren Freiheit, ihr Dasein bezeugt, dass einstmals Fühler nach neuen Richtungen ausgestreckt waren und nicht zurückgeschlagen wurden. Jede ihrer Arten ist das Denkmal ungezählter anderer, deren Versuch zu werden schon im Beginn vereitelt wurde; die den Schrecken schon erlagen, als nur ein Fühler sich in der Richtung ihres Werdens regte. Die Unterdrückung der Möglichkeiten durch unmittelbaren Widerstand der umgebenden Natur ist nach innen fortgesetzt, durch die Verkümmerung der Organe durch den Schrecken. In jedem Blick der Neugier eines Tieres dämmert eine neue Gestalt des Lebendigen, die aus der geprägten Art, der das individuelle Wesen angehört, hervorgehen könnte. Nicht bloß die Prägung hält es in der Hut des alten Seins zurück, die Gewalt, die jenem Blick begegnet, ist die Jahrmillionen alte, die es seit je auf seine Stufe bannte und in stets erneutem Widerstand die ersten Schritte, sie zu überschreiten, hemmt. Solcher erste tastende Blick ist immer leicht zu brechen, hinter ihm steht der gute Wille, die fragile Hoffnung, aber keine konstante Energie. Das Tier wird in der Richtung, aus der es endgültig verscheucht ist, scheu und dumm.

Dummheit ist ein Wundmal. Sie kann sich auf eine Leistung unter vielen oder auf alle, praktische und geistige, beziehen. Jede partielle Dummheit eines Menschen bezeichnet eine Stelle, wo das Spiel der Muskeln beim Erwachen gehemmt anstatt gefördert wurde. Mit der Hemmung setzte ursprünglich die vergebliche Wiederholung der unorganisierten und täppischen Versuche ein. Die endlosen Fragen des Kindes sind je schon Zeichen eines geheimen Schmerzes, einer ersten Frage, auf die es keine Antwort fand und die es nicht in rechter Form zu stellen weiß. Die Wiederholung gleicht halb dem spielerischen Willen, wie wenn der Hund endlos an der Türe hochspringt, die er noch nicht zu öffnen weiß, und schließlich davon absteht, wenn die Klinke zu hoch ist, halb gehorcht sie hoffnungslosem Zwang, wie wenn der Löwe im Käfig endlos auf und ab geht und der Neurotiker die Reaktion der Abwehr wiederholt, die schon einmal vergeblich war. Sind die Wiederholungen beim Kind erlahmt, oder war die Hemmung zu brutal, so kann die Aufmerksamkeit nach einer anderen Richtung gehen, das Kind ist an Erfahrung reicher, wie es heißt, doch leicht bleibt an der Stelle, an der die Lust getroffen wurde, eine unmerkliche Narbe zurück, eine kleine Verhärtung, an der die Oberfläche stumpf ist. Solche Narben bilden Deformationen. Sie können Charaktere machen, hart und tüchtig, sie können dumm machen – im Sinn der Ausfallserscheinung, der Blindheit und Ohnmacht, wenn sie bloß stagnieren, im Sinn der Bosheit, des Trotzes und Fanatismus, wenn sie nach innen den Krebs erzeugen. Der gute Wille wird zum bösen durch erlittene Gewalt. Und nicht bloß die verbotene Frage, auch die verpönte Nachahmung, das verbotene Weinen, das verbotene waghalsige Spiel, können zu solchen Narben führen. Wie die Arten der Tierreihe, so bezeichnen die geistigen Stufen innerhalb der Menschengattung, ja die blinden Stellen in demselben Individuum Stationen, auf denen die Hoffnung zum Stillstand kam, und die in ihrer Versteinerung bezeugen, dass alles Lebendige unter einem Bann steht.

*1948*

# ALEJO CARPENTIER
## Wo liegt die Heimstatt der Utopie?

*Der magische Realismus ist in der Weltliteratur des vergangenen Jahrhunderts das karibische Vermächtnis. Das »wirklich Wunderbare« – die Formel stammt von ihm – spricht nicht nur Spanisch, sondern hat neben ihm andere Erfinder wie den frankophonen Haitianer René Depestre oder den anglophonen Derek Walcott aus Saint Lucia. Wie seine weist ihre Kompassnadel auf die Heimstatt der Utopie, wohin der lateinamerikanische Mensch noch immer im Aufbruch ist. Er aber ist ein Pate und Supervisor dieser letzten Suche und ein großer transatlantischer Botschafter mit dem richtigen Lebenslauf:*

*Alejo Carpentier y Valmont (\*1904, †1980) war Sohn eines französischen Architekten namens Carpentier und einer russischen Sprachlehrerin namens Valmont. Seine Stationen: 1904 Lausanne, 1905–1927 Havanna, 1928–1939 Paris, 1939–1945 Havanna, 1945–1959 Caracas, 1959–1966 Havanna, 1966–1980 Paris. Seine Gesellschaft in den ersten Pariser Jahren: André Breton, Louis Aragon, Pablo Picasso und andere (nicht nur) Surrealisten. Seine Berufe: In Havanna 1939 Professor für Musikwissenschaft, ab 1959 Fidel Castros Staatsverleger, ab 1966 auf dem Altenteil in der kubanischen Botschaft in Paris, Kulturattaché und zeitweilig Botschafter. Sein Einfluss war magistral: Von Gabriel García Márquez heißt es, er habe nach der Lektüre von Carpentiers* Explosion in der Kathedrale *seinen ersten Entwurf von* Hundert Jahre Einsamkeit *dem Müll überantwortet.*

*Sehr breit ist dieser Weg, ist's doch der Weg der vielen,
sie gehn dahin und suchen, was keiner auf ihm erlangt.*
José de Valdivieso

### DIE LETZTE SUCHE NACH EL DORADO

Nicht alle Conquistadoren wurden vor den Toren einer Werft oder in Betttüchern mit eingesticktem Astrolabium geboren noch hatten alle eine frühe Berufung zum Seefahrer oder Pionier. Einer hatte Schweineherden in die Eichenwälder von Cáceres getrieben; ein anderer war Buchhalter und Agent der Bank der Medici gewesen; wieder andere waren Pagen, Truchsesse, Vihuela-Spieler gewesen; auch Hochgebildete gab es darunter, wie den Gouverneur von Veragua, »ein großer Mann, im Komponieren von Villancicos für die Nacht des Herrn«. Selten hatte ein Conquistador die Statur eines Athleten oder trug die Sturmhaube höher als einer jener hinterhältigen Basken, die der neidische Diego Velásquez ausschickte, um einen Cortés in Ketten zu legen. (Insbesondere Ojeda und Nicuesa fielen durch ihren geringen Wuchs auf.) Darin standen die Conquistadoren, die vor gut zwanzig Jahren an den Karamata und in die Große Savanne kamen und bereit waren, bei diesem Abenteuer bis an die äußersten Grenzen ihrer Möglichkeiten zu gehen, in jeder Hinsicht in der großen Tradition. Die Geschichte, die mit Rodrigo Trianas Ruf: »Land! Land!« begonnen hatte, wurde nach einer Wartezeit von Jahrhunderten von ihnen wieder aufgenommen. Die Welt der seltsamen Formen rund um den braunen Kegel des Roraima sollte endgültig an das übrige Amerika angeschlossen werden, und zwar nach dem Willen eines ebenso kleinwüchsigen wie nervigen und harten Apothekerleins aus dem venezolanischen Carabobo und eines helläugigen Katalanen, der in Barcelona Trikotagen-Fabrikant gewesen war, ehe er den geheimnisvollen Ruf in sich vernahm, der ihn eines schönen Tages in den schillernden – einem Bruder von Johannes Brahms wohlbekannten – Hafen La Guaira verschlug und ihn dazu bestimmte, im Quellgebiet des Caroní Reisen zu unternehmen, die nur mit den bedeutendsten Forschungsreisen auf dem Kontinent vergleichbar sind.[1] Als Lucas Fernández Peña, der Valencianer, an die Ufer des Uairén gelangte – während zur gleichen Zeit Félix Cardona in Begleitung von Juan Mundó zum Fuß des Auyán-Tepuy aufstieg –, war die Große Savanne aufgeteilt unter die wichtigsten Stämme der Taurepan- und der Karamakoto-Indianer, die zu dem großen Konglomerat der karibischen Arekuna-Indianer gehörten. Die primitiven, von den Guaharibos abstammenden Sherishanas und Wapishanas waren talwärts ins Quellgebiet des Cotinga, des Arabapó und des Caura verdrängt worden von Leuten, die fleißiger und erfinderischer waren, die ständig Schleifsteine und Maismahlsteine nötig hatten und Lieder kannten, die zu reiner Lust und Freude gesungen wurden – es muss ja nicht alles, was aus voller Kehle kommt, Krankenbeschwörungs-

Musik und Ventriloquenz für den Hausgebrauch sein –, Leute, die fähig waren zu begreifen, dass ein Korb gewinnt, wenn die Figur eines Froschs rot in ihn eingeflochten wird, und dass es einen seltsamen und schwer zu erklärenden Genuss bereitet, Lehmkügelchen in Schildkröten, Kaimane, Tapire und Ameisenbären zu verwandeln. Aus diesem Grund modellieren die Taurepanes seit ältesten Zeiten den Lehm, und es gibt auch solche, die eine andere Art der Darstellung bevorzugen und zeichnen: Frauen bei der Zubereitung des Kassawe, Zauberkundige beim Aderlass eines Kranken, Jäger beim Abschießen ihrer Pfeile vom Bogen. Wieder andere, die Gelehrtesten, stellen Landkarten her, auf denen die Flüsse zu erkennen sind, die von den vollkommenen Tafelländern des Roraima und des Kukenán herabfließen.

Vor nicht sehr ferner Zeit führten die Taurepanes und die Karamakotos blutige Kriege gegeneinander. Aber seit vielen Jahren herrscht Frieden im Schatten der Berge. Die Menschen begriffen, dass sie nicht mehr die gleiche kriegerische Kraft besaßen wie die Großen Kariben, ihre Vorfahren, die zwei Jahrhunderte lang auf ihrem geheimnisvollen Zug nach Norden alle Männer anderer Rassen töteten und die Frauen der Arawaks schwängerten – ohne deshalb die rituelle Päderastie aufzugeben. Nur das Erscheinen der Spanier hatte damals ihren Vormarsch aufhalten können, als sie bereits, von einer Insel überspringend zur anderen und die schwächeren Tainos vor sich hertreibend, im Begriff standen, das – wie behauptet wird – letzte Ziel ihrer langsamen, aber sicheren Invasion zu erreichen: das Reich der Maya, von denen sagenhafte Kunde an die Mündungen der großen Flüsse gedrungen war. Wo immer sie wanderten, beobachteten Lucas Fernández Peña und Félix Cardona – obgleich Tausende von Meilen Urwald zwischen ihnen lagen – den Kult, der hier den karibischen Vorfahren dargebracht wurde. Heldentaten ohne Zahl schrieben ihnen ihre zahmeren Nachfahren zu: sie hatten sogar die Macht besessen, die Erdgestalt zu verändern. Man wusste, dass sie, die Kariben, diesen Felsblock mit dem annähernd menschlichen Profil aufgeschichtet hatten; man wusste, dass jener Wasserfall ihrem Fleiß zu verdanken war, auch jene Verbindung zwischen zwei Flüssen und ebenso die Zeichnungen auf »dem Stein, der spricht«. Denn die Großen Kariben hatten es fertiggebracht, Tunnels im Felsgestein zu öffnen, Wälder nach Gutdünken zu versetzen und Wasserläufe unter die Erde zu verlegen. Sie waren diejenigen Wesen, die nach den Demiurgen die größte Macht auf Erden besessen hatten. Sie waren die Wanderer, die Nutzen zogen aus allem, was von schwächeren Invasoren erfunden worden war. Auf der Suche nach einem Reich, einem Gelobten Land, wo sie sich niederlassen konnten, lebten sie zwischen dem 14. und dem 16. Jahrhundert in diesem – Europa noch unbekannten – Amerika das große, obskure Völkerwanderungs-Epos, das wir in den ersten dunklen Kapiteln jeder Geschichte des Menschen finden. Nachdem Lucas Fernández Peña dieses Ufer des Flüsschens Uairén als geeigneten Ort für eine Stadtgründung gewählt hatte – die Brücke, auf der wir ihn überquerten, ist in perfekter Taurepana-Technik gebaut, genau wie Theodor Koch-Grünberg sie gezeichnet hat –, baute er sich in geringer Entfernung von einem winzigen Indianerdorf sein Haus. Dann ließ er sich von den hochgelegenen Weidegründen Brasiliens, über die tosenden Wasser des Kukenan, Tiere bringen, die sich zum Nutzen des Menschen paaren konnten. Wie William Blakes Adam die Tiere zum ersten Mal benannte, so zeigte der kleine Apotheker aus Valencia den Taurepanes eines Tages ein sanftblickendes Tier mit schwellenden Eutern und sagte ihnen, dass es »Kuh« heiße. Und so wussten die Leute, dass es eine Kuh war. Und das Gleiche geschah mit dem Schaf. Und das Gleiche geschah später mit dem Maultier, nachdem das Geheimnis bestimmter Kreuzungen erörtert worden war. Das Pferd ist noch heute, wie eh und je, ein höchst bemerkenswertes Tier und sein Anblick erstaunlich, da es noch keinen Weg gibt, der vier eisenbeschlagenen Hufen den Aufstieg zur Großen Savanne von der venezolanischen Seite aus gestattet: ein Tier, das dem Reiter Kunstfertigkeit, Zähmbarkeit, Listen abverlangte und das europäischer Kultur in Amerika immer einen Anstrich von reiterlicher Kraft verlieh. Doch trotz der Majestät des Pferdes – das sie freilich mehr durch seinen Verwandten, das brasilianische Maultier, als durch sein eigenes, Gegenwart bezeugendes Wiehern kannten – wunderten sich die Arekunas noch immer, dass Menschen derart abstoßende, für die Ernährung so ungeeignete Dinge wie Vogeleier und Schweinefleisch essen mochten. Hingegen vervollkommneten sie die Technik der Stierkastration und machten den Ochsen zu ihrem Lasten- und Pflugtier. Unterdessen durchwanderte Lucas Fernández Peña die Gegend. Er sammelte Kenntnisse über die Welt, die er nie wieder verlassen sollte. Er untersuchte das Gestein, entdeckte unvermuteten Glanz. Und eines Tages dachte er, dass es Zeit sei, eine Frau zu nehmen, denn wer eine Stadt gründen will, muss zuerst eine Familie gründen und sie regieren.

Noch heute erinnern sich die Leute der Großen Savanne an den gewaltigen Jubel, mit dem die Hochzeit des Entdeckers mit einer Einheimischen begangen wurde, einer Frau, schön, kräftig und wie geschaffen, eine gute Mutter zu werden. Bald tummelten sich drei Töchter: Elena, Teresa, Isabel, im Heim des Apothekers. Und als die Schäfchen schon am Fuß des Acurima herumsprangen und vorauszusehen war, dass der Weg mit je einem Haus auf der Seite der Hauptplatz einer Siedlung werden sollte, wurde der Ort nach der Schutzpatronin der kleinen Elena Santa Elena de Uairén genannt. Die erste Stadt in der Großen Savanne war gegründet worden, genau wie eines Tages Santiago de Cuba entstanden war. Danach wurde Santa Teresa de Kavanayén gegründet. Danach die Stadt Santa Isabel. Nie machte ein Vater seinen Töchtern reichere Geschenke als dieser, der jeder von ihnen eine Stadt in die Wiege legte. Überdies erwies sich bald, dass diese Städte in der Tradition jenes Dorado stehen würden, das Raleigh einer dunklen Eingebung zufolge in die Welt des oberen Caroní verlegt hatte. Als sich eines Tages in der Nähe des Surukún-Flusses der Pickel des Forschungsreisenden in die Flanke des Paraí-Tepuy grub, stieß er auf eine Gold- und Diamanten-Mine. Der Wind trug den Geruch nach Gold in alle Richtungen – einen Geruch nach der Ruderbank in den Conquistadoren-Galeonen, nach barocken Altarbildern, nach Königswasser –, und schon begannen Abenteurer, Schatzgräber, Männer mit Wühlhänden das Tafelland zu durchstreifen und die Gebirgsflüsse hochzufahren. Es kam eine Zeit der Gewalttaten, der Hinterhalte, der Betrügereien. Bergleute, denen vom brasilianischen Boa Vista aus nachgestellt wurde und die auf einem allzu reichen Stück Schlamm kaltblütig ermordet wurden. Man erlebte die immer gleiche mythische Tragödie, die den Fund jedes Schatzes begleitet, seien es eingelagerte Krüge, Truhen alter Geizhälse oder Koffer, die jemand auf einer Felseninsel im Antillen-Meer versteckt hatte. Und eines Tages kam zu allem Überfluss ein Diamant von hundert Karat ans Tageslicht und ließ selbst Männern, die noch nie etwas von der Großen Savanne gehört hatten, den Atem stocken.

Der kleine Apotheker aus Valencia setzte sein großes Werk trotz alledem hartnäckig fort. Da die Stadt nun einmal gegründet war, musste er – wie einst Pizarro in Lima – den Hauptplatz abstecken, den Platz für das Regierungsgebäude und die Kathedrale bestimmen. Den Bau der Kathedrale übernahmen die fleißigen, bärtigen Kapuziner, die kurz zuvor angekommen waren: Sie errichteten ein Holzkreuz auf dem höchsten Punkt eines Strohdaches – wie ehemals Alonso de Ojeda in Kuba, als er eine der ersten Hütten der Heiligen Jungfrau weihte. Den Bau eines Hauses für die Regierung – in der Person eines bürgerlichen Oberhauptes – übernahm ein Nachbar, der auf Ordnung hielt und ein Reittier besaß: alles in allem ein Caballero in genau der Bedeutung, welche die Ritter- und Knappen-Würde verleihenden königlichen Urkunden über die Kolonisierung im 16. Jahrhundert diesem Wort beimaßen. In der Tat entwickelte sich die Stadt ganz nach dem Muster der großen Tradition der Conquista. Es gab praktisch einen Gemeinderat (cabildo), ein Gericht und Stadtverwalter (regidores). Die spanischen Mönche, die ein Spanisch mit altehrwürdigem Akzent sprachen, unterrichteten die Indios in der christlichen Lehre. Gesetze von allgemeinem Interesse wurden erlassen, die sich vermutlich wenig von den vor Zeiten vom Gemeinderat in Caracas getroffenen Bestimmungen unterschieden: »Wenn ein Bergarbeiter eine Ader oder eine Grube entdeckt, und sei es Grobgold zum Ausmahlen, so ist der Bergmann verpflichtet, dies den Behörden oder dem Gemeinderat dieser Stadt anzuzeigen.« Ein Grundstück wurde zum Friedhof bestimmt: in seinen Gräbern ruhen bis heute nicht mehr als vier Menschen, und diese waren Unglücksfällen zum Opfer gefallen, denn das wunderbare Klima der Großen Savanne gehört nicht zu denen, die Krankheiten fördern. Eine Polizeistation schob den Gewalttätigkeiten der brasilianischen Schürfer einen Riegel vor. Eine Gemischtwarenhandlung wurde eröffnet. Ein paar Bücher tauchten auf. Ein Fakir aus Manaos gab eine denkwürdige Varieté-Vorstellung, bei der man auch drei Odalisken applaudieren konnte: Sie sangen in Portugiesisch, und ihre Stimmen klangen nach einer neuntägigen Reise durch den Urwald ein wenig matt. Ein großes Porträt von Camilo Flammarion schmückte das Zimmer von Lucas Fernández Peña, das als Schreibstube, Bibliothek, Büro und Apotheke diente. Die in Santa Elena geborenen Kinder sangen bereits das Abc nach dem Takt des Schlangentöter-Stocks von Fray Diego de Valdearenas. Da kamen eines Tages auf Maulesel-rücken von den Ufern des Rio Negro drei große Tonkrüge. Drei Tonkrüge von verschiedener Größe und bemalt mit den Namen Elena, Teresa und Isabel. Sie sollten den Durst der Durchreisenden stillen. Denn wer an der Schwelle des Hauses des Stadtgründers Rast macht, erhält Wasser aus dem Tonkrug. Der Tonkrug vertritt die Hand, die den kühlen Trunk spendet. Elena, Teresa, Isabel. Drei Mädchen, Santa Elena, Santa Teresa, Santa Isabel. Drei Städte. Ihre Namen sind schon Teil der großen Legende Amerikas und werden in künftigen Büchern genannt werden wie die Namen der Frau des Nacht-Zauberers und der Frau des Mond-Zauberers im *Popol Vuh*. Reich wurde der Städtegründer, der Diamanten- und Goldminen-Entdecker bei alledem nicht. Und er wurde deshalb nicht reich, weil er etwas entdeckt hatte, was jenseits gemeiner Goldgier lag: die Nutzlosigkeit des Goldes für jeden, den es nicht danach verlangt, in eine Zivilisation zurückzukehren, die die Atombombe nicht nur

Langsame Tötung eines Hundes,
von Straßenkindern eingefangen als Speise.
*Jakarta. Indonesien, 14. November 1994.*

Blick in das Postbüro am Hauptbahnhof.
*Zürich. Schweiz, 29. März 1977.*

erfunden, sondern auch – wie Heidegger – metaphysische Rechtfertigungen für ihren Gebrauch gefunden hat. So wie Paracelsus die Suche nach dem Stein der Weisen einstellte, sobald die ersten mit Gold beladenen Galeonen aus Amerika eintrafen, so begriff auch der kleine Apotheker, nachdem er sein Haus gebaut, seine Familie gegründet, seine Stadt nach eigenem Gutdünken entworfen hatte, was die wahren Reichtümer des Menschen sind. Voll Verachtung für Bergleute, die den Schlamm der Flüsse durchwühlen auf der Suche nach einer Art Alchemie, an der schließlich doch nur die Spielsäle und die Kneipen von Ciudad Bolívar reich werden, geht Lucas Fernández Peña tief in den Urwald, sieht, was andere Menschen nicht gesehen haben, und erfüllt so seine innere Berufung zum Entdecker. Monatelang erfahren Elena, Teresa und Isabel höchstens von einem Durchreisenden etwas über ihren Vater, dem er vielleicht in einem abgelegenen Tal, auf einem unbekannten Ausläufer der Sierra de Parima begegnet ist. Wenn er nach Hause kommt, holt er seine Wasserfarbtöpfchen hervor und zeichnet Landkarten und verschönert sie mit Farben, die erstaunlich an die der alten Karthographien erinnern. Seine Darstellungen unbekannter Gegenden haben viel von der Technik eines Mercator oder Ortelius, so als müsste jeder Winkel der Erde erst die gleichen figurativen Etappen durchlaufen, ehe er in die Vorstellungen des Menschen eingehen kann. In diesen Landkarten, die ich eben betrachte, sind weite Gebiete, Zonen vom Umfang einer spanischen Provinz, rot ausgemalt und darauf steht nur ein einziges Wort: GEFAHR. Es ist noch zu früh, um den Zauber zu brechen, der von diesen Farbflecken ausgeht, von diesen aquarellierten Wüsteneien, diesen geografischen Leerstellen – denen gleich, die auf mittelalterlichen Landkarten den Ankerplatz von Saint Brandans schwimmenden Inseln oder die Heimat des Einhorns und Oliphants und die Lage des Irdischen Paradieses verzeichneten. Lassen wir ihm das Geheimnis dieser Gefahren, ihm, dem Mann, der in dieser Großen Savanne die gleichen Kräfte entfaltet hat, die der köstliche Text der Gesetzbücher Alfons' des Weisen vom Seemann verlangt: »dass sie mutig genug sind, der Gefährlichkeit der Feinde und der Furcht vor ihnen standzuhalten, und ferner, dieselben feurig anzugreifen, falls es nötig wäre«. In der großen Stille dieses ungeheuren Tafellandes, wo man seit sechs Monaten keine Zeitung zu sehen bekommen hat, ertönt kräftig die Stimme des kleinen Apothekers, der einen lebenden Merkurstab in der Hand hält: Um seinen Stock winden sich – ein hypokratisches Knäuel – drei schwarze Schlangen, die er eben vor unseren Augen getötet hat.

– Ich bin ein Abenteurer, Señor.
– Und wie sind Sie hierhergekommen?, fragt jemand.
– Zu Fuß, Señor.
– Und was hat Sie in diese Gegend gezogen?
– Die Legende, Señor.

Welcher Legende konnte der Städtegründer bis an den Fuß des Roraima gefolgt sein, wenn nicht der Legende von El Dorado? Ihr, die einst des tyrannischen Aguirre und des deutschen Hutten und des Gouverneurs Antonio Berrio und des gewitzten Politikers Raleigh Habgier entfacht hatte. Ihr, der die Europäer jahrhundertelang nachjagten, und dabei, seltsam genug, die Absicht, das Gold von Manoa zu ergattern, mit der Sehnsucht vereinten, ein Utopia vorzufinden, einen Sonnenstaat, ein Neues Atlantis, ein Ikarien, wo die Menschen weniger verrückt, weniger habsüchtig wären und eine Geschichte lebten, die sie nicht mit dem linken Fuß begonnen hätten. In Amerika hatte Thomas Morus seine Utopie angesiedelt; auch Campanellas *Sonnenstaat* hätte sich in Amerika finden sollen. In Amerika hatte Étienne Cabet tatsächlich sein unseliges Ikarien gegründet. Und genau hier in Manoa sagte der unvermeidliche Vernunftmensch des französischen 18. Jahrhunderts zu Candide: »Da wir rings von unwegbaren Klippen und ungeheuren Berggipfeln umgeben sind, blieben wir immer von der Raubgier der Europäer, von ihrem unstillbaren Verlangen nach den Kieseln und dem Kot unseres Landes verschont.« Es ist interessant zu beobachten, dass Männer wie Lucas Fernández Peña und Félix Cardona, die Entdecker von Gold- und Diamantenlagern, die anderen Gewinn gebracht haben und längst zu organisierten Unternehmen geworden sind, nie echte Anstrengungen unternommen haben, um sich durch ihre Funde zu bereichern. Vielleicht, weil diese Männer in dem großen Abenteuer der Einsamkeit, der Gefahr, des Willens, welches das Leben des Seefahrers im Urwald mit sich bringt, die unreine Etappe, den Durst nach mühelos erlangten Reichtümern in sich selbst überwunden und dafür die eigentliche, die innere Utopie gefunden haben. Die in Werken greifbare, in der Erinnerung nachvollziehbare Utopie eines erfüllten Lebens, eines unvergleichlichen Schicksals, einer auf Taten gründenden Existenz, einer totalen Verachtung für leicht erreichbare Nichtigkeiten. Thomas Morus sagt, Raphael Hythlodaeus habe bei der Beschreibung der Insel der Utopier »auf die Schilderung der Fabelwesen verzichtet, da sie nichts Neues zu bieten haben. Denn der Scylla, der reißenden Kelaino, den völkerverschlingenden Lästrygonen und anderen, ähnlich fürchterlichen Wunderwesen begegnet man fast an jedem Ort, während es so viel schwieriger ist, weise und gerecht regierte Bürger zu finden.«

Vielleicht ist es das, was der kleine Apotheker aus Valencia in der grandiosen Einsamkeit der Großen Savanne gesucht hat. Ein Land ohne Regierung, das sich selbst weise und gerecht regiert. Dieser Abenteurer, der auf der Suche nach El Dorado zu Fuß hier angekommen war, hatte vor mehr als zwanzig Jahren eine brüchige Realität: hartes Brot, Schmeichelei und Teufelsdreck, hinter sich gelassen und dafür in Santa Elena de Uairén unter einem Dach aus Palmstroh, an der Seite einer Frau aus der Schöpfungsgeschichte ein Utopia nach dem Maß seiner geheimnisvollen Berufung und seiner tiefsten Sehnsüchte gefunden. »Nur die werden würdig sein, das Geheimnis der Verwandlung der Metalle zu finden, die selbst aus dem Gold, das sie gewinnen, keinen Vorteil ziehen«, lautet eines der Grundgesetze der Alchemie – ein okkultes Gesetz, das wahrscheinlich das echte große Geheimnis von El Dorado ist.

---

1  Die Abenteuer des Forschungsreisenden Félix Cardona sind ein schier unglaublicher Roman. Einige seiner ungewöhnlichsten Reisen unternahm er ohne Waffen und ohne jegliche Begleitung. Er bestieg als Erster den Gipfel des Auyán-Tepuy. Auf einer seiner Reisen verschlangen Fische im Karibischen Meer binnen Sekunden den Sohn seines Freundes Mundó.

# *1948*

## RAYMOND CHANDLER

## Jahrmarkt der Eitelkeiten: Oscar-Nacht in Hollywood

*»Nicht nur ist der Kinofilm eine Kunst, in Hunderten von Jahren ist er die eine Kunst auf unserem Planeten, die sich vollständig neu entwickelt hat. Es ist die einzige Kunst, in der wir von dieser Generation uns in großem Stil hervortun können.« Er wusste, wovon er sprach. Er war in Hollywood zugange, hatte für Adaptionen von Billy Wilder und John House Drehbücher geschrieben und dafür Oscar-Nominierungen erhalten, und er war selbst Mitglied der Academy of Motion Picture Arts and Sciences.*

*Raymond Thornton Chandler (\* 1888, † 1959), als Siebenjähriger mit seiner geschiedenen Mutter aus den USA nach England eingewandert, entwickelt an seiner Schule im Südwesten Londons ein Interesse für Fremdsprachen und Altphilologie. Nach zwei Jahren in Paris und München schneidet der Neunzehnjährige bei der Aufnahmeprüfung für den britischen Civil Service unter sechshundert Bewerbern als Drittbester ab. Kein Wunder vielleicht, wenn er sich als Nachwuchsbeamter bei der Admirality langweilt. Nach einem Jahr beschließt er, Schriftsteller zu werden. Den Anfang macht er als Reporter für den »Daily Express« und »The Westminster Gazette«, und in dieser liberalen Abendzeitung wie ebenso in den Zeitschriften »The Spectator« und »The Academy« erscheinen bereits Gedichte von ihm. Es wird elf Jahre dauern, bis er mit* The Big Sleep *als Romanautor debütiert.*

I. VOR FÜNF ODER SECHS JAHREN war ein berühmter Autor/Regisseur (sofern eine solche Bezeichnung im Zusammenhang mit einer Hollywood-Persönlichkeit gestattet ist) Miturheber eines Drehbuchs, das für einen Akademiepreis nominiert worden war. Er war zu nervös, um den Vorgängen des großen Abends beizuwohnen, und so hörte er sich zu Hause eine Rundfunkübertragung an, gespannt auf- und abschreitend, sich auf die Finger beißend, immer wieder tief Luft holend, zerfurcht dreinschauend und mit heiserem Geflüster sich zerfleischend in der Frage, ob er durchhalten solle, bis die Oscar-Preisträger bekannt gegeben wären, oder ob er das verdammte Radio abschalten und die Sache am nächsten Morgen der Zeitung entnehmen solle. Seine Frau, solcher Wogen von Künstlertemperament im Hause ein wenig überdrüssig werdend, ließ plötzlich eine jener grässlichen Bemerkungen fallen, die in Hollywood eine pervertierte Unsterblichkeit erlangen: »Liebes Gottchen, nimm das doch nicht so ernst, Schatz. Schließlich hat Luise Rainer ihn zweimal gewonnen.«

Wer die berühmte Telefon-Szene in *The Great Ziegfeld* oder irgendeine der späteren Versionen davon, die Fräulein Rainer in anderen Filmen – mit und ohne Telefon – spielte, nicht gesehen hat, wird diese Bemerkung freilich witzlos finden. Andere werden sie mit Freuden aufgreifen, um damit jene zynische Verzweiflung auszudrücken, mit der das Hollywood-Volk seine eigene höchste Auszeichnung betrachtet. Nicht, dass die Preise nie für hervorragende Leistungen vergeben würden – die Crux ist vielmehr die, dass diese hervorragenden Leistungen nie als solche den Preis gewinnen. Sie gewinnen ihn als hervorragende Leistungen im Kassenfüllen. In einer verlierenden Mannschaft kann man eben kein echter Amerikaner sein. Verfahrenstechnisch stimmt man wohl für diese Leistungen, praktisch entschieden wird jedoch nicht nach irgendwelchen künstlerischen oder kritischen Maßstäben, über die Hollywood möglicherweise sogar verfügt. Man rührt vielmehr kräftig die Reklametrommel für diese Leistungen, man stellt sie groß heraus, man jubelt sie hoch, marktschreierisch, und hämmert sie der Jury während der Wochen vor der endgültigen Abstimmung so unablässig ins Hirn, dass am Ende alles vergessen ist bis auf die goldene Aura des Kassenerfolges.

Die Motion Picture Academy lässt alle nominierten Filme mit beträchtlichem Aufwand und breitem Wirkungskreis in ihrem eigenen Lichtspieltheater laufen, und zwar jeden Film zweimal, einmal am Nachmittag und einmal am Abend. Nominiert wird ein Film, bei dem an preisverdächtigen Arbeiten alles Mögliche infrage kommen kann, nicht unbedingt nur eine schauspielerischen Leistung, Regieführung oder das Drehbuch; es kann auch etwas rein Technisches sein, wie Kostüm und Szenenbild oder Tongestaltung. Dieses Vorführen der Filme soll den Jurymitgliedern Gelegenheit geben, sich Filme anzusehen, die sie vielleicht verpasst oder teilweise vergessen haben. Es ist der Versuch, ihnen vor Augen zu halten, dass früh im Jahr herausgekommene und daher schon etwas mitgenommene und vielleicht oft gerissene und geklebte Streifen noch immer im Rennen liegen und dass es nicht ganz gerecht ist, nur solche Filme in Betracht zu ziehen, die erst kurz vor Jahresende herausgekommen sind.

Dieser Versuch ist weitgehend verlorene Liebesmüh'. Die Stimmberechtigten gehen nicht zu diesen Vorführungen. Sie schicken ihre Verwandten, Freunde oder Bediensteten. Sie haben genug vom Leinwandgeflimmer, und die Stimmen der Parzen sind in Hollywoods Luft ohnehin nicht zu überhören. Sie tönen zwar schrill und aufgeblasen, deswegen aber keinesfalls undeutlich.

All das ist mehr oder weniger gute Demokratie. Kongressabgeordnete und Präsidenten wählen wir auf so ziemlich die gleiche Weise, warum also nicht auch Filmschauspieler, Kameramänner, Drehbuchautoren und all die übrigen Leute, die mit dem Filmemachen zu tun haben? Wenn wir zulassen, dass Lärm, Marktgeschrei und schlechtes Theater uns bei der Auswahl derjenigen beeinflusst, die das Land führen sollen, warum dann etwas dagegen haben, dass dieselben Methoden bei der Auswahl verdienstvoller Leistungen im Filmgeschäft angewandt werden? Wenn wir einem Präsidenten das Weiße Haus zuschustern können, warum können wir dann dem sich abstrampelnden Fräulein Joan Crawford oder dem kalten und schönen Fräulein Olivia de Havilland nicht eine von diesen goldenen Statuetten zuschustern, die das rasende Verlangen der Filmindustrie ausdrücken, sich selbst in den Nacken zu küssen? Als Antwort darauf fällt mir nur ein, dass Kino eine Kunst ist. Ich sage das mit sehr verhaltener Stimme. Es ist eine belanglose Behauptung, bei der man sich ein müdes Lächeln wohl kaum verkneifen kann. Dennoch stellt sie eine Tatsache fest, die nicht im Geringsten durch die anderen Tatsachen geschmälert wird, dass die Moral des Kinos bis jetzt keine besonders hohe ist und dass seine Techniken von einigen ziemlich miesen Leuten beherrscht werden.

Wenn man die meisten Filme für schlecht hält, was sie tatsächlich sind (auch die ausländischen), so lasse man sich von einem Eingeweihten verraten, wie sie gemacht werden, und man wird erstaunt sein darüber, dass jeder Film »eigentlich« gut sein könnte. Einen guten Film zu machen ist, als wolltest du im Kellergeschoss von Macy's den »Lachenden Reiter« malen, wobei ein Abteilungsleiter dir die Farben mischt. Natürlich sind die meisten Filme schlecht: Wie sollte es anders sein? Abgesehen von seinen eigenen, immanenten Handicaps durch irrwitzige Kosten, hyperkritische puritanische Zensur und das Fehlen irgendeiner ehrlichen Kontrollinstanz während der Herstellung, ist der Film schlecht, weil 90 % seines Quellenmaterials Schund sind, und die restlichen 10 % sind ein bisschen zu deftig und freimütig für die knetbaren Seelen der Kleriker, die ältlichen und arglosen Damen der Frauenclubs und die zartfühlenden Hüter jener grässlichen Mischung aus Langeweile und schlechten Manieren, die man so schön das »bildbare Alter« nennt.

Die Frage ist gar nicht, ob es schlechte Filme gibt; oder auch nur, ob der Durchschnittsfilm schlecht ist; sondern ob der Film ein künstlerisches Medium ist, das genügend Würde und Reife erlangt hat, um von denen, die sein Schicksal in der Hand haben, mit Achtung behandelt zu werden. Diejenigen, die sich über den Film lustig machen, sonnen sich gewöhnlich darin, ihn mit der Bemerkung abzutun, er sei eine Form der Massenunterhaltung. Als ob das irgendetwas besagte. Das griechische Drama, das von den meisten Intellektuellen immer noch als ganz beachtlich angesehen wird, war für den freien Athener Massenunterhaltung. Innerhalb seiner ökonomischen und topografischen Grenzen war es das elisabethanische Drama ebenfalls. Die großen Kathedralen Europas – auch wenn sie nicht gerade erbaut wurden, um einen Nachmittag totzuschlagen – übten gewiss eine ästhetische und geistige Wirkung auf einfache Menschen aus. Und heute, wenn nicht gar allezeit, sind die Fugen und Choräle von Bach, die Sinfonien von Mozart, Borodin und Brahms, die Violinkonzerte von Vivaldi, die Klaviersonaten von Scarlatti sowie ein großer Teil von dem, was einst eine ziemlich esoterische Musik war, kraft des Radios Massenunterhaltung. Zwar liebt sie nicht jeder Trottel, jeder Trottel liebt aber auch nicht alles, was literarischer ist als ein Comicstrip. Es scheint kein Unsinn zu sein, wenn man sagt, dass alle Kunst irgendwann und irgendwie einmal Massenunterhaltung wird; und wird sie das nicht, stirbt sie und wird vergessen.

Zugegeben, der Film ist mit einer zu großen Masse konfrontiert; er muss zu vielen gefallen und zu wenigen missfallen, wobei die zweite dieser Einschränkungen für das Künstlerische viel schädlicher ist als die erste. Hinzu kommt, dass diejenigen, die den Film als Kunstform belächeln, selten willens sind, ihn nach seinem Besten zu beurteilen. Sie bestehen darauf, ihn an dem zu messen, was sie letzte Woche oder gestern im Kino sahen; was (angesichts der reinen Menge des Produzierten) noch absurder ist, als die Literatur nach den zehn Bestsellern der letzten Woche zu werten; oder die Kunst des Dramas etwa gar nach den besten gerade laufenden Broadway-Erfolgen zu beurteilen. In einem Roman kann man immer noch sagen, was man möchte, und die Bühne ist freizügig fast bis zur Grenze des Obszönen, aber der in Hollywood gemachte Film, sofern er überhaupt Kunst hervorbringen will, muss das unter derart abwürgenden Einschränkungen tun – und das gilt für Inhalt wie für Form –, dass es ein unbegreifliches Wunder ist, ihn überhaupt je zu einer Würde gelangen zu sehen, die etwas mehr ist als die rein mechanische Glätte eines Badezimmers aus Glas und Chrom. Wäre er lediglich ein Ableger literarischer oder dramatischer Kunst, könnte er diese Würde nicht erlangen; darauf sähen schon die Reklamefritzen und Sittenwächter.

Aber der Film ist kein Ableger literarischer oder dramatischer Kunst; ebenso wenig wie plastischer Kunst. Er hat wohl von all diesen Künsten Elemente in sich, steht in seiner wesentlichen Struktur der Musik aber viel näher, und zwar in dem Sinne, dass seine feinsten Wirkungen sich unabhängig von konkreter Bedeutung entfalten können; dass seine Übergänge beredter sein können als seine stark herausgestellten Szenen und dass seine Überblendungen und Kamerabewegungen, die nicht zensuriert werden können, oft viel tiefer ergreifen als seine Handlungen, die der Zensur allerdings unterliegen. Der Film ist nicht nur eine Kunst, sondern er ist die einzige Kunst, die auf diesem Planeten nach Hunderten von Jahren gänzlich neu entwickelt worden ist. Er ist die einzige Kunst, in der wir, in dieser Generation, hoffen können, etwas wirklich Hervorragendes zu erschaffen.

In der Malerei, Musik, Architektur sind wir nicht einmal zweitklassig, gemessen an den besten Werken der Vergangenheit. In der Bildhauerei sind wir bloß komisch. In der Prosa mangelt es uns nicht nur an Stil, es mangelt uns an Bildung und geschichtlichem Hintergrund, um zu ermessen, was Stil ist. Unsere Erzählungen und Dramen sind geschickt gemacht, leer, oft fesselnd und dabei so mechanisch, dass sie in höchstens weiteren fünfzig Jahren auf Knopfdruck von Maschinen produziert werden können. Populäre Lyrik in hohem Stil haben wir nicht, lediglich delikate, witzige, bittere oder dunkle Verse. Unsere Romane sind kurzlebige Propaganda, wenn sie das sind, was man »bedeutend« nennt, und sind sie das nicht, dann sind sie Lektüre, um besser einzuschlafen.

Aber im Film besitzen wir ein Kunst-Medium, dessen Höhepunkte noch längst nicht hinter uns liegen. Schon hat die neue Gattung Erhebliches geleistet, und wenn davon – vergleichsweise und verhältnismäßig – aus Hollywood viel zu wenig kam, so ist das, meine ich, umso mehr ein Grund, warum Hollywood einen Weg finden sollte, bei seinem jährlichen Stammestanz der Stars und Großproduzenten dieser Tatsache leise eingedenk zu werden. Hollywood wird das natürlich nicht tun. Ich hab's mir nur gerade mal vorgestellt.

II. Das Schaugeschäft ist schon immer ein bisschen arg schrill, grell und unverschämt gewesen. Schauspieler sind bedrohte Menschen. Bevor der Film daherkam, um sie reich zu machen, hatten sie oft das Bedürfnis nach verzweifelter Fröhlichkeit. Einige von diesen Eigenschaften – über das unbedingt Notwendige hinaus beibehalten – sind in die Sitten von Hollywood eingegangen und haben zu einem äußerst anstrengenden Phänomen geführt: dem Hollywood-Gebaren, was ein chronischer Fall von künstlicher Aufregung über absolut nichts ist. Dennoch – und wenigstens einmal in meinem Leben – muss ich zugeben, dass der Abend der Verleihung der Akademiepreise eine gute und stellenweise recht komische Schau ist, wenngleich ich den bewundern werde, der tatsächlich darüber lachen kann.

Wenn man an diesen schrecklich idiotischen Gesichtern auf den Zuschauersitzen draußen vor dem Filmtheater vorbeigehen kann, ohne von dem Gefühl erfasst zu werden, dass die menschliche Intelligenz am Boden liegt; wenn man den Hagelschauer der Blitzlichter ertragen kann, der niederprasselt auf die armen, geduldigen Schauspieler, die wie Könige und Königinnen nie das Recht haben, gelangweilt auszusehen; wenn man auf diese illustre Versammlung blicken kann, die angeblich die Elite von Hollywood ist, und sich ohne zu verzagen sagen kann: »In diesen Händen liegt das Geschick der einzigen originären Kunst, die die moderne Welt hervorgebracht hat«; wenn man über die faden Witze der Komiker auf der Bühne, die aufwärmen, was für ihre Radiosendungen nicht taugt, lachen kann und es wahrscheinlich auch tut; wenn man sie aushalten kann, diese verlogene Sentimentalität und Plattheit der Offiziellen und die gezierte Zuckermäuligkeit der Glamour-Königinnen (mit vier Martinis intus sollte man sie hören); wenn man all dies mit Anmut und Freude tun kann, ohne bei dem Gedanken, dass fast alle diese Leute dieses Spektakel ernst nehmen, von einem kalten, einsamen Grausen gepackt zu werden; und wenn man dann hinausgehen kann in die Nacht und unangefochten sehen kann, wie die halbe Polizeimacht von Los Angeles aufgeboten wurde, um die Goldenen vor dem Mob auf den Gratisplätzen zu schützen, nicht aber vor diesem schrecklich klagenden Ton, den er von sich gibt wie das Schicksal, das durch ein hohles Schneckenhaus heult; wenn man all dies tun kann und am nächsten Morgen immer noch das Gefühl haben kann, dass das Filmgeschäft es wert ist, auch nur von einem einzigen intelligenten, künstlerischen Kopf beachtet zu werden, dann gehört man mit Sicherheit zum Filmgeschäft, denn diese Art Vulgarität ist Teil seines unabdingbaren Preises.

Überfliegt man vor Beginn der Schau das Programm der Preisverleihung, kann man leicht vergessen, dass sie in Wirklichkeit ein Rodeo der Schauspieler, Regisseure und Großproduzenten ist, geschaffen für Leute, die Filme *machen* (wie sie meinen), nicht etwa für diejenigen, die an ihnen arbeiten. Aber diese großspurigen Typen sind im Grunde ein freundlicher Haufen; sie wissen, dass es eine Menge bescheidene Typen in kleineren technischen Jobs gibt – Kameramänner etwa, Musiker, Cutter, Drehbuchautoren, Geräuschexperten und die Erfinder neuer technischer Hilfsmittel –, denen man etwas geben muss, damit sie bei guter Laune bleiben und auch mal ein bisschen was wie Begeisterung erleben. Deswegen zerfiel die Feierlichkeit früher in zwei Teile mit einer Pause dazwischen. An dem Abend allerdings, als ich dabei war, verkündete einer der Zeremonienmeister (ich weiß nicht mehr, wer es war – es gab einen steten Strom von ihnen, wie von Fahrgästen in einem Bus), dieses Jahr gebe es keine Pause, man werde gleich zum *wichtigen* Teil des Programms übergehen.

Ich wiederhole: zum *wichtigen Teil des Programms*.

Pervers wie ich bin, hatte aber auch der unwichtige Teil des Programms seine Reize für mich. Ich fand, dass meine Sympathien sich den geringeren Chargen des Filmemachens zuwandten, deren einige ich oben schon aufzählte. Ich war fasziniert von dem flotten und reibungslosen An-und-Aus, das man diesen Elritzen des Filmgeschäfts gewährte; von ihren nervösen Versuchen, via Mikrofon zu betonen, der Verdienst ihrer Arbeit gebühre eigentlich jemand anderem (irgendeinem aufgeblasenen Sack in einem Eckbüro); von der Tatsache, dass technische Entwicklungen, die der Branche Millionenbeträge einsparen und irgendwann den gesamten Vorgang des Filmemachens beeinflussen können, es einfach nicht verdienen, dem Publikum wenigstens erklärt zu werden; von der oberflächlichen und herablassenden Art, in der Filmschnitt und Kameraarbeit abgetan werden, zwei der wesentlichen Künste beim Filmemachen, die der Regie fast, manchmal sogar völlig gleichgestellt und viel wichtiger sind als jede schauspielerische Leistung, abgesehen von der allerbesten; und am meisten fasziniert war ich vielleicht von dem förmlichen Tribut, der unweigerlich der Bedeutung des Drehbuchautors gezollt wird, ohne den, meine lieben, lieben Freunde, überhaupt nichts gemacht werden könnte und der gerade deswegen nichts weiter ist als der Höhepunkt des *unwichtigen* Programmteils.

III. Außerdem bin ich fasziniert von dem Wahlvorgang. Früher wurde das von den Mitgliedern all der verschiedenen Innungen gemacht, einschließlich der Statisten und Nebenrollenschauspieler. Dann merkte man, dass dadurch ziemlich unwichtige Gruppen zu viel Wahlmacht bekamen, und so wurde das Wählen für die verschiedenen Klassen der Preise auf die Innungen beschränkt, bei denen man einigen kritischen Sachverstand zum jeweiligen Preis voraussetzen konnte. Das funktionierte aber offenbar auch nicht, und die nächste Veränderung bestand dann darin, dass man den Spezialisten-Innungen das Nominieren überließ, während die endgültige Wahl allein in die Hände der Mitglieder der Akademie für Filmkünste und Filmwissenschaften gelegt wurde.

Es scheint keinen wesentlichen Unterschied zu machen, wie die Wahl vorgenommen wird. Die Qualität der Arbeit wird immer noch nach Maßgabe des Erfolgs beurteilt. Eine hervorragende Leistung in einem durchgefallenen Film geht leer aus, und eine Durchschnittsleistung in einem Kassenknüller wird Stimmen bekommen. Es ist dieser Hintergrund der Erfolgsanbetung, vor dem die Wahl stattfindet, begleitet von der Reklamemusik, die über die

Fachblätter auf einen einströmt (sogar von intelligenten Leuten werden sie gelesen in Hollywood) und die bewirken soll, dass alle Filme, für die keine Reklame gemacht wurde, zur Zeit der Stimmabgabe aus deinem Kopf verschwunden sind. Auf Gemüter, die darauf konditioniert sind, Verdienst allein in Begriffen von Marktgeschrei und Kassenerfolg zu sehen, ist die psychologische Wirkung sehr groß. Die Akademiemitglieder leben in dieser Atmosphäre, und wie alle, die in Hollywood arbeiten, sind die äußerst leicht zu beeinflussen. Sind sie vertraglich an Studios gebunden, so impft man ihnen das Gefühl ein, es sei eine Sache von Gruppenpatriotismus, für Produkte des eigenen Stalles zu stimmen. Dezent legt man ihnen nahe, ihre Stimme nicht zu vergeuden, sich nicht für etwas steif zu machen, was nicht gewinnen kann, schon gar nicht für etwas, was aus einem anderen Stall kommt.

Ich bin keineswegs sonderlich überzeugt davon, ob beispielsweise *The Best Years of Our Lives* wirklich der beste Hollywood-Film von 1946 war. Das hängt davon ab, was man mit »der beste« meint. Er hatte einen erstklassigen Regisseur, einige gute Schauspieler und den seit Jahren ansprechendsten und witzigsten Dialogschreiber. Wahrscheinlich hatte er ebenso viel gängige Qualität, wie Hollywood heute zuwege bringt. Dass er aber jene reine und schlichte Kunst hatte, wie *Open City* sie besaß, oder die archaische und monumentale Wucht von *Henry V*, wird wohl nur ein Idiot behaupten wollen. Eigentlich hatte er keine Kunst. Er hatte jene Art Sentimentalität, die fast, aber nicht ganz Humanität ist, und jene Art Gekonntheit, die fast, aber nicht ganz Stil ist. Und beides hatte er in großen Dosen, was immer hilft.

Die Akademieleitung sieht streng darauf, dass die Wahl ehrlich und geheim durchgeführt wird. Die Stimmen werden anonym auf nummerierten Stimmzetteln abgegeben, und diese werden nicht etwa an irgendeine Agentur der Filmbranche geschickt, sondern an eine namhafte Firma für Wirtschaftsprüfung. Die Ergebnisse werden in versiegelten Umschlägen von einem Beauftragten der Firma direkt auf die Bühne des Filmtheaters gebracht, wo die Preise verliehen werden sollen, und dort werden sie zum ersten Mal, eines nach dem anderen, bekannt gegeben. Weiter kann man Vorsichtsmaßnahmen gewiss nicht treiben. Unmöglich kann vorher jemand diese Ergebnisse gekannt haben, nicht einmal in Hollywood, wo jeder Agent die streng gehüteten Geheimnisse der Studios mühelos in Erfahrung bringt. Falls es – was ich manchmal bezweifle – in Hollywood Geheimnisse gibt, so müsste diese Wahl eines davon sein.

IV. Was eine tiefere Art Ehrlichkeit anbelangt, so wird es, meine ich, Zeit, dass die Academy of Motion Picture Arts and Sciences ein wenig von dieser Ehrlichkeit darauf verwendet, freimütig zu erklären, dass ausländische Filme außer Konkurrenz laufen und dass dies so bleiben wird, bis sie derselben ökonomischen Situation und abwürgenden Zensur unterliegen wie Hollywood. Man kann durchaus bewundern, wie klug und künstlerisch die Franzosen sind, wie lebensnah, was für feinnervige Schauspieler sie haben, welch unverfälschten Sinn für das Irdische, welche Offenheit bei der Gestaltung der zotigen Seite des Lebens. Die Franzosen können sich diese Dinge erlauben, wir nicht. Den Italienern sind sie gestattet, uns werden sie untersagt. Sogar die Engländer besitzen eine Freiheit, die wir nicht haben. Wie viel hat *Brief Encounter* gekostet? In Hollywood hätte er mindestens anderthalb Millionen gekostet. Um dieses Geld – und zusätzlich zu den Unkosten die Verleihkosten – wieder einzuspielen, hätte er zahllose massengefällige Bestandteile enthalten müssen, deren Fehlen aber genau das ist, was ihn zu einem guten Film macht. Da die Akademie kein internationales Tribunal für Filmkunst ist, sollte sie aufhören, sich als ein solches zu gebaren. Wenn ausländische Filme praktisch keinerlei Chance haben, einen Hauptpreis zu gewinnen, sollten sie auch nicht nominiert werden. Ganz zu Anfang der Festlichkeit von 1947 wurde Laurence Olivier mit einem Sonder-Oscar für *Henry V* geehrt, obgleich der Film zu denen gehörte, die als bester Film des Jahres nominiert worden waren. Unverhohlener konnte man kaum sagen, dass er nicht gewinnen würde. Es fielen noch zwei kleinere Preise für Technisches und zwei kleinere Preise für Drehbucharbeit an ausländische Filme, aber nichts, was nennenswert zu Buche schlug, lediglich Rankenwerk. Ob diese Preise verdient waren, tut nichts zur Sache. Entscheidend ist, dass es kleinere Preise waren und kleinere Preise sein sollten und dass ein im Ausland gemachter Film keinerlei Möglichkeit hatte, einen Hauptpreis zu gewinnen.

Außenstehende konnten den Eindruck gewinnen, dass da irgendetwas nicht mit rechten Dingen zuging. Hollywood-Kenner wissen indes – und daran gibt es nichts zu rütteln! –, dass die Oscars für und durch Hollywood existieren; dass ihr Zweck der ist, die Überlegenheit Hollywoods zu zementieren; dass die mit ihnen verbundenen Maßstäbe und Probleme die Maßstäbe und Probleme Hollywoods sind; und dass die mit ihnen verbundene Falschheit die Falschheit Hollywoods ist. Doch wenn die Akademie den Ausländern ein bisschen Flitter hinwirft, die Edelsteine für sich behält und dabei die Pose des Internationalismus aufrechterhalten will, muss sie lächerlich wirken. Als Schriftsteller ärgert es mich, dass Drehbuchpreise zu diesem Flitter gehören, und als Mitglied der Akademie ärgert es mich, dass sie eine Stellung einzunehmen sucht, die sie, wie ihr jährliches Spektakel vor der Öffentlichkeit zeigt, gar nicht einzunehmen vermag.

Sofern die Schauspieler und Schauspielerinnen die alberne Schau lieben – und ich bin mir gar nicht so sicher, dass die Besten von ihnen das tun –, wissen sie wenigstens, wie man in starkem Licht elegant aussieht und die kleinen, ach so bescheidenen Ansprachen mit so treuherzig großen Augen vorbringt, als glaubte man selbst an sie. Sofern die großen Produzenten sie lieben – und ich bin mir ganz sicher, dass sie das tun, denn sie enthält die einzigen Bestandteile, von denen sie wirklich etwas verstehen (Werbewirksamkeit und folglich verstärktes Kassenklingeln) –, wissen sie wenigstens, wofür sie kämpfen. Sofern aber die stillen, ernsten und etwas zynischen Leute, die wirklich Filme machen, sie lieben – nun, sie kommt schließlich nur einmal im Jahr und ist nicht schlimmer als eine Menge von dem Schmierentheater, das sie aus dem Weg räumen müssen, um mit ihrer Arbeit fertig zu werden.

Das ist natürlich auch nicht ganz der entscheidende Punkt. Der Chef eines großen Studios sagte einmal in privatem Kreise, wenn er ehrlich sei, bestehe das Filmgeschäft zu 25 % aus ehrlichem Geschäft, die anderen 75 % seien reine Kungelei. Über Kunst hat er nichts gesagt, obgleich er davon schon gehört haben mag. Aber das *ist* der entscheidende Punkt, nicht wahr? – ob diese jährlichen Preise (abgesehen von dem grotesken Ritual, das mit ihnen einhergeht) tatsächlich etwas darstellen, was von künstlerischem Wert für das Medium Film ist; etwas Eindeutiges und Ehrliches, das bleibt, wenn die Lichter erloschen, die Nerze abgelegt und das Aspirin geschluckt sind? Ich glaube nicht, dass sie das tun. Ich glaube, sie sind bloß Theater, und nicht einmal gutes Theater. Was das persönliche Prestige betrifft, das mit dem Gewinn eines Oscars verbunden ist, so währt es, mit Glück, gerade so lange, dass dein Agent erreicht, dass dein Vertrag erneuert wird und dass dein Marktwert eine weitere Windung hochgeschraubt werden kann. Doch über die Jahre und in den Herzen der Menschen, die guten Willens sind? Ich glaube kaum.

Es war einmal vor vielen Jahren, da beschloss eine einst sehr erfolgreiche Hollywood-Dame (vielleicht hatte sie auch keine andere Wahl), ihre schönsten Möbel mitsamt ihrem schönen Heim versteigern zu lassen. Einen Tag, bevor sie auszog, führte sie eine Gesellschaft von Freunden zu einer privaten Besichtigung durch das Haus. Einem von ihnen fiel auf, dass die Dame ihre zwei goldenen Oscars als Türpuffer benutzte. Anscheinend hatten sie gerade das richtige Gewicht, und sie musste wohl vergessen haben, dass sie aus Gold waren.

# 1949

## JOHN F. CARRINGTON

# Hochentwickelte Telekommunikation am Kongo

*Jahrhundertelang war Afrika im Fernmeldewesen Europa und der übrigen Welt weit voraus. Erst Napoleons Frankreich vermochte diesen technologischen Entwicklungsrückstand wettzumachen: durch den Bau eines landesweiten Telekommunikationsnetzes hölzerner Türme, über welche die Nachrichten mittels Lichtsignalen weitergegeben wurden.*

*Der englische Missionar John F. Carrington (\*1914, † 1985) war 1938–1950 in Belgisch-Kongo auf der Baptistenstation von Yakusu unweit von Kisangani (damals Stanleyville) tätig. Als Neuling wunderte er sich auf Exkursionen darüber, dass er bei seiner Ankunft in Dörfern die Leute darauf vorbereitet antraf. Dann lernte er die lokale Kele-Sprache und vertiefte sich anschließend in die darauf basierende Trommelsprache.*

IN MEINEN ERSTEN MONATEN als Missionar in der Baptisten-Missionsstation in der Gegend von Stanleyville in Belgisch-Kongo schickte man mich mit einem erfahreneren Kollegen zu den Dörfern des Bambole-Waldes am Südufer des Kongo aus. Ein paar Tage lang waren wir in einem Dorf namens Yawisha tätig gewesen und planten einen Ausflug zur Nachbarstadt Yangama, etwa sieben oder acht Meilen entfernt. Als wir in Yangama ankamen, warteten zu meiner Überraschung der Dorflehrer, der Hilfsarzt und sämtliche Kirchenmitglieder schon in ihrem Schulraum auf uns. Ohne zu fragen, mit welchen Mitteln die Dorfbewohner erfahren hatten, dass wir im Anmarsch waren (wir hatten keinen Boten aus Yawisha geschickt), machten wir uns gleich an die Arbeit des Tages. Doch meine stillschweigende Frage wurde in der Rede des örtlichen Pfarrers beantwortet, mit der unser Besuch in dem Dorf zu Ende ging. Um einen Punkt in seiner Rede zu untermauern, stellte er der versammelten Gemeinde eine Frage.

»Woher wussten wir, dass die weißen Männer heute kommen?«, fragte er.

»Die Trommeln sagten es uns«, kam die Antwort.

Nach der Versammlung erkundigte ich mich genauer und erfuhr, dass bald nach unserem Aufbruch aus Yawisha die Dorfbewohner per Buschtrommel eine Botschaft nach Yangama geschickt hatten, die Gläubigen sollten sich für den Empfang der weißen Männer von der Baptistenmission bereit machen, die auf dem Weg zu ihnen seien.

Solche Geschichten findet man häufig in den Berichten der Afrikareisenden. In einem von Knox herausgegebenen Buch mit dem Titel *Travels into the Inland parts of Africa* finden wir einen Bericht über eine Reise zu den westafrikanischen Dörfern der Mandingo von Francis Moore, der im Jahr 1730 aus England aufbrach. Er schreibt:

»In fast jedem Ort haben sie eine besonders große Trommel, die sie die Tamtam nennen und die nur geschlagen wird, wenn ein Feind sich nähert oder sonst bei einem besonderen Vorfall, wenn man die Bewohner der umliegenden Ortschaften zu Hilfe ruft...«

Ein Jahrhundert später wird in *A Narrative of the Expedition sent by Her Majesty's Government to the River Niger in 1841* eine ähnliche Geschichte erzählt. Über einen Einheimischen mit Namen Glasgow heißt es dort:

»Er erzählte auch, sie könnten sich auf diese Art über sehr große Entfernungen verständigen, mithilfe der Kriegstrommel, über die jedes Dorf verfügt und mit der sie diese Signale geben und erwidern können; vor einer Gefahr ist also gewarnt, lange bevor der Gegner angreifen kann. Wir staunen oft, wie gut sich Trompetensignale bei unserem Militär bewähren, doch wie gering ist ihre Wirkung im Vergleich zu dem, was diese ungebildeten Wilden erzielen. Zweifellos geben Sklavenhändler auf diese Art Nachrichten über die Bewegungen unserer Schiffe weiter.«

Dieser Ausschnitt ist interessant, weil er den Unterschied zwischen Signaltrommeln und sprechenden Trommeln zeigt.

Erstere sind in den meisten Ländern der Welt verbreitet und kommen besonders bei militärischen Operationen zum Einsatz. Unsere bekannten Hornsignale verfolgen ebenfalls diesen Zweck, auch wenn das Instrument, mit dem sie gesendet werden, ein anderes ist. Doch die Trommelzeichen, die Glasgow beschreibt, sind von anderer Art; sie sind eine Form von Sprache, mit der sich Nachrichten über fast alles, was sich im Leben eines Eingeborenen ereignet, senden lassen.

Auf seiner epochalen Reise durch ganz Afrika zwischen 1875 und 1877 kam H. M. Stanley durch jene Gegenden des Kontinents, wo die sprechenden Trommeln zu Hause sind. Immer wieder berichtet er von den »dumpfen Kriegstrommeln« und stellt sich vor, dass die Eingeborenen damit zum Angriff auf ihn und seine Mitreisenden angestachelt werden sollen. In einem späteren Buch über seine Erlebnisse im Kongo, als er dorthin zurückkehrte, um für den belgischen König Leopold II. den *État Indépendant du Congo* einzurichten, gibt uns Stanley einen Bericht über diese bemerkenswerten Trommeln. Über die baEna, einen Stamm, der am Kongofluss an den Wasserfällen lebt, die heute Stanleys Namen tragen, sagt er:

»Die Inselbewohner haben sich noch nicht auf elektrische Signale umgestellt, aber sie besitzen ein ebenso wirksames Kommunikationssystem. Je nachdem, wie sie geschlagen werden, sprechen ihre großen Trommeln eine Sprache, die dem Eingeweihten nicht minder verständlich ist als die Sprache der menschlichen Stimme...«

Die baEna haben bis heute solche sprechenden Trommeln und benutzen sie noch. Es sind nicht dieselben, die Stanley sah, denn eine sprechende Trommel hält in Zentralafrika nicht länger als vierzig oder fünfzig Jahre, aber sie sind gebaut wie diese und werden gebraucht wie diese.

Der Wert einer solchen Kommunikationsform in einem Land, wo Straßenverkehr oft unmöglich und Flussverkehr mühsam ist, wurde von frühen Kolonisten rasch erkannt. Schon 1899 (und sogar noch früher) benutzten Offiziere der belgischen Regierung Trommeln, um mit ihnen unterstellten Häuptlingen Verbindung zu halten. A. B. Lloyd berichtet von den Alarmtrommeln der Stämme entlang des Aruwimi (es handelt sich um das Volk der bAngwa, auf deren heutige Trommeltechnik ich später noch zu sprechen komme). Er sagt:

»Man erzählte mir, dass sich Botschaften von einem Dorf zum nächsten, eine Distanz von über hundert Meilen, in weniger als zwei Stunden schicken lassen, und ich halte es sogar für möglich, dass es in noch kürzerer Zeit geschieht.

Die belgischen Offiziere verständigen sich auf diese Weise mit den Einheimischen und haben an jedem Posten eine Trommel und einen Mann, der sie zu schlagen versteht.«

Zu den einfallsreichsten Möglichkeiten, die sprechende Trommel für die Kolonisierung einzusetzen, gehört gewiss die folgende, die Lieutenant Gilmont im Jahr 1877 bei einem Offizier des *État Indépendant du Congo* beschrieb:

»Ein Beamter, der den Auftrag erhalten hatte, einen Aufstand der Eingeborenen niederzuschlagen (denn Aufstände gibt es in allen Ländern der Welt), wusste einiges von der Telegrafensprache der Eingeborenen. Eines Abends griff er ganz überraschend zu einer großen sprechenden Trommel und sendete immer und immer wieder: Luiza quo, luiza quo … kommt her, kommt her. Die Eingeborenen, die glaubten, der weiße Mann befinde sich noch in einiger Entfernung, fanden sich arglos ein und wurden einer nach dem anderen eingefangen. So konnten sämtliche Feindseligkeiten friedlich beigelegt werden.«

Die besten Bedingungen zum Trommeln herrschen in der Regel am frühen Morgen und am späten Abend. Dafür gibt es zwei Hauptgründe. Tagsüber sind bei den vielen Lauten des Dorflebens und den Beschäftigungen der Menschen Botschaften nur über kurze Distanz hörbar. Und zum zweiten heizen die Sonnenstrahlen den Boden auf und sorgen für eine aufsteigende Luftbewegung (die Luft über einem Dorfplatz schimmert oft in der Mittagshitze), und diese Strömungen lenken den Schall in die Höhe ab. Offenbar reicht der Klang über dem Wasser weiter, und es ist auffällig, wie in den Dörfern der Lokele stets die größten Trommeln oben am Flussufer parallel dazu aufgestellt sind und mit der tiefer gestimmten Seite flussaufwärts. Um die Verbindung mit Walddörfern im Landesinneren zu halten, nimmt man oft kleinere Trommeln mit schrillerem Ton; diese haben keine eindeutige Orientierung.

In den Berichten über die Entfernungen, die Trommeln überbrücken können, haben die Verfasser wohl bisweilen Botschaften, die von einer einzelnen Trommel gesendet wurden, und solche, die von einem Dorf zum anderen weitergegeben werden, durcheinandergebracht. So kommt es, dass wir Auskünfte wie die folgende lesen:

»Wenn sich mit einem Mal Stille über den großen Wald herabsenkt, sind die Trommeln, wie man mir versichert, sechzig Meilen weit zu hören.« (E. A. Powell, *The Map that is half unrolled*. London 1926)

Hier handelt es sich mit Sicherheit um eine Folge von fünf oder sechs Trommeln und nicht um ein einziges Instrument.

Die folgenden Zitate geben ein wesentlich verlässlicheres Bild von den tatsächlichen Fakten und passen zu den Bedingungen, die man im Yakusu-Distrikt findet:

»(a) bei den Pygmäenstämmen in Französisch-Äquatorialafrika: die Kriegstrommel ist morgens und abends bei ruhigem Wetter ohne Wind elf Kilometer weit hörbar;
(b) in Nigeria: den Ton einer Ikolo hört man auf eine Distanz bis zu fünf Meilen;
(c) auf den Südseeinseln: die Eingeborenen erkennen den Klang eines spezifischen Gongs auf sechs Meilen Entfernung.«

Eine der größten Trommeln der baEna, im Dorf Lesali am Fuße der Stanleyfälle, ist bis zum Dorf Yatuka zu hören, das mehr als zwanzig Meilen flussabwärts liegt. Doch nur selten werden Nachrichten über eine so große Entfernung gesandt; die normale Distanz für eine Lokele-Trommel beträgt etwa sechs oder sieben Meilen bei Nacht und vier oder fünf am Tage.

Wesentlich größere Entfernungen als mit einer einzigen Trommel lassen sich überbrücken, wenn Nachrichten von einem Dorf zum nächsten weitergegeben werden. Das geschieht nur, wenn es sich um eine Botschaft von großer Bedeutung handelt. Man könnte sich vorstellen, dass in einem zentralafrikanischen Land wie Belgisch-Kongo ein System der Trommeltelegrafie aufgebaut würde, aber wer immer dieses System organisierte, müsste für Operateure sorgen, die bei den Trommeln bleiben, um Botschaften zu empfangen und weiterzugeben. Auf die althergebrachten afrikanischen Dorftrommler könnte er sich dabei nicht verlassen. Denn die Trägheit des afrikanischen Dorftrommlers bei allem, was nicht unmittelbar mit ihm selbst zu tun hat, würde verhindern, dass eine Nachricht durchkäme. Als H. M. Stanley 1877 auf seiner Fahrt flussabwärts durch das Land der Lokele kam, ging ihm die Kunde in der Tat durch die Stafette der Lokele-Trommler voraus; aber hier handelte es sich ja auch um etwas von größter Bedeutung für die gesamte Gemeinschaft: fremde schwarzhäutige und noch fremdere weißhäutige Männer in Kanus, die ganz anders aussahen als die der Lokele-Fischer und in denen die Ruderer mit dem Rücken zur Fahrtrichtung saßen. Und wenn man einen oder mehrere von diesen Eindringlingen zu fassen bekam, gab es Fleisch! Aber es wäre nicht leicht, eine Antwort aus weit entfernten Dörfern zu bekommen, wenn wir zum Beispiel einem Mann, der sechzig Meilen entfernt lebte, mitteilen wollten, er solle zu unserer Station kommen.

Ein weiteres großes Hindernis, das der Übertragung von Trommelbotschaften über große Entfernungen im Wege steht, ist der Umstand, dass jeder Stamm seine eigene Trommelsprache hat. Da die Trommelsprache auf der Stammessprache beruht, wird sie in der Regel nur von den Mitgliedern des Stammes verstanden. Es gibt in Afrika eine »internationale« Trommelsprache ebenso wenig wie es eine gemeinsame Sprache für alle gibt. In Yakusu kann man Tag für Tag Trommeln hören, die Botschaften in vier ganz unterschiedlichen Sprachen senden. An der Grenze einer Stammesgruppe käme also die Übertragung zum Erliegen. Weiter ginge es nur, wenn ein Trommler zur Verfügung stünde, der nicht nur die eigene, sondern auch die benachbarte Trommelsprache beherrscht. In Grenzdörfern gibt es solche Männer tatsächlich. Kinder von Eltern aus zwei verschiedenen Stämmen lernen oft beide Sprachen und werden dann zweisprachig auf der Trommel. Aber es sind nicht viele, und deshalb ist es schwierig, eine Trommelbotschaft über die Stammesgrenzen weiterzugeben. Viele Geschichten darüber, wie sich Nachrichten in Windeseile über weite Bereiche Afrikas ausbreiteten, sollte man deshalb mit Vorsicht genießen, auch wenn die Trommelsprache auf den ersten Blick eine Erklärung dafür liefert.

## 1950

# ALBERT EINSTEIN
## Zur Erniedrigung des wissenschaftlichen Menschen

*Ist wissenschaftliche Erkenntnis ein Mittel zum Zweck? Wir hoffen es und wissen es zu schätzen, wenn sie für das Menschendasein förderliche Ergebnisse mit sich bringt. Ist sie deshalb dem Zweck unterzuordnen und vorweg auf diesen auszurichten? Die folgenden Überlegungen sind niedergeschrieben als Botschaft für die 42. Tagung der Società Italiana per il Progresso delle Scienze, die 1950 in Lucca stattfand. Vorsitzender dieser Gesellschaft war Ministerpräsident Francesco Nitti, der als Antifaschist der ersten Stunde die Jahre 1923–1943 im französischen Exil verbracht und 1943–1945 in einem österreichischen Nazigefängnis gesessen hatte. Im selben Jahr erschien der Text erstmals auf Englisch in der UNESCO-Zeitschrift »Impact«.*

*Albert Einstein (\* 1879, † 1955) sollte seinem Willen gemäß noch an seinem Todestag verbrannt und seine Asche an einem unbekannten Ort verstreut werden. Doch Thomas S. Harvey, ein Pathologe des Princeton Hospital, behielt das Gehirn Einsteins und sezierte es in zwei Monate dauernder Arbeit zu zwölf Sätzen von je mehreren Hundert Präparaten, die er an handverlesene Vertreter der Forscherwelt verteilte. Diese förderten nichts Besonderes zutage, von Meldungen abgesehen, dass gewisse Teile des mit 1230 Gramm vergleichsweise leichten Gehirns eine überdurchschnittliche Anzahl von Gliazellen aufwiesen: Zellen mit Stütz- und Haltefunktion, die zudem für elektrische Isolation der Nervenzellen gegeneinander sorgen.*

Sollen wir die Erkenntnis der Wahrheit oder, bescheidener ausgedrückt, das Begreifen der erfahrbaren Welt durch konstruktives logisches Denken als ein selbstständiges Ziel unseres Strebens wählen? Oder soll dieses Streben nach vernünftiger Erkenntnis irgendwelche Sorte von andersartigen, z. B. »praktischen« Zielen untergeordnet werden? Das bloße Denken hat kein Mittel, diese Frage zu entscheiden. Die Entscheidung hingegen hat erheblichen Einfluss auf unser Denken und Werten, vorausgesetzt, dass sie den Charakter unerschütterlicher Überzeugung besitzt. Lassen Sie mich also bekennen: Für mich ist das Streben nach Erkenntnis eines von denjenigen selbstständigen Zielen, ohne die für den denkenden Menschen eine bewusste Bejahung des Daseins nicht möglich erscheint.

Es liegt im Wesen des Erkenntnisstrebens, dass es sowohl die weitgehende Bewältigung der Erfahrungsmannigfaltigkeit als auch Einfachheit und Sparsamkeit der Grundhypothesen anstrebt. Die endliche Vereinbarkeit dieser Ziele ist beim primitiven Zustand unseres Forschens eine Sache des Glaubens. Ohne solchen Glauben wäre für mich die Überzeugung vom selbstständigen Wert der Erkenntnis nicht kräftig und unerschütterlich.

Diese sozusagen religiöse Einstellung des wissenschaftlichen Menschen zur Wahrheit ist nicht ohne Einfluss auf die Gesamtpersönlichkeit. Denn außer dem durch die Erfahrung

Gegebenen und den Denkgesetzen gibt es für den Forscher im Prinzip keine Autorität, deren Entscheidungen oder Mitteilungen an sich den Anspruch auf »Wahrheit« erheben können. Dadurch entsteht die Paradoxie, dass ein Mensch, der seine besten Kräfte objektiven Dingen widmet, sozial betrachtet zum extremen Individualisten wird, der sich – im Prinzip wenigstens – auf nichts verlässt als auf sein eigenes Urteil. Man kann sogar sehr wohl die Ansicht vertreten, dass intellektueller Individualismus und wissenschaftliches Streben in der Geschichte zusammen erstmals aufgetreten und unzertrennlich geblieben sind.

Nun kann man sagen, dass der so skizzierte wissenschaftliche Mensch nichts weiter sei als eine bloße Abstraktion, die man in dieser Welt nicht in Fleisch und Blut vorfindet, etwas Analoges zum homo oeconomicus der klassischen Ökonomie. Es scheint mir aber, dass etwas wie die Wissenschaft, wie wir sie heute vor uns haben, nicht hätte entstehen und lebenskräftig bleiben können, wenn der wissenschaftliche Mensch nicht wenigstens in beträchtlicher Näherung in vielen Individuen viele Jahrhunderte hindurch tatsächlich existiert hätte.

Natürlich sehe ich nicht einen wissenschaftlichen Menschen in jedem, der Werkzeuge und Methoden anzuwenden gelernt hat, die direkt oder indirekt als »wissenschaftlich« erscheinen. Nur jene sind gemeint, in welchen die wissenschaftliche Mentalität wirklich lebt.

Wie steht nun der wissenschaftliche Mensch von heute im sozialen Körper der Menschheit? Er ist wohl irgendwie stolz darauf, dass die Arbeit von seinesgleichen, wenn auch zumeist indirekt, das wirtschaftliche Leben der Menschen durch nahezu totale Eliminierung der Muskelarbeit total umgestaltet hat. Er ist auch wohl bedrückt darüber, dass seine Forschungsergebnisse eine akute Bedrohung der Menschheit mit sich gebracht haben, nachdem die Früchte dieser Forschung in die Hände seelenblinder Träger der politischen Gewalt gefallen sind. Er ist sich des Umstandes bewusst, dass die auf seinen Forschungen fußenden technischen Methoden zu einer Konzentration der wirtschaftlichen und damit auch der politischen Macht in die Hände kleiner Minoritäten geführt haben, von deren Manipulationen das Schicksal des immer mehr amorph erscheinenden Haufens der Individuen völlig abhängig geworden ist. Noch mehr: jene Konzentration der politischen und wirtschaftlichen Macht in wenigen Händen hat nicht nur eine äußere materielle Abhängigkeit auch des wissenschaftlichen Menschen mit sich gebracht: Sie bedroht zugleich seine Existenz von innen, indem sie durch die Schaffung raffinierter Mittel geistiger und seelischer Beeinflussung den Nachwuchs unabhängiger Persönlichkeiten unterbindet.

So sehen wir, wie sich am wissenschaftlichen Menschen ein wahrhaft tragisches Schicksal vollzieht. Getragen vom Streben nach Klarheit und innerer Unabhängigkeit, hat er durch seine schier übermenschlichen Anstrengungen die Mittel zu seiner äußeren Versklavung und zu seiner Vernichtung von innen her geschaffen. Von den Trägern der politischen Macht muss er sich einen Maulkorb umhängen lassen. Er wird gezwungen, als Soldat sein eigenes Leben zu opfern und fremdes Leben zu zerstören, auch wenn er von der Sinnlosigkeit solchen Opfers überzeugt ist. Er sieht zwar mit aller Klarheit, dass der historisch bedingte Umstand, dass die Nationalstaaten die Träger der wirtschaftlichen, politischen und damit auch der militärischen Macht sind, zur Vernichtung aller führen muss. Er weiß, dass nur die Ablösung der Methoden der nackten Gewalt durch eine übernationale Rechtsordnung die Menschen noch retten kann. Aber es ist schon so weit mit ihm gekommen, dass er die von den Nationalstaaten über ihn verhängte Sklaverei als unabwendbar hinnimmt. Er erniedrigt sich sogar so weit, dass er auf Befehl die Mittel für die Vernichtung der Menschen weiter vervollkommnen hilft.

Muss der wissenschaftliche Mensch wirklich alle diese Erniedrigungen über sich ergehen lassen? Ist die Zeit vorbei, in der seine innere Freiheit und die Selbstständigkeit seines Denkens und Forschens das Leben der Menschen hat erhellen und bereichern dürfen? Hat er nicht in einem nur aufs Intellektuelle eingestellten Streben seine Verantwortlichkeit und Würde vergessen? Ich antworte: Einen innerlich freien und gewissenhaften Menschen kann man zwar vernichten, aber nicht zum Sklaven oder zum blinden Werkzeug machen.

Wenn der wissenschaftliche Mensch unserer Tage Zeit und Mut fände, seine Situation und seine Aufgabe ruhig und kritisch zu erwägen und entsprechend zu handeln, so würden die Aussichten auf eine vernünftige und befriedigende Lösung der gegenwärtigen gefahrvollen internationalen Situation wesentlich verbessert werden.

*1950–1960*

## CARL GUSTAV JUNG

## Feindbilder und Angst.
## Alle projizieren wir gleichermaßen

---

*»Ich kann nur hoffen und wünschen, dass niemand ›Jungianer‹ wird. Ich vertrete ja keine Doktrin, sondern beschreibe Tatsachen und schlage gewisse Auffassungen vor, die ich für diskussionswürdig halte.«*

*Hunderttausende von Psychologen dieser Welt, ob sie sich selbst nun als Jungianer bezeichnen würden oder nicht, berufen sich auf Carl Gustav Jung (\*1875, †1961) oder stehen in seiner Schuld. Namentlich seine Typologie der Charaktere ist von psychologischen Schulrichtungen jeglicher Schattierung übernommen worden, die sonst mit Jung und seiner analytischen Psychologie sehr wenig verbindet. Mit Etiketten wie ›extrovertiert‹ und ›introvertiert‹ hat sie sich als Gemeingut in unserer Umgangssprache niedergeschlagen. Politisch war und ist Jung eine höchst kontroverse Figur. Konsequent hat er sich gegen Krieg und nukleare Rüstung ausgesprochen.*

I ndem man allgemein der Meinung huldigt, der Mensch sei das, was sein Bewusstsein von sich selbst weiß, hält man sich für harmlos und fügt so der Bosheit noch die entsprechende Dummheit hinzu. Man kann zwar nicht leugnen, dass furchtbare Dinge geschehen sind und noch geschehen, aber es sind jeweils die anderen, die solches tun. …

Nur der Dumme kann die Voraussetzungen seiner eigenen Natur auf die Dauer außer Acht lassen. Diese Fahrlässigkeit bildet sogar das beste Mittel, um ihn zu einem Instrument des Bösen werden zu lassen. Wie es dem Cholerakranken und seiner Umgebung nicht das Geringste nützt, der Kontagiosität der Krankheit unbewusst zu sein, so hilft uns auch die Harmlosigkeit und Naivität nichts. Im Gegenteil sogar verführen sie zur Projektion des nicht eingesehenen Bösen in die »anderen«. Damit stärkt man die gegnerische Position aufs Wirksamste, denn mit der Projektion des Bösen wandert auch die Angst, die wir vor dem eigenen Bösen, zwar unwillig und heimlich, empfinden, zum Gegner über und erhöht das Gewicht seiner Drohung um ein Vielfaches. …

Man schaue auf die teuflischen Mittel der Zerstörung! Sie sind erfunden von vollständig harmlosen Gentlemen, von vernünftigen, angesehenen Bürgern, die all das sind, was wir wünschen. Und wenn die ganze Sache in die Luft fliegt und eine unbeschreibliche Hölle der Zerstörung aufreißt, so scheint niemand dafür verantwortlich gewesen zu sein. Es geschieht einfach, und doch ist alles von Menschen gemacht. Aber da jedermann blindlings davon überzeugt ist, dass er nichts ist als sein sehr bescheidenes und unwichtiges Bewusstsein, welches ordentlich seine Pflichten erfüllt und einen mäßigen Lebensunterhalt verdient, merkt niemand, dass diese ganze rational organisierte Masse, die man Staat oder Nation nennt, angetrieben wird von einer anscheinend unpersönlichen, unsichtbaren, aber furchtbaren Macht, die von niemandem und nichts aufgehalten werden kann. Diese schreckliche Macht wird meist erklärt als Furcht vor der benachbarten Nation, von der man annimmt, sie sei von einem böswilligen Teufel besessen. Da niemand fähig ist, zu erkennen, wo und wie stark er selbst besessen und unbewusst ist, projiziert man einfach den eigenen Zustand auf den Nachbarn, und so wird es zu einer heiligen Pflicht, die größten Kanonen und das giftigste Gas zu haben. Das Schlimmste dabei ist, dass man ganz recht hat. Alle Nachbarn werden beherrscht von einer unkontrollierten und unkontrollierbaren Angst, genau wie man selbst. In Irrenanstalten ist es eine wohlbekannte Tatsache, dass Patienten, die an Angst leiden, weit gefährlicher sind als solche, die von Zorn oder Hass getrieben sind.

## 1951

## ALBERT CAMUS

# Die Schöpfung auf eigene Rechnung neu machen

*Die Erfahrung der Nichtigkeit des Protests lehrt die Nichtigkeit jeder Moral, das heißt den Nihilismus. Atheist und Nihilist ist, wer dem Leiden keinen Sinn abgewinnen kann. De Sade, die Romantiker, Nietzsche und Iwan Karamasow wollten alle das wahre Leben und traten in die Welt des Todes. »Als Rivalen des Schöpfers wurden sie folgerichtig dazu geführt, die Schöpfung auf eigene Rechnung neu zu machen.«*

*Zwei Bücher wurden in den letzten Jahren immer wieder dem empfohlen, der unsere zeitgenössischen Terroristen zu verstehen sucht:* Die Dämonen *von Dostojewski und* Der Geheimagent *von Joseph Conrad. Das dritte in dieser Reihe ist* L'homme révolté *(Der Mensch in der Revolte) von Albert Camus (\*1913, †1960), dem der folgende Text entnommen ist. Sein* Mythos des Sisyphos *(Le mythe de Sisyphe), beendet 1942 im algerischen Oran, kam exakt zur rechten Zeit, um den durch die Kapitulation demoralisierten Franzosen den Fluchtweg in ihr glanzloses Alltagsleben zu präparieren. Im trotzigen Akzeptieren von dessen Absurdität oder Sinnlosigkeit und in der schlichten Pflichterfüllung dem Nächsten gegenüber, die kein Motiv außerhalb ihrer selbst hat, findet Camus' Existenzialist den einzigen Heroismus.*

HUNDERTFÜNFZIG JAHRE metaphysischer Revolte und des Nihilismus sahen beharrlich das gleiche verwüstete Gesicht unter den verschiedensten Masken wiederkehren, dasjenige des menschlichen Protests. Aufgelehnt gegen ihr Geschick und dessen Schöpfer, haben alle die Einsamkeit des Geschöpfes versichert und die Nichtigkeit jeder Moral. Aber alle suchten zu gleicher Zeit ein rein irdisches Königreich zu errichten, wo das Gesetz ihrer eigenen Wahl herrschen würde. Als Rivalen des Schöpfers wurden sie folgerichtig dazu geführt, die Schöpfung auf eigene Rechnung neu zu machen. Die für die Welt, die sie erschaffen hatten, jedes andere Gesetz als das der Begierde und der Macht abwiesen, stürzten sich in Selbstmord oder Wahnsinn und besangen die Apokalypse. Die andern, die ihr Gesetz mit eigener Kraft aufstellen wollten, erwählten das leere Gepränge, den äußeren Schein oder die Banalität, oder dann den Mord und die Zerstörung. Doch Sade und Karamasow, die Romantiker und Nietzsche traten nur in die Welt des Todes, weil sie das wahre Leben wollten. So sehr, dass durch Umkehrwirkung der durchdringende Ruf nach dem Gesetz, der Ordnung und Moral aus dieser Welt des Wahnsinns erschallt. Ihre Folgerungen waren erst dann verhängnisvoll oder freiheitsmörderisch, als sie die Bürde der Revolte abwarfen, der Spannung entflohen, die sie voraussetzt, und sich für die Annehmlichkeit der Tyrannei oder der Knechtschaft entschieden.

Der Aufstand des Menschen in seinen gehobenen und tragischen Formen ist und kann nichts anderes sein als ein langer Protest gegen den Tod, eine wütende Anklage gegen das Geschick, das von einer allgemeinen Todesstrafe beherrscht wird. In allen Fällen, denen wir begegnet sind, richtete sich der Protest jedes Mal gegen das, was in der Schöpfung Dissonanz, Trübheit oder Unterbrechung ist. Es handelt sich also zur Hauptsache um eine unaufhörliche Forderung nach Einheit. Die Weigerung vor dem Tod, der Wunsch nach Dauer und Durchsichtigkeit sind die Triebfedern aller dieser erhabenen oder kindischen Verrücktheiten. Ist es allein die feige und persönliche Weigerung zu sterben? Nein, haben doch viele dieser Rebellen bezahlt, was sie mussten, um auf der Höhe ihrer Forderung zu bleiben. Der Rebell verlangt nicht das Leben, sondern die Gründe des Lebens. Er stößt die Folgen zurück, die der Tod mit sich bringt. Wenn nichts dauert, ist nichts gerechtfertigt; was stirbt, ist bar jedes Sinns. Gegen den Tod kämpfen, heißt den Sinn des Lebens fordern, heißt kämpfen für das Gesetz und die Einheit.

Der Protest gegen das Böse, der im Zentrum der metaphysischen Revolte liegt, ist in dieser Hinsicht bezeichnend. Nicht das Leiden des Kindes ist an sich revoltierend, sondern die Tatsache, dass dies Leiden ungerechtfertigt ist. Schließlich wird der Schmerz, die Verbannung oder die Klausur manchmal hingenommen, wenn die Medizin oder der gesunde Menschenverstand uns davon überzeugen. Was in den Augen des Rebellen dem Schmerz wie auch den Momenten des Glücks in der Welt fehlt, ist ein Erklärungsprinzip. Der Aufstand gegen das Böse bleibt vor allem eine Forderung nach Einheit. Der Welt der zum Tod Verurteilten, der tödlichen

Undurchsichtigkeit des Geschicks hält der Rebell unablässig seine Forderung nach endgültigem Leben und endgültiger Durchsichtigkeit entgegen. Ohne es zu wissen, ist er auf der Suche nach einer Moral oder etwas Heiligem. Die Revolte ist eine Askese, wenn auch eine blinde. Wenn der Rebell nun lästert, so in der Hoffnung eines neuen Gottes. Er erzittert unter dem Stoß der ersten und tiefsten religiösen Regung, allein es handelt sich um eine enttäuschte religiöse Regung. Nicht die Revolte an sich ist edel, sondern das, was sie fordert, selbst wenn, was sie erreicht, noch gemein ist.

Wenigstens muss man aber erkennen, was sie Gemeines erreicht. Jedes Mal, wenn sie die Abweisung alles Bestehenden, das absolute Nein vergöttlicht, tötet sie. Jedes Mal, wenn sie blind das Bestehende gutheißt und das absolute Ja ausruft, tötet sie. Der Hass gegen den Schöpfer kann in den Hass gegen die Schöpfung umschlagen oder in die ausschließliche und aufreizende Liebe zum Bestehenden. In beiden Fällen jedoch mündet sie in den Mord ein und verliert das Recht, sich Revolte zu nennen. Man kann auf zwei Arten Nihilist sein, beide Male durch eine Unmäßigkeit nach dem Absoluten. Es gibt scheinbar die Rebellen, die sterben oder den Tod verbreiten wollen. Aber das sind die Gleichen, verzehrt von der Begierde nach dem wahren Leben, betrogen um das Sein, und die deshalb die allgemeine Ungerechtigkeit einer verstümmelten Gerechtigkeit vorziehen. Auf dieser Stufe der Entrüstung wird die Vernunft zur Raserei. Wenn es wahr ist, dass die instinktive Revolte des menschlichen Herzens im Lauf der Jahrhunderte auf ihr größtes Bewusstsein zugeht, hat sie auch, wie wir gesehen haben, an blinder Kühnheit zugenommen bis zu jenem maßlosen Augenblick, an dem sie beschloss, auf den universalen Mord mit dem metaphysischen Mord zu antworten.

Das ›Wenn auch‹, das, wie wir erkannt haben, den entscheidenden Augenblick der metaphysischen Revolte angibt, erfüllt sich jedenfalls in der absoluten Zerstörung. Weder die Revolte noch ihr Adel strahlen heute über die Welt, sondern der Nihilismus. Seine Konsequenzen haben wir aufzuzeichnen, ohne die Wahrheit seines Ursprungs aus den Augen zu verlieren. Selbst wenn Gott lebte, ergäbe sich Iwan ihm nicht angesichts der den Menschen angetanen Ungerechtigkeit. Aber ein längeres Wiederkäuen dieser Ungerechtigkeit, eine bittere Flamme hat das ›Selbst wenn du lebst‹ umgewandelt in ›Du verdienst nicht, zu leben‹ und darauf in ›Du lebst nicht‹. Die Opfer fanden die Kraft und die Gründe des letzten Verbrechens in der Unschuld, die sie sich zuerkannten. An ihrer Unsterblichkeit verzweifelnd, ihrer Verdammung gewiss, beschlossen sie die Ermordung Gottes. Wenn es falsch ist zu behaupten, an jenem Tag habe die Tragödie des zeitgenössischen Menschen begonnen, so ist es auch nicht wahr, dass sie damals ihre Vollendung gefunden hat. Dieses Attentat bezeichnet vielmehr den Gipfel eines Dramas, das am Ende der antiken Welt begonnen hat und dessen letzte Worte noch nicht verhallt sind. Von dem Augenblick an beschließt der Mensch, sich von der Gnade auszuschließen und von eigenen Mitteln zu leben. Von de Sade bis zum heutigen Tag bestand der Fortschritt darin, den geschlossenen Bezirk immer mehr zu erweitern, in dem nach seinem eigenen Gesetz der Mensch ohne Gott grausam herrschte. Man schob die Grenzen des verschanzten Lagers gegenüber Gott immer mehr vor, bis man aus der ganzen Welt eine Festung gegen den abgesetzten und verbannten Gott gemacht hat. Am Ende seiner Revolte schloss sich der Mensch ein, seine große Freiheit bestand einzig darin, von de Sades tragischem Schloss bis zu den Konzentrationslagern das Gefängnis seiner Verbrechen zu erbauen. Aber der Belagerungszustand verallgemeinert sich nach und nach, die Forderung nach Freiheit will für alle gelten. Man muss also das einzige Königreich errichten, das sich dem der Gnade entgegenstellt, dasjenige der Gerechtigkeit, und die menschliche Gemeinschaft vereinigen auf den Trümmern der göttlichen Gemeinschaft. Gott und eine Kirche bauen, ist die ständige und widersprüchliche Bewegung der Revolte. Die absolute Freiheit wird schließlich ein Gefängnis aus absoluten Pflichten, eine kollektive Askese, eine Geschichte also. Das 19. Jahrhundert, dasjenige der Revolte, mündet so ins 20. ein, das Jahrhundert der Gerechtigkeit und der Moral, wo jeder sich an die Brust schlägt. Chamfort, der Moralist der Revolte, hatte schon das Wort dafür geprägt: »Man muss gerecht sein, bevor man großmütig ist, so wie man zuerst Hemden hat und nachher Spitzen.« Man verzichtet also auf die Luxusmoral zugunsten der strengen Ethik der Aufbauenden.

Diese krampfhafte auf das Weltreich und das Universalgesetz gerichtete Bemühung müssen wir jetzt untersuchen. Wir sind an dem Punkt angelangt, wo die Revolte, jede Knechtschaft von sich weisend, die ganze Schöpfung annektieren will. Bei jedem ihrer Misserfolge sahen wir schon die Ankündigung einer politischen Lösung. Von ihren Eroberungen wird sie fortan nur den moralischen Nihilismus und den Willen zur Macht zurückbehalten. Der Rebell wollte im Grunde nur sich selbst gewinnen und sich gegenüber Gott behaupten. Aber er verliert die Erinnerung an seinen Ursprung, und nach dem Gesetz eines geistigen Imperialismus ist er auf dem Weg zur Weltherrschaft über Mordtaten ohne Zahl. Er hat Gott aus dem Himmel vertrieben, aber da der

Geist der metaphysischen Revolte sich mit der revolutionären Bewegung vereinigt, wird die irrationale Forderung nach Freiheit sich als Waffe paradoxerweise die Vernunft erwählen, die einzige Eroberungsmacht, die ihr rein menschlich scheint. Wo Gott tot ist, bleiben die Menschen übrig, d. h. die Geschichte, die es zu verstehen und zu machen gilt. Der Nihilismus, der inmitten der Revolte nun die Schöpferkräfte überschwemmt, fügt einzig hinzu, man könne sie mit allen Mitteln machen. Den Verbrechen des Irrationalen wird der Mensch auf einer Erde, die er fortan einsam weiß, die Verbrechen der Vernunft zugesellen, die auf dem Weg ist zum Reich des Menschen. Dem ›Ich rebelliere, also sind wir‹ fügt er hinzu, über fabelhafte Pläne und selbst den Tod der Revolte meditierend : ›Und wir sind allein.‹

## 1952

# CLAUDE LÉVI-STRAUSS
## Rassen und öffentliche Meinung

———————

*Die Existenz von Rassen zu verneinen vermag ihm zufolge deren Ungleichheit in der öffentlichen Meinung nicht zu beseitigen, denn diese kehrt als Ungleichheit der Kulturen wieder – dieselbe Erscheinung unter anderem Namen.*

*Mit 27 Jahren tritt Claude Lévi-Strauss (\* 1908, † 2009) an der Universität von São Paolo eine Professur in Soziologie an und leitet Forschungsexpeditionen ins Amazonas-Becken und in den Matto Grosso (vgl. Nichts als die Welt, S. 351–353). Nach dem Zweiten Weltkrieg ruft ihn das französische Außenministerium aus dem Exil in New York zurück, wo er inzwischen an der New School for Social Research lehrt. Nach einigen Jahren als Kulturberater im diplomatischen Dienst Frankreichs wird er 1949 an der École Pratique des Hautes Études Studiendirektor für Vergleichende Religionswissenschaft der schriftlosen Völker. Zehn Jahre später folgt er dem Ruf ans Collège de France auf den Lehrstuhl für Sozialanthropologie, den er bis 1982 innehat. Mit den folgenden Ausführungen zum Rassenbegriff kam er im Jahr 1952 einem Ersuchen der UNESCO nach.*

ES MAG ÜBERRASCHEN, wenn in einer Schriftenreihe, die sich den Kampf gegen den Rassismus zum Ziel gesetzt hat, vom Beitrag der Menschenrassen zur Weltzivilisation gesprochen wird. Umsonst hätte man also so viel Talent und so viele Bemühungen aufgeboten, um darzulegen, dass nach dem derzeitigen Stand der Wissenschaft die Behauptung, eine Rasse sei der anderen intellektuell überlegen oder unterlegen, jeder Grundlage entbehrt, wenn unter der Hand die Gültigkeit des Rassebegriffs doch wiederhergestellt würde, indem man zu beweisen scheint, dass die großen ethnischen Gruppen, die die Menschheit bilden, *als solche* spezifische Beiträge in das gemeinsame Erbe eingebracht hätten.

Nichts liegt uns jedoch ferner als eine derartige Behauptung, die lediglich auf eine positive Formulierung der rassistischen Doktrin hinausliefe. Wer die biologischen Rassen durch besondere psychologische Eigenarten zu kennzeichnen versucht, der entfernt sich in jedem Fall von der wissenschaftlichen Wahrheit, ganz gleich, ob er es positiv oder negativ formuliert. Selbst Gobineau, in dem die Geschichte den Vater der rassistischen Theorien sieht, verstand die »Ungleichheit der Menschenrassen« nicht als eine quantitative, sondern als eine qualitative: Für ihn waren die ursprünglichen großen Rassen der Menschheit – die weiße, die gelbe und die schwarze Rasse – nicht so sehr ungleich an absolutem Wert als vielmehr in ihren verschiedenen Fähigkeiten. Der Makel der Entartung war für ihn viel mehr mit dem Phänomen der Rassenvermischung als mit der Stellung einer bestimmten Rasse auf einer allgemeinen Wertskala verbunden; die Vermischung war also eine Plage, mit der die ganze Menschheit, ohne Unterschied der Rasse, in zunehmendem Maße geschlagen war. Die Erbsünde der Anthropologie besteht jedoch in der Verwendung des rein biologischen Rassebegriffs (vorausgesetzt übrigens, dass selbst in diesem begrenzten Bereich dieser Begriff Anspruch auf Objektivität erheben kann, was die moderne Genetik bestreitet) zur Erklärung der unterschiedlichen soziologischen und psychologischen Leistungen der einzelnen Kulturen. Allein durch diese Erbsünde war Gobineau schon in dem Teufelskreis eingeschlossen, der von einem intellektuellen Irrtum, der durchaus guten Glaubens begangen sein konnte, zur zwangsläufigen Legitimierung aller Diskriminierungs- und Ausbeutungsunternehmen führt.

Wenn wir also in dieser Studie vom Beitrag der Menschenrassen zur Zivilisation sprechen, so wollen wir damit nicht sagen, bei den kulturellen Beiträgen Asiens oder Europas, Afrikas oder Amerikas ließe sich irgendeine Originalität aus der Tatsache herleiten, dass diese Kontinente im Großen und Ganzen von Bewohnern unterschiedlicher rassischer Herkunft bevölkert sind. Wenn eine solche Originalität vorhanden ist – und das ist ohne Zweifel der Fall –, so rührt sie von den geografischen, historischen und soziologischen Verhältnissen her und nicht von bestimmten Fähigkeiten, die etwas mit der anatomischen oder physiologischen Konstitution der Schwarzen, Gelben oder Weißen zu tun hätten. Wir haben jedoch den Eindruck, durch die Betonung des negativen Aspekts bei der bisher vorliegenden Schriftenreihe besteht die Gefahr, dass jener andere, ebenso wichtige Aspekt des Lebens der Menschheit zu kurz kommt: nämlich die Tatsache, dass diese sich nicht in gleichförmiger Monotonie entwickelt, sondern in Form ganz unterschiedlicher Gesellschaften und Zivilisationen. Diese intellektuelle, ästhetische und soziologische Verschiedenheit hängt durch keine Ursache-Wirkung-Relation mit jener anderen zusammen, die biologisch zwischen bestimmten feststellbaren Aspekten der menschlichen Gruppierungen vorhanden ist: Sie läuft ihr lediglich in einem anderen Bereich parallel, unterscheidet sich von ihr aber zugleich durch zwei wichtige Merkmale. Zunächst existiert sie in einer anderen Größenordnung. Es gibt viel mehr Kulturen als Rassen, denn die einen zählen nach Tausenden, die anderen nach Einern: Zwei Kulturen, die von Menschen derselben Rasse hervorgebracht wurden, können sich ebenso oder mehr voneinander unterscheiden als zwei Kulturen von rassisch weit voneinander entfernten Gruppierungen. Zweitens: Im Unterschied zur Verschiedenheit der Rassen, bei denen vor allem ihre historische Herkunft und ihre räumliche Verteilung von Interesse ist, stellt uns die Verschiedenheit der Kulturen vor zahlreiche Probleme, denn man kann sich fragen, ob sie für die Menschheit von Vorteil oder von Nachteil ist, ein Fragenkomplex, der natürlich wieder viele Einzelfragen umfasst.

Schließlich und vor allem muss man sich fragen, worin diese Verschiedenheit eigentlich besteht, selbst auf die Gefahr hin, dass die rassistischen Vorurteile, kaum dass sie ihre biologische Grundlage verloren haben, in einem anderen Bereich neu entstehen. Was wäre aber damit gewonnen, wenn man den Mann auf der Straße so weit gebracht hätte, dass er schwarzer oder weißer Hautfarbe, glattem oder krausem Haar keine intellektuelle oder moralische Bedeutung mehr beimisst, und sich dann über jenes andere Problem ausschwiege, das sich erfahrungsgemäß sofort als Nächstes stellt: Wenn es keine angeborenen rassischen Fähigkeiten gibt, wie lässt sich dann erklären, dass die von den Weißen hervorgebrachte Zivilisation jene immensen Fortschritte gemacht hat, während die der farbigen Völker zurückgeblieben sind, entweder auf halbem Wege oder in einem Rückstand von Tausenden oder Zehntausenden von Jahren? Das Problem der Ungleichheit der *Rassen* kann also nicht dadurch gelöst werden, dass man ihre Existenz verneint, wenn man sich nicht gleichzeitig mit dem der Ungleichheit – oder Verschiedenheit der *Kulturen* beschäftigt, die in der öffentlichen Meinung, wenn auch nicht theoretisch, so doch praktisch, eng mit jener zusammenhängt.

*1952*

# JORGE LUIS BORGES
## Was ein Klassiker ist

*Ob ein Projekt wie dieser Foliant mit seinen Kolonnen von »Klassikern« nicht immer wieder einen ungemütlichen kanonischen Drall entwickeln muss? So die Frage von Zaungästen, die für den einen oder anderen Augenblick der Entstehung dieses Bandes beiwohnten. Die Erfahrung zerstreut solche Befürchtungen. Nein, die Autorität von »Klassikern« verstößt sogar im Hochamt gegen dieses und sich selbst, beweist einen robusten Hang zum Abenteuer und zur gesunden Infragestellung der eigenen Voraussetzungen. Auch stellt sie Regeln auf, um diese auf ihre Reichweite zu prüfen, nicht um uns an sie zu versklaven. Außerdem schließt Unsterblichkeit weder Originalität noch gar Überraschendes aus. Es geht um ein Schatzgräberunterfangen, naturgemäß mit unbekanntem Ausgang.*

*Allerdings springt uns Jorge Luis Borges (\* 1899, † 1986) an dieser Stelle mit einem passenden Pausenzeichen der Selbstreflexion bei. Zwar weilte er als Halbwüchsiger sieben Jahre in Genf, wohin er immer wieder zurückkehrte und wo er auch starb, und studierte in Spanien. Aber die Jahrzehnte des Außenpostens in Buenos Aires boten Gewähr für einen distanzierten Blick; und es ist durchaus möglich, dass im vergangenen Jahrhundert kein zweiter dermaßen belesener Mensch wie er gelebt und literarisch gewirkt hat.*

ES DÜRFTE KAUM WISSENSGEBIETE GEBEN, die von größerem Interesse wären als die Etymologie; das beruht auf den unvorhersehbaren Veränderungen der ursprünglichen Wortbedeutungen im Lauf der Zeit. Solche Veränderungen, die bis ins Paradoxe gehen können, vorausgesetzt, hilft uns der Ursprung eines Wortes gar nicht oder nur sehr wenig bei der Erhellung eines Begriffs. Zu wissen, dass »calculus« im Lateinischen »Steinchen« bedeutet, und dass die Pythagoreer vor der Erfindung der Zahlen Steinchen verwendeten, verhilft uns nicht zur Herrschaft über die Mysterien der Algebra. Zu wissen, dass »Hypokrit« [Heuchler] ein Schauspieler, eine Persona, eine Maske war, ist kein Hilfsmittel für das Studium der Ethik. Gleichermaßen ist zur Definition dessen, was wir heute unter »klassisch« verstehen, die Tatsache unverwendbar, dass dieses Adjektiv vom lateinischen Wort »classis«, »Flotte«, abstammt, welches später die Bedeutung von Ordnung annahm. (Man bedenke dabei die analoge Bildung »ship«/»shape«.)

Was ist heute ein klassisches Buch? In Reichweite habe ich die Definitionen von Eliot, Arnold und Sainte-Beuve, die zweifellos vernünftig und lichtvoll sind, und ich wäre gern mit diesen berühmten Autoren einer Meinung, werde sie jedoch nicht zu Rate ziehen. Ich habe mehr als siebzig Jahre hinter mich gebracht; in meinem Alter wiegen zufällige Übereinstimmungen oder Neuigkeiten weniger als das, was man für wahr hält. Ich werde mich also darauf beschränken, darzulegen, was ich zu diesem Punkt gedacht habe.

Meine erste Anregung war eine *Geschichte der chinesischen Literatur* (1901) von Herbert Allen Giles. Im zweiten Kapitel dieses Buchs las ich, einer der fünf von Konfuzius herausgegebenen kanonischen Texte sei das *Buch der Wandlungen* oder *I Ging*, bestehend aus 64 Hexagrammen, die die möglichen Kombinationen von sechs halbierten oder ganzen Linien ausschöpfen. Eines der Schemata besteht zum Beispiel aus zwei ganzen, einer halbierten und drei ganzen Linien, die übereinander angeordnet sind. Ein Kaiser der Vorzeit soll sie im Schild einer der heiligen Schildkröten entdeckt haben. Leibniz glaubte, in den Hexagrammen ein binäres Zahlensystem zu finden; andere eine rätselhafte Philosophie; andere, wie Wilhelm, ein Mittel, die Zukunft zu erraten, da die 64 Figuren den 64 Phasen eines jeden Unternehmens oder Vorgangs entsprechen; andere das Vokabular eines bestimmten Volksstammes; andere einen Kalender. Ich erinnere mich, dass Xul Solar diesen Text mit Zahnstochern oder Streichhölzern zu rekonstruieren pflegte. Das *Buch der Wandlungen* läuft Gefahr, Fremden als bloße Chinoiserie zu erscheinen; über Jahrtausende haben jedoch Generationen überaus gebildeter Menschen das Buch mit Hingabe wieder und wieder gelesen und werden fortfahren, es zu lesen. Konfuzius erklärte seinen Schülern, er würde, falls ihm das Schicksal einhundert zusätzliche Lebensjahre gewährte, die Hälfte von ihnen dem Studium des Buchs und seiner Kommentare oder »Flügel« widmen.

Ich habe mit Absicht ein extremes Beispiel gewählt, eine Lektüre, die einen Glaubensakt erfordert. Nun komme ich zu meiner These. Klassisch ist jenes Buch, das ein Volk oder eine Gruppe von Nationen oder die Zeitläufte zu lesen beschlossen haben, als wäre auf seinen Seiten alles erörtert, schicksalhaft, tief wie der Kosmos und unendlicher Auslegungen fähig. Es ist vorhersehbar, dass solche Beschlüsse sich wandeln. Für die Deutschen und Österreicher ist der *Faust* ein geniales Werk; für andere ist er eine der berühmtesten Formen der Langeweile, wie das zweite *Paradies* von Milton oder das Werk von Rabelais. Bücher wie das *Buch Hiob*, die *Göttliche Komödie*, *Macbeth* (und, für mich, einige der nordischen Sagas) versprechen eine langwierige Unsterblichkeit, aber wir wissen nichts über die Zukunft außer: dass sie sich von der Gegenwart unterscheiden wird. Eine Vorliebe kann sehr wohl ein Aberglaube sein.

Ich bin nicht zum Bilderstürmer berufen. Um das Jahr 1930 glaubte ich, unter dem Einfluss von Macedonio Fernández, die Schönheit sei das Privileg einiger weniger Autoren. Heute weiß ich, dass sie Gemeingut ist und in den zufälligen Seiten des Mittelmäßigen oder einem Gossengespräch auf uns wartet. So ist auch meine Unkenntnis der malaiischen oder der ungarischen Literatur vollkommen, aber ich bin sicher, dass ich in ihnen alle Nahrung fände, deren der Geist bedarf, wenn mir die Zeit Gelegenheit zu ihrem Studium gäbe. Neben den sprachlichen sind auch die politischen oder geografischen Grenzen hinderlich. In Schottland ist Burns ein Klassiker; südlich des Tweed interessiert er weniger als etwa Dunbar oder Stevenson. Der Ruhm eines Dichters hängt letztlich von den Gefühlen oder der Fühllosigkeit der Generationen namenloser Menschen ab, die ihn in der Einsamkeit ihrer Bibliotheken einer Prüfung unterziehen.

Die Gefühle, die die Literatur hervorruft, sind vielleicht ewig, aber die Mittel müssen sich unaufhörlich wandeln, wenn auch nur geringfügig, um nicht ihre Kraft zu verlieren. Sie erschöpfen sich in dem Maß, in dem der Leser sie wiedererkennt. Daher die Gefährlichkeit der Behauptung, es gebe klassische Werke, und es gebe sie für immer.

Jeder misstraut seiner Kunst und ihren Erzeugnissen. Ich, der ich mich damit abgefunden habe, das unbegrenzte Überdauern von Voltaire oder Shakespeare zu bezweifeln, glaube (an diesem Abend eines der letzten Tage des Jahres 1965) an das Fortdauern von Schopenhauer und Berkeley.

Klassisch ist nicht jenes Buch (ich wiederhole es), das notwendigerweise diese oder jene Verdienste aufweist; jenes Buch ist es, das Generationen von Menschen, bewegt von unterschiedlichen Gründen, mit überkommener Inbrunst und mit einer mysteriösen Treue lesen.

# 1954

## ALDOUS HUXLEY

# Meskalin. Wahrnehmung, Bewusstsein, Drogenerfahrung

*Die USA kämpfen den »War on Drugs«. Der Begriff wurde 1972 von Richard Nixon geprägt, vermutlich in Anlehnung an den von Lyndon B. Johnson 1964 erklärten »War on Poverty«. Dieser »Krieg gegen die Drogen« ist, wenn nicht verloren, dann jedenfalls nicht zu gewinnen. Mittlerweile besteht darüber in beinahe allen Lagern Einigkeit. Was fehlt, sind bessere Ideen, mit denen sich obendrein Politik machen lässt. Der Drogenkonsum und seine Reglementierung, denn ohne geht es auch nicht, dürften wohl sämtlichen Gesellschaften für weitere Jahrhunderte Probleme aufgeben, für die es keine zufriedenstellenden und unstrittigen Lösungen geben wird. Mit Blick auf die Alkoholprobleme in den US-amerikanischen Indianerreservaten wurde unter Verweis auf den sozialen Kontext von einigen Medizinern und Ethnologen wiederholt als Alternative Meskalin vorgeschlagen, das bei mexikanischen Indianerstämmen traditionell als Inspirationsdroge gebräuchlich ist. Natürlich ist die Wirkung der Indianerdroge aus dem Peyote-Kaktus und anderen Kakteen außer von Anthropologen wie Carlos Castañeda auch von Schriftstellern und Künstlern erforscht worden, darunter Antonin Artaud und Henri Michaux.*

*Aldous Huxley (\* 1894, † 1963) will uns überzeugen, dass Meskalin-Liebhabern manche garstige Seite übermäßigen Alkoholkonsums erspart bleiben mag. Ist sein Plädoyer zugunsten des Halluzinogens stark genug, uns die Angst vor »Persistierenden Wahrnehmungsstörungen« zu nehmen? (Dies ist der klinische Ausdruck für die Flashback-Erscheinungen, die sich bei rund einem Viertel der mit Meskalin Experimentierenden einstellen.)*

*In der negativen Utopie von Huxleys Roman* Schöne Neue Welt *verwenden die Behörden Halluzinogene, um die mundtot gemachte Bevölkerung zu manipulieren. Immerhin wollen wir ihn doch konsultieren, den großen Utopisten, Pazifisten, Buddhisten und engagierten Polemiker, der zeitlebens unermüdlich auf der Suche nach dem Stein der Weisen war. In Kalifornien, wo er sich 1937 niedergelassen hatte, versuchte er zuerst bei dem von westlichen Theosophen zu Weltruhm beförderten Inder Jiddu Krishnamurti seine westliche Bildung zu ergänzen. 1953 bot er sich in Kanada dem britischen Psychiater Humphrey Osmond als Versuchsperson an. Dieser wollte mit LSD unter anderem Alkoholkranke behandeln.*

FÜR DIE MEISTEN MENSCHEN ist Meskalin fast völlig unschädlich. Im Gegensatz zu Alkohol treibt es nicht zu der Art von hemmungsloser Betätigung, die zu Raufereien, Verbrechen, Gewalttaten und Verkehrsunfällen führt. Ein Mensch, der unter dem Einfluss von Meskalin steht, kümmert sich ruhig um seine eigenen Angelegenheiten. Überdies ist die Angelegenheit, um die er sich am meisten kümmert, ein Erlebnis der erleuchtendsten Art, das nicht (und das ist sicherlich wichtig) mit einem kompensatorischen Katzenjammer bezahlt zu werden braucht. Von den mit regelmäßigem Meskalingenuss verbundenen Folgen auf lange Sicht wissen wir sehr wenig. Indianer, die Peyoteprieme kauen, scheinen durch diese Gewohnheit weder physisch noch moralisch zu verkommen. Die vorhandenen Beobachtungsergebnisse sind jedoch noch immer spärlich und skizzenhaft.

Meskalin ist zweifellos dem Kokain, dem Opium, dem Alkohol und dem Tabak überlegen, aber noch nicht das ideale Präparat. Neben der eine beglückende Verklärung erlebenden Mehrzahl der Meskalinanhänger gibt es eine Minderzahl, die im Genuss von Meskalin nur die Hölle oder das Fegefeuer findet. Überdies hält für ein Rauschmittel, das wie Alkohol dem allgemeinen Genuss dienen soll, seine Wirkung eine unbequem lange Zeit an. Aber Chemie und Physiologie vermögen heutzutage so gut wie alles. Man kann sich darauf verlassen, dass, sobald die Psychologen und Soziologen die idealen Eigenschaften eines solchen Präparats genau definieren, die Neurologen und Pharmakologen entdecken werden, wie dieses Ideal verwirklicht werden kann, oder wie man ihm zumindest (denn vielleicht lässt sich diese Art von Ideal schon der Natur der Sache wegen nie voll verwirklichen) näher kommen kann, als es in der weintrinkenden Vergangenheit und der whiskytrinkenden, marihuanarauchenden und barbiturateschluckenden Gegenwart möglich war.

Der Drang, die Grenzen ichbewusster Selbstheit zu überschreiten, ist, wie ich sagte, ein Hauptverlangen der Seele. Wenn es aus irgendeinem Grund Menschen nicht gelingt, durch Andacht, gute Werke und geistliche Übungen über sich selbst hinauszugelangen, sind sie bereit und geneigt, auf die chemischen Surrogate für Religion zu verfallen – Alkohol und Morphium und »Schnee« im heutigen Westen, Alkohol und Opium im Osten. Haschisch in der mohammedanischen Welt, Alkohol und Marihuana in Mittelamerika, Alkohol und Coca in den Anden, Alkohol und die Barbiturate in den mehr mit der Zeit gehenden Gebieten Südamerikas. In *Poisons Sacrés, Ivresses Divines* hat Philippe de Félice ausführlich und reich belegt über den seit undenklichen Zeiten bestehenden Zusammenhang zwischen Religion und den Genuss von Rauschmitteln geschrieben. Hier, teils zusammengefasst, teils wörtlich zitiert, seine Schlussfolgerungen: Die Verwendung toxischer Substanzen für religiöse Zwecke ist »außerordentlich weit verbreitet ... Die in diesem Buch behandelten Bräuche lassen sich in allen Teilen der Welt beobachten, bei den Primitiven ebenso wie bei hochzivilisierten Völkern. Wir befassen uns hier also nicht mit außerordentlichen Tatsachen, die man berechtigterweise unbeachtet lassen könnte, sondern mit einem allgemeinen und im weitesten Sinn des Wortes menschlichen Phänomen, der Art von Phänomen, die niemand unbeachtet lassen kann, der zu entdecken versucht, was Religion ist und welches die tief empfunden Bedürfnisse sind, die sie befriedigen muss.

Das Ideal wäre, dass jeder Mensch mithilfe von reiner oder angewandter Religion zur Selbsttranszendenz gelangen könnte. Es ist sehr unwahrscheinlich, dass dieses Ziel in der Praxis je zu verwirklichen sein wird. Es gibt getreue Angehörige einer jeden Kirche und wird sie immer geben, denen Frömmigkeit leider nicht genügt. G. K. Chesterton, der ebenso lyrisch über das Trinken wie über das Beten zu schreiben wusste, kann als ihr beredsamer Sprecher dienen.

Die heutigen Kirchen, mit Ausnahme einiger protestantischer Sekten, dulden den Alkohol; aber auch die tolerantesten haben keinen Versuch unternommen, dieses Rauschmittel in das Christentum zu integrieren oder seinen Genuss zu einem Sakrament zu machen. Der fromme Trinker ist gezwungen, seine Religion und seinen Religionsersatz getrennt zu praktizieren. Und vielleicht ist das unvermeidlich. Das Trinken von Alkohol kann nicht zu einem Sakrament gemacht werden, außer in Religionen, die keinen Wert auf äußere Formen legen. Die Verehrung des Dionysos oder des keltischen Biergottes war eine lärmende und zügellose Angelegenheit. Die Riten des Christentums sind nicht einmal mit religiös motivierter Betrunkenheit vereinbar. Das fügt den Spirituosenfabrikanten keinen Schaden zu, ist jedoch dem Christentum äußerst abträglich.

Zahllose Menschen sehnen sich nach Selbsttransparenz und wären froh, mithilfe der Kirche zu ihr zu gelangen. Aber – »die hungrigen Schafe blicken auf und erhalten kein Futter«. Sie nehmen teil an Ritualen, sie lauschen Predigten, sie sprechen Gebete nach; doch ihr Durst bleibt ungestillt. Enttäuscht wenden sie sich der Flasche zu. Wenigstens für einige Zeit und auf eine gewisse Weise hilft sie. Es wird noch immer in die Kirche gegangen; aber sie bedeutet jetzt nicht mehr als die musikalischen Banken in Samuel Butlers Erewhon. Gott wird vielleicht noch immer anerkannt, aber er ist nur noch auf der sprachlichen Ebene Gott, nur in einem streng pickwickischen Sinn. Der wirkliche Gegenstand der Anbetung ist die Flasche, und das einzige religiöse Erlebnis ist dieser Zustand ungehemmter und rauflustiger Euphorie, der auf die Einverleibung des dritten Cocktails oder Schnapses folgt.

Es zeigt sich also, dass Christentum und Alkohol nicht miteinander in Einklang gebracht werden können. Christentum und Meskalin scheinen sich viel besser miteinander zu vertragen. Das beweisen viele Indianerstämme, von Texas bis hinauf in den Norden von Wisconsin. Unter diesen Stämmen finden sich Gruppen, die der *Native American Church* angeschlossen sind, einer Sekte, deren Hauptritus eine Art frühchristlicher Agape oder Liebesmahl ist, wobei Peyotescheiben an die Stelle des im Sakrament üblichen Brotes und des Weines treten. Diese Angehörigen der »Amerikanischen Eingeborenenkirche« halten den Kaktus für Gottes besonderes Geschenk an die Indianer und setzen seine Wirkungen dem Wirken des göttlichen Geistes gleich.

Professor J. S. Slotkin – einer der wenigen Weißen, die je den Riten einer Peyotistengemeinde beiwohnten – sagt von den Teilnehmern an einem solchen Gottesdienst, dass sie »gewiss nicht benommen oder betrunken sind … Sie geraten nie aus dem Rhythmus oder sprechen verworren, wie ein Benommener oder Betrunkener das täte … Sie verhalten sich alle ruhig und gesittet und sind rücksichtsvoll zueinander. Ich war nie an einer Andachtsstätte der Weißen, wo so viel religiöses Gefühl den durchschnittlichen sonntäglichen Kirchgänger während anderthalb Stunden der Langeweile aufrechthält; auch nicht jene erhabenen, durch Gedanken an den Schöpfer, den Erlöser, den Richter und Tröster inspirierten Gefühle, von denen die gläubig Frommen beseelt werden. Für die *Native Americans* ist religiöses Erleben etwas viel Unmittelbareres und Erleuchtenderes, mehr etwas Spontanes und weniger das hausgemachte Erzeugnis des oberflächlichen, sich seiner selbst bewussten Geistes. Manchmal haben sie (den von Prof. Slotkin gesammelten Berichten nach) Visionen, und diese können Visionen von Christus selbst sein; manchmal werden sie sich der Gegenwart Gottes und ihrer eigenen persönlichen Fehler bewusst, die berichtigt werden müssen, wenn sie Gottes Willen tun sollen. Die praktischen Folgen, die ein solches chemisches Öffnen von Türen in die »andere Welt« hat, scheinen ausschließlich gut zu sein. Prof. Slotkin berichtet, dass gewohnheitsmäßige Peyotisten im großen Ganzen arbeitsamer, mäßiger (manche von ihnen enthalten sich des Alkohols völlig) und friedfertiger sind als Nichtpeyotisten. Ein Baum, der so wohltuende Früchte trägt, kann nicht so ohne Weiteres als von Übel verurteilt werden. …

Unsere ganze Bildung, sei sie geistes- oder naturwissenschaftlich, allgemein oder spezialisiert, basiert vorwiegend auf Sprache und verfehlt daher den Zweck, den sie erreichen soll. Statt Kinder in voll entwickelte Erwachsene zu verwandeln, erzeugt sie Studierende der Naturwissenschaften, die sich nicht bewusst sind, dass die Natur die Grundlage aller Erfahrung ist, sie lässt Studenten der humanistischen Fächer auf die Welt los, die nichts von Humanität, vom Menschsein wissen, weder von ihrem eigenen noch vom Menschsein irgendeiner anderen Person.

Gestaltpsychologen wie Samuel Renshaw haben Methoden ausgearbeitet, um die Skala menschlicher Wahrnehmung zu erweitern und ihre Schärfe zu steigern. Aber wenden unsere Erzieher sie an? Die Antwort ist: nein.

Lehrer auf jedem Gebiet psychophysischer Geschicklichkeit, vom Sehen bis zum Tennisspielen, vom Seiltanzen bis zum Beten, haben durch Versuch und Irrtum und neuen Versuch die Bedingungen für ein optimales Funktionieren innerhalb ihres besonderen Gebiets entdeckt. Aber hat irgendeine der großen Stiftungen ein Projekt für die Koordinierung dieser empirisch gefundenen Ergebnisse finanziert, um zu einer allgemeinen Theorie und Praxis zu gelangen und die Möglichkeiten schöpferischen Tuns zu erweitern? Abermals ist, soviel ich weiß, die Antwort ein Nein.

Alle möglichen Kultanhänger und sonderbaren Käuze lehren alle möglichen Verfahren zur Erlangung von Gesundheit, Zufriedenheit und Seelenfrieden; und bei vielen ihrer Schüler sind viele dieser Methoden beweisbar wirksam. Aber sehen wir etwa, dass angesehene Psychologen, Philosophen und Geistliche mutig in jene sonderbaren und manchmal übel riechenden Brunnen hinabsteigen, auf deren Grund die arme Wahrheit so oft verbannt wurde? Abermals nein.

Und nun betrachte man die Geschichte der Meskalinforschung! Vor siebzig Jahren beschrieben Männer von hervorragender Fähigkeit die transzendenten Erlebnisse, die denjenigen zuteilwurden, die bei guter Gesundheit, unter den geeigneten Bedingungen und mit der richtigen inneren Haltung diese Droge nehmen. Wie viele Philosophen, wie viele Theologen, wie viele berufsmäßige Erzieher haben den Wissensdrang besessen, diese Tür in der Mauer zu öffnen? Die Antwort, was diese praktischen Belange angeht, lautet: kein Einziger.

In einer Welt, in der Erziehung und Unterricht vorwiegend durch Sprache erfolgen, finden es hochgebildete Menschen fast unmöglich, irgendetwas anderem als Worten und Begriffen ernste Aufmerksamkeit zu widmen. Es ist stets Geld vorhanden, es werden stets Doktorarbeiten vergeben, um der wissenschaftlichen Dummheit freien Lauf zu lassen und das zu erforschen, was für Gelehrte das allerwichtigste Problem ist: Wer beeinflusste wen in der Weise, dass er irgendetwas zu irgendeinem Zeitpunkt gesagt hat? Sogar in unserem Zeitalter der Technik genießen die auf Sprache basierenden humanistischen Fächer hohe Anerkennung. Die Gefühle des Menschen, die sich nicht so leicht in Worten ausdrücken lassen, die Fähigkeit, die Gegebenheiten unserer Existenz unmittelbar wahrzunehmen, bleiben fast völlig unbeachtet. Ein Katalog, eine Bibliografie, eine endgültige Ausgabe der *ipsissima verba* eines drittrangigen Verseschmieds, ein kolossaler Index, der dazu dient, alle Indexe überflüssig zu machen – jedes echt alexandrische Projekt findet gewisse Zustimmung und geldliche Unterstützung. Wenn es sich aber darum handelt, zu erforschen, wie du und ich und unsere Kinder und Enkel vielleicht ein schärferes Wahrnehmungsvermögen bekommen, sich der inneren und äußeren Wirklichkeit stärker bewusst, dem göttlichen Geist gegenüber aufgeschlossener werden könnten, weniger bereit, uns durch psychische Missbräuche physisch krank zu machen, dafür aber fähiger, unser autonomes Nervensystem zu beherrschen – wenn es um irgendeine Form von nicht verbaler Ausbildung geht, eine grundlegendere (und wahrscheinlich praktisch irgendwie nützlichere) als Freiübungen, dann tut kein wirklich angesehener Mensch an einer angesehenen Universität oder Kirche auch nur das Geringste dafür. Den Verbalisten sind die Nichtverbalisten verdächtig; Rationalisten fürchten die gegebene, nicht rationale Tatsache: Intellektuelle haben das Gefühl, dass, »was wir durchs Auge auffassen (oder auf irgendeine andere Weise), an und für sich fremd und keineswegs so tief wirkend vor uns steht«. Überdies passt diese Idee einer Ausbildung in nicht verbalen humanistischen Disziplinen in keines der eingerichteten und etikettierten Fächer. Es handelt sich da nicht um Religion, Nervenheilkunde, Gymnastik, Ethik oder Sozialkunde, nicht einmal um experimentelle Psychologie. Daher ist der Gegenstand für akademische und kirchliche Zwecke einfach nicht vorhanden und darf ruhig völlig unbeachtet bleiben oder mit einem gönnerhaften Lächeln denen überlassen werden, die von den Pharisäern einer verbalistischen Rechtgläubigkeit Verschrobene, Quacksalber, Scharlatane, Leute mit fixen Ideen und unbefugte Laien genannt werden.

»Ich habe immer gefunden«, so schrieb Blake fast erbittert, »dass Engel die Eitelkeit besitzen, von sich selbst als den einzigen Wesen zu sprechen. Das tun sie mit der zuversichtlichen Unverschämtheit, die systematischem, vernunftgemäßem Denken entspringt.«

Ohne systematisches vernunftgemäßes Denken können wir als Spezies oder Individuen unmöglich auskommen. Aber wenn wir geistig gesund bleiben wollen, können wir auch unmöglich ohne unmittelbare Wahrnehmung – je unsystematischer, desto besser – der inneren und der äußeren Welt, in die wir geboren wurden, auskommen. Diese gegebene Wirklichkeit ist ein Unendliches, das sich allem Verständnis entzieht, sich doch auf unmittelbare Weise gewissermaßen in seiner Gesamtheit erfassen lässt. Sie ist etwas Transzendentes, das der menschlichen Ordnung angehört. Und doch kann sie uns gegenwärtig sein als eine empfundene Immanenz, ein erlebtes Teilhaben. Erleuchtet zu sein heißt, der gesamten Wirklichkeit als eines immanenten Andersseins gewahr zu sein – ihrer gewahr zu sein und doch in dem Zustand zu verbleiben, wo man sich als Lebewesen am Leben erhalten muss, als Mensch denkt und fühlt und, sofern es erforderlich ist, mit Vernunft systematisch handelt. Unser Ziel ist es, zu entdecken, dass wir schon immer dort waren, wo wir sein sollen. Leider machen wir diese Aufgabe äußerst schwer. Auf dem Weg dorthin jedoch werden uns unverdiente Gnaden in Gestalt partieller und flüchtiger Wahrnehmungen zuteil. In einem Bildungs- und Erziehungssystem, das realitätsnäher und den Worten weniger verhaftet ist als das unsere, hätte jeder Engel (im Blake'schen Sinn dieses Wortes) eine Sonntagserlaubnis, ja er würde sogar gedrängt und wenn nötig gezwungen werden, durch eine chemische Tür in der Mauer hin und wieder einen Ausflug in die Welt transzendentalen Erlebens zu unternehmen. Wenn sie ihn mit Entsetzen erfüllen würde, wäre das bedauerlich, aber wahrscheinlich doch auch heilsam; und brächte sie ihm eine kurze, aber ewig anhaltende Erleuchtung – nun, desto besser. In jedem der beiden Fälle würde der Engel vielleicht ein wenig von seiner

Während der Sonntagsmesse am Sitz von Carlos
Filipe Ximenes Belo, dem römisch-katholischen
Bischof und Apostolischen Administrator von Dili.
*Ost-Timor. Indonesien, 25. April 1999.*

zuversichtlichen Unverschämtheit verlieren, welche systematisch angewandter Vernunft und dem Bewusstsein entspringt, die Weisheit mit Löffeln gegessen zu haben.

Gegen Ende seines Lebens überließ sich Thomas von Aquin einer künstlich herbeigeführten Kontemplation. Danach weigerte er sich, an seinem unvollendeten Buch weiterzuarbeiten. Verglichen mit dieser Erfahrung war alles, was er gelesen oder worüber er disputiert, alles, was er geschrieben hatte – Aristoteles und die Sentenzen, die Quaestiones, die Propositionen und die majestätischen Summa –, nicht mehr wert als Spreu oder Stroh. Für die meisten Intellektuellen wäre eine solche Verweigerung des Sitzens und Arbeitens nicht ratsam, ja sogar moralisch nicht vertretbar. Der Doctor Angelicus aber hatte mehr systematisches vernunftgemäßes Denken vollbracht als ein Dutzend gewöhnlicher Engel und war schon reif für den Tod. Er hatte sich für diese letzten Monate seines Lebens das Recht verdient, sich vom lediglich symbolischen Stroh ab- und dem Brote unmittelbarer und substanzieller Tatsachen zuzuwenden. Für Engel von niedrigem Rang und mit größeren Aussichten auf Langlebigkeit muss es eine Rückkehr zum Stroh geben. Aber wer durch die Tür in der Mauer zurückkommt, wird nie wieder ganz derselbe Mensch sein, der durch sie hinausging. Er wird weiser sein, aber weniger selbstsicher, glücklicher, aber weniger selbstzufrieden, demütiger im Eingeständnis seiner Unwissenheit und doch besser ausgerüstet, die Beziehung zwischen Worten und Dingen, zwischen systematischem vernunftgemäßem Denken in dem unergründlichen Geheimnis zu verstehen, das er mit eben jener Vernunft ewig vergeblich zu begreifen sucht.

## 1956

# GÜNTHER ANDERS
# Die Antiquiertheit des Menschen

*Die Technik ist zum Subjekt der Geschichte geworden, der Mensch ist nur noch »mitgeschichtlich«. Er ist überholt, antiquiert, das heißt vollends außerstande, sich auf die Veränderungen in seiner Umwelt, die er selbst initiiert hat, einzustellen oder auch nur deren Konsequenzen vorauszusehen. Das Weltbild naturalistischer Evolutionstheoretiker seit Darwin und Ernst Haeckel verträgt sich nicht mit der Erwartung, der Mensch könnte den von ihm in die Wege geleiteten wissenschaftlich-technischen Wandel seiner eigenen verantwortlichen Kontrolle unterwerfen. Unsere Zukunft – so das heute dominante Weltbild – ist ein Stück naturgeschichtlicher Entwicklung, deren Resultate nicht die Verwirklichung unserer Intentionen sein werden und noch nicht einmal mit unseren Zielen zusammenfallen können. Angesichts des akkumulierten Vernichtungspotenzials auf dem Planeten ist das eine zutiefst beunruhigende Perspektive.*

*Des Weiteren werden wir von mächtigen Politikern unverdrossen mit dem Bescheid abgefertigt, das einzige Mittel, das den Einsatz der Bombe zu verhindern erlaube, sei die Bombe selbst. Auch das befriedigt viele nicht. Es lohnt sich deshalb immer wieder, in dem Jahrhundertbuch* Die Antiquiertheit des Menschen *zu lesen. »Der wahrscheinlich schärfste und luzideste Kritiker der technischen Welt«, schrieb Jean Améry über dessen Autor Günther Anders (\*1902, †1992).*

Aus einem Zeitungsbericht
*»Die zum Tode Verurteilten können frei darüber entscheiden, ob sie sich zu ihrer letzten Mahlzeit die Bohnen süß oder sauer servieren lassen.«*

WEIL ÜBER SIE VERFÜGT IST.
Auch wir können frei darüber entscheiden, ob wir uns unser Heute als Bombenexplosion oder als Bobsleighrennen servieren lassen. Weil über uns, die wir diese freie Wahl treffen, weil über unsere freie Wahl bereits verfügt ist. Denn dass wir *als* Rundfunk- bzw. Fernsehkonsumenten die Wahl zu treffen haben: als Wesen also, die dazu verurteilt sind, statt Welt zu erfahren, sich mit Weltphantomen abspeisen lassen; und die anderes, selbst andere Arten von Wahlfreiheit, schon kaum mehr wünschen, andere sich vielleicht schon nicht einmal mehr vorstellen können – darüber ist bereits entschieden.

Als ich diesen Gedanken auf einer Kulturtagung ausgesprochen hatte, kam der Zwischenruf, schließlich habe man doch die Freiheit, seinen Apparat abzustellen, ja sogar die, keinen zu kaufen; und sich der »wirklichen Welt« und nur dieser zuzuwenden. Was ich bestritt. Und zwar deshalb, weil über den Streikenden nicht weniger verfügt ist als über den Konsumierenden: Ob wir nämlich mitspielen oder nicht – wir spielen mit, weil uns mitgespielt *wird*. Was immer wir tun oder unterlassen – dass wir nunmehr in einer Menschheit leben, für die nicht mehr »Welt« gilt und Welterfahrung, sondern Weltphantom und Phantomkonsum, daran ist ja durch unseren Privatstreik nichts geändert: Diese Menschheit ist nun die faktische Mitwelt, mit der wir zu rechnen haben; und dagegen zu streiken, ist nicht möglich. – Aber auch die sogenannte »wirkliche Welt«, die der Geschehnisse, ist durch die Tatsache ihrer Phantomisierung bereits mitverändert: Denn diese wird ja bereits weitgehend so arrangiert, dass sie optimal sendegeeignet ablaufe, also in ihrer Phantom-Version gut ankomme. – Vom Wirtschaftlichen ganz zu schweigen. Denn die Behauptung, »man« habe die Freiheit, derartige Apparate zu besitzen oder nicht, zu verwenden oder nicht, ist natürlich reine Illusion. Durch freundliche Erwähnung der ›menschlichen Freiheit‹ lässt sich das Faktum des *Konsumzwanges* nicht aus der Welt schaffen; und dass gerade in demjenigen Lande, in dem die Freiheit des Individuums großgeschrieben wird, gewisse Waren »musts«, also ›Muss-Waren‹ genannt werden, verweist ja nicht gerade auf Freiheit. Diese Rede von »musts« ist aber vollkommen berechtigt: denn das Fehlen eines einzigen solchen »*must*«-Geräts bringt die gesamte Lebensapparatur, die durch die anderen Geräte und Produkte festgelegt und gesichert wird, ins Wanken; wer sich die ›Freiheit‹ herausnimmt, auf eines zu verzichten, der verzichtet damit auf alle und damit auf sein Leben. »Man« könnte das? Wer ist dieses ›man‹? …

ANNIHILATION UND NIHILISMUS
§ 19
*Nicht die Tat ist wie der Täter, sondern der Täter wie die Tat – Der heutige Imperativ: »Habe nur solche Dinge, deren Handlungsmaximen auch Maximen deines eigenen Handelns werden könnten.«*

Aber gleich, ob wir die Schuld Sehenden zuschreiben oder Blinden – das moralisch entscheidende Faktum besteht natürlich nicht in der Apokalypse-Blindheit, sondern in der *Bombe selbst*; in der Tatsache, dass wir sie *haben*. Und da »*Haben*«, wie wir früher gezeigt hatten (§ 9), in diesem Falle, gleich ob der Habende es wünscht oder nicht, automatisch zum »*Tun*« wird, bedeutet das, dass das Faktum, um das es moralisch hier geht, die *Bombe als Tat* ist.

Wo es sich aber um eine Tat von solchem Ausmaß handelt, da richtet sich deren moralische Qualität nicht mehr nach der Qualität des Tuenden: nach dessen mehr oder weniger gutem Willen, nach dessen Einsicht oder nach dessen Gesinnung, sondern ausschließlich nach deren *Effekt*. Es gibt eine Grenze, jenseits derer man psychologische Unterscheidungen, auch die gröbsten, rücksichtslos zu suspendieren hat;

jenseits derer es zum akademischen Luxus wird, die Differenz zwischen beabsichtigtem Verbrechen und *crimen veniale* [entschuldbares Verbrechen] aufrechtzuerhalten;

jenseits derer der Täter auf jeden Fall, gleich, auf was er angeblich abgezielt hatte, so zu beurteilen ist, *als ob* er, was er effektiv androht oder anrichtet, auch beabsichtigt hätte;

jenseits derer, weil eben der Mensch auf dem Spiel steht, der unmenschlich klingende Satz gilt: »Nicht die Tat ist so gut oder so schlecht wie ihre Täter, sondern umgekehrt ist der Täter durch sein Tun so gut oder so schlecht wie seine Tat.«

# 1958

## BAO RUO'WANG

## Strafgefangener bei Mao

*»Wir müssen es erlernen, die Probleme allseitig zu betrachten, nicht nur die Vorderseite der Dinge zu betrachten, sondern auch ihre Kehrseite.« So viel aus einer aufs Geratewohl aufgeschlagenen Westentaschenausgabe der Worte des Vorsitzenden Mao Tsetung. Im Reich der Mitte allerdings kann eine solche Angewohnheit bis heute sehr gefährlich sein, spätestens wenn eine solche »allseitige« Betrachtung am falschen Ort ausgesprochen wird. Der weitverzweigte Gulag der chinesischen Umerziehungslager namens Laogai – »Umformung durch Arbeit« – beherbergt, je nach Quelle, noch heute zwischen zwei und sechs Millionen Insassen. Kaum eine Handvoll Ausländer dürften diese Welt von innen gesehen haben.*

*Jean Pasqualini alias Bao Ruo'wang (\* 1926, † 1997) war Sohn einer chinesischen Mutter und eines korsischen Vaters, und sein Verbrechen bestand darin, vor der kommunistischen Machtübernahme 1949 als Dolmetscher für das amerikanische Militär und die britische Botschaft gearbeitet zu haben. Als Maos Charmeoffensive der »Hundert Blumen« im Spätsommer 1957 in eine große Repressionswelle gemündet war, wurden Bao Ruo'wang seine Vergangenheit und Sprachgewandtheit zum Verhängnis. Nach 15 Monaten Verhör umfasste sein Geständnis 700 Seiten, das Urteil lautete: 12 Jahre. Nachdem Frankreich diplomatische Beziehungen zu China aufgenommen hatte, kam Pasqualini 1964 frei und wurde ausgewiesen. In Paris lernte er zufällig Rudolph Chelminski, den Korrespondenten von »Life« kennen. Das Buch, das er mit ihm schrieb, erschien 1973 und wurde 1977 verfilmt.*

ES HERRSCHTE DAMALS eine so große Nachfrage nach Falzern, dass auch freie Bürger aufgefordert wurden, ganze Papierstöße mit nach Hause zu nehmen und gegen Bezahlung zu falzen – der Durchschnittspreis für tausend Blatt entsprach etwa dreißig amerikanischen Cents. Wir Gefangenen wurden – allerdings rein theoretisch – ebenfalls mit dreißig Cents pro Tausend bezahlt. Kein Wunder, dass wir ständig angetrieben wurden, uns noch mehr zu steigern. Als ich sieben Monate später das Durchgangslager verließ, besaß ich fast keinen Fingernagel mehr, und der kleine Finger meiner rechten Hand sah aus wie ein schwarzer Zweig. Dafür hatte ich es aber auch auf 10 000 Seiten pro Tag gebracht. Ich lernte, Bücher gründlich zu respektieren.

Am 1. April rief mich der Aufseher zu sich, um mir mitzuteilen, dass meine Frau mir ein kleines Paket gebracht hätte – drei Schachteln Zigaretten und etwas Geld im Gegenwert von 1 Dollar 50. Ich war tief enttäuscht – *deswegen* hätte sie sich doch nicht extra zu bemühen brauchen. Voller Selbstmitleid kehrte ich in die Zelle zurück. Erst im Mai, nachdem mein Urteil gesprochen war, erfuhr ich, wie viel dieses Päckchen für sie bedeutet hatte.

Und dann traf ich eines Tages Lu wieder. Armer Lu. Ich hatte die Zelle gerade für einen Augenblick verlassen, um zur Latrine zu gehen, da sah ich ihn langsam den Gang entlangschlurfen. Ich freute mich, ihn wiederzusehen.

»Na, so was, Lu«, sagte ich, »wie schön, dich wiederzusehen. Wie geht es dir?«

»Gar nicht gut, Bao«, entgegnete er. Ich glaubte ihm. Er sah erschreckend aus.

»Bist du verurteilt?«

»Ja. Zu einer sehr hohen Strafe, Bao.« Wie benommen schüttelte er den Kopf. »Es ist alles aus. Meine Frau lässt sich von mir scheiden. Sie haben mir lebenslänglich gegeben.«

»Trotz deiner guten Führung?« Das war wirklich erstaunlich.

»Ich kann es selbst noch nicht glauben. Ich weiß nicht, was ich tun soll. Lass uns nicht mehr davon reden. Ich will gar nicht daran denken.«

Nach diesem Treffen überfiel mich eine entsetzliche Angst: Vielleicht würde ich das Gefängnis nie wieder verlassen; denn wenn sie mit Lu nur wegen seiner nationalistischen Vergangenheit so streng verfahren waren, wie würden sie dann erst meine Beziehungen zu den Amerikanern und Engländern beurteilen? Ich war bereits darauf eingestellt, jedes Strafmaß, das weniger als lebenslänglich betrug, voller Dankbarkeit entgegenzunehmen.

Zur selben Zeit etwa beging ich den hirnverbrannten Fehler, öffentlich etwas gegen die Regierungslinie zu sagen.

Die chinesische Armee hatte gerade Tibet besetzt; selbstverständlich war jede Zelle verpflichtet, die Studiensitzungen dieser »Befreiung« zu widmen. Hoao las uns die entsprechenden Artikel und Zeitungsberichte vor und forderte uns nach altbewährtem Muster, einen nach dem anderen, auf, unsere Gedanken zu formulieren und die Lage zu analysieren. Die meisten Zellenkameraden gaben grässliche, rassistische Altweibergeschichten zum Besten, wie sie die Chinesen seit Jahrhunderten immer wieder aufs Tapet gebracht haben – über die Barbarei der tibetischen Aristokraten, ihre Vorliebe, Chinesen gleich zu Hunderten zu töten, und sogar die Schauermär, dass sie ihren Opfern das Fell gerbten und aus deren Schädeln Trinkpokale anfertigten. Dieses dumme Geschwätz langweilte mich zunehmend. Ich bemühte mich, die Dinge ehrlicher darzustellen.

»Da die Partei von uns erwartet, dass wir offen reden«, begann ich, »möchte ich sagen, dass ich alle diese Geschichten nur für einen Vorwand halte, um unsere Annexion des tibetischen Territoriums zu rechtfertigen. Aber warum soll man eigentlich Gründe erfinden? Wir haben seit jeher gelernt, dass Tibet ein Teil unseres nationalen Herrschaftsbereichs ist. Wir nehmen doch nur unser eigenes Land in Besitz.«

Hoao gratulierte mir sogar. »Es ist gut«, sagte er, »dass du dir das alles einmal von der Seele geredet hast, Bao.«

Im Augenblick war ich stolz, aber die Rechnung für meine Worte sollte ich später schon noch präsentiert bekommen.

Einmal in der Woche nahmen wir ein Bad. Das war eine willkommene Unterbrechung unserer Arbeit (fairerweise wurde uns die Badezeit vom Soll abgezogen), verbunden mit einem schönen Spaziergang, vor allem aber bot sich uns so eine Gelegenheit, die Atmosphäre des Gefängnisses Nr. 1, wo das Badehaus untergebracht war, zu genießen. Das Gefängnis Nr. 1 lag genau hinter der Ostwand des K-Gebäudes und war unser aller Traum – eine moderne Strafanstalt, ein humaner Ort, wo die Gefangenen wirklich zufrieden waren. Dort gab es keine Rationierung. Jeder konnte essen, bis er satt war – man verrichtete richtige, menschenwürdige Arbeit und bekam sogar Geld dafür. Anscheinend ist das Gefängnis Nr. 1 auch heute noch eine der beliebtesten Attraktionen einer normalen Pekinger Besichtigungstour für ausländische Besucher, die natürlich entsprechend reagieren. Wie viele Seiten aufrichtigen Lobes über die Weisheit und Humanität des chinesischen Gefängnissystems, die alle aufgrund eines Besuches im Gefängnis Nr. 1 verfasst wurden, habe ich seit meiner Entlassung gelesen! Auch mir sollte dort noch ein kurzer Aufenthalt beschert sein, und ich erinnere mich voller Wehmut, fast mit Vergnügen, an diese Zeit.

Der Unterschied zwischen diesem Paradies und unserem Bienenstock war erschreckend und deprimierend. Nicht lange nach meinem ersten Badebesuch jenseits der Mauer erhielt ich eine weitere Lektion in Demut. In meinem Nacken hatte sich eine schmerzhafte virulente Beule entwickelt, und Hoao schickte mich zum Gefängnisarzt, einem Mann namens Ma. Ich war völlig entgeistert, als er mich keineswegs behandelte, sondern nach Strich und Faden fertigmachte.

»Hun-dan« – »Nichtsnutziger Hurensohn!«, brüllte er. »Weißt du nicht, wo du dich befindest? Dies hier ist ein Gefängnis, und du bist hier, um zu arbeiten. Mach, dass du verschwindest! Und das nächste Mal sieh zu, dass du wirklich krank bist, bevor du zu mir kommst.«

Er warf mir zwei Kompressen zu und jagte mich hinaus. Das Schlimmste dabei war, dass auch er ein Strafgefangener war. Hoao zuckte die Schultern und riet mir, mich nicht weiter aufzuregen. Manche Leute könnten es eben nicht verkraften, Macht zu besitzen.

Am 30. April war endlich mein großer Tag gekommen – der Tag des Urteilsspruchs. Zu der Zeit falzte ich 4500 Blatt und träumte bereits davon, es auf 5000 zu bringen, um in den Genuss der Ration für gute Arbeiter zu kommen. Am Nachmittag wurde ich in das Büro des Wärters gerufen. Ich ließ meinen Bambusstab fallen und sprang auf, ohne an meine äußere Erscheinung zu denken. Ich muss einen ziemlich unappetitlichen Anblick geboten haben. Da es in der Zelle sehr heiß und sehr eng war, trug ich nur graue Shorts, ein schmutziges weißes Unterhemd und Sandalen. Für mein Furunkel konnte ich nicht viel mehr tun, als es mit einem alten Taschentuch zu bedecken. Das war zwar keine sehr hygienische Lösung, hielt aber wenigstens die Läuse von der Wunde fern. Ich kletterte über die aufgestapelten Buchseiten und lief eilig den Gang hinunter. Im Büro des Aufsehers erwartete mich ein gut aussehender junger Mann in brauner Jacke und blauer Hose.

»Ein Vertreter des Volksgerichtshofs möchte dich sprechen«, sagte der Aufseher.

Nach den üblichen Formalitäten – Name, frühere Beschäftigung, Adresse – öffnete der junge Mann seine Aktentasche und zog ein Blatt Papier hervor, das mit chinesischen Schriftzeichen bedeckt war.

»Ich habe Sie rufen lassen, um Ihnen Ihr Urteil mitzuteilen«, sagte er und las mir das Schriftstück vor. »Die Anklage lautet auf: Beteiligung an der Unterdrückung des chinesischen Volkes durch Handlangerdienste für die imperialistischen Mächte; Teilnahme an illegalen Aktivitäten und dem schwarzen Markt; Verbreiten von Gerüchten mit der Absicht, im Volk Verwirrung zu stiften; Verleumdung der Kommunistischen Partei Chinas und ihrer Führer und Verbreitung imperialistischer Propaganda mit der Absicht, das chinesische Volk zu korrumpieren.

Der Angeklagte hat dieses Verbrechen aus freiem Willen und ohne irgendwelchen Druck zugegeben. Hiermit verurteilt die Volksregierung Sie, Bao Ruo-wang, zu zwölf Jahren Gefängnis, beginnend mit dem Datum Ihrer Verhaftung am 27. Dezember 1957. Diese Strafe werden Sie durch *Lao Gai* abbüßen.«

Lang lebe Mao, dachte ich. Es hätte auch lebenslänglich sein können oder zwanzig Jahre, aber es waren nur zwölf. Gott sei Dank! Ich glaube, dass ich Mao in diesem Augenblick richtig gern hatte, mitsamt seiner Polizei und dem Volksgerichtshof.

In meinem speziellen Fall ging die Urteilssprechung recht ungewöhnlich, ehrlich und ohne alle Tricks vonstatten, wahrscheinlich weil ich Ausländer war. Die Partei war zu der Ansicht gekommen, dass ich zwölf Jahre verdiente, und genauso viel gaben sie mir auch. Normalerweise verlief diese Prozedur ganz anders, wie mir ein Mitgefangener, ein früherer Richter, mehrere Jahre später im Lager erklärte.

Zunächst einmal, sagte er, gibt es in China nichts, was die richterliche Macht der Regierung einschränken könnte. Sie lässt sich mit einem Gummiband vergleichen – ein Urteil kann gedehnt oder verkürzt werden, das hängt von Dutzenden nicht objektiver Faktoren ab. Ein Mann, der lebenslänglich erhalten hat, kann theoretisch noch vor seinem Zellenkameraden, der nur zu zehn Jahren verurteilt worden ist, ein freier Arbeiter werden. Ein Komitee aus drei oder vier Personen, die den Gefangenen kennen, beraten über das Urteil. Der eine ist vielleicht ein Polizist, der ihn draußen in der Freiheit beobachtet hat, der zweite der Vernehmungsbeamte und außerdem noch der Protokollführer. Sie entscheiden gemeinsam, welches Urteil angemessen ist, und dann, je nachdem, wie sie den Angeklagten einschätzen, beginnen sie mit diesem Urteil zu »arbeiten«. Für gewöhnlich sagt man dem Gefangenen, dass er sein Urteil mildern kann, indem er sich anstrengt und den anderen ein gutes Beispiel gibt. Dann erhält er vielleicht, wenn er sich ein Jahr lang wirklich bemüht hat, vom Staat ein Geschenk: Das Urteil wird von lebenslang auf zwanzig Jahre herabgesetzt. Strahlend und dankbar wird er ein noch perfekterer Strafgefangener, und nach drei weiteren Jahren wird seine Strafe auf fünfzehn Jahre reduziert. Zwei Jahre später auf zehn Jahre – nur noch zehn Jahre! Da er bereits fünf abgedient hat und auch weiterhin Begeisterung und Dankbarkeit zeigt, warten sie, bis er sieben weitere hinter sich gebracht hat (um auf die ursprünglichen zwölf zu kommen). Genau in diesem Augenblick beschließt die Regierung in ihrer unendlichen Großzügigkeit und Güte, ihn zu amnestieren. Zwölf Jahre anstatt lebenslänglich! Der Mann ist ein freier Arbeiter, Freude erfüllt sein Herz, und er denkt an nichts anderes mehr, als wie er mit dazu beitragen kann, den Sozialismus aufzubauen.

Eine weitere interessante Erfindung der chinesischen Kommunisten ist das ausgesetzte Todesurteil: Die Exekution wird nur durchgeführt, wenn der Gefangene sich schlecht benimmt – wann das der Fall ist, entscheiden die Aufseher. Diese Maßnahme produziert Mustergefangene. Lo Rui-Tsching, früher Chef des Staatssicherheitsdienstes (er verlor seine Macht während der Kulturrevolution, niemand weiß, was aus ihm geworden ist), machte sich im Jahre 1959 die Mühe, dieses System zu erklären und zu rechtfertigen:

»Unter den Strafen, die den kriminellen Elementen unseres Landes zugemessen werden, gibt es eine »Hauptstrafe mit zweijähriger Aussetzung und Zwangsarbeit mit Beobachtung der Wirkung«. Die Imperialisten betrachten dies als eine äußerst grausame Strafe. Wir behaupten, dass sie die größtmögliche Milde darstellt. Das sehen sogar die Verbrecher selbst ein. Strafe mit Bewährung gibt Personen, die unter dem Damoklesschwert der Regierung leben, eine letzte Chance zur Umformung. Es ist eine Tatsache, dass die meisten Verbrecher, denen diese Bestrafung zuteilwird, gerettet werden. Wo hat es früher oder in unseren Tagen, in China oder anderswo je eine derart umwälzende Neuerung gegeben? In welchem Land der kapitalistischen Welt existiert ein Gesetz, das so human ist wie dieses?«
(Jenmin-jihpao, 28. September 1959)

»Haben Sie etwas einzuwenden?«, wollte der Vertreter des Gerichtshofs wissen. Natürlich nicht.

»Wollen Sie Berufung einlegen?«

Himmel, nein. Barteks Leidensweg und all die andern Schreckensgeschichten, die kursierten, hatten mich gründlich geheilt. »Nein«, antwortete ich fest. »Ich weiß, dass mir das Recht zusteht, Berufung einzulegen, aber ich bin mit meinem Urteil zufrieden. Ich habe nicht den Wunsch, Berufung einzulegen. Ich möchte unterzeichnen.«

»Heben Sie die rechte Hand«, forderte er mich auf. »Geben Sie hiermit zu, dass Sie eine faire und ordnungsgemäße Verhandlung und ein gerechtes Urteil erhalten haben?«

»Ich gebe es zu.«

»Dann unterzeichnen Sie.«

Als ich in die Zelle zurückkam, war ich überglücklich. Ich sagte zu Hoao, dass ich mich wie der glücklichste Mensch auf der ganzen Welt fühlte. Auch er war der Ansicht, dass das Urteil unerwartet günstig ausgefallen sei. An diesem Abend schmeckte mir die Suppe ausgezeichnet. Erst nachdem das Licht ausgemacht worden war, begann ich, an das zu denken, was vor mir lag. Noch weitere zehn Jahre. Sie kamen mir plötzlich unvorstellbar lang vor.

# 1960

## JOHN F. KENNEDY

### Der erste katholische Präsident der USA über Staat und Kirche

*John F. Kennedy (\* 1917, † 1963) war der erste und bisher einzige Katholik im höchsten Amt der USA. Im Wahlkampf 1960 zwischen dem Demokraten Kennedy und dem Republikaner Richard Nixon hatten viele Protestanten Zweifel, ob ein römisch-katholischer Kandidat unabhängig genug sei, maßgebende Entscheidungen ohne Einflussnahme seiner Kirche zu fällen. In einem Auftritt vor texanischen Protestantenführern der Greater Houston Ministerial Association legt Kennedy am 12. September, knapp zwei Monate vor der Wahl, seine Sicht des Verhältnisses von Staat und Kirche dar.*

REVEREND MEZA, REVEREND RECK, ich danke Ihnen für die großzügige Einladung, meine Sichtweise vorzustellen.

Zwar werden heute Abend die sogenannten religiösen Fragestellungen notwendigerweise und naturgemäß das Hauptthema sein, ich möchte jedoch gleich zu Beginn betonen, dass wir uns in der Wahl des Jahres 1960 noch weitaus kritischeren Problemen gegenübersehen: der Ausbreitung des kommunistischen Einflusses, der nun 90 Meilen vor der Küste Floridas schwärt, der demütigenden Behandlung unseres Präsidenten und Vizepräsidenten durch diejenigen, die unsere Macht nicht mehr respektieren, den hungrigen Kindern, die ich in West Virginia sah, alten Menschen, die ihre Arztrechnungen nicht mehr bezahlen können, den Familien, die gezwungen waren, ihre Farmen aufzugeben, einem Amerika mit zu vielen Slums und zu wenigen Schulen und das im Wettlauf zum Mond und ins All zu spät dran ist.

Dies sind die eigentlichen Probleme, die den Ausgang dieses Wahlkampfes entscheiden sollten. Und es sind keine religiösen Probleme, denn Krieg und Hunger und Ignoranz und Verzweiflung kennen keine religiösen Grenzen.

Aber weil ich Katholik bin und noch nie zuvor ein Katholik zum Präsidenten gewählt wurde, wurden die wirklichen Probleme in diesem Wahlkampf übertüncht – möglicherweise geschah dies in einigen Gegenden, in denen weniger Verantwortungsbewusstsein herrscht als hier, mit Absicht. Daher ist es für mich offensichtlich notwendig, noch einmal darzulegen, nicht an welche Art von Kirche ich glaube, denn das sollte nur für mich allein wichtig sein, sondern an was für ein Amerika ich glaube.

Ich glaube an ein Amerika, in dem die Trennung von Kirche und Staat absolut ist, in dem kein katholischer Prälat dem Präsidenten, wenn er denn katholisch ist, vorschreibt, wie er handeln soll, und kein protestantischer Pfarrer seinen Gemeindemitgliedern sagt, wen sie wählen sollen, in dem keine Kirche oder Konfessionsschule öffentliche Gelder oder politische Bevorzugung erhält und in dem niemandem ein öffentliches Amt vorenthalten wird, nur weil er eine andere Religion ausübt als der Präsident, der ihn möglicherweise ernennt, oder die Leute, die ihn vielleicht wählen.

Ich glaube an ein Amerika, das offiziell weder katholisch noch protestantisch noch jüdisch ist, ein Amerika, in dem kein öffentlicher Bediensteter vom Papst, vom nationalen Kirchenrat oder von irgendeiner anderen kirchlichen Institution Anweisungen hinsichtlich der öffentlichen Politik ersucht oder akzeptiert, in dem keine religiöse Körperschaft versucht, ihren Willen direkt oder indirekt der allgemeinen Bevölkerung oder den öffentlichen Akten ihrer Vertreter aufzudrücken, und in dem die Religionsfreiheit so unteilbar ist, dass ein Akt gegen eine Kirche wie ein Akt gegen alle behandelt wird.

Denn während es in diesem Jahr ein Katholik ist, gegen den sich der Finger des Verdachts richtet, war es in vergangenen Jahren, und ist es möglicherweise eines Tages wieder, ein Jude – oder ein Quäker oder ein Unitarier oder ein Baptist. So war es beispielsweise die Drangsalierung von Baptistenpredigern in Virginia, die zu Jeffersons Statut der Religionsfreiheit[1] beitrug. Heute mag ich das Opfer sein, aber morgen sind es möglicherweise Sie – so lange, bis das ganze Geflecht unserer einträchtigen Gesellschaft in einer Zeit großer nationaler Gefahr auseinanderreißt.

Und zu guter Letzt glaube ich an ein Amerika, in dem die religiöse Intoleranz eines Tages enden wird, in dem alle Menschen und alle Kirchen gleich behandelt werden, in dem jeder Mensch das gleiche Recht hat, die Kirche seiner Wahl zu besuchen oder ihr fernzubleiben, in dem es keine katholische oder antikatholische Stimme gibt, keine Blockabstimmung irgendwelcher Art und in dem sich Katholiken, Protestanten und Juden sowohl auf Laien- als auch auf Pastorenebene von einer Haltung der Geringschätzung und der Spaltung distanzieren, die ihre Arbeit in der Vergangenheit so häufig beschädigt hat, und stattdessen das amerikanische Ideal der Brüderschaft fördern.

Das ist das Amerika, an das ich glaube. Und es steht für die Art von Präsidentschaft, an die ich glaube: ein großes Amt, das nicht gedemütigt wird, indem es zum Instrument irgendeiner religiösen Gruppe gemacht wird, das nicht getrübt wird, indem Mitgliedern einer beliebigen religiösen Gruppe der Zugang willkürlich vorenthalten wird. Ich glaube an einen Präsidenten, dessen religiöse Ansichten seine Privatsache sind, die er weder der Nation aufzwingt noch sich durch die Nation als Vorbedingung für dieses Amt aufzwingen lässt.

Ein Präsident, der an der Untergrabung der im ersten Zusatz der Verfassung garantierten Religionsfreiheit arbeitete, fände nicht meinen Beifall. Auch unser System der Gewaltenteilung würde ein solches Handeln nicht zulassen. Und auch diejenigen, die daran arbeiten, Artikel VI der Verfassung – sei es auch indirekt – zu untergraben, indem sie einen religiösen Test für das Amt verlangen, finden nicht meinen Beifall. Wenn sie mit diesem Sicherheitsmechanismus nicht einverstanden sind, sollten sie offen an seiner Aufhebung arbeiten.

Ich will einen obersten Beamten, dessen öffentliche Akte allen Gruppen gegenüber verantwortungsvoll und keiner Gruppe gegenüber verpflichtet sind, einen, der an jeder Zeremonie, jedem Gottesdienst und jedem Dinner teilnehmen kann, wenn dies für sein Amt dienlich ist, einen, dessen Erfüllung seines präsidialen Eides keinen Einschränkungen oder Bedingungen irgendwelcher religiösen Schwüre, Rituale oder Verpflichtungen unterliegt.

Das ist das Amerika, an das ich glaube, und das ist das Amerika, für das ich im Südpazifik gekämpft habe, und das Amerika, für das mein Bruder in Europa gestorben ist. Damals mutmaßte niemand, dass wir eine »geteilte Loyalität« hätten, dass wir »nicht an Freiheit glaubten« oder dass wir einer illoyalen Gruppe angehörten, die die »Freiheiten, für die unsere Vorväter gestorben sind«, verraten.

Und tatsächlich sind unsere Vorväter für genau dieses Amerika gestorben, als sie hierher flohen, um religiösen Prüfungen in Form von Schwüren zu entgehen, die Mitgliedern weniger favorisierter Kirchen den Zugang zu Ämtern verwehrten, als sie für die Verfassung, die Bill of Rights und das Virginia-Statut der Religionsfreiheit kämpften und als sie an dem Schrein kämpften, den ich heute besucht habe: das Alamo. Denn Seite an Seite mit Bowie und Crockett starben McCafferty und Bailey und Carey. Doch keiner weiß, ob sie katholisch waren oder nicht, denn beim Alamo gab es keinen religiösen Test.

Ich bitte Sie heute Abend, dieser Tradition zu folgen und mich auf Grundlage meiner Leistungen von 14 Jahren im Kongress zu beurteilen, auf Grundlage meines erklärten Standpunktes gegen einen Botschafter im Vatikan, gegen nicht verfassungsgemäße Zuwendungen für kirchliche Schulen und den Boykott der öffentlichen Schulen (die ich selbst besuchte), anstatt mich auf Grundlage dieser Pamphlete und Veröffentlichungen zu beurteilen, die wir alle kennen und in denen sorgfältig ausgewählte Zitate katholischer Führer aus dem Zusammenhang gerissen wurden und die üblicherweise aus anderen Ländern, regelmäßig aus anderen Jahrhunderten stammen und natürlich immer die Aussage der amerikanischen Bischöfe im Jahre 1948 auslassen, in der die Trennung von Kirche und Staat nachdrücklich unterstützt wurde und die die Ansichten von nahezu jedem amerikanischen Katholiken besser widerspiegelten.

Ich halte diese anderen Zitate in Bezug auf meine öffentlichen Akte nicht für bindend. Warum sollten Sie es tun? Lassen Sie mich jedoch hinsichtlich anderer Länder sagen, dass ich strikt dagegen bin, dass der Staat von einer beliebigen religiösen Gruppe, sei sie katholisch oder protestantisch, benutzt wird, um die freie Ausübung einer anderen Religion zu erzwingen, zu verbieten oder zu verfolgen. Und ich hoffe, dass Sie und ich solche Nationen, die Protestanten das Amt des Präsidenten verweigern, wie auch solche, die es Katholiken vorenthalten, mit der gleichen Leidenschaft verurteilen. Und anstatt die Untaten derjenigen zu zitieren, die anders sind, zitiere ich lieber die Verdienste der katholischen Kirche in Nationen wie Irland und Frankreich und die Unabhängigkeit von Staatsmännern wie Adenauer und de Gaulle.

Aber lassen Sie mich noch einmal betonen, dass dies meine Ansichten sind. Im Gegensatz zu dem, was häufig in den Zeitungen zu lesen ist, bin ich nicht der katholische Präsidentschaftskandidat. Ich bin der Präsidentschaftskandidat der demokratischen Partei, der zufälligerweise ein Katholik ist. Ich spreche bei öffentlichen Angelegenheiten nicht für meine Kirche, und die Kirche spricht nicht für mich.

Was für ein Problem mir als Präsidenten auch vorgelegt werden wird – Geburtenkontrolle, Scheidung, Zensur, Glücksspiel oder ein beliebiges anderes Thema – ich werde meine Entscheidung entsprechend dieser Ansichten, entsprechend dem, was mir mein Gewissen als nationales Interesse aufzeigt, und ohne Rücksicht auf religiösen Druck oder Vorschriften von außen treffen. Und keine Macht oder Androhung von Strafe könnte mich dazu bringen, anders zu entscheiden.

Doch sollte es jemals so weit kommen – und ich werde nicht zulassen, dass ein solcher Konflikt auch nur im Entferntesten möglich ist –, dass mein Amt von mir verlangt, entweder gegen mein Gewissen oder gegen das nationale Interesse zu verstoßen, dann würde ich von meinem Amt zurücktreten, und ich hoffe, jeder gewissenhafte öffentlich Bedienstete würde das Gleiche tun.

Ich beabsichtige jedoch nicht, mich bei meinen Kritikern, ob sie nun katholischen oder protestantischen Glaubens sind, für meine Ansichten zu entschuldigen, genauso wenig wie ich beabsichtige, meinen Ansichten oder meiner Kirche abzuschwören, um diese Wahl zu gewinnen.

Wenn ich aufgrund der wirklichen Probleme verlieren sollte, werde ich wieder meinen Sitz im Senat einnehmen und damit zufrieden sein, dass ich mein Bestes gegeben habe und fair beurteilt worden bin. Aber wenn diese Wahl auf der Grundlage entschieden wird, dass 40 Millionen Amerikaner die Chance auf die Präsidentschaft am Tag ihrer Taufe verloren haben, dann wird die gesamte Nation der Verlierer sein – in den Augen von Katholiken und Nicht-Katholiken auf der ganzen Welt, in den Augen der Geschichte und in den Augen unseres eigenen Volkes.

Wenn ich die Wahl jedoch gewinnen sollte, werde ich jede Anstrengung von Herz und Verstand der Erfüllung meines Eides als Präsident widmen, der, wie ich hinzufügen möchte, praktisch mit dem Eid identisch ist, den ich vor 14 Jahren im Kongress geschworen habe. Denn ich kann ohne Vorbehalt »feierlich schwören, dass ich das Amt des Präsidenten der Vereinigten Staaten getreulich ausführen und die Verfassung nach besten Kräften wahren, schützen und verteidigen werde, so wahr mir Gott helfe«.

---

1 Das »Virginia Statute for Religious Freedom«, eine Vorlage von 1777, wurde von Thomas Jefferson 1779 in die Virginia General Assembly eingebracht und 1786 als Gesetz verabschiedet. Das Statut trennte in Virginia die Church of England vom Staat und garantierte den Anhängern aller Konfessionen Glaubensfreiheit, Katholiken und Juden ebenso wie allen protestantischen Bekenntnissen. Das Gesetz war ein Vorläufer zum First Amendment der US-Verfassung, das bundesweit Gleiches vorgibt. (Anm. G. B.)

*1961*

# NELSON MANDELA

## One man, one vote

---

*Ein Mensch, eine Stimme: die Forderung nach dem allgemeinen Wahlrecht hat eine rund um den Globus reichende und weitverzweigte Geschichte. Das erste Land, in dem sie für Frau und Mann Wirklichkeit wurde, war 1893 Neuseeland. Zum Kampfruf wurde die Losung* One man, one vote *in den Weltregionen unter kolonialer Herrschaft, und ihr Echo aus Südafrika ist bis heute nicht verhallt.*

*Nelson Mandela (\*1918), Spross aus einer Nebenlinie des Thembu-Königshauses der Xhosa, dessen Vater in einem Streit mit den weißen Behörden sein Vermögen verlor, als Junge Schafhirt, später Wachmann in einer Goldmine und dann Jurastudent, dem die Witwatersrand-Universität wegen seiner politischen Betätigung den Abschluss vorenthielt, sagte es selbst: »Mein Leben ist der Kampf.« Der Jurist und Kämpfer verteidigte sich 1964 im Rivonia-Prozess mit längst weltberühmt gewordenen Reden, und noch 25 Jahre später nannten ihn Ronald Reagan und Margaret Thatcher einen Terroristen, bis er 1990 nach 27 Jahren Haft freikam und 1994 Präsident Südafrikas wurde. Hier ein Auszug aus seiner Erklärung nach dem Entschluss, in den Untergrund zu gehen.*

Zum gegenwärtigen Zeitpunkt teilen wir Euch nur so viel mit, dass wir das Land unregierbar machen wollen. Von denen, die kein Wahlrecht haben, kann nicht erwartet werden, dass sie weiter Steuern an eine Regierung zahlen, die ihnen gegenüber nicht verantwortlich ist. Von Leuten, die in Armut leben und Hunger leiden, kann nicht erwartet werden, dass sie an die Regierung und lokale Behörden Wuchermieten zahlen. Wir sorgen für das Funktionieren von Landwirtschaft und Industrie. Für Hungerlöhne fördern wir in den Bergwerken das Gold, die Diamanten und die Kohle, produzieren auf den Farmen und in der Industrie. Warum sollten wir weiterhin die bereichern, die uns der Produkte berauben, die wir mit unserer Hände Arbeit geschaffen haben? Die, die uns ausbeuten und uns unser Recht auf freie gewerkschaftliche Organisation verweigern? Diejenigen, die sich auf die Seite der Regierung stellen, wenn wir zur Durchsetzung unserer Forderungen und Ziele friedlich demonstrieren? Wie können Afrikaner in Schulämtern und Ausschüssen tätig sein, die Teil der Bantu-Erziehung sind, eines finsteren Projekts der nationalistischen Regierung, um den Afrikanern eine wirkliche Bildung vorzuenthalten und ihnen stattdessen eine rückschrittliche Stammeserziehung aufzuzwingen? Kann von Afrikanern verlangt werden, dass sie sich mit Beiräten und Bantu-Behörden zufriedengeben, wenn in ganz Afrika die Forderung nach nationaler Unabhängigkeit und Selbstregierung erhoben wird? Stellt es keinen Affront gegenüber dem afrikanischen Volk dar, dass die Regierung gerade jetzt die Bantu-Behörden auf die Städte ausdehnen möchte, wo die Menschen in den ländlichen Gebieten diesem System bereits eine Abfuhr erteilt und sich mit Zähnen und Klauen gegen seine Einführung gewehrt haben? Welchen Afrikaner erfüllt es nicht mit Empörung, wenn Tausende unserer Landsleute jeden Monat aufgrund der unmenschlichen Passgesetze ins Gefängnis geworfen werden? Warum sollen wir diese Fesseln der Sklaverei weiterhin tragen? Der Boykott ist eine starke Waffe. Wir müssen uns verweigern. Wir müssen diese Waffe nutzen, um diese Regierung zur Hölle zu schicken. Sie muss rigoros und unverzüglich angewandt werden. Alle Kräfte der schwarzen Bevölkerung müssen mobilisiert werden, um der nationalistischen Regierung die Zusammenarbeit zu entziehen. Verschiedene Kampfformen werden auf betrieblicher und wirtschaftlicher Ebene angewandt werden, um die bereits jetzt krisengeschüttelte Wirtschaft des Landes zu unterminieren. Wir werden die internationalen Organisationen auffordern, Südafrika auszuschließen, und andere Länder aufrufen, ihre wirtschaftlichen und diplomatischen Beziehungen mit diesem Land aufzukündigen.

Ich weiß, dass man einen Haftbefehl gegen mich erlassen hat und dass die Polizei nach mir sucht. Der Nationale Aktionsrat hat dieses Problem ausführlich beraten und den Rat vieler zuverlässiger Freunde und befreundeter Organisationen eingeholt. Sie haben mir geraten, mich nicht freiwillig zu stellen. Ich habe diesen Rat befolgt und werde mich einer Regierung, die ich nicht anerkenne, nicht freiwillig ausliefern. Jeder ernst zu nehmende Politiker wird mir zustimmen, dass es unter den gegenwärtigen Bedingungen naiv und kriminell wäre, den Märtyrer zu spielen, indem ich mich freiwillig in die Hände der Polizei begeben würde. Wir haben ein großes Programm vor uns, und es ist wichtig, es unverzüglich und gewissenhaft in die Tat umzusetzen.

Ich habe diesen Weg gewählt, auch wenn er gefahrvoller ist und größere Opfer verlangt, als ich im Gefängnis auf mich nehmen müsste. Ich musste mich von meiner lieben Frau und meinen Kindern, von meiner Mutter und meinen Schwestern trennen, um als Ausgestoßener in meinem eigenen Land zu leben. Ich musste meine Praxis schließen, meinen Beruf aufgeben und in Not und Elend leben, wie es so vielen meiner Landsleute beschieden ist. Ich werde meine Funktion als Sprecher des Nationalen Aktionsrates während der Phase, die vor uns liegt, und in den schweren Kämpfen, die uns bevorstehen, beibehalten. Schulter an Schulter mit Euch werde ich die Regierung bekämpfen, um jeden Fußbreit Boden, um jeden Meter werden wir mit ihnen kämpfen, bis der Sieg unser ist. Was wirst Du tun? Wirst Du mit uns gehen oder wirst Du mit der Regierung zusammenarbeiten und sie in ihren Bemühungen, die Forderungen und Wünsche Deines eigenen Volkes zu unterdrücken, unterstützen? Oder willst Du Dich in einer Frage von Leben und Tod für mein Volk, für unser Volk, still und neutral verhalten? Ich für meinen Teil habe meine Wahl getroffen. Weder werde ich Südafrika verlassen noch werde ich mich ergeben. Nur in einem entbehrungsvollen und opferreichen Kampf kann die Freiheit gewonnen werden. Der Kampf ist mein Leben. Ich werde für die Freiheit kämpfen, solange ich lebe.

# *1961*

# LEWIS MUMFORD

# Die kulturelle Funktion der Weltstadt

*Es ist fünfzig Jahre her, und bereits »hat das Großstadtleben in riesige Wolkenkratzer Einzug gehalten«. Die Zukunft der unterirdischen Stadt kann, wie er damals schreibt, nicht fern sein. Zum Zeitpunkt, »da die Menschen im Begriffe stehen, sich von ihrer natürlichen Umgebung zu lösen«, ermahnt sie Lewis Mumford (\* 1895, † 1990), nochmals innezuhalten und über die Folgen nachzudenken.*

*In Fragen der Städteplanung und Architektur war er für mehrere Jahrzehnte weltweit die höchste Instanz. Sein Buch* The City in History, *aus dem wir hier einen Abschnitt über die kulturelle Funktion der Großstadt abdrucken, ist die Frucht vierzigjähriger Recherchen und Studien. Bereits 1923 wurde er Mitglied der Regional Planning Association of America. Nach dem Zweiten Weltkrieg waren seine Erkenntnisse mitbestimmend für den Wiederaufbau der zerstörten europäischen Städte. In der angelsächsischen Welt bereits Ehrenmitglied sämtlicher bedeutender Institute für Architektur und Städteplanung, erhielt er 1961 aus der Hand von Queen Elizabeth die* Royal Gold Medal for Architecture *und im selben Jahr für sein bereits erwähntes Standardwerk in den Vereinigten Staaten den* National Book Award.

NACHDEM WIR UNS das Schlimmste klargemacht haben, sind wir in der Lage, die positive Funktion der geschichtlichen Großstadt zu begreifen: nicht als Brennpunkt einer nationalen oder imperialen Wirtschaftsordnung, sondern als Weltstadt. Sich blind vorantastend, um diese wesentliche, aber noch keineswegs verwirklichte Rolle zu spielen, hat die Großstadt versucht, durch eine bloße Anhäufung von Kräften, Funktionen und Institutionen zu erreichen, was nur durch eine radikale Reorganisation geleistet werden kann.

Die bewussten Antriebe, die zu solcher Machtkonzentration an so wenigen Orten geführt haben, reichen nicht aus, um ihre ungeheure Anziehungskraft oder die Rolle zu erklären, die sie in der Kultur der Gegenwart spielen. In der Tat lässt sich die großstädtische Massigkeit und Ballung auf tiefere Weise rechtfertigen, wiewohl das nicht vollständig begriffen wird; sie ist ein Brennpunkt aller jener Bestrebungen, die zum ersten Mal alle Stämme und Völkerschaften der Menschheit in einem gemeinsamen Bereich der Zusammenarbeit und wechselseitigen Bedingtheit zusammenführen. Was Henry James von London gesagt hat, lässt sich ebenso von dessen großen Rivalen sagen: »Es ist die größte Ansammlung menschlichen Lebens, das vollständigste Kompendium der Welt. Dort ist das Menschengeschlecht besser vertreten als irgendwo sonst.« Die neue Aufgabe der Großstadt ist es, der kleinsten Stadt noch die kulturellen Möglichkeiten zu vermitteln, die zur Einigkeit der Welt und zur Zusammenarbeit beitragen.

Demnach sind gerade diejenigen Eigenschaften, derentwegen die Metropole den Menschen im Hinterland stets fremd und feindselig erschien, ein wesentlicher Teil der großstädtischen Funktion. Sie hat auf verhältnismäßig engem Bereich die Vielfalt und Verschiedenheit besonderer Kulturen zusammengeführt. Mindestens in symbolischer Anzahl findet man hier alle Rassen und Kulturen mit ihren Sprachen, Bräuchen, Trachten und kulinarischen Besonderheiten; hier sind sich die Vertreter der Menschheit zum ersten Mal auf neutralem Boden begegnet. Die Komplexität und die kulturelle Vielfalt der Metropole repräsentieren die Mannigfaltigkeit und Komplexität der Welt insgesamt. Unbewusst haben die großen Hauptstädte die Menschheit auf die größeren Zusammenschlüsse und Vereinigungen vorbereitet, die dank der modernen Eroberung von Raum und Zeit wahrscheinlich oder gar unvermeidlich geworden sind.

Hier haben wir auch die eigentliche Erklärung für die typischste Einrichtung der Metropole, die für ihr Lebensideal ebenso bezeichnend ist, wie es das Gymnasium für die griechische Stadt oder das Krankenhaus für die mittelalterliche Stadt war: das Museum. Diese Einrichtung war eine notwendige Folge des übermäßigen Wachstums der Großstadt.

Es war unvermeidlich, dass das Museum viele negative Eigenschaften der Großstadt übernommen hat: die wahllose Aneignungssucht, den Hang zu übermäßiger Ausdehnung und Desorganisation und die Gewohnheit, seinen Erfolg an der Zahl der Leute zu messen, die hineingehen. Allzu oft dient äußerliche Größe als Ersatz für eine angemessene Organisation, beispielsweise auf dem Arbeitsmarkt; und mechanische Ausweitung wird mit Bedeutung verwechselt. Trotzdem ist das Museum in vernünftiger Form nicht nur ein anschauliches, gleichwertiges Gegenstück zur Bibliothek, sondern es bietet auch die Möglichkeit, mittels ausgesuchter Beispiele und Proben Zugang zu einer Welt zu erlangen, deren gewaltige Größe und Mannigfaltigkeit sonst menschliches Verständnis weit überstiegen. In dieser vernünftigen Form ist das Museum als Instrument der Auswahl ein unentbehrlicher Beitrag zur städtischen Kultur. Wenn wir später die organische Neuordnung der Städte erwägen, werden wir sehen, dass das Museum ebenso wie die Bibliothek, das Krankenhaus und die Universität in der regionalen Lebensordnung eine neue Aufgabe übernehmen wird. Schon heute haben viele Museen mit Wanderausstellungen und auswärtigen Stützpunkten angefangen, einige ihrer früheren von Megalopolis herrührenden Schranken zu überwinden.

Wenn also die Großstadt weitgehend für die Erfindung und Ausbreitung des Museums in der Öffentlichkeit verantwortlich ist, so dient sie in gewissem Sinne selbst auf wesentliche Weise als Museum. Dank ihrer inneren Weite und ihrer langen Geschichte verfügt die historisch gewachsene Großstadt über eine größere und reichere Sammlung von kulturellen Beispielen, als sich anderswo finden lässt. Innerhalb ihres dicht bewohnten Gebiets kann man jede Art von menschlicher Funktion, jeden Versuch menschlicher Vereinigung, jedes technische Verfahren und jeden Stil in Bauweise und Planung antreffen.

Diese enorme Größe und diese Fähigkeit zu bewahren, gehören zu den wertvollsten Eigenschaften der Großstadt. Zu der Breite menschlicher Erfahrung, wie sie die dynamische, im Kern noch gesunde Metropole bietet, tritt gleichberechtigt ihre Dichte und Tiefe und ihre Gabe, Schicht auf Schicht der menschlichen Geschichte nicht nur durch ihre Urkunden und Denkmäler sichtbar zu machen, sondern auch dadurch, dass ihre großen Hilfsmittel gestatten, weit entfernte Gegenden heranzuholen. Eine so komplexe und vielseitige Zivilisation wie die unsrige bedarf einer solchen festen städtischen Organisation, die imstande ist, viele Millionen Menschen an sich zu ziehen und in enger Zusammenarbeit festzuhalten, damit alle notwendigen Verrichtungen getan werden. Was auf der einen Seite die Stadt dazu befähigt, ein kulturelles Sammelbecken zu sein, bewirkt eben durch die Notwendigkeit, zu komprimieren und aufzubewahren, auf der andern Seite, dass sie verwertet und auswählt. Wären alle Bestandteile unserer Kultur allzu weit verstreut und ließen sich die wichtigen Daten und Kunstwerke nicht an einem Ort sammeln, auslesen und zur Wiederverteilung bereitstellen, so würden sie nur einen Bruchteil ihrer Wirkung haben.

Wenn die große Stadt das beste Gedächtnisorgan ist, das der Mensch bisher geschaffen hat, so bietet sie auch – bis sie allzu überfüllt und desorganisiert wird – die besten Möglichkeiten für kritische Unterscheidung und vergleichende Bewertung, nicht nur weil sie so viele Güter zur Auswahl darbietet, sondern weil sie auch Geister heranbildet, die weitsichtig genug sind, um damit umgehen zu können. Ja, die Gabe, vieles zu umfassen, und große Zahlen sind häufig nötig, aber große Zahlen allein genügen nicht. Florenz mit seinen vierhunderttausend Einwohnern erfüllt mehr Aufgaben einer Metropole als andere Städte mit der zehnfachen Einwohnerzahl. Eines der größten Probleme der städtischen Kultur besteht heute darin, die Verdauungskraft des Behälters zu fördern, ohne ihn äußerlich zu einem Koloss werden zu lassen, der sich durch seine Überfüllung selbst im Wege steht. Die Erneuerung des inneren Kerns der Großstadt ist unmöglich, wenn wir sie nicht auf regionaler und überregionaler Basis gründlich umgestalten.

# 1961

## COLIN M. TURNBULL
## Schauen mit Pygmäenaugen

*In Oxford hatte Colin Macmillan Turnbull (\* 1924, † 1994) Politikwissenschaft und Philosophie studiert und an der Banaras Hindu University mit einem Master in indischer Religion und Philosophie abgeschlossen. Auf Reisen im Belgisch-Kongo Anfang der 1950er Jahre, wo er seine erste Bekanntschaft mit Pygmäen machte, zog er zufällig die Aufmerksamkeit des Hollywood-Produzenten Sam Spiegel auf sich, und als Reservist der britischen Navy, bei der er im Zweiten Weltkrieg Dienst geleistet hatte, erhielt er den Auftrag, ein Schiff zu konstruieren und zu transportieren, das Spiegel für seinen Film* African Queen *mit Humphrey Bogart und Katharine Hepburn brauchte. Nach einem weiteren Umweg, diesmal über den Atlantik, und einem Jahr in einer kanadischen Goldmine studierte Turnbull noch einmal zwei Jahre in Oxford, nunmehr speziell afrikanische Ethnologie, bevor er sich als Forscher wieder in den großen Regenwald am Kongo aufmachte und über seine Bewohner das nicht nur berühmteste, sondern auch aufregendste und schönste Buch schrieb:* Wayward Servants: The Two Worlds of the African Pygmies.

DIE IDENTITÄT DER BAMBUTI-PYGMÄEN des Ituri-Regenwaldes im Kongo mit dem Wald selbst geht über ihr gemeinsames Leben hinaus; auch psychologisch sind sie von ihrer Umgebung geprägt. Dies lässt sich am besten anhand einiger Beobachtungen illustrieren, die ich kürzlich bei Feldforschungen in ihrem Land machte.

### ENTFERNUNGS- UND GRÖSSENWAHRNEHMUNG
Am Ende eines außerordentlich langen und anstrengenden Marsches durch den Wald von einer Jagdgruppe zur anderen fand ich mich am Ostrand auf einem hohen Hügel, dessen Bäume von einer Missionsstation gerodet worden waren. In der Ferne sah man die letzten Meilen Wald bis zu den Rwenzori-Bergen – ein Anblick, der sich mitten im Ituri-Wald selten, wenn überhaupt, bietet. Bei mir hatte ich einen jungen Pygmäen namens Kenge, der mich stets begleitete und mir unter anderem gute Dienste dadurch leistete, dass er mich BaMbuti-Gruppen vorstellte, die mich noch nicht kannten. Kenge war damals ungefähr 22 Jahre alt und hatte einen Ausblick wie diesen noch nie gesehen. Er fragte mich, was die »Dinger« vor uns seien (er meinte die Berge). Ob das Hügel seien? Wolken? Oder was war das? Ich antwortete ihm, das seien Hügel, größer als alles, was es in seinem Wald gebe, und wenn er wolle, könnten wir den Wald verlassen und sie uns ansehen und eine Weile dortbleiben. Ganz geheuer war ihm das nicht, aber die BaMbuti sind ein unverbesserlich neugieriges Volk, und so stimmte er schließlich zu. Wir fuhren mit dem Auto in einem heftigen Unwetter, das erst nachließ, als wir in den Ishango-Nationalpark kamen, am Fuße der Berge und am Ufer des Eduardsees gelegen. Bis zu dem Augenblick und seit wir bei Beni den Wald hinter uns gelassen hatten, war die Sichtweite kaum hundert Meter gewesen.

Während der Fahrt durch den Park hörte der Regen auf, der Himmel wurde klarer, und jener seltene Moment kam, an dem die Rwenzori-Berge vollkommen wolkenfrei sind. Sie ragten vor uns am Spätnachmittagshimmel auf, und die schneebedeckten Gipfel leuchteten in der Sonne. Ich hielt an, und Kenge stieg äußerst widerwillig aus. Als Erstes sagte er noch einmal – er sagte es schon, seit der Regen aufgehört hatte und wir die umgebende Landschaft sehen konnten –, dass dies sehr schlechtes Land sei, weil es keine Bäume gebe. Dann hob er den Blick zu den Bergen und wusste überhaupt nicht, was er sagen sollte – durchaus denkbar, dass es in seiner Sprache keine passenden Ausdrücke gab, denn sein Volk lebte ausschließlich im Wald. Der Schnee faszinierte ihn; er hielt ihn für eine Art Fels. Wichtiger aber war seine nächste Beobachtung.

Auf dem Rückweg zum Wagen ließ Kenge den Blick über die Ebene schweifen und betrachtete eine Herde von etwa hundert Büffeln, die in einer Entfernung von einigen Meilen grasten. Er fragte mich, was das für Insekten seien, und ich antwortete ihm, das seien Büffel, zweimal so groß wie die Waldbüffel, die er kenne. Er lachte laut und sagte, ich solle keinen Unsinn erzählen, und fragte mich noch einmal, was für Insekten das seien. Dann redete er mit sich selbst, da er keinen intelligenteren Gesprächspartner hatte, und verglich die Büffel mit den diversen Käfer- und Ameisenarten, die er kannte.

Damit war er auch auf der Fahrt zu der Stelle, wo die Tiere grasten, noch beschäftigt. Er sah, wie sie größer und größer wurden, und auch wenn er nicht weniger mutig war als jeder andere Pygmäe, rückte er auf dem Sitz näher an mich heran und murmelte, dass es Zauberei sei. (Zauberei kennen die BaMbuti, nebenbei gesagt, nur durch ihren Umgang mit den Bantu. Sie haben kein vergleichbares Konzept des Übernatürlichen.) Als ihm schließlich klar wurde, dass es echte Büffel waren, fürchtete er sich nicht mehr, aber er rätselte immer noch, warum sie so klein gewesen waren und ob sie tatsächlich so klein gewesen und plötzlich größer geworden waren oder ob es irgendeine Art von Trick gewesen war.

Als wir über die Kuppe des letzten flachen Hügels kamen, tauchte in der Ferne der Eduardsee auf und verlor sich am dunstigen Horizont. Kenge hatte noch nie ein größeres Gewässer als den Ituri-Fluss gesehen, ein paar hundert Meter von Ufer zu Ufer. Hier kam schon wieder eine neue Erfahrung, deren Verständnis ihm schwerfiel. Wieder wollte er nicht glauben, dass in einem Fischerboot ein oder zwei Meilen weit draußen mehrere Menschen saßen. »Aber das ist doch nur ein Stück Holz«, protestierte er. Ich erinnerte ihn an die Büffel, und er nickte ungläubig.

Später bereisten wir den ganzen Nationalpark mit einem der afrikanischen Führer. Er und Kenge unterhielten sich auf Kingwana, der *lingua franca* dieser Gegend, und Kenge hielt ständig Ausschau nach Tieren und versuchte zu erraten, was sie waren. Inzwischen war er nicht mehr ängstlich oder ungläubig; er mühte sich, und mit Erfolg, sich einer vollkommen neuen Umgebung und neuen Erfahrung anzupassen.

Am nächsten Tag bat er mich, ich solle ihn wieder in den Wald zurückbringen. Er war zu seiner alten Überzeugung zurückgekehrt. »Das ist schlechtes Land. Keine Bäume hier.«

Nie war ich auf die Idee gekommen, dass die BaMbuti nicht in der Lage waren, die Unveränderlichkeit der Größe von Objekten und die Veränderlichkeit der Wahrnehmung durch die Entfernung zu begreifen. Im Wald kann man nie weiter als wenige Meter sehen; die größte Entfernung, wenn man auf einen Baum klettert und zum Lager hinabblickt, sind etwa dreißig Meter. Kenge war allerdings ein gebildeter und weitgereister Pygmäe. Er begleitete mich schon lange, war über Straßen gekommen, wo er eine Viertelmeile weit sehen konnte, er kannte Flugzeuge und wusste, dass Menschen darin saßen. Aber solche Fälle waren selten, und alles in allem war seine Erfahrung der Entfernungswahrnehmung auf jene relativ geringe perspektivische Verkleinerung beschränkt, in der man eine Person sieht, die eine Viertelmeile weiter vorn die Straße entlanggeht. Selten hatte er ein Tier aus größerer Distanz als ein paar Metern gesehen, er hatte nie ein Boot größer als ein Einbaum gesehen, und auch das nie weiter entfernt als wenige hundert Meter.

### ZAHLENWAHRNEHMUNG

Größenwahrnehmung ist jedoch nur eines unter zahlreichen Phänomenen, die für den Psychologen von Interesse sind. Pygmäen können, sofern sie nicht in ständigem Kontakt mit den Bantu stehen, nicht weiter als bis vier zählen. Allerdings haben sie einen so guten Blick für Muster, dass sie zum Beispiel, wenn einem Bündel Pfeile mehrere entnommen werden, die Abnahme erkennen und meist wieder die korrekte Anzahl Pfeile hinzulegen. Bei einem Wettspiel (Panda), das in dieser Gegend weit verbreitet ist, werden bis zu etwa 40 Steine, Samenkörner oder Bohnen auf einer Matte ausgegossen. Auf einen einzigen Blick kann ein Pygmäe sagen, ob es sich um ein Vielfaches von vier handelt oder wie viele – ein, zwei oder drei – man hinzulegen muss, damit ein solches Vielfaches entsteht. Das Spiel lebt von Zahlenwahrnehmung und Fingerfertigkeit. Zwischen Fingern und Zehen werden Reservebohnen bereitgehalten, und wenn ein Spieler seinen Wurf macht, hat er bereits die Menge erfasst, während die Bohnen noch auf der Matte rollen, und aus seiner verborgenen Reserve die nötige Zahl für das siegbringende Vielfache hinzugefügt.

### KUNST

(1) visuell: Ein weiteres Phänomen, das die Beschäftigung lohnt, und wiederum mit dem prägenden Einfluss der Umwelt verbunden, ist die beinahe vollständige Abwesenheit von bildender Kunst. Die BaMbuti haben Wörter für Weiß, Schwarz und Rot, die anderen Farben bezeichnen sie durch Vergleiche – »wie Laub«, »wie Leoparden« statt »grün« oder »gelb«.

Sie verwenden rote oder blauschwarze Farbe für die grobe Dekoration ihrer aus Baumrinde gefertigten Kleider, wobei der Farbstoff mit den Fingern aufgestrichen wird. Komplexer sind die Muster, mit denen sie die Körper der Mädchen und Frauen bemalen, unter Verwendung der schwarzen Farbe der Gardenienfrucht. Von diesem Schmuck abgesehen gibt es keine Kunstwerke. Hölzerne Gerätschaften werden niemals geschnitzt oder dekoriert, nicht einmal poliert. Vielleicht sind die BaMbuti zu unmittelbar von ihrer Lebenswelt umgeben, sie ist zu eng und einfarbig, zu gleichförmig, um eine visuelle Kunst hervorzubringen.

(2) akustisch: Im Unterschied zu diesem Mangel haben die Pygmäen die komplexeste Musik in ganz Afrika. Komplex ist sie nicht nur in Bezug auf Rhythmus, Melodie und Harmonie (Letzteres ausgesprochen überraschend in Afrika), sondern auch in technischer Hinsicht. Die BaMbuti können eine fünfzehnstimmige Liturgie oder einen Kanon improvisieren, wobei die Melodien oft in Sekundparallelen geführt sind, und halten sie ohne die kleinsten Schwierigkeiten durch. Wenn ihnen das zu langweilig wird, teilen sie die Melodie Note für Note unter den Sängern auf, von denen jeder exakt im richtigen Moment seinen Ton beisteuert. Die Melodie pflanzt sich dann im Gegenuhrzeigersinn rings um die Gruppe fort, deren Mitglieder vielleicht um ein gemeinsames Feuer sitzen oder auch jeder an seiner eigenen Feuerstelle in dem Zirkel, der sich durch den Ring ihrer Hütten ergibt. Jeder, der sich für Kunst interessiert, findet hier reiches Forschungsmaterial, ebenso jeder, den vielleicht eher die vergleichsweise geringe Rolle beschäftigt, die der Gesichtssinn im Leben dieser Waldnomaden spielt. (Selbst auf der Jagd sind die Ohren oft wichtiger als die Augen, und sogar der Geruchssinn mag entscheidender sein. Die Augen brauchen die Jäger beim Spurenlesen, und selbst der Pfeil wird eher nach Gehör als nach dem Gesichtssinn abgeschossen.) Und noch einmal sei gesagt, dass Musik ihr gesamtes Leben durchdringt.

### HISTORISCHE BERICHTE

Der älteste historische Bericht über die BaMbuti, gefunden in einem ägyptischen Grab aus der sechsten Dynastie, siedelt den Stamm da an, wo er auch heute noch lebt, beschreibt sie als Waldbewohner und erwähnt, dass Gesang und Tanz eine große Rolle im Leben dieses Volkes spielen, ganz wie es heute ist, über viertausend Jahre später. Im Regenwald gibt es nur weniges, was zur Veränderung anregt, und es ist zu vermuten, dass das Leben der BaMbuti in all dieser Zeit weitgehend gleich geblieben ist. Erst vor drei- oder vierhundert Jahren brachten die großen Bantu-Wanderungen gewisse Bantustämme und solche sudanesischen Ursprungs in den Wald. Aus einer Reihe von für uns sehr aufschlussreichen Gründen hat der sich dadurch ergebende Kontakt relativ wenig Auswirkungen auf das Leben der BaMbuti gehabt, die ausdrücklich und vehement die Werte von Flachland und Savanne verwerfen und gemeinschaftlich gegen das dörfliche Leben der Eindringlinge stehen.

Es ist ein Jammer, dass man eine solche Chance zum Studium eines wirklich urtümlichen Volkes verloren gehen lässt. Noch ein paar Jahre, dann besteht diese Möglichkeit nicht mehr. Es gibt kaum Literatur von wissenschaftlichem Wert über dieses Volk. Ich verweise hier auf die wichtigsten, doch selbst diese sind eher von allgemeinem als von spezifischem Interesse. Schebestas Forschungen liegen schon etliche Jahre zurück, und seine späteren Erkenntnisse wie auch meine eigenen legen nahe, dass er, gerade in seiner Analyse der Beziehung zwischen Pygmäen und Negern, eher aus dem Blickwinkel des Dorfes als aus dem des Waldes beobachtete. Das lag daran, dass er zu jenem Zeitpunkt Zugang zu den BaMbuti nur durch die Vermittlung der örtlichen Negerhäuptlinge erhalten konnte. Die Anwesenheit der Neger machte aus dem Milieu des Regenwalds selbst mitten darin ein dörfliches, und die Pygmäen verhielten sich entsprechend.

Echte Jäger, gerade solche, die so stark durch ihre Umgebung geprägt sind wie die BaMbuti, findet man nicht oft. Dass sie von so vielen grundverschiedenen Kulturen umgeben sind und es ihnen trotzdem gelungen ist, ihre eigene kulturelle Identität zu bewahren, zeugt von der Tiefe und Vitalität ihrer Denk- und Lebensweise, so einfältig und starr sie auch auf den ersten Blick erscheinen mögen. Wenn sie nun binnen weniger Jahre ihre Integrität verlieren werden, dann nicht, weil sie sich einer anderen Kultur einfügen, sondern weil der Wald ihnen nicht mehr gehört und es nicht mehr möglich sein wird, ihre waldverbundene Lebensweise weiterzuführen. Sie sind sich der Zukunft, die sie erwartet, bewusst, und zwar sagen einige: »Wir werden eben leben müssen wie die Wilden und Bananen pflanzen«, aber die meisten sagen: »Wenn der Wald nicht mehr da ist, werde ich sterben.« Ich fürchte, es wird das Letztere sein.

## 1963

### STANLEY MILGRAM

# Das Milgram-Experiment: Eine verhaltenspsychologische Untersuchung zum Gehorsam

*Hier folgt das erste von drei weltberühmten psychologischen Experimenten, die wir in diesem Band kurz vorstellen: das Milgram-Experiment zu Autorität und Gehorsam. Die beiden anderen sind das Stanford-Gefängnis-Experiment zur Interaktion von Wärtern und Gefangenen unter simulierten Haftbedingungen (vgl. S. 641–644) sowie das Rosenhan-Experiment zur geschlossenen Psychiatrie (vgl. S. 638–640). Die Kurzdokumentationen, die wir hier abdrucken, sind selbsterklärend. Vorangestellt seien jeweils nur zwei, drei Zeilen zum Urheber des Versuchs.*

*Stanley Milgram (\*1933, †1984), aufgewachsen in der Bronx von New York, wo er zusammen mit Philip Zimbardo, seinem Schulfreund und dem Urheber des Stanford-Gefängnis-Experiments, die James Monroe High School absolvierte. Er promovierte in Harvard bei Gordon Allport, der nach dem Zweiten Weltkrieg unter anderem die soziale Konstruktion von Sündenböcken untersuchte, und wurde anschließend ordentlicher Professor an der City University of New York. Mit 51 Jahren starb er an einem Herzinfarkt.*

GEHORSAM ist einer der grundlegendsten Bestandteile sozialer Strukturen. Ein bestimmtes System von Autorität ist für jede Form des Zusammenlebens erforderlich, und nur, wer in vollständiger Einsamkeit haust, ist nicht gezwungen, auf die Befehle anderer zu reagieren, sei es durch Missachtung oder Unterordnung. Heutzutage ist Gehorsam eine Verhaltensdeterminante von besonderem Interesse. Es ist zuverlässig nachgewiesen, dass zwischen 1933 und 1945 Millionen unschuldiger Menschen auf Befehl systematisch abgeschlachtet wurden. Es wurden Gaskammern gebaut, Todeslager bewacht und Tagesraten von Leichen produziert, die der Effizienz industrieller Fertigungsabläufe entsprachen. Diese menschenverachtende Politik mag im Kopf eines Einzelnen entstanden sein, aber sie konnte nur in einem solch gewaltigen Umfang ausgeführt werden, wenn eine große Zahl von Menschen Befehlen Gehorsam leistete.

### ALLGEMEINES VERFAHREN

Es wurde ein Verfahren entwickelt, das geeignet schien, Gehorsam zu untersuchen. Es besteht darin, einer nicht eingeweihten Versuchsperson den Befehl zu erteilen, einem Opfer einen elektrischen Schlag zu verabreichen. Dazu wird ein simulierter Schockgenerator verwendet, auf dem 30 Spannungsstärken im Bereich von 15 bis 450 Volt deutlich markiert sind. Diese Voltstärken sind außerdem mit Aufschriften, die von »Leichter Schock« bis »Gefahr: Schwerer Schock« reichen, auf dem Gerät kommentiert. Die Reaktionen des Opfers, das ein eingeweihter Mitarbeiter des Versuchsleiters ist, sind standardisiert. Die Befehle an die nicht eingeweihte Versuchsperson, die Schocks zu verabreichen, erfolgen im Kontext eines vermeintlichen ›Lernexperiments‹, das die Auswirkungen von Bestrafung auf die Gedächtnisleistung zu untersuchen vorgibt. Im Verlauf des Experiments wird der Versuchsperson befohlen, die Spannung der Stromschocks schrittweise zu erhöhen, bis hin zur Stufe »Gefahr: Schwerer Schock«. Der innere Widerstand wächst, und ab einem gewissen Punkt weigert sich die Versuchsperson, das Experiment fortzusetzen. Das Verhalten bis zu diesem Abbruch wird als ›Gehorsam‹ bezeichnet, insofern die Versuchsperson hier den Anordnungen des Versuchsleiters entspricht. Der Augenblick des Abbruchs ist ein Akt des Ungehorsams. Beruhend auf dem höchsten Stromspannungswert, den die Versuchsperson bereit ist zu verabreichen, ist es möglich, ihrem Verhalten einen quantitativen Wert zuzuordnen. Auf diese Weise lässt sich für jede einzelne Versuchsperson und für jede Versuchsvariante der Grad des Gehorsams mit einem Zahlenwert bestimmen. Der springende Punkt des Experiments besteht in der systematischen Variation derjenigen Faktoren, von denen angenommen wird, dass sie den Grad des Gehorsams gegenüber den experimentellen Befehlen verändern.

*Verfahren:* An jedem Experiment sind eine uneingeweihte Versuchsperson und ein (eingeweihtes) Opfer beteiligt. Es musste ein Vorwand gefunden werden, unter dem die Verabreichung von elektrischen Stromschlägen durch die Versuchsperson gerechtfertigt erschien. Diesen Vorwand lieferte die Deckgeschichte [*cover story*] eines Lernexperiments. Nach einer allgemeinen Einführung über den angenommenen Zusammenhang zwischen Bestrafung und Lernerfolg wurde den Versuchspersonen Folgendes erzählt:

»Eigentlich wissen wir noch sehr wenig über die Auswirkung von Bestrafung auf das Lernen, da bislang so gut wie keine wirklich wissenschaftlichen Experimente diesbezüglich an Menschen vorgenommen worden sind.

So wissen wir zum Beispiel nicht, *wie viel* Bestrafung den besten Lernerfolg erbringt – und wir wissen nicht, ob es von Bedeutung ist, wer die Strafe erteilt: Ob ein Erwachsener am besten von einer älteren oder jüngeren Person lernt und ähnliche Dinge dieser Art.

Daher bringen wir in dieser Studie eine Reihe Erwachsener aus verschiedenen Berufen und Altersstufen zusammen und teilen sie als Lehrer und Schüler ein.

Wir möchten herausfinden, welchen Einfluss verschiedene Menschen als Lehrer und Schüler aufeinander haben, und welche Auswirkungen *Bestrafung* auf das Lernen in dieser Situation hat.

Daher werde ich einen von Ihnen auffordern, der Lehrer zu sein, und den anderen, der Schüler zu sein.

Hat jemand von Ihnen irgendwelche Vorlieben?«

Anschließend zogen die Versuchspersonen Zettel aus einem Hut, um festzulegen, wer im Experiment Lehrer und wer Schüler sein würde. Diese Ziehung war so eingerichtet, dass die uneingeweihte Versuchsperson immer Lehrer und der Eingeweihte immer Schüler wurde. (Beide Zettel waren mit Lehrer beschriftet.) Unmittelbar nach dem Ziehen wurden Schüler und Lehrer in einen angrenzenden Raum geführt und der Schüler wurde mit der Apparatur eines ›elektrischen Stuhls‹ verkabelt.

Der Versuchsleiter erklärte, dass die Haltegurte dazu da seien, übermäßige Bewegungen zu verhindern, sobald dem Schüler ein Stromschlag verpasst würde. Es solle ihm unmöglich gemacht werden, sich den Schlägen zu entziehen. Am Handgelenk des Schülers wurde eine Elektrode befestigt und Kontaktsalbe aufgetragen, »um Brandblasen und Verbrennungen zu vermeiden«. Den Versuchspersonen wurde mitgeteilt, dass die Elektrode an den Schock-Generator im Nachbarraum angeschlossen sei.

Um die Glaubwürdigkeit zu erhöhen, erklärte der Versuchsleiter auf Nachfrage des Schülers: »Obwohl die Stromschläge außerordentlich schmerzhaft sein können, hinterlassen sie keinerlei bleibende Schäden.«

*Lernaufgabe*: Der Unterricht, den die Versuchsperson abhielt, bestand aus einer Paar-Assoziationsaufgabe. Die Versuchsperson las dem Schüler zunächst eine Reihe von Wortpaaren vor und anschließend das jeweils erste Wort eines Paares zusammen mit je vier weiteren Begriffen. Der Schüler sollte das Wort benennen, welches ursprünglich mit dem ersten Wort zusammengehört hatte. Er teilte seine Antwort mit, indem er einen von vier Knöpfen, die sich vor ihm befanden, drückte, welcher dann wiederum eines der vier nummerierten Felder der Antwortanzeige oberhalb des Schock-Generators aufleuchten ließ.

*Schock-Generator:* Die Instrumententafel bestand aus 30 Schaltern, die in einer horizontalen Reihe angeordnet waren. Jeder Schalter ist mit der jeweiligen Stromspannung beschriftet, die von 15 bis 450 Volt reicht. Von links nach rechts erhöht sich die Voltzahl von Schalter zu Schalter um 15 Volt. Zusätzlich sind je vier Hebel zusammengefasst und von links nach rechts mit folgenden Aufschriften versehen: Leichter Schlag, Gemäßigter Schlag, Starker Schlag, Sehr starker Schlag, Intensiver Schlag, Extrem intensiver Schlag, Gefahr: Schwerer Schlag. (Die beiden Schalter nach der letzten Beschriftung waren lediglich durch XXX markiert.)

Sobald ein Schalter betätigt wird, leuchtet eine zugehörige Anzeigenlampe in hellem Rot auf. Man hört ein elektronisches Summen, das von der Neonlichtanzeige »Spannungserzeuger« begleitet wird, der Zeiger des Voltmeters schlägt nach rechts aus, und es ertönt verschiedenartiges Relaisklicken.

Auf der linken oberen Seite des Generators ist ein Schild mit der Aufschrift »Schock-Generator Typ ZLB, Dyson Instrument Company, Waltham, Mass. Output 15 Volts – 450 Volt« angebracht.

Die Einzelheiten des Apparats waren sorgfältig zusammengestellt, um den Anschein von Authentizität zu gewährleisten. Das Bedienungspult war von industriellen Präzisionsgravierern graviert worden, und alle Bauteile waren von hoher Qualität. Keine der Versuchspersonen des Experiments hatte den Verdacht, dass die Apparatur lediglich ein simulierter Schock-Generator sei.

*Probe-Schock*: Jeder uneingeweihten Versuchsperson wird vom Schock-Generator ein Probe-Schlag verabreicht, bevor er zum Lehrer wird. Dieser Stromschlag beträgt immer 45 Volt und wird durch das Betätigen des dritten Schalters verabreicht. Der Stromschlag wird am Handgelenk der uneingeweihten Versuchsperson angelegt und speist sich aus einer 45-Volt-Batterie, die mit dem Generator verkabelt ist. Dies überzeugt die Versuchsperson zusätzlich von der Echtheit des Generators.

Die Versuchsperson wird angewiesen, dem Schüler jedes Mal einen Stromschlag zu verabreichen, wenn dieser eine falsche Antwort gibt. Des Weiteren – und dies ist der Schlüsselbefehl – wird die Versuchsperson instruiert, »die Spannungsstufe des Schock-Generators jedes Mal zu erhöhen, wenn der Schüler eine falsche Antwort gibt«. Sie ist außerdem gehalten, die Spannungsstufe bekannt zu geben, bevor sie den Stromschlag verabreicht. Dies dient dazu, der Versuchsperson anhaltend in Erinnerung zu rufen, dass die Intensität der Stromschläge, die dem Schüler verabreicht werden, immer weiter steigt.

*Vorläufiger und regulärer Durchlauf*: Vorabtests zeigten, dass es einiger Übung bedarf, bevor die Prozedur des Vorlesens der Worte bei gleichzeitigem Verabreichen der Stromschläge reibungslos durchgeführt werden kann. Daher wird dem Lehrer unmittelbar vor dem regulären Durchlauf eine Liste von zehn Wörtern ausgehändigt, die er dem Schüler vorliest. In dieser Übungsliste gibt es drei neutrale Wörter (d. h. Wörter, auf die der Schüler korrekt antwortet), sodass sieben Stromschläge bis zur maximalen Spannung von 105 Volt (Gemäßigter Stromschlag) verabreicht werden. Fast alle Versuchspersonen beherrschen die Prozedur, noch bevor dieser Testlauf abgeschlossen ist.

Den Versuchspersonen wird dann eine zweite Liste ausgehändigt und mitgeteilt, dass der Ablauf derselbe ist wie bei der ersten Liste.

Der Versuchsleiter fügt jedoch hinzu:

»Wenn Sie ans Ende der Liste kommen, wiederholen Sie die Liste immer wieder und verabreichen Sie Stromschläge, bis der Schüler alle Wortpaare korrekt gelernt hat.«

Der Versuchsleiter instruiert die Versuchsperson, mit 15 Volt zu beginnen und die Spannungsstufe jedes Mal zu erhöhen, wenn der Schüler eine falsche Antwort gibt.

*Zur Rückmeldung durch das Opfer*: Bei allen Versuchen gibt der Schüler eine vorab festgelegte Abfolge von Antworten auf den Wortpaar-Test, die auf einem Ablaufplan basiert, der im Durchschnitt drei falsche Antworten auf eine richtige vorsieht. Unter dieser Versuchsbedingung erfolgt bis zur Stufe von 300 Volt kein Zeichen des Protests. Sobald der 300-Volt-Schock verabreicht wird, schlägt der Schüler gegen die Wand des Raumes, in dem er an den elektrischen Stuhl gebunden ist. Die Versuchsperson kann diese Schläge hören. Ab diesem Zeitpunkt erscheinen keine Antworten des Schülers mehr auf der Anzeigetafel mit den vier Feldern.

An diesem Punkt wendet sich die Versuchsperson gewöhnlich an den Versuchsleiter und bittet um weitere Anweisungen. Der Versuchsleiter weist die Versuchsperson an, das Ausbleiben einer Antwort als falsche Antwort zu werten und den dem Ablaufplan entsprechenden Stromschlag zu verabreichen. Er rät der Versuchsperson, fünf bis zehn Sekunden verstreichen zu lassen, bevor er das Ausbleiben als falsche Antwort wertet, und weist sie an, die Spannung für jede unkorrekte Antwort des Schülers um eine Stufe zu erhöhen. Das Klopfen des Schülers wiederholt sich, nachdem der Schlag von 315 Volt Stärke verabreicht wurde. Danach hört man nichts mehr von ihm, und es erscheinen auch keine Antworten mehr auf der Vier-Felder-Anzeigetafel.

*Rückmeldung durch den Versuchsleiter*: Zu verschiedenen Zeitpunkten des Experiments konnte sich die Versuchsperson an den Versuchsleiter wenden, um nachzufragen, ob sie mit dem Verabreichen der Stromschläge fortfahren soll. Es war wichtig, die Antworten auf diese Nachfragen und Reaktionen zu standardisieren.

Falls die Versuchsperson ihrem Unwillen fortzufahren Ausdruck verlieh, antwortete der Versuchsleiter mit einer Reihe von ›Anstößen‹, von denen er immer genau so viele einsetzte wie nötig, um die Versuchsperson wieder auf Kurs zu bringen.

»Anstoß 1: Bitte fahren Sie fort. *Oder*: Bitte machen Sie weiter.

Anstoß 2: Das Experiment erfordert, dass Sie fortfahren.

Anstoß 3: Es ist absolut notwendig, dass Sie fortfahren.

Anstoß 4: Sie haben keine andere Wahl, Sie *müssen* weitermachen.«

Die Anstöße wurden sequentiell gegeben: Nur falls Anstoß 1 erfolglos blieb, konnte Anstoß 2 verwendet werden. Fall die Versuchsperson sich nach Anstoß 4 weigerte, dem Versuchsleiter zu gehorchen, wurde das Experiment abgebrochen. Der Ton des Versuchsleiters war zu jener Zeit bestimmt, aber nicht unhöflich. Die Sequenz wurde jedes Mal von vorne begonnen, wenn die Versuchsperson sich sträubte oder Widerwillen zeigte, den Befehlen zu folgen.

*Spezielle Anstöße*: Falls die Versuchsperson fragte, ob die Möglichkeit bestehe, dass der Schüler bleibende körperliche Schäden erlitte, antwortete der Versuchsleiter: »Obwohl die Stromschläge schmerzhaft sein können, wird es keinerlei bleibende Gewebeschädigungen geben. Fahren Sie daher bitte fort.« (Gefolgt von Anstößen 2, 3 und 4, falls nötig.)

Falls die Versuchsperson sagte, dass der Schüler nicht weitermachen wolle, entgegnete der Versuchsleiter:

»Ob der Schüler will oder nicht, Sie müssen weitermachen, bis er alle Wortpaare richtig gelernt hat. Bitte machen Sie weiter. (Gefolgt von Anstößen 2, 3 und 4, falls nötig.)«

VERSUCHSERGEBNIS

*Versuchsperson akzeptiert die Situation:* Mit wenigen Ausnahmen waren die Versuchspersonen von der Echtheit der Experimentsituation und folglich auch davon überzeugt, dass die anderen Personen Stromschläge verabreichen und dass die stärksten Stromschläge äußerst schmerzhaft waren. In den postexperimentellen Interviews wurden die Versuchspersonen gefragt: »Wie schmerzhaft waren die letzten Stromschläge für den Schüler, die Sie ihm verabreicht haben?« Die Versuchspersonen wurden aufgefordert, ihre Antwort auf einer Skala mit 14 Punkten von »überhaupt nicht schmerzhaft« bis »äußerst schmerzhaft« einzuordnen. Die häufigste Antwort war 14 (äußerst schmerzhaft) bei einem Mittelwert von 13,42. Viele Versuchspersonen zeigten während des Versuchsablaufs Anzeichen von Nervosität, besonders beim Verabreichen der stärkeren Stromstöße. In einem Großteil der Fälle erreichte die Anspannung einen Grad, der innerhalb sozialpsychologischer Laborstudien nur sehr selten zu beobachten ist. Man konnte beobachten, wie die Versuchspersonen schwitzten, zitterten, stotterten, sich auf die Lippe bissen, stöhnten und die Fingernägel ins Fleisch gruben. Dies waren eher charakteristische als außergewöhnliche Reaktionen auf das Experiment.

Ein Anzeichen der Anspannung war das regelmäßige Auftreten von nervösem Lachen. 14 von 40 Versuchspersonen zeigten eindeutige Zeichen von nervösem Lachen und Grinsen. Das Lachen schien gänzlich fehl am Platz, sogar bizarr. Ausgeprägte, unkontrollierte Krampfanfälle wurden bei drei Versuchspersonen beobachtet. In einem Fall war der Anfall derart stark und krampfhaft, dass das Experiment unterbrochen werden musste. Die Versuchsperson, ein 46-jähriger Vertreter von Konversationslexika, war überaus verlegen über sein ungehöriges und unkontrolliertes Verhalten. Im postexperimentellen Interview waren die Versuchspersonen darum bemüht, darauf hinzuweisen, dass sie keine sadistische Veranlagung hätten und ihr Lachen nicht bedeute, dass sie es genossen hätten, dem Opfer Stromschläge zu verabreichen.

Jede der 40 Versuchspersonen ging auf den Befehl des Versuchsleiters hin über den erwarteten Abbruchpunkt hinaus. Keine Versuchsperson hörte auf, bevor sie die Schock-Stufe 20 erreicht hatte. (Bei dieser Stufe – 300 Volt – tritt das Opfer an die Wand und antwortet nicht weiter auf die Multiple-Choice-Fragen des Lehrers.)

Von den 40 Versuchspersonen weigerten sich fünf, den experimentellen Befehlen über die 300-Volt-Marke hinaus zu folgen. Vier Versuchspersonen verabreichten einen weiteren Stromschlag und weigerten sich dann weiterzumachen. Zwei brachen auf der Stufe von 330 Volt ab und je einer bei 345, 360 und 375 Volt. Folglich widersetzten sich insgesamt 14 Versuchspersonen dem Versuchsleiter. Es ist aufschlussreich, ihre Kommentare im Moment des Ungehorsams hier abzudrucken, wie sie von den Aufnahmebändern transkribiert wurden:

[0124] »Ich glaube, er versucht uns etwas mitzuteilen, er klopft … Es ist nicht fair, dem Kerl Stromschläge zu verpassen … das sind enorme Volt-Zahlen. Ich denke nicht, dass das sehr human ist … Oh, ich kann damit nicht weitermachen. Nein, das ist nicht richtig. Das ist ein höllisches Experiment. Der Kerl da drin leidet. Nein, ich will nicht weitermachen. Das ist verrückt.« (Die Versuchsperson weigert sich, weitere Stromschläge zu verabreichen.)

[0123] »Der macht Lärm da drin. Ich kneife. Ich möchte weitermachen, aber ich kann so was keinem Menschen antun … Es tut mir leid, ich kann das keinem Menschen antun. Der kriegt einen Herzschaden. Behalten Sie das Honorar. Nein, wirklich, ich kann das nicht machen.«

DISKUSSION

Das Experiment erbrachte zwei überraschende Funde. Der erste Fund betrifft das schiere Ausmaß der Tendenz zum Gehorsam, welches sich in dieser Situation manifestierte. Die Versuchspersonen haben von Kindheit an gelernt, dass es gegen die Regeln moralischen Verhaltens verstößt, eine andere Person gegen ihren Willen zu verletzen. Dennoch haben 26 Versuchspersonen diesen Grundsatz missachtet, indem sie den Anweisungen einer Autorität gefolgt sind, die über keine besondere Macht verfügte, ihre Befehle durchzusetzen. Das Nichtgehorchen hätte keinerlei materiellen Schaden für die Versuchsperson zur Folge gehabt; es wäre keine Bestrafung erfolgt. Aus den Bemerkungen und dem äußeren Verhalten vieler Teilnehmer geht klar hervor, dass sie mit dem Bestrafen der Opfer häufig gegen ihre eigenen Wertüberzeugungen verstießen. Die Versuchspersonen gaben häufig ihrer Missbilligung darüber Ausdruck, einem Menschen trotz dessen Einwände Stromschläge zu verabreichen, andere bezeichneten es als dumm und sinnlos. Und doch folgte die Mehrheit den experimentellen

Anweisungen. Dieses Ergebnis war von zwei Standpunkten aus überraschend: zunächst hinsichtlich der Prognosen, die anhand eines vorab erstellten Fragebogens gemacht wurden. (Es ist allerdings möglich, dass hier die Distanz der Antwortenden zur tatsächlichen Situation und die Schwierigkeit, sich die konkreten Einzelheiten des Experiments vorzustellen, dazu geführt haben, dass der Gehorsam beträchtlich unterschätzt wurde.)

Doch die Resultate waren auch für jene Personen unerwartet, die den Verlauf der Experimente hinter Spiegelglas beobachteten. Diese Beobachter verliehen immer wieder ihrem Unglauben darüber Ausdruck, dass die Versuchspersonen den Opfern immer stärkere Stromschläge verabreichten. Diese Personen hatten vollen Einblick in die Einzelheiten der Situation und unterschätzten dennoch systematisch den Umfang des Gehorsams, den die Versuchspersonen an den Tag legten.

## 1964

## B. F. SKINNER

# Lehrmaschinen – programmiertes Lernen – operante Konditionierung

*»Manipulation!«, »Abrichtung!«, »Gehirnwäsche!«: Bei der Neuen Linken war der Harvard-Psychologe als Sozialtechnologe verschrien, er galt als reaktionär wie der Behaviorismus und die Verhaltensforschung insgesamt, die angeblich den Menschen nach dem Modell der Graugans zu verstehen sucht. (Ein illustratives Beispiel für die reaktionären, fortschrittsfeindlichen Tendenzen der 68er-Linken ihrerseits.) Seine Lehr- und Lernmethode der sogenannten operanten Konditionierung basiert auf Untersuchungen zur Verstärkung ursprünglich spontanen Verhaltens durch seine unmittelbaren angenehmen Folgen. (Das Modell ist eine Verallgemeinerung des pawlowschen konditionierten Reflexes, vgl. S. 491–493.)*

*Die Utopie, die Burrhus Frederic Skinner (\* 1904, † 1990) für das noch zwanzig Jahre entfernte Orwell-Jahr 1984 entwarf, musste etwas länger auf ihre Ankunft in der wirklichen Welt warten. Aber heute gilt »operant conditioning« in der Verhaltenstherapie – etwa bei der Suchtbehandlung – als eine der erfolgreichsten Methoden. Skinners Rehabilitierung, die vor allem hierzulande lange auf sich warten ließ und noch nicht abgeschlossen ist, wird nicht aufzuhalten sein. Politische Korrektheitsnormen, die zwar die Frage zulassen, was den Menschen vom Tier unterscheidet, nicht aber, was ihn mit diesem verbindet, sind überholt, und dies nicht nur wissenschaftlich, sondern glücklicherweise auch politisch. Noch eine gute Nachricht: Auch Selbstkonditionierung ist durchaus erfolgversprechend, Eigenwäsche des Gehirns, wenn man so will, frei und autonom.*

BESSERE ERZIEHUNG BEGEGNET UNS NUR SELTEN in Gestalt besserer Unterrichtsmethoden. Zweifellos ist es wichtig, bessere Lehrer zu finden, mehr und bessere Schulen zu bauen, weniger von dem zu lehren, was niemand braucht, das, was gelehrt werden muss, auf den neuesten Stand zu bringen und mehr Schüler durch die verschiedenen Formen der Massenmedien zu erreichen. Aber man darf hoffen, dass sich bis zum Jahr 1984 auch das Lehren als solches verbessert haben wird. Die experimentelle Analyse menschlichen und tierischen Verhaltens hat Erkenntnisse über Lernen und Lehre zutage gefördert, die noch unbekannt waren, als heutige Lehrmethoden entwickelt wurden, und die bessere Unterrichtsformen ermöglichen sollten, in dem Sinne, dass in der bisherigen Zeitspanne und mit dem bisherigen Aufwand mehr gelehrt werden kann. Dies wiederum wird dazu führen, dass mehr Schüler unterrichtet werden können und jeder Einzelne mehr und gründlicher lernt. Jeder Schüler wird in Zukunft eine große Auswahl an Programmen haben und in allen Fächern bessere Ergebnisse erzielen.

Zu den Fortschritten wird nicht zuletzt das Verschwinden zwangsbasierter Erziehungsmittel gehören. Der Rohrstock hat in den meisten Ecken der Erde ausgedient, doch Lehrer arbeiten nach wie vor mit weniger offensichtlichen Mitteln der Bestrafung – und ob wir es wahrhaben wollen oder nicht, die meisten Schüler lernen auch heute in erster Linie, um die Folgen des Nichtlernens zu vermeiden. Selbst auf Universitätsniveau ist das am meisten verbreitete Muster das von »Aufgabe und Prüfung«, wo der Student nur in dem Sinne zum Lernen angehalten wird, dass er gewisse unerfreuliche Folgen zu gewärtigen hat, wenn er die Prüfung nicht besteht. Bei diesem System ist niemals der Lehrer derjenige, der versagt, und kann es auch gar nicht sein, denn »Aufgabe und Prüfung« ist im Grunde überhaupt kein Lehren.

Allerdings genügt es nicht, einfach nur Praktiken aufzugeben, die mit Zwang verbunden sind. Das Summerhill-Modell ist eher Therapie als Erziehung. Ebenso wenig genügt es, Strafmethoden dadurch zu ersetzen, dass wir unsere Schulen durch Realitätsnähe »bereichern« oder statt Lehrbüchern nonverbale audiovisuelle Mittel verwenden. Es gibt gute Gründe, das, was gelernt werden soll, so attraktiv wie möglich zu machen, aber auf diese Weise bringen wir den Schüler oft um die Möglichkeit, selbst darauf zu kommen, dass etwas interessant ist, wenn man sich erst einmal damit beschäftigt. Bunte Bilder in einer Lesefibel mögen die Aufmerksamkeit des Kindes auf den zugehörigen Text lenken, aber sie unterhalten es, bevor es liest; ein Blatt mit einem einfachen Text schwarz auf weiß bietet viel mehr Möglichkeit, Lesen als etwas Lustvolles zu genießen. Die audiovisuellen Hilfsmittel des Jahres 1984 werden weniger als heute darauf fixiert sein, Aufmerksamkeit zu erregen und zu halten.

Die Auswirkungen spezifischen Verhaltens werden im Rahmen dessen untersucht, was wir mit dem Fachbegriff »operantes Konditionieren« bezeichnen. Verhalten, das durch seine Konsequenzen verstärkt wird, sollte man nicht mit den konditionierten Reflexen Pawlows verwechseln, und nur in bestimmten Fällen ist operantes Konditionieren mit dem Wort »Belohnung« treffend beschrieben. Wichtig ist hier die außerordentliche Möglichkeit – ausgiebig im Labor und auch in der praktischen Anwendung dokumentiert –, Verhalten durch den Einsatz entsprechender Verstärkungen zielgerichtet zu verändern. Schüler und Studenten sind nur marginal daran interessiert, was sie auf lange Sicht von ihrer Erziehung haben. Was genau erfasst und verändert werden muss, sind die unmittelbaren Folgen ihres Verhaltens. Dazu genügt es nicht, dass wir das Prinzip der Verstärkung nur in einem allgemeinen Sinne zum Einsatz bringen, ebenso wenig wie wir eine Brücke allein mit unserem Wissen über Statik und Struktur bauen können. Der Lehrer muss zum Spezialisten in einer sich rasch entwickelnden wissenschaftlichen Analyse des menschlichen Verhaltens werden.

Das äußerlich Auffälligste der neuen Unterrichtsmethoden im Jahr 1984 werden wohl die »Lehrmaschinen« sein, durch welche die erforderlichen Möglichkeiten der Verstärkung bereitgestellt werden. Die Gefahr wird groß sein, dass man die Technik mit den Geräten verwechselt. Doch ohne Maschinen geht es nicht. Nur mit der entsprechenden Ausrüstung können Lehrer die Aufgaben bewältigen, die ihnen die außerordentlichen Veränderungen der Lebenswelt und das Bevölkerungswachstum, beides charakteristisch für das 20. Jahrhundert, stellen.

Das Wort »Maschine« lässt an Zwang denken, doch diese Geräte sind im Gegenteil als Hilfe beim individuellen Lernen konzipiert. Früher lernte man im Einzelunterricht, und die Vorstellung vom individuellen Lernen findet sich noch in den Grundsätzen der Erziehungspolitik, doch in der Praxis ist längst die Notwendigkeit großer Schulklassen an deren Stelle getreten. Ganze Schülergruppen lernen in einem standardisierten Tempo. Diejenigen, die schneller vorankommen könnten, werden gebremst und langweilen sich; die, die langsam lernen, werden in einem Tempo vorangezerrt, das ihre Fähigkeiten überfordert, sodass sie den Unterricht als immer schwieriger empfinden und schließlich aufgeben. Doch die Lerngeschwindigkeit hat genauso wie die Lesegeschwindigkeit keinen großen Einfluss auf die Qualität des Lernens. Das System ist oft genug kritisiert worden, doch jetzt endlich versucht man auch, daran etwas zu ändern, indem man Verstärkungskriterien auf der Grundlage experimenteller Analyse festsetzt. Im Jahr 1984 wird dem, der schneller lernt, seine Begabung endlich auch von Nutzen sein, und zugleich bekommt der langsame Schüler Gelegenheit zu beweisen, dass er ebenso viel lernen kann, wenn man ihm nur genug Zeit lässt.

Ein anderer Bereich, in dem jüngste Erkenntnisse in der wissenschaftlichen Erforschung von Lehr- und Lernmethoden Wirkung zeigt, ist die Frage nach den »Erziehungszielen«. Welche Veränderungen beim Schüler will der Lehrer bewirken? Heutige Vorstellungen davon sind verblüffend vage. Mit den Erkenntnissen der Forschung lässt sich eine Reihenfolge von Schritten aufstellen, die auf dem Wege des Schülers vom Unwissen zum Wissen zu einem spezifischen Verhalten führen. Man spricht in diesem Zusammenhang gern von programmiertem Lernen. Das Prinzip wird oft nicht ganz verstanden, und schlecht gemachte Programme überschwemmen den Markt; doch bis 1984 werden die marktwirtschaftlichen Kräfte ihre wohl bekannte Wirkung getan haben. Erstklassige Programme – besser als alles heute Verfügbare, denn die Kunst und Wissenschaft des Programmierens wird sich weiterentwickeln – werden dann zu einer Vielzahl von Themen zur Verfügung stehen.

Viele dieser Themen werden wir allerdings nicht wiedererkennen. Es heißt oft, dass ein gebildeter Mensch den Großteil der Fakten, die er in Schule und Universität gelernt hat, wieder vergisst. Bildung ist das, was übrig bleibt, wenn das Gelernte vergessen ist. Wir haben Unterrichtsfächer, weil Lehrer als Spezialisten für bestimmte Sachgebiete angestellt werden, und auch deshalb, weil Kompetenz auf einem bestimmten Gebiet als praktischer Beweis für erfolgreiches Lehren gilt. In Zukunft mögen wir jedoch Methoden ersinnen, mit denen wir das weitergeben können, was wirkliche Erziehung ausmacht. Die spezifischen intellektuellen Fähigkeiten, Kenntnisse, Einstellungen und Vorlieben, die heute in einem inhaltlich ausgerichteten Unterricht eher nebenher vermittelt werden, könnten 1984, wenn man sich die experimentelle Analyse des Verhaltens wirklich zunutze macht, im Mittelpunkt stehen.

Auch 1984 wird es noch Lehrer geben. Sie werden dann nicht mehr, wie es heute der Fall ist, Dinge tun, die auch von Maschinen getan werden können, sondern sie werden mithilfe dieser Maschinen effektiver lehren. Da sie der Gesellschaft mehr zu bieten haben, wird ihr Selbstwertgefühl und auch ihr ökonomischer Status höher sein als heute. Sie werden die Gewissheit genießen, dass sie als Menschen von Bedeutung sind.

*1964*

# ANDRÉ LEROI-GOURHAN

## Der ungefiederte Zweifüßer und die Frage nach unserer Herkunft

*Als ungefiederten Zweifüßer klassifizierten den Menschen die alten Griechen, die damit deutlich machen wollten, dass nicht jede eindeutige Bestimmung eine Definition ist, die das Wesen der Sache bezeichnet. Die Entwicklung unseres Gehirns mit seinem Stirnlappen oder präfrontalen Cortex kommt von den Ansprüchen an das Werk unserer Hände einerseits sowie dem kommunikativen Ausdrucksverhalten unseres Gesichts und der Sprachentwicklung andererseits.* Hand und Wort *ist der Titel seines Hauptwerks. Für beides war die Voraussetzung, dass unsere Vorfahren sich auf die Hinterbeine stellten – der aufrechte Gang. Was sie dazu bewogen hat, ist nicht restlos geklärt. Wollten sie in der ostafrikanischen Savanne über die Spitzen der Grashalme spähen, oder erlaubte die aufrechte Haltung in dem damals noch wärmeren Klima eine effektivere Transpiration?*

*André Leroi-Gourhan (\* 1911, † 1986), Archäologe und großer Mann der französischen Paläoanthropologie, Professor am Collège de France 1969–1982, erklärt uns in dem folgenden Auszug aus seinem Hauptwerk* Hand und Wort, *weshalb die ernsthafte Beschäftigung mit der Frage nach unserer Herkunft einen beachtlichen Strauß an wissenschaftlichen Disziplinen auf den Plan rufen muss.*

DER GROSSARTIGE AUFSCHWUNG der Paläontologie hat in den letzten Jahren zahllose Werke hervorgebracht, und es gibt kaum einen Leser, für den die Schwimmflosse der Coelacanthus noch etwas Geheimnisvolles besäße. Es gibt zudem, wenn auch in geringerer Zahl, eine Reihe von Werken, die den umgekehrten Weg eingeschlagen und den Versuch unternommen haben, die Gegenwart des Menschen in seine lange Vorgeschichte hineinzustellen. Das Interesse, auf das die Schriften stoßen, die unserem langsamen Aufstieg und dem unseres Denkens gewidmet sind, zeigt, in welchem Maße die Vorgeschichte auf ein tiefes Bedürfnis nach der raum-zeitlichen Verortung des Menschen antwortet. Ich denke, die Vorgeschichte hat, gleich ob sie nun von einer religiösen Metaphysik oder einer materialistischen Dialektik ausgeht, keinen anderen Sinn als: den Menschen der Zukunft in seine Gegenwart und in seine entfernteste Vergangenheit hineinzustellen. Andernfalls könnte sie höchstens, explizit oder implizit, die zahllosen religiösen Mythen, die das Problem des menschlichen Ursprungs in wenigen Worten regeln, durch einen wissenschaftlichen Mythos ersetzen; oder aber man verstünde sie als eine Art epischen Gedichtes, das von den strahlenden Abenteuern einiger dem Menschen fremder Helden berichtet. ...

Es fällt uns recht schwer anzugeben, wie der Cro-Magnon-Mensch sich seine eigene Wirklichkeit vorgestellt haben mag; wir besitzen jedoch Hunderte von Mythen der verschiedensten Völker, von den Eskimos bis zu den Dogon; wir haben die großen Mythologien der Kulturen des Mittelmeerraumes, Asiens und Amerikas, die Werke der Theologen und Philosophen der Antike und des Mittelalters und die der europäischen, arabischen und chinesischen Reisenden vor dem 17. Jahrhundert. Daraus ergibt sich ein so kohärentes Bild des Menschen, dass eine globale Analyse möglich scheint. Nützlich ist sie in jedem Fall, um sich die Wandlungen klarzumachen, die die Wahrnehmung der Wirklichkeit durch den Menschen bis in unsere Tage erfahren hat.

Es ist recht schwierig, sich heute ohne die Hilfe von Geologie, Paläontologie und Evolutionstheorie eine Wissenschaft vom Menschen vorzustellen, die noch ganz in einem kaum geöffneten irdischen Universum und in einer sehr kurzen Zeitspanne befangen ist. Veränderung ist dort Metamorphose, Entstehen wird als unvermittelte Schöpfung verstanden, und was wir uns der Vorstellung zugänglich machen, indem wir die verschiedenen Wesen in ihrer zeitlichen Folge auseinanderhalten, muss dort als fantastische und einzigartige Naturgegebenheit im Raum hingenommen werden. Für den mittelalterlichen Geist wäre der Pithecanthropus keine Überraschung gewesen, er hätte den Affenmenschen hingenommen wie den hundsköpfigen Menschen, den Einfüßer und das Einhorn. Die Landkarten, allen voran die Amerikas, sind zu Beginn des 16. Jahrhunderts von Hundsköpfen mit menschlicher Gestalt oder von Menschen bevölkert, die keinen Kopf haben und Augen, Nase und Mund auf der Brust tragen – so die Karte des türkischen Admirals Piri Reis, die 1513 wahrscheinlich nach einem von Christophorus Columbus übernommenen Vorbild erstellt wurde.

# *1967*

# CHRISTIAAN N. BARNARD

# Herztransplantation am Menschen

*Die Aufregung damals war kaum geringer als wenig später bei der ersten bemannten Mondlandung, die in greifbare Nähe gerückt war (vgl. S. 631–634). Der erste Patient überlebte die Operation vom 3. Dezember 1967. Zur Verhinderung einer Abstoßungsreaktion seines Körpers auf das fremde Organ wurde seine Immunabwehr weitestgehend außer Kraft gesetzt. Nach 18 Tagen starb er an einer Lungenentzündung. Der zweite Patient wurde am 2. Januar 1968 operiert und blieb mit dem verpflanzten Herzen 19 Monate am Leben. Ein wichtiges Mitglied des Chirurgenteams war der schwarze Südafrikaner Hamilton Naki, der einen erheblichen Beitrag zur Entwicklung der Operationstechnik leistete, was jedoch wegen der Apartheidsgesetze verschwiegen werden musste.*

*Es folgte – für die Illustrierten – der gesellschaftliche Teil mit dem Stararzt, der das 31-köpfige Transplantationsteam geleitet hatte: B. beim Papst, B. beim amerikanischen Präsidenten Lyndon B. Johnson, B. beim Schah von Persien und bei Imelda Marcos, B. in Monaco und mit Grace Kelly, mit Sophia Loren und seiner Geliebten Gina Lollobrigida …*

*Christiaan Neethling Barnard (\* 1922, † 2001) war ein prononcierter Gegner der Apartheid und ihres Regimes – und womöglich auch eines ihrer Opfer: Er hat die Vermutung geäußert, der Nobelpreis für Medizin sei ihm vorenthalten geblieben, weil er ein weißer Südafrikaner war.*

ZWISCHENBERICHT ÜBER EINE ERFOLGREICHE OPERATION, DURCHGEFÜHRT AM GROOTE SCHUUR KRANKENHAUS IN KAPSTADT

Am 3. Dezember 1967 wurde einem 54-jährigen Mann erfolgreich das Herz eines Leichnams eingesetzt, um ein durch wiederholte Infarkte irreparabel beschädigtes Organ zu ersetzen.

Dieser Erfolg kam für die medizinische Öffentlichkeit nicht unerwartet. Immunologen, Biochemiker, Chirurgen und Spezialisten anderer Bereiche der Medizin auf der ganzen Welt hatten es durch beständige Fortschritte auf dem Weg zu diesem Ziel ermöglicht, dass dieser Gipfelpunkt der Herzchirurgie erfolgreich erreicht werden konnte.

Seit unvordenklichen Zeiten hat man von der Verbindung der Bestandteile verschiedener Individuen geträumt, nicht nur um Krankheiten entgegenzuwirken, sondern auch um die Fähigkeiten verschiedener Arten zu verhindern. Dieser Wunsch hat die Schöpfung unterschiedlicher mythischer Kreaturen inspiriert, von denen berichtet wurde, sie verfügten über Fähigkeiten, die diejenigen jeder einzelnen Spezies weit hinter sich ließen. Die Moderne hat diese Träume in Gestalt der Sphinx, der Meerjungfrau und der übrigen Chimären unserer Fabelwelt beerbt. Die gegenwärtige Wissenschaft bevorzugte eine rationalere Herangehensweise und hat die verschiedenen Möglichkeiten erforscht, bestimmte Organerkrankungen mittels Ersetzung der betroffenen Organe durch ein Transplantat zu behandeln.

Die jüngere Geschichte der Herztransplantation setzte mit den Experimenten von Carrel und Guthrie zu Beginn dieses Jahrhunderts ein. Schritt für Schritt nahm im Laufe der Jahre durch die Arbeiten vieler weiterer brillanter Männer unser Wissen über dieses Projekt und die Fortschritte auf dem Weg seiner Umsetzung zu, insbesondere durch die unschätzbaren Beiträge von Shumway und seinen Mitarbeitern.

Vor dem Hintergrund dieser Forschungen und auf der Basis unserer eigenen Erfahrungen aus den Laboren sowie gestützt auf das Wissen über die Organisation einer Operation und die postoperative Pflege von Patienten, die größeren Eingriffen am Herzen unterzogen worden waren, kam die Zeit, in der man eine erfolgreiche Herztransplantation in Erwägung ziehen konnte.

### OPERATIONSVORBEREITUNGEN

Es wurde ein Patient ausgewählt, dessen Herzerkrankung so schwer war, dass keine Behandlung außer einer Transplantation erfolgversprechend schien. Hinzu kam ein passender Spender, dessen rote Blutkörperchen über kompatible Antigene verfügten und der ein vergleichbares Antigenmuster der Leukozyten aufwies.

Der Spender wurde unter lebenserhaltenden Maßnahmen in einen Operationssaal gebracht, der Empfänger in den unmittelbar benachbarten. Der Spender wurde für einen vollständigen Herz-Lungen-Bypass vorbereitet. …

### DIE OPERATION

Sobald klar war, dass der Spender trotz Behandlung sterben würde, wurde der Empfänger narkotisiert und seine große verborgene Vene sowie die Oberschenkelvene wurden durch einen Leistenschnitt freigelegt. In die *Vena saphena magna* wurde eine Kanüle eingeführt, über die die intravenöse Flüssigkeitszufuhr sowie die Kontrolle der Venen geleistet wurden. Das Herz des Empfängers wurde durch eine mediane Sternotomie freigelegt. Der Herzbeutel wurde geöffnet und die obere und untere Hohlvene sowie die aufsteigende Aorta wurden isoliert und mit Mullbinden umwickelt. Eine eingehende Untersuchung des Patientenherzens zeigte, dass abgesehen von einer Transplantation keine andere Behandlung mehr helfen konnte.

Sobald der Tod des Spenders festgestellt worden war (nachdem das Elektrokardiogramm fünf Minuten lang keine Aktivität mehr gezeigt hatte und keinerlei spontane Atembewegungen sowie Reflexe mehr nachweisbar waren), wurde ihm eine Dosis von 2 mg Heparin pro Kilogramm Körpergewicht verabreicht. Daraufhin wurde die Brust des Spenders unter Einsatz einer medianen Sternotomie rasch geöffnet und der Herzbeutel vertikal aufgeschnitten. …

Das Herz des Patienten wurde entfernt, nachdem die Aorta mit einer Aorta-Kanüle abgeklemmt worden war. Die Aorta wurde unmittelbar oberhalb der koronaren Ostien durchschnitten, die Pulmonalarterie wurde unmittelbar oberhalb der Lungenklappe durchtrennt. Die Herzkammer wurde möglichst nah an der atrioventrikularen Fuge von den Vorhöfen abgelöst. Das Vorhofgewebe wurde so nah wie möglich an der Herzkammer abgetrennt. Die Herausnahme wurde so durchgeführt, dass ein Wulst der linken Vorhofwand, der die Ostien der Pulmonalvenen umgab, übrig blieb und der Teil des rechten Vorhofs, durch den die Hohlvenen liefen, erhalten werden konnte.

### DIE TRANSPLANTATION

Das Spenderherz wurde in die Aushöhlung des Herzbeutels platziert; das koronare Sinusblut wurde von dem Spenderherzen in den Herzbeutel gelassen und von dort aus von einer Pumpe angesaugt. Der Ansatz der rechten und linken Arterien wurde vorbereitet. Der Boden der linken Arterienwand um die vier Pulmonalvenen herum wurde herausgeschnitten und der Boden des rechten Vorhofs von der Mündung der unteren Hohlvene zur Mündung der oberen Hohlvene eingeschnitten. Es zeigte sich, dass der Bereich des linken Vorhofs des Empfängers, mit dem das Spenderherz verbunden werden sollte, zu groß war. Daher wurde dieser Bereich eingefaltet, sodass die Wand des linken Vorhofs des Patienten oberhalb und unterhalb ihrer Verbindung mit dem Gewebe zwischen den Arterien zu liegen kam.

Der linke Vorhof des Spenderherzens wurde zunächst mit dem linken Vorhof des Patienten verbunden, indem die Öffnung in der Rückwand des linken Spendervorhofs mit der linken Vorhofwand des Patientenherzens verbunden wurde. Dann wurde das rechte Atrium ebenso wie die Öffnung in der Rückwand des rechten Vorhofs des Spenders mit der verbleibenden rechten Vorhofwand des Patienten verbunden.

Die Pulmonalarterie des Spenders wurde auf die vorgeschriebene Länge gekürzt und mit der Pulmonalarterie des Empfängers verbunden. Die Durchblutung des Spenderherzens wurde unterbrochen. Die Aorta wurde so zurechtgeschnitten, dass sie mit der Aorta des Patenten zusammenpasste, und angefügt. Die linke Herzkammer des Spenders wurde während dieser ganzen Zeit belüftet. Die Aortaklemmen wurden gelöst, um die Durchblutung des Herzmuskels über die Aorta des Patienten zu ermöglichen. Das obere Ende der linken Kammer wurde nach oben geneigt, um Luft entweichen zu lassen, und die rechte Kammer wurde genäht, um sämtliche Luft auszuschließen.

Nach 50 Minuten Bypass wurde der künstlichen Durchblutung durch die Bypassmaschine ein halber Liter Blutzitrat zugefügt, ein weiterer Liter folgte nach und nach, während die Durchblutung durch die üblichen Gaben von THAM, Kalzium und Heparin wiederhergestellt wurde. Nach Abschluss der Aortaverbindung begann die Wiedererwärmung nach insgesamt 165 Minuten vollständigen Herz-Lungen-Bypass. Nach 184 Minuten begann der Teilbypass; bei einer rektalen Temperatur von 31 °C und einer Gesamtdurchblutungsdauer von 196 Minuten wurden dem Herzen über einen Gleichstromgenerator 35 Joule Energie zugeführt. Der erste Schock stellte erfolgreich wohlkoordinierte ventrikulare Kontraktionen wieder her. Das Herz schlug mit einem Puls von 120/Minute. Zu diesem Zeitpunkt war es sieben Minuten lang ohne Herzkranzdurchblutung, vierzehn Minuten lang 14° C kalt gewesen sowie insgesamt 117 Minuten lang künstlich von einer Herz-Lungen-Maschine durchblutet worden.

# 1969

# NORMAN MAILER

## Der Mann im Mond – Apollo 11

*Am 20. Juli 1969 folgten Neil Armstrong, Buzz Aldrin und Michael Collins John F. Kennedys Ruf nach einer Landung von Menschen auf dem Mond vor dem Ende der Sechzigerjahre. Ein Stab von 400 000 Ingenieuren und Wissenschaftlern, ein Etat von 24 Milliarden Dollar und die gewaltigste Rakete, die je auf Erden gezündet worden ist: Das Unternehmen gipfelte in einem noch nie da gewesenen Schauspiel, das von Millionen Menschen auf der ganzen Welt verfolgt wurde. »Und niemand«, so mit Recht der Taschen-Verlag zu seiner Jubiläumsausgabe von* Moonfire, *»erfasste die Mission, die Männer und ihre Maschinen besser als Norman Mailer« (\*1923, †2007). Unter den amerikanischen Journalisten war er einer der Jahrhundertautoren, neben Truman Capote der bedeutendste Initiator und Exponent des New Journalism und ein Fachmann nicht bloß für Astronauten, sondern für zahlreiche andere Kultfiguren seiner US-Gesellschaft, unter ihnen Marilyn Monroe, Muhammad Ali und der Kennedy-Mörder Lee Harvey Oswald (vgl.* Nichts als die Welt, *S. 458–461). Außerdem war er sechsmal verheiratet und Vater von neun Kindern.*

### DIE GRÖSSTE ALLER WOCHEN

Eine ganze Reihe von Artikeln war schon vorher in Erwartung des Augenblicks geschrieben worden, an dem die Astronauten hinter dem Mond verschwunden waren, das Raumschiff herumgedreht hatten, an das er nun mit dem Schwanzende nach vorn flog, um dann das Haupttriebwerk kurz zu zünden. Damit sollte die Geschwindigkeit herabgesetzt und das Raumfahrzeug in eine Umlaufbahn um den Mond gebracht werden. Da die Astronauten jedoch während dieses Manövers keine Funkverbindung mit der Erde hatten, musste eine halbe Stunde vergehen, ehe die Kommandozentrale erfuhr, ob die Triebwerkzündung planmäßig verlaufen war oder nicht – niemand würde etwas Genaues wissen, ehe die Astronauten nicht von der unsichtbaren, erdabgewandten Seite der Mondkugel zurückgekehrt waren und ihre Funkantennen wieder ohne Behinderung Verbindung mit der Erde aufnehmen konnten. Dieses Manöver versprach also einiges an Aufregung. Sprang der Raketenmotor wirklich an? Oder gab es vielleicht doch irgendwelche lunaren Ausstrahlungen, von denen kein Physiker je geträumt hatte?

Aber in Wirklichkeit war Aquarius nur gelangweilt. Hier saß er, im Lichtspieltheater des Zentrums für bemannte Raumfahrt, und stellte fest, dass auch die übrigen Presseleute sich langweilten – so gut wie keiner hörte auf die aus dem Lautsprecher dringenden Stimmen. Alle wussten von vornherein, dass das Manöver planmäßig verlaufen und Apollo 11 ohne Zweifel in die vorgesehene Mondumlaufbahn einschwenken würde. Die Frage eines möglichen Versagens schien gar nicht erst aufzutauchen – und dann lief ja auch alles glatt, von der Triebwerkzündung bis zur Wiederaufnahme des Funkkontaktes. Aquarius entdeckte Spuren von Verdrießlichkeit bei sich selbst, es schien ihm, dass er sich instinktiv über den Mond ärgerte. Frau Luna sollte es wirklich nicht so einfach machen, in ihre Bereiche vorzudringen! Natürlich dachte Aquarius das alles nicht mehr im eigentlichen Sinne – was hier wie Gedanken aussieht, war in Wirklichkeit weiter nichts als das dumpfe Schwirren seiner Depressionen, und die waren für die Inbetriebnahme echter geistiger Funktionen ungefähr ebenso nützlich wie der Anlasser für ein Automobil, wenn die Batterie so gut wie leer ist. Worum es eigentlich ging, war etwas anderes: Aquarius konnte es den Astronauten einfach nicht verzeihen, dass sie so sorgfältig jeden heroischen Ton vermieden. Es schien ihm irgendwie ungehörig, wenn ein Held ohne jede dramatische Geste auftritt, denn das war, als ob derlei Bescheidenheit seine Anhänger um jedes wahre Ergötzen an seinen Heldentaten brachte. Welche wirkliche Freude könne wohl noch in einer Welt bestehen, die nicht einmal imstande war, auf einen Hemingway auch nur zu hoffen. Oder auf – um das Nächstliegende in den Vordergrund zu bringen – einen Joe Namath, einen Cassius Clay, einen Jimmy Dean oder einen Dominguín? Aber es schien, als wollten die Astronauten mit aller Macht beweisen, dass die bisherige enge Beziehung zwischen Heldentum und Romantik höchst ungehörig gewesen sei, dass eigentlich die Technologie und die Unterdrückung jeglichen Gefühls allein die Würde des Tapferen ausmachten.

Gestern, oder jedenfalls an irgendeinem der vergangenen Tage, die sich nun in ihrem Zeitablauf immer mehr ineinanderschoben, hatte Aquarius einen Zeitungsartikel gelesen, in dem Armstrongs Frau, sie hieß Janet, wie folgt zitiert wurde: »Nur wenn wir etwas nicht verstehen können, dann fürchten wir es.« Selbst die edlen Damen der Tapferen sprachen in diesem Geschäft wie die Manager von Industriefirmen. Aquarius rutschte das Herz ein ganzes Stück tiefer bei dem Gedanken an den totalen Anspruch, der sich in diesen Worten ausdrückte: »… so klar, so säuberlich ehrgeizig, so einfach Wehen überspringend in der Annahme, dass sich früher oder später schließlich alles verstehen lassen würde. Ich habe gerade eine Reise in das Land des Todes unternommen, und es ist eigentlich sehr angenehm dort, wir brauchen es nur neu einzurichten.«

Plötzlich wurde Aquarius klar, dass er instinktiv schon seit Jahren das Reich des Todes in den Bannkreis des Mondes verlegt hatte, so, als könnten die Seelen derjenigen von uns, die bei ihrem Tod noch Seelen haben, sich einfach aufschwingen und die Gesetze der Schwerkraft abschütteln und in parabelförmiger Flugbahn zum Erdsatelliten der tausend Krater davonfliegen. Ja, und wäre es nicht typisch für die WASPs, für die dreimal verdammten Wespen der Gesellschaft aus Aktiengesellschaften, auch das Reich der Toten aufzustören? Aquarius konnte zu keiner klaren Entscheidung kommen. Seine Gedanken irrten immer weiter davon, wurden immer extremer, wie jedes Mal, wenn er wirklich deprimiert war – sie waren wie ein halb ertrunkener Vogel, der sich nur durch wildestes Flügelschlagen vielleicht noch aus dem Wasser retten kann.

Das wahre Heldentum, dachte er, beginnt mit dem Verstehen, setzt sich fort mit der Furcht vor der Ungeheuerlichkeit dessen, was man verstanden hat, und weicht dann dennoch keinen Augenblick lang von dem ab, was man einmal zu tun beschlossen hat, weil es einfach getan werden muss. So war Julien Sorel heldisch gewesen, als er Madame de Rênal küsste, und so Jimmy Dean heroisch in *Rebel Without A Cause*, und auch der Sportlerstar Namath, der sich den Anstands- und Moralvorschriften der Football-Mannschaft »Baltimore Colts« einfach widersetzte, trank und liebte, wie es ihm Spaß machte, und dabei wusste, dass die Empfindungen seines Feindes auf schiere Mordvisionen hinausliefen. Auf diese Weise war der Boxer Cassius Clay tapfer – denn er wagte es, seinem Gegner Liston gegenüber rüde zu sein –, und so war auch Floyd Patterson mutig gewesen, als er trotz schlimmster Demütigungen doch wieder in den Boxring zurückkehrte. Und auch Hemingway musste man wohl als heroisch bezeichnen, nachdem er einmal der Geistesblässe der literarischen Welt ausgeliefert war und dennoch fortfuhr, in kurzen und klaren Sätzen zu schreiben.

Die Astronauten jedoch – ihrerseits ebenso tapfere Männer – hatten sich das paradoxe Prinzip zu eigen gemacht, dass die durch Wissen von ihrem Thron verjagte Furcht schließlich die Tapferkeit überflüssig mache. Daraus ergab sich die selbstzufriedene Annahme, dass das Universum da draußen nicht etwa ein Palast majestätischer Architekturen zwischen adliger Größe und dem schlechthin Bösen sei, nicht endloses Ringen auf einer im Dunkeln versinkenden, weiten Ebene bedeute, sondern im Grunde weiter nichts darstelle als ein letztlich erfreuliches, angenehmes Feld wissenschaftlicher Untersuchungen, eine Vorstellung, die Aquarius die Stimmung auf übelste Weise verdarb.

Am nächsten Morgen kam die Nachricht von Teddy Kennedys Unfall auf der Insel Chappaquiddick. Und tot war die junge Frau, die neben ihm gesessen hatte. Wie subtil war doch die Sprache des Mondes! Aquarius erinnerte sich an eine Rede, die Kennedy vor zwei Monaten an der Clark-Universität in Worcester gehalten hatte. Mrs Robert H. Goddard, die Witwe des Vaters der amerikanischen Raketentechnik, war dort gewesen, und ebenso Buzz Aldrin. Kennedy hatte die dringende Forderung erhoben, dass von den für die Raumfahrt vorgesehenen Geldern lieber einiges für Probleme wie Armut, Hunger, Verseuchung der Natur durch Abfallprodukte der Zivilisation und Wohnungsbau verwendet werden sollte. Die als Antwort von der NASA ausgehende Frostigkeit wirkte so kalt wie die Architektur des Zentrums für bemannte Raumfahrt. »In unserer täglichen Zusammenfassung der neuesten Nachrichten, die wir den Astronauten von Apollo 10 auf ihrem Weg zur Umkreisung des Mondes regelmäßig über Funk zukommen lassen, werden wir diese Ansprache ganz sicherlich nicht erwähnen«, hatte Thomas O. Paine, der Verwaltungschef der NASA, erklärt. Und jetzt der Unfall von Chappaquiddick, dessen Nachhall in Aquarius' Gehirn dröhnte! Wie das so oft geschieht, wenn der Grund für ein Ereignis irgendwo im Verborgenen begraben liegt, spürte er Erregung um die düsteren Tiefen seiner Depressionen. Denn wenn dieser Schlag gegen das politische Glück der Kennedys auch ein Schlag gegen wenigstens hundert interessanten Möglichkeiten des amerikanischen Lebens war, wenn dieser Unfall für Richard Nixon so nützlich war, dann musste der Teufel seine Hand im Spiel haben (das war es, was jeder liberale Demokrat insgeheim glauben musste – und verdiente für die Kunstfertigkeit, mit der er dieses unglückliche Ereignis ersonnen hatte, auf jeden Fall einen Orden. Aber dennoch – hier war wenigstens die Ausdeutung einer Möglichkeit, dass der Mond selbst gesprochen hatte! Vielleicht zeigten sich jetzt deshalb Spuren von Erregung in der inneren Düsternis.

Der Tag verging, ein wolkenverhangener Tag im südöstlichen Texas. Von Zeit zu Zeit ließ Aquarius sich im Pressezentrum sehen. Die Aufregung dort bezog sich teils auf Kennedy und teils auf den Mond. Oder war Kennedy immer interessant? Gewiss waren die verschiedenen Abschnitte der Vorbereitung auf die Landung selbst ohne jede wirkliche Spannung. Das ging so weit, dass sich die Landefähre von der Kommandokapsel trennte, während beide ohne Verbindung zur Erde um die Rückseite des Mondes flogen. Als sie wieder auf der Vorderseite erschienen und der Kontakt wiederhergestellt war, ließ sich Armstrongs Stimme im quäkenden Lautsprecher der Sprechfunkanlage vernehmen: »Der Adler hat Flügel«, sagte er – oder war es Aldrin, der da sprach? Es gab einige Diskussionen deshalb, denn dies war eine Bemerkung, die jeder Reporter wörtlich zitieren wollte. Aber dann wurde das fröhliche Stimmengewirr der einen Höhepunkt im Ablauf der Unternehmung erwartenden Journalisten erheblich gedämpft, als sie die nachfolgende Unterhaltung mit anhörten:

*capcom: ... Kommt jetzt ein 001-Pad für euch. 101361407981 minus 00758 plus all balls plus 00098 plus Korrekturen 00572 astronomische Erdnähe plus00085 00764 030000293 986 minus 00759 plus all balls plus 00090 und restlicher Pad ist na. Bleibt auf Empfang für Wiederholung. Wenn ihr so weit seid, die pdi-Daten aufzunehmen – ich habe sie hier. Ende.*
*aldrin: ... bitte kommen mit pdi.*
*capcom: Roger. Hier pdi-Pad. pig 102330436 0950 minus 00021 182287000 plus 56919 – ...*

So also bereitete man sich auf den Höhepunkt der historisch allergrößten Woche seit der Geburt Christi vor. Eine Stunde und zwanzig Minuten später, nachdem die Landefähre um den Mond herumgeflogen und wieder hinter ihm verschwunden war, begann dann die Einleitung des Abstiegs zur Mondoberfläche mit dem Zünden des Triebwerks zum Bremsen der Geschwindigkeit – und das Ganze wieder, während die Funkverbindung unterbrochen war. Eine Stunde danach dann die endgültige Zündung zur endgültigen Landung. Aquarius, der selbst leider kein eigenes Radar und kein Gyroskop besaß und nicht einmal auf die Schnüffelsensoren seiner armen Journalistennase zurückgreifen konnte, wanderte rastlos im Pressezentrum hin und her, lief zwischendurch eilig zurück nach Dun Cove, um sich das Farbfernsehen anzuschauen – und langweilte sich immer mehr, während er irgendwelchen Kommentatoren zuhörte. Schließlich ging er, da er es einfach nicht ertragen konnte, das große Erlebnis allein zu erleben, wieder in den Kinosaal und ließ sich dort mit ungefähr hundert weiteren Reportern für die letzte halbe Stunde nieder.

Satzfetzen drangen durch das ständige Störgeräusch in den Lautsprechern. »Adler sieht großartig aus, alles ist *GO* für euch«, konnte man verstehen, und dann kamen Höhenangaben.

»*Go* für die Landung. Ende!« »Roger, verstanden. *Go* für die Landung. Höhe eintausend Meter.« »*Go* für uns, halt dich fest. *Go* für uns. Höhe sechshundertsechs Meter.« So kamen die Stimmen nacheinander aus dem Lautsprecher. Irgendwo, eine halbe Million Kilometer entfernt, ballten sich zehn Jahre Training und technische Entwicklung, konzentrierten sich Tausende von technischen Abläufen und Millionen von Einzelteilen, schickte sich ein gewaltiges Konglomerat von fünfundzwanzig Milliarden Dollar und schwebender Maschinerie an, durch den Trichter eines historischen Ereignisses zu wirbeln, das in seiner Bedeutung vielleicht nur durch den Tod selbst übertroffen werden kann, und die Reporter, die dieses Geschehnis für die Zeitungsleser der Welt interpretieren sollten, rückten auf ihren Stühlen mit höflicher, aber immerhin ansteigender innerer Beteiligung an den kühlen, rätselhafte Dinge aussprechenden technologischen Stimmen im Lautsprecher hin und her. War das vielleicht auch so, wenn man darauf wartete, geboren zu werden? Wartete man da auch mit Fremden in einem modernen Raum und hörte, wie Zahlen gerufen wurden? »Aufruf für Seelen Nr. 77, 48 und 16. Bitte begeben Sie sich zum Startgebiet gx – um 16.04 Uhr werden Sie gezeugt.«

Die Worte kamen, eines nach dem anderen. Und der Mond rückte immer näher. »3½ tiefer, 220 Fuß, 13 voraus. 11 voraus, kommen tadellos herunter. 200 Fuß, 4½ tiefer. 5½ tiefer. 160, und 6½ tiefer. 5½ tiefer. 9 voraus. 5 Prozent. Quantität leicht. 75 Fuß, alles sieht gut aus. Noch einmal einhalb tiefer. 6 voraus.«

»Sechzig Sekunden«, mischte sich eine andere Stimme ein.

Bezog sich das auf den Treibstoff? War das jemand von der Capcom-Leitstelle? Oder war es Aldrin, oder vielleicht Armstrong? Wer sprach jetzt gerade? Die Störgeräusche waren ebenso gegenwärtig wie die Stimmen selbst. Und die hatten einen Ton fast wie im Traum. Nm. Ganz entfernt zitterte irgendwo ein Schilfrohr der Erregung.

»Kontrolllampen sind an. 2½ tiefer. Voraus. Weiter voraus. Gut. 2½ tiefer, Wirbeln etwas Staub auf. 30 Fuß, 2½ tiefer. Schwacher Schatten. 4 voraus. 4 voraus. Treiben etwas nach rechts. 6 … und noch einmal einhalb tiefer.« Die andere Stimme sagte wieder: »Dreißig Sekunden.« Hieß das, noch Treibstoff für dreißig Sekunden? Eine erwartungsvolle, wenn auch bescheidene Bewegung ging durch das Publikum im Kinosaal.

»Treiben nach rechts. Leichtes Aufsetzen. Okay«, sagte die Stimme. Genauso gelassen wie bisher. »Triebwerk aus, aga-Sperre gelöst. Beide Modes-Kontrollen auf auto, Override-Mechanismus Abstiegstriebwerk auch aus. Zündanlage aus. 413 ist da.«

Ein Rufen erhob sich im Saal, halb jubelnd, halb verwirrt. Waren sie nun wirklich gelandet?

Dann sprach Capcom: »Wir haben Sie gehört, Adler.« Aber es klang immer noch wie eine Frage.

»Houston, hier spricht Stützpunkt Meer der Stille. Der Adler ist gelandet.«

Das war Armstrongs Stimme. Die Stimme des tapfersten Jungen in der ganzen Stadt, desjenigen, der dich vor dem Ertrinken rettet und dann wegläuft, ehe man ihn belohnen kann. Der Adler ist gelandet – das verstand die Presse: Der Applaus donnerte. Es war dieselbe Art von Beifall, die man in den überfüllten Kinos der Dreißigerjahre hören konnte. Wenn im letzten Akt des Filmdramas der Arzt endlich zu der befreienden Erkenntnis kam, dass der Star die Operation überleben würde. Und jetzt begann ein mittlerer Wirrwarr von Aktivitäten, eine Reihe von Journalisten stürzte aus dem Saal – wollten sie wirklich vorgeben, dass es absolut notwendig war, jetzt die Redaktion anzurufen und von der großen Neuigkeit zu berichten? –, andere sprachen aufgeregt und wirr miteinander, und wieder andere lauschten immer noch dem Lautsprecher, in dem jetzt wieder die Technologie zu Wort kam. Ein paar Minuten später: »Adler, hier ist Houston. Sie haben r2 falsch programmiert. Wir möchten 10294.«

»Roger – dann also v horizontal 5515.2.«

»Genauso – wir bestätigen.«

Aquarius entdeckte, dass er glücklich war. Jetzt gab es einen Mann auf dem Mond, beziehungsweise, jetzt gab es zwei Männer auf dem Mond. Das war ein neues Gefühl, zu dem er bis jetzt noch keine Beziehung hatte und das absolut keine Richtung besaß. Zwar spürte er eine gewisse Gänsehaut auf der Oberfläche dieses Gefühls, fühlte, wie sich eine Haut von emotionalem Leder bildete – aber das kam von der Anstrengung, die er machte, Helden zu bewundern, die er gar nicht so bewundernswert fand. Im Grunde genommen aber wusste er, dass er von der Erfahrung des gegenwärtigen Augenblicks ebenso gründlich aus der Bahn geworfen worden war wie einst von der Erfahrung im Wartezimmer jenes Krankenhauses, in dem er mitgeteilt bekam, dass sein erstes Kind wirklich und tatsächlich gerade eben zur Welt gekommen war. »Also, jetzt mach dir das mal klar«, hatte er damals zu sich selbst gesagt. Welch gewaltige neue Tatsache! So wirklich wie die ständige Gegenwart des Immanenten und doch genauso wenig zu orten, jetzt noch nicht, jedenfalls, und nicht in den bequem eingerichteten Hallen, die man sich für die sogenannten wahren und realen Tatsachen des Lebens im Gehirn vorbehalten hatte.

Illegales Kartenspiel um Geld.
*Ruili, Provinz Yunnan.*
*China, 26. Januar 1998.*

Paar vor der »Bank of England«.
*London. England, 24. August 1998.*

*1969*

# NIKLAS LUHMANN

## Liebe. Eine Übung

*Sein Seminar im Sommer 1969, zu dem der hier abgedruckte Text* Liebe. Eine Übung *geschrieben wurde, ist nur ein Anfang. Dreizehn Jahre später wird sein Buch erscheinen:* Liebe als Passion. *»Wer es liest«, so in der »Frankfurter Allgemeinen Zeitung« Jürgen Kaube, »hat den ganzen Luhmann: Das Abstraktionsvermögen der Theorie (Liebe ein Code), ihre Vergleichstechnik (Liebe ähnelt Geld), das gelehrte Interesse an Ideengeschichte (Warum wurden einst fast nur unerreichbare Frauen angeschwärmt? Was ist aus der Galanterie geworden?), die Faszination durch Übertreibungen der Moderne (All You Need Is Love).« Das ist doch schon einiges, und wir können davon nur eine Duftnote geben. »Warum ist Liebe für den Soziologen kein Gefühl?«, fragt die »F.A.Z.« weiter. »Weil niemand die Antwort auf die Frage, was sie ist, aus der eigenen Seele oder gar dem Unbewussten erfährt. … Woher wissen Jugendliche, die sich zum ersten Mal verlieben, dass Unruhe, Begierde, Zustimmung und Gedanken, die sie nicht mehr loslassen, als Liebe zu interpretieren sind? Aus dem Gefühl, so das Argument, wissen sie es nicht, sondern aus einer Gefühlsdeutung, die auf Kommunikation beruht, auf Gerede, Büchern, längst auch auf Filmen.«*

*Der Rechts- und Sozialwissenschaftler Niklas Luhmann (\*1927, †1998) entwickelte die strukturell-funktionale Theorie zu einer sozialwissenschaftlichen Systemtheorie fort, einer universalen Konstruktion, in der die Gesamtwelt in einer Vielfalt von sozial integrierten (logischen) Systemen erscheint.*

M<small>IT DEN WORTEN PHILOS-PHILIA-AMICITIA-AMOUR</small> verbindet sich eine vielseitige literarische Tradition, deren Angelpunkt im Problem der Solidarität liegt. Es ist schon der Aufmerksamkeit wert, dass das Grundwort für Liebe in der älteren griechischen Literatur nur als Adjektiv (philos) zu finden ist, als Bezeichnung für Haus- und Verwandtschaftsverhältnisse einer nach Häusern, Geschlechtern und Stämmen differenzierten Gesellschaft dient und so viel wie nahestehend, zugehörig heißt (angewandt auch auf Dinge, Tiere, den eigenen Körper), also die Gesellschaftsstruktur unmittelbar zum Ausdruck bringt. Der Bedarf für ein Hauptwort, die Neubildung Philia, tritt erst beim Übergang von der spätarchaistischen zur politisch bestimmten Hochkultur auf, zugleich mit einer Generalisierung sowohl des Nutzelementes als auch der Affektlage, die den Begriff ins Unbestimmte verschwimmen lässt. Das führt teils zu zunächst folgenlosen Gegenbewegungen, die das Nutzelement aus dem Begriff auszuschalten versuchen und ihren Höhepunkt in der platonischen Eros-Spekulation finden, teils durch Überleitung der Tradition in den Grundbegriff der koinonia-societas (insbes. koinonia politike – societas civilis), der für die Folgezeit bis in die Neuzeit hinein mit dem Begriff der philia-amicitia fest verbunden bleibt. Liebe ist und bleibt für die alteuropäische Tradition trotz erkannter Besonderheit ein konstituierendes Merkmal der Gesellschaft selbst. Die wahre Liebe gründet sich auf das Prinzip, das auch die Gesellschaft begründet, wird zunächst als politische Liebe, dann als religiöse Liebe des anderen in Gott dargestellt.

Damit wird eine Gesellschaft interpretiert, die als Interaktionserleichterung positive Empfindungen ihrer Mitglieder zueinander, nicht aber gegenüber Fremden erwartet – Liebe aufgrund von Bekanntheit und Vertrautheit, Zugehörigkeit und wechselseitiger Hilfe. Das Erotische ist nicht ausgeschlossen, aber für die Strukturbildung nicht wesentlich. Passionierte individuelle Zuneigung kommt natürlich vor, macht sich gesellschaftlich aber eher als störende Kraft bemerkbar, die, zum Beispiel durch Frühehe (Indien), unter Kontrolle gehalten oder auf unschädliche Bahnen abgelenkt werden muss, etwa Knabenliebe (Griechenland) oder Adressierung der Passion gerade an die verheiratete und dadurch gesellschaftlich unerreichbare Frau (Mittelalter). Die philosophischen und religiösen Generalisierungen, die die Grenzen der einzelnen Gesellschaft und damit das Liebesgebot auf die Menschheit schlechthin auszuweiten trachten, behalten einen utopischen Zug. Der evolutionäre Erfolg lag in der entgegengesetzten Richtung: nicht in einem Universellwerden, sondern in der Einschränkung und Mobilisierung des Mediums, nicht darin, dass man alle liebt, sondern darin, dass man einen beliebigen, ausgewählten anderen Menschen liebt. Die das abdeckende Konzeption der Liebe wird seit dem ausgehenden Mittelalter geschaffen und setzt sich in der Neuzeit durch.

Sie deutet Liebe als amour passion, als Leidenschaft. Vordem explizit ausgegrenzt und als menschliche Unvermeidlichkeit ohne gesellschaftliche Funktion behandelt, wird Passion nun zum führenden Merkmal. Mit ihr verbinden sich in der heute geläufigen, ja fast schon trivialisierten Vorstellung Sinnmomente wie: willenloses Ergriffensein und krankheitsähnliche Besessenheit, der man ausgeliefert ist, Zufälligkeit der Begegnung und schicksalhafte Bestimmung füreinander, unerwartbares (und doch sehnlichst erwartetes) Wunder, das einem irgendwann im Leben widerfährt, Unerklärlichkeit des Geschehens, Impulsivität und ewige Dauer, Zwanghaftigkeit und höchste Freiheit der Selbstverwirklichung – all dies Sinnbestimmungen, die eine positive oder negative Bewertung offenlassen, sich widersprechen können und für sehr verschiedenartige Situationen ein Deutungsschema bereithalten, die aber in einem Grundzug konvergieren: dass der Mensch sich in Angelegenheiten der Liebe von gesellschaftlicher und moralischer Verantwortung freizeichnet. »Passion« meint einen Zustand, in dem man sich passiv leidend, nicht aktiv wirkend vorfindet. Das schließt Rechenschaftspflicht für passioniertes Handeln an sich noch nicht aus. Passion ist keine Entschuldigung, wenn ein Jäger eine Kuh erschießt. Die Lage wendet sich jedoch, wenn Passion als Institution Anerkennung findet und als conditio sozialer Systeme erwartet, ja gefordert wird – wenn erwartet wird, dass man einer Passion verfällt, für die man nichts kann, bevor man heiratet. Dann wird die Symbolik der Passion verwendet, um institutionalisierte Freiheiten zu decken, das heißt abzuschirmen und zugleich zu verdecken. Passion wird dann zur institutionalisierten Freiheit, die nicht als solche gerechtfertigt werden braucht. Freiheit wird als Zwang getarnt.

Daran und an den Begleitvorstellungen des romantischen Liebesmythos lässt sich ablesen, dass die Institutionalisierung der Liebe als Passion die gesellschaftliche Ausdifferenzierung von Intimbeziehungen symbolisiert. Das wichtigste Anzeichen dafür neben dem Abstreifen von Verantwortlichkeiten ist der Umstand, dass Indifferenzen und Irrelevanzen explizit legitimiert werden: dass bei wahrer, echter, tiefer Liebe – auf die Beweisfragen kommen wir zurück – es weder auf Stand noch auf Geld, weder auf Reputation noch auf Familie noch auf sonstige ältere Loyalitäten ankommen kann. Das Zerstörerische daran wird gesehen – und geradezu mitgenossen. Das große literarische Thema der standeswidrigen oder im weitesten Sinne unvernünftigen Liebe wandelt sich vom Utopischen ins Komische, ins Tragische und schließlich ins Triviale einer Institution, deren Dysfunktionen fest etabliert sind und bewältigt werden können.

Trotz aller mittelalterlichen Wurzeln der »romantischen Liebe« ist ihre *Institutionalisierung als Ehegrundlage* eine entschieden neuzeitliche Errungenschaft, in den ersten programmatischen Postulierungen dem Sentimentalismus des 18. Jahrhunderts zu danken und dort Bestandteil bürgerlicher Kritik aristokratischer Immoral. Erst damit wird dieses Konzept der Liebe aus den Beliebigkeiten des rein individuellen Erlebens herausgenommen und in sozialen Erwartungen festgemacht. Es erhält den Charakter einer Zumutung – einer Zumutung für die, die passioniertes Lieben anderer miterleben und billigen müssen; einer Zumutung vor allem aber auch für die, die sich verlieben müssen, bevor sie heiraten. Passioniertes Lieben wird zur Erwartung, auf die hin gelernt und erzogen wird, ein sozialer Typus, der schon aus Gründen hinreichender Verständigung nur begrenzte Modifikationen zulässt.

*1971*

# PHILIP ZIMBARDO

# Das Stanford-Gefängnis-Experiment

*In Stanford wurden Studenten rekrutiert, die gegen Bezahlung zwei Wochen lang in einer Gefängnisattrappe auf dem Uni-Campus zusammenleben sollten. Dazu wurden sie in zwei Gruppen eingeteilt: Gefängniswärter und Inhaftierte. Nach sechs Tagen musste das Experiment wegen massiver Übergriffe der Wärter abgebrochen werden. Einer der Gefangenen war ausgestiegen und am Rande eines Zusammenbruchs. Als Erste hatte Christina Maslach, die spätere Ehefrau des Initiators, interveniert. Mitautoren des hier abgedruckten Berichts sind Craig Haney und Curtis Banks.*

*Philipp Zimbardo (\* 1933), Sohn sizilianischer Eltern, wuchs in der Bronx in New York auf, wo er zusammen mit Stanley Milgram (vgl. S. 622) die James Monroe High School besuchte. 1968–2003 lehrte er als Professor an der Stanford University und wurde in der Folge zum führenden Experten für die Übergriffe amerikanischer Soldaten im irakischen Gefängniskomplex von Abu Ghraib. Im Militärverfahren gegen den Hauptbeschuldigten Ivan »Chip« Frederick, eine Wache in Abu Ghraib, sprach er sich 2004 für eine Minderung der von der Anklage geforderten Strafe für den Unteroffizier aus. Als Experte für den Einfluss »toxischer Situationen« auf menschliches Verhalten reagierte Zimbardo mit Empörung auf die Behauptung der Bush-Regierung, »ein paar faule Äpfel« seien für den Skandal verantwortlich.*

## INTERPERSONALE DYNAMIK IN EINEM SIMULIERTEN GEFÄNGNIS

### METHODE

Die Auswirkungen, die sich ergeben, wenn jemand die Rolle des ›Wärters‹ oder diejenige des ›Gefangenen‹ spielt, wurden im Rahmen der experimentellen Simulation einer Gefängnisumgebung untersucht. Die Versuchsanordnung war relativ einfach, sie umfasste lediglich eine Variable: die zufällige Bestimmung zum ›Wärter‹ oder ›Gefangenen‹. Diese Rollen wurden über einen längeren Zeitraum (fast eine Woche lang) in einer Umgebung übernommen, die baulich so gestaltet war, dass sie einem Gefängnis sehr nahe kam. Für die Methode, den psychologischen Zustand des Gefangenseins zu etablieren und aufrechtzuerhalten, war eine funktionale Simulation der wichtigsten Eigenschaften des ›wahren Gefängnislebens‹ entscheidend (diese gründete sich auf Informationen von früheren Häftlingen sowie von Gefängnispersonal und auf Texte). …

### VERSUCHSPERSONEN

Die 21 Versuchspersonen, die an dem Experiment teilnahmen, wurden aus einer Gruppe von ursprünglich 75 Kandidaten ausgewählt, die auf eine Zeitungsanzeige geantwortet hatten, in der gegen eine Bezahlung von 15 US-Dollar pro Tag männliche Freiwillige für eine psychologische Studie des ›Gefängnislebens‹ gesucht wurden. Wer auf diese Anzeige antwortete, musste einen umfangreichen Fragebogen ausfüllen, der seinen familiären Hintergrund, die physische und psychische Krankengeschichte, frühere Erfahrungen sowie Verhaltensneigungen, die auf mögliche Psychopathologien hinwiesen (einschließlich die Beteiligung an Verbrechen), erfasste. Jeder Befragte, der den Fragebogen zu seinem Hintergrund ausgefüllt hatte, wurde von einem oder zwei Experimentatoren interviewt. Schließlich wurden jene 24 Versuchspersonen, deren Zustand als der (physisch wie mental) *stabilste* beurteilt wurde, für die Teilnahme an dem Experiment ausgewählt. Durch das Zufallsprinzip wurde die eine Hälfte für die Rolle der ›Wärter‹ und die andere für die Rolle der ›Gefangenen‹ bestimmt.

Die Versuchspersonen waren normale, gesunde Männer, die Colleges überall in den Vereinigten Staaten besuchen und sich während des Sommers in der Umgebung von Stanford aufhielten. Die meisten gehörten der Mittelschicht an und waren, mit Ausnahme eines Orientalen, Weiße. Sie kannten einander zu Beginn der Studie nicht. Dieses Auswahlkriterium diente als Vorsichtsmaßnahme, um zu vermeiden, dass zuvor geschlossene Freundschaftsmuster irritiert würden und um jeglichen Transfer bestehender Beziehungen oder Verhaltensmuster in die Experimentsituation zu vermindern. …

## BAULICHE GESTALTUNG DES GEFÄNGNISSES

Das Gefängnis wurde in einem 35 Fuß langen Abschnitt des Kellergangs im Gebäude des Psychologischen Instituts an der Stanford University eingerichtet. Es wurde durch zwei Fertigwände unterteilt. In einer dieser Wände befand sich die einzige Zugangstür zum Zellenblock, die andere war mit einem kleinen Beobachtungsfenster ausgestattet. Drei Laborräume wurden in kleine Zellen (6 × 9 Fuß) umgewandelt, indem die üblichen Türen durch schwarz gestrichene, stahlverriegelte Türen ersetzt und alle Einrichtungsgegenstände entfernt wurden. Die einzige Einrichtung in den Zellen bestand aus einem Feldbett (mit Matratze, Bettdecke und Kopfkissen) für jeden Gefangenen. Ein kleiner Wandschrank gegenüber den Zellen diente als Unterbringung für die Einzelhaft. Er war außerordentlich klein (2 × 2 × 7 Fuß) und unbeleuchtet.

Außerdem wurden in einem angrenzenden Flügel des Gebäudes mehrere Räume als Quartier für die Wärter (zum An- und Ablegen der Uniformen oder zum Ausruhen und Entspannen), als Schlafzimmer für ›Aufseher‹ und ›Oberaufseher‹ sowie als Raum für Interviews und Tests genutzt. Im Raum für die Tests und hinter dem Beobachtungsfenster am einen Ende des ›Hofs‹, wo ausreichend Platz für mehrere Beobachter vorhanden war, wurde eine versteckte Videokamera angebracht. ...

## UNIFORMEN

Um bei den Versuchspersonen das Gefühl der Anonymität zu verstärken, wurden beiden Gruppen Uniformen ausgehändigt. Für die Wärter bestanden diese aus einfachen Kaki-Hemden und -Hosen, einer Pfeife, einem Polizeischlagstock (aus Holz) sowie einer Spiegelbrille, die jeglichen Augenkontakt verhinderte. Die Gefangenenuniformen waren lose Baumwollkittel, die auf der Vorder- und Rückseite mit einer Identifikationsnummer versehen waren. An einem Fußgelenk wurde eine leichte Kette mit einem Schloss befestigt. An den Füßen trugen sie Gummisandalen, und ihr Haar war mit einer aus einem Nylonstrumpf gefertigten Kappe bedeckt. Jedem Gefangenen wurden außerdem Zahnbürste, Seife, Seifenschale, Handtuch und Bettwäsche ausgehändigt. In den Zellen waren keine persönlichen Besitzgegenstände erlaubt. Diese Ausstattung der Gefangenen und Wärter diente dazu, innerhalb der beiden Gruppen die Gruppenidentität zu betonen und individuelle Eigenheiten zu reduzieren.

## EINFÜHRUNG

In Zusammenarbeit mit der Polizei von Palo Alto wurden alle Versuchspersonen, die zu Gefangenen bestimmt worden waren, ohne Vorankündigung in ihren Wohnungen verhaftet. Ein Polizeibeamter unterstellte ihnen, an einem Einbruch oder bewaffneten Überfall beteiligt gewesen zu sein, unterrichtete sie über ihre gesetzlichen Rechte, legte ihnen Handschellen an, durchsuchte sie sorgfältig (häufig während neugierige Nachbarn dabei zuschauten) und brachte sie auf dem Rücksitz eines Polizeiwagens auf die Polizeiwache. Auf der Wache durchliefen sie die übliche erkennungsdienstliche Routine einschließlich Abnahme der Fingerabdrücke, Erstellung einer Identifikationsakte und Unterbringung in einer Zelle. Anschließend wurde jeder Gefangene mit verbundenen Augen von einem der Experimentatoren sowie einer der zu Wärtern bestimmten Versuchsperson zu unserem Gefängnismodell gebracht. Über den gesamten Verhaftungsvorgang hinweg wahrten die beteiligten Polizeibeamten eine formelle und ernsthafte Haltung und vermieden es, Fragen, ob diese Verhaftung mit der Gefängnisstudie zusammenhänge, zu beantworten.

Nach Eintreffen in unserem Experimental-Gefängnis wurde jeder Gefangene entkleidet, mit einem Entlausungsmittel (Deodorant) besprüht und musste allein und nackt im Zellengang warten, bevor er ausgestattet wurde. Nachdem die Gefangenen ihre Uniformen erhalten hatten und ein Passbild (›Verbrecherfoto‹) gemacht worden war, wurde jeder in seine Zelle geführt.

## VERWALTUNGSABLAUF

Sobald alle Zellen besetzt waren, begrüßte der Aufseher die Gefangenen und verlas die Regeln der Einrichtung, die am Tag zuvor von den Wärtern und dem Aufseher entwickelt worden waren. Diese Regeln mussten auswendig gelernt und befolgt werden. Um die Gefangenen noch weiter zu depersonalisieren, wurden sie ausschließlich mit der Nummer auf ihren Uniformen angesprochen.

Die Gefangenen erhielten drei schlichte Mahlzeiten pro Tag, durften dreimal unter Überwachung die Toilette besuchen und bekamen täglich zwei Stunden zugestanden, in denen sie lesen oder Briefe schreiben durften. Es wurden Arbeitsaufgaben verteilt, für die die Gefangenen einen Stundenlohn erhielten, aus denen sich ihr Tagessatz von 15 US-Dollar zusammensetzte. Es waren zwei Besuchszeiten pro Woche vorgesehen, ebenso wie das Recht, Filme zu sehen und sich sportlich zu betätigen. Dreimal am Tag mussten sich die Gefangenen zum ›Appell‹ aufstellen (je einmal in jeder Schicht der Wärter). Anfänglich diente das Durchzählen dem Zweck, sicherzustellen, dass alle Gefangenen anwesend waren, und um die Kenntnis der Regeln und Identifikationsnummern zu überprüfen. Die ersten, oberflächlichen Appelle dauerten nur ungefähr zehn Minuten, doch mit jedem weiteren Tag (bzw. jeder weiteren Nacht) wurden sie von den Wärtern eigenständig ausgedehnt, bis einige schließlich mehrere Stunden dauerten. Viele der zuvor festgelegten Bestandteile des Verwaltungsablaufs wurden von den Wärtern geändert oder aufgegeben, und manche Gefangenenrechte wurden im Verlauf der Studie vom Personal vergessen.

ERGEBNISSE

Die Ergebnisse des vorliegenden Experiments stützen viele gemeinhin existierende Vorstellungen über das Leben in einem Gefängnis und bestätigen Zeugenaussagen ehemaliger Häftlinge. Das Milieu einer allgegenwärtigen Überwachung war von großem Einfluss auf *den emotionalen Zustand* sowohl der Wärter als auch der Gefangenen, ebenso wie auf *die interpersonalen Prozesse* zwischen diesen bzw. innerhalb dieser beiden Gruppen.

Generell zeigten Wärter und Gefangene einen deutlichen Verfall positiver Affekte bzw. Emotionen, und ihre Gesamthaltung wurde zunehmend negativ. Mit Fortschreiten des Experiments äußerten die Gefangenen immer öfter die Absicht, anderen Schaden zuzufügen. Je mehr die Gefängnisumgebung internalisiert wurde, desto ablehnender wurden die Selbsteinschätzungen auf beiden Seiten.

Das offengelegte Verhalten stimmte im Ganzen mit den subjektiven Eigenberichten und affektiven Ausdrucksformen der Versuchspersonen überein. Obgleich es Wärtern und Gefangenen im Wesentlichen freistand, die Art ihres Umgangs zu bestimmen (positiv oder negativ; unterstützend oder aggressiv usw.), tendierten sie charakteristischerweise dazu, gegenüber Angehörigen der jeweils anderen Gruppe negativ, feindlich, aggressiv und abwertend zu sein. Die Gefangenen nahmen sofort eine passive Reaktionsweise an, während die Wärter in allen Interaktionen aktiv die Initiative ergriffen. Während des gesamten Experiments waren Befehle die häufigste Form des sprachlichen Verhaltens. Insgesamt blieb die Kommunikation durchweg unpersönlich und bezog sich nur sehr wenig auf die individuelle Identität. Obwohl allen Versuchspersonen klar war, dass die Versuchsleiter keinerlei körperliche Gewalt zulassen würden, waren verschiedene Formen eines indirekten aggressiven Verhaltens zu beobachten (besonders seitens der Wärter). Verbale Beleidigungen wurden sogar zur häufigsten Form des interpersonalen Kontakts zwischen Wärtern und Gefangenen.

Den drastischsten Beleg für den Einfluss des Modellgefängnisses auf die Teilnehmer stellte die extreme Reaktion von fünf Gefangenen dar, die aufgrund äußerst emotionaler Depression, Weinkrämpfen, Wut oder akuten Angstanfällen aus der Studie ausscheiden mussten. Die Symptome waren in vier der Fälle recht ähnlich und begannen am zweiten Tag der Gefangenschaft. Die fünfte Versuchsperson wurde nach der Behandlung eines psychosomatischen Ausschlags, der Teile des Körpers bedeckte, entlassen. Von den verbleibenden Gefangenen sagten nur zwei, sie seien nicht willens, das Geld, das sie verdient hatten, zu verlieren, um dafür ›frühzeitig entlassen‹ zu werden. Als das Experiment nach nur sechs Tagen vorzeitig abgebrochen wurde, freuten sich alle verbliebenen Gefangenen über das unerwartete Glück. Im Gegensatz dazu waren die meisten Wärter enttäuscht über die Entscheidung, das Experiment zu beenden. Es schien uns, als hätten sich die Wärter hinreichend mit ihren Rollen identifiziert, um die extreme Kontrolle und Macht, die sie ausgeübt hatten, zu genießen und wenig Neigung zu zeigen, sie wieder aufzugeben. Ein Wärter, der berichtet hatte, das Leiden der Gefangenen habe ihn persönlich angegriffen, gab an, er habe erwogen, einen Antrag zu stellen, seine Rolle mit einem der Gefangenen zu tauschen – hatte dies allerdings nicht getan. Keiner der Wächter kam je unpünktlich zu seiner Schicht, und einige Wärter blieben sogar freiwillig im Dienst und waren klaglos bereit, unbezahlte Überstunden zu leisten.

Die extremen Reaktionen, welche in beiden Gruppen auftraten, belegen deutlich den Einfluss sozialer Kräfte, die in dieser pathologischen Anordnung herrschten. Es waren jedoch individuelle Unterschiede in der *Art und Weise*, auf die mit dieser spannungsreichen Erfahrung umgegangen wurde, zu beobachten. Auch der Grad der Anpassung an diese Erfahrung variierte. Obgleich sie alle Beteiligten negativ beeinflusste, ›ertrug‹ die Hälfte der Gefangenen die repressive Atmosphäre – zumindest insoweit, als sie bis zum Ende der Studie blieben. Nicht alle Wärter bedienten sich der gewöhnlichen oder selbsterdachten Feindseligkeiten, die andere zum Einsatz brachten. Einige Wärter waren hart, aber gerecht (›spielten nach den Regeln‹), andere gingen weit über ihre Rollenvorgaben hinaus und verhielten sich grausam und diskriminierend. Einige wenige blieben passiv und regten nur selten eine Zwangskontrolle der Gefangenen an. Es ist aber wichtig festzuhalten, dass *jeder* der Wärter im Lauf der sechs Tage mindestens einmal an Vorgängen beteiligt war, die als sadistische Behandlung der Gefangenen zu charakterisieren sind.

URSPRÜNGLICHE PERSÖNLICHKEIT UND
DIE MESSBARKEIT DES VERHALTENS

Insgesamt ist ersichtlich, dass die ursprünglichen Anlagen

der persönlichen Einstellung nur zu einem sehr geringen Teil für die unterschiedlichen Verhaltensreaktionen auf die Umgebung des Modellgefängnisses verantwortlich sind. In wenigen Sonderfällen entsprechen diese Veranlagungen jedoch der Fähigkeit des Gefangenen, die Experimentalsituation zu tolerieren.

Die Durchschnittswerte auf den *Comrey Personality Scales* zeigen auf keiner der acht Subskalen einen statistisch relevanten Unterschied zwischen Gefangenen und Wärtern. Des Weiteren fallen alle Gruppenmittelwerte in den Rahmen von 40 bis 60 Prozent der normativen männlichen Bevölkerung, wie Comrey ihn ermittelt. Es gibt auch keine signifikanten Unterschiede des Mittelwerts von Wärtern (X = 7,73) und Gefangenen (X = 8,77) auf der *Machiavellianism Scale* für die Auswirkung interpersonaler Manipulation. Ebenso wenig half die Mach-Skala, die Fähigkeit eines Gefangenen, die Gefängnissituation bis zum Ende der Studie zu ertragen, vorherzubestimmen. Auf Adornos F-Skala, die das sture Befolgen konventioneller Werte und eine unterwürfige, unkritische Haltung gegenüber Autoritäten misst, gab es keinen signifikanten Unterschied zwischen dem Mittelwert für die Gefangenen (4,78) und dem Mittelwert für die Wärter (4,36).

Es ergeben sich allerdings einige vielsagende Tendenzen, wenn man die Gefangenen, die in der Studie verblieben, mit jenen fünf vergleicht, die wegen ihrer emotionalen Reaktionen auf die Situation entlassen wurden. Obwohl keiner dieser Vergleiche einen statistisch relevanten Wert ergibt, liefern drei von Comreys Subskalen Anhaltspunkte, anhand deren diejenigen, die in der Lage waren, diese Art von Gefangenschaft zu ertragen, abgegrenzt werden können: Gefangene, die durchhielten, erzielten höhere Werte bei der Anpassungsfähigkeit (»Akzeptanz gegenüber der Gesellschaft, wie sie ist«), Extrovertiertheit und Empathie (Hilfsbereitschaft, Sympathie und Großzügigkeit). Noch stärker ist die Korrelation zwischen der Toleranz gegenüber der Gefängnisumgebung und der F-Skala für Autoritarismus. Dieser Vergleich innerhalb der Gruppe der Gefangenen zeigt, dass jene Gefangenen, die durchhielten, mehr als doppelt so hohe Werte bei Konventionalität und Autoritarismus erzielten (X = 7,78) als die früh Ausgeschiedenen (X = 3,20). Obgleich die Differenz zwischen diesen Mittelwerten erneut keine ausreichende Signifikanz erreicht, ist es doch auffällig, dass eine Rangordnung der Gefangenen auf der F-Skala in sehr hohem Maß mit der Dauer ihres Verbleibens im Experiment korreliert ($r_s = 0{,}898$, p. 0,005).

# 1973

## DAVID L. ROSENHAN

# Das Rosenhan-Experiment: Die unerkennbare Gesundheit in der psychiatrischen Klinik

---

*Das berühmte Rosenhan-Experiment erhärtet wissenschaftlich die Vermutung, welche die psychiatrische Klinik seit ihrer Erfindung begleitet (vgl. Albert Londres, S. 537–542), von deren orthodoxen Repräsentanten jedoch stets als verantwortungslose Polemik disqualifiziert wurde: In der Anstalt ist geistige Gesundheit nicht diagnostizierbar. Nicht an der Bösartigkeit des Personals liegt das, sondern an den Eigenheiten der Institution.*

*David L. Rosenhan (\* 1929, † 2012) war ab 1970 Professor für Psychologie und Recht an der Stanford Law School bei San Francisco. Sein Artikel* On Being Sane in Insane Places, *erschienen 1973 in der Zeitschrift »Science«, gehört in seinem Fach zu den meistgelesenen der letzten fünfzig Jahre.*

DIE ACHT SCHEINPATIENTEN waren eine gemischte Gruppe. Einer war Psychologiestudent in den Zwanzigern. Die anderen waren älter und »etabliert«. Unter ihnen befanden sich drei Psychologen, ein Pädiater, Psychiater, ein Maler und eine Hausfrau. Drei der Scheinpatienten waren Frauen, fünf Männer. Alle benutzten Pseudonyme, damit ihre angeblichen Diagnosen sie später nicht in peinliche Situationen bringen konnten. Diejenigen, die auf dem Gebiet der Nervenheilkunde tätig waren, gaben andere Berufe an. Sie wollten damit vermeiden, dass das Personal ihnen aus Höflichkeit oder aus Vorsicht als leidenden Kollegen spezielle Aufmerksamkeit widmete.

Mit Ausnahme von mir selbst (ich war der erste Scheinpatient und meine Anwesenheit war dem Krankenhausverwalter und dem Leitenden Psychologen bekannt – soweit ich sagen kann, ihnen allein) blieb die Anwesenheit der Scheinpatienten und die Art des Forschungsprogramms dem Klinikpersonal verborgen.

Beim Versuchsaufbau wurde ähnlich variiert. Um die Ergebnisse allgemeingültig zu machen, suchte man den Zugang zu ganz verschiedenen Kliniken. Die zwölf Krankenhäuser des Versuchs lagen in fünf verschiedenen Staaten an der Ost- und Westküste der USA. Einige waren alt und schäbig, andere ganz neu. Einige waren auf Forschung ausgerichtet, andere nicht. Einige hatten ein gutes Zahlenverhältnis von Personal zu Patienten, andere waren zu schwach besetzt. Nur eine Klinik war völlig privat. Die anderen erhielten Unterstützung von Staat oder Bund oder, in einem Fall, von einer Universität.

Nachdem der Scheinpatient telefonisch einen Termin mit der Klinik vereinbart hatte, kam er in das Aufnahmebüro und klagte, er habe Stimmen gehört, gefragt, was die Stimmen sagten, antwortete er, sie seien oft unklar, sagten aber, soweit er verstehen könne, »leer«, »hohl« und »dumpf«. Die Stimmen waren unbekannt und gehörten dem gleichen Geschlecht an wie der Scheinpatient. Man wählte diese Symptome aufgrund ihrer offensichtlichen Ähnlichkeit mit existenziellen Symptomen. Solche Symptome sollen aus schmerzlicher Sorge über das als bedeutungslos empfundene Leben entstehen. Es ist, als sagte sich die halluzinierende Person: »Mein Leben ist hohl und leer.« Die Wahl dieser Symptome wurde auch dadurch bestimmt, dass es in der Literatur keinen einzigen Bericht über eine existenzielle Psychose gibt.

Außer dem Vorspiegeln der Symptome und der Verfälschung von Name, Beruf und Arbeitsplatz wurden keine Veränderungen der Person, der Vorgeschichte oder der anderen Umstände vorgenommen. Die wesentlichen Ereignisse im Leben der Scheinpatienten wurden so dargestellt, wie sie sich wirklich ereignet hatten. Die Beziehungen zu den Eltern und Geschwistern, Ehepartnern und Kindern, Arbeitskollegen und Schulkameraden wurden, mit den vorher erwähnten Ausnahmen, so beschrieben, wie sie waren oder gewesen waren. Enttäuschungen und Ärger wurden ebenso geschildert wie Freuden und Befriedigungen. Diese Tatsachen muss man im Auge behalten. Wenn sie überhaupt einen Einfluss hatten, dann den, dass sie die späteren Ergebnisse zugunsten einer Entlarvung des Normalseins beeinflussten, da keine der Vorgeschichten oder damaligen Verhaltensweisen in irgendeiner Weise ernsthaft pathologisch waren.

Unmittelbar nach der Einweisung auf die psychiatrische Station hörten die Scheinpatienten auf, irgendwelche Symptome der Abnormität zu simulieren. In einigen Fällen durchlebten sie eine kurze Periode leichter Nervosität und Ängstlichkeit, da keiner von ihnen wirklich glaubte, er würde so leicht eingelassen. Tatsächlich fürchteten alle, sofort als Betrüger entlarvt und großer Peinlichkeit ausgesetzt zu sein. Darüber hinaus hatten viele von ihnen noch nie eine psychiatrische Station gesehen; selbst jene, die es schon hatten, litten an echten Ängsten davor, was ihnen passieren könnte. Ihre Nervosität war also der Ungewohntheit des Anstaltslebens durchaus angemessen, und sie klang sehr schnell ab.

Abgesehen von dieser kurzfristigen Nervosität benahm sich der Scheinpatient auf der Station genauso, wie er sich »normalerweise« verhalten würde. Er sprach mit Patienten und Personal wie unter üblichen Umständen. Da es auf einer psychiatrischen Station ungewöhnlich wenig zu tun gibt, versuchte er, andere ins Gespräch zu ziehen. Wurde er vom Personal gefragt, wie er sich fühle, erklärte er, es gehe ihm gut, habe keine Symptome mehr. Er reagierte auf die Anweisungen der Pfleger, befolgte den Aufruf zur Medikamentenausgabe (nahm sie aber nicht ein) und die Instruktionen für den Speisesaal. Neben solchen Aktivitäten, wie sie ihm auf der Aufnahmestation zur Verfügung standen, verbrachte er seine Zeit damit, alle Beobachtungen über die Station, ihre Patienten und das Personal aufzuschreiben. Anfangs wurden diese Notizen »heimlich« niedergeschrieben. Später aber wurden sie, da bald klar wurde, dass niemand sich besonders darum kümmerte, auf gewöhnlichen Schreibblöcken und in öffentlichen Räumen wie dem Tagesraum verfasst. Man machte kein Geheimnis aus diesen Aktivitäten.

Der Scheinpatient betrat das Krankenhaus, ganz wie ein psychiatrischer Kranker, ohne zu wissen, wann er wieder entlassen werden würde. Jedem von ihnen wurde gesagt, dass er aus eigenen Kräften herauskommen musste, im Wesentlichen dadurch, dass er das Klinikpersonal von seiner geistigen Gesundheit überzeugte. Die psychischen Belastungen im Zusammenhang mit der Hospitalisierung waren beträchtlich, und alle bis auf einen Scheinpatienten wollten fast unmittelbar nach der Aufnahme wieder entlassen werden. Sie wurden infolgedessen nicht nur dazu motiviert, sich normal zu benehmen, sondern auch, sich als Muster an Kooperation zu erweisen. Dass ihr Benehmen in keiner Weise unangenehm war, wurde durch Berichte der Schwestern bestätigt, die man von den meisten Patienten erhalten konnte. Diese Berichte erklärten durchgehend, die Patienten seien »freundlich« und »kooperativ« gewesen und hätten »keine abnormen Anzeichen aufgewiesen«.

## NORMALE SIND NICHT ERKENNBAR GESUND

Trotz ihrer öffentlichen »Zurschaustellung« von geistiger Gesundheit wurde keiner der Scheinpatienten als solcher entlarvt. Zugegeben, außer einem Fall mit der Diagnose Schizophrenie wurden alle mit der Diagnose Schizophrenie »in Remission« entlassen. Die Bezeichnung »in Remission« sollte man keinesfalls als Formalität abtun, denn zu keiner Zeit während irgendeiner Hospitalisierung wurde die Simulation eines Scheinpatienten irgendwie infrage gestellt. Auch gibt es keine Hinweise in den Klinikunterlagen, dass der Status der Scheinpatienten verdächtig war. Eher spricht einiges dafür, dass der Scheinpatient, einmal als Schizophrener klassifiziert, mit dieser Bezeichnung behaftet blieb. Falls er entlassen werden sollte, musste er natürlich »in Remission« sein; aber er war nicht geistig gesund, und er war, nach Ansicht der Anstalt, auch niemals geistig gesund gewesen. Damit war eine offensichtliche menschliche »Wirklichkeit« konstruiert.

Dass die geistige Normalität durchgehend nicht erkannt wurde, lässt sich nicht auf die Qualität der Kliniken schieben. Obwohl unter ihnen beträchtliche Unterschiede bestanden, gelten mehrere als ausgezeichnet. Auch kann man nicht behaupten, dass die Zeit nicht reichte, um die Scheinpatienten zu beobachten. Die Dauer der Hospitalisierung reichte von sieben bis zu 52 Tagen, mit einem Durchschnitt von 19 Tagen. Die Scheinpatienten wurden in der Tat nicht besonders sorgfältig beobachtet. Dieses Versäumnis beruht jedoch mit Sicherheit mehr auf den Gepflogenheiten psychiatrischer Kliniken als auf einem Mangel an Gelegenheit.

Schließlich lässt sich auch nicht sagen, dass die geistige Klarheit der Scheinpatienten deshalb nicht erkannt wurde, weil sie sich nicht normal benahmen. Obwohl sie eindeutig unter einer gewissen Spannung standen, konnten ihre täglichen Besucher keine ernsten Konsequenzen im Verhalten entdecken – und auch die anderen Patienten konnten es nicht. Unter den Patienten war es nicht ungewöhnlich, dass sie die Normalität der Scheinkranken »herausfanden«. Während der ersten drei Klinikaufenthalte, bei denen man noch genau mitzählte, äußerten 35 von insgesamt 118 Patienten auf der Einweisungsstation diesen Verdacht, einige darunter vehement. »Sie sind nicht verrückt. Sie sind ein Journalist oder ein Professor (in Anspielung auf das ständige Notizenmachen). Sie überprüfen das Krankenhaus.« Während die meisten Patienten sich durch die beharrlichen Beteuerungen des Scheinpatienten beruhigen ließen, er sei krank gewesen, bevor er kam, nun aber wieder wohlauf, glaubten einige weiterhin während des gesamten Krankenhausaufenthaltes, dass der Scheinpatient geistig gesund war. Die Tatsache, dass die Patienten das Normalsein häufig erkannten, das Personal jedoch nicht, wirft wichtige Fragen auf.

Dass das Normalsein während des Krankenhausaufenthaltes nicht entdeckt wurde, kann daran liegen, dass Ärzte einen starken Hang dazu haben, was die Statistiker den Typ-2-Irrtum nennen, das heißt, dass Ärzte eher geneigt sind, eine gesunde Person krank zu nennen (falsch positives Resultat, Typ 2), als eine kranke Person gesund (falsch negatives Resultat, Typ 1). Die Gründe hierfür sind nicht schwer zu finden: Es ist eindeutig gefährlicher, Krankheit zu verkennen als Gesundheit. Besser man irrt auf der Seite der Vorsicht und vermutet Krankheit selbst unter Gesunden.

Was jedoch für die Medizin gilt, passt nicht unbedingt genauso gut in die Psychiatrie. Medizinische Krankheiten sind zwar bedauerlich, haben aber nicht zwangsläufig üble Folgen. Psychiatrische Diagnosen bringen im Gegensatz dazu persönliches, juristisches und soziales Stigma mit sich. Es war daher wichtig, festzustellen, ob die Tendenz, Gesunde als Geisteskranke zu diagnostizieren, revidiert werden konnte. An einem Lehr- und Forschungskrankenhaus, dessen Personal von diesen Ergebnissen gehört hatte, aber bezweifelte, dass ein solcher Irrtum an seiner Klinik passieren konnte, arrangierte man folgendes Experiment. Die Mitarbeiter wurden informiert, dass irgendwann während der folgenden drei Monate einer oder mehrere Scheinpatienten versuchen würden, in das psychiatrische Krankenhaus aufgenommen zu werden. Jedes Mitglied des Stabes wurde gebeten, alle Patienten, die in der Aufnahme oder auf der Station erschienen, nach der Wahrscheinlichkeit, mit der sie Scheinpatienten waren, zu beurteilen. Man benutzte eine Zehn-Punkte-Skala. Die Ziffern 1 und 2 bedeuten, dass ein Kranker mit hoher Wahrscheinlichkeit ein Scheinpatient war.

Es kamen Beurteilungen von 193 Patienten, die zur psychiatrischen Behandlung aufgenommen wurden, zustande. Das gesamte Personal, das längeren Kontakt oder wesentliche Verantwortung für den Patienten hatte – Pfleger, Schwestern, Psychiater, Ärzte und Psychologen – wurde um Beurteilungen gebeten. 41 Patienten wurden von mindestens einem Mitglied des Personals mit hoher Wahrscheinlichkeit für einen Scheinpatienten gehalten. 23 wurden von mindestens einem Psychiater für suspekt eingeschätzt. 19 wurden von einem Psychiater *und* einem weiteren Mitglied des Personals verdächtigt. In Wirklichkeit wurde während dieser Zeit kein einziger wirklicher Scheinpatient (zumindest nicht aus meiner Gruppe) aufgenommen.

Das Experiment ist lehrreich. Es zeigt, dass die Tendenz, Gesunde als Irre zu klassifizieren, sich revidieren lässt, sofern viel auf dem Spiel steht (in diesem Fall Prestige und diagnostischer Scharfsinn). Aber was ist über jene 19 Leute zu sagen, die von einem Psychiater und einem anderen Mitglied des Personals verdächtigt wurden, »geistig gesund« zu sein? Waren diese Leute wirklich »geistig gesund«, oder tendierte das Personal, um einen Typ-2-Irrtum zu vermeiden, eher dazu, Fehler des ersten Typs zu machen – den Verrückten als »geistig gesund« zu bezeichnen? Es gibt keine Möglichkeit, das herauszufinden. Aber eines ist sicher: Jeder diagnostische Vorgang, der sich so leicht schwerwiegenden Irrtümern dieser Art preisgibt, kann nicht sehr zuverlässig sein.

ZUSAMMENFASSUNG UND SCHLUSSFOLGERUNG

Es ist offenkundig, dass man in psychiatrischen Kliniken Gesunde nicht von Geisteskranken unterscheiden kann. Die Anstalt *selbst* erschafft eine besondere Wirklichkeit, in der die Bedeutung von Verhaltensweisen leicht falsch verstanden wird. Die Folgen für die Patienten, die in solch einer Umgebung untergebracht sind – die Machtlosigkeit, Entpersönlichung, Abgeschiedenheit, Demütigung und Selbstabwertung – dürften ohne Zweifel therapiefeindlich sein ...

Ebenso wie die anderen Scheinpatienten reagierte ich auf die psychiatrische Umgebung eindeutig negativ. Wir maßen uns nicht an, die subjektiven Erfahrungen der echten Patienten zu beschreiben. Sie können anders als die unseren gewesen sein, vor allem infolge der Zeitdauer und dem notwendigen Anpassungsprozess an die Umgebung. Aber wir können und wollen über die relativ objektiven Merkmale der Therapie in der Klinik sprechen. Es wäre ein Fehler, und zwar ein sehr bedauerlicher, würde man annehmen, dass das, was uns passierte, aus Bosheit oder Dummheit des Personals geschah. Ganz im Gegenteil, wir sind überzeugt davon, dass das Leute waren, die sich wirklich interessierten, die engagiert und ungewöhnlich intelligent waren. Wo sie versagten, was sie gelegentlich in peinlicher Weise taten, sollte man dieses Versagen besser der Wirklichkeit zuschreiben, in der auch sie sich befanden, und nicht persönlicher Gefühllosigkeit. Ihre Vorstellungen und Verhaltensweisen wurden mehr durch die Situation, weniger durch bösartigen Charakter bestimmt. In einer wohlwollenderen Umgebung, einer Umgebung, die weniger einer globalen Diagnose verhaftet gewesen wäre, hätten ihre Verhaltensweisen wie auch ihre Bewertungen möglicherweise wohlwollender und wirksamer ausfallen können.

## 1975

# MICHEL FOUCAULT

# Vom Strafen und seiner Modernisierung

*Klinik und Strafanstalt sind zwei bevorzugte Forschungsfelder seiner Geschichte der Gegenwart und Ethnologie unserer eigenen Kultur. Immer geht es bei ihm um die Entstehung und Veränderung gesellschaftlicher Ordnungen mit ihren Instrumentarien disziplinarischer Macht, ihren diskursiven oder kommunikativen Bestätigungsritualen und ihren Archiven des normierenden Wissens. »Histoire des Systèmes de Pensée« lautete die Bezeichnung seines Lehrstuhls am Collège de France – »Geschichte der Denksysteme«.*

*Michel Foucault (\* 1926, † 1984), Sohn eines Chirurgen und Anatomieprofessors, führte ein Wanderleben unter den vier Winden, bevor er Ende der 1960er-Jahre in Paris zum Weltstar wurde: Außer Philosophie studierte und lehrte er Psychologie und Psychopathologie; er war Dozent in Uppsala, Schweden (1955–1958), Direktor des Centre Français in Warschau (1958/59) und des Institut Français in Hamburg (1959/60) sowie Professor an der Universität von Tunis (1966–1968). Im Alter von 24 Jahren trat er in die Kommunistische Partei ein, verließ sie jedoch drei Jahre später wegen ihrer Haltung zur Homosexualität. Das Thema der praktischen gesellschaftspolitischen Intervention beschäftigte ihn zeitlebens. Seine wichtigsten Lehrer waren Georges Canguilhem und Louis Althusser.*

## I. DER KÖRPER DER VERURTEILTEN UND DIE ABKEHR DAVON

Am 2. März 1757 war Damiens dazu verurteilt worden, »vor dem Haupttor der Kirche von Paris öffentliche Abbitte zu tun«, wohin er »in einem Stürzkarren gefahren werden sollte, nackt bis auf ein Hemd und eine brennende zwei Pfund schwere Wachsfackel in der Hand; auf dem Grève-Platz sollte er dann im Stürzkarren auf einem dort errichteten Gerüst an den Brustwarzen, Armen, Oberschenkeln und Waden mit glühenden Zangen gezwickt werden; seine rechte Hand sollte das Messer halten, mit dem er den Vatermord begangen hatte, und mit Schwefelfeuer gebrannt werden, und auf die mit Zangen gezwickten Stellen sollte geschmolzenes Blei, siedendes Öl, brennendes Pechharz und mit Schwefel geschmolzenes Wachs gegossen werden; dann sollte sein Körper von vier Pferden auseinandergezogen und zergliedert werden, seine Glieder und sein Körper sollten vom Feuer verzehrt und zu Asche gemacht, und seine Asche in den Wind gestreut werden.«

»Schließlich vierteilte man ihn«, erzählte die *Gazette d'Amsterdam*. »Diese letzte Operation war sehr langwierig, weil die verwendeten Pferde ans Ziehen nicht gewöhnt waren, sodass man anstelle von vier deren sechs einsetzen musste, und als auch das noch nicht genug war, musste man, um die Schenkel des Unglücklichen abzutrennen, ihm die Sehnen durchschneiden und die Gelenke zerhacken … Man versichert, dass ihm, obwohl er immer ein großes Lästermaul gewesen war, keine Blasphemie entkam; nur schreckliche Schreie ließen ihn die übermäßigen Schmerzen ausstoßen und oft wiederholte er: ›Mein Gott, hab Erbarmen mit mir! Jesus hilf mir!‹ Alle Zuschauer waren erbaut von der Fürsorge des Pfarrers von Saint-Paul, der trotz seines hohen Alters keinen Augenblick versäumte, um den armen Sünder zu trösten.«

Und der Polizeioffizier Bouton: »Man zündete den Schwefel an, aber das Feuer war so schwach, dass die Haut der Hand davon kaum verletzt wurde. Dann nahm ein Scharfrichter, die Ärmel bis über die Ellenbogen hinaufgestreift, eine etwa anderthalb Fuß lange, zu diesem Zweck hergestellte Zange aus Stahl, zwickte ihn damit zuerst an der Wade des rechten Beines, dann am Oberschenkel, darauf am rechten Ober- und Unterarm und schließlich an den Brustwarzen. Obwohl dieser Scharfrichter kräftig und robust war, hatte er große Mühe, die Fleischstücke mit seiner Zange loszureißen; er musste jeweils zwei- oder dreimal ansetzen und drehen und winden; die zugefügten Wunden waren so groß wie Laubtaler.

Bei diesem Zangenreißen schrie Damiens sehr laut, ohne freilich zu lästern; danach hob er das Haupt und besah sich. Derselbe Scharfrichter nahm nun mit einem Eisenlöffel aus einem Topf die siedende Flüssigkeit, die er auf jede Wunde goss. Darauf knüpfte man dünne Stricke an die Seile, die an die Pferde gespannt werden sollten, und band damit die Pferde an je ein Glied.

Der Herr Gerichtsschreiber Le Breton näherte sich mehrmals dem Verurteilten, um ihn zu fragen, ob er etwas zu sagen habe, was er verneinte. Bei jeder Peinigung schrie er so unbeschreiblich, wie man es von den Verdammten sagt: ›Verzeihung mein Gott! Verzeihung, Herr!‹ Trotz all dieser Schmerzen hob er von Zeit zu Zeit das Haupt und besah sich unerschrocken. Die Seile, die von den Menschen so fest angebunden und gezogen wurden, bereiteten ihm unaussprechliche Schmerzen. Der Herr Le Breton trat noch einmal zu ihm und fragte ihn, ob er nicht etwas sagen wolle; er sagte Nein. Die Beichtväter näherten sich ihm und sprachen lange zu ihm; er küsste gerne das Kruzifix, das sie ihm darboten; er schob die Lippen vor und sagte immer: ›Verzeihung, Herr!‹

Die Pferde geben einen kräftigen Ruck und zerrten dabei jeweils an einem Glied; jedes Pferd wurde von einem Scharfrichter gehalten. Eine Viertelstunde später dieselbe Zeremonie noch einmal; und nach weiteren Versuchen war man gezwungen, die Pferde ziehen zu lassen: diejenigen an den Armen in Richtung Kopf, diejenigen an den Schenkeln in Richtung Arme, was ihm die Arme an den Gelenken gebrochen hat. Dieses Ziehen wurde mehrmals wiederholt – ohne Erfolg. Er hob das Haupt und blickte sich an. Man war gezwungen, zwei weitere Pferde zusätzlich an die Schenkel zu spannen, sodass man nun sechs Pferde hatte. Aber ohne Erfolg.

Schließlich sagte der Scharfrichter Samson dem Herrn Le Breton, dass es kein Mittel und keine Hoffnung gebe, ans Ziel zu gelangen, und ersuchte ihn, er möge die Gerichtsherren fragen, ob sie wollten, dass er ihn in Stücke schneiden lasse. Aus der Stadt zurückgekehrt, hat der Herr Le Breton den Befehl gegeben, neue Anstrengungen zu machen, was auch versucht wurde; aber die Pferde wurden widerspenstig, und eines von denen, die an die Schenkel gespannt waren, fiel aufs Pflaster. Die Beichtväter traten wieder zu ihm und sprachen mit ihm. Er sagte ihnen (ich habe es gehört): ›Küssen Sie mich, gnädige Herren!‹ Der Pfarrherr von Saint-Paul wagte es nicht, aber der von Marsilly schlüpfte unter dem Seil des linken Armes durch und küsste ihn auf die Stirn. Die Scharfrichter standen beisammen und Damiens sagte ihnen, sie sollten nicht lästern, sie sollten ihre Arbeit tun, er sei ihnen nicht böse. Er bat sie, Gott für ihn zu bitten, und den Pfarrer von Saint-Paul ersuchte er, bei der ersten Messe für ihn zu beten.

Nach zwei oder drei Versuchen zogen die Scharfrichter Samson und derjenige, der ihn mit der Zange gepeinigt hatte, Messer aus ihren Taschen und schnitten die Schenkel vom Rumpf des Körpers ab: Die vier Pferde rissen nun mit voller Kraft die Schenkel los: zuerst den der rechten Seite. Dann den der anderen; dasselbe wurde bei den Armen gemacht, und zwar an den Schultern und an den Achselhöhlen; man musste das Fleisch beinahe bis zu den Knochen durchschneiden; die Pferde legten sich ins Geschirr und rissen zuerst den rechten Arm und dann den andern los.

Nachdem diese vier Teile abgetrennt waren, kamen die Beichtväter zu ihm und wollten mit ihm sprechen; aber der Scharfrichter sagte ihnen, er sei tot, obwohl ich in Wahrheit gesehen habe, wie der Mann sich bewegte und wie der Unterkiefer auf und nieder ging, als ob er spräche. Einer der Scharfrichter sagte sogar, dass er noch am Leben gewesen sei, als sie den Rumpf des Körpers aufgehoben hätten, um ihn auf den Scheiterhaufen zu werfen. Die vier von den Seilen der Pferde losgelösten Glieder wurden auf einen Scheiterhaufen geworfen, der in der Nähe des Gerüstes vorbereitet war; dann wurde der Rumpf und das Ganze mit Scheitern und Reisig zugedeckt und am Stroh, das unter das Holz gemischt war, wurde Feuer angesteckt.

... In Vollendung des Urteils wurde alles zu Asche gemacht. Das letzte Stück, das in der Kohlenglut gefunden wurde, war erst nach halb elf am Abend gänzlich verbrannt. Die Fleischstücke und der Rumpf brannten ungefähr vier Stunden lang. Die Offiziere, zu denen ich gehörte, und mein Sohn sowie das Kommando der Bogenschützen, wir sind bis fast elf Uhr auf dem Platz geblieben.

Man möchte Schlussfolgerungen daraus ziehen, dass sich am nächsten Tag ein Hund auf die Feuerstelle legte und, als er mehrmals weggejagt wurde, immer wieder dahin zurückkehrte. Aber es ist nicht schwer zu verstehen, dass das Tier es an diesem Platz wärmer fand als anderswo.«

Ein Dreivierteljahrhundert später verfasst Léon Faucher ein Reglement »für das Haus der jungen Gefangenen in Paris«:

»Art. 17. Der Tag der Häftlinge beginnt im Winter um sechs Uhr morgens, im Sommer um fünf Uhr. Die Arbeit dauert zu jeder Jahreszeit neun Stunden täglich. Zwei Stunden sind jeden Tag dem Unterricht gewidmet. Die Arbeit und der Tag enden im Winter um neun Uhr, im Sommer um acht Uhr.

Art. 18. *Aufstehen*. Beim ersten Trommelwirbel müssen die Häftlinge aufstehen und sich stillschweigend ankleiden, während der Aufseher die Türen der Zellen öffnet. Beim zweiten Trommelwirbel müssen sie auf sein und ihr Bett machen. Beim dritten ordnen sie sich zum Gang in die Kapelle, wo das Morgengebet stattfindet. Zwischen jedem Trommelwirbel ist ein Abstand von fünf Minuten.

Art. 19. Das Gebet wird vom Anstaltsgeistlichen verrichtet, worauf eine moralische oder religiöse Lesung folgt. Diese Übung darf nicht länger als eine halbe Stunde dauern.

Art. 20. *Arbeit*. Um Viertel vor sechs im Sommer, um Viertel vor sieben im Winter gehen die Häftlinge in den Hof, wo sie sich waschen müssen und eine erste Zuteilung von Brot erhalten. Unmittelbar darauf formieren sie sich zu Werkstattgruppen und begeben sich an die Arbeit, die im Sommer um sechs Uhr beginnen muss und im Winter um sieben Uhr.

Art. 21. *Mahlzeit*. Um zehn Uhr verlassen die Häftlinge die Arbeit, um sich in den Speisesaal zu begeben; im Hof waschen sie sich die Hände und ordnen sich zu Abteilungen. Nach dem Essen bis zwanzig Minuten vor elf Uhr Erholung.

Art. 22. *Schule*. Beim Trommelwirbel um zwanzig vor elf formieren sich die Abteilungen, man geht zur Schule. Der Unterricht dauert zwei Stunden, die abwechselnd dem Lesen, dem Schreiben, dem geometrischen Zeichnen und dem Rechnen gewidmet werden.

Art. 23. Um zwanzig Minuten vor ein Uhr verlassen die Häftlinge in Abteilungen geordnet die Schule und begeben sich zur Erholung in den Hof. Beim Trommelwirbel um fünf vor eins formieren sie sich wieder zu Werkstattgruppen.

Art. 24. Um ein Uhr müssen sich die Häftlinge in die Werkstatt begeben haben: die Arbeit dauert bis vier Uhr.

Art. 25. Um vier Uhr verlassen die Häftlinge die Werkstätten und begeben sich in den Hof, wo sie sich die Hände waschen und zu Abteilungen für den Speisesaal formieren.

Art. 26. Das Abendessen und die darauffolgende Erholung dauern bis fünf Uhr: zu diesem Zeitpunkt kehren die Häftlinge in die Werkstätten zurück.

Art. 27. Die Arbeit endet im Sommer um sieben Uhr, im Winter um acht Uhr; in den Werkstätten gibt es eine letzte Brotzuteilung. Eine viertelstündige Lesung, die irgendwelche lehrreichen Begriffe oder einen wichtigen Charakterzug zum Gegenstand hat, wird von einem Häftling oder einem Aufseher durchgeführt, worauf das Abendgebet folgt.

Art. 28. Um halb acht Uhr im Sommer, um halb neun Uhr im Winter müssen die Häftlinge in den Zellen sein, nachdem sie sich im Hof die Hände gewaschen haben und dort die Bekleidung kontrolliert worden ist. Beim ersten Trommelwirbel entkleiden sie sich, beim zweiten legen sie sich zu Bett. Die Türen der Zellen werden geschlossen und die Aufseher machen die Runde in den Korridoren, um sich der Ordnung und Stille zu vergewissern.«

Das eine Mal eine Leibesmarter, das andere Mal eine Zeitplanung. Die beiden sanktionieren nicht dieselben Verbrechen, sie bestrafen nicht ein und denselben Typ von Delinquenten. Aber sie definieren jeweils einen bestimmten Straf-Stil. Zwischen ihnen liegt kaum ein Jahrhundert: Innerhalb dieses Zeitraums wurde in Europa und in den Vereinigten Staaten die gesamte Ökonomie der Züchtigung umgestaltet. Es ist die Zeit der großen »Skandale« für die Justiz, die Zeit der unzähligen Reformprojekte. Neue Theorien von Gesetz und Verbrechen, neue moralische oder politische Rechtfertigungen des Rechts zum Strafen: Aufhebung der alten Anordnungen, Ende des Gewohnheitsrechts; Entwurf oder Abfassung »moderner« Gesetzbücher: 1769 Russland; 1780 Preußen; 1786 Pennsylvania und Toskana; 1788 Österreich; 1791, Jahr IV, 1808 und 1810 Frankreich. Für die Strafjustiz bricht ein neues Zeitalter an.

Unter den zahlreichen Änderungen sei eine hervorgehoben: das Verschwinden der Martern, d. h. der »peinlichen Strafen«. Heute pflegt man es geringzuschätzen – vielleicht war es zu einer Zeit Anlass allzu lauter Deklamationen; vielleicht hat man es allzu leichtfertig und emphatisch einer »Vermenschlichung« zugeschrieben, die eine Analyse überflüssig erscheinen ließ. Und worin besteht denn eigentlich seine Bedeutung – vergleicht man es mit den großen institutionellen Transformationen: mit den ausführlichen und allgemeingültigen Gesetzbüchern, den vereinheitlichten Verfahrensregeln, der fast allgemeinen Zulassung von Geschworenen, der Definition der Strafe als Korrektur und jener seit dem 19. Jahrhundert ständig zunehmenden Tendenz, das Ausmaß der Strafe von den individuellen Bestimmungen des Schuldigen abhängig zu machen? Nicht mehr so unmittelbar physische Bestrafungen, eine gewisse Diskretion in der Kunst des Zufügens von Leid, ein Spiel von subtileren, geräuschloseren und prunkloseren Schmerzen – verdient dies eine besondere Aufmerksamkeit, wo es doch lediglich Effekt tiefer gehender Umwälzungen ist? Gleichwohl ist eine Tatsache unbestreitbar: Binnen weniger Jahrzehnte ist der gemarterte, zerstückelte, verstümmelte, an Gesicht oder Schulter gebrandmarkte, lebendig oder tot ausgestellte, zum Spektakel dargebotene Körper verschwunden. Verschwunden ist der Körper als Hauptzielscheibe der strafenden Repression.

Am Ende des 18. Jahrhunderts, zu Beginn des 19. Jahrhunderts ist das düstere Fest der Strafe, trotz einigen großen letzten Aufflackerns, im Begriff zu erlöschen. In dieser Transformation haben sich zwei Prozesse miteinander vermengt, die weder dieselbe Chronologie noch dieselben Gründe haben. Auf der einen Seite das Verschwinden des Strafschauspiels. Das Zeremoniell der Strafe tritt allmählich ins Dunkel und ist schließlich nicht mehr als ein weiterer Akt des Verfahrens oder der Verwaltung. Die öffentliche Abbitte ist in Frankreich zum ersten Mal im Jahre 1791 abgeschafft worden und nach einer nicht lange währenden Wiedereinführung neuerlich 1830; der Pranger wird 1789 abgeschafft, in England 1837. Die öffentlichen Abbitten, die in Österreich, in der Schweiz und in Teilen der Vereinigten Staaten wie in Pennsylvania auf offener Straße von Zuchthäuslern verrichtet wurden – an eisernen Halsketten, in buntscheckigen Gewändern, Eisenkugeln an den Füßen, mit der Menschenmenge Drohungen, Beleidigungen, Verspottungen, Schläge, Zeichen von Rachsucht oder Komplizenschaft austauschend –, werden am Ende des 18. Jahrhunderts oder in der ersten Hälfte des 19. Jahrhunderts fast überall abgeschafft. Die Zurschaustellung ist in Frankreich 1831 beibehalten worden – trotz heftiger Kritiken: »ekelerregende Szene«, sagt Réal; sie wird schließlich im April 1848 abgeschafft. Und die Kette, an der die Zuchthäusler durch ganz Frankreich, bis Brest und Toulon zogen, wird im Jahre 1837 durch dezente schwarz bemalte Zellenwagen ersetzt. Die Bestrafung hat allmählich aufgehört, ein Schauspiel zu sein. Alles an ihr, was nach einem Spektakel aussah, wird nun negativ vermerkt. Als ob die Funktionen der Strafzeremonie immer weniger verstanden würden, verdächtigt man nun diesen Ritus, der das Verbrechen »abschloss«, mit diesem schielende Verwandtschaften zu unterhalten: ihm an Unmenschlichkeit nicht nachzustehen, ja es darin zu übertreffen, die Zuschauer an eine Grausamkeit zu gewöhnen, von der man sie fernhalten wollte, ihnen die Häufigkeit der Verbrechen vor Augen zu führen, den Henker einem Verbrecher gleichen zu lassen, und die Richter Mördern, im letzten Augenblick die Rollen zu verkehren und den Hingerichteten zum Gegenstand von Mitleid oder Bewunderung zu machen. Beccaria hatte es schon sehr früh gesagt: »Wir sehen ja, dass Menschen kaltblütig hingerichtet werden, obgleich der Mord als eine abscheuliche Missetat ausposaunt wird.« Die öffentliche Hinrichtung erscheint jetzt als der Brennpunkt, in welchem die Gewalt Feuer fängt. Die Bestrafung sollte also zum verborgensten Teil der Rechtssache werden, was mehrere Folgen hat: Sie verlässt den Bereich der alltäglichen Wahrnehmung und tritt in den des abstrakten Bewusstseins ein; ihre Wirksamkeit erwartet man von ihrer Unausweichlichkeit, nicht von ihrer sichtbaren Intensität; die Gewissheit, bestraft zu werden, und nicht mehr das abscheuliche Theater, soll vom Verbrechen abhalten; der Abschreckungsmechanik werden andere Räder eingesetzt. Also übernimmt die Justiz nicht mehr öffentlich jene Gewaltsamkeit, die an ihre Vollstreckung geknüpft ist. Dass auch sie tötet, dass sie zuschlägt, ist nicht mehr die Verherrlichung ihrer Kraft, sondern ein Element an ihr, das sie hinnehmen muss, zu dem sie sich aber kaum bekennen mag. Die Elemente der Schändlichkeit werden umverteilt: im Straf-Schauspiel verbreitete sich vom Schafott aus ein Schauer, der sowohl den Henker wie den Verurteilten umhüllte – er konnte die dem Hingerichteten angetane Schande in Mitleid oder Ruhm verkehren, wie auch die gesetzmäßige Gewalt des Vollstreckers in Schändlichkeit verwandeln. Nunmehr sind Ärgernis und Licht anders verteilt: die Verurteilung selbst hat den Delinquenten mit einem eindeutigen und negativen Zeichen zu versehen: daher die Öffentlichkeit der Debatten und des Urteils; und die Vollstreckung ist gleichsam eine zusätzliche Schande, welche dem Verurteilten anzutun die Justiz sich schämt; sie distanziert sich von ihr, versucht ständig, sie anderen anzuvertrauen, und zwar unter dem Siegel des Geheimnisses. Es ist hässlich, straffällig zu sein – und wenig ruhmvoll, strafen zu müssen. Daher jenes zweifache Schutzsystem, das die Justiz zwischen sich und der von ihr auferlegten Strafe errichtet hat. Der Vollzug der Strafe wird allmählich zu einem autonomen Sektor, welcher der Justiz von einem Verwaltungsapparat abgenommen wird; die Justiz befreit sich von diesem geheimen Unbehagen, indem sie die Strafe in Bürokratie vergräbt. Charakteristischerweise unterstand die Gefängnisverwaltung in Frankreich lange dem Innenministerium und die Verwaltung der Zuchthäusler der Kontrolle der Marine oder der Kolonien. Und jenseits dieser Rollenverteilung vollzieht sich die theoretische Selbstverleugnung: Das Wesentliche der Strafe, welche die Richter auferlegen, besteht nicht in der Bestrafung, sondern in dem Versuch zu bessern, zu erziehen, zu »heilen«. Eine Technik der Verbesserung verdrängt in der Strafe die eigentliche Sühne des Bösen und befreit die Behörden von dem lästigen Geschäft des Züchtigens. Es gibt in der modernen Justiz und bei ihren Sachwaltern eine Scham vor dem Bestrafen, die den Eifer nicht ausschließt, die aber ständig wächst: Auf dieser Wunde gedeiht der Psychologe und der kleine Funktionär der moralischen Orthopädie.

## 1977

# WOLFGANG SCHIVELBUSCH
# Die verschmierte Welt hinter dem Eisenbahnfenster

*Sogar in den deutschen Geistes- und Kulturwissenschaften gibt es noch den unabhängigen Forscher ohne Lehrstuhl und Staatsbesoldung. Wolfgang Schivelbusch (\* 1941) ist so einer, und seine Bücher sind stets wunderbar zu lesen. Eine Auswahl aus diesem anhaltenden Feuerwerk der Überraschungen:* Geschichte der Eisenbahnreise: Zur Industrialisierung von Raum und Zeit im 19. Jahrhundert *(1977);* Das Paradies, der Geschmack und die Vernunft: Eine Geschichte der Genussmittel *(1980);* Lichtblicke: Zur Geschichte der künstlichen Helligkeit im 19. Jahrhundert *(1983);* Licht, Schein und Wahn: Auftritte der elektrischen Beleuchtung im 20. Jahrhundert *(1992);* Vor dem Vorhang. Das geistige Berlin 1945–1948 *(1995);* Die Kultur der Niederlage: Der amerikanische Süden 1865, Frankreich 1871, Deutschland 1918 *(2001).*

Die Eisenbahn, die als Raum und Zeit vernichtende Kraft auftritt, wird immer wieder als Projektil beschrieben. Die Projektilmetapher wird zum einen verwendet, um die Geschwindigkeit zu verdeutlichen, so bei Lardner: ein Zug, der 75 Meilen schnell fahre, »hat eine nur viermal geringere Geschwindigkeit als eine Kanonenkugel.« Bei Greenhow kommt zur Geschwindigkeit die geballte Kraft und Wucht hinzu, die einen Zug in voller Fahrt virtuell zum Projektil mache: »Wenn sich ein Körper mit sehr hoher Geschwindigkeit bewegt, so wird er praktisch zu einem Projektil und unterliegt damit allen Gesetzen, die für Projektile gelten.« Noch 1889, als die Eisenbahn kulturell vollkommen assimiliert ist, hat die Projektilmetapher nicht an Attraktivität verloren. »Fünfundsiebzig Meilen die Stunde«, heißt es in einem technischen Text aus diesem Jahr, »das sind hundertzehn Fuß pro Sekunde, und die Energie von vierhundert Tonnen, die sich mit dieser Geschwindigkeit bewegen, ist fast doppelt so groß wie die eines 2000-Pfund-Schusses, der von einem 100-Tonnen-Armstronggeschütz abgefeuert wird.«

So wie die Eisenbahn als Projektil wird die Reise in ihr als Geschossenwerden durch die Landschaft erlebt, bei dem Sehen und Hören vergeht. »Beim Reisen in der Eisenbahn«, heißt es in einem anonymen Text von 1844, »gehen in den meisten Fällen der Anblick der Natur, die schönen Ausblicke auf Berg und Tal verloren oder werden entstellt. Das Auf und Ab im Gelände, die gesunde Luft und all die anderen aufmunternden Assoziationen, die man mit ›der Straße‹ verbindet, verschwinden oder werden zu tristen Einschnitten, düsteren Tunneln und dem ungesunden Auswurf der dröhnenden Lokomotive.« Schienenstrang, Einschnitte, Tunnel erscheinen so als der Lauf, in dem das Projektil Eisenbahn dahinschießt. Der Reisende, der in diesem Projektil sitzt, hört auf, Reisender zu sein, und wird, wie ein Topos des Jahrhunderts besagt, zum Paket. Ruskin bemerkt: »Es ist gleichgültig, ob Sie Augen im Kopf haben oder blind sind oder schlafen, ob Sie intelligent sind oder dumm; was Sie über das Land, durch das Sie fahren, bestenfalls erfahren können, das ist seine geologische Struktur und seine allgemeine Oberfläche.« Dieser Verlust der Landschaft betrifft alle Sinne. So wie die Eisenbahn die Newton'sche Mechanik im Verkehrswesen realisiert, schafft sie die Bedingung dafür, dass die Wahrnehmung der in ihr Reisenden sich ›mechanisiert‹. »Größe, Form, Menge und Bewegung« sind nach Newton die einzigen Eigenschaften, die objektiv an den Gegenständen auszumachen sind. Sie werden nun für die Eisenbahnreisenden in der Tat die einzigen Eigenschaften, die sie an einer durchreisten Landschaft festzustellen in der Lage sind. Gerüche, Geräusche, Synästhesien gar, wie sie für die Reisenden der Goethezeit zum Weg gehörten, entfallen.

Am Gesichtssinn zeigt sich die Veränderung, die im Verhältnis vom Reisenden zur Landschaft stattfindet, am deutlichsten. Das Sehen wird eingeschränkt durch die Geschwindigkeit. Das bezeugt George Stephenson in einem parlamentarischen Hearing 1841 über Sicherheitsprobleme der Eisenbahnen; auf die Frage, wie er die Sehmöglichkeit und ‑fähigkeit des Lokomotivführers einschätze, antwortet er: »Wenn er seine Aufmerksamkeit auf einen Gegenstand richtet, bevor er ihn erreicht hat, so erkennt er ihn wohl ziemlich genau; wenn er sich jedoch im Vorüberfahren nach ihm umwendet, wird er ihn kaum wahrnehmen können.« Victor Hugo in einem Brief vom 22. August 1837: »Die Blumen am Feldrain sind keine Blumen mehr, sondern Farbflecken, oder vielmehr rote oder weiße Streifen, es gibt keinen Punkt mehr, alles wird Streifen; die Getreidefelder werden zu langen gelben Strähnen; die Kleefelder erscheinen wie lange grüne Zöpfe; die Städte, die Kirchtürme und die Bäume führen einen Tanz auf und vermischen sich auf eine verrückte Weise mit dem Horizont; ab und zu taucht ein Schatten, eine Figur, ein Gespenst an der Tür auf und verschwindet wie der Blitz, das ist der Zugschaffner« (zit. nach Baroli, *Le train dans la Littérature française*, Paris 1964, S. 58).

Die Reisenden, die im Unterschied zum Lokführer nur sehr eingeschränkt die Möglichkeit haben, *vorwärts* zu schauen, sehen nur mehr eine verflüchtigte Landschaft. Die Schwierigkeit, überhaupt noch etwas in der durchreisten Landschaft zu erkennen außer den gröbsten Umrissen, spricht aus allen frühen Beschreibungen von Bahnreisen. Jacob Burckhardt 1840: »Die nächsten Gegenstände, Bäume, Hütten und dergleichen kann man gar nicht recht unterscheiden; so wie man sich danach umsehen will, sind sie schon lange vorbei.« In einem Text von 1838 heißt es, dass es bei der »größte(n) Schnelligkeit« unmöglich sei, »einen am Weg stehenden Menschen, während man vorbeifährt, zu erkennen«, woraus die Empfehlung abgeleitet wird: »Wer ein gutes Auge hat …, gewöhne sich gleich daran, alles, was sich ihm während der Fahrt darbietet, aus einiger Entfernung zu beobachten, und es wird ihm selbst während der Stage der allergrößten Schnelligkeit, bei einiger Beobachtungsgabe, nicht das Geringste verloren gehen.«

Die Empfehlung, die Dinge während der Fahrt »aus einiger Entfernung zu beobachten, erscheint angesichts der Situation des Reisenden im Abteil nicht ganz realistisch. Der Reisende, der ins Abteil eingeschlossen ist, kann selbst nicht Abstand nehmen zu den Dingen. Es bleibt ihm nur übrig, die näher gelegenen Objekte und Landschaftsteile zu übersehen und seinen Blick auf die weiter entfernt und d. h. langsamer passierenden Gegenstände zu richten. Nimmt er diese Einschränkung seiner durchs traditionelle Reisen ausgebildeten Sehweise vor, d. h. versucht er nach wie vor, Nähe und Ferne gleichermaßen zu erfassen, so ist, wie die medizinische Zeitschrift »Lancet« 1862 feststellt, Ermüdung die Folge: »Die Geschwindigkeit und Verschiedenartigkeit der Eindrücke ermüden notwendigerweise sowohl das Auge wie das Gehirn. Die andauernd sich verändernde Entfernung der Gegenstände erfordert eine unablässige Anpassungsarbeit des Apparats, durch den sie scharf auf die Retina eingestellt werden; und die geistige Anstrengung des Gehirns, sie aufzunehmen, ist kaum weniger ermüdend dadurch, dass sie unbewusst geleistet wird; denn keine Tatsache im Bereich der Physiologie ist unumstrittener als die, dass eine übermäßig funktionelle Aktivität stets materiellen Zerfall und organische Veränderung der Substanz im Gefolge hat.«

Durch die Geschwindigkeit wird also eine erhöhte Anzahl von Eindrücken hervorgerufen, mit denen der Gesichtssinn fertigwerden muss. Dieser Effekt der Eisenbahn erweist sich damit als Moment jenes Vorgangs der Moderne, den Georg Simmel als Herausbildung der großstädtischen Wahrnehmung beschrieben hat. Diese Wahrnehmung charakterisiert Simmel als »*Steigerung des Nervenlebens*, die aus dem raschen und ununterbrochenen Wechsel äußerer und innerer Eindrücke hervorgeht« (Hervorh. im Original). »Beharrende Eindrücke«, fährt Simmel fort, »Geringfügigkeit ihrer Differenzen, gewohnte Regelmäßigkeit ihres Ablaufs und ihrer Gegensätze verbrauchen sozusagen weniger Bewusstsein als die rasche Zusammendrängung wechselnder Bilder, der schroffe Abstand innerhalb dessen, was man mit einem Blick umfasst, die Unerwartetheit sich aufdrängender Impressionen.«

Der Unterschied der Reizqualität in der Großstadt und in der Eisenbahnreise ist in diesem Zusammenhang gleichgültig. Entscheidend ist die quantitative Zunahme der Eindrücke, die der Wahrnehmungsapparat aufzunehmen und zu verarbeiten hat. Wie diese durch die erhöhte Geschwindigkeit produzierte Reizzunahme als Belastung erfahren wird, bezeugen Texte, die aus zeitgenössischer Sicht die neue Reiseerfahrung mit der überlieferten vergleichen. Die Grunderfahrung ist, dass durch die Geschwindigkeit die Gegenstände sich dem Blick entziehen, der jedoch weiterhin versucht, sie zu erfassen. So implizit bei Eichendorff: »Diese Dampffahrten rütteln die Welt, die eigentlich nur noch aus Bahnhöfen besteht, unermüdlich durcheinander wie ein Kaleidoskop, wo die vorüberjagenden Landschaften, ehe man noch eine Physiognomie gefasst, immer neue Gesichter schneiden, der fliegende Salon immer andere Sozietäten bildet, bevor man noch die alten recht überwunden.«

Ruskin, dessen Abneigung gegen die Eisenbahn die sensibelsten Beschreibungen der Eigentümlichkeit vorindustriellen Reisens zu verdanken sind, stellt ein geradezu rechnerisches Verhältnis auf einerseits zwischen der Zahl von Objekten, die in einem gegebenen Zeitraum wahrgenommen werden, und andererseits der Qualität dieser Wahrnehmung: »Das Wichtigste ist meiner Meinung nach, mit so wenig Veränderung wie möglich zufrieden zu sein. Ist unsere Aufmerksamkeit wach und sind unsere Gefühle in einem ausgeglichenen Zustand, dann bedeutet eine Biegung der Landstraße mit einem Haus am Wegesrand, das wir vorher nicht gesehen haben, durchaus genügend Abwechslung für uns; bewegen wir uns schnell und ›nehmen‹ zwei Häuser auf einmal, so ist das schon zu viel: daher ist für eine gefühlsmäßig ausgeglichene Person eine gemächliche Wanderung auf der Landstraße von nicht mehr als zehn oder zwölf Meilen pro Tag die angenehmste Art zu reisen: das Reisen wird nämlich im genauen Verhältnis zu seiner Geschwindigkeit stumpfsinnig.«

Die letzte Feststellung, dass Reisen im exakten Verhältnis zur Geschwindigkeit stumpfsinnig werde, gilt für die Einschätzung des Eisenbahnreisens durch jene Angehörigen des 19. Jahrhunderts, die noch am vorindustriellen Reisen orientiert sind, die nicht fähig sind, eine dem neuen Transport entsprechende Wahrnehmung zu entwickeln. Stumpfsinn und Langeweile ist die Reaktion, nachdem alle Versuche, den Wahrnehmungsapparat des überlieferten landschaftsintensiven Reisens unverändert in die Eisenbahn zu übertragen, an dessen Überlastung und Ermüdung gescheitert sind. Die Unfähigkeit, eine dem technischen Stand adäquate Sehweise zu entwickeln, erstreckt sich abhängig von politischer, ideologischer und ästhetischer Disposition auf die verschiedensten Persönlichkeiten des 19. Jahrhunderts. »Ich langweile mich derart in der Eisenbahn«, schreibt Flaubert 1864 an einen Freund, »dass ich nach fünf Minuten vor Stumpfsinn zu heulen beginne. Die Mitreisenden denken, es handle sich um einen verlorenen Hund; durchaus nicht, es handelt sich um Herrn Flaubert, der da stöhnt.« Er verbringt die Nacht vor einer Bahnreise schlaflos, um die Reise hindurch, die für ihn keine ist, schlafen zu können, so wenig kann er mit dem Blick aus dem Abteilfenster anfangen.

*1978*

## ISAIAH BERLIN

## Der Verfall des utopischen Denkens

*Dieser uralte Traum: »Es gibt eine letzte Lösung für alle Übel, unter denen die Menschen leiden, es muss sie geben, man kann sie ausfindig machen, und man kann sie erlangen; durch Revolution oder mit friedlichen Mitteln kommt sie eines Tages bestimmt ...« Die Erfahrung hat das politische Denken geschärft: Die Verwirklichung dieses Traums ist nicht nur eine praktische, sondern bereits eine theoretische Unmöglichkeit. Die Bescheidenheit im Umgang mit großen Ideen, die in den Lehren der vergangenen hundert Jahre einige Fortschritte zu verzeichnen hat, empfiehlt den Menschen und ihren politischen Lehrmeistern, »so viel Mitgefühl und Verständnis zwischen ihnen zu wecken und zu fördern wie nur möglich, wenngleich dies nie vollständig gelingen wird. Allerdings«, setzt unser großer Denker hinzu, »ist dies auf den ersten Blick kein sonderlich begeisterndes Programm«, vielleicht eben nicht leuchtend genug, um die literarische Gattung der Utopie, außer als Karikatur, in Schwung zu halten?*

*Isaiah Berlin (\* 1909, † 1997) erlebte als Junge die Oktoberrevolution in Sankt Petersburg mit und hat über diese Erfahrung geschrieben. Sie prägte ihn in Form einer tiefen Skepsis gegenüber jedem dogmatischen Idealismus und der Gewalt, die dieser angeblich rechtfertigen soll, während er die Gesellschaft unter hehrem Namen in die Tyrannei führt.*

Die idee der vollkommenen gesellschaft ist ein sehr alter Traum. Entweder wurde er durch Missstände in der Gegenwart ausgelöst, die die Menschen veranlassten, sich vorzustellen, wie ihre Welt ohne diese Missstände aussähe – wie ein idealer Staat beschaffen wäre, in dem es kein Elend und keine Habgier, weder Gefahr noch Armut noch Furcht, weder menschenunwürdige Arbeit noch Unsicherheit gäbe oder er erwuchs aus dem Wunsch, durch Utopien, durch in satirischer Absicht konstruierte Fiktionen die tatsächliche Welt zu kritisieren und jene zu beschämen, die in den bestehenden Systemen herrschten oder solche Herrscher allzu demütig ertrugen: und zuweilen sind Utopien auch gesellschaftliche Fantasien – Übungen der poetischen Einbildungskraft.

In den abendländischen Utopien begegnen uns gewisse Elemente immer wieder: Die Gesellschaft lebt in reiner Harmonie, alle ihre Angehörigen leben im Frieden, lieben einander und sind unbehelligt von physischer Gefahr, von Mangel irgendwelcher Art, von Unsicherheit, von entwürdigender Arbeit, Neid und Enttäuschung, sie müssen weder Ungerechtigkeit noch Gewalttätigkeit erleiden, leben in einem stets gleichbleibenden Licht, in gemäßigtem Klima, inmitten einer unendlich fruchtbaren, großzügigen Natur. Das wichtigste Merkmal der meisten, vielleicht aller Utopien ist ihr statischer Charakter. In ihnen ändert sich nichts, denn sie haben die Vollendung erreicht: Es besteht kein Bedürfnis nach Neuerung und Wandel; niemand kann wünschen, einen Zustand zu verändern, in dem alle natürlichen Wünsche des Menschen erfüllt sind.

All dies gründet auf der Annahme, dass die Menschen eine feste, unwandelbare Natur und bestimmte universelle, allen gemeinsame Ziele besitzen. Wenn diese Ziele einmal verwirklicht sind, hat die menschliche Natur ihre Erfüllung gefunden. Schon diese Idee der universellen Erfüllung setzt voraus, dass die Menschen nach Zielen streben, die für alle jederzeit und überall im Wesentlichen die gleichen sind. Denn wäre das nicht so, dann wäre Utopia nicht Utopia, dann würde die vollkommene Gesellschaft eben nicht jeden ganz zufriedenstellen.

Die meisten Utopien sind in einer weit zurückliegenden Vergangenheit angesiedelt: Es war einmal ein Goldenes Zeitalter. So erzählt Homer von den glücklichen Phäaken oder den unschuldigen Äthiopiern, unter denen sich Zeus so gern aufhält, und besingt die Inseln der Seligen. Hesiod spricht vom Goldenen Zeitalter, dem von Mal zu Mal schlimmere Zeitalter folgten, bis herab auf die schreckliche Zeit, in der er selbst lebte. Platon sagt im *Symposion*, früher – in einer fernen, glücklichen Zeit – seien die Menschen kugelförmig gewesen und dann in Hälften zerbrochen, und seither suche jede Halbkugel ihr Gegenstück, um wieder in sich gerundet und vollständig zu werden. Er spricht auch von dem glücklichen Leben von Atlantis, das infolge einer Naturkatastrophe für immer untergegangen ist. Vergil spricht von der

*Saturnia regna*, dem Königreich des Saturn, in dem alle Dinge gut gewesen seien. Das Alte Testament spricht von einem irdischen Paradies, in dem Adam und Eva von Gott erschaffen wurden und glückliches, heiteres Leben ohne Schuld führten – ein Leben, das für immer hätte fortbestehen können, wenn es nicht durch den Ungehorsam des Menschen gegenüber seinem Schöpfer ein jammervolles Ende genommen hätte. Wenn der Dichter Alfred Tennyson im letzten Jahrhundert von einem Reich spricht: »Wo nicht Hagel fällt noch Regen oder Schnee, wo nie ein Sturmwind braust«, so spiegelt sich darin eine lange, ungebrochene Tradition, die bis zu dem homerischen Traum vom ewigen Licht über einer windlosen Welt zurückreicht.

Diese Dichter siedelten das Goldene Zeitalter in einer Vergangenheit an, die nie mehr zurückkehren kann. Für andere Denker steht das Goldene Zeitalter noch bevor. Der Prophet Jesaja sagt uns, in der »letzten Zeit« werden die Menschen »ihre Schwerter zu Pflugscharen und ihre Spieße zu Sicheln machen. Denn es wird kein Volk wider das andere das Schwert erheben, und sie werden hinfort nicht mehr lernen, Krieg zu führen … Da werden die Wölfe bei den Lämmern wohnen und die Panther bei den Böcken lagern … Die Wüste und Einöde wird frohlocken, und die Steppe wird jubeln und wird blühen wie die Lilien … und Schmerz und Seufzen wird entfliehen.« In ähnlicher Weise spricht Paulus von einer Welt, in der es weder Juden noch Christen, weder Männer noch Frauen, weder Leibeigene noch Freie gibt. Alle Menschen werden gleich und im Angesicht Gottes vollkommen sein.

Gemeinsam ist all diesen Welten, gleichgültig, ob sie als Paradies auf Erden aufgefasst oder in ein Jenseits verlagert werden, eine statische Vollkommenheit, in der die menschliche Natur endlich vollständig verwirklicht ist, in der alles unwandelbar und in Ewigkeit stillsteht.

Dieses Ideal kann gesellschaftlich und politisch sowohl hierarchische als auch demokratische Formen annehmen. In Platons Staat besteht eine strenge, in sich geschlossene Hierarchie von drei Klassen, ausgehend von dem Prinzip, dass es drei Typen von menschlichen Wesen gibt, deren jeder vollständig verwirklicht werden kann und die sich zu einem harmonischen Ganzen fügen. Der Stoiker Zenon von Kition entwirft das Bild einer anarchistischen Gesellschaft, in der alle rationalen Wesen friedlich, glücklich und in vollkommener Gleichheit leben und auf Institutionen nicht angewiesen sind. Wenn die Menschen rational sind, benötigen sie keine Herrschaft; rationale Wesen brauchen weder einen Staat noch Geld, weder Gerichtshöfe noch irgendwelche anderen fest organisierten Institutionen. In der vollkommenen Gesellschaft tragen Männer und Frauen die gleichen Kleider und »nähren sich von einer Weide, die allen gehört«. Sofern sie rational sind, werden auch alle ihre Wünsche notwendigerweise rational sein und lassen sich also auf harmonische Weise erfüllen. Zenon war der erste utopische Anarchist, der Begründer einer langen Tradition, die in unserer Zeit eine plötzlich zuweilen gewaltsame Blüte erlebte. …

Unsere Zeit hat den Konflikt zwischen zwei unversöhnlichen Anschauungen erlebt: Auf der einen Seite stehen jene, die überzeugt sind, dass es zeitlose, für alle Menschen bindende Werte gibt und dass die Menschen diese Werte bisher nur deshalb noch nicht erkannt und verwirklicht haben, weil ihnen in moralischer, intellektueller oder materieller Hinsicht das Vermögen fehlt, dieses Ziel zu erreichen. Es kann auch sein, dass uns dieses Wissen aufgrund der Gesetze der Geschichte selbst vorenthalten ist: Einer Deutung dieser Gesetze zufolge hat der Klassenkampf unsere Beziehungen zueinander so sehr verzerrt, dass die Menschen für die Wahrheit blind geworden sind, und verhindert auf diese Weise eine vernünftige Gestaltung des menschlichen Daseins. Aber es gab doch immerhin so viel Fortschritt, dass einige wenige in die Lage versetzt worden sind, die Wahrheit zu erkennen; und wenn die Zeit sich erfüllt, wird die universale Lösung allen deutlich vor Augen stehen; dann endet die Vorgeschichte, und es beginnt die eigentliche Geschichte der Menschheit. So behaupten es die Marxisten und vielleicht auch andere sozialistische und optimistische Propheten. Nicht einverstanden hiermit sind jene, die erklären, dass die Temperamente, die Begabungen, Anschauungen, Wünsche der Menschen sich auf immer voneinander unterscheiden, dass Einförmigkeit tödlich ist; dass die Menschen ein erfülltes Leben nur in Gesellschaften mit einer offenen Struktur führen können, in denen Vielfalt nicht bloß geduldet, sondern gebilligt und gefördert wird; dass es zu einer reichen Entfaltung der Kräfte des Menschen nur in Gesellschaften kommen kann, in denen es ein breites Spektrum von Meinungen gibt – die Freiheit zu »Lebensexperimenten«, wie J. S. Mill sie nannte –, in denen Gedanken- und Ausdrucksfreiheit herrscht, in Gesellschaften, die Reibungen und sogar Konflikte zulassen, auch wenn sie Regeln zu ihrer Kontrolle und zur Verhinderung von Zerstörung und Gewalt aufstellen; dass die Unterwerfung unter einer einzigen Ideologie, und sei sie noch so vernünftig und fantasievoll, die Menschen ihrer Freiheit und Vitalität beraubt. Vielleicht hat Goethe dies gemeint, als er nach der Lektüre von Holbachs *Système de la nature* (einem der berühmtesten Werke des französischen Materialismus im 18. Jahrhundert, das eine Art von rationalistischer Utopie entwarf) erklärte, er könne nicht begreifen, wie sich jemand ein solch graues, kimmerisches, leichenhaftes Projekt ohne Farbe, Lebendigkeit, Kunst und Humanität zu eigen machen könne. Den Verfechtern eines solchen romantisch gefärbten Individualismus kommt es nicht auf die grundlegenden Gemeinsamkeiten, sondern auf die Unterschiede an, nicht auf das Eine, sondern auf die Vielen; für sie ist das Streben nach Einheit – die Erneuerung der Menschheit durch Wiedergewinnung einer verlorener Unschuld und Harmonie, die Rückkehr aus einem zerfallen Dasein in ein allumfassendes Ganzes – ein kindischer gefährlicher Wahn: Wer alle Verschiedenartigkeit und alle Konflikte um der Einförmigkeit willen tilgt, der, so meinen sie, tilgt das Leben selbst.

Diese Doktrinen lassen sich nicht miteinander verknüpfen. Sie stehen seit alters in einem Gegensatz zueinander; in ihrem modernen Gewand beherrschen beide die Menschheit, und beide stoßen auf Widerstand: industrielle Organisation kontra Menschenrechte, bürokratische Regelungen kontra individuelle Eigenständigkeit; weise Regierung kontra Selbstverwaltung; Sicherheit kontra Freiheit. Zuweilen verkehrt sich eine Forderung in ihr Gegenteil: Die Forderung nach partizipatorischer Demokratie verwandelt sich in die Unterdrückung von Minderheiten, Maßnahmen zur Herstellung von sozialer Gleichheit zerstören die Selbstbestimmung und ersticken das individuelle Genie. Neben diesen Kollisionen von Wertvorstellungen hält sich ein uralter Traum: es gibt eine letzte Lösung für alle Übel, unter denen die Menschen leiden, es muss sie geben, man kann sie ausfindig machen, und man kann sie erlangen; durch Revolution oder mit friedlichen Mitteln kommt sie eines Tages bestimmt; und alle Menschen oder zumindest die überwiegende Mehrheit von ihnen werden dann tugendhaft und glücklich, klug, gut und frei sein; wenn ein solcher Zustand erreicht werden kann und wenn er, sobald man ihn erreicht hat, für immer andauern wird – welcher vernünftige Mensch könnte sich dann noch in die Wüste des Leidens und des Elends zurückwünschen? Wenn es möglich ist, diesen Zustand zu erreichen, sollte man dann nicht jeden Preis, jedes Maß an Unterdrückung, Grausamkeit, Repression, Zwang in Kauf nehmen, um auf diese Weise und nur auf diese Weise die endgültige Erlösung aller Menschen zu gewinnen? Diese Überzeugung lässt einen weiten Raum dafür, anderen Menschen Leid zuzufügen, sofern dies nur aus reinen, uneigennützigen Motiven geschieht. Wenn man diese Doktrin aber für eine Illusion hält, und sei es nur, weil manche letzten Werte sich nicht miteinander vereinbaren lassen und weil die Vorstellung von einer Welt, in der sie miteinander versöhnt wären, an sich schon theoretisch (und nicht nur praktisch) unmöglich ist, dann ist es vielleicht das Beste, wenn man versucht, ein notwendigerweise instabiles Gleichgewicht zwischen den verschiedenen Bestrebungen verschiedener Gruppen herzustellen – wenn man zumindest zu verhindern versucht, dass sie einander ausrotten, und so weit wie möglich auch, dass sie einander wehtun – und so viel Mitgefühl und Verständnis zwischen ihnen zu wecken und zu fördern, wie nur möglich, wenngleich dies nie vollständig gelingen wird. Allerdings ist dies auf den ersten Blick kein sonderlich begeisterndes Programm: ein liberales Plädoyer, das Mechanismen empfiehlt, mit denen die Menschen daran gehindert werden sollen, einander zu viel Leid zuzufügen, mit denen jeder Gruppe genug Raum gewährt werden soll, die ihrer Eigenart entsprechenden, unverwechselbaren, besonderen Ziele zu verwirklichen, ohne dabei allzu sehr mit den anderen Zielen anderer Gruppen in Konflikt zu geraten – ein solches Plädoyer ist kein leidenschaftlicher Aufruf zum Kampf, der die Menschen zu Opfern, Märtyrertum und Heldentaten anspornt. Aber wenn man sich darauf einlassen würde, könnte dies die gegenseitige Vernichtung vielleicht verhindern und letztlich zur Bewahrung der Welt beitragen. Immanuel Kant, der jeglichem Irrationalismus abhold war, hat einmal bemerkt: »Aus so krummen Holze, als woraus der Mensch gemacht ist, kann nichts ganz Gerades gezimmert werden.« Und aus diesem Grund kann es in den Angelegenheiten der Menschen keine vollkommene Lösung geben – aus praktischen, aber auch aus prinzipiellen Gründen nicht –, und jeder Versuch, solche Lösungen zu verwirklichen, mündet mit hoher Wahrscheinlichkeit in Leiden, Enttäuschung und Scheitern.

*1979*

# TENDZIN GYATSHO ALIAS LHAMO DÖNDRUB – DER 14. DALAI LAMA
## Von Natur aus wollen alle Menschen glücklich sein

*Auch unter den Gläubigen gibt es wahre Weltbürger, und gäbe es eine Weltökumene aller Religionen, hätte die Wahl des Vorsitzenden auf diesen zu fallen. Über jedem Zweifel steht seine Autorität als Botschafter nicht nur der Menschenliebe, sondern ebenso des Gemeinverstands, für ihn ein fraglos universelles Gut.*

*Die Rede ist von einem tibetischen Bauernsohn, gebürtig Lhamo Döndrub (\*1935), dessen Mutter sechzehn Kinder zur Welt gebracht hat. Den späteren buddhistischen Mönch namens Tendzin Gyatsho (Ozean der Weisheit), seit 1950 Chef der Regierung Tibets, zwang 1959 die chinesische Volksbefreiungsarmee zur Flucht nach Indien, wo das Oberhaupt der tibetischen Nation bis heute im Exil in Dharamsala, Himachal Pradesh, residiert. Die politische Führung der Exilregierung gab er 2011 auf, um sich ganz auf seine geistige Zuständigkeit zu konzentrieren.*

Was ist nun, erstens, der Lebenszweck eines Menschen? Ich meine, dass Glück der Lebenszweck ist. Ob sich ein Zweck hinter der Existenz des Universums oder der Galaxien verbirgt, weiß ich nicht. Tatsache ist jedenfalls, dass wir zusammen mit anderen Menschen uns hier auf diesem Planeten befinden. Weil nun jeder Mensch nach Glück strebt und Leid vermeiden möchte, ist klar, dass der Wunsch nicht aus einer Schulung oder Ideologie stammt. Er ist etwas Natürliches. Deshalb glaube ich, dass die Erlangung von Glück, Frieden und Freude der Zweck des Lebens ist. Darum muss man unbedingt untersuchen, worin Glück und Befriedigung bestehen und was ihre Ursachen sind.

Ich glaube, dass es einen geistigen und einen körperlichen Faktor gibt. Beide sind wichtig. Wenn wir diese beiden Dinge miteinander vergleichen, ist der geistige Faktor wichtiger, höherrangig gegenüber dem körperlichen Faktor. Dies können wir in unserem täglichen Leben feststellen. Weil der geistige Faktor wichtiger ist, müssen wir ganz besonders auf die inneren Qualitäten achten.

Ich glaube nun, dass Mitgefühl und Liebe notwendig sind, damit wir Glück oder Gelassenheit erlangen. Diese geistigen Faktoren sind der Schlüssel. Ich glaube, dass sie die grundlegende Quelle sind. Was ist Mitgefühl oder Mitleiden? Aus buddhistischer Sicht gibt es verschiedene Arten von Mitleid. Die Grundbedeutung ist nicht einfach ein Gefühl der Verbundenheit oder einfach ein Gefühl des Bedauerns. Ich glaube vielmehr, dass wir bei echtem Mitleid nicht nur den Schmerz und das Leid anderer fühlen, sondern auch die Entschlossenheit empfinden, dieses Leiden zu überwinden. Ein Aspekt des Mitleids ist eine gewisse Art von Entschlossenheit und Verantwortlichkeit. Das Mitgefühl bringt uns daher Gelassenheit wie auch innere Kraft. Innere Kraft ist die letzte Ursache des Erfolgs. – Wenn wir uns einem Problem gegenübersehen, hängt sehr viel von der persönlichen Einstellung zu diesem Problem oder dieser Tragödie ab. Manchmal verliert man bei auftretenden Schwierigkeiten die Hoffnung, wird mutlos und schließlich deprimiert. Wenn man aber eine gewisse geistige Haltung hat, dann bringen Tragödie und Leid gerade mehr Energie, mehr Entschlossenheit.

Ich sage unserer Generation meist, dass wir in der dunkelsten Phase unserer langen Geschichte geboren wurden. Dies ist eine große Herausforderung. Wo aber eine Herausforderung ist, gibt es auch eine Gelegenheit, sich ihr zu stellen, eine Gelegenheit, unseren Willen und unsere Entschlossenheit zu erproben. Aus dieser Sicht meine ich daher, dass unsere Generation vom Glück begünstigt ist. Diese Dinge hängen von inneren Fähigkeiten, von innerer Stärke ab. Mitgefühl ist seiner Natur nach sehr sanft, sehr friedlich und geschmeidig, nicht schroff. Man kann es nicht leicht zerstören, weil es mächtig ist. Deshalb ist Mitgefühl sehr wichtig und nützlich.

Wenn wir nun wieder die menschliche Natur betrachten, sind Liebe und Mitgefühl die Grundlagen des menschlichen Daseins. Manche Wissenschaftler sagen, dass der Fötus im Mutterschoß schon Empfindungen hat und vom seelischen Zustand der Mutter beeinflusst wird. Die ersten Wochen nach der Geburt sind dann entscheidend für das Wachstum des kindlichen Gehirns. Während dieser Phase ist die körperliche Berührung der Mutter der wichtigste Faktor für die gesunde Entwicklung des Gehirns. Dies zeigt, dass das Physische für seine gedeihliche Entwicklung eine gewisse Zeit braucht.

Nach unserer Geburt trinken wir als Erstes Milch an der Mutterbrust. Das Kind weiß wohl nichts von Mitleid und Liebe, doch hat es das natürliche Gefühl der innigen Verbundenheit mit dem Objekt, das ihm Milch spendet. Wenn die Mutter zornig oder missgelaunt ist, kann es sein, dass die Milch nicht richtig fließt. Dies zeigt, dass vom ersten Tag unseres Menschendaseins an die Wirkung des Mitgefühls ganz entscheidend ist.

Wenn in unserem Alltagsleben unerfreuliche Dinge geschehen, richten wir sofort unsere Aufmerksamkeit auf sie, ohne auf andere, erfreuliche Dinge, zu achten. Diese empfinden wir als normal oder selbstverständlich. Das zeigt, dass Mitgefühl und Zuwendung Teil der menschlichen Natur sind.

Mitgefühl oder Liebe haben verschiedene Ebenen: einige sind mehr, andere weniger mit Verlangen oder Verhaftetsein vermischt. So enthält zum Beispiel die Haltung von Eltern gegenüber ihren Kindern eine Mischung aus Verlangen und Verhaftetsein mit Mitgefühl. Liebe und Mitgefühl zwischen Mann und Frau liegen – insbesondere zu Beginn der Ehe, wenn sie die tiefere Natur des anderen noch nicht kennen – auf einer oberflächlichen Ebene. Sobald sich die Haltung eines Partners verändert, verkehrt sich die Haltung des anderen in ihr Gegenteil. Diese Art von Liebe und Mitgefühl hat eher mit Verhaftetsein zu tun. Verhaftetsein bezeichnet eine Art der Empfindung von Nähe, die man selbst projiziert. Die Gegenseite kann in Wirklichkeit sehr negativ sein, doch erscheint sie aufgrund der eigenen geistigen Verhaftung und Projektion als etwas Erfreuliches. Weiterhin führt Verhaftetsein dazu, dass man eine geringfügige gute Eigenschaft aufbläht und sie als zu einhundert Prozent schön oder einhundert Prozent positiv erscheinen lässt. Sobald sich die geistige Haltung ändert, ändert sich das ganze Bild. Deshalb ist diese Art von Liebe und Mitgefühl eher ein Verhaftetsein.

Eine andere Art von Liebe und Mitgefühl basiert nicht darauf, dass uns etwas als hübsch oder schön erscheint, sondern auf der Tatsache, dass der andere Mensch wie man selbst auch glücklich sein und Leid vermeiden möchte und in der Tat auch jegliches Recht hat, glücklich zu sein und das Leid zu überwinden. Auf dieser Grundlage empfinden wir eine Verantwortlichkeit, eine innige Verbundenheit mit diesem Menschen. Dies ist wahres Mitleid. Deshalb ist die Grundlage des Mitgefühls die Vernunft, nicht die Emotion. Daraus folgt, dass es nicht darauf ankommt, was des anderen Haltung ist, ob eine positive oder negative. Worauf es ankommt, ist, dass er ein Mensch ist, ein fühlendes Wesen, das Schmerz und Freude empfinden kann. Es gibt keinen Grund, kein Mitleid zu empfinden, solange es sich um ein fühlendes Wesen handelt.

Die Arten von Mitleid auf der ersten Ebene sind vermischt, miteinander verbunden. Manche Menschen sind der Auffassung, dass bestimmte Leute eine sehr negative, grausame Haltung gegenüber anderen haben. Diese Leute scheinen kein Mitgefühl in ihrer Seele zu haben. Ich glaube aber, dass diese Menschen sehr wohl den Samen des Mitgefühls in sich tragen. Der Grund hierfür liegt darin, dass auch diese Menschen es sehr schätzen, wenn man ihnen Zuneigung entgegenbringt. Die Fähigkeit, die Zuneigung anderer Menschen zu schätzen, zeigt, dass in ihrer tiefsten Seele der Same des Mitgefühls vorhanden ist.

Mitgefühl und Liebe sind nicht vom Menschen geschaffen. Ideologie ist vom Menschen geschaffen; diese Dinge aber werden von der Natur hervorgebracht. Es ist wichtig, natürliche Eigenschaften zu erkennen, insbesondere, wenn wir vor einem Problem stehen und keine Lösung finden. So meine ich zum Beispiel, dass die chinesischen Führer vor einem Problem stehen, das zum Teil in ihrer Ideologie, in ihrem eigenen System begründet ist. Wenn sie aber nun versuchen, dieses Problem mittels ihrer eigenen Idee zu lösen, kommen sie mit diesem Problem nicht zurecht. Wir schaffen im religiösen Bereich, manchmal sogar durch die Religion, ein Problem. Wenn wir nun versuchen, dieses Problem mit religiösen Mitteln zu lösen, ist es ziemlich sicher, dass wir scheitern werden. Ich meine also, dass es bei Problemen dieser Art wichtig ist, uns auf unser grundlegendes Menschsein zu besinnen. Ich glaube, dass sich dann leichter Lösungen finden. Deshalb sage ich oft, dass man menschliche Probleme am besten mit menschlichem Verständnis löst.

*1979*

GUIDO CERONETTI

# Ohne gibt es keine vollständige Kenntnis der Weiblichkeit

*In der Kleinstadt Albano Laziale südöstlich von Rom gründete er 1970 mit seiner Frau Erica Tedeschi das Marionettentheater Teatro dei Sensibili. Gespielt wird in italienischer, französischer, hebräischer und anderen Sprachen, zunächst nur im privaten Kreis, zu dem die Regisseure Fellini und Buñuel, Autoren wie Eugenio Montale und Giorgio Bassani und zudem der Verleger Giulio Einaudi gehören. Mit seinen Stücken, in denen Musik eine wichtige Rolle spielt, geht er später auf Reisen und führt sie auch auf der Straße und in Parks auf.*

*Der Dramaturg, Dichter, Aphoristiker und Schriftsteller Guido Ceronetti (\*1927) schreibt seit 1945 als Wissenschaftsjournalist und Kultur- und Ideenhistoriker für Zeitungen und Zeitschriften, seit 1972 regelmäßig für die Turiner Tageszeitung »La Stampa«.*

Cunnilingus. Das letzte Wort über den Cunnilingus ist noch nicht gesprochen: es wird Zeit. Er sollte im Wesentlichen als philanthropische Handlung gesehen werden, als eine unter denen, die noch die wenigste Undankbarkeit hervorrufen. (Fellatio wohnt gleich hinterm Fenster gegenüber; für sie gilt größtenteils das nicht, was man von jenem sagen kann.) Das Dictionarium Eroticum fängt sofort mit einem Philologen-Unsinn an: *Foeditas* … Römer praktizierten sie in großem Maß und wurden dafür von Dichtern und Philosophen getadelt, die sich jedoch selbst nicht davon abhalten ließen, sie zu praktizieren. Der Tadel war ein Schutz der Mannestoga, des von einem servilen Akt freien Mannes, und betrifft uns nicht mehr, weil wir keine Toga mehr tragen (ein Gewand voll von Zurechtweisungen und Untersagungen) und weil an die Stelle der Unterscheidung zwischen freien und servilen Handlungen ein großer Mischmasch getreten ist, wo eine kompliziertere und paradoxere Moral sich auch das Dienen als Freiheit wählen kann. (Christentum auch hier: Ein Meister, Jesus, *wäscht die Füße* seiner Jünger und stellt sich damit als Beispiel hin; ein Messias stirbt wie ein Sklave am Kreuz – demnach wird der Cunnilingus in der christlichen Ethik des freien Mannes würdig.) Doch es besteht kein Zweifel, dass seine Vergangenheit eine servile ist; es ist der Geschlechtsakt der Eunuchen und Harems, der verzweifelte Ausbruch der gefangengehaltenen Frauen. Heute ruht die Harmonie des ehelichen Verkehrs physisch mehr auf dem Cunnilingus denn auf jedem anderen Akt. »Mein Herr, es sind nicht Hände oder Füße, auf halber Strecke ist der Ort zu küssen!« (Brantôme, *Das Leben der galanten Damen.*) Bei den Frauen, die ihn ablehnen, liegt so etwas wie (Liebes-)Gottlosigkeit vor, mangelnde Religiosität im erotischen Bereich. Unter den Gefahren des Cunnilingus ist vor allen Dingen diejenige zu nennen, dass man leicht die Person vergisst, an der er praktiziert wird, so sehr taucht der Akt den Cunnilingus-Anhänger in reine Schakti, ins unsterbliche Zeichen der Magna Mater, das heißt, in die grenzenlosen Wasser. Ins Symbol versenkt, von den Wassern verschlungen, verliert er Gesicht und Namen aus den Augen: Wird diese Vergessenheit, das Werk der kosmischen Energie, entdeckt (jede Frau hat genau in der Mitte ihres Venushügels ein Auge, das alles erspäht), dann wird das menschliche Ich der Geliebten verletzt. Ein In-die-Länge-Ziehen vergrößert diese Gefahr. Einem jeden wird es schon passiert sein, dass er sich bei einem ausgedehnten Cunnilingus *woanders* fühlte (wie Narada, als er Wasser für Vischnu holen geht), in einer unbekannten Landschaft, und sich fragte »Wo bin ich? Warum bin ich hier? Wie viel Zeit ist vergangen?« Man verliert zusammen mit Gesicht und Namen auch Ort und Zeit. Das geschieht bei der Fellatio nicht: die Fellatrix bewegt sich nicht im Unbestimmten und Passiven, sie ist mit einem aktiven Pfahl verbunden, der Akt vollzieht sich in sehr kurzer Zeit, der Penis dient ihr als Kompass, fixer Norden des Ichs (Symbol, doch auch zu sehr Rad am individuellen Wagen, als dass ein Eintauchen in die Maya stattfinden könnte); das Gesicht ist näher und schwebt liebevoll über dem saugenden Mund. Wer den Cunnilingus praktiziert, muss versuchen, niemals den Kontakt zum Menschlichen und Individuellen zu verlieren, denn das Göttliche, in welcher Form auch immer man ihm begegnet, verwirrt und verdunkelt. Man muss sein Möglichstes tun, indem man ab und zu unterbricht und mit Worten, Blicken und manuellen Zärtlichkeiten die

Erinnerung wachhält, damit man nie aus dem eng begrenzten persönlichen Bereich hinausgeht. Nie sich isolieren! Und der, die den Cunnilingus erhält, sagen die Lehrmeister, die Möglichkeit lassen, mit eigener Bewegung dessen Rhythmus zu prägen und dazu die geeignetsten Positionen einzunehmen, um die geheime Energie auf sich zu ziehen. (Die Zunge, Überbringerin des Wortes, ist unermesslich viel potenter und mehr dazu fähig als der Penis, Energie zu schenken.) Ein Sade konnte das nicht verstehen. Wenn man die Philanthropie der Mühe, mit anstrengender Liebkosung einer bewundernswerte Aufwallung herbeizuführen, wegnimmt und das mystische Eintauchen durch ungeheuerliche Ausdehnung eines schlüpfrigen Egoismus auslöscht, wird der Akt zu einem der vielen Spiegel, in denen sich unser schmutziges Bild widerspiegelt. Eine rigorose exoterische Transzendenz wird den Cunnilingus wegen der unmäßigen Hörigkeit gegenüber der Kreatur, die für einen transzendenten, sprechenden Gott kränkend sein muss, verdammen. Erinnere dich deines Schöpfers ... Erinnert euch meiner, und ich werde mich eurer erinnern ... Es ist in solchen Momenten schwierig, sich seiner zu erinnern. (Juden und Moslems werden von den Folgen der Unreinheit zurückgehalten, Christen vom strengen *Blick herab vom Kreuz*.) Die Pestkranken *im Namen des Herrn* zu pflegen, bis man selbst an Pest stirbt, tut der Transzendenz keinen Abbruch; doch der Cunnilingus im Namen des Herrn erscheint sonderbar und diesem religiösen Bekenntnis konträr. Was wird wohl die *sideratio*, die *sideris percussio* [»Schlag, Lähmung, plötzlicher Tod«] gewesen sein – Sternenblitz, Züchtigung der Leckenden ungeachtet ihrer Verdienste? Bei Martial findet man das Schreckliche, das ungeheuerliche Epigramm von Nannejus *moechus ore* [»Dem Ehebrecher mit dem Mund«] (XI, 61), das einem jede Lust darauf nimmt, *lingere cunnum*:

*nam dum tumenti mersus haeret in vulva*
*et vagientes intus audit infantes*
*partem gulosam solvit indecens morbus.*
[»Als er, eingetaucht, in der schwellenden Vulva stecken bleibt und drinnen die Säuglinge wimmern hört,
wird sein gefräßiges Teil von der schändlichen Krankheit getroffen.«]

Die Hypothese, dass *indecens morbus* ein *chancre enduré* [»harter Schanker«] sei, scheitert am *dum*: Nannejus wird in eben diesem Moment getroffen (wenn das nicht übertrieben ist). Doch die Zunge ist empfindlich, Anstrengung und Acidität können zu plötzlichen allergischen Phänomenen führen (die den Menschen der Antike vertrauter waren als uns heute), die *sideratio* kann darunter sein. In Zeiten weiter Verbreitung des *Mal des Ardents*[1] hinterließ die orale Intimität in unseren armen Mündern häufig die beängstigenden Zeichen des Treponema[2]. »Die Schleimhaut des Mundes und die der Zunge, beide fein und von vielen Blutgefäßen durchzogen, eignen sich hervorragend zur Penetration des Treponema«[2] (Jérémy Vilensky, *Chancre syphilitique de la langue*, 1930). Der Speichel ist ein schneller Bote, und auf dem vordersten Drittel der Zunge, auf ihrem oberen Teil, an den Rändern und an der Spitze setzt sich das unselige münzförmige Siegel bevorzugt ab. Cunnilingus ist mir eine von vielen Übertragungsmöglichkeiten: Im 19. Jahrhundert kam unter Glasarbeitern wegen des gemeinsamen Gebrauchs einer Glasbläserpfeife das Geschwür im Mund häufig vor. Unter den noblen Aquarellen, die den *Atlas der Syphilis und der venerischen Krankheiten* des berühmten Wiener Arztes Franz Mracek (1898) illustrieren, ist eine *Sklerosis labii inferniois oris* [»Verhärtung der Unterlippe des Mundes«] (Bildtafel 8) besonders schauerlich, doch der für die Zunge typische *harte Schanker* wird nicht gezeigt (ich meine, ihn beim Durchblättern nicht gesehen zu haben); dagegen zeigten die Bildtafeln III und IV in der Arbeit Vilenskys (außergewöhnlich) ein Geschwür in der Mitte einer herausgestreckten Zunge, das an einen Augapfel mit seiner Pupille erinnert und durch einen Baldachin aus Bartspitzen, die an den Seiten herunterhängen, noch seltsamer und hässlicher wirkt. Wenn es sich um so etwas handelte, könnte der *indecens morbus* des Nannejus nicht besser illustriert werden. Die *sideratio* könnte auch eine plötzliche Lähmung zur Bestrafung des Exzesses sein (man glaubte, sie träfe Liebende, die beabsichtigten, gegenseitig ihre Genitalien zu verschlingen). In den *Priapea* gibt es ein Hapaxlegomenon: die Möse wird *esca*, Köder, genannt. Nahrung, Speise des *Cunnilingus*; so ist es. Hier im Carmen LXXVIII wird eine andere seltsame *sideratio* angedeutet: Ein Mädchen (*fortis ante nec mendax*) [»stark zuvor und nicht vortäuschend«] wird so heftig an der *landica* (mysteriöses Wort für Klitoris) getroffen, dass sie fast nicht mehr gehen kann. Ein Übersetzer aus neuerer Zeit, Cesare Vivaldi, stellt sie sich *geschwollen* vor, verhärtet wie ein Fahrradreifen, doch der Text geht nicht näher darauf ein. Da kann man nicht an eine Ansteckung denken, weil das nicht am Gehen hindern würde; man kann auf die Vorstellung von einer göttlichen Strafe schließen. Wie alle Akte ist auch dieser weiß, schwarz, schwarz und weiß, weder weiß noch schwarz; die Spielarten variieren von ehelicher Zuneigung und erotischer Philanthropie bis zur selbstzerstörerischen Schlüpfrigkeit; ein Straßencunnilingus ist schon Lust am Tod. Von allen Akten des Liebeskodex ist er derjenige, der am meisten Müdigkeit und Melancholie zurücklässt, die nur durch die geschenkte Lust gemildert werden. Manchmal ist man schon vor dem Ende melancholisch; das lodernde Feuer verblasst nach und nach zu einer kühlen Verschwendung des Verlangens, und es ist nichts mehr da als die ans Ruder gebundene Hand eines Galeerensklaven und ein Ruder, das mechanisch über den regungslosen Ozean streift. Cunnilingus kämpft unverzagt gegen Frigidität, die dennoch wächst und uns schmerzlich umgarnt; so tauchst du aus den Krypten des unpersönlichen Gottes wieder hervor, ohne dass du im Geheimnis einer menschlichen Seele den Funken der Lust hast entzünden können.

*Laisse-moi, parmi l'herbe claire*
*Boire les gouttes de rosée*
*Dont la fleur tendre est arrosée*
[»Lass mich, im leuchtenden Gras,
Die Tautropfen trinken
Die die zarte Blume netzen«]

Denn ohne diese *gouttes de rosée* (ein besserer Ausdruck als das rohe Wort Köder der Antike) getrunken zu haben, existiert keine vollständige Kenntnis der Weiblichkeit; es ist wie ein akroamatischer Unterricht, der in einem feuchten Halbdunkel erteilt wird. Abstrakt kann man die Frau kennen; beim individuellen Inneren ist es immer ein Herumprobieren, ein Lecken an verschlossenen Türen, ein Herumdrehen von Schlüsseln, die eine Flucht leerer Zimmer öffnen, es ist ein Wunder, wenn man nur etwas davon richtig erahnt. Man darf sich nicht selbst den Cunnilingus vorenthalten, um nicht unsere wenigen Glanzlichter noch zu schmälern, damit man mit weniger Angst in der menschlichen Hölle voranschreiten kann. Doch deines Schöpfers erinnere dich in den Tagen der Jugend.

---

1 *Mal des Ardents*: Brennseuche oder heiliges Feuer. Heiliges Feuer oder ›St.-Antonius-Feuer‹ nannte man die durch den in Getreide vorkommenden Mutterkornpilz hervorgerufene unberechenbare Krankheit. Ihre Symptome sind Unempfindlichkeit der Finger und Zehen, dann Brennen an Händen und Füßen, Krämpfe, Halluzinationen, das Abfallen von Körperteilen. Es gab gegen sie kein Heilmittel, nur der zuständige heilige Antonius konnte helfen.

2 Treponema: Erreger der Syphilis.

## 1981

# HENRI MICHAUX
# In der Hand liegt mehr Zärtlichkeit als im Herzen

*Die Texte des Reisenden Henri Michaux (\*1899, †1984) könnte ein halbes Jahrhundert versammelter Reiseliteratur nicht aufwiegen (vgl.* Nichts als die Welt, *S. 340–342). Nun hören wir den Maler, der nicht viele Worte braucht, um viel zu sagen. Danken wir allen Göttern, dass es in der Literatur und Kunst des 20. Jahrhunderts wahre Einzelgänger gegeben hat wie ihn.*

IM TIERREICH GERADEZU UNERHÖRT: die Hände, diese Instrumente der Zuneigung und der Sanftheit, die sich besser als alles andere zum Streicheln eignen.

So werden auch Tiere, die sie gewähren lassen (die Hand), nicht wieder sie selbst, außer freilich die Katzen, die es verstehen, wann immer sie wollen, das Abenteuerleben wieder aufzunehmen.

Andere Tiere gehen an dieser Zuneigung sogar zugrunde. Einmal daran gewöhnt, kommen sie nicht mehr ohne aus. Zu leben, ohne gestreichelt zu werden, ist ihnen unerträglich. Durch nichts zu ersetzende Hand.

Dadurch, durch ihre besondere Fähigkeit, zärtlich zu sein (während die Hand des Affen, des Bibers und anderer kleiner Nagetiere hart, schwielig, unangenehm oder unempfindlich bleibt), wurde dem Menschen, diesem angriffslustigen, ungeduldigen und berechnenden Lebewesen, was Sanftheit und Zuneigung anbelangt, eine Art Prädestination zuteil... Die Kinder, wenn man sie machen ließe, streichelten Wölfe und Panther. Diese Einzigartigkeit, die mit ihren anderen Neigungen mehr schlecht als recht übereinstimmt, könnte erklären, warum die Menschen trotz ihrer guten, ja manchmal sehr guten Absichten, aufs Ganze gesehen, Wirrköpfe sind und – Völker ebenso gut wie Individuen – Unbeständige bleiben, denen nie lange zu trauen ist.

In der Hand liegt mehr Zärtlichkeit als im Herzen, und im Herzen mehr als im äußeren Verhalten.

Es dürfte vor allem die Hand sein, die den Menschen gleichermaßen zum Handelnden, zum Ausgräber, Forscher, Handwerker, Arbeiter, Henker … und Spieler gemacht hat, und damit zugleich so ausnehmend leichtfertig … und verdammt unterschiedlich.

Dann aber? Wenn sie wirklich so grundlegend ist, täte man gut daran, auf sie zurückzukommen, sich ihrer besonders anzunehmen, jedenfalls ohne Gymnastik und ohne »Mudras«. Ist sie doch allzu viel belehrt und abgerichtet worden auf Nützlichkeit.

Mache »ihre« Gesten ausfindig, solche, zu denen sie Lust hat und die geeignet sein werden, dich umzugestalten. Tanz der Hand. Beobachte ihre unmittelbaren und fernen Wirkungen. Ein Kapital, vor allem wenn du nie ein Mensch von Gesten warst. Dies ist es, was dir fehlte, und nicht, was du woanders, durch Studien und Sammelwerke, vergeblich suchtest.

Unaufhörlich *kehre zurück* zur Hand.

# 1983

## STANISŁAW LEM

## Facetten menschlicher Sterblichkeit

*Er kam aus dem Krieg, wo er in seiner Heimatstadt Lemberg zwischen den Fronten unter deutschen und sowjetischen Besatzern gelebt hatte. Sein Medizinstudium hat er von 1940 bis 1948 dreimal abgebrochen und wieder aufgenommen, zum letzten Mal in Krakau. Beim Staatsexamen fiel er durch, weil er sich weigerte, seine Antworten auf die stalinistischen Dogmen der Lyssenko-Biologie abzustimmen. Dies ersparte ihm die Karriere eines zwangsrekrutierten Militärarztes. Stattdessen war er nach einigen Exkursionen in die Forschung schon in den Fünfzigerjahren hauptamtlich als Schriftsteller tätig. Hatte er als Kind noch Tiere erfunden, waren es jetzt ganze extraterrestrische Welten. Aber die Allegorik seiner (Science) Fiction, dieser unerhörten Feuerwerke der Fantasie mit Titeln wie Sterntagebücher usw., täuscht nicht darüber hinweg, dass sein Thema die epochalen Umwälzungen in Wissenschaft und Technik mit ihren Folgen in allen Lebensbereichen waren. US-amerikanischen Rezensenten, versiert in Science-Fiction, missfiel der »wissenschaftliche Realismus«, der sich in seinen Romanen auf Kosten der kreativen Imagination breitmache (und es gäbe noch eine Vielfalt an weiterem Kritikerunrat zu entsorgen). Dabei war er seiner Zeit um Jahrzehnte voraus, diskutierte die sich abzeichnende informatische Revolution schon in den Fünfzigerjahren und ging Fragen nach, die sich aus der Existenz von künstlichen Gehirnen und Gehirnkopien für unsere Identität ergeben müssten.*

*Spätestens seit den frühen Achtzigerjahren war Stanisław Lem (\*1921, †2006) im 21. Jahrhundert unterwegs. Aus seiner* Bibliothek des 21. Jahrhunderts *präsentiert er uns hier einen neuen Typus von Statistik mit leicht bizarren Aspekten: die Abbildung eines allgegenwärtigen, immerwährenden Prozesses – hier am Beispiel des menschlichen Sterbens – durch die Momentaufnahme eines punktuellen Ausschnitts.*

DU WIRST, LIEBER LESER, nicht alles *auf einmal* erfahren; doch wenn du zuerst in das Inhaltsverzeichnis, geordnet nach einzelnen Bereichen, dann in die entsprechenden Rubriken hineinschaust, wirst du Dinge erfahren, die dir den Atem verschlagen. Nicht aus Bergen, Flüssen und Feldern gebildete, sondern aus Milliarden von Menschenleibern, wird in einer Momentaufnahme vor dir eine Landschaft erscheinen, wie eine gewöhnliche Landschaft in einer dunklen gewittrigen Nacht, wenn das Aufleuchten der Blitze die Dunkelheit zerreißt und du plötzlich, im Bruchteil einer Sekunde, einen ungeheuren, sich gegen alle Horizonte dehnenden Raum erblickst. Wieder bricht Dunkelheit ein, aber jenes Bild hat sich schon in dein Gedächtnis eingegraben, du wirst es nimmer los. Diesen Vergleich kann man in seinem visuellen Aspekt begreifen, denn wer hat nicht schon einmal ein nächtliches Gewitter erlebt, aber wie soll eine Welt, die wir in der Nacht durch das Aufleuchten eines Blitzes sehen, mit tausend statistischen Tabellen verglichen werden?

Der Kunstgriff, dessen sich die Autoren bedient haben, ist einfach: die Methode der sukzessiven Approximation. Zu Demonstrationszwecken greifen wir zunächst aus den zweihundert Kapiteln eines heraus – über den Tod, eigentlich über das Sterben.

Da die Menschheit fast fünf Milliarden Köpfe zählt, ist es verständlich, dass in jeder Minute Tausende Menschen sterben, das ist keine sensationelle Entdeckung. Hier stoßen wir aber mit der Undehnbarkeit unseres Begriffsvermögens an die Zahl wie an eine Mauer. Dies ist leicht zu erkennen, weil die Feststellung: »Gleichzeitig sterben neunzehntausend Menschen«, für uns einen nicht um ein Jota größeren Erlebniswert hat als die Information, dass neunhunderttausend sterben. Meinetwegen eine Million, zehn Millionen. Unsere Reaktion, immer die gleiche, kann nur ein etwas erschrockenes und unklar besorgtes »Ach« sein. Wir befinden uns schon im Vakuum abstrakter Begriffe, die etwas bedeuten, aber diese Bedeutung kann man nicht empfinden, fühlen, erleben, wie man etwa den Herzinfarkt des Onkels erlebt. Die Nachricht von diesem Infarkt wird uns mehr beeindrucken.

Aber dieses Kapitel führt dich auf achtundvierzig Seiten in das Sterben ein, wobei zuerst die Gesamtzahlen genannt werden, worauf die ins Einzelne gehende Aufsplitterung folgt; es ist so, dass du zuerst den ganzen Bereich des Todes wie durch das schwache Objektiv eines Mikroskops sehen kannst, und dann einzelne Ausschnitte in immer größerer Annäherung, als würdest du immer stärkere Gläser benützen. Erst kommen gesondert die natürlichen Todesarten, dann, separat, die durch andere Menschen, Irrtümer, Schicksalsschläge usw. verursachten Todesfälle. Du erfährst, wie viele Menschen pro Minute unter Polizeifoltern umkommen und wie viele von der Hand von Tätern, die keine staatliche Ermächtigung dazu haben. Wie sich normalerweise die Anwendung der Folter auf die sechzig Sekunden verteilt und wie ihre geografische Streuung ist; welche Folterwerkzeuge in dieser Zeiteinheit verwendet werden, wieder aufgeteilt auf die einzelnen Erdteile und dann auf die einzelnen Staaten. Du erfährst also, dass, während du deinen Hund spazieren führst, die Hausschuhe suchst, mit deiner Frau redest, einschläfst, die Zeitung liest, eine tausendköpfige Menge anderer Menschen brüllt, sich in Todeszuckungen windet – und das in jeder aufeinanderfolgenden Minute aller vierundzwanzig Stunden jedes Tages, jeder Nacht, jeder Woche, jeden Monats und Jahres. Du wirst ihr Schreien nicht hören, aber du weißt schon, dass es ununterbrochen andauert – weil die Statistik es nachweist. Du wirst erfahren, wie viele Menschen pro Minute durch einen Irrtum sterben, weil sie statt eines harmlosen Getränks Gift geschluckt haben; und wieder – diese Statistik berücksichtigt alle Arten der Vergiftung, durch Herbizide, Säuren, Alkaloide; sie sagt uns auch, wie viele durch Irrtum verursachte Todesfälle auf Fehler von Autofahrern, Ärzten, Müttern, Krankenschwestern usw. entfallen. Wie viele Neugeborene – das ist schon eine andere Rubrik – von ihren Müttern gleich nach der Geburt, vorsätzlich oder aus Nachlässigkeit, getötet werden, denn es gibt Säuglinge, die mit einem Kissen erstickt wurden, und andere, die in eine Latrine gefallen sind, weil die vor der Geburt Stehende einen Druck verspürte und glaubte, es sei der Stuhl; oder weil die Mutter unerfahren oder geistig zurückgeblieben war, oder auch im Moment, als die Geburt begann, unter dem Einfluss von Drogen stand; jede dieser Varianten wird dann weiter unterteilt. Auf der nächsten Seite ist von Neugeborenen die Rede, die ohne Fremdverschulden sterben, weil sie lebensunfähige Missgeburten sind, oder im Mutterleib umkommen, weil der Mutterkuchen falsch gelagert war (*Placenta praevia*), weil die Nabelschnur sich um den Hals des Kindes geschlungen hat, weil die Gebärmutter geplatzt war – auch hier kann ich nicht alle aufzählen. Viel Platz nehmen die Selbstmörder ein. Es gibt heute viel mehr Methoden, sich das Leben zu nehmen, als in der Vergangenheit; der Strick zum Erhängen ist in der Statistik auf den sechsten Platz gerutscht. Übrigens ist in die Frequenz der Selbstmordmethoden Bewegung gekommen, seitdem als Bestseller Handbücher gehandelt werden, mit Instruktionen, wie man den Tod schnell und sicher herbeiführt, es sei denn, jemand wünscht sich einen langsamen Tod, denn es gibt auch solche Fälle. Du kannst, geduldiger Leser, sogar erfahren, in welchem Verhältnis die Auflagen dieses Handbuchs suizidaler Selbstbedienung zur normalen Höhe gelungener Selbstmorde stehen; früher, als man die Sache dilettantisch anpackte, konnten viel mehr Selbstmörder gerettet werden.

Dann gibt es natürlich die Krebs- und Infarkttoten, die Opfer der medizinischen Kunst, den Tod an etwa vierhundert wichtigsten Krankheiten, ferner Schicksalsschläge wie Autounfälle, von umfallenden Bäumen, Mauern, herabfallenden Ziegeln Getötete, von Zügen Überfahrene bis hin zu solchen, die von einem Meteor erschlagen wurden. Ich weiß nicht, ob es uns trösten kann, dass Menschen nur selten von auf die Erde fallenden Meteoren getötet werden. Soweit ich mich daran erinnere, stirbt auf diese Weise pro Minute nur

0,0000001 Mensch. Wie wir sehen, haben die Johnsons solide Arbeit geleistet. Um genauer den Bereich des Sterbens zeigen zu können, haben sie die sogenannte *Kreuzkontrollierung* sowie die diagonale Methode angewandt. Aus einer Tabelle kann man entnehmen, an welcher *Gruppe von Ursachen* Menschen sterben, aus anderen, wie sie wegen *einer Ursache*, zum Beispiel durch elektrischen Stromstoß, sterben. Dank dieser Vorgehensweise wurde der außergewöhnliche Reichtum unserer Todesarten herausgestrichen. Am häufigsten stirbt man durch Berührung schlecht geerdeter elektrischer Installationen, seltener in der Badewanne und am seltensten, wenn man auf einem Brückenübergang für Fußgänger an eine Hochspannungsleitung pinkelt (das ergibt wieder nur eine Bruchzahl pro Minute). Die gewissenhaften Johnsons bemerken in einer Fußnote, dass man bei den durch Folter mit Stromschlägen Umgekommenen nicht genau bestimmen kann, wie viele unabsichtlich (d. h. wenn man ohne Mordabsicht zu starken Strom anwandte) und wie viele vorsätzlich getötet wurden.

Es gibt auch eine eigene Statistik darüber, auf welche Weise sich die Lebendigen die Toten vom Hals schaffen – von den Begräbnissen mit Leichenkosmetik, Chören, Blumen und religiösem Pomp bis zu einfacheren und billigeren Methoden. Die diesbezüglichen Rubriken sind zahlreich, denn es zeigt sich, dass gerade in den hochzivilisierten Ländern mehr Leichen in mit Steinen beschwerten Säcken, oder die Beine in alte Eimer einzementiert, oder nackt und zerstückelt in Lehmgruben und Seen geworfen werden; oder man lädt sie (die Zahlen werden separat genannt) eingewickelt in alte Zeitungen oder in blutige Fetzen auf großen Müllhalden ab – all dies kommt in diesen zivilisierten Ländern viel öfter vor als in den Ländern der Dritten Welt. Den Armen sind gewisse Methoden, wie man Leichen loswird, unbekannt. Anscheinend sind Informationen über diese Methoden noch nicht zusammen mit der finanziellen Hilfe der entwickelten Länder in die Dritte Welt gedrungen. Hingegen werden in den armen Ländern mehr Neugeborene von Ratten gefressen. Angaben darüber finden wir auf einer anderen Seite, damit sie aber dem Leser nicht unbekannt bleiben, verweist ihn eine Fußnote auf die entsprechende Stelle. Will man das Buch gründlich, Stück für Stück, genießen, so kann man sich des alphabetischen Inhaltsverzeichnisses bedienen, in dem alles zu finden ist.

Nun kann man irgendwie kaum mehr behaupten, es handle sich nur um eine Anhäufung trockener, nichtssagender, langweiliger Zahlen. Nach und nach wird man von einer abwegigen Neugierde ergriffen, auf wie viele weitere Arten Menschen in jeder Minute unserer Lektüre sterben, und beim Blättern in diesem Buch werden unsere Finger irgendwie klebrig. Selbstverständlich ist es nur Schweiß, es kann ja kein Blut an ihnen kleben.

Der Hungertod ist mit einer Fußnote versehen, die angibt, dass die betreffende Tabelle (denn es bedurfte einer gesonderten Tabelle, mit Aufschlüsselung nach Alter der verhungerten Kinder) nur für das Erscheinungsjahr des Buches gilt, weil diese Größe schnell, in arithmetischer Progression, wächst. Der Tod an Übersättigung kommt zwar auch vor, ist jedoch 119 000 Mal seltener. In diesen Zahlen steckt ein wenig Exhibitionismus und ein wenig Erpressung. Eigentlich wollte ich nur einen kurzen Blick in diesen Teil des Buches werfen, aber dann las ich ihn wie unter einem Zwang, so wie der Mensch sich manchmal den Verband von einer blutenden Wunde reißt, um diese Wunde zu sehen, oder mit einer Nadel im Loch eines schmerzenden Zahnes herumstochert. Es tut weh, aber man kann nicht aufhören. Diese Zahlen sind ein geruch- und geschmackloses Mittel, das langsam ins Gehirn einsickert. Und ich habe doch hier fast keine genannt und habe nicht die Absicht, die wichtigsten Kapitel über Marasmus, Altersschwäche, Verkrüppelung, über Entartungen der einzelnen Organe auch nur aufzuzählen, widrigenfalls müsste ich Zitate aus dem Buch bringen, statt eine Rezension zu schreiben!

Eigentlich sind aber diese nach Rubriken geordneten, in Tabellen aufgereihten Zahlenkolonnen über alle Todesarten, diese Leiber von Kindern, Greisen, Frauen, Neugeborenen aller Nationalitäten und Rassen, die immateriell außerhalb der Zahlenreihen anwesend sind, nicht die Hauptsensation dieses Buches. Nachdem ich diesen Satz geschrieben hatte, überlegte ich noch einmal, ob er die Wahrheit sagt, und ich wiederhole: Nein, sie sind es nicht. Mit dieser Unmenge menschlichen Sterbens verhält es sich ein wenig so wie mit dem eigenen Tod: als wüsste man davon schon im Vorhinein, aber bloß auf die allgemeine, nebelhafte Art und Weise, mit der wir die Unvermeidlichkeit der eigenen Agonie begreifen, obwohl wir nicht genau wissen, wie sie aussehen wird.

*1985*

# OLIVER SACKS

## Mord in den Schluchten des Gehirns

*Wenn es ihm um kranke Menschen geht, liegt die Betonung auf Menschen, und das heißt mit allem, was sie ausmacht. Ihr Wert liegt nicht nur darin, dass viele Generationen von Ärzten fast alle Einsichten ins gesunde Hirn Beobachtungen am kranken oder versehrten Gehirn verdanken. Darüber hinaus steht unsere Vorstellung von Wirklichkeit und Normalität im Ganzen auf dem Spiel. »Eine winzige Hirnverletzung«, sagt er, »ein kleiner Tumult in der zerebralen Chemie – und wir geraten in eine andere Welt.« Wie verhält es sich mit dem Boden, auf dem wir bis heute Gesunden mit beiden Beinen fest zu stehen meinen?*

*Oliver Sacks (\* 1933), langjähriger Professor für klinische Neurologie am Albert Einstein College of Medicine in New York, fordert eine Abkehr vom naturwissenschaftlichen Modell der Hirnforscher und eine radikale Hinwendung zur Persönlichkeit und dies, obwohl sich seine Disziplin der Neuropsychologie nicht bloß mit psychischen Problemen, sondern ebenfalls mit organischen Störungen und Schädigungen befasst. Sacks erwartet sich davon eine bedeutende Umwälzung in unserer Geistesgeschichte. In seinem Bestseller* Der Mann, der seine Frau mit einem Hut verwechselte *folgt er den Patienten in ihre Welt. Das Buch ist so geschrieben, dass der Leser von Medizin, Neurologie und Psychiatrie nichts zu wissen braucht, um es zu verstehen. Manches an den darin verhandelten Fällen ist schier unglaublich. Auch die Patientenperspektive kennt Sacks von innen. In seinem autobiografischen Bericht* Der Tag, an dem mein Bein fortging *beschreibt er die bizarren Folgen eines Wanderunfalls, bei dem er sich scheinbar nichts als einen Sehnenriss zugezogen hat. Zuletzt lehrte er seit 2007 an der New Yorker Columbia University: neben Neurologie und Psychiatrie auch Musiktheorie.*

D ONALD HATTE UNTER DEM EINFLUSS von Psychostimulantien seine Freundin getötet. Er konnte sich nicht an die Tat erinnern, weder unter Hypnose noch nach Verabreichung von Natriumamytal. Es handelte sich hier, so lautete das Urteil der Sachverständigen vor Gericht, also nicht um eine Unterdrückung von Erinnerungen, sondern um eine organische Amnesie – um jene Art von »Blackout«, die bei Konsumenten von Psychostimulantien häufiger auftritt.

Die schrecklichen Details des gerichtsmedizinischen Untersuchungsergebnisses kamen in einer nicht öffentlichen Verhandlung zur Sprache, an der auch Donald selbst nicht teilnehmen durfte. Man verglich die Tat mit den Gewaltakten, zu denen es manchmal bei psychomotorischen oder Schläfenlappen-Anfällen kommt. Der Betreffende kann sich später nicht mehr daran erinnern und hatte vielleicht auch gar nicht die Absicht, gewalttätig zu werden – man kann ihn dafür weder verantwortlich machen noch bestrafen. Dennoch muss er in eine Anstalt eingewiesen werden, um ihn selbst und die Gesellschaft vor ihm zu schützen. Auch Donald traf dieses Urteil.

Er verbrachte vier Jahre in einer geschlossenen Anstalt für kriminelle Geisteskranke – obwohl Zweifel daran bestanden, ob er tatsächlich kriminell oder geisteskrank war. Er nahm seine Einweisung mit einer gewissen Erleichterung hin. Vielleicht empfand er sie als gerechte Strafe, zweifellos aber hatte er das Gefühl, in der Isolation liege auch Sicherheit. Wenn man ihn danach fragte, lautete seine traurige Antwort: »Ich eigne mich nicht für ein Leben in der Gesellschaft.«

In der Anstalt fühlte er sich sicher vor plötzlichen, gefährlichen Ausbrüchen – er fühlte sich sicher und ließ eine beinahe heitere Gelassenheit erkennen. Er hatte sich von klein auf für Pflanzen interessiert, und dieses Interesse, das so konstruktiv und von der Gefahrenzone menschlicher Beziehungen und Handlungen so weit entfernt war, wurde von den Ärzten und vom Personal stark gefördert. Auf dem ungepflegten, verwilderten Gelände legte er Blumenbeete, Zier- und Gemüsegärten an. Er schien eine Art nüchternen Gleichgewichts gefunden zu haben, in dem eine seltsame Ruhe an die Stelle der früher so ungestümen Beziehungen und Leidenschaften getreten war. Manche hielten ihn für schizoid, andere für geheilt, aber alle, die ihn kannten, hatten das Gefühl, er habe eine gewisse Stabilität erlangt. Im fünften Jahr nach seiner Einweisung erhielt er die Erlaubnis, die Anstalt am Wochenende zu verlassen. Früher war er ein begeisterter Radfahrer gewesen und jetzt kaufte er sich sofort ein Fahrrad. Damit begann das zweite Kapitel seiner merkwürdigen Geschichte. Eines Tages, als er – wie er es am liebsten tat – so schnell er konnte, einen steilen Hügel hinunterfuhr, kam ihm in einer übersichtlichen Kurve ein Wagen entgegen, den er erst im letzten Moment sah. Donald versuchte auszuweichen, verlor die Kontrolle über sein Gefährt und stürzte kopfüber auf den Asphalt.

Er erlitt schwere Kopfverletzungen – massive, beidseitige subdurale Blutergüsse, die sofort nach seiner Einlieferung im Krankenhaus operativ dräniert wurden – und schwere Quetschungen der beiden Stirnlappen. Fast zwei Wochen lang lag er in einem hemiplegischen Koma; dann begann sich sein Zustand, zur Überraschung der Ärzte, zu bessern. Und an diesem Punkt setzten die »Albträume« ein.

Das Wiedererlangen des Bewusstseins war keineswegs angenehm, sondern begleitet von schrecklicher Erregung und inneren Tumulten. Donald, der immer noch halb bewusstlos war, schien heftige Kämpfe auszustehen und schrie immer wieder »O Gott!« und »Nein!«. Mit dem Bewusstsein kehrte auch die Erinnerung, die jetzt schreckliche Erinnerung, zurück. Gravierende neurologische Störungen traten auf – linksseitige Schwäche und Gefühllosigkeit, Krämpfe und schwere Ausfälle der Stirnlappen-Funktionen. Durch diese Anfälle ergab sich eine völlig neue Situation. Die Gewalttat, der Mord, der zuvor aus seinem Gedächtnis verschwunden gewesen war, stand jetzt in allen Details, mit fast halluzinatorischer Deutlichkeit vor seinem inneren Auge. Unterdrückbare Erinnerungen wallten auf und überwältigten ihn – immer wieder »sah« er den Mord vor sich, immer wieder beging er ihn aufs Neue. War dies ein Albtraum, war es Wahnsinn oder war es zu einer »Hyperamnesie«, einem Durchbruch echter, wirklichkeitsgetreuer, erschreckend verstärkter Erinnerungen gekommen?

Man befragte ihn ausführlich, wobei man sorgfältig darauf achtete, ihm keine Suggestivfragen zu stellen oder Hinweise zu geben, und bald konnte kein Zweifel mehr daran bestehen, dass es sich hier um echte unkontrollierbare Erinnerungen handelte. *Er konnte jede noch so kleine Einzelheit der Tat schildern, alle Details, die bei der gerichtsmedizinischen Untersuchung ans Licht gekommen, aber nicht in öffentlicher Sitzung und auch nicht in seiner Gegenwart behandelt worden waren.*

Alles, was – zumindest dem Anschein nach – zuvor selbst unter Hypnose und nach der Verabreichung von Natriumamytal vergessen oder verschüttet geblieben war, lag jetzt offen zutage. Mehr noch: Es war unkontrollierbar und überschritt die Grenze des Erträglichen. Zweimal versuchte er, sich auf der neurochirurgischen Station das Leben zu nehmen und musste mit Gewalt daran gehindert und mit starken Medikamenten ruhiggestellt werden.

Was war mit Donald passiert, was ging in ihm vor? Dass es sich hier nicht um einen plötzlichen Einbruch psychotischer Fantasien handelte, bewies die Übereinstimmung seiner Vision mit der Wirklichkeit. Und selbst wenn es lediglich ein psychotisches Fantasiegespinst gewesen wäre, warum sollte es dann ausgerechnet jetzt, so plötzlich und unvermutet, nach einer Kopfverletzung auftreten? Diese Erinnerungen hatten etwas Psychotisches oder beinahe Psychotisches, sie waren – um in der psychiatrischen Terminologie zu bleiben – über-»besetzt«, und zwar so stark, dass Donald fortwährend an Suizid dachte. Aber was wäre angesichts einer solchen Erinnerung schon eine normale Besetzung? Immerhin tauchte hier nicht eine obskure ödipale Auseinandersetzung oder Schuld aus der totalen Amnesie auf, sondern ein wirklich vorgefallener Mord.

War vielleicht mit dem Verlust der Unversehrtheit der Stirnlappen auch eine unerlässliche Voraussetzung für die Unterdrückung der Erinnerung verschwunden? War das, was wir jetzt erlebten, eine plötzliche, explosionsartige und spezifische Freisetzung der Erinnerungsbilder? Keinem von uns war je ein ähnlicher Fall untergekommen, keiner von uns hatte je auch nur von einem ähnlichen Fall gehört, obwohl wir alle durchaus mit der allgemeinen Enthemmung vertraut waren, die Stirnlappen-Syndrome begleitet – mit der Impulsivität, den Witzeleien, der Redseligkeit, der Obszönität, der Zurschaustellung eines zügellosen, unbekümmerten, vulgären Es. Das entsprach jedoch nicht Donalds gegenwärtiger Verfassung. Er war nicht im Mindesten impulsiv oder wahllos und unangemessen in seiner Ausdrucksweise. Sein Charakter, seine Urteilsfähigkeit und seine allgemeine Persönlichkeit waren vollkommen intakt – es waren einzig und allein die mit dem Mord verbundenen Erinnerungen und Gefühle, die jetzt unkontrollierbar hervorbrachen und ihn beherrschten und quälten.

War vielleicht ein besonders erregendes oder epileptisches Element im Spiel? Die EEG-Untersuchungen, mit deren Hilfe wir diese Frage zu klären hofften, förderten interessante Ergebnisse zutage: Nachdem besondere (nasopharyngeale) Elektroden angelegt worden waren, stellte sich heraus, dass er zusätzlich zu den gelegentlichen Grand-mal-Anfällen auch an einer unablässig brodelnden, tiefliegenden Epilepsie in beiden Schläfenlappen litt, die sich (so vermuteten wir, konnten es jedoch ohne ins Gehirn eingesetzte Elektroden nicht bestätigen) bis hinunter in den Uncus, den Mandelkern und die limbischen Strukturen erstreckte, jenem System emotionaler Schaltkreise, das auf der Höhe der Schläfenlappen liegt. Penfield und Perot haben wiederholt auftretende Erinnerungen bei einigen Patienten beschrieben, die an Schläfenlappen-Anfällen litten (*Brain*, 1963). Aber die meisten der Erfahrungen oder Reminiszenzen, die Penfield beschrieb, waren mehr passiver Natur: Die Patienten hörten Musik, sahen Szenen, auch solche, in denen sie anwesend waren, aber *nicht als Agierende, sondern als Zuschauer*. ★

Niemand von uns hatte je davon gehört, dass ein Patient eine Tat wieder-erlebte, oder besser: wieder-ausführte. Genau dies aber geschah offensichtlich bei Donald. Wir kamen nie zu einer klaren Einschätzung dieses Falls.

Der Rest der Geschichte ist rasch erzählt. Seine jugendliche Energie, Glück, Zeit, die natürlichen Heilungsprozesse, seine schon vor dem Unfall überdurchschnittlich entwickelten Gehirnfunktionen und die Unterstützung durch eine Therapie nach Lurija, die die »Substitution« der Stirnlappenaktivität anregt, haben dazu geführt, dass Donalds Genesung im Lauf der Jahre enorme Fortschritte machte. Seine Stirnlappen funktionieren jetzt fast normal. Der Einsatz neuer krampflösender Mittel, die erst seit einigen Jahren verfügbar sind, hat zu einer effektiven Kontrolle der Schläfenlappen-Erregung geführt, und auch hier hat wahrscheinlich die natürliche Selbstheilungskraft eine wichtige Rolle gespielt. Schließlich ist durch eine einfühlsame und unterstützende Psychotherapie Donalds Über-Ich, das sich selbst anklagte und nach einer harten Bestrafung verlangte, besänftigt worden, sodass Ich mehr Gewicht bekommen hat. Das Wichtigste jedoch ist, dass Donald seine Gartenarbeiten wieder aufgenommen hat. »Beim Gärtnern finde ich Frieden«, sagte er zu mir. »Es gibt keine Konflikte. Pflanzen haben keine Egos. Sie können keine Gefühle verletzen.« Arbeit und Liebe, sagte Freud, sind die beste Therapie.

Donald hat nichts von dem Mord vergessen oder wieder verdrängt – wenn hier überhaupt eine Verdrängung von Erinnerungen im Spiel war –, aber er ist nicht mehr davon besessen. Er hat sein physiologisches und moralisches Gleichgewicht gefunden.

Aber wie steht es mit dem erst verlorenen und dann wiedergefundenen Gedächtnis? Woher kam die Amnesie und woher die explosionsartige Wiederkehr der Erinnerung? Warum erst der totale »Blackout« und dann diese Klarsichtigkeit? Was ist in diesem seltsamen, halb-neurologischen Drama eigentlich wirklich passiert? All diese Fragen sind bis auf den heutigen Tag unbeantwortet geblieben.

---

★ Und doch war dies nicht bei allen so. In einem besonders schrecklichen, traumatischen Fall, den Penfield schildert, schien es der Patientin, einem zwölfjährigen Mädchen, bei jedem Anfall, als renne sie verzweifelt vor einem mordlüsternen Mann davon, der sie mit einem Sack voll sich windender Schlangen verfolgte. Diese Reminiszenz war die exakte Wiederholung eines traumatischen Ereignisses, das sich fünf Jahre vorher tatsächlich zugetragen hatte.

*1986*

# UNESCO

## »Gewalt ist kein Naturgesetz« – Erklärung von Sevilla

*»Im November 1986 hat die 25. Generalkonferenz der UNESCO mit ihrer Resolution 25C/Res.7.1 beschlossen, die am 16. Mai 1986 von zwanzig Wissenschaftlern als Beitrag zum Internationalen Friedensjahr 1986 formulierte Erklärung zur Gewaltfrage weltweit zu verbreiten und als Grundlage eigener Expertentagungen zu verwenden. Die* Erklärung von Sevilla, *an der auch der Ende 1987 zum UNESCO-Generaldirektor gewählte spanische Biochemiker Federico Mayor beteiligt war, ist eine intellektuelle Ermunterung der Bemühungen der UNESCO um internationale Verständigung, friedliche Zusammenarbeit und die Achtung der Menschenrechte.*

*Die UNESCO hat mittlerweile [d. i. März 1991] den Text dieser Erklärung in ihren sechs Amtssprachen verbreitet, die UNESCO-Nationalkommissionen Finnlands, Schwedens, Griechenlands und Italiens in vier weiteren Sprachen. In einer Situation, die vielen die Sprache verschlägt, will die UNESCO heute als Informationsdienst der deutschen UNESCO-Kommission die ›Erklärung von Sevilla‹ erstmals auch in deutscher Sprache zur Diskussion stellen. Sie wendet sich energisch gegen das fatalistische Festhalten an der Meinung, Gewalt und Aggression seien eine Art »Naturgesetz«, und auch noch so gut gemeinte Aktionen könnten nichts daran ändern. Die ›Erklärung von Sevilla‹ wurde mittlerweile von mehr als 100 nationalen und internationalen wissenschaftlichen Verbänden und Vereinigungen gebilligt, unter ihnen der Internationale Rat für Psychologie (International Council of Psychologists) und in den USA die nationalen Fachverbände für Psychologie, Sozialpsychologie und Anthropologie (American Psychological Association; Society for the Psychological Study of Social Issues; American Anthropological Association).«*

Wir halten es für unsere Pflicht, uns aus der Sicht unserer verschiedenen wissenschaftlichen Fachrichtungen mit der gefährlichsten und zerstörerischsten Aktivität des Menschen zu befassen: mit Krieg und Gewalt. Wir wissen, dass Wissenschaft ein Produkt des Menschen ist und deshalb weder letztgültige noch umfassende Wahrheiten formulieren kann.

… Unsere Meinung haben wir in der nachstehenden »Erklärung zur Gewaltfrage« formuliert. Wir wenden uns gegen den Missbrauch von Ergebnissen biologischer Forschung zur Legitimation von Krieg und Gewalt. Einige dieser Forschungsergebnisse, die wir als solche nicht bestreiten, haben beigetragen zur Schaffung einer pessimistischen Stimmung in der öffentlichen Meinung. Wir glauben, dass die öffentliche und gut begründete Zurückweisung falscher Interpretationen von Forschungsergebnissen einen wirksamen Beitrag zum internationalen Friedensjahr 1986 und zu künftigen Friedensbemühungen leisten kann. Der Missbrauch wissenschaftlicher Theorien und Forschungsergebnisse zur Rechtfertigung von Gewalt ist nicht neu; er begleitet die gesamte Geschichte der modernen Wissenschaften. So wurde beispielsweise die Evolutionstheorie herangezogen zur Legitimation von Krieg, Völkermord, Kolonialismus und Unterdrückung der Schwächeren.

Unsere Position ist in fünf Thesen formuliert. Wir sind uns dessen bewusst, dass vom Standpunkt unserer wissenschaftlichen Fachrichtungen noch weit mehr zur Frage von Krieg und Gewalt zu sagen wäre. Wir beschränken uns jedoch auf fünf Kernaussagen, die wir für einen wichtigen ersten Schritt (zur Erarbeitung einer umfassenden wissenschaftlichen Position) halten.

(1) Verhaltensforschung (Ethologie): Wissenschaftlich nicht haltbar ist die Annahme, der Mensch habe das Kriegführen von seinen tierischen Vorfahren ererbt. Zwar gibt es Kampf im ganzen Tierreich: Doch gibt es nur einige wenige Berichte von Kämpfen zwischen organisierten Gruppen von Tieren, und in keinem von ihnen ist die Rede vom Gebrauch von Waffen. Die normalen Verhaltensweisen von Raubtieren haben nichts zu tun mit Gewalt innerhalb derselben Spezies (Gattung). Kriegführung ist ein spezifisch menschliches Phänomen, das sich bei anderen Lebewesen nicht findet.

Die Tatsache, dass sich die Kriegführung im Lauf der Geschichte so radikal verändert hat, zeigt, dass Kriege Produkte kultureller Entwicklung sind. Biologisch hat Krieg mit Sprache zu tun, die es möglich macht, Gruppen zu koordinieren,

Technologien zu vermitteln und Werkzeuge zu gebrauchen. Aus der Sicht der Verhaltensforschung und Biologie sind Kriege möglich, aber nicht unausweichlich, wie ihre unterschiedlichen Formen in verschiedenen Epochen und Regionen zeigen. Es gibt sowohl Kulturen, in denen über Jahrhunderte Kriege geführt wurden, als auch solche, die zu bestimmten Zeiten regelmäßig Kriege geführt haben, zu anderen wieder nicht.

(2) Biogenetik (biologische Verhaltensforschung): Wissenschaftlich nicht haltbar ist die Annahme, Krieg oder anderes gewalttätiges Verhalten sei beim Menschen genetisch vorprogrammiert. Gene sind beteiligt an allen Funktionen unseres Nervensystems; sie stellen ein Entwicklungspotenzial dar, das nur in Verbindung mit seinem ökologischen und sozialen Umfeld realisiert werden kann. Individuen haben sehr unterschiedliche genetische Vorgaben, mit denen sie ihre Erfahrungen machen; es ist die Wechselwirkung zwischen der genetischen Ausstattung des Menschen und seiner Umwelt, in der sich die Persönlichkeit ausbildet. Abgesehen von seltenen krankhaften Fällen gibt es keine zwanghafte genetische Prädisposition für Gewalt; für das Gegenteil (die Gewaltlosigkeit) gilt dasselbe. Alle Gene gemeinsam sind bei der Entwicklung unserer Verhaltensmuster und -möglichkeiten beteiligt; doch determinieren sie allein noch nicht das Ergebnis.

(3) Evolutionsforschung: Wissenschaftlich nicht haltbar ist die Annahme, im Lauf der menschlichen Evolution habe sich aggressives Verhalten gegenüber anderen Verhaltensweisen durchgesetzt. In allen Gattungen von Lebewesen, die man erforscht hat, wird die Position innerhalb einer Gruppe durch die Fähigkeit zur Kooperation und zur Bewältigung der für die Gruppe wichtigen sozialen Aufgaben erworben. »Herrschaft« setzt soziale Bindungen und Vereinbarungen voraus; auch wo sie sich auf aggressives Verhalten stützt, ist sie nicht einfach gebunden an den Besitz und Gebrauch überlegener physischer Kraft. Überall dort, wo bei Tieren künstlich die Selektion aggressiven Verhaltens gefördert wurde, führte das sehr schnell zu hyperaggressiven Verhaltensweisen der Individuen.

Das ist ein Beleg dafür, dass Aggression unter natürlichen Bedingungen nicht das einzige evolutionäre Selektionsmerkmal ist. Wenn man solche im Experiment geschaffenen hyperaggressiven Tiere in eine soziale Gruppe einführt, zerstören sie entweder deren soziale Struktur oder sie werden verjagt. Gewalt ist weder ein Teil unseres evolutionären Erbes noch in unseren Genen festgelegt.

(4) Neurophysiologie (z. B. Erforschung der Hirnfunktionen): Wissenschaftlich nicht haltbar ist die Annahme, das menschliche Gehirn sei »gewalttätig«. Zwar enthält es alle Funktionen, die zur Anwendung von Gewalt benötigt werden, doch werden diese nicht automatisch durch innere oder äußere Reize aktiviert. Anders als andere Lebewesen, aber durchaus ähnlich den höheren Primaten, werden solche Reize beim Menschen zuerst durch die höheren Hirnfunktionen gefiltert, bevor sie Handlungen auslösen. Unser Verhalten ist geformt durch die Erfahrung in unserer Umwelt und im Verlauf unserer Sozialisation. Nichts in der Neurophysiologie des Menschen zwingt zu gewalttätigen Reaktionen.

(5) Psychologie: Wissenschaftlich nicht haltbar ist die Annahme, Krieg sei verursacht durch einen »Trieb« oder »Instinkt« oder irgendein anderes einzelnes Motiv. Die Geschichte der modernen Kriegführung kennt sowohl den Vorrang emotionaler Faktoren, die manche »Triebe« oder »Instinkte« nennen, als auch rationaler Überlegungen. Kriege basieren heute auf einer Vielzahl von Faktoren: der systematischen Nutzung individueller Eigenschaften wie Gehorsam, Suggestion und Idealismus, sozialer Fähigkeiten wie der Sprache und rationaler Überlegungen von Kosten-Nutzen-Rechnung, Planung und Informationsverarbeitung. Die Technologie der modernen Kriegführung hat besonderes Gewicht gelegt auf die Förderung »gewalttätiger« Persönlichkeitsmerkmale sowohl bei der Ausbildung von Kampftruppen wie auch beim Werben um die Unterstützung der Bevölkerung. So kommt es, dass solche Verhaltensmerkmale oft fälschlicherweise als Ursachen und nicht als Folgen des gesamten Prozesses angesehen werden.

Schlussfolgerungen: Wir ziehen aus allen diesen Feststellungen einen Schluss: Biologisch gesehen ist die Menschheit nicht zum Krieg verdammt; sie kann von falsch verstandenem biologischem Pessimismus befreit und in die Lage versetzt werden, mit Selbstvertrauen im internationalen Friedensjahr 1986 und in den kommenden Jahren an die notwendige Umgestaltung der Verhältnisse zu gehen. Zwar hat es diese Aufgabe vorwiegend mit der Umgestaltung von Institutionen und des Verhaltens der Gemeinschaft zu tun; doch stützt sie sich auch auf das Bewusstsein der einzelnen Akteure, das entweder von Pessimismus oder von Optimierung gesteuert sein kann. Ebenso wie »Kriege im Geiste des Menschen entstehen«, so entsteht auch der Frieden in unserem Denken. Dieselbe Spezies, die den Krieg erfunden hat, kann auch den Frieden erfinden. Jeder von uns ist dafür mit verantwortlich.

*1988*

# MARTHA NUSSBAUM
## Gefühle und Fähigkeiten von Frauen

*Der Herausgeber dieses Bandes ist seit Langem überzeugt, dass die weibliche Ausführung unserer Spezies alles in allem die gelungenere ist. Nicht unbedingt seine Lebenspartnerinnen, aber wenigstens seine Arbeitskolleginnen in Teams, deren Mitglied er war, bezeichneten ihn regelmäßig als Philogyn, als Frauenfreund. Trotz seiner klaren Stellungnahme aber: Fände er sich bei seinem nächsten Antritt vor die Wahl gestellt, käme er wiederum als Mann, und dies nicht, weil ihm die Erfahrung der Binnenansicht des anderen Geschlechts fehlt. Der Grund ist einfach: Im Zweifelsfall findet er es doch weniger schlimm, ein Mann sein zu müssen, als einen haben zu müssen.*

*Im Zentrum ihrer Arbeit steht die Frage nach dem guten Leben. Martha Nussbaum (\* 1947), Professorin für Philosophie, Altphilologie und vergleichende Literaturwissenschaft, ist zweifellos eine der profiliertesten Denkerinnen der Gegenwart. Sie forscht über den Erkenntniswert von Emotionen. Diese in der Philosophie noch immer nicht ganz leicht zu verfechtende Position hat in den letzten Jahrzehnten starke Hilfestellungen aus der kognitiven Psychologie erhalten (vgl. auch Dyson, S. 754–759). In Zusammenarbeit mit dem indischen Ökonomen und Nobelpreisträger Amartya Sen beschäftigte Nussbaum sich auch mit Fragen der internationalen Entwicklung.*

»Benommen vor Angst, zog Okonkwo seine Machete und schlug ihn nieder. Er hatte Angst, dass man ihn für schwach hielt. ›Wann wurdest du zu einem zitternden alten Weib?‹, fragte sich Okonkwo. ›Du bist in allen neun Dörfern für deine Tüchtigkeit im Krieg bekannt. Wie kann ein Mann, der im Kampf fünf Männer getötet hat, so sehr die Fassung verlieren, weil er ihrer Zahl noch einen Jungen hinzugefügt hat? Okonkwo, du bist wirklich zu einem Weib geworden.‹«

Chinua Achebe, Things Fall Apart

AUS ANGST VOR »WEIBLICHEN« GEFÜHLEN und der mit ihnen verbundenen Schwäche tötet Okonkwo seinen Pflegesohn Ikemefuna, den er liebt. Da er seine Liebe verabscheut, weil sie ihn in eine »weibische«, in den Augen der anderen beschämende Passivität versetzt, bringt er einen Menschen um, den er selbst großgezogen hat, einen Teil von sich selbst. Frauen sind gefühlsbetont, Gefühle sind etwas Weibliches. Diese in westlichen und nicht westlichen Traditionen weitverbreitete Auffassung dient seit Tausenden von Jahren auf unterschiedliche Weise dazu, Frauen von einer vollwertigen Teilnahme an der menschlichen Gemeinschaft auszuschließen und die moralische Erziehung der Männer – in einer auch für deren Entwicklung oft abträglichen Weise – in eine bestimmte Richtung zu lenken. Wollen wir eine Vorstellung von einer guten, den Fähigkeiten entsprechenden Lebensgestaltung entwickeln, die für Männer und Frauen gleichermaßen gilt, müssen wir uns ernsthaft mit diesem Thema und der Rolle der Gefühle in einem guten menschlichen Leben auseinandersetzen.

### I. GEFÜHLE UND RATIONALITÄT

Diese Auseinandersetzung ist von großer Dringlichkeit, da die Gefühle nicht nur von vielen Traditionen, sondern auch von dem Rationalitätsverständnis her, das unser öffentliches Leben beherrscht, dem Rationalitätsbegriff des ökonomischen Utilitarismus, als Feinde der Vernunft verurteilt werden. Schon Charles Dickens hat den wesentlichen Punkt hervorragend erfasst, als er das folgende Gespräch zwischen Bitzer, einem Anhänger des Utilitarismus, und Mr Gradgrind, einem Ökonomen und gramgebeugten Vater, ersann:

»›Bitzer‹, sagte Herr Gradgrind gebrochen und in kläglicher Demut sich ihm unterwerfend, ›haben Sie ein Herz?‹

›Der Blutkreislauf, Sir‹, entgegnete Bitzer, der über die Seltsamkeit der Frage lächelte, ›würde nicht funktionieren ohne ein Herz. Kein Mensch, Sir, dem die Tatsachen bekannt sind, welche Harvey in Bezug auf den Kreislauf des Blutes festgesetzt hat, kann daran zweifeln, dass ich ein Herz habe.‹

›Ist es‹, rief Herr Gradgrind, ›irgendeinem Einfluss des Mitleids zugänglich?‹

›Es ist der Vernunft zugänglich, Sir‹, entgegnete der vorzügliche junge Mann, ›und keiner Sache sonst.‹«

Bitzer versteht unter »Vernunft« eine Fähigkeit der nüchternen Abwägung, die sich völlig von den Gefühlen unterscheidet und diese nicht braucht, um ein angemessenes

Urteil zu fällen. Ja, er hat seine Lektion in puncto ökonomische Rationalität so gut gelernt, dass er nicht begreift, was eine emotionale Reaktion ist. Wie Okonkwo will Bitzer von Weichheit nichts wissen. Im Gegensatz zu Okonkwo scheint er nicht einmal Angst vor ihr zu haben – vielleicht weil ihm ein »wissenschaftliches« Argument für seine Position zur Verfügung steht, das ihm Mr Gradgrind selbst geliefert hat. Denn der Utilitarismus bevorzugt ein distanziertes, nüchternes und abwägendes Denken, das sich um quantitative Größen dreht. Diese Präferenz erhebt er zu einer Norm, der entsprechend er Vernunft und Rationalität definiert, während er alles andere als bloße Irrationalität abstempelt. Ein solches Denken hatte und hat tief greifende Auswirkungen auf unser öffentliches Leben, und zwar nicht nur in der Wirtschaft, sondern auch im Rechtswesen.

Ein typisches Beispiel aus unserer Zeit verdeutlicht dies. In seinem 1981 erschienenen Buch *The Economics of Justice* beginnt Richard Posner (der führende Denker der ökonomischen Rechtstheorie) seine Ausführungen mit dem Hinweis, er gehe von der Annahme aus, dass »die Menschen rationale Nutzenmaximierer sind« und dass die »ökonomischen Prinzipien« sich letztlich von dieser Annahme ableiten. Dann schlägt Posner vor, die ökonomische Analyse auf alle menschlichen Lebensbereiche auszudehnen. Er rechtfertigt diese Ausdehnung mit dem Verweis auf eine normative Vorstellung von Rationalität, die er als Gegensatz von Emotionalität definiert:

»Kann man plausiblerweise annehmen, dass sich die Menschen nur dann oder hauptsächlich dann rational verhalten, wenn sie am Marktgeschehen teilnehmen, und nicht, wenn sie in ihrem Leben andere Dinge tun, wie Heiraten, Prozesse führen, Verbrechen begehen, andere diskriminieren oder persönliche Daten verheimlichen? Oder dass sich nur die Bewohner der modernen westlichen (oder verwestlichten) Gesellschaften rational verhalten? Wenn die Rationalität nicht auf wirtschaftliche Transaktionen beschränkt wird, sondern ein allgemeines und dominierendes Merkmal sozialen Verhaltens ist, dann kann der Begriffsapparat, der von Generationen von Wirtschaftswissenschaftlern konstruiert wurde, um das Verhalten am Markt zu erklären, auch benutzt werden, um das Verhalten in den Bereichen zu erklären, die außerhalb des Marktes liegen […] Ich halte es für wenig plausibel und gegen unsere Intuitionen gerichtet, dass die Entscheidungsprozesse des Einzelnen so stark aufgegliedert seien, dass er rational handelt, wenn er ein paar einfache Einkäufe macht, aber irrational handelt, wenn er beschließt, Jura zu studieren, zu heiraten, Einkommensteuer zu hinterziehen, drei anstatt zwei Kinder zu haben oder eine Klage anzustrengen. Aber viele Leser werden, da bin ich sicher, diese Entscheidungen intuitiv dem Bereich zuordnen, in dem Entscheidungen mehr emotional als rational zustande kommen.«

Vordergründig ist es Posners Absicht, den Mitgliedern der nicht westlichen und der westlichen Gesellschaften (und, wie wir später sehen werden, den Frauen ebenso wie den Männern) Respekt zu zollen, indem er zeigt, dass ihre Entscheidungen auf eine rationale Art und Weise zustande kommen. Aber ohne irgendeine Begründung schließt er von Gefühlen geleitete Überlegungen (und vieles andere) einfach aus seinem Rationalitätsbegriff aus, den er unkritisch von einer sehr eng gefassten Wirtschaftskonzeption übernommen hat. Demnach muss jeder Entscheidungsprozess, von dem sich später herausstellt, dass er diesem engen Modell nicht entspricht, Posner zufolge als »irrational« und daher als minderwertig betrachtet werden. Wenn Frauen und nicht westliche Völker sich diesem Modell des ökonomischen Utilitarismus nicht anpassen – umso schlimmer für sie. Das Buch verdeutlicht die Folgen. Denn obwohl es Posner gelingt, Verhaltensweisen, die anscheinend recht wenig mit Utilitarismus zu tun haben, in ökonomische Begriffe zu fassen, muss er am Ende seiner Untersuchung zugeben, dass viele Entscheidungen diesem Modell nicht entsprechen – vor allem die Zivilrechtsprechung des Obersten Gerichtshofes, insbesondere auf dem Gebiet der Abtreibung und der Empfängnisverhütung. Er kommt zu einem überraschenden Schluss: Die Urteile des Obersten Gerichtshofes stellen eine »verkehrte Welt« dar, der der »rationale« Leser nicht den geringsten Respekt entgegenbringen sollte. Zum gleichen Schluss käme er freilich, wenn es um die Urteile einer Frau oder eines Mitgliedes einer nicht westlichen Gesellschaft gehen und er erkennen würde, dass diese Urteile auf Gefühlen oder auf anderen nicht ökonomischen Überlegungen beruhen würden. An anderer Stelle führt Posner die Trauer einer Mutter über den Tod eines Kindes als ein Beispiel für ein »nicht rationales« Verhalten an.

Ist Posner Okonkwo? Wenn ja, dann ist die Machete der utilitaristischen Rationalität bereit, der Weichheit in uns allen den Garaus zu machen: Denn Posners Ablehnung eines von Gefühlen geleiteten Urteils als irrational und (sozusagen) typisch weiblich ist durchweg kennzeichnend für das öffentliche Leben. Mitunter wird behauptet, dass Frauen aufgrund ihrer gefühlsbetonten »Natur« nicht zu einem wirklich rationalen Denken und Urteilen fähig sind und daher verschiedene gesellschaftliche Tätigkeiten, die Rationalität erfordern,

Panzerabwehr-Granatwerfer in der Hand eines
Soldaten der aus den Khmer Rouge hervorgegangenen
Streitkräfte der Volksrepublik Kampuchea.
*Route 12, Provinz Kompong Thom.*
*Kambodscha, 30. November 1992.*

nicht ausüben sollten. Um nur ein Beispiel zu nennen: 1872 erhielt Myra Bradwell nicht die Erlaubnis, im Staat Illinois als Rechtsanwältin zu arbeiten. Der Oberste Gerichtshof der Vereinigten Staaten, der das Verbot bestätigte, schrieb, dass »die naturgegebene und besondere Scheu und Zerbrechlichkeit des weiblichen Geschlechts dieses für viele Tätigkeiten im gesellschaftlichen Leben ungeeignet macht«. Dieses Denken, das auf der Linie von Okonkwo liegt, braucht nicht den Utilitarismus zu bemühen, denn bedauerlicherweise lässt es sich in der philosophischen Tradition des Westens bis zu Aristoteles zurückverfolgen.

Manchmal nimmt der Hinweis auf die gefühlsbetonte Natur der Frau eine positivere Form an – wenngleich seine Folgen für die Gleichstellung und Gleichberechtigung der Frau nicht minder schädlich sind. Es wird behauptet, dass Frauen aufgrund ihrer gefühlsbetonten »Natur« besonders gut in der Lage sind, bestimmte wertvolle soziale Tätigkeiten auszuüben: zum Beispiel Kinder aufzuziehen und sich um die Bedürfnisse eines Ehemannes zu kümmern. Diese Tätigkeiten sind in der Tat wichtig; und die Tatsache, dass Frauen für sie gut geeignet sind, verleiht ihnen eine gewisse soziale Bedeutung. Die Tätigkeiten müssen jedoch zu Hause verrichtet werden, und wenn sie gut verrichtet werden, fesseln sie die Frauen für einen großen Teil ihres Lebens ans Haus. Auch hierbei handelt es sich um eine sehr alte Prämisse, die sowohl in der nicht westlichen als auch in der westlichen Denktradition anzutreffen ist. Sie nimmt einen wichtigen Platz in der Tradition des Hinduismus und des Islam sowie im chinesischen Denken ein. In der westlichen Tradition geht sie bis auf Xenophons Werk *Oeconomicus* zurück, das eine getreue Widerspiegelung der gängigen Auffassungen der Athener zu dieser Frage ist. Auch in der Neuzeit ist die Ansicht, der Bereich der Frauen sei das Haus, sehr weit verbreitet. Rousseau stützt sich darauf, wenn er darlegt, warum die Frauen nicht eine Erziehung zur Urteilsfähigkeit erhalten sollten, durch die die Männer für das öffentliche Leben vorbereitet werden. Und in jüngster Zeit hat sie eine sehr wichtige Rolle in den Sozialwissenschaften der Vereinigten Staaten gespielt – denken wir an Erik Eriksons Behauptung, dass der »innere Raum« der Frau dieser ein besonderes Tätigkeitsfeld zuweist, nämlich die Erfüllung häuslicher und betreuerischer Aufgaben; oder denken wir an Talcott Parsons' sehr einflussreiche Vorstellung von der Familie, der zufolge die Frau eine »expressive« (emotionale, fürsorgende) Rolle, der Mann eine »instrumentelle« (rationale, praktische, die Dinge nüchtern abwägende) Rolle spielt, was bedeutet, dass die Frau nur in besonderen Ausnahmefällen einer Vollzeitarbeit nachgehen kann. Die Verfechter der Gleichstellung der Frau haben diesen Gegensatz zwischen Gefühl und bürgerlicher Rationalität häufig unkritisch übernommen und argumentiert, dass die Frauen, die ihre Tauglichkeit als vollwertige (Staats-)Bürgerinnen unter Beweis stellen möchten, den Stoikern folgen und sich von den Gefühlen befreien (oder sie zumindest sehr zügeln) sollten, um im vollen Sinne rational zu sein.

Frauen in Entwicklungsländern werden von solchen »Argumenten« besonders getroffen: Sie befinden sich an der Schnittstelle der traditionellen geschlechtsbezognen Verunglimpfung der Gefühle und einer kolonialen »Argumentation«, die besagt, dass die Menschen in den Entwicklungsländern generell extrem emotional und zur Selbstverwaltung ungeeignet sind. Die stereotypen Kennzeichnungen der Menschen in Indien oder Afrika als »intuitiv«, »irrational« und »emotional« sind so weit verbreitet, dass sie hier nicht weiter dargestellt werden müssen – und man kann hinzufügen, dass dieses einseitige Bild allzu oft sowohl von vermeintlichen Bewunderern dieser Gesellschaften als auch von ihren Kritikern gezeichnet wird. Das Zusammentreffen von ethnischen wie geschlechtsbedingten Herabsetzungen zeigt sich manchmal explizit, wie beispielsweise in Havelock Ellis' verblüffender Feststellung, dass bei Frauen »wie bei Kindern, Wilden und nervösen Menschen« die Gefühle über den Verstand herrschen.

Wollen wir eine universale Norm für das menschliche Leben und Handeln verteidigen, die Frauen als vollwertige und gleichberechtigte Teilnehmerinnen einschließt, müssen wir solchen Behauptungen entschieden entgegentreten. Dazu müssen wir zuerst den Gegensatz zwischen Gefühl und Verstand untersuchen, der von ihnen unreflektiert vorausgesetzt wird. Dementsprechend werde ich im Folgenden zeigen, dass dieser häufig verwendete Gegensatz auf einem inadäquaten philosophischen Verständnis der Gefühle und ihres Verhältnisses zu Überzeugungen und Urteilen beruht; ein adäquateres Verständnis kann vielmehr beweisen, dass Gefühle kein Hindernis für die Ausarbeitung einer universalen Norm darstellen, die Frauen als gleichberechtigte und vollwertige Subjekte einschließt.

Ich werde 1. darlegen, dass das beste philosophische Verständnis der Gefühle diese nicht als rohe irrationale Kräfte begreift, sondern als intelligente und differenzierende Persönlichkeitselemente, die eng mit Wahrnehmung und Urteilsvermögen zusammenhängen; 2. dass man anderen gängigen Einwänden, die zu der Schlussfolgerung geführt haben, Gefühle seien (in einem normativen Sinn) irrational, ebenfalls effektiv entgegentreten kann; 3. dass es keinen einleuchtenden Grund zu der Annahme gibt, Frauen seien ihrer angeborenen »Natur« nach emotionaler als Männer; wenn sich solche Unterschiede dennoch zeigen, sollten sie am besten mit der Sozialisation und der Lebensweise und nicht mit der »Natur« erklärt werden; 4. dass wir vor diesem Hintergrund selbst zu entscheiden haben, welche Formen des Auslebens von Gefühlen im Rahmen einer gesamten Lebensweise fruchtbar und richtig sind, und dass wir allen Menschen ohne Ansehen des Geschlechts die Fähigkeit zu diesen Gefühlen vermitteln sollten.

## 1988

# LYNN PAYER
## Andere Länder, andere Ärzte, andere Leiden

*Nicht etwa nur zwischen kulturell voneinander weit entfernten Ländern wie China, Indien und Spanien bestehen große Unterschiede in Theorie und Praxis der dominanten Schulmedizin. Auch die gern als ›hochentwickelt‹ apostrophierten westlichen Länder Deutschland, Frankreich, Großbritannien und USA, die gestützt auf dieselben Wissenschaften mit demselben Typus industrieller Produktion zu Wohlstand gelangt sind, zeigen vollkommen verschiedene Verhaltensmuster im Umgang sowohl mit Krankheitserregern als auch mit Arzneimitteln. Ein Grund mehr für Patienten, sich selbst kundig zu machen und Entscheidungen nicht den Ärzten alleine zu überlassen.*

*Lynn Payer (\* 1945, † 2001) berichtete acht Jahre lang als Medizinkorrespondentin aus Paris für die »International Herald Tribune« und die »Medical Tribune«.*

»Sie werden feststellen, dass Zellulitis in einem Land Muskelrheumatismus und im Nachbarland eine eitrige Entzündung des subkutanen Gewebes bedeutet; wieder hundert Kilometer weiter ist es eine euphemistische Bezeichnung für Fettsucht bei übergewichtigen jungen Frauen.«

M. N. G. Dukes (1973)

»Aus der Literatur geht deutlich hervor, dass es noch nicht einmal einheitliche Kriterien für die Bestimmung von Körpergröße und -gewicht gibt... Das Messen des Blutdrucks ist zwar standardisierten Kriterien unterworfen, aber jedes Land hat seine eigenen Standards entwickelt, und selbst die technischen Voraussetzungen für diese Art Messungen sind unterschiedlich.«

Manfred Pflanz (1976)

EINE AMERIKANISCHE OPERNSÄNGERIN suchte in Wien einen österreichischen Arzt auf, weil sie unter starken Kopfschmerzen litt. Der Arzt verschrieb ihr Zäpfchen – und da sie von Zäpfchen als Mittel gegen Kopfschmerzen noch nie etwas gehört hatte, schluckte sie eines.

Ein Allgemeinarzt aus Großbritannien, der vorübergehend in einer Praxis im nordamerikanischen Bundesstaat North Carolina arbeitete, wollte seiner Frau zeigen, welche Stellung amerikanische Frauen üblicherweise bei Unterleibsuntersuchungen einnehmen. Ihr Urteil: »Das ist ja barbarisch!« Die Frauen lagen bei der Untersuchung, die ihr Mann durchführte, auf der Seite, und während sich andere Ärzte in North Carolina deswegen über ihn lustig machten, bemerkte er bald, dass die Frauen draußen vor seiner Praxis Schlange standen, weil sie gehört hatten, er untersuche »auf englische Weise«.

Ein französischer Professor erlitt während eines Forschungssemesters in Kalifornien einen Anfall von Angina pectoris; seine Ärzte empfahlen ihm, sofort eine koronare Bypass-Operation vornehmen zu lassen. Der Professor willigte ein, ohne zu ahnen, dass zu jener Zeit in Amerika koronare Bypass-Operationen 28-mal so häufig durchgeführt wurden wie in Europa und dass in späteren Studien die Notwendigkeit nicht nur von sofortigen, sondern von koronaren Bypass-Operationen überhaupt infrage gestellt werden würde.

Ein deutscher Gynäkologe empfahl einer jungen Amerikanerin, die in der Bundesrepublik arbeitete, ihre Vaginalinfektion statt mit Antibiotika mit Schlammbädern zu behandeln. »Ich will nicht im Schlamm herumsitzen«, beklagte sich die junge Frau später bei einer Kollegin. »Alles, was ich will, sind ein paar Tabletten!«

Die Medizin wird von den Fachleuten selbst gerne als internationale Wissenschaft hingestellt. Doch nahezu jeder, der schon einmal in einem fremden Land einen Arzt aufsuchen musste, wird festgestellt haben, dass die Realität etwas anders aussieht. Nicht nur die Art der ärztlichen Versorgung ist von Land zu Land verschieden; die Medizin selbst ist es auch. Die Unterschiede sind so groß, dass eine Behandlungsmethode, die in einem Land bevorzugt und häufig verwendet wird, im Nachbarland womöglich als Behandlungsfehler gilt.

Eines der gängigsten Arzneimittel in Frankreich, ein Medikament zur Erweiterung der zerebralen Blutgefäße, wird in England und Amerika für wirkungslos gehalten. Eine Immunisierung gegen Tuberkulose, die in Frankreich obligatorisch ist (BCG), kann man in den Vereinigten Staaten so gut wie überhaupt nicht durchführen lassen. Deutsche Ärzte verschreiben sechs- bis siebenmal so häufig Digitalis wie ihre Kollegen in England und Frankreich, dafür aber weniger Antibiotika; einige deutsche Ärzte sind sogar der Ansicht, Antibiotika sollten nur verschrieben werden, wenn der Patient so krank ist, dass er im Krankenhaus liegen muss. Auch die Dosierung ein und desselben Medikaments kann stark variieren; es kommt vor, dass in einem Land eine zehn- bis zwanzigmal höhere Dosis verschrieben wird als in anderen Ländern. Franzosen bekommen Medikamente siebenmal so häufig in Form von Zäpfchen verabreicht wie Amerikaner. Schon in den späten Sechzigerjahren wurden in Amerika prozentual doppelt so viele chirurgische Eingriffe vorgenommen wie in England, und in den Jahren danach entwickelten sich die Zahlen immer weiter auseinander. Noch gravierender sind die Unterschiede bei einzelnen Operationen. Eine Untersuchung ergab, dass in Neuengland dreimal so viele Mastektomien durchgeführt werden wie in England oder Schweden, obwohl Brustkrebs in allen drei Ländern im Verhältnis gleich häufig vorkommt. Eine andere Studie zeigte, dass in deutschsprachigen Ländern prozentual dreimal so viele Blinddarm-Operationen durchgeführt werden wie in anderen Ländern; und auf eine koronare Bypass-Operation in England kommen sechs solcher Eingriffe in Amerika. Dass eine Operation in verschiedenen Ländern denselben Namen hat, heißt noch lange nicht, dass sie auch auf die gleiche Weise ausgeführt wird: Ärzte in der Bundesrepublik Deutschland nehmen meistens vaginale Hysterektomien vor, in Frankreich ist die subtotale Hysterektomie üblicher, und in England und Amerika wird die totale abdominale Hysterektomie bevorzugt.

Häufig werden auch bei denselben Symptomen in verschiedenen Ländern unterschiedliche Diagnosen gestellt. Manchmal genügt es, in ein Land zu reisen, in dem eine bestimmte Krankheit als solche »anerkannt« ist, um plötzlich auch schon von ihr befallen zu werden. Das Verlassen dieses Landes bringt die Heilung – oder eine andere Diagnose. Noch vor ein paar Jahren wäre die in Amerika als Schizophrenie diagnostizierte Krankheit in England möglicherweise als manisch-depressive Erkrankung oder gar als Neurose behandelt worden; in Frankreich wiederum hätte der Befund höchstwahrscheinlich auf paranoide Psychose gelautet. Was von französischen Ärzten als »Spasmophilie« oder von deutschen Ärzten als vegetative Dystonie diagnostiziert wird, würde in Großbritannien schlicht für eine Neurose und in den Vereinigten Staaten vielleicht für eine Angstneurose gehalten, wenn man die Symptome überhaupt als solche ernst nehmen würde.

Ein in Amerika für zu hoch befundener Blutdruck würde in England möglicherweise als normal gelten. Und während niedriger Blutdruck in Deutschland mit 85 verschiedenen Medikamenten, mit Hydrotherapie und Heilbädern behandelt wird, berechtigt er den amerikanischen Patienten, der darunter leidet, zu niedrigeren Lebensversicherungsprämien.

Die Unterschiede sind zwar bei leichteren Beschwerden am auffälligsten, aber keineswegs auf diese beschränkt. »Noch immer sterben Menschen an Krankheiten, an die andere Menschen nicht glauben«, schreibt M. N. G. Dukes im *British Medical Journal*. Eine Untersuchung der Weltgesundheitsorganisation ergab, dass Ärzte verschiedener Länder selbst dann unterschiedliche Todesursachen diagnostizierten, wenn ihnen identische Daten aus denselben Sterbeurkunden vorlagen. Erhebliche Uneinigkeit herrschte bei der Bestimmung von ansteckenden und parasitären Krankheiten, »anderen« (nicht koronaren) Herz-Krankheiten, Hypertonie, Lungenentzündung, Nephritis und Nephrose sowie von Erkrankungen bei Neugeborenen. (WHO 1967) »es gab einigermaßen breite Übereinstimmung darüber, ... ob der Tod infolge bösartiger Neoplasmen (Krebs) eingetreten war oder nicht, aber bei der Lokalisierung der Neoplasmen gingen die Meinungen häufig auseinander ...«, lautet das Resultat einer anderen, vom *American National Cancer Institute* geförderten Untersuchung.

Wenn ein Patient von Psychiatern als gefährlich eingeschätzt wird, kann das dazu führen, dass man ihn einsperrt. Als jedoch Psychiater aus sechs verschiedenen Ländern sich darüber zu einigen versuchten, wer als gefährlich anzusehen ist, gab es in drei Vierteln der Fälle weniger als 50 Prozent Übereinstimmung, und die Psychiater zeigten untereinander keine größere Einigkeit als die Nicht-Psychiater.

*1991*

# LYNN MARGULIS UND DORION SAGAN
## Geheimnisse des weiblichen Orgasmus

*Sie ist die berühmte Entdeckerin der Endosymbiose: eine bahnbrechende biologische Theorie, die schon im späten 19. Jahrhundert erwogen wurde, sich aber erst mit ihrer Veröffentlichung von 1967: On the origin of mitosing cells (Über den Ursprung mitosierender Zellen – Mitose heißt Zellkernteilung) wissenschaftlich durchzusetzen begann. Dieser Theorie zufolge haben kernlose zellartige Lebewesen andere bakterielle Lebewesen in sich aufgenommen, die in der Folge zu Bestandteilen des so entstandenen komplexeren zellulären Lebewesens geworden sind. Wären nach diesem Muster die Zellen höherer Lebewesen entstanden, die sich durch Kernteilung vervielfachen? Die durch Symbiose in sie eingegangenen Bakterien sind Organellen der Zelle: die Mitochondrien, die viele aus der Schule als die Energielieferanten der Zelle kennen.*

*Hier nun werden wir zu Zeugen einer anderen, denkerisch-schriftstellerischen Symbiose zwischen Lynn Margulis (\*1938, †2011) und ihrem Sohn, dem Philosophen und Wissenschaftsjournalisten Dorion Sagan (\*1959). Vieles an unserer Sexualität ist rätselhaft, in seinem Sinn nicht zu ergründen – vermutlich zu unserem und zu ihrem Besten.*

DER PSYCHOLOGE GLEN WILSON hat die »Jackpot«-Theorie des weiblichen Orgasmus aufgebracht. Ethologische Experimente, die untersuchen, wie Tiere auf Belohnungen (wie etwas Futter oder Zuckerwasser) reagieren, haben überraschenderweise gezeigt, dass Tiere einen bestimmten Hebel eher betätigen, wenn die Belohnung nur manchmal gegeben wird. Der weibliche Orgasmus ist ein Phänomen, das Wilson implizit mit dem Kitzel beim Glücksspiel vergleicht. Seine Theorie ist benannt nach dem menschlichen Gegenstück solcher verhaltenspsychologischen Experimente – nach dem Spielautomaten, die hin und wieder einen silbernen Münzregen ausspucken.

Frauen, die vor ihren Männern zum Orgasmus kamen, verloren leicht ihr Engagement vor der Ejakulation und verminderten damit ihre Befruchtungs- und Schwangerschaftschancen. Solche Frauen, die schnell und einfach zu befriedigen waren und sich langweilten, bevor ihre Männer ihren Höhepunkt erreichten, hätten nur relativ wenig Nachkommen hinterlassen; vermutlich gibt es heute kaum Abkömmlinge solcher Frauen. Dass es in der menschlichen Spezies stets zu verfrühten Ejakulationen kommt, wird der Fähigkeit schnell ejakulierender Männer zugeschrieben, die Frauen zu schwängern, ohne sie zu befriedigen. Andere, wenig hastig zufriedengestellte weibliche Vorfahren hätten jedoch den »Jackpot« des Orgasmus ab und zu »gewonnen«. Diese Frauen erhielten sporadische Belohnungen genitaler Lust und wurden dadurch angespornt, den Geschlechtsakt zu wiederholen und immer wieder an die »Spieltische der Fortpflanzung« zurückzukehren.

Grob gesagt, meint Wilsons »Jackpot-Theorie«, dass Frauen durch ihre Physiologie ebenso unwiderstehlich zum Geschlechtsverkehr getrieben werden wie ein Glücksspieler zum Hunderennen. Der Orgasmus motiviert weibliches Verhalten im Schlafzimmer, nicht obwohl, sondern gerade weil es nur sporadisch dazu kommt. Sporadische Rückmeldung in Form von unvorhersehbaren Belohnungen ist immer geeignet, Tiere zur Wiederholung eines Verhaltens oder sogar zur Ausbildung von Suchtformen zu bringen. Die Schwäche von Wilsons Theorie liegt darin, dass Tierweibchen sich auch ohne Orgasmus paaren und Nachkommen zur Welt bringen. Warum sollte eine »Orgasmussucht« die weiblichen Gene effektiver übermitteln? Worin besteht überhaupt der Vorteil von Lustschwankungen, von stark, aber unregelmäßig erlebten Orgasmen?

Statt eine vertrauensvolle Beziehung zwischen zwei Sexualpartnern zu stiften, spornt die Trennung von Orgasmus und Geschlechtsverkehr eine Frau zum Sexualverkehr mit mehreren Männern an, die dann folglich ihre Kinder unbehelligt lassen: Dies meint zumindest die Biologin Sarah Hrdy. Männer, die die sexuelle Gunst einer Frau gewinnen wollen, werden zögern, ihre Kinder anzugreifen. Kindesmord wird gewöhnlich nicht nur von Löwen und Tigern begangen, sondern auch von Menschenaffen. Vermutlich erhöhen die Killermännchen ihren Fortpflanzungserfolg dadurch, dass sie schneller eigene Nachkommen zeugen können. Nicht nur, dass viele Säugetiere kein sexuelles Interesse zeigen, wenn sie trächtig sind. Sie sind auch nicht empfängnisbereit, solange sie ihre

Kinder säugen. Kindesmord aber setzt den Menstruations- und Fruchtbarkeitszyklus in Gang. Hrdy behauptet, dass die schwangeren Weibchen unserer Vorfahren vielleicht ihre hilflosen Kinder schützten, indem sie in den Geschlechtsverkehr einwilligten. Weibliche sexuelle Lust, Sex als Selbstzweck, hätte demnach ursprünglich einen Anpassungswert für weibliche Wesen: Dass sie sich sogar in der Säuge- und Aufzuchtphase nach klitoralem Orgasmus sehnen können, ist hilfreich in der Tierwelt, in der sich weibliche Gene nur durch Kopulation mit Männchen übertragen lassen – mit Männchen, die so grausam sind, dass sie, um sexuelle Aufmerksamkeit zu erregen, mitunter Babys töten, damit die Weibchen nicht durch Mutterpflichten abgelenkt sind. Hrdy skizziert eine Situation, in der der prähistorische weibliche Orgasmus das sexuelle Interesse der Weibchen das ganze Jahr über wachhielt und sie auf diese Weise vor mordlustigen Männchen und dem schrecklichen Verlust eines Kindes schützte, in das schon so viel investiert wurde.

Stephen Jay Gould findet Hrdys Suche nach irgendeinem Grund für die Klitoris unangebracht, weil die Klitoris für ihn einfach das Nebenprodukt eines ursprünglich eingeschlechtigen Embryos ist. Gould schreibt: »Niemand ist mehr als Hrdy der Anpassungsthese verpflichtet, der zufolge sich der Orgasmus entwickelt hat, weil er im Sinne Darwins dazu gut ist, den Fortpflanzungserfolg zu befördern.«

Hrdy sagt über die Klitoris: »Müssen wir also annehmen, dass sie belanglos ist? ... Sicherer ginge man mit der Annahme, dass sie wie die meisten anderen Organe einen Zweck erfüllt oder irgendwann erfüllt hat ... Dass kein Zweck erkennbar ist, hat Gelegenheit gegeben, den Orgasmus ebenso wie die weibliche Sexualität im Allgemeinen unter dem Verdikt der fehlenden Anpassungsfunktion beiseitezuschieben.«

Trotzdem bleibt ein Problem: Wenn wir annehmen, dass der Orgasmus für die Fortpflanzung wichtig ist – warum pflanzen sich dann etliche Säugetierweibchen (die eine Klitoris haben) prächtig ohne irgendeinen nennenswerten Orgasmus fort? Dabei geht es weniger darum, die »Jackpot«-Form von gelegentlich überwältigenden Lustgefühlen zu erklären. Die Frage ist vielmehr, warum weiblicher Orgasmus überhaupt existiert, wenn er für die Fortpflanzung nicht unbedingt nötig ist. Laut Symons und Gould ist die weibliche Klimax ebenso eine Anpassungsfunktion wie die männlichen Brustwarzen. Sie ist ein entwicklungsbedingtes Erbstück, Resultat eines genetischen Moments, eines unbestimmten Etwas im Schlepptau eines nützlichen Bestimmungsmerkmals. So gesehen ist die Klitoris, obwohl sie Lust spendet, ein überflüssiger Körperfortsatz, der keinen wesentlichen Beitrag zur Fortpflanzung und zum menschlichen Überleben leistet.

Diese Einschätzung des weiblichen Orgasmus als genetisches Moment, das entwicklungsgeschichtlich unbestimmt ist, wurde trotzdem infrage gestellt: Unter Umständen steigert der weibliche Orgasmus die Überlebenschancen tatsächlich. Obgleich für die Fortpflanzung unerheblich, hat er doch laut Hrdy eine Funktion für das Überleben der Nachkommen; daher täte ein Männchen in einer Gesellschaft mit Polyandrie gut daran, sich ein Weibchen mit hoher Orgasmusfähigkeit zu suchen, weil seine Nachkommen dann besser gegen Übergriffe anderer Männchen geschützt sind.

Eine andere Vorstellung von der Bedeutung des Orgasmus für das Überleben weiblicher Gene stammt von dem Biologen John Alcock. Seiner Ansicht nach dient der Orgasmus nicht dazu, Frauen zu häufigerem Geschlechtsverkehr zu motivieren. Um eine Handvoll Kinder in die Welt zu setzen, genügen im Grunde einige wenige Kopulationen; alles, was extrem darüber hinausgeht, kann lebenslange elterliche Verantwortung nach sich ziehen. Die Bedeutung des weiblichen Orgasmus für den Fortpflanzungserfolg besteht laut Alcock vielmehr darin, dass der Orgasmus die elterliche Fürsorgebereitschaft stärkt. Menschenkinder sind nach der Geburt so hilflos, dass ein deutlicher Evolutionsvorteil für jene Frauen besteht, die sich eines zärtlichen oder wenigstens fürsorglichen Gatten sicher sein können. Wenn ein Mann, der für sein Kind sorgt, sich auch darum kümmert, ob seine Partnerin einen Orgasmus erlebt oder nicht, dann kann eine Frau ihre jeweiligen Schlussfolgerungen daraus ziehen. Wenn also gute Liebhaber auch gute Väter abgeben, dann profitieren im Fall der Empfängnis orgasmusfähige Frauen, die sich unter möglichen Vätern solche guten Liebhaber ausgewählt haben. Dadurch stellen sie sicher, dass ihre Babys besser versorgt werden.

Die emotionale Komponente des weiblichen Orgasmus ist äußerst entscheidend. Frauen, die sich in ihren Partnerbeziehungen sicher fühlen, erleben mit größerer Wahrscheinlichkeit regelmäßig einen Orgasmus. Eine Studie weist zum Beispiel darauf hin, dass heutige Callgirls oder Prostituierte der oberen Kategorie, die zu Hause arbeiten, ebenso oft zum Orgasmus gelangen wie andere Frauen, während einfache Straßenprostituierte größere Schwierigkeiten mit der Klimax haben. Vermutlich sind jene bessergestellten und grundsätzlich stärker abgesicherten Prostituierten, die es mit einer zuverlässigeren und aufmerksameren Klientel zu tun haben, weniger den Notlagen und Gefahren der großstädtischen Straßenkriminalität ausgesetzt. Wenn der Orgasmus den Frauen tatsächlich dazu verhilft, sich nach dem Geschlechtsverkehr die Väter ihrer Kinder auszusuchen, dann entspräche der Unterschied zwischen privilegierten Prostituierten und armseligen Straßennutten wohl der Erwartung. Huren auf der Straße, die von Berufs wegen mit jedem beliebigen Fremden ins Bett gehen, vermeiden so gleich mit dem Orgasmus unbewusst auch die Berufsrisiken der Schwangerschaft, der emotionalen Bindungen und der Kinderaufzucht unter schlechten sozialen Bedingungen.

Die vielleicht simpelste Erklärung für den Überlebensnutzen, den der weibliche Orgasmus mit sich bringt, stammt von dem Amateurbiologen Richard L. Duncan. Nach der Unterhaltung mit einem ehemaligen Angehörigen der US Air Force, »der zwölf Jahre lang die außergewöhnliche persönliche Erfahrung des Umgangs mit vielen Frauen in vielen verschiedenen Ländern machte«, ging dem Amateurbiologen und neugierigen Geschäftsmann ein Licht auf.

Duncan erwähnt die Alltagserfahrungen von Frauen, denen beim Aufstehen nach dem Geschlechtsverkehr das Sperma aus der Vagina an den Beinen herunterläuft, und er vermutet, dass ein solcher Spermaverlust vor etwa vier Millionen Jahren ein Problem war, wenn sich die Australopithecinen-Frauen nach dem Geschlechtsverkehr aufrichteten: Das Sperma, nicht an die Schwerkraft gewöhnt, wurde beim Aufstehen zwangsläufig vergeudet. Demnach steigen die Chancen der Befruchtung, wenn die Frau liegen bleibt – sei es, weil der Mann nach der Ejakulation noch weiterstößt, sei es, weil sie selbst nach dem Geschlechtsverkehr und besonders nach ihrem Orgasmus ausruht … In diesem Zusammenhang sollte man auch an die Vorliebe der Menschen denken, sich in der Nacht zu lieben und dann zu schlafen – in der Waagerechten. …

Den vielleicht schlagendsten Beweis für eine evolutionsgeschichtliche Funktion des weiblichen Orgasmus haben Experimente geliefert, die zeigen, dass der weibliche Orgasmus den intrauterinen Druck erhöht. Diese Druckerhöhung veranlasst den Körper, mehr Sperma aufzunehmen, sodass die Chancen einer erfolgreichen Befruchtung steigen. Bevor es Kondome, Antibabypillen und Intrauterinpessare gab, existierten keine zuverlässigen Verhütungsmittel. Promiskuitive Frauen oder Vergewaltigungsopfer hätten also von Methoden, die geeignet waren, das Schwangerschaftsrisiko zu mindern, profitiert. Der weibliche Orgasmus – oder besser sein Ausbleiben – war vielleicht ein frühes, wenn auch unzuverlässiges Mittel der Geburtenkontrolle.

# 1992

## EUGEN SORG

## Wie der Krieg zu uns kommt

*Der Reporter und Psychologe Eugen Sorg (\*1949) hat den Krieg von Berufs wegen an vielen Orten aufgesucht: in Afghanistan, Somalia, Liberia, im Jemen, Sudan – die Liste ließe sich fortsetzen. In Kroatien und Bosnien war er im letzten Balkankrieg nicht nur als Journalist, sondern zuvor als Delegierter des Internationalen Komitees vom Roten Kreuz im Einsatz. Vor diesem Hintergrund fällt ihm die Ankunft dieses Kriegs daheim im Kaufhaus und im Straßencafé in Zürich-Oerlikon ins Auge. Für seinen Essay* Die Lust am Bösen, *in dem er Jahre später seine Erfahrungen verarbeitet hat, erhielt er den vom Hamburger Reporter-Forum verliehenen Reporterpreis 2011 (Bester Essay).*

### ZÜRICH – BOSNIEN HIN UND ZURÜCK

Die Erlebnisse in Bosnien und Kroatien empfand ich wie eine Abfolge von schockähnlichen Schlägen, die meine bisherige Sicht auf die Dinge erschütterten. Entgegen meinem Lektürewissen über Geschichte, Politik, Psychologie war auch für mich die Möglichkeit, dass Krieg hier und heute bei uns – »bei uns« hieß im weitesten Sinn: in Europa – ausbrechen könnte, eine zwar theoretische, aber unrealistische Vorstellung geblieben. Ich lebte in einer Art Grundvertrauen in die mich umgebende Welt, und nun wurde mir mit beinahe physischer Wucht bewusst, dass die Decke der Zivilisation dünn und brüchig ist. Dieselben Leute, mit denen ich zu

Hause vor der Migros-Kasse in der Schlange gestanden habe oder im Sommer am See Fußball gespielt hatte, stiegen am Freitagabend beim Hauptbahnhof Zürich in Cars und reisten in ihre bosnischen Dörfer. Um sich an Plünderungen und Tötungen zu beteiligen und eine Woche später wieder auf der Baustelle oder im Restaurant in Zürich-Oerlikon zu arbeiten. Sie taten es nicht aus ideologischen oder krankhaften Motiven, sondern weil sich die Gelegenheit dazu bot, und sie sahen nicht anders aus als wir, als alle anderen.

Von da an misstraute ich noch mehr als zuvor theoretischen Allgemeindeutungen. Die historischen, politischen und ökonomischen Erklärungsversuche wirkten abgehoben und geschwätzig angesichts der schwarzen Empirie epidemischer Grausamkeit. In den Deutungen kamen die Konfliktgegner nur als willenlose Agenten struktureller gesellschaftlicher Prozesse, irregeleiteter Bewusstseinszustände oder höherer Politinteressen vor. Aber die Realität zeigte, dass es keinen teuflischen Generalstab brauchte, der Massenvergewaltigungen als geheime Kriegstaktik befahl, wie dies in westlichen Medien berichtet wurde. Auf diese Idee kamen die Burschen der Dorfmilizen von allein. Die Leichtigkeit und Freiwilligkeit, mit der sich gesellige Kaffeehauskumpane in unbarmherzige Menschenjäger verwandelten, war jedoch außer bei einem harten Kern treuer Freudianer und einigen melancholischen Romanciers kein Thema in den Analysen der Experten. Sie zogen die Möglichkeit, dass Menschen mit einer genuinen Neigung zum Bösen ausgestattet und durch den Zustand der Gesetzlosigkeit förmlich beflügelt werden könnten, nicht einmal in Betracht.

Äußere Umstände spielen bei Handlungen selbstverständlich keine wichtige Rolle. Sie sind der Rahmen, der dem Einzelnen den Reaktionsspielraum offenlässt. Aber sie sind nicht die Ursache der Handlungen, und sie liefern letztlich keine Erklärung für die Entscheidung zu einer Handlung. Die siebenundzwanzigjährige Habiba erzählte mir, wie sie mit ihren zwei Kindern im bosnischen Lager Trnopolje gelandet war, nachdem die Serben sie und ihre Familie aus dem Dorf vertrieben hatten. Regelmäßig suchten sich die Milizen die hübschesten Mädchen im Lager aus, um sie zu vergewaltigen und anschließend manchmal auch zu töten. Als in einer dieser Nächte zwei Uniformierte vor Habiba und ihrer jüngeren Freundin auftauchen, geraten die Männer miteinander in Streit. Jeder will die Freundin haben. Schließlich setzt sich der eine durch und nimmt die Frau mit in die Büsche. Er ist ein ehemaliger Schulkollege. »Reiß die Bluse auf und zerzause dein Haar«, flüsterte er ihr zu, »die anderen müssen glauben, ich hätte dich vergewaltigt.« Sie wartete eine Weile, dann geht sie zurück zu Habiba, unversehrt.

## 1994

# ANTÓNIO DAMÁSIO
## Descartes' Irrtum

*Dass Emotionen Erkenntniswert haben und wir ohne sie keine vernunftbegabten Wesen, sondern vollends aufgeschmissen wären, ist nur eine erste Einsicht (vgl. auch Martha Nussbaum, S. 667–671) und noch bei Weitem nicht die ganze Geschichte. Was wir als die Besonderheit betrachten, die uns zu Menschen macht, nämlich das Bewusstsein (einschließlich des Bewusstseins unserer selbst), ist eine Leistung unseres gesamten Nervensystems mit all seinen sensorischen und motorischen Verästelungen bis in die Fingerspitzen. Körper und Geist bilden eine intimere Einheit, als uns die traditionelle Philosophie mit ihren Begriffen erahnen lässt. Das ist die Hirnforschung, auf die wir gewartet haben. Sie ist wenig älter als ein Vierteljahrhundert, und doch sind ihre Ergebnisse bereits in einer Form aufbereitet, dass der Laie sie sich mit etwas Anstrengung zu Gemüte führen kann – ein äußerst spannendes und lohnendes Unterfangen.*

*Die Verdienste von António Rosa Damásio (\* 1944) und seiner Ehefrau Hanna Damásio, Professorin für Neurologie auch sie, sind groß. Als an der Universität von Lissabon nach der Nelkenrevolution Mittel fehlten, um einen neurowissenschaftlichen Studiengang aufzubauen, verließ das portugiesische Paar Europa und lehrte von 1976 bis 2005 an der University of Iowa. Seither sind sie an der University of Southern California tätig, wo sie das Brain and Creativity Institute gegründet haben. Damásios Bücher, die der Neurobiologie der Emotionen entscheidende Impulse gegeben haben, sind in dreißig Sprachen übersetzt. Dem Autor kommt zustatten, dass er sich auch in der europäischen Philosophiegeschichte auskennt.*

AM ANFANG DIESES BUCHES habe ich die Ansicht geäußert, dass Empfindungen die Vernunft nachhaltig beeinflussen, dass die Gehirnsysteme, auf die Erstere angewiesen sind, mit den Systemen vernetzt sind, die Letztere braucht, und dass diese spezifischen Systeme wiederum mit denen verwoben sind, die den Körper regulieren.

Die Daten, die ich angeführt habe, belegen diese Hypothesen weitgehend, trotzdem sind es nur Hypothesen, vorgelegt in der Hoffnung, dass sie weitere Forschungsarbeiten anregen und dass sie revidiert werden, wenn neue Daten verfügbar werden. Empfindungen scheinen von einem eigenen, aus vielen Komponenten bestehenden System abhängig zu sein, das untrennbar mit der biologischen Regulation verknüpft ist. Die Vernunft scheint auf spezifischen Gehirnsystemen zu beruhen, von denen einige auch Empfindungen verarbeiten. Mithin scheint es, anatomisch und funktional, einen Verbindungsstrang zwischen Vernunft, Empfindung und Körper zu geben. So sind wir gewissermaßen von einer Leidenschaft für die Vernunft besessen, einem Trieb, der im Kernbereich des Gehirns entspringt, andere Ebenen des Nervensystems überschwemmt und schließlich in Gestalt von Empfindungen oder unbewussten Tendenzen die Entscheidungsfindung leitet. Wahrscheinlich wird die Vernunft – von ihrer praktischen bis zu ihrer theoretischen Form – durch einen Prozess, der dem Erlernen einer Fertigkeit oder Kunst gleicht, auf diesem inhärenten Trieb aufgebaut. Fällt der Trieb aus, werden Sie es nicht zur Meisterschaft bringen. Andererseits macht Sie der Besitz dieses Triebs noch nicht automatisch zu einem Meister.

Wenn sich diese Hypothesen bestätigen sollten, hätte dann die Erkenntnis, dass die Vernunft nirgends rein ist, soziokulturelle Konsequenzen? Ich glaube ja, und ich glaube, dass sie im Großen und Ganzen positiv sind.

Wenn wir die Bedeutung von Empfindungen in den Vernunftprozessen anerkennen, so folgt daraus nicht, dass die Vernunft weniger wichtig als die Empfindung wäre, dass sie ihnen gegenüber in den Hintergrund zu treten hätte oder dass wir uns weniger um sie bemühen müssten. Im Gegenteil, wenn wir die allgegenwärtige Rolle der Empfindungen nutzen, dann haben wir vielleicht die Möglichkeit, ihre positive Wirkung zu verstärken und ihren möglichen Schaden zu verringern. Ohne den Orientierungswert normaler Empfindungen zu schmälern, könnte man vor allen Dingen versuchen, die Vernunft vor den Mängeln abnormer Empfindungen zu schützen oder sie vor der Manipulation zu bewahren, denen Planungs- und Entscheidungsprozesse durch normale Empfindungen unterworfen werden können.

Ich glaube nicht, dass das Wissen um die Empfindungen den Wunsch nach empirischer Verifizierung beeinträchtigen muss. Vielmehr denke ich, dass mehr Wissen über die Physiologie der Gefühle und Empfindungen unsere Sinne für die Fallstricke wissenschaftlicher Beobachtung schärft. Die Hypothesen, die ich vorgelegt habe, sollten unsere Entschlossenheit nicht untergraben, die äußeren Bedingungen zum Vorteil der Menschen und der Gesellschaft zu kontrollieren, die kulturellen Instrumente zu entwickeln, zu erfinden oder zu vervollkommnen, mit denen wir eine bessere Welt schaffen können: Moral, Gesetz, Kunst, Wissenschaft, Technik. Mit anderen Worten, meine Hypothese zwingt uns keinesfalls, die Dinge so hinzunehmen, wie sie sind. Mir liegt dieser Punkt am Herzen, weil die Erwähnung von Empfindungen häufig die Vorstellung von selbstsüchtigem Handeln weckt, von Rücksichtslosigkeit gegenüber der Welt um uns herum und Gleichgültigkeit gegenüber dem Verfall von Maßstäben für intellektuelle Leistungen. Doch das steht ganz im Gegensatz zu meiner Auffassung. Es gibt also keinen Grund zur Beunruhigung für Leute, die, wie der Molekularbiologe Gunther Stent, zu Recht besorgt sind, die Überbewertung von Empfindungen könnte die Menschen dazu bewegen, den faustischen Vertrag infrage zu stellen, dem sie ihren Fortschritt verdanken.

Mir macht Sorge, dass man die Bedeutung von Empfindungen akzeptiert, ohne dass man sich bemüht, ihre komplexen biologischen und soziokulturellen Mechanismen zu verstehen. Die besten Beispiele für diese Einstellung sind die Versuche, verletzte Gefühle oder irrationales Verhalten zu erklären, indem man sich auf oberflächliche soziale Ursachen oder die Wirkung von Neurotransmittern beruft, zwei Erklärungen, die die öffentliche Diskussion in Fernsehen und Presse beherrschen, und der Versuch, persönliche und gesellschaftliche Probleme durch Medikamente und Drogen zu bewältigen. Vor allem dieses mangelnde Verständnis für das Wesen von Empfindung und Vernunft (ein Charakteristikum der »Klagekultur«) gibt Anlass zur Besorgnis.

Das Bild, das ich in diesem Buch vom menschlichen Organismus entworfen habe, und die Beziehung zwischen Empfindungen und Vernunft, die sich aus den hier erörterten Daten ergibt, lassen jedoch darauf schließen, dass wir, um die Rationalität zu stärken, die Verletzlichkeit unserer Innenwelt wahrscheinlich stärker berücksichtigen müssen.

Die Rolle, die ich den Empfindungen bei der Entwicklung von Rationalität zuschreibe, hat konkrete und praktische Bedeutung für einige Probleme, denen sich unsere Gesellschaft heute gegenübersieht – zum Beispiel Erziehung und Gewaltbereitschaft. Hier ist nicht der Ort, um diese Probleme erschöpfend zu behandeln, aber lassen Sie mich doch so viel sagen, dass sich unsere Erziehungssysteme mit großem Gewinn die eindeutigen Zusammenhänge zwischen aktuellen Empfindungen und vorhersagbaren künftigen Ergebnissen zunutze machen könnten und dass für Kinder, die im wirklichen Leben, in den Nachrichten oder in Spielfilmen zu viel Gewalt erleben, Gefühle und Empfindungen beim Erwerb und der Anwendung adaptiven Sozialverhaltens ihren Wert verlieren. Der Umstand, dass so viel anonyme Gewalt ohne moralisches Bezugssystem dargeboten wird, verstärkt ihre desensibilisierende Wirkung nur noch.

Natürlich kann ich meinen Standpunkt in diesem Gespräch nicht darlegen, ohne auf Descartes einzugehen, diese Galionsfigur für zahlreiche Ideen über Körper, Gehirn und Geist, die auf die eine oder andere Weise noch heute ihren Einfluss auf die westliche Natur- und Geisteswissenschaft ausüben. Wie Sie gesehen haben, gilt meine Besorgnis dabei einerseits dem dualistischen Begriff, mit dem Descartes den Geist von Gehirn und Körper trennt (in seiner extremen Spielart ist dieser Begriff kaum noch wirksam), und andererseits den modernen Varianten dieses Begriffs: der Vorstellung beispielsweise, dass Geist und Gehirn miteinander verwandt sind, aber nur insofern, als der Geist das Softwareprogramm ist, das in einer Computerhardware namens Gehirn abläuft, oder dass Gehirn und Körper zwar in Beziehung zueinander stehen, aber nur insofern, als Ersteres nicht ohne die vitalen Lebensprozesse des Letzteren überleben kann.

Worin bestand also Descartes' Irrtum? Oder noch besser, welchen von Descartes' Irrtümern greife ich hier unfreundlich und undankbar heraus? Man könnte mit einer Beschwerde beginnen und ihm vorwerfen, dass er die Biologen bis auf den heutigen Tag dazu bewogen hat, die Mechanik des Uhrwerks als Modell für Lebensprozesse zu übernehmen. Doch das wäre vielleicht nicht ganz gerecht, und so könnte man mit dem Satz »Ich denke, also bin ich« fortfahren. Dieser Satz, vielleicht der berühmteste in der Philosophiegeschichte, findet sich erstmals im vierten Abschnitt des *Discours de la Méthode* (1637) in französischer Sprache (»*Je pense donc je suis*«) und dann im ersten Teil der *Prinzipien der Philosophie* (1644) auf Lateinisch (»*Cogito ergo sum*«). Nimmt man ihn wörtlich, so beschreibt dieser Satz das Gegenteil meiner Ansicht von den Ursprüngen des Geistes und von der Beziehung zwischen Geist und Körper. Er besagt nämlich, dass Denken und das Bewusstsein vom Denken die eigentlichen Substrate des Seins sind. Und da Descartes das Denken bekanntlich für eine Tätigkeit hielt, die sich völlig losgelöst vom Körper vollzieht, behauptet er in dieser Äußerung die radikale Trennung von Geist, der »denkenden Substanz« (*res cogitans*) und den nicht denkenden Körper, der Ausdehnung besitzt und über mechanische Teile verfügt (*res extensa*).

Doch lange bevor die Menschheit auf der Bildfläche erschien, gab es schon Lebewesen. An irgendeinem Punkt der Evolution hat ein elementares Bewusstsein seinen Anfang genommen. Mit diesem elementaren Bewusstsein kam auch ein einfacher Geist in die Welt. Als der Geist komplexer wurde, entwickelte sich die Möglichkeit des Denkens und noch später der Sprachverwendung zum Zwecke der Kommunikation und der besseren Organisation des Denkens. Für uns gab es also zuerst das Sein und erst später das Denken und auch heute noch beginnen wir, wenn wir auf die Welt kommen und uns entwickeln, zunächst mit dem Sein und fangen erst später mit dem Denken an. Wir sind, und dann erst denken wir, und wir denken nur insofern, als wir sind, da das Denken nun einmal durch die Strukturen und Funktionen des Seins verursacht wird.

Wenn wir Descartes' Satz in den Zusammenhang stellen, in den er gehört, so können wir uns fragen, ob er nicht möglicherweise anders gemeint war, als er gemeinhin verstanden wird. Lässt sich nicht auch herauslesen, dass er damit die Überlegenheit bewusster Empfindungen und Gedanken anerkennt, ohne sich auf eine feste Aussage über ihren Ursprung, ihre Beschaffenheit oder ihre Dauer festzulegen? Ist diese Äußerung vielleicht nur ein kluges Manöver zum Arrangement mit den religiösen Zwängen, die Descartes empfindlich spürte? Das lässt sich heute nicht mehr mit Sicherheit entscheiden. (Die Inschrift, die Descartes über seinen Grabstein wählte, war ein Zitat aus Ovids *Tristia* 3.4.25, das er offenbar häufig verwendete: »*Bene qui latuit, bene vixit.*« Übersetzung: »Wer sich gut verborgen hat, hat gut gelebt.« Vielleicht ein versteckter Widerruf des Dualismus?) Was nun seinen berühmtesten Satz angeht, so meine ich alles in allem, dass Descartes ihn *auch* genauso gemeint hat, wie er ihn niedergeschrieben hat. Als das berühmte Wort das erste Mal erschien, freute sich Descartes über die Entdeckung eines Satzes, der so unwiderlegbar wahr war, dass er auch durch größte Skepsis nicht zu erschüttern war. Er habe bemerkt, so schreibt er, »dass diese Wahrheit ›ich denke, also bin ich‹ so fest und sicher wäre, dass auch die überspanntesten Annahmen der Skeptiker sie nicht zu erschüttern vermöchten, so konnte ich sie meinem Dafürhalten nach als das erste Prinzip der Philosophie, die ich suchte, annehmen«.

Descartes ging es hier um eine logische Begründung seiner Philosophie, und sein Satz war dem des Augustinus gar nicht so unähnlich: »*Fallor ergo sum.*« (»Ich werde getäuscht, also bin ich.«) Doch nur ein paar Zeilen weiter macht Descartes unmissverständlich klar, was er mit diesem Satz meint: »Ich erkannte daraus, dass ich eine Substanz sei, deren ganze Wesenheit oder Natur bloß im Denken bestehe und die zu ihrem Dasein weder eines Ortes bedürfe noch von einem materiellen Dinge abhänge, sodass dieses *Ich*, das heißt die *Seele*, wodurch ich bin, was ich bin, vom Körper völlig verschieden und selbst leichter zu erkennen ist als dieser und auch ohne Körper nicht aufhören werde, alles zu sein, was sie ist.«

Darin liegt Descartes' Irrtum: in der abgrundtiefen Trennung von Körper und Geist, von greifbarem, ausgedehntem, mechanisch arbeitendem, unendlich teilbarem Körperstoff auf der einen Seite und dem ungreifbaren, ausdehnungslosen, nicht zu stoßenden und zu ziehenden, unteilbaren Geiststoff auf der anderen; in der Behauptung, dass Denken, moralisches Urteil, das Leiden, das aus körperlichem Schmerz oder seelischer Pein entsteht, unabhängig vom Körper existieren. Vor allem: in der Trennung der höchsten geistigen Tätigkeiten vom Aufbau und der Arbeitsweise des biologischen Organismus.

Nun lässt sich natürlich fragen, warum ich mit Descartes und nicht mit Platon abrechne, dessen Ansichten über Körper und Geist noch viel ärgerlicher waren, denken wir beispielsweise an *Phaidon*. Warum rege ich mich gerade über diesen Irrtum von Descartes so auf? Schließlich gibt es in seinem Werk Irrtümer, die viel spektakulärer sind. Beispielsweise glaubte er, dass die Wärme für die Zirkulation des Blutes verantwortlich sei und dass sich winzige, äußerst feine Teilchen des Blutes zu »animalischen Geistern« verflüchtigen und dann in die Muskeln gelangen könnten. Ist ihm nicht viel eher eine dieser beiden Ansichten vorzuhalten? Der Grund liegt auf der Hand: Wir wissen seit Langem, dass er sich in diesen beiden Punkten geirrt hat, und die Frage, wie und warum das Blut zirkuliert, ist zu unserer vollständigen Zufriedenheit beantwortet. Das gilt jedoch nicht für die Beziehung zwischen Geist, Gehirn und Körper, denn hier übt Descartes' Irrtum noch heute seinen Einfluss aus. Für viele Menschen ist Descartes' Ansicht selbstverständlich und bedarf keiner Überprüfung.

Die cartesianische Vorstellung von einem körperlosen Geist ist wohl die Grundlage gewesen, auf der man Mitte des 20. Jahrhunderts die Metapher vom Geist als Softwareprogramm entwickelt hat. Ließe sich der Geist tatsächlich vom Körper trennen, dann könnte man ihn wohl auch ohne Rückgriff auf die Neurobiologie verstehen, dann käme man ohne die Hilfe von neuroanatomischen, neurophysiologischen und neurochemischen Erkenntnissen aus. Interessanter- und paradoxerweise weisen viele kognitive Wissenschaftler, die meinen, sie könnten den Geist ohne Rekurs auf die Neurobiologie erforschen, die Vorstellung, sie seien Dualisten, weit von sich.

Die cartesianische Vorstellung eines körperlosen Geistes liegt möglicherweise auch der Auffassung jener Neurowissenschaftler zugrunde, die behaupten, Geist lasse sich ausschließlich durch Gehirnereignisse erklären, sodass man den Rest des Organismus sowie die physische und soziale Umwelt getrost ausklammern könne – einschließlich des Umstands, dass ein Teil der Umwelt das Ergebnis vorausgehender Handlungen des Organismus ist. Ich wehre mich gegen diese Einschränkung, nicht weil der Geist nicht in direkter Beziehung zur Hirnaktivität stünde – denn daran besteht kein Zweifel –, sondern weil diese restriktive Formulierung offenkundig unvollständig und menschlich unbefriedigend ist. Die Feststellung, dass der Geist aus dem Gehirn erwächst, ist unbestreitbar, doch würde ich diese Aussage gerne noch ergänzen und nach den Gründen fragen, warum sich die Hirnneuronen so vernünftig verhalten. Denn genau hier liegt, soweit ich erkennen kann, das entscheidende Problem.

Die Vorstellung von einem körperlosen Geist scheint auch für die besondere Weise verantwortlich zu sein, in der die westliche Medizin sich der Untersuchung und Behandlung von Krankheiten zugewandt hat (siehe Postskript). Die cartesianische Spaltung zieht sich durch Forschung und Praxis. Infolgedessen werden die psychischen Folgen von Erkrankungen des Körpers im eigentlichen Sinne, den sogenannten echten Krankheiten, gewöhnlich außer Acht gelassen und nur in zweiter Linie berücksichtigt. Noch stärkere Vernachlässigung erfährt der umgekehrte Fall, die körperlichen Auswirkungen psychischer Konflikte. Ein interessanter Gedanke: Möglicherweise ist Descartes mitverantwortlich für den Weg, den die Medizin eingeschlagen hat, fort von dem organischen Geist-im-Körper-Ansatz, der von Hippokrates bis zur Renaissance vorherrschend war. Wie ärgerlich wäre Aristoteles wohl auf Descartes gewesen, hätte er ihn gekannt.

Verschiedene Spielarten des cartesianischen Irrtums verstellen uns den Blick auf die Wurzeln des menschlichen Geistes in einem biologisch komplexen, aber anfälligen, endlichen und singulären Organismus. Sie verstellen den Blick auf die Tragik, die dem Wissen um diese Anfälligkeit, Endlichkeit und Einzigartigkeit innewohnt. Und wo Menschen die ihrer bewussten Existenz innewohnende Tragik nicht mehr sehen, fühlen sie sich auch nicht mehr aufgerufen, etwas zur Linderung dieser Tragik zu tun, und vielleicht sind sie dann nicht mehr in der Lage, genügend Achtung für den Wert des Lebens zu empfinden.

Die Fakten, die ich zu Empfinden und Vernunft vorgelegt habe, und andere Daten, die ich in Bezug auf die Verbindung zwischen Gehirn und Körper erörtert habe, sprechen für die Richtigkeit der höchst allgemeinen Idee, die ich zu Beginn des vorliegenden Buches dargelegt habe: dass zum umfassenden Verständnis des menschlichen Geistes eine organische Perspektive erforderlich ist, dass der Geist nicht nur aus einem körperlosen Cogitum in das Reich von Körpergeweben verlegt, sondern auch zu einem ganzen Organismus in Beziehung gesetzt werden muss, der aus den vielfältig miteinander verflochtenen Teilen des Körpers im engeren Sinn und des Gehirns besteht und der mit einer physischen und sozialen Umwelt interagiert.

Allerdings gibt der wahrhaft verkörperte Geist, den ich im Sinn habe, keineswegs seine höchsten Funktionsebenen preis, keine Ebenen, die wir unter dem Begriff Seele zusammenfassen. Aus meiner Sicht sind Seele und Geist, in ihrer ganzen Würde und mit allen ihren menschlichen Dimensionen, jetzt komplexe und singuläre Zustände eines Organismus. Vielleicht ist das Wichtigste, was wir an jedem Tag unseres Lebens tun können, uns und andere an unserer Vielschichtigkeit, Anfälligkeit, Endlichkeit und Einzigartigkeit zu erinnern. Natürlich ist das eine schwierige Aufgabe, bedeutet sie doch: den Geist von seinem Podest im Nirgendwo an einen bestimmten Ort zu verlegen, ohne dabei seine Würde und Bedeutung zu beschädigen; seine niedrige Herkunft und Verletzlichkeit anzuerkennen und sich doch seiner Führung anzuvertrauen. Eine Aufgabe, die in der Tat so schwierig wie unabdingbar ist, aber ohne die wir weit besser daran täten, Descartes' Irrtum unberichtigt zu lassen.

## 1994

# WILLI WINKLER

## Nationalmama Uschi Glas

---

*»Nah ist und schwer zu fassen der Deutsche«, sagt er im Klappentext seiner Galerie* Alle meine Deutschen. *Wie aber erst ist da sie, die Deutsche? Die Mama obendrein? Deutschland hat nicht nur seine Land und Leuten angemessene Filmdiva, sondern sogar einen Journalisten mit dem Zeug, ihr auf den Zahn zu fühlen. Gewiss keine geringe Sache! Aber er ist an Humphrey Bogart geschult, über den er ein Buch geschrieben hat, ebenso wie eins über die Filme François Truffauts. Pop ist seine Welt, er hat Bücher über Bob Dylan, die Rolling Stones, die Beatles veröffentlicht, aber auch über Karl Philipp Moritz (1756–1793, vgl. S. 306–307), ohne den die deutsche Literatur nicht wäre, was sie ist, und er kennt sich mit Männern wie dem Liederdichter Matthias Claudius (1740–1815) aus, der den Text zu Schuberts* Der Tod und das Mädchen *verfasst hat und* Der Mond ist aufgegangen. *Außerdem ist er Experte für deutsche Terroristen von Goebbels bis zur RAF, und ganz ohne Zusammenhang damit wird es nicht sein, wenn er sich auch mit der Krankheit Depression eingehender auseinandergesetzt hat.*

*Willi Winkler (\* 1957) hat nicht nur zahlreiche amerikanische Autoren wie etwa John Updike, Anthony Burgess, Woody Allen und Saul Bellow ins Deutsche übersetzt, er war auch Redakteur bei der »Zeit« und beim »Spiegel« und – (so sagt er von sich selbst, als wäre das nach all dem doch erstaunlich): »schreibt immer noch«!*

Einmal drehten sie in einem oberbayerischen Kieswerk, das tatsächlich einer Frau gehörte. Die »Kieserin« kam auf die Hauptdarstellerin Uschi Glas zu und sagte: »Wissen Sie eigentlich, dass Sie da meine Geschichte verfilmen?« Die Tränen liefen ihr übers Gesicht, bei Uschi Glas fehlte nicht viel dazu. Die Frau hatte den Mann verloren, zwei kleine Kinder blieben ihr und das Kieswerk. Die Frau hat durchgehalten, die Firma gerettet und nicht verkauft. Es ist die Geschichte von Uschi Glas oder, wie sie glaubt, »Fügung«.

Die TV-Kiesunternehmerin Ursula Glas ist nicht ganz allein auf der Welt. Sie hat ihren Mann (Produktion), sie hat SAT. 1 (Sender) und als die alleinstehende Anna Maria Seeberger jeden Montagabend zehn Millionen Zuschauer (fast ein Drittel Marktanteil). An guten Tagen schlug »Anna Maria« sogar die Tagesschau. Da braucht es keine Quotierung, Anna Maria geht ihren Weg im Fernsehen, weil sie Uschi Glas ist.

Wie man das macht? Ja kein Klischee auslassen, politisch oberkorrekt jede gesellschaftliche Gruppe abhandeln und aufnehmen in die große Fernsehfamilie: die Alten, die Türken, die Behinderten, die Ökos, die Bergbauern nicht zu vergessen – und dann womöglich noch mehr Optimismus verbreiten als im klassischen sozialistischen Realismus. Kein Mensch sieht sich solche Serien an, es sind bestenfalls »Bügelfilme«, bei denen der Haushalt besorgt wird. Verglichen mit der Schlichtheit von »Anna Maria – Eine Frau geht ihren Weg« gründelte die unvergessene »Schwarzwaldklinik« in faustischen Tiefen.

Wenn das Schicksal zuschlägt mit eiserner Faust, muss Anna Maria vom Golfplatz in die Kiesgrube, muss sich das verwöhnte Luxusweibchen, dem über Nacht der Mann weggestorben ist, mit blöden Kerlen und bedrohlichen Maschinen herumschlagen; wird von den Banken ausgenutzt und vom Gebrauchtwagenhändler über den Tisch gezogen; alte Freunde lassen sie im Stich, neue können sie nicht richtig trösten; dann und wann stellt sich auch ein Verehrer ein. Anna Maria aber schafft es, sie geht – was denn sonst? – unbeirrbar ihren Weg.

Uschi Glas als Anna Maria ist nicht bloß das Superweib, sondern einfach der bessere Mann. Die ahnungslose Witwe wandelt sich zur harten Geschäftsfrau, rettet den Betrieb vorm Ruin und den lauernden Konkurrenten. Als Mutter ist sie sowieso unschlagbar. Sie kocht für ihre Kinder, fragt die Schulaufgaben ab, bespricht alles Lebenswichtige mit ihnen: das erste eigene Moped oder ob ein Hund ins Haus kommt. Wenn die Kinder sich doch einmal vernachlässigt fühlen, klärt sich auch das wohlgefällig auf: Heimlich hat die Mutti den Führerschein für Lastwagen gemacht, und im Betrieb zeigt sie es den depperten Mannsbildern, wie man so eine Karre repariert. Es ist einfach nicht wahr, aber es ist Uschi Glas. Gestern Abend hat sie, weil man am Set doch immer danach fragt, »Anna Maria« endlich selbst gesehen, gleich zwei Folgen hintereinander am Video. Obwohl sie müde war zum Umfallen, hat sie eisern durchgehalten, aber das musste jetzt sein, das gehört zum Beruf.

Und wie war's?

»Furchtbar war's. Furchtbar schiach hob i ausg'schaut.« Was natürlich gelogen ist.

Sie kann sich bloß nicht sehen. Bei dem unglaublichen Schmarrn, den sie in dreißig Jahren Filmfunkfernsehen mitgemacht hat, auch kein Wunder: Edgar Wallace, Karl May, Pauker-Filme mit Roy Black, das »Schloss am Wörthersee« und den »Bergdoktor« und dazwischen fast nichts ausgelassen. Das Publikum hat sie vom ersten Tag an geliebt. Ein bisschen exotisch sah sie aus mit den dunklen Augen und dem schwarzen Zigeunerhaar und war doch von hier. Ein Weltstar aus Niederbayern, aber berühmt wollte sie eigentlich bloß in Deutschland sein.

*Das Korsett! Frag sie nach dem Korsett!*

Im Urlaub kam Uschi Glas die Idee zu »Anna Maria«. Sie tippte das Exposé, legte es ihrem Mann vor, dem Fernsehproduzenten Bernd Tewaag, und der musste nicht mehr viel tun: Er suchte ein Autorenpaar, das die Story mit den serienüblichen Ränken und Dehnungseffekten anreicherte, dass es allen zehn Millionen gefällt. Bis in die Werbeunterbrechung hinein geht sie ihren Weg, und auch die echte Uschi Glas fällt nicht aus der Rolle der guten Freundin aus dem Fernsehen, wenn sie für ein allerdings billiges Parfüm wirbt. Die ganz echte Uschi Glas residiert mit Mann, Kindern, Tieren, Sonnenstudio und allem im Grünwald vor München. Eine Filmgöttin, wenn es so was gibt in Deutschland. Als Anna Maria aber steigt sie noch einmal herab, eine Göttin, die vorübergehend Menschengestalt annimmt, ein paar Falten um den Mund hat und Krähenfüße, graue Strähnen im Haar und den Babyspeck von damals in Schwabing leider gar nicht mehr.

Sie gehört längst zu den Großkopferten und den Berühmten, und wenn im Bayerischen Fernsehen über den Verlust der Werte diskutiert wird, ist sie selbstverständlich dabei. Werte, da ist sie gut, das kann sie im Schlaf. Aber sie ist das Schätzchen geblieben, schüchtern, unberührbar, großäugig wie ein Reh: Bambi. Wenn es Bambi je wirklich gab, dann hieß es Uschi. Am Tisch von Franz Josef Strauß ist sie gesessen, bei der Firma Burda geht sie ein und aus, und wenn sie der *Münchner Abendzeitung* wegen übermäßig strenger Berichterstattung das Abonnement kündigt, zeigt die Redaktion tätige Reue. Sie ist doch eine von uns, eine von den zehn Millionen Zuschauern. Beweis: In jeder Folge Szenen mit Allerweltsproblemen, und man weiß, die patente Uschi Glas wird sie wieder lösen, wenn nicht in dieser, so bestimmt in der nächsten Woche.

Uschi ist eine Göttin, nicht ganz von dieser Welt, aber unüberhörbar aus Niederbayern, evangelisch einmal gewesen im katholischen Schwarzland. Geboren 1944 in Landau an der Isar, kleinklein die Nachkriegskindheit mit Brennnesselsuppen und aufgetragenen Kleidern. Der deutsche Film dann, die große Welt, Edgar Wallace. Die große Welt war schon in Hameln zu Ende, wohin man sie für den »Unheimlichen Mönch« bestellte. Zitternd, ob sie vielleicht einer reinlegte und weil sie, minderjährig, ihre Eltern nicht um Erlaubnis gefragt hatte, wartete sie in Hameln auf den Drehbeginn und den Filmruhm. Der kam mit Karl May und Horst Wendland. Jetzt stand sie selbst in der Bravo, die zu Hause streng verboten war. Uschi als Starschnitt: In einem buntbestickten hirschledernen Kittel sank das Halbblut Apanatschi Pierre Brice züchtig an die Brust. Bambi und doch ein Mädchen, und so schön.

Sie war bereits ein Star, aber sie ließ sich ausleihen an May Spils, die fast ohne Geld diesen Gammelfilm drehen wollte, »Zur Sache, Schätzchen«. Um jeden Preis und also für fast nichts wollte sie mitmachen, »und wenn ich heimlich hätte drehen müssen«. Für diesen Film verzeiht man ihr alles: dass sie Strauß noch immer verehrt, sich manchmal ein drastisches Durchgreifen im Staat wünscht und ihr Weltbild so übersichtlich ist wie die Einbauküche bei »Anna Maria«.

Aber das Korsett, was ist mit dem wunderbaren Korsett? Werner Enke und sie, damals, 1969, in Schwabing auf der Polizei.

In der Garderobe mit ihrem Serienpartner Christian Kohlund beklagt Uschi Glas die fehlende psychologische Plausibilität der Szenen, die sie heute drehen sollen. »Kleist, ja, der hat noch schreiben können«, ruft Kohlund aus, der gerade als Graf Wetter vom Strahl auf Tourneetheater ist. Das Gespräch schweift ab von der Kunst zu den Frauen, die das Sozialamt betrügen, indem sie sich schwängern lassen, geht über die Knebelverträge für Schauspielerinnen und endet bei der Hausaufgabenbetreuung für Uschis Filmkinder. Die begleitenden Mütter lassen sich gern beraten von der hohen Frau, Uschi, Bambi und Mutter selbdritt. Wenn Kohlund es wagt, eine vorsichtig zotige Bemerkung einzuflechten, wird er von Uschi streng zurechtgewiesen. Nicht vor den Kindern und vor allem nicht vor ihr.

Und das Korsett?

»Ich habe um meine Haut gekämpft«, sagt Uschi Glas. Die Regisseurin May Spils wollte sie nackt haben, nackt vor Dutzenden von Polizisten und Schaulustigen, und Uschi Glas hatte eine Todesangst davor. »Ich habe um meine Haut gekämpft.« Ging deshalb in ein Korsagengeschäft und bat die Besitzerin um Hilfe. Gemeinsam schnitten sie die Träger ab von einem guten Stück, nähten Schleifen und Zierrat dran, und so konnte sich Uschi Glas sehen lassen. Ein magischer Moment im damals noch sehr jungen deutschen Film, als Uschi Glas ihr Kleid fallen ließ und doch nicht nackt dasaß, sondern in der schimmernden Pracht.

Um die Haut, die ihre, hat sie weiter gekämpft. Uschi Glas ging nicht nach Rom oder Paris, schlug, wie sie mit wenig Bedauern erzählt, sogar das Angebot aus, mit Michel Piccoli und Romy Schneider »Trio Infernal« zu drehen, weil man sie doch nackt gesehen hätte. Niemand wird sie je nackt sehen im Film. Während die Kamera in der Filmküche neu justiert wird, muss sich Uschi Glas sinnvoll beschäftigen. Mit dem Mädchen, das ihr Au pair spielt, diskutiert sie die Qualität der Tütensuppe, die der Ausstatter productplacementmäßig ins Bild praktiziert hat. Einzig der Requisiteurin geht es gar zu familienfreundlich zu. Sie reißt einer der herumliegenden Barbie-Puppen die Kleider vom Leib und malt ihr die fehlende Schambehaarung auf.

Mutter kann Uschi Glas am besten, gleich ob im Fernsehen oder daheim. Eine Mutter, die in Tränen ausbricht wegen der hygienischen Zustände, in denen ihr ältester Sohn im englischen Internat hausen muss, eine Mutter, die dieses Kind achtzehn Jahre zuvor allein, ohne Mann, zur Welt brachte, die zum Jugendamt ging und den Nachweis erbrachte, dass sie wirtschaftlich dazu in der Lage sei, ihr Kind zu behalten, und die den Vater nicht näher als auf einen Dauerauftrag über DM 173,– im Monat an Alimenten an sich heranließ. Diese ledige Mutter von damals, die auch mal in die Emma hineinschaute, ist heute solide mit dem Kindsvater verheiratet und hat es mit fünfzig für die Bunte zum Ehrentitel »Mutter-Frau« gebracht. Willig lässt sie sich in Schwarzrotgold wickeln und zur »Uschi nationale« ernennen. Peter Gauweiler (cf. Die Nachtwächter) trötet hinterdrein: »Eine Leitfigur für die Verbindung von gutem Aussehen und guter Gesinnung, ein Vorbild für Millionen von Frauen.«

Bambi war sie einmal vor langer Zeit, Apanatschi und das Schätzchen, später alles und jede. Aber wenn sie lacht und bayrisch redet, wenn sie die Augen so groß aufschlägt, als käme sie frisch vom Dorf und fände sich plötzlich in Hameln und vor dem »Unheimlichen Mönch«, dann ist sie wieder Bambi. Schade um das Schwabinger Korsett.

# 1997

## STEPHEN JAY GOULD

## Geheimnisse der *idiots savants*

*Als einer der führenden Paläontologen und Evolutionsbiologen des 20. Jahrhunderts lehrte er nicht nur in New York und Harvard Geologie und Zoologie. Mit mächtiger Stimme schaltete er sich auch in die wesentlichen Debatten um die Stammesgeschichte des Homo sapiens und die Herkunft seines speziellen Gehirns ein. Eine »große Zahl relativ unabhängiger mentaler Fähigkeiten« ist in diesem am Werk – und deren erfolgreiches Teamwork alles andere als eine Selbstverständlichkeit. Weshalb ein Experte für einige hundert Jahrmillionen auch an so etwas Ephemerem wie dem Millennium ein besonderes und überdies sehr persönliches Interesse haben kann, für unseren Kalender also und dessen Jahrtausend-Zahlenzauber, wie es der deutsche Titel eines Buches-says von Stephen Jay Gould (\* 1941, † 2002) nennt, das verrät uns ein Stück wahrhaft geheimnisvoller Lektüre.*

FÜNF WOCHEN

Dichter, die so oft die Verbindung zwischen allen Dingen preisen, haben einmal gesagt, das Fallen eines Blütenblattes müsse einen fernen Stern erschüttern. Wir sollten dankbar sein, dass die Verknüpfungen im Universum nicht ganz so eng sind, denn in einem Kosmos voller derart dichter Bindungen gäbe es uns nicht einmal.

Georges Cuvier, der größte französische Naturforscher des frühen 19. Jahrhunderts, vertrat die Ansicht, Evolution könne nicht stattfinden, weil alle Körperteile zu eng zusammenhängen. Veränderte sich eines davon, müssten sich demnach auch alle anderen Teile entsprechend wandeln, damit eine neue, aber ebenso elegante Konstruktion für eine andere Lebensweise entsteht. Da wir uns eine solch umfassende Veränderung aller Einzelteile zu neuer Vollkommenheit aber nicht vorstellen können, ist eine Evolution der Lebewesen unmöglich.

Die eine Hälfte von Cuviers Argumentation ist sicher stichhaltig. Wenn Evolution derart umfassende Veränderungen erforderte, könnte ein solcher Vorgang durchaus unmöglich sein. Aber Körperteile haben im Wesentlichen den Charakter von Bausteinen, und man kann sie weitgehend trennen. Alpha Centauri[1] (von den weiter entfernten Sternen gar nicht zu reden) nimmt nicht mit dem geringsten Blinzeln Notiz davon, dass Klein Susi die Blütenblätter vom Gänseblümchen pflückte – »er liebt mich, er liebt mich nicht ...«, und obwohl der Fußknochen mit dem Unterschenkelknochen verbunden ist, kann die Evolution die Zahl der Streifen auf dem Haus einer Schnecke verändern, ohne dass die Zahl der Zähne ihrer Radula (Kiefer) sich verändert.

Auch die Gehirnfunktionen und die menschliche Intelligenz im Allgemeinen sind in der Regel aus Modulen aufgebaut und lassen sich auseinandernehmen. Im Gehirn lauert kein g-Faktor, kein einheitliches Maß der »allgemeinen Intelligenz«, und deshalb lassen Menschen sich auch nicht nach der ererbten Menge eines zusammenhängenden Gebildes, das man in einer einzigen Zahl namens IQ angeben könnte, in Rangstufen unterteilen. (Meine Kritik an dieser Haltung habe ich in meinem Buch *Der falsch vermessene Mensch* dargelegt.) Intelligenz ist vielmehr ein Wort aus der Umgangssprache, wir wenden es auf die große Zahl relativ unabhängiger mentaler Eigenschaften an, die in ihrer Gesamtheit etwas bilden, das wir »Geist« nennen.

Das beste, klassische Beispiel für die relative Unabhängigkeit der geistigen Eigenschaften findet man in einem verblüffenden Phänomen: Es wird an den Menschen deutlich, die man früher mit dem unglaublich kaltschnäuzigen Begriff *idiots savants* (»kluge Idioten«) belegte – das sind geistig Behinderte mit einer genau umgrenzten, abtrennbaren Fähigkeit, die derart hoch entwickelt ist, dass sie uns schon bei einem Menschen mit normaler Intelligenz überraschen würde: Bei einer Person, die in anderer Hinsicht über höchst begrenzte Fertigkeiten verfügt, erscheint sie einfach wie ein Wunder. Manche *savants* können blitzschnell Kopfrechnen – sie multiplizieren und dividieren im Handumdrehen lange Zahlenkolonnen mit fehlerloser Genauigkeit, können aber auf einen Dollar nicht herausgeben oder verstehen nicht einmal, was damit gemeint ist. (Eine solche Gestalt spielte Dustin Hoffman höchst einfühlsam in *Rain Man*.) Andere können Bilder komplizierter Szenen, die sie nur einmal für einen kurzen Augenblick gesehen haben, bis in kleinste Detail genau zeichnen – aber sie sind nicht fähig zu lesen, zu schreiben oder zu sprechen.

Diese Menschen faszinieren uns aus zwei ganz verschiedenen Gründen. Uns stockt der Atem, weil sie so ungewöhnlich sind, und Extreme (der größte, der wildeste, der hässlichste, der intelligenteste Mensch) wirken immer faszinierend. Dieser zutiefst menschlichen Neigung brauchen wir uns nicht zu schämen. Aber die *savants* zwingen uns auch deshalb zur Aufmerksamkeit, weil wir spüren, dass sie uns möglicherweise etwas Wichtiges über das Wesen der normalen Intelligenz lehren können – über einen Durchschnitt erfahren wir häufig am meisten, wenn wir die Ursachen einer extremen Abweichung verstehen.

Immer wurden zwei Interpretationen für die *savants* bevorzugt (beide sind zu einfach und vermutlich falsch, aber sie stellen nach wie vor einen vernünftigen ersten Schritt zur Formulierung des Problems dar: Erwerben diese Menschen ihre außergewöhnliche Fähigkeit, weil sie eine Sache entdecken, die sie können – und dann hart und fleißig arbeiten, um sie weiterzuentwickeln? Dann könnte vermutlich jeder von uns die gleiche Fähigkeit beherrschen, nur würden wir nie so viel Zeit in eine einzige geistige Tätigkeit investieren. (Nach dieser Vorstellung unterscheidet sich das Gehirnmodul des *savant*, in dem die übermäßig ausgeprägte Fähigkeit angesiedelt ist, nicht von unserem eigenen – und das Phänomen ist eine Lehre über das Wesen hingebungsvoller Arbeit.)

Oder entwickelt sich eine solche Fähigkeit bei diesen Menschen, weil ein Defekt in einem Teil des Gehirns durch die ungewöhnlich starke Entwicklung eines anderen ausgeglichen wird? Wenn es so ist, könnten die meisten von uns die Fähigkeit des *savant* nicht erwerben, selbst wenn wir uns mit dieser einen Tätigkeit noch so viel Mühe geben. (Nach dieser Vorstellung unterscheidet sich das Gehirn des *savant* von unserem in dem Modul, das diese besondere Fähigkeit steuert – und aus der Untersuchung eines solchen Phänomens können wir dann etwas Wichtiges über die körperliche Natur des Geistigen lernen.)

Jedenfalls ist die Datums-Wochentags-Berechnung eine der berühmtesten und häufigsten »Bruchstückfähigkeiten«, die sich bei vielen *savants* ausprägen. Das Thema war Anlass zahlreicher Untersuchungen, die in zwei kürzlich erschienenen Büchern sehr gut zusammengefasst werden (Steven B. Smith, The Great Mental Calculators, Columbia University Press, 1983 und Donald A. Treffert, Extraordinary People: Understanding »Idiots Savants«, Harper and Row 1989). Die Literatur über geistig behinderte und autistische Datums-Wochentags-Rechenkünstler wurde immer von einer naheliegenden Frage beherrscht. Wie machen sie es?

Die einfachste Methode – einfach einen *savant* zu fragen, wie er die Berechnung anstellt – funktioniert nicht. Die wenigsten von uns können anständig erklären, wie wir die Dinge schaffen, die wir am besten können, denn unsere wirklich ungewöhnlichen Leistungen erscheinen uns als etwas Automatisches. (Die Unfähigkeit der Spitzensportler, ihre außergewöhnlichen Fähigkeiten zu beschreiben, ist berühmt – »hm, na ja, ich guck' einfach den Ball an und …« Intellektuelle, die Licht in ihre literarischen oder mathematischen Fähigkeiten bringen sollen, machen es nicht besser – »hm, nun ja, ich hatte einen Traum, da sah ich diese sechs Schlangen und …«) Wenn *savants* überhaupt sprechen, sagen sie vielfach »Ich mache es einfach.« Besser könnten die meisten von uns ihre besonderen Fähigkeiten nicht beschreiben.

In der Literatur wurden zwei grundlegende Vorgehensweisen in Betracht gezogen – und die Ergebnisse sind in der Regel nicht schlüssig, wenn es darum geht, die üblichen vielfältigen Ursachen menschlicher Leistungen zu verdeutlichen. Das heißt, manche *savants* machen es auf diese Weise, andere auf jene, wieder andere mit einer Kombination von beiden, und noch andere auf eine Art, die bisher nicht genau ermittelt wurde. Erstens dürfte ein *savant* über eine außergewöhnliche, wirklich eidetische Erinnerungsfähigkeit verfügen. Dann hat ein Datums-Wochentags-Rechenkünstler einfach den Kalender für eine bestimmte Zahl von Jahren im Kopf, und den Wochentag für ein beliebiges Datum liest er unmittelbar aus dem Gedächtnis ab. Zweitens könnte der *savant* auch einen Algorithmus oder eine Rechenregel entwickeln und diese Regel dann so oft, mit solcher Konzentration und Hingabe anwenden, dass die Berechnung äußerst schnell abläuft und zu seiner »zweiten Natur« wird. Irgendwann empfindet er dann die Berechnung als etwas Automatisches.

Manche Datums-Wochentags-Rechenkünstler bedienen sich ausschließlich des Gedächtnisses – diese Methode kann man dingfest machen, weil diejenigen, die sie anwenden, sich meist nur eine begrenzte Zahl von Jahren merken. Ein *savant*, der die Datums-Wochentags-Berechnung beispielsweise für die Jahre von 1980 bis 2020 ausführen kann und von den Daten in früheren oder späteren Jahren keine Ahnung hat, erinnert sich wahrscheinlich an die Kalender von 40 Jahren (die Wissenschaftler können das überprüfen, indem sie im Bücherregal der Versuchsperson nachsehen oder nachfragen, ob sie einen immerwährenden Kalender für eine bestimmte Zahl von Jahren besitzt).

Aber viele Datums-Wochentags-Rechenkünstler, darunter auch der zuvor beschriebene junge Mann, bedienen sich selbsterfundener Algorithmen. Manche von ihnen, so auch meine Versuchsperson, können mühelos rechnen – anscheinend im Handumdrehen, manchmal über Tausende von Jahren hinweg und ohne erkennbaren Zeitunterschied, ob das zu berechnende Datum nun zwei oder 200 Jahre zurückliegt. Die Behauptung, manche *savants* benutzten Algorithmen, lässt immer noch zwei Rätsel und Verwicklungen unbeantwortet – und auch sie spielen in der Literatur über das Thema eine große Rolle. Erstens ist die Datums-Wochentags-Berechnung, wie ich im vorangegangenen Abschnitt gezeigt habe, ein zweistufiger Vorgang. Man muss zunächst den Wochentag in einem Bezugsjahr wissen – in der Regel im laufenden Jahr, das im Kalender steht. Dann kann man den Algorithmus anwenden und die Differenz zwischen laufendem und gesuchtem Jahr berechnen. Aber ganz gleich, wie gut der Algorithmus ist. Man muss immer eine Bezugsgröße im Gedächtnis haben. (Natürlich könnte man zu Beginn immer den Wochentag in einem Taschenkalender des laufenden Jahres nachschlagen – aber kein Datums-Wochentags-Rechenkünstler, der etwas auf sich hält, würde sich eines solchen Hilfsmittels bedienen.)

Zweitens – und das ist potenziell von größerem Interesse für das Verständnis geistiger Vorgänge im Allgemeinen – nehmen die meisten mit Algorithmen arbeitenden Rechenkünstler – darunter auch meine Versuchsperson – ihre Berechnungen viel zu schnell vor, als dass sie den Algorithmus bewusst anwenden könnten. Ein bekanntes Beispiel stammt von einem Doktoranden, der George und Charles untersuchte, jene berühmten, mathematisch begabten Zwillinge (und höchst fähigen Datums-Wochentags-Rechenkünstler), die Oliver Sachs in einem Kapitel seines Buches *Der Mann, der seine Frau mit einem Hut verwechselte* so ausgezeichnet und ergreifend beschrieben hat: Der Doktorand versuchte es ihnen mit ihrer Fähigkeit zur Datums-Wochentags-Berechnung gleichzutun, indem er ihre Methode mit der gleichen Zielstrebigkeit anwandte, die man bei vielen *idiots savants* beobachtet. Wie sich herausstellte, konnte er die Berechnung durchführen, aber lange Zeit erreichte er dabei nicht annähernd die gleiche Geschwindigkeit. Schließlich und auf eine Art, die er selbst nie genau beschreiben konnte, machte es plötzlich »klick«, und die Methode fühlte sich wie etwas Automatisches an. Jetzt war der Doktorand den Zwillingen ebenbürtig. Darold Treffert zitiert in seinem Buch einen Bericht von Dr. Bernard Rimland über das Experiment:

»Langdon übte Tag und Nacht. Er versuchte, ein hohes Maß an Leistungsfähigkeit zu entwickeln … Aber trotz eines gewaltigen Übungspensums erreichte er die Geschwindigkeit der Zwillinge lange Zeit nicht. Dann plötzlich merkte er, dass er mit ihnen mithalten konnte.

Zu Langdons völliger Überraschung hatte sein Gehirn die komplizierten Berechnungen irgendwie automatisiert; es hatte sich die Tabelle, die man sich merken muss, so wirksam angeeignet, dass die kalendarische Berechnung ihm zur zweiten Natur geworden war; er musste die verschiedenen Rechenoperationen nicht mehr bewusst abarbeiten.«

Der junge Mann, den ich kenne – er ist heute vermutlich einer der besten Datums-Wochentags-Rechenkünstler unseres Landes – ist Autist und in seiner Kognitionsfähigkeit stark eingeschränkt. Er verfügt über eine gute Sprachfähigkeit, aber sein Verständnis für Absichten und emotionale Ursachen ist praktisch gleich null. Grundlegende physikalische Kausalitätsbeziehungen versteht er – er weiß, dass ein Gegenstand, den man fallen lässt, zu Boden fällt, oder dass ein geworfener Ball gegen die Wand fliegt –, aber die Motive der Menschen oder die »inneren« Ursachen, die hinter ihren Handlungen stehen, kann er nicht erkennen. In einem Buch oder Film versteht er nicht einmal die einfachste Handlung. Er kann spielen in dem Sinne, dass er lernt, die Regeln eines Spiels mechanisch zu befolgen, aber er hat keine Ahnung, warum Menschen sich mit so etwas beschäftigen, und Aspekte wie Rangfolge, Gewinnen und Verlieren hat er nicht einmal ansatzweise begriffen.

Menschen sind vor allem Geschichtenerzähler. Wir organisieren die Welt als eine Reihe von Berichten. Wie soll also jemand in seiner verwirrenden Umgebung auch nur den geringsten Sinn finden, wenn er Geschichten nicht versteht oder den Menschen keine Absichten unterstellen kann? In den gesamten Annalen des menschlichen Überschwanges finde ich kein erhebenderes Thema als den Ausgleich, den Menschen finden und schaffen wollen, wenn die Widrigkeiten des Lebens sie grundlegender Merkmale unseres gemeinsamen Wesens beraubt haben.

Wie Körperbehinderte im Leben zurechtkommen, verstehen wir meist, aber selten kümmern wir uns um ähnliche Bemühungen der geistig Behinderten. Jeder von uns muss das »summende und wuchernde« Durcheinander der Außenwelt ordnen – und wenn wir keine Geschichten verstehen, müssen wir einen anderen Weg finden. Dieser junge Mann hat sich sein ganzes Leben lang Mühe gegeben, um Regelmäßigkeiten zu finden, die einen Fixpunkt in dem Kuddelmuddel um ihn herum darstellen und allem einen Sinn geben können. Viele seiner Anstrengungen waren Sackgassen oder ein Kampf gegen Windmühlenflügel.

Da er in Gesichtern so schlecht lesen kann, hatte er sich jahrelang damit herumgeschlagen, im Tonfall oder der Lautstärke der Stimme zusätzliche Anhaltspunkte zu finden. Bedeutet eine hohe Stimme, dass jemand glücklich ist? Ist laut gleich wütend? Er spielte dieselbe Schallplatte mit unterschiedlicher Geschwindigkeit ab und machte aus Paul Robeson bei 33 Umdrehungen den Klang einer Frauenstimme bei 78 – immer in der Hoffnung (so jedenfalls meine Vermutung), er könne daraus eine Regel ableiten, eine Richtlinie für seine Handlungen. Er hat sie nie gefunden, aber er versucht es immer noch. Als er ganz klein war, entwickelten sich gewisse mathematischen Fähigkeiten, die er sofort nutzbringend einsetzte. Er stoppte die Spieldauer aller seiner 33er-Platten und versuchte eine Gesetzmäßigkeit für den Zusammenhang zwischen der Art der Musik und der Länge der Aufnahme zu finden. Aber das führte nicht weiter, und schließlich gab er es auf.

Zuletzt fand er den Schlüssel, der funktionierte – die Chronologie. Was könnte sich als allgemeines Organisationshilfsmittel eignen, wenn man Geschichten nicht versteht? Der lineare Ablauf der Zeit! Man weiß vielleicht nicht, warum oder wie oder ob oder was, aber zumindest kann man alle Elemente in zeitlicher Reihenfolge ordnen, ohne sich um ihre Kausalzusammenhänge zu kümmern – dieses war vor jenem, jenes vor etwas Drittem, das Dritte vor diesem hier. Er hatte gewonnen. Dieser junge Mann kann berichten, was an jedem einzelnen Tag während der letzten zwanzig Jahre seines Lebens geschehen ist. Da er die Wichtigkeit der Ereignisse nicht beurteilt wie wir, erscheint ein Vorgang, den er sich gemerkt hat, uns häufig banal, deshalb erinnern wir uns nicht daran, sodass wir den Wahrheitsgehalt nicht überprüfen können – »An dem und dem Tag sagte Michael Ianuzzi ›Wow‹«. Aber wenn wir es nachvollziehen können, hat er immer recht – »Am 4. Juli 1981 haben wir am Charles River das Feuerwerk gesehen«.

Ich glaube, ich weiß auch, warum er sich überhaupt für die Datums-Wochentags-Berechnungen interessierte. Zeitliche Reihenfolgen waren der Grundstein für die Ordnung in seinem Leben geworden. Und was konnte einen besseren Dreh- und Angelpunkt abgeben – und eher eine verborgene, aber entscheidende Bedeutung haben – als der interessante Wechsel der Wochentage an jedem einzelnen Datum von Jahr zu Jahr? Hinter alldem muss doch eine Gesetzmäßigkeit stehen. Wie könnte sie aussehen? Also strengte er sich an, und dann fand er es heraus. Ich könnte zusehen, wie seine Fähigkeiten wuchsen, aber wie er die Berechnung vornahm, wusste ich nie.

Wenn man sich von anderen durch eine eng gefasste »Sonderbegabung« abheben will, kann ich mir keine schönere Wahl vorstellen als die Datums-Wochentags-Berechnung. Die meisten Menschen interessieren sich dafür, an welchem Wochentag sie geboren wurden. Aber diese Information ist

In der Überschwemmung.
*Distrikt Pabna.*
*Bangladesch, 24. September 1991.*

gar nicht einfach zu beschaffen. Man kann es nicht im Lexikon nachschlagen, und in einem gewöhnlichen Kalender findet man sie auch nicht. Wenn die Mutter sich nicht daran erinnert und uns den Wochentag gesagt hat, wissen wir es wahrscheinlich nicht. Um es festzustellen, muss man eine Datums-Wochentags-Berechnung durchführen – und dazu sind die meisten Menschen nicht in der Lage.

Damit wird dieser junge Mann zu einer unschätzbaren Informationsquelle. Ich habe gesehen, wie er nach Art der besten Politiker ein ganzes Zimmer voller Leute bediente. Zu Beginn steht er auf einer Seite des Raumes und stellt jedes Mal die gleiche Frage: »An welchem Tag und in welchem Jahr wurden Sie geboren?« Der Gesprächspartner erwidert »Am 10. September 1941« oder sonst irgendetwas und darauf antwortet der junge Mann, ohne auch nur eine Sekunde zu zögern und in einem besonderen Tonfall, den seine Freunde und Bekannte bereits kennen, »An einem Mittwoch«. Er irrt sich nie. Eine halbe Stunde später sehe ich ihn am anderen Ende des Zimmers. Er hat die ganze Reihe abgeschritten – mit dem Selbstbewusstsein eines Diplomaten, aber er hat wesentlich echtes Interesse geweckt. Auch die Rückmeldung ist für ihn sehr lohnend – dass die Menschen es wissen wollen und ihm wirklich dankbar sind. Seine Fähigkeit erscheint ihnen unergründlich und verblüffend – und das sagen sie ihm auch. Ein paar Streicheleinheiten helfen stets weiter, insbesondere einem Menschen, der sich so eifrig bemüht hat, das Durcheinander um sich herum zu begrenzen, und der dabei so viele Fehlschläge einstecken musste.

Was diese ehrfurchtgebietende Fähigkeit der Datums-Wochentags-Berechnung für ihn bedeutete, habe ich immer verstanden, aber ich wollte wissen, wie er es anstellte – und das konnte er mir nie sagen. Ein paar Bruchstücke fand ich heraus. Ich wusste, dass er mit einem Algorithmus arbeitet. Der Kalender des laufenden Jahres (den er todsicher und offenbar eidetisch im Kopf hat) dient ihm als Bezugsgröße und Ausgangspunkt. Er kennt die gregorianischen Regeln für die Schaltjahre und kann deshalb seine Berechnungen sofort über Jahrhunderte und Jahrtausende hinweg ausweiten. Aber was für einen Algorithmus benutzt er?

Er zieht beide Teile des allgemeinen Problems in Betracht – wer nach einem Algorithmus rechnet, muss das auch. Er weiß, dass ein normales Jahre 52 Wochen und einen Tag umfasst und dass sich der Wochentag für dasselbe Datum demnach von einem Jahr zum nächsten um einen Tag nach hinten verschiebt – fällt ein Datum in diesem Jahr auf einen Dienstag, ist es im nächsten ein Mittwoch. Ihm ist auch bekannt, dass für die Schaltjahre eine zusätzliche Korrektur notwendig ist. Aber wie kombinierte er die beiden Korrekturen? Was für eine Regel hatte er entwickelt? Ich war mit meinem Latein am Ende.

Dann unterhielt ich mich mit einem englischen Fernsehproduzenten, der eine Sendung über die *savants* gemacht hatte. Er erklärte mir: »Fragen Sie ihn mal, ob an der Zahl 28 etwas Besonderes ist. Alle Rechenkünstler, die mir begegnet sind, haben diese Regel entdeckt.« Ich kannte die Regel nicht und fragte ihn danach. »Was ist denn das Besondere an der 28?« »Wussten Sie das nicht?«, erwiderte er. »Der Kalender hat einen Wiederholungszyklus von 28 Jahren. In diesem Jahr sieht er genauso aus wie vor 28 Jahren.«

Sofort wurde mir klar, warum es so sein muss – und ich fand es auf die gleiche Weise heraus wie jeder normale Naturwissenschaftler mit einem Minimum an mathematischem Grundlagenwissen. Natürlich. Die Verschiebung zwischen Wochentag und Datum ergibt sich durch die gleichzeitige Wirkung zweier verschiedener Zyklen. Der erste ist sieben Jahre lang und beruht darauf, dass jedes Jahr ein Tag übrig bleibt – nach sieben Jahren (wenn man die Schaltjahre außer Acht lässt) ist der Kalender wieder am Anfang angelangt, und der 10. Juli an einem Mittwoch wird wieder der 10. Juli an einem Mittwoch. Und zweitens wirkt ein Vierjahreszyklus, weil alle vier Jahre zusätzlich ein Schalttag eingefügt wird. Nun kramte ich eine alte Rechenregel aus meiner Schulzeit wieder hervor: Wenn zwei Zyklen parallel wirken, ergibt sich die Gesamtzeit bis zur Wiederholung aus dem Produkt der beiden Zykluszeiten. Sieben mal vier ist 28. Der Kalender muss also einen Wiederholungszyklus von 28 Jahren haben – und dieser Zyklus wird zu einem naheliegenden Hilfsmittel, mit dem sich die Datums-Wochentags-Berechnung vereinfachen lässt. Alle 28 Jahre gilt der gleiche Kalender. 1998 sieht er genauso aus wie 1970. Wir wissen bereits, dass die Daten sich 1999 um einen Wochentag nach hinten verschieben werden – 1971 ist das gleiche wie 1999. Und so weiter.

Ich hatte das mit ein wenig elementarer Arithmetik herausgefunden, aber so konnte mein autistischer Freund es nicht geschafft haben. Ich war sehr neugierig, ob er etwas von der Achtundzwanziger-Regel wusste. Und wenn ja: Hätte ich dann endlich den Schlüssel zu seinem Algorithmus entdeckt? Würde ich dann endlich verstehen, wie er seine unglaublichen Berechnungen so blitzschnell ausführte? Also fragte ich ihn: »Hat es mit der Zahl 28 irgendetwas Besonderes auf sich, wenn du den Wochentag für ein Datum in verschiedenen Jahren herausfindest?« Darauf gab er mir die schönste Antwort, die ich jemals gehört habe – allerdings verstand ich zunächst nicht das Geringste. Er sagte: »Ja ... fünf Wochen.«

Ich war wie vor den Kopf gestoßen. Er musste mich missverstanden haben, und seine Antwort schien völlig sinnlos. Deshalb fragte ich noch einmal: »Hat es mit der Zahl 28 irgendetwas Besonderes auf sich, wenn du den Wochentag für ein Datum in verschiedenen Jahre herausfindest?« Und wieder antwortete er ohne Zögern: »Ja ... fünf Wochen.«

Ein paar Stunden später ging mir ein Licht auf. Seine Lösung war so schön, dass ich weinen musste. Meine arithmetische Regel über die Multiplikation der Dauer zweier unterschiedlicher Zyklen konnte er nicht anwenden, ja er verstand sie nicht einmal. Er war nur in der Lage, konkrete Tage zu zählen, einen nach dem anderen. Indem er auf diese Weise – es war die einzige, die ihm zur Verfügung stand – konkret gedacht hatte, war er zu folgendem Prinzip gelangt: Ein Jahr umfasst 52 Wochen und ein paar zusätzliche Tage – einen in normalen Jahren, zwei in Schaltjahren. Lässt sich die Gesamtzahl der zusätzlichen Tage glatt durch sieben teilen, ist der Kalender des betreffenden Jahres mit dem bereits bekannten Kalender des laufenden Jahres identisch. (Das Prinzip gilt mit subtrahierten Tagen für vergangene Jahre und ebenso mit addierten Tagen für die Zukunft.) Wenn ich die Mindestzahl von Jahren herausfinden kann, nach der die Zahl der zusätzlichen Tage immer die gleiche und immer genau durch sieben teilbar ist, muss der Kalender sich wiederholen, und ich habe meine Regel gefunden.

Also zählte er die zusätzlichen Tage ganz konkret, einen nach dem anderen. Jahr für Jahr. Jeder Zeitraum von weniger als 28 Jahren konnte nicht funktionieren, weil er unterschiedlich viele Schaltjahre enthält. Eine Periode von 13 Jahren kann beispielsweise (wie 1960–1972) vier Schaltjahre enthalten oder auch nur drei (1961–1973). Handelt es sich aber um 28 Jahre – und bei keiner niedrigeren Zahl –, klappt alles genau. Jede Phase von 28 enthält unabhängig davon, wann sie beginnt oder endet, stets genau sieben Schaltjahre. (Die gregorianische Regel, wonach Schaltjahre zu den meisten Jahrhundertwenden ausfallen, lasse ich dabei außer Acht. Sie erfordert, wie jeder Datums-Wochentags-Rechenkünstler weiß, eine besondere Korrektur – und man muss sie gesondert im Auge behalten.) Jede Zeitspanne von 28 Jahren enthält auch 28 zusätzliche Tage aufgrund der Regel, dass jedes Jahr einen überzähligen Tag umfasst. Demnach kommen in jeder 28-Jahre-Periode genau 35 Tage hinzu, nicht mehr und nicht weniger: einer für jedes der 28 Jahre und sieben weitere für die immer gleiche Zahl von sieben Schaltjahren. Da 35 genau durch 7 teilbar ist, muss der Kalender sich alle 28 Jahre wiederholen.

Jetzt endlich verstand ich, wie dieser begabte Datums-Wochentags-Rechenkünstler vorging. Er hatte die zusätzlichen Tage konkret dazugezählt, die einzige Methode, die seinem Geist zur Verfügung stand. Meine seelenlose, auswendig gelernte Regel aus Schülertagen – warum sie stimmt, weiß ich eigentlich bis heute nicht – mit der Multiplikation der Dauer zusammenfallender Zyklen konnte er nicht anwenden. Er hatte mühselig einen Tag nach dem anderen dazugezählt, bis er bei 28 Jahren angelangt war, dem ersten Zeitraum, nach dem immer genau die gleiche Zahl zusätzlicher Tage hinzugekommen ist, wobei man die Zahl dieser überzähligen Tage genau durch 7 teilen kann. 28 Jahre umfassen jeweils 35 überzählige Tage, und 35 überzählige Tage ergeben fünf Wochen. Wie man sieht, hatte er auf meine Frage tatsächlich die richtige Antwort gegeben – ich hatte ihn nur anfangs nicht verstanden. Ich hatte gefragt: »Hat es mit der Zahl 28 irgendetwas Besonderes auf sich, wenn du den Wochentag für ein Datum in verschiedenen Jahren herausfindest?« Und er hatte geantwortet: »Ja ... fünf Wochen.«

Würden wir doch alle von unseren besonderen Begabungen, so unterschiedlich und begrenzt sie vielleicht auch sind, auf so hervorragende Weise Gebrauch machen, wenn wir der edelsten aller geistigen Tätigkeiten nachgehen: dem Versuch, in dieser wunderbaren Welt und der kleinen Rolle, die wir in der Geschichte des Lebens spielen müssen, einen Sinn zu finden. Eigentlich habe ich seine schöne Antwort nicht vollständig wiedergegeben. Er sagte zu mir: »Ja, Papa, fünf Wochen.« Er heißt Jesse und ist mein ältester Sohn. Ich bin stolz auf ihn.

---

1 *Alpha Centauri* ist ein etwa 4,34 Lichtjahre entferntes Doppelsternsystem im Sternbild Centaurus, das am südlichen Sternhimmel zu sehen ist. Es besteht aus dem helleren gelben Stern Alpha Centauri A und dem orangefarbenen Alpha Centauri B. Alpha Centauri ist das der Sonne nächstgelegene Sternsystem. Als Doppelstern ist Alpha Centauri mit einer scheinbaren Gesamthelligkeit von – 0,27 mag das hellste Gestirn in diesem Sternbild und wird als dritthellstes Gestirn am Nachthimmel wahrgenommen. (Anm. G. B.)

*1999*

# ROBERTO BOLAÑO

## Alleinsein am Wannsee

*Noch einmal wagen wir uns nach Berlin, wenn auch nur auf Kurzvisite und in Begleitung von ganz außerordentlicher Statur. Diesmal ist es kein Zaungast auf adeligem Hochzeitsfest (vgl. Heine, S. 350–352), sondern ein Mann, den wir ganz unbedingt zu den größten lateinamerikanischen Schriftstellern aller Zeiten gezählt und ein und für alle Mal nicht vergessen wissen wollen. Am Wannsee haben wir Roberto Bolaño (\* 1953, † 2003) für uns alleine. Dort verrät er uns, wie Literatur aus minimalen Mitteln gemacht sein kann. Und ruft uns ein Alleinsein in Erinnerung, wie es jedem von uns in der einen oder anderem Form schon aufgelauert hat: nämlich wo wir es zuletzt erwartet hätten, mit Vorliebe zu Besuch in einer Weltstadt.*

BERLIN
Vor einiger Zeit war ich in Berlin, zu einer Lesung aus meinem Buch ›Die Naziliteratur in Amerika‹. Alles bestens. Die Gastfreundschaft der Berliner war bewundernswert; das Essen schmeckte; ich lief Tag und Nacht durch die Stadt und lernte viele interessante Leute kennen. Alles in Ordnung. Außer zwei Dingen. Erstens: Ich war in einem riesigen Herrenhaus am Wannsee untergebracht, dem See in einem Vorort Berlins, wo sich Heinrich von Kleist 1811 das Leben nahm, zusammen mit der bedauernswerten Henriette Vogel, die tatsächlich wie ein Vogel war, aber ein hässlicher, stiller Vogel, einer jener Vögel, die, ohne die Flügel ausbreiten zu müssen, an den Pforten zur Finsternis, zum Unbekannten sitzen. Ich hielt mich damals für jemanden, der mit Kleist nicht viel zu tun hatte. Ich erinnerte mich an den *Prinzen von Homburg*, wo der Kampf zwischen dem Schriftsteller und seinem Vater, der Kampf zwischen Individuum und Staat, auf die Bühne gebracht wird; ich erinnerte mich an *Michael Kohlhaas*, den ich in der Colección Austral des spanischen Verlags Espasa Calpe gelesen hatte, eine Erzählung über die Tapferkeit und ihre Zwillingsschwester, die Dummheit, und auch an eine Erzählung mit dem Titel *Das Erdbeben in Chili*, erschienen 1806, aus der wir noch heute ein paar moralische und ästhetische Lehren ziehen können. Aber nahe war mir Kleist nicht. Man hatte mir gesagt, dass in besagtem Herrenhaus andere Schriftsteller untergebracht seien, dass dort das kulturelle Leben leidenschaftlich pulsierte, besonders nach Sonnenuntergang, dann kämen sie hervor, die Bewohner, Leute aus Osteuropa, der eine oder andere Grieche oder Afrikaner, um in einem der vielen Säle des schlossartigen Gebäudes zu trinken und über Literatur zu reden. An dem Abend, als ich zum ersten Mal übernachten wollte, kam ich erst sehr spät. Den Schlüssel hatte man mir in einer Art Briefkasten hinterlassen, der wie die Attrappe eines Rohrs aussah, mit einem Zettel, auf dem meine Zimmernummer notiert war. Mit dem Schlüssel konnte man kurioserweise eine der Eingangstüren öffnen, einen Nebeneingang, der einst den Dienstboten vorbehalten war, sowie die Tür meines Zimmers. Wie groß aber war mein Erstaunen, als ich keine Menschenseele vorfand. Das Gebäude war von gewaltigen Ausmaßen. In einem Saal hingen Fahnen von der Decke (man hatte mir berichtet, es werde dort ein Historienfilm gedreht, daher die Fahnen), in einem anderen stand ein mächtiger Tisch, im nächsten gar nichts, außer einer riesigen schmiedeeisernen Lampe, die sich aber nicht einschalten ließ, Gänge führten in alle Richtungen, Schatten huschten über die hohen Wände, Treppen verloren sich im Nirgendwo. Als ich endlich mein Zimmer gefunden hatte, standen die Fenster offen und die Wände waren mit Mücken übersät, Mücken vom Wannsee, eine Invasion, wie ich sie schon seit Jahren nicht mehr erlebt hatte, seit der Zeit, als ich in Panama gewesen war, was schon an sich seltsam genug war, denn Mücken in Panama oder am Amazonas lassen sich als zwar lästiges, aber normales Phänomen hinnehmen, sie aber in solchen Massen in einem Berliner Zimmer anzutreffen, das war schon fast exzentrisch. Beunruhigt lief ich hinaus, um jemanden um ein Anti-Mücken-Spray zu bitten, und erst jetzt machte ich die Entdeckung, dass ich mutterseelenallein war in diesem gewaltigen Herrenhaus am See. Keine Schriftsteller, keine Angestellten, nichts. Der Einzige, der in jener Woche dort übernachtete, war ich. Auf Zehenspitzen, um keinen Lärm zu machen, ging ich zurück in mein Zimmer, wo ich den Rest der Nacht mit dem Erschlagen von Insekten verbrachte. Nach meinem vierzigsten Opfer hörte ich auf zu zählen. In den

Pausen presste ich meine Nase gegen das Fenster, das ich mich nicht länger zu öffnen traute, und meinte dort, am Ufer des Wannsees, Kleists Geist zu erkennen, der inmitten einer Wolke phosphoreszierender Insekten einen Tanz aufführte. Aber man gewöhnt sich an alles, und irgendwann fielen mir die Augen zu.

Die zweite Abweichung von der Normalität, die ich in Berlin erlebte, war sehr viel heftigerer Natur. Ich fuhr mit einer Freundin in ihrem Auto die Bismarckstraße entlang, als sich diese Verkehrsader plötzlich, auf einer Strecke von nicht mehr als fünfzehn Metern, in einen Boulevard in Lloret de Mar verwandelte. Ungelogen.

*2000*

# ALEXANDER KLUGE
## Ein Fall von Zeitdruck

*Glücklich ist der Herausgeber, einen seiner liebsten Reporter nach Afrika schicken zu dürfen, auf den dunklen Erdteil und richtig in diesen hinein, aus dem die Spezies Mensch herkommt. Unser Nachbarskontinent trifft hier auf Deutschland, und dies in einer Geschichte, die schrecklich komisch und dabei so tragisch ist, dass man in einem Punkt fast die katholische Kirche zu verstehen glaubt. In ihrem Kampf gegen den Selbstmord war sich diese während Jahrtausenden für kein Mittel zu fein. Könnte es dafür etwa doch ehrenwerte Gründe geben? Geschieht aber nicht jeder Selbstmord womöglich doch über der Tiefe einer Seelennot, über welche Sterblichen kein Urteil zusteht? Über diese Fragen können wir hier nachdenken.*

*Dr. jur. Alexander Ernst Kluge (\* 1932) kam Mitte der Fünfzigerjahre nach Frankfurt am Main, um beim Rechtsberater des Instituts für Sozialforschung (vgl. Horkheimer/Adorno, S. 580–581) sein juristisches Referendariat abzuleisten. Dem Reiz einer Unterhaltung mit ihm kann sich kein lebender Mensch auf diesem Planeten entziehen, offenbar damals auch schon Theodor W. Adorno nicht. Dieser schickte den Schriftsteller in spe zu Fritz Lang ins Volontariat bei CCC-Film, nicht weil er im Kinofilm eine Leistung der Hochkultur sah oder ihm eine solche in Zukunft zutrauen mochte, sondern weil er die Literatur des deutschsprachigen Teils der Menschheit für ein abgeschlossenes Kapitel hielt. Dissertiert hatte Kluge zwei Jahre zuvor mit einer Arbeit unter dem Titel* Die Universitäts-Selbstverwaltung. Ihre Geschichte und gegenwärtige Rechtsform.

IN der Kaiserstrasse in Frankfurt am Main reihen sich Fortbildungsinstitute des zweiten Bildungsweges, Stätten der Prostitution, Schnellimbisse, exotische Lokale aneinander. Die dazwischen angesiedelten Filialen, z. B. von Fluggesellschaften, registriert der zum Bahnhof eilende Passant mit geringer Aufmerksamkeit, weil sie nur das auf sie gerichtete spezialisierte Interesse ansprechen. Eine der großen Banken der Stadt hatte ihre Westafrika-Abteilung im Jahr 1982 noch gegenüber dem *Frankfurter Hof* untergebracht. Der Leiter dieser Abteilung, Ingmar B., ging nach Dienstschluss den Weg zum Bahnhof zu Fuß. Es gibt keine adäquaten Parkmöglichkeiten im Umkreis seines Büros. Es ist einfacher, das Haus, das in der Nähe von Kronberg liegt, mit dem Zug zu erreichen.

Eine Zeit lang wusste die Frankfurter Polizei nicht, wie sie der Marseiller Zuhältergruppe Herr werden sollte, die das Hauptbahnhofsgebiet in Frankfurt kontrollierte. Der Ring hob in den Dörfern des ehemaligen Französisch-Guinea junge Frauen aus, die in einer Art Kurs unter Anleitungen von Spezialisten aus Marseille in den Quartieren, die in den Seitenstraßen der Kaiserstraße liegen, zwei Jahre ihre Ausbildung finden und, gemessen an den Verhältnissen in ihren Heimatorten, ein Vermögen verdienen. Diese Geschäfte sind nur mit Zustimmung der Dorfältesten möglich, sie sind in den Abläufen, Geldbeträgen und Garantien standardisiert. Sie setzen voraus, dass die Frauen unbeschädigt nach Westafrika zurückgeführt werden. Es geht um eine Art *jus primae noctis* für den weißen Mann in der Metropole, vermittelt durch weiße Männer, die nach Ende der Kolonialisierung ein »besonderes Gewaltverhältnis« aufgebaut haben: die zeitlich begrenzte, objektschonende Sklaverei. Gäbe es für eines der Mitglieder des Rings die Gewohnheit, zu reflektieren oder zu diskutieren, so käme rasch der familiäre

Untergrund, die starke VERWURZELUNG IM EINVERNEHMEN zum Vorschein, die den Loyalitäten innerhalb des Rings und den Zuverlässigkeitsgesetzen im Menschenhandel mit Westafrika zugrunde liegt. Wogegen die mächtigen Finanzströme, die u. a. in einer Metropole wie Frankfurt von Schreibtischen aus gesteuert werden, die Lebenszonen Südfrankreichs oder Westafrikas in einer rücksichtsloseren Weise strukturieren. Sie verhalten sich gleichgültig. Wie ein Wettergeschehen aber ergreifen sie die Landschaften und Stämme, ohne je mit einem Dorfältesten Verhandlungen zu führen, Garantien auszuhandeln oder die Verpflichtung zur Rückführung von Menschen zu übernehmen, wenn diese durch den Zug der Geldströme angesaugt und wieder fallengelassen wurden.

Einer der autochthonen Prostituierten, die der Ring in der Moselstraße angesiedelt hatte, verfiel der Abteilungsleiter Ingmar B. mit tödlichem Ausgang. Es handelte sich nicht, wie er annahm, um Geschlechtsverkehr gegen Bezahlung. Er lernte das junge Mädchen, das Gilla, aber auch Françoise genannt wurde (und vermutlich zu Hause einen völlig anderen Namen trug, zeitweise hielt B. sie für eine Häuptlingstochter, eine »verwunschene Prinzessin«, deren Ahnen, meinte er, ins afrikanische 8. Jahrhundert reichten), in den *Reichsstuben* kennen. Er sprach sie an und hielt sein Interesse zunächst für sachlich. Da er ja auch für Westafrika zuständig war, so war es interessant, eine Einwohnerin dieses Geländes kennenzulernen und sie gegen ein (gemessen an seinen Möglichkeiten) spottbilliges Honorar in einen zauberhaften Spätnachmittag zu verstricken. Da seine Vorstellungskraft von sich selbst, ohne dass er es rechtzeitig bemerkte, stark angeregt wurde, befand er sich in Hochform; er meinte, dass etwas davon auf die fremde Partnerin seines Vergnügens überspringe. Sie sprach französisch.

In den folgenden Wochen, es war November und es wurde Advent, entwickelte Ingmar eine »unentrinnbare Abhängigkeit« von der Fremden. Er verließ sein Büro schon gegen 13 Uhr, suchte sie in der Stadt. Er verbrachte in einer Bar die Nacht mit ihr, sodass die Familie in Kronberg das Polizeipräsidium zu einer Nachsuche veranlasste. Die SOKO Hauptbahnhof fand ihn in Sektlaune um 5 Uhr früh im Lobos. Es gelang, den Vorfall zu vertuschen. Seine Frau verzieh ihm, obwohl sie kaum ahnte, um was es sich handelte.

Im Januar näherte sich die Zeit, zu der die junge Frau vereinbarungsgemäß in ihr Dorf in Westafrika zurückzuführen war. Die Kontrolleure versuchten, Ingmar behutsam abzudrängen. Sie boten ihm Ersatz. Es wurde ihm schwergemacht, die Geliebte zu finden. Als er sie aufspürte (ihm halfen Bekannte in der SOKO Hauptbahnhof), beschwor er sie (Gillas Zustimmungen waren nur so weit gültig, als sie die Pläne verstand), mit ihm ein neues Leben zu beginnen. Oft denkt er an einen Berufswechsel, daran, alles aufzugeben.

Am Tag vor Heiligabend trifft er auf den Rechtsberater des Marseiller Rings, der ihn zur Rede stellt: Er müsse die Suche nach der jungen Frau jetzt aufgeben. Die Rückführung der Frauen in unbeschädigtem Zustand und zur rechten Zeit sei ein Gesetz, das in keinem Einzelfall und schon gar nicht aus Gründen von LEBENSVORSTELLUNGEN IN DER METROPOLE durchbrochen werden dürfe. Es wurde Ingmar anheimgestellt, sich um die Schöne, nach den Regeln ihrer Heimat, als Gatte vor Ort zu bewerben. Das war, Ingmar wusste es, aussichtslos. Die Dorfältesten nahmen keine Weißen, keine Fremden.

Umso nachdrücklicher beschwatzte er in den Stunden ihres Zusammenseins die Geliebte. Sie stand unter dem Druck der Kontrolleure, im Büro, wo er unerreichbar blieb, war eine Innenrevision angesagt. Die Entscheidung, wie er weiterleben sollte, welches Leben überhaupt, unter welchen äußeren Umständen, war unter Zeitmangel zu treffen. Übermorgen Weihnachten, und es schien ihm nicht vorstellbar, so viele Privattage in Kronberg mit der Familie eingesperrt zu sein, sozusagen »lügnerisch« zu leben, fern vom Leben. Ihm blieben 48 Stunden bis zur Bescherung der Kinder, eine kurze Zeit, sein Leben zu ordnen. In der Erregung des Zeitdrucks schoss er auf einen der Marseiller Zuhälter, der Françoise zu veranlassen versuchte, den Baraufenthalt mit Ingmar abzubrechen. Er drängte die junge Frau zum Ausgang, da schoss Ingmar siebenmal. Von Kopf und Brust des Kriminellen, der über keine Aufenthaltsgenehmigung verfügte, war nichts übrig als ein klebriger Brei. Françoise war verschwunden (niemand in Frankfurt sah sie je wieder, es ist anzunehmen, dass sie ausgeflogen wurde). Die Pistole hatte sich Ingmar von einem der Kriminalbeamten geliehen, der ihm einen Gegendienst schuldete. In der Herrentoilette der Bar erschoss er sich, während noch der Tatverlauf des Unglücks von zuständigen Beamten rekonstruiert wurde. Der Bar wurde die gewerbliche Zulassung entzogen.

Bei der Ausstellung des Totenscheins bemerkte der Gerichtsmediziner Dr. Fritzsche, dass die Zuständigkeit des toten Abteilungsleiters für Westafrika ausgereicht hätte, jenes Erdengelände in einen blühenden Landstrich zu verwandeln, sozusagen einen Sprung aus dem afrikanischen Mittelalter in die Jetztzeit zu organisieren. Eigenartig, sagte er, dass eine Einwirkung aus jener Gegend, die er gewissermaßen regierte, ihn umbringt. Hätte es ohne den Zeitdruck vor Heiligabend ein glückliches Ende dieser Romanze geben können, fragte er. Alle am Tatort tätigen warteten auf zwei Experten der Mordkommission und hatten Zeit zum Erzählen. Unwahrscheinlich, dass das gutgegangen wäre, sagte Kriminaloberrat Schmücker. Warum enden Liebesverhältnisse alle tragisch? Nicht alle, antwortete Schmücker. Immer aber die unter Zeitdruck.

## 2000

# JÖRG BLECH

# Flatulenz

*Bis ungefähr 1900 – die Zahl ist rund genug – war es bei einer landläufigen Erkrankung gefährlicher, zum Arzt zu gehen, als dies zu unterlassen. Der Herausgeber dieses Bandes ist sich sicher, diese Aussage aus zuverlässiger Quelle zu haben, weiß diese jedoch nicht mehr aufzuspüren. Dafür seien hier zu dem Thema zwei andere von ihm hochgeschätzte Autoren angeführt. »Wir vertrauen den Ärzten, weil die meisten von uns auch ohne sie nochmals gesund geworden wären«, schrieb der Philosoph und Komponist Anatol Rapoport. Und in Guido Ceronettis wunderbarem Büchlein* Il silenzio del corpo *(deutsch* Das Schweigen des Körpers, *vgl. S. 656–658) steht zu lesen: »Ein alter Arzt sagt: ›Die Gesundheit ist ein prekärer Zustand des Menschen, der nichts Gutes verheißt.‹«*

*Auch Jörg Blech (\*1966), Redakteur beim »Spiegel« für Gesundheit, Krankheit und Medizin, verdankt einen Teil seines Erfolgs als Bestsellerautor einem gesunden Misstrauen den Ärzten gegenüber. Im Titel eines seiner Bücher wagt er, sie als »Krankheitserfinder« zu verunglimpfen – jedenfalls die, muss man annehmen, welche er selbst nicht aufsucht. Leid tun sie, die Ärzte, deswegen wohl niemandem, und vermutlich müssen sie nicht nur, sondern können sogar damit leben. Wärmstens empfohlen sei hier indessen ein anderes Buch von Blech, aus dem der folgende Auszug stammt:* Das Leben auf dem Menschen. Die Geschichte unserer Besiedler.

### BAKTERIEN MACHEN WIND

Darmwinde oder Blähungen mogeln sich jeden Tag unter den Körpergeruch. Man kann sie verzögern oder dämpfen, aber niemals gänzlich unterdrücken. Und natürlich: die drängenden Wolken, die sich im Enddarm zusammenballen, ehe sie nach außen zischen, sind das Werk unserer Bewohner. Bakterien zersetzen in unserem Darm Nährstoffe und produzieren dabei Gase mit den erstaunlichsten Gerüchen. Jeden Tag verlassen im Durchschnitt 15 Winde den Anus, wobei ein jeder seine ureigene Duftnote trägt. Die stete Luftbewegung ist ein weiteres Beispiel dafür, wie die Besiedler Kultur und Alltag des Menschen prägen. Zwar verursachen Darmbakterien auch bei vielen anderen Tieren Treibgase, doch ist der Mensch das einzige Geschöpf auf Erden, das die flüchtige Mikrobenluft nicht einfach so fahren lässt, sondern das anrüchige Potenzial ganz gezielt für seine Zwecke einsetzt.

Heraufziehende Luft birgt Blamagen. Sie erweitert aber auch unser Repertoire, Signale an die Außenwelt zu senden. Wann und wo immer ein Abwind weht, wird ihm höchste Aufmerksamkeit zuteil. Der Mensch hat die Blähungen zum intimsten Mittel der Kommunikation erhoben, das er kennt. Mancher Pups sagt mehr als tausend Worte.

Ein schönes Beispiel erzählte Goethe seinem Vertrauten Eckermann:

Ein abscheulicher Herr gibt in bester Gesellschaft und in Anwesenheit von Damen unanständige Dinge von sich, »mit Worten war gegen ihn nichts auszurichten.« Doch da begeht ein stattlicher Herr sehr laut eine große Unanständigkeit. Der Schwadroneur ist gleichermaßen eingeschüchtert, dass er endlich den Mund hält. »Das Gespräch nahm von diesem Augenblick an eine anmutige heitere Wendung«, sagte Goethe. »Und man wusste jenem entschlossenen Herrn für seine unerhörte Kühnheit vielen Dank in Erwägung der trefflichen Wirkung, die sie getan hatte.«

Die Geschichte eines Abwindes, der einen Krieg auslöste, hat der griechische Geschichtsschreiber überliefert: Im Jahre 570 vor Christi Geburt fürchtete König Apries von Ägypten (vgl. Herodot, S. 26–27) um seinen Thron: Ein

Teil seines Volkes lehnte sich gegen ihn auf. In seiner Not schickte der König einen Offizier namens Amasis los, die Aufständischen mit Geschenken zu versöhnen. Doch stattdessen krönten sie den Gesandten Amasis kurzerhand zu ihrem neuen König. Der erzürnte Apries schickte daraufhin einen Boten: Der Abtrünnige möge umgehend in den Palast zurückkehren. Amasis, der den Befehl zu Pferde vernahm, überlegte kurz, hob sich dann lässig vom Sattel und »ließ einen Wind streichen«. Nach diesem unmissverständlichen Zeichen sprachen nur noch die Waffen. König Apries verlor nicht nur den Thron, sondern auch das Leben. Nach seiner Niederlage erdrosselte ihn der Pöbel.

Als unsere Vorfahren die Sprache noch nicht ausreichend entwickelt hatten, waren die Darmwinde erst recht ein Mittel zur Verständigung. Sie ertönten am abendlichen Lagerfeuer und zeitigten schon damals viele Heiterkeitsausbrüche. Auch heutige Kleinkinder, die sich verbal noch nicht genügend ausdrücken können, bedienen sich bewusst dieser urtümlichen Kommunikation. Wie freuen sich die Eltern, wenn der Sprössling ihren eher achtlos hingeworfenen Laut urplötzlich mit einem Echo erwidert und dann lobheischend strahlt. Der Spaß ist uralt. Bereits der römische Staatsmann und Schriftsteller Cato schreibt von Mägden und Knechten, die vergnügt »um die Wette furzen«.

Ungezwungener Umgang mit Blähungen in aller Öffentlichkeit war bis in die Antike selbstverständlich. »Es sind den Menschen Winde das größte Bedürfnis«, fand der griechische Lyriker Pindar. Nach einer Einladung zu einem köstlichen Mal pupste man dem Gastgeber ein aromatisches Dankeschön. Vibrationen galten früher allerorts als gasförmiger Ausdruck allgemeinen Wohlbefindens. »Warum rülpset und forzet ihr nicht«, fragte der Reformator Martin Luther, »hat es euch nicht geschmecket?« Besonders der Sonnenkönig Ludwig XIV. ließ es dem Vernehmen nach in Versailles noch ganz ungeniert krachen. »Vorgestern hat der König eine Windcolique gehabt«, schrieb Lieselotte von der Pfalz im berühmt gewordenen »Furzbrief« über das Befinden ihres königlichen Schwagers. Besorgt spielte sie ihm einen Zettel mit einem Rezept zu. Seine Majestät waren über den wohlgemeinten Ratschlag derart amüsiert, dass er ihn den Ministern nicht vorenthalten wollte und laut vorlas.

*Ihr, die ihr im Gekröse*
*Habt Winde gar so schlimme*
*Gebt diesen Winden Stimme*
*Lasst gehn sie mit Getöse.*

So leicht und locker wie damals ist in Mitteleuropa nie wieder gefurzt worden. Das zeigt eine Anekdote, die in diplomatischen Kreisen die Runde macht: Die Königin von England fuhr einmal mit einem afrikanischen Botschafter in ihrer Kutsche, die von sechs edlen Rössern gezogen wurde. Plötzlich dieses Geräusch. Laut und deutlich und lang. Die Queen zum Gast: »Sorry, es tut mir leid.« Seine Exzellenz, der Botschafter: »Majestät, wenn Sie jetzt nichts gesagt hätten, hätte ich sowieso angenommen, dass es das Pferd war.«

Unter Gelehrten war es lange verpönt, sich dem alltäglichen Phänomen zu nähern. Bis in unsere Tage führt die Wissenschaft von den Darmwinden, die Flatologie, ein Schattendasein. Von Kollegen verspottet, vertraten einige französische Forscher im 18. Jahrhundert die Ansicht, Abwinde seien dazu da, die Balance zwischen dem inneren Milieu des menschlichen Körpers und der Atmosphäre aufrechtzuerhalten. Der Theorie zufolge würde die Luft das Leben erdrücken, gäbe es nicht ein Gleichgewicht zwischen der Außenluft und der Luft im Körperinnern. Atmen, Nahrungsaufnahme, Rülpsen und Blähwinde sorgten dafür, dass der lebenswichtige Austausch stattfinden konnte. Mithilfe von speziellen Glasröhren zum Abmessen von Gasen, Eudiometern, versuchen die Chemiker die individuellen Gerüche zu fangen und zu entschlüsseln. Ohne Erfolg.

Es sollten mehr als hundert Jahre vergehen, ehe ein kleiner Zirkel von Flatologen die Chemie der Darmwinde ergründete. Die Wissenschaftler, allen voran der Gastroenterologe und »Pups-Papst« Michael Levitt am Veteran Affairs Medical Center im amerikanischen Minneapolis, beschäftigen sich nicht nur mit den chemischen Inhaltsstoffen und deren Herkunft, sondern interessieren sich auch für die Anzahl der Winde, ihre Geschwindigkeit, die krankhafte Blähsucht und die Biologie der gasproduzierenden Mikroben. »Eine unglaubliche Zahl von Überlieferungen umrankt das Phänomen der Flatulenz«, sagt Michael Levitt, der dem Abwind seit mehr als zwei Jahrzehnten auf der Spur ist. »Vieles davon ist falsch. Diese Mythen zu zerstören und die Wahrheit aufzudecken, das ist wie die Erforschung irgendeines anderen wenig verstandenen Gebietes der Medizin. Die Antworten sind alle da – wenn man gewillt ist, sie zu finden.«

Überrascht stellten die Wissenschaftler fest, dass ein Abwind zu 99 Prozent aus geruchlosen Gasen besteht. Sauerstoff und Stickstoff gelangen durch Luftschlucken beim Essen und Trinken in den Leib. Die restlichen und entscheidenden

Anteile der Abwinde steuern unsere Besiedler bei: Clostridium difficile, Bacteroides vulgatus und die etwa 500 weiteren Bakterienarten in unserem Dickdarm.

Die Mikrobe Methanobrevibacter smithii gedeiht nur in jedem dritten Menschen. Durch ihre Aktivität gelangt Methan, sonst Hauptbestandteil des Erdgases, in den Darmwind. Das geruchlose Gas verbrennt mit blauer Flamme und bildet mit Luft gefährliche Gemische, die bereits durch einen kleinen Funken entzündet werden können.

Die Bakterien stellen zudem Wasserstoff her, der an der Luft ein brennbares Gemisch namens Knallgas bildet. All das kann böse Folgen haben. Die »Schweizerische Medizinische Wochenschrift« warnte ihre Leser aus der Chirurgenschaft völlig zu Recht vor pupsenden Patienten: »Methan ist brennbar und kann daher bei Elektrokoagulation durch das Rektoskop Explosionen verursachen.« Ansonsten produzieren die Darmbakterien Kohlendioxid und verschiedene geruchsintensive Schwefelverbindungen. Diese Riechsubstanzen im Flatus machen zwar nur ein Prozent der Gasproduktion aus, verursachen aber 99 Prozent aller Unannehmlichkeiten. »Dass wir sie so leicht aufspüren«, sagt Michael Levitt, »ist ein Zeugnis sowohl für die Schärfe der Gase als auch für die Empfindlichkeit unserer Nase.«

Die Gasproduktion der Mikroben erreicht imposante Ausmaße, doch nur ein Bruchteil dringt in die Atmosphäre. Flatologen haben errechnet, dass die Bakterien in unserem Darm jeden Tag bis zu 24 Liter Wasserstoff und etwa sechs Liter Methan bilden. In Wirklichkeit geht aber nur etwa ein Liter Darmwind ab. Während einige Mikroben Methan und Wasserstoff herstellen, wird der Löwenanteil dieser Gase von anderen Bakterien im Darm wieder in nicht flüchtige Substanzen umgewandelt.

*2001*

# BRYAN SYKES
## Die sieben Töchter Evas. Der große Stammbaum

*Jawohl, Sie haben richtig gehört, 650 Millionen Europäer stammen von nur sieben Frauen ab (die ganze Weltbevölkerung vermutlich von ungefähr 35 bis 40). Die Mitochondrien-DNA, die von der Mutterseite vererbt wird, macht diesen Nachweis möglich. Darüber hinaus lässt sich angeben, wann und wo unsere Vorfahren erstmals auftraten, wie sie lebten und wohin sie zogen, was jedem von uns informierte Vermutungen erlaubt, welchem der sieben Stämme wir angehören.*

*Bryan Sykes (\*1947) lehrt als Professor für Genetik am Institut für Molekularmedizin an der Universität Oxford. Über die Erforschung von Erbkrankheiten gelangte er eher zufällig zur Archäologie und zur Analyse des menschlichen Erbgutes aus alten Knochenfunden. Noch hält allerdings nicht die ganze Genetikerwelt Sykes' Behauptungen für zweifelsfrei bewiesen.*

DIE DNA-ANALYSE DER MENSCHENKNOCHEN aus der Cheddar-Schlucht hatte uns unzweifelhaft bewiesen, dass wir Gegenwartsmenschen und die Jäger des Jungpaläolithikums über eine kontinuierliche Erblinie verbunden sind. Wir wussten jetzt, dass dieses intakte Band, das in unserer DNA penibel und unverfälscht niedergelegt ist, über den Anbeginn der Geschichte hinausreicht, über die Eisenzeit hinaus, durch die Bronze- und Kupferzeit zurück bis in eine fremde Welt aus Eis, Wald und Tundra. Nur das ungeheuer langsame Ticken der molekularen Uhr unterschied die DNA, die wir aus dem Cheddar-Mann extrahiert hatten, vom Erbgut zweier durch und durch zeitgenössischer Menschen, die ihn zu ihren Ahnen zählen dürfen: Adrian Targett und Cuthbert, der Butler. Unsere Stammbaumrekonstruktion, in die die DNA Tausender heute lebender Europäer eingeflossen war, hatte uns zu dieser Schlussfolgerung geführt, und jetzt lag uns auch ein direkter, konkreter Beleg vor. Neuerdings bestätigte uns sogar die Analyse eines ganz anderen genetischen Systems – des Y-Chromosoms –, dass unsere genetischen Wurzeln tatsächlich tief in die Altsteinzeit hineinreichen.

Unsere Rekonstruktionsarbeit führte zur Identifizierung von sieben großen genetischen Gruppierungen in Europa. Innerhalb jeder Gruppe sind die DNA-Sequenzen entweder identisch oder sehr ähnlich. Über 95 Prozent aller heutigen europäischen »Eingeborenen« passen in eine dieser sieben Gruppen. Unsere Deutung der europäischen Vorgeschichte – der hohe Stellenwert, den wir den paläolithischen Jägern und Sammlern einräumten – gründet auf einer Datierung dieser Gruppen, die wiederum auf den Mittelwerten aus der Anzahl der Abweichungen fußt, die wir zwischen den Sequenzen der heutigen Angehörigen dieser sieben Clans gefunden haben. Diese Mutationen waren unser Maß für die Anzahl der Schläge, die die molekulare Uhr seit der Entstehung der Clans getan hat. Da wir wussten, in welchem Tempo die Uhr tickt, konnten wir angeben, wie alt die einzelnen Clans sind. In alten sammelten sich mehr Veränderungen an als in neueren. Die molekulare Uhr, so langsam sie auch gehen mag, hat in ihnen öfter geschlagen. Die jüngeren Sequenzgruppen hatten noch nicht die Zeit, so viele Mutationen anzusammeln; daher ähneln sich die Sequenzen der Angehörigen dieser Clans viel stärker.

Die sieben Gruppen sind zwischen 45 000 und 10 000 Jahre alt. Diese Schätzungen benennen genau genommen den Zeitraum, in dem sich – ausgehend von einer einzigen Ur-Sequenz – Mutationen ansammelten. Aus der Existenz dieser einzigen Ur-Sequenz ergibt sich logisch, dass es an der Wurzel eines jeden Clan-Stammbaums genau eine Frau gegeben hat, deren Mitochondrien-DNA diese spezielle Sequenz hatte. Unsere Altersangaben für die sieben Gruppen sind also zugleich Schätzwerte für die Zeit, in der diese sieben Frauen, die Clan-Mütter, lebten. Nun fehlten ihnen eigentlich nur noch die Namen, um sie in meiner Fantasie zum Leben zu erwecken und mich – und jeden anderen, der von ihnen erfuhr – furchtbar neugierig zu machen, wer sie gewesen waren und was sie getan hatten. Ursula, Xenia, Helena, Velda, Tara, Katrin und Jasmin verwandelten sich von Ur-Sequenzen in echte Menschen. Ich hatte Namen gewählt, deren Anfangsbuchstaben mit unserer Benennung der Sequenzgruppen übereinstimmten, die wir von Antonio Torronis Klassifikationssystem übernommen hatten: Ursula war die Clan-Mutter der Gruppe U; Gruppe H wurde von Helena begründet; Jasmin ist die gemeinsame Urahnin aller Menschen in der Sequenzgruppe J, und so weiter. An die Stelle theoretischer Gebilde, die in Statistiken einflossen und sich in Computerprogrammen verbargen, traten nun echte Frauen. Wie mögen sie gewesen sein? Wer waren diese Frauen, von denen fast jeder heutige Europäer über eine kontinuierliche Erblinie abstammt – mit denen wir alle fast wie durch eine Nabelschnur verbunden sind?

Um sich als Clan-Mütter zu qualifizieren, mussten sie ein paar Bedingungen erfüllen. Zunächst einmal: Sie mussten Töchter haben, das liegt auf der Hand, denn die DNA, die wir analysiert haben, erben wir nur von unseren Müttern. Eine Frau, die nur Söhne gebar, konnte nicht zur Clan-Mutter werden, da diese Kinder die ihnen mitgegebene Mitochondrien-DNA nicht an ihre eigenen Kinder weiterreichten. Das ist die Regel Nummer eins. Regel Nummer zwei lautet: Sie musste mindestens zwei Töchter haben. Das sieht man am einfachsten ein, indem man den Blick um 180 Grad wendet und von der Gegenwart in die Vergangenheit zurückschaut. Die Clan-Mutter ist die *jüngste* gemeinsame maternale Vorfahrin aller Angehörigen dieses Clans. Man stelle sich einen Clan vor, dem heute zehn Millionen Menschen angehören, deren exakte Verwandtschaftsverhältnisse uns aus Geburtsurkunden, Standesamtsarchiven und Sterberegistern zur Gänze bekannt seien. Wenn wir uns nun von einer Generation zur nächsten zurückhangeln würden, könnten wir feststellen, wie die maternalen Erblinien nach und nach verschmelzen. Die Linien von Geschwistern verschmelzen bereits in der vorigen Generation: in ihrer Mutter. Die Fäden der Cousins und Cousinen laufen vor zwei Generationen zusammen: in der Großmutter mütterlicherseits. Vor drei Generationen, in der maternalen Urgroßmutter, fusionieren die Erblinien der Vettern und Kusinen zweiten Grades, und so weiter. In jeder weiteren Generation, die wir bei unserer Rückwärtsreise durch die Zeit besuchen, gibt es weniger Clan-Frauen, die heute lebende Nachfahrinnen haben. Vor Hunderten oder gar Tausenden von Generationen gab es nur zwei Frauen im Clan, die im 21. Jahrhundert maternale Nachfahren haben. Noch tiefer in der Vergangenheit lebte eine Frau, in der auch diese beiden letzten Linien verschmelzen: die wahre Clan-Mutter. Und damit es überhaupt mehrere Linien gibt, die hier fusionieren können, muss sie mindestens *zwei* Töchter gehabt haben. …

Eine Clan-Mutter muss in ihrer Gegend nicht die einzige Frau gewesen sein – natürlich war sie das nicht. Aber sie ist die einzige ihrer Generation, mit der wir Heutigen immer noch über ein intaktes maternales Band verbunden sind. Ihre Zeitgenossinnen, von denen viele ebenfalls Töchter und Söhne gehabt haben, sind keine Clan-Mütter, weil ihre Nachfahrinnen irgendwo entlang des Bandes zwischen damals und heute entweder gar keine Kinder oder aber nur Söhne zur Welt gebracht haben: Ihre Mitochondrien-Erblinien sind abgerissen. Leider reichen unsere Ahnentafeln und Amtsvermerke in keinem Fall weiter als ein paar Jahrhunderte zurück, sodass wir nicht hoffen dürfen, die komplette Genealogie eines Clans je exakt bis zur Clan-Mutter zurückverfolgen zu können. Uns bleibt nichts anderes übrig, als DNA-Sequenzen zu untersuchen und dem langsamen Schlagen der molekularen Uhr zu lauschen, um die Hauptereignisse in der Geschichte der Clans zu rekonstruieren: das allmähliche Auftauchen und die Akkumulation der Mutationen entlang der maternalen Erblinien. Diese Rekonstruktionen werden niemals die Perfektion einer echten Genealogie erreichen, aber das darf uns nicht von der logisch unausweichlichen Tatsache ablenken, dass jeder Clan genau eine Clan-Mutter hatte. An dieser Schlussfolgerung führt kein Weg vorbei.

## 2002

## CARLOS FUENTES

## Xenophobie

*Er denkt über die Stationen seines Lebenswegs nach: Panama, Mexico-City, Washington, Santiago de Chile, Buenos Aires, London. Er hält inne in Betrachtungen über die Literatur, über Religion, Liebe, Freundschaft, Familie, Kinder und über seinen Sohn, der malte, Gedichte schrieb und mit sechsundzwanzig Jahren starb. Immer denkt er dabei nicht nur über seine, sondern über unser aller Welt nach. Sein* Alphabet meines Lebens *ist zugleich ein essayistisches Lexikon des 20. Jahrhunderts.*

*Der Romancier Carlos Fuentes (\* 1928, † 2012) war mexikanischer Botschafter in Paris (1975/76), hatte Lehraufträge in Harvard und war einer der großen politischen Kommentatoren Lateinamerikas.*

WIR SIND DER ÜBERPRÜFUNG durch den anderen unterworfen. Wir sehen, aber wir werden auch gesehen. Wir treffen immer auf das, was wir nicht sind, das heißt, das andere. Wir stellen fest, dass nur eine tote Identität eine festgefügte Identität ist. Wir sind ein ständiges Werden. Nichts lässt uns diese Tatsache besser verstehen – oder ablehnen – als die Bewegung, die immer mehr das Leben im einundzwanzigsten Jahrhundert bestimmt, ich meine die massiven Völkerwanderungen von Süden nach Norden und von Osten nach Westen. Nichts kann so ernsthaft unsere Fähigkeit, zu geben und zu empfangen, unsere Vorurteile und unsere Großzügigkeit auf die Probe stellen.

Wir erleben das Wiederaufkommen von Faschismus, Ausgrenzungen und Pogromen, Antisemitismus, Antiislamismus, Antilateinamerikanismus; alles gewaltsame Formen der Xenophobie, Feindseligkeit oder gar Hass nicht nur gegenüber Ausländern, sondern gegenüber allem, was anders ist. Homophobie, Misogynie, Rassismus. Im Namen von was? Im Namen der angeblichen Reinheit einer überlegenen Rasse, einer unantastbaren nationalen Identität, einer jungfräulichen Kultur, die sich selbst ohne schädliche Einflüsse von außen hervorgebracht hat. Kann man bei einem Frankreich, das so gallisch, lateinisch, germanisch und hebräisch ist wie Chagall, so spanisch wie Picasso, so italienisch wie Modigliani, so tschechisch wie Kundera, so arabisch wie Ben-Jelloun, so rumänisch wie Ionesco, so argentinisch wie Cortázar, so deutsch wie Max Ernst oder so russisch wie Diaghilev von nationaler Reinheit sprechen? Oder bei dem keltiberischen, phönizischen, griechischen, romanischen, muselmanischen, jüdischen, christlichen und gotischen Spanien? Oder von sich gegenseitig ausschließender Reinheit bei dem indigenen, europäischen, afrikanischen, mestizischen, mulattischen Lateinamerika?

Eine isolierte Kultur verfällt schnell. Sie kann zu Folklore, Spleen oder Spiegeltheater werden. Sie kann uns durch mangelnden Wettbewerb und fehlende Vergleichspunkte irreparabel schwächen. Vor allem kann sie uns zu Barbaren machen, wenn wir fremde Identität bis hin zu Extremen wie Terror, Konzentrationslagern und Holocaust ablehnen.

Nichts kombiniert jedoch die Gefahren der Fremdenfeindlichkeit so wie die Möglichkeiten, in fremden Ländern zu arbeiten.

Wir feiern die sogenannte Globalisierung, weil sie der weltweiten Bewegung von Gütern, Dienstleistungen und

Werten außergewöhnlich förderlich ist. Die Dinge können frei zirkulieren. Aber die Arbeiter, die Menschen, nicht.

John Kenneth Galbraith, emeritierter Professor aus Harvard, ruft uns in Erinnerung, dass die Migration ein Vorteil sowohl für das Emigrations- als auch für das Immigrationsland ist.

Zwischen 1846 und 1906 haben zweiundfünfzig Millionen Emigranten den europäischen Kontinent verlassen. Schweden, im neunzehnten Jahrhundert eines der ärmsten Länder Europas, ist dank der massenhaften Emigration seiner bedürftigsten Bürger nach Nordamerika zu einem der wohlhabendsten Länder geworden.

Und die irische Emigration aufgrund der großen Hungersnot, der *potato famine*, der 1845 die Hälfte der irischen Bevölkerung zum Opfer fiel, hat sowohl den Vereinigten Staaten als auch Irland genutzt, das heute eine prosperierende Republik ist, die den Sprung von einer reinen Agrarökonomie zu Technologie und Dienstleistung geschafft hat und inzwischen selbst ausländische Arbeiter anfordert, um seine Entwicklung zu fördern.

Heute geht die Bewegung fast immer von Süden nach Norden, aber die Gründe sind dieselben wie früher: Flucht vor der Armut, Ausbruch aus dem Teufelskreis der Resignation.

Heute wie gestern folgt der Emigrant dem *pull factor*, der Nachfrage der entwickelten Volkswirtschaft, die Arbeiter für Aufgaben braucht, die von ansässigen Arbeitskräften nicht mehr erfüllt werden, weil sie zu alt sind, bestimmte Arbeiten nicht mehr machen wollen oder einer angenehmeren, technisch fortschrittlicheren Beschäftigung nachgehen.

Ein weiterer Grund ist die magnetische Wirkung des im Fernsehen, Zeitschriften, Werbung und Film zur Schau gestellten Wohlstandes der Gesellschaften des Nordens, als die albanischen Bootsflüchtlinge vor zehn Jahren an der italienischen Küste anlegten, wollten sie von den Beamten wissen: »Wo geht es nach Dallas?«

Aber der Wanderarbeiter kommt weder nach Dallas noch nach Disneyland. Mehr und mehr werden er oder sie Opfer von Gewalt und Rassenhass. Der Türke in Deutschland, der Algerier in Frankreich, der Mexikaner in Arizona, der Schwarze in Frankreich, der Marokkaner in Spanien: Keine gerechte Entwicklungspolitik, kein geregeltes Globalisierungsprojekt darf den Schutz des Wanderarbeiters vernachlässigen, der schließlich ein Arbeiter und kein Verbrecher ist.

Fünfhundert Jahre lang ist der Westen in den Süden und den Osten gereist und hat den Kulturen der Peripherie seinen wirtschaftlichen und politischen Willen aufgezwungen, ohne um Erlaubnis zu fragen.

Jetzt kommen diese Kulturen zurück in den Westen und stellen die Werte auf die Probe, die ebendieser Westen sich weltweit auf seine Fahnen geschrieben hatte: Mobilität, Freiheit des Marktes nicht nur im Hinblick auf Angebot und Nachfrage von Gütern, sondern auch von Arbeitskraft und die Wahrung der Menschenrechte, die jeden einzelnen Wanderarbeiter schützen.

Ich wiederhole: Globale Interaktion und Kommunikation ohne globale Migration gibt es nicht.

Einer der großen Romane in spanischer Sprache des zwanzigsten Jahrhunderts hat dieses Thema dramatisch verarbeitet. Ich rede von *Landschaften nach der Schlacht*, dem bewundernswerten Buch von Juan Goytisolo aus dem Jahr 1982. Goytisolo überträgt darin eine der größten und ältesten Traditionen des Romans – das Thema der Bewegung von einem Ort zum anderen – auf die moderne Stadt, ihre unerwünschten Immigranten und die damit verbundene Herausforderung an jedwede Vorstellung von Reinheit, ob sprachlich, geschlechtlich, kulinarisch oder geruchlich. Goytisolo stellt sich den Raum einer neuen mestizischen, südlichen, nördlichen Stadt vor und gibt allen Bewohnern eine Stimme.

Ob es uns nun passt oder nicht, die multikulturelle Stadt ist da, direkt bei uns. Die Energie der hispanischen Städte den Vereinigten Staaten – Los Angeles, Miami, Chicago – ist untrennbar mit ihrer mestizischen Natur verbunden. Los Angeles, das nicht nur eine hispanische, sondern auch eine koreanische, vietnamesische, japanische und chinesische Stadt ist, wird zum Byzanz des einundzwanzigsten Jahrhunderts, das einen imaginären Bogen von der Grenze zu Mexiko (das bedeutet der Grenze zu ganz Lateinamerika) bis zur großen Gemeinschaft des Pazifik, bis Wladiwostok, Tokio, Shanghai, Hanoi zieht ...

Ich glaube an die Fragen, die der brüderliche Akt aufwirft: Gibt es nicht eine andere Stimme, und ist sie nicht auch die meinige? Gibt es nicht eine andere Zeit, die ich berühren und die mich berühren kann? Gibt es nicht andere Glaubensformen, andere Geschichten, andere Träume, und sind sie nicht auch die meinigen?

Wir sind auf der Welt, wir leben mit anderen, wir leben in der Geschichte, und wir müssen über unsere Erinnerung, unser Begehren und unsere Anwesenheit auf dieser Erde im Namen der Kontinuität des Lebens Rechenschaft ablegen. Fremdenfeindlichkeit würgt das Leben ab.

Die Kulturen beeinflussen sich gegenseitig, sie gehen zugrunde in der Isolation, und sie gedeihen in der Kommunikation. Als Bürger, Männer und Frauen beider Dörfer – des lokalen und des globalen –, müssen wir gegen Vorurteile ankämpfen, unsere Grenzen weiter stecken, unsere Fähigkeit zu geben und zu nehmen weiter entwickeln sowie unseren Verstand für das schärfen, das uns fremd vorkommt. Das Globale ist ohne das Lokale nicht denkbar. Um diese Idee in den Köpfen zu verankern; müssen wir die Kulturen der anderen mit offenen Armen aufnehmen, damit sie Selbiges mit unserer machen. Erinnern uns am Anfang eines neuen Jahrhunderts daran, dass die Geschichte noch nicht zu Ende ist. Wir leben eine unabgeschlossene Geschichte. Die Lektion unseres noch nicht abgeschlossenen Menschseins sagt uns, wenn wir ausschließen, werden wir ärmer, wenn wir einschließen dagegen reicher. Werden wir Zeit haben, all die Mitmenschen zu entdecken, zu berühren, bei ihrem Namen zu nennen, die unsere Arme aufnehmen können? Keiner von uns erfährt etwas über das eigene Menschsein, wenn er es nicht erst im anderen erkennt.

## 2002

# STEFAN KLEIN

## Wissenschaftliche Schritte zum Glück

*Es »steht ein neuer Zugang zum Menschen offen, mit einem sehr praktischen Nutzen«, verspricht der Physiker, Philosoph und Wissenschaftsjournalist. »Die Neurobiologie macht es zum ersten Mal möglich, Gefühle nicht mehr nur zu beschreiben, sondern in nachprüfbaren Experimenten zu erfassen, wie sie zustande kommen und wozu sie dienen.«*

*Stefan Klein (\* 1965) »fasst kompakt zusammen, was sonst eine halbe Fachbereichs-Bibliothek füllen würde«, schreibt »Der Stern«, und man kann nur beipflichten. Die Wissenschaft vom Menschen macht Fortschritte – eine erfreuliche Nachricht. Eine zweite folgt auf der Stelle: Im neuen Jahrhundert ist auch in deutscher Sprache eine neue Literaturgattung aufgetaucht, die in der angelsächsischen Welt schon längst zu Hause ist: das wissenschaftlich fundierte Sachbuch von literarischem Rang, das ein breites interessiertes Publikum auf den Stand der Forschung bringt und zugleich auf hohem Niveau unterhält.*

DIE LEIDENSCHAFTEN BESTIMMEN UNSER LEBEN mehr als alle Gedanken. Und während wir unsere Gedanken bewusst ändern können, sind die Leidenschaften der Menschen fest eingeprägt. Wir müssen sie so nehmen, wie sie sind. Sie sind die Triebkräfte des Glücks, können uns aber auch ins tiefste Unglück stürzen. Darum besteht Lebenskunst darin, seine Leidenschaften zu kennen, mit ihnen zu leben und sie zu genießen.

Es erstaunt daher wenig, dass Menschen sich über ihre Leidenschaften seit jeher Gedanken machen. Aber wer Rat sucht, findet eher Verwirrung. Fast alles, was sich über kluge Lebensführung und den Umgang mit Gefühlen sagen lässt, wurde von einem weisen Menschen irgendwann auch gesagt; leider fand sich meistens ein anderer, der bald darauf das genaue Gegenteil behauptete. Nach zwei Jahrtausenden Philosophie, mehr als einem Jahrhundert Psychologie und einer Flut von Ratgeberbüchern, Talkshows und Frauenzeitschriften sind wir so wenig klug wie zuvor: Soll man Abenteuer in der Liebe suchen? Oder bringt doch das vertraute Zusammensein mit einem Lebenspartner auf Dauer mehr Glück? Brauchen wir Arbeit, um zufrieden zu sein? Oder ist es Müßiggang, der das Leben lebenswert macht?

Doch inzwischen hat sich die Spirale des Wissens weitergedreht. Die Neurobiologie macht es zum ersten Mal möglich, Gefühle nicht mehr nur zu beschreiben, sondern in nachprüfbaren Experimenten zu erfassen, wie sie zustande kommen und wozu sie dienen. Damit steht ein neuer Zugang zum Wesen des Menschen offen, mit einem sehr praktischen Nutzen. Denn eine Lebensweise, die der menschlichen Natur entspricht, wird auf Dauer produktiver sein und uns glücklicher machen als eine, die unseren Anlagen zuwiderläuft.

So kann die Forschung als ein Sieb für Lebensweisheiten dienen, um bessere von weniger guten Ratschlägen zu trennen. ...

Je mehr Muße und Geld wir haben, desto mehr wünschen wir uns das Paradies. Bittet man Menschen in Deutschland, die Begriffe zu nennen, die sie am meisten faszinieren, stehen »Glück« zusammen mit »Liebe« und »Freundschaft«

ganz oben – weit vor »Sex«, »Unabhängigkeit« oder »Erfolg im Beruf«.

Dabei hat die Sehnsucht nach Glück eine fast religiöse Dimension angenommen. Sieben von zehn Deutschen stimmen der These zu, der Sinn des Lebens liege darin, glücklich zu sein und möglichst viel Freude zu haben. Im Jahre 1974 antwortete erst die Hälfte der Befragten so. Aber nur drei von zehn Deutschen nennen sich glücklich, und nur etwas mehr als die Hälfte aller Befragten ist mit ihrem Leben »im Allgemeinen zufrieden«.

Wir haben nach dem Glück gesucht, aber es nicht gefunden. Die Zahl der Zufriedenen liegt nicht höher als vor sechzig Jahren, obwohl die Einkommen seither enorm gestiegen sind. Zwar bietet uns das Leben verglichen mit damals viel mehr; was früher Luxus war, kann sich heute fast jeder leisten. Lachs und Champagner liegen bei Aldi, für den Preis eines Anzugs fliegt man bis nach Amerika. Freizeit ist für die meisten kein knappes Gut mehr, und unbegrenzt sind die Möglichkeiten, sie sich zu vertreiben. Wer Töpfern, Chinesisch oder die Kunst der erotischen Massage lernen möchte, besucht einen der unzähligen Volkshochschulkurse; wer seinen Traum vom Fliegen wahr machen will, schreibt sich in einer Paragliding-Schule ein. Das angenehme Leben ist in den reichen Gesellschaften Mitteleuropas zum Normalfall geworden. Nur für das Wohlbefinden hat es offenbar wenig gebracht. Bertolt Brecht hat das Dilemma schon in seiner *Dreigroschenoper* umrissen:

*Ja renn nur nach dem Glück*
*Doch renne nicht zu sehr!*
*Denn alle rennen nach dem Glück*
*Das Glück rennt hinterher.*

Offenbar geht es der ganzen Gesellschaft so wie den Lotteriegewinnern, von deren Schicksal das vorletzte Kapitel erzählte: Sobald wir uns an einen bestimmten Lebensstandard gewöhnt haben, sehen wir keinen Anlass mehr, uns darüber zu freuen. Die Begeisterung über bessere Restaurants, schönere Autos und größere Wohnungen verpufft; im Gehirn sind dieselben Mechanismen da. Anpassung im Spiel wie bei den Äffchen, denen keine Äpfel mehr schmeckten, sobald man ihnen Rosinen anbot – und nach einer kurzen Zeit der Gewöhnung auch an diesen keinen besonderen Gefallen mehr fanden. »Die Tretmühle des Hedonismus« nannte der Sozialpsychologe Donald Campbell solch fruchtlose Jagd nach dem Glück. …

GETEILTE FREUDE IST VIELFACHE FREUDE
Es lohnt sich, für das Wohl anderer zu sorgen. Zu diesem Schluss kommt auch die gründlichste Untersuchung der Lebenszufriedenheit einer ganzen Nation, die je angestellt wurde. Das Volk sind die Deutschen, die Studie heißt »Sozio-ökonomisches Panel«. Unter der Schlagzeile »Leben in Deutschland« schwärmen seit 1984 jährlich Feldforscher in mehrere Tausend Haushalte aus, um Erwachsene und Kinder nach ihren Lebensumständen und nach ihrer Zufriedenheit zu befragen. Die Türen, an welchen die Interviewer klingeln, sind so repräsentativ ausgewählt, dass man aus den Ergebnissen Rückschlüsse auf die Stimmungslage der ganzen Nation ziehen kann.

Wer sind nun die Zufriedensten im Lande? Zunächst fällt auf, bei wie vielen Menschen sich das Wohlbefinden im Lauf der Jahre verändert. So bestätigt »Leben in Deutschland« mit einer bis dahin nie dagewesenen Beweiskraft die Einsicht, dass uns das Glück eben nicht in die Wiege gelegt ist. Wir müssen es suchen – und können es finden. Und die Daten lassen keinen Zweifel daran, wie: Es kommt darauf an, sich im Leben die richtigen Ziele zu setzen. Die zufriedensten Menschen in Deutschland sind mit Abstand diejenigen, die dem Glück ihrer Mitmenschen Vorrang vor allen anderen Absichten einräumten. Dazu muss man kein Heiliger sein. Denn die glücklichen Deutschen antworten bei den Befragungen nicht etwa, dass ihnen ihr eigener Lebensgenuss, ihr Gehalt, ihr berufliches Fortkommen unwichtig wären. Müssen sie jedoch zwischen eigennützigen Wünschen und dem Gedeihen ihrer Familie oder Freunde wählen, so entscheiden sie sich für das fremde, nicht für das eigene Glück. Und genauso handeln sie auch, wenn eine Gemeinschaft, der sie sich verbunden fühlen, ihre Hilfe braucht, oder wenn ihr Einsatz für ihre politischen Überzeugungen gefragt ist.

Wenn Glück tatsächlich zwischen den Menschen und nicht in der stillen Kammer entsteht, dann sind solche Prioritäten vernünftig. Das legt zum einen Christakis' Entdeckung der Glücksinfektion nahe: Wenn die Stimmung unserer Nächsten steigt, verhilft das letztlich uns selbst zu guten Gefühlen. Vermutlich sind für die meisten Menschen die positiven Emotionen anderer sogar unerlässlich, um ihre eigene Gefühlslage stabil zu halten. Eine alleinstehende Tanne knickt der Sturm ab, umgeben von anderen Bäumen im Wald bleibt sie stehen.

Allerdings gibt es noch einen anderen Grund, warum es Glück bringt, sich für andere einzusetzen: Bereits der Entschluss, etwas für einen Mitmenschen zu tun, verschafft uns gute Gefühle – selbst dann, wenn wir den Empfänger gar nicht kennen und von ihm noch nicht einmal eine Anerkennung erwarten dürfen. Dass wir bei einer anonymen Spende oder nachdem wir einem verirrten Touristen den Weg gezeigt haben, Freude empfinden, verdanken wir nach neuen Ergebnissen der Hirnforschung dem in Kapitel 6 vorgestellten Belohnungssystem: Anderen zu helfen bereitet uns auf demselben Weg Lust wie Schokolade oder Sex.

Das ist ein erstaunlicher Befund. Denn schließlich entstanden gute Gefühle im Lauf der Evolution, um einem Organismus zu signalisieren, was ihm selbst – und nicht anderen – einen Vorteil verspricht. Doch der offenkundige Widerspruch löst sich auf, wenn man berücksichtigt, wie eng menschliche Schicksale miteinander verwoben sind. Menschen waren von Beginn an abhängig von ihrer Gemeinschaft. Darum ist der Gegensatz zwischen fremden und eigenen Interessen oft nur ein scheinbarer, wie ich in meinem Buch *Der Sinn des Gebens* dargelegt habe. Wer auf Dauer bestehen will, kann es nur mit, nicht gegen die Menschen seiner Umgebung. Und wie uns unsere Natur mit guten Gefühlen zur Nahrungsaufnahme und Fortpflanzung verführt, bringt sie uns auch zur Hingabe und Bindung an andere.

Tatsächlich beobachteten Neuropsychologen jüngst in vielen Situationen, wie uns menschliches Miteinander ein Glücksempfinden verschafft. So wird das Belohnungssystem stärker aktiviert, wenn Menschen an einem Strang ziehen, als wenn sie konkurrieren. Auch freuen sich Versuchspersonen über Geld, das sie bei einem Spiel gemeinsam einstreichen konnten, mehr als über einen Gewinn derselben Höhe, den sie allein machten – die Hirnreaktionen verraten es. Solche Ergebnisse zeigen, wie sehr sich die menschliche Psyche im Lauf der Naturgeschichte der Notwendigkeit angepasst hat, mit anderen gemeinsame Sache zu machen. Wir lieben, was wir müssen: Zusammenarbeit ist für Menschen so überlebenswichtig wie ausreichend Zucker, Eiweiß und Fett.

In der Evolution ist es gleichgültig, ob ein bestimmtes Verhalten einen Organismus in jedem Einzelfall zum besten Ergebnis führt. Nur im großen Ganzen muss sich die Regel bewähren. So naschen wir weiter, obwohl uns keineswegs jede Praline bekommt. Und anderen Menschen zu nützen kann Freude bereiten, selbst wenn wir keinen anderen Gewinn daraus ziehen als unsere eigenen guten Gefühle.

Der Lohn in dieser Währung ist dafür oft umso größer. Schon einzelne Akte der Freundlichkeit können das Wohlbefinden des Gebenden messbar erhöhen. So erlebten die Versuchspersonen, denen die kanadische Psychologin Elisabeth Dunn einen größeren Schein in die Hand drückte, denn auch eine handfeste Überraschung: Die einen Probanden durften sich selbst einen beliebigen Wunsch erfüllen, die anderen nur wählen, welchem Außenstehenden oder guten Zweck sie das Geld zukommen lassen wollten. Gefragt, welche Variante ihre Laune wohl mehr heben würde, antworteten so gut wie alle Beteiligten, dass es natürlich besser sei, sich selbst eine Freude zu machen. Doch in Wirklichkeit waren hinterher stets die zum Schenken Verpflichteten in besserer Stimmung.

Damit kommen Dunns Experiment und die großangelegte Erkundung der deutschen Seele zum selben Ergebnis: Geben macht glücklich.

# 2003

# WOLFGANG BÜSCHER

## Ein sibirischer Yogi

*Wie Johann Gottfried Seume geht er zu Fuß, von Berlin nach Moskau oder 3500 Kilometer von Kanada nach Mexiko. Er wird dabei von Grenzpolizisten verhört, schläft in gespenstischen Motels und viktorianischen Herrenhäusern, wird auf offener Straße von einem Sheriff gefilzt, flieht aus einem Nachtasyl, trifft rätselhafte Cowboys und Sektenführer, bis er den Rio Bravo erreicht und in der mexikanischen Wüste verschwindet – um hier in diesem Band mit einem sibirischen Yogi wieder aufzutauchen. Obendrein ist Wolfgang Büscher (\*1951) einer der wenigen deutschen Reporter der Gegenwart, die mit dem nötigen historischen und ethnografischen Reisegepäck unterwegs sind und denen Herodot (vgl. S. 26–27) kein Unbekannter ist. »Schönere literarische Reiseberichte werden Sie in der Gegenwartsliteratur nicht finden«, urteilte der »Deutschlandfunk«.*

EINEN GAB ES IN MINSK, auf den ich neugierig war. Einen noch, ihn wollte ich noch sehen, bevor ich weiterzog. Er wurde von der Krim zurückerwartet, wo er den Sommer verbracht hatte. Der bezeichnete Tag kam, und ich nahm die Metro zur Station Traktornij Sawod. Es wurde eine Audienz. Er saß auf seinem Stuhl in einem Zimmer voller Heiligenbilder, seine langen Locken hingen ihm bis auf die Brust, schwarz und silbern, und neben ihm stand Tatjana, seine schöne Tatjana. Er war ein schöner Mann, und sie unterstrich dies wie gutes Licht. Was noch? Ein Sessel voller Kreuze, eine Ecke mit Fotos, Mönche und Starzen, die ihn gesegnet hatten, mystische Männer mit langem Haar und langen Bärten, das Foto seiner Mutter. Und auf dem Teppich die nagelneue, chromglänzende Hantel. Ich saß den beiden etwas tiefer gegenüber, auf der Liege, auf der er den Leuten die Schmerzen nahm. Die Audienz war kurz. Er fragte, wer ich sei und warum unterwegs. Dann sagte er, wer er sei. Und dann erklärte er, wie man leben solle. Gute, leichte Nahrung, die täglichen Übungen, die Gebete, all das.

Wie alle Yogis war er ein schlechter Erzähler. Es ist nicht ihr Fach. Sie vergessen die Details, die Namen, die Zeit. Besorgt fragte er mich, ob ich etwa ein historisches Buch schreiben wolle, dazu habe er nichts beizutragen. Ich beruhigte ihn. Der Grund meiner Reise war schnell erklärt. Ich ging zu Fuß, das war genug. Er hatte einen Mönch gekannt, der war auch gegangen, zehntausend Kilometer. Dem hatte ein Starez gesagt, ein alter Weiser: Du musst ständig das Kloster wechseln, ständig unterwegs sein, das ist dein Gottesdienst. Der Mönch nahm es auf sich. Er legte ein Gelübde ab, zehntausend Kilometer durch Russland zu gehen. Oleg traf ihn hinterher in einem Kloster bei Pskow und behandelte seine Füße und den Rest, dafür schenkte ihm der Mönch die schwarze Kreuzkette, die er unterwegs geflochten und getragen hatte, und irgendwie bürgte die Kette auch für mich. Ich hätte gern mehr über den Mann erfahren, aber Oleg hatte alles vergessen, er wusste nicht einmal mehr dessen Namen.

Die Audienz war beendet. Nun hielt es ihn nicht länger auf seinem Stuhl, er sprang auf, ich musste auch aufstehen, und seine Hände gingen auf mich los. Seiner Rechten fehlte ein Finger. Die anderen neun waren aufgeladen und zuckten, wenn sie etwas fanden, Oleg folgte ihnen um mich herum wie ein Rutengänger.

Die Nase. »Da sind ein paar Kanäle zu.«

Die Schulter. »Tut's weh?«

Der Bauch. »Mit den Nieren stimmt was nicht.«

Er lief hinaus, kam mit einem vollen Tablett wieder und gab mir Milch und Honig, von Blumen und Buchweizen. Einer seiner Patienten war Imker, er zahlte in Honig.

Als ich Oleg das zweite Mal traf, versuchte ich ihn zu bewegen, über seine Mutter zu sprechen, von der er das Heilen hatte, über seine Jugend, über das Bergwerk. Alles, was ich herausbekam, war: Bis zum zwanzigsten Jahr hatte er im äußersten Fernen Osten gelebt, in Jakutien, einer ganzen langen Kindheit und Jugend dort entstieg ein einziges Bild. Magadan. Die Rosen von Magadan. Es sei der einzige Ort auf der Welt, sagte er, wo zugleich Eis sei und Rosen blühten. Noch ein Bild kam. Das Haus, in dem er aufwuchs. Aus roh behauenen Stämmen, Moos in den Ritzen, sehr einsam gelegen, Taiga weit und breit. Tage, Winter, Jahrzehnte bei Kerzenlicht. Das Haus seiner Mutter, von seinem Vater sprach er nie, und auch diesem Bild hing er nicht lange nach. Sein Körper erinnerte sich besser. Er bewahrte auch die erhöhte Temperatur, jene konstanten 37,2 Grad, mit denen er die unmäßig harten jakutischen Winter ausgeglichen hatte, die fünfzig oder sechzig Grad minus und mehr. Fünfzig, sagte Oleg, seien in Ordnung, darunter tue das Atmen weh. Als er zwanzig war, ging er ans Nordmeer, in die berüchtigten Minen von Workuta, drei in siebzehn Jahren lernte er kennen. Aus diesen Höhlen blitzte ein drittes Bild auf, so kurz wie die anderen. Auf Knien. Die Schufterei im Berg spielte sich meist auf Knien ab, ständig gab es tödliche Unfälle und schwere Verletzungen. Schon damals waren ihm die Hände voraus. Bevor sein Geist es eingestand, wussten sie, was in ihnen steckte. Wenn wieder etwas war, fassten sie an, und Oleg sah, dass sie Blut stillen und Brüche heilen konnten. In Workuta erfand er seine Honigmassage. Wasser im Knie und Salzlager in Gelenken waren minenübliche Gebrechen. Er rieb die Bergleute mit Honig ein und knetete sie so lange, bis der Honig das Salz heraustrieb und es als weiße Flocken auf der Haut erschien.

Ich sah ihn an. Die ebenmäßigen Züge, die dunklen Augen, die olivfarbene Haut, der einzige Makel war der fehlende Finger. Er war regelrecht herausgerissen, mit der Wurzel. Eine halbmondförmige Narbe lief um sie herum. Ich fragte ihn danach. »Im Schacht.«

Mein letzter Tag mit Oleg war ein kühler, verregneter Sonntag, und als er mich mit seinem roten Opel von der Traktormetro abholte, wusste ich nur, dass es hinaus aufs Land gehen würde, in die Sauna. Ich sah das Wetter mit Sorge, der Sommer war offenbar zu Ende, mein Weg würde rauer werden. Als wir aus Minsk hinausfuhren, kamen uns die Ziegelroten entgegen, sie hießen so nach der Farbe ihrer Barette und wurden eingesetzt, wenn sich irgendwo Opposition versammelte. Ihre Kaserne lag an der Ausfallstraße.

Man erzählte sich in der Stadt, diese privilegierte Sondermiliz hätte freie Hand und würde gedeckt, ganz gleich, was sie tat. Klar, dass sie heute ausrückten, es war der Sonntag der Präsidentenwahl. Gerüchte liefen um, der Präsident werde, falls die Opposition siege, putschen.

Olegs Freund hatte die Banja schon geheizt, wir verbrachten den ganzen Wahlsonntag darin. In weiße Leintücher gewickelt, saßen wir abwechselnd im russischen Dampfbad und im Wintergarten herum, sahen ein bisschen fern und aßen frische grüne Äpfel und Honig. Wieder war ein Imker in der Nähe, er gab uns ganze Waben, wir brachen Stücke heraus, sogen den Honig aus ihnen und spuckten die Wachsklümpchen aus. Plötzlich erschien der Präsident, er war im Fernsehen, und er war wie wir in der Banja und in ein weißes Badetuch gewickelt. Er stand in seiner Sauna und sagte, hundertzwanzig Grad, das sei seine Saunatemperatur, oder auch hundertdreißig, das sei für ihn die richtige Hitze. Alle schlugen sich an den Kopf, hundertzwanzig, das hielt kein Mensch aus. In der Trockensauna, wer weiß, aber doch nicht im russischen Dampfbad.

Oleg fragte mich, ob ich bereit sei. Er ging mit mir allein ins Badehaus, sagte mir, ich solle mich auf die Bank legen, und schüttete einen Kübel mit Kräutern versetztes Wasser auf den heißen Ofen. Es zischte, Hitzewellen kamen herab, er lenkte sie auf mich und verstärkte sie mit einem Tuch. Es war, als ginge ein Wind aus der Wüste, wo sie am heißesten ist, auf mich nieder und durch mich hindurch. Das mit den sechzig Jahren stimmte nicht, er war erst fünfzig, aber den Körper eines Dreißigjährigen hatte er wirklich. Er war ganz tätowiert, irgendwelche Meridiane und yogische Symbole auf Brust, Bauch, Armen und Rücken, und es sah nicht primitiv aus, es sah aus, als sei er damit geboren. Subkutan. Durchscheinend blaue Adern. Das Wasser lief ihm übers Gesicht wie Blut, die nassen Locken hingen herab; wenn er über mir auftauchte, erschien ein gotischer Schädel, aus Lindenholz geschnitzt, gedunkelt. Nein, älter. Östlicher. Die Kontur und die Locken aus Ton gebrannt, der Schweiß Glasur. Er sah mich an und lachte. Es war wohl nicht schwer, meine Gedanken zu lesen, ich hatte ihn angestarrt.

»Wir sind Assyrier.«

Assyrier – darauf hätte ich kommen können.

»Meine Mutter war Heilerin, und Ärztin war sie auch. Ich habe das Heilen von ihr und das anatomische Wissen.«

Dann sagte er noch, Assyrier hatten sich seit je mit Heilkunde befasst. Ich wollte mehr hören, aber das war alles, was er über seine Herkunft sagen konnte, das mit der Heilkunst und dass Stalin sein Volk deportiert habe. Ich musste ihn nun nicht mehr anstarren, jetzt sah ich durch ihn hindurch. Er hatte ein blindes Fenster aufgestoßen. Die Assyrier waren keine Nation, sie waren eine Kirche gewesen, eine frühe christliche, die dritte große neben Rom und Byzanz – die nestorianische. Die verlorene, fast ganz verschwundene. In ihrer Blütezeit war sie ausgedehnter als die anderen beiden. Ihr Zentrum war das Land zwischen Westpersien und Syrien, das obere Zweistromland, ihr Katholikos saß in Bagdad. Sie waren gebildete Leute, große Pilger und Wanderer – und große Ärzte. Zuerst in der Spätantike und noch einmal im Mittelalter missionierten sie tief nach Asien hinein, in Indien und weit darüber hinaus, mit einigem Erfolg vor allem in China und Zentralasien. Nur wurde ihr Glaube, anders als der römische und byzantinische, nie irgendwo Staatsreligion.

Der nackte Mann, der jetzt eines der wie Besen gebundenen grünen Büschel nahm und es ins Wasser tauchte, war das blinde Echo einer großen Tradition. Er wusste nichts über sie, und sie interessierte ihn auch nicht. Aber was er in den Händen hatte, dies feine, niederstromige Geschick, hatten offenbar seine Leute vor fünfzehnhundert Jahren schon in den Händen gehabt. Überliefert ist die sarkastische Klage eines verarmten islamischen Arztes aus Bagdad. Er sagt sich, Nestorianer müsste man sein. Ein Gewand aus Seide tragen wie diese erfolgreichen Kollegen. Ihren Dialekt reden, an dem die Patienten den guten Arzt erkennen. So gut sein wie sie müsste man, wie die Leute von Djundischapur, dort stand die Akademie der nestorianischen Ärzte.

Der Nestorianer neben mir zog das Büschel hin und her durch den Bottich, dass es sich sättige, und war mit dem Sein ungleich stärker befasst als mit dem lästigen Dasein. Er hatte seine Leute in die Sowjetunion geführt. Das Osmanische Reich kollabierte, die Jungtürken in ihrem Streben, modern zu werden und eine homogene Nation, töteten, was sich nicht einschmelzen ließ, aber damit war die assyrische Apokalypse noch nicht zu Ende. Viele waren vor dem türkischen Genozid nach Armenien und Georgien geflohen, dort holte die russische Revolution sie ein. Es gab eine kurze Blüte, assyrische Literatur wurde gedruckt, Zentren bildeten sich, dem machte Stalin ein Ende nach dem üblichen Verfahren, die Eliten ausrotten, den Rest deportieren. So kamen diese olivfarbenen frühen Christen in die jakutische Wildnis, und weil es nur ihr Glaube und ihre altgriechische Bildung waren, die sie ausmachten, zergingen die Assyrier leichter als andere deportierte Völker und wurden so russisch wie Oleg. Als er die Kohlenmine am Polarkreis verließ, war er Ende dreißig, und als er nach Minsk kam und seine erste Kirche sah, eine orthodoxe natürlich, zog es mächtig an ihm. Dem tausend Jahre jungen Magneten flog eine zweitausendjährige Seele zu.

Er hatte den Wermutbesen lange genug durch den Wasserkübel gezogen, er nahm ihn jetzt heraus und schlug auf mich ein. Ich habe den Wermut nicht erwähnt, reichlich hing er in Olegs Wohnung, zu Besen gebunden, und nun kam er in der Banja zum Einsatz. Er peitschte mich von oben bis unten, dann sagte er, ich solle mich auf den Rücken legen und peitschte die vordere Seite vom Kopf bis zu den Zehen. Er hieb kräftig zu, aber es tat nicht weh, es löste sich nur der Besen auf, nach einer Weile war ich von zerfetzten Zweigen und Blättern ganz übersät und beklebt. Wermut auf der Haut, im Haar, in den Zähnen und auf der Zunge, unter den Nägeln, unterm Lid, in jeder Falte. Den Rest des Kübels gab mir Oleg zu trinken. Nun war der Wermut ganz und gar in mir.

## 2003

# JEAN HATZFELD
## Mit Rwandas Massenmördern sprechen

*Zwischen einer halben und einer Million Todesopfer in rund zehn Wochen, nicht durch den Abwurf einer Bombe wie in Hiroshima oder vergast in dazu erstellten industriellen Anlagen, sondern zum allergrößten Teil von Hand erschlagen mit Macheten und Knüppeln. In* Nichts als die Welt *sind wir der ›Banalität des Bösen‹ mit Hannah Arendt anhand des Prozesses gegen Adolf Eichmann in Jerusalem nachgegangen, diesmal folgen wir einem französischen Reporter nach Rwanda und besuchen im Gefängnis eine Tätergruppe aus dem Genozid von 1994.*

*Jean Hatzfeld (\* 1949), seit 1976 bei der Pariser Tageszeitung »Libération«, war in den Neunzigerjahren als Kriegsreporter auf dem Balkan unterwegs, wo er in Sarajewo 1992 verwundet wurde, und berichtete 1994 während des großen Mordens aus Rwanda (wie auch der Herausgeber dieses Bandes). 1998 kehrte er nach Rwanda zurück, und 2001 erschien sein erster Band* Gespräche mit den Opfern, *dem in den folgenden Jahren zwei weitere, mehrfach mit Preisen ausgezeichnete Bücher folgten. Hatzfelds Absicht war, das Eis des Schweigens brechen zu helfen.*

FULGENCE: Von den Massakern war vorher unter uns nicht die Rede, denn es war eine Angelegenheit der Parteistrategen und die ließen anderen nichts zu Ohren kommen. Auch währenddessen redeten wir darüber nicht, weil wir Besseres zu tun hatten, und jetzt sagte man uns, es sei notwendig, dass wir endlich redeten. Worüber reden, wenn wir doch die Letzten waren, die darüber etwas zu bereden hatten? Sollen wir jetzt über das reden, was wir gesehen haben? Warum wir? Alle haben doch dasselbe gesehen! Warum fragt man nicht unsere Landsleute, die ungeschoren mit offenem Mund ihre Bananenhaine bestaunen? In allen Einzelheiten sollen wir von dem reden, was wir getan haben. Wozu soll das gut sein, außer dass wir noch mehr bestraft werden? Sollen wir erzählen, warum es geschah? Was soll dabei rauskommen? Wir waren doch nie eingeweiht in das, was im Verborgenen angezettelt wurde.

Das Erstaunlichste bei diesen Fragen nach dem Grund für unser Töten ist, dass nie jemandem vorher eingefallen ist, es uns anständig zu erklären, und auch künftig wird es keiner tun. Bloß unsere Jahre im Gefängnis, die hat man uns genau vorgerechnet.

PIO: Als wir in einvernehmlicher Nachbarschaft miteinander lebten, wäre ich nie auf den Gedanken gekommen, Tutsi zu töten. Noch nicht einmal für Rangeleien mit ihnen oder für Schimpfwörter, die man ihnen an den Kopf wirft, hatte ich Verständnis. Aber als alle Männer gleichzeitig ihre Macheten hervorzogen, habe ich ohne länger zu zögern dasselbe getan. Ich brauchte es den Kollegen nur nachzumachen und dabei fest an die Vorteile denken. Vor allem, wenn man wusste, dass die Tutsi sowieso die Welt der Lebenden verlassen würden.

Wenn du ausdrückliche Befehle erhältst, dir Gewinne auf lange Zeit hinaus versprochen werden und du dich noch vom Zuspruch deiner Kollegen getragen fühlst, dann tötest du, was das Zeug hält, und das Böse deines Tuns ist dir völlig gleichgültig. Ich will damit sagen, dass alle edlen Gefühle und schönen Worte sich dann von selbst verziehen.

Ein Völkermord, das erscheint jemandem wie Ihnen, der erst danach hinzukommt, als etwas ganz Ungewöhnliches. Aber für jemanden, der sich von den großen Sprüchen der Einpeitscher und von den Jubelschreien der Kollegen ganz wirr hat machen lassen, bot sich das wie eine ganz gewöhnliche Tätigkeit dar.

JEAN HATZFELD: Jeden Morgen kommen wir in der *Grand Rue* zusammen. Innocent, der sehr viel früher aufsteht, wartet schon auf der Bank, die vor der Hauswand von Marie-Louises Geschäft steht, und schwätzt mit der Händlerin – manchmal hat er schon ein *Primus* zwischen seine Knie geklemmt. Obwohl er für Süßes nicht viel übrig hat, schleppe ich ihn oft mit in Sylvies Bäckerei und Konditorei gleich gegenüber. Wir setzen uns auf die Veranda, beginnen den Tag bei Tee mit Milch und Krapfen und machen unsere Scherze über die Temperamentsausbrüche der Chefin. Dann mache ich mich mit einem Stapel Rezepte, ausgestellt vom Krankenrevier des Gefängnisses, auf meine Runde durch sämtliche Apotheken. Die Freundlichkeit der Apothekerinnen, das Rituelle dieser Besorgungen für die Männer der Bande machen den Rundgang zu einem der angenehmeren Momente am Tag, und dazu gehören auch die Gedanken an das Zusammentreffen mit ihnen, die mich beschäftigen, wenn wir später auf der Piste unterwegs sind.

Anfangs fühlte ich ihnen gegenüber eine innere Abscheu und einen natürlichen Widerwillen, bestenfalls gelegentlich nur Verachtung. Ich brauche weder Innocent neben mir auf der Bank, der deutliche Reaktionen zeigt, noch den täglichen Kontakt mit dem Kreis von Marie-Louise und Sylvie und ihren Kundinnen, mit Edith und ihren Kindern, mit Claudine und den vielen Freunden im Hügelland, um mich vor jeglicher Nachsicht gegenüber den Mitgliedern der Bande zu schützen.

Aber im Laufe der Zeit mischt sich in meine Gefühle eine Art Ratlosigkeit, die die Bande von Kibungo zwar um nichts sympathischer macht, aber doch erträglicher – zumindest dort unter der Akazie. Es fällt mir schwer, es einzugestehen, aber die Neugier gewinnt die Oberhand über die Feindseligkeit.

Ihre Solidarität als Freunde untereinander, ihre Abkopplung von einer Welt, die sie in Blut getaucht haben, ihr fehlendes Verständnis für ihr neues Dasein, ihre Unfähigkeit, den Blick zu begreifen, mit dem wir sie fixieren, das alles macht sie mir in der Tat zugänglicher. Ihre Heiterkeit und ihre Geduld, manchmal auch ihre Naivität färben schließlich auf unsere Beziehungen ab, und vor allem ihre geheimnisvolle Bereitschaft zu reden. Das Urteil der Geschichte über ihre Aussagen ist ihnen völlig egal, sie müssen nicht irgendetwas abreagieren, sie erhoffen sich von diesem Buch keine Nachsicht. Wahrscheinlich lassen sie sich zum Reden verführen, weil es das erste Mal ist, dass sie, ohne sich bedroht zu fühlen, dazu Gelegenheit haben. Aber auch das reicht nicht, um vollends ihre Aussagebereitschaft zu verstehen.

Manche lassen gelegentlich durchblicken, dass sie sich in den Männern, die singend den Hang hinunter zu den Sümpfen zogen, nicht mehr so richtig wiedererkennen; andere scheinen sich vor denen, die sie in den Sümpfen waren, zu fürchten. Vielleicht ist ihr Egozentrismus viel weniger ich-bezogen, als es den Anschein hat. Vielleicht hegen sie größere Selbstzweifel, als ihre Berichte vermuten lassen. Vielleicht haben sie auch ein Bedürfnis, sich in den Geschichten, die sie erzählen, so zu sehen, wie sie einmal waren, gewissermaßen aus der Ferne. Vielleicht erzählen sie ihre Geschichte, um uns zu überzeugen, dass sie ganz normale Männer sind, wie Primo Levi und Hannah Arendt sie in anderem Zusammenhang beschrieben haben. Auf eine verworrene Weise wollen sie damit sicherlich vor uns allen, die wir am Rand dieser vernichtenden Raserei stehen, eine sehr beängstigende Wahrheit verdeutlichen:

ALPHONSE: Verleumder erzählen, dass wir uns in wilde Tiere verwandelt hätten, dass die Bestialität uns blind gemacht hätte, dass wir unser Dasein als zivilisierte Menschen irgendwo im dichten Urwald gelassen hätten und es uns aus dem Grunde unmöglich sei, in zusammenhängenden Worten verständlich darüber zu reden.

Das ist Unsinn, um von der Wahrheit abzulenken. Ich kann dazu Folgendes sagen: Außerhalb der Sümpfe hatten wir ein ganz normales Leben. Wir trällerten auf dem Weg vor uns hin, wir tranken *Primus* oder *urwagwa*, je nachdem, was man sich leisten konnte. Wir unterhielten uns über das gütige Schicksal, das uns beschert war, wir wuschen uns die Blutspritzer in einer Schüssel mit Seife vom Körper und unsere Nasen erfreuten sich am Duft der dampfenden Töpfe. Wir kauten an Rinderkeulen und waren glücklich über das neue Leben, das jetzt beginnen würde. Wir brachten uns nachts auf unseren Ehefrauen in Hitze und schimpften mit den Kindern, wenn sie es zu arg trieben. Auch wenn wir nicht mehr so zart besaitet waren wie früher, legten wir doch großen Wert auf zärtliche Gefühle.

Die Tage waren der eine wie der andere, das habe ich Ihnen schon gesagt. Wir zogen unsere Sachen an, mit denen wir aufs Feld gingen. Wir erzählten uns in der Kneipe den neuesten Klatsch, wir schlossen Wetten ab, wer von uns wie viele töten würde, wir machten unsere Scherze über Mädchen, die unseren Messern zum Opfer gefallen waren, wir lagen uns wegen irgendwelcher Kleinigkeiten mit der Aussaat in den Haaren. Wir schärften mit Schleifsteinen unsere Werkzeuge. Wir beschummelten uns gegenseitig, wir amüsierten uns darüber, wie die Gejagten um Erbarmen flehten, wir zählten die Beute und verstauten sie.

Wir verrichteten alle möglichen menschlichen Tätigkeiten, wie sie normalerweise anfielen, und Probleme gab es dabei nicht, bloß natürlich, dass wir uns eben tagsüber ganz dem Töten widmeten.

Am Ende dieser Zeit der Macheten in den Sümpfen waren wir zutiefst enttäuscht, dass wir es nicht ganz geschafft hatten. Wir waren völlig entmutigt angesichts all dessen, was wir verlieren würden, und wir hatten eine Heidenangst vor dem harten Los und der Rache, die ihre Hände nach uns ausstreckten. Aber im Grunde genommen waren wir der Sache kein bisschen überdrüssig.

## 2003

### PETER HAFFNER

# Nie allein. Siamesische Zwillinge

*Es ist »ein ganz normales Leben«, sagen Lori und Reba Schappell. Sie sind am Kopf zusammengewachsen.*

*Peter Haffner (\*1953) kennen wir aus* Nichts als die Welt, *wo seine Reportage* Polski Blues *zu lesen ist. Die Schweizer Zeitschrift »Das Magazin« ist seit Jahrzehnten die beste Wochenendbeilage im gesamten deutschsprachigen Blätterwald, und nach zehn Jahren als deren Korrespondent in den USA ist Peter Haffner seit 2012 ihr Weltreporter.*

»SIE REIST SEHR VIEL«, sagt Lori über ihre Schwester Reba, und an dem Satz wäre nichts Besonderes, wären ihre beiden Köpfe nicht zusammengewachsen. Die siamesischen Zwillinge teilen mehr im Leben, als man sich vorstellen kann, und vielleicht ist dies der Grund, warum sie reden, als führten sie ein voneinander unabhängiges. »Ich liebe Einkaufsbummel«, sagt etwa Lori, ein Vergnügen, woran Reba nichts finden kann. Sie geht dafür jeden Sonntag in die Kirche. Nur wenn Lori von ihrer Familie spricht, korrigiert sie sich und fügt rasch ein »unsere« bei, nachdem sie »meine« gesagt hat.

Reba ist Countrysängerin. Wenn sie mit ihrer Band auf der Bühne ist, hält ihr Lori das Mikrofon. Reba, zehn Zentimeter kleiner als Lori, kann nicht gehen; sie wurde mit einem offenen Rückenmark geboren und ist unterhalb der Hüfte gelähmt. Auf einem Stuhl mit vier kleinen Rädern, hoch wie ein Barhocker, wird sie von ihrer Schwester herumgeschoben. Ihre Füße reichen nicht auf den Boden, so dass die Reebok-Sneakers makellos bleiben, ohne dass sie darauf Acht geben müsste. Nächstes Jahr soll ihre erste CD erscheinen. Im Film *Stuck on You*, der zu Weihnachten in die Kinos kommt, singt sie einen Song. Die Komödie der Farrelly-Brüder mit Matt Damon und Greg Kinnear in den Hauptrollen handelt von einem siamesischen Zwillingspaar, das sich nach Hollywood aufmacht, weil der eine der beiden eine Schauspielerkarriere ansteuert. »Sie ist zur Premiere eingeladen!«, freut sich Lori, die keinen Zweifel hat, dass es Reba im Showbusiness weit bringen wird.

Reba hatte Auftritte in Japan, in Deutschland und in den USA; letztes Jahr waren die beiden in London, das Konzert war ausverkauft. Nur Reba hat einen Pass, aber weder Behörden noch Fluggesellschaften haben je Schwierigkeiten gemacht. »Ich kann ja schlecht aus einem anderen Land stammen«, sagt Lori. »Ich aus Japan, sie aus den USA – das ist doch sehr unwahrscheinlich.«

Spricht man sie auf die Beschwerlichkeit des Reisens an, wehrt sie ab. Reba hat Auto fahren gelernt, braucht ihr Auto aber nicht. Wenn sie zum Flughafen müssen, nehmen sie ein Taxi – ein ganz gewöhnliches, wie Lori betont. »Nichts hier ist speziell«, sagt sie und weist auf das Interieur des Wohnzimmers, in dem lediglich die paar Korbgestelle auf Rädern darauf hindeuten, dass da jemand zu Hause ist, der Sachen nicht gerne herumträgt.

Die beiden haben sich das Leben geteilt, damit jede ihr eigenes führen kann. Jetzt ist Reba dran, für deren Karriere Lori nun auf die Suche nach einem Job verzichtet. Was ihr nicht besonders schwerfällt. Sie hatte deren verschiedene, hatte mehrere Jahre in einem Spital gearbeitet, wo sie Instrumente sterilisierte und operationsbereit verpackte. Reba hatte während der jeweils sechs Stunden gelesen. Manchmal habe sie einen Job nicht bekommen, als die Arbeitgeber realisierten, dass die Person, der sie ihn geben wollten, zu zweit da ist. Sie nahm es nicht wichtig; viele, meint sie, kriegten aus diesen oder jenen Gründen einen Job nicht, ohne siamesische Zwillinge zu sein. Nun erhält Lori Geld von der Sozialversicherung. Sie möchten nach Nashville, Tennessee, ziehen, das Mekka des Country. Die Musik der Südstaaten, da fühlt sich Reba zu Hause. Sie übt drei Stunden am Tag, hört ihre Lieblingssängerinnen und Lieblingssänger. Leider reicht das Budget nicht für einen Umzug. »Mir wäre das egal, ich würde losziehen, ob ich Geld habe oder nicht«, sagt Lori. »Ich brauche finanzielle Sicherheit«, sagt Reba, die weniger sorglos ist als ihre Schwester. Die beiden haben ihre Konti bei zwei verschiedenen Banken. Lori möchte nicht, dass Reba dafür geradestehen muss, dass sie das ihre ständig überzieht.

Lori und Reba wurden als mittlere Kinder einer zehnköpfigen Familie geboren, ihre drei Brüder und drei Schwestern waren ohne Auffälligkeiten. Die Schwangerschaft der Mutter verlief auch in ihrem Fall normal. Als sie zur Welt kamen, gaben ihnen die Ärzte höchstens ein Jahr und verlängerten dann die Prognose von Mal zu Mal. »Nun sind wir 42 und immer noch da«, sagt Lori.

In Windsor Castle in Pennsylvania wuchsen sie auf – »Was, im Schloss von Windsor?«, staunen manche –, bevor sie im Alter von sieben in die Pennhurst State School and Hospital verbracht wurden, ein staatliches Heim im nahen Hamburg. Reba hatte verschiedener Geburtsfehler wegen als Kind mehrmals operiert werden müssen, und ihre Eltern hatten die Spitalrechnungen nicht zahlen können. Über das Wochenende durften sie jeweils nach Hause. Lori redet nicht gerne über diese Zeit, und Reba schweigt sich ganz darüber aus. Die Anstalt für geistig Behinderte mit einem Intelligenzquotienten von unter siebzig war nicht das Richtige für die zwei normal begabten Kinder. Reba, die lernbegierig war, litt besonders darunter. Sie wollte Ärztin werden und las, was immer sie an medizinischer Literatur ergattern konnte. Kamen Behördenvertreter zu Besuch, habe Reba die Idiotin gespielt, da ihre Unterbringung eigentlich gesetzeswidrig gewesen sei, sagt Lori.

Nach vierundzwanzig Jahren kamen die beiden mithilfe der Frau des Gouverneurs frei. Sie besuchten verschiedene Collegekurse; Reba vertiefte sich in ihre Bücher, und Lori löste Kreuzworträtsel, interessierte sie ein Lehrgang nicht. Sich in der neuen Welt zurechtzufinden, war für Lori schwieriger als für Reba. Und doch scheint, dass die Jahre im Heim bei Reba deutlichere Spuren hinterlassen haben. Wenn sie von ihrer Musik redet, der Freude, auf der Bühne im Rampenlicht zu stehen, weiß sie in ihrer Begeisterung auf jede Frage eine Antwort. Ein Themawechsel bringt sie völlig aus dem Konzept. Unversehens wird sie zum Kind, beginnt zu flüstern und zu wimmern, sodass Lori, zu der sie »Mom« sagt, sie besänftigen muss. Der Wandel ist so abrupt, dass es scheint, als habe man es mit zwei vollkommen verschiedenen Personen zu tun; selbstsicher die eine, hilfsbedürftig die andere. Das heißt in Wirklichkeit mit drei, zählt man Lori hinzu, eine bodenständige, robuste Frau, die ohne Reba an ihrer Seite nicht weiter auffallen würde. »Sie ist mein Kind«, sagt Lori in solchen Momenten über ihre Schwester, nachdem sie kurz zuvor von ihr gesagt hat: »Sie braucht mich überhaupt nicht.«

Warum es zur Bildung siamesischer Zwillinge kommt, ist wissenschaftlich nicht geklärt. Wie gewöhnliche eineiige Zwillinge entstehen sie aus einem einzigen befruchteten Ei, das sich teilt, dies jedoch aus unbekanntem Grund zu spät, das heißt erst nach dem 13. Tag. Das hat zur Folge, dass die sich entwickelnden Föten an irgendeiner Körperstelle miteinander verbunden sind. Auch siamesische Zwillinge sind genetisch identisch und immer gleichen Geschlechts. Zwei Drittel sind weiblich; warum das so ist, weiß man nicht.

Auf den ersten Blick sind siamesische Zwillinge weniger selten, als man annehmen würde; die Schätzungen variieren von einem Paar pro 40 000 bis zu einem Paar pro 100 000 Geburten. Mehr als die Hälfte sind aber Totgeburten, und ein Drittel überlebt nur einen Tag. Täglich kommen zwei siamesische Zwillingspaare zur Welt; dass man so wenig davon hört, liegt daran, dass neunzig Prozent aller Babys in der Dritten Welt geboren werden. Sehr selten erreichen siamesische Zwillinge das Erwachsenenalter – kaum ein halbes Dutzend, wird geschätzt, sind heute am Leben.

John Templeton, damals Kinderchirurg am Children's Hospital of Philadelphia, hat Lori und Reba betreut. Das Kinderspital ist eine der weltweit führenden Stätten für die operative Trennung siamesischer Zwillinge, und Templeton gilt als Pionier solcher Eingriffe. Als Lori und Reba geboren wurden, getraute man sich noch nicht, am Kopf miteinander verbundene Zwillinge zu trennen. Erst als die beiden dreißig waren, konnte man mit der neu entwickelten

Kernspintomografie einen Blick in ihre Gehirne tun. Was sie zuvor bloß hätten vermuten können, sagt Dr. Templeton, habe sich bestätigt: Lori und Reba teilen einen beträchtlichen Teil ihres Gehirngewebes. Der Übergang ist nahtlos. Etwa ein Drittel ihrer Frontal- und Schläfenlappen ist gemeinsam; eine Gehirnregion, wie Templeton erläutert, deren Funktion noch immer ein Rätsel ist. Sie wird in Verbindung gebracht mit Persönlichkeit und höherem Intellekt, mit emotionalem Wahrnehmen und Verhalten. Dass Lori und Reba dennoch so verschieden seien in ihren Vorlieben und Abneigungen, meint Templeton, zeige, wie wenig wir noch davon verstünden, wie das Gehirn arbeitet und was die Individualität einer Person ausmacht.

Es wäre sowohl für Sozial- wie Neurowissenschaftler interessant, die Verhaltensweisen und die Gehirne von Lori und Reba zu erforschen. Wie bringen die beiden es fertig, die Kompromisse zu erzielen, die das Leben ihnen abverlangt? Was geht im Gehirn der einen vor, wenn die andere sich mit etwas beschäftigt? Wie unabhängig voneinander ist ihr Denken?

Identische Erbanlagen, so viel ist klar, bedeuten nicht identische Persönlichkeiten. Stephen Jay Gould hat darauf hingewiesen, warum die gängigen Befürchtungen gegenstandslos sind, Klone seien ununterscheidbare Kopien: Siamesische Zwillinge sind – wie alle eineiigen Zwillinge – nichts anderes als Klone. Bemerkenswert in ihrem Fall ist, dass sie auch trotz gleichartiger Umgebung sehr verschieden sein können.

Das nach dem Chirurgen Thomas Mütter benannte »Mütter Museum« in Philadelphia hat eine einzigartige medizinische Sammlung sogenannter Launen der Natur. Aber nicht das Skelett des Riesen, der zwei Meter dreißig maß, nicht der menschliche Darm in der Größe eines ausgewachsenen Krokodils und nicht das Wachsmodell des gurkenlangen Hornes, das einer Pariser Witwe aus der Stirn wuchs, ziehen die Besucher in Bann. Sie drängen sich vor den Exponaten siamesischer Zwillinge, die in den Vitrinen zur Schau gestellt sind. Ein Fötus mit zwei Köpfen, eingelegt in Spiritus. Ein dreißig Zentimeter hohes Skelett mit einem Schädel und zwei voll ausgebildeten Knochengerüsten. Der Gipsabguss eines Leibes gleicht einer Spielkartenfigur: zwei Torsi, an der Gürtellinie gespiegelt, mit zwei Köpfen, je zwei Armen und drei Beinen, die aus den Seiten stehen. Wer will, kann sich einen Spaß daraus machen, sämtliche Körperteile zweier Puppen beliebig zu kombinieren und dann in Christine Quigleys soeben erschienener Enzyklopädie über *Conjoined Twins* nachschlagen, ob so ein Fall dokumentiert ist. Man hat versucht, das alles zu klassifizieren: Dutzende lateinischer Namen, vom Dicephalus (ein Körper, zwei Köpfe) über den Thoracopagus (ein Herz, zwei Körper) bis zum Cephalopagus (ein Kopf, zwei Gesichter). Es gibt sogenannte parasitische Zwillinge wie der im 17. Jahrhundert geborene Johannes Baptista Colloredo, der seinem Bruder Lazarus aus dem Bauch spross.

Lori und Reba gehören zum Typus Craniopagus. Mit nur zwei Prozent aller Fälle sind am Kopf zusammengewachsene Zwillinge die seltenste Form überhaupt. Lori und Reba sind, soweit bekannt, derzeit das einzige erwachsene Paar der Welt.

Da, wo sie leben, erregen sie kaum mehr Aufsehen. Reading, eine Autostunde von Philadelphia entfernt, ist eine kleinere Stadt. Lori und Reba wohnen in einem Appartementhaus für Senioren, das in einem heruntergekommenen Quartier steht. Vom Wohnzimmerfenster im 15. Stock sieht man auf den Freeway und den Fluss, der die Stadt teilt. Nur manchmal, wenn sie ausgehen, bleiben Leute stehen und starren. Es ist vorgekommen, dass Gäste reklamierten, wenn sie ein Restaurant betraten. Und hie und da werden sie fotografiert. »Sie dürfen mich nicht fotografieren, ohne zu fragen!«, ruft dann Lori bestimmt und weist auf ihre Schwester: »Fotografieren Sie sie – sie ist im Showbusiness!«

Fotogen sind die beiden nicht. Bilder zeigen sie oft mit wie vor Schmerz verzerrten Mündern, ein Eindruck, der schwindet, wenn man ihnen gegenübersitzt. Es ist verblüffend, wie rasch man sich an den Anblick gewöhnt und die beiden als Einzelpersonen wahrnimmt. Wenn sie sich wechselweise einem zuwenden, drehen sie sich um ihre Achse, und so, wie sie zusammengewachsen sind, erwecken sie den Eindruck, als flüsterten sie einander ins Ohr. Ein intimes Paar, das ein Geheimnis teilt. Es scheint, als hätten sie ein Auge gemeinsam, aber das sieht nur so aus, weil ihre Köpfe so nahe beieinander sind. Um zusammen fernzusehen, brauchen sie einen Spiegel. Nur wenn sie sich bewegen, wenn Lori Reba auf dem Stuhl herumschiebt, hat man unwillkürlich das Gefühl, sie müssten Schmerzen haben an der Stelle, wo ihre Schädel miteinander verwachsen sind. Aber sie hätten keine, sagen sie.

Ihre Zweizimmerwohnung ist ein Spiegelbild ihrer Charaktere. In Loris Zimmer herrscht das Chaos, liegen Haushaltwaren und Krimskrams wirr durcheinander. In Rebas Zimmer sieht es aus, als habe sie es für die Inspektion vorbereitet – alles geputzt, gebügelt und gefaltet. Trotzdem sagt Lori über Reba, sie sei ein Junge. Reba sammelt Modelle von Harley-Davidson-Motorrädern und schaut sich gerne Wrestling-Shows und Horrorfilme an, dies aber nur, wenn ihr Bruder dabei ist. Frauenkleider trägt sie lediglich auf der Bühne.

Abstimmende während der Landsgemeinde.
*Glarus. Schweiz, 6. Mai 1979.*

Lori dagegen ist fernsehsüchtig und lässt sich keine Reality-Show entgehen, je schräger, je besser. Sie ist die Hausfrau, kauft ein und kocht für beide, jedoch nicht dasselbe. Reba ist gesundheitsbewusst, isst kein rotes Fleisch und trinkt keinen Alkohol. Lori steht auf Süßes und trinkt ganz gerne, was Reba aber nichts ausmacht, weil der Alkohol ausgewaschen ist, wenn der Blutstrom sie erreicht über die Gefäße, die ihre Gehirne miteinander verbinden. Ihrer gesunden Lebensweise wegen sei Reba nie krank, sagt Lori, während sie jeden Schnupfen und jede Grippe bekomme. Die beiden haben zwei verschiedene Krankenversicherungen.

»Es gibt Leute, denen erzähle ich Dinge, die ich ihr nicht erzählen würde«, sagt Lori, die nicht dieselben Freunde hat wie Reba. Beide können einander bis zu einem gewissen Grad mental ausblenden, wenn sie allein sein wollen, und sogar Privatgespräche führen. Aber Lori, die neugierig ist, kann das Lauschen manchmal nicht lassen, und Reba muss ihr dann sagen: »Das ist etwas zwischen mir und meiner Freundin.«

Auffällig ist, dass sie ihre Verschiedenartigkeit mehr betonen als das, was ihnen gemeinsam ist. Bei Zwillingen ist das jedoch nicht ungewöhnlich. Nancy Segal, Professorin für Entwicklungspsychologie und Leiterin des Twin Studies Center der California State University in Fullerton, meint, dass das Bedürfnis, sich voneinander abzugrenzen, wegen der körperlichen Verbindung bei siamesischen Zwillingen noch stärker sei. Zumal, wenn die Umwelt dazu neigt, sie nicht als Individuen wahrzunehmen. Reba, die ursprünglich Dori hieß, hatte sich umtaufen lassen, weil sie den Namensreim hasste. Lori wird zornig, wenn man sie als »ihr beide« anspricht. Fragt man sie, was sie denn gemeinsam hätten, sagt sie: »Denselben Nachnamen und die Tatsache, dass wir uns lieben.«

Die unerwartete Unterschiedlichkeit siamesischer Zwillinge hat Propagandazwecken gedient und Ideologien provoziert. Chang und Eng Bunker, die aufgrund ihrer Herkunft aus Siam – dem heutigen Thailand – dem Phänomen den Namen gaben, galten im Amerikanischen Bürgerkrieg im 19. Jahrhundert als Verkörperung des politischen Kampfes um die Einheit der Nation. An der Brust durch einen Gewebestrang miteinander verbunden, dienten sie den Nordstaaten als Beispiel dafür, dass man selbst in enger Gemeinschaft seine Individualität bewahren kann und somit die Union keine Einbuße an Freiheit für die einzelnen Staaten bedeuten müsse. Während die Sezessionisten argumentierten, die Verbindung der beiden sei »monströs« und unnatürlich, und folglich seien es auch die Vereinigten Staaten von Amerika. Chang und Eng, die mit einem Wanderzirkus auch in Europa auftraten, brachten es zu Ansehen und Wohlstand, kauften eine Farm und heirateten zwei Schwestern, mit denen sie 21 Kinder zeugten. Was wilde Fantasien über Homosexualität, Inzest, Ehebruch und Gruppensex nährte. Doch die beiden bewiesen, dass man selbst mit einer solchen Körperbehinderung ein normales Leben führen, arbeiten, heiraten und eine Familie gründen kann.

Weniger gut erging es Mascha und Dascha Krischowljapowa, den siamesischen Zwillingen, die im April dieses Jahres in Moskau 53-jährig starben. Aufgewachsen im Sowjetkommunismus, waren die Kinder ihrer Mutter weggenommen worden und hatten als medizinische Versuchskaninchen im Labor des damals führenden russischen Physiologen und Hirnforschers Pjotr Anochin gedient. Um herauszufinden, wie das andere auf Reize reagiert, die das eine empfindet, wurden sie mit Rasierklingen geschnitten, mit Feuer gebrannt und in Eis gepackt. Endlich frei, wurden sie in der Gesellschaft »Monster« geschimpft und wie Aussätzige behandelt. Als Dascha aus Verzweiflung zu trinken begann, verfiel wegen des gemeinsamen Blutkreislaufs auch Mascha dem Alkohol. Dass sie von unterschiedlichem Charakter waren, hart und energisch die eine, sanft und melancholisch die andere, durfte nicht sein – identische Lebensbedingungen mussten nach stalinistischer Doktrin gleiche Verhaltensweisen hervorbringen.

Wie kann man nur so leben? Nie allein sein, vom Aufstehen bis ins Bett gehen, ob beim Essen oder auf der Toilette? Siamesische Zwillinge faszinieren, weil ihre Zweisamkeit unser Bedürfnis nach Intimität so extrem verkörpert, wie sie unserem Freiheitsdrang zuwiderläuft. Freak-Shows, in denen siamesische Zwillinge einst auftraten, befriedigten die Schaulust des Publikums. Solche Zurschaustellungen hält man heute für geschmacklos; nur wer einen schönen, gesellschaftlichen Normen entsprechenden Körper hat, darf damit Geld verdienen.

Was siamesische Zwillinge um die Möglichkeit bringt, eine Karriere zu machen, wie etwa die Engländerinnen Daisy und Violet Hilton. Sie teilten Kreuz- und Steißbein, wurden im Showbusiness reich und drehten 1951 den Film *Chained for Life*. Teils autobiografisch und teils auf Mark Twains Groteske *Those Extraordinary Twins* basierend, erzählt er die Geschichte siamesischer Vaudeville-Stars, die heiraten wollen, was ihnen zunächst mit der Begründung, dies wäre Bigamie, von Amtes wegen verweigert wird. Nachdem die Heirat der einen schließlich zustande kommt, wird deren Mann, weil er sie verlässt, von der anderen getötet. Womit sich die Frage stellt, wie man die Schuldige bestraft, ohne dass es die Unschuldige trifft.

Lori möchte auch heiraten, weiß aber nicht, ob das mit dem neuen Freund etwas wird. Sie hätte immer schon gerne ein Kind gehabt. Mehrere Beziehungen sind in die Brüche gegangen. Männer kennenzulernen, sagt sie, sei schwierig, und fügt gleich bei, dies sei aber nicht deswegen, weil sie ein siamesischer Zwilling sei. Über ihren jetzigen Freund möchte sie nicht reden. »Erst wenn ich den Ring am Finger habe«, sagt sie. Und deutet auf ihren Bauch, als sie sagt, dass sie, wenn schon, ihr Kind auf natürliche Weise austragen und zur Welt bringen möchte.

Reba habe nichts dazu zu sagen, sagt sie. »Er ist mein Freund, nicht ihrer.« Von Gesetzes wegen gäbe es keine Einwände; Lori und Reba haben zwei Geburtsurkunden und gelten juristisch als eigene Rechtspersönlichkeiten.

»Ich mache, was ich will«, sagt Lori und lächelt. »Sie hat keine Wahl.«

Wie Konflikte gelöst, Kompromisse geschlossen werden, ist von den beiden schwer zu erfahren. Sie hätten keine Auseinandersetzungen, sagen sie. Vielleicht muss man, um sich ihr Leben vorzustellen, sich vergegenwärtigen, dass für sie normal ist, was uns so außergewöhnlich erscheint. Sie haben nie etwas anderes gekannt.

Lori und Reba wollen nicht getrennt werden, selbst wenn das heute, wie sie irrtümlich glauben, medizintechnisch möglich wäre. »Da sie gemeinsames Gehirngewebe haben, wären bei einer Trennung Gehirnschäden bei beiden unvermeidlich«, sagt Dr. Templeton. »Eine würde höchstwahrscheinlich sterben, wenn nicht beide.« Die Operation wäre noch riskanter als die versuchte Trennung der iranischen Zwillinge Ladan und Laleh Bijani, die im vergangenen Sommer missglückte. Die beiden 29-jährigen Schwestern hatten dermaßen unter ihrem Leben gelitten, dass sie das Risiko, den Eingriff nicht zu überleben, auf sich nahmen. Auch sie waren am Kopf zusammengewachsen, hatten jedoch vollständig getrennte Gehirne; die fünfzig Stunden dauernde Operation im Raffles-Spital in Singapur, durchgeführt von einem internationalen 28-köpfigen Ärzteteam mit hundert Helfern, hatte mit dem Tod der beiden geendet. Es war der erste Versuch gewesen, erwachsene siamesische Zwillinge zu trennen – eine Herausforderung für die Medizin und ein Anlass zur Debatte, was ethisch zu verantworten ist und was nicht.

Die Frage stellt sich auch bei neugeborenen siamesischen Zwillingen. Soll man sie trennen, selbst wenn klar ist, dass einer von beiden dabei stirbt? Im November 2000 wurden im St. Mary's Hospital in Manchester Gracie und Rosie Attard, die Herz und Lunge gemeinsam hatten, im Alter von drei Monaten chirurgisch getrennt – gegen den Willen der Eltern. Als Katholiken waren sie der Ansicht, es sei unmoralisch, willentlich ein menschliches Leben zu beenden. Das Gericht hatte gegen sie entschieden, weil die Zwillinge vereint nicht lebensfähig waren. Der Entschluss, die eine für die andere zu opfern, erregte Aufsehen; wie erwartet, starb Rosie während der Operation. Gracie scheint zu gedeihen.

Lori und Reba haben den Argumenten gegen eine Trennung um jeden Preis Auftrieb gegeben. »Ich wache nicht jeden Tag auf und denke: Oh, ich bin ein siamesischer Zwilling!«, sagt Lori. »Es ist nicht das Wichtigste in meinem Leben.« Sie seien, sagt Reba, »handicapable« – eine Wortschöpfung von ihr, die mit der Vermischung von »handicapped« (behindert) und »capable« (fähig) spielt. Hilfe benötigen sie keine.

Erst wenn eine von ihnen sterben sollte, wollen sie getrennt werden. Das Spital ist orientiert. Lori erregt sich bei dem Thema und meint, die eine der iranischen Zwillingsschwestern sei von der anderen zur Operation überredet worden. »Sein eigenes Leben riskieren, ja – aber das eines anderen? Das darf man nicht«, sagt sie und tätschelt beruhigend Rebas Arm, auf die sich ihre Erregung übertragen und die aufgehört hat, am Computer Solitaire zu spielen. »Niemand wird mich von einer Trennung überzeugen können«, sagt Lori, »niemals.«

Und fragt Reba dann, ob es recht sei, dass sie beide den Gast nun hinunterbegleiteten, und Reba herzt und küsst ihr Chihuahua-Hündchen, das Mimi heißt und ihr Kind ist und den Nachnamen Strait trägt nach George Strait, dem Countrysänger, der ihr großes Vorbild ist. »The Fear of Being Alone« heißt ein Song von Reba, aber das hat nichts zu bedeuten, denn darin geht es um einen Mann, der von seiner Frau verlassen worden ist und das Alleinsein nicht aushält.

*2004*

# FRANK SCHIRRMACHER
## Von der neuen Entmündigung der alten Menschen

*Von keinem hat das deutsche Feuilleton der letzten zwanzig Jahre so starke und inspirierende Impulse erhalten wie von ihm. Das allein macht ihn noch nicht zum Klassiker, auf den wir zwischen Goethe und Thomas Mann nicht verzichten könnten. Auch nicht sein Faible für die überzogene Zuspitzung. Doch in der »Frankfurter Allgemeinen Zeitung«, deren Mitherausgeber er ist, und ebenso in seinen Buchessays greift er Themen auf, die nicht nur dem Finanzamt und Versicherungsriesen Überstunden bereiten, sondern an denen schlechterdings keiner von uns vorbeikommt. Wer in letzter Zeit neunzigjährige Eltern oder Großeltern im Heim besucht und schließlich zu Grabe getragen hat (und wir sind viele und werden täglich mehr), weiß, wovon Frank Schirrmacher (\* 1959) spricht. In seinen Appell zum »Aufstand der Alten« stimmen wir ein!*

OB MANN ODER FRAU, diskriminiert werden wir alle. Wie bei einer Uhr, die immer wieder nachgeht, versuchen viele bei älteren Menschen etwas zu korrigieren, was ihnen wie eine Abweichung von der Norm vorkommt. Widersprach in Fernsehsendungen ein älterer Gast dem jüngeren Reporter oder Gesprächspartner (keine hierarchische Autorität wie etwa ein Politiker) oder wich vom Thema ab, so reagierten die Interviewer mit einer deutlichen »Tendenz zur Entmündigung«. Sie wiederholten das Thema unermüdlich, wenn der ältere Gesprächspartner es verlassen wollte, oder ignorierten seine Einwände schlicht.

Wir sehen schlechter und hören schlechter, wenn wir altern, und glauben dadurch irrigerweise auch schlechter zu denken. Wir werden aber, was die Sache noch mehr verschärft, auch von den anderen so schlecht gesehen, dass wir in den Bildmedien gar nicht mehr existieren. Und was wir sagen, wird offenbar kaum noch verstanden.

Wir werden Sehkraft und Gehör, unser Spiegelbild und unsere Sprache verlieren. Glauben Sie es nicht mir, glauben Sie jenen, die all die umfangreichen Studien ausgewertet haben. Schon mit Blick auf die heutigen Zahlenverhältnisse zwischen Jung und Alt müssen wir Konsequenzen ziehen. Sprache ist Wirklichkeit, Sprache schafft Wirklichkeit.

Akzeptieren wir die Tatsache, dass wir es sind, die in den kommenden zwei bis vier Jahrzehnten als Bewohner dieser überquellenden Hölle gegrillt werden – lange bevor die Klimakatastrophe uns erwischt. Wenn wir unsere diskriminierenden Einstellungen nicht grundsätzlich ändern, werden wir, die Alten der Zukunft, eine eigene übersetzungsbedürftige Sprache sprechen; wie einst in der Sklavensprache werden im Altersjargon Dominanz- und Unterwerfungsriten eine eigene Grammatik unserer Gefühle bilden.

Wir sollten wissen, wie mit uns geredet werden wird, wenn wir die Schwächeren sind. Wir sollten es schon deshalb wissen, weil wir die ersten Älteren in einer Kommunikations- und Informationsgesellschaft sein werden. Die jüngeren Menschen, die nach uns kommen, werden durchs Internet die Botschaft empfangen, dass nur existiert, was kommuniziert. Psychologen haben berichtet, dass Unterhaltungen zwischen Erwachsenen und 2-jährigen Kleinkindern nicht unterschieden werden können. Es handelt sich nämlich häufig nicht um Unterhaltungen, sondern um »sekundäre Babysprache«, und ihr Gebrauch war nicht davon abhängig, in welcher geistigen Verfassung der ältere Mensch war.

»Der jüngere Sprecher wird, wenn er zum Beispiel eine gewisse Schwerhörigkeit bemerkt, nicht nur lauter sprechen, sondern möglicherweise auch bemüht sein, einfacher zu sprechen und seine Intonation zu verändern.« Solche »Überanpassung« ist natürlich ein Teufelskreis. Der ältere Sprecher hat den Eindruck, nicht mehr ernst genommen zu werden, verändert sein Reden und beschädigt seine Selbsteinschätzung. Was geschieht, wenn wir alle, die wir die künftige Mehrheit dieser Gesellschaft bilden werden, jedes Jahr ein ganz kleines bisschen schlechter hören und sehen werden? Dieser Verschleiß, das belegen alle Untersuchungen, wird von Jüngeren, etwa in Unterhaltungen, bereits als Zeichen von intellektueller Schwäche gedeutet.

Wir müssen zu Forschern des Alltags werden. Längst sind Raster für unser Kommunikationsverhalten aufgestellt. Sigrun-Heide Filipp und Anne-Kathrin Mayer verzeichnen unter anderem folgende Strategien der »Unteranpassung« im Sprechen von Älteren:

- Ältere Menschen vermeiden im Gespräch mit Jüngeren gezielt bestimmte Themen. Offenbar handelt es sich dabei vor allem um Themen, die Vergleiche mit den Jüngeren provozieren könnten und die zum Nachteil der Älteren ausfallen könnten.
- Selbstabwertung: Wenn sich der Ältere überfordert fühlt, verweist er auf gesundheitliche Probleme etc. Er will damit klarstellen, dass es nicht auf mangelndes Bemühen zurückzuführen ist, wenn er den Erwartungen des Gesprächspartners nicht genügt.
- Ältere Menschen passen ihr Gesprächsverhalten »den vermuteten Erwartungen« an, die man mit Älteren verbindet. Dazu gehören: langsame Sprechgeschwindigkeit und besonders häufiger Gebrauch von Erzählstilen, die sich mit der Vergangenheit befassen.

Es kann sein, dass ein Land, in dem die Mehrheit immer schlechter sieht und hört, neue Sprechweisen entwickelt. Wir müssen begreifen lernen, dass das etwas theoretische Problem, wie man miteinander spricht – das philosophische Problem, dass sich in Gesprächen zwischen Menschen sehr schnell nicht die Kraft der Argumente, sondern ein Recht des Stärkeren durchsetzt –, in unserem künftigen Alter von existenzieller Bedeutung sein wird.

Hollywoods gemobbte Drehbuchschreiber sind ein warnendes Rollenmodell. Wir müssen uns hörbar machen. Wir müssen darauf gefasst sein, dass man uns einschüchtern wird. Wir haben sehr wohl mitzureden, wenn es um Beziehungen und Leben und Liebe geht, denn wir sind nicht die Autoren von Filmstudios, sondern die Autoren unseres Lebens. Und gerade beim Sprechen und Erzählen können ältere Menschen die Gesellschaften enorm bereichern. Sprache gehört zu den Kulturtechniken, die der Mensch noch bis ins höchste Alter beherrscht und sogar noch verbessert, und deshalb sind sprachliche Altersstile denkbar, von denen wir uns heute noch keine Vorstellung machen. Alle einschlägigen Berichte bestätigen, dass unsere Sprache ein Schatz ist, der im Alter nicht versiegt, sondern sogar noch zunehmen kann. Die Großmutter, die im Schaukelstuhl Märchen erzählt, ist eine uns allen vertraute Idylle. In Zeiten des Internets wird die Wortmächtigkeit des alternden Gehirns zusammen mit einem gewachsenen Erfahrungsschatz ganz neue Chancen des Ausdrucks haben. Denn das Alter weckt, wie man heute weiß, in uns nicht nur Geschichten, sondern es verstärkt auch das Talent,

sie zu erzählen. Sie müssen Ihr Gehirn nur trainieren – zum Beispiel das tun, was Sie gerade tun, nämlich lesen.

Den Babyboomern, die einst die Sprache der Jugend tiefgreifender als irgendeine Generation zuvor revolutionierten, könnte etwas Ähnliches gelingen, wenn sie sich, ausgerüstet mit viel Zeit und dem Wunsch mitzumischen, von 2010 an im gesellschaftlichen Ruhestand befinden. Sprache, das hat diese Generation seit den »Sit-ins« der Studentenproteste in Berkeley und Frankfurt verstanden, ist eine sehr kostengünstige und dabei wirkungsvolle Waffe.

Sie zu beherrschen ist deshalb wichtig, weil junge Menschen, die unter uns vielen Alten leiden werden, deren Selbstbewusstsein und geistige Zurechnungsfähigkeit vor allem durch Sprache untergraben. Selbst wenn die Jüngeren gar nicht glauben, dass der ältere Mensch, mit dem sie zu tun haben, dümmer geworden ist und schwerfälliger oder umständlicher – denn auch das abschweifende Reden älterer Menschen wurde längst untersucht –, so können sich doch durch entsprechende Redestrategien ganz neue Machtverhältnisse etablieren.

Man hat Älteren Tonbänder vorgespielt, in denen derselbe Satz in der Babysprache und in der Sprache der Erwachsenen gesprochen wurde, man hat Reaktionen getestet und dabei die Lebensgeschichte des Betroffenen berücksichtigt – ausnahmslos führte die entmündigende Sprache im Alter zur Entmündigung des Selbst. Es wird unsere Aufgabe sein, gegen diese existierende Sprache eine neue Sprache zu setzen. Unsere Biografien sind mehr als Lebensläufe, die man über das Internet in die Datenbanken der Jobbörsen hochlädt. Unsere Lebensläufe sind Erzählungen; Geschichten mit Anfang, Mitte und Ende, die wir zumindest uns selbst erzählen. Jeder Leser eines Buchs weiß, dass vergangene Leistungen und Ereignisse beim Lesen wieder gegenwärtig werden.

Aber der Skandal dieser Entmündigung beginnt auch hier – ähnlich wie beim Aussehen – viel früher. Falten, graue Haare, langsamere Bewegungen – das alles sind Zeichen, die wie eine Sprache gelesen und entziffert werden. Kosmetik- und Medienindustrie beschäftigen sich mit der ständigen Modernisierung dieses Signalsystems, das schon Kindern eingebläut wird.

Aber nicht nur Jüngere diskriminieren ältere Leute. Keiner, das hat die Berliner Altersstudie gezeigt, denkt schlechter über andere alte Leute als alte Leute. Getreu dem Satz, dass keiner des Unterdrückten größter Feind ist als andere Unterdrückte, sperren sich Ältere in ihre eigenen Vorurteile ein. Reden schlecht über andere Ältere und sind leider nur zu bereit zu Denunziation und Verrat.

Um zu prüfen, ob auch Ältere glauben, dass nur was schön ist auch gut ist, hat man Versuchspersonen, die älter als 65 Jahre waren, mit Fotos von attraktiven und weniger attraktiven jungen Frauen und Männern konfrontiert; das Ergebnis zeigte, dass attraktiven Personen selbst von Älteren mehr positive Charaktereigenschaften zugeschrieben wurden als unattraktiven: Junge attraktive Frauen kamen bei den älteren Versuchspersonen durchgängig besser weg als die Männer. »Man hätte gehofft«, schreiben die Autoren der Studie, »dass wenigstens ältere Menschen dagegen gefeit sind, zwischen äußerer Erscheinung und Charakter eines Menschen einen Zusammenhang zu ziehen. Alter hat zumindest in dieser Hinsicht keine Weisheit … Es ist dabei interessant, dass die meisten der Versuchsteilnehmer, als sie zunächst von ihrer Aufgabe in Kenntnis gesetzt wurden, lächelten und sagten, es würde keine leichte Sache sein, weil jedes Individuum gute Seiten habe. In der Praxis freilich urteilten die Älteren – auch wenn sie eine Ahnung davon hatten, dass man Menschen nicht nach ihrem Äußeren beurteilen soll – ganz genauso wie die jüngeren Bevölkerungsgruppen in früheren Tests.«

Anscheinend verhilft das Alter nicht dazu, Menschen gerechter zu beurteilen, also nicht mehr vorrangig nach ihrem Äußeren. Eine alternde Gesellschaft wird deshalb auch nicht, wie manche glauben, eine fast entmaterialisierte Form von Weisheit und geistiger Schönheit kultivieren. Im Gegenteil: Wir müssen uns darauf einstellen, dass die Widersprüche zwischen Sein und Schein zunehmen werden und es innerhalb der heute noch ästhetisch weitgehend homogenen Alterspopulationen zu großen Veränderungen kommen wird.

*2004*

# CHRISTOPHER DE BELLAIGUE

# Die Gegenwart der Märtyrer

*Die Augenzeugen des Zweiten Weltkriegs als des letzten großen Blutvergießens in Europa, das in den schwerstbetroffenen Ländern fast jede Familie tangierte, werden in den nächsten zwanzig Jahren aussterben. In anderen Ländern wird dieselbe Art von Erfahrung noch auf Jahrzehnte hinaus lebendig bleiben. Auch im Iran ist weit über die Hälfte der Bevölkerung nach 1988, dem Ende des Kriegs gegen den Irak, geboren. Aber das Gedächtnis der Märtyrer dieses achtjährigen Ringens, das eine Million Todesopfer gefordert hat, ist mitten unter den Lebenden.*

*Der Londoner Orientalist Christopher de Bellaigue (\* 1971), der seit 1994 aus der Türkei und aus dem Iran berichtet, gibt uns davon eine Vorstellung.*

NACHDEM MEINE OHREN sich an Rafi'is ländlichen Akzent gewöhnt hatten, betrachtete ich gebannt seine Stirn. Viele Schiiten haben dort einen violetten Fleck, der von der Tafel mit gebrannter Erde herrührt, auf die sie ihre Stirn beim Beten drücken. Bei Rafi'i hatte der Fleck eine Kruste und selbstständige Eigenschaften entwickelt. Wenn er lachte, schien er ebenfalls zu lachen – ein verschrumpelter Kobold, der in seinem Kopf wohnte.

»Dies hier ist mein Pferd«, sagte Rafi'i und zeigte auf ein altes Motorrad mit einem Packsattel aus Leinen, der vielleicht ursprünglich für einen Esel gemacht war. »Steigen Sie auf!«

Wir holperten durch die kleinen Gassen zu einer Hauptstraße, die uns über eine der neueren Brücken auf die andere Seite des Flusses führte. Dann fuhren wir einen Hügel hinauf auf eine Bergkette zu. Vor den Bergen bogen wir ab, fuhren noch ein paar hundert Meter weiter und hielten vor dem Tor des Rosengartens der Märtyrer. Als wir vom Motorrad stiegen, murmelte Rafi'i einen Gruß an die Märtyrer.

Es sind etwa siebentausend. Aus jedem Grab ragt ein Metallrahmen mit einem Foto des Toten. Die Gräber sind einander zugeordnet wie in Hainen, für jede größere Schlacht gibt es einen eigenen Platz. Hier liegt nur ein kleiner Teil der Märtyrer aus der Provinz Isfahan – ich habe von Dörfern mit zwei- oder dreihundert Einwohnern gehört, die Dutzende von Gräbern auf dem Soldatenfriedhof haben. Die Familien der Märtyrer kommen jede Woche, erklärte Rafi'i, gewöhnlich am Donnerstagabend. »Kommen Sie und lernen Sie meine Freunde kennen.«

Er war ihr Verbündeter, ihr Geistlicher gewesen. Er erinnerte sich an viele, die in diesen Gräbern lagen. Es gab kaum einen, dessen Name ihm nichts sagte. Die Fotos in den Rahmen waren in einem Studio gemacht worden, um irdische Errungenschaften zu feiern – das Abschlusszeugnis einer Schule, eine Verlobung. Vielleicht hatte eine Mutter das baldige Martyrium vorausgeahnt und um ein Foto zur Erinnerung gebeten.

»Diese Jungen hatten nicht die geringste Ähnli hkeit mit den Jungen, die man heute auf den Straßen sieht. Nicht die geringste! Sie waren sauber! Und sie kämpften für Gott. Sie kämpften für die Herrschaft Alis. Sie sehnten sich nach seinem Kalifat.«

Er deutete auf ein Foto. Darauf war ein sehr junger Mann mit dem ersten Anflug eines Bartes zu sehen. »Er und sein Vetter starben am gleichen Tag, als sie aus dem Sumpf zurückkamen. Er war ein guter Junge. Sie haben seine Leiche nicht gefunden.«

»Dann ist sein Grab leer?«

»Nein, nein ... Hören Sie zu! Seine Eltern machten ein paar Überlebende der Operation ausfindig und erhielten widersprüchliche Beschreibungen. Einer sagte, er hätte gesehen, wie der Junge von einem Panzer überrollt worden wäre. Ein anderer sagte, er wäre an einem elektrischen Schlag gestorben, als der Feind den Sumpf unter Strom setzte ...«

Rafi'i hielt inne. Er hatte jemanden entdeckt, den er kannte, einen kahlköpfigen Mann, der eine Gießkanne über ein Grab hielt.

»*Salam Aleikum!*«, rief Rafi'i. Der Kahlköpfige lächelte und winkte uns, zu ihm zu kommen. Rafi'i stellte ihn vor: »Dies ist Herr Mousawi, und das ist das Grab seines Neffen, der am letzten Kriegstag starb. Der Große Schöpfer hielt es für richtig, ihn an seine Brust zu holen ...«

»Gott sei es gedankt«, unterbrach ihn Mousawi.

»Ich war gerade dabei, Herrn Duplex hier zu erklären, warum diese Jungen in den Krieg gezogen sind.« Rafi'i wandte sich wieder zu mir um. »Jungen wie Herrn Mousawis Neffe – Amin, hieß er nicht so? – liebten die Gerechtigkeit und Gott. Nicht wahr?«

»Das stimmt«, bestätigte Mousawi. »Als ich ihn zum letzten Mal sah – es war das Ende des Krieges, und wir dachten, er sei verschont geblieben … da sagte er, er sei bekümmert, dass Gott ihn nicht für würdig befunden habe, ein Märtyrer zu sein …«

»Sie müssen wissen, Herr Duplex«, erklärte Rafi'i, »dass es eine Ehre ist, Märtyrer zu sein. Nicht jeder ist dazu berufen.«

»Gott hat ihn erhört und ihn am letzten Kriegstag zu sich genommen«, fuhr Mousawi fort. Sein Gesicht erlosch. Die Strenge, mit der Gott seine Güte zeigte, flößte ihm Ehrfurcht ein. Ich sah das Foto des Jungen an. Ein gewöhnlicher Junge mit dem Haarschopf der Siebzigerjahre, einem Bart und spitzem Hemdkragen. Ich sah die Fotos seiner Nachbarn an. Sie alle strahlten die gleiche Zuversicht aus. Gott würde sie nicht im Stich lassen.

Rafi'i und ich gingen zum Grab des Jungen zurück, dessen Leiche nicht gefunden worden war. »Nach dem Ende des Krieges erboten sich einige von den alten Soldaten, noch einmal auf die Schlachtfelder zu gehen und die Leichen der vermissten Jungen zu suchen. Sie gingen sogar über die Grenze in den Irak. Mithilfe ihrer Ortskenntnis und ihrer Erinnerungen an die Schlachten versuchten sie, die Leichen zu finden. Dann gruben sie sie aus und brachten sie zu ihren Familien.«

»Dann haben sie ihn also gefunden?«, fragte ich und deutete auf das Grab.

Er nickte. »Fünf Jahre nach seinem Tod haben sie ihn gefunden – das hat mir sein Vater erzählt. Sein Schützengraben hatte einen Volltreffer bekommen. Das Seltsame ist, dass sein Gesicht vollständig erhalten war. Und er roch auch nicht. Sie wissen ja, der Körper verwest und verströmt einen Geruch. Es gab keinen solchen Geruch …« Er sah mich scharf an. »Glauben Sie, was ich Ihnen sage?«

Ich wollte ihm gern glauben. Vielleicht. Es war so fantastisch, oder? Ich nickte vage.

Er begann zu husten, schwach wie ein Kätzchen. Sein Gesicht rötete sich noch stärker, und gelber Schaum sammelte sich in seinen Mundwinkeln.

»Sollen wir uns hinsetzen?«, schlug ich vor.

Wir gingen auf die Bäume zu, und Rafi'i legte seinen Packsattel auf ein Grab. Als wir uns hinsetzten, sagte ich: »Bei den Christen wäre es eine Beleidigung, wenn man sich auf ein Grab setzen oder darübergehen würde.«

Rafi'i atmete wieder ein bisschen leichter. Er grinste. »Auf die Seele kann man sich nicht setzen.«

Aus irgendeinem Grund erinnerte er sich an einen jungen Seminaristen, Hamid, den er während des Krieges gekannt hatte. »Er war sechzehn Jahre alt. Er war ein guter Junge, sauber! Damals waren sie alle sauber. Ich weiß noch – er war ein so gut aussehender Junge! Wie der Mond! Er hatte einen Unfall – ich habe vergessen, was passiert ist – und seine Vorderzähne waren eingeschlagen. Ich sagte, er sollte zum Zahnarzt gehen und sich die Zähne reparieren lassen, und er antwortete: »Die Mühe brauche ich mir nicht zu machen. Ich bin berufen worden.«

Ein paar Tage später gingen wir los, um zu versuchen, uns eine Vorstellung von der Stärke des Feindes in unserem Bereich zu machen. Wir waren zweiundzwanzig Mann, die in einer Reihe gingen. Als wir aufbrachen, küsste Hamid mich auf beide Wangen. Er roch nach Eau de Cologne, und er hatte saubere Kleidung angezogen. Wenn man Gott begegnen soll, muss man ein Protokoll einhalten.

Die Irakis waren auf den Höhen über uns. Als wir unter Feuer gerieten, gingen wir in Deckung, Hamid lag neben mir. Ich bemerkte, dass mein Bein heiß war, und ich dachte, ich bin getroffen worden. Aber irgendetwas hinderte mich daran, an mir herunterzuschauen. Ich hatte Angst. Ein paar Minuten später merkte ich, dass auch meine Leiste und mein Bauch heiß und nass waren, und ich sah an mir herunter, und ich sah, dass ich nicht getroffen worden war. Es war Hamids Blut. Ich sah in sein Gesicht. Er lächelte – und er schlief.«

Rafi'i sah zum Himmel hinauf, zu den schwankenden Gipfeln der Zypressen und Pinien. »Man muss rein sein, um Märtyrer zu werden.«

Dann kam er meiner nächsten Frage zuvor und sagte: »Gott wollte keinen grauhaarigen alten Sünder wie mich.« Der Kobold lachte mit uns.

»Was haben die Männer gemacht, bevor sie in die Schlacht gingen«, wollte ich wissen. »Haben sie gebetet? Waren sie still? Haben sie miteinander geschwatzt, um ihre Nerven zu beruhigen?«

»Ich erinnere mich, dass mein Bataillon einmal vor einem Angriff die Erlaubnis erhielt, in die nächste Stadt in ein öffentliches Bad zu gehen. Gewöhnlich nimmt man vor einer Operation seine Märtyrerwaschungen vor und bittet Gott, einen einzulassen. Jedenfalls kamen alle mit zu den Bädern – wir müssen etwa vierhundert Leute gewesen sein. Und ich bekam einen Schock, das kann ich Ihnen sagen, weil die Jungen im Badehaus anfingen, herumzualbern und sich gegenseitig mit kaltem Wasser zu bespritzen. Hinterher erzählte mir jemand, dass man das Geschrei und Gelächter bis zum anderen Ende der Straße hören konnte.«

»Haben Sie auch Späße gemacht und herumgespritzt?«

»Nein, das wäre kein korrektes Betragen für einen Geistlichen. Ich wusch mich rasch und ging fort.«

»Wie viele von den Jungen, die in das Badehaus gingen, sind noch am Leben?«

»Mehr als ein paar Dutzend können nicht überlebt haben.«

Er zog eine Wasserflasche aus seinem Gepäck und nahm einen Schluck, wobei er darauf achtete, die Flasche nicht mit den Lippen zu berühren. Dann reichte er sie mir. »Dann sind Sie also nach Isfahan gekommen, um etwas über den Krieg zu erfahren?«, fragte er.

»Ich hoffe, noch oft nach Isfahan zu kommen«, gab ich zurück.

»Sie sollten Hossein Charrazi kennenlernen.«

»Wer ist das?«

»Er ist da drüben.« Er deutete hinter sich. Ich würde Sie selbst hinbringen, aber ich brauche meine Spritze. Mit Ihrer Erlaubnis mache ich mich gleich auf den Weg. Gehen Sie einfach dort hinüber und fragen Sie, wo Charazzi ist. Alle wissen es.«

»Arbeitet er hier?«

Rafi'i lächelte nachsichtig.

Als er gegangen war, ging ich in die Richtung, in die er gedeutet hatte, und begann, die Gräberreihen auf und abzugehen, die Inschriften zu lesen und nach Charazzi Ausschau zu halten. Dann stieß ich auf eine Gruppe von Leuten vor einem Grab. Es glich den anderen, aber es lagen mehr Blumen darauf. Blumen aus einem Laden, wilde Blumen und auch einige aus Plastik.

## 2004

# KURT FLASCH

# Ewige Werte: Leben im Paradies

*Auf bestimmten Gebieten ist das Wissen der Menschen in der Neuzeit stark zurückgegangen, in den letzten dreihundert Jahren mit zunehmender Beschleunigung. Dieser Verlust ist zu beklagen und nicht tatenlos hinzunehmen. Helfen können allerdings nur Zeitreisen unter sachkundiger Führung. Zu bieten haben diese nicht nur ein Höchstmaß an Bequemlichkeit bei minimalen Transportkosten, sie verheißen überdies Bekanntschaft mit einem ungemein liebenswerten und kundigen Reiseführer, den man, ist man einmal auf den Geschmack gekommen, kaum ein halbes Jahr mehr missen möchte. Wer auch wäre ein besserer Lehrer für Zeitreisende? Das Glück der Glücklichen vermehrt er, anderen weiß er Trost zu spenden.*

*Der Philosophiehistoriker Kurt Flasch (\* 1930) ist einer der fruchtbarsten lebenden deutschen Schriftsteller überhaupt. Sein mittlerweile enormes Gesamtwerk hätte uns, wären wir zwischen Gefängnismauern vollständig immobilisiert, fabelhafte Unterhaltung für mindestens ein Jahrzehnt zu bieten. Die Deutsche Akademie für Sprache und Dichtung verlieh ihm im Jahr 2000 den Sigmund-Freud-Preis für wissenschaftliche Prosa, der bei keinem deutschen Akademiker besser untergebracht sein könnte als bei ihm.*

DIE ÄLTEREN SCHRIFTSTELLER bis gegen 1700 wussten viel über das Paradies. Sie wussten, wann es erschaffen worden ist, nämlich am 23. Oktober 4004 vor Christus. So lehrte noch der einflussreiche Erzbischof James Ussher in seinen *Annales Veteris Testamenti* von 1650. Sie kannten die Art des Lebens im Paradies: Es verlief mühelos, harmonisch, mit musischer Gartenarbeit bei ewigem Frühling und großer Fruchtbarkeit des Bodens. Allerdings fragte im 17. Jahrhundert schon einmal einer, ob denn die Erdachse sich vor der Sünde anders gedreht habe und was aus den Pflanzen würde bei ewigem Frühling. Das waren störende Nebentöne, aber noch der Nachfolger Newtons auf dessen Lehrstuhl in Cambridge lehrte, die Erde habe sich vor dem Sündenfall und der Sintflut nur einmal im Jahr um ihre Achse gedreht, und der Choral der Theologen fuhr fort: Es gab da keine Berge, keine Felsen, keine Krankheit und keinen Tod. Dies wurde Kirchenlehre. Das Konzil von Karthago hat, unter Augustins Einfluss, im Jahre 417 erklärt, jeder sei verdammt, der behauptet, Adam sei vor der Sünde sterblich gewesen. Gott hatte das irdische Paradies geschaffen als Zwischenaufenthalt zur Bewährung bis zur Aufnahme in das himmlische Paradies; statt des Todes sollten seine Bewohner eine harmonische Umwandlung erfahren, kein Sterben. Augustin beschrieb die Lebensbedingungen dort: Im Paradies lebte der Mensch, wie er wollte, so lange er wollte, was Gott befohlen hatte. Er lebte im Genuss Gottes. Weil Gott gut ist, war er gut. Er lebte ohne jede Not; so hatte er sein Leben in der Hand. Speise gab es, sodass er nicht hungerte; Getränke gab es, sodass er nicht dürstete. Es gab den Baum des Lebens, sodass ihn das Alter nicht auflöste. Es gab keinen Verfall seines Körpers, keine körperlich bedingten Beschwerden. Es gab keine Krankheit, er brauchte keine von außen kommende Verletzung zu fürchten. Keine Hitzeglut oder Kälte suchte das Paradies heim; weder Begierde noch Furcht durchkreuzten den Willen seiner Bewohner. In den Seelen herrschte ein affektloses, stoisches Gleichmaß. Trauer gab es nicht, auch keine grundlose Freude. Es gab nur die wahre Freude in Gott. Die Ehegatten lebten in vertrauter und ehrenhafter Liebe, einträchtig an Leib und Seele. Ohne Anstrengung erfüllten sie das göttliche Gebot. Sie kannten kein Ermatten, keinen ungewollten Schlaf. Was wir »Arbeit« nennen, war Sündenstrafe; so dachte auch Luther, Max Weber und dem protestantischen Arbeitsethos zum Trotz. Müßig allerdings sollte das Leben im Paradies auch nicht sein; jedenfalls, so Luther, sollte es kein Vorbild abgeben für den Müßiggang der Nonnen und Mönche. Löwen und Bären habe Adam mit einem einzigen Wink verscheucht, lehrte Luther. Kinder hätten sie erzeugt, aber ganz ohne wilde Begierde. Nicht das Verlangen habe sie zusammengeführt, sondern nur der besonnene Beschluss. Beim Koitus habe es keine Defloration gegeben. So weit Augustinus. Thomas fasste das dahin zusammen: Es bestand im Menschen eine perfekte Ordnungshierarchie, eine vollkommene *rectitudo*. Die obere Funktion der Vernunft war Gott unterworfen, die niedere Vernunfttätigkeit war der oberen untertan, und dieser wiederum gehorchten alle niederen Kräfte. Solange der Mensch Gott untertan blieb, geschah in den niederen Seelenkräften nichts gegen die höhere Vernunft.

Es gab Ungleichheit, aber Privateigentum war nicht vorgesehen, wenn die Menschheit nicht gesündigt hätte; in diesem Fall stellten sich Platzprobleme, aber die Theologen bauten vor: Ihr Paradies war groß wie ein Königreich, schrieben sie, keineswegs so klein wie das Paradiesgärtlein im Frankfurter Städel. Aber die ganze Erde durfte das Paradies auch wieder nicht einnehmen, sonst hätten Eva und Adam aus ihm schwerlich verjagt werden können. Die Ungleichheit der Menschen habe sich ergeben, schrieb Thomas, aus dem Unterschied von Mann und Frau, aber auch wegen des Alters und aufgrund des Einflusses der Sterne auf die Geburt, *secundum diversum situm stellarum*. Die Frau brauchte auch damals eine wohlwollende Oberaufsicht, aber der Mann habe sie sanft ausgeübt. Einer politischen Macht habe es nicht bedurft, schrieb Luther, denn die Hauptaufgabe der Politik sei es, der Sünde zu wehren. Die schändliche Libido, die es jetzt gibt, hätte es damals nicht gegeben; zwischen den Geschlechtern hätte es nur einfache und reine Liebe gegeben. Die Erzeugung wäre erfolgt ohne Laster, sozusagen als Gehorsamsleistung. Was ist uns geblieben? Luther resümiert: »Zurück bleibt in unserer Natur das Drängen des Mannes zur Frau, es bleibt die Frucht der Erzeugung, aber zusammen mit der schrecklichen Schmutzigkeit der Begierde und dem unendlichen Schmerz bei der Geburt. Und dazu kommt die Scham, das Gefühl der Schande, das Verwirrtsein, auch zwischen Ehegatten, jedes Mal, wenn sie mit Genuss der erlaubten Gewohnheit folgen wollen. Damit gibt uns Luther mit Berufung auf Eva und Adam einen Einblick in die Entstehungsgeschichte der meisten Deutschen. Beim Essen und Trinken sind sie ohne Scheu. Aber selbst Ehegatten sind, wenn es um Zeugung geht, voller Scham.

Sie waren nackt, sagt die Schrift, aber einem Theologen in Paris klang das noch 1924 zu direkt, er warf rhetorisch einen Mantel über ihre Blöße und verfiel auf die Wendung: Sie waren bekleidet nur mit ihrer Unschuld (*Vetus seulement de leur innocence*). Die Nacktheit im Paradies blieb ein aufreizendes Thema. Kirchenschriftsteller behaupteten immer wieder einmal, Häretikergruppen, sogenannte Adamiten, begingen bei ihren Zusammenkünften sexuelle Orgien – als seien sie im Paradies. Nun war es üblich, Häretikern alles Böse zuzuschreiben; solche Nachrichten über die Wiederherstellung paradiesischer Nacktheit dürften in diese Kategorie gehört haben.

Die Bibel präzisiert nicht die Länge des Aufenthaltes im Paradies. Sie überließ damit den Auslegern ein Projektionsfeld, das eifrig genutzt wurde und viel von den Interessen der verschiedenen historischen Milieus verrät: Jüdische Texte begründeten auf diese Weise rituelle Fristen; manche christlichen Autoren waren interessiert, die Dauer des genussreichen Aufenthaltes möglichst kurz zu halten, als gönnten sie dem ersten Menschenpaar nicht die unbeschwerten Freuden im göttlichen Lustgarten, in *paradiso voluptatis*. Einflussreiche Texte versicherten, es sei für Sex keine Zeit gewesen; nachdem Eva geformt worden war, habe es nur wenige Stunden gedauert bis zur Katastrophe, bis zum Sündenfall. Auch Dante wusste, wie lange Eva und Adam im Paradies waren: sieben Stunden lang, mehr nicht. Die kurze Frist war erstaunlich, hatten die Theologen doch

Adam mit allen Tugenden, mit überragender Einsicht und Gerechtigkeit ausgestattet. Jetzt hörte man, die göttliche Erstausstattung habe nur sieben Stunden lang gehalten. Luther, am Lob des Ehelebens interessiert, war etwas großzügiger; er gestattete Adam eine Nacht mit Eva im Paradies, von Freitag auf Samstag.

Die Genauigkeit solcher Aussagen erstaunt. Sie entstanden aus einem produktiven, durch keine Philologie gehemmten Umgang mit dem damals schon über tausendjährigen Text. Sie füllten die Lücken, die das Alte Testament bot, und legten hinein, was in die Erwartungen, die Wunschträume und Weltdeutungen der Zeit passte. Ein merkwürdiges Konzept von »Wissenschaft« war am Werk: Was »real« war, musste sich genau bezeichnen lassen. Es musste dinghaft sein, sich auf eine »Substanz« beziehen und nach Ort und Zeit bestimmbar sein. Das tiefsinnige Meditieren über große Themen wie Leben und Tod, Frau und Mann, Schuld und Sühne endete in einer Art von Bescheidwissen, die manchen Lesern seit dem späten 18. Jahrhundert lächerlich vorkam.

Diese Zweifler überraschte vor allem, wie starr, unbeweglich und zeitlos das Leben im Paradies gedacht war. Menschen sollten wirkliche Leiber haben, Organismen, aber sie sollten ohne den Sündenfall nicht sterben, weil der Tod der Lohn der Sünde war (Paulus, Römer 6,23). Das war immer schwerer zu begreifen, auch wenn die Theologen nach der Aristotelesrezeption die Unterscheidung ersannen, ohne die übernatürliche Zusatzausstattung wären die Menschen sterblich gewesen. Danach wären Eva und Adam nur gewissermaßen, nicht schlechthin unsterblich gewesen. De facto, behaupteten die Theologen, wären sie aber nie gestorben. Sie hätten sterben können, aber sie wären nicht gestorben, sagte Petrus Lombardus. Das ergab feine Distinktionen, denen die Scholastiker sich widmeten. Aber das Endergebnis der Subtilitäten stand fest: Schlechthin war der Mensch im Paradies unsterblich. Die übernatürliche Ausstattung seiner Seele hinderte den Verfall, der jedem aus Gegensätzlichem zusammengesetzten Wesen natürlich ist. Die Seele Evas und Adams war demnach derart zusätzlich gekräftigt, dass sie das Auseinanderfallen von Leib und Seele verhindert habe. Die Zauberwirkung des Lebensbaums konnte Thomas nicht bestreiten, aber er sah in ihr nicht mehr den Hauptgrund der Unsterblichkeit. Als ihre Seele sich selbst überlassen wurde, ihr also die übernatürlichen Zusatzgaben entzogen waren, wurden sie sterblich. Aber ist der Mensch nicht seiner Definition nach ein sterbliches Wesen? Mit Mühe konnte Thomas noch sichern, dass die Definition des Menschen – als sterbliches Vernunftwesen – auf die Paradiesbewohner zutraf. In ihrer bloßen Natur, argumentierte er, war die Sterblichkeit mitgegeben, sie war nur de facto außer Kraft gesetzt. Daher genügten sie noch der Definition des Menschen.

Luther als geplagter Familienvater stellte sich das Paradies als Ort müheloser Aufzucht des Nachwuchses vor. Die Kinder hätten bald, wahrscheinlich sogar sofort, auf Muttermilch verzichtet; wahrscheinlich hätten sie wie die Küken der Hühner sich sofort auf eigene Füße gestellt und sich ihre Nahrung selbst gesucht.

Es gab Diskussionen, ob Adam im Paradies essen musste und ob er gestorben wäre, wenn er nicht gegessen hätte. In seiner Polemik gegen die allegorische Deutung des Paradieses behauptete Augustin, Eva und Adam hätten essen müssen. Sie hatten also Hunger. Es gab Nahrung genug, außerdem gab es noch den »Baum des Lebens«, der ewiges Leben sicherte. Aber war Hunger kein Mangel, also eine Sündenstrafe? Aßen sie also vom Baum des Lebens nur, weil es ihnen geboten worden war? Aber was war das für ein Zauberbaum, der sterbliche Wesen vor dem Tod bewahrte? Luther erklärte dazu: Gott kann aus Steinen Brot machen, erst recht kann er Äpfel schaffen, die alle Alterungsprozesse aufheben. War es dann nicht besser, die unendliche Überlebenskraft der gestärkten Seele zuzuschreiben? Dass Eva und Adam nicht gealtert wären, war allgemeine Lehre, noch bei Luther. Denn sie aßen, sagten Petrus Lombardus und mit ihm Thomas, wie wir, rein vegetarisch allerdings, und sie genossen die Früchte vom Baum des Lebens. Als gründlicher Denker lehnte Thomas die Ansicht anderer Autoren ab, Eva und Adam hätten im Paradies überhaupt nichts oder so wenig gegessen, dass es zu keiner Ausscheidung gekommen sei, weil sie der Würde des Ortes nicht angemessen gewesen wäre. Thomas macht den Einwand: Wenn sie aßen, gab es im Paradies auch Exkremente. Diese haben immer etwas Schändliches an sich. Aber, erwidert Thomas, Gott habe für dezente Entsorgung gesorgt. Diese Auskunft belegt ein Dilemma, das Thomas noch mit Luther gemeinsam hatte: Das Paradiesleben sollte vollkommen und zugleich natürlich sein. Aber je natürlicher man es auffasste, umso mehr Wunder waren nötig – bis hin zur wunderhaften Beseitigung der Ausscheidungen. Thomas wollte das Leben im Paradies so natürlich wie möglich denken. Deswegen verwarf er auch die Ansicht, Eva und Adam hätten im Paradies nicht geschlafen; Schlaf sei nicht unbedingt eine Schwäche, sondern ein Zeichen der Kraft eines beseelten Leibes, der sich dabei erhole.

Umstritten war die Frage, welche sexuellen Gewohnheiten vorgesehen waren. Dabei stießen Wertkonzepte aufeinander: Passte die Sexualität in den Zustand der

Vollkommenheit? Die alttestamentliche Weltauffassung kollidierte dabei mit der monastischen Ethik und mit der Vorstellung vom geschlechtslosen Endzustand der Menschen. Nach Genesis 1,28 hat Gott ihnen befohlen, zu wachsen und sich zu vermehren. Thomas fand, die Vermehrung sei Ausdruck der Vollkommenheit und hätte selbst dann einen Sinn gehabt, wenn sie – wegen der im Paradies gesicherten individuellen Unsterblichkeit – nicht der Erhaltung der Spezies gedient hätte. Augustin berichtet, einige Ausleger hätten gelehrt, der Koitus sei erst als Folge der Sünde aufgekommen. Gregor von Nyssa und Johannes Damascenus lehrten, Geschlechtsverkehr habe im Paradies nicht nur nicht stattgefunden, sondern sei nicht einmal vorgesehen gewesen. Aber dem widersprach Augustin mit einigem Zögern – immer im Interesse seiner antiallegorischen Deutung des Paradieses. Nur wäre der Koitus im Paradies ohne jeden Makel, ohne jede Gefühlsaufregung abgelaufen; die Paradiesbewohner hätten ihre Geschlechtsorgane mit derselben Kühle in Bewegung versetzt wie ihre Hände. Er hätte ohne die unruhige Glut der Libido stattgefunden, ohne jede Anstrengung und ohne nachfolgende Geburtsschmerzen. Augustins Ideal war vollkommene Körperbeherrschung. Dabei dachte er nicht an Leichtathletik, sondern an den Koitus. Er sollte völlig kontrolliert ablaufen, ohne wildes Begehren. Wenigstens im Paradies sei es so gewesen. Dabei wollte doch auch Augustin das Leben im Paradies als naturgemäß, echt menschlich darstellen.

## 2005

# ULRICH SCHMID
# Überzeugend feiern können Religiöse

*Bisher tauchten sie in diesem Band nur sporadisch auf, vereinzelt und am Rand, teils kaum als Juden kenntlich. Nun sind wir plötzlich mitten unter ihnen, und dem, was sie prall von Lebensfreude preisen und feiern, sind wir alle ebenfalls verpflichtet: Wieder kommt ein neues Jahr! Zudem aber finden wir uns mitten in einer kultischen Betriebsamkeit wieder, und eine Menschheit ohne solche wäre für uns eine gänzlich unbekannte Spezies.*

*Ulrich Schmid (\* 1954) war als Korrespondent der »Neuen Zürcher Zeitung« bisher stationiert in Moskau, Washington, Peking, Prag, Berlin, und als sein nächster Posten ist Jerusalem vorgesehen. Saß er auf Moskauer Podien, merkten Fremde, der Sprache Unkundige nicht, dass er kein Russe war. Wer mit ihm in China unterwegs war, sah ihn keinen Tag seine Konversation auf Mandarin versäumen. Mit seinen Romanen hat er sich Eintritt in die literarische Welt verschafft.*

DAS ABENDGEBET IST VORBEI, die Chassidim tanzen. Die Gebetsschnüre fliegen, Schweiß rinnt in schwarze, graue und weiße Bärte. Die Männer legen sich die Arme auf die Schultern, bilden Kreise, Fronten, Bögen, verschieben sich vorwärts, rückwärts, seitwärts, kickend, hüpfend, lachend, aber stets mit konzentriert gesenktem Blick. Der Lärm ist ohrenbetäubend. Hinter den Tanzenden, auf dem Platz zwischen der großen Synagoge und dem Mausoleum des verehrten Rabbi Nachman, wogen Tausende und Abertausende von Chassidim, singend und sich wiegend und rufend auch sie, und aus den Lautsprechern oben beim Hotel schallt seit Stunden durchdringender hebräischer Gesang. Die Geräusche kommen von überallher gleichzeitig, und sie bewirken, dass ich mich unablässig drehe und schaue, einfach nur schaue. Hier schreit ein Banker aus Boston, der die Erlösung nahen fühlt, dort ist ein Frommer aus Birobidschan in die Knie gegangen, und da, neben einem kleinen ukrainischen Badehaus, hat ein Mann den Kopf gehoben und singt selbstvergessen den Himmel an, die schwarze Thora in der Hand. Ein Hund irrt mit eingeklemmtem Schwanz über das Gelände, das einst seines war, und bellt verstört einen Gartenzaun an, ein Produkt sowjetischer Schmiedekunst, der verbogen am Boden liegt.

Israel? Nein, ukrainische Provinz. Wir sind im ukrainischen Städtchen Uman, gut zwei Autostunden südlich von Kiew, und die Chassidim feiern die Herankunft von Rosh Hashana, dem jüdischen Neujahrsfest, das dieses Jahr vom Abend des 3. Oktober bis zum 5. Oktober dauerte. Im Jahre 1988 hatte es begonnen, als Gorbatschow rund 200

Chassidim aus Israel gestattete, am Grabmal des großen Rabbi Nachman in Uman zu beten, zu tanzen und Gott um seinen Segen zu bitten. Jahr für Jahr wuchs die Zahl der Teilnehmer, und in diesem Jahr kamen nicht weniger als 20 000 strenggläubige Juden aus aller Welt: rund 15 000 aus Israel und rund 5000 aus dem Rest der Welt, vor allem aus Europa, den Vereinigten Staaten, Südafrika und den Staaten der ehemaligen Sowjetunion.

Für das verschlafene Nest Uman ist der gewaltige Ansturm der Chassidim inzwischen zum Hauptereignis geworden, in kultureller und logistischer ebenso wie in finanzieller Hinsicht. Nahmen die Besucher früher in Kiew Taxis, werden sie heute von großen Touristikunternehmen direkt vom Rollfeld des Flughafens Borispol an die Uliza Puschkina im Turok-Quartier in Uman gebracht, wo sie im Hotel »Schaarei Zion« (»Tore Zions«), im riesigen Wohnhaus nebenan oder aber in einer Privatwohnung absteigen. Eine gute Woche dauern die Feierlichkeiten, und die Bürger Umans scheinen auf ihre Rechnung zu kommen: Bis zu 2000 Dollar verlangten diese Halsabschneider für eine Woche, sagt uns ein junger Mann aus Tel Aviv. Unsinn, bescheiden uns die Ukrainer: Ein paar Dollar, mehr nicht. Ganz sicher nicht!

Doch wie kann man an schnöden Mammon denken in solch einer Nacht! Neujahr in Uman, das ist ein Fest der Freude und der Dankbarkeit – in äußerst beengtem Rahmen. Die Chassidim sind gehalten, sich nicht mehr als einen Kilometer vom Grabmal des Rabbi Nachman zu entfernen, um seines inspirierenden Geistes nicht verlustig zu gehen, und das macht sich bemerkbar. Wer hier eingeschlossen ist, muss sich durch ein Meer von schwarzen und weißen Tüchern und Kippas kämpfen, muss schwarze Schultern schubsen, tritt auf schwarze Schuhe und atmet die heiße Luft der Ekstase. Aber wer wollte schon fliehen? Die Kakophonie ist erregend, mitreißend, begeisternd. Irgendetwas an dieser schwarzen, wogenden Masse ist zutiefst friedlich – wo hätten je so viele Menschen auf so engem Raum so vergeistigt kommuniziert? Wer dem anderen in die Augen schaut, lacht. Die Füße wollen tanzen, die Arme umarmen, und der Kehle entwindet sich dieses Lied, dieses simple, schöne Lied, das man schon Jahre nicht mehr gesungen hat. »Freude!«, hatte mir der Rabbi Daniel Dayan am Morgen im sephardischen Teil der riesigen, neu erbauten Synagoge zugerufen: »Freude, das ist das Wichtigste! Danken wir Gott für das Geschenk des Lebens! Seien wir nicht stolz! Beten wir! Lachen wir! Tanzen wir!«

Daniel Dayan ist mittlerweile ein Veteran in Uman; seit Jahren sorgt er für die Vorbereitung des Festes. Nun verneigt er sich betend vor Gott, immer wieder, ein hagerer, schöner Mann mit glänzenden Augen und langem grauem Bart, mit einer schwarzen Hasenpelzmütze und einem elegant taillierten Frack. Mühelos übertönt sein sonores Organ die Stimmen der anderen Betenden. Wie eine biblische Figur sieht er aus, als sei er geradewegs aus dem Film *Anatevka* in die ukrainische Wirklichkeit marschiert. Aber wie kann man sich täuschen, Gott bewahre! Nein, Daniel Dayan ist ein durch und durch moderner Mensch. Zwanzig lange Jahre war er in Hollywood, hat mit John Travolta Filme gedreht, als Stuntman und als Schauspieler, und man darf vermuten – er schweigt bescheiden –, dass er sehr wohl weiß, was ein sündiges Leben ist. Vor ein paar Jahren ist er in sich gegangen, ist ein Chassidim geworden, ein »Frommer«, und seither stellt er sein Leben in den Dienst Gottes. Im Auftrag des Rats der Chassidim in Jerusalem bereitet er die Festivitäten in Uman vor, verhandelt mit den Stadtoberen und den Reisebüros. Nun aber, der Versenkung des Gebets entronnen, tanzt er auf einem weißen See weggeworfener Kartonteller, und wie er die langen, in enges Tuch gehüllten Beine in der Art eines Kasatschok-Tänzers schleudert, wie er wirbelt, glüht und lacht, sieht er aus – verzeih mir, Daniel! – wie ein Derwisch.

Ist die Freude der Chassidim auch die der Ukrainer? Gewiss, sagt uns Swetlana Lipinskaja, Sonderbeauftragte des Bürgermeisters für die Chassidim, und schaut zufrieden zum obligaten Lenin-Denkmal auf dem gleichnamigen Hauptplatz hinüber. Zu Beginn habe es einige Probleme gegeben – die normalen Berührungsängste eben, die in solchen Fällen entstünden. Doch mittlerweile habe man sich bestens aneinander gewöhnt und eingesehen, dass beide Seiten profitierten. So uneingeschränkt glücklich allerdings scheinen weder die Stadtverwalter noch die Bürger zu sein. Doch, doch, man möge sich, sagt uns Igor Cholostych, ein Klempner, aber viele Berührungspunkte gebe es nicht, da sich die Strenggläubigen abseits hielten.

Michail Kogos, der Vorsitzende des Rats der Chassidim von Uman, der mit dem Rat der Chassidim in Jerusalem zusammenarbeitet, bestätigt bedauernd. Nicht, dass es Streit gebe – »und von Antisemitismus keine Spur!«. Aber er bedauere es schon, dass der Rat von Jerusalem alle Entscheide allein treffe und sie, die Umaner Juden, lediglich per Fax darüber informiere. »Aber was wollen Sie? Wer zahlt, bestimmt die Musik.« Im Übrigen profitiere die Stadt kaum. Die Flugtickets gingen an die Fluggesellschaften. Busse habe die Stadt keine – ergo kassiere Kiew die Transportgebühren. Und da immer mehr Chassidim sich Wohnungen in Uman kauften (und sie das Jahr über leer stehen ließen), entgingen der Stadt zunehmend auch die Übernachtungskosten.

Ach ja, man hätte sich eigentlich mehr erhofft, das gibt auch die freundliche Lipinskaja gerne zu. Große Pläne gab es: Man wollte den alten, 2003 geschlossenen Militärflugplatz aus sowjetischer Zeit ausbauen und so – unter Umgehung Kiews – Charterflüge direkt hierherbringen. Doch irgendwie versandete das Projekt; es gab wohl Widerstand in der Hauptstadt. Und dann erwiesen sich die Chassidim zu allem Unglück auch noch als die vergeistigten Kostverächter, als die sie sich selber definieren. »Man kann ihnen gar nichts verkaufen«, stöhnt Lipinskaja, und man sieht ihr an, dass sie das nun gar nicht versteht. »Sie wohnen nicht in den Hotels, sie gehen nicht einkaufen, besuchen keine Nachtklubs, und sie essen nur bei sich.« Aber die Abfallberge, die müsse die Stadt entsorgen.

Streng sind die Chassidim. Sephardim und Aschkenasi beten getrennt, und bei allem spirituellen Überschwang scheinen sich die beiden Gruppen doch eher zu meiden. Frauen sind auf dem heiligen Grund von Uman keine zugelassen – wenn Dayan von seinen »Kindern« spricht, meint er seine Jungs (er hat auch zwei Mädchen). Gegessen wird unter einem riesigen Zeltdach – 2000 Gläubige finden hier Platz –, und ein Rabbi aus Jerusalem ist eigens hergereist, um sicherzustellen, dass das Fleisch, das Gemüse und die Früchte, die auf lokalen Märkten eingekauft werden, auch koscher sind. In Containern werden Tausende Laib Brot herangeflogen. Der Rabbi schächtet und segnet, und seine schwarze Gemeinde segnet es ihm, herzlich und vielstimmig.

Und dann das Wasser! Daniel Dayan erklärt: Regenwasser oder Grundwasser muss es sein, gesammelt in irdenen Gefäßen oder, zur Not, in Plastikrohren, nie aber in metallenen Kesseln, nur dann ist es heilig. Im Keller der Synagoge dampft es: Hunderte nackter Männer stehen in einer Art riesigen Sauna, duschen und steigen dann mit andächtig abgespreizten Zehen in die Behälter mit dem reinigenden, erlösenden Nass. Mikwe heißt das rituelle Tauchbad.

Mild sind die Chassidim, keine Frage. »Wir heißen jeden willkommen«, sagt Daniel Dayan, und das ist gewiss kein leeres Wort. Zwischen den schwarzen Gestalten der Chassidim irren Hunderte von nicht jüdischen Heilsuchenden umher: ein dünner Drogensüchtiger aus Brüssel, ein etwas verstört wirkender junger Mann aus Berlin im Tarnanzug, ein fülliger, unablässig grinsender Inder, ein blasser Orthodoxer aus Lemberg. Ein Geschäftsmann aus Mailand ist zusammengebrochen und schreit und weint, und ein paar Schwarzröcke beugen sich lächelnd über ihn: Das ist gut so, das ist die Erlösung, nun hat sich der göttliche Funken befreit, und die Seele findet endlich Ruhe.

Mönchische Askese ist den Chassidim fremd. Sie verehren die Frauen, sagen sie, sie lieben Kinder, sagen sie – und zumindest dem lebenserfahrenen Dayan scheint es doch eine Spur peinlich zu sein, dass Frauen in Uman nicht dabei sein dürfen. Aber so ist das nun einmal, und wer wollte die etablierte Ordnung – Gott bewahre! – hinterfragen? Es ist immer ein Augenzwinkern dabei, wenn diese fantastische Ansammlung gläubiger Juden mit sich und mit Gott ins Zwiegespräch kommt. Strenge sei wichtig, sagt Dayan, denn wie schwach sei doch der Mensch! »Nicht weniger als 49 Tore zur Übeltat machen uns das Sündigen leicht. Wussten Sie, dass Ihnen all Ihre ungeborenen Kinder folgen wie ein unsichtbares, stummes, anklagendes Heer?« Doch zum Selbstzweck dürfe Strenge niemals werden. Unglücklich sein: Das ist die größte aller Sünden.

Ziemlich unglücklich über die Chassidim scheinen, auf den ersten Blick zumindest, Ljubow und Nikolai Bielus zu sein, die unweit der Synagoge an der Uliza Belinskogo 14 ihr sauber renoviertes Anwesen haben. Unerträglich arrogant und schmutzig seien die Juden, sagt der sechzigjährige Nikolai; ohne Respekt für das Eigentum anderer – und laut, laut, laut! Er hält sich die Ohren zu und lacht. Nein, aber auch! Und sie schlügen alles kaputt. Dann aber öffnet er eines seiner nett renovierten Häuschen und zeigt dem Besucher sechs grässlich unbequem aussehende, schmale Pritschen. Und wie er die Frage hört, wie viel er denn dafür von den schrecklichen Juden nehme, huscht über sein schlaues Gesicht ein sehr zufriedenes, fast glückliches Lächeln.

*2005*

# MILAN KUNDERA

## Geschichte und Wert – und ein Wort für den O-Ton

*Der Originalton aus der Tiefe der Zeit ist nicht ersetzbar durch noch so viele populärhistorische Magazin-Publikationen, die uns nicht an Ort und Stelle führen, geschweige denn mit den Leuten aus der entschwundenen Zeit zusammenbringen. Wir wollen Dante, Milton und Lessing selbst hören. Denn wie draußen vor der Haustür kommt uns auch in Dichtung und Philosophie die Welt nicht ohne Gefühl und Empfindung näher.*

*Milan Kundera (\*1929) kennen wir alle, jedenfalls seine Romane. Er gehört jedoch zu den Romanciers der Gegenwart, die ihr Handwerk nicht nur ausüben, sondern zudem darüber reflektieren. Seine Bücher über die Literatur, das Erzählen und Fabulieren und Schreiben sind unschätzbar.*

STELLEN WIR UNS einen zeitgenössischen Komponisten vor, der eine Sonate geschrieben hat, die in ihrer Form, ihren Harmonien, ihren Melodien den Sonaten Beethovens gleicht. Stellen wir uns sogar vor, diese Sonate wäre so meisterhaft komponiert, dass sie, wäre sie wirklich von Beethoven, zu seinen Meisterwerken gezählt hätte. Trotzdem, von einem Zeitgenossen komponiert, würde sie lächerlich wirken, wie großartig sie auch sein mag. Bestenfalls würde man ihrem Verfasser als einem Virtuosen der Nachahmung applaudieren.

Wie? Man empfindet bei einer Sonate von Beethoven ein ästhetisches Vergnügen, und verspürt keines bei einer im gleichen Stil und mit gleichem Reiz, wenn sie von einem unserer Zeitgenossen stammt? Ist das nicht der Gipfel der Heuchelei? Das Empfinden von Schönheit ist, statt spontan, statt von unserer Sensibilität eingegeben, demnach von unserer Vernunft bedingt, von der Kenntnis eines Datums?

Da kann man nichts machen: unsere Wahrnehmung von Kunst ist so eng mit unserem historischen Bewusstsein verknüpft, dass dieser Anachronismus (ein von heute stammendes Beethovenwerk) spontan (nämlich ohne jede Heuchelei) als lächerlich, falsch, unpassend, ja ungeheuerlich empfunden würde. Unser Bewusstsein der Kontinuität ist so stark, dass es bei der Wahrnehmung des Kunstwerks eine Rolle spielt.

Jan Mukarovsky, der Begründer der strukturalistischen Ästhetik, schrieb 1932 in Prag: »Einzig die Annahme des objektiven ästhetischen Wertes verleiht der historischen Entwicklung der Kunst einen Sinn.« Anders gesagt: Wenn der ästhetische Wert nicht existiert, ist die Geschichte der Kunst nur ein unermessliches Depot mit Werken, deren chronologische Reihenfolge keinerlei Sinn hat. Und umgekehrt: Nur im Kontext der historischen Entwicklung einer Kunst ist der ästhetische Wert einer Kunst wahrnehmbar.

Aber von welchem objektiven ästhetischen Wert kann man sprechen, wenn jede Nation, jede historische Periode, jede gesellschaftliche Gruppe ihren eigenen Geschmack hat? Soziologisch gesehen hat die Geschichte einer Kunst keinen Sinn an sich, sie ist Teil der Geschichte einer Gesellschaft, ebenso wie die Geschichte ihrer Kleidung, ihrer Bestattungs- und Hochzeitsriten, ihrer Sportarten oder Feste. So ungefähr wird der Roman in dem Artikel behandelt, der ihm in der *Encyclopédie* von Diderot und d'Alembert (1751–1772) gewidmet ist. Der Verfasser dieses Textes, der Chevalier de Jaucourt, spricht dem Roman eine große Verbreitung zu (»er ist von fast allen gelesen«), einen moralischen Einfluss (mal nützlich, mal schädlich), aber keinen ihm eigenen spezifischen Wert; übrigens erwähnt er fast keinen der Romanciers, die wir heute bewundern: weder Rabelais noch Cervantes, Quevedo, Grimmelshausen, Defoe, Swift, Smollett, Lesage, noch den Abbé Prévost; der Roman stellt für den Chevalier de Jaucourt weder eine autonome Kunst noch eine autonome Geschichte dar.

Rabelais und Cervantes: Dass der Enzyklopädist sie nicht genannt hat, ist keineswegs skandalös; Rabelais kümmerte es wenig, ob er Romancier war oder nicht, und Cervantes meinte einen sarkastischen Epilog zur fantastischen Literatur der vorangegangenen Epoche zu schreiben; weder der eine noch der andere hielt sich für einen »Begründer«. Erst nachträglich, allmählich, wurde ihnen durch die Ausübung der Kunst des Romans diese Stellung zugeschrieben. Und nicht, weil sie die Ersten gewesen wären, die Romane schrieben (vor Cervantes hat es viele andere Romanciers gegeben), sondern weil ihre Werke besser als die anderen die

*Raison d'être* dieser neuen epischen Kunst verständlich machten; weil sie für ihre Nachfolger die ersten großen romanesken Werte darstellten; und erst ab dem Augenblick, da man begann, in einem Roman einen Wert, einen spezifischen, einen ästhetischen Wert zu sehen, konnten die Romane in ihrer Abfolge als Geschichte erscheinen.

## 2006

# AI WEIWEI
## Lob des gesunden Menschenverstands

*Noch längst nicht gesprochen sind die letzten Worte über Ai Weiwei – weder über sein Ringen mit diversen politischen Machtapparaten in China, noch über seinen Status als Künstler, noch über seine durchaus beeindruckende Gesamtpersönlichkeit. Seine Kindheit und Jugend verbrachte Ai Weiwei (\* 1957) in der Verbannung. Er war Sohn des erst gefeierten, dann in Ungnade gefallenen Dichters Ai Quing. Was er damals erlebte, mag entscheidend dazu beigetragen haben, aus ihm die unprätentiös-originelle, in höchstem Maße auf das Selbstbestimmungsrecht und die Würde jedes Individuums beharrende Persönlichkeit werden zu lassen, als die er nach seiner Verschleppung durch die chinesische Polizei am 4. März 2011 weltweit bekannt wurde. Ob als Künstler, Architekt, Fotograf, Autor (der folgende Beitrag stammt aus der deutschen Ausgabe seiner Blogs), Rapper oder Heavy-Metal-Musiker: Ai Weiwei ist für viele Überraschungen gut, seine Originalität und Vielseitigkeit sind nachgerade beängstigend und nur alle Facetten ergeben ein Gesamtbild. Seit er im Jahr 1993 zur Pflege seines inzwischen rehabilitierten alternden Vaters aus den USA wieder zurückgekehrt war, lebt er in Peking; seit 2011 nur mäßig freiwillig, da ihm nach über einjährigem Hausarrest bisher (d. h. zumindest bis Redaktionsschluss) der Reisepass nicht zurückgegeben wurde.*

ICH GLAUBE KEINESWEGS, dass es ideale Städte oder ideale Architekturen gibt, ich kann nur sagen, dass es sinnvolle, bedeutsame Städte gibt. Ein einfaches Beispiel: Ich machte im Alter von acht Jahren meine erste Erfahrung mit Architektur, als wir in die Provinz Xinjiang »entsandt« wurden; zur Strafe mussten wir in einem Erdloch hausen. Meiner Meinung nach konnte angesichts der damaligen politischen Umstände das Leben unter der Erde ein unglaubliches Gefühl der Sicherheit vermitteln: Es war ein direkt in die Erde gegrabenes Loch, im Winter war es warm und im Sommer kühl. Die Wände reichten bis nach Amerika, und das Dach und der Boden ringsum waren eben. Wenn Schweine über unsere Köpfe hinwegrannten, kam es oft genug vor, dass sie mit dem Hinterteil durch das Dach einbrachen, sodass uns allen der Anblick von Schweinehintern sehr vertraut war.

Ich erinnere mich an ein paar Details: Einmal stieg mein Vater in unser Erdloch hinab, und weil wir kein Licht hatten, stieß er mit dem Kopf gegen einen Dachbalken. Mit blutender Stirn ging er sofort zu Boden. Aus diesem Grund hoben wir einen Spaten tief die Erde aus, das hatte den gleichen Effekt, wie wenn wir das Dach um 20 cm angehoben hätten. Architektur erfordert den gesunden Menschenverstand, unendlich viel gesunden Menschenverstand. Weil wir eine Familie aus Lesern waren, brauchten wir ein Bücherregal in unserem Haus, also grub mein Vater eben ein Loch; meiner Meinung nach war dies das beste Bücherregal. Das sind nur einige Gründe, weshalb ich nicht an eine ideale Architektur glaube.

*2007*

## IRENE DISCHE

# Lieber falsch als wahr: Zwei moralische Geschichten

*Die ›Moral von der Geschichte‹ ist von keinem ethischen Traktat zu packen, und auch Belehrungen von Psychologen können uns nicht so zur Zufriedenheit aufklären. Gute Ethiker und Psychologen ahnen denn auch, wie viel sie, ebenso wie das übrige Menschengeschlecht, der Literatur verdanken. Nicht nur großen Monumenten des Romans, sondern ganz kleinen Geschichten wie den Erzählungen von der* Liebe, *wie sie die New Yorkerin und Wahlberlinerin Irene Dische (\*1952) aus dem Alltag wahrer Begebenheiten und Begegnungen hervorzaubert. Nicht nur in ihrer Autobiografie, die diesen Titel trägt, auch hier ›packt Großmama aus‹ und verkürzt uns das Warten auf die weise alte Frau, von der wir dereinst einigen Trost erhoffen dürfen.*

HANS HATTE SUSANNE VERLASSEN.
Hans hatte Susanne verlassen. Daran gab es nichts zu deuten. Er war klug und kultiviert, aber eben auch ein unglaublicher Schuft. Allein schon, wie er es gemacht hatte! Einfach aus der hübschen Wohnung zu spazieren, die so viel von ihnen beiden hatte, ohne ein Manuskript oder eine Zahnbürste, geschweige denn einen Koffer. Eine Zeit lang konnte Susanne seine Bewegungen anhand ihrer gemeinsamen Kreditkarte verfolgen. Am ersten Tag, an dem er weggeblieben war, besorgte er sich den schwarzen Rollkragenpullover neu, den er immer trug, dazu die schwarzen Jeans und die schwarzen Socken und außerdem – Zeichen einer Veränderung – seidene Boxershorts mit einem nicht näher bezeichneten Muster, aber man konnte nicht ohne Schaudern versuchen, es sich auszumalen. Zwei Tage nach seinem Exodus kaufte er sich Joggingschuhe. Es folgten drei, vier Badetücher, Betttücher, eine Tischdecke, billiges Besteck und eine Woche später ein sehr teures, obwohl vielleicht doch nur für zwei bestimmtes Essen in einem Restaurant, das bekannt war für seine reiche Klientel, größtenteils Anwälte und Börsenleute, die einen Universitätsprofessor, auch einen namhaften, nicht erkennen würden. Schließlich ein paar einfache Mahlzeiten und noch ein Abendessen. Danach hörte die Kreditkarte auf zu sprechen. Er hatte sich offenbar eine neue besorgt.

Die gemeinsamen Freunde trösteten Susanne. Alle stellten sich vor, Hans sei vielleicht mit einer jüngeren Frau weggelaufen, die vielleicht hübscher, frischer, neuer war als Susanne, und alle behaupteten, sie könnten gar nicht verstehen, was ihn dazu getrieben hatte, obwohl sie es sehr gut verstanden. Wer genau hinhörte, konnte in der verzückten Empörung über Hans auch Neid auf den umtriebigen Mann und Kummer über einen wirklichen Verlust erkennen: Hans und Susanne waren ein Paar wie aus dem Bilderbuch gewesen, sie hatten ein offenes Haus geführt, und nun zerstörte Hans eine Institution, die mindestens ein Mal in der Woche die richtigen Leute mit Essen und Gespräch versorgt hatte. In ihrer Lage konnte Susanne niemanden mehr einladen, und außerdem – wer wäre gekommen? Hans war eben doch immer die Hauptattraktion gewesen. Dieser kluge Mann. Verloren stand das Klavier in der Ecke. Die beiden Kinder ließen die Köpfe hängen – es war kein erfreulicher Anblick. Alle verabscheuten Hans wegen seines Egoismus. Für die verlassene Frau war es ein Trost, wie sie auf ihn schimpften.

Die Zeit verging, wie üblich. Niemand wusste, wo Hans steckte. In seinem Büro an der Uni zeigte er sich nicht, veröffentlichte jedoch weiter Aufsätze, arbeitete also und freute sich offenbar seines Lebens – auf Kosten aller anderen. Als Weihnachten näher rückte, wuchs die Empörung über Hans noch.

Dann fand ihn sein Assistent Sander zufällig. Sander war in einem billigeren Stadtteil auf Schnäppchenjagd gewesen und hatte ihn in der Delikatessenabteilung eines großen, hässlichen Kaufhauses entdeckt – an der Käsetheke. Hans hatte noch versucht, sich zu verdrücken, aber Sander war ihm gefolgt und hatte ihn schnell eingeholt. Mit seinen dreißig Jahren war er der Jüngere, während Hans trotz seiner Schlankheit etwas von einem Stubenhocker hatte. So erzählte es Sander später und verzierte seinen Bericht mit Meinungsäußerungen. Hans habe, nun ja, etwas verwirrt ausgesehen, obwohl andererseits, zugegeben, noch immer ungefähr wie früher, ganz in Schwarz. Alter und Abenteuer hätten in seinem Gesicht keine neuen Reifenspuren hinterlassen. Und er habe alles zugegeben, die ganz erbärmliche Wahrheit. Es war unglaublich jämmerlich.

Hans hatte sich sogar noch einmal umgedreht und Sander die Wahrheit gezeigt. Sie war gerade dabei, mittelalten Gouda in Scheiben zu schneiden, und ihre runden Backen und die Stirn strahlten wie Neonleuchtkörper. Eine Verkäuferin in weißer Montur, breit wie die Theke, fettleibig, eine richtige Tonne. Hans hatte sich über Einzelheiten ausgelassen. Früher habe das Mädchen in der Kosmetikabteilung gearbeitet und ihm dort ein teures Deo verkauft. Er vertraute Sander auch an, dass er schon immer eine Vorliebe für sehr dicke, sehr junge, ungebildete Frauen gehabt habe. Er sei jetzt vierzig, das Mädchen dagegen erst siebzehn. Es war also nicht mal halb so alt wie er, aber doppelt so schwer. Anscheinend hatte er sich zuerst in seinem Arbeitszimmer an der Uni mit ihr getroffen. Dort stand auch eine schmale Liege. Er beschrieb, wie die Liege zu schmal gewesen sei, wie die Konturen seiner Freundin an den Rändern überflossen. Einmal habe Susanne ihn unerwartet in seinem Büro besucht, und er habe das Mädchen in einen eingebauten Aktenschrank zwängen müssen, bis er seine Frau mit einer Geschichte über einen dringenden Abgabetermin abwimmeln konnte. Dieser Besuch sei der Tropfen gewesen, der das Fass zum Überlaufen gebracht habe, hatte Hans gesagt. Lügen könne er nicht leiden, und dieses Mädchen gehe ihm über alles. Er finde es herrlich, dass sie, anders als Susanne, keine Ansichten über Kunst und Politik habe, dass sie ihn nur wegen seines Geldes und seiner guten Figur verehre und wegen seiner Erfahrenheit in der Liebe. Sie arbeite noch immer in dem Kaufhaus; auch das gefalle ihm. Er zeigte noch einmal auf sie: »Das ist meine neue Frau, ob es Ihnen passt oder nicht.« Er hatte sie nicht miteinander bekannt gemacht, was Sander nicht überraschte. Es wäre nur peinlich gewesen.

Die verlassene Ehefrau wurde informiert und mit ihr der ganze Freundes- und Bekanntenkreis. Sie hatte ein schmales, perfektes Gesicht, eine schmale, perfekte Figur, perfekte dunkle Korkenzieherlocken und ständig tröpfelten aus ihr Erkenntnisse über die Kunst in der reglosen See der sie umgebenden öffentlichen Meinung. Susanne und alle anderen verständigten sich schließlich darauf, dass sie einfach zu viel Frau für Hans gewesen sei.

Um Weihnachten herum kam sie sich nicht mehr verachtet vor. Schließlich war ihr Mann derjenige, der verrückt spielte. Sie entkrampfte sich. Wann immer Sander von seiner eigenen Frau loskam, bewies er Susanne, dass sie nicht zu viel Frau war, jedenfalls nicht für ihn.

Unterdessen ertrank die allgemeine Empörung über Hans in munter quirlendem Klatsch. Wie sollte man auf jemanden böse sein, der, von seiner abartigen Besessenheit getrieben, einen so haarsträubenden Fehler gemacht hatte? Beneidet wurde Hans nun von niemandem mehr. Stattdessen bemitleideten ihn alle aus vollem Herzen. Kurz, ihm wurde verziehen.

Die Zeit behielt ihr Tempo bei, und irgendwann nahm Hans seine Arbeit in der Universität wieder auf. Eines schönen Nachmittags im Frühling sah Sander ihn auf dem Campus herumradeln. Auf der Lenkstange vor ihm balancierte in verliebter Pose eine schlanke junge Frau. Hans bremste, half der Frau vom Lenker und stellte sie, ohne zu zögern, als »die Frau, mit der ich jetzt zusammen bin« vor. Sander glotzte, und die Frau sagte in selbstbewusstem Ton Hallo. Sie war Mitte dreißig – eine hübsche Römerin, wie sich herausstellte, die an der Universität italienische Literatur unterrichtete. Die Sache mit der Verkäuferin – eine einzige riesengroße Lüge.

Bis sich das herumgesprochen hatte, war es Mai, und die Leute wunderten sich bloß noch. Sie waren enttäuscht über ein derart lahmes Ende, doch ihre Empörung kam nicht mehr in Gang, und so lebte der schlaue Hans von nun an munter und zufrieden.

L IEBE MOM, LIEBER DAD
bitte entschuldigt, dass ich mich so lange nicht gemeldet habe. Ich kann mir vorstellen, dass Ihr Euch meinetwegen Sorgen gemacht habt, aber ich konnte wirklich nicht anrufen. Bis gestern lag ich im Krankenhaus. Zum ersten Mal seit anderthalb Monaten sitze ich wieder an einem Tisch. Nach unserem Streit vor sechs Wochen wegen Ralph, der Euch nicht gefällt, weil er so viel älter ist als ich und überhaupt eine seltsame Wahl ist, weil er kein Arzt oder Anwalt ist wie alle anderen, die ich kenne, war ich so wütend, dass ich mich besser nicht ans Steuer gesetzt hätte. Jackie hatte die ganze Zeit im Wagen auf mich gewartet. Sie ist immer meine beste Freundin gewesen. Ich war doch bloß vorbeigekommen, um Euch kurz zu umarmen. Danach wollten wir weiterfahren – über das Wochenende nach Maine, wo Ralph eine Farm hat. So arm ist er nämlich gar nicht, wisst Ihr. Ich war hereingekommen und sagte: »Ich wollte euch bloß Guten Tag sagen, ich bin auf dem Weg nach Maine.« Da habt Ihr gleich angefangen, mir Vorwürfe wegen Ralph zu machen. Ihr werdet Euch daran erinnern. Als Du, Dad, meine Beziehung zu ihm eine »Katastrophe« nanntest und Mom zu weinen anfing, da habe ich eben kehrtgemacht und bin gegangen. Ihr seid hinter mir her, aber ich war schneller. Ich habe mich in den Wagen gesetzt, mit zitternden Händen. Jackie bot an, sie könne fahren. Aber ich wollte nicht. Ich fuhr auf den Highway. Alles in mir war im Aufruhr. Ich konnte mich nicht konzentrieren. Ich fuhr zu schnell. Ich fuhr viel

zu schnell. Jackie schrie mich an. Ich stand einfach auf dem Gaspedal. Hundertfünfzig bin ich gefahren. An einer Baustelle verengte sich die Straße, und ich übersah die Warnschilder. Ich geriet auf den Mittelstreifen, der Wagen brach durch die Leitplanke und schoss auf die Gegenfahrbahn. Ein kleiner Wagen, eine indische Familie mit vier Kindern, kam mir entgegen – ich krachte mitten in sie rein. Noch immer habe ich Jackies »Nein! Nein!« im Ohr. Es waren ihre letzten Worte. Jackie ist tot. Ein siebenjähriger Junge in dem anderen Wagen hat überlebt, die Eltern und seine drei Geschwister sind tot. Er aber hat nicht die kleinste Schramme, die ihn von der neuen Wirklichkeit wenigstens einen Moment lang ablenken könnte. Was mich angeht – um beim Sichtbarsten anzufangen: Die Hüften und beide Beine sind zerquetscht. Das Gesicht ist völlig kaputt – die Nase gebrochen, die Wangenknochen gebrochen, ein Riss in der Stirn, sieben Rippen, der linke Arm und die linke Hand an fünf Stellen gebrochen. Ich habe auch innere Verletzungen – unter anderem einen Lungenriss. Drei Tage war ich auf der Intensivstation. Ralph kam mit dem Flugzeug von Maine, um bei mir zu sein. In Boston sollte eine Ausstellung mit seinen Bildern eröffnet werden, für die er seit mehr als einem Jahr gearbeitet hatte.

Er fuhr nicht hin, sondern blieb, solange er konnte, bei mir. Irgendwann musste er zurück nach Maine, sich um die Tiere kümmern, und kam dann an den Wochenende herüber. Die übrige Zeit war ich allein. Ich habe vier Operationen hinter mir – in vier Wochen. Im Gesicht werde ich noch operiert. Vielleicht kann ich nie mehr richtig laufen. Kinder werde ich auch keine bekommen können. Aber das alles macht mir längst nicht so viel Kummer wie mein Gewissen. Ich habe fünf Menschen umgebracht. Jackies Eltern haben ihr einziges Kind verloren. Ein kleiner Junge hat alle seine Angehörigen verloren. Und ich bin schuld.

Liebe Mom, lieber Dad. Nichts von alledem ist wahr. Die Wahrheit ist, ich hatte bei Euch angehalten, um Euch eine freudige Nachricht zu bringen. Aber weil Ihr derart über Ralph hergezogen seid, konnte ich Euch nicht sagen, dass ich schwanger bin. Jetzt bin ich im fünften Monat. Letzte Woche haben Ralph und ich geheiratet. Entschuldigt den ersten Absatz: Ich wollte nur, dass Ihr meine Neuigkeiten im richtigen Licht seht. Wir leben in Maine, ich bin ungeheuer glücklich, und ich hoffe, Ihr besucht uns bald mal.
In Liebe
Eure Tochter Sarah

# 2007

## RICHARD DAVID PRECHT

## Die Sprachmacht der Menschenaffen

*Richard David Precht (\* 1964) führt seine Leser mit scheinbar leichter Hand an die großen philosophischen Themen des Menschseins heran. Im deutschen Feuilleton wird er dafür schon mal als »Alleserklärer« betitelt – und das ist nicht als Lob gemeint. Doch selbst wenn einer allein sich die gesamte Philosophie vornähme, wäre er dann nicht immer noch nach dem zu beurteilen, was er zu dem allem zu sagen hat und wie er das tut? Autoren wie Precht oder Stefan Klein (vgl. S. 699–701) haben im deutschen Wissenschaftsjournalismus neue Maßstäbe gesetzt. Wir danken! Und lassen uns gerne vom Affen an den Menschen heranführen.*

DIE BERÜHMTE ENGLISCHE PRIMATENFORSCHERIN Jane Goodall berichtete Ende der 60er-Jahre davon, dass Schimpansen in der Natur mithilfe zusammengepresster Laubblätter Wasser aus engen Spalten heraussaugen, mit Grashalmen nach Termiten angeln und sogar Blätter von Stängeln streifen, um damit ein Werkzeug herzustellen. Als Jane Goodall dem Paläoanthropologen Louis Leakey von ihren Beobachtungen berichtete, erhielt sie das inzwischen legendäre Telegramm: Wir müssen jetzt *Werkzeug* neu definieren oder *Mensch* neu definieren oder Schimpansen als Menschen akzeptieren.

Der schillerndste und für besonders wichtig erachtete Maßstab im Vergleich Mensch und Affe aber ist die Sprache, genauer: die menschliche Sprache. Dass es ein komplexes Laut- und Kommunikationssystem unter Affen gibt, wird von niemandem ernsthaft bestritten. Auch Affen verfügen über das Wernicke-Areal für Wortverständnis im Schläfenlappen und das Broca-Areal für Wortartikulation und Grammatik im Stirnhirn. Aber warum vermögen sie dann nicht nach Menschenart lautsprachlich differenziert zu kommunizieren? Die Antwort ist verblüffend einfach. Das Geheimnis der menschlichen Sprache liegt, wie bereits erwähnt, im Kehlkopf (vgl. *Die Fliege im Glas*). Er sitzt um einige Zentimeter tiefer als bei allen anderen Affen, einschließlich der Menschenaffen. Mit einer gewissen Wahrscheinlichkeit beeinflussten sich die Änderungen im Kehlkopfbereich des frühen *Homo sapiens* und die Weiterentwicklung der Gehirnzentren für symbolische Kommunikation wechselseitig. Ein Prozess, der bei den anderen Affen ausblieb.

Gleichwohl gibt es bei Sprachexperimenten einige Erfolge. In den 60er-Jahren erregten die Versuche von Beatrice und Robert Gardner von der Nevada University Aufsehen, als sie die Schimpansen Washoe und Lucy in »Ameslan« unterrichteten, einer amerikanischen Zeichensprache, die von hörbehinderten Menschen benutzt wird. Den Gardners zufolge lernten die beiden jungen Schimpansen einen Wortschatz von einigen hundert Worten. Menschenaffen sind dazu fähig, abstrakte Symbole für Objekte, Situationen und Handlungen zu verwenden und diese mit bestimmten Leuten, Tieren oder Gegenständen zu verknüpfen. Zu diesem Ergebnis kam in den 80er-Jahren auch die Psychologin Sue Savage-Rumbaugh bei ihren Versuchen mit dem Bonobo Kanzi. Das Tier beherrschte innerhalb von zwei Jahren eine Tastatur mit 256 Wortsymbolen und war in der Lage, damit routinemäßig Bitten zu äußern, einen Sachverhalt zu bestätigen, etwas nachzuahmen, eine Alternative auszuwählen oder ein Gefühl auszudrücken. Überdies reagierte Kanzi auf einige hundert Wörter der gesprochenen englischen Sprache. Die Versuche von Lyn White Miles von der University of Tennessee in Chattanooga bestätigen vergleichbare Ergebnisse auch für Orang-Utans.

All dies wird allerdings noch weit übertroffen von dem Gorillaweibchen Koko im kalifornischen Woodside, südlich von San Francisco. Nach fünfundzwanzig Jahren intensiven Trainings beherrscht Koko mehr als tausend Begriffe der amerikanischen Gebärdensprache und versteht rund 2000 englische Wörter. 1998 gab es bereits den ersten Live-Chat mit Koko im Internet. Ihre Sätze sind zwischen drei und sechs Wörter lang, schaffen Zeitbezüge und enthalten sogar Witze. Kokos fachgerecht getesteter IQ beträgt zwischen 70 und 95 Punkte auf der Skala. 100 Punkte bescheinigen Menschen eine normale Intelligenz. Koko kann reimen, sie reimt *do* auf *blue* und *squash* auf *wash* und erfindet Metaphern wie etwa »Pferd-Tiger« für ein Zebra und »Elefantenbaby« für eine Pinocchio-Puppe. Auf die Frage: »Warum kann Koko nicht wie andere Menschen sein?«, antwortet sie klug und richtig: »Koko Gorilla.« In über dreißig Jahren regelmäßigen Trainings hat sich die inzwischen hochbetagte Gorilla-Dame eine größere Virtuosität in der Menschensprache angeeignet als jedes andere nicht menschliche Lebewesen zuvor. Von Koko lernen bedeutet, etwas über die Psychologie von Gorillas im Allgemeinen zu lernen, meint Patterson. Zum Beispiel: Was sagen Gorillas, wenn sie sich freuen? – »Gorillas umarmen.« Und was sagen Gorillas, wenn sie sich ärgern? – »Toilette Teufel.«

Eine bezeichnende Pointe an Kokos Erfolgen ist, dass sie nur unter isolierten Lebensbedingungen möglich sind. Wildlebende Gorillas hingegen ebenso wie Zoo-Gorillas haben anderes zu tun, als sich um Menschengrammatik zu sorgen. Dennoch sind Gorillas allem Anschein nach intelligenter, als sie es für ihre natürliche Lebensraumorientierung und den Nahrungserwerb sein müssen. Wie beim Menschen, so entspringt auch die Intelligenz aller anderen Primatengehirne aus den Nöten und Notwendigkeiten des Sozialverhaltens. Von allen Herausforderungen der Affenwelt sind die Spielregeln des Hordenverbandes die kompliziertesten. Und auch die Intelligenz von Menschaffen verdankt sich dem sozialen Schach. Diese Feststellung freilich zeigt zugleich, warum alle Sprachexperimente mit Menschenaffen problematisch sind. Erlernbar nämlich sind allein jene Bedeutungen, die in der Affenwelt vorkommen oder aus dieser abgeleitet werden können. Alles andere hingegen bleibt Menschenaffen »natürlicherweise« dunkel, wie Menschen vieles von dem, was Menschenaffen tun, rätselhaft ist. Intelligenz ist also eng verbunden mit dem artspezifischen sozialen Umgang. Doch Experimente mit Menschenaffen messen die Leistungen der Tiere nicht an deren eigenem, sondern am arteigenen Maßstab des Menschen. Ihr auf diese Weise erforschter Spracherwerb gleicht ungefähr demjenigen von Zweijährigen. Ihre Rechenkünste, wie die vor einigen Jahren veröffentlichten Fertigkeiten des Schimpansenweibchens Ai in Kyoto, erreichen mitunter das Leistungsniveau von Vorschulkindern. Der damit erbrachte Beweis lautet, dass Menschenaffen auf Kosten ihrer normalen arteigenen Verhaltens- und Kommunikationsformen Sprache und Zahlensystem in einigen wichtigen Grundzügen zu handhaben lernen. Doch was ist die moralische Konsequenz?

Sprachfertigkeiten und Rechenkünste sind gemeinhin nicht das Kriterium für die Zugehörigkeit zur menschlichen Moralgemeinschaft. Geistig schwerstbehinderte Menschen

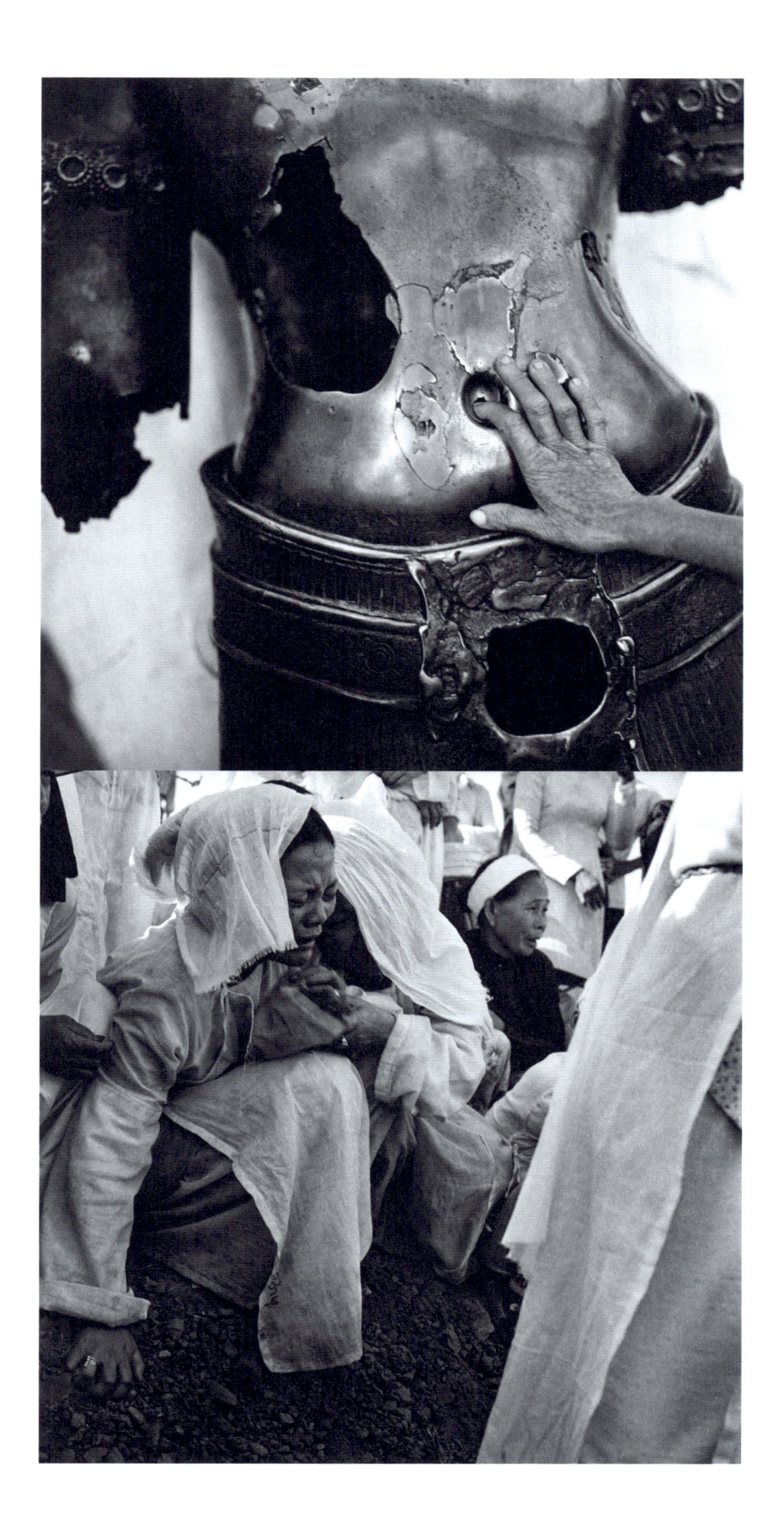

Heilbringende Berührung
einer im 17. Jahrhundert
in Angkor erbeuteten Bronze.
*Mandalay. Burma,
21. Dezember 1991.*

Trauergemeinde.
*Hué. Vietnam, 31. Juli 2002.*

oder Säuglinge verfügen diesbezüglich kaum über nennenswerte Fertigkeiten. Gleichwohl genießen sie zu Recht einen vollständigen moralischen Schutz, der Menschenaffen nahezu überall verwehrt ist. Während einerseits Schimpansen und Gorillas sich in Labors durch Rechen- und Sprachkunststücke in die menschliche Moralgemeinschaft hineinzuschreiben scheinen, ist andererseits bei Menschen Intelligenz gar nicht der Maßstab für die moralische Rücksichtnahme.

Gleichwohl benutzen die Vertreter des *Great Ape Project* die Intelligenzleistungen von Menschenaffen durchaus als Argument. Nicht nur die Gene, sondern auch grundlegende geistige Eigenschaften wie Selbstbewusstsein, Intelligenz, komplexe Kommunikationsformen und soziale Systeme verbänden »menschliche und nicht menschliche Menschenaffen« zu einer moralischen Gemeinschaft. Das Einlasskriterium ist der präferenz-utilitaristische Begriff der »Person«. Da Menschenaffen Wünsche und Absichten haben und da sie Interessen verfolgen, seien sie Personen. Infolgedessen stünde ihnen nicht nur ein unbedingter Schutz zu, sondern sie hätten auch grundlegende Rechte: Menschaffen hätten das Recht, nicht in Tierversuchen missbraucht und versehrt zu werden. Sie hätten das Recht, sich nicht im Zoo oder Zirkus zur Schau stellen zu müssen. Sie hätten das Recht auf einen natürlichen Lebensraum, ähnlich wie ein bedrohtes Naturvolk. Und nicht Artenschützer, sondern die UNO müsse sich um sie kümmern.

Die Einwände gegen solche Forderungen sind schnell zur Hand: Ist es tatsächlich sinnvoll, von den »Rechten« der Menschenaffen auf körperliche Unversehrtheit, freie Entfaltung ihrer Person und so weiter zu reden, ohne zugleich darüber nachzudenken, wie sie ihre einhergehenden »Pflichten« erfüllen sollen? Wie etwa sollen die zur Menschengemeinschaft gezählten Menschenaffen in Zukunft Steuern bezahlen oder ihren Militärdienst ableisten? Frei von solcher Ironie stellt sich immerhin die Frage, was passiert, wenn ein Affe gegen Menschenrechte verstieße, die er zwar nicht selbst akzeptiert hätte, aber deren Schutz wir ihm gewähren würden. Wie soll man »Krieg« unter Schimpansen, »qualvollen Mord« und »Kannibalismus« unter Menschenaffen dann werten? Was macht man mit einem Affen, der einen Menschen verletzt oder gar tötet? Verurteilt man ihn nach jenem rechtlichen Maßstab, den wir an »Personen« anlegen?

## 2007

# PANKAJ MISHRA

## Bei Bedarf wird der »Andere« wie der Feind erfunden

*Nach Indien folgen wir nicht V. S. Naipaul (den wir in* Nichts als die Welt *wohlweislich nach Lateinamerika geschickt haben, vgl. dort S. 488). Naipaul war sich nicht zu gut, an Kongressen der indischen Volkspartei BJP mit ihren militanten Nationalisten und Hindu-Chauvinisten aufzutreten. Um diese geht es hier: um die Bauernfängerei politischer Rechtspopulisten mit ihren universalen Rezepten der Produktion, Stimulation und Ausbeutung von Ängsten vor einem Feind, den es in der wirklichen Welt nicht zu geben braucht. Diese traurige Art von Kreativität, die ihn sich allzeit zu schaffen weiß, wütet bekanntlich am wüstesten in der Politik, wo wir alle allzu oft nichts als dem Menschen – und gar keiner Sachfrage – zu folgen haben.*

*Pankaj Mishra (\* 1969) aus Jhansi in Uttar Pradesh hat einen langen Weg in Indien zurückgelegt, ehe er zu internationalem Ruhm gelangte, für Blätter wie »New York Times«, »Washington Post«, »Guardian«, »Financial Times« zu schreiben begann und am University College London als Dozent für Literatur gastierte.*

DIE STÄNDIGE DÄMONISIERUNG von Moslems und Christen durch Hindu-Nationalisten mag unnötig erscheinen – Christen stellen in Indien nur eine winzige, zersplitterte Minderheit dar, und die Moslems sind zu arm, zu desorganisiert und zu ängstlich, um den Hindus in irgendeiner Weise bedrohlich werden zu können –, für das Projekt einer Hindu-Nation ist sie gleichwohl unerlässlich. Die Hindu-Nationalisten haben stets versucht, Hindu-Identität in Opposition zu einem vermeintlich bedrohlichen »Anderen« zu definieren. Sie hoffen, die Hindu-Gesellschaft dadurch einen zu können, dass sie permanent die realen oder imaginierten Bedrohungen in Form von missionarischen Christen und militanten Moslems beschworen.

In sämtlichen Dörfern und Städten Nordindiens, die ich im Laufe der letzten Jahre besuchte, traf ich Moslems, die sich große Sorgen über ihre Zukunft in Indien machten. Überall erzählten sie mir von hinterhältigen Aggressionen, denen sie regelmäßig ausgesetzt seien: Häufig würden sie von lokalen Hindu-Politikern und Polizisten bedroht und geschlagen.

Vor einer Moschee in der ländlichen Umgebung von Ayodhya mischte sich ein junger Mann lautstark in ein Gespräch über Polizeischikanen ein und erklärte, die Moslems würden sich solche Ungerechtigkeiten nicht länger gefallen lassen und Vergeltung üben. Die Älteren brüllten ihn nieder. Es kam zum Streit – wie üblich warfen die Jungen den Alten vor, die Wahrheit zu verschleiern –, und dann führte mich ein Mullah, einen Arm um meine Schultern gelegt, sanft aus der Medrese, wobei er mir versicherte, die Moslems seien loyal gegenüber Indien, ihrem Heimatland, in dem sie so lange in Frieden mit ihren Hindu-Brüdern gelebt hätten.

Professor Saghir Ahmad Ansari, ein moslemischer Sozialaktivist in Nagpur, sagte mir, die Moslems aus seinem Bekanntenkreis hätten das Gefühl, »dass die Hindu-Nationalisten, die ihre Existenz in Indien gnadenlos bekämpfen, heute alles kontrollieren, die Regierung, unsere Rechte, unsere Zukunft«. Er mache sich Sorgen, wie die Moslems auf Gujarat reagieren würden: »Wenn die Regierung selbst die Ermordung von 2000 Moslems beaufsichtigt, wenn Hindu-Banden moslemische Mädchen ungestraft vergewaltigen und wenn 100000 Moslems gezwungen werden, in Flüchtlingslagern zu leben, wie sollten die Opfer da nicht auf Rache sinnen?«, sagte er. »Auch wenn ich ungern davon spreche oder darüber nachdenke, aber ich fürchte, die Ideologie des Dschihad und terroristische Gewalt werden unter den 130 Millionen indischen Moslems weiteren Zulauf finden, was die islamischen Fundamentalisten in Pakistan und Afghanistan, die zuletzt die Niederlage der Taliban und die Misserfolge von al-Qaida einstecken mussten, freuen dürfte.«

Wie berechtigt Mr Ansaris Befürchtungen waren, sollte sich einen Monat nach meinem Gespräch mit ihm zeigen. Im September 2002 ermordeten moslemische Terroristen aus Pakistan fünfunddreißig Hindus im berühmten Akshardham-Tempel in Gujarat – ein offensichtlicher Vergeltungsakt für das Massaker, das in der Gegend zuvor unter Moslems angerichtet worden war. Es handelte sich um den schlimmsten Anschlag moslemischer Terroristen außerhalb des indischen Bundesstaats Kaschmir, und die Wut, die er bei den Hindus hervorrief, sorgte denn auch dafür, dass die hindu-nationalistischen Hardliner bei den Wahlen in Gujarat im Dezember 2002 haushoch gewannen.

Im August 2003 kamen bei zwei Bombenexplosionen in Bombay über fünfzig Menschen um – es war die sechste und verheerendste Detonation einer ganzen Serie, die die Stadt kurz hintereinander erschütterte. Gleich nachdem er den Ort des Geschehens besichtigt hatte, behauptete der damalige Vize-Premierminister L. K. Advani, es handele sich um das Werk von Terroristen, die von Pakistan aus operierten. Das war nicht anders zu erwarten gewesen: Aus Sicht der Hindu-Nationalisten wird Indien von moslemischen Terroristen belagert, die mit dem Beistand Pakistans agieren beziehungsweise dort – vor allem im umstrittenen Kaschmir-Tal – ihre Stützpunkte haben. Diesmal jedoch konnte die Polizei in Bombay Advanis Beschuldigung sehr schnell relativieren. Ihren Ermittlungen zufolge handelte es sich bei den vier in Zusammenhang mit den Anschlägen festgenommenen Personen um indische Moslems, Mitglieder der neuen Gruppierung namens Gujarat Muslim Revenge Force. Möglicherweise hatten sie logistische Unterstützung von einer militanten pakistanischen Truppe mit Verbindungen zu al-Qaida bekommen, doch waren sie indische Staatsbürger.

Bis zu dem Zeitpunkt waren die 130 Millionen Moslems Indiens von den radikal-islamistischen Bewegungen, die in den vergangenen zehn Jahren in Pakistan, Bangladesch und Afghanistan entstanden waren, weitgehend unbeeinflusst geblieben. Die indischen Moslems beteiligten sich nicht an den antiindischen Erhebungen ihrer Glaubensgenossen in Kaschmir, mit denen sie kulturell nicht viel verband. Noch bemerkenswerter ist, dass in der Vergangenheit offenbar kein indischer Moslem den vielen Rattenfängern des Dschihad in Afghanistan und Pakistan gefolgt war, die Moslems aus allen Teilen der Welt köderten und die es geschafft hatten, John Walker Lindh zu verführen, einen Nicht-Moslem aus Kalifornien, der als »amerikanischer Taliban« bekannt werden sollte.

Möglicherweise waren und sind die meisten indischen Moslems zu arm und zu elend, um sich für radikale Ziele andernorts zu engagieren. Hinzu kommt, dass sie gegenüber den meisten Moslems auf der Welt einen großen Vorteil haben: Sie können an regulären Wahlen teilnehmen und mit einem Anteil von 13 bis 14 Prozent der indischen Bevölkerung ihre Vertreter, wenn nicht sogar ihre Machthaber wählen.

Doch dieses Vertrauen in die Demokratie, das die indischen Moslems durch ihre hohe Wahlbeteiligung lange Zeit bewiesen haben, ist in den letzten Jahren immer wieder auf die Probe gestellt worden. 1996 stellte sich in einem

Ermittlungsverfahren heraus, dass für die Ermordung von über tausend Moslems in Bombay 1992–1993 einige Hindu-Polizisten und -Politiker verantwortlich waren. Bis heute ist niemand von ihnen vor Gericht gestellt und verurteilt worden. Auch diejenigen, die in aller Öffentlichkeit die Massaker in Gujarat verübt haben, sind zum größten Teil namentlich bekannt, aber es spricht wenig dafür, dass man sie deshalb belangen wird.

Überraschend ist daher vielleicht nicht so sehr die Tatsache, dass in Indien militante Gruppen mit internationalen Verbindungen wie die Gujarat Muslim Revenge Force auftreten, sondern dass es so lange gedauert hat. Die Mitglieder solcher Organisationen sind gebildet, haben Betriebswirtschaft, Forensik, Chemie- und Flugzeugtechnik studiert. Radikalisiert wurden sie in einer geopolitischen Atmosphäre, die für die Moslems in aller Welt noch nie so angespannt war. Die Wut und die Feindseligkeit dieser gebildeten Moslems mag rein indische Wurzeln haben – siehe Gujarat oder Bombay –, doch werden derlei Emotionen auch durch internationalen Ereignisse hervorgerufen – die Kriege in Afghanistan und im Irak, die Autobomben in Bali, Casablanca, Riad und Bagdad, die für eine ältere, verarmte Generation indischer Moslems vermutlich noch immer weit weg sind.

Die zunehmende religiöse Militanz in Südasien dürfte viele Hindus begeistern. In ihren Augen stellte sich Gujarat als erfolgreiches »Experiment« in Sachen Hindu-Nationalismus dar: Die sorgfältig geplante Inszenierung von Emotionen gegen Moslems hatte schließlich zu einem Pogrom geführt, was einen moslemischen Gegenschlag auslöste, der die »Einheit« der Hindus augenscheinlich noch verstärkte.

Der Sieg der BJP in Gujarat zeigte, dass dieser Plan aufzugehen schien. Bessergestellte Inder waren ganz offensichtlich bereit, die Hindu-Nationalisten zu unterstützen – selbst die Extremisten unter ihnen –, solange sie nur die indische Wirtschaft weiterhin liberalisierten und auf eine Konsumentenrevolution hinarbeiteten. Doch weder die BJP noch ihre Anhänger hatten mit der breiteren, vernachlässigten Mehrheit der indischen Bevölkerung gerechnet, die die Hindu-Einheit mit Skepsis betrachtete und deshalb die BJP bei den Parlamentswahlen vom Mai 2004 abwählte.

*2008*

# RICHARD POWERS
## Das Genom und »Das Buch Ich #9«

*Bei der Arbeit an seinem Roman* Das größere Glück *geht er der Frage nach der Existenz eines Glücksgens nach, als der Schriftsteller auf dem unpoetischen Boden seiner Lebenswirklichkeit unverhofft die Chance erhält, der neunte Mensch auf der Erde zu werden, dessen Genom vollständig entschlüsselt vorliegen wird. Die Angst vor der Entdeckung einer angeborenen Neigung zur Depression oder zu Alzheimer lässt ihn zögern. Doch die Neugier siegt, und schließlich trägt er in einem Kästchen einen USB-Stick mit der Wahrheit über sich nach Hause. Noch ist die Datenflut darin nicht interpretierbar. Was lässt der Tag erwarten, an dem sich das geändert haben wird?*

*Das Hamburger Wochenblatt »Die Zeit« zum Beispiel fragt sich: »Ob die Informationen über die genaue Zusammensetzung der sechs Milliarden Nukleotiden, die jeden von uns ausmachen, in private oder in öffentliche Hände gehören. Ob es medizinisch nützt und gesellschaftlich schadet. Oder ob man, wenn das, was derzeit noch Unsummen kostet, durch industrielle Herstellung für ein Taschengeld bekommt, überhaupt noch das Gefühl entwickeln kann, dem Schicksal in die Karten zu schauen.« Richard Powers (\* 1957) stellt in seiner als Buch erschienenen Reportage einstweilen lakonisch fest: »Ob wir dafür bereit sind oder nicht, die Welt des individuellen Genoms ist da.«*

AM FENWAY PARK VORBEI führt mein Weg durch die Studentenscharen am Kenmore Square, und ich frage mich, welche Einflüsse das Erstellen von Genprofilen wohl auf Sport und Erziehung haben wird. Allmählich wird es dunkel, und ich mache mich auf den langen Rückweg zum Beacon Hill, wo ich mich mit dem Mitbegründer und Geschäftsführer von Knome zum Abendessen treffen soll.

Jorge Conde ist ein selbstbewusster Mann von Anfang dreißig, Typ gewandter Geschäftsmann; er besteht darauf, mir die Tür aufzuhalten. Er sucht uns einen ruhigen Tisch, wo wir ungestört reden können. Er erzählt mir, dass er seine Kindheit in Miami verbracht hatte, Sohn eines peruanischen Arztes und einer Mutter aus Kuba; dass er einen Abschluss in Biologie von der Johns-Hopkins-Universität hat und den MBA-Titel (graduierter Betriebswirt) von Harvard. Er hat in allen Bereichen des Biotech-Business gearbeitet, unter anderem als Investmentbanker bei Morgan Stanley. Er mag das Wort *einklagbar*, etwa in: »Das meiste, was Sie aus der Sequenzierung Ihres Genoms lernen werden, bleibt im Bereich des Wahrscheinlichen und ist nicht einklagbar.«

Doch Conde versichert mir, dass auch das nur eine Frage der Zeit ist. Er beschreibt, um wie viel einfacher und kostengünstiger es geworden ist, die Millionen kurzer sequenzierter DNA-Bausteine zu einem kompletten Satz zusammenzusetzen, jetzt wo ein vollständiges menschliches Genom als Vergleichsmuster vorliegt. Etwa wie ein Puzzle, bei dem man das Bild auf der Schachtel zum Vergleich hat, im Unterschied zum selben Puzzle ohne dieses Bild. Der Preis für das Sequenzieren der Bausteine befinde sich bereits im freien Fall, eine Folge des geringeren Analyseaufwands mit entsprechend niedrigerem Verbrauch an Reagenzien. Das Human-Genomprojekt kostete etwa 3 Milliarden Dollar. Die erste vollständige Sequenzierung eines einzelnen Menschen, James Watson, war schon für weniger als ein Tausendstel dieses Preises zu haben. Was Knome derzeit verlangt, ist wiederum nur knapp ein Drittel der Kosten von »Project Jim«, und in den stürmischen Monaten, die nun anstehen, wird der Preis täglich neu berechnet. Vom magischen Ziel des Tausend-Dollar-Genoms sind wir nach Condes Einschätzung nur noch wenige Jahre entfernt.

Und während die Kosten für das Erstellen von Genotypen und Sequenzen sinken, steigt die Zahl der neuen genetischen Erkenntnisse in den Laboratorien rund um den Erdball in schwindelerregende Höhen. Conde sagt, um die Jahrtausendwende, als das Human-Genomprojekt noch im Gange war, habe es jährlich zwei oder drei medizinisch bedeutsame Entdeckungen auf dem Gebiet der Genetik gegeben, heute seien es eher hundert pro Jahr. Seit 2006 hat die Genforschung über einhundert neue DNA-Varianten entdeckt, die an der Entstehung von etwa vierzig Krankheiten beteiligt sind, vom Restless-Legs-Syndrom bis hin zur Nervenlähmung ALS. Allein im Jahr 2007 fand die Wissenschaft die genetischen Grundlagen zu einem Dutzend verschiedener Krankheiten. Wissen mag zwar noch keine

Macht sein, zumindest nicht für diejenigen, die sich heute mit dem Sequenzieren ganzer Genome beschäftigen; im Augenblick muss man das persönliche Genom noch unter die Luxusgüter rechnen, ein Freizeitspaß, so wie die Presse es bisweilen dargestellt hat. Aber wenn man sich ansieht, wie die Zahl der genetischen Entdeckungen explodiert, wird es mit Sicherheit auch bald eine Ware sein, die für die Wirtschaft interessant wird.

Conde erzählt mir von den Kandidaten bei Knome. Zwei haben sich bereits verpflichtet, ein weiteres halbes Dutzend steht kurz vor der Entscheidung. Für das erste Jahr rechnet Knome mit zwanzig Gensequenz-Aufträgen. »Wir bekommen jede Woche mehrere ernsthafte Anfragen«, sagt er. »Aus allen erdenklichen Ländern. Wir verhandeln mit möglichen Auftraggebern in Japan, Russland, Korea, dem Nahen Osten und in Großbritannien.« In den Vereinigten Staaten kamen die meisten Anfragen von Hollywoodgrößen und Hedgefonds-Managern. Nicht jede Anfrage wird weiterverfolgt. Zum Beispiel gab es eine lange Unterhaltung mit einem wohlhabenden Kolumbianer, der die Gensequenz seines liebsten Rennpferds wollte. »Warum macht er so was«, fragt sich Conde, »wo er es doch einfach klonen kann?«

Knome sieht seine Aufgabe weniger darin, Rohdaten zu beschaffen, als darin, die Interpretation zu liefern. Ohne eine solche Deutung sind die Daten wertlos. Was einst unvorstellbar schwierig war – das rein physische Kartieren der 6 Milliarden Nukleotide, die als Informations-»Bits« des Genoms fungieren –, wird rasch zur Routine. Die eigentliche Arbeit fängt erst an, wenn wir versuchen, dieses Rezept zu lesen. »Die Auswertung genetischer Daten ist eine Softwarefrage«, sagt Conde. »Es kommt darauf an, den Auftraggebern die Daten in einer Form in die Hand zu geben, in der sie etwas damit anfangen können.« Er gerät in Fahrt, als er mir ausmalt, wie die Kunden ihre persönlichen Genom-Informationen mit dem weltweiten genetischen Wissen in Beziehung setzen können, wie eine Software die interessanten Erkenntnisse herausfiltert, Behandlungsmöglichkeiten oder Änderungen im Lebensstil vorschlägt, Ärzte, die man konsultieren, und Spezialisten, an die man sich wenden könnte, Nahrungsmittel, die man bevorzugen oder die man meiden sollte ... Knome hat sich anscheinend vorgenommen, für Genomfragen zu einer Mischung aus Google, Bloomberg und Internetdoktor zu werden. Unsere genetischen Varianten werden zu Suchanfragen, unsere Haplotypen eine Art Facebook-Account für eine neue Art von Special-Interest Networking, unsere ganz persönlichen Allele die Quelle unserer neuen Identität für das Digitalzeitalter.

Auf den Rückweg zum Hotel überlege ich, ob wir denn wirklich bereit für ein Leben sind, in dem wir all unsere genetischen Risiken und Charakteranlagen so genau kennen; ob wir wirklich so weit sind, dass wir unser Erbe dermaßen publik machen können, unsere Daten in den großen Informationsfluss der genetischen Erkenntnis einspeisen. Aber als ich mich schlafen lege, sage ich mir, dass die technischen Möglichkeiten schließlich immer dem Bewusstsein voraus sind. Ob wir dafür bereit sind oder nicht, die Welt des individuellen Genoms ist da. ...

Die Laternenpfähle an Main Street und Massachusetts Avenue, den ganzen Weg vom MIT bis zum Harvard Square, sind mit bunten Bannern zu Ehren der dreiundzwanzig menschlichen Chromosomen geschmückt. Ich versuche mir meine eigenen Erbanlagen vorzustellen; es fällt mir nicht leicht, mir auszumalen, wie ein Meter DNA sich zu superfeinen Fädchen von einem Tausendstel Millimeter Länge verdrehen kann, und das in jeder einzelnen meiner über fünfzig Billionen Zellen. Das DNA-Molekül ist eine ellenlange Kette aus den vier verschiedenen Nukleinbasen – den altvertrauten A, T, G und C –, die Reihenfolge der Basen entlang bestimmter Segmente dieser Kette ist der Code für die Baupläne, nach denen wir Proteine produzieren. Proteine sind die Arbeitermoleküle, die in allen Bereichen unserer Körperchemie und -struktur tätig sind. Und diese Sequenzen von Nukleinbasen, die die Proteine codieren, heißen Gene. Gene können auch andere Arten von Nukleinsäuresträngen kodieren, die wiederum den Kopiervorgang regulieren.

Zum Beispiel bildet eine Sequenz von mehreren hundert Basen auf Chromosom 22 das Gen, das für die Herstellung des Proteins Myoglobin zuständig ist, das sauerstoffbindende Pigment im Muskelgewebe. Das menschliche Genom besteht aus etwa 22 000 Genen, die im Schnitt zwischen 10 000 und 15 000 Basenpaare lang sind. Das hört sich nach einem eher kleinen Werkzeugkasten an. Doch jedes dieser 22 000 Gene kann mehrere verschiedene Proteine mit unterschiedlichen chemischen Eigenschaften herstellen – alles in allem über eine Million. ...

Wir haben lange gebraucht, uns von bloßen Figuren im Buch unseres Lebens zu Mitautoren zu entwickeln. Das individuelle Genom ist ein weiterer zaghafter Schritt vom Schicksal zur Selbstbestimmtheit, vom Fatalismus zum Risikomanagement. Wir legen uns fest darauf, dass wir nicht festgelegt sind. Der Code ist veränderlich und ist es von jeher gewesen. Ob es nun gut ist oder nicht – unser Geist hat sich noch nie in eine Flasche bannen lassen.

Doch die Beeinflussbarkeit unseres Lebens auf der molekularen Ebene bleibt ein Traum, und wir sind noch unvorstellbar weit davon entfernt, all diese Prozesse unter unsere Kontrolle zu bringen. Am Ende werden Texte, die wir nicht verstehen, auch weiterhin bestimmen, was aus uns wird. Was können wir in der Zwischenzeit tun, hier und jetzt? Unseren Verstand entwickeln. Mehr lesen. Besser lesen. Vielfältiger, kritischer, misstrauischer, verständnisvoller lesen. Als vorweggenommene Rückschau lesen. Schon nimmt die erste Seite neue Gestalt an, verändert durch alle, die noch kommen sollen.

*2009*

# FRANS DE WAAL
## Das Prinzip Empathie

*»Wir brauchen eine Generalüberholung unserer Annahmen über die menschliche Natur«, sagt er. Das Ökonomendogma des universellen Eigennutzes und Kampfes aller gegen alle ist obsolet. Schon im Tierreich gilt das nicht, und in der Menschenwelt ist es nicht mehr als eine ideologische Degenerationserscheinung, welcher die Wirklichkeit allenfalls in einigen von der kapitalistischen Wirtschaft bestimmten Ausschnitten nachlebt. Inzwischen ist sogar die biologische Basis des Mitgefühls entdeckt und in aller Munde: die berühmten Spiegelneuronen, wie sie etwa die beiden italienischen Pioniere Giacomo Rizzolatti und Corrado Sinigaglia untersucht haben.*

*Der Primatologe und Psychobiologe Frans de Waal (\*1948) ist einer der führenden Experten für das Sozialverhalten von Menschenaffen. Die Schwerpunkte seiner wissenschaftlichen Arbeit liegen in der Erforschung der tierischen und menschlichen Entwicklung von Kultur und Moral sowie der Entstehung von Empathie und Altruismus.*

*Was ist Regierung anderes als die großartigste aller Betrachtungen über die menschliche Natur?*
James Madison, 1788

SIND WIR UNSERER BRÜDER HÜTER? Sollten wir es sein? Oder käme es uns nur bei der Aufgabe in die Quere, um derentwillen wir auf der Erde sind – nämlich laut Wirtschaftswissenschaftler, um zu konsumieren und zu produzieren, laut Biologen, um zu überleben und uns zu reproduzieren? Dass sich beide Auffassungen ähnlich anhören, ist logisch, da sie doch etwa zur gleichen Zeit am gleichen Ort entstanden sind: während der industriellen Revolution in England. Beide beruhen auf dem Prinzip »Wettbewerb ist gut für dich«.

Ein wenig früher und ein wenig weiter nördlich – in Schottland – dachte man anders. Adam Smith, Vater der Volkswirtschaft, erkannte deutlicher als andere, dass die Verfolgung des Eigennutzes durch »Mitgefühl« gemäßigt werden müsse. Das schrieb er in der *Theorie der ethischen Gefühle*, einem Buch, das nicht annähernd so bekannt wurde wie sein späteres Werk *Der Wohlstand der Nationen*. Ersteres beginnt mit einem berühmt gewordenen Satz:

»Mag man den Menschen für noch so egoistisch halten, es liegen doch offenbar gewisse Prinzipien in seiner Natur, die ihn dazu bestimmen, an dem Schicksal anderer Anteil zu nehmen, und die ihm selbst die Glückseligkeit dieser anderen zum Bedürfnis machen, obgleich er keinen anderen Vorteil daraus zieht, als das Vergnügen, Zeuge davon zu sein.«

Die französischen Revolutionäre priesen die Brüderlichkeit, Abraham Lincoln appellierte an die Bande der Sympathie, und Theodore Roosevelt beschwor in glühenden Worten das Mitgefühl als »den wichtigsten Faktor für die Entwicklung eines gesunden politischen und sozialen Lebens. Doch wenn das stimmt, warum wird dieses Gefühl dann manchmal als, nun ja, sentimental verspottet? Ein jüngeres Beispiel dafür war zu beobachten. Als der Hurrikan Katrina 2005 Louisiana heimsuchte. Während das amerikanische Volk von der beispiellosen Katastrophe wie gelähmt war, hielt ein Nachrichtensender die Frage für angebracht, ob die Verfassung tatsächlich eine Katastrophenhilfe vorsehe. Ein Gast der Sendung vertrat die Ansicht, die Not der anderen gehe uns nichts an.

An dem Tag, als die Deiche brachen, fuhr ich zufällig von Atlanta nach Alabama, um einen Vortrag an der Auburn University zu halten. Abgesehen von ein paar umgestürzten Bäumen war dieser Teil Alabamas kaum betroffen, doch das Hotel war voller Flüchtlinge: In den Zimmern drängten sich Großeltern, Kinder, Hunde und Katzen. Ich wachte in einem Zoo auf! Vielleicht kein so ungewöhnlicher Ort für einen Biologen, aber er zeigte das ganze Ausmaß der Katastrophe. Und diese Menschen hatten noch Glück gehabt. Die Morgenzeitung an meiner Tür verkündete in Riesenlettern: »Warum hat man uns wie Tiere zurückgelassen?« – das Zitat von einem Opfer, das tagelang ohne Nahrung und sanitäre Einrichtungen im Louisiana Superdome festsaß.

Ich hatte Einwände gegen diese Schlagzeile, aber nicht, weil ich der Meinung war, es gebe keinen Grund zur Klage, sondern weil Tiere ihre Artgenossen nicht unbedingt hilflos zurücklassen. Mein Vortrag behandelte genau dieses

Thema – den Umstand, dass wir über einen »inneren Affen« verfügen, der nicht annähernd so gefühllos und abstoßend ist, wie behauptet, und dass Empathie in der Natur unserer Art liegt. Allerdings behaupte ich nicht, dass sie immer zum Ausdruck komme. Tausende von Menschen mit Geld und Autos waren aus New Orleans geflohen und hatten die Kranken, Alten und Armen sich selbst überlassen. An manchen Stellen trieben Leichen im Wasser, wo sie von Alligatoren gefressen wurden.

Doch unmittelbar nach der Katastrophe empfand die Nation tiefe Beschämung über das, was geschehen war, und bewies eine unglaubliche Hilfsbereitschaft. Es fehlte nicht an Sympathie – sie hatte nur auf sich warten lassen. Amerikaner sind großzügige Menschen, aber mit der irrigen Überzeugung aufgewachsen, die »unsichtbare Hand« des Marktes – eine Metapher, die auf denselben Adam Smith zurückgeht – werde sich schon der Missstände der Gesellschaft annehmen. Die unsichtbare Hand tat jedoch nichts, um die entsetzlichen Szenen in New Orleans zu verhindern, in denen sich das Prinzip vom Überleben des Stärkeren manifestierte.

Das hässliche Geheimnis des wirtschaftlichen Erfolgs besteht darin, dass er gelegentlich auf Kosten öffentlicher Hilfsgelder entsteht und daher eine riesige Unterschicht produziert, um die sich niemand kümmert. Katrina offenbarte die Schwachstelle der amerikanischen Gesellschaft. Auf der Rückfahrt nach Atlanta wurde mir klar, dass dies das Thema unserer Zeit ist: das Gemeinwohl. Wir neigen dazu, uns auf Kriege, Terrorbedrohungen, Globalisierung und belanglose politische Skandale zu konzentrieren, während doch die viel wichtigere Frage lautet, wie sich eine blühende Wirtschaft mit einer humanen Gesellschaft in Einklang bringen lässt. Das betrifft Gesundheitsfürsorge, Bildung, Gerechtigkeit und – wie Katrina deutlich gemacht hat – Schutz vor Naturgewalten. Die Deiche in Louisiana waren sträflich vernachlässigt worden. In den Wochen nach der Überschwemmung beschäftigten sich die Medien mit Schuldzuweisungen. Waren die Ingenieure verantwortlich? Waren Gelder zweckentfremdet worden? Hätte der Präsident nicht seinen Urlaub abbrechen müssen? In den Niederlanden, wo ich herkomme, liegt ein Großteil des Landes bis zu sechs Meter unter dem Meeresspiegel, und die Deiche sind so sakrosankt, dass sie dem Einfluss der Politiker gänzlich entzogen sind: Der Küstenschutz liegt in der Hand von Ingenieuren und örtlichen Bürgerkomitees, die noch in die Zeit vor der Staatsgründung zurückreichen.

Darin zeigt sich übrigens auch ein Misstrauen gegen den Staat, allerdings weniger gegen den Staat an sich als gegen die Kurzsichtigkeit der meisten Politiker.

### EVOLUTIONÄRER GEIST

Wie Menschen ihre Gesellschaft organisieren, scheint zunächst nicht zu den Themen zu gehören, die einem Biologen Kopfzerbrechen bereiten sollten. Von Rechts wegen müsste ich mich mit dem Elfenbeinspecht beschäftigen, mit der Rolle der Primaten bei der Ausbreitung von Aids oder Ebola, mit dem Verschwinden der tropischen Regenwälder oder der Frage, ob wir uns aus den Affen entwickelt haben. Obwohl Letzteres für einige Menschen noch immer eine Streitfrage ist, hat sich die öffentliche Meinung im Hinblick auf die Rolle der Biologie doch grundlegend geändert. Lang ist's her, dass E. O. Wilson nach einem Vortrag über den Zusammenhang zwischen tierischem und menschlichem Verhalten mit kaltem Wasser übergossen wurde. Die größere Offenheit für Parallelen zu Tieren erleichtert Biologen das Leben, weshalb ich beschlossen habe, mich auf die nächste Ebene zu wagen und zu prüfen, ob die Biologie auch Aufschluss über die menschliche Gesellschaft geben kann. Wer warnt, dass ich mich damit auf eine politische Kontroverse einlasse, übersieht, dass die Biologie seit jeher ein Teil dieser Debatte ist. Jeder Disput über Gesellschaft und Staat geht von gewagten Annahmen über die menschliche Natur aus, die vorgetragen werden, als wären sie gesicherte biologische Erkenntnisse, was so gut wie nie der Fall ist.

Beispielsweise berufen sich Parteigänger des freien Wettbewerbs häufig auf die Evolution. Das E-Wort schlich sich sogar in die berüchtigte »Gier-Rede« von Gordon Gekko ein, dem rücksichtslosen Finanzhai, den Michael Douglas 1987 in dem Film *Wall Street* spielte:

»Entscheidend ist, meine Damen und Herren, dass Gier – um dieses Wort mangels eines besseren zu benutzen – gut ist. Gier ist richtig. Gier funktioniert. Gier klärt die Dinge, durchdringt sie und erfasst das Wesen des evolutionären Geistes.«

Des evolutionären Geistes? Warum fallen Annahmen über die Biologie immer so negativ aus? In den Sozialwissenschaften wird die menschliche Natur durch das alte, von Hobbes verwendete Plautus-Zitat *Homo homini lupus* (»Der ist Mensch ist des Menschen Wolf«) charakterisiert, eine fragwürdige Aussage über unsere eigene Art, die sich auf falsche Annahmen über eine andere Art stützt. Daher unternimmt ein Biologe im Grunde nichts Neues, wenn er die Wechselbeziehung zwischen Gesellschaft und Natur untersucht. Der einzige Unterschied besteht darin, dass der Biologe, statt danach zu trachten, ein bestimmtes ideologisches Bezugssystem zu rechtfertigen, sich für die konkrete Frage interessiert, was es mit der menschlichen Natur auf sich hat und woher sie kommt. Erschöpft sich der evolutionäre Geist wirklich in der Gier, wie Gekko behauptet, oder gibt es noch andere Dinge, die ihn ausmachen.

In den Rechts-, Wirtschafts- und Politikwissenschaften fehlt es den Beteiligten einfach an den Werkzeugen, um unsere Gesellschaft auch nur annähernd objektiv zu betrachten. Womit sollen sie sie vergleichen? Nur selten, wenn überhaupt, ziehen sie den enormen Wissensbestand zurate, der in der Anthropologie, Psychologie, Biologie oder Neurowissenschaft zusammengetragen wurde. Die kurze Antwort, die sich aus diesen Wissenschaften ableiten lässt, lautet: Wir sind Gruppentiere – sehr kooperativ, gegen Ungerechtigkeit empfindlich, manchmal kriegerisch, doch überwiegend friedliebend. Eine Gesellschaft, die diese Neigungen ignoriert, kann nicht ideal sein. Gewiss, wir sind auch anreizgesteuerte Tiere – fokussiert auf Status, Territorium und Nahrungssicherung –, weshalb auch keine Gesellschaft, die diese Tendenzen außer Acht lässt, ideal sein kann. Unsere Art hat beides, eine soziale und eine selbstsüchtige Seite. Doch da Letztere, zumindest im Westen, meist im Vordergrund steht, möchte ich mich auf Erstere konzentrieren: die Rolle der Empathie und der sozialen Verbundenheit.

Es gibt faszinierende neue Forschungsergebnisse über den Ursprung von Altruismus und Fairness bei uns und anderen Tieren. Erhalten beispielsweise zwei Affen ganz unterschiedliche Belohnungen für die gleiche Aufgabe, verweigert der zu kurz Gekommene einfach die weitere Mitwirkung. Auch Menschen lehnen den Lohn ab, wenn sie die Verteilung für ungerecht halten. Da eigentlich jeder Lohn besser ist als gar keiner, folgt daraus, dass Affen und Menschen sich nicht in jedem Fall an das Profitprinzip halten. Durch den Protest gegen Ungerechtigkeit bekräftigt ihr Verhalten sowohl die Behauptung, dass Anreize eine Rolle spielen, wie auch, dass es eine natürliche Abneigung gegen Ungerechtigkeit gibt.

Doch in gewisser Weise scheinen wir uns einer absolut unsolidarischen Gesellschaft immer weiter anzunähern – einer Gesellschaft, in der viele Menschen damit rechnen können, zu kurz zu kommen. Diese Tendenz mit den guten, alten christlichen Werten, etwa der Fürsorge für die Kranken und Armen, vereinbaren zu wollen, erscheint hoffnungslos. Eine häufige Strategie besteht darin, den Opfern die Schuld zu geben. Wenn die Armen dafür verantwortlich gemacht werden können, arm zu sein, sind alle anderen aus dem Schneider. So verlangte Newt Gingrich, ein prominenter konservativer Politiker, ein Jahr nach Katrina eine Untersuchung des »Bürgerversagens« bei den Menschen, die vergebens versucht hatten, sich vor dem Hurrikan in Sicherheit zu bringen.

Wer auf individuelle Freiheit setzt, hält Kollektivinteressen häufig für einen sozialromantischen Begriff – etwas für Weicheier und Kommunisten. Sein Credo lautet: *Jeder für sich selbst*. Könnte man nicht beispielsweise, statt Geld für Deiche auszugeben, die eine ganze Region schützen, jeden für die eigene Sicherheit sorgen lassen? Genau das bietet eine neu gegründete Gesellschaft in Florida an: Sie vermietet Plätze in Privatjets, die Menschen aus Gebieten ausfliegt, wenn ein Hurrikan droht. Das erspart Leuten, die es sich leisten können, die Gefahrenzone zusammen mit allen anderen bei Tempo fünf oder zehn zu verlassen.

Mit dieser Haltung – erst komme ich und dann lange nichts – muss sich jede Gesellschaft auseinandersetzen. Ich kann sie jeden Tag beobachten. Nicht an Menschen, sondern an Schimpansen im Yerkes National Primate Research Center, wo ich arbeite.

In unserer Feldforschungsstation nordöstlich von Atlanta beherbergen wir Schimpansen in großen Außengehegen und versorgen sie manchmal mit Futter, das sich teilen lässt, etwa Wassermelonen. Die meisten Affen möchten das Futter als Erste in die Finger kriegen, denn wenn sie es einmal haben, wird es ihnen von anderen nur selten fortgenommen. Das Eigentum anderer wird wirklich respektiert, sodass selbst der dominanteste Mann der Frau ganz am Ende der Rangfolge ihre Nahrung lässt. Den Nahrungsbesitzern nähern sich andere oft mit ausgestreckter Hand (eine Geste, mit der auch Menschen universell um Nahrung bitten). Die Affen betteln und winseln, das heißt, sie wimmern dem anderen buchstäblich ins Gesicht. Wenn sich der Besitzer nicht erweichen lässt, bekommen die Bettler unter Umständen einen Wutanfall, schreien und wälzen sich auf dem Boden, als drohte der Weltuntergang.

Mir geht es darum, dass es sowohl Eigentum wie Teilen gibt. Zum Schluss, gewöhnlich binnen zwanzig Minuten, haben alle Schimpansen der Gruppe etwas von der Nahrung. Eigentümer teilen mit ihren besten Freunden und Verwandten, die ihrerseits mit ihren besten Freunden und Verwandten teilen. Es ist eine ziemlich friedliche Szene, obwohl es ein bisschen Gerangel um die besten Plätze gibt. Als ein Kamerateam einmal eine solche Verteilaktion filmte, drehte sich der Kameramann zu mir um und sagte: »Das sollte ich meinen Kindern zeigen. Die könnten sich eine Scheibe davon abschneiden.«

Glauben Sie daher niemandem, der Ihnen einreden will, da in der Natur das Prinzip des Überlebenskampfes herrscht, müssten auch wir danach leben. Viele Tiere überleben nicht, indem sie sich gegenseitig beseitigen oder alles für sich behalten, sondern indem sie kooperieren und teilen. Das gilt in besonderem Maße für Rudeljäger wie Wölfe und Schwertwale, aber auch für unsere nächsten Verwandten, die Primaten. Bei einer Untersuchung im Tai-Nationalpark der Elfenbeinküste zeigte sich, dass Schimpansen für Gruppenmitglieder sorgten, die von Leoparden verwundet worden waren. Sie leckten den Opfern das Blut ab, säuberten sie sorgsam von Schmutz und verjagten Fliegen, die sich den Wunden näherten. Außerdem schützten sie verletzte Gefährten und verlangsamten ihnen zuliebe auf Wanderungen das Tempo. All das ist sehr sinnvoll, bedenkt man, dass Schimpansen aus gutem Grund in Gruppen leben, so wie auch Wölfe und Menschen Grund haben, in Gruppen zu leben. Wenn der Mensch des Menschen Wolf ist, dann in jeder, nicht nur negativer Hinsicht. Wir wären nicht dort, wo wir heute sind, wenn unsere Vorfahren weniger gesellig gewesen wären.

Wir brauchen eine Generalüberholung unserer Annahmen über die menschliche Natur. Zu viele Wirtschaftswissenschaftler und Politiker machen sich ihr Bild von der menschlichen Gesellschaft nach dem ewigen Kampf, der ihrer Meinung nach in der Natur tobt, jedoch in Wahrheit reine Projektion ist. Wie Zauberkünstler werfen sie ihre ideologischen Vorteile zunächst in den Hut der Natur und ziehen sie anschließend an den Ohren wieder heraus, um zu zeigen, wie sehr die Natur mit ihnen übereinstimmt. Auf diesen Trick sind wir schon viel zu lange hereingefallen. Natürlich gehört auch der Wettbewerb in dieses Bild, doch Menschen können nicht vom Wettbewerb allein leben.

## 2009

### EVA-MARIA SCHNURR

# Hauskatzenparasiten spielen in unseren Gehirnen mit

*Bislang galt der Erreger Toxoplasma gondii nur für Schwangere und Immunschwache als gefährlich. Doch ein Prager Forscher ist überzeugt: Der Parasit, der beim Menschen weit verbreitet ist und im Gehirn nistet, kann das Verhalten von jedermann beeinflussen.*

*Eva-Maria Schnurr (\* 1974) ist Historikerin und Wissenschaftsjournalistin in Hamburg und schreibt für »Zeit Wissen«, »Spiegel Wissen« und »Spiegel Geschichte« vor allem über Entwicklungen in Psychologie, Psychiatrie und Hirnforschung sowie über historische Themen.*

AM ANFANG FEHLTEN DIE MÄUSE. Eigentlich wollte Jaroslav Flegr, Evolutionsbiologe an der Universität Prag, untersuchen, ob der Parasit Toxoplasma gondii das Verhalten der Nager beeinflusst. Doch Versuchstiere waren ihm Anfang der Neunzigerjahre zu teuer. Deshalb ging er seiner kühnen Forschungsfrage an Menschen nach: Verändert der Parasit, mit dem in Deutschland mindestens jeder Dritte infiziert ist, das Wesen seiner Wirte? »Ich bin davon überzeugt«, sagt Flegr heute.

Seine Vermutung birgt Sprengkraft. Hat Flegr recht, dann steuern mikroskopisch kleine Lebewesen unser Verhalten ein Stück weit mit: »Diese Vorstellung ist auch für viele Wissenschaftler schwer zu akzeptieren«, sagt Flegr. Doch abwegig ist sie nicht. Schon seit den Dreißigerjahren ist bekannt, dass Parasiten ihre tierischen Wirte manipulieren. Der Kleine Leberegel etwa bringt Ameisen dazu, sich über Nacht an der Spitze von Grashalmen festzuklammern. Dadurch werden sie morgens leichter von weidenden Schafen oder Rindern gefressen, in deren Körper der Parasit sich vermehren kann. Saugwürmer machen Fische zappelig, damit diese von Seevögeln, den Endwirten des Parasiten, eher gesehen werden. Und Saitenwürmer treiben ihre Wirte – Grillen, in deren Hinterleib sie sich entwickeln – geradewegs in den Selbstmord: Ist der Wurm in ihnen ausgewachsen, hüpfen die Grillen ins Wasser, obwohl sie überhaupt nicht schwimmen können. Der Wurm jedoch kann sich nur dort vermehren.

Lebewesen passen sich im Laufe der Evolution immer besser an ihre Umwelt an, erklärt der Evolutionsbiologe Richard Dawkins das Phänomen. Irgendeine genetische

Veränderung erweist sich als besonders tauglich – ihr Träger kann sich erfolgreicher vermehren, die Mutation setzt sich nach und nach durch. Und in manchen Fällen, meint Dawkins, bedeute Anpassung eben auch Manipulation anderer Organismen.

Diese Strategie haben auch die einzelligen Toxoplasmen entwickelt. Denn vermehren können sie sich ausschließlich im Darm von Katzen. Dort entstehen infektiöse Zellen, die mit dem Kot ausgeschieden werden und bis zu einem Jahr in feuchter Erde und eventuell sogar im Wasser überleben. Nimmt ein Säugetier diese Zellen auf, versteckt sich der Parasit in dessen Körper vor dem Immunsystem und wartet, bis er irgendwann wieder im Bauch einer Katze landet – weil er mitsamt dem Zwischenwirt gefressen wurde. Es wäre also ein echter Vorteil für den Parasiten, wenn er den Zwischenwirt, eine Maus zum Beispiel, so beeinflussen könnte, dass der mit höherer Wahrscheinlichkeit als Katzenfutter endet. Infiziert mit Toxoplasmen, verhalten sich Mäuse und Ratten tatsächlich merkwürdig. Statt bei ersten Anzeichen einer nahenden Katze das Weite zu suchen, werden sie vom Duft der Raubtiere geradezu angelockt. Offenbar ruft der Parasit im Gehirn der Tiere Reaktionen hervor, die sie zu willigen Opfern macht und ihn ans Ziel bringen – in den Katzendarm.

Die Toxoplasmen wandern nach der Infektion nicht nur in Organe wie Augen oder Hoden, in denen die Immunabwehr nicht so scharf gestellt ist, beobachteten Forscher um Antonio Barragan im Zentrum für Infektionsmedizin am Karolinska-Institut in Stockholm. Sie streben auch dorthin, wo Verhalten und Persönlichkeit gesteuert werden: ins Gehirn. Dazu verstecken sie sich in Zellen des Immunsystems und überwinden so die Blut-Hirn-Schranke, die das Gehirn eigentlich vor Infektionen schützen soll.

»Zombies« nennt Barragan die gekaperten Immunzellen, denn offenbar gelingt es dem Parasiten, die Zelle mit Proteinsignalen zielgerichtet durch die Blutgefäße zu manövrieren. Hat er sich ins Gehirn geschleust, verkapselt er sich in Zysten und wartet, bis die Maus von der Katze verspeist wird. Dieselben Zysten im Kopf könnten den Gehirnstoffwechsel so verändern, dass das Tier seine Angst vor Katzen verliert.

Angesichts der Millionen Jahre Evolution seien solche schier unglaublichen Fähigkeiten nicht überraschend, meint der Zoologe Joachim Kurtz, der an der Universität Münster ein Programm der Deutschen Forschungsgemeinschaft koordiniert, das die gemeinsame Evolution von Parasiten und ihren Wirten untersucht. »Parasiten wie Toxoplasma unterliegen aufgrund ihrer komplizierten Übertragungswege einem sehr starken Selektionsdruck«, sagt Kurtz. Daher müssten sie sich optimal an ihre Wirte anpassen. Eine gezielte Manipulation klingt unwahrscheinlich. »Aber dass sich so etwas Kompliziertes wie das menschliche Auge entwickelt hat, ist ja ähnlich unwahrscheinlich und trotzdem passiert«, sagt Kurtz.

Auch bei infizierten Menschen verstecken sich Toxoplasmen im Kopf. »Man kann davon ausgehen, dass jeder, der mit Toxoplasma infiziert ist, winzige Zysten im Gehirn hat«, sagt Carsten Lüder, der an der Universität Göttingen untersucht, wie der Parasit das Immunsystem manipuliert. Bisher gilt der Parasit – anstecken kann man sich bei der Gartenarbeit oder durch ungewaschenen Salat – nur für Schwangere und für Menschen mit einem schwachen Immunsystem als gefährlich. Doch bleibt die Infektion bei allen anderen tatsächlich ohne Folgen? »Der Gedanke, dass es auch beim Menschen Manipulationen durch Parasiten geben könnte, ist nicht abwegig«, sagt Kurtz. Hinweise darauf gibt es immer wieder: Der Malaria-Erreger ändert möglicherweise den Geruch seiner Opfer, sodass diese für Anopheles-Mücken, die Überträger der Krankheit, besonders attraktiv duften, so eine französische Studie. Und Berichten zufolge steigert das für die »Lustseuche« Syphilis verantwortliche Bakterium die sexuelle Aktivität infizierter Menschen. Harte Daten aber gibt es nur zu Toxoplasma.

Rund zehntausend Menschen hat Jaroslav Flegr inzwischen auf den Parasiten getestet, sie mit Fragebögen und psychologischen Tests untersucht. Der Forscher ist sicher: Toxoplasma verändert die Menschen, die mit ihm infiziert sind. Wie seine Studien zeigen, sind befallene Männer misstrauischer und laxer gegenüber gesellschaftlichen Normen. Frauen dagegen werden warmherziger und folgsamer gegenüber Regeln. Flegr vermutet, dass die Toxoplasmen auf die Angstzentren im Gehirn wirken – und dass Männer und Frauen auf die verstärkte Furcht verschieden reagieren. Zu mehr Schuldgefühlen neigen beide Geschlechter, sind sie einmal infiziert. Sie zweifeln stärker an sich, machen sich mehr Sorgen, sind unsicherer, aber gleichzeitig in gefährlichen Situationen sonderbar leichtsinnig. Und sie schneiden in Reaktionstest deutlich langsamer ab als Nicht-Infizierte – sie bauen sogar mehr Verkehrsunfälle.

Im Alltag fallen die Veränderungen allerdings kaum auf, so subtil sind sie. Doch in großen Bevölkerungsgruppen könnten sie sich durchaus bemerkbar machen. Der kalifornische Umweltwissenschaftler Kevin Lafferty vermutet, dass der Parasit sogar die Kulturen unterschiedlicher Länder prägt. Denn in Staaten, in denen besonders viele Menschen mit Toxoplasma infiziert sind – in Brasilien etwa sind es zwei

Drittel –, stellte Lafferty besonders strenge Regeln, eine stark materialistische Orientierung und hohe männliche Dominanz fest. Sind die Norweger – nicht einmal jeder Zehnte ist infiziert – so lässig, weil in ihren im Köpfen weniger Parasiten herumfuhrwerken?

Bedenklicher ist der Verdacht des amerikanischen Psychiaters E. Fuller Torrey. Er fürchtet, Toxoplasma könne bei genetisch gefährdeten Menschen psychische Krankheiten wie Schizophrenie hervorrufen – und verweist auf das Aufkommen der Katzenhaltung in Europa in der zweiten Hälfte des 18. Jahrhunderts, das von einem deutlichen Anstieg der Schizophrenie-Fälle gefolgt war.

Doch es gibt ein Problem mit all diesen Untersuchungen: Zwar haben Flegr und andere Forscher inzwischen riesige Datenmengen gesammelt, die Statistik ist solide, die Ergebnisse blieben immer die gleichen. Doch keiner kann bislang beweisen, dass Toxoplasma tatsächlich ursächlich für die Persönlichkeitsveränderungen verantwortlich ist. »Ich halte die Beobachtung durchaus für plausibel – allerdings mit der Einschränkung, dass es bisher keine Belege für einen kausalen Zusammenhang gibt«, sagt Joachim Kurtz über Flegrs Studien.

Die Menschen veränderten sich umso stärker, je länger sie schon infiziert sind, das ist für Flegr das entscheidende Indiz dafür, dass der Wandel der Persönlichkeit tatsächlich mit dem Parasiten zusammenhängt. Um das jedoch wirklich zu beweisen, müsste der Forscher die biochemischen Prozesse im Gehirn aufklären, die zu den Veränderungen führen. Das ist mit derzeitigen Analysetechniken so erfolgversprechend, wie Leben im All zu finden. Oder er müsste Menschen mit Toxoplasma infizieren und schauen, wie sich ihr Verhalten ändert. Das wäre unethisch. Also kann er nur statistische Zusammenhänge ermitteln.

Unklar ist deshalb auch, ob die Veränderungen, die die Toxoplasmen verursachen, typisch für diesen Parasiten sind oder einfach eine Folge der Infektion im Gehirn. Ähnliche Veränderungen wie bei den Toxoplasma-Infizierten stellte ein Forscherteam um Flegr auch bei Menschen fest, die mit dem Zytomegalie-Virus infiziert sind – einem Herpes-Virus, das etwa 70 Prozent der Bevölkerung in sich tragen und das sich wie Toxoplasma jahrelang scheinbar folgenlos im Gehirn versteckt. Eine mögliche Erklärung: Um solche Infektionen im Gehirn in Schach zu halten, bildet das Immunsystem Entzündungsbotenstoffe, die wiederum Nervenbotenstoffe wie Dopamin beeinflussen – und damit das Verhalten. »In zehn bis zwanzig Jahren werden wir genauer wissen, ob und wie Parasiten auch den Menschen manipulieren«, meint Joachim Kurtz. Dann dürften es neue Analysetechniken erlauben, im Hirnstoffwechsel gezielt nach veränderten Proteinen oder Botenstoffen zu suchen oder das komplexe Zusammenspiel zwischen Immunsystem und zentralem Nervensystem besser zu verstehen. Flegrs Überzeugung lässt jedenfalls schaudern: »Es gibt mit Sicherheit Parasiten, die das menschliche Verhalten noch sehr viel stärker beeinflussen als Toxoplasma.«

# 2009

# WOLFGANG SOFSKY

## Gleichgültigkeit

*»Es ist eine schreckliche und Ehrfurcht einflößende Wahrheit«, schreibt der amerikanische Philosoph Stanley Cavell, »dass die Anerkennung der Andersheit der anderen (…) Bedingung menschlichen Glücks ist. Gleichgültigkeit ist die Leugnung dieser Bedingung.« Gleichgültigkeit ist nicht nur das. Für Wolfgang Sofsky (\* 1952), diesen unermüdlichen Erforscher menschlicher Schwäche, Laster und Unmoral, ist sie von wahrhaft niederschmetternder Vielseitigkeit.*

SIE SIND WEDER GUT NOCH BÖSE und leben ohne Schmach und Ehre. Die Welt spricht nicht von ihnen, dem Recht und Mitleid sind sie gleich verhasst. Zu Laster und Tugend fehlten ihnen Empfindung und Energie. Nichts kann sie erregen, nichts reizen, nichts berühren. Sinne und Moral sind stumpf. Was immer geschieht, es kümmert sie wenig. Dies sind die Lauen und Blinden im Lande, die Menschen ohne Leidenschaft: die Gleichgültigen.

Indifferenz grassiert überall. Sie ist dort, wo etwas geschieht, und sie ist dort, wo sich nichts ereignet. Gleichgültigkeit filtert nahezu jeden Reiz ab, der die Person in ihrem Inneren bewegen könnte. Die Ereignisse können sich überschlagen oder sich dramatisch zuspitzen – es ist ohne Belang. Es kann endlose Stille oder Langeweile herrschen – es ist einerlei. Die Sinne sind müde, das Herz träge, der Geist erstarrt. Der Gleichgültige scheint innerlich abgestorben, auch wenn er Tag für Tag sein Arbeitssoll erfüllt, mit Freunden, Kollegen und Verwandten redet, mit seinen Kindern spielt oder irgendeinem Hobby nachgeht. Der Außenwelt bleibt er seltsam entrückt. ...

Im seltenen Extremfall nistet sich die Gleichgültigkeit im Körper ein. Die Nerven sind betäubt, die Farben verblassen, Töne verschmelzen zu einem diffusen Rauschen, sogar die Nahsinne der Haut und des Geschmacks scheinen abgeschaltet. Die Welt verschwimmt wie hinter einer Milchglasscheibe. Berührungen werden kaum empfunden, die Haut fühlt sich pelzig an, hier und da ein leises Kribbeln, das sofort wieder verfliegt. Kaum etwas dringt in das Sinnenfeld ein. Im Zustand halber Betäubung fühlt sich der Gleichgültige erschöpft, müde, schläfrig. Er ist nicht ganz in der Welt. Sonnenlicht blendet ihn nicht. Kälte schneidet nicht mehr in die Haut ein. Die Wörter der anderen verklingen im Hintergrund,

Auch ohne sinnliche Anästhesie zeigt der Gleichgültige eine eigenartige Gefühllosigkeit. Die großen Affekte der Freude und Trauer, der Wut und Angst sind ihm fremd. Allenfalls verspürt er leise Anflüge von Erregung, ein Missbehagen, eine schale Unlust, die keine Richtung gewinnt und auch die Seele nicht erwärmt. Der Gleichgültige vermag weder zu lieben noch zu hassen. Verwundert bemerkt er, wie andere sich echauffieren oder sich einander hingeben. Um nicht aufzufallen, drapiert er seine Leere mit Sentimentalität oder übertriebener Gestik. Die gespielte Begeisterung, die überschwängliche Freundlichkeit, das zutiefst empfundene Mitleid, diese Maskeraden kaschieren nur, dass der ursprüngliche Affekt fehlt. Die Geste ersetzt die fehlende Gebärde, sodass oft nur schwer zu erkennen ist, ob ein Gefühl ausgedrückt oder lediglich dargestellt wurde. Die Übertreibung ist nur Fälschung und Heuchelei. Damit sucht der Gleichgültige sozialen Anschluss zu halten.

Dem Stumpfsinn entspricht die moralische Verödung. Geschieht nebenan eine Untat oder ein Unglück, zuckt der Gleichgültige die Schultern und geht weiter. Man könne ohnehin nichts ändern, lautet seine Ausrede. Doch ist die Attitüde der Resignation nur vorgespielt. Längst ist der Gleichgültige von einem Panzer umschlossen, durch den kaum etwas hindurchdringt. Auch wenn er etwas schrecklich findet, in Wahrheit berührt es ihn nur wenig. Mit Kaltschnäuzigkeit ist diese Indifferenz nicht zu verwechseln. Ein Zyniker, der noch über das ärgste Unheil seine Witze reißt, sucht sich die Sache vom Leibe zu halten, weil sie ihm zu nahe kommt. Dem Gleichgültigen indes fehlt die Kälte des wachen Beobachters. Ihm ist alles gleich.

Reizbare Sinne sind unabdingbar für jede Anschauung und Erfahrung. Für sittliche Erkenntnisse bedarf er zudem der Empfänglichkeit des Willens für die Nötigung des Guten. Das moralische Sensorium liefert zwar kein Richtmaß für sittliche Urteile, aber es ist unverzichtbar für jedes Bewusstsein von Gut und Böse. Ohne Wohlgefallen an der Pflichterfüllung, ohne die leiseste Unzufriedenheit mit den eigenen Unsitten findet die Tugend kein emotionales Fundament. Ohne moralischen Sinn ist der Mensch sittlich tot. Der Gleichgültige empfindet nicht einmal Unlust angesichts verwerflicher Neigungen. Moralische Urteilskraft findet keinen Anlass. Skrupel, Bedenken, Zweifel fechten ihn nicht an. Von Scham oder Schuld bleibt er verschont. Einsichten in das Gebotene, geschweige denn in die Folgen eigenen Tuns prallen an ihm ab. Nichts liegt ihm ferner, als einem Unrecht entgegenzutreten. Gleichgültigkeit lässt dem Übel seinen Lauf. Sie will nicht Gerechtigkeit, sondern Friedhofsruhe. Was immer geschieht, es ist ohne Belang. Daher ist die Gleichgültigkeit das breiteste Einfallstor für das Böse.

Moralischer Stumpfsinn wird häufig begleitet von purer Gedankenlosigkeit. Der Gleichgültige ist nicht gewissenlos in dem Sinne, dass er sich um den Spruch seines inneren Gerichtshofs nicht schere. Sein Defizit reicht viel weiter. Eine Stimme des Gewissens regt sich erst gar nicht. Die Frage nach Recht und Unrecht stellt sich ihm nicht. Er bewegt sich jenseits von Gut und Böse, nicht weil er sich in einem Akt der Willkür von aller Sittlichkeit losgesagt hätte, sondern weil er noch gar nicht in deren Nähe gelangt ist.

*2009*

# JONAH LEHRER
## Placebo

---

*Staunen wir nicht alle fürs Leben gern? Deshalb kehren wir nochmals zurück zu einem Thema, das der Pariser Stararzt Jean-Martin Charcot bereits vor 120 Jahren bearbeitet hat (vgl. S. 461–463): die Macht des Glaubens. Diesmal führt uns ein Experte für das Tauziehen zwischen Kopf und Bauch in allen Richtungen und für allerhand Techniken und Taktiken der Selbstüberlistung mit und ohne fremde Hilfe.*

*Jonah Lehrer (\* 1981) studierte Neurowissenschaften an der New Yorker Columbia University bei Eric Kandel, der 2000 den Nobelpreis für Medizin erhalten hat, außerdem Literatur und Theologie in Oxford. Er schreibt für Magazine wie »Wired«, »New Yorker«, »Nature«, »Seed«.*

D IE BESTEN EINBLICKE IN DAS, was in unserem Geist oder Gehirn abläuft, wenn wir uns selbst zu einer falschen Entscheidung überreden, liefern die Studien, die zur Wirkungsweise des Placebo-Effekts durchgeführt wurden. Der extrem große Einfluss dieses Effekts ist längst nachgewiesen: Bei Versuchen, in denen Patienten ein Scheinmedikament, zum Beispiel eine Pille aus Traubenzucker, verabreicht wird, geht es 35 bis 75 Prozent von ihnen anschließend bedeutend besser. Vor ein paar Jahren versuchte der Neurowissenschaftler Tor Wager von der Columbia-Universität herauszubekommen, warum Placebos so gut wirken. Bei seinem Experiment ging er mit brutaler Direktheit ans Werk: Er steckte College-Studenten in ein MRT-Gerät und verpasste ihnen Elektroschocks (für die er sie recht großzügig entschädigte). Die Hälfte der Probanden bekam eine angeblich schmerzstillende Salbe verabreicht. Obwohl es sich um eine einfache Handcreme handelte, berichteten die Betreffenden von einer deutlichen Schmerzlinderung bei den Elektroschocks. Der Placebo-Effekt wirkte. Wager schaute sich in der Bildgebung diejenigen Hirnregionen an, die diesen psychischen Prozess steuerten. Wie er entdeckte, steckte hinter dem Placebo-Effekt der präfrontale Cortex, das Zentrum des rationalen Denkens. Nachdem den Probanden gesagt wurde, dass sie eine schmerzstillende Salbe verabreicht bekamen, reagierte ihr Stirnlappen, indem er die Aktivität der auf Schmerz ansprechenden emotionalen Hirnareale (wie der Insula) unterdrückte. Da die Versuchsteilnehmer *erwarteten*, dass sie weniger Schmerz spüren würden, trat dies tatsächlich ein. Die Vorhersagen wurden zu selbst erfüllenden Prophezeiungen.

Der Placebo-Effekt ist eine wirksame Quelle der Selbsthilfe. Er zeigt die Macht des präfrontalen Cortex, selbst grundlegendste körperliche Signale zu manipulieren. Wenn diese Hirnregion Begründungen dafür erhält, warum sie weniger Schmerzen empfinden sollte – so das Auftragen einer schmerzlindernden Salbe –, dann wirken diese tatsächlich schmerzlindernd. Leider führen uns dieselben Hirnareale, die uns auf diese Art vorübergehend Erleichterung verschaffen können, bei vielen alltäglichen Entscheidungen in die Irre. Der präfrontale Cortex kann Schmerzsignale ausschalten, uns aber auch dazu verleiten, die Gefühle zu ignorieren, die uns sagen, welches Poster für uns das richtige ist. In diesen Situationen stört das bewusste Denken die inneren Abläufe, die zu guten Entscheidungen führen.

Belegt wird dies durch ein weiteres witziges kleines Experiment. Der Neuroökonom Baba Shiv von der Universität Stanford versorgte eine Gruppe von Versuchsteilnehmern mit einem »Energiedrink«. Der Muntermacher enthielt Zucker und Koffein, die nach der Aufschrift auf dem Etikett für »erhöhte Leistungsfähigkeit« sorgen würden. Einige Probanden mussten für das Getränk den vollen Preis bezahlen, während andere einen Rabatt bekamen. Nach der Einnahme mussten alle eine Reihe von Worträtseln lösen. Wie Shiv feststellte, lösten diejenigen, die ihren Drink verbilligt gekauft hatten, zuverlässig 30 Prozent weniger Rätsel als die anderen, die den vollen Preis bezahlt hatten. Obwohl beide Gruppen das gleiche Getränk erhalten hatten, waren die Probanden überzeugt, dass die verbilligte Ware weniger wirksam sei. »Wir führten das Experiment immer und immer wieder durch, weil wir eher von einem Zufallsergebnis ausgingen«, sagt Shiv. »Aber es kam das Gleiche heraus.«

Warum wirkte das billigere Getränk weniger gut? Nach Shiv steckt dahinter eine bestimmte Version des Placebo-Effekts, der vor allem Verbraucher auf den Leim gehen. Da wir von billigeren Waren schlechtere Qualität *erwarten*, wirken billigere Muntermacher *tatsächlich* schlechter, obwohl sie mit den teureren identisch sind. Deswegen wirkt Acetylsalicylsäure, die unter dem Namen Aspirin vertrieben wird, im Allgemeinen auch besser als billigere Nachahmerprodukte. Und Coca-Cola schmeckt besser als günstigere Colas, obwohl die meisten Verbraucher den Unterschied im »blinden« Geschmackstest gar nicht schmecken. »Wir haben bestimmte Überzeugungen, die sich in unseren Erwartungen an Produkte widerspiegeln«, sagte Shiv. »Und wenn diese Erwartungen aktiviert werden, beeinflussen sie tatsächlich unser Verhalten.« Unser rationales Gehirn verzerrt unsere Wahrnehmung, sodass wir die Fähigkeit verlieren, Alternativen richtig einzuschätzen. Statt auf die zuverlässigen Meinungen zu hören, die unser emotionales Gehirn äußert, folgen wir falschen Annahmen.

Forscher des California Institute of Technology und der Universität Stanford haben diesen merkwürdigen Prozess kürzlich enträtselt. Ihr Experiment war als eine Weinprobe organisiert. Zwanzig Probanden sollten fünf Cabernet Sauvignons verkosten, die sich durch ihre Einzelhandelspreise – von fünf bis 90 Dollar – unterschieden. In Wahrheit bekamen sie allerdings nicht fünf, sondern nur drei verschiedene Sorten vorgesetzt. Mehrere Weine tauchten unter verschiedenen Etiketten mehrfach auf. Als Erstes wurde ein billiger kalifornischer Cabernet serviert, einmal mit dem Etikett eines 5-Dollar-Weins, dem tatsächlichen Einzelhandelspreis, und einmal als 45-Dollar-Wein, also mit dem neunfachen Preis. Und alle Rotweine wurden in einem MRT-Gerät verkostet.

Wie zu erwarten, berichteten die Probanden übereinstimmend, dass die teureren Weine besser schmeckten. Sie bewerteten die 90-Dollar-Flaschen höher als die für zehn Dollar und hielten den Cabernet für 45 Dollar für um Klassen besser als den 5-Dollar-Wein. Da die Probanden die Weine – durch Plastikröhrchen – im MRT-Gerät schlürften, konnten die Forscher beobachten, wie ihre Gehirne jeweils auf sie reagierten. Während im Experiment eine Vielzahl von Hirnarealen aktiviert wurde, sprach offenbar nur eine Region mehr auf den Preis als auf den jeweiligen Geschmack an: der präfrontale Cortex. Ganz allgemein erregten höhere Preisangaben Teile dieser Hirnregion stärker. Nach den Wissenschaftlern haben diese die Vorlieben der Weinverkoster so verändert, dass ihnen der Cabernet für 90 Dollar besser zu schmecken schien als der für 35 Dollar, obwohl es der gleiche Wein war.

Dabei geriet die Weinprobe geradezu zur Farce. Anstatt wie vernünftig denkende Subjekte auf das Preis-Leistungs-Verhältnis zu achten, waren die Probanden bereit, für das gleiche Produkt mehr auszugeben. Und als die Forscher das Experiment mit Mitgliedern des Weinclubs der Universität Stanford wiederholten, erhielten sie die gleichen Ergebnisse. Auch diese »Halbexperten« ließen sich in der Weinprobe von gefälschten Preisschildern täuschen. »Wir merken gar nicht, wie überzeugend unserer Erwartungen sind«, sagt Antonio Rangel, Neuroökonom am California Institute of Technology, der die Studie leitete. »Sie können tatsächlich jeden Aspekt unseres Erlebens beeinflussen. Und wenn sie auf falschen Annahmen beruhen« – so auf der, dass der teurere Wein immer besser schmeckt –, »können sie sehr in die Irre führen.«

*2010*

## MATT RIDLEY
## Lauter Fortschritt

*Vorsicht! Wenn es nicht lediglich um den Jahresabschluss eines börsennotierten Unternehmens geht, sondern um die Rahmenbedingungen des Menschendaseins als Ganzem, bringen Erfolgsnachrichten erhebliche Gefahren mit sich, jedenfalls für den, der sie verbreitet. Vorletztes Jahr zum Beispiel hat der Psychologe Steven Pinker auf 832 Seiten dargelegt, dass im globalen menschlichen Zusammenleben die Gewalt seit Jahrhunderten beständig abnimmt. Auf der Stelle wurde eine Kritikerin beim renommierten Magazin »New Yorker« böse und meinte, für Pinkers Geschmack gebe es auf dem Planeten wohl nicht genug Gewalt. Gegen dieses Risiko ist kein Kraut gewachsen, gute Nachrichten haben sich grundsätzlich als blind für alle Leiden dieser Welt, als entsprechend kaltherzig und unverantwortlich diffamieren zu lassen.*

*Wenn es trotz allem »rationale Optimisten« gibt wie Matt Ridley (\*1958), der seinem letzten Buch diesen Titel gab, dann ziehen wir vor so viel Mut den Hut, noch bevor wir uns die Botschaft zu Gemüte geführt und für plausibel befunden haben. Mit Freude stellen wir zudem fest, dass einem Zoologen und Soziobiologen ein journalistischer und schriftstellerischer Weg zu Weltruhm offensteht, der nicht zwingend durch die akademischen Lehrstätten führt. Ridley war in den Jahren 1984–1992 beim britischen Nachrichtenmagazin »The Economist«, erst als Wissenschaftsredakteur, dann als Korrespondent in Washington und schließlich als Leiter des Ressorts Amerika. Seitdem war er Vorsitzender einer Bank, gründete das International Centre for Life, eine gemeinnützige Organisation zur Förderung des Wissenschaftsunterrichts an Schulen aller Stufen, erweiterte seinen Horizont mit internationalen Gastdozenturen und machte mit seinen Büchern Schlagzeilen.*

EINE GANZE REIHE UNSERER ZEITGENOSSEN GLAUBT, dass es sich in der Vergangenheit besser leben ließ als heute. Früher, so wenden sie ein, sei das Leben einfacher gewesen, ruhiger, es habe mehr Gemeinsinn und Spiritualität gegeben, aber auch mehr Tugenden und Werte. Allerdings findet man diese rosarote Brille, so möchte ich betonen, in der Regel allein unter Wohlhabenden. Es fällt leicht, elegisch für das Leben eines Bauern zu schwärmen. Wenn man kein Plumpsklo benutzen muss. Führen wir uns einmal vor Augen, wie es um das Jahr 1800 in Westeuropa oder Nordamerika aussah. Die Familie versammelt sich um das Herdfeuer in einem schlichten Fachwerkhaus. Der Vater liest aus der Bibel vor, während die Mutter einen Eintopf aus Rindfleisch und Zwiebeln zubereitet. Das Baby wird von einer der Schwestern gewiegt, während der größte Junge aus einem Krug Wasser in die irdenen Becher auf dem Tisch gießt. Seine älteste Schwester füttert das Pferd im Stall. Draußen vor der Tür stört kein Verkehrslärm, es gibt keine Drogendealer und die Milch der Kuh ist weder mit Dioxin noch mit radioaktivem Fallout belastet. Es herrscht Stille, nur vor dem Fenster singt ein Vogel.

Ich bitte Sie! Auch wenn diese Familie zu den Bessergestellten des Dorfes gehört, werden die Bibelworte des Vaters von seinem rachitischen Husten unterbrochen, ein Vorzeichen der Lungenentzündung, die ihn im Alter von 53 Jahren dahinraffen wird – und der durch den Holzrauch des Feuers sicherlich nicht besser wurde. (Dabei zählt er noch zu den Glücklichen, denn die durchschnittliche Lebenserwartung lag um 1800 in England bei unter 40 Jahren.) Das Baby stirbt an den Pocken, die es jetzt schon greinen lassen, die Schwester wird bald schon unter der Knute eines versoffenen Mannes stehen. Das Wasser, das der Junge in die Becher gießt, schmeckt nach den Kühen, die im Bach getränkt werden, die Mutter quälen Zahnschmerzen. Gerade in diesem Augenblick wird die Tochter im Stall vom Burschen des Nachbarn im Heu geschwängert und ihr Sohn landet im Waisenhaus. Der Eintopf ist grau und voller Knorpel, dennoch ist Fleisch eine seltene Abwechslung vom ewigen Haferschleim. Zu dieser Jahreszeit gibt es kein Obst und keinen Salat. Sie essen mit einem Holzlöffel aus einer Holzschale. Da Kerzen teuer sind, müssen sie sich mit dem Licht begnügen, das das Herdfeuer spendet. Keiner aus der Familie hat je ein Theaterstück gesehen, ein Bild gemalt oder den Klang eines Klaviers gehört. Die Schulbildung besteht aus ein paar Jahren langweiliger Lateinstunden, unterrichtet vom bigotten Drillmeister im Pfarrhaus. Der Vater hat einmal die Stadt besucht, obwohl ihn die Fahrt einen Wochenlohn kostete, die anderen jedoch sind nie weiter als etwa 20 Kilometer von zu Hause fortgewesen. Die Töchter besitzen jeweils zwei Wollkleider, zwei Leinenhemden und ein Paar Schuhe. Den Vater hat sein Jackett ein Monatseinkommen gekostet, allerdings ist es mittlerweile voller Läuse. Die Kinder teilen sich jeweils zu zweit ein Bett, das aus einer Strohmatratze auf dem Boden besteht. Und was den Vogel vor dem Fenster betrifft: Am nächsten Tag wird er von dem Jungen gefangen und verspeist werden.

Wenn Ihnen meine fiktionale Familie nicht gefällt, befassen Sie sich vielleicht lieber mit Zahlenmaterial. Seit dem Jahr 1800 hat sich die Weltbevölkerung versechsfacht, die durchschnittliche Lebenserwartung verdoppelt und das Realeinkommen ist um mehr als das Neunfache gestiegen. Betrachten wir den kürzeren Zeitraum von 1955 bis zum Jahr 2005: In dieser Spanne stieg für jeden Erdbewohner im Durchschnitt der Lohn auf das Dreifache (die Inflationsrate bereits berücksichtigt), seine Kalorienaufnahme nahm um ein Drittel zu und ebenso seine Lebenserwartung und er verlor ein Drittel weniger Kinder. Als Todesursachen wurden Krieg, Mord, Kindbett, Unfall, Wirbelstürme, Überschwemmungen, Hunger, Keuchhusten, Tuberkulose, Malaria, Diphtherie, Typhus, Masern, Pocken, Skorbut oder Kinderlähmung immer seltener. Außerdem erkrankten weniger Menschen aller Altersstufen an Krebs, an einem Herzleiden oder erlitten einen Schlaganfall. Die Wahrscheinlichkeit, lesen und schreiben zu lernen, erhöhte sich ebenso wie die, über ein Telefon, eine Wassertoilette, einen Kühlschrank und ein Fahrrad zu verfügen. All dies entwickelte sich in dem halben Jahrhundert, in dem sich die Weltbevölkerung mehr als verdoppelte, was bedeutet, dass sich Waren und Dienstleistungen unter dem Druck des Bevölkerungswachstums nicht verknappten, sondern in sogar in weit größerem Ausmaß möglich waren. Und das ist, wie immer man es sehen mag, eine großartige Leistung der Menschheit.

Gewiss geben Durchschnittszahlen nicht die ganze Wahrheit wieder. Doch selbst wenn wir die Welt in einzelne Regionen aufteilen, lässt sich wohl kaum ein Gebiet finden, in dem es den Menschen im Jahr 2005 schlechter ging als 1955. In den 50 Jahren ist das reale Pro-Kopf-Einkommen in nur sechs Ländern leicht gesunken (Afghanistan, Haiti, Kongo, Liberia, Sierra Leone und Somalia), die Lebenserwartung in drei (Russland, Swasiland und Simbabwe) und die Säuglingssterblichkeit hat in keinem zugenommen. In allen anderen Ländern haben sich die Zahlen deutlich verbessert. In Afrika zeigte sich der Anstieg, verglichen mit dem Rest der Welt, zwar nur besorgniserregend langsam und nicht flächendeckend und in vielen südafrikanischen Ländern sank die Lebenserwartung aufgrund der Aids-Epidemie in den 1990er-Jahren drastisch, ehe sie sich in den letzten Jahren wieder erholte. Und einige Länder verzeichneten im Lauf dieses halben Jahrhunderts auch Phasen mit einem erschreckenden Absinken des Lebensstandards oder mit dramatischen Einbrüchen in den Entwicklungsmöglichkeiten des Einzelnen – China in den 1960er-, Kambodscha in den 1970er-, Äthiopien in den 1980er-, Ruanda in den 1990er-, Kongo in den 2000er-Jahren und Nordkorea in dem gesamten Zeitraum. Für Argentinien war das 20. Jahrhundert eine unbefriedigende Epoche der Stagnation. Doch im Ganzen gesehen ist die Bilanz nach 50 Jahren für die Welt erstaunlicherweise eindeutig positiv. Der durchschnittliche Südkoreaner lebt heute 26 Jahre länger und verdient im Jahr 15-mal mehr als 1955 (und 15-mal mehr als ein Nordkoreaner). Ein Mexikaner hat heute im Durchschnitt eine höhere Lebenserwartung als ein Bretone im Jahr 1955. Ein Durchschnittsbürger Botswanas verdient heute mehr als ein Finne im Jahr 1955. In Nepal ist die Säuglingssterblichkeit heute niedriger als in Italien im Jahr 1951. Die Anzahl der Vietnamesen, die mit weniger als zwei Dollar am Tag auskommen müssen, ist in 20 Jahren von 90 auf 30 Prozent der Bevölkerung gesunken.

Die Reichen sind zwar reicher geworden, doch die Armen haben weit mehr hinzugewonnen. In den Entwicklungsländern stieg der Konsum der Armen zwischen 1980 und 2000 doppelt so rasch wie im Weltdurchschnitt. Die Chinesen sind zehnmal so reich wie vor 50 Jahren, haben ihre Geburtenrate um ein Drittel gesenkt und leben 28 Jahre länger. Selbst die Nigerianer sind doppelt so reich, um ein Viertel weniger fruchtbar und haben eine um neun Jahre längere Lebenserwartung als 1955. Obwohl sich die Weltbevölkerung verdoppelt hat, ist die Zahl der in absoluter Armut lebenden Menschen (die nach offizieller Definition mit weniger als einem, nach der Kaufkraft des Jahres 1985 berechneten Dollar pro Tag auskommen müssen) seit den 1950er-Jahren gesunken. Ihr Anteil hat sich mehr als halbiert – auf weniger als 18 Prozent. Natürlich sind das immer noch viel zu viele, doch die Entwicklung gibt Grund zur Hoffnung. Hielte dieser Trend an, würden wir im Jahr 2035 bei null ankommen, obwohl das wahrscheinlich nicht eintreten wird. Die Vereinten Nationen schätzen, dass in den letzten 50 Jahren die Armut in höherem Maß abgebaut werden konnte als in den 500 Jahren davor.

Dabei war 1955 keineswegs ein Jahr des Mangels, sondern ein Rekordjahr – ein Augenblick, in dem die Welt reicher, dichter bevölkert und bequemer war als je zuvor, trotz der noch nicht weit zurückliegenden Verbrechen Hitlers, Stalins und Maos (der damals gerade begann, sein Volk auszuhungern, um mit dessen Getreidevorräten in Russland Atomwaffen zu kaufen). Im Vergleich zu allen früheren Zeiten waren die 1950er ein Jahrzehnt des außerordentlichen Wohlstands und des Luxus. In Indien war die Säuglingssterblichkeit bereits niedriger als in Frankreich und Deutschland im Jahr 1900. Japanische Kinder gingen fast doppelt so lange zur Schule wie zur Jahrhundertwende. In der ersten Hälfte des letzten Jahrhunderts konnte sich das Pro-Kopf-Einkommen der Weltbevölkerung nahezu verdoppeln. 1958 schrieb John Kenneth Galbraith, die »Überflussgesellschaft« habe ein solches Niveau erreicht, dass die Verbraucher durch die eingängige Werbung inzwischen mit unnützen Waren »überversorgt seien«.

Seine Behauptung, dass es den Amerikanern im Vergleich zu anderen besonders gut gehe, traf durchaus zu: 1950 waren sie durchschnittlich knapp acht Zentimeter größer als noch zur Jahrhundertwende und gaben doppelt so viel Geld für ihre Medikamente aus wie für ihr Begräbnis – 1900 war das Verhältnis noch umgekehrt. Etwa acht von zehn amerikanischen Haushalten verfügten 1955 über fließendes Wasser, Elektrizität, eine Waschmaschine und einen Kühlschrank, also Luxusgüter, die 1900 noch kaum jemand kannte. In seinem 1890 erschienenen Klassiker *How the Other Half Lives* schildert Jacob Riis eine neunköpfige Familie in New York, die in einem knapp zehn Quadratmeter großen Wohnraum plus winziger Küche lebte. Die Frauen verdienten damals für einen 16-stündigen Arbeitstag in einem Ausbeuterbetrieb 60 Cent und mehr als eine Mahlzeit pro Tag konnte man sich nicht leisten. Zur Mitte des letzten Jahrhunderts wäre dies undenkbar gewesen.

Wenn wir heute, noch einmal mehr als 50 Jahre später, zurückschauen, würden wir die Angehörigen der Mittelschicht von 1955, die in Annehmlichkeiten wie Autos und allen möglichen Geräten schwelgten, als »unterhalb der Armutsgrenze« bezeichnen. Der durchschnittliche Arbeiter in Großbritannien, von dem Harold McMillan 1957 sagte, es sei ihm »noch nie so gut gegangen«, verdiente preisbereinigt damals weniger, als sein Kollege heute an staatlicher Beihilfe erhält, wenn er arbeitslos wird und drei Kinder hat. Von den in den Vereinigten Staaten als »arm« eingestuften Bürgern haben 99 Prozent Elektrizität, fließendes Wasser, eine Wassertoilette und einen Kühlschrank, 95 Prozent ein Fernsehgerät. 88 Prozent ein Telefon, 71 Prozent ein Auto und 70 Prozent eine Klimaanlage. Dem »Schiffs- und Eisenbahnkönig« Cornelius Vanderbilt stand nichts dergleichen zur Verfügung. Noch 1970 besaßen nur 36 Prozent der US-Bürger eine Klimaanlage, im Jahr 2005 79 Prozent aller armen Haushalte. Unter der städtischen Bevölkerung Chinas verfügen 90 Prozent über elektrisches Licht, einen Kühlschrank und fließendes Wasser, viele von ihnen zudem über ein Mobiltelefon, Internetzugang und Satellitenfernsehen, ganz zu schweigen von zahlreichen verbesserten und günstigeren Ausführungen aller möglichen Dinge wie Autos, Spielzeug, Impfstoffe und Restaurants.

Ist ja gut und schön, sagt der Pessimist, aber welchen Preis müssen wir dafür zahlen? Die Qualität der Umwelt nimmt stetig ab. Vielleicht an einem Ort wie Peking, an vielen anderen jedoch nicht. In Europa und den Vereinigten Staaten werden Flüsse, Seen, das Meer und die Luft immer sauberer. In der Themse gibt es weniger Abwasser und mehr Fische. Im Eriesee waren die Wasserschnecken in den 1960ern beinahe ausgestorben, jetzt aber lebt in dem Gewässer wieder eine große Population. Die Weißkopfseeadler haben sich vermehrt. In Pasadena sieht man kaum noch Smog. In Schweden sind die Vogeleier um drei Viertel weniger mit Umweltgiften belastet als in den 1960er-Jahren. In den USA ist die Verschmutzung der Luft durch das von Kraftfahrzeugen ausgestoßene Kohlenmonoxid in 25 Jahren um 75 Prozent zurückgegangen. Ein mit Höchstgeschwindigkeit gefahrenes Auto produziert heute weniger Schadstoffe als 1970 ein geparktes durch seine Lecks in den Leitungen.

Zugleich steigt die durchschnittliche Lebenserwartung in dem Land mit dem höchsten Lebensalter (1850 war dies Schweden, 1920 Neuseeland und heute ist es Japan) weiterhin um drei Monate pro Jahr an, eine Rate, an der sich seit 200 Jahren kaum etwas geändert hat. Außerdem hat sie bisher noch nicht ihre Grenze erreicht, obwohl das irgendwann der Fall sein muss. In den 1920er-Jahren versicherten uns die Demografen noch voller Überzeugung, »ohne die Einwirkung radikaler Neuerungen oder eines fantastischen evolutionären Wandels in unserer physiologischen Konstitution« werde die durchschnittliche Lebenserwartung mit 65 ihren Höhepunkt erreicht haben. In den 1990er-Jahren meinten sie, die Lebenserwartung werde »bei den 50-Jährigen 35 Jahre nicht übersteigen, es sei denn, bahnbrechende Entwicklungen könnten die grundlegende Geschwindigkeit des Alterns beeinflussen«. Innerhalb von fünf Jahren sind beide Vorhersagen in wenigstens einem Land widerlegt worden.

Dementsprechend verbringen wir immer mehr Zeit im Ruhestand. Von 1901 bis 1969, also innerhalb 68 Jahren, sank die Sterblichkeitsrate der britischen Männer im Alter zwischen 65 und 74 um 20 Prozent. Danach dauerte es erst 17, dann 10 und schließlich 6 Jahre, bis sie jeweils um weitere 20 Prozent fiel – die Entwicklung beschleunigte sich also. Schön und gut, sagt der Pessimist, aber was ist mit der Lebensqualität im Alter? Sicher, die Menschen leben länger, doch sie verbringen die hinzugewonnenen Jahre in Krankheit und Gebrechlichkeit. Falsch. Gemäß einer amerikanischen Studie sank die Rate der Gebrechlichen über 65 zwischen 1982 und 1999 von 26,2 auf 19,7 Prozent – doppelt so schnell wie die Sterblichkeitsrate. Eine chronische Krankheit vor dem Tod dauert, wen sie überhaupt auftritt, trotz besserer Diagnose und Behandlungsmöglichkeiten im statistischen Mittel ein wenig kürzer und nicht länger – »Verzögerung der Morbidität« lautet der Fachausdruck. Die Menschen leben nicht nur länger, sondern die Zeit ihres Sterbens ist auch kürzer geworden.

Betrachten wir einmal den Schlaganfall, eine der wesentlichen Ursachen für Behinderung im Alter. In den Vereinigten Staaten und Europa sank die Zahl der Todesfälle durch Schlaganfall in der Zeit von 1950 bis 2000 um 70 Prozent. Zu Beginn der 1980er-Jahre kam eine in Oxford durchgeführte Untersuchung an Schlaganfallpatienten zu dem Ergebnis, dass in den folgenden zwei Jahrzehnten die Zahl der Schlaganfälle um nahezu 30 Prozent steigen werde, hauptsächlich weil sich Schlaganfälle im Alter häufen und den Menschen ein höheres Lebensalter vorausgesagt wurde. Letzteres traf tatsächlich zu, doch die Schlaganfallrate sank um 30 Prozent. (Der altersbedingte Anstieg ist zwar immer noch vorhanden, doch er tritt zunehmend später auf.) Das Gleiche gilt für Krebs, Herz- und Atemwegserkrankungen: Sie werden zwar mit dem Alter häufiger, zeigen sich jedoch immer später – seit den 1950ern um 10 Jahre.

Selbst die Ungleichheit, die Spanne zwischen Arm und Reich, nimmt weltweit ab. Es stimmt, dass sich in Großbritannien und den USA an den Einkommensunterschieden – die in den letzten zwei Jahrhunderten gesunken waren (um 1800 war ein britischer Aristokrat 15 Zentimeter größer als ein Durchschnittsbürger, heute durchschnittlich nur noch knapp fünf) – seit den 1970er-Jahren nichts geändert hat. Von den vielen Ursachen hierfür sind aber keineswegs alle zu bedauern. Zum Beispiel heiraten Großverdiener heute viel häufiger jemanden aus den eigenen Kreisen als früher (was das Vermögen konzentriert). Die Einwanderung hat zugenommen, der Handel ist freier geworden. Kartelle haben sich dem unternehmerischen Wettbewerb geöffnet und das Fachwissen am Arbeitsplatz ist gestiegen. Diese Tendenzen befördern die Entwicklung zur Ungleichheit, haben aber ihren Ursprung in der Liberalisierung. Außerdem stehen wir vor dem statistischen Paradoxon, dass sich die Ungleichheit in einigen Ländern zwar verschärft, global aber abnimmt. Im aktuellen Wohlstandsboom in China und Indien etwa wachsen die Vermögen der Reichen rascher als die der Armen – die Einkommensschere ist eine unausweichliche Folge einer boomenden Wirtschaft. Global gesehen hat das Wachstum in Indien und China jedoch die Unterschiede zwischen Arm und Reich schrumpfen lassen. So schreibt Hayek, dass, »wenn der Aufstieg der unteren Klassen sich einmal zu beschleunigen beginnt, die Versorgung der Reichen aufhört, die Hauptrolle großer Gewinne zu sein, und die Bemühungen sich anstatt dessen den Bedürfnissen der Massen zuwenden. Die Kräfte, die die Ungleichheit zunächst selbstverstärkend machen, haben später die Tendenz, sich auszugleichen.«

Auch in einem anderen Bereich befindet sich die Ungleichheit auf dem Rückzug. Bei Intelligenztests gibt es immer weniger deutliche Ausschläge – die niedrigen IQs werden seltener und schließen zu den höheren auf. Dies erklärt den gleichmäßig fortschreitenden und überall festzustellenden Anstieg des durchschnittlichen Intelligenzquotienten bei Menschen jeglichen Alters – um drei Prozent pro Jahrzehnt. Zwei spanische Studien stellten fest, dass der IQ innerhalb von drei Jahrzehnten um 9,7 Prozent gestiegen war, und zwar weit deutlicher in der Probandengruppe mit der geringeren Intelligenz. Dieses auch als Flynn-Effekt bezeichnete Phänomen – James R. Flynn war der Erste, der darauf aufmerksam machte – wurde zunächst nicht erkannt, sondern Änderungen im Testverfahren oder den Auswirkungen eines besseren und längeren Schulunterrichts zugeschrieben. Doch die Tatsachen zeigten uns etwas anderes, denn am schwächsten war dieser Effekt bei den klügsten Kindern und in jenen Tests ausgeprägt, die sich eng an erlerntem Wissen orientierten. Verantwortlich für die Angleichung der IQs sind einheitliche Ernährung, Anregungen und Erfahrungsvielfalt in der Kindheit. Man kann natürlich einwenden, dass der IQ vielleicht nicht den wirklichen Grad der Intelligenz wiedergibt, aber dass es eine Steigerung und zugleich eine Annäherung gibt, lässt sich nicht leugnen.

Selbst die Justiz wurde gerechter, da man mithilfe neuer Techniken Fehlurteile erkannte und die wahren Schuldigen aufspüren konnte. Bis heute wurden in den USA nach DNA-Tests 234 unschuldig Verurteilte freigelassen, die durchschnittlich zwölf Jahre in Haft gewesen waren, 17 davon in der Todeszelle. Als man bei kriminaltechnischen Untersuchungen 1986 zum ersten Mal von dem DNA-Test Gebrauch machte, konnte ein Unschuldiger entlastet und der wahre Mörder gefunden werden, ein Vorgang, der sich seither viele Male wiederholt hat.

Diese reicheren, gesünderen, klügeren, freieren Menschen mit einer höheren Lebenserwartung – also wir alle – genießen einen großen Überfluss, zumal die Preise für die meisten Dinge des täglichen Gebrauchs stetig sinken. Die vier wichtigsten Grundbedürfnisse des Menschen – Nahrung, Kleidung, Energie und Wohnen – sind in den letzten zwei Jahrhunderten deutlich billiger geworden. Besonders gilt das für Lebensmittel und Kleidung (abgesehen von einem kurzen Anstieg der Lebensmittelpreise im Jahr 2008), während der Preis bei der Energie schwankt. Sogar das Wohnen kostet offenbar weniger als früher: Auch wenn es manchen überraschen mag, muss eine Familie dafür heute nicht mehr so viel aufwenden wie im Jahr 1900 oder gar 1700 – trotz der modernen Ausstattung mit Elektrizität, Telefon und fließendem Wasser. Wenn der Grundbedarf günstiger zu haben ist, kann man einen größeren Teil seines Einkommens für Luxus ausgeben. Künstliches Licht liegt im Grenzbereich zwischen Grundbedarf und Luxus. In Geld gemessen, war künstliche Beleuchtung im England des Jahres 1300 20 000-mal teurer als heute.

So enorm diese Differenz auch ist, so kommt der Fortschritt vor allem der letzten Jahre noch deutlicher im Verhältnis zur Arbeitsleistung zum Ausdruck. Vergleichen wir, wie viel künstliches Licht wir uns mit dem Lohn für eine Arbeitsstunde kaufen können, zeigt sich, dass die Menge von 24 Lumenstunden im Jahr 1750 v. Chr. (Lampe mit Sesamöl) über 186 Stunden im Jahr 1800 (Talglicht), 4400 Stunden im Jahr 1880 (Petroleumlampe) und 531 000 Stunden im Jahr 1950 (Leuchtstoffröhre) bis auf die heutigen 8,4 Millionen Lumenstunden (Energiesparbirne) gestiegen ist. Anders gesagt erwirtschaften wir heute mit einer Arbeitsstunde das Licht für 300 Tage Lesevergnügen, während wir 1800 dafür lediglich zehn Minuten bekamen. Oder andersherum. Wie lange müssen wir arbeiten, um eine 18-Watt-Energiesparbirne eine Stunde brennen zu lassen? Heute kostet es bei einem Durchschnittsgehalt noch nicht einmal eine halbe Sekunde unserer Arbeitszeit, während es 1950 mit einer konventionellen Glühbirne und dem damaligen Gehalt noch acht Sekunden waren. In den 1880er Jahren, als man Petroleumlampen verwandte, musste man für eine Stunde Beleuchtung etwa 15 Minuten arbeiten und 1750 v. Chr. in Babylon, als das Licht mit Sesamöllampen erzeugt wurde, kostete es mehr als 50 Arbeitsstunden. Von sechs Stunden bis zu einer halben Sekunde – eine Verbesserung um den Faktor 43 200 – für eine Stunde Licht: Um so viel stehen wir besser da als unsere Vorfahren im Jahr 1800, errechnet man es in der Währung unserer Tage, also in Zeit. Jetzt verstehen wir auch, warum meine fiktionale Familie ihre Mahlzeit beim Schein des Feuers einnahm.

Viele dieser Verbesserungen sind in den Berechnungen der Lebenshaltungskosten, die mühsam Gleiches mit Ungleichem in Beziehung setzen, nicht enthalten. Der Ökonom Donald Boudreaux wies einmal darauf hin, dass ein Durchschnittsamerikaner, der mit seinem heutigen Einkommen ins Jahr 1967 zurückkehrte, vielleicht der reichste Einwohner der Stadt wäre, sich aber mit keinem Geld der Welt die Freuden von eBay, Amazon, Starbucks, Wal-Mart, Prozac, Google oder BlackBerry erkaufen könnte. Außerdem sind in den oben aufgeführten Zahlen zur Beleuchtung noch nicht die größere Bequemlichkeit und die geringere Verschmutzung durch die Verwendung von Elektrizität im Gegensatz zu Kerzen oder Petroleum berücksichtigt – einfache Handhabung, kein Ruß, keine Geruchsbildung, kein Flackern, geringe Brandgefahr. Darüber hinaus stehen wir mit der Weiterentwicklung unserer Beleuchtung noch lange nicht am Ende. Energiesparbirnen sind in der Umwandlung von Elektroenergie in Photonenenergie dreimal effizienter als konventionelle Glühbirnen, dennoch werden sie rasch von der Leuchtdiode (LED) überholt (man hat bereits LEDs vorgestellt, die zehnmal so ergiebig sind wie Glühbirnen), die den zusätzlichen Nutzen hat, dass man sie auch in Taschen- und anderen tragbaren Lampen verwenden kann. Eine günstige, von einer solargespeisten Batterie betriebene LED-Taschenlampe wird mit Sicherheit bald das Leben jener 1,6 Milliarden Menschen umkrempeln, denen keine Elektrizität zur Verfügung steht, vor allem das der Bauern in Afrika. Gegenwärtig sind LEDs noch zu teuer, um Glühbirnen im größeren Maßstab zu ersetzen, doch das könnte sich bald ändern.

Vergessen wir also nicht, was diese Verbesserungen in der Versorgung mit künstlicher Beleuchtung bedeuten: Entweder wir leisten uns mehr Licht oder wir arbeiten weniger oder wir kaufen uns andere Dinge. Durch den geringen Aufwand an Arbeitszeit für Licht können wir die gewonnene Zeit für etwas anderes nutzen. Als Folge könnte ein Arbeitsloser möglicherweise wieder eine Stelle finden. Die bessere Technik der Lichtversorgung gibt uns die Freiheit, ein anderes Produkt – sei es ein Gegenstand oder eine Dienstleistung – herzustellen oder zu erwerben oder uns sozial zu engagieren. Und genau das ist das wirtschaftliche Wachstum.

Maduresische Zuwanderer auf der Flucht
vor amoklaufenden kriegerischen Iban,
Ethnie der Ureinwohner Borneos.
*Pontianak, West-Kalimantan. Indonesien, 31. März 1999.*

Was zählt, ist Zeit – und nicht Dollar oder Kaurimuscheln oder Gold. Der wahre Maßstab für den Wert eines Gegenstands sind die Stunden, die man arbeiten muss, um ihn zu erwerben. Wenn wir ihn selbst herstellen, sind es gewöhnlich mehr, als wenn wir ihn als von anderen gefertigtes Endprodukt kaufen. Und wenn wir ihn als effizient gefertigtes Endprodukt bekommen, können wir uns oft mehr davon leisten. Als das Licht billiger wurde, haben die Menschen mehr verbraucht. Ein durchschnittlicher Brite konsumiert heute etwa 40 000-mal mehr künstliches Licht als im Jahr 1750 und außerdem 50-mal mehr Energie und legt 250-mal mehr Kilometer zurück.

Das ist Wohlstand: die gestiegene Menge von Gütern oder Dienstleistungen, die man sich mit derselben Menge Arbeit leisten kann. Noch Mitte der 1800er-Jahre entsprachen die Kosten einer Reise in der Kutsche von Paris nach Bordeaux dem Monatslohn eines Angestellten, heute entsprechen sie ungefähr dem Gehalt eines Tages und sie dauert nur ein Fünfzigstel der Zeit. Ein Liter Milch kostete 1970 in Amerika noch etwa fünf Minuten der Arbeitszeit eines Durchschnittsverdieners, 1997 waren es nur noch dreieinhalb. Für einen dreiminütigen Telefonanruf von New York nach Los Angeles musste ein Durchschnittsverdiener 1910 noch 90 Arbeitsstunden aufwenden, heute sind es nicht einmal zwei Minuten. Eine Kilowattstunde Elektrizität kostete 1900 eine Arbeitsstunde und heute fünf Minuten. In den 1950er-Jahren musste man für einen Cheeseburger bei McDonald's 30 Minuten arbeiten, heute nur noch drei. Zu den wenigen Dingen, die uns gegenwärtig mehr Arbeitszeit kosten als in den 1950er-Jahren, gehören Gesundheitsversorgung und Bildung.

## 2010

# NEAL ASCHERSON
# Unterwegs mit Charles de Gaulle

*Journalisten wie ihn gibt es im deutschen Sprachraum keine. In Frankreich ist immerhin ein Mann wie Jean Lacouture von seiner Statur (vgl. Nichts als die Welt, S. 420). Sein Werk* The Black Sea: The Birthplace of Civilisation and Barbarism *ist in jeder Hinsicht ein mustergültiges Beispiel eines fürs breite Publikum geschriebenen, aber doch auch wissenschaftlichen Ansprüchen genügenden historisch-politischen Sachbuchs. In der folgenden Reise durch eine Landschaft der Erinnerung – nach Paris, Algier und Warschau – begleitet er einen Giganten der europäischen Zeitgeschichte. Den letzten Weltkrieg und die auf ihn folgende Zeit, aus der wir herkommen, bringt er uns dabei so nahe, wie es heute nur noch ganz wenigen möglich ist.*

*Neal Ascherson (\*1932) schloss am King's College in Cambridge mit der äußerst seltenen Auszeichnung »triple starred first« in Geschichte ab. Eric Hobsbawm bezeichnete ihn als »den vielleicht brillantesten Studenten, den ich jemals hatte«. Der ihm angetragenen akademischen Karriere zog er eine Laufbahn als Journalist vor. Dreißig Jahre (1960–1990) war er beim »Observer«, anschließend schrieb er für »The Independent on Sunday«. Sein Spezialgebiet ist Osteuropa und insbesondere Polen. Seit 2008 ist Ascherson zudem Visiting Professor am Institute of Archaeology des University College London.*

SIEBZIG JAHRE IST ES HER, dass mithilfe der BBC in London eine dünne, angespannte Stimme nach Frankreich hinüberrief und den Franzosen einschärfte, sie dürften nicht aufgeben. Kaum jemand in Frankreich hörte sie. Und kaum jemand in Frankreich wusste, wer General Charles de Gaulle war. Es war nicht einmal eine große Rede, nur eine Ansammlung wirrer, manchmal peinlicher Sätze. Doch diejenigen, die diese Sendung vom 18. Juni 1940 hörten, hörten auch heraus, worauf es ankam, und sie staunten.

»Ist die Niederlage endgültig? Nein!« Frankreich stehe nicht allein. Diesen Satz sprach de Gaulle zweimal: *La France n'est pas seule!* Mit der wirtschaftlichen Macht der Amerikaner und der Briten könne Deutschland besiegt werden. Da sprach der Panzerkommandant: »Heute unterdrückt uns Maschinengewalt, aber bald werden wir sie besiegen durch bessere Maschinengewalt.« Er, General de Gaulle, sei nun in London. Er forderte »Offiziere, Soldaten, Ingenieure und Facharbeiter« Frankreichs auf, mit ihm Kontakt aufzunehmen.

Das war der Aufruf vom 18. Juni. Ein paar Tage später hielt de Gaulle eine weitere Rede, und diesmal hörten weitaus mehr Menschen zu. Rhetorisch war er jetzt besser.

Trotzdem entschieden sich von den französischen Soldaten und Matrosen, die nach Marschall Pétains Kapitulation in Großbritannien gestrandet waren, fast alle für die Rückkehr in die Heimat und nicht für das gaullistische Exil. Man konnte nach Hause zu Muttern zurück, oder man konnte bleiben und sich bombardieren lassen, in diesem kalten, gemeinen Land, das – so sahen sie das – die französische Armee in Dünkirchen im Stich gelassen und die französische Marine in Mers-el-Kebir verraten hatte. Für Franzosen im Jahr 1940 schien die Entscheidung eine Selbstverständlichkeit.

Und doch setzte de Gaulle sich durch. Anfangs waren es nur wenige Getreue, die sich um ihn geschart hatten, doch es wurden mehr. Der Aufruf, den die Royal Air Force als Flugblatt über Frankreich abwarf, schürte zunächst die heimliche Hoffnung, später war es der Aufruf zum Widerstand und schließlich ein heiliger Text im Mythos des Nachkriegsfrankreichs.

De Gaulles Platz in diesem Mythos unter dem Lothringerkreuz war ihm sicher, als er im August 1944 im Triumph die Champs-Élysées entlangschritt, während in Notre-Dame noch die Schüsse der deutschen Scharfschützen nachhallten. Und doch gab es, wenn man auf sein Leben zurückblickt, vermutlich nie eine Zeit, in der die Mehrzahl der Französinnen und Franzosen hinter ihm stand. Er herrschte, indem er sich weigerte, Platz zu machen. Selbst in den Jahren, in denen er zu Hause in Colombey-les-Deux-Églises blieb und schmollte, stand er irgendwie immer noch im Weg – der Elefant mit seiner langen Nase im Wohnzimmer der Möglichkeiten.

## AUF DEM RÜCKEN DER GESCHICHTE

Seine Ankunft und sein Ende fallen ganz in meine eigene Lebenszeit. Manchmal sah ich in ihm ein soldatisches Vorbild, manchmal einen gefährlichen Gegner, der die Demokratie mit seinen großen Füßen trat. Als ich noch ein Kind war, kam er von London nach Greenock am Unterlauf des Clyde, um die Marine des Freien Frankreich zu inspizieren, die dort im westlichen Mittelschottland stationiert war, und die französischen Offiziere in unserer Bekanntschaft waren in heller Aufregung. Eigentlich erinnere ich mich nur noch an Françoise, die Tochter des französischen Kommandanten. Sie ging mit meiner Schwester in die Schule. Françoise bekam eine Unzahl von Locken in ihr schwarzes Haar gebrannt und Bänder hineingeflochten und durfte dem General einen Blumenstrauß überreichen. Im »Greenock Telegraph« erschien ein Artikel über Françoise. Nach dem Besuch von de Gaulle musste ich eingestehen, dass sie ein tolles Mädchen war. Sie selbst fand das auch.

Das nächste Mal sah ich ihn fünfzehn Jahre später. Ich war Journalist geworden, auf Besuch in Paris, und es war der Mai 1958. In Algier putschten die Generäle. Sie planten eine Fallschirmjägerinvasion in Frankreich, um den schmutzigen Stall der Demokratie auszumisten und dort endlich Ordnung zu schaffen. Hysterische Menschenmengen rannten durch Paris, glaubten, die Algerier fielen über Frankreich her, brüllten *Tous français de Dunkerque à Tamanrasset*. Eines Nachts eroberten die Fallschirmjäger Korsika. Flugblätter eines faschistischen »Komitees für die öffentliche Sicherheit« flatterten in Toulouse in der Gosse.

Inzwischen war ich Darsie Gillie zugeteilt worden, dem ausgelassenen alten Jakobiter, der den Manchester Guardian in Paris vertrat. Sein Freund Graham Greene war auch dort, und wir machten einen Spaziergang durch die Tuilerien, auf dem Greene begeistert berichtete, dass er die aufständischen Generäle von Algier schon in Indochina kennengelernt habe. Ich sollte allerdings nicht in Paris bei Darsie bleiben, sondern aus der Provinz berichten.

Ich war landauf, landab unterwegs, von Toulouse nach Lille, von Colmar nach Avignon, und sah die ersten Anzeichen einer Revolution. Die französische Gesellschaft war damals noch ganz von den Gegensätzen des neunzehnten Jahrhunderts geprägt: ein perforiertes Blatt Papier, die eine Hälfte rot, die andere weiß. Wurde dieses Blatt entlang der Linie in zwei Hälften gerissen, wusste jeder, auf welche Seite er gehörte und wen er totzuschlagen hatte, wenn die Barrikaden errichtet wurden. Gerade in den Kleinstädten entdeckte ich die ersten Anzeichen, dass die Perforation sich löste. Auf der einen Seite waren die Roten: diejenigen, die an die »geeinte und unteilbare« Republik glaubten, an Sozialismus in seinen verschiedensten Erscheinungsformen, an weltliche, staatliche Schulen und an den Wahlspruch *le fascisme ne passera pas!* Auf der anderen standen die Weißen: die Frommen und Reichen, die ihre Kinder in kirchliche »freie Schulen« schickten und die Republik als gott- und respektlos verachteten – diejenigen, die insgeheim die Résistance des Weltkriegs als kommunistische Verbrecherbande ansahen.

Langsam löste sich Frankreich wieder einmal entlang dieser uralten Bruchlinien auf. Doch mit einem Mal war de Gaulle wieder da, nachdem er ein ganzes Jahrzehnt lang in Colombey gewartet hatte. Zunächst sahen die Roten ihn als rechten Diktator, der den Fallschirmjägern aus Algier die Tore aufstoßen würde. Ich teilte diese Meinung. Die Gewerkschaften stellten sich auf Bürgerkrieg ein. Dann hielten sie inne. Als er erst einmal an der Macht war, wurde de Gaulle zusehends unbestimmter in seinen Versprechen an die Aufwiegler in Algier.

Er war in eine andere Richtung unterwegs. Jacques Soustelle, der gerissene Anthropologe, der ihm – im Glauben, er werde die Aufständischen in Algier unterstützen – zur Macht verholfen hatte, kam in aller Eile, um ihn zu sprechen. Lange Zeit ließ er ihn in der Eingangshalle warten. Dann erschien der General am oberen Ende einer dunklen, steilen Treppe. »*Alors*, Soustelle!« (Keiner konnte das Wort *alors* so aussprechen wie de Gaulle.) »*Alors*, jetzt haben Sie mich gesehen!« Und damit drehte er sich um und verschwand wieder.

Die Gemüter beruhigten sich. De Gaulle hatte die Sache im Griff. Die Springteufel in Algier verschwanden wieder unter ihrem Deckel. Und dann machte sich de Gaulle, dieser durch und durch konservative Mann mit »einer gewissen Vorstellung von Frankreich«, einem immerwährenden Frankreich, daran, die alte, in Rot und Weiß gespaltene Gesellschaft, die Frankreich seit 1830, vielleicht sogar schon seit der Revolution, bestimmt hatte, ein für alle Mal zu zerstören. Er schuf die Fünfte Republik. Sie war – ist es bis heute – autoritär, sie räumt dem Präsidenten beträchtliche Macht ein. Aber sie öffnete Türen im Erziehungswesen, in der Wirtschafts- und Agrarpolitik und in vielem anderen, und in den zehn Jahren zwischen 1958 und 1968 veränderte sich Frankreich stärker als im ganzen Jahrhundert zuvor.

Bald flogen die Deckel in Algier wieder auf. Es gab einen weiteren Putsch, wieder drohten Aufständische, für die de Gaulle nun der Erzverräter war, mit der Invasion des Mutterlandes. Ich stand in einem Café, in dem sich die Menschen drängten, und blickte auf den schwarz-weißen Fernsehschirm, auf dem dieses große Gesicht sich zu uns vorbeugte: »*Françaises! Français! Aidez-moi!*« Später gingen wir über die Flussbrücke zum Petit Palais, wo Waffen ausgehändigt wurden – Freiwillige für die Verteidigung von Paris.

Was wollten wir da verteidigen? Die Demokratie? Das kann man nicht sagen. De Gaulle war ein Herrscher von sehr kontinentaleuropäischem Zuschnitt, der »Mann auf dem weißen Pferd«. Diese Gestalten, deren Blütezeit etwa die Jahre 1850–1945 waren, waren Machtmenschen, die meist ohne Beteiligung eines Parlaments auf ihre Posten gekommen waren. Die meisten kamen aus dem Militär- oder Marinemilieu. Ihre Politik war patriotisch, bisweilen fremdenfeindlich, und sie verstanden sich gern als eine Art Inkarnation des »Nationalcharakters«. Ihre Einstellung zur parlamentarischen Demokratie deckte das ganze Spektrum zwischen angewiderter Duldung und ungeduldiger Verachtung ab. Diktatoren? Nicht vom Hitler-Stalin-Mussolini-Typ der absoluten Herrschaft, gestützt auf staatlichen Terror. Aber ihnen zu widersprechen konnte für Politiker oder Journalisten gefährlich sein.

DIE PARABEL DER MACHT

De Gaulle erinnerte mich an Józef Piłsudski, ein klassischer Mann-auf-dem-weißen-Pferd, der den Polen 1918 die Unabhängigkeit zurückerobert hatte und dann in der einen oder anderen Form das Land bis 1935 beherrschte. Er hatte sich in sein eigenes Colombey zurückgezogen, in Sulejówek, und als er 1926 im Galopp zurückkehrte, um die volle Macht zu übernehmen, gab es weitaus mehr Blutvergießen als bei de Gaulle im Jahr 1958. In seinem Umgangston war Piłsudski erregbar und konnte grob sein. De Gaulle hingegen wahrte stets eisig gute Manieren. Auch er hatte seine Schlägertruppe (die »*Barbouzes*«), doch anders als der Pole steckte er seine Gegner nicht ins Straflager.

Die beiden Männer waren sich einmal begegnet. Charles de Gaulle war 1920 im polnisch-sowjetischen Krieg als junger Offizier der französischen Militärmission nach Polen gekommen. Als er 1966 zu einem spektakulären Staatsbesuch nach Polen zurückkehrte, konnten sich manche in Warschau noch an ihn erinnern. Sonntags nach der Messe war der lange Karl, wie sie ihn genannt hatten, *Duzy Karolek*, stets wie ein Storch die vornehme Nowy Swiat entlanggeschritten, und an seinem behandschuhten Finger baumelte jedes Mal ein winziges Päckchen Kuchen von Blikle, dem besten Patissier der Stadt. Ich habe nie herausbekommen, wie die Gräfin hieß, die er besuchte, aber ein paar sehr alte Warschauer meinen, sie wissen, wer es war.

Ich gehörte bei diesem Besuch von 1966 zu den offiziellen Berichterstattern. Die Polen waren selig: De Gaulle war der erste Führer eines westeuropäischen Staates, der ihnen die Ehre eines Besuchs erwies. Junge Männer und sogar einige Frauen trugen Kappen im Stil seines militärischen *képi*; sie hießen Degolówka und waren noch monatelang die große Mode. Die Westdeutschen tobten, gerade als er die ehemals deutsche Stadt Hindenburg (die nun Zabrze hieß) besuchte und lauthals verkündete, es sei *la ville la plus polonaise de la Pologne* (»die polnischste Stadt Polens«).

Das war übertrieben. Aber de Gaulle war auf dieser Polenreise sehr sentimental – er sah das Land wie eine schöne Dame, die er einmal geliebt hatte. Vielleicht dachte er an die hübsche Gräfin, die auf ihren Kuchen wartete. Aber es passte auch zu dem Mann auf dem Pferd, dass er Nationen gern als – meist weibliche – Verkörperungen sah.

Überzeugt wie er war, dass solche Nationalcharaktere sich im Grunde niemals ändern, entwickelte er dogmatische, ja bisweilen abwegige Vorstellungen von den Verhältnissen anderer Länder. Zum Beispiel hatte er ein abenteuerliches Bild von Ostdeutschland, das er offenbar als eine Art preußischer Walküre im Harnisch sah. In einem Gespräch mit André Malraux über die beiden deutschen Staaten erklärte er mit voller Überzeugung, dass der ostdeutsche der stärkere sei. »Er wird den anderen verschlingen!«

Großbritannien hingegen – oder England, wie er meist sagte – sah er scharfsinniger, als die Briten wahrhaben wollen. Er bewunderte den verbissenen Mut und die Selbstsicherheit, sah aber auch den starken Zug zu einem nationalen Egoismus (»britische Interessen«), der l'Angleterre stets zum unsicheren Partner machte. Er begriff auch, dass die Verbindung zwischen Großbritannien und den Vereinigten Staaten nicht einfach nur eine Frage vernunftbestimmter Allianzen und gemeinsamer Interessen war, sondern etwas Existenzielles, etwas, das bis ins Mark hinein die Reaktionen Londons auf die Welt außerhalb bestimmte. Dieses Land konnte in einem vereinten Europa gleich welcher Art nie ganz willkommen sein. Sein Veto zu den Aufnahmeanträgen Großbritanniens zur Europäischen Wirtschaftsgemeinschaft 1963 und 1967 war, kurzfristig gesehen, nutzlos. Doch die Einsicht, die dahinterstand, hat sich schon mehrfach als wohlbegründet erwiesen.

Er wurde älter und distanzierter. Zweimal durfte ich an dem teilnehmen, was der Élysée-Palast »Pressekonferenzen« nannte. Diese Veranstaltungen waren grandios und lächerlich zugleich. In einem dunklen, reich dekorierten Salon waren unter dem großen Kronleuchter Reihen von zierlichen vergoldeten Stühlen aufgestellt. Verlässliche französische Journalisten bekamen die vorderen Plätze. Fragen waren nicht gestattet, schon gar nicht von Ausländern. Stattdessen hielt der Präsident zwei oder drei lange Reden, pro forma als Antwort auf vorher bei zahmen Schreiberlingen in Auftrag gegebene Fragen.

Dann kamen die Unruhen vom Mai 1968. Ich reiste mit einer Reihe aufständischer Studenten aus Berlin an und stellte fest, dass, was es nie vorher gegeben hatte, Charles de Gaulle und seine olympische Art zum Witz geworden waren. Niemand fürchtete sich vor ihm, und am Ende verlor er die Nerven und floh zur französischen Armee in Deutschland. Er hatte keinerlei Vorstellung davon, was vorging, und bezeichnete die Ereignisse mit dem altmodischen Ausdruck *chienlit*, was sowohl ins Bett machen als auch das Bett mit einem Hund teilen heißen kann. Die Pariser Studenten verstanden es anfangs nicht, dann lachten sie, und einige schöne Karikaturen entstanden durch dieses Wort. Ich kehrte nach Deutschland zurück und erfuhr erst viel später, dass de Gaulles Regierung mich zum subversiven Agitator und unerwünschten Ausländer erklärt hatte.

### BAUMEISTER UND VISIONÄR

Das war meine letzte Begegnung mit ihm und seinem System. Sein Abtritt im Jahr 1970 war unwürdig, und kurz darauf war er tot. Doch de Gaulles Fünfte Republik hat, auch wenn die Ereignisse von 1968 sie erschüttert haben, seit über fünfzig Jahren alle Stürme überstanden. Der Mann, der an *la France eternelle* glaubte, schuf paradoxerweise ein ganz neues Frankreich. Und die Prinzipien seiner Außenpolitik, von Frankreichs Nachbarn oft als arrogant und autoritär verstanden, haben die heutige Europäische Union erst möglich gemacht. De Gaulles Vertrag mit Konrad Adenauer im Jahr 1963 schmiedete die deutsch-französische Achse, um die Europa sich bis heute dreht. Und er überzeugte die Franzosen davon, dass ein vereintes Europa ein *grand projet* ihres Landes sei, ein Plan, der die politische und kulturelle Vorherrschaft Frankreichs über den ganzen Kontinent sicherstellen würde. So gesehen ist der Euro ein stolzeres Symbol Frankreichs als der Franc es war.

Über große Teile meines Lebens war de Gaulle ein Gigant. Manchmal war er eine Bedrohung, manchmal hätte man für ihn sein Leben gegeben, manchmal war er so eitel und eingebildet, dass man den Verstand hätte verlieren können. Mir fällt die Szene ein, als französische Frauen, die das KZ Ravensbrück überlebt hatten, mit dem Zug in Paris eintrafen. De Gaulle hatte eine flammende Begrüßungsrede halten sollen, doch als er sie sah, kamen ihm nur die Tränen. Ich sehe ihn, wie er im Sonnenschein zu einer Menschenmenge in der Normandie spricht und mit kräftiger Stimme *votre belle et nombreuse jeunesse* (»eure schöne und zahlreiche Jugend«) begrüßt. Und ich denke an seine Bücher, denn er war – wie Piłsudski – ein begnadeter Schriftsteller. Diesen Monat ist es siebzig Jahre her, dass er über das Schicksal seines Landes schrieb:

»Das Alter ist ein Schiffbruch. Damit uns nichts erspart blieb, sollte Marschall Pétains Greisenalter eins werden mit dem Schiffbruch Frankreichs.«

Der Mann, der das schrieb, verstand die Stürme seines Jahrhunderts gut.

*2011*

# FREEMAN DYSON

## Daniel Kahneman oder die Psychologie als exakte Wissenschaft

*Die Psychologie wird öfter als eine junge Wissenschaft bezeichnet. Daniel Kahneman (\* 1934), Wirtschaftsnobelpreisträger 2002, begann 1961 an der Hebräischen Universität Jerusalem zu lehren, nachdem er zuvor bei der israelischen Armee das Rekrutierungsverfahren umgekrempelt hatte. Das Londoner Nachrichtenmagazin »The Economist« vergleicht ihn mit Kopernikus, die »New York Times« ergänzt erläuternd, Kahnemans Werk sei der »entscheidende Wendepunkt in unserer Selbstsicht«, und die »Financial Times« rundet ab, unter den vielen guten Büchern über menschliche Rationalität und Irrationalität sei Kahnemans letztes:* Thinking Fast and Slow *(Schnelles Denken, langsames Denken) das Meisterwerk.*

*Diesen Meilenstein bespricht hier Freeman Dyson (\* 1923), einer der wenigen noch lebenden unter den führenden Physikern des vergangenen Jahrhunderts. 1951 wurde er Professor an der New Yorker Cornell University – als 28-Jähriger, schon bevor er seinen Doktor hatte. Zwei Jahre später zog er nach Princeton weiter, wo er am Institute for Advanced Study noch für zwei Jahre Albert Einsteins Büronachbar war. Bis heute schreibt er Kritiken für die »New York Review of Books«.*

**1955** WAR DANIEL KAHNEMAN einundzwanzig Jahre alt und Leutnant in der israelischen Armee. Er bekam den Auftrag, eine neue Befragungstechnik für das Aufnahmeverfahren zu entwickeln. Damit sollte jeder frisch eingezogene Rekrut und jede Rekrutin sofort an der passenden Stelle der Kriegsmaschinerie zum Einsatz kommen. Die Verantwortlichen sollten ein Mittel an die Hand bekommen, vorauszusagen, wer sich in der Infanterie oder Artillerie oder bei den Panzertruppen oder in sonst einer der vielen Abteilungen des Militärs bewähren würde. Bisher, vor Kahnemans Ankunft, war es informell zugegangen. Die Befrager unterhielten sich eine Viertelstunde lang mit den Rekruten und trafen dann auf der Grundlage dieser Unterhaltung ihre Entscheidung. Dieses System hatte sich überhaupt nicht bewährt. Wenn man nach ein paar Monaten die tatsächliche Leistung eines Rekruten mit der bei der Aufnahme vorhergesagten verglich, war die Übereinstimmung zwischen Prognose und Realität null.

Kahneman hatte einen Bachelorabschluss in Psychologie, und er hatte ein erst ein Jahr zuvor erschienenes Buch gelesen, *Clinical vs. Statistical Prediction: A Theoretical Analysis and a Review of the Evidence von Paul Meehl*. Meehl war ein amerikanischer Psychologe, der die Erfolgs- oder Misserfolgsquote von Voraussagen in den unterschiedlichsten Zusammenhängen erforschte. Er fand erdrückendes Beweismaterial für eine beunruhigende Schlussfolgerung: Voraussagen, die auf simplen statistischen Erhebungen beruhten, waren in der Regel verlässlicher als Voraussagen nach dem Urteil ausgewiesener Experten.

Ein berühmter Beweis für Meehls Folgerung ist der sogenannte Apgar-Score, ein 1953 von der Anästhesistin Virginia Apgar entwickeltes Diagnosewerkzeug zur Behandlung Neugeborener. Apgar ersann eine einfache Formel anhand von fünf Lebensanzeichen, die sich leicht messen lassen: Herzfrequenz, Atemanstrengung, Reflexauslösbarkeit, Muskeltonus und Hautfarbe. Damit lässt sich zuverlässiger als durch das Urteil eines durchschnittlichen Arztes entscheiden, ob ein Neugeborenes sofortige Hilfe braucht. Die Methode ist heute allgemein gebräuchlich und rettet Tausenden von Babys das Leben. Ein weiteres berühmtes Beispiel für statistische Voraussagen ist die Dawes-Formel, mit der sich die Beständigkeit von Ehen prognostizieren lässt. Die Formel lautet »Häufigkeit der Geschlechtsakte minus Häufigkeit von Streit«. Später arbeitete der Psychologe Robyn Dawes mit Kahneman zusammen. Seine Formel sagt besser als ein durchschnittlicher Eheberater voraus, ob eine Ehe halten wird.

Als Leser von Meehls Buch wusste Kahneman, wie er das Bewerbungsverfahren der israelischen Armee verbessern konnte. Sein neues System gestattete den Befragern den Luxus einer freien Unterhaltung mit den Rekruten nicht mehr. Stattdessen mussten sie jedem Rekruten eine

Reihe standardisierter Fragen nach Leben und Arbeit stellen. Die Antworten wurden nach einem Punkteschema bewertet und die Ergebnisse in Formeln eingesetzt, mit denen sich die Befähigung der Rekruten für bestimmte militärische Aufgaben ermitteln ließ. Als man die Voraussagen der neuen Methode einige Monate später mit den Ergebnissen der Soldaten verglich, erwies sich, dass dieses Verfahren weitaus genauere Ergebnisse lieferte als das alte. Statistik und einfache Rechnungen verraten uns mehr über uns selbst als die Intuition der Fachleute.

Fünfzig Jahre später denkt Kahneman in *Thinking, Fast and Slow* (*Schnelles Denken, langsames Denken*) an diese Erfahrungen in der israelischen Armee zurück und merkt an, dass es damals nichts Ungewöhnliches war, wenn junge Leute mit verantwortungsvollen Aufgaben betraut wurden. Das Land selbst war ja erst sieben Jahre alt. »Alle Institutionen waren noch im Aufbau«, sagt er, »und jemand musste sie ja bauen.« Diese Chance, beim Aufbau eines Landes mitzuhelfen, war ein Glücksfall für ihn, und zugleich erlangte er eine geistige Einsicht in die menschliche Natur. Ihm ging auf, dass das Versagen des Einstufungssystems ein spezieller Fall eines allgemeinen Phänomens war, das er »Illusion der Gültigkeit« nennt. »Das war der Punkt«, sagt er, »an dem ich meine erste kognitive Illusion entdeckt hatte.«

Kognitive Illusionen sind das Hauptthema seines Buches. Eine kognitive Illusion ist eine falsche Überzeugung, die wir intuitiv als wahr akzeptieren. Eine Illusion der Gültigkeit ist der falsche Glaube an die Verlässlichkeit unseres eigenen Urteils. Die Befrager waren der festen Überzeugung, dass sie nach einem viertelstündigen Gespräch die Fähigkeiten der Rekruten beurteilen konnten. Selbst als das statistische Material vorlag, das bewies, dass diese Überzeugung eine Täuschung war, glaubten sie weiterhin daran. Kahneman gesteht, dass auch ihm immer noch die Illusion der Gültigkeit unterläuft, obwohl er seit fünfzig Jahren andere davor warnt. Er kann dem falschen Glauben, dass seine eigenen intuitiven Urteile vertrauenswürdig sind, nicht entgehen.

In meinen eigenen jungen Jahren gab es eine Episode, die den Erfahrungen Kahnemans in der israelischen Armee merkwürdig ähnlich ist. Bevor ich mich den Wissenschaften widmete, war ich Statistiker. Mit zwanzig Jahren wertete ich die Operationen des britischen Bomberkommandos im Zweiten Weltkrieg aus. Die Einheit war damals sieben Jahre alt, genau wie der Staat Israel im Jahr 1955. Alle Institutionen waren noch im Aufbau. Das Kommando bestand aus sechs Bombergruppen, die zunehmend unabhängig voneinander operierten. Der fünften Gruppe, der autonomsten und schlagkräftigsten, stand Air Vice Marshal Sir Ralph Cochrane vor. Wir hatten damals bei den Bombern große Verluste, verursacht vor allem durch die deutschen Nachtjäger.

Cochrane sagte, die Bomber seien zu langsam, und das liege daran, dass die schweren Geschütztürme den Luftwiderstand erhöhten und die Flughöhe herabsetzten. Da die Bomber nachts flogen, waren sie in der Regel schwarz angestrichen. Cochrane, ein verwegener Bursche, verkündete, er wolle einen Lancaster-Bomber nehmen, die Geschütztürme und alles, was sonst unnötig Gewicht schaffte, hinauswerfen, die beiden Schützen zu Hause lassen und das ganze Ding weiß anstreichen. Dann würde er damit nach Deutschland fliegen, und das in solcher Höhe und mit solcher Geschwindigkeit, dass niemand ihn abschießen könne. Unser Oberkommandierender hielt nichts von dem Vorschlag, und die weiße Lancaster flog nie.

Als der Oberkommandierende nicht bereit war, die Geschütztürme abzumontieren, nicht einmal versuchsweise, erlag er der Illusion der Gültigkeit. Das war zehn Jahre bevor Kahneman dieses Phänomen entdeckte und ihm seinen Namen gab, aber die Täuschung tat bereits ihre tödliche Arbeit. Alle bei uns im Bomberkommando glaubten daran. Wir sahen jede Bomberbesatzung als eng verbundene Kampfgruppe aus sieben Männern an, bei der den Schützen die wichtige Aufgabe zukam, ihre Kameraden gegen die Jägerangriffe zu verteidigen, während zugleich der Pilot einen ungleichmäßigen Zickzackkurs flog, um die beiden vor dem Flakfeuer zu schützen. Ein entscheidender Bestandteil der Illusion war die Vorstellung, dass die Besatzung durch Erfahrung immer besser wurde. Je geschickter sie wurden, je enger die Männer zusammenhielten, desto besser ihre Überlebenschancen.

Als ich im Frühjahr 1944 meine Daten sammelte, lagen die Aussichten einer Besatzung, das Ende einer aus dreißig Flügen bestehenden Einsatzperiode zu erleben, bei 25 Prozent. Die Illusion, dass Erfahrung ihre Aussichten verbesserte, war entscheidend für die Moral. Schließlich fand man in jeder Schwadron ein paar hochangesehene, erfahrene alte Mannschaften, die alle Einsätze überstanden und sich freiwillig zu einer zweiten Runde gemeldet hatten. Jeder war überzeugt, dass diese alten Kämpfer überlebt hatten, weil sie mehr Erfahrung hatten. Niemand wollte hören, dass diese Männer einfach nur Glück gehabt hatten.

Zu der Zeit, als Cochrane seine weiße Lancaster vorschlug, war es meine Aufgabe, die Statistiken der Bomberverluste auszuwerten. Ich studierte eingehend das Verhältnis zwischen Erfahrung und Überlebensrate und differenzierte die Daten so gut wie möglich, um Einflüsse von Wetter und Geografie auszuschließen. Mein Ergebnis war genauso eindeutig wie das von Kahneman. Soweit ich sehen konnte, entschied allein der Zufall, ob eine Besatzung umkam oder ob sie zurückkehrte. Der Glaube an die besseren Aussichten durch Erfahrung war eine Illusion.

Dieser Beweis, dass Erfahrung und Verlust in keiner Beziehung zueinander standen, hätte Cochranes Vorschlag, ohne Geschütztürme zu fliegen, kräftig Aufwind geben sollen. Doch nichts geschah. Wie Kahneman später feststellen sollte: Die Illusion der Gültigkeit verschwindet nicht dadurch, dass Fakten belegen, dass sie eine Täuschung ist. Jeder beim Bomberkommando, vom Oberkommandierenden bis zu den Besatzungen der Maschinen, glaubte auch weiter an diese Illusion. Die Besatzungen kamen um, erfahrene und unerfahrene gleichermaßen, bis Deutschland besiegt und der Krieg endlich vorüber war.

Ein weiteres Thema von Kahnemans Buch, das, dem es seinen Titel verdankt, ist die Theorie von der Existenz zweier verschiedener Systeme zur Organisation des Wissens in unserem Gehirn. Kahneman nennt sie System 1 und System 2. System 1 ist bemerkenswert schnell; es gibt uns die Möglichkeit, Gesichter und Worte binnen Sekundenbruchteilen zu erkennen. Es muss sich aus den kleinen Gehirnen der Vorzeit entwickelt haben, die dafür sorgten, dass unsere flinken Säugetiervorfahren in einer Welt großer gefräßiger Reptilien überlebten. Wer im Dschungel überleben will, braucht einen Verstand, der schnelle Entscheidungen auf der Grundlage begrenzter Informationen trifft. Die Urteile, die auf der schnellen Funktionsweise von System 1 beruhen, nennen wir Intuition. Urteile werden gefällt, Reaktionen ausgelöst, ohne dass der Verstand darauf wartet, dass unser Bewusstsein nachkommt. Das Bemerkenswerteste an System 1 ist, dass es unmittelbaren Zugriff auf eine gewaltige Anzahl an Erinnerungen hat, die es als Grundlage für seine Urteile nutzt. Am schnellsten zugänglich sind diejenigen Erinnerungen, die mit starken Gefühlen verknüpft sind, mit Angst und Schmerz und Hass. Die Urteile, die dabei entstehen, sind oft falsch, aber in der Welt des Dschungels ist man mit einem schnellen Irrtum besser dran als mit bedächtiger Wahrheit.

System 2 bezeichnet den langsamen Prozess, in dem unser Verstand durch bewusstes Nachdenken und kritische Überprüfung des Beweismaterials zu seinem Urteil kommt. Es beurteilt die Aktionen von System 1. Es gibt uns die Möglichkeit, Fehler zu korrigieren und Meinungen zu ändern. Es ist vermutlich jüngeren Ursprungs als System 1, aus der Zeit nachdem unsere Vorfahren, die Primaten, auf die Bäume gestiegen waren und dort in Ruhe überlegen konnten. Ein Affe, der auf dem Baum sitzt, macht sich weniger Gedanken über Raubtiere als darüber, wie er ein Revier erwerben und behalten kann. System 2 gibt einer Familiengruppe die Möglichkeit, Pläne zu schmieden und Unternehmungen zu koordinieren. Als wir uns zu Menschen entwickelt hatten, gab uns System 2 die Möglichkeit, Kunst und Kultur zu schaffen.

Nun stellt sich die Frage: Warum geben wir das zu Irrtümern neigende System 1 nicht auf und lassen dem verlässlicheren System 2 das Kommando über unser Leben? Kahneman hat darauf eine einfache Antwort: System 2 ist zu träge. System 2 kommt nur durch geistige Anstrengung in Gang. Geistige Anstrengung kostet Zeit und auch Kalorien. Blutuntersuchungen zeigen, dass der Glukoseverbrauch zunimmt, wenn System 2 aktiv ist. Denken ist Schwerarbeit, und unser Alltagsleben ist so eingerichtet, dass Denken möglichst wenig erforderlich ist. Viele Verstandeswerkzeuge, Dinge wie Mathematik oder Rhetorik oder Logik, sind ein praktischer Ersatz für das Denken. Solange wir routinemäßig rechnen und reden und schreiben, denken wir nicht, und System 1 hat das Kommando. Die Anstrengung, System 2 in Gang zu bringen, nehmen wir erst auf uns, wenn alle alternativen Möglichkeiten erschöpft sind.

System 1 ist weitaus anfälliger gegenüber Illusionen, doch System 2 ist nicht dagegen immun. Kahneman spricht von einem »Verfügbarkeitsfehler«, einem voreingenommenen Urteil auf der Grundlage einer Erinnerung, die sich zufällig rasch einstellt. Das Gehirn wartet nicht ab, bis es eine größere Sammlung an Erinnerungen, die einen solchen Kurzschluss vermeiden würden, beisammen hat. Ein schönes Beispiel für den Verfügbarkeitsfehler ist die Tatsache, dass Haie Schwimmen das Leben retten. Eine genaue Analyse der Todesfälle im Ozean vor San Diego zeigt, dass im Schnitt jeder Schwimmer, der durch einen Hai zu Tode kommt, zehn andere davor bewahrt. Jedes Mal, wenn ein Hai einen Schwimmer tötet, sinkt für ein paar Jahre die Zahl der Todesfälle durch Ertrinken, bis sie dann wieder zum Durchschnitt zurückkehrt. Das liegt daran, dass Reportagen über Tod durch Haie lebhafter im Gedächtnis bleiben als Berichte über Tod durch Ertrinken. System 1 ist äußerst voreingenommen und gibt Haien wesentlich mehr Aufmerksamkeit als Strömungen, obwohl diese gleichermaßen tödlich sein können. In diesem Falle ist System 2 vermutlich ebenso voreingenommen. Die Vorstellung eines Haiangriffs ist mit starken Emotionen verbunden und deshalb beiden Systemen eher verfügbar.

Kahneman ist Psychologe, doch ausgezeichnet wurde er mit dem Wirtschaftsnobelpreis. Seine große Leistung war es, aus der Psychologie eine exakte Wissenschaft zu machen. Er ersann Möglichkeiten, unsere Verstandesabläufe präzise zu messen und genau zu berechnen, und zwar, indem er bis ins Kleinste erforschte, wie wir mit unserem Geld umgehen. Indem er die Psychologie quantifizierte, gelangte er gleichsam nebenbei auch noch zu einem vollkommen neuen Verständnis der Ökonomie. Ein großer Teil seines Buches ist Geschichten gewidmet, die zeigen, wie Menschen, die sich für rational halten, einer Vielzahl von Illusionen erliegen. Jede dieser Geschichten beschreibt ein Experiment, in dem Studenten oder andere Versuchspersonen unter kontrollierten Bedingungen eine Wahl treffen sollen. Sie fällen Entscheidungen, die gemessen und dokumentiert werden können. Meist geht es um Zahlenkalkulationen, um Geldbeträge oder Wahrscheinlichkeitsrechnungen. Die Geschichten zeigen, wie sehr sich unser Verhalten von dem des mythischen »rational Handelnden« der klassischen Ökonomie unterscheidet.

Eine typisch Kahneman'sche Versuchsanordnung ist das Kaffeebecher-Experiment, mit dem sich jene Form der Voreingenommenheit messen lässt, die er »Endowment-Effekt« (Besitztumseffekt) nennt. Dabei geht es darum, dass wir den Wert eines Gegenstandes höher einschätzen, wenn er uns gehört, als wenn er anderen gehört. Kaffeebecher sollen praktisch, aber auch schön sein, sodass der Besitzer ein persönliches Verhältnis zu ihnen entwickelt. In einer einfachen Form des Experimentes werden aus einer Anzahl zufällig ausgewählter Studenten zwei Gruppen gebildet, Käufer und Verkäufer. Jeder Verkäufer bekommt einen Becher und soll einen Käufer dafür finden. Die Käufer bekommen nichts, sondern sollen den Becher mit ihrem eigenen Geld kaufen. Bei einem typischen Experiment waren die Durchschnittspreise wie folgt: Verkäufer $ 7.12, Käufer $ 2.87. Da die Preisdifferenz so groß war, wurden kaum Becher verkauft.

Auf schönste Weise demontierte dieses Experiment das zentrale Dogma der klassischen Ökonomie. Das Dogma besagt, dass in einem freien Markt Käufer und Verkäufer sich auf einen Preis einigen, den beide Seiten als fair ansehen. Das Dogma trifft für gewerbsmäßige Händler, die an Aktienbörsen mit Aktien handeln, zu. Dass es für nicht gewerbsmäßige Käufer und Verkäufer nicht zutrifft, liegt am Endowment-Effekt. Es kommt nicht zu einem Handel, der für beide Seiten vorteilhaft ist, weil die meisten Menschen nicht wie Händler denken.

Die Tatsache, dass wir nicht wie Händler denken, hat gewichtige Folgen, positive wie auch negative. Die Hauptwirkung des Endowment-Effekts ist, dass er unserem Leben und unseren Institutionen Stabilität verleiht. Stabilität ist gut, wenn eine Gesellschaft friedlich und wohlhabend ist. Stabilität ist schlecht, wenn eine Gesellschaft arm und unfrei ist. Der Endowment-Effekt funktioniert wunderbar in der deutschen Stadt München. Vor Jahren habe ich dort einmal für ein Jahr eine Wohnung gemietet, ein paar Meilen vom Stadtzentrum entfernt. Auf der anderen Straßenseite lag ein richtiger Bauernhof mit Kartoffelfeldern und Schweinen und Schafen. Die Kinder dort, unsere eigenen eingeschlossen, gingen abends aufs Feld, zündeten kleine Feuer an und brieten Kartoffeln. In einer freien Marktwirtschaft wäre der Hof an einen Bauunternehmer verkauft worden, eine Wohnsiedlung wäre entstanden. Bauer und Bauunternehmer hätten einen stattlichen Profit gemacht. Aber die Leute in München dachten nicht wie Kaufleute. Land wurde nicht auf dem freien Markt gehandelt. Die Stadt sah diesen Bauernhof als öffentliche Grünfläche an, man konnte zu Fuß über die Wiesen bis ins Stadtzentrum gehen, Kinder konnten am Abend ihre Kartoffeln braten. Der Endowment-Effekt sorgte dafür, dass der Bauernhof erhalten blieb.

In armen, agrarischen Gesellschaften, etwa im Irland des neunzehnten Jahrhunderts oder in großen Teilen Afrikas heute, ist der Endowment-Effekt etwas Schlechtes, weil er die Armut festschreibt. Dem irischen Landbesitzer und dem afrikanischen Dorfältesten beschert der Besitz Status und politische Macht. Sie denken nicht wie Kaufleute, denn Status und politische Macht sind mehr wert als Geld. Sie tauschen ihren hohen Rang nicht gegen Geld ein, nicht einmal wenn sie hoch verschuldet sind. Der Endowment-Effekt sorgt dafür, dass die Bauern arm bleiben, und treibt diejenigen, die wie Kaufleute denken, in die Emigration.

Am Ende seines Buches stellt Kahneman die Frage nach dem praktischen Nutzen, den wir aus dem Verständnis unserer irrationalen Verstandesabläufe ziehen können. Wir wissen, dass unsere Urteile stark von überkommenen Illusionen geprägt sind, die uns einst halfen, in einem Wald voller Schlangen zu überleben, die aber nichts mit Logik zu tun haben. Wir wissen auch, dass diese Illusionen selbst dann nicht verschwinden, wenn wir die Vorurteile und Täuschungen erkennen. Was nützt es uns zu wissen, dass wir uns täuschen, wenn dieses Wissen die Täuschungen nicht vertreibt?

Kahnemans Antwort lautet, dass er unser Verhalten ändern möchte, indem er unseren Wortschatz ändert. Wenn die Bezeichnungen, die er für gewisse weitverbreitete Täuschungen und Illusionen ersonnen hat, »Illusion der Gültigkeit«, »Verfügbarkeitsfehler«, »Endowment-Effekt« und weitere, auf die einzugehen den Rahmen dieser Besprechung sprengen würde, Bestandteil unserer Alltagssprache werden, dann, so hofft er, werden unsere Illusionen die Macht uns zu täuschen verlieren. Wenn wir die Ausdrücke täglich gebrauchen, um Fehlurteile unserer Freunde zu bezeichnen und unsere eigenen einzugestehen, dann werden wir vielleicht lernen, unsere Illusionen zu überwinden. Vielleicht werden für unsere Kinder und Enkel diese Begriffe schon selbstverständlich sein, und wenn sie Urteile fällen, werden sie die ererbten Fehler automatisch korrigieren. Wenn dieses Wunder geschieht, dann haben zukünftige Generationen Kahneman viel zu verdanken: sie sollten ihm danken, dass er ihnen zu einem klareren Bewusstsein verholfen hat.

Auffällig ist, dass an keiner Stelle in Kahnemans Buch der Name Sigmund Freud genannt wird. Auf zweiunddreißig Seiten Anmerkungen findet sich nicht ein einziger Verweis auf seine Schriften. Diese Abwesenheit ist mit Sicherheit kein Zufall. Freud war die führende Gestalt in der Psychologie der ersten Hälfte des zwanzigsten Jahrhunderts und ein gestürzter Tyrann in der zweiten Hälfte. Im amerikanischen Wikipedia-Artikel über Freud finden wir eine Äußerung des Immunologen und Nobelpreisträgers Peter Medawar – Psychologie sei »der unglaublichste intellektuelle Taschenspielertrick des zwanzigsten Jahrhunderts« – und das folgende von Frederick Crews:

»Nach und nach begreifen wir, dass Freud die am meisten überschätzte Figur in der gesamten Geschichte der Naturwissenschaften und der Medizin war – ein Mann, der enormen Schaden anrichtete durch falsche Herleitungen, falsche Diagnosen und irreführende Fragestellungen.«

In diesen beiden Zitaten schlagen die Gefühle hoch. Freud wird heute mit der gleichen Leidenschaft gehasst, mit der man ihn einst liebte. Offenbar teilt Kahneman die vorherrschende Meinung über den Mann und sein literarisches Erbe.

Freud schrieb zwei Bücher – *Zur Psychopathologie des Alltagslebens* von 1901 und *Das Ich und das Es*, 1923 –, die zwei der Hauptthemen Kahnemans weitgehend vorwegnehmen. In der Schrift über die Psychopathologie geht es um die zahlreichen Fehlleistungen in Urteil und Verhalten, die durch unbewusst wirkende affektgeladene Vorurteile entstehen. »Freud'sche Versprecher« sind Beispiele für Verfügbarkeitsfehler, verursacht durch die Verknüpfung von Erinnerungen mit starken Emotionen. *Das Ich und das Es* beschreibt zwei Ebenen des Bewusstseins, die große Ähnlichkeit mit Kahnemans Systemen 1 und 2 haben – das meist bewusste und rationale Ich und das unbewusste, irrationale Es.

Es gibt große Unterschiede zwischen Freud und Kahneman, wie nicht anders zu erwarten bei zwei Denkern, die ein ganzes Jahrhundert trennt. Der größte Unterschied ist, dass Freud Literat ist, Kahneman Naturwissenschaftler. Kahnemans große Leistung war, dass er aus der Psychologie eine experimentelle Wissenschaft machte, mit Versuchsergebnissen, die sich wiederholen und verifizieren ließen. Freud – so sehe ich es – machte aus der Psychologie einen Zweig der Literatur, mit Erzählungen und Mythen, die sich eher an das Herz richten als an den Verstand. Das Kernstück der freudschen Lehre war der Ödipuskomplex, eine Geschichte, die er aus der griechischen Mythologie übernahm und die aus den Tragödien des Sophokles bekannt war. Freud erhob den Anspruch, er habe aus seiner klinischen Praxis die Gefühle von Kindern gegenüber ihren Eltern bestimmt, und nannte sie den Ödipuskomplex. Seine Kritiker bestreiten diesen Anspruch. So wurde Freud für seine Anhänger zum Propheten spiritueller und psychologischer Weisheit, für seine Verächter zum Quacksalber, der selbst ersonnene Krankheiten kurierte. Kahneman führte die Psychologie in genau die entgegengesetzte Richtung; er behauptete nicht, dass er Krankheiten kurieren könne, sondern wollte lediglich Illusion vertreiben.

Man kann verstehen, dass Kahneman keinen Sinn für Freud hat, aber es bleibt bedauerlich. Die Erkenntnisse von Kahneman und Freud sind keine Widersprüche, sondern sie ergänzen sich. Jeder, der die menschliche Natur wirklich verstehen will, kann von beiden viel lernen. Die Bandbreite von Kahnemans Psychologie ist durch seine Methode notgedrungen begrenzt. In seinem Ansatz studiert er Verstandesabläufe, die sich unter streng kontrollierten Laborbedingungen beobachten und messen lassen. Mit diesem Verfahren revolutionierte er die Psychologie. Er entdeckte Verstandesabläufe, die präzise beschrieben und verlässlich vorgeführt werden können. Freuds poetische Fantasien ließ er dabei hinter sich.

Leider ließ er zusammen mit den poetischen Fantasien auch manch anderes Wertvolle hinter sich. Da sich starke Gefühle und Obsessionen nicht unter Laborbedingungen messen lassen, konnte Kahneman sie mit seiner Methode nicht erforschen. Kahnemans Technik erfasst nur den friedvollen Bereich unserer Psyche, die alltäglichen Entscheidungen, die harmlosen Winkelzüge und das Glücksspiel im kleinen Format. Die gewalttätige, leidenschaftliche Seite der menschlichen Natur, bei der es um Leben und Tod geht, um Liebe und Hass und Schmerz und Sex, lässt sich nicht experimentell erforschen und bleibt deshalb außerhalb von Kahnemans Reichweite. Gewalt und Leidenschaft sind das Reich Freuds. Freud kann tiefer vordringen als Kahneman, weil die Literatur einen profunderen Zugang zur menschlichen Natur und dem Schicksal der Menschheit bietet als die Naturwissenschaften.

William James ist ein weiterer großer Psychologe, dessen Name in Kahnemans Buch nie fällt. James war Zeitgenosse Freuds und veröffentlichte seine klassische Schrift

*The Varieties of Religious Experience: A Study in Human Nature* [*Die Vielfalt religiöser Erfahrung. Eine Studie über die menschliche Natur*] im Jahre 1902. Die Religion ist ein weiterer großer Bereich menschlicher Erfahrung, den Kahneman bei seinen Forschungen ausklammert. Wie der Ödipuskomplex ist auch der Glaube kein geeigneter Gegenstand für einen Laborversuch. Statt Versuche zu machen, hört James den Menschen zu, die ihre Erfahrungen beschreiben. Er studiert den Verstand seiner Gewährsleute eher von innen heraus als von außen. Er isoliert zwei Typen religiöser Persönlichkeit und nennt sie »once-born« und »twice-born«, womit er die Unterscheidung Kahnemans in die zwei Verstandessysteme 1 und 2 vorwegnimmt. Da James sich sein Beweismaterial eher in der Literatur als in der Wissenschaft sucht, sind seine zwei Hauptzeugen hier Walt Whitman für die erste Gruppe, Leo Tolstoi für die zweite.

Freud und James waren Künstler, keine Naturwissenschaftler. Es ist normal, dass Künstler, die zu Lebzeiten große Anerkennung finden, nach ihrem Tod aus der Mode kommen und in Vergessenheit geraten. Fünfzig oder hundert Jahre später kommt dann vielleicht eine Neubewertung, im Zuge derer sie vielleicht in die Ränge der dauerhaft Großen aufgenommen werden. Bewunderer von Freud und James dürfen hoffen, dass eine Zeit kommen wird, in der die beiden zusammen mit Kahneman als drei große Erforscher der menschlichen Psyche gesehen werden, Freud und James als Erforscher unserer tieferen Emotionen, Kahneman als derjenige der eher alltäglichen Verstandesleistungen. Aber diese Zeit ist noch nicht gekommen. Einstweilen müssen wir Kahneman dankbar dafür sein, dass er uns in seinem Buch auf so vergnügliche Art die praktische Seite unserer Persönlichkeit erklärt.

## Eine ›blühende gemeinschaftliche Unternehmung‹ Daniel Kahneman antwortet Freeman Dyson

Werte Damen und Herren!

Freeman Dyson misst in seiner großzügigen Besprechung von *Schnelles Denken, langsames Denken* meiner Rolle in der Geschichte der wissenschaftlichen Psychologie entschieden zu viel Bedeutung bei. Tatsächlich ist meine Disziplin heute weit mehr an den Naturwissenschaften ausgerichtet als zu der Zeit, zu der William James und Sigmund Freud ihre Meisterwerke schrieben, aber diese Wandlung war bereits lange vor meiner Geburt im Gange. Die psychologische Wissenschaft wuchs im Laufe des 20. Jahrhunderts in mehreren Entwicklungsschüben, von den Schulen der Gestaltpsychologie und des Behaviorismus, die ich als graduierter Student um das Jahr 1960 kennenlernte, zur kognitiven Revolution, die eben die intellektuelle Landschaft neu bestimmte, als Amos Tversky und ich am Ende jener Dekade unsere gemeinsame Arbeit aufnahmen, und von da weiter zu den Entwicklungen der Neurowissenschaften und in der Erforschung assoziativer und emotionaler Prozesse, die sich heute einige der fähigsten Doktoranden zum Thema wählen.

Tversky und ich hatten unseren Anteil an der kognitiven Revolution, zu der wir anfangs die Idee beisteuerten, dass gravierende Irrtümer in intuitiven Urteilen sich aus dem Kognitionsprozess selbst ergeben können und nicht aus Wunschdenken oder anderen emotionalen Verzerrungen. Wir hatten auch schon eine Ahnung von dem, was später als Zwei-Systeme-Vorstellung Gestalt annahm. Unser erster gemeinsamer Aufsatz, in dem wir Fehler in statistischen Entscheidungen der Wissenschaft dokumentierten, unterschied bereits, wenn auch noch nicht explizit, zwischen intuitivem Urteil und bewusster Berechnung. Die detaillierte Erforschung des Unterschieds zwischen automatisch ablaufenden und gesteuerten Prozessen begann einige Jahre später in einem Labor in Indiana, und eine Vielzahl von Psychologen hat in den Jahrzehnten seither diese Unterscheidung verfeinert und fortgeführt. In meinem jüngsten Versuch, die Wechselbeziehungen zwischen dem schnellen, intuitiven Denken und dem bewussten Ich zu beschreiben, beziehe ich mich auf die Arbeiten dieser Vorgänger ebenso wie auf die neuesten Forschungen auf dem Gebiet der assoziativen Erinnerung.

Wissenschaftler bleiben meist im Silo ihrer eigenen Disziplin, und es kommt selten vor, dass Forschungen auf einem Gebiet die Arbeit auf einem anderen beeinflussen. Meine Untersuchungen mit Tversky haben einige solche Grenzen überschritten, und zwar in erster Linie dadurch, dass wir mit Techniken arbeiteten, die jedem zugänglich waren: Wir legten den Lesern einfache Fragen vor, anhand derer sie ihre eigenen Fehler bei der intuitiven Beurteilung erkennen konnten. Deshalb ist unsere Arbeit für Außenstehende sichtbarer gewesen als viele andere Fortschritte der psychologischen Forschung; doch am besten versteht man sie als einen Beitrag zur blühenden gemeinschaftlichen Unternehmung der modernen experimentellen Psychologie.

Daniel Kahneman
Professor Emeritus
Princeton University
Princeton, New Jersey

## Freeman Dyson kommentiert:

Ich bin froh, dass Daniel Kahneman meine Irrtümer richtigstellt, denn er weiß weit mehr über die Geschichte der Psychologie als ich.

*2011*

## ISABEL ALLENDE

## Willie und ich und die Flamme der Leidenschaft

*Sie steht im Ruf einer Diotima unserer Tage, einer Weisen in der Liebe, die überdies wie nur wenige davon und von der Flamme der Leidenschaft zu erzählen weiß. Spätestens mit einigen Takten lateinamerikanischer Musik nach den Frühnachrichten aus dem Radio kommt die Idee, die rechte Mischung auf ihrem Kontinent zu suchen: Temperament und Sentiment, mit Humor, ohne jemals unernst zu sein. Millionen haben ihr applaudiert. Lange hat sie sich in ihrer Kunst an Romanfiguren geschult, bis sie in aller Offenheit von eigenen Erfahrungen zu sprechen anfing. In ihrem Lesebuch* Liebe *tut sie es erstmals.*

*Der Stiefvater von Isabel Allende (\*1942) war Diplomat in chilenischen Diensten, weshalb sie schon als Jugendliche in der Welt herumkam. Bereits als 17-Jährige wurde sie im Journalismus tätig. Für die Ernährungs- und Landwirtschaftsorganisation der Vereinten Nationen (FAO) moderierte sie Fernsehsendungen über die Weltkampagne gegen den Hunger. In Caracas, wo sie seit 1975 im Exil lebte, beschloss sie, dem 1981 mit 99 Jahren verstorbenen Großvater einen Brief zu schreiben. Das Ergebnis, ihr erster Roman* Das Geisterhaus, *hat sie weltberühmt gemacht.*

IM JAHR 1987 WAR ICH FÜNFUNDVIERZIG JAHRE ALT, hatte drei Romane veröffentlicht, und meine Kinder brauchten mich nicht mehr, da endete meine Ehe dann offiziell. Nicolás hatte sich der grünen Haarsträhnen und vierzehn Ohrringe entledigt und ein Studium begonnen; Paula hatte die Sexualwissenschaft aufgegeben, die wenig lukrativ gewesen war, hatte ihren Master in Kognitiver Entwicklungsförderung gemacht und mit dem festen Vorsatz, sich einen neuen Bräutigam zu angeln, gelernt, wie man Pasta kocht. In diesem Jahr fand sie einen, die beiden heirateten bald darauf und konnten für eine kurze Zeit glücklich sein, ehe der Tod kam und Paula holte, aber das ist eine andere Geschichte.

Meine Scheidung von Miguel fand in Caracas und mit den guten Umgangsformen statt, die unser fast dreißigjähriges Miteinander ausgezeichnet hatten, wir blieben Freunde, denn auch wenn die Verliebtheit erloschen war, ist die Zuneigung doch geblieben. Einen Monat später lernte er Marta kennen, die ideale Frau für ihn, und zusammen kehrten die beiden nach Chile zurück, während ich zum ersten Mal in meinem Leben ohne Partner war. Aller Fesseln ledig, wollte ich es mir gut gehen lassen und hoffte, auch in meinem Alter noch den einen oder anderen geistesabwesenden Mann verführen zu können. Meine Freiheit währte exakt vier Monate und zwanzig Tage. Ich war auf einer Lesereise durch Nordkalifornien, als ich Willie kennenlernte, einen amerikanischen Anwalt. Der meinen zweiten Roman, *Von Liebe und Schatten,* gelesen hatte und von der Liebesszene zwischen Irene und Francisco geködert worden war. »Diese Autorin versteht die Liebe so wie ich«, hatte er zu einer Freundin gesagt, und deshalb war er zu meiner Veranstaltung in die Buchhandlung gekommen.

Fragt man Willie, so war es die Begegnung zweier Seelen, die sich in früheren Jahren geliebt haben, aber für mich war es ein Anfall von Lüsternheit. Dieser Mann schien mir sehr erotisch: weiß wie Mehl, dazu die blauen Augen eines Iren und ein Spanisch wie ein mexikanischer Bandit. Da ich diese Episode meines Lebens schon tausendmal erzählt habe, hier nur die Zusammenfassung: Sagen wir, ich drängte mich uneingeladen in sein Leben, und seither sind wir ein Paar. Nach zwei Wochen merkte ich, dass zu der anfänglichen Lüsternheit Verliebtheit gekommen war. Es ist leicht, sich in Willie zu verlieben, obwohl er das Gegenteil des klassischen Latin Lovers ist: Er flüstert mir keine Komplimente ins Ohr, tanzt nicht engumschlungen und behandelt mich wie einen Kumpel. Immerhin hat er den Vorteil, dass er monogam ist, und unter den entsprechenden Bedingungen kann ich das auch sein.

Auf sexuellem Gebiet gibt es ständig neue Trends, und in den Neunzigern wollte ich mich wappnen, wenn meine Enkel geboren würden, damit sie mit ihrer fortschrittlichen Großmutter prahlen könnten. Ich hatte vor, einen Kurs in tantrischem Sex zu belegen, und wollte mir eine Puppe mit geeigneten Öffnungen zulegen und den Hund für unanständige Fotos abrichten, aber dann kam Aids, und wir kehrten zurück in die dunklen Zeiten vor der Erfindung der Pille. Als die Enkel schließlich da waren, kaufte ich ihnen Teddybären und kramte meine Kenntnisse über Bienen und

Blumen wieder hervor. Die Menschheit verbrachte Jahre in lähmender Angst vor der Krankheit, die daherkam wie eine Strafe Gottes, bis Medikamente gefunden waren, um sie in Schach zu halten, und man die Promiskuität wieder pflegen konnte, wenn auch mit Vorsicht. Inzwischen hat Bill Clinton uns weisgemacht, dass Sex mit dem Mund kein Sex ist, wird er im Weißen Haus praktiziert, und die katholische Kirche, dass Pädophilie keine Sünde ist, wird sie von einem Priester praktiziert. Das Internet hat für alle in greifbare Nähe gerückt, was früher höchst geheim war, und heute kann jeder virtuell und am Bildschirm noch der ausgefallensten Perversion frönen. Was auch weder Sex noch Sünde ist. Es gelingt mir nicht, in sexuellen Fragen auf dem Laufenden zu bleiben; so viel ich auch recherchiere, meine Enkel wissen mehr als ich, nichts überrascht sie.

In den vielen Jahren meines Schreibens habe ich etliche Genres erprobt, habe Familiensagas, Erzählungen, Memoiren, Essays, historische Romane und Jugendbücher und sogar Kochrezepte geschrieben, und in fast allen meinen Büchern kommen Liebesszenen vor, außer in denen für Jugendliche, weil die Verlage etwas dagegen hatten, aber erotische Literatur habe ich nie geschrieben. Vielleicht wage ich mich daran, wenn meine Mutter nicht mehr lebt, denn ich will sie nicht verärgern, aber ein wenig würde diese Herausforderung mich schrecken. Mit der Sexualität geschieht dasselbe wie mit der Gewalt, man übertreibt immer stärker, um ein Publikum zu bedienen, das längst übersättigt ist. Man hat nichts Neues zu bieten, also drückt man bei den Special effects auf die Tube.

Willie und ich haben viele Hochs und Tiefs überstanden und einige Tragödien. Ein berühmter deutscher Komponist erzählte uns einmal, er habe mit seiner Frau etliche Leben gelebt. Sie seien seit vierzig Jahren zusammen und hätten sich in dieser Zeit sehr verändert. Siebenmal hätten sie kurz vor der Trennung gestanden, weil ihre Beziehung ins Wanken geriet und sie in ihrem Partner die Person nicht wiedererkannten, in die sie sich in jungen Jahren verliebt hatten, aber jedes Mal hatten sie beschlossen, die nötigen Justierungen vorzunehmen, hätten ihrer Liebe neue Nahrung gegeben und ihr Eheversprechen erneuert. »Wir mussten sieben Schwellen überschreiten«, sagte er uns. Gerade stehen Willie und ich wieder an einer dieser Schwellen, an der zum Alter, wenn fast alles im Schwinden begriffen ist: der Körper, die geistigen Fähigkeiten, die Energie und die Sexualität. Was ist bloß passiert mit uns? Das ist nicht nach und nach, das ist plötzlich über uns gekommen wie ein Tsunami. Eines Morgens sahen wir uns nackt in dem großen Spiegel im Badezimmer und erschraken. Was hatten diese beiden alten Leutchen in unserem Bad verloren?

In einer Kultur, die wie unsere so viel Gewicht auf Jugend und Schönheit legt, bedarf es großer Liebe und einiger Taschenspielertricks, die Person weiter begehrenswert zu finden, die uns einmal erregt hat und die jetzt gebrechlich und verbraucht ist. In meinem respektablen Alter, wo ich Kinokarten und Busfahrscheine billiger bekomme, ist mein erotisches Interesse dasselbe wie eh und je. Meine Mutter, die neunzig geworden ist, sagt, das höre nie auf, man solle aber besser nicht darüber reden, weil es schockierend wirke; alte Menschen sind mutmaßlich asexuell wie Amöben. Wahrscheinlich würde ich, wäre ich allein, so wenig darüber nachdenken wie viele meiner Freundinnen, aber mit Willie an meiner Seite gebe ich mir Mühe, knackig zu altern. Innerlich ist Willie unverändert der kräftige und gute Mann, der mein Herz im Sturm nahm, deshalb bemühe ich mich, die Flamme der Leidenschaft zu schüren, auch wenn sie nicht mehr lodert wie eine Fackel, sondern still vor sich hin glimmt wie ein Streichholz. Andere Paare in unserem Alter loben die Zärtlichkeit und das Miteinander, die an die Stelle der Leidenschaft getreten sind, aber ich habe Willie gewarnt, dass ich nicht daran denke, die Sinnlichkeit gegen etwas einzutauschen, was ich bereits mit meiner Hündin habe. Jedenfalls noch nicht …

*2011*

# BONO

## Ein Jahrzehnt Fortschritte im Kampf gegen Aids

*Bono alias Sir Paul David Hewson (*1960), Bandleader von U2, gründete im Jahr 2002 in London die multinationale nichtstaatliche Organisation Debt, Aids, Trade in Africa (kurz DATA).*

*Politisches Hauptinstrument der Arbeit von DATA ist der »DATA Report«, der jedes Jahr die Umsetzung der Hilfsversprechen der G8 überprüft (http://www.one.org/data/).*

*Hier berichtet Bono selbst.*

ES war der Ausdruck in ihren Gesichtern, als die Schwestern ihnen die Diagnose mitteilten – HIV positiv – und dann sagten, dass es keine Behandlung dafür gebe. Ich sah keinen Zorn in ihren Gesichtern. Keinen Protest. Wenn überhaupt, dann etwas wie Fügung ins Unvermeidliche.

Zornig waren die Schwestern, die wussten, dass es sehr wohl eine Therapie gab – nur eben nicht für die armen Leute in den armen Ländern. Sie sahen, wie absurd es war, dass ein geografischer Zufall ihren Patienten die zwei kleinen Pillen pro Tag vorenthielt.

Das ist weniger als ein Jahrzehnt her. Und alle, die Zeugen wurden, wie diese hingebungsvollen afrikanischen Schwestern ein Todesurteil nach dem anderen verkünden mussten, fühlen noch immer die Wut und die Scham darüber. Aids stellte den Westen vor eine geradezu existenzielle Krise. Aids zwang uns große, unbequeme Fragen auf, wie die, ob der Kapitalismus, der das globale Dorf erfunden und mit Waren wohl bestückt hatte, auch globale Problemlösungen bereitstellen könnte. Ob uns Wohltätigkeit reichte oder ob wir Gerechtigkeit wollten...

Der sinnlose Tod so vieler Menschen in Afrika beleidigte die amerikanische Idee: die Idee, dass jeder gleich geboren ist und dass das Schicksal in unserer eigenen Hand liegt. In den späten 1990er-Jahren vereinigten sich Aids-Aktivisten in Amerika und auf der ganzen Welt mit Wissenschaftlern und Ärzten und drangen darauf, dass jemand – wer auch immer – etwas gegen den Flächenbrand tun sollte. Die Chancen standen schlecht, wie schlecht, kann man an den Statistiken ablesen: 2002 starben zwei Millionen Menschen an Aids und mehr als drei Millionen wurden neu mit HIV infiziert. Ca. 50 000 Menschen in Afrika südlich der Sahara hatten Zugang zu Therapien.

Und doch stehen wir jetzt da und können tatsächlich ernsthaft über das »Ende« dieser globalen Epidemie reden. 6,6 Millionen Menschen erhalten lebensrettende Medizin gegen Aids. Aber noch immer sind viel zu viele infiziert. Neue Forschungen zeigen, dass frühe anitiretrovirale Behandlung, besonders bei schwangeren Frauen, in Kombination mit Beschneidung bei Männern die Rate der Neuerkrankungen um bis zu 60 Prozent verringern kann. Wir sind dem Wendepunkt ganz nah, für den wir uns eingesetzt haben. Wir haben es fast geschafft.

Wie sind wir so weit gekommen? Amerika hat geführt. Ich meine: *wirklich* geführt.

Die USA haben den größten Heldenakt seit Eintritt in den Zweiten Weltkrieg vollbracht. Wenn die Geschichtsbücher geschrieben werden, werden diese davon berichten, dass Millionen Menschen ihr Leben dem Steuer-Dollar der Yankees verdanken, nur einem kleinen Teil eines Hilfspakets, das insgesamt weniger als ein Prozent des US-Bundeshaushalts ausmacht.

Für mich, Fan und Kritiker von Amerika, ist es eine Geschichte über seltsame Bündnispartner: die Schwulengemeinde, Evangelisten und verlotterte Studentenaktivisten in seltener Harmonie; Militärs, die den Kampf gegen Aids zur Frage der nationalen Sicherheit erklärten, Leute wie Nancy Pelosi, Barbara Lee und John Kerry im Gleichschritt mit Bill Frist und Rick Santorum; Jesse Helms, der mit Gehhilfe und Tränen in den Augen kommt, um die Unterstützung der Rechten zu verkünden; der wunderbare Patrick Leahy, der anbietet, einen Kongressabgeordneten auszuknocken, der sich bei der Budgetvergabe seltsam anstellt, Jeffrey Sachs, George Soros und Bill Gates, die den ›Global Fonds zur Bekämpfung von

Aids, Tuberkulose und Malaria‹ unterstützen, Rupert Murdoch (ja, der), der die Titelseiten seiner Zeitungen anbietet.

Mit dabei: Ein konservativer Präsident George W. Bush, der die weltweit größte Bewegung gegen die Epidemie anführte, derselbe Bush, der auf den Tisch haut, als ich mich beschwere, dass die Medikamente nicht schnell genug dort hin kämen, wo sie hin sollten; ich, der ich mich bei Bush entschuldige, als sie es dann doch tun. Bill Clinton, der Pharmafirmen dazu zwingt, die Preise zu senken. Hilary Rodham Clinton, die es sich zur Aufgabe macht, die Übertragung von HIV von Mutter zu Kind zu stoppen, und Präsident Obama, der am Welt-Aids-Tag eine entscheidende Rede hält, in der er ankündigt zu beenden, was seine Vorgänger begonnen haben – der Anfang vom Ende von Aids.

Und dann gab es die ganz gewöhnlichen Amerikaner. Zum Beispiel den tätowierten Trucker, den ich am Rande der Interstate 80 in Iowa traf, und der, als er hörte, wie viele afrikanische Lastwagenfahrer mit HIV infiziert sind, sagte, er werde die Pillen selbst hinfahren.

Dank des Einsatzes von ihnen allen führte Amerika. Führte *wirklich*.

Das war *smart power*. Richtig genial. 2007 lagen acht der zehn Länder, die Amerika besonders positiv gegenüberstanden, in Afrika. Und es kann nicht schlecht für Amerika sein, Freunde auf einem Kontinent zu haben, der zur Hälfte muslimisch ist und der im Jahr 2025 bevölkerungsreicher sein wird als China.

Aktivisten sind ein seltsames Völkchen. Wenn die Welt uns zu folgen beginnt, weisen wir mit selbstgerechter Entrüstung darauf hin, was alles noch zu tun bleibt. Aber am kommenden Welt-Aids-Tag hätte ich gern, dass ihr innehaltet und überlegt, was Amerika im Kampf um Leben in weit entfernten Regionen und heilige Prinzipien alles erreicht hat.

Die Mondlandung ist eine arg strapazierte Metapher, ich weiß; ich selbst habe sie bis zur Erschöpfung gebraucht. Aber Amerikas kühnster Sprung ist es wert, erinnert zu werden. Und wenn ich es richtig sehe, ist die Landung noch nicht vollbracht. Budgetkürzungen … Zwist zwischen den politischen Parteien … sie bringen das Ergebnis in Gefahr, gerade jetzt, wo die Wissenschaft uns verbesserte Instrumente in die Hand gibt. So weit gekommen zu sein und die Flagge nicht zu hissen, wäre eine der schlimmsten Nebenwirkungen der aktuellen Rezession.

*2011*

# ANDREW PALMER

## Massenweisheit in Fortbewegung

*»Massendynamik« kannten wir bis vor Kurzem als ein Thema der Massenpsychologie, inzwischen aufgegangen in der Sozialpsychologie, oder als eines der Kommunikationswissenschaften. Auch Pädagogen interessieren sich dafür, besonders militärisches Schulungspersonal. In den vom Computer modellierten urbanen Welten ist auch die Physik des Massenverkehrs zu einem neuen Wissenschaftszweig geworden.*

*Dieser ist ein nebenberufliches Steckenpferd von Andrew Palmer (\* 1970), dem Finance Editor des Londoner Nachrichtenmagazins »The Economist« seit 2009, davor dessen Banking Correspondent. Früher untersuchte er für die EU die Medienberichterstattung über osteuropäische Wahlen.*

STELLEN SIE SICH VOR, SIE SEIEN FRANZÖSIN. Sie schreiten auf dem belebten Pflaster aus, und aus der Gegenrichtung kommt ein anderer Fußgänger auf Sie zu. Es wird zu einem Zusammenstoß kommen, wenn Sie einander nicht aus dem Weg gehen. Nach welcher Seite weichen Sie aus?

Fast sicher lautet die Antwort, nach rechts. In großen Teilen Asiens dagegen, wenn sich dieselbe Szene wiederholt, werden Sie wahrscheinlich nach links zur Seite treten. Warum, ist unklar. Es gibt keine Anweisung, in welche Richtung Sie Ihre Schritte lenken sollen (Südkorea, wo eine öffentliche Kampagne die Leute nach rechts zu dirigieren sucht, ist eine

Ausnahme). Eine einfache Entsprechung mit der Straßenseite, auf der die Leute fahren, gibt es nicht. Londoner zum Beispiel drängen rechts aneinander vorbei.

Wie Mehdi Moussaid vom Max-Planck-Institut in Berlin sagt, handelt es sich vielmehr um ein Verhalten, das auf Wahrscheinlichkeit beruht. Wenn zwei aufeinander zugehende Menschen gegenseitig ihre Absicht richtig erraten und, jeder in seine Richtung tretend, einander passieren lassen, dann ist es wahrscheinlich, dass sie sich nächstes Mal ebenso bewegen, um einen Zusammenstoß zu vermeiden. Die Erfolgswahrscheinlichkeit des Manövers wächst dadurch, dass mehr und mehr Leute dieselbe Vorliebe übernehmen, bis die Gewohnheit sitzt. Nach rechts oder nach links, darauf kommt es nicht an; was zählt, ist der unausgesprochene Mehrheitswille.

Mit der geläufigen Vorstellung vom Fußgängerdasein passt das nicht zusammen. Mehr als jede andere Art der Fortbewegung, wie etwa in einen Zug gequetscht zu werden oder im Verkehrsstau stecken zu bleiben, scheint das Gehen Wahlfreiheit zu bieten. Die Wirklichkeit ist komplizierter. Ob sie beiseitetreten, um einen Zusammenstoß zu vermeiden, ob sie der Person vor ihnen durch die Menge folgen oder im Zickzack über eine belebte Straße navigieren, in jedem Fall verhalten sich Fußgänger autonom und finden sich dabei zugleich durch andere eingeschränkt. Sie sind zugleich höchst mobil und sehr berechenbar. »Das sind Partikel mit einem Willen«, sagt Dirk Helbing von der ETH Zürich, einer auf Technologie spezialisierten Hochschule.

Helbing und Moussaid sind auf dem neuesten Stand eines jungen Forschungsgebietes: Fußgängerverhalten zu modellieren und zu verstehen. Ihre Neugier ist nicht reiner Selbstzweck. Fußgängerströme zu verstehen, macht Massenphänomene sicherer: Kenntnis der Neigungen unterschiedlicher Nationalitäten, in unterschiedlicher Richtung auszuweichen, sind zum Beispiel hilfreich für Organisatoren von Fußballweltmeisterschaften, wo sich Fans aus verschiedenen Ländern untereinandermengen. Die Gefahr von Zusammenstößen wächst, wenn ihre Reflexe, auszuweichen, nicht die gleichen sind. In einer gedrängten Menschenmenge kann das die Fortbewegung vieler Leute beeinträchtigen.

Helbing und Peter Molnar, beide Physiker, stellten 1995 ein Computermodell namens »Social Force« vor, in dem sie das Verhalten von Molekülen in Flüssigkeiten oder Gasen heranzogen, um Fußgängerbewegungen zu beschreiben. Das Modell stützte sich auf die Annahme, dass Leute von gewissen Dingen angezogen werden, wie zum Beispiel vom Ziel, dem sie entgegenstreben, und von anderen Dingen abgestoßen werden, wie etwa von einem anderen Fußgänger, der ihnen entgegenkommt. Seinen Wert bewies es, indem es Voraussagen über Muster von Selbstorganisation ermöglichte, wie sie im wirklichen Leben zu erkennen sind.

Eines davon ist zum Beispiel die Neigung von Menschenmengen, sich spontan in Kolonnen aufzuteilen, was ihnen die Fortbewegung in entgegengesetzter Richtung erleichtert. In einer Abfolge von Begegnungen brauchen Individuen nicht den Durchlass auszuhandeln, sie folgen einfach der Person vor ihnen. Das funktioniert besser als Überholversuche. Untersuchungen von Moussaid zeigen, dass der Versuch einer Person, in einer Menge schneller als die anderen Leute zu gehen, die entgegenkommende Kolonne zwingt, sich in zwei Reihen aufzuspalten, was bei der benachbarten Kolonne wiederum dieselbe Wirkung hat und so weiter. Im Ergebnis bewegen sich alle langsamer.

Ein anderes Phänomen von Selbstorganisation tritt auf, wenn gegenläufige Menschenströme an einer Schnittstelle aufeinandertreffen: so zum Beispiel, wenn Eltern eine Schar kleiner Kinder in die Schule eskortieren, während andere Eltern, deren Kinder schon entlassen sind, das Schulgelände zu verlassen suchen. Während die Kleinen in der einen Richtung durch das Tor strömen, nimmt der Druck auf ihrer Seite ab. Das gibt den Wartenden auf der anderen Seite die Möglichkeit, hindurchzugelangen, bis der Druck auf ihrer Seit nachlässt. Die Folge ist eine Serie sich abwechselnder Verkehrsschübe zwischen den Pfeilern des Tors.

Diese Oszillation der Flüsse ist raffiniert genug, um Helbing auf die Idee zu bringen, sie könnte auch im Straßenverkehr Anwendung finden. Systeme von Verkehrsampeln funktionieren derzeit in festen Zyklen, die auf Muster im vergangenen Verkehrsaufkommen abgestimmt sind. Wiederholen sich dieselben Muster nicht, lassen die Automobilisten vor dem Rotlicht ihre Motoren laufen, was die Emissionen erhöht und Nerven strapaziert. Helbing glaubt, man sollte es besser mit dezentralen, lokalen Systemen versuchen, die – wie die Eltern am Tor der Schule – auf das Verkehrsaufkommen reagieren und die Ampeln länger auf Grün lassen. Stadtbehörden leuchtet das ein: Helbings Ideen werden demnächst in Dresden und Zürich in die Praxis umgesetzt.

Der Versuch, Fußgängerbewegung in allen ihren Elementen zu einer Gleichung zusammenzufassen, erweist sich allerdings als heillos komplex. Ein Problem sind kulturelle Vorlieben wie die, nach rechts oder links auszuweichen, oder die unterschiedliche Nähe, die zu anderen Fußgängerverkehrsteilnehmern in Kauf genommen wird. 2009 wurde in einem Experiment die Gehgeschwindigkeiten von Deutschen und Indern getestet, indem man in beiden Ländern Freiwillige in Einerkolonne durch einen behelfsmäßig mit Seilen und Stühlen abgeschrankten Korridor zirkulieren ließ. Bei geringer Dichte ist die Gehgeschwindigkeit der beiden Nationalitäten die gleiche; bei wachsender Teilnehmerzahl gehen die Inder schneller. Das ist nicht neu für Leute, die mit den Verhältnissen in Mumbai und München vertraut sind. Inder stört es weniger, an anderen Leuten anzustoßen.

Die Annahme, Menschen bewegten sich wie Partikel, führt außerdem zu Komplikationen dadurch, dass bis zu 70 Prozent der Leute in einer Menge in Gruppen unterwegs sind. Dass das ins Gewicht fällt, kriegt jeder zu spüren, der an schlurfenden Touristen vorbei will. Eine hübsche feinmaschige Choreografie ergibt sich, wo kleine Gruppen zusammengedrängt werden. In Toulouse haben Beobachtungen auf belebten Plätzen ergeben, dass sich Kleingruppen von drei bis vier Leuten spontan in einem konkaven V oder U formieren, wobei die Gruppenangehörigen in der Mitte leicht zurückfallen. Wenn eine Dreiergruppe rasch vorwärtskommen wollte, hätten sie sich wie die Gänse in einem konvexen V aufzustellen, um eine Schneise durch die Menge zu schlagen. Stattdessen wählen sie eine Formation, die ihnen die Kommunikation erleichtert. Reden kommt vor Gehen.

Moussaid ist das Problem dieser Komplexität mit einem Modell angegangen, das sich weniger auf Analogien zwischen Menschen und Gasmolekülen stützt und dafür mehr auf Kognitionswissenschaft. In diesem neuen Modell dürfen Akteure sehen, was sie erwartet, und davon ausgehend pflügen sie sich durch die Menge einen Weg, der sie ihrem Ziel entgegenbringt. Dieses Vorgehen bewirkt dieselbe Kolonnenbildung in der Menge wie im Modell der Physiker, aber mit einigen zusätzlichen Feinheiten.

Ein besonderes Anwendungsgebiet sind Notevakuationen, und Experten glauben, dass die neuen wissenschaftlichen Erkenntnisse hier nützlich sind. Evakuationen simulieren gehört zum Hauptgeschäft der Fußgängerverkehrsmodellierer – den Anstoß dazu gab der Brand in der Londoner Underground Station King's Cross 1987. In Notsituationen ist eine der großen Gefahren, dass die Leute der Menge folgen und alle auf einen einzigen Ausgang zudrängen. Das führt dann leicht dazu, dass die Menge diesen einzigen Ausgang verstopft.

Die physikalischen Modelle haben eine Lösung für das Problem dieser sogenannten »Wölbung« (so benannt nach der Form der Menge, die sich um den Ausgang staut). Die Simulationen weisen darauf hin, dass der Druck einer Menge auf einen Ausgang hin gemildert werden kann, indem man unmittelbar davor ein Hindernis, zum Beispiel einen Pfeiler, aufrichtet. In der Theorie sollte das die Wirkung haben, die Menge in Kolonnen zu zerteilen. Doch mit der Idee, vor einem Notausgang eine Barriere zu errichten, tut sich die Intuition der Planer in der Praxis zu schwer, um den Versuch zu wagen.

Das kognitionswissenschaftliche Modell hat die vielversprechendere Option zu bieten, mit der Wirkung von Veränderungen im Gesichtsfeld der Betroffenen zu experimentieren. Moussaid vermutet zum Beispiel, dass reaktionsfähige Beleuchtungssysteme, die Menschen mit Licht anziehen und mit Dunkelheit abstoßen, ihnen in Notfallsituationen den Weg weisen könnten. Auf Grenzen stößt der kognitivistische Ansatz bei besonders dicht gedrängten Massen. »Bei geringer Dichte ist das Verhalten kognitiv und strategisch geleitet«, sagt Moussaid. »Bei hoher Dichte geht es um Massenbewegung und physikalischen Druck.« An einem bestimmten Punkt schlägt die Massenbewegung von einem kontrollierten Fluss in stockende, ruckartige Bewegung um, da die Leute ihre Schrittlänge verkürzen und innehalten, um Zusammenstöße zu vermeiden. Dieses Bewegungsmuster kann sich zu etwas sehr viel Furchteinflößenderem entwickeln, nämlich zu sogenannten Massenturbulenzen, wenn Leute zwischen einander keinen Abstand mehr aufrechtzuerhalten vermögen. Die physikalischen Kräfte, die dabei von einem Körper an den anderen weitergegeben werden, sind unwiderstehlich und wirken sich chaotisch aus: Kommt ein Mensch zu Fall, sind die anderen nicht mehr in der Lage, ihm auszuweichen.

Genau herauszuarbeiten, wann und wie solche Umschlagspunkte auftreten, ist schwierig. Eine reale Situation unter Kontrolle zu bringen, wenn die Masse erst einmal ins Stocken geraten ist, ist nicht weniger schwierig. Alles kommt darauf an, ernste Massenballungen gar nicht erst entstehen zu lassen. Von der Organisation solcher Großanlässe wie der Londoner Olympischen Spiele bis zum Entwurf neuer Bahnstationen sind Ingenieurfirmen routinemäßig damit beschäftigt, die Massenbewegungen zu simulieren, um Schwachstellen auszumachen, wo es leicht zu Ballungen kommen kann. Bei typischen Projekten wie Stadien oder U-Bahn-Stationen kommt serienmäßig produzierte Software zum Einsatz, um in einer bestimmten Umgebung potenzielle Flaschenhälse zu identifizieren. Solche Modelle legen Eingangs- und Ausgangspunkte fest, worauf dann Lenkungsalgorithmen die Leute ihrem Ziel entgegenschicken. Sogar bei einmaligen Anlässen wie den London Olympics kann auf reiche Datenmengen aus früheren Spielen oder Standardsituationen wie etwa Karnevalsumzüge in Stadtzentren zurückgegriffen werden, die elementare Annahmen über die zu erwartenden Fußgängerströme zulassen.

Sind erst einmal die Punkte potenzieller Verstopfung identifiziert, kommen verfeinerte Modelle zum Zug, um mehr ins Detail zu gehen. Diese zweite Phase erlaubt Planern, ihre architektonischen Entwürfe zu korrigieren oder an bereits bestehende Anlagen Eingriffe vorzuschlagen. »Aufgrund der Kenntnisse, die wir bereits besitzen, sollte es viel weniger Unglücksfälle bei Massenanlässen geben«, sagt Helbing.

Der größte Testfall für diese Technologien und Instrumente ist der Hadsch, die jährliche Pilgerfahrt nach Mekka in Saudi-Arabien, welche Muslime mindestens einmal in ihrem Leben zu absolvieren haben, falls sie dazu in der Lage sind. Mit jährlich drei Millionen Pilgern hat der Hadsch eine lange Geschichte von Massenpanik mit Todesopfern. So findet Videomaterial von Massenpanik beim Hadsch in manchen Modellen zur Simulation von Massenturbulenzen Verwendung.

In den letzten Jahren haben die saudischen Behörden Experten beigezogen, vor allem um die Streckenführung über die Jamarat-Brücke zu studieren, wo die Pilger in einem Ritual Steine gegen drei Säulen zu werfen haben. Indem auf der Brücke Einbahnverkehr eingerichtet und die Gestalt der drei Säulen dahingehend verändert wurde, dass die Pilger sie mit ihren Steinen aus verschiedenen Richtungen treffen können, konnte die Sicherheit der Brücke verbessert werden. Doch laut Paul Townsend von Crowd Dynamics, einer Beraterfirma, die sich mit dem Hadsch befasst, bleiben bedeutende Risiken. Er denkt, dass Tore, die geöffnet und geschlossen werden, die Ströme regulieren könnten. Doch der Hadsch ist eine besondere Herausforderung nicht nur wegen der Ausmaße seiner Menschenmengen. Teil des Problems ist die Ungewissheit über die Zahl der zu erwartenden Pilger. »Hadsch-Pilger ziehen mit der Haltung los, dass es der Wille Gottes ist, wenn sie umkommen«, sagt Townsend. »Da besteht die Bereitschaft, sich auf begrenztem Raum enger und enger zusammenzudrängen.« Wissenschaftler können manche Aspekte des Fußgängerverhaltens modellieren, aber religiöser Eifer geht für sie einen Schritt zu weit.

*2012*

# TILL LINCKE

## Nomadendenkart, Nomadenselbstbewusstsein

*Hier denkt ein Autor, versteht etwas von der Sache, ist willens, sie prägnant zu präsentieren, und das heißt nicht unbedingt so, wie das allerorten vor ihm schon andere getan haben. Außerdem findet er an dieser Aufgabe ein Vergnügen, das er mit dem Leser teilen will. Ohne Risiko darf angenommen werden, dass der Autor dieser feinen Kolumne in der »Basler Zeitung« eigentlich kein Journalist sein kann. Im Falle von Till Lincke (\* 1953) ist das auch nur ein Nebenberuf unter etlichen anderen: Transatlantikskipper, Tauchführer, autodidaktischer Anthropologe, Maroniverkäufer, Verfasser unveröffentlichter Kriminalromane, Ferientechniker, sein eigener Anlageberater und Online Broker, in jedem Falle aber ein professioneller Reisender, der sich immer wieder an verschiedene Weltenden vorgewagt hat. Hier trifft er auf einen anderen Nomaden, der ein traurigeres Menschsein ohne Heimstatt verkörpert.*

VOR RUND EINEM JAHR traf ich an der Wassersport-Messe in Düsseldorf Umbarak, einen geschäftstüchtigen Beduinen aus dem Sinai. Ich hatte ihn Anfang der Neunzigerjahre kennen gelernt, als ich dort als Tauchlehrer jobbte. Ich fragte Umbarak, inzwischen zum erfolgreichen Hotelier und Tauchsafari-Veranstalter mutiert, nach seiner Meinung zum ägyptischen Volksaufstand. Er hielt, kurz gesagt, gar nichts davon. Erstaunlicherweise vom ägyptischen Volk noch weniger als von seinem damaligen Präsidenten. Er schien den Despoten gar zu bemitleiden. »Mubarak? Was soll der tun? Was kann der machen? Mit so einem Volk…« Er schnaubte verächtlich. »Till, du weißt doch, masri mafish much.« Auf Deutsch: »Der Ägypter hat kein Hirn.«

Ich hatte diese Litanei schon zu oft gehört, um darauf einzugehen. Es wäre sinnlos. Eher würde ich mit einem fundamentalistischen Christen über den Wahrheitsgehalt der jungfräulichen Empfängnis disputieren. Offenbar darf man sich solche Sprüche erlauben, wenn man auf einem Kamel dahergeritten kommt. Jedenfalls hatte ich nie erlebt, dass ein Beduine des Rassismus bezichtigt wurde, selbst nicht von denjenigen Touristen, die ansonsten auf politische Korrektheit pochten. Nicht umsonst gibt sich mancher im Tourismus tätige Ägypter als Beduine aus. Ähnlich die unzähligen Fremdenführer in Marokko, die sich in die blaue Kluft der Tuareg hüllen.

Umgekehrt gelten die Beduinen in den Augen der Ägypter als Barbaren, Halsabschneider und Gauner. Die bodenlose Kluft zwischen den Nilanrainern, Abkömmlingen einer der ältesten Hochkulturen, und den nomadisierenden Wüstensöhnen wurzelt in grundlegend verschiedenen Produktionsformen. Die Gemeinsamkeiten – der Islam, die arabische Sprache und die ägyptische Staatsangehörigkeit – können den Graben nicht überbrücken. Mit Ägypter meint der Beduine den Fellachen, einen, der sich bückt und mühselig seinen Acker bestellt – kurz gesagt: ein Sklave. Der Wohlstand eines Bauern ist proportional zum Schweiß, den er vergossen hat. In diesem Sinn haben die Ägypter, etwa gleichzeitig mit den Mesopotamiern, die Arbeit »erfunden« (und als notwendige Bedingung für Ackerbau auch den Staat). Der Reichtum des Nomaden hingegen bemisst sich an seinem Viehbestand, und dieser ist keine Funktion von Arbeit, sondern von seiner Macht. Die Herden vermehren sich ohne sein Zutun, solange ihm niemand die Weidegründe, die Wasserquellen oder gar das Vieh streitig macht. Wer – in der Absenz eines Staates, der Recht spricht und durchsetzt – keinen Respekt genießt, wer nicht gefürchtet wird, ist dem Tode geweiht. Würde, nicht Fleiß, ist die existenzielle Qualität des Beduinen.

Das bedeutet nicht, dass die Beduinen sich im rechtsfreien Raum bewegen. Beleidigungen werden durch Befriedungsrituale geschlichtet. Steht Aussage gegen Aussage, wird ein Gottesurteil beigezogen. Beide Kontrahenten müssen sich ein glühendes Messer gegen die Zunge pressen. Der Lügner – dem vor Angst der Speichelfluss versiegt – versengt sich die Zunge, der andere soll ungeschoren davonkommen. Totschlag innerhalb eines Clans wird mit Verstoß aus der Gemeinschaft geahndet. Außerhalb des Clans resultiert sie in einer Fehde, die nur durch Blutgeld beigelegt werden kann.

Mit derartigen Sitten scheinen archaische Vorstellungen von Männlichkeit verbunden zu sein. Jedenfalls folgt auf das obligate »masri mafish much« meist eine Anekdote, die die Ägypter als Memmen darstellt. Diesmal verzichtete Umbarak darauf. Selbst ein Beduine muss zugeben, dass die ägyptische Jugend in den Straßenschlachten um den Kairoer Tahrir-Platz Todesmut bewiesen hatte. Allerdings scheinen sich die Fans von El Masry, des Fußballclubs von Port Said, ihrer Männlichkeit dennoch nicht allzu sicher zu sein. Auslöser des Massakers auf dem Fußballfeld war ein Transparent der Kairoer Gastmannschaft Al Ahly, das die Virilität der El-Masry-Anhänger infrage stellte.

Mit Ausnahmen von gescheiterten Staaten wie Somalia müssen sich heutzutage auch die Nomaden der Obrigkeit des Staates beugen. Der Sinai aber ist ein Sonderfall. Die dortigen Beduinenstämme haben das Glück, in der Pufferzone zwischen Israel und Ägypten beheimatet zu sein. Die Sinai-Halbinsel, von den Israelis 1967 im Sechs-Tage-Krieg besetzt und nach dem Friedensschluss von Camp David 1979 wieder an Ägypten abgetreten, ist seither eine entmilitarisierte Zone. Die Präsenz der ägyptischen Staatsmacht beschränkt sich seither auf die mit Hotels zugepflasterte Küstenzone. Der Duisburger Theo Schmidt, der das Vertrauen der Beduinen besitzt und sie jahrelang mit seinem Kamel begleitete, berichtet von großflächigen Opiumfeldern im gebirgigen Hochland des Sinai. Ohne Militär kann der Staat den lukrativen Drogenhandel nicht unterbinden. Bloß punktuell kontrollieren Verkehrspolizisten das weitmaschige Straßennetz. Die Checkpoints werden kaum ernst genommen. Jeder, der ein geländegängiges Fahrzeug besitzt, umfährt sie schamlos in Sichtweite der Polizisten.

Der arabische Frühling ist in dieser Hinsicht eine Katastrophe für die Beduinen. Im Januar 2011 wurden 800 Soldaten in die Region von Sharm el-Sheik verschoben – mit dem Einverständnis der Israelis. Seit meinem Treffen mit Umbarak ist nun ein Jahr vergangen. Sein Widerwillen, auf das Thema des ägyptischen Erwachens einzugehen, mag damit zusammenhängen, dass er für sein Volk nichts Gutes ahnte. Der Schulterschluss zwischen der enthaupteten Mubarak-Clique und den Islamisten, der sich inzwischen abzeichnet, stellt auch den Frieden mit Israel infrage. Und dann dürfte wohl auch die ägyptische Armee wieder in den Sinai einmarschieren. Damit wäre es mit der Selbstbestimmung der Beduinen vorbei. Vor diesem Hintergrund ist die Verdrossenheit von Umbarak verständlich – Tahrir, in den Augen der Nilanrainer das Symbol für das Abwerfen der Ketten, bedeutet für die Beduinen das Ende eines anachronistischen Paradieses.

*2012*

ANDRIAN KREYE

# Free Jazz: Endlich das erweiterte Bewusstsein!

*In bester Erinnerung ist vielen von uns der Horchposten, den er fast zwanzig Jahre lang in New York unterhalten hat, bis ihn die »Süddeutsche Zeitung« 2006 als Leiter in ihre Feuilletonredaktion holte. Er hat sich in einer Vielzahl von Formen und Genres ausgezeichnet, vor allem aber um die Musik hat sich Andrian Kreye (\*1962) preiswürdige Verdienste erworben.*

*Das World Question Center der Edge Foundation in New York stellt jedes Jahr rund zweihundert führenden Wissenschaftlern und anderen Köpfen der Spitzenklasse aus dem kulturellen Leben eine Frage. 2011 lautete sie: »What Scientific Concept Would Improve Everybody's Cognitive Toolkit?« Auf Deutsch: »Welches wissenschaftliche Konzept wäre eine Verbesserung von unser aller kognitiver Ausrüstung?« – ergänzt durch einen Hinweis, dass der Begriff »wissenschaftlich« im weitesten Sinne zu verstehen sei. Hier folgt die Antwort Kreyes, der mit diesem Text in unserer Schuld bleibt: Wir alle wollen mehr von ihm, und zudem schuldet er es seinem Gegenstand: der Musik.*

DIE AVANTGARDE des mittleren 20. Jahrhunderts hat ja immer noch einiges auf Lager. Wenn die Frage zum Beispiel lautet, wie man sein geistiges Instrumentarium erweitert, ist Free Jazz eine perfekte Antwort. Zunächst einmal, weil es sich um einen vollkommen neuen Ansatz für die Kunstform der Musik handelt, die sich (zumindest im Westen) auf einen Satz von exakt zwölf Noten beschränkt, die in gleichmäßig unterteilten Takten gespielt werden. Er ist außerdem die höchstentwickelte Form eines Genres, das mit dem Blues lediglich ein halbes Jahrhundert vor der Session seinen Anfang genommen hatte, für die Ornette Coleman im New Yorker A&R Studio an einem Dezembertag des Jahres 1960 sein legendäres Doppelquartett zusammenstellte, das dann mit seinem Album dem Free Jazz seinen Namen gab. In der Wissenschaft wäre das ungefähr so, als hätte die Mathematik innerhalb von fünfzig Jahren den Entwicklungssprung von den Grundrechenarten zur Spieltheorie und *Fuzzy*-Logik gemacht.

Um die intellektuelle Feuerkraft von Free-Jazz-Musikern und -Komponisten nachzuvollziehen, sollte man musikgeschichtlich einen kurzen Schritt zurückgehen. Ein halbes Jahr bevor Ornette Colemans »Free Jazz«-Session den improvisatorischen Genius von acht der besten Musiker ihrer Zeit entfesselte, nahm John Coltrane seine Tour de Force durch die atemberaubenden Akkordwechsel seiner Komposition »Giant Steps« auf, die bis heute als anspruchsvollstes Jazz-Solo aller Zeiten gilt. Der Filmstudent David Cohen hat die Notierung für Coltranes Solo in einen Zeichentrickfilm verwandelt. Man muss allerdings keine Noten lesen können, um da John Coltranes intellektuellen Kraftakt zu begreifen. Nach dem trügerisch simplen Thema beginnen die Noten in schwindelerregenden Mustern die fünf Linien auf und ab zu rasen. Wenn man dann noch weiß, dass Coltrane vor seinen Aufnahmen normalerweise nicht probte, um die Musik frisch zu halten, weiß man, dass er mit einem einzigartigen geistigen Instrumentarium ausgestattet war.

Dehnt man nun diese vier Minuten und 43 Sekunden auf 37 Minuten aus, verachtfacht Coltranes Feuerkraft und löst dabei sämtliche traditionellen Strukturen der Musik wie Akkordwechsel und Metrik auf, kann man nicht nur die programmatische Freiheit der Kunst erahnen, welche die Session manifestierte. »Free Jazz« war der Vorläufer einer Kommunikation, die lineare Strukturen weit hinter sich gelassen und den Bereich der parallelen Interaktionen erreicht hat. Zugegeben, es ist heute immer noch anstrengend, sich die Platte »Free Jazz: A Collective Improvisation by the Ornette Coleman Double Quartet« anzuhören. Genauso, wie man sich mit Aufnahmen von Cecil Taylor, Peter Brötzmann, Anthony Braxton oder Gunter Hampel schwertut. Es war schon immer einfacher, die Kommunikationsprozesse dieser Musik bei Livekonzerten nachzuvollziehen. Eines steht jedenfalls fest – es war niemals Anarchie, war niemals als solche gemeint.

Spielt man ein Instrument und wird zu einer Free-Jazz-Session eingeladen, gibt es einen unglaublichen Moment, wenn alle Musiker gemeinsam den Punkt finden, den man »The Pulse« nennt. Das ist ein kollektiver Siedepunkt der Kreativität und Kommunikation, der auf das Publikum überspringen und ein elektrisierendes gemeinsames Erlebnis schaffen kann. Es ist nicht ganz einfach zu beschreiben, aber man könnte das mit dem Moment vergleichen, in dem ein Surfer den Punkt gefunden hat, wo das Surfbrett als Katalysator das motorische Geschick des Surfers mit den Kräften der brechenden Dünung vereint und sie für wenige Sekunden auf dem Kamm einer Welle in einer gemeinsamen Bewegung kulminieren. Im Free Jazz ist das eine Fusion musikalischer Elemente, die die herkömmliche Musikwissenschaft vollkommen überfordert.

Natürlich gibt es eine Menge Free Jazz, der sämtliche Vorurteile gegen diese Musik bestätigt. Oder, wie es der Vibraphonist und Komponist Gunter Hampel formulierte: »Irgendwann ging es nur noch darum, wer der Lauteste auf der Bühne war.« Doch alle zuvor genannten Musiker haben neue Formen und Strukturen gefunden und entwickelt. Ornette Colemans unkonventionelle Musiktheorie mit dem Titel Harmolodics war da nur eines von unzähligen neuen Konzepten. In der vermeintlichen Kakophonie kann man eine vielschichtige Klarheit entdecken, die als Leitlinie für die geistigen Fähigkeiten des 21. Jahrhunderts dienen kann. Denn es wird ganz entscheidend sein, kognitive, intellektuelle und kommunikative Fähigkeiten zu entwickeln, die in parallelen Kontexten und nicht nur in linearen Strukturen funktionieren. Genauso wie der Free Jazz harmonische Strukturen aufgab, um in polyrhythmischen Zusammenhängen neue Formen zu finden, haben wir uns bald schon jenseits bewährter kognitiver Muster zurechtzufinden.

# 2013

## LESZEK KOŁAKOWSKI

## Kann Gott der Schöpfer glücklich sein? Eine menschliche Frage

*Wenn nicht aus dem Himmel, spricht er aus dem Reich der Toten. Sein Essay erschien bereits im Original postum wie hier ebenso erstmals in deutscher Sprache, zum Ende unseres Rundgangs. Kein Missverständnis zu guter Letzt: Nicht darum geht es, ob wir, das heißt die Menschen im Allgemeinen und als solche, Grund haben, glücklich zu sein. Ob die Spezies sich als leidlich geratene Zierde oder als vollends missratene Plage und tödliche Bedrohung der Schöpfung zu sehen hat, ist eine Frage, die sich nur durch Glaubenssätze beantworten lässt. Ein reichlich unbescheidener, ja dreister Glaube besagt, wir hätten ein besseres Los verdient, und dies ohne weitere Erklärung, wieso und wodurch. Worin denn hätten wir einen Anhaltspunkt, unsere Lebensumstände oder die Geschicke unserer Gattung als Ungerechtigkeit zu qualifizieren und uns darüber zu beschweren (und bei wem)? Einzig Menschen könnten das, die nicht nur über unsere eigene Herkunft und über die Ursachen und Gründe unseres eigenen So-und-nicht-anders-Seins Genaueres in Erfahrung gebracht, sondern überdies in den Sinn und Zweck des Universums als Ganzes Einblicke erhalten hätten. Eine andere Frage ist es allerdings, ob wir uns einen Schöpfer denken können, der mit seinem Werk zufrieden und glücklich sein kann – und um nochmals einem Missverständnis vorzubauen: nicht ob es einen solchen Schöpfer geben kann, sondern ob wir ihn uns denken können, lautet die Frage. So verstanden, ist sie noch einmal an uns gerichtet und eine Frage zum Menschen.*

*Mit dem hier aufgebotenen Gewährsmann spricht nicht ein Atheist, der die Nichtexistenz Gottes für bewiesen oder anderswie gesichert hält. Im Gegenteil, in einem seiner letzten Bücher mit dem Titel* Falls es keinen Gott gibt *beweist er ein ganzes erstes Kapitel lang die Unwiderlegbarkeit des Gottesglaubens mit Mitteln der Wissenschaften und philosophischen Vernunft, und in aller Form spricht er den Glauben von dem Atheistenvorwurf des Aberglaubens, der ihn notwendig zu begleiten hätte, frei.*

*Leszek Kołakowski (\* 1927, † 2009) überlebte die deutsche Besetzung in einem abgelegenen ostpolnischen Dorf, wo auch die großen Bibliotheksbestände des Landhauses unangetastet blieben, die er zum Schluss fast auswendig kannte. Nach dem Krieg ließ der Marxist früh schon Anzeichen von Unzuverlässigkeit erkennen: »Sozialismus ist nicht ein Staat«, sagte er 1956, »wo es mehr Bürokraten als Arbeiter gibt und wo Feiglinge besser leben als* *die Mutigen.« Erst 1968 blieb er im Westen, wo er 1970 von den Frankfurter Studenten mit dem Vorwurf mangelnder marxistischer Linientreue aus Adornos Lehrstuhl vertrieben wurde. Seitdem forschte und lehrte er am All Souls College in Oxford. Nach seinem Tod am 17. Juli 2009 wurde sein Leichnam mit einer Maschine der polnischen Luftwaffe nach Warschau überstellt, von Polens Außenminister Sikorski mit militärischen Ehren in Empfang genommen und auf dem Powązki-Militärfriedhof in einem Staatsbegräbnis beigesetzt. »Polen in Trauer« titelte die »Gazeta Wyborcza« ihren Nachruf und krönte Kołakowski postum zum »König von Mitteleuropa«.*

AUS DER ERSTEN BIOGRAPHIE SIDDHARTHAS, des späteren Buddha, erfahren wir, dass er sich in seiner Jugend des Elends menschlichen Seins überhaupt nicht bewusst war. Als Königssohn wuchs er in Luxus auf und auch als Erwachsener gab er sich einem Leben voller Vergnügen und Musik hin. Doch schließlich, er war bereits verheiratet, gefiel es den Göttern, ihn aufzuklären. Eines Tages sah er einen altersschwachen Greis, dann einen kranken, leidenden Menschen und letztendlich einen Leichnam. Erst da wurde ihm klar, dass Alter, Leid und Tod in der Welt existieren, all die schmerzlichen Seiten des Lebens, die er früher nicht kannte. Daraufhin beschloss er, sich von der Welt zurückzuziehen, Mönch zu werden und den Weg ins Nirwana zu suchen. Wir vermuten also, dass er sich so lange glücklich schätzte, solange ihm das Elend des Lebens unbekannt war und dass er später nach einer langen und mühsamen Wanderschaft das wahre Glück erlangte, außerhalb des irdischen Seins.

Können wir das Nirwana als einen Glückszustand beschreiben? Menschen, die – wie der Verfasser dieser Worte – die frühen buddhistischen Schriften nicht im Original lesen können, fühlen sich hier stets unsicher; es scheint ihnen, dass in diesen Texten das Wort »Glück« nicht verwendet wird, sie wissen auch nicht, ob solche Worte wie »Bewusstsein« oder »das Ich« wirklich den Bedeutungen entsprechen, die sie in den modernen Sprachen haben. Wir können lesen, dass das Aufgeben des Ich Voraussetzung für das Nirwana sei. Dies könnte bedeuten, dass es sich – wie der polnische Philosoph Elzenberg sagt – um ein Glück ohne einen Glücklichen handelt. Dies scheint absurd. Unsere Sprache ist jedoch niemals gut genug, um absolute Wirklichkeiten zu beschreiben. Manche Theologen behaupteten, dass man über Gott nur in der Negation sprechen kann, das heißt, indem man bestimmt, was Er nicht ist. Möglicherweise wissen wir also einfach nicht, was das Nirwana ist, und nur, was es nicht ist. Dennoch verspüren wir die Versuchung, etwas mehr zu sagen, uns nicht allein mit den Negationen zu begnügen. Die unbequemste Frage aber lautet: Angenommen, es ist uns gegeben zu sagen, wie ein Mensch im Zustand des Nirwana ist, ist sich dieser aber auch dessen bewusst, was in der Welt geschieht? Falls dies nicht der Fall ist, falls er von der irdischen Wirklichkeit völlig enthoben ist, Teil welcher Wirklichkeit ist er dann? Wenn er sich aber dessen bewusst ist, was das Leben ist in der Welt unserer Erfahrung, muss er auch von der Existenz des Bösen und des Leidens anderer wissen. Ist es möglich, zu wissen, dass andere leiden, und dennoch vollkommen glücklich zu sein? Dieselbe Frage darf man auch den glücklichen Bewohnern des christlichen Himmels stellen. Leben sie in völliger Isolation von unserer Welt? Falls dies nicht der Fall ist, falls ihnen die Grausamkeiten des irdischen Daseins bekannt sind, seine diabolischen Seiten, das Böse und der Schmerz, können sie sich dann an einem Glück im erkenntnishaften Sinn des Wortes erfreuen?

Sowohl im buddhistischen als auch im christlichen Glauben haben wir die Erwartung, dass endgültige Loslösung zugleich vollkommenen Seelenfrieden bedeutet. Vollkommener Seelenfrieden aber heißt so viel wie vollkommene Unveränderlichkeit. Wenn meine Seele jedoch im Zustand der Unveränderlichkeit verharrt, wenn sich nichts ereignen kann, bin ich – wie es scheint – genauso glücklich wie ein Stein. Ist ein Stein tatsächlich die ideale Verkörperung von Erlösung und Nirwana? (Dabei sei bemerkt, dass wir den Begriff »glücklich sein« nicht im englischen Wortsinn verwenden, in dem er schlicht »zufrieden sein« bedeuten kann – man kann fragen: »Bist du mit dem Sitzplatz im Flugzeug glücklich?«, oder sagen: »Ich bin mit diesem Sandwich ganz glücklich.« In anderen europäischen Sprachen hat der Begriff »glücklich sein« eine stärker eingegrenzte Bedeutung, was zu der deutschen Redensart führt: »I am happy, aber glücklich bin ich nicht).«

Wenn wahres Menschsein Mitgefühl, die Teilhabe an den Schmerzen und Freuden anderer Menschen beinhaltet, konnte sich der junge Siddhartha an einer Illusion des Glücks nur als Folge seines Unwissens erfreuen. Diese Art des Glücks ist so gesehen möglich, aber nur bei manchen Kindern. Ein Kind unter fünf Jahren, das in einer Familie aufwächst, in der es von viel Liebe umgeben ist und keinerlei schweren Leiden oder dem Tod anderer Menschen ausgesetzt ist, ist möglicherweise in dem Sinne glücklich, den ich hier zu ergründen versuche. Sind wir aber älter als fünf Jahre, dann sind wir wahrscheinlich zu alt für das Glück, wenngleich wir natürlich vergängliche Vergnügen erfahren können, Momente großer

Entzückung oder sogar ekstatischer Vereinigung mit Gott und dem Universum, wir können Liebe und Freude erleben. Glück als ein unveränderliches Sein ist uns nicht mehr zugänglich, außer möglicherweise in den äußerst seltenen Fällen wahrhaft mystischer Seelen. Dies gilt in Bezug auf das menschliche Dasein. Kann man aber bei einem göttlichen Wesen von Glück sprechen? Ist Gott glücklich?

Dies ist keine absurde Frage. Nach unserem konventionellen Begriffsverständnis ist Glück ein Gefühlszustand der Seele. Kann Gott Emotionen erliegen? Es wird uns zwar gesagt, dass Gott seine Geschöpfe liebt, und Liebe ist, zumindest in der Welt der Menschen, eine Emotion. Mehr noch, Liebe ist eine Quelle des Glücks, wenn sie erwidert wird, die Liebe Gottes wird aber nur von manchen Seiner Untertanen erwidert, durchaus nicht von allen; manche glauben nicht an Seine Existenz, anderen ist Er völlig egal, manche hassen Ihn sogar und beschuldigen Ihn der Gleichgültigkeit angesichts menschlicher Not und Qual. Wenn wir jedoch annehmen, dass Gott nicht gleichgültig ist, dann muss Er als Zeuge menschlichen Leids in einer nicht enden wollenden Trauer leben. Er hat dieses Leid weder verursacht noch gewollt, aber Er ist ratlos angesichts all des Unglücks, das die Natur über die Menschen ausbreitet oder die Menschen sich gegenseitig zufügen. Wir müssen uns eingestehen, dass wir das Sein Gottes nicht verstehen können – eines allmächtigen, allwissenden, alles in sich und durch sich und nicht als etwas Äußeres kennenden, und dennoch so lebenden, dass das Böse und der Schmerz Ihn nicht berühren.

Wenn Gott vollkommen unveränderlich ist, wenn unser Elend Seine Ruhe nicht zu stören vermag, ist Er gleichgültig, und von daher nicht der liebende Vater. Wenn Er aber Anteil nimmt an unseren Betrübnissen und Unglücksfällen, ist Er nicht unveränderlich. In beiden Fällen ist Er nicht glücklich in einem Sinn, der uns zugänglich wäre. Der wahre Gott der Christen, Jesus Christus, war in diesem Sinne nicht glücklich. Er lebte in einem Körper, litt alle Schmerzen, starb am Kreuz und nahm teil am Unglück der Menschen.

Somit hat der Begriff »Glück« – wie es scheint – keine Anwendung in Bezug auf das Leben Gottes. Er lässt sich aber auch für die menschlichen Geschöpfe nicht anwenden, und zwar nicht nur deshalb, weil diese oft leiden, sondern auch deshalb, weil sie, auch wenn sie in dem Augenblick gerade nicht leiden und sogar physische und seelische Freuden erfahren und sich vorübergehend außerhalb der Zeit in einer »ewigen Gegenwart« der Liebe befinden, dennoch das Böse und das Elend der menschlichen Existenz nicht vergessen können; sie nehmen teil am Schmerz anderer Menschen und können die Antizipation von Tod und Trauer nicht abschütteln.

Befürworten wir demnach die düstere Doktrin Schopenhauers, nach der alle angenehmen Gefühle stets etwas Negatives sind: die Abwesenheit des Leidens? Nicht unbedingt. Es gibt keinen Grund, anzunehmen, dass alle unsere Erfahrungen, die wir als gut empfinden – ästhetische Faszinationen, erotische Freuden, jegliche Art physischer und intellektueller Vergnügen, die uns bereichernden Kontakte mit Freunden –, dass man all dies als reine Negation ansehen soll. Diese Erfahrungen stärken unser Dasein, führen dazu, dass wir seelisch gesünder und besser sind. Dies alles kann jedoch weder das *malum culpae* noch das *malum poenae*, das moralische Böse noch das Leid aufheben.

Es gibt sicherlich Einzelne, die sich als »Erfolgsmenschen« sehen, die das Gefühl haben, dass ihnen das Glück hold ist, dass sie gesund und reich sind, dass es ihnen an nichts mangelt und sie sich der Wertschätzung der Mitmenschen erfreuen. Sie können der Meinung sein, dass eben das, was ihr Leben ausmacht, Glück ist; ein elender Selbstbetrug ist dies jedoch, und auch sie werden sich, zumindest hin und wieder, der Wahrheit bewusst. Die Wahrheit aber ist, dass sie ebenso gescheitert sind wie wir alle.

Hier kann man Einwand erheben. Wenn wir uns wahre Weisheit angeeignet haben, können wir, wie Alexander Pope, die Meinung vertreten, dass, was auch immer ist, gut und richtig ist. Oder, wie Leibniz, feststellen, dass wir die beste der logisch möglichen Welten bewohnen. Wenn wir also nicht nur abstrakt und intellektuell anerkennen, das was auch immer ist, richtig und gut ist, weil die Welt unter der immerwährenden Leitung Gottes steht, sondern dies auch wirklich im Herzen so fühlen, wenn wir Güte erfahren, die Herrlichkeit und Schönheit des ganzen Universums, sind wir dann nicht glücklich? Die Antwort lautet: Nein, wir sind es nicht.

Glück ist etwas, das man sich vorstellen kann, aber auch etwas, das nicht erfahrbar war. Und wenn wir uns vorstellen, dass alle menschlichen Wesen, alle ohne Ausnahme, von Gott erlöst worden sind und sich des himmlischen Segens erfreuen, weder Mangel leiden noch Schmerz oder Tod, dass Hölle und Fegefeuer nicht mehr in Betrieb sind, dann können wir uns auch denken, dass Glück real ist und alle es in Anspruch nehmen, vergangenes Unglück vergessend. Man kann sich ein solches Sein vorstellen, aber gesehen hat man es nie. Gesehen hat man es nie.

# Die Autoren in alphabetischer Reihenfolge nebst Nachweis der Texte

*Das folgende Verzeichnis listet die Autoren in alphabetischer Reihenfolge auf.
In Farbe finden Sie Autor, Titel des Stücks in Nichts als der Mensch (fast alle
Titel stammen vom Herausgeber) und Seitenzahl in vorliegender Anthologie.
In normaler Druckerschwärze folgen die deutschsprachigen Ausgaben und Übersetzungen, aus denen zitiert
wird, bei fremdsprachigen Texten (wo sinnvoll) die Originalausgabe sowie jeweils der Copyright-Vermerk.*

Abaelard, Peter, K wie Kalamität oder Kastration: Unterwegs zur modernen Autobiographie. S. 96–97. Zitiert nach: *Die Leidensgeschichte und der Briefwechsel mit Heloisa.* Übertragen und herausgegeben von Eberhard Brost. Unveränderter Nachdruck der 1979 im Lambert Schneider Verlag erschienenen Ausgabe. © WBG, Darmstadt 2004.

Adler, Alfred, Superiore Unglücksraben. S. 546–547. Zitiert nach: *Menschenkenntnis.* Hirzel Verlag, Leipzig 1927.

Agricola, Georgius, Ehrbarer als der Handel: von Bergbau und Hüttenkunde. S. 172–174. Zitiert nach: »Über Bergbau und Hüttenkunde«, übersetzt von Winfried Trillitzsch, in: *Der deutsche Renaissance-Humanismus.* Abriß und Auswahl von Winfried Trillitzsch. Philipp Reclam jun., Leipzig 1981.

Al-Biruni, Nachrichten aus Indien und die Fallstricke des Hörensagens. S. 90–91. Zitiert nach: *In den Gärten den Wissenschaft. Ausgewählte Texte aus den Werken des muslimischen Universalgelehrten.* Übersetzt und erläutert von Gotthard Strohmaier. Philipp Reclam jun., Leipzig 2002. Mit freundlicher Genehmigung von Gotthard Strohmaier.

Ai Weiwei, Lob des gesunden Menschenverstands. S. 724. Zitiert nach: *Macht euch keine Illusionen über mich. Der verbotene Blog.* Ins Deutsche übertragen von Wolfram Ströle, Norbert Juraschitz, Stephan Gebuer, Oliver Grasmück und Hans Freundl. Verlag Galiani Berlin 2011. © Verlag Kiepenheuer & Witsch GmbH & Co. KG, Köln 2011.

Al-Ghazali, Dein Freund ist dir wichtiger als du. S. 94–95. Zitiert nach: *Über die Freundschaft. Aus Muhammed Al-Ghazalis »Ihya Ulum Al Din«.* Übersetzt von Franz Langmayr. Perlinger Verlag, Wörgl 1983.

Allende, Isabel, Willie und ich und die Flamme der Leidenschaft. S. 760–761. Zitiert nach: *Liebe.* Aus dem Spanischen von Svenja Becker, Anneliese Botond, Lieselotte Kolanoske und Dagmar Ploetz. Herausgegeben von Corinna Santa Cruz. © Suhrkamp Verlag, Berlin 2011.

Al-Qazwini, Der Mensch ist aus verschiedenen Dingen gemacht. S. 112–113. Zitiert nach: *Die Wunder des Himmels und der Erde.* Speziell für diesen Band neu übersetzt von Mohammed Lazahr und Reinhard Krüger.

Anders, Günther, Die Antiquiertheit des Menschen. S. 608–609. Zitiert nach: *Die Antiquiertheit des Menschen. Über die Seele im Zeitalter der zweiten industriellen Revolution.* © Verlag C. H. Beck oHG, München 1956.

Anselm von Canterbury, Aufbruch zur absoluten Autonomie. S. 92–93. Zitiert nach: *Wahrheit und Freiheit.* Übersetzt und eingeleitet von Hansjürgen Verweyen. © Johannes Verlag Einsiedeln, Freiburg 1982.

Aristoteles, Das Freiwillige und das Unfreiwillige. S. 35–38. Zitiert nach: *Die Nikomachische Ethik.* Übersetzt und mit einer Einleitung und erklärenden Anmerkungen versehen von Eugen Rolfes. Felix Meiner Verlag, Leipzig 1911.

Artemidor von Daldis, Nicht verzagen! Wichtiger als Traumgesichte ist die Gemütslage. S. 61–63. Zitiert nach: *Das Traumbuch.* Übersetzt, erläutert und mit einem Nachwort von Karl Brackertz. Artemis Verlag, Zürich und München 1979, © Akademie Verlag, Berlin 2011.

Ascherson, Neal, Unterwegs mit Charles de Gaulle. S. 750–753. Zitiert nach: *www.opendemocracy.net.* Für diesen Band erstmalig ins Deutsche übersetzt von Manfred Allié. Mit freundlicher Genehmigung von Neal Ascherson.

Augustinus, Das Fleisch der Verdammten stirbt im Feuer nicht. S. 73–75. Zitiert nach: *Des heiligen Kirchenvaters Aurelius Augustinus Ausgewählte Schriften*, Bd. 3: *Zweiundzwanzig Bücher über den Gottesstaat.* Aus dem Lateinischen übersetzt von Alfred Schröder. Kösel Verlag, Kempten/München 1916.

Avicenna, Das städtische Leben gründet auf der Festigkeit der Ehe. S. 87–88. Zitiert nach: *Das Buch der Genesung der Seele. Eine philosophische Enzyklopädie Avicennas.* II. Serie: *Die Philosophie.* III. Gruppe und XIII. Teil: *Die Metaphysik, Theologie, Kosmologie und Ethik.* Übersetzt von Max Horten [Leipzig 1907]. Minerva, Frankfurt am Main 1960.

Babel, Isaak, Spät in der Nacht kommen wir nach Novograd. S. 521–522. Zitiert nach: »Die Überschreitung des Zbruč«, in: *Die Reiterarmee*. Aus dem Russischen übersetzt, herausgegeben und kommentiert von Peter Urban. © Friedenauer Presse, Berlin 1994.

Babur, Zahiruddin Muhammad, Samarkand. Die Stadt, die sein Herz gestohlen hat. S. 141–143. Zitiert nach: *Die Erinnerungen des ersten Großmoguls von Indien. Das Babur-nama*. Übersetzt von Wolfgang Stammler, Alcorde Verlag, Essen. Mit freundlicher Genehmigung von Wolfgang Stammler.

Bacon, Francis, Nicht einmal am Charakter müssen wir verzagen! S. 189–190. Zitiert nach: *Versuche moralischen, ökonomischen und politischen Inhalts*. Aus dem Englischen übersetzt von Anton Günther Bruschius. E. F. Steinacker, Leipzig 1836.

Balzac, Honoré de, Die Journalisten. S. 382–383. Zitiert nach: *Les journalistes*. Arléa, Paris 1998. Für diesen Band erstmals ins Deutsche übersetzt von Georg Brunold.

Baquaqua, Mahommah, Transatlantik retour. Reise eines Sklaven in die Freiheit. S. 389–400. Orig. in: *The Biography of Mahommah Gardo Baquaqua: His Passage from Slavery to Freedom in Africa and America*. Herausgegeben von Robin Law und Paul E. Lovejoy. Markus Wiener Publishers, Princeton, N. J. 2001. Für diesen Band erstmalig ins Deutsche übersetzt von Manfred Allié.

Barnard, Christiaan N., Herztransplantation am Menschen. S. 629–631. Orig. in: »A Human Cardic Transplant: An Interim Report of a Successful Operation Performed at Groote Schuur Hospital, Cape Town«, in: *South African Medical Journal* 41 (1967), S. 1271–1273. Zitiert nach der Übersetzung von Nicolas Pethes in: *Menschenversuche. Eine Anthologie 1750–2000*. Herausgegeben von Nicolas Pethes, Birgit Griesecke, Marcus Krause und Katja Sabisch. © Suhrkamp Verlag, Frankfurt am Main 2008.

Baudelaire, Charles, La morale du joujou – Die Moral des Spielzeugs. S. 394–397. Zitiert nach: *Sämtliche Werke/Briefe in acht Bänden*. Bd. 2. Herausgegeben von Friedhelm Kemp und Claude Pichois in Zusammenarbeit mit Wolfgang Drost. Übersetzungen von Guido Meister, Friedhelm Kemp und Wolfgang Drost. © Carl Hanser Verlag, München 1983.

Bayle, Pierre, Können Potentaten glückliche Menschen sein? S. 234–235. Zitiert nach: *Peter Baylens Philosophisches Wörterbuch oder die Philosophischen Artikel aus Baylens Historisch-kritischem Wörterbuche in deutscher Sprache*. Abgekürzt und herausgegeben zur Beförderung des Studiums der Geschichte der Philosophie und des menschlichen Geistes von Ludwig Heinrich Jakob. Bd. 3. Johann Gottfried Ruff, Halle, Leipzig 1797.

Beda Venerabilis, Wenn aber eine Frau entbunden hat … S. 81–82. Zitiert nach: *Kirchengeschichte des englischen Volkes*. Übersetzt von Günter Spitzbart. © WBG, Darmstadt 1982.

Behn, Aphra, Oroonoko. Der Wilde dieses Namens muss edel sein. S. 222–225. Zitiert nach: *Oroonoko oder Die Geschichte des königlichen Sklaven*. Aus dem Englischen von Christine Hoeppener. © Insel Verlag, Leipzig 1966.

Bellaigue, Christopher de, Die Gegenwart der Märtyrer. S. 715–717. Zitiert nach: *Im Rosengarten der Märtyrer. Ein Porträt des Iran*. Aus dem Englischen von Sigrid Langhaeuser. © Verlag C.H. Beck oHG, München 2006. Reprinted by permission of HarperCollins Publishers Ltd. © 2004 Christopher de Bellaigue.

Benedikt von Nursia, Die Sorge für die Kranken muss vor und über allem stehen. S. 75–78. Zitiert nach: *Die Benediktsregel. Lateinisch/Deutsch*. Mit der Übersetzung der Salzburger Äbtekonferenz herausgegeben von P. Ulrich Faust OSB. Philipp Reclam jun., Stuttgart 2011. © Beuroner Kunstverlag Beuron 2006.

Benjamin, Walter, Staatsmonopol für Pornographie. S. 545–546. Zitiert nach: *Gesammelte Schriften Band IV 1/2*. Herausgegeben von Tillman Rexroth. [Zuerst in: *Die literarische Welt*, 9.12.1927] Suhrkamp Verlag, Frankfurt am Main 1980.

Bergson, Henri, Welche Funktion hat das Lachen? S. 480–481. Zitiert nach: *Das Lachen. Ein Essay über die Bedeutung des Komischen*. Aus dem Französischen von Roswitha Plancherel-Walter. © 1972, 2005 by Arche Literatur Verlag AG, Zürich/Hamburg.

Berlin, Isaiah, Der Verfall des utopischen Denkens. S. 651–653. Zitiert nach: Das krumme Holz der Humanität. *Kapitel zur Ideengeschichte*. Herausgegeben von Henry Hardy. Aus dem Englischen von Reinhard Kaiser. © Berlin Verlag in der Piper Verlag GmbH, Berlin 2009.

Bernoulli, Daniel, Immer mehr macht nicht immer glücklicher. Zur Grundlegung der Ökonomie. S. 248–249. Zitiert nach: *Versuch einer neuen Theorie der Wertbestimmung von Glücksfällen (Specimen Theoriae novae de Mensura Sortis)*. Aus dem Lateinischen übersetzt und mit Erläuterungen versehen von Alfred Pringsheim. Duncker & Humblot, Leipzig 1896.

Binder, Jakob, Auftritt Kaspar Hauser. S. 358–364. Zitiert nach: *Die Wahrheit über Kaspar Hausers Auftauchen und erste Nürnberger Zeit. Augenzeugenberichte, Selbstzeugnisse, amtliche Aktenstücke, Fälschungen und Tendenzberichte*. Gesammelt, herausgegeben und erläutert von Hermann Pies. Minerva Verlag, Saarbrücken 1956.

Blech, Jörg, Flatulenz. S. 693–695. Zitiert nach: *Das Leben auf dem Menschen. Die Geschichte unserer Besiedler*. © Rowohlt Taschenbuch Verlag GmbH, Reinbek bei Hamburg 2000.

Bloy, Léon, Der Bürger. Auslegung seiner Gemeinplätze. S. 489–490. Zitiert nach: *Auslegung der Gemeinplätze*. Aus dem Französischen übersetzt und kommentiert von Hans-Horst Henschen. Die Andere Bibliothek im Eichborn Verlag, Frankfurt am Main 1995. © Karolinger Verlag, Wien 2009.

Bly, Nellie, Ein Spaziergang mit den Irren. S. 452–454. Zitiert nach: *Zehn Tage im Irrenhaus. Undercover in der Psychiatrie*. Herausgegeben, übersetzt und mit einem Nachwort von Martin Wagner. © AvivA Verlag, Berlin 2011.

Boccaccio, Giovanni, »Im gerechten Zorn über unseren sündigen Wandel.« Die Pest. S. 117–121. Zitiert nach: *Das Dekameron*. Aus dem Italienischen von Karl Witte. F. A. Brockhaus, Leipzig 1928–1830.

Bodin, Jean, Selbst der absolutistische Staat hätte für die Menschen da zu sein. S. 180–181. Zitiert nach: *Über den Staat*. Auswahl, Übersetzung und Nachwort von Gottfried Niedhart. Philipp Reclam jun., Stuttgart 2005. © Philipp Reclam jun., Stuttgart 1976.

Boétie, Étienne de la, Von der freiwilligen Knechtschaft. S. 166–169. Zitiert nach: *Von der freiwilligen Knechtschaft*. Neuausgabe der Übersetzung von Gustav Landauer [1910], kommentiert und mit einer editorischen und biografischen Notiz. Klemm & Oelschläger, Münster 1991.

Bolaño, Roberto: Alleinsein am Wannsee. S. 690–691. Zitiert nach: *Exil im Niemandsland. Fragmente einer Autobiographie*. Aus dem Spanischen von Kirsten Brandt und Heinrich von Berenberg. Berenberg Verlag, Berlin 2010. © Berenberg Verlag, Berlin 2008.

Bonaventura, Der Brautgesang der Leichenträger. S. 328–329. Zitiert nach: *Nachtwachen*. F. Dienemann und Comp., Penig 1805.

Bono, Ein Jahrzehnt Fortschritte im Kampf gegen Aids. S. 762–763. Orig. in: »A decade of Progress on Aids«, in: *The New York Times*, 30. 11. 2011. Für diesen Band erstmalig ins Deutsche übersetzt von Wolfgang Hörner. © Bono.

Borges, Jorge Luis, Was ein Klassiker ist. S. 602–603. Zitiert nach: *Gesammelte Werke*, Bd. 5/II: *Essays 1952–1979*. Übersetzt von Karl August Horst, Curt Meyer-Clason, Gisbert Haefs. Nachwort von Michael Krüger. © Carl Hanser Verlag, München 1981.

Börne, Ludwig, Das Schmollen der Weiber. S. 356–357. Zitiert nach: *Börnes Werke in zwei Bänden*. Bd. 1. Aufbau Verlag, Berlin/Weimar 1981.

Bracciolini, Poggio, In den Bädern zu Baden. S. 125–129. Orig. in: *Poggii Espistolae*, editas, collegit et emendavit (...) Thomas de Tonellis JC., Vol. I, Florenz 1832 [Ristampa anastatica, Turin 1963]. Speziell für diesen Band übersetzt von Tobias Roth.

Bretonne, Restif de la, Von Schuhen und Frauen. S. 280–282. Zitiert nach: *Schuhgeschichten*. Heyne, München 1976. © Heyne Verlag in der Verlagsgruppe RandomHouse GmbH, München 1976.

Bruno, Giordano, Die Göttin Reichtum bewirbt sich um den Sitz des Herkules. S. 184–186. Zitiert nach: *Gesammelte Werke*, Band 2: *Die Vertreibung der triumphierenden Bestie*. Ins Deutsche übertragen von Ludwig Kuhlenbeck. Eugen Diederichs, Leipzig 1904.

Bruyère, Jean de la, Frauen vom Schuhwerk bis zur Frisur. S. 225–227. Zitiert nach: *La Bruyères Werke. I Die Charaktere oder Die Sitten im Zeitalter Ludwigs XIV*. Übersetzt, mit Einleitung und Anmerkungen versehen von Richard Hamel. W. Spemann, Stuttgart 1883.

Büchner, Georg und Friedrich Ludwig Weidig, »Friede den Hütten! Krieg den Palästen!« S. 366–367. Zitiert nach: *Der Hessische Landbote. Texte, Briefe, Prozeßakten*. Kommentiert von Hans Magnus Enzensberger. Insel Verlag, Frankfurt am Main 1965.

Buñuel, Luis, Der keinen Freund kennt: Portrait Salvador Dalís. S. 577–580. Zitiert nach: *Mein letzter Seufzer. Erinnerungen*. Aus dem Französischen von Frieda Grafe und Enno Patalas. Verlag Volk und Welt, Berlin 1988. Mit freundlicher Genehmigung von Enno Patalas.

Burke, Edmund, Freude und Kummer. S. 264–265. Zitiert nach: *Burkes Philosophische Untersuchungen über den Ursprung unsrer Begriffe vom Erhabnen und Schönen*. Nach der fünften englischen Ausgabe (für diesen Band leicht bearbeitet). Johann Friedrich Hartknoch, Riga 1773.

Burton, Robert, Elend der Schriftgelehrten und Geistesarbeiter. S. 197–202. Zitiert nach: *Anatomie der Melancholie. Über die Allgegenwart der Schwermut, ihre Ursachen und Symptome sowie die Kunst, es mit ihr auszuhalten*. Aus dem Englischen übertragen und mit einem Nachwort versehen von Ulrich Horstmann. Artemis Verlag, Zürich/München 1988. Mit freundlicher Genehmigung von Ulrich Horstmann.

Büscher, Wolfgang, Ein sibirischer Yogi. S. 701–704. Zitiert nach: *Berlin – Moskau. Eine Reise zu Fuß*. © Rowohlt Verlag GmbH, Reinbek bei Hamburg 2003.

Byron, Lord, unter Griechen oder Schwierigkeiten der Entwicklungshilfe. S. 353–355. Zitiert nach: *Lord Byron. Ein Lesebuch mit Texten, Bildern und Dokumenten*. Herausgegeben von Gert Ueding. © Insel Verlag, Frankfurt am Main 1988.

Campanella, Tommaso, Besuch in der Sonnenstadt. S. 191–192. Zitiert nach: *Der Sonnenstaat*. Übersetzt und mit einer biografischen Skizze sowie sachlichen Anmerkungen versehen von Ignaz Emanuel Wessely. Ernst, München 1900.

Camus: Albert, Die Schöpfung auf eigene Rechnung neu machen. S. 598–600. Zitiert nach: *Der Mensch in der Revolte. Essays*. Aus dem Französischen von Justus Streller. © Rowohlt Verlag GmbH, Hamburg 1953.

Cardano, Girolamo, Auch wissenschaftliches Genie kommt nicht nur wohldosiert vor. S. 174–179. Zitiert nach: *Des Girolamo Cardano von Mailand eigene Lebensbeschreibung*. Aus dem Lateinischen übersetzt von Hermann Hefele. Kösel-Verlag, München 1969.

Carpentier, Alejo, Wo liegt die Heimstatt der Utopie? S. 582–587. Zitiert nach: »Die letzte Suche nach El Dorado«, in: *Stegreif und Kunstgriffe. Essays zur Literatur, Musik und Architektur in Lateinamerika*. Aus dem Spanischen von Anneliese Botond. © Suhrkamp Verlag, Frankfurt am Main 1980. © Alejo Carpentier 1979, used by permission of the Fundación Alejo Carpentier.

Carrington, John F., Hochentwickelte Telekommunikation am Kongo. S. 592–595. Orig. in: *Talking Drums of Africa*. The Carey Kingsgate Press, London 1949. Für diesen Band erstmals ins Deutsche übersetzt von Manfred Allié.

Casanova, Giacomo, Flucht aus den Bleikammern von Venedig. S. 262–264. Zitiert nach: *Erinnerungen*. Vierter Band. Übersetzt und herausgegeben von Franz Hessel und Ignaz Jezower. Ernst Rowohlt Verlag, Berlin 1925.

Castiglione, Baldassare, Früher war alles besser: für die Greise. S. 164–165. Zitiert nach: *Der Hofmann*. Übersetzt, eingeleitet und erläutert von Albert Wesselski. Bd I. Georg Müller, München/Leipzig 1907.

Ceronetti, Guido, Ohne gibt es keine vollständige Kenntnis der Weiblichkeit. S. 656–658. Zitiert nach: *Das Schweigen des Körpers. Materialien und Gedanken zu einem Studium der Medizin*. Aus dem Italienischen von Christel Galliani. © Suhrkamp Verlag, Frankfurt am Main 1983.

Chandler, Raymond, Jahrmarkt der Eitelkeiten: Oscar-Nacht in Hollywood. S. 587–592. Zitiert nach: »Oscar-Abend in Hollywood«, in: *Notizbücher*. Aus dem Englischen von Wulf Teichmann. Copyright der deutschsprachigen Ausgabe © Diogenes Verlag AG, Zürich 1980, 2009.

Charcot, Jean-Martin, Der heilende Glaube. S. 461–463. Orig. in: *La foi qui guérit*. Félix Alcan, Paris 1897. Für diesen Band erstmalig ins Deutsche übersetzt von Tobias Roth.

Chesterton, Gilbert Keith, Verteidigung von Gerippen. S. 514–516. Zitiert nach: *Verteidigung des Unsinns, der Demut, des Schelmenromans und anderer mißachteter Dinge*. Verlag der Weißen Bücher, Leipzig 1917.

Churchill, Winston, Blood, Toil, Tears, and Sweat. S. 576–577. Zitiert nach: *Blut, Schweiß und Tränen*. Antrittsrede im Unterhaus nach der Ernennung zum Premierminister am 13. Mai 1940. In: *Winston S. Churchill, Reden 1938–1940. Ins Gefecht*. Gesammelt von Randolph S. Churchill. Aus dem Englischen von Walter Weibel. © Europa Verlag, Zürich 1946.

Cicero, Das Alter bringt des Lebens Früchte ein. S. 48–50. Zitiert nach: *Cato oder von dem Greisenalter*. Übersetzt und erklärt von Raphael Kühner. Krais und Hoffmann, Stuttgart 1864.

Clary, Robert von / Gottfried von Villehardouin / Chronik von Nowgorod, Die Kreuzfahrer in Konstantinopel. S. 100–102. Zitiert nach: Régine Pernoud (Hrsg.): *Die Kreuzzüge in Augenzeugenberichten*. Aus dem Französischen von Hagen Thürnau. © Karl Rauch Verlag, Düsseldorf 1961.

Clausewitz, Carl von, Friktion. Im Kriege ist alles einfach, aber das Einfachste schwierig. S. 364–366. Zitiert nach: *Vom Kriege*. Ullstein Verlag, Frankfurt am Main/Berlin 1998.

Constant, Benjamin, Gewalt und Despotismus schaffen ihr eigenes Verderben. S. 338–340. Zitiert nach: *Über die Gewalt. Vom Geist der Eroberung und von der Anmassung der Macht*. Aus dem Französischen übertragen und herausgegeben von Hans Zbinden. Verlag Herbert Lang & Cie, Bern 1942.

Curie, Marie, Forschernatur und Forscherleben. S. 475–478. Zitiert nach: Sklodowska-Curie, Marie: *Selbstbiographie*. Aus dem Polnischen von Aküdo. Teubner Verlagsgesellschaft, Leipzig 1964. © für die deutschsprachige Ausgabe Springer Verlag, Mainz.

Dalai Lama, Tendzin Gyatsho alias Lhamo Döndrub, Von Natur aus wollen alle Menschen glücklich sein. S. 654–655. Zitiert nach: Dalai Lama: *Eine Politik der Güte*. Verlagsgruppe Patmos der Schwabenverlag AG, Ostfildern 1992.

Damásio, António, Descartes' Irrtum. S. 677–680. Zitiert nach: *Descartes' Irrtum. Fühlen, Denken und das menschliche Gehirn*. Aus dem Englischen von Hainer Kober. © List Taschenbuch in der Ullstein Buchverlage GmbH, Berlin 2004.

Dante Alighieri, Die Kirche kann nicht die Autorität des Reichs von dieser Welt sein. S. 114–115. Zitiert nach: *Über die Monarchie, Drittes Buch*, in: *Dante Alighieri's prosaische Schriften mit Ausnahme der Vita Nova*. 2. Teil. Übersetzt von Karl Ludwig Kannegießer (für diesen Band leicht bearbeitet). F.A. Brockhaus, Leipzig 1845.

Darwin, Charles, Die natürliche Auslese bei den zivilisierten Völkern. S. 418–424. Zitiert nach: *Die Abstammung des Menschen*. Übersetzt von Heinrich Schmidt. Mit einer Einführung von Christian Vogel. Alfred Kröner Verlag, Stuttgart 2002.

Descartes, René, Da bin ich, von allem Übrigen verschieden. S. 206–208. Zitiert nach: *Meditationen über die Grundlagen der Philosophie*. Aufgrund der Ausgaben von Artur Buchenau neu herausgegeben von Lüder Gäbe. Durchgesehen von Hans Günter Zekl. Felix Meiner Verlag, Hamburg 1977. © Felix Meiner Verlag, Hamburg 1959.

Dickens, Charles, New York. New York. S. 373–379. Zitiert nach: *Amerika*. Vollständige Ausgabe in der zeitgenössischen Übertragung von E. A. Moriarty. Durchgesehen und mit einem Nachwort von Siegfried Schmitz. Winkler Verlag, München 1972.

Diderot, Denis, Vom Zeugungsakt und seiner Bedeutung. Ein paar Nebenaspekte. S. 274–278. Orig.: *Suite de l'entretien*, in: *Œuvres philosophiques*. Éditions Garnier, Paris 1964. Speziell für diesen Band übersetzt von Tobias Roth.

Diogenes Laertios, Wenn ich nicht Alexander wäre, möchte ich wohl Diogenes sein … S. 69–71. Zitiert nach: *Leben und Meinungen berühmter Philosophen*. Buch I–X. Aus dem Griechischen übersetzt von Otto Apelt. Unter Mitarbeit von Hans Günter Zekl neu herausgegeben sowie mit Vorwort, Einleitung und neuen Anmerkungen zu Text und Übersetzung versehen von Klaus Reich. Felix Meiner Verlag, Hamburg 1967.

Dische, Irene, Lieber falsch als wahr: Zwei moralische Geschichten. S. 725–727. Zitiert nach: »Hans hatte Susanne verlassen« und »Liebe Mom, lieber Dad«, in: *Lieben. Loves*. Aus dem Englischen von Reinhard Kaiser und anderen. © Hoffmann und Campe Verlag, Hamburg 2006.

Dohm, Hedwig, »Ein Pereat den kritischen Weibern!« S. 434–435. Zitiert nach: *Die Antifeministen. Ein Buch der Verteidigung*. F. Dümmler, Berlin 1902.

Dostojewski, Fjodor, Aufzeichnungen aus einem Totenhaus. S. 408–409. Zitiert nach: *Aufzeichnungen aus einem Totenhaus*. Übertragen von E. K. Rahsin. © Piper Verlag GmbH, München 1958.

Dreißig Siedler aus Amerika, Hunger kann stärker sein als jedes Tabu. S. 195-196. Orig. in: »A tragical Relation of the Viginia Assembly« [1624], in: Tyler, Lyon Gardiner (Hrsg.): *Narratives of Early Virginia, 1606-1625*. Charles Scribner's Sons, New York 1907. Speziell für diesen Band übersetzt von Wolfgang Hörner.

Dyson, Freeman, Daniel Kahneman oder Psychologie als exakte Wissenschaft. S. 754-759. Orig.: »How to Dispel Your Illusions«, in: *New York Review of Books*, 22. 12. 2011. From the New York Review of Books. © Freeman Dyson, 2011. Sowie Daniel Kahnemans Antwort an Freeman Dyson: »A ›Thriving Collective Enterprise‹«, in: *New York Review of Books*, 12. 01. 2012. Mit freundlicher Genehmigung von Daniel Kahneman. Beide Texte für diesen Band erstmalig ins Deutsche übersetzt von Manfred Allié.

Einstein, Albert, Zur Erniedrigung des wissenschaftlichen Menschen. S. 595-596. Zitiert nach: *Mein Weltbild*. Herausgegeben von Carl Seelig. Ullstein Taschenbuch, Berlin 2010. © Europa Verlag, Zürich 1951.

Emerson, Ralph Waldo, Der einzige Mensch aus der Geschichte, den wir richtig kennen können. S. 390-391. Zitiert nach: *Emerson. Sein Charakter aus seinen Werken*. Bearbeitet und übersetzt von Egon Fridell. Lutz, Stuttgart 1906.

Epiktet, Mach dir klar, Mensch, welcher Art deine Unternehmung ist. S. 59-60. Zitiert nach: *Handbüchlein der Moral und Unterredungen*. Herausgegeben von Heinrich Schmidt. Alfred Kröner Verlag, Leipzig 1923.

Epikur, Unser Tod ist kein Ereignis des Lebens. S. 41-43. Zitiert nach: *Von der Überwindung der Furcht. Katechismus, Lehrbriefe, Spruchsammlung, Fragmente*. Deutsch von Olof Gigon. Verlag Artemis & Winkler, Zürich/Düsseldorf 1995. © Akademie Verlag, Berlin 2011.

Erasmus, Desiderius, Geist gibt dem schönen Geschlecht Glanz. S. 155-158. Zitiert nach: »Gespräch eines Abtes mit einer gebildeten Frau«, übersetzt von Winfried Trillitzsch, in: *Der deutsche Renaissance-Humanismus. Abriß und Auswahl von Winfried Trillitzsch*. Philipp Reclam jun., Leipzig 1981.

Erasmus, Desiderius, Vom freien Willen. S. 158-159. Zitiert nach: *Vom freien Willen*. Verdeutscht von Otto Schumacher. © Vandenhoeck & Ruprecht GmbH & Co. KG, Göttingen 1956.

Feuerbach, Anselm von, »Schon längst hatte ich in mir die Begierde gespürt, jemanden umzubringen«. S. 333-338. Zitiert nach: »Michael Klener, der Raubmörder aus Liederlichkeit«. In: *Merkwürdige Verbrechen*. AB – die Andere Bibliothek im Eichborn Verlag, Frankfurt am Main 1993.

Flasch, Kurt, Ewige Werte: Leben im Paradies. S. 717-720. Zitiert nach: *Eva und Adam. Wandlungen eines Mythos*. © Verlag C. H. Beck oHG, München 2004.

Flaubert, Gustave, Fremde Menschen – im Leinen und nackt. Reiseimpressionen aus Kairo. S. 388-389. Zitiert nach: *Ägypten. 1849-1950*. Übersetzt von E. W. Fischer (für diese Ausgabe leicht bearbeitet). Gustav Kiepenheuer Verlag, Potsdam 1922.

Fontane, Theodor, Kriegsgefangen in Frankreich. S. 416-417. Zitiert nach: »Kriegsgefangen«, in: *Wanderungen durch Frankreich. Erlebtes 1870-1871*. Verlag der Nation, Berlin 1970.

Foucault, Michel, Vom Strafen und seiner Modernisierung. S. 644-648. Zitiert nach: *Überwachen und Strafen. Die Geburt des Gefängnisses*. Übersetzt von Walter Seitter. Suhrkamp Verlag, Frankfurt am Main 1977. © Suhrkamp Verlag, Frankfurt am Main 1976.

Freud, Sigmund, Traum. Und der Mensch als Krankheit. S. 478-479. Zitiert nach: *Studienausgabe*, Bd. 2: *Die Traumdeutung*. S. Fischer Verlag, Frankfurt am Main 1972.

Friedrich der Große, Es ist die Aufgabe des Herrschers, dem menschlichen Elend abzuhelfen. S. 250-251. Zitiert nach: *Friedrich der Große und die Philosophie. Texte und Dokumente*. Mit einem einleitenden Essay herausgegeben von Bernhard Taureck. Philipp Reclam jun., Stuttgart 1986.

Fuentes, Carlos, Xenophobie. S. 697-699. Zitiert nach: *Alphabet meines Lebens. Woran ich glaube*. Aus dem mexikanischen Spanisch von Sabine Giersberg. Fischer Taschenbuch Verlag, Frankfurt am Main 2006. © Deutsche Verlags-Anstalt, München 2004. © Carlos Fuentes' Erben, 2013

Galen, Die Natur und die der Seele. Mehr als ein Medizinerschulstreit. S. 66-67. Aus dem Werk *Über die Fähigkeiten der Natur* (I, XII) speziell für diesen Band übersetzt von Vea Kaiser.

Galilei, Galileo, Gegen das Tragen des Talars. S. 188-189. Orig. in: *Opere di Galileo Galilei*. Edizione Nazionale. A cura di A. Favaro, I. Del Lungo e U. Marchesini. Vol. IX, Edizioni Barbera, Florenz 1899. Speziell für diesen Band übersetzt von Tobias Roth.

Gassendi, Pierre, Kann jemals Schmerz vor Lust den Vorzug haben? S. 204-206. Orig. in: *Petri Gassendi opera omnia in sex Tomos divisae. Tomus secundus: (…) quo continentur | Syntagmatis Philosophici | Partis Secundae, seu physicae | Sectionis Tertiae | (…) | adjecta est | pars tertia, quae est Ethica, sive de moribus. Tartini. Florentiae 1727*. Speziell für diesen Band übersetzt von Tobias Roth.

Gentile, Giovanni, Die philosophische Grundlage des Faschismus. S. 548-557. Zitiert nach: »The Philosophic Basis of Fascism«. Reprinted by permission of FOREIGN AFFAIRS, January 1928. © 1924 by the Council of Foreign Relations 1924, Inc. www.ForeignAffairs.com. Für diesen Band erstmals ins Deutsche übersetzt und mit Anmerkungen versehen von Georg Brunold.

Goethe, Johann Wolfgang von, Betrachtungen auf dem Schlachtfeld. S. 312-313. Zitiert nach: »Campagne in Frankreich 1892«, in: *Goethes Werke*. Hamburger Ausgabe in 14 Bänden, Bd. 10, Hamburg 1959.

Goffredo di Cosenza, Friedrich II. – Der gute Herrscher erstrahlt in Glanz und Seltenheit. S. 108–110. Zitiert nach: Aus der Geschichte der Taten Kaiser Friedrichs II. des sogenannten »Nicolaus Jamsilla« d.i. Gotfrid von Cosenza, in: Klaus J. Heinisch (Hrsg.), *Kaiser Friedrich II. Sein Leben in zeitgenössischen Berichten*. © Winkler Verlag, München 1969.

Gould, Stephen J., Geheimnisse der *idiots savants*. S. 683–689. Zitiert nach: Der Jahrtausend-Zahlenzauber. Durch die Scheinwelt numerischer Ordnungen. Aus dem Amerikanischen von Sebastian Vogel. © S. Fischer Verlag, Frankfurt am Main 1999.

Gracián, Baltasar, Der gute Zuhörer. S. 211–213. Zitiert nach: *Der kluge Weltmann*. (El Discreto). Zum ersten Mal aus dem spanischen Original von 1646 ins Deutsche übertragen und mit einem Anhang versehen von Sebastian Neumeister. © Verlag Neue Kritik, Frankfurt am Main 1996.

Guillaume de Lorris, Der Weg zur Rose und zum Glück darf den Liebenden nichts ersparen. S. 104–106. Zitiert nach: *Das Gedicht von der Rose*. Aus dem Altfranzösischen des Guillaume de Lorris übersetzt von Heinrich Fährmann. Vereins-Buchhandlung, Berlin 1939.

Gustav Adolf II. »... dass ich, nachdem ich bisher durch Gottes gnädigen Schutz am Leben geblieben bin, es schließlich doch werde lassen müssen.« S. 203–204. Zitiert nach: Hans Jessen (Hrsg.): *Der Dreißigjährige Krieg in Augenzeugenberichten*. © Karl Rauch Verlag, Düsseldorf 1963.

Haffner, Peter, Nie allein. Siamesische Zwillinge. S. 706–711. Zitiert nach: »Nie allein«, in: *Das Magazin* Nr. 46, 15. 11. 2003. Mit freundlicher Genehmigung von Peter Haffner.

Hatzfeld, Jean, Mit Rwandas Massenmördern sprechen. S. 704–706. Zitiert nach: *Zeit der Macheten. Gespräche mit den Tätern des Völkermords in Ruanda*. Aus dem Französischen von Karl-Udo Bigott. Mit einem Nachwort von Hans-Jürgen Wirth. Haland & Wirth im Psychosozial-Verlag, Gießen 2012. © Haland & Wirth im Psychosozial-Verlag, Gießen 2004.

Hegel, Georg Wilhelm Friedrich, »Jeder weiß, er kann kein Sklave sein.« S. 344–345. Zitiert nach: *Werke*, Bd. 18: *Vorlesungen über die Geschichte der Philosophie I*. Suhrkamp Verlag, Frankfurt am Main 1971.

Heine, Heinrich, Der Adel feiert Hochzeit. S. 350–352. Zitiert nach: *Briefe aus Berlin*, in: *Sämtliche Werke*, Bd 2. Winkler Verlag, München 1980.

Heine, Heinrich, Zensur. S. 358. Zitiert nach: *Werke und Briefe in zehn Bänden*, Bd. 3: *Reisebilder*. Aufbau Verlag, Berlin/Weimar 1972.

Hemingway, Ernest, Wer ist der Feind? Rede an die Deutschen. S. 568–569. Zitiert nach: *Rede an das deutsche Volk (1938)*. In: Die Weltbühne Nr. 5, 25. 08. 1946. © Hemingway Estate. Mit freundlicher Genehmigung des Rohwohlt Verlags, Reinbek bei Hamburg.

Herder, Johann Gottfried, Venedig: Die Verbindung von Klugheit und Fleiß, Freiheit und Reichtum. S. 308–309. Zitiert nach: *Werke*, Band III/1: *Ideen zur Philosophie der Geschichte der Menschheit*. Carl Hanser Verlag, München 2002.

Herodot, Apries und Amasis. S. 26–27. Aus den *Historien* speziell für diesen Band übersetzt von Vea Kaiser.

Hildegard von Bingen, Ich besitze hier schon die himmlische Heimat. S. 98–99. Zitiert nach: *Geheimnis der Liebe. Bilder von des Menschen leibhaftiger Not und Seligkeit*. Nach den Quellen übersetzt und bearbeitet von Heinrich Schipperges. Walter-Verlag, Olten/Freiburg im Breisgau 1957. Mit freundlicher Genehmigung von Thomas Schipperges.

Hippokrates, Gesundheit ist Umwelt. S. 29–31. Zitiert nach: *Von der heiligen Krankheit und andere ausgewählte Schriften*. Eingeleitet und neu übertragen von Wilhelm Capelle. Artemis Verlag, Zürich 1955. © Akademie Verlag, Berlin 2011.

Hobbes, Thomas, Nur auf das Schlimmste kann Verlass sein. S. 213–215. Zitiert nach: *Leviathan*. Erster und zweiter Teil. Übersetzung von Jacob Peter Mayer, Nachwort von Malte Diesselhorst. © Philipp Reclam jun., Stuttgart 1970.

Holbach, Paul Thiry Baron d', Zwei Seiten des aufgeklärten Fatalismus. S. 278–280. Zitiert nach: *System der Natur oder Von den Gesetzen der physischen und der moralischen Welt*. Aus dem Französischen von Fritz-Georg Voigt. © Aufbau Verlag GmbH & Co. KG, Berlin 1960 (für die Übersetzung). (Diese Übersetzung erschien erstmals 1960 im Aufbau-Verlag; Aufbau ist eine Marke der Aufbau Verlag GmbH & Co. KG.)

Hölderlin, Friedrich, Die häuslichen Deutschen. S. 319–320. Zitiert nach: *Sämtliche Werke und Briefe*, Bd. 2. Herausgegeben von Michael Knaupp. Carl Hanser Verlag, München 1992.

Horkheimer, Max und Theodor W. Adorno, Zur Genese der Dummheit. S. 580–581. Zitiert nach: *Dialektik der Aufklärung. Philosophische Fragmente*. © S. Fischer Verlag GmbH, Frankfurt am Main 1987.

Huet, Pierre Daniel, Untersuchung unserer Verstandesschwächen. S. 237–238. Orig. in: *Traité philosophique de la foiblesse de l'esprit humain*, par Monsieur Huet, ancien Evêque d'Avranches. Chez Jean Nourse. London 1741. Für diesen Band erstmalig ins Deutsche übersetzt von Tobias Roth.

Hume, David, Das ganze große Geheimnis des schöpferischen Geistes. S. 251–252. Zitiert nach: *Eine Untersuchung über den menschlichen Verstand*. Herausgegeben von Raoul Richter. © Felix Meiner Verlag, Hamburg 1973.

Huxley, Aldous, Meskalin. Wahrnehmung, Bewusstsein, Drogenerfahrung. S. 603–608. Zitiert nach: *Die Pforten der Wahrnehmung. Himmel und Hölle. Erfahrungen mit Drogen*. Aus dem Englischen von Herberth E. Herlitschka. © Piper Verlag GmbH, München 1970.

Ibn Arabi, Wer könnte mit seinen Zeitgenossen schon zufrieden sein. S. 102–103. Zitiert nach: *Urwolke und Welt. Mystische Texte des Größten Meisters.* Aus dem Arabischen übersetzt und herausgegeben von Alma Giese. © Verlag C. H. Beck oHG, München 2002.

Ibn Fadlan, Ein Kaufmann aus Bagdad an einem Wikingerbegräbnis. S. 83–85. Orig. in: *Ibn Faḍlān's Reisebericht*, herausgegeben und übersetzt von A. Zeki Validi Togan, Liechtenstein 1966 [Nachdruck der Ausgabe Leipzig 1939]. Speziell für diesen Band übersetzt von Elvira Wakelnig.

Ibn Khaldun, Was Kultur heißt. S. 124–125. Zitiert nach: *Die Muqaddima. Betrachtungen zur Weltgeschichte.* Aus dem Arabischen übertragen und mit einer Einführung von Alma Giese. © Verlag C. H. Beck oHG, München 2011.

Ibrahim Ibn Yaqub, Mitteleuropa durch arabische Augen. S. 85–86. Orig. in: a) *Zakarija Ben Muhammed Ben Mahmud el-Cazwini's Kosmographie. Zweiter Theil. Die Denkmäler der Länder.* Herausgegeben von Ferdinand Wüstenfeld, Wiesbaden 1967 (Nachdruck der Ausgabe von 1848/49), sowie b) *Kitāb al-masālik wa-l-mamālik li-Abī Ubayd al-Bakrī*, herausgegeben von Adrian van Leeuwen und André Ferré, Tunis 1992. Speziell für diesen Band übersetzt von Elvira Wakelnig.

Institoris, Heinrich (und Jakob Sprenger), Geist der lodernden Scheiterhaufen. S. 138–139. Zitiert nach: Jakob Sprenger, Heinrich Institoris: *Der Hexenhammer (Malleus maleficarum).* Aus dem Lateinischen übertragen und eingeleitet von J. W. R. Schmidt [1906]. Deutscher Taschenbuch Verlag, München 1982.

Isidor von Sevilla, Das Kind erschreckte seine Mutter. Von Missgeburten und Sirenen. S. 78–80. Aus den *Etymologiae* speziell für diesen Band übersetzt von Tobias Roth.

James, William, Medizinischer Materialismus bringt uns dem Geist nicht näher. S. 485–486. Zitiert nach: *Die Vielfalt religiöser Erfahrung. Eine Studie über die menschliche Natur.* Übersetzt und herausgegeben von Eilert Herms. © Verlagsgruppe Patmos der Schwabenverlag AG, Ostfildern 1979.

Jean Paul, Nichts als die Sonne. S. 325–326. Zitiert nach: *Des Luftschiffers Giannozzo Seebuch. Almanach für Matrosen wie sie sein sollten.* Insel Verlag, Leipzig 1912.

Jefferson, Thomas, Unabhängigkeitserklärung der Vereinigten Staaten. S. 285–287. Zitiert nach: *Die Verfassungen der Vereinigten Staaten von Nord-Amerika, der Freistaaten Pennsylvania und Texas, der Königreiche Belgien und Norwegen, die Bundesverfassung der Schweiz und die Englische Staatsverfassung. Zur Beantwortung der Frage, ob Republik, ob konstitutionelle Monarchie?* Von Traugott Bromme. Hoffmann'sche Verlags-Buchhandlung, Stuttgart 1848.

Joly, Maurice, Diplomatie. S. 410–412. Zitiert nach: *Das Handbuch des Aufsteigers.* Aus dem Französischen von Hans Thill. © AB – Die Andere Bibliothek GmbH & Co. KG, Berlin 2001, 2011.

Jung, Carl Gustav, Feindbilder und Angst. Alle projizieren wir gleichermaßen. S. 597. Zitiert nach: *Von Gut und Böse. Einsichten und Weisheiten.* © Verlagsgruppe Patmos der Schwabenverlag AG, Ostfildern 1990.

Kafka, Franz, Entlarvung eines Bauernfängers. S. 510–511. Zitiert nach: *Ein Landarzt und andere Drucke zu Lebzeiten.* Fischer Taschenbuch Verlag, Frankfurt am Main 1994.

Kant, Immanuel, Beantwortung der Frage: Was ist Aufklärung? S. 297–300. Zitiert nach: *Schriften zur Anthropologie, Geschichtsphilosophie, Politik und Pädagogik.* Erster Teil. WBG, Darmstadt 1975.

Kant, Immanuel, Vom höchsten physischen Gut. S. 318–319. Zitiert nach: *Anthropologie in pragmatischer Hinsicht abgefaßt von Immanuel Kant.* In: *Schriften zur Anthropologie Geschichtsphilosophie, Politik und Pädagogik.* Zweiter Teil. WBG, Darmstadt 1975.

Kawabata Yasunari, Das Geräusch menschlicher Schritte. S. 543–544. Zitiert nach: *Handtellergeschichten.* Ausgewählt und aus dem Japanischen übersetzt von Siegfried Schaarschmidt. © Alle Rechte der deutschsprachigen Ausgabe: Carl Hanser Verlag, München 1990. Ningen no ashioto by Yasunari Kawabata. © The Heirs of Yasunari Kawabata, 1925, used by permission of The Wylie Agency (UK) Limited.

Keller, Helen, »Mit zehn Jahren lernte ich sprechen.« S. 487–489. Zitiert nach: *Die Geschichte meines Lebens.* Mit einem Vorwort von Felix Hollande. Deutsch von Paul Seliger. Robert Lutz, Stuttgart 1905.

Kennedy, John F., Der erste katholische Präsident der USA über Staat und Kirche. S. 613–615. Zitiert nach: »Rede vor der Greater Houston Ministerial Association«, 12. 09. 1960. www.jfklibrary.org. © John F. Kennedy Library Foundation.

Kierkegaard, Søren, Der bodenlose Mensch und seine Angst. S. 386–388. Zitiert nach: *Der Begriff Angst.* Übersetzt von Gisela Perlet. © Philipp Reclam jun. GmbH & Co. KG, Stuttgart 1992.

Klein, Stefan, Wissenschaftliche Schritte zum Glück. S. 699–701. Zitiert nach: *Die Glücksformel. Oder wie die guten Gefühle entstehen.* © S. Fischer Verlag GmbH, Frankfurt am Main 2012.

Kluge, Alexander, Ein Fall von Zeitdruck. S. 691–693. Zitiert nach: *Chronik der Gefühle.* Bd. 1. *Basisgeschichten.* © Suhrkamp Verlag, Frankfurt am Main 2000.

Knigge, Adolph Freiherr von, Die Menschen wollen unterhalten sein. S. 305–306. Zitiert nach: *Werke*, Bd. 2: *Ueber den Umgang mit Menschen.* Herausgegeben von Michael Rüppel. Wallstein Verlag, Göttingen 2010.

Koestler, Arthur, Abschaum der Erde. Und ein Spion von allen Seiten. S. 564–567. Zitiert nach: *Abschaum der Erde. Autobiographische Schriften.* Bd. 2. Aus dem Englischen übertragen von Franziska Bekker und Heike Curtze. © Limes Verlag im Verlag Ullstein GmbH, Frankfurt am Main/Berlin 1993. © Arthur Koestler 1971, mit freundlicher Genehmigung der Intercontinental Literary Agency.

Kogon, Eugen, Der Mensch als Material. S. 573–575. Zitiert nach: *Der SS-Staat. Das System der deutschen Konzentrationslager.* © Kindler Verlag GmbH, München 1974.

Kołakowski, Leszek, Kann Gott der Schöpfer glücklich sein? Eine menschliche Frage. S. 769–771. Orig.: »O szczęściu. Czy Pan Bóg jest szczęsliwy?«, in: Leszek Kołakowski, *Czy Pan bóg jest szczęśliwy I inne pytania*. Wdawnictwo Znak Kraków 2009. Speziell für diesen Band übersetzt von Nina Kozlowski. © Tamara Kolakowska.

Kracauer, Siegfried, Langeweile. Dialektik der Muße. S. 535–536. Zitiert nach: *Das Ornament der Masse. Essays.* Suhrkamp Verlag, Frankfurt am Main 1977. © Suhrkamp Verlag, Frankfurt am Main 1963.

Kraus, Karl, Sind Homosexuelle pervers oder die Gesellschaft, die sie für pervers erklärt? S. 498–499. Zitiert nach: *Sittlichkeit und Kriminalität*. Suhrkamp Verlag, Frankfurt am Main 1987.

Kreye, Andrian: Free Jazz: endlich das erweiterte Bewusstsein! S. 768–769. Orig. »Free Jazz«, in: John Brockman (Hrsg.): *This will make you smarter. New Scientific Concepts to improve your Thinking.* Harper Perennial, New York, London u. a., 2012. Vom Autor selbst speziell für diesen Band ins Deutsche übersetzt. Mit freundlicher Genehmigung von Andrian Kreye.

Kundera, Milan, Geschichte und Wert – ein Wort für den O-Ton. S. 723–724. Zitiert nach: *Der Vorhang. Aus dem Französischen von Uli Aumüller*. © Carl Hanser Verlag, München 2005.

Kürnberger, Ferdinand, Vom Dreißigjährigen und vom Börsen-Krieg. S. 425–430. Zitiert nach: *Feuilletons*. Ausgewählt und eingeleitet von Karl Riha. Insel Verlag, Frankfurt am Main 1967.

Le Bon, Gustave, Die Masse: Ein neuer welthistorischer Akteur. S. 466–470. Zitiert nach: *Psychologie der Massen*. Übersetzt von Rudolf Eisler. Klinkhart, Leipzig 1912.

Lehrer, Jonah, Placebo. S. 742–743. Zitiert nach: *Wie wir entscheiden. Das erfolgreiche Zusammenspiel von Kopf und Bauch*. Aus dem Amerikanischen von Enrico Heinemann. © Piper Verlag GmbH, München 2009.

Leibniz, Gottfried Wilhelm, Geist sind wir durch und durch. S. 232–233. Zitiert nach: a) »Das Uhrengleichnis« (1696), in: *Philosophische Werke*, Bd. 1, Teil 1. Übersetzung von Artur Buchenau. Mit einer Einleitung und Anmerkungen herausgegeben von Erst Cassirer. © Felix Meiner Verlag, Hamburg 1996; sowie b) »Das Mühlengleichnis« (1714), in: *Monadologie*. Französisch und deutsch. Zeitgenössische Übersetzung von Heinrich Köhler. Herausgegeben von Dietmar Till. © Insel Verlag, Frankfurt am Main/ Leipzig 1996.

Lem, Stanisław, Facetten menschlicher Sterblichkeit. S. 659–661. Zitiert nach: *Eine Minute der Menschheit. Eine Momentaufnahme*. Aus Lems Bibliothek des 21. Jahrhunderts. Phantastische Bibliothek Band 110. Übersetzt von Edda Werfel. © Suhrkamp Verlag, Frankfurt am Main 1983.

Leo Africanus, »... für mich nicht grade schmeichelhaft ...« S. 169–171. Zitiert nach: *Beschreibung Afrikas*. Herausgegeben von Karl Schubarth-Engelschall. Übersetzung: Georg Wilhelm Lorsbach [1805]. VEB F. A. Brockhaus Verlag, Leipzig 1984.

Leonardo da Vinci, Gegen Geister und Zauberer. S. 134–135. Zitiert nach: *Tagebücher und Aufzeichnungen*. Nach den italienischen Handschriften übersetzt und herausgegeben von Theodor Lücke. Paul List Verlag, Leipzig 1940.

Leroi-Gourhan, André, Der ungefiederte Zweifüßer und die Frage nach unserer Herkunft. S. 628–629. Zitiert nach: *Hand und Wort. Die Evolution von Technik, Sprache und Kunst*. Mit 153 Zeichnungen des Autors. Übersetzt von Michael Bischoff. Suhrkamp Verlag, Frankfurt am Main 1988. © Suhrkamp Verlag, Frankfurt am Main 1980.

Lessing, Ephraim, Erziehung des Menschengeschlechts. Eine hohe Hilfsschule. S. 294–295. Zitiert nach: *Die Erziehung des Menschengeschlechts*. Voss, Berlin 1780.

Lévi-Strauss, Claude, Rassen und öffentliche Meinung. S. 600–601. Zitiert nach: *Rasse und Geschichte*. Aus dem Französischen von Traugott König. © Suhrkamp Verlag, Frankfurt am Main 1972.

Lichtenberg, Georg Christoph, Wider die Physiognomen. Zur Beförderung der Menschenliebe und Menschenkenntnis. S. 288–289. Zitiert nach: *Schriften und Briefe. Dritter Band: Aufsätze, Entwürfe, Gedichte, Erklärung der Hogarthischen Kupferstiche*. Carl Hanser Verlag, München 1972.

Lincke, Till, Nomadendenkart, Nomadenselbstbewusstsein. S. 766–767. Zitiert nach: »Beduinen und der arabische Frühling«, in: *Basler Zeitung* vom 10. 02. 2012. Mit freundlicher Genehmigung von Till Lincke und der Basler Zeitung.

Linné, Carl von, Alle Wissenschaft beweist nichts als göttliche Ordnung. S. 252–254. Zitiert nach: *Des Ritters Carl von Linné Auserlesene Abhandlung aus der Naturgeschichte, Physik und Arzneiwissenschaft*, Bd. 1–3. Leipzig 1776–1778.

Locke, John, Ihn und die Toleranz lieben wir aus Ehrfurcht und Bewunderung. S. 227–231. Zitiert nach: *Ein Brief über Toleranz*. Englisch-Deutsch. Übersetzt, eingeleitet und in Anmerkungen erläutert von Julius Ebbinghaus. © Felix Meiner Verlag, Hamburg 1996.

Londres, Albert, Bagno. S. 522–529. Zitiert nach: *Bagno. Die Hölle der Sträflinge*. Aus dem Französischen von Karl Otten. Laub'sche Verlagsbuchhandlung, Berlin 1924. Mit freundlicher Genehmigung der Schillergesellschaft, Marburg.

Londres, Albert, Bei den Irren. S. 537–542. Orig. in: *Chez les foux*. Albin Michel, Paris 1925. Zuerst in »Le Petit Parisien«, Mai 1925. Für diesen Band erstmals in Deutsche übersetzt von Georg Brunold.

Luhmann, Niklas, Liebe. Eine Übung. S. 636–637. Zitiert nach: *Liebe. Eine Übung*. Herausgegeben von André Kieserling. © Suhrkamp Verlag, Frankfurt am Main 2008.

Lukrez, Von den Seuchen. S. 45-47. Neuübersetzung aus *De Rerum Natura*. Vorabdruck aus der im Herbst 2014 beim Verlag Galiani Berlin erscheinenden rhythmisierten Prosaübersetzung von Klaus Binder.

Luther, Martin, Vom unfreien Willen. S. 159-161. Zitiert nach: *Vom unfreien Willen. Eine Kampfschrift gegen den Mythus aller Zeiten aus dem Jahre 1525*. Nach dem Urtext neu verdeutscht von Otto Schumacher. © Vandenhoeck & Ruprecht GmbH & Co. KG, Göttingen 1937.

Machiavelli, Niccolò, Was macht die Stärke des französischen Königs? S. 150-151. Zitiert nach: *Gesammelte Werke in einem Band*. Nach den Übersetzungen von Johann Ziegler und Franz Nicolaus Baur. Zweitausendeins, Frankfurt am Main 2006.

Mailer, Norman, Der Mann im Mond – Apollo 11. S. 631-634. Zitiert nach: Mailer, Norman: *Moonfire. Die legendäre Reise der Apollo 11*. Übersetzt von Matthias Büttner. Taschen Verlag, Köln 2010. © für die deutschsprachige Ausgabe Droemer und Knaur Verlag, München 1971.

Mainländer, Philipp, Apologie des Selbstmords. S. 431-433. Zitiert nach: *Philosophie der Erlösung*. Ausgewählt und mit einem Vorwort versehen von Ulrich Horstmann. Insel Verlag, Frankfurt am Main 1989.

Malthus, Thomas Robert, Von der planetarischen Bevölkerungskatastrophe. S. 317-318. Zitiert nach: *Das Bevölkerungsgesetz*. Herausgegeben und übersetzt von Christian M. Barth. © Deutscher Taschenbuch Verlag, München 1977.

Mandela, Nelson, One man, one vote. S. 616-617. Zitiert nach: *Der Kampf ist mein Leben. Gesammelte Reden und Schriften*. Übersetzt von Anne Schulze-Allen. Weltkreis Verlag, Dortmund 1986. © für die deutschsprachige Ausgabe Pahl-Rugenstein Verlag Nf. GmbH, Bonn 1990.

Mandeville, Bernard, Vom Nutzen des privaten Lasters für das Gemeinwohl. S. 242-244. Zitiert nach: *Mandevilles Bienenfabel*. Herausgegeben von Otto Bobertag. Georg Müller, München 1914.

Mann, Thomas, Ironie und Radikalismus. Betrachtungen eines Unpolitischen. S. 517-519. Zitiert nach: *Gesammelte Werke in dreizehn Bänden*. Band XII: *Reden und Aufsätze 4*. © S. Fischer Verlag GmbH, Frankfurt am Main 1960, 1974.

Margulis, Lynn und Dorion Sagan, Geheimnisse des weiblichen Orgasmus. S. 673-675. Zitiert nach: *Geheimnis und Ritual. Die Evolution der menschlichen Sexualität*. Aus dem Amerikanischen von Margit Bergner und Monika Noll. © für die deutschsprachige Ausgabe Deutscher Taschenbuch Verlag, München 1993.

Marc Aurel, Vorbilder sind nicht rar – für den, der solche schätzt. S. 63-65. Zitiert nach: *Selbstbetrachtungen*. Neu verdeutscht und eingeleitet von Otto Kiefer. Diederichs, Leipzig 1903.

Marx, Karl, Das Sein bestimmt das Bewusstsein. Und dieses? S. 400-401. Zitiert nach: Karl Marx, Friedrich Engels: *Werke*, Bd. 13. Dietz Verlag, Berlin 1974.

Melanchthon, Philipp, »Zu den Quellen, Jugend!« S. 151-155. Zitiert nach: »Zu den Quellen, Jugend!«, übersetzt von Winfried Trillitzsch, in: *Der deutsche Renaissance-Humanismus. Abriss und Auswahl* von Winfried Trillitzsch. Philipp Reclam jun., Leipzig 1981.

Melville, Herman, Menschliche Missionspredigt auf Tahiti. S. 380-382. Zitiert nach: *Typee. Omoo. Weißjacke*. Aus dem Amerikanischen übertragen und mit einem Nachwort und Erläuterungen von Richard Mummendey. © Winkler Verlag, München 1970.

Menzius, Ist das Gute anerzogen? Oder nicht doch das Schlechte? S. 40. Zitiert nach: *Dem Menschen gerecht. Ein Menzius-Lesebuch*. Aus dem klassischen Chinesisch übertragen und herausgegeben von Henrik Jäger. Ammann Verlag, Zürich 2010. Mit freundlicher Genehmigung von Henrik Jäger.

Mercier, Louis Sébastien, Nachrevolutionäres Freiheitsfieber. S. 329-331. *Ansichten der Hauptstadt des französischen Kaiserreiches vom Jahre 1806 an von Pinkerton, Mercier und C. F. Cramer*. Bd 2. Amsterdam 1808.

Metternich, Klemens Wenzel Lothar Fürst, Napoleon: Rückblick auf einen gescheiterten Feind. S. 383-385. Zitiert nach: *Denkwürdigkeiten*. Georg Müller, München 1921.

Mettrie, Julien Offray de La, Die kreative Maschine Mensch. S. 254-256. Orig. in: *L'homme machine*. Introduction et Notes de J. Assezat. Frédéric Henry, Paris 1865. Speziell für diesen Band übersetzt von Nadya Hartmann.

Michaux, Henri, In der Hand liegt mehr Zärtlichkeit als im Herzen. S. 658-659. Zitiert nach: *Eckpfosten. Poteaux d'Angle*. Aus dem Französischen übersetzt von Werner Dürrson. © Carl Hanser Verlag, München 1982.

Milgram, Stanley, Das Milgram-Experiment: Eine verhaltenspsychologische Untersuchung zum Gehorsam. S. 622-626. Orig. in: »Behavioral Study of Obedience«, in: *Journal of Abnormal and Social Psychology* 67 (1963), S. 370-378, hier S. 370, 373-377. Zitiert nach der Übersetzung von Robert Neiser und Nicolas Pethes in: *Menschenversuche. Eine Anthologie 1750-2000*. Herausgegeben von Nicolas Pethes, Birgit Griesecke, Marcus Krause und Katja Sabisch. © Suhrkamp Verlag, Frankfurt am Main 2008.

Mill, John Stuart, Über die Grenzen der Autorität der Gesellschaft über das Individuum. S. 402-407. Zitiert nach: *Die Freiheit*. Übertragen und eingeleitet von Else Wentscher. Felix Meiner Verlag, Leipzig 1928.

Milton, John, Wer fürchtet um die Wahrheit im freien und offenen Kampf? S. 208-211. Zitiert nach: *John Milton's Politische Hauptschriften*. Übersetzt und mit Anmerkungen versehen von Wilhelm Bernhardi. Bd. 1. Erich Koschny, Berlin 1874.

Mirabeau, Marquis de, Über den Despotismus. S. 283–284. Zitiert nach: Mirabeau, Honoré Gabriel de Riqueti, Graf von: *Ausgewählte Schriften*. In zwei Bänden herausgegeben und übersetzt von Dr. Johanna Fürstauer. © Merlin Verlag, Hamburg 1989.

Mishra, Pankaj, Bei Bedarf wird der »Andere« wie der Feind erfunden. S. 730–732. Zitiert nach: *Lockruf des Westens. Modernes Indien*. Aus dem Englischen von Matthias Wolf. © für die deutschsprachige Ausgabe Berenberg Verlag, Berlin 2011.

Montaigne, Michel de, Über die Lügner. S. 181–183. Zitiert nach: *Essais*. Erste moderne Gesamtübersetzung von Hans Stilett. © AB – Die Andere Bibliothek GmbH & Co. KG, Berlin 1998, 2011.

Montesquieu, Charles de Secondat, Baron de, Last und Gefahren der Klugheit. S. 238–240. Zitiert nach: *Montesquieu's Persische Briefe*. Mit Einleitung und Kommentar deutsch von Eduard Bertz. Philipp Reclam jun., Leipzig 1884.

Moritz, Karl Philipp, Lieber tot als lebendig. S. 306–307. Zitiert nach: »Krankheit der Einbildungskraft«, in: *ΓΝΩΘΙ ΣΑΥΤΟΝ oder Magazin zur Erfahrungs-Seelenkunde als ein Lesebuch für Gelehrte und Ungelehrte*. Mit Unterstützung mehrerer Wahrheitsfreunde herausgegeben von Karl Philipp Moritz und Salomon Maimon. Sechster Band, Drittes Stück. (*Die Schriften in dreißig Bänden*. Herausgegeben von Petra und Uwe Nettelbeck, Band X.) Franz Greno, Nördlingen 1986.

Morus, Thomas, Nichts konnte so stark sein, seinen Geist zu überwinden. Pico, der Mann der Renaissance. S. 146–149. Orig. in: *The english works of Sir Thomas More*. Herausgegeben von W. E. Campbell. Bd. 1, London/New York 1931. Speziell für diesen Band übersetzt von Tobias Roth.

Mozart, Wolfgang Amadeus, Auf Stellensuche. S. 290. Zitiert nach: *Briefe Mozarts*. Mit einem Geleitwort von Max Mell. Insel Verlag, Leipzig 1940.

Mumford, Lewis, Die kulturelle Funktion der Weltstadt. S. 617–619. Zitiert nach: *Die Stadt. Geschichte und Ausblick*. Aus dem amerikanischen Englisch von Helmut Lindemann. © Verlag Kiepenheuer & Witsch GmbH & Co. KG, Köln 1963. © Houghton Mifflin Harcourt, New York 1961.

Netschajew, Sergej, Der Narodnik: Blaupause aller Bombenleger. S. 412–415. Zitiert nach: Robert Payne: *Lenin – Sein Leben und sein Tod*. Aus dem Amerikanischen von Werner von Grünau. Rütten & Loenig, München 1965.

Newton, John, Ein Sklavenhändler gegen den Sklavenhandel. S. 302–304. Orig. in: »Thoughts upon the African Slave Trade«, in: *The Journal of a Slave Trader*. Epworth Press, London 1962. Für diesen Band erstmalig ins Deutsche übersetzt von Manfred Allié.

Nietzsche, Friedrich, Nervenreize – oder Erleben und Erdichten. S. 438. Zitiert nach: *Morgenröthe. Gedanken über die moralische Vorurtheile*, in: *Kritische Studienausgabe*, Bd. 3. Deutscher Taschenbuch Verlag, München 1988.

Nietzsche, Friedrich, Das schlechte Gewissen: »die größte und unheimlichste Erkrankung«. S. 454–455. Zitiert nach: *Zur Genealogie der Moral*. In: *Kritische Studienausgabe*, Bd. 5. Deutscher Taschenbuch Verlag, München 1988.

Nikolaus von Kues, Die Weisheit ruft auf den Gassen. S. 130–132. Zitiert nach: »Der Laie über die Weisheit«, übersetzt von Winfried Trillitzsch, in: *Der deutsche Renaissance-Humanismus*. Abriß und Auswahl von Winfried Trillitzsch. Philipp Reclam jun., Leipzig 1981.

Nussbaum, Martha, Gefühle und Fähigkeiten von Frauen. S. 667–671. Zitiert nach: *Gerechtigkeit oder das gute Leben*. Herausgegeben von Herlinde Pauer-Studer. Aus dem Amerikanischen von Ilse Utz. © Suhrkamp Verlag, Frankfurt am Main 1999.

Ockham, Wilhelm von, Der Armutsstreit und Papst als Ketzer. S. 116–117. Zitiert nach: *Texte zur politischen Theorie. Exzerpte aus dem Dialogus*. Lateinisch/Deutsch. Ausgewählt, übersetzt und herausgegeben von Jürgen Miethke. © Philipp Reclam jun., Stuttgart 1995.

Orwell, George, Armut von innen gesehen. S. 560–561. Zitiert nach: *Erledigt in Paris und London*. Aus dem Englischen von Alexander und Helga Schmitz. © Diogenes Verlag AG, Zürich 1978.

Ovid, Wie man Mädchen erobert. S. 50–51 Zitiert nach: *Die Liebeskunst*. Deutsche Übersetzung von Michael von Albrecht. Goldmann Verlag, München 1983. Mit freundlicher Genehmigung von Michael von Albrecht.

Paine, Thomas, Die Revolution im Stand der Unschuld. S. 309–311. Zitiert nach: *Die Politischen Werke von Thomas Paine*. Bd. 2. Verlag von F. W. Thomas, Philadelphia 1852.

Palmer, Andrew, Massenweisheit in Fortbewegung. S. 763. Orig. in: »The wisdom of crowds«, in: *The Economist*, 17. 12. 2011. Für diesen Band erstmalig ins Deutsche übersetzt von Georg Brunold. © The Economist 2011.

Paracelsus, Die Medizin ist ein sehr weites Feld. S. 162–164. Zitiert nach: a) »Das Basler Programm«, übersetzt von Winfried Trillitzsch, in: *Der deutsche Renaissance-Humanismus*. Abriss und Auswahl von Winfried Trillitzsch. Verlag Philipp Reclam jun., Leipzig 1981, sowie b) »De occulta philosophia«, in: *Sämtliche Werke. Erste Abtheilung: Medizinische, naturwissenschaftliche und philosophische Schriften*. Herausgegeben von Karl Sudhoff. Bd. 14 (für diese Ausgabe leicht bearbeitet). Druck und Verlag von R. Oldenbourg, München und Berlin 1933.

Pascal, Blaise, Wir leben nie. S. 215–216. Zitiert nach: *Blaise Pascal's Gedanken*. Nebst den Anmerkungen Voltaires aus dem Französischen von Heinrich Hesse. Philipp Reclam jun., Leipzig 1882.

Pawlow, Iwan Petrowitsch, Speichelfluss und andere bedingte Reflexe. S. 491–493. Zitiert nach: »Experimentelle Psychologie und Psychopathologie bei Tieren«. Rede auf einer allgemeinen Versammlung des internationalen Medizinischen Kongresses in Madrid im April 1903, in: *Ausgewählte Werke*. Übersetzt von G. Kirpatsch, P. Klemm u. a. © Akademie Verlag, Berlin 1953.

Payer, Lynn, Andere Länder, andere Ärzte, andere Leiden. S. 671–672. Zitiert nach: *Andere Länder, andere Leiden. Ärzte und Patienten in Frankreich, England, den USA und hierzulande.* Aus dem Englischen von Bettina Abarbanell. © für die deutsche Übersetzung Campus Verlag, Frankfurt/New York 1989.

Pepys, Samuel, Dem gestandenen Mann schadet unzüchtige Lektüre nicht. S. 216–217. Orig. in: *The Diary of Samuel Pepys*, herausgegeben von Robert Latham und William Mathews, Bd. 9 (1668–1669). University of California Press, Berkeley/ Los Angeles 1976. Speziell für diesen Band ausgewählt und übersetzt von Wolfgang Hörner.

Pestalozzi, Johann Heinrich, »Ich will Schulmeister werden!« S. 322–325. Zitiert nach: *Wie Gertrud ihre Kinder lehrt. Ein Versuch, den Müttern Anleitung zu geben, ihre Kinder selbst zu unterrichten, in Briefen.* Literarische Tradition in der WFB Verlagsgruppe, Bad Schwartau 2009.

Petrarca, Francesco, Vom lästigen Gefeiertwerden des eigenen Namens. S. 121–123. Orig in: *De remediis utriusque fortunae / Les remèdes aux deux fortunes.* Texte etabli et traduit par Christophe Carraud. Grenoble 2002. Speziell für diesen Band übersetzt von Tobias Roth.

Pico della Mirandola, Giovanni, Deine Würde ist deine Freiheit. S. 135–137 Zitiert nach: *Über die Würde des Menschen.* Aus dem Neulateinischen übertragen von Herbert Werner Rüssel. Manesse Verlag, Zürich 1988.

Platon, Die Liebe, dieses Sehnen – und woher es alles kommt. S. 32–34. Zitiert nach: *Das Gastmahl oder Von der Liebe.* Übersetzung aus dem Griechischen von Friedrich Schleiermacher, Durchsicht, Nachwort und Anmerkungen von Ernst Günther Schmidt. Philipp Reclam jun., Stuttgart 1981.

Plinius der Ältere, Kein Geschöpf hat ein hinfälligeres Leben. S. 53–54. Zitiert nach: *Historia naturalis.* Nach der kommentierten Übersetzung von G. C. Wittstein. Franz Greno, Nördlingen 1987.

Poe, Edgar Allan, Der Massenmensch. Manifest der Moderne. S. 368–372. Zitiert nach: »Der Mann der Menge«, in: *Edgar Allan Poes Werke*, dritter Band: *Verbrechergeschichten.* Übertragen von Gisela Etzel. Propyläen Verlag, Berlin 1922.

Polybios, Hohe Gesinnung – oder ein hoher Preis. S. 44–45. Zitiert nach: *Historien. Auswahl.* Übersetzung, Anmerkungen und Nachwort von Karl Friedrich Eisen. Bibliografisch ergänzte Ausgabe, Philipp Reclam jun., Stuttgart 2006. © Philipp Reclam jun., Stuttgart 1973.

Polydor Vergil, Der lange und gewundene Weg zur Erfindung unserer Ehe. S. 143–146. Aus dem Werk *De rerum inventoribus* (Buch I, 4 und II, 9) erstmalig für diesen Band ins Deutsche übersetzt von Tobias Roth.

Powers, Richard, Das Genom und »Das Buch Ich #9«. S. 732–734. Zitiert nach: *Das Buch Ich #9. Eine Reportage.* Aus dem Amerikanischen von Manfred Allié und Gabriele Kempf-Allié. © S. Fischer Verlag GmbH, Frankfurt am Main 2010.

Precht, Richard David, Die Sprachmacht der Menschenaffen. S. 727–730. Zitiert nach: *Wer bin ich – und wenn ja, wie viele? Eine philosophische Reise.* © Wilhelm Goldmann Verlag, München 2007, in der Verlagsgruppe Random House GmbH.

Proust, Marcel, Lob der schlechten Musik. S. 471. Zitiert nach: *Tage der Freuden.* Deutsch von Ernst Weiss. Suhrkamp Verlag, Frankfurt am Main 1965.

Prudhomme, Louis-Marie, Marie-Antoinette wird zum Schafott geführt. S. 314. Zitiert nach: R. Pernoud und S. Flaissier (Hrsg.): *Die Französische Revolution in Augenzeugenberichten.* Aus dem Französischen von Hagen Thürnau. © 1963 Karl Rauch Verlag, Düsseldorf.

Quincey, Thomas de, Bekenntnisse eines englischen Opiumessers. S. 346–350. Zitiert nach: *Bekenntnisse eines Opiumessers.* Deutsch von L. Ottmann. Robert Lutz, Stuttgart 1886.

Renan, Ernest, Was ist eine Nation? S. 439–447. Zitiert nach: *Was ist eine Nation?* Rede am 11. März 1882 an der Sorbonne. Aus dem Französischen von Henning Ritter. © Europäische Verlagsanstalt, Hamburg 1996.

Ridley, Matt, Lauter Fortschritt. S. 744–750. Zitiert nach: *Wenn Ideen Sex haben. Wie Fortschritt entsteht und Wohlstand vermehrt wird.* Aus dem Englischen von Gabriele Gockel, Barbara Steckhan und Maria Zybak. © Deutsche Verlags-Anstalt, München 2011, in der Verlagsgruppe Random House GmbH.

Rimbaud, Arthur, Hymne auf die Jugend. S. 430–431. Zitiert nach: »XLI Jugend«, in: *Sämtliche Dichtungen.* Französisch und Deutsch. Übertragen von Walther Küchler. © Verlag Lambert Schneider, Heidelberg 1978.

Robespierre, Maximilien de, Glaubensfreiheit unter dem Terror der Tugend. S. 315–316. Zitiert nach: *Ausgewählte Texte.* Deutsch von Manfred Unruh. © Merlin Verlag, Hamburg 1989.

Rosenhan, David, Das Rosenhan-Experiment: Die unerkennbare Gesundheit in der psychiatrischen Klinik. S. 638–640. Orig.: »On Being Sane in Insane Places«, in: *Science* 179 (1973), S. 150–158. Zitiert nach der Übersetzung von Irmtraud Frese, in: Paul Watzlawick (Hrsg.): *Die erfundene Wirklichkeit. Wie wissen wir, was wir zu wissen glauben. Beiträge zum Konstruktivismus.* © Piper, München 1981.

Roth, Joseph, Misswahl. Menschenschönheiten der traurigen Gestalt. S. 562–563. Zitiert nach: *Münchner Neueste Nachrichten,* 14. 02. 1930.

Rousseau, Jean-Jacques, Freiheit ist ein Recht und dieses gründet auf Vereinbarung. S. 271–272. Zitiert nach: *Der Gesellschaftsvertrag oder Die Grundsätze des Staatsrechtes.* Übersetzt von Hermann Denhardt, herausgegeben und eingeleitet von Heinrich Weinstock. Philipp Reclam jun., Stuttgart 1959.

Rowlandson, Mary, In der Stunde der Entscheidung wankt so mancher Vorsatz. S. 220–222. Orig. in: »A Narrative of the Captivity and Restoration of Mrs Mary Rowlandson«, in: *The Norton Anthology of American Literature*, Bd. 1, Norton & Company, New York/London 1979. Für diesen Band erstmalig ins Deutsche übersetzt von Wolfgang Hörner.

Ruo-Wang, Bao, Strafgefangener bei Mao. S. 610–613. Zitiert nach: *Gefangener bei Mao*. Herausgegeben von Rudolph Chelminski. Aus dem Amerikanischen von Charlotte Franke-Winheller. Scherz Verlag, Bern 1975. © Jean Pasqualini und Rudolph Chelminski, 1973.

Sacks, Oliver, Mord in den Schluchten des Gehirns. S. 662–664. Zitiert nach: *Der Mann, der seine Frau mit einem Hut verwechselte. Der Tag, an dem mein Bein fortging*. Deutsch von Dirk van Gunsteren. © Rowohlt Verlag GmbH, Reinbek bei Hamburg 1987.

Saint-Simon, Henri de, Die halb zerstörten Reste der alten europäischen Organisation ... S. 341–343. Zitiert nach: »An die Parlamente Frankreichs und Englands«, übersetzt von Thilo Ramm, in: Thilo Ramm (Hrsg.): *Der Frühsozialismus. Quellentexte*. S. 28–32. © Kröner, Stuttgart 1968.

Sartre, Jean-Paul, Offizielle Porträts. Glatt wie Porzellan. S. 571–572. Zitiert nach: *Die Transzendenz des Ego. Philosophische Essays 1931–1939*. Deutsch von Uli Aumüller, Traugott König und Bernd Schuppener. © Rowohlt Verlag GmbH, Reinbek bei Hamburg 1964, 1965, 1982.

Savonarola, Girolamo, Dieses Volk erträgt die Herrschaft eines Fürsten nicht. S. 140–141. Zitiert nach: *O Florenz! O Rom! O Italien! Predigten, Schriften, Briefe*. Aus dem Lateinischen und Italienischen und mit einem Nachwort von Jacques Laager. © Manesse Verlag in der Verlagsgruppe Random House GmbH, München 2002.

Schirrmacher, Frank, Von der neuen Entmündigung der alten Menschen. S. 712–714. Zitiert nach: *Das Methusalemkomplott*. Wilhelm Heyne Verlag, München 2005. © Karl Blessing Verlag in der Verlagsgruppe Random House GmbH, München 2004.

Schivelbusch, Wolfgang, Die verschmierte Welt hinter dem Eisenbahnfenster. S. 648–650. Zitiert nach: *Geschichte der Eisenbahnreise. Zur Industrialisierung von Raum und Zeit im 19. Jahrhundert*. © Carl Hanser Verlag, München 1977.

Schlözer, August Ludwig von, »Die Menschen hatten sprechen gelernt ...« S. 291–293. Zitiert nach: *Vorbereitung zur WeltGeschichte für Kinder. Ein Buch für Kinderlehrer*. Herausgegeben von Marko Demantowsky und Susanne Popp. Vandenhoeck & Ruprecht, Göttingen 2011.

Schmid, Ulrich, Überzeugend feiern können Religiöse. S. 720–722. Zitiert nach: »Wo die Chassidim tanzen. Das Neujahrsfest der orthodoxen Juden in Uman«, in: *Neue Zürcher Zeitung*, 8.10.2005. Mit freundlicher Genehmigung von Ulrich Schmid.

Schnurr, Eva-Maria, Hauskatzenparasiten spielen in unseren Gehirnen mit. S. 738–740. Speziell für diesen Band überarbeitete Fassung des Artikels »Ferngesteuert«, zuerst publiziert in *Zeit Wissen Magazin*, 11.02.2009. Mit freundlicher Genehmigung von Eva-Maria Schnurr.

Schopenhauer, Arthur, Rezensentendämmerung. Über Urteil, Kritik, Beifall und Ruhm. S. 391–393. Zitiert nach: *Parerga und Paralipomena*. Berlin 1851.

Schreber, Daniel Paul, Denkwürdigkeiten eines Nervenkranken. S. 482–484. Zitiert nach: *Denkwürdigkeiten eines Nervenkranken*. Mit Aufsätzen von Franz Baumayer. Herausgegeben von Peter Heiligenthal und Reinhard Volk. Syndikat Autoren- und Verlagsgesellschaft, Frankfurt am Main 1985.

Schwarzenbach, Annemarie, Afghanistan oder Tschador einst und jetzt. S. 569–570. Zitiert nach: *Auf der Schattenseite. Ausgewählte Reportagen, Feuilletons und Fotografien 1933–1942*. Lenos Verlag, Basel 1990.

Schweitzer, Albert, Aus dem Urwald. S. 511–514. Zitiert nach: *Aus meinem Leben und Denken*. Faksimile-Druck der Erstausgabe von 1931 mit bislang unveröffentlichten Briefen von Albert Schweitzer an Felix Meiner und mit einem Nachwort von Rudolf Grabs »Die weiteren Jahre« (1931–1965). © Felix Meiner Verlag, Hamburg 2011.

Scot, Reginald, Teufel und Hexerei. Einzig Papisten glauben daran. S. 186–188. Orig. in: *The Discoverie of Witchcraft*. Dover Publications, New York 1972. Erstmalig für diesen Band ins Deutsche übersetzt von Manfred Allié.

Seneca, Die Wut. Eine Schwellung der besinnungslosen Seele. S. 52–53. Zitiert nach: *Philosophische Schriften*. Erstes Bändchen. Der Dialoge erster Teil, Buch I–VI. Übersetzt, mit Einleitungen und Anmerkungen versehen von Otto Apelt (für diesen Band leicht bearbeitet). Felix Meiner Verlag, Leipzig 1923.

Sextus Empiricus, Radikale Skepsis – sie selbst eingeschlossen. S. 67–68. Zitiert nach: *Grundriß der pyrrhonischen Skepsis*. Eingeleitet und übersetzt von Malte Hossenfelder. Erste Auflage 1985. © Suhrkamp Verlag, Frankfurt am Main 1968.

Shakespeare, William, Lady Macbeths böse Kräfte und Ohnmacht. S. 193–194. Zitiert nach: *Macbeth*. In: *Werke*. Englisch-Deutsch. Übersetzung: August Wilhelm Schlegel und Ludwig Tieck. Tempel Verlag, Berlin/Leipzig o. J.

Shaw, George Bernard, Die Einehe, die Vielweiberei und die Vielmännerei. S. 499–501. Zitiert nach: *Der Aufstand gegen die Ehe*. Übersetzung: Siegfried Trebitsch. Suhrkamp Verlag, Frankfurt am Main 1976. © Suhrkamp Verlag, Frankfurt am Main 1972.

Simmel, Georg, Endlich philosophische Kultur! S. 503–507. Zitiert nach: *Das Abenteuer und andere Essays*. Herausgegeben von Christian Schärf. Fischer Taschenbuch Verlag, Frankfurt am Main 2010.

Skinner, B. F., Lehrmaschinen – programmiertes Lernen – operante Konditionierung. S. 626–628. Zitiert nach: »New Methods and New Aims in Teaching«, in: *New Scientist*, Vol. 122, 20. 05. 1964. Für diesen Band erstmals in Deutsche übersetzt von Manfred Allié. © New Scientist 1964.

Smith, Adam, Über das Prinzip der Selbstbilligung und Selbstmissbilligung. S. 267–270. Zitiert nach: *Theorie der ethischen Gefühle*. Auf der Grundlage der Übersetzung von Walther Eckstein neu herausgegeben von Horst D. Brandt. © Felix Meiner Verlag, Hamburg 2010.

Sofsky, Wolfgang, Gleichgültigkeit. S. 740–741. Zitiert nach: *Das Buch der Laster*. © Verlag C. H. Beck oHG, München 2009.

Somary, Felix, Krise global. Wie konnte man diese Vorzeichen übersehen? S. 558–559. Zitiert nach: *Erinnerungen aus meinem Leben*. © 1956 und 2013 Felix Somary Erben und Verlag Neue Zürcher Zeitung, Zürich 2013, Seite 216–219.

Sophokles, Und nichts ist ungeheurer als der Mensch. S. 25. Aus dem Werk *Antigone* speziell für diesen Band übersetzt von Vea Kaiser.

Sorg, Eugen, Wie der Krieg zu uns kommt. S. 675–676. Zitiert nach: *Die Lust am Bösen. Warum Gewalt nicht heilbar ist*. © Nagel & Kimche im Carl Hanser Verlag, München 2011.

Spinoza, Baruch de, Jedem das Recht, zu denken, was er will, und zu sagen, was er denkt. S. 218–220. Zitiert nach: *Tractatus theologicopoliticus. Theologisch-politischer Traktat*. Herausgegeben von Günter Gawlick und Friedrich Niewöhner. Übersetzung: Carl Gebhardt, neu bearb. von Günter Gawlick. © WBG, Darmstadt 1979.

Staël, Germaine de, Die Kunst der Unterhaltung. S. 331–333. Zitiert nach: *Deutschland*. Aus dem Französischen übersetzt. Julius Eduard Hitzig, Berlin 1814.

Steiner, Rudolf, Der Astralleib. Aus der Geheimwissenschaft. S. 502–503. Zitiert nach: *Ausgewählte Werke* Band 5: *Die Geheimwissenschaft im Umriß*. Fischer Taschenbuch Verlag, Frankfurt am Main 1985.

Stevenson, Robert Louis, Verachtete Völker. S. 436–437. Zitiert nach: *Emigrant aus Leidenschaft. Ein literarischer Reisebericht*. Aus dem Englischen von Axel Monte. © Manesse Verlag, Zürich 2005, in der Verlagsgruppe Random House GmbH, München.

Stoker, Bram, Im Schloss des Grafen Dracula. S. 472–474. Zitiert nach: *Dracula. Ein Vampyr-Roman*. Aus dem Englischen von Heinz Widtmann. Fischer Taschenbuch Verlag, Frankfurt am Main 2011.

Strindberg, August, Auf dem Lande. S. 448–452. Zitiert nach: *Unter französischen Bauern. Eine Reportage*. Deutsche Fassung von Emil Schering. Durchgesehen und mit einem Essay von Thomas Steinfeld. © AB – Die Andere Bibliothek GmbH & Co. KG, Berlin 2009, 2011.

Sueton, Nero. Der Psychopath unter den Tyrannen. S. 56–59. Zitiert nach: *Suetons Werke. Cäsarenbilder 2*. Übersetzt und mit Einleitung und Anmerkungen von Joseph Sarrazin. Verlag von W. Spemann, Stuttgart 1883.

Swedenborg, Emanuel, Himmel und Hölle sind Seelenzustände. S. 265–267. Zitiert nach: *Von dem Himmel und seinen Wunderdingen, [von der Geisterwelt,] und von der Hölle, nach Gehörtem und Gesehenem*. Aus der 1758 zu London erschienenen lateinischen Urschrift erstmals wortgetreu übersetzt von I. F. Immanuel Tafel. Ferd. Riehm/ Basel/ Ludwigsburg 1869.

Swift, Jonathan, Bruder Besenstiel. Eine Meditation. S. 236. Orig. in: »A Meditation upon a Broom-Stick« (1701), in: *Jonathan Swift. The Oxford Authors*. Herausgegeben von Angus Ross und David Woolley. Oxford University Press, Oxford/ New York 1984. Speziell für diesen Band übersetzt von Wolfgang Hörner.

Sykes, Bryan, Die sieben Töchter Evas. Der große Stammbaum. S. 695–697. Zitiert nach: *Die sieben Töchter Evas. Warum wir alle von sieben Frauen abstammen – revolutionäre Erkenntnisse der Gen-Forschung*. Ins Deutsche übertragen von Andrea Kamphuis. © für die deutschsprachige Ausgabe Verlagsgruppe Lübbe, Bergisch Gladbach 2003.

Tacitus, Verbotene Bücher strahlen umso heller. S. 54–55. Aus den *Annales* (IV, 34 f.) speziell für diesen Band übersetzt von Manfred Winnen.

Tagore, Rabindranath, Das Problem des Übels. S. 507–509. Zitiert nach: *Sadhana. Der Weg zur Vollendung*. Ins Deutsche übertragen von Helene Meyer-Franck. Kurt Wolff Verlag, München 1921.

Theophrast, Charakter. S. 38–39. Zitiert nach: *Charaktere*. Griechisch und Deutsch. Übersetzt und herausgegeben von Dietrich Klose. Mit einem Nachwort von Peter Steinmetz. Durchgesehene und bibliografisch ergänzte Ausgabe, Philipp Reclam jun., Stuttgart 1981. © Philipp Reclam jun., Stuttgart 1970.

Thomas von Aquin, Erbsünde. Oder: Die Fäulnis stinkt von oben. S. 110–111. Zitiert nach: *Thomae Aquinis Summae contra gentiles libri quattuor*. Bd. 1. Übersetzt von Karl Albert, Karl Allgaier, Leo Bümpelmann, Paulus Engelhardt, Leo Gerken, Markus H. Wörner. © WBG, Darmstadt 1974.

Thukydides, Kein Krieg so schrecklich wie der Bürgerkrieg. S. 27–29. Zitiert nach: *Geschichte des Peloponnesischen Krieges*. Aus dem Griechischen übersetzt von Dr. Johann David Heilmann (leicht bearbeitet für diesen Band), Bd. 1., Buch 1–4, Philipp Reclam jun. GmbH & Co. KG, Leipzig 1884.

Tolstoi, Lew, Was heutzutage Regierungen sind. S. 493–494. Zitiert nach: *Für alle Tage. Ein Lebensbuch*. Herausgegeben von E. H. Schmitt und A. Skarvan. Carl Reißner, Dresden 1906.

Toussaint Louverture, François-Dominique, Ein Befreiungskämpfer eigener Klasse. S. 326–328. Zitiert nach: *Politische und statistische Geschichte der Insel Hayti (Sanct Domingo) nach amtlichen Berichten und mitgetheilten Nachrichten des Agenten der Brittischen Regierung auf den Antillen Sir James Berskett, entworfen von Placidus Justin*. Nach dem Französischen bearbeitet von C. G. Hennig. Friedrich Schumann, Ronneburg 1827.

Tschernow, Wiktor M., *Lenin oder der Wille zu herrschen.* S. 530–534. Zitiert nach: »Lenin«. Reprinted by permission of FOREIGN AFFAIRS, März 1924. © by the Council of Foreign Relations 1924, Inc. www.ForeignAffairs.com. Für diesen Band erstmalig ins Deutsche übersetzt von Manfred Allié.

Turnbull, Colin M., *Schauen mit Pygmäenaugen.* S. 619–621. Zitiert nach: »Some Observations Regarding the Experiences and Behavior of the BaMbuti Pygmies«, in: *American Journal of Psychology*, 74 (1961), S. 304–308. Für diesen Band erstmals ins Deutsche übersetzt von Manfred Allié. Copyright © 1961 by the Board of Trustees of the University of Illinois. Used with the permission of the University of Illinois Press.

Twain, Mark, *Aus Adam und Evas Tagebuch.* S. 464–465. Orig. in: *Diaries of Adam and Eve*, reprinted by Oneworld Classics Ltd. London 2011. Speziell für diesen Band übersetzt von Lisa Kaiser.

Twain, Mark, *König Leopold II., der Völkermord und die Fotografie.* S. 495–497. Orig. in: *King Leopold's Soliloquy: A Defense of His Congo Rule*. Boston: The P. R. Warren Co., 1905. Second Edition. Speziell für diesen Band übersetzt von Lisa Kaiser.

UNESCO, »*Gewalt ist kein Naturgesetz*« – *Erklärung von Sevilla.* S. 665–666. Zitiert nach: »Gewalt ist kein Naturgesetz«. *Erklärung von Sevilla (1986)*, in: *Unesco heute*, 1–3/1991.

Vātsyāyana, Mallanāga, *Rammler, Stier, Hengst – ein Liebender ist kein Zweifelsvertreiber.* S. 71–73. Zitiert nach: *Das Kāmasūtra*. Aus dem Sanskrit übersetzt und herausgegeben von Klaus Mylius. © Reclam Verlag Leipzig 1987. © Philipp Reclam jun., Stuttgart 1999.

Vico, Giambattista, *Die »Barbarei der Reflexion« und das Schicksal der Völker.* S. 244–246. Zitiert nach: *Grundzüge einer Neuen Wissenschaft über die gemeinschaftliche Natur der Völker*. Aus dem Italienischen von Wilhelm Ernst Weber. F.A. Brockhaus, Leipzig 1822.

Villon, François, *Aus Gefängnis und Beinhaus.* S. 132–133. Zitiert nach: »IX. Brief an seine Freunde«; »Ballade guter Lehre«, in: *Sämtliche Dichtungen*. Französisch-Deutsch. Übertragen von Walther Küchler, bearb. von Marie Luise Bulst. © Verlag Lambert Schneider, Heidelberg 1982.

Voltaire, *Aberglaube – und der nützliche Idiot des Fanatikers.* S. 272–273. Zitiert nach: *Abbé. Beichtkind. Cartesianer. Philosophisches Wörterbuch*. Herausgegeben von Rudolf Noack. Übersetzt von Erich Salewski. © Philipp Reclam jun., Leipzig 1984.

Voltaire, *Gedicht über das Unglück von Lissabon. Oder Untersuchung des Grundsatzes Alles ist gut.* S. 256–261. Orig. in: *Poème sur le disastre de Lisbonne*. Critical edition by David Adams and Haydn T. Mason. In: *Les œuvres completes* de Voltaire. Directeur de l'édition: Nicholas Cronk. Voltaire Foundation Oxford, 2009. Für diesen Band erstmalig in voller Länge ins Deutsche übersetzt von Tobias Roth.

Waal, Frans de, *Das Prinzip Empathie.* S. 735–738. Zitiert nach: *Das Prinzip Empathie. Was wir von der Natur für eine bessere Gesellschaft lernen können*. Mit Zeichnungen des Autors. Aus dem Amerikanischen von Hainer Kober. © Carl Hanser Verlag, München 2011.

Weber, Max, *Kampf. Eine Begriffsbestimmung.* S. 519–520. Zitiert nach: *Wirtschaft und Gesellschaft*. Voltmedia GmbH, Paderborn, o. J.

Wilde, Oscar, *Die Seele des Menschen im Sozialismus.* S. 455–458. Zitiert nach: *Der Sozialismus und die Seele des Menschen. Ein Essay*. Aus dem Englischen von Gustav Landauer und Hedwig Lachmann. Diogenes Taschenbuch, Zürich 1982.

Winkler, Willi, *Nationalmama Uschi Glas.* S. 681–683. Zitiert nach: *Alle meine Deutschen. Ein Bestiarium*. Rowohlt Taschenbuch Verlag, Reinbek bei Hamburg 1999. Alexander Fest Verlag 1998. Mit freundlicher Genehmigung von Willi Winkler.

Wolff, Christian, *Gelbe Gefahr für den deutschen Geist.* S. 240–242. Zitiert nach: *Über die praktische Philosophie der Chinesen*. Lateinisch-Deutsch. Übersetzt, eingeleitet und herausgegeben von Michael Albrecht. © Felix Meiner Verlag, Hamburg 1985.

Zimbardo, Philip, *Das Stanford-Gefängnis-Experiment.* S. 641–644. Orig.: Craig Haney/Curtis Banks/Philipp Zimbardo: »Interpersonal Dynamics in a Simulated Prison«, in: *International Journal of Criminology and Penology* 1 (1973), S. 69–97, hier S. 72–74, 76 f. sowie Auszüge von S. 80–84. Zitiert nach der Übersetzung von Robert Neiser und Nicolas Pethes in: *Menschenversuche. Eine Anthologie 1750–2000*. Herausgegeben von Nicolas Pethes, Birgit Griesecke, Marcus Krause und Katja Sabisch. © Suhrkamp Verlag, Frankfurt am Main 2008.

Zimmermann, Johann Georg, *In Gesellschaft geht die Wahrheit gekleidet, in der Einsamkeit zeigt sie sich nackt.* S. 296–297. Zitiert nach: *Über die Einsamkeit*. Dritter Theil. Troppau 1786.

Zola, Émile, *In der Mariengrotte zu Lourdes. Wunder, Betrug, Dreck. Menschenunwürdige Religion.* S. 458–460. Orig. in: *Œuvres completes*, tome 16: *De Lourdes à Rome. Les Trois Villes*, 1 (1894–1896). Présentation, notices, chronologie et bibliographie par Jean-Louis Cabanès et Jacques Noiray. Nouveau Monde editions. Für diesen Band erstmalig ins Deutsche übersetzt von Tobias Roth.

Wir danken allen Rechteinhabern für die Abdruckgenehmigung. Einige wenige konnten trotz intensiver Bemühungen nicht ermittelt werden. Wir bitten sie, sich gegebenenfalls mit Galiani Berlin in Verbindung zu setzen.

# Zu den Fotografien und zum Fotografen

## MENSCHEN UND MENSCHENHÄNDE

Die Entwicklung des menschlichen Großhirns mit seinem artspezifischen Stirnlappen oder präfrontalen Cortex kommt von den Ansprüchen an das Werk unserer Hände einerseits sowie dem kommunikativen Ausdrucksverhalten unseres Gesichts und der Sprachentwicklung andererseits. Hand und Wort ist der Titel des Hauptwerks von André Leroi-Gourhan, 1969–1982 Inhaber des Lehrstuhls für Vorgeschichte am Collège de France und einer der Väter der Paläoanthropologie (vgl. S. 628). Der Dichter und Maler Henri Michaux nimmt in Händen mehr Zärtlichkeit wahr als in den Menschenherzen. Was er (auf Seite 658) mit seiner unvergleichlichen Stimme in Worte fasst, lassen die Bilder des Fotografen Daniel Schwartz sichtbar werden.

Mit Schwartz hat den Herausgeber dieses Bandes einst der Zufall eines geteilten Arbeitsplatzes – in der Redaktion der Zeitschrift »du« – zusammengebracht und gleich mit den ersten gemeinsamen Schritten die freudige Entdeckung eines elementaren Einverständnisses, die Fotografie betreffend: Wichtig an ihr ist weniger sie selbst als bei einer jeden, was auf ihr drauf ist. Die Linse kann mit dem Gegenstand vieles anstellen, aber zum Schluss doch nie anders als einen Ausschnitt festlegen. Diese angebliche Tyrannei des unausweichlichen Vierecks hat ihren Anteil, wenn zu viele Fotografen ihre – vielleicht oftmals etwas zu künstlerische – Ambition diesseits der Linse ausleben und mit ihrer ästhetischen Sorge um Komposition und Bildoberfläche am Ziel vorbei, wenn nicht gar nirgendwohin schießen. Als könnte für sie das Medium nur dazu geschaffen sein, den Motiven den Rang abzulaufen. Nicht so bei Daniel Schwartz. Jeden Gegenstand, dem er sich in Ausübung seines Berufs nähert, will er zuerst ohne Kamera kennengelernt haben. Immer sehen wir ihn deshalb unterwegs zwischen den Menschen auf der anderen Seite des Fensters zur Welt, das die Kamera öffnen will, weit und fern auf ihr draußen, tief in ihren Ritzen und unter der Haut. *G. B.*

## DER FOTOGRAF

Daniel Schwartz, Jahrgang 1955, lebt in Solothurn. Von 1990 bis 2005 war er Mitarbeiter der Kulturzeitschrift »du«. 1987/88 dokumentierte er die Architektur der Großen Mauer Chinas. In den 1990er Jahren war er auf Reportage in den ökologischen Notstandszonen und Konfliktgebieten Süd- und Südostasiens. 2009 erschien *Travelling through the Eye of History*, Resultat seiner Arbeit in Zentralasien und Afghanistan.

Schwartz hatte zahlreiche Einzelausstellungen, unter anderem im Kunsthaus Zürich, in der Photographers' Gallery, London, und im Martin-Gropius-Bau, Berlin. Er war vertreten in zahlreichen Gruppenausstellungen, unter anderem an den Rencontres Internationales de la Photographie in Arles, an der Kunst-Biennale in Venedig und zuletzt im San Francisco Museum of Modern Arts. Seine jüngste Arbeit *Ice-Age – Our Age. Eiszeit – Jetztzeit. Ballads and Enquiries Concerning the Last Glacial Maximum* rückt die gletscherlose Zukunft Europas ins Blickfeld.

# Die Fotografien dieses Bandes

Seite 37
Der Fang. Insel Kutubdia. Bangladesch, 21. Mai 1991.

Seite 57
Festnahme eines Demonstranten.
Zürich. Schweiz, 1. Mai 2006.

Seite 89
Passanten beim Bahnhof Shibuya-ku.
Tokio. Japan, 13. Mai 2009.

Seite 107
Obdachloser. Kolkata. Indien, 20. Oktober 1993.
Hilfslieferung an Überlebende eines Zyklons.
Insel Sandwip. Bangladesch, 17. Mai 1991.

Seite 127
Waffenausbildung multinationaler Oppositionsstreitkräfte.
Badakhshan. Tadschikistan, 24. September 1996.
Im Erstklass-Abteil der Schweizerischen Bundesbahnen.
11. März 1999.

Seite 153
Der Milchschäumer. Bern. Schweiz, 24. Januar 2012.

Seite 177
Beim Beobachten von Bauarbeiten.
Toledo. Spanien, 9. Oktober 2000.
Vor dem Beginn des nächtlichen Großmarkts.
Cholon / Ho-Chi-Minh-City. Vietnam, 18. Februar 2001.

Seite 199
In der Spinnerei.
Zunhua, Provinz Hebei. China, 10. Oktober 1987.

Seite 229
Werftarbeit. Haiphong. Vietnam, 30. September 1993.
Straßenverkauf. Rangun. Burma, 6. Oktober 2012.

Seite 247
Rushhour am Oxford Circus.
London. England, 25. August 1998.

Seite 269
Alp Kaiseregg. Kanton Fribourg. Schweiz, 13. Juli 2012.
Minenversehrter in der IKRK-Prothesen-Werkstatt.
Phnom Penh. Kambodscha, 13. Februar 1995.

Seite 301
Auf einem Bohrturm in der Steppe.
Verwaltungsbezirk Kyzil Orda. Kasachstan,
6. November 2007.

Seite 321
Religiöser Salut für einen im 19. Jahrhundert unter
dem französischen Kolonialregime hingerichteten
Freiheitskämpfer. Rach Gia. Vietnam, 12. Oktober 1993.

Seite 361
Am Bahnhof von Batumi. Georgische SSR / UdSSR,
22. November 1990.
Hochzeit in Catania. Italien, September 1979.

Seite 377
Bürgerdebatte während des Rubelkollaps vor der Duma,
der Ersten Kammer des Parlaments der Russischen
Föderation. Moskau. Russland, 4. September 1998.

Seite 405
Alte und neue Afghani-Banknoten.
Mazaar-e-Sharif. Afghanistan, 17. Oktober 2002.
Im Gerbereiviertel Kazhcesme.
Istanbul. Türkei, 14. Oktober 1989.

Seite 427
Bettelnder am Kaffeehausfenster auf dem Tverskaya
Boulevard. Moskau. Russland, 5. September 1998.

Seite 451
Glasfaserkabel zum Datentransfer zwischen Geldinstituten.
London. England, 24. August 1998.
An der Deutschen Börse.
Frankfurt. Deutschland, 12. März 1998.

Seite 469
Ein Toter an der Großen Mauer.
Provinz Hebei. China, 16. Oktober 1987.

Seite 505
Herstellung von Schotter aus Flusssteinen.
Dhaka. Bangladesch, 22. Januar 1992.

Seite 533
Im Hallenstadion am Morgen nach der »Street Parade«.
Zürich. Schweiz, 7. August 1999.

Seite 555
Seit der Islamisierung des buddhistischen Gandhara im
10. Jahrhundert existiert die Tradition der Steinigung des
Buddha, die den gläubigen Muslim mit jedem Treffer einen
Schritt näher ans Paradies bringt.
Swat-Tal. Pakistan, 22. Dezember 2009.
Schlafender Kurde nach der Flucht aus dem Irak.
Piranshahr. Iran, 18. April 1991.

Seite 585
Langsame Tötung eines Hundes, von Straßenkindern
eingefangen als Speise.
Jakarta. Indonesien, 14. November 1994.
Blick in das Postbüro am Hauptbahnhof.
Zürich. Schweiz, 29. März 1977.

Seite 607
Während der Sonntagsmesse am Sitz von Carlos Filipe
Ximenes Belo, dem römisch-katholischen Bischof und
Apostolischen Administrator von Dili. Ost-Timor.
Indonesien, 25. April 1999.

Seite 635
Illegales Kartenspiel um Geld.
Ruili, Provinz Yunnan. China, 26. Januar 1998.
Paar vor der »Bank of England«.
London. England, 24. August 1998.

Seite 669
Panzerabwehr-Granatwerfer in der Hand eines Soldaten
der ursprünglich aus den Khmer Rouge hervorgegangenen
Streitkräfte der Volksrepublik Kampuchea. Route 12.
Provinz Kompong Thom. Kambodscha, 30. November
1992.

Seite 687
In der Überschwemmung.
Distrikt Pabna. Bangladesch, 24. September 1991.

Seite 709
Abstimmende während der Landsgemeinde.
Glarus. Schweiz, 6. Mai 1979.

Seite 729
Heilbringende Berührung einer im 17. Jahrhundert in Angkor
erbeuteten Bronze. Mandalay. Burma, 21. Dezember 1991.
Trauergemeinde. Hué. Vietnam, 31. Juli 2002.

Seite 749
Maduresische Zuwanderer auf der Flucht vor amoklaufen-
den kriegerischen Iban, Ethnie der Ureinwohner Borneos.
Pontianak, West-Kalimantan. Indonesien, 31. März 1999.

# Dank

Der Herausgeber dankt seinen mehr und minder ständigen Begleitern im Geist: Peter Haffner, Thomas Meier und Andreas Langenbacher für befruchtende Ideen, für Anteilnahme und den hin und wieder ebenso unentbehrlichen Zuspruch. Groß, und dies nicht zum ersten Mal, ist mein Dank an Daniel Schwartz; soweit Dank mit Schuld verbunden ist, und sei's nur Dankesschuld, ist diese schon beinahe unbehaglich groß. Aber diese Spur von Unbehagen verliert sich in der Gewissheit, dass in der Zusammenarbeit mit Daniel gar nichts als absolutes Vertrauen angesagt sein kann. So war es auch dieses Mal. Der Verleger Wolfgang Hörner und andere Mitarbeiter von Galiani Berlin, Lisa Kaiser, die Lektorin Angelika Winnen und Tobias Roth nicht nur als Übersetzer, sondern auch als Berater für die Renaissance, sind mit ihrem enthusiastischen Einsatz zu Buche geschlagen, was leider nicht im Einzelfall erkennbar ist. Die Mitwirkung eines so brillanten und erfahrenen Übersetzers wie Manfred Allié, einsatzbereit bei Tag und bei der Nacht, erfüllt mit Dankbarkeit und Stolz und Freude. Unter den schreibenden Zeitgenossen, die auf Bitte um Rat sofort zur Stelle waren, sind Frank Böckelmann, Richard David Precht und Stefan Weidner zu nennen. Im Andrang der über vierhundert Autoren, von denen rund ein Viertel auf der Strecke geblieben ist, haben ihre Hinweise leider nicht in jedem Fall die angemessene Beachtung gefunden.

Großer Dank und eine ebenso große Bitte um Verständnis und Nachsicht geht an Ann Muia Brunold und die Kinder Stacy und Christian, die den Vater und Ehemann durch den nicht mehr enden wollenden Schlussspurt zu begleiten hatten: ein gutes Dutzend aufeinanderfolgende Siebzig- bis Achtzigstundenwochen, und diese Ernstfallübung angepfiffen einen Monat nach der Ankunft aus Kenia im Aroser Hochwinter, im neuen Heim noch kaum die Vorhänge an den Schienen, die Hälfte der 250 Umzugskartons unausgepackt. Es bleibt nur zu hoffen, sie haben sich nicht zu sehr daran gewöhnt und werden sich nach allem davon überzeugen lassen, dass der Sommer ein milderes Leben erwarten lässt. Ihnen großer Dank.

1. Auflage 2013

Verlag Galiani Berlin
© 2013 an dieser Zusammenstellung
Verlag Kiepenheuer & Witsch GmbH & Co. KG, Köln
Alle Rechte vorbehalten. Kein Teil des Werkes darf in irgendeiner Form
(durch Fotografie, Mikrofilm oder ein anderes Verfahren)
ohne schriftliche Genehmigung des Verlages reproduziert
oder unter Verwendung elektronischer Systeme
verarbeitet, vervielfältigt oder verbreitet werden.
Umschlaggestaltung: Manja Hellpap und Lisa Neuhalfen, Berlin
Umschlagmotiv: aus Bernhard Picard Neueröffneter Musen-Tempel, 1754,
nach dem Exemplar der Universitätsbibliothek Heidelberg
Fotografien im Innenteil: Daniel Schwartz © 2013, Bild-Kunst / ProLitteris, Zürich
Lektorat: Angelika Winnen/Wolfgang Hörner
Gesetzt aus der Custodia
Gesamtherstellung: Mohn Media Mohndruck GmbH, Gütersloh
ISBN: 978-3-86971-074-7

Weitere Informationen zu unserem Programm finden Sie unter www.galiani.de

»Ein Wahnsinnswerk.« *Die Zeit*

»Eine einzigartige Huldigung an die Reportage.« *Die Presse*

## Nichts als die Welt

Reportagen und Augenzeugenberichte aus 2500 Jahren

Herausgegeben von Georg Brunold

Euro 85,–. 684 Seiten. Folioformat, geprägtes Leinen, Büttenschlaufe, 2 Lesebändchen. Mit mehrseitigen Fotoreportagen

Der Leser schaut den großen Autoren der Weltliteratur über die Schulter, lässt sich mitnehmen auf eine literarische Reise durch die Zeit und mehrmals um die Welt. Wir reisen mit den Berichterstattern zu Schiff – mit Kolumbus an Bord der *Santa Maria* oder mit dem Ehepaar Bishop im Rettungsboot der *Titanic* –, gehen barfuß nach Canossa, fahren im Zug nach Odessa, verteidigen die Bastille, sehen die Mauer fallen. Wir sitzen mit in den Gerichtssälen, wo Fitzroy Maclean Zeuge eines stalinistischen Schauprozesses wird und Hannah Arendt den Angeklagten Eichmann beobachtet. Wir besuchen Onkel Ho in Hanoi, den Vorsitzenden Mao, die Krönung Haile Selassies und Ford in Detroit.

**Galiani Berlin**

www.galiani.de